LE RÈGNE ANIMAL

LE RÈGNE ANIMAL

ENCYCLOPÉDIE UNIVERSELLE / GALLIMARD

Pour l'édition originale :

Dorling Kindersley, Londres

Maquettistes en chef : Ina Stradins, Vanessa Hamilton
Maquettistes : Kirsten Cashman, Philip Ormerod, Sara Freeman
Graphiste : Amir Reuveni
Maquettistes PAO : Louise Waller, Rajen Shah
Iconographes : Cheryl Dubyk-Yates, Kate Duncan, Sean Hunter
Illustrateurs : Richard Tibbets, Evi Antoniou, Paul Banville

Directeur artistique : Bryn Walls

Éditeurs en chef : Angeles Gavira, Peter Frances
Chefs de projet : David Summers, Sean O'Connor
Éditeurs : Alison Copland, Lesley Riley, Polly Boyd
Éditeurs pour la zoologie : Kim Dennis-Bryan, Stephen Parker
Index : Jane Parker
Contrôleur de production : Elizabeth Cherry, Michelle Thomas

Chef éditeur : Jonathan Metcalf

Dorling Kindersley, Delhi

Maquettiste en chef : Shuka Jain
Maquettiste : Shefali Upadhyay
Graphiste : Pallavi Narain
Graphistes assistants : Elizabeth Thomas, Suresh Kumar
Maquettiste PAO : Pankaj Sharma

Éditeurs en chef : Ira Pande, Prita Maitra
Chefs de projet : Ranjana Saklani, Atanu Raychaudhuri
Éditeurs : Rimli Borooah, Kajori Aikat

Coordinateurs PAO : Jacob Joshua, Rajesh Bisht

studio cactus

13 Southgate Street Winchester Hampshire SO23 9DZ

Graphiste : Sharon Moore
Chef de projet : Lizzie Mallard-Shaw

Schermuly Design Company

The church hall, York Rise, Dartmouth Park, London NW5

Graphiste en chef : Hugh Schermuly
Graphistes : Phil Gamble, Nick Buzzard, Sally Geeve, Paul Stork
Éditeur en chef : Cathy Meeus
Editeurs : Joanna Chisholm, Jackie Jackson, Mary Pickles

Pour l'édition française :

Responsable éditorial : Éric Pierrat, assisté de Clotilde Grison

Traduction, adaptation et réalisation de l'édition française : ML Éditions, Paris

Traduction :
Valérie Andréani (p. 10-81, 428-457, 598-601), Marine Bellanger (p. 258-310),
Manuel Boghossian (p. 522-597), Josette Gontier (p. 458-521),
Anne-Marie Hussein-Jouffroy (p. 82-177), Martine Lamy (p. 362-427),
Sylvie Menny (p. 178-257), François Poncioni (p. 311-361)

Éditeurs : Michel Langrognet, Agnès Mathieu
Correctrice : Christiane Keukens-Poirier
Suivi éditorial et PAO : Marie Ducand, Anne Papazoglou-Obermeister

Conseiller scientifique : Michel Cuisin

Édition originale parue sous le titre *Animal*

Pour l'édition française
ISBN 2-07-055151-2

Premier dépôt légal : octobre 2002
Dépôt légal : novembre 2002
N° d'édition : 120793

Photogravure : Colourscan, Singapour
Impression et reliure : Mondadori (Italie)

Éditeur en chef DAVID BURNIE

Principaux conseillers

Les mammifères

Dr Juliet Clutton-Brock
Rédactrice en chef du *Journal of Zoology* de la Zoological Society of London, et chercheuse associée du Muséum d'histoire naturelle de Londres

Les oiseaux

Dr François Vuilleumier
Conservateur au département d'ornithologie de l'American Museum of Natural History

Les reptiles

Chris Mattison
Zoologiste et écrivain, spécialiste en herpétologie. Membre de la Royal Photographic Society

Les amphibiens

Pr Tim Halliday
Directeur international de la Declining Amphibian Population Task Force, Open University (R.-U.)

Les poissons

Pr Richard Rosenblatt
Professeur de biologie marine et directeur du département des vertébrés marins de la Scripps Institution of Oceanography, à l'université de Californie

Les invertébrés

Dr George C. McGavin
Directeur adjoint des Hope Entomological Collections, Museum d'histoire naturelle de l'université d'Oxford. Maître assistant en sciences humaines et en biologie au Jesus College, à Oxford

Dr Richard Barnes
Assistant au département de zoologie de l'université de Cambridge

Dr Frances Dipper
Spécialiste en biologie marine et écrivain

Auteurs et conseillers

Dr Richard Barnes
Dr Paul Bates
Dr Simon K. Bearder
Deborah Behler
John Behler
Keith Betton
Dr Michael de L. Brooke
Dr Charles R. Brown
Dr Donald Bruning
George H. Burgess
Dr Kent E. Carpenter
Norma G. Chapman
Ben Clemens
Dr Richard Cloutier
Malcolm C. Coulter
Dominic M. Couzens
Dr Timothy M. Crowe
Dr Kim Dennis-Bryan
Dr Christopher Dickman
Joseph A. DiCostanzo
Dr Philip Donoghue
Dr Nigel Dunstone
Dr S. Keith Eltringham
Prof. Brock Fenton
Joseph Forshaw
Susan D. Gardieff
Dr Anthony Gill
Dr Joshua Ginsberg
Dr Colin Groves
Dr Jurgen H. Haffer
Prof. Tim Halliday
Gavin Hanke
Dr Cindy Hull
Dr Barry J. Hutchins
Dr Paul A. Johnsgard
Dr Angela Kepler
Dr Jiro Kikkawa
Dr Nigel Leader-Williams
Dr Douglas Long
Dr Manuel Marin
Chris Mattison
Dr George C. McGavin
Dr Jeremy McNeil
Dr Rodrigo A. Medellin
Dr Fridtjof Mehlum
Chris Morgan
Rick Morris
Dr Bryan G. Nelson
Dr Gary L. Nuechterlein
Jemima Parry-Jones
Malcolm Pearch
Prof. Christopher Perrins
Dr Ted Pietsch
Dr Tony Prater
Dr Galen B. Rathbun
Dr Ian Redmond
Dr James D. Rising
Robert H. Robins
Jeff Sailer
Dr Scott A. Schaeffer
Dr Karl Schuchmann
Prof. John D. Skinner
Dr Andrew Smith
Dr Ronald L. Smith
Dr David D. Stone
Dr Mark Taylor
Dr David H. Thomas
Dr Dominic Tollit
Dr Jane Wheeler
Dr Ben Wilson
Dr David B. Wingate
Dr Hans Winkler
Dr Kevin Zippel

SOMMAIRE

LES OISEAUX 258

LES REPTILES 362

LES AMPHIBIENS 428

LES POISSONS 458

LES INVERTÉBRÉS 522

PRÉFACE

CET OUVRAGE est un monument élevé à la gloire du règne animal, dont il célèbre la richesse à un moment critique de son histoire. Élaboré par une équipe internationale de plus de soixante-dix zoologistes, biologistes et naturalistes, il présente un panorama complet des animaux du monde, depuis les espèces les plus familières jusqu'aux plus rares, connues d'une poignée de spécialistes ayant eu la chance de les voir et de les étudier. On y trouve non seulement les vertébrés, mais aussi une large sélection d'invertébrés – lesquels forment l'immense majorité, souvent méconnue, des espèces animales.

Plus de 2 000 espèces sont décrites dans ce livre. Presque toutes sont illustrées soit d'une photographie, soit d'un dessin. Les illustrations, résultant du travail de centaines de photographes animaliers et de zoologistes professionnels, mettent en évidence les animaux eux-mêmes ainsi que leurs divers aspects biologiques et écologiques. En raison des grandes difficultés que présentent l'observation et la prise de photographies dans la nature, un certain nombre d'images montrent des spécimens vivant en captivité, mais la majorité ont été prises en milieu naturel. Les illustrations comprennent des clichés étonnants, effectués par les meilleurs photographes spécialisés dans le monde sauvage – après des mois de recherche et avec l'aide patiente d'experts locaux –, clichés qui, souvent, ont été primés. Ce travail exceptionnel fait de ce volume un recueil iconographique sans égal.

Les fiches sur les animaux incluent un certain nombre de nouveautés apparues dans le catalogue de la vie animale. Parmi celles-ci, mentionnons des espèces de singes récemment identifiées, une troisième espèce d'éléphant et quelques baleines rares. À l'autre extrémité de l'échelle des tailles, la complexité de la classification du vaste univers des invertébrés est bien évoquée. En outre, les connaissances traditionnelles sur les modes de vie et les comportements sont actualisées, compte tenu des recherches les plus récentes, et ce, même pour les espèces les plus connues, à l'égard desquelles notre savoir est souvent loin d'être exhaustif.

LE RÈGNE ANIMAL reprend le plus souvent la classification habituelle ; néanmoins, dans certains cas, au vu des analyses cladistiques les plus récentes, celle-ci a été modifiée. Tout au long de l'ouvrage, une signalétique colorée sert de fil conducteur et indique le niveau de classification des divers groupes d'animaux, permettant de se repérer facilement. Des mammifères aux invertébrés, le livre traite successivement les groupes d'animaux dans l'ordre généralement admis par les spécialistes de chaque catégorie.

À notre époque, où la vie animale doit faire face à de grandes menaces, le déclin de nombre d'espèces est une préoccupation majeure. Des statistiques révèlent que, dans le même temps qu'il a fallu pour mettre au point cet ouvrage, des milliers d'espèces se sont éteintes. Il s'agit pour la plupart de petits invertébrés, à peine répertoriés par les spécialistes, mais aussi d'un certain nombre d'espèces plus visibles, tel le dernier ara de Spix sauvage, qui a disparu en décembre 2000.

Nombre d'espèces sont ainsi gravement menacées. On trouvera à la fin de chaque section (sous leur seul nom scientifique, la plupart n'ayant pas de nom vernaculaire français) les espèces répertoriées comme « au bord de l'extinction » par l'Union internationale pour la conservation de la nature et de ses ressources (UICN, voir p. 31). Y figurent des animaux aussi connus que le tigre, le rhinocéros noir et l'orang-outan, ainsi que nombre d'amphibiens, de poissons, d'insectes et autres invertébrés, dont le statut est souvent ignoré. Certains, comme l'ara de Spix déjà cité, ne sont préservés qu'en captivité. D'autres sont condamnés à disparaître à terme.

Si le public est largement sensibilisé aux menaces encourues par les tigres, les ours et les rhinocéros, devenus familiers grâce aux parcs zoologiques, aux documentaires télévisés et aux films animaliers, moins nombreux sont ceux qui se préoccupent du destin d'animaux tout petits, rarement évoqués, voire jamais vus. Aujourd'hui, nombre de spécialistes pensent que le déclin de la biodiversité sur la Terre – induit par la modification des habitats, mais aussi par la pollution et la surexploitation – est l'un des principaux dangers auxquels nous devons faire face. Quand des espèces disparaissent, c'est tout l'écosystème qui est touché, et l'équilibre que la nature s'efforce sans cesse de maintenir peut être affecté jusqu'à un jour se rompre. Si cela arrivait, il en résulterait une instabilité écologique dont les conséquences seraient graves tant pour le monde animal et végétal que pour la vie humaine. Dans le passé lointain, la vie a surmonté de graves crises, dont elle s'est remise lentement. Mais il n'y a aucun précédent d'une altération de la biodiversité due à une seule espèce – celle qui, de nos jours, domine la planète, l'homme.

Au contraire des générations précédentes, nous avons pris la mesure de ce danger et du fragile équilibre naturel. On ne peut plus faire comme si le monde sauvage n'existait pas, et un vaste mouvement en faveur de sa conservation mobilise les peuples par-delà les frontières, suscitant la création de nombreuses organisations de défense du vivant. La connaissance et la prise de conscience sont deux étapes essentielles, auxquelles pourvoit cet ouvrage en révélant la variété, la beauté et la richesse du règne animal.

David Burnie
éditeur en chef

MODE D'EMPLOI

Cet ouvrage s'organise en trois sections : une INTRODUCTION générale sur les animaux et leur vie, une partie sur les principaux HABITATS dans le monde, et l'essentiel de l'ouvrage, LE RÈGNE ANIMAL, consacré à la description des groupes et des espèces d'animaux. À la fin du volume, un GLOSSAIRE détaillé définit les principaux termes techniques et zoologiques utilisés, tandis que l'INDEX répertorie, outre des sujets thématiques, les groupes ainsi que les espèces, par leur nom scientifique et leur nom vernaculaire.

INTRODUCTION

Ce volume débute par une présentation générale de tous les aspects de la vie animale : définition des animaux (et ce qui les différencie des autres êtres vivants), leur anatomie, leurs cycles de vie, leur évolution, leur comportement et leur sauvegarde. En outre, cette partie comprend une présentation détaillée de la classification sur laquelle se fondent les fiches des espèces dans LE RÈGNE ANIMAL.

LES HABITATS

Dans cette section, chaque habitat décrit est divisé en deux parties. La première double page (illustration ci-dessous) décrit l'habitat, ainsi que son climat, sa flore et le type d'animaux qui l'occupent. La double page suivante explique la vie dans cet habitat et comment l'anatomie et le comportement des animaux ont évolué pour une meilleure adaptation à l'environnement.

présentation générale du type d'habitat

description des sous-types de l'habitat

pointillés délimitant les zones dans l'habitat

carte indiquant la répartition dans le monde

photographies d'animaux représentatifs de chaque zone

information sur les questions de préservation

LE RÈGNE ANIMAL

Cette partie est divisée en six chapitres : les mammifères, les oiseaux, les reptiles, les amphibiens, les poissons et les invertébrés. Chaque chapitre débute par une introduction sur la classe. Les groupes de rang inférieur tels les ordres et les familles sont ensuite présentés, suivis par les fiches sur les espèces qu'ils comprennent. Les invertébrés sont classés quelque peu différemment (voir à droite), tandis que les passereaux font l'objet de fiches par famille, dont seules des espèces représentatives sont présentées. Chaque chapitre se termine par une liste des espèces menacées .

SYMBOLES D'HABITATS

Les symboles des fiches correspondent aux termes suivants (sans ordre d'importance) :

- Forêt tempérée, dont zones boisées
- Forêt de conifères, dont zones boisées
- Forêt tropicale et pluviale
- Montagnes, régions montagneuses et éboulis
- Désert et semi-désert
- Habitats ouverts dont prairies, landes, savanes, champs, broussailles
- Zones humides et tous points d'eau statique, dont lacs, étangs, mares, tourbières et marécages
- Rivières, fleuves et toutes les eaux en mouvement
- Mangroves, sur ou sous la surface de l'eau
- Zones côtières, dont plages et falaises, zones juste au-dessus de la marée haute, dans la zone intertidale et dans les eaux peu profondes
- Mers et océans
- Récifs coralliens et eaux environnantes
- Régions polaires, dont la toundra et les icebergs
- Zones urbaines, dont les immeubles, les parcs et les jardins
- Parasite ; vivant sur ou à l'intérieur d'un autre animal

FICHES

Chaque fiche débute par des informations récapitulatives. Les mesures données sont celles des mâles adultes de l'espèce et peuvent être une fourchette typique, une moyenne ou un maximum, selon les données disponibles. Δ indique une estimation à partir des données disponibles.

Q. Nom vernaculaire québécois.

LONGUEUR (tous les groupes, sauf les invertébrés). MAMMIFÈRES : tête et corps. OISEAUX : du bec à la queue (extrémités). REPTILES : longueur de la carapace pour les tortues ; tête et corps, queue incluse, pour les autres espèces. POISSONS et AMPHIBIENS : tête et corps, queue incluse.

QUEUE (mammifères uniquement) Longueur.

POIDS (mammifères, oiseaux et poissons uniquement) Poids corporel.

SOCIABILITÉ (mammifères uniquement) Si les individus sont *solitaires*, en *groupe*, en *couple*, ou autrement au sein de ces unités (*variable*).

PLUMAGE (oiseaux uniquement) S'il est *identique* ou *différent* selon les sexes.

MIGRATION (oiseaux uniquement) Si l'oiseau est *migrateur*, *migrateur partiel*, *sédentaire* ou *nomade*.

REPRODUCTION (reptiles et poissons uniquement) Si l'espèce est *vivipare*, *ovipare* ou *ovovivipare*.

MODE DE VIE (reptiles et amphibiens uniquement) Si l'espèce est partiellement ou entièrement *terrestre*, *aquatique*, *fouisseuse* ou *arboricole*.

PÉRIODE DE REPRODUCTION (amphibiens uniquement) Période de l'année à laquelle l'espèce se reproduit.

SEXE (poissons uniquement) Si l'espèce compte des mâles et des femelles (*mâles/femelles*), est *hermaphrodite* ou *hermaphrodite successive*.

OCCURRENCE (invertébrés uniquement) Nombre d'espèces au sein de la famille, la classe ou l'embranchement ; leur distribution et les micro-habitats dans lesquels ils sont présents.

STATUT (tous les groupes). *Le Règne animal* utilise les catégories et les abréviations de l'UICN (voir p. 31) :

ÉTEINT À L'ÉTAT SAUVAGE (EW) : connu pour survivre uniquement en captivité ou dans le cadre d'une population naturalisée nettement en dehors de son aire de répartition.

AU BORD DE L'EXTINCTION (CR) : confronté à un risque d'extinction à l'état sauvage extrêmement élevé et à court terme.

EN DANGER (EN) : confronté à un risque d'extinction à l'état sauvage très élevé et à court terme.

VULNÉRABLE (VU) : confronté à un risque d'extinction à l'état sauvage élevé et à moyen terme.

PRÉOCCUPATION MINEURE (LR) : dépendant de mesures de conservation visant à éviter le passage dans l'une des catégories ci-dessus, quasi menacé, ou préoccupation mineure.

COMMUN (non UICN) : distribution assez large et présent à une densité relativement élevée dans l'aire de répartition.

COMMUN LOCALEMENT (non UICN) : présent à une densité relativement élevée dans une ou plusieurs zones.

Pour plus de détails, consultez le site Internet de l'UICN : www.iucn.org

◁ **GROUPES PRINCIPAUX** *Chacun des six groupes principaux d'animaux est présenté avec un aperçu de ses caractéristiques. Ces pages décrivent également les divers aspects de l'évolution, du cycle de vie et du comportement.*

◁ **EMBRANCHEMENTS, CLASSES ET ORDRES** *Dans chaque groupe principal, les groupes de rang inférieur, tels les ordres, sont présentés de façon distincte : animaux présents dans le groupe, caractéristiques, explication d'un grand nombre des termes utilisés dans les fiches des espèces.*

LES INVERTÉBRÉS

Les espèces en sont si nombreuses que, pour traiter le groupe dans son ensemble, cet ouvrage présente les plus grandes divisions taxinomiques – embranchement, classe, ordre et famille – plutôt que des espèces. Les groupes sont décrits ainsi : une brève présentation d'un ordre ou d'une classe accompagnée d'une description d'une (ou plusieurs) famille constituante, chacune étant illustrée par une espèce représentative (tels les insectes); une présentation d'une classe, illustrée par les espèces représentant des groupes ou des types distincts (par exemple les crustacés); une description d'un embranchement, illustré par une espèce représentative (uniquement pour les embranchements mineurs).

LA CLASSIFICATION

Dans chaque introduction d'un groupe, un tableau codé par des couleurs indique sa position dans le règne animal. Le groupe est désigné par un cadre blanc et une flèche. Les catégories taxinomiques supérieures sont indiquées dans le haut du tableau, suivies du nombre de catégories inférieures qu'elles contiennent. Une note de classification supplémentaire indiquera, le cas échéant, les sous-groupes ou les sujets faisant l'objet de débats.

◁ **GROUPES DE RANG INFÉRIEUR** *Dans de nombreux chapitres, les groupes d'animaux sont divisés en plus petits groupes, telles les familles. Une introduction pour chacune de ces sections décrit les caractéristiques anatomiques. Les aspects importants de la reproduction et du comportement sont également présentés.*

▽ **FICHES DES ESPÈCES** *Plus de 2 000 animaux sauvages font l'objet d'une fiche dans* LE RÈGNE ANIMAL. *Chaque fiche contient une brève description et, dans la plupart des cas, une illustration en couleurs et une carte de distribution.*

NOM SCIENTIFIQUE *Le nom de l'espèce apparaît dans une bande de couleur au début de chaque entrée.*

NOM COMMUN *Le nom commun de l'espèce apparaît sous son nom scientifique ; d'autres noms peuvent être mentionnés dans le texte.*

NOM COMMUN QUÉBÉCOIS *Le cas échéant.*

RÉPARTITION *Des cartes en couleurs indiquent la répartition mondiale pour chaque espèce avec des détails dans la légende.*

SYMBOLES DES HABITATS *Ils définissent l'environnement dans lequel vit l'animal (voir à gauche pour les légendes). Le texte comporte parfois d'autres informations.*

TEXTE *Chaque entrée décrit les principales caractéristiques de l'espèce.*

ILLUSTRATION *Les fiches comprennent souvent une photographie en couleurs ou un dessin de l'espèce, représentée généralement par un mâle adulte.*

DESCRIPTION *Les informations principales sont résumées au début de chaque entrée. Les catégories varient selon les groupes (voir à gauche).*

Felis yagouaroundi

Jaguarondi

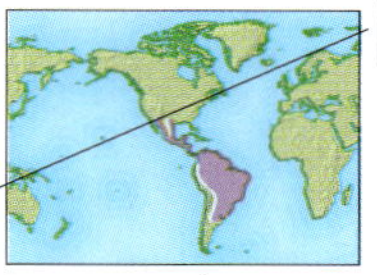

Longueur 55–77 cm
Queue 33–60 cm
Poids 4,5–9 kg

Sociabilité Solitaire

Statut LR

Répartition S. États-Unis à Amérique du Sud

Ressemblant davantage à un mustélidé qu'à un félin, le jaguarondi a un pelage uni qui varie du noir – dans les forêts – au brun-gris clair ou roux – dans les broussailles. Ce félin chasse le jour, souvent au sol, dans différents types d'habitat : les broussailles semi-arides, les forêts pluviales et les marais. Des oiseaux, des rongeurs, des lapins, des reptiles et des invertébrés sont ses proies favorites.

CARACTÉRISTIQUES *Les fiches peuvent comprendre des indications sur l'anatomie ou les variations (en bleu), le comportement (en jaune) ou la conservation (en vert).*

FICHES SPÉCIFIQUES ▷ *Les espèces d'un intérêt particulier sont présentées en une double page contenant une fiche avec les caractéristiques, une photographie en gros plan, et, dans certains cas, une séquence d'actions.*

RODUCTION

Les animaux constituent le plus vaste des cinq règnes du monde naturel. Bien qu'ils aient évolué à partir d'autres êtres vivants, ils représentent aujourd'hui la forme de vie dominante. Ce sont, entre autres, leurs capacités à adapter leur comportement et à se déplacer qui les ont rendus si prospères. Outre leurs caractéristiques, cette partie présente leur évolution, leurs réponses souvent complexes au monde qui les entoure et leur classement par les biologistes. Elle recense également les nombreuses menaces auxquelles ils doivent faire face.

QU'EST-CE QU'UN ANIMAL ?

AVEC ENVIRON 1,5 million d'espèces identifiées, et un nombre beaucoup plus important à découvrir, les animaux sont les êtres vivants les plus diversifiés de la planète. Depuis plus d'un milliard d'années, ils s'adaptent au monde qui les entoure, élaborant un vaste éventail de modes de vie pour survivre. À une extrémité, les animaux comprennent les prédateurs rapides, tels les requins, les félins et les oiseaux de proie ; à l'autre extrémité, on trouve les « laissés-pour-compte », qui passent inaperçus, vivant invisibles dans le sol ou sur les grands fonds marins. Ensemble, ils constituent le règne animal – un vaste ensemble d'êtres vivants qui sont liés par une biologie commune et qui occupent une place dominante dans la vie sur terre.

LES CARACTÉRISTIQUES

Leur faculté de se déplacer permet généralement de distinguer les animaux des autres formes de vie. Mais si cette règle est valable pour la majorité des animaux terrestres, elle ne s'applique pas à de nombreuses espèces aquatiques. Dans l'eau, bien des animaux passent leur vie adulte en un même endroit, et certains ont même l'apparence d'une plante. Leurs caractéristiques biologiques de base constituent un moyen plus fiable d'identifier les animaux : leur corps est composé de nombreuses cellules ; ils sont dotés de nerfs et de muscles ; et surtout, ils tirent de la nourriture l'énergie dont ils ont besoin.

Par rapport à d'autres formes de vie, les animaux sont très complexes et incroyablement réactifs. Même les plus simples réagissent rapidement aux changements de leur environnement, en s'éloignant d'un danger potentiel ou en allant chercher ailleurs leur nourriture. Les animaux dotés d'un système nerveux bien développé peuvent aller encore plus loin : ils sont capables d'apprendre par l'expérience – faculté propre au monde animal.

VIE STATIQUE
Animaux sessiles typiques, les ascidies passent leur vie adulte fixées à une surface solide. Les petits, semblables à des têtards, peuvent se déplacer, ce qui permet aux ascidies de se propager.

LES DIMENSIONS

Les plus grands animaux vivants, les cétacés à fanons, peuvent mesurer 25 m et peser 120 tonnes. À l'autre extrême se trouvent les organismes microscopiques – rotifères et tardigrades (seulement 0,05 mm de long) – ainsi que des mouches et coléoptères submicroscopiques (environ 0,2 mm de long). Ces animaux sont si minuscules que leur poids est négligeable. En raison de leurs tailles différentes, les animaux ont des modes de vie distincts. Les cétacés ont peu de prédateurs naturels, tout comme les éléphants, les plus grands animaux terrestres ; leur corps massif a un rendement énergétique très élevé, car l'assimilation des aliments se fait à grande échelle ; il leur faut du temps pour parvenir à maturité, et ils sont donc lents à se reproduire. Les insectes, eux, sont des proies faciles pour d'autres animaux ; le rendement énergétique de leur corps est faible ; ils se reproduisent rapidement lorsque les conditions sont favorables, et leur nombre augmente à une vitesse prodigieuse.

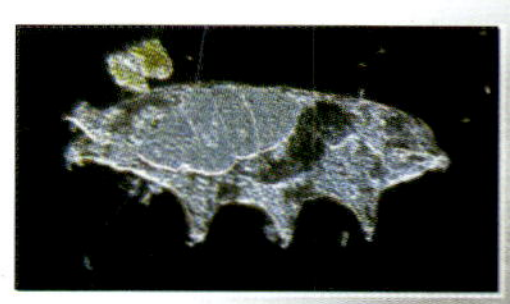

ANIMAUX MINIATURES
Les minuscules tardigrades se déplacent grâce à des pattes microscopiques. Leur comportement est aussi complexe que celui d'animaux mille fois plus gros.

LES GÉANTS DES OCÉANS
Un mégaptère surgit des flots. Des animaux aussi grands ne peuvent vivre que dans l'eau, car c'est l'eau qui porte la quasi-totalité de leur poids.

VERTÉBRÉS OU INVERTÉBRÉS

La quasi-totalité des animaux les plus grands et les plus connus sont des vertébrés, qui comprennent les animaux les plus rapides sur terre, dans l'eau et dans les airs, ainsi que les espèces les plus évoluées du monde, dont *Homo sapiens*. Les vertébrés ont tous un lien de parenté, partageant un ancêtre commun qui remonte à des millions d'années. Toutefois, bien qu'ils dominent le règne animal dans de nombreux domaines, les vertébrés constituent une infime minorité au sein des espèces animales connues aujourd'hui. La grande majorité des espèces est composée d'invertébrés. Ceux-ci ont souvent très peu de choses en commun, à l'exception de l'absence de colonne vertébrale. Le calmar géant, le plus grand des invertébrés, peut dépasser 16 m, mais c'est une véritable exception. La plupart des invertébrés sont en effet minuscules,

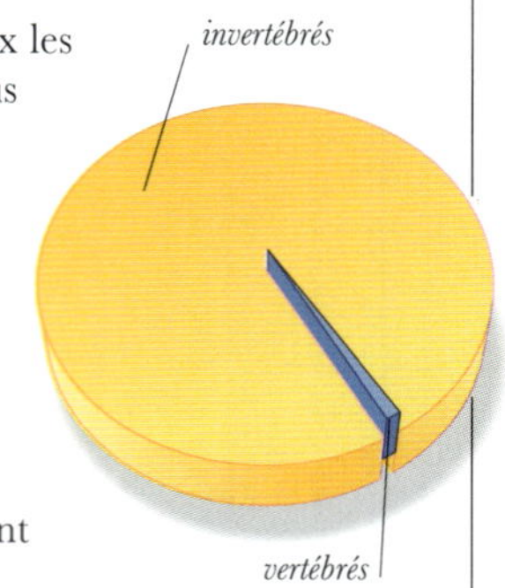

UNE MAJORITÉ D'INVERTÉBRÉS
Les vertébrés représentent moins de 3 % des animaux. Les 97 % restants sont constitués d'invertébrés.

LES RÈGNES DE LA VIE

Les biologistes classent les êtres vivants en « règnes » dont les membres présentent des similitudes fondamentales, telles la nature de leurs cellules ou la façon dont ils se procurent leur énergie. Le système le plus utilisé compte cinq règnes, le règne animal étant le plus important. Un récent système de classification ajoute trois « super-règnes » : archaebactéries, eubactéries et eucaryotes. Les deux premiers reflètent les différences chimiques et physiques au sein des bactéries ; le troisième comprend les êtres vivants qui, contrairement aux bactéries, ont des cellules complexes : protistes, champignons, plantes et animaux.

ANIMAUX	PLANTES	CHAMPIGNONS	PROTISTES	MONÈRES ou BACTÉRIES
Organismes pluricellulaires qui se procurent leur énergie en ingérant des aliments. Tous sont capables de bouger au moins certaines parties de leur corps, et un grand nombre peuvent se déplacer.	Organismes pluricellulaires qui se développent en exploitant l'énergie de la lumière. Grâce à la photosynthèse, elles transforment cette énergie en matière organique, élaborant la majeure partie de la nourriture dont dépendent les animaux.	Pluricellulaires pour la plupart, ils tirent l'énergie de la matière organique, qu'ils n'ingèrent pas mais décomposent extérieurement à l'aide de filaments microscopiques dont ils enveloppent la nourriture. Certains sont invisibles, mais d'autres ont de volumineux organes reproducteurs.	Organismes unicellulaires vivant généralement dans l'eau ou dans les habitats humides. Leurs cellules sont plus grandes et plus complexes que celles des bactéries. Certains se comportent comme les plantes, tirant leur énergie de la lumière du soleil ; d'autres, les protozoaires, ressemblent davantage à des animaux, obtenant leur énergie en ingérant de la nourriture.	Les plus simples des organismes autonomes. Ce sont des procaryotes : leurs cellules sont dépourvues d'organites, structures spécialisées que les cellules plus complexes utilisent pour effectuer différentes tâches. Les bactéries tirent leur énergie de différentes sources, dont les matières organiques et non organiques, ainsi que la lumière du soleil.
 MAMMIFÈRE	 PLANTE À FLEURS	 CHAMPIGNON TERRESTRE	 PARAMÉCIE	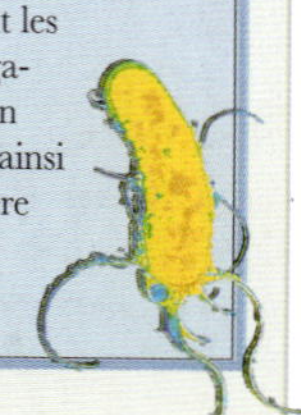 BACTÉRIE

SYSTÈMES DE SOUTIEN *De nombreux invertébrés – comme les sangsues – n'ont aucune partie corporelle dure ; pour garder leur forme, ils utilisent la pression des liquides physiologiques. Les cordés simples, dont les amphioxus, ont une baguette de renfort, ou notocorde, tout le long du corps. Les vertébrés, qui sont les cordés les plus évolués, sont les seuls animaux disposant d'un squelette interne composé d'os.*

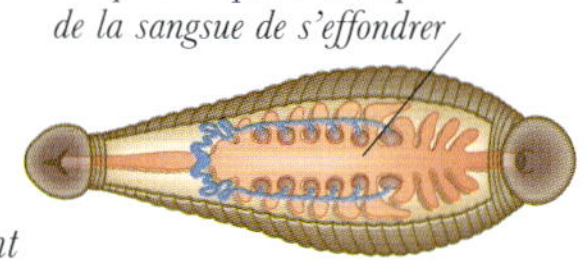

SANGSUE

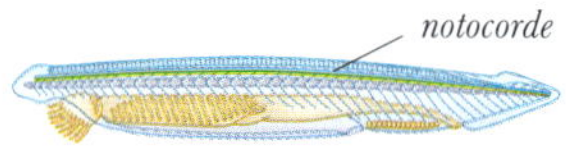

AMPHIOXUS

POISSON OSSEUX

et beaucoup vivent dans des habitats inaccessibles, ce qui explique pourquoi ils sont moins bien connus que les vertébrés.

À SANG CHAUD OU FROID

La plupart des animaux sont à sang froid (ou ectothermes) : leur température corporelle est déterminée par celle de leur environnement. Les oiseaux et les mammifères sont à sang chaud (ou endothermes) : ils produisent leur propre chaleur et maintiennent une température interne constante, quelles que soient les conditions extérieures.

Cette différence de température corporelle a des effets considérables sur le mode de vie. Les animaux à sang froid – reptiles, amphibiens et insectes –, très actifs par temps chaud, voient leur activité ralentir en cas de baisse de température. Ils absorbent de la chaleur en prenant des bains de soleil, mais, si la température descend en dessous de 10 °C, leurs muscles fonctionnent si lentement qu'il leur est difficile de se déplacer. En revanche, les oiseaux et les mammifères, grâce à leur chaleur interne et à une bonne isolation, restent actifs même quand la température chute en dessous de zéro.

CONTRÔLE DE LA CHALEUR *En s'exposant au soleil ou au contraire en s'abritant, les papillons et autres animaux à sang froid modulent leur température corporelle. Malgré tout, ils souffrent des températures extrêmes, surtout froides.*

SEULS OU EN COLONIES

Physiquement, les vertébrés vivent en tant qu'individus distincts, même s'ils peuvent vivre en familles ou en groupes. Dans le monde des invertébrés, il n'est pas rare que les animaux soient associés en permanence, constituant des colonies. Celles-ci se comportent généralement comme des animaux individuels. Elles sont statiques pour la plupart, mais certaines – en particulier celles qui vivent dans la mer – peuvent se déplacer. Les espèces coloniales comptent certains des invertébrés les plus remarquables au monde. Les pyrosomes, par exemple, forment des colonies à l'aspect de tubes à essai assez grands pour qu'un plongeur puisse y pénétrer. Toutefois, du point de vue écologique, les animaux coloniaux les plus importants sont les coraux

LA VIE EN GROUPE
Ce corail ramifié est recouvert d'une «peau» vivante qui relie les individus, ou polypes. Les polypes sont en contact permanent mais mènent leur vie séparément. Chacun dispose de tentacules urticants et capture sa propre nourriture.

bâtisseurs de récifs, qui forment des structures complexes fournissant un refuge à toute une série d'animaux. Chez les coraux bâtisseurs de récifs, les membres de chaque colonie sont généralement identiques. Mais, chez certaines espèces coloniales, les membres ont des formes différentes conçues pour des tâches spécifiques. Par exemple, la physalie (ou galère portugaise) – organisme océanique flottant infligeant une piqûre très violente – ressemble à une méduse mais est constituée d'animaux distincts, appelés polypes, chargés de la capture des proies, de la digestion ou de la reproduction. Ils sont suspendus sous un polype géant empli de gaz, qui fait office de flotteur pour la colonie.

ISOLATION
Leur isolation permet à ces jeunes manchots empereurs de maintenir leur température corporelle presque constante de 40 °C, même par des températures extérieures inférieures à 0 °C.

L'ÉNERGIE DE LA VIE

Les animaux tirent leur énergie des matières organiques ou de la nourriture. Ils décomposent les aliments en les digérant puis absorbent les substances qui sont libérées. Ces substances sont transportées dans les cellules, où elles se mélangent à l'oxygène pour libérer de l'énergie. Ce processus – appelé respiration cellulaire – est semblable à une forme de combustion très contrôlée, la nourriture agissant comme combustible.

En général, les animaux sont soit herbivores, soit carnivores. Les carnivores comprennent les prédateurs, qui chassent et tuent les proies, et les parasites, qui se nourrissent dans ou sur le corps vivant des autres animaux. Il existe également des omnivores, qui mangent des animaux et des végétaux, et des nécrophages, qui se nourrissent de matières mortes – des feuilles et cadavres en décomposition aux fourrures et aux os.

Tous les animaux, quel que soit leur mode de vie, finissent par fournir de la nourriture à d'autres. Tous constituent des chaînes alimentaires, où la nourriture – et son énergie – est transmise d'une espèce à l'autre. Toutefois, les chaînes alimentaires comptent rarement plus de cinq ou six niveaux, ou maillons. En effet, 90 % de l'énergie d'un animal ne peuvent être transmis : ils sont utilisés pour faire fonctionner le corps de l'animal.

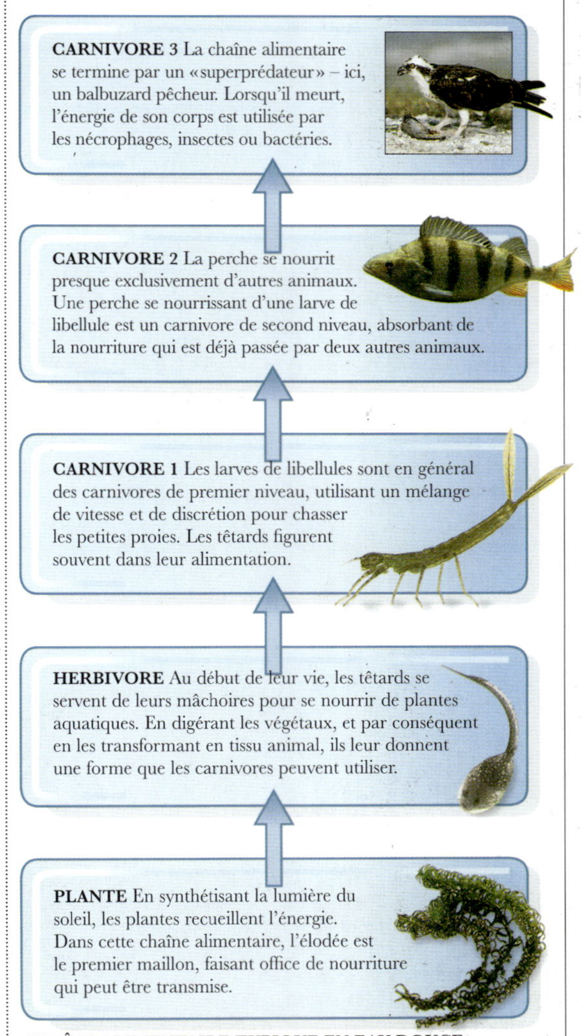

CHAÎNE ALIMENTAIRE TYPIQUE EN EAU DOUCE
En cinq étapes, la nourriture et l'énergie progressent vers le haut, transmises chaque fois qu'un organisme en mange un autre. La chaîne se termine lorsqu'elle atteint un animal sans prédateur naturel. L'énergie de ce dernier est finalement transmise aux nécrophages et aux recycleurs, dits décomposeurs, qui pour beaucoup vivent dans le sol.

L'ÉVOLUTION

COMME TOUS LES ÊTRES VIVANTS, les animaux se modifient de génération en génération, de manière très infime, difficile à observer, mais qui, au fil de milliers ou de millions d'années, transforme leur aspect et leur comportement. Ce processus, appelé évolution, leur permet d'exploiter de nouvelles possibilités et de s'adapter aux changements qui surviennent dans leur environnement. L'évolution agit en modifiant les caractéristiques existantes, généralement par une série de mutations subtiles. Par conséquent, chaque animal est une bibliothèque vivante de l'histoire de l'évolution – ce qui permet de déceler les liens entre les différentes espèces.

L'ADAPTATION

Les animaux rivalisent pour obtenir l'espace et la nourriture qui leur sont nécessaires. Dans cette compétition, certaines caractéristiques se révèlent plus utiles que d'autres, ce qui signifie que ceux qui en sont dotés ont plus de chance de prospérer et d'engendrer une progéniture importante. Les animaux ayant des caractéristiques moins utiles éprouvent plus de difficultés et ont du mal à se reproduire. De ce fait, les moins prolifiques sont peu à peu éliminés, tandis que ceux qui disposent des caractéristiques «gagnantes» se répandent. Ce processus d'élimination, la sélection naturelle, intervient constamment, passant au crible toutes les variations subtiles qui ont lieu lors de la reproduction. Par exemple, pour de nombreux animaux, le camouflage est un atout inestimable. La sélection naturelle fait en sorte que toutes les améliorations du camouflage – léger changement de couleur, de forme ou de comportement – soient transmises à la génération suivante, augmentant ses chances de survie et, de ce fait, ses chances de se reproduire. Ces adaptations persistent tant qu'elles sont utiles : si le mode de vie change, la voie de l'évolution change aussi. Cela s'est produit à maintes reprises chez les oiseaux : certaines lignées ayant la capacité de voler l'ont perdue en adoptant une vie terrestre.

SE FONDRE DANS LE PAYSAGE
La plupart des strigidés ont un plumage brun leur permettant de se cacher dans les arbres. Mais le harfang des neiges, qui vit dans la toundra arctique, sans arbres, est blanc – ce qui augmente ses chances de survie.

HULOTTE

HARFANG DES NEIGES

HISTOIRE DE LA VIE
Les géologues divisent l'histoire de la terre en périodes caractérisées par des changements physiques importants (éruptions volcaniques, collisions entre les continents, changements de climat). Nombre de ces périodes ont connu des extinctions massives, à la fois sur terre et dans la mer. Pour chaque période décrite ci-dessous, la mention indique la fin de la période.

LA SPÉCIATION

Une espèce est un groupe d'animaux capables de se reproduire entre eux et qui, dans des circonstances normales, ne se reproduisent pas avec des membres d'une autre espèce. La spéciation est le processus évolutif qui donne naissance à de nouvelles espèces. Elle survient en général lorsqu'une espèce se divise en deux ou plusieurs groupes, séparés par des barrières physiques (mers, montagnes) ou par des changements de comportement. Si ces groupes restent séparés assez longtemps, ils développent leurs propres adaptations et se différencient tellement qu'ils ne peuvent plus se reproduire entre eux. Si la spéciation est difficile à observer, car elle est très lente, on en a des preuves. De nombreux animaux – des papillons aux poissons d'eau douce – présentent des différences selon les régions. Avec le temps, ces formes locales, ou sous-espèces, peuvent devenir des espèces à part entière.

FORME ALLEMANDE

FORME JAPONAISE

SPÉCIATION
L'apollon est une espèce très variable. De nombreuses formes sont limitées à des parties de l'hémisphère Nord. Ce papillon vit en montagne ; ses différentes formes tendent à rester distinctes. Avec le temps, ces formes pourraient évoluer vers de nouvelles espèces.

L'EXTINCTION

L'extinction est un phénomène naturel de l'évolution car, pour que certaines espèces puissent se développer, d'autres doivent disparaître. Depuis l'apparition de la vie, environ 99 % des espèces de la planète ont disparu et, à cinq occasions au moins, un nombre considérable s'est éteint sur une période relativement courte. La plus récente de ces extinctions massives, il y a 65 millions d'années, a touché les dinosaures. Toutefois, malgré ce type de catastrophes, le nombre total d'espèces vivantes a, jusqu'à récemment, suivi une tendance générale à la hausse. Aujourd'hui, la vitesse d'extinction augmente rapidement en raison de l'intervention de l'homme dans les écosystèmes naturels.

ESPÈCE DISPARUE
Le crapaud doré, des hauts plateaux de l'Amérique centrale, est l'une des quelques espèces dont l'apparente extinction est étroitement surveillée. Il se reproduit normalement dans les mares du sol forestier, mais, depuis le début des années 1990, l'espèce a disparu sans laisser de trace.

Les primates, les oiseaux tropicaux et de nombreux amphibiens sont particulièrement menacés. À l'avenir, ce déclin ne peut que se poursuivre, car la vitesse à laquelle l'évolution crée de nouvelles espèces est beaucoup plus lente que celle de l'extinction.

LA CONVERGENCE

Des animaux non apparentés présentent souvent des similitudes très marquées. Ainsi, le requin et le dauphin sont fondamentalement différents, mais tous deux ont un corps fuselé avec une nageoire dorsale verticale – forme qui leur confère rapidité et stabilité dans l'eau –, tandis que taupes et taupes marsupiales

PRÉCAMBRIEN	CAMBRIEN	ORDOVICIEN	SILURIEN	DÉVONIEN	CARBONIFÈRE
Période qui va de la formation des continents à l'apparition des premiers animaux à parties corporelles dures dans les fossiles. La vie est apparue voici environ 3,8 milliards d'années. L'apparition des premiers animaux est mal connue : étant donné qu'ils avaient un corps mou, ils ont laissé peu de traces, bien que leur existence soit prouvée par des fossiles de terriers et de traces (datant d'environ 1 milliard d'années).	Le début de la période est marqué par une extraordinaire explosion de la vie animale dans les mers : mollusques, échinodermes et arthropodes, premières créatures ayant des parties du corps dures, facilement fossilisées. À la fin de la période, toutes les principales divisions de la vie animale, ou embranchements, qui existent aujourd'hui étaient apparues.	Vie exclusivement marine, avec les premiers crustacés et certains des premiers poissons sans mâchoires. Les trilobites (arthropodes au corps divisé en trois parties) sont nombreux, ainsi que les nautiloïdes à longue carapace (mollusques prédateurs avec des bras à ventouses). Comme le cambrien, l'ordovicien se termine par une extinction massive, probablement due à des changements climatiques.	Apparition du premier poisson à mâchoires et des scorpions marins géants – parents des actuels arachnides. En même temps, premières plantes terrestres.	Ou «âge des poissons», car ceux-ci, avec et sans mâchoires, se diversifient. De nombreux poissons vivant dans les eaux douces, la chaleur et la baisse du niveau de l'eau ont provoqué l'apparition des poumons primitifs. Par conséquent, les amphibiens ont évolué, devenant les premiers vertébrés à vivre sur la terre ferme. Les insectes se sont répandus, et la formation des premières forêts a débuté. Le dévonien s'est terminé avec la troisième extinction massive (jusqu'à 70 % des espèces animales).	Ou «âge du charbon» : un climat chaud a stimulé la croissance des forêts sur des sols marécageux – habitat des amphibiens et des insectes volants, dont les libellules, d'une envergure atteignant 60 cm. Dans la mer, les ammonoïdes (mollusques apparentés aux nautiles actuels), abondent.
MILLIONS D'ANNÉES 540	500	435	410	360	295

PALÉOZOÏQUE

ont en commun de nombreuses adaptations pour la vie souterraine. Les amphisbènes et les gymnophiones, eux, se ressemblent, bien que les premiers soient des reptiles, et les seconds, des amphibiens aberrants. Cela résulte d'une évolution convergente, processus dans lequel la sélection naturelle entraîne les mêmes adaptations à un mode de vie particulier.

TAUPE

TAUPE MARSUPIALE

DES FORMES IDENTIQUES
Mis à part la différence de couleurs, taupe et taupe marsupiale présentent bien des similitudes, mais elles ne sont pas du tout apparentées ; leurs similitudes sont dues à la convergence.

La convergence entraîne des similitudes frappantes et peut rendre l'étude du cours de l'évolution très difficile, ce qui explique pourquoi les détails de la classification animale sont souvent modifiés.

LES ASSOCIATIONS

Au fil de millions d'années, les animaux ont développé des associations complexes, entre eux et avec d'autres formes de vie. Le mutualisme est une sorte d'association courante bénéfique pour deux espèces, par exemple les pique-bœufs et les gros mammifères, ou les coraux et les algues microscopiques. Certaines associations sont souples, mais d'autres sont si développées que les deux partenaires ne peuvent survivre l'un sans l'autre, tels les insectes pollinisateurs et les plantes. Celle des rémoras et de leurs poissons hôtes (voir p. 514) sera bénéfique pour une espèce mais sans avantage ni inconvénient pour l'autre. Chaque partenaire étant mû par son propre intérêt, si l'un des deux peut faire pencher la balance en sa faveur, la sélection naturelle le poussera à le faire. Le stade extrême est le parasitisme : un animal, le parasite, vit sur ou à l'intérieur du corps de son hôte, entièrement à ses dépens.

AVANTAGES ET INCONVÉNIENTS
Les pique-bœufs débarrassent les gros animaux des tiques et autres parasites, mais se nourrissent également du sang des plaies – habitude qui est moins utile à leurs hôtes.

LA BIOGÉOGRAPHIE

La distribution actuelle des animaux est le résultat conjugué de nombreux facteurs, notamment la dérive des continents et l'activité volcanique, qui modifient constamment la forme de la surface terrestre. En séparant des groupes d'animaux et en créant de nouveaux habitats, ces processus géologiques ont eu un impact profond sur la vie animale. L'un des effets les plus importants peut s'observer sur les îles isolées, telles l'Australie ou Madagascar, qui sont séparées du reste du monde depuis des millions d'années. Avant l'arrivée des hommes, les animaux terrestres y vivaient en toute solitude, sans être affectés par des concurrents de l'extérieur. Cela a donné toute une gamme d'espèces indigènes, comme les kangourous et les makis, qui ne sont présents nulle part hors de leur terre natale.

Les animaux se sont séparés lorsque les continents s'éloignaient et se sont réunis lorsque ces derniers entraient en collision. La distribution des animaux témoigne de ces événements longtemps après leur survenue. Par exemple, l'Australasie et l'Asie du Sud-Est sont devenues de proches voisines il y a longtemps, mais leur faune demeure très différente : elle est divisée par la « ligne de Wallace », une frontière invisible qui indique l'endroit où les continents se sont réunis.

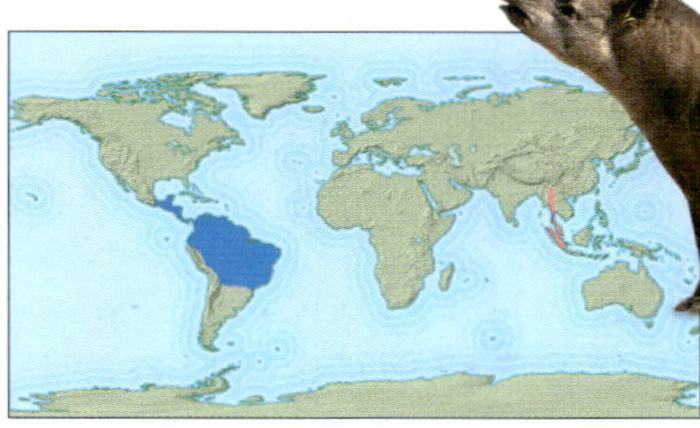

TAPIR TERRESTRE

RÉPARTITION DU TAPIR TERRESTRE

RÉPARTITION DU TAPIR À CHABRAQUE

LA DÉRIVE DES CONTINENTS
Une espèce de tapir vit en Asie du Sud-Est ; trois autres vivent en Amérique centrale et du Sud. Cela indique que ces deux terres étaient autrefois réunies.

TAPIR À CHABRAQUE

LA SÉLECTION ARTIFICIELLE

Les variations dues à la sélection naturelle sont souvent difficiles à observer. Ainsi, un hareng ressemble beaucoup à un autre, et il est presque impossible de distinguer des étourneaux en vol. En effet, la sélection naturelle opère sur une multitude de caractéristiques parmi de nombreux individus d'une espèce. Toutefois, lorsque les animaux sont élevés dans des conditions contrôlées, leurs variations cachées se révèlent. Les éleveurs mettent l'accent sur la reproduction de caractéristiques particulières (taille, couleur) et, en sélectionnant uniquement les animaux dotés de ces caractéristiques, ils peuvent accentuer ces dernières à une vitesse incroyable. Ce processus, appelé sélection artificielle, a donné naissance à l'ensemble des animaux domestiques et des plantes cultivées dans le monde.

CHIHUAHUA

LOUP

UN AIR DE FAMILLE
Tous les chiens domestiques descendent du loup. Par la sélection artificielle, il est possible de créer des races distinctes en très peu de temps.

PERMIEN	TRIAS	JURASSIQUE	CRÉTACÉ	TERTIAIRE	QUATERNAIRE
Les reptiles sont les animaux terrestres dominants. Les continents ont formé une masse unique. La période s'achève avec l'extinction – probablement due à un changement climatique et à une activité volcanique – de plus de 75 % des espèces terrestres et de plus de 90 % des espèces marines.	Les reptiles comprennent les ptérosauriens volants, des espèces nageuses – tels les nothosauriens et les ichthyosaures – et les premiers véritables dinosaures. Les mammifères existent déjà, mais, étant donné la domination des reptiles, ils constituent uniquement une faible proportion de la faune terrestre.	Ou « âge des dinosaures ». Les reptiles ont renforcé leur position dominante. Ils comprennent une vaste gamme d'espèces herbivores et carnivores. La végétation est très variée et, vers la fin du jurassique, les plantes à fleurs sont apparues, créant de nouvelles opportunités pour les animaux, en particulier les insectes pollinisateurs. Les dinosaures ont peu à peu donné naissance aux oiseaux. Le premier oiseau connu, *Archaeopteryx*, s'est probablement élancé dans les airs il y a environ 150 millions d'années.	Cette période voit l'évolution rapide des plantes à fleurs et des animaux qui peuvent s'en nourrir. Mais le plus marquant est l'apparition des animaux les plus gigantesques qui aient jamais vécu. Tous étaient des dinosaures : immenses sauropodes herbivores, pesant peut-être 80 tonnes ; colossaux carnivores bipèdes, tels *Tyrannosaurus* et son parent encore plus gros, *Carcharodontosaurus*. Vers la fin du crétacé, les dinosaures commencent déjà à décliner, mais ils sont éliminés par une extinction massive qui a également tari bien d'autres formes de vie.	Les mammifères existent depuis longtemps, mais la disparition des dinosaures leur permet d'évoluer rapidement, en devenant plus grands et beaucoup plus diversifiés. Les continents se séparent, permettant à différents groupes de mammifères d'évoluer indépendamment les uns des autres.	Brusques changements climatiques. Suprématie des mammifères. Les humains sont devenus la forme de vie dominante.
245	205	135	65	1,8	PRÉSENT
	MÉSOZOÏQUE			CÉNOZOÏQUE	

LA CLASSIFICATION

LES SCIENTIFIQUES ont identifié environ 1,5 million d'espèces d'animaux, et la liste s'allonge chaque année. Le nombre total d'espèces vivantes pourrait atteindre 30 millions, ce qui signifie que le travail consistant à localiser et à répertorier la faune mondiale pourrait ne jamais s'achever. Pour interpréter cette incroyable diversité, les biologistes utilisent des systèmes de classification dans lesquels toutes les espèces présentes et passées sont dénommées et réunies en groupes (appelés taxons). Ils attribuent à chaque animal un nom d'espèce unique et le placent dans le groupe comprenant les espèces qui, selon leur développement évolutif, sont les plus proches.

LES PRINCIPES

La classification scientifique moderne remonte au XVIIIe siècle, avec Carl von Linné, naturaliste suédois. Linné a mis au point un système – encore en vigueur aujourd'hui – dans lequel tous les organismes sont identifiés par un nom scientifique latin en deux parties. La première partie indique le genre auquel l'animal appartient ; la seconde, l'espèce. À première vue, ces noms peuvent sembler embarrassants, mais ils présentent deux avantages de taille : contrairement aux noms communs, ils peuvent être compris dans le monde entier, et, outre qu'ils désignent les animaux et tous les autres êtres vivants, ils indiquent exactement où se place une espèce dans le monde vivant.

L'espèce est l'unité de base. Les espèces sont réunies en genres qui, à leur tour, forment des familles. Ce regroupement se poursuit vers le haut par l'ordre, la classe, l'embranchement (ou phylum) et, enfin, le règne – plus grand groupe et niveau le plus élevé dans la hiérarchie.

Chaque groupe a un ancêtre commun, s'éloignant de plus en plus d'une espèce à chaque niveau hiérarchique supérieur. Étape essentielle de la classification, l'identification des groupes nécessite une recherche complexe pour démêler les éléments déroutants que l'évolution laisse derrière elle.

PHYLUM	Cordés
CLASSE	Mammifères
ORDRE	Carnivores
FAMILLE	Felidae
ESPÈCE	*Panthera tigris*

CLASSIFICATION DU TIGRE
Dans l'ouvrage, ce type de petit tableau indique la position des groupes d'animaux dans la hiérarchie taxinomique. Le grand tableau sur la droite définit les divers niveaux taxinomiques, en commençant par le règne (le niveau le plus élevé) et en terminant par l'espèce. En prenant le tigre comme exemple, il montre également comment les caractéristiques physiques d'un animal sont utilisées pour déterminer sa place dans le système de classification.

LES NIVEAUX

Le schéma ci-dessous illustre les niveaux de classification pour le tigre. Toutefois, pour d'autres animaux – tels les insectes ou les serpents –, la classification serait différente, car elle comporterait un ou plusieurs autres niveaux. Cela est dû au fait que les animaux ne correspondent pas toujours exactement aux catégories que les scientifiques ont établies. Il est parfois nécessaire de créer des niveaux intermédiaires – des superclasses ou des sous-ordres –, afin d'intégrer certains groupes.

Ces niveaux supplémentaires ne signifient pas que le système de classification n'est pas efficace ; ils reflètent simplement le fait que les niveaux de classification ne sont que des étiquettes. La seule catégorie qui existe vraiment est celle des espèces, et, même à ce niveau, il est parfois très difficile de définir un animal avec précision. Généralement, les espèces sont définies comme des groupes d'êtres vivants ayant en commun plusieurs caractéristiques et capables de se reproduire entre eux. Toutefois, il est parfois délicat de décider si un groupe correspond à cette définition, et plusieurs chercheurs peuvent arriver à des conclusions différentes. Par conséquent, les scientifiques préfèrent aujourd'hui déterminer les espèces en étudiant les données génétiques. Cette méthode a débouché sur la « découverte » de nouvelles espèces parmi les animaux déjà connus – par exemple l'éléphant de forêt (voir p. 221). Mais les données génétiques ne résolvent pas toutes les énigmes de la classification, car les chercheurs doivent encore décider si les gènes de deux animaux sont suffisamment identiques pour justifier le fait que ces derniers soient classés dans la même espèce.

RASSEMBLER LES ÉLÉMENTS

La quasi-totalité des groupes d'animaux actuels a été déterminée avant l'apparition de l'analyse génétique. Les groupes ont été établis sur la base d'éléments anatomiques chez les espèces vivantes et fossilisées. Les études anatomiques peuvent être très utiles pour retracer l'évolution, car elles montrent souvent comment certaines parties du corps – tels que les membres, les mâchoires ou les dents – ont été modifiées, parfois de façon drastique, pour des utilisations différentes. Les membres des vertébrés quadrupèdes, ou tétrapodes, sont un excellent exemple de ce type de modification évolutive. La forme basique d'un membre, qui remonte

RÈGNE Division générale groupant les organismes dont le fonctionnement est fondamentalement identique.	**ANIMAL** *Le règne animal comprend les organismes pluricellulaires tirant leur énergie de la nourriture. La plupart ont des nerfs et muscles et peuvent se mouvoir.*	
PHYLUM (= EMBRANCHEMENT) Importante subdivision du règne comportant une ou plusieurs classes et leurs sous-groupes.	**CORDÉS (= CHORDATA)** *Cet embranchement comprend les animaux avec une baguette de soutien ou notocorde tout le long du corps, pendant toute ou partie de leur vie.*	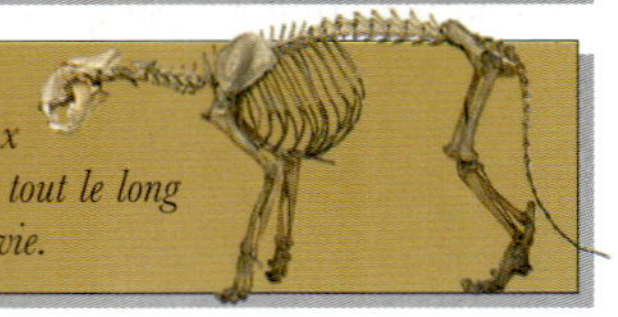
CLASSE Importante subdivision d'un embranchement comportant un ou plusieurs ordres et leurs sous-groupes.	**MAMMIFÈRES** *Cette classe comprend des cordés à sang chaud, qui ont des poils et allaitent leurs petits. La majorité d'entre eux mettent bas des petits déjà formés.*	
ORDRE Subdivision importante de la classe comportant une ou plusieurs familles et leurs sous-groupes.	**CARNIVORES** *Cet ordre comprend les mammifères qui ont des dents spécialisées pour mordre et couper. Un grand nombre d'entre eux, dont le tigre, se nourrissent surtout de viande.*	
FAMILLE Subdivision d'un ordre comportant un ou plusieurs genres et leurs sous-groupes.	**FELIDAE** *Cette famille comprend les carnivores au crâne court et aux griffes bien développées. Dans la plupart des cas, les griffes sont rétractiles.*	
GENRE Subdivision d'une famille comportant une ou plusieurs espèces et leurs sous-groupes.	***PANTHERA*** *Ce genre comprend les grands félins qui ont un larynx spécialisé avec des ligaments élastiques. Au contraire des autres félins, ils peuvent rugir et ronronner.*	
ESPÈCE Groupe d'individus identiques capables de se reproduire entre eux dans la nature.	***PANTHERA TIGRIS*** *Le tigre est l'unique membre du genre* Panthera *qui a une fourrure striée lorsqu'il est adulte. Il existe plusieurs variétés, ou sous-espèces.*	

DE NOUVELLES DÉCOUVERTES

Deux siècles après le début de la classification scientifique, les zoologistes pensent que le nombre de vertébrés terrestres encore inconnus est relativement faible. La vie marine étant beaucoup moins connue, il est probable que de nombreux poissons n'ont pas encore été découverts – le cœlacanthe indonésien (p. 480) est un exemple de découverte récente (1997). Toutefois, dans les prochaines décennies, la grande majorité des « nouveaux » animaux seront des invertébrés. Selon certaines estimations, moins de 1 espèce d'invertébrés sur 20 a déjà été identifiée et dénommée.

PRÉLÈVEMENT EN FORÊT
Les études de certains habitats – forêts tropicales, fonds marins peu profonds – révèlent fréquemment de nouvelles espèces d'invertébrés. La grande majorité d'entre elles sont assez faciles à identifier, car il est clair qu'elles appartiennent à des groupes déjà connus et bien établis.

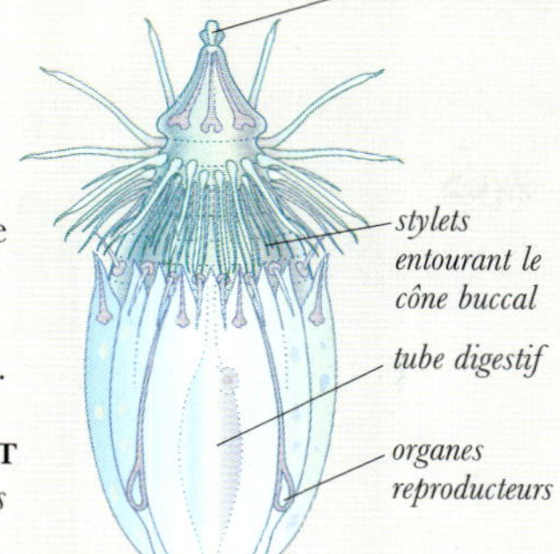

UNE NOUVELLE FORME DE VIE
À de rares occasions, un nouveau type d'animal est découvert. Celui-ci est un loricifère – type d'invertébré marin observé pour la première fois en 1983. Ses caractéristiques uniques ont justifié la création d'un phylum propre.

POISSONS CARTILAGINEUX
Bien qu'ils ressemblent superficiellement aux poissons osseux, les poissons cartilagineux en diffèrent notamment par leur squelette, composé de cartilage à la place d'os. Ils sont également dépourvus de vessie gazeuse.

POISSONS OSSEUX
Contrairement aux poissons cartilagineux, les poissons osseux ont un seul opercule recouvrant leurs branchies, une vessie natatoire et un squelette composé d'os. Ces caractéristiques indiquent que poissons cartilagineux et poissons osseux ne sont pas de proches parents.

à plus de 30 millions d'années, est construite autour de trois principaux ensembles d'os : un os unique à l'endroit où le membre s'articule au corps, prolongé par deux autres os, puis par cinq os plus petits à l'extrémité du membre. Les tétrapodes s'étant répandus dans des habitats divers – sur terre, dans l'eau et dans les airs –, la forme, la taille et le fonctionnement des membres des différents groupes se sont spécialisés. Étant donné que l'évolution modifie toujours ce qui existe déjà – et non en partant de zéro –, la forme sous-jacente des os a été préservée dans tous les groupes. Pour les spécialistes, il s'agit d'un des nombreux éléments prouvant que tous les tétrapodes ont évolué à partir d'un ancêtre commun.

La classification considère que les tétrapodes forment un groupe naturel, ou clade. Un clade est composé d'une espèce ancestrale et de tous ses descendants. Ensemble, ils forment une branche complète et autonome de l'arbre de l'évolution de la vie.

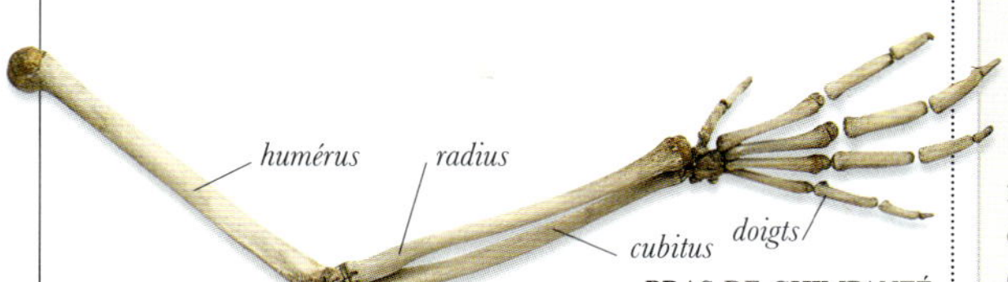

BRAS DE CHIMPANZÉ

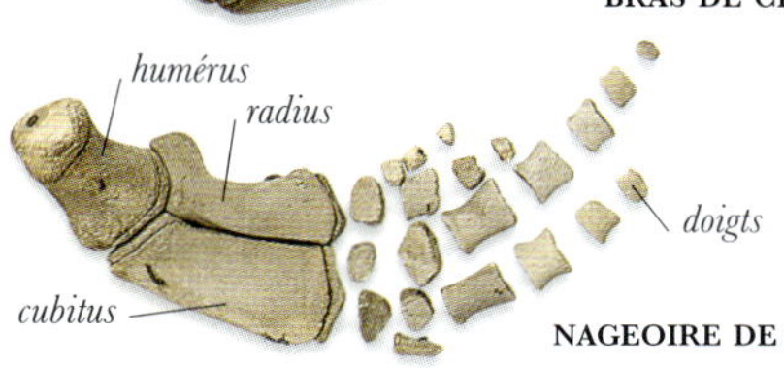

NAGEOIRE DE DAUPHIN

BRAS ET NAGEOIRES
Un bras d'humain et une nageoire de dauphin semblent très différents, mais ils ont tous deux la même structure osseuse. Cette similitude est une preuve que les chimpanzés (et les humains) et les dauphins ont un ancêtre commun.

LES CLADES

Ce concept a eu un impact important sur la science de la classification (voir tableau à droite), car il a permis de résoudre certains problèmes posés par l'évolution. La plus grande source de confusion est la convergence (voir explication p. 16). Les poissons osseux et cartilagineux en sont un exemple caractéristique : ces deux groupes ont des nageoires et un corps fuselé, adaptations à une vie aquatique très active. Jugés uniquement sur ces critères, ces deux types de poissons sembleraient composer un seul groupe. Mais un examen détaillé révèle que ces similitudes sont superficielles : les nombreuses différences entre les poissons osseux et cartilagineux indiquent qu'ils appartiennent à des branches distinctes de l'arbre de l'évolution.

Il serait peu probable, toutefois, qu'un spécialiste confonde ces deux types de poissons, mais, avec des animaux qui sont déjà apparentés, il peut être extrêmement difficile de définir les relations en raison de la convergence. Cela est illustré par les morses, les phoques et les otaries. Ces animaux sont généralement classés dans un ordre distinct de mammifères – les pinnipèdes –, mais une étude approfondie de leur anatomie indique que les pinnipèdes peuvent en fait être composés de deux, voire trois lignées de mammifères qui ont évolué indépendamment à partir de différents types de carnivores. Si c'est le cas, les pinnipèdes constituent un groupe artificiel, plutôt qu'un groupe reflétant le cours de l'évolution, et ils pourraient par conséquent être divisés en clades distincts.

Étant donné que les scientifiques appliquent aujourd'hui la cladistique au monde animal, il s'avère que de nombreux groupes connus et établis depuis longtemps ont été créés sur des bases précaires. La révision des groupes d'animaux fait partie d'un processus constant dans la classification, tout comme la réinterprétation des événements passés est constamment appliquée à l'histoire de l'homme. Cette révision permet de donner une idée encore plus précise des liens qui unissent les animaux et de la façon dont le règne animal a acquis son aspect actuel.

LA CLADISTIQUE

Née dans les années 1950, la cladistique compare des caractéristiques afin d'étudier les liens de parenté entre des espèces très différentes. Avec les données obtenues, on dresse un cladogramme – schéma montrant les nœuds dans l'évolution, ainsi que l'ensemble des groupes emboîtés, ou clades, que créent les nœuds.

La cladistique s'intéresse aux caractéristiques nouvelles, ou dérivées, plutôt que primitives, aussi le cladogramme n'indique-t-il pas à quel moment les différents groupes sont apparus. En revanche, il montre l'ordre le plus probable dans lequel les caractéristiques dérivées sont survenues, et le nombre de caractéristiques que les différents groupes ont en commun. Sur le cladogramme ci-dessous, on voit que les gibbons ont de nombreuses caractéristiques dérivées en commun avec les anthropoïdes et les humains, et relativement peu avec les tarsiers. Ainsi, on conclut que les gibbons sont parmi les proches parents des êtres humains, tandis que les tarsiers ne le sont pas. Lorsque l'analyse cladistique s'est répandue, elle a provoqué des débats passionnés, car elle divise ou associe des groupes traditionnellement constitués ou séparés. Par exemple, les oiseaux et les dinosaures forment probablement un clade ; ainsi, d'un point de vue cladistique, un oiseau est simplement un dinosaure avec des plumes, qui vole. Aujourd'hui, la cladistique est généralement considérée

CLADOGRAMME DES PRIMATES
Ce diagramme montre cinq clades emboîtés contenant tous les primates « évolués » (non prosimiens). Pour la comparaison, les groupes de la classification traditionnelle sont indiqués en haut. Chaque clade contient toutes les espèces, vivantes ou éteintes, ayant en commun des caractéristiques dérivées (certaines sont mentionnées dans chaque clade). Chaque clade partage également les caractéristiques des clades dans lesquels il est emboîté.

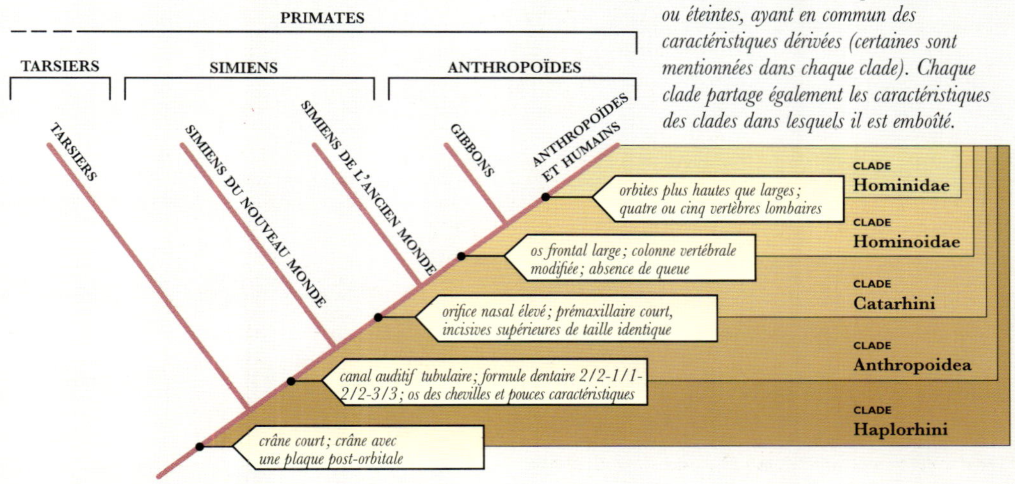

LES GROUPES D'ANIMAUX

CES QUATRE PAGES résument le système de classification utilisé dans l'ouvrage. Comme tous les systèmes de classification, il reflète l'état actuel des connaissances, toujours susceptible de changer. Les groupes sont «emboîtés» afin d'illustrer leurs liens; les groupes non officiels, sans identité biologique propre, sont entourés d'un pointillé. Dans certains cas, le nombre total d'espèces, notamment pour les invertébrés, est fondé sur des estimations qui font souvent l'objet de débats. Pour faciliter la consultation, certains groupes – tels les marsupiaux – sont présentés sous leur forme regroupée, bien que certains biologistes les distinguent aujourd'hui.

LES VERTÉBRÉS

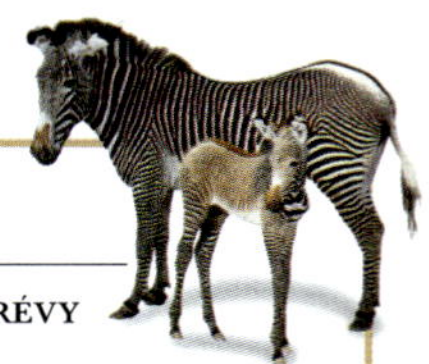

LES MAMMIFÈRES

CLASSE Mammifères

ZÈBRE DE GRÉVY

Les mammifères sont des vertébrés appartenant au phylum des cordés. Les biologistes divergent quant au nombre d'ordres composant la classe des mammifères. Dans cet ouvrage, les mammifères sont classés en 21 ordres. Les marsupiaux sont en général classés sous un seul ordre – au même niveau que les mammifères ovipares – mais certains mammalogistes pensent que leur diversité est telle qu'ils devraient être classés en 7 ordres. Les phoques et les otaries font également l'objet d'une controverse : de nombreux mammalogistes pensent qu'il s'agit simplement de carnivores aquatiques, et non d'animaux devant être classés dans un ordre qui leur est propre.

MAMMIFÈRES OVIPARES
ORDRE Monotrèmes — FAMILLES 2 — ESPÈCES 3

MARSUPIAUX
ORDRE Marsupiaux — FAMILLES 22 — ESPÈCES 292

INSECTIVORES
ORDRE Insectivores — FAMILLES 6 — ESPÈCES 365

CHAUVES-SOURIS
ORDRE Chiroptères — FAMILLES 18 — ESPÈCES 977

GALÉOPITHÈQUES
ORDRE Dermoptères — FAMILLE 1 — ESPÈCES 2

RATS À TROMPE
ORDRE Macroscélides — FAMILLE 1 — ESPÈCES 15

TUPAÏAS
ORDRE Scandentia — FAMILLE 1 — ESPÈCES 19

PRIMATES
ORDRE Primates — FAMILLES 11 — ESPÈCES 356

- **PROSIMIENS**
  SOUS-ORDRE Strepsirhiniens — FAMILLES 6 — ESPÈCES 85
- **SIMIENS ET ANTHROPOÏDES**
  SOUS-ORDRE Haplorhiniens
  - **SINGES (SIMIENS)**
    FAMILLES 3 — ESPÈCES 242
  - **GRANDS SINGES (ANTHROPOÏDES)**
    FAMILLES 2 — ESPÈCES 21

FOURMILIERS ET ALLIÉS
ORDRE Xénarthres — FAMILLES 4 — ESPÈCES 29

PANGOLINS
ORDRE Pholidotes — FAMILLE 1 — ESPÈCES 7

LAPINS, LIÈVRES ET PIKAS
ORDRE Lagomorphes — FAMILLES 2 — ESPÈCES 80

RONGEURS
ORDRE Rongeurs — FAMILLES 30 — ESPÈCES 1 702

- **RONGEURS DU TYPE ÉCUREUIL**
  SOUS-ORDRE Sciuromorphes — FAMILLES 7 — ESPÈCES 377
- **RONGEURS DU TYPE SOURIS**
  SOUS-ORDRE Myomorphes — FAMILLES 5 — ESPÈCES 1 137
- **RONGEURS DU TYPE COBAYE**
  SOUS-ORDRE Caviomorphes — FAMILLES 18 — ESPÈCES 188

CÉTACÉS
ORDRE Cétacés — FAMILLES 13 — ESPÈCES 83

- **CÉTACÉS À FANONS**
  SOUS-ORDRE Mysticètes — FAMILLES 4 — ESPÈCES 12
- **CÉTACÉS À DENTS**
  SOUS-ORDRE Odontocètes — FAMILLES 9 — ESPÈCES 71

CARNIVORES
ORDRE Carnivores — FAMILLES 7 — ESPÈCES 249

- **CHIENS ET ALLIÉS**
  FAMILLE Canidae — ESPÈCES 36
- **OURS**
  FAMILLE Ursidae — ESPÈCES 8
- **RATONS LAVEURS ET ALLIÉS**
  FAMILLE Procyonidae — ESPÈCES 20
- **MUSTÉLIDÉS**
  FAMILLE Mustelidae — ESPÈCES 67
- **CIVETTES ET ALLIÉS**
  FAMILLE Viverridae — ESPÈCES 76
- **HYÈNES ET PROTÈLE**
  FAMILLE Hyaenidae — ESPÈCES 4
- **FÉLINS**
  FAMILLE Felidae — ESPÈCES 38

PHOQUES ET OTARIES
ORDRE Pinnipèdes — FAMILLES 3 — ESPÈCES 34

ÉLÉPHANTS
ORDRE Proboscidiens — FAMILLE 1 — ESPÈCES 3

ORYCTÉROPE
ORDRE Tubulidentés — FAMILLE 1 — ESPÈCE 1

DAMANS
ORDRE Hyracoïdes — FAMILLE 1 — ESPÈCES 8

DUGONG ET LAMANTINS
ORDRE Siréniens — FAMILLES 2 — ESPÈCES 4

Mammifères ongulés

Périssodactyles
ORDRE Périssodactyles **FAMILLES** 3 **ESPÈCES** 19

Chevaux et alliés
FAMILLE Equidae **ESPÈCES** 10

Rhinocéros
FAMILLE Rhinocerotidae **ESPÈCES** 5

Tapirs
FAMILLE Tapiridae **ESPÈCES** 4

Artiodactyles
ORDRE Artiodactyles **FAMILLES** 10 **ESPÈCES** 225

Porcs
FAMILLE Suidae **ESPÈCES** 14

Pécaris
FAMILLE Tayassuidae **ESPÈCES** 3

Hippopotames
FAMILLE Hippopotamidae **ESPÈCES** 2

Chameaux et alliés
FAMILLE Camelidae **ESPÈCES** 7

Cerfs
FAMILLE Cervidae **ESPÈCES** 45

Chevrotains porte-musc
FAMILLE Moschidae **ESPÈCES** 7

Chevrotains
FAMILLE Tragulidae **ESPÈCES** 4

Pronghorn
FAMILLE Antilocapridae **ESPÈCE** 1

Girafe et okapi
FAMILLE Giraffidae **ESPÈCES** 2

Bœufs, moutons et antilopes
FAMILLE Bovidae **ESPÈCES** 140

Les oiseaux

CLASSE Oiseaux

ORIOLE DE BULLOCK

Dans le système de classification utilisé dans cet ouvrage, les oiseaux sont divisés en 29 ordres. L'un de ces ordres – les passériformes – est vaste et contient autant d'espèces que tous les autres ordres réunis. Par contre, plusieurs ordres d'oiseaux contiennent une seule famille, composée de moins de 10 espèces. Dans la classification des oiseaux, certains systèmes différents réunissent les grands oiseaux coureurs, ou ratites, dans un seul ordre, tandis que d'autres associent les flamants et les hérons et alliés. À un niveau plus détaillé, le nombre de familles de passereaux fait l'objet d'un profond désaccord. Certains ornithologues considèrent qu'il en existe au moins 60, alors que d'autres estiment que le total s'élève à plus de 80.

Autruche
ORDRE Struthioniformes **FAMILLE** 1 **ESPÈCE** 1

Nandous
ORDRE Rhéiformes **FAMILLE** 1 **ESPÈCES** 2

Casoars et émeu
ORDRE Casuariiformes **FAMILLES** 2 **ESPÈCES** 4

Kiwis
ORDRE Aptérygiformes **FAMILLE** 1 **ESPÈCES** 3

Tinamous
ORDRE Tinamiformes **FAMILLE** 1 **ESPÈCES** 45

Manchots
ORDRE Sphénisciformes **FAMILLE** 1 **ESPÈCES** 17

Plongeons
ORDRE Gaviiformes **FAMILLE** 1 **ESPÈCES** 5

Grèbes
ORDRE Podicipédiformes **FAMILLE** 1 **ESPÈCES** 22

Albatros et pétrels
ORDRE Procellariiformes **FAMILLES** 4 **ESPÈCES** 108

Pélicans et alliés
ORDRE Pélécaniformes **FAMILLES** 6 **ESPÈCES** 65

Hérons et alliés
ORDRE Ciconiiformes **FAMILLES** 6 **ESPÈCES** 119

Flamants
ORDRE Phoenicoptériformes **FAMILLE** 1 **ESPÈCES** 5

Canards, oies, cygnes
ORDRE Ansériformes **FAMILLES** 2 **ESPÈCES** 149

Rapaces diurnes
ORDRE Falconiformes **FAMILLES** 5 **ESPÈCES** 307

Gallinacés
ORDRE Galliformes **FAMILLES** 6 **ESPÈCES** 281

Grues et alliés
ORDRE Gruiformes **FAMILLES** 12 **ESPÈCES** 204

Petits échassiers, mouettes et pingouins
ORDRE Charadriiformes **FAMILLES** 18 **ESPÈCES** 343

Pigeons
ORDRE Columbiformes **FAMILLE** 1 **ESPÈCES** 309

Gangas
ORDRE Ptéroclidiformes **FAMILLE** 1 **ESPÈCES** 16

Perroquets
ORDRE Psittaciformes **FAMILLES** 2 **ESPÈCES** 353

Coucous et touracos
ORDRE Cuculiformes **FAMILLES** 3 **ESPÈCES** 160

Rapaces nocturnes
ORDRE Strigiformes **FAMILLES** 2 **ESPÈCES** 205

Engoulevents et podarges
ORDRE Caprimulgiformes **FAMILLES** 5 **ESPÈCES** 118

Colibris et martinets
ORDRE Apodiformes **FAMILLES** 3 **ESPÈCES** 424

Colious
ORDRE Coliiformes **FAMILLE** 1 **ESPÈCES** 6

Trogons
ORDRE Trogoniformes **FAMILLE** 1 **ESPÈCES** 35

Martins-pêcheurs et alliés
ORDRE Coraciiformes **FAMILLES** 10 **ESPÈCES** 191

Pics et toucans
ORDRE Piciformes **FAMILLES** 6 **ESPÈCES** 380

Passereaux
ORDRE Passériformes **FAMILLES** c. 80 **ESPÈCES** 5 200–5 500

Les reptiles

CLASSE Reptiles

MABUYA STRIÉ

Serpents, lézards et amphisbènes, de l'ordre des squamates, représentent environ 80 % des espèces vivantes de reptiles. Si les reptiles ont beaucoup de points communs, le cours de leur évolution est très varié. De ce fait, de nombreux biologistes pensent qu'ils forment un ensemble plutôt qu'un groupe naturel, ou clade.

Tortues
ORDRE Chéloniens **FAMILLES** 11 **ESPÈCES** 294

Hattérias
ORDRE Rhyncocéphales **FAMILLE** 1 **ESPÈCES** 2

Squamates
ORDRE Squamates **FAMILLES** 40 **ESPÈCES** c. 7 558

Serpents
SOUS-ORDRE Serpentes/Ophidiens **FAMILLES** 18 **ESPÈCES** c. 2 900

Boas, pythons et alliés
SUPERFAMILLE Hénophidiens **FAMILLES** 11 **ESPÈCES** 149

Couleuvres et alliés
SUPERFAMILLE Caenophidiens **FAMILLES** 4 **ESPÈCES** 2 439

- Colubridés — **FAMILLE** Colubridae **ESPÈCES** 1 858
- Vipères fouisseuses — **FAMILLE** Atractaspidae **ESPÈCES** 62
- Vipères — **FAMILLE** Viperidae **ESPÈCES** 228
- Élapidés — **FAMILLE** Elapidae **ESPÈCES** 291

Serpents aveugles
SUPERFAMILLE Scolécophidiens **FAMILLES** 3 **ESPÈCES** 319

Lézards
SOUS-ORDRE Lacertiliens **FAMILLES** 19 **ESPÈCES** c. 4 500

Iguanes et alliés
SUPERFAMILLE Iguania **FAMILLES** 3 **ESPÈCES** 1 412

Geckos et pygopodes
SUPERFAMILLE Gekkota **FAMILLES** 4 **ESPÈCES** 1 054

Scinques et alliés
SUPERFAMILLE Scincomorphes **FAMILLES** 7 **ESPÈCES** 1 890

Lézards anguimorphes
SUPERFAMILLE Anguimorphes **FAMILLES** 6 ou 7 **ESPÈCES** 173

Amphisbènes
SOUS-ORDRE Amphisbéniens **FAMILLES** 3 **ESPÈCES** 158

Crocodiles et alligators
ORDRE Crocodiliens **FAMILLES** 3 **ESPÈCES** 23

Les amphibiens

CLASSE Amphibiens

DICAMPTODON

Les anoures, l'ordre le plus vaste des amphibiens, présentent la plus grande diversité d'adaptations. Les urodèles ressemblent le plus aux amphibiens ancestraux ; les gymnophiones constituent un groupe aberrant et relativement peu connu.

Grenouilles et crapauds
ORDRE Anoures **FAMILLES** 29 **ESPÈCES** c. 4 380

Tritons et salamandres
ORDRE Urodèles **FAMILLES** 10 **ESPÈCES** c. 470

Gymnophiones, ou cécilies
ORDRE Gymnophiones **FAMILLES** 5 **ESPÈCES** c. 170

Les poissons

POISSON-PAGAIE

En dépit de similitudes superficielles, les poissons ne sont qu'un ensemble informel d'animaux divers. Sur les quatre classes dans lesquelles les espèces sont en général placées, deux sont sans mâchoires – caractéristique commune avec les premiers vertébrés (il y a plus de 500 millions d'années). Aujourd'hui, les poissons osseux constituent la plus grande classe (environ 96 % des espèces). La principale sous-classe de ce groupe (poissons à nageoires rayonnées) comprend tellement d'ordres et de familles que, dans cet ouvrage, elle est traitée au niveau du superordre.

Poissons sans mâchoires

Myxines
CLASSE Myxini **ORDRE** 1 **FAMILLE** 1 **ESPÈCES** 50

Lamproies
CLASSE Céphalaspidomorphes **ORDRE** 1 **FAMILLES** 3 **ESPÈCES** 38

Poissons cartilagineux
CLASSE Chondrichtyens **ORDRES** 14 **FAMILLES** 50 **ESPÈCES** c. 860

Requins et raies
SOUS-CLASSE Élasmobranches

Requins
ORDRES 9 **FAMILLES** 33 **ESPÈCES** c. 330

Raies et pastenagues
ORDRES 4 **FAMILLES** 14 **ESPÈCES** c. 450

Chimères
SOUS-CLASSE Holocéphales **ORDRE** 1 **FAMILLES** 3 **ESPÈCES** 30

Poissons osseux
CLASSE Ostéichtyens **ORDRES** 46 **FAMILLES** 437 **ESPÈCES** c. 23 500

Poissons à nageoires charnues
SOUS-CLASSE Sarcoptérygiens **ORDRES** 3 **FAMILLES** 4 **ESPÈCES** 8

Poissons à nageoires rayonnées
SOUS-CLASSE Actinoptérygiens

Poissons primitifs à nageoires rayonnées
ORDRES 4 **FAMILLES** 5 **ESPÈCES** 43

Poissons à langue denticulée
SUPERORDRE Ostéoglossiformes **FAMILLES** 5 **ESPÈCES** 215

Anguilles et tarpons
SUPERORDRE Élopomorphes **ORDRES** 4 **FAMILLES** 24 **ESPÈCES** 730

Harengs et alliés
SUPERORDRE Clupéimorphes **ORDRE** 1 **FAMILLES** 4 **ESPÈCES** 363

Poissons-chats et alliés
SUPERORDRE Ostariophysiens **ORDRES** 4 **FAMILLES** 62 **ESPÈCES** c. 6 000

Saumons et alliés
SUPERORDRE Protacanthoptérygiens **ORDRES** 3 **FAMILLES** 14 **ESPÈCES** 316

Poissons-dragons et alliés
SUPERORDRE Sténoptérygiens **ORDRE** 1 **FAMILLES** 4 **ESPÈCES** c. 250

Poissons-lanternes et alliés
SUPERORDRE Scolépomorphes **ORDRES** 2 **FAMILLES** 16 **ESPÈCES** c. 470

Morues et baudroies
SUPERORDRE Paracanthoptérygiens **ORDRES** 8 **FAMILLES** 46 **ESPÈCES** c. 1 260

Poissons à rayons épineux
SUPERORDRE Acanthoptérygiens **ORDRES** 15 **FAMILLES** 259 **ESPÈCES** c. 13 500

LES INVERTÉBRÉS

ÉPONGES

PHYLUM Porifères CLASSES 4 ORDRES 18 FAMILLES 80 ESPÈCES c. 10 000

CNIDAIRES

PHYLUM Cnidaires CLASSES 4 ORDRES 27 FAMILLES 236 ESPÈCES 8 000–9 000

VERS PLATS

PHYLUM Plathelminthes CLASSES 4 ORDRES 35 FAMILLES 360 ESPÈCES c. 17 500

VERS RONDS

PHYLUM Nématodes CLASSES 4 ORDRES 20 FAMILLES 185 ESPÈCES c. 20 000

VERS ANNELÉS (SEGMENTÉS)

PHYLUM Annélides CLASSES 3 ORDRES 31 FAMILLES 130 ESPÈCES c. 12 000

MOLLUSQUES

PHYLUM Mollusques CLASSES 8 ORDRES 35 FAMILLES 232 ESPÈCES c. 100 000

EMBRANCHEMENTS MINEURS

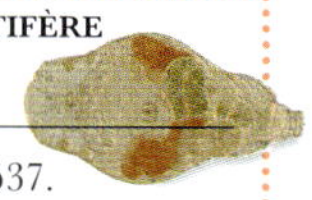

ROTIFÈRE

Les invertébrés sont classés dans environ 30 embranchements de tailles variables. Dans cet ouvrage, les principaux sont traités séparément, mais quelques-uns, mineurs, apparaissent p. 536-537. La quasi-totalité de ces embranchements mineurs contient des animaux marins ou vivant dans des habitats humides.

BRACHIOPODES
PHYLUM Brachiopodes ESPÈCES c. 350

VERS-FLÈCHES
PHYLUM Chaetognathes ESPÈCES c. 90

GROSEILLES DE MER
PHYLUM Cténaires ESPÈCES c. 100

BRYOZOAIRES
PHYLUM Bryozoaires ESPÈCES c. 4 300

HÉMICORDÉS
PHYLUM Hémicordés ESPÈCES c. 85

SIPONCLES
PHYLUM Sipunculiens ESPÈCES c. 350

ROTIFÈRES
PHYLUM Rotifères ESPÈCES c. 1 800

TARDIGRADES
PHYLUM Tardigrades ESPÈCES c. 600

VERS RUBANÉS
PHYLUM Némertiens ESPÈCES c. 1 200

PÉRIPATES
PHYLUM Onychophores ESPÈCES c. 70

ÉCHIURIENS
PHYLUM Échiuriens ESPÈCES c. 150

PHORONIDIENS
PHYLUM Phoronidiens ESPÈCES c. 20

10 AUTRES GROUPES MINEURS D'INVERTÉBRÉS

ÉCHINODERMES

PHYLUM Échinodermes CLASSES 6 ORDRES 36 FAMILLES 145 ESPÈCES c. 6 000

CORDÉS INVERTÉBRÉS

TUNICIERS

Animaux ayant certains points communs avec les vertébrés, mais dépourvus de squelette osseux. Ils sont divisés en deux sous-embranchements – tuniciers (la majorité des espèces) et amphioxus. Les tuniciers sont immobiles et ont souvent, adultes, un corps semblable à un sac ; les amphioxus sont mobiles et présentent de fortes ressemblances avec les vertébrés, en dépit de l'absence d'os.

TUNICIERS
SUBPHYLUM Urocordés
CLASSES 3 ORDRES 8 FAMILLES 45 ESPÈCES c. 2 100

AMPHIOXUS
SUBPHYLUM Céphalocordés
CLASSE 1 ORDRE 1 FAMILLES 2 ESPÈCES 25

ARTHROPODES

POMPILE

PHYLUM Arthropodes

Le plus vaste embranchement du règne animal, dont les insectes sont le sous-groupe le plus important. Le phylum compte aussi deux autres classes géantes – les crustacés et les arachnides – dont le nombre surpasse largement de nombreux embranchements du monde vertébré.

MANDIBULATES
SUBPHYLUM Mandibulates CLASSES 6 ORDRES 85 FAMILLES c. 1 660 ESPÈCES c. 1 million

HEXAPODES
SUPERCLASSE Hexapodes CLASSES 4 ORDRES 32 FAMILLES 980 ESPÈCES c. 1 million

INSECTES
CLASSE Insectes ORDRES 29 FAMILLES 949 ESPÈCES c. 1 million

Groupe	Ordre	Espèces
MACHILIDÉS	Archéognathes	c. 350
LÉPISMES	Thysanoures	c. 370
ÉPHÉMÈRES	Éphéméroptères	c. 2 500
LIBELLULES ET DEMOISELLES	Odonates	c. 5 500
GRILLONS ET SAUTERELLES	Orthoptères	c. 20 000
PERLES	Plécoptères	c. 2 000
NOTOPTÈRES	Grylloblattodea	25
PHASMES ET PHYLLIES	Phasmatodea	c. 2 500
PERCE-OREILLES	Dermaptères	c. 1 900
MANTES	Mantodea	c. 2 000
BLATTES	Blattodea	c. 4 000
TERMITES	Isoptères	c. 2 750
EMBIES	Embioptères	c. 300
ZORAPTÈRES	Zoraptères	c. 30
PSOQUES	Psocoptères	c. 3 500
POUX	Phthiraptères	c. 6 000
PUCERONS, CIGALES ET PUNAISES	Hémiptères	c. 82 000
THRIPS	Thysanoptères	c. 5 000
CORYDALIS ET SIALIS	Mégaloptères	c. 300
RAPHIDIES	Raphidioptères	c. 150
CHRYSOPES ET FOURMILIONS	Neuroptères	c. 4 000
COLÉOPTÈRES	Coléoptères	c. 370 000
STREPSIPTÈRES	Strepsiptères	c. 560
MOUCHES-SCORPIONS	Mécoptères	c. 550
PUCES	Siphonaptères	c. 2 000
MOUCHES, MOUSTIQUES ET TAONS	Diptères	c. 122 000
PHRYGANES	Trichoptères	c. 8 000
PAPILLONS	Lépidoptères	c. 165 000
FOURMIS, ABEILLES ET GUÊPES	Hyménoptères	c. 198 000

COLLEMBOLES
CLASSE Collemboles ORDRE 1 FAMILLES 18 ESPÈCES c. 6 500

PROTOURES
CLASSE Protoures ORDRE 1 FAMILLES 4 ESPÈCES c. 400

DIPLOURES
CLASSE Diploures ORDRE 1 FAMILLES 9 ESPÈCES c. 800

MYRIAPODES
SUPERCLASSE Myriapodes CLASSES 4 ORDRES 16 FAMILLES 144 ESPÈCES c. 13 700

CRUSTACÉS
SUPERCLASSE Crustacés CLASSES 6 ORDRES 37 FAMILLES 540 ESPÈCES c. 40 000

CHÉLICÉRATES
SUBPHYLUM Chélicérates CLASSES 3 ORDRES 14 FAMILLES 480 ESPÈCES c. 77 500

ARACHNIDES
CLASSE Arachnides ORDRES 12 FAMILLES 450 ESPÈCES c. 75 500

PYCNOGONIDES
CLASSE Pycnogonides ORDRE 1 FAMILLES 9 ESPÈCES c. 1 000

LIMULES
CLASSE Mérostomes ORDRE 1 FAMILLE 1 ESPÈCES 4

L'ANATOMIE

TOUS LES ANIMAUX, même les plus simples, sont constitués de plusieurs parties, dont les plus petites, les cellules, ont une forme spécifique à leur fonction. Les groupes de cellules identiques sont organisés en tissus, et les tissus sont groupés en organes. Ceux-ci sont eux-mêmes liés en systèmes, ou appareils, qui effectuent tous les processus indispensables à la vie. La forme de ces systèmes varie considérablement entre deux types d'animaux, ainsi qu'entre des animaux ayant un mode de vie différent, mais leur fonction est identique.

LES SYSTÈMES CORPORELS

Les animaux ont jusqu'à une douzaine de systèmes physiologiques distincts. Chez bien des espèces, musculature et ossature constituent une large proportion de leur masse, tandis que le système

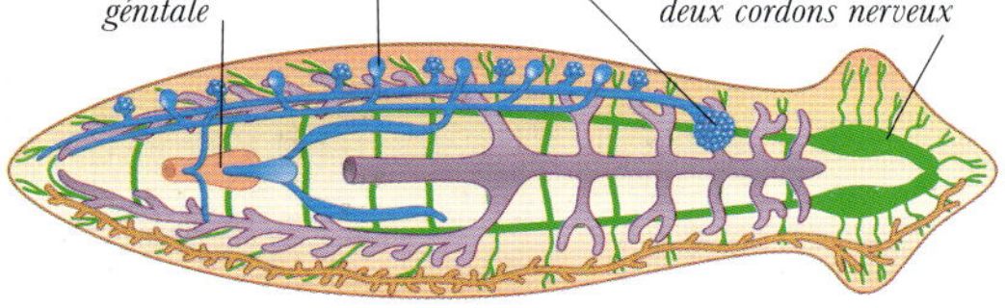

SYSTÈMES CORPORELS DES INVERTÉBRÉS SIMPLES
Les invertébrés simples, tels les vers plats, n'ont pas d'organes respiratoires ou de système circulatoire. Le système digestif est souvent réduit à une seule ouverture, la bouche, et le système reproducteur est généralement composé d'organes mâles et femelles.

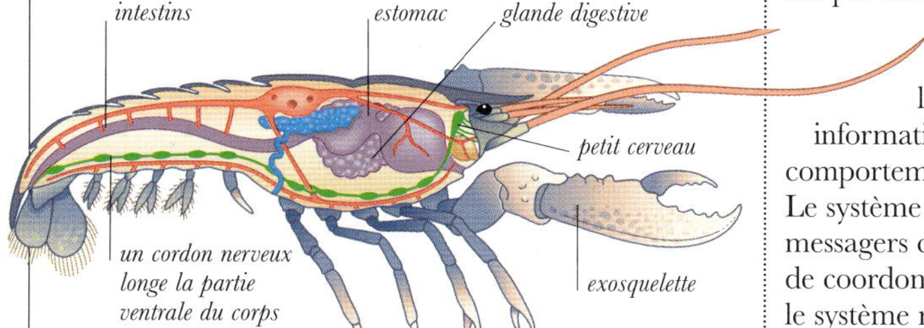

SYSTÈMES CORPORELS DES ARTHROPODES
Le tube digestif est ouvert aux deux extrémités. Le sang coule en partie dans les vaisseaux, en partie dans les espaces corporels. L'oxygène est fourni par des branchies ou par des trachées.

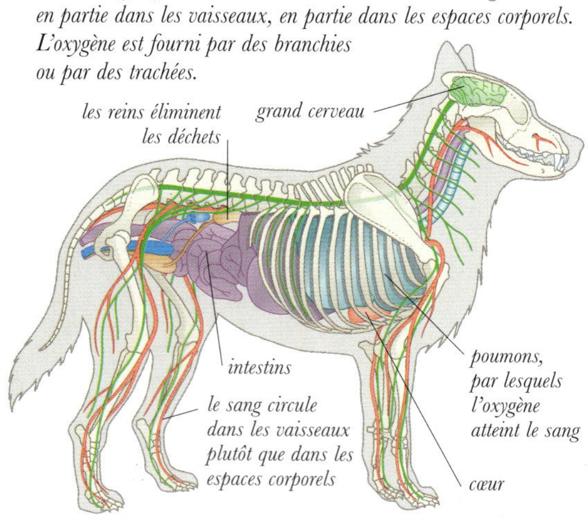

SYSTÈMES CORPORELS DES VERTÉBRÉS
Le système nerveux est très développé, et le cerveau, généralement plus grand que chez les invertébrés. Le système circulatoire est fermé ; le sang est pompé à haute pression par le cœur.

LÉGENDE DES SYSTÈMES CORPORELS

CIRCULATOIRE
DIGESTIF
RESPIRATOIRE
EXCRÉTEUR
NERVEUX
REPRODUCTEUR

tégumentaire – les parties formant le revêtement externe – protège le corps des lésions physiques et, chez les animaux terrestres, de la déshydratation.

Le système digestif décompose les aliments afin qu'ils puissent être absorbés, et le système respiratoire fournit de l'oxygène aux cellules pour que les substances alimentaires puissent être « brûlées » et leur énergie chimique libérée. Le système respiratoire élimine également le gaz carbonique, déchet potentiellement toxique formé lors de la production d'énergie. Chez de nombreux animaux, notamment les vertébrés, oxygène et gaz carbonique sont véhiculés par le sang dans le système circulatoire. Le gaz carbonique est généralement expiré ; d'autres déchets dissous sont éliminés par un système excréteur distinct. Quant au système nerveux, il s'occupe de tout ce qui nécessite une réaction rapide, en traitant les informations recueillies par les organes sensoriels. Chez tous les animaux, il déclenche un comportement inné ou instinctif, mais chez certains, dont les vertébrés, il stocke également des informations leur permettant d'adapter leur comportement selon leurs expériences passées. Le système endocrinien, lui, libère des hormones, ou messagers chimiques, permettant au système nerveux de coordonner les processus à long terme. Enfin, le système reproducteur, contrairement aux autres systèmes, ne fonctionne souvent que pendant une période précise, et donc uniquement chez les animaux adultes.

LES TISSUS DE SOUTIEN

Chez de nombreux invertébrés, la forme corporelle est préservée grâce à la pression des liquides internes, qui assure la fermeté du corps, tout comme l'air dans un pneu. Ce « squelette hydrostatique » est efficace à petite échelle. Chez les animaux plus gros, notamment les animaux terrestres, ce type de squelette n'est généralement pas assez puissant pour soutenir le poids du corps. Les animaux ont développé des solutions assez différentes à ce problème : coquilles externes, enveloppes rigides et squelettes internes, généralement composés d'os.

Les coquilles sont composées d'une ou deux parties et grandissent en même temps que leur propriétaire. On les observe chez les animaux marins appelés brachiopodes, mais c'est chez les mollusques bivalves qu'elles sont le plus développées, pouvant atteindre plus de 1 m de long. Les enveloppes rigides sont plus complexes que les coquilles : elles sont constituées de nombreuses plaques reliées par des articulations souples. C'est une caractéristique des arthropodes – vaste groupe d'invertébrés qui incluent les insectes, les crustacés et les arachnides. Ces enveloppes, ou exosquelettes, recouvrent tout le corps et comprennent des structures aussi solides que les pinces d'un crabe ou aussi délicates que les antennes d'un papillon. Contrairement aux coquilles, ces enveloppes ne peuvent pas grandir, c'est pourquoi elles doivent être régulièrement remplacées.

Le squelette interne (endosquelette), composé d'os, soutient de l'intérieur. Présent uniquement chez les vertébrés, il offre deux grands avantages : il est relativement léger – ce qui est important pour les animaux terrestres qui doivent se déplacer rapidement – et il peut grandir. Dans ce type de squelette, certains os sont reliés par des articulations souples. D'autres, notamment ceux du crâne, sont soudés pour plus de fermeté.

COQUILLE
La coquille de l'escargot grandit en même temps que son corps. Certaines espèces ferment leur coquille avec un opercule.

EXOSQUELETTE
L'exosquelette du crabe recouvre toute la surface du corps, y compris les yeux. Contrairement à celui des insectes, il est renforcé par du calcium.

COUPE D'UN OS

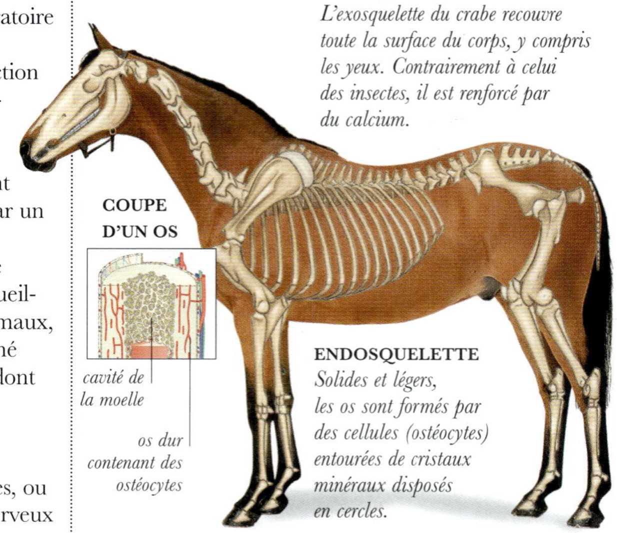

ENDOSQUELETTE
Solides et légers, les os sont formés par des cellules (ostéocytes) entourées de cristaux minéraux disposés en cercles.

LA SYMÉTRIE

Certains animaux – anémones de mer et autres cnidaires, cténophores – ont un corps circulaire, sans queue ni tête. C'est la symétrie radiaire. La grande majorité présente une symétrie bilatérale : ils peuvent être divisés en moitiés. Les moitiés ne sont pas toujours égales : les crabes appelants mâles, par exemple, ont des pinces très inégales, et les poissons plats présentent des faces différentes.

SYMÉTRIE RADIAIRE
L'anémone de mer se divise en deux moitiés égales quel que soit l'axe. Elle a une bouche au centre et des tentacules disposés en cercle.

SYMÉTRIE BILATÉRALE
Grenouilles et crapauds ont un seul axe de symétrie. Extérieurement, les deux moitiés semblent identiques ; intérieurement, certains organes sont situés à gauche ou à droite.

LES MUSCLES

Les muscles fonctionnent en se contractant. Ils peuvent exercer une traction, mais pas de pression. Dans la plupart des cas, ils sont disposés par paires ou groupes exerçant une traction dans des directions opposées : lorsqu'un muscle ou un groupe de muscles se contracte, celui qui lui est associé revient à sa forme normale au repos. Pour la locomotion, chez les apodes – vers de terre, méduses –, les muscles modifient la forme du corps : ils réduisent et allongent alternativement les segments du ver de terre, lui permettant de ramper. Chez les animaux dotés de membres, un ensemble de muscles tire le membre vers le bas ou l'arrière, tandis que l'autre le soulève vers le haut ou en avant. Outre la locomotion, les muscles ont en charge le passage des aliments dans le système digestif (péristaltisme) et le pompage du sang dans le système circulatoire (cœur). Contrairement à la plupart des autres muscles, la contraction du muscle cardiaque est involontaire et permanente.

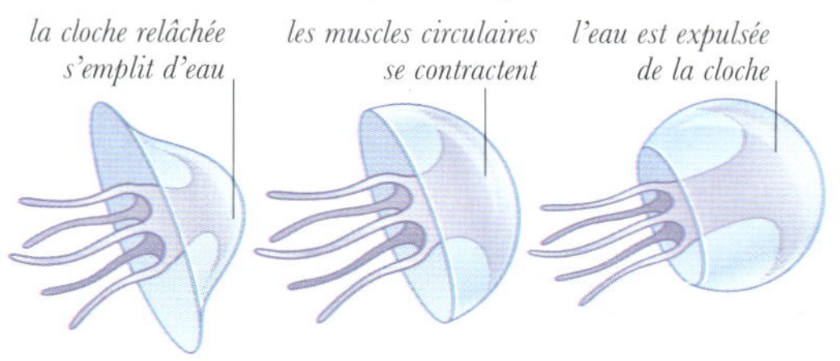

LOCOMOTION APODE
Les méduses avancent en contractant rythmiquement la partie en forme de cloche de leur corps. L'expulsion de l'eau les fait avancer. Elles nagent rarement contre le courant, mais bougent principalement pour se maintenir au bon niveau.

SAUTS
Lorsqu'une grenouille saute, ses pattes agissent comme des leviers, la propulsant dans les airs. À l'atterrissage, ses pattes antérieures se plient, amortissant le choc.

L'ENVELOPPE CORPORELLE

Pour se protéger, les animaux disposent de revêtements corporels, pour la plupart composés de matière morte. La peau des mammifères est couverte de cellules mortes, l'exosquelette des insectes, de protéines dures et de cire étanche. Dans bien des cas, ces couches protectrices sont elles-mêmes protégées : fourrure, écailles…

Certains de ces revêtements externes ont une autre fonction. Plumes souples et fourrure contribuent au maintien de la température corporelle, tandis que les plumes plus dures sont utilisées pour le vol. Les couleurs et les formes agissent comme un camouflage ou permettent aux animaux de reconnaître leurs congénères.

PLUMES

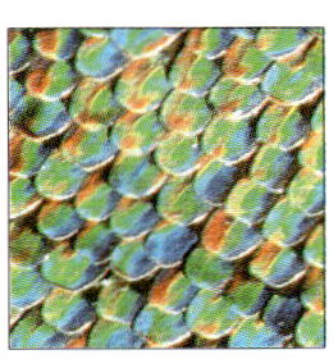

ÉCAILLES

FOURRURE

BARRIÈRES CORPORELLES
Les plumes des oiseaux, les écailles des papillons et la fourrure des mammifères sont constituées de substances produites par les cellules vivantes. Les plumes et la fourrure sont remplacées au cours de la vie, mais pas les écailles du papillon.

LA RESPIRATION

Chez les animaux petits et fins, l'oxygène traverse le corps, tandis que le gaz carbonique s'échappe dans une autre direction. Chez les animaux plus gros, la respiration est plus complexe. En termes relatifs, leur volume est beaucoup plus important que leur surface ; les gaz disposent donc de moins de place pour entrer et sortir. Pour respirer, ces animaux utilisent des organes respiratoires – structures qui ont une grande surface mais occupent peu d'espace. Chez les animaux aquatiques, les organes respiratoires les plus courants sont les branchies, surfaces fines, plates ou duveteuses permettant au sang d'être en contact étroit avec l'eau. La plupart des branchies ne fonctionnent pas hors de l'eau, où elles s'effondrent et se collent les unes aux autres. Les animaux terrestres ont des organes respiratoires creux véhiculant l'air à l'intérieur du corps. Chez les insectes, des tubes – ou trachées – divisés en fins filaments, atteignent les cellules. Les vertébrés terrestres inspirent et expirent l'air avec leurs poumons – cavités entourées d'un réseau de vaisseaux sanguins, dilatées et contractées par les muscles.

RESPIRATION EFFICACE
Les animaux très actifs dans les régions froides ont besoin de beaucoup d'oxygène. Lorsqu'un bouquetin escalade une montagne en courant, ses poumons emmagasinent dix fois plus d'air que lorsqu'il est au repos.

LES NERFS ET LES SENS

Les cellules nerveuses (neurones) véhiculent par de petites impulsions électriques les informations provenant des organes sensoriels ou provoquent la contraction musculaire. Si les coraux et les autres animaux simples ont un réseau de nerfs réparti sur l'ensemble du corps, chez la plupart des autres animaux le système nerveux converge vers le cerveau.

Certains sens, tel le toucher, fonctionnent grâce à des terminaisons nerveuses réparties sur tout le corps. Un sens similaire, au fonctionnement interne, informe les animaux sur leur posture. Les sens les plus importants – vue, odorat et ouïe – fonctionnent grâce à des organes dont les structures sont parmi les plus complexes de l'organisme.

La vision est indispensable pour de nombreux animaux, et les yeux présentent une grande variété de formes. Les plus simples – par exemple, ceux des escargots – sont uniquement capables de distinguer la lumière de l'obscurité. Chez de nombreux animaux, notamment les arthropodes et les vertébrés, ils font converger la lumière sur de nombreuses cellules nerveuses, créant une image détaillée de l'environnement. Chez les vertébrés, les yeux ont un seul cristallin, qui envoie la lumière sur un «écran», la rétine. Chez les arthropodes, l'œil composé contient jusqu'à 25 000 éléments, chacun disposant de son cristallin ; ces yeux composés créent une image de type mosaïque et sont particulièrement efficaces pour détecter les mouvements.

Les mammifères sont les seuls animaux à oreilles proéminentes. Les organes de l'ouïe des vertébrés sont toujours placés sur la tête, mais, chez certains animaux, ils sont situés ailleurs : la plupart des sauterelles et criquets ont des «oreilles» sur l'abdomen ou les pattes. Il en va de même pour les organes du goût et de l'odorat, qui, comme les oreilles, peuvent être utilisés pour communiquer, pour éviter le danger et trouver de la nourriture.

De nombreux animaux ont des sens plus développés que ceux des êtres humains, et certains peuvent percevoir des phénomènes imperceptibles pour ces derniers. Ainsi, la plupart des poissons ressentent les ondes de pression dans l'eau, et un grand nombre détectent de faibles champs électriques. Certains serpents «voient» la chaleur, ce qui leur permet d'attaquer les proies à sang chaud dans l'obscurité totale.

VISION BINOCULAIRE
Grâce à leurs gros yeux regardant droit devant, les araignées sauteuses ont une vision binoculaire qui leur permet de bien évaluer les distances avant d'effectuer un saut.

LE COMPORTEMENT

LE COMPORTEMENT d'un animal englobe l'ensemble de ses activités et sa façon de vivre. Il s'agit d'actions simples, comme se nourrir, rester propre, ou très élaborées, telles la chasse en meute, la parade nuptiale, la construction d'un nid. Chez certains, le comportement est presque entièrement prévisible ; chez d'autres, il se développe avec l'expérience. Ainsi, plus un animal agit, plus il devient compétent. Comme pour tous les aspects de la biologie animale, le comportement résulte de l'évolution : il se modifie progressivement avec le temps. Ces changements permettent aux espèces de réagir le plus efficacement possible aux opportunités et aux dangers qu'elles rencontrent dans la vie quotidienne.

D'INSTINCT OU APPRIS

Chez les animaux simples, le comportement est gouverné par des instincts héréditaires : des actions fixes sont provoquées par des déclencheurs. Ainsi, des oisillons nouveau-nés, encore aveugles, réclament aussitôt leur nourriture à leurs parents revenant au nid : ce comportement est déclenché par le bruit et le mouvement. L'instinct peut sembler rudimentaire, mais il donne des résultats remarquables. Les castors savent construire des barrages capables de résister à la pression de l'eau, comme s'ils les avaient conçus scientifiquement. Les castors ne « réfléchissent » pas à la façon de construire, ni les araignées au moyen de tisser une toile. Malgré tout, les modalités des comportements instinctifs peuvent évoluer. Lorsque les animaux effectuent à de nombreuses reprises certains actes, comme construire un nid, leurs performances s'améliorent souvent. C'est particulièrement important pour ceux – tels les tisserins mâles – qui utilisent leurs capacités à construire un nid pour attirer une partenaire.

Mis à part les pieuvres et alliés, la plupart des invertébrés sont très limités en matière d'apprentissage. En revanche, pour les vertébrés, le comportement acquis est souvent extrêmement important. Les anoures apprennent rapidement à éviter les animaux au goût désagréable, tandis que les mammifères acquièrent un vaste éventail de compétences grâce à leurs parents, notamment la façon de chasser. Chez les primates, il arrive très occasionnellement que des individus « inventent » un nouveau comportement, qui est ensuite imité par leurs congénères. Ce processus d'imitation donne lieu à une « culture » – formes de comportement qui sont transmises au fil des générations. Les humains ont développé la culture à un degré exceptionnel.

APPRENDRE À SE NOURRIR
Les huîtriers-pies apprennent en observant leurs parents. Certains oiseaux martèlent les coquilles pour les briser, d'autres tapent sur les bords de la coquille pour la forcer à s'ouvrir. Une fois qu'un oiseau a appris une technique, il l'utilise à vie.

TISSAGE INSTINCTIF
Les araignées tissent des pièges très complexes, mais d'une structure toujours identique, au point que l'on identifiera parfois l'araignée simplement au vu de sa toile. Cette épeire va utiliser la sienne un seul jour, puis elle la mangera, avant d'en tisser une autre le lendemain.

L'« INTELLIGENCE » ANIMALE

La capacité à prendre des décisions fondées sur le discernement et la compréhension est rare chez les animaux et difficile à évaluer. Certains hérons utilisent instinctivement des appâts pour attraper les poissons. Les chimpanzés recherchent les insectes avec des brindilles, qu'ils façonnent afin d'accroître leur efficacité. Pour tailler la brindille, ils doivent au préalable former une image mentale de la façon dont cela va fonctionner – processus également utilisé par les humains. Ils disposent aussi d'un vocabulaire complexe de sons qui leur permet d'échanger des informations.

SIGNES D'« INTELLIGENCE »
Capables de résoudre des difficultés et d'acquérir le langage des signes pour communiquer avec les hommes, les chimpanzés peuvent apprendre des symboles désignant des objets et des actions, et les associer pour former des « phrases ».

LA COMMUNICATION

Garder le contact avec leurs congénères est indispensable à la survie de la plupart des animaux, qui communiquent entre eux pour chercher de la nourriture, attirer un partenaire, élever les petits… Le langage corporel – expressions faciales, mouvements, attitudes – fonctionne bien à proximité mais est inefficace à distance, dans les habitats à végétation dense et dans certains milieux. Dans ces cas, la communication sonore est beaucoup plus pratique : les cétacés communiquent sur d'immenses distances, tandis que de petits animaux produisent des sons incroyablement puissants pour leur taille. Rainettes, cigales et courtilières peuvent être entendus à plus de 2 km ! Chaque espèce dispose de son propre signal d'appel, et beaucoup modifient la tonalité de celui-ci afin de ne pas être repérés par les prédateurs. Quant aux signaux d'appel lumineux, il peut s'agir d'une succession de flashs ou – chez de nombreux poissons benthiques – de parties du corps illuminées. Toutefois, à l'instar du langage corporel et du son, cette forme de communication ne fonctionne que lorsque l'animal émet activement son signal. La communication olfactive, elle, est assez différente, car le signal persiste longtemps après le départ de l'animal qui l'a émis. Les animaux ont des odeurs spécifiques, avec lesquelles ils marquent leur territoire

LUMIÈRE NOCTURNE
Les vers luisants femelles émettent une lumière pour attirer les mâles du voisinage. Mais ce signal a l'inconvénient d'indiquer également leur présence aux prédateurs. Si la femelle ver luisant pressent un danger, elle « éteint » aussitôt sa lumière.

SE JOINDRE AU CHŒUR
En hurlant ensemble, les loups avertissent les meutes voisines qu'ils se sont approprié un territoire de chasse. Les loups hurlent souvent la nuit, après avoir tué une proie.

ou indiquent leur présence à d'éventuels partenaires. Certains insectes mâles retrouvent les femelles grâce à des molécules odorantes portées par le vent.

LA VIE EN GROUPE

Si certains animaux vivent solitaires, pour beaucoup la vie en groupe est importante. Les groupes varient en taille et en durée ; ainsi, les éphémères forment des essaims de reproduction pour quelques heures à peine, tandis que les oiseaux migrateurs se rassemblent souvent pendant des semaines ; poissons et mammifères herbivores forment des groupes à vie. Contrairement aux apparences, la vie en groupe offre de meilleures chances de survie, car les prédateurs ont du mal à isoler les individus, dont certains peuvent en outre donner l'alerte.

FORMATION DE VOL
Formant un V, les oies migratrices volent dans le sillage des oiseaux de tête et économisent leur énergie. Elles se relaient en tête de la formation.

LA SÉCURITÉ PAR LE NOMBRE
En habitat ouvert, comme la prairie, où les prédateurs sont rapides et les endroits pour se cacher rares, les mammifères proies vivent généralement en grands groupes. Ces zèbres accroissent leur sécurité en broutant près d'un troupeau de gnous.

Dans la plupart des cas, les membres d'un groupe appartiennent à une seule espèce mais n'ont pas les mêmes parents. Toutefois, au sein des groupes les plus unis, tous ont d'étroits liens de parenté. Les meutes de loups et les « clans » de kookaburras sont des exemples de ces familles étendues dans lesquelles les jeunes restent avec leurs parents plutôt que de mener une vie indépendante. Ce mode de vie en groupe atteint son paroxysme chez les insectes sociaux, tels les termites et les fourmis, qui ne peuvent survivre solitaires.

LA DÉFENSE ET L'ATTAQUE

Proies et prédateurs adoptent des techniques de survie spécifiques. Par exemple, si de nombreuses proies optent pour la fuite, d'autres restent parfaitement immobiles, comptant sur leur camouflage pour se dissimuler. Un vaste éventail d'espèces, des papillons de nuit aux lézards, se donnent une apparence menaçante en exagérant leur taille ou en montrant des taches de couleur qui ressemblent à des yeux. Certaines de ces menaces sont réelles : les couleurs vives des grenouilles venimeuses signalent la présence d'un des poisons les plus puissants du règne animal.

Quant aux prédateurs, soit ils attendent que leur proie s'approche, soit ils la traquent. Les « attentistes » sont souvent camouflés, certains attirant activement leurs victimes. Chez les baudroies, le museau porte un leurre, longue protubérance lumineuse et appétissante qu'elles agitent devant leur bouche ; toute proie qui vient inspecter ce leurre est happée aussitôt. Pour la chasse active, la nature privilégie la vitesse et les sens très développés, ce qui explique que les animaux tels les guépards, les faucons pèlerins et les makaires bleus comptent parmi les plus rapides du monde. Certains prédateurs actifs agissent en groupe : en collaborant, les loups, les lycaons et les lions peuvent venir à bout de proies beaucoup plus grosses qu'eux.

RÉPONSE À LA MENACE
Lorsqu'ils sont menacés, les tétrodons grossissent en se gorgeant d'eau. Une fois distendus, ils peuvent à peine bouger, mais leurs épines les rendent pratiquement impossibles à attaquer.

LES CYCLES DE COMPORTEMENT

Certains comportements, dont l'autodéfense, peuvent être provoqués à tout moment. D'autres sont cycliques, déclenchés par des éléments qui permettent aux animaux de rester en phase avec les modifications du milieu. L'un des cycles les plus importants est l'alternance du jour et de la nuit. Il y a également les marées montantes et descendantes, ainsi que la succession annuelle des saisons.

Les comportements cycliques sont tous instinctifs. Ils peuvent être déclenchés par des changements extérieurs, par des « horloges biologiques » internes ou par une association des deux. Les oiseaux, par exemple, se rassemblent souvent à la fin de la journée pour se percher, comportement cyclique déclenché par la baisse de la luminosité lorsque le soleil descend à l'horizon. Sur une période beaucoup plus grande, le poids des écureuils terrestres obéit à un cycle annuel : ils grossissent avant d'entrer en hibernation. Toutefois, ce cycle persiste lorsque les écureuils terrestres sont maintenus dans des conditions de température et de durée de jour constantes, ce qui indique que le rythme est contrôlé biologiquement. Les horloges biologiques font souvent intervenir les hormones, mais leur fonctionnement n'est pas encore connu avec précision.

L'HEURE DU REPAS
Les crabes appelants – ou violonistes – sortent de leur trou pour fouiller le sédiment riche en nutriments. Ils ne peuvent pas se nourrir sous l'eau, aussi leur comportement alimentaire est-il gouverné par le rythme des marées.

LA CHASSE EN MEUTE
Une meute de lycaons fait tomber le gnou qu'elle a poursuivi jusqu'à son épuisement. Une fois leur proie morte, les lycaons partagent les restes et en emportent pour les petits, demeurés dans la tanière.

INTRODUCTION

INTRODUCTION

LES CYCLES DE VIE

L'ENSEMBLE des étapes entre l'apparition d'une génération et la venue de la suivante constitue le cycle de vie d'un animal. Chez les insectes et autres petits invertébrés, le cycle complet s'achève en quelques semaines ; chez les animaux plus gros, il dure souvent des années. Quelle que soit sa durée, le cycle de vie implique toujours deux étapes principales : une période de croissance et de développement, suivie par la reproduction. Certains animaux se reproduisent une seule fois et meurent : pour eux, la reproduction marque la fin de l'existence en même temps que l'achèvement du cycle. Pour beaucoup, la reproduction se poursuit tout au long de la vie adulte, ce qui accroît les chances d'engendrer des petits.

LA REPRODUCTION

La capacité de se reproduire est l'étape essentielle de la vie : elle permet aux êtres de se multiplier, d'exploiter de nouvelles opportunités et d'évoluer. On distingue reproduction asexuée et sexuée. Dans la reproduction asexuée, un seul parent détache une partie de son corps pour produire un nouvel animal. Le processus de division peut survenir de différentes manières. Les hydres, par exemple, produisent de petits fragments qui se transforment en animaux entiers, tandis que les anémones de mer se coupent en deux. Certains animaux pondent des œufs qui se développent sans fécondation – c'est la parthénogenèse, courante chez les pucerons et les autres insectes suceurs de sève. (Les lézards cnémidophores sont l'un des rares exemples chez les vertébrés.) Relativement rapide et simple, la reproduction asexuée présente un inconvénient majeur : étant donné qu'il n'y a qu'un parent, les descendants sont génétiquement identiques à celui-ci, ou très similaires. Par conséquent, parents et petits présentent la même sensibilité face aux menaces, telle la maladie : si un animal meurt, les autres suivent souvent. La reproduction sexuée surmonte ce problème, car l'intervention de deux parents implique des petits génétiquement différents. Les plus adaptés survivent, l'espèce évolue lentement. Mais le processus est compliqué : les parents doivent être de la même espèce, en général de sexe différent, et, le plus souvent, coopérer pour se reproduire. En outre, seule la femelle donnant naissance à des petits, l'espèce perd un potentiel de reproduction. Malgré ces difficultés, la reproduction sexuée est très répandue dans le monde animal, ce qui prouve sa valeur à long terme. Des espèces à reproduction asexuée connaissent même, périodiquement, une phase sexuée dans leur cycle de vie, profitant ainsi du meilleur des deux méthodes !

REPRODUCTION SEXUÉE
Lorsque la grenouille rousse pond ses œufs, son partenaire les recouvre de sperme pour les féconder. Chaque têtard sera génétiquement unique.

REPRODUCTION ASEXUÉE
Cette anémone de mer est dans la dernière phase de reproduction, qui a lieu lorsqu'elle se scinde en deux. Ce processus donne deux individus ayant exactement le même patrimoine génétique.

LE SEXE DES ANIMAUX

Tous les animaux se reproduisant de façon sexuée avec un partenaire du sexe opposé présentent un dimorphisme : mâles et femelles ont une anatomie et un comportement différents. Selon les espèces, le dimorphisme est plus ou moins marqué. Tous les animaux à reproduction sexuée ne sont pas de sexe opposé. Certains – les vers de terre et les escargots terrestres, par exemple – sont hermaphrodites (chacun est doté d'organes sexuels mâles et femelles) : cela simplifie la reproduction sexuée, car tout adulte de l'espèce est potentiellement un partenaire adéquat pour un autre. Une autre variation consiste, pour certaines espèces, à avoir des sexes distincts, mais les individus peuvent changer de sexe pendant leur vie adulte. Ainsi, les poissons-perroquets vivent souvent en petits bancs dominés par un seul mâle. Si le mâle meurt, une femelle change de sexe et prend sa place.

DIMORPHISME EXTRÊME ENTRE PARTENAIRES
Ici, une étoilée femelle (à droite), sans ailes, a attiré un mâle ailé. Après l'accouplement, la femelle s'éloigne en rampant pour pondre ses œufs.

LA PARADE NUPTIALE

Avant de pouvoir s'accoupler, l'animal doit trouver un partenaire. C'est facile pour les espèces qui vivent en groupes, mais cela pose un problème pour les animaux vivant seuls. Les animaux solitaires repèrent les partenaires potentiels en envoyant des messages, tels que des sons ou des odeurs. Chaque espèce a son propre signal d'appel qui lui permet de trouver ses congénères.

Une fois que les deux partenaires se sont rencontrés, l'un – généralement le mâle – doit annihiler la prudence de l'autre et lui prouver qu'il est le partenaire adéquat. Ce processus, appelé parade nuptiale, prend souvent la forme d'un comportement ritualisé qui montre que le mâle est en bonne condition physique ou bien qu'il dispose d'une bonne provision de nourriture. Si la femelle est suffisamment impressionnée, elle l'accepte comme partenaire sexuel.

Si certaines espèces s'associent pour la vie, beaucoup se séparent après l'accouplement. Dans ce cas, les mâles s'accouplent généralement avec plusieurs femelles mais ne participent pas à l'élevage des petits. Plus rarement, le processus est inversé : une femelle s'accouple avec plusieurs mâles. Lorsque cela se produit – par exemple chez les phalaropes (voir p. 306) –, la femelle est plus vivement colorée que le mâle et effectue souvent la parade. En général, ces femelles participent peu ou pas du tout à l'élevage des jeunes.

LA LONGÉVITÉ

En général, plus un animal est gros, plus il vit longtemps. La vitesse du métabolisme – vitesse à laquelle un animal utilise l'énergie – influe sur la longévité. Les animaux à sang froid (amphibiens, reptiles) ont une vitesse du métabolisme relativement faible et vivent généralement longtemps, tandis que les animaux à sang chaud ont une vitesse du métabolisme élevée et généralement une vie courte. C'est particulièrement le cas pour les petites espèces car, en raison de leur faible masse corporelle, la chaleur quitte rapidement le corps et doit être constamment remplacée par un apport de nourriture. Les facteurs environnementaux, tels que la température et l'humidité, ont également un effet. Les mouches domestiques, par exemple, meurent souvent en six semaines par temps chaud, mais peuvent survivre de nombreux mois s'il fait froid, et certains animaux microscopiques survivent des décennies s'ils restent en dormance. En général, il est rare que les animaux vivent encore longtemps une fois qu'ils ne sont plus capables de se reproduire.

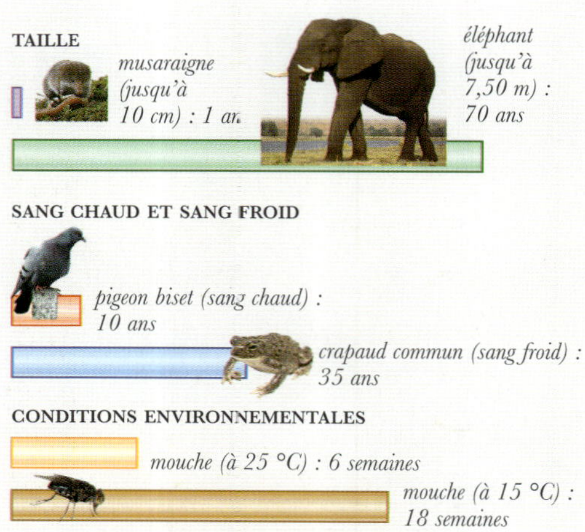

FACTEURS DÉTERMINANT LA LONGÉVITÉ
Trois des principaux facteurs influant sur la longévité sont illustrés ci-dessus. L'espérance de vie de chaque animal est représentée par une barre de couleur, indiquant dans quelle mesure un facteur peut affecter sa longévité.

RITUEL DE LA PARADE
Une frégate mâle gonfle la poche de sa gorge pour attirer l'attention d'une femelle. Les oiseaux ont une bonne vision des couleurs, ce qui explique pourquoi les mâles ont souvent un plumage vif.

LA FÉCONDATION

Marquant le début d'une nouvelle vie, la fécondation survient lorsque le sperme du mâle et l'œuf de la femelle fusionnent, soit à l'intérieur, soit à l'extérieur du corps de la femelle. La fécondation externe concerne des animaux vivant en permanence dans l'eau ou y retournant pour se reproduire. Chez les invertébrés statiques, tels les coraux, un grand nombre de cellules reproductrices mâles et femelles, dispersées dans l'eau, se mélangent. Chez les animaux qui peuvent se déplacer, comme les grenouilles, il y a association de deux partenaires, mais, bien qu'ils semblent s'accoupler, la fécondation a lieu dans l'eau, et non à l'intérieur du corps de la femelle.

La fécondation externe n'est pas possible sur terre, car les cellules reproductrices se dessèchent vite et meurent lorsqu'elles sont exposées à l'air libre. Par conséquent, la plupart des animaux terrestres recourent à la fécondation interne. En général, cela implique que le mâle injecte son sperme dans le corps de la femelle. Toutefois, certains animaux terrestres, tels les tritons et les salamandres, ne s'accouplent pas. Le mâle dépose du sperme (spermatophore) près de la femelle, et celle-ci le recueille avec ses organes reproducteurs afin que la fécondation ait lieu.

FÉCONDATION INTERNE
Comme tous les insectes, ces punaises doivent s'associer pour que les œufs de la femelle soient fécondés. L'accouplement dure plusieurs heures.

FÉCONDATION EXTERNE
Les coraux libèrent leurs cellules reproductrices dans l'eau, phénomène déclenché par les phases de la lune – horloge naturelle que de nombreux animaux utilisent pour synchroniser leur comportement reproducteur.

LE DÉBUT DE LA VIE

Les animaux à reproduction sexuée commencent leur vie sous forme d'un ovule fécondé (œuf). Si celui-ci a été fécondé hors du corps de la mère, il dérive dans la mer ou est fixé à une plante ou au sable sur le fond marin. Si l'œuf a été fécondé intérieurement, il est pondu, pour éclore ensuite, ou demeure dans le corps de la femelle au début de son développement. Le degré de développement à chaque stade varie d'une espèce à l'autre. Les ovipares, tels les oiseaux, pondent leurs œufs fécondés avant le début du développement embryonnaire. Chez les oiseaux, le développement est souvent différé de quelques jours jusqu'à ce que la couvée soit complète ; il débute dès que les parents commencent à couver. Les ovovivipares – dont de nombreux reptiles et les requins – « couvent » leurs œufs intérieurement, et les expulsent au moment où ils sont sur le point d'éclore. Les vivipares – la quasi-totalité des mammifères ainsi que certains reptiles, amphibiens et poissons – donnent naissance à des petits formés.

SOINS PARENTAUX
Les vivipares ont assez peu de descendants, mais ils leur prodiguent souvent des soins parentaux prolongés, comme cette femelle de phoque envers son petit.

LES MÉTAMORPHOSES

Tous les animaux changent de forme en grandissant. Les modifications peuvent être progressives et relativement mineures. Chez certains, elles sont si radicales qu'ils en sont totalement transformés. Cette transformation, appelée métamorphose, leur permet d'adopter des modes de vie différents – souvent dans des habitats différents.

Bien que les métamorphoses soient plus fréquentes chez les invertébrés, elles ont lieu aussi chez les amphibiens et chez certains poissons. Les animaux subissant une métamorphose passent les premiers jours de leur vie sous forme de larves. Dans la mer, les larves dérivent souvent près de la surface dans le plancton et, étant donné qu'elles sont transportées au loin, elles jouent un rôle important dans la propagation de leur espèce.

Dans le monde des insectes, les métamorphoses prennent deux formes. Les métamorphoses incomplètes, illustrées par les sauterelles et les punaises, impliquent une série de changements progressifs qui s'effectuent lorsque le jeune insecte parvient à maturité. Les métamorphoses complètes – illustrées par les papillons, les coléoptères et les mouches – impliquent des changements plus drastiques, qui surviennent pendant une période d'immobilité appelée nymphose, lorsque le corps est décomposé et réarrangé.

LA VIE EN COMMUNAUTÉ

Si bien des animaux s'associent à leurs congénères tout en vivant leur vie propre, les espèces sociales – termites, fourmis, abeilles – forment des groupes permanents, ou colonies, dans lesquels le plus souvent une seule femelle – la reine – se reproduit. De ce fait, les membres de la colonie ont des liens de parenté très étroits et, sous différents aspects, se comportent comme un seul organisme. Le succès de ce système se reflète dans le fait que ces insectes sont parmi les plus nombreux sur terre.

REINE DE TERMITE *Enfouie dans la termitière, où elle est assistée par les ouvriers, la reine de certains termites pond jusqu'à 30 000 œufs par jour. Du fait de sa dépendance totale aux ouvriers pour sa nourriture, elle représente la forme ultime de spécialisation de reproduction.*

ŒUFS DE CRABE

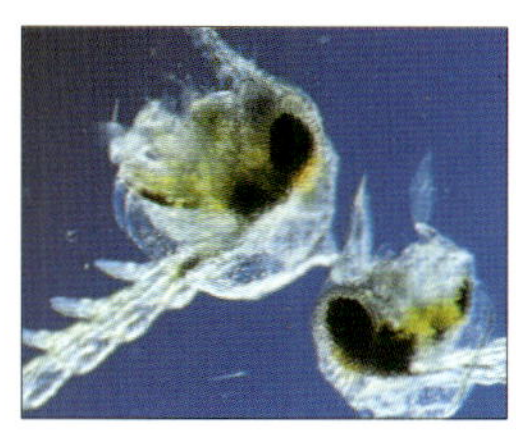

ZOÉS (LARVES)

CRABE ADULTE

DE LA LARVE À L'ADULTE
Comme la plupart des crustacés, le crabe vert commence sa vie sous forme d'œuf, qui donne naissance au premier stade larvaire, ou zoé, se transformant ensuite en mégalope. Celui-ci descend sur le fond de la mer et finalement se transforme en crabe adulte.

LES ANIMAUX EN DANGER

DEPUIS UN SIÈCLE, la population humaine a connu un essor rapide, l'utilisation de l'énergie et des matières premières s'est intensifiée, et les zones sauvages où les animaux ont peu ou pas de contact avec les hommes sont désormais très rares. Les habitats naturels disparaissent, et la biodiversité – somme totale des espèces vivantes – est en rapide déclin. Cette situation est potentiellement dangereuse pour les êtres humains, car elle compromet la stabilité de la planète et élimine les ressources qui pourraient un jour être nécessaires. Pour les animaux, les conséquences peuvent être désastreuses. Les espèces les plus touchées ont désormais atteint le stade où, ironie du sort, elles ont besoin de l'aide des hommes pour survivre.

DES HABITATS DÉTRUITS

Les hommes ont modifié les habitats dès la découverte du feu, mais c'est avec l'agriculture, voici 10 000 ans, que leur destruction s'est accélérée, avec la déforestation de l'hémisphère Nord par le passé, des régions tropicales aujourd'hui, la destruction de certaines des principales zones de prairies, l'assèchement des marécages et autres zones humides d'eau douce.

Ces dernières années, les forêts de palétuviers ont cédé la place à des élevages de crevettes, tandis que les récifs coralliens étaient «exploités» en matériaux de construction, avec pour effet la destruction des zones de reproduction de nombre d'espèces marines. Côtes et fleuves sont affectés par la construction de barrages, qui retiennent les sédiments s'accumulant normalement dans les deltas. Cela provoque l'érosion du littoral et permet également aux eaux salées de s'infiltrer dans les eaux douces. À tout cela s'ajoute une urbanisation rapide, qui réduit encore les habitats naturels.

La forme du processus de modification des habitats est souvent aussi importante que son ampleur. Si de grandes zones d'un habitat sont préservées dans leur état d'origine, celui-ci conserve son rôle, mais à une échelle réduite. En revanche, si la même surface est fragmentée en morceaux isolés, les répercussions sont beaucoup plus graves. Cela s'explique par le fait que de nombreuses espèces, notamment les prédateurs en haut des chaînes alimentaires, ont besoin de grandes surfaces pour trouver leur nourriture. De plus, les habitats fragmentés sont davantage exposés à l'intrusion et aux nuisances de la part des hommes et des animaux domestiques, et, de ce fait, les animaux sauvages éprouvent plus de difficultés pour se nourrir et se reproduire.

PRAIRIE NATURELLE

CHAMP DE CÉRÉALES

DE LA PRAIRIE AUX TERRES ARABLES
Forêts et prairies nord-américaines ont connu des changements considérables avec l'arrivée des colons européens. Elles abritaient une grande variété d'animaux, tels les ours et les bisons, qui ont été chassés puis déplacés avec le développement de l'agriculture. La plupart des forêts ont repoussé, mais les prairies sont désormais presque entièrement consacrées à la culture des céréales : l'habitat originel des prairies a en grande partie disparu.

LA POLLUTION

La pollution, qui survient lorsque des substances chimiques ou autres s'infiltrent et perturbent les écosystèmes naturels, a parfois des origines naturelles mais, dans la plupart des cas, elle est due à l'activité humaine. Elle peut affecter physiquement les animaux – en les empêtrant dans des déchets ou en les recouvrant de pétrole –, mais ses effets chimiques à l'intérieur du corps de l'animal ou dans son environnement sont souvent plus graves, et également plus difficiles à identifier et à prévoir.

Les polluants chimiques les plus dangereux sont les substances organiques synthétiques (contenant du carbone), tels les solvants, les pesticides et les herbicides. Il existe des centaines de milliers de ces produits chimiques aujourd'hui, et de nouvelles sortes sont produites chaque année. En raison de leur structure chimique, ils sont souvent absorbés par les tissus vivants, où ils provoquent le plus de dégâts. Certaines de ces substances sont toxiques pour toutes les formes de vie, mais d'autres sont plus sélectives. Elles sont transmises lorsque les prédateurs mangent leurs proies et s'accumulent ainsi dans les espèces en haut des chaînes alimentaires, tels les cétacés, les ours polaires et les oiseaux de proie. On pense que le faible taux de reproduction de certains prédateurs – les bélougas dans le golfe du Saint-Laurent, par exemple – est une conséquence directe de ce type de pollution. Les animaux sont également affectés par la pollution aérienne, qui survient surtout lorsque les combustibles brûlent, libérant des gaz toxiques dans l'atmosphère. Cela crée des phénomènes localisés, telles les pluies acides, qui ont un effet très nuisible sur les poissons d'eau douce. À une plus grande échelle, la pollution est aussi responsable du réchauffement de la planète – modification de l'environnement qui pourrait à terme affecter la quasi-totalité des espèces sur terre.

SIGNAL D'ALARME
Les poissons sont particulièrement sensibles aux polluants chimiques et aux changements qui réduisent le taux d'oxygène dans l'eau. La mort en masse de poissons est souvent le premier signe que l'eau a été gravement polluée.

CHASSE, PÊCHE ET DISPARITION

Malgré leur capacité à se reproduire, de nombreuses espèces font l'objet d'une exploitation excessive, et un nombre considérable sont désormais en danger, d'autres ayant déjà totalement disparu. La liste des victimes de la chasse comprend le bluebuck africain, disparu vers 1800, et le pigeon migrateur américain – autrefois la population d'oiseaux la plus importante au monde –, éteint depuis 1914. Bien loin du but originel de la chasse – se procurer de la nourriture –, les éléphants sont tués pour leurs défenses, les rhinocéros pour leurs cornes, les tigres pour leur fourrure. En mer, la pêche est devenue intensive : la raréfaction d'espèces jadis abondantes, telle la morue de l'Atlantique, est un signe avant-coureur que de nombreux

COMMERCE D'ANIMAUX DE COMPAGNIE
Ces perruches en cage sont destinées à alimenter un commerce fort lucratif pour les intermédiaires. Mais, dans leur pays d'origine, leur capture est parfois le seul moyen de gagner sa vie.

poissons d'importance commerciale se raréfient dangereusement. Diverses espèces sont capturées pour le commerce d'animaux de compagnie : les singes et les perroquets tropicaux sont particulièrement menacés ; ils doivent être en principe capturés adultes, mais beaucoup sont des jeunes qui, privés des soins parentaux, ne survivent pas.

LES ESPÈCES INTRODUITES

Bien avant que Christophe Colomb n'ait posé le pied en Amérique, explorateurs et colons avaient partout commencé à introduire des animaux, processus qui s'est accéléré du XVIe au XVIIIe siècle. Des centaines d'années plus tard, la faune de certaines régions isolées est submergée par une multitude d'intrus opportunistes, des rats aux chèvres en passant par les chats, les moutons et les cervidés. Certaines espèces introduites ont attaqué et détruit la faune locale ; d'autres lui ont nui indirectement, en lui faisant concurrence pour l'espace ou la nourriture.

En Australie, certaines espèces introduites ont bouleversé l'écologie de l'ensemble du continent. Les kangourous prospèrent encore, mais beaucoup de petits marsupiaux vivent désormais dans de minuscules parcelles de leur aire de répartition d'origine, dans des habitats éloignés que les espèces introduites ont du mal à atteindre. Des problèmes similaires touchent la Nouvelle-Zélande et Madagascar. Sur les îles océaniques, beaucoup plus petites, la situation peut être plus grave : les oiseaux indigènes sont souvent tués par les chats et les rats – de nouveaux arrivants tenaces, qu'il est extrêmement difficile d'éradiquer. À notre époque de transports rapides et de développement du tourisme, la menace représentée par les espèces introduites augmente constamment.

DES NOUVEAUX VENUS INDÉSIRABLES
Les lapins, introduits en Australie au milieu du XIXe siècle pour procurer nourriture et fourrure, ont proliféré aux dépens de la flore et de la faune locales. Les zones sèches, à végétation amoindrie, subissent une érosion qui modifie en permanence le paysage.

L'ÉVOLUTION CLIMATIQUE

Le climat de la terre est si complexe que les changements ne sont pas faciles à expliquer, et encore plus difficiles à prévoir. Toutefois, au cours des dernières décennies, la tendance est claire : le climat se réchauffe, probablement à cause des rejets de gaz carbonique provoqués par l'exploitation des énergies fossiles.

Les animaux sont bien équipés pour réagir aux changements climatiques progressifs, car ils sont capables de s'adapter et d'évoluer. Mais les changements prévus au XXIe siècle seront probablement plus rapides que ceux qui ont eu lieu dans le passé, et l'évolution n'opère pas aussi rapidement. Le réchauffement – en soi – ne sera pas nécessairement le problème : dans de nombreux cas, la difficulté viendra de la modification des zones de végétation sur terre et des changements de niveau des océans et de la forme des courants marins. Certains signes indiquent déjà que les animaux en ressentent les effets. Des études ont révélé que certains animaux de montagne vont à de plus hautes altitudes, et le cycle de reproduction de certains oiseaux débute plus tôt au printemps. De même, la décoloration du corail (voir p. 74 et 529) serait liée au changement de climat. Ces modifications surviennent aujourd'hui : quels que soient les accords signés pour lutter contre les changements climatiques, les problèmes vont certainement se multiplier dans les prochaines décennies.

DIMINUTION DE LA GLACE
En hiver, les ours polaires utilisent la glace de mer comme plate-forme pour capturer les phoques. Avec le réchauffement de la planète, la couche de glace de l'océan Arctique s'amincit, et les ours polaires ont plus de mal à obtenir leur nourriture durant cette période critique de l'année.

LES ANIMAUX AU BORD DE L'EXTINCTION

La *Liste rouge des espèces menacées* de l'Union internationale pour la conservation de la nature et de ses ressources (UICN, voir encadré) recense plus de 5400 espèces d'animaux exposées à un risque élevé d'extinction dans un avenir proche. Dans la quasi-totalité des cas, la menace résulte des activités humaines. Le nombre d'espèces menacées représente plus du tiers du 1 % de l'ensemble des animaux identifiés à ce jour, mais, d'après l'UICN, les chiffres sont considérablement sous-estimés, du fait que nombre d'animaux dans le monde sont peu connus, et il est donc très difficile d'évaluer les changements au sein de leurs populations. En ce qui concerne les oiseaux et les mammifères, les statistiques, plus fiables, donnent des résultats troublants. Près de 1 mammifère sur 4 est inclus dans la liste, avec 180 espèces gravement menacées. Pour les oiseaux, le total est de 1 sur 8, avec 182 espèces très menacées. Près de 6000 espèces de plantes sont également répertoriées – chiffre d'une importance cruciale pour les animaux dont la survie en dépend.

Être « au bord de l'extinction » revêt différentes significations selon les espèces. Certaines, notamment les invertébrés, peuvent se reproduire rapidement dans de bonnes conditions, ce qui signifie qu'elles ont la possibilité de se régénérer rapidement. En revanche, de nombreuses espèces se reproduisent lentement, et il leur faut beaucoup de temps pour se rétablir si leur population chute. Les albatros en sont un exemple typique : il leur faut sept ans pour atteindre la maturité, ils pondent un seul œuf et ne se reproduisent souvent qu'une année sur deux. Pour compliquer les choses, les animaux ne sont pas nécessairement en mesure de se reproduire, même s'ils trouvent un habitat adéquat et un partenaire. Cela est dû au fait que beaucoup d'espèces se reproduisent en groupe, au sein duquel la présence des autres déclenche la reproduction et la construction de nids. Le pigeon migrateur était un exemple classique de reproduction en groupe, nichant en colonies qui s'étendaient sur de nombreux kilomètres carrés. Même lorsqu'il en resta des milliers, l'espèce avait déjà dépassé le seuil menant à sa disparition.

LES CATÉGORIES D'ESPÈCES MENACÉES
La Liste rouge *classe les animaux dans 8 catégories selon le risque : les espèces les plus menacées (tels le tigre et le rhinocéros noir) sont « au bord de l'extinction » ; la catégorie suivante (comprenant l'orang-outan et l'ornithoptère de la reine Alexandra) est « en danger », etc. Voir p. 10 les détails ainsi que les abréviations des catégories utilisées dans cet ouvrage.*

ÉTEINT À L'ÉTAT SAUVAGE (EW) : CHEVAL DE PRZEWALSKI

AU BORD DE L'EXTINCTION (CR) : RHINOCÉROS NOIR

EN DANGER (EN) : ORNITHOPTÈRE DE LA REINE ALEXANDRA

VULNÉRABLE (VU) : ALBATROS HURLEUR

PRÉOCCUPATION MINEURE (LR) : KOALA

LA « LISTE ROUGE »

L'Union internationale pour la conservation de la nature et de ses ressources (UICN), fondée en 1948 par les Nations unies, se consacre à la sauvegarde du monde naturel. Elle dresse régulièrement une *Liste rouge* qui rassemble les informations fournies par plus de 10000 scientifiques dans le monde ; cette liste est devenue un répertoire mondial concernant l'état des êtres vivants sur notre planète. La *Liste rouge* actuelle indique que les espèces menacées sont souvent concentrées dans certaines régions. Aujourd'hui, les « zones à risque » sont l'Afrique de l'Est, le Sud-Est de l'Asie et les tropiques américains. Cela s'explique en partie par le fait que, dans ces régions, la diversité des espèces est beaucoup plus importante que dans les régions plus au nord ou au sud : les tropiques américains, par exemple, sont particulièrement riches en oiseaux. Ces dernières années, ces zones ont connu un changement rapide – notamment la déforestation –, car l'augmentation de la population humaine y entraîne de nouveaux défrichements, afin d'accroître les surfaces à cultiver.

LA CONSERVATION

L'IMPACT NÉGATIF des hommes sur la vie sauvage s'intensifie de jour en jour. À travers le monde, diverses organisations ont engagé une action commune pour préserver la nature dans son état originel ou pour qu'elle soit exploitée de façon viable. Il s'agit d'une tâche considérable, qui pose d'épineuses questions pratiques. Quel est le meilleur moyen de sauvegarder les espèces ? Comment sauver un animal au bord de l'extinction ? Et, si les ressources sont limitées, certains animaux sont-ils plus « importants » que d'autres ? Les spécialistes ne s'accordent pas toujours sur les réponses, mais il ne fait aucun doute que la conservation est une priorité urgente, si l'on souhaite que survivent les espèces aujourd'hui menacées.

LA PROTECTION

La protection des animaux passe d'abord par la préservation de leur habitat naturel, qui leur fournit tout ce qui est nécessaire à leur survie. Aussi a-t-on créé les réserves et les parcs naturels. Même les petits parcs sont efficaces – notamment lorsqu'ils protègent les aires de reproduction – mais, en général, plus la zone est vaste, plus le nombre d'espèces protégées est important, et plus l'habitat a de chances de garder sa richesse. Le Wood Buffalo National Park, au Canada, est le plus étendu au monde, avec 44 807 km^2 : il protège les plus grands troupeaux de bisons survivants de l'Amérique du Nord, et son isolement garantit un minimum d'intrusion et de nuisances de la part de l'homme.

Réserves et parcs naturels peuvent souffrir de leur popularité ou des pressions économiques. Aux Galápagos, par exemple, les écologistes sont engagés dans une lutte souvent difficile pour équilibrer les besoins de la vie sauvage et les exigences de l'accroissement de la population humaine ainsi que du nombre croissant de touristes.

POSTE D'OBSERVATION AU BORD DE L'EAU
Dans une réserve, des huttes spécialement conçues permettent aux visiteurs d'observer les oiseaux. Après des siècles de drainage pour l'agriculture, les réserves comme celle-ci revêtent une importance cruciale pour de nombreuses espèces de zones humides.

L'ÉLEVAGE EN CAPTIVITÉ

Lorsqu'une espèce est en danger immédiat d'extinction, l'élevage en captivité peut être un moyen très efficace de la sauver. En 1982, il restait seulement 24 condors de Californie à l'état sauvage. Un programme d'élevage a donc été lancé. Tous les oiseaux ont été capturés – mesure drastique qui a provoqué une violente controverse à l'époque. Vingt ans plus tard, l'intervention a porté ses fruits : on compte à présent 170 individus, et une quarantaine d'oiseaux ont été relâchés. Des résultats encore plus satisfaisants ont été obtenus avec la bernache ou oie néné et l'oryx d'Arabie. Grâce aux innovations en matière de génie génétique, il est même possible que des espèces récemment éteintes soient « ramenées à la vie ».

Toutefois, la plupart des écologistes pensent que l'élevage en captivité n'est pas une solution à long terme pour améliorer les taux de survie, et ce pour deux raisons : premièrement, cela nécessite un engagement considérable en matière de temps, d'argent et d'espace, et, deuxièmement, si le déclin d'une espèce est dû à la perte de son habitat, l'élevage en captivité n'est d'aucune utilité, car les animaux relâchés dans la nature ne disposeront pas d'un endroit pour vivre.

PRÊT À ÊTRE RELÂCHÉ
Élevé en captivité, ce condor de Californie peut un jour contribuer à accroître la population à l'état sauvage. Toutefois, comparée à la vie en captivité, la vie à l'état sauvage peut être difficile, voire dangereuse.

LE CONTRÔLE DES ESPÈCES INTRODUITES

Dans les régions isolées, les espèces introduites – ou « étrangères » – peuvent rendre la vie très difficile aux animaux locaux, non seulement par la prédation, mais aussi par la concurrence exercée pour l'espace et la nourriture. Si les chats, les renards et les rats figurent en tête de la liste de ces arrivants nuisibles, les mammifères herbivores peuvent également provoquer des dégâts considérables. Dans les régions les plus touchées, telles l'Australie et la Nouvelle-Zélande, des programmes de conservation sont en cours afin de limiter cette menace. L'Australie est si vaste qu'il est impossible d'y éradiquer les chats sauvages et les renards. Néanmoins, dans certaines parties de l'île, de larges zones ont été clôturées pour protéger des prédateurs immigrants les bandicoots, les bandicoots-lapins et autres marsupiaux vulnérables. Dans ces enclos géants, les espèces étrangères sont prises au piège, ou bien leur population est limitée par des appâts empoisonnés. Les poisons utilisés, extraits de plantes locales, présentent le double avantage de ne toucher que les espèces étrangères et d'être inoffensifs pour les espèces du cru. Le fait de tuer au nom de la préservation est un sujet épineux et controversé, notamment lorsque les victimes sont des chats devenus sauvages. Toutefois,

EXCLURE LES INTRUS
En Australie-Occidentale, cette barrière électrique protège la péninsule de Peron des mammifères introduits, tels les chats. Toute la péninsule – s'étendant sur 1 000 km^2 – va devenir un refuge « sans étranger » pour les marsupiaux menacés d'extinction.

DEUX POIDS, DEUX MESURES

Certaines espèces menacées d'extinction suscitent auprès du public un intérêt et une sympathie considérables, tandis que d'autres ne provoquent qu'indifférence, voire répugnance. Le panda géant, devenu un symbole international pour la conservation de la nature, illustre bien la première réaction. La seconde concerne des milliers d'animaux, tels les coléoptères et autres insectes, qui sont généralement qualifiés de « bestioles ». Pour être efficace, la conservation doit concerner l'ensemble des animaux d'un habitat donné, depuis les grands animaux vedettes jusqu'aux invertébrés, que peu de personnes sont en mesure d'observer et encore moins d'identifier.

LES DEUX EXTRÊMES
Si le panda géant attire l'attention des médias et les dons, le longicorne européen, comme tous les coléoptères, ne suscite que peu d'intérêt dans le public.

INTRODUCTION

il ne fait aucun doute – du moins en ce qui concerne les marsupiaux australiens – que c'est très efficace.

Les espèces introduites représentent une menace encore plus sérieuse sur les îles océaniques, où elles peuvent dévaster les animaux terrestres et les colonies d'oiseaux nicheurs. De nombreuses îles, telles les Kerguelen, dans le sud de l'océan Indien, ont été envahies par les rats, arrivés à bord de bateaux il y a plusieurs siècles. Il est très difficile de limiter la prolifération des rats. Si les programmes d'éradication ont échoué aux Kerguelen, ils ont été couronnés de succès sur plusieurs îles au large de la Nouvelle-Zélande, où, les rats ayant été éliminés, on a créé des refuges pour le sphénodon – l'un des reptiles les plus menacés d'extinction au monde. Grâce à leur petite taille, ces îles sont des refuges idéals, car il est relativement facile d'y éviter l'introduction de mammifères.

LA PROTECTION JURIDIQUE

Après des siècles d'exploitation intempestive, les animaux menacés d'extinction sont désormais protégés autant par des lois nationales que par des accords internationaux, dont l'un des plus importants est la Convention internationale sur le commerce des espèces menacées d'extinction, ou CITES (voir encadré). D'autres accords protègent des habitats particuliers : zones humides, par exemple, ou – traité de l'Antarctique – continents entiers. Certaines instances internationales préconisent la conservation pour gérer les ressources de la vie sauvage. Ainsi, la Commission baleinière internationale, créée en 1946, supervisait à l'origine la « capture viable » des cétacés. Lorsqu'il devint évident que la population de la plupart des grands cétacés déclinait, les limites de la chasse commerciale à la baleine furent progressivement renforcées, jusqu'à l'interdiction totale (1986). Cette protection juridique est essentielle pour la préservation de la nature. (dans le cas des cétacés, elle a sauvé certaines espèces de l'extinction). Mais son efficacité est compromise soit par des lacunes de la loi, soit par sa transgression. Trois exemples notoires illustrent cette dernière : la chasse aux cétacés, pratiquée par le Japon et la Norvège, le braconnage des rhinocéros noirs – dont le nombre est passé de près de 100 000 au début des années 1960 à environ 2 000 aujourd'hui – et celui des tigres (7 000 individus). Ces deux espèces sont tuées pour certaines parties de leur corps, qui atteignent des prix très élevés en Asie.

ATTRACTION POUR TOURISTES
Observé par un groupe de touristes, un guépard se détend au soleil couchant. Son apprivoisement, inhabituel, est un signe que l'intrusion des touristes dans son habitat affecte son comportement naturel.

CONTRE L'EXPLOITATION COMMERCIALE

Peu de personnes justifieraient la vente de corne de rhinocéros ou d'os de tigre, mais certains écologistes pensent que – dans la limite du possible – les animaux sauvages devraient « apporter leur contribution ». Ils estiment que la sauvegarde des animaux est plus efficace si ces derniers sont sources de revenus, car cela constitue un motif pour les protéger. Il existe deux possibilités : soit le tourisme écologique est encouragé, et dans ce cas les revenus qu'il génère sont utilisés pour la conservation, soit les animaux eux-mêmes sont gérés comme des ressources.

Le tourisme écologique est un commerce en expansion, bien qu'il présente des inconvénients indéniables, dont la nuisance pour les habitats. En ce qui concerne l'utilisation des animaux comme ressources, les experts de la nature sont beaucoup plus divisés. L'éléphant d'Afrique en est un exemple : les différentes instances sont en conflit à propos de l'exploitation de l'ivoire. Certaines pensent que la vente d'ivoire, légale mais contrôlée, aurait un effet néfaste sur le nombre d'éléphants (et inévitablement contribuerait à encourager le braconnage). D'autres estiment que la vente de l'ivoire, si elle est correctement réglementée, pourrait contribuer à la sauvegarde de l'espèce en générant des revenus utilisés pour sa protection.

Actuellement, personne ne sait avec certitude si le commerce joue un rôle réel et utile dans la préservation de la nature. Si c'est le cas, une chose est certaine : le revenu généré dans une région par les animaux sauvages devra profiter à ses habitants, car leur coopération est indispensable pour garantir le succès de la conservation.

GAGNANTS ET PERDANTS
Au bord de l'extinction dans les années 1930, les otaries à fourrure antarctiques sont aujourd'hui 1,5 million. Leur rétablissement est dû à la protection contre la chasse, mais aussi à la diminution du nombre de cétacés, leurs concurrents pour le krill.

LA « CITES »

La Convention internationale sur le commerce des espèces menacées d'extinction (CITES) contrôle le trafic des animaux sauvages vivants, des produits dérivés des animaux et des plantes sauvages entre les pays. Élaborée en 1973, elle compte à présent plus de 120 États signataires. La CITES interdit totalement le commerce de plus de 400 espèces, dont un grand nombre de tortues et d'oiseaux, et exige des permis spéciaux pour les autres. Elle est efficace dans certaines régions, mais, en dépit d'une vigilance accrue dans les ports et les aéroports, la contrebande reste un problème.

OBJETS PROHIBÉS
Tous les articles montrés ici sont en carapace de tortue – produit qui, selon les directives de la CITES, ne peut être exporté. Dans certains pays, la loi interdit de posséder des animaux ou des produits dérivés répertoriés par la Convention.

LES HABITATS

La terre est le seul endroit connu dans l'univers où la vie s'est développée. Comme tous les autres êtres vivants, les animaux occupent une zone comprise entre la partie inférieure de l'atmosphère et le fond des océans. Bien que la faune soit plus riche sous les climats chauds et humides des tropiques, certains animaux se sont adaptés aux conditions hostiles des déserts arides, des hautes montagnes et des calottes glaciaires polaires. Partout, les animaux établissent des relations entre eux, avec les autres êtres vivants et avec le milieu où ils vivent, que l'on appelle l'habitat. Cette section présente les principaux habitats et leur population animale.

LA DIVERSITÉ DES HABITATS

LA TERRE vue de l'espace révèle son incroyable diversité physique : océans, déserts, montagnes, plaines, fleuves, plateaux continentaux, profondes fosses océaniques, etc. Les climats sont également très contrastés : dans certaines parties du monde, des semaines ou des mois passent sous un ciel presque sans nuages, tandis que, dans d'autres, le sol est balayé par des vents glacials ou détrempé par de violentes tempêtes tropicales. De telles différences créent un ensemble complexe d'habitats, permettant le développement d'une faune très diversifiée. Certaines espèces, très adaptables, peuvent survivre dans des conditions différentes, mais la grande majorité est présente dans un type d'habitat, et nulle part ailleurs.

DÉFINITION DES HABITATS

Au sens le plus étroit, l'habitat est l'environnement dans lequel vivent une ou plusieurs espèces. Pour certaines, il est aussi limité qu'une mare provisoire dans un désert ou aussi petit qu'un morceau de bois en décomposition. Au sens large, utilisé dans cet ouvrage, c'est un ensemble caractéristique d'êtres vivants, associés à l'environnement dans lequel ils sont présents. En écologie, un habitat ainsi défini est appelé biome.

Les habitats comportent des éléments à la fois vivants et non vivants. Dans certains – par exemple, le vrai désert –, la répartition des êtres vivants est très clairsemée, et la partie non vivante de l'environnement domine. Dans d'autres – forêts, récifs coralliens –, les êtres vivants sont si nombreux qu'ils occupent tout l'espace disponible et créent des habitats les uns pour les autres, un nombre considérable d'espèces vivant côte à côte en réseaux complexes.

LES FACTEURS DE FORMATION

Si la géologie intervient dans la structure, le facteur le plus important est le climat, dont les différences – parfois sur des distances incroyablement petites – ont un impact considérable sur la faune et la flore. Ainsi, lorsqu'une chaîne de montagnes intercepte les vents porteurs de pluie, sur le versant au vent les précipitations violentes favorisent souvent des forêts luxuriantes habitées par une faune très variée, tandis que, sur le versant sous le vent, les faibles précipitations entraînent la formation de désert ou de broussailles, où seuls survivent les animaux résistant à la sécheresse.

LES EFFETS DU CLIMAT
Ces deux habitats – en Argentine (gauche) et au Chili (droite) – sont situés à la même latitude, mais ont un climat très différent, et de ce fait une flore et une faune très différentes. Le contraste est dû aux Andes, barrière montagneuse qui bloque les vents porteurs de pluie. Le Chili se trouve sur le versant au vent des Andes.

La température est un autre facteur climatique important. Par exemple, dans le Grand Nord aux rudes hivers, les forêts de conifères cèdent la place à la toundra : cette limite septentrionale des arbres, qui forme comme un anneau déchiqueté autour de l'Arctique, marque les confins de l'aire de distribution des becs-croisés, des sirex et de nombreux autres animaux dont la vie dépend des conifères. Sur les côtes et en mer, les changements de température sont généralement plus progressifs que dans les terres. Toutefois, la présence ou non de chaleur détermine encore la localisation des biomes. Ainsi, les coraux bâtisseurs de récifs ne se développant pas en dessous de 20 °C, la plupart des récifs se trouvent donc sous les tropiques. Néanmoins, ils sont rares sur la côte ouest de l'Afrique et en Amérique, car, bien que le climat soit chaud, des courants froids passent à proximité du littoral. La répartition des mangroves est similaire : dans l'hémisphère Sud, elles s'étendent jusqu'en Australie méridionale ; dans l'hémisphère Nord, elles dépassent à peine les tropiques.

LES CYCLES BIOGÉOCHIMIQUES

Partout, les êtres vivants interviennent dans les cycles au cours desquels circulent les éléments chimiques. Environ 25 éléments sont indispensables à la vie, dont seulement 4 constituent tous les êtres vivants : l'hydrogène, l'oxygène, l'azote et – essentiel – le carbone. Dans la matière inerte, le carbone peut être présent dans l'atmosphère (sous forme de gaz), dans l'eau (sous forme dissoute) et dans les roches et les combustibles fossiles. Les végétaux absorbent le gaz carbonique de l'atmosphère, et la plupart des autres êtres vivants libèrent du gaz carbonique lorsqu'ils décomposent des substances contenant du carbone pour libérer de l'énergie. Le carbone est également libéré en brûlant les combustibles fossiles.

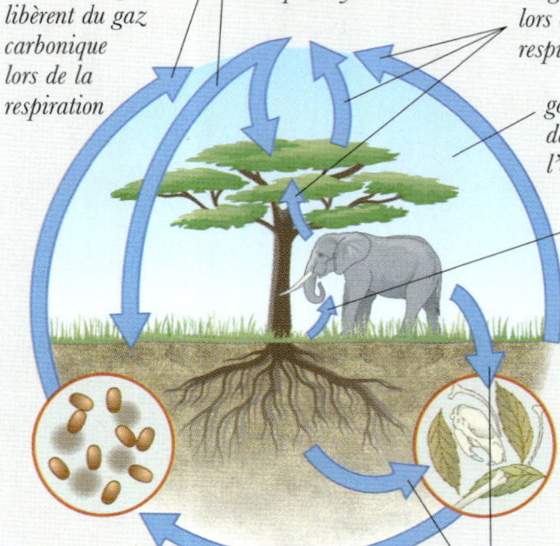

LE CYCLE DU CARBONE
Ce schéma illustre les principales étapes du cycle du carbone. Le temps nécessaire à l'achèvement de chaque partie du cycle varie considérablement. Le carbone peut rester dans des êtres vivants pendant seulement quelques jours, mais être bloqué dans le sous-sol pendant des milliers d'années.

LES HABITATS DANS LE MONDE
Cette carte indique la répartition des principaux habitats dans le monde et situe les villes d'au moins 1 million d'habitants. Elle montre la forme qu'aurait la répartition des habitats si l'homme, à des fins d'urbanisation et de développement de l'agriculture, n'avait pas procédé à des modifications.

LÉGENDE
- PRAIRIE
- DÉSERT
- FORÊT TROPICALE
- FORÊT TEMPÉRÉE
- FORÊT DE CONIFÈRES
- MONTAGNES
- RÉGION POLAIRE
- COURS D'EAU ET ZONES HUMIDES
- RÉCIF CORALLIEN
- ZONE URBAINE

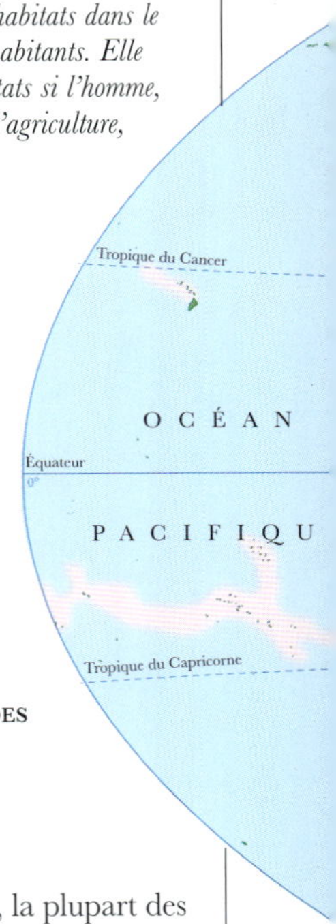

LA BIODIVERSITÉ

Dès le début de l'exploration scientifique, les naturalistes ont remarqué de grandes variations dans la biodiversité (richesse des espèces). Dans les extrêmes nord et sud, les espèces sont moins nombreuses que près de l'équateur : la toundra arctique est habitée par quelques centaines d'espèces d'insectes seulement, tandis que les forêts tropicales en abritent probablement au moins 1 million ; il en va de même, à une échelle moindre, pour les mammifères et les oiseaux. Toutefois, dans les habitats des hautes latitudes, la faiblesse de la biodiversité est compensée par l'abondance de certaines espèces. Les mers antarctiques, par exemple, abritent peut-être 40 millions de phoques crabiers – les plus nombreux des grands mammifères. Les raisons d'une telle variation de biodiversité ne sont pas encore bien connues, mais il est quasi certain que le climat joue un rôle. Cela étant, à une époque où de nombreuses espèces d'animaux sont menacées d'extinction, la biodiversité – de même que les moyens pour la conserver – est devenue un sujet important.

Les forêts tropicales et les récifs coralliens sont particulièrement riches en espèces, ce qui explique l'extrême attention que l'on porte actuellement à leur conservation et à celle de leur faune.

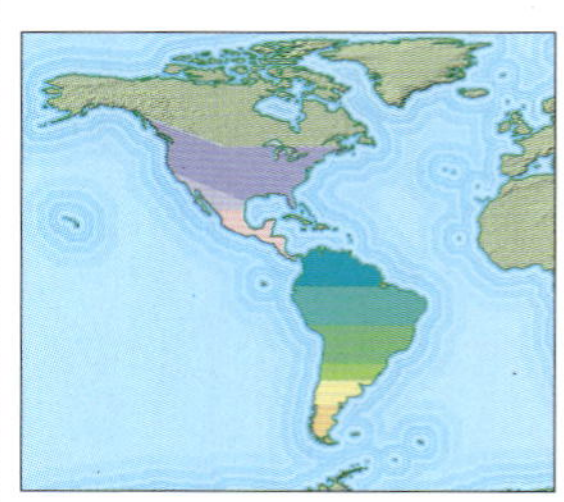

TRÉSOR TROPICAL
La famille des colibris constitue un excellent exemple de la grande diversité des espèces sous les tropiques. Seules quelques-unes vivent à des latitudes élevées – et la plupart sont migratrices. Toutefois, sous l'équateur, le nombre d'espèces s'élève à plus de 150.

LA RÉPARTITION DES ESPÈCES

La carte ci-dessus montre que différents types d'habitat sont répartis sur de vastes étendues du globe. À quelques exceptions près, ce n'est pas le cas de la plupart des animaux. Au contraire, chaque espèce a une répartition propre, due en partie à son évolution (voir p. 17) et en partie à son mode de vie.

Dans bien des cas, le mode de vie de l'animal détermine sa répartition de façon subtile. Ainsi, en Amérique, le pélican brun est présent tout le long de la côte ouest, mis à part aux extrêmes nord et sud ; à l'est, il n'atteint pas le sud des Caraïbes. Cela s'explique par le fait que, contrairement à ses alliés, le pélican brun plonge pour attraper les poissons et a besoin d'eaux claires pour repérer sa proie. La mer des Antilles est limpide ; mais, au sud, l'Amazone déverse des eaux chargées de boue dans l'océan. Pour le pélican, cette eau boueuse constitue une barrière infranchissable.

La répartition de nombreux animaux est liée à celle de certaines plantes. Parmi les exemples extrêmes, citons l'hespérie du yucca, le blastophage (qui se développe dans les figues) et les abeilles dépendant des fleurs. Tous les animaux dépendant des végétaux ne sont pas des insectes. Le crabe des cocotiers – le plus grand et le plus lourd des crustacés terrestres – se nourrit principalement de noix de coco en décomposition, qu'il trouve le long du littoral (voir ci-dessous). De ce fait, il est présent uniquement dans les endroits où poussent les cocotiers. Les mammifères peuvent être tout aussi exigeants. Le panda géant – l'un des exemples les plus célèbres – dépend d'environ une vingtaine d'espèces de bambous, présentes uniquement dans les montagnes d'altitude moyenne du centre de la Chine.

MANGEURS DE NOIX DE COCO
Deux crabes des cocotiers se disputent leur nourriture favorite, la noix de coco. Le crabe des cocotiers est l'une des nombreuses espèces dont la répartition est déterminée par la présence d'une seule plante – dans ce cas, le cocotier.

LA MODIFICATION DES HABITATS

Dans la nature, les habitats changent constamment. Les forêts et les prairies prennent feu, les berges des rivières s'effondrent, et les tempêtes endommagent les récifs coralliens et les côtes. Ces événements imprévisibles font partie de la vie, et les animaux – ainsi que d'autres êtres vivants – ont acquis par l'évolution les moyens de survivre à ces changements. Les habitats peuvent également subir des modifications bien plus profondes, sur des périodes beaucoup plus longues. Dans ce cas, cela est dû à un changement climatique inhabituel, processus naturel déclenché par une foule de facteurs, notamment la dérive des continents. À plusieurs occasions dans un passé lointain – plus récemment, il y a 12 000 ans –, les calottes glaciaires polaires se sont étendues, détruisant les habitats existants et chassant les animaux. À la fonte des glaces, les végétaux ont de nouveau colonisé le paysage dénudé, imités par les animaux.

Il existe un lien entre les climats dans le monde, ce qui signifie que les changements dans une région peuvent avoir des conséquences à long terme sur l'ensemble du globe. Par exemple, lors de la dernière période glaciaire, le climat sous les tropiques est devenu sec, et les forêts pluviales amazoniennes se sont réduites pour former des « refuges » disséminés – îles de forêts entourées de prairies. Aujourd'hui encore, ces zones forestières abritent une plus grande variété d'oiseaux que la forêt plus récente. Les périodes glaciaires ont également une influence sur le niveau des mers, en emprisonnant l'eau sous forme de glace. Lorsque le niveau des mers baisse, les habitats terrestres s'étendent ; lorsqu'il monte, la terre est de nouveau immergée, et les végétaux comme les animaux sont contraints de se retirer.

Depuis la fin de la dernière période glaciaire, les habitats dans le monde ne sont pas affectés uniquement par les changements naturels. En effet, l'activité humaine a un impact accru, au niveau mondial et local et, de ce fait, l'image que nous donne la nature a été en partie créée par l'homme. C'est notamment le cas pour les forêts, qui ont été abattues pour faire place aux champs, mais c'est également vrai pour les prairies, les zones humides et même les déserts. Certaines régions reculées – notamment dans l'extrême nord – ont conservé leur aspect d'origine, mais les régions peuplées ont été transformées, créant un monde où les animaux sauvages ont souvent des difficultés à trouver un abri.

LES NIVEAUX DE VIE

Même dans les endroits les plus reculés de la planète, il est très rare que les animaux vivent totalement seuls. En effet, ils ont des relations avec les autres individus et les autres espèces. Ces interactions créent divers niveaux écologiques, qui débutent par les populations locales, suivies par les communautés, les écosystèmes et enfin la biosphère – ensemble des êtres vivants et de l'espace qu'ils occupent. Étant donné que les micro-organismes sont très répandus, la biosphère s'étend de l'atmosphère à probablement plusieurs kilomètres sous terre.

INDIVIDU
Unité indépendante qui trouve sa propre nourriture et vit souvent dans une aire de répartition fixe.

POPULATION
Groupe d'individus qui appartiennent à la même espèce, vivent dans une région et se reproduisent entre eux.

COMMUNAUTÉ
Ensemble de populations qui, bien qu'elles appartiennent à des espèces différentes, dépendent les unes des autres pour leur survie.

ÉCOSYSTÈME
Un écosystème est composé d'une communauté et de son environnement physique. Les grands écosystèmes sont appelés biomes (ou habitats).

BIOSPHÈRE
Comprend tous les écosystèmes sur terre, et donc tous les milieux – de la croûte terrestre à l'atmosphère – habités par des êtres vivants.

LA PRAIRIE

DANS LES RÉGIONS trop arides pour favoriser la croissance des arbres mais assez humides pour empêcher la terre de se transformer en désert, les herbes sont les plantes dominantes : comme leur tige se développe à partir d'un point près du sol – au contraire de la plupart des autres plantes, qui croissent par l'extrémité –, elles ne souffrent pas de l'action des herbivores. En fait, ceux-ci contribuent à maintenir la dominance des herbes en retardant la croissance des plantes concurrentes. Cela crée un vaste habitat ouvert fournissant quantité de nourriture végétale – pour ceux qui peuvent la digérer – mais peu d'abris.

LES PASSEREAUX *des prairies, telle l'alouette des champs, faute d'arbres où se percher, émettent leurs chants et leurs cris en vol.*

LES SAÏGAS *ressemblent aux vraies antilopes (rares dans les prairies tempérées) et ont un mode de vie identique.*

LA PRAIRIE TEMPÉRÉE

Avant l'apparition de l'agriculture, la prairie couvrait de vastes étendues dans les régions tempérées, notamment dans l'hémisphère Nord. Ces vastes prairies – qui comprennent les plaines d'Amérique du Nord et les steppes d'Europe et d'Asie centrales – sont presque toutes au centre de continents, loin des côtes et de leurs vents chargés d'humidité. Les étés sont souvent chauds, mais les hivers peuvent être longs et froids, avec des vents mordants.

Ce type d'habitat a pour particularité que la majorité de la matière végétale est cachée sous le sol – à l'inverse de ce que l'on observe ailleurs. Cela est dû au fait que les herbes consacrent beaucoup plus d'énergie pour développer leurs racines que pour produire des feuilles et que leurs racines forment un matelas permanent, ce qui protège la surface du sol et le maintient en place. Si la prairie est brûlée, ou touchée par la sécheresse, elle est capable de se régénérer rapidement car l'herbe peut utiliser ses réserves enfouies afin de reprendre sa croissance. Le tapis de racines constitue une bonne source de nourriture pour les insectes et les autres petits animaux. C'est également un milieu parfait pour les fouisseurs, car il est facile à creuser et, contrairement au sol meuble, il s'affaisse rarement.

Sur le sol, la nourriture est étroitement liée aux saisons. Dans les prairies tempérées, l'eau arrive sous forme de pluie printanière ou de neige fondue. Cela provoque un regain de croissance au printemps et au début de l'été, période pendant laquelle les herbivores se reproduisent. À la fin de l'été, l'herbe est brune et sèche, toutefois ses graines constituent une nourriture précieuse en automne. L'hiver est une période difficile pour tous les animaux de la prairie, notamment pour les herbivores, car ils doivent souvent se contenter d'une nourriture de faible qualité cachée sous la neige.

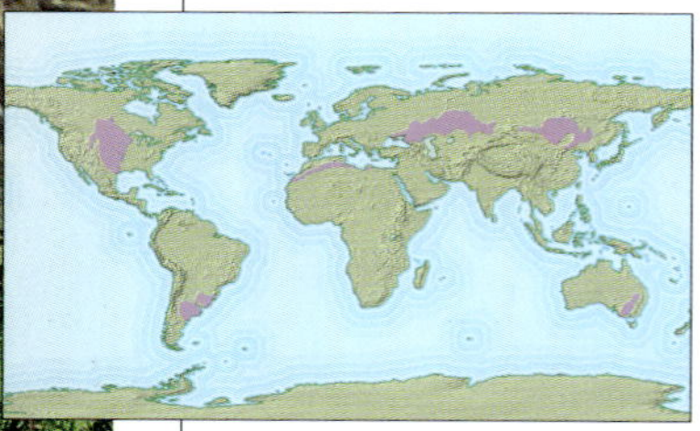

LES PLUS GRANDES ÉTENDUES *de prairies tempérées se trouvent en Amérique du Nord et du Sud, en Europe de l'Est et en Asie centrale et orientale.*

LE BISON AMÉRICAIN, *désormais rare, est un herbivore grand et lourd qui eut jadis beaucoup d'importance pour l'écologie des plaines.*

LES REPTILES DES PRAIRIES, *tel ce lézard agile, passent l'hiver dans le sol et sont actifs en été.*

CERTAINS OISEAUX *(ici, une chouette des terriers) pondent dans des terriers, à défaut d'arbres leur procurant un trou pour faire leur nid.*

SOL

LA SAVANE

La savane est une prairie tropicale ou subtropicale qui abrite des arbustes et des arbres disséminés. Les prairies d'Afrique orientale sont un exemple familier, avec leur faune et leur flore particulières (notamment les acacias à cime étalée). Comparée aux prairies tempérées, la savane est très variable : dans certains endroits, les arbres sont peu nombreux et espacés ; dans d'autres, ils forment des bosquets fusionnant en zones boisées ouvertes.

Les arbres ont un impact important sur la faune de la savane, car ils produisent une grande variété de nourriture : bois, feuilles, fleurs et graines. Ils fournissent également un abri et des aires de reproduction pour les animaux qui vivent au-dessus du sol. L'équilibre entre les arbres et l'herbe est précaire et parfois modifié par les animaux eux-mêmes. Par exemple, les éléphants détruisent les arbres en les poussant afin de pouvoir atteindre leurs feuilles. Toutefois, les éléphants permettent également aux arbres de se reproduire, car ils ingèrent leurs graines, qui passent ensuite dans les excréments — milieu idéal pour favoriser la pousse des graines. Les herbivores font souvent du tort aux arbres en broutant les plus jeunes avant qu'ils n'aient le temps de grandir. Le feu contribue également à ralentir la croissance des arbres, et ses effets sont plus visibles dans les endroits où les arbres poussent en bosquets.

Contrairement aux prairies tempérées, la savane est généralement chaude toute l'année. Elle connaît souvent une longue saison sèche, lorsque la plupart des arbres perdent leurs feuilles, suivie par une saison des pluies entraînant une rapide explosion de croissance qui transforme la prairie en verdure. Pendant cette saison pluvieuse, les herbivores manquent rarement de nourriture ; en revanche, pendant la saison sèche, le risque de mourir de faim n'est jamais loin, et de nombreux animaux parcourent de longues distances pour trouver de l'eau et de la nourriture.

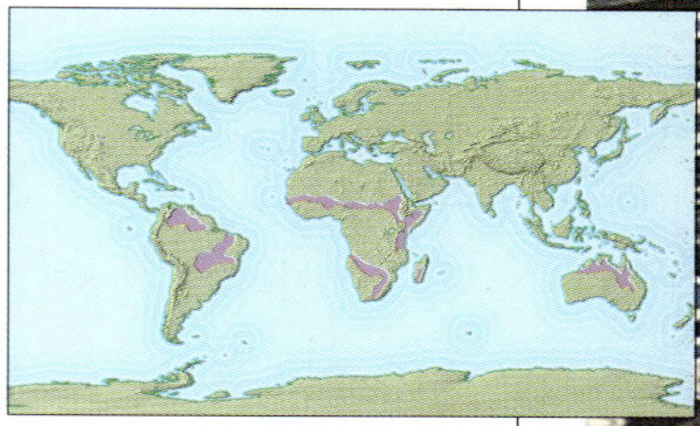

LA SAVANE *est surtout présente en Amérique centrale et méridionale, en Afrique tropicale, en Asie du Sud et dans le nord de l'Australie.*

LES NÉCROPHAGES *des airs, tel ce vautour africain à dos blanc, profitent des puissants courants ascendants de la savane et de l'abondance de la faune.*

LES GIRAFES *atteignent la cime des arbres de la savane, ce qui donne à nombre de ceux-ci la forme d'un parasol.*

LES OISEAUX COUREURS *comme l'autruche sont à l'aise dans la savane, où la course est le meilleur moyen de s'échapper.*

LE GUÉPARD *attaque à découvert, aussi mise-t-il sur la rapidité, et non sur la traque, pour capturer ses proies.*

LES TERMITES *enfouissent les matières végétales et contribuent au recyclage des nutriments vitaux.*

CONSERVATION

Autrefois, les prairies naturelles couvraient environ deux cinquièmes de la surface terrestre. Avec le développement de l'agriculture, la majeure partie a été adaptée pour la culture ou l'élevage du bétail, et aujourd'hui seules quelques parcelles de prairies ont conservé leur faune et leur flore d'origine. Toutefois, l'agriculture a également donné naissance à des prairies : par exemple, les pâturages de montagne en Europe et en Nouvelle-Zélande sont le résultat de la déforestation qui a eu lieu voici plusieurs siècles. Les anciennes prairies peuvent être riches en faune et en flore ; dans les pâtures modernes, la variété de plantes est plus restreinte et, par conséquent, la faune moins variée.

MODIFICATIONS DUES À L'AGRICULTURE *En moins de cent cinquante ans, plus de 90 % des prairies d'Amérique du Nord ont été transformées en terres agricoles.*

DANS LA PRAIRIE

En dépit de siècles de nuisance humaine, les prairies abritent certaines des plus grandes concentrations de faune sur terre. Toutefois, la survie dans les prairies est loin d'être aisée : outre l'absence d'abri et de diversité végétale, il faut faire face à des dangers tels que la sécheresse et le feu. S'ajoute à cela le risque permanent d'être attaqué par certains des prédateurs les plus rapides et les plus puissants au monde.

LA VIE EN TROUPEAU

La vie dans les prairies est souvent dangereuse, car les endroits pour se cacher sont rares. Pour accroître leurs chances de survie, de nombreux herbivores vivent en troupeau. Cela rend les attaques des prédateurs plus difficiles car, pendant que la plupart des membres du troupeau broutent, certains sont constamment à l'affût du danger.

Aujourd'hui, les plus grands troupeaux se trouvent dans les plaines africaines. Là, les gnous en migration peuvent former des troupeaux de plus d'un quart de million d'individus s'étendant sur 40 km ; toutefois, ces troupeaux sont de petite taille par rapport à ceux qui existaient dans le passé. Au XVIIIe siècle, les troupeaux de springboks en Afrique australe comprenaient parfois plus de 10 millions d'individus. En Amérique du Nord, les troupeaux de bisons comptaient probablement le même nombre d'individus avant que la chasse ne mène l'espèce au bord de l'extinction.

La vie en troupeau comporte ses inconvénients, notamment le risque pour un individu de s'éloigner et de se perdre. La plupart des espèces vivant en troupeau ont des glandes odorantes sur les sabots, de sorte que, si un animal se trouve isolé, il peut suivre les traces pour rejoindre le troupeau. Un autre problème concerne la mise bas. Pour empêcher que leurs petits ne soient piétinés ou attaqués, de nombreux herbivores mettent bas à couvert et rejoignent le troupeau quelques semaines plus tard. Toutefois, certains naissent à découvert et doivent être capables de rester avec le troupeau alors qu'ils n'ont que quelques heures.

LES OISEAUX COUREURS
Surveillant ses poussins, un grand nandou américain est à l'affût du danger. Comme les autres oiseaux coureurs vivant dans les prairies, il utilise sa haute taille et ses grands yeux pour repérer les éventuels prédateurs à une distance suffisante pour avoir le temps de s'enfuir.

LES DÉPLACEMENTS

Dans les prairies et la savane, la vitesse est particulièrement importante. Ce n'est pas un hasard si les animaux terrestres les plus rapides, tels le guépard et le pronghorn, sont présents dans ce type d'habitat. La sélection naturelle favorise à la fois les prédateurs qui sont assez rapides pour attraper la nourriture et les proies suffisamment véloces pour leur échapper.

Les animaux les plus rapides sont pour la plupart des mammifères, toutefois les prairies comptent également les oiseaux coureurs les plus rapides du règne animal, dont les autruches, les nandous et les émeus – espèces géantes qui ont perdu la capacité de voler. Ces oiseaux peuvent atteindre une vitesse de 70 km/h. Surtout, ils sont capables de maintenir cette vitesse trente minutes – assez longtemps pour distancer la plupart des ennemis à moins qu'un prédateur ne lance une attaque de très près.

En dépit de nombreux coureurs rapides, la vie dans les prairies semble souvent tranquille. Cela s'explique par le fait que la course nécessite énormément d'énergie, et les animaux courent uniquement lorsque c'est vraiment nécessaire. Les proies ont souvent des « seuils de sécurité » invisibles qui varient selon la menace. Par exemple, les gazelles laissent les lions s'approcher jusqu'à 200 m, car elles savent d'instinct qu'il est peu probable que des lions visibles à cette distance soient en train de traquer une proie. En revanche, un guépard solitaire provoquera un sprint du troupeau, même s'il est repéré quatre fois plus loin.

LA VIE SOUTERRAINE

Certains animaux des prairies trouvent la sécurité non pas en s'enfuyant mais en se réfugiant dans des terriers. Cela leur permet de rester hors de portée de la plupart des prédateurs et de se protéger contre les éléments. Les animaux souterrains comptent une grande variété d'espèces, allant des mammifères aux insectes. Certains, notamment les serpents, ne creusent pas de terrier, mais s'approprient des terriers existants. Les terriers les plus vastes, creusés par les oryctéropes africains, sont assez grands pour contenir une personne et représentent un véritable danger pour les véhicules.

PRÉPARER UN ABRI
Ce chien de prairie à queue noire ramasse de l'herbe pour tapisser la chambre de son nid. La colonie, ou ville, est formée de tunnels pouvant atteindre 5 m de profondeur.

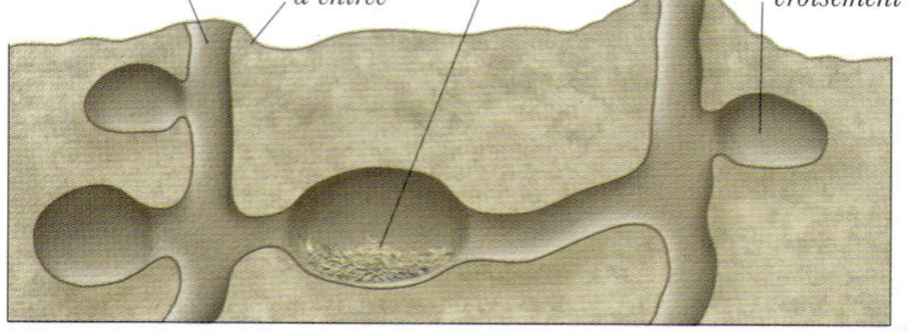

TERRIER DE CHIEN DE PRAIRIE

HABITATS

LA MIGRATION DES GNOUS
Dans le parc national du Serengeti, en Tanzanie, les gnous migrent de façon cyclique afin de profiter de la pousse de plantes fraîches à différentes périodes de l'année. Ils passent la saison humide dans les prairies et la saison sèche dans la savane boisée.

LE FEU

Les incendies provoqués par la foudre sont une caractéristique naturelle de la vie des prairies. Ils éliminent les pousses mortes et permettent à l'herbe fraîche de croître. À long terme, ils ont un effet positif sur la faune et la flore des prairies, mais, lorsqu'ils se propagent, ils peuvent être mortels. Quand les flammes avancent, la plupart des animaux réagissent en courant ou en s'envolant, abandonnant souvent leur prudence habituelle dans leur précipitation pour s'échapper. Certains, tels que les outardes et les cigognes, ont appris à tirer profit de ces exodes frénétiques. Elles se rassemblent près des incendies et attrapent les insectes et autres petits animaux pendant qu'ils s'enfuient; une fois que le feu est passé, elles scrutent le sol carbonisé à la recherche de victimes.

SE NOURRIR PRÈS DES FLAMMES
Une cigogne blanche cherche les petits animaux qui s'enfuient devant un incendie. Volant haut au-dessus des plaines, la cigogne a été attirée par la fumée.

Les plus étendus sont ceux des chiens de prairie et d'autres rongeurs. Avant l'expansion de l'agriculture dans les prairies d'Amérique du Nord, certains réseaux de terriers de chiens de prairie couvraient plusieurs milliers de kilomètres carrés et abritaient des millions d'animaux.

Les termites sont également des bâtisseurs accomplis, construisant des termitières souterraines géantes et complexes, qui s'élèvent au-dessus du niveau du sol. Ces termitières abritent de vastes communautés coopératives qui peuvent contenir plus de 30 millions d'individus. Avec les fourmis, ils constituent une partie très importante de la faune des prairies et fournissent de la nourriture pour les grands insectivores.

L'ALIMENTATION

Si l'herbe est riche en nutriments et facile à trouver, elle est difficile à digérer. De nombreux mammifères, dont les hommes, sont incapables de la décomposer, car elle contient de grandes quantités de cellulose – glucide que la plupart des animaux ne peuvent assimiler. Toutefois, l'intestin des mammifères herbivores dispose de micro-organismes spécifiques qui décomposent la cellulose. Certaines espèces autres que les mammifères font appel aux microbes pour digérer les matières végétales. Dans la savane tropicale, par exemple, les termites les utilisent pour décomposer les feuilles mortes et le bois.

Les animaux qui profitent le mieux de la cellulose sont les mammifères ruminants – antilopes, buffles et girafes par exemple –, ce qui explique pourquoi ces espèces dominent dans les prairies. L'estomac complexe des ruminants agit comme un réservoir de fermentation, dont le rôle est d'extraire le maximum de nutriments des aliments. L'animal participe au processus en régurgitant sa nourriture et en la mâchant une seconde fois, ce qui la rend plus facile à décomposer. Les herbivores non ruminants, tels que les zèbres, ont un appareil digestif moins efficace et doivent par conséquent manger davantage pour survivre.

Dans les prairies pures, les herbivores se font concurrence pour la même alimentation, toutefois chaque espèce peut avoir une préférence pour un type d'herbe particulier. Dans la savane, la présence d'arbres et d'arbustes offre une nourriture plus variée, et les mammifères herbivores ont encore réduit la concurrence en développant des modes d'alimentation spécifiques. De ce fait, de très nombreuses espèces peuvent vivre côte à côte. Par exemple, le petit dik-dik de Kirk se nourrit de pousses et de fruits, et très rarement d'herbe, tandis que l'éland, beaucoup plus grand, mange presque tout, des fruits aux graines en passant par les racines qu'il gratte dans le sol.

Parmi les nécrophages, qui jouent également un rôle important dans l'écologie de cet habitat, figurent des oiseaux ainsi que des mammifères : les coyotes, les chacals et les hyènes. La plupart des nécrophages aériens sont des vautours, mais plusieurs espèces de cigognes, notamment le marabout, font concurrence au condor des Andes pour le titre de plus grand animal volant.

UN MANGEUR D'INSECTES
Ce tamanoir utilise ses puissantes pattes pour ouvrir les termitières et atteindre les insectes à l'intérieur.

UN RECYCLAGE
Le bousier utilise les grandes quantités d'excréments produits par les herbivores. Il en forme une boule, qu'il fait rouler et enterre : elle servira de nourriture pour ses larves.

SE DRESSER POUR MANGER
Contrairement à la plupart des antilopes, le gérénuk tient sur ses pattes postérieures. De ce fait, bien qu'il ne mesure qu'environ 1 m au garrot, il peut atteindre les feuilles à plus de 2 m – beaucoup plus haut que les autres antilopes de même taille.

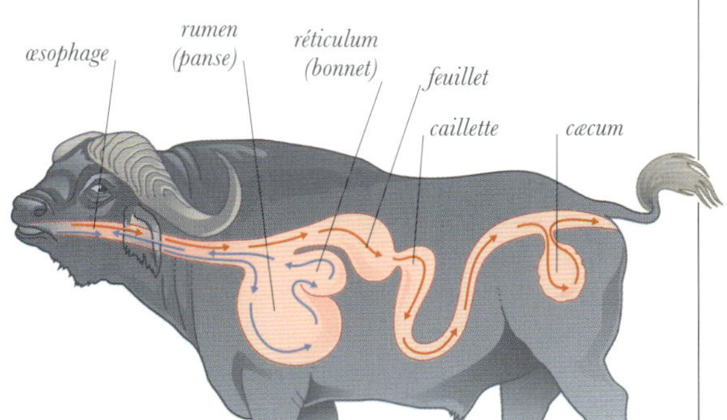

LA DIGESTION DE L'HERBE
La plus grande des quatre poches dans l'estomac du buffle, le rumen, contient des millions de bactéries et de protozoaires. Ces organismes produisent des enzymes, qui décomposent la cellulose et la transforment en nutriments simples pouvant être absorbés.

LE DÉSERT

LES GANGAS *apportent de l'eau à leurs poussins en la transportant dans les plumes de leur poitrail.*

LES DÉSERTS sont des lieux d'extrêmes. Outre la sécheresse, l'ardeur du soleil et les écarts de température dans une journée sont plus importants que dans tout autre habitat terrestre. La pluie – quand elle survient – tombe généralement en précipitations brèves mais torrentielles, tandis que des vents violents soulèvent le sable et les gravillons, les transportant presque horizontalement dans les airs. Même si les déserts sont tous différents, le vrai désert se définit en général comme recevant moins de 15 cm de précipitations par an. Le semi-désert en reçoit davantage – jusqu'à 40 cm par an –, qui surviennent pendant un printemps assez court ou une saison humide suivie par des mois de sécheresse.

L'ORYX ALGAZELLE, *comme les autres animaux qui ne boivent pas, tire toute l'eau dont il a besoin de sa nourriture.*

LE CHACAL DORÉ *est capable de vivre la nuit. Ainsi évite-t-il les plus grosses chaleurs diurnes du désert.*

LE VRAI DÉSERT

Les vrais déserts sont situés principalement dans deux ceintures, l'une d'entre elles chevauchant chacun des tropiques. Là, les zones de haute pression atmosphérique persistent pendant des mois, empêchant l'air à basse pression d'apporter la pluie. Le désert se forme également là où des montagnes bloquent les vents porteurs de pluie et où les courants côtiers froids refroidissent l'air de sorte qu'il transporte très peu d'humidité dans les terres.

Dans le vrai désert, la pluviosité est si faible et si imprévisible que peu de plantes peuvent survivre. Celles qui existent – comme les cactus et autres succulentes – sont très efficaces pour recueillir et conserver le peu d'eau que leur fournit la nature : elles disposent de vastes réseaux de racines peu profondes, qui drainent le sol environnant à tel point que, souvent, rien d'autre ne peut pousser à proximité.

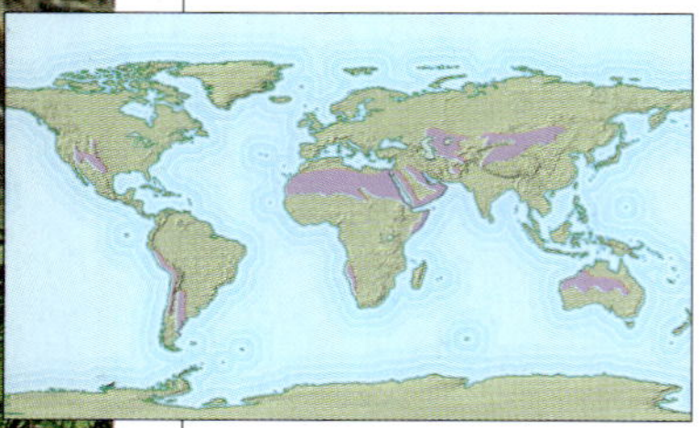

LE VRAI DÉSERT *existe à des latitudes moyennes des deux hémisphères. Il y tombe parfois moins de 5 cm d'eau par an.*

Pour les animaux, cet environnement aride a des incidences intéressantes. En raison de la rareté des végétaux, le sol est très mince, ce qui limite sérieusement la vie des invertébrés. La plupart des petits animaux, tels que les insectes, vivent sur les végétaux ou dans les débris qui s'accumulent juste à côté d'eux. Les animaux plus gros, comme les reptiles et les rongeurs, s'aventurent hors de ces poches de verdure, mais doivent être vigilants pour éviter les plus grosses chaleurs de la journée.

En raison de l'absence de végétation, la grande majorité du sol est exposée. Le sol nu absorbe la chaleur très rapidement lorsque le soleil se lève, et la rediffuse une fois le soleil couché. La sécheresse de l'air accentue ce phénomène, permettant aux températures de surface pendant la journée d'atteindre plus de 70 °C. Par conséquent, la plupart des animaux vivant dans le vrai désert sont actifs après la tombée de la nuit. Dans la journée, ils se cachent, laissant peu de signes témoignant de leur présence, à part leurs traces.

LE MOLOCH HÉRISSÉ, *outre le camouflage, indispensable à la survie des autres animaux rampants et lents, dispose d'épines protectrices.*

LES SERPENTS DU DÉSERT, *telle la vipère à cornes, poursuivent leurs proies dans leurs terriers.*

LE CRAPAUD DE COUCH *est l'un de ces anoures du désert qui passent la majeure partie de leur vie sous terre.*

SOL

COUCHE VÉGÉTALE

SOL

LE SEMI-DÉSERT

Comparé au vrai désert, le semi-désert est plus étendu et beaucoup plus productif d'un point de vue biologique. Il est présent sur tous les continents, même dans des régions éloignées des tropiques.

Les précipitations, modestes mais régulières, dans le semi-désert ont un impact extraordinaire sur le paysage et le type d'animaux qu'il abrite.

Les plantes poussent souvent à profusion, créant un enchevêtrement de fourrés qui offrent de nombreux abris. La végétation est composée d'espèces ligneuses, qui stockent une grande partie de l'eau dans leurs racines, et de succulentes charnues, qui la stockent dans leurs tiges et dans leurs feuilles.

La plupart de ces espèces de semi-désert ont une protection efficace contre les herbivores – les cactus, par exemple, disposent d'épines extrêmement pointues, tandis que les euphorbes sécrètent une sève laiteuse toxique lorsqu'elles sont endommagées ; toutefois, elles constituent une source importante d'alimentation pour les animaux capables de vaincre leurs défenses.

Le semi-désert compte également des plantes appelées éphémères, qui apparaissent rapidement après les pluies, produisent des fleurs et des graines puis meurent. Ce bref cycle de vie fournit aux animaux une nourriture fraîche supplémentaire et augmente le stock de graines disséminées sur le sol du désert.

Si certains semi-déserts sont tempérés et chauds toute l'année, d'autres sont étonnamment froids en hiver. Dans les déserts d'Asie centrale et dans les parties nord du Grand Bassin américain – région désertique située entre les montagnes Rocheuses et les zones côtières à l'ouest –, les températures peuvent descendre jusqu'à – 30 °C. Dans ces régions, les animaux doivent se protéger contre le froid en hiver et contre la chaleur en été : les petits animaux, tels que les insectes, entrent en dormance en hiver, et de nombreux mammifères fouisseurs hibernent jusqu'au printemps.

LES CHAUVES-SOURIS DU DÉSERT, *qui se nourrissent d'insectes et pollinisent les fleurs, jouent un rôle écologique majeur.*

LES OISEAUX *du semi-désert, tel ce coureur de route, nichent souvent dans les épineux pour protéger leurs petits des prédateurs.*

LE SURICATE *doit à sa technique de recherche de nourriture en groupe et à son alimentation variée de survivre lorsque la pitance est maigre.*

LE CRIQUET *: son mode de vie migratoire est une adaptation à un habitat où la nourriture est irrégulière et imprévisible.*

LES MYGALES, *qui chassent surtout par contact, trouvent leurs proies après la tombée de la nuit.*

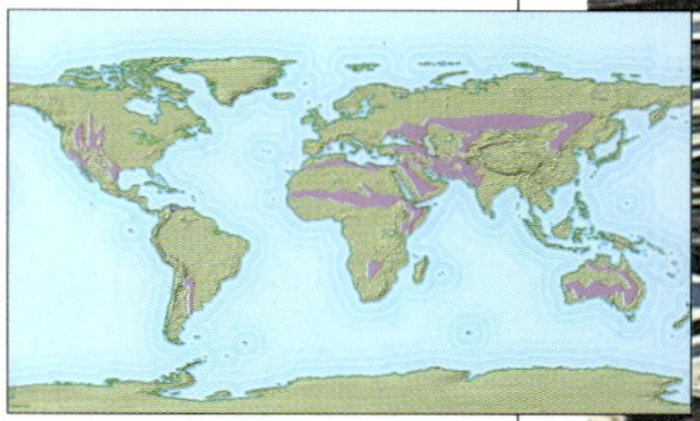

LE SEMI-DÉSERT *est le plus répandu sur les continents, et il s'étend dans la zone tempérée des deux hémisphères.*

CONSERVATION

Comparé à de nombreux autres habitats, le désert a subi relativement peu d'interventions humaines. L'extraction du pétrole peut entraîner des problèmes environnementaux dans le désert, toutefois la plus grande menace est liée à l'exploitation de la végétation par le bétail. Les chèvres et autres herbivores peuvent retarder la croissance des arbustes et autres plantes ou les tuer ; lorsque ces plantes meurent, le sol dénudé est souvent érodé, ce qui entrave la régénération de la végétation. Cela entraîne la progression du désert dans les zones où il n'existait pas auparavant. Ces déserts nouvellement créés ont peu de valeur pour la faune et la flore.

L'IMPACT DES ANIMAUX
En raison de leurs exceptionnelles capacités à grimper, les chèvres ont un impact important sur les arbustes des déserts. Dans les grandes régions d'élevage de chèvres, la végétation est souvent très affectée.

DANS LE DÉSERT

DANS UN HABITAT où l'humidité est rare, la priorité de chaque animal consiste à se procurer de l'eau et à la conserver. Les animaux du désert pratiquent une « économie d'eau » stricte, ce qui signifie trouver de l'eau et en limiter la déperdition autant que possible. Toutefois, économiser l'eau n'est pas suffisant en soi pour garantir la survie : les espèces du désert ont dû développer diverses adaptations pour pouvoir faire face à des écarts de température importants et à la menace constante de pénurie de nourriture. Aussi ces animaux sont-ils capables de vivre dans les endroits les plus secs du monde.

LA CONSERVATION DE L'EAU

La plupart des déserts comportent des oasis disséminées où les animaux se rassemblent pour boire. Certaines espèces ont besoin de boire quotidiennement, ce qui limite leurs déplacements autour d'une oasis. D'autres peuvent survivre sur leurs réserves pendant des jours, voire des semaines selon la température. Certains animaux du désert présentent une caractéristique étonnante : ils sont capables de subsister sans jamais boire, et tirent toute l'eau de leur nourriture. Certains l'extraient de l'humidité contenue dans les aliments, mais la plupart utilisent les aliments pour fabriquer de l'eau métabolique, produite par des réactions chimiques lorsque l'énergie de la nourriture est libérée. Les rongeurs granivores sont experts en la matière : bien que leur nourriture semble sèche, ils sont capables de métaboliser toute l'eau dont ils ont besoin.

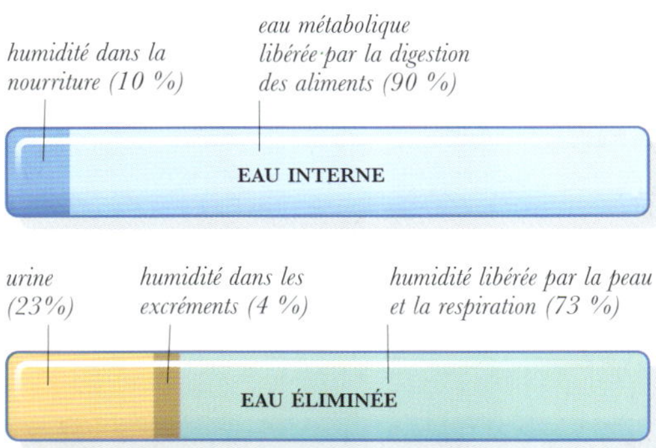

L'ÉQUILIBRE HYDRIQUE
Ce schéma montre comment un rat-kangourou survit entièrement grâce à l'eau présente dans son alimentation. L'eau absorbée doit s'équilibrer avec celle éliminée afin d'empêcher la déshydratation.

GRENOUILLE STOCKANT DE L'EAU
Cette grenouille australienne stocke de l'eau dans sa vessie et sous sa peau. Pour empêcher cette eau de s'évaporer, elle s'enferme sous terre dans un cocon semi-perméable.

Tous les animaux, qu'ils boivent ou pas, doivent économiser l'eau. Comparées aux animaux des autres habitats, les espèces du désert perdent très peu d'humidité dans l'urine et les excréments, et seule une petite quantité est libérée par la peau et la respiration. Les espèces du désert sont également douées pour résister à la déshydratation. Le dromadaire peut survivre même s'il perd près de la moitié de son eau corporelle. Pour les hommes, la perte de seulement un cinquième peut être fatale.

LE STOCKAGE DE LA NOURRITURE

Afin de faire face à l'irrégularité de l'apport alimentaire, de nombreux animaux constituent des stocks de nourriture. Certains procèdent en la cachant : le rat-kangourou nord-américain, par exemple, construit des greniers souterrains contenant jusqu'à 5 kg de graines. Mais, pour les prédateurs et les animaux qui se nourrissent d'arbustes, il est impossible de créer de tels garde-manger. Leur nourriture est difficile à trouver et à transporter et, même si elle pouvait être stockée, il serait peu probable qu'elle reste utilisable plus de quelques jours. La solution consiste à emmagasiner la nourriture à l'intérieur du corps. Le chameau est un exemple classique : il stocke le surplus de nourriture dans sa bosse, sous forme de graisse. D'autres espèces, notamment le monstre de Gila et la souris marsupiale à grosse queue, font des réserves dans leur queue.

UN PLEIN RAPIDE
Après avoir été privé d'eau plusieurs jours, un dromadaire peut boire plus de 50 litres en seulement quelques minutes. Il métabolise également l'eau contenue dans l'excès de nourriture, stockée sous forme de graisse dans sa bosse. Sa tolérance au sel est élevée, ce qui est utile dans un habitat où l'eau est souvent saumâtre.

LA LUTTE CONTRE LE FROID ET LA CHALEUR

Dans le désert, la température reste rarement constante plus de quelques heures et peut atteindre très rapidement des extrêmes de froid et de chaleur. Les hommes perdent l'excès de chaleur par la transpiration, et, à très haute température, ce système de refroidissement peut utiliser jusqu'à 1 litre d'eau par heure – bien plus que ce que les animaux du désert peuvent se permettre.

Les animaux du désert luttent contre la chaleur en réduisant celle qu'ils absorbent et en augmentant celle qu'ils libèrent. Les peaux ou fourrures de couleur claire reflètent une partie des rayons du soleil, ce qui minimise l'absorption de chaleur ; mais une méthode beaucoup plus efficace – utilisée par de nombreux animaux – consiste à éviter la chaleur la plus intense en adoptant un mode de vie nocturne et en passant la journée sous terre. Les terriers n'ont pas besoin d'être très profonds : si la surface du désert est parfois extrêmement chaude, le sol juste quelques centimètres en dessous est relativement frais. Il est plus difficile d'éliminer l'excès de chaleur, notamment lorsque la température corporelle de l'animal est dangereusement élevée.

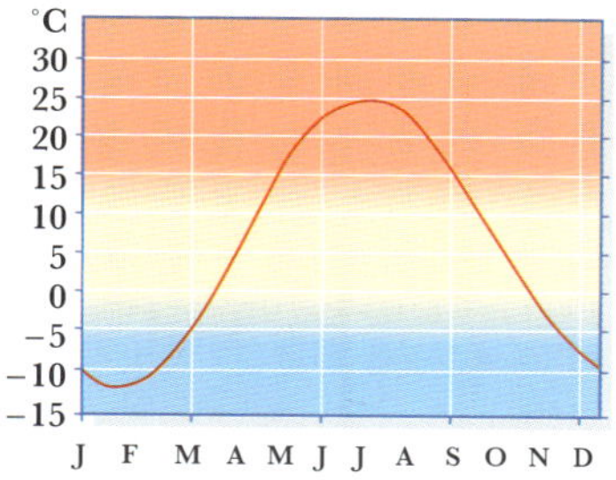

LE DÉSERT FROID
Ce graphique montre la température annuelle moyenne dans la partie occidentale du désert de Gobi. De novembre à mars, la température descend en dessous de zéro.

LE CHANGEMENT DE PELAGE
Dans les déserts d'Asie centrale, les hivers glacials sont suivis par une hausse rapide des températures au printemps. Le chameau de Bactriane fait face à ces changements en se couvrant d'un épais pelage, qui tombe dès que le réchauffement survient. Le chameau ci-dessus en est à peu près à la moitié du processus.

Les lézards et les serpents sont souvent décrits comme des animaux à sang froid : cela signifie en fait que leur température corporelle s'élève et baisse avec celle de leur environnement. Bien que vivant dans des habitats chauds et capables de résister à une température corporelle atteignant 44 °C, il leur faut souvent passer les heures les plus chaudes de la journée à l'ombre. Certains oiseaux du désert se refroidissent en haletant, ce qui implique de faire bouger leur peau sur la gorge. Les kangourous et wallabies du désert lèchent leurs pattes antérieures, les recouvrant de salive. Lorsque la salive s'évapore, le sang se refroidit.

Dans les régions désertiques de haute latitude, telles que le désert de Gobi en Asie centrale et le désert du Grand Bassin d'Amérique du Nord, l'hiver peut être extrêmement froid. Les animaux disposent de plusieurs moyens pour y faire face. La plupart des reptiles hibernent, tandis que les oiseaux s'envolent souvent vers des climats plus chauds. Les mammifères gardent la chaleur en se parant d'une épaisse fourrure ou en s'abritant sous terre.

L'ACTIVITÉ NOCTURNE
Les gerboises du Sahara, entièrement nocturnes, se nourrissent principalement de graines. Elles peuvent parcourir plus de 10 km pour rechercher leur nourriture, en sautant sur leurs longues pattes postérieures et en s'équilibrant avec leur queue.

UNE REPRODUCTION ADAPTÉE

Chez les animaux du désert, les saisons de reproduction sont très variables. Nombre d'entre eux se reproduisent lorsque les conditions pour trouver de la nourriture sont favorables, plutôt qu'à des périodes fixes. Les femelles kangourous, par exemple, mettent bas très régulièrement lorsque la nourriture est abondante, mais cessent de se reproduire en période de disette. Ce système souple est un moyen efficace d'utiliser les ressources, car il évite aux parents d'avoir à s'occuper de petits affamés alors qu'eux-mêmes ont faim.

Certaines espèces poussent à l'extrême la reproduction irrégulière. La faune du désert compte un certain nombre d'animaux qui, paradoxalement, vivent ou se reproduisent dans l'eau et pour lesquels la période de reproduction est imprévisible. Il s'agit entre autres des anoures fouisseurs et des crevettes d'eau douce qui vivent dans des mares provisoires. Pendant des mois, voire parfois des années, cette partie de la faune du désert est invisible : les amphibiens sont cachés sous terre tandis que les crevettes sont présentes uniquement sous forme d'œufs dans le sol desséché. Mais immédiatement après un violent orage, les anoures se fraient un chemin vers la surface et les œufs de crevettes éclosent. Une fois actifs, ces animaux entreprennent immédiatement de trouver un partenaire, car ils doivent compléter leur cycle de vie avant que les mares ne s'assèchent de nouveau.

UNE VIE BRÈVE
Piégés dans une mare qui s'assèche rapidement, ces triops adultes (Notostracae) n'ont que quelques jours à vivre, mais leurs œufs peuvent survivre, desséchés, pendant plusieurs années – assez pour attendre le prochain orage violent, qui provoquera leur éclosion.

LES DÉPLACEMENTS

Le sable du désert rend la vie difficile aux animaux qui se déplacent. Les gros animaux s'y enfoncent tandis que les petits luttent pour monter et descendre les pentes de sable qui se dérobent sous leurs pieds. Pour faire face à cette difficulté, certains animaux, tels que les taupes dorées et marsupiales, se déplacent dans plutôt que sur le sable. D'autres, comme les chameaux et les geckos, ont des pieds très larges, qui leur permettent de répartir leur poids sur la surface du sable et d'accroître ainsi leur stabilité. Les serpents à mode de reptation latérale adoptent une technique différente : ils se jettent en avant en une succession de sauts latéraux, laissant des traces caractéristiques en forme de J. Outre le fait d'économiser de l'énergie, ce comportement permet de minimiser le contact avec le sol.

Certains insectes et lézards ont appris à supporter la chaleur du sol en alternant les pattes en contact avec le sol à un moment donné. Les longues pattes sont également un atout, car elles permettent au corps d'être loin de la surface du sable, où la chaleur est le plus forte.

LE DÉPLACEMENT SUR LE SABLE
Les lamelles de peau entre les orteils du gecko à pieds palmés font office de raquettes lui permettant de courir dans les dunes.

UNE ATTAQUE PAR EN DESSOUS
Guidée par les vibrations au-dessus de sa tête, cette taupe dorée a surgi de son terrier pour capturer un gecko.

LES ANIMAUX NOMADES

Lorsque manquent l'eau et la nourriture, certains animaux optent pour le nomadisme. C'est fréquent dans les habitats désertiques, surtout pour les animaux volants. Les criquets pèlerins sont célèbres pour leurs immenses nuées, et certains oiseaux du désert, notamment les granivores, forment de grands vols. Contrairement aux migrateurs, ces nomades ne suivent pas d'itinéraires fixes – le climat dicte souvent leur trajet – et se reproduisent de façon irrégulière, dès qu'ils trouvent de la nourriture.

LES PERRUCHES ONDULÉES SAUVAGES
Les oiseaux nomades d'Australie comprennent les perruches ondulées et calopsittes, ainsi que plusieurs espèces de pigeons. Les perruches ondulées sont capables de se reproduire dès l'âge de un mois, et, étant donné que les parents peuvent élever plusieurs nichées à la suite, les vols peuvent atteindre des nombres prodigieux.

LA FORÊT TROPICALE

LES AIGLES DES FORÊTS *aux larges ailes planent au-dessus de la canopée à la recherche de proies.*

LES FORÊTS prospéraient sous les tropiques longtemps avant d'apparaître dans toute autre région du globe, ce qui contribue à expliquer pourquoi le nombre d'espèces animales qu'elles abritent est supérieur à celui de tous les autres habitats terrestres réunis. La plupart des grands animaux des forêts tropicales ont été identifiés et classifiés, mais le monde des invertébrés est si diversifié que le travail de classification ne sera jamais terminé. Il existe deux principaux types de forêt tropicale : la forêt pluviale, qui est proche de l'équateur, et la forêt saisonnière ou de mousson, poussant aux abords de la ceinture intertropicale.

LES PARESSEUX, *suspendus aux branches de la canopée, misent sur le camouflage pour éviter les attaques.*

LA FORÊT PLUVIALE *tropicale abrite la plus grande variété de rainettes arboricoles de tous les habitats.*

LA FORÊT PLUVIALE TROPICALE

Près de l'équateur, le climat est chaud et humide toute l'année, créant des conditions idéales pour la croissance des végétaux. De ce fait, les arbres et autres plantes forestières poussent de façon presque continue dans une concurrence sans fin pour la lumière. Certaines plantes utilisent toutes leurs ressources pour développer des troncs imposants, tandis que d'autres sont adaptées pour survivre dans une semi-pénombre. Du fait de ces modes de croissance différents, la forêt est divisée en strates clairement distinctes ayant chacune ses espèces animales caractéristiques.

La strate la plus élevée, à environ 75 m, est composée d'arbres géants et isolés, appelés émergents. Ils procurent des sites de nidification pour les oiseaux de proie et des plate-formes d'alimentation pour les singes. Sous cet étage se trouve la canopée composée, grâce à une lumière abondante associée à la protection apportée par les émergents, d'une masse dense de branches et de feuillage luxuriant atteignant 20 m d'épaisseur. Cette strate nourrit ou abrite la majeure partie de la faune forestière. Sous la canopée se trouve le sous-bois – une strate plus ouverte composée d'arbres supportant l'ombre. Sur le sol de la forêt, la litière végétale est une source de nourriture pour certains animaux très petits ainsi qu'un support pour les plantes et les jeunes arbres qui poussent là où la lumière parvient à filtrer suffisamment.

Cette structure stratifiée est caractéristique des forêts pluviales de basse altitude (type le plus courant). À plus haute altitude, les arbres sont plus petits et les strates plus serrées – plus l'altitude est élevée, plus ce phénomène s'accentue, jusqu'à ce que finalement les arbres forment des forêts d'elfes à peine plus grands qu'un homme. Le sol joue également un rôle important dans l'aspect de la forêt. Dans certaines régions tropicales, notamment celle du río Negro en Amérique du Sud, les arbres sont rabougris avec des feuilles coriaces en raison du sable stérile.

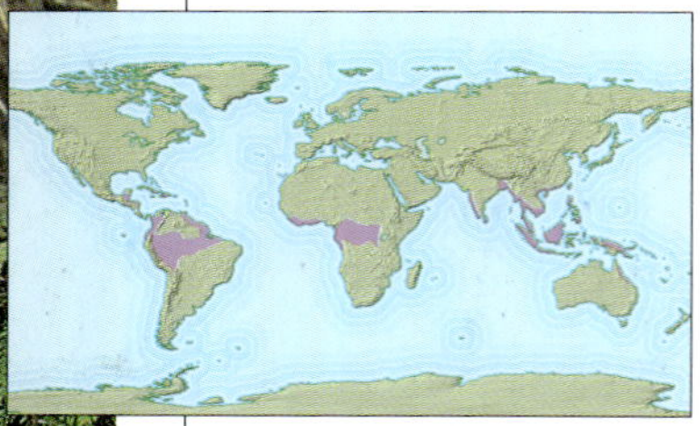

LA FORÊT PLUVIALE *tropicale, près de l'équateur, reçoit plus de 2,50 m de précipitations annuelles, réparties sur toutes les saisons.*

LES SINGES HURLEURS *de la forêt pluviale d'Amérique du Sud sont parmi les rares primates qui se nourrissent de feuilles.*

LES FOURMIS COUPEUSES DE FEUILLES *sont présentes à tous les étages de la forêt pluviale, du sol à la cime des plus grands arbres.*

LES TAPIRS *et autres mammifères ongulés ramassent les fruits tombés sur le sol de la forêt tropicale.*

HABITATS

LES CALAOS *utilisent leur long bec pour cueillir les fruits qui poussent dans la forêt saisonnière. Dans la forêt pluviale tropicale, les toucans se nourrissent de même.*

POUR LES PHASMES ET PHYLLIES, *l'excellent camouflage est la clé de la survie dans la forêt saisonnière.*

LES ROUSSETTES, *les plus grandes chauves-souris du monde, sont presque toutes présentes dans les forêts tropicales.*

L'ATLAS *est présent dans la forêt saisonnière, comme beaucoup d'autres grands insectes ailés du monde.*

LES FÉLINS DE FORÊT *constituent plus de la moitié des espèces de félins dans le monde. Le tigre est le plus grand et le plus menacé d'extinction.*

CERTAINS SERPENTS *de la forêt saisonnière chassent au sol, d'autres montent aux arbres pour chercher leurs proies.*

LA FORÊT SAISONNIÈRE (DE MOUSSON)

Contrairement à la forêt pluviale, où le climat est très stable, la forêt saisonnière pousse dans les régions où les précipitations sont concentrées en une saison pluvieuse appelée mousson. Il peut tomber jusqu'à 2,50 m de pluie en seulement trois mois – l'équivalent de ce que reçoivent les forêts pluviales tropicales en une année. Par conséquent, la forêt saisonnière n'est pas aussi élevée que la forêt pluviale et, généralement, la canopée est plus ouverte et s'étend davantage vers le sol forestier. Immédiatement après la mousson, la forêt saisonnière est luxuriante et verdoyante ; mais, lors de la longue saison sèche qui suit, beaucoup d'arbres perdent leurs feuilles, et le soleil peut filtrer à travers les branches nues jusqu'au sol. Certains arbres de la forêt saisonnière ont pour particularité de fleurir et de donner des fruits après avoir perdu leurs feuilles. Lorsque c'est le cas, les oiseaux, les insectes et les mammifères se rassemblent en grand nombre pour se nourrir. Pendant la saison des pluies, les animaux de la forêt sont bien cachés par le feuillage ; une fois que les feuilles sont tombées, il est plus facile de les trouver.

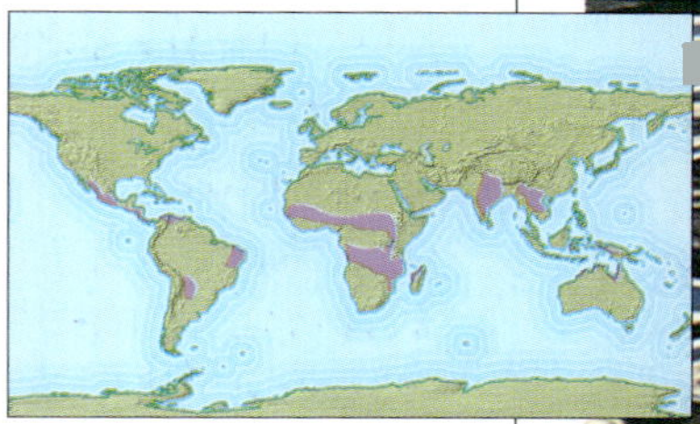

LA FORÊT SAISONNIÈRE *pousse de part et d'autre de l'équateur. Plus la région est éloignée de l'équateur, plus la saison sèche dure longtemps.*

En dépit du cycle annuel de déluge et de sécheresse, la faune de la forêt saisonnière est l'une des plus importantes et des plus variées au monde. En Asie du Sud, où se trouve la plus grande surface de ce type de forêt, cet habitat abrite des éléphants, des singes, des léopards et des tigres. Les forêts saisonnières d'Asie abritent des oiseaux extraordinaires, tel le calao bicorne, et parmi les plus grands serpents au monde. En Afrique, les forêts saisonnières regorgent d'antilopes herbivores, tandis qu'en Amérique centrale elles sont habitées par les pumas, les coatis et les cerfs de Virginie. La plupart de ces animaux se reproduisent pendant la saison humide, lorsqu'ils peuvent bénéficier de l'abondance de feuilles fraîches.

CONSERVATION

La déforestation menace actuellement la faune et la flore des forêts dans les tropiques. Près de la moitié de la surface des forêts pluviales tropicales dans le monde a été détruite ces quarante dernières années, et de vastes étendues de forêt saisonnière ont été abattues pour fournir du bois de chauffage ou pour les besoins de l'agriculture. Des efforts internationaux sont entrepris pour préserver ces forêts – au Costa Rica par exemple, près de 30 % du pays ont été déclarés parc national –, mais, dans de nombreux pays tropicaux, la déforestation se poursuit à grande vitesse.

UNE FORÊT ANCIENNE *La destruction de la forêt tropicale suit le même schéma que celle des forêts des autres parties du monde, mais son impact sur les plantes et les animaux est plus important, car le sort de nombreuses espèces est en jeu.*

DANS LA FORÊT TROPICALE

CERTAINS ANIMAUX des forêts tropicales passent toute leur vie au sol. Mais, pour la plupart, la vie quotidienne implique de se déplacer entre les arbres. La canopée contient la majeure partie de la nourriture de la forêt, aussi un animal capable de s'y déplacer a-t-il plus de chances de prospérer. Certains animaux sont si bien adaptés à la vie dans les arbres – ils s'y nourrissent et s'y reproduisent – qu'ils ont rarement besoin de descendre au sol.

LES DÉPLACEMENTS DANS LES ARBRES

Les petits animaux ont besoin de relativement peu d'adaptations spécifiques pour se déplacer dans les arbres. Les fourmis, par exemple, sont si légères qu'elles peuvent aussi bien monter ou descendre le long des branches ou se déplacer sur le sol, mais, pour les animaux plus gros, tels que les anthropoïdes, les singes et autres primates, grimper aux arbres est une activité dangereuse : s'ils perdent prise – comme c'est parfois le cas – ils risquent une chute fatale.

La plupart des primates se déplacent en courant ou en sautant entre les branches et empruntent souvent les mêmes itinéraires qui font office d'autoroutes entre les arbres. Les singes suivent ces itinéraires en se fiant principalement à leur vue, mais beaucoup de primates plus primitifs, tels les galagos, se déplacent dans l'obscurité et utilisent en partie leur odorat pour se diriger. Les gibbons ont une technique différente : ils se déplacent sous les branches en se balançant avec les mains d'une façon incroyablement acrobatique. Ce mode de déplacement inhabituel mais très efficace est appelé brachiation.

UNE QUEUE PRÉHENSILE
Les serpents grimpeurs – tel ce boa émeraude – utilisent leur queue pour s'accrocher aux branches. L'avant du corps du serpent se plie, prêt à se détendre pour saisir tout ce qui passe à sa portée.

La forêt tropicale abrite une importante variété d'animaux volants – oiseaux, chauves-souris et insectes – qui descendent en piqué ou volent au-dessus de la canopée. Toutefois, au cours de l'évolution, de nombreux animaux non apparentés, dont les mammifères, les grenouilles et même les serpents, ont acquis des fragments de peau semblables à des ailes qui leur permettent de planer. Certains de ces planeurs peuvent parcourir plus de 100 m entre des arbres et, chose curieuse, nombre d'entre eux sont plus actifs la nuit.

LA COMMUNICATION

Dans tous les types de forêts, les animaux éprouvent des difficultés pour rester en contact. Dans la canopée, il est difficile de voir à plus de quelques mètres en raison des feuilles et des branches, tandis que les troncs font obstacle sur le sol. Par conséquent, de nombreux animaux des forêts utilisent des signaux sonores et olfactifs plutôt que visuels pour signaler leur territoire et attirer les partenaires.

UN BRAS APRÈS L'AUTRE
Le balancement, ou brachiation, est un moyen très efficace pour se déplacer dans les arbres. Ce gibbon lar peut faire des sauts de plus de 5 m entre deux prises et aisément dépasser quelqu'un qui court au sol.

UN APPEL SPÉCIFIQUE
Avec son sac vocal gonflé, une rainette mâle chante pour repousser ses rivaux et attirer les femelles, qui ne réagissent qu'aux appels de leur espèce. Plus le mâle chante fort et longtemps, plus il a de chance que les femelles répondent.

Certains des animaux les plus bruyants au monde vivent dans la forêt tropicale, notamment les singes hurleurs, les arapongas, les perroquets, les cigales et une variété considérable de rainettes. Comme les mammifères et les oiseaux, chaque espèce de grenouille a son propre chant : certaines produisent un bref « tink » métallique, d'autres émettent un long trille qui ressemble au bruit d'une machine.

La signalisation sonore peut être dangereuse, car outre les partenaires potentiels, elle attire également les prédateurs. Les rainettes et les cigales minimisent le problème en modulant la tonalité de leurs appels afin que la source soit très difficile à localiser. D'autres animaux, notamment de nombreux mammifères et insectes volants, évitent le danger en recourant aux odeurs pour rester en contact. L'atout majeur de l'odeur est qu'elle persiste : par exemple, en marquant son territoire, un jaguar ou un okapi laisse un signal qui dure plusieurs jours.

ÉVITER LE DANGER

La forêt tropicale regorge d'animaux camouflés ainsi que d'espèces qui imitent les autres. Les animaux qui ont recours au camouflage – principalement des insectes et des araignées, mais également des serpents, des lézards et des anoures – évoquent une étonnante variété d'objets inanimés, de l'écorce aux épines et fientes d'oiseaux en passant par les branches et les feuilles mortes. De nombreux animaux font appel au camouflage pour éviter d'être repérés et mangés, mais certains prédateurs l'utilisent également pour surprendre leurs proies.

Le mimétisme, qui consiste pour une espèce à se faire passer pour une autre, est un moyen plus subtil d'éviter les attaques. Ce phénomène, plus courant chez les invertébrés, consiste pour une espèce relativement inoffensive à ressembler à une espèce dangereuse. Certaines araignées de la forêt tropicale, par exemple, ressemblent beaucoup à des fourmis piqueuses et vont jusqu'à imiter leur mode de locomotion. Les choses se compliquent lorsque plusieurs espèces finissent par se ressembler. Certains groupes de papillons non apparentés, qui contiennent du poison au goût désagréable pour les oiseaux, s'imitent les uns les autres ; ainsi ils ont développé l'équivalent dans le monde des insectes d'un signal d'avertissement commun.

DOUBLE PROTECTION *Les membracides d'Amérique du Sud ne se contentent pas de ressembler à des épines : sur leur thorax, une extension semblable à une épine leur sert de camouflage et les rend difficiles à avaler.*

DE FAUX YEUX *Les fulgores comptent principalement sur le camouflage pour se protéger, mais, s'ils sont menacés, ils arborent des taches en forme d'yeux effrayants. Ce n'est qu'une illusion, car ces animaux sont inoffensifs.*

Les signaux d'avertissement sont plus développés chez les animaux extrêmement toxiques. Par exemple, contrairement aux autres grenouilles, les minuscules grenouilles venimeuses sautent nonchalamment sur le sol de la forêt, comptant sur leurs couleurs extrêmement vives pour prévenir les autres animaux qu'elles sont non seulement mauvaises au goût, mais également toxiques.

L'ALIMENTATION

Près de l'équateur, les arbres grandissent, fleurissent et produisent des graines toute l'année, fournissant de la nourriture en permanence. De nombreux animaux de forêt – dont les chauves-souris, les oiseaux et les insectes – se nourrissent presque exclusivement de l'abondance de fruits et de nectar. Certains d'entre eux aident les arbres à répandre leur pollen et leurs graines. Les quetzals, par exemple, avalent le fruit entier, puis régurgitent les noyaux sur le sol forestier, où ils peuvent germer.

Contrairement aux fleurs et aux fruits, les feuilles de la forêt tropicale sont difficiles à digérer. Les animaux qui s'en nourrissent les cueillent généralement lorsqu'elles sont encore jeunes – avant que les toxines protectrices n'aient eu le temps de s'accumuler à l'intérieur. Ce sont principalement les insectes qui mangent les feuilles ; toutefois, certains animaux plus gros s'en nourrissent également. Il s'agit notamment de plusieurs singes et des paresseux, ainsi que de l'hoazin, oiseau d'Amérique du Sud. L'hoazin transforme sa nourriture comme un herbivore ; après avoir mangé, il est souvent si lourd qu'il peut à peine voler.

Les prédateurs des forêts tropicales vont des plus petits insectes au monde au plus grand des félins. Dans un environnement qui fournit beaucoup d'abris, la plupart d'entre eux optent pour la traque plutôt que la poursuite pour capturer leurs proies. Les fourmis légionnaires et les magnans sont les exceptions les plus remarquables : elles chassent en colonnes de plus de 50 000 individus, terrassant et mangeant tout ce qui ne peut pas s'échapper.

LA REPRODUCTION

Pour les animaux qui vivent dans les arbres, la reproduction nécessite parfois des adaptations inhabituelles. Certaines rainettes arboricoles descendent sur le sol forestier pour pondre leurs œufs, mais beaucoup les pondent dans les hauteurs de la canopée, dans des trous d'arbres emplis d'eau ou dans de petites flaques au sein des plantes. Certaines espèces se comportent différemment : elles pondent dans des nids de mousse (bulles d'air)qui conservent l'humidité jusqu'à ce que les têtards soient prêts à éclore.

Beaucoup d'oiseaux tropicaux éclosent dans un trou d'arbre, mais il est rare que les mammifères grimpeurs construisent des nids, et leurs petits naissent souvent à découvert. Les jeunes singes restent accrochés à la poitrine de leur mère, en s'agrippant fortement lorsque cette dernière court entre les branches ou saute dans les airs. Pour les jeunes opossums murins, qui vivent dans les tropiques américains, le début de la vie est encore plus précaire car leurs mères n'ont pas de poches bien développées. De ce fait, tant qu'ils ne sont pas capables de s'agripper par les pieds, ces minuscules marsupiaux sont pendus aux mamelons de leur mère par la bouche, leurs pattes se balançant dans les airs.

UN NID PROTECTEUR *Ces rainettes africaines* (Leptopelis modestus) *sont rassemblées pour faire un nid de mousse géant suspendu à une branche. L'extérieur du nid durcit pour protéger les œufs et conserver l'humidité. Lorsque les têtards naissent, ils quittent le nid et plongent dans l'eau.*

AVEC LES FOURMIS

Dans les forêts d'Amérique centrale et du Sud, une seule colonne de fourmis légionnaires dévastant tout sur son passage attire jusqu'à 30 espèces d'oiseaux différentes, qui descendent en piqué pour attraper les minuscules animaux sortant de la litière végétale afin d'échapper aux fourmis. Certains oiseaux volent devant la colonne de fourmis, d'autres s'élancent parmi elles. Certains les suivent en permanence ; d'autres, uniquement lorsqu'elles traversent leur territoire. Quelques petits animaux, notamment des guêpes et des staphylins, les suivent au sol. Bien que cela semble dangereux, ces animaux imitent très bien les fourmis – adaptation qui leur évite d'être attaqués tout en leur procurant une protection et un apport facile de nourriture. Les fourmis légionnaires attaquent également les lézards et les grenouilles, ainsi que les mouches parasites, qui pondent des œufs sur les animaux qui s'enfuient.

FOURMIS LÉGIONNAIRES

UNE ATTAQUE AÉRIENNE *Le grand motmot, qui suit parfois les fourmis, est apparenté de loin aux martins-pêcheurs. Comme eux, il fond sur sa proie, l'emporte sur un perchoir et la frappe contre une branche avant de la manger.*

GOURMANDS DE NECTAR *Une chauve-souris lape le nectar d'une fleur. Les fleurs pollinisées par les chauves-souris – sensibles aux odeurs âcres - et par les oiseaux – attirés par les couleurs vives – doivent être robustes, pour ne pas être endommagées par leurs visiteurs.*

DES RONGEURS OPPORTUNISTES *Les agoutis et autres petits mammifères terrestres suivent souvent les perroquets et les singes dans les arbres, recueillant les débris de nourriture qui tombent accidentellement sur le sol.*

LA FORÊT TEMPÉRÉE

LA FORÊT TEMPÉRÉE existe dans des régions aux climats très divers. Dans certaines, les hivers sont froids et les étés frais ; dans d'autres, l'hiver est relativement doux, et la chaleur estivale rivalise avec celle des tropiques. Dans les régions à hivers froids, les arbres sont généralement à feuilles caduques, perdant leurs feuilles en hiver et les renouvelant au printemps ; dans les régions plus chaudes, de nombreux arbres ont un feuillage persistant. Si cette forêt n'abrite pas autant d'espèces animales que la forêt tropicale, elle est néanmoins l'un des habitats terrestres les plus riches.

LA FORÊT DE FEUILLUS

Au cœur de l'hiver, cette forêt peut donner l'impression d'être désolée et vide, et de n'abriter pratiquement aucune vie animale. Mais, au printemps, lorsque les jours rallongent et que les bourgeons commencent à éclore, elle reprend vie avec le chant des oiseaux et le réveil de certains animaux. Cette transformation est déclenchée par une soudaine abondance de nourriture végétale – celle qui fait vivre de nombreux insectes phytophages ainsi que les animaux dont ils sont les proies. Nombre de ces animaux sylvestres sont des résidents permanents, mais certains sont des oiseaux migrateurs venant de régions lointaines.

Comparée à la forêt tropicale, la forêt de feuillus tempérée compte relativement peu d'espèces d'arbres : le maximum – dans certaines forêts de l'est de l'Amérique du Nord – est de plusieurs centaines, tandis que la forêt tropicale peut en compter plusieurs milliers. Néanmoins, les arbres de la forêt tempérée sont des mines de vie. Les grands chênes, par exemple, peuvent produire plus d'un quart de million de feuilles par an – assez pour faire vivre l'armée de charançons, cynips et chenilles de papillons qui se nourrissent rapidement au printemps et au début de l'été pendant que les feuilles sont les plus fraîches et les plus nourrissantes.

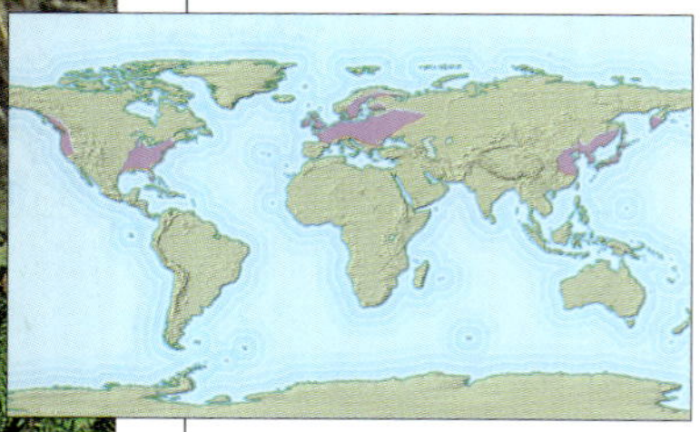

L'HÉMISPHÈRE NORD *compte de grandes étendues de forêt tempérée à feuillus ; la majeure partie des forêts tempérées de l'hémisphère Sud est sempervirente.*

Comme la forêt tropicale, la forêt de feuillus a une structure bien définie, en strates verticales, mais il existe des différences importantes. Les arbres dépassent rarement 30 m de haut et la canopée est généralement épaisse mais assez ouverte, ce qui permet à la lumière d'atteindre le sous-bois et de stimuler la croissance des plantes. Les feuilles mortes pourrissent lentement par temps frais, c'est pourquoi la forêt de ce type dispose d'une litière exceptionnellement épaisse qui procure nourriture et abri aux insectes, cloportes et mille-pattes. De ce fait, si nombre de petits animaux vivent dans les fentes et fissures de l'écorce, le sol abrite beaucoup plus d'invertébrés que les arbres.

LES PAPILLONS DE NUIT *pondent leurs œufs sur les feuilles, les bourgeons ou l'écorce. Leurs chenilles sont souvent les plus grands phyllophages de la forêt.*

CE PASSEREAU *inspecte un tronc d'arbre à la recherche de petits insectes cachés dans les fentes de l'écorce.*

LES ÉCUREUILS *passent l'automne à amasser de la nourriture, qu'ils stockent pour l'hiver.*

LES CERVIDAE *mangent des feuilles en été ; en hiver, ils arrachent souvent l'écorce des arbustes et des jeunes arbres.*

LES SANGLIERS, *creusant la litière végétale avec leur groin, se nourrissent d'animaux, de fruits et de racines.*

LES SALAMANDRES *dépourvues de poumons peuvent absorber l'oxygène par la peau, grâce à l'humidité du sol.*

CE MARSUPIAL *a une queue préhensile qui lui permet d'escalader les hautes branches pour atteindre fleurs et fruits.*

LA HUPPE FASCIÉE *capture ses proies sur le sol.*

LES KOALAS, *qui vivent dans la canopée, se déplacent aussi sur le sol pour atteindre des bosquets isolés.*

LA LITTORIE BLEUE *a une peau exceptionnellement épaisse, ce qui minimise la perte d'humidité et lui permet d'affronter la sécheresse dans la forêt sempervirente.*

SAUTERELLES *et autres insectes, tels les coléoptères, constituent une source de nourriture pour les reptiles et les mammifères vivant sur le sol.*

LÉZARDS ET SERPENTS *prennent souvent des bains de soleil sur le sol forestier.*

LA FORÊT SEMPERVIRENTE

Dans les parties chaudes des régions tempérées, de nombreux arbres sont à feuilles persistantes. Contrairement aux arbres des forêts de feuillus proprement dites, qui poussent au printemps et en été, les arbres à feuillage persistant croissent en hiver et au printemps, lorsque les températures sont basses mais pas froides, et lorsque l'eau abonde. Qualifié par les botanistes de forêt sclérophylle (à feuilles dures), cet habitat est présent dans plusieurs régions du monde très disséminées, dont certaines parties de la Californie et l'ouest de l'Amérique du Sud, la région méditerranéenne en Europe, et de grandes étendues dans l'est et le sud-ouest de l'Australie. Dans certains de ces endroits, la forêt est basse, mais en Australie, où les eucalyptus sont les espèces dominantes, elle abrite les plus grands arbres feuillus du monde.

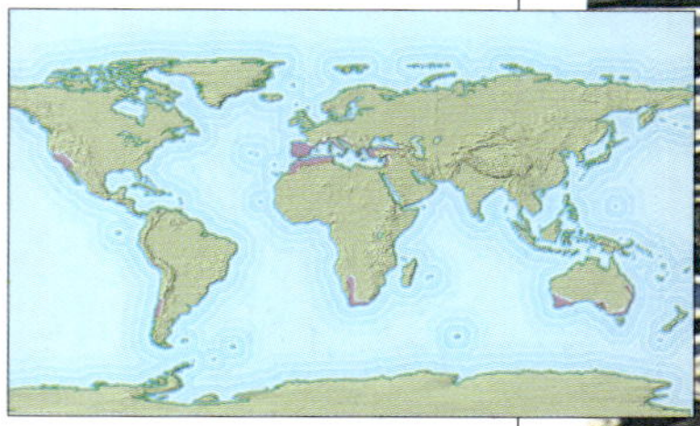

LA FORÊT SEMPERVIRENTE TEMPÉRÉE *est présente dans les régions au climat de type méditerranéen : hivers doux et humides, étés chauds et secs.*

Les arbres à feuilles persistantes des régions tempérées ont généralement une cime ouverte. Par conséquent, les strates verticales sont moins prononcées que dans les forêts des régions plus fraîches et la quantité de lumière atteignant le sol est importante. De ce fait, le sol de ces forêts est riche en faune et en flore, et il n'est pas rare d'apercevoir des animaux aimant la chaleur – tels que les lézards et les papillons, qui se trouvent le plus souvent dans des strates supérieures – prendre un bain de soleil sur le sol. Grâce à cette structure ouverte, il est plus facile pour les oiseaux, tels que les kookaburras et autres martins-chasseurs des forêts, rolliers et huppes fasciées, de capturer les animaux se déplaçant sur le sol.

L'air dans la forêt sempervirente a souvent un parfum agréable, car la plupart des feuilles sont emplies d'huiles très odorantes. Ces huiles empêchent les feuilles de se dessécher et les protègent également des animaux. Elles ont un effet dissuasif très efficace, car un nombre relativement faible d'animaux – à l'exception des spécialistes tels que le koala – incluent ces feuilles dans leur alimentation.

CONSERVATION

La forêt de feuillus s'étendait autrefois sur de vastes étendues dans l'hémisphère Nord. Aujourd'hui, après des siècles de déboisement pour l'agriculture, seules de petites poches de la forêt originelle demeurent. En général, les surfaces forestières ne déclinent plus, et augmentent même dans certains pays. En revanche, les forêts sempervirentes continuent à être menacées par l'abattage pour le développement de l'industrie et de l'habitation. En Australie, les écologistes se sont engagés dans une longue lutte pour protéger des zones de forêt encore intacte contre l'exploitation forestière et l'agriculture.

LA SALINISATION *Ces eucalyptus australiens ont été tués par la salinisation – augmentation du taux de sel dans le sol. La salinisation est provoquée par la déforestation, qui modifie l'équilibre hydrique du sol. Les terres salinisées sont impropres à l'agriculture.*

DANS LA FORÊT TEMPÉRÉE

LE FACTEUR ayant le plus d'influence sur la faune de ces forêts est le caractère variable des ressources alimentaires. De la cime des arbres jusqu'au sol, le cycle de vie des animaux y suit le rythme des saisons, de sorte qu'ils ont leurs petits lorsque la nourriture est plus facile à trouver. La vie est relativement aisée au printemps et en été, mais, en hiver, lorsque la quantité de nourriture est au plus bas, des adaptations spéciales sont nécessaires pour survivre.

L'ALIMENTATION

En tant qu'habitat, la forêt de feuillus tempérée – présente dans la plus grande partie de l'hémisphère Nord – se distingue par une caractéristique : les arbres qui y poussent, tels les chênes et les hêtres, produisent des feuilles conçues pour durer une seule saison. De ce fait, ces feuilles sont généralement fines et faciles à manger, ce qui explique pourquoi de nombreux insectes en font un festin dès leur apparition au printemps.

Cette soudaine explosion d'insectes attire une armée de prédateurs volants très spécialisés. En Europe, en Asie du Nord et en Amérique du Nord, des dizaines d'espèces de fauvettes migrent vers le nord lorsque les bourgeons éclosent. Ces oiseaux ont une vue extrêmement perçante, ce qui leur permet de parcourir les feuilles à la recherche des plus petites chenilles et larves, qu'ils capturent avec leur bec semblable à une pince. D'autres oiseaux, notamment les grimpereaux, les pics et les sittelles, se concentrent sur l'écorce, cherchant et recueillant les minuscules animaux cachés dans les fissures.

Au milieu de l'été, les feuilles cessent de pousser, et le comportement alimentaire des animaux change. La plupart des arbres sont pollinisés par le vent, ce qui signifie qu'ils ne produisent pas d'alléchantes fleurs riches en nectar. Toutefois, ils donnent de grandes quantités de fruits durs et autres graines, qui sont des aliments très importants pour les animaux car, contrairement aux feuilles, ils peuvent être stockés et consommés en cas de pénurie.

Un grand nombre d'oiseaux et de mammifères des forêts emmagasinent de la nourriture. Les geais enterrent les glands dans le sol, tandis que les pics des chênes les stockent dans les arbres. Les écureuils enfouissent les graines de toutes sortes, et les renards roux enterrent tout ce qui est vaguement comestible, des restes à demi mangés aux vieilles chaussures en passant par les emballages alimentaires. Certains animaux localisent leurs réserves à l'odorat, mais, dans la plupart des cas, ils sont très doués pour les repérer uniquement de mémoire, et sont capables de retrouver leur nourriture même lorsqu'elle est recouverte de neige.

Le stockage de graines a un impact important sur l'écologie de la forêt. Si les animaux qui enterrent les graines ont une bonne mémoire, ils oublient toujours une partie de ce qu'ils ont caché. De ce fait, si les graines ne sont pas découvertes par des rongeurs ou d'autres animaux, elles restent bien plantées et prêtes à germer, ce qui permet aux arbres de la forêt de se reproduire.

UN GRENIER D'HIVER
Dans l'ouest de l'Amérique du Nord, les pics des chênes stockent des glands dans les arbres, les plaçant dans les trous qu'ils ont percés auparavant dans l'écorce. Ces arbres de stockage sont appelés greniers. Un seul grenier peut contenir jusqu'à 50 000 glands et être utilisé par une dizaine de pics qui collaborent et nichent ensemble. Les pics font également des réserves de glands dans les piquets des clôtures et dans les poteaux téléphoniques.

LES GALLES DES ARBRES

Fréquentes dans les forêts de feuillus, les galles sont des excroissances dont le développement est déclenché par des insectes et d'autres organismes. Ressemblant souvent à des baies ou à des boutons sur les feuilles et les brindilles, les galles font office à la fois d'abri et de garde-manger, ou lieu de reproduction, permettant à leurs occupants de se nourrir sans être vus. Dans les forêts de feuillus, la plupart des galles sont dues à de minuscules guêpes ou mouches. Chaque espèce d'insecte affecte un arbre particulier, et chacune engendre des galles de forme caractéristique, ce qui facilite leur identification.

LES GALLES DE CHÊNE
Ces galles de chêne sont produites par Andricus kollari, *une guêpe appartenant à la famille des Cynipidae. Les larves de la guêpe se développent à l'intérieur de la galle. Lorsqu'elles sont adultes, elles atteignent la surface en creusant ce qui les entoure et sortent.*

EN QUÊTE DE NOURRITURE DANS LE SOL FORESTIER
Tout en surveillant leurs petits, les sangliers adultes creusent la litière pour chercher de la nourriture. Ils se nourrissent de glands et autres fruits et utilisent également leur groin pour extraire les racines, les champignons et les petits animaux cachés dans le sol ou sous les feuilles mortes.

L'HIBERNATION

En automne, de nombreux oiseaux insectivores migrent vers des climats plus chauds, tandis que les autres animaux de la forêt doivent affronter le froid hivernal. Les animaux qui stockent de la nourriture peuvent rester actifs pendant cette période difficile de l'année, mais les autres utilisent une stratégie de survie très différente : ils hibernent, vivant sur les réserves de graisse qu'ils ont constituées pendant les mois d'été.

La durée et l'intensité de l'hibernation dépendent de l'endroit où vit l'animal. Dans les forêts d'Europe du Nord-Ouest, les hérissons peuvent hiberner jusqu'à six mois, tandis que, plus au sud, leur sommeil hivernal est beaucoup plus court. Dans l'est de l'Amérique du Nord, les marmottes hibernent généralement d'octobre à février ; leurs vagabondages au début de l'année sont un signe typique que le printemps approche.

Certains animaux qui hibernent, comme le muscardin, n'interrompent presque jamais leur repos hivernal, même s'ils sont dénichés. Toutefois, de nombreux animaux qui entrent en hibernation adoptent des comportements différents. Si le climat se réchauffe, ils s'éveillent brièvement : les chauves-souris, par exemple, partent en quête de nourriture, tandis que les hérissons quittent leur site d'hibernation pour un autre. Toutefois, les animaux de la forêt qui hibernent doivent veiller à ne pas trop bouger : l'activité épuise leurs réserves corporelles et, par conséquent, ils risquent de sortir avant que l'hiver ne soit vraiment terminé.

DORMIR DANS LE FROID
Le muscardin utilise des feuilles et de la mousse pour construire un nid hivernal bien isolé au milieu des ronces et autres plantes. Ici, une partie du nid a été provisoirement retirée pour dévoiler l'animal en hibernation, profondément endormi avec sa queue étroitement enroulée autour du corps.

LE VOL DE NUIT DE L'ÉCUREUIL
Contrairement à la plupart des écureuils, les écureuils volants d'Amérique du Nord se nourrissent la nuit. Les surfaces de peau élastique entre leurs pattes leur permettent de planer sur plus de 50 m. Ils se dirigent avec leurs membres antérieurs et utilisent leurs grands yeux pour se déplacer sans danger dans l'obscurité.

De nombreux insectes hivernent, souvent cachés sous l'écorce ; mais, chez certaines espèces, les adultes meurent, laissant des œufs qui résistent à l'hiver et éclosent au printemps.

LES DÉPLACEMENTS

Si les singes et les gibbons sont les grimpeurs les plus impressionnants de la forêt tropicale, les écureuils sont les experts des forêts tempérées. Contrairement à de nombreux animaux grimpeurs, ils peuvent descendre ou monter le long d'un tronc la tête la première en enfonçant leurs longues griffes postérieures incurvées dans l'écorce. Les écureuils ont une excellente vue et se précipitent instinctivement dans un arbre s'ils repèrent un prédateur potentiel – comportement simple qui les rend difficiles à attraper.

La forêt tempérée abrite des rongeurs ainsi que des marsupiaux volants (en Australasie). Toutefois, en ce qui concerne les manœuvres entre les arbres, les rapaces nocturnes et diurnes sont imbattables. Contrairement à leurs parents des habitats ouverts, la plupart de ces chasseurs aériens ont des ailes larges et relativement courtes, qui leur permettent de zigzaguer et de tourner facilement. L'épervier d'Europe est un excellent exemple de cette adaptation à la vie dans les bois : plutôt que s'élever dans les airs et de descendre en piqué, il se déplace très vite entre les arbres et le long des haies – parfois à seulement 1 m au-dessus du sol – pour capturer les petits oiseaux en vol et les emporter dans ses serres.

La forêt tempérée offre de nombreux abris aux animaux vivant sur le sol. De ce fait, les petits mammifères tels que les campagnols et les musaraignes abondent. Pour éviter d'être repérés lors de leurs déplacements, ils empruntent souvent des itinéraires recouverts en partie d'herbe ou de feuilles mortes. Les campagnols utilisent la vue, l'odorat et le toucher pour se diriger le long de ces itinéraires, mais les musaraignes, qui ont une très mauvaise vue, se dirigent en partie en émettant des impulsions sonores aiguës. Ces signaux sont réfléchis par les objets à proximité comme ceux envoyés par le sonar des chauves-souris.

LA VIE DANS LA LITIÈRE VÉGÉTALE

La litière végétale de la forêt tempérée est l'un des micro-habitats les plus riches en faune au monde. Cette épaisse couche de matière en décomposition abrite des vertébrés, dont des mammifères et des salamandres, mais ses principaux habitants sont les invertébrés qui se nourrissent de fragments de feuilles, de champignons et de bactéries ou se mangent entre eux. Certains – tels les mille-pattes et les cloportes – sont assez gros pour être visibles, mais beaucoup d'autres sont microscopiques.

CHASSER DANS LES FEUILLES
Les lithobies (mille-pattes) tels que celui-ci ont un corps plat qui leur permet de se déplacer sous les feuilles et les bouts de bois, ainsi que sur le sol. Les géophiles vivent en permanence sous terre, et, de ce fait, ont un corps étroit presque vermiforme.

Les animaux qui vivent au fond de la litière végétale sont dans l'obscurité totale, c'est pourquoi la plupart utilisent le toucher pour trouver de la nourriture. C'est notamment le cas des prédateurs : les mille-pattes localisent leurs proies grâce à leurs longues antennes, tandis que les minuscules pseudo-scorpions utilisent les poils sensitifs qui recouvrent leurs pinces. Comme les vrais scorpions, les pseudo-scorpions sont venimeux ; mais ils sont si petits qu'ils ne présentent aucune menace pour les animaux plus gros qu'eux. Heureusement, car ils peuvent être des millions sur seulement quelques mètres carrés de litière.

Les feuilles mortes permettent aux habitants de la litière de se cacher pour échapper aux animaux qui cherchent leur nourriture dans le sol. Toutefois, cette cachette n'est pas entièrement sûre. Certains oiseaux des forêts tempérées, notamment les grives, soulèvent les feuilles pour capturer les animaux qui tentent de fuir la lumière.

LES INSECTES GRAVEURS

Les scolytes femelles creusent des galeries dans l'aubier sous l'écorce vivante et y pondent leurs œufs. Lorsque les larves éclosent, elles se fraient un chemin en rongeant le bois à angles droits par rapport au tunnel d'origine, créant des galeries secondaires – visibles quand l'écorce tombe – qui débouchent sur des trous par lesquels les coléoptères adultes sortent et s'envolent. Communs dans les forêts de feuillus, les scolytes peuvent être très destructeurs, car ils infectent souvent les arbres avec des champignons. Ainsi, le scolyte de l'orme propage le champignon parasite de l'orme qui a éliminé cette essence dans certaines régions d'Europe et d'Amérique du Nord.

DES GALERIES DANS L'ÉCORCE *Le scolyte adulte a un corps cylindrique et un thorax arrondi qui cache presque toute la tête. La forme des galeries varie d'une espèce à l'autre.*

LA FORÊT DE CONIFÈRES

LES CONIFÈRES sont les arbres les plus robustes au monde. Leurs petites feuilles en forme d'aiguilles peuvent supporter un froid extrême et ne sont pas affectées par les rayons du soleil et les vents violents ; en outre, leur forme relativement étroite et droite leur permet de pousser les uns à côté des autres pour constituer des forêts denses et abritées. De ce fait, les conifères se développent là où peu d'arbres feuillus peuvent survivre, comme dans le Grand Nord et les chaînes de montagnes. Ils prospèrent également dans les endroits où la pluviosité est très importante. Dans ces régions, ils forment des forêts pluviales tempérées, habitat de certains des plus grands arbres de la planète.

LA FORÊT BORÉALE

Tenant son nom de Borée, dieu grec du vent du nord, la forêt boréale, ou taïga, est la plus grande étendue continue de forêt sur terre. Elle couvre environ 15 millions de km^2 et s'étend en une ceinture presque ininterrompue à travers le Grand Nord, s'enfonçant souvent dans l'Arctique. À certains endroits, la ceinture est large de plus de 1 600 km. Dans la forêt boréale, les températures hivernales descendent régulièrement en dessous de – 25 °C, mais, dans certaines régions les plus froides, comme le nord-est de la Sibérie, elles peuvent descendre en dessous de – 45 °C. Les étés sont courts mais peuvent être chauds.

Comparée aux types de forêts présentes à des latitudes inférieures, la forêt boréale compte seulement quelques espèces d'arbres et, par conséquent, offre une variété limitée de nourriture pour les herbivores. La diversité végétale est également réduite à la fois par la quantité de lumière pouvant atteindre le sol de la forêt et par la forte acidité des aiguilles des conifères. Même en été, l'intérieur de la forêt est souvent sombre et le sol est recouvert par une épaisse couche d'aiguilles mortes. Les champignons se développent dans ces conditions, mais les seules plantes du sol forestier qui vivent dans cet environnement sont celles qui tolèrent une faible luminosité et un sol acide.

Mis à part les insectes, peu d'animaux peuvent digérer les feuilles ou le bois, aussi la plupart des phytophages se concentrent sur les graines, les bourgeons et l'écorce ou les baies des arbustes. Toutefois, l'habitat compense largement l'absence de diversité par la quantité, en particulier parce qu'il y a peu de compétition pour la nourriture. C'est une des raisons pour lesquelles de nombreux animaux des forêts boréales, des oiseaux aux ours, ont des aires de distribution beaucoup plus étendues que les espèces qui vivent dans les régions plus chaudes.

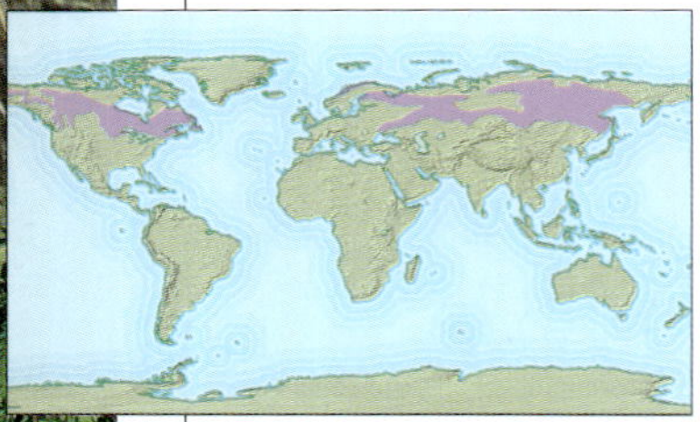

LA FORÊT BORÉALE *s'étend sur la majeure partie du Grand Nord. Il n'existe pas d'habitat équivalent dans l'hémisphère Sud.*

LA FAUNE *des forêts de conifères offre aux oiseaux de proie, tel l'autour des palombes, de la nourriture toute l'année.*

LES TRONCS D'ARBRES *protègent les larves des sirex et autres guêpes du bois contre les pires froids hivernaux.*

L'OURS BRUN *peut grimper aux arbres, mais il trouve la majeure partie de sa nourriture au sol.*

LES LOUPS *chassent en meute, ce qui leur permet de tuer des animaux plus gros qu'eux. C'est particulièrement important en hiver, lorsque la nourriture est rare.*

POUR L'ÉLAN *et les autres mammifères ongulés, la forêt boréale offre une protection contre les vents froids et les tempêtes de neige hivernales.*

CANOPÉE

LE ROITELET À COURONNE DORÉE *est l'un des nombreux petits insectivores qui se nourrissent et font leur nid au-dessus du sol.*

LES HIBOUX, *tel ce grand duc d'Amérique, volent la nuit, chassant les nombreux petits mammifères et oiseaux qui vivent dans la forêt pluviale tempérée.*

SOUS-BOIS

L'OURSON COQUAU *est lent et maladroit pour grimper aux arbres, mais il parvient à atteindre la cime pour manger les bourgeons et l'écorce.*

LE PÉKAN *(martre américaine) est l'un des rares prédateurs du porc-épic.*

L'HERMINE *au corps fin poursuit ses proies dans les terriers, ne leur laissant aucune chance de s'enfuir.*

SOL

CERTAINES ESPÈCES DE LIMACES *sont phytophages ; d'autres sont cannibales.*

LA FORÊT PLUVIALE TEMPÉRÉE

Les plus grandes étendues de forêt pluviale au monde se trouvent dans les tropiques, mais la forêt pluviale est également présente dans les régions tempérées. Elle pousse là où des montagnes orientées à l'ouest interceptent l'air humide provenant de la mer et, contrairement à la forêt boréale, elle connaît des températures relativement douces toute l'année.

Comparée à la forêt boréale, la forêt pluviale tempérée est un habitat rare, présent dans quelques régions seulement. Dans l'hémisphère Sud, on la trouve dans l'île du Sud de la Nouvelle-Zélande, et dans certaines régions du sud du Chili. Dans ces deux régions, les arbres de la forêt pluviale sont feuillus pour la plupart, mais, dans le nord-ouest du Pacifique – où se trouvent les plus grandes forêts pluviales tempérées au monde –, la quasi-totalité des arbres est composée de conifères. Certains dépassent 75 m de haut et ont plus de cinq cents ans. Ce type de forêt de conifères ne ressemble à aucun autre. Sur le sol, et dans le sous-bois, chaque surface est couverte de fougères ou de mousse imprégnée d'eau. Les troncs très serrés, certains avec une circonférence de plus de 3 m, s'élèvent vers un ciel toujours chargé de pluie.

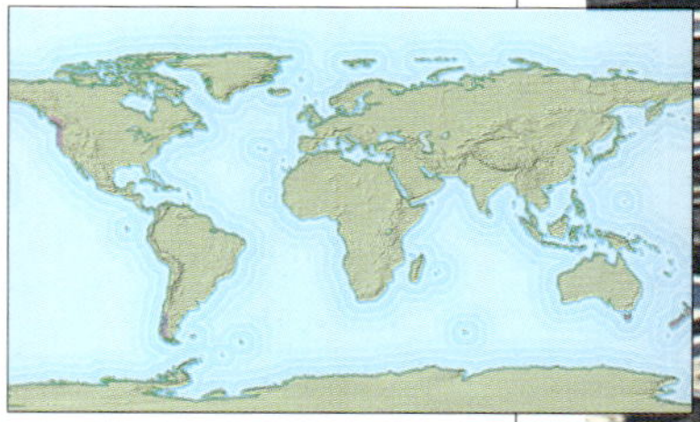

LA FORÊT PLUVIALE TEMPÉRÉE *est présente sur les côtes orientées à l'ouest, où de fortes pluies tombent presque toute l'année.*

La forêt pluviale tempérée abrite de nombreux animaux présents dans les forêts de conifères partout dans le monde, mais elle a d'autres caractéristiques distinctives : la douceur et l'humidité – qui en font un refuge idéal pour les limaces et les salamandres –, et la grande quantité d'arbres tombés– une aubaine pour les insectes se nourrissant de bois mort. À l'état naturel, la forêt regorge de mammifères, ainsi que de rapaces nocturnes et autres oiseaux qui ont besoin de grands arbres âgés pour faire leur nid. Malheureusement, ces arbres sont très recherchés par l'industrie du bois et, de ce fait, les forêts pluviales tempérées intactes sont de plus en plus rares.

CONSERVATION

De toutes les forêts du monde, la forêt boréale est celle qui a subi le moins de modifications liées à l'activité humaine. Toutefois, cette situation évolue, car la demande de bois tendre et de pâte à papier augmente. En revanche, la forêt pluviale a été soumise à de grands changements. En Amérique du Nord, celle de la côte du Pacifique a été abattue en grande partie ; il ne reste que quelques vestiges de la forêt originelle, séparés par de la forêt plantée. Sur les nombreuses parcelles qui ont été menacées d'abattage, certaines ont été sauvées.

UN ABATTAGE INTEMPESTIF *Les coupes à blanc éliminent tous les arbres dans de vastes étendues de forêt, forçant les animaux à partir.*

HABITATS

DANS LA FORÊT DE CONIFÈRES

LE COUP DE GRÂCE
Au terme d'une poursuite très rapide, un lynx du Canada attrape un lièvre à raquettes. Les cycles de population de ces deux espèces sont étroitement liés.

POUR LES ANIMAUX comme pour les arbres, la vie dans la forêt boréale est dominée par la nécessité de supporter des hivers longs et très froids. Les animaux qui restent actifs en hiver, comme les loups, ont besoin d'un apport alimentaire constant, juste pour éviter de geler. Il est difficile d'exploiter les conifères pour se nourrir, c'est pourquoi les animaux qui en dépendent ont des caractéristiques physiques et comportementales très spécialisées.

L'ALIMENTATION

Par rapport à de nombreux arbres feuillus, les conifères sont bien protégés contre les attaques. Outre des feuilles résistantes, ils contiennent souvent des résines qui rendent difficile la digestion des feuilles et du bois. De plus, si l'aubier est endommagé, cette résine suinte et piège les insectes et les araignées aussi efficacement que de la colle.

Malgré ces défenses, certains animaux parviennent à se nourrir exclusivement des conifères. Les larves de scolytes sont parmi ceux qui réussissent le mieux. Ces larves creusent profondément les troncs, laissant des galeries cylindriques dans le bois. Elles ne se nourrissent pas du bois, mais d'un champignon qui pousse sur les parois des tunnels qu'elles ont forés. Les femelles emportent de petites quantités de ce champignon lorsqu'elles deviennent adultes et infectent d'autres arbres quand elles pondent. Ce type de partenariat symbiotique est vital pour les scolytes xylophages, mais pas tout à fait unique : dans d'autres habitats, notamment sous les tropiques, les fourmis et les termites «cultivent» des champignons comme nourriture.

Si les larves perceuses de bois sont protégées contre la plupart des prédateurs, elles ne sont pas entièrement à l'abri d'une attaque. La forêt de conifères est l'habitat de certains des plus grands pics au monde, qui creusent les troncs d'arbres pour atteindre les larves. Les larves de sirex sont menacées par les ichneumons, qui percent le bois avec leur longue tarière pour pondre leurs œufs sur ces larves. On pense que la guêpe localise les larves par l'odorat. Lorsque les œufs éclosent, les larves d'ichneumon mangent leurs hôtes vivants.

EXTRAIRE LES GRAINES
Les deux parties du bec du bec-croisé se croisent en leur extrémité, ce qui en fait un outil idéal pour extraire les graines des cônes. Les oisillons du bec-croisé peuvent survivre pendant de courtes périodes à une température de – 35 °C.

Certains animaux, tels le grand tétras et l'ourson coquau, mangent de grandes quantités d'aiguilles de conifères, mais la plupart des chenilles de papillons sont les principales phyllophages : comme toujours dans la forêt de conifères, le nombre d'espèces impliquées est faible, mais les dégâts qu'elles infligent peuvent être importants. C'est notamment le cas pour les espèces telle le disparate, papillon qui a été introduit accidentellement dans de nombreuses régions.

UNE ATTAQUE DE PAPILLON
Bien que le disparate ne fasse aucun dégât, ses chenilles se nourrissent avec voracité sur les conifères ainsi que sur divers arbres feuillus.

PERCER DANS LE BOIS
S'arc-boutant sur ses pattes, une femelle d'ichneumon creuse dans une branche pour pondre ses œufs sur une larve de sirex.

TROUVER DE LA NOURRITURE EN HIVER

Les conifères ont des fleurs particulières et produisent des graines. Celles-ci, en hiver, constituent une source d'énergie précieuse pour les oiseaux et les petits mammifères. Toutefois, il n'est pas facile d'accéder aux graines de conifères : elles se développent à l'intérieur de cônes ligneux qui restent hermétiquement fermés jusqu'à ce que les graines soient mûres.

Les animaux des forêts de conifères ont divers moyens d'extraire ces graines avant que les arbres ne les dispersent sur le sol. Les écureuils rongent le cône tendre et vert alors qu'il est encore fixé à la branche, mangent les graines et laissent tomber les restes du cône sur le sol. Les pics ramassent les cônes tombés et les calent fermement dans des trous d'arbres ou des souches brisées pour picorer les graines. Les becs-croisés sont encore plus compétents : leur bec, bien adapté, leur permet d'extraire les graines avec une précision chirurgicale.

Comparée aux graines, l'écorce est un aliment de faible qualité, mais, en hiver, elle est indispensable à la survie de certaines espèces. Les Cervidae l'arrachent à la base des jeunes arbres, tandis que les campagnols roussâtres et les porcs-épics grimpent aux arbres pour attaquer l'écorce en hauteur. L'arrachage de l'écorce interrompt souvent la croissance de l'arbre, et une attaque sérieuse peut le tuer.

LE REPAS DU CHEVREUIL
Les Cervidae ont un impact majeur sur la forêt de conifères en mangeant les pousses d'arbres et l'écorce. Lorsqu'ils sont nombreux, cette pratique peut tuer les jeunes arbres (encart). Toutefois, elle crée également des clairières qui sont utiles pour d'autres animaux, car la lumière peut entrer, permettant aux arbustes producteurs de baies – une bonne source de nourriture – de pousser.

AFFRONTER LE FROID

La forêt de conifères abrite des visiteurs saisonniers, principalement les oiseaux insectivores qui arrivent au printemps puis partent pour le sud une fois qu'ils ont élevé leurs petits. Mais, pour les autres animaux, les longs hivers constituent un élément incontournable de la vie en forêt.

COURBE DES POPULATIONS
Les statistiques des trappeurs montrent l'augmentation et la baisse du nombre de lièvres à raquettes dans les forêts du nord du Canada. Les pics se situent à peu près tous les dix ans.

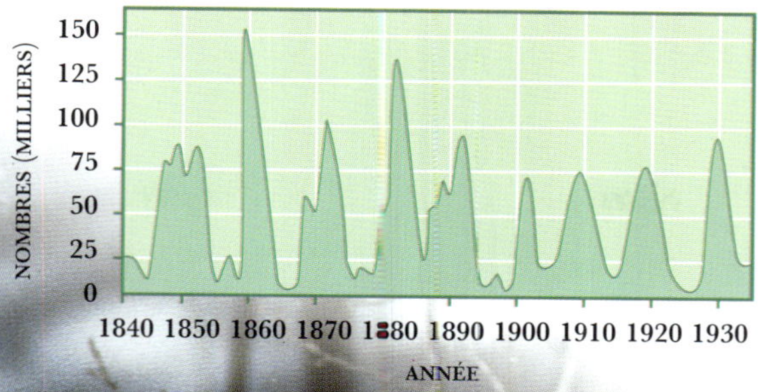

Certaines espèces hibernent, mais beaucoup restent actives même pendant les mois les plus froids, comptant sur leur isolation pour survivre.

Les mustélidés ont un pelage extrêmement isolant. Ce groupe comprend les martres, le glouton, les visons et la zibeline, tous d'agiles chasseurs connus pour leur fourrure épaisse et somptueuse. Comme pour la plupart des mammifères, leur fourrure contient deux sortes de poils : les longs poils externes forment la surface hydrofuge, tandis que les poils plus courts et plus denses – la bourre – maintiennent une couche d'air près du corps, gardant l'animal au chaud. Les espèces du Nord se parent toutes d'une fourrure très épaisse après leur mue de la fin de l'été ; certaines espèces, telles que l'hermine, profitent de cette mue pour changer de couleur, revêtant une fourrure blanche qui leur procure un meilleur camouflage en hiver.

Il est relativement facile pour les grands mammifères de se maintenir au chaud car leur corps stocke une quantité importante de chaleur. En revanche, les conditions hivernales mettent à rude épreuve la résistance au froid des habitants plus petits et à sang chaud de la forêt de conifères. Les campagnols et autres rongeurs peuvent se cacher dans les terriers, mais les oiseaux passent la majeure partie de leur vie à découvert. Pour les roitelets et les mésanges, qui pèsent souvent moins de 10 g, les nuits d'hiver sont des périodes particulièrement dangereuses. Avec un corps si minuscule, leurs réserves d'énergie sont infimes, et, par conséquent, ils doivent manger suffisamment pour rester en vie jusqu'à l'aube, lorsqu'ils pourront de nouveau partir en quête de nourriture. Certains profitent au maximum de leur chaleur corporelle en se blottissant les uns contre les autres dans les trous d'arbres, quelques autres, telle la mésange lapone, s'enfoncent dans la neige, l'utilisant comme un matériau isolant.

UNE COURSE SUR LA NEIGE
Les hivers froids permettent au glouton de capturer plus facilement sa nourriture : sa capacité à courir rapidement sur la neige gelée lui permet d'attraper de gros animaux, tels les rennes, qui peuvent en revanche le distancer pendant les mois d'été.

LES CYCLES DE POPULATION

Le nombre d'espèces animales étant relativement peu élevé dans les forêts de conifères du nord, les prédateurs et les proies sont étroitement liés. Pendant les années où la température est relativement douce, on observe une « explosion » des populations de petits animaux ; de ce fait, le nombre de prédateurs qui s'en nourrissent augmente. Ces conditions ne durent jamais longtemps : lorsque la concentration de phytophages commence à surpasser la quantité de nourriture, leur nombre chute à nouveau. Et lorsque la baisse s'accentue, les prédateurs suivent rapidement le mouvement.

Malgré l'imprévisibilité du climat du nord, ces hauts et ces bas surviennent avec une régularité surprenante. En Amérique du Nord, les statistiques des trappeurs remontant à plus d'un siècle donnent des indications à long terme sur les fluctuations des populations. Par exemple, elles révèlent que la population du lièvre à raquettes suit approximativement un cycle de dix ans, avec deux ou trois bonnes années, suivies par une longue baisse. Le lynx du Canada – l'un des principaux prédateurs du lièvre à raquettes – suit la même courbe, mais avec un décalage d'un ou deux ans. Des cycles identiques concernant les lemmings et d'autres petits mammifères sont observés dans la toundra (voir p. 65).

S'ils ne peuvent pas faire grand-chose pour empêcher cette alternance de boom et de baisse, les animaux comme le lièvre à raquettes sont capables de se rétablir assez rapidement d'une baisse de population en se reproduisant lorsque les conditions sont favorables.

LES IRRUPTIONS

Dans les forêts de conifères septentrionales, la quantité de nourriture est affectée par le climat et le degré de compétition. Lors des hivers qui suivent des étés frais, la quantité de graines et de baies est parfois trop faible pour que les oiseaux frugivores et granivores puissent survivre. Plutôt que de mourir de faim, ces oiseaux s'envolent vers le sud en grand nombre. Appelés irruptions, ces mouvements peuvent les éloigner jusqu'à 1 500 km de leur aire de répartition hivernale. Les irruptions sont fréquentes chez les becs-croisés, les jaseurs et les mésanges, ainsi que chez les casse-noix et autres membres granivores de la famille des Corvidae.

CAP AU SUD
Comme d'autres espèces qui font irruption, les jaseurs boréals se dirigent généralement vers le sud lorsque leur population atteint un niveau élevé. Une pénurie de nourriture en automne peut déclencher un exode massif.

LA MONTAGNE

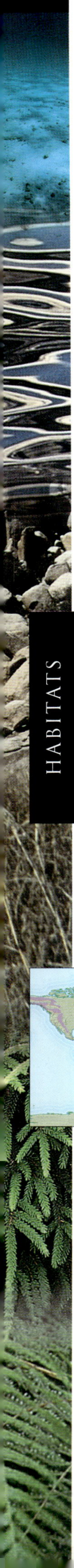

DANS DE NOMBREUX HABITATS terrestres, les conditions climatiques ne varient que légèrement. Toutefois, en montagne, la température moyenne de l'air baisse avec l'altitude (environ 1 °C tous les 200 m), l'oxygène se raréfie et l'air protège moins efficacement contre les ultraviolets. De ce fait, les montagnes peuvent être divisées en zones distinctes, chacune abritant une flore et une faune très différentes de celles de la zone inférieure ou supérieure. Un vaste éventail d'animaux vit dans les contreforts à basse altitude, mais seuls les plus résistants survivent toute l'année dans le rude environnement au-dessus de la limite des arbres.

LES MAMMIFÈRES ONGULÉS *tel le bighorn survivent à haute altitude. Ils sont souvent présents jusqu'à la limite des neiges.*

LES MARMOTTES *hibernent dans des terriers, tandis que d'autres rongeurs des montagnes, tels les pikas, amassent de la nourriture pour survivre à l'hiver.*

LES MONTAGNES TEMPÉRÉES

Dans les régions tempérées, le climat montagnard est relativement frais toute l'année. Toutefois, les changements saisonniers sont beaucoup plus marqués que sous les tropiques. À haute altitude, au-dessus de la limite des arbres, les plantes connaissent une soudaine explosion de croissance au printemps et en été.

Certains animaux migrent vers le haut pour profiter de cette brève abondance de nourriture, mais d'autres, telles les marmottes, sont des résidents permanents qui résistent aux hivers rigoureux en vivant dans des terriers et en hibernant jusqu'à huit mois par an. Les insectes de haute altitude passent beaucoup de mois en dormance, revenant à la vie lorsque la chaleur arrive. Pour beaucoup, cette période d'inactivité se passe dans l'œuf, qui éclôt lorsque les jours rallongent et que les températures augmentent.

À plus basse altitude, le climat est plus chaud, et généralement plus semblable à celui des plaines. Toutefois, le sol rocheux et en pente étant difficilement exploitable, les flancs des montagnes conservent davantage de couvert forestier que le sol plat. Lorsqu'elles sont intactes, ces forêts de montagne sont l'habitat naturel de grands mammifères, tels que les pumas, les ours et des Cervidae, ainsi que d'une grande diversité d'oiseaux insectivores et granivores.

Les montagnes tempérées regorgent d'oiseaux de proie. Certains, tels que le faucon pèlerin, poursuivent leurs proies grâce à leurs ailes aux battements rapides, tandis que les aigles et les buses planent haut dans le ciel, se déplaçant sur les courants ascendants. Une espèce montagnarde caractéristique, le gypaète barbu, soulève dans les airs des os de charogne et les laisse tomber sur les rochers pour manger la moelle à l'intérieur.

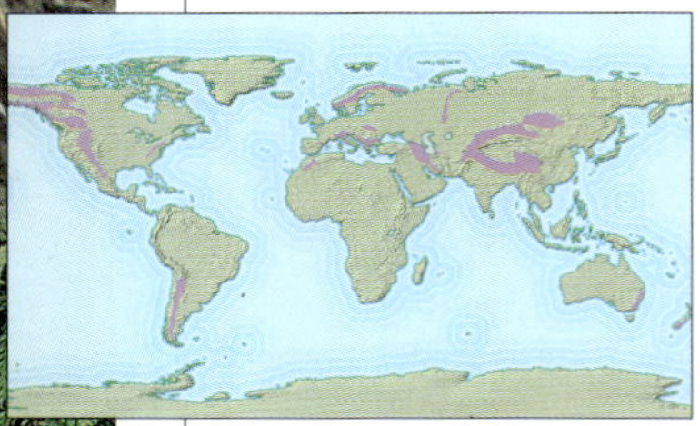

LES CHAÎNES DE MONTAGNE *de la zone tempérée septentrionale ont les plus hauts sommets au monde. Dans l'hémisphère Sud, les montagnes sont plus basses et plus isolées.*

LE PUMA *est un prédateur présent du niveau de la mer à plus de 3 000 m d'altitude.*

LE FAUCON PÈLERIN *utilise le rebord des falaises abruptes comme point de vue et site de nidification.*

LE CERF DE VIRGINIE *migre verticalement, se nourrissant au-dessus de la ligne des arbres en été.*

LES MONTAGNES TROPICALES

LES COLIBRIS *des montagnes survivent aux basses températures nocturnes des Andes grâce à un état de torpeur – sorte d'hibernation nocturne.*

LA VIGOGNE *: le taux élevé d'oxygène dans son sang lui permet de vivre en haute altitude.*

Sous les tropiques, en raison du climat généralement chaud, les zones de végétation montagnarde s'étendent beaucoup plus haut que dans les autres montagnes. Par exemple, près de l'équateur, les arbres poussent souvent jusqu'à 4 000 m d'altitude, ce qui explique pourquoi les sommets de nombreuses montagnes tropicales sont boisés.

Au-dessus de cette limite se trouve la zone alpine tropicale, un paysage ouvert dominé par l'herbe et par certaines plantes très spécialisées. Cette zone est souvent au-dessus des nuages, et de ce fait les nuits sont glaciales, et pourtant le soleil est ardent.

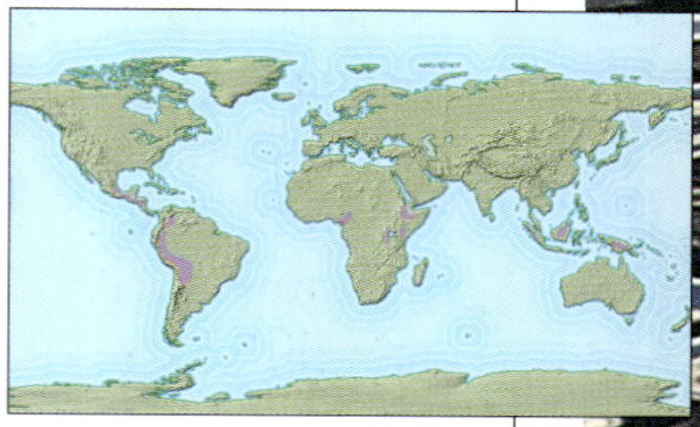

LES MONTAGNES TROPICALES *incluent une chaîne importante, les Andes, et des chaînes isolées en Afrique orientale et en Asie du Sud-Est.*

De nombreux animaux tropicaux se sont très bien adaptés à la vie en haute altitude. On y trouve la vigogne, présente jusqu'à 5 500 m dans les Andes d'Amérique du Sud, et le yak, qui atteint un record de 6 000 m juste au nord des tropiques, dans l'Himalaya.

Des oiseaux vivent également à de hautes altitudes. En Amérique du Sud, par exemple, des colibris *(Oreotrochilus)* se nourrissent souvent à plus de 4 000 m. En raison de leur taille minuscule, ces oiseaux ont des difficultés à stocker assez d'énergie pour pouvoir survivre aux nuits froides. Pour résister, leur rythme cardiaque nocturne ralentit et leur température chute, ce qui permet de conserver l'énergie.

La forêt recouverte de nuages sous la zone alpine abrite certains des animaux les plus menacés d'extinction, notamment le gorille de montagne – espèce limitée aux montagnes d'Afrique centrale – et le magnifique quetzal, un oiseau qui vit dans les forêts « des brouillards » d'Amérique centrale.

En raison du taux d'humidité élevé, la zone forestière regorge également de nombreuses espèces de grenouilles, vivant sur le sol et les arbres.

LE GORILLE *de montagne utilise la végétation dense de la zone forestière pour se nourrir et s'abriter.*

LES SINGES, *tel ce colobe guéréza, sont communs dans les forêts des montagnes tropicales.*

LES GRENOUILLES *terrestres et arboricoles des montagnes tropicales vivent à toutes les altitudes.*

CONSERVATION

La déforestation, les carrières, les barrages hydroélectriques et les stations de ski font partie des menaces actuelles pesant sur la faune et la flore des montagnes. Toutefois, à long terme, le réchauffement de la planète constitue un plus grand danger en modifiant la structure des zones de végétation. Certains animaux des montagnes en profiteront, mais les autres devront faire face à un rétrécissement régulier de leur habitat. C'est particulièrement problématique pour les espèces qui vivent à des altitudes précises sur des chaînes ou des sommets isolés, car nombre d'entre elles sont incapables de descendre plus bas pour trouver d'autres zones d'habitat.

L'EXTRACTION DE LA ROCHE *Dans certaines régions, l'exploitation de carrières a détruit d'importants habitats naturels. Étant donné que la construction de routes et de bâtiments ne cesse de s'accroître, la demande en roche continue d'augmenter.*

EN MONTAGNE

LA VIE À HAUTE ALTITUDE est rude : nourriture souvent rare, climat rigoureux, rareté de l'air rendant la respiration difficile. En contrepartie, il y a plus d'espace, relativement peu d'interventions humaines et moins de prédateurs. Bien des animaux sont des «immigrants» qui utilisent l'altitude comme une extension de leur aire de distribution habituelle; d'autres vivent en permanence en altitude. Dans les grandes chaînes de montagnes, de nombreux animaux ont une vaste distribution; cependant, les sommets isolés sont souvent habités par des espèces présentes nulle part ailleurs.

RESPIRER UN AIR RARE

À 6 000 m, l'air est deux fois moins dense qu'au niveau de la mer. De ce fait, sa teneur en oxygène est inférieure de moitié à la normale – à tel point que toute personne montant à cette altitude éprouve des difficultés à rester consciente. Et pourtant, certains animaux vivent encore plus haut, grâce à leurs adaptations, qui leur permettent d'obtenir un maximum d'oxygène dans le sang.

Chez les vertébrés, les oiseaux sont les maîtres inégalés de la vie en altitude. Cela est dû au fait que leur appareil respiratoire est très développé et que, par conséquent, le taux d'oxygène qui entre dans leur sang est élevé – beaucoup plus que dans le sang d'un mammifère. Cela se manifeste par la hauteur à laquelle les oiseaux sont capables de voler. Dans l'Himalaya, des alpinistes ont observé des chocards volant autour de leurs camps à plus de 8 000 m, et des avions sont entrés en collision avec des vautours à plus de 11 000 m – beaucoup plus haut que l'Everest.

Les oiseaux ont la particularité de pouvoir faire face à des changements rapides d'altitude sans éprouver d'effets secondaires. Pour les mammifères, passer d'une altitude à une autre nécessite une adaptation spéciale du corps, appelée acclimatation – processus qui peut prendre plusieurs semaines. Pendant l'acclimatation, le nombre de globules rouges dans le sang augmente lentement, stimulant sa capacité à transporter de l'oxygène. Cette adaptation physique, observée chez de nombreux mammifères – dont les hommes – est provisoire. Si un animal retourne à une altitude inférieure, le processus est inversé.

Toutefois, pour les mammifères des montagnes, tels que la vigogne et le bouquetin, l'adaptation à la vie en altitude est un état permanent. Proportionnellement à leur volume, les vigognes ont trois fois plus de globules rouges dans le sang que la plupart des autres mammifères, et l'hémoglobine dans leurs globules rouges est très efficace pour transporter l'oxygène. Les vigognes peuvent ainsi courir presque sans effort sur l'altiplano – les plateaux de haute altitude dans les Andes.

Comparés aux mammifères, les animaux à sang froid, tels que les reptiles, souffrent moins de la rareté de l'air car ils utilisent l'oxygène plus lentement. Pour eux, le principal problème lié à la vie en montagne est le froid : si la température est trop basse, leur métabolisme ralentit, et leurs muscles ont des difficultés à fonctionner.

PLANER
Les oiseaux tel le condor des Andes peuvent se déplacer presque sans effort et parcourir des centaines de kilomètres par jour en se laissant porter par les courants ascendants.

LES DÉPLACEMENTS

Les montagnes semblent presque faites spécialement pour les oiseaux planeurs, car les puissants courants d'air les aident à gagner de l'altitude. Pour les animaux vivant sur le sol ou à proximité, les déplacements ne sont pas aussi aisés. De nombreux insectes sont dépourvus d'ailes, et les espèces qui volent restent généralement à proximité de la roche pour limiter le risque d'être emportées par le vent.

Pour les plus gros animaux, la situation est encore plus dangereuse car un seul faux mouvement peut entraîner une chute fatale. Par conséquent, de nombreux mammifères vivant dans les rochers ont des pattes conçues pour éviter de glisser. En Australie, les wallabies de rocher utilisent leurs grandes pattes postérieures pour faire des bonds de 4 m, leur longue queue leur permettant de s'équilibrer.

En Afrique et au Moyen-Orient, les damans courent sur les rochers grâce à leurs plantes de pieds spécialisées, qui agissent comme des ventouses. Toutefois, dans la plupart des montagnes, les grimpeurs les plus doués sont les mammifères ongulés.

DES PATTES ANTIDÉRAPANTES
Les petites pattes antidérapantes des damans sont idéales pour se déplacer sur les rochers et permettent également à certaines espèces de grimper aux arbres. Outre le fait de vivre en altitude, les damans des rochers vivent dans les kopjes – montagnes miniatures de rochers érodés disséminées dans la savane africaine.

Les sabots peuvent sembler loin d'être idéals pour grimper, et il est vrai que certains ongulés, tels que les chevaux, ont beaucoup de difficultés à se déplacer sur les pentes rocheuses. Mais, chez les mammifères grimpeurs, comme les chèvres de montagne et les oréotragues, les sabots ont évolué pour être parfaitement adaptés aux déplacements en montagne : ils sont petits et compacts, ce qui permet de marcher sur des corniches étroites, et ils ont des bords durs entourant des coussinets antidérapants. Ces caractéristiques combinées constituent une bonne prise dans toutes les conditions, même la pluie et la neige.

Il est essentiel d'avoir une bonne prise pour se déplacer sur les rochers, mais il est tout aussi important d'avoir le sens de l'équilibre et de ne pas souffrir du vertige. La plupart des animaux terrestres ont instinctivement peur des pentes abruptes, mais, dès le plus jeune âge, les habitants des montagnes font preuve de ce qui peut sembler un total mépris pour leur sécurité.

à quitter les sommets exposés des montagnes pour gagner les forêts en contrebas, mais certaines espèces forestières migrent également, notamment les oiseaux qui se nourrissent de graines de conifères tels que les casse-noix. En cas de pénurie de graines, ils descendent – déplacement sporadique appelé irruption (voir p. 57). Le casse-noix de Clark, des montagnes Rocheuses, est un exemple typique : normalement présent jusqu'à 2 500 m, il descend jusqu'au niveau de la mer lorsque la nourriture devient difficile à trouver.

Les chamois adultes font des sauts de 6 m et peuvent monter et descendre avec la même facilité des pentes presque verticales tout en courant ; leurs petits sont capables de les suivre alors qu'ils n'ont que quelques semaines.

MIGRATIONS VERTICALES
En montagne, les cerfs nobles passent l'été en altitude, où la nourriture est abondante et les mouches piqueuses relativement peu nombreuses. Leur migration vers le bas en automne coïncide souvent avec le début de la saison du rut, lorsque les mâles rivalisent pour s'accoupler.

AFFRONTER L'HIVER

Dans les montagnes tropicales, les conditions sont souvent presque identiques toute l'année, et les animaux peuvent donc rester à la même altitude toute leur vie. Mais, dans les montagnes tempérées, les changements saisonniers ont une influence sur les ressources alimentaires. L'hiver est une période critique : tout être incapable de survivre au froid et à la pénurie de nourriture doit descendre plus bas ou hiberner jusqu'au retour du printemps.

Les animaux qui vivent en haute altitude disposent de nombreux moyens pour faire face à ces changements. Les insectes entrent souvent dans un état d'inactivité, appelé diapause, qui interrompt leur développement. Nombre de petits mammifères, tels que les marmottes, survivent aux hivers montagneux en hibernant, tandis que, parmi ceux qui restent actifs, beaucoup vivent des réserves de nourriture accumulées. Les pikas par exemple, amassent des feuilles et de l'herbe, et en font des « meules de foin » dans les crevasses des rochers autour de leur terrier. Avant d'ajouter de la nourriture fraîche à une meule, ils l'étendent parfois pour qu'elle sèche au soleil, ce qui réduit les risques qu'elle ne pourrisse avant d'être mangée.

Pour les autres animaux, les premières neiges d'automne sont le signal pour descendre. Ces migrations verticales, caractéristiques de la vie en montagne dans les régions tempérées, sont pratiquées par un vaste éventail de mammifères et d'oiseaux, des bighorns et cerfs des montagnes aux chocards et certains tétras. Dans de nombreux cas, la migration consiste

DÉPLACEMENTS SAISONNIERS

Comme beaucoup d'animaux de montagnes tempérées, le casse-noix d'Amérique vit à différentes altitudes, selon les conditions climatiques : en cas de grand froid, il se rend en basse altitude, mais, étant donné que la compétition pour la nourriture y est plus rude, il remonte dès que le climat se réchauffe.

LA RECHERCHE DE LA NOURRITURE

Comme dans la plupart des habitats terrestres, la faune des montagnes dépend des végétaux, car ces derniers constituent la nourriture des herbivores, qui, à leur tour, sont mangés par divers prédateurs. Toutefois, certains animaux des montagnes ont une nourriture très différente – les petits animaux, principalement les insectes, qui sont transportés en altitude par le vent et s'échouent sur les rochers, la neige et la glace.

La plupart de ces animaux emportés par le vent sont si petits qu'ils sont pratiquement invisibles ; toutefois ils constituent une bonne source de nourriture pour les nécrophages qui vivent au-dessus de la ligne des neiges. Il s'agit presque entièrement d'invertébrés, tels que des collemboles (puces des glaciers), capables de survivre aux très basses températures des hivers de haute altitude. Au cœur de l'hiver, ils se cachent dans les rochers et la mousse, mais, lorsque le climat se réchauffe, il n'est pas rare de les voir sauter entre les bancs de neige, faisant un festin des restes apportés par le vent et venant d'en bas.

LA VIE DANS LES GROTTES

Si de nombreux animaux vivent provisoirement dans les grottes, certains sont adaptés pour y passer toute leur vie. Ces troglodytes se nourrissent les uns des autres ou des excréments déposés par les chauves-souris ou les oiseaux qui y séjournent. En tant qu'habitat, les grottes profondes ont l'avantage de jouir de températures relativement constantes toute l'année. Mais l'obscurité y est totale, aussi les yeux sont-ils inutiles. Les chauves-souris, le guacharo et certains martinets utilisent l'écholocation pour s'y déplacer, mais les résidents permanents des grottes perçoivent leur environnement principalement par le toucher et utilisent souvent l'odorat pour détecter leur nourriture. Les gryllacrides cavernicoles se servent de leurs antennes, tandis que les araignées et les opilions utilisent leurs pattes. Dans les ruisseaux et mares souterrains, les salamandres cavernicoles, tel le protée, perçoivent les vibrations dans l'eau. Un poisson cavernicole dispose de détecteurs de pression de part et d'autre du corps qui lui permettent de localiser les autres animaux à plusieurs mètres. Bien que la nourriture soit rare, des animaux vivent en permanence sous terre et ont même été découverts dans des grottes sans aucun contact direct avec la surface, à l'exception de l'eau qui s'infiltre goutte à goutte.

ANTENNES GÉANTES
Les antennes de ce gryllacride, qui peuvent faire deux ou trois fois la taille de son corps, localisent les cadavres et les excréments de chauves-souris qui constituent son alimentation.

VIE SOUTERRAINE
Comme la plupart des vertébrés aquatiques des grottes, le protée a la peau peu pigmentée. Ses yeux, à l'état de vestige, sont recouverts de peau. Les protées se reproduisent dans l'eau et y restent toute leur vie.

LES RÉGIONS POLAIRES

LE HARFANG DES NEIGES *est contraint de chasser le jour pendant les semaines d'été.*

L'ARCTIQUE ET L'ANTARCTIQUE sont les régions les plus froides du monde. L'Arctique est un océan partiellement gelé, entouré de vastes étendues de toundra balayée par les vents. L'Antarctique est un continent recouvert de glace, cerné par les mers les plus agitées qui soient. Ils ont comme point commun – contrairement aux autres habitats : des journées continues en été et une obscurité permanente en hiver. Toutefois, ils présentent des différences physiques qui ont un profond impact sur la faune. Dans l'Arctique, de nombreux animaux vivent sur terre, tandis que la faune de l'Antarctique est presque entièrement marine.

LE LAGOPÈDE DES SAULES, *comme bien d'autres animaux, se pare d'un plumage blanc en hiver pour se fondre dans la neige.*

LE BŒUF MUSQUÉ, *comme d'autres herbivores de la toundra, cherche sa nourriture en grattant la neige avec ses sabots.*

L'ARCTIQUE ET LA TOUNDRA

S'étendant sur environ 12 millions de km^2, l'Arctique est le plus petit et le moins profond des océans. Pendant plusieurs mois en été, la lumière du jour permanente produit un apport constant d'énergie, exploitée par de grandes quantités d'algues planctoniques. Ces dernières constituent le premier maillon des chaînes alimentaires de l'océan Arctique, qui à la fin nourrissent des animaux aussi gros que les cétacés et les ours polaires.

La présence ou l'absence de glace de mer est un facteur important qui détermine la présence des grands mammifères, notamment en hiver, lorsque sa couche est le plus épaisse. Les ours polaires et les renards arctiques marchent sur la glace pour trouver de la nourriture, mais les phoques et d'autres mammifères marins doivent disposer de trous pour respirer. Malgré la glace, la vie marine est abondante en Arctique, car l'eau froide a une teneur élevée en oxygène et les sédiments des fonds marins sont riches en nutriments. Toutefois, sur terre, la rigueur de l'hiver ne permet pas la vie des forêts, remplacées par la toundra, paysage ouvert souvent plat, lissé par les glaciers lors de la dernière période glaciaire. Aujourd'hui, les glaciers de l'Arctique se limitent principalement aux montagnes et à la calotte glaciaire qui recouvre le Groenland, mais de grandes étendues du sous-sol de la toundra restent gelées en permanence. Cette zone gelée – la couche de permafrost – empêche l'écoulement de la neige fondue au printemps, d'où l'abondance des plans d'eau dans une région où la pluie ou la neige sont paradoxalement très faibles.

À la fin du printemps et au début de l'été, les plantes de la toundra poussent et fleurissent très rapidement. Les oies et autres oiseaux migrateurs viennent se reproduire, et un nombre considérable de moustiques quitte les mares de la toundra. Le départ des migrateurs, lorsque le court été touche à sa fin, marque la fin de l'année.

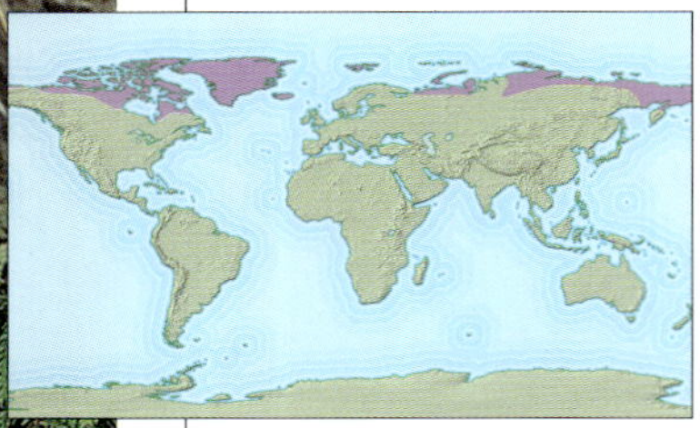

LA VRAIE TOUNDRA *se trouve au nord du cercle polaire arctique, mais certaines montagnes situées dans d'autres régions ont un climat semblable à celui de la toundra.*

LES LEMMINGS *constituent la nourriture de nombreux prédateurs de l'Arctique, dont les renards.*

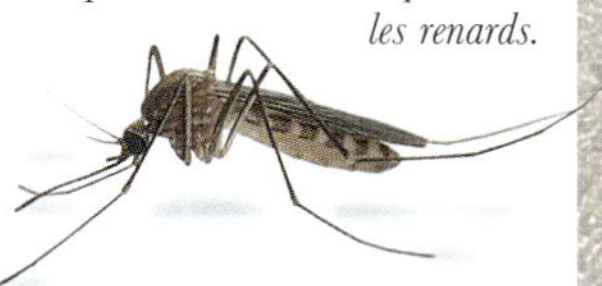

LES MOUSTIQUES, *qui apparaissent au début de l'été, sont un véritable fléau pour les mammifères et les oiseaux.*

L'OURS POLAIRE *est un excellent nageur. Il est aussi à l'aise sur une banquise dérivante que sur la toundra.*

TERRE

MER

L'ANTARCTIQUE

Contrairement à l'Arctique, le continent de l'Antarctique est isolé du reste du monde. Il est recouvert de glace, atteignant une épaisseur de 4 000 m, qui s'étend vers la mer pour former la banquise. Sur la péninsule de l'Antarctique – étendue de terre dirigée vers l'Amérique du Sud –, les températures estivales atteignent quelques degrés au-dessus de zéro, mais, dans le reste du continent, les températures moyennes sont inférieures à 0 °C toute l'année.

Des algues et lichens poussent sur les roches dénudées dans de nombreuses parties du littoral antarctique, mais la péninsule antarctique est la seule partie du continent où les plantes terrestres peuvent survivre. C'est également le seul endroit abritant de nombreux animaux terrestres, bien qu'il s'agisse principalement de collemboles, acariens et nématodes – rares sont ceux qui dépassent 5 mm de long. Le reste de la faune terrestre de l'Antarctique est constitué d'espèces qui se nourrissent dans la mer et viennent à terre pour se reproduire, comme les manchots, ou ceux qui cherchent leur nourriture sur les zones de reproduction de ces animaux, tels les skuas. À l'exception des manchots empereurs, tous les vertébrés désertent la glace à la fin de l'été pour passer l'hiver en mer.

L'océan Antarctique, qui entoure le continent du même nom, est l'une des mers les plus productives au monde d'un point de vue biologique. Si le nombre d'espèces est relativement faible, les populations sont souvent de taille considérable, car les journées continues en été favorisent une nourriture abondante. Le krill – petits crustacés qui constituent l'alimentation des phoques et des cétacés – est particulièrement prolifique : selon les estimations, le poids de certains bancs dépasse 10 millions de tonnes, et leur taille est assez importante pour que l'on puisse les observer depuis des satellites. Si l'océan Antarctique est toujours froid, il conserve une température minimale d'environ – 1,8 °C ; en dessous de ce seuil, la mer gèle. De ce fait, l'océan est relativement chaud comparé au continent.

LES SKUAS *(labbes), présents en Arctique et en Antarctique, se nourrissent de charognes, d'œufs et de poussins d'autres oiseaux.*

CERTAINS MANCHOTS *peuvent former des colonies de plus de 1 million d'individus.*

LES COLLEMBOLES *mangent les débris végétaux en décomposition.*

LE KRILL *se nourrit du plancton, qui forme la base de nombreuses chaînes alimentaires de l'Antarctique.*

LES LÉOPARDS DE MER *se nourrissent de krill, de poissons et d'oiseaux marins. Ils n'ont pas d'équivalents directs en Arctique.*

LES CÉTACÉS À FANONS *mangeant de grandes quantités de plancton.*

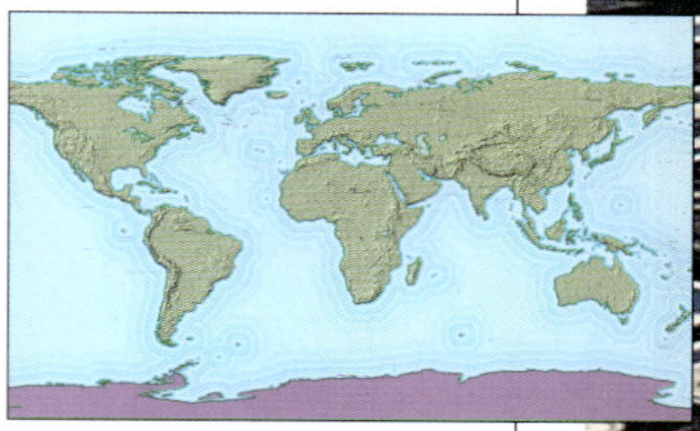

LA MAJEURE PARTIE DE L'ANTARCTIQUE, *à l'exception de la péninsule du continent au climat relativement doux, se situe au sud du cercle polaire.*

CONSERVATION

Selon les clauses du traité de l'Antarctique, entré en vigueur en 1961, l'Antarctique est protégé contre l'exploitation commerciale. Dans l'Arctique, la situation est assez différente, car, dans de nombreuses zones, on extrait du pétrole et des minéraux, et on chasse. Dans les deux régions polaires – mais surtout en Antarctique –, la faune et la flore doivent faire face à la modification de l'habitat due à une augmentation du gaz carbonique dans l'atmosphère (provoquant un réchauffement de la planète) et au rétrécissement de la couche d'ozone (d'où une augmentation du rayonnement ultraviolet).

DES TROUS DANS LA GLACE *En 2000, des océanographes ont observé de grandes étendues d'eau libre au pôle Nord – région normalement recouverte de glace flottante. Cette fonte sans précédent de la calotte glaciaire a presque certainement été provoquée par le réchauffement de la planète.*

DANS LES RÉGIONS POLAIRES

BIEN QUE VIVANT aux antipodes les uns des autres, les animaux des régions polaires présentent de nombreuses adaptations en commun. Si la résistance au froid extrême est la première et la plus importante, la capacité à faire face au caractère saisonnier de la nourriture est presque aussi importante. Pour certaines espèces, l'hiver est une période propice pour trouver de la nourriture, mais, pour la plupart, la faim et le froid font des longs mois d'hiver une période critique. En raison de ces conditions extrêmes, les pôles, par rapport aux autres régions du monde, abritent très peu d'espèces, mais celles qui s'y adaptent peuvent être incroyablement prolifiques.

LA LUTTE CONTRE LE FROID

Les animaux à sang chaud doivent maintenir une température corporelle constante, ce qui signifie que la lutte contre la déperdition de chaleur est une priorité dans l'environnement polaire. Les animaux à sang froid peuvent supporter des températures corporelles fluctuantes, mais eux aussi ont leurs limites – lorsque la température descend en dessous de 0 °C, ils risquent de geler. Les poissons sont particulièrement exposés au risque de gel, car, si leurs liquides physiologiques gèlent normalement à – 0,8 °C, l'eau de la mer polaire est souvent légèrement plus froide. Afin d'éviter le gel, le sang de nombreuses espèces à sang froid contient des protéines qui abaissent son point de congélation. Certains insectes peuvent survivre à – 45 °C sans aucune formation de glace dans leur corps.

Les mammifères et les oiseaux ne pouvant se permettre de laisser leur température interne chuter même légèrement, ils ont besoin d'une isolation

DES POISSONS DANS LA GLACE DE L'ANTARCTIQUE
Dans l'Antarctique, les poissons vivent dans un environnement souvent recouvert de glace. Grâce à la teneur élevée en oxygène de l'eau froide, certains poissons de l'Antarctique peuvent survivre sans hémoglobine dans le sang. De ce fait, leur sang, plutôt que rouge, est quasi transparent.

pour la maintenir. La fourrure et les plumes sont parmi les matériaux les plus isolants que la nature ait conçus, mais beaucoup d'animaux polaires, tels que les cétacés, les phoques et les manchots, disposent d'une isolation supplémentaire sous la forme d'une graisse sous-cutanée jaunâtre. Cette graisse, qui peut atteindre une épaisseur de 30 cm, est un isolant si efficace que tous ces animaux semblent froids au toucher même lorsque leur température interne est supérieure à 38 °C. La graisse est particulièrement utile en mer, car l'eau entraîne une déperdition de chaleur vingt-cinq fois plus rapide que l'air. Elle a également une autre fonction précieuse : étant donné qu'elle contient beaucoup d'énergie, elle peut être utilisée comme réserve de nourriture en cas de pénurie.

DORMIR SUR LA GLACE
Un ourson polaire dort à côté de sa mère. Les ours polaires ont une longue fourrure, qui recouvre même la plante des pieds. Cela leur permet d'avoir chaud sur la glace, et grâce à une épaisse couche de graisse, ils peuvent maintenir leur température corporelle lorsqu'ils nagent dans la mer.

LA SURVIE SOUS LA GLACE

Pendant le long hiver polaire, les cétacés et les phoques sont confrontés à un problème d'accès à l'air en raison de la glace. Ils plongent sous la glace pour se nourrir, mais doivent refaire surface pour respirer. Certaines espèces évitent cette difficulté en migrant vers des latitudes inférieures. Ceux qui restent survivent en entretenant des trous pour respirer ou en se rassemblant dans des polynyes – zones où le vent et les courants empêchent la formation de glace dans l'eau.

Les phoques commencent par faire des trous pour respirer lorsque la glace est fine, en la brisant avec les dents. Lorsque la glace devient plus épaisse au fil de l'hiver, ils se rendent régulièrement dans leurs trous afin de les entretenir. Le phoque de Weddell, l'espèce la plus méridionale de toutes, passe tellement de temps à entretenir ses trous que ses dents présentent une usure particulière, et, à la fin de l'hiver, ses trous peuvent atteindre 2 m de profondeur. Les phoques doivent trouver leurs trous dans une obscurité presque totale, car, pendant l'hiver antarctique, le soleil reste des mois sous l'horizon.

UNE PAUSE POUR RESPIRER
Un phoque de Weddell se dirige vers un trou dans la glace pour respirer. Les phoques de Weddell peuvent rester sous l'eau plus d'une heure et parcourir jusqu'à 10 km avant de faire surface.

Il est rare que les cétacés fassent des trous pour respirer. Ils préfèrent se diriger vers les polynyes, où ils peuvent faire surface dans l'eau libre pour respirer. Ce comportement leur permet de ne pas être limités à un endroit, mais il n'est pas dénué de risques : des groupes de cétacés peuvent être pris au piège dans des polynyes qui rétrécissent, incapables d'atteindre la prochaine étendue d'eau libre. Il est déjà arrivé que des narvals – les cétacés les plus septentrionaux au monde – soient piégés par centaines, devenant des cibles faciles pour les chasseurs.

LES CHANGEMENTS DE COULEUR

Dans la toundra arctique sans arbres, le camouflage est l'un des moyens les plus efficaces d'éviter les prédateurs et d'attaquer sans être vu. Les paysages hivernaux et estivaux sont si différents que de nombreux animaux changent de camouflage deux fois par an. Le renard arctique est un exemple classique : sa fourrure estivale est généralement brun-gris, mais, au début de l'automne, elle devient blanche ; au printemps, le processus est inversé afin que le renard puisse se fondre dans la toundra qui dégèle rapidement. Dans certaines parties du Grand Nord – notamment dans l'ouest de l'Alaska et le nord du Groenland –, les renards arctiques se parent d'une fourrure bleuâtre. Selon certains chercheurs, cette fourrure bleue serait une adaptation aux paysages côtiers, où les neiges hivernales sont moins nombreuses ; toutefois, les renards ayant été largement introduits par les éleveurs, cette théorie est difficile à prouver.

La belette, le plus petit carnivore au monde, change également de fourrure, comme les lagopèdes et beaucoup d'autres oiseaux. Certains, comme le harfang des neiges, gardent leur plumage blanc toute l'année, ce qui indique qu'un bon camouflage est plus important en hiver qu'en été, lorsque la nourriture est abondante.

HABITATS

DES MIGRATIONS À LONGUE DISTANCE *En Alaska et dans le nord du Canada, de vastes troupeaux de rennes migrent entre leurs zones estivales dans la toundra et leurs quartiers d'hiver dans la forêt de conifères. Certains parcourent plus de 1 000 km, traversant des rivières et des bras de mer. Les femelles gestantes dirigent le troupeau pendant l'étape printanière.*

PELAGE D'HIVER

PELAGE D'ÉTÉ

UN PELAGE DE SAISON *Lorsque le renard arctique change de couleur, la consistance de sa fourrure se modifie aussi. Sa fourrure blanche d'hiver est composée de longs poils de jarre et d'une épaisse bourre, ce qui constitue une excellente isolation. Sa fourrure estivale marron est plus courte, avec une bourre plus fine, ce qui empêche l'excès de chaleur.*

LES MIGRATIONS ESTIVALES

Près des pôles, les journées continues en été créent les conditions idéales pour une croissance rapide des végétaux. Cette profusion de nourriture de courte durée a un effet spectaculaire sur la vie de la toundra, attirant de nombreux migrateurs. Les oies broutent les végétaux, les petits échassiers arrivent pour se nourrir de vers et d'insectes qui vivent dans les sols marécageux, tandis que les sternes trouvent leur nourriture à la fois sur la toundra et dans les eaux proches du littoral.

Cet afflux annuel de migrateurs se retrouve également en mer. De nombreux cétacés à fanons se dirigent vers les eaux polaires en été pour profiter de l'augmentation considérable de plancton. Toutefois, contrairement aux oiseaux migrateurs, ces énormes mammifères ne se reproduisent pas à des latitudes élevées. Au contraire, ils prennent du poids puis retournent dans les eaux chaudes pour mettre bas. Il n'est pas rare qu'ils ne se nourrissent pas pendant la période de reproduction.

SE NOURRIR EN HIVER

Si la quantité de nourriture dans les mers polaires baisse lentement en automne, elle reste suffisante pour les animaux. Sur terre, la vie n'est pas si facile. La croissance des végétaux de la toundra est interrompue, et, pour ne rien arranger, les végétaux sont souvent recouverts d'une épaisse couche de neige. Pour les herbivores, cette inaccessibilité est un problème majeur à une période critique de l'année. Dans la toundra arctique, les herbivores trouvent les végétaux de deux façons différentes. Les caribous et les bœufs musqués utilisent leurs sabots pour dégager le lichen et les saules nains situés sous la neige. Les lemmings profitent de la neige pour y creuser des terriers. La neige les protège des prédateurs et du climat extérieur : quelle que soit l'intensité du froid ou des vents à la surface, les lemmings bénéficient d'un micro-climat qui leur permet de se nourrir toute l'année.

Dans l'Antarctique, les plantes terrestres sont très rares, et de ce fait quasi aucun animal ne reste actif en hiver grâce à des réserves de nourriture. Avec une telle épaisseur de glace, même la nourriture marine peut être difficile à atteindre. Les manchots empereurs mâles, qui couvent leur œuf, ne tentent même pas d'en chercher : blottis les uns contre les autres sur la glace pendant la longue nuit de l'hiver, ils ne se nourrissent pas jusqu'au printemps.

DES TUNNELS SOUS LA NEIGE *Les lemmings ont besoin d'un abri pour survivre. En hiver, leurs griffes antérieures se développent pour creuser dans la neige des tunnels leur offrant la sécurité, mais ils doivent se contenter de peu de nourriture. Lorsque la neige fond, ils vont sous terre.*

LES INSECTES DE L'ARCTIQUE

Au contraire de l'Antarctique, la toundra de l'Arctique regorge d'insectes : pucerons, bourdons, demoiselles et un nombre inimaginable de moustiques. Ces derniers passent leurs stades larvaire et nymphal dans les mares et deviennent adultes au début de l'été. Pour les animaux à sang chaud, ils sont un véritable fléau. Les femelles ont besoin de sang avant de se reproduire et font en sorte de l'obtenir sans répit. Lorsque la saison des moustiques est à son comble, certains animaux migrent vers des terres plus élevées, mais la plupart n'ont pas d'autre choix que d'attendre la fin de la saison. Les moustiques présentent toutefois un avantage : les larves et les nymphes constituent une bonne source de protéines pour les canards et les petits échassiers.

DE L'EAU À L'AIR *Un nuage de moustiques, dans la lumière estivale. Dans la toundra, les adultes ne vivent que quelques semaines – assez pour se nourrir, s'accoupler et pondre avant que les gelées d'automne ne figent leurs mares de reproduction dans la glace.*

HABITATS

LES EAUX DOUCES

CHAQUE ANNÉE, un volume d'environ 100 000 km^3 d'eau s'évapore dans les océans, se condense puis tombe sous forme de pluie ou de neige. La majeure partie de cette eau disparaît de nouveau dans l'atmosphère pour poursuivre ce cycle, mais environ un tiers retourne dans les océans en s'écoulant sur ou sous la surface terrestre. Cet apport régulier d'eau douce nourrit l'ensemble de la vie terrestre, et donne naissance à des habitats très divers – des ruisseaux, rivières et lacs aux roselières et marécages – dans lesquels de nombreux animaux et végétaux peuvent vivre.

LES LACS ET LES RIVIÈRES

Pour les animaux entièrement aquatiques, la vie dans les lacs et les rivières est déterminée par différents facteurs. L'un d'entre eux est la composition chimique de l'eau, souvent liée au type de roche qui forme le lit du lac ou de la rivière. L'eau dure, par exemple, qui contient du calcium, favorise la formation de la carapace chez certains animaux, tandis que l'eau particulièrement riche en oxygène est importante pour les poissons prédateurs très actifs, tels que le saumon et la truite. En revanche, l'eau contenant très peu d'oxygène constitue un environnement de mauvaise qualité pour la faune en général, car un nombre relativement faible d'espèces aquatiques, à l'exception de vers spécialisés, peut y survivre.

Dans les lacs et rivières, les animaux aquatiques occupent généralement des zones nettement définies. L'eau éclairée près de la surface regorge souvent de daphnies, de copépodes et autres espèces minuscules. Ils vivent à ce niveau car ils se nourrissent de phytoplancton – algues microscopiques qui deviennent extrêmement abondantes en été. Les animaux qui se nourrissent dans la zone médiane et près de la surface sont plus gros, tels que les poissons, qui sont capables de résister à la force du courant. Les mauvais nageurs vivent près des berges, où le courant est plus faible, ou entre les pierres et les sédiments sur le fond. Dans l'eau statique ou à faible débit, la tension de surface soutient les insectes qui chassent en marchant ou en courant sur l'eau.

Certains animaux associés aux habitats d'eau douce ne vivent pas nécessairement en permanence dans l'eau ; ils partagent leur temps entre l'eau et les terres voisines, se rendant dans le lac ou la rivière pour chasser ou se nourrir, ou pour élever leurs petits.

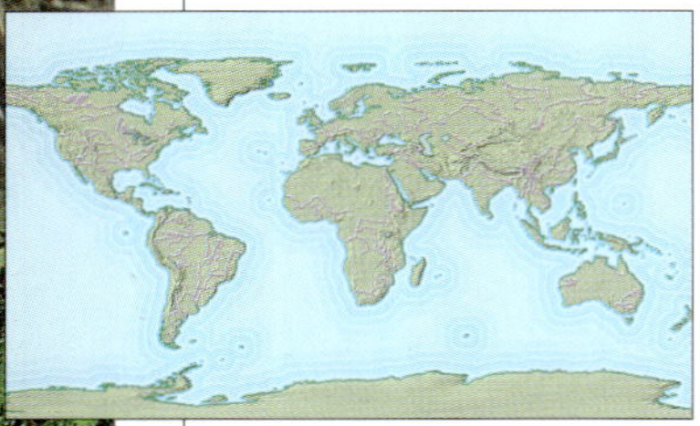

DU POINT DE VUE GÉOLOGIQUE, *les lacs et les rivières sont très changeants. Les lacs s'emplissent progressivement de sédiments, tandis que les rivières modifient souvent leur cours.*

LES HÉRONS *chassent à l'affût, attendant sur le bord des rivières et des lacs que des poissons passent à leur portée.*

LES LIBELLULES, *comme bien d'autres insectes, passent le début de leur vie dans les eaux douces, qu'elles quittent uniquement lorsqu'elles sont prêtes à se reproduire.*

LES GRENOUILLES *apprécient l'eau diversement selon les espèces. La grenouille-taureau américaine la quitte rarement, même lorsqu'elle est adulte.*

BIEN DES AMPHIBIENS, *tel le triton crêté, déposent leurs œufs dans les eaux stagnantes ou à faible débit contenant de nombreux végétaux.*

LES PETITS CRUSTACÉS *constituent le plancton animal vivant à tous les niveaux dans les étangs et à la surface des lacs.*

LES BROCHETS *sont des prédateurs attentistes, se cachant dans la végétation dense au bord de l'eau pour surprendre leurs proies.*

LES AIGLES PÊCHEURS *utilisent leurs longues serres pour attraper les poissons à la surface de l'eau.*

LE JACANA *a de longs doigts qui répartissent son poids de telle sorte qu'il peut marcher sur des feuilles flottantes.*

LE CABIAI, *le plus grand rongeur au monde, se nourrit à terre, mais se réfugie dans l'eau lorsqu'il est attaqué par des prédateurs.*

LES CAÏMANS, *comme bien d'autres crocodiliens, peuvent survivre plusieurs semaines, lorsque les zones humides s'assèchent, en s'enfouissant dans la boue.*

Le métabolisme lent de la **CHÉLODINE À LONG COU** *lui permet de rester sous l'eau longtemps.*

LES DIPNEUSTES *survivent à la sécheresse en entrant en dormance dans la vase, protégés par leur cocon étanche.*

LES ZONES HUMIDES

Une zone humide est une surface immergée plus ou moins recouverte de plantes aquatiques. Dans certaines zones humides – les roselières et les marais, par exemple –, l'eau est entièrement recouverte de végétaux. Toutefois, la plupart des zones humides sont constituées d'un mélange d'étendues d'eau et de végétation dense, créant un habitat riche et complexe qui peut être exploité par toutes sortes d'animaux.

D'un point de vue biologique, la zone humide est l'un des habitats terrestres les plus productifs, surpassant même parfois la forêt pluviale quant à la quantité de nourriture qu'elle produit. Dans les régions tempérées, cette productivité atteint son maximum au printemps et en été, mais, dans les zones tropicales et subtropicales, elle est plus affectée par l'apport hydrique. Certaines zones humides des tropiques – le Pantanal d'Amérique du Sud, par exemple – s'assèchent en grande partie pendant la saison sèche, mais ressemblent ensuite à de grands lacs après les pluies.

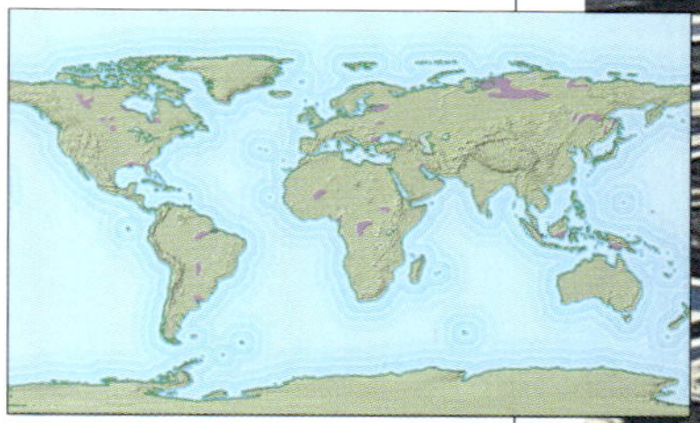

PARMI LES ZONES HUMIDES *d'eau douce, citons le Pantanal, en Amérique du Sud, et l'Okavango, un delta dans les terres en Afrique australe.*

Dans de nombreuses zones humides, l'eau n'atteint pas plus de 1 m de profondeur, ce qui signifie que les animaux qui vivent à la surface et sur le fond sont rarement éloignés. Ce type d'environnement est idéal pour les nageurs qui ont besoin de respirer, tels que les serpents et les tortues, ainsi que pour les animaux terrestres qui se réfugient provisoirement dans l'eau pour fuir un danger. Contrairement aux grands lacs, les zones humides disposent d'une dimension supplémentaire sous la forme de plantes qui poussent au-dessus de la surface. La taille de ces plantes est variable : des petites graminées et des joncs juste assez grands pour que les insectes soient hors de l'eau aux arbres aimant l'eau qui dépassent 35 m de haut. Les arbres constituent des perchoirs et des sites de reproduction importants pour les oiseaux aquatiques, leur offrant un abri et une relative protection contre les prédateurs tout en leur permettant de rester à proximité de la source de nourriture.

CONSERVATION

Les activités humaines affectent les habitats d'eau douce de bien des façons. La pollution de l'eau, problème général, a de lourdes conséquences pour une grande diversité d'animaux. En outre, de vastes étendues de zones humides ont été drainées pour l'agriculture, souvent parce qu'elles fournissent des sols très fertiles. Le prélèvement d'eau, pour l'agriculture et l'usage domestique, est également une menace grandissante pour les habitats d'eau douce. Les efforts pour protéger les zones humides ont abouti à plusieurs accords internationaux. L'un d'entre eux, la convention de Ramsar, adoptée en 1971, porte sur les zones humides utilisées par les oiseaux d'eau migrateurs.

HAUT ET SEC
En Asie centrale, la mer d'Aral – lac intérieur géant – a considérablement régressé, car les cours d'eau qui l'alimentaient ont été détournés pour irriguer des champs.

DANS LES EAUX DOUCES

L'EAU DOUCE est une ressource essentielle pour l'ensemble des animaux terrestres, mais c'est également un habitat important en soi. Les habitats d'eau douce varient considérablement, des mares provisoires aux lacs géants, et des minuscules ruisseaux aux fleuves longs de milliers de kilomètres. De ce fait, les conditions auxquelles les animaux sont confrontés peuvent être très différentes d'un habitat à un autre. Les courants forts, la sécheresse périodique et l'intense compétition pour la nourriture constituent certaines des difficultés qu'ils doivent surmonter pour survivre.

LA LUTTE CONTRE LE COURANT

Les animaux vivant dans les rivières à fort débit doivent constamment lutter contre le courant, et ce de deux façons.

La première consiste à l'éviter en restant près du lit de la rivière, où le courant est relativement faible. Beaucoup d'invertébrés, tels que les perles et les larves d'éphémères, ne s'aventurent jamais en pleine eau ; en outre, pour améliorer leur résistance, ils ont souvent un profil plat, de sorte que, s'ils se placent avec la tête en amont, le courant exerce une pression dans leur dos, ce qui leur permet de rester en place.

Cette même technique est utilisée par les cincles – les seuls passereaux qui se nourrissent sous l'eau : ils sont naturellement capables de flotter, mais, étant donné qu'ils marchent sur le lit de la rivière, la force du courant les plaque sous l'eau.

La seconde solution consiste à nager à contre-courant. Les espèces qui ne peuvent éviter le courant adaptent leur vitesse à celle de l'eau, ce qui leur permet de rester en place – et elles continuent de nager même en dormant.

AFFRONTER LE COURANT
Les truites de rivière vivent dans les torrents, où le simple fait de rester en place nécessite beaucoup d'énergie. Les truites y parviennent car l'eau rapide est généralement riche en oxygène – exactement ce dont les poissons ont besoin pour que leurs muscles fonctionnent.

LES MIGRATIONS

Outre le fait d'abriter des espèces d'eau douce, les rivières et les lacs reçoivent des visiteurs de la mer. Il s'agit de poissons migrateurs, qui partagent leur temps entre les habitats d'eau douce et d'eau salée. Les espèces anadromes, tels les saumons, se reproduisent dans les rivières mais passent la majeure partie de leur vie d'adulte au large des côtes. Les espèces catadromes, telles que certaines anguilles, font exactement le contraire : elles vivent en eau douce, mais se rendent en mer pour se reproduire.

Pour la plupart des poissons, l'eau douce constitue une zone de reproduction beaucoup plus sûre que l'océan, et cela justifie leur long voyage en remontant les fleuves pour pondre leurs œufs. Toutefois, étant donné que la nourriture est limitée en eau douce, les jeunes finissent par se rendre en haute mer, environnement beaucoup plus dangereux mais également plus riche en aliments. Les avantages sont visibles lorsque certains membres d'une espèce migrent : ceux qui vont en mer deviennent généralement plus gros que ceux qui sont sédentaires.

Comme les oiseaux migrateurs, les poissons migrateurs font souvent preuve d'une précision remarquable pour repérer leur lieu de naissance, et y retournent pour pondre même si cela implique de parcourir plus de 2 500 km. Chaque fleuve a son empreinte chimique caractéristique, et les poissons migrateurs, grâce à leur odorat bien développé, sont capables d'identifier l'estuaire qu'ils ont quitté dans leur jeunesse. Tout en remontant le fleuve, ils se fient aux odeurs et parviennent à trouver leur propre zone de ponte.

Les poissons migrateurs rencontrent souvent des obstacles dans leur progression. Les saumons sont célèbres pour sauter les chutes et les rapides, tandis que les anguilles contournent les obstacles sur terre. Les anguilles procèdent généralement dans l'obscurité et par temps humide, car elles peuvent survivre hors de l'eau en respirant par la peau.

LA FIN DU VOYAGE
La plupart des poissons migrateurs remontent les fleuves pour se reproduire plusieurs fois dans leur vie. Les saumons rouges, qui ont en général des mâchoires crochues et une bosse sur le dos quand ils sont prêts à se reproduire, meurent presque aussitôt après avoir pondu.

LA VIE DANS ET HORS DE L'EAU

La plupart des amphibiens, tels que les anoures, grandissent dans des habitats d'eau douce puis, lorsqu'ils approchent de l'âge adulte, adoptent la vie terrestre et retournent dans l'eau pour se reproduire. Toutefois, les insectes ont développé un mode de vie amphibie bien avant l'apparition des premiers véritables amphibiens. Aujourd'hui, la quasi-totalité des points d'eau, de la plus petite flaque au plus vaste des lacs, est habitée par des insectes. Les larves de moustiques se nourrissent d'animaux microscopiques, tandis que les larves de libellules et de demoiselles chassent des proies plus grosses qu'elles capturent avec leurs pièces buccales extensibles appelées masque. Ces insectes quittent l'eau à l'âge adulte, mais les hémiptères et les dytiques y restent toute leur vie, alors qu'ils sont capables de voler pour se rendre d'une mare à une autre.

Certains animaux plus gros sont amphibiens. Les serpents sont de bons nageurs, et plusieurs espèces, comme la couleuvre à collier, sont spécialisées pour capturer les animaux aquatiques.

UN REFUGE DIURNE
Les hippopotames se prélassent le jour dans les rivières et les lacs. Ils en sortent la nuit, parcourant parfois plus de 15 km pour trouver de bonnes pâtures. Leur peau, fine et presque glabre, sécrète une substance spéciale qui les protège des rayons du soleil.

LA SÉCHERESSE
Deux yeux jaunes fixes indiquent la présence d'un caïman dans la boue d'un lac asséché. Pendant la sécheresse, les caïmans peuvent survivre plusieurs mois en étant enterrés tant que la boue reste humide.

L'anaconda, le serpent le plus lourd au monde, utilise l'eau comme abri et support : en dépit de sa taille, l'eau, qui réduit son poids effectif jusqu'à ce qu'il soit presque nul, lui permet de flotter et de nager à grande vitesse.

Outre le fait de fournir de la nourriture, l'eau douce est un refuge précieux pour certains animaux terrestres cherchant à se protéger des prédateurs ou de la chaleur diurne. Au crépuscule, des oiseaux se reposent souvent sur les lacs et les bassins de retenue, tandis que les hippopotames, les cabiais et les castors passent la majeure partie de la journée dans l'eau et se rendent à terre dans l'obscurité pour se nourrir.

SE PERCHER SUR LES ROSEAUX
Les hirondelles, les étourneaux et d'autres passereaux qui vivent en groupe se perchent souvent sur les roseaux la nuit, pour dormir. Ils y sont relativement protégés des prédateurs par l'eau entourant en général les roselières.

SURVIVRE À LA SÉCHERESSE

Dans les régions chaudes – notamment sous les tropiques –, il n'est pas rare que les rivières et les lacs s'assèchent totalement pendant plusieurs mois chaque année. Dans ces conditions, les animaux d'eau douce ont besoin d'adaptations exceptionnelles pour survivre.

Lorsque le niveau d'un lac baisse, sa température augmente. L'eau stagnante et chaude contient si peu d'oxygène que beaucoup de poissons suffoquent, mais les dipneustes – habitants typiques des lacs et zones humides des tropiques – sont experts pour affronter la sécheresse. Ils inspirent de l'air à la surface et, lorsque leur habitat commence à s'assécher, ils s'enfoncent dans la vase, s'enfermant dans un cocon muqueux. Plus tard, lorsque les fortes pluies arrivent et imbibent la vase séchée, le cocon se brise et les poissons sortent.

Les caïmans et les tortues se cachent également de cette manière, toutefois ils n'ont pas besoin de cocon grâce à leur peau écailleuse et étanche. Animaux à sang froid, ou ectothermes, ils ont besoin de relativement peu d'énergie pour rester en vie, c'est pourquoi ils peuvent survivre pendant des mois à la pénurie de nourriture due à la sécheresse.

Les animaux qui ne peuvent survivre à la sécheresse pondent souvent des œufs capables d'y résister et qui éclosent lorsque l'eau réapparaît – moyen efficace de faire la transition entre deux saisons humides. C'est là le mode de survie des daphnies, des rotifères, des tardigrades et de beaucoup d'autres « micro-animaux » qui vivent dans des mares provisoires ou dans le film d'eau douce qui recouvre les mousses et autres plantes.

UN MOYEN DE RESPIRER À LA SURFACE
Les larves de moustiques, suspendues la tête en bas à la surface de l'eau, respirent par des tubes semblables à des tubas, dont l'extrémité est recouverte de poils hydrofuges traversant le film de surface.

RESPIRER À LA SURFACE

Les animaux d'eau douce ont besoin de respirer de l'oxygène. Les poissons utilisent leurs branchies pour absorber l'oxygène dans l'eau, mais de nombreux invertébrés l'obtiennent de l'air. Parmi ces derniers, citons les escargots aquatiques, de nombreux insectes, et l'argyronète – seule araignée ayant un mode de vie entièrement aquatique.

Les animaux qui vivent à la surface de l'eau n'ont aucun mal à atteindre l'air. En revanche, ceux qui sont totalement submergés doivent se rendre régulièrement à la surface pour renouveler les réserves d'air qui sont stockées sur ou dans leur corps, formant souvent une bulle semblable à un film qui leur donne un aspect argenté. L'argyronète a un système de stockage exceptionnellement élaboré. Elle construit une « cloche de plongée » avec des fils de soie, dans laquelle elle enferme une bulle d'air. La cloche fait office de repaire et de lieu de reproduction – exemple unique d'un animal créant un habitat submergé.

HABITATS

LA VIE DANS LES LACS SALÉS

Les lacs salés et alcalins, habitats les plus salés du monde, comptent jusqu'à dix fois plus de sel que la mer. Ils se forment lorsque les précipitations sont faibles et les taux d'évaporation élevés, car la température dépasse 40 °C. Peu d'animaux supportent ces conditions extrêmes, mais ceux qui en sont capables peuvent être extrêmement nombreux, car ils rencontrent très peu de compétition. La base des chaînes alimentaires des lacs salés est formée par des cyanobactéries – micro-organismes semblables à des végétaux qui exploitent l'énergie du soleil, la transformant en nourriture.

VIVRE DANS L'EAU SALÉE
Les artémies, petits crustacés qui se développent dans les lacs des déserts riches en sel, se reproduisent rapidement et pondent des œufs résistant à plusieurs années de sécheresse.

FILTRER LA NOURRITURE
Les flamants nains utilisent leur bec pour filtrer les micro-organismes dans l'eau. Une grande colonie peut consommer plus d'une tonne de cyanobactéries par jour.

L'OCÉAN

Les océans forment le plus grand habitat continu de la planète, et c'est dans cet environnement que la vie est sans doute apparue. Le paysage sous-marin est composé de montagnes et de volcans, de falaises, de profondes vallées et d'immenses plaines qui, pour beaucoup, sont bien plus vastes que leurs équivalents terrestres. En raison de l'immensité des océans – ils couvrent plus des trois quarts de la surface de la terre – et des difficultés à les explorer, les connaissances scientifiques sur la vie marine sont bien inférieures à celles sur la vie terrestre. Toutefois, les recherches ont révélé que la vie est présente à tous les niveaux, de la surface ensoleillée aux fosses les plus profondes, à plus de 11 000 m.

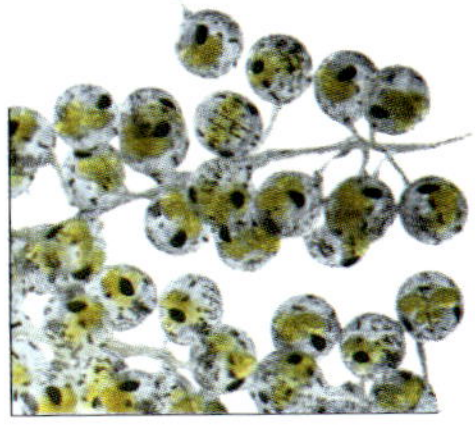

LE PLANCTON *près de la surface des eaux côtières est constitué en partie d'animaux marins commençant leur vie sous forme de larves.*

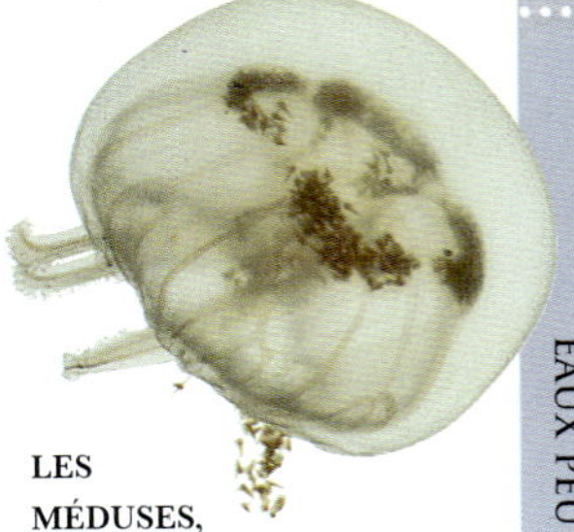

LES MÉDUSES, *les plus grands animaux planctoniques, peuvent nager et dériver près de la surface. Certaines ont plus de 2 m de diamètre.*

LES EAUX CÔTIÈRES

LA PLUPART DES REQUINS *vivent dans les eaux relativement peu profondes des plateaux continentaux plutôt qu'en haute mer.*

Certaines eaux côtières sont si peu profondes que, si le niveau des océans baissait de 75 m seulement, d'immenses zones de fond seraient exposées. Au large de l'Europe occidentale, par exemple, la côte serait étendue d'environ 200 km et de plus de 700 km dans certaines parties de la Sibérie. Ces eaux peu profondes sont dues aux plateaux continentaux – plateaux légèrement en pente qui ceinturent de nombreux bassins océaniques profonds. Les plateaux continentaux sont un habitat essentiel pour la vie marine, abritant de grands bancs de poissons et une riche variété d'autres animaux, des homards aux crabes, aux mollusques et aux vers fouisseurs. Cette richesse de vie est possible car, dans les eaux peu profondes, les rayons du soleil peuvent atteindre le fond, favorisant la croissance des algues, des zostères et d'innombrables autres organismes qui ont besoin de l'énergie de la lumière pour survivre. Tout comme les plantes terrestres, elles fournissent aux animaux de la nourriture toute l'année, ainsi que de nombreux abris et sites de reproduction.

LES POISSONS *tels que la morue déposent de grands nombres d'œufs près des fonds marins. Les œufs remontent peu à peu, et les jeunes poissons vivent près de la surface.*

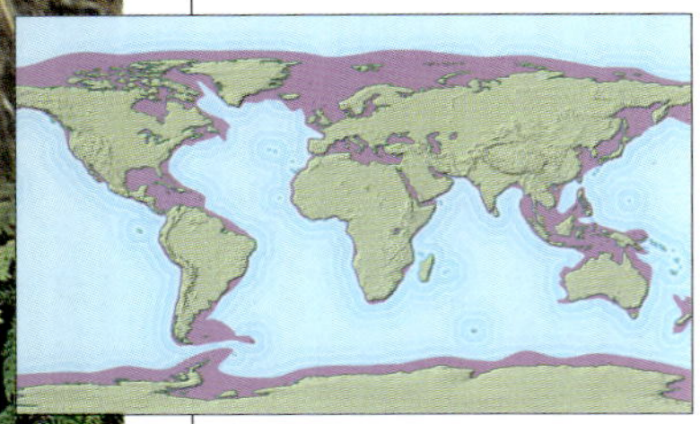

LES PLATEAUX CONTINENTAUX *ont une largeur variable : de quelques kilomètres – dans les côtes près des fosses marines – à plus de 1 000 km.*

Certains animaux côtiers, tels le homard et les poissons plats, passent la majeure partie de leur vie sur les fonds marins, tandis qu'ils sont peu nombreux à vivre entièrement dans les eaux moyennes ou à la surface. D'autres vivent dans des habitats différents selon les stades de leur existence. Ainsi, certaines larves font partie du plancton de surface, puis se rendent dans les eaux moyennes ou sur le fond quand elles sont devenues adultes.

LES HOMARDS, *répandus sur les fonds marins, sont des nécrophages qui se nourrissent aussi de proies vivantes.*

Les eaux côtières sont également visitées par les animaux de la haute mer – le plus souvent par ceux qui dérivent passivement, tels que les méduses –, mais également par de puissants nageurs tels les cétacés et les requins. Certains viennent s'y reproduire, tandis que d'autres y arrivent par accident puis retournent dans les eaux plus profondes. Certains y laissent leur vie : les méduses finissent souvent sur le littoral, et les cétacés s'échouent lorsque leur système de navigation les guide dans une eau peu profonde plutôt qu'en pleine mer.

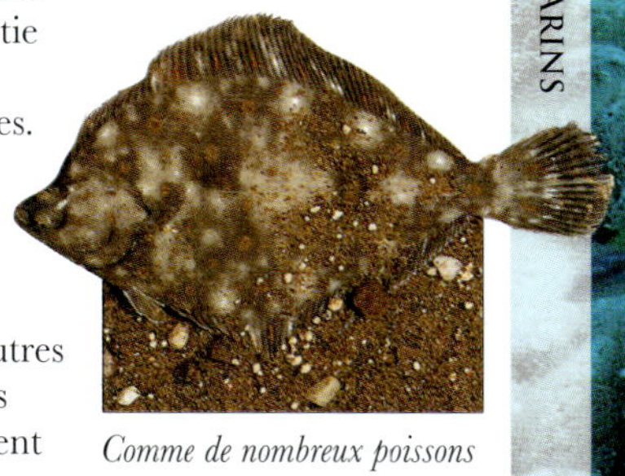

Comme de nombreux poissons plats, le **CARRELET** *(plie) vit sur le fond, son camouflage correspondant aux sédiments.*

LES VAGABONDS DES OCÉANS, *tels les phaétons, passent le plus clair de leur temps au large et ne retournent sur terre que pour se reproduire.*

L'ÉNORME POISSON-LUNE *est une espèce pélagique type : il passe sa vie en haute mer, souvent à des centaines de kilomètres de la terre.*

LES TORTUES MARINES *parcourent souvent de longues distances entre leur aire d'alimentation et les plages où elle se reproduisent.*

LES DAUPHINS *ont un corps fuselé qui leur confère une aptitude exceptionnelle pour la nage. Ils s'aventurent souvent loin des côtes.*

CHAULIODUS *est l'une des nombreuses espèces abyssales qui produisent de la lumière pour attirer leurs proies.*

LES NÉCROPHAGES *de haute mer, tels les ophiures, se nourrissent de matières organiques tombées sur le fond.*

LA HAUTE MER

Même dans l'eau de mer la plus claire, la lumière ne pénètre pas à plus de 250 m environ de profondeur. Plus que tout autre facteur, la lumière a un effet considérable sur la vie marine, car elle détermine ce qu'il y a à manger.

Dans la zone de surface très éclairée, les algues microscopiques vivent en exploitant l'énergie du soleil et constituent une nourriture invisible pour les animaux planctoniques. Cette nourriture est transmise lorsque le plancton est mangé dans les différents maillons des chaînes alimentaires qui se terminent par les requins et les autres grands prédateurs. À partir de la zone où la lumière s'estompe puis finit par disparaître, il n'y a plus de sources de nourriture autonomes. À cette profondeur, et en dessous, les animaux se nourrissent les uns des autres ou des restes morts de ce qui tombe constamment de la surface.

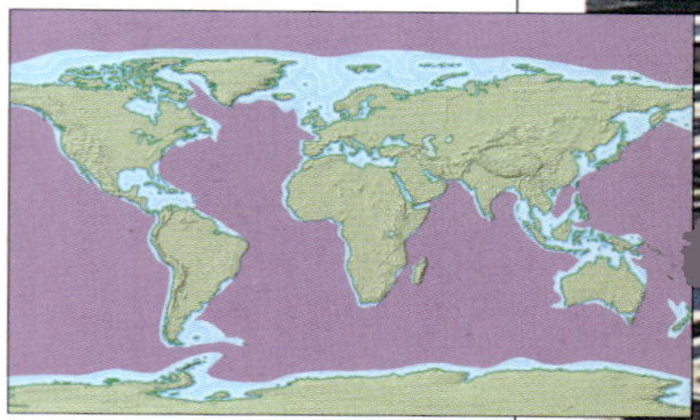

LES PLATEAUX CONTINENTAUX *mis à part, la profondeur moyenne des bassins océaniques est d'environ 4 000 m.*

En dépit de l'incroyable volume des océans, peu d'espèces animales – peut-être 5 % – vivent en pleine eau. Étant donné que la plupart restent près de la surface, où elles peuvent bénéficier de la relative abondance de nourriture, les espèces animales de l'immense zone des eaux moyennes et de la zone abyssale plus profonde sont proportionnellement peu abondantes.

Contrairement à ces zones centrales, une grande partie des fonds marins regorge d'animaux. Ces créatures, qui sont collectivement appelées animaux benthiques, sont généralement des espèces qui nagent ou rampent sur le fond et celles qui creusent celui-ci pour extraire leur nourriture des sédiments mous. Il s'avère que beaucoup de ces animaux ont très peu évolué pendant des millions d'années, car, si l'eau est extrêmement froide et la pression intense, les fonds marins ne sont pas sujets aux changements climatiques qui peuvent affecter la surface. De ce fait, c'est l'un des habitats les plus stables au monde.

CONSERVATION

Les principales menaces pesant sur la vie marine sont la pollution (on trouve partout dans le monde des polluants dissous et des déchets flottants) et la pêche excessive. Les progrès de la technologie et l'augmentation régulière de la taille des flottes de pêche ont entraîné l'épuisement de certains stocks de poissons et ont peut-être définitivement altéré l'écologie du plateau continental. Des accords internationaux limitent désormais la pêche dans certaines zones écologiquement sensibles, mais, en raison des pressions commerciales, la pêche de nombreux poissons est encore trop intensive pour que les espèces puissent y survivre.

D'UNE EFFICACITÉ REDOUTABLE
Si les méthodes de pêche traditionnelles – comme ici – donnent parfois de bonnes prises, les chalutiers modernes peuvent traquer des bancs avec une très grande précision, garantissant des succès répétés.

DANS L'OCÉAN

DEPUIS L'APPARITION des premières espèces animales, il y a des milliards d'années, la compétition pour la survie en mer s'est intensifiée. Aujourd'hui, les océans abritent les plus grands prédateurs de la planète, ainsi que de nombreux animaux microscopiques qui dérivent de façon invisible. Comme sur terre, la vie dans les océans est affectée par les conditions locales, la plus importante étant la quantité de nourriture. Pour beaucoup, la survie dépend également de la capacité à se défendre contre les attaques. Si dans certaines régions la faune est très éparse, dans d'autres, les animaux sont beaucoup plus nombreux que dans tout autre habitat de la planète.

SE NOURRIR EN MER

L'immensité des océans est telle que, en dépit de l'abondance d'aliments nutritifs, les animaux marins sont confrontés au problème qui consiste à trouver suffisamment de nourriture sans dépenser trop d'énergie.

Certains privilégient les grandes proies : le cachalot, par exemple, chasse les calmars géants à des profondeurs de plus de 1 000 m, alors que la plupart des chasseurs cherchent leur nourriture près de la surface. D'autres gros animaux marins se nourrissent d'aliments plus petits, qu'ils ingurgitent en grande quantité et passent souvent au crible de leurs branchies. Cette technique, appelée alimentation par filtrage, est utilisée par les cétacés à fanons et certains des plus grands requins et raies. La plupart des animaux se nourrissant de la sorte vivent de plancton, qui est si abondant qu'il leur permet d'atteindre une taille gigantesque. Les animaux dérivants se nourrissent également de plancton, à une échelle beaucoup plus petite toutefois. Les cténophores, par exemple, le capturent à l'aide de tentacules urticants qui agissent comme des filets de pêche.

Sur le fond marin, la faune dépend presque entièrement des matières organiques mortes qui tombent régulièrement de la surface. Les ophiures, nécrophages typiques, recueillent les particules alimentaires avec leurs bras. Toutefois, il y a également des prédateurs – des poissons étranges, par exemple – qui chassent dans l'obscurité totale sur le fond ou à proximité. La faune au fond de l'océan pouvant être très clairsemée, ces prédateurs ne peuvent pas se permettre de manquer une occasion de se nourrir. C'est pourquoi beaucoup ont une bouche gigantesque et un estomac élastique qui leur permettent d'avaler des proies presque aussi grosses qu'eux.

L'ALIMENTATION PAR FILTRAGE
À l'aide de ses « cornes céphaliques » de part et d'autre de sa tête, une raie manta dirige le plancton dans sa bouche. Les animaux se nourrissant par filtrage comme cette raie mangent sans distinction tout ce qui est piégé par leurs branchies semblables à des tamis.

CONTRÔLER LA FLOTTABILITÉ

Très peu d'animaux marins – à l'exception des mammifères qui plongent dans les profondeurs – sont présents à tous les niveaux de la mer. En général, ils sont plutôt adaptés à une vie à une certaine profondeur et disposent de systèmes de flottabilité leur permettant de rester à cette profondeur. Ceux qui dérivent à la surface, comme la janthine commune, ont de simples flotteurs : emplis d'une substance plus légère que l'eau, ils permettent à l'animal de flotter à la surface, même avec une forte houle.

Les animaux qui passent leur vie entièrement immergés ont besoin d'un système plus complexe pour rester à un certain niveau. Ils doivent pouvoir flotter normalement à leur profondeur optimale tout en étant capables de monter ou de descendre selon la nécessité. Pour ce faire, certains ont des structures spéciales à l'intérieur de leur corps. Les poissons osseux, par exemple, ont une cavité emplie de gaz, appelée vessie gazeuse, juste sous la colonne vertébrale. Si le poisson a besoin de descendre, il extrait du gaz de la vessie en le pompant dans la circulation sanguine ; s'il a besoin de monter, il le renvoie dans la vessie. Les poissons cartilagineux, tels que les requins, n'ont pas de vessie gazeuse ; c'est leur gros foie huileux qui leur permet de rester à flot. Beaucoup de requins sont en fait légèrement plus lourds que l'eau de mer : la nage fournit la portance qui leur permet de contrôler leur profondeur.

À LA DÉRIVE
La janthine commune est suspendue à un radeau composé de bulles durcies de mucus. Pour améliorer la flottabilité, sa coquille est généralement fine. Elle dérive avec les courants, se nourrissant d'autres animaux de surface.

LA BIOLUMINESCENCE

Divers animaux marins produisent de la lumière – en général grâce à des organes cutanés, les photophores – pour garder le contact avec leurs congénères ou pour attirer les proies. Chez certaines espèces, dont les invertébrés planctoniques, l'utilité de la lumière est moins facile à expliquer. La bioluminescence est plus courante chez les espèces bathypélagiques (vivant en pleine eau très profonde). La production de lumière n'est pas toujours limitée à l'animal lui-même : certains poissons envoient un nuage de lumière pour faire diversion pendant leur fuite.

DES LUMIÈRES DANS L'OBSCURITÉ
Les gonostomatidés produisent une lumière vert jaunâtre. Comme chez la plupart des poissons lumineux, la disposition de leurs photophores est particulière, ce qui permet aux membres de l'espèce de se reconnaître dans l'obscurité. Les photophores peuvent produire une lumière continue ou clignotante.

ÉVITER LES PRÉDATEURS

En haute mer, il n'y a pas d'endroit pour se cacher, ce qui rend les animaux très vulnérables face aux prédateurs. Pour survivre, certains ont recours au camouflage, tandis que d'autres adoptent un comportement qui les rend difficiles à attaquer.

Pour les invertébrés qui se déplacent lentement, comme ceux qui constituent le plancton, la transparence est l'un des camouflages les plus efficaces. Les animaux planctoniques sont souvent aussi transparents que du verre, et, de ce fait, il est difficile de les voir, même de près. Ces animaux, pour la plupart, ne mesurent que quelques millimètres de long, bien que certains tuniciers constituent des colonies translucides en forme de tube pouvant atteindre plus de 3 m de long.

Certains poissons sont transparents lorsqu'ils sont très petits, mais utilisent un camouflage différent lorsqu'ils grandissent. La quasi-totalité des espèces vivant en pleine eau a une face dorsale foncée et une face ventrale plus claire.

LA NAGE SYNCHRONISÉE *Un banc d'athérines se disperse devant un prédateur. Leur extraordinaire coordination donne l'impression qu'ils obéissent à une commande centrale. En réalité, chaque poisson réagit simplement par rapport aux autres.*

Cette particularité, appelée ombre inversée, protège les poissons de deux façons : elle les rend invisibles pour les prédateurs qui sont en dessous en dissimulant leur silhouette dans la clarté du ciel, et pour les chasseurs en surface, dont les oiseaux marins, en les faisant se fondre dans l'eau sombre en dessous.

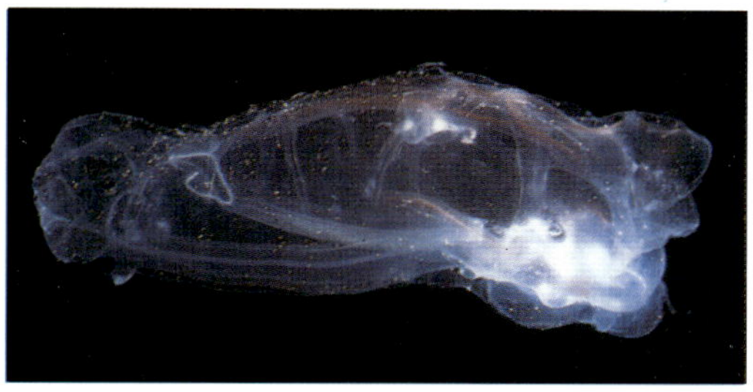

LA TRANSPARENCE
Les salpes, en forme de tonneau, ont un corps transparent semblable à de la gelée, difficile à voir pour les prédateurs. Atteignant 10 cm de long, elles vivent en bancs qui peuvent s'étendre sur des centaines de kilomètres à la surface de l'océan.

LA VIE EN GROUPE

Sur terre, les groupes d'animaux peuvent être très grands, mais aucun ne rivalise avec la taille de ceux qui existent en mer. Les poissons vivent souvent en bancs de milliers, voire de millions d'individus, tandis que les animaux planctoniques forment des bancs qui peuvent s'étendre sur plus de 100 km de long.

Ces rassemblements géants d'animaux marins semblent souvent être des cibles aisées pour les prédateurs. Les cétacés engloutissent le krill avec une facilité presque nonchalante, tandis que d'autres prédateurs pratiquent d'immenses coupes dans les bancs de poissons. Mais, en général, les animaux vivant en groupe sont plus en sécurité que s'ils vivaient seuls : il est beaucoup plus difficile de les isoler et de les prendre par surprise.

Quelques animaux vivent en groupes sociaux élaborés, comme les dauphins, qui utilisent l'écholocation pour localiser les proies, avertir leurs congénères d'un danger et s'organiser pendant la chasse.

LES MIGRATIONS

De nombreux animaux marins – dont la plupart des plus grands cétacés – migrent entre les zones de reproduction dans les tropiques et les zones d'alimentation à des latitudes plus élevées. La baleine grise est probablement celle qui parcourt la plus longue distance : au cours de sa vie, elle totalise jusqu'à 800 000 km en migrations annuelles – deux fois la distance jusqu'à la lune. Les thons sont également célèbres pour entreprendre de longs voyages : certains bancs traversent la Méditerranée dans sa longueur ; dans le Pacifique, un poisson marqué au Mexique a été retrouvé au Japon. Les tortues migrent de façon très précise, retournant année après année sur la même plage pour pondre leurs œufs. C'est d'autant plus remarquable qu'il faut deux à trois décennies pour qu'une tortue devienne adulte : pendant cette période, elle se souvient précisément de l'endroit où elle est née de sorte que, lorsqu'elle est prête à se reproduire, elle puisse faire le long voyage dans l'autre sens.

À une plus petite échelle, de nombreux poissons nagent vers la côte pour pondre, tandis que d'autres animaux se déplaçant lentement migrent sur les fonds marins. Les langoustes des Caraïbes migrent entre les récifs peu profonds, où elles se reproduisent, et les eaux plus profondes, où elles hivernent ; elles se placent en une seule file, chacune suivant la queue de l'animal qui la précède.

Les déplacements de ce type sont généralement annuels. Mais certains animaux migrent quotidiennement pour se nourrir. Les animaux planctoniques viennent souvent à la surface la nuit et retournent dans les profondeurs le jour. Certains prédateurs de plancton font de même, créant un cycle de vingt-quatre heures impliquant de nombreux animaux. Ces migrations verticales sont clairement visibles sur le sonar d'un bateau qui reflète une couche ascendante au coucher du soleil et descendante à l'aube.

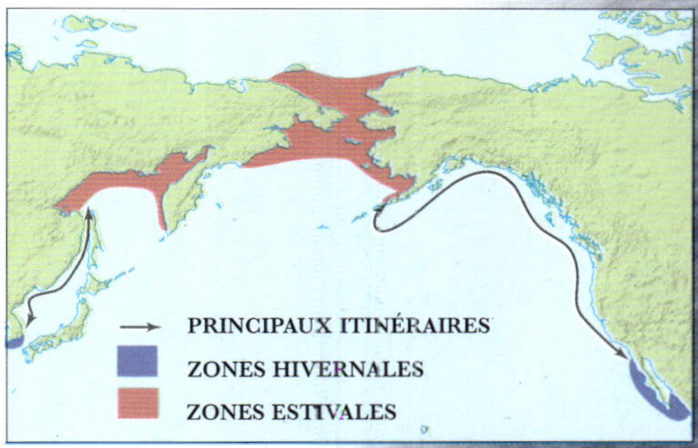

LES MIGRATIONS DES CÉTACÉS *Les baleines grises nord-américaines effectuent un aller-retour annuel entre leurs zones de reproduction hivernales, au nord-ouest du Mexique, et leurs zones d'alimentation estivales, autour de la mer de Béring. Un nombre plus restreint migre de la Corée à l'est de la Sibérie.*

BOUCHES HYDROTHERMALES

Découvertes en 1977 au large des Galápagos, les bouches hydrothermales sont de remarquables oasis écologiques sous-marines. L'activité volcanique y libère dans l'océan des courants d'eau très chaude chargée de minéraux. Ce sont l'un des rares habitats où la vie ne dépend pas de l'énergie du soleil – des bactéries spécialisées utilisent les minéraux pour produire de l'énergie, et les animaux des parages consomment la nourriture élaborée par les bactéries ou se mangent entre eux. Plus de 300 espèces animales ont été découvertes autour des bouches, dont la plupart ne sont présentes nulle part ailleurs.

CRUSTACÉS FANTOMATIQUES *Comme la plupart des animaux des bouches hydrothermales, ces crabes et palourdes – surpris dans le puissant faisceau lumineux d'un sous-marin – ont très peu de pigmentation, d'où leur blancheur.*

LES CÔTES ET LES RÉCIFS CORALLIENS

LES LIMITES entre les différents milieux sont souvent très favorables pour la faune. Les côtes, où se rencontrent des animaux vivant sur terre et en mer, en sont le meilleur exemple. La faune côtière varie selon les conditions locales, mais, sur les côtes rocheuses et sablonneuses, les animaux terrestres sont associés à des zones clairement définies, en général déterminées par les marées. Les récifs coralliens sont un type d'habitat côtier particulier. Célèbres pour leurs formes et pour leurs couleurs spectaculaires, ils peuvent atteindre des proportions considérables, et l'immense variété de faune aquatique qu'ils abritent est sans égal. Les coraux constructeurs de récifs ont besoin de conditions précises, les plus importantes étant la chaleur et le soleil toute l'année. De ce fait, les récifs coralliens sont limités aux tropiques.

CONSERVATION

La principale menace pour la faune corallienne est la pollution. Si le pétrole est très visible, les eaux d'égout et les déchets industriels passent souvent inaperçus. Le tourisme peut aggraver la situation : dans les zones très développées, les taux de pollution augmentent, et les animaux qui se reproduisent habituellement sur la côte, comme les tortues et les oiseaux, se font rares. Les récifs coralliens souffrent de la pêche trop intensive, de la pollution et de l'exploitation de carrières de roche corallienne, mais, dans le monde, la menace la plus sérieuse pour le corail est le réchauffement de la planète. Lorsque la température de la mer dépasse certains niveaux, les coraux expulsent leurs algues symbiotiques, perdant l'une de leurs principales sources de nourriture. Ce corail est dit «blanchi». Si les températures demeurent élevées, le corail peut mourir. Un blanchiment massif a eu lieu dans la quasi-totalité des principaux récifs du monde et, dans certains cas, le corail ne s'est pas régénéré.

UNE VICTIME DU PÉTROLE
Le pétrole est une source majeure de pollution autour des côtes. Il tue les oiseaux marins en collant leurs plumes, ce qui les empêche de voler et de chasser. Il tue également les poissons, ainsi que les patelles, les moules et d'autres invertébrés ainsi que les algues qui vivent dans la zone intertidale.

LES CÔTES

Certains habitats ont plus ou moins la même apparence d'une année à l'autre, mais le rivage est en constante évolution. Les vagues, en se jetant sur les rochers, les érodent et les brisent, tandis que les courants côtiers modifient la forme du littoral de façon moins spectaculaire en déplaçant les galets et le sable. Ajouté à cela, le mouvement rythmique des marées – cycle biquotidien – a un profond impact sur la faune et la flore du littoral.

Les marées varient considérablement dans les différentes parties du monde. Autour des îles au milieu de l'océan, l'amplitude est souvent inférieure à 30 cm, tandis que, dans les baies profondes et les criques sur les côtes continentales, elle peut être supérieure à 10 m. Quelle que soit leur ampleur, les marées divisent le littoral en trois zones ayant chacune sa propre faune.

La plus élevée de ces zones – ou étages – est la supralittorale, qui est la partie du rivage juste après le niveau maximal des marées. Bien que cette zone ne soit jamais immergée, elle est humectée par les embruns salés, et, de ce fait, elle est rarement habitée par les animaux et les plantes ne tolérant pas le sel.

En dessous se trouve le médio-littoral, une zone (dite intertidale) soumise à une alternance d'immersion et d'émersion selon les marées. Les animaux présents ici, tels que les moules et les patelles, mènent une double vie dans le sens où ils sont capables de survivre à la fois dans l'eau et dans l'air. La zone suivante, ou infralittoral, est toujours immergée, sauf pendant les plus grandes marées. La plupart des animaux qui vivent dans cette zone sont entièrement marins, bien que quelques-uns quittent l'eau pour se reproduire.

La faune côtière est également influencée par la géologie du littoral. De nombreux animaux vivent sur les côtes rocheuses, tandis que d'autres sont adaptés à la vie dans le sable ou la vase. Comparés à ces derniers, les galets constituent un habitat hostile pour les animaux, bien que certains petits échassiers du littoral les utilisent pour nicher.

LES FALAISES *sont des sites de nidification importants pour les oiseaux marins, bien que certains, telles les sternes, nichent sur le sol au-dessus de la ligne de la marée haute.*

SUPRALITTORA

LES RÉCIFS CORALLIENS

Il existe deux principaux types de corail : dur et mou. Les récifs coralliens sont formés par le corail dur. Les animaux coralliens appelés polypes sécrètent un squelette externe qui persiste après leur mort. Les coraux mous sont présents partout dans le monde, mais les coraux durs constructeurs de récifs vivent uniquement dans les eaux claires, pauvres en nutriments, où leurs algues symbiotiques peuvent exploiter l'énergie du soleil. La richesse de l'habitat créé par les récifs coralliens est telle que de nombreux animaux sont capables de vivre côte à côte sans se faire concurrence pour la nourriture.

Il existe trois principaux types de récifs : les récifs frangeants, qui se forment près des côtes; les récifs-barrières, qui sont séparés de la côte par de profonds chenaux, parfois larges de plus de 100 km; et les atolls, qui sont des récifs en forme d'anneau ou de fer à cheval qui se développent autour des îles océaniques, souvent là où les volcans se sont affaissés dans la mer.

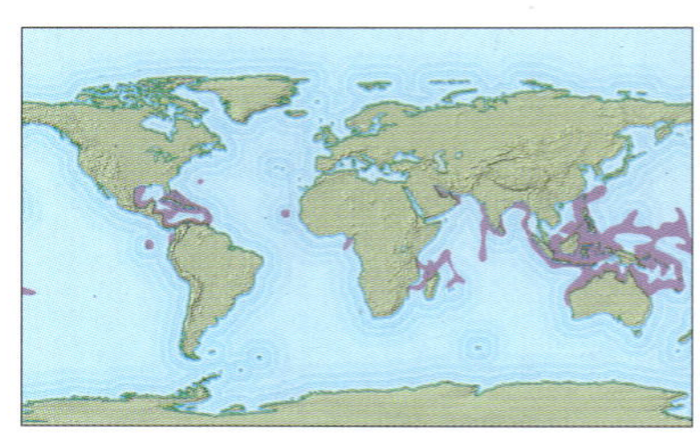

LES RÉCIFS CORALLIENS *sont présents dans les parties du monde où la température de la mer ne descend jamais en dessous de 18 °C. Les récifs les plus grands du monde se trouvent dans la région de l'Indo-Pacifique.*

Bien que chaque récif soit unique, ils ont tous la même structure. La profondeur et l'exposition sont deux facteurs importants, car les besoins d'éclairement des coraux et leurs capacités à résister à la force des vagues varient de l'un à l'autre. Les coraux qui se développent le plus rapidement, et qui ont besoin de beaucoup de lumière et d'eau relativement calme, constituent généralement la zone centrale du récif, s'élevant légèrement au-dessus de la surface lors des marées les plus basses. Sur son côté littoral, la zone centrale domine souvent un lagon – grande surface d'eau libre recouvrant le sable corallien. En revanche, le côté du récif tourné vers le large peut former une falaise sous-marine (ou talus) qui tombe abruptement dans les profondeurs. Dans cette zone, les coraux sont très compacts, car ils doivent résister aux vagues venant de la haute mer.

LAGON

LES RAIES, *comme bien d'au poissons de fond, se nourrisse d'animaux enterrés dans le se corallien des lagons. La plupa d'entre elles sont bien camouf*

LE LOMPE *reste sur place en se collant aux rochers immergés avec ses nageoires pelviennes semblables à des ventouses.*

L'ÉTOILE DE MER *est un prédateur commun dans la zone littorale, en particulier sur les rivages rocheux regorgeant de bivalves.*

LES BIVALVES *sont présents sur tous les types de littoral ; certains, comme les moules, se fixent aux rochers, tandis que d'autres vivent enterrés dans la vase.*

LES PHOQUES *passent le plus clair de leur temps dans l'eau mais doivent revenir à terre pour se reproduire. Certaines colonies de reproduction sont composées de milliers d'animaux.*

LES VERS DU LITTORAL, *dont les néréides, chassent et se nourrissent de débris dans le fond marin. De nombreuses espèces creusent le sol, filtrant la nourriture dans l'eau.*

LES TORTUES *utilisent leur bec sans dents pour se nourrir d'algues et de divers petits animaux qui vivent dans toutes les parties des récifs à croissance rapide.*

DE NOMBREUX SERPENTS *marins vivent dans les eaux côtières. Certains chassent dans les récifs coralliens les petits poissons et les anguilles.*

LE POISSON-PERROQUET *utilise ses mâchoires semblables à un bec pour se nourrir des coraux. Les squelettes mastiqués sont excrétés sous forme de sable, qui s'accumule sur le récif.*

LES CORAUX RAMIFIÉS, *principalement du genre Acropora, sont caractéristiques de la zone centrale de la plupart des récifs. Certains peuvent grandir de 15 cm par an.*

LES ÉPONGES *filtrent la nourriture près des récifs. Certaines sont minuscules; d'autres, en profondeur, peuvent mesurer 1 m de haut.*

SUR LES CÔTES ET LES RÉCIFS CORALLIENS

PAR RAPPORT À LA HAUTE MER, les côtes et les récifs coralliens sont d'une richesse disproportionnée en faune et en flore. Côtes rocheuses et vasières regorgent d'oiseaux marins et d'invertébrés, tandis que les récifs coralliens abritent sans doute au moins un tiers des espèces de poissons du monde. Les conditions de vie dans ces milieux étant variables, les animaux qui y vivent sont souvent très spécialisés. Certains parcourent de grandes distances sur le littoral, mais quelques mètres suffisent à la plupart pour passer de l'habitat idéal à un autre, où il leur est impossible de survivre.

S'ADAPTER AUX MARÉES

Pour les animaux côtiers, la vie est gouvernée par le rythme des marées. Outre le fait de s'adapter aux marées biquotidiennes, ils doivent s'acclimater au rythme de retrait des marées de vive-eau, qui surviennent normalement tous les quatorze jours. Il est important pour les animaux de savoir où se tient la marée, car ceux qui sont surpris risquent la dessiccation ou la noyade.

Certains animaux du littoral, tels que les anatifes, adaptent leur comportement en fonction de l'immersion et de l'émersion. Toutefois, la plupart des animaux aquatiques sont beaucoup plus sophistiqués et réagissent à une horloge biologique interne qui fonctionne en phase avec les marées.

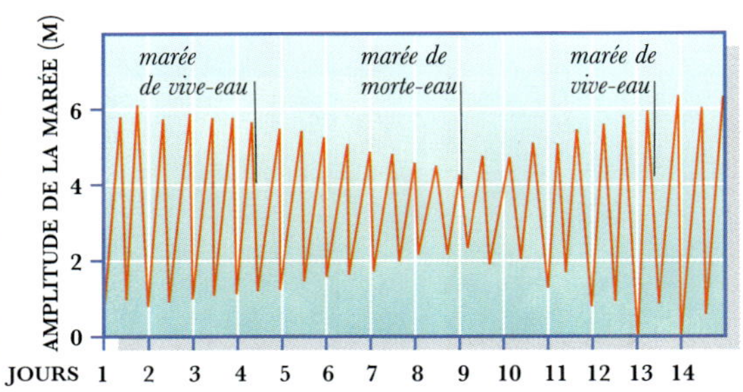

LES RYTHMES DES MARÉES
Ce tableau montre les variations de hauteur de la mer en quatorze jours. Les marées de vive-eau et de morte-eau surviennent lorsque le soleil, la lune et la terre forment un angle droit de sorte que leur attraction se conjugue.

ANÉMONE FERMÉE

ANÉMONE OUVERTE

EMPÊCHER LA DÉPERDITION D'EAU
Pour éviter la dessiccation à marée basse, de nombreuses anémones de mer rétractent leurs tentacules, se transformant en une masse semblable à de la gelée que l'on peut observer sur les rochers côtiers. Elles vivent souvent sous des surplombs qui les protègent du soleil.

Même s'ils sont retirés du littoral et placés dans un aquarium, leur horloge des marées continue à fonctionner.

Cette capacité innée à conserver la notion du temps permet aux animaux d'anticiper les événements. Par exemple, les patelles immergées rampent sur les rochers pour brouter les algues microscopiques. Mais, étant donné qu'elles sont vulnérables loin de leur niche sur le rocher, elles doivent retourner dans leur abri avant que la marée ne redescende. Leur horloge biologique leur indique à quel moment repartir, afin qu'elles puissent être fermement en place et à l'abri de la dessiccation avant que la marée ne descende. Inversement, l'horloge biologique du crabe appelant l'incite à sortir et à se nourrir à marée basse, puis à retourner dans son terrier avant que la marée montante ne l'engloutisse.

LES MANGROVES

Formées par des arbres, les palétuviers, adaptés à la vie dans la vase salée intertidale et présentes uniquement dans les zones tropicales et subtropicales, les mangroves jouent un rôle écologique important : elles stabilisent la côte et fournissent une zone de reproduction à terre aux poissons et autres animaux marins. La plupart des palétuviers ont des racines aériennes, exposées à marée basse et immergées à marée haute, servant de point d'ancrage aux mollusques et de perchoir aux périophthalmes, poissons amphibies qui les habitent. Le feuillage coriace des mangroves est mangé surtout par des insectes ; mais la canopée dense attire beaucoup d'oiseaux, qui utilisent les mangroves comme sites de nidification et perchoirs nocturnes. La vase dans les mangroves, profonde et souvent malodorante, est riche en matières organiques, renouvelées par la marée. Jusqu'à la fin du XXe siècle, les mangroves ont été relativement épargnées par la déforestation massive. Mais, avec le développement de l'élevage de crevettes, de grandes zones de mangroves ont été abattues, soulevant des inquiétudes quant à l'impact à long terme sur la faune côtière.

LES PALÉTUVIERS *sont les seuls arbres qui peuvent pousser dans la vase inondée par la marée. Peu d'animaux mangent les feuilles des arbres, en partie parce qu'elles sont souvent riches en sel, mais ces forêts côtières sont des sites de reproduction importants pour les oiseaux et les animaux marins.*

SE NOURRIR SUR LE LITTORAL

La nourriture est beaucoup plus diversifiée sur les côtes qu'en haute mer. Sur le haut du littoral, une grande quantité de débris animaux et végétaux laissés sur la grève par la marée descendante est mangée par les talitres, collemboles et autres nécrophages, qui sont à leur tour mangés par les mouettes et les petits échassiers (limicoles).

Dans la zone intertidale, les animaux se nourrissant par filtrage sont communs. Contrairement aux géants de la haute mer qui ont recours à ce mode d'alimentation (voir p. 72), ceux des côtes sont généralement petits et passent souvent toute leur vie fixés à un endroit. Les moules et autres bivalves, qui filtrent les particules de nourriture à l'aide de branchies modifiées, en sont des exemples. Les anatifes ont une technique de filtrage différente : malgré leur ressemblance avec les mollusques, les anatifes sont des crustacés, pourvus d'appendices. À marée haute, ceux-ci sortent de la carapace pour recueillir les particules de nourriture.

Le littoral rocheux abrite des nageurs rapides ainsi que bien d'autres animaux qui se déplacent beaucoup plus lentement pour trouver de la nourriture. Les étoiles de mer et les oursins, qui sont parmi les plus lents, rampent sur les rochers avec leurs centaines de pieds emplis de liquide.

SE NOURRIR SUR LE LITTORAL
Les bécasseaux avancent dans la mer en quête de nourriture. Comme beaucoup d'échassiers côtiers, ils suivent chaque vague lorsqu'elle se retire, puis retournent en courant sur le bord à l'arrivée de la suivante.

LA VIE DANS LA VASE ET LE SABLE

Par rapport au littoral rocheux, la vase et le sable des côtes semblent abriter une quantité limitée d'animaux. Mais les apparences sont trompeuses. La vase en particulier regorge souvent d'animaux cachés qui se nourrissent de matières organiques apportées par la marée.

La vie souterraine présente l'avantage, entre autres, de protéger les animaux contre les prédateurs, malgré les attaques des courlis et autres oiseaux à long bec. Le principal inconvénient est que la surface bouge constamment, séparant les animaux enfouis de l'eau – ainsi que de l'oxygène et de la nourriture.

Certains de ces animaux fouisseurs ont des parties du corps spécialisées qui leur permettent de rester en contact avec la surface. Les couteaux, par exemple, ont des tubes durs ou siphons. Chez de nombreuses espèces, les siphons peuvent se rétracter dans la coquille, mais, chez certaines, ils sont trop longs pour être dissimulés. Les espèces qui n'ont pas

LES DÉJECTIONS DE L'ARÉNICOLE
La galerie de l'arénicole a deux orifices – un pour laisser entrer l'eau et un autre pour les déchets éjectés. Les déchets forment un tas qui ressemble à un tortillon boueux jailli d'un tube.

ce type d'accessoires vivent souvent dans des terriers. L'arénicole en est un exemple : elle fait un terrier en forme de U et le tapisse de mucus, de sorte qu'il ne s'effondre pas sous l'action de l'eau de mer.

RELATIONS SYMBIOTIQUES

La symbiose est un type de rapports entre des espèces différentes que l'on observe particulièrement sur les côtes. Dans certains cas, les partenaires symbiotiques sont des animaux ; mais, dans beaucoup d'autres, il s'agit d'un animal et d'une algue microscopique qui vit dans son corps. Ces algues, appelées zooxanthelles, sont présentes dans le corps de milliers d'animaux côtiers, dont les coraux, les méduses et les bénitiers géants.

Les zooxanthelles vivent de la photosynthèse – processus qu'utilisent les plantes pour leur croissance. Grâce à une série complexe de réactions chimiques, elles exploitent l'énergie du soleil et l'utilisent pour fabriquer de la matière organique. L'animal hôte protège les zooxanthelles de l'extérieur, et, en échange, l'algue donne une partie de la nourriture qu'elle élabore.

UNE NOUVELLE GÉNÉRATION
Un bénitier géant expulse ses œufs. Les larves iront en dérivant se fixer sur le récif. Les bénitiers géants absorbent la nourriture élaborée par les algues symbiotiques vivant dans leur «manteau» charnu.

Ces relations sont essentielles pour les coraux constructeurs de récifs, car elles leur permettent de vivre dans des endroits où la nourriture est limitée. Pour que la relation entre le corail et les algues soit efficace, les coraux doivent favoriser la croissance des algues, ce qui signifie qu'ils doivent vivre en plein soleil près de la surface de l'eau. Toutefois, cela limite leur croissance vers le haut, car peu de coraux peuvent survivre à plus d'une heure d'exposition à marée basse.

LA REPRODUCTION

De nombreux animaux terrestres se sont adaptés à la vie marine. Certains sont désormais entièrement aquatiques, mais les autres – tels que les tortues, quelques serpents de mer, ainsi que les phoques et alliés – doivent se rendre à terre pour se reproduire. Ces animaux sont souvent disséminés sur des grandes zones, aussi ont-ils tendance à former des colonies pendant la période de reproduction, se rassemblant au même endroit chaque année pour accroître leurs chances de trouver un partenaire. En revanche, de nombreux invertébrés côtiers passent toute leur vie adulte au même endroit. Pour eux, la reproduction est une occasion non seulement de se multiplier mais aussi de se disséminer. De leurs œufs sortent des larves planctoniques, qui peuvent ensuite dériver sur de longues distances dans les courants côtiers avant de se fixer. Pour certaines espèces, tels que les anatifes, le choix d'un abri est une décision irrévocable, car une larve ne peut se détacher une fois fixée. Des signaux chimiques l'aident à le trouver.

Certains poissons viennent se reproduire près du littoral, car il offre de nombreux endroits pour cacher leurs œufs. Le grunion est un exemple exceptionnel : il pond ses œufs non pas dans l'eau mais dans le sable humide des plages. Les grunions pondent beaucoup d'œufs pendant les grandes marées de vive-eau la nuit. Lors de la marée de vive-eau suivante, les œufs éclosent et sont emportés dans la mer.

UNE VIE DANS LA MER
La loutre de mer est la seule loutre à vivre entièrement dans l'eau : elle met bas dans la mer et flotte sur le dos pour allaiter son petit. Cette femelle nage avec son petit sur la poitrine.

UN BÉNÉFICE MUTUEL
Les tentacules urticants de l'anémone de mer sont inoffensifs pour les poissons-clowns et, en outre, ils les protègent contre les prédateurs, tandis que les poissons aident probablement l'anémone à rester propre. Toutefois, le partenariat n'est pas tout à fait égal, car, si les anémones peuvent vivre seules, les poissons-clowns en sont incapables.

LES ZONES URBAINES

LE PIGEON BISET, *très répandu dans les villes, est un descendant d'oiseaux domestiques qui se sont échappés dans la nature.*

Il y a deux siècles, 3 % seulement des habitants de la planète étaient urbanisés. Aujourd'hui, ce pourcentage avoisine 50 %, et la population mondiale a été multipliée par six. Cette croissance phénoménale de la vie urbaine a transformé de grandes parties de la terre. Elle a créé un vaste éventail d'habitats artificiels – à l'intérieur et à l'extérieur – dans lesquels les animaux peuvent s'abriter, ainsi que de grandes quantités de déchets qui forment la base de chaînes alimentaires. De ce fait, de nombreux animaux vivent avec et parmi nous.

LE MOINEAU *domestique : l'extension des zones urbaines lui a permis de se répandre d'Europe, d'Afrique et d'Asie dans d'autres parties du monde.*

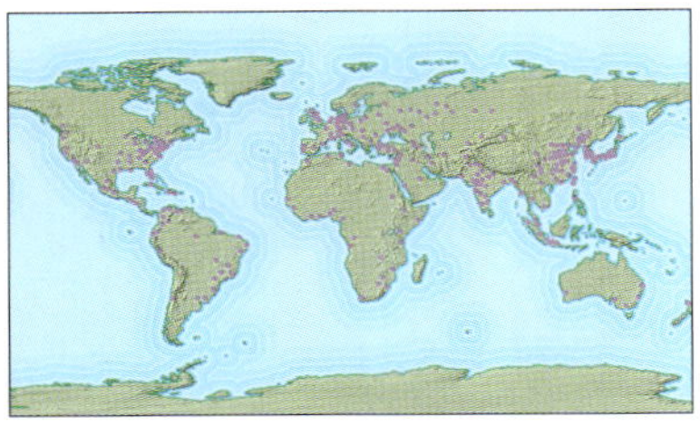

LES VILLES *comptant plus de 1 million d'habitants sont présentes dans le monde entier. Il en existe plus de 250, et leur nombre augmente rapidement.*

LE PHALANGER À QUEUE TOUFFUE *vit dans les jardins et les parcs, et se reproduit parfois dans les immeubles.*

À L'EXTÉRIEUR

Pour les animaux qui ne craignent pas d'être dérangés, les villes peuvent être d'excellents habitats. Elles offrent de nombreux endroits pour s'abriter ou élever les petits, des arbres aux passages souterrains en passant par les rebords de fenêtres et fournissent de la nourriture en permanence pour les espèces omnivores. En hiver, la chaleur artificielle qui s'échappe des immeubles est un atout supplémentaire. Mieux encore, les villes sont relativement sûres : à l'exception des chiens et des chats, elles abritent peu des nombreux prédateurs que les animaux devraient affronter dans leur habitat naturel.

Les animaux se sont plus ou moins bien adaptés à l'expansion urbaine. Certaines espèces ne vivent jamais dans les villes, fuyant l'avancée du béton. D'autres, tels que les oiseaux migrateurs et les insectes, sont des visiteurs occasionnels, qui font une courte pause avant de repartir. Les animaux les moins exigeants – les ratons-laveurs et les renards roux – sont autant chez eux en ville qu'à la campagne, et considèrent les agglomérations comme des extensions de leur habitat naturel. Les véritables spécialistes urbains, tels que l'omniprésent pigeon biset et le moineau domestique, sont désormais tellement adaptés à la vie citadine qu'il est rare de les observer ailleurs.

Si le pigeon biset peut survivre dans les centres-villes les plus animés, beaucoup d'animaux urbains vivent principalement dans les parcs et jardins – versions miniature de leur habitat dans la nature. Ces animaux sont différents selon les continents, mais il s'agit notamment de mammifères arboricoles, tels que les écureuils et les opossums, et d'une grande variété d'oiseaux. L'extension de la banlieue est normalement une menace pour la vie sauvage, mais elle peut s'avérer bénéfique pour ces espèces, car elle crée une multiplicité d'habitats, accompagnés parfois d'une distribution de nourriture.

BEAUCOUP DE PAPILLONS *se reproduisent dans les zones urbaines, mais le morio est seulement un visiteur en quête de nectar et de fruits tombés.*

LE RENARD ROUX *est actif la nuit, ce qui limite le risque d'être dérangé dans sa quête de nourriture.*

LE RAT GRIS *: son mode de vie fouisseur lui permet de vivre près des hommes sans être vu.*

COMBLES

ZONES DE VIE

SOUS-SOL

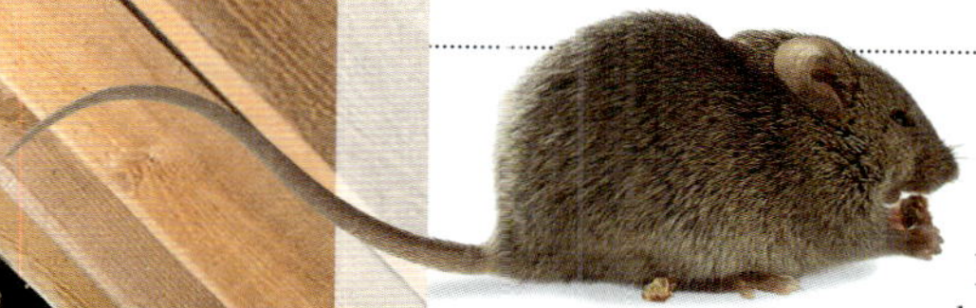
LA SOURIS *domestique, originaire d'Asie centrale, s'est répandue dans le monde entier. Parmi les autres rongeurs domestiques, citons les rats et certaines espèces de loirs.*

POUR LES GECKOS, *les murs des maisons constituent d'excellents terrains de chasse nocturne – surtout s'il y a de la lumière à proximité pour attirer les insectes volants.*

LES MOUCHES *domestiques entrent dans les maisons pour se nourrir, mais certaines espèces – telle la mouche des greniers* (Pollenia) *– hivernent dans les greniers et les pièces vides tranquilles.*

LES BLATTES *peuvent devenir un véritable fléau dans les régions chaudes et dans les maisons avec le chauffage central.*

LES LÉPISMES *sont répandus mais totalement inoffensifs. Ils se nourrissent la nuit de tous types de féculents, de la farine à la colle à papier peint.*

LE PHOLQUE *est présent dans les grottes dans la nature. Les caves et les pièces sombres constituent un parfait habitat de remplacement artificiel.*

À L'INTÉRIEUR

Dans la nature, beaucoup d'animaux créent sans le vouloir des habitats pour les autres espèces lorsqu'ils construisent leur nid. Les hommes font exactement la même chose. Toutefois, en raison de leur étendue et de leur complexité, nos « nids » peuvent héberger une extraordinaire variété d'animaux. La majeure partie d'entre eux est inoffensive, mais certains peuvent créer des problèmes, ou du moins des désagréments.

En général, les animaux d'intérieur sont petits et nocturnes, ce qui leur permet de ne pas se faire remarquer par leurs hôtes humains. C'est notamment le cas des espèces qui partagent nos logements et se nourrissent des restes de nourriture. Le lépisme, par exemple, sort la nuit pour chercher de la farine et d'autres féculents, et s'enfuit en courant si l'on ouvre brusquement les placards ou les tiroirs, les exposant à la lumière. Les blattes se comportent de la même façon, mais elles sont plus nuisibles, car elles endommagent les provisions et transmettent parfois des maladies. Au crépuscule, les animaux nocturnes se cachent, laissant la place à l'équipe de jour. Les mouches domestiques, par exemple, sont plus actives le jour parce qu'elles se dirigent à la vue. Dans les sous-sols et les greniers, les animaux sont moins affectés par l'alternance de lumière et d'obscurité et moins souvent dérangés par les allées et venues des hommes. Pour les animaux sauvages, les greniers ressemblent à des creux d'arbres immenses tandis que les sous-sols évoquent des grottes. Les guêpes, des oiseaux et les souris domestiques nichent dans les greniers – s'ils peuvent y accéder – et partagent parfois cet habitat avec des chauves-souris. Les sous-sols et caves sont un refuge pour les araignées capables de survivre pendant de longues périodes sans manger et, dans de nombreux cas, d'attraper leurs proies dans l'obscurité totale.

L'arrivée du chauffage central a été un facteur important lié à l'augmentation du nombre d'animaux qui choisissent de partager nos maisons. Par exemple, les blattes, présentes à l'origine principalement dans les régions chaudes, sont désormais répandues dans les régions plus froides. Les meubles et tapis moelleux jouent également un rôle : outre le fait de préserver la chaleur de la maison, ils offrent des abris et des sites de reproduction pour divers animaux.

CONSERVATION

En ville, les animaux subissent une sorte de sélection non naturelle en ce sens que toute espèce non adaptée au milieu urbain est éliminée, quelle que soit son éventuelle prospérité dans la nature. La pénurie de place, le bruit et la pollution empêchent de nombreux animaux de s'installer dans les villes, tandis que d'autres facteurs environnementaux, tels que les éclairages puissants des rues, en dissuadent bien d'autres. Les risques de la vie en ville sont tels que même les animaux urbains expérimentés, et prospères dans la nature, succombent à ces dangers. La circulation, de toute évidence, est un risque majeur qui tue des milliers d'animaux (et d'hommes) par an.

LA CIRCULATION AUTOMOBILE, *qui a augmenté considérablement au cours des cinquante dernières années, constitue l'une des pires menaces, notamment pour les animaux nocturnes, tels les renards.*

DANS LES ZONES URBAINES

LES ANIMAUX ont eu des millions d'années pour s'adapter dans la nature, mais seulement une fraction de ce temps pour s'accommoder de la vie urbaine. Malgré tout, ils ne sont jamais loin des agglomérations. Leur succès est dû principalement à leur « préadaptation » – caractéristiques permettant de s'adapter à un certain mode de vie, ou à un habitat, mais qui se sont révélées utiles, par hasard, pour un autre. Ainsi, certains animaux prospèrent dans les habitats conçus par l'homme qui ressemblent à ceux qu'ils exploiteraient dans la nature. D'autres réussissent parce que, peu exigeants, ils peuvent exploiter les ressources que nous leur procurons par inadvertance.

ESPÈCES INTRODUITES

Les espèces qui se sont installées dans de nouvelles régions sont nombreuses en zones urbaines, qu'elles aient été introduites délibérément ou qu'elles soient arrivées avec la nourriture importée. Des animaux domestiques sont parfois relâchés ou parviennent à s'échapper. Certains restent en ville, quelques-uns – comme l'étourneau en Amérique du Nord – entreprennent de coloniser tout un continent.

LOIN DE CHEZ ELLE *Cette perruche à collier d'Afrique tropicale et d'Asie du Sud résiste au froid, c'est pourquoi elle peut vivre dans des régions d'Amérique du Nord et d'Europe.*

SE NOURRIR

Certains animaux urbains se nourrissent des mêmes aliments que ceux qu'ils trouvent dans la nature, mais pour les espèces omnivores – tels les ratons-laveurs, les renards et les pigeons – l'alimentation quotidienne est souvent très différente de celle dans la nature. Ces espèces goûtent toutes sortes de déchets alimentaires, et cette tendance très opportuniste est le secret de leur grande réussite. Les emballages alimentaires modernes posent parfois des problèmes, mais elles apprennent rapidement à déchirer ou à retirer d'un coup de bec le plastique et le papier pour manger le contenu.

Les animaux de nos maisons disposent de trois sources d'alimentation : les aliments que nous mangeons, les animaux qui mangent ces aliments et les tissus. La première catégorie comprend une grande variété de nuisibles domestiques, tels que les rats, les souris, les mouches et les cafards ; la seconde catégorie est composée principalement d'araignées, mais également de mille-pattes (scutigères) et de geckos dans les régions chaudes. Les araignées sont presque parfaitement adaptées à la vie intérieure, et bien que largement détestées, elles contribuent à limiter le nombre d'insectes. Les animaux de la troisième catégorie sont les moins appréciés de ces hôtes non invités. Il s'agit des xylophages tels que les termites et quelques coléoptères, ainsi que les insectes qui attaquent les autres matières organiques, comme la laine. Dans de nombreuses parties du monde, ces animaux sont de véritables nuisibles.

LA LUMIÈRE ET LA CHALEUR

Dans les villes, les lampadaires des rues éclairent le ciel dans la nuit, tandis que la chaleur des immeubles et la circulation les rendent beaucoup plus chaudes que les campagnes alentour. Les lumières artificielles brouillent les systèmes de navigation des insectes et interfèrent avec les horloges biologiques des oiseaux. De ce fait, des passereaux chantent parfois tard la nuit, et certaines espèces commencent à construire des nids en hiver, « convaincues » par la lumière vive que c'est le printemps. Ce supplément de chaleur est apprécié par divers animaux, des papillons aux oiseaux. Dans certaines régions, les étourneaux se rendent dans les villes les après-midi d'hiver pour se percher sur les immeubles, où ils bénéficient d'une relative chaleur.

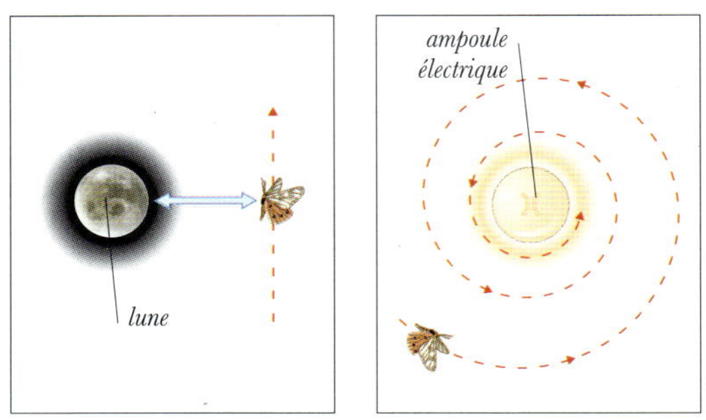

ATTIRÉS PAR LA LUMIÈRE *Les papillons de nuit se dirigent en maintenant un angle précis par rapport à la lune, qui, en raison de son éloignement, agit comme une boussole permettant de suivre une ligne droite. Avec des lumières plus proches, le papillon a l'impression que la « boussole » dérive. Il ajuste son itinéraire en conséquence, et finit par décrire des spirales près de l'ampoule.*

RAID À L'AUBE *À l'affût des signes de danger, un raton-laveur, à l'aide de son odorat développé et de ses pattes antérieures, trie les déchets d'une poubelle qu'il a retournée.*

SUR LES TOITS

Pour les oiseaux et les chauves-souris, les toits des immeubles peuvent constituer un abri idéal. Surélevés par rapport au sol et relativement peu dérangés par les gens, les animaux se nourrissent et se reproduisent en toute tranquillité. Certaines espèces nichent dans les greniers ou sous les avant-toits, tandis que d'autres préfèrent le haut des cheminées. Les martinets, les hirondelles rousselines et les hirondelles de fenêtre sont les principaux habitants des toits et constituent un excellent exemple de préadaptation : ils nichent naturellement sur des falaises ou dans des fissures, mais le rapide développement des villes leur a fourni d'autres possibilités qui leur ont permis d'étendre leur aire de répartition dans des régions où ils étaient rares.

LA VIE SUR LES TOITS *Bien que les cigognes blanches nichent souvent sur les immeubles, elles se nourrissent dans les prairies et les champs. Autrefois très répandues dans les villages de l'Europe occidentale et centrale, elles ont vu leur nombre diminuer en raison des modifications des pratiques agricoles.*

LES NUISIBLES

Les coléoptères xylophages sont fréquents dans les maisons des régions tempérées, tandis que les termites attaquent le bois dans les régions plus chaudes. Autrefois, on était démuni contre leurs attaques, mais, aujourd'hui, les insecticides sont efficaces. Malgré tout, nombre de ces animaux, notamment les coléoptères qui creusent le bois, sont beaucoup plus répandus qu'auparavant, car ils ont été exportés dans le bois transporté dans le monde entier.

DANS LES MEUBLES, *les larves de la vrillette creusent des galeries, et en deux à cinq ans, période nécessaire pour qu'elles deviennent adultes, elles peuvent affaiblir les meubles au point qu'ils finissent par s'effondrer. Une espèce apparentée attaque le bois abîmé.*

CHASSEUR URBAIN
Le faucon pèlerin est l'un des rapaces diurnes qui nichent parfois en ville. Il se nourrit principalement d'autres oiseaux, qu'il capture généralement en plein ciel. Les toits et les rebords des immeubles lui offrent un excellent point de vue pour repérer sa proie, avant de fondre sur elle à grande vitesse, en piqué.

LE REGNE ANIMAL

Environ 1,5 million d'espèces d'animaux ont été identifiées jusqu'à présent, et il en existe sans doute des millions de plus. Le règne animal comporte des invertébrés trop petits pour qu'on puisse les voir à l'œil nu et des animaux comme la baleine bleue, longue de plus de 30 m. Les modes de vie sont eux aussi très variés : certains animaux, fixés d'une manière permanente au fond de la mer, y trouvent de quoi se nourrir en filtrant l'eau ; d'autres poursuivent leur proie sur le sol à une vitesse de 100 km/h. Les chapitres qui suivent reflètent cette immense diversité : 2 000 espèces y sont présentées, certaines choisies parmi les plus grandes et les mieux connues, d'autres comptant au nombre des plus petites et des plus obscures.

LES MAMMIFERES

LES MAMMIFÈRES

PHYLUM	Cordés
CLASSE	Mammifères
ORDRES	21
FAMILLES	140
ESPÈCES	4475

LES MAMMIFÈRES sont les vertébrés qui nous sont le plus familiers. Ils nourrissent leurs petits avec le lait produit par les glandes mammaires de la femelle, organes qui leur sont spécifiques et dont ils tirent leur nom. Presque tous ont le corps couvert de poils, et leur progéniture est bien formée à la naissance. Ceux dont l'existence se passe au sol sont particulièrement répandus et variés, mais il en est aussi qui vivent dans l'air et dans l'eau. Ils doivent surtout leur succès au fait que les conditions extérieures n'affectent pas la température de leur corps, qui reste constante. Ils sont très adaptables et changent de comportement selon les circonstances. Certains, surtout les primates (groupe dont les humains font partie), vivent en sociétés complexes.

L'ÉVOLUTION

Les mammifères descendent des thérapsidés, groupe de petits reptiles carnivores vivant au trias, période dont le début remonte à 245 millions d'années. Ce groupe s'est différencié au fil de l'évolution, les diverses caractéristiques distinguant aujourd'hui les reptiles des mammifères étant apparues lentement et à des moments différents. La forme du crâne des thérapsidés s'est modifiée (voir encadré ci-dessous), leur squelette est devenu plus léger et plus souple. Un changement dans la disposition des membres, attachés sous le corps et non plus sur les côtés, a permis aux mammifères d'être plus véloces et plus agiles.

À la fin du trias, il y a 205 millions d'années, les mammifères faillirent être exterminés par les dinosaures, reptiles qui, apparus pendant cette période, dominèrent la terre au mésozoïque, ère qui s'est étendue de 245 à 65 millions d'années. Ce fut peut-être à la température constante de leur corps que les mammifères durent de ne pas disparaître en même temps que les dinosaures. Pendant le mésozoïque, le climat se refroidit en effet et les températures devinrent fluctuantes. Dans ces conditions, l'organisme des dinosaures cessa sans doute de fonctionner alors que celui des mammifères se montrait capable de s'adapter.

ALLAITEMENT
Les mammifères se distinguent essentiellement des autres animaux par le fait que les femelles nourrissent leurs petits avec la sécrétion de leurs glandes mammaires.

L'ANATOMIE

Par rapport à celui des autres vertébrés, le crâne des mammifères présente des différences de structure. Le maxillaire inférieur est chez eux directement rattaché au crâne, comme il ne l'est chez aucun autre animal, et il est constitué d'un seul os, ce qui confère une grande puissance à l'ensemble de la mâchoire et rend ces animaux capables de démembrer n'importe quelle proie. Leur denture, qui varie d'une espèce à l'autre, reflète des régimes alimentaires divers en même temps qu'elle les facilite. Ils possèdent tous trois types de dents : des incisives servant à mordre, des canines utilisées pour agripper et déchirer et des dents jugales (molaires et prémolaires) broyeuses. Leurs oreilles, contrairement à celles des autres animaux, sont presque toujours pourvues d'un pavillon externe mobile avec lequel ils repèrent les sons, ceux-ci étant ensuite communiqués au tympan, puis transmis d'abord à l'oreille interne par trois minuscules os, et enfin au cerveau.

MÂCHOIRES
Les mammifères sont seuls à avoir le maxillaire inférieur directement rattaché au crâne. La mâchoire des hippopotames est très grande et l'ouverture de la bouche exceptionnelle.

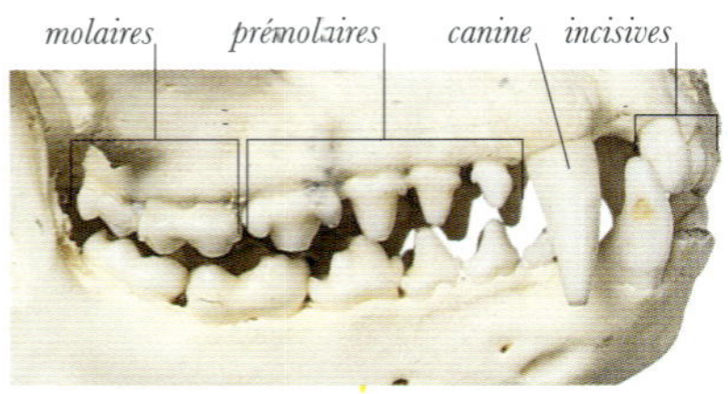

DENTS DE RATON LAVEUR

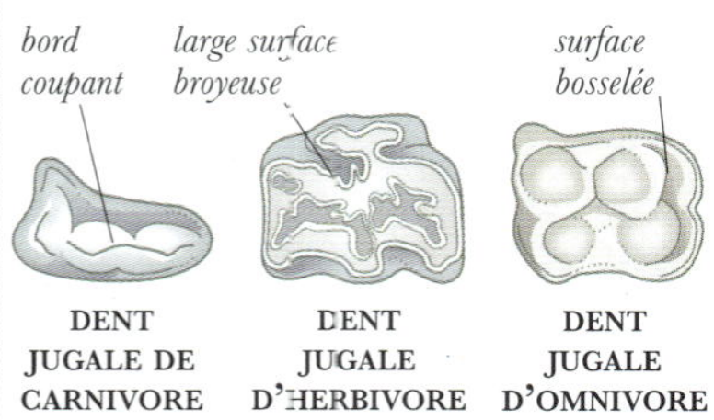

LES DENTS DES MAMMIFÈRES
De nombreux mammifères ont, comme le raton laveur ci-dessus, une denture reflétant leur alimentation. Les carnivores ont les dents jugales (molaires et prémolaires) tranchantes pour couper les os, les herbivores les ont larges pour broyer les plantes et les omnivores également larges mais garnies de cuspides pour mâcher des aliments variés.

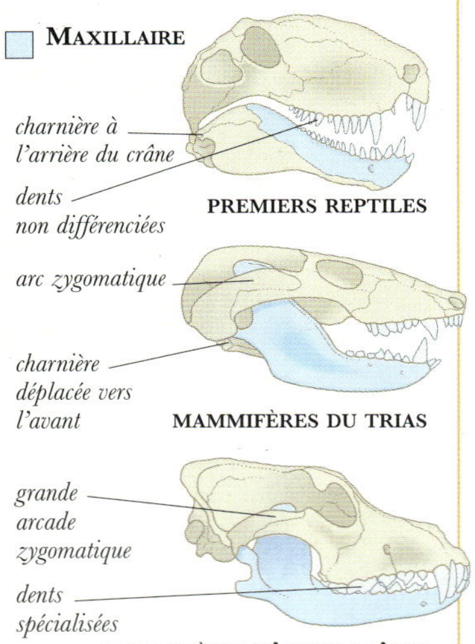

LE CRÂNE ÉVOLUE

Les ancêtres reptiliens des mammifères avaient les dents toutes semblables et leur mâchoire, faite de plusieurs os, n'était capable que d'un mouvement vertical. Au trias, une arcade zygomatique vint abriter des muscles puissants actionnant les maxillaires des mammifères, toujours faits d'un seul os. De nos jours, leurs dents se sont spécialisées et le maxillaire inférieur exécute des mouvements complexes, ce qui rend la mastication des aliments possible, cette caractéristique ne se retrouvant chez aucun autre groupe d'animaux.

MAMMIFÈRES

LES POILS

Les mammifères sont les seuls animaux qui soient couverts de poils. Ces assemblages de cellules rigidifiées par la kératine prennent diverses formes – moustaches parfois tactiles, piquants et même cornes (comme chez les rhinocéros). C'est cependant sous l'aspect de fourrure que les poils sont les plus communs. Ils sont alors de deux sortes : un duvet fin d'une part, de l'autre des jarres plus rudes dont l'animal tire sa couleur et parfois partiellement son camouflage.

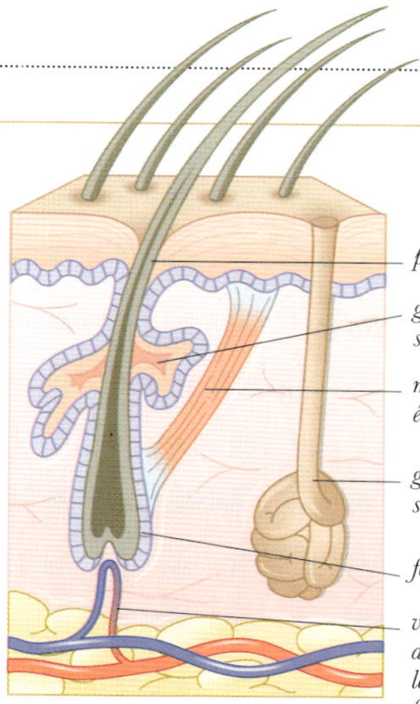

PEAU VUE EN COUPE
Les poils sont issus des follicules, sacs situés dans la peau, et un muscle les dresse ou les couche, ce qui modifie la propriété isolante de la fourrure.

POILS MODIFIÉS
Les piquants avec lesquels les hérissons se défendent sont des poils.

Les mammifères se distinguent aussi des autres animaux par la peau. Celle-ci comporte deux couches : une externe, l'épiderme, faite de cellules mortes, joue un rôle protecteur ; l'autre interne, le derme, où aboutissent des vaisseaux sanguins et des terminaisons nerveuses. Des glandes au rôle particulièrement remarquable sont également situées dans cette couche : certaines sécrètent des produits chimiques avec lesquels les mammifères communiquent entre eux, d'autres produisent le lait avec lequel ils nourrissent leurs petits, d'autres encore participent à la régulation thermique en exsudant de la sueur.

LA REPRODUCTION

On divise en général les mammifères en trois groupes qui correspondent à trois modes de reproduction. La fécondation est interne dans les trois catégories (voir p. 29). Les représentants du premier groupe, celui des monotrèmes (ornithorynque et échidnés), pondent des œufs, ceux des autres donnant le jour à des jeunes. Chez les marsupiaux, qui composent le second groupe, les nouveau-nés sont peu développés car les femelles sont dépourvues de véritable placenta. Les petits tètent leur mère et, chez certaines espèces, celle-ci les garde un certain temps dans sa poche. Dans le troisième groupe, qui est le plus nombreux, le fœtus se développe à l'intérieur de l'utérus de la mère, laquelle lui fournit nourriture et oxygène par l'intermédiaire du placenta (d'où le nom de mammifères placentaires). Les petits sont plus développés à la naissance que chez les marsupiaux.

Les petits mammifères se nourrissent tous du lait produit par les glandes mammaires de leur mère et fourni par ses tétines. Riche en protéine et en graisses, cette sécrétion n'est pas seulement un excellent aliment, elle contient des antibiotiques et contribue ainsi à la protection des nouveau-nés contre les infections. Le fait de ne pas avoir à se procurer tout jeunes leur nourriture donne aux petits mammifères de bonnes chances de survie.

L'importance des portées est variable (20 pour l'opossum de Virginie et 1 pour l'orang-outan) ; il en va de même de la durée de la gestation – douze jours pour le bandicoot à museau court et vingt-deux mois pour les éléphants d'Afrique.

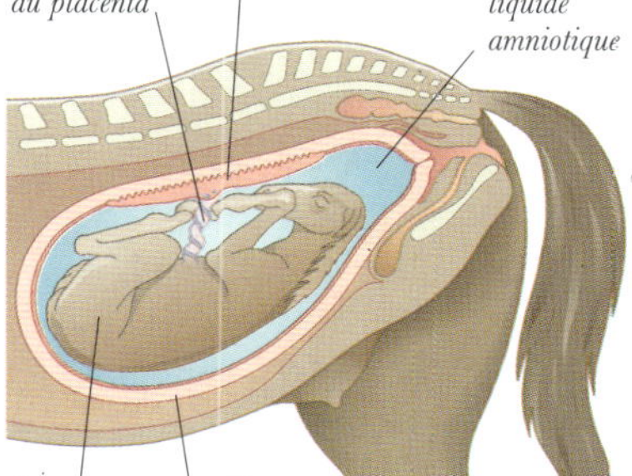

MAMMIFÈRES PLACENTAIRES
L'œuf fécondé d'un mammifère placentaire se divise et finit par se transformer en un fœtus qui grandit tandis que l'utérus se dilate. Chez une jument (présentée ci-dessus) la gestation dure onze mois.

LA RÉGULATION THERMIQUE

Les mammifères sont endothermiques, c'est-à-dire que leur corps garde une chaleur constante et qu'ils peuvent rester actifs par les températures les plus extrêmes. C'est pourquoi on les trouve partout sur la planète et ce sont eux les plus répandus des vertébrés (les oiseaux mis à part). Nombre d'entre eux habitent des régions où la température se maintient bien au-dessous de zéro toute l'année ou presque.

C'est l'hypothalamus qui contrôle la température du corps. Cette zone du cerveau agit sur le métabolisme, en dilatant ou en contractant les vaisseaux sanguins, en dressant ou en couchant les poils afin d'enfermer une couche d'air dans la fourrure ou de la libérer, en provoquant soit des frissons à effet réchauffant, soit une évaporation de sueur ou un halètement à effet rafraîchissant. Certaines postures permettent aux mammifères de réguler la température de leur corps : les singes se recroquevillent par exemple quand ils ont froid et les lémuriens se réchauffent tôt le matin en exposant les parties peu poilues de leur corps au soleil.

Certains comportements ont aussi une action régulatrice. Dans le désert et la savane, les rongeurs se retirent dans des terriers frais et humides au plus fort de la chaleur, et les gros mammifères se mettent à l'ombre dans des terrains en contrebas. Les mammifères vivant dans le désert sont souvent de couleur pâle tandis que ceux

LUTTER CONTRE LE FROID
Les gros mammifères qui, comme les cerfs, n'hibernent pas, résistent au froid en utilisant leurs réserves de graisse. Ils sont plus maigres à la fin de l'hiver qu'au début.

COMBATTRE LA CHALEUR
Dans les régions chaudes, les mammifères se reposent pendant les périodes où la température est le plus élevée. Il leur arrive aussi de haleter, comme le fait ce puma, pour que l'évaporation de l'eau sur sa langue lui procure de la fraîcheur.

L'HIBERNATION

Certains mammifères, surtout s'ils sont petits, hibernent pour éviter les dépenses d'énergie. La température de leur corps s'abaisse, leur respiration ralentit, leurs réactions métaboliques deviennent presque imperceptibles, ils cessent de s'alimenter et utilisent leurs réserves de graisses. Un animal qui hiberne est plongé dans une torpeur dont il est difficile de le tirer. En Europe occidentale, les hérissons entrent par exemple en hibernation lorsque la température descend au-dessous de 15 °C et, au milieu de l'hiver, leur température corporelle n'est que d'environ 6 °C. Une température rectale de 0 °C a été enregistrée chez certaines chauves-souris. Les gros mammifères n'hibernent pas véritablement mais dorment d'un sommeil dont on les réveille sans peine.

BOULE DE GLACE
La température corporelle d'une chauve-souris qui hiberne tombe au niveau de la température ambiante, la condensation qui recouvre ce vespertilion de Daubenton en témoigne.

CACHETTE HIVERNALE
Il est important pour les hérissons qui hibernent d'être bien camouflés.

LES MAMMIFÈRES AQUATIQUES

Trois groupes de mammifères ont adopté la vie aquatique, acquérant ce faisant un corps fuselé et devenant capables, tout en respirant à la surface, de demeurer longtemps en apnée. Baleines et dauphins sont les plus spécialisés. Ils n'ont pas de fourrure et passent leur vie entière dans l'eau. Phoques et otaries dépendent quant à eux de leurs réserves sous-cutanées de graisse ; ils ont une fourrure qui conserve son imperméabilité grâce à la sécrétion de leurs glandes sébacées. Les siréniens sont exclusivement herbivores. La loutre de mer est dépourvue de graisse sous-cutanée et garde une couche d'air enfermée dans son épaisse fourrure pour se défendre contre le froid.

LA VIE EN MER
Les mammifères aquatiques telle cette baleine à bosses sont issus d'animaux terrestres. Bien qu'elles aient perdu leurs membres postérieurs, certaines baleines ont gardé une ceinture pelvienne vestigielle.

NAGEURS ÉMÉRITES
Maladroits sur terre où ils ne s'aventurent jamais très loin, les phoques, dont les pattes se sont transformées en nageoires palmées, sont des acrobates sous l'eau, comme l'est ce phoque-veau marin.

habitant les régions froides ont parfois un pelage foncé. Lorsque de telles teintes vont à l'encontre des exigences du camouflage, elles sont remplacées par le blanc d'une manière soit temporaire comme chez l'hermine, soit permanente comme chez l'ours polaire, une fourrure plus épaisse servant de compensation.

TÊTE EN L'AIR
Les mammifères évitent de se faire concurrence en ne consommant pas les mêmes aliments ou en se les procurant de manières différentes. Avec son long cou, cette girafe atteint des végétaux hors de la portée d'autres herbivores.

L'ALIMENTATION

Pour conserver une température corporelle élevée et constante coûtant cher en énergie, les mammifères ont besoin d'une alimentation abondante et nourrissante. Probablement toutes prédatrices au départ, les différentes espèces se sont habituées à satisfaire leurs besoins de manières diverses. Certaines se nourrissent de chair animale, ce sont les carnivores ; d'autres, appelées herbivores, vivent de végétaux ; un troisième groupe nommé omnivore consomme végétaux et chair animale.

L'appareil digestif des mammifères carnivores est simple car les protéines, les lipides et les minéraux fournis par la viande ne sont pas difficiles à assimiler. Il n'en va pas de même des végétaux qui contiennent des glucides complexes. Pour assurer la fermentation de ces substances, de nombreuses bactéries sont donc présentes dans l'appareil digestif des herbivores. Elles vivent soit dans les multiples chambres de l'estomac, soit dans le cæcum, vaste sac situé près du gros intestin.

Le régime alimentaire d'un animal est étroitement lié à sa taille car la déperdition de chaleur est, chez lui, inversement proportionnelle à son volume. Les mammifères de petite taille ont, de ce fait, de grands besoins d'énergie. Comme ils sont incapables de tolérer les opérations lentes et complexes qu'exige la digestion chez les herbivores, ceux qui pèsent moins de 500 g sont parfois carnivores mais se contentent d'insectes, seules proies qu'ils soient capables de digérer. Les mammifères plus gros, qui génèrent plus de chaleur qu'ils n'en perdent, sont en mesure d'accepter soit que le processus digestif soit lent, et dans ce cas ils sont herbivores, soit que la quête de la nourriture soit longue, et alors ils sont carnivores. Leurs proies sont de grands vertébrés car il est difficile pour les mammifères pesant plus de 500 g d'attraper quotidiennement suffisamment d'insectes pour suffire à leurs besoins. Les seuls gros mammifères insectivores sont ceux qui se nourrissent de grandes quantités d'insectes vivant en colonie (fourmis et termites).

LA STRUCTURE SOCIALE

Les mammifères communiquent au moyen d'odeurs que dégagent soit des glandes, soit leur urine ou leurs excréments. Gestes, expressions et émissions vocales constituent aussi chez eux un

PEUR — SOUMISSION — EXCITATION

EXPRESSIONS FACIALES
Certains mammifères, surtout les primates, utilisent des expressions faciales pour communiquer. Ce chimpanzé montre les dents quand il a peur, sourit pour exprimer la soumission et ouvre la bouche en découvrant les dents quand il est excité.

LE RÔLE DU JEU

L'apprentissage des jeunes mammifères se fait en grande partie par le jeu. En chassant et en se battant pour s'amuser, ils apprennent à imiter les comportements des adultes. Chez les ongulés, la hiérarchie est établie très tôt. C'est ainsi que sont évités chez eux les conflits qui pourraient entraîner plus tard des blessures risquant d'affaiblir les adultes. Les jeunes prédateurs doivent quant à eux apprendre à traquer et à tuer leur proie.

L'APPRENTISSAGE DE LA SURVIE
C'est en jouant que les futurs prédateurs, tels ces lionceaux, apprennent à bondir, à mordre et à griffer avec leurs pattes de derrière.

TROUVER SA PLACE
Comme beaucoup d'herbivores, ces éléphanteaux cherchent par le jeu à trouver leur place dans la hiérarchie de leur groupe.

L'INTELLIGENCE

Chez les mammifères jugés intelligents, la zone «pensante» du cerveau est relativement développée par rapport au reste. Difficile à définir, l'intelligence tient sans doute à la faculté d'acquérir de nouvelles connaissances. Les rats sont considérés comme très intelligents car ils sont capables d'apprendre à exécuter de nouvelles tâches. L'intelligence semble être liée à la méthode employée pour se procurer de la nourriture : le cerveau d'un cerf qui broute des plantes est plus petit proportionnellement à son corps que celui d'un chat obligé de se montrer plus malin que sa proie.

LABYRINTHE
On évalue souvent l'intelligence d'un animal en lui assignant une tâche simple. C'est le cas de ce rat albinos qui cherche son chemin dans un labyrinthe.

CAPACITÉ DE RAISONNEMENT
Certains primates comptent parmi les rares mammifères capables d'utiliser divers objets comme instruments, et même de laver leurs aliments avant de les manger. Ce macaque japonais trempe des grains de blé mélangés à du sable dans l'eau afin de les séparer : ils flottent et le sable tombe au fond.

langage exprimant des messages complexes.

La socialisation commence dès la naissance, lorsque des signaux échangés entre la mère et le petit facilitent l'allaitement. Elle se poursuit chez les jeunes qui jouent ensemble (voir encadré de la page précédente) et apprennent à interpréter le comportement des adultes.

Certains mammifères n'entretiennent de relations qu'au moment de l'accouplement et pour élever les petits mais de nombreux autres forment des groupes temporaires ou permanents. Les ongulés par exemple se protègent des prédateurs en vivant en troupeaux. L'utilisation de l'espace intervient également dans la forme que prennent les relations sociales : la plupart des mammifères ont un domaine et certains considèrent cette zone qui sert de cadre à leur existence comme un territoire (un lieu qu'ils défendent, individuellement ou en groupe, contre leurs congénères).

Les animaux solitaires, tels la plupart des félins, occupent en général un territoire qu'ils défendent contre les individus de même espèce et de même sexe. Chez les tigres, par exemple, une femelle ne permet pas à une autre de pénétrer dans son territoire alors que celui d'un mâle s'étend sur ceux de plusieurs femelles.

Certains mammifères comme les gibbons forment des couples monogames qui défendent chacun leur territoire. Des études récentes indiquent cependant que ces «unions» ne sont pas aussi durables qu'on le pense.

D'autres mammifères se groupent en formations plus vastes, de compositions variées. Chez les phoques et les éléphants, par exemple, mâles et femelles vivent séparément pendant la majeure partie de l'année. Les femelles, unies par des liens de parenté, forment des groupes et les mâles soit vivent seuls, soit s'associent à d'autres célibataires.

AVANTAGES DE LA VIE EN GROUPE
Vivre en groupe est très utile pour ces mangoustes naines : des guetteurs veillent sur la sécurité de la communauté, tous les petits sont élevés ensemble et le territoire est défendu collectivement.

Dans les organisations sociales de ce type, les mâles se disputent violemment les femelles, les vainqueurs étant en général les individus les plus forts et ceux possédant les armes les plus dangereuses (cornes, défenses ou andouillers). Chez certaines espèces, les mâles se contentent toutefois de rugir et de faire étalage de leur force.

Chez les zèbres de Burchell, les femelles se groupent en harems permanents autour d'un seul individu de sexe masculin, les autres mâles formant des bandes de célibataires.

Il existe aussi chez les mammifères des groupes importants réunissant plusieurs individus des deux sexes. Ce type de société ne se rencontre, lorsqu'elle est permanente, que chez les primates et les carnivores sociaux. Chez les babouins, plusieurs mâles adultes se joignent à un groupe de femelles parentes entre elles et se disputent le droit de s'accoupler avec elles. Chez les lions, plutôt que de se disputer les femelles, les mâles s'associent pour les défendre. Chez les loups, seul le couple dominant procrée, les autres adultes étant des enfants de la portée précédente qui, au lieu de créer leur propre meute, restent avec leurs parents et les aident à élever leurs jeunes frères et sœurs.

LA LOCOMOTION

Les mammifères, qui fréquentent des milieux variés, ont divers modes de locomotion. Le plus commun est celui pratiqué par les quadrupèdes, mais il existe aussi des mammifères bipèdes, les kangourous par exemple. Les mammifères ont par ailleurs trois façons de poser la patte sur le sol (voir schéma ci-dessous).

La morphologie d'un animal dépend de son mode de vie. Chez les prédateurs, obligés à des accélérations soudaines et à de brèves courses d'une extrême rapidité, la colonne vertébrale est souple. C'est le cas du guépard, le plus rapide de tous les animaux terrestres. Les ondulations de son épine dorsale lui confèrent, pense-t-on, un supplément de vitesse de 30 km/h. Pour les animaux qui, comme les gazelles, sont des proies, c'est au contraire l'endurance qui compte. Leur dos est rigide et l'allongement du segment inférieur de leurs pattes ainsi que la concentration de leur masse musculaire près du centre du corps diminuent le coût énergétique de leurs mouvements.

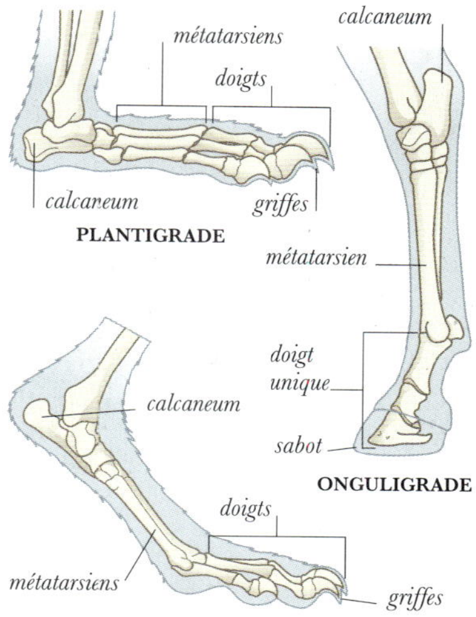

DÉMARCHES DIVERSES
Les mammifères plantigrades, les ours par exemple, posent le calcaneum, les métatarsiens et les doigts de chacune de leurs pattes sur le sol ; les digitigrades n'y appuient que les doigts ; les onguligrades marchent et courent sur la pointe d'un seul doigt.

AÉRIEN : OREILLARD

ARBORICOLE : LÉMUR MACAO

TERRESTRE : PANTHÈRE DES NEIGES

AQUATIQUE : DAUPHIN

ADAPTATIONS
Au cours de l'évolution, les membres de certains mammifères se sont transformés en ailes, palmes ou mains et pieds préhensiles, et les espèces ont adopté des modes de vie variés, aérien (chauves-souris), aquatique (baleines), arboricole (primates). La colonne vertébrale des prédateurs terrestres s'est assouplie, augmentant leur capacité à se mouvoir, et leur queue s'est allongée, améliorant l'équilibre.

MAMMIFÈRES OVIPARES

PHYLUM	Cordés
CLASSE	Mammifères
ORDRE	Monotrèmes
FAMILLES	2
ESPÈCES	3

LES REPRÉSENTANTS DE CE GROUPE, aussi appelés monotrèmes, sont les seuls mammifères à pondre des œufs. Il en existe trois espèces : l'ornithorynque, surnommé bec de canard à cause de sa mâchoire cornée, qui a une queue en battoir et des pattes palmées et vit dans les fleuves de l'est de l'Australie ; deux espèces d'échidnés, animaux au bec tubulaire, aux énormes griffes et au pelage épineux que l'on trouve en Australie et en Nouvelle-Guinée, dans divers habitats.

VIE AQUATIQUE
L'ornithorynque est excellent nageur. Sa fourrure est imperméable et doublée d'un duvet isolant. En plongée, ses yeux et ses oreilles sont fermés.

ANATOMIE

Les monotrèmes ont les pattes courtes, la tête petite et les yeux minuscules. Chez tous, les voies intestinale, urinaire et génitale se déversent dans un même réceptacle (le cloaque) pourvu d'un seul orifice (monotrème signifie «trou unique»).

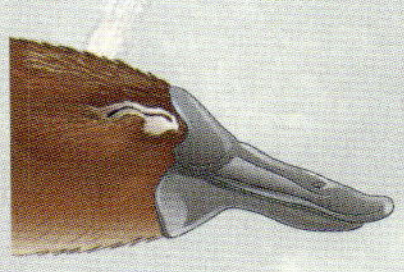

ORNITHORYNQUE

ÉCHIDNÉ

BECS DIFFÉRENTS
Le bec de l'ornithorynque (en haut) est plat et recouvert d'une peau sensible tandis que celui des échidnés est tubulaire. Tous deux servent à la recherche des proies.

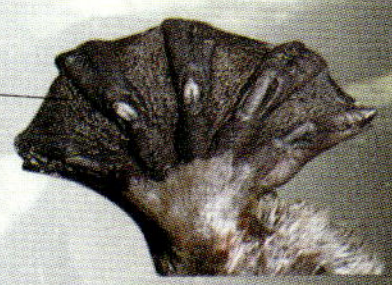

PATTES PALMÉES
L'ornithorynque se propulse dans l'eau à l'aide de ses puissantes pattes de devant qui sont palmées.

ALIMENTATION

L'ornithorynque cherche des crustacés et des larves d'insectes au fond des rivières et des lacs avec son bec sensible. L'échidné d'Australie déterre les fourmis, les termites et les vers avec ses puissantes griffes ; l'échidné à long bec se nourrit surtout de vers. Les monotrèmes adultes, dépourvus de dents, mâchent avec des plaques ou des épines situées dans leur bouche.

LANGUE COLLANTE
Une salive gluante qui couvre la langue longue et mince de l'échidné d'Australie empêche les proies de cet animal de s'échapper.

Tachyglossus aculeatus

Échidné d'Australie

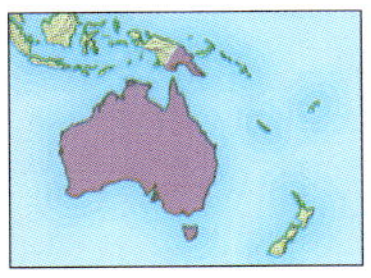

Longueur 30–45 cm
Queue 1 cm
Poids 2,5–7 kg
Sociabilité Solitaire
Statut LR

Répartition Australie (Tasmanie comprise), Nouvelle-Guinée

La fourrure de l'échidné d'Australie – aussi appelé échidné à bec court – comporte des épines plus longues que les poils dont elle se compose. Actif de jour et de nuit, cet animal est solitaire et s'engourdit parfois quand il fait très froid (si la température descend jusqu'à 4 °C) ou très chaud (si la température atteint de 31 à 39 °C). Il se nourrit de fourmis, de termites et de vers dont il détecte la présence à l'odeur peut-être à l'aide de capteurs de signaux électriques situés sur son bec. Vu de l'extérieur, il semble être dépourvu de cou.

Zaglossus bartoni

Échidné à long bec

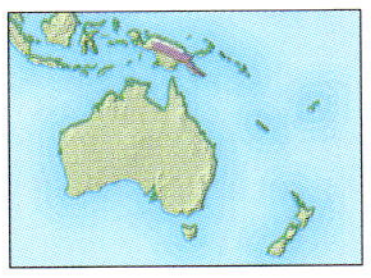

Longueur 60–100 cm
Queue Sans
Poids 5–10 kg
Sociabilité Solitaire
Statut EN

Répartition Nouvelle-Guinée

Cet échidné a un bec de plus de 20 cm de long, sa minuscule bouche étant située à son extrémité et ses petits yeux rapprochés à sa base. Comme chez son cousin, la femelle dépose ses œufs dans un terrier mais elle transporte ses petits dans sa poche et les y nourrit. L'échidné à long bec, qui est le plus grand des monotrèmes, est lent et compte pour se défendre sur ses épines, souvent à peine visibles parmi ses poils noirs.

Ornithorhynchus anatinus

Ornithorynque

Longueur 40–60 cm
Queue 8,5–15 cm
Poids 0,8–2,5 kg
Sociabilité Solitaire
Statut VU Δ

Répartition E. Australie, Tasmanie

Avec sa bouche en forme de bec de canard, sa démarche rampante comme celle des reptiles et sa queue pareille à celle des castors, l'ornithorynque est facile à reconnaître. Sa fourrure imperméable, de couleur prune, rappelle celle des taupes. Son bec est sensible au toucher et aux signaux électriques émis par ses petites proies aquatiques. Une quantité inhabituelle de globules rouges lui permet de plonger longuement. Il est solitaire mais son territoire coïncide parfois en partie avec ceux de voisins ; le mâle en rut défend toutefois ce domaine en tentant de blesser les intrus avec ses pattes postérieures garnies d'éperons venimeux. L'ornithorynque habite un terrier d'en général 5 m de long mais de parfois 30 m. Après une gestation d'un mois, la femelle pond de 1 à 2 œufs mous, à la coquille parcheminée, qu'elle couve dix jours. Les petits une fois éclos, elle les allaite pendant trois ou quatre mois dans le terrier où, quand elle part à la recherche de nourriture, elle les laisse seuls pendant parfois trente-huit heures.

MARSUPIAUX

PHYLUM	Cordés
CLASSE	Mammifères
ORDRE	Marsupiaux
FAMILLES	22
ESPÈCES	292

REMARQUE

Les scientifiques divisent en général aujourd'hui les marsupiaux en 7 ordres, ceux des opossums américains, opossums-musaraignes, colocolo, marsupiaux carnivores australiens, péramèles, taupes marsupiales, wombats, opossums, wallabies, kangourous et koalas. Pour simplifier, il a été décidé de les traiter ici comme s'ils constituaient un seul ordre.

COMME LES AUTRES MAMMIFÈRES (sauf les monotrèmes), les marsupiaux sont vivipares et allaitent leurs petits ; ils se distinguent cependant des autres mammifères dont les œufs se développent dans l'utérus de la femelle en ce que, chez eux, le fœtus naît à un stade précoce de son développement et qu'il se nourrit de lait et non par le placenta. Il existe chez eux une étonnante variété d'espèces parmi lesquelles les kangourous, les opossums et les phalangers. L'absence d'espèces rivales a conduit les marsupiaux australiens à se diversifier en se spécialisant, selon les cas, en insectivores, carnivores et herbivores. Les marsupiaux sud-américains sont petits et surtout arboricoles ; on ne trouve qu'une espèce en Amérique du Nord, l'opossum de Virginie. Les marsupiaux occupent une immense variété d'habitats allant du désert à la forêt vierge.

LES PETITS

Après une gestation très courte (douze jours chez certains péramèles), les petits viennent au monde à l'état quasi embryonnaire et s'accrochent à la mamelle de leur mère qu'ils ne lâchent qu'au bout de plusieurs semaines. Les portées sont de 1 petit chez les grandes espèces mais vont jusqu'à 8 chez les petites. La femelle kangourou s'accouple souvent pendant qu'elle est gravide, mais le nouvel embryon ne se développe que lorsque la portée précédente a quitté sa poche.

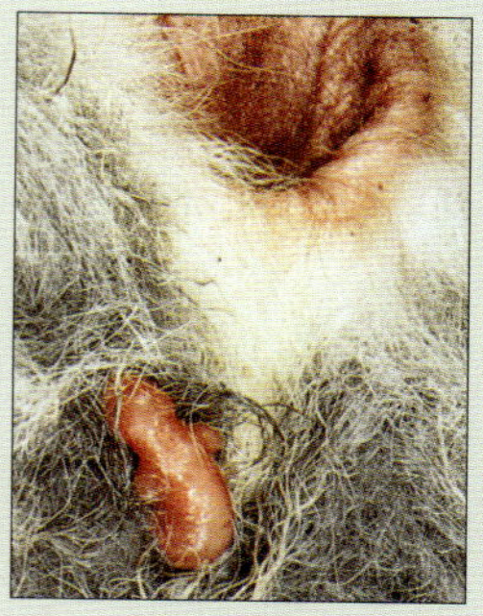

ACCROCHÉ À LA TÉTINE
Ce wallabie tammar nouveau-né s'est frayé un chemin dans la fourrure maternelle jusqu'à une tétine qu'il ne lâchera que plusieurs mois plus tard, au moment de partir explorer le monde. Une poche protège les mamelles des femelles de marsupiaux.

SURPEUPLEMENT
La poche des mères ne peut pas toujours contenir plusieurs petits. Ces bébés opossums murins ont dû rester dehors.

POCHES SPÉCIALES
Les marsupiaux ont en général une poche dans laquelle transporter leurs petits. Celle de ce kangourou gris s'ouvre sur son ventre alors que c'est sur le dos qu'elle se trouve chez d'autres espèces.

ANATOMIE

Bien qu'ayant souvent de très longues pattes postérieures (comme les kangourous) et un museau allongé, les marsupiaux sont d'aspects très divers. Les femelles sont pourvues de voies génitales doubles (voir ci-dessous) et, chez certains mâles, le pénis est fourchu. Les testicules sont contenus dans un scrotum qui se balance devant le pénis au bout d'une tige longue et mince. Les marsupiaux se distinguent aussi des autres mammifères placentaires par leur cerveau qui est plus petit et dépourvu de corps calleux (bande médullaire reliant les deux hémisphères). Chez les kangourous, les opossums, les wombats et les koalas ainsi que chez les bandicoots, le deuxième et le troisième doigt des pattes postérieures sont soudés et se terminent par une double griffe.

ORGANES GÉNITAUX DE LA FEMELLE
Contrairement aux femelles vivipares qui n'ont qu'un utérus et un vagin (à droite), les femelles marsupiales ont deux utérus et deux vagins latéraux (à gauche). Le fœtus est expulsé par un canal central séparé qui se forme au moment de chaque naissance chez certaines espèces et demeure ouvert après la première naissance chez d'autres (il arrive qu'il soit obstrué par des tissus connectifs).

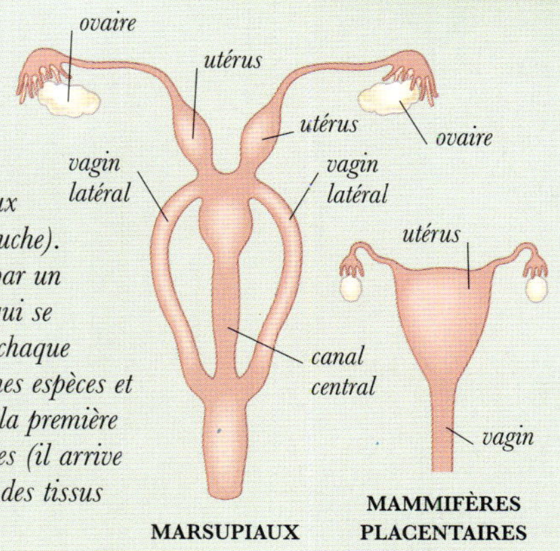

LOCOMOTION

Bien que les marsupiaux courent en général ou galopent, leur mode de locomotion n'est pas le même chez tous. Les kangourous et les wallabies sautent sur leurs longues pattes postérieures, utilisant leurs grands doigts médians comme des prolongements de leurs membres.

Chez les sauteurs de grande taille, il n'y a, à partir d'une vitesse supérieure à environ 2 m par seconde, pas de déperdition d'énergie car celle-ci est conservée dans les tendons de la patte tandis que le balancement de la grosse queue accélère l'allure.

SAUTER
Plus un kangourou roux comme celui ci-contre bondit vite, moins il dépense d'énergie.

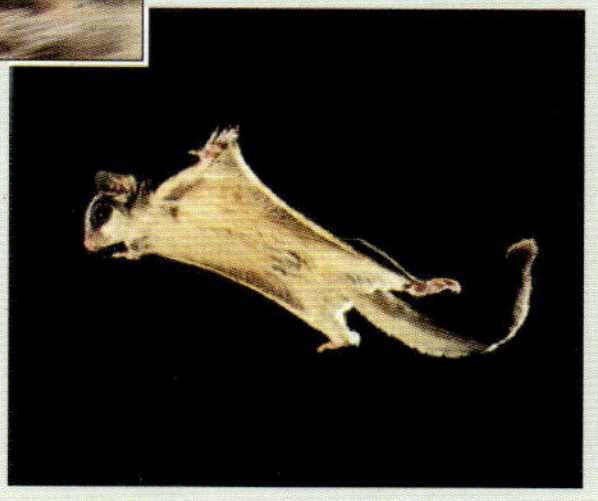

PLANER
Une peau reliant leurs pattes postérieures et antérieures permet à certains phalangers de planer.

Marmosa murina

Opossum murin

Longueur 11–14,5 cm
Queue 13,5–21 cm
Poids 15–45 g
Sociabilité Solitaire
Statut LR Δ

Répartition N. et C. Amérique du Sud

L'opossum murin vit près des cours d'eau et des habitations humaines. Sa fourrure gris pâle ou fauve sur le dos est blanche sur le ventre et il a un masque noir sur la face. Il se nourrit d'insectes, d'araignées, de lézards, d'oisillons, d'œufs et de fruits. Bon grimpeur, il se repose le jour dans les arbres. Les petits, au nombre de 5 à 8, sont sevrés au bout de soixante à quatre-vingts jours.

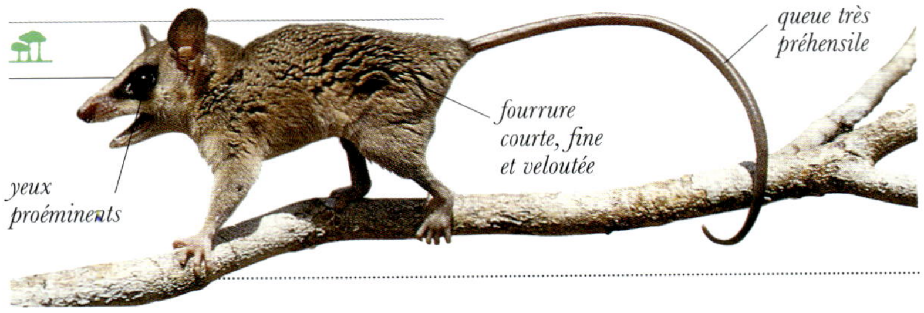

Chironectes minimus

Yapok

Longueur 26–40 cm
Queue 31–43 cm
Poids 550–800 g
Sociabilité Solitaire
Statut LR

Répartition S. Mexique à C. Amérique du Sud

Le yapok est le seul marsupial aquatique. Sa fourrure fine et épaisse est imperméable, ses pattes postérieures sont palmées, et mâles comme femelles sont pourvus d'une poche qui se ferme sous l'eau. Il se nourrit de poissons, de grenouilles et autres proies d'eau douce qu'il saisit avec les doigts de ses pattes de devant sans griffes. Il passe la journée dans un terrier creusé dans la berge d'un cours d'eau et garni de feuilles.

Caluromysiops irrupta

Opossum à épaules noires

Longueur 21–26 cm
Queue 22–31 cm
Poids 200–600 g
Sociabilité Variable
Statut VU

Répartition O. Amérique du Sud

Une large raie noire caractérise cet opossum à la fourrure laineuse. Il se nourrit de fruits et de vers qu'il cherche la nuit dans les arbres. Sa queue grise, touffue sur le dessus et nue en dessous, se termine par des poils blancs. La gestation dure de treize à quatorze jours et il y a 2 petits par portée.

Neophascogale lorentzii

Souris marsupiale à longues griffes

Longueur 16–23 cm
Queue 17–22 cm
Poids 200–250 g
Sociabilité Solitaire
Statut LR Δ

Répartition Nouvelle-Guinée

De longs poils blancs parsèment la fourrure grise de ce néophascogale qui a les membres courts et tous les doigts garnis de longues griffes. Il cherche des vers et autres proies semblables dans le sol pendant la journée. On connaît mal la manière dont il se reproduit ; 4 petits ont été repérés dans la poche d'une femelle.

Didelphis virginiana

Opossum de Virginie

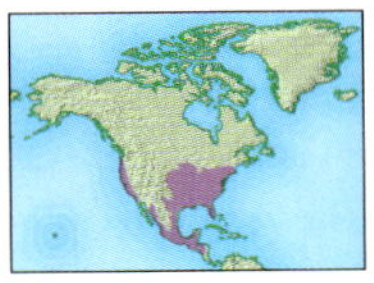

Q. : Opossum d'Amérique du Nord
Longueur 33–50 cm
Queue 25–54 cm
Poids 2–5,5 kg
Sociabilité Solitaire
Statut LR Δ

Répartition O., C. et E. États-Unis, Mexique, Amérique centrale

Peu exigeant, l'opossum de Virginie, qui est le plus grand des marsupiaux américains, est en train de se répandre rapidement en Amérique du Nord. La proximité des hommes lui est profitable car il s'abrite dans les bâtiments en ruine et les dépendances et se nourrit de déchets. En véritable omnivore, il mange aussi bien des vers que des œufs, des fleurs, des fruits et de la charogne. Il dévaste souvent poulaillers et jardins. Actif la nuit, il vit en général au sol, mais c'est un bon grimpeur et un excellent nageur. Bien qu'il ne défende pas son territoire, il évite ses congénères, sauf à la saison de reproduction.

Quoiqu'elle ne puisse en allaiter que 13, la femelle produit des portées de 18 petits. Les survivants restent accrochés à ses mamelles cinquante jours et quittent sa poche au bout de soixante-dix jours.

SIMULATEUR

Quand il est menacé, l'opossum de Virginie tente de tromper le prédateur en faisant le mort. Il se couche sur le côté, enroulé sur lui-même, la bouche et les yeux ouverts, et peut rester immobile six heures sans réagir à aucun stimulus, même pas au toucher ; un liquide nauséabond s'écoule parfois de son anus.

ASPECT HIRSUTE
La fourrure de l'opossum de Virginie est grise, rousse, brune ou noire. De longs jarrets à pointes blanches et un épais duvet lui donnent un air hirsute.

Ningaui ridei

Ningaui

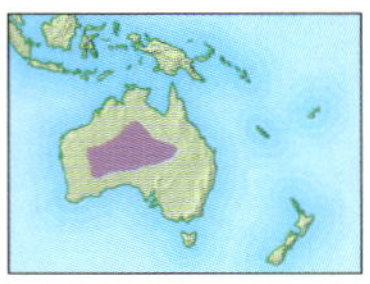

Longueur 5–7,5 cm
Queue 5–7 cm
Poids 6–12 g
Sociabilité Solitaire
Statut LR Δ

Répartition C. Australie

Décrit seulement en 1975, ce prédateur petit, féroce, solitaire et nocturne se nourrit d'invertébrés d'en général moins de 1 cm de long. Il se sert surtout de son odorat et de son ouïe pour les localiser dans les épais fourrés d'herbe (spinifex) et occupe, de jour, les trous abandonnés par les lézards, les rongeurs ou les grosses araignées. Après une incubation de treize à vingt et un jours, les petits restent accrochés six semaines aux tétines situées dans la poche de la mère. Ils sont sevrés au bout de treize semaines.

MAMMIFÈRES

Sminthopsis crassicaudata

Souris marsupiale à pattes étroites

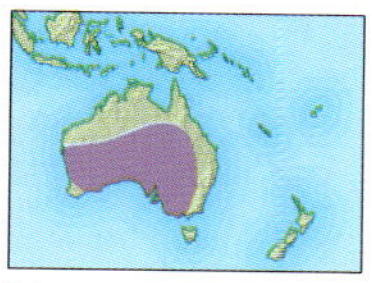

Répartition Australie

Longueur 6–9 cm
Queue 4–7 cm
Poids 10–20 g
Sociabilité Solitaire
Statut LR Δ

La souris marsupiale à pattes étroites, fauve ou brune sur le dos et blanche sur le ventre, est répandue dans les bois, les broussailles et les prairies sèches. Elle a beaucoup profité de l'extension des terres cultivées où elle chasse les petits invertébrés dont elle se nourrit la nuit. Solitaire d'août à mars, la saison de reproduction, elle vit, à la saison froide, en groupes de moins de 10 individus blottis dans des fissures, des troncs d'arbre ou des terriers.

Antechinomys laniger

Gerboise marsupiale

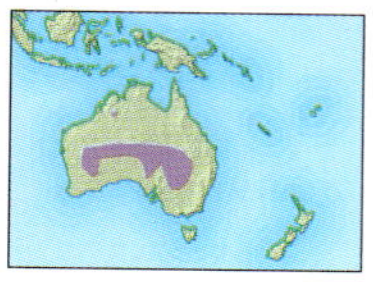

Répartition C. et S. Australie

Longueur 7–10 cm
Queue 10–15 cm
Poids 25–35 g
Sociabilité Solitaire
Statut VU Δ

S'accommodant d'habitats divers – terrains boisés, régions broussailleuses semi-désertiques –, cette gerboise marsupiale chasse les petits invertébrés la nuit. Pour bondir, elle prend appui sur ses pattes postérieures à quatre doigts et retombe sur ses pattes de devant. Ses oreilles sont grandes et ses yeux cernés de noir ; son museau est pointu, son corps trapu, son pelage fauve ou brun sur le dos et blanc sur le ventre.

Parantechinus apicalis

Rat marsupial moucheté

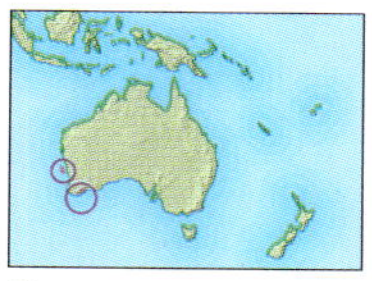

Répartition S.-O. Australie

Longueur 10–16 cm
Queue 7,5–12 cm
Poids 40–125 g
Sociabilité Solitaire
Statut EN

Jugée disparue pendant près de quatre-vingts ans, cette espèce a été redécouverte en 1967 dans l'extrême sud-ouest de l'Australie et en 1985 dans deux îles avoisinantes. Ses représentants ont les yeux entourés de poils blancs, le pelage moucheté de gris, la queue courte, effilée et bien fournie, et de grosses canines lui servant à tuer les invertébrés dont elle se nourrit.

Pseudantechinus macdonnellensis

Souris marsupiale à queue grasse

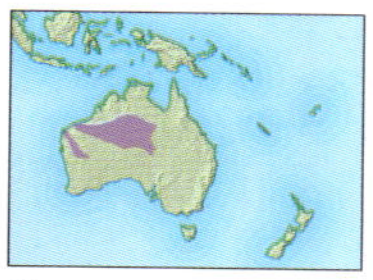

Répartition O. et C. Australie

Longueur 9,5–10,5 cm
Queue 7,5–8,5 cm
Poids 20–45 g
Sociabilité Solitaire
Statut LR Δ

Cette souris marsupiale insectivore et nocturne, au pelage brun-gris sur le dos, taché de roux derrière les oreilles et blanc sur le ventre, stocke la graisse dans sa queue, qu'elle a très épaisse. Elle fréquente les zones sèches et rocheuses où poussent de l'herbe et des buissons. Après une gestation de quarante-cinq à cinquante-cinq jours, 6 petits naissent et s'accrochent pendant quarante jours chacun à une tétine de la mère qui les allaite quatorze semaines.

Dasycercus byrnei

Kowari

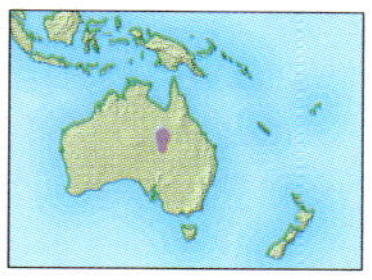

Répartition C. Australie

Longueur 13,5–18 cm
Queue 11–14 cm
Poids 70–150 g
Sociabilité Solitaire
Statut VU

Le kowari ressemble à un écureuil à cause de son épaisse queue noire mais il vit dans un terrier. Carnivore, il tue des proies de plus de 1 cm – lézards, oiseaux, rongeurs – qu'il tient avec ses pattes de devant pendant qu'il les mord. Il est solitaire, creuse son terrier dans la terre ramollie par la pluie et marque son domaine en urinant, déféquant ou déposant des sécrétions produites par des glandes situées sur son menton et sa poitrine. Il communique avec ses voisins en jacassant, en sifflant et en agitant la queue.

Dasycercus cristicauda

Mulgara

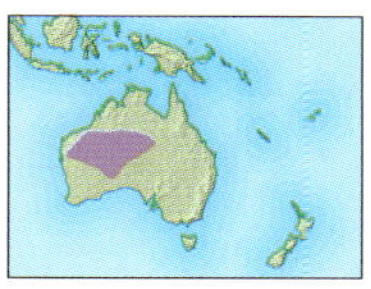

Répartition O. et C. Australie

Longueur 12–20 cm
Queue 7,5–11 cm
Poids 50–150 g
Sociabilité Solitaire
Statut VU

Cet habitant des déserts de sable ressemble au kowari. Il a une réserve de graisse à la base de la queue. Son pelage est brun cendré sur le dos et blanchâtre sur le ventre et une touffe de poils noirs orne le bout de sa queue. Il habite un terrier constitué souvent d'un simple tunnel mais parfois d'un réseau à cinq ou six orifices. Il chasse la nuit. Petits rongeurs, lézards, oiseaux, gros insectes et même aussi mille-pattes lui servent de proies.

Dasyurus viverrinus

« Martre » marsupiale

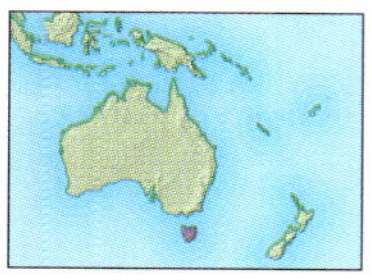

Répartition Tasmanie

Longueur 28–45 cm
Queue 17–28 cm
Poids 0,7–2 kg
Sociabilité Solitaire
Statut LR

Aperçue pour la dernière fois sur le continent australien en 1960, la « martre » marsupiale, qui ressemble à un chat, ne vit plus qu'en Tasmanie. Elle chasse ses proies – petits mammifères, oiseaux et gros insectes – la nuit et se nourrit aussi de fruits, d'herbe et de charogne. Elle vit dans les régions cultivées où elle fréquente les bois, les broussailles et les prairies. Le mâle est plus grand que la femelle et pèse moitié plus qu'elle.

PELAGE TACHETÉ *Mince et agile, la « martre » marsupiale mouchetée a des taches blanches sur son pelage brun ou noir mais pas sur la queue.*

MATERNAGE

Chez les « martres » marsupiales, la femelle a parfois 24 petits pour seulement six tétines auxquelles, les survivants, peu nombreux, s'accrochent pendant huit semaines. Quand elle part ensuite en quête de nourriture, elle laisse sa progéniture dans le terrier. Elle déménage souvent en la portant sur son dos.

Sarcophilus harrisii

Diable de Tasmanie

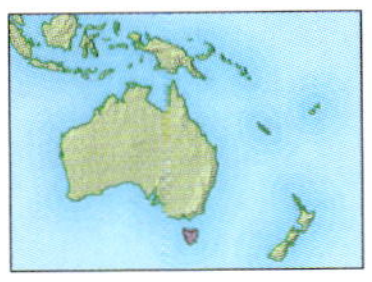

Longueur 52–80 cm
Queue 23–30 cm
Poids 4–12 kg

Sociabilité Solitaire

Statut LR

Répartition Tasmanie

Le diable de Tasmanie est le plus gros des marsupiaux carnivores. Il chasse, la nuit, des proies de diverses tailles mais est également friand de charogne. La peur le fait hurler ou aboyer et se dresser. Il s'aménage une tanière parmi les rochers ou les racines. Les petits, nés après une gestation de trente à trente et un jours, demeurent dans la poche arrière de leur mère, accrochés à ses quatre tétines.

tache blanche sur l'arrière-train

BLANC ET NOIR
Le diable a de longues taches blanches sur la poitrine et l'arrière-train.

LA CURÉE

Il arrive que le diable de Tasmanie, habituellement solitaire, ait à partager une charogne avec des congénères, attirés par l'odeur. Il déchire la peau et les ligaments et broie les os avec ses mâchoires puissantes et ses dents robustes. Il dispute les meilleurs morceaux à ses rivaux en grondant mais se bat rarement avec eux.

Myrmecobius fasciatus

Numbat

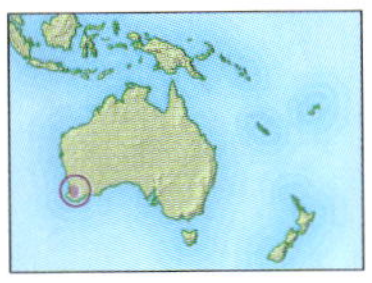

Longueur 20–28 cm
Queue 16–21 cm
Poids 300–725 g

Sociabilité Solitaire

Statut VU

Répartition S.-O. Australie

Avec sa longue langue (10 cm), le numbat aspire les termites (et plus rarement les fourmis) après avoir fendu la termitière avec les grandes griffes de ses puissantes pattes avant. Il a plus de dents (52) qu'aucun autre mammifère terrestre, mais elles sont très petites. Diurne et solitaire, il chasse les intrus de même sexe de son territoire. Les petits restent accrochés quatre mois aux quatre tétines de la mère, qui les allaite dans le nid pendant encore deux ou trois mois.

queue touffue

Perameles gunnii

Bandicoot à long museau

Longueur 27–35 cm
Queue 7–11 cm
Poids 0,5–1,5 kg

Sociabilité Solitaire

Statut VU

Répartition S.-E. Australie, Tasmanie

Il ne reste plus que quelques centaines de ces bandicoots sur le continent australien, la majorité vivant en Tasmanie. Cet omnivore chasse seul la nuit et s'abrite le jour dans un nid d'herbes, de feuilles et de brindilles. Il a de grandes oreilles, son pelage est rayé de trois ou quatre bandes noires et sa queue est blanche. Son développement est très rapide : la gestation dure douze jours, le sevrage intervient au bout de soixante jours et la maturité sexuelle au bout de trois mois.

Echymipera kalubu

Bandicoot épineux

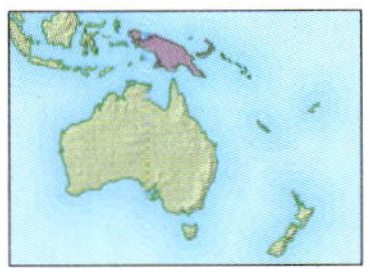

Longueur 20–50 cm
Queue 5–12,5 cm
Poids 0,5–1,5 kg

Sociabilité Solitaire

Statut LR

Répartition Nouvelle-Guinée et îles environnantes

En majorité insectivores, les bandicoots ont une taille variant entre celle du rat et celle du lapin. Celui-ci a le museau long et mobile ; ses poils raides vont du brun au noir sur le dos et sont chamois sur le ventre ; sa queue est nue. Il chasse la nuit seul et se nourrit aussi de baies et de végétaux. Il s'abrite le jour dans des troncs creux, des tas de feuilles mortes ou un terrier qu'il creuse lui-même et dont il chasse ses congénères.

Macrotis lagotis

Grand bandicoot-lapin

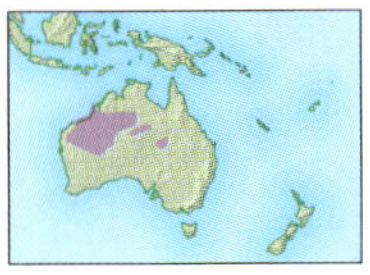

Longueur 30–55 cm
Queue 20–29 cm
Poids 1–2,5 kg

Sociabilité Couple

Statut VU

Répartition O. et C. Australie

Ce marsupial omnivore tire son nom de ses immenses oreilles. Il a de longues pattes postérieures et une queue tricolore, d'un gris bleuté (la couleur du corps) à la base, qui tourne d'abord au noir pour devenir enfin d'un blanc duveteux. Il s'abrite le jour dans des terriers longs de 3 m et profonds de 2 m qu'il creuse avec vigueur. Après une gestation de treize à seize jours, 2 petits naissent et quittent la poche au bout de quatre-vingts jours.

Notoryctes typhlops

« Taupe » marsupiale

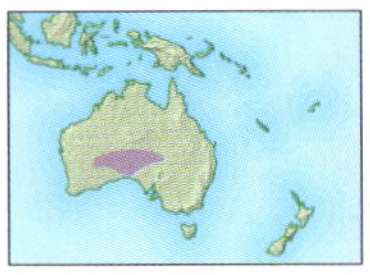

Longueur 12–18 cm
Queue 2–2,5 cm
Poids 40–70 g

Sociabilité Solitaire

Statut EN

Répartition S. Australie

La « taupe » marsupiale creuse le sol des déserts, prairies et terrains broussailleux jusqu'à presque 2,50 m de profondeur. Le sable s'écroulant après son passage, elle ne laisse aucun tunnel derrière elle. Elle se nourrit de champignons, de tubercules et de proies animales selon les occasions. Les frottements répétés subis par son pelage cannelle le rendent luisant et les minéraux présents dans le sol le teintent parfois de rouge. La poche de la femelle peut contenir 1 ou 2 petits ; s'ouvrant par-derrière, elle ne se remplit pas de terre.

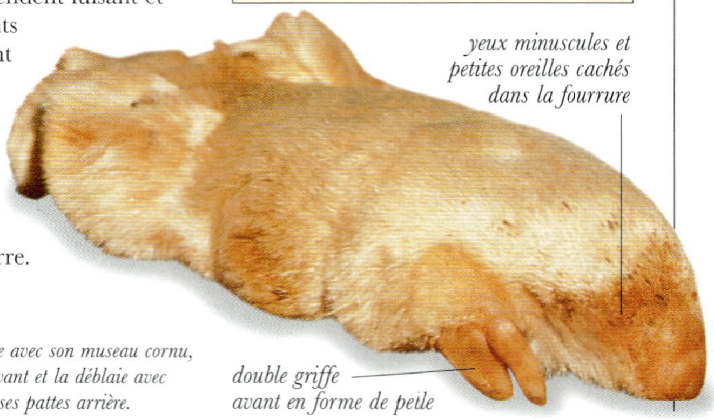

yeux minuscules et petites oreilles cachés dans la fourrure

double griffe avant en forme de pelle

PELLETEUSE
La « taupe » fouille la terre avec son museau cornu, l'entasse avec ses pattes avant et la déblaie avec les trois grosses griffes de ses pattes arrière.

MENU POUR TAUPE

La « taupe » marsupiale se nourrit de créatures vivant dans la terre (vers et mille-pattes) et même de lézards et de geckos qu'elle saisit, comme ici, entre les énormes griffes de ses pattes de devant. C'est à l'aide de l'odorat et du toucher qu'elle traque ses proies.

MAMMIFÈRES

Phascolarctos cinereus

Koala

Longueur 65–82 cm
Queue 1–2 cm
Poids 4–15 kg
Sociabilité Solitaire
Statut LR
Répartition E. Australie

Le koala vit parmi les eucalyptus. Il consomme 500 g de feuilles de ces arbres par nuit pendant les quatre heures qu'il passe à se nourrir, mais mange aussi un peu de terre, d'écorce ou de gravier pour stimuler sa digestion. Le reste du temps, il sommeille, blotti dans une branche fourchue dont il descend parfois pour changer d'arbre. Le mâle en rut mugit et, quand il est dominant, s'accouple avec un plus grand nombre de femelles que les autres. Après une gestation de trente-cinq jours, l'unique petit gagne la poche où il tète pendant six mois, après quoi il s'accroche au dos de sa mère dont, au moment du sevrage, il mange les fèces qui lui fournissent des microbes désinfectants et bons pour la digestion. Malgré son air placide, le koala est enclin à mordre et à griffer.

grandes oreilles duveteuses

RESSEMBLANCE AVEC L'OURS *Comme l'ours, le koala a la face large et le museau noir et lisse ; son corps est trapu ; sa fourrure douce, longue et en général grise ou d'un gris tournant au brun, est un peu plus claire sur le ventre et mouchetée sur l'arrière-train.*

CONSERVATION

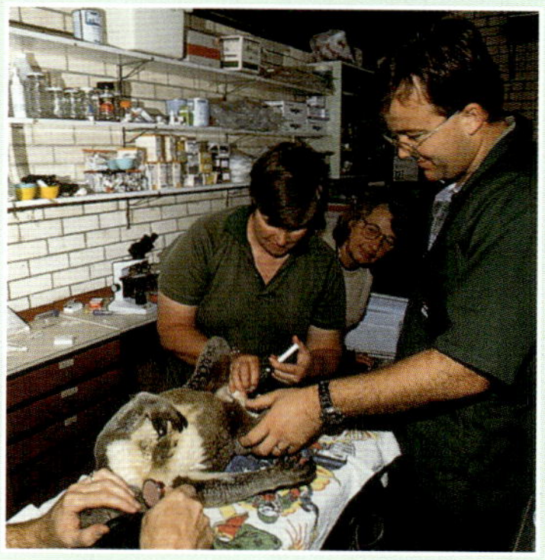

Les gros oiseaux de proie mis à part, les koalas ont peu d'ennemis naturels. Les chiens les attaquent toutefois au sol et ils ont parfois besoin de soins d'urgence (comme ci-contre). Une *chlamydia*, bactérie qu'on peut traiter par les antibiotiques, a réduit leur nombre dans certaines régions. L'extension des terres cultivées, celle des constructions et la sylviculture sont aussi des menaces pour eux.

CRAMPONS

Le koala est bien équipé pour s'agripper aux branches : il a des griffes acérées à tous les doigts (sauf au pouce des pattes postérieures) et des coussinets rugueux ; les deux premiers doigts de ses pattes antérieures sont opposables.

Vombatus ursinus

Wombat commun

Longueur 70–120 cm
Queue 2–3 cm
Poids 25–40 kg
Sociabilité Solitaire
Statut LR Δ
Répartition E. Australie, Tasmanie

Semblable à un ours par la forme du corps, la queue et le museau, le wombat est un prodigieux terrassier : le réseau de galeries qu'il creuse mesure jusqu'à 200 m de long. Il sort la nuit pour se nourrir d'herbes et de racines mais prend parfois l'hiver des bains de soleil pendant la journée. Bien que surtout solitaire et enclin à chasser les intrus, le mâle adulte visite à l'occasion ses congénères dans leur terrier. Après avoir quitté la poche maternelle, les petits séjournent un temps dans une chambre garnie d'herbes sèches et de feuilles. Le wombat n'est pas dangereux pour l'homme mais ses galeries risquent de faire trébucher les chevaux, de servir de refuge aux dingos, de faire s'ébouler les berges et d'abîmer les clôtures.

poils rudes et épais, bruns teintés de gris

FORMIDABLE TERRASSIER *Avec sa grosse tête triangulaire, son corps trapu et ses membres puissants garnis de grosses griffes, le wombat commun est un excellent terrassier.*

HORS DE LA POCHE

Le wombat commun ne donne en général le jour qu'à un seul petit à la fois. Celui-ci séjourne six à sept mois dans la poche de la mère où il retourne de temps en temps au cours des trois mois suivants pour téter. Il est sevré à l'âge de quinze mois.

Lasiorhinus latifrons

Wombat à museau velu

Longueur 77–95 cm
Queue 3–6 cm
Poids 19–32 kg
Sociabilité Groupe
Statut LR Δ
Répartition S. Australie

Plus massive que le wombat commun et pourvue de membres plus courts, cette espèce a des oreilles plus longues, une fourrure brune mouchetée de gris, longue et soyeuse, et des poils grisâtres sur le museau. Elle vit en colonies de 5 à 10 individus, dans des galeries occupant des centaines de mètres carrés. Elle est nocturne et végétarienne. Les mâles adultes repoussent les étrangers de même espèce à moins qu'il ne s'agisse de femelles en œstrus.

MAMMIFÈRES

Trichosurus vulpecula

Phalanger à queue touffue

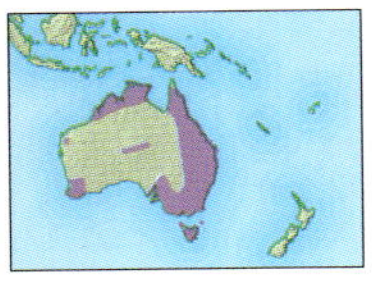

Longueur 35–58 cm
Queue 25–40 cm
Poids 1,5–4,5 kg

Sociabilité Solitaire

Statut LR

Répartition Australie (Tasmanie comprise)

Répandu dans des milieux variés, parcs et jardins compris, ce marsupial a une fourrure en général argentée, courte et teintée de rouge dans le nord de son aire de répartition, plus longue et d'un gris plus foncé dans le sud. Il bondit et grimpe avec facilité pour attraper les feuilles des arbres – surtout eucalyptus et acacias –, leurs fleurs et leurs fruits. Il se nourrit à l'occasion d'œufs et d'oisillons. Il produit une grande variété de sons, sifflements, pépiements et grognements, et vit seul, sauf pendant la courte saison de reproduction, dans les trous des arbres et de rocher ou dans les toits. Un petit unique naît en général et séjourne cinq mois dans la poche.

Phalanger orientalis

Couscous

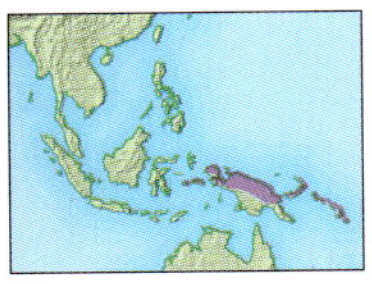

Longueur 38–48 cm
Queue 28–43 cm
Poids 1,5–3,5 kg

Sociabilité Solitaire

Statut LR

Répartition Nouvelle-Guinée, îles Salomon

La couleur de ce couscous, qui varie du blanc au noir, change selon les îles qu'il habite, mais une raie parcourt son dos, et une partie de sa queue est toujours blanche et nue. Il tient à la fois du paresseux et du singe et grimpe avec agilité pour attraper les fruits, les feuilles et autres végétaux dont il se nourrit. De tempérament docile, il sert souvent d'animal de compagnie.

Gymnobelideus leadbeateri

Phalanger de Leadbeater

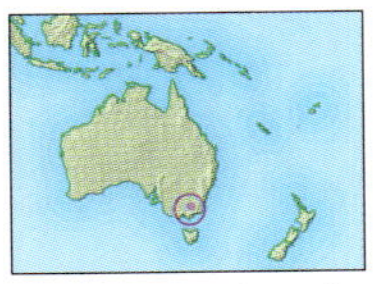

Longueur 15–17 cm
Queue 14,5–20 cm
Poids 100–175 g

Sociabilité Groupe

Statut EN

Répartition S.-E. Australie (Alpes australiennes, Victoria)

Redécouvert en 1961, après qu'on eut cru l'espèce éteinte, le phalanger de Leadbeater a le dos et la queue gris, rayés d'une bande centrale foncée, et le ventre crème. Il se nourrit la nuit de petits invertébrés et de la sève des arbres. Il vit en groupes de 8 individus au maximum composés d'un couple dominant et de sa progéniture, surtout mâle. Les femelles défendent le territoire.

Petaurus norfolcensis

Écureuil volant marsupial

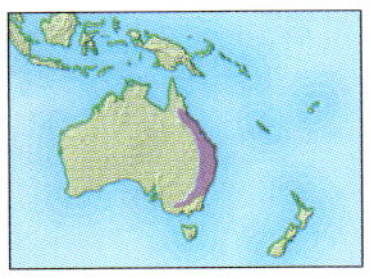

Longueur 18–23 cm
Queue 22–30 cm
Poids 200–300 g

Sociabilité Groupe

Statut LR

Répartition E. Australie

La peau garnie de poils de ce marsupial volant relie le cinquième doigt de chaque patte antérieure à la patte postérieure correspondante. Sa longue queue touffue lui sert de gouvernail tandis qu'il bondit d'un arbre à l'autre en faisant des vols planés pouvant atteindre 50 m pour échapper à ses ennemis. Il vit en petits groupes composés de 1 mâle adulte, de 1 à 3 femelles et des petits de l'année. Il se nourrit d'insectes et autres petites créatures vivant dans les arbres. Les petits – 1 ou 2 – restent trois mois dans la poche et sont sevrés le mois suivant.

Pseudocheirus peregrinus

Ringtail de Queensland

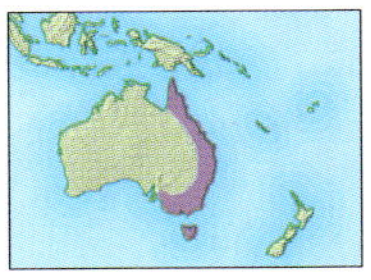

Longueur 30–35 cm
Queue 30–35 cm
Poids 700–1,100 g

Sociabilité Groupe

Statut LR

Répartition E. Australie, Tasmanie

La fourrure de ce ringtail est rousse ou brun-gris sur son corps, et sa queue préhensile, plus foncée au départ, se termine par une touffe blanche. Il vit en groupe dans de nombreux milieux, parcs et jardins compris, et se nourrit surtout de feuilles d'eucalyptus et d'acacias. Il habite des arbres creux ou des nids rappelant ceux des écureuils.

Hemibelideus lemuroides

Phalanger à queue bouclée

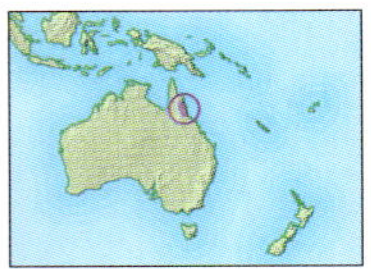

Longueur 31–40 cm
Queue 32–37 cm
Poids 800–1,000 g

Sociabilité Variable

Statut LR

Répartition N.E. Australie

Ce phalanger rappelle les lémuriens par sa face et les proportions de son corps. Sa queue noire, longue, très préhensile et nue au bout, lui sert à saisir les rameaux des arbres lors des sauts de 3 m qu'il exécute la nuit dans la forêt vierge. Il complète par des fleurs et des fruits une alimentation de feuilles. Il vit en groupes de compositions et de dimensions variées. L'unique petit qui naît quitte la poche de la femelle au bout de six à sept semaines.

Dactylopsila trivirgata

Phalanger rayé

Longueur 24–28 cm
Queue 31–39 cm
Poids 250–525 g

Sociabilité Variable

Statut LR

Répartition N.E. Australie, Nouvelle-Guinée

On reconnaît ce phalanger à ses raies blanches et noires et à sa queue touffue et noire, se terminant par des poils blancs. Il est doté de glandes qui sécrètent une odeur nauséabonde. La nuit, il fouille les branches des arbres avec la longue griffe du quatrième doigt de ses pattes antérieures pour trouver les vers, les fourmis et les termites dont il se nourrit; il mange aussi des fruits, des oiseaux et de petits mammifères.

Petauroides volans

Grand phalanger volant

Longueur 35 – 48 cm
Queue 45 – 60 cm
Poids 0,9 – 1,5 kg

Sociabilité Couple

Statut LR

Répartition E. Australie

Comme d'autres animaux arboricoles, ce phalanger, le plus grand des marsupiaux volants, a des griffes acérées avec lesquelles il s'agrippe et deux doigts opposables aux pattes antérieures. Il est nocturne et passe son existence dans la proximité de certains eucalyptus dont les feuilles tendres sont les seules à lui convenir. Il vit en couple dans un arbre creux et la femelle donne le jour à un petit unique qui séjourne cinq mois dans sa poche, puis passe un ou deux mois dans la tanière ou promené sur le dos de sa mère pour être finalement chassé par son père au bout de dix mois.

DEUX COULEURS
On trouve, souvent dans la même région, des phalangers volants de deux couleurs (phases), les uns étant gris anthracite ou d'un noir teinté de brun (comme ici), les autres gris très pâle ou crème mouchetés.

SYSTÈME STÉRÉO

Les grands yeux et les immenses oreilles du phalanger volant étant orientés vers l'avant, il évalue correctement les distances, distingue les reliefs et a une perception stéréophonique des sons. Il peut ainsi atterrir sur un tronc d'arbre la nuit après un saut de 10 m de long.

Distoechurus pennatus

Phalanger à queue plumeuse

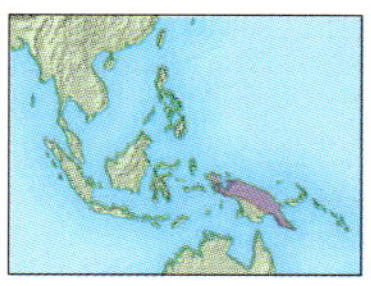

Longueur 10,5 – 13,5 cm
Queue 12,5 – 15,5 cm
Poids 40 – 60 g

Sociabilité Groupe

Statut LR

Répartition Nouvelle-Guinée

On reconnaît ce phalanger à sa face blanche rayée de quatre bandes noires et à sa queue en panache. Il fait des bonds rapides en s'accrochant aux branches avec ses doigts tous garnis de griffes acérées. Il se nourrit d'insectes (surtout de cigales) et de fleurs, de nectar et de fruits. Il semble vivre en groupes de 2 ou 3 individus, et ses petits, au nombre de 1 ou 2 par portée, sont transportés dans la poche de la mère, puis sur son dos.

Cercartetus lepidus

Phalanger-loir

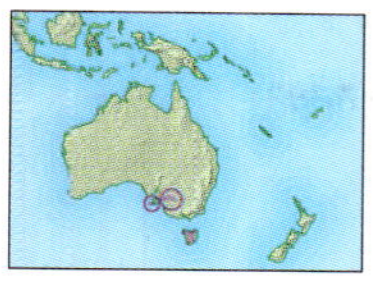

Longueur 5 – 6,5 cm
Queue 6 – 7,5 cm
Poids 5 – 9 g

Sociabilité Solitaire

Statut LR Δ

Répartition S.-E. Australie, Tasmanie

Ce phalanger gros comme le pouce est le plus petit de tous. C'est aussi le seul à avoir le ventre gris. Il a le dos fauve ou brun, la face petite et aplatie et de grandes oreilles dressées. Sa queue préhensile est assez robuste pour supporter le poids de son corps (env. 8 g) et comporte une réserve de graisse à la base. Nocturne et en général solitaire, il broute les buissons bas ou se nourrit, au sol, de petits animaux – insectes ou lézards.

Acrobates pygmaeus

Marsupial volant pygmée

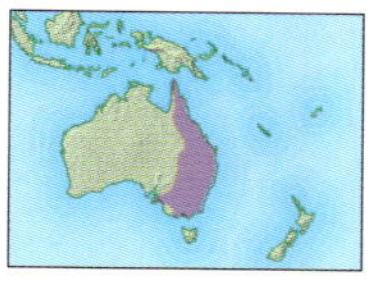

Longueur 6,5 – 8 cm
Queue 7 – 8 cm
Poids 9 – 15 g

Sociabilité Groupe

Statut LR

Répartition E. Australie

La queue de ce marsupial très agile est garnie de rangées de poils raides et ses surfaces alaires dépassent ses membres. Il s'agrippe aux branches avec les griffes acérées qui terminent tous ses doigts et s'accroche aux surfaces les plus lisses, même au verre, grâce aux gros coussinets qui les garnissent. Il recueille nectar, pollen et petits insectes dans les fleurs avec sa langue en forme de brosse.

Hypsiprymnodon moschatus

Kangourou-rat musqué

Longueur 16 – 28 cm
Queue 12 – 17 cm
Poids 375 – 675 g

Sociabilité Solitaire

Statut LR

Répartition N.E. Australie

Ce marsupial, qui n'est ni rat ni kangourou, se plaît dans les forêts pluviales. Solitaire, il cherche, le jour, graines, champignons, noix de palme et fruits tombés. Il stocke la nourriture et, chose inhabituelle, bondit sur ses quatre pattes en s'aidant des doigts opposables de ses pattes postérieures. Mâles et femelles dégagent une odeur musquée, surtout quand ils sont en rut.

Potorous longipes

Potoroo à grandes pattes

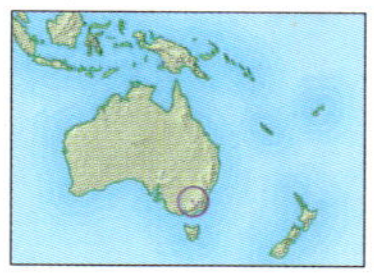

Longueur 38 – 42 cm
Queue 31 – 33 cm
Poids 1,5 – 2 kg

Sociabilité Solitaire

Statut EN

Répartition S.-E. Australie

Ce marsupial est solitaire et nocturne. Il court vite en s'appuyant sur ses grandes pattes de derrière et déterre, avec ses membres antérieurs, la trentaine d'espèces de champignons qui forment l'essentiel (environ les quatre cinquièmes) de son alimentation. Après une incubation de trente-huit jours, la mère allaite son unique petit dans sa poche pendant cinq mois et le garde pendant encore deux à trois mois avec elle.

VIGILANCE
Les kangourous roux broutent en général la tête baissée, sans toutefois jamais cesser d'être vigilants. Ils sont capables d'apercevoir un dingo à 350 m et, avec leurs grandes oreilles, ils ont l'ouïe très fine.

Macropus rufus

Kangourou roux

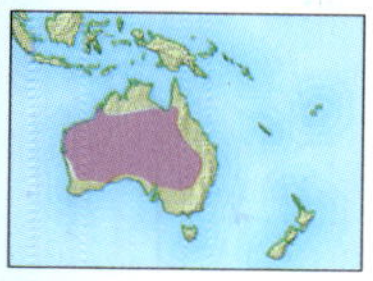

Répartition Australie

Longueur 1–1,60 m
Queue 75–120 cm
Poids 25–90 kg

Sociabilité Groupe

Statut Commun

Le kangourou roux, le plus grand des marsupiaux, se rencontre sur presque tout le territoire australien. Le chiffre de sa population connaît de fortes variations : on l'estime à 12 millions les années humides et seulement à 5 millions en période de sécheresse. La conception n'a lieu chez les femelles que si la végétation est abondante, et le sperme est absent chez les mâles en temps de sécheresse. Le kangourou roux sent la présence de l'eau, et quand elle manque, il migre, parcourant jusqu'à 200 km. Nocturne, il se nourrit de racines de plantes grasses, d'herbe et de feuilles. Il vit en groupes de 2 à 10 individus, mais il arrive que quelque 1 500 sujets s'assemblent autour d'un point d'eau quand la sécheresse sévit. Le mâle dominant s'accouple avec plusieurs femelles. Le kangourou roux est jugé nuisible en Australie, où on le chasse pour sa viande et sa peau. Le dingo est son seul ennemi, l'homme et, parfois, l'uraète audacieux mis à part.

ARMES DÉFENSIVES

Chez les kangourous, le mâle dominant se bat avec ceux de ses congénères qui lui disputent la suprématie. Tout individu qui aperçoit un prédateur prévient les membres de son groupe en frappant le sol avec sa patte ou avec sa queue. Tous s'enfuient alors et se réfugient dans l'eau s'ils le peuvent.

COMBATS POUR RIRE
Quand les kangourous se battent dressés sur leurs pattes de derrière, c'est en général pour jouer.

FUITE ÉPERDUE
Les kangourous roux fuient en bondissant et sont capables de vitesses de pointe de 50 km/h.

MÂLES ROUX
Les mâles, qui pèsent parfois plus du double des femelles, sont pour la plupart roux et les femelles en général bleu-gris.

DANS LA POCHE MATERNELLE
Le bébé kangourou passe cent quatre-vingt-dix jours sans sortir de la poche maternelle. C'est à l'âge de un an qu'il devient autonome.

MAMMIFÈRES

Bettongia penicillata

Kangourou-gerboise

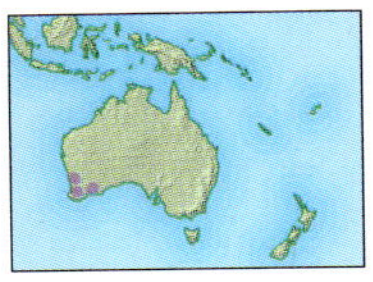

Longueur 30–38 cm
Queue 29–36 cm
Poids 1–1,5 kg
Sociabilité Solitaire
Statut LR

Répartition S.-O. Australie

Comme les potoroos (voir p. 97), ce kangourou-gerboise se nourrit surtout de champignons qu'il cherche la nuit, en grattant le sol. Racines, tubercules et vers complètent ce régime. Sa queue est aussi longue que sa tête et son corps réunis et une crête de poils noirs en garnit le dessus. Il s'abrite le jour dans un grand nid en forme de dôme bâti avec de l'écorce, des feuilles et des herbes.

Aepyprymnus rufescens

Bettong roux

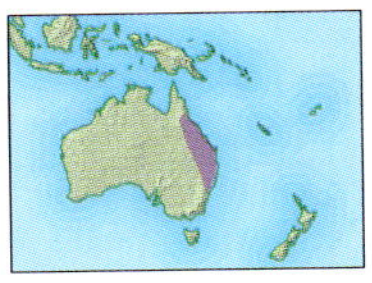

Longueur 37–52 cm
Queue 34–40 cm
Poids 2,5–3,5 kg
Sociabilité Variable
Statut LR

Répartition E. Australie

Ce marsupial est mi-partie brun-roux moucheté de gris, mi-partie blanc. Avec sa queue préhensile, il ramasse les herbes lui servant à bâtir, sur le sol de la forêt, des nids coniques – chaque individu en occupant jusqu'à cinq. Champignons, herbes, racines, feuilles, fleurs, graines et petits invertébrés composent son alimentation. Le petit – 1 par portée – quitte la poche maternelle au bout de seize semaines.

Thylogale stigmatica

Pademelon

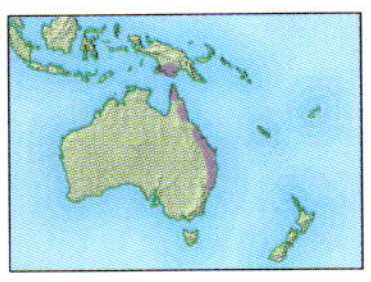

Longueur 38–58 cm
Queue 30–47 cm
Poids 2,5–7 kg
Sociabilité Solitaire
Statut LR

Répartition N. et E. Australie, Nouvelle-Guinée

Cette sorte de petit wallabie a une fourrure brun-gris dans la forêt vierge et fauve plus pâle dans les milieux ouverts. Actif le jour et la nuit et en général solitaire, il s'associe parfois à des congénères pour dépouiller un arbre de ses fruits. Il se nourrit aussi de feuilles et de graines.

Petrogale penicillata

Wallabie des rochers

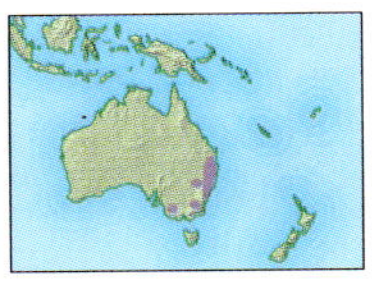

Longueur 50–60 cm
Queue 50–70 cm
Poids 5–11 kg
Sociabilité Groupe
Statut VU

Répartition S.-E. Australie

Ce wallabie adapté aux terrains rocheux est capable d'exécuter des bonds de 4 m. La plante de ses pattes postérieures est très large, rugueuse et garnie de coussinets, ce qui facilite son adhérence au sol. Le jour, il se repose dans des trous et se nourrit la nuit d'herbes, de fougères, de feuilles et de fruits. Il vit en colonies de parfois plus de 50 individus.

Lagorchestes conspicillatus

Wallabie-lièvre

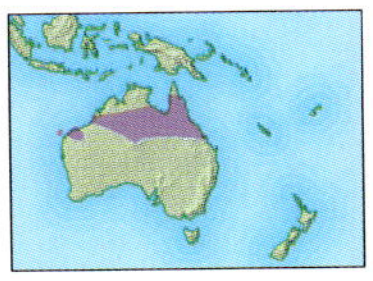

Longueur 40–48 cm
Queue 37–50 cm
Poids 1,5–4,5 kg
Sociabilité Solitaire
Statut LR

Répartition N. Australie

Ce petit représentant de la famille des kangourous, d'un brun moucheté de gris, tire son nom scientifique de la tache orange qu'il a sur l'œil. Il broute, en général seul, l'herbe dont il se nourrit la nuit et se cache dans sa tanière ou un fourré le jour. La gestation dure de vingt-neuf à trente et un jours et le petit – 1 par portée – reste cinq mois dans la poche et est sevré à sept mois.

Setonix brachyurus

Quokka

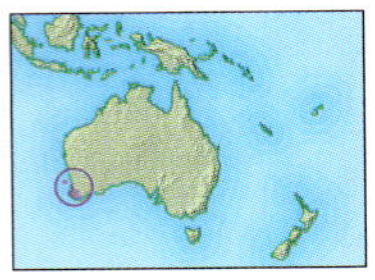

Longueur 40–54 cm
Queue 25–35 cm
Poids 2,5–5 kg
Sociabilité Groupe
Statut VU

Répartition S.-O. Australie (îles Rottnest et Bald)

Très rare sur le continent australien, ce kangourou a survécu sur deux îles proches de la côte sud-ouest où le renard n'a pas été introduit. De petite taille, il fréquente les forêts et les terrains couverts d'arbres épars ou de buissons bas et les rives des marécages et des cours d'eau. Il se repose le jour dans les fourrés et se nourrit la nuit de feuilles, d'herbes et de fruits. Il forme de petits groupes familiaux qui s'associent pour défendre leur territoire. La gestation dure vingt-sept jours et un petit unique reste six mois dans la poche.

CONSERVATION

Les quokkas se déplacent librement sur l'île Rottnest, leur refuge, et y attirent les touristes. Des visiteurs bien intentionnés leur donnent parfois à manger mais ils digèrent mal les produits de notre alimentation moderne.

CORPS MASSIF
Le quokka a le corps rond, les oreilles et le museau courts et une grosse queue. Son poil rude prend une teinte rousse sur la face et le cou.

Petrogale concinna

Petit pétrogale

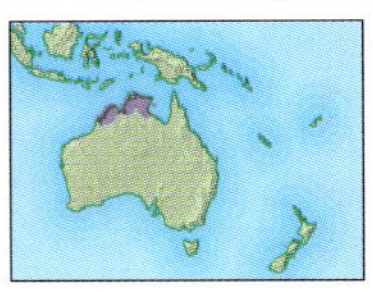

Longueur 29–35 cm
Queue 22–31 cm
Poids 1–1,5 kg
Sociabilité Solitaire
Statut LR

Répartition N. Australie

Semblable à son cousin (*P. penicillatta*, ci-contre) par la forme et les habitudes, ce wallabie a la fourrure courte, soyeuse et brune, rayée d'une bande sombre sur l'épaule, et la queue se terminant en brosse. Il se nourrit la nuit d'herbe et de roseaux et pendant la saison sèche d'une fougère aux feuilles très dures, qui use ses molaires ; fait unique chez les marsupiaux, celles-ci se déplacent vers l'avant pour laisser d'autres apparaître.

Dendrolagus dorianus

Dendrolague

Longueur 51–78 cm
Queue 44–66 cm
Poids 6,5–14,5 kg

Sociabilité Solitaire

Statut VU

Répartition Nouvelle-Guinée

Il existe une dizaine d'espèces de kangourous arboricoles vivant surtout en Nouvelle-Guinée et au nord-est de l'Australie. Avec leurs pattes larges et courtes garnies de longues griffes et leur longue queue servant de balancier, ce sont de bons grimpeurs. Ils passent presque tout leur temps dans les arbres, se déplaçant plutôt lentement mais avec des gestes précis. Ce dendrolague est le plus gros de tous et, comme la plupart, il est solitaire et nocturne et se nourrit de feuilles, de bourgeons, de fleurs et de fruits. La gestation dure trente jours chez lui, et le petit – 1 par portée – séjourne dix mois dans la poche maternelle. Il vit exclusivement dans la forêt. La sylviculture et la chasse sont des menaces pour lui.

Macropus fulginosus

Kangourou gris occidental

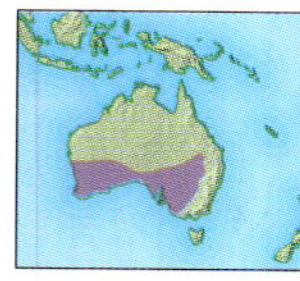

Longueur 0,90–1,40 m
Queue 75–100 cm
Poids 15–54 kg

Sociabilité Groupe

Statut LR

Répartition S. Australie

La couleur de la fourrure rude de ce kangourou, le plus répandu de tous, va d'un brun pâle au chocolat, ces teintes étant un peu plus pâles sur le ventre et la poitrine. Quand il avance lentement, cet animal fait usage de ses quatre pattes, comme un lapin, et s'appuie sur sa queue mais, quand il va vite, il bondit sur ses pattes postérieures. Le mâle, deux fois plus gros que la femelle, couvre jusqu'à 10 m d'un seul bond. Principalement nocturne, ce kangourou broute les feuilles des buissons et des petits arbres. Il vit en groupes d'une quinzaine, le mâle dominant étant le seul à se reproduire. L'incubation dure trente ou trente et un jours.

DANS LA POCHE
Le petit reste cent trente à cent cinquante jours dans la poche de sa mère accroché à la tétine. Au bout de deux cent cinquante jours, il en sort pendant de courts moments, mais y retourne au moindre danger.

MATCH DE BOXE

Les mâles se disputent les femelles mais aussi la nourriture et les abris où se reposer. Les combattants se dressent et soit se poussent avec les pattes de devant, soit se donnent des coups avec celles de derrière. Il est rare qu'ils se fassent sérieusement mal.

Macropus parma

Wallabie parma

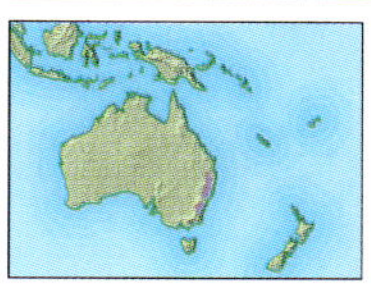

Longueur 45–53 cm
Queue 41–54 cm
Poids 3,5–6 kg

Sociabilité Solitaire

Statut LR

Répartition E. Australie

Le wallabie parma se reconnaît à la raie blanche qui orne sa joue et le côté de son museau, et à la bande noire qui court parmi les poils roux ou brun-gris de son cou et du milieu de son dos. Solitaire, timide et presque invisible dans la végétation dense, il a passé pour disparu pendant un siècle mais a été redécouvert en 1967. Il est nocturne et se nourrit d'une vaste gamme de végétaux.

Macropus robustus

Wallaroo

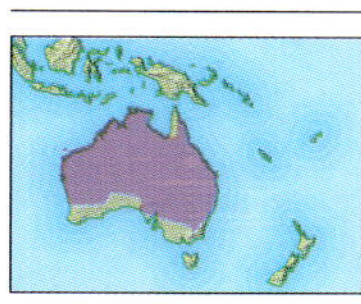

Longueur 0,80–1,40 m
Queue 60–90 cm
Poids 15–47 kg

Sociabilité Solitaire

Statut LR

Répartition Australie

S'accommodant de divers habitats, le wallaroo se plaît dans les terrains rocheux. Il reste à l'abri le jour et supporte donc les climats chauds et secs. Il sort le soir pour se nourrir d'herbes, de roseaux et autres plantes feuillues. Il ressemble aux autres wallabies bruns mais se reconnaît à sa posture typique, épaules en arrière, coudes rapprochés et poignets levés.

Wallabia bicolor

Wallabie bicolore

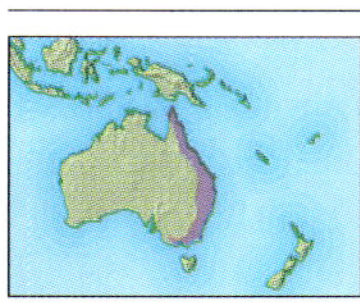

Longueur 66–85 cm
Queue 65–86 cm
Poids 10,5–20,5 kg

Sociabilité Solitaire

Statut LR

Répartition E. Australie

Contrairement aux autres wallabies, le wallaby bicolore marche la tête baissée et la queue tendue derrière lui. Son poil rude, d'un brun-noir, est beaucoup plus foncé sur la face, le museau, les pattes et la queue. Actif la nuit, il se nourrit d'une grande variété de végétaux dont certains sont toxiques comme la ciguë.

Tarsipes rostratus

« Souris » à miel

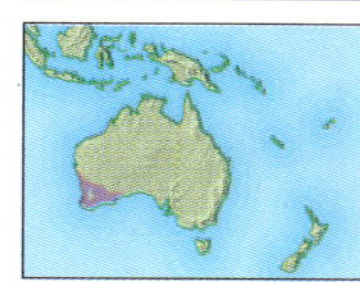

Longueur 6,5–9 cm
Queue 7–10,5 cm
Poids 7–16 g

Sociabilité Groupe

Statut LR

Répartition S.-O. Australie

Minuscule, agile et nocturne, ce marsupial a un long museau pointu et moustachu et une longue queue préhensile. Il s'agrippe aux branches et aux feuilles avec ses doigts garnis de coussinets et de griffes pointues et recueille le pollen et le nectar des fleurs avec sa longue langue (2,5 cm) au bout garni de poils, qu'il frotte ensuite contre ses mâchoires pourvues seulement de canines supérieures et d'incisives inférieures.

INSECTIVORES

PHYLUM	Cordés
CLASSE	Mammifères
ORDRE	Insectivores
FAMILLES	6
ESPÈCES	365

EN GÉNÉRAL NOCTURNES, ces petits mammifères se nourrissent surtout d'invertébrés – insectes, araignées et vers. Leur anatomie diffère selon les espèces et le mode de vie mais ils ont en général les yeux et les oreilles petits, et le museau allongé. Certains, comme les hérissons, sont terrestres, d'autres fouisseurs, comme les taupes, et d'autres semi-aquatiques comme les tenrecs. Trois des familles – hérissons et gymnures ; taupes, taupes-musaraignes et desmans ; musaraignes – se rencontrent partout dans le monde. L'aire de répartition des autres – solénodons tenrecs, potamogales et taupes dorées – est beaucoup plus limitée.

AGILITÉ
Comme la plupart des insectivores, cette musaraigne eurasienne a de petits yeux et un long museau. Malgré sa vue basse, elle est bonne grimpeuse. Son ouïe est fine quoique que ses oreilles soient dépourvues de pavillon.

ANATOMIE

Un museau long, mince et mobile, cinq doigts griffus à chaque patte et une denture très primitive caractérisent de nombreuses espèces. Celles-ci diffèrent par la forme de leur corps qui est soit allongé (potamogales et gymnures), soit cylindrique (taupes), soit trapu (hérissons et tenrecs). Les insectivores comptent parmi les plus primitifs des mammifères : ils présentent encore des caractéristiques appartenant à leurs ancêtres les plus anciens – petit cerveau à circonvolutions peu nombreuses, testicules ne descendant pas dans le scrotum. Pour se déplacer, ils posent en général la plante et le talon en même temps sur le sol, mode de locomotion appelé plantigrade (voir p. 89).

TAUPE EUROPÉENNE

TENREC RAYÉ

FOURRURES
La fourrure de certaines espèces, celle du tenrec rayé par exemple (ci-contre, en bas), est parsemée de piquants, ce trait étant particulièrement marqué chez les hérissons. La taupe européenne (ci-contre, en haut) a par contre des poils courts et serrés, dépourvus de sens, ce qui lui permet de faire facilement marche avant et arrière sous terre.

ORGANES DES SENS

Les insectivores ont un odorat très fin, ce qui leur permet de localiser facilement leurs proies malgré l'extrême petitesse de leurs oreilles et de leurs yeux. Les taupes, qui vivent sous terre, là où la vue et l'ouïe ne sont pas aussi utiles que l'odorat et le toucher, ont les oreilles dépourvues de pavillons et leurs yeux sont enfouis dans leur fourrure ; leur museau par contre, garni de nombreux poils et très sensible, est capable de détecter les odeurs. Les hérissons, quant à eux, dépendent surtout de leur ouïe. C'est enfin par écholocation que certaines musaraignes se dirigent, pense-t-on, c'est-à-dire qu'elles repèrent obstacles et proies par l'écho.

CURIEUX MUSEAU
Le condylure à nez étoilé a le museau entouré de tentacules charnus et roses très sensibles au toucher qui lui servent à se diriger et à manipuler ses proies.

ALIMENTATION

Le terme insectivore ne signifie pas que les mammifères ainsi désignés ne se nourrissent que d'insectes : ils consomment en fait d'autres animaux et des végétaux.

Les musaraignes aquatiques mangent de petits poissons, des grenouilles et des crabes et les hérissons du désert des œufs d'oiseaux, de petits vertébrés et des scorpions. Le régime alimentaire de nombreux insectivores est spécialisé : les gymnures avec leur corps mince et les solénodons avec leur museau articulé et mobile sont capables de fouiller d'étroites anfractuosités pour trouver de quoi manger.

EFFICACITÉ
Le hérisson européen détecte ses proies avec son long museau, les déterre avec ses membres antérieurs griffus et les embroche sur les deux incisives de sa mâchoire inférieure.

Hylomys suillus

Petit gymnure

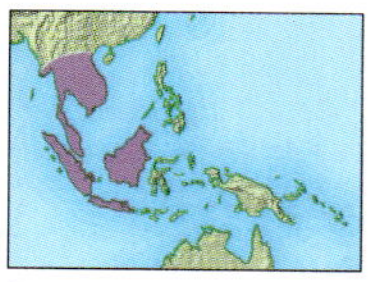

Répartition S.-E. Asie

Longueur 10–15 cm
Queue 1–3 cm
Poids 12–80 g

Sociabilité Solitaire

Statut LR Δ

Semblable à une grosse souris, le petit gymnure a le museau long et souple et la queue courte et nue. Très répandu dans les plaines et les montagnes boisées, il se nourrit surtout au sol, de jour et de nuit. Insectes, vers et fruits composent son alimentation. Sa fourrure douce et épaisse est brune sur le dos et plus pâle sur le ventre. Il s'abrite dans des nids de feuilles mortes construits sous des roches ou des arbres abattus. La fuite est son principal moyen de défense.

Erinaceus europaeus

Hérisson d'Europe

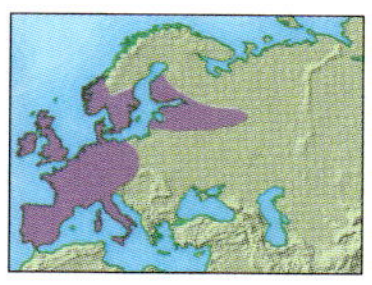

Répartition Europe

Longueur 22–27 cm
Queue Sans
Poids 0,9–1 kg

Sociabilité Solitaire

Statut Commun

Couvert de piquants, le hérisson parcourt, la nuit, parcs et jardins des villes aussi bien que haies, champs et bois. Il cherche les vers, insectes et araignées mais aussi les œufs et la charogne dont il se nourrit en poussant des grognements. Il s'abrite, le jour, dans un nid de feuilles et d'herbes bâti sous un buisson, un tronc ou dans un terrier abandonné. Il hiberne mais se réveille par les nuits douces pour manger. Il s'accouple de mai à octobre et la gestation dure de trente et un à trente-cinq jours. Les piquants des petits – de 4 à 5 par portée – apparaissent au bout de quelques heures après la naissance.

SIGNAUX OLFACTIFS

Le hérisson a l'habitude d'oindre sa peau et ses piquants de salive. La raison d'un tel comportement n'est pas claire et il est possible qu'il permette à cet animal solitaire de laisser sur son passage des marques odoriférantes, utiles pour se faire reconnaître de ses voisins s'il lui arrive de les rencontrer la nuit.

DÉFENSE ORIGINALE
S'il se sent en danger, le hérisson rentre sa tête et ses pattes dépourvues de piquants sous son ventre et se transforme en une boule épineuse.

Paraechinus micropus

Hérisson du désert

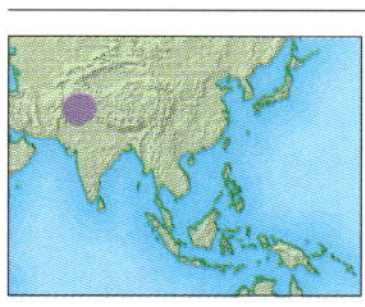

Répartition S. Asie

Longueur 14–23 cm
Queue 1–4 cm
Poids 300–450 g

Sociabilité Solitaire

Statut LR Δ

Semblable au hérisson (ci-contre) par son aspect et ses habitudes, le hérisson du désert a des piquants plus nombreux et une zone de peau chauve sur la tête. Il vit dans le désert et les zones de broussailles sèches et de savane aride, et devient inactif quand les conditions climatiques sont très dures. Il s'abrite en général dans les anfractuosités naturelles mais creuse parfois de courtes galeries. Il chasse les insectes, les scorpions et autres petits animaux, mais se nourrit aussi d'œufs d'oiseaux et de charogne. Il stocke parfois des aliments qu'il garde pour les consommer plus tard. Très variable, sa couleur va du noir (mélanisme) au blanc (albinisme), teintes assez communes dans la nature, et présente aussi des bandes brunes et jaunes. Il ne donne le jour qu'à des portées de 1 à 2 petits.

Echinosorex gymnura

Grand gymnure

Répartition S.-E. Asie

Longueur 26–46 cm
Queue 16–30 cm
Poids 0,5–2 kg

Sociabilité Solitaire

Statut LR Δ

Le grand gymnure répand une odeur d'oignon pourri. Il tient à la fois du hérisson et du cochon et son pelage blanc rayé de blanc grisâtre et de noir est fait de poils rudes, quasi épineux ; sa queue est écailleuse, presque nue. Solitaire, il s'abrite de jour dans un terrier ou une anfractuosité et chasse la nuit les insectes et autres petites créatures. Il attrape aussi à la nage les poissons et les petits animaux aquatiques.

Podogymnura truei

Gymnure de Mindanao

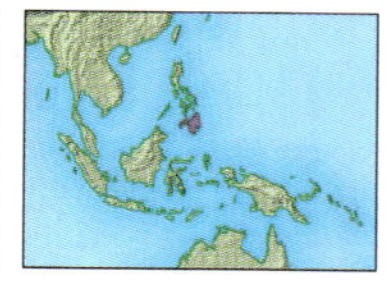

Répartition S.-E. Asie (Mindanao)

Longueur 13–15 cm
Queue 4–7 cm
Poids 150–175 g

Sociabilité Solitaire

Statut EN

Ce gymnure est une espèce mal connue qu'on ne trouve que sur une île des Philippines. Il chasse probablement de petites proies animales la nuit et le jour, surtout près des cours d'eau. Solitaire, il s'abrite sous des rochers ou des troncs ou dans des terriers abandonnés. Ses poils longs et soyeux sont gris-roux virant au blanc sur le ventre. Sa lèvre supérieure allongée est plus longue que l'inférieure et sa courte queue est couverte de poils rudes.

Hemiechinus auritus

Hérisson à longues oreilles

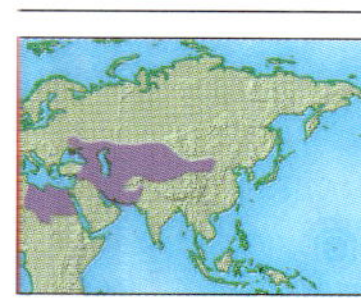

Répartition O., C., et E. Asie, N. Afrique

Longueur 15–27 cm
Queue 1–5 cm
Poids 250–275 g

Sociabilité Solitaire

Statut Commun localement

Semblable à son grand cousin d'Europe, ce hérisson a des poils raides sur la face, les membres et le ventre, mais des piquants aux anneaux noirs, bruns, jaunes et blancs ailleurs. Il se repose le jour dans des abris naturels sous les rochers ou les buissons, et, localement, creuse des terriers. Il se nourrit de divers petits animaux et devient inactif lorsque la nourriture et l'eau se font rares.

Solenodon paradoxus

Solénodon d'Haïti

Répartition Antilles (Haïti)

Longueur 28–32 cm
Queue 17–26 cm
Poids 1 kg

Sociabilité Solitaire

Statut EN

Comme son cousin cubain, lui aussi menacé, le solénodon haïtien est nocturne et insectivore. Son museau est long et mobile, son pelage varie du noir au brun-roux et ses pattes, sa queue et le bout de ses oreilles sont presque nus. Il est rapide et agile. Il renifle le sol de la forêt et le gratte avec ses griffes pointues à la recherche d'insectes, de vers, de lézards de fruits et de végétaux. Il se sert de sa morsure venimeuse pour se défendre et pour paralyser ses proies.

Potamogale velox

Potamogale

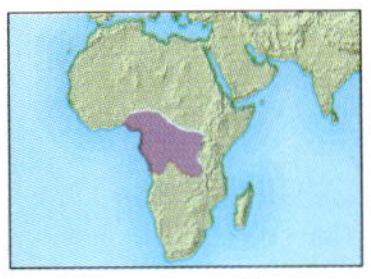

Répartition O. et C. Afrique

Longueur 29–35 cm
Queue 24–90 cm
Poids 350 g

Sociabilité Solitaire

Statut EN

Le potamogale, qui passe facilement pour une petite loutre (mustélidé en non pas insectivore), a le museau rond, le corps long et souple et une queue aplatie et musclée avec laquelle il se propulse dans l'eau. On le trouve à une altitude de 1 800 m, dans des milieux aquatiques aussi divers que des mares et des torrents. Il a les yeux et les oreilles petits et placés très haut pour pouvoir immerger son corps, mais ses pattes ne sont pas palmées. Solitaire en dehors de la saison de reproduction, il se met en quête, la nuit, d'animaux aquatiques – poissons, grenouilles et crustacés. L'orifice du terrier qu'il creuse sur la berge s'ouvre sous l'eau.

Limnogale mergulus

Limnogale

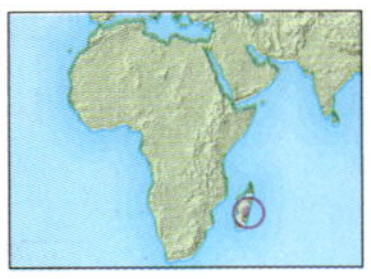

Répartition E. Madagascar

Longueur 12–17 cm
Queue 12–16 cm
Poids 40–60 g

Sociabilité Solitaire

Statut EN

Estimé disparu mais finalement retrouvé, le limnogale est le seul tenrec aquatique. Mal connu, il rappelle la loutre avec son museau rond, ses longues moustaches, ses oreilles et ses yeux petits et haut placés. Il a les pattes postérieures palmées et pourvues de griffes acérées. Sa fourrure courte, épaisse et imperméable, est brun-roux. Il fouille les pierres et les algues en quête d'insectes et de crustacés, propulsé surtout par sa longue queue presque nue.

Tenrec ecaudatus

Grand tenrec

Répartition C. Afrique, Madagascar

Longueur 26–39 cm
Queue 1–1,5 cm
Poids 1,5–2,5 kg

Sociabilité Solitaire

Statut Commun

Les vingt-cinq espèces de tenrecs se rencontrent en Afrique centrale et à Madagascar. Ils tiennent de la musaraigne et du hérisson. Le grand tenrec, le plus grand de tous, est nocturne. Son poil rude, gris ou gris-roux, est parsemé de piquants. Il fouille les feuilles avec son long museau mobile à la recherche de vers, de grenouilles, de souris et de charogne. Quand on l'attaque, il crie, dresse les piquants de son cou, saute et mord. Il s'abrite, le jour, dans un nid de feuilles et d'herbe, sous un rocher, un tronc ou un buisson. La gestation dure de cinquante à soixante jours, et les petits – de 10 à 12 par portée – sont noir et blanc.

Micropotamogale lamottei

Potamogale de Lamotte

Répartition O. Afrique (alentours du mont Nimba)

Longueur 12–20 cm
Queue 10–15 cm
Poids 125 g

Sociabilité Solitaire

Statut EN

On trouve ce potamogale en Afrique occidentale, dans une aire de 1 500 km² autour du mont Nimba. Il se reconnaît à son museau rond et charnu, à son corps assez trapu et à sa longue queue. Ses poils brun foncé lui cachent les yeux et les oreilles. Surtout nocturne, il se nourrit de poissons, de crabes et d'insectes aquatiques, qu'il cherche dans des cours d'eau, sur les berges ou en plongeant. Il creuse des terriers peu profonds dans le sol meuble.

Hemicentetes semispinosus

Tenrec rayé

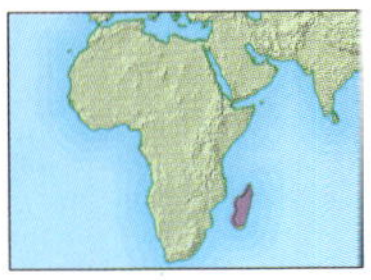

Répartition Madagascar

Longueur 16–19 cm
Queue Sans
Poids 80–275 g

Sociabilité Groupe

Statut Commun localement

Ce tenrec se distingue des autres par les deux teintes de sa fourrure, striée de raies blanches, jaunes ou brunes sur fond noir, raies auquelles il doit son nom. Des piquants parsèment ses poils rudes et forment une crête sur sa tête. Il se nourrit surtout de vers et vit en groupes d'au moins 15 individus qui s'associent pour protéger les portées de 2 à 4 petits.

Setifer setosus

Tenrec-hérisson

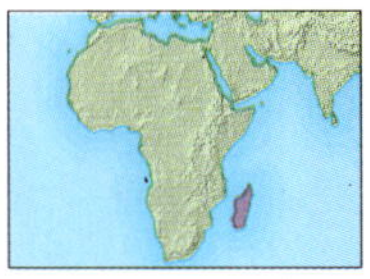

Répartition Madagascar

Longueur 15–22 cm
Queue 1,5 cm
Poids 175–275 g

Sociabilité Solitaire

Statut Commun localement

Le corps allongé de ce tenrec est couvert de piquants à pointe blanche, sa tête et ses pattes de poils rudes allant du gris au noir. Comme les hérissons, il se roule en boule quand il se sent en danger. C'est un bon grimpeur et il se nourrit, le jour, de vers, de reptiles aquatiques, d'insectes, de charogne, de fruits et de baies. L'engourdissement est un moyen pour lui de supporter les conditions climatiques difficiles.

Chrysochloris asiatica

Taupe dorée du Cap

Répartition S. Afrique

Longueur 9–14 cm
Queue Sans
Poids Inconnu

Sociabilité Solitaire

Statut Commune localement

Quoique n'appartenant pas à la famille des véritables taupes, la taupe dorée du Cap a la même fourrure qu'elles, douce, épaisse et vert olive, brune ou grise selon la lumière sous laquelle on la voit. Elle présente les caractéristiques des animaux fouisseurs : museau garni d'un écusson corné, yeux et oreilles minuscules, pattes postérieures garnies de deux grosses griffes. Solitaire, elle se nourrit de vers et d'autres animaux vivant dans la terre.

Eremitalpa granti

Petite taupe dorée

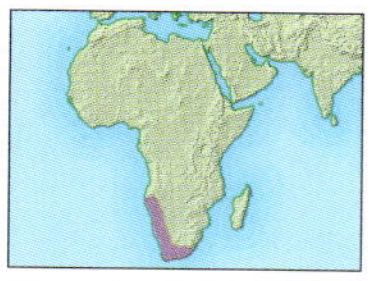

Répartition S. Afrique

Longueur 7–8 cm
Queue Sans
Poids 15–30 g

Sociabilité Solitaire

Statut VU

Cette taupe dorée a une longue fourrure soyeuse, gris acier ou beige, des yeux et des oreilles minuscules, un écusson corné au bout du museau et de larges griffes à chaque patte. Elle chemine sans effort dans le sable mais creuse des galeries pour descendre en profondeur ou quand le sol est dur. Elle se nourrit surtout d'animaux du désert – fourmis, termites, coléoptères, lézards et serpents. Solitaire, elle est sans doute active le jour et la nuit, pendant de courtes périodes. Elle ne remonte à la surface que pour s'accoupler. Son domaine est de plus en plus menacé par les activités humaines.

Sorex araneus

Musaraigne carrelet

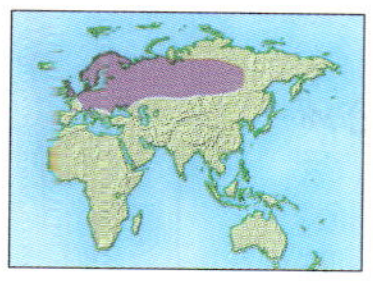

Répartition Europe à N. Asie

Longueur 5–8 cm
Queue 2,5–4,5 cm
Poids 5–14 g

Sociabilité Solitaire

Statut Commune

Agressive et peu exigeante, cette musaraigne compte parmi les mammifères les plus petits. Vorace, elle a besoin de manger quotidiennement une quantité équivalente à 80 % ou 90 % du poids de son corps. Elle a jusqu'à dix périodes d'activité par jour et se nourrit d'insectes, de vers et de charogne. À l'âge adulte, elle est solitaire, sauf au printemps ou au début de l'automne, lors d'une brève saison de reproduction. Après une gestation de vingt-quatre à vingt-cinq jours, 6 ou 7 petits naissent dans un nid d'herbe et de feuilles, plus spacieux que l'abri où elle se repose d'ordinaire, et aménagé comme lui sous un tronc, une racine ou un rocher ou dans un terrier abandonné. Le museau de la musaraigne carrelet est pointu et mobile, ses pattes sont courtes, sa fourrure est brun foncé ou noire sur le dos et blanc-gris sur le ventre. Elle défend son territoire en émettant des ultrasons et mord quand elle se sent acculée.

Megasorex gigas

Musaraigne mexicaine à queue courte

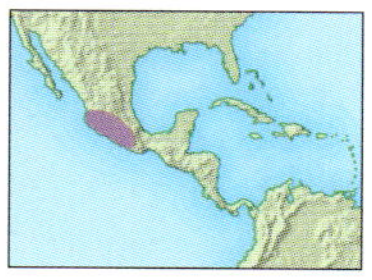

Répartition S.-O. Mexique

Longueur 8–9 cm
Queue 4–5 cm
Poids 10–12 g

Sociabilité Solitaire

Statut Non évalué

Cette musaraigne, unique espèce constituant le genre auquel elle appartient, fouille le sol avec son museau pointu à la recherche de petites proies – vers, mille-pattes et araignées. Elle a le corps trapu, la queue courte, le pelage brun foncé ou brun-gris sur le dos, plus pâle sur le ventre. Elle habite les savanes et les forêts et préfère les sols humides et les fourrés. On la rencontre dans les plaines et jusqu'à 1 700 m en altitude. Seuls 20 individus ayant pu être étudiés, ses habitudes et son mode de reproduction sont mal connus.

Blarina brevicauda

Grande musaraigne

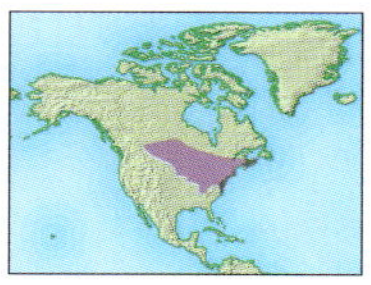

Répartition S. Canada à N. et E. États-Unis

Longueur 12–14 cm
Queue 3 cm
Poids 20 g

Sociabilité Variable

Statut Commune

Comme la plupart des musaraignes, celle-ci a la vue basse mais un excellent odorat, et sa morsure, que sa salive toxique rend venimeuse, lui sert à paralyser sa proie. Elle se nourrit d'animaux vivant dans la terre ainsi, chose inusitée pour une musaraigne, que de petits mammifères – souris et campagnols – et même de certaines plantes. Elle vit presque entièrement sous terre, à une profondeur de 10 à 50 cm, dans des galeries abandonnées où elle stocke des aliments par temps froid. Son museau est moins pointu que celui d'autres musaraignes.

Neomys fodiens

Musaraigne aquatique, crossope

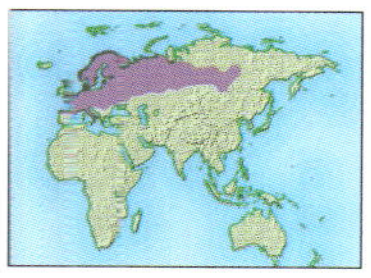

Répartition Europe à N. Asie

Longueur 6,5–9,5 cm
Queue 4,5–8 cm
Poids 8–25 g

Sociabilité Solitaire

Statut Commune

Cette musaraigne se nourrit d'insectes aquatiques, de petits poissons et de grenouilles ainsi que de vers et de coléoptères. Elle a de petits yeux et de petites oreilles et le museau long et pointu qui caractérisent les musaraignes. Solitaire, mais moins agressive que d'autres musaraignes, elle établit un réseau de coulées et aménage un nid d'herbes et de feuilles sèches où, après une gestation de quatorze à vingt et un jours, de 4 à 7 petits naissent et tètent leur mère pendant six semaines environ.

ÉVOLUTIONS DANS L'EAU

Pour se propulser dans l'eau, la musaraigne aquatique donne de grands coups avec ses pattes postérieures frangées de poils. Sa queue, également poilue, lui sert de gouvernail et sa fourrure imperméable la protège.

COLORATION
Une ligne nette sépare les deux parties de la fourrure de cette musaraigne, noire et luisante sur le dos, blanche sur le ventre.

Nectogale elegans

Nectogale

Répartition S. Asie

Longueur 9–13 cm
Queue 8–11 cm
Poids Inconnu
Sociabilité Solitaire
Statut Non évalué

Furtive et secrète, la nectogale, qui est semi-aquatique, habite les torrents de l'Himalaya et des montagnes voisines. Son pelage, gris ardoise sur le dos, est blanc argenté sur son ventre. Son museau est obtus, ses yeux et ses oreilles sont minuscules et sa queue noire est frangée de poils. Elle se nourrit sans doute d'insectes et de petits poissons qu'elle consomme sur la berge. Ses habitudes et son mode de reproduction sont mal connus.

Chimarrogale hantu

Chimarrogale

Répartition S.-E. Asie (Selangor)

Longueur 8–12 cm
Queue 6–10 cm
Poids 30 g
Sociabilité Solitaire
Statut CR

Observée seulement en Malaysia, dans la réserve Ulu Langat, la chimarrogale est plutôt grande, avec une queue relativement longue, un corps et une tête fuselés, des yeux et des oreilles minuscules. Les poils qui frangent ses pattes l'aident à se propulser. Sa fourrure est imperméable et, pour lui garder cette propriété, elle l'enduit régulièrement d'une huile sécrétée par sa peau. Déboisement, pollution et les pièges qu'on lui tend menacent son existence.

Suncus etruscus

Pachyure étrusque

Répartition S. Europe, S. à S.-E. Asie, Sri Lanka, N. à E. Afrique, O. Afrique

Longueur 4–5 cm
Queue 2–3 cm
Poids 2–3 g
Sociabilité Solitaire
Statut Non évalué

Active de jour et de nuit, la pachyure étrusque chasse de petites proies – insectes, vers, escargots, araignées – sans ménager ses forces, puis se repose quelques heures dans des anfractuosités. Elle est solitaire toute l'année, sauf pendant la saison de reproduction. La gestation dure vingt-sept ou vingt-huit jours et jusqu'à 6 portées de 2 à 5 petits naissent par an (en captivité).

FRAÎCHE ET FAISANDÉE

Rapide, la pachyure étrusque surprend des animaux à sang froid beaucoup plus gros qu'elle en les mordant soudainement. Elle est aussi friande de coléoptères et de criquets morts depuis peu.

MUSARAIGNE TYPE *Ce petit animal présente les caractéristiques des musaraignes : museau pointu, grandes oreilles, fourrure brun-gris.*

Crocidura leucodon

Crocidure leucode

Répartition Europe à O. Asie

Longueur 4–18 cm
Queue 4–11 cm
Poids 6–13 g
Sociabilité Solitaire
Statut LR Δ

La crocidure leucode a le dos gris et le ventre d'un blanc-jaune ; son museau pointu est garni d'épaisses vibrisses (moustaches tactiles) et sa queue bicolore est relativement courte. Elle fréquente les terrains herbeux et buissonneux, l'orée des bois, les parcs et jardins et se nourrit de vers et autres petits invertébrés qu'elle chasse pendant de courtes périodes, surtout la nuit mais aussi le jour. Elle s'abrite dans des trous garnis d'herbe. Les mâles en rut émettent, de mars à octobre, une forte odeur produite par des glandes situées sur leurs flancs. La gestation dure trente et un jours et les petits au nombre de 2 à 6 sont sevrés au bout de vingt-six jours.

Diplomesodon pulchellum

Musaraigne pie

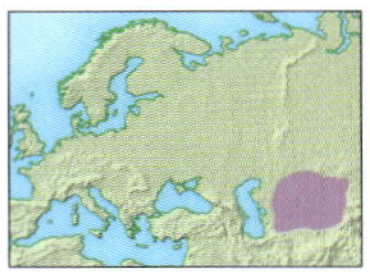

Répartition C. Asie

Longueur 5–7 cm
Queue 2–3 cm
Poids 7–13 g
Sociabilité Solitaire
Statut Non évalué

Blanche sur le ventre, les pattes et la queue, cette musaraigne se distingue par la tache ovale et blanche qui marque son dos gris, ainsi que par son museau très pointu et ses moustaches particulièrement longues. Active la nuit, quand il fait frais dans le désert qu'elle habite, elle poursuit insectes et lézards sur le sol mais creuse aussi parfois le sable en quête de vers. Elle produit plusieurs portées d'en moyenne 3 petits par an.

Sylvisorex megalura

Musaraigne sylvestre

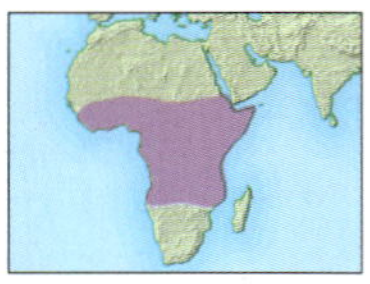

Répartition O., E., C. et S. Afrique

Longueur 5–7 cm
Queue 8–9 cm
Poids 5 g
Sociabilité Solitaire
Statut Non évalué

Cette musaraigne vit à toutes les altitudes et préfère les forêts et les milieux humides. Elle a le corps relativement long, les oreilles proéminentes et la queue très longue – plus que sa tête et son corps mis bout à bout. Sa fourrure douce et veloutée est brune sur le dos et presque blanche sur le ventre. À la fois terrestre et arboricole, elle se nourrit de vers, de coléoptères et de chenilles qu'elle chasse au sol et dans les arbres où, quand elle se meut, sa queue lui sert de balancier. Elle a probablement plusieurs courts moments d'activité le jour et la nuit et doit manger quotidiennement presque l'équivalent de son poids. Ses habitudes et son mode de reproduction sont mal connus.

Scutisorex somereni

Musaraigne cuirassée

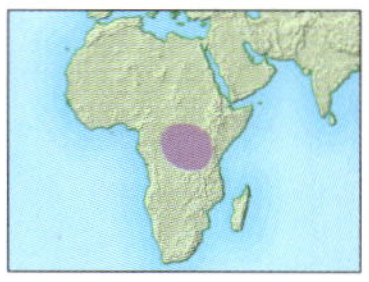

Répartition C. à E. Afrique

Longueur 10–15 cm
Queue 6,5–9,5 cm
Poids 70–125 g
Sociabilité Solitaire
Statut Non évalué

Le dos puissant de cette grande musaraigne est arqué car ses vertèbres comportent des saillies s'emboîtant non seulement sur les côtés comme chez les autres mammifères, mais aussi sur le dessus et le dessous. Agile et solitaire, elle se nourrit d'invertébrés (vers, insectes, araignées) et de charogne.

fourrure grise

Desmana moschata

Desman russe

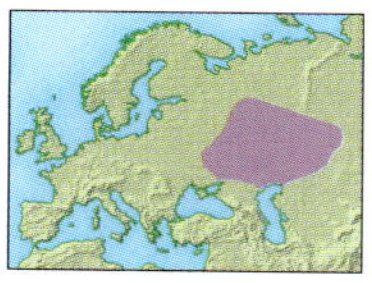

Longueur 18–21 cm
Queue 17–21 cm
Poids 450 g
Sociabilité Groupe
Statut VU

Répartition E. Europe à C. Asie

Quoique faisant partie de la famille des taupes, le desman russe ressemble à une musaraigne aquatique. Sa queue plate et très longue lui sert de pagaie et de gouvernail. Il a les pattes palmées, les postérieures entièrement, les antérieures partiellement. Actif la nuit, il fouille le lit des rivières avec son museau sensible. Chose rare pour un insectivore, il vit en groupe et partage parfois son terrier creusé dans la berge. La gestation dure de quarante à cinquante jours et les 3 ou 4 petits qui naissent tètent leur mère pendant quatre semaines.

CONSERVATION

Après avoir été chassé pendant des siècles, le desman russe est maintenant protégé et réintroduit dans la nature. Les menaces qui pèsent sur les milieux aquatiques dont il dépend pour sa nourriture – extension des terres cultivées, détournement des eaux, pollution industrielle – continuent à mettre son existence en danger.

DOUBLE ÉPAISSEUR
De longs jarres rudes couvrent le duvet doux et épais du desman russe dont la fourrure, brune sur la tête et le dos, tourne au gris cendre sur le ventre.

Galemys pyrenaicus

Desman des Pyrénées

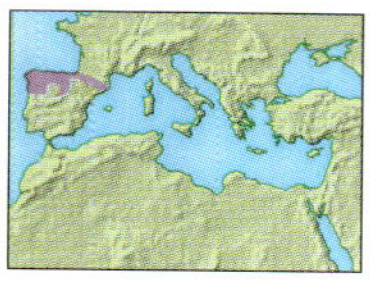

Longueur 12,5 cm
Queue 14 cm
Poids 40–50 g
Sociabilité Solitaire/couple
Statut VU

Répartition O. Europe

Quoique ressemblant pour l'essentiel au desman russe (ci-contre), le desman des Pyrénées est plus petit et mieux adapté aux torrents rapides. Son museau long et noir est presque nu, son épaisse fourrure est brune sur le dos et argentée sur le ventre, et sa queue adopte la forme d'un gouvernail. Il vit en couples stables. Sa période de reproduction est longue (de janvier à juin). La femelle a une ou deux portées de 1 à 4 jeunes par an. Le desman des Pyrénées est menacé par l'altération de son habitat.

Euroscaptor micrura

Taupe orientale

Longueur 7–10 cm
Queue 1–2 cm
Poids 50–70 g
Sociabilité Solitaire
Statut LR Δ

Répartition S. à S.-E. Asie

La taupe asiatique est plus petite et plus mince que sa cousine d'Europe à laquelle elle ressemble, et des reflets argentés teintent le brun foncé de sa fourrure. Comme tous les fouisseurs, elle a de grosses pattes antérieures griffues, une fourrure épaisse, les yeux et les oreilles petits, le museau chauve et sensible. Elle connaît sans doute des périodes d'activité de trois ou quatre heures suivies de moments de repos. Elle donne le jour à 3 ou 4 petits par portée.

Talpa europaea

Taupe d'Europe

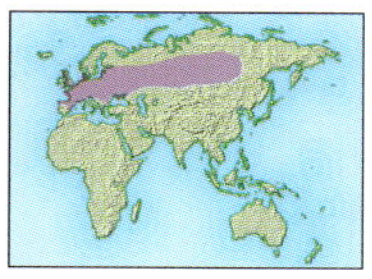

Longueur 11–16 cm
Queue 2 cm
Poids 65–125 g
Sociabilité Solitaire
Statut Commune

Répartition Europe à N. Asie

Presque aveugle, cette taupe vit surtout dans un réseau de galeries souterraines. Elle se nourrit de vers et d'autres animaux vivant dans la terre. Quand ses proies abondent, elle les paralyse en les mordant et les stocke. Après une gestation de quatre semaines, la femelle met au monde 3 ou 4 petits dans un nid qu'elle a aménagé sous terre.

OUTILS DE TERRASSIER

Les grosses pattes antérieures de la taupe, actionnées par ses puissantes épaules, sont pourvues de griffes en forme de pelle. Elle s'en sert pour creuser, arc-boutée sur ses pattes postérieures, et pour rejeter la terre qui s'accumule en taupinières.

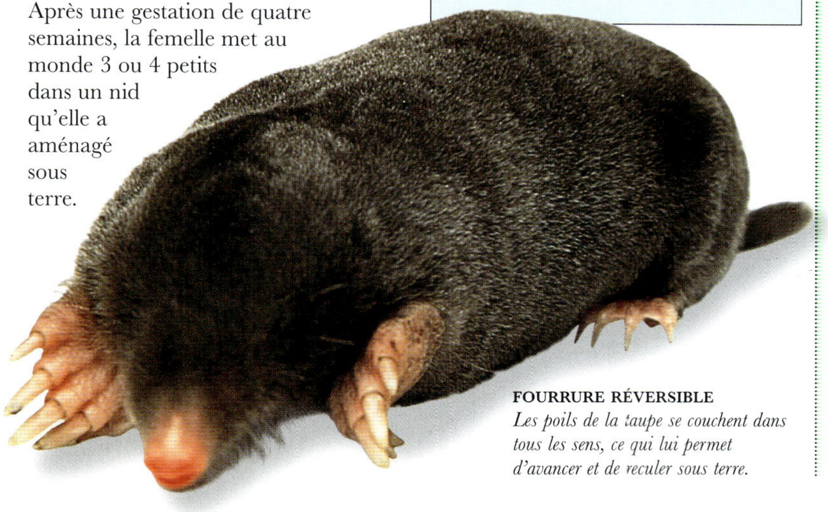

FOURRURE RÉVERSIBLE
Les poils de la taupe se couchent dans tous les sens, ce qui lui permet d'avancer et de reculer sous terre.

Condylura cristata

Condylure à nez étoilé

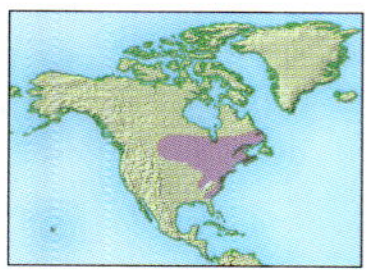

Longueur 18–19 cm
Queue 6–8 cm
Poids 45 g
Sociabilité Variable
Statut Commune localement

Répartition E. Canada, N.-E. États-Unis

Excellente nageuse, la condylure à nez étoilé a une queue longue, presque nue et écailleuse, remplie l'hiver d'une réserve de graisse. Elle a un mode de vie semblable à celui des autres taupes quoique moins solitaire. Les galeries qu'elle creuse à une profondeur de 5 à 60 cm mesurent 4 cm de diamètre.

GROIN EN ÉTOILE

Les 22 tentacules pâles et charnus qui entourent le nez de la condylure à nez étoilé et ne cessent de frémir pendant qu'elle chasse lui permettent de détecter la présence de ses proies sous l'eau et de chercher de quoi se nourrir parmi les roseaux, les mousses et autres plantes.

GOÛTS VARIÉS
Sangsues, escargots, petits poissons et animaux vivant dans la terre composent l'alimentation de la condylure à nez étoilé.

fourrure épaisse et presque noire

CHAUVES-SOURIS

PHYLUM	Cordés
CLASSE	Mammifères
ORDRE	Chiroptères
FAMILLES	18
ESPÈCES	977

REMARQUE

L'ordre des chiroptères se divise en 2 sous-ordres : les mégachiroptères (1 famille, les Pteropodidae), incapables d'écholocation, et les microchiroptères (toutes les autres chauves-souris).

LES CHAUVES-SOURIS sont les seuls mammifères qui puissent voler et non pas seulement planer. Les surfaces qui leur servent d'ailes, et qui sont une extension de la peau de leur dos et de leur ventre, les rendent capables de très bien manœuvrer dans l'air ; appelées patagiums, elles ont une envergure très variable : 1,50 m chez les grandes roussettes et pas plus de 15 cm chez les chœronycteris du Mexique. La plupart des espèces se servent de l'écholocation pour repérer leurs proies et se diriger la nuit. L'ordre des chiroptères est immense : aucun autre ne comporte autant d'espèces, celui des rongeurs mis à part, et près d'un quart des mammifères lui appartiennent. Les chauves-souris sont répandues partout dans les zones tempérées et tropicales, mais absentes des contrées où, comme dans les régions polaires, le climat est trop froid pour qu'elles trouvent de quoi se nourrir.

ANATOMIE

Ce sont leurs ailes qui constituent la caractéristique la plus remarquable des chauves-souris. Elles sont formées d'une double couche de peau innervée et vascularisée reliant les côtés de leur corps et les quatre longs doigts de ces animaux et sont renforcées par les vertèbres soudées, les côtes aplaties et les clavicules robustes. Les muscles puissants qui servent à les faire battre s'insèrent sur une crête osseuse parcourant le sternum. Un pouce court et griffu termine en général les pattes et un éperon situé sur la face interne de la cheville permet à la peau de la queue de se déployer.

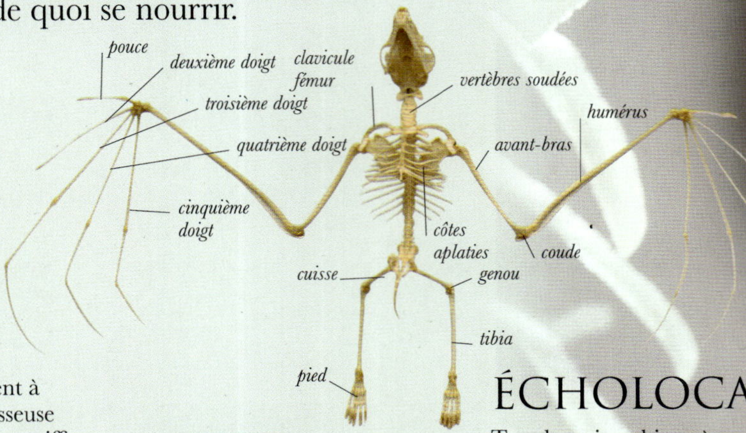

SQUELETTE
Les pattes et les doigts extrêmement longs des chauves-souris servent d'armature à leurs ailes. Les pattes s'articulent sur la hanche, de sorte que genou et pied sont articulés en des directions opposées à celles des autres mammifères.

ÉQUIPÉES POUR L'ÉCHOLOCATION
Les chauves-souris utilisent leur ouïe et leur odorat plus que leur vue. Les microchiroptères, telle cette espèce néotropicale frugivore, sont souvent pourvues de feuilles nasales participant à l'écholocation. Un tragus, lobe situé à la base de l'oreille, joue peut-être un rôle dans l'écholocation. Les mégachiroptères, incapables d'écholocation, ont les yeux plus grands et les oreilles plus petites.

ÉCHOLOCATION

Tous les microchiroptères pratiquent l'écholocation, système d'orientation qui fait d'eux de redoutables chasseurs. Leur larynx produit des ultrasons émis par leur bouche ou leur nez et dirigés, le cas échéant, par leur feuille nasale. Lorsque ces sons rencontrent un obstacle, la chauve-souris en perçoit l'écho grâce à son ouïe très fine. Le temps mis par l'écho pour lui revenir la renseigne sur la taille de l'obstacle et la distance qui la sépare de lui.

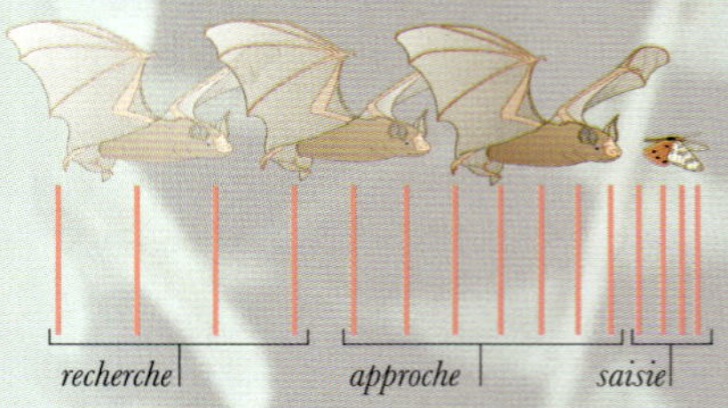

PHASES DE L'ÉCHOLOCATION PENDANT LA CHASSE

CHASSER AU SON
Toutes les chauves-souris insectivores utilisent l'écholocation pour chasser. Elles émettent des ultrasons, représentés ci-contre par des traits rouges. Le temps séparant deux sons diminue à mesure qu'elles s'approchent de leur proie, ce qui leur permet de la localiser.

CHASSE AÉRIENNE

1 **REPÉRAGE DE LA PROIE**
Cette chauve-souris pêcheuse a repéré par écholocation un petit poisson à la surface de l'eau.

2 **CAPTURE**
En effleurant rapidement l'eau avec ses griffes, la chauve-souris attrape sa proie.

3 **MAINTIEN**
Pour empêcher le poisson de s'échapper, la chauve-souris le met vite dans sa bouche.

4 **RECHERCHE D'UN EMPLACEME**
La chauve-souris cherche un arbre auquel suspendre pour consommer sa proie.

RÉGIME ALIMENTAIRE

Beaucoup de chauves-souris sont insectivores. Elles chassent soit entre les buissons et les branches basses des arbres, soit à la surface de la canopée. Elles consomment parfois plusieurs centaines de moustiques par nuit. D'autres espèces sont frugivores et certaines aspirent le pollen et le nectar avec leur longue langue. Les vampires entaillent la peau de leurs victimes endormies avec leurs dents coupantes et sucent leur sang. Les espèces carnivores se nourrissent de lézards et de grenouilles et les mangeuses de poisson pêchent leurs proies avec leurs puissantes griffes en forme de crochet.

MANGEUSE DE FRUITS
Les chauves-souris frugivores, qui se servent de la vue et de l'odorat pour se procurer des aliments, sont dépourvues d'organes servant à l'écholocation. Ces espèces, telle cette chauve-souris frugivore à épaulettes, sont capables de causer des dommages considérables dans les vergers. Ayant un besoin continuel de fruits mûrs, elles vivent surtout dans les régions tropicales.

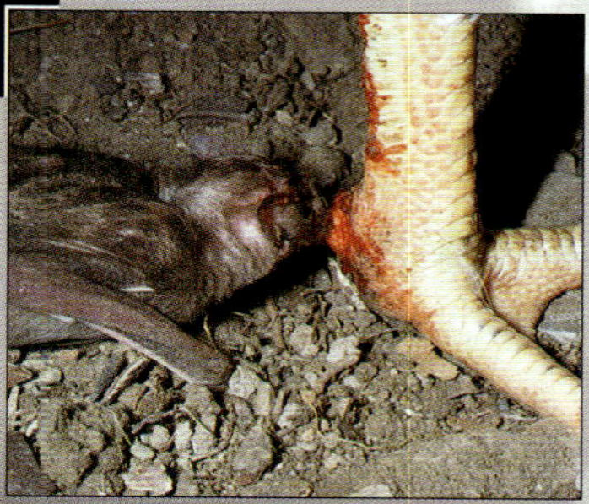

SUCEUSES DE SANG
Les vampires qui, comme celui à ailes blanches ci-dessus, se nourrissent de sang, ont des incisives coupantes avec lesquelles ils entaillent la peau, et sécrètent une salive à l'action anticoagulante.

CONSERVATION

Bien que les chauves-souris n'aient pas beaucoup d'ennemis, leur nombre est depuis quelques années en voie de diminution. Pour lutter contre ce déclin, et apprendre à mieux connaître ces mammifères, les scientifiques les équipent de radio-émetteurs permettant de surveiller leurs mouvements. Les chauves-souris jouissent aujourd'hui d'une protection légale dans toute l'Europe et dans certaines parties de l'Amérique du Nord, mais c'est loin d'être le cas ailleurs.

MAMMIFÈRE VOLANT
Seuls mammifères volants, les chauves-souris ont, comme cette chauve-souris du Nouveau Monde (Phyllostomidae), des ailes d'une très grande envergure capables de battre comme celles des oiseaux.

INSTINCT GRÉGAIRE

Les chauves-souris se rassemblent en grand nombre dans un même endroit, grotte, toit d'un bâtiment abandonné ou arbre creux. Elles choisissent des sites où elles sont à l'abri à la fois des prédateurs, du soleil, de la chaleur et de la pluie ainsi que du froid l'hiver au cas où elles hibernent. Certaines, telles les *Tylonycteris*, s'abritent dans la tige creuse d'une plante, d'autres sous une feuille. On ne sait pas pourquoi les chauves-souris se rassemblent en si grand nombre, on a seulement constaté qu'à la fin de la période d'hibernation celles qui vivent en colonie pèsent plus lourd que les autres.

CASANIÈRES
Les chauves-souris, telles ces chauves-souris frugivores, passent pendant des années la journée dans la même grotte avec des milliers de congénères.

ATTERRISSAGE
hauve-souris ne lâche pas le poisson tandis le se suspend à un arbre tête en bas.

6 **DÉGUSTATION**
Elle commence par la tête de sa victime et utilise parfois ses ailes pour la manipuler.

7 **JOUES ÉLASTIQUES**
Les joues de la chauve-souris se dilatent à volonté pendant le repas.

8 **FAIM PERSISTANTE**
Le poisson à peine fini, la chauve-souris se prépare à se remettre en chasse.

Rousettus aegyptiacus

Roussette d'Égypte

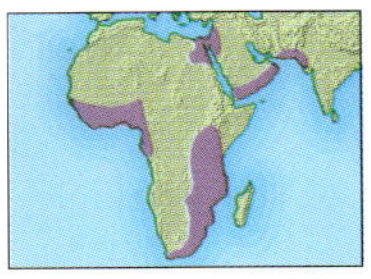

Longueur 14–16 cm
Queue 1,5–2 cm
Poids 80–100 g
Sociabilité Groupe
Statut Commune

Répartition O. Asie, N. Afrique (Égypte), O., E. et S. Afrique

Ces chauves-souris sont si répandues qu'elles menacent les récoltes et sont parfois considérées comme nuisibles. Ce sont les seules chauves-souris frugivores à émettre, comme leurs congénères insectivores, les ultrasons servant à l'écholocation, ce qui leur permet de s'abriter dans des grottes sombres et non dans les arbres comme les autres espèces frugivores. La gestation dure environ quatre mois et il n'y a qu'un seul jeune.

AVANT-BRAS VELUS
La fourrure des roussettes est brune ou gris ardoise sur le dos et gris plus clair sur le ventre et, fait inhabituel, couvre la moitié de chaque avant-bras.

BLOTTIES DANS DES GROTTES

Ces roussettes sont les seules à chercher, le jour, l'abri des grottes où il fait plus humide que dehors et où la température est plus constante. Elles se défendent de la fraîcheur ambiante en se blottissant les unes contre les autres.

Epomops franqueti

Chauve-souris de Franquet

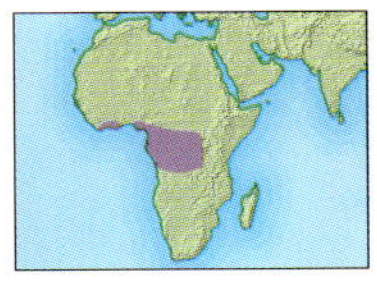

Longueur 11–15 cm
Queue Sans
Poids 85–100 g
Sociabilité Groupe
Statut Non évalué

Répartition O. et C. Afrique

La nuit, les chauves-souris mâles émettent des sifflements aigus et monotones pour attirer les femelles. Elles se reproduisent en toutes saisons, deux fois par an si les fruits et les feuilles jeunes et tendres abondent. Les mâles ont une tache blanche à l'épaule.

Epomophorus wahlbergi

Chauve-souris frugivore à épaulettes

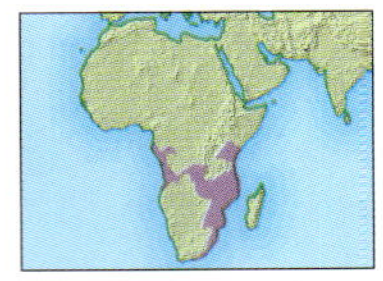

Longueur 12–15,5 cm
Queue Sans
Poids 65–125 g
Sociabilité Variable
Statut Commune

Répartition E., C. et S. Afrique

Outre l'« épaulette » blanche portée par les mâles, les individus des deux sexes ont deux touffes de même couleur sous chaque oreille. Il s'agit peut-être d'un camouflage, efficace dans le feuillage. À la saison de reproduction, le mâle pousse un cri grinçant pour attirer les femelles.

Pteropus rodricensis

Roussette de Rodriguez

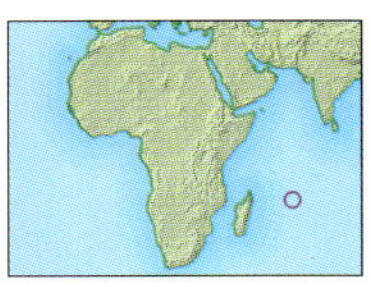

Longueur 35 cm
Queue Sans
Poids 250–275 g
Sociabilité Groupe
Statut CR

Répartition Océan Indien (île Rodriguez)

Autrefois plus de 500 individus s'assemblaient dans les abris où ces roussettes passent la journée mais il n'en reste plus aujourd'hui dans la nature que quelques centaines en tout, les dommages causés par les tempêtes et par l'intervention des hommes étant responsables de ce déclin. De bons résultats ont été heureusement obtenus par plusieurs programmes de reproduction en captivité. Ces chauves-souris se nourrissent la nuit de fruits – tamarin, jambose, mangues, figues – dont, comme beaucoup de leurs parentes, elles sucent le jus et la pulpe et rejettent en général les parties dures. Les observations faites en captivité montrent que 10 femelles se groupent autour d'un mâle dominant, les autres mâles se perchant ailleurs.

Rhynchonycteris naso

Chauve-souris à trompe

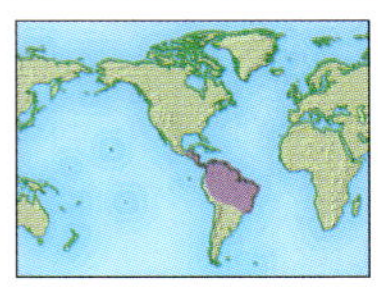

Longueur 3,5–5 cm
Queue 1–1,5 cm
Poids 3–6 g
Sociabilité Groupe
Statut Commune

Répartition Mexique à C. Amérique du Sud

Cette petite chauve-souris au nez long et pointu et au corps fuselé se distingue de ses congénères insectivores par la façon dont elle se repose accrochée à une branche par groupes d'en général 5 à 10 individus (rarement plus de 40), suspendus à la queue leu leu. Un mâle adulte domine souvent le groupe et défend le territoire servant de source de nourriture.

Taphozous mauritianus

Chauve-souris des hypogées

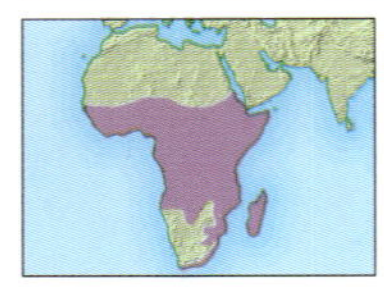

Longueur 7,5–9,5 cm
Queue 2–3 cm
Poids 15–30 g
Sociabilité Groupe
Statut Commune

Répartition O., C., E. et S. Afrique, Madagascar

Cette chauve-souris est connue en Afrique à cause de la vaste gamme de cris qu'elle pousse. Elle émet aussi des ultrasons servant à l'écholocation. Elle se suspend, le jour, jusque dans les villes, aux troncs des arbres et aux murs et reste vigilante au repos. Elle chasse surtout les insectes vivant à la surface de l'eau. Elle a le dos d'un brun-noir, le ventre et les ailes blancs. En République démocratique du Congo, elle se reproduit en avril-mai et en novembre-décembre.

Macroderma gigas

Faux vampire australien

Longueur 10–12 cm
Queue Sans
Poids 75–150 g
Sociabilité Groupe
Statut VU

Répartition N. Australie

Cette chauve-souris, l'un des plus grands microchiroptères, a la réputation de boire du sang, c'est ce qui lui a valu son nom. Elle se nourrit en réalité d'insectes, d'oiseaux, de grenouilles et de lézards. Les mines et les carrières exploitées par l'homme dans son domaine rocheux constituent une grave menace pour elle.

Anoura geoffroyi

Chauve-souris anoure

Longueur 6–7,5 cm
Queue Jusqu'à 7 mm
Poids 13–18 g
Sociabilité Groupe
Statut Commune

Répartition Mexique à N. Amérique du Sud

La petite surface de peau couverte de fourrure qui part de sa queue donne à cette chauve-souris l'air d'avoir les pattes poilues. Elle a aussi une petite feuille nasale dressée et un long museau à la mâchoire inférieure proéminente. Elle papillonne devant les fleurs écloses la nuit pour boire leur nectar et recueillir leur pollen avec sa langue en forme de brosse, aussi longue que sa tête. Elle se nourrit aussi d'insectes et s'abrite, le jour, dans des grottes et des galeries souterraines.

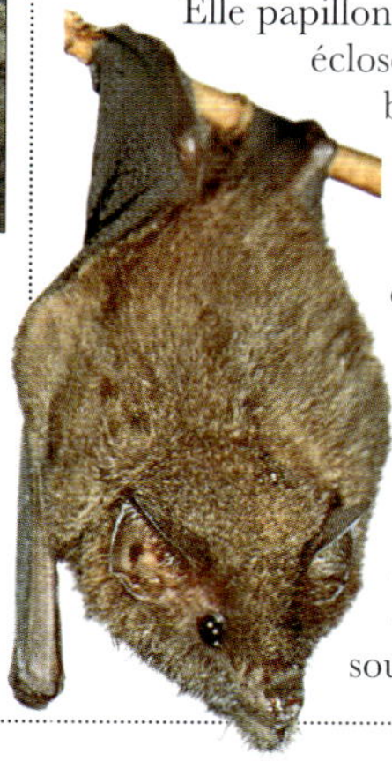

Rhinolophus hipposideros

Petit rhinolophe

Longueur 4 cm
Queue 2–3,5 cm
Poids 4–10 g
Sociabilité Groupe
Statut VU

Répartition Europe, N. Afrique à O. Asie

Le petit rhinolophe est grand comme un pouce humain. C'est le plus petit des 62 espèces qui constituent sa famille. Très répandu dans les régions boisées et buissonneuses, il est pourtant vulnérable car l'accès des sites où il hiberne et de ceux où il se repose le jour à la belle saison lui est souvent interdit. De plus, les chats domestiques s'attaquent à lui tandis que le déboisement et la disparition des haies où vivent ses proies le privent de sources de nourriture.

Hipposideros speoris

Rhinolophe de Schneider

Longueur 4,5–6 cm
Queue 2–3 cm
Poids 9–12 g
Sociabilité Groupe
Statut Commune

Répartition S. Asie

Avec sa feuille nasale en forme de U, cette petite chauve-souris appartenant à un genre de 60 espèces représente le type même de l'insectivore. Elle se repose le jour dans des grottes, des tunnels et des bâtiments avec des milliers d'autres individus.

Nycteris grandis

Chauve-souris à museau fendu

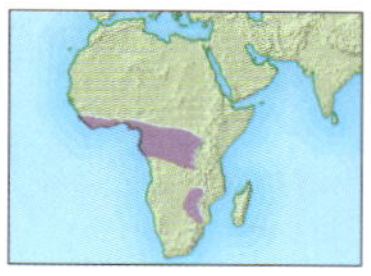

Longueur 7–9,5 cm
Queue 6,5–7,5 cm
Poids 25–40 g
Sociabilité Groupe
Statut Non évalué

Répartition O., C., E. et S. Afrique

Un sillon que cache parfois en partie la feuille nasale creuse la face de cette chauve-souris. Très puissante, elle fond sur ses proies – autres chauves-souris, oiseaux, scorpions, araignées, grenouilles et même poissons nageant en surface. Jusqu'à 60 individus s'abritent ensemble le jour dans des grottes et des arbres.

Rhinopoma hardwickei

Chauve-souris à queue de souris

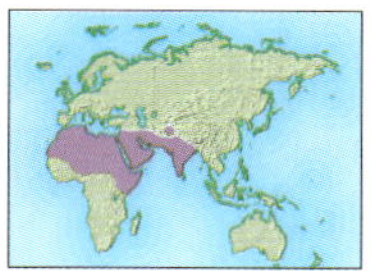

Longueur 5,5–7 cm
Queue 4,5–7,5 cm
Poids 10–15 g
Sociabilité Groupe
Statut Commune

Répartition O. à S. Asie, N. et E. Afrique

Cette petite chauve-souris insectivore est la seule, avec les trois autres espèces du même genre, à posséder une queue mince et longue, mesurant parfois autant que le reste de son corps. Elle vit dans la brousse, les régions semi-désertiques et la forêt tropicale. En période d'abondance, elle fait dans son corps des réserves de graisse pouvant durer plusieurs semaines.

Pteronotus davyi

Chauve-souris à dos nu

Longueur 4–5,5 cm
Queue 2–2,5 cm
Poids 5–10 g
Sociabilité Groupe
Statut Commune

Répartition Mexique à N. et E. Amérique du Sud

On peut souvent voir cette chauve-souris la nuit, car elle se nourrit de mouches, de phalènes et autres insectes attirés par la lumière des réverbères. Le jour, elle s'abrite en vastes colonies dans des grottes et des mines désaffectées, souvent loin de son terrain de chasse. Ses ailes, qui se rejoignent sur son dos, cachent sa fourrure

Noctilio leporinus

Chauve-souris pêcheuse

Longueur 6–8 cm
Queue 1,5–2 cm
Poids 15–35 g
Sociabilité Groupe
Statut LR Δ

Répartition Amérique centrale, N., E. et C. Amérique du Sud

Comme l'unique autre membre de sa famille, cette espèce a le nez garni d'un repli de peau, les lèvres tombantes et le menton plissé. Une pâle raie grise marque sur son dos sa fourrure veloutée, orange,

brune ou grise. Arbres creux ou grottes lui servent d'abri le jour. La nuit, elle vole au-dessus d'étendues d'eau ou de sable pour attraper ses proies – poissons ou crabes –, qu'elle saisit avec les griffes puissantes de ses pattes postérieures.

Trachops cirrhosus

Trachops

Longueur 6,5–9 cm
Queue 1–2 cm
Poids 25–35 g
Sociabilité Groupe
Statut Non évalué

Répartition Mexique à N. Amérique du Sud

On ne sait pas pourquoi les lèvres de cette chauve-souris sont couvertes de papilles. Elle chasse ses proies – insectes, grenouilles et lézards – le long des cours d'eau et des fossés et leur inflige des morsures mortelles. Elle repère ses victimes à l'oreille plutôt que par écholocation. Elle a, par ailleurs, toutes les caractéristiques des chauves-souris et s'abrite sous les troncs et dans les arbres creux et les grottes.

Pipistrellus pipistrellus

Pipistrelle commune

Longueur 3,5–4,5 cm
Queue 3–3,5 cm
Poids 3–8 g
Sociabilité Groupe
Statut Commune

Répartition Europe à N. Afrique, O. et C. Asie

Cette pipistrelle est l'une des plus petites et des plus répandues des quelque 70 espèces constituant le genre. Elle fréquente aussi bien les villages que les jardins publics des villes. Elle passe la journée dans des anfractuosités naturelles ou dans les fissures sillonnant les bâtiments. Les femelles se rassemblent par milliers dans un même site pour allaiter chacun un petit, qui commence à voler à l'âge de trois semaines.

Desmodus rotundus

Vampire

Longueur 7–9,5 cm
Queue 6,5 cm
Poids 19–45 g
Sociabilité Groupe
Statut Commun

Répartition Mexique à Amérique du Sud

Voilier puissant, ce vampire est capable de se déplacer au sol sur ses quatre pattes à une vitesse et avec une agilité étonnantes. À la tombée de la nuit, il part à la recherche de proies à sang chaud – oiseaux, tapirs, phoques ou animaux domestiques et même hommes. Il se pose près de sa victime, s'approche en rampant, mord à travers fourrures ou plumes et suce en une demi-heure quelque 25 ml de sang dont sa salive empêche la coagulation. Il partage son abri diurne avec des centaines d'individus.

MORSURES INDOLORES

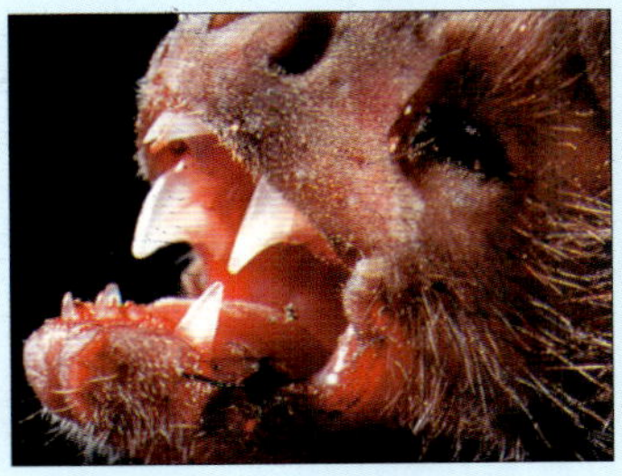

Les incisives supérieures de ce vampire sont si coupantes que ses victimes sentent à peine les morsures qu'il leur inflige, longues parfois de 5 mm.

COLORATION
Fourrure d'un brun grisâtre, foncé sur le dos, plus pâle avec des reflets fauves sur le ventre.

Thyroptera tricolor

Chauve-souris à ventouses

Longueur 4 cm
Queue 2,5–3,5 cm
Poids 3–5 g
Sociabilité Groupe
Statut Commune

Répartition Mexique à Amérique centrale, Amérique du Sud, île de la Trinité

Cette chauve-souris a une sorte de ventouse au bord antérieur de chaque aile, à l'endroit du pouce, et une sur la plante de chaque patte postérieure. Elle peut ainsi s'accrocher, tête en bas comme la plupart des chauves-souris, à la surface lisse des feuilles à demi enroulées à l'intérieur desquelles elle s'abrite. Elle se suspend aussi parfois, avec une dizaine de congénères, parmi les feuilles dépliées. C'est la plus petite d'une famille de trois espèces et elle se nourrit de petites proies incapables en général de voler. Elle est mince et délicate, avec un dos brun foncé ou roux et un ventre plus clair ou jaune.

Nyctalus noctula

Noctule

Longueur 7–8 cm
Queue 5–5,5 cm
Poids 15–50 g
Sociabilité Groupe
Statut LR ∆

Répartition Europe à O., E. et S. Asie

Cette noctule est la plus répandue des six espèces du genre. Elle fond de très haut sur des proies relativement grosses – grillons et hannetons. Le jour, elle s'abrite, d'habitude seule, dans de petits trous qu'elle trouve dans les arbres, les bâtiments ou les rochers. Elle passe l'hiver et l'été dans des sites différents, éloignés parfois de plus de 2 000 km. Contrairement aux autres petites chauves-souris, la femelle met 1 ou 2 petits au monde au printemps.

Uroderma bilobatum

Chauve-souris « campeuse »

Longueur 6–6,5 cm
Queue 4–4,5 cm
Poids 13–20 g
Sociabilité Groupe
Statut Commune

Répartition Mexique à C. Amérique du Sud, île de la Trinité

Environ quinze espèces de Phyllostomidae (à feuille nasale) s'abritent sous des sortes de tentes tubulaires provisoires qu'elles aménagent en mordant la tige de feuilles de bananier ou de palmier pour les faire plier. De 2 à 50 individus s'y entassent pendant parfois trois mois pour se protéger du soleil, de la pluie et des prédateurs. Ces chauves-souris brun-gris rayé de blanc sur la face et le dos se nourrissent de feuilles et de fruits.

Vampyrum spectrum

Faux vampire américain

Longueur 13,5–15 cm
Queue Sans
Poids 150–200 g
Sociabilité Variable
Statut LR

Répartition Mexique à N. Amérique du Sud, île de la Trinité

Ses ailes d'une envergure de 1 m font de cette chauve-souris la plus grande espèce du Nouveau Monde. Elle ne suce pas le sang de ses proies, mais c'est un prédateur redoutable qui chasse d'autres chauves-souris, des rongeurs et des oiseaux – troglodytes, orioles et perruches. Elle s'abrite le jour dans les arbres creux par groupes de 5 individus. Son existence est menacée par la disparition de son habitat.

Molossus ater

Molosse noir

Longueur 7–10 cm
Queue 4–5 cm
Poids 30–40 g
Sociabilité Groupe
Statut Commun

Répartition Mexique à C. Amérique du Sud, île de la Trinité

Cette chauve-souris de taille moyenne a la fourrure courte et souple. Elle s'abrite souvent dans des bâtiments, de jour comme de nuit, et elle est plus active que ses congénères à l'aube et au crépuscule. Elle se nourrit d'insectes attirés par la lumière des réverbères. Elle les stocke dans les poches de ses joues et ne les consomme qu'une fois de retour dans son abri.

Natalus stramineus

Natalide

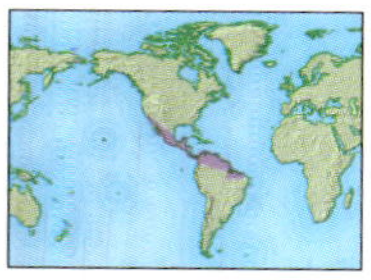

Q : Chauve-souris à oreille en entonnoir du Mexique
Longueur 4–4,5 cm
Queue 4,7–5,2 cm
Poids 3–5 g
Sociabilité Groupe
Statut Non évalué

Répartition O. États-Unis à N. Amérique du Sud

Minuscule, la natalide, qui appartient à une famille comportant cinq espèces, a le corps délicat, les oreilles arrondies, la fourrure douce et laineuse et la queue reliée aux pattes par des surfaces alaires. En vol, elle est rapide et agile ; elle se nourrit d'insectes volants.

Otonycteris hemprichi

Oreillard d'Hemprich

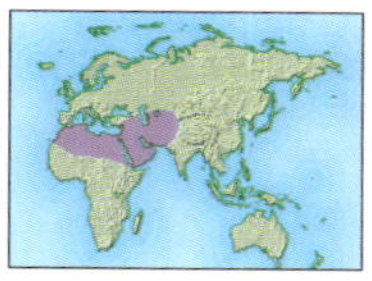

Longueur 6–7 cm
Queue 4,7–4,9 cm
Poids 20–30 g
Sociabilité Groupe
Statut Non évalué

Répartition N. Afrique à O. Asie

Cette chauve-souris est l'une des rares à s'accommoder de milieux secs et infertiles. Quand les conditions climatiques sont très dures, elle tombe sans doute dans un état de torpeur. Ses énormes oreilles de 4 cm de long sont souvent dressées en vol ou quand elle fond sur ses proies – insectes et araignées. Grottes et anfractuosités servent d'abri le jour à des groupes d'au moins 20 individus.

Plecotus auritus

Oreillard roux

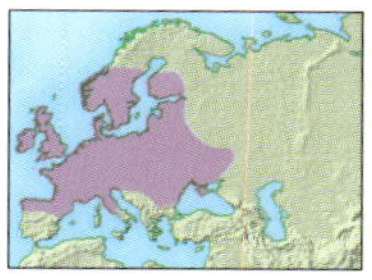

Longueur 4–5 cm
Queue 4–5 cm
Poids 7–14 g
Sociabilité Groupe
Statut LR Δ

Répartition Europe, C. Asie

Comme ses quatre congénères, l'oreillard roux se reconnaît à ses grandes oreilles et à sa face ramassée, plus foncée que sa fourrure d'un gris brunâtre. Il se nourrit de toutes sortes d'insectes, phalènes et coléoptères compris, qu'il emporte sur un perchoir pour les manger. Il se comporte par ailleurs comme les autres petites chauves-souris insectivores.

Antrozous pallidus

Chauve-souris blonde

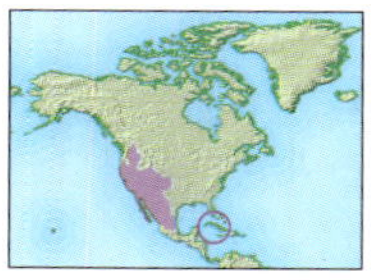

Longueur 5,5–8 cm
Queue 3,5–5,5 cm
Poids 14–30 g
Sociabilité Groupe
Statut VU Δ

Répartition O. Amérique du Nord à Mexique, Cuba

Cette chauve-souris de taille moyenne, au groin de cochon et à la fourrure pâle, s'accommode de milieux secs, aussi chauds que la vallée de la Mort en Californie. C'est à l'ouïe qu'elle repère ses proies – grillons, araignées, mille-pattes, scorpions, lézards et souris à poche. Elle pousse des cris perçants pour rassembler ses compagnes et chercher avec elles un abri parmi les rochers et les arbres ou dans les greniers.

Mops condylurus

Chauve-souris dogue

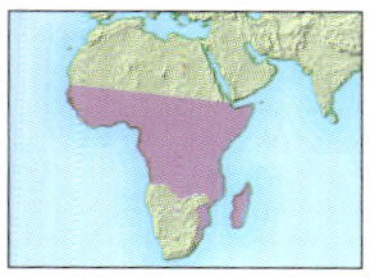

Longueur 7–8,5 cm
Queue 4 cm
Poids 18–35 g
Sociabilité Groupe
Statut Commune

Répartition O., C., E. et S. Afrique, Madagascar

Cette chauve-souris est très répandue dans les régions désertiques et les forêts pluviales. Sa queue est libre, longue comme celle d'une souris. Comme la plupart de ses congénères, elle se protège des attaques des prédateurs en sortant de son abri diurne en nombres importants. Elle consomme ses proies en vol et en rejette les éléments les plus durs.

Myotis daubentonii

Vespertilion de Daubenton

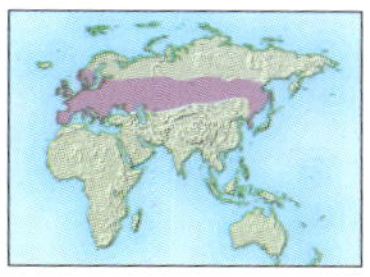

Longueur 4–6 cm
Queue 2,5–5 cm
Poids 5–15 g
Sociabilité Groupe
Statut Commun

Répartition Europe à N. et E. Asie

Petite et brune comme les quelque 87 espèces du même genre, cette chauve-souris vole à 1 ou 2 m au-dessus de l'eau pour attraper des insectes soit avec sa bouche, soit avec la poche formée par une de ses ailes. Elle pêche aussi en surface, saisissant ses proies avec ses grosses pattes postérieures. Arbres, bâtiments, vieux murs ou ponts lui servent d'abri le jour et elle parcourt jusqu'à 300 km pour aller hiberner dans une grotte ou une mine lointaines.

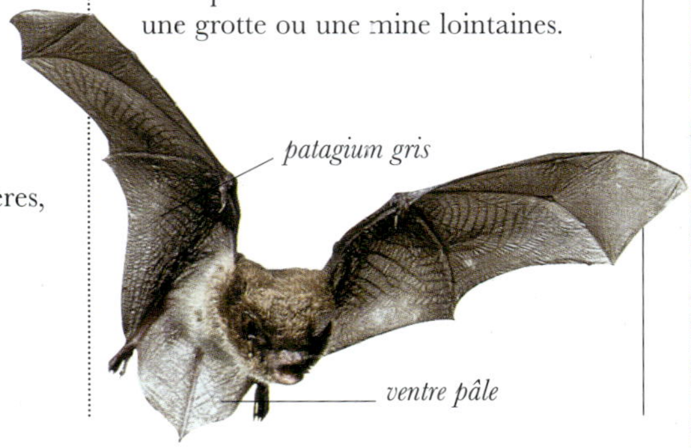

Vespertilio murinus

Sérotine bicolore

Longueur 5–6,5 cm
Queue 3,5–4,5 cm
Poids 10–25 g
Sociabilité Groupe
Statut LR Δ

Répartition Europe à O., C. et E. Asie

La sérotine bicolore doit son nom au fait que ses ailes et sa face sont presque noires, son ventre blanc crème et la pointe des poils bruns très foncés de son dos blanche. Elle s'abrite le jour dans des anfractuosités qu'elle trouve dans des lieux sauvages ou habités. À la fin de l'automne, le mâle s'élève très haut dans les airs en poussant des cris perçants pour appeler les femelles.

MAMMIFÈRES

MAMMIFÈRES

GALÉOPITHÈQUES

PHYLUM	Cordés
CLASSE	Mammifères
ORDRE	Dermoptères
FAMILLE	1 (Cynocephalidae)
ESPÈCES	2

GRÂCE À LEUR PATAGIUM, grande aile entourant leur corps, les galéopithèques, ou colugos, exécutent des vols planés de plus de 100 m sans quasiment perdre de hauteur. Ils ne sont cependant pas capables de véritablement voler. Gros comme des chats domestiques, ils ont de grands yeux, un museau aplati, des griffes puissantes qui les aident à grimper et une fourrure mouchetée qui leur sert de camouflage. Ils vivent dans les forêts pluviales de l'Asie du Sud-Est et se nourrissent de fruits et de fleurs qu'ils réduisent en purée à l'aide de leurs curieuses incisives inférieures en forme de peigne dont ils se servent également pour démêler leur fourrure.

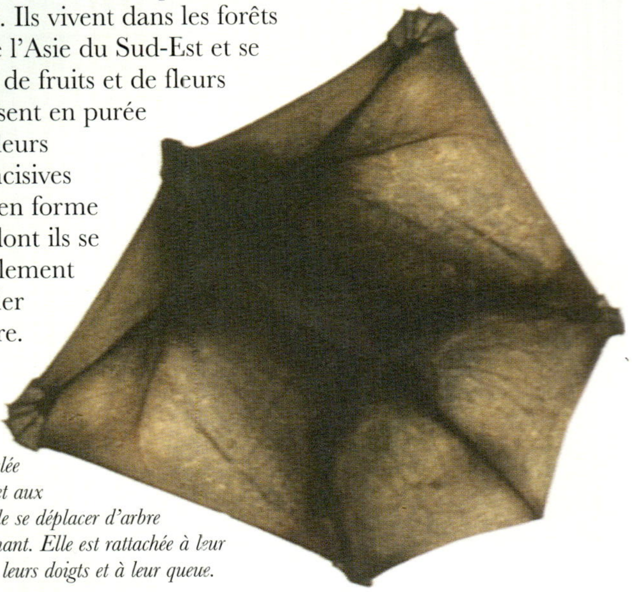

VOL PLANÉ
Une aile en forme de cerf-volant appelée patagium permet aux galéopithèques de se déplacer d'arbre en arbre en planant. Elle est rattachée à leur cou, au bout de leurs doigts et à leur queue.

Cynocephalus variegatus

Galéopithèque de Malaisie

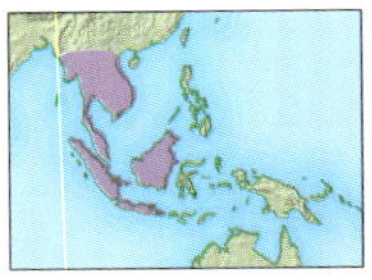

Répartition S.-E. Asie

Longueur	33–42 cm
Queue	17,5–27 cm
Poids	0,9–2 kg
Sociabilité	Variable
Statut	Commun

Quoique encore florissante dans certaines régions, cette espèce est en voie de disparition dans les zones d'agriculture et de sylviculture. Ses représentants ont la tête petite, les yeux relativement grands, les oreilles arrondies et petites et le museau aplati. Leur fourrure soyeuse et courte, brun-gris ou roux sur le dos, est plus pâle sur le ventre. Souvent légèrement mouchetée, elle peut être confondue avec les branches couvertes de lichen. Actif au crépuscule et la nuit, ce galéopithèque se nourrit de fruits, de bourgeons et de jeunes feuilles ainsi que de nectar et de sève qu'il extrait avec ses incisives inférieures en forme de peigne. Il vit au sommet des arbres, seul ou en petits groupes. Après une gestation de deux mois, un petit unique vient au monde et s'accroche à sa mère tandis que celle-ci saute d'arbre en arbre ; il est sevré à six mois.

RATS À TROMPE

PHYLUM	Cordés
CLASSE	Mammifères
ORDRE	Macroscélides
FAMILLE	1 (Macroscelididae)
ESPÈCES	15

C'EST LEUR GROIN LONG, POINTU, SOUPLE ET TRÈS SENSIBLE qui distingue les macroscélides, ou rats à trompe. L'ouïe et la vue sont très développées chez toutes les espèces, également pourvues de puissantes pattes postérieures. Ces animaux furtifs ne vivent qu'en Afrique, dans les régions rocailleuses, dans la savane et dans les fourrés couvrant le sol des forêts. Ils se nourrissent surtout d'invertébrés qu'ils chassent le jour.

TERRIERS ET PISTES
Les macroscélides sont uniquement terrestres et vivent dans divers milieux. Celui ci-contre se plaît dans les régions rocailleuses où il occupe soit un terrier qu'il creuse lui-même, soit un abri abandonné. Il entretient un réseau de pistes menant aux endroits où il trouve de la nourriture, comportement qu'il partage avec nombre des autres espèces.

Elephantulus rufescens

Macroscélide roux

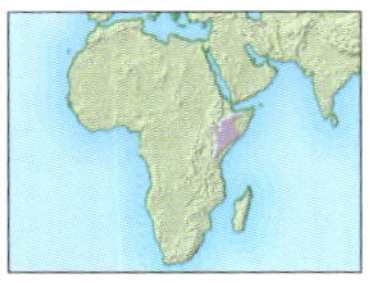

Répartition E. Afrique

Longueur	12–12,5 cm
Queue	13–13,5 cm
Poids	50–60 g
Sociabilité	Solitaire/couple
Statut	LR ∆

Ce macroscélide est brun sur le dos, blanc sur le ventre avec, autour de l'œil, un anneau blanc marqué d'une tache noire. De petits animaux complètent son alimentation de fruits, de graines et de bourgeons. Un ou 2 petits naissent après une gestation de soixante jours. Le mâle et la femelle empêchent les intrusions dans leur territoire en frappant le sol de leurs pattes postérieures, chacun chassant les intrus de même sexe.

Rhynchocyon chrysopygus

Rhynchocyon

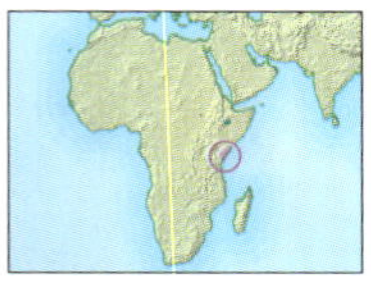

Répartition E. Afrique

Longueur	27–29 cm
Queue	23–26 cm
Poids	525–550 g
Sociabilité	Solitaire/groupe
Statut	EN

Avec ses oreilles et ses pattes noires, sa queue noire à bout blanc et son corps roux, taché de doré sur l'arrière-train, ce macroscélide est très coloré. Ses pattes sont nues et sa queue peu fournie. Il se nourrit de petits invertébrés – vers, insectes et mille-pattes. À l'approche d'un danger, il donne des coups de queue sur les feuilles pour avertir ses congénères, puis s'enfuit par bonds en adoptant une allure raide, pour prouver sa force.

TUPAÏAS

PHYLUM	Cordés
CLASSE	Mammifères
ORDRE	Scandentia
FAMILLE	1 (Tupaiidae)
ESPÈCES	19

CES PETITS MAMMIFÈRES ressemblant à des écureuils ne sont pas exclusivement arboricoles et passent beaucoup de temps au sol. Ils présentent certains traits communs avec les primates – grande boîte crânienne par exemple et, chez les mâles, testicules descendant dans un scrotum. Ils sont dépourvus de moustache et localisent leurs proies à l'aide de leur ouïe, de leur odorat et de leur vue, organes très développés chez eux. Leur queue est presque toujours longue et fournie. Les tupaïas, ou toupayes, habitent les forêts tropicales de l'Asie du Sud-Est.

EN QUÊTE DE NOURRITURE *Les tupaïas sont d'agiles grimpeurs et de bons coureurs. Ils cherchent leurs proies avec leurs pattes et leur museau pointu.*

Ptilocercus lowi

Ptilocerque

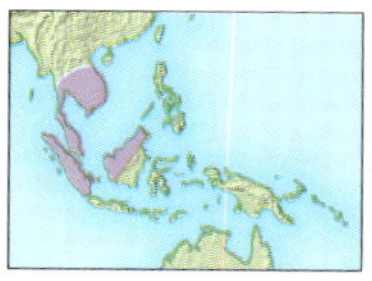

Répartition S.-E. Asie

Longueur 10–14 cm
Queue 13–19 cm
Poids 25–60 g
Sociabilité Variable
Statut Non évalué

La queue nue de ce tupaïa se termine par un pinceau de poils blancs. Il est d'un gris brunâtre sur le dos et jaunâtre sur le ventre. Il grimpe avec agilité grâce à ses membres vigoureux et griffus, et à sa queue servant de balancier; il ne descend presque jamais au sol. Il vit en couple ou en petits groupes dans des nids aménagés sur les branches des arbres. Il se nourrit de vers, d'insectes, de souris, d'oisillons, de lézards et de fruits.

Dendrogale melanura

Dendrogale

Répartition S.-E. Asie

Longueur 10–15 cm
Queue 9–14 cm
Poids 35–60 g
Sociabilité Solitaire/couple
Statut VU

Ce tupaïa habite les montagnes boisées, à une altitude allant de 900 m à 1 500 m. Avec ses longs membres et ses grandes griffes, il est particulièrement bien équipé pour grimper dans les arbres où il passe plus de temps que les autres. Sa fourrure est d'un noir teinté de fauve ou de cannelle sur le dos et de roux ou d'ocre sur le ventre. Il vit seul, se nourrissant le jour et dormant dans un nid garni de feuilles la nuit. Après une gestation d'environ cinquante jours naissent 3 ou 4 petits.

Anathana ellioti

Toupaye des Indes

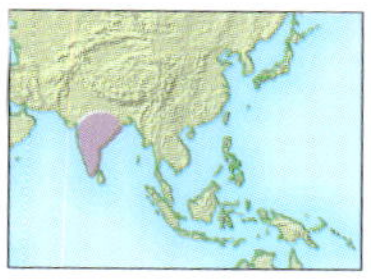

Répartition S. Asie

Longueur 17–20 cm
Queue 16–19 cm
Poids 150 g
Sociabilité Solitaire
Statut LR

Ce toupaye, qui ressemble à un petit écureuil gris, a la fourrure mouchetée de jaune et de brun sur le dos et marquée de caractéristiques raies crème sur les épaules. Il a la tête assez grosse, le museau pointu, les yeux grands et les oreilles poilues. Diurne, il passe la journée à chercher activement, dans les arbres mais aussi dans les buissons bas, les petits animaux – vers et insectes – qui, avec quelques fruits, constituent sa nourriture. La nuit, il dort dans un trou ou un arbre creux. Il est probablement solitaire, sauf à la saison de reproduction, et ne s'approprie, autant qu'on le sache, pas de territoire. La femelle s'occupe de ses petits.

queue longue et fournie servant de balancier

Tupaia minor

Petit toupaye

Répartition S.-E. Asie

Longueur 11,5–13,5 cm
Queue 13–17 cm
Poids 30–70 g
Sociabilité Solitaire
Statut LR Δ

Ce toupaye souffre moins que les autres du remplacement de son habitat naturel de forêts par des plantations, des parcs et des jardins. Il est actif le jour et cherche, dans les arbres et parmi les troncs abattus et les buissons, les petits animaux, les fruits, les feuilles, les graines et la charogne dont il se nourrit. Il est lui-même la proie des serpents, des mangoustes, des félins arboricoles et des rapaces diurnes. Il mange souvent assis sur son arrière-train, sa nourriture entre ses pattes, aux aguets comme le sont les écureuils. Après une gestation de quarante-six à cinquante jours, 2 ou 3 petits naissent en général. La femelle les allaite sporadiquement et les laisse dans un nid garni de feuilles quand elle part en quête de nourriture.

ÉQUIPÉ POUR GRIMPER

Ses doigts écartés, ses griffes pointues et les boursouflures qui garnissent ses pieds permettent au tupaïa de s'agripper fermement à l'écorce des arbres et aux rochers. Il avance en rampant sur les branches qu'il enduit ce faisant d'une sécrétion odorante produite par des glandes situées sur son ventre. Il laisse ainsi une trace qui lui sert à marquer un territoire dont il assure la défense contre les individus de même sexe.

SENS DE L'ÉQUILIBRE *Avec son odorat, sa vue et son ouïe très développés et sa queue servant de balancier, le tupaïa grimpe à toute vitesse dans les branches.*

fourrure brune et rousse mouchetée sur le dos

PRIMATES

PHYLUM	Cordés
CLASSE	Mammifères
ORDRE	Primates
FAMILLES	11
ESPÈCES	356

REMARQUE

D'après des recherches récentes, il faudrait sans doute diviser l'ordre des primates en deux sous-ordres : les strepsirhiniens, ou prosimiens (lémuriens, galagos, loris et pottos) et les haplorhiniens (tarsiers et singes). On a choisi de traiter ici les tarsiers avec les prosimiens, car ils ont des traits communs avec les deux groupes, et les singes séparément. Les humains ou hominidés ne figurent pas dans cet ouvrage mais appartiennent au même groupe que les grands singes.

Prosimiens *voir p. 118-121*
Singes *voir p. 122-131*
Grands singes *voir p. 132-137*

L'ORDRE DES PRIMATES, dans lequel figurent les prosimiens et les singes (voir la remarque ci-contre), est composé d'animaux très variés qui vivent en groupes sociaux à l'organisation complexe. On les rencontre en Amérique du Sud, en Amérique centrale, en Afrique, à Madagascar et dans le sud-est et l'est de l'Asie. Les primates habitent surtout les forêts tropicales, et leurs mains et leurs pieds préhensiles (capables de saisir) représentent une adaptation à un mode de vie en grande partie arboricole. On considérait traditionnellement qu'il y en avait entre 180 et 200 espèces, mais la nécessité de protéger certaines populations a conduit à des recherches qui ont abouti, à partir de 1990, à une augmentation considérable de ce nombre.

ORGANISATION SOCIALE

À part quelques rares solitaires, les primates vivent en général en collectivité. Ils forment souvent, surtout les singes, des groupes composés de plusieurs femelles et d'un ou de plusieurs mâles adultes. Chez les mandrills, drills et géladas, des centaines d'individus se réunissent en troupes qui se divisent périodiquement en bandes de célibataires et en harems entourant un mâle. Les chimpanzés et les singes-araignées vivent en grandes communautés de 20 à 100 individus, subdivisées en groupes de compositions variées. Quelques espèces, surtout parmi les singes du Nouveau Monde, forment des couples monogames.

TOILETTE
Chez les primates comme ces babouins doguera, la toilette mutuelle contribue à la cohésion du groupe, les individus de rang inférieur s'assurant par ce moyen l'appui de leurs supérieurs, au cours des disputes.

ANATOMIE

Les primates constituent un groupe extrêmement varié, composé de membres très différents, un microcèbe pesant 40 à 100 g et des singes comme les gorilles dépassant parfois 200 kg. Le pouce est toujours garni chez eux d'un ongle plat et non d'une griffe, et il en va presque toujours de même des autres doigts. Dotés, sauf quelques cétacés à dents, d'un cerveau dont la masse est importante par rapport à celle du corps, les primates supérieurs sont intelligents. Les centres qui traitent les informations sensorielles étant très développés chez eux, ils ont une excellente vue et sont donc capables d'exécuter des sauts d'un arbre à l'autre avec une grande précision.

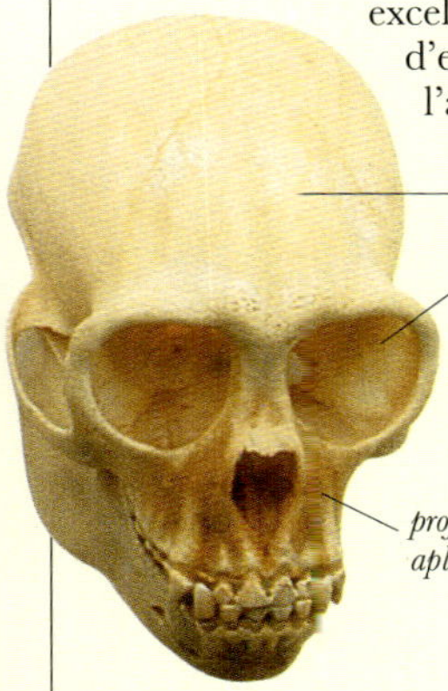

STRUCTURE DU CRÂNE
Les primates ont une grosse boîte crânienne en forme de dôme et des orbites orientées vers l'avant. Chez les singes, le profil est en général aplati, comme ci-contre.

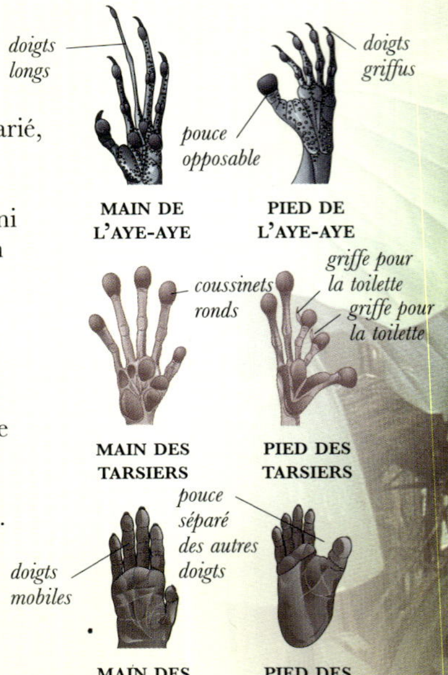

MAINS ET PIEDS
La forme des mains et des pieds varie avec les modes de vie. Chez les espèces arboricoles, des griffes (aye-aye) et des coussinets (tarsiers) permettent une prise plus ferme. Une grande mobilité des mains et des pieds (chimpanzés) est indispensable aux espèces à la fois terrestres et arboricoles.

UN INSTRUMENT SIMPLE

1 **CHASSEUR DE TERMITES**
Ce chimpanzé se sert d'un bâton pour se procurer un aliment inaccessible.

2 **UTILISATION DES MAINS**
Ce chimpanzé se sert de sa main pour tenir le bâton et le faire pénétrer dans la termitière.

3 **RETRAIT DE L'INSTRUMENT**
Les termites se sont aperçus de l'intrusion et mordent le bâton avec leurs mandibules en forme de pince.

4 **OPÉRATION RÉUSSIE**
Le chimpanzé retire le bâton auquel des termites sont restés accrochés.

ALIMENTATION

En général, les petits primates, incapables du long processus nécessité par la digestion des végétaux, se nourrissent d'insectes, et les grands surtout de feuilles et de fruits car une alimentation d'insectes ne les sustenterait pas. Certaines espèces telles que les colobes et les entelles, ont un estomac compartimenté contenant des bactéries chargées de la fermentation de la cellulose, tandis que des bactéries sont présentes dans le côlon et le cæcum d'autres catégories de singes ; d'autres encore, dont les chimpanzés et les babouins, consomment à la fois des vertébrés et des végétaux. Seuls les tarsiers sont entièrement carnivores.

VÉGÉTARIENS
Les gorilles sont de tous les primates ceux qui consomment le plus de végétaux. Pour extraire les nutriments présents dans la cellulose, ils ont de grosses molaires et de puissants muscles maxillaires avec lesquels ils mâchent. Le tube digestif logé dans leur panse arrondie est très long.

CARNIVORE
Certains primates chassent d'autres animaux, parfois en groupe, et dévorent leur proie, comme ce chimpanzé qui mange un céphalophe.

CONSERVATION

Les populations de primates sauvages subissent un sérieux déclin du fait de la disparition de leur habitat et de la chasse illégale dont certaines espèces protégées sont l'objet. Les primates sont aussi souvent utilisés pour la recherche médicale et spatiale. Quelques espèces, préservées grâce à la reproduction en captivité, sont réintroduites dans la nature, et des refuges, dont l'orphelinat zambien ci-dessous est un exemple, améliorent la situation. Celle-ci reste cependant préoccupante.

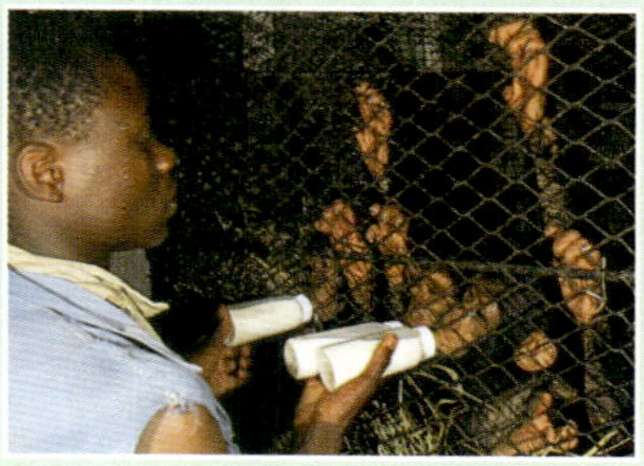

VIE DANS LES ARBRES
Ces langurs présentent toutes les caractéristiques des primates : existence arboricole, queue, pieds et mains préhensiles, vie en groupe, alimentation de feuilles et de fruits. La coloration variée de leur fourrure leur sert de camouflage.

LOCOMOTION

Les primates passent presque tous une partie au moins de leur temps dans les arbres et leur morphologie a subi des transformations propres à faciliter ce mode de vie. Pour leur permettre de s'agripper aux branches, le gros orteil est, sauf chez les humains, séparé des autres doigts, ainsi que le pouce, qui n'est cependant tout à fait opposable que chez certains singes. Les primates sont d'autant plus agiles que les os du bras et du poignet ne sont pas soudés chez eux et que la partie supérieure de leurs membres n'est pas encastrée dans leur tronc, comme elle l'est chez d'autres mammifères tel le cheval dont l'articulation de l'épaule restreint les mouvements. Certaines espèces possèdent une longue queue préhensile, véritable « cinquième membre ».

BRACHIATION
Les singes-araignées et les gibbons tel le gibbon lar ci-dessus utilisent leurs longs bras pour s'élancer d'une branche à l'autre.

BIPÈDES
Les primates qui, tels les chimpanzés, sont bipèdes, c'est-à-dire capables de marcher sur deux pattes, ont souvent de longs membres.

QUADRUPÈDES
Les singes qui, comme ce singe-araignée laineux, marchent à quatre pattes sont les plus répandus. Ils ont tous les membres de la même longueur.

ESCALADE ET SAUTS
Les singes qui, tels ces indris, grimpent à la verticale et sautent ont la tête dressée et les membres postérieurs très développés.

STABILISATION
himpanzé maintient le bâtonnet couvert de ites en place en le posant sur son bras.

6 **CONSOMMATION RAPIDE**
Il dévore ses proies rapidement, sans oublier celles qui pourraient avoir grimpé sur son bras.

7 **REPRISE DE LA CHASSE**
Une fois tous les termites mangés, il s'apprête à recommencer l'opération.

8 **APPRENTISSAGE**
Les chimpanzés font partie des rares mammifères capables de se servir d'un outil.

Prosimiens

PHYLUM	Cordés
CLASSE	Mammifères
ORDRE	Primates
SOUS-ORDRE	Strepsirhiniens
FAMILLES	6
ESPÈCES	85

LES REPRÉSENTANTS du sous-ordre des prosimiens – lémuriens de Madagascar, galagos et pottos d'Afrique, loris d'Asie – sont plus primitifs que les singes. Les lémuriens (propithèques, indri et aye-aye) ont les oreilles grandes, le corps allongé, les membres longs ainsi que la queue, touffue chez la plupart. Loris, pottos et galagos, plus petits que les lémurs, ont des yeux plus grands. Les prosimiens habitent généralement les forêts et sont habituellement nocturnes. Le déboisement constitue une grave menace pour eux, surtout pour les lémuriens.

Anatomie

Les prosimiens ont le museau noir, semblable à celui des chiens, et leur odorat est plus développé que celui des autres primates. Leurs orbites sont très grandes et une couche cristalline située derrière leur rétine reflète la lumière, ce qui améliore leur vision nocturne. Ils sont presque tous arboricoles et, quoique moins agiles que les singes, ils possèdent des mains et des pieds capables de s'accrocher aux branches. Leurs doigts sont garnis d'ongles plats, sauf le deuxième dont ils utilisent la griffe pour la toilette. L'aye-aye mis à part, ils ont tous les incisives inférieures contiguës ; légèrement saillantes, elles forment un «peigne dentaire» qui leur sert à démêler leur fourrure.

Locomotion

Les lémuriens sont presque tous quadrupèdes et courent ou sautent de branche en branche. Les propithèques, l'indri et les galagos grimpent verticalement et sautent (voir ci-dessous). Au sol, les propithèques et l'indri avancent sur leurs deux pattes par petits bonds de côté, en écartant les bras pour garder leur équilibre. Les loris et les pottos progressent lentement sans lâcher les branches mais sont capables d'aller vite quand ils ont peur.

Communication

Les lémuriens émettent des sons variés. Destinés à donner l'alarme, ils diffèrent parfois selon que les prédateurs sont aériens ou terrestres et servent aussi à communiquer à l'intérieur du groupe ou avec d'autres groupes. Les couples d'indris occupent au sommet des arbres des territoires qu'ils marquent par des hurlements ; les petites troupes de propithèques indiquent les limites du leur par des sortes de hoquets. Chez le lémur catta et les hapalémurs, les mâles font de même en entaillant les arbustes avec une griffe située au poignet et reliée à une glande ; leur signal est ainsi sonore, visuel et olfactif. Dans le même but, les galagos inondent leurs pattes d'urine.

LES TARSIERS

Bien que n'étant pas à proprement parler des prosimiens (voir la remarque p. 116), les tarsiers en possèdent certaines caractéristiques, tout en en présentant d'autres – un nez sec et poilu par exemple – qui les rattachent aux singes. Ils sont surtout remarquables par leurs yeux énormes, légèrement plus lourds que leur cerveau. Ils ont une grosse tête, de grandes oreilles, de longs doigts garnis de coussinets. Leur queue est longue, ainsi que leurs pattes, dont les chevilles sont très allongées. Les huit espèces habitent les forêts de l'Asie du Sud-Est où, du sommet d'arbres au tronc droit, elles scrutent constamment le sol pour y découvrir des proies.

SAUT VERTICAL
Ce propithèque de Verreaux est très représentatif des prosimiens qui adoptent une position verticale pour sauter : il utilise sa longue queue pour garder l'équilibre, ses jambes musclées pour s'élancer et ses grandes mains et ses larges pieds pour se stabiliser au moment de l'atterrissage.

Arctocebus calabarensis

Angwantibo

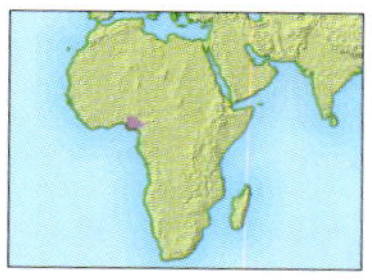

Répartition O. Afrique

Longueur 22–26 cm
Queue 1 cm
Poids 225–475 g
Sociabilité Groupe
Statut LR

L'angwantibo, qui est jaune orangé sur le dos et fauve sur le ventre, grimpe avec précaution en utilisant ses quatre pattes de longueur égale. Il a l'index minuscule et le pouce nettement séparé des autres doigts, ce qui lui permet de s'agripper solidement aux branches. Solitaire et nocturne, il se nourrit de petites créatures telles les chenilles et de quelques fruits. Il existe une autre espèce (ou sous-espèce) d'angwantibo qui vit plus au sud.

Loris tardigradus

Loris grêle

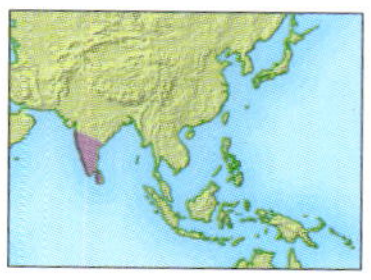

Répartition S. Asie, Sri Lanka

Longueur 17,5–26 cm
Queue Sans
Poids 85–350 g
Sociabilité Solitaire/couple
Statut VU

Ce primate petit et svelte chemine prudemment en s'accrochant aux rameaux avec ses quatre pattes et se saisit avec ses mains d'insectes et de lézards qu'il repère par l'odorat et la vue. Il se nourrit aussi de feuilles tendres, de bourgeons, de fruits et d'œufs d'oiseaux. Il s'abrite le jour dans un arbre creux ou un nid de feuilles. Sa fourrure, qui va d'un jaune grisâtre à un brun foncé sur le dos, est gris argent sur le ventre.

QUATRE POINTS D'ACCROCHAGE
Les quatre pouces opposables du loris grêle forment avec les autres doigts des points d'ancrage solides qui lui permettent même de dormir accroché à une branche.

VIE DE FAMILLE

La femelle loris grêle, qui atteint la maturité sexuelle à dix mois, est en œstrus deux fois par an. Après une gestation de 166 à 169 jours, elle donne le jour à 1 ou 2 petits, qu'elle allaite pendant six à sept mois.

Nycticebus coucang

Nycticèbe

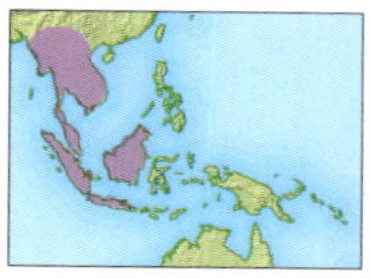

Répartition S.-E. Asie

Longueur 26–38 cm
Queue 1–2 cm
Poids 225–650 g
Sociabilité Variable
Statut Non évalué

Les pattes du nycticèbe ont une forme de pince, comme celles du loris grêle. Il chasse la nuit, s'approchant lentement de sa proie, puis bondissant en prenant appui sur ses quatre pattes. Il vit seul, en couple ou en groupe, le mâle défendant contre les individus de même sexe un territoire qu'il marque avec de l'urine. Il a le dos brun, la face et le ventre blancs, les oreilles et le tour des yeux foncés.

Perodicticus potto

Potto de Bosman

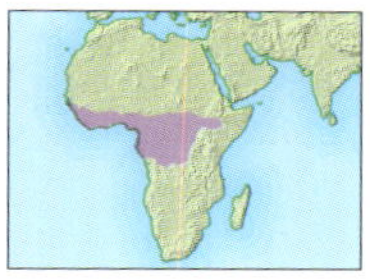

Répartition O. et C. Afrique

Longueur 30–40 cm
Queue 3,5–15 cm
Poids 0,85–1,5 kg
Sociabilité Variable
Statut Commun localement

Les articulations très souples de ce prudent grimpeur nocturne lui permettent de franchir de grands espaces entre les branches des arbres. Il a le poil gris, brun ou roux et les oreilles et les yeux petits. Il se nourrit surtout de fruits, de sève, de gomme et de petits animaux. Il peut rester des heures immobile pour éviter d'attirer l'attention. S'il est attaqué, il baisse la tête et frappe l'ennemi avec les pointes de certaines vertèbres qui sortent de la peau. La gestation dure deux cents jours et l'espérance de vie est de vingt-cinq ans.

Galago crassicaudatus

Galago à queue épaisse

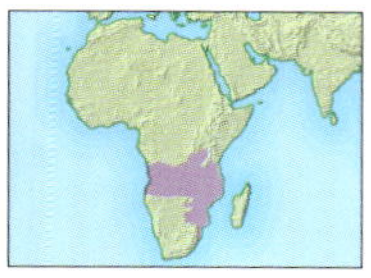

Répartition C., E. et S. Afrique

Longueur 25–40 cm
Queue 34–49 cm
Poids 1–2 kg
Sociabilité Variable
Statut Commun localement

Ce galago, le plus grand de tous, repère les insectes la nuit avec ses grands yeux et ses oreilles, et les attrape à une vitesse fulgurante avec ses mains. Il se sert aussi de ses incisives saillantes pour se procurer de la gomme et de la sève. Il pousse des cris d'enfant et vit en petits groupes constitués soit d'un mâle et d'une femelle, soit de deux femelles et de leurs petits. Il court plus fréquemment à quatre pattes que ses proches parents et saute moins souvent en position verticale.

Euoticus elegantulus

Galago élégant

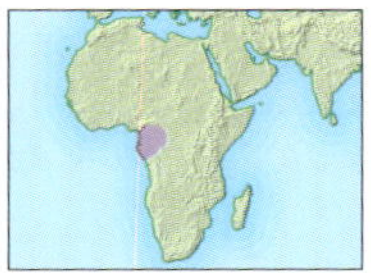

Répartition O. Afrique

Longueur 10,5–27 cm
Queue 19,5–34 cm
Poids 275–350 g
Sociabilité Solitaire/couple
Statut Commun localement

Ce galago, semblable aux autres par la forme, a le dos orange, le ventre gris, les pattes roses et la queue longue, gris et blanc au bout. Ses yeux ovales sont frangés de poils pâles et il a des griffes minces et pointues avec lesquelles il s'accroche pour grimper. L'index de sa patte postérieure est garni d'une griffe orientée vers l'avant qu'il utilise pour la toilette. Il gratte l'écorce des arbres jusqu'à mille fois par nuit avec ses grandes incisives pour recueillir la gomme et la sève dont il se nourrit. Quelques fruits et insectes complètent ce régime.

MAMMIFÈRES

Galago moholi

Galago moholi

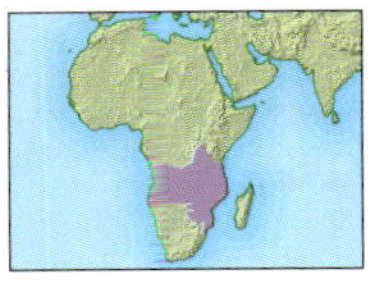

Longueur 15–17 cm
Queue 12–27 cm
Poids 150–250 g
Sociabilité Variable
Statut Commun

Répartition E., C. et S. Afrique

Ce galago exécute d'énormes bonds verticaux de 5 m et asperge de temps en temps ses pattes d'urine pour qu'elles ne glissent pas. Il attrape les insectes à la main dans l'air et gratte les arbres avec ses incisives inférieures pour faire couler la sève. Il vit en petits groupes familiaux.

Cheirogaleus medius

Petit cheirogale

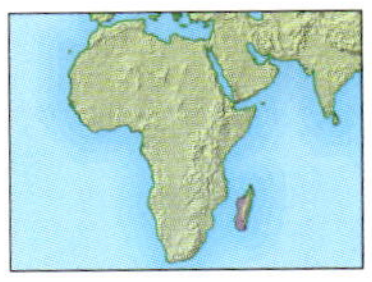

Longueur 17–26 cm
Queue 19–30 cm
Poids 175 g
Sociabilité Solitaire/groupe
Statut LR

Répartition O. et S. Madagascar

Le petit cheirogale stocke de la graisse dans son corps et dans sa queue afin de pouvoir survivre aux huit mois de la saison sèche qu'il passe dans un état de torpeur, blotti contre des congénères. Quand il est actif, il est solitaire et cherche la nuit les fleurs, fruits et insectes dont il se nourrit. Il dort le jour dans un nid de feuilles et de brindilles aménagé dans un arbre creux.

Lemur fulvus

Lémur brun

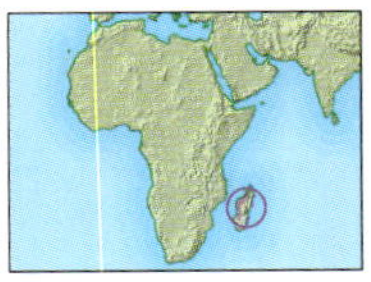

Longueur 38–50 cm
Queue 46–60 cm
Poids 2–4 kg
Sociabilité Groupe
Statut LR Δ

Répartition N. et O. Madagascar

De couleur très variable selon les sous-espèces – brune, jaune ou grise –, le lémur brun a en général la face foncée et des taches pâles sur les sourcils. Il vit dans divers types de forêts où il se nourrit de fruits, de fleurs, de feuilles et de sève. Il s'assemble en groupes de 3 à 12 individus dont la dimension et la composition changent souvent et dont les membres s'aspergent d'urine pour se faire reconnaître.

Lemur macaco

Lémur macaco

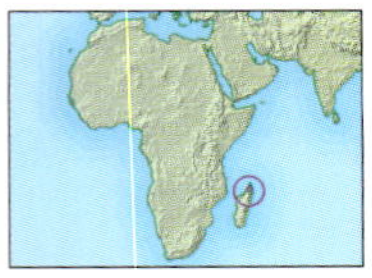

Longueur 30–45 cm
Queue 40–60 cm
Poids 2–3 kg
Sociabilité Groupe
Statut LR Δ

Répartition N. Madagascar

Seul le mâle est couvert des poils longs, souples et noirs qui distinguent l'espèce. La femelle rousse, brune ou grise, mène un groupe de 5 à 15 individus à la recherche de fruits, de fleurs, de feuilles et d'écorce tendre, le jour mais aussi la nuit, ce comportement, rare chez les lémurs, étant peut-être dû à l'intervention de l'homme.

Hapalemur griseus

Petit hapalémur

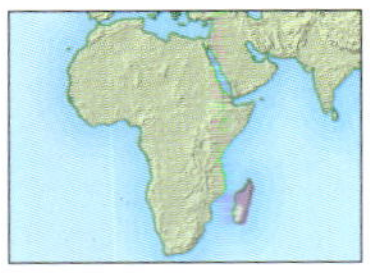

Longueur 40 cm
Queue 40 cm
Poids 1 kg
Sociabilité Groupe
Statut Non évalué

Répartition N. et E. Madagascar

Le petit hapalémur est le seul lémur, et même le seul primate, à vivre au bord des lacs, parmi les roseaux dont il mange les feuilles, les pousses et la moelle. Il s'assemble en groupes de 3 à 5 individus, mais de parfois 40, sous la conduite d'un mâle dominant. Les empiétements subis par son habitat menacent son existence.

Lemur catta

Lémur catta

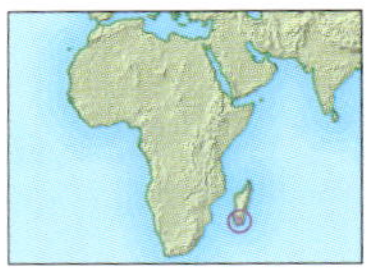

Longueur 39–46 cm
Queue 56–62 cm
Poids 2,5–3,5 kg
Sociabilité Groupe
Statut VU

Répartition S. et S.-O. Madagascar

Quoique bon grimpeur, ce lémur passe plus de temps au sol que les autres. Très grégaire, il forme des groupes strictement hiérarchisés de 5 à 25 individus réunis autour de quelques femelles adultes. Les jeunes femelles restent avec leur mère et leurs sœurs et les jeunes mâles rejoignent d'autres groupes. Le lémur catta utilise ses mains pour recueillir fleurs, fruits, feuilles, écorce et sève. Un petit (parfois 2) naît après une gestation de cent trente-quatre à cent trente-huit jours. Ce lémur est lui aussi en butte à de nombreuses menaces parmi lesquelles la disparition de son habitat.

APPARENCE FÉLINE

Le lémur catta ressemble à un chat par ses proportions et la grâce de ses mouvements. Il a la face blanche, le museau noir, des taches sur les yeux, le ventre blanchâtre et une longue queue lui servant à envoyer des signaux visuels et olfactifs.

BAINS DE SOLEIL

Contrairement à la plupart des autres lémurs, le lémur catta aime prendre des bains de soleil. Il se tient assis sur le sol ou dans un arbre, dos droit, pattes sur les genoux. Avantage de la vie en groupe, en cas de danger, il est prévenu par des cris poussés par ses compagnons.

Varecia variegata

Lémur vari

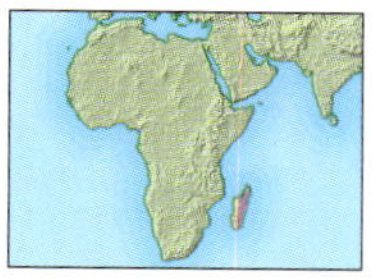

Longueur 55 cm
Queue 1,10–1,20 m
Poids 3,5–4,5 kg

Sociabilité Groupe

Statut EN

Répartition E. Madagascar

Ce lémur maki au poil blanc ou blanc-roux sur le dos, noir sur la face, les épaules, la poitrine les pattes et la queue mange plus de fruits que les autres. Après une gestation de quatre vingt-dix à cent deux jours, les petits passent plusieurs semaines dans un nid de feuilles aménagé dans un arbre et restent ensuite accrochés à leur mère. Des bandes de 2 à 20 se groupent autour de plusieurs femelles dominantes qui défendent le territoire commun.

Propithecus verreauxi

Propithèque de Verreaux

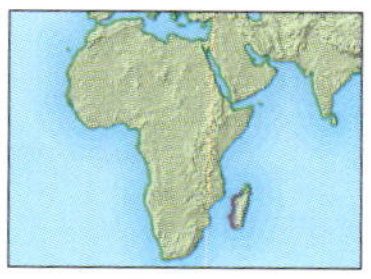

Longueur 43–45 cm
Queue 56–60 cm
Poids 3–5 kg

Sociabilité Groupe

Statut CR Δ

Répartition O. et S. Madagascar

Ce lémurien au poil blanc sur le corps, brun foncé sur la face, la tête et la face interne des membres se déplace à grands bonds parmi les arbres épineux grâce à la détente de ses pattes puissantes. Il se nourrit de fruits, de feuilles et d'écorce. Il vit en groupes de dimensions variables et défend son territoire contre ses congénères en poussant des cris caractéristiques.

Lepilemur mustelinus

Lépilémur

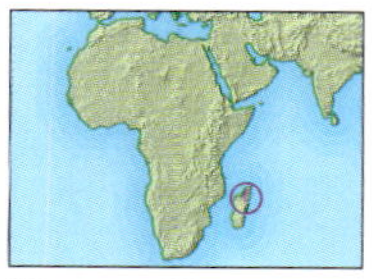

Longueur 30–35 cm
Queue 25–30 cm
Poids 1 kg

Sociabilité Solitaire

Statut LR

Répartition N.E. Madagascar

Ce lémurien nocturne se nourrit surtout de fruits et de feuilles. Ses membres postérieurs sont préhensiles et son poil brun, plus foncé au bout de la queue, est long et souple. Avec ses yeux orientés vers l'avant, il a une vision stéréoscopique et a donc une bonne perception des distances. Il occupe un territoire de 0,5 à 15 ha.

Indri indri

Indri

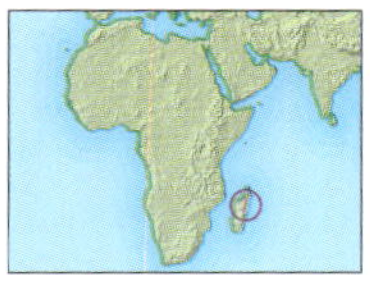

Longueur 60 cm
Queue 5 cm
Poids 6–7 kg

Sociabilité Couple

Statut EN

Répartition E. Madagascar

Avec ses longs membres postérieurs, l'indri, le plus grand des lémuriens, fait des bonds immenses. Il est noir avec des taches blanches et une queue très courte. Quoique diurne, il se repose de longs moments pendant la journée. Il mange surtout de jeunes feuilles, des fruits, des fleurs et des graines. Il vit en couple avec ses petits et le mâle défend le territoire.

Daubentonia madagascariensis

Aye-aye

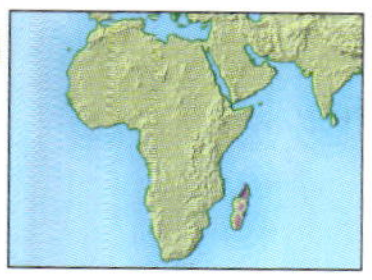

Longueur 40 cm
Queue 40 cm
Poids 2,5–3 kg

Sociabilité Variable

Statut EN

Répartition N.-O. et E. Madagascar

L'aye-aye a le corps couvert d'une fourrure noire et hirsute, parsemée de jarres blancs. La nuit, il tape le tronc des arbres avec son long médius et tend ses grandes oreilles pour percevoir la présence sous l'écorce de larves qu'il extrait après avoir rongé le bois avec ses incisives à croissance continue. Il mange aussi des fruits, de la chair de noix de coco, des graines et des champignons. Il partage avec ses congénères un nid de brindilles que chacun occupe tour à tour. La mère garde son petit deux ans à ses côtés.

CONSERVATION

Quelques petits centres de reproduction en captivité ont été créés pour préparer l'éventuelle réintroduction de l'aye-aye dans la nature. On y étudie cette espèce mal connue que l'on a cru disparue jusqu'à ce qu'elle soit redécouverte en 1957. Ci-dessous, on pèse un petit né la veille après une gestation d'environ cent soixante-dix jours.

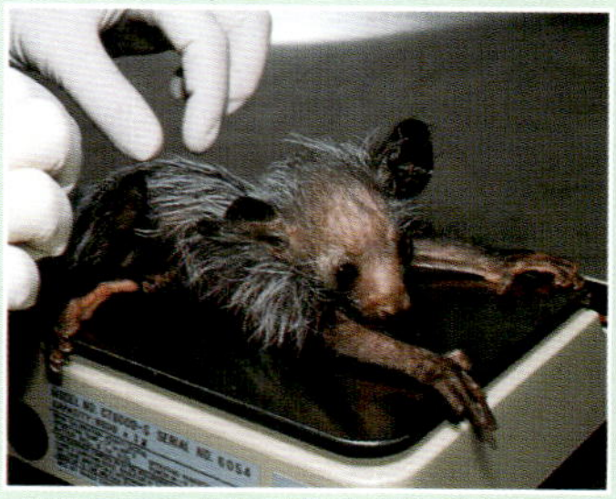

LONG DOIGT
L'aye-aye utilise son long médius qui se termine par une double articulation pour extraire les larves cachées sous l'écorce des arbres.

Tarsius bancanus

Tarsier occidental

Longueur 12–15 cm
Queue 18–23 cm
Poids 85–135 g

Sociabilité Solitaire

Statut Non évalué

Répartition S.-E. Asie

Ce prosimien asiatique à longue queue a le corps petit et massif. Il est arboricole et ses doigts sont garnis de coussinets et de griffes pointues avec lesquelles il s'agrippe aux branches. Il est capable de tourner la tête à 90° et repère ainsi avec ses grands yeux et son ouïe fine les prédateurs et les proies situés derrière lui. Il se nourrit surtout d'insectes qu'il chasse la nuit et sur lesquels il bondit après s'être approché sans bruit. Un seul petit, né après une période de gestation de cent quatre-vingt jours, apprend vite à s'accrocher à la fourrure de sa mère.

Singes

PHYLUM	Cordés
CLASSE	Mammifères
ORDRE	Primates
SOUS-ORDRE	Haplorhiniens (une partie)
FAMILLES	3
ESPÈCES	242

Ce groupe important et diversifié se subdivise en deux ensembles selon que ses membres vivent dans l'Ancien Monde (babouins, colobes, entelles) ou dans le Nouveau (tamarins, singes-araignées), se distinguant surtout par la forme de leur nez. Les singes habitent en général les forêts des régions tropicales. Leur visage ressemble habituellement à celui des humains, sauf ceux des babouins et des mandrills qui ont un museau comme celui des chiens. La disparition de leur habitat menace de nombreuses espèces, et certains, comme le macaque rhésus, servent à des expériences de laboratoire.

Anatomie

Les singes ont la poitrine plate, le nez velu, le cerveau relativement gros, la mâchoire inférieure longue et les canines pointues. Bien que quadrupèdes, ils sont capables de se tenir assis (et même parfois debout), postures qui libèrent leurs mains agiles et leur permettent de se livrer à toutes sortes d'activités (éplucher des fruits, par exemple). Leurs membres postérieurs sont plus longs que leurs membres antérieurs, surtout chez les espèces sauteuses (comme le colobe bai) qui ont aussi la colonne vertébrale longue et souple. Les singes ont presque tous la queue plus longue que leur corps, préhensile chez quelques espèces comme les singes-araignées, et se terminant parfois par une zone nue et ridée qui la rend moins glissante. Cette queue sert aussi de balancier ainsi que de moyen de communication entre individus.

Plusieurs caractéristiques anatomiques distinguent les singes du Nouveau Monde de ceux de l'Ancien. Chez ces derniers, plus étroitement apparentés aux singes anthropoïdes, le septum nasal est étroit et les narines sont orientées vers l'avant et vers le bas, alors que, chez les singes du Nouveau Monde, le septum est large et les narines s'ouvrent sur le côté. Contrairement à leurs cousins d'Amérique, les singes de l'Ancien Monde présentent des callosités fessières.

Structure sociale

Chez les singes du Nouveau Monde, la vie sociale présente des modèles très variés, qu'il s'agisse de couples monogames entourés de juvéniles aidant à élever les derniers-nés ou de bandes beaucoup plus nombreuses de parfois 100 individus comportant de nombreuses femelles et quelques mâles, ou encore de grandes communautés de compositions variées qui se divisent en groupes plus petits au moment de partir en quête de nourriture.

On ne trouve au contraire que deux types d'organisation chez les singes de l'Ancien Monde : soit de grandes troupes dont de nombreux mâles font partie, soit un mâle adulte entouré d'un « harem ». Les membres d'un même groupe entretiennent en général chez tous les singes des relations très étroites, que resserre la pratique de la toilette mutuelle. Chez certaines espèces, les mâles se disputent cependant la domination du groupe à furieux coups de canines.

Intelligence

Les singes sont intelligents. Ils apprennent vite, sont curieux et ont une bonne mémoire. Ils ont donc pu s'adapter à toutes sortes de milieux, ont su découvrir un peu partout des aliments leur convenant et sont capables de se rappeler où les trouver.

AGILITÉ
Les singes sont tous agiles. La queue de ce singe-araignée laineux lui sert de « cinquième membre », qu'il soit en mouvement ou au repos. Une zone nue située à son extrémité améliore sa préhension et elle est assez résistante pour supporter le poids du corps du singe portant son petit.

Lagothrix cana

Singe laineux

Longueur 50–65 cm
Queue 55–77 cm
Poids 4–10 kg
Sociabilité Groupe
Statut VU

Répartition C. Amérique du Sud

Épaisse et crépue, la fourrure de ce singe laineux est grise parsemée de poils noirs sur le dos, plus foncée sur la tête, les mains, les pieds et le bout de la queue et parfois rousse sur le ventre. Il vit en bandes mixtes qui se séparent en petits groupes pour partir en quête surtout de fruits mais aussi de feuilles, de fleurs, de sève, de graines et de petits animaux. Ce singe d'un caractère doux tolère souvent les incursions de membres d'une autre troupe sur son territoire. Un petit né après une gestation de deux cent trente-trois jours s'accroche sept jours au ventre de sa mère, puis monte sur son dos ; il est sevré à six mois. Le mâle adulte est plus grand que la femelle.

CORPS ATHLÉTIQUE
Les singes laineux sont trapus, presque ventrus. Avec leurs épaules, leurs hanches et leur queue musclées, ils se balancent facilement d'arbre en arbre.

CONSERVATION

L'existence des singes laineux est menacée car il leur faut disposer de grands espaces à parcourir librement et les forêts qu'ils habitent sont de plus en plus fractionnées ; leur chair étant en outre prisée, ils sont la proie des chasseurs.

Ateles geoffroyi

Singe-araignée, ou atèle, de Geoffroy

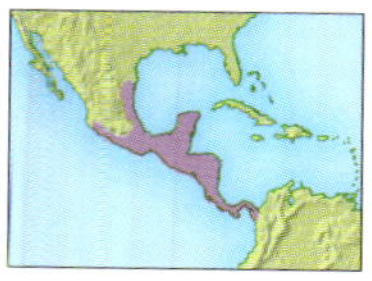

Longueur 50–63 cm
Queue 63–84 cm
Poids 7,5–9 kg
Sociabilité Groupe
Statut VU

Répartition S. Mexique, Amérique centrale

Ce singe-araignée a les mains, les pieds et la tête noirs et une sorte de capuchon sur la tête. Il utilise ses mains dépourvues de pouce comme des crochets pour se balancer avec agilité dans les arbres ou attirer les branches chargées de fruits jusqu'à sa bouche.

Brachyteles arachnoides

Singe-araignée laineux, muriqui

Longueur 55–61 cm
Queue 67–84 cm
Poids 9,5–12 kg
Sociabilité Variable
Statut CR

Répartition C. Amérique du Sud (S.-E. Brésil)

Le singe-araignée laineux est le plus grand singe d'Amérique. Il a le corps massif, de longs membres, les doigts crochus et pas de pouce. La destruction des forêts de la côte atlantique constitue un grave danger pour cette espèce mangeuse de feuilles dont il ne reste que quelques centaines d'individus dans des ranchs privés.

Ateles chamek

Singe-araignée noir

Longueur 40–52 cm
Queue 80–88 cm
Poids 9,5 kg
Sociabilité Groupe
Statut LR

Répartition O. Amérique du Sud

Sa longue fourrure et sa face noires distinguent ce singe-araignée des autres, dont il a toutes les caractéristiques. Il se nourrit surtout de fruits, de baies, de fleurs, de feuilles, de vers, de termites et de miel. Il vit en grandes bandes territoriales qui occupent chacune de 150 à 230 ha, se séparant pour se nourrir en petits groupes dont les membres se saluent en se retrouvant. Les femelles vont rejoindre d'autres bandes à la maturité. Un petit, né après une gestation de deux cent vingt-cinq jours, grimpe au bout de seize jours sur le dos de sa mère qui le sevre à dix-huit mois. Ses chances d'atteindre l'âge adulte augmentent avec le rang occupé par sa mère dans la hiérarchie du groupe.

Ateles hybridus

Atèle belzébuth

Longueur 42–58 cm
Queue 68–90 cm
Poids 7,5–10,5 kg
Sociabilité Groupe
Statut EN

Répartition N.-O. Amérique du Sud

Ce singe-araignée est reconnaissable à la tache triangulaire qu'il a au front. Il a le dos brun et le ventre plus pâle, de longs membres, le corps mince, les mains dépourvues de pouce et une queue préhensile. Il vit en bandes mixtes qui se séparent, pour se nourrir, en groupes de 3 ou 4 individus du même sexe qui poussent des cris d'excitation lorsqu'ils se retrouvent. Son alimentation se compose de fruits, de feuilles juteuses et, bizarrement, de bois pourrissant.

Alouatta pigra

Hurleur mexicain

Longueur 52–64 cm
Queue 59–69 cm
Poids 6,5–11,5 kg
Sociabilité Groupe
Statut VU

Répartition Mexique, Amérique centrale

Considéré autrefois comme une sous-espèce d'*Alouatta palliata*, ce singe est entièrement noir, le sac scrotal blanc du mâle mis à part. Il clame à l'aube en poussant de grands cris ses droits sur son territoire qui couvre jusqu'à 25 ha. Il vit en général en bandes de sept individus sous la conduite d'un seul mâle, qui est deux fois plus gros que la femelle. Il se nourrit d'une grande quantité de feuilles.

Alouatta seniculus

Hurleur roux

Longueur 51–63 cm
Queue 55–68 cm
Poids 7–9 kg
Sociabilité Groupe
Statut LR

Répartition N.-O. Amérique du Sud

Les cris des hurleurs (neuf espèces) s'entendent à 2 km à la ronde et servent à signaler la présence d'une bande et à avertir d'un danger. Trois ou quatre femelles sont souvent groupées autour d'un mâle beaucoup plus gros qu'elles. Quand il prend la place d'un rival, le hurleur roux mâle tue parfois les petits qu'il trouve auprès de la femelle pour que celle-ci soit plus vite en œstrus.

VIE ARBORICOLE

Comme tous les hurleurs, le hurleur roux est très bien adapté à la vie dans les arbres. Sa queue préhensile, nue sur sa face interne, s'agrippe fermement aux branches et lui sert de cinquième membre. Son agilité lui permet de se procurer une grande variété de fruits et de feuilles dont il consomme jusqu'à 1 kg par jour. Pour faire des économies d'énergie, il passe les trois quarts de la journée à se reposer.

SELLE DORÉE
Le hurleur roux du nord ci-contre a, sur le dos, une «selle» d'un roux doré qui contraste avec le marron foncé du reste de son corps. D'autres populations sont entièrement rousses.

Pithecia monachus

Saki moine

Longueur 37–48 cm
Queue 40–50 cm
Poids 1,5–3 kg
Sociabilité Groupe
Statut LR

Répartition N. et O. Amérique du Sud

Les sakis (sept espèces) ont le nez large, surtout la cloison centrale (le septum). Les poils de leur fourrure pendent sur leurs flancs, ceux de leur queue sont fournis et ceux très longs autour de leur face forment un capuchon chez le saki moine. Celui-ci, plus timide et discret que beaucoup de singes du Nouveau Monde, vit près de la canopée sans se faire remarquer. Il pousse parfois un grand cri d'alarme mais montre surtout les dents s'il se sent menacé. Il se nourrit de fruits et de graines et vit en groupes de quatre ou cinq individus étroitement liés qui consacrent beaucoup de temps à la toilette mutuelle.

Pithecia pithecia

Saki à face pâle

Longueur 34–35 cm
Queue 34–44 cm
Poids 2 kg
Sociabilité Groupe/couple
Statut LR

Répartition N. Amérique du Sud

Le mâle et la femelle sont plus différents chez ce saki que chez aucun autre singe d'Amérique : le premier est noir avec une face blanche ou dorée et un nez noir, les poils de la seconde sont brunâtres et sa face foncée. Quoique végétarien, ce singe a des incisives acérées pour couper les fruits et de longues canines pour casser les noix et les graines. Il vit en couple avec 1 à 3 petits.

Chiropotes satanas

Chiropote

Longueur 33–46 cm
Queue 30–46 cm
Poids 2–4 kg
Sociabilité Groupe
Statut EN

Répartition N. Amérique du Sud

Ce saki a une barbe fournie et une frange épaisse sur le front. Il peut tenir suspendu par un seul membre tout en mangeant des graines, des fruits durs et de petits animaux qu'il écrase entre ses grosses molaires. Lorsqu'il est excité, il agite la queue comme un chat et émet des sifflements perçants. On trouve de 4 à 82 sujets sur un kilomètre carré.

Cacajao calvus

Ouakari rubicond

Longueur 38–57 cm
Queue 14–18,5 cm
Poids 3–3,5 kg
Sociabilité Groupe
Statut EN

Répartition N.-O. Amérique du Sud

Cet ouakari vit plutôt dans les forêts en partie inondées, près des lacs et des marécages que dans le voisinage de grands fleuves. Diurne et quasi végétarien, il cherche sa nourriture en grandes bandes mixtes de dix à vingt mais de parfois cent individus, en compagnie quelquefois d'autres singes.

COULEURS VARIÉES

Il existe plusieurs sous-espèces d'ouakari rubicond de différentes couleurs, blanche (ci-dessus) vivant au nord-ouest du Brésil, dorée à la frontière entre le Brésil et le Pérou, rousse à celle entre le Brésil et la Colombie et rousse au dos pâle plus à l'est.

FACE CHAUVE
L'ouakari rubicond a la face et le front roses ou rouge foncé et dépourvue de poils.

Aotus lemurinus

Douroucouli

Longueur 30–42 cm
Queue 29–44 cm
Poids 900–950 g
Sociabilité Couple
Statut VU

Répartition Amérique centrale à N.-O. Amérique du Sud

Il existe sans doute dix espèces de douroucoulis. C'est le seul singe à être actif la nuit et il hulule ; il se nourrit de fruits, de feuilles et d'insectes qu'il attrape en se déplaçant prudemment dans les arbres. Il vit en couple et communique à l'aide de signaux olfactifs produits par son urine ou par des sécrétions de sa glande pectorale. Un seul petit naît après une gestation de cent vingt jours et sa mère l'allaite pendant huit mois. Les jeunes vivent avec leurs parents et forment avec eux des groupes familiaux de quatre ou cinq individus.

Callicebus moloch

Callicèbe moloch

Longueur 27–43 cm
Queue 35–55 cm
Poids 0,7–1 kg
Sociabilité Couple
Statut LR

Répartition N. Amérique du Sud

Les callicèbes, dont il y a une vingtaine d'espèces, ont la fourrure épaisse et douce, le corps trapu, les membres courts et, à la différence des singes d'Amérique de même taille, les oreilles presque enfouies dans la fourrure. Ils se nourrissent surtout de fruits, de feuilles, de graines et de larves. La coloration – dos brun et moucheté et ventre orange – du callicèbe moloch et sa démarche lente lui servent de camouflage parmi les arbres entourant marécages et étangs. Mâle et femelle sont très unis et défendent un territoire de 6 à 12 ha. Ils chantent des « duos » le matin en entrelaçant leurs queues.

Callicebus torquatus

Callicèbe à mains jaunes

Longueur 30–46 cm
Queue 37–49 cm
Poids 1–1,5 kg
Sociabilité Groupe/couple
Statut LR

Répartition N.-O. Amérique du Sud

Ce callicèbe a le poil brun, sauf autour du cou, et les mains jaunes. Il présente toutes les caractéristiques des callicèbes – fourrure épaisse recouvrant les oreilles, corps trapu, membres courts et queue fournie, non préhensile. Moins bruyant que les autres, il se nourrit comme eux de fruits, surtout ceux des palmiers *Jessenia*, de graines, de feuilles et d'insectes. Mâles et femelles forment des couples unis, pratiquent la toilette mutuelle et se tiennent enlacés par la queue. Il forme des groupes familiaux avec les jeunes qui vivent avec leurs parents jusqu'à trois ans.

Cebus apella

Sapajou fauve

Longueur 33–42 cm
Queue 41–49 cm
Poids 3–4,5 kg
Sociabilité Groupe
Statut LR

Répartition N., C. et E. Amérique du Sud

Le sapajou fauve, le plus répandu des singes du Nouveau Monde, est souvent considéré comme le plus évolué : il utilise toutes sortes d'instruments, une pierre par exemple, pour casser les noix dont il se nourrit. Fruits, insectes et vertébrés – grenouilles, lézards et même petites chauves-souris – complètent cette alimentation. Aussi appelé capucin, à cause de la touffe de poils qui surmonte ses oreilles, il n'atteint la maturité sexuelle qu'à sept ans, âge très tardif pour un singe de sa taille, et vit jusque-là en groupes mixtes de huit à quatorze individus.

Cebus olivaceus

Capucin brun

Répartition N.E. Amérique du Sud

Longueur 37–46 cm
Queue 40–55 cm
Poids 2,5–3,5 kg

Sociabilité Groupe

Statut LR ∆

Comme les cinq autres capucins, celui-ci a le corps robuste, les membres relativement courts et, contrairement à beaucoup de singes américains, sa queue préhensile est dépourvue de poils sur sa face inférieure. Sa fourrure brune est plus pâle sur les bras et sa face est grise ou jaune. Il se nourrit de graines, de fruits et de petits animaux, surtout d'escargots et d'insectes. Il vit en bandes d'au moins trente individus composées surtout de femelles et de jeunes auxquels se joignent plusieurs mâles dont un seul, le dominant, se reproduit. Les femelles pratiquent parfois l'entraide maternelle. Les bandes communiquent entre elles au moyen de cris plaintifs.

Saguinus imperator

Tamarin empereur

Répartition O. Amérique du Sud

Longueur 23–26 cm
Queue 39–42 cm
Poids 450 g

Sociabilité Groupe

Statut VU

Tout en ressemblant aux autres primates du Nouveau Monde, les tamarins, dont il y a quelque 35 espèces, présentent certaines différences avec eux : ils ont en particulier des griffes et non des ongles et mettent au monde deux petits à la fois, et non pas un. Reconnaissable à sa longue moustache, le tamarin empereur se nourrit d'insectes auxquels s'ajoutent des fruits durant la saison des pluies, des fleurs, du nectar et de la sève pendant la saison sèche. Il forme souvent des bandes mixtes avec des espèces proches, les espèces associées se prévenant mutuellement à l'approche d'un prédateur.

MOUSTACHU
La moustache blanche aux pointes recourbées qu'arborent mâles et femelles contraste avec leur face noire, leur corps brun moucheté de roux ou de gris et leur queue orange.

SOINS PATERNELS

La période de gestation, qui est de cent quarante à cent quarante-cinq jours chez les tamarins et les ouistitis, est relativement longue pour de si petits mammifères. Deux petits naissent ensemble et c'est le père qui, comme ici, les porte, sauf lorsque la mère les allaite.

RESSEMBLANCE AVEC L'ÉCUREUIL
Le sapajou de Bolivie a la face petite et blanche, le front grand, surmonté d'une couronne sombre, le bout du nez noir, le museau et les oreilles très poilus.

Saimiri boliviensis

Sapajou de Bolivie

Répartition O. à C. Amérique du Sud

Longueur 27–32 cm
Queue 38–42 cm
Poids 950 g

Sociabilité Groupe

Statut LR ∆

Les sapajous (5 espèces) se déplacent pendant la journée en bandes de 40 à 50 individus, parfois de 200, en poussant toutes sortes de cris afin de faire lever les petits animaux dont ils se nourrissent. Ils suivent parfois d'autres singes pour saisir les insectes dérangés par leur passage. Ils mangent aussi des fruits et des graines. Les mâles adultes en rut se disputent agressivement la prérogative de s'accoupler avec la plupart des femelles.

REPAS EN FAMILLE

Chez les sapajous de Bolivie, de petits groupes de mâles adultes, de femelles gestantes, de mères avec leurs petits ou de jeunes se forment pour chercher de quoi manger. Toute trouvaille est partagée entre les membres de la bande.

Callimico goeldii

Callimico

Répartition N.-O. Amérique du Sud

Longueur 22–23 cm
Queue 26–32 cm
Poids 575 g

Sociabilité Groupe

Statut VU

Ce tamarin est plus grand que la plupart de ses cousins. Sa fourrure noire forme une cape de poils très longs sur sa tête et son cou. Fait unique, il a des dents de sagesse. Il se nourrit de fruits ainsi que de sève et de gomme qu'il se procure en plantant ses incisives dans l'écorce des arbres. Il mange aussi des insectes et de petits vertébrés tels les lézards. Il vit en petits groupes stables d'une dizaine d'individus composés de couples et de leurs petits à l'abri de taillis impénétrables qu'il ne quitte jamais.

MAMMIFÈRES

Saguinus oedipus

Tamarin pinché

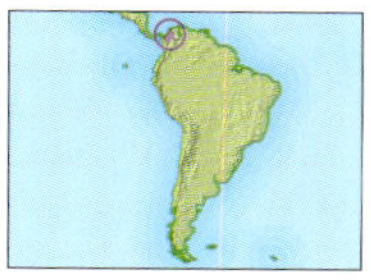

Longueur 20–25 cm
Queue 33–40 cm
Poids 400–450 g

Sociabilité Groupe/couple

Statut EN

Répartition N.-O. Amérique du Sud

La longue fourrure blanche qui couronne la tête de ce tamarin le distingue des autres. On ne le rencontre qu'en Colombie, dans une région très limitée. Son alimentation est très variée, comme celle de ses congénères, et ses petits sont élevés grâce à un système d'entraide auquel participent les mâles et les aînés. Il vit en bandes de 10 à 12 individus où seul un couple se reproduit, avec généralement 2 petits par portée. Ce tamarin est utilisé pour des recherches médicales, et il y a de nos jours plus d'individus en captivité que dans la nature.

Callithrix argentata

Ouistiti argenté

Longueur 20–23 cm
Queue 30–34 cm
Poids 325–350 g

Sociabilité Groupe

Statut LR Δ

Répartition C. Amérique du Sud

Il existe au sud de l'Amazonie de 10 à 15 espèces de ce type de ouistiti que seule leur coloration distingue. La fourrure de celui-ci est argentée sur le dos, d'un jaune crémeux sur le ventre et noire sur la queue. La peau de la face et des oreilles est rose. Il n'y a qu'un couple qui se reproduise dans chaque bande, les autres membres participant au portage et à la protection de sa progéniture.

Callithrix pygmaea

Ouistiti pygmée

Longueur 12–15 cm
Queue 17–23 cm
Poids 100–125 g

Sociabilité Groupe/couple

Statut LR Δ

Répartition O. Amérique du Sud

Ce ouistiti qui, recroquevillé, tient dans le creux de la main est le plus petit de tous les singes. Il vit très longtemps pour un mammifère de sa taille – pouvant atteindre douze ans. Il se nourrit de gomme qu'il se procure en perçant quotidiennement dix trous ou plus dans divers troncs d'arbre ; il affirme son droit de propriété sur ces « sources » par une marque olfactive et retourne régulièrement faire sa récolte avec ses longues incisives inférieures. Fleurs, nectar, fruits et petits animaux font aussi partie de son alimentation. Comme chez ses cousins, un couple par bande de 5 à 10 individus se reproduit, les autres membres portant les petits et les protégeant après que leurs géniteurs se sont occupés d'eux pendant les premières semaines de leur existence.

Callithrix geoffroyi

Ouistiti de Geoffroy

Longueur 20 cm
Queue 29 cm
Poids 350 g

Sociabilité Groupe/couple

Statut VU

Répartition E. Amérique du Sud

Ce ouistiti se plaît surtout dans les forêts ayant repoussé après avoir été dévastées par des catastrophes soit naturelles, soit dues à l'homme. Il perce l'écorce des arbres avec ses longues incisives, se proclame propriétaire de ces trous en les enduisant de la sécrétion d'une glande périnéale et revient à intervalles réguliers récolter la gomme. Il se nourrit aussi d'insectes et de fruits. Dans une bande, un seul couple se reproduit, les autres membres aidant à porter et à protéger les petits.

Leontopithecus rosalia

Tamarin-lion

Longueur 20–25 cm
Queue 32–37 cm
Poids 400–800 g

Sociabilité Groupe/couple

Statut CR

Répartition E. Amérique du Sud (bassin du rio São João)

Ce tamarin à face gris foncé est particulièrement gros. Quoique ses doigts longs et griffus soient capables d'extraire les larves des trous où elles se cachent, il se nourrit surtout de fruits, de gomme et de nectar. Il est actif le jour et s'abrite la nuit dans des fouillis végétaux inextricables ou des arbres creux. Il forme des bandes de 4 à 11 individus composées d'un seul couple habilité à se reproduire et d'assistants qui aident à élever les petits – en général 2 par portée. L'activité sexuelle n'est pourtant pas interdite à jamais à ces subordonnés, qui se reproduisent lorsqu'ils deviennent à leur tour dominants.

CONSERVATION

Des efforts datant des années 1960 sont faits pour protéger le tamarin-lion dont le sort est devenu un exemple des funestes conséquences du déboisement. Des individus se sont reproduits en captivité, comme celui ci-contre que l'on voit utiliser un nid dans un zoo. Certains ont été réintroduits dans la nature dans le sud-est du Brésil vers 1985. Quoique 150 d'entre eux vivent aujourd'hui en liberté, l'avenir de l'espèce reste précaire.

CRINIÈRE DE LION
Une longue crinière dorée et soyeuse semblable à celle d'un lion tombe sur les épaules de ce tamarin-lion. Il n'en est que plus vulnérable, car sa beauté fait de lui un animal recherché.

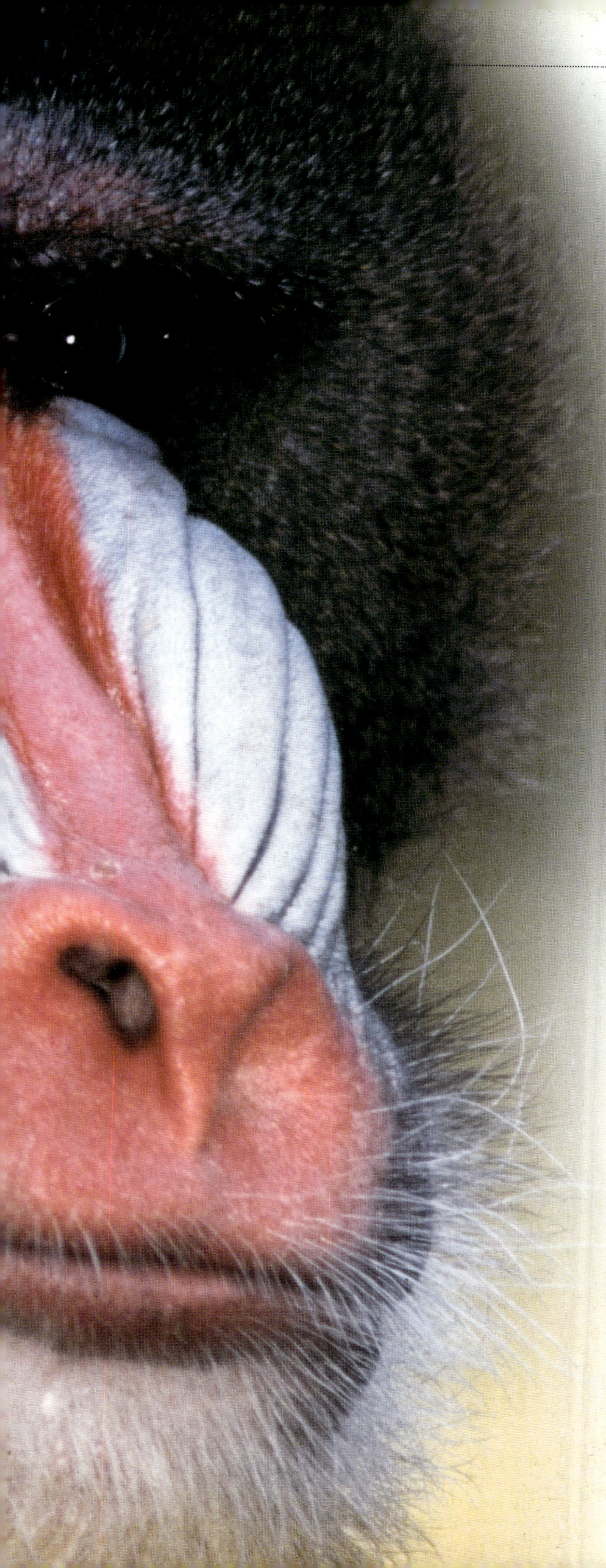

Mandrillus sphinx

Mandrill

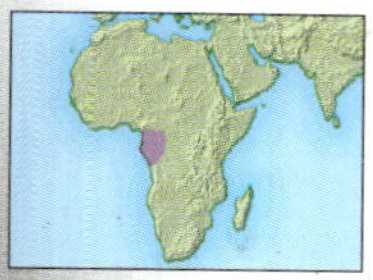

Répartition O. Afrique centrale

Longueur 63–81 cm
Queue 7–9 cm
Poids 11–37 kg

Sociabilité Groupe

Statut VU

Le mandrill mâle se reconnaît facilement aux bourrelets osseux bleus qu'il a sur la face, laquelle est beaucoup moins colorée chez la femelle. Celle-ci mesure un tiers de la taille du mâle qui, avec ses 60 cm au garrot, est le plus haut de tous les babouins. Le mandrill vit en bandes dans les forêts pluviales africaines où il se tient la plupart du temps au sol. Il y recherche fruits, graines, œufs et petits animaux et passe la nuit dans les arbres pour s'abriter du danger. Chaque bande occupe un domaine d'environ 50 km^2 qu'elle délimite par des marques olfactives et défend contre les groupes rivaux. Une partie de ce que l'on sait du mandrill vient d'études faites sur des individus en captivité : il est devenu rare dans la nature car on le chasse pour sa chair, et la surexploitation des forêts détruit son habitat.

BÂILLEMENT DÉFENSIF
À l'approche d'un prédateur ou d'un rival, le mâle ouvre toute grande sa gueule et montre ses énormes canines, longues parfois de 6,5 cm.

EFFET D'ANNONCE
Avec son nez rouge encadré de bourrelets bleus et sa barbe jaune, le mandrill ne peut être confondu avec aucun autre animal de la forêt. Ces couleurs, auxquelles viennent s'ajouter la teinte mauve de son arrière-train, annoncent aux femelles sa qualité de mâle et proclament sa virilité.

VIE AU SOL
Le mandrill marche et court à quatre pattes, mode de locomotion facilité par le fait que ses antérieurs sont presque de la même longueur que ses postérieurs.

ORGANISATION SOCIALE

Les mandrills vivent en groupes mixtes extrêmement hiérarchisés d'environ 20 individus : un mâle dominant s'y accouple avec les femelles en œstrus et engendre presque tous les petits ; les autres mâles lui sont subordonnés. Ces groupes se rassemblent pour former des bandes comptant jusqu'à 250 membres.

MÂLE ET FEMELLE
Le mâle vit entouré d'un harem qui peut compter jusqu'à 20 femelles. Il est beaucoup plus grand qu'elles et sa face est bien plus colorée.

MÈRE ET ENFANT
Chez les mandrills, la femelle met bas tous les dix-huit mois. Elle porte son unique petit d'abord accroché à son ventre puis sur son dos, lorsqu'il a grandi.

INTENDANCE
Les mandrills partent en quête de nourriture par petits groupes. Ils restent en contact en grognant sans cesse et le mâle dominant donne le signal du départ par un grondement répété deux fois.

MAMMIFÈRES

Erythrocebus patas

Patas, singe rouge

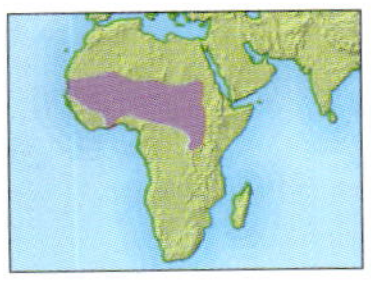

Longueur 60–88 cm
Queue 43–72 cm
Poids 10–13 kg
Sociabilité Groupe
Statut LR Δ

Répartition O. à E. Afrique

Le patas est l'un des singes les plus rapides au sol. Son corps mince est long, comme le sont aussi ses membres et ses doigts. Sa coloration est faite de contrastes : il a la moustache, la barbe, les pattes et le ventre blancs, la face sombre et le dos roux. Il vit en bandes de quelque 10 individus, les mâles protégeant les femelles et les petits des prédateurs en jouant le rôle d'appâts.

Cercopithecus neglectus

Cercopithèque de Brazza

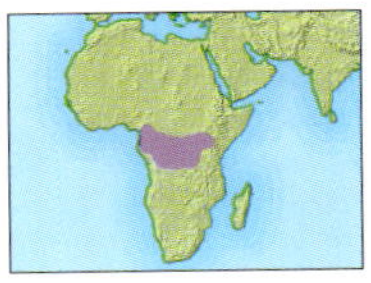

Longueur 50–59 cm
Queue 59–78 cm
Poids 7–8 kg
Sociabilité Couple
Statut LR Δ

Répartition C. à E. Afrique

Ce cercopithèque est le plus terrestre des membres d'une famille de quelque 20 espèces ; c'est aussi le seul à vivre en couples. Très répandu dans une vaste région, il est pourtant très discret. Il délimite son territoire avec sa salive et des marques olfactives mais évite les intrus plutôt qu'il ne les combat. Des poils blancs forment une moustache, une barbiche et une mince bande sur sa cuisse. Il communique d'une voix caverneuse et mange surtout des graines et des fruits.

Cercocebus torquatus

Cercocèbe à collier blanc

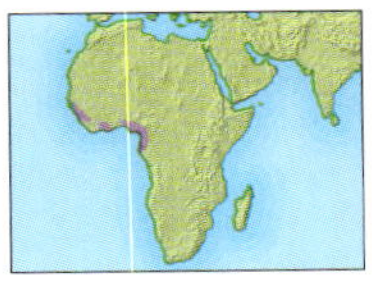

Longueur 50–60 cm
Queue 60–75 cm
Poids 10 kg
Sociabilité Groupe
Statut CR

Répartition O. Afrique

Ce singe surtout terrestre s'assemble en bandes d'une centaine d'individus pour chercher des fruits, des graines et des noix qu'il écrase entre ses mâchoires puissantes. Sa fourrure est grise, sa face rose et ses joues creuses. Il vit en groupes familiaux mixtes où règne une hiérarchie stricte. Les mâles subordonnés s'accouplent cependant eux aussi, quelquefois même plus souvent que les dominants.

Papio anubis

Babouin doguera

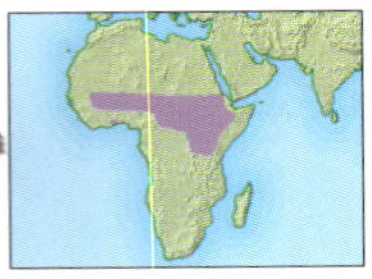

Longueur 60–86 cm
Queue 41–58 cm
Poids 22–37 kg
Sociabilité Groupe
Statut LR

Répartition O. à E. Afrique

Répandu dans l'ouest et le nord-est de l'Afrique, le babouin doguera compte parmi les plus gros babouins. Le mâle est deux fois plus gros que la femelle et d'épais favoris garnissent les joues de l'un et de l'autre. Il vit en bandes de 20 à 50, voire 100 individus. Fruits, feuilles, insectes, lézards et parfois proies aussi grosses que les gazelles composent son alimentation.

ASPECT CANIN
Ce singe au physique puissant, à la fourrure vert olive, à la face et l'arrière-train noirs tient un peu du chien.

EXCLUSION

Les jeunes babouins mâles sont tolérés dans le groupe tant que leur fourrure est sombre, mais ils en sont chassés dès qu'elle devient vert olive, couleur de celle des adultes. Les femelles prennent alors leur place au bas de l'échelle sociale.

Macaca fascicularis

Macaque cancrivore

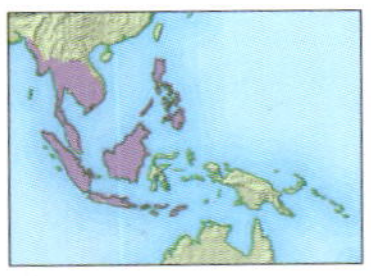

Longueur 37–63 cm
Queue 36–72 cm
Poids 3,5–12 kg
Sociabilité Groupe
Statut LR

Répartition S.-E. Asie

Ce macaque est le singe le plus répandu en Asie du Sud-Est où on le rencontre dans les forêts et les mangroves bordant les cours d'eau et les côtes. Il grimpe et nage bien mais vit aussi au sol en bandes bruyantes. Peu exigeant, comme la plupart de ses quelque 20 cousins, il sait profiter du voisinage des hommes. Fruits, graines et animaux aquatiques font partie de son alimentation.

Macaca nigra

Macaque de Célèbes

Longueur 52–57 cm
Queue 2,5 cm
Poids 10 kg
Sociabilité Groupe
Statut EN

Répartition S.-E. Asie (Célèbes)

Ce macaque à queue très courte tire son nom de son île d'origine. Ses poils noirs forment sur sa tête une crête qui se dresse au-dessus de son front quand il est excité. Cet habitant des forêts, qui est frugivore, vit en bandes mixtes qui, quoique comptant souvent plus de 100 individus, sont discrètes.

Papio papio

Babouin de Guinée

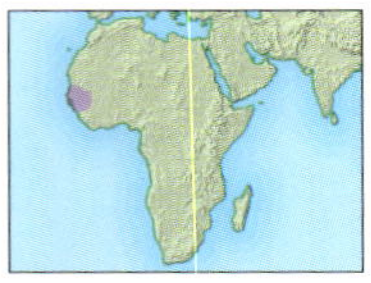

Longueur 69 cm
Queue 56 cm
Poids 17,5 kg
Sociabilité Groupe
Statut LR

Répartition O. Afrique

Ce babouin, le plus petit de tous, a une crinière très longue qui lui couvre presque l'arrière-train. Son alimentation est variée : racines fibreuses, larves juteuses, œufs et même produits cultivés par l'homme en font partie. Il vit en bandes qui comptent en général 40 individus mais parfois 200, composées de mâles entourés chacun d'un harem.

Papio ursinus

Chacma

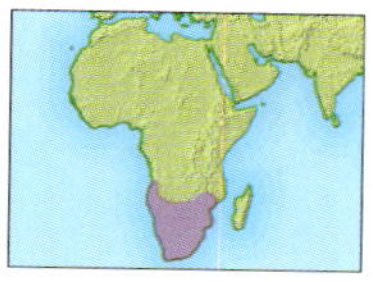

Longueur 60–82 cm
Queue 53–84 cm
Poids 15–30 kg
Sociabilité Groupe
Statut LR Δ

Répartition S. Afrique

Ce babouin, l'un des plus grands, a le museau busqué et les narines proéminentes. Sa fourrure, d'un gris jaunâtre ou noire, est plus pâle sur le museau. Il vit en groupes de composition variable. Son alimentation se compose de racines, de graines, d'insectes et de jeunes gazelles. Intelligent et peu exigeant, il se sert de bâtons comme outils.

Theropithecus gelada

Gélada

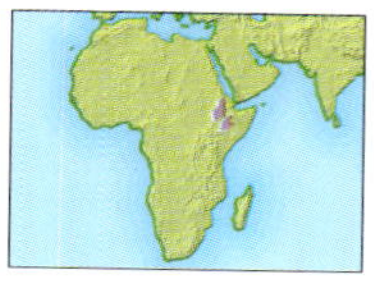

Longueur 70–74 cm
Queue 46–50 cm
Poids 19 kg
Sociabilité Groupe
Statut LR

Répartition E. Afrique

Ce parent des babouins à la poitrine rose ne se rencontre que sur les plateaux herbeux et ventés éthiopiens. Il s'assied pour ramasser avec ses mains habiles herbes, tiges et graines dont il se nourrit exclusivement. Il vit en petits groupes familiaux qui s'assemblent parfois en grandes troupes peu hiérarchisées.

Nasalis larvatus

Nasique

Longueur 73–76 cm
Queue 66–67 cm
Poids 21 kg
Sociabilité Groupe
Statut EN

Répartition S.-E. Asie

Ce singe, qui est l'un des plus spécialisés et remarquables des mammifères, ne se rencontre que dans une partie peu étendue de Bornéo, à proximité de l'eau, dans les forêts, les mangroves, et les zones côtières. Le mâle vit entouré d'un groupe composé de 6 à 10 femelles et jeunes qu'il défend en grondant, en montrant les dents et en agitant son pénis en érection.

CHANGEMENT DE FORME

Les nouveau-nés ont un nez de taille normale dans une face bleue, et leur fourrure est sombre. Leur coloration change et leur nez croît en grandissant. Plus petit que celui des mâles, le nez des femelles est néanmoins plus grand que celui d'autres singes d'espèces voisines.

GRAND NEZ
Le nasique se distingue par la dimension de son nez. Long et pendant chez les mâles adultes, il sert peut-être à attirer les femelles.

pattes en partie palmées

Semnopithecus entellus

Entelle

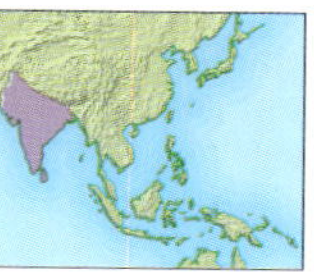

Longueur 51–78 cm
Queue 69–102 cm
Poids 10,5–20 kg
Sociabilité Groupe
Statut LR

Répartition S. Asie, Sri Lanka

On rencontre l'entelle dans l'Asie du Sud sauf dans les forêts pluviales. Sa coloration varie du brun foncé dans l'Himalaya au fauve pâle au Sri Lanka. De petits groupes de femelles vivant avec leurs petits sont dirigés par un ou plusieurs mâles, les célibataires de sexe masculin faisant bande à part.

ALIMENTATION MIXTE

L'entelle se nourrit surtout de feuilles, de fruits, de bourgeons et de pousses qu'il digère facilement grâce à son estomac compartimenté. Comme beaucoup d'animaux sauvages, il complète ce régime par du sel ou de la terre riche en minéraux. Les bandes qui vivent près des villages récupèrent les déchets et reçoivent des offrandes que leur vaut le fait d'être identifiés au dieu hindou Hanuman.

Colobus guereza

Colobe guéréza

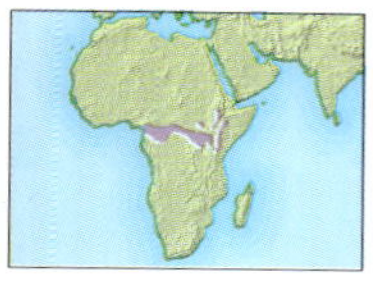

Longueur 52–57 cm
Queue 53–83 cm
Poids 8–13,5 kg
Sociabilité Groupe
Statut LR Δ

Répartition C. et E. Afrique

Ce colobe a la fourrure noire frangée de blanc autour de la face et un « voile » de même couleur sur les flancs et l'arrière-train. Sa queue se termine par un panache. Le mâle forme avec plusieurs femelles et leurs petits un groupe de 4 ou 5 individus. Il défend son territoire en rugissant et en faisant de grands sauts. Grâce aux bactéries présentes dans son estomac à trois compartiments, il tire deux fois plus d'éléments nutritifs de son alimentation végétale que tout autre singe.

Rhinopithecus roxellana

Rhinopithèque de Roxelane

Longueur 54–71 cm
Queue 52–76 cm
Poids 12,5–21 kg
Sociabilité Groupe
Statut VU

Répartition E. Asie

Ce singe qui vit en altitude supporte des températures de –5 °C. Protégé par sa longue fourrure, il se déplace dans les arbres et sur le sol. Il cueille feuilles, fruits, graines et lichen avec ses gros doigts. Il vit en bandes de plusieurs centaines d'individus qui se divisent en groupes composés d'un mâle et de plusieurs femelles pour se nourrir et se reproduire.

Grands singes

PHYLUM	Cordés
CLASSE	Mammifères
ORDRE	Primates
SOUS-ORDRE	Haplorhiniens (une partie)
FAMILLES	2
ESPÈCES	21

Les grands singes, ou anthropoïdes, sont les plus proches parents des hommes. Ils leur ressemblent sur le plan physique et aussi parce qu'ils sont intelligents et s'organisent en groupes sociaux complexes. On les divise en deux ensembles : dans l'un on range les gibbons et dans l'autre les orangs-outans, les gorilles et les chimpanzés. On les trouve en Afrique centrale et occidentale et dans toute l'Asie du Sud et du Sud-Est où ils habitent surtout les forêts tropicales. Certaines espèces omnivores mises à part, ils sont surtout végétariens et se nourrissent de fruits. La disparition de leur habitat menace leur existence, ainsi que le braconnage et la chasse dont ils sont l'objet. On les recherche pour leur peau et leur crâne, et on les capture aussi vivants pour les montrer dans les zoos ou les vendre comme animaux de compagnie. Les chimpanzés ont longtemps servi à la recherche médicale.

Anatomie

Une colonne vertébrale relativement courte et un bassin large facilitent la position debout aux grands singes chez qui le centre de gravité se trouve de ce fait relativement bas. La poitrine est large et les omoplates sont situées à l'arrière, ce qui élargit la gamme des mouvements dont les articulations de leurs épaules sont capables. C'est ainsi qu'un gorille assis sur le sol n'a pas de mal à se saisir de tous les végétaux situés autour de lui. La face des grands singes est plate, leurs mâchoires sont bien développées, leurs mains et leurs pieds préhensiles et leurs narines rapprochées et orientées vers le bas. Ils se distinguent aussi par leur taille : l'orang-outan est le plus grand des mammifères arboricoles et le gorille pèse jusqu'à 200 kg.

Organisation sociale

Certains grands singes vivent en couples monogames sauf l'orang-outan, le seul à être solitaire. Ils marquent leur territoire par des signaux sonores, les mâles et les femelles exécutant des voix différentes. À l'approche de la maturité, un jeune individu s'exprime jusqu'à ce qu'il ait trouvé une compagne. Les adultes proclament leur droit de propriété sur un territoire en poussant des cris rauques et s'arrogent le droit de s'accoupler avec toutes les femelles qui y pénètrent. Les autres grands singes vivent en groupes diversement organisés. Les gorilles forment des bandes de 5 à 10 (parfois 30) individus composées de plusieurs femelles et d'un mâle dominant, un ou deux autres mâles, ses fils ou ses jeunes frères. Les chimpanzés vivent en communautés hiérarchisées de 40 à 100 individus, dirigées par un mâle dominant mais que leurs membres quittent ou rejoignent à leur gré. La quête de la nourriture se fait en petits groupes dont la composition change tous les jours. Les chimpanzés d'Afrique occidentale sont de fervents chasseurs et les mâles s'associent pour être plus efficaces. Les chimpanzés transmettent leurs habitudes et leur savoir-faire aux membres de leur groupe, plutôt par l'exemple que génétiquement.

Intelligence

Les grands singes sont doués d'intelligence. Face à certains problèmes, ils semblent dotés d'une faculté de réflexion semblable à celle de l'homme. Les chimpanzés et certains orangs-outans du nord de Sumatra utilisent par exemple et même fabriquent des outils simples. Des orangs-outans étudiés dans des centres de recherche se sont montrés capables de faire des puzzles, d'utiliser un langage de signes et d'apprendre à reconnaître des symboles.

TOILETTE MUTUELLE
La toilette mutuelle joue un rôle important chez les grands singes car elle renforce les liens entre les individus, comme c'est le cas pour les deux chimpanzés ci-dessus. C'est aussi un moyen de se faire des «amis» et les mâles s'en servent pour s'assurer des alliés au cas où leur suprématie serait contestée.

MAMMIFÈRES

Hylobates lar

Gibbon lar

Répartition S.-E. Asie

Longueur 42–59 cm
Queue Sans
Poids 4,5–7,5 kg

Sociabilité Couple

Statut EN

La journée de ce gibbon, appelé aussi gibbon à mains blanches, commence un peu après l'aube par un duo destiné à consolider les liens unissant son couple. La femelle fait d'abord entendre un crescendo de longs hululements auxquels le mâle répond d'une voix plus chevrotante par un chant plus simple. Chacun de ces motifs, dont la durée varie de quinze à vingt secondes, est répété de nombreuses fois. Les gibbons partent ensuite à la recherche des fruits, des fleurs et des feuilles dont ils se nourrissent et les couples consacrent un quart d'heure tous les jours à une toilette mutuelle. On croyait les gibbons exclusivement monogames mais des études récentes ont révélé que des changements de partenaires se produisaient parfois et que des associations non monogames existaient aussi, chaque couple ou chaque groupe défendant un territoire.

L'unique petit né après une gestation de sept à huit mois tète sa mère pendant dix-huit mois ; à six ans, sa taille est celle d'un adulte et il atteint la maturité complète à neuf ans. Les individus en liberté vivent jusqu'à vingt-cinq ou trente ans. Le déboisement et la chasse sont les principales menaces qui pèsent sur leur existence.

petit accroché à la poitrine de sa mère

longueur des bras supérieure de 40 % à celle des jambes

FRANGES BLANCHES
Ce gibbon a la face noire entourée de poils blancs. Pieds et mains sont aussi blancs et le reste de sa fourrure d'une couleur uniforme varie selon les individus du crème au roux, du brun au presque noir.

callosités fessières

BRACHIATION

Le gibbon se déplace sans grande dépense d'énergie en se suspendant par les bras et en se balançant, ce mode de locomotion portant le nom de brachiation. Il lâche la main par laquelle il se tient au milieu d'un balancement et la vision stéréoscopique de ses yeux orientés vers l'avant l'aide à déterminer l'emplacement de la prise suivante, située souvent 3 m plus loin. Il tient ses doigts serrés sauf le pouce, et les utilise comme un crochet.

LE PIED SÛR

Les gibbons ne risquent pas de glisser lorsqu'ils se déplacent debout le long des branches car la plante de leurs pieds est nue et recouverte d'une peau dure, et le pouce est opposable.

Hylobates syndactylus

Siamang

Répartition S.-E. Asie

Longueur 90 cm
Queue Sans
Poids 10–15 kg

Sociabilité Groupe/couple

Statut LR

Le siamang, qui mesure 1,50 m debout, est le plus grand des gibbons. Ses cris sont aussi les plus forts et les liens familiaux sont plus étroits chez lui que chez les autres. On trouve rarement la femelle (qui est dominante), le mâle et le ou les deux petits à plus de 30 m les uns des autres, et en général à moins de 10 m. Ils se nourrissent surtout de feuilles auxquels s'ajoutent des fruits, quelques fleurs et quelques animaux comme des larves. La famille occupe un domaine d'environ 50 ha dont elle ne défend que 60 % en poussant de grands cris.

bras atteignant 1,50 m de long

POILS NOIRS
Le siamang est couvert d'une fourrure noire hirsute. Chez le mâle, un peu plus grand que la femelle, une touffe de poils dans la région génitale crée l'illusion d'une queue.

deuxième et troisième doigts réunis par une palmure

ÉMISSIONS VOCALES

La gorge du siamang est élastique et se dilate. Elle amplifie ses cris auxquels elle donne une résonance étonnante. Les hurlements du mâle seraient destinés à décourager ses rivaux et les séries de longs aboiements de la femelle seraient associés à la défense du territoire.

Hylobates concolor

Gibbon concolore

Répartition S.-E. Asie

Longueur 45–64 cm
Queue Sans
Poids 4,5–9 kg

Sociabilité Groupe/couple

Statut CR

Contrairement à la plupart de ses cousins, ce gibbon a la tête couronnée de poils. Ses petits, jaunes à la naissance, deviennent noirs en grandissant lorsqu'ils sont mâles et bruns ou gris s'ils sont femelles. Il se nourrit surtout de très jeunes feuilles, de pousses et de fruits et rarement d'animaux. Il vit en groupes familiaux.

crête de poils sur la tête

joues blanches

Hylobates leucogenys

Gibbon à joues blanches

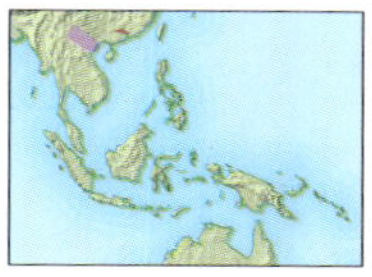

Répartition S.-E. Asie

Longueur 45–64 cm
Queue Sans
Poids 4,5–9 kg

Sociabilité Groupe/couple

Statut Non évalué

Les représentants de cette espèce, considérée jusqu'en 1989 comme une sous-espèce du gibbon concolore (ci-contre), ont tous la même coloration que lui et une crête de poils sur la tête. Ce sont surtout des facteurs géographiques qui distinguent les deux espèces, toutes deux vivant au Vietnam, le concolore au nord-est des fleuves Song Ma et Song Bo, l'autre au sud-ouest. Un petit unique né après une gestation de sept ou huit mois dépend étroitement de sa mère pendant dix-huit mois.

bras plus longs que les jambes

Hylobates moloch

Gibbon cendré

Répartition S.-E. Asie

Longueur 45–64 cm
Queue Sans
Poids 5,5 kg
Sociabilité Couple
Statut CR

Les sourcils, les favoris et la barbe pâles de ce gibbon se confondent avec sa fourrure argentée. Il se nourrit de fruits, de feuilles et parfois de nectar et de larves. Il donne de la voix pour défendre le territoire du groupe familial mais aucun duo n'est entonné le matin chez lui comme chez le gibbon lar.

Pan paniscus

Bonobo, chimpanzé nain

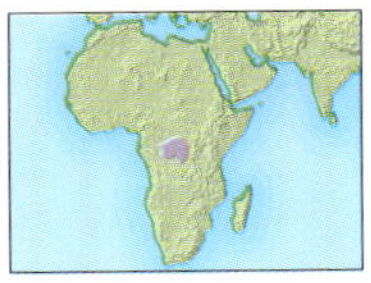

Répartition C. Afrique

Longueur 70–83 cm
Queue Sans
Poids Plus de 39 kg
Sociabilité Groupe
Statut EN

Le chimpanzé nain est à peine plus petit que *P. troglodytes* décrit ci-dessous mais il est plus svelte. Il se nourrit surtout au sol, de fruits et de graines auxquels s'ajoutent feuilles, fleurs, champignons, œufs et petits animaux. Il forme des bandes de jusqu'à 80 individus mais cherche en général sa nourriture et pratique la toilette mutuelle en groupes plus petits. Des relations sexuelles, sans doute destinées à apaiser les tensions, unissent épisodiquement mâles, femelles et jeunes. Les femelles sont dominantes et quittent leur famille à la maturité, les mâles ayant tendance à y rester.

FACE ET FOURRURE
La peau du bonobo est presque entièrement noire, même chez les jeunes. Une raie partage sa fourrure au milieu de la tête.

ENFANCE PROLONGÉE

Le bonobo naît après une gestation de huit mois. Sa mère le nourrit pendant trois ans et continue à le protéger et à s'occuper de lui pendant encore deux ans. La femelle bonobo ne met bas que tous les cinq ans.

Pan troglodytes

Chimpanzé

Répartition O. à C. Afrique

Longueur 63–90 cm
Queue Sans
Poids 30–60 kg
Sociabilité Groupe
Statut CR

Les chimpanzés vivent en groupes de 15 à 120 individus qui se subdivisent pour se livrer à diverses activités – toilette mutuelle, quête de la nourriture, déplacement, défense du territoire, cette dernière tâche incombant à des groupes de mâles adultes. Ils se nourrissent surtout de fruits et de feuilles, mais aussi de fleurs et de graines et coopèrent pour chasser des proies animales – autres singes, oiseaux et petites antilopes. Les liens sociaux sont solides chez eux mais mâles et femelles ne forment pas de couples durables. Les petits, en général uniques, naissent après une gestation de huit mois et leur mère s'occupe d'eux pendant trois ou quatre ans, se chargeant de leur apprentissage.
Les chimpanzés utilisent des outils mais savent aussi en fabriquer : ils dépouillent par exemple les branches de leurs rameaux pour les introduire dans les termitières. Les représentants des deux espèces sont nos parents les plus proches et les émotions qu'ils ressentent, leur capacité à communiquer et à apprendre intéressent les éleveurs, les collectionneurs et les chercheurs. Leur chair est prisée des consommateurs locaux.

FACE EXPRESSIVE
La vaste gamme d'expressions dont le chimpanzé est capable est très visible sur sa face nue. Ses lèvres mobiles s'étirent en particulier dans une sorte de « sourire », signe en réalité de peur.

LOQUACITÉ

Le nombre des émissions vocales du chimpanzé s'élève à plus de 30. Il produit en particulier une série répétitive de cris aigus et de hurlements (à droite) audibles à 2 km à la ronde. On suppose que ce genre d'appel souvent utilisé par les adultes leur sert à se faire reconnaître et à demander des informations aux autres membres du groupe.

REPOS NOCTURNE

Pour se protéger des prédateurs terrestres la nuit, les adultes construisent chacun, à une distance de 3 à 10 m au-dessus du sol, une plate-forme feuillue faite d'un entrelacs de branches. Ils changent d'abri chaque soir et retapent rarement les anciens nids. Les petits dorment avec leur mère jusqu'à l'âge de cinq ou six ans.

Gorilla gorilla

Gorille de l'Ouest

Hauteur 1,30 – 1,90 m
Queue Sans
Poids 68 – 200 kg
Sociabilité Groupe
Statut EN
Répartition C. Afrique

Cet habitant des forêts est le plus grand de tous les primates. Il cherche le jour les fruits, les feuilles, les tiges, les graines et les petits animaux dont il se nourrit. Il dort la nuit dans un nid aménagé avec des branchages. Il vit en petits groupes stables de 3 à 20 individus, le mâle dominant entretenant des relations étroites avec les femelles et leur progéniture. Il communique à l'aide d'une vaste gamme d'expressions faciales, de gestes et de sons – gémissements, grognements, aboiements. Il occupe un domaine de 800 à 1 800 ha qu'il ne défend pas activement et qui chevauche parfois celui de voisins. L'unique petit né après une gestation de huit mois et demi s'accroche pendant quatre à six mois au ventre de sa mère qui le porte ensuite sur son dos. Il commence à mâcher des plantes à quatre mois et tète jusqu'à trois ans.

MÂLE DOMINANT
Presque deux fois aussi gros que la femelle, le mâle adulte a une crête osseuse plus haute sur la tête, des canines plus longues et des poils argentés sur le dos.

SOUS LA MENACE

Un bâillement (ci-dessus) est signe de nervosité chez le gorille. Il évite les dangers en se déplaçant en file indienne dans la forêt. Pour se défendre, le mâle dominant aboie, fixe l'ennemi des yeux et charge si la menace persiste.

CONSERVATION

Écobuage, chasse illégale, et braconnage imputable aux collectionneurs de trophées menacent l'existence des gorilles. Les individus vivant aujourd'hui dans les zoos sont presque tous des *Gorilla gorilla* ; on tente rarement de les réintroduire dans la nature, en partie à cause de l'étroitesse et de la complexité des liens sociaux qui les unissent. La protection de leur habitat semble la seule solution envisageable.

Gorilla beringei

Gorille de montagne

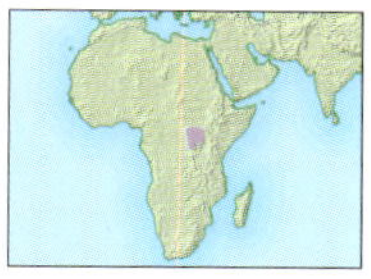

Hauteur 1,30 – 1,90 m
Queue Sans
Poids 68 – 210 kg
Sociabilité Groupe
Statut CR
Répartition C. et E. Afrique

Considérée autrefois comme une sous-espèce de *Gorilla gorilla*, *G. beringei* forme aujourd'hui une espèce à part entière. Elle comporte deux sous-espèces, celle des gorilles de montagne, *G. beringei beringei* et celle des gorilles de plaine, *G. beringei graueri*. Au sein de ces deux entités chaque groupe vit dans un domaine de 400 à 800 ha coïncidant peut-être à la périphérie avec ceux occupés par des voisins. Les bambous, dont ils mangent les feuilles, les pousses et les tiges, constituent l'essentiel de leur alimentation que complètent fruits, racines, écorces tendres, champignons et parfois fourmis. La nuit, les mâles dorment sur le sol et les femelles dans les arbres, chacune avec son petit dont le mâle dominant est presque toujours le père. Celui-ci s'attire les faveurs des femelles en faisant mine de les nourrir, en criant, en se frappant la poitrine, en piétinant la végétation et en sautant. Une mère est fidèle au père de ses enfants successifs à moins qu'il ne soit tué. Elle garde son petit auprès d'elle quatre ans, jusqu'à sa prochaine mise bas. Le tourisme finance la protection de certains de ces gorilles mais le braconnage continue de menacer les autres.

VIE EN SOCIÉTÉ
Plusieurs femelles entourent en général un mâle dominant avec leurs petits, ces groupes stables réunissant jusqu'à 40 individus. Frères ou pères et fils vivent à part.

FOURRURE ÉPAISSE

Les longs poils hirsutes des gorilles de montagne qui vivent jusqu'à 4 000 m d'altitude les protègent du froid. Seuls leur face, leurs mains, leurs pieds et la poitrine des mâles sont nus.

INTIMIDATION

Si les aboiements ne suffisent pas à décourager un ennemi, le mâle dominant a recours aux hurlements. Il se met debout, se frappe la poitrine, la peau nue amplifiant les sons, et jette des plantes à la figure de l'attaquant. Si celui-ci persiste, il le charge en grondant, le frappe, le renverse et le mord.

Pongo pygmaeus

Orang-outan

Hauteur 1,10 – 1,40 m
Poids 40 – 80 kg

Sociabilité Solitaire

Statut EN

Répartition S.-E. Asie (Bornéo)

La vie de l'orang-outan se passe tout entière dans la canopée, seuls les mâles descendant parfois au sol. Il se nourrit le jour, surtout de fruits, et dort la nuit sur une plate-forme de branches entrelacées. La femelle met bas dans un nid au sommet des arbres et le minuscule nouveau-né reste accroché à elle pendant qu'elle se déplace. Le couple reste uni jusqu'à ce que sa progéniture ait huit ans. L'orang-outan est solitaire quoiqu'il lui arrive de retrouver des congénères au pied d'un arbre fruitier et que les adolescentes se promènent parfois en bande pendant deux ou trois jours. Les mâles annoncent leur présence par des appels prolongés. Longtemps considérés comme appartenant tous à la même espèce, les orangs-outans en forment, d'après des recherches récentes en génétique, en réalité deux, celle de Bornéo et celle de Sumatra (*Pongo abelii*). L'existence de ces deux espèces est surtout menacée par la disparition de leur habitat, due à l'exploitation des forêts et aux incendies. Il n'y a plus maintenant que de 12 000 à 15 000 orangs-outans à Bornéo et seulement de 3 000 à 5 000 à Sumatra.

CONSERVATION

Bien que protégés par la loi, les orangs-outans continuent à être capturés très jeunes et vendus comme animaux de compagnie. Des succès encourageants couronnent les efforts faits pour réhabiliter les rescapés, mais leur réadaptation dans leur habitat est parfois difficile, d'autant que celui-ci est en train de disparaître.

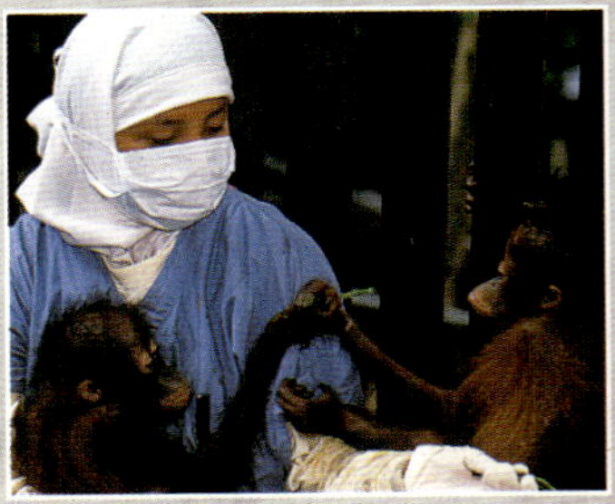

L'HOMME DE LA FORÊT
Chez les orangs-outans («hommes de la forêt» en malais), les mâles sont différents des femelles. Ils ont de grands bourrelets nus sur les joues, de gros favoris, une moustache et une barbe et de longs poils qui pendent comme une cape de leurs bras quand ils les étendent.

VIE DANS LES ARBRES
Avec ses bras longs d'une envergure d'environ 2,20 m et ses pieds aux doigts préhensiles comme ceux des mains, l'orang-outan est bien adapté à une vie arboricole. Ses membres et ses articulations souples lui permettent des mouvements interdits aux autres grands singes.

ALIMENTATION VARIÉE

Les orangs-outans préfèrent les fruits mais mangent aussi les autres parties des plantes ainsi que du miel des œufs et de petits animaux – lézards, termites, petits oiseaux.

GROUPE FAMILIAL
Cette mère cueille des fruits et des feuilles dans la forêt avec son petit.

ÉPLUCHAGE
L'orang-outan prépare sa nourriture avec les mains et les dents : il arrache les plantes et épluche les fruits pour en dégager la chair.

FOURMILIERS ET ALLIÉS

PHYLUM	Cordés
CLASSE	Mammifères
ORDRE	Xénarthres
FAMILLES	4
ESPÈCES	29

AUJOURD'HUI APPELÉS XÉNARTHRES par les scientifiques, les édentés – fourmiliers, paresseux et tatous – sont les mammifères à l'aspect le plus bizarre. Ils n'ont pas grand-chose en commun extérieurement mais leur colonne vertébrale présente des particularités inhabituelles, ils ont un petit cerveau et une denture réduite, même absente chez les fourmiliers ; ceux-ci sont insectivores ainsi que les tatous alors que les paresseux sont végétariens. On trouve les uns et les autres en Amérique du Sud et au sud des États-Unis dans des milieux divers.

BON APPÉTIT
Après avoir percé une termitière avec les griffes incurvées de ses pattes antérieures, le tamanoir en extrait les habitantes avec sa langue gluante.

ANATOMIE

Les xénarthres se distinguent par la présence d'apophyses articulaires supplémentaires sur leurs vertèbres lombaires. Leur dos s'en trouve renforcé, ce qui est très utile aux tatous pour creuser. La peau de ces derniers, dure sur la tête, le dos, les flancs et les membres, forme une carapace protectrice ; les fourmiliers ont le museau long et tubulaire et les paresseux la tête ronde et le corps couvert de poils longs et rudes.

FOURMILIER

TATOU

PARESSEUX

TÊTES
La tête allongée des fourmiliers contraste avec celle courte et ronde des paresseux ; des plaques osseuses protègent celle des tatous de longueur moyenne.

GRIFFES DE GRIMPEURS
Avec leurs mains et leurs pieds aux longues griffes incurvées, les paresseux sont parfaitement adaptés à une vie arboricole.

Choloepus didactylus

Unau, paresseux didactyle

Longueur 46–86 cm
Queue 1,5–3,5 cm
Poids 4–8,5 kg
Sociabilité Solitaire
Statut Non évalué
Répartition N. Amérique du Sud

Les pattes antérieures de ce paresseux sont garnies de deux griffes en forme de crochets, et les postérieures, de trois. Ses poils rudes, gris-brun sur le corps, sont plus pâles sur la face et prennent une teinte verte à cause des algues qui poussent dans sa fourrure.
Il se nourrit de feuilles et de fruits, est solitaire et se déplace très lentement ; il ne descend au sol que pour déféquer, à peu près une fois par semaine.

Bradypus torquatus

Aï, paresseux tridactyle

Longueur 45–50 cm
Queue 4–5 cm
Poids 3,5–4 kg
Sociabilité Solitaire
Statut EN
Répartition E. Amérique du Sud

Avec sa petite tête, ses yeux et ses oreilles minuscules et sa queue courte contrastant avec son grand corps et ses membres puissants, ce paresseux est tout à fait typique. Algues, acariens, tiques, coléoptères et même papillons vivent parmi les jarres de sa fourrure qui sont sombres et longs, surtout sur la tête, le cou et les épaules où ils retombent en crinière. En dessous, le duvet est fin, épais et pâle. Ce paresseux se nourrit des feuilles, des bourgeons et des petits rameaux des arbres de la forêt, surtout de ceux des *Ceropia*. Il ne descend au sol que pour déféquer ou pour passer d'un arbre à l'autre s'il n'a pas pu le faire en s'accrochant aux branches. Au sol, il se traîne en prenant appui sur ses pattes antérieures, plus longues et plus puissantes que les postérieures. Malgré tout, il nage bien. Sa musculature est relativement peu développée ; les échanges métaboliques sont plus lents chez lui que chez les autres mammifères et sa température corporelle dépasse tout juste 30 °C. Il se défend soit en restant immobile pour éviter de se faire remarquer, soit en donnant des coups de ses redoutables griffes. L'unique petit né après une gestation de cinq à six mois pèse 250 g.
Il s'accroche au ventre de sa mère avec ses griffes déjà bien formées et reste, une fois sevré, à ses côtés pendant encore six mois pour apprendre à se nourrir lui-même.

CONSERVATION

Dans les forêts que l'on abat, les paresseux sont incapables de s'enfuir à l'arrivée des bûcherons. Dans certaines régions, avant les coupes, on commence par les capturer, les marquer, déterminer leur sexe et les peser. On prélève aussi leur sang pour faire des études génétiques permettant d'en apprendre plus sur ces animaux mal connus. On les transporte ensuite sur d'autres sites ou on les libère.

IMPLANTATION INVERSE DES POILS
Les jarres de la fourrure des paresseux poussent dans le sens contraire de celui de la plupart des mammifères si bien qu'ils pendent quand l'animal est dans sa position normale, la tête en bas.

Myrmecophaga tridactyla

Tamanoir

Longueur 1–2 m
Queue 64–90 cm
Poids 22–39 kg
Sociabilité Solitaire
Statut VU

Répartition Amérique centrale à Amérique du Sud

LANGUE ÉPINEUSE

Le tamanoir éventre les termitières avec ses pattes antérieures griffues et recueille ses proies avec sa langue. Celle-ci mesure une bonne soixantaine de centimètres quand elle est tirée et elle est couverte de petites épines orientées en arrière et enduite d'une salive collante. Les termites n'ont plus qu'à réparer leur demeure.

Ce grand fourmilier a le museau long et tubulaire, la face, les yeux et les oreilles petits. Il marche sans se presser et, pour protéger ses grosses griffes, il prend appui sur les articulations de ses pattes antérieures massives, plus longues que les postérieures. Il parcourt le jour et la nuit un domaine dont la superficie d'environ 25 km^2 varie avec les ressources alimentaires disponibles. Il dort sur le sol, dans un creux ou à l'abri d'un buisson, la queue rabattue sur la tête et le corps. La chasse et la destruction de son habitat menacent son existence.

bande blanche bordée de noir sur les flancs

CORPS ÉTROIT ET QUEUE TOUFFUE
Une fourrure longue, rude, grise, tachée de noir et de blanc couvre le corps du tamarin dont la queue touffue est brune.

Dasypus novemcinctus

Tatou à neuf bandes

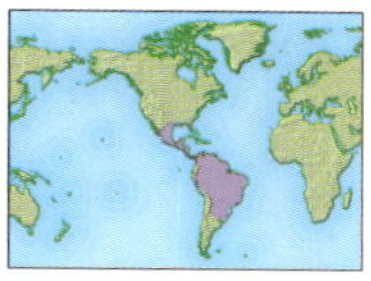

Longueur 35–57 cm
Queue 24–45 cm
Poids 2,5–6,5 kg
Sociabilité Solitaire
Statut Commun localement

Répartition S. États-Unis, Mexique, Antilles, Amérique centrale et du Sud

L'armure et la peau parcheminée de ce tatou représentent un sixième de son poids, mais les huit à dix rangées de plaques osseuses qui encerclent son corps lui donnent une certaine mobilité. Il creuse des réseaux étendus de galeries, se nourrit de fourmis, d'oiseaux et de fruits et, quoique solitaire, partage parfois son terrier avec un congénère. La femelle donne en général le jour à des portées de 4 petits du même sexe.

Cyclopes didactylus

Fourmilier nain

Longueur 16–21 cm
Queue 16–23 cm
Poids 150–275 g
Sociabilité Solitaire
Statut Non évalué

Répartition Amérique centrale à N. Amérique du Sud

face interne de la queue nue au bout

corps marqué d'une bande brune

Longue, épaisse et soyeuse, la fourrure de ce fourmilier solitaire et nocturne est argentée et rayée de brun sur les flancs. Adapté à la vie arboricole, il s'agrippe fermement aux branches avec ses pattes garnies de griffes en forme de crochets, s'y suspend avec sa queue préhensile au bout dépourvu de poils. Il perce les fourmilières et en extrait les habitantes avec sa longue langue gluante.

Tamandua tetradactyla

Tamandua

Longueur 53–88 cm
Queue 40 cm
Poids 3,5–8,5 kg
Sociabilité Solitaire
Statut VU Δ

Répartition N. et E. Amérique du Sud

Ce fourmilier a la tête allongée et étroite, le poil rare sur sa queue préhensile. Bon grimpeur, il se nourrit dans les arbres et au sol de fourmis, de termites et d'abeilles. Il est actif le jour et la nuit, pendant des périodes de huit heures. La mère porte sur son dos l'unique petit qui naît après une gestation de quatre à cinq mois.

VESTE NOIRE
Une «veste» noire couvre les épaules, la poitrine, les flancs et le bas du dos de ce fourmilier dont la fourrure est par ailleurs jaune pâle.

LE DOS AU MUR

Quand il est menacé, le tamandua s'adosse à un tronc ou à un rocher, se dresse sur ses pattes de derrière en s'appuyant sur sa queue et s'apprête à lacérer l'ennemi avec les griffes de ses pattes antérieures.

Chaetophractus villosus

Tatou velu

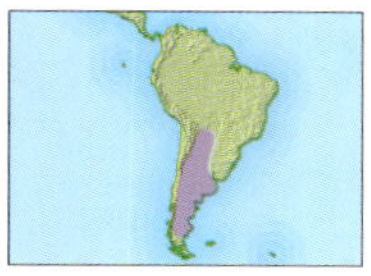

Longueur 22–40 cm
Queue 9–17 cm
Poids 1–3 kg
Sociabilité Solitaire
Statut Non évalué

Répartition S. Amérique du Sud

Des poils rudes jaillissent entre les 18 rangées de plaques osseuses couvertes de peau qui constituent l'armure de cet habitant de zones arides; 7 ou 8 plaques n'étant pas soudées, il peut se rouler en boule pour protéger son ventre. Surtout nocturne en été et se nourrissant de vers et de rongeurs, il est diurne en hiver et plutôt végétarien. La gestation dure de soixante à soixante-quinze jours, et chaque portée comprend 2 petits.

Zaedyus pichiy

Pichi

Longueur 26–34 cm
Queue 10–12 cm
Poids 1–2 kg

Sociabilité Solitaire

Statut Commun

Répartition S. Amérique du Sud

À l'approche d'un danger, ce petit tatou s'immobilise au sol ou se coince dans l'entrée d'un terrier en rétractant ses pattes griffues de façon à n'exposer que sa large armure en forme de dôme. Il creuse de courtes galeries qui lui servent d'abri et se nourrit d'insectes, de vers et d'autres petits invertébrés et parfois de charogne.

Cabassous centralis

Cabassou

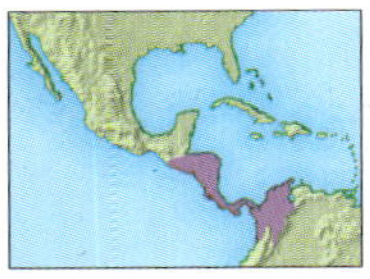

Longueur 30–40 cm
Queue 13–18 cm
Poids 2–3,5 kg

Sociabilité Solitaire

Statut Non évalué

Répartition Amérique centrale et N. Amérique du Sud

Cet tatou à grandes oreilles occupe des habitats très variés. De grosses griffes garnissent ses doigts, surtout celui du milieu, ces outils lui servant à déterrer ses proies et à creuser un terrier où s'abriter le jour. Sa langue est longue et gluante, comme celle des fourmiliers. De même que les autres tatous, il est silencieux, ne grognant qu'au moment de se retirer sous sa carapace à l'approche d'un danger.

Priodontes maximus

Tatou géant

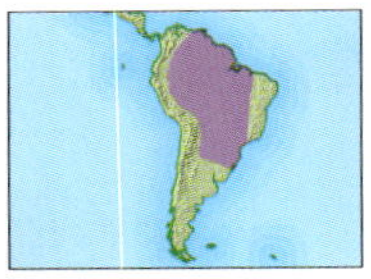

Longueur 75–100 cm
Queue 50 cm
Poids 30 kg

Sociabilité Solitaire

Statut EN

Répartition N. et C. Amérique du Sud

Cet tatou est le plus grand de tous. De 14 à 17 plaques légèrement flexibles et reliées par des charnières protègent son corps et son cou, couvrant même sa queue longue et effilée. Cette carapace brune est bordée de bandes d'un jaune très pâle, couleur de sa tête et de sa queue. Il déterre termites, fourmis, vers, araignées, petits serpents et lézards avec le troisième doigt griffu de ses pattes de devant, qui lui sert aussi à creuser un abri où se terrer le jour. Il reste deux ou trois semaines au même endroit et déménage quand il ne trouve plus rien à manger. Il vit seul et ne s'approprie aucun territoire. Après une gestation de quatre mois naissent 1 ou 2 petits. Ils sont sevrés à six semaines et atteignent la maturité sexuelle à douze mois.

PANGOLINS

PHYLUM	Cordés
CLASSE	Mammifères
ORDRE	Pholidotes
FAMILLE	1 (Manidae)
ESPÈCES	7

LES PANGOLINS, semblables par leur forme aux tatous et aux fourmiliers, sont couverts d'écailles qui se chevauchent et leur servent d'armure et de camouflage. Ils n'ont pas de dents et se servent de leur langue pour recueillir leurs proies qui sont ensuite broyées par les muscles puissants de leur estomac. Ils vivent dans les forêts et les savanes du sud de l'Asie et de l'Afrique.

LANGUE DÉMESURÉE
Les pangolins se servent de leur langue, longue de 25 cm quand elle est tirée, pour recueillir fourmis et termites.

Manis pentadactyla

Pangolin chinois

Longueur 54–80 cm
Queue 26–34 cm
Poids 2–7 kg

Sociabilité Solitaire

Statut LR

Répartition E. à S.-E. Asie

Les écailles larges de 5 cm qui ne laissent exposés que le museau, les joues, la gorge et la partie interne des membres de ce pangolin le protègent efficacement quand il se roule en boule. Il recueille les termites et les fourmis à l'aide de sa langue mince, longue de 40 cm. Avec sa queue préhensile et ses longues griffes, c'est un grimpeur agile et un bon terrassier.

Manis temmincki

Pangolin terrestre du Cap

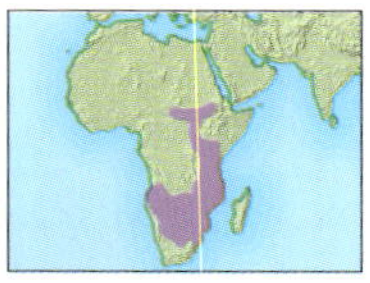

Longueur 50–60 cm
Queue 40–50 cm
Poids 15–18 kg

Sociabilité Solitaire

Statut LR

Répartition E. à S. Afrique

Très semblable à son cousin ci-contre, ce pangolin éventre les termitières et les fourmilières qu'il trouve au sol et dans les arbres avec ses griffes et en extrait les habitants avec sa langue. Il ne s'approprie aucun territoire. La femelle donne le jour à 1 ou 2 petits après une gestation de cent vingt jours.

MAMMIFÈRES

LAPINS, LIÈVRES ET PIKAS

PHYLUM	Cordés
CLASSE	Mammifères
ORDRE	Lagomorphes
FAMILLES	2
ESPÈCES	80

BIEN QUE SEMBLABLES sous bien des rapports aux rongeurs (ils ont comme eux de grosses incisives), les lagomorphes – lièvres, lapins et pikas – s'en distinguent par un certain nombre de caractéristiques, entre autres par la présence d'une paire supplémentaire d'incisives à la mâchoire supérieure et par la structure plus délicate de leur boîte crânienne. Ces animaux de taille petite ou moyenne font partie des plus chassés au monde : l'homme les tue soit pour leur chair et leur fourrure, soit pour le plaisir, et ils sont la proie des carnivores et des oiseaux. Tous les lagomorphes sont terrestres. On les trouve dans le monde entier (sauf dans les Antilles, dans les régions méridionales de l'Amérique du Sud, à Madagascar et dans plusieurs îles de l'Asie du Sud-Est). Ils s'accommodent de milieux aussi divers que la toundra et les zones semi-désertiques.

ANATOMIE

La morphologie des lapins et des lièvres reflète la nécessité pour ces animaux de percevoir les dangers et d'échapper aux prédateurs. Leur ouïe est excellente grâce à leurs grandes oreilles, et leurs yeux placés très haut leur donnent une vision périphérique embrassant presque 360° ; avec leurs pattes postérieures très longues, ils courent extrêmement vite (jusqu'à 56 km/h pour les lièvres), d'autant que la plante velue de leurs pattes leur évite les dérapages. Les pikas, qui sont moins rapides car ils ont les quatre pattes à peu près de la même longueur, se cachent dans des trous quand ils se sentent menacés. Tous les lagomorphes ont des narines étroites qu'ils peuvent fermer hermétiquement. Fait rare chez les mammifères, les femelles de certaines espèces sont plus grandes que les mâles.

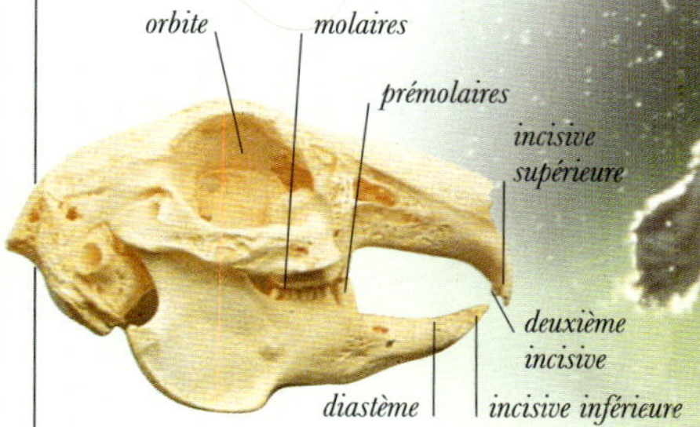

CRÂNE DE LAPIN
Les lagomorphes ont de grandes incisives à croissance continue dont il y a une seconde paire plus petite à la mâchoire supérieure. Aux deux maxillaires, un important intervalle appelé diastème sépare les incisives et les prémolaires.

COU FLEXIBLE
Il est important pour les lagomorphes, qui pratiquent rarement la toilette mutuelle, de nettoyer leur fourrure. Leur cou est si flexible qu'ils peuvent lisser les poils de leur dos : ce lapin européen tourne la tête à 180°.

ALIMENTATION

MANGEURS DE PLANTES
Les lagomorphes, tel ce pika d'Amérique du Nord, passent beaucoup de temps à manger. En été, cet animal fait des provisions qu'il entasse devant l'entrée de son terrier en prévision de l'hiver.

Les lagomorphes sont herbivores et se nourrissent généralement d'herbe et d'autres végétaux. Les parties les plus difficiles à digérer sont évacuées sous la forme de boulettes molles qui sont ensuite recueillies à leur sortie de l'anus et ingurgitées. Retenues dans l'estomac, elles s'y mélangent avec d'autres aliments, sont digérées une seconde fois et expulsées sous forme de crottes dures. Ce processus de double digestion appelé caecotrophie permet de tirer le meilleur parti possible des éléments nutritifs contenus dans l'alimentation.

MATCHES DE BOXE
Pendant la saison de reproduction, les lièvres se battent souvent entre eux, se donnant mutuellement des coups avec leurs pattes antérieures et postérieures. Les mâles se disputent les femelles et celles-ci chassent les mâles (comme ici) lorsqu'elles ne sont pas d'humeur à s'accoupler.

REPRODUCTION

Bien que les lagomorphes soient la proie d'un très grand nombre de prédateurs, un taux de reproduction élevé permet à leurs populations de se maintenir à un niveau satisfaisant. L'ovulation n'étant pas cyclique chez eux, mais déclenchée par l'accouplement, les femelles conçoivent aussitôt après avoir mis bas, et même avant chez quelques espèces. Les lapins, les plus prolifiques des lagomorphes, donnent le jour à des portées comptant jusqu'à 12 petits, à une fréquence de parfois six fois par an. La maturité sexuelle est précoce (trois mois chez les espèces européennes) et la période de gestation très courte (vingt-six jours chez les lapins de Floride).

LA TÉTÉE
Les petits des lapins naissent parfois dans un terrier mais les lièvres viennent tous au monde sur le sol. Ces petits lièvres bruns restent cachés pendant la journée mais, à la tombée de la nuit, leur mère les rassemble pour les allaiter.

Ochotona princeps

Pika d'Amérique

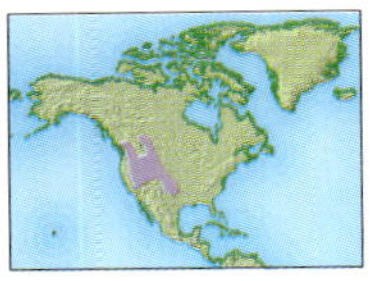

Longueur 16–22 cm
Queue Sans
Poids 125–175 g
Sociabilité Solitaire
Statut Commun localement

Répartition S.-O. Canada, O. États-Unis

Ce pika qui vit en altitude habite des amas de roches avoisinant des zones herbeuses. Mâles et femelles occupent des territoires séparés qu'ils défendent en émettant des sifflements. Chacun de ces territoires d'environ 600 m^2 suffit aux besoins alimentaires de son propriétaire et comporte un terrier aménagé dans une anfractuosité rocheuse.

PARÉS POUR L'HIVER

L'été, les pikas ramassent de l'herbe et d'autres végétaux et les entassent près de leur terrier. Ils ont ainsi de quoi manger pendant l'hiver, lorsque la neige recouvre le sol. Ils ont soin de choisir les plantes dont la décomposition est la plus lente.

MAMMIFÈRE EN FORME D'ŒUF
Un pika accroupi a la forme arrondie d'un œuf. Sa fourrure est de diverses teintes de brun.

Ochotona curzoniae

Pika à lèvres noires

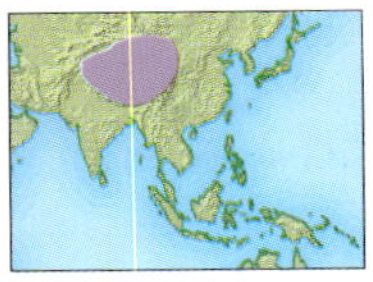

Longueur 14–18,5 cm
Queue Sans
Poids 125–175 g
Sociabilité Groupe
Statut Commun

Répartition E. Asie

Cet pika a le dos brun cendré, le ventre blanchâtre, une tache rousse derrière l'oreille, le nez et les lèvres foncés. Il creuse des réseaux de galeries occupés chacun par une vaste famille très unie. Ces terriers sont si nombreux dans certaines régions qu'on les juge nuisibles. Chaque année, les femelles ont 5 portées de 8 petits, dont les deux parents s'occupent.

Romerolagus diazi

Lapin des volcans

Longueur 23–32 cm
Queue 1–3 cm
Poids 375–600 g
Sociabilité Groupe
Statut EN

Répartition C. Mexique

On ne trouve ce lapin que sur les flancs des volcans voisins de Mexico, dans des forêts de pin où il vit en groupes de 2 à 5 individus. Ses oreilles sont courtes et arrondies et il communique en sifflant. Il se nourrit surtout d'une herbe haute et épaisse qui lui sert aussi d'abri.

Pentalagus furnessi

Lapin de Ryu Kyu

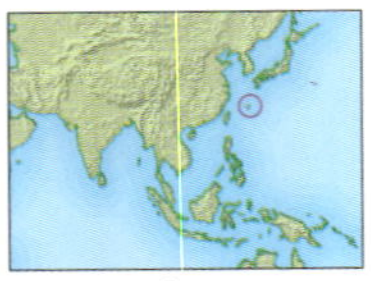

Longueur 42–51 cm
Queue 1–3,5 cm
Poids 2–3 kg
Sociabilité Solitaire/groupe
Statut EN

Répartition Îles Amami et Tokuno

Uniquement présent sur deux petites îles japonaises, ce lapin mal connu se distingue par sa fourrure entièrement noire, ses yeux et ses oreilles petits et les longues griffes avec lesquelles il creuse des abris. Il se nourrit la nuit d'aliments fournis par la forêt – feuilles de gynérium, stolons de patates douces, pousses de bambou, noix et écorce, et communique au moyen de claquements. Deux portées de 2 à 5 petits naissent chaque année.

Brachylagus idahoensis

Lapin pygmée

Longueur 22–29 cm
Queue 1,5–2,5 cm
Poids 350–450 g
Sociabilité Solitaire
Statut LR

Répartition O. États-Unis

Adapté aux climats arides, ce lapin, le plus petit de tous, creuse de grands réseaux de galeries et se nourrit de sauge et de plantes voisines. La longue fourrure de son dos est grise en hiver et brune en été, celle de son ventre est blanchâtre. Fait rare, il grimpe assez haut dans les buissons pour se nourrir et, quoique solitaire, siffle comme un pika pour prévenir ses voisins d'un danger. On connaît mal son mode de reproduction : la gestation dure de vingt-six à vingt-huit jours et des portées de 4 à 8 petits naissent jusqu'à trois fois par an.

Sylvilagus aquaticus

Lapin des marais

Q : Lapin aquatique
Longueur 45–55 cm
Queue 4 cm
Poids 1,5–2,5 kg
Sociabilité Groupe
Statut Commun localement

Répartition S.-E. États-Unis

Bon nageur, ce lapin, qui vit toujours dans le voisinage de l'eau, près de marais, de ruisseaux et d'étangs, se met souvent à l'eau, surtout s'il est menacé. Il se nourrit le jour de joncs, de roseaux et d'autres plantes du même genre, y compris celles du genre *Arundinaria*. Il vit en petits groupes, en général dirigés par un mâle chargé de défendre le territoire, et construit, au-dessus du sol, un nid de tiges que la femelle garnit avec ses poils avant d'y mettre bas. On compte en général 3 petits par portée.

Sylvilagus floridanus

Lapin à queue blanche

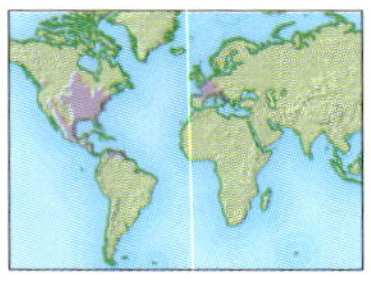

Longueur 38–49 cm
Queue 2,5–7 cm
Poids 1–1,5 kg
Sociabilité Groupe
Statut Commun

Répartition S.-E. Canada à Mexique, Amérique centrale, N. Amérique du Sud, Europe

Répandu dans son aire de répartition où on le rencontre dans de nombreuses régions, ce lapin a été introduit localement en Amérique du Nord et en Europe. La forme de son corps est celle typique des lapins et une touffe de poils blancs termine sa queue rousse. Il se nourrit de plantes en été, d'écorce et de brindilles en hiver. Il vit en groupes hiérarchisés. On compte 5 petits par portée en Amérique du Nord et 2 en Amérique du Sud.

Oryctolagus cuniculus

Lapin de garenne

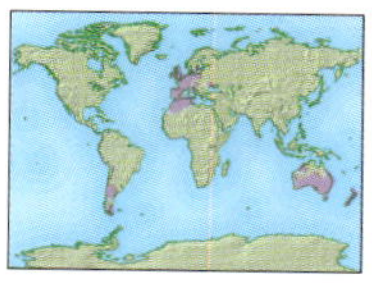

Longueur 34–50 cm
Queue 4–8 cm
Poids 1–2,5 kg

Sociabilité Groupe

Statut Commun

Répartition Europe, N.-O. Afrique, Australie, Nouvelle-Zélande, S. Amérique du Sud

Originaire du sud-ouest de l'Europe et peut-être du nord-ouest de l'Afrique, ce lapin a été introduit dans nombre d'autres régions ou, dans certains cas, il est devenu un danger pour les cultures et pour la faune locale. Cet ancêtre de toutes les races de lapins domestiques vit en colonies dans des réseaux complexes de galeries comportant une multitude d'orifices. Il se nourrit surtout d'herbes, de brindilles et d'un peu d'écorce. Les femelles dominantes habitent le terrier principal et les autres creusent parfois des galeries séparées pour leurs petits.

longues oreilles noires au bout

mélange de poils noirs et bruns sur le dos

TACHES JAUNE CLAIR
Le lapin de garenne a le ventre et l'intérieur des pattes jaune clair et une tache de la même couleur entre les épaules et autour des yeux.

ESPÈCE PROLIFIQUE

La capacité du lapin à se reproduire est légendaire. La gestation dure chez lui de vingt-huit à trente-trois jours, et quand les circonstances sont favorables, on compte 8 petits par portée (5 en moyenne) et jusqu'à 6 portées par an. Les nouveau-nés ont les yeux fermés et dépendent de leur mère qui garnit leur abri avec de l'herbe sèche et les poils de son ventre. Elle ne passe que quelques minutes avec eux par jour pour les allaiter.

Caprolagus hispidus

Lapin noir

Longueur 38–50 cm
Queue 2,5–5,5 cm
Poids 2–2,5 kg

Sociabilité Solitaire/couple

Statut EN

Répartition S. Asie

Ce lapin à la rude fourrure brun foncé vit dans les régions couvertes de hautes herbes où il se nourrit, la nuit, des pousses tendres et des racines de ces plantes. Il a les oreilles courtes et les pattes presque de la même longueur. Il ne creuse pas de terrier mais s'abrite sous la végétation. Il vit seul ou en couple. On connaît mal son mode de reproduction mais on pense que les portées ne comptent chez lui que 2 à 5 petits et qu'il n'y en a que 2 ou peut-être 3 par an.

Lepus europaeus

Lièvre brun

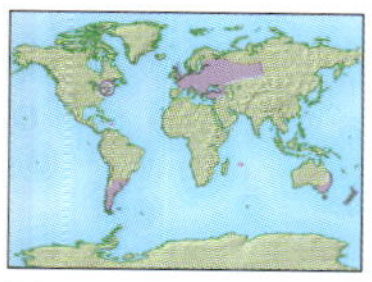

Q : Lièvre d'Europe
Longueur 48–70 cm
Queue 7–13 cm
Poids 2,5–7 kg

Sociabilité Solitaire

Statut Commun

Répartition Europe, Australie, Nouvelle-Zélande, Amerique du Nord et du Sud

La queue noir et blanc de ce lièvre tranche avec le reste de son corps et ses oreilles sont grises avec un bout noir. Originaire d'Europe et d'Asie occidentale, il s'est largement répandu et on le trouve dans des milieux très divers, même dans des zones broussailleuses semi-désertiques. Il se nourrit d'herbe, d'écorce, de racines et rarement de charogne. Il est nocturne et solitaire mais mâles et femelles forment des couples qui se regroupent parfois à la saison de reproduction ; les rivaux luttent alors entre eux et les femelles rejettent les avances des mâles en se battant avec eux. Les petits (de 2 à 4 par portée) sont élevés dans un creux aménagé dans l'herbe ou les buissons.

poils longs, bouclés, fauves ou roux

Lepus californicus

Lièvre de Californie

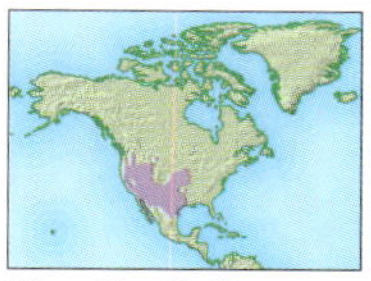

Longueur 47–63 cm
Queue 5–11 cm
Poids 1,5–3,5 kg

Sociabilité Solitaire

Statut Commun

Répartition O., C. et S. États-Unis à N. Mexique

Les longues oreilles (mesurant jusqu'à 15 cm) de ce lièvre aux longues pattes détectent le moindre bruit fait par un prédateur ; elles l'aident aussi à lutter contre la chaleur durant les étés brûlants de son habitat aride. Il préfère les plantes succulentes mais des brindilles lui suffisent pour survivre aux périodes de sécheresse ou en hiver. C'est le plus véloce des lagomorphes : il atteint 56 km/h. Avant de s'accoupler, mâles et femelles sautent, se poursuivent et se battent.

Lepus arcticus

Lièvre arctique

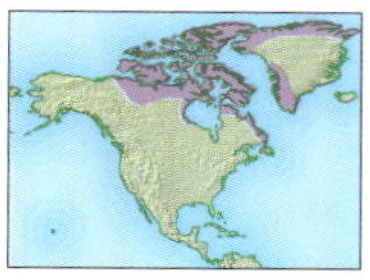

Longueur 43–66 cm
Queue 4,5–10 cm
Poids 3–7 kg

Sociabilité Variable

Statut Commun

Répartition N. Canada, Groenland

Le lièvre arctique est un habitant de la toundra où il survit à un hiver long et glacial dans un milieu dépourvu d'arbres. Il recherche les habitats rocheux où il trouve des anfractuosités où s'abriter. Quoique solitaire, il est le seul lagomorphe à se montrer grégaire en hiver, période où on voit des groupes de jusqu'à 300 individus courir et changer de direction avec un ensemble parfait. Il se nourrit de divers plantes et buissons bas, entre autres de lichen, de mousse ainsi que de saule arctique nain dont il mange presque toutes les parties. Il lui arrive aussi de consommer de petites bêtes ou les charognes d'animaux plus grands. Le moment venu, le mâle fait à la femelle une cour agressive, lui mordant même le cou jusqu'au sang. Les portées (de 1 à 3 par an) comportent de 1 à 8 petits que la mère vient allaiter pendant quelques minutes toutes les dix-huit heures dans le creux garni d'herbe, de mousse et de poils qu'elle a aménagé parmi les rochers.

MANTEAU D'HIVER

L'épais pelage d'hiver du lièvre arctique, d'un blanc très pur sur lequel tranche le bout noir de ses oreilles, fournit à cet animal chaleur et camouflage quand la neige recouvre le paysage. Il devient brun-gris en été dans certaines régions et reste blanc dans d'autres. Le changement est déterminé par la longueur du jour qui, perçue par les yeux du lièvre, est communiquée à son système endocrinien.

CONSERVER LA CHALEUR
La forme ramassée du corps et la taille relativement courte des oreilles et des pattes minimisent les déperditions de chaleur.

Les oreilles sont plus foncées devant que derrière.

pattes larges pour empêcher le corps de s'enfoncer dans la neige

MAMMIFÈRES

RONGEURS

PHYLUM	Cordés
CLASSE	Mammifères
ORDRE	Rongeurs
FAMILLES	30
ESPÈCES	1,702

REMARQUE

Certains spécialistes préfèrent diviser l'ordre des rongeurs en deux sous-ordres (sciurognathes et hystricognathes), et d'autres en trois, les sciuromorphes, les myomorphes et les caviomorphes. Pour plus de commodité, c'est cette seconde classification qui a été utilisée dans cet ouvrage :

Rongeurs du type écureuil *voir p. 146-149*
Rongeurs du type souris *voir p. 150-156*
Rongeurs du type cobaye *voir p. 157-159*

L'ORDRE DES RONGEURS, qui représente plus de 40 % de la classe des mammifères, est un groupe prospère dont les membres extrêmement adaptables sont présents dans le monde entier (sauf dans l'Antarctique) et se rencontrent dans presque tous les milieux : les lemmings, par exemple, se plaisent dans les régions froides de la toundra arctique tandis que les goundis préfèrent celles chaudes des déserts africains. Malgré des modes de vie très divers, les rongeurs ont beaucoup de traits communs : ce sont pour la plupart de petits quadrupèdes à longue queue, pattes griffues, longues moustaches, mâchoires et dents (spécialement les grandes incisives) faites pour ronger. Quelques espèces arboricoles mises à part, ils sont en général terrestres, fouisseurs ou semi-aquatiques. Ils sont extrêmement grégaires, sauf quelques solitaires, et vivent en vastes communautés.

MAMMIFÈRES

ORGANES DES SENS

L'odorat et l'ouïe sont très développés chez les rongeurs auxquels leurs moustaches longues et sensibles donnent une perception aiguë du monde qui les entoure. Les yeux des espèces nocturnes sont plus grands que ceux des espèces diurnes, ce qui augmente la quantité de lumière frappant la rétine et rend les images plus claires et plus brillantes. Des odeurs sécrétées par des glandes servent de moyen de communication aux rongeurs en même temps qu'une vaste gamme d'émissions vocales.

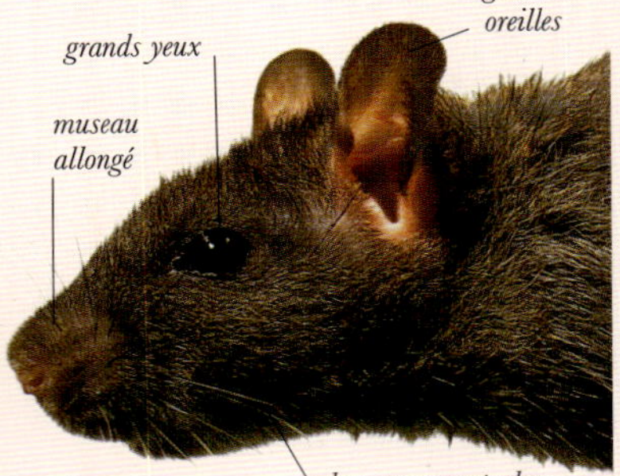

SENS DÉVELOPPÉS
Ce rat d'égout a de grands yeux et de grandes oreilles, le museau allongé et les moustaches longues comme tous les membres de son ordre. Les organes des sens sont très développés chez la plupart des rongeurs, raison peut-être pour laquelle ils sont très adaptables.

ANATOMIE

L'anatomie des rongeurs est plus uniforme que celle de la plupart des autres mammifères et certaines caractéristiques – corps massif, longue queue et moustaches – sont communes à de nombreuses espèces. Ils ont cinq doigts aux pattes antérieures (le pouce étant parfois absent ou à l'état de vestige) et de trois à cinq aux postérieures ; ils sont en général plantigrades. Ils utilisent leur queue de manières diverses : celle plate et large des castors sert de moyen de propulsion dans l'eau, celle préhensile du rat des moissons d'appui pour grimper aux herbes hautes. Chez certaines espèces, une partie de la peau de la queue ou la queue tout entière se détachent, ce qui permet à l'animal de s'échapper. Du fait que leur morphologie est peu spécialisée, les rongeurs s'adaptent facilement et prospèrent dans des milieux très variés.

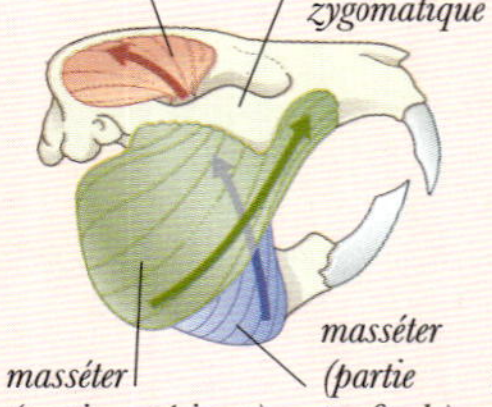

TYPE ÉCUREUIL

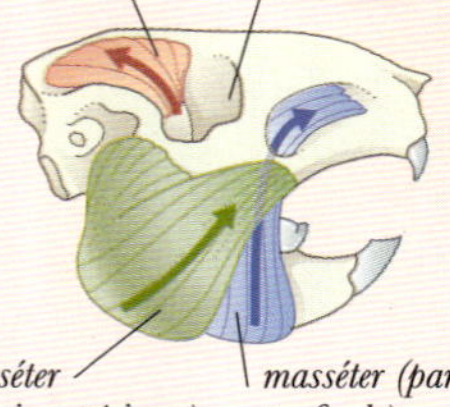

TYPE COBAYE

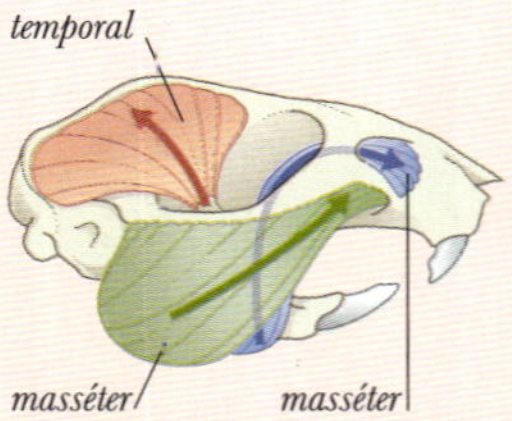

TYPE SOURIS

MUSCLES MAXILLAIRES
Les muscles maxillaires (masséters) des rongeurs sont très développés de sorte que leur mâchoire inférieure est capable de mouvements qui peuvent être verticaux, dirigés vers l'avant ou dirigés vers l'arrière. Chez les espèces du type écureuil, le masséter s'insère à l'arrière du crâne et sur l'arcade zygomatique tandis que le muscle temporal est petit, ce qui facilite les morsures impliquant des mouvements vers l'avant. Chez les rongeurs du type souris, le masséter s'insère sur la mâchoire supérieure, d'une part à l'arrière, de l'autre de très loin à l'avant, et le muscle temporal est gros, ce qui permet des mouvements masticatoires variés. Chez les rongeurs du type cobaye, le masséter s'insère devant l'œil et le muscle temporal est petit, ce qui permet aux mâchoires un mouvement puissant vers l'avant.

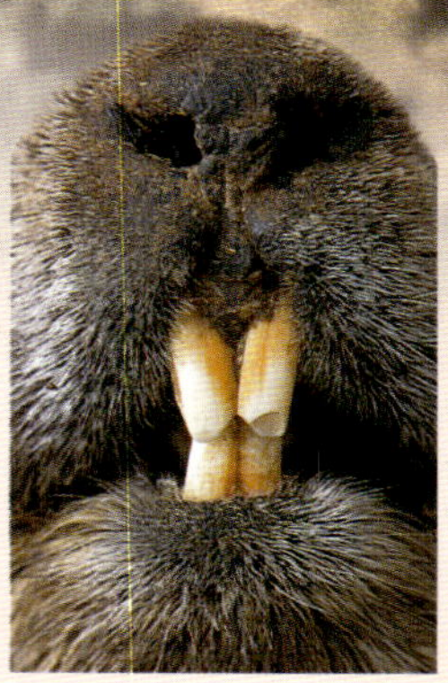

GROSSES INCISIVES
Les rongeurs se distinguent de la plupart des autres mammifères par leurs quatre grosses incisives longues et incurvées (ici celles d'une marmotte), à croissance permanente. Comme seule leur face antérieure est recouverte d'émail, elles sont toujours aiguisées grâce à l'usure constante de leur face postérieure, faite de dentine plus tendre.

ALIMENTATION

La plupart des rongeurs sont végétariens et se nourrissent de feuilles, de fruits, de graines et de racines. Beaucoup complètent ce régime par d'autres aliments, escargots pour certains, jeunes tortues ou moules et écrevisses pour d'autres, et même aliments stockés par l'homme. Leur appareil digestif comporte un grand cæcum. Ce sac clos situé près du gros intestin contient des bactéries qui transforment en glucides digestibles la cellulose, élément important de la paroi cellulaire des plantes. Chez certains rongeurs, les aliments traités dans le cæcum et expulsés par l'anus sont de nouveau ingérés. Alors qu'ils sont de retour dans l'estomac, les glucides, qui représentent 80 % de l'énergie apportée par les aliments, sont absorbés. Les résidus de ce système très efficace, connu sous le nom de caecotrophie, ont la forme de petites crottes sèches.

LES OMNIVORES
Cette souris épineuse se nourrit surtout de plantes mais mange parfois des insectes : elle est omnivore, comme c'est le cas de certains autres rongeurs.

LES HERBIVORES
À l'instar de ce campagnol terrestre (forme aquatique), les rongeurs ne mangent pour la plupart que des plantes. Certains stockent des aliments en prévision de l'hiver.

REPRODUCTION

Une très forte natalité permet aux rongeurs d'assurer la stabilité numérique de leurs populations, même dans des circonstances adverses. L'action des prédateurs et la lutte engagée par l'homme ont donc un impact faible sur la survie des espèces qui, quand la situation s'y prête, se multiplient rapidement. Un rat d'égout se reproduit par exemple à deux mois et donne le jour jusqu'à cinq fois par an à des portées de plus de 10 petits. Les campagnols, eux aussi très prolifiques, produisent plus de 13 portées par an (en captivité). Les petits rongeurs se reproduisent plus rapidement que les grands et sont la proie d'une vaste gamme d'animaux. Chez les rongeurs, des sécrétions glandulaires à odeur très forte accompagnent le cycle de la reproduction tout entier. Les rates, par exemple, émettent, huit jours après la mise bas, une phéronome qui, mélangée à leurs excréments, aide leurs petits à rester à leurs côtés.

LA FAMILLE DES CABIAIS
Les rongeurs ne sont pas tous aussi prolifiques que les rats et les souris. Chez le cabiai, par exemple, les femelles ne mettent en général bas qu'une fois par an. Il y a de 1 à 8 petits par portée (habituellement 5), bien développés à la naissance et vite capables de suivre leur mère et de manger des aliments solides.

SOCIABILITÉ
Quelques solitaires mis à part, les rongeurs vivent souvent en communautés organisées. C'est le cas de ces chiens de prairie qui aménagent des réseaux de terriers appelés « villes » couvrant jusqu'à 1 km² et servant de refuge contre les prédateurs et d'abri où élever les petits en toute sécurité. Les communautés se subdivisent en « coteries » dont les membres coopèrent pour exécuter diverses tâches et défendre le territoire.

LES RONGEURS ET L'HOMME

Les hommes considèrent souvent que les rongeurs, surtout les rats et les souris, sont nuisibles. Ces animaux leur font en effet concurrence car ils consomment plus de 40 millions de tonnes d'aliments destinés aux hommes chaque année ; leur urine et leurs crottes contaminent par ailleurs les stocks de nourriture et ils transmettent plus de vingt sortes d'organismes générateurs de maladies. Les pièges et les poisons permettent d'exercer un certain contrôle sur leurs populations mais beaucoup d'entre eux sont assez intelligents pour les éviter. Il convient cependant de noter que quelques-unes seulement des 1 702 espèces de rongeurs sont véritablement nuisibles et que beaucoup d'entre elles ont au contraire une action bénéfique en détruisant par exemple les insectes et les mauvaises herbes et en contribuant à la vie des forêts par la dissémination de champignons. Les chinchillas, dont la fourrure est prisée, font l'objet d'un élevage, et les cobayes servent d'animaux de compagnie et sont utilisés pour la recherche médicale.

ADAPTABILITÉ
Les rongeurs sont extrêmement grégaires et réussissent à coloniser des milieux variés, en particulier ceux situés dans le voisinage des habitions humaines – décharges et égouts –, comme ces rats d'égout occupés à fouiller les ordures.

DOMMAGES
Les rongeurs savent tous utiliser leurs énormes incisives. Les castors sont capables d'abattre des arbres de la grosseur de ce bouleau en en rongeant le tronc. Ils se servent des branches pour construire des huttes et des barrages.

MAMMIFÈRES

Rongeurs du type écureuil

PHYLUM	Cordés
CLASSE	Mammifères
ORDRE	Rongeurs
SOUS-ORDRE	Sciuromorphes
FAMILLES	7
ESPÈCES	377

Ce groupe caractérisé par la disposition des muscles maxillaires (voir p. 144) est composé de rongeurs aussi variés que les castors et les écureuils. Ces derniers, et les membres de leur famille, ont de longues moustaches, un corps cylindrique et une queue touffue. On les trouve partout dans le monde, dans des milieux divers. La morphologie des représentants des autres familles varie avec les modes de vie. Les castors, par exemple, qui sont semi-aquatiques, ont les pattes postérieures palmées.

BALANCIER
L'écureuil roux se sert de sa queue pour garder l'équilibre sur les branches.

Aplodontia rufa

Aplodonte

Longueur 30–46 cm
Queue 2–4 cm
Poids 0,8–1,5 kg
Sociabilité Solitaire
Statut LR

Répartition S.-O. Canada à S.-O. États-Unis

Ce rongeur s'installe sous les arbres tombés, c'est pourquoi il habite souvent les forêts exploitées à des fins commerciales. Il vit seul et sa galerie mène directement à des sources d'aliments – écorces, brindilles, pousses et plantes tendres. Il grimpe aux arbres dont il détruit beaucoup de petits. Sa longue fourrure marquée d'une tache blanche sous chaque oreille est noire ou brun-roux sur le dos, brun-jaune sur le ventre.

Tamias striatus

Tamia rayé

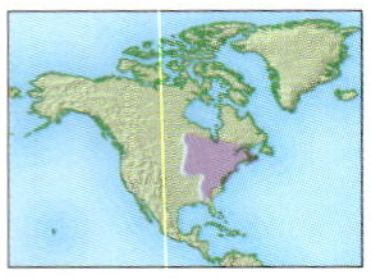

Longueur 15,5–16,5 cm
Queue 7–10 cm
Poids 80–125 g
Sociabilité Solitaire
Statut Commun localement

Répartition S.-E Canada à C. et E. États-Unis

Les pique-niqueurs connaissent bien le tamia rayé qui joue parfois le rôle d'animal de compagnie. Il fréquente surtout les forêts d'arbres à feuilles caduques et les régions boisées où abondent les anfractuosités rocheuses. Quoique bon grimpeur, c'est surtout au sol qu'il cherche, au milieu de la matinée ou de l'après-midi, les graines dont il se nourrit et qu'il stocke dans les poches situées dans ses joues. Son pelage gris ou brun-roux est plus pâle sur l'arrière-train. Il vit seul dans un réseau de galeries et hiberne en hiver, sortant néanmoins par temps doux de sa torpeur pour manger. Il alerte ses congénères et d'autres petits animaux du voisinage au moyen de bruyantes émissions vocales.

Marmota monax

Marmotte commune

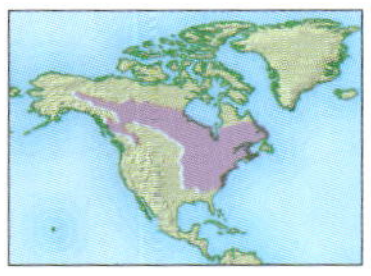

Longueur 32–52 cm
Queue 7,5–11,5 cm
Poids 3–5 kg
Sociabilité Variable
Statut Commune

Répartition Alaska et O. Canada à E. Canada et E. États-Unis

Cette marmotte, l'un des plus gros et des plus puissants des écureuils terrestres, s'alimente surtout l'après-midi, souvent en compagnie de congénères. Elle se nourrit de graines, d'herbe, de trèfle, de fruits et de petits animaux – criquets et escargots. Malgré sa taille c'est une bonne grimpeuse. L'automne venu, elle creuse une longue galerie pour y hiberner. En Amérique du Nord, on fête les marmottes le 2 février, car elles sont censées mettre le nez dehors ce jour-là pour vérifier le temps qu'il fait. Les représentants de cette espèce sont agressifs envers leurs congénères, surtout les mâles qui se battent au printemps, saison de reproduction, pour établir leur autorité. Ils défendent aussi vigoureusement leur terrier en arquant le dos, sautant, agitant la queue et grinçant des dents.

PHYSIQUE IMPOSANT
La marmotte commune a un corps trapu, de petites oreilles, des pattes courtes et une queue touffue.

Marmota flaviventris

Marmotte à ventre jaune

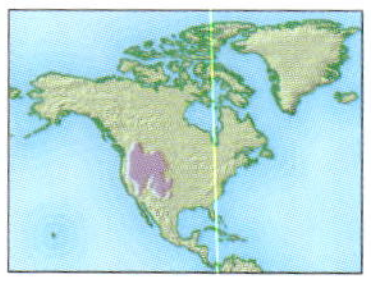

Longueur 34–50 cm
Queue 13–22 cm
Poids 1,5–5 kg
Sociabilité Groupe
Statut Commune localement

Répartition S.-O. Canada à O. États-Unis

Cette marmotte, qui change facilement d'habitat, se nourrit d'herbes, de fleurs et de graines, le matin et à la fin de l'après-midi. Elle pratique la toilette mutuelle avec les membres de sa colonie (en général, un mâle et plusieurs femelles). Elle hiberne huit mois. Ses petits – de 3 à 8 par portée – sont sevrés au bout de vingt à trente jours.

MAMMIFÈRES

Spermophilus columbianus

Spermophile du Columbia

Longueur 25–29 cm
Queue 8–11,5 cm
Poids 850–1 000 g
Sociabilité Groupe
Statut Commun localement

Répartition O. Canada à N.-O. États-Unis

Originaire de la province canadienne de Colombie-Britannique, ce spermophile habite les alpages et les collines herbeuses. Il se nourrit de fruits, de graines, de fleurs, de tubercules et, à l'occasion, d'insectes qu'il attrape en vol. Il forme de petites colonies et, lorsqu'il rencontre des congénères, il les « embrasse » en reniflant les glandes odorantes qu'ils ont près de la bouche.

Cynomys ludovicianus

Chien de prairie à queue noire

Longueur 28–30 cm
Queue 7–11,5 cm
Poids 0,7–1,5 kg
Sociabilité Groupe
Statut LR

Répartition S.-O. Canada à N. Mexique

Leur préférence pour les milieux herbeux et un aboiement presque canin valent aux cinq espèces de *Cynomys* le nom de chiens de prairie. Le chien de prairie à queue noire vit en altitude, entre 1 300 et 2 000 m, dans les grandes plaines de l'Amérique du Nord et, plus au sud, dans la région plus aride du nord du Mexique. L'extrémité des poils de son corps est noire en hiver, blanche en été ; ses moustaches et le dernier tiers de sa queue sont également noirs. Son alimentation varie avec les saisons et se compose de chiendent, d'herbe aux bisons, de mauves et d'asters en été, de chardons, de plantes grasses comme les cactus *(Opuntia)*, de racines et de tubercules en hiver. Il est prolifique et jusqu'à 8 petits naissent après une gestation de trente-trois à trente-huit jours. Ses habitudes alimentaires ayant autrefois causé des dommages considérables aux champs de blé et autres céréales, et ses terriers ayant fait trébucher chevaux et bétail, il a fait l'objet de campagnes d'extermination très efficaces. Aujourd'hui, on ne tolère sa présence que dans les parcs et les réserves. Le déclin dramatique de sa population menace aussi sérieusement le putois d'Amérique (voir p. 197), dont il était pratiquement la seule source de nourriture.

COULEUR
Le chien de prairie a en général le dos brun ou brun-roux, le ventre blanc, les moustaches et le bout de la queue noirs.

petits yeux

ORGANISATION SOCIALE

La « coterie », cellule sociale de base de ce chien de prairie, réunit un mâle, plusieurs femelles et leurs petits. Plusieurs « coteries » se groupent en « quartiers » dont les membres gardent le territoire en aboyant, en montrant les dents et en gonflant la queue. Plusieurs « quartiers » forment une « ville » qui s'étend parfois sur 65 ha.

Xerus inauris

Écureuil fouisseur du Cap

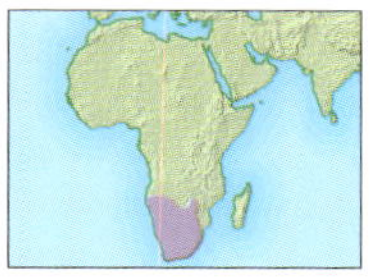

Longueur 20–30 cm
Queue 18–26 cm
Poids 575 g
Sociabilité Groupe
Statut Commun localement Δ

Répartition S. Afrique

Cet écureuil est doté de griffes avec lesquelles il creuse les sols les plus durs, secs et caillouteux. Sa fourrure brun rosé est rayée de blanc sur les flancs et le ventre. On retrouve cette couleur autour de ses yeux, sur son museau et ses pattes. Des anneaux noirs encerclent l'extrémité et la base de sa queue. Il se nourrit de ce qu'il trouve – graines, tubercules, racines, insectes et oiseaux. Il vit en colonies d'en général 6 à 10 individus, parfois de 30.

Sciurus vulgaris

Écureuil roux

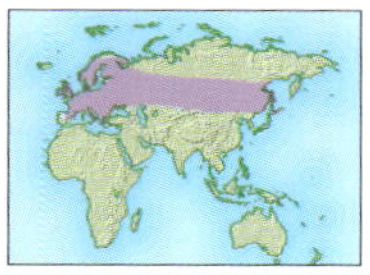

Longueur 20–25 cm
Queue 15–20 cm
Poids 200–475 g
Sociabilité Solitaire
Statut LR

Répartition O. Europe à E. Asie

La couleur de la fourrure de cet écureuil varie du roux au brun, au gris et au noir sur le dos et tourne parfois au brun-gris en hiver. Le ventre est toujours plus pâle ou blanc. Ce grimpeur et sauteur accompli se nourrit au sol et dans les arbres, de graines (surtout celles de conifères), de noix, de champignons, de pousses, de fruits, d'écorce et de sève. Il est solitaire sauf quand la femelle nourrit ses petits.

QUEUE TOUFFUE, OREILLES POILUES
La queue de l'écureuil roux, presque de la même longueur que son corps, est garnie de longs poils, comme le sont aussi ses oreilles, surtout en hiver.

aliments tenus entre les pattes de devant

NID DOUILLET

Chez les écureuils roux, la femelle donne le jour à des portées de 2 à 5 petits dépourvus de poils. Elle les allaite pendant douze semaines, dans un nid de brindilles sèches qu'elle aménage dans un arbre, à la fourche d'une branche ou dans un tronc creux, et qu'elle garnit de matériaux doux et fins.

Sciurus carolinensis

Écureuil gris

Longueur 23–28 cm
Queue 15–25 cm
Poids 300–700 g
Sociabilité Variable
Statut Commun

Répartition S. et S.-E. Canada à S. États-Unis, Europe

Cet écureuil originaire d'Amérique du Nord a été introduit en Europe. Il a le dos gris, le ventre plus pâle ou blanc, la face, le dos et les pattes de devant teintés de brun. Il se nourrit de noix, de graines, de fleurs, de fruits, de bourgeons et de champignons et, en hiver, quitte brièvement son nid garni d'herbe et d'écorce pour chercher de quoi manger.

oreilles sans poils

MAMMIFÈRES

Petaurista elegans

Pétauriste, grand écureuil volant

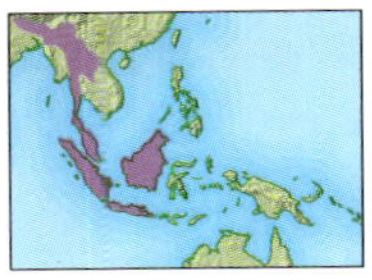

Longueur 30–45 cm
Queue 32–61 cm
Poids 0,5–2 kg
Sociabilité Couple
Statut Commun

Répartition S. et S.-E. Asie

Quand il étend les pattes, cet écureuil déploie de grandes surfaces de peau mince et poilue attachées à ses membres, qui font office de parachute. Il plane plutôt qu'il ne vole et franchit jusqu'à 400 m, couvrant en longueur, surtout pour fuir, trois fois la distance qu'il perd en hauteur. Il est capable de changer de direction en plein élan et passe d'une branche à une autre plus basse plutôt qu'au sol. Contrairement à la plupart des autres écureuils, il est nocturne et quitte son abri la nuit en quête de graines de conifères, de noix, de fruits, de feuilles, de pousses et de bourgeons. La couleur de sa fourrure, en général fauve ou brun-roux, est sujette à des variations. Des cercles noirs entourent ses oreilles nues et ses yeux capables de voir la nuit.

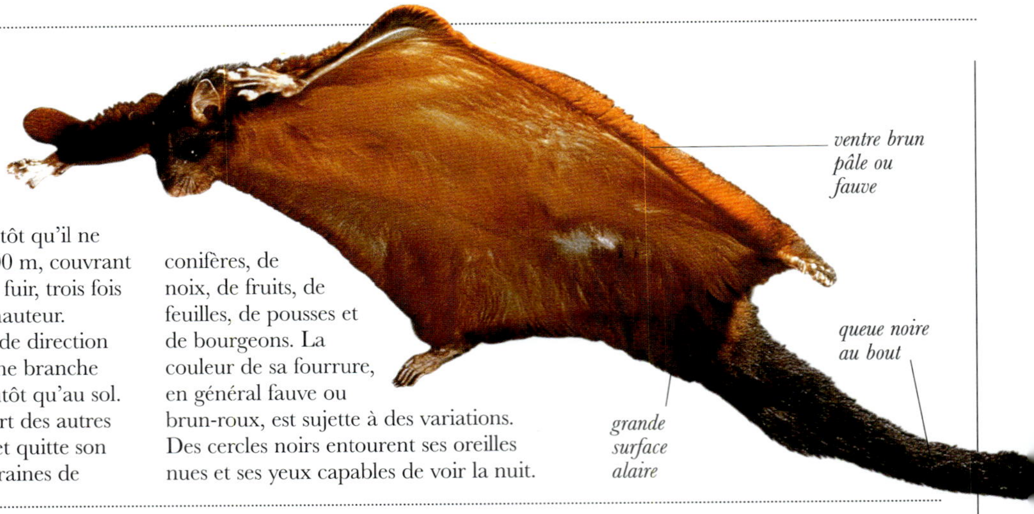

Callosciurus prevosti

Écureuil de Prévost

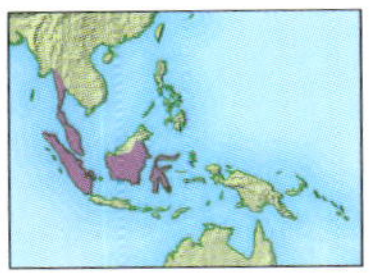

Longueur 13–28 cm
Queue 8–26 cm
Poids 150–500 g
Sociabilité Variable
Statut LR Δ

Répartition S.-E. Asie

Avec son dos noir, son ventre roux et les grandes bandes blanches qui courent de son nez à ses cuisses, cet écureuil arboricole est l'un des plus colorés parmi les mammifères. Il vit seul ou au sein d'un petit groupe familial et communique en pépiant et en agitant sa queue touffue. Il se nourrit, au crépuscule, de fruits, de graines, de noix et de bourgeons, mais aussi de termites, de fourmis, de vers et d'œufs. Après une gestation de quarante-six à quarante-huit jours, 2 ou 3 petits naissent dans un grand nid de brindilles et de feuilles aménagé parmi les branches d'un arbre ou dans un tronc creux.

Ratufa indica

Écureuil géant de l'Inde

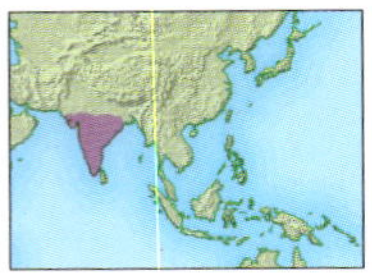

Longueur 35–40 cm
Queue 35–60 cm
Poids 1,5–2 kg
Sociabilité Solitaire/couple
Statut VU

Répartition S. Asie

L'énorme queue touffue de cet écureuil indien géant est en général plus longue que son corps tout entier, tête comprise. Son dos est sombre, sa tête et ses membres brun-roux et son ventre blanchâtre. Agile et prudent, il fait d'immenses bonds de 6 m entre les branches parmi lesquelles il cherche fruits, noix, écorce, insectes et œufs. Il ne mange pas debout mais, appuyé sur ses pattes arrière et penché en avant, la tête parfois même en bas, la queue servant de contrepoids. Il aménage le même nid que tous les écureuils pour s'abriter et élever ses petits.

Heliosciurus gambianus

Écureuil de Gambie

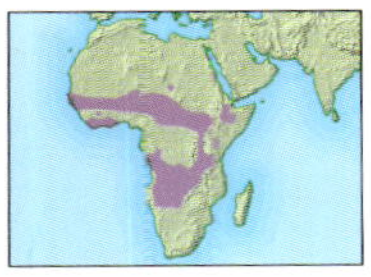

Longueur 15,5–21 cm
Queue 15,5–31 cm
Poids 250–350 g
Sociabilité Solitaire/couple
Statut LR Δ

Répartition Afrique

La fourrure de cet écureuil a une teinte olive mouchetée de jaune et de brun. Quatorze anneaux ornent sa queue ; ses yeux sont cerclés de blanc. Son mode de vie est celui de toutes les espèces qui sont à la fois terrestres et arboricoles, et il se nourrit d'une gamme d'aliments allant des graines aux œufs. Il se distingue par son habitude de prendre des bains de soleil sur les branches et de changer chaque soir les feuilles qui garnissent son nid.

Thomomys bottae

Gaufre de Botta

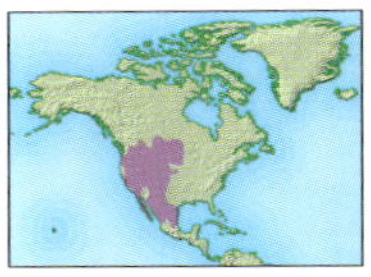

Longueur 11,5–30 cm
Queue 4–9,5 cm
Poids 45–55 g
Sociabilité Solitaire
Statut Commun

Répartition O. États-Unis à N. Mexique

En général solitaire, ce rongeur creuse de grands réseaux de galeries dans le sol meuble à l'aide de ses puissantes pattes antérieures garnies de grosses griffes. Il vit surtout sous terre, mangeant les racines et les tubercules qu'il y trouve. Il a le dos gris et le ventre brun orangé et présente les particularités des fouisseurs – tête plate, longues moustaches, petits yeux et minuscules oreilles recouvertes d'une membrane.

Crategeomys merriami

Gaufre de Merriam

Longueur 14–26 cm
Queue 6–13 cm
Poids 225–900 g
Sociabilité Solitaire
Statut Non évalué

Répartition E. Mexique

Ce gaufre a dans chaque joue une poche de peau poilue lui servant à transporter dans son nid les aliments qu'il ramasse. Il s'accommode de milieux très variés, vivant au niveau de la mer aussi bien qu'à 4 000 m d'altitude. Ses très longues incisives lui permettent de venir à bout de toutes sortes de plantes, cactus épineux, plantes vivrières (il est parfois jugé nuisible), aiguilles de pin et graines. Il a le dos jaune, brun ou presque noir et le ventre plus pâle.

Orthogeomys grandis

Grand gaufre

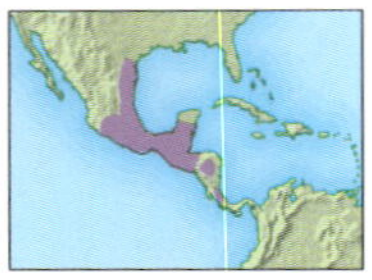

Longueur 10–35 cm
Queue 4–14 cm
Poids 300–900 g
Sociabilité Solitaire
Statut Commun

Répartition Mexique à Amérique centrale

Ce rongeur se sert lui aussi de ses puissantes pattes antérieures griffues pour creuser un réseau de galeries. Il se nourrit des parties souterraines des plantes mais remonte aussi à la surface la nuit pour chercher des tiges et des pousses qu'il rapporte dans son terrier dans les poches poilues situées dans ses joues. Il est habituellement solitaire mais, à la saison de reproduction, des groupes de un mâle et quatre femelles se forment. Les femelles donnent ensuite chacune le jour à au moins 2 petits dans un nid garni d'herbe situé dans les galeries les plus basses.

Pedetes capensis

Lièvre sauteur

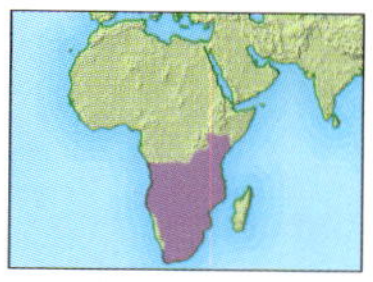

Longueur 27–40 cm
Queue 30–47 cm
Poids 3–4 kg

Sociabilité Solitaire

Statut VU

Répartition C. et E. Afrique à S. Afrique

Avec sa longue queue touffue et ses grandes oreilles, étroites et dressées, ce rongeur, membre unique de la famille à laquelle il appartient, ressemble à un petit kangourou. Il est capable de couvrir 2 m d'un seul bond. Il se nourrit surtout de plantes, de leurs graines, de leurs tiges et de leurs tubercules, mais aussi de criquets et de coléoptères et autres invertébrés. Pour brouter, il se penche en avant et se déplace sur ses quatre pattes. Celles de devant sont garnies de cinq griffes, instruments spécialisés des fouisseurs. Il dresse la queue et la recourbe pour courir mais s'en sert d'appui lorsqu'il s'assied. Il dort accroupi, tête entre les pattes postérieures, queue enroulée autour du corps. Il est nocturne, vit seul ou en couple et creuse de longues galeries. Il semble ne pas se reproduire à une période fixe ; ses petits naissent tout au long de l'année et sont allaités sept semaines par leur mère dans le terrier servant de pouponnière.

Dipodomys merriami

Rat-kangourou de Merriam

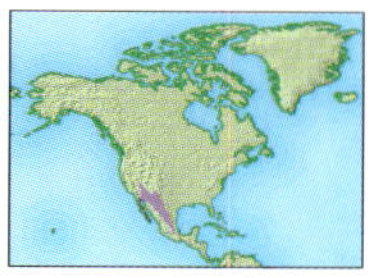

Longueur 8–14 cm
Queue 14–16 cm
Poids 40–45 g

Sociabilité Groupe

Statut Commun

Répartition S.-O. États-Unis à N. Mexique

De grandes pattes arrière et une longue queue mince en pinceau servant de balancier permettent à ce rongeur de se mouvoir comme un kangourou sur le sol sableux de son habitat désertique. Sa fourrure soyeuse, grise sur le dos, blanche sur le ventre est rayée de blanc sur les flancs. Il la nettoie en prenant d'énergiques bains de poussière. Il creuse des galeries ou fouille le sol pour y trouver des aliments – graines de nielles et de *cenchrus* en hiver et de plantes grasses en été.

Castor fiber

Castor d'Eurasie

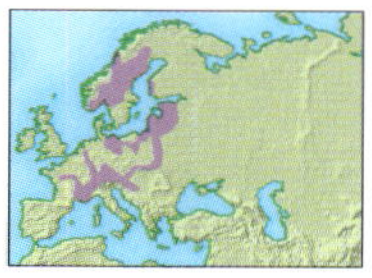

Longueur 83–100 cm
Queue 30–38 cm
Poids 23–35 kg

Sociabilité Groupe

Statut LR

Répartition Europe

Semblable à son cousin américain (ci-contre) par son aspect et son mode de vie, ce castor est en général plus gros. Il a comme lui à la base de la queue des glandes sécrétant une substance huileuse qu'il répand sur sa fourrure pour l'imperméabiliser. Dans les régions où les cours d'au abondent, il ne construit pas de hutte de branchage et de boue mais creuse dans les berges des galeries débouchant sous l'eau. Il est capable de rester vingt minutes en apnée. Il se nourrit d'écorce, de feuilles et de diverses plantes.

Microdipodops megacephalus

Souris-kangourou mégacéphale

Longueur 6,5–7,5 cm
Queue 6,5–10,5 cm
Poids 10–17 g

Sociabilité Solitaire

Statut Commune localement

Répartition S.-O. États-Unis

Ce rongeur tire son nom de ses grandes pattes arrière couvertes de poils foncés avec lesquelles il bondit sur les dunes de sable et les sols secs et meubles. Il a le dos gris-brun et le ventre blanc. Ses yeux proéminents, ses grandes oreilles, son long museau et ses moustaches fournies sont celles d'un animal nocturne. Comme beaucoup de petits rongeurs habitant le désert, son alimentation varie avec les saisons. Il se nourrit surtout d'insectes l'été et l'hiver de graines qu'il transporte dans les poches extérieures de ses joues jusqu'à son terrier où il les accumule. Il stocke aussi de la graisse dans sa queue. Le mâle défend vigoureusement un territoire de près de 6 660 m² contre les intrus appartenant à d'autres espèces. Le territoire de la femelle, qui donne le jour à des portées de 2 à 7 petits, ne couvre qu'environ 400 m².

Castor canadensis

Castor du Canada

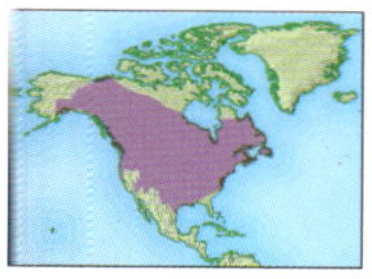

Longueur 74–88 cm
Queue 26–33 cm
Poids 11–26 kg

Sociabilité Groupe

Statut Commun localement

Répartition Amérique du Nord

Ce castor est adapté à la vie aquatique. Avec ses pattes palmées, c'est un bon nageur, et sa queue plate et écailleuse lui sert à frapper l'eau pour donner l'alarme. Sous l'eau, des replis de peau en forme de valve ferment ses oreilles et son nez ; ses incisives restent utilisables car ses lèvres se referment derrière elles ; une troisième paupière transparente qui protège ses yeux lui permet de voir, mais il peut se diriger dans le noir grâce à ses longues moustaches. Il se nourrit des feuilles, des brindilles et de l'écorce d'arbres poussant sur les berges. Il ronge le tronc des petits arbres pour les abattre et manger leurs pousses et leurs feuilles tendres. Il utilise leurs branches et leurs troncs pour construire des huttes (voir encadré) et des barrages et les transporte en les tenant entre ses mâchoires puissantes. Après une gestation de cent sept jours, 3 ou 4 petits naissent. Ils sont couverts de poils et leur mère les sèvre au bout de deux mois.

HUTTE PRÈS DE L'EAU

Les castors passent la journée dans leurs huttes construites avec de la boue et des branchages au bord d'un lac ou d'un étang. Ils y sont à l'abri des prédateurs car elles s'ouvrent sous l'eau. Ils creusent des canaux et élèvent des barrages pour pouvoir circuler librement dans l'eau. Certaines personnes jugent leurs activités dommageables pour les champs, les forêts et la faune locale, d'autres pensent qu'elles contribuent à la régulation des crues et protègent la nature.

MANTEAU FOURRÉ
La fourrure du castor du Canada est faite de longs jarres brun-roux, parfois jaunâtres ou noirs, et d'un épais duvet gris foncé qui lui tient chaud dans l'eau glacée.

MAMMIFÈRES

RONGEURS DU TYPE SOURIS

PHYLUM	Cordés
CLASSE	Mammifères
ORDRE	Rongeurs
SOUS-ORDRE	Myomorphes
FAMILLES	5
ESPÈCES	1 137

LES ESPÈCES constituant ce sous-ordre se distinguent de celles appartenant aux deux autres par la disposition des muscles maxillaires (voir p. 144). Elles représentent plus d'un quart de toutes les espèces de mammifères. Les rats et les souris (campagnols, lemmings, hamsters et gerbilles inclus) en font partie ainsi que les gerboises. Ces animaux ont souvent la face pointue et de longues moustaches; en général petits et nocturnes, ils se nourrissent de graines. On les rencontre partout (sauf en Antarctique), dans presque tous les milieux terrestres. Certains, comme l'hétérocéphale, sont souterrains, d'autres aquatiques tels les rats d'eau. Ceux qui, vivant en milieu ouvert, ont besoin de courir vite pour fuir, ont parfois de longues pattes; ils ont aussi de grandes oreilles pour être prévenus du danger.

PORTÉES NOMBREUSES
Les rongeurs du type souris, tel ce loir gris, sont très prolifiques.

Oxymycterus nasutus

Souris fouisseuse

Longueur 9,5–17 cm
Queue 7–14,5 cm
Poids 90 g
Sociabilité Solitaire
Statut Commune localement

Répartition E. Amérique du Sud

Cette grande souris fouille le jour les amas de feuilles, de branches et de pierres avec son long museau souple pour trouver des vers qu'elle déterre avec ses grandes pattes antérieures griffues. La zone noire teintée de roux ou de jaune du pelage de son dos est séparée par une ligne plus sombre de celle jaune orangé mélangée de gris de son ventre. Sa queue courte et écailleuse est presque glabre. Elle utilise les galeries des autres rongeurs et n'en creuse que rarement elle-même.

Baiomys taylori

Souris naine

Q : Souris-pygmée de Taylor
Longueur 5–6,5 cm
Queue 3,5–4,5 cm
Poids 7–9 g
Sociabilité Solitaire
Statut Commune localement

Répartition S. États-Unis à C. Mexique

Chez cette souris, le plus petit rongeur de l'Amérique du Nord, la femelle est d'une précocité inconnue chez ses cousines : elle est prête à procréer à quatre semaines. Sa fourrure est brune sur le dos, grise sur le ventre. Elle occupe un territoire couvrant jusqu'à 30 m^2 et se nourrit au crépuscule de plantes et de graines. Elle niche sous les plantes et les tas de bois.

Nyctomys sumichrasti

Rat vespéral

Longueur 11–13 cm
Queue 8,5–15,5 cm
Poids Inconnu
Sociabilité Groupe
Statut Commun localement

Répartition S. Mexique à S. Amérique centrale

Ce rat, l'un des plus arboricoles et des plus colorés de tous, a le dos fauve ou brun rosé marqué d'une ligne centrale de poils sombres, les flancs pâles, le ventre blanc, un anneau sombre autour des yeux. Sa queue brune et écailleuse est poilue, comme le sont ses petites oreilles. Le premier doigt de ses pattes, qui a presque la forme d'un pouce, lui sert à saisir les tiges des plantes. Il vit en colonies, bâtit des nids de brindilles, de feuilles et de plantes grimpantes et descend rarement au sol. Actif surtout la nuit, il se nourrit de diverses plantes parmi lesquelles les figuiers et les avocatiers.

Reithrodontomys raviventris

Souris moissonneuse des marais

Longueur 7–7,5 cm
Queue 4,5–11,5 cm
Poids 6–20 g
Sociabilité Solitaire
Statut VU

Répartition O. États-Unis (alentours de la baie de San Francisco)

Cette souris, qui ressemble à la souris domestique (voir p. 156), a de grandes oreilles et une queue longue, mince, écailleuse et poilue. L'été, elle bâtit un nid d'herbes au-dessus du sol, dans un buisson ou un fourré et se nourrit de graines, de pousses et d'insectes. En hiver, elle va s'installer dans une galerie ou un terrier abandonnés par un autre rongeur.

Peromyscus leucopus

Souris à pattes blanches

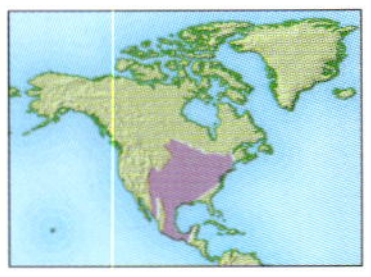

Longueur 9–10,5 cm
Queue 6–10 cm
Poids 14–30 g
Sociabilité Solitaire
Statut Commune

Répartition S.-E. Canada au Mexique

Avec ses pattes et son ventre blancs et son dos brun, cette souris ressemble aux autres membres du genre *Peromyscus*. Elle vit, en général en couple, soit sous les racines d'un arbre, sous un amas de bois ou sous un tas de pierres, soit dans un terrier qu'elle a creusé ou qu'un autre rongeur a abandonné. Elle aménage un nid avec des débris de tiges ou d'autres matières végétales sèches et douces. Elle se nourrit, surtout la nuit, de fruits, de baies, de graines et d'insectes. Bien que bonne grimpeuse, elle quitte rarement le sol. Elle stocke des aliments dans son terrier, près de son nid, et les recouvre de terre. Pendant la saison froide, il lui arrive de passer quelques heures par jour dans un état de torpeur. Après une gestation de vingt-deux à vingt-trois jours, des portées de 4 à 5 petits voient le jour.

Kunsia tomentosus

Rat d'eau sud-américain

Répartition C. Amérique du Sud

- Longueur 29 cm
- Queue 15 cm
- Poids Inconnu
- Sociabilité Solitaire
- Statut VU

Ce gros rat peu connu, aux petites oreilles et à la queue courte, passe beaucoup de temps à creuser la terre avec ses puissantes pattes garnies de longues griffes incurvées. Les poils raides de sa fourrure sont brun foncé sur le dos et gris à pointe blanche sur le ventre. Il se nourrit de racines et de tubercules et autres parties souterraines des plantes. Ses galeries étant inondées durant la saison des pluies, il doit vivre à la surface. Il modifie alors son alimentation et ne mange plus que des herbes et des pousses.

Phodopus roborovskii

Hamster nain

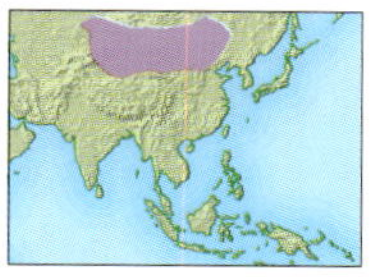

Répartition E. Asie

- Longueur 5,5–10 cm
- Queue 7–11 cm
- Poids 25–50 g
- Sociabilité Solitaire
- Statut Commun localement

Ce petit rongeur à la queue courte et aux grandes oreilles a le dos brun pâle et le ventre blanc. Avec ses pattes postérieures courtes et larges, dont la plante est poilue, il se déplace sans peine sur le sol meuble et brûlant du désert. Comme les autres hamsters, il stocke dans son terrier les graines qu'il rapporte dans les poches intérieures de ses joues. Il se nourrit aussi d'insectes – coléoptères, criquets et perce-oreilles. La femelle met bas dans un nid creusé dans le sable ferme et garni de poils de chameau et de mouton trouvés sur le sol.

Sigmodon hispidus

Rat-cotonnier hirsute

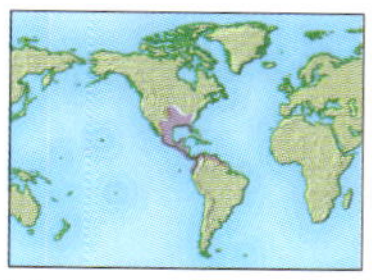

Répartition S. États-Unis à N. Amérique du Sud

- Longueur 13–20 cm
- Queue 8–16,5 cm
- Poids 100–225 g
- Sociabilité Solitaire
- Statut LR Δ

Le genre auquel ce rat appartient compte dix espèces, dont certaines sont extrêmement rares. D'autres, très nombreuses localement, deviennent nuisibles quand leur nourriture abonde. Variée, l'alimentation du rat-cotonnier hirsute se compose de plantes (il dévaste parfois les champs de patate douce ou de canne à sucre), d'insectes et de vers. Les crabes d'eau douce, les écrevisses et les grenouilles n'échappent pas à ce bon nageur et, comme c'est un grimpeur agile, il dévore les œufs et les petits des oiseaux. Il creuse des réseaux de galeries peu profondes et emprunte des coulées bien tracées pour partir à la chasse. Les poils rigides de sa fourrure sont bruns ou brun-gris sur le dos et gris-blanc sur le ventre. La femelle, qui est en état de procréer à six ou huit semaines, peut donner le jour à 12 petits après une gestation de vingt-sept jours.

Mesocricetus auratus

Hamster doré

Répartition Proche-Orient

- Longueur 13–13,5 cm
- Queue 1,5 cm
- Poids 100–125 g
- Sociabilité Solitaire
- Statut EN

Ce hamster, qui sert d'animal de compagnie partout dans le monde, ne vit dans la nature que dans une petite zone du Proche-Orient. Sa fourrure dorée sur le dos et blanchâtre sur le ventre est parfois marquée d'une tache plus foncée sur le front et d'une raie noire qui court de chaque joue à son cou. Ce pelage demande beaucoup de soin et le hamster utilise ses incisives et ses griffes pour l'entretenir. Il creuse la terre jusqu'à 2 m de profondeur pour aménager un terrier qu'il ne quitte que pour se nourrir de graines et de noix, de fourmis, de mouches, de blattes, de punaises et même de guêpes. Il est agressif envers ses congénères.

RONGEUR TRAPU

Le hamster doré a le museau obtus, la face large, les yeux petits, les oreilles proéminentes et la queue minuscule.

TOILETTE SOLITAIRE

Comme nombre de ses congénères, le hamster doré vit seul et, contrairement à beaucoup de rongeurs, il doit prendre soin de sa fourrure tout seul pour la débarrasser des souillures qui la maculent et des parasites qui l'habitent.

Calomys laucha

Souris vespérale

Répartition C. et E. Amérique du Sud

- Longueur 7 cm
- Queue 5,5 cm
- Poids 13 g
- Sociabilité Variable
- Statut Commune

Cette souris ressemble à la souris domestique (voir p. 156) par son aspect et aussi parce qu'elle vit près des habitations humaines et que sa population est sujette à des augmentations temporaires. Sa fourrure, grisâtre sur le dos et brune sur le ventre, est marquée d'une tache blanche derrière chaque oreille. Sa queue est longue et couverte de poils peu fournis. Elle s'abrite dans un nid d'herbes qu'elle bâtit sous un tas de bois, un rocher, un plancher ou même, étant bonne grimpeuse, à la fourche d'un arbre. Quelques insectes complètent son alimentation composée surtout de plantes.

Cricetus cricetus

Grand hamster

Répartition Europe à C. Asie

- Longueur 20–34 cm
- Queue 4–6 cm
- Poids 100–900 g
- Sociabilité Solitaire
- Statut LR Δ

Ce hamster, qui est le plus gros de tous, se distingue par sa fourrure épaisse, brun-roux sur le dos, noire sur le ventre, et tachée de blanc sur le nez, les joues, la gorge, les flancs et les pattes. Il est très rare qu'un mammifère ait, comme lui, le ventre plus foncé que le dos. En automne, il entasse dans son terrier des provisions qu'il rapporte dans les poches externes de ses joues. Il hiberne alors jusqu'au printemps, en se réveillant tous les cinq à sept jours pour manger. En été, il se nourrit de vers et d'autres petits animaux. Après une gestation de dix-huit à vingt jours, une portée de jusqu'à 12 petits voit le jour. Sevrés au bout de trois semaines, ils sont adultes à huit semaines.

Hypogeomys antimena

Rat géant de Madagascar

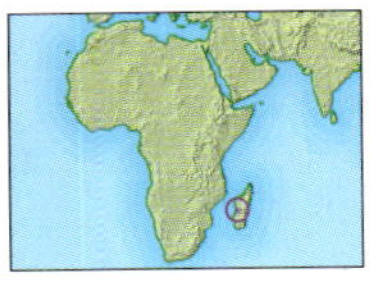

Longueur 30–35 cm
Queue 21–25 cm
Poids 1–1,5 kg
Sociabilité Groupe
Statut EN

Répartition O. Madagascar

Ce rat aux grandes pattes postérieures et aux longues oreilles rappelant celles du lapin saute à l'instar de cet animal plutôt qu'il ne court, et vit en couple, entouré des petits nés au cours des deux ou trois années précédentes. Il creuse un réseau de galeries comportant jusqu'à six orifices et se nourrit de fruits, de pousses et d'écorce tendre qu'il tient entre ses pattes antérieures. La destruction de son habitat menace son existence, comme le fait aussi l'introduction de rats noirs.

Pachyuromys duprasi

Souris à grasse queue

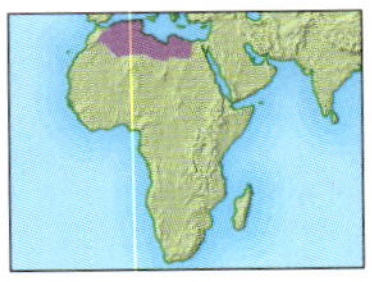

Longueur 9,5–13 cm
Queue 5,5–16,5 cm
Poids 20–50 g
Sociabilité Variable
Statut Commune localement

Répartition N. Afrique

Cette habitante du Sahara a le museau pointu et les pattes postérieures longues. Les poils de sa fourrure longue et soyeuse sont cannelle à pointe noire sur le dos et les flancs, blancs sur le ventre. Sa queue, qui s'évase au bout, contient une provision de graisse et d'eau. Elle quitte son terrier au crépuscule, en quête de grillons et d'insectes du même genre. Feuilles, graines et autres végétaux font aussi partie de son alimentation.

Meriones unguiculatus

Mérione de Mongolie

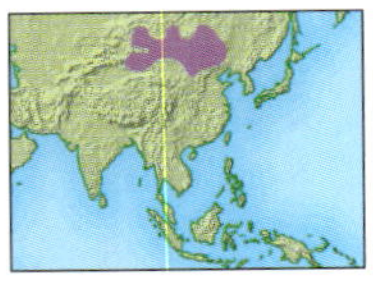

Longueur 10–12,5 cm
Queue 9,5–11 cm
Poids 50–60 g
Sociabilité Groupe
Statut Commune localement

Répartition E. Asie

Cette mérione qui sert souvent d'animal de compagnie appartient à un genre de 14 membres. Active jour et nuit, été comme hiver, elle habite les steppes sèches. Elle se nourrit de graines qu'elle stocke dans un réseau complexe de galeries où elle vit en couple avec jusqu'à 12 petits. Elle pratique la toilette mutuelle avec ses proches mais elle est agressive avec les étrangers. Ses poils, bruns à pointe noire sur le dos, sont gris ou blancs sur le ventre.

Parotomys brantsii

Rat siffleur de Brant

Longueur 12,5–16,5 cm
Queue 7,5–10,5 cm
Poids 85–125 g
Sociabilité Groupe
Statut Commun localement Δ

Répartition S. Afrique

Ce rat furtif qui vit dans un milieu salin, rocheux et aride, ne quitte pas, pour se nourrir, son grand réseau de galeries. En cas de danger, il prévient ses congénères en sifflant. Sa fourrure jaune et brun foncé sur le dos est grisâtre sur le ventre. Ses oreilles sont jaunes et son nez roussâtre.

Rhizomys sinensis

Rat des bambous

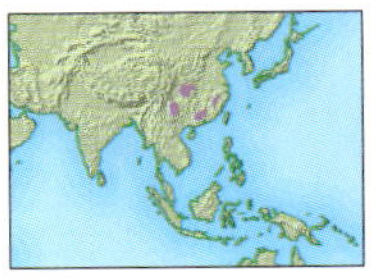

Longueur 22–40 cm
Queue 5–9,5 cm
Poids 1–3 kg
Sociabilité Solitaire
Statut Commun localement Δ

Répartition E. Asie

L'épaisse fourrure de ce gros rat trapu au museau obtus qui rappelle le castor est brun-gris. Des écailles recouvrent sa queue courte et ronde. Il vit dans les fourrés de bambous où il creuse des galeries. Il se nourrit des racines et des pousses de ces plantes, ainsi que de graines et de fruits.

Clethrionomys glareolus

Campagnol roussâtre

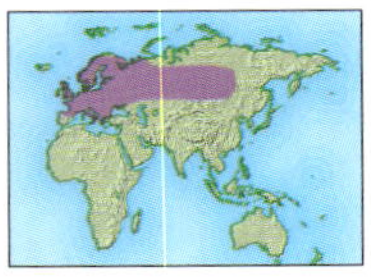

Longueur 7–13,5 cm
Queue 3,5–6,5 cm
Poids 12–35 g
Sociabilité Groupe
Statut Commun

Répartition O. Europe à N. Asie

La fourrure de ce campagnol à la tête arrondie est jaunâtre, roussâtre ou brune selon les cas ; il a les flancs gris, les pattes blanches et le bout de la queue légèrement touffu. Il varie également par la taille et peut être plus long et trois fois plus lourd dans certaines régions que dans d'autres. Très adaptable, il habite des galeries, des fourrés ou des troncs d'arbre coupés. Il se nourrit d'une vaste gamme d'aliments, champignons, mousse, graines, fleurs en boutons, insectes et escargots.

Arvicola terrestris

Campagnol terrestre

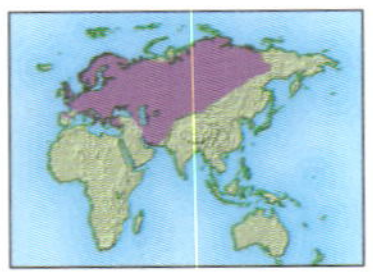

Longueur 12–23 cm
Queue 7–11 cm
Poids 60–300 g
Sociabilité Solitaire/couple
Statut Commun localement

Répartition O. Europe à O. et N. Asie

Qu'il habite les prés et les bois ou vive au bord des rivières, des lacs et des marécages (auquel cas il est deux fois plus gros), ce gros campagnol se nourrit de plantes, et sa fourrure, grise, brune ou noire sur le dos, est blanche sur le ventre. Sa queue ronde est moitié moins longue que son corps. Son existence est menacée par la pollution, l'amputation de son habitat et la présence de visons, prédateurs qu'on y a introduits.

Tachyoryctes macrocephalus

Rat-taupe africain

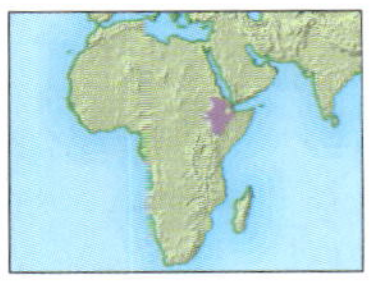

Longueur 31 cm
Queue 9–10 cm
Poids 350–1 000 g
Sociabilité Variable
Statut LR Δ

Répartition E. Afrique

À l'instar des taupes, ce rongeur africain passe beaucoup de temps sous terre. La galerie qu'il habite seul dépasse parfois 50 m de long.

Il possède les attributs des fouisseurs : tête ronde, corps robuste, pattes courtes, yeux et oreilles petits, fourrure épaisse. Avec ses incisives d'un jaune orangé, larges et saillantes, il ronge les parties souterraines des plantes et creuse des réseaux étendus de galeries.

Microtus arvalis

Campagnol des champs

Longueur 9–12 cm
Queue 3–4,5 cm
Poids 20–45 g
Sociabilité Groupe
Statut Commun

Répartition O. Europe à O. et C. Asie

De taille moyenne, cet habitant des prairies et des champs a une fourrure courte, gris-brun ou cendré sur le dos, grise sur le ventre ; il a le museau obtus, les yeux et les oreilles petits, le corps trapu et la queue courte et poilue. Il vit dans des galeries souterraines où il stocke des aliments, et l'hiver il peut s'installer dans une grange ou sous une meule de paille. Il se nourrit selon les saisons, des parties vertes des plantes ou d'écorce.

Ondatra zibethicus

Rat musqué

Longueur 25–35 cm
Queue 20–25 cm
Poids 0,6–2 kg
Sociabilité Groupe
Statut Commun

Répartition Amérique du Nord, O. Europe à N. et E. Asie

Le rat musqué vit dans les étangs et les eaux lentes ; il creuse des galeries dans les berges des cours d'eau ou bâtit, comme les castors, des huttes de boue, de tiges et de rameaux. Il se nourrit de roseaux et de plantes aquatiques et parfois d'écrevisses, de grenouilles, de poissons et de mollusques. Les petits – de 1 à 3 par portée – naissent dans une galerie sèche ou une hutte. Un mélange de musc, d'urine et de fiente sert à marquer le territoire.

EXCELLENT NAGEUR

Avec ses larges pattes postérieures légèrement palmées et frangées de poils raides sur un côté, le rat musqué est bien équipé pour la nage. Sa queue, longue, comprimée latéralement et glabre, lui sert de gouvernail. Lorsqu'il plonge, des replis de peau obturent ses oreilles et ses narines et il est capable de rester vingt minutes sous l'eau et de parcourir une distance de 100 m sans revenir à la surface.

longs jarres rudes et fin duvet

ODEUR MUSQUÉE
Le rat musqué doit son nom aux sécrétions odorantes produites par des glandes qui, situées dans les zones génitale et anale, sont particulièrement grosses chez les mâles, surtout au moment du rut.

Apodemus flavicollis

Mulot à collier

Longueur 8,5–13 cm
Queue 9–13,5 cm
Poids 18–50 g
Sociabilité Solitaire
Statut Commun

Répartition O. Europe à O. et C. Asie

La gorge jaune de ce grand mulot à longue queue contraste avec son dos brun et son ventre jaunâtre. Ses grands yeux saillants et ses longues oreilles sont ceux d'un animal nocturne et ses grandes pattes arrière lui permettent d'exécuter des bonds prodigieux. Il escalade des arbres de 20 m de haut en quête de graines, de baies et de petits animaux – chenilles, araignées et mille-pattes. Il niche parmi les racines, ou au sommet des arbres quand il y trouve un trou qui lui convient, et il chasse agressivement les autres mulots.

Apodemus sylvaticus

Mulot sylvestre

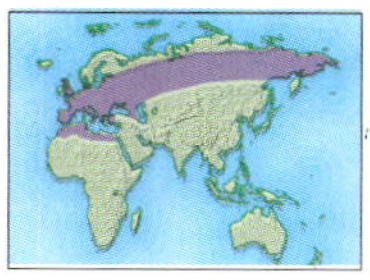

Longueur 8–11 cm
Queue 7–11 cm
Poids 15–30 g
Sociabilité Solitaire
Statut Commun

Répartition O. Europe à N. Asie, N. Afrique

Le mulot sylvestre a parfois la gorge jaunâtre, comme son cousin ci-contre avec lequel on peut le confondre, mais aussi parfois une tache d'un brun orangé sur la poitrine. Gris-brun sur le dos, il est blanchâtre sur le ventre. Rapide et agile, il se nourrit de champignons, de baies, de fruits et d'insectes. Il vit dans un terrier ou un trou d'arbre et se sert d'urine pour marquer son territoire dont il chasse avec férocité les intrus.

Lemmus sibiricus

Lemming brun

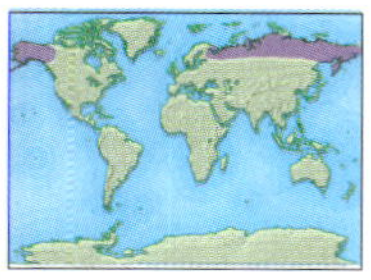

Longueur 12–15 cm
Queue 1–1,5 cm
Poids 45–150 g
Sociabilité Groupe
Statut Commun

Répartition N.-E. Europe à N. Asie, Alaska à N.-O. Canada

Très prolifique, le lemming brun se groupe en vastes colonies qui vivent en altitude en été et en plaine l'hiver. Ses migrations sont néanmoins beaucoup moins spectaculaires que celles du lemming des toundras *(Lemmus lemmus)*. Il se nourrit de mousse, de roseaux, d'herbes, de rameaux tendres et, quelquefois, d'œufs. Après une gestation de dix-huit jours, une portée de 12 petits voit le jour dans un nid fait d'herbe et des poils de la mère.

RETRAITE AUTOMNALE

Vif et énergique, le lemming brun est extrêmement bruyant. En automne, il descend s'abriter dans les régions basses de la toundra, y creusant des galeries sous la tourbe ou se bâtissant un nid dans un fourré. Il se nourrit de ce qu'il trouve sous la neige.

petites oreilles très poilues

FORME ARRONDIE
Le museau du lemming brun est arrondi, sa fourrure épaisse et sa queue courte. La bande noire qui marque le dos de celui-ci est absente chez les habitants de l'Amérique du Nord.

Lagurus lagurus

Lagure des steppes

Longueur 8–12 cm
Queue 0,7–2 cm
Poids 25–35 g
Sociabilité Variable
Statut LR

Répartition E. Europe à C. Asie

Une longue fourrure imperméable protège ce lemming du froid dans les steppes glaciales du centre de l'Asie. Une raie noire court au milieu de son pelage gris ou d'une nuance pâle de cannelle. Des galeries à 30 cm sous terre lui servent d'abri temporaire, et il en creuse de trois fois plus profondes pour y aménager des nids garnis d'herbe. Chaque année, 5 portées de 12 jeunes y voient le jour.

Cricetomys gambianus

Rat géant de Gambie

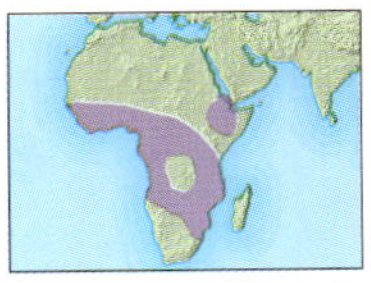

Longueur 35–40 cm
Queue 37–45 cm
Poids 1–1,5 kg
Sociabilité Variable
Statut Commun

Répartition O., C., E. et S. Afrique

Ce rat aux grandes oreilles et aux yeux cernés de noir se nourrit d'aliments variés – termites et avocats mais aussi noix et maïs. Il les rapporte dans les grandes poches situées dans ses joues jusqu'à son terrier où il les stocke et où il dispose aussi de chambres séparées où se reposer, mettre bas et déféquer. Sa fourrure ébouriffée est brun fauve sur le dos, blanche sur la gorge et le ventre. Docile, il est prisé comme animal de compagnie, mais aussi pour sa chair.

Micromys minutus

Rat des moissons

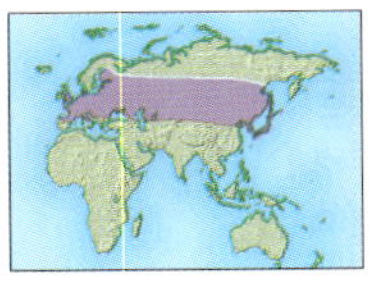

Longueur 5–8 cm
Queue 4,5–7,5 cm
Poids 5–7 g
Sociabilité Solitaire
Statut LR

Répartition O. Europe à E. Asie

Ce minuscule rongeur est le seul de l'Ancien Monde qui soit doté d'une queue préhensile. Il se nourrit de graines, sans épargner les céréales, ainsi que de baies, d'insectes et d'araignées. Après une gestation de vingt et un jours, la femelle donne le jour à 2 ou 7 portées annuelles de 2 à 6 petits, parfois 8. Il lui arrive de les dévorer en cas de disette, comportement de survie observé chez divers rongeurs.

COLORATION
La fourrure du rat des moissons, rongeur à la face ronde mais au museau pointu, est brun-jaune ou roux sur le dos et blanche sur le ventre.

NID SPHÉRIQUE

Le nid construit par le rat des moissons est fait d'herbes et de tiges finement hachées. Il a parfois pour base un ancien nid d'oiseau. Situé à une distance du sol variant entre 50 cm et 1,50 m, il est globuleux et son diamètre mesure entre 8 et 10 cm. Celui où la femelle met bas est plus grand que celui utilisé par ailleurs.

Lemniscomys striatus

Souris rayée

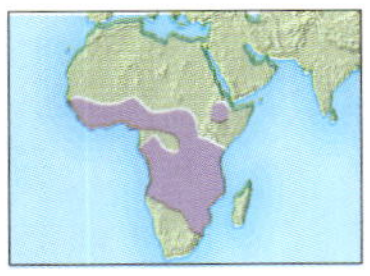

Longueur 10–14 cm
Queue 10–15,5 cm
Poids 20–70 g
Sociabilité Solitaire
Statut Commune

Répartition O. Afrique, S. Afrique à E. Afrique

Cette souris a le poil plus clair dans l'ouest de son aire de répartition qu'à l'est. Sa fourrure fauve, rayée de bandes plus pâles sur le dos, est d'un brun mêlé de blanc sur le ventre. Elle vit surtout au sol où elle suit des coulées menant à ses aires d'alimentation. Elle se nourrit de tiges d'herbe, de feuilles, de plantes vivrières et parfois d'insectes. Solitaire et nerveuse, elle fait la morte si un prédateur l'attrape ou laisse sa queue dans la gueule de l'ennemi.

Rattus muelleri

Rat de Müller

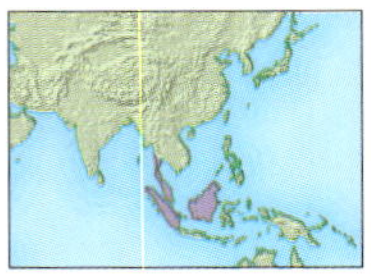

Longueur 18,5–24 cm
Queue 22–28 cm
Poids 150–300 g
Sociabilité Solitaire
Statut Commun localement

Répartition S.-E. Asie

Aussi appelé rat géant de la Sonde à cause de sa taille et de la région qu'il habite, ce rat aux poils rudes a la fourrure chamois mêlée de gris sur le dos et gris pâle ou brune sur le ventre. Il a la face caractéristique des rats, de petites oreilles, des pattes presque sans poils et une queue brune. Il se nourrit de plantes ainsi que de petits animaux – escargots, insectes et lézards. Il est répandu dans toute l'Asie du Sud-Est, où il vit surtout sur le sol ou à proximité, dans les forêts tropicales, mais aussi dans les habitations.

Rattus rattus

Rat noir

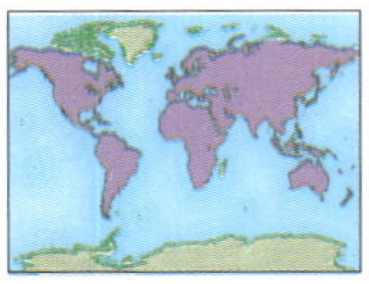

Longueur 16–24 cm
Queue 18–26 cm
Poids 150–250 g
Sociabilité Variable
Statut Commun

Répartition Monde entier (sauf régions polaires)

Des bateaux ont répandu ce rongeur originaire d'Asie dans le monde entier à l'époque romaine et ultérieurement. Il se nourrit de préférence de graines et de fruits, mais aussi d'insectes, de charogne, d'excréments et d'ordures. Il vit en groupes familiaux et défend son habitat contre les sujets étrangers au clan. En général noir, il est parfois brun avec un ventre gris ou blanc et des pattes blanchâtres ou roses. Après une gestation de vingt à vingt-quatre jours, la femelle donne le jour à une portée de 4 à 10 petits (3 à 5 portées par an). Le rat noir grimpe et nage bien. Localement, il bâtit un abri de brindilles et d'herbe mais vit le plus souvent dans la partie supérieure des maisons et les entrepôts. Les puces qu'il transporte dans sa fourrure sont porteuses de maladies – la peste bubonique entre autres – qui ont tué des millions de personnes au cours des siècles.

Rattus norvegicus

Rat d'égout, rat gris

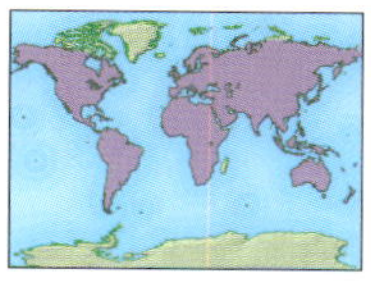

Q : Rat surmulot
Longueur 20–28 cm
Queue 17–23 cm
Poids 275–575 g

Sociabilité Groupe

Statut Commun

Répartition Monde entier (sauf régions polaires)

Une extrême adaptabilité sur le plan alimentaire et une grande agilité ont permis au rat d'égout ou rat gris de se répandre dans le monde entier. Il vit en groupes familiaux hiérarchisés pouvant former des colonies plus ou moins importantes. Après une gestation de vingt-deux à vingt-quatre jours, des portées de 6 à 9 petits naissent dans des nids d'herbe, de feuilles, de papier ou de chiffons. Ce rat est l'ancêtre de ceux, albinos, servant d'animaux de compagnie et à la recherche scientifique.

RAT NAGEUR
Excellent nageur, le rat d'égout attrape petits poissons, écrevisses, mollusques et insectes aquatiques.

REPAS EN COMMUN

Herbivore à l'origine, le rat d'égout se nourrit de graines (surtout celles des céréales), de fruits, de légumes et de tout. Son odorat très fin lui permet de détecter la présence d'aliments, et il peut parcourir plus de 3 km en une nuit. Les membres d'un groupe se reconnaissent à l'odeur et attaquent sans hésiter rivaux et rats étrangers.

COLORATION
Le pelage du rat d'égout est noir ou brun-gris, plus foncé sur le dos que sur le ventre. Les poils de sa longue queue sont peu fournis.

Mallomys rothschildi

Rat de Rothschild

Longueur 34–38 cm
Queue 36–42 cm
Poids 0,95–1,5 kg

Sociabilité Solitaire

Statut Commun localement

Répartition Nouvelle-Guinée

Ce gros rat est presque noir sur le dos et brun-roux sur le ventre ; une bande blanche court parfois sur ses flancs. Il trottine parmi les arbres en quête de matières végétales, surtout de pousses et de feuilles, qu'il saisit avec ses pattes garnies de griffes acérées.

Leporillus conditor

Léporille

Longueur 17–26 cm
Queue 14,5–24 cm
Poids 150–450 g

Sociabilité Groupe

Statut EN

Répartition S. Australie (île Franklin)

Ce rat, que l'on ne trouve plus que dans une île australienne, a presque la taille d'un petit lapin ; ses oreilles sont longues, son nez rond et sa queue mince. Il a le dos gris et le ventre blanc et construit un nid de brindilles mesurant jusqu'à 1,50 m de haut.

Acomys minous

Souris épineuse de Crète

Longueur 9–12 cm
Queue 9–12 cm
Poids 11–90 g

Sociabilité Variable

Statut VU

Répartition Europe (Crète)

Cette souris grégaire doit son nom aux poils rudes et raides qui couvrent son dos et sa queue. Leur couleur est soit jaune, soit rousse, soit brune tandis que le ventre est blanc. Elle se nourrit, la nuit, de tout ce qui lui semble comestible – surtout d'herbe et de graines. La gestation, qui dure cinq à six semaines, est longue pour une souris. D'autres femelles aident la mère à mettre bas et les petits, très développés à la naissance, ont les yeux ouverts.

Notomys alexis

Souris sauteuse d'Australie

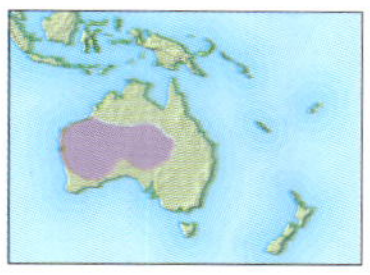

Longueur 9–18 cm
Queue 12,5–23 cm
Poids 20–50 g

Sociabilité Groupe

Statut Commune

Répartition O. et C. Australie

Cette grosse souris vit souvent parmi les grandes herbes (spinifex) qui poussent dans le désert australien. Elle tire tout le liquide dont elle a besoin des graines, baies et végétaux qu'elle mange et n'a pas besoin de boire ; son urine est en conséquence plus concentrée que celle d'aucun autre rongeur. Très grégaire, elle vit en groupes de jusqu'à 10 individus des deux sexes qui partagent le même nid. Elle se reproduit après chaque pluie.

Hydromys chrysogaster

Rat d'eau australien

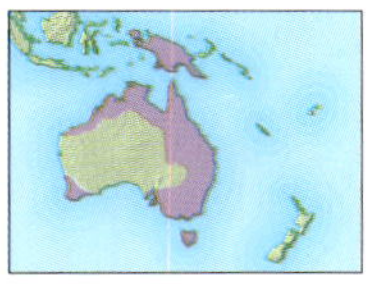

Longueur 29–39 cm
Queue 23–33 cm
Poids 0,65–1,25 kg

Sociabilité Solitaire

Statut Commun localement

Répartition Nouvelle-Guinée, Australie (Tasmanie comprise)

Ce rat, qui est le plus gros rongeur australien, a les pattes de derrière palmées, ce qui lui permet de nager. Sa fourrure, qui varie du brun au gris sur le dos, est d'un jaune doré, crème ou même blanche sur le ventre. Actif au crépuscule et à l'aube, il se nourrit d'écrevisses, de mollusques aquatiques, de poisson, de grenouilles, de tortues, d'oiseaux, de souris et même de chauves-souris.

Mus musculus

Souris domestique

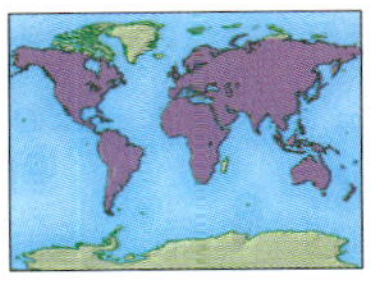

♀ : Souris commune
Longueur 7–10,5 cm
Queue 5–10 cm
Poids 10–35 g
Sociabilité Groupe
Statut Commune

Répartition Monde entier (sauf régions polaires)

Mammifère le plus répandu après l'homme, la souris grise à l'alimentation très variée vit en groupes composés d'un mâle dominant et de plusieurs femelles. Elle se sert de cris aigus pour communiquer et de traces olfactives pour marquer son territoire. Prête à procréer à huit ou dix semaines, la femelle donne le jour, après une gestation de dix-huit à vingt-quatre jours, à une portée de jusqu'à 10 petits. Animal de compagnie, elle sert aussi à la recherche scientifique.

Muscardinus avellanarius

Muscardin

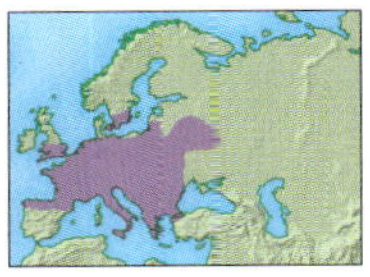

Longueur 6,5–8,5 cm
Queue 5,5–8 cm
Poids 15–35 g
Sociabilité Solitaire
Statut LR

Répartition Europe

De la taille d'une souris domestique (voir ci-dessus), le muscardin grimpe et saute très bien. C'est surtout dans les arbres qu'il trouve sa nourriture composée de fleurs, de larves et d'œufs d'oiseaux au printemps et en été, de noisettes à partir de l'automne. Contrairement aux autres rongeurs, il n'a pas de cæcum, ce qui indique qu'il consomme sans doute peu de cellulose. Il fait son nid d'herbe dans un épais buisson ou un arbre creux. Plusieurs individus se côtoient parfois et partagent la même aire d'alimentation. Ils se servent de toute une gamme de sifflements et de grognements pour communiquer. Après une gestation de vingt-deux à vingt-quatre jours, la femelle donne le jour, parfois deux fois par an, à des portées de 2 à 7 petits. La queue du muscardin est velue et la peau s'en détache si un prédateur s'en saisit.

TORPEUR HIVERNALE

À l'instar de la plupart des autres loirs, le muscardin hiberne. Il passe environ sept mois dans un nid de près de 12 cm de diamètre (un peu plus grand que celui qui lui sert l'été), aménagé dans un terrier ou sous un amas de mousse ou de feuilles. Pour survivre à la saison froide, il stocke des aliments dans son nid et, sous forme de graisse, dans son corps.

COULEUR VARIABLE
Le muscardin a le ventre jaune, roux, orange ou brun et le ventre blanc.

Glis glis

Loir gris

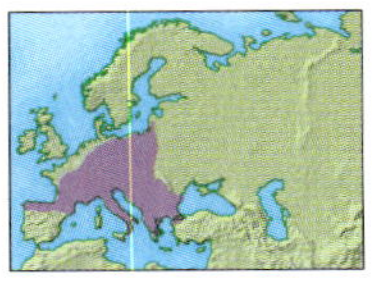

Longueur 13–20 cm
Queue 10–18 cm
Poids 70–150 g
Sociabilité Groupe
Statut LR

Répartition C. et S. Europe à O. Asie

Cet habitant des bois et des dépendances des habitations humaines niche dans des troncs creux, sous les toits ou dans un terrier. Il amasse des provisions en quantité suffisante pour hiberner sept mois au fond de son abri, dans un grand nid solidement construit. Il se nourrit de feuilles, de graines, de fruits, de noix, d'écorce, de champignons, d'insectes, d'œufs et d'oisillons. Comme ses cousins, il vit en groupes peu hiérarchisés dont les membres communiquent en pépiant. Les femelles gestantes sont solitaires.

GASTRONOMIE
Les Romains qui prisaient la chair du loir engraissaient cet animal en automne avant de le manger.

BONDS D'ÉCUREUIL

Avec sa longue queue touffue, ses grandes pattes arrière et sa posture à demi dressée, le loir gris ressemble à un écureuil. Son épaisse fourrure, brune ou grise sur le dos, est blanche sur le ventre.

Jaculus jaculus

Gerboise du désert

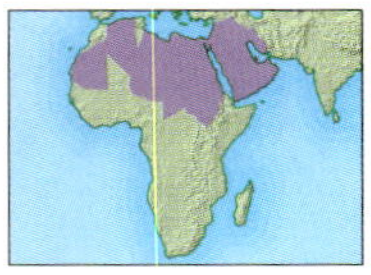

Longueur 10–12 cm
Queue 16–20 cm
Poids 45–75 g
Sociabilité Solitaire
Statut Commune

Répartition N. Afrique à O. Asie

Cette habitante du désert a de très longues pattes postérieures à la plante poilue se terminant par trois doigts. Véloce, elle se déplace en sautant tandis que sa très longue queue, cerclée de noir au bout et se terminant par un pinceau de poils blancs, lui sert de balancier. D'un brun orangé sur le dos, elle a les flancs gris orangé marqués d'une bande blanchâtre aux hanches et le ventre blanc. Elle bouche son terrier pour garder la fraîcheur et barrer la route aux prédateurs.

Allactaga tetradactyla

Gerboise à quatre doigts

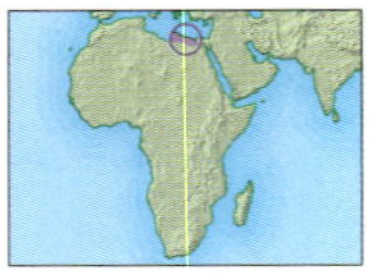

Longueur 10–12 cm
Queue 15,5–18 cm
Poids 50–55 g
Sociabilité Solitaire
Statut EN

Répartition N. Afrique

Avec ses très grandes pattes de derrière et ses longues oreilles de lapin, cette gerboise ressemble aux membres de sa famille, mais s'en distingue par les doigts de ses pattes dont le quatrième est plus petit que les trois autres. Elle a le dos moucheté de noir et d'orange, l'arrière-train orange, les flancs gris et le ventre blanc. Sa longue queue, cerclée de noir au bout, se termine par un pinceau de poils blancs. Elle se nourrit la nuit d'herbe, de feuilles et de graines tendres.

RONGEURS DU TYPE COBAYE

PHYLUM	Cordés
CLASSE	Mammifères
ORDRE	Rongeurs
SOUS-ORDRE	Caviomorphes
FAMILLES	18
ESPÈCES	188

DES ESPÈCES très diverses figurent dans ce groupe. En font en effet partie le cabiai semi-aquatique, le porc-épic du Nouveau Monde, doté de piquants et d'une queue préhensile et les rats-taupes africains qui vivent sous terre. Un trait commun les caractérise, la disposition des muscles maxillaires (voir p. 144) ; ils ont presque tous la tête relativement grosse, le corps robuste et la queue courte. On les rencontre partout en Afrique, en Asie et dans le Nouveau Monde.

TOUS CONTRE UN
Le fait de vivre en groupe donne aux cabiais de meilleures chances de détecter la présence des prédateurs.

Erethizon dorsatum

Porc-épic d'Amérique, ourson coquau

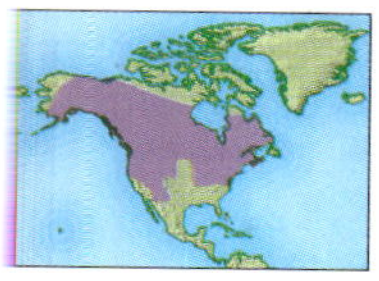

Longueur 65–80 cm
Queue 15–30 cm
Poids 3,5–7 kg
Sociabilité Solitaire
Statut Commun

Répartition Canada, États-Unis

Ce porc-épic trapu se reconnaît aux piquants mesurant jusqu'à 8 cm qui se dressent sur sa tête. La plante de ses pattes courtes, robustes, larges est garnie de griffes et dépourvue de poils, ce qui l'empêche de déraper. Il est très loquace, surtout quand il est en rut, et émet divers cris, gémissements, grognements et hululements.

PIQUANTS ET POILS
Les piquants principaux sont jaunâtres et leur pointe est noire ou brune. Ils sont bruns sur le reste du corps ainsi que les poils.

GRIMPEUR MALADROIT

Bien que maladroit, le porc-épic d'Amérique escalade les arbres pour cueillir fleurs, feuilles, baies et noix. Il consomme aussi herbe et plantes vivrières l'été, écorce et aiguilles de pin l'hiver. Il n'hiberne pas mais, quoique en général solitaire, il partage parfois son abri avec un congénère quand il fait froid.

Hystrix africaeaustralis

Porc-épic d'Afrique du Sud

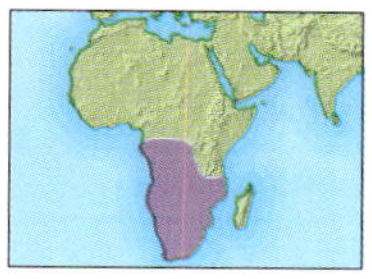

Longueur 63–80 cm
Queue 10,5–13 cm
Poids 20 kg
Sociabilité Variable
Statut Commun

Répartition C. à S. Afrique

Ce rongeur parcourt jusqu'à 15 km la nuit en quête de racines, de tubercules, de baies et de fruits, seul, en couple ou en petits groupes. Il passe la journée dans une grotte ou une anfractuosité rocheuse. Après une gestation de six à huit semaines, la femelle donne le jour à une portée de 1 à 4 petits aux soins desquels le mâle participe. Il communique en entrechoquant ses piquants, en couinant et en grognant.

PIQUANTS ET MOUSTACHES
Mélangés aux poils, des piquants brun foncé et blancs couvrent le dos de ce porc-épic. Son museau s'orne de grosses moustaches.

ARMES BARBELÉES

S'il se sent menacé, ce porc-épic dresse ses piquants et charge l'ennemi à reculons. Ils se détachent alors facilement et leur pointe barbelée s'enfonce dans la chair de l'agresseur. Ces armes ont un effet dissuasif sur les animaux mais n'empêchent pas les hommes de tuer les porcs-épics pour protéger leurs récoltes et déguster leur chair.

Coendou prehensilis

Coendou

Longueur 52 cm
Queue 52 cm
Poids 5 kg
Sociabilité Solitaire
Statut Commun localement Δ

Répartition N. et E. Amérique du Sud, île de la Trinité

Ce gros porc-épic musclé grimpe lentement mais sûrement à l'aide de ses pattes griffues, à la plante dépourvue de poils, et de sa queue au bout nu, préhensile et presque aussi longue que son corps. Il passe la journée à dormir dans un arbre creux ou au sol, dans un trou, et se met le soir en quête de feuilles, d'écorce, de fruits, de pousses, et parfois de petits animaux.

MAMMIFÈRES

Cavia aperea

Cobaye

Longueur 20–30 cm
Queue Sans
Poids 500–600 g
Sociabilité Groupe
Statut Commun

Répartition N.-O. à E. Amérique du Sud

Proche parent du cobaye domestique *(Cavia porcellus)* ou cochon d'Inde dont il est peut-être l'ancêtre, c'est un petit rongeur sans queue, brun foncé ou noir, à la grosse tête, au museau obtus, aux courtes pattes dont les antérieures ont 4 doigts et les postérieures 3. Il occupe, dans les prairies, un nid situé non loin de ceux de congénères, et des passages communs mènent aux endroits où tous trouvent les herbes, feuilles, graines, fleurs et écorce dont ils se nourrissent.

Hydrochaerus hydrochaeris

Cabiai

Longueur 1,10–1,30 m
Queue Vestigielle
Poids 35–66 kg
Sociabilité Variable
Statut Commun

Répartition N. et E. Amérique du Sud

Le cabiai, qui est le plus gros de tous les rongeurs, a les pattes en partie palmées ; ses oreilles, ses narines et ses yeux sont placés très haut si bien qu'il sent, voit et entend lorsqu'il nage dans les fleuves, les lacs et les marécages. Il vit en groupes de compositions variées – couples avec ou sans leurs petits, grands troupeaux dominés par un mâle qui s'accouple avec toutes les femelles. Ces groupes occupent un territoire qu'ils délimitent à l'aide de marques olfactives et dont ils chassent les intrus. Après une gestation de cent cinquante jours, de 1 à 8 petits (5 en général) naissent couverts de poils et courent, nagent et plongent au bout de quelques heures. Le cabiai a de nombreux ennemis, parmi lesquels les hommes qui le tuent pour sa chair et sa peau.

VIGOUREUX NAGEUR
Malgré son corps massif et ses membres courts garnis de griffes en forme de sabots, le cabiai est un excellent nageur.

VIE QUOTIDIENNE

Les cabiais se reposent le matin, se baignent à midi, se repaissent de plantes aquatiques et d'écorce le soir, s'arrêtent à nouveau vers minuit et recommencent à manger à l'aube. Ils partent à la recherche de nouveaux endroits où paître et dévastent parfois les champs cultivés, ce qui leur vaut d'être jugés nuisibles dans certaines régions.

Dolichotis patagonum

Mara, « lièvre » des pampas

Longueur 43–78 cm
Queue 2,5 cm
Poids 2 kg
Sociabilité Couple
Statut LR

Répartition S. Amérique du Sud

Ce gros rongeur à longues pattes ressemble à un petit chevreuil. Une tache blanche marque son cou, et des poils blancs frangent sa courte queue.

Son museau est long, ses yeux et ses oreilles grands. Il court vite, saute bien et se nourrit surtout d'herbe et des feuilles de petits arbrisseaux. Mâles et femelles forment des couples unis à vie et creusent de grands terriers où naissent des portées de 1 à 3 petits.

Dasyprocta azarae

Agouti d'Azara

Longueur 50 cm
Queue 2,5 cm
Poids 3 kg
Sociabilité Variable
Statut VU

Répartition E. Amérique du Sud

Ce gros rongeur grégaire et diurne a les yeux saillants, les pattes courtes et la queue minuscule. Sa fourrure mouchetée, faite de poils de deux nuances de brun, prend parfois une teinte jaune sur le ventre. Il a 5 doigts aux pattes antérieures et 3 aux postérieures. Il se nourrit de graines, de fruits et d'écorce et aboie quand il a peur. On le tue pour sa chair un peu partout dans son aire de répartition.

Agouti paca

Paca

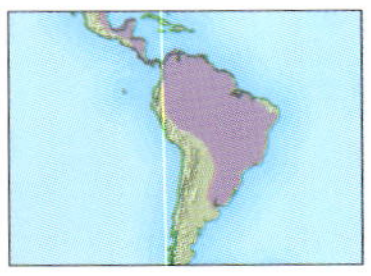

Longueur 60–80 cm
Queue 1,5–3,5 cm
Poids 6–12 kg
Sociabilité Solitaire
Statut Commun

Répartition S. Mexique à E. Amérique du Sud

Le paca vit seul, sauf la femelle qui allaite son petit pendant six semaines. Il a la tête grosse, le museau obtus, le corps vigoureux, les pattes courtes et robustes et la queue minuscule. Sa fourrure, brune, rousse ou grise sur le dos, est parcourue sur les flancs par quatre lignes plus pâles en pointillé ; elle est blanche ou chamois sur le ventre. Ce bon nageur passe la journée dans un terrier dont il sort la nuit pour manger fruits, feuilles et fleurs.

Lagostomus maximus

Viscache de plaine

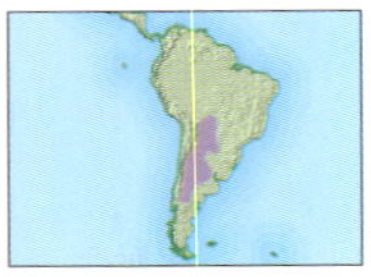

Longueur 4,5–6,5 cm
Queue 1,5–2 cm
Poids 7–9 kg
Sociabilité Groupe
Statut EN Δ

Répartition C. et S. Amérique du Sud

Ce membre de la famille des chinchillas vit en colonies bruyantes de 20 à 50 individus. Il creuse des galeries longues de jusqu'à 300 m. Il sort la nuit pour se nourrir d'herbe, de graines et de racines et pour récolter des baguettes, des pierres et des os qu'il empile devant les orifices de ses galeries. Il a la face noire rayée de blanc, le dos gris-brun, le ventre blanc et la queue brune à bout noir. Le mâle est deux fois plus lourd que la femelle.

MAMMIFÈRES

Chinchilla lanigera

Chinchilla

Longueur 22–23 cm
Queue 13–15,5 cm
Poids 400–500 g

Sociabilité Groupe

Statut VU

Répartition S.-O. Amérique du Sud

Longtemps prisé pour sa fourrure épaisse et soyeuse, ce rongeur a fait l'objet d'une chasse dévastatrice et d'un élevage intensif dans de nombreuses régions. À l'état sauvage, il est aujourd'hui menacé, mais sa beauté et son naturel sociable font de lui un animal de compagnie recherché. Sa fourrure gris-bleu argenté sur le dos est crème ou jaune sur le ventre et de longs poils gris et noirs garnissent le dessus de sa queue. Dans la nature, il vit en colonies de cent individus ou plus dans des régions rocheuses. Il se nourrit d'herbes et de feuilles qu'il tient entre ses pattes de devant tout en surveillant les alentours. En cas de danger, il se dresse sur ses pattes de derrière et crache en direction de l'ennemi. Il se reproduit en hiver, et la future mère, qui est plus grosse que le mâle, montre une agressivité croissante envers les autres femelles pendant la gestation qui dure cent onze jours. Elle donne le jour à 2 ou 3 petits, parfois 4, et les allaite pendant six à huit semaines.

Capromys pilorides

Hutia de Cuba

Longueur 55–60 cm
Queue 15–26 cm
Poids 4,5–7 kg

Sociabilité Solitaire/couple

Statut EN Δ

Répartition Antilles

L'hutia de Cuba ressemble à un gros campagnol dont il a le museau arrondi, la grosse tête, le cou et les membres courts, les petites oreilles et le corps trapu. Il a le nez blanc, le dos brun-roux ou noir et le ventre gris ou brun-jaune. Sa robuste queue poilue et effilée et ses griffes incurvées font de lui un très bon grimpeur et lui facilitent la recherche des fruits, feuilles, écorce et occasionnels lézards qui composent son alimentation variée. Les portées comportent de 1 à 4 petits. Comme les autres, il vit seulement aux Antilles et la plupart des espèces sont menacées, sinon éteintes.

Heterocephalus glaber

Hétérocéphale

Longueur 8–9 cm
Queue 3–4,5 cm
Poids 30–80 g

Sociabilité Groupe

Statut Commun localement

Répartition E. Afrique

Chez les hétérocéphales, une seule femelle se reproduit, donnant jour à des portées de jusqu'à 20 petits. Certains congénères l'assistent et les autres individus forment des « chaînes » ininterrompues de terrassiers et de pourvoyeurs de nourriture. Une telle structure sociale est unique chez les mammifères. Ce rat a la peau gris rosé parsemée de rares poils pâles, d'énormes incisives, les yeux et les oreilles minuscules, la queue ronde et des membres vigoureux se terminant par cinq gros doigts griffus. Il vit en colonies de 70 à 80 individus dans des réseaux de galeries dont celles s'enfonçant jusqu'à 15-50 cm de profondeur où il tire sa nourriture sont disposées en étoile autour d'une chambre centrale. Il en creuse constamment de nouvelles en quête de tubercules et de racines et ne remonte à la surface que pour déménager.

MAMMIFÈRES

Octodon degus

Dègue

Longueur 25–31 cm
Queue 7,5–13 cm
Poids 175–300 g

Sociabilité Variable

Statut Commun localement

Répartition S.-O. Amérique du Sud

Cet habitant des montagnes au corps trapu ressemble à une très grosse souris. Il est en grande partie brun avec un ventre pâle et a parfois des touffes de poils jaunes sous chaque œil et en collier autour du cou. Sa longue queue, qui se termine par un pinceau noir, se brise facilement lorsqu'un prédateur la saisit. Il vit en colonie et creuse de grands réseaux de galeries. Il se nourrit, le jour, de végétaux divers, et de bouse pendant la saison sèche. Il stocke des aliments en prévision de l'hiver.

Myocastor coypus

Ragondin

Longueur 47–58 cm
Queue 34–41 cm
Poids 6,5 kg

Sociabilité Groupe

Statut Commun

Répartition S. Amérique du Sud

Élevé pour son épaisse fourrure brune, le ragondin s'est échappé et s'est répandu hors de la région où on l'avait introduit. Il a une tête grosse, les yeux et les oreilles haut placés, le dos arqué, la queue longue et ronde et les pattes arrière palmées. Il se nourrit de végétaux, surtout de plantes aquatiques, et vit en groupes familiaux dans des galeries qu'il creuse dans les berges des rivières.

Cryptomys hottentotus

Rat-taupe hottentot

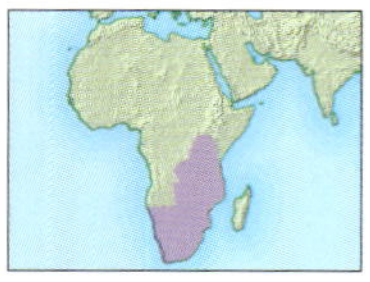

Longueur 10–18,5 cm
Queue 1–3 cm
Poids 100–150 g

Sociabilité Groupe

Statut Commun localement

Répartition S. Afrique

Ce rat-taupe a la tête large, les yeux et les oreilles petits, les membres courts et robustes, le corps trapu ; sa fourrure épaisse, brun rosé ou grise sur le dos, est plus pâle sur le ventre. Il a d'énormes incisives avec lesquelles il creuse le sol et arrache racines et tubercules. Il vit en colonies de 5 à 15 individus, parmi lesquels seul un couple se reproduit. Il creuse de vastes réseaux de galeries où il stocke des aliments.

Bathyergus janetta

Rat-taupe

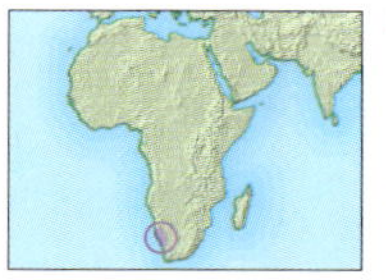

Longueur 17–24 cm
Queue 4–5 cm
Poids Inconnu

Sociabilité Variable

Statut LR

Répartition S.-O. Afrique

Ce rat-taupe creuse des réseaux de galeries longs de jusqu'à 200 m sur les côtes ou à l'intérieur du pays. Il a la tête grosse, les incisives énormes et en saillie, le corps cylindrique, les pattes courtes mais robustes et la queue minuscule. Sa fourrure brun foncé sur le dos est d'un gris plus clair sur les flancs que sur la tête et le ventre.

CÉTACÉS

PHYLUM	Cordés
CLASSE	Mammifères
ORDRE	Cétaces
FAMILLES	13
ESPÈCES	83

REMARQUE

On a adopté ici la classification traditionnelle et divisé les cétacés en deux sous-ordres, celui des cétacés à fanons et celui des cétacés à dents. Les premiers passaient autrefois pour les descendants des seconds, mais les preuves moléculaires justifiant cette opinion sont aujourd'hui mises en doute.

Cétacés à fanons
voir p. 162-165

Cétacés à dents
voir p. 166-177

LES CÉTACÉS – baleines, dauphins et marsouins – sont probablement les plus spécialisés des animaux. Malgré leur forme de poisson, leur corps dépourvu de poils, leurs membres antérieurs palmés et leurs postérieurs restés à l'état de vestiges et situés à l'intérieur du corps, ce sont des mammifères : ils respirent de l'air avec leurs poumons et allaitent leurs petits avec la sécrétion de leurs glandes mammaires. On les divise en cétacés à fanons (baleine à bosses, baleine franche, etc.) et cétacés à dents (tels les dauphins et les marsouins). On les rencontre dans les mers du monde entier, et certains vivent dans les fleuves des régions tropicales et subtropicales. À l'exemple du rorqual bleu, ils sont nombreux à avoir été les victimes d'une chasse systématique et à être menacés d'extinction.

ANATOMIE

Les cétacés ont le corps glabre et fuselé, ce qui diminue la résistance à la progression dans l'eau. Les protubérances (les palmes, les deux volets horizontaux de la nageoire caudale et la dorsale assurant la stabilité) sont réduites au strict minimum. Les organes génitaux ne dépassent pas. L'épaisse couche de graisse située sous la peau pour éviter les déperditions de chaleur, et la nature spongieuse des os légers et remplis de graisse représentent aussi des adaptations à la vie sous-marine. Les cétacés respirent par des évents, narines musculeuses situées au sommet de leur tête ; les cétacés à fanons en ont deux et ceux à dents une. Le cerveau de ces derniers, réputés pour leur intelligence, est plus gros que celui des cétacés à fanons, et d'une dimension comparable, compte tenu des proportions, à celui des primates.

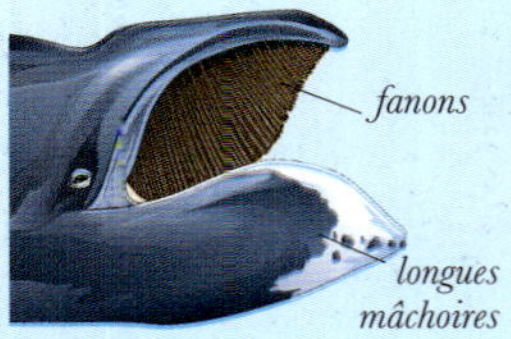

CÉTACÉ À FANONS
La mâchoire des cétacés à fanons porte entre 130 et 400 lames cornées, frangées sur le côté, qui remplacent les dents et servent à filtrer les aliments.

CÉTACÉ À DENTS
Les dents de ce type de cétacé sont simples, coniques et nombreuses chez la plupart. Les mâchoires forment parfois un bec comme ici chez ce dauphin.

QUEUE PUISSANTE
Chez les cétacés, la propulsion est assurée par les mouvements verticaux de la queue. Ceux-ci sont par exemple assez puissants pour propulser hors de l'eau les deux tiers du corps d'une baleine à bosses.

ORGANES DES SENS

Les cétacés ont l'ouïe extraordinairement fine ; leur vue est assez bonne – elle porte jusqu'à 1 m sous l'eau et 2,50 m dans l'air – mais leur perception des couleurs est limitée. Certains sont capables de faire converger leurs yeux devant, au-dessus et derrière eux, et d'autres de les bouger séparément mais il existe aussi des dauphins d'eau douce presque aveugles. Quelques cétacés à dents se dirigent par écholocation en émettant des cliquetis sur une haute fréquence, et communiquent à l'aide d'une gamme de sons que l'oreille humaine ne perçoit pas. Les émissions vocales d'autres cétacés sont encore mal étudiées. L'odorat est inexistant chez tous.

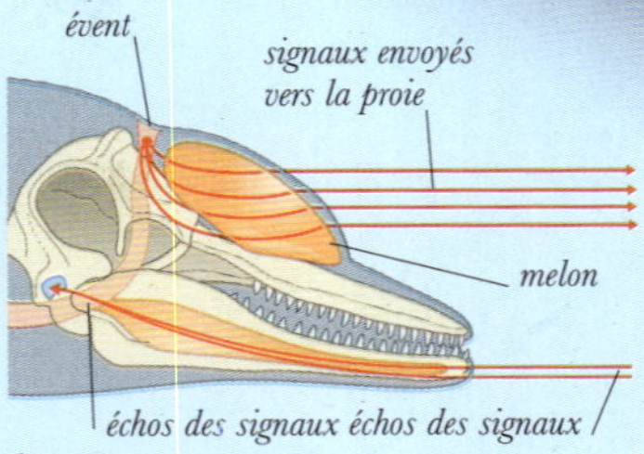

ÉCHOLOCATION
Les cétacés à dents repèrent les obstacles et leurs proies en émettant sur une haute fréquence des sons que les objets rencontrés réfléchissent. Ces sons traversent le melon (une poche remplie de fluide) qui les dirige en changeant de forme et leur écho passe par la mâchoire.

BALEINE ÉMERGEANT

1 ÉMERGENCE
Cette baleine franche australe émerge perpendiculairement à la surface, sans créer de tourbillons.

2 APPARITION DES NAGEOIRES
Les nageoires sortent de l'eau tandis que la baleine continue sa poussée vers le haut.

3 DESCENTE
La propulsion due à la queue une fois terminée, la moitié du corps de la baleine se trouve hors de l'eau.

4 MANŒUVRES ACROBATIQUES
En même temps qu'elle retombe dans l'eau, la baleine se tourne sur le côté.

GÉANT DES OCÉANS
Grosse et allongée, la tête du cachalot est dans le prolongement direct de son corps long et fuselé. Comme beaucoup de cétacés, celui-ci devient énorme à l'âge adulte : les mâles mesurent 18 m de long et pèsent plus de 50 tonnes.

REPRODUCTION

Les baleines dont certains rorquals (la baleine à bosses par exemple) se reproduisent en hiver. Elles quittent les régions polaires, leur aire d'alimentation estivale, pour aller mettre bas dans des eaux tropicales en général dans le voisinage de groupes d'îles ou dans des estuaires. Elles redeviennent tout de suite gravides et retournent, au printemps, dans les zones froides de la planète. D'autres baleines observent un cycle de reproduction saisonnier tout en ne migrant pas. L'accouplement est très bref chez tous les cétacés. Le pénis en forme de S du mâle est enfoui dans le corps et son érection est due non à un afflux de sang mais à l'action de certains muscles. Après avoir mis bas, la mère (et chez certains dauphins, les membres de sa bande) aide le nouveau-né à émerger pour respirer pour la première fois.

ALLAITEMENT
Les petits des cétacés tètent leur mère jusqu'à ce qu'ils soient en âge de se nourrir de proies. Comme celles des cétacés, les tétines de ce dauphin tacheté sont situées dans une poche intérieure.

CONSERVATION

L'homme chasse la baleine depuis la nuit des temps pour sa chair, ses os et sa graisse. L'apparition au XXe siècle de méthodes nouvelles, comme le navire-usine ci-dessus, a été la cause d'un déclin dramatique des populations de cétacés. Certaines espèces ayant été protégées en 1966 par un comité international, et la chasse à la baleine à des fins commerciales ayant été interdite en 1986, la situation s'est améliorée. Aujourd'hui, les cétacés courent surtout le risque de se prendre dans les filets de pêche et de se noyer.

VIE SOUS-MARINE

Bien que respirant tous de l'air, les cétacés sont capables de demeurer très longtemps immergés. Sous l'eau, les battements de leur cœur deviennent deux fois plus lents et leur sang, que la pression propulse jusque dans les vaisseaux proches de leur peau, nourrit leurs organes vitaux. Leurs poumons sont comprimés et l'air qui s'y trouve est projeté dans la trachée et les conduits nasaux où des sécrétions mousseuses l'absorbent. Certains cétacés à dents descendent à de grandes profondeurs.

CHASSE
Les cachalots vont chercher les calmars dans des abîmes profonds. Ils descendent jusqu'à 1 000 m et restent quatre-vingt-dix minutes sous l'eau.

SOUFFLE
Avant chaque inspiration, les cétacés ouvrent leurs évents et expulsent à grand bruit un nuage d'air mélangé à des gouttelettes d'huile.

PLONGEON
baleine qui frappe la surface de l'eau produit létonation audible à 1 km à la ronde.

6 **DESCENTE**
Seules une nageoire antérieure et une partie du corps sont visibles tandis que la tête disparaît.

7 **JAILLISSEMENT**
En plongeant, la baleine fait jaillir une immense gerbe d'eau ; sa rentrée n'a pas la discrétion de sa sortie.

8 **RÉAPPARITION**
Le cycle terminé, il arrive que la baleine émerge à nouveau sans qu'on sache véritablement pourquoi.

Cétacés à fanons

PHYLUM	Cordés
CLASSE	Mammifères
ORDRE	Cétacés
SOUS-ORDRE	Mysticètes
FAMILLES	4
ESPÈCES	12

LES CÉTACÉS À FANONS se distinguent par leur taille qui va de 6,50 m pour la baleine pygmée à 33 m pour la baleine bleue, et se caractérisent surtout par les lames cornées qui remplacent les dents et servent à filtrer l'eau grouillante de proies qu'elles ingurgitent. Les membres de ce groupe, dans lequel figurent la baleine grise, les rorquals (la baleine à bosses, le rorqual bleu) et les baleines franches, vivent surtout dans l'Arctique et l'Antarctique mais on les rencontre dans tous les océans, en général en eau profonde.

Anatomie

Les cétacés appartenant à ce groupe ont tous deux rangées de fanons (voir p. 160) implantés de chaque côté de leur mâchoire supérieure. Pour loger ce dispositif, ils ont une bouche profonde. Leur tête pourvue de deux évents est en conséquence énorme et parfois aussi longue que la moitié de leur corps, lequel est relativement court et trapu. Les fanons des rorquals, qui ont le corps mince et long, sont plus courts.

Alimentation

Tandis que la baleine grise consomme des amphipodes, petits crustacés benthiques, les rorquals se nourrissent de plancton vivant près de la surface. Les baleines franches se meuvent lentement, bouche ouverte, parmi leurs proies nageant en bancs. Plus actifs, les rorquals encerclent en général les leurs ; quand ils mangent, leur gorge se déploie et leur mâchoire inférieure se transforme en un vaste sac dans lequel l'eau s'engouffre ; le liquide est ensuite expulsé et les proies sont retenues par les fanons. Ceux-ci sont garnis de franges, plus fines chez les plus grands des rorquals qui se nourrissent de plancton, et plus grossières chez les espèces de dimensions moindres, qui consomment des crustacés plus volumineux et de petits poissons. La baleine grise fouille la vase avec son museau relativement court et dur et avale les proies qu'elle y trouve, en même temps souvent que du sable, des sédiments et des galets.

Migration

Les cétacés à fanons migrent presque tous. Les rorquals passent l'été dans les régions arctiques ou antarctiques où le krill abonde ; en automne et en hiver, ils vont se reproduire dans les eaux tropicales et s'y accouplent de nouveau immédiatement. Au printemps, ils font lentement le chemin inverse avec leurs petits que leur mère allaite. Les baleines à bosses longent en général les côtes mais d'autres rorquals préfèrent nager en eau profonde. Les baleines grises parcourent jusqu'à 20 000 km par an, plus qu'aucun autre mammifère.

Communication

Les baleines communiquent à l'aide d'une vaste gamme d'émissions vocales allant de l'aigu au grave. Celles produites par la baleine à bosses sont les plus connues. Durant la saison de reproduction, le mâle émet des séries de notes de hauteurs variées et ce « chant » évolue avec le temps. Il représente un moyen indispensable de communication dans les vastes océans. Les sons produits par les baleines varient avec les espèces : ceux du rorqual commun, que l'oreille humaine ne perçoit pas, parcourent des distances énormes dans l'océan.

UNE FAÇON ORIGINALE DE MANGER
Les cétacés à fanons consomment d'énormes quantités de petits animaux. Cette baleine à bosses qui a émergé au milieu d'un banc de petits poissons prend dans sa bouche une gigantesque gorgée d'eau grouillante de proies, lesquelles se trouvent prises au piège derrière ses fanons lorsqu'elle referme ses mâchoires et expulse le liquide.

Eschrichtius robustus

Baleine grise

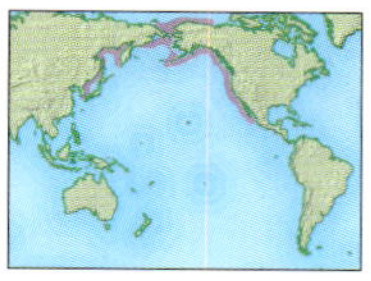

Répartition Pacifique Nord

Longueur 13–15 m
Poids 14–35 tonnes
Sociabilité Groupe
Statut EN

La baleine grise se nourrit, comme ses parents, en filtrant sa nourriture mais elle présente la particularité de ramasser sur les hauts-fonds de grandes bouchées de vase dont, à l'aide de ses fanons courts et épais, elle sépare les vers, étoiles de mer, crevettes et autres petites créatures. Elle grogne, gémit et caquette mais on ne sait pas à quoi ces émissions vocales servent.

CONSERVATION

Les baleines grises, qui se nourrissent près des côtes, sont faciles à observer, surtout dans l'est du Pacifique. Elles migrent en groupes d'une dizaine d'individus pour aller passer l'été dans l'Arctique et s'y nourrir, et se rendent l'hiver dans le sud, où elles se reposent et se reproduisent dans l'eau chaude des lagunes. Elles couvrent ainsi 20 000 km chaque année, plus qu'aucun autre mammifère. Depuis que la loi les protège, leurs populations ont augmenté à l'Est mais restent peu nombreuses à l'Ouest.

VIGIE

Comme beaucoup d'autres cétacés à fanons, les baleines grises se mettent à la verticale dans l'eau et sortent la tête, peut-être pour détecter la présence d'autres baleines, pour se repérer ou pour vérifier la présence de courants facilitant la migration. Elles nagent en groupes, restent parfaitement alignées et sortent de l'eau ensemble.

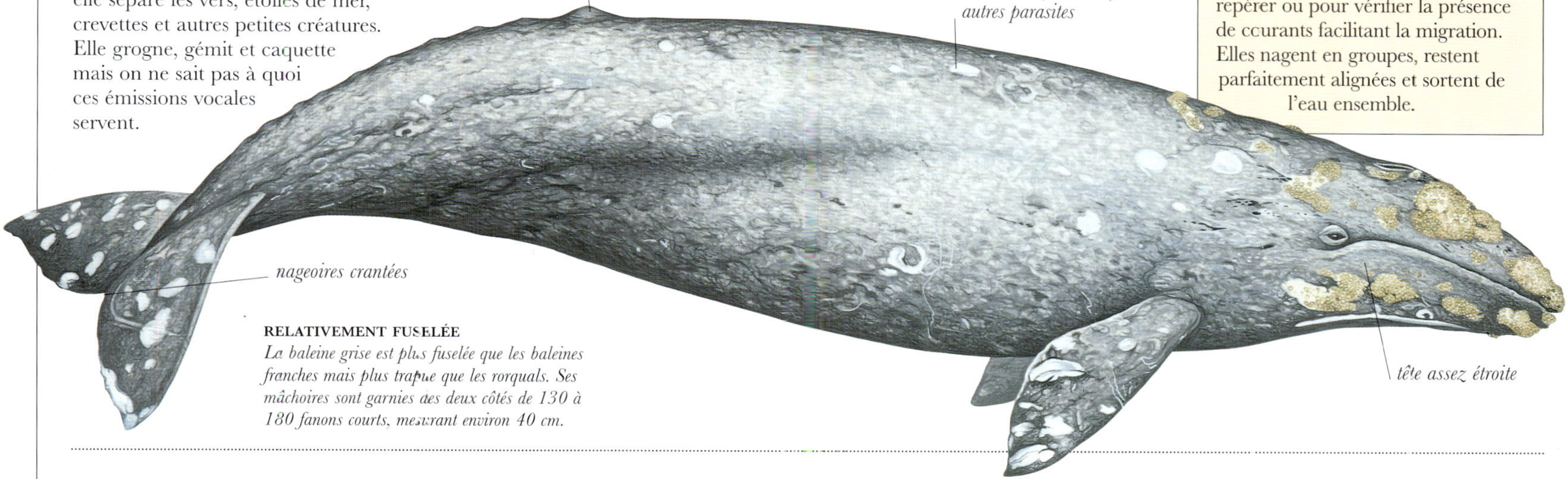

RELATIVEMENT FUSELÉE
La baleine grise est plus fuselée que les baleines franches mais plus trapue que les rorquals. Ses mâchoires sont garnies des deux côtés de 130 à 180 fanons courts, mesurant environ 40 cm.

Eubalaena glacialis

Baleine des Basques

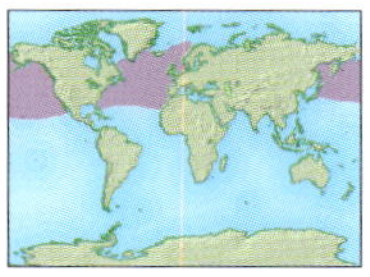

Répartition Eaux tempérées et subpolaires du monde entier

Q : Baleine noire
Longueur 13–17 m
Poids 40–80 tonnes
Sociabilité Variable
Statut EN

Cette baleine massive et lente qui se nourrit près de la surface est la plus menacée de toutes, car elle est exposée aux risques de collision avec les navires et aux dommages causés par le matériel de pêche. Elle passe l'été très loin au nord ou au sud, et l'hiver dans les eaux tempérées où un unique petit de 4 à 6 m de long naît. Elle rejette un double jet d'eau par ses évents jumeaux ; des claquements de nageoires et les détonations qui accompagnent sa sortie de l'eau signalent sa présence.

FILTRAGE

La baleine des Basques se nourrit en petits groupes. Elle nage la bouche ouverte pour filtrer le plancton qui y pénètre en même temps que l'eau. Ses fanons étroits, en général bleu très foncé mais parfois blancs, mesurent jusqu'à 3 m de long. On en compte entre 200 et 270 de chaque côté de sa mâchoire supérieure incurvée.

TÊTE ÉNORME
La tête incrustée de balanes et de « poux » représente environ le quart de la longueur totale.

Balaena mysticetus

Baleine du Groenland

Répartition Eaux arctiques et subarctiques

Q : Baleine franche boréale
Longueur 14–18 m
Poids 50–60 tonnes
Sociabilité Groupe
Statut EN

La baleine du Groenland a une tête massive représentant un tiers environ de son poids total. Elle ne quitte pas le voisinage des glaces, vivant une partie de l'année dans l'obscurité et se dirigeant alors par écholocation. Elle nage près de la surface, bouche entrouverte, ou plonge pendant cinq à six minutes pour se nourrir entre deux eaux ou même au fond. Son petit mesure entre 4 et 4,50 m de long et tète sa mère pendant cinq à six mois.

SURFACE LISSE
La peau lisse et noire ne présente ni «poux», ni balanes, ni callosités.

LES PLUS LONGS FANONS

Aucune baleine ne possède de fanons aussi longs que ceux de la baleine du Groenland : on compte une rangée de 240 à 340 de ces lames bleu très foncé atteignant 4,50 m de long de chaque côté de sa mâchoire incurvée. Son corps dépourvu de sillons jugulaires et de nageoire dorsale présente une silhouette remarquablement linéaire.

Balaenoptera physalus

Rorqual commun

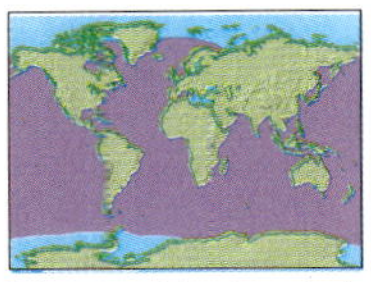

Longueur 19–22 m
Poids 45–75 tonnes
Sociabilité Variable
Statut EN

Répartition Monde entier (sauf E. Méditerranée, Baltique, mer Rouge, golfe Persique)

Cette baleine, qui est la seconde du point de vue de la taille, est l'une des plus rapides. Elle émet des bourdonnements et des hurlements mais aussi des gémissements qui s'entendent à des centaines de kilomètres à la ronde. Comme toutes les grandes baleines, elle entreprend de longues migrations qui la mènent l'été dans les régions polaires où elle se nourrit de poisson et de krill, aux zones tropicales où elle se reproduit l'hiver. Le petit de 6,50 m naît après une gestation de onze mois. Comme il tète sa mère de neuf à dix mois, celle-ci ne met bas que tous les deux ans. Il faut longtemps aux populations en déclin pour se reconstituer.

NAGEOIRES
Les nageoires du rorqual commun sont toutes grises. La dorsale, située aux deux tiers du dos, a un bord concave.

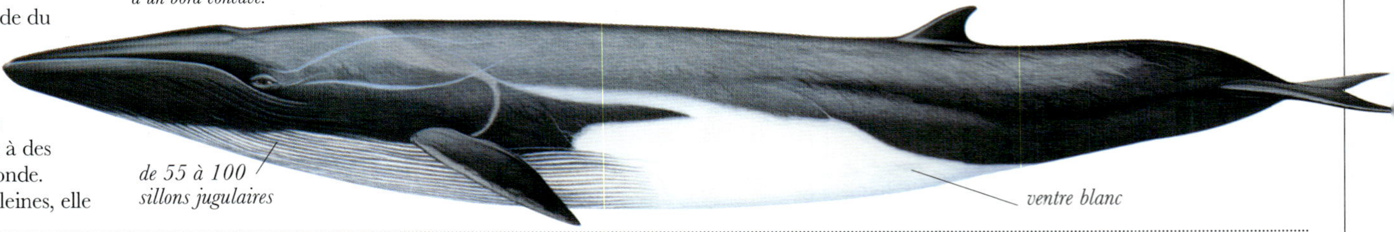

ASYMÉTRIE

Les rorquals communs foncent sur le krill et les bancs de poissons – capelans ou harengs. D'énormes quantités d'eau s'engouffrent dans leur bouche qu'ils referment pour expulser le liquide et retenir leurs proies. Ils nagent sur le côté droit, ce qui explique peut-être pourquoi cette partie de leur bouche est blanche et l'autre noire, asymétrie très rare chez les mammifères.

Balaenoptera musculus

Rorqual bleu

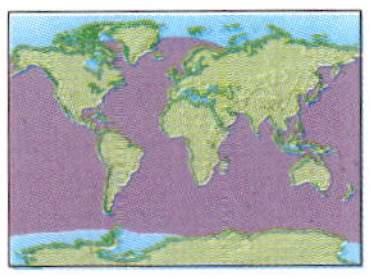

Longueur 20–30 m
Poids 100–190 tonnes
Sociabilité Solitaire
Statut EN

Répartition Monde entier (sauf Méditerranée, Baltique, mer Rouge, golfe Persique)

Le rorqual bleu, le plus gros représentant du règne animal, consomme des euphausiacés, petits crustacés dont il se nourrit presque exclusivement (son estomac peut en contenir environ 2 tonnes). Tandis qu'il se précipite sur leurs bancs, le volume de sa gorge quadruple. Il referme la bouche, en expulse l'eau et avale les milliers de proies retenues par ses fanons. Il passe l'été dans les eaux polaires riches en aliments et va se reproduire l'hiver dans des régions plus tempérées. L'unique petit qui naît alors mesure 7 m, pèse 2,5 tonnes et tète sa mère pendant six à huit mois. Le rorqual bleu vit en général seul, ou avec son petit si c'est une femelle, mais se nourrit parfois en groupe. Il grogne, bourdonne et gémit, émettant des sons qui atteignent 180 décibels et sont plus puissants que ceux produits par aucun autre animal.

LE SOUFFLE
En émergeant, le rorqual projette à 9 m de haut un jet d'air humide provenant des poumons mêlé à du mucus et à de l'eau de mer.

PLONGEON

Le rorqual plonge tête la première, grandes nageoires caudales dressées. Il descend ensuite d'un seul élan jusqu'à quelque 200 m de profondeur. Ce ne sont pas ses étroites nageoires qui le propulsent mais les puissants muscles de son dos qui impriment des mouvements verticaux à son arrière-train et à sa queue.

GÉANT FUSELÉ
La rorqual bleu a une silhouette mince, surtout en hiver car il grossit en été. Sa minuscule nageoire dorsale en général d'une teinte pâle de bleu-gris est situé tout près de sa queue.

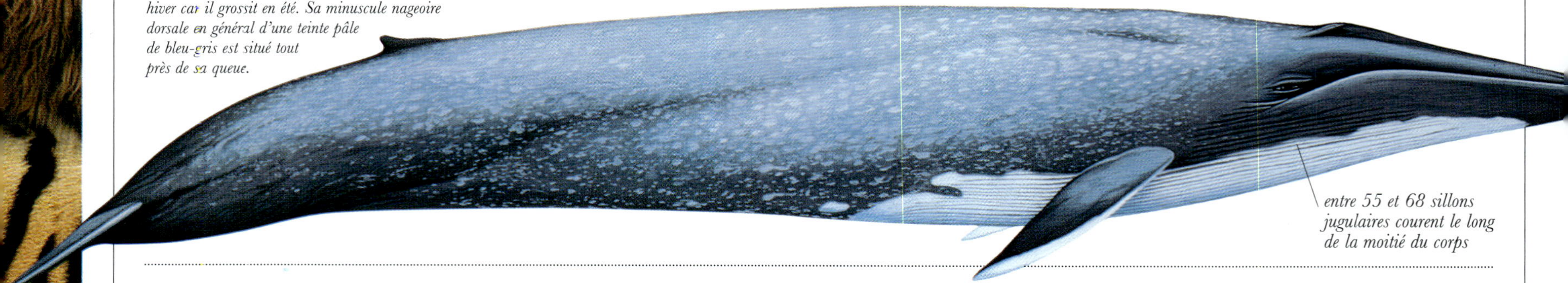

Balaenoptera edeni

Petit rorqual de Bryde

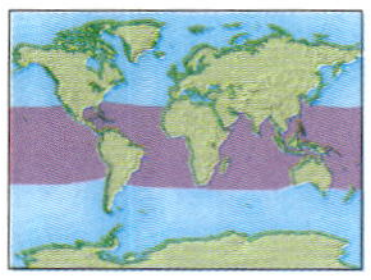

Longueur 9–12 m
Poids 16–25 tonnes
Sociabilité Variable
Statut Commun localement

Répartition Eaux tropicales et chaudes des régions tempérées du monde entier

Il existe deux espèces de rorquals de Bryde, dont l'une, *B. edeni*, vit surtout près des côtes, à l'est de l'océan Indien et l'ouest du Pacifique, et l'autre, *B. brydei*, dans l'Atlantique, l'océan Indien et le Pacifique Sud, où elle préfère la haute mer. La seconde est plus grosse que la première, mais toutes deux sont bleu-gris, ont de 40 à 70 sillons jugulaires, des fanons aux franges grossières et une petite nageoire dorsale située près de la queue sur leur corps massif. Ces rorquals restent en apnée vingt minutes pour se nourrir surtout de poissons en bancs et de plancton. Ils vivent en général seuls ou en petits groupes peu organisés mais s'attroupent parfois par douzaines sur les lieux où la nourriture abonde. Nageurs rapides, ils changent souvent de vitesse et de direction. Ils émergent à la verticale, sortant d'abord la tête et courbant le corps pour exposer leur arrière-train, mais ne montrent jamais leur queue quand ils plongent. Les femelles sont en âge de procréer entre huit et onze ans et donnent le jour à un unique petit après une gestation de douze mois.

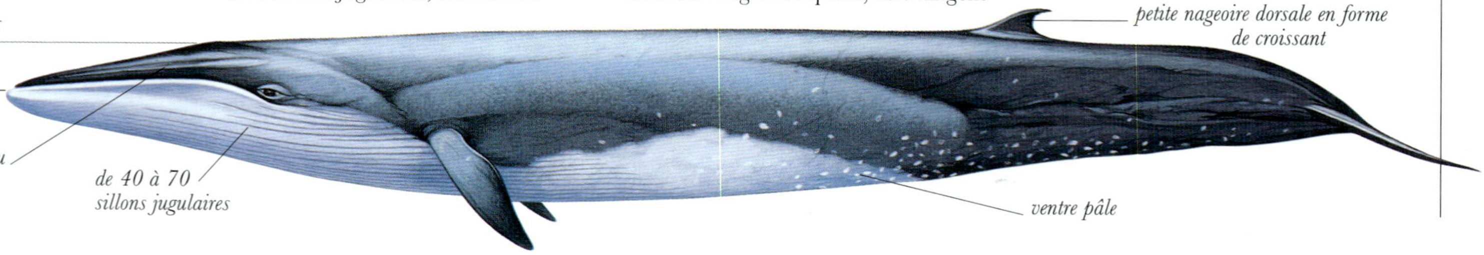

Balaenoptera borealis

Rorqual boréal

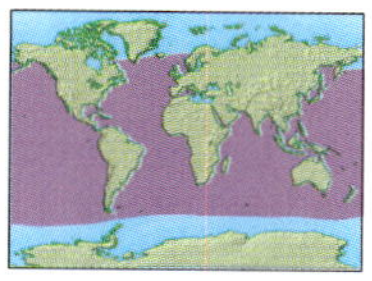

Longueur 14–16 m
Poids 20–25 tonnes
Sociabilité Groupe
Statut EN

Répartition Monde entier (sauf Méditerranée, Baltique, mer Rouge, golfe Persique)

Le rorqual boréal fréquente des eaux plus tempérées (8 °C-25 °C) que ses cousins les plus proches dont l'aire de répartition est plus étendue. Il a le corps mince et fuselé, la tête très allongée et la mâchoire légèrement tombante. La teinte grise de son dos contraste avec celle plus pâle ou blanche de son ventre. La rangée serrée de 320 à 340 fanons aux franges délicates qui garnit sa mâchoire supérieure lui permet d'attraper des proies variées allant de copépodes, crustacés de moins de 1 cm qui abondent dans le plancton, à des poissons nageant en bancs et à des calmars de 30 cm de long. On rencontre en général les rorquals boréaux en groupes de 2 à 5 individus. Ils plongent jusqu'à 300 m de profondeur et restent sous l'eau jusqu'à vingt minutes. Les femelles donnent en général le jour à un unique petit, mais parfois à des jumeaux.

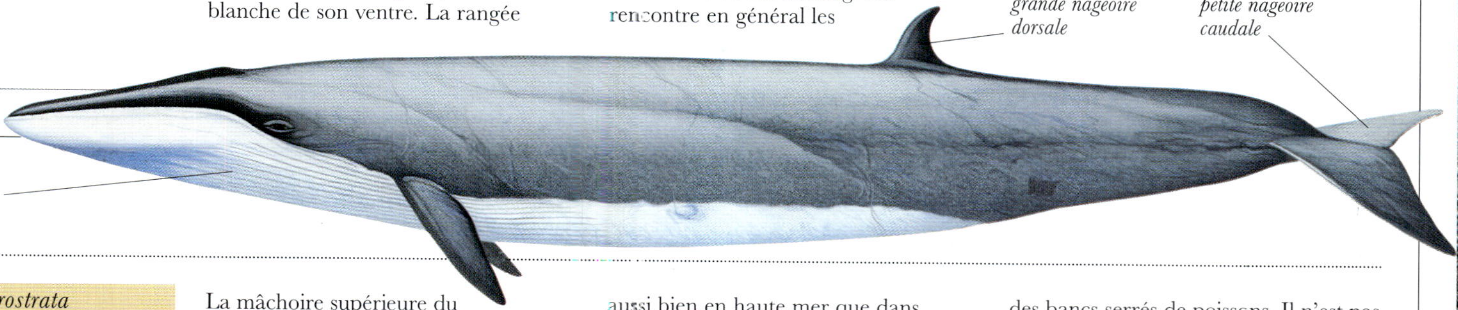

Balaenoptera acutorostrata

Petit rorqual

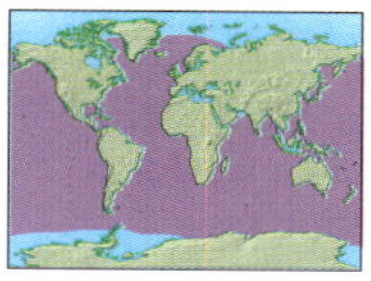

Longueur 8–10 m
Poids 8–13 tonnes
Sociabilité Solitaire
Statut LR

Répartition Monde entier (sauf E. Méditerranée)

La mâchoire supérieure du petit rorqual, le plus petit membre de sa famille, est garnie de courts fanons d'environ 30 cm de long dont il y a entre 230 et 360 de chaque côté. Ce cétacé ne semble pas effectuer de migrations régulières et on le rencontre aussi bien en haute mer que dans les eaux côtières, dans les fjords, les estuaires et dans le voisinage des glaces. Il se nourrit seul, en ingurgitant des masses de plancton ou des bancs serrés de poissons. Il n'est pas timide et s'approche parfois de bateaux stationnaires. Des baleineaux de 3 m de long naissent au milieu de l'hiver et tètent leurs mères pendant trois mois.

MOTIFS GRIS FUMÉE

Des motifs gris forment une zone de transition entre le noir du dos et le blanc du ventre. La bande blanche de la nageoire se prolonge parfois sur la poitrine.

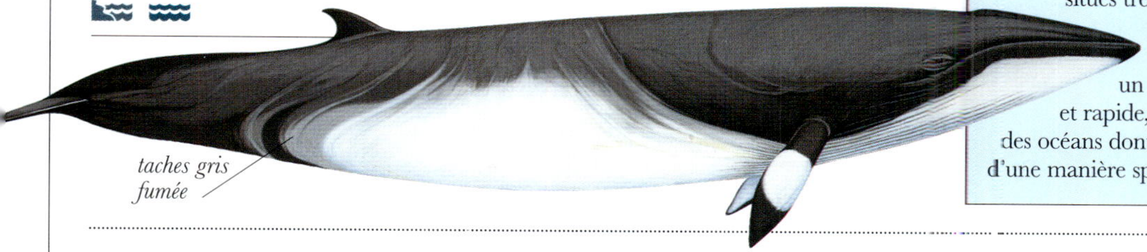

SEMBLABLE AU DAUPHIN

Avec son museau pointu, sa tête allongée et la crête jugulaire qui court de son museau à ses évents jumeaux situés très loin à l'arrière de son front, le petit rorqual ressemble beaucoup à un dauphin. Nageur agile et rapide, il surfe sur la houle des océans dont il émerge parfois d'une manière spectaculaire.

Megaptera novaeangliae

Baleine à bosses, mégaptère

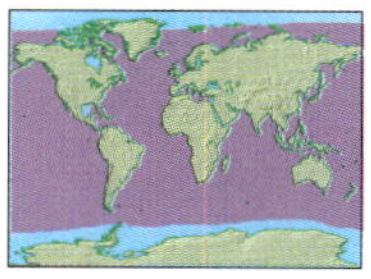

Q : Rorqual à bosses
Longueur 13–14 m
Poids 25–30 tonnes
Sociabilité Variable
Statut VU

Monde entier (sauf Méditerranée, Baltique, mer Rouge, golfe Persique)

La baleine à bosses est bleu foncé avec des taches plus pâles ou blanches sur le ventre. La couleur de la queue varie d'un individu à l'autre ainsi que le bord bosselé de ses nageoires très longues. Gracieuse et agile malgré sa taille, la baleine à bosses exécute de grands sauts hors de l'eau. Elle passe l'été dans les régions polaires riches en nourriture et migre l'hiver vers des eaux côtières plus chaudes où les femelles mettent bas. Elle utilise des méthodes variées pour se procurer des aliments, s'associant entre autres à des congénères pour prendre les poissons au piège dans des « filets » de bulles. Elle émet toutes sortes de sons dont certains servent peut-être à coordonner les mouvements des individus occupés à pêcher. En hiver, les mâles solitaires poussent des séries de cris longs et complexes, d'une étonnante variété (voir ci-dessous, à droite).

CORPS ET NAGEOIRES

La baleine à bosses a le corps trapu et, à la base de la nageoire dorsale, un bourrelet de graisse de forme variable, parfois presque plat et parfois saillant et triangulaire. Sa nageoire caudale a une envergure équivalant au tiers de la longueur totale de son corps, tête comprise.

ÉMERGENCE

La poussée générée par la baleine à bosses est assez puissante pour propulser la presque totalité de la vingtaine de tonnes qu'elle pèse hors de l'eau. Elle se retourne alors et tombe sur le dos en créant un énorme jaillissement. On se demande si elle agit ainsi pour provoquer des ondes sonores ou pour apaiser les démangeaisons que lui causent les parasites.

CHANT

Le chant de la baleine à bosses mâle dure jusqu'à trente minutes et sert soit à attirer les femelles, soit à intimider les mâles rivaux, soit à repérer les autres baleines à la manière d'un sonar. Le mâle ci-dessus est en train de se mettre à la verticale, tête en bas, à une distance de 10 à 40 m de la surface de l'eau, position qu'il adopte pour chanter.

CÉTACÉS À DENTS

PHYLUM	Cordés
CLASSE	Mammifères
ORDRE	Cétacés
SOUS-ORDRE	Odontocètes
FAMILLES	9
ESPÈCES	71

BEAUCOUP PLUS DIVERSIFIÉS que les cétacés à fanons, les cétacés à dents représentent près de 90 % des cétacés. Les dauphins (dont l'épaulard fait partie), les dauphins d'eau douce, les marsouins et le bélouga ont les mâchoires garnies non pas de fanons mais de dents. Ils présentent sur le front une cavité remplie de fluide appelée melon. On les trouve pour la plupart dans le monde entier, en eau profonde et près des côtes, à part quelques-uns qui vivent en eau douce. Certains ont l'habitude de migrer, mais seul le cachalot couvre de grandes distances.

ANATOMIE

Contrairement à la plupart des mammifères, les cétacés appartenant à ce groupe n'ont ni incisives, ni canines, ni prémolaires, ni molaires mais des dents indifférenciées à une seule racine, coniques et pointues, droites ou incurvées. Elles sont permanentes, et leur nombre est variable : certains dauphins en ont 40 paires à chaque mâchoire, et les dauphins à bec, une seule à la mâchoire inférieure. Les cétacés à dents n'ont qu'un seul évent s'ouvrant au sommet de leur tête (sauf le cachalot chez lequel il est situé sur le devant) et leur crâne est donc asymétrique. La forme allongée de leur tête qui se termine par un bec long et étroit constitue un autre de leurs traits communs.

ALIMENTATION

Alors que les cétacés à fanons consomment leurs proies en masse, ceux à dents les capturent une par une. Leurs dents sont idéales pour attraper les poissons glissants dont ils se nourrissent tous, sauf certains comme les dauphins à bec qui mangent aussi des calmars, et les cachalots qui s'alimentent plus exclusivement de calmars et de poulpes. Les épaulards s'attaquent à d'autres baleines ainsi qu'à des phoques qu'ils viennent parfois chercher jusque sur les plages ; ils renversent aussi des blocs de glace pour jeter leurs victimes à l'eau.

Les espèces consommatrices de poisson ont en général de nombreuses dents tandis que celles qui se nourrissent de calmars et de pieuvres en ont beaucoup moins. Les cachalots n'ont de véritables dents qu'à la mâchoire inférieure et ils serrent leurs proies contre leur palais rugueux.

Tous les cétacés à dents se servent de l'écholocation pour repérer leurs proies et pour éviter les obstacles.

COMPORTEMENT

Les cétacés à dents vivent presque tous en bandes de 10 à 1 000 individus (nombre observé chez certains dauphins). On ne sait pas très bien comment ces groupes sont organisés mais on pense qu'ils se subdivisent en sous-groupes aux activités distinctes, ce qui suggère l'existence d'une organisation sociale complexe. Certaines espèces, tel l'épaulard en particulier, semblent pratiquer la coopération pour regrouper leurs proies afin de les encercler. Lorsqu'ils nagent en bancs, les dauphins bondissent hors de l'eau, peut-être pour s'amuser, mais peut-être aussi pour communiquer.

FORME FUSELÉE
Le dauphin tacheté est un nageur rapide qui voyage souvent en grandes formations. Son corps en forme de torpille est propulsé par les coups puissants de sa queue. Les mouchetures de sa peau empêchent ses proies et ses prédateurs de le repérer dans les eaux ensoleillées peu profondes.

Platanista gangetica

Dauphin du Gange

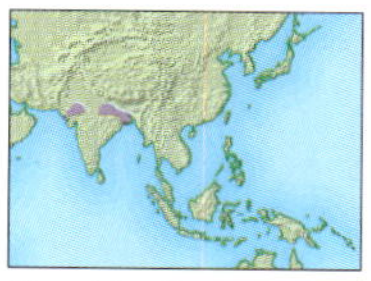

Longueur 2,10–2,50 m
Poids 85 kg

Sociabilité Variable

Statut EN

Répartition S. Asie (Indus, Gange et Brahmapoutre)

Aussi connu sous ses noms locaux de *susu* et *bhulan*, ce dauphin fréquente exclusivement les eaux douces. Il a de grandes nageoires et un bec long et étroit dont les mâchoires inférieure et supérieure sont garnies de 26 à 39 paires de dents acérées ; celles de devant font saillie et forment un piège où se prennent les poissons, crustacés et autres proies séjournant au fond de l'eau. Grâce à son cou très flexible, ce dauphin penche la tête à angle droit tandis qu'il fouille la vase du regard ou recherche ses proies par écholocation. Il vit en petits groupes formés en général de 4 à 6 individus mais parfois de jusqu'à 30. Son mode de vie est encore très mal connu. Il en existe deux sous-espèces : l'une vit dans l'Indus, l'autre dans le Gange et le Brahmapoutre ; toutes deux sont extrêmement rares et exposées aux nombreuses menaces que l'homme fait peser sur elles.

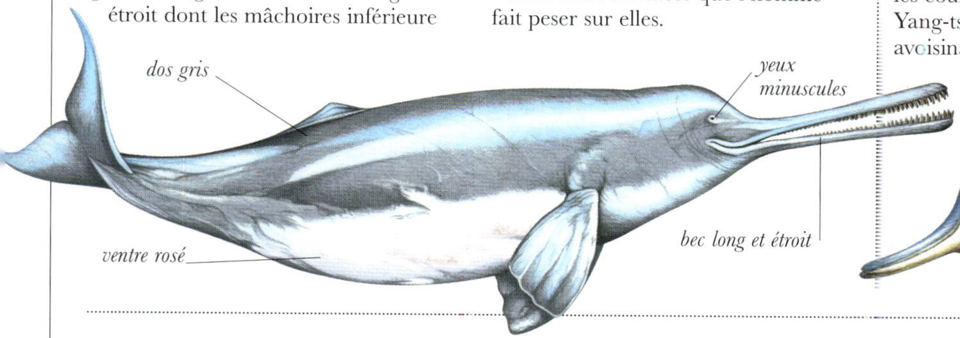

Lipotes vexillifer

Dauphin du Yang-tsé

Longueur 2,20–2,50 m
Poids 125–160 kg

Sociabilité Variable

Statut CR

Répartition E. Asie (Yang-tsé)

Ce dauphin très mal connu habite les cours moyen et inférieur du Yang-tsé ainsi que les étendues d'eau avoisinantes. Il cherche ses proies dans la vase avec son long bec mince et flexible. Ses deux mâchoires sont garnies chacune de 30 à 35 paires de dents pointues. Ses yeux minuscules n'étant pas entièrement formés, il se dirige sans doute à l'aide du toucher ou par écholocation. Timide et furtif, il vit en petits groupes de 2 à 6 individus. Il doit faire face à de nombreuses menaces – surpêche, barrages barrant les voies migratoires, collision avec des bateaux, pollution due à des produits chimiques ou à des ordures, bruits de moteur l'empêchant de pratiquer l'écholocation, chasse illégale enfin, car sa chair est prisée ainsi que certaines parties de son corps utilisées par la médecine traditionnelle.

Inia geoffrensis

Dauphin de l'Amazone

Longueur 2–2,60 m
Poids 100–160 kg

Sociabilité Variable

Statut VU

Répartition Amérique du Sud (bassins de l'Amazone et de l'Orénoque)

Aussi appelé *boto* ou *boutu*, ce dauphin fréquente les eaux de l'Amazone, de l'Orénoque et de leurs affluents. Il cherche ses proies en effectuant des plongeons d'une à deux minutes pendant lesquels il fouille la vase avec son bec long et flexible. Comme ses yeux sont petits, il trouve sans doute ses proies surtout par écholocation. Entre 25 et 35 paires de dents garnissent ses mâchoires inférieure et supérieure. En forme de broches sur le devant, elles lui permettent de saisir ses victimes mais, plates et garnies de cuspides au fond, elles sont faites pour broyer les carapaces des crabes, des tortues de rivière et des poissons-chats. Un unique petit de 80 cm naît entre mai et juillet.

NÉCESSAIRE PRUDENCE

Connu pour sa lenteur et son allure léthargique, le dauphin de l'Amazone vit seul ou en couple, mais parfois en groupe (jusqu'à 20 individus). Il s'approche des nageurs et des bateaux dans certaines régions mais, là où on le chasse, il est beaucoup plus prudent.

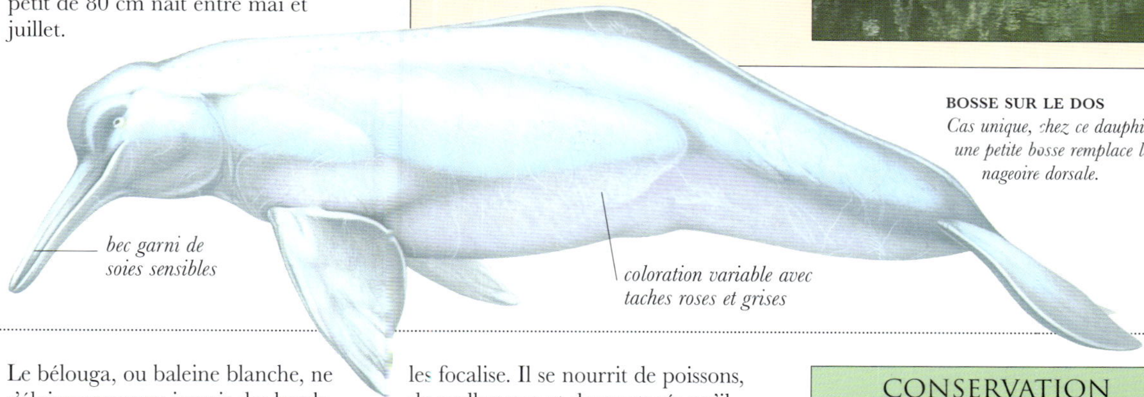

BOSSE SUR LE DOS
Cas unique, chez ce dauphin, une petite bosse remplace la nageoire dorsale.

Delphinapterus leucas

Bélouga

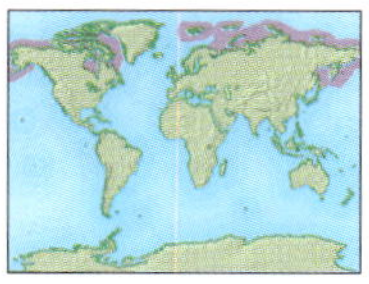

Longueur 4–5,50 m
Poids 1–1,5 tonne

Sociabilité Groupe

Statut VU

Répartition Océan Arctique

Le bélouga, ou baleine blanche, ne s'éloigne presque jamais des bords de la banquise arctique et plonge jusqu'à 300 m (distance mesurée par radio-émetteur) en se dirigeant par écholocation pour repérer ses proies ou trouver des trous par lesquels respirer. Il émet des cris variés – couinements, sifflements, beuglements, claquements et bourdonnements. Les ultrasons qui lui servent à se diriger par écholocation passent par son melon protubérant qui les focalise. Il se nourrit de poissons, de mollusques et de crustacés qu'il broie avec les 8 à 11 paires de dents de sa mâchoire supérieure et les 8 à 9 de l'inférieure. Son petit, qui mesure 1,50 m à la naissance, est d'abord gris foncé, puis plus pâle à deux ans et blanc bleuté à cinq ans.

BLANCHEUR
Seul de tous les cétacés à être blanc, le bélouga adulte se confond avec les glaces de l'Arctique. Sa peau prend parfois une teinte jaune avant la mue estivale.

CONSERVATION

La pollution des eaux où ils vivent constitue une menace grandissante pour les bélougas, et la chasse dont ils sont l'objet, encore autorisée pour de petits nombres, met les populations de leur domaine arctique en danger.

Monodon monoceros

Narval

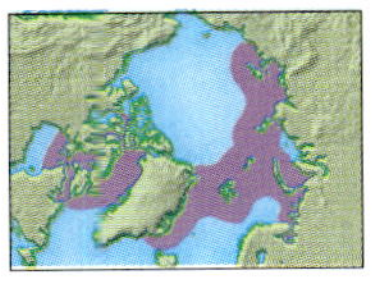

Longueur 4–4,50 m
Poids 0,8–1,6 tonne
Sociabilité Groupe
Statut Commun localement

Répartition Océan Arctique

Le narval, qui vit parmi les glaces de l'Arctique, est, de tous les mammifères, celui qui habite les régions les plus nordiques. Il n'a qu'une dent à croissance permanente, l'incisive supérieure gauche qui forme une longue défense (voir à droite). Il aspire sans doute ses proies – poissons, mollusques et autres – avec ses lèvres et sa langue puissantes. Comme les bélougas – et en fait souvent avec eux – il forme de vastes bancs de milliers d'individus groupés par âge et par sexe. Il communique à l'aide de divers sons, parmi lesquels un bourdonnement servant peut-être de signe de reconnaissance individuel.

COLORATION
Les mouchetures grises et blanches du narval (ici une femelle) se détachant sur un fond pâle se resserrent sur le dos où elles se fondent en grandes zones de gris foncé.

DÉFENSE DU NARVAL

L'incisive torsadée du narval croît à travers sa lèvre dans le sens des aiguilles d'une montre avec l'âge et atteint jusqu'à 3 m de long. Elle sert peut-être d'arme dans les combats entre mâles en rut mais sans doute pas à attraper des proies puisque les femelles survivent quoiqu'elles n'en aient pas, à de rares exceptions près. Il arrive qu'un mâle en ait deux.

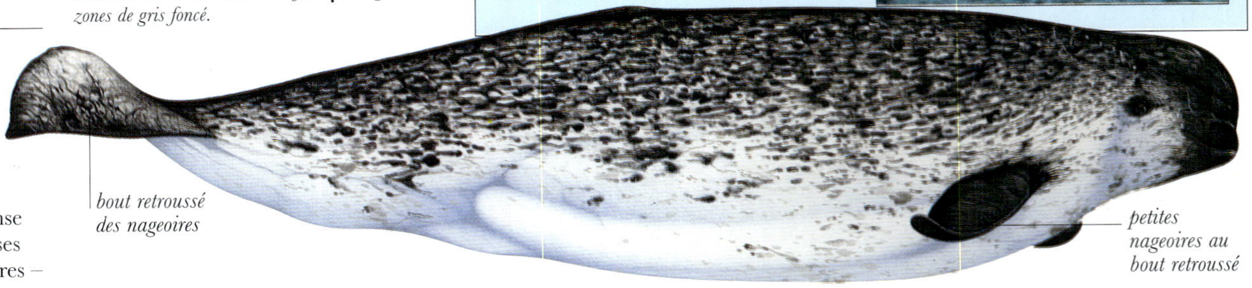

Phocoena phocoena

Marsouin commun

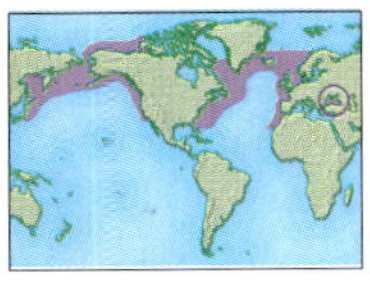

Longueur 1,40–2 m
Poids 50–90 kg
Sociabilité Variable
Statut VU

Répartition Pacifique Nord, Atlantique Nord, mer Noire

Le marsouin, plus nombreux dans son aire de répartition que d'autres cétacés, n'en a pas moins souffert des activités humaines, comme beaucoup d'autres animaux côtiers. Il court surtout le risque de se prendre dans les filets des pêcheurs et de mourir asphyxié. Les épaulards, les grands dauphins et les grands requins sont les prédateurs qu'il redoute par ailleurs lorsqu'il descend jusqu'à 200 m de profondeur pour chercher les poissons et les crustacés qui vivent au fond de la mer. Il utilise l'écholocation pour les repérer et les saisit avec ses dents en forme de pelle dont il possède de 11 à 28 paires à la mâchoire supérieure et de 21 à 25 à l'inférieure. Il lui arrive de former des groupes dans les zones peu étendues où les bancs de poissons abondent. Au début de l'été, la femelle donne le jour à un unique petit dont elle prend soin pendant douze mois.

Phocoena sinus

Marsouin de Californie

Q : Vaquita
Longueur 1,50 m
Poids 48 kg
Sociabilité Variable
Statut CR

Répartition Golfe de Californie

Ce petit marsouin, que l'on ne trouve que dans une aire très limitée, à l'extrémité nord du golfe de Californie, est l'un des plus vulnérables des animaux marins. Son mode de vie est très mal connu. Il vit, souvent seul, dans des eaux peu profondes (moins de 40 m) où il se nourrit de petites proies – poissons, calmars et autres – qu'il repère par écholocation près du fond ou sur le sol marin. Son corps gris est plus foncé sur le dos que sur le ventre ainsi qu'autour des yeux et de la bouche. La femelle donne le jour à un unique petit ne mesurant que 70 à 80 cm de long qu'elle allaite plusieurs mois. Les filets de pêche, qui sont la cause de plus de trente morts par an, la pollution, le bruit des moteurs et la prospection du pétrole font peser de graves menaces sur son existence.

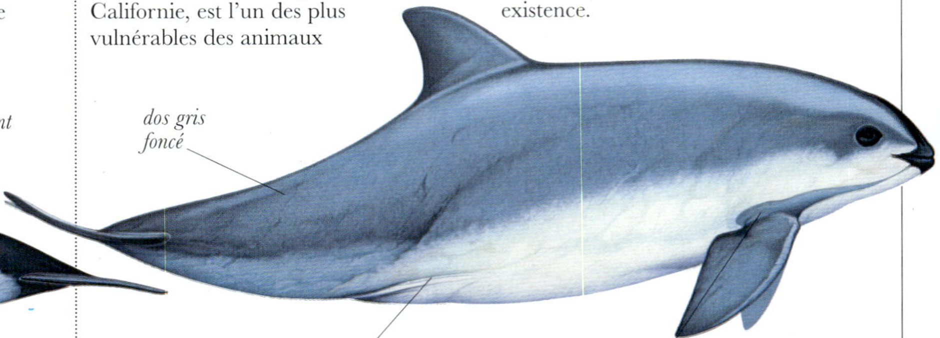

Neophocaena phocaenoides

Marsouin noir

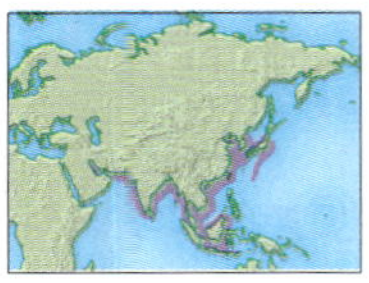

Longueur 1,50–2 m
Poids 72 kg
Sociabilité Variable
Statut Commun localement

Répartition Océan Indien, O. Pacifique

Dépourvu de nageoire dorsale, ce marsouin de taille moyenne est difficile à identifier et à apercevoir au moment où il fait brièvement surface et roule doucement dans l'eau pour remplir ses poumons d'air. Il se distingue des six autres espèces de marsouins par son front protubérant comme celui des dauphins et son museau légèrement en pointe. Il vit près des côtes, dans l'océan Indien et le Pacifique Ouest où il fréquente les estuaires et remonte les fleuves. Comme ses proches parents mais contrairement aux dauphins, il ne saute que rarement hors de l'eau mais dresse parfois la tête, corps à la verticale, pour observer les alentours dans la posture de « vigie » adoptée par les baleines. Il se nourrit seul ou en petits groupes composés de 3 à 5 individus, occasionnellement de 10 ou plus. Il attrape petits poissons et mollusques au fond de l'eau avec ses mâchoires garnies toutes deux de 13 à 22 paires de dents. Il migre parfois pour de courts voyages saisonniers à la suite de ses proies.

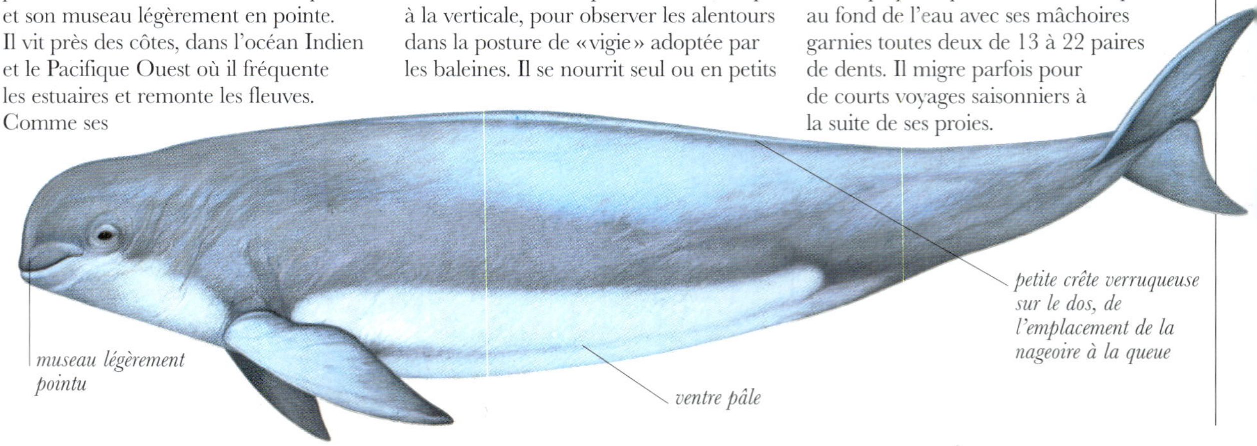

Phocoenoides dalli

Marsouin de Dall

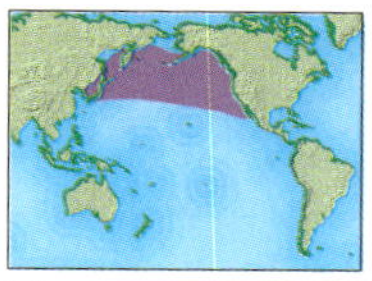

Longueur 2,20 – 2,40 m
Poids 170 – 200 kg
Sociabilité Groupe
Statut LR

Répartition Pacifique Nord

Sa tête et ses nageoires pectorales sont relativement petites et ses deux mâchoires sont garnies de dents (de 23 à 28 paires en haut et de 24 à 28 en bas). Il s'assemble en petits bancs qui se regroupent parfois en vastes troupes de milliers d'individus. Il émet divers cliquetis et se nourrit de poissons et de calmars, attrapant des sardines en surface et des poissons lanternes à des niveaux plus bas.

Ce marsouin grand et robuste, qui nage très vite (il atteint 55 km/h), a le corps noir avec une zone blanche sur chaque flanc et parfois sur le bout des nageoires caudale et dorsale.

Sousa teuszii

Sotalie de Tansz

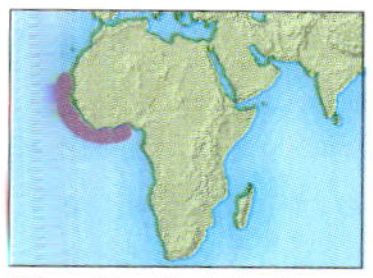

Longueur 2,40 – 2,80 m
Poids 280 kg
Sociabilité Groupe
Statut Commun localement

Répartition E. Atlantique

Ce dauphin habite les eaux côtières peu profondes, les récifs de corail, les mangroves, les estuaires et les fleuves. Il est lent et se nourrit surtout de poissons nageant en bancs. Ses deux mâchoires sont garnies de 27 à 38 paires de dents carrées. Il s'assemble en bancs de jusqu'à 25 individus et suit les bateaux de pêche pour profiter des turbulences causées par leur passage et il rabat même les poissons vers les filets tendus près des rivages pour recevoir en échange une part du butin. Il a des cousins dont l'un, *Sousa plumbea*, fréquente l'océan Indien et l'autre, *Sousa chinensis*, le Pacifique Ouest. Il leur ressemble mais, alors qu'il est gris ardoise pâle sur le ventre, *S. plumbea* est plus grand et d'une couleur plus sombre, tachetée de bleu foncé, et *S. chinensis* est plus petit, rose tacheté de gris sur la tête et autour des yeux, et sa nageoire dorsale n'est pas incurvée.

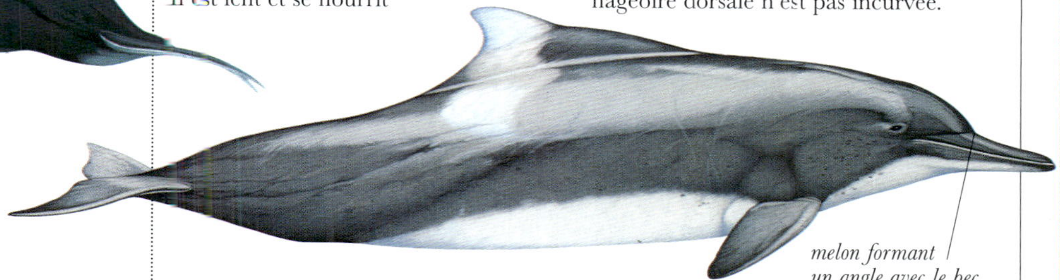

Sotalia fluviatilis

Dauphin de l'Orénoque

Longueur 1,30 – 2 m
Poids 35 – 40 kg
Sociabilité Variable
Statut Commun localement

Répartition Amérique centrale, N.-E. Amérique du Sud

Différent du dauphin de l'Amazone (voir p. 167), celui de l'Orénoque est l'un des dauphins les plus petits. Il est trapu et pourvu de grandes nageoires caudale et dorsale. Il en existe une variété marine au nord-est de l'Amérique du Sud, près des côtes et dans les estuaires, et une variété d'eau douce dans le cours inférieur de l'Amazone et les lacs avoisinants. Il vit seul ou en couple, mais on le rencontre parfois en groupes qui comptent jusqu'à 10 individus dans les fleuves et jusqu'à 30 dans les eaux côtières. Il bondit parfois, exécute des sauts périlleux et surfe sur les vagues sans qu'on sache pourquoi. Il se nourrit de poissons – anchois et poissons-chats – et de calmars qu'il avale tout ronds. Il est protégé par la tradition qui interdit de le chasser dans certains endroits mais parfois tué pour sa chair ou pour servir d'appât pour la pêche ; il meurt aussi souvent d'asphyxie dans les filets des pêcheurs.

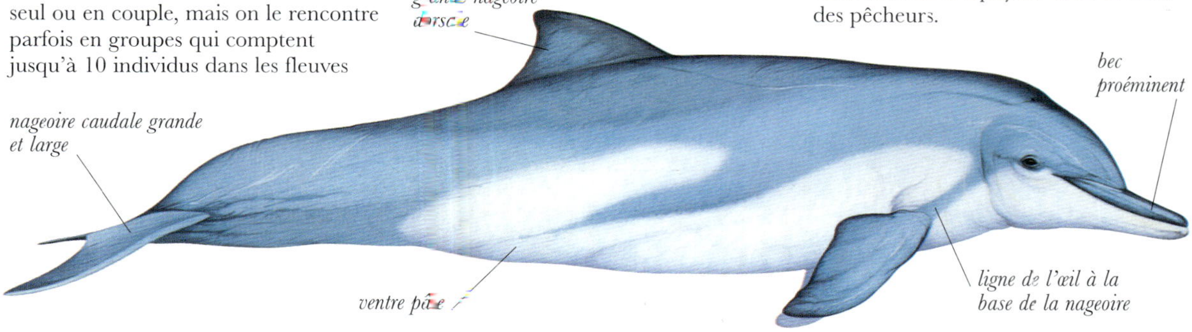

Lagenorhynchus obscurus

Dauphin de Gray

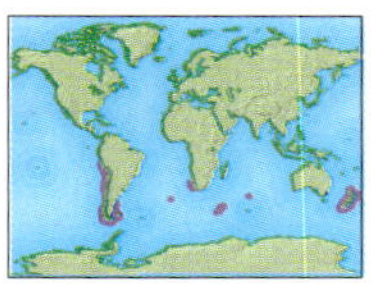

Longueur 1,70 – 2,10 m
Poids 70 – 85 kg
Sociabilité Variable
Statut Commun localement

Répartition S. Atlantique, Océan Indien, S. Pacifique

Ce dauphin est mi-partie gris foncé ou bleu-noir, mi-partie gris pâle ou blanc, et une bande grise court de la face à la base de la queue et sépare les deux zones de couleur. La tête au profil régulier s'évase graduellement du bec à l'évent. Il existe trois sous-espèces que l'on trouve respectivement au large de l'Amérique du Sud (*L. obscurus fitzroyi*), de l'Afrique du Sud (*L. obscurus obscurus*) et de la Nouvelle-Zélande (sans nom). Elles préfèrent les eaux entre 10 °C et 18 °C et ne descendent pas au-dessous de 200 m. La sous-espèce qui fréquente les côtes de l'Amérique du Sud se nourrit le jour de poissons nageant en bancs et de calmars, et celle qui vit près de la Nouvelle-Zélande s'alimente la nuit, à des profondeurs moyennes. Elles s'assemblent toutes trois en bancs dont la composition change très rapidement et comptent de 2 à 1 000 individus qui sautent, se poursuivent et se frottent les uns contre les autres.

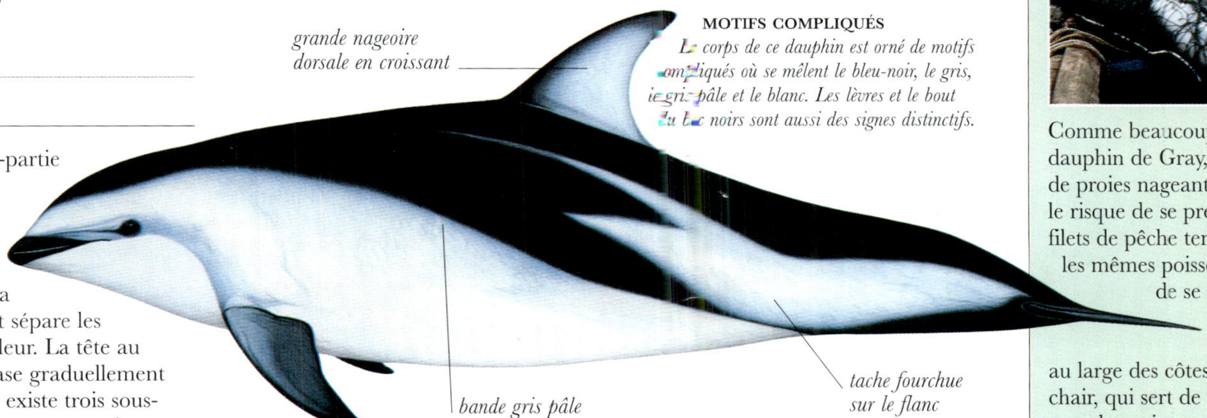

MOTIFS COMPLIQUÉS

Le corps de ce dauphin est orné de motifs compliqués où se mêlent le bleu-noir, le gris, le gris pâle et le blanc. Les lèvres et le bout du bec noirs sont aussi des signes distinctifs.

CONSERVATION

Comme beaucoup de cétacés, le dauphin de Gray, qui se nourrit de proies nageant en bancs, court le risque de se prendre dans les filets de pêche tendus pour attraper les mêmes poissons. Incapable de se dégager, il meurt d'asphyxie. On le chasse au large des côtes du Pérou pour sa chair, qui sert de viande et d'appât pour les poissons.

Lagenorhynchus obliquidens

Dauphin de Gill

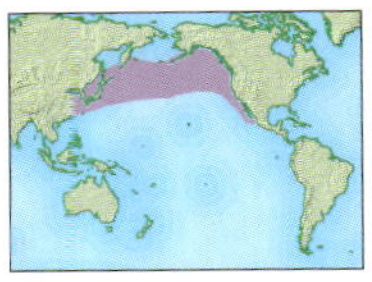

Q : Dauphin à flancs blancs du Pacifique
Longueur 2,10–2,50 m
Poids 75–90 kg
Sociabilité Groupe
Statut Commun
Répartition Pacifique Nord

Reconnaissable à sa tête allongée, à sa coloration et à sa grande nageoire dorsale, ce dauphin nage souvent dans le sillage des navires dans le Pacifique Nord. Il a le dos sombre, le ventre gris-blanc, une tache de la même couleur sur la partie antérieure de son flanc et une bande pâle parcourant son corps de la tête à la queue. Il se nourrit de divers poissons et de calmars qu'il saisit avec les petites dents qui, au nombre de 23 à 36 paires, garnissent ses deux mâchoires. Il forme des bandes à la composition changeante qui comptent de 10 à 1 000 individus et il s'associe souvent à d'autres dauphins et à des baleines. Après une gestation de dix à douze mois, la femelle donne le jour à un unique petit de 90 cm de long. La pêche de ce dauphin représente une part importante des activités de certains établissements du nord-ouest du Pacifique.

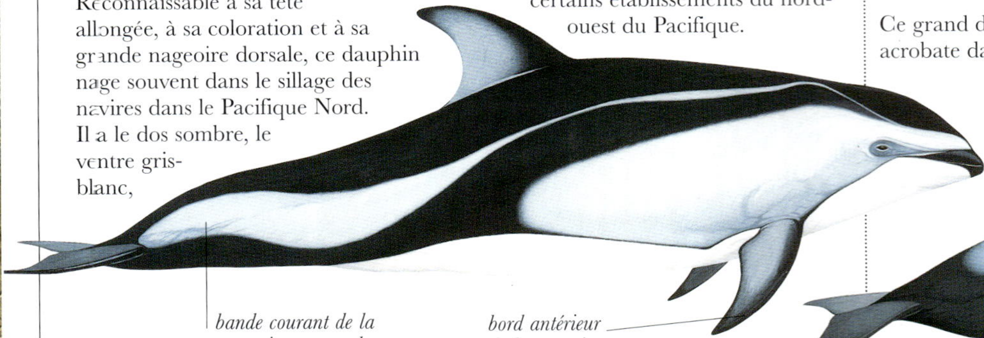

Lagenorhynchus albirostris

Dauphin à bec blanc

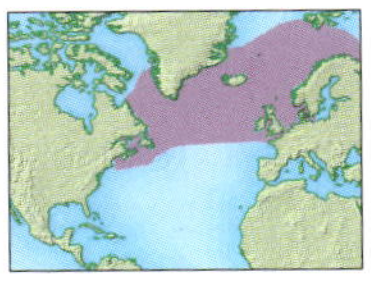

Q : Dauphin à nez blanc
Longueur 2,80 m
Poids 350 kg
Sociabilité Groupe
Statut Commun
Répartition Atlantique Nord

Ce grand dauphin trapu est un acrobate dans l'eau. Son bec tronqué fait un angle perceptible avec le melon qui bombe son front. Il a le corps gris foncé ou noir, et des taches blanches ou grises, de formes variables, marquent ses flancs. Avec ses mâchoires garnies toutes les deux de 22 à 27 robustes dents coniques, il attrape les poissons qui, comme les harengs, nagent en bancs près de la surface, mais il descend aussi chercher les poissons plats et les calmars pélagiques. Il nage en bancs de composition changeante qui comptent selon les cas entre 5 et plus de 1 000 individus. Des rafales de claquements et des cris perçants lui servent de moyen de communication. Comme chez beaucoup d'autres dauphins, un unique petit de 110 à 120 cm de long naît en été.

Grampus griseus

Dauphin de Risso

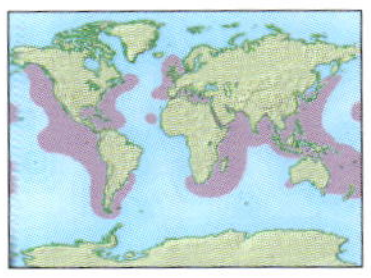

Q : Dauphin gris
Longueur 3,80 m
Poids 400 kg
Sociabilité Groupe
Statut Commun
Répartition Pacifique, Atlantique, Méditerranée, océan Indien

Ce dauphin se reconnaît facilement à sa grosse tête dépourvue de bec, au pli courant au centre de son melon protubérant, à sa grande nageoire dorsale et à son corps gris marqué de cicatrices blanches. Il se déplace en groupes de 10 à 15 individus qui se regroupent pour former des bandes de plusieurs centaines auxquelles viennent se joindre d'autres cétacés. Il souffre des activités humaines, meurt d'asphyxie dans les filets de pêche, s'empoisonne lentement en ingérant les polluants présents dans les chaînes alimentaires et avale des sacs plastiques et autres déchets.

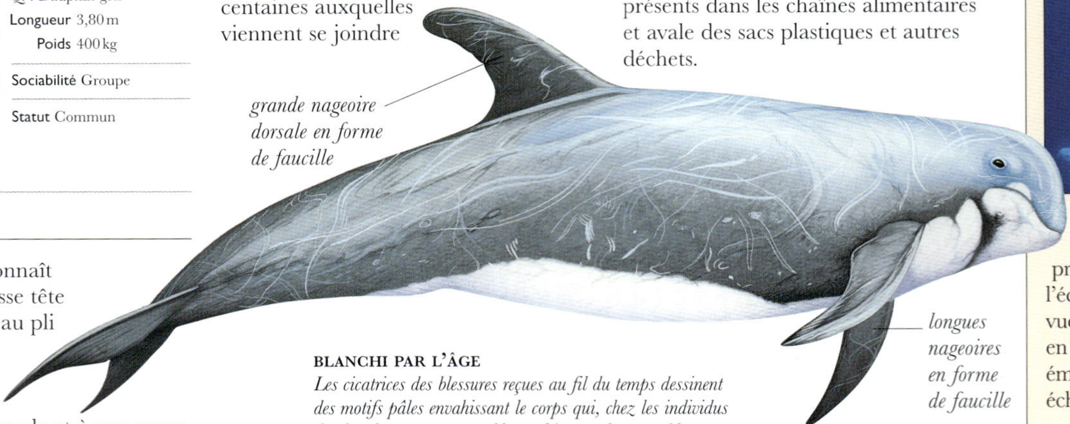

BLANCHI PAR L'ÂGE
Les cicatrices des blessures reçues au fil du temps dessinent des motifs pâles envahissant le corps qui, chez les individus de plus de trente ans, semble parfois complètement blanc.

COMMUNICATION

Le dauphin de Risso, qui se nourrit de calmars, fréquente les profondeurs. Dans ces lieux sombres, l'écholocation lui est plus utile que la vue. Pour plus d'efficacité, il chasse en bande et est attentif aux ultrasons émis par ses compagnons et aux échos qui sont renvoyés.

Tursiops truncatus

Souffleur

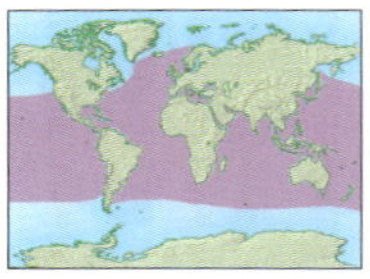

Q : Dauphin à gros nez
Longueur 1,90–4 m
Poids 150-500 kg
Sociabilité Variable
Statut Commun
Répartition Monde entier (sauf régions polaires)

Ce dauphin, le plus grand des dauphins à bec, est celui qui est montré dans les parcs d'attractions. Il se peut qu'il y en ait en réalité deux espèces (*T. truncatus*, répandu dans le monde entier et *T. aduncus*, limité aux eaux côtières de l'Inde et au Pacifique Ouest), mais les différences existant entre les habitants des différentes régions suggèrent qu'il y en a même plus. Dans les zones tropicales, il mesure en moyenne 2 m et a de relativement longues nageoires caudale, pectorale et dorsale ; dans les océans plus froids où il vit loin des côtes, il est deux fois plus long et ses nageoires sont proportionnellement plus petites. Son mode de vie, la façon dont il saute, crie et claque la surface de l'eau varient également suivant les régions.

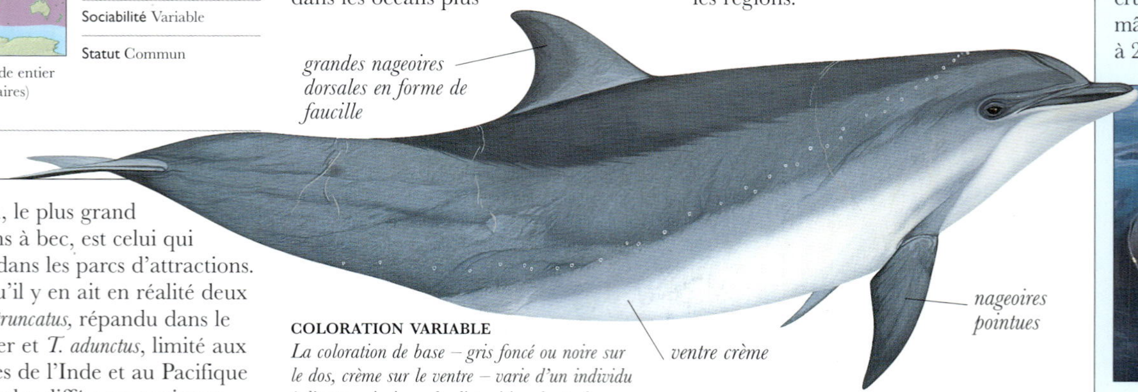

COLORATION VARIABLE
La coloration de base – gris foncé ou noire sur le dos, crème sur le ventre – varie d'un individu à l'autre, ainsi que la disposition des taches.

ADAPTABILITÉ

Le souffleur, qui doit son nom latin à la forme de son bec, est un animal prospère. Son alimentation se compose de poissons, mollusques et crustacés qu'il saisit avec ses mâchoires garnies toutes deux de 18 à 27 paires de petites dents coniques.

Stenella longirostris

Dauphin à long bec

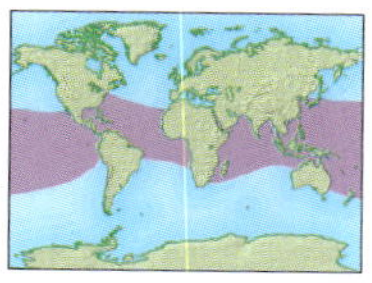

Longueur 1,30 – 2 m
Poids 45 – 75 kg
Sociabilité Groupe
Statut LR

Répartition Eaux tropicales du monde entier

Le dauphin à long bec prend des formes plus variées qu'aucun autre membre de sa famille, et peut-être même qu'aucun cétacé. On en compte au moins trois sous-espèces, l'une répandue dans le monde entier et les deux autres limitées à l'est du Pacifique, ainsi probablement qu'une quatrième naine dans le golfe de Thaïlande. Ces dauphins ont de 45 à 63 paires de dents acérées à chacune des deux mâchoires. Ils sont noirs ou gris foncé sur le dos, plus pâles sur le ventre, et leurs yeux comme leurs lèvres sont, souvent mais pas toujours, bordés de noir. Ils se nourrissent de poissons et de calmars nageant à des profondeurs moyennes. Ils s'assemblent en vastes bandes de centaines ou de milliers d'individus auxquels se joignent d'autres cétacés et même, sans qu'on comprenne pourquoi, des prédateurs comme les thons.

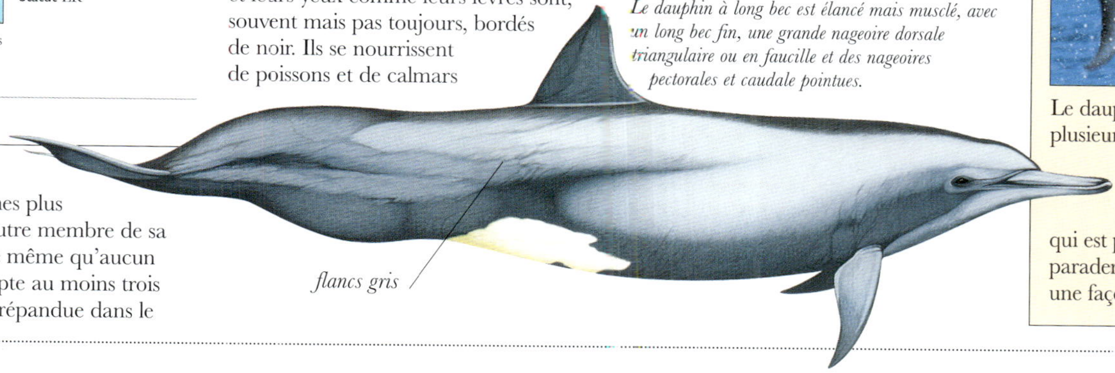

FORME DU CORPS
Le dauphin à long bec est élancé mais musclé, avec un long bec fin, une grande nageoire dorsale triangulaire ou en faucille et des nageoires pectorales et caudale pointues.

ACROBATIES

Le dauphin à long bec tourne plusieurs fois sur lui-même en l'air après avoir bondi hors de l'eau. On ne connaît pas la raison de ce comportement qui est peut-être une manière de parader ou d'attirer un partenaire ou une façon de déloger des parasites.

Stenella attenuata

Dauphin tacheté pantropical

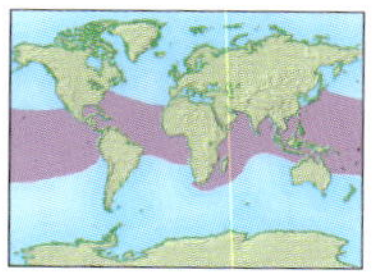

Longueur 1,60 – 2,60 m
Poids Jusqu'à 120 kg
Sociabilité Groupe
Statut LR

Répartition Eaux tropicales et tempérées du monde entier

Ce dauphin, l'un des cétacés les plus communs, recherche généralement les eaux d'une température dépassant 22 °C. Il a le corps mince et fuselé, un bec fin et 40 paires de dents à chaque mâchoire. Une cape gris foncé de forme ovale semble partir de son front et couvrir son corps jusque derrière la nageoire dorsale. Il a les flancs d'un gris plus clair et le ventre pâle. Il forme de vastes bancs réunissant des groupes composés de diverses catégories d'individus, mères avec leurs petits, jeunes, etc., auxquels s'associent d'autres cétacés, surtout des dauphins à long bec, et des thons. Il se nourrit surtout de proies nageant près de la surface, maquereaux, poissons volants et calmars, par exemple.

Stenella frontalis

Dauphin tacheté de l'Atlantique

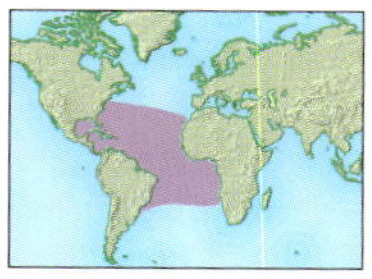

Longueur 1,70 – 2,30 m
Poids 140 kg
Sociabilité Variable
Statut Commun localement

Répartition Atlantique

Ce dauphin creuse si profondément le sable au fond de l'océan qu'il y enfouit la tête tout entière. Il attrape aussi des proies à la surface de l'eau ou à des profondeurs moyennes. Ses mâchoires sont toutes deux garnies de 32 à 42 paires de dents. Il s'assemble en groupes de jusqu'à 15 individus près des côtes mais forme des troupeaux plus nombreux pour poursuivre des proies saisonnières. Les petits naissent sans tache, comme leurs cousins tropicaux (ci-dessus), mais celles-ci apparaissent à mesure qu'ils grandissent.

ESPÈCE PLUS TRAPUE
Le dauphin tacheté de l'Atlantique se distingue surtout de son cousin tropical par son corps plus trapu et son bec plus épais.

TACHES VARIABLES

Les marques sombres qui parsèment le corps de plusieurs espèces de dauphins tachetés, parmi lesquels les atlantiques et les pantropicaux, augmentent en nombre et en dimension avec l'âge. Elles sont en général plus importantes chez les populations océaniques et le sont parfois tellement, chez les côtières, que la couleur du fond disparaît.

Stenella coeruleoalba

Dauphin bleu et blanc

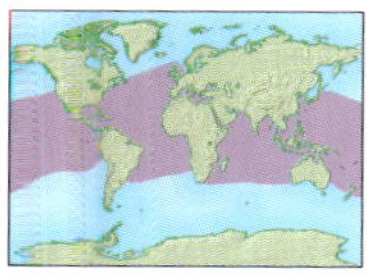

Longueur 1,80 – 2,50 m
Poids 110 – 165 kg
Sociabilité Groupe
Statut LR

Répartition Eaux tropicales et tempérées du monde entier

Cette espèce, qui habite des régions où la température de l'eau est variable, plonge jusqu'à 200 m de profondeur pour attraper petits poissons et calmars entre les 40 à 55 dents pointues que portent chacune de ses mâchoires. Il doit son nom aux raies bleues et blanches qui couvrent son dos et ses flancs d'un motif compliqué. Il est actif et capable d'acrobaties hors de l'eau. Quoique relativement importante, sa population décline depuis quelques années, sous l'action en particulier d'un virus (morbilli) qui l'a considérablement réduite en Méditerranée au début des années 1990.

COLORATION
Une mince raie noire et de plus larges bandes grises s'entremêlent sur le dos bleu-gris foncé ; les flancs sont plus clairs et le ventre crème ou rose ; le bec et le tour des yeux sont noirs.

BANDES DE SURFEURS

Les dauphins bleu et blanc traversent l'océan en bancs de 50 à 500 individus et s'assemblent par milliers en bondissant hors de l'eau et en sifflant pour garder le contact. Ils surfent dans le sillage des bateaux et sur les vagues soulevées par le passage des grandes baleines en train de migrer.

MAMMIFÈRES

Delphinus delphis

Dauphin des Anciens

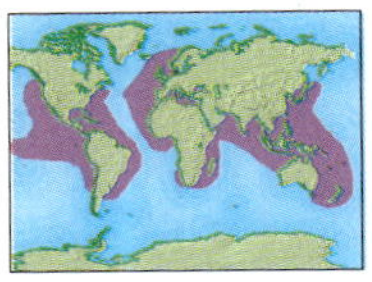

Q : Dauphin commun
Longueur 2,30 – 2,60 m
Poids 80 kg
Sociabilité Groupe
Statut Commun

Répartition Eaux tropicales et tempérées du monde entier

Ce dauphin a sur le flanc un motif formé de deux taches dont l'une, jaune ou fauve, s'étend de la tête au milieu du corps, et l'autre, gris pâle, se prolonge jusqu'à la queue. D'étroites lignes sombres relient la bouche aux yeux et le menton aux nageoires pectorales. Entre 40 et 55 paires de petites dents acérées garnissent chacune des mâchoires. Il plonge jusqu'à une profondeur de 300 m à la recherche de poissons nageant en bancs. Il vit soit près des côtes, en eau profonde, soit dans les estuaires, et on considère alors parfois qu'il s'agit d'une espèce séparée, *D. capensis*.

MOTIF EN SABLIÈRE
Le motif jaune et gris qui orne les flancs de ce dauphin a la forme d'une sablière.

BANDES JOYEUSES

Nageurs vigoureux, les dauphins des Anciens sont très grégaires et forment des troupeaux de milliers d'individus. Ils jouent dans les vagues soulevées par les grandes baleines et dans le sillage des navires et émettent toutes sortes de cris et de sifflements nettement perçus par les passagers.

Lissodelphis borealis

Dauphin du Nord

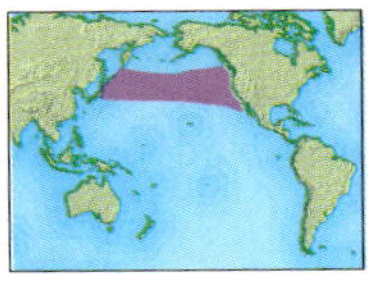

Q : Dauphin à dos lisse
Longueur Jusqu'à 3 m
Poids Jusqu'à 115 kg
Sociabilité Groupe
Statut Commun

Répartition Pacifique Nord

Ce dauphin sociable nage en bancs de 100 à 200 individus qui se regroupent pour s'assembler par milliers. Il émet des sons variés en bondissant hors de l'eau et en surfant dans le sillage des navires. Il se nourrit de poissons et de calmars qu'il attrape en descendant jusqu'à 200 m de profondeur. Une espèce semblable, *L. peronii*, habite plus au sud.

CONSERVATION

Le dauphin du Nord, qui nage en vastes troupeaux, meurt souvent d'asphyxie dans les grands filets tendus pour attraper les poulpes au centre du Pacifique. Dans les années 1980, il en mourait 20 000 par an, et la population diminua de 70 %.

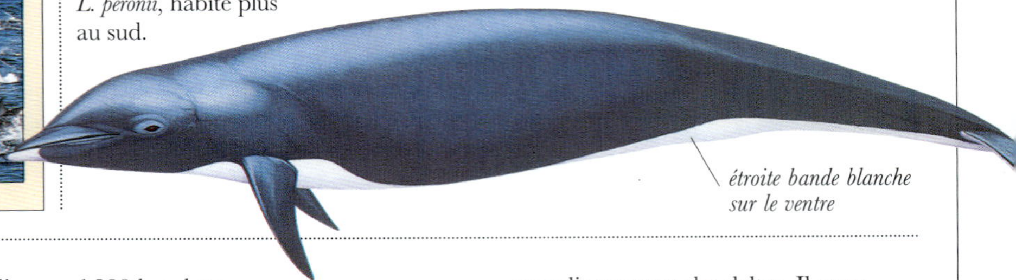

MINCE ET RAPIDE
Le corps mince aux nageoires pectorales et caudale relativement petites et aux dorsales absentes du dauphin du Nord indique qu'il nage très vite.

Orcaella brevirostris

Dauphin de l'Irrawaddy

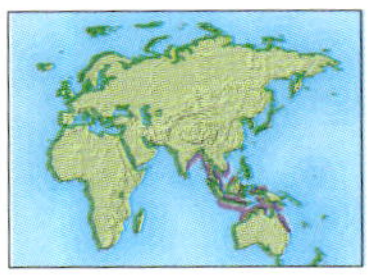

Longueur 2,10 – 2,80 m
Poids 90 – 150 kg
Sociabilité Variable
Statut Commun localement

Répartition S.-E. Asie et N. Australie

Ce dauphin d'eau douce possède certaines caractéristiques qui le distinguent des autres espèces : son front est proéminent, il n'a pas de véritable bec mais des lèvres en saillie, et des plis marquent l'emplacement du cou. Il est capable de toutes sortes de mimiques que les hommes pensent pouvoir interpréter, mais dont on ne sait pas quel sens ses congénères leur donnent. Certains individus ne vivent qu'en eau douce, parcourant près de 1 500 km dans l'Irrawaddy et le Mékong, grands fleuves qui traversent l'un la Birmanie et l'autre le Vietnam. Il préfère cependant en général les estuaires et le voisinage des côtes et se plaît dans les eaux limoneuses des deltas. Il nage lentement, en groupes d'au plus 15 individus, se nourrissant de petites proies – poissons, calmars, poulpes et crevettes – qu'il trouve au fond de l'eau et qu'il saisit entre les 15 à 20 paires de dents qui garnissent chacune de ses mâchoires. Après une gestation dont on pense qu'elle dure quatorze mois, un unique petit naît, mesurant 1 m et pesant 12 kg. Dans certaines régions, il rabat les poissons sur les filets des pêcheurs qui le récompensent et le révèrent même comme un être sacré. Ailleurs, soit on considère qu'il représente un danger pour les pêcheries, soit on le tue pour sa chair.

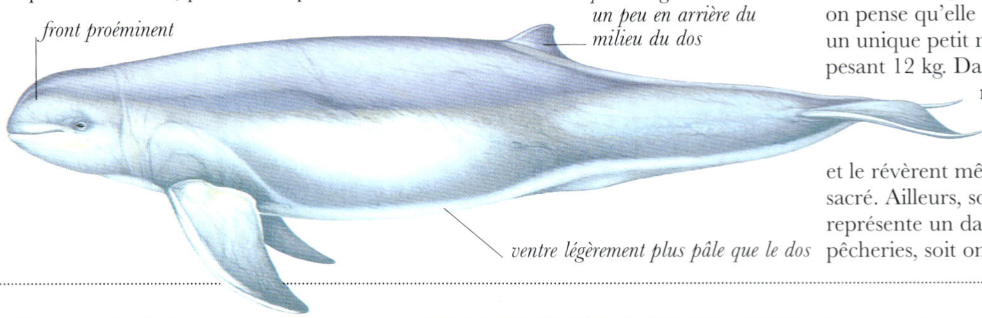

Cephalorhynchus commersonii

Dauphin de Commerson

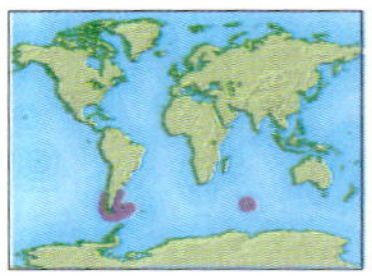

Longueur 1,40 – 1,70 m
Poids Jusqu'à 86 kg
Sociabilité Groupe
Statut Commun localement

Répartition S. Amérique du Sud, îles Malouines, océan Indien (îles Kerguelen)

Le dauphin de Commerson a la même coloration que l'épaulard. Prolongé par son front, son museau forme avec son corps massif une ligne ininterrompue. Il est gris à la naissance et mesure 65 à 75 cm, mais devient bicolore à l'âge adulte. Il nage en groupes de 10 individus qui s'accroissent parfois jusqu'à en compter 100. Il se nourrit de poissons, de crabes, d'étoiles de mer et de poulpes pélagiques. Il en existe deux populations séparées par plus de 8 000 km, les individus vivant au large des côtes sud-américaines mesurant 25 à 30 cm de moins que ceux habitant l'océan Indien.

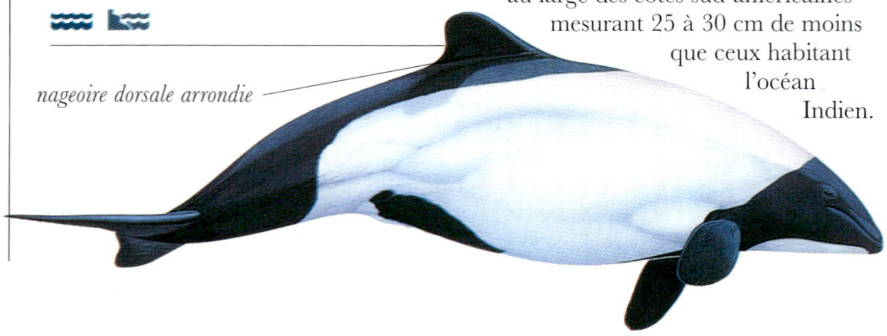

Cephalorhynchus hectori

Dauphin d'Hector

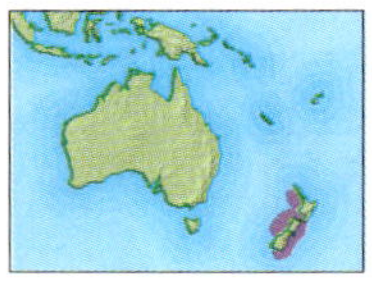

Longueur 1,20 – 1,50 m
Poids Jusqu'à 57 kg
Sociabilité Groupe
Statut EN

Répartition Nouvelle-Zélande

La silhouette de ce dauphin, l'un des plus petits, rappelle celle du marsouin. Il n'a pas de bec et, en l'absence de melon, aucune bosse ne surmonte son museau effilé. Il a le dos gris, les nageoires noires, le ventre blanc et une langue de la même couleur remonte à l'arrière sur ses flancs. Actif et grégaire, il s'assemble en groupes de jusqu'à 5 individus qui passent leur temps à se poursuivre, se toucher et battre des nageoires. Il se nourrit en eaux de diverses profondeurs, surtout de poissons et de calmars. Comme il vit près des côtes, il est particulièrement exposé aux dangers que représentent les filets de pêche et la pollution.

MAMMIFÈRES

Pseudorca crassidens

Fausse orque, ou faux orque

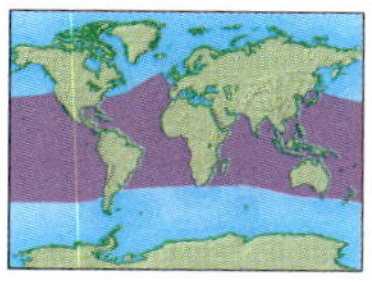

Longueur 5–6 m
Poids 1,3–1,4 tonne
Sociabilité Groupe
Statut Commune localement

Répartition Eaux tropicales et tempérées du monde entier

Ce dauphin rapide, au corps long et svelte, à la grande nageoire dorsale en forme de faucille, est l'un des plus volumineux de tous. La fausse orque est noire ou gris ardoise, avec des taches pâles sur le ventre et parfois sur les côtés de la tête. Elle vit de préférence dans les profondeurs océaniques, mais s'approche parfois de certaines îles, en bancs comptant entre 10 et 20 individus, occasionnellement jusqu'à 300. Ce puissant prédateur aux mâchoires armées toutes deux de 8 à 11 paires de grandes dents coniques, poursuit de gros poissons – saumons, thons, sphyrènes – et des poulpes, voire des dauphins plus petits que lui.

CONSERVATION

La fausse orque émet une gamme étendue de cliquetis et de sifflements lui servant à se diriger par écholocation et à communiquer. Elle bondit hors de l'eau avec agilité et surfe adroitement sur les vagues provoquées par le passage des bateaux. Sans qu'on sache pourquoi, cet excellent navigateur s'échoue cependant par milliers sur les plages ; avec de l'aide, il arrive cependant parfois à survivre.

PROFIL DE TAUREAU
L'absence de bec alliée à la bosse formée par un melon très important donne à ce dauphin le profil d'un taureau.

Globicephala macrorhynchus

Globicéphale d'Inde

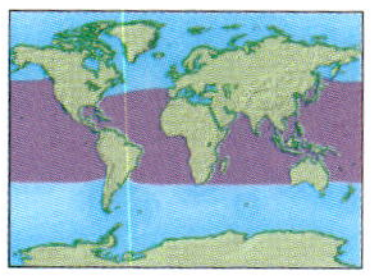

Q : Globicéphale tropical
Longueur 5–7 m
Poids 1–1,80 tonne
Sociabilité Groupe
Statut LR

Répartition Eaux tropicales et tempérées du monde entier

Actif la nuit, ce globicéphale poursuit les poulpes et les calmars dont il se nourrit jusqu'à une profondeur de plus de 500 m et reste en apnée plus de quinze minutes. Il en existe deux espèces très semblables, celle dite tropicale (*G. macrohynchus*) et celle dite noire (*G. melas melaena*), qui ont toutes deux une tache pâle en forme d'ancre sur la gorge et la poitrine et des bandes blanches derrière la nageoire dorsale et les yeux. Les mâles pèsent presque deux fois plus que les femelles. Celles-ci, qui meurent à soixante ans, vivent quinze ans de plus que les mâles, cette différence indiquant que des combats opposent les mâles rivaux, ce que confirment les cicatrices sur leur peau. Un unique petit de 1,80 m de long naît après une gestation de près de quinze mois. Les globicéphales continuent à être victimes des chasseurs qui les tuent après les avoir rabattus sur les hauts-fonds.

LIENS DURABLES

Les globicéphales forment des bancs comptant de dix à plusieurs centaines d'individus qui entretiennent des relations durables et se reconnaissent probablement à l'aide de sifflements. Le patrimoine génétique des petits diffère cependant souvent de celui des mâles du groupe, ce qui indique que des accouplements entre membres de bancs différents se produisent. Les femelles devenues incapables de se reproduire allaitent parfois des petits nés d'autres mères.

CORPS TRAPU
Ce globicéphale a le corps trapu et le front très bombé. Sa nageoire dorsale est située au tiers de la longueur de son corps.

Hyperoodon ampullatus

Hyperoodon boréal

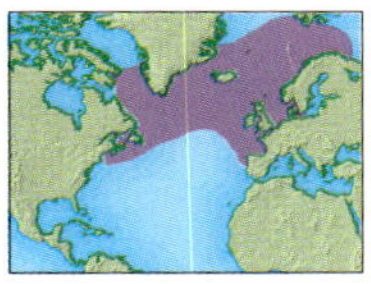

Q : Baleine à bec commune
Longueur 6–10 m
Poids Inconnu
Sociabilité Solitaire/groupe
Statut LR

Répartition Atlantique Nord

L'hyperhoodon boréal appartient à une famille de baleines à bec comptant 19 espèces. Ce sont tous des cétacés de taille moyenne, qui vivent en pleine mer, vont chercher leurs proies – poulpes, étoiles de mer, poissons, crabes, etc. – en profondeur et restent longtemps sous l'eau. L'hyperoodon boréal a le front bombé et un bec rappelant celui d'autres dauphins. Les mâles, qui sont plus gros que les femelles, ont le bec garni de deux dents en forme de défense, ainsi que d'autres dents dont un nombre variable reste enfoui dans leurs gencives. L'hyperoodon boréal se nourrit probablement par succion, en se servant de sa langue pour aspirer ses proies mélangées à de l'eau et à de la vase. Il a le corps long et mince, les nageoires pectorales petites et la dorsale située aux deux tiers de la longueur du corps. Il forme de petits groupes de jusqu'à 10 individus de même sexe et d'âge semblable.

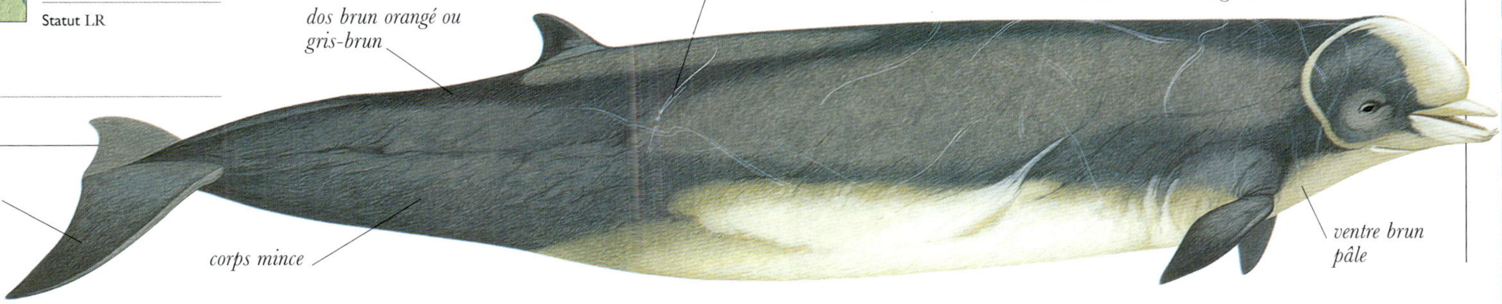

Orcinus orca

Épaulard

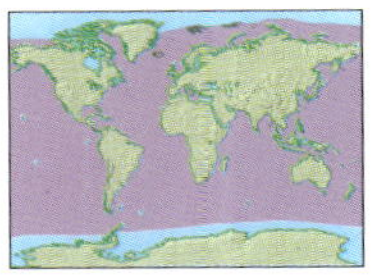

Répartition Monde entier

Longueur Jusqu'à 9 m
Poids Jusqu'à 10 tonnes
Sociabilité Groupe
Statut LR

L'épaulard se reconnaît facilement à ses taches noires et blanches. Très sociable, il vit en groupes familiaux durables (jusqu'à 30 individus) qui se rassemblent pour former des bandes de 150 unités. Les familles composées d'adultes mâles et femelles et de jeunes d'âges variés ont un caractère matriarcal : la progéniture des deux sexes en fait souvent partie toute sa vie ; ses descendants font de même, et l'aïeule devient le centre d'un groupe comportant plusieurs générations. L'épaulard se nourrit de poissons comme le hareng, de grands requins blancs et de mammifères marins – baleines et phoques – ainsi que de tortues et d'oiseaux. Dans certaines régions comme le nord-est du Pacifique, les orques semblent appartenir à deux catégories : celles qui sont de passage consomment des mammifères, des tortues et des oiseaux, et les résidentes ne mangent que du poisson. L'épaulard est un animal curieux qui se laisse approcher. Il se manifeste à la surface par divers comportements : il sort par exemple la tête et, corps à la verticale, frappe la surface de l'eau avec sa queue et ses nageoires.

CHASSEUR INGÉNIEUX
Les épaulards ont divers comportements pour s'emparer de leurs proies et ont, de ce fait, une alimentation plus variée que celle de la plupart des animaux marins. Ils chassent souvent en bande, rassemblant leurs victimes avant de les attaquer de plusieurs côtés à la fois. Ceux qui fréquentent les eaux côtières de l'Amérique du Sud s'échouent intentionnellement sur la plage et poursuivent les lions de mer dans les basses eaux (ci-contre) ; d'autres renversent les blocs de glace pour faire basculer phoques et manchots et émergent près de rochers où se perchent des oiseaux qu'ils font ainsi tomber dans l'eau.

LIEN AVEC LA MÈRE
La bande participe tout entière aux soins donnés aux jeunes mais ceux-ci ont avec leur mère un lien particulièrement étroit qui dure toute leur vie.

TROUPEAUX
Les épaulards se déplacent en troupeaux très organisés : les femelles et les petits nagent au centre du groupe et les mâles tout autour, parfois éparpillés sur 1 km. Les voyageurs communiquent à l'aide de cris qui leur sont spécifiques et servent à renforcer la cohésion du groupe.

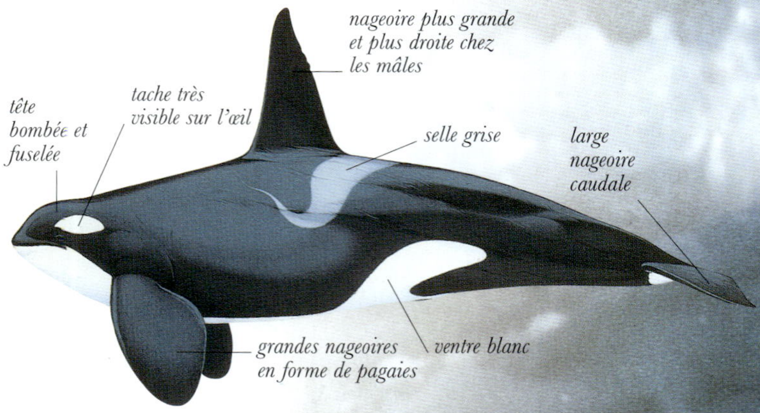

CHASSEUR NÉ
Le corps puissant de l'épaulard est admirablement adapté à la chasse. La grande nageoire caudale le propulse à grande vitesse et la dorsale, qui atteint 1,80 m chez le mâle, lui confère, avec les pectorales en forme de pagaie, une grande stabilité. Les taches qui marquent son corps le dissimulent aux yeux de ses proies, qu'elles se trouvent au-dessus ou au-dessous de lui.

MAMMIFÈRES

Ziphius cavirostris

Ziphius de Cuvier

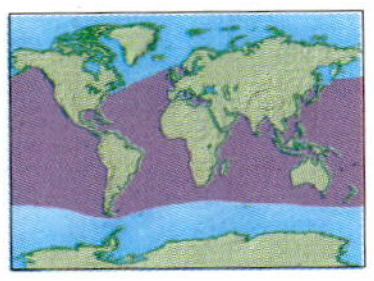

Longueur 7–7,50 m
Poids 3–4 tonnes
Sociabilité Variable
Statut Commun localement

Répartition Eaux tropicales et tempérées du monde entier

Avec son corps long et mince et sa petite nageoire dorsale située très à l'arrière, le ziphius représente le type même des cétacés à dents. Il se nourrit de calmars et autres créatures des profondeurs, en les aspirant comme fait le souffleur (voir p. 173). Ses petites nageoires pectorales logées dans un creux n'interrompent pas la ligne fuselée de son corps si bien qu'il nage extrêmement vite, propulsé à de grandes profondeurs par sa seule nageoire caudale. Son corps brun pâle ou bleu-gris est marqué par des cicatrices laissées par les parasites et par les morsures probablement reçues lors de combats avec des congénères mâles à la saison de reproduction. Les mâles vieillissants sont souvent solitaires. La mâchoire inférieure de la plupart des mâles est garnie de deux dents coniques en saillie, semblables à des défenses. Femelles et jeunes n'ont pas de dents. Les jeunes couples et les petits, qui mesurent près de 3 m à la naissance, forment des bandes de rarement plus de 10 individus.

Kogia simus

Cachalot nain

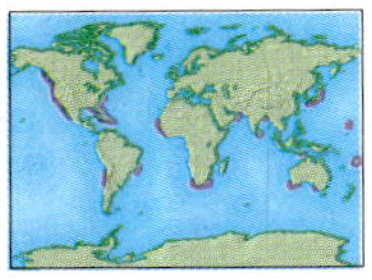

Longueur 2,70 m
Poids 135–270 kg
Sociabilité Variable
Statut Commun localement

Répartition Eaux tropicales et tempérées du monde entier

Ce cachalot, le plus petit des trois espèces de ces cétacés, va chercher poissons, calmars, crustacés et mollusques jusqu'à 300 m de profondeur. Sa mâchoire inférieure, située, presque comme celle d'un requin, sous sa grosse tête bulbeuse, est garnie de 7 à 13 paires de dents, mais sa mâchoire supérieure n'en porte que 3 paires. Son dos et ses nageoires sont d'un gris bleuté virant au crème sur le ventre. Une pâle ligne incurvée courant derrière la bouche et les yeux fait penser aux ouïes des poissons. Timide, le cachalot nain vit seul ou en petits groupes (moins de 10 individus) et écarte les prédateurs en émettant un nuage de fiente. Il semble avoir tendance à s'échouer en groupe. Après une gestation de, pense-t-on, neuf à onze mois, un unique petit de 1 m de long naît, en général en automne.

Physeter catodon

Cachalot

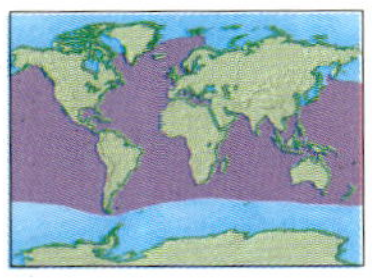

Longueur 11–20 m
Poids 20–57 tonnes
Sociabilité Solitaire/groupe
Statut VU

Répartition Eaux profondes du monde entier

Cet énorme cétacé, le plus volumineux des carnivores, plonge à de grandes profondeurs pour chercher ses proies. Il est capable de rester presque deux heures sous l'eau ; sa présence a été repérée par sonar à 1 200 m et des poissons trouvés dans son estomac indiquent qu'il descend jusqu'à 3 000 m. Il doit sans doute en partie cette faculté à la présence de spermaceti dans ses sinus crâniens (voir encadré ci-contre). Entre deux plongeons, il reste étendu à la surface de l'eau, un jet d'air s'échappant de son unique évent à chaque expiration. Sa mâchoire inférieure longue et étroite, sous son énorme tête, porte 50 paires de dents coniques au bout arrondi ; aucune dent n'est visible à la mâchoire supérieure. Son corps brun ou gris foncé, plus pâle sur le ventre, présente une tache blanche ou crème sur la mâchoire inférieure. Les mâles pèsent deux fois plus que les femelles ; ils entreprennent en général vers le nord ou le sud de longues migrations vers des eaux froides où ils se nourrissent l'été ; jeunes, ils voyagent en bande avec d'autres célibataires mais deviennent plus solitaires en vieillissant. Les femelles restent dans le voisinage des tropiques, en groupes mixtes dont les jeunes font partie jusqu'à l'âge de dix ans. Après une gestation de quatorze à quinze mois, un unique petit de 4 m de long naît et tète sa mère pendant quatre ans ou plus.

GARDER LE CONTACT
Les cachalots nagent souvent côte à côte, se touchent et se caressent. Ils font aussi entendre des cliquetis sonores et rythmiques et des claquements servant peut-être de moyens d'identification individuels.

BLANC DE BALEINE

L'énorme tête du cachalot contient une grosse masse d'une huile cireuse, le spermaceti, aussi appelé blanc de baleine. Cette matière, dont les changements de température et de pression augmentent la densité, contribue peut-être, comme le melon des dauphins, à la flottabilité de ce cétacé et peut aussi servir à focaliser les sons qu'il émet.

ÉNORME TÊTE
L'étroite et longue tête en forme de boîte du cachalot représente un tiers de sa longueur totale. Sa nageoire dorsale est située très près de sa queue.

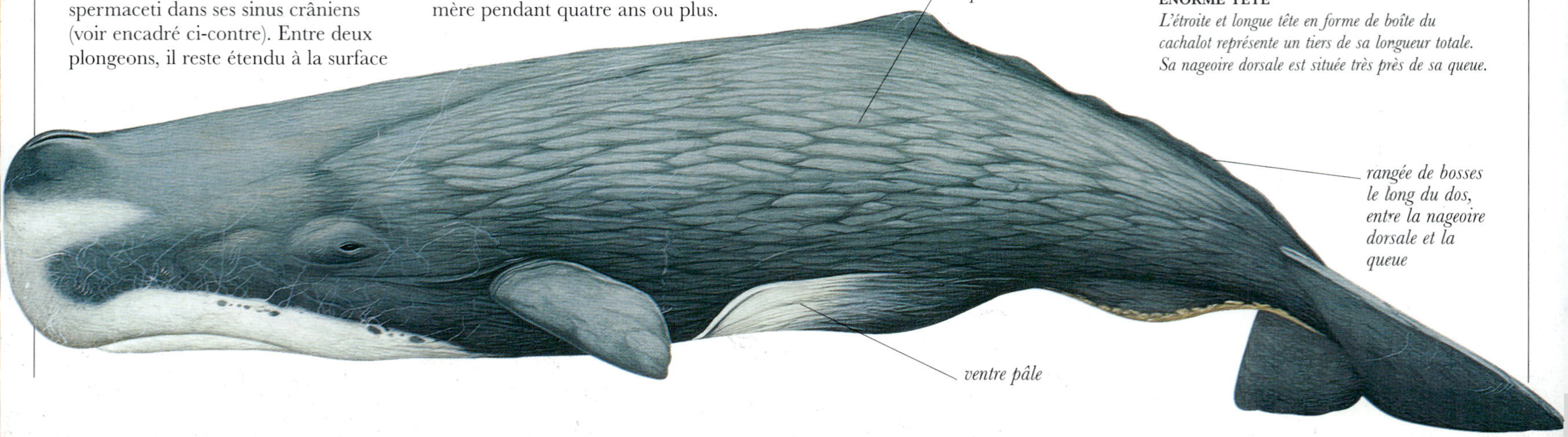

MAMMIFÈRES

DANS LES PROFONDEURS
Ce cachalot quitte les eaux éclairées par le soleil et se dirige vers les abîmes obscurs en quête de nourriture. Ce cétacé, qui atteint des profondeurs plus grandes que tout autre mammifère, descend à une vitesse de 3 m par seconde. Ses yeux ne lui sont d'aucune utilité et il se sert de l'écholocation pour trouver son chemin.

CARNIVORES

PHYLUM	Cordés
CLASSE	Mammifères
ORDRE	Carnivores
FAMILLES	7
ESPÈCES	249

REMARQUE

Ici, les carnivores sont répartis en sept familles. Certains zoologistes en reconnaissent huit et séparent les mangoustes des civettes.

Chiens et alliés *voir p. 180-187*
Ours *voir p. 188-193*
Ratons laveurs et alliés *voir p. 194-195*
Mustélidés *voir p. 196-203*
Civettes et alliés *voir p. 204-205*
Hyènes et protèle *voir p. 206-207*
Félins *voir p. 208-215*

SI LE TERME CARNIVORE s'applique à un animal qui se nourrit de chair, il se réfère aussi aux membres de l'ordre des carnivores. La plupart mangent de la viande, mais certains ont une alimentation mixte ou herbivore. Les carnivores à régime carné sont les prédateurs terrestres dominants, adaptés à la chasse. Le groupe est d'une grande diversité et comprend des espèces aussi différentes que le panda géant et la hyène tachetée. Trait unique chez les mammifères, les carnivores ont quatre dents carnassières. Ils sont dotés d'un os pénien. Présents dans la plupart des régions du monde (sauf en Antarctique), on les trouve aussi en Australie.

CHASSE

Les carnivores figurent parmi les prédateurs les plus habiles de la nature. Grâce à leur acuité sensorielle, ils localisent leurs proies, les attrapent par surprise ou les épuisent à la course. Ils sont nombreux à tuer des animaux plus gros qu'eux. Les fouines saignent leur proie derrière la tête et lui brisent le crâne ; les félins la saisissent par le cou ou l'étouffent à la gorge ; les canidés la secouent vigoureusement et lui disloquent la nuque.

CHASSEUR SOLITAIRE
Le lynx roux, qui se nourrit surtout de petites proies comme le lièvre à raquettes, chasse seul.

CHASSER EN GROUPE
Pour capturer de gros animaux comme les gnous, les lions chassent en groupe. Les femelles (les mâles les aident rarement) poursuivent une proie sur 30 m, puis l'encerclent. Après un assaut rapide, l'animal est terrassé et tué à la gorge.

ANATOMIE

Si leur aspect et leur taille diffèrent, les carnivores ont des traits communs de chasseurs. Le carnivore type est rapide et agile ; il a des dents et des griffes pointues, la vue et l'ouïe fines, l'odorat excellent. Les prédateurs possèdent des carnassières (voir ci-dessous), moins développées chez les omnivores et les herbivores. Les carnivores ont quatre ou cinq doigts à chaque membre. Les félins (sauf le guépard) ont des griffes acérées et rétractiles, pour saisir les proies, se défendre et grimper. La plupart des autres carnivores n'ont pas de griffes rétractiles : elles servent souvent à creuser.

MÂCHOIRES ET DENTS
La plupart des carnivores ont de puissantes mâchoires pour tuer et dépecer. Les muscles temporaux, très efficaces lorsque la bouche est ouverte, donnent des coups puissants des canines pointues. Les carnassières sont de grosses dents latérales inférieures et supérieures qui s'emboîtent parfaitement. Grâce aux muscles masséters activés lorsque les mâchoires sont presque fermées, elles cisaillent et déchiquettent la chair.

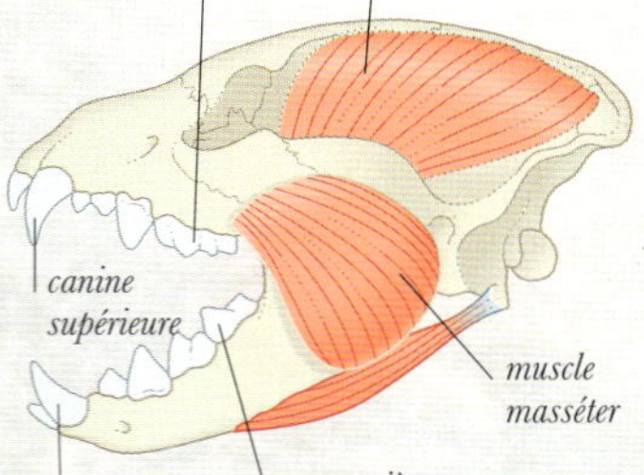

CRÂNE DE HYÈNE

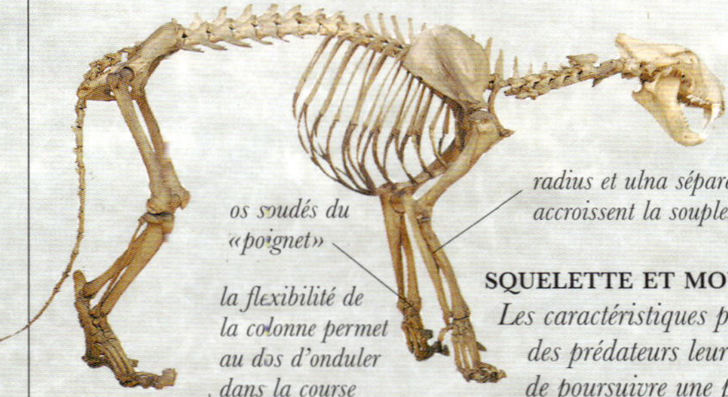

SQUELETTE DE TIGRE

TIGRE DE SIBÉRIE

SQUELETTE ET MOUVEMENT
Les caractéristiques physiques des prédateurs leur permettent de poursuivre une proie au sol. La colonne vertébrale est souple, les membres plutôt longs, le cou assez court pour optimiser la mobilité des épaules. Tous les carnivores ont les os du «poignet» soudés, ce qui permet d'allonger la foulée et d'augmenter la vitesse. Les chiens et les chats marchent sur les doigts (plutôt que sur la plante des pieds).

STRUCTURE SOCIALE

Si les carnivores vivent seuls ou en couple, d'autres se regroupent. Les structures sociales sont variées et souvent complexes. Chez les lions, par exemple, plusieurs familles se réunissent. Ensemble, ils s'entraident à la chasse et aux soins des petits. Dans la majorité des autres groupes, les liens sociaux sont plus souples. Chez les renards roux et arctique, plusieurs femelles vivent autour d'un mâle, mais chaque adulte chasse seul sur une partie du territoire.

JEU
Les jeunes carnivores apprennent à se défendre en jouant. Dans leurs jeux, ces renards roux testent leur force sans risque de douloureuses conséquences.

PARENTÉ PARTAGÉE
Ces jeunes suricates ne sont pas nécessairement les enfants de l'adulte qui les surveille. Chez les carnivores, les devoirs parentaux sont souvent partagés.

ALIMENTATION

La plupart des carnivores se nourrissent de viande fraîche. La taille des proies varie : insectes, autres invertébrés, petits vertébrés ou animaux aussi gros que des buffles ou des rennes. Ils s'adaptent et se limitent rarement à un seul type d'alimentation. Ours, blaireaux ou renards ont une nourriture variée de viande et de plantes, alors que le panda géant est exclusivement herbivore.

CHAROGNARDS
Les hyènes vivent de proies vivantes et de charognes. Grâce à leurs puissantes mâchoires, elles brisent les os et les tendons résistant à d'autres carnivores.

HERBIVORES
Le panda géant se nourrit de pousses et de racines de bambous. Il mange jusqu'à douze heures par jour et se déplace lentement. Ses puissantes molaires plates sont faites pour broyer.

COMMUNICATION

Les carnivores communiquent par traces odorantes, signaux visuels et sonores. Les messages odorants, urine ou fèces, sont utilisés pour délimiter un territoire ou trouver un partenaire. Certains frottent les glandes de la face, des pattes (entre les griffes) ou anales, contre des objets. Lorsque les individus se rencontrent, postures, expressions faciales et sons servent à transmettre un large éventail d'informations : menace, soumission, avances aux partenaires ou avertissement d'un danger.

SALUTATIONS
Le langage corporel est une forme de communication entre les lycaons qui vivent en meutes. Dans ce cérémonial, les mâles se frottent mutuellement le museau.

MARQUER SON TERRITOIRE
Les ours laissent des odeurs et des signes visuels sur les arbres. Ici, l'odeur est appliquée par la salive et les glandes situées sous les pattes. Ils marquent l'écorce avec leurs dents et leurs griffes.

Chiens et alliés

PHYLUM	Cordés
CLASSE	Mammifères
ORDRE	Carnivores
FAMILLE	Canidae
ESPÈCES	36

CHIENS, LOUPS, COYOTE, CHACALS ET RENARDS sont des membres de la vaste famille des Canidae. Bien connus pour leur endurance (plutôt que pour leur vélocité) et leur opportunisme, ils s'adaptent facilement. Les Canidae sont caractérisés par une silhouette assez svelte, des pattes assez grandes, une queue longue et touffue. Les Canidae sauvages occupent généralement des plaines ouvertes partout dans le monde, à l'exception de Madagascar et de la Nouvelle-Zélande (où le chien domestique est néanmoins présent).

Anatomie

Les Canidae ont un corps musclé recouvert d'une fourrure uniforme ou tachetée. Les membres postérieurs sont robustes : certains os du poignet sont soudés, et les pattes antérieures ne pivotent pas (les os à l'avant des pattes sont bloqués). Les pattes postérieures ont quatre doigts, et les antérieures, cinq. Chaque doigt est recouvert d'un coussinet dur. Les griffes sont courtes, non rétractiles et émoussées (d'autres carnivores ont des griffes tranchantes). Les Canidae sont dotés de longues mâchoires armées de canines (pour attaquer les proies) et de grosses carnassières. Ils traquent le gibier grâce à leur sens olfactif très développé. Les oreilles grandes et dressées, souvent pointues, révèlent une ouïe fine. La vue, moins importante, est néanmoins bonne.

Structure sociale

Les petites espèces qui se nourrissent principalement de rongeurs et d'insectes ont une organisation sociale souple, et vivent souvent en couple (les chacals, par exemple). En revanche, les espèces plus grandes, loup et lycaon, vivent en groupes appelés meutes. Ces meutes, formées d'un couple dominant et de ses petits, occupent et défendent un territoire marqué par de l'urine. Les jeunes de la meute ont des âges différents, car les petits plus âgés restent quelques années dans le groupe et aident à élever les nouvelles portées. Seul le couple dominant se reproduit. La femelle creuse un terrier où elle met bas. Au cours d'un cérémonial, les membres de la meute se lèchent, gémissent et remuent la queue pour établir des liens. Le comportement de chasse est en général caractérisé par la poursuite en groupe d'un troupeau (d'antilopes par exemple), et l'isolement d'un animal qui est alors poursuivi par les membres de la meute, jusqu'à ce qu'il s'effondre, épuisé. De retour au terrier, les chasseurs régurgitent la viande aux petits.

Les canidés et les hommes

À travers l'histoire, les Canidae ont été utiles à l'homme de diverses manières. Les Canidae sauvages, par exemple, contrôlent les populations de rongeurs. Le chien domestique, qui descend du loup, a toujours joué un rôle important dans un certain nombre d'activités humaines. Du petit chihuahua au grand saint-bernard (le chien montre plus de différences entre les races que n'importe quel autre animal domestique), il existe des races spécialisées pour la chasse, garder les troupeaux, monter la garde, exécuter des tours, porter ou tirer des charges, ou tout simplement pour la compagnie.

Néanmoins, de nombreux Canidae sont considérés comme nuisibles. Jugé dangereux pour le bétail, le loup gris a été pourchassé. Raréfié, il est en voie de disparition dans certaines régions.

D'autres espèces ont partagé un sort pire encore : le chien sauvage *(Speothos)* et le loup à crinière sont en danger ; le loup roux ne survit aujourd'hui que dans les zoos. Par contre, le coyote et le renard roux, deux opportunistes de renom, ont profité du développement urbain et prolifèrent.

DES LIENS FORTS
Les liens entre les membres d'un groupe sont essentiels à la survie de la meute. Rituellement, les lycaons se lèchent et gémissent souvent avant la chasse. Seule la coopération permet aux canidés de terrasser et de tuer des proies plus grosses qu'eux.

MAMMIFÈRES

Vulpes vulpes

Renard roux

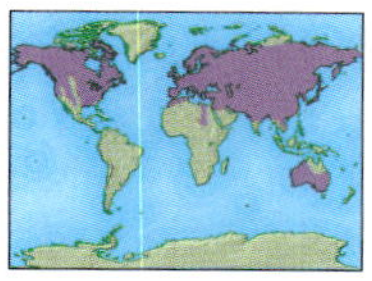

Longueur 58–90 cm
Queue 32–49 cm
Poids 3–11 kg
Sociabilité Couple
Statut Commun

Répartition Arctique, Amérique du Nord, Europe, Asie, N. Afrique, Australie

Actif jour et nuit, le renard est très répandu et s'adapte aussi bien à son habitat (toundra arctique ou ville) qu'à sa nourriture. Il agrandit un terrier de lapin, s'installe entre des rochers, des racines, ou sous une remise. La structure sociale de base est formée d'une femelle et d'un mâle qui marquent un territoire de 1 à 10 km^2 avec de l'urine, des excréments et la sécrétion des glandes anales. Le mâle vit parfois entouré de plusieurs femelles ; seules les plus âgées se reproduisent. L'accouplement se déroule vers la fin de l'hiver ou au début du printemps. Après une gestation de quarante-neuf à cinquante-cinq jours, les portées comptent jusqu'à 12 petits ; elles varient de 4 à 5 en Europe, 6 à 8 en Amérique du Nord. Après le sevrage, au bout de six à douze semaines, les parents et leurs « aides » (les femelles qui ne se reproduisent pas) soignent et nourrissent les petits.

PAS DIFFICILE, LE RENARD

Dans la campagne cultivée, la nourriture du renard est constituée en partie de lapins et de jeunes lièvres. Le renard traque sa proie, puis l'attrape avant qu'elle ne rejoigne son terrier (lapin) ou ne détale (lièvre). La bête est emportée par le cou dans un lieu sûr et dégustée tranquillement. Le renard se régale aussi de coléoptères, de vers, de grenouilles, d'oiseaux, d'œufs, de souris, de campagnols, de fruits, de charognes et de détritus.

PAS TOUJOURS FAUVE
Le pelage du renard varie : gris ou roux orangé, avec en général du noir derrière les oreilles, parfois sur les parties inférieures des pattes, et souvent la queue, à l'exception de l'extrémité claire. On trouve aussi des sujets noirs ou blanc-gris.

Vulpes cana

Renard de Blanford

Longueur 42 cm
Queue 30 cm
Poids 0,9–1,5 kg
Sociabilité Solitaire
Statut Commun localement

Répartition O. et S. Asie

Ce petit renard a les oreilles et la queue plutôt longues, le corps tacheté de noir, gris et blanc, le ventre blanc, une bande foncée sur le dos, et la démarche feutrée et féline. Dans les collines rocheuses et sur les plateaux, il chasse, solitaire et nocturne, insectes et petits animaux. Il aime les fruits : c'est pourquoi on le rencontre près des vergers et des bosquets. Les portées comptent de 1 à 3 petits.

Vulpes macrotis

Renard nain

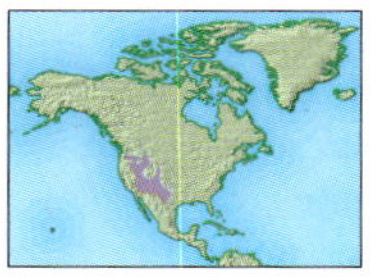

Longueur 38–52 cm
Queue 22–32 cm
Poids 1,5–3 kg
Sociabilité Couple
Statut VU Δ

Répartition O. États-Unis

Semblable au renard véloce (voir à droite), cette espèce vit à l'ouest des États-Unis, mais se reproduit également au Texas. Le renard nain a des oreilles longues et étroites, une tête anguleuse et un corps plus robuste. Sa robe varie du brun-gris clair, brun-gris foncé au gris. Il vit dans les prairies ou les déserts. C'est un omnivore. Les parents élèvent de 3 à 6 petits. Le terrier a de 2 à 24 orifices.

Vulpes velox

Renard véloce

Longueur 38–53 cm
Queue 18–26 cm
Poids 1,5–3 kg
Sociabilité Couple
Statut Non évalué

Répartition C. États-Unis

Classé séparément du renard nain depuis peu (voir à gauche), le renard véloce vit dans des régions plus à l'est. Semblable à celui du renard nain, son pelage est plus foncé sur les membres inférieurs ; le ventre est chamois. Sa queue est touffue avec l'extrémité noire. Les deux espèces creusent des terriers de 1 m de profondeur avec 4 m de tunnels, et s'accouplent de décembre à janvier. La gestation dure de cinquante à soixante jours.

Vulpes zerda

Fennec

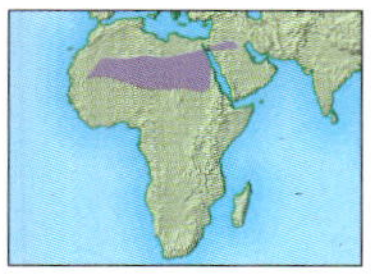

Longueur 24–41 cm
Queue 18–31 cm
Poids 1–1,5 kg
Sociabilité Groupe
Statut Non évalué

Répartition N. Afrique, O. Asie

Le plus petit renard, le fennec, a de très grandes oreilles et l'extrémité de la queue noire. Ses pattes velues sont adaptées au sable chaud. Animal plutôt nocturne, il mange fruits, graines, œufs, termites, lézards. Trait peu commun chez les renards, il vit en groupe de 10, sans liens précis. Chaque individu creuse un terrier de plusieurs mètres dans la terre meuble. L'accouplement a lieu entre janvier et février, et de 2 à 5 petits sont protégés par leur mère pendant deux mois. Ils sont adultes à onze mois. Le fennec est facile à apprivoiser.

Vulpes rueppelli

Renard famélique

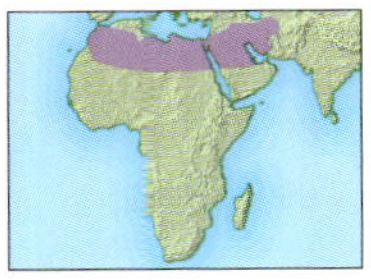

Longueur 40–52 cm
Queue 25–39 cm
Poids 1–3,5 kg

Sociabilité Groupe/couple

Statut Non évalué

Répartition N. Afrique, O. Asie

menton, cou et ventre blancs

Le renard famélique (appelé aussi renard de Rüppell) est semblable en plus menu au renard roux. Sa fourrure est épaisse et douce, couleur sable ou gris argenté, adaptée à un habitat aride, avec des taches noires sur le museau et le bout de la queue blanc. Il vit en couple ou en groupe (jusqu'à 15) suivant les régions. Le jour, il se cache dans un trou, et change de terrier tous les deux ou trois jours. Au début du printemps, les portées sont de 2 ou 3 petits. Sa nourriture est très variée : herbe, insectes, reptiles et mammifères.

Alopex lagopus

Renard arctique

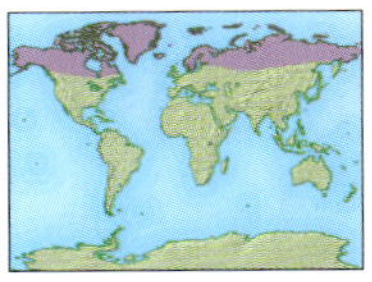

Longueur 53–55 cm
Queue 30 cm
Poids 4 kg

Sociabilité Groupe

Statut Commun

Répartition N. Canada, Alaska, Groenland, N. Europe, N. Asie

Le renard arctique, ou polaire, a deux types ou deux « phases » de pelage. Le renard « blanc », d'un blanc presque pur qui le camoufle sur la neige et la glace. Cette couleur est associée à la toundra, plaine dénudée, ouverte avec buttes herbues. Le renard « bleu » prévaut dans les régions côtières moins enneigées ; il est brun-gris clair teinté de bleu en hiver. Sa nourriture est très variée : lemmings, oiseaux, œufs, crabes, poissons, insectes et carcasses de baleine, fruits, graines et détritus. La structure sociale est souple : couples mâle/femelle, groupes de non-reproducteurs, ou couple reproducteur avec des « aides » femelles. Le terrier est un réseau complexe de galeries. La reproduction est liée à la nourriture : les portées vont de 6 à 10 petits en moyenne, et jusqu'à 15 lorsque les lemmings sont abondants.

corps robuste sous une épaisse fourrure

BIEN EMPAQUETÉ
Le renard arctique a de petites oreilles, un museau bref, des pattes et une queue courtes, pour garder la chaleur. Sa fourrure est épaisse, sauf sur le nez.

MANTEAU D'ÉTÉ

Le manteau d'été du renard arctique est deux fois moins épais que celui d'hiver. En été, les renards « blancs » sont brun-gris ou gris sur le dos et le ventre ; les renards « bleus » sont marron foncé.

Urocyon cinereoargenteus

Renard gris

Longueur 53–81 cm
Queue 27–44 cm
Poids 3–7 kg

Sociabilité Couple

Statut Commun

Répartition S. Canada à N. Amérique du Sud

Appelé aussi renard des arbres, ce renard au corps long habite les bois. Il grimpe et saute avec l'agilité d'un chat. Nocturne, il mange insectes et petits mammifères, fruits et graines suivant les saisons. Le renard gris a une petite crinière sur le cou, et son dos est marqué d'une bande centrale gris foncé. La nuque est teintée de fauve ; les flancs et les pattes, le menton et le ventre sont blancs ou crème. Il habite un ancien terrier, le plus souvent le creux d'un arbre, jusqu'à 9 m au-dessus du sol ou sous un toit. Les renards gris vivent en couple (mâle et femelle).

FRAGILES RENARDEAUX

Le renard gris a une portée moyenne de 4 petits (entre 1 et 10). Chaque renardeau naît les yeux fermés (ils ne s'ouvrent que vers neuf à douze jours). Il est recouvert d'une fourrure noire. Dès quatre semaines, il s'aventure hors du terrier sous la garde d'un parent, et prend des aliments solides deux semaines plus tard.

GRISONNANT
Suivant les individus, le pelage est moucheté, ou rayé de blanc, gris et noir.

Atelocynus microtis

Chien à petites oreilles

Longueur 72–100 cm
Queue 25–35 cm
Poids 9–10 kg

Sociabilité Solitaire

Statut Commun localement

Répartition Amérique du Sud

Avec ses petites oreilles courtes et rondes, ce chien ressemble à un chien viverrin (voir p. 183), avec un pelage beaucoup plus court et soyeux, gris ou noir sur le dos, des tons gris teintés de brun-roux sur les parties inférieures. La queue noire est touffue comme celle d'un renard. Ce canidé nocturne et solitaire est un habitant secret, peu connu des forêts tropicales. Il se déplace comme un félin et se nourrit de petits rongeurs et de plantes.

Pseudalopex culpaeus

Renard culpeo

Longueur 60–120 cm
Queue 30–45 cm
Poids 5–13,5 kg

Sociabilité Couple

Statut Commun localement

Répartition O. Amérique du Sud

Espèce des hauts plateaux ouverts et des pampas, ce renard vigoureux est pourchassé pour sa fourrure et ses attaques contre les agneaux et les volailles. Son alimentation comprend rongeurs, lapins, oiseaux, œufs et petits fruits de saison. Il enterre des provisions et cache les surplus de nourriture sous les troncs ou les rochers. Le manteau du renard culpeo est gris sur le dos et les épaules, plus fauve sur la tête, le cou, les oreilles et les pattes, avec une queue touffue à l'extrémité noire.

Cerdocyon thous

Renard crabier

Longueur 64 cm
Queue 29 cm
Poids 5–8 kg
Sociabilité Groupe/couple
Statut Commun

Répartition N. et E. Amérique du Sud

Ce renard de taille moyenne ne mange pas que des crabes, mais aussi des poissons, reptiles, oiseaux, mammifères, larves et fruits. Son habitat est varié, et les différences de coloration sont grandes au sein de l'espèce. Le corps est en général gris-brun, la tête, les oreilles et les pattes antérieures brun fauve, le ventre blanc, le bout des oreilles, de la queue et l'arrière des pattes noirs. Animal nocturne, il vit plutôt en couple auprès de ses petits.

Nyctereutes procyonoides

Chien viverrin

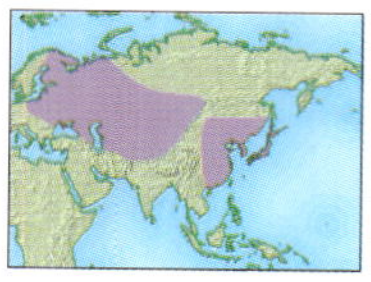

Longueur 50–60 cm
Queue 18 cm
Poids 7,5 kg
Sociabilité Groupe/couple
Statut Commun localement

Répartition Europe, C., N. et E. Asie

Ce canidé a une allure de raton laveur et de chien, avec son masque noir et son pelage jaune terreux teinté de brun noirâtre surtout sur les épaules et la partie supérieure de la queue. Fruits, oiseaux, souris, crabes et poissons composent son alimentation. Nocturne et plutôt solitaire, il vit temporairement en famille ; les portées moyennes comptent de 4 à 6 petits. Le chien viverrin est abondant au Japon ; il a disparu en partie de la Chine, mais a été introduit en Europe.

PARÉ POUR L'HIVER

Le chien viverrin est étonnant. Même ses petits sont bons grimpeurs. Fait unique pour un canidé, il a une activité réduite en hiver. À l'automne, le poids de son corps augmente de 50 %. Il passe ensuite beaucoup de temps au fond d'un ancien terrier de renard ou de blaireau.

COLORATION
Le chien viverrin a un long corps jaunâtre teinté de brun et de noir (surtout en hiver), des taches noires sous les yeux, un museau blanc, des pattes courtes et velues et une queue touffue.

Speothos venaticus

Chien sauvage

Longueur 57–75 cm
Queue 12,5–15 cm
Poids 5–7 kg
Sociabilité Groupe
Statut VU

Répartition Amérique centrale à N. et C. Amérique du Sud

Ce prédateur diurne au corps ramassé chasse en famille – parents et jeunes, jusqu'à 10 individus –, ce qui lui permet de tuer des proies assez volumineuses comme le nandou ou le capybara. Il nage efficacement à la poursuite de sa proie. La nuit, le groupe dort dans un terrier abandonné, un tronc creux ou sous des rochers. En moyenne, 4 petits naissent après une gestation de soixante-sept jours. Le mâle nourrit la femelle qui allaite dans le terrier.

Chrysocyon brachyurus

Loup à crinière

Longueur 1,20–1,30 m
Queue 28–45 cm
Poids 20–23 kg
Sociabilité Solitaire
Statut LR

Répartition C. et E. Amérique du Sud

Semblable au renard roux (voir p. 181), mais avec de longues pattes, ce loup a une fourrure longue, épaisse et fauve, une crinière noire sur le cou, une bande centrale noire et un museau noir. Il préfère les habitats ouverts et herbus, où il chasse et se cache. Mâle et femelle partagent le même territoire pour se reproduire en mai ou juin. Actif au crépuscule et la nuit, le loup à crinière mange lapins, oiseaux et souris, larves et fourmis, ainsi que fruits et baies. Il a la réputation de s'attaquer au bétail et aux volailles. Pourchassé dans certaines régions, il est considéré comme un animal familier dans d'autres. La maladie est une autre menace. La gestation dure de soixante-deux à soixante-six jours. Entre 1 et 5 petits naissent dans un abri au-dessus du sol, dans des buissons ou de l'herbe haute. La mère s'occupe seule de ses petits, et les allaite jusqu'à quinze semaines.

longues pattes noires et poilues

Canis adustus

Chacal à flancs rayés

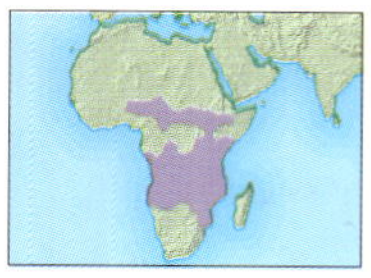

Longueur 65–81 cm
Queue 30–41 cm
Poids 6,5–14 kg
Sociabilité Couple
Statut Non évalué

Répartition C., E. et S. Afrique

Rôdant parfois la nuit aux abords des villes, le chacal à flancs rayés vit en lisière des forêts ou sur les terres cultivées. Plus omnivore que les autres chacals, il mange rongeurs, oiseaux, œufs, lézards, insectes et autres invertébrés, déchets, charognes, fruits et baies. Il vit en famille : mâle, femelle avec les petits (5 en moyenne). La gestation dure de cinquante-sept à soixante-dix jours et la femelle met bas à l'abri d'une ancienne termitière ou dans le terrier d'un oryctérope. Sevrés vers dix semaines, les petits sont indépendants vers huit mois.

rayures indistinctes blanches et noires

pelage jaune-gris plus clair sur le ventre

pointe de la queue blanche

Canis aureus

Chacal doré

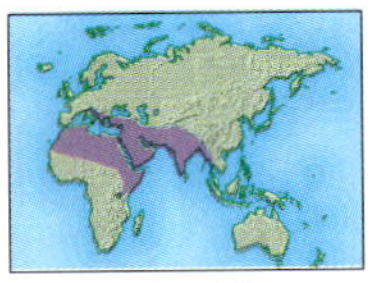

Longueur 60–110 cm
Queue 20–30 cm
Poids 7–15 kg

Sociabilité Couple

Statut Commun

Répartition S.-E. Europe, N. et E. Afrique, O. à S.-E. Asie

Ce chacal omnivore et opportuniste vit en général en couple, dans des zones riches en nourriture (déchets près des habitations). Il chasse en groupe (jusqu'à 20) ou seul. La gestation dure de soixante à soixante-trois jours. Une portée compte en moyenne 5 ou 6 petits.

REFLETS DORÉS
Le pelage est jaune pâle, doré ou marron clair, plus gris sur le dos, et le ventre roussâtre.

À TABLE

Les petits chacals dorés passent du lait à la nourriture solide vers huit à dix semaines. Ils sont encore trop jeunes pour chasser, aussi les parents et d'autres jeunes adultes régurgitent-ils pour eux leur repas.

Canis latrans

Coyote

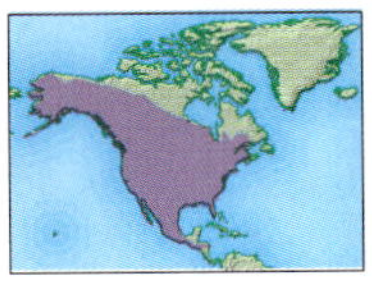

Longueur 70–97 cm
Queue 30–38 cm
Poids 9–16 kg

Sociabilité Variable

Statut Commun

Répartition Amérique du Nord à N. Amérique centrale

Le coyote, comme beaucoup de canidés, possède une grande faculté d'adaptation. On le croyait solitaire, mais il vit en couples reproducteurs, ou en petits groupes, pour chasser les grosses proies. Sa nourriture varie : pronghorn, cerf, poisson, charogne ou ordures. Le coyote est rapide (65 km/h) et rattrape facilement un lièvre. Son cri nocturne caractéristique annonce en général les limites de son territoire. L'accouplement a lieu entre janvier et mars ; la gestation dure soixante-trois jours et une portée compte en moyenne 6 petits.

BONDISSANT

Le coyote fait des bonds caractéristiques pour attraper de petites proies comme les souris, dans la neige ou dans l'herbe. Il s'avance doucement, observe et écoute attentivement. Lorsque la proie est localisée, il bondit presque verticalement et pose ses pattes de devant sur l'animal, qu'il tue d'un coup de dent.

COLORATION
Son pelage est moucheté, brun-roux sur les oreilles et les pattes. Le ventre est gris ou blanc. Les épaules, le dos et la queue sont parfois teintés de noir.

Canis mesomelas

Chacal à chabraque

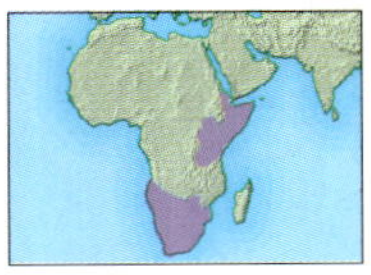

Longueur 45–90 cm
Queue 26–40 cm
Poids 6–12 kg

Sociabilité Couple

Statut Commun

Répartition E. et S. Afrique

Son habitat s'étend de la banlieue des villes aux déserts du sud de l'Afrique. La couleur de son pelage est fauve avec une chabraque noire caractéristique sur le dos, et une queue touffue noire. Le mâle et la femelle restent en couple à vie. Omnivores, ils ont une grande faculté d'adaptation. Ils s'attaquent au bétail : moutons ou jeunes bovins.

Canis simensis

Loup d'Abyssinie

Longueur 1 m
Queue 33 cm
Poids 15–18 kg

Sociabilité Groupe

Statut CR

Répartition E. Afrique

Du loup d'Abyssinie, il ne reste que trois populations vivant dans les montagnes de l'Éthiopie. Son existence est menacée par la transformation de son habitat, les maladies transmises par les chiens domestiques et la disparition de ses proies (lièvres, rongeurs et rats-taupes). Il chasse en groupes (jusqu'à 12) à l'aube et au crépuscule. Les parents et les jeunes adultes régurgitent la nourriture pour les petits.

Canis rufus

Loup roux

Longueur 1–1,20 m
Queue 25–35 cm
Poids 18–41 kg

Sociabilité Groupe

Statut CR Δ

Répartition Réintroduit dans E. États-Unis (Caroline du Nord)

Dans les années 1970, le loup roux avait pratiquement disparu à l'état sauvage. Il était pourchassé et se croisait avec le coyote. Il a été réintroduit en 1987 en Caroline du Nord, où sa population compte aujourd'hui plus de 50 individus. Chasseur de lapins, ragondins et ratons laveurs, il vit en meutes comparables à celles du loup gris (voir p. 186). Son pelage est fauve, teinté de gris et de noir, plus foncé sur le dos.

Canis dingo

Dingo

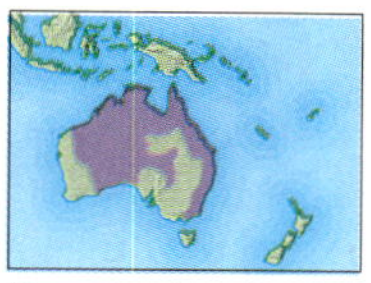

Longueur 72–110 cm
Queue 21–36 cm
Poids 9–21,5 kg
Sociabilité Groupe
Statut Commun localement
Répartition Australie

Ce canidé, considéré jadis comme une sous-espèce du chien domestique, du loup gris (voir p. 186) ou comme une espèce séparée, descend probablement du chien domestique, et au cours des 10 000 dernières années, est retourné à l'état sauvage. On le rencontre dans toute l'Australie, sauf dans le Sud-Ouest et le Sud-Est, où des barrières protègent le bétail. Il est considéré comme un fléau pour les animaux de ferme, et un vecteur de la rage. Des chiens semblables au dingo se rencontrent aussi à l'état semi-sauvage ou semi-domestique, sur le continent australien et de nombreuses îles du sud et du sud-est de l'Asie. Le dingo se croise facilement avec le chien domestique. En Australie, un tiers des individus sont des hybrides. Le dingo se nourrit de lapins, rongeurs, wallabies, petits kangourous et oiseaux, fruits, végétaux et charognes. Son organisation sociale ressemble à celle du loup.

taches blanches irrégulières sur le museau, la poitrine, le ventre et les pattes

queue touffue avec l'extrémité blanche

DINGO OU CHIEN ?
Le pelage du dingo varie du jaune pâle au roux foncé. L'hybride du dingo et du chien domestique se distingue par ses canines et la forme de ses carnassières.

HIÉRARCHIE

Les jeunes mâles sont solitaires et nomades. Les adultes vivent en meutes, sauf si la population est très dispersée. La gestation dure soixante-trois jours, et 5 petits naissent en moyenne. Les plus âgés enseignent la hiérarchie aux plus jeunes par des mordillements et des rebuffades.

Otocyon megalotis

Otocyon

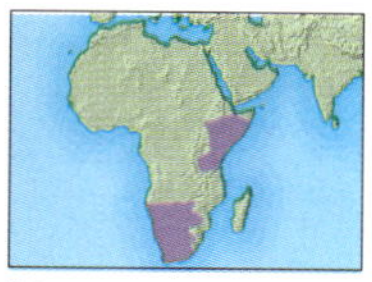

Longueur 46–66 cm
Queue 23–34 cm
Poids 2–4,5 kg
Sociabilité Variable
Statut Commun localement
Répartition E. et S. Afrique

L'otocyon a de grandes oreilles, une petite figure et un museau pointu. Ses dents sont plus petites que celles d'un canidé typique. Avec huit molaires en plus, sa denture est supérieure à celle d'un mammifère non marsupial. Il se nourrit surtout de termites et de scarabées. La reproduction et les habitudes sociales de l'espèce s'apparentent à celles du renard.

Cuon alpinus

Dhole

Longueur 90 cm
Queue 40–45 cm
Poids 15–20 kg
Sociabilité Groupe
Statut VU
Répartition S., E. et S.-E. Asie

La répartition de cette espèce est vaste, mais son domaine se rétrécit et sa population diminue. Ce chien sauvage d'Asie établit un territoire et vit en meutes, de 5 à 12 individus. La couleur de sa fourrure est uniformément rousse, avec une queue plus foncée et un ventre clair. Les pattes sont relativement courtes. Il se nourrit d'ongulés de taille moyenne ainsi que d'animaux plus petits, de fruits et autres végétaux.

Lycaon pictus

Lycaon

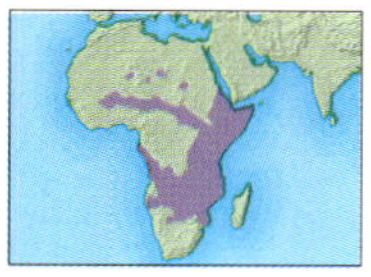

Longueur 76–110 cm
Queue 30–41 cm
Poids 17–36 kg
Sociabilité Groupe
Statut EN
Répartition Afrique

Canidé très sociable, le lycaon vit en meute de 30 adultes, ou plus, avec les petits. Seul le couple dominant se reproduit. Après une gestation de soixante-neuf à soixante-treize jours, la femelle met bas de 10 à 12 petits. Toute la meute veille sur les petits et leur régurgite de la nourriture jusqu'à l'âge de douze mois. La meute chasse de grosses proies comme les gnous, les zèbres et les impalas. Ce chien a de longues pattes et une stature svelte, une tête relativement petite, de grandes oreilles et un museau court. Il ne possède que quatre doigts à chaque patte. Les dessins de sa robe varient. Le museau est en général noir et l'extrémité de la queue blanche.

CONSERVATION

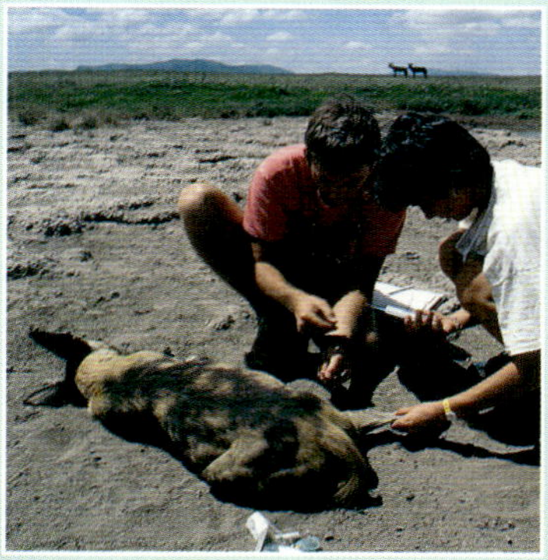

Répandu dans toute l'Afrique, ce chien sauvage n'existe qu'en populations dispersées et fragmentées. Il est encore persécuté, piégé, chassé, ou tué accidentellement par les véhicules. Il souffre de la perte de son habitat et de maladies (rage, maladie de Carré) des chiens domestiques. Sa survie dépend de la défense de son environnement. On suit ses déplacements en lui mettant des colliers radio-émetteurs (photo ci-contre).

grandes oreilles rondes

museau noir et trait sur le front

LOUP PEINT
Le nom scientifique de l'espèce signifie « loup peint » et décrit les dessins de son pelage noirs, gris, jaunes et blancs.

Canis lupus

Loup gris

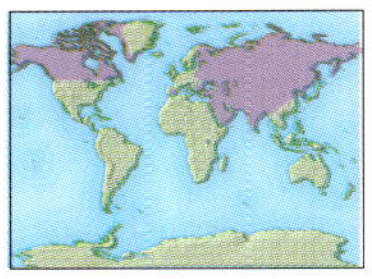

Longueur 1–1,50 m
Queue 30–51 cm
Poids 16–60 kg

Sociabilité Groupe

Statut VU

Répartition Amérique du Nord, Groenland, Europe, Asie

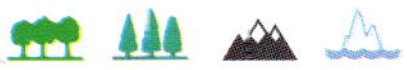

Le loup gris est le plus gros des Canidae sauvages. Ancêtre du chien domestique, persécuté par l'homme, ce carnivore, jadis le plus répandu du monde, est devenu rare. Intelligent et organisé, sa survie et son succès de prédateur dépendent de la meute formée de 8 à 12 individus (famille). Elle contrôle de vastes territoires délimités par des marques odorantes. La hiérarchie de la meute s'organise autour du couple reproducteur dominant, en général fidèle pour la vie. Grâce à la meute, le loup chasse un large éventail de proies, dont l'orignal ou le caribou, qui atteint jusqu'à dix fois son poids.

CHACUN À SON TOUR
Après la chasse, les membres de la meute se servent après le couple dominant.

SOINS AUX PETITS

Pendant la période de reproduction de janvier à avril, la femelle dominante donne naissance à 4 à 7 petits. Après un mois d'allaitement environ, les louveteaux sortent du terrier et mangent la nourriture régurgitée par leurs parents et les autres membres de la meute. S'ils sont bien nourris, ils seront assez forts pour suivre la meute vers trois à cinq mois. Dès la saison suivante, certains auront déjà quitté le groupe. La maturité sexuelle survient à l'âge de deux ans et la gestation dure soixante-trois jours.

SOLIDE CARRURE
Le loup gris est solidement bâti et chasse avec efficacité. L'acuité de son odorat et de son ouïe l'aide à détecter les proies.

APPEL DE LA FORÊT
Le loup gris hurle pour signaler sa présence et défendre son territoire. On l'entend à 10 km à la ronde, ainsi les autres meutes se tiennent à distance.

PRÉDATEUR ET VICTIME
La férocité mythique du loup gris l'a conduit au bord de l'extinction. Aujourd'hui, il vit surtout dans des régions sauvages où il chasse des troupeaux de cerfs ou de bœufs musqués.

OURS

PHYLUM	Cordés
CLASSE	Mammifères
ORDRE	Carnivores
FAMILLE	Ursidae
ESPÈCES	8

LA FAMILLE DES OURS possède le plus grand carnivore terrestre, l'ours brun, dont la taille atteint 3,50 m. Les ours sont solidement bâtis, avec un large crâne, de grosses pattes et une petite queue. On les rencontre en Eurasie et en Amérique du Nord, dans certaines parties d'Afrique du Nord et en Amérique du Sud. Contrairement à la plupart des carnivores, les ours se nourrissent surtout de végétaux.

ANATOMIE

Les ours sont de grande ou moyenne taille, et les mâles dépassent les femelles de 20 % en moyenne. À l'exception du panda géant, la plupart des ours sont noirs, bruns ou blancs, avec des marques jaunes ou blanches sur la poitrine. La taille du museau révèle un sens olfactif dominant, alors que l'ouïe et la vue sont moins développées.

La plupart des ours ont perdu la fonction carnassière des molaires ; celles-ci, plates et arrondies, sont adaptées à un régime végétarien. Les ours ont de grosses pattes (un simple coup de patte peut tuer un autre animal) pourvues de griffes non rétractiles.

LOCOMOTION

Comparés à d'autres carnivores, les ours se déplacent lentement, sur cinq doigts, le talon touchant le sol : ce sont des plantigrades. Mais ils se déplacent vite si nécessaire. Menacés, ou pour défendre leur territoire, ils se dressent sur les pattes de derrière pour se grandir. La plupart des ours sont d'habiles grimpeurs.

ALIMENTATION

L'alimentation de la plupart des ours est constituée de viande (y compris insectes et poissons) et végétaux (racines, pousses, fruits et graines). Seul l'ours blanc ne mange que de la viande, alors que le panda géant (classé parfois avec le petit panda ou avec la famille du raton laveur) est herbivore. Leur régime est surtout végétarien, par conséquent les ours passent beaucoup de temps à manger, principalement pendant la journée.

TANIÈRE ET SOMMEIL

La plupart des ours, ceux des régions froides en particulier, dorment en hiver. Ils se retirent dans une tanière et vivent sur leurs réserves de graisse. Cet état diffère d'une véritable hibernation (voir p. 87) qui entraîne une chute de la température corporelle. Les petits naissent durant cette période de repos. Très vulnérables à la naissance, les oursons profitent de la chaleur de leur mère.

CONSERVATION

Seules 2 espèces sur 8, l'ours noir d'Amérique et l'ours blanc, ne sont pas en danger grâce aux efforts considérables de protection. Les ours sont menacés par la chasse (pour prélever leur vésicule biliaire utilisée en médecine chinoise traditionnelle), et par la destruction de leur habitat. En Europe, l'ours brun est devenu rare dans le Sud (Espagne, Italie, France, Balkans).

INTIMIDATION
Les ours sont parfois agressifs, en particulier à la saison de reproduction. Lorsque les ours bruns sont en compétition, ils se grandissent pour intimider l'adversaire, grognent et montrent les dents. Les plus petits s'effacent en général devant les plus grands. Si un individu ignore les menaces, le combat éclate et se termine par des blessures graves ou la mort.

Ursus maritimus

Ours blanc

Longueur 2,10 – 3,40 m
Queue 8 – 13 cm
Poids 400 – 680 kg
Sociabilité Solitaire
Statut LR

Répartition Arctique, N. Canada

L'ours brun et l'ours blanc figurent parmi les plus gros mammifères terrestres. L'ours blanc mâle peut être deux fois plus lourd que la femelle. Il habite les mers couvertes de glaces où les phoques abondent. En été, certains ours se déplacent de 100 km à l'intérieur des terres et mangent œufs, lemmings, lichens, mousses et charognes de caribou ou de bœuf musqué. L'accouplement a lieu sur la glace entre avril et mai. La femelle creuse un trou dans la glace, ou la terre, pour mettre bas en moyenne 2 petits, de six à neuf mois plus tard. Les oursons ne sont sevrés qu'au bout de deux ou trois ans.

SOUS L'EAU

L'ours blanc nage facilement et atteint jusqu'à 10 km/h. Il avance avec ses énormes pattes de devant, celles de derrière servant de gouvernail. Le pelage se gonfle d'air et facilite la flottaison. Sous l'eau, ses yeux restent ouverts mais ses narines se ferment. Il retient sa respiration jusqu'à deux minutes pour surprendre un oiseau ou un phoque.

PAS TOUT À FAIT BLANC
La fourrure de l'ours blanc est en réalité jaunâtre. Les poils de jarre creux et translucides transmettent la chaleur du soleil, absorbée par la peau noire. Le duvet et l'épaisse couche de graisse sous la peau permettent une bonne isolation.

TRAQUÉ OU À L'AFFÛT

Le phoque, parfois le morse, est chassé de deux manières différentes. L'ours traque sa proie grâce à son camouflage et s'immobilise dès que l'animal le regarde. Il le charge sur les 15 à 30 derniers mètres à une vitesse de 55 km/h. À l'affût, l'ours attend sans bouger à côté du trou de respiration du phoque, et le saisit à la surface. L'ours mord la tête du phoque et le traîne sur une courte distance avant de le consommer.

Ursus americanus

Ours noir, baribal

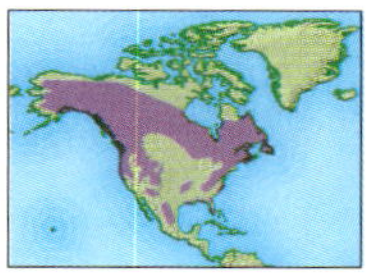

Longueur 1,30 – 1,90 m
Queue 7 – 15 cm
Poids 55 – 300 kg
Sociabilité Solitaire
Statut LR Δ

Répartition Amérique du Nord, Mexique

L'ours noir s'adapte à son habitat, même s'il préfère les forêts. Ses membres puissants et ses courtes griffes arrachent l'écorce des vieux troncs pour trouver des larves et des vers. Excellent grimpeur, il cueille des fruits avec ses lèvres préhensiles. Ses oreilles sont plus grandes et plus dressées que celles de l'ours brun. Il dort six mois en hiver dans les régions du Nord. Cet ours est capable d'entrer dans des bâtiments ou des véhicules pour chercher de la nourriture, mais en général, s'enfuit à la moindre approche.

VÉGÉTARIEN

Cet ours mange des plantes à 95 % avec, suivant les saisons, racines, bourgeons, pousses, fruits, baies et graines qu'il attrape en grimpant. Il chasse parfois le faon et pêche du poisson. Localement, par exemple dans l'Alberta, il fait des dégâts dans les ruchers.

DU NOIR AU BLEU
À l'est, le pelage est surtout noir, mais, à l'ouest, il est cannelle ou brun-jaune, et sur la côte pacifique bleu-gris.

Ursus thibetanus

Ours à collier

Longueur 1,30 – 1,90 m
Queue Inconnu
Poids 100 – 200 kg
Sociabilité Solitaire
Statut VU

Répartition E., S. et S.-E. Asie

Ressemblant au baribal (à gauche), l'ours à collier passe la moitié de son temps dans les arbres. Son alimentation principale comprend des glands, faines et autres graines, fruits (cerises), pousses et feuilles de bambous, herbes, larves et insectes (fourmis). Lorsque son habitat est fragmenté, il saccage les cultures et devient dangereux. Dans sa tanière d'hiver, huit mois après l'accouplement, la femelle met bas en moyenne 2 petits. L'ours à collier est pourchassé pour certaines de ses parties corporelles (vésicule biliaire en particulier) utilisées en cuisine ou en médecine asiatiques.

Helarctos malayanus

Ours malais

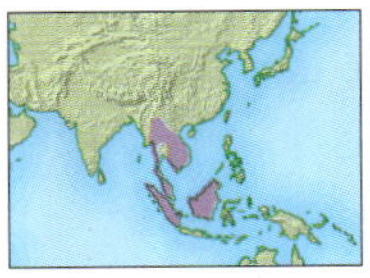

Longueur 1,10–1,40 m
Queue 3-7 cm
Poids 50–65 kg
Sociabilité Solitaire
Statut EN

Répartition S.-E. Asie

Seul ours vraiment tropical, l'ours malais, ou ours des cocotiers, est un petit omnivore des forêts, nocturne et peu connu. Sa fourrure rase et lisse varie du noir au gris ou fauve. Son museau est clair et plutôt court. L'ours malais passe beaucoup de temps dans les arbres ; il y dort même. Il mange des fruits, des pousses, des œufs, des petits mammifères, des larves, du miel et différents végétaux. La perte de son habitat, souvent cultivé, menace l'espèce. On lui reproche d'importants dégâts, notamment dans les plantations de cocotiers.

une tache orangée se dessine en fer à cheval ou en arrondi sur sa poitrine

LE PLUS PETIT OURS
Si l'ours malais est le plus petit de la famille, son pelage est aussi le plus court. Attaqué par un prédateur, la peau souple autour de son cou lui permet de se défendre.

ÉQUIPÉ POUR GRIMPER

L'ours malais possède de longues griffes recourbées pour grimper aux arbres. Il s'agrippe au tronc à l'aide de ses membres antérieurs et se hisse avec les dents. Les griffes servent aussi à dénicher les vers et les insectes, et à arracher l'écorce des vieux troncs pour découvrir et extraire les termites et le miel.

QUELLE LANGUE !

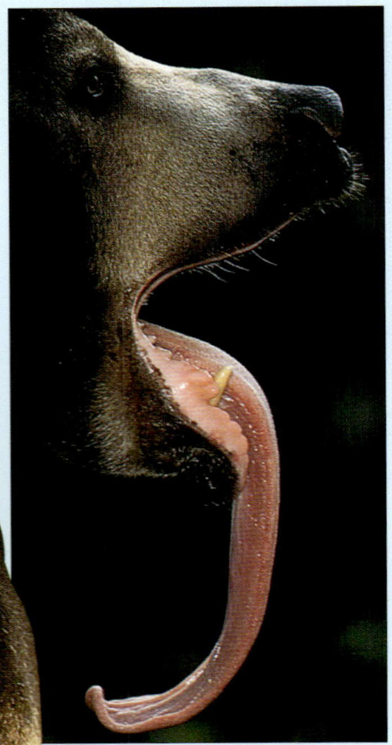

Protractile, la langue de l'ours malais atteint 25 cm, ce qui lui permet d'extraire, dans des trous et des crevasses, des larves ou du miel. Il place aussi l'une de ses pattes de devant dans une termitière pour lécher les occupants.

Melursus ursinus

Ours lippu

Longueur 1,40–1,80 m
Queue 7–12 cm
Poids 55–190 kg
Sociabilité Variable
Statut EN

Répartition S. Asie

L'ours lippu est trapu et fort. Taillis épineux, prairies ou forêts, son habitat est varié, pourvu qu'il y trouve fourmis, termites et fruits (il mange aussi du miel et des œufs). Ses longues griffes non rétractiles ne lui permettent pas de grimper. Comme d'autres ours, il est plutôt solitaire, sauf pendant la saison de reproduction (juin-juillet). Néanmoins, de petits groupes de 5 à 7 ours ont pu parfois être observés. La femelle occupe une cavité naturelle, ou la creuse, et met bas 2 petits entre novembre et janvier. Les oursons restent deux à trois mois dans leur tanière, puis se déplacent accrochés aux longs poils de leur mère pendant six mois encore. Ils sont indépendants vers l'âge de deux ans. L'ours lippu est menacé par la perte de son habitat. Il est chassé, et on lui prélève certains organes (utilisés en médecine traditionnelle). Les petits sont capturés pour être dressés.

tache blanche sur la poitrine en forme de U, Y ou O

OURS ÉBOURIFFÉ
L'ours lippu est caractérisé par ses longs poils grossiers, surtout autour des oreilles, de la nuque et des épaules. Sa couleur varie du noir, brun au fauve ; le museau est en général plus clair et même blanc.

SUR LA PISTE

Grâce à son long museau mobile et à l'acuité de son odorat, l'ours lippu localise sa nourriture. Il affectionne surtout les fourmis et les termites dont il détruit les nids à coups de ses pattes dotées de griffes de 8 cm de long. À travers le trou formé par l'absence de ses incisives supérieures, il aspire les insectes avec une telle force que le bruit est audible à 100 m à la ronde.

INSPECTION DEBOUT

Comme les autres ours, l'ours lippu se dresse sur ses membres postérieurs. Cette posture n'est pas agressive, mais lui permet d'observer les environs et de humer l'air pour détecter nourriture ou danger. Cet ours n'attaque pas l'homme délibérément. Toutefois, considéré comme potentiellement dangereux, il a été fortement chassé.

Tremarctos ornatus

Ours à lunettes

Répartition O. Amérique du Sud

Longueur 1,50–2 m
Queue 7–12 cm
Poids 140–175 kg

Sociabilité Solitaire

Statut VU

L'ours à lunettes, ou ours des Andes, est l'unique ours et le plus gros mammifère terrestre (après les tapirs) d'Amérique du Sud. Il grimpe dans les arbres, et joue un rôle important dans le folklore et la mythologie des Andes. Il a une multitude de noms locaux dont *oso achupayero* (ours mangeur de broméliacées), *yura mateo* (ours au front blanc), *yanapuma* (puma noir) et *ucucu* (correspondant à un son qu'il émet). L'espèce occupait autrefois les côtes désertiques ou les hauts plateaux, mais les hommes les poussent de plus en plus dans les forêts vers 1 000-2 700 m d'altitude. Surtout végétarien, les muscles de ses énormes mâchoires et ses molaires broient les plantes les plus dures. Par exemple, les plantes basses sont simplement arrachées et mâchées, malgré les épines de cactus ou les feuilles coupantes. Pour attraper les fruits, il s'appuie sur une branche et fait pencher les autres. Cet ours installe parfois une simple plate-forme dans un arbre de 5 m de large ou plus pour manger et se reposer. L'accouplement a lieu d'avril à juin, mais peut se produire n'importe quand pourvu que la naissance corresponde à une époque de nourriture abondante. Le couple reste uni pendant une à deux semaines. Les yeux des petits s'ouvrent vers quarante-deux jours, et ils quittent la tanière au bout de trois mois. Les oursons restent deux ans avec leur mère qui leur apprend à se nourrir et à éviter les dangers. Comme chez les autres ours, le mâle ne joue aucun rôle dans l'éducation des petits. En cas de rencontre, il risque de les attaquer et de les tuer.

PETITS DANS LEUR TANIÈRE
Comme tous les oursons, les petits ours à lunettes pèsent 325 g chacun et naissent pour la plupart entre décembre et février.

EN CONFLIT

L'alimentation de l'ours à lunettes, le plus herbivore de tous, comprend un large éventail de fruits, bulbes d'orchidées sauvages et autres fleurs, pousses de palmier et feuilles, et, dans les zones plus sèches, herbes ou cactus. Il mange aussi des insectes, oiseaux, œufs, petits mammifères et charognes. Les raids dans les cultures, de maïs surtout, et les attaques occasionnelles du bétail entraînent la vengeance des paysans.

LUNETTES
Le maquillage blanc autour des yeux varie suivant les individus : cercles complets, « sourcils » au-dessus ou « larmes » en dessous.

pelage en général noir, parfois brun-roux

Ailuropoda melanoleuca

Panda géant

Répartition E. Asie

Longueur 1,60–1,90 m
Queue 10–15 cm
Poids 70–125 kg

Sociabilité Solitaire

Statut EN

Symbole de la conservation de la nature (WWF), le panda géant est loin d'être sauvé. Son alimentation est constituée à 99 % de bambou, dont il consomme différentes parties de 30 espèces : pousses nouvelles au printemps, feuilles en été et tiges en hiver. Occasionnellement, il consomme charognes, larves et œufs. Solitaire, le panda se nourrit à l'aube et au crépuscule. Il dort dans les forêts de bambous et délimite son territoire avec ses glandes anales, son urine et ses griffes. La femelle (qui fait les 4/5 de la taille du mâle) indique qu'elle est prête à s'accoupler par des appels distincts (11 ont été identifiés). Les mâles se rassemblent, se poursuivent et se battent pour une femelle. De 1 à 2 petits naissent dans le creux d'un arbre ou une caverne après quarante-cinq jours de gestation. Ils mesurent 15 cm, naissent presque nus et ne pèsent que de 90 à 130 g.

pour grimper, membres antérieurs plus musclés que les postérieurs

NOIR ET BLANC
Le panda géant est blanc avec de petites oreilles, des yeux, des épaules et des pattes noirs.

pelage grossier et huileux de 10 cm de long

CONSERVATION

Plus de 100 pandas vivent en captivité, mais 30 % seulement des petits qui naissent dans les zoos y survivent plus de six mois. À l'état sauvage, le bébé reste de quatre à six semaines dans le nid, puis se déplace sur le dos de sa mère. Il trotte au bout de six mois et prend son indépendance vers dix-huit mois. La plupart des populations sauvages sont peu nombreuses, fragmentées et menacées par le braconnage. Leur survie dépend de la protection de leur habitat et de mesures locales de conservation.

SIXIÈME « DOIGT »

Le panda géant est très adroit grâce à l'extension de l'os sésamoïde du poignet qu'il peut plier et opposer au vrai pouce (premier doigt) pour saisir les tiges et les feuilles de bambou.

Ursus arctos

Ours brun, grizzli

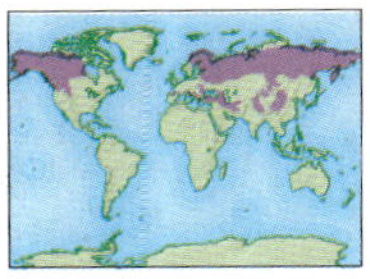

Longueur 2–3 m
Queue 5–20 cm
Poids 100–1 000 kg

Sociabilité Solitaire

Statut LR Δ

Répartition N. et N.-O. Amérique du Nord, N. Europe, Asie

L'ours brun jouit de la plus large distribution de toutes les espèces d'ours. Sa taille varie suivant sa nourriture et son habitat. Pour survivre, il a besoin de grandes étendues sauvages. Ainsi, on trouve encore d'importantes populations en Alaska et au Yukon, alors qu'elles sont très réduites dans le reste de l'Amérique du Nord et en Europe. L'ours brun est caractérisé par une bosse de muscles et de longues griffes qui lui permettent d'extraire les racines et les bulbes. Il se tient debout sur ses pattes de derrière pour identifier un danger ou de la nourriture. Plutôt végétarien, il mange volontiers de la viande. Pour éviter le manque de nourriture en hiver, il se terre dans une caverne ou sous des broussailles pendant six mois, période durant laquelle la mère met bas. L'ours brun vit environ vingt-cinq ans à l'état sauvage, plus longtemps en captivité.

SOUS-ESPÈCES DE L'OURS BRUN

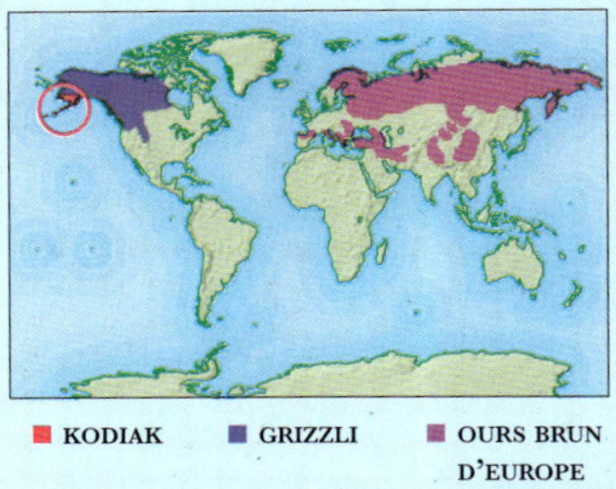

On distingue le grizzli, le kodiak ou ours géant d'Alaska, l'ours brun d'Europe, l'ours de Syrie, l'ours brun isabelle, l'ours brun du Tibet, l'ours du Kamtchatka. Mais cette taxinomie est discutée. Elle ne repose que sur les différences dans l'abondance de la nourriture.

KODIAK
Avec ses 780 kg, le kodiak, Ursus arctos middendorffi, *est la plus grande sous-espèce.*

OURS BRUN D'EUROPE
Cet ours, Ursus arctos arctos, *est le plus petit de l'espèce. Il est repoussé aujourd'hui dans des zones limitées.*

GRIZZLI
Le grizzli, Ursus arctos horribilis, *est une grande sous-espèce américaine. Il n'existe aujourd'hui qu'au Canada et en Alaska.*

BIEN CHARPENTÉS
Les ours bruns sont de grands animaux à la carrure puissante. Si les différences entre les sexes sont peu notables, les mâles sont parfois deux fois plus lourds que les femelles. Les ours se nourrissent du printemps à l'automne, et se préparent à leur sommeil d'hiver.

CHASSE AU SAUMON

L'ours brun aime l'eau. Il est capable d'attendre des heures et des heures dans les torrents, prêt à plonger pour saisir une proie. Lorsque les saumons remontent le courant, l'ours bondit et les attrape d'un coup puissant de dents ou de patte. Le saumon est une source vitale de protéines pour les populations côtières d'ours bruns. Une fois saisi, le poisson ne lui échappe que rarement. Les ours se rassemblent au bord des cours d'eau à cette occasion, et on en a compté plus de 30 proches les uns des autres dans le sud de l'Alaska.

COMPORTEMENT AGRESSIF
Animal fort, grand et imprévisible, l'ours brun a longtemps été considéré dangereux pour l'homme et le bétail. Dans un habitat ouvert, le grizzli ne peut se cacher et devient agressif pour se défendre. La mère est particulièrement dangereuse accompagnée de ses oursons. En général, les ours évitent la rencontre avec l'homme.

Ratons laveurs et alliés

PHYLUM	Cordés
CLASSE	Mammifères
ORDRE	Carnivores
FAMILLE	Procyonidae
ESPÈCES	20

REMARQUE

Le petit panda a souvent été groupé avec les ratons laveurs et leurs alliés (les Procyonidae), mais des études récentes l'ont mis dans une famille distincte, les Ailuridae, avec le panda géant. Il est classé ici avec le groupe informel des «ratons laveurs».

CETTE FAMILLE est caractérisée par les ratons laveurs, bien connus pour leur adresse et leur ruse. Téméraires, ils ne craignent pas l'homme, réclament de la nourriture et ouvrent les portes à l'aide de leurs pattes mobiles. La famille comprend aussi les coatis, bassariscus, kinkajous, olingos et le petit panda (voir remarque à gauche). La queue annelée et les marques sombres de leur masque sont des caractéristiques familières. Les membres de cette famille sont arboricoles et vivent dans les forêts des Amériques. Le petit panda, qui vit dans l'Himalaya, est l'unique exception.

Anatomie

Les Procyonidae sont de taille moyenne, courts sur pattes, plantigrades ou semi-plantigrades. Ils ont le museau pointu, le corps assez long, la face large, les oreilles rondes ou pointues, le pelage marron ou gris (sauf le petit panda). Toutes les espèces ont de courtes griffes. Les pattes antérieures du raton laveur se sont développées en «mains» mobiles. Les espèces très arboricoles comme le bassariscus et le kinkajou tournent l'articulation de la cheville et se suspendent par les pattes lorsqu'ils mangent ou descendent le long des troncs. Le kinkajou a une queue préhensile.

Alimentation

La plupart des espèces sont omnivores, et leur alimentation varie suivant le lieu, la saison et les sources de nourriture. Fruits, racines, pousses et graines, insectes et petits vertébrés (oiseaux, amphibiens, reptiles) constituent l'essentiel de leur alimentation. Les kinkajous mangent surtout des fruits et dispersent les graines dans les forêts pluviales où ils vivent. Grâce à la dextérité de leurs pattes, les ratons laveurs pêchent crustacés, poissons et autres proies. Ils s'approchent aussi des maisons et fouillent les poubelles. Le petit panda mange des feuilles de bambou et diffère du panda géant qui consomme surtout les tiges.

OPPORTUNISTE
L'alimentation des Procyonidae est très variée. Ce raton laveur a capturé un poisson grâce à la mobilité de ses pattes.

Ailurus fulgens

Petit panda

Longueur 50–64 cm
Queue 28–50 cm
Poids 3–6 kg

Sociabilité Solitaire

Statut EN

Répartition S. à S.-E. Asie

En plus des feuilles et des pousses de bambou, le petit panda mange d'autres herbes, des racines, des fruits et des larves, des petits vertébrés (souris, lézards) et des œufs d'oiseaux et oisillons. Nocturne et solitaire, il vit en couple à la saison de reproduction, et les petits restent avec leur mère jusqu'à un an. Ce panda marque son territoire avec ses glandes anales. Il communique par des cris et des sifflements. Des études sur des individus en captivité montrent une gestation de quatre-vingt-dix jours environ, plus la durée variable d'implantation. Il vit dans les fourrés de bambous et les forêts de montagne entre 1 800 et 4 000 m, sur les versants sud-est de l'Himalaya.

ARBORICOLE

Le petit panda a des griffes partiellement rétractiles : c'est un agile grimpeur. Il utilise les arbres pour se nourrir, fuir les prédateurs terrestres et prendre des bains de soleil au sommet des arbres. La femelle installe son nid dans le trou d'un arbre, entre deux branches, dans les racines ou les fourrés de bambous. Elle le tapisse de feuilles et de mousse pour y élever de 1 à 5 petits.

COULEUR CHÂTAIN
Le petit panda a un pelage châtain. Les oreilles sont bordées de poils plus clairs, ainsi que les joues, le museau et les yeux. Des «larmes» marron marquent sa figure.

Bassariscus astutus

Bassariscus

Q. : Bassari rusé
Longueur 30–42 cm
Queue 31–44 cm
Poids 0,8–1,5 kg

Sociabilité Solitaire

Statut Non évalué

Répartition C. et O. États-Unis à S. Mexique

Appelé aussi bassariscus rusé, cet agile prédateur se distingue par sa queue annelée. Le haut du corps est gris-brun ou chamois. Les yeux sont maquillés de noir, le museau et les sourcils blancs. Nocturne et solitaire, ce procyonidé chasse petits oiseaux, mammifères, reptiles et larves. Il fouille les nids d'oiseaux, mange des fruits et des graines. Son territoire est marqué par ses fèces et son urine. Il le défend contre d'autres individus du même sexe. Le gestation dure entre cinquante et un et soixante jours, et la portée moyenne est de 2 ou 3 petits.

Procyon lotor

Raton laveur

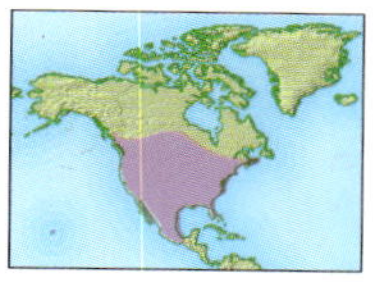

Longueur 40–65 cm
Queue 25–35 cm
Poids 3–8 kg
Sociabilité Solitaire
Statut Commun

Répartition S. Canada à Amérique centrale, Europe (introduit)

Effronté et opportuniste, le raton laveur vit dans les prairies, les forêts ou les banlieues. Actif nuit et jour, plutôt solitaire, on le rencontre parfois en groupe, là où la nourriture est abondante, près des déchetteries par exemple. Mâle et femelle se retrouvent brièvement pour la reproduction. La femelle construit un nid à l'abri d'un arbre, dans les rochers, ou sous un bâtiment. Les portées comptent en moyenne 3 ou 4 petits après une gestation de soixante à soixante-treize jours ; ils s'aventurent hors du nid au bout de neuf semaines et sont indépendants vers six mois.

BANDIT MASQUÉ

Le « masque de bandit » du raton laveur semble refléter ses manières d'opportuniste. Il grimpe, creuse et manipule avec agilité les portes, les serrures à l'aide de ses pattes de devant et franchit les clôtures. Il nettoie sa nourriture avant de la manger et la rince même s'il y a de l'eau à proximité.

MANTEAU
Le pelage du raton laveur est gris pâle ou presque noir. Sa queue est cerclée d'anneaux blancs et noirs. Ses yeux sont petits même si les taches noires qui les entourent les font paraître plus grands.

Bassaricyon gabbii

Olingo

Longueur 36–42 cm
Queue 37–49 cm
Poids 0,9–1,5 kg
Sociabilité Solitaire
Statut LR Δ

Répartition Amérique centrale à N. Amérique du Sud

Ce procyonidé d'allure presque féline vit dans les forêts tropicales humides de montagne. L'olingo se déplace avec agilité dans les branches et ne descend pas volontiers à terre. Ses doigts et ses orteils sont armés de griffes et sa queue n'est pas préhensile. Frugivore, il mange également des larves et d'autres petits animaux. Nocturne, il vit seul, sauf à la saison de reproduction. Mâle et femelle se lancent des appels sonores.

Potos flavus

Kinkajou

Longueur 39–76 cm
Queue 39–57 cm
Poids 1,5–4,5 kg
Sociabilité Solitaire
Statut EN Δ

Répartition S. Mexique à Amérique du Sud

Le kinkajou est baptisé localement *mico de noche*, petit singe nocturne ou *martucha*. Sa queue est préhensile et ses pattes sont d'une grande agilité. Plutôt nocturne et herbivore, il mange aussi larves, insectes et petits vertébrés. Il pousse des cris, sifflements, grognements et aboiements pour défendre son territoire, attirer une compagne ou éloigner les prédateurs. Un seul petit naît dans un nid perché dans un arbre.

pelage laineux roux-brun à gris

Procyon cancrivorus

Raton crabier

Longueur 45–90 cm
Queue 20–56 cm
Poids 2–12 kg
Sociabilité Solitaire
Statut Commun

Répartition Amérique centrale à S. Amérique du Sud

Ce raton se distingue par sa fourrure aux poils grossiers et courts. La nuit, il cherche le voisinage des ruisseaux, marais, lacs ou côtes, et attrape avec ses pattes aux doigts sensibles crustacés, crabes, insectes aquatiques, vers et autres petites proies. Après une gestation de soixante à soixante-treize jours, la femelle met bas entre 2 à 4 petits dans un nid tapissé de feuilles mortes et d'herbe au creux d'un arbre.

œil cerclé de noir

pelage brun ou gris moucheté de noir

Nasua nasua

Coati brun

Longueur 41–70 cm
Queue 32–70 cm
Poids 2,5–7 kg
Sociabilité Solitaire/groupe
Statut Commun localement

Répartition S.-O. États-Unis, Mexique, Amérique centrale, Amérique du Sud

Caractérisé par un long museau pointu, le coati est un animal diurne, qui cherche sa nourriture en groupes bruyants de 10 à 20 individus. Ils fouillent la végétation en quête de champignons, baies, insectes et souris. Ils communiquent par des appels et des mouvements de queue. Alarmés, ils filent se cacher dans les fourrés ou les arbres. Les mâles adultes sont plutôt solitaires et plus carnivores. Au terme d'une gestation de dix à onze semaines, de 2 à 7 petits naissent dans un nid aménagé dans un arbre.

fourrure rousse, grise ou brun-jaune

queue légèrement annelée

MUSTÉLIDÉS

PHYLUM	Cordés
CLASSE	Mammifères
ORDRE	Carnivores
FAMILLE	Mustelidae
ESPÈCES	67

DE TOUS LES CARNIVORES, les Mustelidae forment une des familles les plus diverses avec le plus grand nombre d'espèces. Le groupe comprend les formes terrestres (moufettes), arboricoles (martes), fouisseuses (blaireaux), semi-aquatiques (visons) et aquatiques (loutres). Petites pattes et corps allongé sont leurs caractéristiques physiques communes. Les Mustelidae se rencontrent en Eurasie, Afrique et Amériques, surtout dans les forêts ou les broussailles. Aujourd'hui, ils se sont adaptés à presque tout type d'habitat.

ANATOMIE

Tous les Mustelidae ont de petites oreilles et cinq doigts à chaque patte (la plupart des carnivores en ont quatre aux pattes postérieures) ; ils ont un museau court, une boîte crânienne allongée, une longue queue et des griffes recourbées non rétractiles. Le corps est mince (belettes) ou lourd et trapu (blaireaux). Les espèces minces ont une colonne vertébrale souple et une démarche trottinante ; les espèces plus trapues, une démarche lourde et traînante. Les Mustelidae ont un duvet chaud recouvert de poils moins serrés et longs. Les robes mouchetées ou rayées varient du brun foncé au noir. On pense que certains dessins du pelage (les rayures noires et blanches des moufettes par exemple) mettent en garde les prédateurs.

Les Mustelidae ont un excellent odorat et possèdent des glandes anales produisant un liquide huileux à forte odeur et sécrété pour marquer un territoire.

ALIMENTATION

Reflet de leur mode de vie, les Mustelidae ont une alimentation diverse. La belette et l'hermine sont agiles et agressives, capables de tuer une proie plus grosse qu'elles (un lapin, par exemple). Certaines espèces de loutres pêchent activement le poisson ; d'autres mangent surtout des crustacés le long des rivières. Flottant sur le dos, la loutre de mer casse les ormeaux en frappant la coquille contre un caillou placé sur sa poitrine. La marte, qui est arboricole, attrape et mange écureuils et oiseaux alors que la zorille, une espèce fouisseuse, se nourrit de petits rongeurs, lézards et insectes.

REPRODUCTION

Chez les Mustelidae, les femelles n'ovulent pas systématiquement. L'ovulation est stimulée par l'accouplement qui dure parfois deux heures. Cette lenteur expose les couples aux prédateurs, mais la fécondation est presque toujours garantie. L'œuf fécondé s'implante lorsque les conditions sont favorables. Si la gestation réelle ne dure qu'un à deux mois, elle peut durer douze mois en apparence (implantation différée). La plupart des Mustelidae sont solitaires, sauf à la période de reproduction.

COMMERCE DE PEAUX

Douce, épaisse et imperméable, la fourrure est très prisée, et de tous les mammifères, celle des Mustelidae est une des plus recherchées. Vison, zibeline et hermine (lorsqu'elle porte son manteau blanc d'hiver) atteignent des prix élevés. Le vison d'Amérique est élevé pour sa fourrure. En Europe, il s'est échappé dans certaines régions et a donné naissance à des populations sauvages aux dépens du vison européen. La loutre de mer, pourchassée pour sa fourrure, est en voie de disparition, mais sa population augmente à nouveau en Amérique du Nord.

CHASSEUR AQUATIQUE
Le vison d'Amérique est un chasseur vorace. Il est capable de parcourir 30 m sous l'eau à la poursuite d'un poisson. Tous les visons et les loutres sont d'excellents nageurs. Adaptés à un mode de vie semi-aquatique, ils sont dotés de pattes partiellement palmées et d'une épaisse fourrure imperméable.

Mustela erminea

Hermine

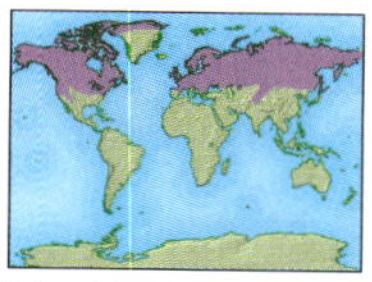

Longueur 17–31 cm
Queue 9–12 cm
Poids 60–200 g

Sociabilité Solitaire

Statut Commune localement

Répartition Amérique du Nord, Groenland, Europe à N. et E. Asie

Animal très répandu, l'hermine s'adapte à toutes sortes d'habitats et chasse différentes proies : souris, campagnols, petits oiseaux, rats, lapins. Son corps, caractéristique des Mustelidae, est long, mince, souple, avec un museau pointu, de petits yeux, de petites oreilles et de courtes pattes. Dans le Nord, son manteau d'été, brun-roux avec un ventre blanc ou crème, devient tout blanc en hiver. Sa queue reste néanmoins toujours noire au bout.

Mustela nivalis

Belette

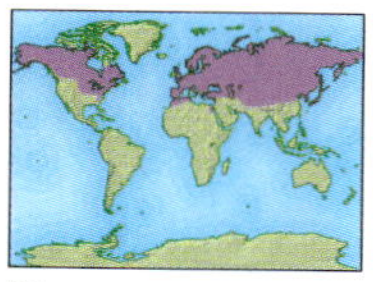

Q. : Belette pygmée
Longueur 16,5–24 cm
Queue 3–9 cm
Poids 35–70 g
max. 250 g

Sociabilité Solitaire

Statut Commune localement

Répartition Amérique du Nord, Europe à N., C. et E. Asie

Très répandue, la belette a une petite tête aplatie à peine plus large que le cou qui lui permet de pénétrer dans les trous de souris. Elle mange aussi campagnols, autres petits rongeurs et oiseaux. Active de jour comme de nuit, elle consomme un tiers de son poids chaque jour pour survivre. Sa taille varie suivant les lieux et le sexe. Le mâle mesure un quart de plus que la femelle et pèse deux fois plus lourd. Une petite hermine et une grosse belette se distinguent par l'extrémité noire de la queue. Comme l'hermine, la belette du Nord devient blanche en hiver pour se camoufler dans la neige. Elle vit seule et confectionne plusieurs nids tapissés d'herbe, de fourrure ou de plumes, dans une cavité, au creux des racines ou dans un terrier abandonné. Après une gestation de trente-quatre à trente-sept jours, la femelle met bas une portée de 1 à 7 petits qu'elle soigne durant neuf à douze semaines.

dos, patte et queue brun-roux ou brun-chocolat

Mustela lutreola

Vison européen

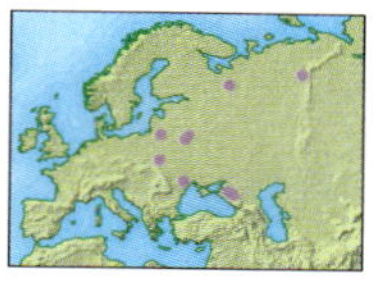

Longueur 30–40 cm
Queue 12–19 cm
Poids 500–800 g

Sociabilité Solitaire

Statut EN

Répartition Europe

Le vison européen a une apparence et des habitudes semblables à celles du vison d'Amérique (ci-dessous). Légèrement plus petit, il chasse de petites proies à terre et dans l'eau (oiseaux, mammifères, grenouilles, poissons et écrevisses). Sa fourrure est marron-noir avec une ligne blanche au bord des lèvres. Menacé de disparition, il est élevé pour être relâché.

Mustela putorious

Putois d'Europe

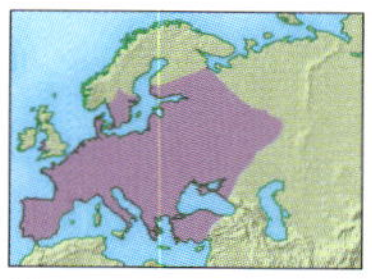

Longueur 35–51 cm
Queue 12–19 cm
Poids 0,7–1,5 kg

Sociabilité Solitaire

Statut Commun localement

Répartition Europe

Considéré comme l'ancêtre du furet domestique, le putois a un pelage formé de longs poils chamois ou noirs avec un duvet et un « masque » blanc jaunâtre sur la figure. Il court, grimpe et nage. Menacé, il libère des sécrétions anales malodorantes. Comme chez de nombreux Mustelidae, les mâles et femelles défendent différents territoires qui se chevauchent.

corps long et sinueux

Mustela vison

Vison d'Amérique

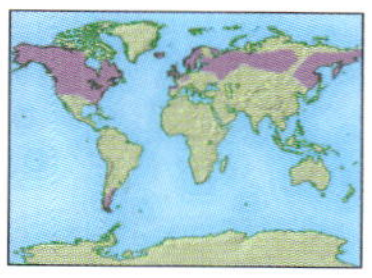

Longueur 30–54 cm
Queue 14–21 cm
Poids 0,7–2 kg

Sociabilité Solitaire

Statut Commun localement

Répartition Amérique du Nord, S. Amérique du Sud, N. et O. Europe, N. et E. Asie

Ce prédateur opportuniste utilise ses pattes partiellement palmées pour chasser à terre et dans l'eau rats, lapins, oiseaux, grenouilles et écrevisses. Sa vue n'étant pas adaptée à l'eau, la proie est localisée à la surface, puis prise en chasse. Dans son nid au creux de racines ou dans les rochers, la femelle allaite de 3 à 6 petits pendant cinq à six semaines. Dans son habitat naturel, le vison américain était autrefois capturé par milliers ; vers 1900, il fut introduit en Amérique du Sud, Europe et Russie pour sa fourrure. Les sujets échappés se sont multipliés et sont aujourd'hui une menace pour la vie sauvage.

COLORATION
La plupart des visons d'Amérique sont brun foncé, presque noirs, mais 1 sur 10 est gris-bleu.

Mustela nigripes

Putois d'Amérique

Longueur 38–41 cm
Queue 11–13 cm
Poids 900–1 000 g

Sociabilité Solitaire/couple

Statut EW

Répartition Réintroduit au C. États-Unis

Extrêmement rare, en partie à cause de l'extermination des chiens de prairie, sa proie exclusive (voir p. 147), cette espèce était considérée comme disparue. L'élevage en captivité a permis de réintégrer quelques spécimens dans le Wyoming. Il chasse ses proies au fond des terriers et y installe un nid où la femelle met bas de 3 à 6 petits.

extrémité noire

LES TERRITOIRES

Le vison d'Amérique défend un territoire de 1 à 3 km de large pour une femelle, et de 2 à 5 km pour un mâle. Chacun le marque avec la sécrétion de ses glandes anales, par de l'urine et des crottes. De février à avril, les mâles cherchent à se reproduire avec les femelles des territoires voisins.

Martes foina

Fouine

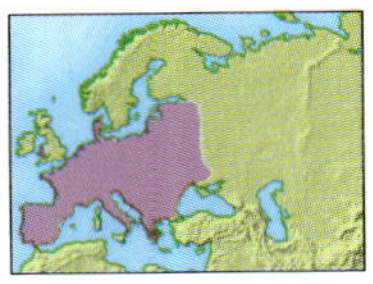

Longueur 42–48 cm
Queue 26 cm
Poids 1,5–2,5 kg
Sociabilité Solitaire
Statut Commune

Répartition Europe

La fouine s'est adaptée aux habitations des hommes et chasse toutes sortes de petites proies autour des fermes. Elle fouille les déchets et mange des fruits. Son corps est plutôt court, ses pattes longues, sa tête large et anguleuse. Le pelage est brun, sauf la gorge blanche. Solitaire, elle se cache dans les arbres creux et les anciens terriers de rongeurs. Son territoire, marqué de crottes, mesure jusqu'à 80 ha. Près des villes, elle niche sous les bâtiments et chasse parfois en groupe. Après l'accouplement, la gestation (différée) dure environ neuf mois et les portées comptent en moyenne 3 ou 4 petits.

Martes martes

Marte, martre

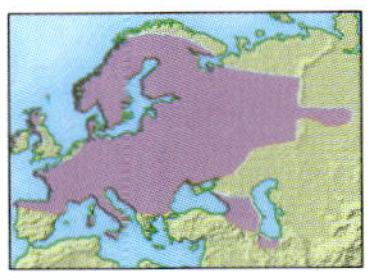

Longueur 40–55 cm
Queue 20–28 cm
Poids 0,9–2 kg
Sociabilité Solitaire
Statut LR Δ

Répartition Europe à O. et N. Asie

Souplesse de chat, griffes aiguisées, la marte grimpe et niche dans les arbres. Son corps est long et mince couvert d'un pelage châtain avec la gorge orangée. Sa queue touffue sert à son équilibre dans les branches. Agile dans les arbres, la marte attrape néanmoins ses proies au sol et se nourrit de petits rongeurs, d'oiseaux, d'insectes et de fruits.

Martes zibellina

Zibeline

Longueur 32–46 cm
Queue 14–18 cm
Poids 0,9–2 kg
Sociabilité Solitaire
Statut EN Δ

Répartition N. et E. Asie

La zibeline figurait parmi les espèces les plus pourchassées pour sa fourrure ; elle est désormais protégée dans certaines régions. Son pelage est brun-noir, avec une tache plus claire sur la gorge. La tête est large et les oreilles rondes. Comparées à celles d'autres espèces, ses pattes sont longues, sa queue touffue et ses griffes aiguisées, en partie rétractiles. Agile et rapide au sol, elle grimpe bien, mais rarement. Elle mange de petits animaux et des fruits, et s'empare d'un terrier abandonné pour nicher ; elle occupe aussi temporairement d'autres terriers.

Martes pennanti

Pékan

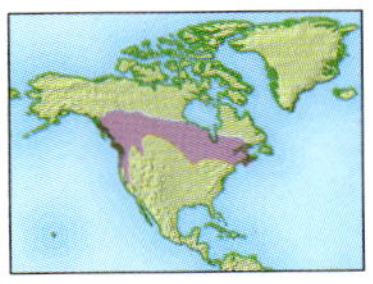

Longueur 47–75 cm
Queue 30–42 cm
Poids 2–5 kg
Sociabilité Solitaire
Statut LR Δ

Répartition Canada à N. États-Unis

Le pékan chasse ses proies au sol (de la souris au porc-épic) et se nourrit aussi de carcasses. Il fait son gîte dans les rochers, dans les arbres ou les souches. Chassé pour sa belle fourrure, la population renaît dans certains endroits. La destruction de son habitat est une nouvelle menace.

Martes flavigula

Marte à gorge jaune

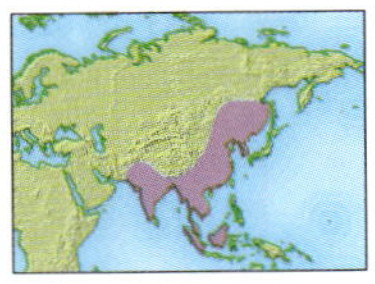

Longueur 48–70 cm
Queue 35–45 cm
Poids 1–5 kg
Sociabilité Solitaire
Statut EN

Répartition S., S.-E. et E. Asie

Semblable à la marte (voir à gauche) pour son agilité à grimper, la marte à gorge jaune est plus grande. Elle porte une longue et épaisse fourrure et une queue touffue. Sa couleur varie du jaune orangé au brun, avec une tache jaune ou blanche sur la gorge. Elle mange petits rongeurs, oiseaux, insectes et fruits. En groupe ou par couple, elle attrape parfois de jeunes faons.

Vormela peregusna

Putois marbré

Longueur 33–35 cm
Queue 12–22 cm
Poids 700 g
Sociabilité Solitaire
Statut VU

Répartition S.-E. Europe à O., C. et E. Asie

Ce putois est noir avec des taches et des rayures jaunes ou blanches, et un masque caractéristique, noir et blanc. Cette espèce des steppes et autres régions sèches chasse de petits animaux, surtout des hamsters, au crépuscule et la nuit. Il s'installe dans un vieux terrier de rongeur agrandi, où la femelle met bas une portée de 4 à 8 petits. Menacé, le putois marbré redresse la tête et la queue, et libère son odeur âcre.

Poecilogale albinucha

Poecilogale à nuque blanche

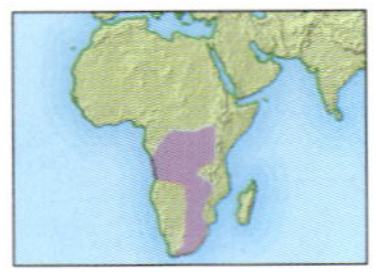

Longueur 25–35 cm
Queue 15–23 cm
Poids 225–350 g
Sociabilité Solitaire
Statut LR Δ

Répartition C. à S. Afrique

Ce mustélidé exceptionnellement long et mince est noir avec une tache blanche sur le front et la nuque, qui se sépare en deux bandes blanches, puis encore en deux sur le dos et les flancs. Les quatre bandes se réunissent à la queue, blanche et touffue. Le poecilogale creuse à l'aide des longues griffes de ses pattes antérieures, et mange presque exclusivement des souris et autres petits rongeurs, des oiseaux et des œufs. Pour se défendre, il éjecte sur 1 m la sécrétion puante de ses glandes anales.

Galictis vittata

Grand grison

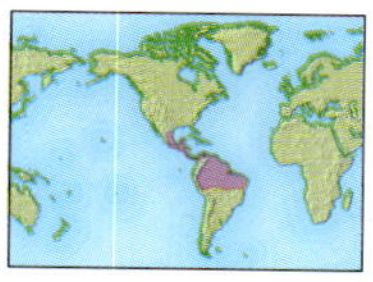

Longueur 47–55 cm
Queue 14–20 cm
Poids 1,5–2 kg
Sociabilité Solitaire
Statut LR ∆

Répartition S. Mexique, Amérique centrale et du Sud

Le grand grison a le corps allongé, la tête pointue et le cou souple ; la queue est plutôt courte. Son pelage est gris avec une bande blanche en U sur le front, accentuée au-dessus des yeux et des oreilles, s'estompant sur les épaules. Le museau, la gorge, la poitrine et les pattes antérieures sont noirs. Le grand grison vit seul ou en couple (mâle et femelle). Il est bon coureur, nageur et grimpeur, et mange différents petits animaux (même des vers) et des fruits. Il pousse toutes sortes de cris, aboiements, grognements.

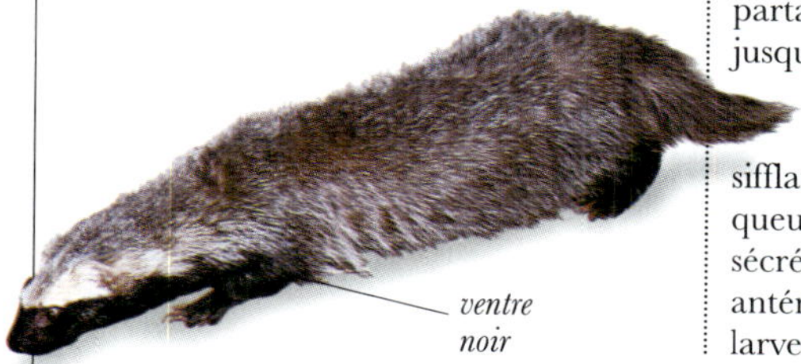

Ictonyx striatus

Zorille commune

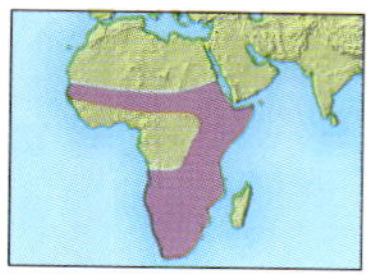

Longueur 28–38 cm
Queue 20–30 cm
Poids 1,5 kg
Sociabilité Solitaire
Statut Commune localement

Répartition O. à E. et S. Afrique

Avec une allure de moufette (voir p. 200), la zorille porte une robe noire striée de quatre bandes blanches, partant de la tête sur le dos et les flancs jusqu'à la queue. La queue touffue est mouchetée de blanc et de gris. Elle se défend en sifflant, hérissant les poils du dos, et, la queue relevée, inonde l'agresseur d'une sécrétion puante. De ses longues griffes antérieures, elle creuse et capture larves, souris et autres petits animaux.

Gulo gulo

Glouton, carcajou

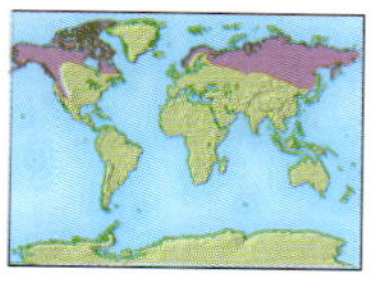

Longueur 65–105 cm
Queue 17–26 cm
Poids 8–14 kg
Sociabilité Solitaire
Statut VU

Répartition Canada, N.-O. États-Unis, N. Europe à N. et E. Asie

Après la loutre géante du Brésil, le glouton est le plus gros des Mustelidae. Son aspect trapu rappelle l'ours. Ses mâchoires puissantes croquent la viande gelée et les os de caribou ou autres carcasses en hiver, dont il enterre certaines parties pour plus tard. Il poursuit ses proies sur la neige poudreuse grâce à ses grosses pattes musclées. Cerfs, lièvres, souris, oiseaux, œufs et fruits de saison complètent sa nourriture. Actif toute l'année, il parcourt jusqu'à 50 km par jour. Son épaisse fourrure est brun-noir avec une bande claire sur les flancs jusqu'à la queue. Il a parfois une tache blanche sur la poitrine. Le glouton vit dans un terrier au milieu de racines ou de rochers, ou creuse à 2 m de profondeur dans un amas de neige. La femelle a en moyenne 2 ou 3 petits qui tètent jusqu'à dix semaines.

Mellivora capensis

Ratel

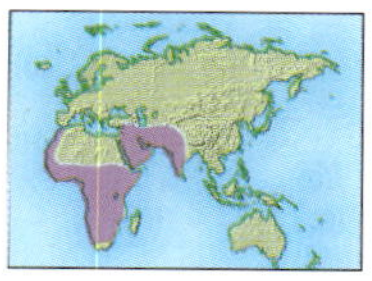

Longueur 60–77 cm
Queue 20–30 cm
Poids 7–13 kg
Sociabilité Variable
Statut LR ∆

Répartition O., C., E. et S. Afrique, O. et S. Asie

Vigoureux, le ratel a la tête, le dos et la queue gris argenté, le reste du corps noir ou brun foncé. Les pattes antérieures sont armées de longues griffes pour creuser. Vers, termites, scorpions, porcs-épics et lièvres constituent l'essentiel de son alimentation. Il collabore avec l'indicateur (voir p. 334), un oiseau qui le conduit au nid des abeilles. Le ratel ouvre le nid et l'oiseau en profite.

Meles meles

Blaireau d'Eurasie

Longueur 56–90 cm
Queue 12–20 cm
Poids 10–12 kg
Sociabilité Groupe
Statut Commun localement

Répartition Europe to E. Asie

Rare mustélidé à vivre en groupe, le blaireau a une petite tête pointue et un cou bref qui s'élargit sur un corps trapu, pourvu de courtes pattes vigoureuses et d'une petite queue. Le ventre est noir, le reste du corps et la queue gris, la face et le cou blancs avec une bande noire de chaque côté, du nez sur les yeux et les oreilles. La vue du blaireau est mauvaise, l'ouïe assez bonne, et l'odorat très développé. Nocturne et omnivore, son alimentation varie suivant les saisons. Les vers constituent sa nourriture de base, complétée par des insectes, des larves, des grenouilles, des lézards, des petits mammifères, des oiseaux, des œufs, de la charogne, des fruits et autres végétaux. À l'intérieur du terrier, les nids sont tapissés d'herbe sèche, de feuilles et de mousse. La litière est changée régulièrement. L'œuf fécondé s'implante tardivement (parfois au bout de dix mois), et la gestation dure sept semaines. La femelle met bas en moyenne 6 petits qu'elle allaite dix semaines.

VIE COMMUNAUTAIRE

Chaque communauté de blaireaux compte environ six membres : en général, un mâle dominant avec une ou plusieurs femelles et des petits. Ils occupent un réseau de galeries et de chambres très étendu, avec jusqu'à dix entrées ou plus. Les terriers sont entretenus, propres et agrandis au fil des générations. Le territoire du clan s'étend sur 50 à 150 ha, qu'ils défendent contre d'autres communautés.

À RAYURES VARIABLES
Les rayures caractéristiques du blaireau varient : elles différencient les individus d'une communauté ou servent de camouflage.

Arctonyx collaris

Blaireau-cochon

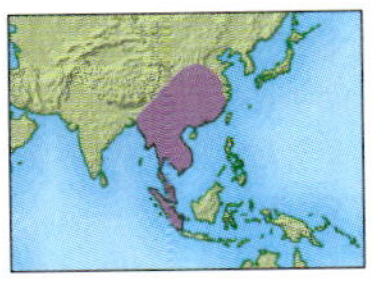

Répartition S.-E. et E. Asie

Longueur 55–70 cm
Queue 12–17 cm
Poids 7–14 kg

Sociabilité Groupe

Statut LR Δ

Le nez de ce blaireau s'est transformé en un long groin nu grâce auquel il creuse et fouille le sol comme un cochon. Les griffes de ses pattes antérieures sont très longues et ses habitudes identiques à celle du blaireau d'Eurasie (voir p. 199). Omnivore, le blaireau-cochon se nourrit de fruits, de miel, de vers et de souris. Le corps est gris teinté de jaune et le ventre noir; deux bandes noires s'étendent de chaque côté de la face.

Taxidea taxus

Blaireau d'Amérique

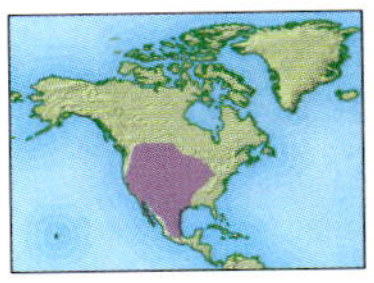

Répartition S.-O. Canada à États-Unis, N. Mexique

Longueur 42–72 cm
Queue 10–16 cm
Poids 4–12 kg

Sociabilité Solitaire

Statut Commun

Plus petit, mais proche de l'espèce d'Eurasie (voir p. 199), le blaireau d'Amérique est solitaire. Il fréquente les plaines ouvertes, les sols meubles et se nourrit de petits mammifères (chiens de prairie et écureuils terrestres) qu'il va chercher au fond des terriers. Le pelage rude et long de son dos est grisâtre, le ventre jaunâtre et les pattes noires.

Melogale personata

Mélogale

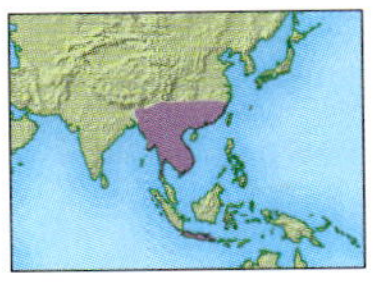

Répartition S.-E. et E. Asie

Longueur 33–43 cm
Queue 15–23 cm
Poids 1–3 kg

Sociabilité Solitaire

Statut LR Δ

Avec son corps long et souple, le mélogale ressemble davantage à un furet qu'à un blaireau. Il se nourrit d'insectes, d'escargots, de petits mammifères, d'oiseaux. Parfois il grimpe aux arbres. Ce blaireau est gris foncé ou marron, avec des taches blanches ou jaunes sur les joues et entre les yeux. Il vit dans un terrier et, comme la plupart des blaireaux, n'est pas très farouche. Ses morsures sont redoutables.

bande blanche ou jaune sur la tête et le cou

Mydaus marchei

Blaireau-skunks

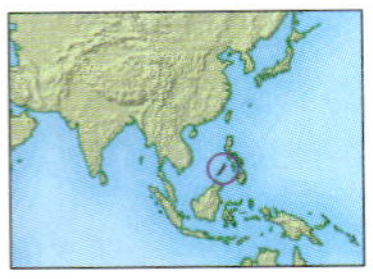

Répartition Îles de Palawan et Busuanga (Philippines)

Longueur 32–46 cm
Queue 1–4 cm
Poids 3 kg

Sociabilité Solitaire

Statut VU

Lent et trapu, le blaireau-skunks a des poches anales très développées dont la sécrétion est projetée à plus de 1 m de distance. Il a une queue courte, de petits yeux et de petites oreilles, une allure typique de blaireau, avec un groin long et souple pour dénicher vers, larves et limaces. Le pelage est brun foncé avec un capuchon jaune qui se prolonge entre les épaules. Il vit solitaire dans une cavité rocheuse ou un ancien terrier.

Conepatus humboldti

Conépate

Répartition S. Amérique du Sud

Longueur 25–37 cm
Queue 30–57 cm
Poids 1,5–3 kg

Sociabilité Solitaire

Statut VU Δ

Le conépate présente les traits d'une moufette, avec son corps trapu, sa queue touffue et son groin fouisseur. Son pelage est noir ou fauve avec une bande blanche sur les flancs. Ces bandes se rejoignent sur la tête et se prolongent jusqu'à la queue. Il se nourrit surtout d'insectes, et s'abrite sous les rochers, dans un terrier ou dans les buissons, et sécrète un liquide malodorant contre ses ennemis.

Spilogale putorius

Moufette tachetée

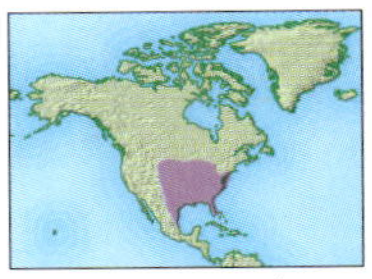

Répartition E. à C. États-Unis, N.-E. Mexique

Longueur 30–34 cm
Queue 17–21 cm
Poids 500–1 000 g

Sociabilité Solitaire

Statut LR Δ

Courte sur pattes, la moufette tachetée se fie à sa robe zébrée pour avertir ses ennemis qu'elle dispose d'un liquide nauséabond sécrété par ses glandes anales. Le pelage varie, mais chaque individu est marqué par une tache blanche sur le front et au bout de la queue. Petits animaux, fruits et végétaux constituent la base de sa nourriture. Elle est plutôt solitaire, mais jusqu'à 8 individus partagent un terrier en hiver.

Mephitis mephitis

Moufette rayée

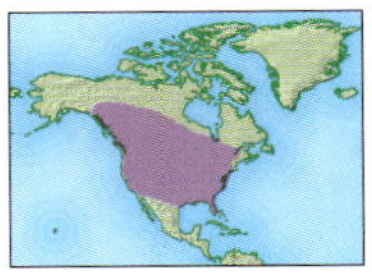

Répartition C. Canada à N. Mexique

Longueur 55–75 cm
Queue 17,5–25 m
Poids 2,5–6,5 kg

Sociabilité Solitaire

Statut Commune

Caractérisée par son pelage noir et blanc, la moufette rayée se nourrit d'insectes, de petits mammifères, d'oiseaux, d'œufs, de poisson, de mollusques, de fruits et de graines. Solitaire, elle se regroupe avec d'autres dans un terrier pour passer l'hiver. Les petits, en moyenne 5 ou 6, restent un an en compagnie de leur mère.

DÉFENSE PUANTE

Menacée, la moufette rayée gonfle son pelage, arque le dos et relève la queue. Si l'agresseur ne bouge pas, elle se met sur ses pattes de devant, pattes arrière en l'air et envoie, grâce à deux conduits sortant de l'anus, un liquide malodorant dont le jet peut atteindre 3 m de long.

ROBE
Noire, avec un trait fin sur le nez, cette moufette porte des bandes plus larges sur le dos, de la tête à la queue.

Lontra canadensis

Loutre de rivière

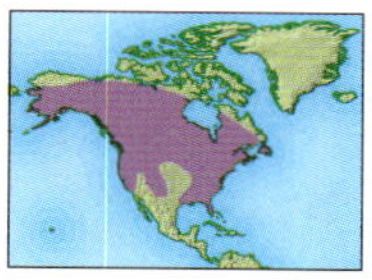

Longueur 66–110 cm
Queue 32–46 cm
Poids 6–9 kg
Sociabilité Solitaire
Statut LR Δ

Répartition Canada, États-Unis

La loutre de rivière (probablement la plus nombreuse) ressemble à la loutre commune (voir ci-dessous). Solitaire, sauf à la période de reproduction, elle vit toujours au voisinage de l'eau. Son territoire s'étend de 5 à 25 km, le long des berges des ruisseaux, des lacs ou près des côtes.

CHASSEUR DE JOUR COMME DE NUIT

Le poisson est la proie favorite de la loutre. Elle pêche de jour, sauf dans les zones occupées par l'homme, où elle devient active la nuit. Elle est aussi friande d'écrevisses, de grenouilles, de serpents, de lézards et d'insectes. Parfois, elle croque un petit mammifère ou même un oiseau aquatique.

FUSELÉ ET ARGENTÉ
Cette loutre au corps allongé a une fourrure brun-roux : gris-brun ou noir velouté sur le dos, le ventre argenté ou brun-gris, les joues et la gorge argentées ou gris-jaune.

Lutra lutra

Loutre commune

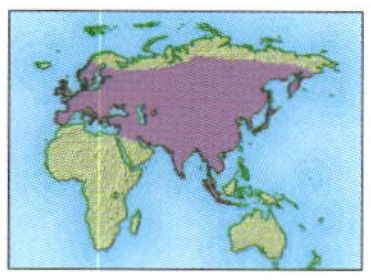

Longueur 57–70 cm
Queue 35–40 cm
Poids 7–10 kg
Sociabilité Solitaire
Statut VU

Répartition Europe, Asie

Pourchassée pour sa fourrure et pour protéger le poisson, menacée par la pollution de l'eau et la perte de son habitat, la loutre commune a un pelage imperméable, des pattes palmées et des moustaches raides (pour sentir les mouvements des proies).
Bien adaptée au milieu aquatique, elle se nourrit surtout de poissons, grenouilles et autres proies aquatiques ou amphibies. Sa robe est marron, sa gorge plus claire ; la queue effilée est très épaisse à la base. Au sol, la loutre commune chasse surtout au crépuscule ou de nuit, plutôt de jour le long des côtes. Elle occupe les berges sur 4 à 20 km de long, qu'elle marque de sécrétion et de crottes. Solitaire, elle ne vit en couple que deux ou trois mois au début du printemps. Après une gestation de soixante à soixante-dix jours, 2 ou 3 petits sont allaités pendant trois mois et restent plus d'un an auprès de leur mère.

Aonyx capensis

Loutre à joues blanches

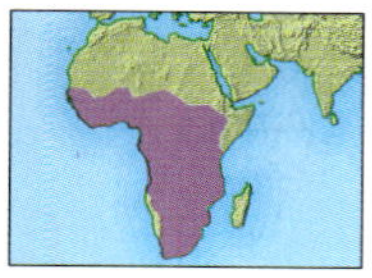

Longueur 73–95 cm
Queue 41–67 cm
Poids 10–16 kg
Sociabilité Couple
Statut LR Δ

Répartition O., E., C. et S. Afrique

Comme toutes les loutres, la loutre à joues blanches a le corps long et sinueux, une queue musclée et des membres courts adaptés à l'eau. Elle chasse crabes, grenouilles et poissons, le long des côtes, et homards et poulpes qu'elle croque à belles dents. Les pattes postérieures sont palmées et les orteils 3 et 4 sont armés de petites griffes. Les pattes antérieures sont capables de sentir et de saisir les proies. Les couples adultes, avec 2 ou 3 petits, sont très joueurs : ils se chamaillent, glissent dans la boue et se poursuivent bruyamment.

Aonyx cinerea

Loutre orientale

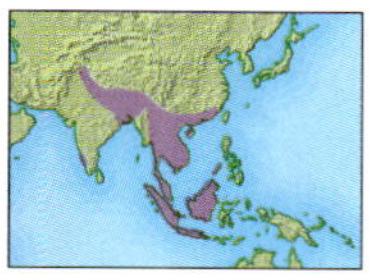

Longueur 45–61 cm
Queue 25–35 cm
Poids 1–5 kg
Sociabilité Solitaire/groupe
Statut LR Δ

Répartition S., E. et S.-E. Asie

La plus petite des loutres, la loutre orientale, a des griffes très courtes qui ne dépassent pas la pulpe des doigts et des orteils partiellement palmés. Elle croque mollusques, crustacés (crabes), grenouilles.
Le dos est brun, le ventre plus pâle avec des taches blanches dans le bas de la face, la gorge et la poitrine. Elle vit en groupe d'une douzaine de membres qui communiquent par sons et odeurs. Les liens entre le mâle et la femelle sont forts. Leur territoire est marqué à l'aide de la sécrétion des glandes anales situées à la base de la queue et aussi l'urine et les crottes. La femelle a en moyenne 2 petits, dont s'occupent les deux parents.

Pteronura brasiliensis

Loutre géante

Longueur 1–1,40 m
Queue 45–65 cm
Poids 22–32 kg
Sociabilité Groupe
Statut EN

Répartition N. et C. Amérique du Sud

La loutre géante ressemble à une très grosse loutre de rivière. Elle a de petites pattes palmées et une queue aplatie et large pour nager et plonger. Ses moustaches raides et ses yeux sensibles détectent les mouvements des proies dans l'eau. Adaptée à l'eau, elle est maladroite au sol. Sa fourrure courte et épaisse est brun foncé (noire mouillée), avec des points crème et des taches sous le menton, la gorge et la poitrine. Des groupes de 5 à 10, en général 2 parents, leurs petits et de jeunes adultes, vivent dans un terrier commun.

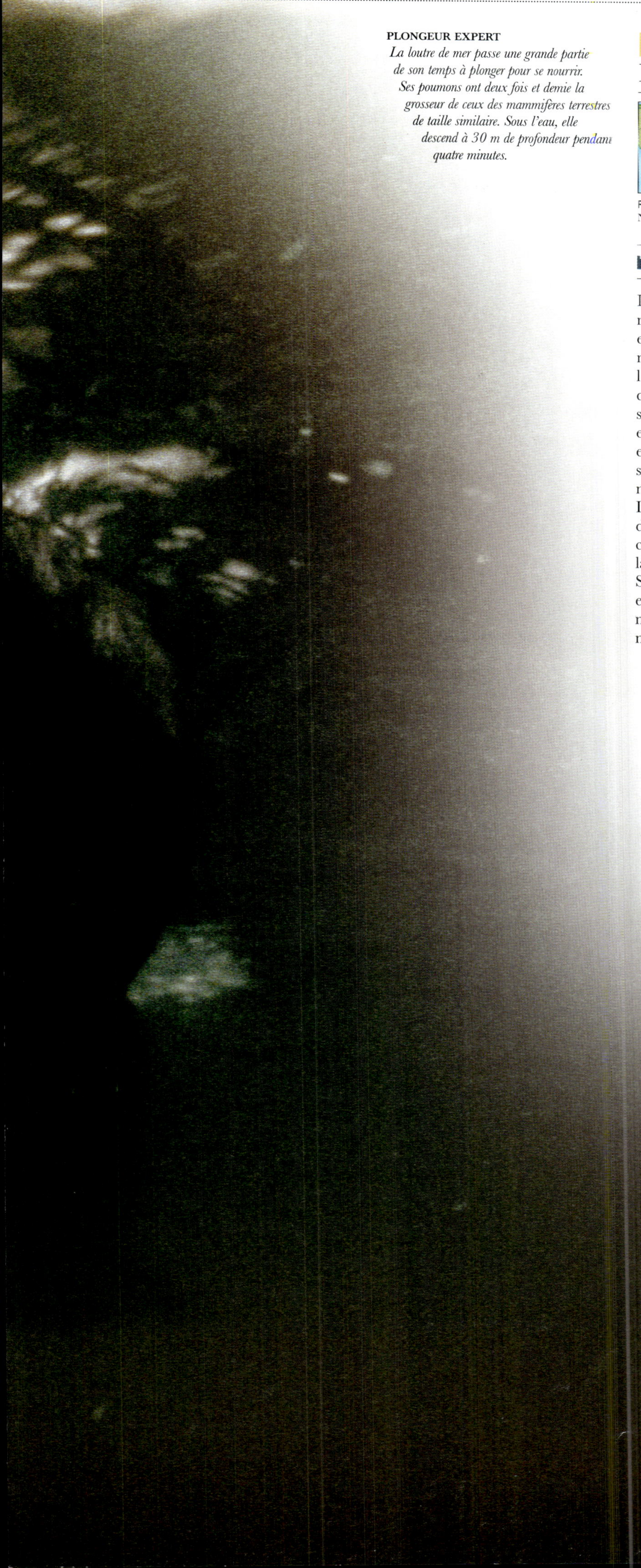

PLONGEUR EXPERT
La loutre de mer passe une grande partie de son temps à plonger pour se nourrir. Ses poumons ont deux fois et demie la grosseur de ceux des mammifères terrestres de taille similaire. Sous l'eau, elle descend à 30 m de profondeur pendant quatre minutes.

Enhydra lutris

Loutre de mer

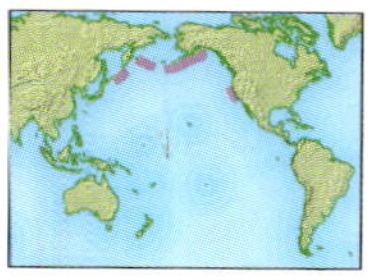

Répartition Pacifique Nord

Longueur 55–130 cm
Queue 13–33 cm
Poids 21–28 kg

Sociabilité Groupe

Statut EN

La loutre de mer est le plus petit mammifère marin. Rarement au sol, elle se nourrit dans l'océan. On la rencontre près des côtes, surtout dans les forêts de kelp (algues), flottant sur le dos, les pattes hors de l'eau. Adaptée à son milieu et à l'eau froide, sa fourrure est épaisse et chaude. Sa queue plate et forte agit comme un gouvernail ; ses pattes postérieures en forme de nageoires la propulsent dans l'eau. Les pattes antérieures plus petites sont dotées de griffes rétractiles comme celles des chats, et servent à tenir la nourriture et faire la toilette. Sous l'eau et en surface, sa vue est excellente. Grâce à son odorat et à ses moustaches, elle détecte facilement la nourriture. Elle fouille les fonds pour trouver crabes, moules, praires, oursins et ormeaux dont elle brise la carapace de ses dents étonnamment solides. Pour dormir, elle s'ancre parfois dans le kelp. La loutre de mer est un animal sociable qui vit en groupe. En Alaska, on la rencontre parfois par centaines. Autrefois chassée pour sa fourrure, presque disparue de certaines régions, c'est une espèce protégée.

CONSERVATION

Protégée, la population de loutres de mer croît à nouveau, mais seulement dans sa région d'origine. De gros efforts se poursuivent pour l'implanter dans d'autres régions. L'implantation de kelp, un de ses habitats préférés (voir ci-dessous), favorisait la croissance de sa population.

PROPRE ET IMPERMÉABLE
La loutre de mer possède la fourrure la plus épaisse de tous les animaux (jusqu'à 150 000 poils par cm²). Toilette et propreté sont essentielles pour maintenir la fourrure imperméable.

UN COMPORTEMENT BIEN ADAPTÉ

La loutre de mer est un animal plein de ressources qui adapte son comportement à son environnement. Fait étonnant, elle a appris à utiliser les pierres pour briser les coquillages.

BIEN OUTILLÉE
La coquille d'un ormeau est dure. La loutre a un comportement efficace pour l'ouvrir : couchée sur le dos, elle la frappe contre une pierre ramassée au fond de la mer.

BÉBÉ NAGEUR
La loutre donne parfois naissance dans les rochers, mais transporte vite son petit dans l'eau. En attendant qu'il sache entretenir sa fourrure, elle le garde au sec sur son ventre.

Civettes et alliés

PHYLUM	Cordés
CLASSE	Mammifères
ORDRE	Carnivores
FAMILLE	Viverridae
ESPÈCES	76

Civettes, genettes, binturong, mangoustes (souvent séparées) et fossa forment la famille des Viverridae, et sont en général caractérisés par un corps svelte et une longue queue. Apparentés aux chats et aux hyènes, ils sont néanmoins plus primitifs, avec un museau plus long et une denture plus complète. Les Viverridae vivent dans toute l'Afrique, Madagascar, le sud de l'Asie et le sud-est de l'Europe. La plupart sont terrestres, mais certaines espèces sont arboricoles (le binturong, par exemple) ou semi-aquatiques (la genette aquatique, *Osbornictis*).

Anatomie

Les Viverridae ont le corps long et la queue de taille variable, de courtes pattes, le cou et la tête allongés, le museau effilé. Les civettes et les genettes ont pour la plupart un pelage tacheté, disposé en lignes ; les mangoustes ont une robe unie ou rayée. Toutes les espèces sont pourvues de glandes anales ; chez les civettes, elles sécrètent une substance utilisée en parfumerie.

Alimentation

Certains Viverridae sont carnivores, d'autres (la nandinie) ne mangent que des fruits. Ils sont pour la plupart omnivores et se nourrissent de petits mammifères et d'oiseaux, de lézards ou d'invertébrés. À la chasse, ils traquent leurs victimes à la manière d'un chat.

Structure sociale

Ces espèces sont plutôt solitaires, mais la mangouste naine vit en groupes sur de vastes aires. Les individus communiquent par cris stridents. Les communautés de suricates d'Afrique du Sud vivent dans des terriers à plusieurs entrées. Certains fouissent, pendant que d'autres font le guet sur leurs pattes postérieures.

CHASSEURS ARBORICOLES
Beaucoup de civettes et de genettes chassent leurs proies dans les arbres et au sol. Cette genette tigrine cherche des nids.

Viverra tangalunga

Civette malaise

Longueur 62–66 cm
Queue 28–35 cm
Poids 3,5–4,5 kg
Sociabilité Solitaire
Statut Commune
Répartition S.-E. Asie

Avec sa robe couverte de taches brunes qui tendent à s'aligner, la civette malaise est reconnaissable à son collier noir et blanc, son ventre blanc, des pattes noires et environ quinze anneaux le long de la queue. Elle se nourrit surtout d'animaux sur le sol de la forêt : mille-pattes, scorpions et souris. Répandue dans toute l'Asie du Sud-Est, la civette malaise est nocturne et solitaire. Elle vit jusqu'à onze ans. On l'a introduite sur plusieurs îles car elle fournit une substance odorante recherchée.

Genetta genetta

Genette d'Europe

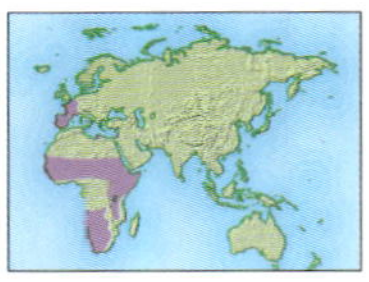

Longueur 40–55 cm
Queue 40–51 cm
Poids 1,5–2,5 kg
Sociabilité Solitaire
Statut Commune
Répartition O., E. et S. Afrique, O. Europe

Cette espèce évoque un chat. Pourvue de griffes semi-rétractiles, la genette est un excellent grimpeur. Elle attrape petits mammifères, oiseaux, œufs, larves et fruits. Dans certaines régions, elle est peu populaire, car elle s'attaque aux volailles des fermes. Elle s'abrite sous des racines ou dans un abri. Au bout de soixante-dix jours de gestation, 2 ou 3 petits naissent les yeux fermés.

Prionodon pardicolor

Linsang oriental

Longueur 37–43 cm
Queue 30–36 cm
Poids 0,6–1,2 kg
Sociabilité Solitaire
Statut Non évalué
Répartition S., E. et S.-E. Asie

Ce petit linsang svelte et souple glisse entre les branches avec une grâce étonnante. Sa queue lui permet de garder l'équilibre et de ralentir. Il est plutôt solitaire et nocturne, avec de grandes oreilles et de larges yeux adaptés à l'obscurité. Le mâle est deux fois plus gros que la femelle. Il mange de petits animaux : grenouilles, serpents, rats, souris et charognes. Les portées moyennes comptent 2 ou 3 petits.

Paradoxurus hermaphroditus

Civette des palmiers

Longueur 43–71 cm
Queue 40–66 cm
Poids 1,5–4,5 kg
Sociabilité Solitaire
Statut Commune
Répartition S., E. et S.-E. Asie

Cette civette à la queue touffue a un pelage gris-brun avec des rayures noires sur le dos, des taches sombres sur les flancs et un masque de putois. Arboricole, elle se nourrit de fruits, surtout de figues, de bourgeons, d'herbe, de petits animaux (insectes, souris) et parfois de volailles. Elle est friande de jus de palmier fermenté.

Arctictis binturong

Binturong

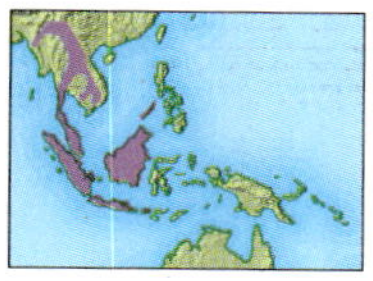

Longueur 61–96 cm
Queue 56–89 cm
Poids 9–14 kg

Sociabilité Solitaire

Statut Commun

Répartition S. et S.-E. Asie

Le binturong a une fourrure noire épaisse et des oreilles touffues. Sa queue est longue et son extrémité préhensile. Il se déplace lentement dans les arbres à la recherche de fruits, pousses, insectes, oiseaux et rongeurs. Le jour, il se repose au creux des branches, mais peut continuer à manger. Il marque son territoire de sécrétions odorantes. De 1 à 3 petits naissent après une gestation de quatre-vingt-douze jours et atteignent leur taille adulte au bout d'un an.

Eupleres goudotii

Falanouc

Longueur 48–56 cm
Queue 22–25 cm
Poids 1,5–4,5 kg

Sociabilité Solitaire

Statut EN

Répartition E. et N. Madagascar

Brun sur le dos, gris-blanc sur le ventre, avec un long museau et une queue courte et touffue, le falanouc vit dans les forêts pluviales de Madagascar. À l'aide de ses longues griffes antérieures, l'animal cherche vers, larves, insectes, limaces, escargots, rongeurs. Un seul petit naît les yeux ouverts et suit sa mère au bout de deux jours. Il est sevré à neuf semaines. Le falanouc est menacé par la destruction de son habitat, les hommes, les chiens et par la petite civette de l'Inde (*Viverricula indica)* introduite à Madagascar.

Mungos mungo

Mangue rayée

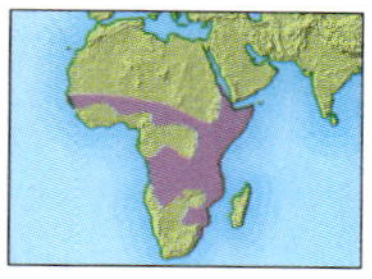

Longueur 30–45 cm
Queue 15–30 cm
Poids 1,5–2,5 kg

Sociabilité Variable

Statut Commune

Répartition Afrique

Commune, vive et opportuniste, cette mangue trapue est caractérisée par des bandes transversales claires et foncées. Le pelage est épais et moucheté. Les populations des régions humides sont plus foncées que celles des régions sèches. Souvent apprivoisée, la mangue rayée a une alimentation variée. On la rencontre en groupe de 15 à 20 individus.

Cynictis penicillata

Mangouste fauve

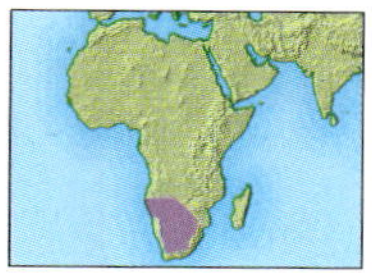

Longueur 23–33 cm
Queue 18–25 cm
Poids 450–800 g

Sociabilité Groupe

Statut Commune

Répartition S. Afrique

Cette mangouste a un pelage jaunâtre au sud de son aire, plus gris au nord. Le groupe (un couple reproducteur, les petits et d'autres adultes) occupe un réseau de tunnels pris aux suricates ou aux écureuils terrestres. Ces espèces cohabitent parfois dans un grand terrier. Son alimentation est constituée de termites, de fourmis, de coléoptères, de sauterelles, d'oiseaux, d'œufs, de grenouilles, de lézards et de petits rongeurs.

Helogale parvula

Mangouste naine

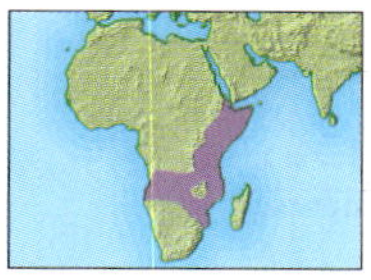

Longueur 18–28 cm
Queue 14–19 cm
Poids 200–350 g

Sociabilité Groupe

Statut Commune

Répartition E. et S. Afrique

C'est la plus petite des mangoustes, caractérisée par une épaisse fourrure brune, mouchetée de roux ou de noir, de petits yeux, de petites oreilles, et des pattes antérieures armées de longues griffes. Elle vit en troupe de 2 à 20 individus sur les termitières qui lui servent d'abri. Elle se nourrit d'insectes, lézards, serpents, oiseaux, œufs et souris. Le groupe participe aux soins des petits (jusqu'à 6 par portée).

Suricata suricatta

Suricate

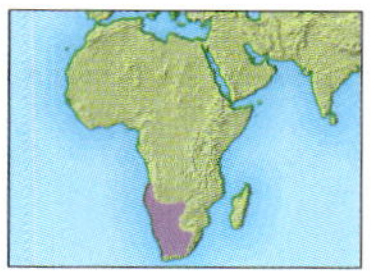

Longueur 25–35 cm
Queue 17–25 cm
Poids 600–975 g

Sociabilité Groupe

Statut Commun

Répartition S. Afrique

Animal diurne et sociable, le suricate vit en colonies de 30 individus (maximum). Il vit dans les terriers agrandis des écureuils terrestres. À l'aube, il sort et prend un bain de soleil, puis cherche de petites proies. Le pelage du ventre et de la face est brun clair, brun argenté sur le dos, avec huit bandes plus foncées sur l'arrière-train. Les yeux sont cerclés de noir, et l'extrémité de la queue est noire. De 2 à 5 petits naissent dans le terrier.

FOUISSEURS EXPERTS
Les longues griffes des pattes antérieures du suricate servent à creuser le terrier et à trouver de la nourriture : insectes, araignées, racines ou bulbes.

EN SENTINELLE

Pendant que les membres du groupe cherchent de la nourriture, certains guettent les aigles et autres oiseaux rapaces. En sentinelle, ils se placent sur un monticule ou dans les buissons pour lancer leurs cris d'alarme. Aux aboiements aigus, qui expriment des menaces urgentes, les suricates filent se cacher.

Cryptoprocta ferox

Fossa

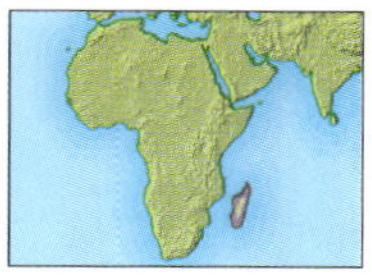

Longueur 60–76 cm
Queue 55–70 cm
Poids 9,5–14 kg

Sociabilité Solitaire

Statut EN

Répartition Madagascar

Le fossa ressemble, en plus petit, à un grand félin brun. Ce prédateur, le plus gros carnivore de Madagascar, saute et grimpe avec une grande agilité. Puissant et musclé, il chasse surtout la nuit, des lémurs, mais aussi des cochons, des volailles ou autres animaux domestiques. Solitaire, ce carnivore occupe un territoire de 4 km^2, et par conséquent sa population est de faible densité. Il est menacé par la perte de son habitat, et pourchassé par les habitants qui le redoutent car il pille les poulaillers.

MAMMIFÈRES

Hyènes et protèle

PHYLUM	Cordés
CLASSE	Mammifères
ORDRE	Carnivores
FAMILLE	Hyaenidae
ESPÈCES	4

Malgré une ressemblance superficielle avec les chiens, les hyènes sont plus proches des chats, des civettes et des genettes. La ligne caractéristique de leur dos descend des épaules vers la queue. Hyènes et protèle se rencontrent surtout en Afrique (même si la hyène rayée étend son aire aux régions méridionales de l'Asie). Les Hyaenidae sont plutôt nocturnes et creusent des terriers pour s'abriter avec les petits (sauf la hyène tachetée dont seuls les petits se réfugient dans le terrier).

Anatomie

Une grosse tête et de grandes oreilles, de longues pattes antérieures et des pattes postérieures plus courtes, une crinière sur la nuque (sauf chez la hyène tachetée), une queue touffue et des griffes courtes et non rétractiles sont leurs traits physiques communs. Les hyènes ont quatre doigts aux pattes antérieures et postérieures ; le protèle a cinq doigts aux antérieures et quatre aux postérieures. Le pelage est tacheté ou rayé (chez la hyène brune, seuls les membres sont rayés).

Alimentation

Les hyènes ont un large museau avec des mâchoires et des dents très robustes (proportionnellement les plus puissantes des mammifères), aptes à broyer les os. Des trois espèces de hyènes, la tachetée est la plus vorace. Lorsqu'elles chassent à plusieurs, les hyènes tachetées s'attaquent à des proies aussi grosses que des zèbres. Les hyènes rayées et les hyènes brunes sont surtout charognardes, mais elles capturent aussi de petites proies. Contrairement à d'autres mammifères, toutes les hyènes digèrent des morceaux de carcasses (peau, os) non assimilées par les autres carnivores. Les éléments du repas non digérés (ligaments, poils et sabots) sont régurgités sous forme de pelotes.

Le protèle, par contre, ne mange pas de grosses proies. Il utilise ses petites dents et sa langue collante pour attraper des termites, ce qui requiert peu d'efforts pour une valeur nutritive élevée. Un protèle mange jusqu'à 200 000 termites en une seule nuit. Il n'est donc pas en compétition alimentaire avec d'autres espèces.

Structure sociale

Si le protèle est solitaire, la hyène rayée et la hyène brune vivent en couple ou en petits groupes ; les hyènes tachetées se regroupent en meutes, formées parfois de 80 individus (mâles, femelles et leurs petits). Lorsque les petits ont deux ou trois mois, ils sont transférés dans le terrier commun et allaités par une « nourrice » (les hyènes brunes ont la même organisation). Les jeunes restent dans le terrier jusqu'au sevrage, prêts à accompagner les adultes vers l'âge de sept mois. Toutes les hyènes établissent des territoires, marqués de sécrétions anales. Les hyènes tachetées surveillent et défendent un territoire commun.

PAS DE RESTES
La proie dont se nourrit cette hyène tachetée a peut-être été chassée par la meute, ou dérobée à un autre prédateur. Grâce à leurs mâchoires puissantes, capables de briser des os, les hyènes mangent presque tout. Elles ne laisseront pour ainsi dire rien de cette carcasse de bubale.

Proteles cristatus

Protèle

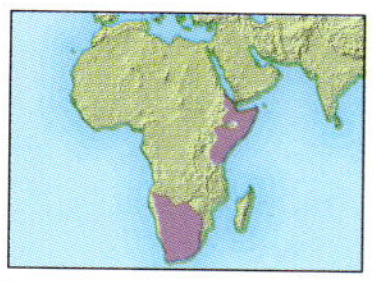

Longueur 67 cm
Queue 24 cm
Poids 9 kg
Sociabilité Solitaire
Statut LR Δ
Répartition E. et S. Afrique

Parent des hyènes, le protèle se nourrit presque exclusivement de termites (notamment ceux qui se déplacent en surface). De sa longue langue, il attrape asticots, larves et autres petits animaux à corps mou. Son dos tombant est accentué par une crinière en forme de crête, plus proéminente sur la nuque et les épaules. Celle-ci se dresse en cas d'alerte et l'animal paraît plus grand. Le pelage est chamois clair ou blanc-jaune avec trois rayures verticales de chaque côté. Les dents de devant sont semblables à celles des hyènes, mais les prémolaires sont petites et pointues, à peine fonctionnelles, la nourriture étant broyée par les muscles de l'estomac. Le protèle est solitaire et nocturne. Le jour, il se réfugie dans un terrier. Il marque son territoire par de l'urine, des crottes et des sécrétions anales. La gestation dure quatre-vingt dix jours, et de 2 à 4 petits sortent du terrier au bout de quatre semaines.

Parchyaena brunnea

Hyène brune

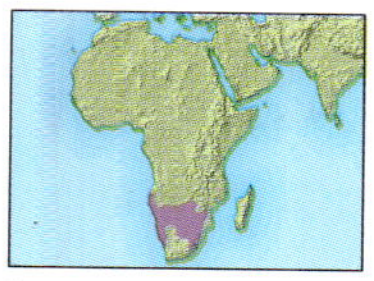

Longueur 1,30 m
Queue 21 cm
Poids 38–47 kg
Sociabilité Variable
Statut LR Δ
Répartition S. Afrique

Cette espèce étend son domaine aux déserts, et repère les charognes jusqu'à 14 km de distance. Elle possède des mâchoires puissantes et des dents coupantes pour dépecer les carcasses, y compris celles des bébés phoques sur les côtes du désert du Namib. Elle attrape aussi lièvres et damans. La hyène brune a de longs poils rudes brun foncé ou noirs, avec une crinière plus claire, une face noire et des pattes rayées.

Hyaena hyaena

Hyène rayée

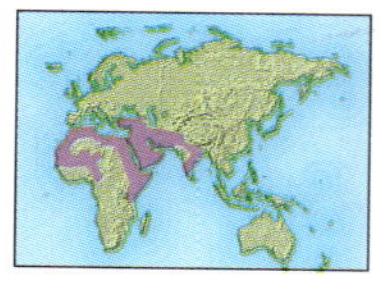

Longueur 1,10 m
Queue 20 cm
Poids 35–40 kg
Sociabilité Solitaire
Statut LR
Répartition O., N. et E. Afrique, O. à S. Asie

Préférant la savane et les régions boisées clairsemées, cette hyène évite les déserts. Elle est grise ou brun clair avec cinq ou six rayures sur les flancs. La crinière diminue sur le dos et se termine par une queue touffue noir et blanc. Plutôt solitaire, elle vit en famille au moment de la reproduction. Elle se nourrit de charognes, insectes et lièvres, fruits et autres végétaux.

Crocuta crocuta

Hyène tachetée

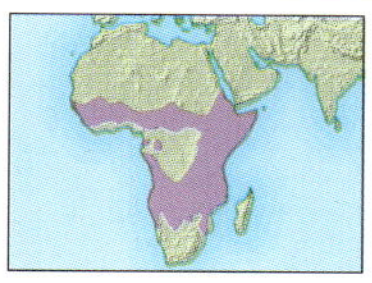

Longueur 1,30 m
Queue 25 cm
Poids 40–86 kg
Sociabilité Groupe
Statut LR
Répartition O. à E. et S. Afrique

La hyène tachetée est la plus grande des hyènes. La taille de la femelle est légèrement supérieure à celle du mâle. Ses organes sexuels externes sont proéminents, et il est difficile de la différencier du mâle. La femelle domine le groupe, qui varie de 5 adultes, ou moins, avec les petits, dans les régions désertiques, à 50, ou plus, dans les savanes riches en proies. La meute partage le terrier et les latrines, et défend un territoire de 40 à 1 000 km^2, par des appels, des sécrétions odorantes et par sa présence. La hyène tachetée émet différents sons pour rallier le groupe ou localiser les petits, et son fameux « rire » signifie soumission à un membre plus âgé du groupe.

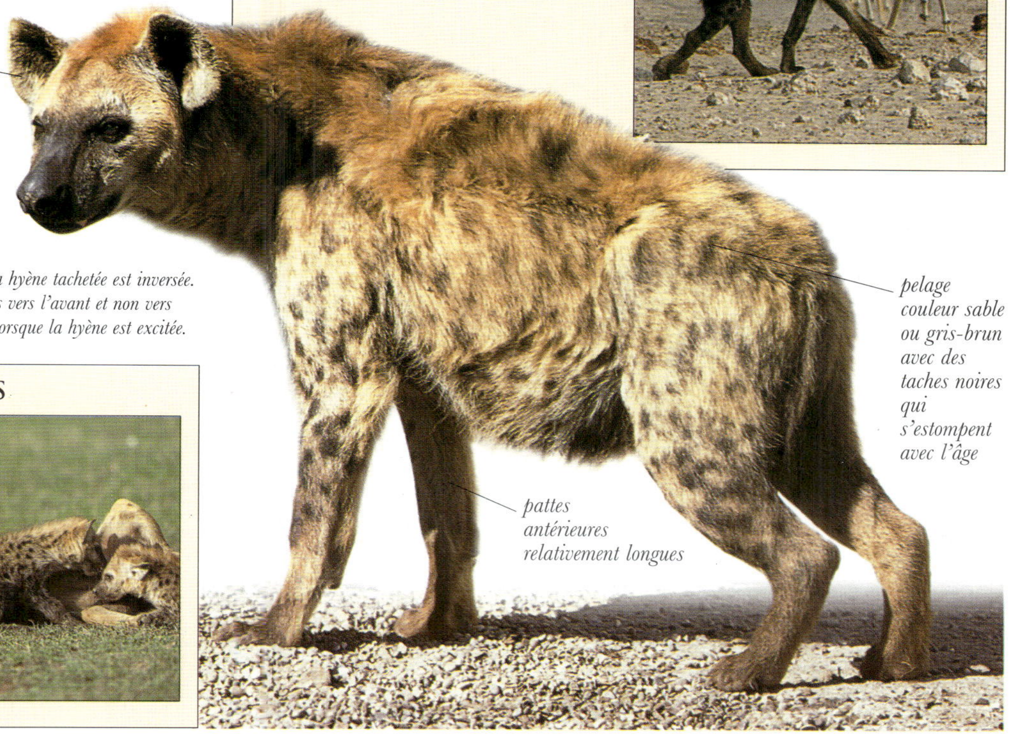

CRINIÈRE INVERSÉE
La crinière dorsale de la hyène tachetée est inversée. Les poils sont implantés vers l'avant et non vers l'arrière, et se dressent lorsque la hyène est excitée.

LA CHASSE

La hyène tachetée est un redoutable chasseur. Avec d'autres, elle attrape des zèbres ou des gnous. Seule, elle chasse lièvres, oiseaux au sol et poissons dans les marais. Elle se gave de nourriture et consomme en un repas jusqu'à 14 kg de nourriture.

RIVALITÉ ENTRE LES PETITS

La mère s'occupe seule de ses petits ; le mâle ne joue aucun rôle. La femelle a en moyenne 2 petits (entre 1 et 3) qui naissent au bout de cent jours de gestation. Ils sont sevrés entre quatorze et dix-huit mois, lorsqu'ils sont presque adultes. Le dominant contrôle l'ordre des tétées, et en période de pénurie, tue un frère ou une sœur pour assurer sa propre chance de survie.

MAMMIFÈRES

FÉLINS

PHYLUM	Cordés
CLASSE	Mammifères
ORDRE	Carnivores
FAMILLE	Felidae
ESPÈCES	38

AVEC UN CORPS SOUPLE ET MUSCLÉ, des sens aiguisés, une denture et des griffes développées, d'excellents réflexes et un pelage qui les camoufle, les félins sont d'excellents chasseurs. En fait, parmi les mammifères, ce sont les carnivores les plus spécialisés. Tous se ressemblent beaucoup : les différences entre le tigre et le chat domestique, par exemple, sont étonnamment petites. La classification des félins reste donc problématique : ils peuvent être regroupés dans le genre *Felis* ou répartis entre plusieurs genres. Ils se rencontrent partout en Eurasie, Afrique et Amérique (le chat domestique vit partout), des montagnes aux déserts. De nombreuses espèces vivent aussi dans les forêts. La plupart des félins sont solitaires.

ANATOMIE

Les félins ont une face ronde et un museau plutôt court. La mâchoire inférieure est puissante et de longues canines servent à frapper et à saisir les proies. Les carnassières, qui coupent les os et les tendons, sont très développées. Le pelage est doux, souvent rayé ou tacheté, avec une queue poilue, souple et généralement longue.
Les pattes antérieures ont cinq doigts, les postérieures, quatre. Chaque doigt est pourvu d'une griffe recourbée et rétractile. Les griffes sont normalement rétractées et aiguisées. Elles sortent comme des lames de couteau si nécessaire. Les callosités de la sole plantaire sont entourées de poils ce qui permet d'avancer sans faire de bruit.

SENS

Tous les félins ont des sens aiguisés. Leurs grands yeux orientés vers l'avant, leur permettent d'estimer les distances avec précision. La pupille se contracte en fente ou en tête d'épingle (suivant les espèces) à la lumière, et se dilate dans l'obscurité. Les oreilles sont grandes, mobiles et en forme d'entonnoir. Elles captent les sons, alors que les moustaches longues, raides et très sensibles guident dans les chasses nocturnes. L'odorat est aussi très développé, et le palais comporte un organe du goût, appelé organe de Jacobson qui détecte les odeurs sexuelles. Les sécrétions des glandes des joues et du front, de la queue et entre les doigts, transmettent des informations concernant l'âge et le sexe.

TECHNIQUES DE CHASSE

Si certains félins recherchent activement leurs proies, d'autres se cachent et attendent leur victime. La plupart utilisent les deux méthodes. Dans tous les cas, le pelage assure le camouflage : les rayures du tigre, par exemple, se fondent dans les hautes herbes, alors que beaucoup d'espèces qui vivent dans les forêts ont une robe tachetée qui imite les jeux de lumière dans les feuilles.

Suivant les espèces, un félin poursuit son gibier sur des distances différentes. Les tigres préfèrent le traquer et bondir ; le guépard se fie à sa pointe de vitesse de 110 km/h. Le serval, plus petit, chasse dans l'herbe haute et saute en hauteur sur sa proie.

CONSERVATION

La conservation des félins est difficile : une liste complète de la famille a été établie par la CITES, et certaines espèces sont sérieusement menacées. Même le léopard – un des grands survivants – est en danger. La chasse, pour la fourrure (les demandes ont augmenté au cours du XXe siècle) ou l'utilisation dans les médicaments traditionnels (des quantités énormes d'os de tigre sont passés en fraude en Chine pour la pharmacopée) reste le problème principal. La destruction de l'habitat est un autre fléau, car les félins ont besoin de grandes étendues pour assurer leur subsistance. Suite à des mesures de protection, la tendance a pu être inversée : le nombre de pumas, tigres et chats sauvages a légèrement augmenté.

Les félins chassent tous les animaux qu'ils dominent. Les plus gros s'attaquent à des proies plus grosses qu'eux et traînent la carcasse en lieu sûr, parfois sur de longues distances. Les plus petits recherchent les rongeurs et les oiseaux. Certains comme le chat pêcheur, avancent dans les ruisseaux et attrapent le poisson d'un coup de patte.

CONFLIT POUR UN TERRITOIRE
Tous les félins occupent un territoire qu'ils défendent si leurs marques odorantes ou leurs avertissements sonores sont ignorés. Ces jaguars se menacent, et le conflit risque d'être inévitable. Les oreilles aplaties montrent la crainte, les pupilles dilatées et les babines retroussées indiquent l'agression.

Felis sylvestris

Chat forestier

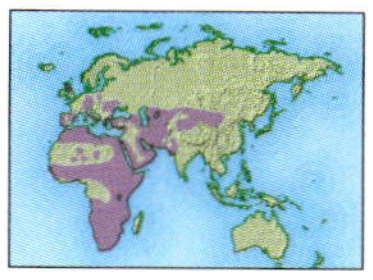

Longueur 50–75 cm
Queue 21–35 cm
Poids 3–8 kg
Sociabilité Solitaire
Statut LR ∆

Répartition Europe, O. et C. Asie, Afrique

Plus grand et plus trapu, avec un pelage épais (surtout en hiver), le chat forestier est une version de notre chat domestique tigré. Il se croise d'ailleurs avec les chats domestiques. On pense que la sous-espèce *Felis sylvestris libyca*, chat sauvage d'Afrique, est l'ancêtre du chat domestique. Localement, le chat forestier a été chassé de son habitat sylvestre, et subsiste sur des plateaux rocheux, dans les landes, les marais ou même les côtes. Il se nourrit surtout de petits rongeurs. Bon grimpeur, il attrape de jeunes écureuils ou des oiseaux dans les branches ; il mange aussi des charognes. Il se reproduit entre janvier et mars ; la période de gestation dure de soixante-trois à soixante-huit jours. La femelle met bas 3 ou 4 petits en moyenne dans le creux d'un arbre, sous des rochers, dans un vieux terrier de lapin ou de blaireau.

Felis chaus

Chaus

Longueur 50–94 cm
Queue 23–31 cm
Poids 4–16 kg
Sociabilité Solitaire
Statut LR ∆

Répartition O., C., S. et S.-E. Asie, N.-E. Afrique

Le chaus hante les fourrés et les roselières, les berges des rivières, les côtes, les lacs et les champs cultivés. Il chasse les mammifères de la taille d'un ragondin, les oiseaux (y compris la volaille), les reptiles. Bon nageur, il pêche des poissons et de petits amphibiens. Le mâle et la femelle vivent ensemble et protègent les petits.

Felis margarita

Chat de Marguerite

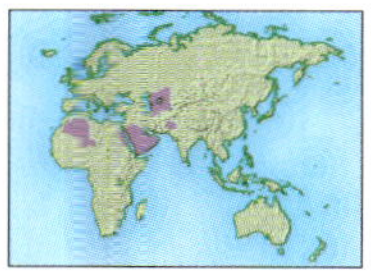

Longueur 45–57 cm
Queue 28–35 cm
Poids 1,5–3,5 kg
Sociabilité Solitaire
Statut EN ∆

Répartition N. Afrique, O., C. et S. Asie

Le chat de Marguerite, ou chat des sables, s'est adapté à la vie dans le désert. Il creuse pour trouver gerbilles et autres rongeurs, lézards ou serpents, et s'abrite dans un terrier pendant la journée. Les portées sont en moyenne de 3 petits, indépendants vers l'âge de six mois.

Felis pardina

Lynx pardelle

Longueur 85–110 cm
Queue 13 cm
Poids 10–13 kg
Sociabilité Solitaire
Statut EN

Répartition Espagne

Très rare et protégé, sur une aire limitée, le lynx pardelle est plus petit que le lynx d'Eurasie (à droite). Confiné aux marais, il se cache dans les rochers, pinèdes et fourrés, et se nourrit principalement de lapins, faons, lièvres, rongeurs et oiseaux terrestres.

Felis lynx

Lynx d'Eurasie

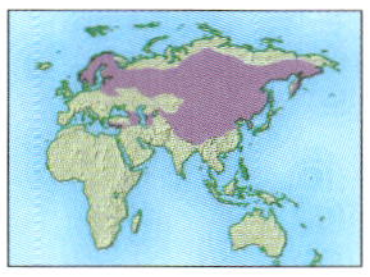

Longueur 0,80–1,30 m
Queue 11–25 cm
Poids 8–38 kg
Sociabilité Solitaire
Statut LR ∆

Répartition N. Europe à E. Asie

Ce lynx vit surtout dans les forêts mixtes. Il a été chassé par la présence humaine vers des forêts plus ouvertes et des pentes rocheuses. Cependant, il occupe encore l'aire la plus étendue de toutes les espèces de félins. Il chasse chevreuils, chèvres, moutons et autres mammifères ongulés jusqu'à quatre fois sa taille. En cas de pénurie, il mange des lièvres et des pikas.

MANTEAU
Le lynx d'Europe présente trois types de pelage : rayé, tacheté (comme ici) et uni.

CONSERVATION

Malgré les efforts de protection et les réintégrations en Europe occidentale, le lynx est encore rare. On le chasse, les voitures le tuent sur les routes, et des jeunes mâles meurent mystérieusement – on suppose d'un problème génétique.

Felis rufus

Lynx roux

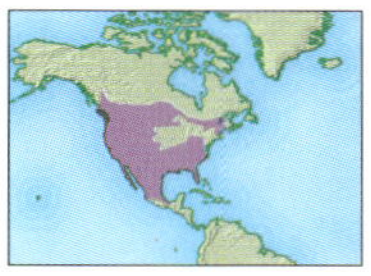

Longueur 65–110 cm
Queue 11–19 cm
Poids 6–31 kg
Sociabilité Solitaire
Statut LR ∆

Répartition S. Canada, États-Unis, Mexique

Appelé *bobcat* aux États-Unis, le lynx roux est de taille moyenne. Il est plutôt tacheté. Il chasse des lapins dans le sud de son aire, et des lièvres plus au nord. Il se nourrit aussi de rongeurs, de faons et de charognes. Son habitat varie du désert aux forêts mixtes ou de conifères. Les 2 ou 3 jeunes naissent en avril-mai.

MAMMIFÈRES

Felis caracal

Caracal

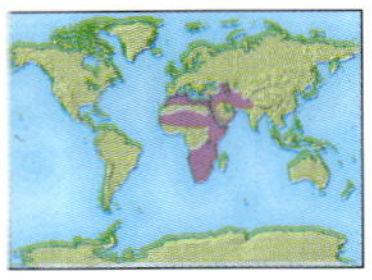

Longueur 60–91 cm
Queue 23–31 cm
Poids 6–19 kg

Sociabilité Solitaire

Statut LR Δ

Répartition Afrique, O., C. et S. Asie

Appelé aussi lynx du désert, à cause de son habitat aride, le caracal a le pelage fauve, roussâtre ou jaunâtre, noir parfois (mélanisme : voir panthère noire p. 214). Excellent sauteur, il fait des bonds de 3 m à la verticale, et attrape les oiseaux d'un coup de patte. Il se nourrit surtout de rongeurs, damans, lièvres, petites antilopes, volailles.

oreilles terminées par un pinceau de poils

Felis serval

Serval

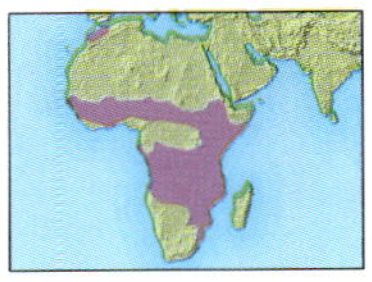

Longueur 60–100 cm
Queue 24–45 cm
Poids 9–18 kg

Sociabilité Solitaire

Statut LR Δ

Répartition Afrique

Semblable à un petit guépard, avec son corps maigre et ses membres longs, le serval a une fourrure jaune tachetée de noir. Il vit dans les savanes et à proximité des zones humides où il chasse rats et autres proies, et contribue à contrôler les rongeurs. Après soixante-treize jours de gestation, en moyenne 2 petits naissent.

cou assez long

rayures sur les pattes, les épaules et le cou

TÊTE DRESSÉE
Grâce à ses hautes pattes et son long cou, le serval tient sa tête à 75 cm au-dessus du sol. Ainsi, il voit et entend dans les hautes herbes.

SAUT DE CHAT

Après avoir localisé sa proie, en général au crépuscule, et souvent grâce à son ouïe, le serval bondit avec dextérité. Il fait des sauts de 4 m de long, et de plus de 1 m de haut avant de frapper sa victime avec ses pattes de devant. Il se nourrit de rats, rongeurs, oiseaux, poissons et gros insectes. Le serval des zones humides est friand de grenouilles.

Felis marmorata

Chat marbré

Longueur 45–53 cm
Queue 47–55 cm
Poids 2–5 kg

Sociabilité Solitaire

Statut VU Δ

Répartition S. à S.-E. Asie

Habitant des forêts tropicales et humides, le chat marbré ressemble à la panthère longibande (voir p. 214). Ce grimpeur habile, à longue queue, est un prédateur nocturne qui chasse écureuils, oiseaux et autres habitants des arbres. Des informations rassemblées en Thaïlande devraient apporter du nouveau sur cette espèce encore mal connue. La gestation dure quatre-vingt et un jours. Les portées comptent de 1 à 4 petits.

Felis aurata

Chat doré d'Afrique

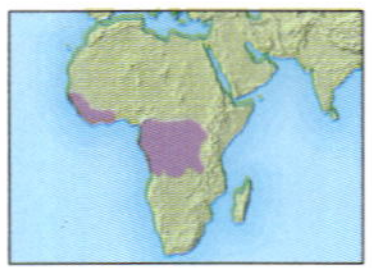

Longueur 61–100 cm
Queue 16–46 cm
Poids 5,5–16 kg

Sociabilité Solitaire

Statut LR Δ

Répartition O. et C. Afrique

Cette espèce de taille moyenne est peu connue. Son pelage varie du gris au roux-brun, légèrement tacheté ou uni. Il vit dans les forêts, surtout près des rivières. Il chasse rats et autres rongeurs, damans, petites antilopes des forêts, singes (parfois déjà blessés) et autres mammifères. Il attrape des oiseaux, surtout au sol, mais également dans les arbres.

Felis nigripes

Chat à pieds noirs

Longueur 34–50 cm
Queue 15–20 cm
Poids 1,5–3 kg

Sociabilité Solitaire

Statut LR Δ

Répartition S. Afrique

Le plus petit des Felidae – la taille d'un très petit chat domestique – est marron clair avec de larges rayures qui s'élargissent sur les pattes. Les soles plantaires sont noires. Il chasse souris, insectes (termites et criquets), araignées, petits lézards et oiseaux. Bien adapté aux régions désertiques d'Afrique du Sud (Karroo, Kalahari), il boit rarement.

Felis viverrinus

Chat pêcheur

Longueur 75–86 cm
Queue 25–33 cm
Poids 8–14 kg

Sociabilité Solitaire

Statut LR

Répartition S. à S.-E. Asie

Le chat pêcheur a un pelage sombre, brun olive avec des taches noires. Il vit le long des rivières, des marais et dans la mangrove littorale. Son adaptation à l'eau est surtout comportementale : ses pattes ne sont que légèrement palmées et ses dents guère adaptées aux proies glissantes. Commun localement, sa dépendance aux lieux humides est affectée par les drainages, l'agriculture intensive, les habitations et la pollution.

COMME UNE CIVETTE
Le chat pêcheur, ou chat viverrin, a les traits d'un viverridé, ou plus précisément d'une civette : corps long et trapu, pattes plutôt courtes.

DU POISSON

Comme son nom l'indique, le chat pêcheur est semi-aquatique, et pêche poissons, grenouilles, serpents, insectes, crabes et mollusques. D'un coup de patte, il attrape ses proies dans l'eau. Bon nageur, il plonge parfois à leur poursuite. Au sol, il chasse de petits mammifères.

Felis planiceps

Chat malais à tête plate

Longueur 41–50 cm
Queue 13–15 cm
Poids 1,5–2 kg
Sociabilité Solitaire
Statut VU

Répartition S.-E. Asie

La tête aplatie de ce prédateur semi-aquatique est accentuée par ses oreilles petites et courtes. Il se nourrit de crevettes, grenouilles, rongeurs et petits oiseaux. Ses pattes en partie palmées sont dotées de griffes partiellement rétractiles. Les prémolaires supérieures sont grandes et aiguisées, adaptées à une nourriture glissante. Plus petit qu'un chat domestique, il vit près des rivières, des marais et des canaux d'irrigation.

Felis jacobita

Chat des Andes

Longueur 58–64 cm
Queue 41–48 cm
Poids 4 kg
Sociabilité Solitaire
Statut EN Δ

Répartition O. Amérique du Sud

Le chat des Andes est peu connu. Petit et trapu, avec une longue queue touffue, son pelage est épais, chaud et gris-brun, marqué de rayures verticales sur le dos. La queue est cerclée d'anneaux brun-ocre. Ce félin habite les pentes sèches et rocailleuses au-dessus de la limite des arbres, vers 3 000 m d'altitude. Il se nourrit de rongeurs, de viscaches et de chinchillas. Contrairement à d'autres espèces, le chat des Andes n'est pas menacé directement, mais la disparition des proies dont il se nourrit le met en danger.

Felis pardalis

Ocelot

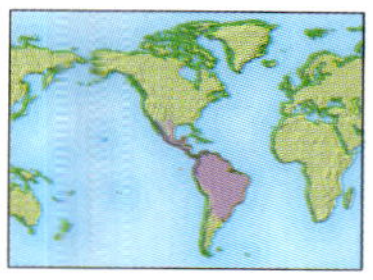

Longueur 50–100 cm
Queue 30–45 cm
Poids 11,5–16 kg
Sociabilité Solitaire
Statut LR Δ

Répartition S. États-Unis à Amérique centrale et du Sud

L'ocelot est reconnaissable à son pelage caractéristique. Animal nocturne et solitaire, il vit dans les arbres et s'adapte à une grande variété d'habitats : prairies, marais ou forêts. Il se nourrit surtout de rongeurs, oiseaux, lézards, poissons, chauves-souris, et d'animaux plus gros, singes, tortues, faons, tatous et fourmiliers. La gestation dure de soixante-dix-neuf à quatre-vingt-cinq jours, et les portées sont de 3 petits en moyenne. Les femelles se reproduisent dès l'âge de deux ans et les mâles vers deux ans et demi.

CONSERVATION

L'ocelot a été pourchassé pour sa fourrure dont le commerce entre les années 1960 et 1970 était florissant. On vendait plus de 200 000 peaux par an. Il est aujourd'hui protégé sur la majeure partie de son domaine, et depuis, dans certaines régions, sa population a augmenté. Son habitat reste néanmoins toujours menacé à cause de la déforestation qui engendre de nouveaux problèmes.

fourrure courte, dense et veloutée

coloration claire sur le ventre

TACHES ET RAYURES *Le dessin du pelage de l'ocelot est semblable à celui du margay (ci-dessous). Les tons de sa robe sont jaune-ocre ou orangé. Les rosettes noires sur le dos et les flancs se réduisent à des points sur les pattes et des rayures sur la tête.*

Felis guigna

Kodkod

Longueur 42–51 cm
Queue 19,5–25 cm
Poids 2–2,5 kg
Sociabilité Solitaire
Statut VU

Répartition O. Amérique du Sud

Le kodkod d'Amérique du Sud ressemble au chat de Geoffroy (ci-dessous), avec un pelage plus épais et une tête plus petite. Son pelage est tacheté de noir et d'ocre, avec une queue annelée et une gorge rayée de noir. Il habite les forêts fraîches et humides des contreforts des Andes d'Argentine et du Chili. Il s'abrite dans les fourrés et les buissons. Il se nourrit de rongeurs, souris et rats, de lézards qu'il attrape au sol ou dans les arbres. Il chasse de jour et de nuit.

Felis geoffroyi

Chat de Geoffroy

Longueur 42–66 cm
Queue 24–36 cm
Poids 2–6 kg
Sociabilité Solitaire
Statut VU Δ

Répartition C. à S. Amérique du Sud

Le chat de Geoffroy préfère les buissons aux forêts et à la pampa. Il chasse dans les branches, au sol et dans l'eau, grenouilles et poissons, ainsi que des rongeurs, lézards, oiseaux, et le lièvre brun nouvellement introduit. Aujourd'hui protégée, cette espèce était chassée pour sa fourrure brun-jaune et gris argenté après le déclin de la fourrure de l'ocelot dans les années 1980.

fourrure mouchetée régulière

Felis wiedi

Margay

Longueur 46–79 cm
Queue 33–51 cm
Poids 2,5–4 kg
Sociabilité Solitaire
Statut VU Δ

Répartition S. Amérique du Nord à Amérique centrale et du Sud

Le margay est un excellent grimpeur grâce à ses pattes de derrière presque « réversibles ». Il peut descendre la tête la première le long d'un tronc ou se suspendre à une branche par une patte. Il chasse surtout des rats, souris, écureuils opossums, jeunes paresseux, petits oiseaux et invertébrés (larves, araignées). Il mange parfois des fruits. Nocturne, le margay se repose le jour à la fourche d'un arbre. La gestation dure soixante-seize à quatre-vingt-cinq jours, et les portées comptent 1, parfois 2 petits. La peau de l'ocelot devenant rare (voir ci-dessus), le margay a été pourchassé. Il est encore illégalement tué dans certaines régions, mais il est surtout menacé par la destruction de son habitat.

MAMMIFÈRES

JEUNESSE
Un jeune tigre dépend de sa mère pour manger pendant la première année. Dès l'âge de deux ans, il a assez de force et d'expérience pour chasser. Il commence à se reproduire vers la quatrième ou cinquième année, et vit en moyenne de huit à dix ans.

ACTION
Dans la réserve de Ranthambhore au nord-est de l'Inde, ce tigre se lance dans un lac à la poursuite d'un cerf sambar. Les tigres de la région tuent et mangent aussi des crocodiles.

Panthera tigris

Tigre

Répartition S. et E. Asie

Longueur 1,40–2,80 m
Queue 60 cm–1,10 m
Poids 100–300 kg

Sociabilité Solitaire

Statut EN

Le tigre est le plus gros des félins. On le reconnaît à sa robe fauve caractéristique, rayée de noir et de blanc. Sa taille et son pelage varient suivant les sous-espèces. Si on compte 8 sous-espèces, 3 ont disparu depuis les années 1950, et 5 restent menacées. La répartition géographique du tigre s'étendait jadis jusqu'à l'est de la Turquie, mais son domaine est aujourd'hui limité à des enclaves dans le sud et l'est de l'Asie. L'habitat du tigre varie de la forêt tropicale de l'Asie du Sud-Est aux forêts de conifères de Sibérie. Il lui faut une végétation dense, de l'eau et des proies assez grandes. Il chasse surtout la nuit, cerfs et sangliers, bétail dans certaines régions. Il se nourrit aussi d'animaux plus petits, singes, oiseaux, reptiles et poissons et volontiers de charognes. Le tigre attaque de jeunes rhinocéros et éléphants. Il mange jusqu'à 40 kg de viande en une fois, et revient à sa proie pendant trois à six jours. Le tigre est plutôt solitaire. Un mâle se repose parfois avec une femelle et des petits. Il lui arrive de se déplacer en groupe.

CONSERVATION

Le braconnage, la destruction de l'habitat et le manque de proies sont les plus grandes menaces qui pèsent sur les tigres, qui vivent en populations dispersées dans l'est de la Russie, la Chine, Sumatra, et les régions du Vietnam à l'Inde. Protégés, les tigres sont toujours chassés illégalement, pour leur peau ou la médecine chinoise traditionnelle. Il existe différents projets (le Chitwan National Park au Népal ci-dessous) pour évaluer les populations de tigres et définir les mesures de protection nécessaires. Des gardes spécialisés contre le braconnage sont mis en place, ainsi qu'une campagne internationale d'éducation aux utilisateurs des remèdes chinois, et leur impact sur le déclin du tigre.

MANTEAU RECONNAISSABLE
Le tigre du Bengale ou tigre royal, Panthera tigris tigris, *présente le pelage classique du tigre : orange foncé avec le ventre, les joues et le tour des yeux blancs et des marques noires distinctives. Les rayures du tigre, aux teintes marron ou noir de jais, varient en nombre et en largeur.*

SOUS-ESPÈCES VIVANTES DE TIGRE

Les cinq sous-espèces encore vivantes aujourd'hui diffèrent sensiblement. En général, celles des régions sud sont plus petites et plus foncées, celles des régions nord, plus grosses et plus claires. Les tigres des climats froids ont aussi une fourrure plus épaisse.

TIGRE DE SUMATRA
Le tigre de Sumatra, Panthera tigris sumatrae, *est le plus petit et le plus foncé des tigres. On pense qu'il n'en reste que 400 aujourd'hui.*

JEUNES SIBÉRIENS
Le tigre de Sibérie, Panthera tigris altaica, *est le plus gros et le plus clair, avec le pelage le plus long. Il n'en reste plus que 150 à 200.*

MAMMIFÈRES

Felis yagouaroundi

Jaguarondi

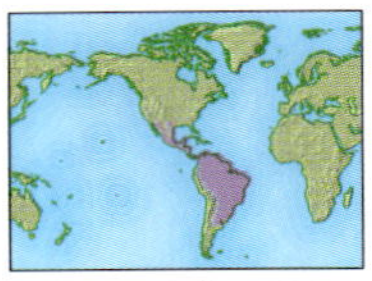

Longueur 55–77 cm
Queue 33–60 cm
Poids 4,5–9 kg

Sociabilité Solitaire

Statut LR

Répartition S. États-Unis à Amérique du Sud

Ressemblant davantage à un mustélidé qu'à un félin, le jaguarondi a un pelage uni, qui varie du noir – dans les forêts – au brun-gris clair ou roux – dans les broussailles. Ce félin chasse le jour, souvent au sol, dans différents types d'habitat : les broussailles semi-arides, les forêts pluviales et les marais. Des oiseaux, des rongeurs, des lapins, des reptiles et des invertébrés sont ses proies favorites.

Felis concolor

Puma, couguar

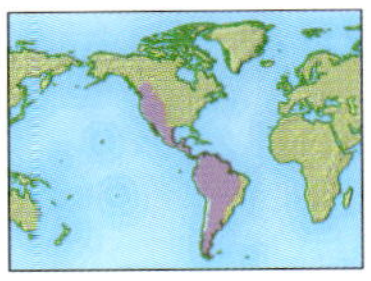

Longueur 1,10–2 m
Queue 66–78 cm
Poids 67–105 kg

Sociabilité Solitaire

Statut LR

Repartition O. et S. Amérique du Nord, Amérique centrale et du Sud

Plus gros que certains « grands » félins, le puma a un pelage uni aux tons roux et bruns. Il produit de nombreux sons, dont un cri presque humain lorsqu'il fait la cour. Il ne rugit pas. Peu exigeant, le puma vit dans la forêt pluviale, les montagnes, les forêts de conifères ou le désert. De petits mammifères, souris, rats, lapins et lièvres, constituent l'essentiel de son alimentation. Le puma ne mange pas de charognes. Après une gestation de quatre-vingt-douze jours, 2 ou 3 petits naissent entre février et septembre, dans une tanière de rochers ou dans les broussailles. Ils prennent de la nourriture solide vers six à sept semaines.

Neofelis nebulosa

Panthère longibande

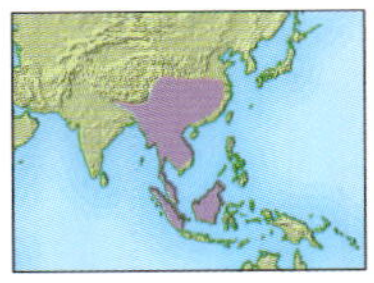

Longueur 60–110 cm
Queue 55–91 cm
Poids 16–23 kg

Sociabilité Solitaire

Statut VU

Répartition S., S.-E. et E. Asie

La panthère longibande a un pelage jaune-ocre ou brun-roux, avec des ellipses irrégulières bordées de noir, au centre foncé. C'est le plus petit des grands félins. Ses talents de grimpeur rivalisent avec ceux des petits félins. Elle chasse à l'affût et vit surtout dans les arbres. Singes, gibbons, oiseaux, porcs-épics, jeunes sangliers et cerfs sont ses proies préférées. Elle est menacée par la perte de son habitat et chassée pour sa chair et sa fourrure.

Panthera pardus

Léopard, panthère

Longueur 0,90–1,90 m
Queue 60–110 cm
Poids 37–90 kg

Sociabilité Solitaire

Statut LR

Répartition O., C., S., E. et S.-E. Asie, Afrique

Peu d'autres félins sauvages ont une apparence et des proies aussi variées que le léopard. Son alimentation passe des scarabées aux gros mammifères de plusieurs fois son poids (comme des antilopes). Un gros animal fournit assez de nourriture pour deux semaines, et pourtant, il chasse tous les trois jours, deux fois plus souvent pour une femelle avec des petits. Après quatre-vingt-dix à cent cinq jours de gestation, en moyenne, 2 petits naissent. Sevrés vers trois mois, ils restent auprès de leur mère un an ou plus. Le léopard s'est habitué à la présence de l'homme, et chasse à proximité des grandes villes. Il survit bien malgré les nombreuses menaces.

PANTHÈRE NOIRE

Comme beaucoup de félins et d'autres mammifères, certains léopards sont mélaniques. Par ce changement génétique (mutation), la peau et la fourrure contiennent de grandes quantités d'un pigment noir, la mélanine. Les léopards mélaniques, ou panthères noires, se rencontrent dans les forêts denses et humides. Ils étaient considérés jadis comme une espèce séparée. Dans les déserts, les léopards sont jaune clair ; dans l'herbe, ils sont d'un jaune plus foncé.

DANS LES ARBRES

Excellent grimpeur, le léopard se sert de sa force pour hisser sa proie dans les arbres pour la consommer ou la cacher. Dans les branches, il se régale sans être dérangé, et la viande est à l'abri des hyènes et des chacals.

ÉPAULES ET TÊTE
Les mâchoires du léopard sont puissantes, prêtes à mordre, tuer et démanteler une proie. Les épaules et les membres antérieurs sont solidement musclés, pour maintenir les victimes ou les hisser dans les arbres.

Panthera uncia

Panthère des neiges

Longueur 1–1,30 m
Queue 80–100 cm
Poids 25–75 kg
Sociabilité Solitaire
Statut EN

Répartition C., S. et E. Asie

Semblable au léopard (voir p. 214) dans le choix de ses proies, ce grand félin à fourrure laineuse fréquente les falaises, les broussailles, les forêts claires de conifères jusqu'à une altitude de 5 000 m. Il chasse yaks et kiangs (hémiones), mais aussi moutons, chèvres, marmottes, pikas, lièvres et oiseaux. Les habitudes de reproduction sont celles des félins de même taille, bien que les portées comptent jusqu'à 4 petits.

membres courts et trapus pour grimper

Panthera onca

Jaguar

Longueur 1,10–1,90 m
Queue 45–75 cm
Poids 36–160 kg
Sociabilité Solitaire
Statut LR

Répartition Amérique centrale à N. Amérique du Sud

Seul grand félin du Nouveau Monde, le jaguar ressemble au léopard (voir p. 214) mais il est plus puissant et plus musclé que lui. Son pelage est marqué de rosettes avec un centre noir. Il aime les marais et les forêts inondées. Ses proies préférées sont les mammifères de taille moyenne, cerfs, pécaris et tapirs. Malgré des règles de protection, les jaguars sont de plus en plus menacés par la destruction de leur habitat et les éleveurs de bétail.

Acinonyx jubatus

Guépard

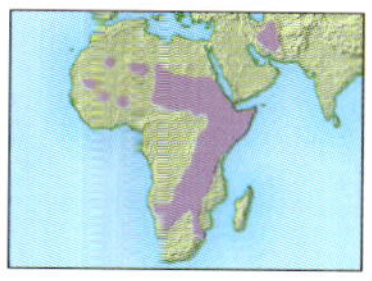

Longueur 1,10–1,50 m
Queue 60–80 cm
Poids 21–72 kg
Sociabilité Solitaire/couple
Statut VU

Répartition Afrique, O. Asie

Connu comme l'animal le plus rapide du monde, le guépard atteint des vitesses de 100 km/h pendant 10 à 20 secondes. Si la proie peut courir plus longtemps que lui, elle lui échappe. Le guépard mange des gazelles de Thompson, de grosses antilopes ou des lièvres. Il est plus sociable que les autres grands félins, à l'exception des lions. Les petits quittent leur mère vers treize à vingt mois, mais restent ensemble plusieurs mois encore, voire pendant des années.

COLORATION
Le guépard a un pelage jaunâtre avec de petites taches noires. Les animaux du désert sont plus clairs avec des taches plus petites, et le «guépard royal» d'Afrique du Sud-Est a de plus grosses taches.

queue annelée

CONSERVATION

En Namibie, pour connaître la faune sauvage et prendre des mesures de protection pour le bétail, certains guépards sont capturés et équipés d'un collier radio-émetteur. Une fois relâché (ci-dessous), l'animal peut être suivi et étudié.

Panthera leo

Lion

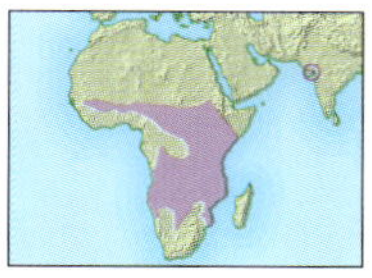

Longueur 1,70–2,50 m
Queue 0,90–1,10 m
Poids 150–250 kg
Sociabilité Groupe
Statut VU

Répartition Afrique, S. Asie (forêt de Gir)

Le lion se distingue de tous les autres félins par sa sociabilité de longue durée. Le clan se compose de 5 à 10 femelles, de 1 à 3 mâles et de petits. Les femelles mettent bas en même temps et allaitent indifféremment les petits. Les clans occupent des territoires où les lionnes coopèrent pour chasser de grosses proies (zèbres, gnous, impalas et buffles). Certains solitaires chassent de petits rongeurs, lièvres et reptiles. Les mâles adultes vivent seuls ou en groupe de 4 ou 5 (du même clan ou non apparentés). Ce groupe défend une vaste zone contre d'autres groupes de mâles et impose ses prérogatives de reproduction aux clans, mais cette période ne dure en général que deux ou trois ans.

MÂLE ET FEMELLE
Le lion pèse en moyenne 180 kg et la lionne 125 kg. Le crâne du mâle est considérablement plus gros que celui de la femelle.

JEU DE RÔLES

Griffes et dents rentrées, ces deux lionnes de deux ans montrent qu'elles «jouent à se battre» pour développer leur habileté à chasser. La lutte aide à déterminer qui poursuivra et dirigera la proie, et qui se tiendra en embuscade et tuera. Le jeu établit aussi le statut social relatif à l'intérieur du clan.

pelage fauve uniforme

crinière épaisse et protectrice

LION D'ASIE

Le lion d'Asie *(Panthera leo persica)* ne survit que dans la forêt de Gir, au nord-ouest de l'Inde. Sa population ne compte que de 200 à 300 individus. Il est un peu plus petit que le lion d'Afrique, avec un pli de peau sous le ventre ; les mâles ont une crinière plus courte. Les clans sont plus petits : en général 2 femelles et les petits.

PHOQUES ET OTARIES

PHYLUM	Cordés
CLASSE	Mammifères
ORDRE	Pinnipèdes
FAMILLES	3
ESPÈCES	34

REMARQUE

Les phoques et leurs parents étaient classés dans l'ordre des pinnipèdes. Aujourd'hui, les zoologistes pensent que ces mammifères appartiennent aux carnivores. Ils sont divisés en trois familles. Il est possible que les origines des otaries (famille des Otariidae) et des morses (famille des Odobenidae) se rapprochent des Ursidae, et que les phoques (famille des Phocidae) soient plus proches des Mustelidae.

MALADROITS AU SOL, les pinnipèdes (phoques, otaries et morses) sont parfaitement agiles dans l'eau. Ils ont un corps fusiforme et des nageoires puissantes pour descendre à plus de 100 m de profondeur. Certaines espèces restent une heure sous l'eau. L'ordre est constitué de trois groupes : les phoques, sans oreilles externes, aux nageoires postérieures pointées vers l'arrière ; les otaries (lions de mer et otaries à fourrure) avec de petites oreilles externes et des nageoires postérieures qui pivotent vers l'avant pour se déplacer à terre ; les morses avec leurs défenses caractéristiques. Seuls les otaries et les morses marchent à demi dressés sur le sol. Les pinnipèdes vivent dans le monde entier, pour la plupart dans les mers tempérées et polaires.

RÉGULATION THERMIQUE

Les pinnipèdes régulent leur température de diverses façons. Dans l'eau froide, une couche épaisse de graisse isole les organes internes, et le flux sanguin est réduit dans les nageoires. Certaines espèces agitent leurs nageoires pour se ventiler. Les vaisseaux sanguins sous la peau des phoques et des morses se contractent pour limiter la perte de chaleur dans l'eau glacée, ou se dilatent pour emmagasiner de la chaleur au soleil. Les otaries plongent pour se rafraîchir.

CHANGEMENT DE COULEUR
Les vaisseaux sanguins de ces morses se dilatent et absorbent une grande quantité de chaleur au soleil. Leur corps devient rose.

ACROBATES SOUS-MARINS
Dans l'eau, ces lions de mer sud-américains sont gracieux et capables de nager à grande vitesse. Sous l'eau, ils émettent des sons grâce à l'air de leurs poumons.

ANATOMIE

La plupart des pinnipèdes ont une face courte, un cou épais et un corps en forme de torpille. La couche de graisse sous la peau les préserve du froid et favorise la flottaison. Toutes les espèces sont couvertes de poils, sauf le morse. Les pinnipèdes ont de grands yeux pour voir dans l'eau profonde. Ils possèdent une excellente ouïe. Leurs oreilles et leurs narines se ferment sous l'eau, et de longues moustaches renforcent le sens du toucher. De nombreuses espèces montrent un dimorphisme sexuel : le mâle de l'éléphant de mer pèse quatre fois plus que la femelle.

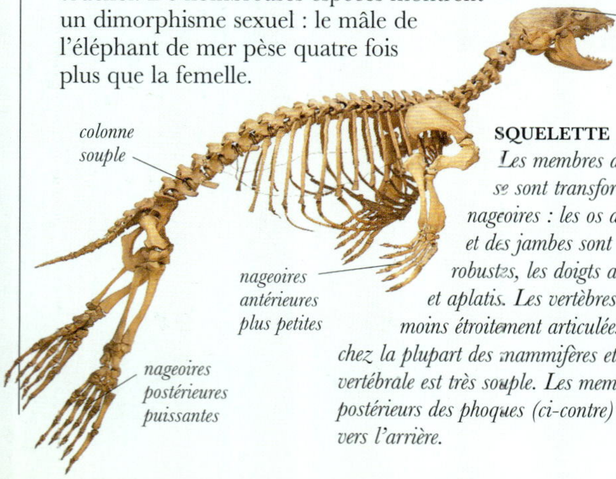

SQUELETTE
Les membres des pinnipèdes se sont transformés en nageoires : les os des bras et des jambes sont courts et robustes, les doigts allongés et aplatis. Les vertèbres sont moins étroitement articulées que chez la plupart des mammifères et la colonne vertébrale est très souple. Les membres postérieurs des phoques (ci-contre) sont dirigés vers l'arrière.

CYCLE DE VIE

Contrairement aux autres mammifères marins (cétacés, lamantins et dugongs), les pinnipèdes vivent aussi à terre. Pendant la saison de reproduction, les mâles établissent des territoires qu'ils défendent sauvagement. Les femelles les rejoignent sur les plages, quelques semaines plus tard pour mettre bas (en général un seul petit). Après la naissance, la femelle s'accouple avec le mâle dans le territoire duquel elle est arrivée. Durant une gestation de huit à quinze mois, les pinnipèdes sont en mer et ne reviennent à terre qu'à la saison de reproduction.

AGRESSIF, LE MÂLE !
Pendant la saison de reproduction, la compétition est féroce. Ces deux éléphants de mer se battent ; seuls les plus forts auront un territoire de reproduction.

GRANDE COLONIE
Les colonies d'otaries à fourrure d'Afrique du Sud comptent plusieurs milliers d'individus. Les mâles contrôlent des harems de 7 à 9 femelles.

Callorhinus ursinus

Otarie à fourrure d'Alaska

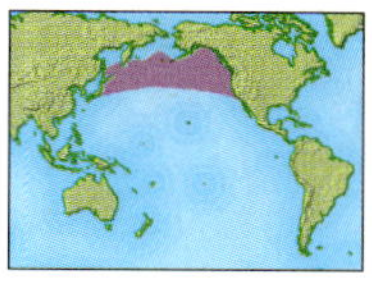

Longueur Jusqu'à 2,10 m
Poids 180–270 kg
Sociabilité Variable
Statut VU
Répartition Pacifique Nord

Le mâle est gris-brun, la femelle et les petits, gris argenté sur le dos et brun-roux sur le ventre, avec une tache grisâtre sur la poitrine. Les nageoires antérieures sont longues et semblent séparées du poignet. Poissons et oiseaux (plongeons, pétrels) constituent l'essentiel de leur alimentation. La plupart des populations migrent en août, conduites vers le sud par les mâles adultes. Les jeunes restent à terre quatre mois, et suivent leurs mères dès novembre.

Arctocephalus pusillus

Otarie à fourrure d'Afrique du Sud

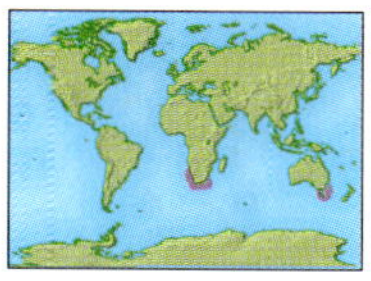

Longueur 1,80–2,30 m
Poids 200–360 kg
Sociabilité Variable
Statut Commune localement
Répartition S. Afrique, S.-E. Australie, Tasmanie

L'otarie à fourrure d'Afrique du Sud est brun-gris, plus foncé que les individus australiens, et plonge deux fois plus loin (jusqu'à 400 m). Le petit mesure 70 cm et pèse 6 kg à la naissance (novembre-décembre). Il joue dans les mares laissées par les marées pendant que sa mère se nourrit en mer.

Zalophus californianus

Otarie de Californie

Longueur Jusqu'à 2,40 m
Poids 275–390 kg
Sociabilité Variable
Statut VU Δ
Répartition O. États-Unis, îles Galapagos

« Otarie de spectacle » des parcs d'attraction marins, cette espèce ne s'éloigne guère de la côte (16 km) et fréquente les ports et les estuaires en quête de nourriture et d'abri. Le mâle est brun foncé, la femelle et les petits brun-roux. Ces otaries se nourrissent de bancs de harengs et de calmars, et autour des îles Galápagos, de sardines pêchées en deux minutes à 75 m de profondeur. Durant El Niño, elles se sont nourries de merlans, de saumons et aussi d'oiseaux comme les guillemots. Pendant la saison de reproduction (mai-juillet), les mâles défendent de petits territoires sur les plages. Au bout de deux semaines, ils partent se nourrir en mer. Au retour, ils doivent reconquérir leur place. La mère s'occupe d'un seul petit (rarement deux) pendant huit jours. Puis elle part se nourrir de deux à quatre jours en mer et revient allaiter de un à trois jours à terre. Ce rythme dure en général huit mois, jusqu'à la naissance suivante.

Phocarctos hookeri

Lion de mer de Hooker

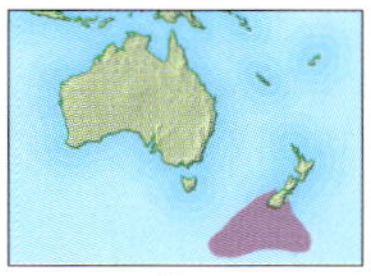

Longueur 2–3,30 m
Poids 300–450 kg
Sociabilité Variable
Statut VU
Répartition Îles subantarctiques au S. de la Nouvelle-Zélande

Cette espèce est limitée à quelques îles au sud de la Nouvelle-Zélande. Elle s'éloigne jusqu'à 150 km des côtes et pénètre parfois à 1 km à l'intérieur des terres pour se reposer. Le mâle est brun foncé avec un arrière-train gris argenté et une crinière ; la femelle et les petits sont argentés ou brun-gris sur le dos, jaune ou marron sur le ventre. Leur alimentation comprend poissons, manchots et bébés phoques.

Otaria byronia

Lion de mer d'Amérique du Sud

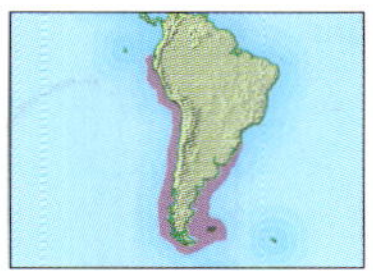

Longueur 2,30–2,80 m
Poids 300–350 kg
Sociabilité Variable
Statut VU Δ
Répartition O., S. et E. Amérique du Sud, îles Malouines

Tête énorme et massive, fourrure marron, plus pâle sur le ventre sont les traits caractéristiques de cette otarie. Le mâle ne migre pas. Sa crinière atteint les épaules. Il pèse deux fois plus lourd que la femelle et occupe la même zone de reproduction toute l'année. Les mères guident le petit dans l'eau dès un à deux mois (ce qui est précoce chez les otaries).

Eumetopias jubata

Otarie de Steller

Longueur 3–3,30 m
Poids 585–1 120 kg
Sociabilité Groupe
Statut EN
Répartition Pacifique Nord

L'otarie de Steller est la plus grande de toute la famille : large museau, tête énorme, nuque épaisse, le mâle pèse jusqu'à trois fois le poids de la femelle. Elle est brun jaunâtre avec des nageoires noires. La partie supérieure du corps est recouverte de fourrure. Au moment de la reproduction, les colonies comptent plus de 1 000 individus. L'otarie de Steller se nourrit de poissons, phoques et loutres.

Arctocephalus gazella

Otarie à fourrure antarctique

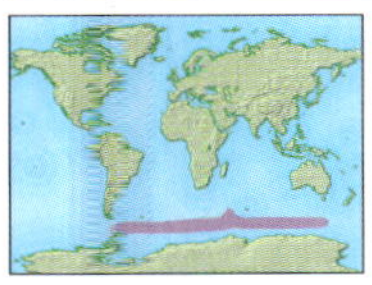

Longueur 1,60–2 m
Poids 90–210 kg
Sociabilité Variable
Statut Commune localement
Répartition Eaux antarctiques et subantarctiques

La crinière du mâle est accentuée par la graisse et les muscles du cou. Il est brun-gris foncé, la femelle grisâtre. En novembre, les mâles se reproduisent et défendent des territoires pour s'accoupler avec environ 5 femelles. Sa fourrure a été très recherchée au XIXe siècle. La chasse est aujourd'hui réglementée, mais l'espèce reste menacée par la pêche excessive du krill, part importante de son alimentation.

Odobenus rosmarus

Morse

Longueur 3–3,60 m
Poids 1,2–2 tonnes
Sociabilité Groupe
Statut VU Δ

Répartition Arctique

Le mâle pèse deux fois plus que la femelle. Les nageoires antérieures du morse ressemblent à celles des otaries, et les postérieures à celles des phoques. Son museau hérissé de moustaches s'élargit rapidement. Le corps s'affine vers la queue enfouie dans les plis de la peau. Le morse se nourrit au fond de la mer : vers, crustacés, mollusques, crevettes et poissons lents. Il plonge à plus de 100 m de profondeur pendant vingt-cinq minutes, ou plus, pour trouver des proies grâce à son museau et ses moustaches. La nourriture est extraite avec le nez, grâce à des jets d'eau projetés par la bouche. Il aspire sa nourriture à l'aide de la langue et de la bouche, plus qu'avec les dents. Les morses se regroupent par centaines sur les côtes ou la glace ; en mer, ils forment de petits groupes de moins de 10 individus. Pendant la période de reproduction (entre janvier et mars), les mâles émettent des mugissements pour attirer leurs partenaires. La gestation dure quinze mois : à la naissance, le bébé mesure jusqu'à 1,20 m de long et pèse 75 kg. Il tète pendant six mois. Le sevrage a lieu au cours des dix-huit mois suivants. Les mères protègent leur petit et d'autres femelles « adoptent » les orphelins.

CHANGEMENT DE COULEUR
La peau du morse transparaît sous ses poils courts et rudes, et change de couleur suivant ses activités. Il est en général gris ou brun cannelle, rougeâtre après un bain de soleil.

RIVALITÉ AMICALE

La plupart des mâles se reproduisent vers l'âge de dix ans. Ils se battent à coups de défenses (canines supérieures très longues), pour une place favorable auprès des femelles. Ils se blessent parfois mais sans gravité. Les plus vieux portent de nombreuses cicatrices.

Monachus monachus

Phoque moine de Méditerranée

Longueur 2,40–2,80 m
Poids 250–400 kg
Sociabilité Solitaire/groupe
Statut CR

Répartition Méditerranée, mer Noire, Atlantique (N.-O. Afrique)

Cette espèce a une fourrure brun foncé, plus clair sur le ventre, et mange principalement du poisson : anguilles, sardines et thon, homards et pieuvres. Sur terre, ce phoque est moins sociable que la plupart des autres ; la mère vit avec son petit, ou en groupes espacés. Devenu très rare, le phoque moine est dérangé par le tourisme. L'effondrement des grottes, la pollution, la pêche et les infections virales sont de sérieuses menaces.

Lobodon carcinophagus

Phoque crabier

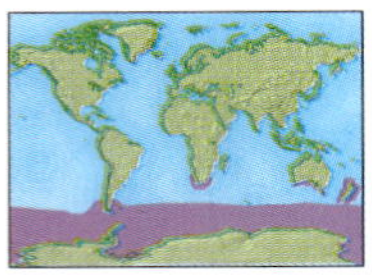

Longueur 2,20–2,60 m
Poids 220 kg
Sociabilité Variable
Statut Commun

Répartition Eaux antarctiques et subantarctiques

Le phoque crabier long et souple a des nageoires antérieures en forme d'avirons, et un manteau gris argenté ou brun-jaune avec des taches sombres irrégulières. Il figure parmi les phoques les plus abondants et les plus rapides (il nage à 25 km/h). Pour se nourrir, il plonge cinq minutes à 40 m. Grâce à sa denture adaptée à la filtration, il se nourrit de krill. Le mâle reste avec la femelle et le bébé jusqu'au sevrage, vers trois semaines.

Hydrurga leptonyx

Léopard de mer

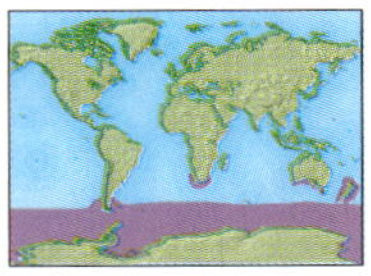

Longueur 2,50–3,20 m
Poids 200–455 kg
Sociabilité Solitaire
Statut Commun localement

Répartition Eaux antarctiques et subantarctiques

Le léopard de mer est solitaire et nage à l'aide de ses nageoires antérieures armées de griffes. Sa tête est aplatie, dépourvue de front, et la mâchoire inférieure large et profonde. Ses canines de 2,5 cm sont adaptées à saisir de petits phoques, des manchots et autres oiseaux. Son alimentation comprend aussi des calmars et du krill.

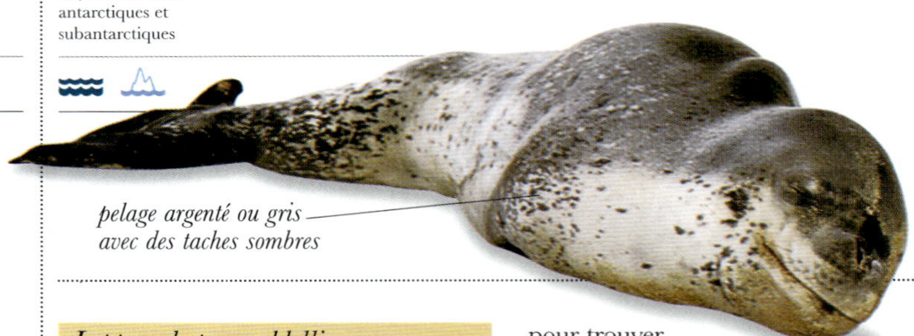

Leptonychotes weddelli

Phoque de Weddell

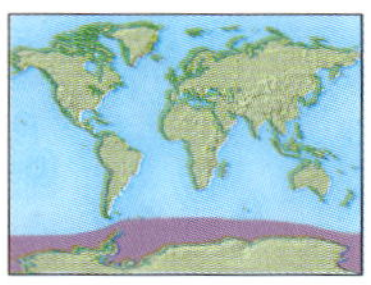

Longueur 2,50–2,90 m
Poids 400–600 kg
Sociabilité Variable
Statut Commun localement

Répartition Eaux antarctiques et subantarctiques

Ce phoque a une petite tête et de petites nageoires, un museau obtus hérissé de courtes moustaches. Pendant une heure, il plonge jusqu'à 500 m de profondeur pour trouver poissons, calmars et autres proies. Grâce à ses longues incisives supérieures, il creuse des trous de respiration dans la glace.

Ommatophoca rossi

Phoque de Ross

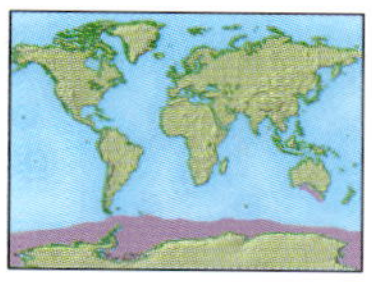

Longueur 1,70–3 m
Poids 130–215 kg
Sociabilité Solitaire
Statut VU

Répartition Eaux antarctiques

Le phoque de Ross a un museau obtus, une large tête et de longues nageoires postérieures. Son pelage court est gris foncé ou châtain avec le ventre plus clair et de larges bandes sombres sur les flancs. Moins sociable que la plupart des phoques, il vit seul. Il se nourrit surtout de krill et de poissons pêchés à plusieurs centaines de mètres de profondeur. En novembre et décembre, les mâles se battent sur la glace pour établir un territoire autour des trous de respiration utilisés par les femelles.

Mirounga leonina

Éléphant de mer du Sud

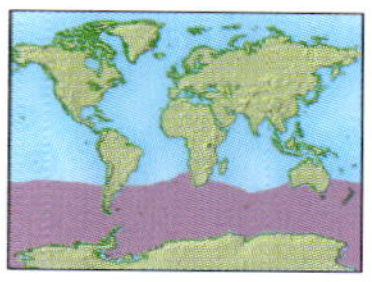

Longueur 4,20–6 m
Poids 2,2–5 tonnes
Sociabilité Variable
Statut Commun localement

Répartition Eaux antarctiques et subantarctiques

Le plus gros des pinnipèdes, le mâle éléphant de mer du Sud, pèse quatre à cinq fois le poids de la femelle. Son énorme nez se développe en trompe lorsqu'il s'excite, durant les deux mois de reproduction. Il établit sa domination en se cabrant et en grognant. Un petit naît après une gestation de onze mois. La mère l'allaite durant dix-neuf à vingt-trois jours et perd un tiers de son poids durant cette période. Après la reproduction et la mue, les éléphants de mer migrent vers le sud. Ils se nourrissent de poissons et de calmars en plongeant jusqu'à 600 m pendant vingt minutes en moyenne.

Cystophora cristata

Phoque à capuchon

Longueur 2,50–2,70 m
Poids 300–410 kg
Sociabilité Variable
Statut Commun localement

Répartition Atlantique Nord à océan Arctique

Ce phoque a un large museau charnu retombant sur sa bouche. Le mâle intimide ses rivaux à l'époque de la reproduction en gonflant sa cavité nasale qui double la taille de sa tête, et en sortant une membrane interne de la narine gauche qu'il gonfle comme un ballon brun-rouge. Plutôt solitaire, ce phoque migre en suivant la banquise lorsqu'il ne se reproduit ou ne mue pas. Le petit naît sur la glace flottante. Il mesure 1,10 m et pèse 30 kg à la naissance. Il est sevré au bout de quatre à cinq jours, temps record chez les mammifères.

Halichoerus grypus

Phoque gris

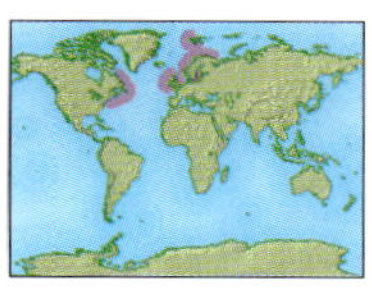

Longueur 2–2,50 m
Poids 170–310 kg
Sociabilité Variable
Statut Commun

Répartition Atlantique Nord, mer Baltique

Le mâle est brun-gris avec des taches plus claires; la femelle est roux-gris plus pâle. Il a de petits yeux, des narines écartées et un nez anguleux. On compte trois populations : côtière nord-ouest atlantique, côtière nord-est atlantique et mer Baltique. Les membres du premier groupe sont un peu plus lourds et se reproduisent de décembre à février; les phoques gris de la mer Baltique se reproduisent jusqu'en avril, et ceux du nord-est de juillet à décembre. Le mâle ne défend pas de territoire.

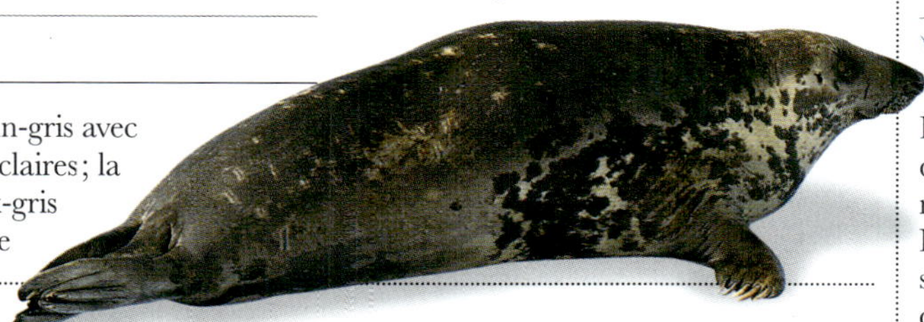

Pagophilus groenlandicus

Phoque du Groenland

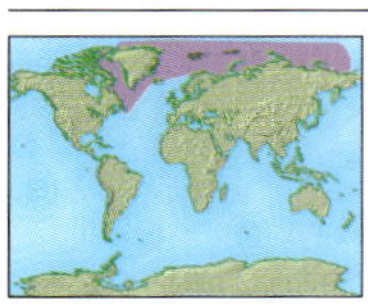

Longueur 1,70 m
Poids 130 kg
Sociabilité Variable
Statut Commun

Répartition Atlantique Nord à océan Arctique

Ce phoque, appelé aussi phoque à selle, a des yeux rapprochés sur une large face, des griffes aux extrémités postérieures et une fourrure blanc argenté avec des marques noires sur le dos (en forme de selle). Il migre en groupes denses et bruyants, et suit ses proies : morues, capelans, harengs. Les petits naissent entre février et mars. Leur fourrure jaune blanchit deux semaines avant la mue.

Phoca sibirica

Phoque du lac Baïkal

Longueur 1,20–1,40 m
Poids 80–90 kg
Sociabilité Solitaire
Statut LR

Répartition E. Asie (lac Baïkal)

Parmi les plus petits, unique espèce de pinnipèdes d'eau douce, ce phoque ressemble à ses cousins marins. Il est plutôt solitaire; la femelle peut s'accoupler avec le même mâle pendant des années. Un unique petit naît dans un repaire de glace. Au bout de six à huit semaines, sa fourrure laineuse blanche devient gris argenté. Il tète durant dix semaines. La longévité (cinquante ans) est plus grande que celle des autres phoques.

Phoca vitulina

Phoque-veau marin

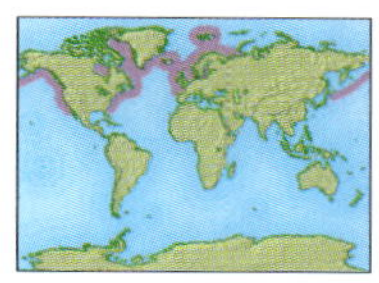

Q : Phoque commun
Longueur 1,40–1,90 m
Poids 55–170 kg
Sociabilité Variable
Statut Commun

Répartition Atlantique Nord, Pacifique Nord

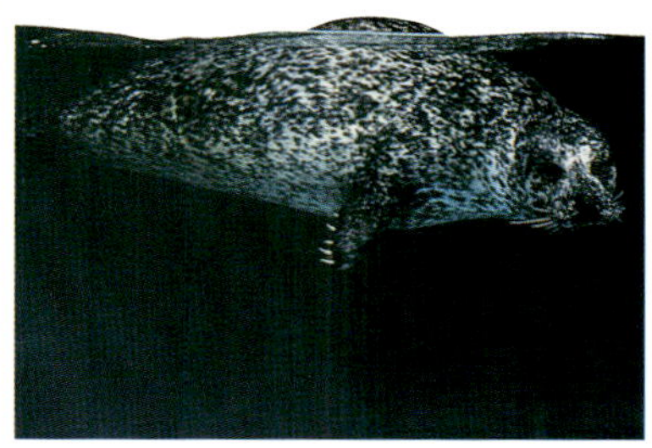

Le veau marin, qui comprend au moins cinq sous-espèces, est le plus répandu des pinnipèdes. L'un d'eux, le phoque d'Ungava, vit en eau douce dans le nord de Québec. Son pelage est très variable, plutôt brun-gris foncé ou clair avec de petits anneaux ou des taches. Très opportuniste, le veau marin cause parfois des problèmes dans les pêcheries. Ses proies favorites sont les harengs, les ammodytes, les gobies et les merlus qu'il attrape en plongées de trois à cinq minutes.

MAMMIFÈRES

ÉLÉPHANTS

PHYLUM	Cordés
CLASSE	Mammifères
ORDRE	Proboscidiens
FAMILLE	1 (Elephantidae)
ESPÈCES	3

AVEC SES 3 À 4 M DE HAUT et son poids approchant 6 tonnes, l'éléphant d'Afrique est l'animal terrestre le plus volumineux. Pattes énormes, corps large et dos convexe, grandes oreilles (plus petites chez l'éléphant d'Asie), grosse tête avec une longue trompe mobile sont les traits caractéristiques des éléphants. Les éléphants d'Asie et d'Afrique vivent dans la savane et les forêts clairsemées ; l'éléphant de forêt vit dans les forêts pluviales d'Afrique. Leur durée de vie, soixante ans environ, est la plus longue des mammifères (mis à part l'homme). Les mâles (les femelles à un moindre degré) continuent de grandir tout au long de leur vie.

ALIMENTATION

Les éléphants sont dotés de grosses molaires et prémolaires. Elles broient écorce, feuilles, branches et herbe (les éléphants de forêt d'Afrique mangent aussi des fruits). Les éléphants modifient la végétation : l'herbe est soulevée par touffes, les branches sont cassées, l'écorce arrachée, les petits arbres parfois déracinés. Certaines zones de forêt ont été transformées en savane dénudée, quand les éléphants étaient trop nombreux.

EFFEUILLAGE
Les éléphants arrachent les branches avec leur trompe. Un adulte mange environ 160 kg de nourriture par jour.

MAMMIFÈRES

ANATOMIE

La trompe, trait le plus distinctif, est une prolongation souple de la lèvre supérieure et du nez. Elle sert de « cinquième membre », arrache l'herbe, tire les branches, soulève les troncs, aspire et souffle l'eau ou la poussière. Les défenses (incisives supérieures) sont longues, épaisses et recourbées chez la plupart des mâles. Les femelles en ont de plus petites (chez l'éléphant d'Asie, elles ne dépassent pas la lèvre). Le squelette est formé d'os épais et lourds capables de supporter le poids du corps. Les oreilles sont sillonnées par un réseau sanguin, et s'agitent continuellement. La peau est épaisse et ridée, hérissée de quelques poils.

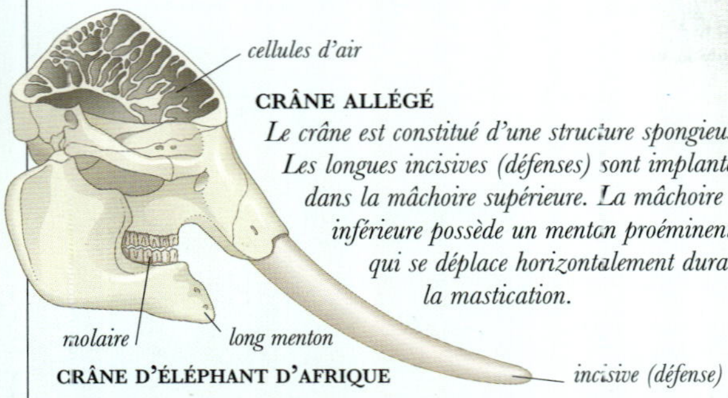

CRÂNE ALLÉGÉ
Le crâne est constitué d'une structure spongieuse. Les longues incisives (défenses) sont implantées dans la mâchoire supérieure. La mâchoire inférieure possède un menton proéminent qui se déplace horizontalement durant la mastication.

CRÂNE D'ÉLÉPHANT D'AFRIQUE

TROUVER DU SEL
Les éléphants aiment le sel : avec ses défenses, ce jeune éléphant d'Afrique dégage des fragments de sol riche en sel. Les vieux apprennent aux jeunes où le trouver.

FORME DE LA TROMPE
Les éléphants d'Afrique ont deux excroissances opposées au bout de la trompe ; l'éléphant d'Asie n'en a qu'une. Dans les deux cas, elles servent à saisir les petits objets.

BAIN DE POUSSIÈRE

1 **ROUTINE QUOTIDIENNE**
Pour garder une peau saine, les éléphants d'Afrique prennent des bains de poussière.

2 **ASPIRER LA POUSSIÈRE**
La poussière est aspirée par la trompe, extension tubulaire de la lèvre supérieure.

3 **PROTECTION**
La poussière agit comme un écran total et protège la peau des rayons du soleil.

4 **ÉLOIGNER LES INSECTES**
La poussière protège et prévient des piqûr[es] d'insectes.

STRUCTURE SOCIALE

Les éléphants vivent en groupes familiaux, composés de la femelle la plus âgée et la plus expérimentée, et d'autres femelles d'âges divers avec leurs petits. Pour se déplacer saisonnièrement, ou lorsqu'ils se nourrissent dans des zones luxuriantes, les éléphants d'Afrique se regroupent par plusieurs centaines. Les éléphants de forêt et les éléphants d'Asie vivent seulement en petits groupes. Les mâles sont plutôt solitaires, et ne rejoignent le groupe que lorsqu'une femelle est sexuellement réceptive. La période de rut des éléphants d'Asie mâles est appelée musth (les éléphants d'Afrique mâles ont un état équivalent, mais moins bien connu).

SAUVEGARDE DES PETITS
Les petits sont protégés des prédateurs et autres dangers par tous les membres du groupe, qui ont en général des liens de parenté. Ce petit éléphant d'Asie n'a que quelques semaines et reste près de sa mère. Deux jeunes femelles sont prêtes à assister la mère si nécessaire.

VIE COMMUNAUTAIRE
Voici un groupe familial type d'éléphants d'Afrique : ils communiquent par sons (parfois inaudibles à l'oreille humaine), le toucher, en frappant du pied et par des attitudes corporelles. Le comportement communautaire, comme le guet pendant le bain, est courant.

CONSERVATION

L'éléphant d'Asie est en danger, car il dispute son territoire avec l'homme. Les éléphants d'Afrique connaissent le même problème. La chasse reste néanmoins la plus grande menace. La gestation dure vingt-deux mois, ce qui implique une reproduction lente. Au Kenya, en 1989, le gouvernement a fait brûler une grande quantité de défenses (ci-dessous) pour montrer que le trafic d'ivoire ne serait plus toléré. En 1990, la vente internationale d'ivoire a été bannie, mais la demande reste importante. Si le braconnage persiste, la vente contrôlée de l'ivoire a repris en 1997 dans trois pays africains, et les revenus sont en partie investis dans la protection. Vers 1997, il restait environ 400 000 éléphants en Afrique.

DOUCHE DE POUSSIÈRE
...éphant souffle la poussière à travers ...rompe et la dépose sur son dos et sa tête.

6

ENTRETENIR UNE PEAU SAINE
Pour avoir une peau saine, les bains de poussière réguliers sont aussi importants que les bains d'eau.

Loxodonta africana

Éléphant d'Afrique

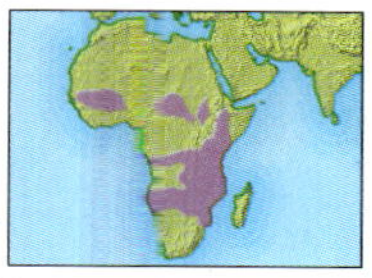

Répartition Afrique

Longueur 4–5 m
Queue 1–1,50 m
Poids 4–6 tonnes
Sociabilité Groupe
Statut EN

Cette espèce – la plus grosse des trois espèces d'éléphants – occupe des habitats variés, du semi-désert aux forêts pluviales. Ses oreilles sont plus grandes que celles de l'éléphant d'Asie. La ligne de son dos est concave, et il a deux extrémités au bout de la trompe (voir ci-contre à gauche). Le mâle et la femelle ont des défenses incurvées vers l'avant (incisives) qui servent d'outils pour creuser les riches minéraux du sol qu'ils absorbent. Un groupe d'éléphants nécessite de grandes quantités de nourriture et peut causer des changements radicaux dans la nature, surtout pendant une période prolongée de sécheresse.

Loxodonta cyclotis

Éléphant de forêt

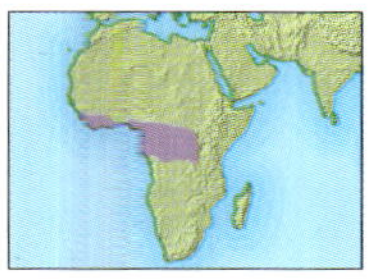

Répartition O. et C. Afrique

Longueur 3–4 m
Queue 50–120 cm
Poids 0,9–3 tonnes
Sociabilité Groupe
Statut EN

Considéré jadis comme une sous-espèce de l'éléphant d'Afrique, cet éléphant est plus petit, a une peau foncée, des oreilles plus rondes et une trompe plus poilue. Les défenses brun jaunâtre sont parallèles et pointent vers l'avant. Il se déplace ainsi librement dans la végétation dense.

Elephas maximus

Éléphant d'Asie

Répartition S. et S.-E. Asie

Longueur Jusqu'à 3,50 m
Queue 1–1,50 m
Poids 2–5 tonnes
Sociabilité Groupe
Statut EN

Les éléphants d'Asie ont de plus petites oreilles que les espèces d'Afrique, et une extrémité unique au bout de la trompe (voir ci-contre). Les défenses sont petites, inexistantes chez les femelles (ci-dessus). Les molaires ressemblent à celles du mammouth disparu, ce qui évoque une relation étroite entre eux. L'éléphant d'Asie a été domestiqué par l'homme depuis longtemps, quatre sous-espèces en particulier : éléphant de l'Inde, du Sri Lanka, de Sumatra, de Malaisie.

ORYCTÉROPE

PHYLUM	Cordés
CLASSE	Mammifères
ORDRE	Tubulidentés
FAMILLE	1 (Orycteropodidae)
ESPÈCE	1

L'ORYCTÉROPE, animal solitaire d'Afrique, est l'unique survivant de l'ordre des tubulidentés. Il est caractérisé par ses molaires à croissance continue, un long museau, de grandes oreilles, un corps de cochon, des membres puissants et des griffes en forme de pelle pour creuser. Les oreilles se replient vers l'arrière lorsqu'il creuse. L'oryctérope a un cerveau primitif et une mauvaise vue. Un excellent odorat lui permet de localiser les termites et les fourmis qu'il capture de sa longue langue collante.

MAÎTRE FOUISSEUR
L'oryctérope est un fouisseur efficace, qui creuse avec ses robustes membres antérieurs armés de griffes. Ses pattes postérieures repoussent la terre excavée. Certains terriers sont formés d'un réseau de galeries ; d'autres, plus courts, offrent un refuge temporaire. L'oryctérope quitte toujours son terrier la tête la première, comme sur la photo.

Orycteropus afer

Oryctérope

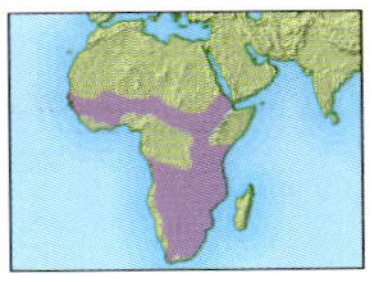

Répartition Afrique (sud du Sahara)

Longueur 1,60 m
Queue 55 cm
Poids 38–64 kg
Sociabilité Solitaire
Statut Non évalué

L'oryctérope, ou cochon de terre, figure parmi les mammifères fouisseurs les plus puissants. Il creuse des terriers de 10 m de long dans son domaine de 2 à 5 km^2. Un seul petit naît après une gestation d'environ sept mois, et pèse 1,7 kg. L'oryctérope se nourrit de fourmis qu'il mâche avec ses molaires. D'autres espèces de fourmis et de termites sont avalées directement et probablement broyées par les muscles de l'estomac.

BOSSU
L'oryctérope a un dos arrondi caractéristique. Son groin, ses oreilles et sa queue sont longs et pointus. Son pelage rude et peu abondant est brun teinté de jaune et de gris.

RÉGIME SAISONNIER

L'oryctérope aime les fourmis, abondantes en été. Il mange aussi des termites et détruit les nids ou les termitières avec ses pattes de devant. L'épais tapis de poils qui entoure ses narines filtre la poussière. Enfin, il consomme des champignons et des melons sauvages.

DAMANS

PHYLUM	Cordés
CLASSE	Mammifères
ORDRE	Hyracoïdes
FAMILLE	1 (Procaviidae)
ESPÈCES	8

SI LES DAMANS ressemblent aux lapins, ils sont génétiquement plus proches des mammifères ongulés primitifs. Les callosités de leurs pattes sont humidifiées par des sécrétions glandulaires qui rendent la plante des pattes plus adhésive. Ainsi, et grâce au doigt opposé de leurs pattes arrière, les damans arpentent les faces raides des rochers. On les rencontre en Afrique et dans certaines régions du Moyen-Orient. Certaines espèces habitent les rochers ou les éboulis ; d'autres sont arboricoles. Les damans mangent toutes sortes de végétaux et boivent peu.

AU CHAUD
Les damans ont une mauvaise régulation thermique. Ces damans du Cap se serrent les uns contre les autres pour se réchauffer.

Procavia capensis

Daman de rocher

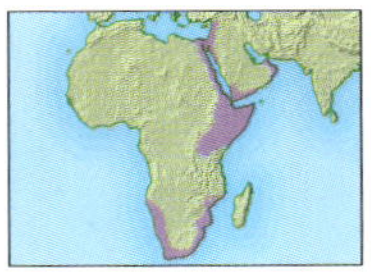

Répartition S. et E. Afrique, O. Asie

Longueur 30–58 cm
Queue 20–31 cm
Poids 3–5 kg
Sociabilité Groupe
Statut Commun localement

Le daman de rocher a un petit corps rond et une fourrure courte et épaisse, grise ou brune, plus pâle sur le ventre. Il vit en colonie de 4 à 40 individus (mâles, femelles et petits), avec un mâle dominant. Il occupe une grande variété d'habitats, en général montagnes, éboulis, rochers, où il installe son nid tapissé d'herbe.

Dendrohyrax arboreus

Daman d'arbre

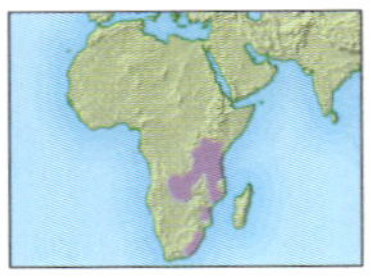

Répartition E. et S. Afrique

Longueur 40–70 cm
Queue 1–3 cm
Poids 1,5–4,5 kg
Sociabilité Variable
Statut VU

Le daman d'arbre a une tache jaunâtre sur le dos près de l'arrière-train, un pelage brun-gris et le ventre chamois. La tête, les pattes et la queue sont presque trop petites pour son corps trapu. Il vit dans les arbres et les buissons, niche dans les trous d'arbre. Il se nourrit rarement au sol. Comme tous les damans, sa régulation thermique est mauvaise. Aussi prend-il des bains de soleil ou bien recherche-t-il l'ombre. La gestation dure de sept à huit mois, et de 1 à 3 petits naissent en moyenne.

DUGONG ET LAMANTINS

PHYLUM	Cordés
CLASSE	Mammifères
ORDRE	Siréniens
FAMILLES	2
ESPÈCES	4

LES SIRÉNIENS sont des animaux lents au corps allongé. Ce sont les seuls mammifères marins à se nourrir exclusivement de plantes. Ils remontent à la surface pour respirer, mais peuvent rester sous l'eau vingt minutes. Mis à part l'homme, on ne leur connaît pas d'ennemis. Le nombre de siréniens, qui s'élève à 130 000 environ, est inférieur à celui de tout autre ordre de mammifères.

ALIMENTATION

Les siréniens arrachent la végétation avec leur grosse lèvre supérieure mobile. La nourriture est ensuite écrasée entre les plaques cornées du palais et contre la mâchoire inférieure, puis finalement broyée entre les dents.

BROUTER AU FOND DE LA MER
Ce dugong fouille le fond de la mer pour trouver des rhizomes (tiges souterraines) de rosières offrant une concentration élevée d'hydrates de carbone.

ANATOMIE

Les siréniens ont des membres antérieurs semblables à des pagaies, et une queue plate qui favorise la propulsion. Leur peau est épaisse et dure, et leur cerveau plutôt petit. Le volume important de gaz libéré pendant la digestion de végétaux favorise la flottaison. En compensation, les os sont lourds et denses. Sous l'eau, les siréniens ferment les narines et contractent les paupières.

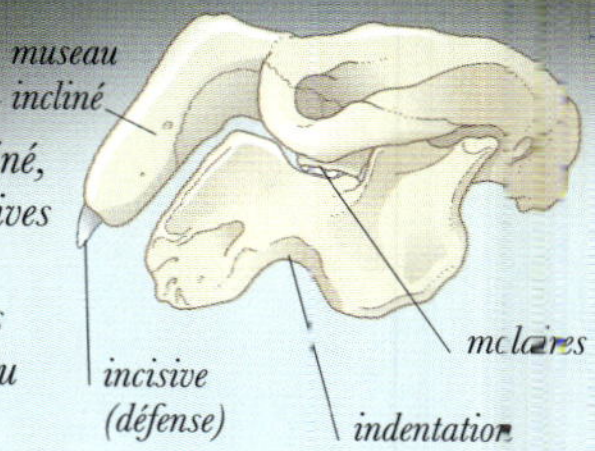

CRÂNE DE DUGONG
Un museau fortement incliné, pourvu d'une paire d'incisives et une indentation dans la mâchoire inférieure sont les caractéristiques du crâne du dugong.

MÈRE ET ENFANT
Les siréniens se reproduisent lentement : en général, un seul petit naît tous les deux ans. Le contact «buccal» entretient les liens entre la mère et son petit.

CONSERVATION

Autrefois, les siréniens étaient chassés pour leur chair, leur peau et leur graisse. Aujourd'hui, ils sont menacés par les hélices des bateaux (ci-dessous), les filets des pêcheurs et la pollution des côtes.

Dugong dugon

Dugong

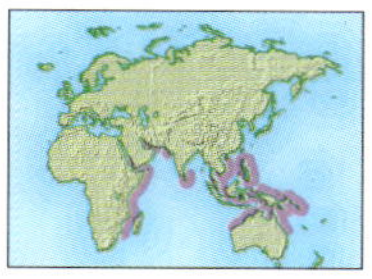

Longueur 2,5–4 m
Poids 250–900 kg
Sociabilité Groupe
Statut VU

Répartition E. Afrique, O. Asie, S. Asie, S.-E. Asie, Australie, îles du Pacifique

Le dugong a une queue en forme de croissant et de courtes nageoires. Animal diurne, il se déplace quotidiennement entre la côte et la mer, suivant les marées et la nourriture. Dans certaines régions, il entreprend des migrations saisonnières plus longues, parfois sur des centaines de kilomètres, pour chercher les plantes marines et éviter les courants froids. Certains dugongs sont solitaires, mais la plupart forment des groupes de 10 à 20 individus, parfois 100 ou plus, avec peu de structure sociale. Les individus se regroupent pour repousser les prédateurs (les requins, par exemple). Les mâles courtisent les femelles par des sons et des bousculades. L'espèce est monogame. À la naissance, après une gestation de treize à quatorze mois, le petit mesure 1,20 m de long et pèse 35 kg. La mère le soigne avec l'aide d'autres femelles. Il est sevré à dix-huit mois. Un dugong peut vivre jusqu'à soixante-dix ans.

Trichechus manatus

Lamantin des Caraïbes

Longueur 2,50–4,50 m
Poids 200–600 kg
Sociabilité Variable
Statut VU

Répartition S.-E. États-Unis à N.-E. Amérique du Sud, Antilles

La plus connue des trois espèces de lamantins (les deux autres étant les lamantins de l'Amazone et d'Afrique), le lamantin des Caraïbes vit le long des côtes et des estuaires, dans les rivières voisines et les lagunes d'eau douce. Les groupes s'élèvent à une centaine d'individus lorsque la nourriture est abondante, et se déplacent sur de vastes étendues. La reproduction est semblable à celle du dugong (ci-contre à gauche), même si le lamantin est polygame.

LES REPAS

Le lamantin mange au fond de l'eau vers 4 m de profondeur. Il tient la nourriture entre ses nageoires et l'attire à sa bouche avec ses lèvres souples. Quotidiennement, il ingurgite le quart de son poids, y compris quelques poissons (pour les protéines).

FRONT ARRONDI
Comme les autres siréniens, cette espèce a de petits yeux, et pas d'oreilles externes. Sa peau grise ou brun-gris, plus pâle sur le ventre, est parfois partiellement couverte d'algues.

MAMMIFÈRES ONGULÉS

PHYLUM	Cordés
CLASSE	Mammifères
ORDRES	Périssodactyles, Artiodactyles
FAMILLES	13
ESPÈCES	244

REMARQUE

Les mammifères ongulés sont classés en deux ordres : les périssodactyles (à nombre impair de doigts) et les artiodactyles (à nombre pair de doigts). S'ils se ressemblent superficiellement, les deux ordres ne sont pas très proches. Néanmoins, ils sont regroupés selon des traits communs. On considère parfois que les éléphants, les damans et l'oryctérope sont pourvus de sabots, et inclus dans le groupe des ongulés.

LES MAMMIFÈRES ONGULÉS forment un groupe parfaitement adapté à la course. Ce sont les mammifères terrestres herbivores dominants, capables d'échapper à leurs prédateurs, et aptes à digérer la cellulose de leur alimentation végétale. Malgré leur grande variété, les espèces ont en général un museau allongé, une denture complexe et un corps en tonneau. Le groupe est formé de mammifères à nombre impair de doigts (tapir, etc.) ou pair (cerf, etc.). Les mammifères sauvages à nombre impair de doigts se rencontrent en Afrique, Asie, Amérique centrale et du Sud. Les mammifères sauvages à nombre pair de doigts sont répartis dans le monde entier (sauf aux Antilles, en Australasie et en Antarctique). Les ongulés occupent principalement des habitats ouverts comme les savanes. Les ongulés domestiques vivent avec l'homme.

ÉCHAPPER AU DANGER

Pour survivre, les ongulés doivent détecter le danger. Ainsi, ils ont une ouïe fine, un excellent odorat et des yeux latéraux pour voir de tous les côtés. Ces impalas font des bonds spectaculaires lorsqu'ils s'enfuient (3 m de haut et 10 m de long) et atteignent la vitesse de 60 km/h.

ANATOMIE

La capacité des mammifères ongulés à courir vite sur de longues distances est due à la structure de leurs membres permettant des mouvements simples mais puissants d'avant en arrière. Chaque membre est emboîté dans le corps, parfois jusqu'au coude ou au genou. En dessous de cette articulation, il y a le radius et l'ulna (membres antérieurs), et le tibia et le péroné (membres postérieurs), puis les métapodes allongés (os de la paume et du pied chez l'homme). Les membres inférieurs plus longs (et les mouvements plus importants dans l'articulation de l'épaule) permettent de plus grandes foulées. Ces animaux ont un nombre réduit de doigts, donc moins de muscles et de tendons. L'énergie nécessaire est moins importante (ce qui favorise l'endurance). Ils courent sur leurs doigts (démarche onguligrade) enchâssés dans les sabots.

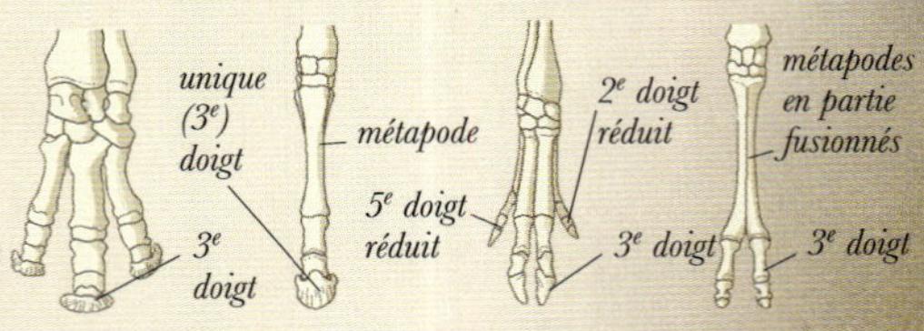

RHINOCÉROS CHEVAL COCHON CHAMEAU

PAIR ET IMPAIR

Chez les mammifères à nombre impair de doigts (rhinocéros et cheval), le poids repose sur le doigt central (troisième). Chez les mammifères à nombre pair de doigts (cochon et chameau), le poids est supporté par le troisième et le quatrième ; le second et le cinquième sont très réduits (cochon) ou disparus (chameau).

RENNE

RHINOCÉROS

CORNES ET BOIS

Les ongulés ont en général des bois ou des cornes. Les bois sont des excroissances osseuses, qui, chez le cerf, tombent chaque année. Les cornes sont permanentes. La corne du rhinocéros est composée de kératine.

VITE SUR PATTES

1 **DÉBUT DE LA NAISSANCE**

Pendant le travail, cette femelle de gnou est agitée : elle se lève et se couche alternativement.

2 **LA TÊTE APPARAÎT**

Le petit naît la tête la première, mais les pattes de devant sortent d'abord.

3 **UNE NOUVELLE VIE**

Le gnou nouveau-né émerge, partiellement recouvert par la membrane amniotique.

4 **VÊLAGE SYNCHRONISÉ**

La plupart des gnous mettent bas à la mên ce qui multiplie les chances de survie de l'e.

ALIMENTATION

Les mammifères ongulés sont des herbivores. Les plantes dont ils se nourrissent contiennent de la cellulose (constituant principal de la paroi des cellules végétales) décomposée par des bactéries pour être digérée. Chez les ruminants (ci-dessous), la nourriture traverse lentement le système digestif et doit être de qualité. Chez les non-ruminants (le zèbre par exemple), la digestion est plus rapide. Ils mangent une nourriture abondante, mais de médiocre qualité. Un grand volume de nourriture est nécessaire.

PÂTURAGE
Certains animaux ne broutent que de l'herbe et se déplacent sur de longues distances pour trouver de nouveaux pâturages. L'hippopotame (ci-dessus) se nourrit la nuit et arrache l'herbe avec ses lèvres dures.

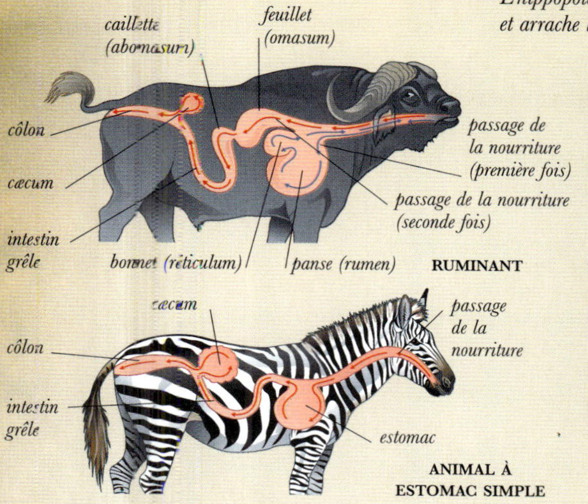

SYSTÈMES DIGESTIFS
Les ruminants, les buffles par exemple, ont un estomac complexe. Dans la panse (première poche) se produit la fermentation; la nourriture est ensuite mâchée (ruminée), avalée, puis traverse le système digestif. Chez les animaux à estomac simple, comme les zèbres, les bactéries responsables de la fermentation sont dans le cæcum et au départ du côlon.

DANS LES ROCHERS
Ces chèvres des montagnes Rocheuses vivent dans les rochers où l'herbe est rare. Elles se nourrissent de lichen et de plantes ligneuses.

DÉFENSE DES RESSOURCES
Les ongulés des zones arides, comme ces onagres, forment souvent des troupeaux mixtes. Les mâles défendent leur nourriture avant le harem.

DÉFENSE DU HAREM
Pendant la saison de reproduction, certains mâles veillent sur leur harem qu'ils défendent férocement. Ce cerf noble brame avec puissance. Ses grands bois l'aident à chasser les rivaux.

STRUCTURES SOCIALES

Les structures sociales des mammifères ongulés dépendent de l'habitat, de la taille des animaux, de la reproduction et des migrations. Les tapirs, les rhinocéros et certaines antilopes sont pour la plupart solitaires, et le territoire d'un mâle recouvre celui de plusieurs femelles; les dik-diks vivent en couples sur de petits territoires; les gazelles mâles établissent de petits territoires traversés par des troupeaux de femelles; les gnous et la plupart des zèbres vivent en harem formé d'un mâle et de plusieurs femelles. Les cerfs rouges par contre se rassemblent en troupeaux où mâles et femelles sont séparés, sauf pendant le rut. Les mâles s'affrontent, et le vainqueur s'approprie le harem.

REPAS NUTRITIF
...ère mange le placenta. Ensuite, elle lèche ...tit pour le stimuler.

6 **INSTINCT PROTECTEUR**
Le nouveau-né est vulnérable et la mère le défend, même contre un autre gnou.

7 **DEBOUT**
Le petit essaie de se redresser. En moins de 45 minutes, il est capable de courir et d'échapper aux prédateurs.

8 **REJOINDRE LE TROUPEAU**
La mère et son petit rejoignent le troupeau où le jeune gnou est moins menacé.

CHEVAUX ET ALLIÉS

PHYLUM	Cordés
CLASSE	Mammifères
ORDRE	Périssodactyles
FAMILLE	Equidae
ESPÈCES	10

SYMBOLES D'ÉLÉGANCE ET DE LIBERTÉ, les chevaux et leurs cousins (Equidae) sont caractérisés par un unique sabot à chaque patte. Les chevaux, les ânes, l'onagre, le kiang et les zèbres ont une encolure prolongée par une tête étroite et de longues pattes minces. L'onagre, l'équidé sauvage le plus rapide, atteint 70 km/h sur de courtes distances. Les Equidae vivent dans les steppes, les savanes et les déserts d'Afrique et d'Asie. Différentes espèces ont été introduites dans diverses parties du monde.

ANATOMIE

Les Equidae sont caractérisés par une large poitrine, une crinière, une longue queue, un sabot à chaque patte, des «châtaignes» (callosités sur la face interne des membres), des naseaux et des lèvres mobiles. De chaque côté de la tête, les yeux ont une pupille allongée. Leur vision est excellente de jour comme de nuit. Les oreilles sont longues et pivotent pour localiser les sons.

Toutes les espèces ont un pelage épais et une robe généralement unie chez les chevaux et les ânes. La robe des zèbres, aux rayures noires et blanches, a une fonction de reconnaissance sociale, de régulation de la température ou de camouflage contre les prédateurs.

ALIMENTATION

Les Equidae mangent surtout de l'herbe, mais se nourrissent aussi d'écorce, de feuilles, de bourgeons et de fruits. Contrairement aux Bovidae, ils ne ruminent pas (voir p. 225). Ainsi, ils consomment beaucoup de nourriture qui passe rapidement à travers leur système digestif. La qualité de la nourriture est moins importante que la quantité, ce qui leur permet de survivre dans les habitats arides. Aux heures chaudes de la journée, ils se reposent, et broutent le matin, le soir et la nuit.

STRUCTURE SOCIALE

Les chevaux sauvages, les zèbres de Burchell et de montagne vivent en troupeaux formés de juments et de leurs poulains. Un étalon protège et conduit le troupeau. Il défend son territoire et chasse les autres étalons. Les jeunes femelles restent parfois avec leur mère, ou rejoignent d'autres troupeaux. Les jeunes étalons tentent de former leur propre troupeau. Les ânes sauvages et les zèbres de Grévy ont une autre organisation sociale. Les liens sont établis à long terme. Les étalons défendent de vastes territoires (jusqu'à 15 km^2) qu'ils marquent de crottins.

Les Equidae communiquent par des hennissements ou des braiments suivant les espèces. Pour établir la condition sexuelle des juments, les étalons reniflent l'odeur de leur urine. Ils relèvent la lèvre supérieure et captent les odeurs dans l'organe de Jacobson, cavité spéciale à l'intérieur du palais.

LE CHEVAL ET L'HOMME

L'âne, descendant de l'âne sauvage, a été domestiqué au Moyen-Orient vers 3000 ans av. J.-C. Le cheval domestique est apparu plus tard (vers 2500 av. J.-C.), probablement en Asie centrale. Si l'âne est resté longtemps un animal de trait populaire, il a été supplanté par le cheval dans les transports, l'agriculture, la guerre et les loisirs. Les Equidae domestiqués continuent à servir l'homme. La plupart des espèces sauvages sont aujourd'hui menacées par la perte de leur habitat et la chasse : seuls le zèbre de Burchell et le kiang sont assez nombreux.

LE GAGNANT
Les duels entre Equidae sont fréquents pendant le rut. Ces zèbres de Burchell étalons se mordent, se cabrent, se frappent avec leurs pattes de devant et ruent avec celles de derrière. Le perdant s'éloigne et laisse le vainqueur contrôler le harem.

Equus africanus

Âne sauvage d'Afrique

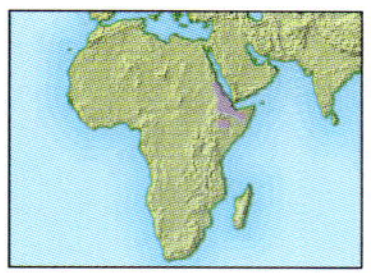

Longueur 2–2,30 m
Queue 45 cm
Poids 200–230 kg
Sociabilité Groupe
Statut CR

Répartition E. Afrique

L'âne sauvage d'Afrique vit dans les déserts rocailleux où la température du sol atteint 50 °C. Il mange des herbes ou des buissons épineux. Ses pattes sont gris rosé et rayées. La crinière est raide et sombre. Les femelles ne se reproduisent qu'avec les mâles possédant un territoire.

Equus hemionus

Hémione

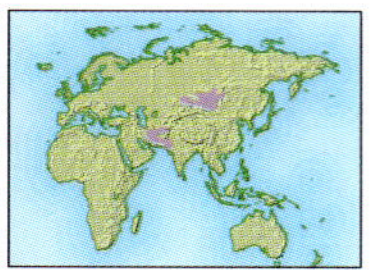

Longueur 2–2,50 m
Queue 30–49 cm
Poids 200–260 kg
Sociabilité Groupe
Statut VU

Répartition O., C. et S. Asie

L'hémione (ou âne sauvage d'Asie) mange toutes sortes de plantes. Les femelles et les petits forment des troupeaux nomades. Les jeunes mâles célibataires se regroupent ; les plus âgés sont solitaires et se battent contre les rivaux pour établir un territoire et se reproduire. Le pelage varie du jaune pâle au brun roussâtre avec un ventre blanc, une crinière foncée, une bande noire sur le dos et une queue terminée en pinceau.

Equus przewalskii

Cheval sauvage ou de Przevalski

Longueur 2,20–2,60 m
Queue 80–110 cm
Poids 200–300 kg
Sociabilité Groupe
Statut EW

Répartition Réintroduit dans E. Asie

Ce cheval survit aujourd'hui dans les zoos et les réserves. On a tenté de le réintroduire en Mongolie. Il vit en troupeaux organisés qui se déplacent sur de vastes étendues en quête d'herbe, de feuilles et de bourgeons. Le troupeau est conduit par une jument plus âgée, avec 2 ou 4 autres juments et leurs petits. Un étalon se tient à proximité. Un seul poulain naît après une gestation de trois cent trente-trois à trois cent quarante-cinq jours.

PETIT MAIS RÉSISTANT
Le cheval sauvage de Przevalski est trapu. Comparé au cheval domestique, son encolure est épaisse, sa tête large et ses pattes courtes.

TOILETTE MUTUELLE

Chez la plupart des Equidae sauvages, la toilette sert à renforcer les liens du troupeau. Deux animaux se mettent face à face afin de guetter les éventuels dangers. Ils se frottent l'épaule et le garrot. La queue est aussi un utile chasse-mouches.

Equus grevyi

Zèbre de Grévy

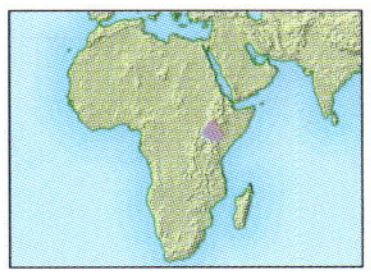

Longueur 2,50–3 m
Queue 38–60 cm
Poids 350–450 kg
Sociabilité Groupe
Statut EN

Répartition E. Afrique

Le zèbre de Grévy est le plus grand équidé sauvage. Ses rayures noires sont étroites et serrées jusqu'aux sabots. Le ventre et la base de la queue sont blancs. Les mâles occupent de grands territoires (jusqu'à 10 km²). Les femelles et les poulains vagabondent librement et parfois se rassemblent en petits troupeaux occasionnels pour brouter.

Equus burchelli

Zèbre de Burchell

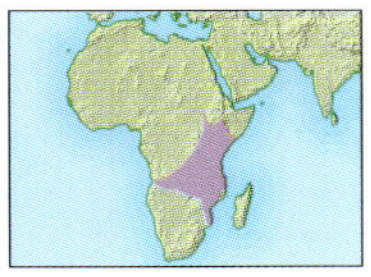

Longueur 2,20–2,50 m
Queue 47–56 cm
Poids 175–385 kg
Sociabilité Groupe
Statut LR Δ

Répartition E. et S. Afrique

Ce zèbre de savane est très répandu et se nourrit surtout d'herbe. Le troupeau, formé de plusieurs juments avec les poulains, est conduit par un étalon. Les étalons plus âgés se regroupent et s'affrontent violemment pour gagner un harem. Le petit est debout quelques minutes après sa naissance ; il broute au bout d'une semaine.

POUR MIEUX SENTIR

Un zèbre de Burchell étalon, comme d'autres mâles Equidae, relève la lèvre supérieure pour renforcer son sens de l'odorat. Il fait la moue. Ce comportement se manifeste lorsque l'étalon détecte que la jument est prête à se reproduire, après avoir reniflé sa région génitale. Certaines odeurs perçues dans son urine lui permettent de déterminer quand elle est réceptive.

RAYURES DISTINCTIVES
Les rayures du zèbre de Burchell sont différentes de celles du zèbre de Grévy (à gauche). Entre les rayures, certains zèbres de Burchell ont de légères rayures « ombrées » sur les flancs.

RHINOCÉROS

PHYLUM	Cordés
CLASSE	Mammifères
ORDRE	Périssodactyles
FAMILLE	Rhinocerotidae
ESPÈCES	5

AVEC LEUR GRANDE TAILLE, leur peau nue, formant parfois d'épais bourrelets, leurs membres plutôt courts et leurs cornes, les rhinocéros ressemblent presque à des dinosaures. Ils vivent dans les savanes d'Afrique, dans les forêts tropicales et subtropicales, ou les régions marécageuses d'Asie. S'ils sont parfois agressifs (ils chargent pour effrayer l'intrus), ils sont plutôt farouches. Les cinq espèces sont menacées, dont trois risquent de disparaître. Toutes les espèces ont besoin d'une grande quantité de nourriture, composée d'herbe, de tiges, de branches et de feuilles.

ANATOMIE

Les rhinocéros sont de gros animaux lourds et trapus. Le rhinocéros blanc pèse jusqu'à 4 tonnes. Les espèces d'Asie ont des pattes larges pour supporter la masse du corps, contrairement aux espèces africaines aux pattes relativement plus fines. Les rhinocéros sont capables de courir à 45 km/h. Chaque patte a trois doigts, terminé chacun par un sabot. La grosse tête est dotée d'une corne (ou deux suivant les espèces), formée de kératine, une protéine dure que l'on trouve aussi dans les ongles et les cheveux. La corne est posée (plutôt qu'«enracinée») sur le crâne. La peau des rhinocéros mesure 2 cm d'épaisseur. Celle des rhinocéros d'Asie a une apparence d'armure. Les poils sont rares, excepté au bout de la queue et autour des oreilles. L'odorat est le sens le plus développé, même si les oreilles, arrondies et mobiles, offrent une bonne ouïe. Les yeux sont néanmoins petits et la vision faible.

CONSERVATION

La corne de rhinocéros étant très recherchée, la famille des Rhinocerotidae est répertoriée par la CITES. En Chine, la corne est réduite en poudre et utilisée dans des remèdes (l'utilisation de la corne de rhinocéros comme aphrodisiaque est plutôt mythique). Au Yémen, les cornes sont sculptées pour faire des poignards traditionnels. Ces deux utilisations sont responsables de la diminution des populations, dont il ne resterait que 12 000 individus environ. Toutes les espèces sont protégées, mais les mesures appliquées restent inefficaces en raison du braconnage.

STRUCTURES SOCIALES

Si les rhinocéros sont plutôt solitaires, ils se déplacent parfois en couple. Les femelles du rhinocéros blanc vivent en groupe, et les rhinocéros de l'Inde partagent passivement leur mare. Les mâles de toutes les espèces définissent un territoire, contrairement aux femelles.

Les mâles les plus forts du rhinocéros de l'Inde ont un domaine vital qui chevauche ceux de plusieurs femelles. Il est marqué par des tas d'excréments de 1 m de haut parfois. Les mâles plus faibles partagent le domaine des plus forts, mais ne cherchent pas à se reproduire. Lorsque deux mâles de cette espèce se rencontrent, ils se battent à l'aide de leurs incisives inférieures. Ces conflits se terminent souvent par la mort d'un des combattants. Les rhinocéros blancs, comme celui de l'Inde, ont les mêmes rapports de forces. Les mâles les plus forts attirent les femelles sur leur territoire, puis les retiennent. Les rhinocéros noirs ont un territoire moins bien défini. Le comportement des rhinocéros de Java ou de Sumatra est peu connu.

AU PAS DE CHARGE
Les rhinocéros ont une apparence lourde et maladroite, mais ils sont forts et musclés. Si un individu est dérangé, comme ce rhinocéros noir, il est capable de charger à 45 km/h, et change rapidement de direction.

Dicerorhinus sumatrensis

Rhinocéros de Sumatra

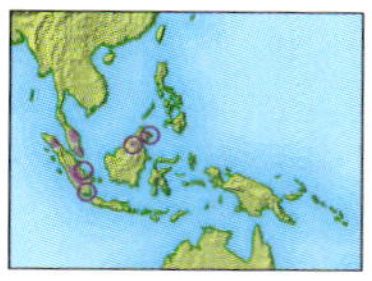

Longueur 2,50–3,20 m
Queue Inconnu
Poids 800 kg
Sociabilité Solitaire
Statut CR
Répartition S. et S.-E. Asie

Solitaire et secret, le rhinocéros de Sumatra est plus petit et plus poilu que les autres. Il se vautre dans les mares boueuses le jour. La nuit, il broute des rameaux, des feuilles, des fruits et des pousses tendres. Il reste menacé par la destruction de son habitat et les braconniers (la corne atteint 40 cm). Un seul petit naît au bout de sept à huit mois de gestation, et reste avec sa mère plus de dix-huit mois, jusqu'à la naissance suivante.

3 doigts s'agrippant aux sols glissants

DANS LA BOUE

Le rhinocéros de Sumatra, comme tous les rhinocéros, hippopotames et autres mammifères à peau nue, se vautre dans la boue. Ces bains sont rafraîchissants et protègent les surfaces délicates des mouches et autres insectes.

À PEINE RIDÉ
Ce petit rhinocéros a quelques rides autour du cou. Des poils épars couvrent la surface de sa peau.

Rhinoceros sondaicus

Rhinocéros de Java

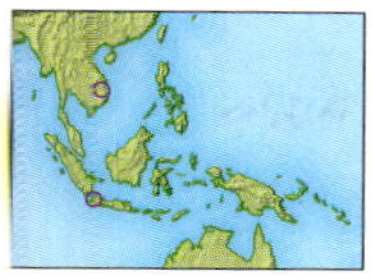

Longueur 3–3,50 m
Queue 70 cm
Poids 1,4–2 tonnes
Sociabilité Solitaire
Statut CR
Répartition S.-E. Asie

Comptant parmi les gros mammifères les plus rares, ce rhinocéros n'a de poils qu'à l'extrémité de la queue et sur les oreilles. Semblable à une armure, sa peau grise est plissée et granuleuse, et forme une « selle » autour du cou. L'unique corne dépasse rarement 25 cm. Parfois la femelle n'en a pas. Animal solitaire et nocturne, il mange une grande variété de plantes. Deux populations survivent dans les mangroves côtières et dans les marais à bambous. Le mâle occupe probablement un territoire qu'il marque de tas d'excréments et d'urine. Il rencontre les femelles potentielles dans les mares de boue. Après seize mois de gestation naît un petit, qui reste deux ans au moins avec sa mère.

Rhinoceros unicornis

Rhinocéros de l'Inde

Longueur Jusqu'à 3,80 m
Queue 70–80 cm
Poids Jusqu'à 2,2 tonnes
Sociabilité Solitaire
Statut EN
Répartition S. Asie (vallée du Brahmapoutre)

Le rhinocéros de l'Inde est généralement solitaire sauf au moment de la reproduction. Le mâle et la femelle n'ont qu'une corne qui peut atteindre 60 cm de long. Les mâles ont de grosses incisives en forme de défenses pour combattre les rivaux à la saison du rut. En d'autres saisons, ils tolèrent les intrus sur leur domaine vital qui varie de 2 à 8 km^2 suivant la qualité de l'habitat. La gestation dure seize mois et le petit reste avec sa mère jusqu'à la naissance suivante, parfois trois ans plus tard. Malgré les mesures de protection, les populations restent rares et fragmentées, toujours menacées par le braconnage.

PLAQUES ET RIVETS

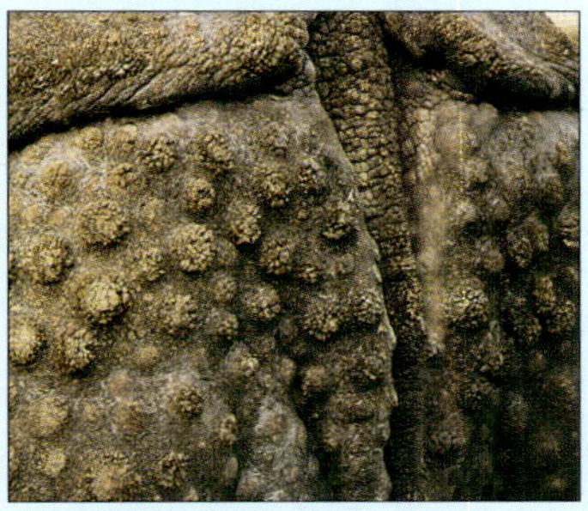

La peau du rhinocéros de l'Inde a des plis profonds. L'aspect d'armure est accentué par les tubercules (renflements) sur les flancs et l'arrière-train, semblables à des rivets. Dans les plis, la peau est sensible aux parasites, que les hérons garde-bœufs retirent, tout en faisant office de sentinelles.

couleur marron-gris

plis de peau profonds

HAUTES HERBES

Les hautes herbes constituent l'alimentation principale du rhinocéros de l'Inde. Elles atteignent 8 m de haut pendant la saison des pluies et lui offrent un excellent abri. Cette espèce se nourrit à la tombée de la nuit. La lèvre supérieure se retourne sur les tiges pour incliner et croquer les tendres extrémités.

Diceros bicornis

Rhinocéros noir

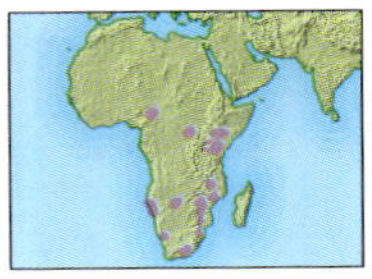

Longueur 2,90–3,10 m
Queue 60 cm
Poids 0,9–1,3 tonne
Sociabilité Solitaire
Statut CR

Répartition E. et S. Afrique

Le rhinocéros noir occupe des habitats divers, mais surtout la savane boisée où l'herbe et les buissons sont abondants. Sa vue est mauvaise, mais, en revanche, son ouïe et son odorat sont excellents. Il se nourrit à la tombée de la nuit. Pendant la journée, il somnole au soleil ou prend des bains de boue. Le rhinocéros noir est solitaire et son territoire est marqué d'excréments. Il tolère les intrus (de son espèce ou les hommes), mais il est imprévisible. Deux rhinocéros noirs forment en général un couple pendant quelques jours. Après quinze mois de gestation, la mère donne naissance à un petit de 40 kg. Il prend de la nourriture solide au bout de quelques semaines. Le sevrage a lieu vers deux ans. La maturité sexuelle survient à quatre ou cinq ans.

LÈVRE PRÉHENSILE

Le rhinocéros noir ou rhinocéros bicorne d'Afrique a une lèvre supérieure pointue et préhensile. Il l'entoure autour des rameaux ou des pousses pour les attirer à sa bouche, où ils sont broyés par les molaires.

CONSERVATION

La corne de rhinocéros est très recherchée pour les remèdes chinois traditionnels, les poignards et autres objets du Moyen-Orient. Le nombre de rhinocéros noirs a passé de 65 000 en 1970 à 2 500 au milieu des années 1990. Malgré les mesures de protection mises en œuvre, le braconnage persiste. Certains rhinocéros noirs sont surveillés par des gardes armés.

PEAU GRISE, APPARENCE NOIRE
La peau du rhinocéros noir est grise avec des poils aux paupières, aux oreilles et à l'extrémité de la queue. La boue séchée fonce sa couleur.

Ceratotherium simum

Rhinocéros blanc

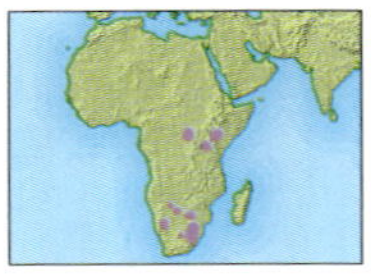

Longueur 3,70–4 m
Queue 70 cm
Poids Jusqu'à 4 tonnes
Sociabilité Groupe
Statut LR

Répartition O., E. et S. Afrique

Après l'éléphant, le rhinocéros blanc rivalise avec l'hippopotame comme plus gros mammifère terrestre. Le mâle pèse 500 kg de plus que la femelle. Ses cornes sont plus longues et sa bosse plus marquée. La corne antérieure peut atteindre 1,50 m, la postérieure 40 cm. Animal sociable, la mère reste longtemps avec son petit ; jusqu'à 7 jeunes forment de petites hardes. Le mâle adulte est plutôt solitaire. La lèvre supérieure est très large, typique d'un herbivore. Une arête dure et cornée à la lèvre inférieure lui permet de brouter facilement. Protégées, les populations de rhinocéros blanc du Sud *(Ceratotherium simum simum)* vivent en relative sécurité, et comptent 8 500 individus. Par contre, le rhinocéros blanc du Nord *(C. simum cottoni)* est menacé de disparition. Il ne reste qu'une trentaine d'individus.

JETS D'URINE

Le pénis du rhinocéros est dirigé vers l'arrière, et l'urine gicle entre ses pattes de derrière pour marquer son territoire de 1 ou 2 km² au moins s'il veut avoir un chance de se reproduire. Ce territoire correspond au domaine vital.

QUELLE BOSSE !
Une forte gibbosité sur la nuque, derrière les oreilles, formée d'os, de muscles et de ligaments supporte l'énorme tête.

CONSERVATION

Les cornes d'un rhinocéros sont facilement coupées sous anesthésie. On supprime ainsi l'objectif principal de braconnage largement responsable du déclin dramatique des populations des rhinocéros blancs et noirs au cours des deux cents dernières années. La corne étant constituée de kératine, la procédure est indolore et a peu d'effets sur la vie sociale de l'animal.

MAMMIFÈRES

TAPIRS

PHYLUM	Cordés
CLASSE	Mammifères
ORDRE	Périssodactyles
FAMILLE	Tapiridae
ESPÈCES	4

LES TAPIRS sont de vrais «fossiles vivants», car ils ont peu changé au cours des derniers 35 millions d'années. De taille moyenne, ils ont l'allure d'un cochon, perché sur des pattes minces, avec une trompe courte et mobile. Ils vivent dans des zones forestières (à proximité de l'eau) en Asie du Sud-Est, en Amérique du Sud et centrale. Ils passent beaucoup de temps dans l'eau, avec juste la trompe à la surface, pour échapper aux prédateurs et conserver la fraîcheur. Les tapirs à chabraque, des Andes et de Baird sont menacés par la destruction de leur habitat et la chasse.

ANATOMIE

Les tapirs ont une forme allongée qui leur permet de se glisser à travers les fourrés. Leur face est longue avec des cavités nasales très élargies, et des narines placées à l'extrémité de la trompe. L'odorat est aiguisé et vital pour trouver de la nourriture, sentir le danger et les autres tapirs. Ces animaux ont de grandes oreilles et de petits yeux enfoncés (protection contre les épines). Leurs trois doigts sont écartés sur les sols mous et supportent leur poids, sans s'enfoncer. Les tapirs ont une petite queue courte et la peau épaisse (sauf sous les pattes où elle est tendre et sensible). Seul le tapir des Andes a un pelage épais. Les tapirs de Baird et terrestres ont les joues, la gorge et le menton plus clairs. Le tapir à chabraque a le dos blanc. Les nouveau-nés se distinguent par un pelage rayé et tacheté de blanc. Ce manteau leur offre un excellent camouflage.

MANTEAU DE JEUNESSE
Un manteau brun-roux rayé de blanc est typique chez les jeunes tapirs. La couleur de l'adulte apparaît vers six mois.

Tapirus terrestris

Tapir terrestre

Longueur 1,70–2 m
Queue 46–100 cm
Poids 225–250 kg

Sociabilité Solitaire

Statut LR

Répartition N. et C. Amérique du Sud

Ce tapir aux poils raides a l'extrémité des oreilles blanche et une crinière courte et étroite. Il aime les habitats aquatiques, nage et plonge pour échapper aux prédateurs comme les pumas ou les jaguars. Il pâture la nuit et se nourrit d'herbes, de roseaux, de fruits et autre végétation.

Tapirus pinchaque

Tapir des Andes

Longueur 1,80 m
Queue 50 cm
Poids 150 kg

Sociabilité Solitaire

Statut EN

Répartition N.-O. Amérique du Sud

Des quatre espèces, le tapir des Andes a le pelage le plus épais et le plus sombre, qui le protège du froid dans son habitat à haute altitude. Les lèvres et les oreilles sont en général bordées de blanc. Il broute arbustes et buissons, à l'aube ou au crépuscule. Comme les autres tapirs, le tapir des Andes se cache dans les fourrés le jour. Ses crottes contiennent de nombreuses graines intactes qui contribuent à régénérer les forêts.

Tapirus bairdii

Tapir de Baird

Longueur 2 m
Queue 7–13 cm
Poids 240–400 kg

Sociabilité Solitaire

Statut VU

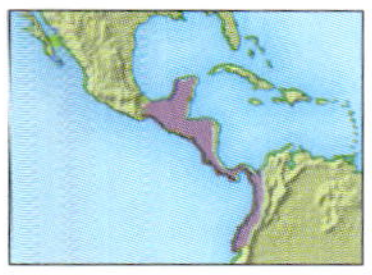

Répartition S. Mexique à N. Amérique du Sud

Le tapir de Baird est le plus gros des tapirs américains. Il est marron foncé avec les joues et la gorge jaune-gris et le bord des oreilles blanc. Il mange des plantes, des bourgeons, des feuilles et des fruits tombés. La gestation dure environ treize mois et la femelle met bas un seul petit de 5 à 8 kg. Le tapir de Baird pousse des sifflements stridents pour communiquer avec les petits ou chasser d'autres adultes de son territoire.

Tapirus indicus

Tapir à chabraque

Longueur 1,80–2,50 m
Queue 5–10 cm
Poids 250–540 kg

Sociabilité Solitaire

Statut VU

Répartition S.-E. Asie

Le tapir à chabraque, ou de l'Inde, se distingue des tapirs américains par la coloration de son pelage. Sa chabraque blanche et le reste de son corps noir lui offrent un excellent camouflage dans son habitat forestier. Il se nourrit de rameaux tendres et de jeunes feuilles, ainsi que de fruits tombés. Le domaine vital du mâle s'étend sur environ 13 km^2 et chevauche celui de plusieurs femelles.

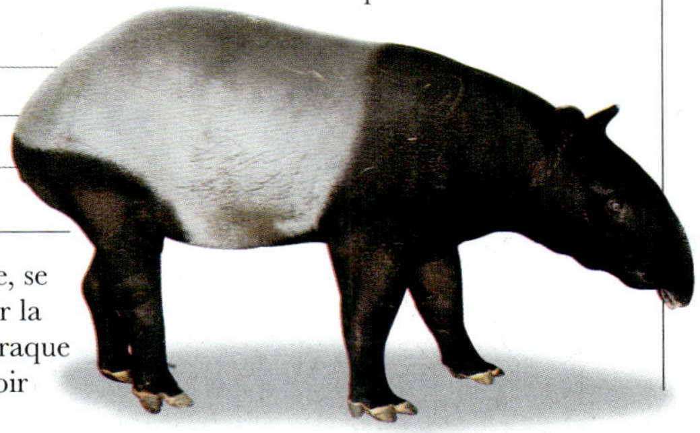

Porcs

PHYLUM	Cordés
CLASSE	Mammifères
ORDRE	Artiodactyles
FAMILLE	Suidae
ESPÈCES	14

MALGRÉ LEUR RÉPUTATION de gloutons, les porcs sauvages se gavent rarement. Ces animaux intelligents s'adaptent facilement. La famille des Suidae (cochons, sangliers et babiroussa) est omnivore, et ses membres sont caractérisés par un corps en forme de tonneau, des pattes minces, un cou bref et une grosse tête. On les rencontre dans les forêts et les prairies d'Afrique et d'Eurasie. Ils ont été introduits avec succès en Australie, Nouvelle-Zélande et en Amérique. Le babiroussa et le sanglier pygmée sont menacés par la destruction de leur habitat. Presque tous les cochons domestiques descendent du sanglier d'Eurasie.

Anatomie

Le groin est le caractère le plus intéressant d'un porc : il est formé d'un disque cartilagineux comportant des narines à son extrémité. Le disque est supporté par un petit os, inexistant chez les autres mammifères. Il sert de bulldozer pour chercher la nourriture. La plupart des espèces ont des canines supérieures et inférieures qui sortent comme des défenses. L'extrémité des canines inférieures s'use contre les canines supérieures. Chez le babiroussa, les défenses supérieures du mâle percent la peau et se recourbent vers l'arrière. Les femelles ont de plus petites canines (la femelle babiroussa n'en a pas).

Les porcs ont aussi les pieds fourchus. Deux gros sabots aplatis supportent le poids de l'animal, et, sur le sol mou, deux sabots latéraux et plus courts contribuent à le soutenir. La peau est épaisse avec des poils longs et hérissés (chez le sanglier) ou clairsemés (chez le babiroussa). La plupart des espèces ont une crinière le long du cou. La queue est mince, en tire-bouchon, mobile et légèrement en pinceau.

Combat

Les longues défenses des mâles servent à combattre les prédateurs, ou d'autres mâles au moment de la reproduction. On observe deux styles de combat : latéral ou frontal. Dans le premier type de combat, les rivaux se frappent mutuellement à l'épaule, comme le sanglier d'Eurasie à la face allongée dépourvue de verrues, mais armé de petites défenses. Les animaux à face large, au crâne épais pourvu de défenses et de verrues (protection contre les blessures), comme chez les phacochères et l'hylochère, tendent à s'affronter de face.

Groupes familiaux

Les Suidae vivent en communautés. Les laies et leurs petits forment le noyau du groupe et communiquent par des cris et des grognements. Le mâle est souvent solitaire en dehors de la période du rut. Ce sont les seuls ongulés à avoir des portées importantes (seul le babiroussa a 2 petits).

LES PÉCARIS

Si les trois espèces de pécari forment une famille à part (les Tayassuidae), elle est néanmoins proche des suidés. Les pécaris diffèrent des suidés par leurs courtes canines pointées vers le bas plutôt que vers le haut, un seul sabot latéral (et non deux) à chaque pied, une queue très courte, une poche glandulaire sur la croupe et un estomac plus complexe. Les pécaris vivent en groupes mixtes, principalement dans les forêts du sud-ouest des États-Unis jusqu'à l'Amérique centrale au nord de l'Argentine. Le pécari du Chaco est en voie de disparition.

COMBAT FRONTAL
Lorsque les phacochères s'affrontent, ils cherchent seulement à se déséquilibrer. Les combats latéraux entraînent plus de blessures.

Hylochoerus meinertzhageni

Hylochère

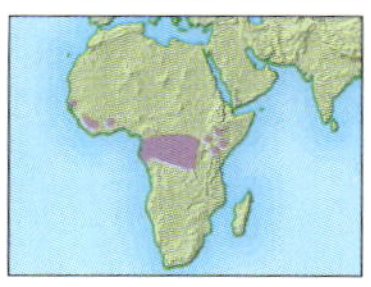

Répartition O., C. et E. Afrique

Longueur 1,30–2,10 m
Queue 30–45 cm
Poids 130–275 kg

Sociabilité Groupe

Statut EN Δ

L'énorme hylochère a deux grosses excroissances au-dessus et au-dessous de chaque œil, et des canines à l'horizontale des mâchoires. Les petits ont un pelage jaune paille, qui devient marron ou noir lorsqu'ils grandissent. Contrairement à ses cousins, l'hylochère ne retourne pas le sol. Il broute de l'herbe et des buissons.

Sus salvanius

Sanglier pygmée

Répartition S. Asie

Longueur 50–71 cm
Queue 3 cm
Poids 6,5–9,5 kg

Sociabilité Groupe

Statut CR

Le sanglier pygmée est trapu et court sur pattes. C'est le plus petit porc sauvage. Son groin et sa tête allongée lui permettent de passer à travers la végétation. Son pelage est brun foncé ; les canines supérieures du mâle percent légèrement de chaque côté de la bouche. Les deux sexes creusent de gros trous qu'ils tapissent d'herbe pour faire leur nid. Protégée, l'espèce est néanmoins en danger, à cause du braconnage et de la destruction de son habitat.

Sus scrofa

Sanglier d'Eurasie

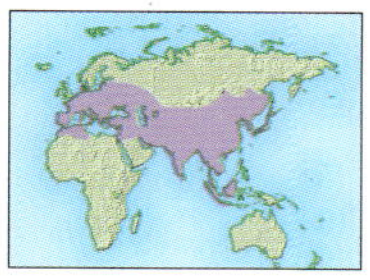

Longueur 0,90–1,80 m
Queue 30 cm
Poids Jusqu'à 200 kg
Sociabilité Solitaire/groupe
Statut Commun localement

Répartition Europe, Asie, N. Afrique

Le sanglier d'Eurasie est un des mammifères terrestres les plus répandus. C'est l'ancêtre principal du cochon domestique. Il occupe une grande variété d'habitats, mange de tout, court vite et nage bien. Les mâles sont solitaires sauf à la saison de reproduction, où ils rejoignent les femelles et combattent leurs rivaux. Les femelles protègent les petits et se rassemblent en groupes de 20 ou plus.

CAMOUFLAGE

Les marcassins sont brun clair avec des rayures pâles sur le dos et les flancs. Ce manteau leur offre un bon camouflage dans leur nid de feuilles, de mousse situé dans un fourré. La mère quitte rarement ses petits (de 4 à 6 en moyenne) durant les deux premières semaines. Puis elle commence à s'éloigner du nid avec sa portée. Entre deux et six mois, les marcassins sont moins vulnérables. Leur camouflage étant moins nécessaire, les rayures disparaissent. Ils sont indépendants à sept mois.

longue queue en pinceau

POILS DRUS
Le sanglier a un pelage épais et dru et une crinière le long du dos. Comparé à ceux d'autres sangliers, ses yeux et ses défenses sont petits. Il n'a pas de verrues sur la face.

Potamochoerus porcus

Potamochère

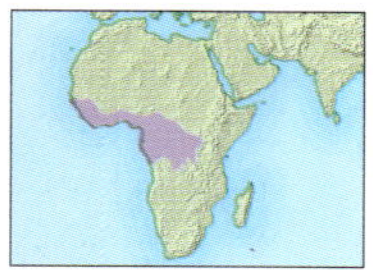

Longueur 1–1,50 m
Queue 30–43 cm
Poids 46–130 kg
Sociabilité Groupe
Statut Commun localement

Répartition O. à C. Afrique

Le potamochère est roux, avec des oreilles pointues pourvues de longs pinceaux, une étroite bande blanche sur le dos et des marques blanches sur la face. Il est omnivore et nocturne, comme d'autres Suidae. Très sociable, le mâle reste avec son harem de femelles et de petits, qu'il défend. Parfois plusieurs familles se rassemblent et forment des bandes de 50 individus ou plus.

Babyrousa babyrussa

Babiroussa

Longueur 0,90–1,10 m
Queue 27–32 cm
Poids Jusqu'à 100 kg
Sociabilité Solitaire/groupe
Statut VU

Répartition S.-E. Asie (Célèbes, îles de Togian et Mangole)

Les canines supérieures, caractéristiques du mâle babiroussa, percent son museau et se recourbent vers l'arrière. Elles atteignent 30 cm de long et sont assez fragiles.
La peau presque nue varie du brun au gris. Les mâles sont plutôt solitaires, alors que les femelles et leurs petits se déplacent en petits groupes. La gestation dure environ six mois, et les portées comptent 1 ou 2 petits seulement.

Phacochoerus africanus

Phacochère

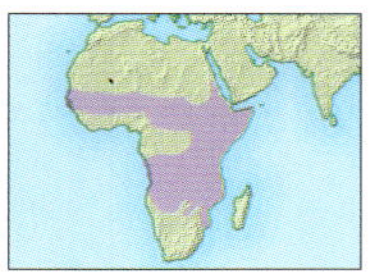

Longueur 0,90–1,50 m
Queue 25–50 cm
Poids 50–150 kg
Sociabilité Groupe
Statut Commun localement

Répartition Afrique (sud du Sahara)

Le phacochère au pelage clairsemé a de longues pattes et une grosse tête. Lorsqu'il court, sa queue se redresse. Actif le jour, il vit en groupe mixte de 4 à 16 jeunes mâles et femelles avec leurs petits. Ils protègent les petits dans des terriers tapissés d'herbe, et creusés par eux-mêmes ou des oryctéropes.

«verrue» faciale

COCHON À CRINIÈRE
La crinière longue et foncée du phacochère s'étend du sommet de la nuque au milieu du dos. Elle laisse un espace dégarni, puis se prolonge jusqu'à la croupe.

BROUTER

Le phacochère est le seul suidé qui broute dans les prairies. Il s'agenouille sur ses «poignets» renforcés, et mange avec les lèvres et les incisives. À la saison sèche, il se régale de tiges souterraines (rhizomes), extraites à l'aide de son groin.

Pecari tajacu

Pécari à collier

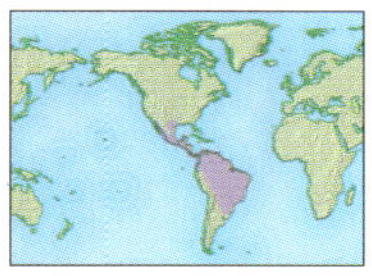

Longueur 75–100 cm
Queue 1,5–5,5 cm
Poids 14–30 kg
Sociabilité Groupe
Statut Commun localement

Répartition S.-O. États-Unis à S. Amérique du Sud

Le pécari à collier est le plus petit des trois espèces de pécaris. Il est en général gris foncé avec un collier blanchâtre à peine distinct. Les jeunes sont plutôt roux avec une étroite bande noire sur le dos. Il occupe différents habitats, mange surtout des baies, pousses, bulbes, ainsi que des larves, vers et de petits vertébrés (serpents et lézards). Les pécaris sont grégaires et forment des bandes d'une quinzaine d'individus, d'âge et de sexe mélangés. Ensemble, ils repoussent l'ennemi, se serrent les uns contre les autres, et se frottent mutuellement le museau.

HIPPOPOTAMES

PHYLUM	Cordés
CLASSE	Mammifères
ORDRE	Artiodactyles
FAMILLE	Hippopotamidae
ESPÈCES	2

LES MEMBRES de la famille des Hippopotamidae ont une vie semi-aquatique. On pense qu'ils sont plus proches des baleines que des autres ongulés à nombre pair de doigts. Ils flottent, nagent et restent sous l'eau plus de cinq minutes. L'hippopotame amphibie vit en Afrique, le long des rivières et des lacs ; l'hippopotame nain, moins aquatique, se cantonne aux forêts marécageuses des régions d'Afrique occidentale. L'hippopotame amphibie est très répandu, mais l'hippopotame nain est menacé par la destruction de son habitat et la chasse.

ANATOMIE

Les hippopotames ont un corps lourd et massif sur des pattes étonnamment courtes. L'énorme tête est caractérisée par des mâchoires qui s'ouvrent largement, pourvues de longues canines et d'incisives. Le museau est large et couvert de moustaches sensibles. La queue est courte, en pinceau et aplatie.

L'adaptation à la vie aquatique implique l'existence de doigts palmés. Les yeux, les oreilles et les narines au sommet de la tête restent en général hors de l'eau ; sous l'eau, les narines se ferment.

Dépourvue de poils, très épaisse et grasse, la peau est grise teintée de rose sur le ventre, autour des yeux et dans les plis. Elle ne comporte pas de glandes sébacées, mais des glandes épidermiques sécrétant une mucosité visqueuse servant à l'humidifier. Ce liquide brun-rouge (présence de pigment rouge) protège des infections et des coups de soleil.

Si l'hippopotame amphibie pèse en moyenne 2 tonnes, l'hippopotame nain, qui a proportionnellement les pattes plus longues, une tête plus petite et des yeux de chaque côté de la tête, pèse en moyenne 250 kg.

ALIMENTATION

L'hippopotame vit à terre pour brouter, en suivant des pistes, marquées de tas de crottes jusqu'aux pâturages. Chaque nuit, un hippopotame mange environ 40 kg d'herbe. La nourriture est digérée dans un estomac à compartiments (l'estomac antérieur contient des bactéries qui transforment la cellulose). Ce système est lent, et l'hippopotame nécessite moins de nourriture que les autres animaux de même taille car il passe une grande partie de sa vie dans l'eau. L'hippopotame nain mange des racines, de l'herbe, des pousses et des fruits tombés. Ses habitudes alimentaires sont mal connues.

STRUCTURE SOCIALE

L'hippopotame nain vit en petits groupes, jusqu'à 3 individus. Chez l'hippopotame amphibie, femelles et petits forment des groupes de 10 à 20 (parfois 100) pendant la journée, mais la nuit, ils mangent seuls. Ils communiquent par des grognements saccadés et des soufflements. Chaque groupe occupe un domaine le long d'une rivière ou d'un lac à l'intérieur du territoire d'un mâle dominant. Ce mâle marque son domaine de tas d'excréments qu'il éparpille en agitant énergiquement la queue. Les autres mâles ne sont tolérés que soumis, et s'ils ne cherchent pas à se reproduire. L'accouplement a lieu dans l'eau, mais les femelles mettent bas sur la terre ferme.

DÉFENSE DU TERRITOIRE
Les combats entre hippopotames mâles ne sont pas rares, surtout dans les endroits où la densité de population est élevée. Si, après des grognements, ni l'un ni l'autre n'abandonne, le combat a lieu. Il dure parfois des heures, et les canines inférieures causent de sérieuses blessures.

Hippopotamus amphibius

Hippopotame amphibie

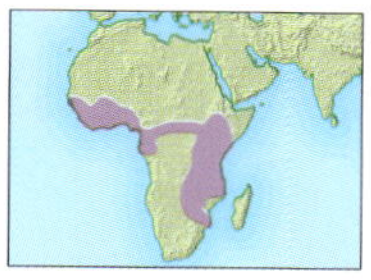

Longueur 2,70 m
Queue 55 cm
Poids 1,4–3 tonnes
Sociabilité Solitaire
Statut Commun

Répartition Afrique

Malgré sa forte corpulence, l'hippopotame nage et marche aisément dans l'eau. À terre, il trotte avec une rapidité surprenante. Véritable mammifère amphibie, la couche externe de sa peau (épiderme) est fine, et se dessèche facilement. Il est sensible aux piqûres d'insectes. Malgré les sécrétions des glandes épidermiques, la peau se craquelle si elle n'est pas humidifiée régulièrement, dans l'eau ou la boue. La couche interne de la peau de 3,5 cm d'épaisseur est remarquablement résistante. L'hippopotame mange surtout de l'herbe, la nuit. Le mâle dominant se reproduit avec les femelles présentes dans son territoire. Un seul petit naît au bout de huit mois de gestation. La mère le protège férocement. On lui connaît peu de prédateurs naturels mis à part les grands félins et les hyènes. Les hippopotames attaquent les hommes s'ils se sentent menacés.

FLOTTAISON
La densité du corps de l'hippopotame est légèrement supérieure à celle de l'eau. Ainsi il coule et marche sur le fond. Si ses poumons restent pleins d'air, sa densité est réduite, et il flotte avec un minimum d'effort.

AU SOMMET

Les narines, les yeux et les oreilles de l'hippopotame sont au sommet de la tête. Presque totalement submergé, l'hippopotame reste attentif à l'environnement. Les narines et les oreilles se ferment sous l'eau.

GROUPE TEMPORAIRE

Pendant la saison sèche, les hippopotames recherchent des pâturages. Ils changent temporairement leurs habitudes, fréquentent d'autres mares et étendent leur aire de pâturage. À cette saison, de grands rassemblements se tiennent à certains points d'eau.

fine peau externe (épiderme)

les lèvres arrachent l'herbe en broutant

MÈRE ET PETITS
Les petits restent avec leurs mères après le sevrage (vers six à huit mois) jusqu'à l'âge de cinq ans. Ainsi les groupes familiaux se développent.

Hexaprotodon liberiensis

Hippopotame nain, pygmée

Longueur 1,40–1,60 m
Queue 15 cm
Poids 245–275 kg
Sociabilité Solitaire
Statut VU

Répartition O. Afrique

L'hippopotame nain pèse moins d'un cinquième de son énorme cousin (ci-dessus). Sa tête est plutôt petite, ses pattes plus étroites, et il passe plus de temps à terre. Il se nourrit d'une grande variété de plantes, buissons, fougères et fruits. L'hippopotame nain est en général solitaire. Si son territoire semble chevaucher celui des autres, il se bat peu. Il broute la nuit et suit ses pistes régulières. Il passe ses journées caché dans les marais ou parfois dans le trou élargi d'un autre animal dans la berge d'une rivière. Après une gestation d'environ six mois, un unique petit naît dans l'eau ou dans le terrier. Le nouveau-né risque d'être la proie d'un crocodile ou d'un python. Les adultes connaissent peu de prédateurs en dehors des léopards et des hommes. En captivité, l'hippopotame nain vit plus longtemps qu'à l'état sauvage (cinquante-cinq ans au lieu de quarante-cinq).

ADAPTÉ AUX FORÊTS
La forme ramassée et étroite de l'hippopotame nain lui permet de se frayer un chemin à travers la végétation dense de la forêt.

peau en grande partie noire

CONSERVATION

Il semblerait que l'hippopotame nain ait toujours été rare. Il vit dans les forêts épaisses et les marais des pays d'Afrique occidentale. Malgré les mesures de protection, ces régions sont difficiles à surveiller, et l'espèce est victime du déboisement et de la chasse. La chair de l'hippopotame ressemblerait à celle du porc, même si des études génétiques montrent que les hippopotames seraient plus proches des baleines que des cochons.

Chameaux et alliés

PHYLUM	Cordés
CLASSE	Mammifères
ORDRE	Artiodactyles
FAMILLE	Camelidae
ESPÈCES	7

LES CAMELIDAE – chameaux et leurs cousins – ont de longues pattes et l'amble est leur allure. Parmi les espèces de l'Ancien Monde, seul le chameau de Bactriane, à la frontière de la Chine occidentale et de la Mongolie, survit aujourd'hui à l'état sauvage. Un chameau boit jusqu'à un quart de son poids en une seule fois, et se passe d'eau pendant plusieurs jours. Les espèces du Nouveau Monde, le guanaco et la vigogne, vivent à l'état sauvage en Amérique du Sud. Leurs descendants domestiques, le lama et l'alpaga, se reproduisent dans les Andes depuis l'époque de la civilisation inca. Tous les chameaux domestiques sont indispensables à la survie des hommes : ils leur fournissent laine, lait et moyen de transport.

Anatomie

Les Camelidae ont une tête relativement petite, un long cou fin et une lèvre supérieure fendue. Ils ont une bosse (le dromadaire) ou deux (le chameau de Bactriane) : celles-ci emmagasinent la graisse dont ils se nourrissent pendant les périodes de disette. Tous les Camelidae ont un épais pelage qui fournit une bonne isolation contre la chaleur de la journée ou les nuits froides. Contrairement aux autres ongulés, les Camelidae ne s'appuient pas sur les sabots, mais sur la surface plantaire revêtue d'un épais coussinet élastique, adapté au sable. Ils sont les seuls mammifères à posséder des globules rouges ovales, ce qui facilite peut-être leur circulation, malgré la déshydratation.

Interactions sociales

À l'état sauvage, les Camelidae se rassemblent en groupes formés d'un mâle dominant et d'un harem de femelles. Les autres mâles forment des groupes de célibataires. Si les structures sociales des Camelidae d'Amérique du Sud n'ont pas été étudiées en détail, on connaît mieux comment les chameaux se comportent entre eux. Ils se livrent à des rituels élaborés, lorsqu'un mâle dominant doit faire face à un rival. Le chef du harem grince des dents, frotte une glande située à l'arrière de la tête contre sa bosse, fait claquer sa queue, et urine sur ses pattes postérieures et sa croupe. Les deux animaux marchent ensuite côte à côte, exhibent leur profil et font sortir un sac vocal rougeâtre (la dulaa) par un coin de la bouche.

Sauvage et domestique

Le chameau de Bactriane est le dernier camélidé de l'Ancien Monde. Il n'en resterait aujourd'hui que 1 000 à 2 000 individus. Il est plus grand et plus mince que son homologue domestique, et ses bosses sont plus pointues et plus compactes. Les chameaux domestiques servent au transport dans les régions froides du nord de la Chine à la Turquie. Le dromadaire a disparu à l'état sauvage, mais des troupeaux vivent maintenant au centre de l'Australie. Les dromadaires domestiques habitent les régions chaudes du nord et nord-est de l'Afrique, au Moyen-Orient et du nord de l'Inde jusqu'au Kazakhstan. Il existe différentes races, dont l'une est prisée pour sa vitesse et utilisée pour des courses.

Animal de trait traditionnel des Andes, le lama domestique descend du guanaco sauvage. L'alpaga est aussi une espèce domestique, élevée pour la laine. Autrefois, on pensait qu'il descendait du guanaco, mais des tests génétiques ont montré qu'il descendait de la vigogne des Andes.

SPÉCIALISTES DU DÉSERT
Ces dromadaires sont parfaitement adaptés aux climats chauds. Leurs larges pattes assurent une bonne stabilité sur le sable. Leurs longs cils et leurs narines en fente se ferment pendant les tempêtes de sable.

Lama guanicoe

Guanaco

Longueur 0,90 – 2,10 m
Queue 24 – 27 cm
Poids 95 – 130 kg
Sociabilité Groupe
Statut VU

Répartition O. à S. Amérique du Sud

Le guanaco préfère les habitats froids, principalement les prairies, mais aussi les broussailles et les forêts, et vit jusqu'à 4 000 m d'altitude. Il broute différentes herbes, des lichens et des champignons. Les groupes sont formés d'un mâle et de 4 à 7 femelles avec les petits. Dans le nord de l'aire, les petits quittent le groupe vers un an ; chez les populations vivant plus au sud, vers deux ans. Les jeunes mâles célibataires se regroupent. Les vieux mâles sont plutôt solitaires.

COLORATION
Le guanaco est brun clair ou foncé, avec du blanc sur la poitrine, le ventre et l'intérieur des pattes, la tête est noire ou grise avec les yeux, les lèvres et les oreilles bordés de blanc.

LAMA

Les lamas domestiques descendent des guanacos sauvages domestiqués il y a 6 000 à 7 000 ans. Ils ont été élevés par les habitants des Andes pour la laine, la viande et la peau. Ce sont aussi des animaux de trait.

Vicugna vicugna

Vigogne

Longueur 1,50 – 1,60 m
Queue 20 – 25 cm
Poids 40 – 55 kg
Sociabilité Groupe
Statut EN

Répartition O. Amérique du Sud

La vigogne vit dans les Andes entre 3 600 et 4 800 m d'altitude. Elle choisit sa nourriture, formée de plantes vivaces qu'elle broute avec sa lèvre supérieure préhensile et a besoin de boire quotidiennement. Les groupes sont formés d'un mâle et de 5 à 10 femelles et leurs petits, et occupent un territoire délimité par les excréments. Les mâles célibataires vagabondent en bandes.

PLASTRON BLANC
La vigogne est châtain clair ou foncé, avec un plastron blanc variable.

ALPAGA

Les alpagas, ou alpacas, sont élevés pour leur pelage laineux. On croyait qu'ils étaient une forme domestiquée du guanaco des montagnes des Andes du Pérou central, il y a 6 000 à 7 000 ans. Aujourd'hui, il s'agirait plutôt de l'ancêtre de la vigogne.

Camelus bactrianus

Chameau de Bactriane

Longueur 2,50 – 3 m
Queue 53 cm
Poids 450 – 690 kg
Sociabilité Groupe
Statut EN

Répartition E. Asie

À l'état sauvage, le chameau résiste à des températures de – 29 °C à + 38 °C. Après une période de sécheresse, il absorbe 110 litres d'eau en dix minutes. Il mange des herbes, des feuilles et des buissons. Pendant le rut, le mâle gonfle ses joues, renverse la tête en arrière et grince des dents. Le gagnant obtient de 6 à 30 femelles et les petits. Un seul petit (rarement des jumeaux) naît au bout de treize mois de gestation et tète pendant un à deux ans. La femelle se reproduit vers trois à quatre ans ; le mâle vers cinq à six ans.

Camelus dromedarius

Dromadaire

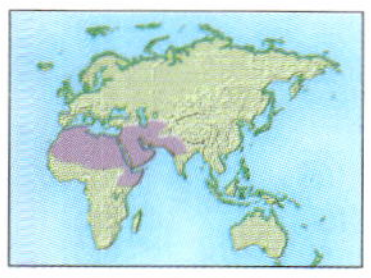

Longueur 2,20 – 3,40 m
Queue 50 cm
Poids 450 – 550 kg
Sociabilité Groupe
Statut Commun

Répartition N. et E. Afrique, O. et S. Asie

Éteint à l'état sauvage, le dromadaire est parfaitement adapté à la vie dans le désert, et perd jusqu'à 40 % de son poids lorsque l'eau et la nourriture sont rares. La température de son corps s'élève avec la chaleur, mais la transpiration se réduit. Il se nourrit de plantes variées, y compris salées et épineuses, et de carcasses desséchées. Les dromadaires forment de petits troupeaux de plusieurs femelles avec les petits, et d'un mâle qui les défend.

Cerfs

PHYLUM	Cordés
CLASSE	Mammifères
ORDRE	Artiodactyles
FAMILLE	Cervidae
ESPÈCES	45

Malgré leur ressemblance avec les antilopes, les cerfs se distinguent par leurs bois, plus ou moins ramifiés, qui tombent et repoussent chaque année. Les Cervidae habitent surtout les forêts, mais on les rencontre aussi dans la toundra arctique ou les prairies. Ils vivent dans le nord-ouest de l'Afrique, l'Eurasie et les Amériques. Certaines espèces ont été introduites au-delà de leur aire naturelle, en Nouvelle-Zélande, en Grande-Bretagne et en Europe continentale.

Anatomie

La plupart des Cervidae ont un corps allongé, un long cou, de grands yeux situés de chaque côté de la tête, des oreilles dressées et une petite queue. Les troisième et quatrième doigts bien développés supportent leur poids, alors que le second et le cinquième sont plus petits, et en général ne touchent pas le sol. Chaque année, ils muent au moins une fois. Chez de nombreuses espèces, le pelage des faons est tacheté et assure leur camouflage.

Les mâles se caractérisent par leurs bois (chez le renne uniquement, les deux sexes en ont). Chaque année, au printemps, les bois poussent et sont recouverts d'une fine peau, le velours. En se développant, le velours sèche et tombe. Les bois sont ainsi prêts pour les combats à la saison de reproduction (automne). Après le rut, ils tombent, puis repoussent, et les bois endommagés se renouvellent. Vers l'âge de un ou deux ans, on ne distingue que de simples petites pointes. Au fil des années, les bois grandissent et se ramifient, puis s'amenuisent avec l'âge. Leur taille est une indication de l'état physique de l'animal. Les espèces qui ne possèdent pas de bois comme l'hydropote ont des canines modifiées en défenses.

Structure sociale

L'organisation sociale dépend en grande partie de la nourriture. Les petites espèces pâturent et vivent seules ou en petits groupes, car elles doivent lutter pour manger. Les plus grandes espèces broutent dans des espaces plus ouverts, et la compétition est moins grande. Ce type de Cervidae vit en hardes pour se protéger des prédateurs. Les sexes ne se mélangent pas, sauf à l'époque du rut, lorsque les mâles se battent pour posséder un harem. Les bois sont des armes et des ornements qui attirent les femelles.

Porte-musc et chevrotains

Les porte-musc (sous-famille des Moschinae) et les chevrotains (Tragulidae) se distinguent des cerfs. Ils ont de longues canines supérieures à la place des bois. Chez les mâles, ces dents dépassent le niveau de la mâchoire inférieure et servent au combat. Les sept espèces de porte-musc (vivant tous en Asie) sont en voie de disparition : le musc des mâles (sécrétion abdominale) durant le rut est utilisé dans les parfums. Les chevrotains (quatre espèces) vivent dans les forêts pluviales d'Afrique et d'Asie.

SURVIVRE À L'HIVER
Les Cervidae des régions pauvres en nourriture l'hiver mangent toutes sortes de plantes pour survivre. Ces cerfs nobles mangent plus que les femelles, probablement parce qu'à l'automne, ils ont dû se battre et défendre leur harem.

Hyemoschus aquaticus

Chevrotain aquatique

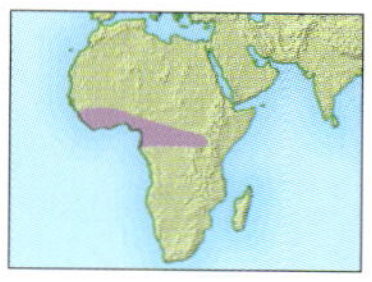

Longueur 70–80 cm
Queue 10–14 cm
Poids 10–12 kg
Sociabilité Solitaire/groupe
Statut LR △

Répartition O. à C. Afrique

Ce chevrotain vit en général à proximité de l'eau (250 m). Il est brun olive foncé, avec des marques blanches et des taches sur le dos, de une à trois rayures sur les flancs, le menton, la gorge et la poitrine. Il a de courtes pattes, de petites oreilles, un corps robuste. Il nage bien, ce qui lui permet d'échapper aux prédateurs terrestres, mais il risque d'être attaqué par des crocodiles. Il mange des feuilles et des fruits tombés. Les mâles sont solitaires. Les femelles et leurs petits vivent en groupes.

Tragulus meminna

Chevrotain de l'Inde

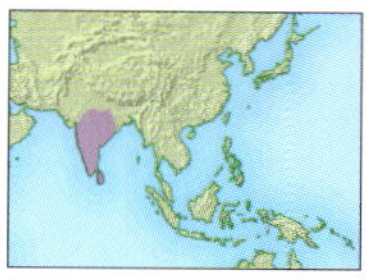

Longueur 50–58 cm
Queue 3 cm
Poids 3 kg
Sociabilité Solitaire
Statut Non évalué

Répartition S. Asie

Comme d'autres chevrotains (chevrotain d'Asie), cette espèce a quatre doigts parfaitement développés à chaque patte (les cerfs en ont deux). Le chevrotain tacheté se cache et aime les coins rocailleux de forêt tropicale.

Nocturne et solitaire, son dos est tacheté, ses flancs et sa gorge rayés. Cependant ces marques sont moins distinctes que celles du chevrotain aquatique. Son pelage est marron moucheté de jaune. Les mâles se battent à l'aide de leurs canines supérieures. Un seul petit naît après une gestation de cinq mois.

Moschus chrysogaster

Porte-musc

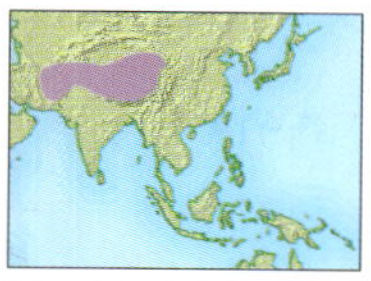

Longueur 70–100 cm
Queue 2–6 cm
Poids 7–18 kg
Sociabilité Solitaire
Statut LR

Répartition S. Asie

Ce porte-musc habite les flancs des montagnes entre 2 600 et 3 600 m. Grâce à ses doigts latéraux bien développés, il gravit les pentes raides, grimpe même sur les arbres, et marche dans la neige. Son pelage est épais, brun foncé moucheté de gris, le ventre plus clair, avec le menton et le bord des oreilles blancs. Le musc sécrété par sa glande abdominale est prisé en parfumerie. Sa population diminue à l'état sauvage.

Muntiacus reevesi

Muntjac de Chine

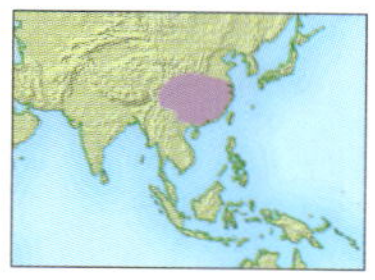

Longueur 75–95 cm
Queue 17 cm
Poids 10–18 kg
Sociabilité Solitaire/groupe
Statut Commun localement

Répartition E. Asie

Ce muntjac se nourrit de pousses, de végétaux herbacés et de fruits. Le mâle se reproduit toute l'année. Il utilise ses petits bois (10 cm ou moins) pour déséquilibrer ses rivaux, et leur inflige des blessures avec ses canines supérieures en forme de défenses. Appelé aussi cerf aboyeur, ce petit cervidé a été introduit en Angleterre et aux Pays-Bas. En Asie, il existe huit autres espèces de muntjac.

Dama dama

Daim

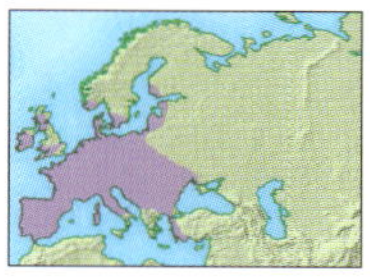

Longueur 1,40–1,90 m
Queue 14–25 cm
Poids 35–150 kg
Sociabilité Groupe
Statut Commun localement

Répartition Europe

Le daim vit surtout en captivité (pour sa beauté et sa chair). On l'a aussi introduit en Amérique, Afrique et Australie. Il se nourrit au crépuscule. Les hardes dépassent rarement une centaine d'individus. Originaire de la région méditerranéenne, il a presque disparu à l'état sauvage.

NUANCES *En général brun avec des taches blanches, le daim est parfois châtain clair, noir ou blanc.*

CACHETTE

Le petit daim, comme la plupart des faons, se couche dans les fourrés pendant que sa mère se nourrit. Son instinct le maintient immobile et silencieux, camouflé à l'abri des prédateurs grâce à son pelage tacheté. La mère revient de temps à autre pour la tétée, et parfois le conduit vers une nouvelle cachette.

Axis axis

Chital, cerf axis

Longueur 1–1,50 m
Queue 10–25 cm
Poids 70–79 kg
Sociabilité Groupe
Statut Commun localement

Répartition S. Asie

Le chital, chitra, ou axis, vit en hardes d'une centaine d'individus, composées de mâles, femelles et petits. Il broute dans les prairies et les forêts clairsemées, souvent en compagnie de langurs qui laissent tomber des fruits au sol et émettent des cris d'alarme. À la moindre alerte, les chitals filent se cacher à 65 km/h. Les bois du mâle ont un axe (merrain) principal pointé vers l'arrière.

Cervus unicolor

Cerf sambar

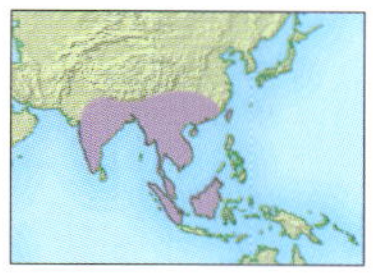

Longueur 2–2,50 m
Queue 15–20 cm
Poids 230–350 kg
Sociabilité Solitaire
Statut Commun localement

Répartition S. et S.-E. Asie

Le sambar est marron foncé, avec le menton, l'intérieur des pattes et le dessous de la queue teintés de roux. Les bois du mâle atteignent 1,20 m de long. Les deux sexes ont une crinière d'épaisse fourrure, plus proéminente chez le mâle en rut. Solitaire, ce cerf nocturne mange une grande variété de végétaux.

Cervus elaphus

Cerf noble, wapiti

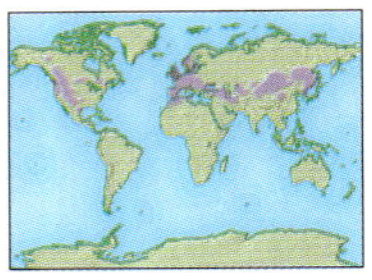

Longueur 1,50–2 m
Queue 12 cm
Poids 80–190 kg et plus
Sociabilité Groupe
Statut Commun localement

Répartition Europe à E. Asie, Amérique du Nord

Ce cerf a été introduit sur la plupart des continents et s'adapte facilement à son habitat. Il est élevé pour sa chair, sa peau et le velours de ses bois. Il existe 28 sous-espèces qui comprennent les cerfs de Chine et le wapiti d'Amérique du Nord. Les femelles forment des hardes conduites par une femelle dominante. Les mâles vivent en bandes séparées, sauf pendant le rut.

bois à multiples cors

COULEUR CHANGEANTE
Le cerf noble est brun roussâtre durant l'été, avec parfois une ligne sombre sur le cou et sur le dos, et les fesses jaunâtres ; il devient gris-brun en hiver.

LE RUT

Les mâles, comme chez la plupart des cerfs, se battent pendant le rut, mais ils paradent plus qu'ils ne combattent. Ils brament, frappent les buissons et les arbres de leurs bois, marchent côte à côte avant de se lancer dans la lutte. Alors ils entrechoquent leurs bois et se bousculent. Le vainqueur prend possession du harem.

Cervus nippon

Cerf sika

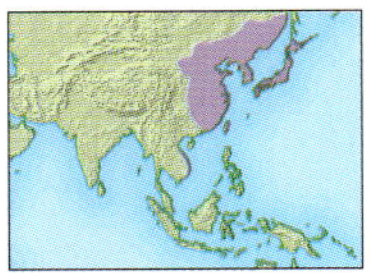

Longueur 1,50–2 m
Queue 12–20 cm
Poids 35–55 kg
Sociabilité Groupe
Statut CR

Répartition E. et S.-E. Asie

Le sika vit en captivité depuis des centaines d'années. Il a été introduit dans de nombreuses régions.
Les 14 sous-espèces ont une apparence différente et certaines sont en voie de disparition. Leur pelage est en général brun-roux avec des taches blanches en été, presque noir en hiver, légèrement tacheté chez les femelles.
Le sika mange surtout des herbes, bambous, rameaux et bourgeons.

Elaphurus davidianus

Cerf du Père David

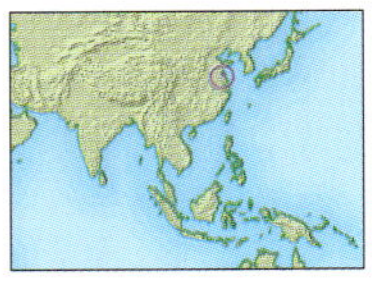

Longueur 2,20 m
Queue 66 cm
Poids 150–215 kg
Sociabilité Groupe
Statut CR

Répartition E. Asie

Cette espèce se distingue par la forme de son corps, un long museau de cheval, de larges sabots et une grande queue. Chez le mâle, les bois paraissent retournés vers l'arrière.
Le pelage est fauve grisâtre foncé en hiver, brun-roux en été avec une bande sombre sur le dos.
Éteint à l'état sauvage, l'espèce a été sauvegardée en Angleterre au début du siècle. Depuis les années 1980, elle a été réintroduite en Chine.

Odocoileus hemionus

Cerf-mulet

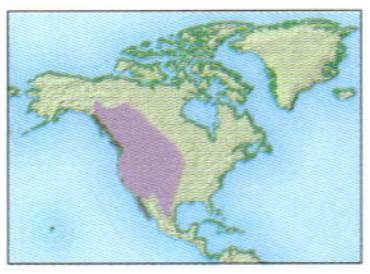

Longueur 0,85–2,10 m
Queue 10–35 cm
Poids 55–210 kg
Sociabilité Groupe
Statut LR

Répartition O. Amérique du Nord

Le cerf-mulet occupe de nombreux habitats et mange des centaines de plantes différentes. Il est brun-gris en hiver et brun-roux en été, avec la face supérieure de la queue noire. La face et la gorge montrent des zones blanches sauf le menton et le front noirs. La saison du rut dure de septembre à novembre ; 1 ou 2 faons naissent en juin à l'issue d'une gestation qui a duré six à sept mois.

Odocoileus virginianus

Cerf de Virginie

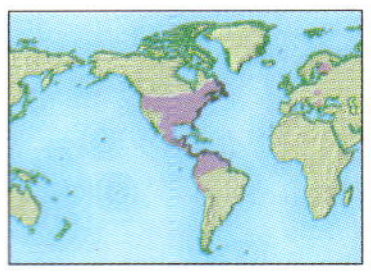

Longueur 1,80–2,40 m
Queue 15–30 cm
Poids 52–140 kg
Sociabilité Groupe
Statut Commun localement

Répartition S. Canada à N. Amérique du Sud

Le cerf de Virginie, ou cerf à queue blanche, ressemble beaucoup au cerf-mulet (à gauche). Dans les zoos et les parcs, ils se croisent, ce qui se produit rarement à l'état sauvage, même si leurs aires se chevauchent.
Les nombreuses sous-espèces sont plus petites dans le Sud, avec une hauteur au garrot de 1,10 m au Canada et 60 cm au Venezuela.

ALERTE BLANCHE
Lorsque le danger menace, le cerf relève la queue et expose ses dessous blancs pour avertir les membres de la harde.

CYCLE ANNUEL

Dès le mois de février, le mâle perd ses bois. En avril-mai, ils repoussent, protégés par une peau couverte de fourrure, le velours.
Dès septembre, le velours disparaît, frotté contre les arbres, laissant l'os dénudé pour la saison du rut.

Blastocerus dichotomus

Cerf des marais

Longueur Jusqu'à 2 m
Queue 25 cm
Poids 100–140 kg
Sociabilité Solitaire/groupe
Statut VU

Répartition S. Amérique du Sud

Ses longues pattes et ses larges sabots permettent au cerf des marais de se déplacer facilement dans les terrains inondés. Ce grand cerf est brun-roux en été, plus foncé en hiver avec le bas des pattes noir, la face claire, et du noir autour des lèvres et du nez. Il mange de l'herbe, des roseaux et des plantes aquatiques. Il vit seul ou en groupe de 2 ou 3 individus. La modification du paysage, la pollution de l'eau et l'extension de l'élevage entraînent la perte de son habitat.

Pudu puda

Poudou méridional

Longueur 85 cm
Queue 5 cm
Poids Jusqu'à 15 kg
Sociabilité Solitaire
Statut VU

Répartition S.-O. Amérique du Sud

Le poudou, ou pudu, méridional est la plus petite des deux espèces de poudou. Son pelage est brun-roux et ses oreilles sont arrondies. Les bois du mâle sont de simples petites dagues de 8 cm de long. Solitaire, il s'active le jour, et vit dans les forêts humides et impénétrables, où il mange écorce, bourgeons, fruits et fleurs, rarement de l'herbe. Il peut se reproduire dès l'âge de six mois.

Rangifer tarandus

Renne, caribou

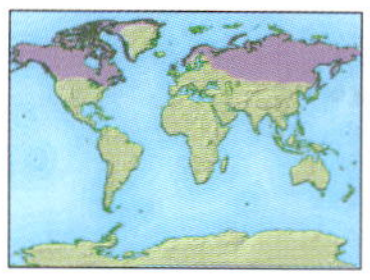

Longueur 1,20–2,20 m
Queue 10–25 cm
Poids 120–300 kg
Sociabilité Groupe
Statut EN Δ

Répartition N. Amérique du Nord, Groenland, N. Europe à E. Asie

Connu sous le nom de caribou en Amérique du Nord, le renne a de longs bois à multiples cors. Il broute de l'herbe en été, mousse, lichen et champignons durant l'hiver. Un petit naît en mai et juin après une gestation de deux cent dix à deux cent quarante jours.

VARIATION DE COULEURS
Les rennes américains ont une robe brune avec des pattes foncées ; les rennes européens et asiatiques (ci-contre) sont plus gris.

MIGRATION

Certains rennes parcourent de 15 à 65 km par jour dans la même région ; d'autres migrent et franchissent 1 200 km deux fois par an. Chez certaines populations, les femelles et les jeunes se déplacent pour mettre bas ; les mâles suivent plus tard.

Capreolus capreolus

Chevreuil

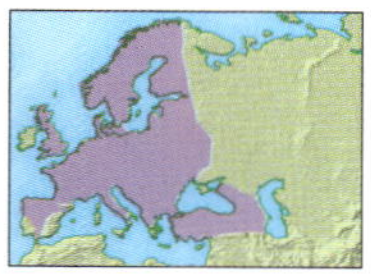

Longueur 1–1,30 m
Queue 5 cm
Poids 20–30 kg
Sociabilité Variable
Statut Commun localement

Répartition Europe, Asie jusqu'à la Corée

Le chevreuil a un museau noir, parfois une tache blanche sur le devant du cou. La zone de poils blancs, qu'il fait bouffer en cas de danger, a une forme de cœur chez la femelle, et de haricot chez le mâle (ci-dessus). Celui-ci porte des bois à base rugueuse. Son pelage soyeux et brun-roux l'été se transforme en épais manteau gris l'hiver.

Alces alces

Élan, orignal

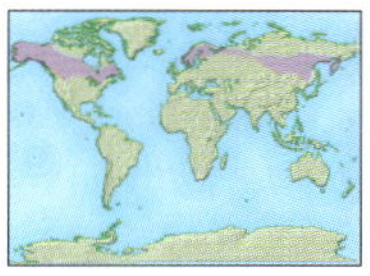

Longueur 2,50–3,50 m
Queue 10 cm
Poids 500–700 kg
Sociabilité Variable
Statut Commun localement

Répartition Alaska, Canada, N. Europe à N. et E. Asie

Appelé orignal en Amérique du Nord, l'élan est le plus grand des Cervidae. Le mâle est deux fois plus lourd que la femelle. Il vit dans les bois à proximité des marais et des lacs. Il se baigne en été et mange des racines de plantes aquatiques. L'hiver, il se nourrit surtout de rameaux d'arbre comme les saules et les peupliers. L'élan vit seul ou par petits groupes. La saison du rut a lieu de septembre à octobre. Après deux cent quarante-deux à deux cent cinquante jours de gestation, naissent 1 ou 2 petits. Ils sont sevrés vers six mois.

COLORATION
L'élan est brun-gris en été, gris foncé en hiver. Ses longues pattes sont dotées de larges sabots pour marcher dans la boue et la neige.

TÊTE D'ÉLAN

Le large museau de l'élan et ses lèvres souples lui permettent de saisir les plantes aquatiques et d'arracher les feuilles des branches. Ses bois atteignent une envergure de 2 m. Ils comptent parfois 20 pointes chacun.

PRONGHORN

PHYLUM	Cordés
CLASSE	Mammifères
ORDRE	Artiodactyles
FAMILLE	Antilocapridae
ESPÈCE	1

LE PRONGHORN est l'unique espèce de la famille des Antilocapridae. Ses cornes recouvrent une cheville osseuse (comme chez les antilopes), mais cet étui corné tombe chaque année comme les bois des Cervidae.

COUREUR RAPIDE
Le pronghorn figure parmi les mammifères les plus rapides : il atteint des vitesses de 65 km/h. En hiver, des troupeaux de plus de 1 000 individus se rassemblent.

Antilocapra americana

Pronghorn

Q : Antilope d'Amérique
Longueur 1–1,50 m
Queue 7,5–18 cm
Poids 36–70 kg
Sociabilité Variable
Statut Commun localement

Répartition O. et C. Amérique du Nord

Le pronghorn est brun-roux, avec des bandes blanches sur le ventre, la face, la gorge et la croupe. Le mâle a une tache noire sur le cou et des cornes plus longues que les oreilles. Celles de la femelle sont plus courtes que les oreilles. Des troupeaux de 1 000 individus se rassemblent en hiver, et se séparent en plus petits groupes en été.

GIRAFE ET OKAPI

PHYLUM	Cordés
CLASSE	Mammifères
ORDRE	Artiodactyles
FAMILLE	Giraffidae
ESPÈCES	2

LA GIRAFE ET L'OKAPI sont les derniers représentants d'une famille jadis très diversifiée. Ils ont de longues pattes, une tête étroite avec de petites cornes et des molaires rugueuses. La girafe avec son long cou caractéristique est le plus grand animal terrestre : le mâle atteint 5,50 m. Les deux espèces groupées dans la même famille des Giraffidae se distinguent par leur comportement et leur habitat. La girafe vit dans les savanes (Afrique, au sud du Sahara), alors que l'okapi occupe les forêts pluviales (nord-est de la Rép. dém. du Congo).

ANATOMIE

Les membres antérieurs de la girafe et de l'okapi sont surélevés (pour leur permettre de brouter plus facilement), par rapport aux pattes postérieures plus courtes. Ils sont particulièrement robustes chez la girafe. Ses coups de pied redoutables peuvent tuer un lion. Les deux espèces ont un long cou, mais celui de la girafe n'est composé que de sept vertèbres, comme chez presque tous les autres mammifères.

Chez la girafe, les deux sexes ont des cornes, alors que, chez l'okapi, seul le mâle en a. Les cornes sont différentes de celles des autres mammifères. Elles sont formées d'os recouvert de peau.

Les Giraffidae ont une peau épaisse. L'okapi a un pelage brun foncé avec des rayures blanches sur l'arrière-train et la partie supérieure des pattes. Les girafes ont un manteau tacheté dont les dessins varient suivant les régions. Les deux espèces ont une longue queue se terminant par une touffe de poils.

ALIMENTATION

Les Giraffidae broutent avec leurs canines uniques (elles ont deux ou trois lobes) utilisées comme peigne pour arracher les feuilles des petites branches. Elles utilisent aussi leurs lèvres mobiles et fines ainsi que leur longue langue noire (celle de la girafe mesure 40 cm) pour atteindre les feuilles. Ce sont des ruminants (voir p. 225). Chez les girafes, les mâles sont plus grands que les femelles et atteignent un niveau de végétation supérieur.

STRUCTURES SOCIALES

La girafe et l'okapi ont des structures sociales différentes. Les girafes occupent des domaines d'environ 160 km^2. Lorsque ceux-ci se chevauchent (ce qui arrive souvent), des groupes de 25 individus se forment. La composition de ces troupeaux change quotidiennement. Les mâles n'ont pas de territoire, mais une hiérarchie est définie par un combat ritualisé : deux mâles se tiennent côte à côte, balancent la tête et se frappent le cou. L'ossature de leur crâne est renforcée. Seuls les mâles au sommet de la hiérarchie ont le droit de se reproduire.

Les okapis par contre sont des animaux plutôt solitaires. Leur domaine vital est beaucoup moins étendu ; les mâles dominants possèdent un territoire (les femelles se déplacent librement d'un territoire à l'autre). Les mâles se reproduisent avec les femelles qui traversent leur territoire.

À TOUTE VITESSE
Au moindre danger, la girafe détale (sans lancer d'appel vocal) et atteint des vitesses de plus de 50 km/h. À ce signal, les autres emboîtent le pas. Les girafes passent directement de la marche au galop, car leurs longues pattes et leur petit corps ne leur permettent pas de trotter sans trébucher.

Okapia johnstoni

Okapi

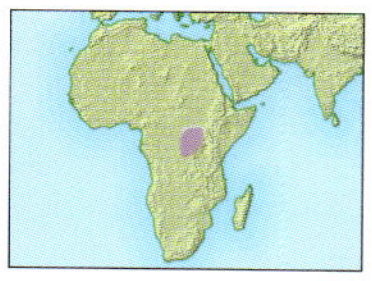

Longueur 2–2,20 m
Queue 30–42 cm
Poids 200–350 kg
Sociabilité Solitaire/couple
Statut LR

Répartition C. Afrique

Habitant discret des forêts tropicales, l'okapi se nourrit de feuilles, de rameaux tendres, de pousses et de fruits. Il se fie à son ouïe dans l'épaisseur de la forêt, et émet des sons particuliers lorsqu'il croise un autre okapi. Les mâles rivalisent en présence des femelles et poussent des gémissements faibles pendant le rut. La femelle répond lorsqu'elle est réceptive. Un peu plus grande que le mâle, elle pèse de 25 à 50 kg de plus. Les deux sexes se ressemblent : tête et cou allongés, corps et museau foncés, grandes oreilles plantées en arrière, et des rayures de zèbre sur les cuisses et le haut des pattes. La femelle met bas un seul petit entre août et octobre, après une gestation de quatre cent vingt-cinq à quatre cent quatre-vingt-onze jours. Elle le défend contre les prédateurs, mais les liens entre eux ne sont pas aussi forts que chez d'autres ongulés.

deux cornes chez le mâle

marques faciales blanches ou crème

ROBE SOYEUSE
La robe de l'okapi est courte et soyeuse. Suivant l'éclairage, les parties sombres ont des reflets rouges, violets, marron, bruns ou noirs.

« ZÈBRE DES FORÊTS »

L'okapi ne fut identifié comme espèce distincte qu'en 1900-1901. Jusque-là, on ne l'avait que furtivement aperçu, surtout de dos. Timide et discret, il disparaissait dans la forêt. L'impression d'un zèbre des forêts était renforcée par des échantillons de vieilles peaux.

LONGUE LANGUE

L'okapi entoure sa longue langue noire et préhensile autour des feuilles et des bourgeons pour les attirer jusqu'à sa bouche. La langue sert aussi à la toilette, et chez la femelle à nettoyer le petit.

MAMMIFÈRES

Giraffa camelopardalis

Girafe

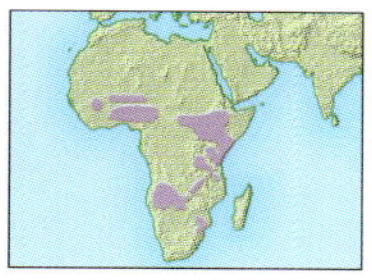

Longueur 3,30–4,70 m
Queue 78–100 cm
Poids 0,5–1,9 tonne
Sociabilité Variable
Statut LR

Répartition Afrique

Native des savanes sèches et des régions boisées et ouvertes, la girafe mange des feuilles d'acacia et des abricotiers sauvages, mais aussi des pousses, des fruits et autre végétation. Sa longue langue, son crâne, son cou, ses épaules et ses pattes de devant lui permettent de brouter à grande hauteur. En général, une petite branche est attirée à sa bouche par sa langue ; puis l'animal tire la tête en arrière et arrache les feuilles entre ses dents. Elle est caractérisée par de grands yeux et de grandes oreilles ; un dos incliné des épaules à l'arrière-train ; des pattes comme des échasses terminées par de lourds sabots, et une queue fine avec une longue touffe noire pour chasser les mouches. Les cornes sont plus développées chez le mâle que chez la femelle. La girafe se nourrit le matin et le soir. Elle se repose debout, comme la plupart des ongulés, et rumine à l'heure chaude de midi. Les femelles s'accouplent avec les mâles dominants qui ont lutté entre eux « cou contre cou ». Ce sont des parades plus que des combats entre jeunes mâles ou nouveaux venus. Le gagnant renforce son succès en montant sexuellement son rival déchu. Après une gestation de 440-457 jours, la femelle donne naissance à 1 petit (rarement 2), en général à la saison sèche. Le nouveau-né pèse 70 kg et mesure 2 m. Pendant dix à trente jours, la mère le tient à l'écart des autres ; le sevrage a lieu au bout de treize mois. Les prédateurs principaux de la girafe sont les lions, les léopards et les hyènes.

LE PLUS GRAND DES ANIMAUX
Une femelle adulte mesure 4,50 m jusqu'à la pointe des cornes ; le mâle fait 1 m de plus. Cette différence leur permet de se nourrir à des niveaux variés. Le cou le plus long des animaux ne possède que sept vertèbres cervicales, comme chez la plupart des autres mammifères.

les taches s'estompent vers les sabots

DESSINS DE LA ROBE

Quelque neuf sous-espèces se distinguent par leur robe. La girafe réticulée *(G. c. reticulata)* (ci-contre) a des taches anguleuses châtain foncé séparées par des lignes claires en réseau. D'autres sous-espèces ont des taches irrégulières, du jaune au noir, séparées par plus ou moins de blanc. La robe de la girafe ne change pas au cours de sa vie, et l'aide à se faire reconnaître par les autres, même si les teintes varient suivant les saisons et l'état de santé de l'animal.

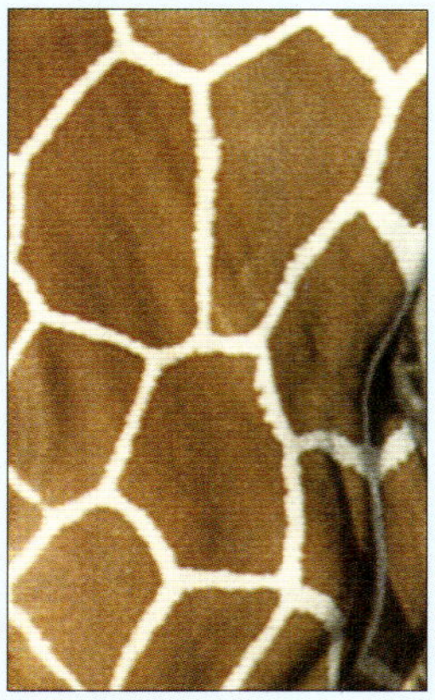

COMMENT BOIRE

La hauteur de la girafe l'oblige à boire en tenant les pattes écartées, ou même à genoux. Lorsqu'elle est debout, le cœur pompe le sang à très grande pression pour atteindre le cerveau, mais lorsqu'elle baisse la tête pour boire, une série de valves tournées dans le même sens le régule pour éviter d'endommager le cerveau. Elle boit tous les deux à cinq jours.

BŒUFS, MOUTONS ET ANTILOPES

PHYLUM	Cordés
CLASSE	Mammifères
ORDRE	Artiodactyles
FAMILLE	Bovidae
ESPÈCES	140

TRÈS DIVERSIFIÉE, la famille des Bovidae se compose d'espèces sauvages et domestiques, avec leurs alliés immédiats (le bison), les moutons, les chèvres et leurs cousins (le chamois) et les antilopes (impala, etc.). Ils sont caractérisés par des membres minces et longs. Les espèces de Bovidae les plus variées se rencontrent en Afrique, où chaque espèce a une niche écologique particulière. On les trouve aussi en Eurasie et en Amérique du Nord. Certaines espèces ont été introduites en Australasie. Pour la plupart, les Bovidae vivent dans les prairies, les déserts et les forêts.

ANATOMIE

Si les Bovidae se différencient par leur forme (gazelles gracieuses et légères ou buffles énormes et trapus), toutes les espèces ont des cornes simples formées d'un étui de kératine recouvrant une cheville osseuse. Contrairement aux bois des cerfs, les cornes ne tombent pas, et chez la plupart des espèces, les deux sexes en ont. Les cornes sont parfois droites, recourbées, spiralées, courtes ou longues. Elles ont toutes une extrémité pointue.

Les Bovidae ont des sabots « fendus » : le poids de l'animal repose sur les deux doigts centraux de chaque pied (on remarque en général une paire de petits doigts latéraux). La queue est petite et triangulaire, ou longue et touffue ; le pelage est lisse, long ou épais. Les Bovidae sont souvent chassés par de gros prédateurs, ainsi ils possèdent des yeux latéraux qui leur offrent une bonne vision, de longues oreilles mobiles, et un odorat développé. La plupart des espèces ont des glandes odorantes placées sur la face, entre les sabots, et/ou à l'aine. Les glandes entre les sabots libèrent sur le sol une odeur qui permet à un animal isolé de rejoindre le troupeau.

Les Bovidae sont aussi des ruminants (voir p. 225). La nourriture (en général herbe et feuilles) est arrachée avec la langue, puis broyée entre les incisives inférieures et un bourrelet dépourvu de dents de la mâchoire supérieure.

STRUCTURES SOCIALES

Les Bovidae présentent une grande variété de structures sociales et de modes de reproduction. Les céphalophes sont solitaires et les diks-diks vivent en couples. L'impala vit en troupeaux formés d'un mâle et de plusieurs femelles (les mâles plus jeunes ou plus faibles se regroupent). Les gazelles mâles établissent des territoires et se reproduisent avec les femelles qui le traversent. Les bœufs sauvages et les buffles forment des groupes moins structurés, même si la reproduction est l'affaire des mâles dominants.

LES BOVIDAE ET LES HOMMES

Le bétail, les moutons et les chèvres sont élevés à grande ou petite échelle dans la plupart des pays du globe, et sont d'une grande importance économique. Les moutons et les chèvres ont probablement été domestiqués il y a 8 000 ou 9 000 ans, dans le sud-ouest de l'Asie. Leurs ancêtres occupent toujours les mêmes régions. La vache a été domestiquée il y a 2 000 ans, après les moutons et les chèvres (également dans le sud-ouest de l'Asie). Son ancêtre, l'aurochs, a aujourd'hui disparu. Si de nombreuses espèces sauvages sont abondantes (les gnous par exemple se comptent par millions), certaines, y compris plusieurs espèces de gazelles, sont proches de l'extinction.

ÉCHAPPER AU DANGER
Comme la plupart des ongulés, l'éland de Derby a des sens aiguisés et fuit au moindre danger. Malgré sa corpulence, il atteint des vitesses de 70 km/h et fait des bonds de 1,50 m pour franchir d'éventuels obstacles sur son chemin.

Tragelaphus spekei

Sitatunga

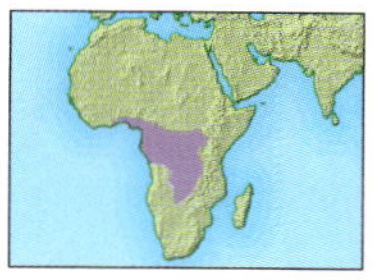

Longueur 1,20–1,70 m
Queue 20–26 cm
Poids 50–125 kg
Sociabilité Variable
Statut LR

Répartition O. et C. Afrique

Le sitatunga, ou guib d'eau, vit dans les zones humides et les marais. Ses longs sabots pointus, largement écartés, et ses articulations souples sont adaptés aux sols boueux. Menacée par un prédateur terrestre, cette antilope se réfugie dans l'eau, et ne laisse ressortir que les yeux et le nez. La nuit, les mâles lancent des appels aux autres mâles; lorsqu'ils se rencontrent, ils se pavanent et grattent le sol de leurs cornes. Le sitatunga se nourrit de toutes sortes de plantes aquatiques et terrestres. Pour manger, il s'enfonce parfois dans l'eau jusqu'aux épaules. Seul le mâle a des cornes spiralées. Sa robe est teintée de gris; celle de la femelle est marron ou châtain. Ils ont tous deux les yeux cerclés de blanc, les joues et le ventre blancs. Les femelles sont solitaires ou vivent par 2 ou 3. Un seul petit naît après deux cent quarante-sept jours de gestation.

Tragelaphus euryceros

Bongo

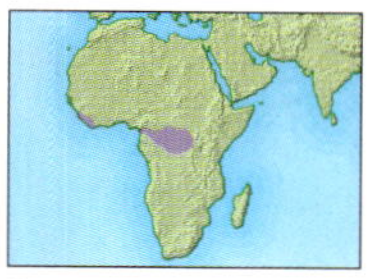

Longueur 1,70–2,50 m
Queue 45–65 cm
Poids 210–405 kg
Sociabilité Solitaire/groupe
Statut LR Δ

Répartition O. et C. Afrique

Le bongo est la plus grosse des antilopes de forêt. Il a des rayures blanches sur le corps, un croissant blanc sur la poitrine, des taches blanches sur les joues. Le haut du corps est châtain, le bas plus foncé. Le pelage des mâles âgés est plus sombre. Ses cornes ont une forme de lyre (jusqu'à 95 cm de haut chez le mâle). Le mâle est solitaire; les femelles se rassemblent en troupeaux de 50 individus (maximum).

Tragelaphus angasi

Nyala

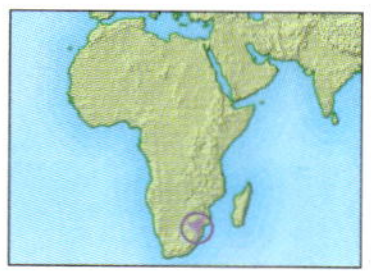

Longueur 1,40–1,60 m
Queue 40–55 cm
Poids 55–125 kg
Sociabilité Groupe
Statut LR

Répartition S. Afrique

Le mâle est plus grand et plus lourd que la femelle, avec la tête et le corps gris foncé, des rayures indistinctes, le bas des pattes roux et des cornes de 70 cm de long. Les femelles n'ont pas de cornes, et comme les jeunes, ont un pelage brun-roux avec un V blanc entre les yeux et des rayures verticales blanches. Ils vivent à proximité de l'eau, broutent et se dressent sur les pattes de derrière pour atteindre les branches.

Tragelaphus scriptus

Guib harnaché

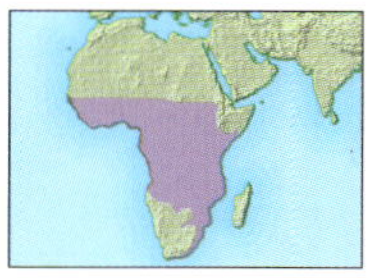

Longueur 1,10–1,50 m
Queue 20–27 cm
Poids 25–80 kg
Sociabilité Solitaire
Statut Commun localement

Répartition O., C., E. et S. Afrique

Le guib harnaché ressemble à un petit sitatunga (ci-dessus), avec des cornes moins spiralées. Les femelles vivant dans les broussailles sont roux clair; celles des forêts plus foncées. Les mâles sont brun foncé à noirs. Les marques blanches sur la gorge, la nuque et le corps varient suivant les sous-espèces. Cette antilope est solitaire sauf en période de reproduction.

Tragelaphus strepsiceros

Grand koudou

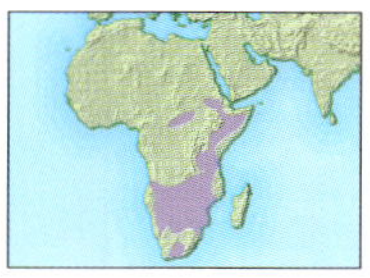

Longueur 2–2,50 m
Queue 37–48 cm
Poids 120–315 kg
Sociabilité Groupe
Statut LR Δ

Répartition E. à S. Afrique

De toutes les antilopes, le grand koudou mâle est l'une des espèces ayant les cornes les plus longues (1,70 m en moyenne). Il porte une longue crinière sous la gorge. Son pelage est roux ou brun teinté de gris, avec de six à dix rayures, le nez et des marques blanches sur les joues. Il mange des feuilles, des fleurs, des fruits, de l'herbe et des tubercules. Les femelles vivent en groupes (jusqu'à 6 sujets).

Taurotragus oryx

Éland de Derby

Longueur 2,10–3,50 m
Queue 60–90 cm
Poids 300–1 000 kg
Sociabilité Variable
Statut LR

Répartition C. E. et S. Afrique

Les deux espèces d'éland sont de grandes antilopes qui ressemblent à des vaches. Le mâle pèse jusqu'à 1 000 kg et porte des cornes spiralées qui atteignent parfois 1,20 m de long. Une touffe de poils orne son front. La femelle pèse environ 600 kg, avec des cornes plus courtes que le mâle. Les femelles se regroupent pour protéger les petits et repousser les prédateurs. L'éland de Derby broute dans les plaines, les régions forestières et les steppes. Il arrache la nourriture avec ses lèvres et gratte la terre de ses sabots pour trouver des tubercules. Comme chez le chameau, sa température s'élève de 7 °C pour résister à la sécheresse et éviter la déshydratation. Les troupeaux sont composés de femelles accompagnées des petits et des jeunes; les mâles plus âgés sont solitaires. Ces antilopes sont plutôt dociles et élevées en Afrique pour la chair, le lait et la peau. Des élands ont été exportés en Asie.

RAYURES BLANCHES
L'éland de Derby est plutôt roux-gris, avec une ligne blanche sur le dos, et jusqu'à quinze rayures verticales, blanc crème sur le corps.

Boselaphus tragocamelus

Nilgaut

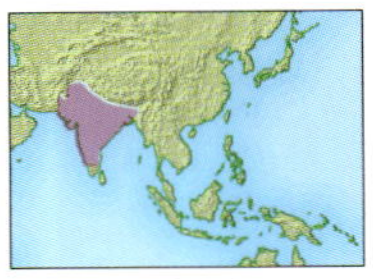

Répartition S. Asie

Longueur 1,80 – 2,10 m
Queue 45 – 53 cm
Poids Jusqu'à 300 kg
Sociabilité Groupe
Statut LR

Le nilgaut est un bovidé à petite tête avec les pattes de devant plus longues que celles de derrière, et chez le mâle de petites cornes arrondies de 20 cm de long. Le pelage du mâle est gris ou gris-bleu ; celui de la femelle est roux. Le nilgaut préfère les bois clairsemés à la densité des forêts. Il est farouche et se fie à ses sens aiguisés pour fuir les prédateurs comme le tigre.
Il se nourrit d'herbe, de feuilles et de fruits à l'aube et le soir. Les mâles se battent pour établir un territoire qui accueille des groupes de femelles de 2 à 10 individus. La reproduction a lieu presque toute l'année, mais 1 ou 2 petits naissent en général entre juin et octobre après une gestation de deux cent quarante-trois à deux cent cinquante-sept jours.

Bubalus depressicornis

Anoa de plaine

Répartition Célèbes

Longueur 1,60 – 1,70 m
Queue 18 – 31 cm
Poids 150 – 300 kg
Sociabilité Solitaire
Statut EN

L'anoa est l'un des plus petits Bovidae. Il est marron foncé à noir, avec une gorge claire et des taches sur la face et les pattes. Son cou est épais, son corps arrondi, ses pattes courtes. Les cornes sont orientées vers l'arrière, adaptées aux forêts épaisses et marécageuses. Il est solitaire sauf à l'époque de reproduction. Il se nourrit surtout le matin de feuilles, fruits, fougères et rameaux. Un seul petit naît après une gestation de neuf à dix mois.

Bubalus quarlesi

Anoa de montagne

Répartition Célèbes et île Buton

Longueur 1,50 m
Queue 24 cm
Poids 150 – 300 kg
Sociabilité Solitaire/couple
Statut EN

L'anoa de montagne ressemble à son cousin des plaines (ci-contre). Son pelage est plus laineux, sans marques blanches sur les pattes et la gorge. Ses cornes sont lisses et courtes, d'environ 15 à 20 cm de long (celles de l'anoa de plaine mesurent de 18 à 38 cm). En général, le mâle est plus gros et plus sombre que la femelle.
L'anoa de montagne est une des rares espèces de Bovidae sauvages d'Asie du Sud-Est à vivre dans les forêts peu accessibles. L'espèce est donc encore méconnue. Les mâles semblent plutôt solitaires ; les femelles sont accompagnées de leurs petits.
Leur nourriture se compose de feuilles et de mousse, mais ils mangent relativement peu d'herbe. La gestation dure de neuf à dix mois. Les deux anoas font partie d'un genre qui comprend 4 espèces, les 2 autres étant le buffle d'Asie (à droite) et le tamarau des Philippines.

Tetracerus quadricornus

Antilope tétracère

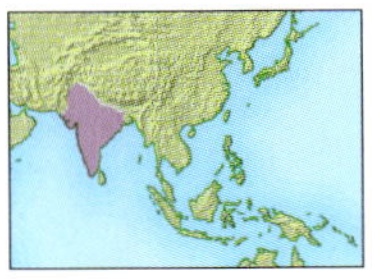

Répartition S. Asie

Longueur 80 – 100 cm
Queue 12 cm
Poids 17 – 21 kg
Sociabilité Solitaire
Statut VU

Le mâle porte deux paires de cornes, trait unique chez les Bovidae. Les deux cornes de devant mesurent de 3 à 4 cm, et celles de derrière sont deux fois plus longues. Cette antilope rapide et farouche est peu connue. Elle broute toutes sortes de plantes et vit en général près de l'eau, sur des collines boisées. Elle communique par des sifflements bas et aboie en cas d'alerte. Son pelage est brunâtre ; chaque patte porte une rayure sombre ; le museau et la surface externe des oreilles sont noirs.

Bubalus bubalis

Buffle d'Asie, arni

Répartition S. Asie

Longueur 2,40 – 3 m
Queue 60 – 100 cm
Poids Jusqu'à 1,2 tonne
Sociabilité Groupe
Statut EN

Le buffle d'Asie, ou arni, pèse plus d'une tonne. Cet animal est énorme et puissant. L'envergure de ses cornes est la plus importante des Bovidae (plus de 2 m). Grâce à de larges pieds tournés vers l'extérieur et aux articulations flexibles de ses boulets, l'animal est adapté aux régions marécageuses. Il y pâture le matin et le soir, parfois la nuit. Le troupeau est conduit par une femelle plus âgée et dominante (comme chez les éléphants).
Les mâles forment des groupes d'une dizaine d'individus. Les jeunes mâles combattent pour affirmer leur domination, mais évitent les combats sérieux à l'époque du rut. L'arni a été domestiqué il y a des milliers d'années. Il a été répandu dans le monde, en races plus petites (moins de 500 kg). Les dernières populations sauvages peu abondantes sont limitées à l'Inde, au Népal et à la Thaïlande.

DANS LA BOUE

À la chaleur de midi, le buffle d'Asie se baigne dans l'eau ou les mares boueuses. Seules les narines restent hors de l'eau. Il se rafraîchit et se débarrasse des parasites et autres insectes qui infestent les marais tropicaux.

BELLE ENVERGURE
Les grandes cornes de l'arni sont recourbées vers le haut et l'intérieur, ou pointées sur les côtés. La face est longue et étroite avec de petites oreilles. Le corps est anthracite, avec le bas des pattes plus clair.

Syncerus caffer

Buffle d'Afrique

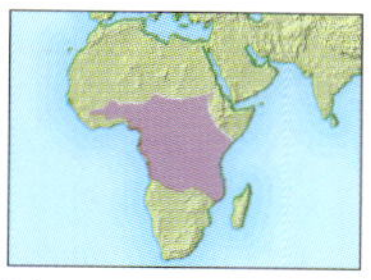

Longueur 2,10–3,40 m
Queue 75–110 cm
Poids Jusqu'à 800 kg
Sociabilité Groupe
Statut Commun localement Δ

Répartition O., C., E. et S. Afrique

Le buffle d'Afrique occupe différents habitats, jusqu'à 4 000 m d'altitude. Cependant, il a besoin de boire quotidiennement et ne s'éloigne jamais d'un point d'eau de plus de 15 km.

Le mâle pèse presque deux fois plus que la femelle. Il a des cornes qui se rejoignent sur le front. Son cou est large, son garrot arrondi et il porte une petite frange de poils sous la gorge (fanon). La nuit ou durant les périodes fraîches de la journée, il se nourrit d'herbe et de feuilles. Les mâles combattent pour conquérir les femelles. Les membres du troupeau se font mutuellement la toilette et utilisent des signaux sonores pour se déplacer, fuir ou donner l'alerte. Ils coopèrent pour éloigner un prédateur, un lion par exemple. Un seul petit naît après trois cent quarante jours de gestation, protégé par la mère et les autres membres du troupeau.

EN TROUPEAU

Les buffles d'Afrique sont grégaires. Lorsque la nourriture est abondante, ils forment des troupeaux de 2 000 individus ou plus. À la saison sèche, ils se séparent en plus petits groupes de femelles avec les jeunes (y compris les mâles jusqu'à trois ans) ; les mâles plus âgés sont solitaires. Dans tous les troupeaux, les grands mâles dominent les plus petits et les femelles.

COULEUR SOMBRE
Le buffle d'Afrique a un pelage brun foncé, de grandes oreilles tombantes et velues, une longue queue et de gros pieds aux sabots arrondis.

PARASITES

Les buffles sont infestés de tiques, de puces et autres parasites dont les pique-bœufs les débarrassent. Les oiseaux se nourrissent et le buffle est nettoyé. Cependant, les oiseaux entretiennent les plaies pour se nourrir du sang de la bête. La relation tourne presque au parasitisme.

Bos javanicus

Banteng

Longueur 1,80–2,30 m
Queue 65–70 cm
Poids 400–900 kg
Sociabilité Groupe
Statut EN

Répartition S.-E. Asie

Le banteng domestique n'est pas très différent de sa forme sauvage. Le mâle (taureau) a un pelage brun-noir et la femelle (vache) et son petit brun-roux. Tous deux ont le ventre, les pattes et l'arrière-train blancs. Les cornes du mâle mesurent jusqu'à 75 cm de long ; celles de la femelle sont plus petites.

Les femelles et les jeunes se rassemblent en troupeau de 2 à 40 individus conduit par un mâle. Pendant la mousson, ils vont vers les collines et redescendent en plaine à la saison sèche. Les populations sauvages deviennent rares et leur habitat se réduit de plus en plus.

Bos sauveli

Kouprey

Longueur 2,10–2,20 m
Queue 1–1,10 m
Poids 700–900 kg
Sociabilité Variable
Statut CR

Répartition S.-E. Asie

Le kouprey a les proportions d'un bœuf domestique. Le mâle est parfois noir ou marron-noir avec un fanon pendant et des cornes en forme de L. Les femelles sont plutôt grises. Les deux sexes ont des « chaussettes » et un ventre blancs. Ils se rassemblent en petits troupeaux. Espèce rare, le kouprey n'a été identifié qu'en 1937. Son existence est menacée par la disparition de son habitat, le braconnage et autres dangers.

Bos grunniens

Yack

Longueur Jusqu'à 3,30 m
Queue 60 cm
Poids Jusqu'à 1 tonne
Sociabilité Solitaire/groupe
Statut VU

Répartition S. et E. Asie

Le yack domestique a une importance vitale pour les populations nomades d'Asie centrale, car il fournit son lait, sa viande, sa laine et sert au transport. Le yack sauvage plus gros est très rare. Il vit sur des terres désolées et froides jusqu'à une altitude de 6 000 m, surtout au Cachemire (Inde), au Tibet et jusqu'au Qinghai (Chine). Son pelage est formé d'un duvet épais et doux recouvert de longs poils noirs ou brun foncé. Le yack broute de l'herbe, mousse, lichen et mange de la neige pour subvenir à ses besoins en eau. Les femelles et les petits forment des troupeaux rejoints par les mâles pour la reproduction. Un seul petit naît tous les deux ans après une gestation de 258 jours.

Bison bison

Bison d'Amérique

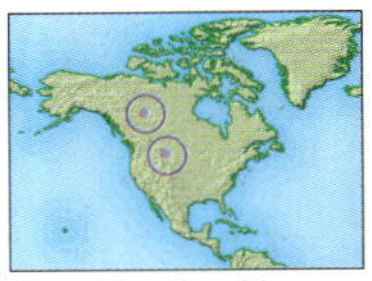

Longueur 2,10–3,50 m
Queue 30–60 cm
Poids 350–1 000 kg

Population 200 000

Statut LR

Répartition O. et N. Amérique du Nord

Appelé à tort buffle, le bison d'Amérique est énorme avec une hauteur de 2 m au garrot. Malgré sa corpulence, il se déplace à une vitesse atteignant 60 km/h. Son ouïe et son odorat sont excellents et indispensables à détecter le danger. Le bison passe beaucoup de temps à brouter en troupeaux, et se repose pour ruminer. Les femelles et les petits se regroupent, conduits par une femelle dominante. Les mâles vivent en général seuls et rejoignent le troupeau à la saison de reproduction. Le bison n'établit pas de territoire et migre suivant les saisons et l'abondance de la nourriture. Le bison de forêt *(Bison bison athabascae)* ressemble davantage à l'espèce européenne. Le bison d'Europe *(B. bonasus)* a des traits communs avec celui d'Amérique (voir p. 250).

CONSERVATION

Si autrefois sa population s'élevait à environ 50 millions d'individus, le bison d'Amérique a pratiquement disparu à l'état sauvage, surtout depuis l'arrivée des colons européens. Les efforts de protection ont permis d'augmenter ses effectifs, mais la plupart des bisons américains vivent en captivité ou proviennent de sujets captifs. Le parc national de Yellowstone aux États-Unis et celui de Wood Buffalo au Canada sont les seuls lieux où ils vivent encore à l'état sauvage.

EN MIGRATION
À l'époque où les troupeaux se déplaçaient librement, les bisons voyageaient sur des centaines de kilomètres. Aujourd'hui, sur une population totale de 200 000 individus, très peu d'animaux se déplacent librement, et seulement à l'intérieur des limites des parcs nationaux.

MANTEAU D'HIVER
Si les bisons sont associés aux plaines sèches et chaudes de l'Ouest américain, on les rencontre aussi dans les régions montagneuses aux températures extrêmes. En fait, les bisons s'adaptent à l'hiver où leur épais manteau et leur crinière les protègent de la glace et du froid.

QUI SERA LE PLUS FORT ?

Pendant le rut, les mâles combattent férocement pour posséder les femelles. Pour s'accoupler avec le taureau dominant, les femelles galopent autour des combattants et excitent la compétition entre les rivaux.

SILHOUETTE MASSIVE
La silhouette massive du bison est due, en partie, à son garrot très développé. Le pelage brun-noir du cou, de la tête, des épaules et des pattes antérieures est long et épais, plus court et clair sur le reste du corps. La grosse et lourde tête est placée sur un cou épais et court. Le front est large et le menton hirsute.

Bos gaurus

Gaur

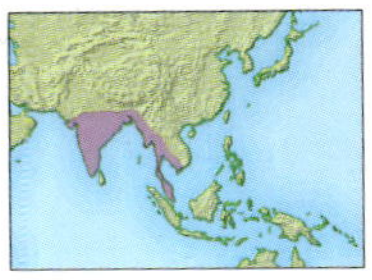

Longueur 2,50 – 3,30 m
Queue 70 – 100 cm
Poids 650 – 1 000 kg
Sociabilité Groupe
Statut VU Δ

Répartition S. à S.-E. Asie

Le gaur figure parmi les plus puissants des Bovidae. Sa tête est énorme et son corps massif au pelage teinté de marron, brun et noir avec des membres blanchâtres. Les cornes en S mesurent plus de 1 m. Les mâles en rut « mugissent », et ces appels, qui varient en sonorité, s'entendent à 1,5 km à la ronde. La structure sociale et l'alimentation sont semblables à celles des autres Bovidae sauvages.

Bison bonasus

Bison d'Europe

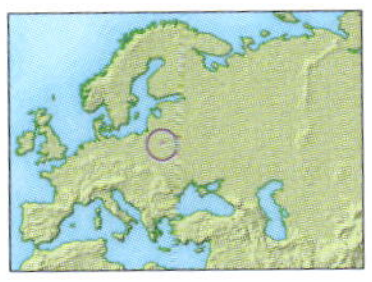

Longueur 2,10 – 3,40 m
Queue 30 – 60 cm
Poids 300 – 920 kg
Sociabilité Groupe
Statut EN

Répartition E. Europe

Certaines études génétiques suggèrent que le bison d'Europe serait de la même espèce que le bison américain (voir p. 248). Éteint à l'état sauvage, le bison d'Europe a été élevé en captivité et réintroduit dans les forêts de conifères de Bialowieja à la frontière polonaise et biélorusse, où il vivait jadis. Son pelage est plus clair et plus court que celui du bison américain, mais ses mœurs sont semblables. Les cornes, plus grandes chez le mâle, sont courtes et recourbées vers le haut. Ce bison se nourrit de feuilles, rameaux et écorce. Un seul petit naît après une gestation de deux cent soixante à deux cent soixante-dix jours. Il court au bout de trois heures.

Cephalophus natalensis

Céphalophe du Natal

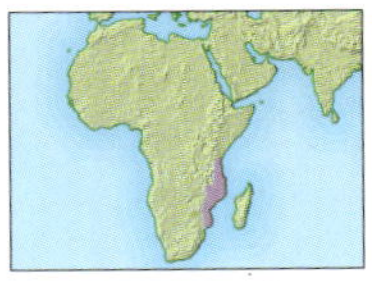

Longueur 70 – 100 cm
Queue 9 – 14 cm
Poids 13 kg
Sociabilité Couple
Statut LR

Répartition S.-E. Afrique

Le céphalophe du Natal est l'une des 18 espèces de céphalophe. Cette petite antilope au dos arqué a les pattes postérieures plus longues que les antérieures. Son pelage est orangé roux à marron foncé avec de longs poils sur le cou et une queue rousse à la base, terminée de noir et blanc. Elle vit surtout dans les bois et les forêts.

Sylvicapra grimmia

Céphalophe de Grimm

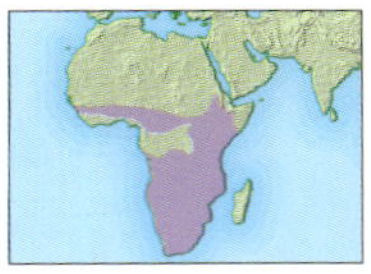

Longueur 0,70 – 1,20 m
Queue 7 – 19 cm
Poids 12 – 25 kg
Sociabilité Solitaire/couple
Statut Commun localement

Répartition O., C., E. et S. Afrique

Le céphalophe de Grimm a une touffe sur le front, de grandes oreilles et des cornes pointues de 11 cm environ chez le mâle. Son pelage est gris à jaune-roux, avec un ventre blanc et une bande sombre sur le nez. Peu exigeant quant à son habitat, il broute la nuit, et mange aussi de petits animaux et des charognes. Il vit seul ou en couple. Les mâles défendent leur territoire contre leurs rivaux.

Kobus ellipsiprymnus

Cobe à croissant

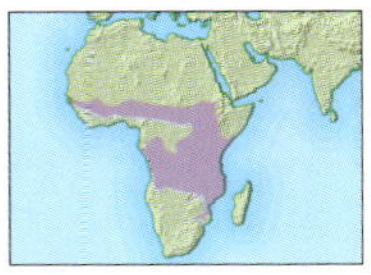

Longueur 1,30 – 2,40 m
Queue 10 – 45 cm
Poids 50 – 300 kg
Sociabilité Solitaire/groupe
Statut LR

Répartition O., C. et E. Afrique

Ce cobe figure parmi les grosses antilopes. Son pelage est épais, long et gras, et varie du gris au brun-roux. Il devient plus foncé en vieillissant. Il a des marques blanches sur la croupe, la gorge, le museau et les « sourcils ». Seul le mâle a des cornes qui atteignent 1 m de long. Son alimentation est constituée à 90 % d'herbe, et le reste de feuilles. Lorsqu'il est menacé, ce cobe se précipite dans l'eau. Il nage vite et s'y dissimule jusqu'aux narines. Les groupes de jeunes mâles, de 2 à 5 en général, ont une hiérarchie basée sur la parade, la longueur des cornes et les combats fréquents. Les mâles entre six et dix ans occupent des territoires. Les femelles sont solitaires ou forment des groupes d'une dizaine d'individus.

Kobus leche

Cobe Lechwe

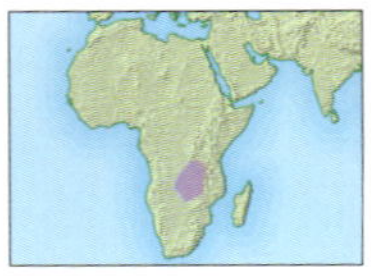

Longueur 1,30 – 2,40 m
Queue 10 – 45 cm
Poids 79 – 103 kg
Sociabilité Groupe
Statut LR

Répartition C. à S. Afrique

Le cobe Lechwe mange des herbes et des plantes aquatiques, suivant les saisons. Il vit à proximité de l'eau et dans les marais. Il nage bien, et forme de grandes troupes. La reproduction s'effectue suivant le système du cobe de Buffon (voir p. 251). Son pelage châtain à noir contraste avec son ventre blanc et ses pattes noires. Seul le mâle a des cornes.

MAMMIFÈRES

Kobus kob

Cobe de Buffon

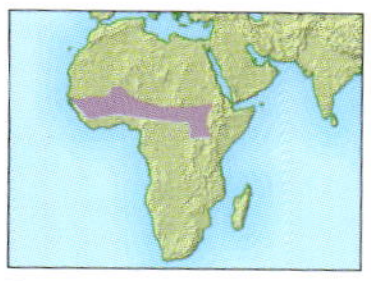

Longueur 1,30–2,40 m
Queue 10–45 cm
Poids 50–300 kg
Sociabilité Groupe
Statut LR

Répartition O. à E. Afrique

Ce cobe est une antilope gracieuse et robuste, au pelage châtain clair ou brun-noir, avec des marques blanches sur la face et la gorge. Le mâle a des cornes annelées en forme de lyre. Selon leur nombre, les mâles défendent de petits territoires concentrés sur une surface restreinte appelée «lek», ou «arène», dont le rayon varie entre 10 et 30 m. Le vainqueur se reproduit avec de nombreuses femelles.

Kobus vardonii

Puku

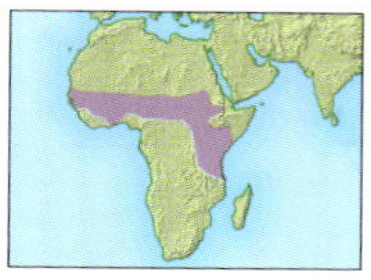

Longueur 1,30–1,80 m
Queue 18–30 cm
Poids 66–77 kg
Sociabilité Solitaire/groupe
Statut LR

Répartition O. à E. Afrique

Le mode de reproduction du puku ressemble à celui du cobe de Buffon (ci-contre). Son long pelage est jaune fauve, et les cornes mesurent environ 50 cm de long. Le puku broute le matin et le soir, et comme les autres antilopes des plaines, fuit rapidement au moindre danger.

Redunca redunca

Nagor

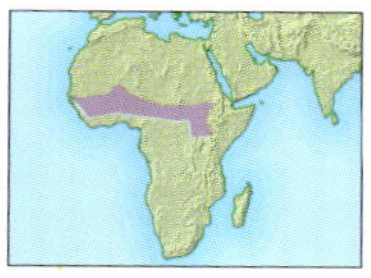

Longueur 1,10–1,60 m
Queue 15–45 cm
Poids 19–95 kg
Sociabilité Variable
Statut LR

Répartition O. à E. Afrique

Cette petite antilope des savanes a le ventre, la gorge et le tour des yeux blancs. Une curieuse tache grise sous l'oreille marque l'emplacement d'une glande odorante. Le nagor se nourrit d'herbes et de roseaux. De petits groupes, d'une femelle et son petit, ou de mâles à cornes, forment des troupeaux à la saison sèche.

Hippotragus equinus

Antilope rouanne

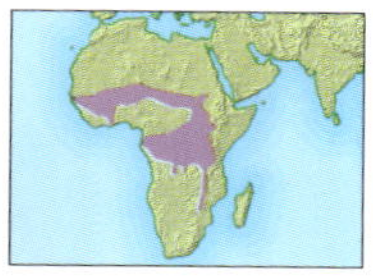

Longueur 1,90–2,70 m
Queue 37–76 cm
Poids 150–300 kg
Sociabilité Solitaire/groupe
Statut LR

Répartition O., C. et E. Afrique

L'antilope rouanne a un pelage qui varie du roux au brun, avec un ventre blanc et des marques noires et blanches sur la face. Le mâle et la femelle ont des cornes et une crinière. Ils vivent dans des régions pauvres en herbe et boivent deux à trois fois par jour. Les troupeaux sont formés de 12 à 15 femelles avec les petits et un mâle dominant, ou plusieurs jeunes mâles.

Hippotragus niger

Hippotrague noir

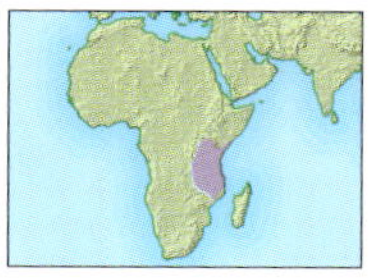

Longueur 1,90–2,70 m
Queue 37–76 cm
Poids 150–300 kg
Sociabilité Groupe
Statut LR

Répartition E. à S.-E. Afrique

Semblable à l'antilope rouanne (voir ci-dessus à droite), l'hippotrague noir se regroupe en troupeaux d'une centaine d'individus pendant la saison sèche. À la saison des pluies, les troupeaux se séparent en groupes de 2 à 12 mâles. Les mâles dominants occupent des territoires et se reproduisent avec les femelles. Les petits se regroupent au bout de quelques jours et ne rejoignent leur mère que pour la tétée.

PETIT HIPPOTRAGUE
La couleur du petit est semblable à celle de la femelle, châtain ou alezan. Il naît après deux cent quarante à deux cent quatre-vingts jours de gestation et reste d'abord à l'écart du troupeau.

MÂLE ADULTE
Les mâles sont noirs avec le même masque que les femelles : blanc marqué d'une bande centrale noire et de rayures sur les joues. Le mâle et la femelle ont de solides cornes annelées.

Oryx dammah

Oryx algazelle

Longueur 1,50–2,40 m
Queue 45–90 cm
Poids 100–210 kg
Sociabilité Groupe
Statut CR Δ

Répartition N. Afrique

Habitant des déserts, des plaines arides et des collines rocailleuses, l'oryx algazelle est capable de se passer d'eau pendant des semaines. Il ne transpire que lorsque la température de son corps dépasse 46 °C. Son poids est réparti sur de larges sabots adaptés au sable. Il mange une grande variété de plantes le matin et le soir, et les nuits de lune, et se repose à l'ombre dans la journée. Il se regroupe en troupeaux mixtes de 20 à 40 individus. Après deux cent vingt-deux à deux cent cinquante-trois jours de gestation, la mère quitte le troupeau pour mettre bas, mais revient au bout de quelques heures. Les jeunes sont sevrés vers quatorze semaines et se reproduisent à deux ans. Chassée, l'espèce a presque disparu. Elle existe encore dans une réserve au centre nord du Tchad. Certains individus ont été réintroduits en Tunisie en 1991.

Oryx gazella

Gemsbok

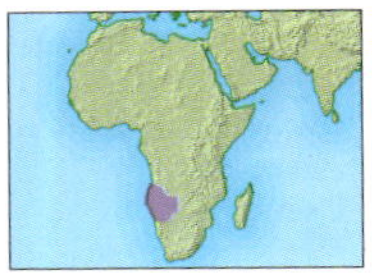

Longueur 1,60–2,40 m
Queue 45–90 cm
Poids 100–210 kg

Sociabilité Groupe

Statut LR

Répartition S.-O. Afrique

Le gemsbok occupe des régions désertiques. Son pelage est caractéristique et son organisme parfaitement adapté à la sécheresse. Si nécessaire, il ne boit pas pendant plusieurs semaines. Il se nourrit surtout d'herbes et de buissons bas, de concombres sauvages et autres plantes riches en eau. Les troupeaux nomades se composent d'une vingtaine de femelles, des petits, et de quelques mâles. Comme de nombreuses espèces du désert, le gemsbok se reproduit toute l'année suivant l'abondance de la nourriture. Un seul petit (rarement des jumeaux) naît au bout de deux cent soixante à trois cents jours de gestation. Il reste caché, à proximité du troupeau, et tête sa mère jusqu'à six mois.

PAIX À L'OMBRE

Les gemsboks s'accommodent de leur habitat chaud et sec en attendant la fraîcheur du crépuscule ou de la nuit pour brouter. Ils se rassemblent à l'ombre de 10 heures du matin à 2 heures de l'après-midi. Chez les autres espèces d'antilopes, cette promiscuité entraînerait des conflits. Pour survivre, les gemsboks font preuve d'une grande sociabilité.

NOIR, BLANC ET GRIS
Le gemsbok a le corps gris teinté de roux, contrastant avec le noir et blanc de sa face, ses oreilles, son ventre et ses pattes. Son gros museau et une large rangée d'incisives sont adaptés aux herbes dures.

Addax nasomaculatus

Addax

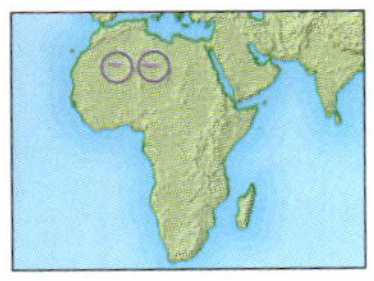

Longueur 1,50–1,70 m
Queue 25–35 cm
Poids 60–125 kg

Sociabilité Variable

Statut CR

Répartition N.-O. Afrique

Rare et furtif, l'addax a des habitudes semblables à celles du gemsbok (ci-contre) pour survivre dans le désert. Il vagabonde à la recherche de nourriture, suit les pluies et se repose à l'ombre. Autrefois plus nombreux, il vivait en troupeaux mixtes d'une vingtaine d'individus, conduits par un mâle plus âgé. Aujourd'hui, il est souvent solitaire. Son pelage est brun-gris en hiver, sable ou blanc en été, avec une touffe frontale marron ; il a des cornes spiralées (60 à 100 cm de long).

Damaliscus dorcas

Bontebok, blesbok

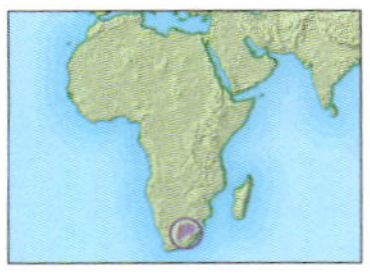

Longueur 1,20–2,10 m
Queue 10–60 cm
Poids 68–155 kg

Sociabilité Groupe

Statut VU

Répartition S. Afrique

Le blesbok porte sur le museau une bande blanche qui se rétrécit entre les yeux, puis entre ses cornes en forme de lyre et de 70 cm de long. Les mâles paradent, mais se battent rarement. Ils établissent un territoire pour dominer un troupeau de femelles. Le mâle rassemble le troupeau et dirige les déplacements. Les femelles mettent bas au bout de huit mois de gestation. Contrairement à la plupart des antilopes, elles ne s'isolent pas et ne cachent pas leur petit. Le nouveau-né marche au bout de cinq minutes et suit sa mère. Il est sevré vers six mois. Le bontebok a été presque exterminé à l'état sauvage dans les années 1830, mais quelques troupeaux survivent dans des réserves. Cette antilope est la plus rare d'Afrique du Sud.

Damaliscus lunatus

Topi

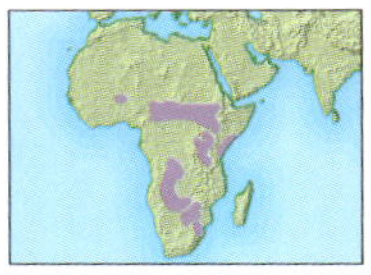

Longueur 1,20–2,10 m
Queue 10–60 cm
Poids 68–155 kg

Sociabilité Groupe

Statut LR

Répartition O., C., E. et S. Afrique

Le topi a une tête allongée et un dos incliné vers l'arrière. Son pelage brillant et brun-roux a des reflets violets sur la partie supérieure des membres. Ses cornes annelées sont en L. Le topi vit dans les prairies temporairement inondées. Son mode de reproduction varie selon les conditions : « arène » (voir cobe p. 251) lorsque les populations migrent, et territoire fixe avec un harem lorsqu'elles sont sédentaires.

Alcephalus buselaphus

Bubale, kongoni

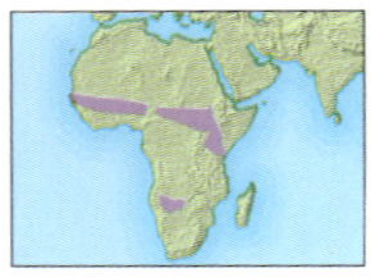

Longueur 1,50–2,50 m
Queue 30–70 cm
Poids 100–225 kg

Sociabilité Groupe

Statut LR

Répartition O., E. et S. Afrique

Proche en apparence du topi (ci-contre), le bubale porte des cornes annelées, spiralées, ou en forme de lyre. Sa couleur varie du châtain au gris-brun, avec des taches plus claires aux hanches et noires sur la tête, le museau, les épaules et les cuisses. Cette antilope vit en troupeaux organisés (jusqu'à 300 individus), dominés par des mâles possédant des territoires, constitués par des groupes de mâles sans territoire et de femelles avec leurs petits.

Connochaetes taurinus

Gnou à queue noire

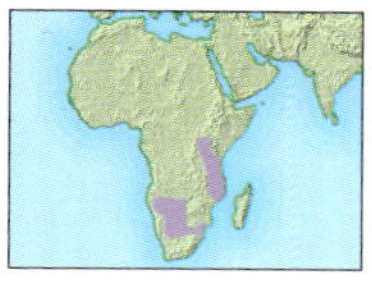

Longueur 1,50–2,40 m
Queue 35–56 cm
Poids 120–275 kg

Sociabilité Groupe

Statut LR

Répartition E. et S. Afrique

Le gnou à queue noire est reconnaissable à sa tête étroite, allongée, à ses cornes de vache et à ses hautes épaules. Un seul petit naît après huit à neuf mois de gestation. Il bêle comme un agneau et sa mère beugle comme une vache. Les mâles âgés de un à quatre ans se regroupent, puis, solitaires, cherchent à établir des territoires. Ils se menacent et luttent au moment du rut. Seuls les vainqueurs se reproduisent.

DANGERS DU VOYAGE

Si certains gnous sont plutôt sédentaires, la plupart forment de grands troupeaux qui migrent sur des centaines de kilomètres suivant les saisons. La route est parfois modifiée par les pluies et les ressources alimentaires. Lorsqu'ils traversent des rivières (ci-dessus), ils risquent de se faire attaquer par les crocodiles.

cornes de 80 cm de long chez le mâle

LONGUE CRINIÈRE *L'abondante crinière noire du gnou s'étend de la nuque aux épaules. Les crins retombent sur le front. Son pelage est gris argenté avec des reflets bruns. La queue est longue et noire.*

Raphicerus campestris

Steenbok

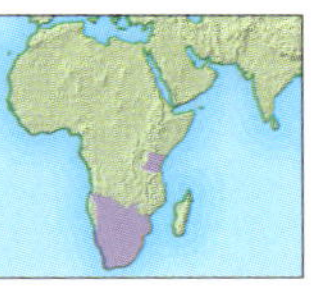

Longueur 61–95 cm
Queue 4–8 cm
Poids 7–16 kg

Sociabilité Solitaire/couple

Statut Commun localement

Répartition E. et S. Afrique

Le steenbok vit seul ou en couple (pendant la période de reproduction), sur un territoire délimité par des odeurs et des excréments. Il se nourrit de feuilles, de racines et de tubercules. Son pelage est fauve, teinté de gris argenté, un peu plus clair sur le ventre. L'œil est cerclé de blanc, l'oreille striée de noir, avec des taches sur le nez et entre les cornes (chez le mâle). Ses sabots latéraux sont très petits ou même absents.

Oreotragus oreotragus

Oréotrague

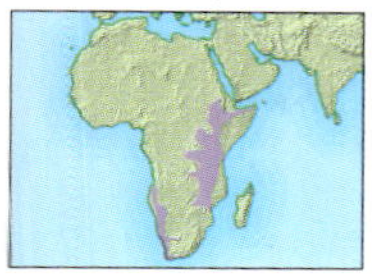

Longueur 0,80–1,20 m
Queue 5–13 cm
Poids 8–18 kg

Sociabilité Couple

Statut LR

Répartition E., C. et S. Afrique

Cette petite antilope au museau court et aux minuscules sabots bondit avec agilité dans les montagnes et les gorges. Sa queue est courte et touffue, son pelage d'un jaune olive brillant moucheté de jaune et de marron. Le mâle porte de petites cornes pointues. L'oréotrague se nourrit de plantes et vit en couple avec 1 ou 2 petits.

petits sabots

Ourebia ourebi

Ourébi

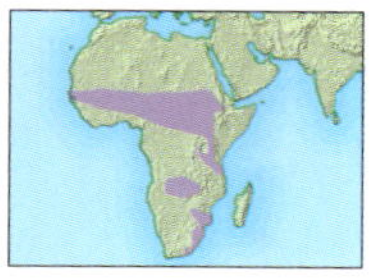

Longueur 0,90–1,40 m
Queue 6–15 cm
Poids 14–21 kg

Sociabilité Variable

Statut LR

Répartition O. à E. et S. Afrique

L'ourébi a un corps svelte, un long cou, un pelage fin et soyeux de couleur sable ou roux. Le ventre, le menton et la croupe sont blancs, et il y a des touffes de longs poils sur les genoux. Le mâle a deux petites cornes pointues et annelées. Son alimentation est composée d'herbes, de feuilles à la saison sèche. L'ourébi vit en couple ou en groupes de 7 ou 8 sujets, avec 2 ou 3 mâles. Le mâle peut aider à soigner le petit, qui est sevré à deux mois.

Madoqua kirkii

Dik-dik de Kirk

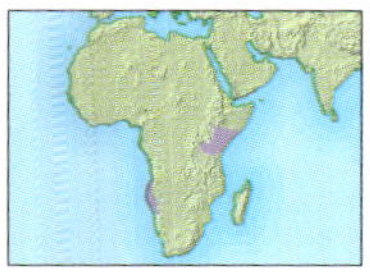

Longueur 52–72 cm
Queue 35–56 cm
Poids 3–7 kg

Sociabilité Couple

Statut Commun localement

Répartition E. et S.-O. Afrique

Les quatre espèces de dik-dik portent un nom qui évoque leur cri d'alarme. Le dik-dik de Kirk a un pelage soyeux, moucheté de gris et de brun, plus roux sur la tête, avec une crête sur le front. Les sabots sont adaptés aux rochers. Il mange toutes sortes de plantes et vit en couple avec un seul petit, né après 169 à 174 jours de gestation et qui reste caché pendant deux à trois semaines, tétant durant trois à quatre mois.

Antilope cervicapra

Antilope cervicapre

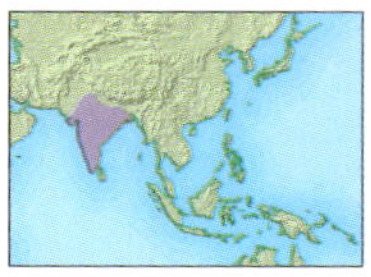

Longueur 1,20 m
Queue 18 cm
Poids 32–43 kg

Sociabilité Groupe

Statut VU

Répartition S. Asie

L'antilope cervicapre se nourrit d'herbe et de céréales. Les femelles ont le pelage roux à jaunâtre, et les mâles dominants deviennent noirs avec l'âge. Les autres mâles sont bruns. Le ventre, l'arrière-train, le museau et le tour des yeux sont blancs. Les cornes du mâle (jusqu'à 68 cm de long) sont annelées à la base, et ont jusqu'à cinq tours de spire.

Aepyceros melampus

Impala

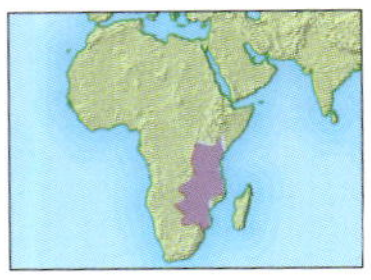

Longueur 1,10–1,50 m
Queue 25–40 cm
Poids 40–65 kg

Sociabilité Groupe

Statut LR

Répartition E. et S. Afrique

Les impalas sont de bruyantes antilopes. Les mâles émettent des rugissements sonores à l'époque du rut; les petits bêlent. Ils poussent tous des grognements en fuyant par bonds puissants. Les impalas se regroupent à la saison sèche. À l'époque du rut, les mâles célibataires combattent pour un territoire, et les femelles. Leur pelage est roux avec du noir sur les fesses et la queue.

Litocranius walleri

Gazelle-girafe, guérénouk

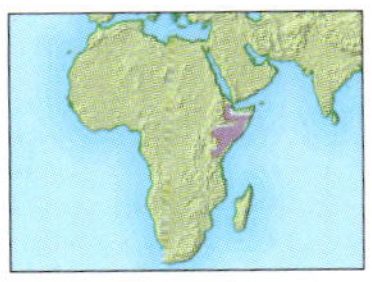

Longueur 1,40–1,60 m
Queue 22–35 cm
Poids 28–52 kg

Sociabilité Solitaire/groupe

Statut LR

Répartition E. Afrique

La gazelle-girafe, ou guérénouk, a un long cou mince. Sa colonne vertébrale est souple. Elle se dresse en équilibre sur les pattes postérieures et reste longtemps en position verticale pour atteindre la végétation à un niveau supérieur à celui auquel parviennent d'autres herbivores de même taille. Le cou, la tête et le museau sont étroits, adaptés à manger les acacias et autres buissons épineux. Une langue longue et pointue, des lèvres mobiles et des incisives aiguisées lui permettent d'arracher de toutes petites feuilles. Son pelage est roux, avec une bande plus foncée sur le dos et les flancs. Le ventre, le cou, le menton, les lèvres et le contour des yeux sont blancs. La queue est noire et touffue. Seul le mâle a des cornes de 35 cm de long, épaisses et recourbées. Le mâle et la femelle vivent en couple ou en petits groupes de 1 mâle et de 2 à 4 femelles avec les petits. Seul le mâle possédant un territoire se reproduit vers l'âge de trois ans. Les plus jeunes se regroupent, et parfois l'un d'eux reste à proximité d'un groupe de femelles.

Antidorcas marsupialis

Springbok

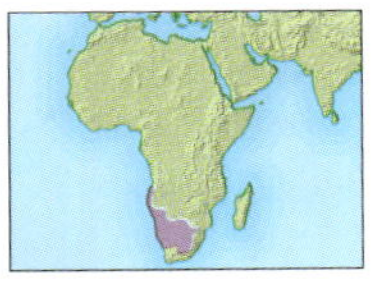

Longueur 1,20–1,40 m
Queue 15–30 cm
Poids 30–48 kg

Sociabilité Groupe

Statut LR

Répartition S. Afrique

Le springbok figure parmi les Bovidae qui bondissent pattes tendues plusieurs fois de suite. Ce comportement traduit souvent un état d'alerte, qui se communique au troupeau. Cette antilope « sauteuse » est un herbivore grégaire. Jadis, les troupeaux migraient par millions, aujourd'hui leur nombre se limite à 1 500 environ.

Gazella thomsoni

Gazelle de Thomson

Longueur 0,90–1,20 m
Queue 15–20 cm
Poids 15–30 kg

Sociabilité Groupe

Statut LR

Répartition E. Afrique

Cette petite gazelle est élégante et rapide comme le springbok (à droite), elle fait des sauts caractéristiques lorsqu'elle est menacée par de gros félins, hyènes, chacals et autres carnivores. Elle se rassemble parfois en troupeaux mixtes avec l'impala et d'autres espèces de gazelles. Elle broute de l'herbe et des feuilles. De petits groupes de 10 à 30 femelles avec les faons rejoignent des mâles célibataires, ou même des mâles solitaires, pour migrer suivant les saisons. Un seul petit naît après cent soixante à cent quatre-vingts jours de gestation. Plus foncé à la naissance, le pelage du nouveau-né s'éclaircit au bout d'une à deux semaines.

REPRODUCTION RAPIDE

La gazelle de Thomson est un des rares Bovidae capables de se reproduire deux fois par an. Le premier faon naît en janvier ou février après les pluies; le second en juillet. Le nouveau-né est vite sur pattes et se cache les premières semaines. Puis il suit le troupeau à trois ou quatre semaines. Il est sevré à quatre mois.

MARQUES DISTINCTIVES
Une bande noire sépare le pelage roux sable du dos et le ventre blanc. La tête rousse est marquée d'une bande plus foncée et de cercles blancs autour des yeux.

Saiga tatarica

Saïga

Longueur 1–1,40 m
Queue 6–12 cm
Poids 26–69 kg

Sociabilité Groupe

Statut VU

Répartition C. Asie

L'antilope saïga a un épais museau avec les deux narines orientées vers le bas, qui permettraient de contrôler la température du corps ou d'accentuer l'odorat. Son pelage épais et laineux est couleur chamois sur le dos, plus clair sur le ventre. La saïga vit dans les steppes arides et mange différentes plantes. De petits groupes se joignent à d'autres pour migrer en grands troupeaux. Seuls les mâles ont des cornes.

Oreamnos americanus

Chèvre de montagne

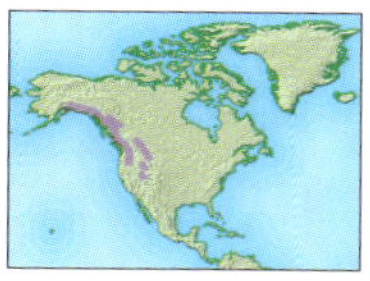

Longueur 1,20–1,60 m
Queue 10–20 cm
Poids 46–140 kg
Sociabilité Variable
Statut Commune localement

Répartition O. Canada, N. et O. États-Unis

Cette chèvre au pelage laineux vit dans la neige, les rochers et les glaciers. Ses sabots larges et pointus sont durs à l'extérieur ; l'intérieur plus mou agrippe les surfaces glissantes. Ses longs poils blanc jaunâtre sont épais, et un duvet serré conserve la chaleur du corps. Les cornes recourbées vers l'arrière mesurent 25 cm de long et sont plus épaisses chez les mâles. Ces chèvres se nourrissent d'herbe, de mousse, de lichen et de rameaux. Elles se regroupent par deux ou quatre en été, et en troupeaux plus importants en hiver.

Rupicapra rupicapra

Chamois

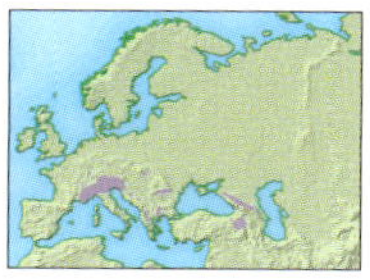

Longueur 0,90–1,30 m
Queue 3–4 cm
Poids 24–50 kg
Sociabilité Solitaire/groupe
Statut CR

Répartition Europe, O. Asie

Le chamois est un agile grimpeur. Il peut faire des bonds de 2 m de haut, de 6 m de long et atteint la vitesse de 50 km/h. L'intérieur de ses sabots est souple et lui assure une bonne prise dans les terrains accidentés et glissants. Le mâle et la femelle ont des cornes de 15-20 cm de long, dont les pointes sont recourbées vers l'arrière. Il se nourrit d'herbes et de fleurs des Alpes pendant l'été. En hiver, il descend dans les forêts et mange mousse, lichen et rameaux.

Capra ibex

Bouquetin

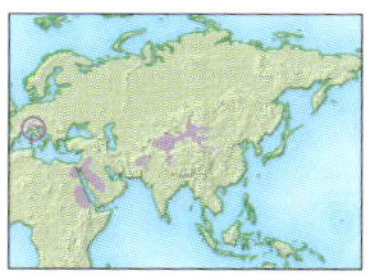

Longueur 1,20–1,70 m
Queue 10–20 cm
Poids 35–150 kg
Sociabilité Solitaire/groupe
Statut EN Δ

Répartition S. Europe, O. et S. Asie, N. Afrique

Le bouquetin vit au-dessus de la limite des arbres jusqu'à 6 700 m d'altitude en Asie. La femelle a un pelage roux en été, et le mâle brun foncé avec des taches blanchâtres sur le dos et l'arrière-train. Leur manteau d'hiver est plus épais et de couleurs variables. Au printemps, ils se déplacent vers les alpages, et descendent en automne. Les femelles et les petits forment des groupes stables de 10 à 20 individus ; les mâles se regroupent entre eux.

COMBAT DE CORNES

Comme beaucoup de chèvres sauvages et domestiques, le bouquetin se bat pour dominer le troupeau et les femelles. Les rivaux se dressent sur leurs pattes de derrière, puis se jettent en avant et entrechoquent leurs cornes avec force.

PUISSANCE DES CORNES
Le bouquetin a des cornes épaisses et recourbées de 70 cm à 1,40 m chez le mâle, et ne dépassent pas 20 cm chez la femelle.

Hemitragus jemlahicus

Tahr de l'Himalaya

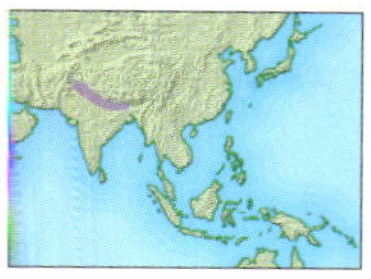

Longueur 0,90–1,40 m
Queue 9–12 cm
Poids 50–100 kg
Sociabilité Groupe
Statut VU

Répartition S. Asie

Très agile, le tahr a une crinière épaisse sur le cou et les épaules. Sa tête est relativement courte. Les cornes, aplaties sur les côtés, atteignent 40 cm chez les mâles et sont légèrement plus courtes chez les femelles. Comme beaucoup de mammifères de montagne, le tahr migre au printemps, jusqu'à 5 000 m. Il redescend vers 2 500 m en automne et les mâles rejoignent les troupeaux de 2 à 23 femelles à l'époque du rut. Les mâles combattent à coups de cornes et tentent de se déséquilibrer. Les petits naissent au mois de mai ou juin de l'année suivante.

Ovibos moschatus

Bœuf musqué

Longueur 1,90–2,30 m
Queue 9–10 cm
Poids 200–410 kg
Sociabilité Groupe
Statut Commun localement

Répartition N. Amérique du Nord, Groenland

Le bœuf musqué tient son nom de la forte odeur dégagée par les mâles en rut. Le mâle et la femelle ont de larges cornes, qui se rejoignent presque sur le front, descendent en boucle et remontent à la pointe. Le corps est massif ; le cou, les pattes et la queue sont courts. En été, le bœuf musqué broute dans les vallées. En hiver, il reste en altitude, là où le vent chasse la neige. Presque exterminé par l'homme, le bœuf musqué est aujourd'hui protégé.

DOUBLE ÉPAISSEUR
La couche externe de poils du bœuf musqué est marron foncé et touche presque le sol. Elle protège l'animal de la pluie et de la neige. L'isolation contre le froid est assurée par un duvet épais et doux.

CERCLE DÉFENSIF

Pour se protéger des loups ou des ours, les mâles et les femelles se mettent en cercle, tête à l'extérieur. Les petits sont ainsi protégés au milieu. Parfois, certains membres du troupeau chargent pour intimider l'ennemi.

Capra aegagrus

Chèvre sauvage

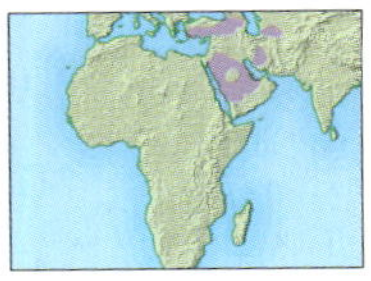

Répartition O. Asie

Longueur 1,20–1,60 m
Queue 15–20 cm
Poids 25–95 kg

Sociabilité Groupe

Statut VU

La chèvre sauvage, ou à bézoard, est sans doute la forme sauvage de la chèvre domestique. Elle vit dans les régions arides ou les pâturages jusqu'à 4 200 m d'altitude. La femelle est gris-roux ou brun-jaune ; le mâle adulte (ci-dessous jeune mâle) est barbu et gris argenté avec des marques noires. Le mâle et la femelle ont des cornes. Les mâles combattent pour dominer les célibataires et les femelles.

Capra falconeri

Markhor

Répartition C. et S. Asie

Longueur 1,40–1,80 m
Queue 8–14 cm
Poids 32–110 kg

Sociabilité Variable

Statut EN

Le markhor occupe différents habitats entre 700 et 4 000 m d'altitude. En été, il se nourrit d'herbes, de feuilles et de rameaux en hiver. Son pelage, court et gris-roux, devient long et gris plus foncé à la saison froide. Ses magnifiques cornes atteignent 1,60 m chez le mâle, 25 cm chez la femelle. Le markhor, recherché pour ses cornes, est menacé par la chasse.

Pseudois nayaur

Bharal

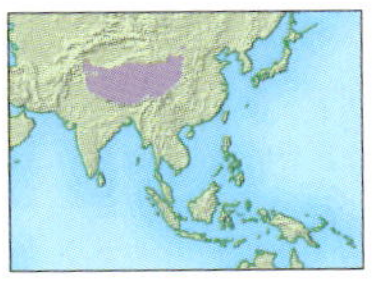

Répartition S. à E. Asie

Longueur 1,20–1,70 m
Queue 10–20 cm
Poids 25–80 kg

Sociabilité Groupe

Statut LR

Le bharal vit parmi les rochers à l'étage alpin, entre la limite des arbres et la neige entre 2 500 et 6 500 m d'altitude. Les mâles sont gris-brun teinté de bleu ardoise et de blanc sur le ventre et les sourcils, noirs sur les flancs et les pattes. Leurs cornes, lisses, de 80 cm sont orientées vers l'extérieur. Les femelles sont plus petites avec des cornes plus courtes et n'ont pas de marques noires. Les jeunes naissent entre mai et juillet.

Ammotragus lervia

Mouflon à manchettes

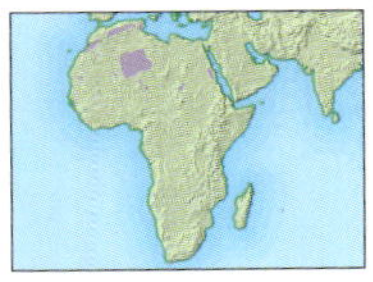

Répartition N. Afrique

Longueur 1,30–1,70 m
Queue 15–25 cm
Poids 40–145 kg

Sociabilité Solitaire/groupe

Statut VU

Le mouflon à manchettes a une crinière courte et dressée sur le cou et les épaules, très longue sur la gorge et les pattes antérieures. Les deux crinières et les cornes, qui atteignent 84 cm de long chez les mâles, n'en dépassent pas 40 chez les femelles. Ces moutons mangent une grande variété de plantes. Les mâles s'affrontent pour dominer et se reproduire. Les femelles ont de 1 à 3 petits par portée.

Ovis ammon

Argali

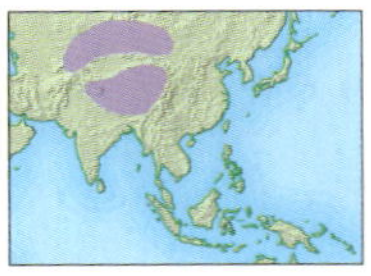

Répartition C., S. et E. Asie

Longueur 1,20–1,80 m
Queue 7–15 cm
Poids Jusqu'à 200 kg

Sociabilité Solitaire/groupe

Statut EN

Les mâles de l'argali ne se contentent pas de lutter tête contre tête, mais courent l'un à côté de l'autre et se bousculent. L'argali est le plus gros mouton sauvage. Ses cornes annelées et en tire-bouchon atteignent 1,50 m chez le mâle. Le pelage est brun clair avec les pattes et la croupe blanches. Comme les autres moutons sauvages, cet animal grégaire est menacé par la chasse et la perte de son habitat, envahi par le bétail domestique.

Ovis orientalis

Mouflon d'Asie

Répartition O. Asie

Longueur 1,10–1,30 m
Queue 7–12 cm
Poids 25–55 kg

Sociabilité Solitaire/groupe

Statut EN

Le plus petit mouton sauvage, et probablement l'ancêtre des espèces domestiques, ce mouflon vit sur les hauts plateaux et les plaines herbeuses. Son pelage est brun-roux avec une bande noire sur le dos, et une « selle » plus claire. La queue est courte, large et sombre, le ventre est clair. Les cornes du mâle atteignent 65 cm de long. Les femelles vivent en petits groupes avec leurs petits. Le mâle plutôt solitaire se bat pour dominer et conquérir les femelles, et son succès dépend de sa force. Il se reproduit en général vers six ou sept ans.

Ovis canadensis

Bighorn

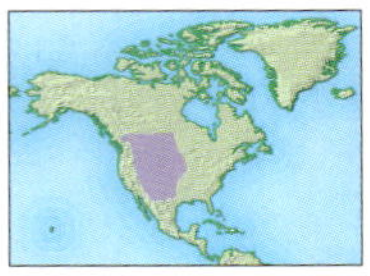

Répartition S.-O. Canada, O. et C. États-Unis, N. Mexique

Q. : Mouflon d'Amérique
Longueur 1,50–1,80 m
Queue 7–15 cm
Poids 55–125 kg

Sociabilité Solitaire/groupe

Statut LR

Le bighorn porte un manteau d'été brun de poils drus, sur un duvet gris en hiver. Avant le rut, les mâles paradent, s'éloignent l'un de l'autre, tournent, avancent par bonds, puis foncent tête baissée. Ce combat se poursuit parfois des heures jusqu'à la victoire d'un des rivaux. Après une gestation de cent cinquante à cent quatre-vingts jours naissent de 1 à 3 petits.

CORNES DE BIGHORN
Les cornes du mâle forment presque un cercle complet et pèsent jusqu'à 14 kg, parfois autant que le reste du squelette. Les cornes de la femelle sont plus petites et légèrement recourbées.

HORS D'ATTEINTE

Comme beaucoup de moutons sauvages, le bighorn se fie à son agilité pour grimper le long de parois presque verticales. Peu de prédateurs le suivent. Les petits apprennent à connaître les pistes saisonnières et les différents habitats.

LES MAMMIFÈRES MENACÉS

La liste ci-dessous comprend les mammifères classés « au bord de l'extinction » (CR) par l'UICN (voir p. 31). Des espèces gravement menacées figurent dans tous les groupes de mammifères. Les primates sont en tête de liste avec 40 espèces ou sous-espèces au bord de l'extinction. Les modifications de l'habitat menacent aussi des insectivores, chauves-souris, lagomorphes et rongeurs. Les cétacés, carnivores et ongulés sont encore menacés par la chasse. Si la liste des marsupiaux est relativement courte, beaucoup d'autres espèces du groupe ont déjà disparu, en particulier en Australie, où de petits mammifères ont été exterminés par l'introduction d'espèces agressives.

MARSUPIAUX

Gracilinanus aceramarcae
Lagorchestes hirsutus
Lasiorhinus krefftii
Marmosa andersoni
Marmosops handleyi
Perameles gunnii
Sminthopsis griseoventer

INSECTIVORES ET CHAUVES-SOURIS

Amblysomus julianae
Aproteles bulmerae
Biswamoyopterus biswasi
Chaerephon gallagheri
Chimarrogale hantu ;
C. sumatrana
Chlorotalpa tytonis
Chrysochloris visagiei
Coleura seychellensis
Congosorex polli
Crocidura ansellorum ;
C. caliginea ;
C. desperata ;
C. dhofarensis ;
C. eisentrauti ;
C. gracilipes ;
C. harenna ;
C. jenkinsi ;
C. macmillani ;
C. macowi ;
C. negrina ;
C. phaeura ;
C. picea ;
C. polia ;
C. raineyi ;
C. telfordi ;
C. ultima
Cryptochloris zyli
Euroscaptor parvidens
Hipposideros nequam
Hylomys parvus
Latidens salimalii
Mops niangarae
Microgale dryas
Murina tenebrosa
Myosorex rumpii ;
M. schalleri
Myotis cobanensis ;
M. planiceps
Nyctimene rabori
Otomops wroughtoni
Paracoelops megalotis
Paracrocidura graueri
Pharotis imogene
Pipistrellus anthonyi ;
P. joffrei
Pteralopex acrodonta ;
P. anceps ;
P. atrata ;
P. pulchra
Pteropus insularis ;
P. livingstonei ;
P. molossinus ; P. phaeocephalus ;
P. pselaphon ;
P. rodricensis ;
P. voeltzkowi
Rhinolophus convexus
Scotophilus borbonicus
Sorex cansulus ;
S. kozlovi
Soriculus salenskii
Suncus ater ;
S. mertensi ;
S. remyi
Talpa streeti
Taphozous troughtoni

PRIMATES

Alouatta belzebul ;
A. coibensis ;
A. guariba
Ateles geoffroyi
Brachyteles arachnoides ;
B. hypoxanthus
Callicebus barbarabrownae ;
C. coimbrai
Cebus albifrons ;
C. apella ;
C. xanthosternos
Cercocebus atys ;
C. galeritus ;
Cercopithecus diana ;
C. nictitans
Eulemur fulvus ;
E. macaco
Gorilla beringei ;
G. gorilla
Hapalemur aureus ;
H. griseus ;
H. simus
Hylobates lar ;
H. moloch
Leontopithecus caissara ;
L. chrysopygus ;
L. rosalia
Macaca pagensis
Nomascus concolor ;
N. concolor
Oreonax flavicauda
Pongo abelii
Procolobus badius ;
P. pennantii ;
P. rufomitratus
Propithecus diadema ;
P. tattersalli ;
P. verreauxi
Rhinopithecus avunculus
Saimiri oerstedii
Trachypithecus delacouri ;
T. poliocephalus
Varecia variegata

LAGOMORPHES ET RONGEURS

Acomys cilicicus
Allactaga firouzi
Chinchilla brevicaudata
Chrotomys gonzalesi
Crateromys paulus
Crunomys fallax
Dendromus vernayi
Dicrostonyx vinogradovi
Dipodomys heermanni ;
D. ingens ;
D. insularis ;
D. margaritae ;
D. nitratoides
Eliurus penicillatus
Gerbillus bilensis ;
G. burtoni ;
G. cosensis ;
G. dalloni ;
G. floweri ;
G. grobbeni ;
G. hoogstraali ;
G. lowei ;
G. mauritaniae ;
G. occiduus ;
G. principulus ;
G. quadrimaculatus ;
G. syrticus
Heteromys nelsoni
Hylopetes winstoni
Isolobodon portoricensis
Leimacomys buettneri
Leptomys elegans ;
L. signatus
Macrotarsomys ingens
Macruromys elegans
Makalata occasius
Mallomys gunung
Melomys rubicola
Meriones chengi
Mesocapromys angelcabrerai ;
M. auritus ;
M. nanus ;
M. sanfelipensis
Microtus evoronensis ;
M. mujanensis
Mus kasaicus
Mysateles garridoi
Neotoma fuscipes
Nectomys parvipes
Nesolagus netscheri
Ochotona helanshanensis ;
O. pallasi ;
O. thibetana
Orthogeomys cuniculus
Oryzomys galapagoensis ;
O. gorgasi
Pappogeomys neglectus
Perognathus alticola ;
P. longimembris
Peromyscus polionotus ;
P. pseudocrinitus ;
P. slevini
Pogonomelomys bruijni
Potorous gilbertii
Pseudohydromys murinus
Pseudomys fieldi ;
P. glaucus
Rattus enganus ;
R. montanus
Rhagomys rufescens
Sicista armenica
Sigmodontomys aphrastus
Spermophilus brunneus
Sylvilagus insonus
Tamias minimus ;
T. umbrinus
Tamiasciurus hudsonicus
Thomomys mazama
Tokudaia muenninki
Tylomys bullaris ;
T. tumbalensis
Typhlomys chapensis
Zyzomys palatilis ;
Z. pedunculatus

CÉTACÉS

Balaena mysticetus
Cephalorhynchus hectori
Eschrichtius robustus
Lipotes vexillifer
Orcaella brevirostris
Phocoena sinus

CARNIVORES

Acinonyx jubatus ;
C. simensis
Panthera leo ;
P. pardus ;
P. tigris
Puma concolor
Ursus thibetanus
Viverra civettina

PHOQUES ET OTARIES

Monachus monachus

MAMMIFÈRES ONGULÉS

Addax nasomaculatus
Antilocapra americana
Bos sauveli
Bubalus mindorensis
Capra aegagrus ;
C. falconeri ;
C. walie
Ceratotherium simum
Cervus duvaucelii ;
C. eldii ;
C. nippon
Damaliscus hunteri
Dicerorhinus sumatrensis
Diceros bicornis
Elaphurus davidianus
Equus africanus
Gazella gazella
Hexaprotodon liberiensis
Hippotragus niger
Ovis ammon ;
O. canadensis
Procapra przewalskii
Rhinoceros sondaicus
Rupicapra rupicapra
Sus cebifrons ;
S. salvanius

PANTHÈRE DES NEIGES
Pourchassée pour sa fourrure et ses attaques contre le bétail, l'once, ou panthère des neiges, est en voie de disparition. Son habitat retiré dans les montagnes d'Asie centrale rend l'estimation de sa population difficile.

LES OISEAUX

LES OISEAUX

PHYLUM	Cordés
CLASSE	Oiseaux
ORDRES	29
FAMILLES	Env. 180
ESPÈCES	Env. 9 000

LES OISEAUX, les plus accomplis de tous les animaux volants, se sont répandus partout dans le monde, souvent en des lieux très reculés, les îles lointaines ou même l'Antarctique, que bien d'autres animaux ont été incapables d'atteindre. Ce sont des vertébrés endothermes (à sang chaud), tout comme les mammifères. Mais, à l'inverse de ces derniers, ils se reproduisent en pondant des œufs. Les oiseaux ont un organisme adapté au vol : ils ont des ailes, des plumes, un squelette léger mais robuste et un système respiratoire très efficace.

DÉCOLLAGE
Leurs ailes puissantes, leur vision aiguë, leur bec acéré et leurs serres placent les rapaces diurnes (ici un aigle de Bonelli) au premier rang des prédateurs.

L'ÉVOLUTION

Les oiseaux descendent d'ancêtres reptiliens, peut-être de dinosaures arboricoles qui se nourrissaient d'insectes. Ce mode de vie a pu favoriser le développement de grands yeux, de pieds préhensiles et de museau ayant pu évoluer en bec ; peut-être est-il issu du passage au sang chaud – un avantage pour les animaux qui mangent des insectes, inactifs et se mouvant lentement par temps froid. Les plumes, dérivées des écailles des reptiles, ont probablement évolué pour produire l'isolation thermique, mais il n'est pas douteux qu'elles aient très vite servi à voler.

Le plus ancien oiseau fossile, connu sous le nom d'*Archaeopteryx lithographica*, vivait au jurassique (205-135 millions d'années) et date d'environ 150 millions d'années. Il avait la taille d'un corbeau et présentait des ailes et des plumes comme un oiseau, mais un museau plutôt qu'un bec et des mâchoires de reptile. On ne saurait dire si *Archaeopteryx* volait ou s'il planait seulement, car son sternum ne montre pas de bréchet, partie sur laquelle s'attachent les muscles alaires.

Au crétacé (135-65 millions d'années), les oiseaux se diversifièrent, et leur anatomie évolua en faveur du vol. C'est à cette période qu'apparurent les ancêtres des oiseaux actuels. À partir de la fin du crétacé, les dinosaures disparurent en masse. On ne sait pourquoi les oiseaux survécurent. Mais dès ce moment et jusqu'à nos jours, les oiseaux ont constitué un groupe florissant et d'une grande diversité de formes.

ARCHÉOPTÉRYX FOSSILE
Archaeopteryx lithographica *est peut-être le lien entre les reptiles et les oiseaux : les mâchoires, le museau et la queue (supportée par des vertèbres) sont d'un reptile, les ailes et les plumes sont d'un oiseau.*

L'ANATOMIE

Un oiseau a plusieurs adaptations au vol : un corps assez court, robuste et compact, pourvu de muscles puissants pour mouvoir les ailes ; de fortes pattes pour s'élancer dans l'air et amortir l'impact de l'atterrissage ; des plumes formant une surface de vol (voir encadré ci-dessous et p. 262), qui protègent et isolent. Le squelette d'un oiseau allie une remarquable légèreté à la résistance, qualités essentielles pour un vol puissant.

Pour réduire le poids de l'oiseau, certains os sont de très petite taille et nombre d'autres sont soudés, formant un cadre rigide, sans qu'il soit besoin de gros muscles

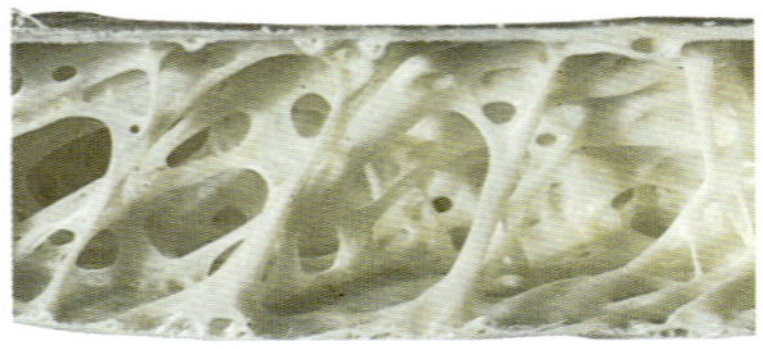

COUPE D'UN OS
Chez l'oiseau, de nombreux os sont creux, y compris les plus gros, ainsi que des parties du crâne et du bassin, ce qui réduit le poids et économise l'énergie en vol. Les os sont renforcés par des traverses entrecroisées.

LES PLUMES

Les plumes sont des structures très complexes que seuls possèdent les oiseaux. Elles sont formées de kératine, substance présente dans les poils des mammifères et les écailles des reptiles. Les plumes sont sujettes à une usure considérable. Pour les garder en bon état, les oiseaux les entretiennent régulièrement : ils les nettoient, les lubrifient et les lissent à l'aide de leur bec, les grattent, les baignent et les sèchent au soleil. Les plumes tombent lors de la mue et sont remplacées chaque année. Les oiseaux qui volent ont quatre types de plumes, chacun servant à des fonctions différentes : deux types pour voler (les rémiges et les rectrices), le duvet et les plumes de contour.

RÉMIGES
Les grandes plumes des ailes sont rigides. Leur forme bien définie permet le vol et les manœuvres. À l'inverse des plumes de la queue (rectrices), souvent symétriques, les rémiges ont des formes inégales.

TYPES DE PLUMES
Le duvet forme une sous-couche isolante, les petites plumes de contour dessinant la forme aérodynamique du corps. Les longues plumes de la queue servent au vol et de gouvernail.

DUVET

PLUME DE CONTOUR

RECTRICE

STRUCTURE D'UNE PLUME
La structure d'une plume est très complexe. La plupart ont un axe central (tuyau et rachis), portant des branches très serrées (barbes) qui forment deux surfaces plates (vexilles). Des ramifications (barbules) tiennent les barbes entrelacées.

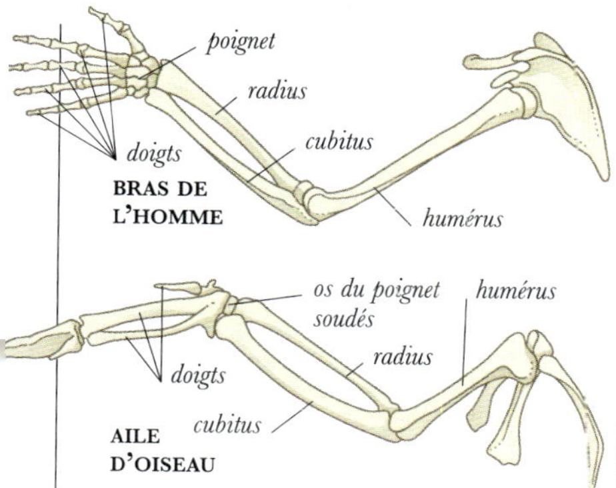

OS DU BRAS ET DE L'AILE
Comparée au bras de l'homme, l'aile d'un oiseau montre une très forte réduction du nombre des os, en particulier ceux du poignet et de la main.

ni de ligaments pour maintenir les os entre eux. La majeure partie des os est aussi creuse, sans moelle. Pour compenser cette légèreté, ils sont renforcés par un réseau de supports internes aux points de tension, ce qui leur assure une grande robustesse. Plusieurs os, humérus inclus, contiennent des sacs aériens reliés aux bronches.

L'aile d'un oiseau correspond au bras de l'homme, bien que les oiseaux aient relativement peu de doigts et que certains os de la «main» soient soudés, ce qui contribue à la rigidité générale de la structure. De même, les articulations du «coude» et du «poignet» ne sont pas flexibles dans le plan vertical. Ainsi, en vol, les ailes sont droites et les battements ne partent que de l'épaule, d'où une rigidité et un gain d'énergie, par élimination des mouvements superflus.

Les puissants muscles des ailes sont attachés à un bréchet, une grande carène qui s'étend à angle droit sous le sternum.

Autre particularité des oiseaux : leur bec, léger et relativement flexible. Ouvertes, les mâchoires supérieure et inférieure (ou mandibules) sont mobiles et peuvent rester béantes (chez les mammifères, seule la mâchoire inférieure est mobile). L'extérieur du bec est recouvert de kératine, légère et résistante, qui donne une grande variété de formes, toujours adaptées au mode de nutrition de l'oiseau et nous permettent de savoir ce qu'il mange. Par exemple, les bouvreuils ont un bec puissant et conique pour casser les graines, alors que les hérons l'ont pointu comme une dague pour saisir les poissons. Les oiseaux insectivores, comme les fauvettes, ont un petit bec fin, alors que les carnivores, comme les faucons, l'ont étroit et crochu pour dépecer les proies.

Les oiseaux ont de 2 à 4 doigts de pied, de dispositions et formes variées selon leur mode de vie. La plupart ont 4 doigts, 3 vers l'avant et 1 vers l'arrière, une bonne disposition pour se percher (voir p. 336). Beaucoup d'oiseaux aquatiques ont des doigts palmés. Comme les hommes, les oiseaux se fient d'abord à leur vue, puis à leur ouïe. Beaucoup ont une acuité visuelle exceptionnelle, en particulier les hiboux et les rapaces diurnes. L'odorat est peu développé (parfois jamais) en raison de la rapidité de leurs déplacements dans l'air.

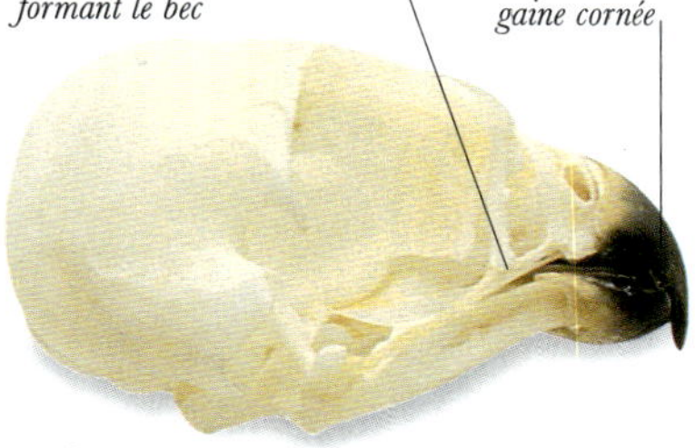

CRÂNE
Le crâne d'un oiseau est très léger et beaucoup d'os sont soudés. Le bec comporte deux mandibules, inférieure et supérieure, avec une gaine cornée très variable.

LE SYSTÈME DIGESTIF

Sans dents, les oiseaux doivent broyer leur nourriture, dans l'estomac, à l'entrée du tube digestif. Le gésier, partie postérieure de l'estomac, la réduit en morceaux ; du sable ou des cailloux ingérés facilitent son action ; la partie antérieure (estomac glandulaire) sécrète des sucs gastriques. Les aliments sont souvent stockés dans l'œsophage pour une assimilation ultérieure. Chez certains oiseaux, l'œsophage s'élargit en un jabot, près de sa base, réservoir supplémentaire en forme de sac où la nourriture est rapidement transférée : les oiseaux exposés aux prédateurs au moment où ils se nourrissent peuvent ingérer de grandes quantités en peu de temps et digérer à l'abri.

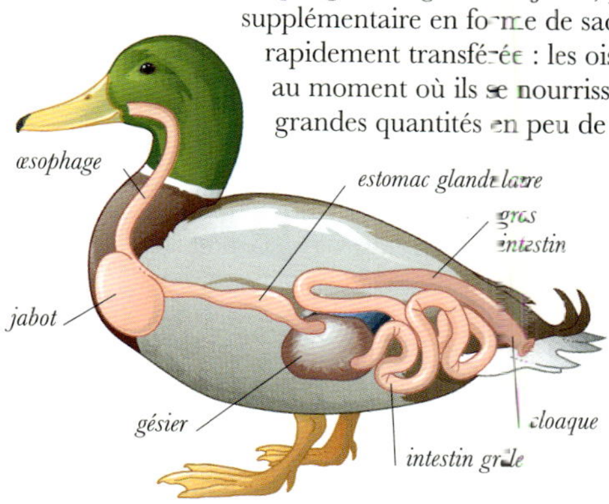

NOURRITURE ET STOCKAGE
Le système digestif de l'oiseau est adapté à son style de vie dynamique. La nourriture, ingérée sans être mastiquée, peut être conservée dans l'œsophage ou le jabot. Ainsi, l'animal mange vite et va digérer à l'abri.

RÉGURGITATION
Les pigeons adultes (ici, une tourterelle des bois) produisent dans leur jabot une substance laiteuse qu'ils régurgitent pour nourrir leurs petits.

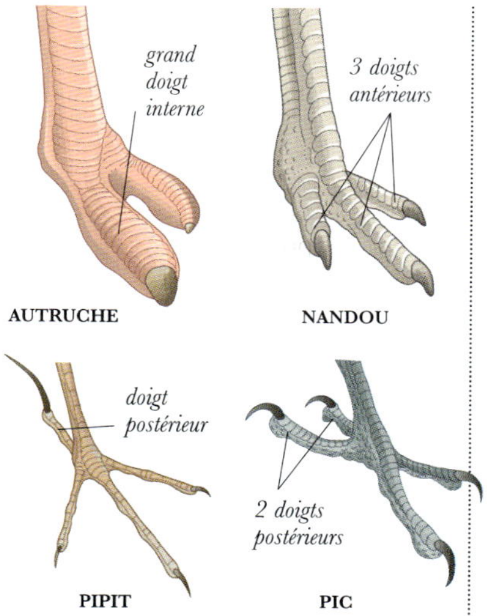

PATTES ET DOIGTS
Autruches et nandous (qui courent vite) ont moins de doigts que la plupart des oiseaux. Les pipits ont un pied apte au perchage, typique des passereaux : 3 doigts vers l'avant, 1 vers l'arrière. La position des doigts d'un pic lui permet de grimper aisément.

LA RESPIRATION ET LA CIRCULATION

Les oiseaux sont des animaux actifs, au métabolisme élevé. Leur système respiratoire efficace extrait de l'air de grandes quantités d'oxygène, que leur système circulatoire diffuse rapidement dans l'organisme. Cette efficacité est nécessaire à l'oiseau pour demeurer actif à haute altitude, où l'oxygène est moins abondant. Bien que les poumons soient petits, ils sont reliés à des sacs aériens, qui contribuent à les remplir et les vider. Chez les mammifères, l'air entre et sort alternativement ; chez l'oiseau, l'air traverse les poumons de façon continue. Outre cet apport ininterrompu, l'oiseau a un cœur de grande dimension, qui bat assez rapidement.

Pour rester actifs, les oiseaux doivent contrôler leurs déperditions de chaleur afin de maintenir leur température à 40 °C environ (voir ci-dessous). Chez certaines espèces, quand l'énergie ne suffit pas pour maintenir le métabolisme, la température interne s'abaisse, et l'oiseau entre en état de torpeur. C'est le cas de certains colibris montagnards, qui sont engourdis pendant la nuit. D'autres encore, tels certains martinets ou engoulevents, peuvent passer des jours ou des semaines dans cet état.

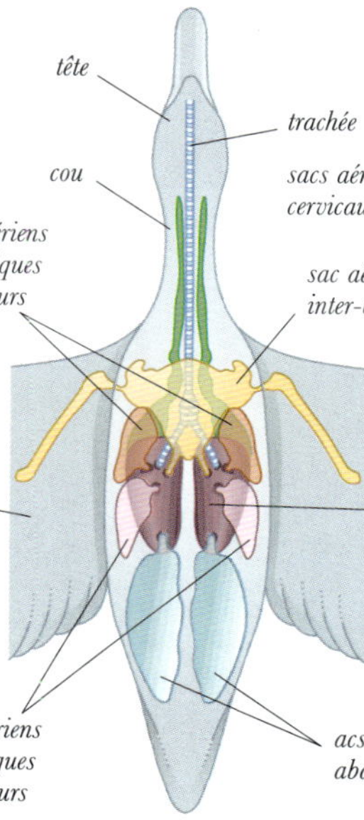

LES SACS AÉRIENS
Les poumons d'un oiseau ne sont qu'une partie de son système respiratoire : celui-ci comprend également des sacs aériensqui leur sont reliés ; ils ont des parois fines, non musculeuses et jouent un rôle semblable au diaphragme humain. Le corps contient 9 sacs, 8 allant par paires.

CONSERVER LA CHALEUR
Pour éviter de perdre la chaleur du corps, cette grive retient un volume d'air isolant entre sa peau et ses plumes externes, en ébouriffant celles-ci. Plus elle retient de l'air, moins elle perd de chaleur.

UN VOILIER RAPIDE
L'ara ararauna déploie en vol son magnifique plumage et sa longue queue élégante. Ses ailes relativement étroites et effilées lui permettent de voler remarquablement vite, malgré sa grande taille.

LE VOL

Les oiseaux ne sont pas les seuls animaux capables de voler (les chauves-souris et les insectes le peuvent aussi), mais c'est parmi eux que l'on trouve les plus nombreux et les plus puissants voiliers.

Les ailes de l'oiseau lui permettent de « décoller » aussi bien qu'un avion. À mesure que l'oiseau s'éloigne du sol, l'air se déplace plus vite sur la surface supérieure des ailes que sur leur surface inférieure, déterminant une différence de pression entre elles. L'écoulement d'air le plus lent exerçant la plus forte pression, la force résultante est dirigée vers le haut et sa puissance (appelée poussée) augmente avec la taille de l'aile et la vitesse qui en résulte (voir ci-dessous).

Il y a deux grands types de vols : le vol battu et le vol plané. Les battements ne font pas directement monter l'oiseau ; ils créent plutôt un mouvement horizontal qui augmente l'écoulement de l'air sur la surface de l'aile, et l'oiseau décolle. C'est pour cela que la plupart des oiseaux battent des ailes pour prendre leur essor. Lorsqu'ils planent, les oiseaux se placent face au vent et déploient leurs ailes. Un oiseau qui plane consomme peu d'énergie, mais perd puissance et vitesse, donc de la hauteur, et il « décroche » (sauf s'il suit un courant ascendant). Les oiseaux présentent une grande variété de formes d'ailes, selon leur façon de voler et leur mode de vie. Ceux qui s'envolent rapidement, d'un brusque élan, pour échapper aux prédateurs, ont de larges ailes arrondies, propices à l'accélération requise. Les espèces qui volent au long cours doivent économiser leur énergie et ont des ailes longues. Les oiseaux au vol puissant et rapide, comme les martinets et les faucons, ont des ailes longues, à pointe effilée pour réduire la résistance de l'air. La forme de la queue est aussi importante. Les oiseaux qui changent brusquement de direction, comme les hirondelles, ont souvent une queue fourchue. Bien que la plupart des oiseaux puissent voler, certains en sont incapables ; c'est le cas de l'autruche, des nandous, des casoars, des kiwis, des émeus et des manchots. On pense que ces oiseaux ont évolué depuis des ancêtres qui volaient, car ils présentent encore de nombreuses adaptations au vol : os creux et ailes (très atrophiées). Cette incapacité à voler semble avoir diverses origines. Pour certains oiseaux ayant eu peu de prédateurs, voler n'a pas été nécessaire ; c'est le cas de nombreux oiseaux d'îles isolées, tels le weka et le takahé de Nouvelle-Zélande (proches parents des grues). D'autres fois, cela peut avoir découlé de situations où la taille et le poids à terre étaient plus importants pour la survie que le vol. Ainsi l'autruche, qui court très vite, usant de ses ailes comme balancier ; ses longues pattes peuvent aussi porter des coups violents à ses prédateurs. Chez les manchots, les ailes sont devenues des nageoires qui les propulsent dans l'eau.

MANŒUVRE AÉRIENNE
Les frégates, à la silhouette très reconnaissable, s'élèvent et planent au-dessus de la haute mer, à la recherche de nourriture. Leurs ailes étroites et anguleuses leur permettent de voler très vite et avec agilité. Leur longue queue caractéristique les aide à se diriger.

LE VOL BATTU
À gauche de cette séquence, quand l'oiseau commence à relever les ailes, celles-ci ont l'extrémité proche du corps. Dans la phase d'abaissement, qui propulse l'oiseau, elles sont d'abord étendues.

LA REPRODUCTION

La plupart des oiseaux sont monogames et vivent en couples. En général, le mâle séduit une femelle par une parade visuelle. Certains en exécutent de spectaculaires (cas des plumes des paons ou des oiseaux de paradis) ; dansent (par exemple, chez les grues, voir ci-dessous) ; ou encore font des vols acrobatiques, par exemple les piqués et les plongeons des aigles. Beaucoup attirent l'attention par leur chant. Celui-ci, unique pour chaque espèce, sert à repousser les rivaux, à établir un territoire de reproduction et aussi à séduire une partenaire. Tous les oiseaux se reproduisent en pondant des œufs et se donnent beaucoup de mal pour assurer la survie de leur couvée. Ainsi, beaucoup placent leur œuf (ou œufs) dans un nid spécialement construit, caché ou mis hors de portée des prédateurs. Les œufs

COMMENT VOLENT LES OISEAUX

Les oiseaux ont un large sternum caréné qui sert de point d'attache à des muscles puissants. Quand ceux-ci se contractent, ils provoquent l'abaissement des ailes, qui assure la propulsion. Les plumes (voir p. 260) jouent un rôle essentiel pour le vol : les rémiges et les rectrices servent à la sustentation, tandis que les plumes de contour assurent l'aérodynamisme du corps en vol. Chez la plupart des oiseaux, le vol est battu ou plané. Certains peuvent voler sur place. Les colibris parviennent même à voler à reculons.

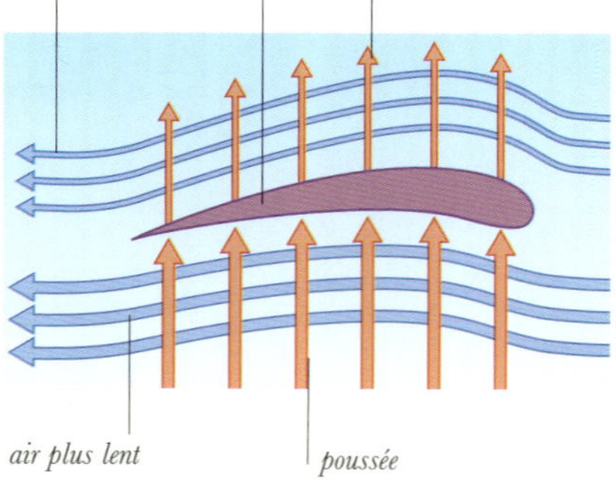

AÉRODYNAMISME DE L'AILE
La surface supérieure de l'aile d'un oiseau est convexe. L'air s'écoulant dessus doit donc parcourir une distance légèrement supérieure, et à une vitesse plus élevée que l'air circulant sur la surface inférieure concave. L'air, passant lentement sous les ailes, exerce une pression plus forte et produit une force verticale, dite sustentatrice.

DANSE NUPTIALE
Un couple de grues de Mandchourie danse au début de la période de reproduction. Elles courbent ou relèvent leur tête et bondissent sur place.

LES ŒUFS ET LE NID

Beaucoup d'oiseaux pondent directement leurs œufs à même le sol ou autre surface, mais la plupart construisent pour les y déposer une structure appelée nid, qui garantit sécurité et isolation. et constitue un point fixe pour les adultes, qui les couvent et élèvent les petits. Le choix d'un emplacement adéquat pour le nid – cachette inaccessible aux prédateurs – est très important. Le nid est fait de matériaux variés : souvent végétaux, mais aussi poils d'animaux, plumes et même peau de serpent (après la mue) ou objets produits par l'homme.

NID PROTECTEUR
Le type de nid le plus courant est en coupe ouverte. La plupart des nids sont faits de matériaux divers : ce nid de pinson des arbres est en mousse, lichen, herbe et plumes, liés par de la toile d'araignée.

TROGON À TÊTE NOIRE

GOLONEK BOUBOU

COSSYPHE DU NATAL

BOUSCARLE DE CETTI

COURTAILE BLEUE

COULEUR DES ŒUFS
Les œufs sont de couleurs très diverses. Cependant, toutes les coquilles sont le produit de deux pigments : l'un dérivé de l'hémoglobine, l'autre de la bile. Ils sont ajoutés à mesure que l'œuf descend dans l'oviducte.

sont couvés par un ou plusieurs adultes et le plus souvent par la femelle. Le nombre d'œufs pondus varie beaucoup selon les espèces, certains oiseaux ayant plusieurs couvées par an.

L'œuf est contenu dans une coquille, légère mais robuste, qui protège l'embryon et sert de barrière contre les bactéries. La coquille est faite de carbonate de calcium, que la femelle absorbe dans sa nourriture. Bien qu'elle semble compacte, la coquille est poreuse et permet les échanges d'oxygène et de gaz carbonique. À l'intérieur, l'embryon est nourri par un stock de matière nutritive, qui permet sa croissance. Malgré cela, les petits sont souvent développés à l'éclosion : chez de nombreuses espèces, ils sont aveugles et sans plumes. Incapables de pourvoir à leur régulation thermique, ils doivent être réchauffés. Ces oisillons dépendants sont appelés nidicoles et ils doivent entièrement leur survie à leurs parents, pour la nourriture et la chaleur. Par contre, les jeunes de certains groupes, comme les palmipèdes et les gallinacés, éclosent couverts de duvet et peuvent se nourrir par eux-mêmes, quelques heures à peine après leur venue au monde.

OISILLONS DE MÉSANGE BLEUE

ÉCLOSION D'UN CANETON

LES PREMIERS JOURS DE LA VIE
La plupart des jeunes, passereaux compris (comme la mésange bleue), dépendent des adultes pour la nourriture et la chaleur, et éclosent dans des nids bien protégés. Les jeunes palmipèdes, plus indépendants, marchent et se nourrissent au bout de quelques heures.

LA SOCIABILITÉ

Les relations sociales des oiseaux diffèrent sensiblement selon les espèces. Certains sont solitaires ou forment des couples sur un territoire défini. Nombreux sont ceux qui se rassemblent pour le repos, l'alimentation et la reproduction. D'autres encore vivent en groupe toute leur vie.

Une vie en société comporte des avantages et des inconvénients. Les oiseaux sociables bénéficient de l'effort collectif pour la recherche de la nourriture, en particulier quand les ressources sont dispersées. Ils craignent moins les prédateurs : un individu dans une multitude risque moins d'être repéré et capturé, et il y en a toujours qui détectent l'approche d'un prédateur. Cet état de vigilance collective fait que le membre d'un groupe peut passer plus de temps à se nourrir ou à dormir que les solitaires. Par ailleurs, certains oiseaux se serrent les uns contre les autres quand ils sont perchés, ce qui réduit les déperditions de chaleur. Cependant, faire partie d'un groupe présente aussi des désavantages. Si la nourriture est peu abondante, la compétition entre congénères peut conduire à la marginalisation des plus faibles, incapables de se nourrir par eux-mêmes et vulnérables aux prédateurs. De plus, les maladies et les parasites se répandent plus rapidement dans un groupe.

SE NOURRIR ENSEMBLE
Les flamants sont parmi les oiseaux les plus sociables. Ils vivent en grandes colonies (parfois plus d'un million d'individus) et effectuent ensemble toutes les fonctions vitales. Leurs parades nuptiales sont collectives et synchronisées.

VIVRE EN GROUPE
Les étourneaux se nourrissent et dorment ensemble (jusqu'à plus de 2 millions d'oiseaux peuvent partager le même dortoir), beaucoup couvant en petites colonies. Leurs vols sont spectaculaires par leurs manœuvres aériennes.

LES MIGRATIONS

De nombreux oiseaux entreprennent des migrations saisonnières. Nombre d'espèces migratrices nichent à de hautes latitudes, au printemps et en été, tirant parti de la relative longueur du jour, mais rejoignent les basses latitudes en hiver. Beaucoup d'espèces sont des migrateurs partiels, certaines populations – parfois uniquement des femelles – quittant les lieux de reproduction, tandis que d'autres demeurent sur place. Ceux qui ne se déplacent pas à grande distance (dont de nombreuses espèces tropicales) sont dits sédentaires. Les oiseaux ne migrent pas tous. Le comportement migratoire est déclenché par une combinaison de cycles physiologiques (taux d'hormones) et la variation de la longueur du jour. La migration approchant, les oiseaux font des réserves de graisse pour affronter le voyage et donnent des signes d'agitation. Certains parcourent des milliers de kilomètres et arrivent à destination avec une remarquable précision (voir figure ci-dessous).

LES VOIES MIGRATOIRES

Les oiseaux s'orientent en utilisant surtout un mécanisme interne, qui leur permet de percevoir la longueur du jour, la position du soleil et, la nuit, de la lune et des étoiles. Certaines espèces, sinon toutes, peuvent aussi détecter les variations du champ magnétique terrestre, dont elles se servent comme boussole. Les oiseaux ayant effectué plusieurs migrations ont des points de repère, comme la configuration du terrain, et utilisent peut-être aussi des odeurs ou des infrasons à terre.

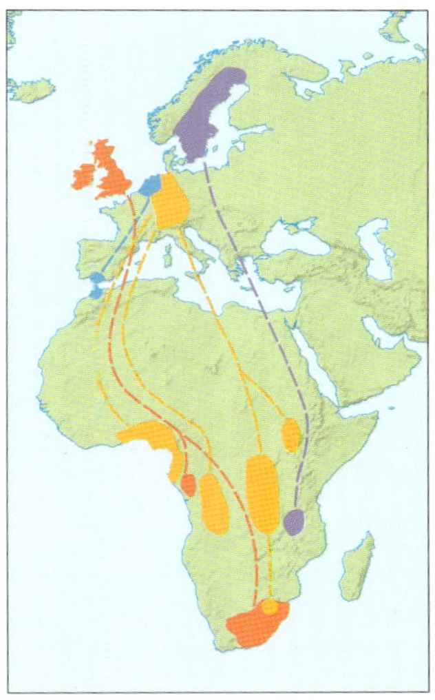

MIGRATEURS AU LONG COURS
Les populations d'hirondelles qui hivernent dans les régions méridionales suivent des « routes » particulières qui les mènent au centre, voire au sud du continent africain.

AUTRUCHE

PHYLUM	Cordés
CLASSE	Oiseaux
ORDRE	Struthioniformes
FAMILLE	1 (Struthionidae)
ESPÈCE	1

L'AUTRUCHE, le plus grand de tous les oiseaux, a un long cou nu et une petite tête, un corps massif et de longues pattes musclées. Les ailes sont courtes et couvertes de plumes molles. L'autruche est le seul oiseau à n'avoir que deux doigts par patte. Bien que trop lourde pour voler, elle est capable de courir à une vitesse et avec une résistance physique remarquables, plus de 45 km/h pendant trente minutes, par exemple. L'unique espèce d'autruche est classée dans un ordre séparé des autres oiseaux.

COMBAT DE MÂLES
Les autruches mâles se battent pour leur territoire et leur statut social ; elles font des parades agressives et parfois de véritables combats. Le gagnant conquiert le territoire et plusieurs femelles, bien qu'une seule femelle, l'« épouse principale », demeure pendant l'incubation et l'élevage des jeunes.

Struthio camelus

Autruche

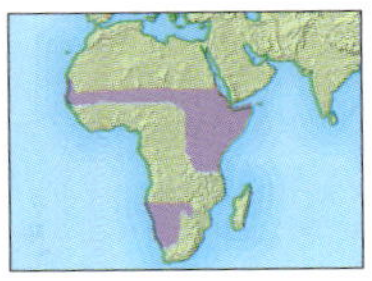

Hauteur 1,80–2,40 m
Poids 160 kg maximum
Plumage Sexes différents
Déplacements Sédentaire
Statut Commune localement

Répartition O. à E. Afrique (sud du Sahara), S. Afrique

Autrefois répandues dans tout l'ouest de l'Asie et dans toute l'Afrique, les autruches sont aujourd'hui confinées à l'est et au sud de l'Afrique (bien que l'on en pratique l'élevage ailleurs). Semi-nomades, elles couvrent de longues distances pour trouver végétaux et petits animaux dont elles se nourrissent. Formant des groupes mixtes, elles vivent rarement en solitaires. En saison de reproduction, les mâles émettent des grondements sonores et exécutent des parades élaborées. Plusieurs femelles pondent dans le même nid, la couvée totale atteignant souvent 30 œufs. Le mâle participe à l'incubation (une quarantaine de jours) et, après l'éclosion, se charge volontiers seul des petits.

NANDOUS

PHYLUM	Cordés
CLASSE	Oiseaux
ORDRE	Rhéiformes
FAMILLE	1 (Rheidae)
ESPÈCES	2

LES NANDOUS ressemblent beaucoup à l'autruche, mais sont bien plus petits et ont trois doigts de pied (et non deux). La tête, le cou et les cuisses sont couverts de plumes, et chaque aile est terminée par une griffe servant à combattre les prédateurs. Quand ils courent, les nandous utilisent leurs ailes comme balancier. Ils vivent dans les pampas, hautes et basses, de certaines régions d'Amérique du Sud.

ÉLEVAGE DES JEUNES
C'est le mâle seul qui couve les œufs et s'occupe des petits (photo). Les femelles partent à la recherche d'autres mâles.

Rhea americana

Grand nandou

Hauteur 0,90–1,50 m
Poids 15–30 kg
Plumage Sexes différents
Déplacements Sédentaire
Statut LR

Répartition E. et S.-E. Amérique du Sud

Cet oiseau incapable de voler, aux longues pattes, vit dans des prairies et des terrains broussailleux semi-arides. Son plumage va généralement du gris au brun et au blanc, et permet un camouflage efficace dans les herbes hautes et la végétation sèche. Le mâle a un collier noir à la base du cou en période de reproduction. Sociable, le nandou vit en groupes, bien que les mâles qui élèvent les petits soient solitaires une partie de l'année. Pendant la saison de reproduction, les mâles émettent un appel pour attirer les femelles, puis exécutent une parade nuptiale, ailes déployées. Le mâle s'accouple avec jusqu'à 12 femelles, puis creuse un nid à terre, dans lequel les femelles pondent jusqu'à une soixantaine d'œufs en tout. Il se charge de l'incubation et de la protection des petits. Très chassé, le grand nandou a perdu une partie de son habitat, mais il reste assez abondant.

CASOARS ET ÉMEU

PHYLUM	Cordés
CLASSE	Oiseaux
ORDRE	Casuariiformes
FAMILLES	2
ESPÈCES	4

Ces grands oiseaux non volants, vivant en Australie et en Nouvelle-Guinée, ont un long cou, de longues pattes et de petites ailes aux plumes ressemblant à des poils. Ils courent très vite et savent nager. Casoars et émeu ont des pieds à trois doigts : chez les casoars, la griffe acérée de leur doigt interne (10 cm de long) peut infliger des coups mortels. Les casoars ont un casque protecteur sur la tête ; les caroncules pendant de leur cou changent de couleur selon l'humeur de l'oiseau.

SOINS PATERNELS
L'émeu mâle ne boit ni ne mange pendant l'incubation. Après l'éclosion, il s'occupe des jeunes huit mois durant.

Casuarius casuarius

Casoar à casque

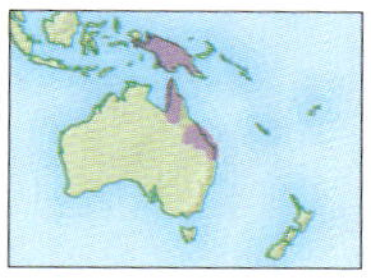

Hauteur 1,30–1,70 m
Poids 17–70 kg
Plumage Sexes semblables
Déplacements Sédentaire
Statut VU

Répartition Nouvelle-Guinée, N.-E. Australie

Les casoars vivent tous dans la dense forêt tropicale. Le casoar à casque est la seule espèce de Nouvelle-Guinée et d'Australie. À la saison de reproduction, les mâles émettent des grognements très graves pour attirer les femelles ; le reste du temps, les adultes sont solitaires, se nourrissant surtout de fruits tombés des arbres.

Dromaius novaehollandiae

Émeu

Hauteur 1,50–1,90 m
Poids 30–60 kg
Plumage Sexes semblables
Déplacements Sédentaire
Statut Commun localement

Répartition Australie

Ce grand oiseau, natif de l'Australie, a des plumes ébouriffées pendantes, gris-brun. Très grégaire, il vit en groupes d'une douzaine d'individus. Il se nourrit surtout de graines et de baies, et peut couvrir de longues distances quand ses aliments sont rares. Les émeus ont disparu de Tasmanie ; en Australie, ils ont une prédilection pour les cultures et sont indésirables localement.

KIWIS

PHYLUM	Cordés
CLASSE	Oiseaux
ORDRE	Aptérygiformes
FAMILLE	1 (Apterygidae)
ESPÈCES	3

Ces étranges oiseaux ne volent pas. Ils ont un corps massif, à plumage semblable à des poils, un bec long et courbe, pas de queue. À la différence d'autres gros oiseaux non volants, ils ont des pieds à quatre doigts. Ils sont nocturnes et vivent en Nouvelle-Zélande.

LES SENS
Si les kiwis ont la vue faible, ils ont l'ouïe fine, l'odorat très développé et le toucher très sensible.

Apteryx australis

Kiwi austral

Longueur 50–65 cm
Poids 1,5–4 kg
Plumage Sexes semblables
Déplacements Sédentaire
Statut VU

Répartition Nouvelle-Zélande

Autrefois très répandu, cet oiseau a été très affecté par la déforestation et l'introduction de prédateurs tels que cochons, chiens, chats et hermines. Lorsqu'il se nourrit, il avance lentement, reniflant et tapotant le sol du bec, qu'il peut enfoncer entièrement (environ 15 cm) dans la terre pour en extraire des vers, cigales, larves de coléoptères, mille-pattes ou fruits tombés. Les femelles pondent 1 ou 2 œufs, très gros par rapport à leur taille.

TINAMOUS

PHYLUM	Cordés
CLASSE	Oiseaux
ORDRE	Tinamiformes
FAMILLE	1 (Tinamidae)
ESPÈCES	45

Ces oiseaux, ressemblant aux perdrix et aux tétras, au corps massif, aux petites ailes, sont terrestres. Quand ils courent ou volent, ils se fatiguent facilement car leur cœur est petit. Les tinamous sont communs dans les lieux boisés, les broussailles et les hautes herbes d'Amérique centrale et du Sud.

CAMOUFLAGE
Quand il a peur, ce tinamou des Andes se fige sur place, protégé par son camouflage.

Eudromia elegans

Tinamou élégant

Hauteur 37–41 cm
Poids 400–800 g
Plumage Sexes semblables
Déplacements Sédentaire
Statut Commun localement

Répartition S. Amérique du Sud

Cet oiseau se distingue par une huppe incurvée vers l'arrière. D'une couleur brune, dégradée du clair au sombre, le tinamou élégant a des ailes tachées de blanc. Une large bande claire borde le dessus de l'œil, une autre le dessous. Assez timide, il se déplace en groupes plus ou moins importants, dans les lieux boisés, les prairies et les fourrés.

MANCHOTS

PHYLUM	Cordés
CLASSE	Oiseaux
ORDRE	Sphénisciformes
FAMILLE	1 (Spheniscidae)
ESPÈCES	17

CES OISEAUX DE MER, inaptes au vol, sont adaptés à la nage et au froid extrême. Les manchots vivent la plupart du temps dans l'eau, à la poursuite de poissons, se propulsant au moyen de leurs nageoires. Leur épais manteau de plumes rases et raides, imperméables à l'eau, rend le corps hydrodynamique et conserve la chaleur. Aux mois chauds, de nombreuses espèces viennent se reproduire sur la terre ou la glace, en grandes colonies. Ils ne se perchent pas, mais se tiennent debout. Ils sont présents sous des climats froids, mais certaines espèces se rencontrent dans les régions tropicales, à la faveur de courants froids. Seuls le manchot empereur et le manchot Adélie passent l'hiver dans l'Antarctique.

ANATOMIE

Les manchots ont un corps dodu, de petites pattes et des pieds palmés, placés si en arrière qu'ils ne gardent l'équilibre qu'en se tenant droits, se balançant sur leurs pieds, aidés de leur queue courte et raide. En marchant, ils portent leur poids sur la plante des pieds, d'où leur allure chaloupée. Sur la neige ou la glace, ils peuvent glisser sur le ventre, pieds et nageoires aidant à la propulsion. Leur corps hydrodynamique est couvert d'une surface lisse de plumes très courtes, évitant tout frottement. Les ailes, très aplaties, forment des nageoires (voir ci-dessous). Sous l'eau, ils utilisent leurs pattes et leur queue comme gouvernail. Les manchots ont trois couches de protection leur assurant étanchéité et isolation thermique : une masse serrée de plumes imbriquées et lubrifiées ; une épaisse couche de graisse sous la peau ; entre ces deux épaisseurs, une couche d'air réchauffée par le corps. Le plumage est noir ou gris sur le dos, blanc sur le ventre. Seuls la tête et le bec sont colorés ou ornés (huppe et cercle autour des yeux).

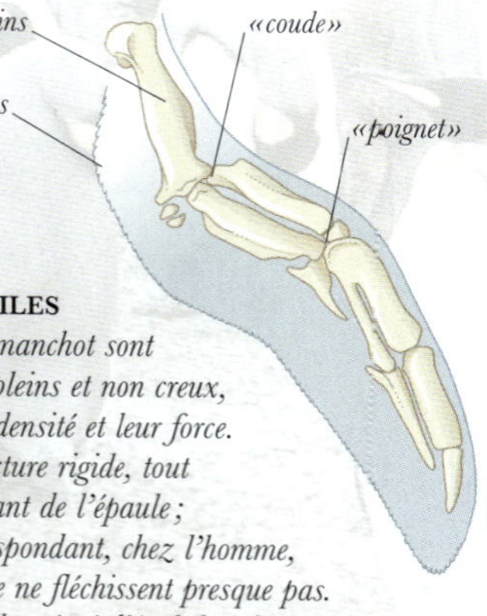

STRUCTURE DES AILES
Les os de l'aile d'un manchot sont aplatis en nageoires, pleins et non creux, ce qui augmente leur densité et leur force. L'aile forme une structure rigide, tout mouvement libre partant de l'épaule ; les articulations correspondant, chez l'homme, au poignet et au coude ne fléchissent presque pas. Les muscles bien développés, à l'égal des oiseaux volants, favorisent le battement puissant des ailes.

LA NAGE

Les manchots utilisent trois types de nage. Au repos, ils nagent tranquillement à la surface, ramant de leurs ailes, leur tête et leur queue dressées. Quand ils chassent, ils plongent le plus souvent une minute environ et nagent sous l'eau, battant des ailes pour avancer rapidement ; on a cependant enregistré des immersions de vingt minutes. La troisième forme de nage est « de type marsouin », en surface et en sortant de temps en temps la tête pour respirer.

PLONGÉE
Les manchots (ici un manchot royal) se déplacent plus aisément dans l'eau que sur terre. Certaines espèces peuvent atteindre une vitesse de 14 km/h.

COMMUNICATION EN COLONIES
Hormis le gorfou à œil jaune, tous les manchots (ici des manchots royaux) forment des colonies. Quand ils sont une multitude, ils utilisent des signaux acoustiques et visuels pour repérer leur partenaire et leur petit.

COLONIES

La plupart des manchots se reproduisent en colonies de centaines ou milliers d'oiseaux. Les nids sont faits d'herbe, de plumes ou de duvet. Les femelles pondent 1 ou 2 œufs. Chez certaines espèces, la femelle quitte le nid après la ponte, pour se nourrir, le mâle gardant l'œuf au chaud sur ses pieds, couvert par un repli de peau de son ventre. Il peut déambuler avec l'œuf dans cette position. L'incubation dure soixante-quatre jours chez le manchot empereur, pendant lesquels le mâle jeûne, vivant sur ses réserves. Au retour de la femelle, les parents se partagent la garde du poussin et vont se nourrir alternativement.

LE TERRIER
Les manchots ne nichent pas à l'air libre. En terrain découvert, les manchots de Magellan creusent un terrier pour se protéger des éléments et des prédateurs, qu'ils soient mammifères ou autres oiseaux.

SE TENIR CHAUD
Par froid rigoureux, les manchots empereurs et leurs petits se blottissent les uns contre les autres. La masse qu'ils forment peut être plus chaude de 10 °C à l'intérieur. Pour en profiter tous, ils alternent leur position.

Aptenodytes forsteri

Manchot empereur

Hauteur 1,10 m
Poids 28 – 40 kg
Plumage Sexes semblables
Déplacements Sédentaire
Statut Commun localement
Répartition Circumpolaire autour de l'Antarctique

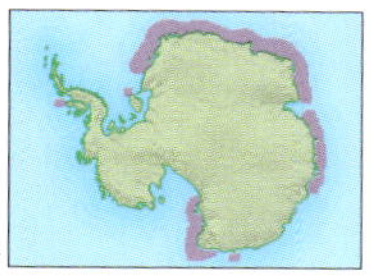

Cet oiseau, le plus gros des manchots, a un comportement reproducteur particulier. En hiver, la femelle pond un œuf, gagne la mer et ne revient qu'au printemps. Le mâle transporte sur ses pieds l'œuf protégé par un pli de peau, se blottissant contre d'autres mâles pour se tenir au chaud. Il jeûne jusqu'au retour de la femelle, pour l'éclosion, gagne alors la mer et n'en revient que pour participer à l'élevage. Cette espèce peut plonger à 530 m de profondeur pendant plus de vingt minutes et parcourir plus de 1 000 km à la recherche de poisson.

Pygoscelis adeliae

Manchot Adélie

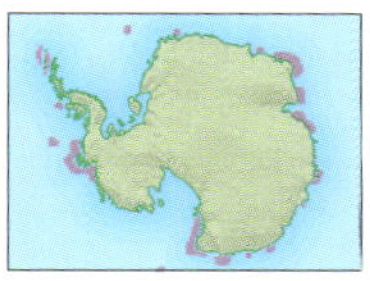

Hauteur 46 – 61 cm
Poids 4 – 5,5 kg
Plumage Sexes semblables
Déplacements Migrateur
Statut Commun
Répartition Circumpolaire autour de l'Antarctique

C'est l'un des rares manchots nichant sur la terre ferme de l'Antarctique, sur des rivages libérés par les glaces en été. Le manchot Adélie a le dos bleu-noir et le ventre blanc, l'œil cerclé de blanc. Il se reproduit en été, en vastes colonies (jusqu'à plus de 200 000 couples). Chaque femelle pond deux œufs, à vingt-quatre heures d'intervalle environ. La femelle et le mâle se relaient pour couver. Ce manchot est assez agressif et l'on a pu observer des adultes volant des cailloux dans les nids voisins.

Pygoscelis antarctica

Manchot à jugulaire

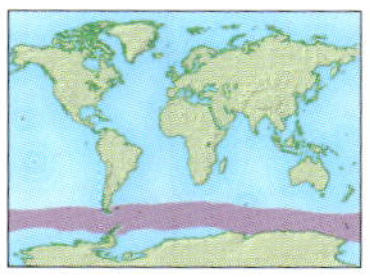

Hauteur 71 – 76 cm
Poids 3 – 4,5 kg
Plumage Sexes semblables
Déplacements Sédentaire
Statut Commun
Répartition Circumpolaire autour de l'Antarctique

Ce manchot, le plus souvent bleu-noir, a le dessous, les joues, le menton et la gorge blancs, une mince raie noire d'une oreille à l'autre. Il préfère le «pack» où la glace est mince, mais se reproduit en très vastes colonies sur la terre ferme sans glace. Le nid est une plate-forme circulaire de petits cailloux, creusée au centre, souvent tapissée d'os et de plumes. La reproduction donne des résultats très faibles lorsque, certaines années, la glace persiste près des colonies, réduisant l'accès à la mer aux adultes qui vont se nourrir.

Spheniscus humboldti

Manchot de Humboldt

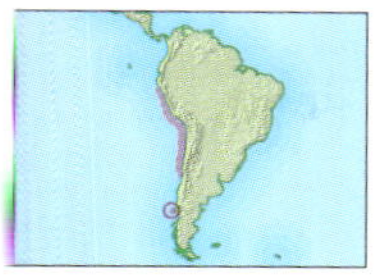

Hauteur 56 – 66 cm
Poids 4,5 – 5 kg
Plumage Sexes semblables
Déplacements Sédentaire
Statut VU
Répartition O. Amérique du Sud

On peut voir de petites colonies de ces manchots sur les côtes, face au courant froid de Humboldt, riche en poissons. Ils sont gris-noir, avec du blanc dans les parties inférieures; les adultes ont une large bande noire au-dessus du ventre et une raie blanche sur la tête. Ils chassent en général en petits groupes, en eaux peu profondes, à la poursuite de petits poissons tels qu'anchois et sardines, et nichent dans des terriers, des grottes ou des crevasses entre des blocs de rochers. Victime de la chasse, leur population est en déclin.

Eudyptula minor

Petit manchot bleu

Hauteur 41 cm
Poids 1 kg
Plumage Sexes semblables
Déplacements Migrateur partiel
Statut Commun
Répartition S. Australie (Tasmanie comprise), Nouvelle-Zélande

Cet oiseau bleu-gris, la plus petite espèce de manchots, est l'un des rares à rester actif après la tombée de la nuit. Le jour, il pêche en mer; après le crépuscule, à la saison de reproduction, il revient à terre sous le couvert de l'obscurité. Doté d'une voix forte, il lance ses appels sur terre et en mer. Il niche dans des creux du sol, des cavernes, des crevasses et parmi les cailloux sous la végétation, parfois sous les maisons. Il pond 2 œufs sur un lit de branchages ou d'herbe, et les parents se relaient pour couver. Les jeunes sont réchauffés de sept à dix jours et surveillés de treize à vingt jours après. En mer, il se nourrit seul ou en petits groupes, pêchant et avalant des petits poissons sous la surface.

Eudyptes chrysolophus

Gorfou macaroni

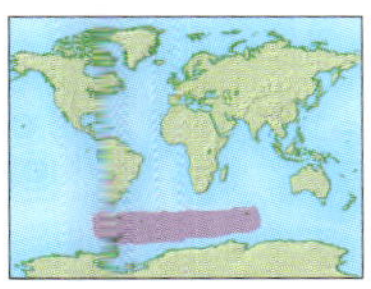

Hauteur 71 cm
Poids 3,5 – 6,5 kg
Plumage Sexes semblables
Déplacements Sédentaire
Statut VU
Répartition S. Chili, Atlantique Sud, S. océan Indien

Comme les cinq autres espèces de gorfous, le gorfou macaroni porte sur la tête une huppe de plumes dorées. Il a un grand bec bulbeux, couleur brun orangé, souvent strié chez les adultes. Bruyant, agressif et démonstratif, il émet des braillements dans sa colonie à terre et des braiments courts dans l'eau. Il pond 2 œufs, dont souvent un seul, le second et le plus gros, donne un poussin. Les deux parents se partagent l'incubation, mais, à l'inverse de la plupart des autres manchots, la femelle prend le premier tour.

PLONGEONS

PHYLUM	Cordés
CLASSE	Oiseaux
ORDRE	Gaviiformes
FAMILLE	1 (Gaviidae)
ESPÈCES	5

LES PLONGEONS sont parfaitement adaptés à la nage sous l'eau. Leur corps aux lignes hydrodynamiques, leurs pattes placées très en arrière pour une propulsion efficace, leurs robustes pieds palmés leur permettent de plonger à 75 m de profondeur et de rester plusieurs minutes sous l'eau. Leur plumage dense est un bon isolant dans les eaux arctiques et subarctiques où ils vivent. Malgré leurs petites ailes pointues et leur queue réduite, les plongeons volent bien, mais la position de leurs pattes les rend quasi incapables de marcher sur le sol.

PLUMAGE
Les plongeons consacrent beaucoup de temps au soin de leur plumage et peuvent se renverser sur le dos pour atteindre les plumes du ventre. Le plumage nuptial (ici chez un plongeon du Pacifique) fait place, en hiver, à un autre moins coloré, aux dessins plus simples.

Gavia stellata

Plongeon catmarin

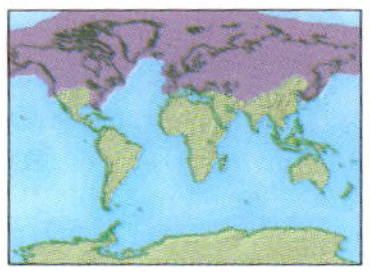

Longueur 55–70 cm
Poids 1–2,5 kg
Plumage Sexes semblables
Déplacements Migrateur
Statut Commun

Répartition Amérique du Nord, Groenland, Europe, Asie

Le plongeon catmarin se distingue par sa gorge brun-roux en plumage nuptial. Son corps ovale est massif, gris-brun, avec des macules blanches en hiver, les dessous blanchâtres. Il peuple les côtes en hiver, se déplace vers les marécages des forêts septentrionales et de la toundra arctique en saison de reproduction, où il émet des miaulements sonores et des cris plaintifs, pour attirer une partenaire ou établir un territoire. La parade nuptiale comporte des plongeons et remontées spectaculaires, chocs de becs et traversées rapides des plans d'eau en couple. Le nid est une plate-forme d'herbe, de roseaux et de joncs.

Gavia immer

Plongeon imbrin

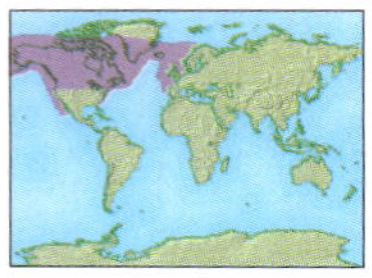

Q : Plongeon huard
Longueur 70–90 cm
Poids 3–4,5 kg
Plumage Sexes semblables
Déplacements Migrateur
Statut Commun

Répartition Amérique du Nord, Groenland, O. Europe

Cet oiseau, gris-noir et blanc, vit solitaire ou en couple, bien que l'on rencontre des groupes de 300 individus le long des côtes en dehors de la période de reproduction. Comme les autres plongeons, cette espèce peut s'enfoncer à de grandes profondeurs pour pêcher des poissons et des invertébrés aquatiques, attrapés ou harponnés avec le bec, mais aussi pour échapper aux prédateurs (renard polaire). Les deux parents élèvent les petits, qui quittent le nid au bout de dix à onze semaines. Les parents nagent parfois avec leurs petits sur le dos.

GRÈBES

PHYLUM	Cordés
CLASSE	Oiseaux
ORDRE	Podicipédiformes
FAMILLE	1 (Podicipedidae)
ESPÈCES	22

LES GRÈBES vivent dans les eaux tranquilles du monde entier. Ce sont d'excellents nageurs et plongeurs. Ils sont parfaitement adaptés à la vie aquatique : leur petite tête et leur cou mince leur permettent de plonger facilement pour prendre leur nourriture. Leurs pattes – très en arrière du corps – ont des doigts palmés qui restent séparés, ce qui les distingue d'autres oiseaux nageurs. Leur plumage dense et doux est imperméable. Les grèbes ont des parades nuptiales très élaborées.

OFFRANDE DE PLANTES AQUATIQUES
Durant cette cérémonie, un couple en parade nuptiale (ici, des grèbes huppés) plonge, remonte et exhibe des végétaux.

Tachybaptus ruficollis

Grèbe castagneux

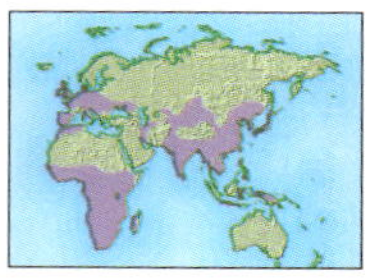

Longueur 25–30 cm
Poids 125–225 g
Plumage Sexes semblables
Déplacements Migrateur partiel
Statut Commun localement

Répartition Europe, Asie, Afrique, Madagascar, Nouvelle-Guinée

C'est le plus petit des grèbes européens et du nord de l'Asie. Son bec est petit, son plumage brun avec la gorge et les joues rousses. Il marche mieux que les autres grèbes ; migrateur, il vole mieux aussi. Les deux sexes construisent un nid en végétaux aquatiques, arrimé à des plantes ou à des branchages immergés.

Podiceps nigricollis

Grèbe à cou noir

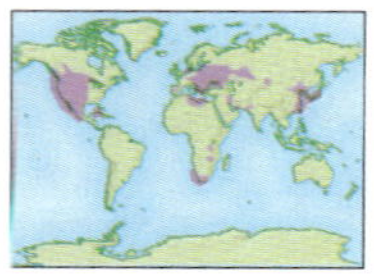

Longueur 30–35 cm
Poids 250–600 g
Plumage Sexes semblables
Déplacements Migrateur
Statut Commun localement

Répartition Amérique du Nord, Europe, Asie, N. et S. Afrique

Cet oiseau (ici en plumage hivernal) a le bec légèrement incurvé vers le haut ; il est très sociable toute l'année. En hiver, il préfère les eaux des lacs salés, et s'assemble par milliers sur certains lacs, mais vient se reproduire dans les eaux non salées, où il construit un nid flottant. Les premières semaines, les adultes portent sur leur dos leurs petits, qui s'émancipent rapidement.

OISEAUX

Podiceps cristatus

Grèbe huppé

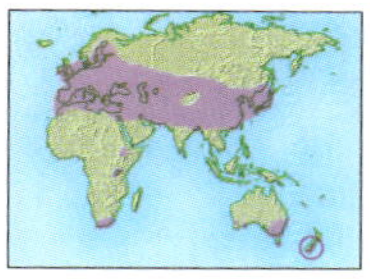

Longueur 45–51 cm
Poids 0,6–1,5 kg
Plumage Sexes semblables
Déplacements Migrateur partiel
Statut Commun localement

Répartition Europe, Asie, Afrique, Australie, Nouvelle-Zélande

C'est le plus grand grèbe d'Europe et d'Afrique du Nord. Il se distingue par ses parades nuptiales élaborées, faites de postures rituelles, plongeons et hochements de tête ; durant ces cérémonies, sa huppe est dressée et les plumes courtes des joues sont ébouriffées. Scrutant la surface de l'eau, il plonge pour saisir le poisson, parfois à 30 m de profondeur.

SOINS PARENTAUX

Les parents portent les petits sur leur dos et les nourrissent à tour de rôle. Chacun montre une préférence pour un jeune en particulier, et les adultes en arrivent à ne plus nourrir que leur préféré.

Les populations de grèbe huppé ont décliné au XIXe siècle, mais des mesures de sauvegarde les ont sauvées de l'extinction et l'espèce a profité de la création de grands réservoirs.

HUPPE ET COLLERETTE
Cet oiseau élégant se distingue par sa huppe noire et ses plumes noires et rousses sur les joues.

Aechmophorus occidentalis

Grèbe de l'Ouest

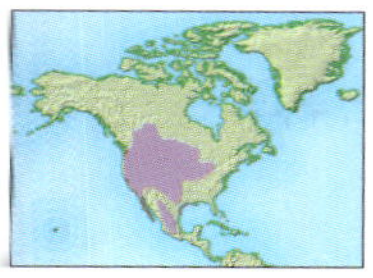

Q. : Grèbe élégant
Longueur 55–75 cm
Poids 1–2 kg
Plumage Sexes semblables
Déplacements Migrateur
Statut Commun localement

Répartition C. et S. Amérique du Nord

C'est un grand grèbe noir et blanc, au long cou élancé. Les deux parents forment un couple stable. Tous deux construisent le nid sur l'eau, arrimé aux plantes de surface. Ils portent à tour de rôle leurs petits sur leur dos pendant les deux à quatre premières semaines et les nourrissent pendant huit semaines. À la fin du XIXe siècle, des dizaines de milliers de grèbes furent tués pour le duvet soyeux de leur ventre, utilisé pour les manteaux et les chapeaux. Ces populations se sont rétablies, mais sont menacées par la pollution, les nappes de pétrole, la perte de leur habitat et les nuisances humaines.

PARADE NUPTIALE

Cette espèce fait une parade mouvementée, suivant le même rituel que celui du grèbe huppé. La phase la plus célèbre (ci-dessus) est la course : les deux oiseaux courent sur l'eau, côte à côte. Si leur intérêt mutuel persiste, ils exécutent l'« offrande nuptiale » (voir p. 268), au cours de laquelle chacun plonge pour rapporter des plantes aquatiques, qu'il tient haut dans son bec à son retour auprès du partenaire. Chez les couples établis, le mâle apporte du poisson à sa femelle.

PLUMAGE POUR TOUTES SAISONS
Contrairement aux autres espèces d'Amérique du Nord, plus petites, ce grèbe ne change pas de coloration en période nuptiale et porte sa couronne noire en toute saison.

Podiceps gallardoi

Grèbe casqué

Longueur 34 cm
Poids 525 g
Plumage Sexes semblables
Déplacements Sédentaire
Statut LR

Répartition S. Amérique du Sud

Décrit en 1974, ce grèbe noir et blanc, de taille moyenne, a une huppe noire et cannelle, et un petit bec pointu. Le cérémonial comprend entre autres une phase au cours de laquelle mâle et femelle, face à face, hochent vigoureusement la tête. Les populations, faibles, nichent sur des lacs isolés de régions reculées de Patagonie et hivernent dans des baies abritées. Espèce vulnérable à la pollution et aux dérangements en période de reproduction.

Podilymbus podiceps

Grèbe à bec cerclé

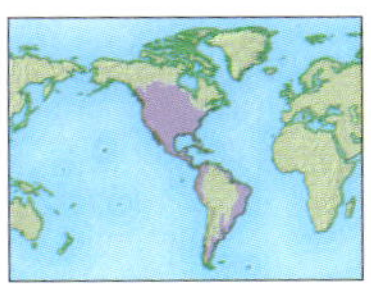

Q. : Grèbe à bec bigarré
Longueur 31–38 cm
Poids 250–575 g
Plumage Sexes semblables
Déplacements Migrateur partiel
Statut Commun

Répartition Amérique du Nord et centrale, N.-O. et S.-E. Amérique du Sud

Petit et trapu, avec un bec court et courbe, ce grèbe marron et noir se rencontre sur les eaux douces à la saison de reproduction, et l'hiver dans les eaux libres ou les eaux des estuaires saumâtres. Agressif, très attaché à son territoire, il en expulse ses congénères et les autres oiseaux d'eau. Le couple peut exécuter une « cérémonie du triomphe » après avoir chassé les intrus : face à face, ils s'éloignent et se rapprochent l'un de l'autre.

Rollandia micropterum

Grèbe du Titicaca

Longueur 39–45 cm
Poids 625 g
Plumage Sexes semblables
Déplacements Sédentaire
Statut VU Δ

Répartition O. Amérique du Sud (lacs Titicaca et Poopo)

De loin, ce grèbe d'Amérique du Sud, de taille moyenne, ressemble à nombre de ses parents : tête huppée, flancs et dos marron, dessous blanc. Cependant, ses ailes sont si petites qu'il est inapte au vol. Effrayé, il patauge rapidement à la surface de l'eau, battant frénétiquement des ailes sans pouvoir décoller. Cet étrange oiseau vit sur deux lacs des Andes centrales, à environ 3 600 m d'altitude.

Poliocephalus poliocephalus

Grèbe argenté

Longueur 29–31 cm
Poids 225–250 g
Plumage Sexes semblables
Déplacements Nomade
Statut LR Δ

Répartition Australie (Tasmanie comprise), S. Nouvelle-Zélande

Reconnaissable à son dos gris foncé et au haut de son cou noir, strié de blanc, cet oiseau diffère des autres grèbes. Il vole davantage et, s'il est peu loquace, c'est le plus sociable, car il forme souvent de grandes troupes. Sa parade nuptiale est relativement simple, comparée à celle des autres grèbes. Son nid est construit en eau peu profonde. Le grèbe argenté a le bec noir, sauf le bout, qui est pâle ; il est plus long chez le mâle que chez la femelle.

ALBATROS ET PÉTRELS

PHYLUM	Cordés
CLASSE	Oiseaux
ORDRE	Procellariiformes
FAMILLES	4
ESPÈCES	108

LES ALBATROS ET ALLIÉS sont des oiseaux océaniques présents partout dans le monde. Ils se tiennent généralement loin des côtes, volant au ras des vagues et enfonçant la tête sous l'eau pour attraper du poisson, du plancton ou autres animaux marins. Outre les gigantesques albatros, ce groupe inclut les fulmars (plus petits), les pétrels, les puffins, les minuscules pétrels-tempête, ou océanites, et les pétrels plongeurs. Tous les membres de ce groupe présentent des narines tubulaires sur la mandibule supérieure – trait physique unique parmi les oiseaux.

REPRODUCTION

Tous les oiseaux de ce groupe se reproduisent sur terre, en des endroits plus ou moins inaccessibles (falaises, îles), revenant chaque année sur le même site, où ils forment de vastes colonies (parfois plus de 1 million de couples). La femelle ne pond qu'un œuf, souvent dans un trou creusé à même le sol meuble ou dans des anfractuosités rocheuses. Après une longue incubation, les parents nourrissent d'abord le petit avec leur huile stomacale, très riche mais nauséabonde.

REPRODUCTION EN COLONIES
Comme d'autres oiseaux du groupe, les fulmars forment de denses colonies. Bien des espèces n'y viennent que la nuit, ce qui les protège contre les prédateurs.

VOL PLANÉ
Les longues ailes de cet albatros à sourcils noirs sont conformées pour le vol plané, souvent sans un battement pendant des heures.

ANATOMIE

Les albatros et autres procellariiformes ont un cou, une queue et des pattes courts. Les trois doigts antérieurs sont palmés. Beaucoup d'espèces ont de très longues ailes. L'albatros hurleur a la plus grande envergure de tous les oiseaux : 3,50 m. Il faut aussi remarquer chez ces oiseaux un odorat exceptionnellement développé, dont ils usent pour repérer la nourriture et retrouver leur nid dans l'obscurité. Ces oiseaux ont, pense-t-on, leur propre odeur.

LE BEC DES ALBATROS
Ces oiseaux ont un bec crochu à bords coupants pour retenir les proies glissantes. Les albatros diffèrent des autres espèces par leurs narines tubulaires, de chaque côté de la mandibule supérieure, et non pas soudées au milieu (voir à gauche).

LE VOL

Ces oiseaux océaniques sont conformés pour voler en permanence. Ils couvrent souvent de grandes distances et affrontent de fortes tempêtes. Leur façon de voler varie selon la taille et l'envergure. Les plus grandes espèces, dont les albatros, planent plutôt qu'elles ne volent, utilisant les courants ascendants au-dessus des vagues pour s'élever sans dépenser beaucoup d'énergie (technique du vol plané dynamique). Les pétrels-tempête, petits et légers, volent en combinant vol battu et vol plané.

RECHERCHER SA NOURRITURE
Les pétrels-tempête volent au ras de l'eau pour chercher leur nourriture. Certaines espèces tapotent la surface de leurs pattes pour effrayer les proies ou les remonter.

Diomedea exulans

Albatros hurleur

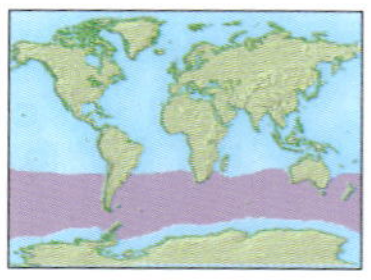

Répartition Circumpolaire autour de l'Antarctique

Longueur 1,10 m
Poids 8–11,5 kg
Plumage Sexes semblables
Déplacements Migrateur
Statut VU

Ce grand albatros a la plus grande envergure de tous les oiseaux (jusqu'à 3,50 m). Il se nourrit en surface, surtout de seiches, et se reproduit au mieux un an sur deux, car l'élevage de l'unique petit dure un an, et il mue dans l'année intermédiaire. La cause principale du déclin de l'espèce est la pêche au filin (pêche au thon, par exemple), car les albatros mordent à l'hameçon appâté.

PLUMAGE CHANGEANT
Jeune, l'albatros est marron-chocolat, sauf du blanc sur la face et sous les ailes. Il blanchit avec l'âge. Le mâle adulte (photo, à gauche) est presque tout blanc, avec le bout des ailes et la queue noirs.

NIDIFICATION

Ce nid d'albatros est un gros monticule de terre, d'herbe et de mousse, construit à même le sol. Les parents couvent à tour de rôle leur œuf unique et accompagnent le petit, une fois éclos, pendant neuf mois.

Thalassarche chlororhynchos

Albatros à bec jaune

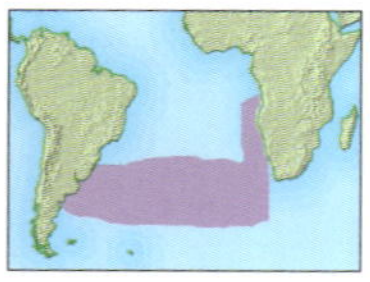

Répartition Atlantique Sud

Longueur 76 cm
Poids 2,5 kg
Plumage Sexes semblables
Déplacements Migrateur
Statut LR

Le plus petit albatros de l'océan austral, noir et blanc, doit son nom à la rayure jaune et à l'extrémité orange de son bec noir. Seiches et poissons composent son alimentation, mais il suit aussi les bateaux, se délectant des déchets jetés par-dessus bord. Les deux parents élèvent leur petit qui, pour un albatros, vole assez tôt, à quatre mois environ.

Macronectes giganteus

Pétrel géant antarctique

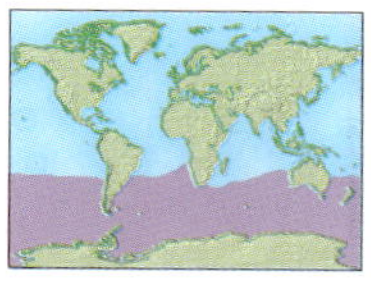

Longueur 92 cm
Poids 5 kg
Plumage Sexes semblables
Déplacements Migrateur
Statut Commun

Répartition Circumpolaire autour de l'Antarctique

Grand, agressif, cet oiseau à gros bec, capable d'ouvrir des carcasses, est l'un des rares pétrels à trouver surtout sa nourriture à terre. Les mâles écument les colonies de phoques et de manchots, et mangent les carcasses de baleines échouées. Les adultes ont généralement un plumage marron tacheté de gris, mais certains sont d'un blanc finement taché de noir.

Fulmarus glacialis

Fulmar boréal

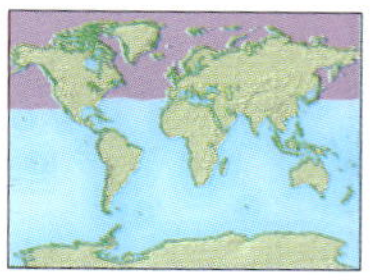

Longueur 45–50 cm
Poids 700–850 g
Plumage Sexes semblables
Déplacements Migrateur
Statut LR Δ

Répartition Océan Arctique, Pacifique Nord et Atlantique Nord

Commun dans les eaux boréales, ce pétrel a des ailes étroites et rigides qui lui donnent un vol caractéristique. Ses populations ont beaucoup augmenté en deux cents ans, peut-être en raison du nombre accru de déchets rejetés en mer par les navires de pêche, et dont il est friand. Il se nourrit aussi de poissons, seiches et plancton animal ; il saisit sa proie en surface et plonge parfois sous l'eau. Beaucoup de pétrels reviennent se reproduire dans leur colonie natale, hormis le fulmar, qui pond dans un creux du sol peu garni ou sur l'herbe d'une corniche de falaise ou encore à découvert quand il n'y a pas de prédateurs. Les adultes nourrissent le petit une fois par jour. Menacé, ce dernier peut se défendre vigoureusement en crachant un liquide huileux nauséabond.

Pagodroma nivea

Pétrel des neiges

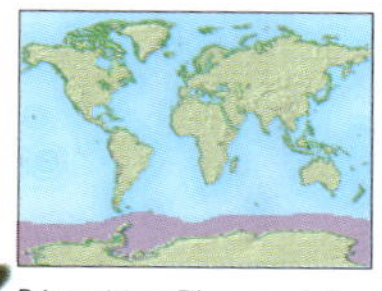

Longueur 32 cm
Poids 250–450 g
Plumage Sexes semblables
Déplacements Migrateur
Statut LR Δ

Répartition Circumpolaire autour de l'Antarctique

L'un des rares oiseaux, manchot excepté, qui nichent sur le continent antarctique, ce pétrel à l'allure de tourterelle ne s'éloigne guère de la banquise. Il peut nicher à 300 km de la mer, mais souffre beaucoup des tempêtes de neige. Certaines années, seul l'un des cinq sites de reproduction peut être occupé. Il se défend contre les autres pétrels, qu'il asperge d'huile malodorante.

Pterodroma cahow

Pétrel cahow

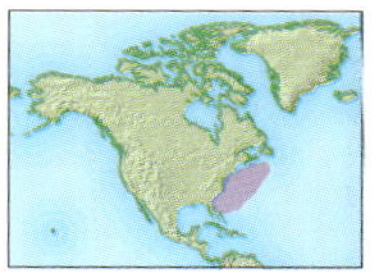

Q : Pétrel des Bermudes
Longueur 33 cm
Poids 250 g
Plumage Sexes semblables
Déplacements Migrateur
Statut EN

Répartition Bermudes (bande côtière 1 000 km)

Cet oiseau de mer très rare a été menacé d'extinction au XVIIe siècle, chassé par les mammifères introduits et évincé des sites de nidification par les petits phaétons. Des mesures de sauvegarde ont permis à la population de ce pétrel noir, gris et blanc, de se reconstituer peu à peu.

Pachyptila vittata

Prion de Forster

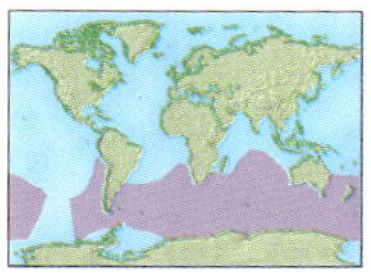

Longueur 28 cm
Poids 150–225 g
Plumage Sexes semblables
Déplacements Migrateur
Statut LR Δ

Répartition Atlantique Sud, Pacifique Sud, S. océan Indien

Cet oiseau gris bleuâtre est marqué d'un W foncé en travers des ailes ; le dessous est blanc. Son bec large, garni de lamelles, filtre le plancton. Il se nourrit en rasant la surface de l'eau, ailes déployées, pagayant des pieds et enfonçant son bec dans l'eau pour saisir ses proies.

Oceanites oceanicus

Océanite de Wilson

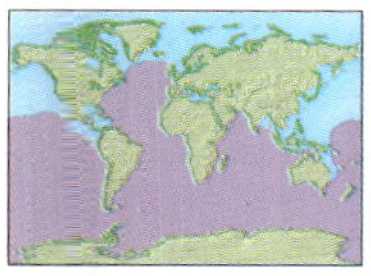

Longueur 17 cm
Poids 40 g
Plumage Sexes semblables
Déplacements Migrateur
Statut Commun

Répartition Pacifique, Atlantique, océan Indien

C'est un pétrel-tempête à plumage noir d'encre, au croupion blanc. On pense que c'est le plus abondant des oiseaux de mer, sa population atteignant des millions d'individus. Il se reproduit dans l'Antarctique, mais monte l'hiver au nord, surtout vers les océans Indien et Atlantique. Il se pose rarement sur la mer, mais capture petits poissons et crustacés en « marchant » sur l'eau ou en voletant en surface. Il peut détecter une proie à l'odeur et l'attirer, pense-t-on, par l'immersion de ses pattes jaunes. Face aux prédateurs, il pousse des cris perçants et leur crache son huile stomacale.

Puffinus puffinus

Puffin des Anglais

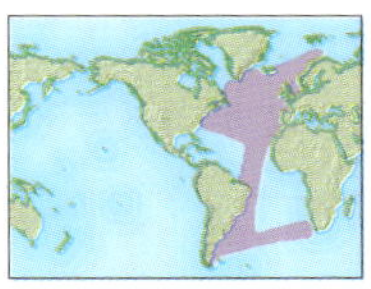

Longueur 31–36 cm
Poids 375–500 g
Plumage Sexes semblables
Déplacements Migrateur
Statut LR Δ

Répartition Atlantique

Ce puffin, qui se reproduit dans l'Atlantique Nord, niche en colonies sur des îlots – surtout Skomer et Skokholm, au large de la côte ouest du pays de Galles, et Rhum dans les Hébrides externes – et remplit l'air de ses cris perçants ou plaintifs. S'il se nourrit en mer le jour, il est actif dans sa colonie après le crépuscule, pour éviter les attaques des goélands. Il pond son unique œuf dans un trou, parfois sous des cailloux. Les deux parents se relaient pour couver, par périodes de six ou sept jours, nourrissent le petit plus de soixante-dix jours, ne le quittant que la semaine précédant son envol. À l'approche de l'hiver, ce puffin migre vers des eaux plus chaudes, au large du Brésil.

UN BEC CROCHU
Le puffin des Anglais a un bec assez long et crochu. Il saisit les poissons en surface et peut poursuivre sa proie quelques mètres sous l'eau.

SCINTILLEMENT

Noir dessus, blanc dessous : quand il rase l'eau à la recherche de menu fretin, comme les sprats, cet oiseau produit un scintillement noir et blanc.

PÉLICANS ET ALLIÉS

PHYLUM	Cordés
CLASSE	Oiseaux
ORDRE	Pélécaniformes
FAMILLES	6
ESPÈCES	65

CE GROUPE de grands oiseaux de mer comprend les pélicans, les cormorans, les anhingas, les phaétons, les frégates et les fous. Ce sont les seuls oiseaux nageurs à avoir quatre doigts réunis par la palmure. La plupart ont de grandes ailes : frégates et phaétons passent la majeure partie de leur vie en vol, tandis que les fous, cormorans et anhingas sont aussi capables de voler en pleine mer. Tous les oiseaux de ce groupe se nourrissent de poisson. Certaines espèces attrapent leur proie en de spectaculaires plongeons, piquant d'une hauteur considérable et se protégeant de diverses façons de l'impact en entrant dans l'eau à grande vitesse. Les pélicans et leurs alliés sont présents dans toutes les mers du globe. Les anhingas, cormorans et pélicans vivent aussi sur des plans d'eau, à l'intérieur des terres.

ANATOMIE

Diverses particularités physiques permettent aux pélicans et oiseaux du même ordre d'attraper leurs proies sous l'eau. Les plus aquatiques des membres de ce groupe, cormorans et anhingas, ont des plumes qui s'imbibent d'eau plus facilement : ils flottent moins et plongent donc plus aisément. Et pour flotter encore moins, ces oiseaux avalent des cailloux ; en outre, leurs os contiennent moins d'air que ceux de la plupart des autres oiseaux. Par contre, les autres membres du groupe ont un plumage imperméable et leurs os contiennent un volume d'air relativement important (os dits pneumatisés) : ils peuvent donc flotter et voler facilement. De fait, les espèces nageuses et plongeuses ont aussi des sacs aériens supplémentaires sous la peau pour amortir l'impact quand ils pénètrent dans l'eau.

LES PIEDS
Les larges pattes palmées des pélicans servent de propulseur et de gouvernail. Chez certaines espèces, comme ce fou à pieds bleus, les palmures sont utilisées pour les parades et pour tenir les œufs au chaud.

LES NARINES
Pélicans et alliés ont des narines petites ou fermées, qui empêchent l'eau de pénétrer dans leurs voies respiratoires quand ils plongent. Cormorans et fous (photo), qui ont des narines fermées, respirent par la bouche.

ALIMENTATION

Les pélicans et alliés ont différentes façons d'attraper le poisson. Les cormorans poursuivent leur proie sous l'eau. Les anhingas chassent aussi sous l'eau, mais guettent jusqu'à une minute avant de saisir le poisson. Fous, phaétons et pélicans bruns plongent en piqué, parfois de plus 30 m de haut et à 90 km/h sur le poisson. Les frégates subtilisent en vol le poisson aux autres oiseaux. Au contraire, les pélicans pêchent souvent de conserve, formant une ligne et prenant le poisson « au filet ».

PLONGÉE
Le pélican brun est le seul pélican à prendre du poisson en plongeant sous l'eau. Juste avant l'impact, il replie ses ailes et ses pattes vers l'arrière pour accélérer au maximum, et ouvre le bec, prêt à saisir sa proie.

PÊCHE EN SURFACE
Les pélicans ont un grand bec pourvu d'une large poche élastique dont ils usent pour capturer le poisson juste sous la surface, pour boire et abaisser leur température quand il fait chaud.

REPRODUCTION

Pélicans et alliés nichent en colonies et choisissent souvent des îles ou des falaises inaccessibles aux prédateurs. Certains pélicans, anhingas, cormorans et frégates nichent dans des arbres. Les mâles usent de parades spectaculaires pour attirer les femelles : les fous, par exemple, pointent leur tête et leur queue vers le ciel et élèvent leurs ailes. Le nid est souvent grand et construit par le couple. Les jeunes, totalement dépendants à l'éclosion, sont nourris par régurgitation. Certains, en particulier chez les frégates, demeurent avec les parents des mois après avoir pris leur essor.

NOURRIR LES JEUNES
Les oisillons sont nourris par régurgitation des parents (ici un pélican brun) ; ils enfoncent leur tête dans la poche de l'adulte.

LE NID
La plupart des oiseaux de ce groupe (ici des cormorans à ventre blanc) construisent de grands nids. Rassembler assez de matériaux requiert de nombreux va-et-vient.

Phaethon aethereus

Grand phaéton

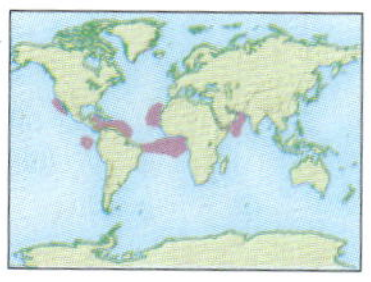

Longueur 78–96 cm
Poids 600–825 g
Plumage Sexes semblables
Déplacements Migrateur
Statut LR ∆
Répartition E. Pacifique, C. Atlantique, N. océan Indien

Bien que médiocre nageur (il passe peu de temps sur l'eau), cet oiseau, excellent voilier, se rencontre souvent à des centaines de kilomètres de la terre. Il peut plonger d'une hauteur considérable pour attraper des seiches et surtout des poissons volants. Son plumage est d'un blanc soyeux, nuancé de rose ; il a une très longue queue, qu'il agite au cours de sa parade nuptiale aérienne. La famille de ces phaétons ne comprend que trois espèces, toutes confinées aux tropiques.

Pelecanus crispus

Pélican frisé

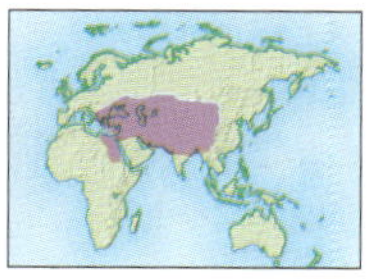

Longueur 1,60–1,80 m
Poids 10–13 kg
Plumage Sexes semblables
Déplacements Migrateur partiel
Statut LR
Répartition S.-E. Europe, S. et S.-O. Asie, N.-E. Afrique

En dépit de sa taille et de son poids, ce pélican, le plus grand d'Europe, est un puissant voilier ; en migration, ses ailes longues et larges l'élèvent très haut. Son plumage est essentiellement blanc argenté, avec le bout des ailes noir, une poche rouge orangé pendant sous le bec jaune pâle, piqueté d'orange. Nageant en surface, il se nourrit d'une grande variété de poissons, environ 1 kg par jour. Parfois, les pélicans se nourrissent en groupes, formant un demi-cercle et poussant les poissons vers les eaux peu profondes. Ils se reproduisent souvent en grandes colonies, chaque couple élevant un petit. Quand celui-ci atteint trois ou quatre semaines, il rejoint les autres, formant des « crèches », peu fréquentées par les parents, qui apportent cependant à manger. À six semaines, les poussins commencent à attraper du poisson ; un mois plus tard environ, ils prennent leur envol.

Pelecanus occidentalis

Pélican brun

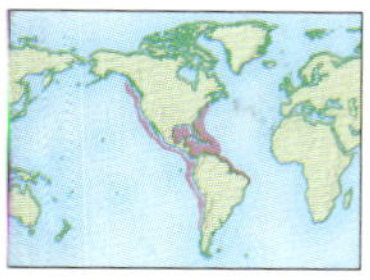

Longueur 1–1,50 m
Poids Plus de 3,5 kg
Plumage Sexes semblables
Déplacements Migrateur partiel
Statut Commun
Répartition Amérique du Nord, centrale et du Sud, Antilles

Le pélican brun est en majeure partie gris argenté et brun, avec une tête blanche ou blanc et jaune, et une courte huppe marron clair. La peau de la face et de la gorge devient plus colorée à la saison de reproduction. C'est le seul pélican à se nourrir en plongeant sous l'eau, au lieu de nager et pêcher en surface : il plane à faible hauteur et, dès qu'il aperçoit un poisson, il s'élève à 10 m et pique dans l'eau, ailes repliées. Il niche, de façon inhabituelle, dans les arbres ou arbustes, souvent dans des marais. Le pélican thage du Pérou (une sous-espèce du pélican brun) niche à terre.

ÉLEVER LES PETITS

Les deux parents couvent un ou deux œufs, rarement trois, à tour de rôle pendant plusieurs heures chacun. Au début, les adultes régurgitent la nourriture sur le fond du nid ; à dix jours, les petits prélèvent les poissons directement dans le bec des parents.

VIE GRÉGAIRE
Très grégaire, le pélican brun se repose, migre et se nourrit souvent en groupes. Il se reproduit en colonies, sur des îles plates.

Sula nebouxii

Fou à pieds bleus

Longueur 80–85 cm
Poids 1,5 kg
Plumage Sexes semblables
Déplacements Migrateur partiel
Statut Commun localement
Répartition O. Mexique à N.-O. Amérique du Sud, îles Galápagos

Cet oiseau aux pattes bleu vif est l'une des neuf espèces de la famille des fous (Sulidae). Il a un corps fuselé, des ailes étroites qu'il replie en arrière juste avant de toucher l'eau. Le mâle, beaucoup plus petit et plus léger que la femelle, est plus apte à plonger dans les eaux côtières très peu profondes, et même dans les flaques parmi les rochers. Souvent, des petits groupes d'oiseaux plongent ensemble pour se nourrir, surtout de sardines, anchois et maquereaux du Pacifique ou calmars. C'est l'un des fous les plus rares : sa répartition est limitée, et il ne va pas loin (ceux des îles Galápagos ne se déplacent que vers l'Équateur tout proche).

Sula leucogaster

Fou brun

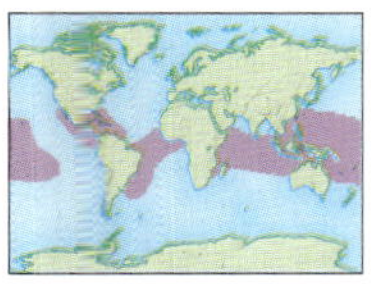

Longueur 64–74 cm
Poids 0,7–1,5 kg
Plumage Sexes semblables
Déplacements Migrateur partiel
Statut Commun localement
Répartition Pacifique tropical, Atlantique et océan Indien

Comme tous les autres fous, cet oiseau est parfaitement conformé pour plonger et se nourrir en mer. Son corps a la forme d'un cigare ; des sacs aériens amortissent l'impact dans l'eau, et son long bec effilé saisit les poissons. Il effectue des plongeons spectaculaires de plus de 30 m de haut et pénètre profondément dans l'eau, exploitant les bancs de calmars ou de poissons. Avec ses longues ailes, le fou brun est un voilier élégant et le seul membre de sa famille chez lequel le mâle appelle une éventuelle partenaire en vol.

Morus bassanus

Fou de Bassan

Répartition N. Atlantique, Méditerranée

Longueur 80–90 cm
Poids 2,5–3 kg
Plumage Sexes semblables
Déplacements Migrateur partiel
Statut Commun localement

Les fous de Bassan ont des formes profilées – corps long, ailes étroites et bec en dague – parfaitement conformées pour la vitesse et la plongée. Ils nichent en colonies très populeuses, établies sur des falaises ou des pentes. Ils forment des couples dont la longévité perdure des années, revenant pondre sur les mêmes lieux saison après saison. Ils s'accouplent entre trois et cinq ans ; la femelle pond un unique œuf bleuâtre, couvé par les deux parents. Le petit quitte le nid environ trois mois après l'éclosion et migre sans ses parents. Les jeunes n'acquièrent pas leur plumage adulte avant l'âge de cinq ans.

UN PLUMAGE ÉBLOUISSANT
Le fou de Bassan est reconnaissable à son plumage d'un blanc éblouissant, à l'exception du bout des ailes noir, de la tête et de la nuque couleur jaune orangé, contrastant avec les yeux et le bec gris-bleu.

COLONIES
Dans leurs colonies, les fous espacent leurs nids de 80 cm à 1 m. Ces colonies d'oiseaux blancs sont si denses que, vus de loin, les sites ont l'air d'être couverts de neige.

MANIFESTATION D'AGRESSIVITÉ
Le fou de Bassan peut, exceptionnellement, se montrer agressif pour défendre son nid et porter des coups furieux de son bec puissant.

TYPES DE COMPORTEMENTS

Peu d'oiseaux marins ont des comportements aussi élaborés que ceux du fou de Bassan. Ses plongeons sous l'eau et ses parades nuptiales sont très spectaculaires ; de même, la qualité des soins parentaux est remarquable.

PARADE NUPTIALE
Au cours de leurs spectaculaires parades nuptiales, les partenaires réduisent leur agressivité en choquant leurs becs.

PLONGEON SPECTACULAIRE
Le fou de Bassan use de sa vision binoculaire pour repérer le poisson, avant de plonger en piqué, de 45 m de haut (maximum), à la vitesse de 100 km/h (maximum aussi).

NOURRIR LE POUSSIN
Le jeune prélève les poissons régurgités dans le gosier de ses parents.

Phalacrocorax auritus

Cormoran à aigrettes

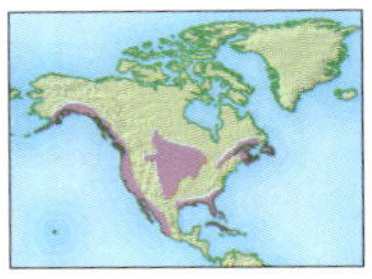

Longueur 76–91 cm
Poids 1,5–2 kg
Plumage Sexes semblables
Déplacements Migrateur partiel
Répartition Amérique du Nord
Statut Commun

C'est le seul cormoran d'Amérique du Nord à peupler les côtes marines et les eaux intérieures. Il a un corps fuselé, un long cou et de grands pieds palmés. Pendant une brève période du printemps, sa tête s'orne d'une double huppe de plumes brisées. Sa population augmente et devient un fléau pour les élevages de poisson du Mississippi.

Phalacrocorax carbo

Grand cormoran

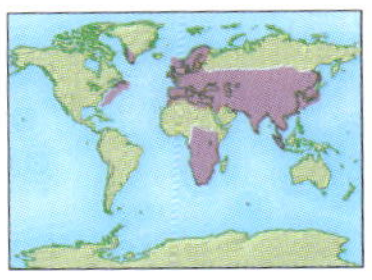

Longueur 80–100 cm
Poids Jusqu'à 3,5 kg
Plumage Sexes semblables
Déplacements Migrateur partiel
Répartition E. Amérique du Nord, S. Groenland, Europe, Asie, C. à S. Afrique
Statut Commun

L'un des plus grands oiseaux des bords de mer, le grand cormoran est aussi commun à l'intérieur des terres, sur presque tout le réseau hydrographique continental, en eaux douces, salées ou saumâtres, naturelles ou artificielles d'Europe, d'Asie et d'Afrique. Il niche en des lieux très divers, sur les falaises, les rochers nus, les arbres ou parmi les roseaux. Le grand cormoran se reproduit en colonies et revient parfois plusieurs années sur le même site, des couples restant formés pour une saison.

UN PUISSANT NAGEUR

Le grand cormoran préfère pêcher en eaux peu profondes, mais peut plonger à 15-30 m de profondeur et nager sous sa proie, les ailes étroitement repliées sur son corps. Ses pattes robustes aux larges palmures le propulsent vigoureusement.

LONG ET LISSE
Le grand cormoran a un corps mince et fuselé, un long cou et un bec fort et crochu pour saisir ses proies.

Anhinga melanogaster

Anhinga indien

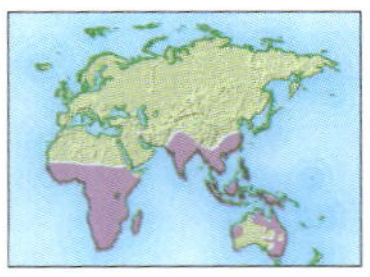

Longueur 85–97 cm
Poids 1–2 kg
Plumage Sexes différents
Déplacements Migrateur partiel
Répartition Afrique (sud du Sahara), S. et S.-E. Asie, Australie, Nouvelle-Guinée
Statut LR

Cet oiseau ressemblant à un cormoran fait partie d'une famille de quatre espèces. Il nage la tête et le cou hors de l'eau, le reste du corps immergé. Ses vertèbres cervicales sont spécialement conformées en forme de Z, permettant de détendre brusquement le cou et d'embrocher sa proie de son bec en poignard. Il construit un nid de branchages placé jusqu'à 5 m au-dessus de l'eau.

Phalacrocorax atriceps

Cormoran impérial

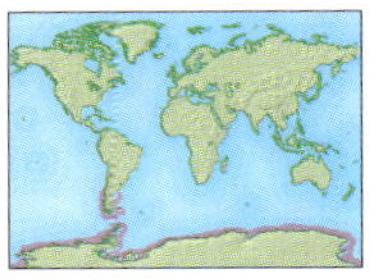

Longueur 68–76 cm
Poids 2,5–3,5 kg
Plumage Sexes semblables
Déplacements Migrateur partiel
Répartition Circumpolaire autour de l'Antarctique, S. Amérique du Sud, îles Malouines
Statut Commun

Ce cormoran noir et blanc, aux yeux cerclés de bleu, est très commun dans l'hémisphère Sud, sur les côtes rocheuses et les îles. Fortement grégaire, il forme, en hiver, des groupes denses qui s'alimentent en mer. L'été, il se nourrit pratiquement seul. Il en existe plusieurs sous-espèces, présentant de légères différences de couleurs.

Nannopterum harrisi

Cormoran aptère

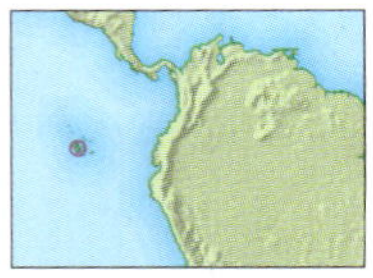

Longueur 89–100 cm
Poids 2,5–4 kg
Plumage Sexes différents
Déplacements Sédentaire
Répartition Îles Galápagos (Isabela et Fernandina)
Statut EN

Ce grand cormoran a des ailes atrophiées et a perdu l'aptitude au vol, l'absence de prédateurs terrestres aux îles Galápagos l'ayant peut-être rendue inutile. La sécrétion de sa glande du croupion est faible, mais son plumage dense et doux est quand même imperméable. Son bec long et fort lui est utile pour chasser pieuvres et poissons sur le fond. Il se reproduit en petits groupes. Le mâle s'occupe des jeunes et les nourrit pendant plusieurs mois, tandis que la femelle part chercher un autre partenaire.

Fregata minor

Frégate du Pacifique

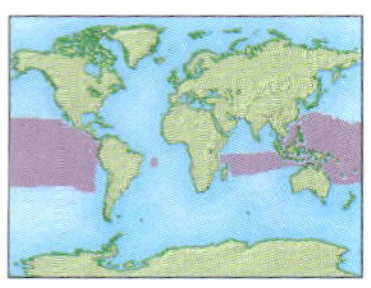

Longueur 85–105 cm
Poids 1–1,5 kg
Plumage Sexes différents
Déplacements Migratrice partielle
Répartition Pacifique tropical, Atlantique et océan Indien
Statut Commune

Avec son corps léger, ses très grandes ailes, cet oiseau plane sans effort au-dessus de l'eau, prenant sa nourriture en surface ou la volant aux autres oiseaux. Son plumage n'est pas étanche et, pour se nourrir, il n'immerge que le bec, relevant haut ses ailes pour ne pas les mouiller. Cette espèce – l'une des cinq que compte la famille – a un bec long et crochu caractéristique et une longue queue fourchue. Le mâle est noir, nuancé de vert sur le dos, avec une bande brune sur les ailes. Quand il fait parade, il exhibe un sac gulaire écarlate, gonflé comme un ballon. La femelle est noir et blanc. Il se reproduit sur des îlots inhabités, en colonies réunissant jusqu'à plusieurs milliers de couples.

OISEAUX

HÉRONS ET ALLIÉS

PHYLUM	Cordés
CLASSE	Oiseaux
ORDRE	Ciconiiformes
FAMILLES	6
ESPÈCES	119

Ce groupe d'oiseaux aquatiques inclut les hérons, aigrettes, butors, tantales, ibis et spatules. Tous ont un grand corps trapu, un long cou et un bec puissant. Leurs longues pattes leur permettent de marcher dans des eaux peu profondes, où ils se nourrissent de poissons, amphibiens, escargots et crabes. Beaucoup le font seuls, pour éviter que d'autres oiseaux ne dérangent leurs proies, mais ils se rassemblent la nuit pour dormir et de nombreuses espèces se reproduisent en colonies. On les rencontre par tout le globe, dans les eaux douces, le plus souvent en régions chaudes où il ne gèle pas l'hiver.

ANATOMIE

Les hérons et alliés ont plusieurs adaptations pour marcher et se nourrir en eaux peu profondes. De longues pattes leur permettent de garder leur plumage au sec lorsqu'ils étirent leur long cou pour plonger la tête dans l'eau. Les pieds ont quatre doigts très espacés, dont trois palmés pour supporter le poids de l'oiseau quand il marche dans la vase ou la végétation palustre. Tous les oiseaux de ce groupe ont de larges ailes. En vol, hérons, butors et aigrettes rentrent le cou dans les épaules ; la plupart des cigognes, des ibis et des spatules le tendent en avant.

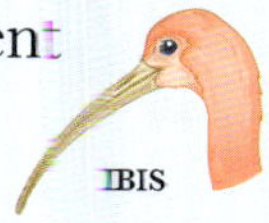
IBIS

HÉRON

CIGOGNE

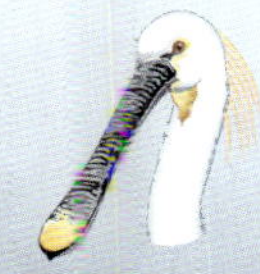
SPATULE

BECS VARIÉS
Un bec long est un outil utile pour extraire des animaux de l'eau ou de la vase. Les ibis ont un bec long, fin et incurvé vers le bas. Celui des hérons est long et pointu, pour piquer la proie. Le bec des cigognes est semblable mais parfois incurvé vers le haut ou le bas, celui des spatules s'élargit au bout, précisément en forme de spatule.

MARCHER DANS L'EAU
Les hérons et alliés se déplacent lentement en marchant. Ces spatules balaient l'eau de leur bec, utilisant leurs cellules sensitives pour trouver du menu fretin et des crustacés.

ALIMENTATION

Les hérons et alliés utilisent leur vue pour trouver leur proie, et scrutent l'eau, captant le moindre mouvement sous la surface. Une fois repéré, le poisson ou la grenouille est saisi (rarement harponné) d'un coup de bec. L'aigrette ardoisée, à la technique plus perfectionnée, étend ses ailes pour faire de l'ombre sur l'eau et attirer le poisson. Tous ne se nourrissent pas de proies vivantes : le marabout d'Afrique est un charognard qui mange surtout des carcasses.

CHASSE TERRESTRE
Le héron garde-bœufs trouve le plus souvent sa nourriture hors de l'eau. Des groupes s'assemblent autour des petits et grands mammifères pour se nourrir d'insectes, dérangés par leurs mouvements.

SAISIR LA PROIE
Lorsqu'il chasse, le héron ploie son cou en S. La proie localisée, il porte sa tête en avant, en une détente foudroyante. La proie saisie est tuée d'un coup de bec.

Ardea cinerea

Héron cendré

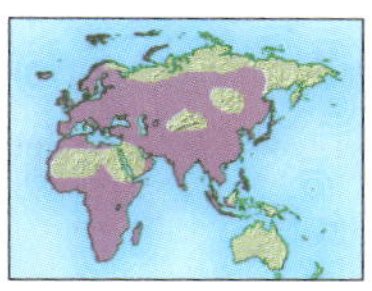

Longueur 90–98 cm
Poids 1–2 kg
Plumage Sexes semblables
Déplacements Migrateur partiel
Statut Commun
Répartition Europe, Asie, Afrique

Cet oiseau, le plus commun des hérons d'Europe, vit dans toutes les eaux douces, des roselières aux lacs. Il vole en battant lentement ses ailes un peu arquées ; le mâle et la femelle s'accouplent pour la vie et construisent le nid ensemble, souvent au sommet d'un grand arbre, parfois à terre. La femelle pond d'ordinaire de 3 à 5 œufs. Comme chez d'autres hérons, les parades nuptiales et le comportement de défense sont ritualisés (extension du corps, courbure du cou, etc.).

PÊCHE À VUE

Quand il pêche, le héron cendré se tient près de la rive, observant les évolutions des poissons. Si l'un d'eux s'approche, il fait un pas en avant et étend en partie son cou, puis l'embroche d'une brusque détente. Il avale le menu fretin sur-le-champ, mais emporte ses grosses prises sur la rive.

APPARENCE
Le héron cendré a un long bec et de longues pattes. Son plumage est gris, blanc et noir.

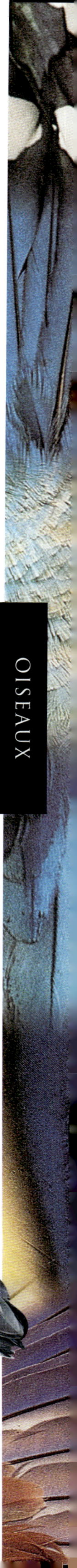

Casmerodius albus

Grande aigrette

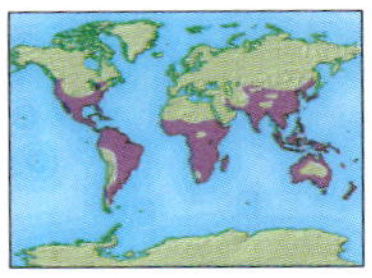

Longueur 85–100 cm
Poids 950 g–1,6 kg
Plumage Sexes semblables
Déplacements Migratrice partielle
Statut Commune
Répartition Amérique du Nord, centrale et du Sud, Afrique, Asie, Australie

La grande aigrette vit dans les zones humides, de l'Amérique à l'Asie et à l'Australie. Son plumage est entièrement blanc, ses pattes et ses pieds sont noirs. À la saison de reproduction, de longues plumes se développent sur le dos, recouvrant une queue assez courte. L'aigrette chasse ses proies seule ou en groupes épars, mais, à l'intérieur des groupes, les individus défendent un petit territoire. Les jeunes au nid sont très agressifs, les plus faibles étant souvent tués.

Butorides striatus

Héron strié

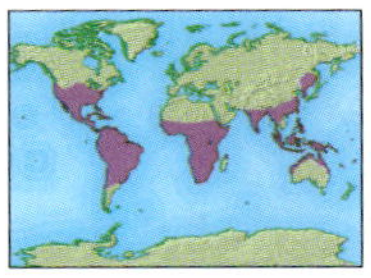

Q : Héron vert
Longueur 40–48 cm
Poids 125–225 g
Plumage Sexes semblables
Déplacements Migrateur partiel
Statut Commun
Répartition Amérique du Nord, centrale et du Sud, Afrique, Asie, Australie

Ce héron très variable, de taille moyenne, discret, est l'un des rares oiseaux connus pour jeter un appât dans l'eau afin d'attirer le poisson. Ses quelque 30 sous-espèces sont dispersées dans les régions tropicales et subtropicales. L'une d'elles, commune en Amérique du Sud, est généralement gris-vert sur le dessus. *Butorides striatus sundevalli*, aux Galápagos, est gris sombre.

Nycticorax nycticorax

Héron bihoreau

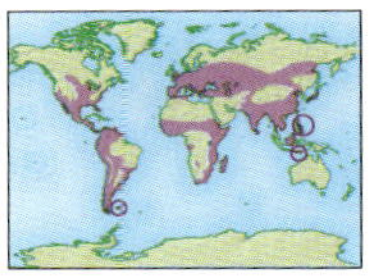

Q : Bihoreau gris
Longueur 58–65 cm
Poids 500–800 g
Plumage Sexes semblables
Déplacements Migrateur partiel
Statut Commun
Répartition Amérique du Nord, centrale et du Sud, Afrique, Asie, Europe

Ce petit héron se nourrit la nuit ou au crépuscule, repérant ses proies dans la pénombre grâce à sa vue perçante, mais réagissant occasionnellement aux sons. Il saisit sa nourriture avec son bec, immobile ou en marchant lentement dans l'eau. Souvent seul pour se nourrir, il niche en colonies. Bon grimpeur, il se déplace aisément parmi les branches, près du bord de l'eau.

Botaurus lentiginosus

Butor d'Amérique

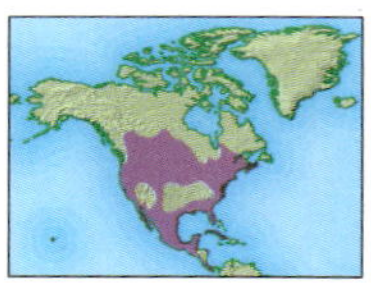

Longueur 60–85 cm
Poids 500–900 g
Plumage Sexes semblables
Déplacements Migrateur
Statut Commun
Répartition Amérique du Nord, Amérique centrale, Antilles

Le plumage rayé et tacheté de cet oiseau, adapté à la vie dans des zones palustres, est un excellent camouflage. Il se nourrit principalement de poissons et de grenouilles, auxquels il décoche rapidement des coups de son bec en forme de dague. Attaqué, il adopte, comme les autres butors, une posture de défense particulière, cou tendu, bec pointé en l'air et, pour passer inaperçu, peut se balancer comme les roseaux, au gré du vent.

Scopus umbretta

Ombrette

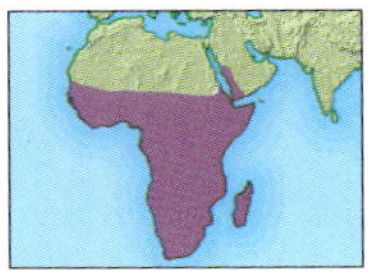

Longueur 40–56 cm
Poids 425 g
Plumage Sexes semblables
Déplacements Sédentaire
Statut Commune localement
Répartition Afrique (sud du Sahara), Madagascar, S.-O. Asie

Cet oiseau a un bec relativement court et une grosse huppe à l'arrière de la tête. De couleur terne, il a des rémiges primaires brun foncé, les joues et la gorge plus pâles. Si bien des oiseaux des marais se nourrissent essentiellement de poisson, l'ombrette attrape surtout des amphibiens (grenouilles). Elle vole aussi au-dessus des bancs de têtards, dont elle se saisit vivement. Cette espèce construit au sommet d'un arbre l'un des plus grands nids perchés connus, haut et large de 2 m, fait de branches, de vase et d'herbe, en forme de four, avec une entrée en tunnel. Elle se reproduit en solitaire, mais les nids sont souvent rapprochés.

Balaeniceps rex

Bec-en-sabot, baléniceps

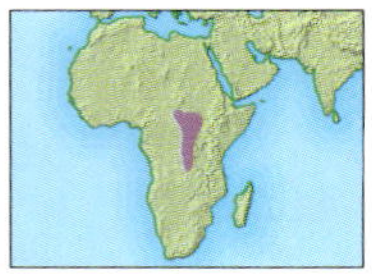

Longueur 1,10–1,60 m
Poids 4,5–6,5 kg
Plumage Sexes semblables
Déplacements Sédentaire
Statut LR Δ
Répartition C. Afrique

Cet oiseau très original a un bec volumineux en forme de sabot. Il chasse souvent dans des mares en cours de dessèchement, se nourrissant de poissons, grenouilles et petits mammifères. Son mode de chasse est typique : il se laisse tomber sur sa proie et la découpe avant de l'avaler.

Il se reproduit dans les marécages à papyrus, sur de la végétation flottante. Par temps chaud, il refroidit ses œufs en les arrosant d'eau qu'il puise avec le bec.

Mycteria americana

Cigogne d'Amérique

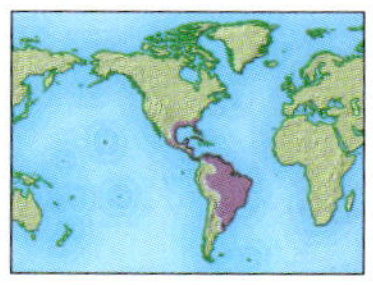

Q : Tantale d'Amérique
Hauteur 85–110 cm
Poids 2,5 kg
Plumage Sexes semblables
Déplacements Migratrice partielle
Statut Commune
Répartition Amérique du Nord, centrale et du Sud, Antilles

La cigogne d'Amérique est blanche, avec le bout des ailes noir. Le cou et la tête sont gris foncé, nus et écailleux ; ils ne sont donc pas salis quand elle les plonge dans la vase. Elle repère ses proies aussi bien au toucher qu'à la vue, de jour comme de nuit, dans les eaux troubles, seule ou en groupe, et avance en hochant de droite et de gauche son long bec épais tenu ouvert ; une fois la proie repérée, elle réagit très rapidement. Elle se reproduit en colonies, construit un nid au-dessus de l'eau en position élevée, très exceptionnellement à terre, en l'absence de prédateurs.

Ciconia ciconia

Cigogne blanche

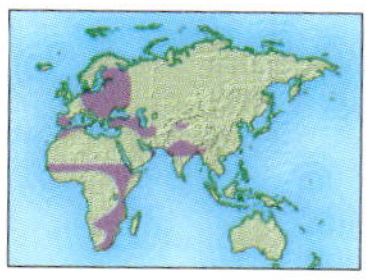

Hauteur 1–1,30 m
Poids 2,5 – 4 kg
Plumage Sexes semblables
Déplacements Migratrice
Statut Commune localement

Répartition Europe, Afrique, Asie

Dans certaines régions d'Europe, la cigogne blanche symbolise le printemps, car elle arrive de la lointaine Afrique où elle passe l'hiver. Aujourd'hui, pour diverses raisons, elle s'est raréfiée en Europe occidentale et centrale, mais elle est toujours considérée comme un porte-bonheur. Elle se nourrit dans les eaux douces, les prairies, les champs cultivés. Elle migre au-dessus des terres, où les courants ascendants chauds l'aident à planer.

Leptoptilos crumeniferus

Marabout d'Afrique

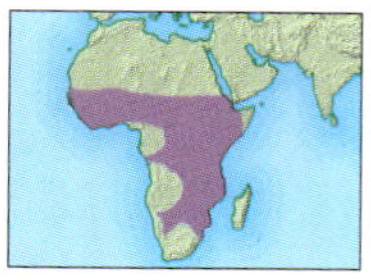

Longueur 1,50 m
Poids 5 – 7,5 kg
Plumage Sexes semblables
Déplacements Sédentaire
Statut Commun

Répartition Afrique (sud du Sahara)

Le marabout d'Afrique est un énorme oiseau (l'un des plus gros), assez disgracieux, noir et blanc, avec une envergure de plus de 3 m. C'est un excellent planeur, dont l'allure de vol contraste avec son aspect peu attirant à terre. Ses habitudes alimentaires (voir encadré ci-dessous) le rendent indispensable et expliquent l'augmentation de ses populations.

UN ASPECT PEU ENGAGEANT
Ce grand oiseau a la tête et le cou presque dépourvus de plumes, et un bec très gros en forme de coin. Sa poche gulaire rouge pâle peut mesurer 35 cm à partir de la base du bec.

UN NETTOYEUR

Le marabout se comporte à la façon des vautours, avec lesquels il a en commun le cou et la tête presque nus et une adaptation qui lui évite de se souiller quand il mange. Il vole très haut à la recherche de nourriture et utilise son grand bec pour fouailler les carcasses.

Threskiornis aethiopicus

Ibis sacré

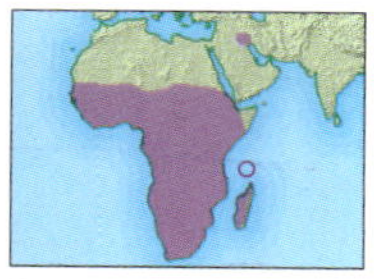

Longueur 65 – 89 cm
Poids 1,5 kg
Plumage Sexes semblables
Déplacements Migrateur
Statut Commun localement

Répartition Afrique (sud du Sahara), Madagascar, île Aldabra, O. Asie

Cet ibis blanc et noir, de taille moyenne, à la tête et au haut du cou nus et noirs, était un oiseau sacré dans l'Égypte ancienne. Il cohabite aisément avec les hommes et se nourrit de façon éclectique : déchets et cadavres près des habitations, insectes des champs, animaux d'eau douce.

Eudocimus ruber

Ibis rouge

Longueur 56 – 68 cm
Poids 775 – 925 g
Plumage Sexes semblables
Déplacements Sédentaire
Statut Commun localement

Répartition S. Amérique centrale, N. et E. Amérique du Sud

Cet ibis vivement coloré vit en colonies atteignant parfois des dizaines de milliers d'oiseaux à l'époque de la reproduction, sur les côtes humides, dans les marais, lagunes, mangroves ou estuaires. Souvent polygame, il forme cependant des couples et fait son nid dans des arbres, près de l'eau. Comme d'autres ibis, il trouve sa nourriture davantage au toucher qu'à la vue ; tout en marchant, il enfonce son long bec, doucement incurvé, dans la vase meuble. Il peut aussi se nourrir comme la spatule, agitant son bec latéralement dans l'eau, pour capturer surtout des crabes, coquillages et insectes aquatiques.

REPOS SUR LES ARBRES

L'ibis rouge se nourrit à terre le jour mais se perche le soir au sommet d'un arbre, près de l'eau, pratique commune aux ibis et alliés, ce qui réduit le danger causé par les prédateurs nocturnes.

UNE COULEUR VIVE
Avec son plumage d'un rouge éclatant et le bout de ses ailes noir, l'ibis rouge est un des oiseaux les plus colorés du monde.

Geronticus eremita

Ibis chauve

Longueur 80 cm
Poids Inconnu
Plumage Sexes semblables
Déplacements Migrateur
Statut CR

Répartition N.-O. Afrique, O. Asie

Autrefois répandu dans le sud de l'Europe, l'Afrique du Nord et l'Asie de l'Ouest, cet ibis est devenu très rare. Il a la tête nue, une collerette

de longues plumes, un plumage d'un noir irisé. Il se nourrit près des plans d'eau et des lits de rivière à sec, dans les prairies, piquetant de son long bec incurvé des insectes et des petits animaux en sols meubles. Il niche en colonies, sur des falaises où il est relativement à l'abri.

Platalea alba

Spatule d'Afrique

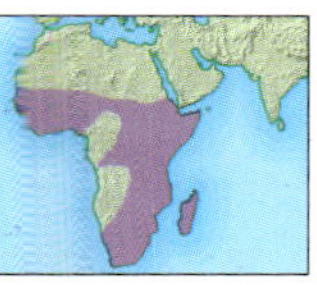

Longueur 75 – 90 cm
Poids 2 kg
Plumage Sexes semblables
Déplacements Migratrice partielle
Statut Commune

Répartition Afrique (sud du Sahara), Madagascar

Ce gracieux oiseau aux pattes rouges appartient à un groupe de six espèces, qui tiennent leur nom de leur grand bec en spatule. Comme ses parents, il agite son bec latéralement dans l'eau, créant des courants qui approchent de lui les poissons, qu'il avale rapidement. Il peut aussi se nourrir de nuit, traquant les poissons en courant après eux.

FLAMANTS

PHYLUM	Cordés
CLASSE	Oiseaux
ORDRE	Phoenicoptériformes
FAMILLE	1 (Phoenicopteridae)
ESPÈCES	5

AVEC LEURS PATTES et leur cou très longs, leur plumage rose ou rouge cramoisi, ces échassiers sont immédiatement reconnaissables. On les rencontre dans les régions tropicales et subtropicales, le plus souvent dans les eaux peu profondes, salées ou saumâtres, ou dans les lacs alcalins. Leurs rassemblements peuvent compter plus d'un million d'oiseaux. En dépit de leur apparence fragile, les flamants survivent en de nombreuses régions dispersées où peu d'autres animaux réussissent à vivre, car ils supportent remarquablement les changements de température. Les flamants ont un régime spécialisé : de leur bec incurvé vers le bas, ils filtrent les micro-organismes (plantes et animaux) dans l'eau.

COLONIES

Les flamants sont parmi les oiseaux les plus sociables. Lors de leurs parades nuptiales collectives, des milliers de sujets ouvrent ou élèvent leurs ailes et tournent la tête en un vaste mouvement synchronisé. Ces parades semblent disposer simultanément tous les oiseaux du groupe à s'apparier, à pondre rapidement et au même moment, dès que les conditions le permettent. Des colonies de reproduction se constituent souvent quand le niveau d'eau d'un lac salé diminue – la surface se couvre soudain de monticules de vase qui sont les nids des flamants. Les parents s'occupent des petits une semaine ou deux. Dès que le jeune nage, il rejoint une « crèche » (voir à droite).

PARADES GROUPÉES
Pendant les parades nuptiales, les flamants dressent leur bec et leur cou, et hochent la tête de droite à gauche.

CRÈCHES
Les jeunes forment des troupeaux comptant jusqu'à 300 000 oiseaux (ici flamants roses et nains). Ils sont gardés par des adultes étrangers à la famille, mais sont nourris par leurs parents.

LE VOL
Cou et pattes étendus, les flamants, en grandes formations, dessinent en l'air des lignes courbes caractéristiques. Leurs longues ailes et leur corps léger leur permettent un décollage facile.

ANATOMIE

Les flamants ont un corps élancé sur de très longues pattes, plus longues par rapport à leur corps que chez tout autre oiseau. Elles sont complètement nues, ce qui permet à l'oiseau de s'engager profondément dans des eaux saumâtres salées ou des lacs alcalins, sans salir leur plumage. Les flamants ont un cou long et flexible qui, chez les grandes espèces, est aussi remarquablement fin. La tête est petite et le bec busqué caractéristique. La façon dont les deux mandibules se referment, combinée aux plaques en forme de peigne garnissant leurs bords, fait du bec un outil très adapté pour extraire la nourriture de l'eau. La coloration rose ou rouge des flamants, unique en son genre, est due à celle des algues et crevettes ingérées.

DEBOUT DANS L'EAU
Les flamants (ici un flamant rose) se tiennent de longs moments sur une patte, même endormis : la tête repose sur le corps, l'autre patte est ramenée sous l'abdomen. Cette posture évite la déperdition de chaleur dans les pattes et des doigts.

LES PIEDS
Comparés à leurs longues pattes, les pieds des flamants sont relativement petits. Les trois doigts antérieurs sont palmés, le doigt arrière est minuscule ou absent. La palmure facilite la marche dans la vase ou autres surfaces meubles.

ALIMENTATION

Un flamant se nourrit le plus souvent en marchant dans l'eau peu profonde, utilisant ses pieds pour remuer la vase du fond. Puis il plonge la tête dans l'eau, le bec retourné, pointe redressée, et remue la tête latéralement. Par une rapide action de la langue, il pompe et rejette l'eau par le bec entrouvert. Du côté interne, celui-ci porte des rangées de lamelles, certaines garnies de denticules. Le flamant filtre des particules de nourriture en les faisant passer sur ces structures. La taille des particules ingérées diffère selon les espèces. Les grands flamants roses tendent à se nourrir de crustacés, mollusques et vers, les flamants nains, plus petits, avalent des algues.

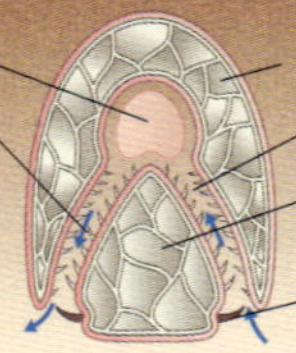

COUPE DU BEC

LE BEC
Lorsqu'il se nourrit, un flamant filtre les grosses particules indésirables en ouvrant un peu le bec. Une seconde filtration se produit dans le bec, où des plaquettes souvent pourvues de minuscules denticules servent de tamis pour retenir les particules comestibles plus petites.

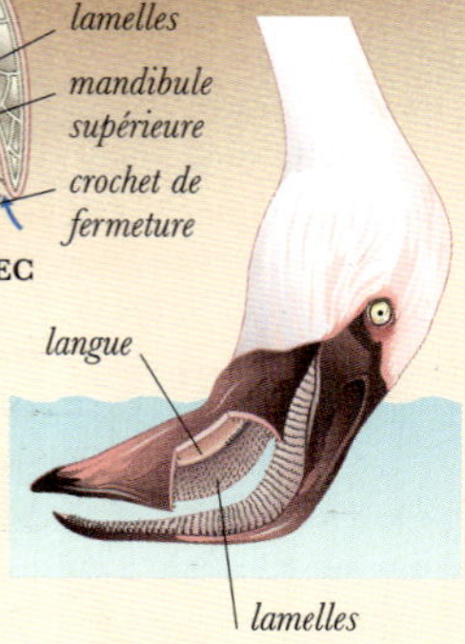

SE NOURRIR

MANGER DES ALGUES
Les flamants nains (à gauche) et autres petites espèces se nourrissent en surface. Les flamants roses plongent entièrement leur tête dans l'eau.

Phoenicopterus ruber

Flamant rose

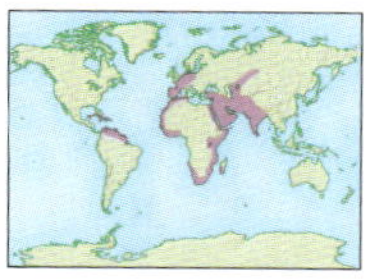

Longueur 1,25–1,50 m
Poids 3–4 kg
Plumage Sexes semblables
Déplacements Migrateur partiel
Statut Commun localement

Répartition Amérique centrale et du Sud, Antilles, S.-O. Europe, Asie, Afrique

Avec son cou et ses pattes exceptionnellement longs, cet oiseau est le plus grand membre de la famille des flamants. On le rencontre dans une grande variété d'eaux douces et salées, en particulier les lacs salés, les estuaires et les lagunes. En dehors des zones tropicales, le flamant rose migre souvent l'hiver vers des régions plus chaudes et peut voler sur de longues distances – parfois plus de 500 km et même de nuit – pour trouver sa nourriture.
À la différence de flamants plus petits, la taille du flamant rose lui permet de marcher en eau relativement profonde ; il s'enfonce parfois tête en bas, à la façon d'un canard, pour atteindre des aliments.
Il prend sa nourriture en immergeant toute sa tête dans l'eau, y demeurant parfois 20 secondes, et, contrairement aux petits flamants, rarement en surface, ce qui réduit la compétition. L'alimentation variée comprend des insectes, des vers, des algues microscopiques et des morceaux de végétation.
Le flamant rose se nourrit surtout le jour, même par forte chaleur.

REPRODUCTION EN MASSE

Espèce sociable, le flamant rose forme d'étonnantes colonies de nidification, fortes de milliers d'oiseaux, mais, aux îles Galápagos, par exemple, ils ne sont localement que quelques douzaines.
Cette variabilité explique que le flamant rose se reproduit aisément en captivité, à l'inverse des autres flamants.

Très grégaire, il se reproduit en vastes colonies réunissant jusqu'à 200 000 couples monogames.

ROSE OU ROUGE
Il existe deux sous-espèces de flamants roses, de nuances différentes. L'une d'elles, au Nouveau Monde, est notablement plus rouge.

NIDS ET POUSSINS

Le nid des flamants est un tronc de cône de vase assez haut, espacé de 1,50 m des autres, souvent entouré d'un petit « fossé », juste au-delà de la distance atteinte par les voisins avec leur cou. Les deux parents couvent un œuf unique. Ils défendent le nid, mais non un territoire précis. Quand les poussins peuvent marcher, ils rejoignent de vastes crèches, sous la surveillance d'un petit nombre d'adultes.

Phoenicoparrus jamesi

Flamant de James

Longueur 1,10 m
Poids 2 kg
Plumage Sexes semblables
Déplacements Sédentaire
Statut LR

Répartition O. Amérique du Sud

Ce flamant se nourrit de diatomées, algues microscopiques abondant en eaux salées. Il se nourrit de jour en eaux peu profondes, marchant lentement, sa tête à peine immergée. Les diatomées sont filtrées hors de l'eau, dans le bec, et ingérées. Ce flamant a un répertoire d'appels différents selon qu'il mange ou vole. C'est l'un des trois flamants d'Amérique du Sud, les autres étant le flamant du Chili *(Phoenicopterus chilensis)* et le flamant des Andes *(P. andinus)*. Tous trois peuplent les lacs salés, à plus de 3 000 m d'altitude. La plupart des flamants de James descendent à plus basse altitude en hiver, certains demeurant sur les lacs où il y a des sources chaudes.
Le cérémonial nuptial et la reproduction de cet oiseau sont semblables à ceux du flamant rose (voir ci-dessus).

CONSERVATION

Peu abondant et localisé, le flamant de James est vulnérable à tout ce qui affecte le succès de sa reproduction. Depuis des siècles, ses œufs sont ramassés, pour être mangés, par les populations des Andes. Cet oiseau est maintenant protégé par des gardes sur l'un de ses plus importants sites de reproduction. La pollution est aussi un danger potentiel, car elle peut réduire la quantité de nourriture de ce flamant.

LA COULEUR
Le flamant de James est rose, avec des parties rouges, surtout en période de reproduction.

Phoeniconaias minor

Flamant nain

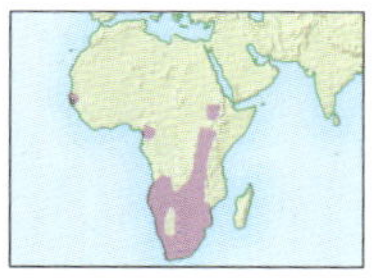

Longueur Jusqu'à 1 m
Poids Jusqu'à 2 kg
Plumage Sexes semblables
Déplacements Nomade
Statut Commun localement

Répartition O., C. et S. Afrique

C'est le plus petit et le plus abondant des flamants. Il est rose clair à rose foncé, avec un bec assez long, de couleur sombre. Il ne migre pas, mais se déplace au crépuscule et à la nuit, évitant les forts vents diurnes, à la recherche de nourriture, essentiellement des algues bleu-vert microscopiques, abondantes dans les eaux salées peu profondes. Certaines colonies, parmi les plus fortes au monde, comptent plus de 1 million d'individus. Le cérémonial nuptial rassemble des centaines d'oiseaux paradant de façon synchronisée.

CANARDS, OIES, CYGNES

PHYLUM	Cordés
CLASSE	Oiseaux
ORDRE	Ansériformes
FAMILLES	2
ESPÈCES	149

CET ORDRE comprend les canards, les oies et les cygnes, et trois espèces d'Amérique du Sud, les kamichis. Leur plumage imperméable et leurs pattes palmées en font pratiquement les maîtres des étendues d'eau douce. On les trouve aussi dans les estuaires et les eaux côtières, certaines espèces étant totalement marines. Ce sont de puissants nageurs. Ils se nourrissent essentiellement à la surface de l'eau, bien que certains canards plongent pour chercher leur nourriture ; mais certaines espèces (oies, cygnes et kamichis) s'alimentent à terre. Ce sont aussi de puissants voiliers, et quelques espèces entreprennent des migrations sur des milliers de kilomètres, entre leurs quartiers d'hiver et leurs lieux de reproduction.

ANATOMIE

Ces palmipèdes ont un corps trapu, avec une petite tête et, le plus souvent, une courte queue. La plupart des espèces ont un grand bec aplati (voir ci-dessous) et un cou assez long pour atteindre leur nourriture dans l'eau. Beaucoup ont un plumage très coloré. Quand ils muent, un grand nombre perdent toutes leurs rémiges ; pour échapper aux prédateurs durant la période où ils ne peuvent voler, les mâles revêtent un plumage dit d'éclipse. Les ansériformes sont isolés du froid par du duvet et une couche de graisse sous la peau. Les kamichis ont des pattes plus longues, des ailes pourvues d'éperons, le bec semblable à celui d'un gallinacé, les doigts palmés à la base seulement.

LE BEC
Comme beaucoup de palmipèdes, le tadorne de Belon a un large bec aplati. Les bords en sont garnis de petites saillies (lamelles), utilisées pour saisir les proies ou filtrer les particules comestibles dans l'eau. La mandibule supérieure peut se renforcer d'un onglet qui lacère les végétaux.

LISSAGE DES PLUMES
Le lissage des plumes est important pour un palmipède, comme cette oie cendrée, car il est essentiel que le plumage soit étanche à l'eau. La glande du croupion sécrète une huile imperméabilisante. L'oiseau stimule la glande avec son bec, puis étale l'huile sur son corps en lissant les plumes.

LES PATTES
Les palmipèdes utilisent leurs pattes pour nager. Les trois doigts antérieurs sont palmés, le plus petit, en arrière, est plus haut. Cela les aide à marcher sur terre, bien qu'ils le fassent en se dandinant.

REPRODUCTION

Le cycle de reproduction des ansériformes est adapté à leur existence aquatique, qui les expose au froid et aux prédateurs. Chose inhabituelle chez les oiseaux, le mâle a un organe similaire à un pénis, qu'il insère dans le cloaque de la femelle, ce qui les rend capables de s'accoupler sur l'eau. Ces palmipèdes nichent près de l'eau, souvent parmi la végétation de sol, certaines espèces utilisant des trous d'arbres ou des crevasses de rocher. Les femelles arrachent leur propre duvet pour en couvrir leurs œufs ; ce duvet est très abondant chez les eiders.

LES JEUNES
Canetons et oisons éclosent déjà bien développés, les yeux ouverts, couverts d'un duvet qui sèche vite. Quelques heures plus tard, les jeunes (ici des bernaches du Canada) marchent ou nagent. Ils quittent le nid, suivent les adultes vers la relative sécurité de l'eau et trouvent rapidement leur nourriture.

L'ENVOL
Bien que certains ansériformes décollent verticalement depuis l'eau, les espèces les plus lourdes doivent courir pour le faire. Les cygnes, en particulier, battent des pattes sur l'eau et courent longtemps pour acquérir de la vitesse.

MOUVEMENTS

Différentes adaptations permettent aux ansériformes de se mouvoir aisément dans l'eau. Les courbes douces de leur corps réduisent la résistance à l'eau, leurs pattes palmées font office de rames puissantes. Le plumage épais ajoute à leur flottabilité, bien que de nombreuses espèces de canards, qui plongent pour trouver leur nourriture, appliquent leur plumage contre leur corps pour en chasser l'air et réduire leur flottabilité avant de plonger. Les kamichis, aux grandes ailes et aux os exceptionnellement légers, volent pendant des heures et font souvent du « vol à voile ». Les autres espèces ont des ailes plus petites, dont elles doivent battre constamment ; en l'air, ce sont des voiliers puissants et rapides. Certaines espèces atteignent 100 km/h.

FORMATION DE VOL
Formation d'Anatidae en vol (ici des oies des neiges, dessinant un V caractéristique). En suivant le sillage de l'oiseau de tête, les oiseaux rencontrent moins de turbulences et économisent leur énergie. L'oiseau de tête est relayé régulièrement.

Anhima cornuta

Kamichi cornu

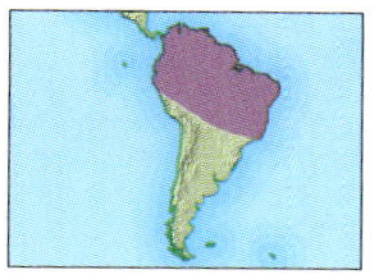

Longueur 84 cm
Poids 2–3 kg
Plumage Sexes semblables
Déplacements Sédentaire
Statut Commun localement
Répartition N. Amérique du Sud

Bien qu'apparenté aux Anatidae, cet oiseau noir et blanc, ressemblant à un dindon, présente des traits distinctifs : un bec étroit et de longues pattes aux pieds partiellement palmés. C'est le plus grand des trois espèces de kamichis : il a une baguette cornée d'environ 10 cm de long sur le front, à laquelle il doit son nom. Comme ses alliés, il se nourrit plus souvent sur terre que sur l'eau. La femelle pond de 4 à 6 œufs dans un nid à terre et elle les couve pendant six semaines.

Dendrocygna eytoni

Dendrocygne d'Eyton

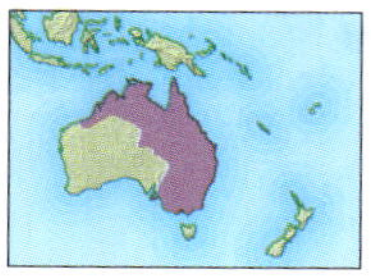

Longueur 40–60 cm
Poids 0,5–1,5 kg
Plumage Sexes semblables
Déplacements Migrateur partiel
Statut Commun localement
Répartition N. et E. Australie

Comme les sept autres espèces de dendrocygnes, celle-ci est haute sur pattes, a de grands pieds palmés et ressemble moins à un canard qu'à une oie, dont elle partage de nombreux traits de comportement : elle se nourrit surtout sur terre, pinçant et arrachant les brins d'herbe. Elle semble être monogame à vie. Le mâle prend aussi soin des jeunes. Détail caractéristique : longues plumes jaunes, incurvées, sur les flancs.

Cygnus olor

Cygne tuberculé

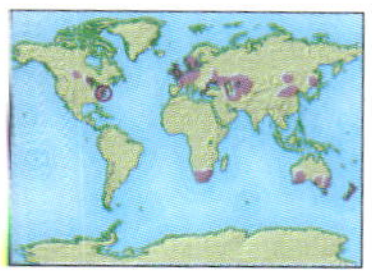

Longueur 1,50 m
Poids 10–23 kg
Plumage Sexes semblables
Déplacements Migrateur partiel
Statut Commun localement
Répartition Europe, Amérique du Nord, Afrique, Asie, Australie

Originaire d'Europe et d'Asie centrale, cet oiseau élégant a été introduit comme espèce d'ornement dans beaucoup d'autres contrées. Jeune, il est brun grisâtre. L'adulte a un plumage d'un blanc pur, un bec rouge orangé, des pattes et des pieds noirs. C'est l'un des plus lourds oiseaux volants, qui court sur l'eau pour s'envoler ; en l'air, ce puissant voilier produit avec ses ailes un son rythmé caractéristique. Il se nourrit surtout dans l'eau, s'enfonçant tête en bas pour trouver des plantes et de petits animaux dans la vase. Il s'apparie pour la vie et niche près du bord ou sur des îlots, édifiant un amas de végétation qui peut atteindre 2 m de diamètre. La femelle pond de 5 à 10 œufs, qu'elle couve seule. Les deux parents s'occupent des petits jusqu'à ce qu'ils soient indépendants, vers l'âge de cinq mois. Les jeunes restent parfois plus longtemps avec eux, mais sont repoussés par le mâle au début de la saison de reproduction suivante. Les jeunes atteignent la maturité sexuelle vers trois ou quatre ans.

Cygnus atratus

Cygne noir

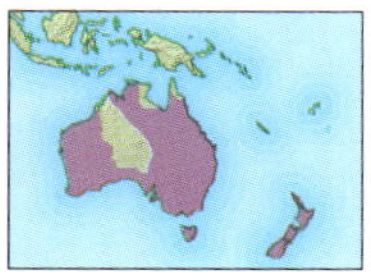

Longueur 1,10–1,40 m
Poids 6 kg
Plumage Sexes semblables
Déplacements Nomade
Statut Commun localement
Répartition Australie (Tasmanie comprise), Nouvelle-Zélande

C'est le seul cygne presque entièrement noir. Les rémiges les plus internes sont frisées : effrayé, le cygne les dresse et expose les parties blanches de ses ailes. Végétarien, il se nourrit de plantes aquatiques ou vient manger sur l'herbe. Comparé aux autres cygnes, il est très sociable et semi-nomade. Après la nidification, il se rassemble souvent en troupes de milliers de sujets.

LIENS FAMILIAUX

Comme les autres cygnes, cette espèce est monogame. Le mâle et la femelle participent à l'édification du nid et à l'élevage des jeunes.

CYGNE À LONG COU
Le cygne noir a le plus long cou de tous les cygnes : plus de la moitié de sa longueur totale en vol.

Anseranas semipalmata

Oie semi-palmée

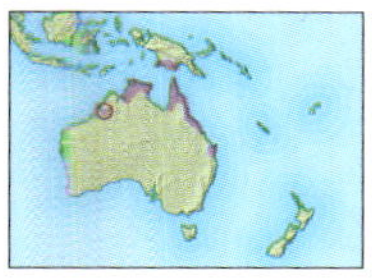

Longueur 75–90 cm
Poids 2–3 kg
Plumage Sexes semblables
Déplacements Migratrice partielle
Statut Commune localement
Répartition S. Nouvelle-Guinée, N. Australie

Seule espèce de sa famille, cet oiseau se distingue en bien des aspects des autres ansériformes : pieds légèrement palmés, doigts postérieurs longs, permettant à l'oiseau de se percher sur de petites branches. Ses pattes sont si longues que leur extrémité dépasse de la queue en vol ; enfin, certains mâles ont deux femelles, qui pondent dans le même nid. Le mâle, plus grand, a un renflement osseux au sommet de la tête.

Anser anser

Oie cendrée

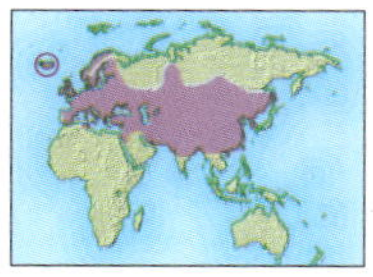

Longueur 75–90 cm
Poids 3–4 kg
Plumage Sexes semblables
Déplacements Migratrice
Statut Commune
Répartition Europe (Islande comprise), Asie

Cette oie tient son nom de sa coloration grise. Ancêtre sauvage de l'oie domestique, peut-être élevée à l'origine en Europe centrale, elle fait partie du folklore. Elle migre plus tard que les autres oies. Le mâle nage en position dressée pour attirer une femelle, et l'accouplement est souvent précédé de mutuels hochements de tête.

Branta canadensis

Bernache du Canada

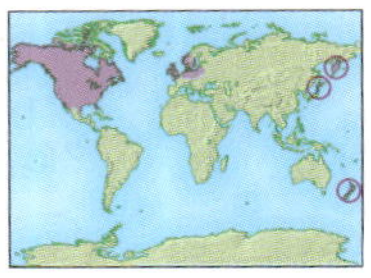

Longueur 55 cm–1,10 m
Poids 3–6 kg
Plumage Sexes semblables
Déplacements Migratrice
Statut Commune

Répartition N. Europe, Amérique du Nord, N.-E. Asie, Nouvelle-Zélande

Originaire d'Amérique du Nord, cette bernache très sociable a été introduite en Europe et en Nouvelle-Zélande. Elle devient de plus en plus commune en raison de sa facilité d'adaptation à tous types de climats, de sa tolérance aux changements écologiques et de son alimentation végétarienne. C'est la plus variable en taille : des petites sous-espèces arctiques (plus de 2 kg) aux grandes qui peuvent atteindre exceptionnellement 8 kg, plus au sud.

LA COULEUR
Cette oie a la tête et le cou noirs, les joues blanches et le corps brun, avec le bout des ailes noirâtre et le dessous plus clair, le bec et les pieds noirs.

NUTRITION

Ces bernaches s'alimentent de jour, sur la terre ferme et dans l'eau. Dans les jardins publics, hors de leur milieu d'origine, elles quittent l'eau à l'aube pour se nourrir d'herbe, de graines et de céréales.

Cereopsis novaehollandiae

Oie céréopse

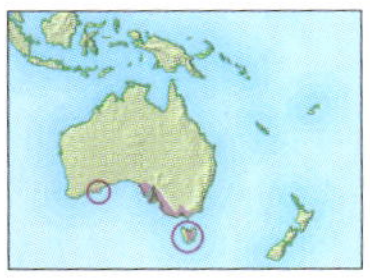

Longueur 75–91 cm
Poids 4–6 kg
Plumage Sexes semblables
Déplacements Sédentaire
Statut LR Δ

Répartition S. Australie (y compris îles voisines et Tasmanie)

Les doigts peu palmés de cet oiseau le disposent à vivre surtout à terre. Son tout petit bec noir est en grande partie caché par une cire vert pâle – bourrelet de chair à la base de la partie supérieure du bec. Agressif et territorial, le mâle effectue des parades de menace et peut pincer ou frapper avec ses ailes. L'accouplement sur terre est suivi d'une cérémonie «du triomphe» quand le couple a repoussé les mâles rivaux.

Alopochen aegyptiaca

Ouette (oie) d'Égypte

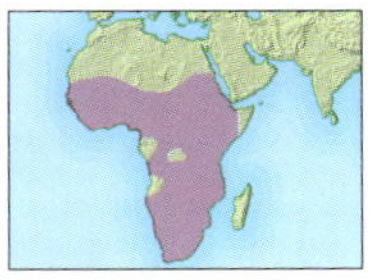

Longueur 63–73 cm
Poids 2,5 kg
Plumage Sexes semblables
Déplacements Sédentaire
Statut Commune localement

Répartition Afrique (sud du Sahara)

Proche parent du tadorne de Belon (ci-dessous, à gauche), cet oiseau aux longues pattes vit sur les lacs, rivières et autres zones humides subtropicales, mais passe beaucoup de temps à terre. Il est brutal envers les espèces plus petites et belliqueux à l'encontre de ses congénères. À la période de reproduction, les combats sont nombreux, et la femelle choisit le mâle le plus agressif. Les mâles émettent un sifflement rauque ; les femelles, un cancanement sonore.

Tadorna tadorna

Tadorne de Belon

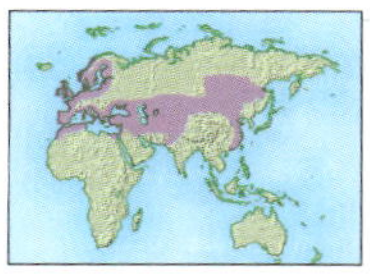

Longueur 58–67 cm
Poids 1–1,5 kg
Plumage Sexes différents
Déplacements Migrateur partiel
Statut Commun localement

Répartition Europe, Asie, N. Afrique, E. Atlantique Nord, Méditerranée, O. Pacifique

Cet oiseau au plumage noir verdâtre, blanc et roux, vit surtout sur les côtes ou les lacs salés. Le mâle seul a un tubercule saillant à la base de son bec rouge. Comme celui de tous les tadornes, son comportement est intermédiaire entre l'oie et le canard typique. Il se nourrit à la limite de la marée basse, en eau peu profonde, où il trouve des mollusques et autres invertébrés marins. Il niche dans des trous ou des terriers abandonnés par d'autres animaux.

Anas platyrhynchos

Canard colvert

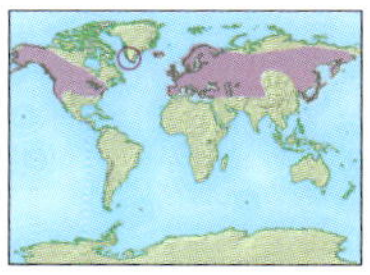

Longueur 50–65 cm
Poids 1–1,5 kg
Plumage Sexes différents
Déplacements Migrateur partiel
Statut Commun

Répartition Europe, Amérique du Nord, S. Groenland, Asie

Le canard colvert est largement répandu dans l'hémisphère Nord, en raison de sa grande aptitude à se reproduire en tous types d'habitats aquatiques, même en ville, et à se nourrir de multiples façons (voir encadré). Le mâle émet un «quèck» bas et bref ; la femelle, des «coin-coin» sonores et plusieurs autres cris distinctifs.

PLUMAGE NUPTIAL
En période de reproduction, le mâle a la tête verte avec un collier blanc, un bec jaune, la gorge rousse, les flancs gris, une petite queue aux plumes centrales retroussées.

TÊTE EN BAS

Ces colverts s'enfoncent dans l'eau tête la première, pour attraper plantes et invertébrés. Ils barbotent, paissent sur l'herbe ou dans les champs au moment des récoltes, ou plongent, mais rarement, en eau peu profonde.

LA FEMELLE
Elle est brun et beige, tachetée, comme le mâle en éclipse, hors période de reproduction.

Anas crecca

Sarcelle d'hiver

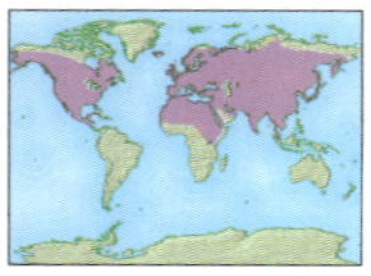

Longueur 34–38 cm
Poids 350 g
Plumage Sexes différents
Déplacements Migratrice partielle
Statut Commune

Répartition Amérique du Nord, Europe (Islande comprise), Asie, N. à C. Afrique

Le plus petit canard d'Europe et d'Amérique du Nord niche dans la toundra, les prairies, l'intérieur et à l'orée des forêts, dans de petits plans d'eau. Son bec minuscule lui permet de se nourrir de graines de plantes aquatiques, de mollusques, crustacés et insectes. Le mâle a un plumage nuptial très coloré. Il émet un sifflement double, et la femelle lance quelquefois des «ke-ke-ke». Les deux sexes ont une tache verte sur l'aile, le «miroir».

Aix galericulata

Canard mandarin

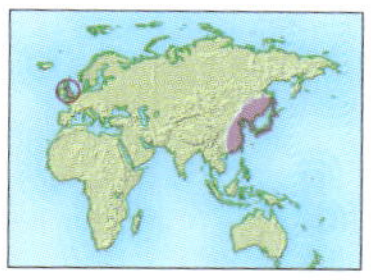

Longueur 41–49 cm
Poids 625 g
Plumage Sexes différents
Déplacements Migrateur partiel
Statut Commun localement Δ

Répartition N.-O. Europe, E. Asie

Le canard mandarin mâle en livrée nuptiale est l'un des plus ornés et des plus beaux parmi les oiseaux : nuque huppée, camail doré, une paire de « voiles » de plumes orange sur les ailes, pouvant se dresser sur les flancs ; leur fonction est purement ornementale. Les femelles, et les mâles hors période de reproduction, sont en majorité brun olive. C'est l'un des plus arboricoles des canards : il se perche sur les branches et niche dans les cavités d'arbre. Les petits sautent du nid à terre dès leur premier jour. Comme d'autres canards percheurs, ses doigts sont griffus pour s'accrocher aux branches, et sa queue, longue et large, freine son atterrissage dans les arbres. Ses grands yeux lui permettent de voir la nuit. Il se nourrit à terre, dans les arbres, plonge rarement dans l'eau, mais s'y enfonce tête en bas. Il mange des graines, des fruits, des insectes et des escargots terrestres. Sa parade nuptiale est collective, plusieurs mâles entrant en compétition pour une femelle. Originaires de l'est de l'Asie, les mandarins ont été introduits et se sont propagés dans l'ouest de l'Europe.

Cairina moschata

Canard musqué

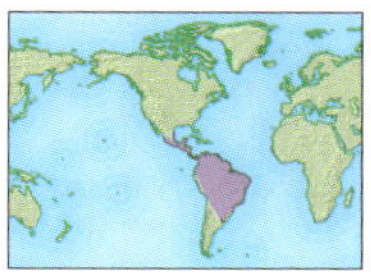

Longueur 65–84 cm
Poids 2–4 kg
Plumage Sexes semblables
Déplacements Sédentaire
Statut Commun

Répartition Amérique centrale à C. Amérique du Sud

Ce grand canard lourdaud est à peu près blanchâtre à l'âge adulte (immature brun-noir), pourvu d'une longue queue, de larges ailes et de doigts peu palmés (adaptation pour se percher). Le mâle adulte a une petite huppe sur la tête, une protubérance au-dessus des narines, de la peau nue verruqueuse autour des yeux. Les canards musqués domestiques – canards de Barbarie – présentent des variantes de couleurs. Les deux sexes sont presque muets.

Polysticta stelleri

Eider de Steller

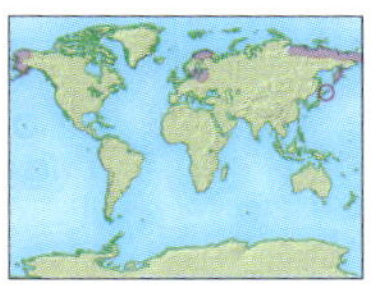

Longueur 43–47 cm
Poids 650–900 g
Plumage Sexes différents
Déplacements Migrateur
Statut VU

Répartition N.-O. Amérique du Nord, N. Europe, N.-E. Asie

C'est la plus petite des quatre espèces d'eiders, la seule à gorge et ventre roux orangé (plumage nuptial chez les mâles). Son bec gris, aux bords assez mous, est probablement adapté pour détacher des invertébrés des rochers ou servir de détecteur quand il se nourrit en eau profonde et sombre. Il vit toujours en haute mer, sauf à la saison de reproduction ; on peut l'observer alors dans les eaux côtières, juste avant qu'il ne niche dans l'herbe de la toundra.

Hymenolaimus malacorhynchos

Canard bleu

Longueur 53 cm
Poids 775–900 g
Plumage Sexes semblables
Déplacements Sédentaire
Statut VU

Répartition Nouvelle-Zélande

Seul palmipède au plumage bleu, ce canard est très adapté aux torrents froids, clairs et rapides, où peu d'autres canards survivraient. Il se nourrit surtout de larves d'insectes – phryganes, éphémères, perles – qu'il avale en plongeant. Il se nourrit aussi en surface, la tête en bas, et fourrage sur les rochers et les galets du bord de l'eau, utilisant son bec caractéristique pour en détacher les algues humides.

Merganetta armata

Merganette des torrents

Longueur 43–46 cm
Poids 450 g
Plumage Sexes différents
Déplacements Sédentaire
Statut LR Δ

Répartition O. Amérique du Sud

Cet oiseau au corps très fuselé, vivant dans les Andes, ne quitte jamais les torrents de montagne, habitat que peu de canards peuvent fréquenter. Le canard bleu de Nouvelle-Zélande (ci-contre) est son plus proche parent. Elle plonge et nage à contre-courant, demeurant très près du fond, cherchant entre les roches des larves et des nymphes d'insectes. Les femelles sont rousses, et les mâles, noir et blanc.

Melanitta fusca

Macreuse brune

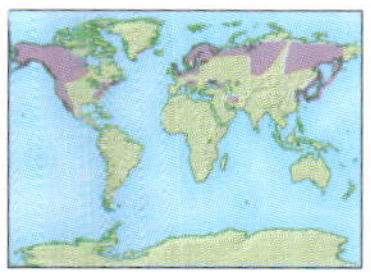

Longueur 51–58 cm
Poids 1,5–2 kg
Plumage Sexes différents
Déplacements Migratrice
Statut Commune

Répartition N.-O., O. et E. Amérique du Nord, Europe, O., N. et E. Asie

Cet oiseau passe une bonne partie de l'année en mer, mais se reproduit près des eaux douces de l'intérieur, se déplaçant parfois l'hiver sur de grands lacs. Il s'alimente en plongeant parfois à plus de 7 m de profondeur et peut rester sous l'eau une minute (davantage en eau profonde). C'est un canard robuste, au bec fort, conformé pour manger des mollusques. Ses larges narines communiquent avec des glandes très développées qui rejettent le sel de l'eau de mer.

Mergus merganser

Harle bièvre

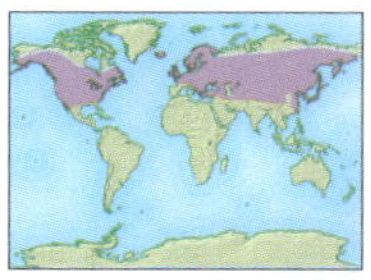

Q. : Grand harle
Longueur 58–66 cm
Poids 1,5–2 kg
Plumage Sexes différents
Déplacements Migrateur partiel
Statut Commun

Répartition Amérique du Nord, Europe (Islande comprise), Asie

C'est l'un des plus rapides des palmipèdes et le plus grand des sept espèces de harles piscivores. Ce canard a un corps fuselé, adapté à la nage rapide sous l'eau et au vol (en l'air, il peut atteindre 100 km/h). Il a un long bec étroit et crochu pour attraper et tenir les poissons, qui forment l'essentiel de son alimentation. Les femelles ont le dessus gris, les mâles ont le dos noir.

OISEAUX

RAPACES DIURNES

PHYLUM	Cordés
CLASSE	Oiseaux
ORDRE	Falconiformes
FAMILLES	5
ESPÈCES	307

DE TOUS LES OISEAUX, les rapaces diurnes sont les plus carnivores et les plus grands prédateurs. Certes, bien d'autres oiseaux se nourrissent d'animaux vivants, mais eux se distinguent par leur vue remarquablement perçante, leurs pattes puissantes, leur bec et leurs serres, ainsi que par leur agilité en vol et leurs techniques de chasse perfectionnées. Ce grand groupe comprend, entre autres, les aigles, buses, vautours, busards, balbuzards et faucons. La plupart chassent le jour, à la différence des hiboux. Ils se nourrissent d'une grande variété d'animaux, depuis les vers de terre et les escargots jusqu'aux poissons, reptiles, amphibiens, mammifères et autres oiseaux, ainsi que de charognes. Les rapaces se rencontrent partout, mais sont surtout communs dans les grands espaces des régions chaudes.

LA CHASSE

Capturer des proies vivantes demande de l'entraînement. Plus habiles que les jeunes, les adultes manquent pourtant souvent leur coup. Les techniques varient selon les espèces et les proies : les buses chassent à l'affût de petits mammifères, attrapant aussi des vers de terre. Le balbuzard (ci-dessous) est plus spécialisé. Les rapaces diurnes, pour la plupart, chassent seuls, mais certaines espèces (dont quelques aigles) travaillent en tandem, l'un rabattant la proie, l'autre la tuant.

LA PÊCHE
Le balbuzard se nourrit surtout de poisson, selon une technique unique. Il s'approche, puis plonge et projette en avant ses longues pattes, saisissant le poisson avec ses serres. Pour mieux le tenir, il peut inverser l'un de ses trois doigts antérieurs.

ANATOMIE

La taille des rapaces diurnes s'échelonne de celle des fauconnets (pas plus gros qu'un moineau) aux condors, dont l'envergure atteint 3,20 m. Certains ont de larges ailes puissantes, d'autres sont légers et fuselés. Beaucoup d'espèces ont une grosse tête et un petit cou, alors que les vautours ont un long cou nu qu'ils peuvent enfoncer dans les carcasses. Mais les caractères distinctifs de ce groupe sont le bec et les pieds. Chez la plupart des espèces, le bec est fort et crochu, avec des bords coupants. Sa forme varie selon le type d'alimentation (voir ci-dessous). Les pieds sont forts et musclés, avec de longues serres acérées (ci-dessous, à gauche). Le plumage, généralement assez terne, est brun, gris, noir ou bleu, souvent combinés au blanc.

LES SERRES
Beaucoup de rapaces tuent avec leurs serres plutôt qu'avec leur bec, perçant les organes vitaux et cassant les os légers. Trois des quatre doigts sont tournés vers l'avant, un vers l'arrière. Chez de nombreuses espèces (dont le pygargue à queue blanche d'Eurasie), la serre arrière, plus longue et plus acérée, permet au pied d'agir comme une pince, pour tenir et broyer la proie sans la lâcher.

PYGARGUE À TÊTE BLANCHE

FAUCON

MILAN DES MARAIS

LE BEC
Le bec en crochet et à bords coupants est typique des rapaces. Certaines espèces présentent des variantes : les faucons ont une pointe avant l'extrémité de la mandibule supérieure, pour briser l'épine dorsale de leur proie ; le milan des marais a un long bec crochu pour extraire les escargots de leur coquille.

LES SENS

Les rapaces, chassant surtout à vue, ont une grande acuité visuelle. On pense qu'ils peuvent voir quatre fois plus de détails qu'un homme, ce qui leur permet de repérer une proie de très loin. Cela tient à leurs grands yeux et à la forte concentration de cônes dans leur rétine. Certaines espèces ont une ouïe excellente, surtout les busards, qui chassent au-dessus de la végétation épaisse. L'odorat exceptionnel de certains vautours leur permet de localiser des carcasses invisibles.

PROTECTION DE L'ŒIL
Comme beaucoup de rapaces diurnes, l'autour a les yeux surmontés d'une saillie, qui leur procure de l'ombre et les protège des proies qui se défendent. En outre, l'œil est aussi protégé par une troisième paupière transparente (membrane nictitante).

ALIMENTATION

La plupart des rapaces diurnes se nourrissent d'animaux vivants; plus ils sont grands, plus ils peuvent capturer de grosses proies. Pour le pygargue à tête blanche, par exemple, un cerf n'est pas trop lourd. Beaucoup de rapaces sont spécialisés : la bondrée apivore mange des guêpes et leurs larves, et le serpentaire se nourrit de serpents. Beaucoup consomment des proies vivantes aussi bien que des cadavres, de temps à autre. Un petit nombre, comme les vautours et les milans, se nourrissent presque exclusivement de cadavres. Le gypaète barbu mange les os des charognes, brisant les plus gros en les laissant tomber sur des rochers. Le vautour palmiste est le seul à se nourrir en majorité de végétaux.

DES CHAROGNARDS
Jusqu'à six espèces de vautours peuvent se partager une carcasse, chacune s'attachant à une partie de l'animal. Certains mangent les parties molles, d'autres la peau et l'intérieur. Le vautour oricou (à gauche), l'un des plus grands, est souvent l'espèce dominante.

MANGER PERCHÉ
Beaucoup de rapaces préfèrent emporter leur proie sur un perchoir plutôt que de manger en vol. Ils pourront en ôter toutes les parties immangeables. Cet épervier d'Europe (ci-dessus) dépouille un merle.

LE VOL

Tous les rapaces diurnes volent bien, mais de différentes façons, selon leur mode de chasse. Les vautours et les condors se servent de leurs ailes grandes et larges pour utiliser l'air chaud au voisinage des falaises. Ils peuvent rester en l'air des heures durant, battant à peine des ailes, pour repérer les charognes. En revanche, les faucons au corps fuselé attaquent les autres oiseaux dans les airs, manœuvrant de leurs longues ailes fines et pointues, plongeant parfois (ou fondant) d'une grande hauteur (autours et éperviers ci-dessous). Les faucons préparent leur attaque et accélèrent vivement ou s'embusquent pour surprendre la proie. Les busards volent lentement au-dessus du sol et se laissent tomber sur la proie à l'improviste. Les faucons crécerelles et les buses font du surplace, observant tout mouvement à terre, puis se laissent tomber, serres en avant.

DES TUEURS AÉRIENS
L'un des traits les plus distinctifs des rapaces diurnes est la façon dont ils tuent avec leurs serres, saisissant leur proie à terre, dans l'eau ou en l'air. Le pygargue de Steller (photo) pêche ainsi les saumons du Pacifique et chasse les oies, les lièvres et les jeunes phoques.

« VOL À VOILE »
Condors et vautours ont les plus grandes ailes de tous les rapaces (le gypaète barbu, ci-dessus, mesure jusqu'à 2,80 m d'envergure). Ils sont communs dans les régions montagneuses, où les courants ascendants les aident à se tenir en l'air.

CONSERVATION

De nombreux rapaces diurnes sont répertoriés dans le CITES (voir p. 33), et le condor de Californie (à peine 170 individus) est l'un des animaux les plus menacés du monde. D'autres espèces comme le faucon pèlerin (à gauche), situées au début des chaînes alimentaires, sont vulnérables, car sensibles aux facteurs affectant leurs proies. Les hommes déciment régulièrement certaines espèces, qu'ils accusent de menacer le bétail.

ATTAQUE EN PIQUÉ
La plupart des grands faucons vivent dans les milieux ouverts où il y a peu de végétation pour les cacher à leurs proies. Pour prendre des oiseaux en vol, ils montent très haut, puis fondent sur leur proie. Le faucon pèlerin peut atteindre 200 km/h en piqué.

Cathartes aura

Vautour à tête rouge

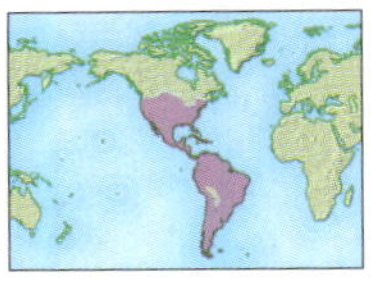

Q : Urubu à tête rouge
Longueur 64–81 cm
Poids 0,85–2 kg
Plumage Sexes semblables
Déplacements Migrateur partiel
Statut Commun

Répartition S. Canada à S. Amérique du Sud

Souvent appelé buse aux États-Unis, ce vautour se rencontre du sud du Canada à la Terre de Feu. Avec ses proches parents, c'est le seul rapace diurne ayant un bon odorat, ce qui lui permet de repérer sa nourriture même dans la jungle. Il plane dès que la chaleur est montée et se nourrit souvent des animaux accidentés sur les routes, ce qui expliquerait son développement dans les zones peuplées. Ses parades nuptiales se limitent à une danse rituelle à terre. La femelle pond 2 œufs, les deux parents nourrissent les jeunes, par régurgitation du jabot. Après un an, les jeunes sont prêts à vivre de douze à dix-sept ans.

Vultur gryphus

Condor des Andes

Longueur 1–1,30 m
Poids 11–15 kg
Plumage Sexes différents
Déplacements Sédentaire
Statut LR

Répartition O. Amérique du Sud

Le condor des Andes est l'un des oiseaux ayant la plus grande envergure. En raison de sa taille immense, il profite des courants ascendants en montagne et près des falaises côtières, et peut couvrir d'énormes distances en battant très peu des ailes. Sa silhouette est parfaitement reconnaissable, avec ses grandes rémiges écartées comme les doigts d'une main. Les deux sexes ont la tête nue. Le mâle, plus grand que la femelle, a une collerette blanche à la base du cou. Cet oiseau s'élève à plus de 5 500 m pour chercher sa nourriture (surtout des charognes). Son alimentation est très variée : animaux de montagne et marins échoués (phoques et baleines). En certains endroits, il exploite des colonies d'oiseaux de mer et prend leurs œufs. Il se reproduit lentement (un œuf tous les deux ans), sur des falaises abritées.

Gymnogyps californianus

Condor de Californie

Longueur 1,20–1,30 m
Poids 8–14 kg
Plumage Sexes semblables
Déplacements Sédentaire
Statut CR

Répartition O. États-Unis (Californie, Arizona)

PLUMAGE NOIR
Le condor de Californie a un plumage noir, avec une partie des ailes blanche et une collerette noire. La tête et le cou sont nus.

C'est le plus grand oiseau volant d'Amérique du Nord et le plus en danger. Présente autrefois de la Californie à la Floride, l'espèce n'existait plus en 1987 à l'état sauvage. Un programme de reproduction en captivité (voir encadré) l'aida à renaître lentement. Cet oiseau excelle à s'élever en altitude et plane en cercles. Il se nourrissait de restes de bisons et de pronghorns, mais, avec l'arrivée des Européens, cette abondante source de nourriture s'est rapidement tarie. Aujourd'hui, les condors qui ont été relâchés dans la nature ne se nourrissent que de bétail et de cervidés morts.

CONSERVATION

Grâce au Californian Condor Recovery Program, les 27 individus restants dans les années 1980 se sont reproduits en captivité, et l'espèce compte 170 représentants aujourd'hui, dont 40 en liberté. Les oiseaux relâchés dans la nature ont connu des fortunes diverses, mais l'organisation de sauvegarde ne désespère pas de voir l'oiseau se reproduire à nouveau.

Pandion haliaetus

Balbuzard pêcheur

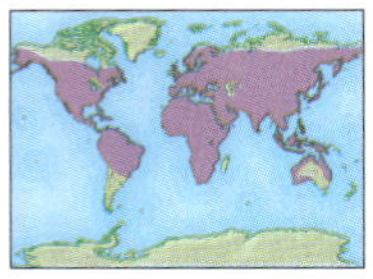

Longueur 1,50–1,70 m
Poids 1,5–2 kg
Plumage Sexes différents
Déplacements Migrateur
Statut Commun

Répartition Monde entier (sauf Antarctique)

L'un des plus répandus des rapaces a le dessous blanc, le dessus brun-chocolat, une bande foncée sur l'œil, des serres et un bec fortement courbes. Il plonge droit, serres en avant, et sort le poisson de l'eau, se mouillant parfois entièrement. Ses doigts sont adaptés pour prendre des poissons glissants : leur face inférieure est garnie d'aspérités ; son doigt arrière est réversible pour emporter le poisson tête en avant.

Milvus milvus

Milan royal

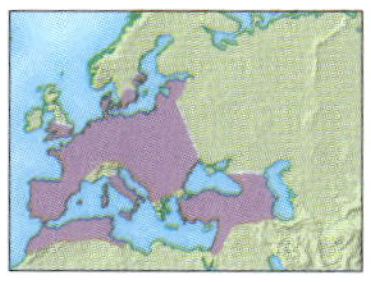

Longueur 61–66 cm
Poids 750 g–1 kg
Plumage Sexes semblables
Déplacements Migrateur partiel
Statut VU Δ

Répartition Europe, O. Asie, N. Afrique, Canaries et îles du Cap-Vert

Les milans sont d'agiles voiliers, à longues pattes et queue fourchue. Le milan royal en est la plus grande espèce. Il se nourrit de petits mammifères, charognes et jeunes oiseaux. Il vole les ailes un peu incurvées, utilisant sa queue comme gouvernail. Il y a deux siècles, c'était un charognard commun des villes d'Europe ; il l'est bien moins aujourd'hui. Il niche dans les arbres, souvent dans les anciens nids de corbeaux, et pond 2 ou 3 œufs chaque année.

Pernis apivorus

Bondrée apivore

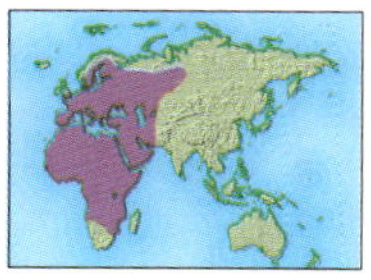

Longueur 52–60 cm
Poids 450 g–1 kg
Plumage Sexes semblables
Déplacements Migratrice
Statut Commune

Répartition Europe, O. et C. Asie, Afrique

Cet oiseau a de petits pieds, des serres relativement peu développées, un bec court et incurvé. Cela indique un mode de vie différent de celui des autres rapaces diurnes. Il s'alimente en vol de guêpes et autres insectes, qu'il suit jusqu'à leur nid pour manger leurs larves. Sa survie dépendant des insectes, il migre vers le sud en hiver.

Rostrhamus sociabilis

Milan des marais

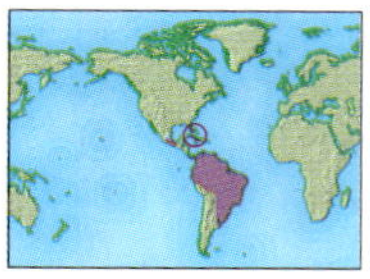

Longueur 40–45 cm
Poids 350–400 g
Plumage Sexes différents
Déplacements Migrateur partiel
Statut Commun localement

Répartition S.-E. États-Unis (Floride), Cuba, Amérique centrale, Amérique du Sud

Cet oiseau se nourrit d'escargots aquatiques. Il survole lentement les marécages peu profonds, se saisissant des escargots qui s'alimentent en surface. Il insère son bec fort, fin et courbe dans l'escargot, coupe le muscle qui le fixe à sa coquille et extrait l'animal. Le mâle adulte est gris sombre, avec des primaires noires ; la femelle est brune avec le dessous beige clair strié. Rare en Floride, il abonde localement ailleurs, par exemple dans les pampas d'Argentine.

Haliaeetus vocifer

Pygargue vocifère

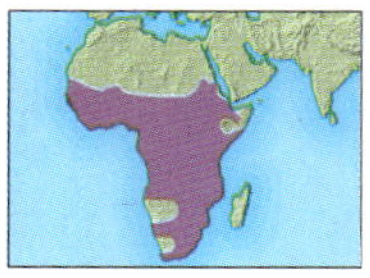

Longueur 63–73 cm
Poids 2–3,5 kg
Plumage Sexes semblables
Déplacements Sédentaire
Statut Commun

Répartition Afrique (sud du Sahara)

Surnommé « voix de l'Afrique », cet aigle tend le cou et lance des cris sonores. On le reconnaît facilement à sa tête blanche quand il est perché près de l'eau. Piquant d'une branche, il cueille le poisson d'un coup de patte arrière. Il se nourrit aussi de petits mammifères, oiseaux et charognes, et de poissons subtilisés aux autres aigles et aux pêcheurs.

Gypaetus barbatus

Gypaète barbu

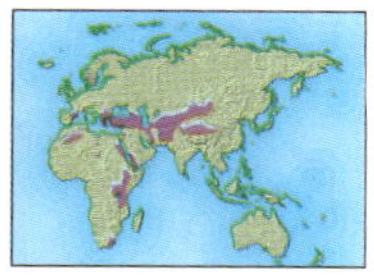

Longueur 1–1,20 m
Poids 4,5–7 kg
Plumage Sexes semblables
Déplacements Sédentaire
Statut Commun localement

Répartition Europe, Asie, N., E. et S. Afrique

Ce rapace diurne, l'un des plus grands de l'Ancien Monde, a des ailes immenses, une queue épaisse, en forme de coin, et une espèce de barbe sous le bec. Il se nourrit de charognes, se réservant les os, qu'il emporte et laisse tomber de haut sur les rochers. Une fois brisés, il en mange la moelle.

Neophron percnopterus

Vautour percnoptère

Longueur 58–70 cm
Poids 1,5–2 kg
Plumage Sexes semblables
Déplacements Migrateur partiel
Statut Commun

Répartition Europe, Afrique, Asie

C'est le plus petit vautour de l'Ancien Monde. Les adultes ont la face jaune et un plumage blanc, avec la partie terminale des ailes noire. Les jeunes sont brun noirâtre (photo). Il se nourrit de tout, mais en Afrique casse les œufs des autruches et d'autres oiseaux. Il a du mal à disputer les carcasses aux plus grands vautours et doit souvent attendre qu'ils soient rassasiés.

Gyps africanus

Vautour à dos blanc

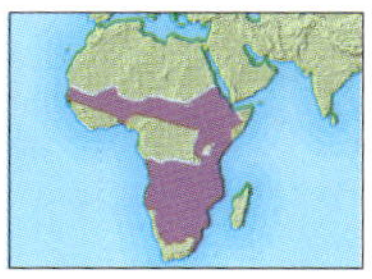

Longueur 94 cm
Poids 4–7 kg
Plumage Sexes semblables
Déplacements Sédentaire
Statut Commun

Répartition Afrique (sud du Sahara)

Ce charognard africain est un vautour griffon – l'un parmi un groupe de sept espèces à long cou, apparemment nu mais couvert d'un fin duvet. Cette particularité permet de plonger tête et cou dans les carcasses sans se souiller. Le vautour à dos blanc tient son nom du collier de plumes blanches en haut de son dos, qui contraste avec son cou gris. Très commun en Afrique, il se trouve souvent en grand nombre autour des sources de nourriture. Il émet des sifflements et caquètements quand il se bouscule avec ses congénères pour se nourrir.

LA NOURRITURE

L'habileté des vautours à dos blanc à trouver leur nourriture est légendaire. Leur odorat est peu développé, mais leur vue excellente. Ils repèrent les cadavres de très haut et se surveillent : si l'un d'eux aperçoit quelque chose et descend, les autres font de même.

DE GRANDES AILES
Les longues et larges ailes du vautour à dos blanc lui permettent de chercher des charognes en tournoyant en l'air pendant des heures.

EMBLÈME DES ÉTATS-UNIS
Le pygargue à tête blanche, qui doit son nom aux abondantes plumes blanches de sa tête, est l'emblème des États-Unis depuis 1782. Seul rapace propre à l'Amérique du Nord, il est protégé depuis 1940.

Haliaeetus leucocephalus

Pygargue à tête blanche

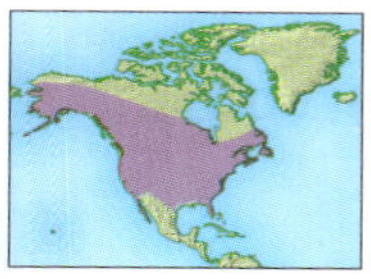

Longueur 71–96 cm
Poids 3–6,5 kg
Plumage Sexes semblables
Déplacements Migrateur partiel
Statut VU Δ
Répartition Amérique du Nord

Ce pygargue, puissant et majestueux, a une envergure atteignant 2,50 m. Bien qu'on le trouve très loin de l'eau en hiver, il vit communément près des lacs, des rivières et des zones côtières. Il s'apparie pour la vie, mais alors que certains sédentaires demeurent ensemble toute l'année, d'autres migrent séparément, pour se retrouver ensuite sur leur lieu de reproduction. Ils renforcent leur couple par de spectaculaires acrobaties en vol, fonçant l'un sur l'autre et dégringolant, accrochés par les pattes. Ils construisent ensemble un très grand nid (dans un arbre ou parfois à terre), atteignant 4 m de haut. Le pygargue à tête blanche se reproduit à sa cinquième année et pond généralement 2 ou 3 œufs. Bien que les petits soient élevés par les deux parents pendant plusieurs semaines, beaucoup ne survivent pas au-delà de la première année.

TRAITS DISTINCTIFS
Cet aigle est aisément reconnaissable à sa tête et à sa queue d'un blanc pur, à ses ailes brun foncé et à son grand bec jaune. Les jeunes n'ont leur plumage d'adultes qu'à cinq ans.

HABITUDES ALIMENTAIRES

Le pygargue à tête blanche a plusieurs sources d'alimentation : petits oiseaux, charognes (surtout en hiver) et poissons. Quand il pêche, il n'entre pas dans l'eau comme le balbuzard (voir p. 288), mais cherche des poissons morts ou mourants, ou des poissons de surface.

TECHNIQUE DE PÊCHE
Le pygargue utilise ses pieds aux serres acérées pour saisir le poisson en surface.

LUTTER POUR MANGER
Les pygargues volent leur nourriture à d'autres prédateurs, comme le balbuzard, et se disputent aussi les proies entre eux.

RÉGIME HIVERNAL
L'hiver, les pygargues s'assemblent près des rivières où les saumons viennent frayer.

Circaetus pectoralis

Circaète à poitrine noire

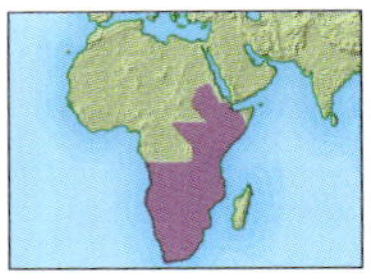

Longueur 65 cm
Poids 1–2,5 kg
Plumage Sexes semblables
Déplacements Sédentaire
Statut Commun
Répartition E. à S. Afrique

Ce chasseur de reptiles a les pattes et les pieds couverts d'écailles serrées, qui les protègent des morsures de serpents. Il a une grosse tête et de grands yeux, de fortes pattes nues et de petits pieds. Il survole les pentes dégagées des collines, planant à la recherche d'une proie. Il se nourrit surtout de serpents – évitant les venimeux — et aussi de lézards, oiseaux, chauves-souris et même poissons. La femelle pond un œuf et le couve quarante-huit jours. Les deux parents prennent soin du petit qui, lorsqu'il peut voler, reste dépendant six mois encore.

Terathopius ecaudatus

Aigle bateleur

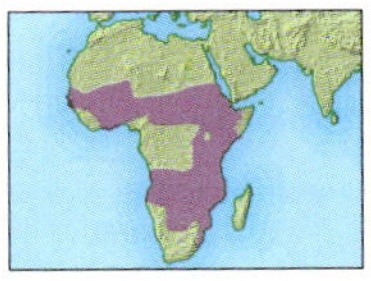

Longueur 60 cm
Poids 2–3 kg
Plumage Sexes différents
Déplacements Sédentaire
Statut Commun
Répartition Afrique (sud du Sahara)

C'est un aigle au plumage marron sur le dos, au corps et à la tête noirs, à la face nue, rouge ou orange. La femelle a les épaules grises, des rémiges secondaires blanches, bordées de noir (celles-ci sont noires chez les mâles). On le reconnaît à sa silhouette en vol : longues ailes pointues et petite queue, il se balance comme un funambule. Surtout charognard, il se nourrit aussi de petits mammifères, oiseaux, reptiles, poissons, œufs et insectes. En groupe, il peut capturer les termites qui s'envolent pour s'accoupler. En parade, il effectue des acrobaties, s'arrêtant souvent en plein vol, ailes grandes ouvertes. Il construit un grand nid de branches sur une fourche d'arbre.

Circus cyaneus

Busard Saint-Martin

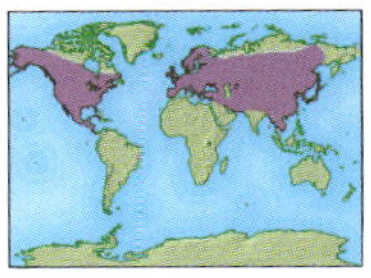

Longueur 43–52 cm
Poids 350–525 g
Plumage Sexes différents
Déplacements Migrateur
Statut Commun
Répartition Amérique du Nord à N. Amérique centrale, Europe, Asie

Ce busard ne vole pas haut mais près du sol, ses ailes légèrement relevées en V. Sa vue perçante et son ouïe développée l'aident à débusquer de petits animaux cachés dans la végétation. La femelle (ci-dessus), brune avec le croupion blanc, est plus grande que le mâle, gris. Ils font leur nid à terre, avec de l'herbe et des brindilles.

Accipiter gentilis

Autour des palombes

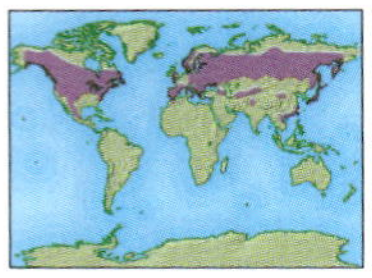

Longueur 48–70 cm
Poids 700 g–1,4 kg
Plumage Sexes semblables
Déplacements Migrateur partiel
Statut Commun
Répartition Canada à Mexique, Europe, Asie

Chasseurs rapides des bois et des forêts, les autours ont un plumage différent selon les régions. Ceux d'Asie sont habituellement pâles, ceux d'Amérique du Nord ont souvent la tête noire. Les femelles, plus grandes que les mâles, pèsent souvent le double. Les jeunes sont marron, pouvant devenir gris. L'autour des palombes se nourrit d'oiseaux atteignant la taille de corbeaux ou de pigeons, et de mammifères jusqu'aux petits lièvres. Avec ses ailes arrondies et sa queue qui lui sert de gouvernail et de frein, il chasse depuis un perchoir, en bordure de la forêt, fondant sur sa proie. Hormis ces attaques rapides, c'est un oiseau discret. En période nuptiale, les éventuelles partenaires crient à voix forte tandis qu'ils planent. Le nid construit, le couple demeure sur son territoire, éloignant les intrus. Par hivers froids, la pitance étant maigre, on peut le voir au sud de son aire normale de répartition.

Buteo buteo

Buse variable

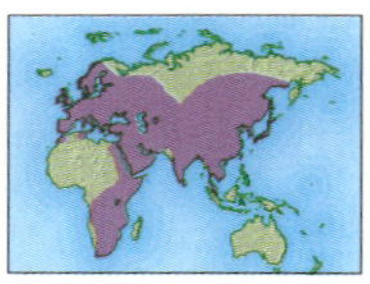

Longueur 50–57 cm
Poids 525 g–1 kg
Plumage Sexes semblables
Déplacements Migratrice partielle
Statut Commune
Répartition Europe, Asie, N. et E. à S. Afrique

De taille moyenne et de couleur variable, ce rapace a de longues et larges ailes, et une queue courte, adaptée pour voler en utilisant les courants aériens. Malgré sa taille, cette buse n'attrape que de petites proies, campagnols, souris et insectes. Souvent à terre, surtout l'hiver, elle mange des insectes et des vers de terre. En période de reproduction, elle exécute une parade nuptiale aérienne, aux montées et descentes spectaculaires, et le mâle transmet, en l'air, les matériaux pour le nid à la femelle.

Buteo galapagoensis

Buse des Galápagos

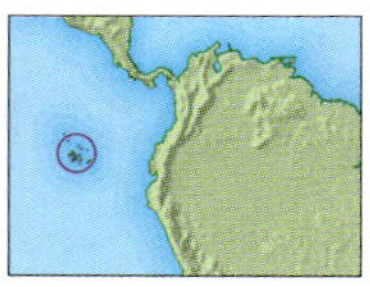

Longueur 55 cm
Poids 650–850 g
Plumage Sexes semblables
Déplacements Sédentaire
Statut VU
Répartition Îles Galápagos

C'est le seul rapace diurne des Galápagos, et l'une des quelques espèces à avoir un mode de reproduction coopératif – les femelles qui ont un mâle en plus pour les aider ont une meilleure fécondité. La femelle est beaucoup plus grosse que le mâle. La buse des Galápagos est d'un brun fuligineux, la queue barrée de gris. Elle plane en observant sa proie de haut, mais peut aussi faire du surplace, et se nourrit de petits mammifères, oiseaux, reptiles et insectes. Les deux parents élèvent le petit – souvent unique – et l'accompagnent jusqu'à quatre mois avant de l'écarter.

Aquila chrysaetos

Aigle royal

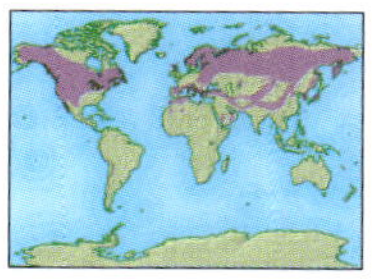

Longueur 75–90 cm
Poids 3–6,5 kg
Plumage Sexes semblables
Déplacements Migrateur partiel
Statut Commun localement
Répartition Amérique du Nord, Europe, Asie, N. Afrique

Avec ses 2,30 m d'envergure (maximum), cet oiseau est l'un des plus grands aigles de l'hémisphère Nord. Son plumage est généralement brun foncé, mais il tient son autre nom d'aigle doré des plumes jaunâtres de sa nuque et de sa tête. Habile planeur, il chasse généralement ses proies en volant bas, si le terrain le permet. Il niche sur des corniches ou un grand arbre, construisant une aire en plate-forme atteignant 2 m de large. Persécuté dans le passé pour les prétendus dégâts causés dans le bétail, il est aujourd'hui protégé dans de nombreux pays.

NOURRIR LES JEUNES

Cet aigle se nourrit de charognes, de proies vivantes (lièvres, écureuils, tétras) et de tortues, dans le sud de son aire. Les parents dépècent la nourriture pour leurs petits qui les accompagnent, plusieurs mois encore après qu'ils ont pris leur essor. Ils ne sont adultes que vers quatre ou cinq ans, mais la mortalité est élevée, surtout les douze premiers mois.

grandes serres

DE LARGES AILES
Cet aigle a de grandes ailes pour planer et des rémiges écartées comme les doigts d'une main, ce qui facilite le «vol à voile». Il plane très haut, économisant l'énergie et surveillant le sol.

Pithecophaga jefferyi

Aigle des singes

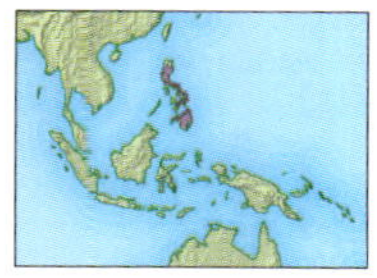

Longueur 86–100 cm
Poids 4,5–8 kg
Plumage Sexes semblables
Déplacements Sédentaire
Statut CR
Répartition Philippines

Cet aigle immense, l'un des plus rares rapaces diurnes au monde, est menacé par le déboisement et la chasse. Il se nourrit d'une grande variété d'animaux, dont des singes, qu'il attrape à faible hauteur. On a essayé de l'élever en captivité, mais, son habitat se rétrécissant, son avenir reste incertain.

Aquila audax

Aigle australien

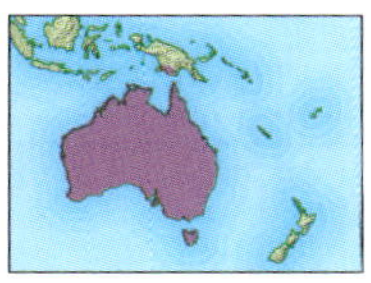

Longueur 81–100 cm
Poids 2–5,5 kg
Plumage Sexes semblables
Déplacements Sédentaire
Statut Commun
Répartition S. Nouvelle-Guinée, Australie (Tasmanie comprise)

C'est le plus grand rapace diurne d'Australie. Son plumage est brun foncé, et sa longue queue lui donne en vol une silhouette reconnaissable. Son alimentation, variée, se compose d'autres oiseaux et de lapins ; pour les charognes, il remplace les vautours, qui n'existent pas en Australie. Cet aigle niche d'ordinaire dans les arbres, garnissant son nid de feuilles.

Harpia harpyja

Harpie

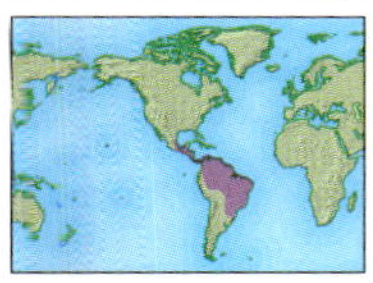

Longueur 89–100 cm
Poids 4–9 kg
Plumage Sexes semblables
Déplacements Sédentaire
Statut LR
Répartition S. Mexique à C. Amérique du Sud

Ce puissant rapace égale, en habitat et en mode de vie, l'aigle des singes (voir ci-dessus), bien qu'il vive dans une tout autre partie du monde. Malgré sa grande taille, il est très agile et peut voler à travers la cime des arbres pour capturer ses proies. Les paresseux entrent pour un tiers dans sa nourriture, mais il chasse divers autres animaux tels que des serpents, des lézards et des aras. Il construit un nid de branchages en haut de vieux arbres et se perche souvent sur des branches dégagées pour observer la forêt.

UN PUISSANT PRÉDATEUR
La harpie a un plumage gris, noir et blanc, une queue barrée, une double huppe, un bec fort, des pattes et des pieds puissants.

Polemaetus bellicosus

Aigle martial

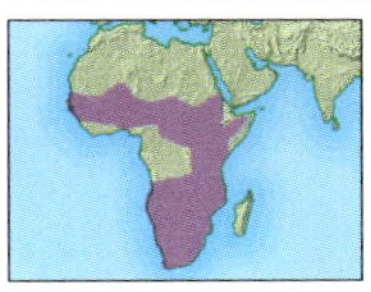

Longueur 78–86 cm
Poids 3–6 kg
Plumage Sexes semblables
Déplacements Sédentaire
Statut VU ∆
Répartition Afrique (sud du Sahara)

Le plus grand aigle d'Afrique, et aussi l'un des plus grands aigles du monde. Il occupe une grande variété d'habitats ouverts, steppiques, semi-désertiques ou modérément boisés. Ses sourcils proéminents lui donnent une expression menaçante. L'abdomen est blanc, moucheté de noir. Par beau temps, il vole longuement, cherchant des proies, parmi lesquelles des gallinacés, des lièvres, des damans, de petites antilopes, des lézards et autres vertébrés de taille moyenne.

CONSERVATION

La harpie a besoin d'un très vaste terrain de chasse, et le morcellement de la forêt met sa population en déclin. Des jeunes sont maintenant surveillés par satellite, pour déterminer leur distribution et l'espace dont ils ont besoin pour survivre.

OISEAUX

Sagittarius serpentarius

Serpentaire

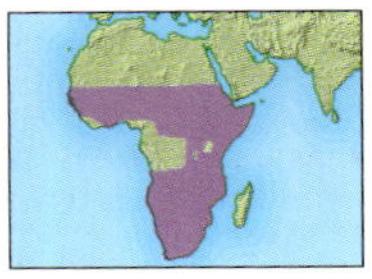

Longueur 1,30–1,50 m
Poids 2,5–4,5 kg
Plumage Sexes semblables
Déplacements Sédentaire
Statut Commun
Répartition Afrique (sud du Sahara)

Avec ses pattes de cigogne, sa longue queue en forme de coin et sa huppe de plumes noires derrière la tête, il ne ressemble à aucun autre rapace diurne. Sa huppe est formée de plumes évoquant celles utilisées autrefois pour écrire. Ses rémiges sont noires, le reste du corps est gris. Ses pattes puissantes lui servent à frapper sa proie et à la poursuivre rapidement. Il peut parcourir plus de 24 km par jour dans la savane, à la recherche de sa nourriture, composée de sauterelles et autres gros insectes, de petits mammifères, de grenouilles, de serpents, de lézards et de tortues, qu'il débusque en piétinant les touffes d'herbe. Ses ailes font office de bouclier quand il attaque des serpents.

Falco punctatus

Crécerelle de Maurice

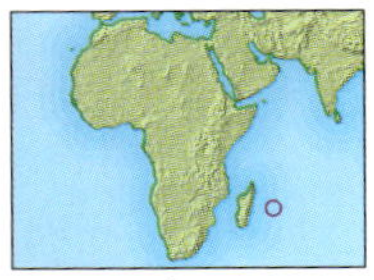

Longueur 20–26 cm
Poids 175–225 g
Plumage Sexes semblables
Déplacements Sédentaire
Statut VU
Répartition Île Maurice

Cet oiseau brun-marron dessus, crème dessous, a presque disparu avec la destruction de son habitat de forêts primaires à feuillage persistant. Il n'en restait que 4 à 8 sujets en 1970, mais il est élevé en zoo, et l'on essaie de l'habituer à vivre dans les forêts secondaires. Il y en a maintenant plus de 500, à la suite d'un programme de reproduction.

Caracara plancus

Caracara commun

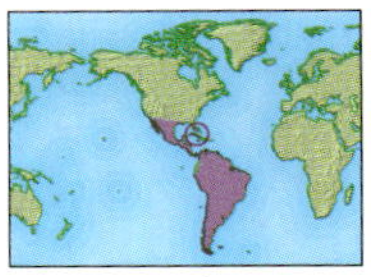

Longueur 49–59 cm
Poids 0,85–1,5 kg
Plumage Sexes semblables
Déplacements Sédentaire
Statut Commun localement
Répartition S. États-Unis, Antilles, Amérique du Sud

Ce rapace est brun foncé, avec la tête, la poitrine et l'arrière du corps de couleur crème, le tout finement rayé, et sa face nue est orange. Il passe surtout son temps à terre, pourchassant souvent d'autres oiseaux, prédateurs ou vautours, pour leur dérober leurs proies. Il mange de tout : des charognes, des œufs, des poussins, des grenouilles écrasées sur les routes, des végétaux pourris, des poissons morts, des vers et des insectes.

Micrastur ruficollis

Faucon forestier

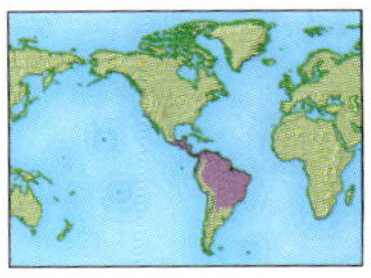

Longueur 33–38 cm
Poids 150 g–225 g
Plumage Sexes semblables
Déplacements Sédentaire
Statut Commun localement
Répartition S. Mexique à N. Amérique du Sud

Ce faucon est relativement petit, comparé aux autres espèces. Il a de longues pattes fines, de petits pieds, des serres acérées, des ailes arrondies lui permettant de manœuvrer en chassant à travers les arbres. Depuis ses perchoirs, il s'élance sur des lézards et des colonnes de fourmis à terre.

Falco tinnunculus

Faucon crécerelle

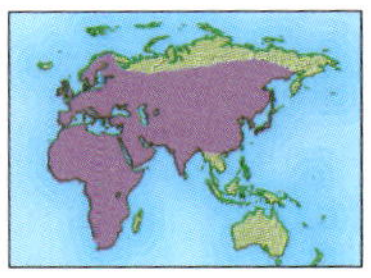

Longueur 32–39 cm
Poids 125–325 g
Plumage Sexes différents
Déplacements Migrateur partiel
Statut Commun
Répartition Europe, Asie, Afrique

Le faucon crécerelle est de couleur noisette, avec le bout de la queue noir, des barres et des taches noires. C'est un oiseau de taille moyenne qui fait très souvent du surplace pour repérer ses proies avant de piquer sur elles. Il fréquente des habitats variés, délaissés par d'autres espèces, tel le bord des grandes routes. Il se nourrit surtout de petits oiseaux, de mammifères (campagnols, mulots), d'insectes et d'amphibiens.

Falco eleonorae

Faucon d'Éléonore

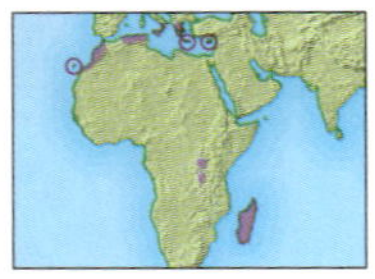

Longueur 36–42 cm
Poids 350–400 g
Plumage Sexes semblables
Déplacements Migrateur
Statut VU Δ
Répartition S. Europe, N. et E. Afrique, Madagascar

Cet oiseau, faucon typique, a de longues ailes semblables à celles d'un martinet. Il présente deux phases (ou variantes de couleur) : l'une normale, à plumage foncé sur le dessus, crème en dessous ; l'autre mélanique, toute noire. Il se reproduit en automne sur des îles, se nourrissant de petits oiseaux migrateurs à cette saison.

Falco peregrinus

Faucon pèlerin

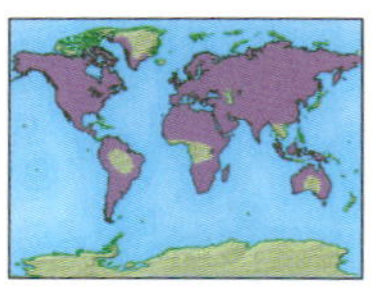

Longueur 34–50 cm
Poids 580 g–1 kg
Plumage Sexes semblables
Déplacements Migrateur partiel
Statut Commun localement
Répartition Monde entier (excepté Antarctique)

Le faucon pèlerin est l'un des oiseaux les plus rapides du monde. C'est aussi le plus répandu sur tous les continents, à l'exception de la région antarctique, et sur les îles océaniques. Les femelles peuvent être de 30 % plus grandes que les mâles. Ses ailes pointues rendent le faucon pèlerin rapide et bon manœuvrier. Planant peu, il attaque sa proie en plongeant sur elle à la verticale, et il peut alors atteindre une vitesse de 230 km/h. Sa parade nuptiale est aérienne, accompagnée d'appels bruyants. Utilisé pour la chasse pendant des siècles, il a été affecté par l'emploi des pesticides (DDT, etc.) au cours des années 1950 et 1960, surtout en Europe et aux États-Unis, mais à présent sa situation s'améliore graduellement.

POURSUITE AÉRIENNE

Le faucon pèlerin chasse ses proies – souvent des tourterelles et des pigeons – en les frappant de ses serres, puis il les poursuit à terre.

LE PLUMAGE

Ce faucon a le dessous blanc, crème ou roux, et le dessus noir, gris ou bleu. Les jeunes sont bruns, avec des liserés chamois sur les plumes du corps et des stries verticales sur la poitrine.

GALLINACÉS

PHYLUM	Cordés
CLASSE	Oiseaux
ORDRE	Galliformes
FAMILLES	6
ESPÈCES	281

CET ORDRE, formé en majorité d'espèces terrestres, comprend certains oiseaux utiles à l'homme. Sous leur forme domestique (coqs et poules), ils sont une source d'alimentation importante. Beaucoup d'autres espèces (faisans, perdrix et tétras) sont activement chassées. Il faut ajouter à ce groupe les hoccos, les pintades, les mégapodes, les paons et les dindons. Les gallinacés vivent par tout le globe (même à l'intérieur du cercle Arctique), dans une grande variété d'habitats, y compris les forêts denses et les hautes montagnes.

PARADE
Parade de l'éperonnier napoléon. Les ocelles sur la queue sont supposés attirer la femelle.

ANATOMIE

La plupart des gallinacés sont trapus, avec une petite tête et de courtes ailes arrondies. Leurs puissants muscles de vol permettent une fuite rapide, mais ne soutiennent pas leur corps lourd sur de longues distances. Leur bec court est légèrement incurvé, les pieds sont solides. Beaucoup d'espèces ont une longue queue ou une huppe spectaculaires, et des surfaces de peau nue, colorée.

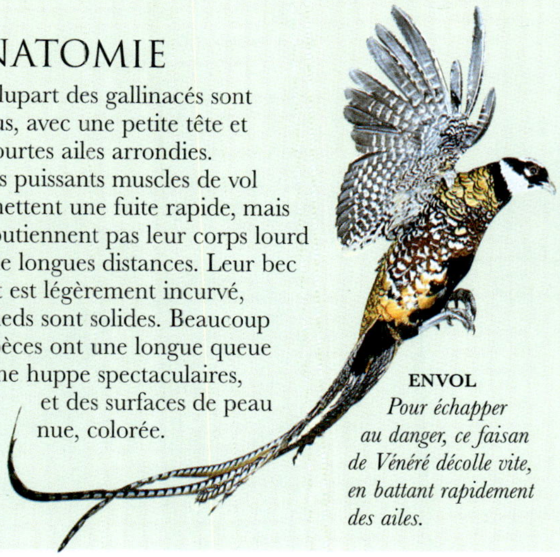

ENVOL
Pour échapper au danger, ce faisan de Vénéré décolle vite, en battant rapidement des ailes.

CAMOUFLAGE
Les oiseaux terrestres (ici une femelle de tétras-lyre) ont un plumage qui les camoufle. Le lagopède alpin change de couleur au fil des saisons.

REPRODUCTION

La plupart des gallinacés font leur nid dans un creux du sol. Au lieu de couver leurs œufs, les mégapodes les placent dans un amas de végétaux ou dans le sol. La chaleur du soleil, la décomposition des végétaux ou l'énergie géothermique assurent l'incubation. Les jeunes gallinacés volent très vite, souvent au bout d'une semaine, ou en quelques heures chez les mégapodes.

LA COUVÉE
Comparés aux autres oiseaux, beaucoup de gallinacés ont une importante couvée, parfois plus de 20 œufs (ici, des œufs de faisan).

Leipoa ocellata

Léipoa ocellé

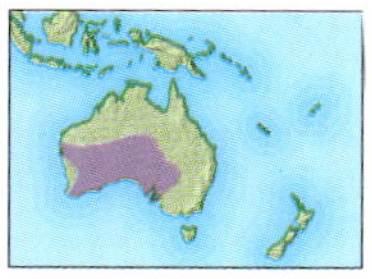

Longueur 61 cm
Poids 2 kg
Plumage Sexes semblables
Déplacements Sédentaire
Statut VU

Répartition O. et S. Australie

Cet oiseau, comme les autres mégapodes, ne couve pas lui-même ses œufs. Il les enfouit dans un tas atteignant 1,50 m de haut sur 4,50 m de large, fait de feuilles, de brindilles et d'écorces, dont la décomposition fait incuber les œufs. Pendant près de onze semaines, les parents restent près du monticule, et le mâle contrôle la température avec son bec. S'il fait trop chaud, il retire de la végétation ; sinon, il en rajoute. Quand les poussins éclosent, ils ont leurs plumes et sont indépendants. Les léipoas mâle et femelle forment des couples durables pendant des années ; ils vivent séparés la plupart du temps, mais se retrouvent à la période de reproduction. Ils ont une alimentation variée composée de fruits, de bourgeons, de graines et d'invertébrés tels que fourmis, coléoptères, araignées et cafards.

Ortalis motmot

Ortalide motmot

Longueur 38 cm
Poids 600 g
Plumage Sexes semblables
Déplacements Sédentaire
Statut Commun localement

Répartition N. Amérique du Sud

L'ortalide, ou chachalacas, est le plus petit membre des Cracidae – une famille de gallinacés d'Amérique comprenant environ 39 espèces d'oiseaux bruyants («chachalaca» désignant leur cri), dont les hoccos font partie. Il y a 9 (ou 12) chachalacas, qui ont un corps mince, de couleur unie, une tête sans huppe. Les Cracidae sont arboricoles, ils se nourrissent de baies et autres fruits.

Crax daubentoni

Hocco de Daubenton

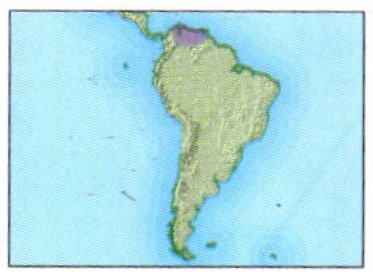

Longueur 90 cm
Poids 2,3 kg
Plumage Sexes semblables
Déplacements Sédentaire
Statut LR

Répartition N. Amérique du Sud

Comme les autres hoccos, ce grand oiseau des forêts se nourrit à terre, mais se perche s'il est effrayé. Il a une huppe aux plumes bouclées vers l'arrière et une caroncule jaune à la base du bec. Il se nourrit de fruits, de feuilles, de graines et de petits animaux. Les hoccos font leur nid au-dessus du sol, les deux sexes participant à sa construction. La femelle pond 2 œufs, une petite couvée en comparaison de celle de nombreux gallinacés nichant par terre.

Meleagris gallopavo

Dindon sauvage

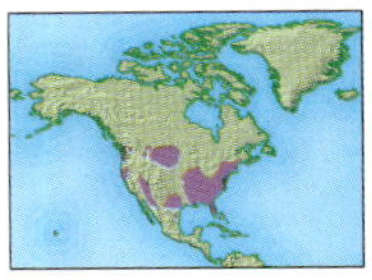

Longueur 1,20 m
Poids 10 kg
Plumage Sexes différents
Déplacements Sédentaire
Statut Commun
Répartition Amérique du Nord

Cet oiseau a un plumage bronze irisé, la tête nue couverte de caroncules verruqueuses rouges et de peau bleue. Le mâle a une espèce de barbe de plumes sur le haut de la poitrine. Il vit en groupes de 20 sujets environ, mais, à la saison de reproduction, le mâle défend un territoire. Polygame, il fait sa cour en déployant sa queue en éventail, ailes basses et tête haute, avec un glouglou caractéristique. Les jeunes mangent jusqu'à 4 000 insectes par jour; les adultes y ajoutent des graines, herbes, racines, bourgeons et fleurs. Pour se défendre, il pique du bec, griffe avec ses serres et soufflette avec ses ailes.

Callipepla californica

Colin de Californie

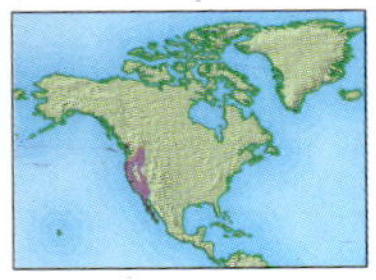

Longueur 25 cm
Poids 175 g
Plumage Sexes différents
Déplacements Sédentaire
Statut Commun
Répartition S.-O. Canada, O. États-Unis, N.-O. Mexique

Cet élégant gallinacé a une longue huppe noire en forme de goutte, la tête noir et blanc, un abdomen strié. La femelle, plus petite et plus terne que le mâle, a aussi une huppe plus petite. Discret, cet oiseau s'entend plus qu'il ne se laisse voir. Il vit en petites troupes de 25 à 30 sujets, se nourrissant d'une variété de graines, de bulbes, de feuilles et de bourgeons.

Tetrao urogallus

Grand tétras

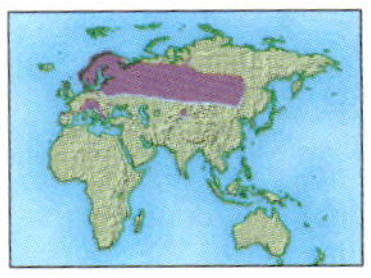

Longueur 80–115 cm
Poids 1,5–5 kg
Plumage Sexes différents
Déplacements Sédentaire
Statut LR Δ
Répartition N., O. et S. Europe, O. à C. Asie

Également appelé «grand coq de bruyère», ce tétras vit dans les forêts et se nourrit à terre, presque uniquement d'aiguilles de conifères en hiver et de feuilles, de bourgeons et de baies l'été. Le mâle a un plumage noir à reflets bruns; la femelle, au plumage terne, brunâtre, barré avec un plastron roux, est plus petite. Les poussins âgés de quelques mois meurent en grand nombre quand le temps est mauvais.

COULEURS ET MARQUES
Le mâle a la poitrine d'un vert brillant, des ailes marron foncé, tachées de blanc, une caroncule rouge, nue, au-dessus de l'œil.

PARADE NUPTIALE

Le grand tétras mâle exécute sa parade nuptiale sur une «arène». Il se pavane en décrivant des cercles, tête haute, ailes ouvertes, la queue en éventail, en émettant un chant qui prend fin par un bruit semblable à celui d'une bouteille dont on fait sauter le bouchon. Plusieurs mâles se retrouvent sur une même place de chant.

Lagopus lagopus

Lagopède des saules

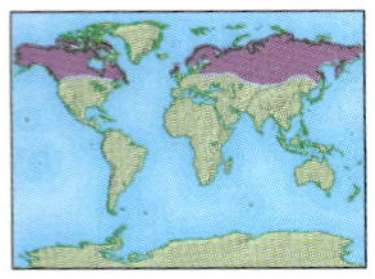

Longueur 38 cm
Poids 550–700 g
Plumage Sexes différents
Déplacements Sédentaire
Statut LR Δ
Répartition N. Amérique du Nord, N. Europe, N. Asie

Cet oiseau très résistant (20 sous-espèces) est bien adapté aux durs hivers nordiques. Ses pattes et ses narines sont protégées du froid par des plumes; pour être au chaud, il creuse des tunnels sous la neige pour y passer la nuit. À l'exception de la sous-espèce britannique, son plumage roussâtre devient blanc l'hiver, ce qui constitue un excellent camouflage.

Tetraogallus caspius

Tétraogalle de la Caspienne

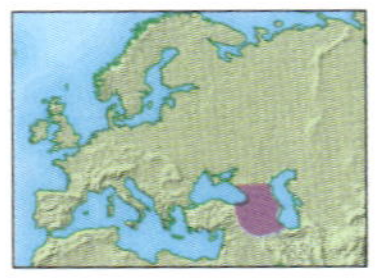

Longueur 60 cm
Poids Inconnu
Plumage Sexes différents
Déplacements Sédentaire
Statut LR Δ
Répartition S.-E. Europe, O. Asie

Cet oiseau, typique des cinq espèces de tétraogalles, est bien camouflé sur les roches nues grâce à son plumage gris, marron et blanc moucheté. Il se nourrit en petits groupes et migre verticalement avec les saisons, descendant souvent sous la zone des arbres en hiver.

Perdix perdix

Perdrix grise

Longueur 31 cm
Poids 300–450 g
Plumage Sexes différents
Déplacements Sédentaire
Statut Commune localement
Répartition Europe, O. et C. Asie

Cet oiseau-gibier se nourrit et niche dans les cultures et les terrains découverts. Sa tête est rousse et sa poitrine grisâtre; le mâle a une marque marron en fer à cheval sur l'abdomen. Les nichées de 15 à 20 petits vivent ensemble l'hiver, puis se séparent à mesure que les mâles se font plus agressifs, et même se battent entre eux. Des changements de partenaires sont fréquents, mais des couples stables se forment, habituellement mâles et femelles provenant de différentes couvées.

Coturnix coturnix

Caille des blés

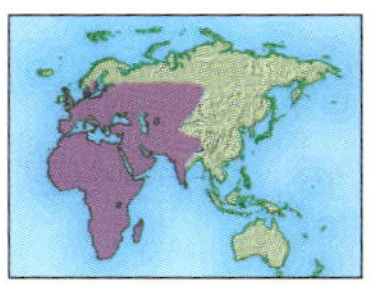

Longueur 18 cm
Poids 70–150 g
Plumage Sexes semblables
Déplacements Migratrice
Statut Commune localement
Répartition Europe, Asie, Afrique, Madagascar

Petit oiseau discret, la caille des blés est plus souvent entendue qu'aperçue. Elle se signale par le «pic-pic-pic» du mâle. En période de reproduction, mâle et femelle établissent le contact par des appels, tout en restant à couvert. La caille des blés dort à terre, la nuit, en petits groupes. Son alimentation est très variée : graines, bourgeons de fleurs, feuilles, petits fruits, insectes et autres invertébrés. C'est l'un des rares gallinacés à migrer sur de longues distances; celles qui se reproduisent en Europe arrivent d'Afrique au printemps.

OISEAUX

Tragopan temminckii

Tragopan de Temminck

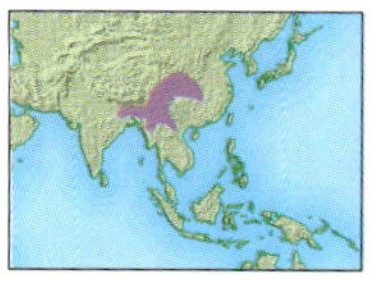

Longueur 63 cm
Poids 1,6 kg
Plumage Sexes différents
Déplacements Sédentaire
Statut LR ∆

Répartition S.-E. Asie

Chez les gallinacés, le mâle a souvent un plumage très coloré, et cette espèce ne fait pas exception. Le trait le plus distinctif de ce tragopan est sa gorge nue, bleu et rouge. Comme les quatre autres espèces (toutes d'Asie centrale et du Sud), il vit en forêt, jusqu'à 4 500 m, nichant dans les buissons ou au milieu des branches basses, où il construit une simple plate-forme de brindilles. Il se nourrit surtout de végétaux – y compris des jeunes pousses et des baies –, mais aussi d'insectes picorés à terre.

SUPERBE PARADE

Pendant sa parade nuptiale, le mâle gonfle sa gorge vivement colorée jusqu'à couvrir sa poitrine, et il la secoue pour capter l'attention de la femelle et la faire consentir à s'accoupler.

NUTRITION
Comme beaucoup de gallinacés, cet oiseau utilise ses grandes pattes pour fouiller les feuilles et gratter le sol, à la recherche de petits insectes.

Pavo cristatus

Paon bleu

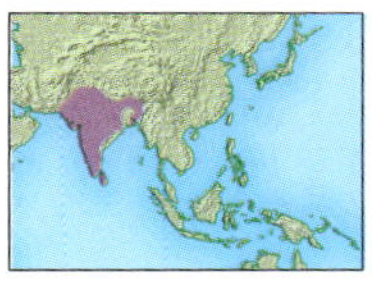

Longueur 1,80–2,30 m
Poids 4–6 kg
Plumage Sexes différents
Déplacements Sédentaire
Statut Commun localement

Répartition S. Asie

Le paon bleu est l'un des gallinacés les plus spectaculaires Son corps est d'un bleu irisé et sa longue traîne se dresse en éventail quand il courtise les femelles ; ce n'est pas sa véritable queue, mais l'ensemble de ses plumes sus-caudales très longues, chacune terminée par un « œil » coloré. La paonne est assez terne, avec une traîne plus petite, sans ocelles. Elle choisit son mâle sur sa prestance : il se tourne pour lui faire face, agitant sa traîne dressée en éventail. Il s'annonce par un « léon-léon » sonore. Polygame, il ne s'occupe pas du nid, pas plus que de l'élevage des petits. Comme presque tous les gallinacés, le paon bleu se nourrit à terre, mais se perche la nuit sur des arbres, à l'abri des prédateurs.

Gallus gallus

Coq bankiva

Longueur 80 cm
Poids 0,5–1,5 kg
Plumage Sexes différents
Déplacements Sédentaire
Statut Commun localement

Répartition S. et S.-E. Asie

Cet ancêtre de notre coq fut domestiqué il y a quelque 5 000 ans. Le mâle est vivement coloré, avec une crête et des caroncules rouges.

La femelle est plus petite et plus terne. Celle-ci et ses poussins s'appellent pour rester en contact et se prévenir des dangers ; le cocorico du mâle attire les femelles et tient les mâles rivaux à distance.

Argusianus argus

Argus géant

Longueur 1,60–1,80 m
Poids 1,7 kg
Plumage Sexes différents
Déplacements Sédentaire
Statut LR

Répartition S.-E. Asie

C'est l'un des plus grands faisans. Le mâle a de très grandes rémiges secondaires, décorées d'ocelles, et une queue beaucoup plus longue que celle de la femelle. Pour attirer celle-ci, il crie fortement, lève sa queue et écarte ses ailes en éventail. Sa femelle élève seule les petits.

Phasianus colchicus

Faisan de Colchide

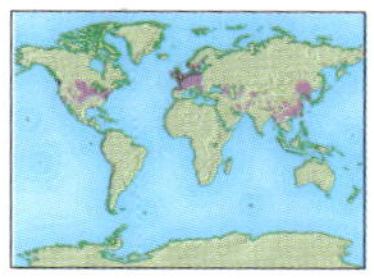

Longueur 89 cm
Poids 750 g–2 kg
Plumage Sexes différents
Déplacements Sédentaire
Statut Commun

Répartition Amérique du Nord, Europe, Asie

Le mâle, très coloré, a une tête noire à reflets brillants, pourpres et verts, des caroncules faciales rouges et une longue queue ; beaucoup ont un collier blanc et une poitrine rousse. La femelle, beige et roussâtre, terne, est plus petite. Avec plus de 30 sous-espèces, il a été largement répandu par l'homme, pour la chasse.

Numida meleagris

Pintade commune

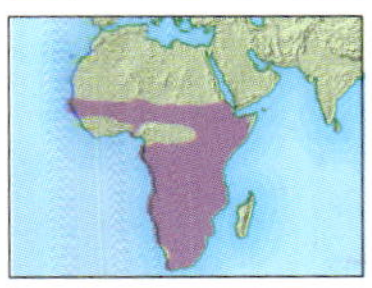

Longueur 55 cm
Poids 1–1,5 kg
Plumage Sexes semblables
Déplacements Sédentaire
Statut Commune localement

Répartition Afrique (sud du Sahara)

Ancêtre de notre pintade, domestiqué depuis longtemps comme source de nourriture, ce gallinacé vit en bandes, dans les savanes d'Afrique tropicale, et se caractérise par son plumage moucheté de blanc et un casque dressé sur sa tête nue. Le mâle prend une posture latérale caractéristique et bombe le dos quand il rencontre d'autres mâles ou qu'il fait sa cour. Comparé à la plupart des gallinacés, cet oiseau sait se défendre avec son bec et en donnant des coups d'ailes. Très bruyant, il lance un « kek-kek-kekkek-kekkekkek » quand il a peur.

GRUES ET ALLIÉS

PHYLUM	Cordés
CLASSE	Oiseaux
ORDRE	Gruiformes
FAMILLES	11
ESPÈCES	203

LES GRUES ET LEURS ALLIÉS forment un ensemble d'oiseaux, dissemblables d'allure, mais ayant en commun des détails de leur anatomie interne, comme l'absence de jabot dans leur système digestif. Aux grues s'ajoutent, entre autres, les râles, les outardes, les turnix, les agamis (ou oiseaux-trompettes) et le caurale. La famille la plus importante est celle des râles (y compris les foulques macroules et les poules d'eau). Les râles se trouvent par tout le globe, mais beaucoup d'autres familles sont moins largement distribuées.

ANATOMIE

La plupart de ces oiseaux ont de longues pattes, un bec mince, des ailes arrondies et un plumage terne. Mais l'habitat et le mode de vie entraînent de grandes différences entre les espèces. Celles qui vivent dans les marais (grues) ou marchent sur la végétation flottante (courlan) ont de longs doigts fins. Les outardes, qui vivent à terre, ont des doigts plus courts et de fortes pattes pour marcher. Les espèces aquatiques (foulques et grébifoulques) ont des pieds palmés. Les grues volent sur de longues distances grâce à de longues et larges ailes; d'autres (mésites, turnix et certains râles) ont de petites ailes arrondies, peu aptes au vol ou non fonctionnelles.

MIGRATION

Beaucoup de grues parcourent de grandes distances entre leur aire de reproduction et celle d'hivernage. En chemin, elles font des haltes en lieux fixes, y demeurant quelques jours avant de repartir. Elles se reproduisent dans des milieux humides et tranquilles, tels que toundra arctique, steppes, hauts plateaux et marais forestiers. Certaines grues (et la plupart des autres oiseaux de l'ordre) ne migrent pas.

RÂLE AU NID
Le râle des genêts est l'un des rares rallidés à migrer au long cours. Il se reproduit en Europe l'été et hiverne en Afrique subsaharienne.

VERS LE NORD
Les grues du Canada effectuent leurs longues migrations annuelles entre leurs quartiers d'hiver du Texas et leurs lieux de reproduction estivaux en Alaska (6500 km).

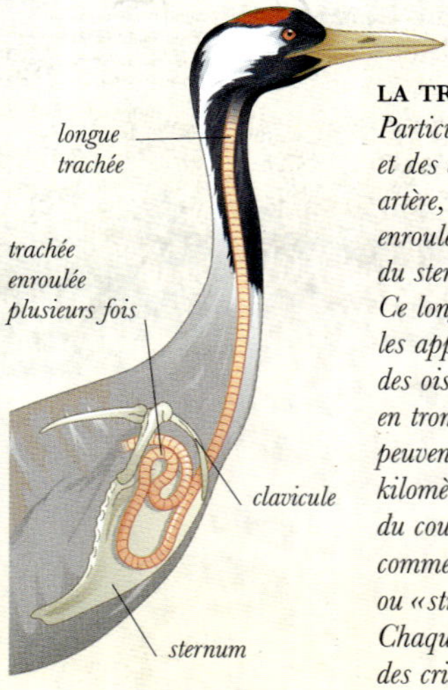

LA TRACHÉE
Particularité des grues et des courlans, la trachée-artère, très allongée, est enroulée autour de la région du sternum, dans la poitrine. Ce long tube amplifie les appels très sonores des oiseaux. Les cris en trompette des grues peuvent porter à plusieurs kilomètres, et ceux du courlan ont été décrits comme «étranglés» ou «stridents». Chaque espèce émet des cris particuliers.

PARADE NUPTIALE

Plusieurs membres de cet ordre ont des parades nuptiales élaborées. Les grues effectuent les plus belles et leurs couples se forment pour la vie. Le lien est maintenu par des danses orchestrées avec précision (voir ci-dessous). Les oiseaux qui exécutent des parades analogues comprennent les râles, quelques outardes (à droite) et le caurale soleil, lequel élève ses ailes, exhibant de grands «yeux», et agitent ses ailes en éventail, tout en sautant et courant en cercle. Les râles ajoutent à leurs parades des appels sonores et distinctifs.

PLUMAGE NUPTIAL
Une grande outarde mâle paradant gonfle sa gorge, crie et ébouriffe ses plumes pour paraître plus grosse. De nombreuses espèces alliées ont, de même, le cou garni d'une collerette de plumes.

CONSERVATION

Les grues et leurs alliés (plusieurs se sont éteints récemment) sont plus menacés que d'autres groupes d'oiseaux, en raison de la destruction de leur habitat, de l'introduction de prédateurs terrestres et de la chasse. Parmi les grues proprement dites, 7 espèces (dont la grue blanche de Sibérie et celle d'Amérique) sur 15 sont au bord de l'extinction, plusieurs autres étant en danger. Les longues migrations de ces oiseaux rendent difficile leur protection, qui requiert la coopération de nombreux pays.

DANSE NUPTIALE

1 **LE SAUT**
Deux grues couronnées dressent leurs ailes et sautent en l'air.

2 **LE VOL RITUEL**
Un partenaire bat des ailes et bondit vers l'autre.

3 **BATTEMENTS D'AILES**
L'oiseau qui saute s'approche, l'autre dresse ses ailes.

4 **LA RECULADE**
L'oiseau qui saute recule légèrement et commence à s'incliner.

5 **LA COURBETTE**
Les deux oiseaux abaissent leurs ailes et s'inclinent l'un vers l'autre.

Mesitornis variegata

Mésite varié

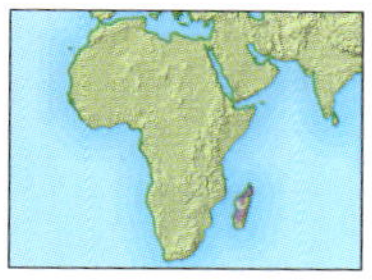

Longueur 31 cm
Poids 100 g
Plumage Sexes semblables
Déplacements Sédentaire
Statut VU

Répartition Madagascar

Ce petit oiseau est l'une des trois espèces de Mesitornithidae vivant à Madagascar, mais menacées par la destruction de leur habitat. Ses courtes ailes arrondies et ses fortes pattes sont celles d'un oiseau vivant à terre. Il se nourrit d'insectes et d'araignées, fouillant dans les litières de feuilles pour trouver ses proies. Son nid, placé de 1 à 3 m au-dessus du sol, dans un arbre ou un buisson, est fait de végétaux entassés.

Grus grus

Grue cendrée

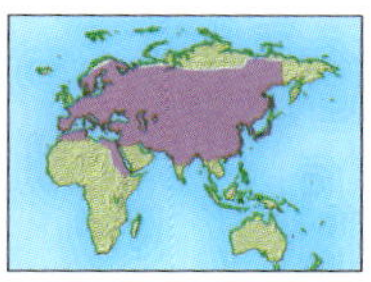

Longueur 1,20 m
Poids 5–6 kg
Plumage Sexes semblables
Déplacements Migratrice
Statut Commune

Répartition Europe, Asie, N. Afrique

Comme les autres membres de sa famille, c'est un grand oiseau élégant, à long bec et longues pattes. Gris, la tête et le cou noirs, il a une bande blanche sur les côtés du cou et une tache rouge sur la calotte. Ses cris sonores, amplifiés par une trachée-artère développée, attachée au sternum, s'entendent de loin.

Turnix varia

Turnix bariolé

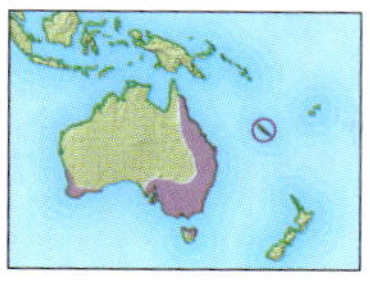

Longueur 17–23 cm
Poids 55–95 g
Plumage Sexes différents
Déplacements Sédentaire
Statut Commun localement

Répartition S.-O. et E. Australie, Nouvelle-Calédonie

Avec leur corps trapu et leur plumage bigarré, les turnix ressemblent aux cailles, sans leur être apparentés. Cette espèce est relativement grande, de couleur roussâtre et tachetée. En cherchant des graines et des insectes, le turnix gratte d'un pied et pivote de l'autre, laissant des marques circulaires sur le sol.

Pedionomus torquatus

Hémipode à collier

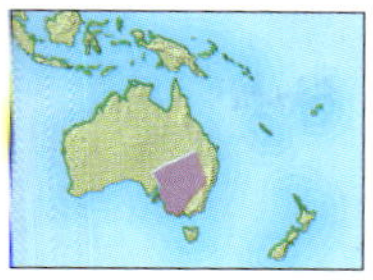

Longueur 15–19 cm
Poids 40–80 g
Plumage Sexes différents
Déplacements Sédentaire
Statut EN

Répartition S.-E. Australie

Pareil à un turnix bariolé, mais plus fin, l'hémipode à collier pourrait être pris pour un gallinacé, avec son corps compact, sa petite tête et ses pattes développées. Il demeure parfois dressé sur celles-ci, afin de surveiller la prairie dans laquelle il vit. La femelle est plus grosse que le mâle et plus colorée, avec un collier noir tacheté de blanc et la poitrine noisette. L'hémipode à collier est menacé par l'extension des cultures, qui a beaucoup restreint son habitat.

Grus japonensis

Grue de Mandchourie

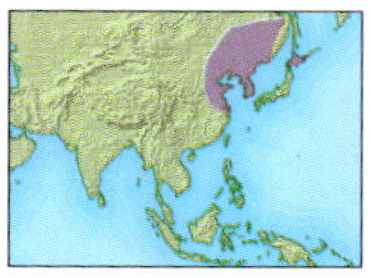

Longueur 1,50 m
Poids 7–12 kg
Plumage Sexes semblables
Déplacements Migratrice
Statut EN

Répartition E. Asie

Avec ses danses nuptiales compliquées et la longévité de ses couples, cet élégant oiseau, le plus lourd de la famille des grues, a longtemps été symbole de bonheur et de chance. Il est surtout blanc, avec des rémiges noires, la tête et le cou noirs. Il forme de grands groupes en hiver, mais, à la saison de reproduction, les couples délimitent un territoire, qu'ils défendent vigoureusement contre tout intrus.

DANSES NUPTIALES
Cette grue effectue des parades nuptiales complexes avec hochements de tête, courbettes, pirouettes, sauts et projections de matériaux divers.

CONSERVATION

Cette grue nichait probablement sur les quatre îles principales du Japon, mais en raison de la chasse au cours de sa migration et de la diminution de son habitat, elle ne vit plus que sur Hokkaïdo depuis 1890. Protégée, sa population est passée de 20 sujets en 1920 à 600 de nos jours.

Balearica regulorum

Grue royale

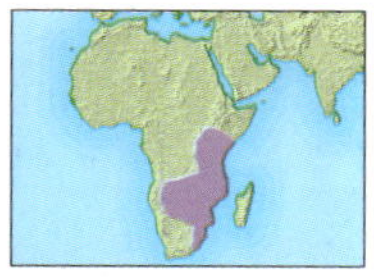

Longueur 1–1,10 m
Poids 3–4 kg
Plumage Sexes semblables
Déplacements Sédentaire
Statut Commune localement

Répartition E. et S. Afrique

Cette grue est reconnaissable à sa huppe de plumes jaunes (ou couronne) et à son aptitude à se percher sur les arbres (les autres grues ne le peuvent pas). Présente dans les marécages et les cultures, elle a un bec relativement court par rapport à celui des grues plus aquatiques. Elle frappe du pied pour trouver des proies et suit les gros mammifères pour prendre les insectes qu'ils dérangent. Très proche, la grue couronnée vit en Afrique tropicale.

Grus canadensis

Grue du Canada

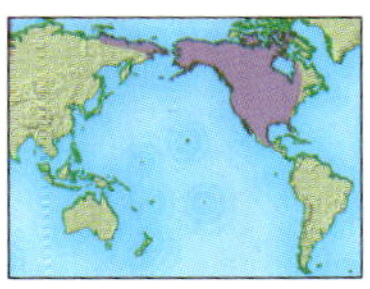

Longueur 1,20 m
Poids 4–5,5 kg
Plumage Sexes semblables
Déplacements Migratrice
Statut Commune localement

Répartition Amérique du Nord, N.-E. Asie

La plus petite des deux espèces d'Amérique du Nord est aussi, de loin, la plus commune. Oiseau gris, avec le devant de la tête rouge, elle a un bec assez court en rapport avec sa nourriture variée – plantes, insectes et petits animaux comme des souris. Migrant vers le sud pour l'hiver, plus de 40 000 sujets peuvent se rassembler sur un site d'étape, et leurs appels élevés sont perçus à de longues distances.

Aramus guarauna

Courlan

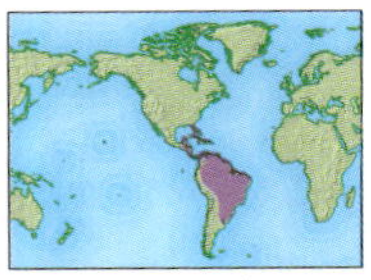

Longueur 56–71 cm
Poids 1–1,5 kg
Plumage Sexes semblables
Déplacements Sédentaire
Statut Commun localement

Répartition S.-E. États-Unis (Floride), Amérique centrale et du Sud

Semblable à un ibis, avec son cou brun et blanc, le courlan a un bec long et mince, pointu à son extrémité, lui permettant d'extirper aisément

les escargots de leur coquille. Les couples sont souvent durables, année après année, et le mâle défend vigoureusement le nid : il charge et combat les intrus avec ses pattes en poussant un cri étrange et lugubre.

Crex crex

Râle des genêts

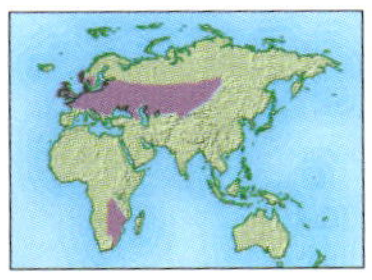

Longueur 27–30 cm
Poids 125–200 g
Plumage Sexes semblables
Déplacements Migrateur
Statut VU

Répartition Europe, O. à C. Asie, S.-E. Afrique

Entendu de loin plutôt qu'aperçu, cet oiseau délicatement coloré se caractérise par un chant qui ressemble à un raclement et qu'émet le mâle pour signaler son territoire et attirer les femelles. L'oiseau lance aussi des grognements et des pépiements avant l'accouplement ou lors des rencontres avec d'autres mâles. Le râle des genêts est en diminution en maintes régions, en raison du drainage des herbages humides qu'il habite de préférence.

Gallinula chloropus

Gallinule poule-d'eau

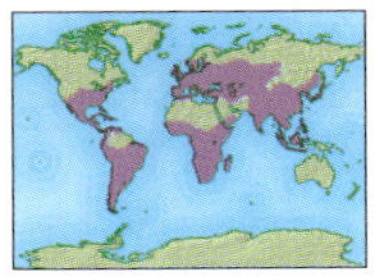

Longueur 30–38 cm
Poids 175–500 g
Plumage Sexes semblables
Déplacements Migratrice partielle
Statut Commune

Répartition Monde entier (Australie exceptée)

C'est l'un des oiseaux d'eau douce le plus répandus dans le monde. De la famille des râles, la gallinule poule-d'eau a des raies blanches sur les flancs, une plaque frontale rouge et un bec rouge à pointe jaune. Bien que moins craintive que les autres râles, et sortant souvent à découvert, elle se réfugie dans la végétation si elle est menacée.

Psophia crepitans

Agami bruyant

Longueur 50 cm
Poids 1–1,5 kg
Plumage Sexes semblables
Déplacements Sédentaire
Statut LR Δ

Répartition N. Amérique du Sud

Cet oiseau noir et bossu est l'une des trois espèces de sa famille vivant en Amérique du Sud. En petits groupes de six ou huit sujets, il fourrage dans le sol de la forêt pour y trouver des fruits tombés des arbres. Son cri est varié, suivant qu'il est en danger, cherche sa nourriture ou défend son territoire. Fait inhabituel chez les oiseaux, plusieurs mâles s'accouplent avec une même femelle.

Porzana porzana

Marouette ponctuée

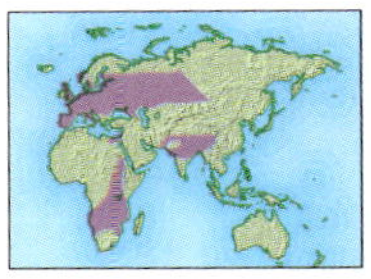

Longueur 22–24 cm
Poids 55–150 g
Plumage Sexes semblables
Déplacements Migratrice
Statut Commune localement

Répartition Europe, O. à C., S. et S.-E. Asie, Afrique

Ce petit oiseau discret des terrains humides a un corps ovale qui l'aide à se faufiler dans la dense végétation aquatique. Il marche de façon saccadée, hochant la tête et battant de la queue. Actif surtout à l'aube et au crépuscule, il se nourrit essentiellement d'insectes, capturés à terre et dans l'eau. Dérangé, cet oiseau très prudent court ou vole pour se mettre à l'abri. Généralement silencieux, le mâle crie pour attirer la femelle.

Fulica atra

Foulque macroule

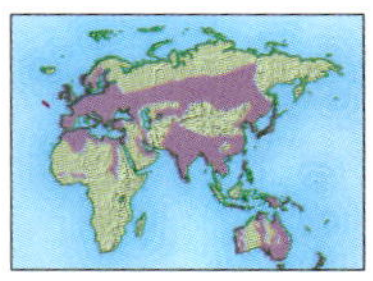

Longueur 36–39 cm
Poids 300 g–1,2 kg
Plumage Sexes semblables
Déplacements Migrateur partiel
Statut Commun

Répartition Europe, Asie, Australie, Nouvelle-Zélande, N. et O. Afrique

Le foulque macroule est un oiseau au caractère assez agressif. Il affronte ses rivaux en montrant sa plaque frontale, qui contraste avec son robuste corps noir. Menacé, il s'assemble en groupes compacts, éclabousse l'attaquant ou, se mettant sur le dos, lance des coups de pattes. Il a des doigts lobés l'aidant à nager et à plonger, et il expulse l'air de son plumage avant de plonger, ce qui réduit sa flottabilité.

Porphyrio porphyrio

Talève sultane

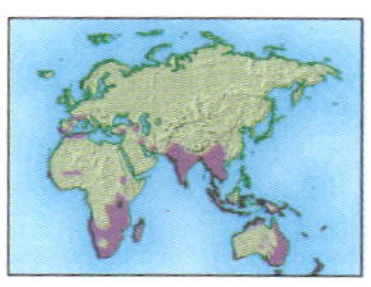

Longueur 38–50 cm
Poids 500 g–1,3 kg
Plumage Sexes semblables
Déplacements Sédentaire
Statut Commune

Répartition S. Europe, O., S. et S.-E. Asie, Australie, Afrique

L'un des plus grands oiseaux de sa famille, la talève sultane est robuste, avec un plumage pourpre et noir, un bec et de grandes pattes rouges. Elle se nourrit de toutes sortes de végétaux et, également, d'invertébrés terrestres ou aquatiques. Elle mange aussi les œufs et les jeunes d'autres oiseaux, grimpant jusqu'à leur nid pour s'en emparer. Son aire de répartition est très vaste, et elle a des races locales très différentes par leur plumage et leur comportement. Certaines sont sédentaires, d'autres se déplacent sur de longues distances pour se nourrir. La talève sultane niche surtout en couples, mais, en Nouvelle-Zélande, se forment des groupes de 1 ou 2 femelles et de 2 à 7 mâles ; dans ce dernier cas, les œufs sont déposés dans un nid, et tous les membres du groupe participent à les couver puis élèvent les petits.

OISEAUX

Heliornis fulica

Grébifoulque d'Amérique

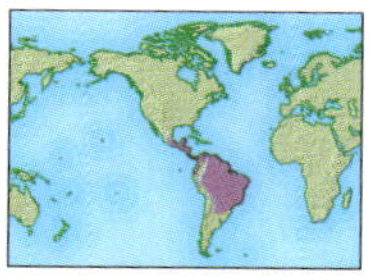

Longueur 26–33 cm
Poids 125–150 g
Plumage Sexes différents
Déplacements Sédentaire
Statut VU Δ

Répartition Amérique centrale et du Sud

Semblable à un grèbe, cet oiseau a des doigts lobés lui permettant de bien nager et de se mouvoir aisément à terre. Il est unique en ce que le mâle possède des poches de peau sous chaque aile, dans lesquelles il transporte ses petits, même en vol. Il a un corps mince et une queue étroite.

Rhynochetos jubatus

Kagou huppé

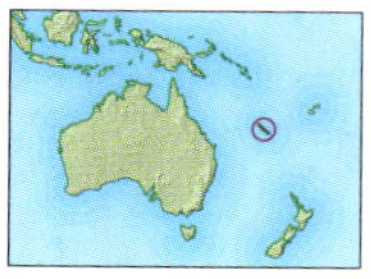

Longueur 55 cm
Poids 900 g
Plumage Sexes semblables
Déplacements Sédentaire
Statut EN

Répartition Nouvelle-Calédonie

Avec son corps robuste, ses ailes faibles et sa grande huppe de plumes érectile, le kagou huppé est un oiseau typique des îles, à l'aspect et au mode de vie caractéristiques. Il vit à terre, demeurant souvent sur une patte pour observer et repérer sa proie. S'il la manque, il la déloge avec son bec. Ses narines sont protégées par une surface de peau empêchant la terre d'y pénétrer quand il fouille le sol. Menacé, il érige sa huppe et déploie ses ailes.

VISION BINOCULAIRE
Le kagou a les yeux sur le devant de la tête et peut ainsi mieux repérer ses proies.

CONSERVATION

Terrestres, les kagous sont très exposés aux prédateurs. En 1991-1992, moins de 500 adultes furent observés et, en 1993, les chiens en tuèrent 14 en un seul mois. D'autres animaux les menacent aussi : les porcs, notamment, mangent leurs œufs et leur disputent la nourriture.

Eurypyga helias

Caurale soleil

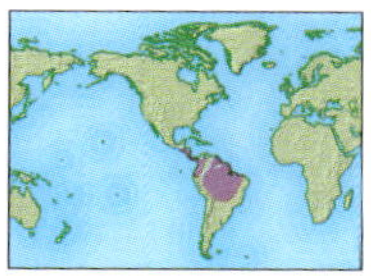

Longueur 43–48 cm
Poids 200 g
Plumage Sexes semblables
Déplacements Sédentaire
Statut VU Δ

Répartition Amérique centrale, N. Amérique du Sud

Habitant les rives ombragées des cours d'eau des forêts pluviales, c'est un oiseau prudent, qui poursuit sa proie furtivement, puis la tue rapidement de son bec effilé. Menacé dans son nid, il agite son cou d'arrière en avant et siffle comme un serpent. Il fait parfois face à son prédateur, étale sa queue et déploie ses ailes (comme le kagou, ci-contre) pour exhiber ses larges ocelles. Ses grandes taches et le déploiement de ses ailes le rendent imposant. Son plumage marbré et discret, doux, lui donne un vol silencieux. C'est un oiseau solitaire, dont même les couples sont rarement visibles.

Cariama cristata

Cariama huppé

Longueur 75–90 cm
Poids 1,5 kg
Plumage Sexes semblables
Déplacements Sédentaire
Statut Commun localement

Répartition E. Amérique du Sud

Par sa taille et son comportement, cet oiseau ressemble au serpentaire (voir p. 294) : tous deux ont de longues pattes et une huppe, et chassent en marchant. Il capture souvent de grosses proies avec son bec et les bat sur le sol pour les mettre en morceaux. Il fuit les prédateurs, mais peut se tapir, comptant sur son plumage discret et camouflé pour passer inaperçu. En dehors de la saison de reproduction, il est très bruyant et son cri est bien connu dans les prairies de l'Amérique du Sud. Plutôt solitaire, il se rencontre parfois en groupes.

Chlamydotis undulata

Outarde houbara

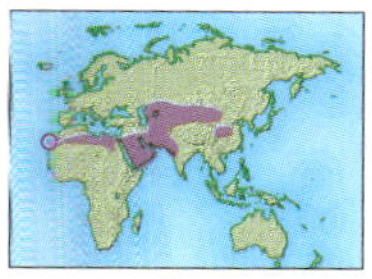

Longueur 65–75 cm
Poids 1,5–3 kg
Plumage Sexes différents
Déplacements Sédentaire
Statut LR

Répartition Îles Canaries, N. Afrique, O., C. et E. Asie

Avec ses pattes fortes et longues, l'outarde houbara est un membre typique de la famille des outardes, dont les 22 espèces vivent en Eurasie, en Afrique et en Australie. Elle a un plumage discrètement coloré et, quoique apte au vole, elle vit surtout à terre. Elle parcourt son habitat désertique pour se nourrir de graines et de pousses, d'insectes et de petits reptiles comme les lézards. Elle est bien adaptée au désert et boit rarement, tirant l'eau qui lui est nécessaire de ses aliments. Le mâle fréquente régulièrement une arène et parade çà et là, les plumes de sa huppe et du cou tout hérissées. Bien que n'étant pas globalement menacée, l'outarde houbara est en déclin rapide. Elle fait l'objet de sévères mesures de conservation en Asie occidentale. Recherchée comme gibier, elle est capturée au faucon.

Ardeotis kori

Outarde kori

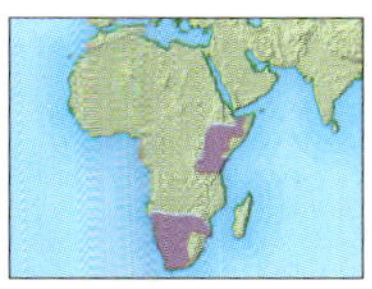

Longueur 1,20 m
Poids 11–19 kg
Plumage Sexes semblables
Déplacements Sédentaire
Statut LR Δ

Répartition E. et S. Afrique

Cette outarde est l'un des plus lourds oiseaux volants du monde, puisqu'elle peut atteindre 19 kg. Elle vit par terre, comme les autres outardes, et ne vole qu'en cas de danger sérieux. Elle suit souvent des troupeaux de gros animaux, prenant les insectes qu'ils ont dérangés. Elle fréquente aussi les savanes récemment incendiées, mangeant les jeunes pousses d'herbe et les insectes mis à découvert par le manque de végétation.

OISEAUX

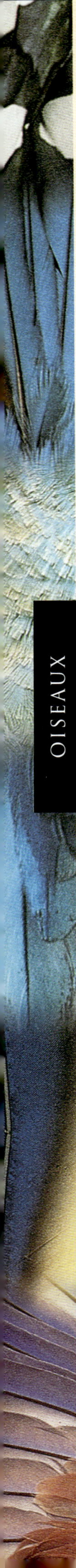

OISEAUX

PETITS ÉCHASSIERS, MOUETTES ET PINGOUINS

PHYLUM	Cordés
CLASSE	Oiseaux
ORDRE	Charadriiformes
FAMILLES	18
ESPÈCES	343

CES OISEAUX se trouvent dans de nombreuses parties du monde, en mer, le long des côtes ou dans les zones humides. Beaucoup sont de bons voiliers. Les petits échassiers ou limicoles, chevaliers, pluviers, avocettes, bécassines, courlis, bécasseaux et jacanas, aux longues pattes, se nourrissent sur les rivages. Les mouettes, goélands, sternes, labbes et becs-en-ciseaux chassent en vol ou à terre, et les Alcidae (pingouins, macareux et guillemots), en plongeant. Ces derniers ressemblent aux manchots, mais peuvent voler et ne vivent que dans l'hémisphère Nord. Petits échassiers et mouettes se rencontrent partout, mais plusieurs espèces sont menacées par la destruction de leur habitat, la pollution pétrolière ou la chasse.

STERNES COUVANT
La plupart des sternes (comme les sternes élégantes ci-dessus) nichent en colonies, choisissant des endroits isolés et protégés, comme une île ou un récif. Ces colonies s'installent souvent en terrain plat, dégagé et sont généralement très denses.

ANATOMIE

La plupart des oiseaux de cet ordre ont un plumage noir, blanc, brun ou gris, mais certains ont le bec, les yeux, les pattes, les contours du bec vivement colorés. Beaucoup changent totalement de plumage, au cours tant des saisons que de leur croissance, jusqu'à l'âge adulte. Les trois groupes montrent de grandes différences, spécialement dans le bec et les pattes, qui sont longues chez les échassiers, mais courtes et palmées chez les pingouins, macareux et guillemots. La plupart possèdent, au-dessus des yeux, des glandes leur permettant d'extraire de l'eau de mer les liquides qui leur sont nécessaires et de rejeter le sel en excès par les narines.

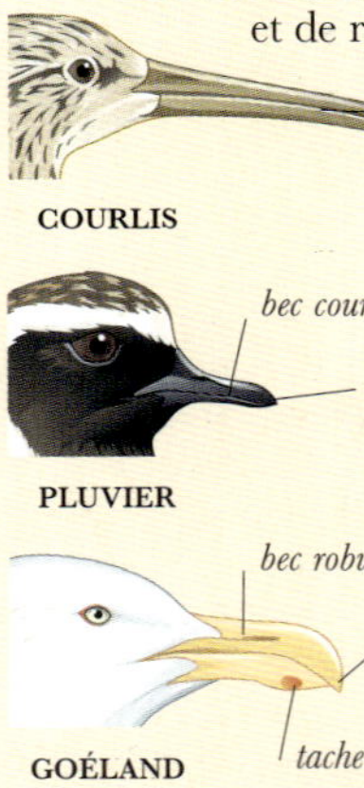

LES BECS
Ces oiseaux présentent une grande variété de becs, adaptés à leurs modes d'alimentation. Le courlis a un long bec arqué, pourvu de cellules tactiles, idéal pour plonger profondément dans la vase. Celui du pluvier est court, comme celui d'un pigeon, pour saisir la nourriture qu'il repère à la vue et non au toucher. Les goélands ont un bec robuste, à usages multiples, légèrement crochu pour déchirer la nourriture.

LA PÊCHE

1 **DÉCOUVERTE D'UNE PROIE**
Un goéland d'Audubon repère un poisson sous l'eau et plonge vers lui.

2 **CAPTURE**
Battant rapidement des ailes, il enfonce son robuste bec sous l'eau et le saisit.

3 **ENLÈVEMENT**
Ayant réussi à saisir sa proie, il l'emporte dans son bec.

4 **UN VOL PRUDENT**
Il vole bas, cherchant un lieu convenable pour manger.

REPRODUCTION

La plupart des membres de cet ordre nichent à terre et pondent de 1 à 6 œufs tachetés. D'autres choisissent des falaises, et quelques-uns, comme certaines sternes et des alques, préfèrent les arbres. La plupart nichent en grandes colonies (plus de 1 million de couples pour certains Alcidae), et certains avec une extraordinaire densité : les guillemots, par exemple, se tiennent serrés contre leurs voisins. De nombreux petits échassiers ont un mode de reproduction inhabituel, dans lequel mâles et femelles ont plusieurs partenaires. Chez les jacanas, les rhynchées et les phalaropes, les rôles habituels du mâle et de la femelle sont inversés : la femelle, plus colorée, effectue la parade nuptiale et le mâle couve seul les petits et les élève.

SUR LA FALAISE
Les Alcidae nichent en colonies extrêmement denses. Les guillemots (à gauche) se réunissent sur les parois de falaises (jusqu'à plus de trente couveurs par mètre carré), leurs corps occupant la totalité de leur minuscule territoire. Ces oiseaux pondent un œuf, chacun coloré différemment, permettant de le reconnaître parmi les nombreux œufs proches.

LE VOL

Les Alcidae peuvent voler rapidement, mais sur de courtes distances. Ils utilisent aussi leurs ailes pour nager sous l'eau. Les limicoles ont des ailes longues et effilées leur permettant de voler vite et loin ; mais, s'ils peuvent changer rapidement d'allure et de direction, ils ne peuvent planer longuement. Les mouettes et leurs semblables sont capables de planer pendant des heures et parcourent de très longues distances au-dessus de la mer. Chaque année, les sternes arctiques nichent au nord du cercle Arctique et hivernent dans l'Antarctique, couvrent environ 16 000 km à chaque voyage.

MIGRATEURS AU LONG COURS
La sterne passe beaucoup de temps en vol et se nourrit en prenant en l'air des insectes ou en rasant l'eau pour capturer des poissons ; elle se reproduit en colonies et migre en troupes. Ses parades aériennes sont très spectaculaires.

OISEAUX

TRANSPORT DE LA PROIE
Le macareux a un très grand bec bigarré. Comme chez tous les autres macareux, la partie supérieure de celui-ci et la langue sont couvertes de pointes permettant à l'oiseau de tenir beaucoup de poissons (maximum connu : 62 !).

ALIMENTATION

Tous les membres de cet ordre, à part les rhinocores végétariens, se nourrissent d'autres animaux. Les limicoles cherchent des invertébrés sur les rivages, les estuaires, les marécages. Les mouettes et goélands sont opportunistes, consommant du poisson, des œufs, de petits oiseaux, des mammifères et des déchets dans les décharges. Mouettes et skuas obtiennent assez souvent leur nourriture en contraignant d'autres oiseaux à leur céder leurs aliments. Les sternes plongent sur les poissons, les becs-en-ciseaux volent au ras de l'eau, saisissant leur proie dès qu'ils la touchent. Les Alcidae la poursuivent sous l'eau.

LA MARCHE SUR L'EAU
Les jacanas (ici un jacana à crête d'Amérique) marchent sur la végétation flottante, leurs longs doigts répartissant leur poids et leur évitant de s'enfoncer dans l'eau. Ils se nourrissent d'insectes et de graines.

REPAS D'ÉCHASSIERS
Les avocettes d'Amérique capturent leurs proies en remuant leur bec latéralement, dans l'eau ou la boue liquide, procédé dit du fauchage. Dans ses mouvements, le bec entre en contact avec des particules comestibles en suspension.

IVAUX AGRESSIFS
ongénères surviennent et le harcèlent, sant des cris et en battant des ailes.

6 **MANŒUVRE DE DIVERSION**
Changeant brusquement de direction, le goéland tente d'échapper à ses agresseurs.

7 **PRISE AÉRIENNE**
L'un des attaquants l'a rattrapé et lui arrache le poisson du bec.

8 **FIN DU COMBAT**
Ayant saisi le poisson, le goéland «pirate» s'enfuit, poursuivi par les deux autres oiseaux.

Jacana jacana

Jacana noir

Longueur 17–25 cm
Poids 90–150 g
Plumage Sexes semblables
Déplacements Sédentaire
Statut Commun localement

Répartition S. Amérique centrale, Amérique du Sud

Les huit espèces de jacanas ont de longues pattes, des doigts très longs et un éperon sur le bord antérieur des ailes. Le jacana noir se nourrit surtout d'insectes, autres invertébrés aquatiques et parfois de grains de riz. La femelle, plus grosse que le mâle, pèse 150 g environ et s'accouple avec 2 ou 4 mâles. Chacun construit un nid, couve les œufs et élève les petits. La femelle défend le territoire contre les intrus.

COULEURS *Ce petit oiseau noir et brun foncé a de longues caroncules rouges autour de son bec jaune. En vol, les rémiges jaunes de ses ailes contrastent vivement avec son plumage sombre.*

MARCHER SUR L'EAU

Comme les autres espèces de jacanas, le jacana noir a des doigts démesurément allongés, qui répartissent son poids lorsqu'il marche et lui permettent de se déplacer facilement sur les feuilles des plantes flottantes.

Dromas ardeola

Drome

Longueur 38–41 cm
Poids 225–325 g
Plumage Sexes semblables
Déplacements Migrateur partiel
Statut Commun localement

Répartition E. Afrique, S.-O., S. et S.-E. Asie

Cet échassier trapu, noir et blanc, a un bec noir et puissant, avec lequel il broie la carapace des crabes avant de les avaler entiers. Il se distingue des autres limicoles, car il creuse un terrier où il dépose un œuf unique.

Rostratula benghalensis

Rhynchée peinte

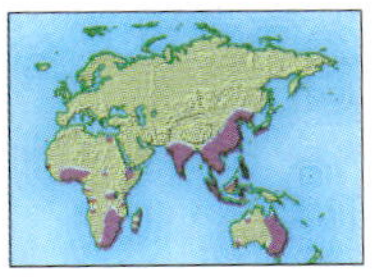

Longueur 23–28 cm
Poids 90–200 g
Plumage Sexes différents
Déplacements Sédentaire
Statut VU Δ

Répartition Afrique, S., E. et S.-E. Asie, Australie

Ce petit échassier des marais d'eau douce, de taille moyenne, a l'œil bordé de blanc. Il passe la plupart de son temps à couvert, ne sortant qu'avec précaution,

surtout la nuit, pour se nourrir en fouillant la vase. Son vol, pattes pendantes, est plutôt faible. Le mâle assure en général l'incubation des œufs et élève les petits, car la femelle part vers un autre partenaire.

Haematopus ostralegus

Huîtrier-pie

Longueur 40–48 cm
Poids 400–800 g
Plumage Sexes semblables
Déplacements Migrateur
Statut Commun

Répartition Europe, N.-O., N. et E. Afrique, S.-O., C., E. et S. Asie

Échassier du littoral et d'eau douce très répandu, l'huîtrier-pie se reconnaît à ses cris bruyants et à son bec

orange vif. Il se nourrit surtout de moules, de patelles et de coques, soit en coupant le muscle réunissant les deux valves puis en découpant sa proie, soit en frappant fortement la coquille sur un rocher ou sur du sable dur.

Ibidorhyncha struthersii

Bec-en-cimeterre

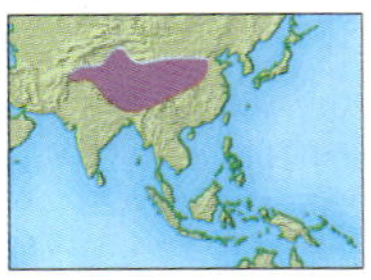

Longueur 38–41 cm
Poids 275–325 g
Plumage Sexes semblables
Déplacements Sédentaire
Statut LR

Répartition C. et E. Asie

Le bec-en-cimeterre est un échassier à long bec rouge incurvé vers le bas, gris-brun sur le dessus, gorge, cou et tête gris-bleu, face noire et pattes rouges. Cet oiseau se confond pourtant avec les rives rocheuses de torrents de montagne, où il se nourrit à la surface des pierres ou en fouillant dessous pour trouver ses proies.

Himantopus himantopus

Échasse blanche

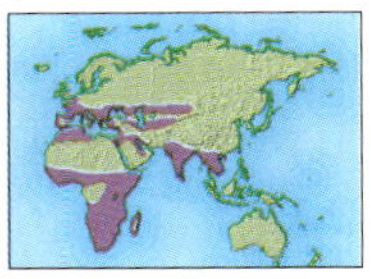

Longueur 35–40 cm
Poids 150–280 g
Plumage Sexes différents
Déplacements Migratrice
Statut Commune

Répartition Europe, Asie, Afrique

Par rapport à sa taille, cette échasse possède les plus longues pattes parmi les oiseaux. Elles lui permettent de se nourrir dans des eaux plus profondes. Elle chasse à vue ou au toucher, fouillant l'eau de son bec fin et droit pour y repérer sa proie. Elle prend également des insectes, hors de l'eau ou dedans, en marchant calmement.

Recurvirostra avosetta

Avocette élégante

Longueur 42–45 cm
Poids 225–400 g
Plumage Sexes semblables
Déplacements Migratrice
Statut Commune

Répartition Europe, Asie, Afrique

Cette avocette, la plus répandue des quatre espèces d'avocettes, passe l'hiver en bandes nombreuses sur les côtes, les estuaires ou les marais voisins. Elle séjourne fréquemment dans l'eau, marchant ou nageant, et ses groupes ressemblent, de loin, à des mouettes. Pendant la période de nidification, elle gagne l'intérieur des marais saumâtres ou salins, et défend très agressivement son territoire, lançant des cris bruyants quand elle est en danger ou pour chasser des intrus.

UN BEC INCURVÉ *Plus blanche que maints autres échassiers, l'avocette élégante a des marques noires sur la tête et sur les ailes, et surtout un bec long, fin et incurvé vers le haut, plus long et moins recourbé chez le mâle.*

MANGER DANS L'EAU

Lorsqu'elle se nourrit, l'avocette élégante balance dans l'eau le bout de son bec incurvé vers le haut. Une fois la proie repérée, elle plonge rapidement son bec, enfonçant parfois la tête sous l'eau pour atteindre son objectif.

Cursorius rufus

Courvite roux

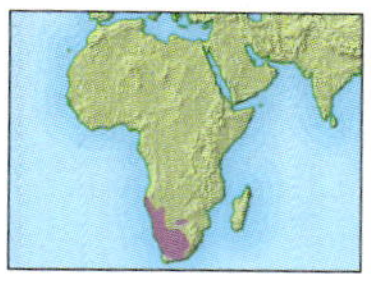

Longueur 20–23 cm
Poids 70–80 g
Plumage Sexes semblables
Déplacements Sédentaire
Statut LR
Répartition S. Afrique

À l'opposé de la plupart des limicoles, les huit espèces de courvite vivent en milieu sec et doivent leur nom à leur course rapide. Cet oiseau est de couleur brun sable, avec une légère teinte rouille (voir jeune à droite), ce qui constitue un excellent camouflage dans les contrées arides où il vit. Effrayé, il se fige, corps dressé, pour passer inaperçu, puis s'enfuit très vite s'il y est contraint. Il se nourrit d'insectes pris sur le sol, en marchant par à-coups.

Stiltia isabella

Glaréole isabelle

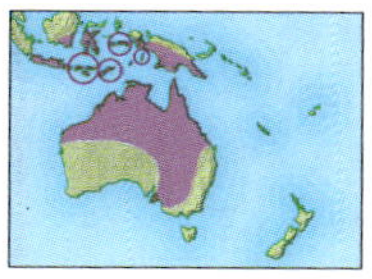

Longueur 21–24 cm
Poids 60–70 g
Plumage Sexes semblables
Déplacements Migratrice partielle
Statut LR
Répartition S.-E. Asie, Australie

Cet oiseau d'Australie est une exception parmi les huit espèces de glaréoles, car il a de longues pattes et des ailes inhabituellement grandes. Il est de couleur cannelle sur le dessus, brunâtre en dessous, avec une grande tache marron foncé sur le ventre. Courant très vite à terre pour saisir des insectes, il peut aussi se nourrir en vol, parfois en grandes troupes chassant à des altitudes considérables.

Vanellus armatus

Vanneau armé

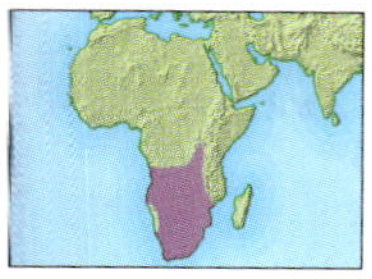

Longueur 28–31 cm
Poids 125–225 g
Plumage Sexes semblables
Déplacements Sédentaire
Statut Commun localement
Répartition S. et E. Afrique

Ce vanneau est un petit échassier de taille moyenne, avec un remarquable plumage noir, blanc et gris, de longues pattes noires et des yeux d'un rouge intense. Son régime est constitué d'un large éventail d'invertébrés, capturés fréquemment la nuit, par clair de lune. Mâle et femelle protègent ensemble leurs petits, chassant et affrontant les intrus. Leur cri est aigu et métallique. Il doit son nom à l'éperon noirâtre situé au poignet de l'aile.

Pluvialis dominica

Pluvier dominicain

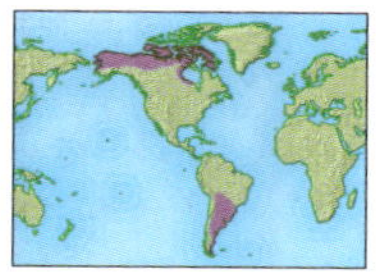

Q : Pluvier bronzé
Longueur 24–28 cm
Poids 125–200 g
Plumage Sexes différents
Déplacements Migrateur
Statut Commun
Répartition N. Amérique du Nord, S. Amérique du Sud

De taille moyenne, cet oiseau est un remarquable migrateur. Il survole les terres quand il migre vers le nord et, en grande partie la mer quand il part vers le sud, hivernant dans les marais côtiers et les prairies d'Amérique du Sud. Il niche dans les zones les moins humides de la toundra arctique. Son plumage, tacheté de brun en hiver, embellit à la saison de reproduction : pailleté de jaune sur le dos, avec la face noire bordée de blanc au-dessus des yeux et sur les côtés du cou.

Charadrius hiaticula

Grand gravelot

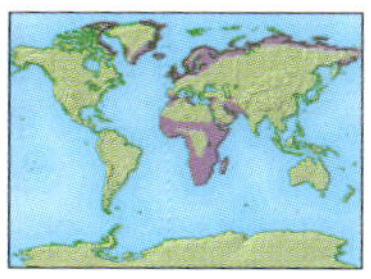

Q : Pluvier grand-gravelot
Longueur 18–20 cm
Poids 50–70 g
Plumage Sexes semblables
Déplacements Migrateur
Statut Commun localement
Répartition N. Amérique du Nord, Groenland, Europe, Asie, Afrique, Madagascar

Bec court, collier blanc, bandes noires sur la tête et la poitrine caractérisent ce limicole trapu, qui niche au bord de eaux douces et de la mer. L'hiver, il se tient surtout sur les côtes sablonneuses et les régions humides de l'intérieur. Il se nourrit d'invertébrés variés, le jour et la nuit et spécialement par pleine lune. Le couple élève les petits et accomplit de spectaculaires parades de diversion pour éloigner les prédateurs.

Anarhynchus frontalis

Pluvier torbec

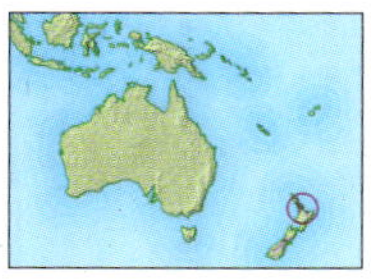

Longueur 20–21 cm
Poids 40–70 g
Plumage Sexes différents
Déplacements Migrateur
Statut VU
Répartition Nouvelle-Zélande

C'est le seul oiseau à bec tourné latéralement. Vu de côté, ce bec paraît relativement normal, bien qu'un peu long pour un pluvier ; mais, vu de haut ou de face, sa forme inhabituelle est évidente. Cette déviation est utile lorsqu'il se nourrit sur les galets, car elle lui permet de dégager ceux-ci pour capturer les insectes ou les vers. Son plumage est gris sur le dessus et blanc dessous, avec une étroite bande noire sur la poitrine, plus marquée chez les mâles.

Numenius arquata

Courlis cendré

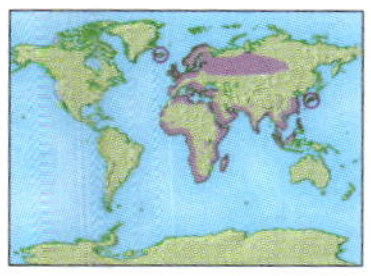

Longueur 50–60 cm
Poids 450–1 350 g
Plumage Sexes semblables
Déplacements Migrateur
Statut Commun localement
Répartition Europe, Asie, Afrique

Le courlis cendré, connu pour la beauté de son chant, est un grand échassier au bec très long incurvé vers le bas. Atteignant 19 cm de long, ce bec est idéal pour extirper des animaux enfouis dans la vase ou le sable. À l'intérieur des terres, l'oiseau se nourrit surtout d'insectes, de vers de terre, de crevettes et de crabes (qu'il avale entiers après leur avoir ôté les pattes). Il niche dans des habitats variés (dunes, marécages, landes et prairies de l'intérieur) ; sur les côtes, il capture des vers, des coquillages. Mâle et femelle défendent leur territoire avec un vol ondulant particulier, planant les ailes en V ouvert, tout en émettant des cris stridents et des sifflements. Certains mâles frappent même l'intrus de leurs ailes. Le courlis cendré constitue l'une des huit espèces de courlis présents dans différentes régions du monde. Ils s'assemblent en très grandes bandes pour la nuit, mais se nourrissent en groupes moins nombreux. Beaucoup sont de grands migrateurs, se reproduisant dans le Grand Nord, jusqu'au cercle polaire arctique, mais hivernant dans les estuaires sablonneux et vaseux, de l'Europe de l'Ouest à l'est de l'Asie. Sa longévité atteint trente-sept ans.

Tringa nebularia

Chevalier aboyeur

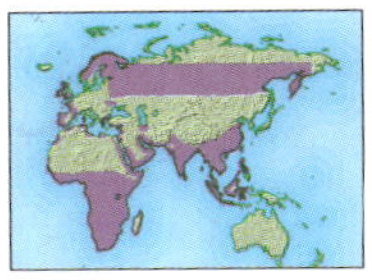

Longueur 30–35 cm
Poids 125–300 g
Plumage Sexes semblables
Déplacements Migrateur
Statut Commun

Répartition Europe, Asie, Afrique (surtout au sud du Sahara)

Ainsi que les neuf autres espèces du genre *Tringa*, cet échassier au long bec se rencontre rarement loin des lieux humides. Son plumage gris, tacheté de sombre, est plus pâle en dessous et il a de longues pattes gris-vert. Pour se nourrir, il picore en marchant, comme le font les autres *Tringa*. Il court souvent sur sa proie ou fouille l'eau de son bec pour découvrir de petits poissons, crustacés, insectes et autres invertébrés. Son appel, un « tiou-tiou-tiou » clair, est plus aigu lorsqu'il est dérangé.

Actitis macularia

Chevalier grivelé

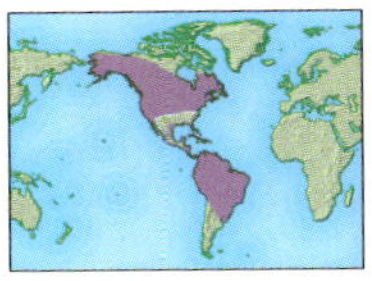

Longueur 18–20 cm
Poids 35–70 g
Plumage Sexes semblables
Déplacements Migrateur
Statut Commun

Répartition Amérique du Nord, centrale et du Sud

Ce petit chevalier au maintien horizontal a des pattes courtes et un bec bicolore. Gris-brun sur le dessus, il a le dessous plus clair et taché de brun en été ; la femelle a des taches plus larges et plus sombres. À terre, il se balance en cherchant sa nourriture. Comme chez le phalarope à bec large, la femelle courtise le mâle, la queue en éventail et battant des ailes. Elle peut s'accoupler avec quatre mâles en une saison et montre peu d'instinct maternel.

Phalaropus fulicarius

Phalarope à bec large

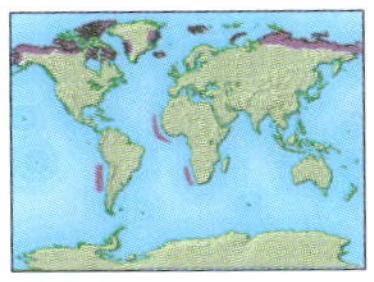

Longueur 20–22 cm
Poids 40–80 g
Plumage Sexes différents
Déplacements Migrateur
Statut Commun

Répartition Circumpolaire autour de l'Arctique, O. Afrique, O. Amérique du Sud

À la différence de nombre d'échassiers vivant aux bords de l'eau ou à proximité, cet oiseau est un excellent nageur et passe beaucoup de son temps soit en mer, soit sur les étangs vaseux. Il se nourrit de petits animaux à la surface, et souvent tourne en cercles courts pour débusquer sa proie. Ce phalarope niche dans les marécages de la toundra arctique et se distingue par son comportement reproducteur : la femelle prend l'initiative dans la recherche de son partenaire, alors que le mâle couve les œufs et élève les petits.

INVERSION DES RÔLES

Elle est complète chez le phalarope à bec large. La femelle — ci-dessus à droite — est beaucoup plus entreprenante que le mâle, au plumage plus terne. Elle délimite un territoire, parade pour attirer un partenaire, lequel prendra soin des petits.

UN ÉCHASSIER ROBUSTE
Le phalarope à bec large est petit, plutôt ventru, avec des pattes courtes et un bec assez puissant.

Gallinago media

Bécassine double

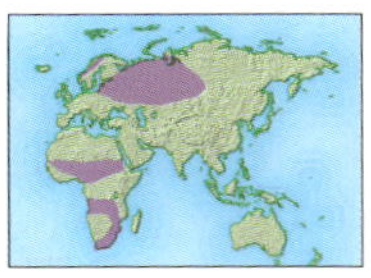

Longueur 27–29 cm
Poids 150–225 g
Plumage Sexes semblables
Déplacements Migratrice
Statut LR

Répartition N. Europe, N.-O. Asie, Afrique

Les seize espèces de bécassines sont des échassiers à coloration cryptique, se nourrissant surtout dans l'obscurité. Comme beaucoup de bécassines, celle-

ci possède un très long bec bicolore, pointu. Le plumage est barré sur les parties inférieures, et les coins de la queue sont plus blancs que chez d'autres bécassines. En période de reproduction, les mâles se mesurent en un lieu de parade en poussant des cris variés. Après l'accouplement, la femelle niche seule.

Calidris canutus

Bécasseau maubèche

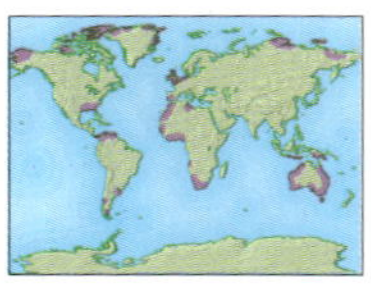

Longueur 23–25 cm
Poids 90–230 g
Plumage Sexes semblables
Déplacements Migrateur
Statut Commun

Répartition Monde entier, excepté Antarctique

Cet oiseau, l'un des plus grands parmi ceux du genre *Calidris*, a un plumage gris l'hiver, alors que sa tête et les parties inférieures deviennent rousses en période de reproduction, le dessus du corps sombre avec des liserés marron clair. Cet échassier parcourt plus de 12 000 km pour nicher et forme de grandes troupes lorsqu'il se nourrit ou se repose.

Chionis alba

Chionis américain

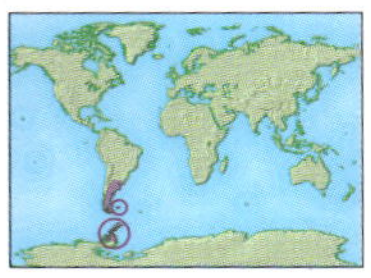

Longueur 34–41 cm
Poids 450–775 g
Plumage Sexes semblables
Déplacements Migrateur partiel
Statut VU Δ

Répartition S.-E. Amérique du Sud, îles Malouines, Antarctique

Les deux espèces de chionis constituent la seule famille dont l'aire de nidification est entièrement située dans les régions antarctique et subantarctique. Cette espèce tire sa nourriture des colonies de manchots et de phoques, mangeant leurs œufs, leurs petits, leurs placentas, contraignant même les manchots à régurgiter la nourriture qu'ils apportent à leurs petits. Son nid en forme de cuvette est fait d'herbe, d'os, de cailloux, de coquillages et de plumes.

Catharacta antarctica

Skua antarctique

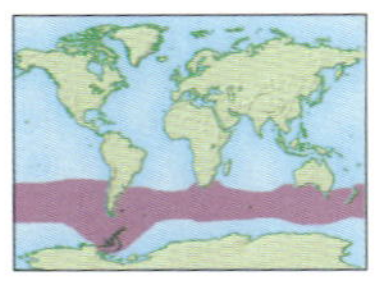

Longueur 52–64 cm
Poids 1–2 kg
Plumage Sexes semblables
Déplacements Migrateur partiel
Statut Commun

Répartition Circumpolaire autour de l'Antarctique

Les skuas se reproduisent à de hautes latitudes, parfois sur la glace polaire. Le skua antarctique est l'une des quatre à six espèces du genre, et le plus répandu dans le Grand Sud. Ressemblant à des mouettes, les skuas ou labbes vivent aux dépens des manchots, puffins et autres oiseaux, mangeant leurs œufs et leurs petits. Ils suivent aussi les bateaux, dont ils recherchent les déchets.

Stercorarius longicaudus

Labbe à longue queue

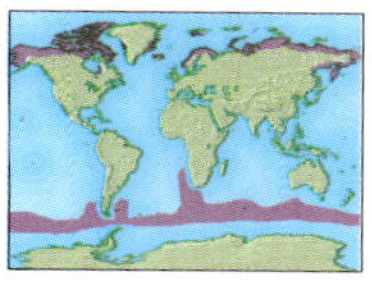

Longueur 48–53 cm
Poids 225–350 g
Plumage Sexes semblables
Déplacements Migrateur
Statut Commun

Répartition Circumpolaire autour de l'Arctique et, en hiver, de l'Antarctique

Ce labbe gris, brun et blanc, à calotte noire diffère des autres par les très longues plumes centrales de sa queue, très visibles quand il vole, et qui

peuvent être aussi longues que la moitié du corps. Cet oiseau accomplit une des plus longues migrations, de l'Arctique aux mers du Sud. Les lemmings à terre, les poissons et les proies dérobées aux autres oiseaux constituent sa nourriture.

Pagophila eburnea

Mouette ivoire

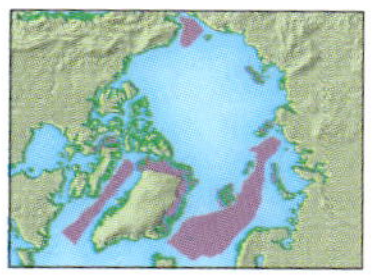

Longueur 44–48 cm
Poids 525–700 g
Plumage Sexes semblables
Déplacements Migratrice partielle
Statut VU ∆

Répartition Circumpolaire autour de l'Arctique

La famille des goélands et mouettes comprend environ 50 espèces, dont 36 présentes dans l'hémisphère Nord. Beaucoup sont familières – sur les côtes et à l'intérieur – mais la mouette ivoire est bien moins connue. Elle passe toute sa vie dans le haut Arctique, sur les bords de la banquise. Elle se nourrit de poissons et d'invertébrés, ainsi que des reliefs laissés par les ours polaires qu'elle suit parfois.

Larus argentatus

Goéland argenté

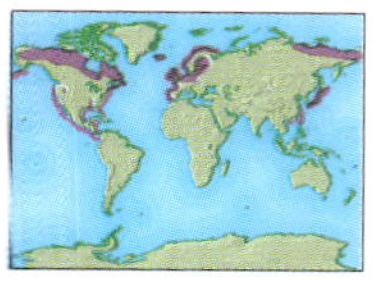

Longueur 55–67 cm (22–26 in)
Poids 0,73–1,5 kg
Plumage Sexes semblables
Déplacements Migrateur partiel
Statut Commun

Répartition Amérique du Nord et centrale, Europe, N.-E. et E. Asie

Le goéland argenté est l'oiseau côtier le plus nombreux en Amérique du Nord et en Europe, et sa population n'a cessé de croître au XXe siècle, grâce à son adaptation au milieu, car il mange de tout, fouille les déchets des décharges, les remblais et les écoulements des champs d'épandage. Il dérobe les œufs d'autres goélands, des sternes et d'autres oiseaux nichant à découvert. Très bruyants, surtout lors de la reproduction, les adultes tendent à revenir nicher chaque année sur le même site.

JEUNE GOÉLAND
Il a un plumage rayé de brun et met quatre ans pour acquérir son plumage d'adulte.

GOÉLAND ADULTE
L'un des plus grands goélands, il a le dos et le dessus des ailes gris, avec l'extrémité de celles-ci noir et blanc, une tache rouge près de l'extrémité de la mandibule inférieure et des pattes roses.

Larus dominicanus

Goéland dominicain

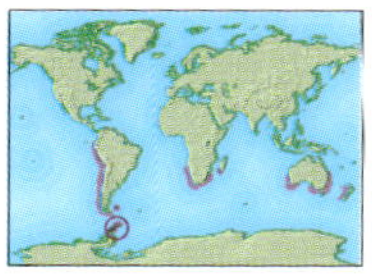

Longueur 54–65 cm
Poids 0,9–1,5 kg
Plumage Sexes semblables
Déplacements Migrateur partiel
Statut Commun

Répartition Amérique du Sud, Antarctique, S. Afrique, S. Australie, Nouvelle-Zélande

Ce grand oiseau côtier est l'un des goélands les plus répandus au sud de l'équateur. Il a le dos et les ailes noirs, la tête, la queue et le dessous blancs, une tache rouge sur la mandibule inférieure de son grand bec jaune. Opportuniste, il se nourrit d'invertébrés déplacés par les cétacés, dérobe la nourriture des sternes et tue des oiseaux atteignant la taille d'une oie. Il mange aussi des termites volants et les déchets aux abords des poissonneries et des abattoirs.

Chlidonias niger

Guifette noire

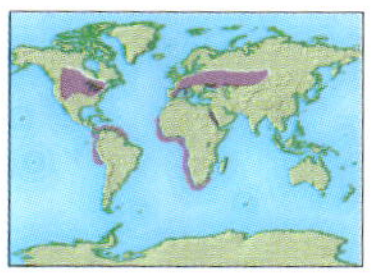

Longueur 23–28 cm
Poids 60–75 g
Plumage Sexes semblables
Migration Migratrice
Statut Commune localement

Répartition Amérique centrale et du Nord, N. Amérique du Sud, Europe à C. Asie, Afrique

Les guifettes sont des oiseaux au corps fin et à la queue fourchue. La plupart d'entre elles sont blanches à tête noire, mais certaines sont entièrement noires. Elles ne nichent pas, comme les autres, sur les côtes, mais sur les lacs et les marais intérieurs. Leur nourriture se compose surtout d'insectes pris sur les plantes ou capturés en vol. De retour dans les eaux côtières après la reproduction, de petits poissons de mer constituent le gros de leur alimentation.

Hydroprogne caspia

Sterne caspienne

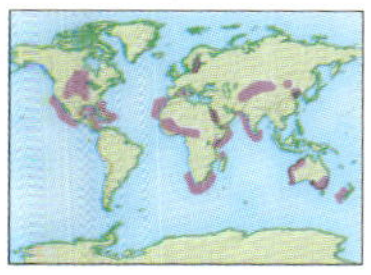

Longueur 48–56 cm
Poids 575–775 g
Plumage Sexes semblables
Déplacements Migratrice partielle
Statut Commune localement

Répartition Amérique du Nord et centrale, Europe, Afrique, Asie, Australie, Nouvelle-Zélande

Avec une envergure atteignant 1,40 m, c'est la plus grande des sternes, approchant la taille des plus grands goélands. Elle passe l'hiver sur les lacs, les côtes ou les estuaires, et l'on peut aussi la rencontrer, en période de reproduction, dans des habitats d'eau douce. Elle capture des poissons en plongeant et en les avalant par la tête, tout en volant.

Sterna paradisaea

Sterne arctique

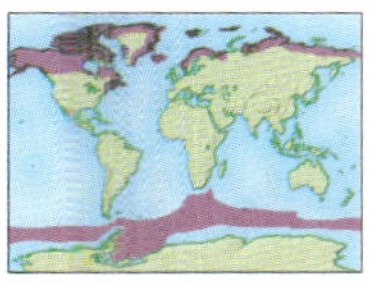

Longueur 33–35 cm
Poids 95–125 g
Plumage Sexes semblables
Déplacements Migratrice
Statut Commune

Répartition Arctique, N. Amérique du Nord, Antarctique

Cette sterne accomplit la plus longue des migrations de tous les oiseaux – un voyage de plus de 16 000 km, deux fois par an. Elle vole chaque automne de ses lieux de nidification, dans l'Arctique, vers l'été du Sud, profitant des jours les plus longs des deux hémisphères. Elle passe probablement ainsi le plus de temps au grand jour que n'importe quelle créature. Volant sur place, puis plongeant dans l'eau, elle se nourrit surtout de poisson.

OISEAUX

Sterna fuscata

Sterne fuligineuse

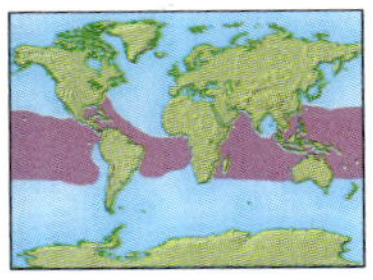

Longueur 35–45 cm
Poids 150–250 g
Plumage Sexes semblables
Déplacements Migratrice partielle
Statut Commune
Répartition Toutes les mers tropicales

Cette grande sterne tropicale est blanche en dessous, mais presque entièrement brun-noir sur le dessus. Oiseau du large, on la rencontre souvent en grandes troupes à des centaines de kilomètres de la terre. À la différence de ses semblables, elle ne plonge pas pour se nourrir, mais vole au ras des flots, happant le poisson ou d'autres petits animaux près de la surface. Elle niche dans la zone tropicale, sur des îles éloignées, souvent en énormes et bruyantes colonies.

Larosterna inca

Sterne inca

Longueur 39–42 cm
Poids 175–200 g
Plumage Sexes semblables
Déplacements Sédentaire
Statut Commune localement
Répartition O. Amérique du Sud

Les sternes sont parfois difficiles à identifier, mais cette espèce sud-américaine est instantanément reconnaissable par sa couleur gris ardoise et sa remarquable «moustache» blanche, émergeant de ses joues de 5 cm ou plus. On la trouve dans la région du courant de Humboldt, se nourrissant des abondants petits anchois vivant dans ces eaux poissonneuses. Elle se rassemble parfois en grand nombre autour de lions de mer ou de baleines à bosses, et plonge sur les débris de poissons laissés par ces animaux quand ils se nourrissent.

Rynchops flavirostris

Bec-en-ciseaux d'Afrique

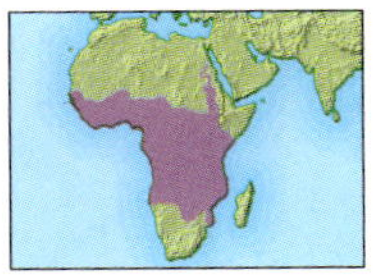

Longueur 36–42 cm
Poids 100–200 g
Plumage Sexes semblables
Déplacements Sédentaire
Statut Commun localement
Répartition Afrique

Les becs-en-ciseaux sont semblables aux sternes par leur taille et leur coloration générale, mais la structure de leur bec est unique, leur mandibule inférieure étant plus longue de moitié que la supérieure; il est aplati sur le côté comme des branches de ciseaux. Les trois espèces se nourrissent, en général, à la nuit tombée : elles laissent traîner dans l'eau leur mandibule inférieure et referment rapidement le bec au contact d'un poisson. Ces espèces ont un plumage noir avec le dessous blanc. Pattes, doigts et bec sont d'un rouge orangé vif.

Alle alle

Mergule nain

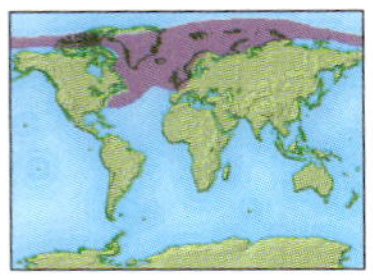

Longueur 19–23 cm
Poids 150–175 g
Plumage Sexes semblables
Déplacements Migrateur
Statut Commun
Répartition Cercle polaire arctique

Cet oiseau noir et blanc, le plus petit des Alcidae de l'Atlantique, a un bec très court et une posture dressée. Comme les autres membres de sa famille, c'est un plongeur qui utilise ses courtes ailes comme des nageoires en poursuivant sa proie. Il se nourrit surtout de plancton, son bec épais lui permettant de se saisir d'animaux très petits. Il se reproduit en colonies dans les anfractuosités de falaises le long des côtes arctiques, mais passe l'hiver en mer.

Aethia pusilla

Alque minuscule

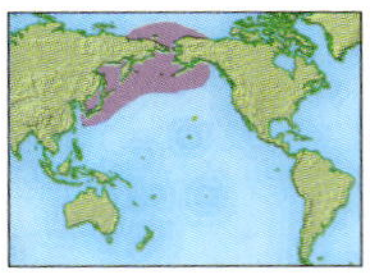

Q : Starique minuscule
Longueur 15 cm
Poids 85 g
Plumage Sexes semblables
Déplacements Migratrice partielle
Statut Commune
Répartition Pacifique Nord, océan Arctique

C'est le plus petit de tous les Alcidae : elle a la taille d'un moineau, mais le corps plus trapu. Ses colonies de reproduction peuvent compter 1 million d'individus se déplaçant comme des essaims d'insectes pour se nourrir. Le plancton est sa nourriture préférée, mais elle mange aussi les petits crustacés et les larves de poisson. Elle plonge de la surface et nage dans l'eau pour trouver les bancs de ses proies. Elle ne pond qu'un œuf par an, dans une anfractuosité ou un creux sur la roche nue.

Fratercula arctica

Macareux moine

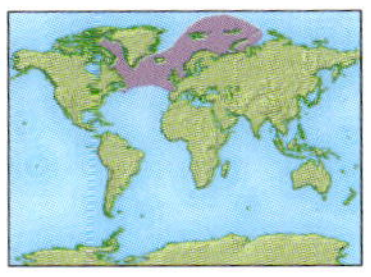

Longueur 28–30 cm
Poids 400–600 g
Plumage Sexes semblables
Déplacements Migrateur
Statut Commun
Répartition Atlantique Nord, océan Arctique

Avec son bec multicolore, ses pattes et ses doigts orange, le macareux moine de l'Atlantique Nord est le plus coloré de ses semblables. Il plonge jusqu'à 60 m sous l'eau pour trouver des bancs de poissons, parmi lesquels les équilles, les capélans, les harengs et les sprats constituant sa nourriture principale, y ajoutant du plancton animal en hiver. Pour nicher, il creuse un trou d'un mètre ou plus dans le sol, souvent garni de plumes et de matières végétales. Les deux parents couvent l'œuf unique et élèvent leur petit, lui apportant de petits poissons, qu'ils peuvent transporter habilement entassés dans leur bec.

COULEURS NUPTIALES
Bec rouge, jaune et bleu, devenant terne à la fin de l'été, lorsque ses plaques externes sont tombées.

LES MACAREUX

Comme beaucoup de membres de sa famille, le macareux est très sociable et niche en colonies sur les côtes rocheuses et les îles. À terre, il demeure groupé et fait de même pour se nourrir en mer. Les gagnages (sites d'alimentation) sont d'habitude à moins de 10 km environ de la colonie.

Uria aalge

Guillemot de Troïl

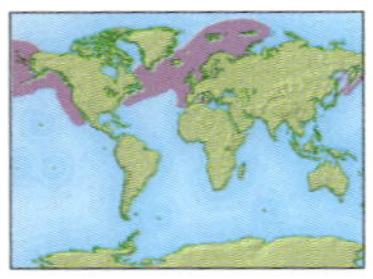

Q : Guillemot marmette
Longueur 39–42 cm
Poids 850 g–1,1 kg
Plumage Sexes semblables
Déplacements Migrateur
Statut Commun
Répartition Atlantique Nord, Pacifique Nord

C'est un oiseau assez grand, brun-noir, grégaire et formant des colonies très denses. Chaque couple produit un œuf unique, déposé directement sur le rocher. Cet œuf est assez pointu, et cette forme le fait rouler en cercle s'il est déplacé, lui évitant de choir de la corniche où il est placé. Le petit quitte la falaise au bout de trois semaines et complète sa croissance en mer.

PIGEONS

PHYLUM	Cordés
CLASSE	Oiseaux
ORDRE	Columbiformes
FAMILLE	1 (Columbidae)
ESPÈCES	309

LES PIGEONS, familiers des villes ou des campagnes du monde entier, sont une part d'un groupe très varié. Les forêts tropicales abritent une grande variété d'espèces dont beaucoup, brillamment colorées, vivent à terre ou dans les arbres. La plupart sont appelées pigeons, les plus petites tourterelles. Tous les adultes produisent du «lait de pigeon», qui leur sert à nourrir leurs petits.

PERCHAGE
Pigeons et tourterelles perchent souvent en groupes, espacés (comme ces tourterelles longup) ou serrés les uns contre les autres. Lorsqu'ils sont dérangés, certains oiseaux perchés s'envolent avec des battements d'ailes bruyants, ce qui peut éloigner un prédateur.

ANATOMIE

Pigeons et tourterelles sont des oiseaux massifs, dont la tête et le bec sont petits. En marchant, ils hochent la tête en sorte qu'elle conserve une position constante par rapport au corps. Ces oiseaux sont de très puissants voiliers, leurs larges ailes mues par des muscles pectoraux développés leur permettant de couvrir de longues distances à une vitesse considérable. Leur plumage est épais et doux; beaucoup d'espèces ont un espace de peau nue autour de chaque œil.

PLUMES IRISÉES

COLORATION VIVE

PLUMAGE
Beaucoup de pigeons tropicaux, comme ce ptilope magnifique (ci-contre), possèdent un plumage brillant et varié. Même si d'autres espèces sont moins vivement colorées (pigeon colombin, à gauche), elles ont des zones de petites plumes irisées.

ALIMENTATION

Pigeons et tourterelles sont essentiellement végétariens. On peut les diviser en deux groupes : les mangeurs de graines et les mangeurs de fruits. Tous ont un appareil digestif bien développé et un gésier musclé et puissant; ce dernier sert à broyer la nourriture, souvent avec l'aide de sable ou de gravier ingérés. Les mangeurs de fruits, dont la nourriture est plus facile à digérer, ont un jabot plus petit que celui des mangeurs de graines.

NOURRITURE
Ces jeunes tourterelles des bois sont nourries avec le «lait de pigeon» produit par le jabot de leur mère. Ce «lait», produit par les deux sexes, est riche en protéines et en graisses.

Columba livia

Pigeon biset

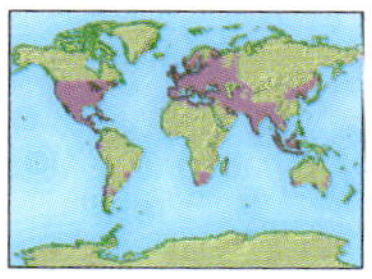

Longueur 31–34 cm
Poids 200–300 g
Plumage Sexes semblables
Déplacements Sédentaire
Statut Commun
Répartition Amérique du Nord, centrale et du Sud, Afrique, Europe, Asie, Australie

Originaire d'Europe du Sud, d'Asie et d'Afrique du Nord, le pigeon biset est l'ancêtre sauvage du pigeon des villes – l'un des oiseaux les plus répandus dans le monde. Bien que généralement gris à l'état sauvage, avec des reflets irisés sur le cou et le haut de la gorge, le pigeon des villes a des couleurs très variées. Paradoxalement, si certains sujets ont de grandes facultés d'orientation, les oiseaux sauvages sont fortement sédentaires. Le biset sauvage niche sur les falaises et parmi les rochers; en ville, les pigeons s'installent sur les ponts, les rebords de fenêtres, etc.

Columba palumbus

Pigeon ramier, palombe

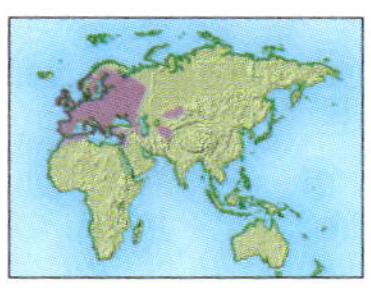

Longueur 41–45 cm
Poids 275–700 g
Plumage Sexes semblables
Déplacements Migrateur partiel
Statut Commun
Répartition Europe, N.-O. Afrique, O. et C. Asie

Ce pigeon, le plus grand en Europe, a prospéré avec l'agriculture, mais il est devenu localement indésirable. Le ramier se nourrit souvent en bandes à terre, mais aussi sur les arbres, allant de branche en branche pour se régaler de fruits et de graines. Les mâles, actifs reproducteurs, effectuent des parades aériennes pour attirer leur partenaire. La femelle produit généralement deux couvées de deux œufs par saison. Les petits sont élevés au nid par les deux parents.

Columba mayeri

Pigeon rose

Longueur 30–40 cm
Poids 300–325 g
Plumage Sexes semblables
Déplacements Sédentaire
Statut EN
Répartition Île Maurice

C'est l'un des plus rares oiseaux du monde; il fait partie des espèces insulaires mises en danger par l'introduction de prédateurs et la disparition de leur habitat. Sa population sauvage ayant diminué jusqu'à moins de 20 sujets en 1980, une reproduction en captivité et des programmes de repeuplement ont permis son accroissement en nombre. Ce gros pigeon a le corps rose, la tête et le front blancs, des ailes généralement brunes, un bec assez long, fort et crochu.

Streptopelia decaocto

Tourterelle turque

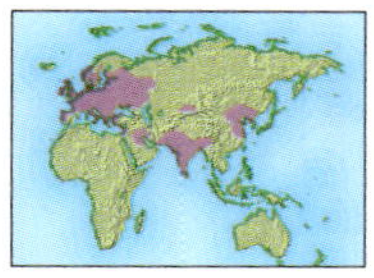

Longueur 31–34 cm
Poids 150–200 g
Plumage Sexes semblables
Déplacements Migratrice partielle
Répartition Europe, Asie, N.-E. Afrique
Statut Commune

Cette tourterelle élancée, de couleur beige rosé, avec un collier noir caractéristique, a connu au cours du XXe siècle une inexplicable et très forte expansion, au point de devenir très commune dans toute l'Europe. Elle se nourrit de fruits et de graines de graminées (y compris les céréales), d'herbes, occasionnellement d'invertébrés, des parties vertes de plantes et picore sur le sol. Très bruyante à la saison de reproduction, son nom spécifique «decaocto» indique le rythme du chant trisyllabique du mâle.

OISEAUX

Zenaida macroura

Tourterelle triste

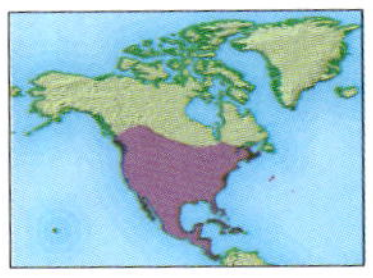

Longueur 23–34 cm
Poids 100–175 g
Plumage Sexes semblables
Déplacements Migratrice partielle
Statut Commune
Répartition Amérique du Nord et centrale, Antilles

Cet oiseau, très répandu en Amérique du Nord, tient son nom de son cri lugubre à quatre syllabes. Petit et fin, il a de longues ailes étroites et une longue queue pointue. La femelle est plus claire que le mâle. La parade nuptiale consiste à planer en spirale, au-dessus de la femelle, la pointe des ailes tenue en dessous du corps. Cette tourterelle se reproduit précocement, parfois même dans la saison de son éclosion.

Goura victoria

Goura de Victoria

Longueur 66–74 cm
Poids 2,5 kg
Plumage Sexes semblables
Déplacements Sédentaire
Statut VU
Répartition N. Nouvelle-Guinée

Cet oiseau, l'un des plus grands pigeons du monde, a une huppe de plumes caractéristique, en forme d'éventail. Généralement gris-bleu, il a la poitrine rouge-pourpre et des taches gris pâle sur les ailes, bordées de rouge sombre. Il vit à terre le jour, se nourrissant de fruits tombés, et se perche la nuit sur les arbres. Cette espèce est devenue vulnérable en raison de la perte de son habitat forestier et de la chasse (elle est recherchée pour sa chair et ses belles plumes). Sa rareté fait son prix aux yeux des marchands.

Ptilinopus magnificus

Ptilope magnifique

Longueur 40–55 cm
Poids 250–500 g
Plumage Sexes semblables
Déplacements Migrateur partiel
Statut VU
Répartition Nouvelle-Guinée, N.-E. et E. Australie

Ce grand pigeon frugivore, à la longue queue, est menacé par la disparition de son habitat. Malgré son plumage richement coloré – en majorité jaune et gris, avec la poitrine et le haut du ventre rouge sombre, la tête et le cou gris ou gris-vert –, cet oiseau est invisible et étonnamment bien camouflé sous les cimes des arbres où il vit. Il se nourrit de fruits (surtout de figues) pris sur les arbres et descend rarement à terre.

Hemiphaga novaeseelandiae

Pigeon de Nouvelle-Zélande

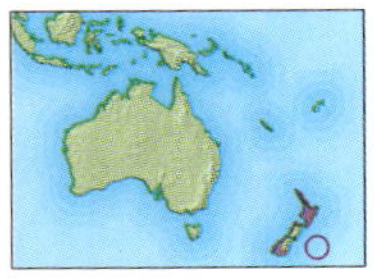

Longueur 46–50 cm
Poids 600–800 g
Plumage Sexes semblables
Déplacements Sédentaire
Statut LR
Répartition Nouvelle-Zélande

Le plus grand pigeon de Nouvelle-Zélande et la seule espèce originaire de ses îles est de couleur sombre, avec des reflets irisés, couleur bronze et vert sur le dessus et la poitrine, blanc sur le ventre et le bas de la poitrine. Il se nourrit d'une grande variété de substances végétales et de fruits, qu'il consomme grâce à l'ouverture extensible de son bec. Certaines espèces d'arbres de la Nouvelle-Zélande sont dépendantes de cet oiseau, qui disperse leurs graines.

GANGAS

PHYLUM	Cordés
CLASSE	Oiseaux
ORDRE	Ptéroclidiformes
FAMILLE	1 (Pteroclididae)
ESPÈCES	16

CES OISEAUX au plumage très tacheté vivent dans des régions arides d'Afrique et d'Asie. Ils passent la plupart de leur temps à terre, où leur plumage brun ou gris, taché ou rayé les camoufle bien. Comme les tétras, ils ont une petite tête, un corps trapu et des plumes sur les pattes. Mais comme les pigeons, ils volent très bien et longtemps grâce à leurs ailes longues et pointues, aux battements rapides et réguliers. Leur cou épais et leurs courtes pattes ressemblent aussi à ceux des pigeons.

RÉSERVE D'EAU
Beaucoup de gangas (dont ces gangas variés) ont besoin de boire deux fois par jour. Leurs plumes ventrales retiennent de l'eau destinée à leurs petits au nid, celui-ci étant normalement éloigné des points d'eau.

Pterocles coronatus

Ganga couronné

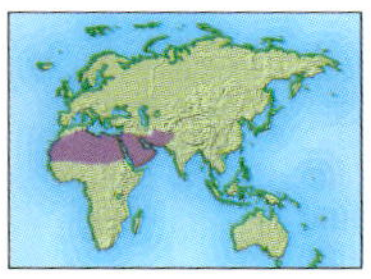

Longueur 27–30 cm
Poids 250–300 g
Plumage Sexes différents
Déplacements Sédentaire
Statut Commun
Répartition N. Afrique, O. à S. Asie

Cet oiseau, bien camouflé, vit dans les déserts, grâce à ses besoins réduits en nourriture et en eau, son aptitude à supporter des températures de plus de 50 °C pendant des heures et sa tolérance à l'eau fortement salée. Le mâle a le dessus de la tête chamois orangé et un masque noir à la base du bec, alors que la femelle est plus grise et plus barrée.

Pterocles namaqua

Ganga namaqua

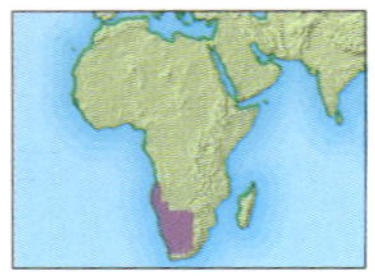

Longueur 28 cm
Poids 175–200 g
Plumage Sexes semblables
Déplacements Sédentaire
Statut Commun
Répartition S. Afrique

Le ganga namaqua partage avec le ganga couronné des adaptations à la vie dans le désert : il lui faut peu de nourriture et d'eau, et son épais plumage le protège des hautes ou basses températures. Une tête brun pâle, une bande pectorale blanche, des ailes tachetées de brun lui assurent un excellent camouflage sur un sol pierreux et sablonneux. Il se rend dans les zones ayant reçu des pluies abondantes, à la recherche de graines – sa seule alimentation.

PERROQUETS

PHYLUM	Cordés
CLASSE	Oiseaux
ORDRE	Psittaciformes
FAMILLES	2
ESPÈCES	353

Ces oiseaux, remarquables et brillamment colorés, peuplent une grande partie des régions chaudes du monde et sont particulièrement nombreux dans les forêts tropicales. Outre les vrais perroquets, ce groupe comprend, entre autres, les aras, les perruches, les cacatoès, les loriquets, les calopsittes et la perruche ondulée. Bruyants et sociables en liberté, les perroquets ont été longtemps des animaux favoris, appréciés pour leur beauté et leur adaptation au dressage, évidente dans leur remarquable aptitude à imiter la parole humaine. Bien qu'ils puissent couvrir de longues distances, très peu d'entre eux sont de véritables migrateurs.

ANATOMIE

Les perroquets sont facilement reconnaissables à leur grosse tête, leur cou court et leur bec très crochu. Leur plumage est épais, luisant, souvent vert – camouflage idéal parmi le feuillage des forêts – avec des taches brillantes d'autres couleurs. Leurs pieds, à deux doigts antérieurs et deux postérieurs, leur servent à grimper aux arbres, ainsi que leur bec faisant souvent office de troisième membre. Les ailes, étroites et pointues, leur assurent vitesse et agilité.

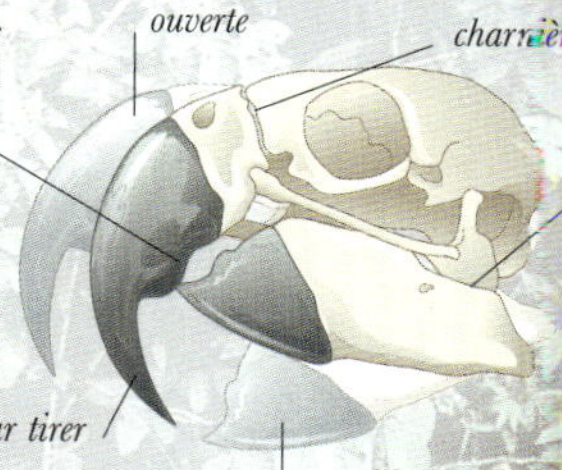

LE BEC
Le bec crochu des perroquets est très flexible. Les deux mandibules sont articulées de telle sorte qu'elles peuvent se mouvoir indépendamment.

NECTAR
Loris et loriquets (ici un loriquet arc-en-ciel) se nourrissent de nectar. Le bout de leur langue semblable à une brosse poilue leur permet de pousser le liquide dans leur bouche.

ALIMENTATION

Ces oiseaux sont exclusivement végétariens et consomment graines, noix, fruits, nectar et fleurs. Pour s'alimenter, ils utilisent à la fois leur bec et leurs pieds, ces derniers saisissant la nourriture pour la porter au bec. Bien que beaucoup se nourrissent sur les arbres, de nombreuses espèces descendent à terre pour s'alimenter.

GROUPES SOCIAUX
Les perroquets (ici des aras à ailes vertes) forment souvent des bandes nombreuses, qui communiquent par des appels variés, constitués de cris rauques et perçants. La plupart des espèces forment des couples durables.

CONSERVATION

Au moins un quart de toutes les espèces de perroquets sont en danger, et quelques-unes, en voie d'extinction. L'une des plus grandes menaces vient du commerce d'oiseaux de cage, entraînant la capture et la mort de milliers de sujets chaque année. À cela s'ajoute le déboisement.

Trichoglossus haematodus

Loriquet arc-en-ciel

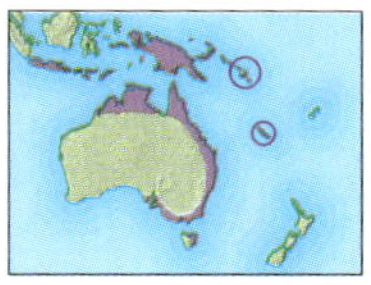

Longueur 30 cm
Poids 150 g
Plumage Sexes semblables
Déplacements Sédentaire
Statut Commun

Répartition Nouvelle-Guinée, S.-E. Asie, S.-O. Pacifique, Australie (Tasmanie comprise)

Ce loriquet brillamment coloré a un corps trapu et une courte queue. Ses 22 sous-espèces présentent des tailles et des colorations très variées. Les jeunes ont un bec brun foncé ; chez les adultes, il est orange ou rouge. Comme beaucoup d'autres loris et loriquets, cet oiseau a le bout de la langue en forme de brosse, afin de recueillir le pollen ou le nectar des fleurs. En vol, il crie continuellement, tout en exhibant les couleurs vives du dessous de ses ailes. Quand il se nourrit, il est plus discret, et sa coloration le dissimule dans le feuillage. Cette espèce provoque des dégâts dans les vergers et les vignes, surtout en Australie.

REPAS DE GROUPE

Ces loriquets arc-en-ciel se rassemblent pour se nourrir sur les arbres en fleur, souvent en compagnie d'autres oiseaux, recherchant le nectar ou les fruits. Ils utilisent leur bec pour écraser la pulpe des fruits et en extraire le suc et les graines. Ils se nourrissent aussi d'insectes et de leurs larves.

DE BRILLANTES COULEURS
Ce remuant oiseau a des couleurs très variées. Beaucoup de sous-espèces ont une tête rayée bleu violacé, le dessus vert et la poitrine orange barrée de noir.

Eos reticulata

Lori réticulé

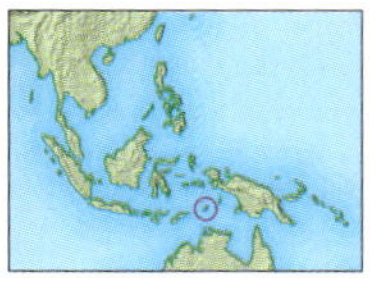

Longueur 31 cm
Poids 175 g
Plumage Sexes semblables
Déplacements Sédentaire
Statut LR

Répartition Inconésie (îles Tanimbar, Kai et Damar)

Ce lori brillamment coloré est surtout rouge, avec des raies bleu-violet derrière le cou et sur le dos, un court bec rouge orangé et des pattes grises. Bruyant, on le voit souvent voler haut, lançant des cris aigus ; mais il passe aussi beaucoup de temps perché ou à se nourrir dans les arbres. Comme les autres loris, sa langue en forme de brosse lui sert pour recueillir le pollen et le nectar.

Probosciger aterrimus

Microglosse noir

Longueur 60 cm
Poids 1 kg
Plumage Sexes semblables
Déplacements Sédentaire
Statut Commun localement Δ

Répartition Nouvelle-Guinée, N.-E. Australie

Le plus grand parmi les 18 espèces de cacatoès, il se distingue aussi par son plumage entièrement noir, son grand bec crochu qui lui permet de briser les noix de palme et autres graines dures, et son cri, un sifflement perçant. Excité ou effrayé, il dresse sa superbe huppe aux étroites plumes incurvées en arrière, et les parties nues et cramoisies de ses joues deviennent encore plus colorées.

Eolophus roseicapillus

Cacatoès rosalbin, galah

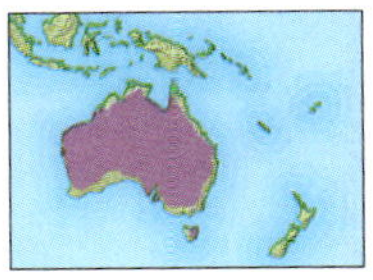

Longueur 35 cm
Poids 325 g
Plumage Sexes semblables
Déplacements Sédentaire
Statut Commun

Répartition Australie (Tasmanie comprise)

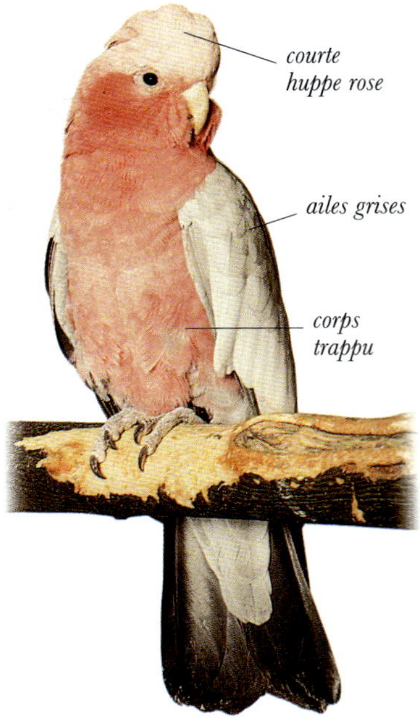

C'est l'espèce de cacatoès la plus répandue et la plus nombreuse. Bruyant et grégaire, on le voit dans les broussailles comme dans les parcs urbains. Les cultures lui ont fourni de nouvelles sources de nourriture, et sa population s'est fortement accrue. Sa huppe est relativement petite. En vol, son dos gris et son ventre rose contrastent nettement.

Nymphicus hollandicus

Perruche calopsitte

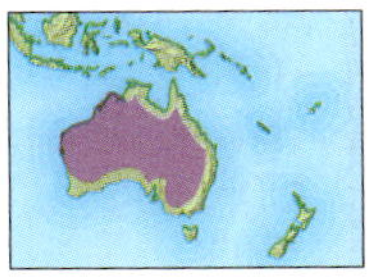

Longueur 32 cm
Poids 90 g
Plumage Sexes différents
Déplacements Nomade
Statut Commune

Répartition Australie

C'est la plus petite espèce de cacatoès et la seule à longue queue pointue. Sa huppe effilée est abaissée quand elle est perchée ou parfois quand elle se nourrit. En vol, elle émet un gazouillement caractéristique, mais elle est plus silencieuse quand elle se nourrit ou boit dans les trous d'eau. Très populaire comme oiseau familier. On trouve des colorations très variées chez les sujets élevés en captivité.

Nestor notabilis

Kéa

Longueur 48 cm
Poids 825 g
Plumage Sexes semblables
Déplacements Sédentaire
Statut VU

Répartition Nouvelle-Zélande (île du Sud)

Ce grand oiseau trapu des montagnes est remarquable parmi les perroquets par son insatiable curiosité et la diversité de son régime alimentaire. Il examine tout ce qui semble comestible et mange souvent de la charogne, qu'il déchiquette de son très long bec, semblable à celui d'un rapace diurne. Les adultes sont vert olive, avec le dessous des ailes orange.

Eclectus roratus

Grand éclectus

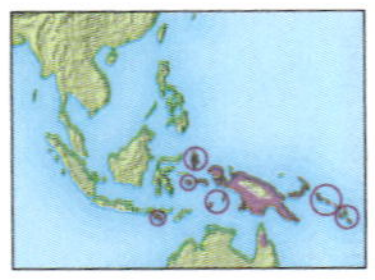

Longueur 35 cm
Poids 500 g
Plumage Sexes différents
Déplacements Sédentaire
Statut Commun localement

Répartition S.-E. Asie, Nouvelle-Guinée, N.-E. Australie, îles du S.-O. Pacifique

Mâle et femelle sont si différents que l'on croyait jadis qu'il s'agissait de deux espèces distinctes. Les deux sexes sont grands et trapus, avec une queue presque carrée et un bec robuste. Le mâle est vert vif, avec des flancs et le dessous des ailes rouges, le bec jaune ; la femelle est rouge, avec parfois le dessous du corps et des ailes bleu et le bec tout noir.

Cacatua galerita

Grand cacatoès à huppe jaune

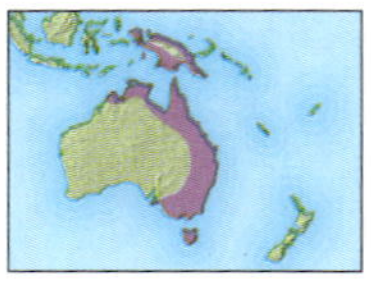

Longueur 50 cm
Poids 950 g
Plumage Sexes semblables
Déplacements Sédentaire
Statut Commun

Répartition Nouvelle-Guinée, Australie (Tasmanie comprise)

Ce grand cacatoès blanc a le dessous des ailes et de la queue jaune, comme sa huppe incurvée vers l'avant. Bruyant et actif le matin et à la fin de l'après-midi, il se déplace en bandes de quelques douzaines à plusieurs centaines d'oiseaux. La nuit, ces bandes se perchent, souvent sur les arbres bordant les cours d'eau. Adultes et petits sont capturés pour le commerce des oiseaux de cage, ce qui constitue une menace pour certaines de ses populations.

Platycercus elegans

Perruche de Pennant

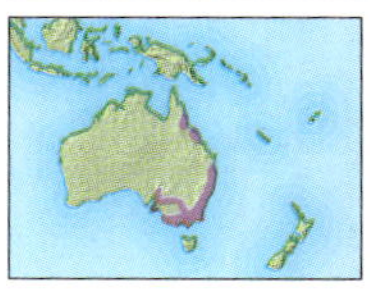

Longueur 36 cm
Poids 150 g
Plumage Sexes semblables
Déplacements Sédentaire
Statut Commune

Répartition E. et S.-E. Australie

C'est l'une des huit espèces de platycerques au corps allongé et à longue queue, vivant exclusivement en Australie et sur les îles voisines. Son plumage est rouge, avec des taches bleu-violet sur les joues et la base des ailes, et une queue bleu foncé. Le dos et les ailes sont tachés de rouge et de noir. Cet oiseau tend à devenir familier autour des fermes et des jardins. Son vol est ondulant ; il plonge vers le sol, se redresse en planant, puis se pose.

OISEAUX

Lathamus discolor

Perruche de Latham

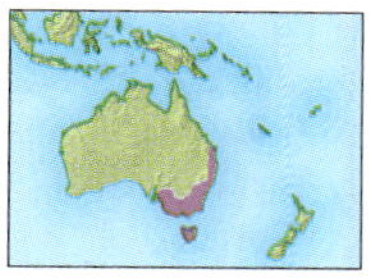

Longueur 25 cm
Poids 65 g
Plumage Sexes semblables
Déplacements Sédentaire
Statut EN

Répartition E. et S.-E. Australie

De longues ailes pointues, un corps allongé donnent à cet oiseau un vol rapide. Il a le sommet de la tête bleu foncé, contrastant avec une face et le dessous des ailes rouges. Il fréquente une grande variété d'habitats boisés, les parcs et les jardins, se nourrit sur les arbres. Il niche en Tasmanie et hiverne dans l'est de l'Australie.

Melopsittacus undulatus

Perruche ondulée

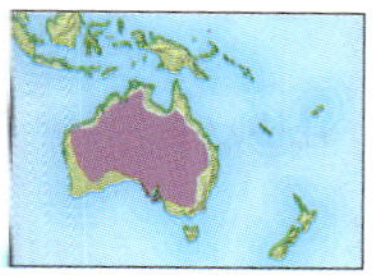

Longueur 18 cm
Poids 25 g
Plumage Sexes semblables
Déplacements Nomade
Statut Commune

Répartition Australie

Parmi les psittacidés, c'est l'une des espèces les plus abondantes et la plus connue comme oiseau de cage. Contrairement aux sujets domestiques, qui peuvent être de couleurs différentes, elle est toujours verte, avec la face jaune et la queue bleue. Le dessus du corps, barré de noir et de jaune, lui donne un excellent camouflage lorsqu'elle se nourrit dans la végétation. Elle est souvent nomade, et l'on peut la voir en bandes importantes et bruyantes.

Deroptyus accipitrinus

Perroquet maillé

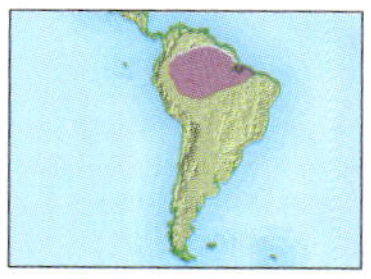

Longueur 35 cm
Poids 225 g
Plumage Sexes semblables
Déplacements Sédentaire
Statut VU

Répartition N. Amérique du Sud

Ce perroquet se distingue par des plumes rouge sombre, de la nuque à l'arrière du cou. Excité ou effrayé, il les dresse comme une collerette ou un éventail. Sa longue queue arrondie est aussi caractéristique.

Lorsqu'il est perché, il ressemble à un rapace diurne. Il vit, en couple ou en petits groupes (rarement jusqu'à 20 sujets), dans les forêts. Peu visible, on l'entend souvent avant de l'apercevoir.

Psittacus erithacus

Perroquet gris, jaco

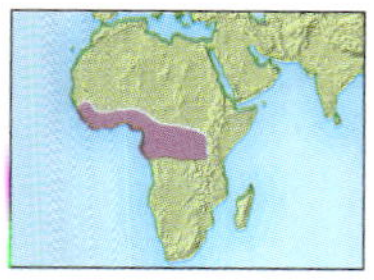

Longueur 33 cm
Poids 400 g
Plumage Sexes semblables
Déplacements Sédentaire
Statut Commun localement

Répartition O. à C. Afrique

Ce perroquet trapu, à queue courte, est très populaire comme oiseau de cage car il imite bien la parole humaine. Bien que traqué pour le commerce, il demeure commun dans une partie de son aire de répartition. On le trouve surtout dans les sous-bois des forêts pluviales, les forêts humides des montagnes, les plantations, les fermes et les jardins. Son plumage gris contraste vivement avec le rouge vif ou marron foncé de sa queue. En vol, les membres d'une bande s'appellent sans cesse et communiquent visuellement en déployant leur queue.

Strigops habroptilus

Kakapo

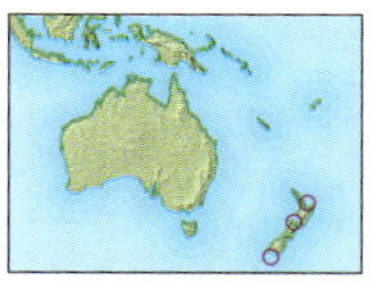

Longueur 64 cm
Poids 2 kg
Plumage Sexes semblables
Déplacements Sédentaire
Statut CR

Répartition Nouvelle-Zélande (3 îles)

C'est l'un des perroquets les plus en danger. Au crépuscule, il va chercher souvent très loin sa nourriture en marchant, mâchant des végétaux pour en extraire le suc et laissant des boules pendantes de résidus fibreux sur les plantes. Il fouille aussi le sol de son bec pour broyer des rhizomes. Les mâles se rassemblent sur des « arènes » où ils creusent des trous et lancent des appels bruyants pour attirer les femelles. Adultes, œufs et petits sont menacés par les prédateurs introduits.

CONSERVATION

Il existe aujourd'hui moins de 100 kakapos. Pour les préserver de l'extinction, ces oiseaux ont été déplacés sur trois îles dépourvues de prédateurs et, comme pour cette femelle, leurs progrès sont attentivement surveillés.

CLOUÉ À TERRE
Le kakapo, la plus lourde espèce de perroquet, a des ailes rondes inaptes au vol. Son bec est adapté pour extraire les sucs végétaux.

Agapornis personatus

Inséparable masqué

Longueur 14,5 cm
Poids 50 g
Plumage Sexes semblables
Déplacements Sédentaire
Statut Commun localement

Répartition E. Afrique (Tanzanie)

Les inséparables tiennent leur nom de leurs couples durables. Mâle et femelle sont la plupart du temps ensemble, lissant réciproquement leurs plumes. Les neuf espèces sont petites, à courte queue. L'inséparable masqué a la tête noire, avec un cercle blanc très visible autour des yeux, le bec rouge vif. L'oiseau se nourrit de graines, fruits, bourgeons et construit un nid, au lieu de pondre ses œufs dans une cavité nue.

Amazona aestiva

Amazone à front bleu

Longueur 37 cm
Poids 400 g
Plumage Sexes semblables
Déplacements Sédentaire
Statut Commune

Répartition C. Amérique du Sud

Un front bleu sur une face jaune distingue ce perroquet grand et trapu des autres membres du genre *Amazona* (environ 30 espèces). Bien que très visible et bruyant en vol, il est discret et calme lorsqu'il se nourrit ou se perche au sommet des arbres, et les débris de fruits qui en tombent sont les seuls signes de sa présence. Ces oiseaux se rassemblent régulièrement en bandes, le soir pour dormir, et les membres des couples se tiennent très près l'un de l'autre.

Psittacula krameri

Perruche à collier

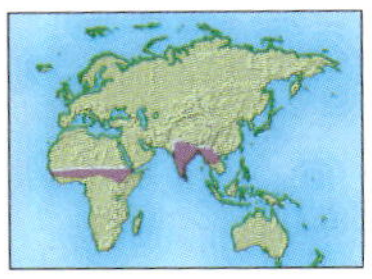

Longueur 40 cm
Poids 125 g
Plumage Sexes semblables
Déplacements Sédentaire
Statut Commun

Répartition O. à E. Afrique, S. et S.-E. Asie

Cet oiseau vert au corps élancé a un collier rose autour du cou. Il a la plus grande aire de répartition de tous les Psittacidae. À l'état sauvage, on le rencontre aussi dans des régions d'Europe et d'Amérique du Nord, où il a été introduit. Les plumes centrales de sa queue sont longues et fines, et en vol ses ailes rejetées en arrière lui donnent une silhouette aérodynamique.

Myiopsitta monachus

Perruche moine

Longueur 29 cm
Poids 125 g
Plumage Sexes semblables
Déplacements Sédentaire
Statut Commune

Répartition C. et S. Amérique du Sud

Fait unique chez les Psittacidae, cette perruche forme des groupes de plusieurs couples qui ont un nid commun, centre de l'activité diurne. La colonie s'étend à mesure que le nid est agrandi et comporte davantage de logettes. Cet oiseau a une longue queue verte, un abdomen vert olive, la face et la gorge gris pâle. Localement, il est indésirable dans les champs.

Aratinga jandaya

Conure jandaya

Longueur 30 cm
Poids 125 g
Plumage Sexes semblables
Déplacements Sédentaire
Statut Commun localement

Répartition E. Amérique du Sud

La tête et le cou de cet oiseau sont d'un jaune qui devient rouge orangé sur la poitrine et l'abdomen ; son dos et ses ailes sont en grande partie verts. Rencontré en bandes bruyantes au maximum de quinze sujets, il passe son temps sur les branches des arbres ou des arbustes pour chercher des fruits. Dérangé, il s'envole rapidement en criant. Trente espèces de conures vivent en Amérique centrale et en Amérique du Sud.

Anodorhynchus hyacinthinus

Ara hyacinthe

Longueur 1 m
Poids 1,5 kg
Plumage Sexes semblables
Déplacements Sédentaire
Statut EN

Répartition C. Amérique du Sud

Le plus grand et sans doute le plus spectaculaire des perroquets a un plumage bleu de cobalt vif, le tour de l'œil et une tache au menton jaune vif, une longue queue étroite. Son bec épais lui sert à broyer les noix de palme. Il se nourrit surtout dans les arbres, mais aussi à terre, où il cherche les fruits tombés. Oiseau de cage très recherché, il s'est considérablement raréfié.

Cyanopsitta spixii

Ara de Spix

Longueur 55 cm
Poids Inconnu
Plumage Sexes semblables
Déplacements Sédentaire
Statut EW Δ

Répartition E. Amérique du Sud

Le plus petit des aras bleus se perche régulièrement sur la cime des arbres et suit les mêmes itinéraires tous les jours. Il se nourrit de graines, de noix et de fruits, en grimpant dans les branches.

UN PERROQUET BLEU *L'ara de Spix a une longue queue pointue, la tête d'un bleu argenté, avec une peau gris foncé entourant les yeux. Le dos et les ailes sont bleu foncé et le bec noir.*

CONSERVATION

Alors que cet oiseau n'a, semble-t-il, jamais été commun, les déplacements des colons sur son territoire et la destruction des bois où il niche ont restreint sa distribution à une petite zone au nord-est du Brésil et entraîné son extinction totale. Le commerce illégal des oiseaux est également responsable de son déclin. Aujourd'hui, à la suite de mesures de sauvegarde prises à la fin des années 1980, plus de 50 de ces oiseaux ont été élevés avec succès en captivité. Le dernier des aras sauvages ayant vraisemblablement disparu, la survie de l'espèce dépend entièrement du succès de l'élevage et des remises en liberté.

Ara chloroptera

Ara à ailes vertes

Longueur 90 cm
Poids 1 kg
Plumage Sexes semblables
Déplacements Sédentaire
Statut Commun localement

Répartition N. et C. Amérique du Sud

L'ara à ailes vertes attire l'attention par sa vive coloration et ses cris stridents. Ce grand oiseau a, comme plusieurs autres aras, un plumage partiellement rouge, le dos et le croupion bleu clair. Sa longue queue est bleue au bout. Ses ailes sont bleues, à dessus vert foncé. Les jeunes ressemblent aux adultes, mais ont une queue plus courte. Cet oiseau préfère les sous-bois humides, mais, dans le Sud, d'où l'ara macao *(Ara macao)* est absent, il fréquente des habitats ouverts ou des forêts de feuillus, et on le voit souvent perché à la cime des grands arbres. Rencontré habituellement par paires, petits groupes ou familles, il s'assemble parfois avec d'autres aras plus communs, pour consommer des minéraux. En vol, il appelle bruyamment ses congénères. Il se nourrit de graines, de fruits, de noix plus grosses et plus dures que celles consommées par les autres aras. Les adultes sont chassés pour leur chair et leurs plumes, les petits pris au nid pour le commerce d'oiseaux de cage.

OISEAUX

COUCOUS ET TOURACOS

PHYLUM	Cordés
CLASSE	Oiseaux
ORDRE	Cuculiformes
FAMILLES	3
ESPÈCES	160

BIEN QU'ILS SOIENT BRUYANTS, les coucous et les touracos sont des oiseaux discrets. Les premiers, rencontrés dans le monde entier, sont généralement gris ou bruns, certains ayant des couleurs plus vives. Les touracos d'Afrique sont parfois très colorés et ont des pigments rouges et verts très particuliers. Tous ont des ailes courtes, une longue queue et deux paires de doigts à chaque patte, l'une antérieure, l'autre postérieure, servant pour grimper aux arbres et s'y percher. L'hoazin est classé dans une famille distincte, les Opisthocomidae.

DES PARASITES
Certains coucous sont des parasites, qui pondent dans les nids d'autres oiseaux des œufs qui ressemblent de près à ceux de leurs hôtes. Le jeune coucou éjecte du nid les œufs ou les petits qui l'occupaient et mange la nourriture apportée par ses «parents» adoptifs (ici, une rousserolle effarvatte).

Clamator glandarius

Coucou-geai

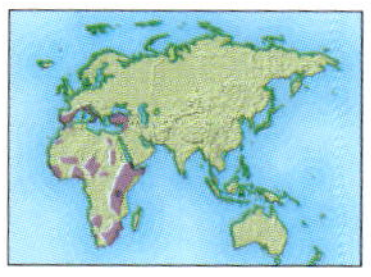

Répartition S. Europe, O. Asie, Afrique

Longueur 35–39 cm
Poids 125 g
Plumage Sexes semblables
Déplacements Migrateur
Statut Commun localement Δ

Le plus grand des coucous d'Europe pond ses œufs dans les nids de corbeaux, de pies et d'étourneaux. À la différence de ceux du coucou gris, les petits ne rejettent pas hors du nid ceux de leur hôte. Mais, à mesure qu'ils croissent, ils prennent une plus large part de la nourriture apportée par les parents, si bien qu'à huit jours à peine, ils ont déjà plus de la moitié du poids qu'ils auront à l'envol.

Tauraco erythrolophus

Touraco pauline

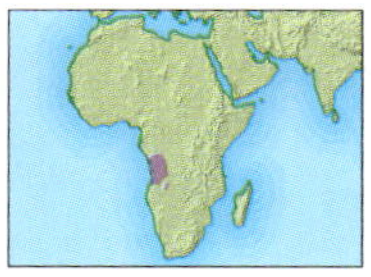

Répartition S.-O. Afrique

Longueur 40–43 cm
Poids 200–325 g
Plumage Sexes semblables
Déplacements Sédentaire
Statut VU Δ

Comme les autres touracos, cette espèce tient ses vives couleurs d'un pigment cuivré propre aux membres de la famille. Il se nourrit de fruits, sautant de branche en branche ; son vol est lourd et laborieux. Il vit en groupes familiaux qui parcourent les forêts humides et défend vigoureusement les lieux où il niche contre ses semblables et les autres oiseaux mangeurs de fruits.

Opisthocomus hoazin

Hoazin

Répartition N. Amérique du Sud

Longueur 62–70 cm
Poids 700–900 g
Plumage Sexes semblables
Déplacements Sédentaire
Statut Commun localement

Cet oiseau arboricole se nourrit uniquement de feuilles et son très grand estomac lui permet de digérer de la même façon que les mammifères ruminants. Les jeunes quittent le nid avant de voler et se servent des griffes de leurs ailes pour se déplacer dans la végétation ; ils plongent dans l'eau s'ils sont menacés. Jusqu'à huit adultes peuvent vivre ensemble pour défendre leur territoire et élever leurs petits.

Cuculus canorus

Coucou gris

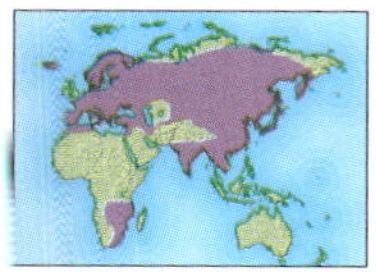

Répartition Europe, Asie, N.-O. et S. Afrique

Longueur 32–33 cm
Poids 125 g
Plumage Sexes semblables
Déplacements Migrateur
Statut Commun

Généralement gris, le dessous blanc rayé de noir, ce coucou vit surtout dans les forêts d'Europe et d'Asie, et va passer l'hiver très loin, en Afrique et en Asie du Sud. Cet oiseau est un exemple classique de parasitisme : il pond ses œufs dans les nids de nombreuses espèces d'autres oiseaux dont les passereaux (voir ci-dessus).

Geococcyx californianus

Géocoucou de Californie

Répartition S. Amérique du Nord

Q : Grand géocoucou
Longueur 56 cm
Poids 325 g
Plumage Sexes semblables
Déplacements Sédentaire
Statut Commun

Bien que pouvant voler, cet oiseau aux longues pattes, de la famille des coucous, est le plus souvent à terre. Sur de courtes distances, il peut atteindre des vitesses supérieures à 30 km/h. Il marche et court dans le désert, cherchant ses proies – lézards, serpents, petits mammifères et oiseaux –, et les tue avec son bec robuste et pointu. Il court aussi pour fuir les prédateurs, balançant sa longue queue comme un gouvernail afin de changer rapidement de direction.

Crotophaga ani

Ani des savanes

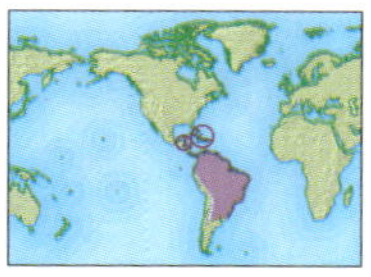

Répartition S.-E. Amérique du Nord, centrale et du Sud, Antilles

Q : Ani à bec lisse
Longueur 35 cm
Poids 125 g
Plumage Sexes semblables
Déplacements Sédentaire
Statut Commun localement

Cet oiseau d'aspect singulier a un bec arqué et se nourrit surtout en suivant le bétail et en prenant les insectes qu'il dérange en se déplaçant. Il vit en groupes de plusieurs couples, qui couvent les œufs et élèvent les petits en commun. Ces derniers aident souvent à élever la nichée suivante.

RAPACES NOCTURNES

PHYLUM	Cordés
CLASSE	Oiseaux
ORDRE	Strigiformes
FAMILLES	2
ESPÈCES	205

HIBOUX ET CHOUETTES, souvent entendus mais rarement aperçus, sont des chasseurs opérant surtout de nuit. Ils ressemblent aux rapaces diurnes, éperviers et faucons, par leurs serres acérées et leur bec crochu, mais ils ont, en plus, des adaptations à la chasse nocturne. Leurs yeux, très grands, captent la moindre lumière et, placés sur le devant de la tête, leur permettent d'apprécier les distances. Leur ouïe est exceptionnellement développée, et leur plumage fin leur assure un vol silencieux. Les deux familles de strigiformes – hiboux, chouettes et effraies – se rencontrent dans le monde entier, avec des habitats variés, de la forêt à la toundra.

REPRODUCTION

Hiboux et chouettes ne font pas leur propre nid, mais se servent de ceux laissés par d'autres oiseaux ou d'un creux du sol, d'arbre, une crevasse rocheuse, un bâtiment. La plupart pondent de 2 à 7 œufs, presque sphériques, blancs; ils éclosent en général à deux jours d'intervalle, déterminant ainsi des différences d'âge entre les petits d'une même couvée. Si la nourriture est rare, les plus âgés en consomment la plus grande partie et les plus jeunes peuvent mourir d'inanition.

LES JEUNES *Le plus jeune d'une nichée peut parfois avoir deux semaines de moins que l'aîné.*

ANATOMIE

Hiboux et chouettes se reconnaissent à leur posture dressée, à leur grosse tête ronde, à leur courte queue. Pour se percher ou saisir une proie, ils utilisent leurs doigts antérieurs, réversibles vers l'avant ou l'arrière. Leur vue est perçante, de jour comme de nuit, et leur ouïe exceptionnelle; ils captent le moindre bruit émis par un petit mammifère, même sous la neige. Certaines espèces chassent dans l'obscurité totale, leurs oreilles dissymétriques leur donnant une perception tridimensionnelle des sons. Ces oiseaux ont un plumage dense et doux avec, sur les rémiges, des franges légères qui atténuent le bruit de leur vol.

CHASSEUR NOCTURNE *Dans l'obscurité, une chouette chevêche s'approche en silence de sa proie. Grâce à ses serres acérées, à sa vue perçante et à son ouïe exceptionnelle, c'est un remarquable chasseur nocturne.*

LA PÊCHE *Plusieurs espèces de Strigidae (dont la chouette pêcheuse de Pel) se nourrissent de poisson. Elles saisissent leur proie dans leurs serres et la maintiennent avec les coussinets couverts de petites pointes de leurs doigts.*

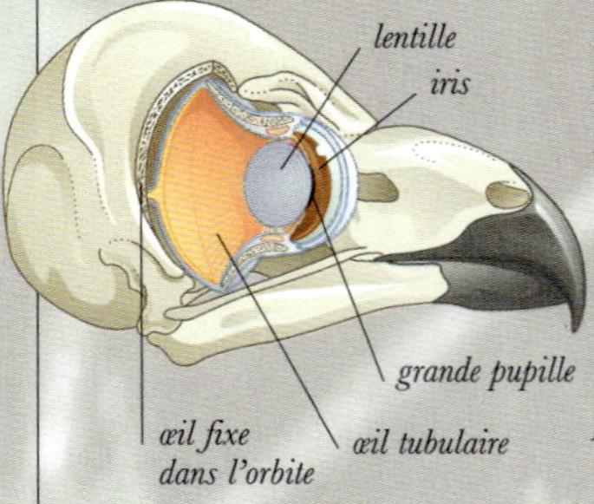

VISION *Les globes oculaires d'un hibou sont tubulaires et ne peuvent pivoter : s'il veut regarder de côté, il doit tourner la tête. En compensation, un hibou peut tourner le cou et la tête sur plus de 270 degrés.*

ALIMENTATION

Hiboux et chouettes se nourrissent d'une grande variété de proies, dont la taille dépend des espèces. Beaucoup prennent des insectes, des oiseaux, de petits mammifères; les grands en capturent souvent de plus petits qu'eux et les mangent. Les espèces des bois et des forêts plongent sur leur proie depuis leur perchoir; ceux qui vivent en rase campagne chassent en l'air, avec un vol lent et rasant.

RÉJECTION *Chouettes et hiboux ingurgitent généralement leurs proies entières, avec leurs poils, leurs os ou leur carapace. Plus tard, ils régurgitent les matières indigestes (voir ci-dessous) sous forme de pelotes de réjection compactes, qui s'amassent sous leur «nid» ou leur perchoir.*

RÉGURGITATION

1 **INGESTION** *Une chouette effraie avale sa proie entière, avec ses matières indigestes, poils et os.*

2 **REJET** *Six ou sept heures après, l'oiseau se prépare à régurgiter les matières indigestes.*

3 **UNE PELOTE** *Pour faciliter leur passage, ces matières sont comprimées en une pelote (surtout os et poils ou plumes).*

4 **PASSAGE DIFFICILE** *Malgré sa forme arrondie, la pelote demande un effort pour franchir l'œsophage.*

5 **RÉGURGITATION** *Une pelote noire et brillante est rejetée, une seconde peut être expulsée dans les vingt-quatre heures.*

Tyto alba

Chouette effraie

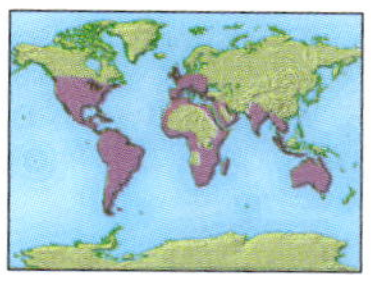

Q : Effraie des clochers
Longueur 29–44 cm
Poids 300–650 g
Plumage Sexes semblables
Déplacements Sédentaire
Statut Commune
Répartition Amérique du Nord, centrale et du Sud, Europe, Asie, Afrique, Australie

Présente partout, sauf dans l'Antarctique, c'est la plus répandue de toutes les espèces de strigiformes, l'un des oiseaux terrestres dont la répartition est la plus vaste. Elle a une face en forme de cœur, de longues pattes emplumées et une queue très courte. La femelle pond dans un trou d'arbre, une ruine, un clocher, et nourrit ses petits avec les aliments apportés par le mâle, les réchauffant trois semaines encore après l'éclosion, jusqu'à ce qu'ils aient acquis le duvet nécessaire pour rester seuls. Les mutations de l'agriculture ayant réduit ses sources d'alimentation, l'effraie se raréfie dans certaines régions.

EN CHASSE
La chouette effraie est un excellent chasseur ; elle repère sa proie même dans l'obscurité, grâce à son ouïe et à sa vue excellentes. Volant bas et en silence, elle fond soudain vers le sol, puis, jetant ses pattes en avant, elle saisit sa proie dans ses serres et la tue.

UNE FACE EN CŒUR
L'effraie est reconnaissable à sa face claire, en cœur, et à ses yeux noirs.

UN REPAS COMPLET

Les petits rongeurs (souris, rats, campagnols) forment l'essentiel du régime de l'effraie. Lorsqu'elle a tué sa proie, la chouette l'avale tout entière, puis régurgite les débris indigestes sous forme de pelotes. Si elle a des jeunes à nourrir, elle la rapporte au nid dans son bec.

Otus scops

Petit duc scops

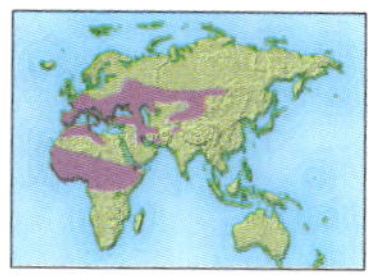

Longueur 16–20 cm
Poids 60–125 g
Plumage Sexes semblables
Déplacements Migrateur
Statut Commun localement
Répartition Europe à C. Asie, Afrique

Petit, rendu presque invisible, sur fond d'écorce, par de petites taches noires sur son plumage gris ou beige, on l'entend plus qu'on ne le voit. Effrayé, il se dissimule en s'étirant et se balançant, imitant une branche. Son chant est une succession de « diou-diou », répétés à quelques secondes d'intervalle. Le petit duc se nourrit surtout d'insectes, mais aussi d'araignées, vers de terre, reptiles, très rarement de chauves-souris et petits oiseaux.

Otus lempiji

Petit duc à collier

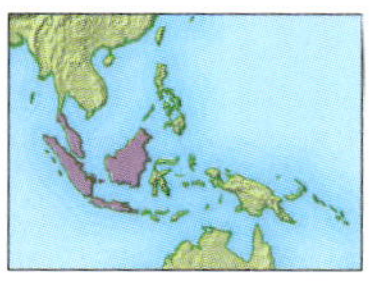

Longueur 20 cm
Poids 100–125 g
Plumage Sexes semblables
Déplacements Sédentaire
Statut Commun
Répartition S.-E. Asie

Ce petit oiseau, pourvu d'aigrettes et d'yeux bruns, présente deux sortes de plumages, gris ou roussâtre. Il habite les forêts ou leurs bords, les plantations et les lieux parsemés d'arbres, parcs ou villages. Le plus souvent immobile dans une cachette, il en sort le soir pour se nourrir surtout d'insectes. Mâles et femelles émettent souvent ensemble un hululement court et doux.

Scotopelia peli

Chouette pêcheuse de Pel

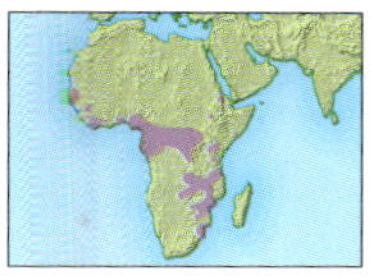

Longueur 55–63 cm
Poids 2–2,5 kg
Plumage Sexes semblables
Déplacements Sédentaire
Statut Commune localement
Répartition Afrique

Cette grande chouette appartient à l'une des trois espèces d'Afrique se nourrissant de poissons, grenouilles et autres animaux aquatiques. Comme ses semblables, elle a un bec long, des pattes nues et des serres recourbées pour saisir des proies glissantes. Son plumage, généralement marron clair, avec des taches et des barres sombres, la camoufle lorsqu'elle est perchée. Elle vit sur les bords boisés des lacs, des rivières et des marécages ; elle chasse le soir depuis son perchoir, saisit sa proie au ras de l'eau et remonte se percher. Elle niche près de l'eau, habituellement dans un trou d'arbre. Les femelles pondent 1 ou 2 œufs, mais normalement un seul petit est élevé par les deux parents ; il demeure auprès du nid jusqu'à huit mois après son envol. Le genre *Ketupa*, groupe de hiboux pêcheurs, est propre à l'Asie.

Pulsatrix perspicillata

Chouette à lunettes

Longueur 43–52 cm
Poids 600–1 000 g
Plumage Sexes semblables
Déplacements Sédentaire
Statut Commune
Répartition S. Mexique à C. Amérique du Sud

Cet oiseau, commun sous les tropiques d'Amérique, doit son nom aux cercles de plumes blanches entourant ses yeux. Le plus souvent présent dans les forêts pluviales, il vit aussi en bordure des lieux boisés et dans les plantations de caféiers. À la différence d'autres rapaces nocturnes, il chasse du haut d'un perchoir, saisissant de petits mammifères et des insectes dans le feuillage ou à terre, et aussi, près de l'eau, des écrevisses et des crabes.

Bubo virginianus

Grand duc d'Amérique

Longueur 50–60 cm
Poids 675g–2,5 kg
Plumage Sexes semblables
Déplacements Sédentaire
Statut Commun

Répartition Amérique du Nord, centrale et du Sud

Cet oiseau aux aigrettes caractéristiques, le plus grand des rapaces nocturnes d'Amérique, vit sur tout le continent. Il a des habitats variés, de la forêt au désert, en montagne, dans d'anciens nids d'autres grands oiseaux, dans des trous d'arbres et des corniches de falaises. Généralement sédentaire, il défend son territoire, surtout en période de reproduction. D'habitude actif au crépuscule et à l'aube, c'est un chasseur efficace, grâce à sa vision nocturne et à son ouïe, particulièrement développées : il capture surtout de petits mammifères, des insectes, des reptiles, des amphibiens et des oiseaux (y compris d'autres rapaces nocturnes). Très bruyant à la saison de reproduction, il émet un hululement puissant, typique du chant des hiboux.

UN OISEAU PUISSANT
Bec crochu, grandes ailes, serres puissantes, le grand duc est taillé pour la chasse. Ses yeux jaunes perçants et ses aigrettes le rendent encore plus impressionnant.

CHASSEUR SILENCIEUX
Ce grand duc, le plus grand en Amérique, est probablement aussi le plus redoutable. Il chasse en silence, à partir de points favorables de son territoire. Très rapide, il glisse sans aucun bruit vers sa proie, pour la saisir entre ses serres puissantes.

PARENTS ET JEUNES

Les grands ducs d'Amérique sont des parents attentionnés. Mâles et femelles élèvent leurs petits pendant six semaines au moins après leur envol. Très combatifs dans la défense de leur « nid », ils éloignent même les hommes de leurs petits.

AU NID
Le grand duc d'Amérique pond de 1 à 5 œufs, voire davantage si la nourriture est abondante.

JEUNE GRAND DUC
À deux mois, le jeune a son plumage entier et fait de petits vols. En posture de défense, il gonfle son plumage et déploie ses ailes.

Nyctea scandiaca

Harfang des neiges

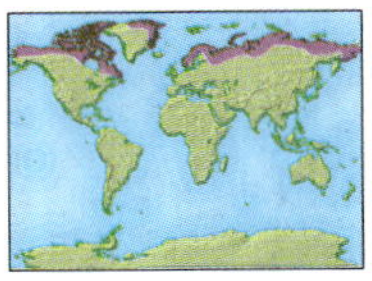

Longueur 55–70 cm
Poids 1–2,5 kg
Plumage Sexes différents
Déplacements Migrateur partiel
Répartition Circumpolaire autour de l'Arctique
Statut Commun

Le harfang mâle se reconnaît à son plumage presque entièrement blanc. Des plumes longues et épaisses recouvrent ses pattes et même son bec, ce qui lui assure une bonne isolation contre le froid. Il est très actif au crépuscule et à l'aube, mais devient diurne en été, quand le jour est continu. Il passe beaucoup de temps à terre ou perché sur des rochers bas ; sa vue et son ouïe extraordinaires lui permettent de découvrir une proie éloignée ou couverte de neige, qu'il approche silencieusement. Il se nourrit de campagnols, lemmings, lièvres et oiseaux aquatiques. Mais les populations de ces rongeurs fluctuent suivant un cycle de trois à quatre ans, ce qui conditionne le succès de la reproduction du harfang.

FEMELLE TACHETÉE
La femelle du harfang, nettement plus grande que le mâle, est tachetée de noir, ce qui la dissimule parmi les rochers lorsqu'elle couve, quand la neige a beaucoup fondu.

À TERRE

Le harfang niche dans la toundra, dans un simple trou creusé dans le sol, où la femelle dépose ses œufs. Elle garde les petits, tandis que le mâle leur apporte de la nourriture.

Strix aluco

Chouette hulotte

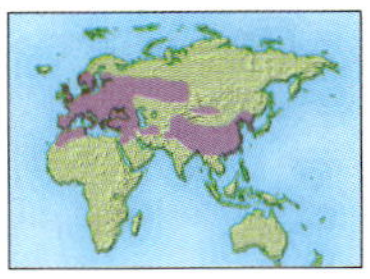

Longueur 37–39 cm
Poids 450–690 g
Plumage Sexes semblables
Déplacements Sédentaire
Répartition Europe, Asie, N.-O. Afrique
Statut Commune

La hulotte vit partout où il y a des arbres sur lesquels elle se perche. Son plumage, généralement brun, rayé et tacheté, la camoufle bien parmi les branches et les feuillages. Elle a des cris variés ; son hululement est très caractéristique. Cet oiseau chasse de son perchoir et peut localiser ses proies – surtout de petits mammifères, des oiseaux, des reptiles et des insectes – uniquement au son.

Glaucidium perlatum

Chevêchette perlée

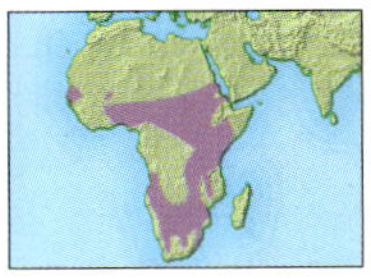

Longueur 17–20 cm
Poids 50–150 g
Plumage Sexes semblables
Déplacements Sédentaire
Répartition Afrique (sud du Sahara)
Statut Commune

Cet oiseau trapu d'Afrique est surtout diurne, mais chasse aussi la nuit. De ses pattes puissantes, il capture des proies plus grandes que lui. Il a derrière la tête deux taches noires entourées de blanc. Ces « faux yeux » servent probablement à dissuader des prédateurs attaquant par-derrière ou à tromper une proie, qui ne sait plus dans quelle direction s'enfuir.

Ninox novaeseelandiae

Ninox boubouk

Longueur 30–35 cm
Poids 150–175 g
Plumage Sexes semblables
Déplacements Sédentaire
Répartition Australie (Tasmanie comprise), S. Nouvelle-Guinée, S.-E. Asie
Statut Commun localement

Plusieurs types, ou phases, de cette petite chouette trapue se trouvent en Australie et en Asie. Certaines, au Queensland, sont brun foncé ; d'autres, en Tasmanie et en Nouvelle-Zélande, parfois considérées comme une espèce différente, sont plus claires, avec des taches foncées. Toutes lancent un cri aigu (« bou-bouk ») à deux syllabes. Cette chouette se perche sur les arbres pendant le jour et se nourrit au crépuscule. Elle chasse en vol des insectes et des oiseaux.

Athene cunicularia

Chouette des terriers

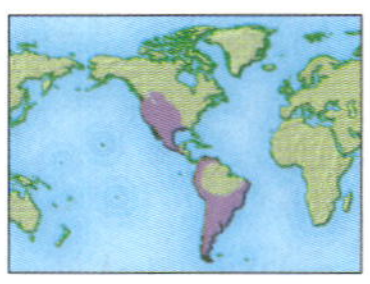

Q : Chevêche des terriers
Longueur 19–25 cm
Poids 125–250 g
Plumage Sexes différents
Déplacements Migratrice partielle
Répartition Amérique du Nord, centrale et du Sud, Antilles
Statut Commune localement

Bien des rapaces nocturnes se perchent et nichent dans les arbres, mais cette chouette a un habitat souterrain, ce qui lui permet de vivre dans toutes sortes de lieux privés d'arbres, des pampas d'Amérique du Sud aux terrains de golf ou aux aérodromes. En alerte, hors de son trou, elle adopte une posture dressée et émet un cri sec, semblable au bruit d'un serpent à sonnette. Elle chasse à terre.

Asio flammeus

Hibou brachyste

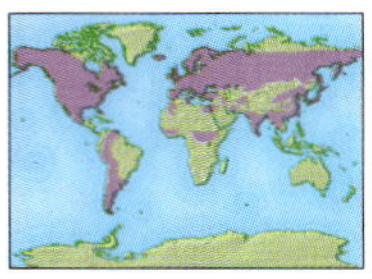

Q : Hibou des marais
Longueur 37 cm
Poids 200–500 g
Plumage Sexes différents
Déplacements Migrateur partiel
Répartition Amérique du Nord, O. et S. Amérique du Sud, Europe, Asie, Afrique
Statut Commun localement

Ce hibou très tacheté, à longues ailes et au vol bas, peut aisément être pris pour un rapace diurne. Solitaire, il demeure à terre, mais, en hiver, lorsqu'il neige, il se perche en groupes sur les arbres. Il s'assemble aussi quand la nourriture se fait rare, et beaucoup vont vers des contrées où il y en aura davantage. Lorsqu'il y a abondance, le hibou brachyste capture ses proies – des mulots, des campagnols et de petits mammifères, parfois des oiseaux – surtout en vol. Il pond dans les bruyères, les prairies, les cultures. La femelle peut aussi ébaucher un nid très sommaire avec des brindilles recueillies alentour, mais c'est inhabituel pour un hibou. Le chant est composé d'une strophe d'une dizaine de sons assez graves.

EN PLEIN JOUR

Le hibou brachyste, un des hiboux les plus diurnes, chasse le jour sur son vaste territoire, à quelques mètres du sol. Son vol est souple, ses grandes ailes lui permettant de voler bas sans perdre de vitesse.

FACE RONDE
Ce hibou a une grosse tête ronde aux disques faciaux marqués, des yeux jaune vif et deux courtes aigrettes très peu visibles.

ENGOULEVENTS ET PODARGES

PHYLUM	Cordés
CLASSE	Oiseaux
ORDRE	Caprimulgiformes
FAMILLES	5
ESPÈCES	118

AVEC LEURS PARENTS les ibijaus, les aegothèles et le guacharo, ces oiseaux aux longues ailes sont adaptés à une vie essentiellement aérienne, certains ne pouvant ni marcher ni sautiller. Ils chassent à l'aube, au crépuscule ou la nuit, capturant généralement des insectes en vol, se tenant le jour perchés ou à terre. Beaucoup lancent des cris aigus caractéristiques. Les engoulevents sont présents dans le monde entier, dans les forêts ou les milieux ouverts, les autres espèces étant limitées à l'Amérique, à l'Asie et à l'Australie.

ANATOMIE

Les engoulevents et leurs alliés ont un corps arrondi, une grosse tête et un bec très court. La très large ouverture de leur bouche leur permet de happer les insectes. Beaucoup ont une longue queue et de grandes ailes, idéales pour voler vite et faire de brusques changements de direction. Les aegothèles mis à part, ces oiseaux ont des pattes courtes et frêles, des pieds petits et peu adaptés à la marche. Ils ont en général un plumage brun ou gris peu voyant.

LARGE BOUCHE
Le bec des engoulevents et de leurs alliés (ici un engoulevent à collier roux) est presque aussi large que leur tête et peut s'ouvrir démesurément. Il constitue un véritable piège pour les insectes, capturés en vol, un par un.

ALIMENTATION

La plupart de ces oiseaux se nourrissent d'insectes gobés en vol, mais plongent aussi vers le sol pour les saisir. Beaucoup d'espèces volent longuement, d'autres (comme les ibijaus) quittent brièvement mais régulièrement leur perchoir. Les podarges prennent d'autres oiseaux, des mammifères, des amphibiens, des insectes, et le guacharo est purement frugivore.

VIBRISSES
Les engoulevents (ici un engoulevent d'Europe) et certains de leurs alliés ont des vibrisses (plumes modifiées) autour de la base de leur bec. Ces plumes tactiles aident certaines espèces à filtrer les insectes dans la bouche.

CAMOUFLAGE
Perché sur une haute branche, l'ibijau gris plaque ses plumes sur son corps et pointe sa tête vers le haut, le bec entrouvert. Cette posture, se combinant avec la couleur de son plumage, le fait ressembler à une branche morte et le protège des prédateurs.

Steatornis caripensis

Guacharo

Longueur 40–49 cm
Poids 350–475 g
Plumage Sexes semblables
Déplacements Sédentaire
Statut Commun localement Δ

Répartition N. et C. Amérique du Sud

Le guacharo est le seul oiseau nocturne mangeur de fruits dans le monde. Le jour, il se tient dans des cavernes, parfois à 1 km de l'entrée. Il en sort la nuit et peut parcourir plus de 75 km pour se nourrir. Il repère à la vue, et probablement à l'odorat, les fruits de laurier, palmiers et autres arbres ; il plonge ensuite et les arrache des branches.

GRANDE BOUCHE
Le guacharo, d'un brun rougeâtre, a des taches blanches sur la tête, la gorge et les ailes. Sa grande bouche lui permet d'apporter une grande quantité de nourriture à ses petits dans le nid – un amas de boue, de fèces, de fruits pourris et de graines.

ÉCHOLOCATION

Le guacharo niche et séjourne en grandes colonies dans des cavernes. Il emploie l'écholocation (système sonar) pour se déplacer dans l'obscurité ; les signaux qu'il émet, relativement faibles, sont perçus comme des « clics » par l'oreille humaine.

Podargus strigoides

Grand podarge

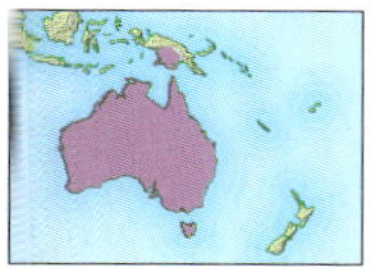

Longueur 34–53 cm
Poids 175–675 g
Plumage Sexes différents
Déplacements Sédentaire
Statut Commun

Répartition S. Nouvelle-Guinée, Australie (Tasmanie comprise)

Le grand podarge capture de petits animaux et de gros insectes à terre. Ses grands yeux lui permettent de bien voir dans l'obscurité. Il vole la nuit sur son territoire, cherchant un perchoir approprié à la chasse, pour repérer ses proies. S'il le faut, il peut tuer et avaler de plus grands animaux. Cet oiseau vit en couples ou en groupes familiaux, dont les membres s'appellent pour garder le contact dans le vaste territoire où ils vivent et se reproduisent. Leur nid est une simple plate-forme de branchettes, placée à la fourche d'un arbre.

POSTURE DE DÉFENSE

S'il est menacé, le grand podarge se dresse, semblable à une branche morte sur un arbre. Parfois, ouvrant largement sa grande bouche, il joint à cette posture une sorte de bâillement.

CAMOUFLAGE
Cet oiseau rouge ou brun tacheté de gris se confond avec les branches des arbres ou les buissons.

Nyctibius griseus

Ibijau gris

Longueur 33–38 cm
Poids 150–200 g
Plumage Sexes semblables
Déplacements Sédentaire
Statut Commun

Répartition S. Amérique centrale, Amérique du Sud

L'ibijau gris, une des cinq espèces présentes en Amérique centrale et du Sud, est un oiseau solitaire, vivant le jour dans les arbres, haut perché et ressemblant à une branche morte. Il garde fermés ses yeux jaunes trop voyants, évitant ainsi d'être repéré par des prédateurs, mais reste vigilant, en entrouvrant les paupières de temps à autre. Il s'éveille la nuit et quitte son perchoir pour saisir des insectes en vol. Formant un couple pour la reproduction, il dépose un seul œuf dans un tronc ou au creux d'une branche.

Aegotheles cristatus

Aegothèle huppé

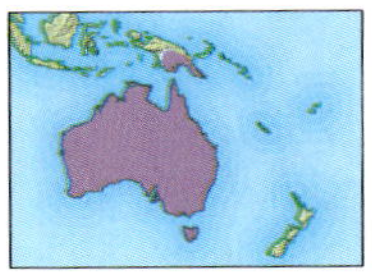

Longueur 21–25 cm
Poids 35–65 g
Plumage Sexes différents
Déplacements Sédentaire
Statut Commun localement

Répartition S. Nouvelle-Guinée, Australie (Tasmanie comprise)

Cet habitant des arbres est un petit mangeur d'insectes nocturne qui ressemble à un hibou en miniature. Comparé aux engoulevents, il a des pattes et des pieds bien développés, une longue queue fine et des taches noires distinctives sur la face et la tête. Son plumage barré est gris pour le mâle, brun pour la femelle. Son vol est acrobatique grâce à ses courtes ailes arrondies, et il fond de son perchoir pour saisir des insectes, à terre ou en vol. Il est chassé par des mammifères et des varans.

Chordeiles minor

Engoulevent d'Amérique

Longueur 22–25 cm
Poids 45–100 g
Plumage Sexes différents
Déplacements Migrateur
Statut Commun

Répartition Amérique du Nord, centrale et du Sud

Visiteur familier, en été, de la plus grande partie de l'Amérique du Nord, cet oiseau est plus actif le jour que bien d'autres espèces de sa famille. On le voit souvent en vol, à l'aube et au crépuscule, chassant les insectes, et il se reconnaît à son chant nasal. Lorsqu'il parade, le mâle a un vol très acrobatique : il plonge, battant bruyamment des ailes, heurtant presque sa future partenaire. Il niche et séjourne en des lieux ouverts de tout genre. En certaines parties des États-Unis, il niche sur des toits plats, couverts de gravier, ce qui lui permet d'éviter ses prédateurs. Le nid est souvent un simple creux peu profond du sol, et la femelle prend soin seule des œufs et des poussins. Dérangée, elle s'envole souvent du nid et se pose à proximité ; parfois, elle s'élance sur l'intrus. Après la reproduction, de grandes bandes migrent vers le sud pour l'hiver, jusqu'en Argentine.

Phalaenoptilus nuttallii

Engoulevent de Nuttall

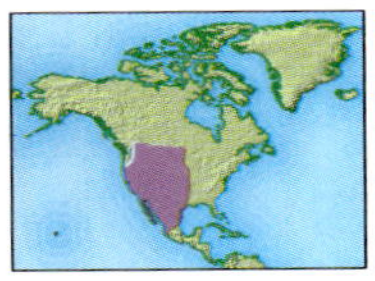

Longueur 18–21 cm
Poids 30–60 g
Plumage Sexes différents
Déplacements Migrateur partiel
Statut Commun localement

Répartition S. Canada, O. et C. États-Unis, N. et C. Mexique

Le plus petit des engoulevents d'Amérique du Nord a un chant à deux notes qu'il répète inlassablement lors de sa parade nuptiale. Il reste à terre le jour, son plumage tacheté le camouflant bien dans son habitat souvent aride. Chasseur nocturne, il plonge d'un perchoir sur des insectes en vol. Il tombe en léthargie durant l'hiver ; mais l'hibernation est rarement observée chez les oiseaux.

Caprimulgus europaeus

Engoulevent d'Europe

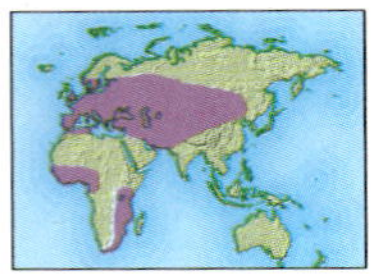

Longueur 25–28 cm
Poids 50–100 g
Plumage Sexes différents
Déplacements Migrateur
Statut Commun

Répartition Europe, O. à E. Asie, N.-O., O. et S.-E. Afrique

Cet oiseau, le seul engoulevent rencontré dans le nord de l'Europe, s'envole à la nuit, capturant des insectes en l'air. Les mâles parcourent régulièrement leur territoire, repoussant les intrus. Lors de la reproduction, le mâle a un chant pareil à un ronronnement, ou évoquant le bruit d'une machine. Il bat aussi des ailes pour montrer leurs taches blanches. Il ne construit pas de nid, mais dépose ses œufs directement sur le sol, en général près d'un arbre ou d'un arbuste.

CAMOUFLAGE

Comme ses congénères, cette espèce demeure le jour à terre ou sur de basses branches. Son plumage terne et tacheté la rend presque invisible parmi la végétation.

La femelle élève d'abord les poussins, puis, environ deux semaines plus tard, elle part pondre une seconde couvée, laissant les petits au mâle.

BRUN ET TACHETÉ
L'engoulevent d'Europe a un plumage brun, tacheté de noir et de gris, avec de longues ailes pointues.

Macrodipteryx longipennis

Engoulevent à balanciers

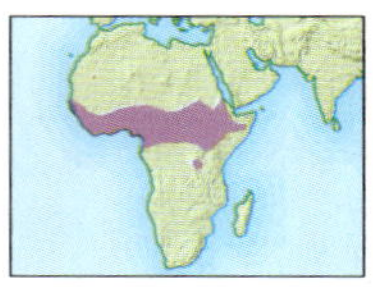

Longueur 21–25 cm
Poids 60–90 g
Plumage Sexes différents
Déplacements Sédentaire
Statut Commun

Répartition O., C. et E. Afrique

Les mâles de cet engoulevent sont instantanément reconnaissables en vol, car leur plumage nuptial comporte deux rémiges très allongées, pouvant atteindre 78 cm de long. Ils effectuent leur parade sous la voûte des arbres, souvent poursuivis par les femelles, mais peuvent aussi choisir un perchoir pour exposer leurs longues plumes. Très active le jour, cette espèce se déplace en petits groupes lâches ou par couples, lorsque la femelle suit le mâle. Ils s'élèvent très haut, prenant au vol des insectes.

COLIBRIS ET MARTINETS

PHYLUM	Cordés
CLASSE	Oiseaux
ORDRE	Apodiformes
FAMILLES	3
ESPÈCES	424

LES COLIBRIS ont des ailes leur permettant un vol acrobatique, aux figures aériennes très compliquées. Leur apparence et leurs modes de vie diffèrent grandement de ceux des martinets. Ces derniers, sobrement colorés, se posent rarement et passent leur vie en l'air, chassant les invertébrés volants ; ils peuvent dormir et même s'accoupler en vol. Les colibris multicolores voltigent autour des fleurs pour se nourrir et se perchent aisément. Les martinets sont présents dans le monde entier, les colibris seulement en Amérique.

LE NECTAR
Lorsqu'il se nourrit, un colibri (ici un colibri thalassin) vole sur place devant une fleur, levant le bec pour extraire le nectar à l'aide de sa longue langue.

ANATOMIE

Colibris et martinets ont un corps compact et musclé et de petites pattes. Alors que les martinets sont ternes, les colibris sont remarquables par leur plumage éclatant, à reflets métalliques. Ces derniers ont un bec particulier, fait pour recueillir le nectar des fleurs et dont la forme épouse souvent celle de la fleur dont ils se nourrissent. Les martinets ont un bec petit mais large, fait pour saisir les insectes en vol. La famille des colibris (ou oiseaux-mouches) comprend beaucoup des plus petits oiseaux du monde.

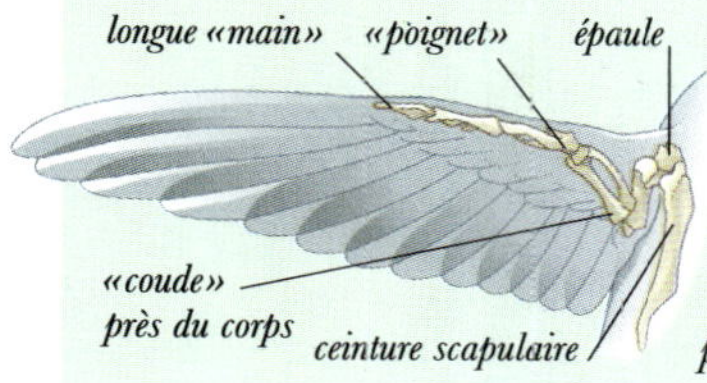

AILES
Chez ces oiseaux, l'articulation entre l'humérus et l'avant-bras, le «coude», est très près du corps, donnant aux ailes une grande flexibilité et une force de levier accrue, ce qui permet aux colibris de voler sur place.

LE VOL

Les ailes des colibris décrivent un 8 en battant, ce qui donne une grande manœuvrabilité. Ce sont les seuls oiseaux pouvant voler en arrière, et même sur le dos. Les plus petites espèces battent des ailes 80 fois par seconde. Les martinets ne peuvent faire du surplace, mais changent la fréquence de leurs battements d'ailes pour virer court.

MARTINET EN VOL
Les martinets ressemblent aux hirondelles, mais ne leur sont pas étroitement apparentés. Ils passent plus de temps en l'air, sont plus rapides et ont un vol moins irrégulier.

Cypseloides niger

Martinet noir d'Amérique

Q : Martinet sombre
Longueur 18–20 cm
Poids 45 g
Plumage Sexes semblables
Déplacements Migrateur
Statut Commun localement Δ
Répartition O. Amérique du Nord, Amérique centrale, Antilles

Ce martinet typique, d'un noir de suie, aux longues ailes pointues, à la queue légèrement fourchue, plane souvent, ailes déployées. Il passe la plupart de son temps en l'air, et l'on en voit de grands groupes tournoyer dans le ciel, en quête d'insectes. Il ne descend à terre que lors de la reproduction. Choisissant un site proche d'une cascade ou d'un cours d'eau, il construit un nid en forme de coupe avec des plantes – mousses et hépatiques – assemblées par de la boue.

Collocalia esculenta

Salangane à ventre blanc

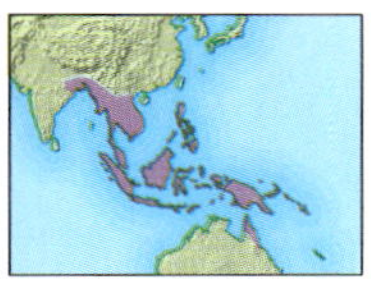

Longueur Jusqu'à 11,5 cm
Poids Inconnu
Plumage Sexes semblables
Déplacements Migrateur partiel
Statut Commun localement
Répartition C., E. et S.-E. Asie, E. Australie

Cet oiseau rapide fait partie d'un petit groupe d'espèces nichant dans des cavernes, souvent en colonies de plusieurs milliers de sujets. Son nid est construit avec de la salive séchée, produite par des glandes salivaires très développées. Comme les autres martinets, il se nourrit d'insectes aériens et on le voit souvent au-dessus des forêts et des gorges quand il chasse. En Asie du Sud-Est, les nids sont récoltés et servent à faire de la «soupe aux nids d'hirondelles».

Hirundapus caudacutus

Martinet épineux

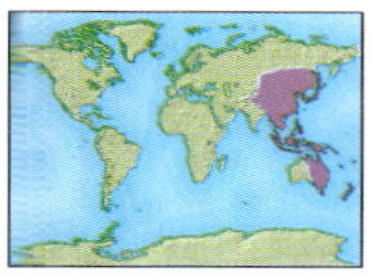

Longueur Jusqu'à 21 cm
Poids Inconnu
Plumage Sexes semblables
Déplacements Migrateur
Statut LR Δ
Répartition C., E. et S.-E. Asie, E. Australie

Ce martinet doit son nom aux plumes de sa queue, pourvues d'une pointe épineuse dépassant de leur extrémité. Les trois autres espèces du même genre sont de très rapides voiliers, atteignant la vitesse de 125 km/h au cours de parades nuptiales spectaculaires. Le martinet épineux vit en petits groupes ou en troupes, et se nourrit dans toutes sortes d'habitats, y compris la campagne et les villes. Il chasse près du sol, mais aussi à grande hauteur pour saisir des insectes aspirés par des colonnes d'air chaud. Il niche en Asie jusque dans l'Himalaya et construit un nid peu profond dans des crevasses ou dans des arbres creux. En automne, il migre vers le sud, sous l'équateur, jusqu'en Tasmanie.

Chaetura pelagica

Martinet ramoneur

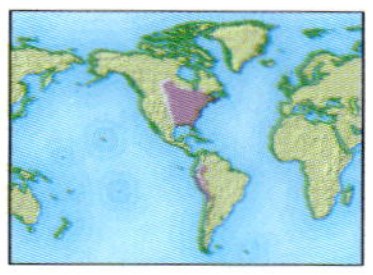

Longueur 12–15 cm
Poids 19–25 g
Plumage Sexes semblables
Déplacements Migrateur
Statut Commun
Répartition E. Amérique du Nord, N.-O. Amérique du Sud

Ce petit martinet brun-noir est le seul à nicher dans l'est de l'Amérique du Nord. Son nid en cuvette est petit, fait de brindilles collées avec de la salive et placé dans de grandes cheminées ou de vieilles granges, où l'oiseau pénètre à la tombée de la nuit. Après avoir niché, le martinet forme de grands «dortoirs». Avant le départ en migration et pendant celle-ci, on peut voir des rassemblements de plusieurs milliers de sujets.

OISEAUX

Cypsiurus parvus

Martinet des palmiers

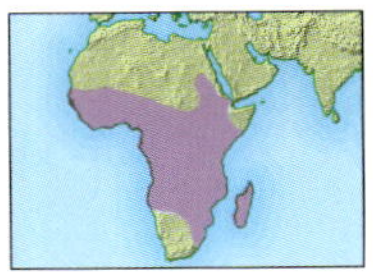

Longueur 14–16 cm
Poids 10–18 g
Plumage Sexes semblables
Déplacements Migrateur partiel
Statut Commun
Répartition Afrique, Madagascar

Ce martinet niche de préférence sur les palmiers à feuilles en éventail et aussi d'autres espèces, et sur d'autres abris, comme les ponts. De taille moyenne, il est brun-noir. Son nid (voir ci-dessous) est un coussin de plumes, collé avec de la salive sur une feuille de palmier, les œufs sont fixés de la même façon. Les jeunes ont de longues griffes, pour s'agripper au nid s'il est agité par le vent.

Apus apus

Martinet noir

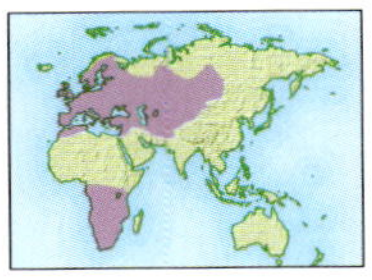

Longueur 16–17 cm
Poids 35–50 g
Plumage Sexes semblables
Déplacements Migrateur
Statut Commun
Répartition N. et S. Afrique, Europe, O. à C. Asie

Le martinet noir se nourrit, s'accouple et dort en vol. Son nid est une coupelle incurvée faite de débris végétaux et de plumes collées par la salive. Il nichait autrefois dans des trous, aujourd'hui presque toujours sur des bâtiments. Par temps froid, les parents vont chercher de la nourriture à des centaines de kilomètres, et les jeunes survivent en léthargie, se réveillant quand la température remonte, au retour des parents. Après avoir quitté le nid, les jeunes mènent une existence aérienne durant trois ans avant de se poser pour se reproduire. Le séjour sur les lieux de reproduction est plutôt bref.

EN VOL

Ces oiseaux volent en petits groupes bruyants au-dessus des villes, rapides et agiles, virant en battant d'une aile, à un rythme différent de celui de l'autre aile.

DES AILES ÉTROITES
Le martinet noir a des ailes étroites et une queue fourchue. Son bec est court, ses pieds petits et son plumage brun fuligineux.

Hemiprocne longipennis

Martinet arboricole huppé

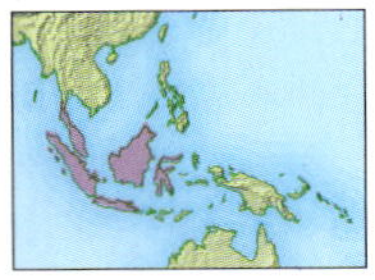

Longueur 23 cm
Poids Inconnu
Plumage Sexes semblables
Déplacements Sédentaire
Statut Commun
Répartition S.-E. Asie

Il y a trois espèces de martinets arboricoles, qui vivent dans le sud de l'Asie. Comme les autres martinets, le martinet arboricole huppé prend les insectes au vol, mais passe moins de temps en l'air. Il se perche sur des branches, ce que les autres martinets ne peuvent faire. Ses ailes en faux sont longues et sa queue très fourchue ; on le distingue surtout à sa huppe dressée, située à la base du front. Son nid est très petit, collé à une branche ; et il n'y est déposé qu'un œuf. Les parents, qui se relaient pour couver, couvrent complètement le nid, faisant porter le poids de leur corps sur la branche. Souvent en petites troupes, les couples nicheurs défendent agressivement leur territoire.

Eutoxeres aquila

Colibri à bec en faucille

Longueur 12–14 cm
Poids 10–13 g
Plumage Sexes semblables
Déplacements Sédentaire
Statut LR Δ
Répartition S. Amérique centrale à N.-O. Amérique du Sud

Ce grand colibri, vert dessus, rayé dessous, a des rectrices blanches au bout. Avec son bec à la pointe incurvée vers le bas, il boit le nectar des fleurs à corolle courbe, se perchant sur celle dont il se nourrit. Il prend des araignées sur leur toile et des insectes en vol. Son nid en forme de coupe, tissé lâche avec des fibres de palmier, est lié par des toiles d'araignée à la pointe d'une feuille pendante.

Lophornis ornatus

Coquette huppe-col

Longueur 7 cm
Poids 2 g
Plumage Sexes différents
Déplacements Sédentaire
Statut LR Δ
Répartition Trinité-et-Tobago, N. Amérique du Sud

Ce minuscule colibri a un petit bec rougeâtre et une bande blanchâtre sur son croupion vert brillant. Le mâle a une longue huppe et sur les joues des touffes en éventail, qu'il dresse et ébouriffe au cours des parades nuptiales aériennes ; il décrit des demi-cercles autour de la femelle. Il se nourrit surtout de nectar et de petits insectes. Cet oiseau va de fleur en fleur, volant sur place devant chacune d'elles ; puis il perce la corolle avec son bec. La femelle construit un nid en coupe avec des fibres de plantes et des toiles d'araignée, et le fixe à la fourche d'une branche. Elle s'occupe seule des jeunes, pendant près d'un mois et demi après leur envol.

Ocreatus underwoodii

Colibri à queue en raquette

Longueur 11–15 cm
Poids 3 g
Plumage Sexes différents
Déplacements Sédentaire
Statut VU Δ
Répartition N.-O. et O. Amérique du Sud (Andes)

Des rectrices, prolongées par un rachis nu se terminant par une « raquette » bleu-noir, distinguent le mâle de la femelle. Dans sa parade, le mâle dresse les houppes blanches ou marron des plumes de ses pattes et agite ses rectrices, produisant un bruit de fouet. Il a un vol régulier quand il cherche sa nourriture et crie pour rester en contact. Il vole sur place devant une fleur, avec des battements d'ailes rapides produisant un bourdonnement caractéristique, et perce de son bec la corolle. Il tombe en léthargie la nuit, adaptant ainsi sa température corporelle à celle de l'air, pour conserver de l'énergie. Il est si minuscule qu'il pourrait mourir s'il conservait la même température toute la nuit.

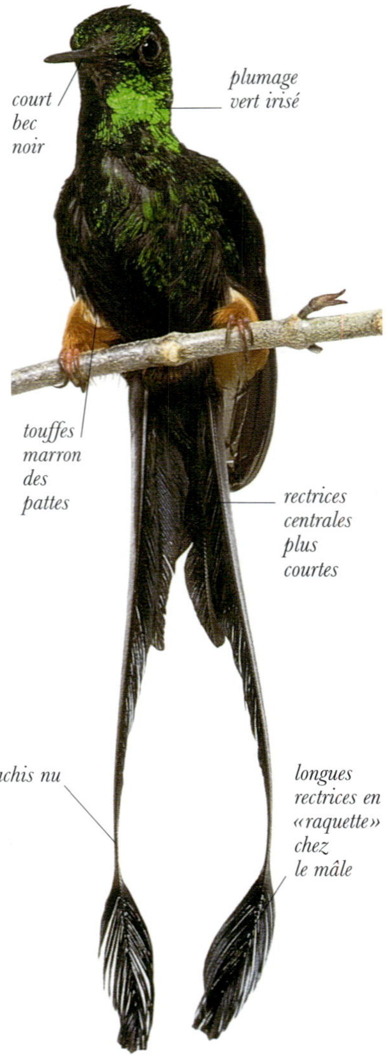

Topaza pella

Colibri topaze

Longueur 20–23 cm
Poids 10–15 g
Plumage Sexes différents
Déplacements Sédentaire
Statut LR ∆

Répartition N. Amérique du Sud

Ce grand colibri au bec assez court et légèrement incurvé se nourrit sur les fleurs des forêts pluviales. Rarement à terre, il vit aux niveaux moyen et supérieur de la forêt, et défend parfois le sommet d'un arbre en fleur. Le plumage du mâle va du cramoisi au pourpre. Ses très longues rectrices noirâtres se croisent à leur pointe. La femelle, à queue plus courte, moins colorée, est généralement verte.

Ensifera ensifera

Colibri porte-épée

Longueur 17–23 cm
Poids 12–15 g
Plumage Sexes semblables
Déplacements Sédentaire
Statut LR ∆

Répartition N.-O. et O. Amérique du Sud (Andes)

Cet oiseau verdâtre, à la queue noirâtre profondément fourchue, est le seul dont le bec très fin en épée (jusqu'à 11 cm de long) est plus long que le corps. Perché, il tient parfois son bec verticalement afin de soulager son cou. Il chasse des insectes volants en ouvrant largement son bec, mais se nourrit surtout de fleurs à très longue corolle, comme les daturas, qui pendent généralement vers le bas. Il vole sur place au-dessous et se sert de son bec pour en tirer le nectar. Son mode de nutrition est particulier : si certains colibris défendent un massif de fleurs contre les autres oiseaux ou les papillons, le porte-épée visite régulièrement des fleurs dispersées, se remémorant leur position et suivant, pour les atteindre, un itinéraire fixe entre elles. Les intervalles entre ces visites laissent aux plantes le temps de produire plus de nectar.

Patagona gigas

Colibri géant

Longueur 20–22 cm
Poids 18–20 g
Plumage Sexes semblables
Déplacements Sédentaire
Statut Commun localement

Répartition O. Amérique du Sud (Andes)

Cet oiseau, le plus grand des colibris, brun terne, aux plumes du croupion plus claires, ne pèse jamais plus de 20 g. Il vole souvent comme un martinet, planant parfois au-dessus des vallées andines et des pentes d'aspect steppique. On le voit régulièrement près des cactus, volant sur place devant les fleurs auxquelles il s'accroche parfois.

Archilochus colubris

Colibri à gorge rubis

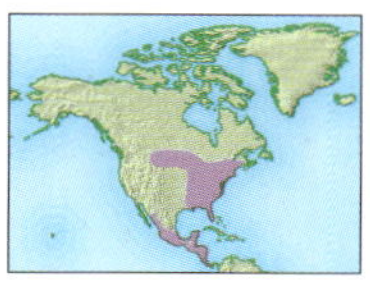

Longueur 9 cm
Poids 3 g
Plumage Sexes différents
Déplacements Migrateur
Statut Commun

Répartition S. Canada, C. et E. États-Unis, Mexique à S. Amérique centrale

C'est l'un des rares colibris qui, d'Amérique centrale, migrent jusqu'au Canada, en un voyage annuel de plus de 3 000 km. Certains franchissent d'une traite le golfe du Mexique (environ 850 km), distance énorme pour ce minuscule animal. Celui-ci se nourrit de nectar et d'insectes attirés par la sève qui s'écoule de trous forés par des pics dans le tronc des arbres.

LA BECQUÉE

La femelle nourrit ses petits surtout avec des insectes, car si le nectar est source d'énergie, il ne contient pas assez de protéines pour leur croissance.

MÂLE ET FEMELLE
Une tache rouge sur la gorge distingue ce petit colibri vert irisé ; la femelle n'a pas les brillantes couleurs du mâle.

Mellisuga helenae

Colibri d'Hélène

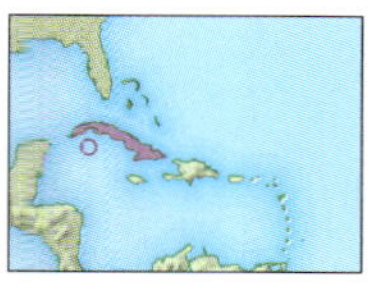

Longueur 5–6 cm
Poids Jusqu'à 2 g
Plumage Sexes différents
Déplacements Sédentaire
Statut LR ∆

Répartition Cuba, île des Pins

C'est le plus petit de tous les oiseaux ; le mâle (1,6 g) est vert, blanc verdâtre dessous, avec la tête d'un rouge irisé à collier brillant. La femelle, un peu plus grande (2 g), n'a pas la tête et le cou irisés. Il se nourrit surtout de nectar, vole sur place, le corps horizontal et introduit son bec court et rectiligne dans les fleurs. Les œufs sont gros comme un petit pois (6 mm).

Oreotrochilus estella

Colibri estelle

Longueur 13–15 cm
Poids 8–9 g
Plumage Sexes différents
Déplacements Sédentaire
Statut Commun localement

Répartition O. Amérique du Sud (Andes)

Commun dans l'herbe et les broussailles des pentes rocheuses, cet oiseau de montagne ne fait pas du surplace devant les fleurs qu'il butine, mais se pose sur elles. Un état de torpeur nocturne lui est nécessaire, car les nuits sont très froides dans les hautes Andes, et il ne survivrait pas s'il conservait sa température normale diurne. Le mâle se distingue par un collier vert émeraude irisé, bordé de noir.

COLIOUS

PHYLUM	Cordés
CLASSE	Oiseaux
ORDRE	Coliiformes
FAMILLE	1 (Coliidae)
ESPÈCES	6

CES OISEAUX courent comme des rongeurs, grimpent aux branches à la recherche de bourgeons, de feuilles ou de fruits. Les deux doigts externes de leurs pattes, réversibles, peuvent être dirigés vers l'avant pour se suspendre ou vers l'arrière pour saisir. Ils vivent en troupes, uniquement en Afrique.

PERCHAGE
Les colious, tels ces colious à tête blanche, ont une façon de se percher inhabituelle. Ils utilisent leurs doigts souples pour saisir les branches, mais les tiennent au niveau de leurs épaules. Ils peuvent aussi se percher la tête en bas.

Colius striatus

Coliou rayé

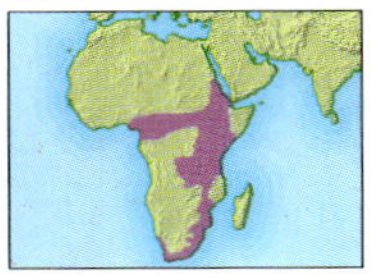

Répartition C., E. et S. Afrique

Longueur 30–40 cm
Poids 45–75 g
Plumage Sexes semblables
Déplacements Sédentaire
Statut VU

Cet oiseau dodu a une longue queue aux étroites plumes raides, une grosse huppe, un bec très court incurvé vers le bas. Principalement brun et gris, il a des barres et des taches légères sur les ailes, le cou et la gorge, des pattes rouges. Son bec gris foncé ou noirâtre est gris pâle en dessous. Il forme souvent des groupes de 4 à 20 sujets – en général des couples et des jeunes –, qui dorment ensemble en grappes serrées suspendues aux branches. Ils se lissent les plumes et s'offrent mutuellement de la nourriture. Parfois considérés comme nuisibles, ils sont chassés dans les champs et les jardins.

TROGONS

PHYLUM	Cordés
CLASSE	Oiseaux
ORDRE	Trogoniformes
FAMILLE	1 (Trogonidae)
ESPÈCES	35

LES TROGONS, brillamment colorés, vivent dans les forêts tropicales des Amériques, du sud-est de l'Asie et de l'Afrique, au sud du Sahara. Ils ont de courtes ailes arrondies, une longue queue, un plumage souvent irisé et des espaces clairs de peau nue autour des yeux. Ils agrippent les branches de leurs petits pieds, à deux doigts avant et deux arrière, mais, fait unique, ce sont les premier et deuxième doigts qui sont dirigés vers l'arrière. Le bec, largement fendu, facilite la capture des invertébrés en vol.

LE NID
Les trogons nichent dans des cavités, des trous dans les troncs d'arbres ou creusent leur nid dans du bois pourri, un guêpier ou une termitière. Ce trogon à queue grise troue un nid de termites pour y faire son nid.

Pharomachrus mocinno

Quetzal

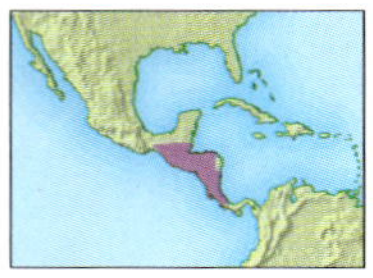

Répartition Amérique centrale

Longueur 35–40 cm
Poids 200–225 g
Plumage Sexes différents
Déplacements Sédentaire
Statut VU

Le quetzal mâle est considéré comme l'un des plus beaux oiseaux du monde. Il a un plumage brillamment coloré – surtout vert émeraude irisé – et la poitrine d'un cramoisi vif. Les couvertures sus-caudales, exceptionnellement longues, dépassent de la queue, en une traîne élégante. Il a une courte huppe hérissée sur la tête. Cet oiseau demeurant perché très longtemps immobile, il est difficile de le repérer. Volant dans les arbres, il recherche des fruits ou des insectes. Les deux parents couvent les œufs – les plumes caudales du mâle dépassant hors du nid – et se relaient pour nourrir les petits.

Trogon violaceus

Trogon violet

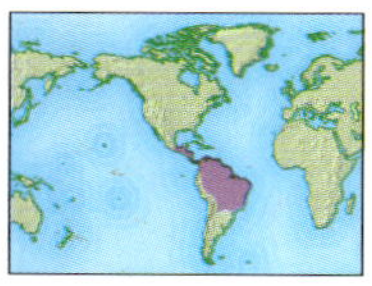

Répartition S.-E. Mexique à C. Amérique du Sud

Longueur 23–26 cm
Poids 45–65 g
Plumage Sexes différents
Déplacements Sédentaire
Statut Commun localement

Cet oiseau vit surtout dans les forêts pluviales tropicales et les lieux boisés (parfois les broussailles et les cultures). Les mâles ont la tête noir et bleu-violet irisé, le dos et le dessus de la queue verts, la poitrine jaune orangé ; les femelles sont surtout grises. Le nid est un trou creusé dans un arbre, parfois dans une ancienne termitière ou dans un nid de guêpes. La nourriture consiste en fruits, insectes ou autres invertébrés.

MARTINS-PÊCHEURS ET ALLIÉS

PHYLUM	Cordés
CLASSE	Oiseaux
ORDRE	Coraciiformes
FAMILLES	10
ESPÈCES	191

CONNUS pour leurs spectaculaires plongeons dans l'eau, les martins-pêcheurs sont les oiseaux les plus familiers de cet ordre, qui comprend dix familles très différentes (dont les guêpiers, les todiers, les motmots, les rolliers et les calaos), beaucoup n'étant pas des oiseaux vivant au bord de l'eau. On les rencontre dans le monde entier, surtout dans les lieux boisés ; tous nichent dans des cavités. Leur taille varie de 10 cm de long (todiers) à 1,50 m (grands calaos).

LA PÊCHE
Un martin-pêcheur se perche ou vole sur place au-dessus de l'eau, guettant tout mouvement. Dès qu'il aperçoit un poisson, il plonge pour saisir sa proie.

ANATOMIE

La plupart ont une tête et un bec assez grands, et le corps massif. Leurs pattes sont souvent petites et leurs pieds plutôt faibles. Deux des doigts antérieurs sont en général soudés partiellement près de leur base. Les ailes de beaucoup d'espèces sont larges mais, chez les élégants guêpiers, elles sont longues et pointues. Beaucoup de parents des martins-pêcheurs, comme les motmots, les brachyptérolles, les guêpiers et les calaos, ont une longue queue ; le plumage de nombre d'espèces est vivement coloré.

GUÊPIER

MARTIN-PÊCHEUR

CALAO

LES BECS
Beaucoup d'oiseaux de cet ordre ont un bec puissant, adapté à la capture de proies. Ces becs ont des formes variées : long et incurvé chez les guêpiers et les huppes ; en poignard chez les martins-pêcheurs et les todiers ; très grands, souvent avec un casque chez les calaos.

CHASSEUR D'INSECTES
Les rolliers (tel ce rollier à longs brins, à gauche) plongent d'un perchoir élevé pour saisir leur proie à terre. Certains gobent aussi en l'air des insectes volants.

REPAS DE FRUITS
Comme d'autres calaos, le calao bicorne (à droite) est surtout mangeur de fruits. Il les saisit avec son grand bec et les fait glisser dans sa gorge.

ALIMENTATION

Les martins-pêcheurs et martins-chasseurs ont une façon de pêcher ou de chasser commune à beaucoup d'oiseaux de leur groupe. Immobiles et silencieux, ils guettent tout mouvement puis se lancent à la poursuite de leur proie – dans l'eau, à terre ou en l'air – et regagnent leur perchoir. Si le poisson est glissant ou difficile à maîtriser, ils l'assomment en le battant contre une surface dure, avant de l'avaler. Beaucoup de coraciiformes sont carnivores, se nourrissant de toutes sortes d'animaux, oiseaux, poissons, mammifères et insectes. Les calaos y ajoutent des fruits.

Ceryle alcyon

Martin-pêcheur ceinturé

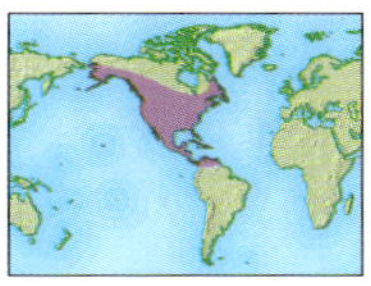

Longueur 29 cm
Poids 150 g
Plumage Sexes différents
Déplacements Migrateur partiel
Statut Commun

Répartition Amérique du Nord à N. Amérique du Sud, Antilles

Le martin-pêcheur ceinturé, dit aussi martin-pêcheur d'Amérique, a une queue courte, à peu près carrée, et une huppe hérissée érectile. La femelle arbore une bande brun rougeâtre sur le bas de la poitrine. Bien visible lorsqu'il pêche ou est perché sur une branche, le martin-pêcheur ceinturé s'envole au-dessus de l'eau lorsqu'il est dérangé, avec un cri en crécelle. Il mange des poissons, des crustacés,

des amphibiens et des reptiles. Pendant la période de reproduction, ces oiseaux volent haut et se pourchassent avec des cris aigus. En guise de rituel nuptial, le mâle offre du poisson à la femelle perchée. Leur nid est un terrier, avec une chambre au fond, creusé dans une berge dépourvue de végétation, mais aussi dans des terrassements. Quand les lacs et les rivières sont gelés, les oiseaux migrent du nord vers le sud.

Ceryle rudis

Martin-pêcheur pie

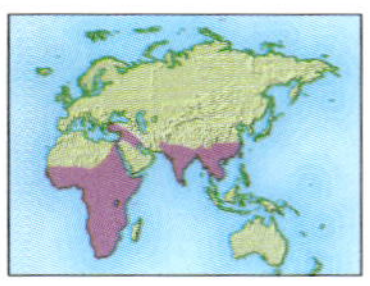

Longueur 25 cm
Poids 90 g
Plumage Sexes différents
Déplacements Sédentaire
Statut Commun

Répartition Afrique, O., S. et S.-E. Asie

Ce grand oiseau noir et blanc est très répandu de l'ouest de l'Afrique à la Chine. Il a une huppe hérissée et une bande pectorale, double chez le mâle et incomplète chez la femelle. Cette espèce diffère des autres, parce qu'elle est adaptée à l'eau douce comme à l'eau de mer, et s'avance parfois loin dans les estuaires et sur les côtes basses. Le martin-pêcheur pie vole rapidement, mais souvent il fait

du surplace au-dessus de l'eau ; quand il a repéré une proie, il plonge pour s'en saisir. Nichant dans les talus de sable, il se reproduit souvent en coopération, avec jusqu'à quatre jeunes adultes non reproducteurs qui aident un couple. Il a un cri très aigu, souvent émis en vol.

Alcedo atthis

Martin-pêcheur d'Europe

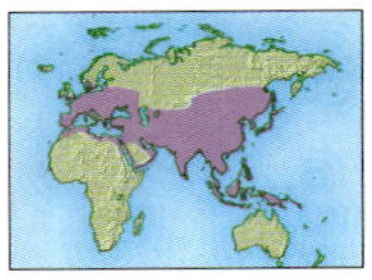

Répartition Europe, Asie, N. Afrique

Longueur 16 cm
Poids 35 g
Plumage Sexes semblables

Déplacements Migrateur partiel

Statut Commun

Ce martin-pêcheur est le seul rencontré dans la plus grande partie de l'Europe. Petit, rapide et actif, il a un plumage brillant caractéristique.

PLUMAGE BRILLANT
Le martin-pêcheur d'Europe est vivement coloré : dessous roux, dessus de la tête, dos et ailes verdâtres, ailes et croupion bleu de cobalt. Le bec est bien adapté à la capture du poisson.

Sa taille et sa coloration varient dans son aire, qui s'étend de l'ouest de l'Europe et l'Afrique du Nord au sud-est de l'Asie ; sept sous-espèces sont identifiées. À l'ouest, il fréquente les habitats aquatiques, préférant les cours d'eau de plaine. À l'est, il choisit les côtes et leur voisinage, les estuaires, mangroves et mares. Dans le Nord, le froid le contraint à migrer dans des régions plus chaudes, où certains sont partiellement sédentaires. S'il complète son alimentation par des crustacés, des amphibiens et des insectes, il se nourrit surtout de petits poissons, capturés en plongeant. Chaque couple nicheur occupe un territoire de près de 1 km, le long d'une rivière, et reste uni toute la saison de reproduction. Les deux sexes couvent les œufs et prennent soin des oisillons pendant quatre semaines, jusqu'à ce qu'ils puissent quitter le nid.

PARADE
Elle est minutieuse et comprend des poursuites, ainsi que des offrandes réciproques de poisson juste avant l'accouplement.

LE PLONGEON

Qu'il plonge d'un perchoir ou, moins souvent, qu'il fasse du surplace, le martin-pêcheur ne saisit pas son poisson à plus de 25 cm sous l'eau, en général. Sa légèreté et l'action rapide de ses ailes le font rapidement remonter à l'air libre.

MISE À MORT
Ayant pris sa proie en plongeant, le martin-pêcheur l'emporte sur son perchoir, sur lequel il la frappe plusieurs fois avant de l'avaler par la tête. Les débris indigestes sont régurgités en pelotes.

Dacelo novaeguineae

Martin-chasseur géant, kookaburra

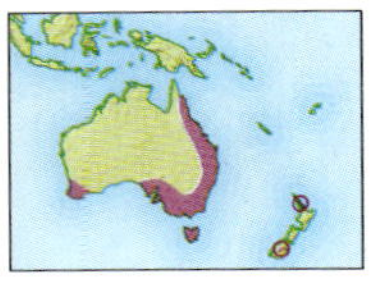

Longueur 42 cm
Poids 350–480 g
Plumage Sexes semblables
Déplacements Sédentaire
Statut Commun

Répartition E., S.-E. et S.-O. Australie (Tasmanie comprise), Nouvelle-Zélande

C'est le plus grand des martins-chasseurs, connu dans toute l'Australie pour ses appels rauques, qu'il lance le bec à demi fermé, pointé vers le ciel et la queue redressée. En zone urbaine, il est bien apprivoisé et mange parfois dans la main. Il forme des groupes familiaux dont les membres se tiennent en contact le jour à la vue et à la voix, et se perchent la nuit les uns près des autres. Il a été introduit dans le sud-ouest de l'Australie, en Tasmanie et en Nouvelle-Zélande.

ALIMENTATION

Véritable martin-chasseur, cet oiseau capture ses proies à terre. D'un perchoir, il guette les insectes, les escargots, les grenouilles, les petits oiseaux et les reptiles, puis il plonge soudain sur eux. Il écrase les petits animaux dans son bec et bat à mort les plus grands (ci-dessus, un serpent) contre une branche.

Clytoceyx rex

Martin-pêcheur à bec en cuillère

Longueur 34 cm
Poids 300 g
Plumage Sexes différents
Déplacements Sédentaire
Statut Commun

Répartition Nouvelle-Guinée

Le matin-pêcheur à bec en cuillère habite de préférence les ravins humides et profonds, et les bords ombreux des cours d'eau. Gros et lourd, il a la tête, le manteau, le haut du dos et les ailes brun foncé, le dessous et le croupion bleu pâle brillant. La queue est d'un bleu terne chez le mâle, rougeâtre chez la femelle. Les jeunes ont les plumes du dessous liserées de brun, et un collier entoure l'arrière de leur cou. Le bec est court et large, bien adapté à la recherche des vers de terre dans le sol forestier : pour chercher une proie, l'oiseau enfonce son bec dans le sol et fouille en le déplaçant en tous sens. On connaît peu les habitudes de cette espèce craintive. On ne peut voir des oiseaux isolés ou des couples que lorsqu'ils s'envolent vers la voûte de la forêt.

Todus todus

Todier vert

Longueur 11 cm
Poids 6 g
Plumage Sexes semblables
Déplacements Sédentaire
Statut Commun

Répartition Jamaïque

Ce todier est l'une des cinq espèces semblables aux martins-pêcheurs. Il a une grosse tête, un long bec, aplati et bicolore, une bavette cramoisie. Il se perche sur des branchages, guette les insectes sous les feuilles ou les brindilles surplombantes. Il fait du surplace puis s'élance rapidement sur sa proie. Très actif de l'aube au crépuscule, il a l'un des coefficients d'alimentation les plus élevés chez les oiseaux. Son cri est un « bip » fort et nasal.

Momotus momota

Grand motmot, motmot houtouc

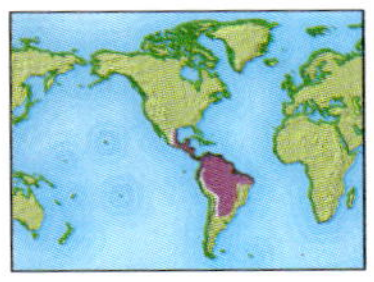

Longueur 47 cm
Poids 150 g
Plumage Sexes semblables
Déplacements Sédentaire
Statut Commun

Répartition Amérique centrale à C. Amérique du Sud, Trinité-et-Tobago

Le grand motmot est un oiseau robuste, au plumage vert, avec une bande noire sur l'œil, des rectrices centrales de queue allongées, nues sauf à la pointe. Le jour, il est calme et discret, et reste perché sur une branche basse, où il balance sa queue à raquette comme un pendule. Très actif à l'aube et le soir, il émet son cri – « hout hout » –, qui porte au loin, et se nourrit d'insectes, capturés à terre ou dans la litière de feuilles. Il attrape également ses proies sur les troncs d'arbre.

Merops apiaster

Guêpier d'Europe

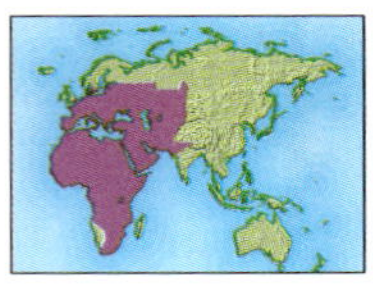

Longueur 30 cm
Poids 70 g
Plumage Sexes semblables
Déplacements Migrateur
Statut Commun

Répartition Afrique, Europe, O., C. et S. Asie

Cet oiseau de taille moyenne, le plus aérien de tous les guêpiers, a de longues ailes et un bec très pointu. Le jour, il se perche sur les fils téléphoniques, les clôtures ou les branches. Il capture des insectes pourvus de dard, frotte rapidement l'extrémité de leur abdomen sur son perchoir et presse leur corps dans son bec pour en extraire le venin et le dard. Il se reproduit en colonies et niche dans des terriers.

Merops bullockoides

Guêpier à front blanc

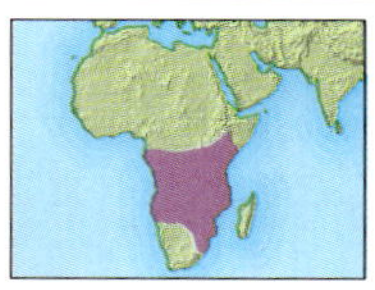

Longueur 23 cm
Poids 35 g
Plumage Sexes semblables
Déplacements Migrateur partiel
Statut Commun

Répartition S. Afrique

Cet oiseau forme des cellules sociales pareilles à des clans et groupant jusqu'à 16 sujets. Pour nicher, ces clans s'assemblent en colonies de 500 sujets ou plus. Bien que défendant vigoureusement leur gagnage (site de reproduction), les membres de clans différents se rencontrent et visitent régulièrement les autres nids de la colonie.

OISEAUX

Coracias garrulus

Rollier d'Europe

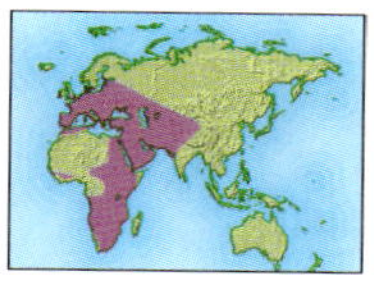

Longueur 32 cm
Poids 150 g
Plumage Sexes semblables
Déplacements Migrateur
Statut Commun

Répartition Afrique, Europe, O. et C. Asie

Cet oiseau massif, au plumage voyant bleu et tabac, à l'extrémité des ailes noires, se perche sur des branches nues, d'où il guette ses proies à terre. Il se nourrit surtout d'insectes, mais aussi de petits reptiles, de mammifères, d'oiseaux et de fruits. Son nid est placé au creux d'une grosse branche ou dans un tronc d'arbre.

Upupa epops

Huppe fasciée

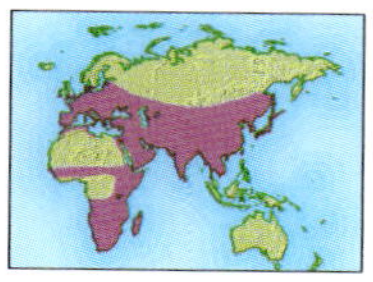

Longueur 28 cm
Poids 75 g
Plumage Sexes semblables
Déplacements Migratrice partielle
Statut Commune

Répartition Europe, Asie, Afrique, Madagascar

Cet oiseau aux couleurs contrastées a une huppe en éventail et un bec long et incurvé. Il passe beaucoup de temps à terre pour se nourrir d'insectes, de vers de terre, d'escargots, de limaces et d'araignées. Son vol est ondulant, avec des battements d'ailes entrecoupés de pauses. Il a la réputation d'être sale, car, si le nid est étroit, les adultes ne le nettoient pas. On estime que la sécrétion corporelle des jeunes éloigne d'eux les prédateurs.

Buceros bicornis

Calao bicorne

Longueur 1,50 m
Poids 3 kg
Plumage Sexes semblables
Déplacements Sédentaire
Statut LR

Répartition S. et S.-E. Asie

Le plus spectaculaire des calaos se distingue par sa grande taille, son cri retentissant, le chuintement de ses battements d'ailes, son bec en casque, proéminent et massif, et ses longues ailes arrondies. Bec, casque, tête blanche et cou sont souvent tachés du jaune de l'huile de sa glande du croupion. Fréquentant la voûte des forêts, il s'y déplace facilement en sautillant de côté. Routinier, il visite certains arbres aux mêmes heures. Il mange des reptiles, des amphibiens, de petits mammifères et des oiseaux, et surtout des fruits, spécialement des figues, qu'il saisit (comme les petites proies) du bout du bec et dirige dans sa gorge par des mouvements de tête : les plus gros sont écrasés dans le bec ou battus sur une branche, avant d'être avalés. Comme chez les autres calaos, le nid est fait dans un trou d'arbre, avec un orifice réduit par de la boue, par où le mâle passe la nourriture à la femelle restée à l'intérieur. Celle-ci en sort trois mois après la ponte ; l'entrée est rebouchée par le jeune, nourri un mois encore au nid.

Phoeniculus purpureus

Moqueur vert

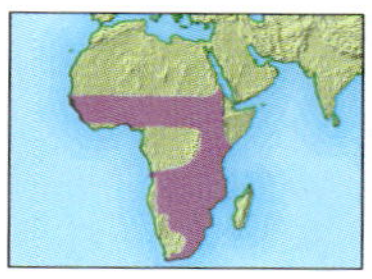

Longueur 38 cm
Poids 75 g
Plumage Sexes semblables
Déplacements Sédentaire
Statut Commun

Répartition Afrique (sud du Sahara)

Cet oiseau élancé a une longue queue, un bec mince incurvé vers le bas, un plumage noir aux reflets irisés, verts et violets, d'intensité variable selon la source de lumière. Le bec est adapté à la recherche d'insectes dans les crevasses ou sous l'écorce, quand l'oiseau grimpe aux arbres. Il vit en groupes unis de 16 individus au maximum, conduits par un couple dominant. Quand deux groupes se rencontrent, il s'ensuit une parade particulière : deux oiseaux agitent des morceaux d'écorce, et les autres se serrent et se balancent en criant bruyamment.

Tockus flavirostris

Calao à bec jaune

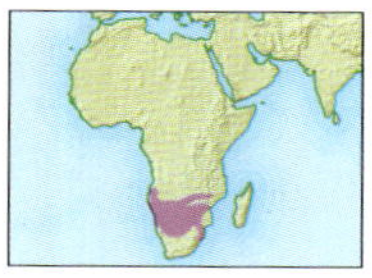

Longueur 50–60 cm
Poids 250 g
Plumage Sexes semblables
Déplacements Sédentaire
Statut Commun

Répartition S. Afrique

Ce petit calao, au bec jaune vif incurvé et aux ailes noires tachetées de blanc, se nourrit d'insectes et de fruits, spécialement de figues. Il chasse parfois au côté de mangoustes naines, qui font se lever des sauterelles qu'il capturera. En retour, le calao les prévient en cas de danger.

Bucorvus leadbeateri

Calao de Leadbeater

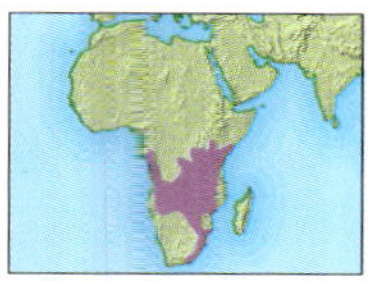

Longueur 1,30 m
Poids Inconnu
Plumage Sexes semblables
Déplacements Sédentaire
Statut Commun

Répartition S. Afrique

Avec le calao d'Abyssinie (*Bucorvus abyssinicus*), cet oiseau, de la taille d'un dindon, est le plus grand des calaos et l'un des rares à se nourrir par terre. Son plumage est noir, marqué de blanc sur les ailes ; il a une zone de peau nue, brillamment colorée, sur la face et la gorge. Le mâle a une caroncule rouge, bleue chez la femelle. Il se nourrit de petits animaux, niche dans des trous d'arbres et vit en groupes (jusqu'à 8), où seul le couple dominant se reproduit, les autres aidant à trouver la nourriture et à défendre le nid.

PICS ET TOUCANS

PHYLUM	Cordés
CLASSE	Oiseaux
ORDRE	Piciformes
FAMILLES	6
ESPÈCES	380

CET ORDRE D'OISEAUX ARBORICOLES comprend les pics, les toucans, les barbus, les jacamars, les indicateurs et les barbacous ou tamatias. Tous ont le même type de pattes, avec deux doigts antérieurs et deux postérieurs, leur permettant de grimper aisément. Tous nichent dans des trous. Les pics et les barbus creusent eux-mêmes la cavité de leur nid, les pics utilisant pour cela leur bec robuste comme un ciseau. Ce sont des oiseaux surtout tropicaux ; seuls les pics sont aussi très répandus dans les zones tempérées. Curieusement, il n'y en a pas une seule espèce en Australie. Toucans et barbus contribuent à disséminer les graines de certains arbres, alors que les pics limitent la propagation de certaines maladies des arbres en mangeant les insectes qui les véhiculent.

REPRODUCTION

Nichant tous dans des trous, ces oiseaux n'utilisent pas tous des arbres vivants. Les petits pics creusent le bois plus tendre d'arbres morts. Jacamars, barbus et barbacous creusent des terriers dans le sol ou les monticules de termites. Les indicateurs, parasites, déposent leurs œufs dans les nids d'autres oiseaux, y compris les pics. Les talons des jeunes toucans sont garnis de callosités protégeant leurs chevilles sur le fond rugueux de leur nid.

LE NID
Les barbus nichent dans des arbres morts, parfois en communauté ; quelques-uns creusent le sol ou les termitières.

ANATOMIE

Pics et barbus ont les pattes très musclées et utilisent leur queue comme support lorsqu'ils se tiennent dressés contre un tronc d'arbre ; les pics ont des rectrices spécialement raides pour cet usage. Percer des trous dans le bois demande de frapper fortement sur celui-ci ; aussi ont-ils un crâne très épais pour absorber les chocs. Leurs narines en forme de fentes empêchent la poussière de bois de pénétrer dans les voies respiratoires. Leur langue, très extensible et légèrement dentelée, est enduite d'une salive collante qui retient les insectes. Les indicateurs ont une peau épaisse les protégeant des piqûres d'abeilles et, dans l'intestin, une bactérie leur permettant de digérer la cire.

PIC VERT

BARBU

TOUCAN

BARBACOU (TAMATIA)

BECS
Il y a une grande variété de becs dans cet ordre. Celui des pics, long et pointu, est idéal pour percer le bois, celui des barbus, puissant, peut saisir sa proie animale. Le large bec légèrement dentelé des toucans leur permet de saisir et de déchirer les fruits, celui des tamatias et des jacamars, long et pointu, capture les insectes.

PATTES
Chez les pics et leurs alliés, les pattes ont souvent deux doigts dirigés vers l'avant, deux vers l'arrière, ce qui les aide à grimper ou à se percher sur les troncs d'arbres (disposition zygodactyle).

ALIMENTATION

Beaucoup d'oiseaux de cet ordre se nourrissent surtout d'insectes. Les pics prennent ceux-ci à la surface du bois et creusent des trous dans l'écorce ou le bois, pour les extraire avec leur longue langue. D'autres espèces les capturent en l'air ; les jacamars, les prenant en vol, sont les seuls capables de manger les papillons géants (morphos) des tropiques américains, leur enlevant d'abord les ailes. Les toucans et beaucoup de barbus consomment surtout des fruits ; les indicateurs mangent des insectes, des fruits et la cire des abeilles, car ils peuvent décomposer la cellulose.

LES INDICATEURS
Ces oiseaux (à droite) doivent leur nom à ce qu'ils guident de gros mammifères vers les nids d'abeilles.

MANGEURS DE FRUITS
Les toucans (toucan toco, à gauche) mangent surtout des fruits. De leur long bec, ils les atteignent sur des branches éloignées.

LE NID DES PICS
Les pics se servent de leur bec robuste pour creuser leur nid dans des troncs d'arbres et les défendre vigoureusement contre les concurrents. Ici, un pic vert femelle nourrit ses petits de fourmis prises sur le sol.

Galbula ruficauda

Jacamar à queue rousse

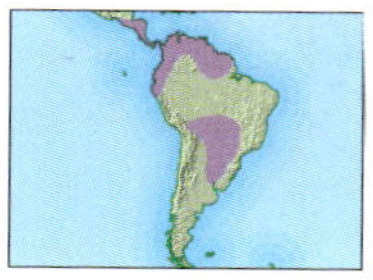

Longueur 25 cm
Poids 25 g
Plumage Sexes semblables
Déplacements Sédentaire
Statut Commun

Répartition S. Amérique centrale, N.-O. et C. Amérique du Sud

Les jacamars forment une famille de 17 espèces d'Amérique centrale et du Sud, brillamment colorées et irisées, se nourrissant de gros insectes capturés en l'air : papillons, abeilles, fourmis ailées et libellules. Le jacamar à queue rousse a la tête et le haut de la poitrine d'un vert doré métallique, le ventre et la queue roux. Son bec est long et fin. Les mâles ont la gorge blanche, les femelles chamois. Les petits éclosent avec du duvet, à l'inverse de bien d'autres piciformes. Cet oiseau se perche sur de hautes branches dégagées pour guetter ses proies. Il forme des couples ou des groupes familiaux : mâle et femelle couvent les œufs et nourrissent les petits. Leur cri est étrange et plaintif.

Megalaima virens

Grand barbu

Longueur 32 cm
Poids 200–300 g
Plumage Sexes semblables
Déplacements Sédentaire
Statut Commun

Répartition C., S.-E. et E. Asie

Cet oiseau, l'un des plus grands barbus, a un grand bec clair, avec de longues vibrisses (plumes modifiées). Comme d'autres barbus, mâle et femelle chantent alternativement en duo – un chant fort et musical, répété plusieurs minutes de façon monotone ; le bec reste clos, la gorge se gonfle et se dégonfle. Bien qu'il soit plutôt solitaire, on le voit parfois se nourrir en troupes en haut des arbres. Il creuse son nid dans les trous d'arbre ; les deux parents nourrissent les petits.

Pogoniulus bilineatus

Petit barbu à croupion jaune

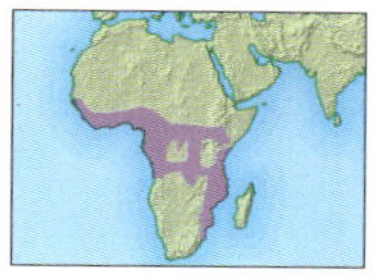

Longueur 10 cm
Poids 13 g
Plumage Sexes semblables
Déplacements Sédentaire
Statut Commun

Répartition O. à S.-E. Afrique

Très répandu en Afrique sous des aspects régionaux différents par la coloration, le petit barbu à croupion jaune émet un cri métallique, une série de sons rapides et secs. Il se tient alors dressé, gorge gonflée, les plumes du croupion hérissées. Il se déplace rapidement sous les arbres, dans les buissons et les plantes grimpantes, se nourrissant d'insectes ou de fruits. Parfois, il chasse aussi les insectes en vol. Plutôt agressif envers ses congénères, il défend vigoureusement son territoire. Sa parade nuptiale est en partie aérienne.

Bucco capensis

Tamatia à collier

Longueur 21 cm
Poids 55 g
Plumage Sexes semblables
Déplacements Sédentaire
Statut Commun

Répartition N. Amérique du Sud

La famille des tamatias comprend 32 espèces, aux couleurs ternes, de taille petite à moyenne, qui chassent à l'affût, pour beaucoup dans la canopée. Les plus grandes espèces peuvent prendre de petits reptiles avec leur bec robuste et crochu. Le tamatia à collier a le bec orange, son plumage est doux (dessus brun, dessous blanchâtre), avec une large barre pectorale. Ses pieds sont très petits. Il se tient dans les sous-bois humides, immobile, tournant la tête de temps à autre pour surveiller les alentours. C'est pourquoi on le surnomme « dormeur » ou « oiseau paresseux ».

Chelidoptera tenebrosa

Barbacou ténébreux

Longueur 18 cm
Poids 35 g
Plumage Sexes semblables
Déplacements Sédentaire
Statut Commun

Répartition N. Amérique du Sud

Les ailes disproportionnées de cet oiseau le font ressembler à une chauve-souris ou à un grand papillon en vol. C'est un excellent voilier, acrobatique et presque capable de planer. Noir et gris foncé, il demeure beaucoup au soleil, où il est assez facile à voir. Il guette sa proie de la cime des arbres, d'où il s'élance pour de longs vols. Il peut aussi voler sur place. Son répertoire vocal se compose de sifflements répétés.

Trachyphonus darnaudii

Barbacou d'Arnaud

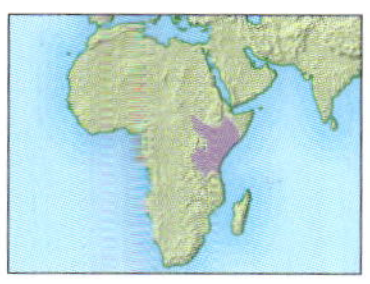

Longueur 20 cm
Poids 30 g
Plumage Sexes semblables
Déplacements Sédentaire
Statut Commun

Répartition E. Afrique

La plupart des barbus vivent dans les arbres, mais un petit nombre, en Afrique tropicale, demeure aussi à terre, en terrains plats, dans les savanes parsemées d'arbres, les broussailles et les forêts claires. Ce barbacou est l'une de ces espèces. Il se nourrit sur le sol nu ou dans les herbes, fouillant les broussailles et les arbustes en quête d'insectes, de fruits et de graines. Le barbacou d'Arnaud ne craint pas l'homme, et il est connu pour ses duos entre partenaires à la période nuptiale. Ses cris variés comportent des signaux d'alarme. Lorsqu'il parade, cet oiseau jaune orangé, noir et rouge déploie ses ailes et sa queue, qu'il relève et agite de temps à autre, ébouriffe sa tête et agite son bec. Très sociable, il vit en couples ou en petits groupes familiaux (le couple nicheur et quelques sujets qui peuvent l'aider à élever les petits). Les parents défendent vigoureusement leur territoire, indiquant ses limites par leurs duos ; ils creusent tous deux le nid verticalement dans le sol et le garnissent d'herbe.

Lybius dubius

Barbican à poitrine rouge

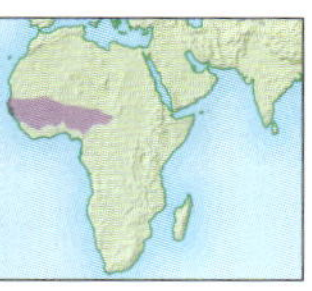

Longueur 25 cm
Poids 70–125 g
Plumage Sexes semblables
Déplacements Sédentaire
Statut Commun

Répartition O. Afrique

Présents en Asie, en Amérique du Sud et, comme cette espèce, en Afrique, les barbicans sont des oiseaux robustes, au plumage très coloré. Beaucoup ont des vibrisses à la base du bec, d'où leur nom. Le barbican à poitrine rouge a le dessus noir, le dessous rouge avec une bande pectorale noire et des flancs blancs. Son bec est grand et puissant. Il se nourrit surtout de fruits, avec une préférence pour les figues sauvages, et d'insectes pris dans l'écorce des arbres.

Indicator indicator

Grand indicateur

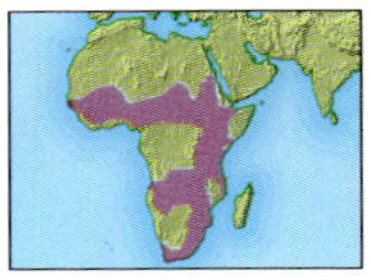

Longueur 20 cm
Poids 50 g
Plumage Sexes semblables
Déplacements Sédentaire
Statut Commun

Répartition Afrique (sud du Sahara)

Cet oiseau guide les hommes et des animaux comme le ratel vers les nids d'abeilles sauvages. Une fois le nid ouvert, l'indicateur y descend pour se nourrir des abeilles et de leur cire. Il mange aussi des termites, des larves d'autres insectes et souvent des œufs d'autres oiseaux. Parasite, il ne construit pas de nid. De leur bec crochu, les jeunes indicateurs, tuent les occupants du nid de leur hôte.

Melichneutes robustus

Indicateur à lyre

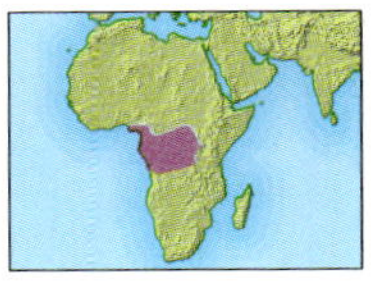

Longueur 9,5 cm
Poids 55 g
Plumage Sexes semblables
Déplacements Sédentaire
Statut Commun

Répartition C. Afrique

L'indicateur à lyre doit son nom à la forme caractéristique de sa queue. Son plumage est brunâtre, avec des marques blanches sur les plumes du dessus. Il habite les basses terres et les forêts des collines, et on le voit aussi dans les plantations de caféiers. Malgré son nom, il ne guide pas d'autres animaux vers les nids d'abeilles, au contraire du grand indicateur. Il est connu pour les exhibitions en vol des deux sexes, toute l'année. Les oiseaux volent alors haut au-dessus de la forêt, puis descendent rapidement en zigzags ou en spirale. Le son produit alors vient probablement de l'air passant entre les plumes de la queue. Ce comportement inhabituel est en relation avec ses sites d'alimentation (nids d'abeilles). Il se nourrit surtout de cire, mais prend aussi des insectes en l'air. Il ne construit pas de nid et parasite probablement les barbicans.

Pteroglossus castanotis

Aracari à oreillons roux

Longueur 33–40 cm
Poids 300 g
Plumage Sexes semblables
Déplacements Sédentaire
Statut Commun

Répartition N. à C. Amérique du Sud

Comparé à la plupart des autres toucans, les aracaris ont un bec assez mince et sont moins gros. Celui-ci a un bec brillamment coloré, avec des marques jaunes semblables à des dents. Vivant dans les forêts et sur leurs lisières, il sautille sans cesse sous la voûte. On le rencontre souvent en petits groupes qui dorment serrés dans des trous d'arbres et qui chassent des insectes et de petits animaux, ou en bandes nombreuses recherchant des fruits. Les couples se nourrissent et lissent leurs plumes réciproquement. Le vol est ondulant, comme celui des autres toucans.

Aulacorhynchus prasinus

Toucanet émeraude

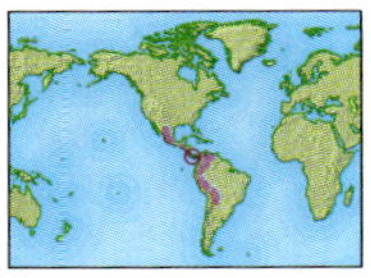

Longueur 30 cm
Poids 150 g
Plumage Sexes semblables
Déplacements Sédentaire
Statut Commun localement

Répartition Mexique, S. Amérique centrale, O. Amérique du Sud

Les toucanets de taille moyenne ont un bec assez petit. On rencontre cette espèce dans les forêts de montagne. Elle vit en couples et en petits groupes, nichant et dormant dans des cavités. Ses bandes bruyantes fréquentent les arbres couverts de fruits. Sa voix s'entend de loin et comprend des croassements et des imitations de certains oiseaux locaux. Son bec long, noir et jaune, blanc à la base, lui permet de saisir des fruits et des animaux.

Ramphastos toco

Toucan toco

Longueur 53–60 cm
Poids 550 g
Plumage Sexes semblables
Déplacements Sédentaire
Statut Commun

Répartition N.-E. à C. Amérique du Sud

Le toco est le plus grand de tous les toucans. Son énorme bec orange (19 cm de long), son croupion blanc et le dessous de la queue rouge le rendent particulièrement visible quand il vole à grands coups d'ailes ou en planant. Il fréquente les lieux boisés, les forêts-galeries, la savane boisée, les bosquets et même les milieux ouverts. Il attrape normalement fruits et proies à partir d'un perchoir, mais peut descendre pour s'emparer de fruits tombés à terre. Son grand bec lui permet de saisir sa nourriture au bout de branches ne supportant pas son poids. Sa nourriture prise, il la fait tomber de la pointe de son bec dans sa gorge, par un rapide mouvement de tête en arrière. Assez peu sociable, il effectue certaines années des « invasions » périodiques dans de nouveaux espaces et migre localement certains hivers. Son nid est construit dans des trous d'arbres, même morts, et des talus ; il utilise aussi des nids de termites terrestres. Son cri, un ronflement grave et faible, est lancé souvent d'une haute branche.

Jynx torquilla

Torcol fourmilier

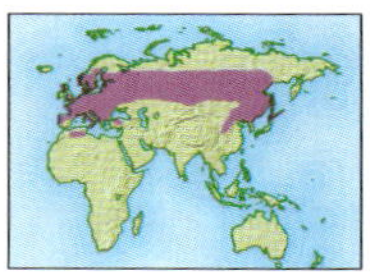

Longueur 16 cm
Poids 10 g
Plumage Sexes semblables
Déplacements Migrateur
Statut Commun

Répartition Europe à Asie, N. Afrique

Cet oiseau tord et balance son cou comme un serpent (d'où son nom), dans une attitude défensive. Son plumage tacheté, brun, gris, chamois et blanc lui assure un bon camouflage. Se nourrissant de larves et de nymphes de fourmis, il ouvre les fourmilières de son bec, utilisant sa longue langue pour en extraire sa nourriture.

Picumnus cirratus

Picumne à barres blanches

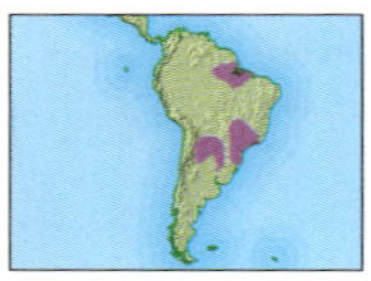

Longueur 10 cm
Poids 10 g
Plumage Sexes semblables
Déplacements Sédentaire
Statut Commun

Répartition N.-E. et C. Amérique du Sud

Les picumnes (environ 30 espèces), les plus petits des picidés, n'utilisent pas comme les autres leur queue pour s'appuyer sur les arbres. Celui-ci a une courte queue molle, un plumage gris brunâtre ; le mâle se distingue par une calotte rouge. Ses habitats sont variés : terrains boisés, savanes, buissons, lisières de forêts ; il cherche sa nourriture au-dessus du sol sur des branches minces, des plantes grimpantes ou des bambous, et capture de petits insectes, généralement en donnant des coups de bec répétés. Il niche dans des trous et sur des branches mortes.

Melanerpes formicivorus

Pic des chênes

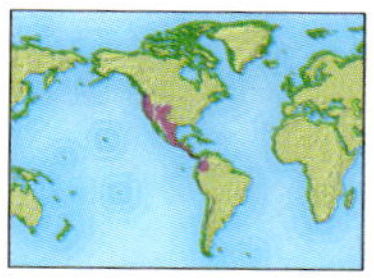

Longueur 23 cm
Poids 65 – 90 g
Plumage Sexes semblables
Déplacements Sédentaire
Statut Commun localement
Répartition O. Amérique du Nord à N. Amérique du Sud

Les glands constituent la moitié de la nourriture quotidienne de ce pic, qui les met en réserve (voir encadré à droite). Il consomme aussi d'autres graines, de la sève et des fruits, les insectes servant surtout de nourriture aux jeunes.

Les deux sexes ont une calotte rouge, le front est noir chez la femelle. La queue et le bec sont moyennement longs. Ces oiseaux sociables, habitant seulement les bois de chênes mêlés ou non à des pins, forment souvent des groupes de 3 à 12 sujets en période de reproduction. Ils s'associent pour mettre des glands dans une réserve commune, creuser le nid et défendre leur territoire, leurs abris, leur garde-manger. Les couples peuvent nicher seuls, mais sont souvent assistés par des mâles et des femelles appartenant à de précédentes couvées. Les mâles auxiliaires participent à la reproduction seulement après que leur mère a été remplacée par une autre femelle.

CONTRASTES DE COULEURS
Ce pic a un plumage luisant, noir, blanc et rouge, qui le rend aisément reconnaissable.

GARDE-MANGER

Ce pic creuse de petits trous dans l'écorce des arbres et insère un gland dans chacun d'eux. Les oiseaux d'un même groupe travaillant ensemble peuvent stocker ainsi jusqu'à 50 000 glands, constituant leur réserve de nourriture pour l'hiver.

Sphyrapicus varius

Pic maculé

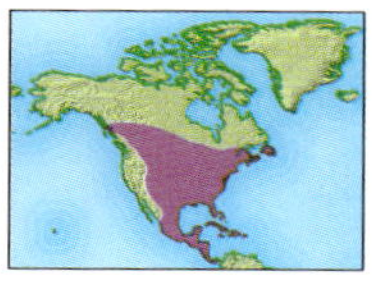

Longueur 22 cm
Poids 60 – 80 g
Plumage Sexes différents
Déplacements Migrateur
Statut Commun
Répartition Amérique centrale et Amérique du Nord, Antilles

Ce pic au ventre jaune creuse une série de trous dans les troncs d'arbres feuillus comme l'érable, les arbres fruitiers, le bouleau et le peuplier, puis il revient se nourrir de la sève qui en suinte et des insectes que celle-ci attire. Son cri est plaintif.

Picus viridis

Pic-vert

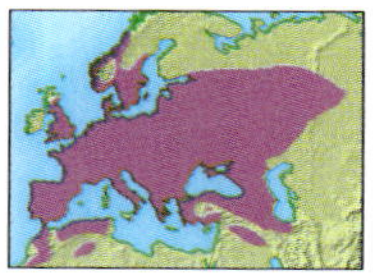

Longueur 32 cm
Poids 200 g
Plumage Sexes différents
Déplacements Sédentaire
Statut Commun localement
Répartition Europe, O. à C. Asie, N. Afrique

Comme le pic flamboyant (ci-dessous), le pic-vert se nourrit surtout à terre et utilise les arbres comme refuge ou pour nicher. Sa langue, très longue par rapport à celle des autres pics, sert pour sonder les fourmilières et en extraire les insectes. Il lance des cris bruyants, sortes de rires ; son vol est très ondulé.

Dendrocopos major

Pic épeiche

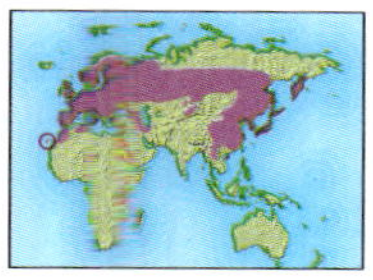

Longueur 20 – 24 cm
Poids 65 – 100 g
Plumage Sexes différents
Déplacements Sédentaire
Statut Commun
Répartition Europe, Asie, N. Afrique

Ce petit pic noir et blanc a le bas du ventre et le dessous de la queue rouge vif. Le mâle a une tache rouge sur la nuque. Le robuste bec, la queue et la langue de cette espèce sont faits respectivement pour creuser des trous, grimper aux arbres et fouiller dans les cavités. Il se nourrit de fruits, de la sève des arbres, d'insectes et de leurs larves, parfois de jeunes d'autres oiseaux pris au nid. Au début de la période de reproduction, il se signale par un tambourinement bref et intermittent.

Dryocopus martius

Pic noir

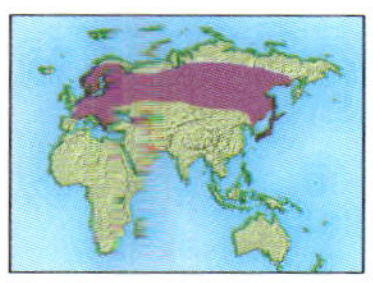

Longueur 45 cm
Poids 350 g
Plumage Sexes différents
Déplacements Sédentaire
Statut Commun
Répartition Europe, Asie

De la taille d'un corbeau, ce grand pic largement répandu en Eurasie est facilement reconnaissable grâce à son plumage noir de jais et, pour le mâle, sa calotte cramoisie ; la femelle a seulement une tache rouge sur la nuque. À part cela, les deux sexes sont semblables. Le pic noir vit dans les forêts et les lieux boisés, où il recherche ses proies profondément cachées dans les arbres vivants ou morts. Il pratique des ouvertures de plus de 50 cm de long dans les résineux dépérissants, envahis par des fourmis charpentières. En creusant, il rejette des copeaux de tailles variables, qui forment des tas sur le sol de la forêt. Il creuse aussi les souches des arbres abattus. Il dépose jusqu'à 6 œufs dans le nid qu'il creuse chaque année. Les anciens trous servent à d'autres oiseaux, qui s'y installent au départ de leurs occupants.

Colaptes auratus

Pic flamboyant

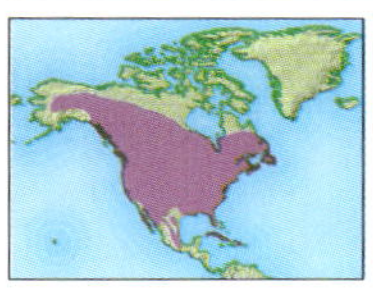

Longueur 30 – 35 cm
Poids 100 – 175 g
Plumage Sexes semblables
Déplacements Migrateur partiel
Statut Commun
Répartition Amérique du Nord et centrale

Le pic flamboyant a un long bec effilé, légèrement incurvé. Dans un affrontement, il pointe son bec en avant, agite la tête et le corps, bat des ailes et déploie sa queue. Souvent à terre, il se nourrit surtout de fourmis, fouillant le sol ou les fourmilières à l'aide de sa longue langue. Sur les arbres, il visite surtout leurs parties mortes. La femelle que l'on voit ici n'a pas la moustache noire du mâle.

PASSEREAUX

PHYLUM	Cordés
CLASSE	Oiseaux
ORDRE	Passériformes
FAMILLES	Env. 80
ESPÈCES	5 200–5 500

LA PLUPART DES OISEAUX sont des passereaux. La conformation de leurs pattes leur permet de se percher sur les branches les plus minces. Ils se distinguent aussi par la variété des chants émis par beaucoup d'espèces et produits par un organe vocal appelé syrinx (que possèdent aussi les autres oiseaux), particulièrement développé. Les passereaux sont considérés par nombre d'ornithologistes comme les plus évolués de tous les oiseaux, révélant parfois des facultés psychiques remarquables. S'ils vivent majoritairement dans les buissons et les arbres, certains sont néanmoins adaptés à la vie à terre. Quelques-uns, comme les hirondelles, ont une vie presque entièrement aérienne. On rencontre ces oiseaux dans le monde entier, en tous types d'habitats terrestres, des déserts aux forêts tropicales. Un grand nombre d'espèces sont familières autour des maisons et dans les jardins.

PERCHAGE

Les passereaux se perchent aisément sur de petits rameaux, des roseaux ou même des tiges d'herbes, car trois de leurs quatre doigts sont vers l'avant, le dernier vers l'arrière : chacun d'eux se meut séparément, les antérieurs s'opposant au postérieur. Les quatre doigts sont sur le même plan (chez d'autres oiseaux, le doigt postérieur peut être surélevé). Quand un passereau est perché, son poids tire sur ses tendons du pied, qui se rétractent et bloquent les doigts, serrés autour du perchoir, même lorsque l'oiseau est endormi. Malgré cet avantage, certaines espèces se perchent moins que d'autres. Ainsi, les alouettes, essentiellement terrestres, ont des pieds plutôt plats, adaptés à la marche.

DES DOIGTS ADAPTÉS
Comme beaucoup de passereaux, ce bec-de-corail a des doigts longs et fins, aisément refermés autour d'une petite tige. Le doigt postérieur est fort et, au contraire d'autres groupes d'oiseaux non passereaux, il n'est pas réversible. Beaucoup de passereaux ont des griffes assez peu recourbées et acérées, assurant une bonne prise sur diverses surfaces.

ANATOMIE

Les pattes adaptées pour le perchage (voir le paragraphe traitant de ce sujet) et l'organe vocal développé (syrinx) comptent parmi les caractéristiques des milliers d'espèces de passereaux. Ces points communs mis à part, les membres de l'ordre des passériformes sont d'une grande variété. Le plumage de nombre d'entre eux est terne, mais il en est beaucoup chez qui il est brillant et même extraordinaire – par exemple chez les remarquables oiseaux de paradis, les tangaras et certains fringilles. Les mâles sont en général plus brillamment colorés que les femelles. Beaucoup de passereaux sont petits ; néanmoins, leur taille va de 7 cm de long pour les tyrans pygmées jusqu'à 65 cm pour les corbeaux et les corneilles. Leur bec, également très varié, indique souvent leurs préférences alimentaires (voir ci-dessous).

VERDIER — POUILLOT SIFFLEUR — PIE-GRIÈCHE GRISE — SOUIMANGA

LA FORME DU BEC
Cette forme donne d'importantes indications sur le régime alimentaire de l'oiseau. Chez le verdier, qui se nourrit de graines, le bec est court et conique ; chez le pouillot siffleur, amateur d'invertébrés, il est mince. Comme d'autres passereaux prédateurs, la pie-grièche grise a un bec crochu et échancré pour saisir des proies assez grosses. Les souimangas ont un bec long et mince, souvent incurvé vers le bas, apte à pénétrer dans les fleurs dont ils prennent le nectar.

CHANT

L'aptitude au chant des passereaux tient à leur syrinx complexe, beaucoup plus développé que chez les autres oiseaux. Chaque espèce a son (ou ses) propre chant, série de sons émis selon une structure et un rythme définis. Beaucoup sont musicaux et plus ou moins compliqués (chez les alouettes, les troglodytes, les grives, les rossignols et les ménures). Chez certaines espèces, les petits apprennent à chanter seulement en écoutant les adultes de la même espèce ; chez d'autres, le chant est inné. C'est surtout le mâle qui chante, pour revendiquer et défendre un territoire ou pour attirer une femelle.

MÂLES CHANTEURS
Le rossignol mâle a l'un des chants les plus appréciés parmi tous les oiseaux et qui prend fin par un crescendo caractéristique. Il chante de jour, surtout pour marquer son territoire et éloigner ses rivaux et, de nuit, pour attirer une femelle.

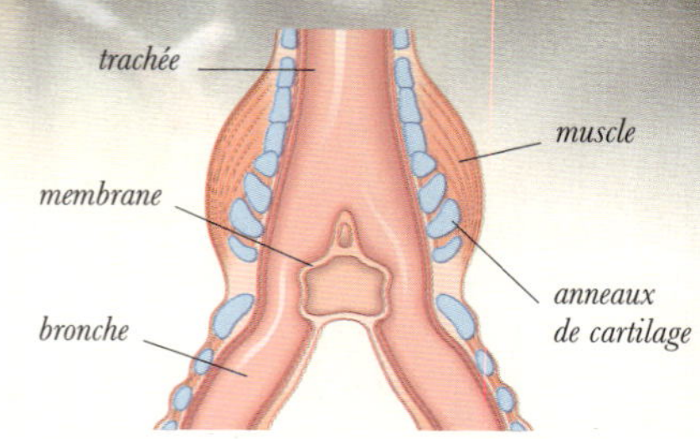

SYRINX
Le syrinx est situé à la base de la trachée. Des membranes vibrent et produisent des sons quand l'air passe sur elles. Des muscles, attachés à des anneaux de cartilage, permettent de modifier les sons émis.

REPRODUCTION

Les oiseaux de paradis et les manakins effectuent des parades nuptiales parmi les plus élaborées de tous les oiseaux, les mâles attirant les femelles en sautant, en se suspendant tête en bas et en émettant des cris extraordinaires. Mais la plupart des passereaux font des exhibitions plus discrètes. Habiles constructeurs, ils font souvent au-dessus du sol des nids en forme de coupe avec des brindilles, des feuilles et autres matériaux légers. Les jeunes éclosent nus et aveugles, entièrement dépendants des parents jusqu'à ce qu'ils quittent le nid, de dix à quinze jours après, en général.

RECHERCHE D'UN PARTENAIRE
Cet oiseau à berceaux (à gauche) construit une hutte, ou «allée», où il effectue sa parade nuptiale. Il choisit un emplacement et décore sa construction avec des graines, des fleurs, des coquilles, des os, voire des objets tels que capsules de bouteilles, etc.

NID SUSPENDU
Les tisserins (ici un tisserin baya) font un nid fermé, très élaboré, suspendu à une branche, souvent au-dessus de l'eau. Il comporte une entrée, le nid lui-même et un long tube pendant en dessous. Ces oiseaux nichent souvent en colonies.

PARADE NUPTIALE
Beaucoup de passereaux sont monogames. Pour la reproduction, un couple se forme, délimite un territoire et construit un nid. Parmi les exceptions, citons les oiseaux de paradis (comme ce paradisier de Raggi), dont les mâles rencontrent les femelles sur une arène ; après l'accouplement, la femelle construit le nid et prend soin, seule, des œufs et des petits.

ALIMENTATION

Beaucoup de passereaux sont petits et ont besoin d'aliments énergétiques : de nombreuses espèces se nourrissent d'invertébrés ou de graines, parfois des deux. D'autres recherchent le nectar (souimangas). Quelques familles des forêts pluviales (oiseaux de paradis, manakins et Cotingidae) ne mangent que des fruits. Certains modes d'alimentation sont inhabituels : les pies-grièches consomment de la viande, conservant leurs proies dans un «garde-manger», empalant les corps de gros insectes ou de petits vertébrés sur des épines avant de les manger. Les becs-croisés se nourrissent uniquement de graines de conifères, qu'ils extraient des cônes avec leurs mandibules croisées comme des pinces.

OUTILS
Le pinson-pic des Galápagos est l'un des rares animaux qui utilisent des outils pour capturer leurs proies. Il se sert d'une épine de cactus ou d'une brindille pour prendre des insectes dans les crevasses de l'écorce des arbres.

REPAS SOUS L'EAU
Les cincles sont parmi les seuls passereaux qui s'aventurent sous l'eau. Ils plongent dans les eaux peu profondes et rapides des torrents ou des rivières, s'aidant de leurs ailes pour nager et capturent leurs proies. Avec leur bec, ils prennent aussi des vers le long des berges.

BAIN DE FOURMIS

Quelques passereaux, dont l'étourneau et le merle noir d'Europe, ont un comportement étrange : ils prennent les fourmis dans leur bec et les frottent sur leurs plumes. Parfois, l'oiseau s'accroupit et laisse les insectes courir sur son plumage. Il choisit les fourmis produisant de l'acide formique, et l'on pense que cela contribue à chasser les parasites de ses plumes. Certains passereaux sont les seuls oiseaux qui suivent les fourmis légionnaires (magnans) dans la forêt tropicale, sans les manger, mais prennent les petits animaux fuyant ces insectes sociables.

FOURMIS AMIES
Un geai des chênes est accroupi sur une fourmilière et laisse les insectes monter sur son plumage. On pense que l'acide formique produit par certaines fourmis constitue un insecticide ou un lubrifiant.

Ordre PASSÉRIFORMES

Famille EURYLAIMIDAE

Eurylaimes

Longueur 13–28 cm

Espèces 14

Les eurylaimes, oiseaux trapus à grosse tête, au bec large, aplati et crochu, habitent les broussailles, les fourrés, les mangroves et les forêts moussues de montagne, depuis l'ouest de l'Afrique jusqu'aux Philippines. Le mâle est en général vert vif, rouge, rose ou bleu ; la femelle, plus terne, peut être plus grosse que le mâle. Ils se nourrissent surtout de fruits ou d'insectes, certains de lézards, de crabes ou de poissons. Beaucoup capturent à mi-hauteur, dans la forêt, des insectes sur les feuilles et les branches. Se nourrissant seuls ou par couples, ils forment parfois, en dehors de la période de reproduction, des bandes de 20 ou 30 sujets. Ils tissent de grands nids en forme de poire, avec une entrée abritée, orientée vers le bas, nids faits de brindilles, de feuilles, de radicelles, souvent décorés de toiles d'araignée ou de lichen et suspendus à des branches inaccessibles. Les femelles couvent de 1 à 8 œufs.

EURYLAIME VERT
Calyptomena viridis, *espèce d'Asie du Sud-Ouest (20 cm de long), a de longues plumes autour du bec le cachant presque, et trois barres noires sur les ailes. De petits groupes se nourrissent sur les branches basses, de fruits mûrs et de bourgeons, et d'insectes comme les termites volants.*

Famille DENDROCOLAPTIDAE

Grimpars, picucules

Longueur 14–37 cm

Espèces 52

Les grimpars ou picucules, oiseaux du Nouveau Monde, sont surtout présents en Amérique du Sud. Ils ont une longue queue, aux plumes raides recourbées vers le bas, qui leur sert de support pour grimper aux arbres. Ils ont aussi de longs pieds robustes, aux griffes acérées. En général de couleur brune, avec les ailes et la queue rousses, beaucoup ont un bec fort, assez long, droit ou légèrement incurvé vers le bas. Certains ont un bec plus fin, plus incurvé, en forme de faucille, surtout chez les grimpars à bec en faucille, chez qui il peut mesurer plus du tiers de la longueur. Quand ils chassent les insectes ou autres invertébrés, les grimpars explorent un arbre, verticalement ou en spirale, fouillant les crevasses, l'écorce écaillée, la mousse ou d'autres plantes, et repartent du bas de l'arbre suivant quand ils ont terminé. Les grandes espèces mangent aussi des lézards et de petites grenouilles. D'autres suivent les colonnes de fourmis et prennent les insectes qu'elles ont dérangés. Ils nichent dans d'anciens nids de pics ou dans des crevasses.

GRIMPAR À BEC RETROUSSÉ
Ce grimpar, Glyphorhynchus spirurus *(14 cm de long), vit dans les forêts pluviales du bassin de l'Amazone. On le voit rarement, son cri seul attirant l'attention.*

Famille FURNARIIDAE

Fourniers

Longueur 15–25 cm

Espèces Env. 221

Les fourniers, vaste famille de l'Amérique centrale et du Sud, aux nombreuses sous-familles, sont généralement bruns, avec le dessous plus pâle. Ils vivent sous la voûte des forêts, examinant les feuilles ou les déchirant, ou bien dans la végétation dense du sous-bois. Beaucoup d'espèces, comme le fournier roux, préfèrent les lieux ouverts ; les cinclodes vivent le long des cours d'eau, d'autres habitent les marais. Le fournier de Patagonie et le cacholote brun courent plus qu'ils ne volent. Les fourniers mangent surtout des insectes, mais aussi des graines. Les véritables fourniers font des nids, faits de boue et placés sur les branches d'arbres, d'autres choisissent des trous naturels, des terriers d'animaux ou des cavités creusées par eux-mêmes. Le cacholote à gorge blanche construit d'énormes nids de petites branches qui durent des années. Presque tous les fourniers pondent des œufs blancs, en général de 3 à 5 (certains jusqu'à 9), couvés de quinze à vingt jours ; les jeunes quittent le nid de treize à dix-huit jours après. Le nid est souvent réutilisé par d'autres oiseaux.

FOURNIER À FRONT ROUX
Phacellodomus rufifrons *(16 cm de long) habite des milieux semi-arides. Il construit un grand nid de brindilles suspendu, à plusieurs chambres, utilisé souvent par d'autres oiseaux. Cet oiseau sud-américain passe son temps dans les arbres, en couples ou en groupes.*

FOURNIER ROUX
Furnarius rufus *(18-20 cm de long), oiseau national de l'Argentine, a un nom erroné, car c'est le moins roux des fourniers. Il se déplace maladroitement sur le sol et dans les branches. On trouve son nid, fait de boue et fermé, dont il ne se sert qu'une fois, sur les clôtures et les poteaux télégraphiques.*

FOURNIER DE PATAGONIE
Cinclodes patagonicus *(21 cm de long), espèce du sud-ouest de l'Amérique du Sud, vit et se déplace près de la mer ou des eaux courantes et se nourrit de petits animaux aquatiques. Il niche généralement dans des trous de roches, souvent au bord d'un torrent. Son cri est un «tchit» aigu.*

FOURNIER À FRONT PÂLE
Philydor rufus *(19 cm de long) vit dans les forêts de montagne, du Costa Rica à l'Argentine. Il cherche les insectes dans la cime des arbres, se suspendant aux branches tête en bas.*

Famille FORMICARIIDAE

Fourmiliers

Longueur 8–36 cm

Espèces Env. 236

Beaucoup d'espèces de cette famille suivent les colonnes de fourmis, mais les mangent rarement, prenant les insectes dérangés par leur passage. Certains de ces oiseaux grimpent sur un arbre et fondent sur leur proie, d'autres marchent à côté de la colonne. Leur taille variable va de celle des fourmiliers nains à celle des fourmiliers-pies-grièches. Ils vivent en Amérique centrale et du Sud : la famille comprend aussi les grallaires, les tarabas et les manikup. D'aspect remarquable, les fourmiliers vivent en plaine ou dans les forêts tropicales de montagne, les savanes et les broussailles. On peut en trouver 50 espèces sur de petites surfaces, en Amazonie. Les couples sont durables et construisent ensemble le nid. La femelle pond 2 œufs, rarement 3. Les deux sexes couvent et élèvent les petits. Le chant est simple, une série de sifflements ou un caquetage.

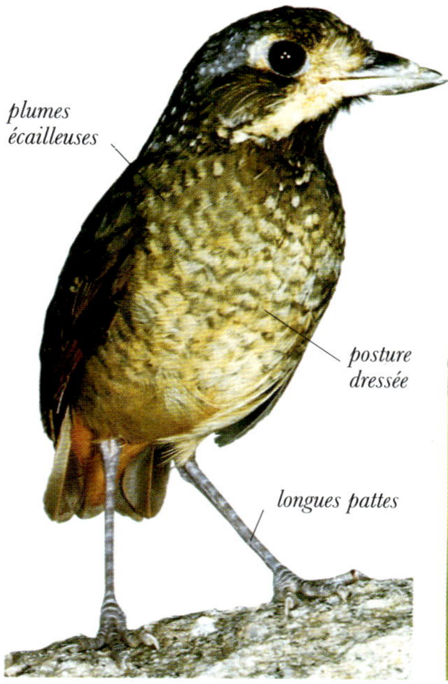

GRALLAIRE BIGARRÉ
Grallaria varia *(20 cm de long) a de longues pattes et une courte queue, typique chez les grallaires. Elle vit en Guyane, au Surinam, en Guyane française et au Brésil. Elle fouille feuilles mortes dans la forêt pour trouver des vers de terre et des insectes.*

FOURMILIER À COURONNE NU
Gymnocichla nudiceps *(environ 16 cm de long) habite l'Amérique centrale et la Colombie du Nord, et fréquente les sous-bois humides. Il passe son temps à terre et abaisse sa queue quand il se nourrit. La queue du mâle tremble lorsqu'il chante.*

BATARA RAYÉ
Thamnophilus doliatus
(16 cm de long) habite les couverts denses et les broussailles de l'Amérique centrale et du Sud. Le mâle a une calotte noire, des barres blanches et noires sur tout le corps. La femelle est rousse, avec des barres noires et blanches sur la tête et le cou, seulement sur les côtés. Ces oiseaux vont par couples, sautillant dans la végétation ou explorant les feuillages. Les deux sexes chantent, la femelle répondant souvent au mâle.

Famille RHINOCRYPTIDAE

Tapaculos et grallines

Longueur 11–25 cm

Espèces 30

Les tapaculos d'Amérique du Sud vivent surtout à terre. Avec leurs grandes pattes aux doigts robustes et leur longue queue, ils ont tendance à courir plutôt qu'à sautiller. Leurs ailes courtes et arrondies ne leur permettent pas de bien voler. Un petit pli de peau recouvre leurs narines. Discrets, ils ne sont identifiables que par leurs cris, forts mais difficiles à situer car ils ont des qualités de ventriloque. Ils se nourrissent d'insectes et autres invertébrés. Leur nid est construit dans un trou ou une crevasse au niveau du sol, ou dans un terrier qu'ils creusent eux-mêmes ; ils y pondent de 2 à 4 œufs blancs.

TOURCO ROUGE-GORGE
Scelorchilus rubecula *(19 cm de long) ressemble, en gros, au rouge-gorge d'Europe, mais a le ventre rayé noir et blanc. Il vit au sud du Chili, dans les forêts tempérées et les fourrés de bambous.*

Famille COTINGIDAE

Cotingas

Longueur 9–45 cm

Espèces 65

Les cotingas ont un aspect varié : on y trouve les deux espèces de coqs-de-roche orange vif, les cotingas bleus, les céphaloptères et les arapongas. Ils vivent surtout dans les plaines boisées, mais parfois dans les forêts et les broussailles des Andes. Tous sont mangeurs de fruits, certains aussi d'insectes. Les mâles de certaines espèces paradent sur une arène où ils attirent les femelles. Quelques espèces édifient un petit nid plat, y pondant un seul œuf, qui éclôt de vingt-trois à vingt-huit jours plus tard.

ARAPONGA TRICARONCULÉ
Oiseau de l'Amérique centrale, le mâle de Procnias tricarunculata *(25-30 cm de long) a l'un des plus forts cris d'oiseau, un assourdissant «bock» qui retentit au-dessus de la forêt. Son bec très large lui permet d'avaler de gros fruits entiers.*

CÉPHALOPTÈRE À OMBRELLE
Cephalopterus ornatus *(41 à 49 cm de long) habite les bassins de l'Amazone et de l'Orénoque, et les forêts de l'est des Andes. En parade, les mâles déploient leur huppe et leurs caroncules, tout en émettant un «boum» grave et plaintif. Les femelles sont plus petites.*

COQ-DE-ROCHE PÉRUVIEN
Pendant leurs parades nuptiales, les mâles Rupicola peruviana *(30 cm de long) s'affrontent agressivement dans une arène et leur activité devient frénétique quand les femelles arrivent. Cet oiseau se rencontre dans les Andes.*

COTINGA BLEU
Cotinga amabilis
(20 cm de long) vit dans les grandes forêts d'Amérique centrale. Les rémiges externes du mâle produisent une sorte de tintement lors de la parade nuptiale. Après le départ des petits, la femelle détruit son nid ; cela évite que les prédateurs ne repèrent son emplacement, qu'elle réutilise ensuite.

COTINGA ROUX
Lipaugus unirufus *(23 cm de long) habite l'Amérique centrale et le nord-ouest de l'Amérique du Sud. Les mâles ne paradent pas dans une arène, mais émettent de forts sifflements, à portée de voix les uns des autres.*

OISEAUX

Ordre PASSÉRIFORMES *suite*

Famille PIPRIDAE

Manakins

Longueur 9–15 cm

Espèces Env. 51

Ces petits oiseaux, à la queue et au bec courts, aux gros yeux, habitent les plaines de l'Amérique centrale et du Sud. Les mâles sont brillamment colorés, les femelles en général vert olive. Chez certaines espèces, le mâle en parade produit un bruit mécanique avec des plumes modifiées. Le mâle du manakin à queue effilée utilise ses longues rectrices recourbées pour chatouiller la gorge de la femelle qui l'approche. Certains s'assemblent pour parader sur une arène, au sol ou sur des branches, et un mâle peut s'accoupler avec plusieurs femelles. Celles-ci construisent le nid sur une fourche d'arbre horizontale, pondent 2 œufs, qui éclosent de douze à quinze jours plus tard. Les petits sont nourris avec des insectes, les adultes mangent surtout des fruits pris à terre. Tous les manakins qui ont été observés sont sédentaires.

MANAKIN MOINE
Le mâle de Manacus manacus *(10 cm de long) parade sur un jeune arbre ; il saute et produit des bruits avec ses rémiges. Il vit en Amérique du Sud.*

MANAKIN À DOS BLEU
Chiroxiphia parolea *(12 cm de long) vit en Amérique du Sud. Quand deux mâles s'affrontent, ils sautent l'un par-dessus l'autre sur les branches, puis le vainqueur parade en courts vols circulaires.*

Famille TYRANNIDAE

Moucherolles et tyrans

Longueur 5–38 cm

Espèces 375–397

Cette grande famille est très diversifiée, certains experts lui attribuant un plus grand nombre d'espèces que d'autres. On y trouve le plus petit passereau du monde, le tyran pygmée (5 cm de long), des oiseaux de tailles variées et beaucoup de dimensions moyennes. Ils vivent du sud de l'Alaska, à travers l'Amérique du Nord et les Antilles, jusqu'à l'extrémité de l'Amérique du Sud et sur des îles, comme les Galápagos. La grande majorité vit en Amérique centrale et en Amérique du Sud, avec seulement 30 espèces en Amérique du Nord, qui migrent vers le sud en automne. Les tyrans ont un plumage brun uniforme, les deux sexes sont semblables. Quelques espèces diffèrent par des taches colorées sur la calotte. Beaucoup sont insectivores, mais certaines prennent des grenouilles et des lézards ; les oiseaux tropicaux mangent des fruits. La plupart des tyrans sont monogames et paradent en déployant et en agitant les ailes. Ils ne nichent pas en colonies. Les nids vont d'une simple coupe dans une fourche d'arbre à un grand nid suspendu à une branche ; peu sont dans des cavités. Sous les tropiques, les femelles pondent 2 ou 3 œufs, les couvées étant plus fortes en Amérique du Nord. L'incubation dure de quatorze à vingt jours, les jeunes s'envolant de quatorze à vingt jours plus tard. En général, les deux sexes construisent le nid et nourrissent les petits.

TYRAN TRITRI
Tyrannus tyrannus *(20 cm de long) se reproduit en Amérique du Nord et hiverne en Amérique centrale et du Sud. Il se nourrit d'insectes en été, de fruits en hiver. Il défend son territoire et attaque souvent d'autres oiseaux, se posant même sur leur dos en vol pour les frapper.*

TYRAN-TODIER CENDRÉ
Todirostrum cinereum *(9 cm de long), le plus commun et le plus répandu du genre, se déplace rapidement parmi les feuillages, capturant des insectes. Il est amusant quand il sautille et voltige, toujours en mouvement. Il vit en Amérique centrale et dans une partie de l'Amérique du Sud.*

MOUCHEROLLE MASQUÉ
Pitangus sulphuratus *(21 à 24 cm de long), commun et bruyant, émet des cris variés. Il se nourrit d'insectes et de fruits, mais aussi de poissons et de têtards. On le trouve depuis le Texas (sud des États-Unis) jusqu'au sud de l'Argentine.*

MOUCHEROLLE TCHEBEC
Empidonax minimus *(12,5 à 14,5 cm de long), niche dans l'est du Canada et des États-Unis, et hiverne du Mexique au Panamá. C'est la première espèce du genre* Empidonax *à migrer vers le nord, et la dernière à partir vers le sud. Il s'élance d'un perchoir pour prendre des insectes. Son nid d'aspect fragile est placé dans une enfourchure.*

TYRAN À LONGUE QUEUE
Au cours de sa parade, Tyrannus forficata *(30 à 38 cm de long) exécute des plongeons verticaux et des zigzags, ses longues ailes flottant comme des rubans ; il les accompagne de cris saccadés. On le trouve en Amérique centrale et du Nord. La femelle a la queue plus courte que le mâle.*

MOUCHEROLLE PHÉBI
Sayornis phoebe *(18 cm de long) tient son nom de son chant rauque, «fii-bii». Il vit au Canada, aux États-Unis et au Mexique. Il chasse les insectes au-dessus des cultures et des lieux boisés, au bord des routes, et vole sur place au-dessus de l'eau lorsqu'il chasse les mouches.*

TYRAN ROYAL
Onychorynchus coronatus *(16 cm de long) a une remarquable huppe en éventail vivement colorée. Celle du mâle est écarlate bordée de bleu, celle de la femelle jaune bordée de bleu. Normalement, elle est repliée vers l'arrière et dépasse de la tête, donnant à celle-ci l'aspect d'un marteau. Il vit en Amérique centrale et du Sud.*

Famille OXYRUNCIDAE

Oxyrhampe huppé

Longueur 17 cm

Espèce 1

Cette famille ne comprend qu'une espèce, *Oxyruncus cristatus*, classée par certains spécialistes avec les cotingas (p. 340), alors que d'autres la mettent près des tyrans (p. 340). Cet oiseau est répandu du sud du Costa Rica au sud du Brésil, dans les forêts jusqu'à 1 600 m. Seul ou en bandes, il chasse les insectes et autres invertébrés, se suspendant comme une mésange (voir p. 351). Petit, trapu, le bec très pointu, le mâle émet un sifflement exceptionnellement aigu et prolongé, qui porte loin.

Famille PHYTOTOMIDAE

Raras

Longueur 18–19,5 cm

Espèces 3

Les trois espèces de raras, ou phytotomes, occupent des régions distinctes en Amérique du Sud. Rencontrés dans les cultures, ils sont souvent considérés comme un fléau par les agriculteurs. Classés par certains spécialistes avec les cotingas (voir p. 339), ils tirent leur nom de leur bec arrondi aux bords coupants en dents de scie, avec lequel ils cueillent feuilles, bourgeons, pousses et fruits. Leur nid est une plate-forme grossière faite de racines fibreuses. La femelle pond de 2 à 4 œufs bleu verdâtre, marqués de noir.

RARA À QUEUE NOIRE
Phytotoma rutila *(19 cm de long) a une petite huppe ; il vit dans les broussailles sèches et les bosquets d'acacia de Bolivie, du Paraguay, de l'Uruguay et d'Argentine. Son cri est métallique.*

Famille PITTIDAE

Brèves

Longueur 15–28 cm

Espèces 29

Vivant à terre dans les forêts d'Asie, d'Australie et d'Afrique, les brèves, oiseaux trapus, ont un odorat développé et se nourrissent d'insectes, d'araignées, d'escargots et d'autres invertébrés. Discrètes, rarement aperçues, elles se fondent souvent dans les sous-bois malgré leur plumage vivement coloré. La femelle pond de 2 à 7 œufs, et les deux sexes élèvent les petits.

BRÈVE DE L'ANGOLA
Pitta angolensis *(20 cm de long), la seule espèce d'Afrique, migratrice, vit dans les épaisses forêts à feuillage persistant. Elle est en général silencieuse.*

Famille ACANTHISITTIDAE

Xéniques

Longueur 8–10 cm

Espèces 3

Vivant seulement en Nouvelle-Zélande, cette famille de petits oiseaux trapus comprend les xéniques grimpeurs, des rochers et des buissons. Les deux sexes des deux premières espèces couvent les œufs et nourrissent les petits. Une quatrième espèce, le xénique des îles Stephen, volait très faiblement et a disparu peu après sa découverte, en 1894. Une sous-espèce des xéniques de buissons s'est éteinte en 1965.

XÉNIQUE GRIMPEUR
Acanthisitta chloris *(8 cm de long) est très répandu dans les îles du Nord et du Sud de Nouvelle-Zélande. La femelle est plus grosse que le mâle et plus marquée, ce qui est rare chez les passereaux.*

Famille PHILEPITTIDAE

Faux souimangas

Longueur 10–15 cm

Espèces 4

Ces oiseaux trapus, robustes, vivent dans les forêts humides à feuillage persistant, surtout dans l'est de Madagascar, mais l'asite furtif vit aussi dans le nord-ouest de l'île. Deux espèces se nourrissent surtout de fruits dans les buissons, et deux autres sont insectivores et recherchent aussi le nectar des fleurs. Seul le nid de la philépitte veloutée – piriforme, suspendu et contenant 3 œufs – a été trouvé. L'habitat forestier de ces espèces se réduit rapidement avec l'expansion des cultures.

FAUX SOUIMANGA CARONCULÉ
Neodrepanis coruscans *(10 cm de long) vit à tous les niveaux de la forêt. Il a un bec incurvé vers le bas.*

Famille MENURIDAE

Ménures (oiseaux-lyres)

Longueur 90–100 cm

Espèces 2

Ces oiseaux vivent dans les forêts pluviales et les broussailles d'Australie du Sud et du Sud-Est. L'oiseau-lyre d'Albert est le plus petit et a un plumage plutôt marron, celui de l'oiseau-lyre superbe étant plutôt gris. Les mâles des deux espèces ont une queue extraordinaire (jusqu'à 60 cm de long chez l'oiseau-lyre superbe) comportant deux plumes en forme de lyre. Les mâles paradent en hiver ; l'oiseau-lyre d'Albert se tient sur une plate-forme de plantes grimpantes et le superbe dispose plusieurs monticules autour de son territoire. Le chant puissant du mâle comporte des imitations étonnantes. Lorsqu'il chante, il rabat sa queue sur le dos, l'agitant faiblement, en tournant en rond lentement.

OISEAU-LYRE SUPERBE
Menura novaehollandiae *(86 à 100 cm de long) vit dans l'Australie du Sud-Est et a été introduit en Tasmanie. Le mâle n'acquiert une queue complètement développée qu'à six ou huit ans.*

Famille ATRICHORNITHIDAE

Atrichornes

Longueur 16–23 cm

Espèces 2

La répartition et la population de ces oiseaux d'Australie, de couleur brune, diminuent depuis les années 1850. Discrets, ils se tiennent souvent dans les couverts, en forêt humide. Ils capturent des insectes, des grenouilles, des lézards. Les deux espèces font des nids en forme de dôme.

ATRICHORNE BRUYANT
Vivant dans les forêts humides de l'est de l'Australie, Atrichornis rubescens *(16,5 cm de long) est difficile à localiser malgré ses cris perçants. Il vole faiblement et se faufile parmi les feuilles comme une souris.*

Ordre **PASSÉRIFORMES** *suite*

Famille ALAUDIDAE

Alouettes

Longueur 13–20 cm

Espèces Env. 81

On rencontre les alouettes sur tous les continents. L'alouette des champs, réputée pour son chant émis en vol, est la plus connue de cette famille. Ces oiseaux sont terrestres ; leur plumage discret, surtout brun rayé, leur donne un bon camouflage dans les champs et les déserts. Cependant, certaines espèces ont des marques noires et blanches. Les mâles et les femelles sont en général semblables. L'alouette des champs et l'alouette huppée ont une huppe qu'elles dressent pendant la parade nuptiale et en chantant. Leur vol est habituellement puissant et ondulé, mais elles tendent à couvrir de courtes distances. Quand elle chante, l'alouette des champs monte verticalement, haut dans le ciel. D'autres s'élèvent en vol circulaire. Leur nourriture est faite d'invertébrés, de végétaux et de graines. Beaucoup s'assemblent à l'automne et en hiver, et peu d'espèces migrent. La femelle pond de 2 à 6 œufs, généralement tachetés, dans un nid construit à terre ; les jeunes quittent ce dernier avant de pouvoir voler.

ALOUETTE À NUQUE ROUSSE
Mirafra africana *(18 cm de long) est un oiseau trapu, à la courte queue, habitant les prairies plus ou moins parsemées de buissons de l'Afrique du Sud. Elle marche en posture dressée et émet un sifflement plaintif.*

ALOUETTE DES CHAMPS
Alauda arvensis *(18 à 19 cm de long), de couleur brune avec des rayures, est connue pour son chant continu émis en vol. Elle est commune en Afrique du Nord, en Europe et en Asie, et a été introduite en Australie et en Nouvelle-Zélande. Les populations du nord migrent au sud en hiver.*

SIRLI DU DÉSERT
Alaemon alaudipes *(18 à 20 cm de long) habite les régions désertiques de l'Afrique du Nord (Sahara compris) et l'ouest de l'Asie. Il court plus qu'il ne vole. Les rayures noires et blanches de ses ailes apparaissent en vol.*

ALOUETTE HAUSSE-COL
Eremophila alpestris *(de 14 à 17 cm de long) habite les toundras et les steppes d'Europe, les prairies et les déserts d'Amérique du Nord, d'Afrique du Nord et d'Asie. Elle a de petites « cornes » de plumes sur la tête.*

Famille HIRUNDINIDAE

Hirondelles

Longueur 12–23 cm

Espèces Env. 81

Rencontrées dans le monde entier, sauf dans l'Arctique et l'Antarctique, les hirondelles sont souvent bleu foncé ou vertes sur le dessus et plus claires en dessous. Elles ont en général une queue fourchue, avec parfois deux longues rectrices latérales (filets). Leur bec est court, mais s'ouvre largement et permet la capture d'insectes en vol. Elles nichent dans les régions tempérées ; mais dépendantes de la présence d'insectes aériens, certaines espèces migrent vers les tropiques et les zones tempérées du Sud quand le froid apparaît et que les insectes se raréfient. D'autres séjournent sous les tropiques toute l'année. Les nids sont de trois types : trous naturels dans les arbres, falaises ou constructions ; tunnels dans les berges des cours d'eau ou sablières ; cuvettes de boue fixées aux falaises ou aux bâtiments. Certaines espèces élèvent 2 ou 3 couvées de 1 à 8 œufs par an.

HIRONDELLE À FRONT BLANC
Hirundo pyrrhonota *(de 13 à 15 cm de long) niche de l'Alaska au Mexique et hiverne en Amérique du Sud. Elle construit des nids de boue, en forme de gourde, sous le rebord des toits ou sur des falaises. La femelle y dépose de 4 à 6 œufs blancs. Elle niche en colonies.*

HIRONDELLE DE FENÊTRE
Passant l'été en Afrique du Nord, en Europe et au nord de l'Asie, Delichon urbica *(12,5 cm de long) hiverne en Afrique (au sud du Sahara) et en Asie du Sud-Est. Associée depuis longtemps aux hommes, elle construit des nids de boue en demi-sphère, sous les avancées de toits. Elle niche souvent en groupes.*

HIRONDELLE POURPRÉE
Progne subis *(18 cm de long) niche dans des nichoirs artificiels ou des trous creusés par des pics, en colonies atteignant 200 couples. Elle se reproduit en Amérique du Nord et hiverne dans le bassin de l'Amazone. Le mâle est entièrement bleu-noir, la femelle plus terne sur le dessus et gris clair par-dessous.*

HIRONDELLE PALUDICOLE
On trouve Riparia paludicola *(environ 13 cm de long) au Maroc et au sud du Sahara, surtout en milieu humide, en Asie du Sud, à l'est jusqu'aux Philippines. Elle a un ventre blanc, mais est parfois entièrement brune. Elle forme de très grandes bandes.*

HIRONDELLE RUSTIQUE
Hirundo rustica *(18 cm de long) passe l'été en Amérique du Nord, en Afrique du Nord, en Europe et en Asie ; elle hiverne en Afrique au sud du Sahara, en Amérique et en Asie du Sud. Son gazouillis est mélodieux. Son nid en forme de cuvette est souvent placé sur une poutre d'un bâtiment de ferme et contient de 4 à 6 œufs blancs tachetés de rouge.*

Famille MOTACILLIDAE

Bergeronnettes et pipits

Longueur 14–19 cm

Espèces 54–58

Ces oiseaux vivent à terre : les bergeronnettes en Europe, en Asie et en Afrique, les pipits dans le monde entier. Ils ont de longues pattes et de longues griffes (sauf celle du doigt postérieur, la plus courte chez les espèces qui se perchent). Beaucoup de pipits ont un plumage brun rayé qui les camoufle bien, alors que celui des bergeronnettes est plus contrasté, avec du blanc, du noir, du jaune ou du gris-bleu. Les pipits nichent en général à terre, les bergeronnettes sur des corniches. Ces dernières se rencontrent surtout près des eaux douces ; certaines (bergeronnette des ruisseaux par exemple) fréquentent les cours d'eau rapides des montagnes, les barrages et aussi les rivières de plaine. Les sexes sont semblables chez les pipits mais diffèrent chez les bergeronnettes ; les femelles pondent de 2 à 7 œufs blancs, bruns ou gris, couvés deux semaines. Les petits quittent le nid après douze à dix-huit jours, avant de pouvoir voler. Plusieurs espèces migrent.

BERGERONNETTE GRISE
Ci-dessus, sous-espèce britannique de Motacilla alba *(18 cm), commune près de l'eau, dans les prairies, les villages. Se nourrissant à terre, elle s'arrête, hoche la queue, puis repart rapidement en marchant, prenant des insectes dans son bec. Nichant sur des bâtiments ou sous des ponts, pas toujours près de l'eau, elle pond 5 ou 6 œufs blanchâtres tachetés.*

PIPIT DE RICHARD
Vivant en Afrique, au sud du Sahara, en Asie et en Australie, Anthus novaeseelandiae *(18 cm de long) vient aussi parfois en Europe à l'automne. Il a un appel aigre et bref, et un cri émis en vol. Le chant, simple, comporte des trilles. Il niche à terre, pondant de 4 à 6 œufs blanchâtres tachetés.*

Famille CAMPEPHAGIDAE

Échenilleurs, minivets

Longueur 14–40 cm

Espèces Env. 70

Cette famille, surtout tropicale, comprend deux groupes d'oiseaux vivant de l'Afrique à l'Australie et les îles du Pacifique ouest, en passant par le sud et le sud-est de l'Asie ; les minivets ne se trouvent qu'en Asie. Les échenilleurs vivent principalement dans les arbres, à part l'échenilleur terrestre des plaines nues d'Australie. Les minivets sont colorés, de la taille des bergeronnettes ; le mâle tend à être rouge et noir, alors que la femelle est jaune ou orange et noir ou gris. Les autres échenilleurs ressemblent en vol aux coucous, sont souvent gris terne et de la taille d'un moineau à celle d'un pigeon. Les femelles sont fréquemment plus claires, et plusieurs espèces ont des vibrisses à la base du bec. Le nid est construit en haut d'un arbre, et la ponte compte de 2 à 5 œufs, couvés par la femelle seule.

ÉCHENILLEUR CIGALE
Coracina tenuirostris *(de 24 à 26 cm de long) est un oiseau d'Australie, de Papouasie et d'Indonésie orientale, qui vit dans la cime des forêts pluviales et autres régions boisées. La femelle, au dessous rayé, est plus brune. Le mâle a un cri ressemblant au chant lancinant des cigales, d'où son nom.*

MINIVET MANDARIN
Rencontré de l'Himalaya à Bornéo, Pericrocotus solaris *(19 cm de long) vit dans les forêts claires. Le mâle a la gorge grise et le ventre orange ; la femelle est plus terne, avec un dessous plutôt jaune qu'orange.*

Famille PYCNONOTIDAE

Bulbuls

Longueur 15–27 cm

Espèces Env. 124

Sur 124 espèces de bulbuls répertoriées, 51 vivent en Afrique et à Madagascar, 2 en Afrique et en Asie, le reste surtout en Asie. Ces oiseaux vivaient primitivement dans les forêts, mais certains ont adopté des lieux ouverts ou habités. Les espèces de jardins sont plus grégaires et plus bruyantes que celles des forêts. Souvent localisées ou identifiées par leurs cris, peu ont un chant musical. Petites ou de taille moyenne, beaucoup d'espèces ont un plumage terne, olive, brun ou gris, parfois avec le dessous jaune. Certaines espèces ont une huppe, et beaucoup, des vibrisses autour de la base du bec, qui est incurvé vers le bas à sa pointe. Beaucoup se nourrissent de fruits et de baies, de bourgeons et de nectar, d'autres seulement d'insectes ou sont omnivores. La femelle pond d'habitude 2 œufs par couvée, dans un nid assez ouvert pour permettre aux pluies tropicales de s'écouler.

BULBUL BRUNOIR
Pycnonotus nigricans *(environ 20 cm de long) vit en Namibie, au Botswana et dans l'ouest de l'Afrique du Sud, dans les forêts et les broussailles, au voisinage de l'eau. Oiseau bruyant, il niche de novembre à mars, la femelle pondant 3 œufs rosâtres marqués de brun.*

BULBUL À CUL ROUGE
Espèce asiatique, Pycnonotus cafer *(20 cm de long) est un oiseau bruyant et actif, familier en Inde. Il se nourrit en bandes de fruits et, au crépuscule, d'insectes en vol. Il a été introduit en Australie, en Nouvelle-Zélande, à Singapour et aux îles Fidji.*

BULBUL ORPHÉE
Une tache rouge derrière les yeux, chez les deux sexes, caractérise Pycnonotus jocosus *(20 cm de long). Il a aussi une huppe noire pointant vers l'avant. Commun dans les jardins, il vit de l'Inde à Hongkong.*

BULBUL NOIR
Hypsipetes madagascariensis *(23 cm de long) vit à Madagascar, aux Comores, dans le sud et le sud-est de l'Asie. Une sous-espèce de Chine et du nord du Vietnam a la tête et la gorge blanches. Il forme des groupes atteignant 100 sujets, qui se nourrissent de baies et d'insectes. Son appel ressemble au miaulement d'un petit chat.*

BULBUL STRIÉ
Rencontré dans des lieux isolés, les forêts pluviales de montagne au centre et au sud-ouest de l'Afrique, Phyllastrephus flavostriatus *(de 15 à 25 cm de long) recherche les insectes, surtout dans les arbres. Visitant les troncs comme un pic, il entrouvre alternativement chaque aile, révélant leur dessous jaune.*

Ordre **PASSÉRIFORMES** *suite*

Famille IRENIDAE

Verdins

Longueur 25–30 cm

Espèces 2

Ces oiseaux vivent dans les arbres des forêts d'arbres à feuilles persistantes ou semi-caduques de l'Asie : l'irène-fée dans les régions humides de l'Inde, l'Himalaya, l'Asie du Sud-Est et l'Asie de l'Est jusqu'à Bornéo et Palawan (Philippines) ; l'irène à ventre bleu, dans le restant des Philippines. Les verdins sont connus pour leurs plumes caudales de couverture très longues, se prolongeant presque jusqu'à la pointe de la queue. Se déplaçant le jour dans la verdure à la recherche d'insectes, ils peuvent aussi se nourrir de nectar. Ils nichent aux enfourchures de petits arbres ; la femelle construit une plate-forme de brindilles et couve ses 2 ou 3 œufs. Le mâle l'aide à élever les petits.

IRÈNE-FÉE
*Malgré son plumage bleu métallique, le mâle d'*Irena puella *(27 cm de long) peut être invisible dans le feuillage, mais son double sifflement aigu et répété révèle souvent sa présence. Les femelles sont d'un bleu plus terne. L'irène-fée fréquente les figuiers, souvent avec d'autres oiseaux.*

Famille LANIIDAE

Pies-grièches

Longueur 15–35 cm

Espèces Env. 69

De taille petite ou moyenne, les pies-grièches ont l'aspect de petits rapaces diurnes. Toutes ont un bec crochu, de fortes pattes et des griffes acérées pour saisir leurs proies. Elles se nourrissent d'insectes, mais certaines agrémentent leur alimentation de lézards, de petits oiseaux et de rongeurs. Beaucoup constituent des garde-manger, empalant leurs proies sur des épines, ce qui leur a valu le surnom d'« oiseaux bouchers ». Fréquentant les broussailles, certaines espèces sont très territoriales, même dans leurs quartiers d'hiver. Elles se perchent souvent au sommet d'un buisson, observant les alentours et agitant leur queue de haut en bas et sur les côtés. Le bagadais casqué, les tchagras et gonoleks ne vivent qu'en Afrique, les véritables pies-grièches étant répandues en Europe, Afrique et Asie, avec deux espèces en Amérique du Nord. Celles du nord migrent vers le sud en automne. Les nids sont placés dans les arbres ou les buissons, et la femelle pond de 2 à 7 œufs.

BAGADAIS CASQUÉ
Prionops plumata *(de 15 à 25 cm de long) est la plus commune et la plus répandue des espèces huppées. On rencontre le bagadais casqué dans les broussailles de l'Afrique subsaharienne, mais aussi dans les cultures et les lieux boisés ouverts. Bruyant et grégaire, il forme des bandes de 5 à 12 sujets, bavardant bruyamment à la recherche de nourriture.*

TCHAGRA À TÊTE NOIRE
Tchagra senegala *(22 cm de long) vit au nord-ouest de l'Afrique, au sud du Sahara et en Asie du Sud-Ouest. Il cherche à terre des insectes et des larves, dans les lieux boisés ou en bordure des cultures (voir p. 346).*

GLADIATEUR BACBAKIRI
Oiseau d'Afrique du Sud, Telephorus zeylonus *(22 cm de long) fréquente la savane, les plantations et les jardins. Comme une grive, il passe beaucoup de temps à terre. Il accomplit au printemps une belle danse de parade. Son nom local,* bokmakierie, *est la transcription de son cri d'amour.*

PIE-GRIÈCHE FISCALE
Répandue en Afrique, du sud du Sahara au Cap, dans les lieux boisés ouverts, les parcs et les jardins, Lanius collaris *(environ 22 cm de long) pille les nids des autres oiseaux et mange leurs petits. Elle se perche sur les poteaux et les fils téléphoniques, scrutant le sol en quête d'insectes, et défend vigoureusement son territoire contre les autres oiseaux.*

Famille VANGIDAE

Vangas

Longueur 12–30 cm

Espèces 14

Sur les 14 espèces connues, 13 ne vivent qu'à Madagascar, et le vanga bleu n'existe qu'à Moheli (Comores). Tous habitent les arbres, certains confinés dans les forêts à feuillage persistant de l'Est humide, d'autres dans la savane de l'Ouest ou dans les broussailles semi-désertiques. Beaucoup sont fortement marqués de noir et de blanc, et ont un bec épais, souvent crochu à son extrémité. Ils se nourrissent en bandes, surtout d'insectes, certains prenant des grenouilles ou de petits reptiles. Certaines espèces font un nid de brindilles dans un arbre, avec 3 ou 4 œufs ; les deux parents élèvent leurs petits.

VANGA ÉCORCHEUR
Oiseau solitaire, Vanga curvirostris *(de 25 à 30 cm de long) a un bec fort et crochu. Il vit à Madagascar dans les forêts sempervirentes, dans les buissons, les plantations et les mangroves.*

Famille BOMBYCILLIDAE

Jaseurs

Longueur 15–23 cm

Espèces 8

Ce groupe comprend 3 espèces de jaseurs et 5 apparentés (4 récollets et l'hypocolius gris). Les jaseurs nichent dans le nord de l'Europe, de l'Asie et de l'Amérique, et migrent vers le Sud. Ils sont rondelets, d'un brun fauve, et se distinguent par leur huppe et leur plumage soyeux. Deux espèces ont des plaquettes d'aspect cireux sur les rémiges secondaires. Oiseaux sociables, les jaseurs nichent en colonies lâches, construisant leurs nids de brindilles et d'herbes sur les branches. Ils se nourrissent surtout de baies et apparaissent certaines années dans des lieux qui ne leur sont pas habituels, dépouillant rapidement les buissons. Les récollets du sud des États-Unis et de l'Amérique centrale ont aussi des plumes soyeuses et une huppe ; ils prennent les insectes en vol. L'hypocolius de l'Asie de l'Ouest, également huppé, se nourrit de fruits.

JASEUR DU JAPON
Bombycilla japonica *(16 cm de long) vit dans les forêts de l'est de la Sibérie et hiverne au sud, au Japon et en Corée. Il vole très bien. Il n'a pas de plaquettes cireuses sur les ailes.*

Famille DULIDAE

Oiseau palmiste

Longueur 18 cm

Espèce 1

La seule espèce de cette famille ne se rencontre qu'en Haïti (y compris dans l'île de la Gonave) et en République dominicaine.

Communs et peu discrets, les oiseaux palmistes sont souvent agressifs et très bruyants, caquetant en chœur. Comme les jaseurs (voir p. 344) auxquels on les rattache parfois, ils mangent des fruits, souvent en bandes. Ils demeurent dans les arbres, où ils prennent des baies et des fleurs avec leur bec puissant, et ne descendent jamais à terre. À la différence des jaseurs, ils construisent un grand nid communautaire sur le stipe des palmiers et les feuilles inférieures. Fait de brindilles et garni d'écorce tendre et d'herbes, ce nid peut contenir de 2 à 30 couples, chacun disposant d'une entrée particulière. La femelle pond de 2 à 4 œufs blancs, fortement tachetés de gris. En dehors de la période de reproduction, ces oiseaux utilisent le nid commun comme dortoir.

Famille CINCLIDAE

Cincles

Longueur 15–21 cm

Espèces 5

Ces oiseaux trapus, à la queue courte, vivant en Europe, en Asie et aux Amériques, évoquent une version aquatique des troglodytes (voir ci-dessous, à gauche), dont ils ont la queue redressée et le même nid

de mousse garni d'herbe et de feuilles, avec une entrée latérale. Ce nid est caché dans un creux de rocher, parmi des racines d'arbre, sous un pont ou derrière une chute d'eau. La femelle couve de 3 à 6 œufs blancs pendant seize jours et les deux parents nourrissent les petits. Dès qu'ils quittent le nid, ces derniers se nourrissent sous l'eau. Les cinq espèces vivent près des cours d'eau rapides de montagne et de plaine, capturant des insectes éphémères ou autres sur les rives ou en plongeant dans l'eau, ainsi que des larves, des mollusques, des crustacés, peut-être des œufs de poisson sur les rochers. Leur glande du croupion est dix fois plus grosse que celle des autres passereaux, et assure l'imperméabilité de leur plumage.

CINCLE PLONGEUR
L'un des rares oiseaux à pouvoir marcher au fond de l'eau, Cinclus cinclus *(18 cm de long) est rondelet et lance des cris secs. On le trouve en Europe, en Afrique du Nord et au nord de l'Asie. Il vole bas au-dessus de l'eau, ses ailes battant très vite. Il niche dans des crevasses ou sur des corniches sous les ponts.*

Famille TROGLODYTIDAE

Troglodytes

Longueur 8–22 cm

Espèces Env. 69

Les troglodytes sont répandus en Europe, en Amérique, en Afrique et en Asie. Ils sont connus pour leur chant, exceptionnellement fort pour d'aussi petits oiseaux. Leur courte queue est souvent relevée, et leur bec mince, très pointu, parfois incurvé vers le bas. Ils ont un vol rectiligne, mais pas sur de longues distances. Ils se tiennent près du sol, souvent sous le couvert, cherchant des insectes et autres invertébrés. Le mâle construit les nids : il peut en édifier une demi-douzaine sur son territoire avant d'en terminer un, plus achevé, que la femelle choisira probablement, pour le garnir avant d'y déposer de 2 à 10 œufs blancs tachetés. Elle couve seule, mais les deux parents nourrissent les petits.

TROGLODYTE DES CACTUS
Campylorhynchus brunneicapillus *(20 cm de long), l'un des plus grands troglodytes, vit en Amérique du Nord, du Nevada jusqu'au Mexique.*

TROGLODYTE MIGNON
Troglodytes troglodytes *(8 cm de long) est la seule espèce vivant hors de l'Amérique. Il a un chant aigu. Les oiseaux du nord migrent en hiver vers le sud.*

Famille MIMIDAE

Moqueurs

Longueur 20–33 cm

Espèces 30

Les moqueurs se trouvent en Amérique, aux Antilles et dans les îles Galápagos. Ils vivent à terre dans les broussailles. Presque tous sont connus pour leurs chants qui, comme leur nom l'indique, sont parfois de bonnes imitations. Beaucoup chantent la nuit lors de la reproduction. En général, ils ont une longue queue et sont blancs, gris ou bruns ; deux espèces sont bleues et une noire. Ils sont apparentés aux grives (voir p. 346) et font des nids en forme de coupe, dans les broussailles ou les arbres. Les femelles pondent et couvent de 2 à 5 œufs. Ces oiseaux sont réputés pour défendre vigoureusement leur nid ; ils attaquent même les prédateurs s'ils sont menacés.

MIME DES GALÁPAGOS
Nesomimus parvulus *(de 23 à 27 cm de long) court plus qu'il ne vole. Il se nourrit, en groupes, d'œufs, de jeunes oiseaux, de charognes et de fruits.*

MIME POLYGLOTTE
Cet oiseau, Mimus polyglottos *(de 23 à 28 cm de long), commun aux États-Unis, est l'emblème de cinq États du Sud. Il est connu pour chanter au clair de lune en imitant le chant d'autres oiseaux.*

Famille PRUNELLIDAE

Accenteurs

Longueur 14–18 cm

Espèces 12

Présents en Europe, en Afrique du Nord et en Asie, les accenteurs sont connus pour leur comportement discret, se faufilant ou sautillant près des buissons, des rochers ou autres arbres, où ils cherchent leur nourriture à terre (des insectes, et des graines en hiver). Ils sont surtout gris et bruns, avec parfois des marques orange ou blanc et noir, et leur dessus est souvent rayé. Les adultes, les femelles et les jeunes sont semblables. Leur vol est court et bas, en général sur de courtes distances. Certaines espèces chantent en vol, d'autres sur leurs perchoirs. On observe chez ces oiseaux – l'accenteur mouchet, par exemple – la polygynie (un mâle avec 2 ou 3 femelles) et la polyandrie (une femelle avec 2 ou 3 mâles). La ponte est de 3 à 6 œufs bleutés, couvés deux semaines. Les jeunes volent à l'âge de quinze jours environ.

ACCENTEUR MOUCHET
Oiseau d'Europe et du Proche-Orient, Prunella modularis *(14 cm de long) a un cri sifflé. On le trouve souvent sous les arbustes, chassant les insectes. Lorsqu'un mâle dominant a plusieurs femelles, un autre mâle, subordonné, réussit parfois à s'accoupler et, dans ce cas, aide à nourrir les petits.*

Ordre **PASSÉRIFORMES** *suite*

Famille **TURDIDAE**

Grives et merles

Longueur 12,5–30 cm

Espèces Env. 63

Cette vaste famille comprend beaucoup d'oiseaux familiers, comme les grives et les merles, et elle est représentée en Europe, en Afrique, en Asie, en Australie et en Amérique du Nord. Ces oiseaux sont en fait présents dans le monde entier, sauf dans l'Antarctique et en Nouvelle-Zélande. Beaucoup sont de remarquables chanteurs, tels le merle noir et la grive musicienne, le plus connu étant le rossignol ; ils forment des couples très unis et chantent pour marquer leur territoire. Certaines espèces comme la grive draine, qui nichent tôt dans l'année, chantent même s'il neige. Les nids en coupe sont faits d'herbe et de mousse, et placés en général dans la fourche d'un arbre. Leurs parades mettent en valeur des détails de leur plumage, par exemple la poitrine chez le rouge-gorge, ou le chant chez la grive musicienne. Pendant leur parade, les mâles de certaines espèces, comme le rouge-gorge, nourrissent la femelle. Cependant celle-ci est seule à construire le nid et à assurer l'incubation. Certaines espèces, comme la grive mauvis et la grive litorne de Scandinavie, migrent vers le sud en hiver. Les migrateurs forment des troupes nombreuses, mais les sédentaires peuvent rester en couples toute l'année.

ROSSIGNOL PHILOMÈLE
Connu pour son chant long et varié, Luscinia megarhynchos *(16,5 cm de long) s'entend très clairement la nuit. Il chante sous le couvert du feuillage et on le voit très difficilement. Présent en Europe, en Afrique du Nord et en Asie, il migre vers le sud en automne. Les femelles pondent 4 ou 5 œufs brun olive dans un nid placé sous un épais couvert, près du sol.*

MERLE BLEU À POITRINE ROUGE
Sialia sialis *(19 cm de long) d'Amérique du Nord, arrivant à la fin février ou en mars, est réputé pour annoncer le printemps. Les mâles sont souvent les premiers, s'élevant de la cime des arbres jusqu'à 30 m de hauteur en chantant sans arrêt. Ce merle niche dans les branches creuses ou des cavités. La femelle pond de 3 à 7 œufs bleu pâle.*

MERLE MIGRATEUR
Turdus migratorius *(25 cm de long environ) s'est bien adapté au contact avec les hommes. Il se nourrit à terre, tournant la tête pour repérer les vers et autres invertébrés. Beaucoup sont migrateurs et vont vers le nord en février, les mâles partant d'abord. Les deux sexes construisent le nid et élèvent 2 ou 3 petits.*

AKALOT À VENTRE JAUNE
Pogonocichla stellata *(15 cm de long) a le corps et la queue jaunes, la tête gris-bleu et des marques, ou «étoiles» blanches au-dessus des yeux. Il révèle quand il chante une tache blanche sur sa gorge. Il vit dans les forêts des hautes terres d'Afrique de l'Est, du Cap au Malawi.*

MERLE NOIR
Oiseau d'Europe, d'Afrique du Nord et d'Asie, introduit en Australie, en Nouvelle-Zélande et en Amérique du Sud, Turdus merula *(25 cm de long) chante mélodieusement d'un perchoir bien en vue, surtout au crépuscule. Le soir, il lance des «pix pix pix» sonores avant d'aller dormir. Il se nourrit de baies, de fruits, de vers et d'insectes.*

ROUGE-GORGE FAMILIER
Effronté et hardi, Erithacus rubecula *(14 cm de long environ), à la poitrine rousse caractéristique, se trouve en Europe, en Afrique du Nord et en Asie du Nord-Ouest. Les jeunes ont la poitrine et la tête brun tacheté. Cet oiseau a un chant fin et varié, un cri d'alarme aigu («tic tic»). Il se nourrit d'insectes et de baies, et sautille à terre. La femelle pond de 4 à 6 œufs blancs tachés de roux.*

GRIVE MUSICIENNE
Turdus philomelos *(23 cm de long) chante souvent dans la demi-obscurité et répète ses phrases trois ou quatre fois. Elle vit en Europe, en Afrique du Nord et dans le nord-ouest de l'Asie, et elle a été introduite en Australie et en Nouvelle-Zélande. Oiseau de jardins et de lieux boisés, elle se nourrit de baies, d'insectes, de vers. Elle utilise une pierre comme enclume pour briser*

TRAQUET MOTTEUX
Oenanthe oenanthe *(15 cm de long) arrive l'été dans le nord de l'Europe, venant de ses quartiers d'hiver d'Afrique. Il a un croupion blanc et un T noir sur la queue. Il se nourrit d'insectes et habite les lieux ouverts, niche dans des crevasses, des terriers vides ou sous les rochers. La femelle pond 5 ou 6 œufs de couleur bleu pâle.*

GORGE BLEUE À MIROIR
Il y a en Europe deux sous-espèces de Luscinia svecica *(14 cm de long). La scandinave (ci-dessus), à la gorge marquée de roux, niche dans les forêts de saules et de bouleaux ; la continentale, avec une marque de poitrine blanche, se reproduit dans les marécages ou les broussailles. Une sous-espèce de Turquie,* Luscinia svecica magna, *a la gorge entièrement bleue.*

OISEAUX

Famille TIMALIIDAE

Timalies, cratéropes

Longueur 10–35 cm

Espèces Env. 256

Oiseaux d'Amérique du Nord (1 espèce), d'Afrique, d'Asie et d'Australie, les timalies ont un corps trapu et un bec fort. Très grégaires, ils communiquent par des appels discrets. Ils sont plutôt sédentaires ; peu d'espèces migrent. Beaucoup sont insectivores, mais certains consomment aussi des fruits, et bon nombre sont omnivores. À terre, ils fouillent les feuilles mortes, et les arboricoles trouvent des invertébrés dans les feuilles et les écorces. Les nids, variés, sont très souvent en dôme au niveau du sol ; d'autres sont ouverts et placés dans un buisson ou un arbre. Certaines espèces nichent en commun : les non-nicheurs aident les autres à couver les œufs et à nourrir les jeunes. Incubation et élevage au nid durent de treize à seize jours chacun. Les jeunes demeurent dans un groupe d'adultes pendant un an ou plus.

GARRULAXE À QUEUE ROUSSE
Il y a environ 140 espèces de timalies. Celle-ci, Garrulax milnei *(26 cm de long), se rencontre en Asie du Sud-Est et dans le sud de la Chine, dans les buissons, les lieux herbeux et les forêts au-dessus de 1 000 m d'altitude. Elle a les ailes et le dessus de la queue roux, le dessous étant noir.*

CRATÉROPE INDIEN
Chez Turdoides caudatus *(23 cm de long), un petit groupe d'oiseaux aide un couple pour l'incubation et nourrit les jeunes. On le trouve de l'Iraq au Bangladesh, vivant dans les broussailles des forêts et des jardins, cherchant des insectes, des graines et des baies.*

ROSSIGNOL DU JAPON
Oiseau de cage très populaire pour son chant mélodieux et son plumage attrayant, Leiothrix lutea *(15 cm de long) vit de l'Himalaya au sud de la Chine et à l'Asie du Sud-Est. La femelle a la gorge et la poitrine claires, et ses ailes ne sont pas rousses. Avec d'autres timalies, il fréquente les bambous et les broussailles.*

TIMALIE À POITRINE TACHETÉE
On entend plus qu'on ne voit Pellorneum ruficeps *(16 cm de long). Son babil sifflant et ses cris aigus sont familiers dans la jungle. Présent de l'Inde au Sud-Est asiatique, il vit dans les broussailles et les bambous jusqu'à 1 300 m d'altitude. Il se déplace en petits groupes.*

TIMALIE CIMETERRE
Très répandu dans les forêts à feuillage persistant et les bambous, jusqu'à 2 500 m d'altitude, Pomatorhinus hypoleucos *(28 cm de long) fouille souvent le sol de son long bec. Il a un cri aigu. On le rencontre du Pakistan au sud de la Chine et au sud-est de l'Asie.*

SIBIA À COURONNE NOIRE
Heterophasia capistrata *(21 cm de long), oiseau de l'Himalaya, se trouve du nord du Pakistan au sud de la Chine. Il vit dans les forêts sempervirentes, et spécialement dans celles de chênes, mais aussi de conifères. Il boit la sève suintant des trous dans l'écorce des arbres et se nourrit aussi d'insectes.*

Famille ORTHONYCHIDAE

Orthonyx

Longueur 18–30 cm

Espèces 19

Ce groupe comprend des espèces qui peuvent être apparentées ou non : 2 coureurs, 6 cinclosomes, 3 oiseaux-fouets et coureur huppé, 4 ptilorrhoas et jusqu'à 4 autres espèces. Hormis 2 espèces d'Indonésie, les autres vivent en Australie et en Papouasie-Nouvelle-Guinée. Insectivores, les orthonyx fouillent à terre les feuilles mortes pour se nourrir. Beaucoup nichent sur le sol ou tout près, dans des nids aux formes variées. Leur couvée peut compter de 1 à 3 œufs. Les membres de cette famille se déplacent souvent en petits groupes.

COUREUR À QUEUE ÉPINEUSE
Orthonyx temminckii *(de 18 à 20 cm de long) vit en couples ou en familles sur le sol des forêts pluviales d'Australie.*

Famille PANURIDAE

Panures et paradoxornis

Longueur 12–15 cm

Espèces 19

Si la panure à moustaches se rencontre en Europe, la plupart de ces oiseaux vivent dans l'Himalaya et en Chine, en groupes. Ils volent faiblement, mais sont agiles pour se nourrir. Beaucoup ont un bec inhabituel, tranchant et au bord sinueux. Les sexes sont semblables. Leurs nids souvent complexes sont faits d'herbes et autres végétaux ; la femelle y dépose de 2 à 4 œufs diversement colorés.

PANURE À MOUSTACHES
Panurus biarmicus *(16,5 cm de long) vit en Europe et en Asie, dans les roselières. Elle n'a pas le bec des autres espèces de la famille. Voletant au travers ou au-dessus des roseaux, elle prend des insectes, des araignées et des graines. Elle peut élever 3 ou 4 couvées en un an ; les deux sexes couvent et s'occupent de leurs petits.*

Ordre PASSÉRIFORMES *suite*

Famille PICATHARTIDAE

Picathartes

Longueur 39–50 cm

Espèces 2

Ces oiseaux sans plumes sur la tête vivent dans l'ouest de l'Afrique, dans les forêts humides, jusqu'à 2 100 m d'altitude. Ils nichent dans des grottes, sur leur territoire, fixant un nid de boue sur la paroi, à 2 ou 4 m de hauteur. La femelle pond 2 œufs tachés, brun et gris.

PICATHARTE CHAUVE
Oiseau sociable, Picathartes gymnocephalus *(40 cm de long) se trouve de la Guinée et la Sierra Leone au Togo. Il a un cri rauque et plaintif. Il se déplace en sautant sur le sol, en quête d'insectes, de grenouilles et d'escargots.*

Famille POLIOPTILIDAE

Gobemoucherons

Longueur 10–13 cm

Espèces Env. 13

Ces oiseaux des Amériques sont parfois classés avec les fauvettes (voir ci-dessous). Ils se nourrissent d'insectes, qu'ils prennent en vol ou dans le feuillage. Leur nid fragile, fait de pétales et de duvet végétal liés avec de la toile d'araignée, de la mousse, des lichens, est placé sur une branche horizontale. Les deux sexes couvent 4 ou 5 œufs.

GOBEMOUCHERON BLEU
Polioptila caerulea *est un oiseau gris (de 11 à 13 cm de long), au cri faible et nasal. Il vit du sud du Canada au Guatemala et à Cuba.*

Famille SYLVIIDAE

Fauvettes et alliés

Longueur 9–20 cm

Espèces 376

Ces oiseaux se trouvent en Europe, en Asie, en Afrique, en Australie et dans les îles du Pacifique. Les plus petits oiseaux d'Europe sont les roitelets. Beaucoup sont connus pour leur chant, comme la fauvette à tête noire. Ils vivent surtout dans les bois et les broussailles, parfois dans les prairies. Les rousserolles se nourrissent et nichent dans les roseaux et ont colonisé les îles du Pacifique. L'espèce *Cettia major* (grande bouscarle) se rencontre dans l'Himalaya, à 4 000 m d'altitude.

Les fauvettes européennes nichent dans les buissons et les lieux boisés. Beaucoup d'espèces migrent vers le sud en automne, après avoir niché dans le Nord. Les pouillots nichent dans le couvert ou sur le sol, les femelles pondant de 3 à 7 œufs. Les deux sexes élèvent les petits.

ROITELET À COURONNE DORÉE
Regulus satrapa *(de 8 à 11 cm de long) est le plus petit Sylviidae de l'Amérique du Nord. Il supporte le rude hiver des forêts de pins de la Nouvelle-Angleterre. Son nid est sphérique, fait de mousse, de plumes, et placé sous une branche d'épicéa. La femelle pond de 8 à 10 petits œufs blanchâtres.*

FAUVETTE GRISETTE
En Europe et à l'ouest de l'Asie en été, Sylvia communis *(14 cm de long) migre au sud du Sahara en automne. Son chant, émis du haut d'un buisson ou en bref vol ascendant, est précipité et bref. Elle niche dans les haies ou dans les buissons, pondant 4 ou 5 œufs clairs avec des taches sombres.*

PRINIA MODESTE
Prinia subflava *(12 cm de long), qui vit en Asie et en Afrique du Sud et de l'Est, a un chant monotone (« chip chip ») et un cri rauque, sec. Toujours en mouvement, il se déplace en couples ou en petits groupes dans les broussailles.*

CISTICOLE DES JONCS
Vivant en Europe, en Afrique, en Asie et en Australie, Cisticola juncidis *(10 cm de long) est active et bruyante. Elle chante pendant son vol nuptial, s'élève, plonge et remonte aussitôt. Sa queue en éventail est marquée de noir et de blanc sur le dessous.*

POUILLOT FITIS
Visiteur d'été du nord de l'Europe et vivant en Afrique durant l'hiver, Phylloscopus trochilus *(de 10 à 11 cm de long) est un petit oiseau ne se différenciant du très semblable pouillot véloce que par le chant : une phrase mélancolique prenant fin subitement, comme tranchée net. Il cherche des insectes dans le feuillage, se suspendant parfois aux branches.*

ROUSSEROLLE TURDOÏDE D'ÉGYPTE
Oiseau d'Asie et d'Australie, Acrocephalus stentoreus *(de 18 à 20 cm de long) niche dans les plantes aquatiques ou les roseaux, en général au-dessus de l'eau. Elle se nourrit d'insectes (papillons, mouches, libellules) et de petites grenouilles. La femelle pond de 3 à 6 œufs blancs tachetés. Quand il chante, le mâle répète ses phrases trois ou quatre fois.*

LOCUSTELLE TACHETÉE
De plus en plus rare localement, Locustella naevia *(12,5 cm de long) vit en Europe et en Asie de l'Ouest, et hiverne en Afrique et en Inde. Elle fréquente les prairies, les fossés et le bord des marais, se glissant dans les herbes ou grimpant sur les tiges. Son chant, semblable à une stridulation d'insecte, dure longtemps, avec seulement de courtes pauses.*

FAUVETTE PITCHOU
Oiseau de l'ouest de l'Europe et du nord-ouest de l'Afrique, Sylvia undata *(13 cm de long) est l'une des fauvettes sédentaires. Elle souffre de l'hiver, surtout en Grande-Bretagne, limite nord de son aire. Elle a une longue queue, souvent redressée, et des ailes courtes.*

Famille MUSCICAPIDAE

Gobemouches

Longueur 10–21 cm

Espèces Env. 147

Répandus en Europe, en Afrique, en Asie et en Australie, les gobemouches s'élancent d'un perchoir pour prendre des insectes volants, d'où leur nom. Ils ont un bec large à la base, entouré de vibrisses qui les aident à capturer leurs proies. Les espèces se reproduisant dans le Nord migrent vers le sud en automne, lorsque les insectes se raréfient. Certains sont bruns, d'autres brillamment colorés, les sexes ont souvent des plumages différents. Le mâle est en général plus grand que la femelle. Des espèces ont une huppe de plumes, et quelques-unes des barbes faciales. Si certains chantent bien, la plupart ont des cris secs, et le groupe dans son ensemble n'égale pas les fauvettes. Beaucoup construisent des nids en coupe sur les branches d'un arbre ou d'un buisson ; la femelle y pond de 1 à 11 œufs tachetés.

GOBEMOUCHE BLEU-VERT DE L'INDE
Muscicapa thalassina *(17 cm de long) vit de l'Inde à la Chine du Sud et Bornéo. Il se perche souvent bien en vue et a un chant sonore. Le mâle est gris-bleu, avec les ailes et la queue plus sombres ; la femelle est plus terne et plus grise.*

GOBEMOUCHE À BAVETTE ORANGE
On trouve Ficedula strophiata *(14 cm de long) du nord de l'Inde et l'Himalaya au sud de la Chine. Il fréquente les forêts et leurs lisières au-dessus de 1 000 m d'altitude. Sa femelle a une plus petite tache blanche sur la gorge. Il a deux cris : un faible croassement et un appel aigu.*

GOBEMOUCHE SUNDARA
Présent de l'Himalaya au sud-est de la Chine, Niltava sundara *(18 cm de long environ) est sédentaire en Birmanie, au-dessus de 1 000 m d'altitude. Il chasse les insectes dans les broussailles et le couvert des forêts. Le mâle a une gorge noire, la femelle, une tache blanche sur la gorge.*

Famille PLATYSTEIRIDAE

Gobemouches caronculés et batis

Longueur 8–16 cm

Espèces 31

Tous ces oiseaux se trouvent en Afrique, surtout dans les forêts et sur leurs lisières. Les gobemouches ont des caroncules colorées autour des yeux et des traits communs avec les batis : plumes du croupion longues, bouffantes, pouvant être dressées au-dessus du dos, bruit de battements d'ailes et chant peu mélodieux. Ils sont insectivores, les batis étant d'adroits chasseurs. Leurs nids en coupe reçoivent de 2 à 5 œufs. Les mâles sont noir, blanc et gris. Plusieurs espèces peuvent être confondues facilement. On les distingue en général par leur répartition géographique.

BATIS À GORGE TACHETÉE
Oiseau de la majeure partie de l'est et du sud de l'Afrique, Batis molitor *(10 cm de long) fréquente les lieux boisés, chassant les insectes en vol et explorant les feuillages, en volant sur place. Il a une calotte grise.*

Famille MALURIDAE

Malures et alliés

Longueur 12–19 cm

Espèces 24

Ces oiseaux d'Australie, de Nouvelle-Guinée et d'Indonésie de l'Est, vivement colorés, tiennent leur queue relevée ou au-dessus du dos comme les troglodytes (voir p. 345). Les couleurs métalliques de leur plumage incluent le bleu, le pourpre, les rouges, le noir et le blanc. Les sexes sont en général différents. Beaucoup sont bons chanteurs, et certains même, imitateurs. Ils chassent les insectes et leurs larves, souvent en groupes. Leur nid est généralement en forme de dôme et fait d'herbes, de toiles d'araignée, avec une garniture de plumes. Les couvées sont de 2 à 4 œufs blanchâtres tachetés ; l'incubation dure de douze à quinze jours, et les petits volent en dix à douze jours.

STIPITURE À QUEUE GAZÉE
Stipiturus malachurus *(de 15 à 18 cm de long), à la longue queue de six plumes délicates, se rencontre sur la bande côtière de l'Australie du Sud et en Tasmanie.*

MALURE BONNET BLEU
Malurus cyaneus *(de 13 à 14 cm de long) vit en Australie du Sud et en Tasmanie. Il a un chant grêle et mélodique.*

MALURE À DOS ROUGE
Le plus petit des malures, Malurus melanocephalus *(de 10 à 13 cm de long), vit au nord-nord-est de l'Australie et habite les hautes herbes, les plantations et les jardins. Il niche de novembre à mars.*

Famille ACANTHIZIDAE

Fauvettes australiennes

Longueur 9–13 cm

Espèces Env. 65

Limités à l'Australie, avec certaines espèces en Nouvelle-Zélande, ces oiseaux sont très localisés ; beaucoup n'occupent qu'une partie de l'Australie, et parfois un espace restreint. Cela facilite l'identification d'espèces semblables, présentes dans des zones bien distinctes. En général vert olive, bruns ou jaunes, les sexes sont semblables. Beaucoup sont insectivores, d'autres granivores. On les voit fréquemment en couples, rassemblés en familles ou parfois en groupes d'espèces mêlées. Ils ne sont pas migrateurs pour la plupart. Leur nid est un dôme de fibres végétales, souvent avec un « porche ». La femelle pond de 2 à 4 œufs blancs parfois tachetés. L'incubation et l'envol durent chacun de quinze à vingt jours.

ACANTHIZE BRUN
Oiseau de l'est et du sud de l'Australie et de la Tasmanie, Acanthiza pusilla *(10 cm de long) a d'étroites stries sur sa gorge grise. Il se déplace dans les basses branches et pousse des cris variés, l'un d'eux très sec. Son nid est construit à faible hauteur.*

GÉRIGONE DES FOUGÈRES
Gerygone ruficollis *(environ 9 cm de long) vit dans les forêts de montagne en Nouvelle-Guinée, entre 1 100 et 3 300 m d'altitude. Son chant est une longue série de sifflements aigus. Son nid sphérique est suspendu, avec une entrée sur le côté.*

Ordre PASSÉRIFORMES *suite*

Famille MONARCHIDAE

Monarques et alliés

Longueur 12–30 cm

Espèces Env. 164

Ces oiseaux d'Afrique, d'Australie et d'Asie sont généralement sédentaires. Ils vivent dans les forêts pluviales, les lieux boisés et la savane arbustive, se nourrissant d'insectes (libellules, abeilles, sauterelles, papillons) pris dans la végétation et qu'ils font fuir en agitant leurs ailes et en déployant leur queue, ou en l'air. La plupart mangent des fruits, d'autres, des crustacés, et un, des vers de terre. Leurs chants faibles sont sonores chez quelques espèces. Chez certains monarques, les sexes ont des plumages différents, avec la même queue en éventail. Les nids sont dans une enfourchure ou sur une branche ; les deux parents couvent les œufs de quatorze à dix-sept jours.

GOBEMOUCHE DE PARADIS D'AFRIQUE
Les deux sexes de Terpsiphone viridis *(40 cm de long), qui vit dans les forêts et au bord de rivières (forêts-galeries) en Afrique, au sud du Sahara, ont une queue atteignant 20 cm. Elle dépasse le bord de leur petit nid en coupe.*

PETITE RHIPIDURE
Présente de la Nouvelle-Guinée à l'Australie et à la Nouvelle-Zélande dans des habitats variés, Rhipidura fuliginosa *(de 14 à 17 cm de long) est migratrice dans certaines parties de son aire de répartition.*

Famille EOPSALTRIDAE

Gobemouches d'Australie

Longueur 11–18 cm

Espèces 39

Un groupe de ces oiseaux a la poitrine rouge, ce qui a rappelé aux premiers colons le rouge-gorge d'Europe. Comme ce dernier, ces petits oiseaux ont une posture dressée et entrouvent parfois leur queue spasmodiquement. Les deux sexes sont souvent différents, la femelle étant plus terne. Ils vivent surtout dans les arbres et se nourrissent à terre d'insectes et de leurs larves, ou prennent leur proie en vol. Le nid, fragile coupe de mousse liée avec de la toile d'araignée, est placé sur une branche. La femelle pond de 2 à 4 œufs bleu clair ou verts, avec des taches brun-rouge à violet, et les couve de douze à quatorze jours. Beaucoup d'espèces sont des migrateurs partiels.

ROBIN TRICOLORE
On trouve Petroica multicolor *(de 12 à 14 cm de long) en Australie, en Tasmanie et sur les îles du Pacifique. Habitant les bois d'eucalyptus en été, il gagne des habitats plus ouverts en automne. Il s'élance d'une basse branche ou d'une souche pour saisir sa proie à terre.*

ROBIN DE CHATHAM
Petroica traversi *est revenu du bord de l'extinction dans les îles Chatham (à l'est de la Nouvelle-Zélande). Autrefois commun dans quatre îles, il a été presque exterminé par les chats introduits. En 1976, il ne restait que 7 sujets. Sa population s'est accrue grâce à la reproduction en captivité.*

Famille PACHYCEPHALIDAE

Siffleurs

Longueur 12–28 cm

Espèces Env. 52

Ces oiseaux vivent surtout en Australie et en Nouvelle-Guinée, mais aussi dans le sud de l'Inde, en Malaisie et sur des îles du Pacifique. Nombre d'espèces sont sédentaires. Ce sont de puissants chanteurs, à la voix élevée et sifflante. *Oreoica gutturalis* est connu pour sa voix de ventriloque. Beaucoup ont un bec mince, crochu au bout, les faisant parfois nommer « pies-grièches » ou « mésanges », leur ressemblance s'arrêtant là. Surtout insectivores, ils prennent leurs proies sur les feuilles, les branches ou les troncs d'arbres. Une espèce mange de petits crabes dans les mangroves, une autre parfois des œufs et de jeunes oiseaux, d'autres, des fruits. On connaît mal leur reproduction, mais, en général, les deux sexes couvent les œufs. Ces derniers varient en nombre : 1 ou 2 pour les pitohuis, 3 ou 4 pour *Oreoica*, 4 ou 5 pour *Colluricincla*.

SIFFLEUR DORÉ
Vivant en Indonésie, en Australie (Tasmanie comprise) et aux îles Fidji, Pachycephala pectoralis *(de 16 à 18 cm de long) présente de nombreuses sous-espèces, dont 73 ont été répertoriées. La femelle, gris-brun, n'a pas les couleurs du mâle : blanc, noir et jaune. Ce siffleur forme des groupes avec d'autres espèces.*

PACHYCÉPHALE HUPPÉ
On trouve Falcunculus frontatus *(de 15 à 19 cm de long) en Australie, dans divers habitats, des forêts pluviales aux jardins. De son robuste bec, il détache l'écorce des arbres pour chercher des insectes. Il a une huppe noire. La gorge est olive chez la femelle, noire chez le mâle.*

Famille AEGITHALIDAE

« Mésanges » à longue queue

Longueur 11–14 cm

Espèces 7

Cette famille de petits oiseaux au bec court et conique est plus proche des timalies (voir p. 347) que des vraies mésanges. En effet, ils sont sédentaires, vivent en petits groupes, ont souvent un mode de reproduction communautaire et défendent un territoire commun. On les trouve en Europe, en Amérique du Nord et centrale, et en Asie. Une espèce de l'Himalaya vit jusqu'à 3 400 m d'altitude, mais descend plus bas l'hiver. Ils dorment en groupes serrés sur les branches. Les couples ont souvent un ou plusieurs « aides » pour nourrir les jeunes. Leur nid en boule, garni de plumes, demande de quinze à vingt jours pour sa construction. Les œufs sont au nombre de 4 à 12.

« MÉSANGE » À LONGUE QUEUE
Aegithalos caudatus *(14 cm de long environ) vit en Europe et en Asie, dans les bois et les parcs, en groupes familiaux.*

Famille REMIZIDAE

Rémiz

Longueur 8–14 cm

Espèces 10

Vivant en Amérique du Nord, en Asie et en Afrique, les rémiz sont des acrobates capables de grimper sur le dessous d'une branche. Petites, avec un bec fin et pointu, elles se nourrissent en groupe et nichent en colonies lâches. Elles mangent des invertébrés sur les branches et les feuillages, ainsi que des fruits et des graines. Leur nid en forme de bourse, avec une entrée en tuyau, est suspendu au bout d'une branche. Les femelles couvent de 5 à 10 œufs blancs pendant douze jours, et les petits volent de seize à dix-huit jours plus tard.

RÉMIZ PENDULINE
Remiz pendulinus *(11 cm de long) se sert de duvets végétaux pour édifier son nid. Son chant est discret.*

Famille PARIDAE

Mésanges

Longueur 11–22 cm

Espèces Env. 50

Beaucoup d'espèces de cette famille vivent près de l'homme, en Europe, en Amérique du Nord et Amérique centrale, en Afrique et en Asie. Ces petits oiseaux acrobates prennent des insectes dans le feuillage ou picorent des arachides dans les mangeoires suspendues pour eux. À l'automne et en hiver, des groupes mixtes parcourent les bois, les haies, lançant de fréquents appels en cherchant des insectes. Ils nichent dans les trous d'arbres ou des nichoirs, garnissant ces derniers de mousse avant d'y pondre. Les œufs sont couvés de treize à quatorze jours, les petits volent de dix-sept à vingt jours plus tard.

MÉSANGE À TÊTE NOIRE
Très répandue en Alaska et en Amérique du Nord, Parus atricapillus *(13 cm de long) niche au printemps, creusant un trou dans une souche morte. La femelle pond de 6 à 8 œufs dans une cuvette remplie de mousse, d'herbe et de plumes. Son nom américain* (chickadee) *évoque son cri habituel : « tchik-a-di-di ».*

MÉSANGE CHARBONNIÈRE
Parus major *(14 cm de long) d'Europe, d'Asie et d'Afrique du Nord-Ouest se groupe avec d'autres mésanges en hiver, à la recherche d'insectes, de fruits et de graines. Son chant est une séquence de « titiu-titiu » répétés. La femelle pond de 5 à 11 œufs blancs à taches rougeâtres.*

MÉSANGE BLEUE
Parus caeruleus *(11,5 cm de long) chasse les insectes et se suspend tête en bas pour picorer des graines. Elle niche dans des trous ou des nichoirs, déposant de 6 à 12 œufs blancs, tachetés de roux.*

MÉSANGE CENDRÉE
Oiseau d'Afrique du Sud, Parus cinerascens *vit dans la savane épineuse et les broussailles du Kalahari. Elle se suspend souvent tête en bas quand elle se nourrit. Oiseau remuant, elle volette sur place sans cesse, cherche des insectes et ouvre les gousses d'acacia pour les trouver.*

Famille CERTHIIDAE

Grimpereaux

Longueur 10–16,5 cm

Espèces 7

Ces oiseaux arboricoles d'Europe, d'Amérique du Nord et centrale, d'Afrique et d'Asie ont un bec fin, incurvé vers le bas, un plumage brun avec le dessous clair. Ils utilisent leur queue raide pour grimper aux arbres à la recherche d'insectes sur l'écorce. Ils ne se déplacent pas en tous sens comme les sittelles. Leurs cris et leur chant sont aigus, et leur nid, fait de brindilles, d'écorce et de mousse, a la forme d'un hamac. Les femelles pondent de 2 à 9 œufs, qu'elles couvent seules quatorze ou quinze jours. Les jeunes, nourris par les deux parents, prennent leur vol après quatorze à seize jours.

GRIMPEREAU BRUN
Considéré autrefois comme une sous-espèce du grimpereau familier d'Europe, Certhia americana *(de 13 à 14 cm de long) niche de l'Alaska à Terre-Neuve et au Nicaragua, migrant l'hiver vers le sud. Il grimpe aux arbres en spirale et vole de la cime d'un arbre vers le pied d'un autre pour chercher des insectes.*

Famille SITTIDAE

Sittelles

Longueur 10–20 cm

Espèces 25

Ces oiseaux d'Europe, d'Amérique du Nord et centrale, d'Afrique du Nord et d'Asie passent leur vie dans les arbres, où ils se déplacent avec une grande facilité. Les deux espèces de sittelles de roche font exception, car elles vivent sur des rochers ou des édifices. Les sittelles ne se servent pas de leur courte queue, carrée à son extrémité, pour grimper comme les pics (voir p. 332). Elles ont de longs doigts griffus et grimpent en plaçant un pied au-dessus de l'autre. Elles cherchent des invertébrés et des insectes sur ou sous l'écorce des arbres, mais aussi des graines et des noix, perçant ces dernières avec leur bec. Elles nichent dans des trous d'arbres ou de rocher ; un petit nombre creuse le nid dans du bois. Les femelles pondent de 4 à 10 œufs blancs tachetés de roux. Beaucoup d'espèces ont le dessus gris-bleu, et les trois espèces d'Asie du Sud, bleu-vert. En général, elles ne migrent pas.

SITTELLE TORCHEPOT
Sitta europaea *(de 11 à 13 cm de long) est bleu ardoise vif et orange pâle. Son chant est fait de notes sifflées. Elle réduit l'entrée de son nid avec de la boue. Elle se nourrit d'insectes, de graines et de noisettes qu'elle ouvre de son bec.*

SITTELLE À POITRINE ROUSSE
Sitta canadensis *(de 11 à 12 cm de long) vit dans les forêts de conifères d'Amérique du Nord, jusqu'en Alaska et à Terre-Neuve. Elle se nourrit de graines en hiver, puis elle descend vers le sud en grand nombre quand il y a peu de grains. Elle enduit de résine l'entrée de son nid, peut-être pour en éloigner les fourmis.*

Famille RHABDORNITHIDAE

Rhabdornis

Longueur 15 cm

Espèces 2

Cette famille peu connue ne vit qu'aux Philippines. L'espèce la plus commune, à tête striée, se trouve dans les plaines, l'autre, le « grimpereau » terne, à plus de 900 m d'altitude. Ressemblant aux grimpereaux de la famille des Certhiidae (voir à gauche) avec leur plumage brun à dessous clair, les rhabdornis ont un bec plus court et plus fort, et une queue carrée qui ne leur sert pas à grimper. Ils se nourrissent surtout dans les feuillages, mais aussi sur les troncs. On pense qu'ils nichent dans des trous d'arbres.

RHABDORNIS À TÊTE STRIÉE
Rhabdornis mystacalis *(15 cm) se nourrit d'insectes pris sur les feuilles, sur les branchages ou sur les fruits. Il visite les fleurs pour prendre leur pollen avec sa langue en forme de brosse. Il forme de petits groupes, parfois avec d'autres espèces.*

Famille CLIMACTERIDAE

Climacteris, « grimpereaux » océaniens

Longueur 10–17,5 cm

Espèces 8

Sept membres de cette famille vivent en Australie, le reste en Nouvelle-Guinée. Ils mangent surtout des fourmis et nichent dans des trous d'arbres, certaines espèces en communauté. Leurs 2 ou 3 œufs sont couvés de seize à vingt-trois jours.

CLIMACTERIS À GORGE BLANCHE
Cormobates leucophaeus *(de 16 à 17,5 cm de long) vit dans l'est et le sud-est de l'Australie, dans des habitats très variés.*

Ordre PASSÉRIFORMES *suite*

Famille DICAEIDAE

Dicées et pardalotes

Longueur 7–19 cm

Espèces Env. 48

Ces oiseaux vivent en Asie du Sud-Est et en Nouvelle-Guinée, avec 5 espèces – 4 pardalotes et le dicée hirondelle. Certains spécialistes considèrent les pardalotes comme une autre famille. Ils ont tous un bec court et une petite queue. Leurs habitats vont des forêts pluviales aux massifs de bambous et aux jardins. Ils ne sont pas migrateurs pour la plupart, mais le dicée hirondelle est nomade. Ils pondent de 1 à 4 œufs. Leurs nids sont couverts et suspendus comme ceux des Nectariniidae (voir ci-dessous). Cependant, les pardalotes placent les leurs dans des creux ou dans des trous du sol. Leur alimentation varie : certains dicées mangent des baies et des insectes, ceux de Nouvelle-Guinée seulement des fruits, et les pardalotes, des insectes. D'autres mangent presque exclusivement les fruits de gui et en disséminent les graines.

DICÉE À VENTRE ORANGE
Dicaeum trigonostigma
(9 cm de long) vit dans les forêts sempervirentes et les mangroves. Le mâle a le dos, la tête et la gorge gris, le ventre et le croupion jaunes, la femelle a du gris sur la poitrine et le croupion jaune.

PARDALOTE STRIÉ
Endémique en Australie, Pardalotus striatus *(10 cm de long) est commun dans les forêts d'eucalyptus et autres lieux boisés. On en trouve au moins cinq populations dont la calotte est noire ou rayée.*

Famille NECTARIINIDAE

Souimangas et arachnothères

Longueur 8–22 cm

Espèces Env. 130

Ces oiseaux se rencontrent en Afrique, en Asie et en Australie. Tous les mâles des souimangas ont un plumage iridescent, les femelles étant plutôt d'un vert terne. Après la reproduction, le mâle mue et devient assez semblable à la femelle. Ils ont un long bec pour collecter le nectar et capturer des insectes. Certains ont une queue aussi longue que la moitié de leur corps. Les 10 espèces d'arachnothères, bien que semblables aux souimangas, ont un bec plus long et un corps plus fort ; on ne les trouve qu'en Asie du Sud-Est. Les Nectariniidae ressemblent aux colibris (voir p. 323) et se nourrissent de la même façon, mais ils battent moins vite des ailes. Leurs nids, faits de mousse et de toiles d'araignée, sont ovales et suspendus à des branchages. Agressifs et défendant leur territoire, ils ne migrent pas, bien que le petit souimanga à longue queue aille tous les ans du Soudan au Congo.

GRAND ARACHNOTHÈRE
Cet arachnothère, Arachnothera magna *(environ 17 cm), vit dans les forêts et les anciennes clairières, de l'Inde à la Chine et en Malaisie. Son long bec est incurvé vers le bas.*

SOUIMANGA À VENTRE JAUNE
Répandu dans les savanes boisées et les jardins de l'ouest, de l'est et du sud de l'Afrique, Nectarinia venusta *(11 cm de long) porte bien son nom. Le mâle est bleu irisé sur le dessus, bleu-violet sur la poitrine. La femelle est brun olive dessus, avec la poitrine chamois clair.*

SOUIMANGA À POITRINE ROUGE
Oiseau robuste au long bec recourbé, Nectarinia senegalensis *(15 cm de long) est répandu dans les bois clairs et les jardins d'Afrique tropicale, ouest, est et sud. Le mâle a la poitrine rouge vif.*

SOUIMANGA DE PALESTINE
Oiseau rare, Nectarinia osea *(de 10 à 11 cm de long), dont on voit ci-dessus une femelle, se rencontre en Asie de l'Ouest et en Afrique centrale.*

SOUIMANGA À COLLIER
Anthreptes collaris
(10 cm de long) vit dans les forêts, les lieux boisés au sud du Sahara, mais aussi sur les côtes et au bord des rivières. Le mâle est plus coloré que la femelle.

Famille ZOSTEROPIDAE

Zostérops

Longueur 10–14 cm

Espèces Env. 94

Ces oiseaux vivent dans les régions tropicales de l'Ancien Monde, en Afrique et ses îles, dans l'ouest, le sud et le sud-est de l'Asie, jusqu'au Japon, à l'Australasie et à l'Océanie, du niveau de la mer jusqu'à 3 000 m d'altitude. Leur bec est légèrement incurvé vers le bas, très pointu ; leur langue, adaptée, leur permet de se nourrir de nectar. Leurs ailes sont petites et arrondies. Ils se distinguent surtout par le cercle blanc entourant leurs yeux, de taille variable dans le groupe. Presque tous les membres de cette famille ont un même plumage vert pâle et le même cri. Les sexes sont semblables. Très mobiles, beaucoup migrent pendant l'hiver. Cependant, certaines populations sédentaires vivent dans les îles de l'Indo-Pacifique, où elles sont vulnérables au froid. Il y a des sous-espèces distinctes, mais pas de variations génétiques, caractéristiques des animaux vivant en des lieux dispersés et éloignés.

ZOSTÉROPS DU JAPON
Répandu dans l'Asie du Sud et du Sud-Est, Zosterops japonica *(10,5 cm de long) a la gorge et le menton jaunes, la tête, le dos et la queue vert olive. Il a été introduit à Hawaii.*

ZOSTÉROPS DU CAP
Zosterops pallidus *(11 cm de long environ) est commun dans les forêts et les jardins du sud de l'Afrique (Botswana, Lesotho, Mozambique, Swaziland, Namibie et Afrique du Sud).*

Famille MELIPHAGIDAE

Méliphages, sucriers

Longueur 9,5–32 cm

Espèces Env. 174

Surtout présents en Australie, en Nouvelle-Zélande et dans les îles du sud-ouest du Pacifique, les méliphages se nourrissent de nectar et de fruits. Leur langue en brosse, propre à la consommation du nectar, pénètre dans la fleur près de dix fois par seconde. En général assez ternes, les deux sexes sont semblables. Toutefois, le méliphage régent est coloré de jaune et de noir, et les sexes diffèrent chez les myzomèles écarlates, le mâle étant rouge et la femelle brune. Leur taille est très variable. Certains ressemblent aux fauvettes, d'autres, aux colibris, et les plus grands, aux pies. Certains ont la face nue et des caroncules. On les trouve tous dans les lieux boisés, et peu descendent à terre pour se nourrir. Hormis pendant la période de reproduction, ils se déplacent souvent à la recherche d'arbres en fleur.

MÉLIPHAGE À FACE BLEUE
Répandu en Australie du Nord et de l'Est, et en Nouvelle-Guinée, Entomyzon cyanotis *(31 cm de long) vit dans les forêts ouvertes et les cultures. Les deux sexes sont semblables et ont une tête noire avec une tache blanche sur la nuque, une peau faciale bleue à deux tons et des yeux jaunes.*

TUI DES MAORIS
Endémique en Nouvelle-Zélande, où il vit dans les forêts et les broussailles, Prosthemadura novaeseelandiae *(30 cm de long) a un plumage noir lustré, avec deux touffes blanches sur la gorge. Très vif, il a un chant riche et mélodieux, et se nourrit de nectar, de fruits et d'insectes. Le mâle est plus grand que la femelle.*

MÉLIPHAGE BRUYANT
Manorina melanocephala *(26 cm de long) vit en Australie de l'Est et en Tasmanie. C'est un oiseau bruyant et grégaire. Les deux sexes sont semblables. Il niche en colonies de juin à décembre.*

PETIT PHILÉMON
Philemon citreogularis *(27 cm de long) vit en Australie, en Nouvelle-Guinée et en Indonésie (petites îles de la Sonde). C'est le plus petit des philémons, groupe comprenant 16 espèces.*

Famille EMBERIZIDAE

Bruants et alliés

Longueur 10–20 cm

Espèces 321

Cette vaste famille se rencontre dans le monde entier. Ce sont de petits oiseaux, aux pattes moyennes, mais avec de grands pieds conformés pour gratter le sol et trouver de la nourriture. Leur plumage est très varié, mais aucun n'a de couleurs particulièrement brillantes. Leur queue est assez longue et parfois fourchue, leurs ailes longues et souvent pointues. Les bruants ont un bec court et conique, propre à décortiquer les graines. Beaucoup d'espèces vivent en des lieux découverts, mais leurs habitats sont très variés. On peut les trouver de la Terre de Feu à la pointe du Groenland, où niche le bruant des neiges, et encore sur les hauts plateaux des Andes, supportant des climats extrêmes, des plus secs aux plus humides, des plus froids aux plus chauds. Leurs nids, en forme de coupe, sont souvent recouverts et construits en bas des buissons, sur un arbre ou sur le sol. Les femelles pondent 7 ou 8 œufs clairs, marqués en général de rouge, de brun ou de noir. Beaucoup sont migrateurs. Ils peuvent se rendre loin des lieux d'hivernage traditionnels, et les observateurs doivent tenir compte de ce fait, car cette famille est très prisée des aviculteurs, et certains des oiseaux rencontrés peuvent s'être échappés de volières.

JUNCO ARDOISÉ
Cette espèce compte cinq sous-espèces réparties en Amérique du Nord (sauf au centre). Junco hyemalis *(16 cm de long environ) niche dans les forêts et hiverne dans de nombreux habitats, aux États-Unis et au Mexique.*

BRUANT JAUNE
Répandu en Europe (en déclin à l'ouest) et en Asie occidentale, Emberiza citrinella *(16 cm de long) a été introduit en Nouvelle-Zélande dans les années 1860. Il est commun dans les cultures et les lieux ouverts.*

BRUANT CHANTEUR
Melospiza melodia *(17 cm de long) vit en Amérique du Nord (sauf dans la toundra du Nord et certains États du Sud) dans les lieux non boisés, où il est commun, voire abondant. Sa queue est assez longue et arrondie. Il a une calotte brune à bande blanche, et des joues grises avec des bandes marron. Sa poitrine est grisâtre tachée de noir, son dos et sa queue sont roux. Il niche d'avril à juillet.*

BRUANT DES NEIGES
Très répandu de la toundra de l'Europe à l'est de la Sibérie, et pareillement à travers l'Amérique du Nord, Plectrophenax nivalis *(17 cm de long) niche dans l'Arctique mais migre vers le sud en hiver. Il se reproduit de mai à août. Le mâle, plus clair que la femelle, a la tête blanche, les ailes barrées de blanc.*

« PINSON » DE DARWIN
Vivant sur les îles Galápagos, Geospiza scandens *(14 cm de long) se nourrit surtout de graines de cactus Opuntia. Son bec est assez long, et sa langue fendue, bien adaptée à son alimentation.*

TOHI À FLANCS ROUX
Pipilo erythrophthalmus *(19 cm de long) et son homologue de l'Ouest,* P. maculatus, *passaient jadis pour être deux espèces distinctes en Amérique du Nord. Ce tohi a une longue queue relevée et un bec court et fort. Il se nourrit à terre, sous les buissons.*

Ordre PASSÉRIFORMES *suite*

Famille CATAMBLYRHYNCHIDAE

« Tangara » à diadème

Longueur 14 cm

Espèce 1

On a longtemps débattu de la place de cette espèce dans la classification. Elle a été d'abord rattachée aux fringilles ou aux tangaras, et enfin placée dans une famille à part. On trouve cet oiseau au Venezuela, en Bolivie, en Équateur et au Pérou, dans les forêts entre 1 800 et 2 900 m d'altitude. Il a le front d'un jaune vif, la nuque noire, le dos, les ailes et la queue gris foncé, et le dessous marron.

Famille CARDINALIDAE

Cardinaux, saltators et alliés

Longueur 12,5–22 cm

Espèces Env. 43

Les cardinaux et les saltators sont des granivores au bec épais qui broient les graines, contrairement aux bruants et aux moineaux, qui les épluchent. Le dickcissel pratique les deux modes de nutrition. On ne trouve ces oiseaux que dans les Amériques, surtout sous les tropiques. La famille compte 17 espèces de cardinaux, 14 de saltators et 7 de « bruants ». Les saltators, limités à l'Amérique centrale et à l'Amérique du Sud, sont brillamment colorés et ont un grand bec. Les cardinaux mâles ont des couleurs vives, comme les bruants du Nouveau Monde, particulièrement le « bruant » nonpareil.

CARDINAL ROUGE
Cardinalis cardinalis *(22 cm de long) vit de l'Amérique du Nord au Mexique, au Belize, au Guatemala et aux Bermudes. Le mâle est cramoisi vif, la gorge noire et le bec rouge ; la femelle est chamois olive. Les deux sexes ont un chant sonore, fluide et sifflant.*

DICKCISSEL
Spiza americana *(16 cm de long) se reproduit de mars à juillet en Amérique du Nord, puis migre vers le sud. Il a la poitrine jaune, la tête grise avec une bande oculaire claire, les sourcils jaunes et le dos grisâtre. Le mâle a une bavette noire.*

« BRUANT » NONPAREIL
Nichant seulement dans l'extrême sud des États-Unis, Passerina ciris *(14 cm de long) est le plus coloré des oiseaux d'Amérique du Nord. Le mâle a un capuchon bleu vif et un plumage éclatant ; la femelle a le dessus vert vif et le dessous vert-jaune pâle.*

Famille THRAUPIDAE

Tangaras et alliés

Longueur 10–28 cm

Espèces 256

Propres à l'Amérique, surtout les tropiques, ils font partie des oiseaux américains les plus colorés. Assez peu d'entre eux vivent dans les parties denses des forêts tropicales ; ils se déplacent surtout en groupes mixtes dans les cimes, essentiellement en dehors de la période de reproduction. La plupart édifient des nids en coupe, ouverts, rarement à terre. Certains se nourrissent dans les broussailles basses et peu sont franchement terrestres. Ils prennent des fruits et des insectes. Les auphones recherchent les fruits du gui ; les guit-guit ont un bec et une langue adaptés à la collecte du nectar. Quelques espèces suivent les colonnes de fourmis, prenant les insectes et les araignées qu'elles dérangent. Beaucoup restent en couples toute l'année et chantent peu, mais certains, comme le tangara écarlate, ont un chant mélodieux.

TANGARA PIE
Répandu en Amérique du Sud, Cissopis leveriana *(28 cm de long) habite les broussailles des forêts pluviales et les cultures des zones suburbaines. Il a la tête, le manteau, la gorge et la poitrine bleu foncé, la queue noire bordée de blanc et le ventre blanc.*

TANGARA DES BUISSONS COMMUN
Chlorospingus ophthalmicus *(14 cm de long) a la gorge claire pointillée de noir. La calotte et les côtés de sa tête sont brun foncé et il a un cercle blanc autour des yeux. Il vit en Amérique centrale et du Sud (Mexique, Belize, Argentine, Bolivie, Colombie), dans les forêts pluviales, entre 900 et 3 000 m d'altitude.*

TANGARA À COU BLEU
Tangara cyanicollis *(12 cm de long) vit au Pérou, au Brésil, en Colombie, en Bolivie, en Équateur et au Venezuela, entre 300 et 2 400 m d'altitude, dans des lieux ouverts aux arbres isolés. Les deux sexes sont semblables, avec un capuchon et la gorge bleus. Selon les sous-espèces, ses ailes sont bleu et noir, ou vert et noir.*

TANGARA ÉCARLATE
Piranga olivacea *(17 cm de long) vit dans les forêts à feuillage caduc et se reproduit de mai à juillet dans l'est de l'Amérique du Nord et hiverne en Amérique du Sud, de la Colombie à la Bolivie. Il migre rarement vers les Antilles. Le mâle a la tête et le ventre écarlates.*

GUIT-GUIT ÉMERAUDE
Très répandu dans le nord de l'Amérique du Sud, on trouve Chlorophanes spiza *(14 cm de long) aussi à Trinité-et-Tobago. Il vit dans la voûte des forêts, en dessous de 1 500 m d'altitude. Le mâle est bleu-vert brillant, avec un masque noir. Les deux sexes ont le bec jaune et les yeux rouges.*

Famille Tersinidae

Tangara-hirondelle

Longueur 15 cm

Espèce 1

Parfois classé parmi les tangaras, *Tersina viridis* vit dans le nord-ouest et le centre de l'Amérique du Sud, et descend jusqu'au Paraguay et en Argentine. Le mâle est bleu turquoise, mais le bas-ventre est blanc, et le masque, noir. La femelle (que l'on voit ci-contre) est verte. Les deux sexes ont les yeux rouges. Présent dans les lieux accidentés des forêts humides, il vit en groupes de plus de 30 sujets.

Famille Coerebidae

Sucrier

Longueur 11 cm

Espèce 1

Coereba flaveola, un oiseau familier des jardins, est parfois classé parmi les parulidés (voir ci-dessous). On a identifié au moins 48 sous-espèces de cet oiseau, répandues dans tout le nord de l'Amérique du Sud et aux Antilles. Il est commun au nord de son aire de répartition, mais plus rare dans les forêts denses. Les deux sexes ont une calotte et un masque noirs, des sourcils blancs, la poitrine et le ventre jaunes.

Famille Parulidae

Parulines, sylvettes

Longueur 10–16 cm

Espèces Env. 116

Cette famille comporte beaucoup d'oiseaux brillamment colorés, à marques orange et jaunes dans le plumage. Ils vivent dans des habitats très variés, les lieux boisés et les broussailles, et quittent l'hiver l'Amérique du Nord pour descendre en Amérique centrale et du Sud sous les latitudes tropicales. L'expansion des constructions et de l'agriculture ayant atteint ces régions, on constate une forte diminution de ces oiseaux en Amérique du Nord. Bien que surtout insectivores, les parulines ou sylvettes mangent aussi des fruits pendant leur migration. Ce sont en général de bons chanteurs, mais leurs chants se ressemblent parfois tellement d'une espèce à l'autre qu'ils peuvent tromper les observateurs.

PARULINE À CAPUCHON
Excellent chasseur en vol, Wilsonia citrina *(14 cm de long) habite les forêts humides et les marécages boisés. Elle se reproduit dans l'est et au centre des États-Unis, et hiverne en Amérique centrale et aux Antilles. Les deux sexes révèlent leurs marques caudales blanches en se déplaçant.*

PARULINE NOIR ET BLANC
Mniotilta varia *(de 11,5 à 14 cm) se reproduit au Canada et à l'est des États-Unis, et hiverne jusqu'au nord de l'Amérique du Sud. Elle se déplace dans les branches, cherchant de son long bec les insectes. Son cri est un sifflement aigu.*

PARULINE DE KIRTLAND
Dendroica kirtlandii *(16 cm de long) se reproduit seulement dans les bois de pins de l'État du Michigan (États-Unis) et hiverne aux Bahamas. Les deux sexes (femelle ci-dessus) ont le dessus gris-bleu et des cernes blancs autour des yeux.*

PARULINE MASQUÉE
Geothlypis trichas *(13 cm de long) vit en Amérique du Nord, hiverne au sud des États-Unis et en Amérique du Sud. Elle fréquente la végétation basse et les marais. Le mâle a un masque facial noir bordé de gris, la gorge, la poitrine et le dessous de la queue jaunes. La femelle est semblable, mais n'a pas de masque.*

PARULINE À CROUPION JAUNE
Dendroica coronata *(14 cm de long) est l'un des oiseaux les plus familiers d'Amérique du Nord ; en période de reproduction, on la trouve au Canada et en Alaska. Il en existe deux sous-espèces, à plumage gris et croupion jaune.*

Famille Drepanididae

Drépanis et alliés

Longueur 10–20 cm

Espèces 23

Ces oiseaux d'Hawaii forment une famille importante du point de vue de la conservation, car la moitié d'entre eux sont en danger à cause d'une maladie, due à un moustique introduit. Si l'on en compte 23 espèces actuellement, leur nombre était à l'origine beaucoup plus grand (on a pu en identifier 15 autres par des fossiles retrouvés). Les drépanis et alliés ont un bec adapté à leurs modes d'alimentation variés : puissant et effilé à la pointe chez les granivores, incurvé vers le bas chez d'autres. Chez une espèce, ce bec représente plus d'un tiers de la longueur totale ; la mandibule supérieure est même le double de l'inférieure chez l'akiapolaau, qui peut ainsi capturer des larves et fendre l'écorce des arbres. Ils sont cantonnés dans les forêts humides de montagne, jusqu'à 3 000 m d'altitude – leur habitat d'origine, situé plus bas, ayant été détruit. Ils ne sont pas migrateurs, mais se déplacent pour chercher leur nourriture. Ils se reproduisent de février à juin.

AKIAPOLAAU
Hemignathus munroi *(12,5 cm de long environ), oiseau en grand danger, vit dans la forêt de Koa, au-dessus de 1 000 m d'altitude, sur les pentes des volcans de la grande île d'Hawaii. Le mâle a le dessus vert olive, le dessous et la tête jaunes. La femelle est plus petite et plus terne.*

IIWI ROUGE
Espèce commune et bruyante des forêts au-dessus de 700 m dans les îles Hawaii, Kauai et Maui, Vestiaria coccinea *(environ 13 cm de long) est rare dans le reste de l'archipel. L'adulte est rouge vermillon, avec un bec rose, long et incurvé vers le bas, et un cercle jaune autour des yeux.*

Ordre PASSÉRIFORMES *suite*

Famille VIREONIDAE

Viréos et alliés

Longueur 17–20 cm

Espèces Env. 52

Le nom de « viréo » vient du latin *viridis*, qui signifie « de couleur verte ». Les oiseaux de cette famille, qui comprend les hylophilus, les viréolamiinés et les cychlaris, pèsent entre 9 et 25 g seulement.

Leur bec échancré est plus grand que celui des parulines ou sylvettes (voir p. 355), leurs bandes oculaires sont plus larges, et leur plumage vert paraît plus terne. Les viréos et alliés habitent les forêts mixtes de feuillus. Bien que surtout insectivores, ils mangent aussi des fruits, suivant la saison. Migrateurs, ils se reproduisent aux États-Unis et jusqu'au nord du Canada, mais migrent ensuite vers l'Amérique centrale et l'Amérique du Sud. On en trouve certains aux Antilles en période de reproduction et en hiver.

VIRÉO AUX YEUX ROUGES
Vireo olivaceus *(environ 15 cm de long) vit dans les forêts d'arbres à feuilles caduques d'Amérique du Nord et migre en Amérique du Sud.*

HYLOPHILUS À CALOTTE ROUSSE
Oiseau d'Amérique du Sud, Hylophilus ochraceiceps *(11,5 cm de long) a une calotte roux orangé.*

Famille ICTERIDAE

Cassiques, troupiales

Longueur 15–53 cm

Espèces Env. 97

Les cassiques, troupiales, ou encore stournelles, vivent exclusivement en Amérique du Nord et du Sud, et aux Antilles. Certaines espèces, tels les cassiques, ont un air de famille avec les corbeaux (p. 360). Plusieurs habitent près des hommes, bénéficiant des cultures et devenant parfois un fléau pour celles-ci, dans le cas, par exemple, du carouge à épaulettes. Bien que sociables, certaines espèces sont très rares et locales. Les mâles et les femelles ont très souvent des tailles et des plumages différents.

Presque tous ont un bec conique et pointu, mais, chez les cassiques, il est prolongé par une sorte de casque frontal. Ces oiseaux sont bruyants (mais leur voix est peu musicale), et les sons émis par les cassiques sont impressionnants.

Les vachers parasitent les nids d'autres oiseaux pour y élever leurs petits. En général, les oiseaux de cette famille ne migrent pas ; cependant, le goglu se rend du Canada en Argentine chaque année.

STOURNELLE DES PRÉS
Sturnella magna *(24 cm de long environ) vit dans les plaines du sud et de l'est des États-Unis. Elle a une bande noire en V sur sa poitrine jaune vif et le dessus brun tacheté.*

GOGLU
Dolichonyx oryzivorous *(18 cm de long) vit dans le nord des États-Unis, le sud du Canada et hiverne en Argentine. Le mâle est surtout noir ; la femelle, brun jaunâtre rayé.*

CAROUGE À ÉPAULETTES
Agelaius phoeniceus *(22 cm de long) habite les marécages de l'Amérique du Nord et forme de très grandes troupes l'hiver. Le mâle, d'un noir luisant, a aux épaules des taches rouge vif, qu'il hérisse lors de la parade nuptiale, tout en chantant.*

CASSIQUE HUPPÉ
Psarocolius decumanus *(47 cm de long) est répandu dans le nord et au centre de l'Amérique du Sud et à Trinité-et-Tobago. Il émet des cris sonores et rauques. Ses yeux sont bleus, son bec est ivoire, et son plumage, noir luisant. Il niche en colonies.*

QUISCALE BRONZÉ
Quiscalus quiscula *(32 cm de long) fréquente les cultures, les parcs et les villes d'Amérique du Nord (sauf l'Ouest). C'est l'un des oiseaux communs dans les régions où il vit. Le mâle a des reflets métalliques sur la tête et le cou. Les deux sexes ont une queue en forme de gouttière, très visible en vol.*

ORIOLE DE BULLOCK
Icterus bullocki *(21 cm de long) vit dans les forêts d'arbres à feuilles caduques du Canada, de l'ouest des États-Unis et du nord du Mexique. Il hiverne en Amérique centrale. Il se croise avec l'oriole de Baltimore dans les plaines des États-Unis.*

VACHER À TÊTE BRUNE
Le mâle de Molothrus ater *(19 cm de long environ) se distingue par un capuchon marron. Habitant les côtes du sud des États-Unis, il se déplace en été dans les États du centre et au Canada.*

Famille FRINGILLIDAE

Fringilles et alliés

Longueur 11–19 cm

Espèces Env. 134

Présents en Europe, en Amérique du Nord, en Afrique et en Asie, les fringilles et alliés ont un bec adapté à la consommation de graines. Certains ont les muscles de la mâchoire très développés, afin de broyer les graines les plus dures ; celles-ci sont placées dans une rainure du palais et écrasées en remontant la mâchoire inférieure. L'enveloppe est expulsée par la langue, et l'amande avalée. Certains migrent sur de courtes distances, s'éloignant du froid pour chercher de la nourriture. Beaucoup défendent un territoire, mais quelques-uns se reproduisent en communauté.

PINSON DES ARBRES
Commun en Europe, Afrique du Nord, Asie occidentale et au Pakistan, Fringilla coelebs *(15 cm de long) vit dans les bois et les campagnes.*

GROS-BEC ERRANT
Coccothraustes vespertinus *(20 cm de long) habite les forêts de conifères d'Amérique du Nord, et migre vers le sud en hiver. Il est bruyant et grégaire.*

BEC-CROISÉ DES SAPINS
Loxia curvirostra *(17 cm de long) vit en Amérique du Nord, en Europe, en Afrique du Nord et en Asie. Il a un bec remarquable. Les mandibules supérieure et inférieure se croisent l'une sur l'autre, lui permettant d'extraire les graines des cônes de pin ou d'épicéa.*

CHARDONNERET ÉLÉGANT
Carduelis carduelis *(14 cm de long) a la face rouge et le corps beige. Il est commun dans les campagnes d'Europe et d'Asie.*

SERIN DES CANARIES
Serinus canaria *(13 cm de long) est l'ancêtre de l'oiseau de cage commun, le canari. Il a un plumage jaune grisâtre. Il est endémique aux Canaries, aux Açores et à Madère.*

BOUVREUIL PIVOINE
Pyrrhula pyrrhula *(16 cm de long) peut rapidement dépouiller un poirier de ses bourgeons, ce qui le rend impopulaire auprès des arboriculteurs. On reconnaît facilement le mâle à sa face inférieure rose, son dos gris et ses ailes noir et blanc. On le trouve en Europe et, à l'est, jusqu'en Chine.*

Famille ESTRILDIDAE

Astrilds et alliés

Longueur 9–13 cm

Espèces Env. 133

La classification de ces oiseaux d'Afrique, d'Asie, d'Australie et de Nouvelle-Guinée a été longtemps discutée. Ils comprennent les astrilds, les diamants, les amarantes, les spermètes, les sénégalis, etc. Surtout sédentaires, ils ne se déplacent que pour chercher des graminées ou de l'eau. Beaucoup forment des couples à vie. La plupart construisent un nid globuleux en herbe, d'autres nichent dans des cavités. Leurs œufs – de 4 à 8 – sont couvés de dix à vingt et un jours. Ils deviennent sociables après la reproduction et se déplacent en bandes.

DIAMANT MANDARIN
Taeniopygia guttata *(10 cm de long) a une ligne noire sous les yeux. Présent en Australie, il s'assemble en bandes près de l'eau.*

PADDA, CALFAX
Oiseau des villes et des jardins, Padda oryzivora *(14 cm de long) s'assemble en grandes bandes dans les cultures et cause des dégâts dans les champs de riz et de maïs. Cette espèce est endémique en Indonésie, de Java à Sulawesi, et a été introduite en Asie, en Australie et en Tanzanie.*

DIAMANT DE GOULD
Présent dans les savans boisées et les prairies de l'Australie du Nord, Chloebia gouldiae *(14 cm de long) est en grand danger. Sa population a été décimée ces dernières années par des infections dues à un acarien. Sa tête, généralement noire, est parfois rouge ou dorée.*

Famille PLOCEIDAE

Tisserins, moineaux

Longueur 13–26 cm

Espèces Env. 114

C'est un grand groupe d'oiseaux, présents surtout en Afrique. Ils ont un bec court et conique, des ailes arrondies ; leur plumage est jaune ou brun, parfois les deux. Certaines espèces très semblables peuvent être confondues. Beaucoup font des nids remarquables, globuleux, certains avec un tube d'entrée, composés d'un tissu de bandes prélevées sur des feuilles ou le stipe des palmiers. Le spectacle d'un mâle suspendu sous un nid, récemment construit pour attirer une femelle, est fréquent en Afrique. Beaucoup sont mangeurs de graines, migrateurs, oiseaux de savane ; d'autres, insectivores et sédentaires, habitent les forêts. Quelques espèces pondent dans les nids d'autres oiseaux.

MOINEAU DOMESTIQUE
Passer domesticus *(15 cm de long), l'un des oiseaux les plus familiers du monde, vit presque toujours auprès des hommes. Originaire d'Asie, il se trouve désormais partout. Localement, certaines populations sont en déclin.*

RÉPUBLICAIN
Présent en Namibie, au Botswana, en Afrique du Sud, Philetairus socius *(14 cm de long) niche en colonies de 300 sujets au maximum. Les nids se touchent et forment une énorme masse sur les arbres ou les poteaux.*

COMBASSOU VARIABLE
Vidua funerea *(12 cm de long) imite le chant d'un amarante et pond dans le nid de cet oiseau. On le trouve du Kenya à l'Afrique du Sud et dans une partie de l'Ouest africain.*

TRAVAILLEUR À BEC ROUGE, QUÉLÉA
Considéré comme l'oiseau le plus commun dans le monde, Quelea quelea *(12 cm de long) se trouve dans 37 pays d'Afrique. Fléau des cultures, il se nourrit de riz et de blé.*

VEUVE DE PARADIS
Ci-dessus, Vidua paradisaea *(le mâle mesure 33 cm de long, et la femelle, 20 cm). En période de reproduction, la queue du mâle ajoute 21 cm à sa longueur. Cet oiseau ne construit pas de nid et dépose ses œufs dans celui du beau-marquet. Il est grégaire et commun à l'est et au centre de l'Afrique.*

Ordre PASSÉRIFORMES *suite*

Famille STURNIDAE

Étourneaux

Longueur 16–45 cm

Espèces Env. 114

Une grande habileté dans l'imitation des sons qu'ils entendent est l'un des traits notables des oiseaux de cette famille, qui inclut les mainates.
Les étourneaux vivent en Europe, en Afrique et en Asie, mais l'étourneau sansonnet, qui a été introduit largement, se rencontre dans 119 pays. Les étourneaux ont les pattes et le bec robustes, et sont généralement noirs, souvent avec des reflets irisés chez les espèces d'Afrique.

Certains, comme le «merle» métallique à longue queue, peuvent atteindre 35 cm de long. D'autres présentent des zones de peau nue sur la face, surtout autour des yeux, tel l'étourneau à caroncule. Beaucoup se tiennent au sol, et certains vivent dans les lieux habités par les hommes. La plupart sont sédentaires ou migrateurs partiels, se déplaçant l'hiver pour chercher de la nourriture. Ils sont omnivores. Leurs œufs (de 2 à 6) sont bleu-vert pâle, souvent tachetés de brun.

MAINATE RELIGIEUX
Gracula religiosa *(de 28 à 30 cm de long), présent en Asie du Sud, vit dans les forêts humides, où on le repère à ses cris perçants. C'est le mainate le plus commun en aviculture.*

«MERLE» MÉTALLIQUE À ŒIL BLANC
Présent dans 28 pays d'Afrique, Lamprotornis splendidus *(27 cm de long) est une espèce forestière. Remarquablement coloré, il est très craintif. Le déboisement a réduit sa population. En dehors de la période de reproduction, il s'assemble en troupes.*

ÉTOURNEAU SANSONNET
Présent dans 119 pays, Sturnus vulgaris *(21 cm de long), habitué à la présence humaine, est l'un des oiseaux les plus familiers du monde. En hiver, il forme de grands dortoirs dans les arbres ou sur des bâtiments.*

PIQUE-BŒUF À BEC ROUGE
Espèce d'Afrique, Buphagus erythrorhynchus *(20 cm de long) se nourrit du sang qui suinte des blessures de grands mammifères, comme les rhinocéros ou les buffles, et de leurs parasites : il pique leur peau de son bec et les débarrasse des tiques et des sangsues.*

ÉTOURNEAU BRILLANT
Aplonis metallica *(22 cm de long), natif d'Australie, niche sur les côtes du Queensland, venant tous les ans de Nouvelle-Guinée et des îles voisines ; des centaines d'individus peuvent nicher sur un seul arbre. Il a un plumage luisant vert et pourpre, et des yeux rouge vif. Il se nourrit de fruits sauvages ou cultivés.*

Famille ORIOLIDAE

Loriots

Longueur 20–30 cm

Espèces 29

Les loriots ont un bec incurvé vers le bas et de longues ailes pointues. Une espèce vit en Eurasie, d'autres habitent les lieux boisés en Afrique, en Asie, en Nouvelle-Guinée et en Australie.

Leur plumage est surtout jaune, souvent avec du noir sur la tête ou sur les ailes. La femelle est plus terne et striée. Ils se nourrissent tous d'insectes et de fruits, et une espèce, le loriot masqué, apprécie le nectar. Leur chant flûté s'entend de loin. Beaucoup d'entre eux construisent un nid profond en coupe, placé dans une fourche horizontale de branches. Plusieurs sont migrateurs.

LORIOT MASQUÉ
Oriolus larvatus *(22 cm de long) vit en Afrique centrale, de l'Est et du Sud. Assez facilement visible, bruyant, il demeure souvent immobile dans le feuillage ; son chant est fort et flûté. Il se nourrit de graines, de fruits et de chenilles.*

Famille DICRURIDAE

Drongos

Longueur 18–72 cm

Espèces Env. 23

Les drongos, vivant en Afrique, en Asie et en Australie, ont une longue queue fourchue et sont d'un noir luisant (à l'exception de deux espèces). Leur bec est arqué, légèrement crochu, avec une petite échancrure, et leurs narines sont souvent cachées par des plumes. Ils fréquentent les lieux boisés, mais on les rencontre dans les milieux ouverts avec des arbres dispersés, jusqu'à 3 300 m d'altitude. Insectivores, ils prennent aussi des lézards et des petits oiseaux.

Ils s'élancent des branches pour prendre au vol des proies et reviennent se percher pour les dévorer. Ils mettent parfois en fuite des prédateurs beaucoup plus gros qu'eux.

DRONGO HUPPÉ
Dicrurus forficatus *(26 cm de long), vivant aux Comores et à Madagascar, est le seul drongo de ces régions. Sa huppe prend naissance à la base du bec.*

Famille CALLAEIDAE

Glaucopes et créadions

Longueur 25–48 cm

Espèces 2 + 1 éteinte

On ne trouve ces oiseaux qu'en Nouvelle-Zélande. Le kokako est le plus commun, mais, en 1970, il n'en restait dans l'île du Nord que de faibles colonies. Des mesures de sauvegarde ont été prises afin d'assurer sa survie (préservation des forêts de podocarpes et contrôle de la prédation des œufs et des jeunes). Il y en a aujourd'hui 30 populations distinctes. Toutefois, le danger n'est pas complètement écarté. La deuxième espèce est le créadion. Une troisième, le huia *(Heteralocha acutirostris)*, s'est éteinte en 1907. Elle était unique, les deux sexes ayant des becs différents : celui du mâle était droit et pointu ; celui de la femelle, mince et incurvé vers le bas. La disparition du huia a été provoquée par la chasse et la destruction de son habitat.

CRÉADION PHILÉSTOURNE
Creadion carunculatus *(25 cm de long), aux ailes faibles, court et saute sur les arbres, cherchant des insectes dans les écorces. Rarement aperçu, il niche sur des îles voisines des deux grandes. On en a introduit une petite population dans une île près d'Auckland, dont l'accès est réglementé.*

Famille GRALLINIDAE

Grallines

Longueur 20–26 cm

Espèces 2

Des deux espèces, l'une, la gralline-pie, se rencontre en Australie et en Nouvelle-Guinée ; l'autre, la gralline papoue, vit dans les montagnes de Nouvelle-Guinée. Ces oiseaux construisent des nids de boue et sont rarement loin de l'eau.

GRALLINE- PIE
Commune en Australie près des eaux, Grallina cyanoleuca *(29 cm de long) émet un appel sonore à cinq notes. C'est une habituée des espaces urbains, et on peut la voir se nourrir près des routes.*

Famille ARTAMIDAE

Langrayens gris

Longueur 12–20 cm

Espèces 11

Les oiseaux de cette famille vivent dans une partie de l'Asie, en Nouvelle-Guinée, en Australie et sur des îles du Pacifique. Leur silhouette en vol évoque un peu celle des hirondelles. Ils ont le bec fort, les pattes courtes, des ailes courtes et pointues. Une des caractéristiques des membres de cette famille est leur habitude de se tenir serrés les uns contre les autres quand ils se perchent sur les arbres. Insectivores, ils prennent généralement leurs proies en vol. Toutes les espèces vivent en colonies, nichant surtout à la cime des arbres ou dans des cavités. Les femelles pondent de 2 à 4 œufs blancs ou crème, tachetés de rouge-brun.

LANGRAYEN GRIS
Artamus cinereus *(19 cm de long) vit en Australie, en Nouvelle-Guinée, sur les petites îles de la Sonde et à Timor. C'est le plus commun de la famille. Contrairement à d'autres langrayens, il n'est pas très nomade.*

Famille CRACTICIDAE

Cassicans, currawongs

Longueur 18–53 cm

Espèces Env. 12

Les Cracticidae ressemblent aux corbeaux par leur corps robuste, leur bec puissant et la taille de leurs pattes et de leurs pieds. Mais ils sont moins carnivores, leur nourriture variée comportant aussi des fruits. On les trouve en Asie, en Australie et en Nouvelle-Guinée. Le plus commun est le cassican flûteur. Cette famille comprend aussi 6 cassicans d'un autre genre et 3 currawongs. Les peltops de plaine et de montagne de Nouvelle-Guinée (que certains rattachent à la famille des langrayens) ont un plumage noir avec une tache blanche sur la face et le dessous de la queue rouge.

CASSICAN FLÛTEUR
Gymnorhina tibicen *(42 cm de long) vit en Australie, en Nouvelle-Zélande et en Nouvelle-Guinée. Il se nourrit de déchets, mais tue aussi des petits oiseaux et des rongeurs. S'il a en général le dos noir, il présente plusieurs variantes régionales.*

Famille PTILONORHYNCHIDAE

Oiseaux à berceaux

Longueur 21–38 cm

Espèces 20

Les abris, ou « allées », que les oiseaux à berceaux mâles construisent pour attirer les femelles sont des structures complexes, faites d'éléments divers, brillamment colorés. Quant aux lieux de parade, ils sont enrichis de plumes, de feuilles, de cailloux et même de morceaux de plastique ou de papiers colorés. Un mâle cohabite avec une ou plusieurs femelles, la dernière élevant les petits. Ces oiseaux d'Australie et de Nouvelle-Guinée habitent surtout les forêts humides ; cependant, certains préfèrent des habitats plus secs. Ils se nourrissent surtout de fruits, mais aussi de feuilles, de fleurs, de graines et d'invertébrés, tant à terre que dans les arbres.

OISEAU SATIN
Ptilonorhynchus violaceus *(31 cm de long) vit dans le nord-est et le sud-est de l'Australie. Le mâle, d'un bleu-noir lustré, au bec jaune pâle, construit un abri de brindilles et le décore d'éléments bleu vif ou jaunes.*

Famille PARADISAEIDAE

Paradisiers

Longueur 16–145 cm

Espèces Env. 44

Ces oiseaux sont renommés pour leur beauté spectaculaire et le plumage extraordinaire de certains mâles, qui le déploient pour la parade nuptiale. Chez quelques espèces, les sexes sont semblables. Leur taille est variée, ainsi que la longueur de leur queue. Certains ont le bec droit et mince ; chez d'autres, il est long et incurvé. La plupart ont des ailes arrondies et de fortes pattes, et les mâles émettent des cris sonores pour attirer les femelles. Vivant en majorité en Nouvelle-Guinée, dans les forêts humides de montagne, ils sont surtout frugivores. Leurs nids sont grands, faits de feuilles, de fougères et de brindilles. Leur voix très variée va d'appels doux et longs à des cris explosifs. Quelques espèces font des imitations en captivité.

PARADISIER ROYAL
Lors de sa parade nuptiale, le mâle de Cicinnurus regius *(16 cm de long) déploie ses plumes, prend l'aspect d'une boule et rabat ses raquettes de queue au-dessus de sa tête. Ses deux fines plumes caudales ajoutent 14 cm à sa longueur.*

DIPHYLLODE RÉPUBLICAIN
Cicinnurus respublica *(16 cm de long) vit dans l'Irian Jaya mais pas en Papouasie. Les deux sexes ont en arrière de la calotte une plaque de peau nue bleue. Le mâle a les ailes rouges et des rectrices en spirale.*

PARADISIER DE RAGGI
Paradisaea raggiana *(14 cm de long) de Nouvelle-Guinée est le plus connu des paradisiers. Les mâles paradent en commun sur une arène, où se rassemblent jusqu'à 20 oiseaux.*

GRAND PARADISIER
Paradisaea apoda *(de 42 à 45 cm de long) vit en Nouvelle-Guinée et sur les îles Aru. De 12 à 20 mâles se rassemblent dans un arbre pour la parade autour d'un mâle dominant et déploient leurs ailes.*

Ordre **PASSÉRIFORMES** *suite*

Famille **CORVIDAE**

Corbeaux et alliés

Longueur 20–66 cm

Espèces Env. 117

Habitat Monde entier

Cette famille se rencontre dans le monde entier, à l'exception de l'Arctique et de l'Antarctique. Ce sont les plus évolués de tous les oiseaux, sociables, s'adaptant bien à tous les milieux, se nourrissant d'aliments très variés. Beaucoup ont un plumage noir, mais certains geais et pies sont très colorés. Les corbeaux habitent les plaines ou les hauteurs, les milieux ouverts ou boisés. Ils ne sont pas migrateurs en général, mais se déplacent localement au cours des saisons. Ils nichent séparément par couples, sauf le freux, qui niche en colonies. Le nid, fait de branches, est placé dans les arbres ou dans les buissons, parfois dans un trou ; il reçoit de 2 à 8 œufs.

PIE BAVARDE
On trouve Pica pica *(47 cm de long), avec ses 12 sous-espèces, en Europe, en Amérique du Nord, en Afrique du Nord et en Asie. C'est un oiseau commun, vivant bien au contact des humains. Grégaire en dehors de la reproduction, elle forme des dortoirs réunissant jusqu'à plus de 100 sujets en hiver. Son nid couvert, placé haut sur les arbres, est fait de petites branches.*

CRAVE À BEC ROUGE
Pyrrhocorax pyrrhocorax *(40 cm de long), qui vit dans les montagnes et sur les côtes rocheuses d'Europe, d'Afrique du Nord et d'Asie méridionale, est un oiseau grégaire, surtout en dehors de la période de reproduction. Il se nourrit d'insectes, notamment de fourmis, ainsi que de baies. Sa parade nuptiale est en partie acrobatique. Il construit son nid aussi bien sur un rebord de falaise que dans une grotte.*

CASSE-NOIX D'AMÉRIQUE
Nucifraga columbiana
(31 cm de long) ne vit que dans les montagnes de l'Amérique de l'Ouest, dans les bois de genévriers et de pins. Voilier agile, mais sur de courtes distances, il fréquente surtout le sommet des arbres.

GEAI DES CHÊNES
Garrulus glandarius
(33 cm de long) a de nombreuses sous-espèces qui diffèrent par leurs marques sur la tête et d'autres détails. Il vit en Europe et en Asie, dans les bois, la taïga et des forêts pluviales. Il collecte et met en réserve des glands qui assurent sa nourriture d'hiver.

GEAI BLEU
Commun dans les bois et les jardins publics de l'est de l'Amérique du Nord, Cyanocitta cristata *(30 cm de long environ) vit en couples ou en petits groupes souvent bruyants. Son nid comporte de la boue.*

CHOUCAS DES TOURS
Corvus monedula *(environ 34 cm de long), répandu en Europe, en Asie occidentale et dans une partie de l'Afrique du Nord, est un oiseau familier qui vole et se nourrit souvent avec les corbeaux freux. On le trouve dans les champs, mais aussi dans les gorges ou les falaises, et il niche sur des édifices ou dans des trous d'arbres. Hors période de reproduction, il forme des dortoirs de centaines ou de plusieurs milliers de sujets.*

PIE BLEU À BEC ROUGE
Urocissa erythroryhncha *(68 cm de long) a une queue de 37 à 42 cm de long. Vivant dans les forêts d'arbres à feuilles caduques, jusqu'à 1 500 m d'altitude, en Asie du Sud et du Sud-Ouest, elle chasse en bandes à plus bas niveau. Son nid est grossier et fragile, placé sur un arbre*

GRAND CORBEAU
Corvus corax *(65 cm de long), le plus grand corbeau de l'hémisphère Nord, se trouve en Europe, en Amérique du Nord et centrale, en Asie et en Afrique du Nord. Il vit dans des habitats ouverts ou, localement, urbains, et même sur l'Everest jusqu'à 6 350 m d'altitude, nichant souvent alors que la neige recouvre encore le sol.*

CORNEILLE NOIRE
Considéré en Europe comme l'archétype du corbeau, Corvus corone *(50 cm de long environ), oiseau tout noir, a des habitats variés (bois, landes, cultures et villes). On la trouve aussi en Asie centrale et orientale, jusqu'au Vietnam et en Corée, mais avec du gris dans son plumage. Elle niche en couples solitaires, généralement sur un arbre, mais également sur les falaises de montagne.*

LES OISEAUX MENACÉS

La liste ci-dessous comprend tous les oiseaux classés comme étant « au bord de l'extinction » (CR) par l'UICN (voir p. 31). Pour les espèces diurnes, la menace la plus grave comporte la modification de l'habitat, la chasse et la capture pour le commerce des oiseaux de cage (affectant surtout les perroquets). Beaucoup de rapaces diurnes sont aussi en situation précaire, car ils sont au sommet des chaînes alimentaires et sont donc très sensibles aux changements touchant leurs sources d'alimentation. Pour les passereaux, l'altération de l'habitat constitue le principal danger. Il s'y ajoute, pour les oiseaux des îles – comme pour les espèces des îles Hawaii –, la compétition avec les espèces introduites et les effets de la malaria aviaire – maladie venant de l'extérieur et à laquelle les oiseaux indigènes ne résistent pas bien. Des centaines d'autres oiseaux (non répertoriés ici) sont moins gravement menacés.

PÉLICAN FRISÉ
C'est l'un des plus grands oiseaux aquatiques d'Europe (Europe méridionale et Russie). Il est menacé par le drainage, la pollution et la pêche locale. Sa survie dépend des mesures de sauvegarde prises à son égard.

NON-PASSEREAUX

Aceros waldeni
Aegotheles savesi
Amaurornis olivieri
Amazilia castaneiventris;
A. luciae
Amazona vittata
Anas nesiotis
Anodorhynchus glaucus;
A. leari
Anthracoceros montani
Ara glaucogularis
Athene blewitti
Aythya innotata
Bostrychia bocagei
Buteo ridgwayi
Cacatua haematuropygia;
C. sulphurea
Calyptura cristata
Campephilus imperialis;
C. principalis
Caprimulgus noctitherus
Carpococcyx viridis
Centropus steerii
Charmosyna diadema;
C. toxopei
Chondrohierax wilsonii
Columba argentina
Columbina cyanopis
Corvus hawaiiensis
Crax alberti
Crypturellus saltuarius
Diomedea amsterdamensis
Ducula galeata;
D. whartoni
Eriocnemis godini;
E. mirabilis;
E. nigrivestis
Eutriorchis astur
Francolinus ochropectus
Fregata andrewsi
Gallicolumba erythroptera ;
Gallicolumba keayi;
G. menagei;
G. platenae;
G. salamonis
Gallinula pacifica;
G. silvestris
Gallirallus lafresnayanus
Geopsittacus occidentalis
Geronticus eremita
Grus leucogeranus
Gymnogyps californianus
Gyps bengalensis;
G. indicus
Haliaeetus vociferoides
Hapalopsittaca fuertesi
Heliangelus zusii
Himantopus novaezelandiae
Lanius newtoni
Lepidopyga lilliae
Leptodon forbesi
Leptotila wellsi
Lophornis brachylopha
Megapodius pritchardii
Mergus octosetaceus
Neophema chrysogaster
Ninox natalis
Nothoprocta kalinowskii
Numenius borealis;
N. tenuirostris
Oceanodroma macrodactyla
Odontophorus strophium
Ognorhynchus icterotis
Ophrysia superciliosa
Otus capnodes;
O. insularis;
O. moheliensis;
O. pauliani;
O. siaoensis
Papasula abbotti
Penelope albipennis)
Phapitreron cinereiceps
Pipile pipile
Pithecophaga jefferyi
Podiceps taczanowskii
Procellaria conspicillata
Pseudibis davisoni
Pseudobulweria aterrima;
P. becki;
P. macgillivrayi
Psittacula eques
Pterodroma axillaris;
P. caribbaea;
P. madeira;
P. magentae;
P. phaeopygia
Ptilinopus arcanus
Puffinus auricularis
Rhinoptilus bitorquatus
Rhodonessa caryophyllacea
Sapheopipo noguchii
Sephanoides fernandensis
Siphonorhis americanus
Sterna bernsteini
Strigops habroptilus
Tachybaptus rufolavatus
Tadorna cristata
Thalassarche eremita
Thaumatibis gigantea
Vanellus macropterus

PASSEREAUX

Acrocephalus familiaris
Alauda razae
Antilophia bokermanni
Apalis fuscigularis
Aplonis pelzelni
Atlapetes pallidiceps
Camarhynchus heliobates
Cinclodes aricomae
Clytoctantes atrogularis
Colluricincla sanghirensis
Conothraupis mesoleuca
Copsychus sechellarum
Curaeus forbesi
Cyornis ruckii
Dicaeum quadricolor
Eurychelidon sirintarae
Eutrichomyias rowleyi
Foudia rubra
Geothlypis beldingi
Hemignathus lucidus
Heteromirafra ruddi
Icterus oberi
Junco insularis
Laniarius liberatus
Leucopeza semperi
Leucopsar rothschildi
Macroagelaius subalaris
Melamprosops phaeosoma
Merulaxis stresemanni
Mimodes graysoni
Monarcha boanensis
Myadestes lanaiensis;
M. myadestinus;
M. palmeri
Myrmotherula fluminensis;
M. snowi
Nemosia rourei
Neospiza concolor
Oreomystis bairdi
Orthotomus moreaui
Paroreomyza maculata
Philydor novaesi
Phyllastrephus leucolepis
Phylloscartes ceciliae;
P. roquettei
Pitta gurneyi
Pomarea nigra;
P. whitneyi
Psittirostra psittacea
Pyriglena atra
Rukia ruki
Scytalopus psychopompus
Sporophila insulata;
S. melanops;
S. zelichi
Synallaxis infuscata
Telespiza ultima
Terpsiphone corvina
Thryothorus nicefori
Toxostoma guttatum
Turdus helleri;
T. ludoviciae
Vermivora bachmanii
Vireo caribaeus
Zoothera major
Zosterops albogularis;
Z. luteirostris;
Z. modestus;
Z. natalis ;
Z. nehrkorni;
Z. rotensis

OISEAUX

LES REPTILES

LES REPTILES

PHYLUM	Cordés
CLASSE	Reptiles
ORDRES	4
FAMILLES	62
ESPÈCES	7 984

LES REPTILES sont des vertébrés ovipares ou ovovivipares à la peau plus ou moins épaisse couverte d'écailles. L'organisme de ces animaux à sang froid ne produit pas de chaleur interne. On distingue quatre ordres : les serpents, les amphisbènes et les lézards (squamates), les crocodiles, les alligators et les caïmans (crocodiliens), les tortues, et les sphénodons ou hattérias. La plupart, même ceux qui vivent dans l'eau, pondent leurs œufs sur la terre ferme. Les petits naissent complètement formés (pas de stade larvaire).

ÉCAILLES
Le monstre de Gila appartient au plus important groupe de reptiles, les lézards. À la différence de leurs ancêtres amphibiens, les reptiles ont tous des écailles.

L'ÉVOLUTION

Les premiers reptiles sont apparus il y a environ 340 millions d'années. Deux caractéristiques essentielles les différencient de leurs ancêtres amphibiens : leur épiderme, dur et recouvert d'écailles, qui les protège des blessures et de la déshydratation ; plus important encore, leurs œufs, recouverts d'une coquille et remplis de liquide amniotique, qui permet à l'embryon de se développer dans une poche d'eau, à l'abri du milieu extérieur. Grâce à ces particularités, les reptiles, à la différence des amphibiens, ont pu s'éloigner de l'eau et coloniser la terre ferme.

Au mésozoïque (–245 à –65 millions d'années), les reptiles se sont énormément diversifiés, devenant les animaux terrestres les plus nombreux. Au début de cette période, il y a 200 millions d'années, des espèces de tortues très proches de celles que nous connaissons aujourd'hui étaient déjà présentes. Plus tard, la diversification des reptiles s'amplifia. Parmi les ordres qui apparurent alors on peut citer les ptérosauriens (reptiles volants) et les dinosaures, ainsi que deux ordres qui subsistent aujourd'hui, les crocodiliens et les sphénodons. Plus tard encore, une autre évolution aboutit aux squamates – les lézards, les amphisbènes et enfin les serpents. Sur les vingt ordres de reptiles ayant existé au mésozoïque, seuls quatre survivent.

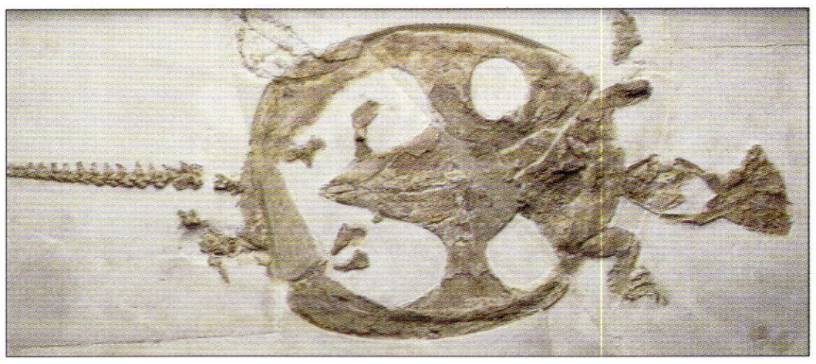

FOSSILE DE TORTUE
Ces restes de tortue fossilisés datent d'environ 200 millions d'années. Les tortues ont peu changé depuis cette époque et représentent le plus ancien groupe de reptiles vivants.

L'ANATOMIE

La morphologie externe des reptiles présente une immense diversité, des serpents, longs, minces, dénués de membres, aux tortues courtes et massives sous leur carapace. Pourtant, tous les reptiles ont comme caractéristique commune la présence d'écailles (voir l'encadré ci-dessous) qui les protègent des écorchures, des attaques de prédateurs et de parasites, et de la déshydratation. Les écailles des reptiles sont très variées et, dans certaines espèces, elles changent de forme et de taille selon l'endroit du corps. Sous les écailles, le pigment donne à l'animal sa couleur et forme les taches qui lui servent à se camoufler ou à séduire. Chez certains reptiles, les lézards mâles en particulier, des groupes d'écailles forment à cet effet des crêtes, des cornes ou d'autres attributs spectaculaires.

SQUELETTE DE LÉZARD
Les lézards sont un groupe d'animaux très divers. La plupart ont une longue queue et quatre pattes bien développées avec de longs doigts. Mais certaines espèces, sans pattes, ressemblent beaucoup à des serpents.

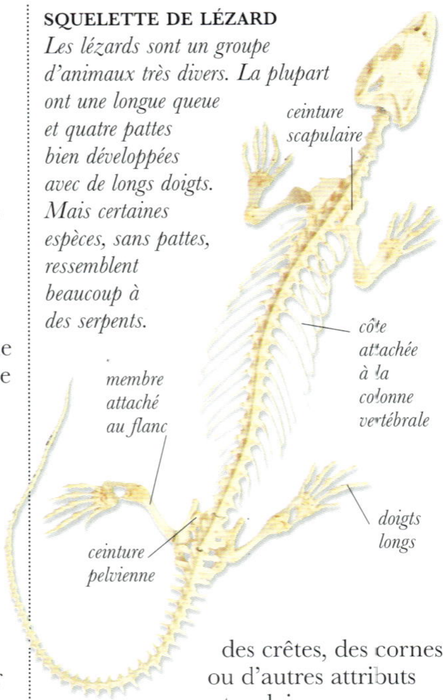

Le squelette des reptiles, constitué d'éléments osseux, leur assure une robustesse bien supérieure à celle des amphibiens et leur permet de mieux s'adapter à la vie sur la terre. À la différence de ceux des oiseaux ou des mammifères, les membres des reptiles sont situés sur leurs flancs, d'où leur démarche rampante. Les serpents, de même que la plupart des amphisbènes et certains lézards, sont dépourvus de pattes fonctionnelles.

Les différences observées au niveau du crâne reflètent l'évolution des divers groupes de reptiles et fournissent des éléments précieux pour leur classification. Les tortues ne présentent pas d'orifice sur les tempes tandis que les crocodiles et les sphénodons en ont deux de chaque côté. Les squamates aussi en possèdent deux de chaque côté, qui se rejoignent parfois pour n'en former qu'un seul. Chez beaucoup

LA STRUCTURE DE LA PEAU

La peau d'un reptile comprend deux couches : l'épiderme (couche supérieure) et le derme (couche inférieure). Les écailles, présentes seulement sur l'épiderme, sont faites d'une substance cornée, la kératine, tout comme nos cheveux et nos ongles. Le derme contient des nerfs, des vaisseaux sanguins et des cellules qui soutiennent et nourrissent l'épiderme. À la différence de celles des poissons, les écailles des reptiles sont unies les unes aux autres. Les reptiles muent, ce qui leur permet de se développer et de renouveler leur peau.

La peau des serpents s'en va d'une seule pièce tandis que celle des lézards, des crocodiles, des tortues et du sphénodon se détache par morceaux. Après avoir mué, les serpents ont des couleurs beaucoup plus vives.

ÉCAILLES DE SERPENT

ÉCAILLES DE LÉZARD

ÉCAILLES DE CROCODILE

TYPES D'ÉCAILLES
Les écailles des reptiles diffèrent par leur taille, leur forme, leur structure. Lisses ou rugueuses, elles peuvent se chevaucher comme des tuiles, être juxtaposées ou être reliées par de la peau extensible. Chez les crocodiles, des plaques osseuses renforcent les écailles du dos.

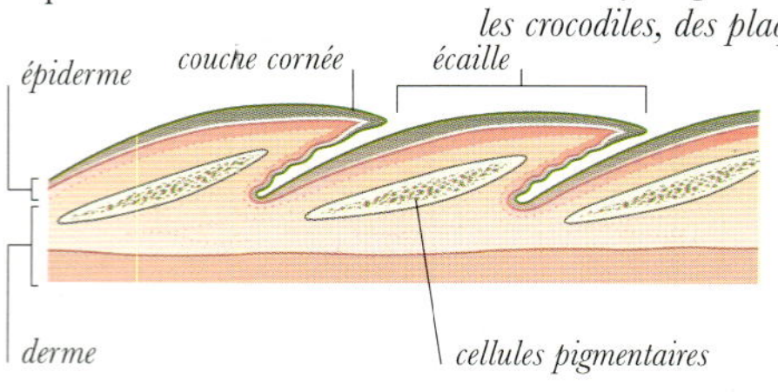

COUPE D'UNE PEAU DE SERPENT
Les écailles sont formées par la couche cornée de l'épiderme. Chaque écaille est reliée aux autres par des zones charnières souples qui permettent au corps de bouger. Les cellules pigmentaires, entre l'épiderme et le derme, déterminent la coloration de l'animal.

VESTIGES DE MEMBRES
Dans certaines familles de serpents, comme les boas nains et certains pythons, la présence de membres vestigiels atteste une évolution des lézards aux serpents.

de reptiles, la croissance des os ne s'arrête pas avec la maturité sexuelle, et certains spécimens âgés peuvent atteindre de très grandes tailles.

LES SENS

Les reptiles ont des sens plus développés que ceux des amphibiens et certains possèdent des organes sensoriels inconnus dans le reste du règne animal. Les yeux sont souvent grands, bien que de nombreux serpents n'aient pas une bonne vue ; chez certains squamates fouisseurs, ils sont petits ou absents. Les paupières sont mobiles chez les tortues, les crocodiles et la plupart des lézards, fixes chez les serpents et certains lézards. De nombreux lézards et le sphénodon ont sur le sommet de la tête une zone sensible à la lumière, appelée troisième œil, qui régule l'activité diurne et saisonnière en évaluant la longueur du jour. Les reptiles n'ont pas l'ouïe fine. Ils ne possèdent pas d'oreille externe, et certains n'ont pas d'oreille moyenne : les sons leur parviennent à travers les os du crâne. Leur goût est peu développé, mais l'odorat l'est beaucoup. Grâce à des organes détecteurs de chaleur situés à l'avant de la tête, certains serpents peuvent localiser leurs proies.

LA PROTECTION DES YEUX

Les crocodiliens, les tortues et la plupart des lézards ont deux paupières mobiles (une en haut et une en bas) et une membrane nictitante. Cette membrane transparente se déplace horizontalement devant l'œil pour le protéger et permettre à l'animal de voir. Chez les serpents et certains lézards, les paupières inférieures et supérieures sont soudées, formant une protection transparente appelée lunette.

LUNETTES AMOVIBLES
Ce serpent des sables se débarrasse de la couche supérieure de ses lunettes en même temps qu'il se dépouille de sa peau.

COURBE DE RÉGULATION THERMIQUE

Le maintien de leur température corporelle à un degré optimal conditionne la survie et la vie des reptiles, comme le montre ce graphique mettant en évidence l'activité diurne d'un lézard. La nuit et le matin de bonne heure, l'animal s'abrite du froid. Plus tard, quand la température monte, il se chauffe au soleil pour trouver l'énergie dont il a besoin. Vers midi, il doit se protéger de la chaleur. Un peu plus tard, quand l'air fraîchit, il ressort à la surface pour chercher de nouveau sa nourriture.

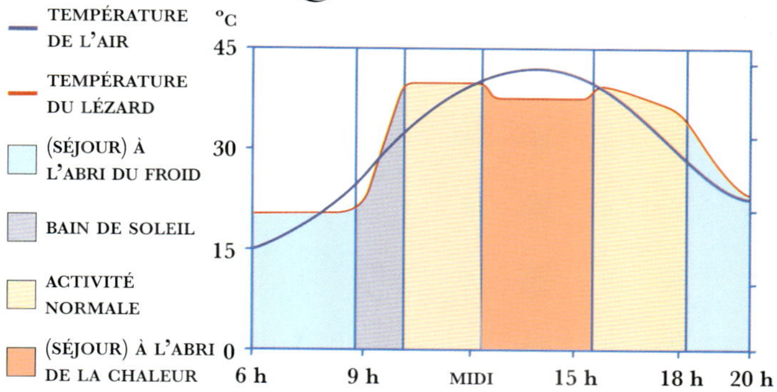

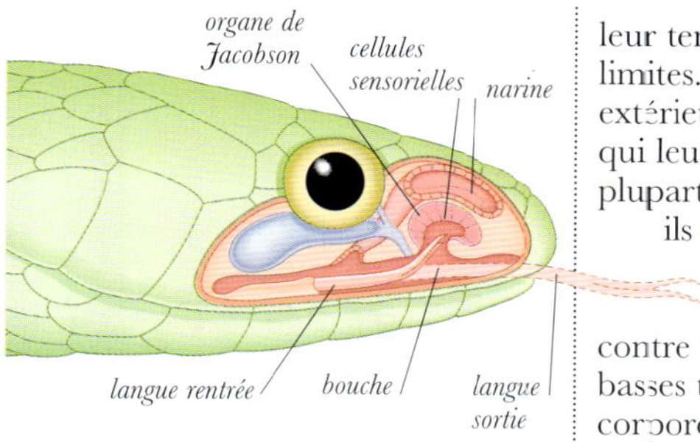

L'ORGANE DE JACOBSON
Les serpents et la plupart des lézards sortent leur langue bifide et la font vibrer pour recueillir des molécules d'odeur. Ces molécules sont ensuite transmises à l'organe de Jacobson, à l'intérieur de la bouche, pour être analysées.

LA RÉGULATION THERMIQUE

Les reptiles ne produisant pas de chaleur interne, ils sont dépendants de facteurs externes pour maintenir leur température entre certaines limites. Quand les températures extérieures sont inférieures à celles qui leur conviennent (pour la plupart des espèces, de 30 à 40 °C), ils font monter la leur en s'exposant au soleil ou en pressant leur ventre contre une pierre chaude. À très basses températures, leurs fonctions corporelles ralentissent, bien que, normalement, cela se produise seulement quand l'animal s'est réfugié dans un terrier ou sous des rochers. Dans les pays tempérés, les reptiles hibernent longtemps. Sous les climats chauds et arides, ils s'abritent pendant la saison la plus chaude de l'année en pratiquant l'estivation. Les reptiles des régions tropicales ont rarement besoin de s'exposer au soleil.

LA REPRODUCTION

Les préliminaires de l'accouplement des reptiles sont peu connus, et la communication chimique y joue sans doute un rôle important. Certains reptiles mâles émettent des sons, d'autres recourent à des signaux visuels (couleurs vives, crêtes, fanons). Ces démonstrations servent à délimiter des territoires autant qu'à attirer les femelles. En général, les femelles sont fécondées par les mâles, mais certains lézards et certains serpents se reproduisent par parthénogenèse.

Le plus souvent, les reptiles pondent des œufs, habituellement sur le sol, mais un nombre important de lézards et de serpents donnent naissance à des petits déjà formés. Les œufs des reptiles ont parfois une coquille dure, mais la plupart ont une coquille parcheminée, qui laisse passer l'eau et l'oxygène nécessaires au développement de l'embryon. Les reptiles cachent leurs œufs dans des cavités, des végétaux en décomposition et d'autres endroits du même genre. L'incubation dure de quelques jours à plusieurs mois (les jeunes de certaines espèces passent l'hiver dans leur nid et sortent presque un an plus tard). Les espèces qui donnent directement naissance à des petits conservent les œufs à l'intérieur de leur corps et les nourrissent parfois à travers une sorte de placenta. Les jeunes ressemblent beaucoup à leurs parents. Ces derniers s'occupent rarement de leur progéniture, sauf les crocodiliens, qui en prennent soin pendant deux ans ou plus, ainsi que certains lézards.

MISE AU MONDE
La femelle du lézard vivipare conserve les œufs à l'intérieur de son corps jusqu'à ce qu'ils soient prêts à éclore. Les petits (2 à 12) sortent de l'œuf très vite et se débrouillent tout seuls pour survivre.

SORTIE D'HIBERNATION
Un groupe de serpents-jarretières à la sortie du nid dans lequel ils ont hiberné ensemble depuis l'arrivée du froid.

TORTUES

PHYLUM	Cordés
CLASSE	Reptiles
ORDRE	Chéloniens
FAMILLES	11
ESPÈCES	Env. 294

LES TORTUES – terme utilisé aussi bien pour les espèces terrestres que pour les tortues aquatiques, d'eau douce ou marines – comptent parmi les plus anciens reptiles du monde. Apparues il y a environ 200 millions d'années, elles ont peu évolué depuis, si bien que les espèces d'aujourd'hui sont très proches de celles qui côtoyaient des animaux comme les dinosaures. Leur principal signe distinctif est la solide carapace qui recouvre les parties molles du corps et les protège des prédateurs et des éléments. Dépourvues de dents, les tortues découpent leur nourriture à l'aide de leurs mâchoires tranchantes. Elles vivent aussi bien sur terre que dans les eaux douces ou les eaux de mer (bien que toutes les espèces pondent leurs œufs sur terre). Bien qu'elles vivent surtout dans les régions tropicales, on en trouve aussi dans des zones tempérées de la planète. Certaines espèces marines entreprennent de longues migrations pour trouver de quoi se nourrir ou pour regagner leurs lieux de nidification.

VERS LA MER
À peine écloses, les jeunes tortues marines, comme ces tortues vertes, doivent trouver leur route vers l'eau. On pense qu'elles suivent instinctivement la pente de la plage ou qu'elles perçoivent des différences de luminosité entre la terre et la mer (la mer étant plus brillante, de jour comme de nuit). En chemin, elles ont à se défendre contre les prédateurs (mouettes, crabes).

REPTILES

ANATOMIE

Les tortues ont toutes une carapace, quatre pattes et un bec corné dans leur mâchoire sans dents. La carapace est constituée d'une partie supérieure (la dossière) et d'une partie inférieure (le plastron), réunies de chaque côté par un pont entre les pattes avant et les pattes arrière. Certaines espèces sont dépourvues de plaques et ont une carapace molle ressemblant à du cuir. La forme des membres diffère selon qu'il s'agit d'espèces terrestres ou aquatiques : la plupart des espèces terrestres ont des pattes courtes en forme de massue, tandis que, chez les espèces aquatiques, elles sont soit palmées, soit en forme de nageoires. Comme elles ont les côtes soudées à la carapace (voir ci-dessous), les tortues ne peuvent pas les faire jouer pour inspirer et expirer de l'air. Elles se servent de muscles situés en haut de leurs pattes pour provoquer l'effet de pompe nécessaire.

SQUELETTE
Les tortues ont un squelette particulier. Les côtes et certaines vertèbres sont soudées à la surface interne de la carapace, et les ceintures pelvienne et scapulaire ont une position inhabituelle à l'intérieur de la cage thoracique. Le crâne a une structure massive, sans orifices derrière les orbites. La longueur du cou, très variable, détermine la façon dont la tête rentre sous la carapace (voir à droite).

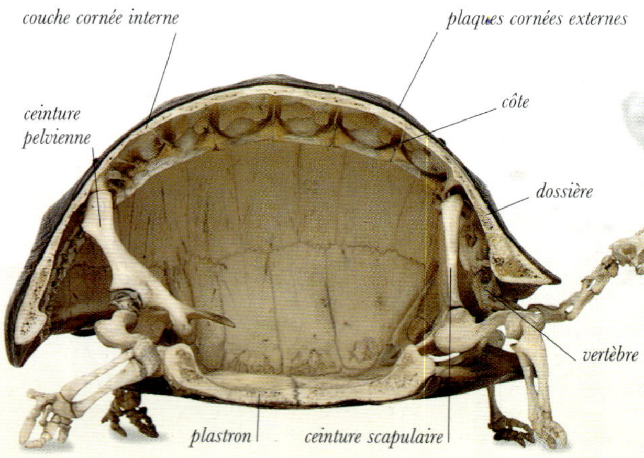

CARAPACE BOMBÉE

CARAPACE PROFILÉE

LA FORME DE LA CARAPACE
La forme de leur carapace influe sur le mode de vie des tortues. Les espèces terrestres, comme la tortue étoilée (ci-dessus, en haut), sont protégées des prédateurs par leur épaisse carapace bombée. Les espèces aquatiques, comme la tortue à oreilles rouges (ci-dessus), glissent aisément dans l'eau grâce à leur carapace plate et profilée. La tortue de Tornier a une carapace souple. Le plastron articulé des tortues-boîtes leur permet de s'enfermer complètement dans leur carapace.

COU DE CÔTÉ ET COU DROIT
Selon la façon dont elles rentrent la tête dans leur carapace, les tortues sont réparties entre deux sous-ordres. Les pleurodires tournent le cou latéralement et abritent leur tête sous le bord de leur carapace. Ce sont toutes des tortues d'eau douce, aquatiques ou semi-aquatiques. Les cryptodires, qui comptent toutes les tortues terrestres et quelques espèces aquatiques, ont un cou plus court qu'elles courbent en forme de S dans un plan vertical de sorte que leur tête reste de face.

PLEURODIRE

CRYPTODIRE

MIGRATION

Les tortues marines parcourent parfois de longues distances pour gagner les plages où elles pondent leurs œufs. Certaines tortues vertes partent des côtes du Brésil et pondent sur l'île de l'Ascension, dans l'Atlantique Sud, ce qui représente un voyage aller et retour d'au moins 4 500 km. Les adultes arrivent sur les lieux de reproduction à quelques semaines d'intervalle les uns des autres. On pense qu'ils s'orientent grâce à la combinaison du champ magnétique terrestre, de la direction des courants, de la composition chimique de l'eau, et de leur mémoire. Le record de distance est détenu par la tortue-luth : elle nage depuis les mers tropicales jusqu'à l'océan Arctique, pour trouver des méduses, son régal.

NAGE
Pour nager, les tortues – comme cette tortue à écailles – utilisent leurs membres antérieurs pour se propulser et leurs membres postérieurs pour se diriger. Selon les espèces, leur vitesse peut varier de 3 à presque 30 km/h.

REPRODUCTION

Les tortues pondent leurs œufs sur terre. Les espèces tropicales pondent souvent plusieurs fois dans l'année, tandis que les espèces des régions tempérées ne pondent qu'une à deux fois par saison de reproduction ; les femelles peuvent stocker le sperme et continuer à pondre des œufs fécondés longtemps après l'accouplement. Le nombre des œufs dépend de la taille de l'espèce : de 1 à 4 chez les petites tortues, jusqu'à 100 chez les plus grosses. La tortue verte est la plus prolifique : elle pond 6 ou 7 fois plus de 100 œufs toutes les deux semaines. Les tortues ne s'occupent pas de leurs petits, bien qu'une espèce au moins (la tortue brune de Birmanie) reste quelques jours au nid pour protéger ses œufs des prédateurs.

ŒUFS
Les œufs des grosses tortues sont presque tous sphériques, mais ceux des petites espèces sont plus allongés. Les coquilles sont tantôt dures et cassantes, tantôt souples. Cette tortue-léopard en train d'éclore casse sa coquille avec une dent spéciale qui tombera peu de temps après.

NIDS
Certaines tortues femelles pondent leurs œufs sous des végétaux en décomposition ou dans les terriers d'autres animaux. Mais la plupart des espèces (comme cette tortue verte) creusent leur nid à l'aide de leurs membres postérieurs. Après la ponte, le trou est comblé et la surface du sol aplanie pour dissimuler les œufs.

CARNIVORES D'EAU DOUCE
Les tortues carnivores (chélydres) vivent dans les lacs peu profonds, les rivières et les marais. Cette chélydre serpentine (à droite) engloutira tout ce qui se trouvera à portée de ses mâchoires tranchantes et de sa bouche.

ALIMENTATION

Les tortues sont trop lentes pour poursuivre des proies en mouvement, aussi, certaines espèces aquatiques – surtout celles qui vivent dans des eaux troubles – se tiennent embusquées en attendant qu'un poisson ou un crustacé leur passe devant. Les tortues, principalement herbivores, se nourrissent de feuilles et de fruits. De nombreuses espèces mangent aussi des animaux, des chenilles, par exemple, et la plupart ne dédaigneront pas le cas échéant la charogne. Au début de leur vie, les tortues d'eau douce sont insectivores et se rassasient de larves aquatiques et d'autres petites proies, puis elles passent à un régime surtout composé de végétation aquatique. Certaines tortues de mer, devenues adultes, ne mangent que des algues, d'autres se nourrissent d'invertébrés (méduses, oursins et mollusques).

TORTUES VÉGÉTARIENNES
Les tortues des Galápagos (à gauche) trouvent leur nourriture dans l'herbe et sur les plantes basses aussi bien que sur les buissons et les arbustes. En période d'activité, elles mangent souvent sans arrêt, sans négliger les fruits tombés et même des carcasses d'animaux.

Carettochelys insculpta

Tortue à nez de cochon

Longueur 70–75 cm
Reproduction Ovipare
Mode de vie Aquatique
Statut VU

Répartition S. Nouvelle-Guinée, N. Australie

Cette tortue australienne qui vit dans les eaux douces a de nombreux points communs avec les tortues marines. Ses membres antérieurs en forme de nageoires ont peu de griffes et sa carapace sculptée, de couleur gris-vert ou marron, est recouverte d'une couche de peau souple. Elle se nourrit d'escargots, de petits poissons et de fruits. Elle se sert de son espèce de groin pour respirer sous l'eau. Les femelles font leur nid dans des trous peu profonds au bord des rivières. Elles pondent jusqu'à 22 œufs enveloppés d'une mince coquille.

Chelodina longicollis

Tortue serpentine

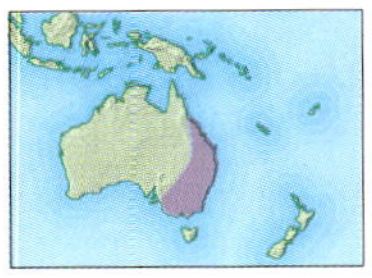

Longueur 20–25 cm
Reproduction Ovipare
Mode de vie Semi-aquatique
Statut Commune

Répartition E. et S. Australie

Avec sa petite tête et son cou démesurément long, cette tortue est l'un des reptiles d'eau douce les plus caractéristiques d'Australie. Sa tête et son cou additionnés, souvent plus longs que sa carapace, lui permettent de capturer des poissons, des têtards et des crustacés. Son cou lui sert aussi de tuba quand elle se repose dans le lit des rivières ou des ruisseaux, dans les marais et les lagunes. En été, elle effectue parfois de longues migrations pour trouver de l'eau. Si on la dérange, elle émet un fluide nauséabond par ses glandes musquées. La femelle pond de 6 à 14 œufs fragiles dans un nid creusé dans des zones herbues ou sableuses, la nuit ou après la pluie.

Chelus fimbriatus

Matamata

Longueur 30–45 cm
Reproduction Ovipare
Mode de vie Aquatique
Statut Commune localement

Répartition N. Amérique du Sud

Au lieu de chercher activement sa proie, la matamata, à la carapace bosselée, se tient à l'affût dans les eaux peu profondes et boueuses, dissimulée par son camouflage. Ses yeux, sur sa tête triangulaire, sont petits, mais elle a de grands tympans externes et des replis de peau sensoriels qui l'aident à détecter ses proies. Son long cou lui sert de tuba pour respirer sans remonter à la surface. Les femelles pondent jusqu'à 28 œufs en une seule fois.

Platemys platycephala

Platémyde à tête plate

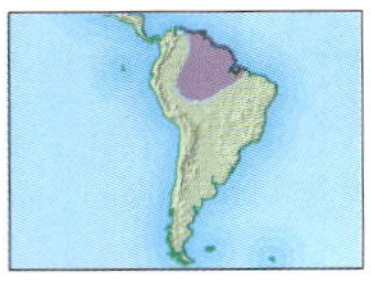

Longueur 14–17 cm
Reproduction Ovipare
Mode de vie Semi-aquatique
Statut Commune

Répartition N. Amérique du Sud

En cas de menace, la platémyde à tête plate se retire sous sa carapace en tournant la tête sur le côté. Sa carapace très aplatie lui permet de se cacher sous les rochers ou les débris végétaux. Sa dossière est marron clair ou marron foncé, ou jaune avec des taches marron, avec deux nervures dans le sens de la longueur. Peu douée pour la nage, elle reste dans les mares peu profondes ou bien se déplace dans la forêt. Elle se nourrit d'insectes aquatiques, de vers, d'escargots et de têtards. La femelle pond un seul œuf, dans un trou ou à même le sol, et le recouvre de feuilles en décomposition.

Chelonia mydas

Tortue verte, ou franche

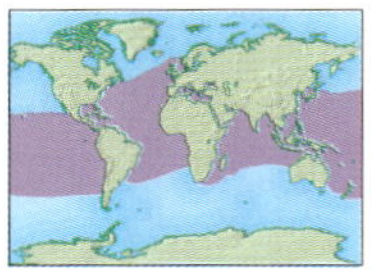

Longueur 1–1,20 m
Reproduction Ovipare
Mode de vie Aquatique
Statut EN

Répartition Mers tropicales, subtropicales et tempérées du monde entier

C'est l'une des plus grandes tortues marines des eaux tropicales et subtropicales. Malgré son nom, elle n'est pas toujours verte, mais les écailles de sa tête et de ses membres sont ourlées d'un liseré de couleur claire caractéristique, de même que les plaques qui bordent sa carapace en forme de bouclier. Les adultes se nourrissent de plantes marines, de racines de mangrove et de feuilles; les jeunes, plus carnivores, mangent aussi des méduses, des mollusques et des éponges. Pour se reproduire, les tortues vertes rejoignent des plages isolées, parcourant parfois plus de 1 000 km en haute mer. Après l'accouplement dans des eaux peu profondes, les femelles gagnent le rivage la nuit venue et pondent de 100 à 150 œufs dans des trous profonds, au-dessus de la limite de la marée haute. Les petits éclosent au bout de six à huit semaines, mais beaucoup sont dévorés par des crabes ou des mouettes avant d'atteindre la mer.

GRANDE ET HYDRODYNAMIQUE
Grâce à sa carapace lisse et à ses puissantes nageoires, cette tortue, qui pèse de 65 à 300 kg, est une grande nageuse. La dossière des adultes va du brun-vert au noir, avec parfois des rayures brunes, rousses et jaunes.

CONSERVATION

Principale victime de la pêche commerciale, la tortue verte a été classée parmi les espèces en danger. Étant donné les perturbations occasionnées sur les plages de reproduction et la diminution du nombre de sites de nidification, des mesures ont été prises : interdiction de chasser et de récolter les œufs, surveillance des plages où sont pondus les œufs, incubation artificielle de ces derniers pour que les petits prennent un bon départ avant d'être remis en liberté.

Eretmochelys imbricata

Tortue à écailles

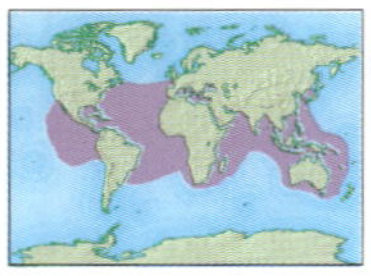

Longueur 60–80 cm
Reproduction Ovipare
Mode de vie Aquatique
Statut CR

Répartition Zones océaniques tropicales

La tortue à écailles, l'une des plus petites tortues marines, se reconnaît aisément à sa dossière qui présente une carène centrale et des bords en dents de scie. Vues de près, ses écailles sont très belles, ce qui a valu à cette espèce d'être victime d'une chasse sauvage. Ces animaux vivent longtemps et sont moins migrateurs que d'autres tortues marines. Leur museau crochu leur sert à chercher des éponges, des mollusques et d'autres animaux au fond de la mer et sur les récifs de coraux.

Caretta caretta

Caouanne, caret

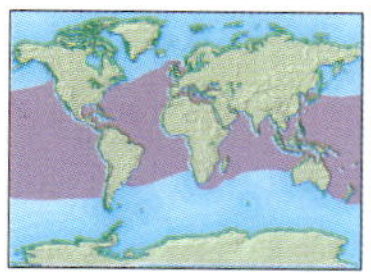

Longueur 70–100 cm
Reproduction Ovipare
Mode de vie Aquatique
Statut EN

Répartition Mers tropicales, subtropicales et tempérées du monde entier

Comparée à la plupart des autres tortues marines, la caouanne a une grosse tête et des mâchoires puissantes capables d'écraser des crabes ou des homards. Au large, elle flotte près de la surface ; dans les estuaires et les baies, elle se tient près du fond, ne remontant à la surface que pour respirer. Elle ne se reproduit, au plus, que tous les deux ans et pond jusqu'à cinq fois environ 100 œufs.

Lepidochelys olivacea

Tortue de Ridley

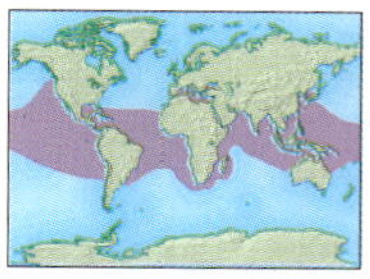

Q : Ridley olivacée
Longueur 50–75 cm
Reproduction Ovipare
Mode de vie Aquatique
Statut EN

Répartition Zones tropicales de l'océan Indien, de l'Atlantique et du Pacifique

La plus petite des tortues marines a une dossière unie vert olive. Elle se nourrit de crustacés, de poissons et de calmars. Les tortues de Ridley migrent en grand nombre vers leurs zones de reproduction. Autrefois d'immenses flottilles de tortues abordaient sur les plages pour y pondre ; le pillage accompli par les hommes a mis un terme à ce spectacle.

Chelydra serpentina

Chélydre serpentine, chélydre à cou de serpent

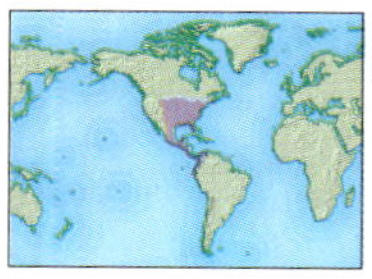

Longueur 25–47 cm
Reproduction Ovipare
Mode de vie Aquatique
Statut Commune

Répartition E. et C. Amérique du Nord, Amérique centrale, N.-O. Amérique du Sud

Cette grande tortue de couleur sombre mord férocement quand elle se sent menacée. Elle a une tête massive, un petit plastron et une dossière rugueuse, quelquefois recouverte d'algues. Elle vit dans les eaux douces et saumâtres, de préférence riches en plantes, enfouie dans la boue avec juste les yeux et les narines qui dépassent. Le jour, elle attend sa proie ; la nuit, elle dévore indistinctement des petits mammifères, des oiseaux, des poissons, des invertébrés et des plantes. Avant l'accouplement, le mâle et la femelle se font parfois face, le cou tendu. Les femelles pondent de 20 à 30 œufs par saison, dans un nid souvent aménagé dans la hutte d'un rat musqué ; elles peuvent conserver le sperme d'une saison de reproduction à la suivante.

Macroclemys temminckii

Tortue-alligator

Longueur 40–80 cm
Reproduction Ovipare
Mode de vie Aquatique
Statut VU

Répartition S.-E. États-Unis

C'est la plus grande tortue d'eau douce du monde, avec un poids maximal de plus de 100 kg. Comme la matamata (voir p. 368), elle chasse surtout en se tenant à l'affût ; elle est munie d'un leurre qui attire les poissons vers ses mâchoires tranchantes. La nuit, elle cherche activement sa nourriture. Les mâles passent toute leur vie au fond des lacs et des rivières ; les femelles sortent de l'eau au printemps et pondent de 10 à 15 œufs sphériques qu'elles enterrent dans le sable ou la boue.

RUGUEUSE ET CARÉNÉE
La tortue-alligator a une carapace rugueuse, trois carènes saillantes et un rang d'écailles supplémentaires de chaque côté.

LEURRE À POISSONS

Pendant le jour, cette tortue laisse ses mâchoires ouvertes et attire les poissons en faisant gigoter un petit appendice rose ressemblant à un ver. Avec son bec corné, elle peut mordre violemment.

Dermatemys mawii

Dermatémyde de Mawe

Longueur 50–65 cm
Reproduction Ovipare
Mode de vie Aquatique
Statut EN

Répartition S. Mexique à Amérique centrale

Les pieds palmés et la carapace aérodynamique de cette tortue gris-vert ne lui sont pas d'un grand secours sur la terre ferme. Le dessus de la tête, jaune ou brun-roux chez les mâles, est gris-vert chez les femelles ; celles-ci ont une queue très courte. En été et en automne, elles pondent de 6 à 20 œufs sur les berges des rivières et les cachent sous des végétaux en voie de putréfaction.
Les adultes sont herbivores ; les jeunes mangent aussi des mollusques, des crustacés et sans doute des poissons. Cette tortue est pourchassée par les loutres et les hommes.

Chrysemys picta

Tortue peinte

Longueur 15–25 cm
Reproduction Ovipare
Mode de vie Aquatique
Statut Commune

Répartition Amérique du Nord

Cette tortue d'eau douce, l'une des plus répandues d'Amérique du Nord, vit dans les lacs, les étangs, les ruisseaux et les rivières lentes, de la côte est jusque dans le Middle West. Les quatre sous-espèces ont toutes une dossière lisse et aplatie, mais certaines ont une bordure rouge à leur carapace, une bande rouge sur le dos ou des raies jaunes ou rouges sur le cou. Ces tortues s'exposent longtemps au soleil, surtout le matin, s'entassant parfois les unes sur les autres sur une souche bien placée. Omnivores, elles cherchent activement leur nourriture de jour et dorment au fond de l'eau la nuit. Pourchassées par les oiseaux, les poissons et les ratons laveurs, elles se protègent en rentrant la tête sous leur carapace ou en s'enfouissant dans la boue. La tortue peinte hiberne pendant une durée variable selon les lieux.
La plupart des femelles pondent de 2 à 20 œufs, en trois fois, dans des trous creusés dans le sable, mais elles ne pondent pas toutes chaque année.

Clemmys guttata

Clemmyde tachetée

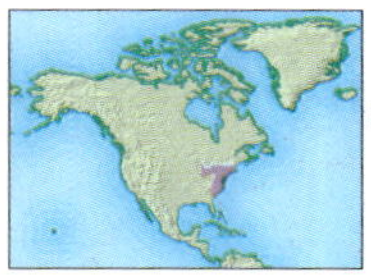

Q : Tortue ponctuée
Longueur 10–12,5 cm
Reproduction Ovipare
Mode de vie Semi-aquatique
Statut VU

Répartition S.-E. Canada, E. États-Unis

Cette petite tortue a des taches jaunes sur sa dossière noire, sur la tête, le cou et les membres. Omnivore active, elle est elle-même pourchassée par des oiseaux et de petits mammifères. Cette tortue semi-aquatique passe l'été dans le lit boueux des lacs et des rivières ou dans des terriers de rats musqués ; elle hiberne dans le même genre d'endroits.

Geochelone nigra

Tortue géante des Galápagos

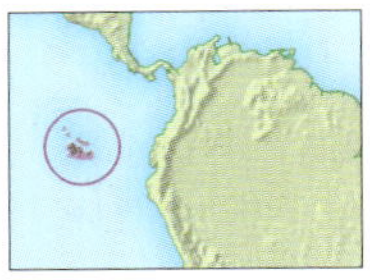

Longueur Jusqu'à 1,20 m
Reproduction Ovipare
Mode de vie Terrestre
Statut VU

Répartition Îles Galápagos

La tortue géante des Galápagos, la plus grosse tortue terrestre, a une énorme carapace, des membres massifs et un long cou. La forme et surtout la taille de la carapace varient selon les îles. Elle passe le plus clair de son temps à chercher de la nourriture et à se chauffer au soleil dans les mares boueuses. À l'époque de la reproduction, les mâles délimitent des territoires et cherchent des femelles ; ces dernières creusent des nids dans le sol pour pondre leurs œufs. Bien que certains spécimens vivent largement plus de cent ans, la tortue des Galápagos reste très menacée. Principales causes : l'introduction d'espèces comme les rats noirs et les chats qui tuent les jeunes, et la concurrence avec les chèvres et le bétail pour la végétation.

VÉGÉTARIENNE MAIS PAS DIFFICILE
La tortue des Galápagos a de puissantes mâchoires sans dents adaptées à n'importe quel type de végétation, y compris les cactus.

FORME DE LA CARAPACE
La forme de la carapace est liée aux habitudes alimentaires : carapace bombée pour les sous-espèces qui broutent de l'herbe, dossière en forme de selle pour celles qui trouvent leur nourriture sur les arbustes.

CONSERVATION

Depuis 1965, la station de recherche Charles-Darwin a mis en place un programme de reproduction et de rapatriement pour protéger les tortues des Galápagos. En mars 2000, ce programme a permis de relâcher 1 000 tortues.

DE VÉRITABLES GÉANTES
La taille impressionnante des tortues des Galápagos est sans doute le résultat de leur adaptation à un environnement où la nourriture est rare ; plus les tortues sont grosses, plus elles peuvent faire des réserves.

REPTILES

ACCOUPLEMENT

Le prélude de l'accouplement est sans ménagement : ayant localisé une femelle réceptive, le mâle la contraint à la soumission en lui mordant les pattes, avant de l'immobiliser. Puis il grimpe sur son dos pour s'accoupler.

Dermochelys coriacea

Tortue-luth

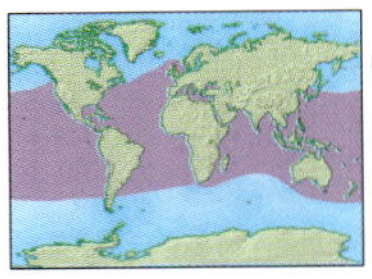

Longueur 1,30 – 2,40 m
Reproduction Ovipare
Mode de vie Aquatique
Statut CR

Répartition Mers tropicales, subtropicales et tempérées du monde entier

La tortue-luth, qui peut peser jusqu'à 850 kg, est de très loin la plus grande tortue marine et l'un des plus gros animaux sillonnant les océans. Certains individus marqués ont traversé l'Atlantique. Physiquement, elle se distingue des autres tortues marines par son poids, mais aussi par le revêtement coriace de sa carapace allongée et par ses nageoires dépourvues de griffes. Elle se nourrit surtout de méduses ; sa gorge présente des épines, dirigées vers l'arrière, qui empêchent les proies (particulièrement les méduses) de glisser. En général, elle trouve sa nourriture en surface, mais elle peut plonger jusqu'à 400 m de fond – peut-être même jusqu'à 1 000 m – en retenant sa respiration pendant plus d'une demi-heure. On peut voir des rassemblements de tortues-luths à la saison de reproduction, quand les mâles se disputent les femelles qui arrivent sur les côtes pour pondre leurs œufs. Comme d'autres tortues marines, les femelles ont un instinct très développé qui les ramène toujours sur la même portion de plage ; elles pondent pendant les nuits sans lune pour ne pas être repérées. La carapace des juvéniles est recouverte de petites écailles nacrées qui disparaissent par la suite.

CONSERVATION

Les tortues-luths font leurs nids sur des plages tropicales sablonneuses. En beaucoup d'endroits, par suite de l'aménagement des plages, les nids sont pillés à la fois par les hommes, les chiens errants et les prédateurs naturels. Pour protéger les tortues-luths, on ramasse les œufs, on les fait incuber en sûreté, puis on relâche les jeunes dans l'océan.

EXCURSION À TERRE
Cette femelle, sortie de l'eau pour pondre ses œufs, se hisse péniblement sur la plage. En moyenne, elle passe au maximum deux heures par an sur la terre ferme.

Clemmys insculpta

Tortue des bois

Longueur 14 – 19 cm, max. 23 cm
Reproduction Ovipare
Mode de vie Semi-aquatique
Statut VU

Répartition S.-E. Canada, E. États-Unis

Grimpeuse hors pair, la tortue des bois est vagabonde de nature ; on la rencontre souvent dans les champs ou sur les routes, surtout après la pluie. Les écailles de la dossière présentent des stries concentriques ; sa couleur foncée procure un bon camouflage. Omnivores, les tortues des bois mangent des vers, des limaces, des insectes, des têtards, aussi bien que des feuilles, des baies et d'autres nourritures végétales. Elles s'accouplent dans l'eau ; les femelles pondent 7 ou 8 œufs. À une certaine époque, les adultes étaient recherchés pour leur chair.

Cuora flavomarginata

Tortue-boîte orientale

Longueur 10 – 12 cm
Reproduction Ovipare
Mode de vie Semi-aquatique
Statut EN

Répartition E. Asie (y compris Taïwan et les îles Ryukyu)

Cette tortue possède un plastron articulé qui lui permet de s'enfermer complètement dans sa carapace ; des rayures jaunes sont visibles sur la carapace ainsi qu'entre les yeux et le cou. Elle vit surtout dans les rizières, les étangs et les ruisseaux, mais elle se chauffe aussi au soleil et se déplace sur le sol. Elle se nourrit de poissons, de crustacés, de vers et de fruits. Les femelles pondent dans la terre ou le sable plusieurs fois par an un ou, parfois, plusieurs œufs.

Cyclemys dentata

Tortue-feuille d'Asie

Longueur 15 – 24 cm
Reproduction Ovipare
Mode de vie Semi-aquatique
Statut LR

Répartition S.-E. Asie

Cette tortue possède une carapace ovale, dentelée près de la queue. La dossière est brun clair ou brun foncé (parfois acajou) avec de fines lignes noires. Sur le plastron, les lignes, plus visibles, rayonnent à partir du centre de chaque écaille. Les mâles, plus petits que les femelles, ont une queue plus longue et plus épaisse. La tortue-feuille d'Asie, omnivore, se nourrit d'invertébrés et de têtards aussi bien que de plantes. Très active sur terre et dans l'eau, elle vit dans les ruisseaux peu profonds de montagne ou de plaine. En cas de menace, elle rentre dans sa carapace ou bien plonge au fond de l'eau et se cache dans la boue. La femelle creuse un trou dans lequel elle pond chaque année jusqu'à cinq fois de 2 à 4 œufs, assez gros. Le plastron, flexible, facilite la ponte des œufs. Les jeunes, plus aquatiques que les adultes, présentent autour de leur carapace des épines ou des pointes – qui tombent par la suite –, sans doute pour éloigner les prédateurs.

REPTILES

Emys orbicularis

Cistude d'Europe

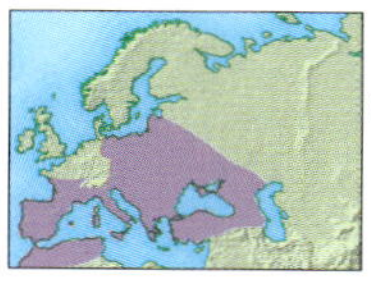

Longueur 15–20 cm, max. 50 cm
Reproduction Ovipare
Mode de vie Semi-aquatique
Statut LR

Répartition N. Afrique, Europe, O. Asie

Cette tortue verte, marron ou noire est l'une des deux espèces d'eau douce d'Europe. La dossière est lisse ; une articulation permet de relever le plastron quand la tortue rentre la tête, mais les adultes ne peuvent pas fermer complètement leur carapace. Ces tortues passent le plus clair de leur temps à se chauffer au soleil ; au moindre danger, elles plongent. Elles mangent des grenouilles, des poissons et d'autres petits animaux, sur terre et dans l'eau.

Terrapene carolina

Tortue-boîte de Caroline

Longueur 10–21 cm
Reproduction Ovipare
Mode de vie Semi-terrestre
Statut LR

Répartition E. États-Unis

En captivité, cette tortue peut vivre cent ans ; à l'état sauvage, elle préfère les habitats humides tels que les prairies, les plaines inondables ou les forêts. Très active le matin, surtout après la pluie, elle cherche des limaces, des vers, des champignons ou des baies. Au milieu de la journée et en plein été, elle se met à couvert ou se cache dans la boue pour se protéger de la chaleur ; pendant la saison froide, elle hiberne. Les femelles pondent des œufs fécondés pendant plusieurs années après un seul accouplement. Les jeunes tortues sont attaquées par des mammifères comme les ratons laveurs et par des oiseaux de proie.

BIEN FERMÉE

Le plastron de la tortue-boîte commune présente une articulation ; quand la tortue rentre la tête sous sa carapace, la partie avant du plastron remonte, assurant à l'animal une protection efficace.

TORTUE OCRE
Ce spécimen a une carapace ocre, mais certaines tortues-boîtes communes sont orange ou jaunes, d'autres noires avec des lignes jaunes rayonnantes.

Trachemys scripta elegans

Tortue à oreilles rouges

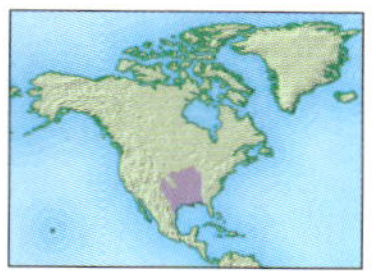

Q : Tortue peinte ornée
Longueur 20–30 cm
Reproduction Ovipare
Mode de vie Aquatique
Statut LR

Répartition S.-E. États-Unis

Reconnaissables à la rayure rouge vif en arrière de l'œil, ces tortues d'eau douce font partie d'une douzaine d'espèces qui vivent dans les lacs, les rivières et les ruisseaux d'Amérique du Nord. Elles se chauffent au soleil et, si elles n'ont pas assez de place, elles s'empilent, mais elles plongent rapidement à l'eau quand on les dérange. Les adultes se nourrissent presque uniquement de végétaux, mais les jeunes mangent des têtards et des invertébrés aquatiques.

Kinosternon flavescens

Tortue musquée jaune

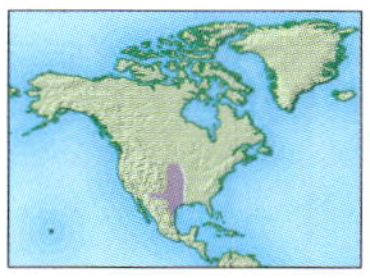

Q : Tortue bourbeuse jaune
Longueur 12–16 cm
Reproduction Ovipare
Mode de vie Surtout aquatique
Statut Commune

Répartition S. Central États-Unis, N. Mexique

Quand cette tortue est attaquée, non seulement elle se retire dans sa carapace, mais, en plus, elle répand une odeur infecte issue de deux paires de glandes situées sous sa carapace. Enfin, à l'occasion, elle mord. Elle écrase ses proies (escargots, vers, insectes, têtards) entre ses mâchoires puissantes. Surtout diurne, elle se plaît dans les eaux calmes et peu profondes. En plein été, elle se protège de la chaleur dans les terriers des rats musqués ou bien en s'enfonçant sous les feuilles mortes. Dans les régions plus fraîches, elle hiberne.

Sternotherus odoratum

Tortue musquée

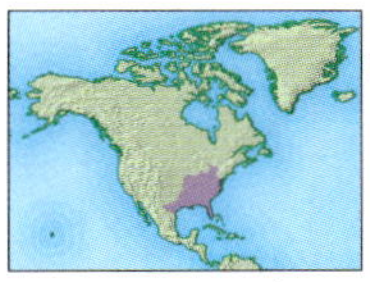

Longueur 8–13 cm
Reproduction Ovipare
Mode de vie Surtout aquatique
Statut Commune

Répartition S. et E. États-Unis

En cas de menace, cette tortue répand une odeur infecte et peut mordre violemment. Elle quitte rarement le fond boueux des eaux calmes et peu profondes. Elle a une activité diurne, mais elle chasse aussi la nuit. La paire de barbillons sensoriels qu'elle porte au menton l'aide à trouver sa nourriture – surtout des insectes, des mollusques, des végétaux ou des charognes. Elle-même est la proie du pygargue à tête blanche et de la buse à épaulettes rousses, des alligators et de poissons tel le black-bass. Les femelles font leur nid sous des souches ou dans les huttes des rats musqués ; elles pondent de 1 à 5 œufs par couvée.

Pelomedusa subrufa

Péloméduse roussâtre

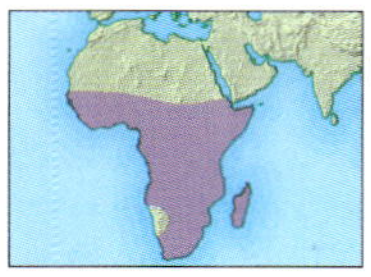

Longueur 20–32 cm
Reproduction Ovipare
Mode de vie Semi-aquatique
Statut Commune

Répartition Afrique (sud du Sahara)

Cette tortue vit dans les mares de la savane africaine. Pendant la saison des pluies, elle va de l'une à l'autre, cherchant les grenouilles, les têtards, les mollusques, les invertébrés et les charognes dont elle se nourrit. Pendant la saison sèche, elle s'enterre dans la boue. Quand elle est menacée par des crocodiles ou d'autres carnivores, elle s'enferme dans sa carapace grâce à son plastron articulé ; elle peut aussi émettre une substance à l'odeur pénétrante ou expulser le contenu de son cloaque.

Pelodiscus sinensis

Trionyx de Chine

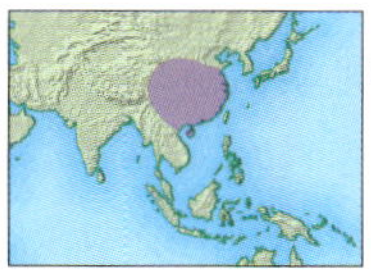

Longueur 15–30 cm
Reproduction Ovipare
Mode de vie Aquatique
Statut VU

Répartition E. Asie

Son museau allongé et ses narines en forme de tuba permettent à cette tortue de respirer dans l'eau peu profonde. Ses pieds palmés sont adaptés à la nage. Au repos, elle se tient au fond de l'eau, enterrée dans le sable ou la boue, ne levant la tête que pour respirer ou saisir une proie. La nuit, elle attrape des crustacés, des mollusques, des insectes, des poissons et des amphibiens. En cas de menace, elle ne peut pas rentrer complètement dans sa carapace, mais ses morsures sont redoutables.

REPTILES

Geochelone carbonaria

Géochélone

Longueur 40–50 cm
Reproduction Ovipare
Mode de vie Terrestre
Statut Commune localement

Répartition N. à C. Amérique du Sud

Le genre *Geochelone* compte les plus grosses tortues terrestres du monde mais aussi des espèces plus petites, comme celle-ci, originaire d'Amérique du Sud. Les pattes de cette espèce sont tachetées de rouge ou d'orange et la carapace des mâles adultes, particulièrement allongée, est resserrée au milieu. Comme la plupart des espèces voisines, cette tortue se nourrit surtout de végétaux (feuilles, fruits tombés), mais elle mange aussi des restes d'animaux. Les femelles pondent de 2 à 15 œufs presque sphériques plusieurs fois par an.

Geochelone elegans

Tortue étoilée

Longueur Jusqu'à 28 cm
Reproduction Ovipare
Mode de vie Semi-aquatique
Statut VU Δ

Répartition S. Asie

Avec ses motifs en forme d'étoile et sa carapace bosselée, cette espèce asiatique est facilement reconnaissable. La dossière a la forme d'un dôme, lui-même constitué de dômes plus petits (les écailles). La tortue étoilée a besoin de beaucoup d'eau et se montre surtout active pendant la saison de la mousson. En période de sécheresse, elle ne bouge que le matin et en fin d'après-midi. Chaque année, la femelle pond plusieurs fois jusqu'à 10 œufs dans un trou en forme de bouteille profond de 10 à 15 cm.

Geochelone pardalis

Tortue-léopard

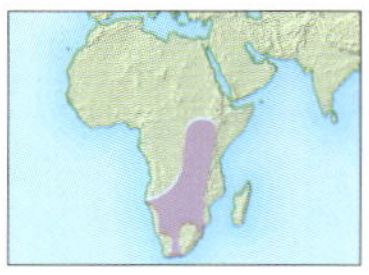

Longueur 30–70 cm
Reproduction Ovipare
Mode de vie Terrestre
Statut Non évalué

Répartition E. à S. Afrique

La dossière de la tortue-léopard est jaune, avec des taches foncées irrégulières plus nettes mais moins nombreuses chez les jeunes. Elle peut mesurer jusqu'à 70 cm de long. Cette tortue vit dans des milieux variés depuis les broussailles des rivages sablonneux jusqu'aux prairies et aux zones semi-désertiques, rarement dans les déserts très secs. Elle s'enterre pour hiberner dans les milieux frais et pour estiver dans ceux qui sont plus chauds. Herbivore, elle se nourrit d'herbes, de fruits tombés, de champignons et de plantes succulentes. Les femelles, après avoir uriné pour rendre le sol moins dur, creusent des trous avec leurs pattes antérieures et pondent trois fois de 5 à 30 œufs à un mois d'intervalle. Les petits doivent attendre plusieurs semaines dans leur nid que la pluie ramollisse le sol pour pouvoir sortir à la surface. Ils sont la proie des varans, des cigognes, des corbeaux et des petits mammifères.

Gopherus agassizii

Tortue fouisseuse

Q : Tortue du désert
Longueur 25–36 cm
Reproduction Ovipare
Mode de vie Terrestre
Statut VU

Répartition S.-O. États-Unis, N.-O. Mexique

Avec leurs pattes antérieures en forme de pelle, ces tortues creusent des trous pour se défendre de la chaleur le jour et du froid la nuit. Pour échapper à la sécheresse, elles se réfugient dans des abris individuels ; pour lutter contre le froid, elles se rassemblent dans des terriers communautaires creusés dans les talus. Elles vivent au moins cinquante ans, se nourrissant de cactus, d'herbes et d'insectes. Le plastron des mâles, renforcé, les protège lors de leurs affrontements à la saison de la reproduction.

Homopus signatus

Homopus

Longueur 6–8 cm
Reproduction Ovipare
Mode de vie Terrestre
Statut LR

Répartition O. S. Afrique

Cette espèce africaine est la plus petite du monde ; les mâles sont minuscules. Du fait de leur taille, ces tortues sont des proies faciles pour les mammifères carnivores et les oiseaux ; en revanche, elles peuvent aisément se mettre à l'abri sous des rochers. Leur carapace aplatie, brune, rouge orangé ou rose saumon, est ornée de beaux motifs noirs. Les homopus vivent dans les endroits secs, se nourrissant de petites plantes succulentes.

Kinixys erosa

Kinixys

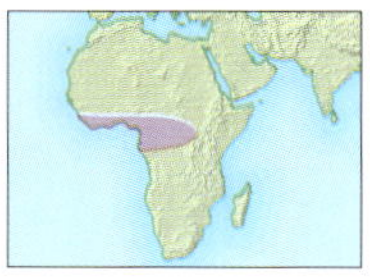

Longueur 25–32 cm
Reproduction Ovipare
Mode de vie Semi-terrestre
Statut Non évalué

Répartition O. à C. Afrique

Cette tortue peut s'enfermer complètement dans sa carapace grâce à l'articulation située à l'arrière de la dossière. Bonne nageuse, elle vit dans les marécages et au bord des rivières de son habitat forestier. Sur terre, elle se réfugie sous des racines et des bûches. Cette omnivore se nourrit de plantes, de fruits et d'invertébrés aussi bien que de charognes. Les femelles pondent plusieurs fois jusqu'à 4 œufs. Ces derniers sont déposés à même le sol et cachés sous des feuilles.

Malacochersus tornieri

Tortue de Tornier

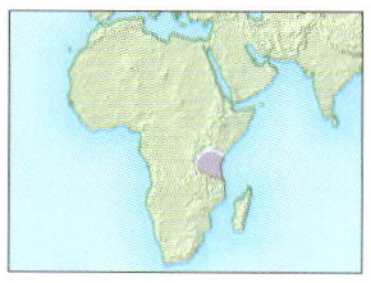

Longueur 14–17 cm
Reproduction Ovipare
Mode de vie Terrestre
Statut VU

Répartition E. Afrique

Cette tortue a une carapace très plate et très flexible. Elle peut ainsi se glisser dans d'étroites fentes pour échapper aux mammifères et aux oiseaux prédateurs. Pour se mettre à l'abri, elle peut aussi creuser des trous en enfonçant ses griffes et en imprimant un mouvement de rotation à ses pattes de devant. Elle se montre active surtout le matin quand elle cherche des herbes, des feuilles et des fruits, mais ne s'éloigne jamais des monticules rocheux où elle passe la nuit. En été, elle se faufile sous une pierre plate et estive pour éviter la chaleur. Les femelles pondent plusieurs fois un seul œuf pendant la saison de la reproduction.

Testudo hermanni

Tortue d'Hermann

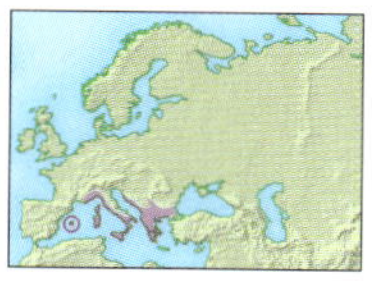

Longueur 15–20 cm
Reproduction Ovipare
Mode de vie Terrestre
Statut LR (très menacée en France)

Répartition S.-E. Europe, îles de la Méditerranée

Souvent confondue avec la tortue mauresque (voir à droite), cette tortue est la plus petite des trois espèces qui vivent dans le sud de l'Europe. Sa carapace bombée et légèrement bosselée, jaune, verte ou brunâtre, est parsemée de taches sombres irrégulières. Comme chez la plupart des tortues, les mâles sont légèrement plus petits que les femelles, ils ont une queue plus longue et un plastron concave. Principalement végétarienne, la tortue d'Hermann se nourrit de fruits, de fleurs et de feuilles, mais elle mange aussi des limaces, des escargots et des débris d'animaux. Elle vit dans les endroits couverts d'une épaisse végétation, se frayant un chemin avec ses pattes courtes mais puissantes. En été, elle cesse d'être active pendant les heures les plus chaudes de la journée et dans l'extrême Sud, elle estive. Quand les hivers sont froids, elle hiberne pendant plusieurs mois. Comme la plupart des tortues terrestres, la tortue d'Hermann émet des sifflements et des grognements, surtout pendant la saison de reproduction. Après l'accouplement, les femelles creusent un nid dans lequel elles pondent de 3 à 12 œufs, parfois plus. Cette espèce est aujourd'hui protégée.

dossière ovale et bombée

membres antérieurs écailleux

taches foncées et irrégulières

Testudo graeca

Tortue mauresque, ou grecque

Longueur 20–35 cm
Reproduction Ovipare
Mode de vie Terrestre
Statut VU

Répartition S. Europe, S.-O. et O. Asie, N.-O. Afrique, îles de la Méditerranée

La présence de gros ergots sur ses pattes antérieures permet de distinguer la tortue mauresque de la tortue d'Hermann. Sa carapace, qui ressemble à celle de l'espèce ci-contre, est plus lisse. Elle vit dans les endroits herbus et les dunes sableuses et se nourrit de feuilles, de fruits et occasionnellement de charognes et d'excréments de mammifères. La femelle pond jusqu'à 12 œufs.

Chersina angulata

Chersina

Longueur 15–20 cm
Reproduction Ovipare
Mode de vie Terrestre
Statut Commune localement

Répartition S. Afrique

Cette espèce présente une carapace haute et très bombée. Elle se nourrit d'herbes et de plantes succulentes. Pendant l'hiver, elle hiberne. Malgré sa cuirasse, elle est la proie des varans, de mammifères carnivores et même de grands oiseaux rapaces. Les mâles, contrairement à l'ordinaire légèrement plus gros que les femelles, s'affrontent au début de la saison de reproduction. Les femelles pondent 1 ou, rarement, 2 œufs.

triangles noirs

HATTÉRIAS

PHYLUM	Cordés
CLASSE	Reptiles
ORDRE	Rhynchocéphales
FAMILLE	1 (Sphenodontidae)
ESPÈCES	2

Les hattérias, ou sphénodons, qui ressemblent à des lézards, sont les derniers représentants d'un groupe de reptiles qui prospéraient il y a plus de 200 millions d'années. Localisés dans deux groupes d'îlots au large des côtes de Nouvelle-Zélande, ils vivent dans des terriers et sont principalement nocturnes. Comparés aux autres reptiles, ils supportent bien le froid, restant actifs jusqu'à –10 °C. Leur croissance est lente, ils se reproduisent peu souvent et vivent peut-être jusqu'à plus de cent ans.

BAINS DE SOLEIL
Ces animaux sont surtout nocturnes, mais on peut en apercevoir sur les rochers, les jours de soleil. Du fait de la lenteur de leur métabolisme, ils respirent rarement ; au repos, une fois par heure.

ANATOMIE

Les hattérias ont une grosse tête, une longue queue et des membres bien développés. La structure de leur crâne diffère de celle des lézards (voir ci-dessous) ; par ailleurs, ils n'ont ni tympans, ni oreille moyenne, ni organe sexuel mâle externe. Le « troisième œil », sur la tête, n'a pas de fonction évidente.

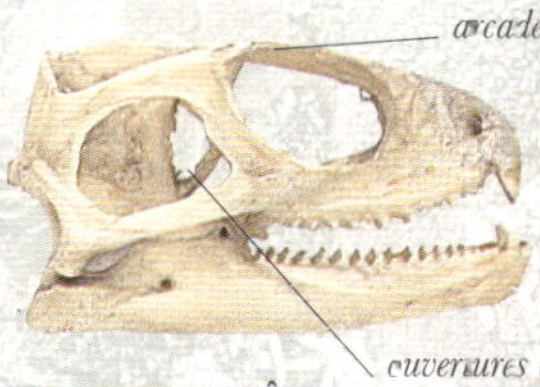

arcade osseuse

ouvertures à l'arrière de la tête

FORME DU CRÂNE
Le crâne de l'hattéria présente deux ouvertures à l'arrière de la tête alors que la plupart des lézards n'en ont qu'une. Des denticules (et non des dents séparées) bordent les mâchoires supérieure et inférieure.

ALIMENTATION

Essentiellement insectivores, les hattérias se nourrissent des coléoptères et des grillons qu'attirent les colonies d'oiseaux de mer. Ils mangent aussi d'autres invertébrés, des petits lézards et, parfois, les œufs et les oisillons des oiseaux dont ils partagent le nid.

TERRIERS
Les hattérias creusent leurs propres terriers ou bien occupent ceux des oiseaux de mer, comme les petits pétrels. Ils cherchent leur nourriture tout près de l'entrée du terrier.

Sphenodon punctatus

Hattéria

Longueur 50–60 cm
Reproduction Ovipare
Mode de vie Fouisseur
Statut Commun localement

Répartition Nouvelle-Zélande (îles côtières)

Avec sa crête épineuse et sa peau flasque et écailleuse, l'hattéria offre une ressemblance trompeuse avec certains iguanes (voir p. 406-407). Autrefois très répandu en Nouvelle-Zélande, il ne subsiste plus que sur des îlots côtiers où il est très protégé. Les hattérias adultes se nourrissent à la nuit tombée d'araignées, d'insectes et de vers. Leur croissance est très lente et les femelles ne se reproduisent pas avant l'âge de vingt ans. Les œufs se développent pendant un an dans le corps de la femelle et, après la ponte, ils mettent encore un an avant d'éclore. Jusqu'à une époque récente, on pensait que l'hattéria était la seule espèce de la famille des sphénodons, mais des analyses génétiques ont montré qu'un groupe d'hattérias de North Brother Island constitue une espèce distincte, *Sphenodon guentheri*.

crête réduite de la femelle

SERPENTS

PHYLUM	Cordés
CLASSE	Reptiles
ORDRE	Squamates
SOUS-ORDRE	Ophidiens
FAMILLES	18
ESPÈCES	Env. 2900

REMARQUE

Les serpents sont étroitement apparentés aux lézards et aux amphisbènes. Leurs affinités font l'objet de nombreux débats, si bien qu'aucune classification ne fait l'unanimité. La controverse la plus importante porte sur le nombre de familles. La plupart des spécialistes en comptent 18, alors que d'autres considèrent certaines comme des sous-familles et classent, par exemple, les boas et les pythons dans une seule et même famille.

LES SERPENTS sont de redoutables prédateurs, très évolués. Bien qu'ils n'aient ni pattes, ni paupières, ni oreilles externes, ces animaux se déplacent aisément et trouvent leurs proies grâce à leurs sens très perfectionnés. Les serpents mangent d'autres animaux (des fourmis aux antilopes), après avoir immobilisé certains d'entre eux en les étouffant ou en les mordant avec leurs crochets à venin. Les os de leur crâne, souplement articulés, permettent aux mâchoires de s'ouvrir toutes grandes et d'avaler la proie en entier. On trouve des serpents sur tous les continents (excepté l'Antarctique) et dans de nombreuses îles océaniques. Un serpent sur dix est venimeux et, parmi ceux-ci, un petit nombre seulement sont dangereux pour l'homme.

REPTILES

ANATOMIE

D'après sa morphologie, on peut savoir dans quel milieu vit un serpent : les espèces grimpeuses sont longues et minces, les fouisseurs plutôt petits et trapus avec une queue courte et un museau arrondi, les serpents de mer ont la queue en forme de pagaie. Les serpents n'ont qu'une seule rangée d'écailles, assez larges, sur le ventre, et des écailles plus petites sur le dessus. Certaines espèces ont de grandes écailles sur la tête, d'autres de plus petites. Les yeux sont protégés par des paupières transparentes, appelées lunettes, remplacées à chaque mue. Les écailles sont lisses, carénées ou granuleuses. Les organes internes sont adaptés à l'étroitesse du corps. Les organes pairs sont répartis dans la cavité abdominale ; un seul poumon fonctionne, l'autre est atrophié. Les serpents de mer ont un poumon plus développé, car une partie assure la flottabilité.

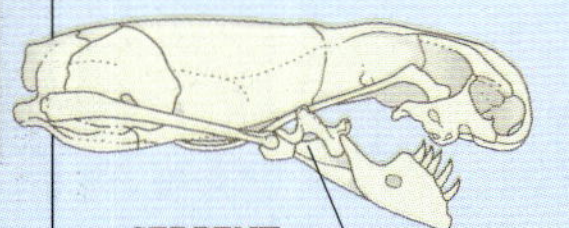

SERPENT PRIMITIF

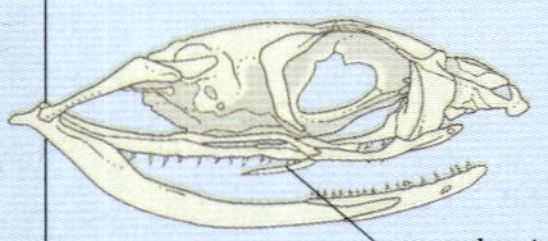

SERPENT À CROCHETS POSTÉRIEURS

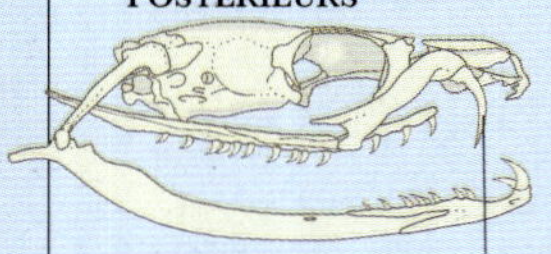

SERPENT À CROCHETS ANTÉRIEURS

SQUELETTE
Les serpents ont jusqu'à 400 vertèbres articulées. Chacune est munie de deux excroissances qui empêchent la colonne vertébrale de se tordre. Les côtes, attachées aux vertèbres, sont absentes sur la queue. Certaines espèces ont une ceinture pelvienne et les serpents archaïques ont des vestiges de membres postérieurs (petits éperons), mais aucun serpent n'a de ceinture scapulaire.

CRÂNE ET DENTS
Les serpents primitifs ont un crâne massif et quelques dents. Les autres ont un crâne plus léger et des maxillaires reliés par des ligaments élastiques. Les dents sont fixées aux mâchoires ou à la voûte du palais. Les crochets à venin sont à l'avant ou à l'arrière, parfois fixés à la mâchoire supérieure.

SENS
Les serpents, qui n'ont ni une bonne vue ni une bonne ouïe, se fient à leurs autres sens. Leur odorat, bien développé, est complété par l'organe de Jacobson (voir p. 365) et, quand ils sont actifs, les serpents dardent constamment leur langue pour faire des prélèvements dans leur environnement. Certaines vipères et quelques boas et pythons détectent les infimes changements de température de l'air grâce aux organes thermosensibles, appelés fossettes faciales, situés sur leur face.

FOSSETTES FACIALES

LANGUE BIFIDE

INGESTION D'UN LÉZARD

1 **APPROCHE FURTIVE**
Un serpent-liane glisse lentement le long d'une branche en direction d'un insouciant gecko.

2 **L'ATTAQUE**
Soudain, le serpent s'arque au-dessus du gecko et lui inocule son venin avec ses crochets postérieurs.

3 **LA CAPTURE**
Le gecko tombe, mais la queue du serpent, enroulée autour d'une branche, le retient.

4 **CHANGEMENT DE PRISE**
Le serpent place le gecko en position adéqu[ate] pour pouvoir l'avaler.

LOCOMOTION

Dépourvus de pattes, les serpents ont recours à diverses façons de se déplacer (voir à droite) en se servant de leurs côtes et des muscles qui y sont attachés. La technique utilisée dépend aussi du poids du serpent, de la vitesse qui lui est nécessaire et du type de surface. Beaucoup de serpents changent de mode de locomotion selon leurs besoins. En plus des techniques représentées ici, certaines vipères du désert en adoptent une autre : le déplacement latéral (voir p. 398).

PROGRESSION RECTILIGNE
Les serpents lourds, ceux qui sont lents ou ceux qui traquent des proies avancent en ligne droite, en accrochant le bord de leurs écailles ventrales aux irrégularités du sol. Ils se propulsent en avant en un mouvement ondulatoire.

ONDULATION LATÉRALE
Se servant de tous les points de son corps pour prendre appui sur les irrégularités du sol, le serpent ondule latéralement. Il utilise aussi cette technique pour nager et pour grimper.

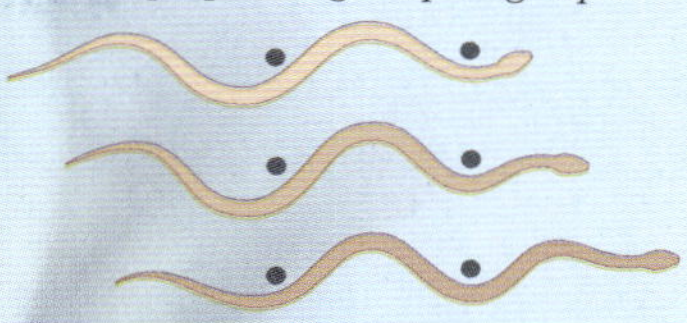

MOUVEMENT EN ACCORDÉON
Pour se déplacer, les serpents fouisseurs étirent l'avant du corps, le bloquent contre les parois de la galerie puis tirent l'arrière.

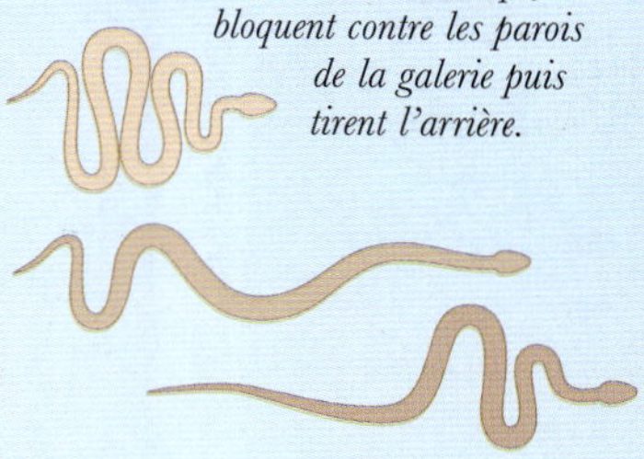

SERPENTS GRIMPEURS
Pour se déplacer facilement dans leur habitat, les serpents arboricoles ont un corps plus mince et plus léger que celui des espèces vivant sur le sol ou sous terre. Ils utilisent leur longue queue pour s'agripper aux branches tandis que leurs solides vertèbres leur permettent de franchir de grands intervalles. Ce crotale de Schultz se sert de ses grands yeux et de ses fossettes faciales pour localiser sa proie.

CHASSE ET ALIMENTATION

Certains serpents ont une alimentation spécifique, d'autres mangent des proies très variées, y compris d'autres serpents. Les petits animaux inoffensifs sont simplement capturés puis avalés ; ceux qui sont plus gros ou capables de se défendre sont d'abord tués par étouffement ou par inoculation de venin. La digestion d'un gros repas est longue et commence dans la bouche par l'action de puissants sucs salivaires. Le venin est un mélange de sucs digestifs modifiés qui agissent rapidement sur le système nerveux et le tissu sanguin de la proie.

DÉGLUTITION
Des mâchoires souples et une peau très élastique permettent à ce serpent mangeur d'œufs d'avaler une proie plus grosse que sa tête. Il lui faudra plusieurs heures pour digérer un tel repas.

CONSTRICTION
Le constricteur tue sa proie en l'étouffant. À chaque expiration de sa victime, ce python d'Afrique resserre son étreinte jusqu'à l'arrêt de la respiration.

REPRODUCTION

La plupart des serpents pondent des œufs, mais un nombre important d'entre eux donnent directement naissance à des petits. Les espèces des régions tempérées s'accouplent généralement au printemps et ont des œufs ou des petits en été. Chez les espèces tropicales, la reproduction peut durer longtemps et il y a plusieurs pontes par an. Mâles et femelles se repèrent à l'odorat ; la parade nuptiale est peu élaborée. Les serpents ne s'occupent pas de leurs petits, sauf les pythons et quelques autres espèces dont les femelles restent lovées autour de leur ponte.

ŒUFS ET JUVÉNILES
Les jeunes serpents, comme ce cobra indien (naja), brisent leur coquille à l'aide d'une dent temporaire, pointue. Le serpenteau enroulé à l'intérieur de la coquille est jusqu'à sept fois plus long que l'œuf.

LA TÊTE EN PREMIER
…te du gecko est avalée en premier car, dans …s-là, les pattes suivent plus facilement.

6 **EXTENSION DES MÂCHOIRES**
Le serpent ouvre à fond ses mâchoires et enfonce le gecko dans sa bouche avec ses crochets.

7 **ACTION MUSCULAIRE**
Quand la proie est presque entièrement dans la gorge, des contractions musculaires la poussent dans l'estomac.

8 **DIGESTION**
Sa proie complètement ingurgitée, le serpent se cherche un coin tranquille pour digérer.

Boas, pythons et alliés

PHYLUM	Cordés
CLASSE	Reptiles
ORDRE	Squamates
SOUS-ORDRE	Ophidiens
SUPERFAMILLE	Hénophidiens
FAMILLES	11
ESPÈCES	149

Les boas et les pythons, puissants serpents constricteurs, comptent parmi eux l'anaconda (un boa) et les pythons réticulés d'Afrique et d'Inde. Boas et pythons n'ont pas le même mode de reproduction. Leur répartition est également différente : on trouve des pythons en Afrique, en Asie et en Australie, alors que les boas vivent surtout sur le continent américain, avec un plus petit nombre d'espèces en Afrique, en Asie et sur les îles du Pacifique. Les serpents arc-en-ciel et les Acrochordidae, la plupart constricteurs, sont des espèces proches des boas et des pythons.

Anatomie

Les serpents de ce groupe sont considérés comme assez primitifs. Leur crâne est plus lourd et leurs mâchoires sont plus rigides que ceux des espèces plus évoluées (Colubridae, Elapidae et Viperidae). Ils ont aussi conservé plusieurs particularités anatomiques des espèces dont ils sont les descendants, parmi lesquelles une ceinture pelvienne et, dans la plupart des espèces, des vestiges de pattes arrière sous la forme de petites griffes ou d'éperons. Ces espèces possèdent toutes deux poumons fonctionnels. Plusieurs espèces de boas et de pythons présentent sur les écailles voisines de la bouche des fossettes sensorielles dont elles se servent pour localiser leurs proies dans l'obscurité.

Certaines espèces voisines des boas et des pythons, quoique plus petites, leur ressemblent beaucoup. C'est le cas des boas terrestres de Cuba (tropidophis) et des boas de l'île Ronde. Certaines espèces arborent des couleurs vives, d'autres comme les serpents arc-en-ciel des écailles irisées. Les Acrochordidae, adaptés à la vie aquatique, sont maladroits sur terre. Leurs écailles granuleuses et rêches les aident à attraper et à étouffer les poissons dont ils se nourrissent.

Constriction

Les boas, les pythons et les espèces voisines ne sont pas les seuls serpents qui tuent par constriction (des colubridés utilisent aussi cette méthode), mais la plupart des constricteurs appartiennent à ce groupe. Après avoir choisi sa proie, le serpent s'enroule autour du corps de l'animal. Chaque fois que celui-ci expire de l'air, le serpent resserre son étreinte. La victime finit par mourir étouffée, soit parce qu'elle ne peut plus inspirer, soit parce que son cœur ne peut plus propulser le sang dans l'organisme. Après quoi, le serpent relâche son étreinte et s'attaque à la tête de sa victime, qu'il avale en premier, tandis qu'il libère progressivement le corps. La constriction est particulièrement efficace pour tuer les oiseaux et les mammifères, car ces animaux à sang chaud sont obligés de respirer fréquemment.

Conservation

Plusieurs espèces de boas et de pythons, surtout les plus grands, ont été victimes des hommes et de leurs activités ; ces prédateurs de grande taille ont besoin de vastes espaces libres pour chasser. De plus, beaucoup d'entre eux, facilement repérables et plutôt lents, constituent des cibles faciles pour les chasseurs qui les tuent pour leur chair, leur peau ou par simple préjugé. Pourtant, nombre d'espèces sont utiles à l'homme en régulant les populations de rongeurs attirés vers les zones habitées.

Reproduction

C'est dans leur façon de se reproduire que les boas et les pythons sont les plus différents. Les boas (excepté peut-être une espèce) donnent naissance à des petits déjà vivants – c'est le cas des boas terrestres, des Aniliidae, des Acrochordidae et des Uropeltidae. Les pythons, les serpents arc-en-ciel et les boas de l'île Ronde pondent des œufs. Les pythons font partie des rares serpents qui prennent soin de leurs œufs. La femelle s'enroule autour de sa couvée – qui peut compter jusqu'à 100 œufs chez les espèces les plus grosses – pendant les deux à trois mois d'incubation, pour les défendre contre les prédateurs. Une ou deux espèces de pythons sont des cas à part dans la mesure où ils régulent la température de leurs œufs, grâce à la chaleur qu'ils produisent.

ALIMENTATION
Un repas substantiel suffit à nourrir un serpent pour plusieurs semaines ou même plusieurs mois. Les grands constricteurs comme cet anaconda tuent toutes sortes d'animaux : échassiers, petits cerfs, jeunes jaguars et même caïmans (photo ci-dessus). Malgré leur taille et leur poids, les anacondas se déplacent aisément dans l'eau et se tiennent en embuscade dans les eaux peu profondes.

Anilius scytale

Faux serpent corail

Longueur 70–90 cm
Reproduction Ovovivipare
Mode de vie Fouisseur

Statut Commun localement

Répartition N. Amérique du Sud

Unique membre de la famille des Aniliidae, ce serpent peu connu mène une vie souterraine et discrète. La forme cylindrique de son corps est adaptée à ses mœurs

terricoles. Sa couleur rouge et noir imite celle des serpents corail venimeux de la même région, dont il mime aussi le comportement défensif. Il chasse dans les terriers et se nourrit de petits vertébrés, y compris de serpents. Lui-même est la proie d'autres serpents.

Cylindrophis rufus

Serpent à deux têtes

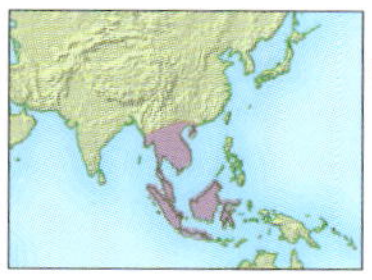

Longueur 70–100 cm
Reproduction Vivipare
Mode de vie Fouisseur

Statut Commun localement

Répartition S.-E. Asie

Ce serpent présente sous la queue des écailles rouge vif. Son dos, noir, porte souvent une marque rouge derrière la tête. Il est principalement fouisseur, mais on peut le rencontrer dans les rizières et les marécages. Il recherche activement les serpents plus petits et les anguilles. Quand il est menacé par de plus gros serpents, des oiseaux ou des mammifères ou pour protéger sa tête d'une attaque, il redresse sa queue et expose la partie rouge, imitant des espèces venimeuses comme le bongare.

Pseudotyphlops philippinus

Grand serpent à queue armée

Longueur 45–50 cm
Reproduction Vivipare
Mode de vie Fouisseur

Statut Commun localement

Répartition Sri Lanka, au-dessous de 1 000 m

Ce serpent court et robuste, brun avec des écailles bordées de jaune, présente une queue terminée par une seule écaille caudale, ce qui lui donne l'air d'avoir été tronquée. Avec ce bouclier muni de minuscules épines, on pense qu'il obture la galerie qu'il a creusée, se mettant ainsi à l'abri des prédateurs. Ce serpent qui sort rarement à la surface possède le corps cylindrique, la tête pointue et les écailles lisses des espèces fouisseuses ; il se nourrit de vers de terre. Comme pour la plupart des membres de la famille des Uropeltidae, on sait peu de choses sur le comportement social, défensif et les habitudes de reproduction de cette espèce.

Loxocemus bicolor

Xenopeltinae fouisseur du Mexique

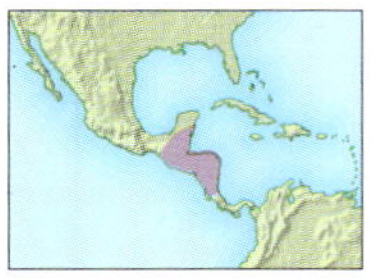

Longueur 1–1,30 m
Reproduction Ovipare
Mode de vie Fouisseur

Statut EN Δ

Répartition S. Mexique à Amérique centrale

Ce serpent constricteur a la tête étroite et le corps cylindrique et musculeux des espèces fouisseuses. Son corps gris est tacheté d'écailles blanches. Il mange des rongeurs, des lézards et des œufs de reptiles, et il est chassé par des oiseaux et des mammifères. Les femelles pondent de 3 à 6 gros œufs à la coquille épaisse dans des nids creusés dans le sol ou cachés sous des feuilles.

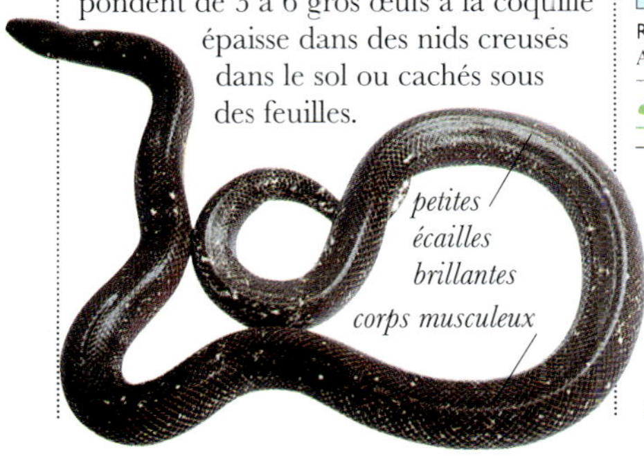

Xenopeltis unicolor

Serpent arc-en-ciel

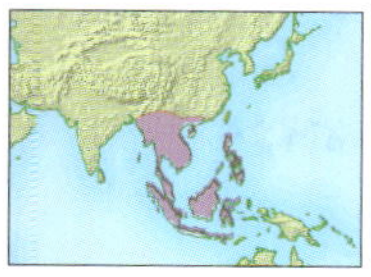

Longueur 1–1,30 m
Reproduction Ovipare
Mode de vie Terrestre

Statut Commun

Répartition S.-E. Asie

Le corps de ce serpent aux écailles luisantes et aux reflets irisés présente les caractéristiques des espèces fouisseuses. Il ne sort que la nuit et mange des lézards, des serpents et des petits mammifères. La femelle pond de 6 à 9 œufs dans un nid souterrain ou sur des feuilles mortes (litière). Les juvéniles ont un collier blanc qui disparaît au bout de deux ou trois mues.

Casarea dussumieri

Boa de l'île Ronde

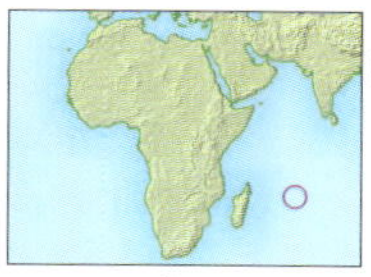

Longueur 1–1,50 m
Reproduction Ovipare
Mode de vie Terrestre

Statut EN

Répartition Île Ronde, dans l'océan Indien

Le boa de l'île Ronde est l'un des serpents les plus rares du monde, avec à peine 500 spécimens en liberté. Il se nourrit de lézards ; sa minceur lui permet de se glisser entre les rochers et d'attaquer ses proies par surprise. À la différence des vrais boas qui donnent naissance à des petits complètement formés, cette espèce pond des œufs. Un programme de reproduction est actuellement en cours pour sauver ce serpent, mais l'espèce la plus proche, *Bolyeria multicarinata* – également originaire de l'île Ronde –, qui n'a pas été vue depuis 1975, est probablement éteinte.

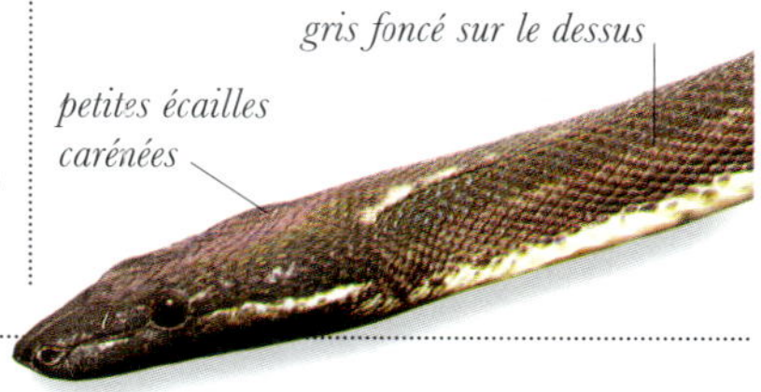

Boa dumerili

Boa de Duméril

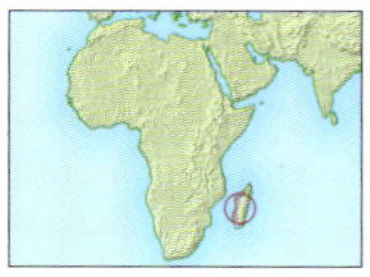

Longueur 1,50–2 m
Reproduction Ovovivipare
Mode de vie Terrestre

Statut VU

Répartition S. et O. Madagascar

Le boa de Duméril présente des dessins complexes dans plusieurs tons de brun et des taches noires autour de la bouche. Il reste camouflé dans le tapis végétal des forêts sèches où il se confond avec son environnement. Il attaque ses proies par surprise et les étouffe. Bien que dépourvu de fossettes thermosensibles, il chasse aussi des animaux à sang chaud comme des mammifères et des oiseaux. À leur naissance, les petits, au nombre de 6 ou 7, sont assez gros.

Calabaria reinhardtii

Boa de Calabar

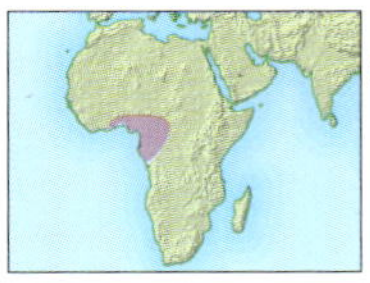

Longueur 0,90–1,10 m
Reproduction Ovipare
Mode de vie Fouisseur

Statut Commun

Répartition O. et C. Afrique

Il est difficile de distinguer la tête et la queue de ce boa arrondi aux deux extrémités. En cas de menace, il se roule en boule et dresse sa queue pour protéger sa tête. Ses écailles noires ou brunes sont mouchetées de rouge ou d'orange. Il chasse les petits mammifères dans leurs galeries et dans leurs nids et sort rarement à la surface. Classé autrefois parmi les pythons, il est aujourd'hui considéré comme le seul boa qui ponde des œufs.

CHASSE FURTIVE
Le boa constricteur se tient aux aguets, surveillant sa proie depuis un endroit adéquat. Préparant son attaque à la perfection, il bondit en avant et saisit sa victime entre ses mâchoires avant de s'enrouler autour d'elle, puis il l'asphyxie en la serrant fortement. Un petit animal est tué en quelques secondes.

Boa constrictor

Boa constricteur

Longueur 1–4 m
Reproduction Ovovivipare
Mode de vie Terrestre/arboricole

Statut Commun

Répartition Amérique centrale, Amérique du Sud, quelques îles des Antilles

Ce grand serpent à la tête étroite et au museau pointu a des couleurs qui varient (voir à droite), mais il présente toujours sur le dos des dessins foncés, en forme de selle, devenant parfois rouge sombre près de la queue. On dénombre une dizaine de sous-espèces (voir à droite). Le boa constricteur s'adapte à un grand nombre d'habitats, depuis la forêt tropicale jusqu'à la savane sèche. On peut même le trouver en zone urbaine. Agile grimpeur, il chasse aussi sur le sol, surtout dans les milieux les plus secs (dans ces endroits, il lui arrive d'estiver pour résister à la grosse chaleur des mois d'été). Bon nageur, il va volontiers dans l'eau. Discret et plutôt indolent, il se montre actif de jour ou de nuit selon le climat. Il s'attaque à quantité de mammifères et d'oiseaux qu'il étouffe dans ses anneaux puissants avant de les ingurgiter en entier.

LES SOUS-ESPÈCES DU BOA CONSTRICTEUR

Les nombreuses sous-espèces du boa constricteur sont de tailles et de couleurs très variées. Les races naines insulaires ne mesurent que 1 m de long, tandis que les boas continentaux mesurent environ 3 m (exceptionnellement 4 m). Ils peuvent être à dominante noire (boa d'Argentine), ou vert olive (boa d'Amérique centrale), ou plus clairs, rosés ou gris argent (boa de l'île Hog). Les dessins de la queue contrastent souvent avec ceux du reste du corps. Tous ont des motifs en forme de selle.

BOA DE L'ÎLE HOG
BOA CONSTRICTEUR D'AMÉRIQUE CENTRALE
BOA D'ARGENTINE (JUVÉNILE)

DES COULEURS POUR SE CAMOUFLER
Les couleurs et les dessins du boa constricteur brouillent les contours de l'animal et lui permettent de se fondre dans son milieu habituel.

NAISSANCE CHEZ LES BOAS
Selon les sous-espèces, les femelles de boa constricteur mettent au monde 6 à 50 petits de 35 à 60 cm de long. Les nouveau-nés se débrouillent tout seuls aussitôt après s'être débarrassés de la membrane qui les enveloppe à la naissance.

REPTILES

Candoia carinata

Boa du Pacifique

Longueur 70–100 cm
Reproduction Ovovivipare
Mode de vie Terrestre/arboricole
Statut Commun

Répartition S.-E. Asie, Nouvelle-Guinée, îles Salomon

Ce boa compte deux sous-espèces. La sous-espèce *Paulsoni* (ci-dessus) possède un corps épais à la queue courte. Ses couleurs vont du rouge ou du brun grisâtre au blanc cassé, et elle est terrestre. La sous-espèce *Carinata*, au corps plus mince et à la queue plus longue, est brune ou grise, avec une tache blanc cassé au-dessus du cloaque. Elle est arboricole. Toutes deux se nourrissent de lézards, de grenouilles et de petits mammifères.

Charina bottae

Boa-caoutchouc

Longueur 35–80 cm
Reproduction Ovovivipare
Mode de vie Fouisseur
Statut VU Δ

Répartition S.-O. Canada, O. États-Unis

La tête et la queue de ce serpent qui a l'air d'être en caoutchouc sont toutes les deux arrondies, au point qu'il est difficile de distinguer l'une de l'autre, comme c'est le cas pour le boa de Calabar (voir p. 379). Sa technique de défense est également la même. À l'approche d'un mammifère ou d'un oiseau de proie, il se roule en boule et dresse sa queue en l'air, comme une fausse tête, protégeant ainsi sa véritable tête. Il a toutes les caractéristiques des espèces terricoles et passe sa vie sous terre ou sous des débris végétaux, chassant des oiseaux, des reptiles et des petits mammifères dans des terriers et des arbres creux. En hiver, il hiberne durant de longues périodes. Pendant l'accouplement, le mâle stimule la femelle avec ses ergots cloacaux et enroule sa queue autour d'elle. La femelle met au monde de 2 à 8 petits à la fois, qui mesurent environ 15 cm et sont rosés ou brun-roux.

Charina trivirgata

Boa rosé

Longueur 60–110 cm
Reproduction Ovovivipare
Mode de vie Fouisseur
Statut Commun localement

Répartition S.-O. États-Unis, N.-O. Mexique

Ce serpent présente trois larges rayures longitudinales noires, brunes, rousses ou orange sur un corps crème, chamois ou gris. Couleurs et taille varient d'une sous-espèce à l'autre. Le boa rosé reste en général caché sous les rochers et dans les fentes, se nourrissant d'oiseaux, de reptiles ou de petits mammifères. Dans les endroits les plus froids, il hiberne en hiver. Pendant l'accouplement, le mâle stimule la femelle avec ses ergots cloacaux tout en glissant le long de son dos. La femelle met au monde de 3 à 5 serpenteaux, exceptionnellement 12.

Corallus caninus

Boa émeraude

Longueur 1,50–2 m
Reproduction Ovovivipare
Mode de vie Arboricole
Statut Commun localement

Répartition N. Amérique du Sud

COLORATION DES JEUNES
Les petits du boa émeraude (de 3 à 15 à chaque saison de reproduction), rouge brique, orange, rouge vif ou jaunes, deviennent verts au bout d'un an.

Comme de nombreux membres de la famille des boas – en particulier le python vert –, ce serpent d'Amérique du Sud est pleinement adapté à la vie arboricole. Son vert intense, qui se confond avec le feuillage des forêts tropicales, le protège des oiseaux de proie. Fermement accroché à une branche grâce à sa queue préhensile, il s'étire pour capturer au passage oiseaux ou mammifères. Ses pupilles verticales rendent ses yeux très sensibles au mouvement, et les fossettes thermosensibles qui entourent sa bouche lui font détecter la chaleur émise par ses proies. Pendant l'accouplement, le mâle se glisse sur le corps de la femelle et leurs queues s'enlacent.

PRÊT À FRAPPER
Le boa émeraude s'enroule autour d'une branche en formant des anneaux concentriques et attend, la tête tournée vers le bas, prêt à frapper. Il se nourrit de petits mammifères et d'oiseaux. De longues dents l'aident à saisir fermement ses proies.

Corallus hortulanus

Boa de Cook

Longueur 1,50–2 m
Reproduction Ovovivipare
Mode de vie Arboricole
Statut Commun

Répartition Amérique centrale et du Sud, S. Antilles

Le corps aplati de ce serpent essentiellement arboricole lui donne la rigidité nécessaire pour se tendre d'une branche à l'autre. Il se suspend la tête en bas pour attraper les lézards et les oiseaux sur les branches inférieures. Il descend des arbres la nuit. Il peut être brun ou gris avec des raies ou des taches le long du dos, orange, jaune ou vert olive.

Epicrates cenchria

Boa arc-en-ciel

Longueur 1–2 m
Reproduction Ovovivipare
Mode de vie Partiellement arboricole
Statut Commun

Répartition Amérique centrale et du Sud

Toutes les sous-espèces de ce boa ont des écailles lisses, brillantes, souvent très iridescentes ; ses couleurs vont du marron foncé à l'orange foncé. Ce serpent a des cercles noirs sur le dos et des taches à centre clair sur les flancs. Il se repose le jour et chasse les oiseaux, les lézards et les petits mammifères la nuit. Seules les sous-espèces du Sud hibernent. La taille et le nombre des petits varient d'une espèce à l'autre.

Eunectes murinus

Anaconda eunecte

Longueur 6–10 m
Reproduction Ovovivipare
Mode de vie Semi-aquatique
Statut Commun

Répartition N. Amérique du Sud, Trinidad

Avec un poids maximal approchant les 250 kg, l'anaconda est le plus lourd serpent du monde. Il passe la plus grande partie de sa vie à demi immergé dans des eaux peu profondes entourées d'une épaisse végétation où il se déplace sans être vu. Les anacondas chassent surtout à la nuit tombée. Ils guettent les mammifères comme les cabiais et des cervidés et peuvent même tuer des caïmans adultes. Ils ont aussi attaqué et tué des hommes. Les mâles sont plus petits que les femelles; pendant la parade, ils les stimulent avec leurs gros ergots cloacaux. Les femelles mettent bas des portées de 4 à 80 petits, qui mettront environ six ans pour devenir adultes. L'anaconda a une espérance de vie de vingt-cinq ans et plus.

ADAPTÉ À L'EAU

Les yeux et les narines de l'anaconda, situés sur le sommet de sa tête, lui permettent de voir et de respirer quand il est partiellement immergé dans l'eau.

CONSTRICTEUR GÉANT
Le corps puissant de l'anaconda est assez fort pour asphyxier des animaux de la taille d'un cheval. Il attaque souvent ses victimes au moment où elles viennent boire.

Aspidites melanocephalus

Python à tête noire

Longueur 1,50–2,50 m
Reproduction Ovipare
Mode de vie Terrestre
Statut Commun localement

Répartition N. Australie

Ce serpent au corps élancé est reconnaissable à sa tête et à son cou noirs, et à ses rayures transversales crème et marron foncé. Il n'est pas agressif; menacé par un oiseau de proie ou un mammifère, il se réfugie dans un terrier ou dans une fente. Il se nourrit d'oiseaux, de petits mammifères et de reptiles, y compris des serpents venimeux. Les femelles pondent jusqu'à 18 œufs à la fois, sous des bûches ou des racines et dans des nids souterrains. Comme chez la plupart des pythons, elles s'enroulent autour de leurs œufs pour les protéger et réguler leur température jusqu'à l'éclosion.

Antaresia childreni

Python de Children

Longueur 75 cm, max. 100 cm
Reproduction Ovipare
Mode de vie Terrestre
Statut Commun

Répartition N. Australie

Ce python australien passe le plus clair de son temps caché dans les anfractuosités des rochers. Les lézards constituent son mets préféré, mais il mange aussi des oiseaux et des petits mammifères, y compris des chauves-souris. Quand il est attaqué, il mord, mais, comme les autres pythons, il n'est pas venimeux. Les mâles sont plus longs que les femelles et leur queue est plus épaisse. Les juvéniles ont des taches plus foncées que les adultes.

SOINS PARENTAUX

Tous les ans ou tous les deux ans, la femelle du python de Children pond de 8 à 10 œufs dans un arbre creux ou dans un nid souterrain. Elle se love autour jusqu'à l'éclosion pour réguler leur température.

PETIT SERPENT
Très petit pour un python, ce serpent est brun ou brun-rouge avec des taches légèrement plus foncées.

Morelia spilota

Carpet python

Longueur 2 m, max. 4 m
Reproduction Ovipare
Mode de vie Principalement terrestre
Statut Commun

Répartition S. Nouvelle-Guinée, Australie

C'est l'un des pythons les plus répandus d'Australie où on le trouve dans des habitats très variés. Il existe plusieurs sous-espèces, désignées chacune par un nom local différent. Toutes sont ornées de motifs irréguliers – marron, gris, brun-roux ou noirs – se détachant distinctement sur des fonds de diverses couleurs. Actif de jour comme de nuit, ce serpent chasse les lézards, les oiseaux et les petits mammifères. Comme les autres pythons, il n'est pas venimeux, mais il peut infliger de douloureuses morsures. Les femelles pondent jusqu'à 50 œufs en une fois dans des végétaux en voie de putréfaction ou dans des troncs d'arbres creux et les protègent jusqu'à ce qu'ils éclosent.

LE PYTHON-TAPIS

Le python-tapis, *Morelia spilota spilota*, est la sous-espèce la plus reconnaissable. Elle est ornée de la tête à la queue d'un motif composé de taches en forme de diamant.

PYTHON-TAPIS DE LA JUNGLE
Ce python de la sous-espèce Morelia spilota cheynei *vit dans les arbres des forêts tropicales du Queensland.*

Morelia viridis

Python vert

Longueur 1,80 – 2,40 m
Reproduction Ovipare
Mode de vie Arboricole
Statut Commun localement

Répartition Nouvelle-Guinée et îles avoisinantes, extrême N. Australie

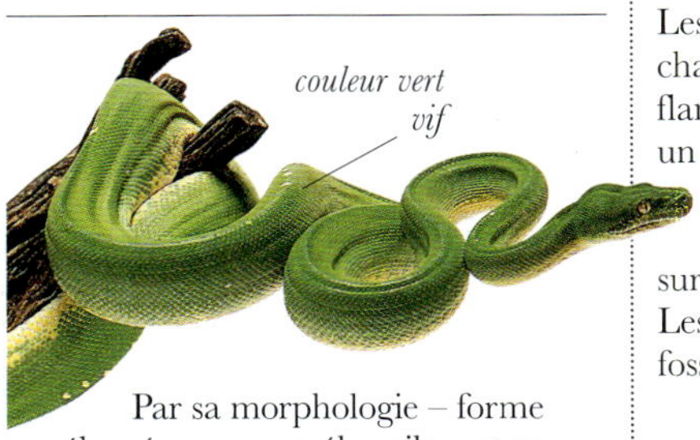

Par sa morphologie – forme élancée, queue préhensile – et sa couleur, ce python est parfaitement adapté à la vie arboricole. Il se repose et chasse comme le boa émeraude (voir p. 382), enroulé autour d'une branche, la tête tournée vers le bas, à l'affût d'une proie. Il possède de grandes fossettes thermosensibles autour de la bouche. Les femelles pondent de 6 à 30 œufs dans un arbre creux ou au milieu de plantes épiphytes. Les juvéniles – d'un jaune éclatant ou quelquefois rouges – sont chassés par les oiseaux de proie.

Python molurus

Python indien, molure

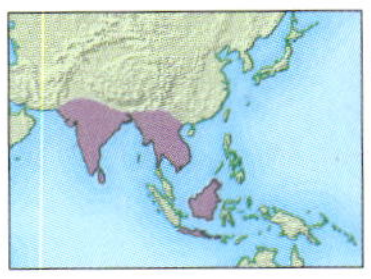

Longueur 5 – 7 m
Reproduction Ovipare
Mode de vie Terrestre
Statut LR

Répartition S. et S.-E. Asie

Les taches marron foncé sur fond chamois ou gris qui ornent le dos et les flancs du python indien lui procurent un excellent camouflage. Si les couleurs varient d'un endroit à l'autre, le dessin en forme de pointe de flèche sur le dessus de la tête est constant. Les mâchoires sont pourvues de fossettes thermosensibles. Une fois adulte, ce serpent n'a pas à redouter les prédateurs, mais, quand il est menacé, il siffle ou mord ; sa morsure n'est cependant ni venimeuse ni dangereuse pour les hommes. Ce puissant constricteur qui se nourrit de mammifères et d'oiseaux peut attaquer et étouffer des proies de la taille d'un petit cerf. Dans les zones les plus sèches, il estive. Les femelles, plus grosses que les mâles, pondent de 18 à 55 œufs à la fois, dont elles régulent la température jusqu'à l'éclosion. En faisant vibrer leurs muscles, les pythons indiens produisent suffisamment de chaleur pour faire monter la température de leur corps pendant l'incubation des œufs. La population de pythons indiens a diminué sensiblement par suite de la destruction de leur habitat ; cette espèce fait aujourd'hui l'objet de mesures de protection légales.

Python regius

Python royal

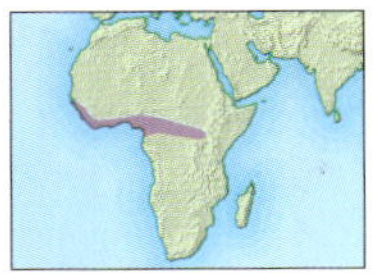

Longueur 0,80 – 1,20 m
Reproduction Ovipare
Mode de vie Terrestre
Statut Commun

Répartition O. à C. Afrique

Le python royal, court et trapu, est orné de marques marron foncé se détachant sur un fond ocre ou jaune. On distingue nettement les fossettes thermosensibles autour de sa bouche. Pour se protéger des prédateurs comme les mammifères et les oiseaux, il se roule en boule et cache sa tête au milieu. Pendant la saison sèche, il lui arrive d'estiver. Les femelles pondent et couvent de 3 à 8 œufs dans les rochers et dans des trous creusés dans le sol.

Python reticulatus

Python réticulé

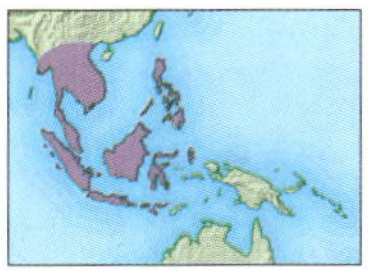

Longueur 6 – 10 m
Reproduction Ovipare
Mode de vie Terrestre
Statut Commun

Répartition S.-E. Asie

Ce python, le plus long serpent du monde, peut peser jusqu'à 200 kg. Son corps est jaune ou ocre avec des taches noires. Il possède des fossettes thermosensibles le long des mâchoires. Bon nageur, il passe pourtant plus de temps sur la terre que dans l'eau, s'éloignant rarement de ses bases. Il tue des oiseaux, des mammifères et, très rarement, des hommes (qu'il ne peut avaler…). La femelle pond et couve de 30 à 50 œufs dans des arbres creux et des nids souterrains. Ce python, qui peut vivre plus de trente ans, est chassé pour sa peau, et les spécimens les plus grands sont de plus en plus rares.

Tropidophis melanurus

Tropidophis de Cuba

Longueur 80 – 100 cm
Reproduction Vivipare
Mode de vie Terrestre
Statut Commun localement

Répartition Antilles

Ce serpent trapu est en général gris, marron ou chamois, avec des dessins plus foncés et le bout de la queue noire ; il peut être orange avec le bout de la queue jaune. Surtout terrestre, il grimpe aussi dans les buissons ou sur les rochers. Pour se défendre, il se roule en boule ou expulse des sécrétions cloacales fétides. Il se nourrit de grenouilles, de lézards, de serpents plus petits que lui et de rongeurs. Les femelles donnent naissance à 8 petits à la fois.

Acrochordus arafurae

Acrochorde d'Arafura

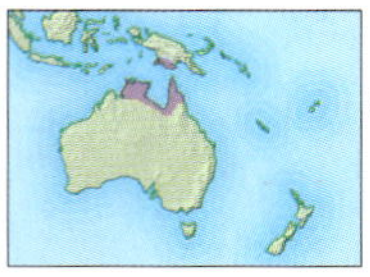

Longueur 1,50 m, max. 2,50 m
Reproduction Ovovivipare
Mode de vie Aquatique
Statut Commun localement

Répartition S. Nouvelle-Guinée, N. Australie

Ce serpent appartient à une famille ne comportant que trois espèces peu connues. Totalement aquatique, il est impuissant hors de l'eau. Sa peau laisse passer l'oxygène et ses poumons trachéens agrandis lui permettent de rester longtemps sous l'eau. Il séjourne de préférence dans les eaux douces ou saumâtres – rivières, lacs, marécages, grandes mares –, posé sur le fond ou accroché aux plantes aquatiques avec sa queue préhensile. On le trouve aussi le long des côtes, surtout dans les forêts de palétuviers. Lent dans ses mouvements, c'est la nuit qu'il est le plus actif. La reproduction est peu fréquente. Les femelles mettent au monde de 17 à 32 petits, à quelques années d'intervalle, après une période de gestation de onze mois.

ÉCAILLES ACCROCHEUSES

La tête, le corps et la queue de ce serpent sont recouverts de minuscules écailles granuleuses et rugueuses qui l'aident à retenir les poissons dans ses anneaux.

UNE ESPÈCE DE TROMPE
À cause de sa peau distendue, grise ou brun foncé avec des bandes sombres irrégulières sur les flancs, l'acrochorde d'Arafura ressemble à une trompe d'éléphant.

COULEUVRES ET ALLIÉS

PHYLUM	Cordés
CLASSE	Reptiles
ORDRE	Squamates
SOUS-ORDRE	Ophidiens
SUPERFAMILLE	Caenophidiens
FAMILLE	Colubridae
ESPÈCES	1858

LES COLUBRIDAE, qui regroupent presque les deux tiers des espèces, constituent de loin la plus grande famille de serpents. Ils sont présents dans le monde entier, excepté l'Antarctique. Du point de vue du nombre des espèces et du nombre de spécimens, ce sont les serpents les plus nombreux sur tous les continents, sauf l'Australie. Ils vivent dans toutes sortes d'habitats : lacs d'eau douce, marécages côtiers et marais d'estuaires, forêts tropicales et déserts arides. À cette diversité dans les modes de vie et dans les habitats correspond une grande variété de formes, de tailles et de couleurs. Tous les serpents dont les crochets venimeux sont situés à l'arrière de la mâchoire sont des Colubridae.

ANATOMIE

Du point de vue de leur anatomie, les Colubridae présentent plusieurs points communs. Chez toutes les espèces, seul le poumon droit fonctionne et les vestiges pelviens ont disparu. À noter, de plus, l'absence d'un petit os de la mâchoire inférieure appelé os coronoïde. Ces trois caractéristiques distinguent les Colubridae des serpents plus primitifs. Autres différences, un squelette plus souple et des mâchoires qui peuvent contenir de grosses pièces de nourriture car les deux moitiés de la mâchoire inférieure sont indépendantes. À quelques exceptions près, les Colubridae présentent sur la tête de grandes écailles en forme de plaques, à la différence des boas, des pythons et de la plupart des vipères. La disposition des écailles de la tête est généralement uniforme à l'intérieur d'une même espèce et constitue donc un indice précieux pour l'identification.

VENIN

Certains Colubridae, comme les serpents-ratiers, tuent leurs proies en les étouffant. La plupart des Colubridae n'ont pas de venin, mais un tiers des espèces ont un organe producteur de venin, la glande de Duvernoy, qui sécrète le venin à la base des crochets situés à l'arrière de la bouche. Les Colubridae venimeux ont généralement une seule paire de crochets ; certains en ont deux ou trois paires. Le venin pénètre par capillarité dans les plaies faites par les crochets. À la différence de certains serpents à crochets antérieurs, les Colubridae ont des crochets pleins, mais le venin peut couler dans un sillon. Les serpents à crochets venimeux postérieurs sont rarement dangereux pour l'homme car leurs crochets sont trop en arrière pour entrer en fonction, à moins que l'animal ne mâche pendant assez longtemps ; de toute façon, leur venin est peu actif. Quelques espèces dangereuses comme le boomslang et le serpent d'arbre de Kirtland ont cependant occasionné des blessures mortelles.

VIPÈRES FOUISSEUSES

Les vipères fouisseuses ont été classées dans diverses familles, y compris celle des colubridés, mais on considère aujourd'hui qu'elles font partie d'un groupe à part, les Atractaspidae, qui compte 62 espèces. Toutes ces espèces, sauf une, vivent en Afrique. Ces serpents fouisseurs se nourrissent surtout d'amphisbènes. Certains ont des crochets à venin à articulation latérale ; les serpents les utilisent sans ouvrir la bouche et injectent leur venin en donnant un coup de tête de côté.

REPRODUCTION

Les Colubridae sont ovipares, ovovivipares ou vivipares. Chez les espèces qui pondent des œufs, le nombre de ces derniers varie de 1 à 100. Les juvéniles peuvent être semblables aux parents ou avoir des couleurs ou des taches différentes.

CHASSE
Comparés à de nombreux serpents qui possèdent des crochets venimeux antérieurs, les Colubridae ont un venin peu actif et des crochets inefficaces pour l'injecter. C'est peut-être la raison pour laquelle certains Colubridae, comme les serpents-ratiers, tuent leur proie en l'étouffant. Ce serpent-ratier des Everglades a capturé une rainette arboricole ; une fois sa proie morte, il la manipule pour avaler la tête en premier.

Atractaspis bibroni

Atractaspis

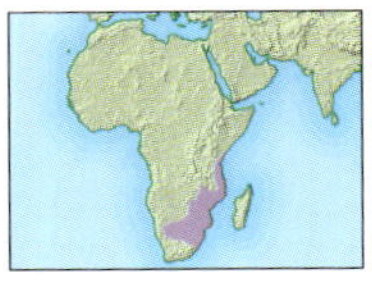

Longueur 50–75 cm
Reproduction Ovipare
Mode de vie Fouisseur
Statut Commun localement

Répartition E. et S. Afrique

Ce serpent fouisseur que l'on trouve dans d'anciennes termitières a, au bout de la queue, une épine pointue qui l'aide à avancer dans son terrier ou à avoir un point d'appui dans des galeries aux parois lisses ou à la surface du sol. Actif la nuit, il se nourrit d'autres serpents, de petits mammifères, de lézards et de grenouilles. D'un coup de tête latéral, il plante ses crochets dans sa proie, sans avoir besoin d'ouvrir complètement la bouche; cette particularité lui permet de mordre ses victimes dans des galeries étroites. Les femelles pondent de 3 à 7 œufs, sous terre, en été.

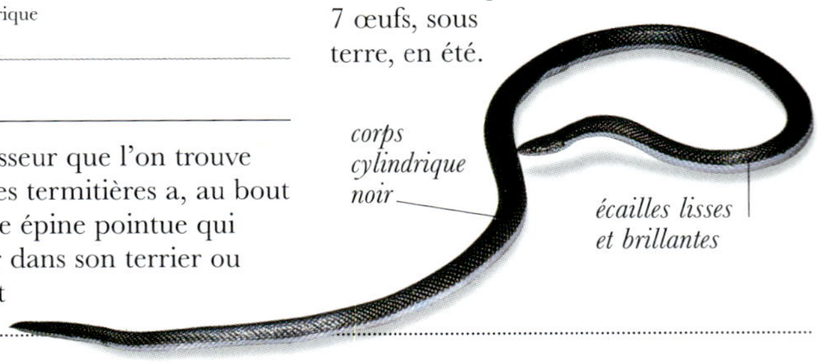

Boiga dendrophila

Serpent des palétuviers

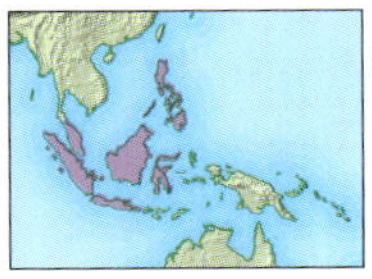

Longueur 2–2,50 m
Reproduction Ovipare
Mode de vie Arboricole
Statut Commun

Répartition S.-E. Asie

Avec les taches jaune vif de ses lèvres et de ses flancs qui ressortent sur le noir brillant de son corps, ce serpent est une proie facile pour les prédateurs. Il est légèrement comprimé latéralement et présente une nervure bien visible le long du dos. Menacé, il tire la tête en arrière, prêt à attaquer, et gonfle les écailles jaunes de ses lèvres. Il chasse de nuit les lézards, les grenouilles, les oiseaux et les petits mammifères. Le jour, il se repose au creux d'un arbre ou lové dans les feuillages. Les femelles pondent de 4 à 15 œufs dans des végétaux, des souches en décomposition ou des arbres creux.

Bogertophis (Elaphe) subocularis

Serpent-ratier « H »

Q : Élaphe trans-Pecos
Longueur 1–1,30 m
Reproduction Ovipare
Mode de vie Terrestre
Statut Commun localement

Répartition S. États-Unis, N.-E. Mexique

L'Amérique du Nord abrite environ six espèces de serpents-ratiers, prédateurs au corps délié qui chassent à la tombée de la nuit. Leur ornementation varie. Typiquement, cette espèce présente de grandes marques en forme de H, une autre phase a des taches rondes plus claires. Dans les régions où elles cohabitent, il y a des croisements entre les deux phases. Les yeux, grands et proéminents, indiquent que cette espèce est entièrement nocturne. Dans la journée, ce serpent se met à l'abri de la chaleur torride dans les crevasses et sous les grosses pierres; en hiver, il hiberne. Quand il est menacé par des oiseaux prédateurs et des mammifères, il émet une sécrétion fétide et peut mordre. La femelle pond de 4 à 8 œufs qu'elle enfouit sous des végétaux en décomposition ou sous des rochers.

Chrysopelea ornata

Serpent « volant »

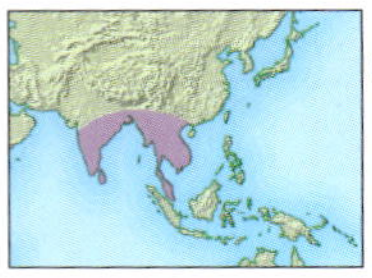

Longueur 1–1,30 m
Reproduction Ovipare
Mode de vie Arboricole
Statut Commun

Répartition S. et S.-E. Asie

Ce serpent plane au milieu des grands arbres des forêts tropicales, des parcs et des jardins en étalant ses côtes de façon que le dessous de son corps soit concave. S'il est menacé par des oiseaux de proie ou des petits mammifères, il s'élance de là où il est perché pour leur échapper; s'il est acculé, il mord. Son corps mince est couvert d'écailles vertes avec un trait noir; il a une tête étroite avec de gros yeux. Le mâle a une queue plus longue et plus épaisse que celle de la femelle. Le serpent « volant » se repose dans le feuillage des arbres, toujours en alerte cependant au cas où une proie se présenterait. Il capture ses victimes – petits mammifères, oiseaux, lézards et grenouilles – et les tient jusqu'à ce que le venin fasse son effet. Bien qu'il morde violemment, ce serpent à crochets venimeux postérieurs n'est pas dangereux pour l'homme. Les femelles pondent de 6 à 14 œufs sur le sol, sur des végétaux ou du bois pourris. Les juvéniles mesurent de 15 à 20 cm quand ils éclosent.

Dasypeltis scabra

Serpent mangeur d'œufs africain

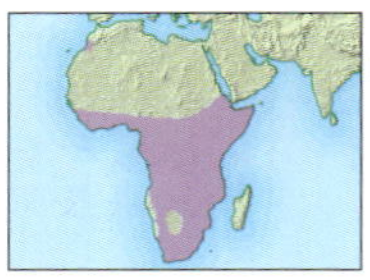

Longueur 70–100 cm
Reproduction Ovipare
Mode de vie Terrestre
Statut Commun

Répartition Afrique (surtout au sud du Sahara)

Beaucoup de serpents mangent les œufs de reptiles dont la coquille est souple, mais ce serpent nocturne d'Afrique mange les œufs d'oiseaux à coquille dure. Il se gave pendant la saison de la reproduction, avalant les œufs entiers, et jeûne le reste de l'année. Les serpents de cette espèce et des espèces voisines sont les seuls qui n'aient pas de dents.

IMITATION DE LA VIPÈRE

Comme la vipère des pyramides (voir p. 395), ce serpent s'enroule en fer à cheval et fait crisser les écailles carénées de ses flancs en les frottant les unes contre les autres.

RÉGIME À BASE D'ŒUFS

Le squelette et la gorge très extensibles de ce serpent lui permettent d'avaler des œufs. Une fois l'œuf dans la gorge, la coquille est brisée par des excroissances des vertèbres cervicales, puis régurgitée.

Coluber viridiflavus

Couleuvre vert et jaune

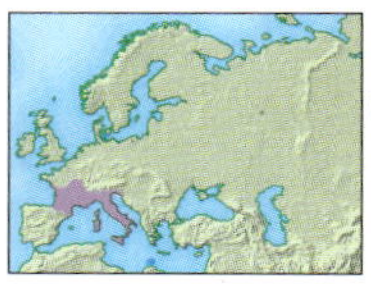

Longueur 1,50 m, rarement 2 m
Reproduction Ovipare
Mode de vie Terrestre
Statut Commune

Répartition S. Europe

Ce serpent élancé avec de grands yeux est en général jaune et vert, mais il peut être tout noir. Les juvéniles ont des couleurs plus vives que les adultes. Ce chasseur rapide et agile se sert beaucoup de sa vue pour capturer des lézards, des rongeurs et des serpents plus petits. Quand il est attaqué, il se sauve dans des trous ou des crevasses et peut mordre férocement. Il arrive que plusieurs individus partagent le même abri en hiver. Les femelles pondent de 6 à 14 œufs sur le sol, dans une cavité ou du bois pourri.

REPTILES

Dipsas indica

Serpent mangeur d'escargots

Longueur 60 – 80 cm
Reproduction Ovipare
Mode de vie Arboricole

Statut Commun

Répartition N. Amérique du Sud

Ce serpent aux goûts alimentaires sélectifs a des mâchoires conçues pour extraire les escargots de leurs coquilles. Il enfonce sa mâchoire inférieure dans la coquille, plante ses dents dans la chair et tire. Il chasse la nuit et se repose dans des arbres creux le jour. Il a un corps mince fortement caréné le long du dos et une tête arrondie avec un museau obtus et de grands yeux. Les mâles, plutôt plus petits que les femelles, ont proportionnellement une queue plus longue.

Dispholidus typus

Boomslang africain

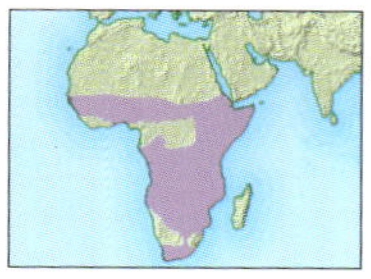

Longueur 1 – 1,70 m
Reproduction Ovipare
Mode de vie Arboricole

Statut Commun

Répartition Afrique (sud du Sahara)

Ce serpent, qui tire son nom du mot hollandais *boom* (arbre), est l'un des serpents arboricoles les plus venimeux d'Afrique. Agile grimpeur, il se sert de sa vision binoculaire pour évaluer les distances quand il glisse de branche en branche et quand il se prépare à frapper. Il se nourrit de lézards, de caméléons surtout, et d'oiseaux. Ses crochets venimeux situés à l'arrière de la bouche injectent le venin en mâchant la proie. Les boomslangs adultes ont des couleurs très variées : ils peuvent être verts, bruns ou presque noirs, avec ou sans dessins. Les mâles sont plus colorés que les femelles. Quand ils sont menacés par des oiseaux de proie ou des mammifères carnivores, ils gonflent leur cou pour paraître plus gros et mordent facilement. Les femelles pondent jusqu'à 14 œufs dans des arbres creux ou des végétaux morts.

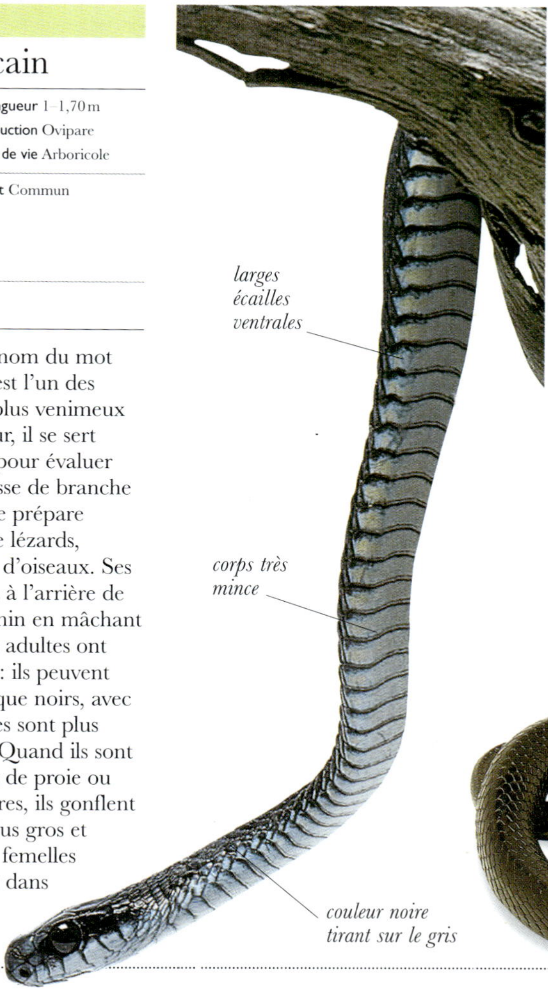

Drymarchon corais

Serpent indigo

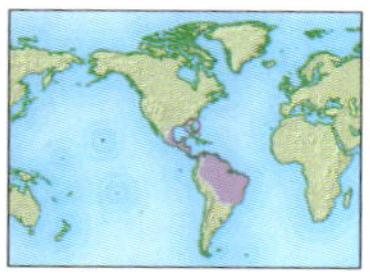

Longueur 2,10 – 2,90 m
Reproduction Ovipare
Mode de vie Terrestre

Statut Commun localement

Répartition S. États-Unis, Amérique centrale et du Sud

Ce serpent peut être noir, brun, ocre ou marron-jaune selon l'endroit où il vit (ci-dessous la phase noire de Floride). Il se nourrit de toutes sortes d'animaux – poissons, amphibiens, lézards, serpents, oiseaux ainsi que leurs œufs, petits mammifères. Mangeant ce qu'il trouve, il se jette vivement sur ses proies, les comprimant parfois contre le bord d'une galerie ou d'un objet solide. Les femelles pondent de 4 à 12 œufs dans des souches d'arbre, des végétaux ou des galeries.

Elaphe guttata

Serpent-ratier couleur maïs

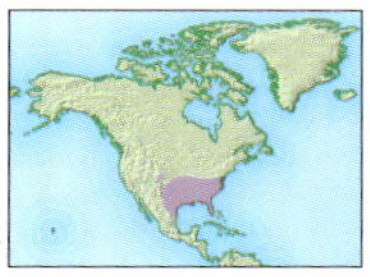

♀ : Élaphe des blés
Longueur 1 – 1,80 m
Reproduction Ovipare
Mode de vie Terrestre

Statut Commun

Répartition C. et S.-E. États-Unis

Cette espèce est l'un des serpents-ratiers les plus colorés d'Amérique du Nord. Elle se présente sous des formes très variées. On en connaît quatre sous-espèces. *Elaphe guttata guttata* (ci-dessous) est celle qui a les couleurs les plus vives ; on la rencontre dans les États du Sud-Est. Celle qui vit dans le Middle West, *Elaphe guttata emoryi*, est grise avec des taches plus foncées. On trouve ce serpent-ratier sur le sol, les arbres, les constructions et sous les troncs d'arbre et les rochers. Ses flancs forment un angle aigu avec la partie ventrale ; l'arête ainsi constituée aide le serpent à s'agripper à l'écorce des arbres ou aux murs. Les adultes se nourrissent surtout de petits rongeurs, d'où leur utilité dans les exploitations agricoles. Bien que ces serpents soient nocturnes, ils sont souvent actifs dans la journée, pendant les périodes fraîches de l'année. Quand ils sont menacés, ils font vibrer leur queue très vite et se dressent, prêts à mordre. S'ils se font prendre, ils émettent une sécrétion fétide. Les femelles pondent jusqu'à 25 œufs dans des végétaux en putréfaction.

Elaphe longissima

Couleuvre d'Esculape

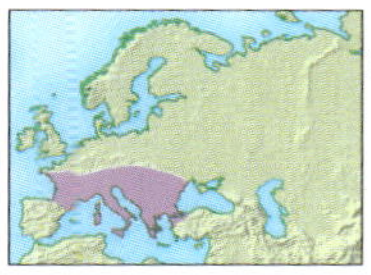

Longueur 1 – 2,20 m
Reproduction Ovipare
Mode de vie Terrestre

Statut Commun

Répartition S. Europe à O. Asie

Ce serpent tire son nom du dieu grec de la médecine, Esculape. On pense qu'il s'agit du serpent qui, enroulé autour d'une baguette, dessine le caducée, encore utilisé aujourd'hui comme symbole de la profession médicale. La couleuvre d'Esculape est vert olive ou brune, parfois gris foncé, avec une tache plus claire de chaque côté, juste derrière la tête. Ses écailles lisses ou légèrement carénées lui donnent un aspect brillant. Bon nageur, agile grimpeur, ce serpent vit dissimulé dans les broussailles, les bords des forêts et les champs. Il hiverne durant les mois les plus froids.

Elaphe obsoleta

Serpent-ratier commun

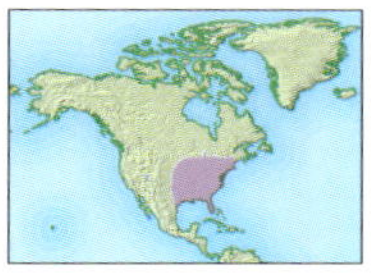

♀ : Élaphe ratière
Longueur 1,20 – 1,80 m
Reproduction Ovipare
Mode de vie Terrestre

Statut Commun

Répartition S. Canada, C. et E. États-Unis

Les couleurs du serpent-ratier commun vont du jaune orangé le plus éclatant au gris le plus discret, comme chez la sous-espèce *Elaphe obsoleta spiloides* ci-dessous. Ces serpents-ratiers se plaisent sur les collines rocheuses couvertes de forêts claires, souvent près de l'eau. Ce sont d'excellents nageurs. Ils se nourrissent de rongeurs et d'oiseaux qu'ils tuent par constriction. Les femelles pondent de 5 à 20 œufs, parfois 40, dans des nids qui peuvent être communs. Une arête le long des flancs permet au serpent de se caler contre l'écorce pour grimper aux arbres.

Elaphe situla

Couleuvre-léopardine

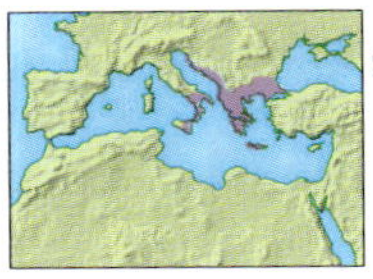

Longueur 70–100 cm
Reproduction Ovipare
Mode de vie Terrestre
Statut Commune localement

Répartition S. et E. Europe, O. Asie

Ce serpent crème ou gris présente sur le dos des taches rouge brique bordées de noir ou deux larges rayures longitudinales dans les mêmes couleurs. Il se nourrit principalement de rongeurs qu'il capture dans la nature ou dans leurs terriers, puis qu'il tue en les étouffant. Quand il est menacé, il aplatit la tête et mord. Pendant l'accouplement, le mâle s'agrippe à la femelle en lui mordant la tête ou le cou et en s'enroulant autour d'elle. Les femelles pondent jusqu'à 8 œufs auprès desquels elles restent plusieurs jours.

Erpeton tentaculatus

Erpéton

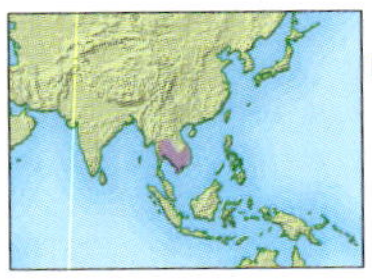

Longueur 70–100 cm
Reproduction Vivipare
Mode de vie Aquatique
Statut Commun

Répartition S. Asie

Cet étrange serpent appartient à une sous-famille de Colubridae – comptant environ 30 espèces en tout – qui vivent dans l'eau. À l'avant de son museau, il porte deux tentacules caractéristiques, mous et charnus, qui jouent sans doute un rôle sensoriel. Les erpétons, lents et nocturnes, chassent dans les eaux encombrées de végétation, attendant qu'une proie passe près d'eux. Les femelles donnent naissance dans l'eau à 5 à 13 petits.

Gonyosoma oxycephala

Serpent des mangroves

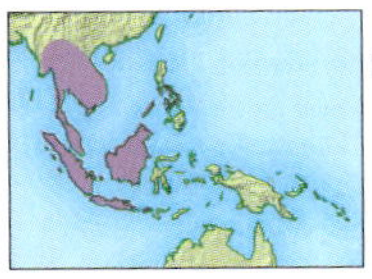

Longueur 1,60–2,40 m
Reproduction Ovipare
Mode de vie Arboricole
Statut Commun

Répartition S.-E. Asie

Ce long et mince serpent d'un vert éclatant possède une queue brune, orange ou grise. Il chasse activement les oiseaux, les chauves-souris et d'autres petits mammifères, sa couleur lui procurant un excellent camouflage au milieu des arbres. Quand il est menacé, la plupart du temps par des oiseaux de proie ou des mammifères, il gonfle sa gorge et prend une position en S, prêt à attaquer. L'accouplement a lieu dans les branches.

Heterodon nasicus

Hétérodon de l'Ouest

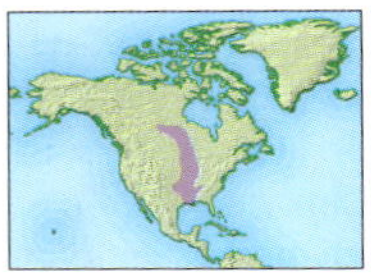

Longueur 40–80 cm
Reproduction Ovipare
Mode de vie Terrestre
Statut Commun

Répartition C. États-Unis à Mexique

Avec les taches qui ornent son corps robuste, ce serpent d'Amérique du Nord ressemble plus à une vipère (voir p. 394) qu'à un membre de la famille des Colubridae. Bien que son venin soit toxique, il n'est pas considéré comme dangereux pour l'homme. Il y a trois espèces d'hétérodons en Amérique du Nord. Ils se servent de leur museau retroussé pour fouiller les débris végétaux, à la recherche de crapauds fouisseurs et d'autres amphibiens. Quand ils sont menacés, les hétérodons émettent des sifflements sonores, gonflent leurs corps et se livrent à des simulacres d'attaque ; si leur ruse échoue, ils font semblant d'être morts.

Lampropeltis getula

Serpent-roi commun

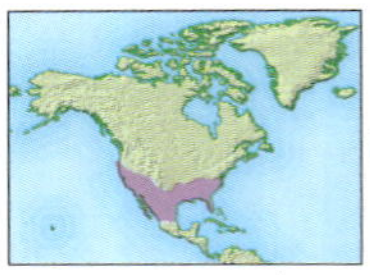

Q : Couleuvre royale commune
Longueur 1–2 m
Reproduction Ovipare
Mode de vie Terrestre
Statut Commun

Répartition O. et S. États-Unis, N. Mexique

Le serpent-roi commun est un puissant constricteur qui chasse activement ses proies, s'introduisant souvent dans les terriers des rongeurs. Il mange aussi des oiseaux, des lézards, des grenouilles et des serpents, même venimeux, car il est immunisé contre leurs morsures. Surtout terrestre, il grimpe sur les arbustes et nage très bien. Quand il est menacé par un prédateur – oiseau de proie ou mammifère essentiellement –, le serpent-roi peut mordre violemment ; s'il se fait prendre, il essaie de projeter ses excréments sur son agresseur. Il mène une activité diurne ou nocturne selon l'époque de l'année et selon l'endroit où il vit. Il hiberne pendant plus longtemps au nord qu'au sud. Pendant l'accouplement, le mâle rampe le long du dos de la femelle et la mord au cou pour l'immobiliser. La femelle pond 12 œufs – exceptionnellement 25 – dans des végétaux en décomposition, du bois pourri ou un nid souterrain. Les jeunes mesurent de 30 à 35 cm de long. En captivité, le serpent-roi peut vivre plus de vingt-cinq ans.

LAMPROPELTIS GETULA CALIFORNIAE
Cette sous-espèce se présente soit avec un corps noir et des bandes crème (ci-dessous), soit avec un corps marron et une rayure blanche (en bas à droite de l'encadré).

UNE INCROYABLE DIVERSITÉ

Le serpent-roi offre une remarquable variété de couleurs et de motifs. De nombreux herpétologistes divisent l'espèce en 7 sous-espèces différentes, et, selon certains, le total pourrait être de 10. De plus, certaines sous-espèces – comme le serpent-roi de Californie – présentent plusieurs phases.

LAMPROPELTIS GETULA NIGRITA
Dans sa forme la plus pure, le serpent-roi du Mexique, l'une des plus belles sous-espèces, est noir de jais ; jeune, il présente parfois de légers motifs. Il est très apprécié comme animal domestique.

LAMPROPELTIS GETULA SPLENDIDA
Ce serpent du désert de l'Arizona n'est actif qu'une courte période de l'année, quand il ne fait ni trop froid, ni trop chaud.

LAMPROPELTIS GETULA CALIFORNIAE
La phase à rayure du serpent-roi de Californie vit au même endroit que celle à bandes transversales (à gauche). Les deux phases peuvent éclore de la même couvée.

Lampropeltis triangulum

Serpent du lait

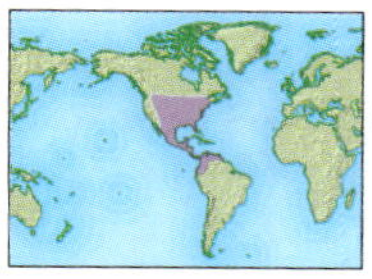

Q : Couleuvre tachetée
Longueur 0,40 – 2 m
Reproduction Ovipare
Mode de vie Terrestre
Statut Commun

Répartition Amérique du Nord, Amérique centrale, N. Amérique du Sud

Le serpent du lait est l'un des serpents terrestres le plus largement répandus et aussi l'un des plus variables. On en a identifié 30 sous-espèces, dont 8 rien que pour les États-Unis. La plupart ont des couleurs très vives, avec des bandes rouges, noires et jaunes ; chez certaines sous-espèces, les dessins sont très proches de ceux du serpent corail d'Amérique du Sud (voir p. 392) – sans doute par un mimétisme de défense. Les serpents du lait mènent une vie cachée. Surtout nocturnes, ils se nourrissent d'invertébrés, d'amphibiens, de petits rongeurs et d'autres serpents. Bien que non venimeux, ils se défendent en mordant et en émettant un liquide puant par leur cloaque. Les femelles placent leur nid dans des galeries, sous des pierres, dans des souches d'arbres ; elles pondent jusqu'à 17 œufs.

DES COULEURS POUR SE DÉFENDRE

Le serpent du lait n'est pas venimeux. Cependant, comme il imite les couleurs, les dessins, et même le comportement des serpents corail d'Amérique du Sud, on le confond souvent avec eux. Sorti de son abri, il peut se débattre et surprendre ses proies avec ses couleurs vives.

MARQUES SUR LE CORPS
Le serpent du lait est généralement rouge, noir et blanc. Les dessins sont disposés comme des anneaux autour du corps ou comme des selles sur le dos.

Lamprophis fuliginosus

Lamprophis commun

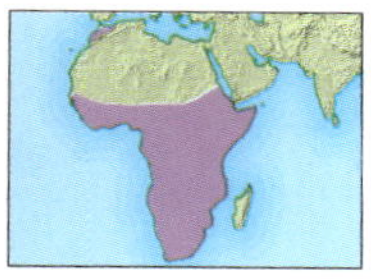

Longueur 0,90 – 1,50 m
Reproduction Ovipare
Mode de vie Terrestre
Statut Commun

Répartition Afrique (surtout sud du Sahara)

Ce puissant constricteur nocturne chasse activement ses proies – rongeurs, oiseaux, lézards. Il peut être ocre, marron, orange ou noir, avec une rayure crème de chaque côté de la tête. Le mâle, plus petit que la femelle, a proportionnellement une plus longue queue. Les femelles pondent deux fois, ou plus, de 6 à 16 œufs, à chaque saison de reproduction. Quand il est menacé par des oiseaux de proie ou des mammifères, ce serpent peut morde, mais il n'est pas venimeux.

REPTILES

Langaha madagascariensis

Langaha

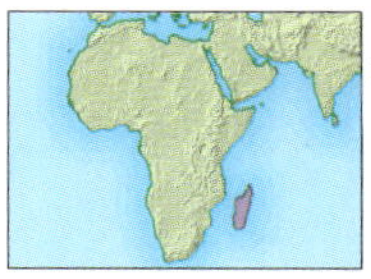

Longueur 70 – 90 cm
Reproduction Ovipare
Mode de vie Arboricole
Statut Commun localement

Répartition Madagascar

Ce serpent est facilement reconnaissable à son extraordinaire museau qui présente une excroissance pointue chez le mâle et un appendice en forme de feuille chez la femelle. Les mâles sont marron clair avec le ventre jaune ; les femelles sont gris-brun avec des petites taches foncées. Leur corps long et mince comme une liane leur procure un excellent camouflage dans leur habitat forestier. Actifs de jour et de nuit, ils se tiennent embusqués pour chasser les lézards et les grenouilles.

Natrix natrix

Couleuvre à collier

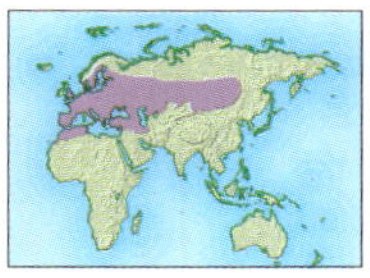

Longueur 1,20 – 2 m
Reproduction Ovipare
Mode de vie Semi-aquatique
Statut Commun

Répartition Europe à C. Asie, N.-O. Afrique

Ce prédateur semi-aquatique passe beaucoup de temps dans les endroits humides ou les eaux calmes. Bonne nageuse, on peut la voir quelquefois onduler à la surface des mares, à la recherche de grenouilles et de poissons. C'est l'un des serpents les plus répandus en Europe. Les adultes sont brun-vert, verdâtres ou gris, avec un collier jaune ou blanc juste derrière la tête. Les femelles sont plus grosses que les mâles et ont une queue plus longue et plus épaisse. Après l'accouplement, elles pondent parfois leurs œufs dans un « nid » commun où l'on peut dénombrer 200 œufs ou plus. Dans les régions où les étés sont frais, les femelles pondent souvent dans des tas de compost, la chaleur produite par les végétaux en décomposition favorisant l'incubation. En captivité, la longévité de la couleuvre à collier est d'environ quinze ans.

LA PONTE
Les œufs sont déposés dans des endroits chauds : végétaux en décomposition, fumier, compost. Les jeunes mesurent de 14 à 21 cm. Les mâles sont adultes à trois ans, les femelles à quatre.

FAUSSE MORT

Si on la saisit, la couleuvre à collier éjecte des sécrétions fétides ; en cas d'extrême danger, elle fait la morte et se renverse en partie sur le dos, la bouche ouverte et la langue sortie.

Nerodia fasciata

Couleuvre d'eau à bandes

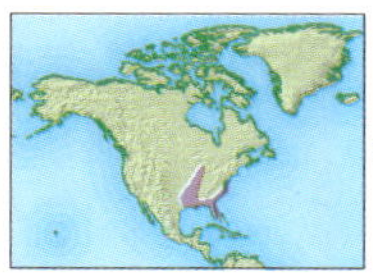

Q : Couleuvre d'eau du Sud
Longueur 0,50 – 1,50 m
Reproduction Ovovivipare
Mode de vie Aquatique
Statut Commun

Répartition C. et S.-E. États-Unis

Cette espèce possède un corps robuste avec des écailles carénées. Ses couleurs, très variées, présentent des bandes ou des taches foncées. Ses yeux, situés sur le haut de la tête, lui permettent de continuer à voir quand elle est partiellement immergée. Elle chasse des grenouilles et du poisson, de jour ou de nuit, selon la température. Quand elle est attaquée, elle projette sur son agresseur le contenu fétide de ses glandes cloacales. Plusieurs mâles peuvent s'accoupler successivement avec la même femelle. Le nombre des petits varie de 2 à 57.

Spilotes pullatus

Serpent-ratier tigre

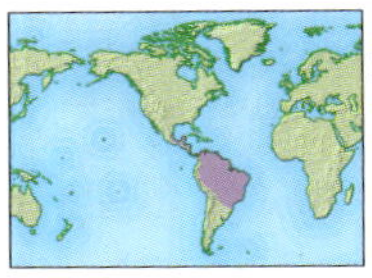

Longueur 1,50–2 m
Reproduction Ovipare
Mode de vie Arboricole
Statut Commun

Répartition Amérique centrale, N. et C. Amérique du Sud

Ce serpent est soit jaune avec des bandes ou des taches noires, soit noir avec des raies jaunes, soit noir avec du jaune au centre des écailles. Son corps triangulaire et comprimé latéralement lui permet de conserver sa rigidité quand il passe d'une branche à l'autre. Actif surtout la nuit, il traque les lézards, les grenouilles et les petits mammifères puis attaque subitement, capturant sa proie par surprise. Quand il est menacé, il aplatit la partie antérieure de son corps et forme un S avec ses anneaux; il peut aussi mordre violemment.

Opheodrys aestivus

Couleuvre verte rugueuse

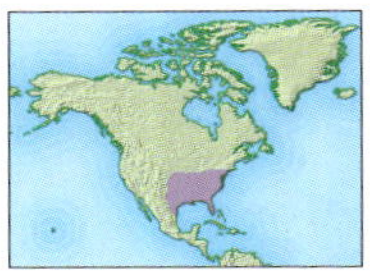

Longueur 0,80–1,60 m
Reproduction Ovipare
Mode de vie Terrestre
Statut Commun

Répartition S.-E. États-Unis

Ce serpent vit dans la végétation basse, surtout près de l'eau. Il est vert vif avec un ventre blanc ou tirant sur le jaune. Ses écailles très carénées rendent sa peau rugueuse. En général, il est immobile ou il se déplace lentement à la recherche d'insectes mais il est aussi capable de mouvements rapides. La femelle pond de 3 à 13 œufs allongés.

Pituophis melanoleucus

Serpent-taureau

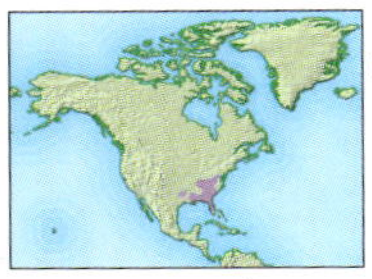

Longueur 1–2,50 m
Reproduction Ovipare
Mode de vie Fouisseur
Statut Commun

Répartition S.-E. États-Unis

Ce robuste et puissant constricteur a des écailles fortement carénées et un museau légèrement pointu adapté à la vie terricole. Sa coloration, variable, va du noir ou du blanc uni au crème ou au jaunâtre, avec des taches irrégulières brun foncé ou noires sur le dos et les flancs. Il cherche activement les petits mammifères, surtout terricoles. La femelle pond de 3 à 27 œufs dans un trou qu'elle creuse elle-même en enlevant le sable ou la terre à l'aide d'une boucle à l'avant de son corps. L'une des sous-espèces, de Louisiane, est menacée.

Rhinocheilus lecontei

Serpent à long nez

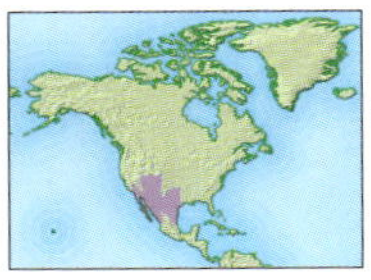

Q : Couleuvre à long nez
Longueur 50–100 cm
Reproduction Ovipare
Mode de vie Fouisseur
Statut Commun

Répartition S. États-Unis, N. Mexique

Le serpent à long nez vit sous les rochers et les rondins et se sert de son nez pointu pour fouir le sol. Sa mâchoire inférieure, assez courte, est adaptée à son mode de vie semi-souterrain. Surtout nocturne, il se nourrit aussi bien de petits mammifères et d'oiseaux que de lézards, de petits serpents et de leurs œufs. En cas de menace, le serpent à long nez se cache la tête dans ses anneaux, fait vibrer sa queue et expulse les sécrétions fétides de ses glandes cloacales. Les femelles pondent une ou deux fois jusqu'à 9 œufs.

Telescopus semiannulatus

Couleuvre-chat

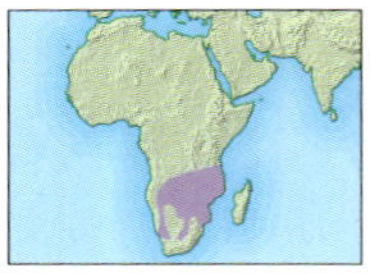

Longueur 1–1,20 m
Reproduction Ovipare
Mode de vie Terrestre
Statut Commun

Répartition S. Afrique

Chasseur nocturne, la couleuvre-chat a de grands yeux qui l'aident à mieux voir dans l'obscurité. Son corps élancé aux écailles lisses est brun-vert, brun-rose ou orange. Il est orné de taches noires sur le dos et jusqu'aux flancs. Elle se déplace lentement sur le sol, mais elle grimpe aussi dans les buissons, les arbres morts et sur les toits de chaume.

Thamnophis proximus

Serpent-jarretière de l'Ouest

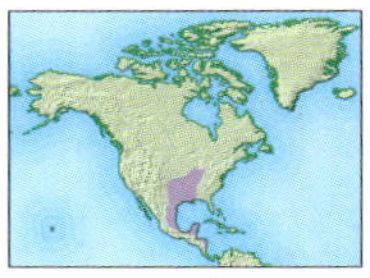

Q : Serpent-ruban de l'Ouest
Longueur 50–100 cm
Reproduction Vivipare
Mode de vie Semi-aquatique
Statut Commun

Répartition C. États-Unis à Amérique centrale

Comme son proche parent le serpent-jarretière commun (voir à droite), ce serpent d'Amérique du Nord rapide et agile est aussi un bon nageur. Il se nourrit surtout de grenouilles, de crapauds, de têtards et de petits poissons qu'il pourchasse sous l'eau. Les serpents-jarretières ont jusqu'à 24 petits par an et, en milieu adéquat, ils peuvent être très nombreux.

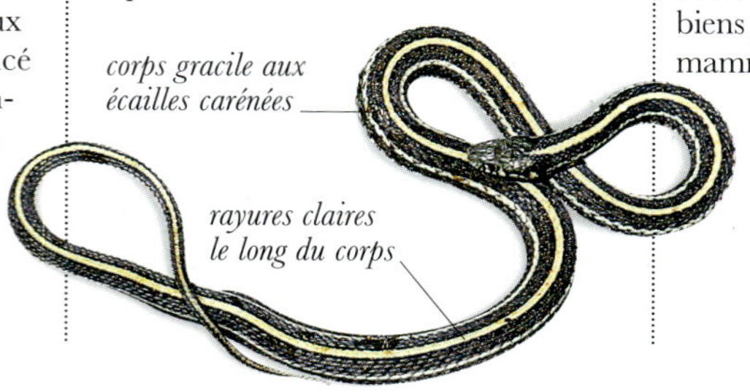

Thamnophis sirtalis

Serpent-jarretière commun

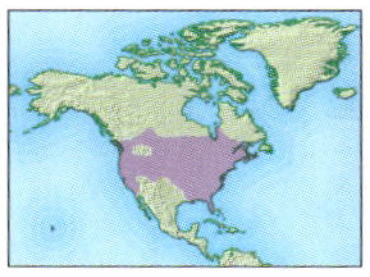

Longueur 65–130 cm
Reproduction Ovovivipare
Mode de vie Semi-aquatique
Statut Commun

Répartition Amérique du Nord

Le serpent-jarretière commun vit toujours près de l'eau, mais il a la particularité d'être le serpent d'Amérique qui se reproduit le plus loin au nord. Il hiberne en masse aux confins de l'Arctique, créant au printemps un spectacle extraordinaire quand une multitude de serpents sortent de leurs abris. Ces serpents se nourrissent de vers de terre, de poissons et d'amphibiens; ils sont eux-mêmes victimes de mammifères et d'oiseaux de proie.

ASPECT PHYSIQUE
Les 11 sous-espèces du serpent-jarretière ont une coloration très variée. Ci-contre, la sous-espèce infernalis, *le serpent-jarretière de San Francisco.*

ACCOUPLEMENTS

L'accouplement diffère selon la latitude. Au nord de l'aire de répartition, les mâles, quand ils sortent d'hibernation, se disputent les femelles, souvent beaucoup moins nombreuses qu'eux. Au sud, la concurrence est moins frénétique.

ÉLAPIDÉS

PHYLUM	Cordés
CLASSE	Reptiles
ORDRE	Squamates
SOUS-ORDRE	Ophidiens
SUPERFAMILLE	Caenophidiens
FAMILLE	Elapidae
ESPÈCES	291

LES ELAPIDAE ne représentent qu'un serpent sur dix, mais tous sont venimeux et plusieurs très dangereux. Cobras, serpents corail, mambas, bongares et serpents de mer vivent surtout dans les régions tropicales et dans l'hémisphère Sud. Il existe des espèces terrestres, d'autres semi-terricoles, d'autres arboricoles. Certains Elapidae sont des chasseurs diurnes qui se déplacent rapidement, d'autres mènent une vie cachée et ne chassent que la nuit. Les serpents de mer sont complètement marins. Les Elapidae sont apparentés aux Colubridae (voir p. 385) auxquels ils ressemblent. Ils s'en distinguent par leurs crochets à venin, situés à l'avant de la mâchoire supérieure. Leurs attaques sont aussi soudaines que mortelles.

ANATOMIE

Les Elapidae ont un corps mince, cylindrique, aux écailles lisses et brillantes. Chez les serpents de mer – classés parfois dans une famille à part –, la queue, aplatie, est adaptée à la nage. La plupart des espèces terrestres ont une coloration sobre qui leur permet de se camoufler facilement ; à l'inverse, l'ornementation des serpents corail, très voyante, incite les éventuels prédateurs à se tenir à distance. Pour intimider leurs ennemis, certains cobras se redressent et déploient une sorte de capuchon en écartant leurs côtes.

VENIN

Le venin des Elapidae varie selon sa nature et selon les organes et les fonctions qu'il touche. Celui de la plupart des espèces agit sur le système nerveux, paralysant les muscles qui servent à la respiration. Chez certains Elapidae, le venin suit les sillons qui se trouvent le long des crochets venimeux ; chez d'autres, il s'écoule par un canal situé à l'intérieur des crochets. Les Elapidae comptent parmi eux les serpents les plus dangereux, comme les taïpans. Mais d'autres sont inoffensifs et trop petits pour mettre en danger la vie de l'homme.

REPRODUCTION

La plupart des Elapidae sont ovipares, mais quelques-uns mettent au monde des petits tout formés. Certains serpents de mer mettent bas dans l'eau, alors que d'autres pondent leurs œufs sur le rivage. Certains cobras d'Asie font leur nid dans la litière végétale. Les femelles protègent farouchement leurs œufs.

COBRA CRACHEUR
Certains cobras (comme le cobra cracheur du Mozambique) projettent sur leurs victimes un puissant jet de venin par des orifices situés sur leurs crochets. Au contact des yeux, le venin cause de violentes douleurs et peut entraîner une cécité temporaire ou même permanente.

Acanthophis praelongus

Vipère de la mort du Nord

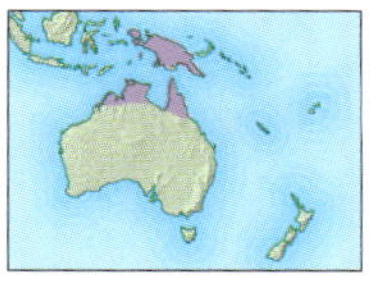

Longueur 30–100 cm
Reproduction Vivipare
Mode de vie Terrestre
Statut Commune

Répartition Nouvelle-Guinée, N. Australie

Malgré son nom, ce serpent n'est pas une vipère (voir p. 394), mais un Elapidae au corps trapu. C'est l'un des plus venimeux serpents d'Australie. Sa technique de chasse consiste à attendre immobile et à attaquer à la moindre provocation. Elle est active surtout la nuit. Dans la journée, sa livrée discrète lui évite d'être repérée. Chez les adultes, la couleur varie du gris clair au gris-brun ou presque noir, avec des anneaux ou des bandes plus pâles. Les vipères de la mort se nourrissent surtout de petits mammifères, de lézards et d'oiseaux qu'elles attirent avec le bout de leur queue en forme de ver de terre. Les portées comptent jusqu'à 8 petits. Dans l'est et dans le sud de l'Australie, ainsi que parfois près des villes, vit une espèce très proche, la vipère de la mort du Sud *(Acanthopis antarcticus)*. Les morsures des deux espèces peuvent être mortelles.

DES AIRS DE VIPÈRE
Avec son corps trapu, sa tête triangulaire et son cou mince, la vipère de la mort du Nord semble plutôt appartenir aux Viperidae. Au-dessus des yeux, elle présente des écailles dressées comme des cornes.

UN LEURRE VIVANT

L'extrémité de la queue de la vipère de la mort du Nord est très mince et beaucoup plus claire que le reste du corps. Quand il chasse, ce serpent se tient immobile et agite juste le bout de la queue pour attirer sa proie et l'attaquer. Le venin agit très vite et le serpent avale tranquillement la victime.

Austrelaps superbus

Tête cuivrée australienne

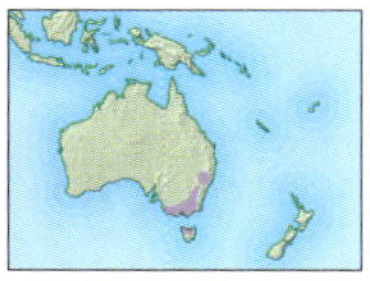

Longueur 1,30–1,70 m
Reproduction Vivipare
Mode de vie Terrestre
Statut Commune

Répartition S.-E. Australie, N. Tasmanie

Cet habitant des marais et des marécages mène une activité à la fois diurne et nocturne, se nourrissant surtout de grenouilles. Il a le dos gris, brun-roux ou noir et les flancs crème ou jaunes. Bien qu'il hiberne en hiver, il supporte les basses températures et il est actif plus longtemps que d'autres reptiles.

Dendroaspis angusticeps

Mamba vert

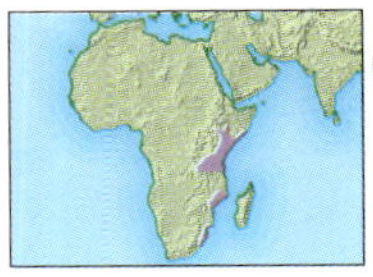

Longueur 1,50–2,50 m
Reproduction Ovipare
Mode de vie Arboricole

Statut Commun

Répartition E. et S.-E. Afrique

Avec sa couleur vert vif, sa forme élancée et sa longue queue, le mamba vert possède toutes les caractéristiques qui conviennent pour vivre dans les arbres. Vif et rapide, ce serpent poursuit sa proie dans leurs cimes. S'il est dérangé, il gagne vite les branches plus hautes ou passe d'un arbre à l'autre. Quand il est acculé, il fait face et attaque. Le mamba vert est très venimeux, mais il s'en prend rarement à l'homme.

Dendroaspis polylepis

Mamba noir

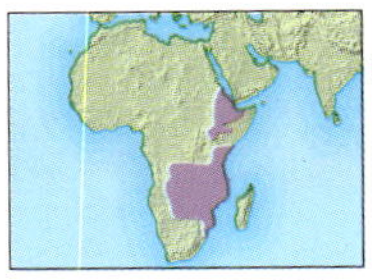

Longueur 2,50–3,50 m
Reproduction Ovipare
Mode de vie Terrestre

Statut Commun

Répartition E. et S. Afrique

Le mamba noir est l'un des serpents les plus venimeux et probablement le plus rapide, ce qui fait de lui l'un des prédateurs les plus dangereux du monde. Réalisant des pointes à 20 km/h, il peut rattraper quelqu'un courant à vive allure. Malgré son nom, le mamba noir est plutôt gris ou brun, avec un corps effilé recouvert de grandes écailles lisses. Il s'installe dans une fente de rocher ou dans un arbre creux. Actif pendant le jour, il se nourrit d'oiseaux et de petits mammifères. Les femelles pondent de 12 à 17 œufs dans une chambre souterraine. Le venin du mamba noir agit très vite et ses morsures sont fatales si elles ne sont pas soignées rapidement.

GRIMPEUR OCCASIONNEL
Le mamba noir vit surtout sur le sol, dans la savane, mais il lui arrive aussi de grimper. Malgré sa grande taille, il se faufile avec agilité dans les arbres et les buissons épineux.

COMBATS RITUELS

Pendant la saison de reproduction, les mambas noirs mâles s'affrontent en redressant l'avant de leur corps et en s'enroulant l'un autour de l'autre, chacun des adversaires essayant de plaquer l'autre au sol. Il s'agit plutôt de simulacres de combat après lesquels le vainqueur s'accouple avec toutes les femelles de son territoire.

Laticauda colubrina

Serpent à queue plate

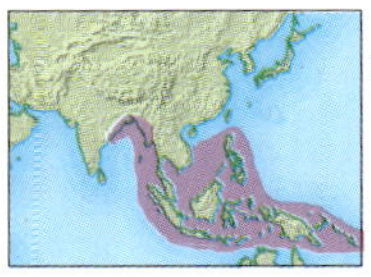

Longueur 1–2 m
Reproduction Ovipare
Mode de vie Aquatique

Statut Commun

Répartition S. et S.-E. Asie

Ce serpent gris-bleu fait partie de l'une des 40 espèces de serpents de mer à queue plate qui vivent et se nourrissent dans la mer. On les trouve près des côtes, dans les marécages des mangroves et sur les récifs de coraux où ils chassent des poissons – des anguilles surtout. Leur venin est très toxique, mais ils sont peu dangereux pour l'homme car ils ne mordent pas. Ce serpent de mer ainsi que les espèces apparentées gagnent les côtes pour pondre leurs œufs sous des débris végétaux. La plupart des autres espèces marines sont vivipares.

Micrurus lemniscatus

Grand serpent corail

Longueur 60–90 cm
Reproduction Ovipare
Mode de vie Semi-fouisseur

Statut Commun

Répartition N. et C. Amérique du Sud

Ce reptile aux couleurs vives fait partie des 40 espèces de serpents corail qui vivent dans les régions chaudes du continent américain. Chaque espèce possède sa coloration propre qui sert d'avertissement aux prédateurs. Comme les serpents corail sont semi-terricoles et ne sortent que la nuit, on ne voit pas souvent leurs couleurs. Ils se nourrissent de petits lézards et de serpents. Leur venin est très toxique, mais ils sont rarement à l'origine de mort d'hommes.

Naja naja

Cobra indien

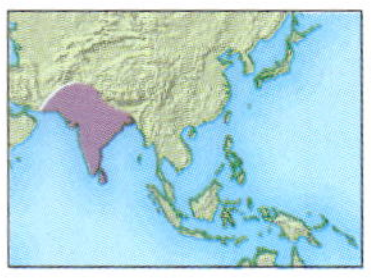

Longueur 1,20–1,70 m
Reproduction Ovipare
Mode de vie Terrestre

Statut Commun

Répartition S. Asie

Connu comme le cobra des charmeurs de serpents, c'est l'un des serpents les plus dangereux d'Inde. Il est à l'origine d'une proportion relativement faible mais significative de décès par morsures de serpents (10 000 par an rien qu'en Inde). Cela s'explique par la prédilection de ces serpents pour les rizières et les bords de route, souvent près des villages et de leurs habitants. Les cobras indiens ont des couleurs variées, allant du brun au noir ; la plupart des individus présentent des dessins en forme de lunettes au dos de leur capuchon. Comme chez les autres cobras, le capuchon est déployé quand l'animal se sent menacé et replié le reste du temps. On peut voir des cobras indiens se chauffer au soleil, mais ils sont surtout actifs la nuit. Bons grimpeurs et bons nageurs, ils se nourrissent de petits mammifères, d'oiseaux, de lézards et d'autres serpents qu'ils tuent avec leur puissant venin neurotoxique. À part les hommes, les principaux prédateurs des cobras indiens sont les mammifères carnivores – notamment les mangoustes – et les oiseaux de proie.

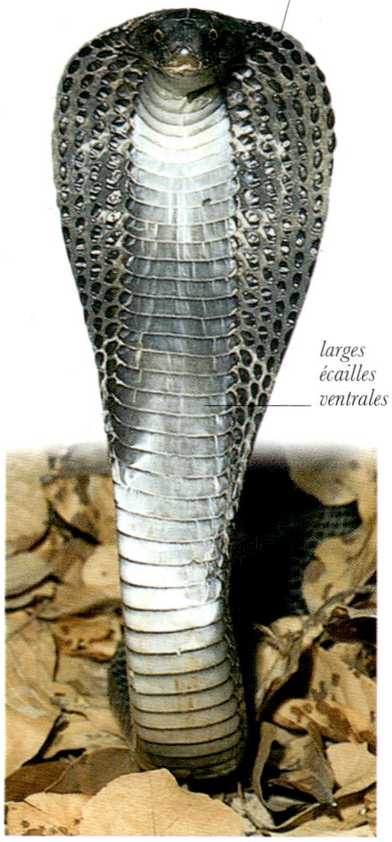

Naja pallida

Cobra cracheur rouge

Longueur 70–120 cm
Reproduction Ovipare
Mode de vie Terrestre
Statut Commun

Répartition N. et E. Afrique

Ce serpent africain fait partie des cobras qui ont une technique de défense particulière. S'il est menacé, il fait gicler son venin par des petits orifices situés sur ses crochets et pulvérise à 2 m un nuage de gouttelettes. Ce venin ne tue pas, mais il peut entraîner une cécité définitive. Les couleurs du cobra cracheur rouge vont du rouge au gris. Il est actif la nuit et tôt le matin. Les femelles pondent jusqu'à 15 œufs dans un terrier ou des débris végétaux.

Naja haje

Cobra égyptien

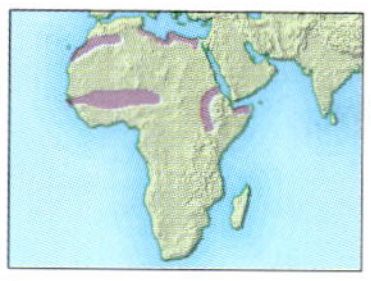

Longueur 1–2,40 m max. 2,50 m
Reproduction Ovipare
Mode de vie Terrestre
Statut Commun

Répartition N., O. et E. Afrique

Brun ou grisâtre, quelquefois avec des bandes noires, le cobra égyptien – l'aspic de Cléopâtre – peut atteindre 2,50 m de long. Il vit dans les déserts, la savane et les zones urbaines, mais aussi à proximité des oasis et des oueds. Il évite les forêts denses et les déserts les plus arides. Son activité est surtout nocturne, mais il lui arrive de se chauffer au soleil tôt le matin. Prompt à dresser sa tête et à déployer son large capuchon pour intimider l'adversaire, ce cobra très venimeux siffle, avance vers son agresseur si celui-ci persiste et l'attaque. Sa morsure est fatale pour l'homme sans l'injection rapide d'un sérum antivenimeux. Le cobra égyptien pourchasse d'autres serpents, des petits mammifères, des crapauds et des oiseaux, y compris des volailles; il mange aussi des œufs. Chaque individu a un territoire bien délimité et les affrontements sont nombreux. Les femelles pondent, souvent dans des termitières, de 8 à 20 œufs qui éclosent au bout d'environ soixante jours.

Maticora bivirgata

Serpent corail d'Asie

Longueur 1,20–1,40 m
Reproduction Ovipare
Mode de vie Terrestre
Statut Commun localement

Répartition S.-E. Asie

Contrastant avec la couleur sombre du reste du corps, l'orange vif du ventre, de la tête et de la queue du serpent corail d'Asie est un signal d'avertissement destiné à tenir à distance d'éventuels prédateurs. Les glandes à venin de cette espèce sont présentes sur pratiquement le tiers de la longueur du corps. On le surnomme «serpent des cent pas», par allusion à la distance que pourrait parcourir un homme avant de succomber à son venin. Ce serpent est pourtant en général inoffensif, et l'on recense peu de cas de morsures fatales.

Notechis scutatus

Serpent-tigre australien

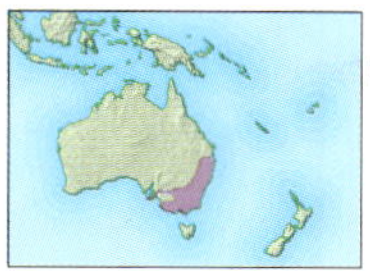

Longueur 1–2,10 m
Reproduction Vivipare
Mode de vie Terrestre
Statut Commun

Répartition S.-E. Australie

Ce serpent très venimeux est responsable de nombreuses morsures susceptibles d'entraîner la mort. Gris, brun, brun foncé ou brun tirant sur le vert, il est souvent orné d'étroites bandes jaune clair. Plutôt diurne, il est également actif de bonne heure le matin et dans la soirée, ainsi qu'au cours des nuits chaudes; pendant les périodes de froid, il reste caché. Ses proies préférées sont les grenouilles, qu'il poursuit puis tue avec son venin. Quand il est sur la défensive, il comprime son cou et se dresse légèrement. Les femelles mettent bas une trentaine de petits.

Ophiophagus hannah

Cobra royal

Longueur 3–5 m
Reproduction Ovipare
Mode de vie Terrestre
Statut LR ∆

Répartition S. et S.-E. Asie

Le cobra royal, ou hamadryade, est le plus long serpent venimeux du monde. Il chasse surtout les autres serpents. Dépassant parfois 5 m de long, il n'a pas de mal à dominer et à tuer d'autres serpents même de grande taille. Quand il est menacé, il redresse la partie antérieure de son corps jusqu'à ce que sa tête soit à 1,50 m du sol, déploie son étroit capuchon et frappe mais essaie rarement de mordre. En effet, on recense peu de cas de morsures de cobra royal chez l'homme, car ce serpent fuit sa compagnie, préférant la profondeur des forêts. Les adultes sont brun uni; les juvéniles, plus foncés, présentent des chevrons plus clairs le long du dos. Fait inhabituel chez les serpents, cette espèce est, du moins temporairement, monogame, les couples restant unis pendant toute la saison de reproduction. Les femelles pondent dans des amoncellements de végétaux morts de 21 à 40 œufs qui sont gardés par les deux parents jusqu'à l'éclosion. En captivité, le cobra royal peut vivre plus de vingt ans.

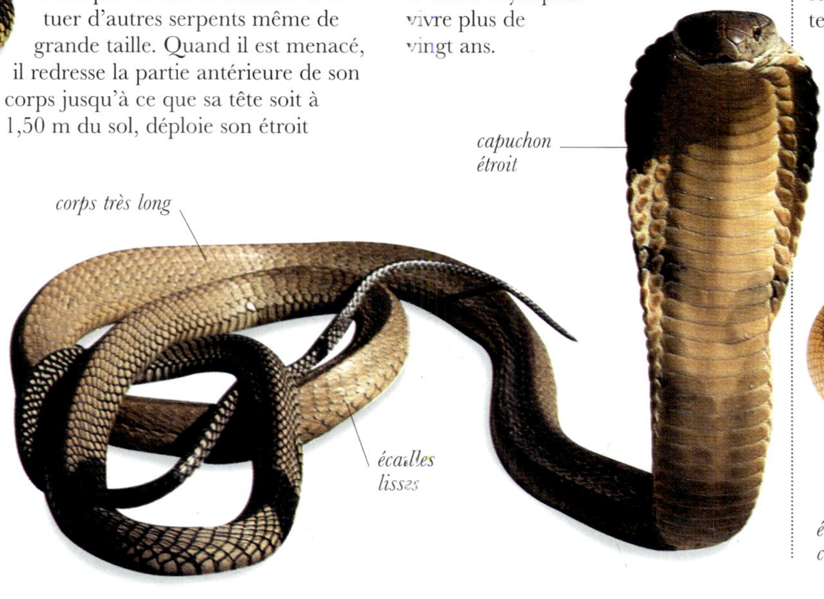

Oxyuranus scutellatus

Taïpan australien

Longueur 2–3,60 m
Reproduction Ovipare
Mode de vie Terrestre
Statut VU ∆

Répartition S. Nouvelle-Guinée, N. Australie

Malgré les apparences, le taïpan brun-roux ou brun-noir est le serpent le plus dangereux d'Australie. Peureux, il se montre rarement, mais si on se trouve sur son chemin, il attaque avec une terrifiante rapidité. Il se nourrit de mammifères, d'oiseaux et de lézards, pénétrant dans les terriers pour capturer ses proies sous terre. Les femelles pondent de 3 à 20 œufs. Les morsures de taïpans peuvent être fatales, mais, grâce à des sérums efficaces, on recense peu de cas mortels aujourd'hui.

VIPÈRES

PHYLUM	Cordés
CLASSE	Reptiles
ORDRE	Squamates
SOUS-ORDRE	Ophidiens
SUPERFAMILLE	Caenophidiens
FAMILLE	Viperidae
ESPÈCES	228

LES VIPÈRES sont les serpents les plus évolués. Elles possèdent de longs crochets à venin articulés et certaines espèces (les crotales) ont une paire de fossettes thermosensibles entre les yeux et les narines. On les trouve sous toutes sortes de climats ; elles résistent plutôt mieux au froid que les autres serpents. Beaucoup vivent en haute altitude ou dans des régions désertiques avec des hivers froids. Elles vivent sur le sol ou dans les arbres. Certaines espèces s'installent dans les terriers des rongeurs.

ANATOMIE

La plupart des vipères sont courtes et trapues, avec une tête triangulaire et des écailles carénées rugueuses. La tête présente de longs crochets, qui se rabattent contre le palais quand ils sont au repos, et de grosses glandes à venin. Plutôt lentes, les vipères se protègent en se camouflant : leurs couleurs se confondent avec la surface sur laquelle elles vivent et leurs dessins géométriques cassent leur silhouette. Les crotales sont les mieux équipés pour détecter la chaleur. Leurs fossettes thermosensibles les informent sur la présence d'une proie, sur son éloignement et sur la direction où elle se trouve. Pour dissuader les agresseurs, les serpents à sonnette agitent le bruiteur situé à l'extrémité de leur queue.

VENIN

La plupart des vipères surprennent leurs proies ; certaines utilisent le bout coloré de leur queue comme un leurre. Elles attaquent leurs victimes la bouche ouverte et traversent de leurs longs crochets le pelage ou les plumes pour atteindre les organes vitaux. Le venin diffère d'une espèce à l'autre ; les protéines qu'il contient provoquent des hémorragies internes. Comme leur venin agit assez lentement, les vipères en inoculent de grosses quantités, à la différence des cobras.

REPRODUCTION

Certaines vipères pondent des œufs, mais la plupart donnent directement naissance à des petits. Les femelles conservent les œufs dans leur corps et se chauffent au soleil pendant le jour pour accélérer le développement des embryons. Beaucoup d'espèces ne se reproduisent que tous les deux ou trois ans.

POSITION D'ATTAQUE
Prête à frapper, la vipère à cornes du Sahara (ci-contre) ouvre la bouche et déplie ses crochets, rabattus contre le palais quand ils sont en position de repos. Les mâchoires sont grandes ouvertes pour que les crochets puissent être dirigés vers la proie.

REPTILES

Atheris hispidis

Vipère arboricole à écailles rugueuses

Longueur 50–73 cm
Reproduction Vivipare
Mode de vie Arboricole
Statut LR Δ
Répartition C. Afrique (Rép. Démocratique du Congo/Ouganda)

Ce serpent peu connu est d'une minceur inhabituelle pour une vipère. Ses écailles fortement carénées forment sur la tête et le cou des espèces d'épines. Le mâle est vert-jaune, la femelle vert-brun. Surtout nocturne, cette espèce se nourrit de grenouilles, d'escargots et de petits mammifères. Quand il est menacé, ce serpent tire sa tête en arrière, forme un S avec son cou et frappe. Il n'existe aucun sérum efficace contre son venin. La femelle met bas de 5 à 12 serpenteaux.

Bitis arietans

Vipère heurtante

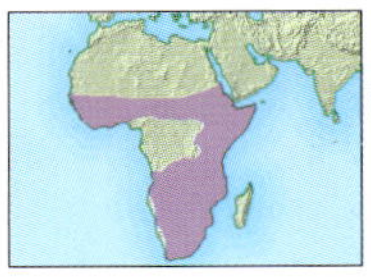

Longueur 1 m, max. 1,90 m
Reproduction Ovovivipare
Mode de vie Terrestre
Statut Commun
Répartition Afrique (sud du Sahara)

Ce serpent corpulent a un corps robuste, une tête large et aplatie, et un museau arrondi. Le mâle, plus petit que la femelle, a des couleurs plus vives. Les individus les plus corpulents se déplacent en rampant de façon rectiligne comme des chenilles.

LIVRÉE À CHEVRONS
Le corps brun-jaune ou gris de la vipère heurtante est orné de chevrons blancs. Chez certains individus, ces chevrons sont jaunes.

SUR LA DÉFENSIVE

Si on la dérange, la vipère heurtante, très venimeuse, se défend en gonflant son corps et en émettant un sifflement long et grave. Si l'agresseur persiste, elle lui inflige une morsure fatale.

La vipère heurtante chasse le soir et la nuit des petits mammifères et, de temps en temps, des oiseaux et des reptiles. Elle attaque ses proies par surprise et leur inocule une grosse quantité de venin. Au printemps, les mâles s'affrontent et suivent les femelles. Ces dernières mettent bas de 20 à 40 petits (exceptionnellement jusqu'à 154). La vipère heurtante, très dangereuse pour l'homme, est à l'origine de la plupart des décès par morsure en Afrique.

Bitis caudalis

Vipère à cornes

Longueur 30–50 cm
Reproduction Ovovivipare
Mode de vie Terrestre
Statut Commune
Répartition S. Afrique

La vipère à cornes est grise, brune, rousse ou orange et a une corne au-dessus de chaque œil. Son corps aplati et ses écailles rugueuses l'aident à s'enfouir dans le sable pour échapper à la chaleur ou se cacher. Elle se déplace sur le sable meuble par déroulement latéral. Elle chasse surtout le soir. Les proies sont peut-être attirées par les mouvements de sa queue.

Bitis gabonica

Vipère du Gabon

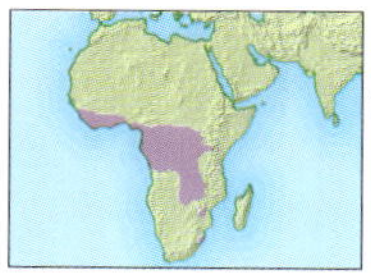

Longueur 1,20 m, max. 2 m
Reproduction Ovovivipare
Mode de vie Terrestre
Statut Commune localement

Répartition O. et C. Afrique

Avec son corps long et massif, sa tête triangulaire aux yeux petits, sa coloration aux dessins géométriques, la vipère du Gabon est facilement reconnaissable. Hors de son milieu naturel, elle paraît très voyante avec ses dessins mauves, ocre, crème et bruns. Dans la nature, en revanche, ses couleurs et son décor lui procurent un excellent camouflage. Lente, placide, elle vit sur le sol des forêts, ne bougeant que lorsqu'une proie – rongeur et petit mammifère, oiseau ou grenouille – passe à sa portée. Les individus les plus corpulents se déplacent en ligne droite, comme les chenilles. Si elle est dérangée, la vipère du Gabon émet un sifflement grave et sonore et peut mordre, mais seulement en dernier ressort; sa morsure est mortelle si la victime n'est pas soignée tout de suite. Pendant la saison de reproduction, les mâles s'affrontent. Les femelles mettent bas de 16 à 60 serpenteaux tous les deux à trois ans.

dessins géométriques

glandes à venin derrière les yeux

Echis pyramidum

Vipère des pyramides

Longueur 30–60 cm
Reproduction Ovipare
Mode de vie Terrestre
Statut Commune

Répartition N. et N.-E. Afrique

Ce serpent petit et rapide est dangereux pour l'homme, car son venin est extrêmement toxique. Les vipères des pyramides appartiennent à un genre peu important – quelques espèces – dont les écailles fortement carénées produisent un bruit menaçant quand elles entrent en frottement. En cas de menace, la vipère des pyramides utilise ce bruit comme signal d'avertissement, tout comme les serpents à sonnette se servent du bruiteur de leur queue. La vipère des pyramides chasse des petits mammifères, des amphibiens, des reptiles et, la nuit, des invertébrés. Les femelles pondent de 6 à 20 œufs.

corps robuste

tête en forme de poire

Vipera ammodytes

Vipère ammodyte

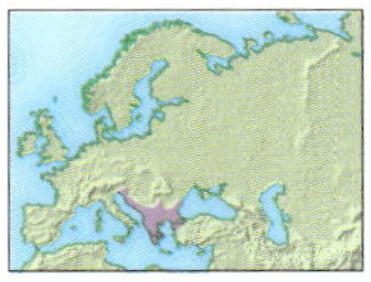

Longueur 65–90 cm
Reproduction Vivipare
Mode de vie Terrestre
Statut Commune

Répartition S.-E. Europe, O. Asie

Ce serpent brun clair, brun-roux ou gris est le plus dangereux d'Europe, bien que sa morsure soit rarement mortelle si elle est soignée. Son museau présente un petit appendice charnu dont on ignore la fonction. La vipère ammodyte se déplace lentement, à moins qu'on ne la provoque, et reste souvent lovée entre les rochers. Surtout diurne, elle peut être nocturne, dans certaines régions, au milieu de l'été.

corne sur le museau

feston en zigzag sur le dos

Cerastes cerastes

Vipère à cornes du Sahara

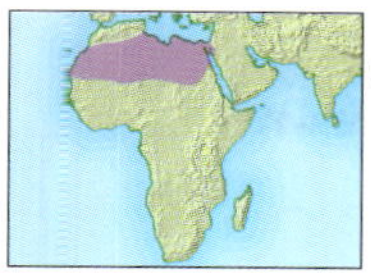

Longueur 30–60 cm
Reproduction Ovipare
Mode de vie Terrestre
Statut Commune

Répartition N. Afrique

Ce serpent trapu a au-dessus de chaque œil une corne en forme d'epine. Il se sert de ses écailles fortement carénées pour creuser le sable et rester caché à l'abri de la chaleur. Actif la nuit, il se tient à l'affût des rongeurs, des lézards et des oiseaux, parfois à demi enfoui, avant de les attaquer. Quand il est menacé, il frotte les unes contre les autres les écailles de ses flancs, produisant un bruit de crécelle.

couleur terne propice au camouflage

Daboia russelli

Vipère de Russell

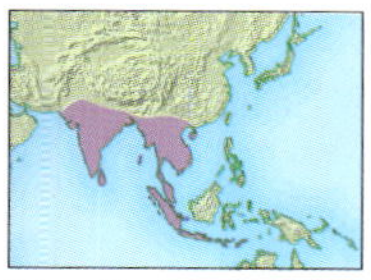

Longueur 1 m, max. 1,50 m
Reproduction Vivipare
Mode de vie Terrestre
Statut Commune

Répartition S. et S.-E. Asie

La vipère de Russell est un animal plutôt paresseux qui reste bien caché pendant le jour, mais c'est l'un des serpents les plus dangereux pour l'homme dans le sud de l'Asie. On la reconnaît à son corps brun clair orné, sur le dos, de trois rangées de macules ovales brunes bordées de foncé qui lui procurent un excellent camouflage. Elle attend immobile les proies imprudentes et les attaque. Pour se défendre, elle se roule en boule, émet un sifflement sonore et attaque, décollant parfois son corps du sol.

corps robuste avec des dessins bien visibles

Vipera berus

Vipère péliade

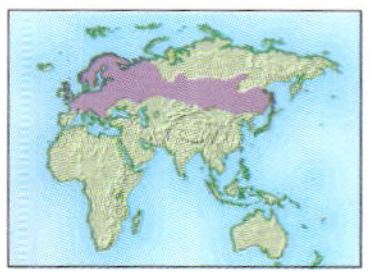

Longueur 65–90 cm
Reproduction Ovovivipare
Mode de vie Semi-terrestre
Statut Commune

Répartition Europe, C. à L. Asie

Cette vipère, le seul serpent venimeux de l'Europe du Nord-Ouest, est l'espèce la plus répandue de la famille des Viperidae. Elle vit dans des habitats très divers, comme des pentes rocheuses à 3 000 m d'altitude dans les Alpes et l'immense toundra au nord du cercle Arctique. Elle est grise, marron, rouille ou noire, mais elle a toujours un feston en zigzag le long du dos. Certains individus peuvent atteindre 90 cm de long. La vipère péliade se nourrit surtout de petits rongeurs et de lézards qu'elle chasse à l'affût ou qu'elle poursuit; elle passe aussi beaucoup de temps à se chauffer au soleil. Dans le Nord, où les hivers sont froids – en Scandinavie par exemple –, elle hiberne plus de huit mois par an. Au printemps, de longs combats opposent les mâles avant l'accouplement. Les femelles mettent bas environ tous les deux ou trois ans; leur portée compte jusqu'à 20 petits, qui peuvent avoir pour géniteurs différents mâles. Les vipères péliades ne sont pas très venimeuses. Chez l'homme, leur morsure est douloureuse et entraîne une enflure, mais elle est rarement fatale.

tête plate

corps épais

feston en zigzag sur le dos

Crotalus atrox

Crotale diamantin de l'Ouest

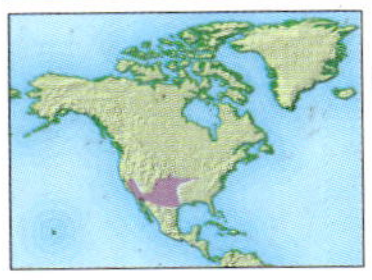

Longueur Jusqu'à 2 m
Reproduction Ovovivipare
Mode de vie Terrestre
Statut LR Δ

Répartition S. États-Unis, N. Mexique

Ce grand et gros serpent est le crotale le plus dangereux d'Amérique du Nord ; il est responsable du plus grand nombre de décès par morsure. Chasseur redoutable au venin très toxique, il se nourrit de petits mammifères, d'oiseaux et de lézards, mais, si on le provoque, il peut tuer des animaux plus gros ou des hommes. Son signe distinctif, le bruiteur, est constitué de segments cornés qui se forment à chaque mue et s'additionnent. Utilisé comme signal d'avertissement et de dissuasion, il peut compter jusqu'à 29 anneaux. Les nouveau-nés mesurent 30 cm. Ils n'ont pas de bruiteur, mais une espèce de bouton qui se transforme au moment de la mue. Ils sont déjà pourvus de crochets à venin pointus comme des aiguilles et d'un venin très toxique. La maturité sexuelle se situe vers trois ou quatre ans.

ATTAQUE FATALE
Le crotale diamantin de l'Ouest chasse généralement à l'affût ; il plante ses crochets venimeux dans le corps de ses victimes puis les avale quand elles sont étourdies. Son venin, abondant, contient un mélange de toxines qui tue en quelques secondes.

UN SERPENT CORPULENT
Les couleurs de ce gros serpent varient selon l'endroit où il vit : gris, brun, vert olive ou roux. Juste au-dessus du bruiteur, l'extrémité de la queue présente des bandes noires et blanches.

ATTAQUE ET DÉFENSE

Le crotale diamantin est un prédateur dont les méthodes de chasse sont perfectionnées et très efficaces. Mais quand il est dérangé, il préfère souvent éviter la confrontation en se servant de son bruiteur pour décourager les intrus.

LE BRUITEUR
Le crotale diamantin fait vibrer son bruiteur pour se défendre et pour dissuader ses agresseurs d'approcher.

LA TRAQUE DE LA PROIE
Le crotale diamantin utilise la paire de fossettes thermosensibles entre ses yeux et ses narines pour détecter et localiser une proie à sang chaud.

LE SORT DE LA VICTIME
Après avoir mordu un rongeur, le crotale diamantin attend que son venin le tue puis il l'avale en entier.

REPTILES

Agkistrodon contortrix

Tête cuivrée

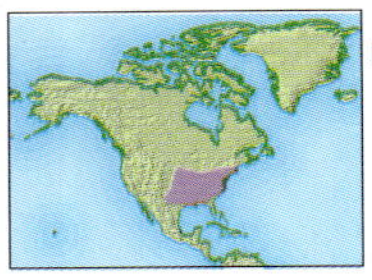

Longueur 60–130 cm
Reproduction Vivipare
Mode de vie Terrestre
Statut Commune

Répartition C. et S.-E. États-Unis

La tête cuivrée est caractérisée par de larges bandes noisette ou orange se détachant sur un fond gris, roux ou rosé. Au printemps et en automne, elle se chauffe au soleil pendant la journée, mais, en été, elle devient nocturne. Elle vit cachée dans les feuilles mortes ou les pierres, à l'affût de rongeurs, de grenouilles, de lézards et d'invertébrés qu'elle repère même dans le noir grâce à ses fossettes thermosensibles. Sa morsure venimeuse est rarement dangereuse pour l'homme. La femelle donne naissance à 1 à 15 petits tous les deux ans.

Bothriechis schlegelii

Vipère ciliée

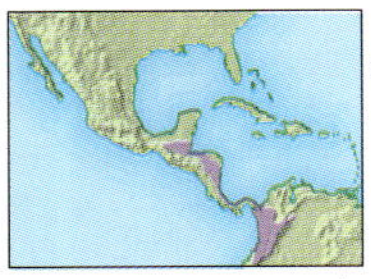

Longueur 45–75 cm
Reproduction Vivipare
Mode de vie Arboricole
Statut Commune localement

Répartition Amérique centrale, N. Amérique du Sud

Ce serpent de la forêt tropicale fait partie des Crotalidae qui vivent dans les arbres. Il a une queue préhensile et une bonne vision binoculaire, mais est surtout caractérisé par ses « cils » formés par des écailles saillantes autour des yeux. Nocturne, il chasse les lézards, les grenouilles et les petits rongeurs et se tient à l'affût près des fleurs pour attraper les colibris. Ses couleurs, très variées, vont du jaune orangé vif au gris-vert.

Bothrops atrox

Fer-de-lance

Longueur 1 m, max. 1,50 m
Reproduction Vivipare
Mode de vie Terrestre
Statut Commun

Répartition N. Amérique du Sud

C'est l'un des plus dangereux serpents d'Amérique du Sud à cause de la rapidité de ses attaques, de la haute toxicité de son venin et de sa tendance à vivre près des habitations. Grâce à ses fossettes thermosensibles, il repère ses proies même dans l'obscurité. Les mâles ont une queue plus longue que celle des femelles ; ils s'affrontent parfois pendant la saison de la reproduction. Les femelles mettent bas jusqu'à 100 petits. Les juvéniles se servent du bout de leur queue, très coloré, comme d'un leurre pour attirer leurs proies.

Calloselasma rhodostoma

Mocassin de Malaisie

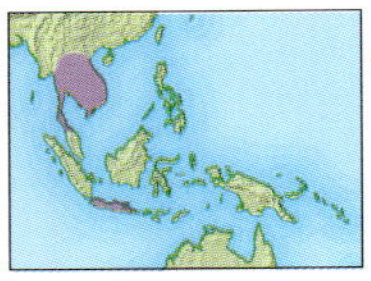

Longueur 70–100 cm
Reproduction Ovipare
Mode de vie Terrestre
Statut Commun

Répartition S.-E. Asie

Ce serpent très venimeux vit à la lisière des forêts et dans les clairières. Prompt à l'attaque, il est la cause de nombreux décès dans le sud-est de l'Asie. Sa livrée brun violacé est ornée sur les flancs de triangles plus foncés bordés de clair. Son museau est pointu. Ce chasseur nocturne repère ses proies dans le noir grâce à ses fossettes thermosensibles. Contrairement à la plupart des vipères, cette espèce pond des œufs – 2 couvées par an de 13 à 25 œufs chacune – et reste lovée autour d'eux jusqu'à l'éclosion.

Crotalus durissus

Crotale des tropiques

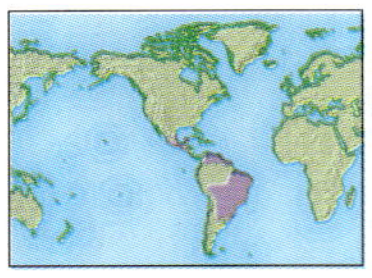

Longueur 1 m, max. 1,50 m
Reproduction Vivipare
Mode de vie Terrestre
Statut Commun localement

Répartition Amérique centrale, Amérique du Sud

Sans traitement adéquat, la morsure de ce serpent très venimeux entraîne la mort dans 75 % des cas. On a recensé 14 sous-espèces du crotale des tropiques, aux couleurs très diverses. Ce robuste serpent a une tête large et des fossettes thermosensibles qui lui permettent de détecter ses proies dans le noir le plus complet. Pendant la journée, il s'enroule sur lui-même, à demi caché dans la végétation. Les femelles mettent bas de 6 à 12 petits.

Crotalus cerastes

Crotale cornu

Longueur 45–80 cm
Reproduction Ovovivipare
Mode de vie Terrestre
Statut Commun

Répartition S.-O. États-Unis, N.-O. Mexique

Le crotale cornu est le plus corpulent des crotales et le seul chez qui la femelle est plus petite que le mâle. Son mode de locomotion résulte d'une adaptation à la vie dans les déserts de sable balayés par le vent. Il se nourrit de lézards et de rongeurs qu'il guette embusqué derrière les maigres touffes de végétation. Ce serpent peut être agressif, mais sa morsure est moins dangereuse que celle d'autres crotales. Les petits (de 6 à 12) naissent à la fin de l'été.

COULEUR DU CORPS

Le crotale cornu est crème, gris, roux, brun ou rosé, selon le sol sur lequel il vit. Ses dessins ont des contours flous.

LOCOMOTION

Le déplacement latéral est une technique de locomotion pratiquée par plusieurs espèces de serpents vivant sur des étendues de sable meuble. Au lieu de glisser en avant, ils se déplacent en diagonale laissant derrière eux des traces parallèles caractéristiques.

Lachesis muta

Maître de la brousse

Longueur 2,50 m, max. 3,60 m
Reproduction Ovipare
Mode de vie Terrestre
Statut VU

Répartition S. Amérique centrale, N. Amérique du Sud

C'est la plus longue vipère du monde. C'est aussi l'une des plus venimeuses, avec un taux de mortalité de 20 %, même après traitement, mais elle évite généralement le contact avec l'homme. Nocturne, elle se tient embusquée sur le passage d'un mammifère, prête à frapper. Son corps élancé, jaune ou roux, est orné de dessins noirs. Fait inhabituel chez les vipères, les femelles pondent des œufs (de 8 à 15) qu'elles veillent jusqu'à leur éclosion.

Trimeresurus albolabris

Crotale des bambous

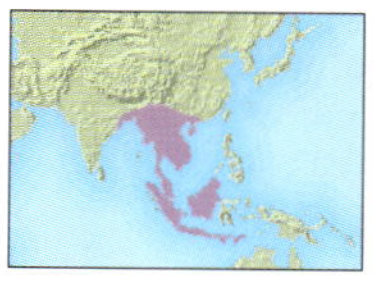

Longueur 60–100 cm
Reproduction Vivipare
Mode de vie Arboricole
Statut Commun

Répartition S.-E. Asie

Ce serpent au corps élancé a une tête large et arrondie munie de grandes fossettes thermosensibles proéminentes. Nocturne, il vit dans les arbres, suspendu la tête en bas, attendant qu'une proie passe à sa portée. Quand il est prêt à l'attaque, il recule la tête en arrière, puis la détend brusquement. Sa morsure est douloureuse, mais son venin peu toxique est rarement mortel pour l'homme. Les femelles mettent bas de 10 à 11 petits.

Tropidolaemus wagleri

Crotale de Wagler

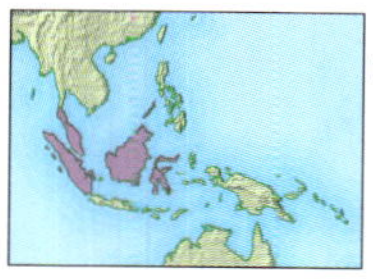

Longueur 0,80–1,30 m
Reproduction Vivipare
Mode de vie Arboricole
Statut Commun localement

Répartition S.-E. Asie

Connu pour vivre en semi-captivité dans le temple de Penang, en Malaisie, ce serpent robuste, à la tête massive, paresse dans les arbres pendant le jour. La nuit, suspendu aux branches par la queue la tête en bas, il attaque les petits mammifères, les oiseaux, les lézards et les grenouilles. Ses couleurs varient beaucoup, mais il est le plus souvent noir avec des bandes jaunes ou vertes et des taches blanches. Les juvéniles sont verts avec des taches jaunes et/ou rouges disposées en bandes ; certains conservent ces couleurs à l'âge adulte. La morsure de ce serpent est douloureuse, mais rarement mortelle pour l'homme.

SERPENTS AVEUGLES

PHYLUM	Cordés
CLASSE	Reptiles
ORDRE	Squamates
SOUS-ORDRE	Ophidiens
SUPERFAMILLE	Scolécophidiens
FAMILLES	3
ESPÈCES	319

CES PETITS SERPENTS vivent sous terre et ne sortent à la surface que pour chercher leur nourriture ou en cas d'inondation. Leur corps allongé et cylindrique est recouvert d'écailles lisses et brillantes qui facilitent leur déplacement dans le sable ou la terre. Leur crâne est plus rigide que celui des autres serpents et leurs mâchoires, qui ne s'ouvrent pas toutes grandes, n'ont que quelques dents. Leurs yeux sont recouverts d'écailles. Dans les régions tropicales ou subtropicales, leur aire de répartition, on les trouve souvent dans les nids de fourmis et de termites, ces insectes et leurs larves composant l'essentiel de leur régime.

DES SERPENTS FOUISSEURS
Il est rare de voir un serpent aveugle à la surface du sol. Ce typhlops de Peters d'Afrique du Sud émerge sur un sol sableux.

Leptotyphlops dulcis

Serpent aveugle du Texas

Longueur 15–27 cm
Reproduction Ovipare
Mode de vie Fouisseur
Statut Commun

Répartition S. États-Unis, N.-E. Mexique

Ce serpent svelte, de couleur brun rosé, vit presque exclusivement sous terre et ne remonte à la surface que la nuit et après la pluie. Ses écailles lisses, sa queue courte, ses yeux recouverts d'écailles sont caractéristiques des espèces fouisseuses. Il se nourrit de petits insectes, d'araignées et de larves de fourmis et de termites. Après s'être introduit dans le nid de ces insectes, il sécrète des phéromones qui imitent les leurs. Abusés, les soldats qui assurent la défense des nids le laissent entrer. Le serpent aveugle du Texas est la proie d'autres serpents, de rapaces nocturnes et de mammifères. La femelle pond de 2 à 7 œufs autour desquels elle se love jusqu'à l'éclosion.

Ramphotyphlops braminus

Typhlops commun

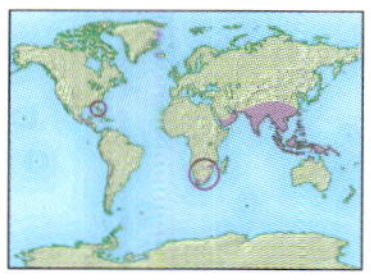

Q. : Serpent aveugle de Brahminy
Longueur 15–18 cm
Reproduction Ovipare
Mode de vie Fouisseur
Statut Commun

Répartition O. Asie à N. Australie, îles du Pacifique, Amérique du Nord, Afrique du Sud

C'est le seul serpent parthénogénétique. Les femelles pondent leurs œufs, de la taille d'une cacahuète, sans s'accoupler. Ce serpent a la particularité de se cacher dans les pots de fleurs, ce qui explique qu'on le trouve dans des régions chaudes hors de son aire d'origine. Ses yeux recouverts d'écailles, son museau carré et ses écailles lisses sont caractéristiques des espèces fouisseuses. Quand il est en danger, il sécrète un fluide à l'odeur âcre.

Rhinotyphlops schlegelii

Typhlops de Schlegel

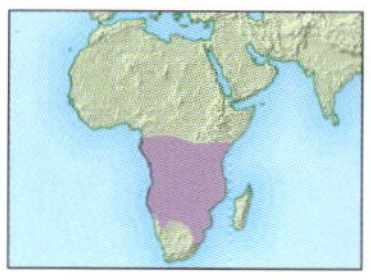

Longueur 60–95 cm
Reproduction Ovipare
Mode de vie Fouisseur
Statut Commun

Répartition C. à S. Afrique

Ce serpent est le plus long des 180 espèces de serpents aveugles disséminés dans les régions chaudes de la planète. Ses écailles lisses et ses petits yeux recouverts d'écailles sont caractéristiques des espèces fouisseuses. Sa queue se termine par une courte épine. Sa couleur générale varie de gris clair, juste après la mue, à brun avec des taches et des rayures. Habitant de la brousse et des plaines côtières, ce serpent, surtout nocturne, se nourrit de termites et d'autres invertébrés. Les femelles pondent leurs œufs (jusqu'à 60) dans des trous.

LÉZARDS

PHYLUM	Cordés
CLASSE	Reptiles
ORDRE	Squamates
SOUS-ORDRE	Lacertiliens
FAMILLES	19
ESPÈCES	Env. 4 500

REMARQUE

La classification des lézards, comme celle des serpents, fait l'objet de nombreux débats. Cependant, celle qui a été adoptée ci-dessous est la plus communément acceptée.

Iguanes et alliés *voir p. 402–408*
Geckos et pygopodes *voir p. 409–411*
Scinques et alliés *voir p. 412–417*
Lézards anguimorphes *voir p. 418–422*

LES LÉZARDS sont les reptiles les plus répandus. Ils constituent un groupe important et varié, difficile à définir de manière concise : bien que le lézard caractéristique ait en général une tête distincte, quatre membres bien formés et une longue queue, il existe des exceptions à toutes ces caractéristiques. Certains lézards se débarrassent de leur queue, en cas d'agression, et elle repousse. La plupart des espèces sont ovipares, mais certaines sont vivipares. Quelques-uns consacrent beaucoup de soins à leurs petits. On rencontre des lézards dans le monde entier (excepté dans l'Antarctique). La plupart vivent sur le sol, sur des rochers ou dans les arbres. Il existe un petit nombre d'espèces terricoles et même une qui trouve sa nourriture dans la mer. Quelques lézards, notamment les geckos, vivent près des hommes et, dans certaines régions, il est courant de les voir sur les murs et les plafonds des habitations.

RÉGÉNÉRATION

Certains lézards peuvent perdre une partie de leur queue. Ce mécanisme de défense, appelé autotomie, permet au lézard de s'échapper quand il se fait prendre par la queue. Pour ajouter à l'efficacité de ce phénomène, la queue est souvent de couleur vive, en général bleue, pour attirer l'attention de l'agresseur et protéger la tête. Même séparée du corps, la queue bouge encore pendant plusieurs minutes, apparemment pour faire diversion. La queue se casse n'importe où, sauf à la base (voir ci-dessous), et il n'est pas nécessaire de la tirer pour qu'elle se détache. La queue de la plupart des lézards se reconstitue, mais avec des écailles et des couleurs différentes de la queue d'origine. Un lézard peut perdre sa queue plusieurs fois pendant sa vie.

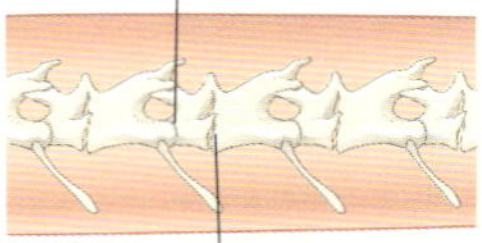

PLANS DE FRACTURE
La queue d'un lézard se casse au niveau de l'un des points faibles, appelés plans de fracture, de certaines vertèbres. Les muscles sont disposés de manière à pouvoir être eux aussi sectionnés nettement.

RÉGÉNÉRATION
Ce lézard vivipare a perdu sa queue et l'a remplacée. Le changement de couleur montre le niveau où s'est produite la cassure de la queue d'origine.

LÉZARDS DU DÉSERT
Beaucoup de lézards vivent dans les déserts, comme ces geckos à pieds palmés. Comme tous les reptiles, ils n'ont pas besoin de beaucoup d'eau car ils n'en utilisent que très peu, pour expulser leurs déchets. La rosée et le brouillard leur suffisent. Leurs pieds palmés leur permettent de se déplacer sur le sable meuble.

ANATOMIE

La plupart des lézards ont une tête bien distincte du corps, quatre pattes, une queue, des orifices auditifs externes et des paupières qui s'ouvrent et se ferment. Mais certains lézards ont des pattes courtes ou n'ont pas de pattes du tout, d'autres n'ont ni yeux ni oreilles, d'autres les yeux recouverts de «lunettes» transparentes fixes au lieu de paupières mobiles. La langue, courte ou longue, généralement échancrée à l'extrémité, est parfois fourchue. Les écailles sont tantôt grosses, lisses et imbriquées, tantôt petites, rugueuses et semblables à des clous, avec toutes les combinaisons possibles. Elles peuvent être de taille irrégulière ou bien quelques grosses écailles peuvent être mélangées à d'autres plus petites mais, à l'inverse des serpents (voir p. 376), il n'y en a pas une seule rangée ventrale. Les dents, dans la plupart des cas, sont très pointues.

SENS
Les sens des lézards sont adaptés à leur mode de vie. Les espèces qui vivent sous terre sont souvent aveugles ; celles qui vivent à la surface du sol ont une bonne vue. Un petit nombre seulement distingue les couleurs. Les lézards à tympans externes perçoivent les sons transmis par l'air.

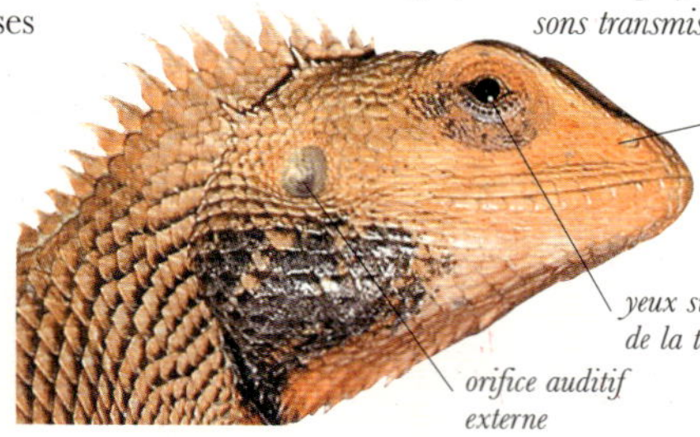

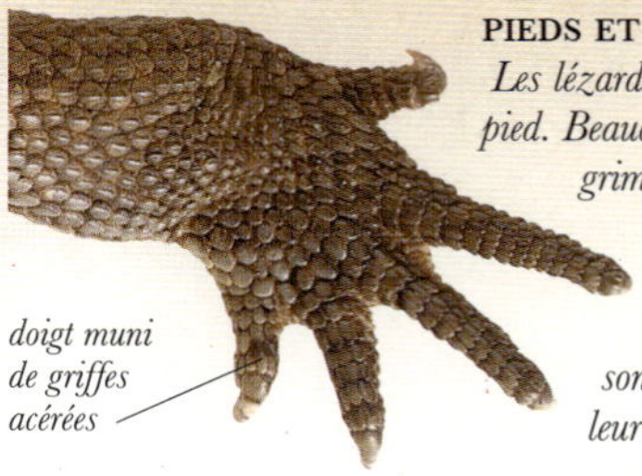

PIEDS ET GRIFFES
Les lézards ont en général cinq doigts à chaque pied. Beaucoup d'espèces (surtout celles qui grimpent, comme ce varan) ont des griffes acérées. Les doigts de la plupart des lézards ne sont pas opposables, excepté chez les caméléons où ils sont soudés par deux et par trois pour leur permettre de s'agripper aux branches.

LÉZARDS SANS PATTES
Avec le temps, certains lézards, comme ce lézard apode de Burton, ont perdu leurs membres. Cette adaptation leur permet de circuler facilement sous terre, sur le sable ou sur les débris végétaux.

LOCOMOTION

Les lézards se déplacent en marchant, en grimpant ou en creusant le sol. Quand ils marchent, ils utilisent leurs quatre membres (voir à droite), bien que certaines espèces soulèvent leurs pattes antérieures pendant la course : les basilics courent ainsi, même sur l'eau, grâce à leurs larges pieds sur lesquels leur poids est bien réparti. Les lézards grimpeurs renforcent leur prise avec leurs griffes longues et acérées et, certains, avec leur queue préhensile. Les geckos escaladent des surfaces lisses verticales, ou même en surplomb, grâce aux coussinets adhésifs de leurs doigts (voir p. 409). Certains lézards fouisseurs creusent le sol avec leurs pattes antérieures, d'autres, aux pattes très réduites ou sans pattes, progressent dans les sols meubles et le sable en exécutant de rapides mouvements comme s'ils nageaient. Enfin, un petit nombre de lézards planent (voir ci-dessous).

AU SOL
Les membres des lézards sont perpendiculaires à leur corps. Quand le lézard marche, le poids de son corps passant d'un côté à l'autre provoque un mouvement ondulant, tandis que sa queue fait office de balancier.

EN L'AIR
Les «ailes» du dragon volant (ci-dessus) reposent sur une extension de certaines de ses côtes. D'autres espèces possèdent de tels lobes cutanés entre les doigts. Ces «ailes» permettent à l'animal de planer d'arbre en arbre et non pas de voler réellement.

DANS LES ARBRES
Certains gros lézards (à droite) grimpent dans les arbres avec une étonnante agilité pour échapper aux prédateurs ; d'autres lézards, les caméléons surtout, passent la plus grande partie de leur vie dans les arbres.

CAMOUFLAGE
Les caméléons (comme le caméléon nain du Cap, à gauche) ont la possibilité de modifier l'aspect de leur peau. Non seulement leur couleur change, mais des dessins apparaissent et disparaissent.

COMBAT DE DRAGONS
Le dragon de Komodo est le plus grand de tous les lézards. Quand il attaque sa proie, il se sert de ses dents pointues et de ses griffes acérées. Mais pour se défendre contre un membre de la même espèce, il tourne le dos et donne de violents coups de queue.

DÉFENSE

Les lézards recourent à divers moyens de défense pour échapper à leurs nombreux prédateurs. La défense passive, mis à part la fuite, comprend le camouflage et l'imitation d'objets inanimés (bouts de bois, feuilles). Certaines espèces changent de couleur, d'autres pressent leur corps contre les rochers ou les troncs d'arbres pour ne pas projeter d'ombre. Parmi les moyens de défense active, on peut citer la perte de la queue (voir Régénération, page ci-contre), les avertissements donnés par la couleur (comme chez le scinque à langue bleue) ou le déploiement de certains organes (comme chez le lézard à collerette). Les gros lézards, et certains plus petits, se défendent en mordant, en griffant ou en donnant des coups de queue. Deux espèces sont venimeuses : le monstre de Gila et l'héloderme perlé du Mexique.

IGUANES ET ALLIÉS

PHYLUM	Cordés
CLASSE	Reptiles
ORDRE	Squamates
SOUS-ORDRE	Lacertiliens
SUPERFAMILLE	Iguania
FAMILLES	3
ESPÈCES	1412

LES IGUANES ET LES ESPÈCES VOISINES comptent parmi eux les lézards les plus colorés, les plus familiers, les plus primitifs aussi avec les geckos et les pygopodes. On les divise en trois groupes : les iguanes, les agames et les caméléons. De nombreuses espèces, notamment les caméléons, peuvent changer la couleur de leur peau. Certains ont un territoire très délimité et des rites sociaux très élaborés. Les iguanes et les agames se ressemblent quelque peu, mais ils n'occupent pas les mêmes zones géographiques. Les iguanes vivent sur le continent américain, à Madagascar et dans quelques îles du Pacifique, les agames en Afrique, en Asie et en Australasie, et les caméléons en Afrique, à Madagascar, en Asie et en Europe. Leurs habitats sont très divers. La plupart sont ovipares, mais quelques espèces sont vivipares.

ANATOMIE

Seules leurs dents distinguent les iguanes des agames. À la différence de celles des iguanes, celles des agames ne sont pas toutes remplacées si elles tombent. La plupart des espèces ont des petites écailles et un repli de peau flasque (ou fanon) sous la tête. Les mâles ont souvent des couleurs vives et de nombreuses espèces présentent des dessins sur la tête et une crête le long du dos. Parfois les couleurs de la gorge servent à communiquer.

Les caméléons sont principalement arboricoles. Leur corps mince et leur profil en forme de feuille les aident à passer inaperçus dans les feuillages. Leur queue préhensile et leurs doigts réunis en deux groupes opposables leur permettent de s'agripper solidement aux branches. Les caméléons ont aussi la faculté légendaire de changer de couleur (voir ci-dessous). Les mâles ont en général une crête ou des cornes sur la tête.

CHANGEMENT DE COULEUR

Les caméléons changent de couleur en contractant ou en dilatant les cellules pigmentaires (chromatophores) disséminées dans leur peau. Quand les cellules sont relâchées, la peau fonce, par suite de la diffusion des pigments de mélanine dans les cellules ; quand les cellules sont dilatées, la peau s'éclaircit. Il en résulte des couleurs et des dessins très variés. Davantage que pour se camoufler, les caméléons changent de couleur pour contrôler leur température (ils foncent quand ils ont besoin de se réchauffer) ou pour communiquer entre eux. La nuit, quand ils dorment, les caméléons deviennent toujours plus pâles. Les petits caméléons-feuilles et les caméléons pygmées, bruns, ne changent pas beaucoup de couleur.

Les iguanes et les agames changent aussi de couleur, mais le processus est plus lent que chez les caméléons. Les mâles adultes prennent des couleurs plus vives pendant la saison de la reproduction. Les femelles changent de couleur selon qu'elles sont réceptives ou pas aux mâles : après l'accouplement, des taches orange apparaissent sur leur peau pour avertir les mâles qu'ils sont indésirables.

COMMUNICATION

Chez beaucoup d'iguanes et d'espèces voisines, les mâles se servent de leurs couleurs vives pour attirer l'attention des femelles et des autres mâles. Souvent postés sur une petite hauteur, ils lèvent et baissent la tête pour exhiber les écailles colorées de leur gorge et de leur poitrine. Les mâles ont un territoire bien délimité ; ils en chassent les autres mâles et s'accouplent avec les femelles réceptives locales ou de passage.

CHASSE
Les caméléons, tel ce caméléon à voile, traquent lentement leur proie. Leurs yeux, indépendants l'un de l'autre et qui pivotent dans toutes les directions, leur permettent de repérer leur victime. Leur langue, musculeuse et très longue, est épaissie à l'extrémité et adhésive. Quand il est près d'une proie, le caméléon lance promptement sa langue, capture sa victime et la ramène dans sa bouche.

Acanthosaura crucigera

Acanthosaure

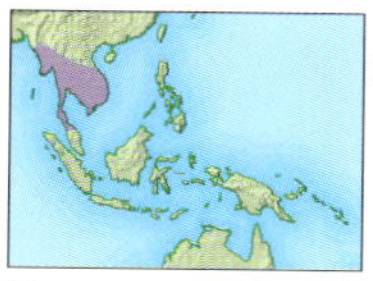

Longueur 26–30 cm
Reproduction Ovipare
Mode de vie Arboricole

Statut Commun

Répartition S.-E. Asie

La couleur cryptique, jaune verdâtre, de ce lézard le dissimule à ses prédateurs. Il se tient immobile, parfois la bouche grande ouverte, prêt à mordre si on l'approche. Il a des pattes longues et fines, une longue queue, une crête épineuse sur le dos et de plus grandes épines sur la nuque et au-dessus des yeux. Le mâle, plus gros et plus coloré que la femelle, présente une crête plus développée. Ce lézard guette les insectes puis se jette sur eux. Les femelles pondent de 10 à 12 œufs à la fois parmi des débris végétaux.

Agama agama

Margouillat

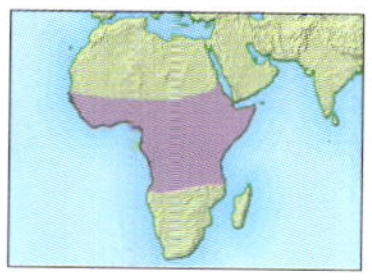

Longueur 30–40 cm
Reproduction Ovipare
Mode de vie Terrestre

Statut Commun

Répartition O., C. et E. Afrique

Les margouillats mâles comptent parmi les reptiles les plus colorés d'Afrique. La nuit, ils sont ternes et gris, mais quand ils se réchauffent au soleil, leur tête vire à l'orange vif et leur corps au bleu ou au turquoise. La livrée grise des femelles et des juvéniles les dissimule à la vue. Les margouillats vivent en terrain découvert et on les rencontre souvent près des habitations. Les mâles courtisent les femelles par des hochements de tête. Celles-ci pondent de 5 à 7 œufs dans un trou creusé dans le sol.

Calotes versicolor

Lézard arlequin

Longueur 30–35 cm
Reproduction Ovipare
Mode de vie Terrestre

Statut Commun

Répartition O. Asie à E. et S.-E. Asie

Ce lézard à longue queue est une espèce très commune dans le sud de l'Asie. On le rencontre dans les terres cultivées, les jardins ou en pleine nature. Ses couleurs sont variées, mais, à l'époque de la reproduction, les mâles ont toujours une zone rouge autour de la bouche et de la gorge – d'où leur surnom de suceurs de sang. Les lézards arlequins sont d'agiles grimpeurs. Ils chassent les insectes et les autres animaux en se tenant à l'affût puis en se jetant sur leur proie.

Chlamydosaurus kingii

Lézard à collerette

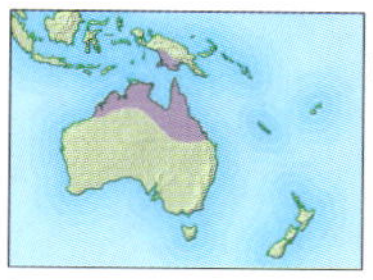

Longueur 60–70 cm
Reproduction Ovipare
Mode de vie Terrestre

Statut Commun

Répartition S. Nouvelle-Guinée, N. Australie

Parmi les nombreuses espèces de lézards qui vivent en Australie, celle-ci est la plus spectaculaire. En temps normal, la collerette est repliée sur les épaules de l'animal. En cas de menace, il la déploie comme un parapluie, tout en balançant son corps et en émettant un sifflement par sa gueule grande ouverte. Cette posture d'intimidation suffit en général à dissuader d'éventuels prédateurs et permet au lézard à collerette de prendre la fuite.

LE SALUT EN GRIMPANT

Les lézards à collerette vivent surtout à terre. Mais après leur manœuvre d'intimidation, ces agiles grimpeurs cherchent refuge dans les plus hautes branches des arbres.

LE BLUFF COMME DÉFENSE
La collerette de ce lézard est un repli cutané renforcé par des baguettes cartilagineuses. Ses couleurs vives se détachent sur le gris ou le brun du corps de l'animal.

Draco spilonotus

Dragon volant

Longueur 15–20 cm
Reproduction Ovipare
Mode de vie Arboricole

Statut Commun localement

Répartition S.-E. Asie

Les «ailes» du dragon volant sont formées de lobes cutanés soutenus par des côtes très allongées. Le lézard plane d'un arbre à l'autre pour échapper aux prédateurs (serpents, oiseaux) : il écarte ses côtes et déploie ses lobes cutanés et les replie quand il se pose. Brun-roux ou marron clair, il a un fanon gulaire, grand et jaune vif chez le mâle, petit et jaune pâle chez la femelle. Très agile, il vit sur les troncs d'arbres et chasse activement les fourmis. Les femelles ne quittent les arbres que pour pondre leurs œufs (de 8 à 12) et les enterrer dans le sable ou la terre.

Hypsilurus spinipes

Hypsilure

Longueur 20–33 cm
Reproduction Ovipare
Mode de vie Arboricole

Statut Commun localement

Répartition Australie (S.-E. Queensland et N.-E. Nouvelle-Galles du Sud)

Ce lézard est caractérisé par une grosse tête anguleuse, une crête hérissée sur la nuque et le dos (plus développée chez les mâles), et une longue queue. Pour ne pas être repéré des prédateurs, tels que les oiseaux, les mammifères et les varans, il se fige. Ses doigts très longs et ses griffes lui permettent de grimper rapidement aux arbres en cas de danger. L'hypsilure se nourrit exclusivement d'insectes. Les femelles pondent leurs œufs dans des dépressions du sol ou dans la litière de feuilles.

Hydrosaurus pustulatus

Agame aquatique

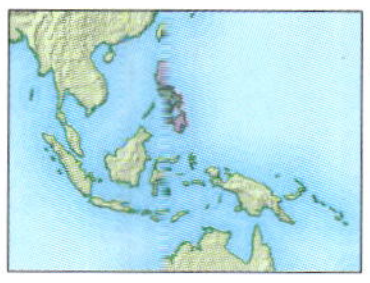

Longueur 80–100 cm
Reproduction Ovipare
Mode de vie Arboricole

Statut VU

Répartition Philippines

Quand il est adulte, ce gros lézard gris ou gris-vert présente une crête d'écailles ressemblant à des dents depuis la nuque jusqu'au dos. Sa queue est aussi pourvue d'une crête qui peut mesurer jusqu'à 8 cm de haut et qui lui permet de nager. Quand il est menacé par des prédateurs, surtout des oiseaux de proie, ce lézard fuit à toute allure et n'hésite pas à plonger à l'eau. Le reste du temps, il se chauffe au soleil sur les branches au-dessus ou à proximité de l'eau. Il se nourrit de feuilles, de fruits et d'insectes.

Moloch horridus

Moloch hérissé

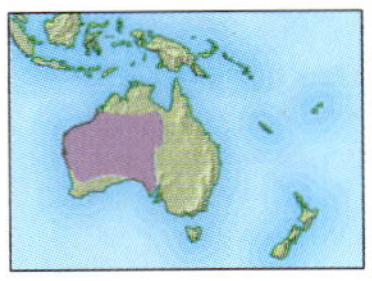

Longueur 15–18 cm
Reproduction Ovipare
Mode de vie Terrestre
Statut VU Δ

Répartition O. à C. Australie

Bien que ses couleurs chamois, brun-roux ou gris le fassent souvent passer inaperçu, ce lézard est tout de suite reconnaissable à sa forme trapue, à sa démarche lente accompagnée de balancements d'avant en arrière et à son armure d'épines pointues. Ces épines sont réparties sur tout le corps, les plus grandes sur la tête et le dos, les plus petites sur les pattes et les pieds. Cette protection est vitale pour l'animal car, à la différence des autres lézards, il stationne longtemps au même endroit pour chercher sa nourriture, ce qui le rend très vulnérable. Comme *Phrynosoma platyrhinos* (voir p. 408), le moloch hérissé se nourrit pendant le jour, en suivant le déplacement des fourmis. Il les attrape avec la langue et peut en consommer jusqu'à 2 500 par repas. Les femelles pondent de 3 à 10 œufs, en été, dans un terrier.

Physignathus cocincinus

Dragon thaï

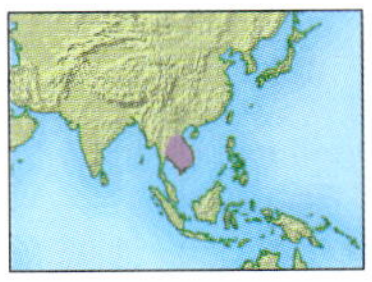

Longueur 80–100 cm
Reproduction Ovipare
Mode de vie Terrestre
Statut Commun

Répartition Thaïlande, Cambodge, Vietnam

Ce gros agame aquatique présente une crête d'écailles en forme de dents du cou à la queue et une bosse au niveau de la nuque. Son corps est vert, mais son menton et sa gorge sont blancs, jaune pâle ou rosés. Pendant la longue saison de reproduction, les mâles ont des couleurs plus vives. Ce lézard aime se chauffer au soleil, près de l'eau pour pouvoir plonger s'il est menacé par des serpents et des oiseaux de proie. Il chasse surtout à l'affût des invertébrés et des petits vertébrés comme les lézards, mais il cherche aussi activement sa nourriture dans le sol et mange même, à l'occasion, des végétaux. Les femelles pondent plusieurs fois de 10 à 15 œufs dans des galeries ou de profondes fissures et les recouvrent de terre et de feuilles.

Pogona vitticeps

Dragon barbu

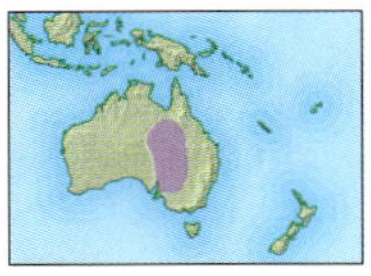

Longueur 30–45 cm
Reproduction Ovipare
Mode de vie Semi-arboricole
Statut Commun

Répartition Australie

Ce gros lézard habite les forêts sèches, les régions boisées et la brousse. Il se tient sur des souches ou des bosses de terrain, fouillant le sol à proximité de son perchoir habituel pour chercher des petits insectes et des végétaux. En face d'un prédateur – rapace diurne, varan ou serpent –, il dresse les barbillons de son cou et ouvre toute grande sa gueule. Les mâles, et même les femelles, ont un territoire bien délimité. Les femelles pondent plusieurs fois de 15 à 30 œufs (parfois plus) qu'elles enterrent dans le sol sableux. Les petits ont des dessins plus visibles, mais n'ont pas de barbe.

Bradypodion thamnobates

Caméléon nain du Natal

Longueur 15–19 cm
Reproduction Vivipare
Mode de vie Arboricole
Statut LR

Répartition S. Afrique (Kwa-Zulu Natal)

On ne rencontre le caméléon nain du Natal qu'en Afrique du Sud, où il vit dans la forêt et les broussailles. À la différence des autres caméléons, il est vivipare.

Il présente sur la nuque une protubérance ou «casque». Il est de couleur très variable, mais les mâles à longue queue, souvent verts, ont des teintes plus vives que les femelles et les juvéniles, en général bruns ou gris. Comme les autres caméléons, il est arboricole et se nourrit d'insectes qu'il capture avec sa langue longue et gluante.

Uromastyx acanthinurus

Fouette-queue d'Afrique du Nord

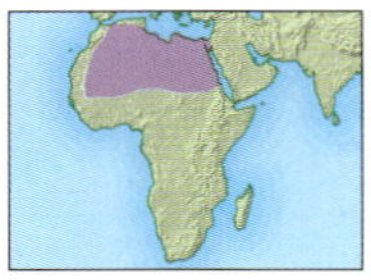

Longueur 30–40 cm
Reproduction Ovipare
Mode de vie Terrestre/fouisseur
Statut Commun localement

Répartition N. Afrique

Cet agame bloque l'entrée de son terrier avec sa queue courte, épaisse et armée de piquants pour se défendre contre les prédateurs. À l'intérieur, il se gonfle pour occuper toute la place. Il se sert parfois de sa queue comme d'une massue et mord si on l'approche. Les mâles, et à l'occasion les femelles, défendent âprement leur territoire. La couleur de ce lézard varie selon la température : gris ou marron jaunâtre par temps froid, quand il hiberne, il vire à l'orange, au rouge, au jaune ou au vert quand il est actif. Il émerge quand la chaleur revient et s'expose au soleil avant d'aller chercher sa nourriture (des insectes et des plantes). Il parcourt parfois plus de 1 km dans le désert pour trouver ses plantes préférées. Les femelles pondent au moins deux fois par an de 20 à 30 œufs. Elles les enterrent dans des nids extérieurs au terrier et égalisent la surface pour les dissimuler.

Rhampholeon spectrum

Caméléon pygmée

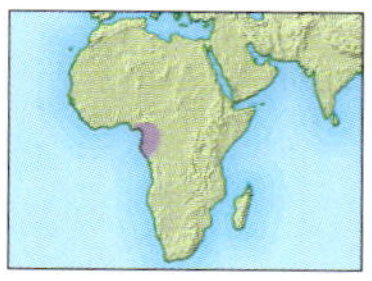

Longueur 7–10 cm
Reproduction Ovipare
Mode de vie Partiellement arboricole
Statut Commun localement

Répartition O. à C. Afrique

Ce tout petit caméléon – l'un des plus petits du monde – vit dans les forêts tropicales, camouflé par sa forme et sa couleur de feuille. À la différence de la plupart des caméléons, il change peu de couleur. Il chasse dans les feuilles mortes et sur les branches basses. La nuit, il se cache dans les arbustes.

Furcifer pardalis

Caméléon-panthère

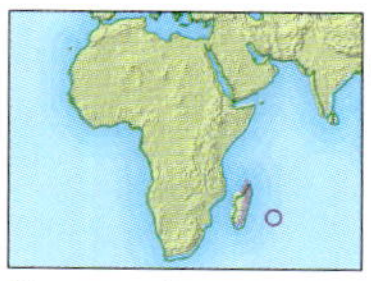

Longueur 40–52 cm
Reproduction Ovipare
Mode de vie Arboricole
Statut Commun

Répartition Île de la Réunion, E. et N. Madagascar

On rencontre environ 25 espèces de caméléons à Madagascar et dans les îles voisines, soit plus que dans n'importe quelle autre région du monde de la même superficie. Le caméléon-panthère, le mâle adulte surtout, est l'un des plus colorés, avec une incroyable variété de tons (bleu, rouge brique, turquoise) et de nuances. Il change très vite de couleur, mais conserve en général la bande blanche de ses flancs. Ce lézard vit dans des habitats légèrement boisés et broussailleux. Il capture des insectes et d'autres petits animaux en lançant son immense langue collante. Il se déplace lentement. Au début de la saison de reproduction, les mâles se disputent les territoires. Chaque année, les femelles pondent plusieurs fois de 12 à 50 œufs, qu'elles enfouissent dans le sol humide.

LA COULEUR POUR COMMUNIQUER

Les caméléons sont célèbres pour leur changement de couleur, mais, chez la plupart des espèces, la couleur sert surtout à la communication. Le caméléon-panthère mâle sort ses plus belles couleurs pour attirer les femelles. Après avoir été fécondées, celles-ci avertissent par leurs couleurs qu'elles ne sont plus libres.

MUSEAU APLATI
Le caméléon-panthère présente sur le dessus du museau une zone aplatie, osseuse, bordée d'écailles plus grosses. Le mâle, à la différence de la femelle (à gauche), possède un petit appendice nasal.

Furcifer oustaleti

Caméléon d'Oustalet

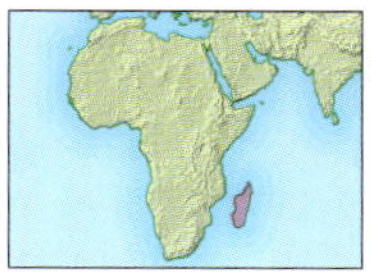

Longueur 50–68 cm
Reproduction Ovipare
Mode de vie Arboricole
Statut Commun localement

Répartition Madagascar

Ce caméléon, le plus grand de tous, a des couleurs assez ternes. Dépourvu de cornes, il a un grand casque aplati sur la tête et sur la nuque. Fait inhabituel pour un caméléon, le mâle est moins coloré que la femelle ; il prend des couleurs plus vives au moment de la parade nuptiale. Les femelles pondent environ 50 œufs, dans la terre ou sur des débris végétaux. Lent et mesuré dans ses mouvements, le caméléon d'Oustalet traque ses proies (insectes et petits vertébrés) avant de les capturer avec sa langue protractile et collante. Quand il est menacé par des serpents ou des oiseaux, il gonfle son corps, se présente à l'ennemi de côté et ouvre toute grande sa gueule ; il lui arrive aussi de siffler et de mordre.

Chamaeleo jacksoni

Caméléon de Jackson

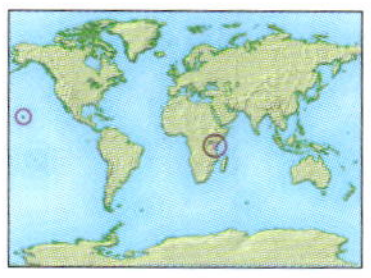

Longueur 20–30 cm
Reproduction Ovovivipare
Mode de vie Arboricole
Statut Commun localement

Répartition E. Afrique, introduit à Hawaii

Avec leurs trois cornes pointées en avant, les mâles de cette espèce sont facilement reconnaissables. Autrefois, on les capturait et on les vendait comme animaux de compagnie. Les deux sexes ont un corps aplati, une crête en dents de scie sur le dos et un casque osseux sur la nuque. En général, ils sont verts, mais ceux qui vivent dans les forêts de montagne dans l'est de l'Afrique sont plus gros et ont des couleurs plus vives. Le caméléon de Jackson évite les attaques grâce à son camouflage ; en face d'un ennemi, il gonfle son corps et émet un sifflement menaçant. Les femelles mettent bas chaque année deux portées comptant jusqu'à 50 petits. Ceux-ci, brun clair, deviennent verts au bout de quatre mois. Les cornes des mâles se forment deux mois plus tard. Dans la nature, la durée de vie du caméléon de Jackson est de deux à trois ans.

FEMELLE SANS CORNES

Chez les caméléons de Jackson, les femelles (voir ci-dessus) sont plus trapues que les mâles et presque ou totalement dépourvues de cornes.

DES CORNES CHEZ LE MÂLE
Les caméléons de Jackson mâles ont trois cornes pointues à l'avant de la tête ; ils s'en servent quand ils se battent pour un territoire.

Calumma parsonii

Caméléon de Parson

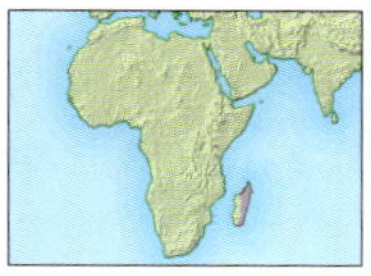

Longueur 50–60 cm
Reproduction Ovipare
Mode de vie Arboricole
Statut Commun localement

Répartition N. et E. Madagascar

Ce très gros caméléon au corps massif est vert ou bleu. Le mâle est plus grand et plus coloré que la femelle, son casque est plus développé et il présente sur le museau une corne plate, verruqueuse, qui est absente chez la femelle. Ce lézard vit surtout dans les arbres ; il se déplace lentement, ses couleurs lui tenant lieu de camouflage. En cas d'attaque, il se gonfle, siffle ou mord, ou bien il prend des couleurs plus vives pour détourner les prédateurs. Les mâles de cette espèce défendent âprement leur territoire et s'accouplent sans préliminaires. Les femelles pondent de 16 à 38 œufs, qu'elles enfouissent dans un trou creusé dans le sol humide.

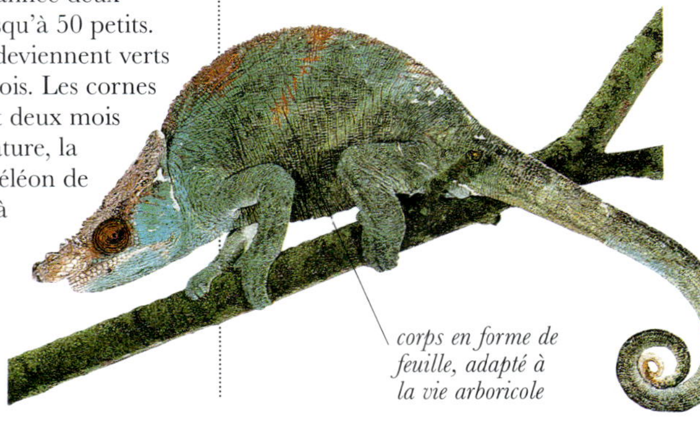

Corytophanes cristatus

Iguane casqué

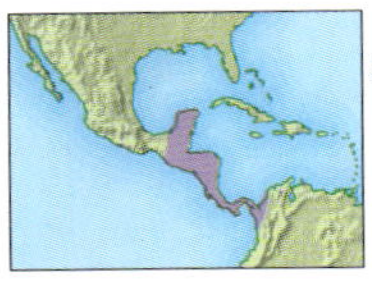

Longueur 30–40 cm
Reproduction Ovipare
Mode de vie Arboricole
Statut Commun localement

Répartition S. Mexique à N. Amérique du Sud

Cet iguane à longue queue, au corps comprimé latéralement, aux pattes longues et grêles, est surtout caractérisé par le casque haut et étroit qui le coiffe de la tête à la nuque. Il présente également une crête dorsale dentelée. Dissimulé par ses couleurs, il s'enfuit en courant quand il est menacé par les oiseaux de proie et les serpents. Il se tient immobile, attendant que les insectes dont il se nourrit passent à sa portée, puis se jette sur eux pour les attraper. Les femelles pondent des œufs dans le sol ou dans des débris végétaux.

TRAITS PARTICULIERS

Son casque haut et étroit distingue cet iguane de tous les lézards d'Amérique tropicale. On ignore la fonction précise de ce « heaume ». Quand il défend son territoire, cet iguane déploie son fanon gulaire pour intimider les autres animaux.

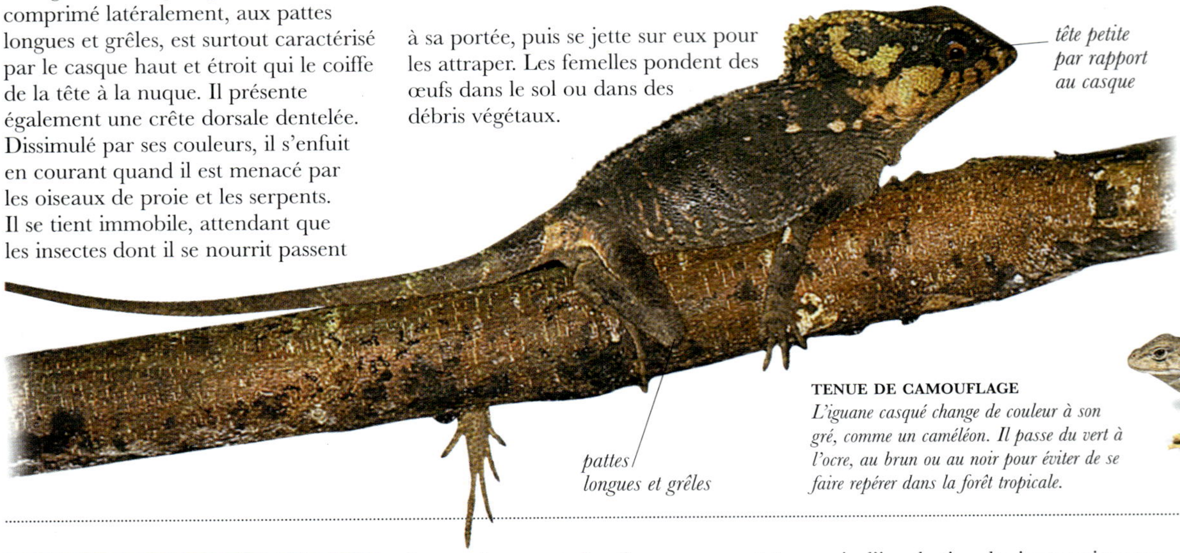

TENUE DE CAMOUFLAGE
L'iguane casqué change de couleur à son gré, comme un caméléon. Il passe du vert à l'ocre, au brun ou au noir pour éviter de se faire repérer dans la forêt tropicale.

Crotaphytus collaris

Lézard à collier

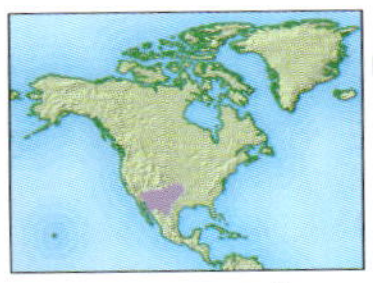

Longueur 20–35 cm
Reproduction Ovipare
Mode de vie Terrestre
Statut Commun

Répartition C. et S. États-Unis, N. Mexique

Ce lézard marron ou marron-vert est reconnaissable aux rayures noires et blanches de son cou. Grâce à ses longues pattes arrière, il s'enfuit rapidement pour se réfugier dans un terrier ou sous une pierre. Quand il court vite, ses pattes antérieures peuvent ne pas toucher le sol. Actif seulement quand il fait chaud, il se nourrit d'insectes et de lézards plus petits. Avec ses mâchoires puissantes, il peut broyer de grosses proies et mordre pour se défendre. Des taches orange apparaissent sur le corps des femelles quand elles portent des œufs ; elles pondent dans des galeries ou sous des rochers.

Amblyrhynchus cristatus

Iguane marin

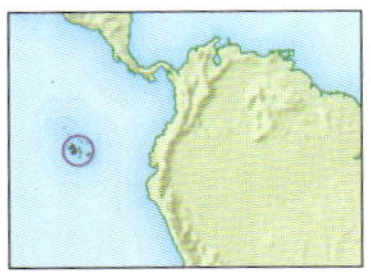

Longueur 50–100 cm
Reproduction Ovipare
Mode de vie Semi-aquatique
Statut VU

Répartition îles Galápagos

Avec sa tête et son dos hérissés d'écailles cornées, c'est le seul lézard qui trouve sa nourriture dans la mer. Son organisme supportant aussi bien le froid que l'excès de sel, il plonge pour chercher des algues dans les eaux froides au large des îles Galápagos. Certains adultes plongent jusqu'à 12 m de profondeur et restent sous l'eau plus d'une heure, mais, en général, ils s'enfoncent peu et pendant moins de dix minutes. Le reste du temps, ils se chauffent au soleil sur les rochers, rassemblés par milliers sur la même portion de rivage. Pendant la saison de la reproduction, les mâles se battent âprement. Les lieux convenant à la nidification sont rares, aussi des milliers de femelles se réunissent-elles pour pondre leurs œufs dans des terriers sablonneux. Après deux à trois mois d'incubation, les jeunes viennent se nourrir dans la zone intertidale, se cachant dans les anfractuosités des rochers pour échapper aux goélands et autres oiseaux marins.

VOISINS, MAIS DIFFÉRENTS
Les iguanes marins sont souvent couverts d'un dépôt blanc formé par le sel qu'ils expulsent par leurs glandes nasales. Le poids des adultes varie selon les îles : sur l'île Fernandina, les mâles dépassent parfois 11 kg tandis que, sur l'île Genovesa, ils atteignent rarement 1 kg.

REPAS D'ALGUES

Tandis que les grands iguanes marins vont chercher leur nourriture dans la mer, les petits ne se mettent pas à l'eau car leur température descendrait trop vite. Ils mangent les algues qui poussent sur les rochers recouverts à marée haute. Selon les algues présentes sur les différentes îles, la couleur des iguanes marins varie du gris foncé au noir ou au rouge.

Anolis carolinensis

Anolis vert

Longueur 12–20 cm
Reproduction Ovipare
Mode de vie Arboricole
Statut Commun

Répartition S.-E. États-Unis

Les anolis ne vivent qu'en Amérique. On en dénombre plus de 250 espèces. La plupart sont des animaux élancés à grande queue, longues pattes et fanon gulaire très développé. Comme beaucoup de ses proches, l'anolis vert se nourrit surtout d'insectes. La nuit, il dort dans les buissons ; le jour, il se chauffe au soleil sur des surfaces verticales (feuilles de palmiers, troncs d'arbres, piquets de clôture, murs…), grâce aux coussinets adhésifs de ses orteils. Vert vif en temps normal, il devient brun quand il reste à l'ombre, raison pour laquelle on l'appelle parfois à tort caméléon. Les deux sexes ont un fanon gulaire extensible rose. Les mâles le déploient plus souvent, face à leurs rivaux ou pendant la parade nuptiale. Les femelles ne pondent qu'un œuf à la fois, à intervalles fréquents, dans des feuilles mortes ou des débris végétaux.

Anolis sagrei

Anolis brun

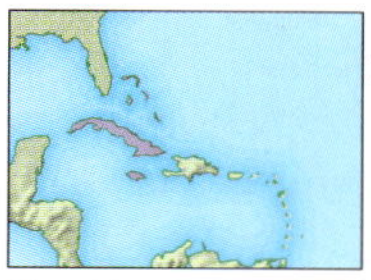

Longueur 15–20 cm
Reproduction Ovipare
Mode de vie Terrestre/arboricole
Statut Commun
Répartition Antilles

Par sa forme, ce lézard (appelé aussi anolis de Cuba) ressemble beaucoup à l'anolis vert (voir p. 406). Mais bien qu'il puisse changer de couleur, il est en général brun ou gris. Les deux sexes ont un fanon gulaire orange bordé de blanc que le mâle déploie pendant la parade nuptiale. Il grimpe sur les murs grâce aux coussinets adhésifs de ses doigts. Cet iguane se nourrit de mouches et d'autres insectes. Son activité diminue en hiver. Il est la proie de plus grands lézards, des serpents et des oiseaux. Au printemps et en été, les femelles pondent un seul œuf, à intervalles fréquents. La durée de vie de ce lézard est courte, deux à trois ans seulement. Mais, prolifique et peu exigeant, il colonise vite de nouvelles régions et finit souvent par évincer les anolis indigènes.

Basiliscus plumifrons

Basilic vert

Longueur 60–75 cm
Reproduction Ovipare
Mode de vie Arboricole
Statut Commun
Répartition Amérique centrale

Installé sur les branches des arbres et des arbustes, ce basilic vert vif ou vert bleuté guette les insectes et les petits vertébrés avant de se jeter sur eux. Les mâles sont très jaloux de leur territoire. Un seul mâle peut s'accoupler avec un véritable harem de femelles. Celles-ci pondent 20 œufs par saison. En captivité, le basilic vert peut vivre dix ans.

CRÊTES CARACTÉRISTIQUES
Le basilique vert a trois crêtes : une sur la tête, une sur le dos, une sur la queue. Les deux dernières l'aident à nager et à échapper ainsi à ses prédateurs.

IL MARCHE SUR L'EAU

Le basilic vert vit dans les arbres qui bordent les étangs, les ruisseaux et les rivières. En cas de danger, il descend de son perchoir et plonge dans l'eau pour s'enfuir. Ce lézard peut traverser en courant une étendue d'eau en se tenant uniquement sur ses pattes arrière – d'où son surnom de lézard Jésus-Christ.

Ctenosaura similis

Iguane à queue épineuse

Longueur 70–100 cm
Reproduction Ovipare
Mode de vie Terrestre
Statut Commun
Répartition S. Mexique, Amérique centrale

Les juvéniles, vert vif, vivent dans les arbres et sont victimes des oiseaux de proie. Les adultes, gros et gris, à la queue plus épineuse, n'ont que quelques prédateurs. Ils se chauffent au soleil et se nourrissent de petits invertébrés et d'insectes, mais aussi de feuilles, de fruits, de charognes et de déchets. Ils peuvent fuir à toute vitesse et mordent pour se défendre. Les femelles pondent de 20 à 30 œufs dans des terriers ou au milieu des racines d'arbres.

Cyclura cornuta

Iguane-rhinocéros

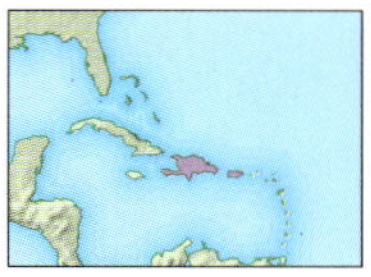

Longueur 1–1,20 m
Reproduction Ovipare
Mode de vie Terrestre
Statut VU
Répartition Antilles

Quand il est adulte, cet imposant lézard a sur le museau de grosses écailles ressemblant à des cornes. Il marche lourdement, la tête levée, à la recherche de feuilles et de fruits, mais, en cas de danger, il peut courir très vite. Si on l'attaque, il donne des coups de queue et mord. Les mâles, plus gros que les femelles, avec des cornes et des crêtes plus développées, ont un territoire. Les femelles pondent de 2 à 20 œufs qu'elles surveillent jalousement. Les huit espèces de *Cyclura* sont menacées à cause de la destruction de leur habitat et de l'introduction de mammifères prédateurs (sangliers, chiens, rats, chats et mangoustes).

Iguana iguana

Iguane vert

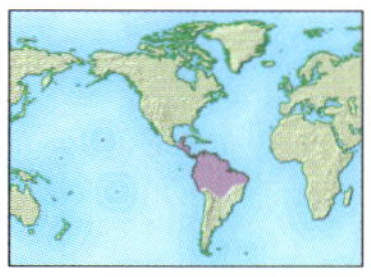

Longueur 1 m, max. 2 m
Reproduction Ovipare
Mode de vie Arboricole
Statut Commun
Répartition Amérique centrale, N. Amérique du Sud

C'est l'un des plus gros lézards d'Amérique. Gris ou vert en général – quelquefois orange –, il a des pattes robustes, une longue queue et une crête dentée le long du dos. Les adultes ont un fanon gulaire, très développé chez le mâle. Le régime des juvéniles, plus varié que celui des adultes, comporte des insectes, des fruits, des fleurs et des feuilles. Les adultes se défendent à coups de queue et de griffes. Les femelles pondent jusqu'à 40 œufs dans un nid souterrain ; pendant la période de reproduction, qui dure longtemps, elles pondent plusieurs fois. Bien que très recherchés, pour leur chair et comme animaux d'agrément, les iguanes verts sont encore très nombreux dans certaines parties de leur aire.

LA VIE DANS LES GRANDS ARBRES

La coloration grise ou verte de ce gros iguane lui procure un excellent camouflage dans les grands arbres qui constituent son habitat. Il a de longues pattes, et ses griffes conviennent parfaitement pour grimper. Comme ce lézard vit dans les branches au-dessus des rivières, il peut sauter à l'eau pour échapper aux mammifères et aux oiseaux prédateurs. Ci-contre, un mâle (à gauche) – reconnaissable à son grand fanon gulaire, utilisé pour la parade nuptiale – et une femelle. Les mâles adultes ont un territoire.

POIDS LOURD
Le poids moyen d'un iguane vert est de 5 kg, mais certains spécimens pèsent jusqu'à 10 kg. Bien qu'ils aient l'apparence de prédateurs, les adultes sont presque uniquement herbivores et grimpent haut dans les arbres pour se nourrir.

Phrynosoma platyrhinos

Phrynosome du désert

Longueur 7,5–13,5 cm
Reproduction Ovipare
Mode de vie Terrestre

Statut Commun

Répartition S.-O. États-Unis

Il compte parmi 14 espèces très proches dispersées dans les déserts d'Amérique du Nord et d'Amérique centrale. Appelés souvent crapauds cornus à cause de leurs écailles épineuses et de leur forme arrondie et trapue, ces lézards se nourrissent uniquement de fourmis. Ils sont protégés par leurs couleurs cryptiques. *Phrynosoma platyrhinos* est presque lisse, comparé à certaines espèces voisines, mais il a de grandes « cornes » sur la tête et des écailles épineuses plus petites sur le dos et la queue. Sa couleur – grise, rousse ou ocre – l'aide à passer inaperçu sur les sols sableux ou caillouteux. S'il déniche une colonie de fourmis, il s'en gave, les capturant avec sa langue protractile. Quand il est menacé par des prédateurs carnivores, sa première réaction est de se figer. Il peut rester très longtemps sans bouger. Si on l'attrape, il gonfle son corps. À chaque saison de reproduction, les femelles pondent deux fois jusqu'à 16 œufs, dans un nid creusé dans le sable ou la terre meuble. Grâce à leur forme arrondie, ces lézards sont vite réchauffés par le soleil du matin. Ils hibernent pendant la saison froide.

Sauromalus obesus

Chuckwalla

Longueur 28–42 cm
Reproduction Ovipare
Mode de vie Terrestre

Statut Commun

Répartition S.-O. États-Unis, N.-O. Mexique

Ce lézard a une façon originale de se protéger : réfugié dans une fente de rocher, il se coince à l'intérieur en gonflant les replis cutanés de son cou, de sa gorge et de ses flancs, empêchant ainsi les prédateurs de l'entraîner à l'extérieur. Il a besoin de beaucoup de chaleur pour être actif et, par temps froid, il reste dans les fentes de rochers. Quand il fait chaud, il se chauffe au soleil et cherche sa nourriture (fruits, feuilles, fleurs de plantes succulentes). Les femelles pondent de 5 à 16 œufs, souvent un an sur deux.

Sceloporus occidentalis

Lézard des palissades

Longueur 15–23 cm
Reproduction Ovipare
Mode de vie Terrestre

Statut Commun

Répartition S.-O. États-Unis, N.-O. Mexique

Ce lézard commun fait partie d'un groupe de plus de 60 espèces présentant des taches bleu vif sur le dessous du corps. Chez cette espèce – et beaucoup d'autres – la couleur bleue est plus prononcée chez les mâles. Ceux-ci se tiennent sur les rochers, les palissades et autres endroits un peu élevés, et font des signes de tête à l'adresse de leurs rivaux ou de femelles potentielles. Ils se nourrissent d'insectes et se réchauffent au soleil entre deux parties de chasse.

Oplurus cuvieri

Oplurus de Cuvier

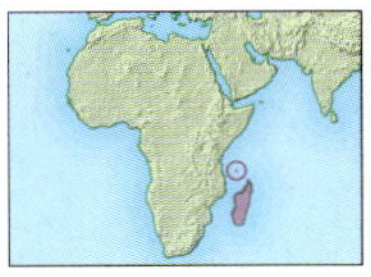

Longueur 30–37 cm
Reproduction Ovipare
Mode de vie Arboricole

Statut Commun

Répartition Madagascar, île de Ngazidja

Ce lézard trapu a une tête massive et une queue épineuse. Son corps brun-gris est moucheté de brun et présente des rayures noires au cou. Les mâles sont plus colorés que les femelles. L'oplurus de Cuvier se tient la plupart du temps immobile sur un tronc d'arbre, attendant qu'un insecte passe à sa portée pour le capturer avec sa langue. Quand il est menacé par des oiseaux de proie ou des serpents, il se réfugie dans une fente du tronc et barre l'entrée avec sa queue. Les femelles pondent de 4 à 6 œufs par saison.

Liolaemus tenuis

Liolaemus

Longueur 19–31 cm
Reproduction Ovipare
Mode de vie Principalement arboricole

Statut Commun

Répartition S.-O. Amérique du Sud

Sa queue est deux fois plus longue que son corps. Il s'en sert pour attraper les insectes – des mouches surtout. Les larges écailles de son dos se chevauchent comme les tuiles d'un toit. Ces lézards vivent en petits groupes dans les arbres, sur un territoire occupé par un seul mâle et plusieurs femelles. Les femelles partagent un nid commun, souvent sous l'écorce des arbres. On a découvert jusqu'à 400 œufs dans un seul nid. Par temps froid, ce lézard hiberne.

Tropidurus hispidus

Tropidure de Guyane

Longueur 13–18 cm
Reproduction Ovipare
Mode de vie Terrestre

Statut Commun

Répartition N. Amérique du Sud

Ce lézard est brun foncé ou noir sur le dos et blanc sur le ventre, avec un collier noir autour du cou. Grâce à sa forme aplatie, il peut se cacher dans les fentes des rochers pour se mettre à l'abri des oiseaux de proie, des serpents et des lézards plus grands. Sa couleur sombre lui permet de se réchauffer très rapidement quand il s'expose au soleil, généralement sur des surfaces verticales comme des murs. Les femelles pondent chaque année trois fois ou plus, de 4 à 6 œufs.

Laemanctus longipes

Lézard à longues pattes

Longueur 40–70 cm
Reproduction Ovipare
Mode de vie Arboricole

Statut Non évalué

Répartition S. Mexique à Nicaragua

Ce lézard est très svelte. Il est vert avec le dessous de la tête jaune, ce qui lui permet de se cacher facilement dans le feuillage. Grâce à ses pattes et ses griffes longues, il grimpe rapidement sur les troncs d'arbres quand il est menacé par des oiseaux de proie et des serpents. Les femelles pondent de 3 à 5 œufs à la fois dans de profondes fentes du sol ou dans les débris végétaux.

REPTILES

Geckos et pygopodes

PHYLUM	Cordés
CLASSE	Reptiles
ORDRE	Squamates
SOUS-ORDRE	Lacertiliens
SUPERFAMILLE	Gekkota
FAMILLES	4
ESPÈCES	1 054

LES GECKOS sont de petits lézards, en général nocturnes et capables d'émettre des sons. Certains réussissent à s'agripper à des surfaces lisses, verticales et même en surplomb (troncs d'arbres, parois rocheuses, murs et plafonds). Dans le désert, ils vivent dans des terriers ou des fentes de rochers et sortent la nuit pour chercher leur nourriture. On trouve des geckos dans la plupart des régions tropicales et subtropicales, ainsi que sur de nombreuses îles océaniques. Ce groupe comprend aussi deux sortes de lézards sans pattes que l'on rencontre en Australasie. Les pygopodes, avec des appendices écailleux à la place des pattes, vivent sur le sol ; les lézards aveugles, aux yeux recouverts d'écailles, vivent dans des terriers.

Anatomie

La plupart des geckos sont des lézards minces à la tête plutôt large et plate. En général nocturnes, ils ont de gros yeux à pupille verticale. Quelques-uns sont diurnes. Les premiers ont des couleurs ternes, brun ou gris, et se confondent avec leur environnement. Les seconds ont souvent des couleurs vives. Certains ont des formes extraordinaires avec, par exemple, une queue ressemblant à une feuille ou d'étranges replis de peau autour des mâchoires qui les aident à se camoufler.

Les geckos grimpeurs ont souvent de longues griffes et quelquefois des coussinets aplatis à l'extrémité de chaque doigt. Ces organes, formés de microscopiques excroissances (un million chez le tokay), leur permettent de se déplacer sur des surfaces lisses et verticales, et même au plafond. Les geckos de la famille des Gekkonidae n'ont pas de paupières mobiles ; leurs yeux sont recouverts d'une écaille transparente qu'ils nettoient avec leur langue. D'autres geckos, de la famille des Eublepharidae, ont des paupières et peuvent cligner des yeux – la plupart vivent dans les déserts, mais certains vivent dans des grottes et une espèce est arboricole.

Les pygopodes sont longs et minces avec le museau pointu. Comme les geckos, ils sont dépourvus de paupières mobiles, et se différencient des serpents par leur conduit auditif externe et la présence de plusieurs rangées d'écailles sur leur ventre.

Reproduction

La nature de leurs œufs, résistants, collants et à coquille dure explique en partie la grande expansion des geckos. La plupart des espèces pondent deux œufs ; certains petits geckos n'en pondent qu'un. Les femelles pondent sous des écorces d'arbres, dans des fentes de rochers ou, chez les espèces vivant au sol, dans des terriers. Parfois, plusieurs femelles partagent un même nid, qui peut contenir plusieurs douzaines d'œufs en cours d'incubation et les débris d'autres déjà éclos. Certains geckos, néo-zélandais surtout, mettent bas deux petits. Les geckos eublépharides et les pygopodes pondent aussi deux œufs, mais à coquille souple. Chez de nombreuses espèces de ce groupe, la détermination du sexe est liée à la température : les mâles naissent à des températures plus élevées – supérieures à 31 °C – que les femelles.

Vocalisations

Les geckos sont les seuls lézards qui produisent un ensemble de sons destinés à attirer les femelles ou à défendre leur territoire. Les vocalisations sont pour les geckos nocturnes un efficace moyen de communiquer. Le terme « gecko » est un mot malais qui imite le cri d'une espèce très répandue en Asie. Ailleurs, on les appelle pour la même raison lézards « chit-chat ».

DES GRIMPEURS HORS PAIR
Les geckos peuvent grimper sur n'importe quelle surface, y compris les rochers lisses et le verre. Les protubérances de leurs coussinets adhésifs sont si petites (quelques millièmes de millimètres de diamètre) qu'elles peuvent s'accrocher aux plus petits reliefs. Elles donnent aux geckos la possibilité de chercher de la nourriture à des endroits que peu d'animaux vivant au sol sont capables d'atteindre.

REPTILES

Coleonyx variegatus

Gecko à bandes

Longueur 12–15 cm
Reproduction Ovipare
Mode de vie Terrestre
Statut Commun

Répartition S.-O. États-Unis, N.-O. Mexique

Ce lézard aux yeux proéminents à paupières mobiles a un aspect translucide et une peau soyeuse. Il reste caché pendant la journée dans des fentes de rochers et sort la nuit à la recherche de petits insectes et d'araignées. S'il se fait prendre, il pousse des cris et abandonne sa queue. Une autre de ses tactiques de défense consiste à dresser son corps et à recourber sa queue au-dessus de son dos pour paraître plus gros et, peut-être, imiter les scorpions. Les femelles pondent 2 œufs à coquille souple.

Eublepharis macularius

Gecko-léopard

Longueur 20–25 cm
Reproduction Ovipare
Mode de vie Fouisseur
Statut Commun

Répartition S. Asie

L'épaisse queue de ce lézard lui sert à stocker de la nourriture. Elle grossit en période d'abondance et rétrécit en période de sécheresse, quand l'animal puise dans ses réserves. Le gecko-léopard l'abandonne parfois pour se défendre mais pas aussi facilement que d'autres lézards. Il se protège de l'extrême chaleur et du froid dans des terriers ou sous des rochers, hiberne quand il fait froid et estive quand il fait chaud. En captivité, il peut vivre jusqu'à vingt-cinq ans.

Hemitheconyx caudicinctus

Gecko à queue épaisse

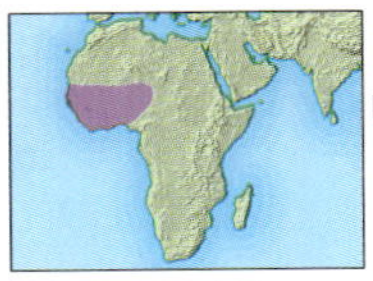

Longueur 15 cm, max. 25 cm
Reproduction Ovipare
Mode de vie Terrestre
Statut Commun localement
Répartition O. Afrique

Ce gecko stocke de la nourriture dans sa queue. Son corps est ocre avec des bandes brun foncé en travers du dos et une grosse tête brun foncé. Les mâles ont un renflement à la base de la queue. Cet animal timide vit environ vingt-cinq ans. On le rencontre dans la savane sèche, sur les coteaux rocheux et le bord des rivières. Il passe le jour dans un terrier et, la nuit, cherche des insectes pour se nourrir. Pendant la saison sèche, il estive. Quelquefois, il mord ou abandonne sa queue pour se défendre.

Gekko gecko

Tokay

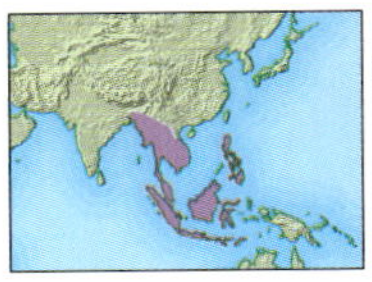

Longueur 18–36 cm
Reproduction Ovipare
Mode de vie Principalement arboricole
Statut Commun
Répartition S.-E. Asie

Ce gecko doit son nom au cri sonore du mâle : « to-kay ». Le jour, il vit dans les habitations, le soir, il sort chasser. Quand il est menacé par des serpents et de petits mammifères nocturnes, il mord violemment. S'il se fait prendre, il abandonne sa queue. Les mâles, qui ont une tête plus grosse que les femelles, possèdent un territoire. Cannibales, ils mangent d'autres tokays, des insectes et d'autres petits vertébrés. Ils s'accouplent avec plusieurs femelles. Les femelles collent leur paire d'œufs, sphériques, à coquille dure, sur des surfaces verticales (écorce d'arbres, fentes ou cavités des murs).

VISION NOCTURNE
Le tokay est une espèce nocturne de grande taille, bleue ou gris-bleu, avec de grands yeux jaunes qui lui permettent de bien voir la nuit. De jour, ses pupilles verticales se réduisent à une fente avec trois « trous d'épingles ».

COUSSINETS ADHÉSIFS

Comme la plupart des geckos grimpeurs, le tokay possède de larges coussinets adhésifs qui lui permettent de se déplacer vite et facilement sur des surfaces verticales comme des murs ou des troncs d'arbres.

Gonatodes vittatus

Gonatodes

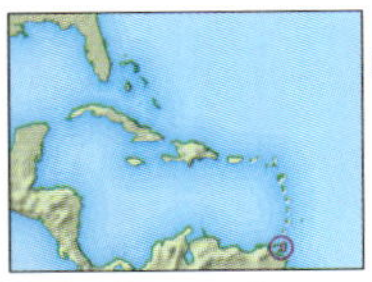

Longueur 7–7,5 cm
Reproduction Ovipare
Mode de vie Terrestre
Statut Commun localement
Répartition S. Antilles, Trinidad

Le mâle de cette espèce est ocre avec une bande blanche du museau à la queue ; la femelle est gris-brun avec une rayure blanche peu distincte. Chez les deux sexes, les yeux sont sur le haut de la tête. Ce gecko diurne vit au sol, sur la litière végétale, mais c'est aussi un bon grimpeur. Il est vif pour attraper les petits insectes ou les araignées. Les femelles partagent souvent un nid commun. Elles pondent 2 œufs (rarement, 1), à peu près de la taille d'un pois sec.

Hemidactylus frenatus

Hémidactyle commun

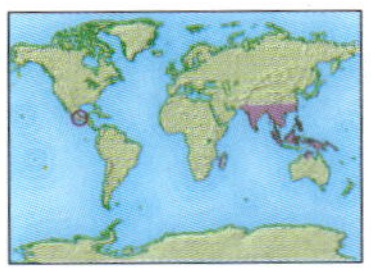

Longueur 12–15 cm
Reproduction Ovipare
Mode de vie Principalement arboricole
Statut Commun
Répartition Régions tropicales du monde entier

Ce gecko gris ou brun, très répandu et peu exigeant, vit près des habitations ; on le trouve aussi sur ou sous des rochers et dans des troncs d'arbre. Il escalade des surfaces lisses et verticales, et s'accroche au plafond la tête en bas. On le voit rarement de jour ; il chasse la nuit les insectes, les araignées et les geckos plus petits qui s'approchent des lumières électriques. Il défend son terrain de chasse. S'il se fait prendre, il pousse des cris et abandonne sa queue pour s'enfuir.

Phelsuma madagascariensis

Gecko diurne

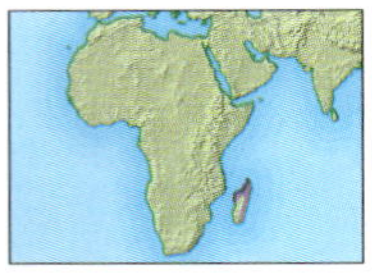

Longueur 22–30 cm
Reproduction Ovipare
Mode de vie Arboricole
Statut Commun
Répartition N. Madagascar

Ce gecko trapu, le plus gros des geckos diurnes, vit sur les troncs d'arbres et les murs. Grâce à ses coussinets, il peut se cramponner à des surfaces verticales et même au plafond. S'il échappe aux attaques des oiseaux, il peut vivre dix ans ou plus. Ce gecko occupe par petits groupes un même arbre (écorce, fentes) et plusieurs femelles peuvent pondre dans un même site. La queue des mâles est renflée à la base. Chez les femelles reproductrices, des dépôts de calcium apparaissent à travers la peau de la gorge.

Ptenopus garrulus

Gecko babillard

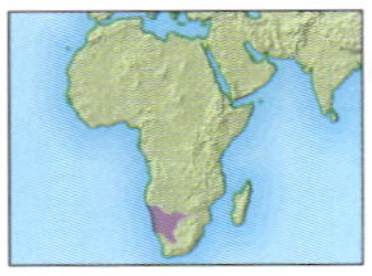

Longueur 6–10 cm
Reproduction Ovipare
Mode de vie Terrestre
Statut Commun localement
Répartition S. Afrique

Dans les déserts d'Afrique du Sud, les geckos babillards font un véritable vacarme quand ils sortent de leurs trous à la tombée de la nuit. Ces lézards sont jaunes ou jaune grisâtre avec des taches plus foncées brunes ou brun-roux ; ils ont des têtes rondes et un museau peu pointu ; leurs longs doigts sont bordés d'écailles. Quand ils sont en danger, ces geckos s'immobilisent et comptent sur leurs couleurs cryptiques pour passer inaperçus, ou bien ils se réfugient dans le labyrinthe de leur terrier.

Palmatogecko rangei

Gecko à pieds palmés

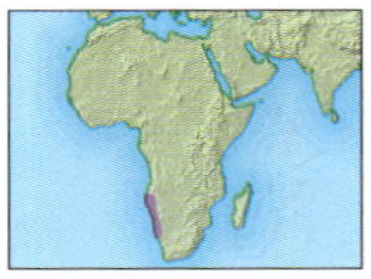

Longueur 12–14 cm
Reproduction Ovipare
Mode de vie Terrestre
Statut Commun localement
Répartition S.-O. Afrique

Ce gecko rose possède des pieds palmés grâce auxquels il court dans les dunes du désert sans enfoncer dans le sable meuble. Il passe le jour dans de longues galeries creusées dans le sable et ne sort que le soir pour chasser. L'eau faisant défaut dans le désert, il boit celle qui se condense sur sa peau les nuits de brouillard. En cas de menace, il raidit ses pattes pour paraître plus gros.

Ptychozoon kuhli

Gecko volant

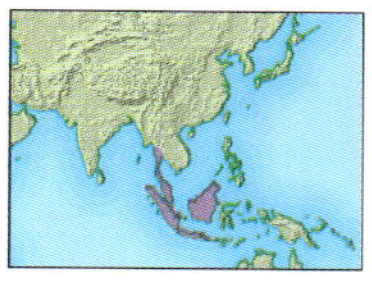

Longueur 18–20 cm
Reproduction Ovipare
Mode de vie Arboricole
Statut Commun

Répartition S.-E. Asie

Ce gecko de la forêt tropicale fuit le danger en sautant des arbres et en planant dans les airs. Quand il ne «vole» pas, il se repose sur les troncs d'arbres, la tête en bas, pour pouvoir décoller rapidement. Ses couleurs lui procurent un excellent camouflage. Il se nourrit surtout d'insectes, qu'il chasse à l'affût ou qu'il traque. Les femelles pondent 2 œufs par période de reproduction.

PIEDS POUR VOLER

À la différence du dragon volant (voir p. 403), ce gecko plane surtout grâce à ses pieds palmés. Sa chute est freinée par des replis cutanés le long de ses flancs et une frange en bordure de sa queue aplatie.

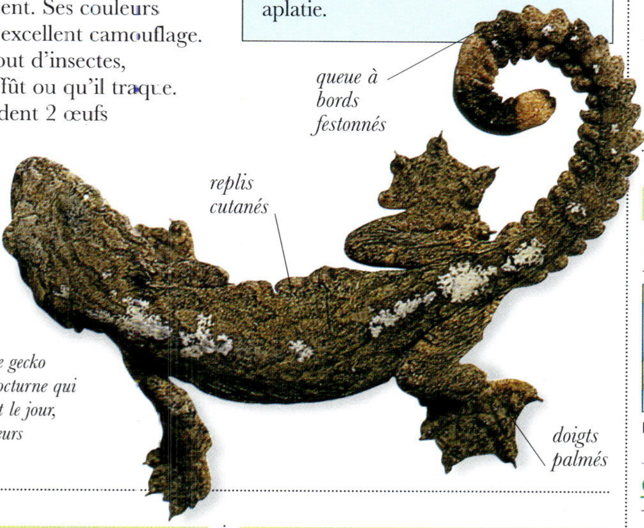

DES COULEURS POUR SE CAMOUFLER
À dominante brune ou brun grisâtre et légèrement moucheté, le gecko volant est un lézard nocturne qui reste immobile pendant le jour, dissimulé par ses couleurs cryptiques.

Rhacodactylus leachianus

Gecko de Nouvelle-Calédonie

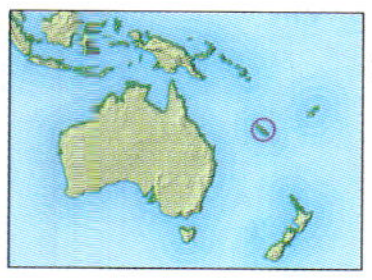

Longueur 30–40 cm
Reproduction Ovipare
Mode de vie Arboricole
Statut VU Δ

Répartition Nouvelle-Calédonie

Ce très gros gecko peut mesurer jusqu'à 40 cm de long. Brun moucheté, avec une grosse tête, de grands yeux et une queue courte et fine; il vit dans les grands arbres et s'aventure rarement sur le sol. Il se nourrit d'insectes, de petits vertébrés et de fruits. Ses puissantes mâchoires lui servent à broyer sa nourriture et à mordre s'il est attaqué. Il vit au sein de petits groupes familiaux composés d'un seul mâle, d'une ou de plusieurs femelles et de leurs petits. Les femelles pondent leurs œufs dans des arbres creux, sous l'écorce.

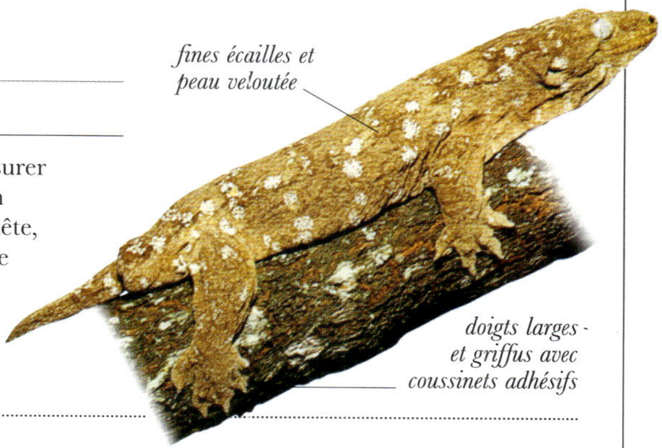

Sphaerodactylus elegans

Sphérodactyle

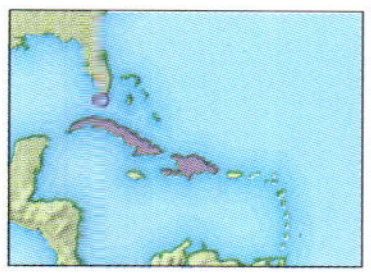

Longueur 7–7,5 cm
Reproduction Ovipare
Mode de vie Terrestre
Statut Commun

Répartition Antilles

Ce petit gecko à museau pointu est brun moucheté de blanc. Il est très actif, mais ne vit pas longtemps. Il cherche sa nourriture dans les feuilles et les débris végétaux des forêts et près des habitations, et capture les insectes avec une grande vivacité. Surtout diurne, il peut être actif aussi la nuit, près des lumières de la rue. Les femelles pondent un seul œuf dans un nid commun (écorce, feuilles mortes, fentes).

Stenodactylus stenodactylus

Sténodactyle

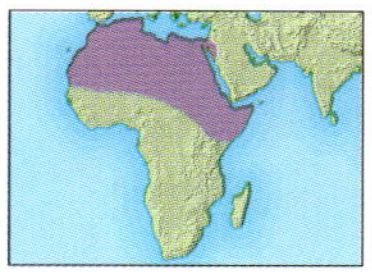

Longueur 9–10,5 cm
Reproduction Ovipare
Mode de vie Terrestre
Statut Commun localement

Répartition N. et E. Afrique, O. Asie

Ce petit lézard élégant a de longs membres, une queue mince, et le corps couleur sable avec des bandes plus foncées et de petites taches plus claires sur le dos. Il a de grands yeux et un museau légèrement retroussé. Il vit dans des trous creusés dans le sol ou sous des pierres et enfouit ses œufs dans le sable. À la tombée de la nuit, il sort chasser les termites, les fourmis, les petits papillons, les scarabées et leurs larves, raidissant ses pattes pour avoir une meilleure vue sur ce qui l'entoure. S'il est menacé, en général par des oiseaux, il arque son dos pour paraître plus gros.

Tarentola mauretanica

Tarente

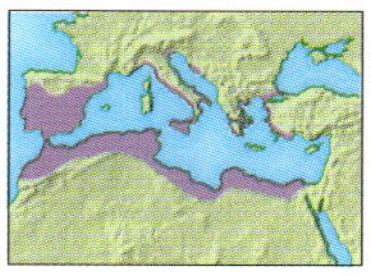

Longueur 10–16 cm
Reproduction Ovipare
Mode de vie Terrestre
Statut Commun

Répartition S. Europe, O. Asie, N. Afrique

Ce lézard trapu, grisâtre ou brun, est commun dans les broussailles, dans les murs de pierre sèche et les habitations. Il se plaît sur les surfaces verticales, toujours près d'une fente dans laquelle se réfugier. Il est en général nocturne, mais il peut aussi être diurne, s'il fait frais; il hiberne pendant la saison froide. Il attend que les insectes s'approchent pour les attaquer. Plusieurs femelles peuvent pondre au même endroit, derrière des pierres qui s'effritent, du plâtre écaillé ou dans des fentes.

Phyllurus cornutus

Gecko à queue foliacée

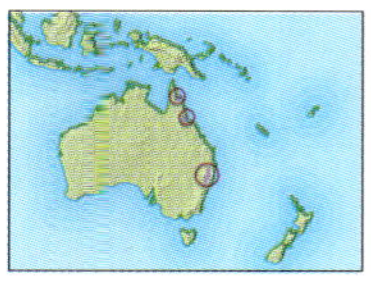

Longueur 15–21 cm
Reproduction Ovipare
Mode de vie Arboricole
Statut Commun localement

Répartition E. Australie

Ce gecko est pratiquement invisible sur les troncs d'arbre ou dans les feuillages de la forêt tropicale. Sa coloration cryptique, gris moucheté, son corps aplati, qui élimine les ombres, sa queue imitant parfaitement une feuille et qu'il peut détacher en cas d'agression sont autant de formes de défense. Seuls ses mouvements trahissent sa présence. Les mâles ont un double renflement à la base de la queue. Ils ont un territoire. Les femelles pondent 2 œufs sous l'écorce des arbres. Ces geckos nocturnes se nourrissent principalement d'insectes.

Scinques et alliés

PHYLUM	Cordés
CLASSE	Reptiles
ORDRE	Squamates
SOUS-ORDRE	Lacertiliens
SUPERFAMILLE	Scincomorphes
FAMILLES	7
ESPÈCES	1 890

Les scinques et les espèces voisines constituent le plus important groupe de lézards. Ils sont en général longs et minces ; quelques espèces n'ont pas de pattes. Chez certains, les petits sont nourris par un placenta. On trouve des scinques dans le monde entier, mais surtout dans les régions tropicales et subtropicales. La plupart vivent sur le sol, souvent dans la litière végétale, mais il existe des espèces arboricoles et terricoles. Les autres espèces de ce groupe sont les zonures (ou cordyles) et les gerrhosaures, les cnémidophores et les téjus, les lézards des murailles et les lézards nocturnes. La plupart de ces espèces vivent sur le sol.

Anatomie

Les scinques sont en général allongés, avec un corps légèrement aplati, une longue queue, une petite tête cunéiforme et de petits yeux. Les espèces fouisseuses ont parfois des paupières soudées, transparentes, qui leur permettent de voir tout en creusant, et n'ont pas d'orifices auditifs. Certains scinques ont des pattes courtes ou n'en ont pas du tout, signe d'adaptation au fouissage ou à la vie dans un habitat végétal dense. En cas d'agression, les scinques abandonnent prestement leur queue, quelquefois de couleur vive, pour détourner l'attention des prédateurs et protéger leur tête et leur corps. Les zonures et les gerrhosaures ont de grandes écailles rectangulaires présentant chacune une nervure en relief. Chez les zonures, cette nervure est particulièrement saillante sur les écailles situées derrière la tête et sur la queue. Ils se servent de leur queue comme arme ou comme barrière quand ils sont poursuivis dans une galerie ou une fissure. Quand il est menacé par un prédateur, le lézard armadillo mord sa queue, formant ainsi un anneau hérissé de pointes, difficile à attaquer. Les cnémidophores et les téjus ont de petites écailles, un corps élancé, un museau pointu et de longues pattes, mais cette famille comprend aussi des formes sans pattes. Les téjus sont en général plus gros que les cnémidophores. Les lézards des murailles et les lézards des souches, que l'on rencontre en Europe, en Asie et en Afrique, ressemblent aux cnémidophores d'Amérique. Les deux familles comptent des espèces très colorées ; toutes sont prêtes à sacrifier leur queue au besoin.

Reproduction

Certaines espèces de scinques pondent des œufs, d'autres mettent bas des petits. Chez quelques-unes, l'embryon est alimenté par un placenta. Chez d'autres, la femelle pond des œufs et s'enroule autour d'eux pendant leur incubation. En cas de menace, elle déplace les œufs. Quand les petits sont éclos, elle les lèche pour les nettoyer et les garde quelques jours auprès d'elle.

Certaines espèces proches des scinques, notamment un groupe de cnémidophores et un autre de lézards des murailles, se reproduisent par parthénogenèse – c'est-à-dire sans mâle. Les juvéniles sont alors les répliques exactes (clones) de leur mère ; ce sont donc des femelles, qui pondront à leur tour des œufs dès qu'elles arriveront à maturité. Certaines espèces se reproduisent uniquement par parthénogenèse ; chez d'autres, il y a des populations qui comprennent des mâles et se reproduisent normalement.

ALIMENTATION
La plupart des scinques vivant sur le sol sont des animaux prudents, qui se cachent sous les débris végétaux. En général diurnes, ils s'abritent la nuit sous des bûches ou des pierres. Certains se nourrissent d'invertébrés. Les plus grands (y compris Egernia frerei, *ci-contre) mangent aussi des végétaux et même des rongeurs et des oiseaux.*

Cordylus cataphractus

Lézard armadillo

Longueur 16–21 cm
Reproduction Vivipare
Mode de vie Terrestre

Statut VU

Répartition S. Afrique

Ce lézard a de grosses épines protectrices sur la nuque et sur la queue, et des écailles carrées sur le dos. En cas de menace, il mord sa queue et forme un anneau avec son corps, dissuadant ainsi les prédateurs de l'attaquer. On le rencontre dans la brousse et les affleurements rocheux, caché dans de grandes fissures. Il hiberne pendant la saison froide. Ce lézard vit en groupes familiaux, fait rare chez les lézards, habituellement peu prodigues de soins envers leurs petits. Les femelles mettent bas un ou deux petits, qu'elles nourrissent même parfois. Le lézard armadillo se nourrit surtout d'insectes et d'araignées. Il est chassé par de nombreux prédateurs, dont des oiseaux. Il peut vivre jusqu'à vingt-cinq ans et même, exceptionnellement, un peu plus en captivité.

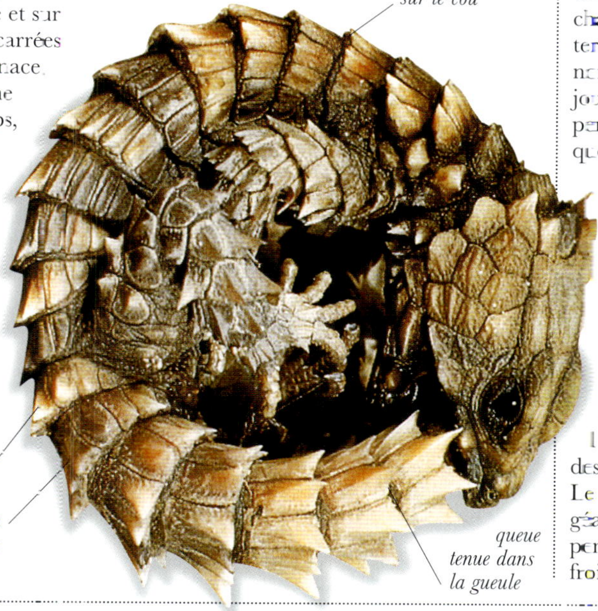

Cordylus giganteus

Cordyle géant

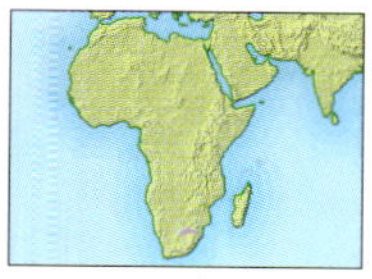

Longueur 28–39 cm
Reproduction Vivipare
Mode de vie Terrestre

Statut VU

Répartition S. Afrique

On peut souvent voir ce lézard se chauffer au soleil à l'entrée de son terrier. Habituellement exposés au nord ou au nord-ouest, les terriers jouissent d'un ensoleillement maximal pendant le jour. Ce lézard possède une queue cuirassée, constituée d'anneaux d'écailles pointues et ressemblant à une pomme de pin ; il s'en sert pour bloquer l'entrée de son terrier. S'il se fait prendre, il se cale contre le toit du terrier avec les longues épines de sa tête et de son cou pour ne pas pouvoir être tiré à l'extérieur. Il se nourrit d'insectes et de petits vertébrés. Les femelles mettent bas de 1 à 2 petits qui restent auprès des adultes. Le cordyle géant hiberne pendant la saison froide.

Cordylus rhodesianus

Cordyle du Zimbabwe

Longueur 12–17 cm
Reproduction Vivipare
Mode de vie Terrestre

Statut Commun localement

Répartition S. Afrique

On rencontre souvent ce lézard brun-vert dans les *kopjes* – empilements de roches érodées disséminés dans les prairies d'Afrique du Sud. Son corps aplati lui permet, en cas de menace, de se cacher dans d'étroites fentes ou sous des rochers. Sa queue, formée d'anneaux d'écailles pointues, lui sert à boucher les fentes et à dissuader ses prédateurs (serpents, oiseaux et mammifères). Ce lézard vit en petits groupes familiaux – les jeunes restant auprès des parents – et hiberne pendant la saison froide.

Gerrhosaurus major

Gerrhosaure africain

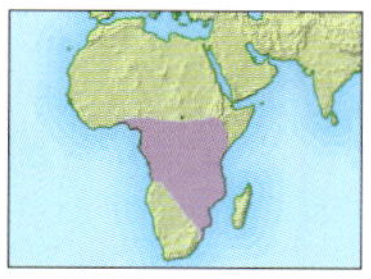

Longueur 40–48 cm
Reproduction Ovipare
Mode de vie Terrestre

Statut Commun

Répartition C., E. et S. Afrique

Ce lézard a le corps couvert de plaques rectangulaires, disposées en rangées, qui lui permettent de se caler dans les fentes de rochers pour se protéger des prédateurs. Sa coloration va du brun clair au brun foncé, mais, pendant la période de reproduction, la gorge du mâle se teinte de rose. Il se nourrit de fruits, de fleurs, d'invertébrés et de petits vertébrés, parmi lesquels des lézards plus petits. Les mâles défendent leur territoire, surtout à la saison de reproduction, où ils se battent entre eux. Les femelles pondent de 2 à 4 œufs allongés, assez gros, sous des bûches, dans des fentes de rochers, ou dans le sol humide.

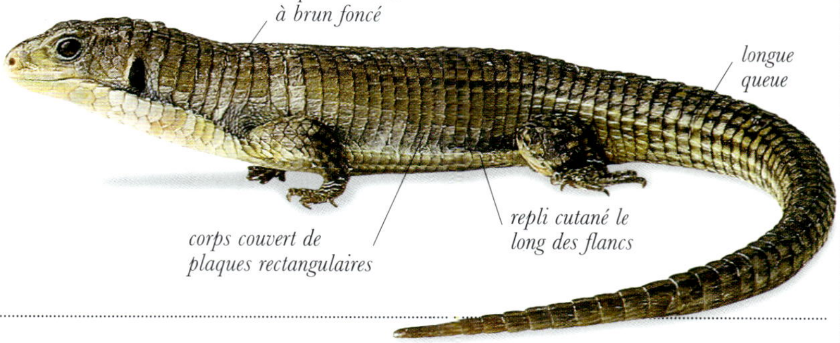

Lacerta agilis

Lézard des souches

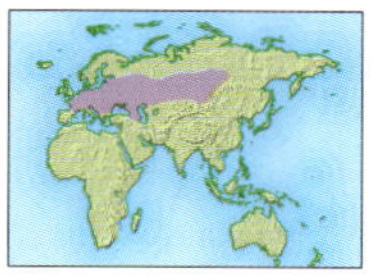

Longueur 18–22 cm
Reproduction Ovipare
Mode de vie Terrestre

Statut Commun localement

Répartition Europe, C. Asie

Ce lézard trapu est très répandu en Europe et en Asie (il est présent même au nord du cercle polaire arctique). En Grande-Bretagne, on le rencontre dans les landes et les dunes sableuses ; plus au sud, il vit dans des habitats variés et même dans les jardins. Il a une tête massive et des pattes plutôt courtes. Ses couleurs sont changeantes ; pendant la saison de reproduction, le mâle a des couleurs plus vives. Ce lézard se nourrit d'insectes et d'araignées. Il abandonne sa queue dès qu'il est attaqué par des prédateurs (des chats, entre autres). Les femelles pondent de 3 à 14 œufs au printemps et en été. Les adultes hibernent pendant la saison froide.

Platysaurus broadleyi

Platysaure

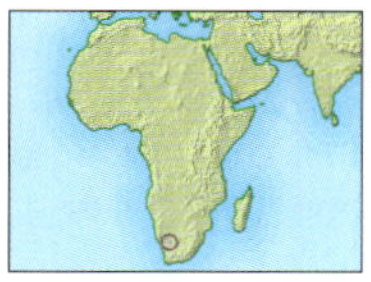

Longueur 15–20 cm
Reproduction Ovipare
Mode de vie Terrestre

Statut Commun localement

Répartition S. Afrique (chutes Augrabies)

La tête, le corps et la queue extrêmement plats de ce lézard lui permettent de se réfugier dans des fentes très étroites pour échapper aux rapaces diurnes, en particulier les faucons crécerelles. Il passe la plus grande partie de son temps à chasser les insectes, surtout les petites mouches noires qui pullulent près des chutes. Il se précipite sur elles quand elles se posent ou bondit pour les attraper au vol. Il mange aussi des baies mûres. Le mâle a la tête bleutée, le dos vert, les pattes avant jaunes ou orange et la queue brun orangé. Les femelles et les juvéniles ont le dos brun foncé avec trois rayures crème et la queue jaune pâle. Les femelles pondent deux fois 2 œufs chaque été, dans de profondes anfractuosités entre les gros rochers et sous des débris de rochers où des matières végétales se sont accumulées.

Lacerta schreiberi

Lézard de Schreiber

Longueur 36 cm
Reproduction Ovipare
Mode de vie Principalement terrestre
Statut LR

Répartition S.-O. Europe

Ce lézard est typique des nombreuses espèces de *Lacerta* vivant en Europe. Le mâle est vert avec des petites taches noires ; pendant la saison de reproduction, sa gorge ou sa tête (parfois les deux) sont bleues. La femelle est brune ou vert vif, avec de gros motifs noirs et une tête brune. Les jeunes sont verts avec des raies blanches ou jaunes bordées de noir sur les flancs. Ce lézard se chauffe au soleil dans les champs, les landes ou sur les coteaux, souvent près des cours d'eau, à des endroits où la vue est bien dégagée. En général, il attend que les insectes s'approchent de lui, mais il les cherche aussi dans les fissures. S'il est dérangé, il se réfugie dans un terrier ou plonge dans l'eau et se cache sous les cailloux du fond. Attaqué, il abandonne sa queue. Il peut vivre plus de dix ans en captivité. Les femelles pondent de 6 à 12 œufs.

Lacerta vivipara

Lézard vivipare

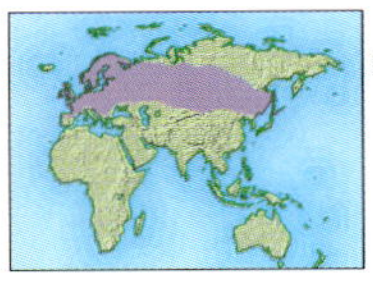

Longueur 10–18 cm
Reproduction Vivipare
Mode de vie Terrestre
Statut Commun

Répartition Europe, C. à E. Asie (Japon compris)

De tous les reptiles terrestres, c'est celui qui possède la plus vaste aire de répartition continue, jusqu'en Arctique. Il est le seul de son genre à être vivipare – adaptation qui facilite la survie dans des régions trop froides pour que les œufs puissent se développer. Au nord de son aire, il hiberne jusqu'à huit mois d'affilée et ne se reproduit que tous les deux ou trois ans. En compensation, il a une assez grande longévité. Les lézards vivipares vivent sur le sol, là où la végétation est dense. Ils se nourrissent surtout d'insectes et d'araignées. Ils se chauffent souvent sur un talus ensoleillé, le corps aplati et les pattes étendues.

LA VENUE AU MONDE

Les petits lézards vivipares naissent enveloppés d'une membrane dont ils se débarrassent très vite. Ils sont noirs et mesurent environ 4 cm. Dans la partie méridionale de leur aire – dans les Pyrénées –, les femelles pondent parfois des œufs.

COULEURS ET MOTIFS
Bien que le lézard vivipare soit en général brun ou vert, certains spécimens sont complètement noirs ou brun clair. Les mâles sont plutôt tachetés et les femelles (ci-dessus) rayées.

Lacerta lepida

Lézard ocellé

Longueur 40–90 cm
Reproduction Ovipare
Mode de vie Terrestre
Statut Commun localement

Répartition S.-O. Europe

Ce robuste animal vert avec des ocelles bleus sur les flancs est le plus grand lézard d'Europe. Il vit sur les coteaux, dans les champs et les clairières, se nourrissant de gros insectes, d'œufs d'oiseaux, d'oisillons, d'autres lézards et de petits mammifères. Il hiberne pendant les mois les plus froids. S'il se fait prendre, il mord, abandonne sa queue et se réfugie dans son terrier. Les femelles pondent une seule fois de 6 à 16 œufs par an.

Podarcis lilfordi

Lézard des Baléares

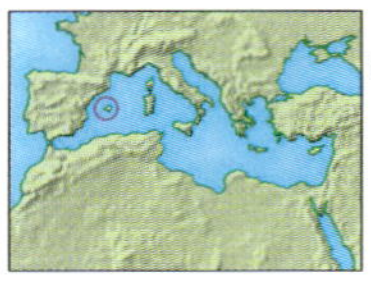

Longueur 18–22 cm
Reproduction Ovipare
Mode de vie Terrestre
Statut VU

Répartition Îles Baléares

Ce lézard résistant et peu exigeant peut survivre dans des environnements très hostiles. Ses prédateurs sont peu nombreux (il n'y a pas de serpents sur la plupart des îles où il vit), mais il est menacé à cause de la rareté de la végétation et de la nourriture. Il grimpe sur les rochers et dans les arbustes, sans cesse à la recherche de nourriture – insectes, poissons lâchés par des mouettes, reliefs de pique-niques laissés par les touristes, fleurs ou feuilles. Certaines populations sont complètement noires, d'autres sont brunes ou vertes. Les femelles pondent environ 4 œufs dans des fissures remplies de terre ou de feuilles, ou bien sous des arbustes.

Podarcis pityusensis

Lézard des Pityuses

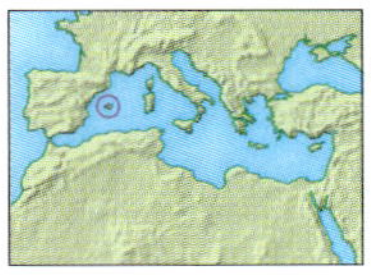

Longueur 15–21 cm
Reproduction Ovipare
Mode de vie Terrestre
Statut VU

Répartition Îles Baléares

Ce lézard élancé, muni de longs doigts, est un agile grimpeur. Il se chauffe au soleil sur les murs, les pentes rocheuses et les arbres tombés, mais s'enfuit si on le dérange. Les mâles sont en général bleus avec des dessins noirs et les femelles ont souvent des rayures foncées, mais ces couleurs et ces dessins peuvent varier. Les lézards des murailles se nourrissent d'insectes et pondent leurs œufs dans des terriers ou sous des pierres. Le lézard des Pityuses peut vivre jusqu'à six ans.

Chalcides ocellatus

Seps ocellé

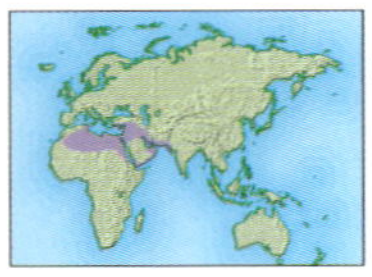

Longueur 30 cm
Reproduction Ovipare
Mode de vie Fouisseur
Statut Non évalué

Répartition S. Europe, N. et N.-E. Afrique, O. Asie

Ce lézard a un corps épais, brun clair ou brun jaunâtre, avec de petits ocelles blancs cerclés de noir. Ses écailles lisses et luisantes ainsi que ses petits membres sont des adaptations à un mode de vie fouisseur. Il est actif surtout le jour et à la tombée de la nuit, quand il fait très chaud. Il se chauffe au soleil dans des ruines ou sur de vieux murs de pierre sèche près des oliveraies. Quand il est menacé, il se précipite dans son terrier ou dans des fentes de rochers ; attaqué, il abandonne sa queue. Il cherche sous les pierres des petits insectes et des araignées pour se nourrir. Il vit en colonies lâches. Les femelles pondent de 3 à 10 œufs.

Corucia zebrata

Scinque géant des îles Salomon

Longueur Jusqu'à 75 cm
Reproduction Ovovivipare
Mode de vie Arboricole
Statut VU Δ

Répartition Îles Salomon

Ce scinque vert olive ou gris présente plusieurs caractères originaux. Il est très gros, avec une tête massive en forme de coin et une longue queue préhensile. À la différence des autres scinques, il est strictement herbivore et se nourrit des feuilles et des fruits de son habitat forestier. Il a une activité nocturne et s'abrite pendant le jour dans des trous d'arbres. En cas de menace, il siffle, se redresse et peut même mordre. Il vit longtemps. Il semble être monogame et former de petits groupes familiaux ou des colonies lâches. Les mâles et, dans une certaine mesure, les femelles ont un territoire. Les femelles donnent naissance à 1 ou 2 énormes petits, qui mesurent environ un tiers de la taille des adultes. Ils restent auprès de leur mère, très protectrice, pendant plusieurs semaines ou même plusieurs mois. Cette espèce est vulnérable à cause de son faible potentiel de reproduction, mais elle n'est pas protégée à ce jour.

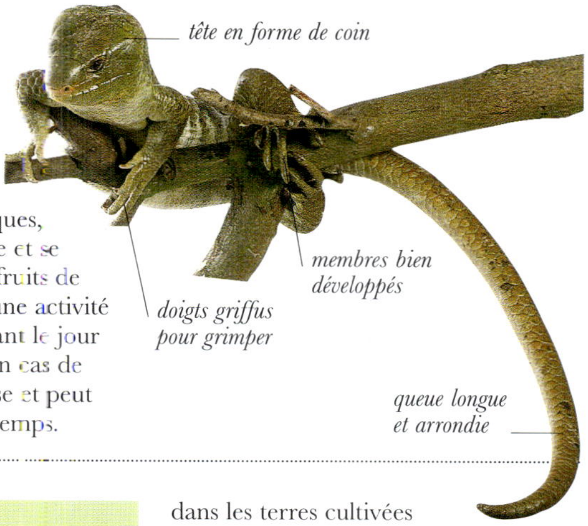

Eumeces schneiderii

Eumèces de Schneider

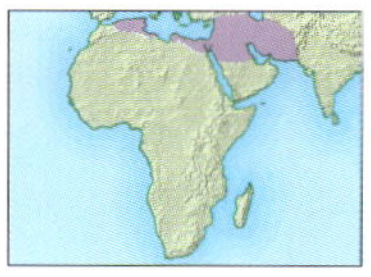

Longueur 40–45 cm
Reproduction Ovipare
Mode de vie Terrestre/fouisseur
Statut Commun localement

Répartition N. Afrique, O. Asie

C'est le plus gros eumèces. Le genre *Eumeces* est présent en Afrique du Nord, au Moyen-Orient, en Asie et sur le continent américain. Cette espèce est robuste, avec un dos gris-bleu parsemé d'écailles orange. On le rencontre souvent dans les terres cultivées et les endroits semi-désertiques, où il creuse des terriers au pied des buissons. S'il est attaqué, il se réfugie dans son terrier ou saute à l'eau. Vif, rapide, il chasse des insectes, des araignées, des escargots et des lézards plus petits. Il s'abrite du soleil pendant le jour et ne sort presque pas en hiver. Les femelles pondent de 3 à 20 œufs, qu'elles protègent jusqu'à leur éclosion.

Eumeces lagunensis

Eumèces à queue rose

Longueur 16–20 cm
Reproduction Ovipare
Mode de vie Terrestre
Statut Commun localement

Répartition Mexique (Basse-Californie)

On reconnaît cette espèce à sa longue queue, rose très vif chez les jeunes, plus pâle chez les adultes. Cette couleur sert peut-être à attirer l'attention des prédateurs vers la queue – qui peut se détacher – plutôt que vers d'autres parties du corps plus vulnérables. Ce scinque est un animal discret. Il parcourt le tapis de feuilles mortes ou la végétation – pour chercher des insectes et des araignées – ou se cache sous des pierres. Il est actif toute l'année, un peu moins pendant les courts hivers de Basse-Californie. La femelle pond de 2 à 6 œufs dans une galerie creusée dans le sol meuble. Elle les surveille jusqu'à leur éclosion et les déplace même en cas de danger – d'inondation, par exemple.

Lamprolepis smaragdina

Scinque émeraude

Longueur 18–25 cm
Reproduction Ovipare
Mode de vie Arboricole
Statut Commun

Répartition S.-E. Asie, Nouvelle-Guinée, îles du Pacifique

Ce scinque vert émeraude a un corps trapu, une longue queue qui s'amincit progressivement, un museau pointu et des écailles lisses et brillantes. Il vit sur les troncs et dans le feuillage des grands arbres de la forêt et se nourrit d'insectes qu'il attrape avec une grande vivacité. Attaqué par des oiseaux de proie ou des serpents, il abandonne sa queue pour échapper à ses agresseurs. Les mâles ont un territoire et les femelles pondent de 9 à 14 œufs.

Egernia frerei

Egernia

Longueur 60–70 cm
Reproduction Vivipare
Mode de vie Terrestre
Statut Commun localement

Répartition S. Nouvelle-Guinée, N. et E. Australie

L'egernia fait partie des 20 espèces de scinques très voisines que l'on trouve en Australie et en Nouvelle-Guinée. Comme la plupart de ses proches, ce scinque a un aspect massif avec son corps, de section carrée, son cou épais, sa tête courte et ses membres robustes. Sa couleur brun foncé devient plus sombre sur les flancs ; son ventre est blanc, jaune ou orange. Il a des écailles lisses et brillantes, et de fines rayures sur le dos. Pendant la journée, on peut le voir se chauffer au soleil ou chercher des insectes et des petits vertébrés au pied des arbres et des bûches ou près des affleurements rocheux, jamais très loin d'un refuge. Les femelles mettent bas jusqu'à 6 petits, qui ont des points blancs sur les flancs – ces taches disparaissent chez l'adulte. En Australie, on rencontre l'egernia dans les forêts du nord-est de la Nouvelle-Galles du Sud, sur les îles du détroit de Torrès, et dans la terre d'Arnhem (Territoire du Nord).

Mabuya longicauda

Scinque à longue queue

Longueur 30–35 cm
Reproduction Vivipare
Mode de vie Terrestre
Statut Commun

Répartition S.-E. Asie

La caractéristique de ce scinque élancé est sa queue très longue qui mesure le double de la longueur de son corps et de sa tête additionnés. Ses écailles sont brunes et brillantes ; elles sont plus foncées sur les flancs. Ce lézard vit dans les clairières et les jardins, souvent près de l'eau, et dans les broussailles des côtes. Il fouille les feuilles mortes et les débris végétaux à la recherche d'insectes et d'araignées. Son mode de reproduction est peu connu, mais les espèces les plus proches mettent bas de 5 à 10 petits. Le genre *Mabuya* comprend des espèces ovipares et des espèces vivipares.

REPTILES

Mabuya striata

Scinque strié

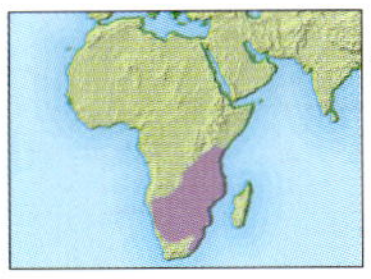

Longueur 18–25 cm
Reproduction Vivipare
Mode de vie Principalement terrestre

Statut Commun

Répartition E. et S. Afrique

Les couleurs de ce lézard africain varient, mais il est souvent brun avec des bandes plus claires sur le dos. Il a un museau pointu, des écailles lisses et brillantes, et des «fenêtres» transparentes à la paupière inférieure. Les mâles de certaines populations ont la tête orange et la gorge jaune orangé. Ces scinques, qui vivent parfois en groupes nombreux, occupent des habitats variés, depuis les marécages des mangroves jusqu'aux régions arides. Très actifs pendant le jour, ils grimpent partout à la recherche de petits insectes et d'araignées, s'arrêtant souvent pour se chauffer au soleil. Quand ils sont attaqués, ils abandonnent leur queue. Les femelles mettent bas de 3 à 9 petits, longs de 6 à 8 cm, qui sont adultes au bout de quinze à dix-huit mois.

Lygosoma fernandi

Lygosome

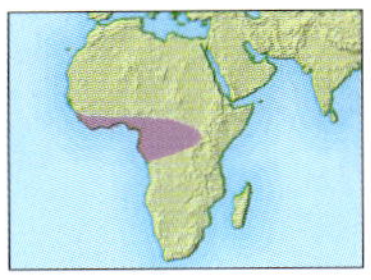

Longueur 22–37 cm
Reproduction Ovipare
Mode de vie Terrestre

Statut Non évalué

Répartition O. et C. Afrique

Ce scinque africain à la tête courte et au corps trapu est brun sur le dos, avec des raies noires et rouges sur les flancs et la face, et d'autres noires et bleues, sur la queue. Il vit sur la litière de feuilles et se déplace au crépuscule pour chercher des insectes et des araignées. S'il est attaqué, il abandonne sa queue. La femelle pond jusqu'à 8 œufs dans des feuilles ou du bois en décomposition. Comme on le rencontre rarement dans la nature, ce que l'on sait de sa biologie provient d'observations faites sur des animaux en captivité.

Tiliqua rugosa

Scinque rugueux

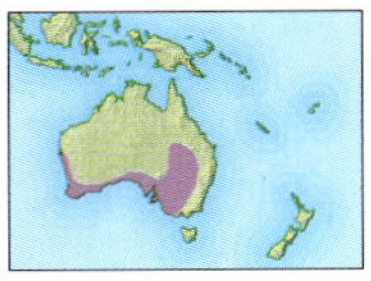

Longueur 30–35 cm
Reproduction Vivipare
Mode de vie Terrestre

Statut Commun localement

Répartition Australie

On l'appelle aussi lézard pomme de pin à cause de la forme de sa queue et de ses écailles dorsales grosses et fortement carénées. Sa queue épaisse lui assure une réserve de nourriture et son corps cuirassé une bonne protection. Ses couleurs varient, du brun foncé au crème, parfois moucheté de blanc ou de noir. Ce lézard omnivore aux mouvements lents vit sous les bûches ou dans les feuilles mortes qu'il fouille activement. Il est temporairement monogame : les couples restent unis environ huit semaines, pendant la saison de reproduction, puis se séparent. Les femelles mettent bas de 1 à 3 petits assez gros.

Tiliqua gigas

Scinque géant

Longueur 50–62 cm
Reproduction Vivipare
Mode de vie Terrestre

Statut Commun

Répartition S.-E. Asie, Nouvelle-Guinée et îles satellites

Proche parent du scinque à langue bleue (ci-dessous), ce gros lézard indonésien exhibe lui aussi sa langue bleu vif pour parer une attaque. Si ce moyen échoue, il mord. Il fouille constamment le tapis végétal avec son museau, à la recherche d'insectes, de mollusques, de fruits et de feuilles. Il forme des groupes apparemment composés d'un mâle dominant, de plusieurs femelles et de jeunes. Les femelles mettent bas de 8 à 13 jeunes qui restent souvent auprès de leur mère pendant les premiers jours et même les premières semaines.

Tiliqua scincoides

Scinque à langue bleue

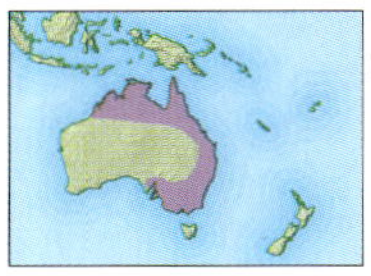

Longueur 45–50 cm
Reproduction Vivipare
Mode de vie Terrestre

Statut Commun

Répartition N., E. et S.-E. Australie

Cet animal gros et lent est l'un des reptiles les plus répandus en Australie. Il occupe des habitats très variés. En le voyant sur la route, avec son corps trapu et ses couleurs cryptiques, on peut le prendre pour un morceau de bois. Son régime, très varié, comprend des escargots, des insectes, des charognes, des fleurs et des fruits; il est friand aussi des reliefs de pique-niques. Pendant la saison de reproduction, les mâles défendent un territoire; l'accouplement a lieu après une brève poursuite à la fin de laquelle le mâle mord la femelle derrière la tête. La femelle met bas 25 petits par portée, après une période de gestation de cent cinquante jours. Les jeunes deviennent adultes au bout de trois ans.

PARADE DÉFENSIVE

Le scinque à langue bleue doit son nom à sa grande langue bleu vif qu'il exhibe quand il est menacé. Cette parade visuelle, qui s'accompagne d'un sifflement sonore, suffit souvent à éviter une attaque. Ce scinque est en général inoffensif, mais peut mordre, bien qu'il n'ait pas de dents.

ASPECT PHYSIQUE
Le scinque à langue bleue est un reptile trapu à tête large, au corps épais et aux membres plutôt courts. Gris clair ou brun, il a des bandes irrégulières, brun plus foncé, sur le dessus du corps et sur la queue.

En captivité, ce scinque peut vivre jusqu'à vingt-cinq ans. Plusieurs espèces similaires vivent en Australie, dont une présente aussi en Nouvelle-Guinée et à Sumatra.

Tribolonotus gracilis

Scinque-crocodile

Longueur 15–20 cm
Reproduction Ovipare
Mode de vie Terrestre

Statut VU

Répartition Nouvelle-Guinée

Cet étrange lézard a une tête triangulaire osseuse, quatre rangées d'épines sur le dos et sur la queue, et des anneaux orange en forme de lunettes autour des yeux. Les sécrétions des glandes présentes sous ses soles plantaires jouent sans doute un rôle dans la délimitation du territoire. Lent et discret, il se cache dans les débris végétaux et pousse un cri strident si on le dérange. Le mâle vit avec une ou plusieurs femelles, qui pondent un seul œuf, très gros, dans des végétaux en décomposition.

REPTILES

Tropidophorus grayi

Scinque caréné

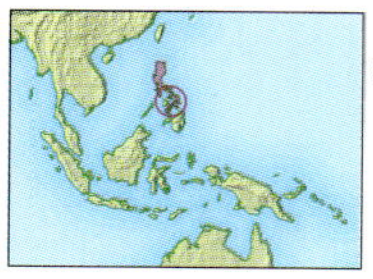

Longueur 20–25 cm
Reproduction Vivipare
Mode de vie Semi-aquatique
Statut Commun localement

Répartition Philippines

Les écailles dorsales fortement carénées de ce lézard se terminent par des piquants qui lui donnent un aspect hérissé. La longueur de sa queue égale celle de son corps et de sa tête additionnés. Il vit dans les endroits frais, à proximité des rivières de montagne, souvent sous des bûches pourries. En cas de danger, il saute à l'eau et se cache dans le lit pierreux des rivières. On sait peu de choses sur son comportement social et son mode de reproduction, excepté que la femelle met bas de 1 à 6 petits.

Ameiva ameiva

Ameive

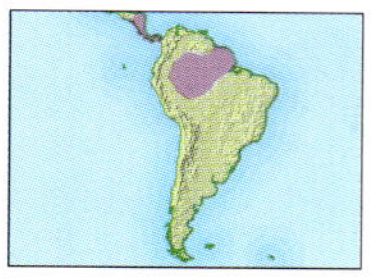

Longueur 45–50 cm
Reproduction Ovipare
Mode de vie Terrestre
Statut Commun

Répartition Amérique centrale, N. Amérique du Sud

Ce lézard a un corps profilé avec un museau pointu et une très longue queue qui peut mesurer le double du corps. Le mâle, plus mince et plus coloré que la femelle, a une zone vert vif au centre du dos. Pendant la longue saison de reproduction (de mars à décembre), la femelle pond plusieurs fois de 2 à 6 œufs. Ce lézard vit en colonies lâches dans les clairières, au bord des routes et des chemins, dans les terres cultivées, en général près des habitations. Il se chauffe au soleil et, quand il fait frais, s'abrite sous des feuilles mortes ou des bûches.

Cnemidophorus uniparens

Cnémidophore rayé

Q : Queue en fouet du désert
Longueur 15–23 cm
Reproduction Ovipare
Mode de vie Terrestre
Statut Commun localement

Répartition S. États-Unis, N. Mexique

Ce lézard fait partie d'une douzaine d'espèces très proches vivant en Amérique du Nord, dans les déserts, les prairies et les broussailles. Son corps long et mince est rayé, et sa queue a la forme d'un fouet. La particularité de cette espèce – partagée avec d'autres cnémidophores – est de ne compter que des individus femelles. Ce lézard diurne chasse les insectes. Pendant la journée, il se chauffe aussi de brefs moments au soleil. Les adultes enfouissent leurs œufs (de 1 à 4) sous des rochers ou des bûches. Les jeunes ont la queue bleu vif.

UN CORPS RAYÉ
Le cnémodiphore est brun avec six ou sept bandes plus claires le long du dos. Son museau pointu et son corps élancé se prolongent par une très longue queue.

RIEN QUE DES FEMELLES !

Ces lézards pondent des œufs fécondés sans s'accoupler. Les adultes et les jeunes sont tous des femelles. D'après les chercheurs, cette espèce et d'autres qui présentent la même particularité ont évolué à partir d'individus solitaires. Chaque espèce forme un groupe d'animaux génétiquement identiques (clones).

Tupinambis teguixin

Grand téju

Longueur 80–110 cm
Reproduction Ovipare
Mode de vie Terrestre
Statut Commun

Répartition N. à C. Amérique du Sud

Ce lézard, l'un des plus gros reptiles terrestres d'Amérique du Sud, présente d'étonnants points communs avec les varans (voir p. 422), lézards qu'on ne trouve qu'en Afrique, au sud-est de l'Asie et en Australasie. Il a des membres robustes et de longues griffes pour creuser ; avec sa langue, longue et fourchue, il « goûte » l'air. Son régime est très varié (insectes, invertébrés, oiseaux, petits mammifères, autres lézards, charognes). Ce téju, qui vit dans les clairières et au bord des rivières, est un bon nageur. En face de prédateurs – en général de grands mammifères carnivores (félins), des lézards ou de jeunes serpents – il mord, griffe et se sert de sa queue comme d'une matraque. Ils se déplace sur ses pattes arrière et communique avec ses congénères par des cris sonores. Pour s'accoupler, le mâle saisit la femelle à la nuque puis glisse son corps sous elle. La femelle pond de 7 à 12 œufs, parfois dans un terrier, souvent en faisant une brèche dans une termitière. Les termites réparent rapidement la termitière et y maintiennent une température constante. Les œufs sont ainsi emmurés jusqu'à leur éclosion, trois mois plus tard. Le grand téju est de temps en temps consommé par l'homme ; sa peau est utilisée en maroquinerie.

Dracaena guianensis

Lézard-caïman

Longueur 90–110 cm
Reproduction Ovipare
Mode de vie Semi-aquatique/arboricole
Statut VU

Répartition N. Amérique du Sud

Ce lézard assez gros ressemble à un crocodile à tête courte. Il est vert ou brun, avec des taches jaunes ou brun-roux sur les flancs. La gorge des mâles est orange et noir, celle des femelles est grise. Le lézard-caïman plonge au fond des rivières peu profondes, des lacs et des ruisseaux pour chercher des gastéropodes qu'il ramène à la surface. Il écrase la coquille avec ses larges dents et avale le corps mou. On pense que ce reptile pond des œufs.

Xantusia henshawi

Xantusia

Q : Lézard nocturne de Henshaw
Longueur 5–7 cm
Reproduction Vivipare
Mode de vie Terrestre
Statut Commun localement

Répartition S.-O. États-Unis (S. Californie), Mexique (Basse-Californie)

Grâce à son corps aplati, ce lézard nocturne peut se glisser sous les éclats de roche. Couvert de toutes petites écailles jaunes, il présente de grosses taches noires. Actif la nuit, il se déplace sur les surfaces rocheuses et se réfugie dans d'étroites fentes s'il est menacé par des prédateurs. Bien qu'elle ne soit pas particulièrement rare, cette espèce est protégée car son habitat est souvent détruit par ceux qui déplacent les fragments de rochers pour la découvrir.

LÉZARDS ANGUIMORPHES

PHYLUM	Cordés
CLASSE	Reptiles
ORDRE	Squamates
SOUS-ORDRE	Lacertiliens
SUPERFAMILLE	Anguimorphes
FAMILLES	6 ou 7
ESPÈCES	173

LES ANGUIMORPHES comprennent les plus grands de tous les lézards, les varans, et les seuls lézards venimeux, l'héloderme perlé et le monstre de Gila. Les orvets et les serpents de verre appartiennent aussi à ce groupe. On pense que les anguimorphes sont plus évolués que les autres lézards et que ce sont les ancêtres des serpents – de nombreuses espèces ont des dents en forme de crochets et une langue longue et fourchue. On les trouve presque dans le monde entier. Ils comptent 6 familles selon certains, 7 selon d'autres.

ANATOMIE

Les Anguidae sont les anguimorphes les plus nombreux. Ces minces lézards ont des écailles lisses et des pattes toutes petites; certains comme les orvets en sont dépourvus.

Les varans ont un long cou, une tête étroite au museau pointu, des membres robustes et une queue épaisse. Leur langue longue et fourchue les renseigne sur leur environnement. Cette famille comprend de très grosses espèces, comme le dragon de Komodo.

Les seuls lézards venimeux sont les hélodermes d'Amérique du Nord. Ces lézards massifs ont une tête large au museau arrondi, des pattes courtes et une queue épaisse. Leur venin pénètre dans les plaies causées par les crochets pointus de leur mâchoire inférieure (les crochets sont situés sur la mâchoire supérieure chez les serpents).

CHASSE ET ALIMENTATION

Les anguimorphes repèrent et tuent leurs proies de diverses façons. Les petites espèces se nourrissent surtout d'insectes; les grands varans peuvent venir à bout d'assez gros mammifères (petits sangliers et petits cerfs). Ils se nourrissent aussi de charognes que leur odorat très aiguisé leur permet de localiser. Les hélodermes eux aussi chassent à l'odeur; ils traquent leurs proies sur de longues distances et se servent de leur langue pour suivre les «traces» odorantes laissées par les petits mammifères et les oiseaux. Ils mangent aussi les œufs des oiseaux nichant sur le sol.

REPRODUCTION

Les lézards anguimorphes sont ovipares ou vivipares. Plusieurs espèces de varans ouvrent des brèches dans les termitières avec leurs griffes et y introduisent leurs œufs. Quand les termites réparent leurs nids, les œufs sont emmurés dans un environnement contrôlé, à l'abri des prédateurs. Ils éclosent souvent au début de la saison pluvieuse, quand le sol est plus meuble. Les femelles de certaines espèces retourneraient à la termitière pour aider les petits à sortir.

CHASSE
Les varans sont étonnamment agiles pour leur taille. Le varan des mangroves (ci-contre) est la plupart du temps dans l'eau, mais il chasse aussi sur le sol. Ses longues griffes lui servent à grimper aux arbres pour capturer des serpents arboricoles.

REPTILES

Anguis fragilis

Orvet

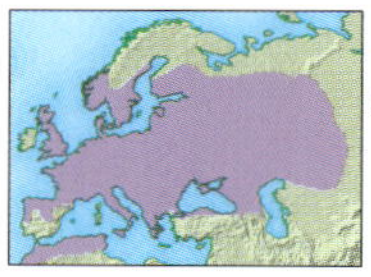

Longueur 30–40 cm, max. 50 cm
Reproduction Ovovivipare
Mode de vie Terrestre/fouisseur
Statut Commun
Répartition Europe, O. Asie, N.-O. Afrique

Avec son corps aux écailles lisses et sa langue qu'il darde, ce grand lézard ressemble à un serpent. Il s'en distingue par ses paupières mobiles et parce qu'il se défait de sa queue pour échapper à un prédateur. Une fois détachée, la queue met longtemps à repousser et beaucoup d'adultes ont l'air d'avoir un corps tronqué. Les jeunes ont souvent des couleurs vives, des reflets métalliques et une rayure centrale. Les femelles adultes conservent cette rayure. Les mâles sont unis, brun cuivré ou gris; certains ont des taches bleues. L'orvet est un animal discret, qui vit dans les habitats offrant de nombreux refuges et se cache sous les bûches, les pierres plates ou des détritus. Pendant la journée, il se chauffe de temps en temps au soleil et sort surtout au crépuscule pour se nourrir de limaces et autres invertébrés – un régime qui en fait un habitué des jardins. Les mâles défendent farouchement leur territoire pendant la saison de reproduction. Après l'accouplement, les femelles mettent bas de 6 à 12 petits. Les orvets vivent longtemps, mais, au nord de leur aire, ils passent la moitié de leur vie en hibernation.

Elgaria kingii

Lézard-alligator de l'Arizona

Longueur 19–31 cm
Reproduction Ovipare
Mode de vie Terrestre
Statut Commun localement
Répartition S.-O. États-Unis, N.-O. Mexique

Ce lézard a un corps brun clair avec des bandes transversales plus foncées et une longue queue. Ses écailles sont brillantes et il a un repli cutané le long de chaque flanc. Son corps mince et allongé, et ses membres courts facilitent les déplacements rapides dans l'herbe ou la végétation épaisse. Il est actif pendant la journée et quelquefois au crépuscule. Il se plaît dans les zones humides des forêts sèches, dans les montagnes et dans les prairies d'altitude, près des cours d'eau. Il cherche des insectes et des araignées dans la litière. Il hiberne quand la nourriture devient rare. Attaqué par des serpents, des oiseaux et des petits mammifères, il se défait de sa queue et peut maculer ses ennemis avec ses fèces. Les lézards-alligators vivent en colonies, les mâles ne délimitant leur territoire qu'à la période de reproduction. Les femelles pondent de 9 à 12 œufs qu'elles enfouissent dans le sol humide; les petits ont de larges rayures.

Ophisaurus apodus

Scheltopusik

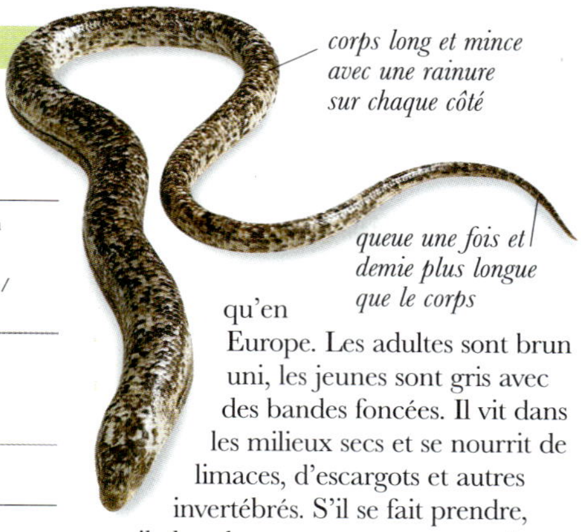

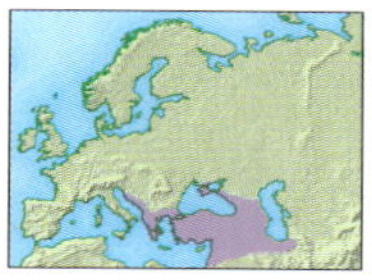

Longueur 1–1,20 m
Reproduction Ovipare
Mode de vie Terrestre/fouisseur
Statut Commun

Répartition S.-E. Europe, O. Asie

Plus long que beaucoup de serpents, ce lézard apode est le plus grand représentant de la famille des Anguidae – reptiles plus répandus en Amérique qu'en Europe. Les adultes sont brun uni, les jeunes sont gris avec des bandes foncées. Il vit dans les milieux secs et se nourrit de limaces, d'escargots et autres invertébrés. S'il se fait prendre, il abandonne sa queue ou macule son agresseur avec ses excréments. Les femelles pondent de 8 à 10 œufs qu'elles enterrent dans le sol humide.

Ophisaurus ventralis

Serpent de verre oriental

Q : Ophisaure de l'Est
Longueur 45–108 cm
Reproduction Ovipare
Mode de vie Terrestre/fouisseur
Statut Commun

Répartition S.-E. États-Unis

Ce lézard apode est l'une des quatre espèces très voisines que l'on rencontre en Amérique du Nord. Brun avec les flancs noirs, il vit surtout dans les prairies humides, plutôt en surface, à la différence de certains de ses proches. Sa queue, qui mesure le double de son corps, se détache facilement. Actif le matin et après la pluie, ce lézard se nourrit de limaces, d'escargots, d'insectes et de petits vertébrés. La femelle pond de 8 à 17 œufs dans le sol humide et veille sur eux jusqu'à ce qu'ils éclosent.

Anniella geronimensis

Lézard apode de Basse-Californie

Longueur 10–15 cm
Reproduction Vivipare
Mode de vie Fouisseur
Statut Commun localement

Répartition Mexique (Basse-Californie)

La coloration de ce mince petit lézard apode va de l'argenté au brun clair. Il n'a pas de terrier fixe ; il « nage » dans le sable, juste au-dessous de la surface, surtout au pied des arbustes de petite taille. Il monte à la surface la nuit ou au crépuscule, laissant des traces sur le sable. Il se nourrit d'araignées et de petits insectes. En cas d'attaque, il détache sa queue pour échapper à son agresseur.

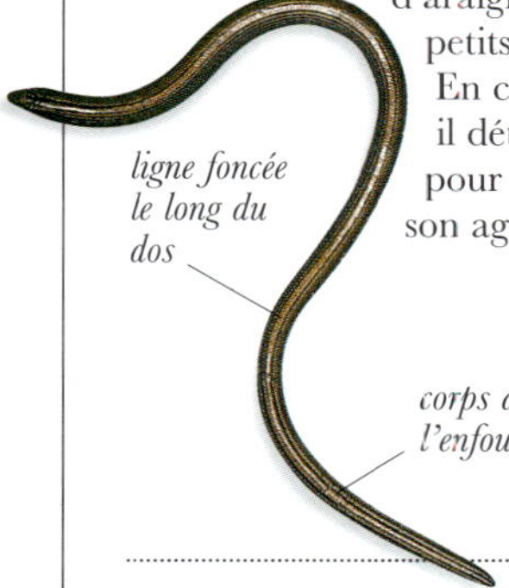

Heloderma suspectum

Monstre de Gila

Longueur 35–50 cm
Reproduction Ovipare
Mode de vie Terrestre/fouisseur
Statut VU

Répartition S.-O. États-Unis, N. Mexique

Ce reptile d'Amérique du Nord est l'un des plus facilement reconnaissables ; il est aussi l'un des deux seuls lézards venimeux. Son corps volumineux est orné de dessins orange, roses ou jaunes et de bandes noires ; ce contraste de couleurs avertit les prédateurs de sa dangerosité. Les monstres de Gila vivent dans les régions semi-désertiques, à proximité d'endroits humides. Comparés à la plupart des lézards, ils sont lents ; ils chassent de jour au printemps, mais au crépuscule ou quand il fait nuit pendant la chaleur de l'été. La queue sert de réserve de graisse, comme les bosses des chameaux. Elle rétrécit dans les périodes où la nourriture est rare, particulièrement quand l'animal hiberne. Les femelles pondent leurs œufs à la fin de l'été ; elles enfouissent jusqu'à 8 œufs dans un terrier creusé dans le sable mouillé.

HABITUDES ALIMENTAIRES

Le monstre de Gila se nourrit de petits mammifères et d'œufs de cailles, de colombes et de reptiles. Il chasse à l'odeur et aussi au « goût » en sortant sa langue. Les glandes qui produisent le venin sont situées sur la mâchoire inférieure. Ce lézard mord violemment sa victime avec ses dents pointues et la tient fermement jusqu'à ce que le poison agisse. La morsure, douloureuse, n'est pas fatale pour l'homme.

UN PUISSANT FOUISSEUR
Ce lézard a des membres robustes aptes à creuser. Sa démarche est lourde et lente. Ses couleurs lui servent peut-être à se dissimuler ou à mettre en garde les prédateurs.

Heloderma horridum

Héloderme perlé ou granuleux

Longueur 70–100 cm
Reproduction Ovipare
Mode de vie Terrestre/fouisseur
Statut VU

Répartition O. Mexique

Très proche du monstre de Gila (voir ci-dessus), ce lézard, venimeux aussi, a des couleurs moins vives. Souvent brun foncé avec des taches plus claires, il est entièrement noir dans le sud de son aire. Il se cache dans des terriers et se nourrit d'oiseaux et d'oisillons, d'œufs et de petits mammifères. Il mord sa proie avec les dents acérées situées sur sa mâchoire inférieure et lui inocule son venin. Sa morsure, douloureuse, est rarement mortelle pour l'homme. Les femelles pondent dans un terrier de 4 à 10 gros œufs allongés.

Lanthanotus borneensis

Varan sans oreilles

Longueur 40–45 cm
Reproduction Ovipare
Mode de vie Fouisseur/semi-aquatique
Statut VU

Répartition S.-E. Asie

Bon nageur, ce lézard vit dans des terriers inondables au bord des cours d'eau. Ses membres courts et son museau arrondi sont adaptés à la vie terricole, tandis que ses paupières transparentes et ses narines (qui s'ouvrent et se ferment par un système de valves) sont adaptées à la vie aquatique. Comme il est nocturne et discret, on le rencontre rarement. On n'en a capturé qu'une centaine de spécimens depuis la première fois où il a été décrit, en 1878. Rattaché d'abord aux hélodermes, puis aux varans (p. 420-422), on le considère aujourd'hui comme une espèce à part.

Varanus komodoensis

Dragon de Komodo

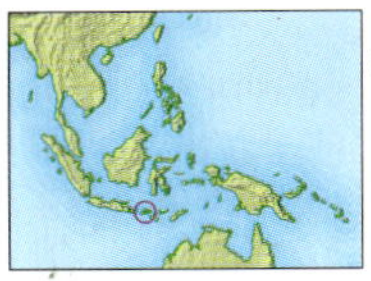

Longueur 2–3 m
Reproduction Ovipare
Mode de vie Terrestre

Statut VU Δ

Répartition Indonésie (Komodo, Rinja, Padar, O. de l'île de Flores)

Avec un poids moyen d'environ 70 kg, et parfois du double en captivité, le dragon de Komodo est le plus lourd lézard du monde. Il a un corps allongé, des pattes robustes et une langue fourchue qu'il darde quand il cherche de la nourriture. Les jeunes ont des rayures grises ou crème qu'ils perdent à l'âge adulte pour devenir brun-gris uni, avec une peau écailleuse et lâche. Ces lézards vivent sur les coteaux broussailleux, dans les bois clairs et le lit des rivières à sec, où ils se nourrissent d'animaux vivants ou de charognes. Grâce à leur odorat très développé, ils détectent, à une distance pouvant atteindre 5 km, des restes d'animaux en putréfaction. Les jeunes attaquent des serpents, des lézards et des rongeurs ; les adultes s'en prennent à des proies beaucoup plus grosses (petits sangliers, buffles d'eau et cerfs). Ces lézards sont aussi cannibales, ce qui expliquerait en partie pourquoi les jeunes sont souvent dans les arbres. Les adultes vivent surtout seuls, mais ils se rassemblent parfois autour du cadavre d'un animal. Pendant la période de reproduction, les mâles s'affrontent, dressés sur leurs pattes arrière, leur queue leur servant d'appui. Après l'accouplement, les femelles creusent un nid dans le sable et pondent jusqu'à 25 œufs. Quand ceux-ci éclosent, neuf mois plus tard, les petits sont abandonnés à eux-mêmes. Les dragons de Komodo sont adultes au bout de cinq ans. Dans la nature, ils vivent au maximum environ quarante ans.

SUR LA PISTE DE LA NOURRITURE
Les dragons de Komodo ont une bonne vue, mais c'est surtout à l'odeur qu'ils cherchent leur nourriture. Comme les serpents, ils «goûtent» l'air avec leur langue qui recueille des molécules dans l'air. Leurs dents pointues et dentelées étant impropres à la mastication, ils s'en servent pour arracher des lambeaux de chair qu'ils avalent ensuite. La salive du dragon de Komodo est riche en bactéries toxiques qui contaminent les blessures quand le dragon mord ses proies. Même si la victime ne succombe pas à l'attaque initiale, elle meurt souvent des suites de l'infection provoquée.

CONSERVATION

Les dragons de Komodo occupent une aire extrêmement restreinte (quelques îlots indonésiens). Leur population, estimée entre 2 500 et 5 000 individus, a beaucoup diminué au cours des cinquante dernières années, à cause de la chasse, de la diminution du nombre de proies, et des modifications de leur habitat. Mais le succès grandissant remporté par ces animaux auprès des touristes est un atout pour leur protection.

UN PRÉDATEUR GÉANT
Les dragons de Komodo paraissent gauches mais, quand ils courent, ils peuvent dépasser 18 km/h. Ce sont aussi de bons nageurs. Gros mangeurs, ils sont capables d'ingurgiter la moitié de leur poids en un seul repas.

FESTIN DU DRAGON DE KOMODO

1 **ARRIVÉE SUR LES LIEUX**
Guidé par l'odeur, un dragon de Komodo retrouve un cerf qu'il a attaqué plusieurs heures auparavant. Le cerf s'est enfui, mais il est mort de ses blessures.

2 **DÉBUT DU REPAS**
Le dragon commence à manger le cerf. L'articulation extrêmement souple de sa mâchoire lui permet d'avaler de gros morceaux.

3 **DU TRAVAIL RAPIDE**
Le dragon mange rapidement, avalant la chair, la peau et même les os. Pendant ce temps, d'autres dragons se dirigent vers la carcasse, attirés par l'odeur.

4 **UN REPAS TRÈS DISPUTÉ**
D'autres dragons sont arrivés sur les lieux. Les plus gros essaient d'intimider les plus petits pour qu'ils s'en aillent. S'il n'y a pas assez à manger pour tous, ils peuvent se battre

Varanus albigularis

Varan à gorge blanche

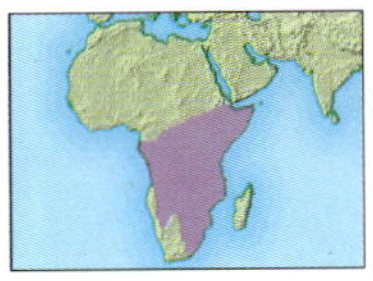

Longueur 1 m, max. 1,80 m
Reproduction Ovipare
Mode de vie Terrestre/fouisseur
Statut Commun
Répartition E., C. et S. Afrique

Ce lézard creuse des terriers à l'aide de ses membres puissants ; il vit aussi dans les troncs d'arbres creux. Sur un territoire pouvant mesurer jusqu'à 18 km^2, il chasse les oiseaux, les insectes, les escargots et d'autres invertébrés. Ses principaux prédateurs sont les aigles martiaux, les ratels et les hommes. Pour se défendre, le varan à gorge blanche gonfle son cou et son corps, donne des coups de queue et mord. La femelle pond deux fois par an environ 50 œufs.

Varanus prasinus

Varan émeraude

Longueur 75–100 cm
Reproduction Ovipare
Mode de vie Arboricole
Statut Commun localement
Répartition Nouvelle-Guinée

Ce lézard est adapté à la vie arboricole grâce à son corps élancé, qui lui permet de se tenir sur d'étroites branches, et sa couleur qui se confond avec celle des feuilles. Il mange des insectes, des petits vertébrés, des crabes et des œufs d'oiseaux. Menacé, il s'enfuit et, s'il se fait prendre, il peut mordre. Il fait partie des rares varans qui mènent une vie sociale au sein de petits groupes composés d'un mâle dominant, de plusieurs femelles, de mâles subordonnés et de jeunes. Les femelles pondent jusqu'à 6 œufs dans des termitières ou dans les feuilles mortes.

Varanus varius

Varan varié

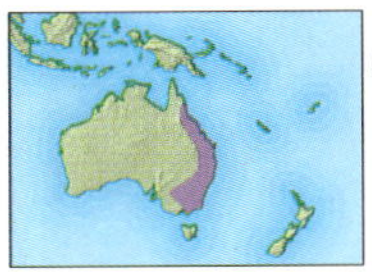

Longueur 1,50–2 m
Reproduction Ovipare
Mode de vie Arboricole
Statut Commun
Répartition E. Australie

Ce lézard gris foncé ou bleuté avec des dessins blancs ou crème a un long cou, une longue queue et de longues griffes pour grimper dans les arbres. S'il est menacé, il mord et donne des coups de queue. Il cherche sa nourriture (insectes, reptiles, oiseaux, œufs, petits mammifères) sur le sol et dans les arbres. Les femelles pondent leurs œufs (de 6 à 12) dans des trous qu'elles font dans les termitières et que les termites rebouchent.

Varanus dumerilii

Varan de Duméril

Longueur 1–1,30 m
Reproduction Ovipare
Mode de vie Principalement terrestre
Statut Commun
Répartition S.-E. Asie

Ces lézards élancés, gris, qui vivent surtout sur le sol sont de bons nageurs, dont les narines se ferment sous l'eau quand ils poursuivent des crabes. Ils mangent aussi des insectes, des oiseaux, et des œufs d'oiseaux et de tortues. Pour échapper aux prédateurs (mammifères et serpents), qui attaquent surtout les jeunes, ils se réfugient dans la mer ou grimpent dans les arbres. Pendant la saison de reproduction, les mâles défendent un territoire. Les femelles pondent dans le sol ou les feuilles mortes. Ces varans préfèrent les forêts des mangroves, mais on les trouve aussi loin des côtes.

Varanus flavirufus

Varan de Gould

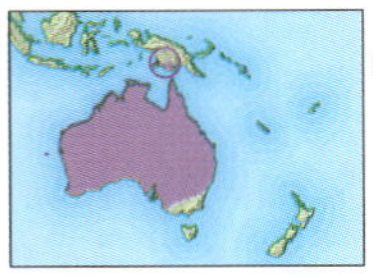

Longueur 75–100 cm
Reproduction Ovipare
Mode de vie Terrestre/fouisseur
Statut Commun
Répartition S. Nouvelle-Guinée, Australie

Cet impressionnant reptile est l'un des plus grands de la vingtaine de varans qui vivent en Australie. Son corps élancé et puissant a des couleurs qui vont du jaune pâle au gris foncé, mais il a presque toujours une fine ligne noire de l'arrière de l'œil jusqu'au cou. Il s'appuie sur sa queue longue et robuste quand il se tient sur ses pattes arrière pour inspecter les environs. S'il est menacé, il se sert de sa queue comme d'un fouet ou d'une matraque et se défend aussi avec ses dents et ses griffes. Vorace, ce varan mange des mammifères, des oiseaux et d'autres reptiles aussi bien que des animaux plus petits ou des charognes. Il s'abrite dans des terriers ou des arbres creux. À l'aide de leurs griffes, les femelles font des trous dans les termitières pour y déposer leurs œufs.

Varanus niloticus

Varan du Nil

Longueur 1,40–2 m
Reproduction Ovipare
Mode de vie Semi-aquatique
Statut Commun
Répartition Afrique (surtout sud du Sahara)

Jamais loin de l'eau, ce lézard brun-gris se chauffe au soleil sur les rochers ou les souches d'arbres, se nourrissant de crabes, de mollusques, de poissons, de grenouilles, d'oiseaux, d'œufs et de charognes. Il se défend contre les crocodiles et les pythons avec sa queue, ses griffes et ses dents. Dans les régions fraîches, il hiberne dans des terriers communs. Les femelles pondent de 20 à 60 œufs dans des termitières. Les petits sortent quand le sol est ramolli par la pluie.

Shinisaurus crocodilurus

Shinisaure

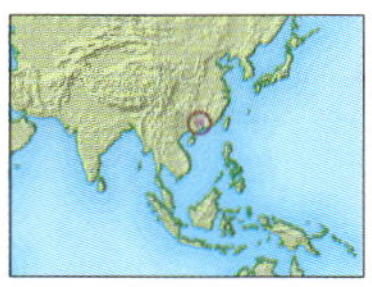

Longueur 40–46 cm
Reproduction Vivipare
Mode de vie Semi-aquatique
Statut VU
Répartition E. Asie (province de Guangxi)

Ce lézard rare et peu connu, vert olive, présente sur le dos et la queue des rangées de grosses écailles osseuses, comme celles des crocodiles. Le mâle est plus coloré que la femelle, mais peut-être seulement pendant la période de reproduction. Pour ne pas être repéré, ce lézard peut rester figé des heures, tactique qui, ajoutée à sa couleur, lui permet de se confondre avec son environnement. Il est capable de stopper ses fonctions vitales pendant plusieurs heures afin de conserver de l'énergie pour les nuits très froides. Les femelles mettent bas de 2 à 10 petits, parfois sur plusieurs jours.

AMPHISBÈNES

PHYLUM	Cordés
CLASSE	Reptiles
ORDRE	Squamates
SOUS-ORDRE	Amphisbéniens
FAMILLES	3
ESPÈCES	158

BIEN QU'ILS SOIENT parfois appelés lézards-vers, les amphisbènes ne sont ni l'un ni l'autre. Ils sont cependant apparentés de près aux lézards et font partie du même ordre que les lézards et les serpents. Adaptés à une vie souterraine, on ne les voit à la surface du sol qu'après les fortes pluies, quand leurs galeries sont noyées. Leur régulation thermique peu performante les confine dans les régions tropicales et subtropicales.

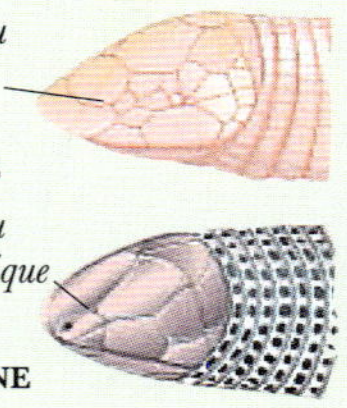

FORME DE LA TÊTE
Les amphisbènes se servent de leur tête massive pour creuser des galeries. La forme du museau varie selon la technique de fouissement.

FOUISSEMENT

Les amphisbènes creusent eux-mêmes les galeries dans lesquelles ils circulent à la recherche de vers, d'insectes et de larves, utilisant leur tête en guise de bélier. Leurs narines sont dirigées vers l'arrière, ce qui évite qu'elles ne soient bouchées par la terre pendant le creusement des galeries. La mâchoire inférieure est en retrait, de sorte que la bouche est bien fermée quand la tête progresse dans la terre.

ANATOMIE

Avec leur corps cylindrique et leurs anneaux écailleux, les amphisbènes ressemblent à des vers. Leurs yeux sont rudimentaires et, vue de côté, leur tête lisse a la forme d'un coin. Ils n'ont pas de pattes, sauf trois espèces dont les membres antérieurs, situés près de la tête, sont munis de longues griffes utilisées pour fouir le sol. De nombreux amphisbènes sont dépourvus de pigmentation et sont brun rosé ; quelques-uns sont plus colorés.

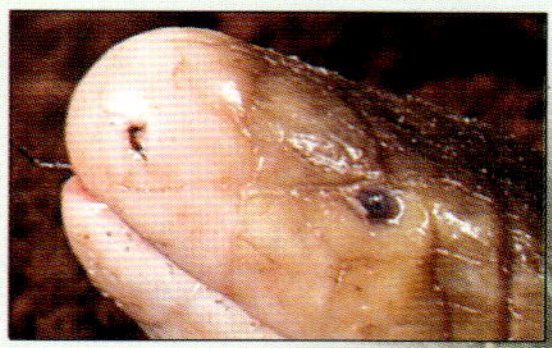

YEUX ET OREILLES
Les amphisbènes ont les yeux recouverts d'une peau translucide et, comme beaucoup de fouisseurs, ils voient mal. Les oreilles n'ont pas d'orifices externes.

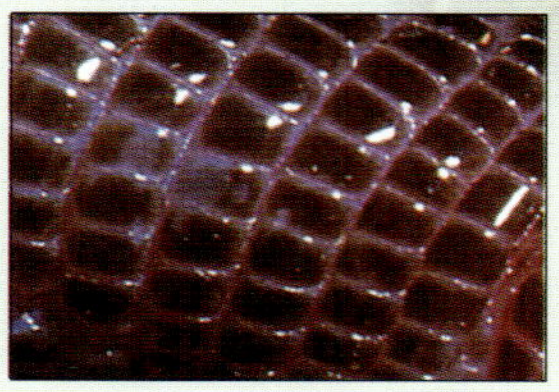

ÉCAILLES
À la différence de celles des serpents, qui se chevauchent, les écailles des amphisbènes sont disposées en anneaux concentriques.

MEMBRES
Les amphisbènes passent presque toute leur vie sous terre, creusant la terre, le sable ou le tapis végétal. La plupart ont perdu tout vestige de pattes. Les membres d'une seule famille d'amphisbènes du Mexique (ci-dessus) ont conservé leurs pattes antérieures.

Amphisbaena fuliginosa

Amphisbène blanc et noir

Longueur 30–45 cm
Reproduction Ovipare
Mode de vie Fouisseur
Statut Commun

Répartition N. Amérique du Sud, Trinidad

Cet amphisbène d'Amérique du Sud se reconnaît facilement à ses couleurs contrastées. Il vit presque uniquement sous terre (bien qu'il monte parfois à la surface la nuit), se servant de sa tête pour faire des galeries et des anneaux de son corps pour avancer. Il mange les petits vertébrés et les insectes qu'il attaque avec ses mâchoires puissantes. En cas de menace, il se défait de sa queue, mais elle ne repousse pas. Comme tous les amphisbènes, il est difficile à observer puisqu'il passe la plus grande partie de sa vie sous terre.

Blanus cinereus

Amphisbène cendré

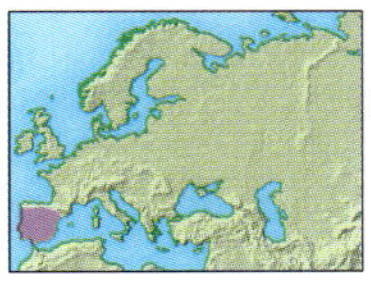

Longueur 10–20 cm max. 30 cm
Reproduction Ovipare
Mode de vie Fouisseur
Statut Commun

Répartition S.-O. Europe

Ce petit amphisbène a un corps annelé rosé ou brun-roux, une petite tête au museau pointu et des yeux rudimentaires, traits caractéristiques des fouisseurs. On le trouve surtout sous les pierres ou les bûches, mais il sort parfois la nuit, surtout après de fortes pluies. Le long de ses galeries, il chasse des vers de terre et des petits insectes. *Blanus tingitanus*, qui vit au Maroc et en Algérie, est parfois considéré comme appartenant à la même espèce.

Bipes biporus

Ajolote

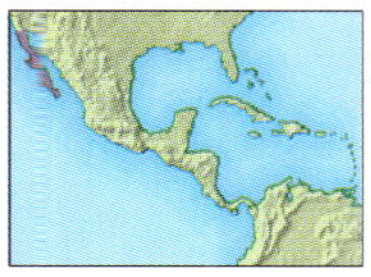

Longueur 17–24 cm
Reproduction Ovipare
Mode de vie Fouisseur
Statut Commun

Répartition Mexique (Basse-Californie)

L'ajolote est un reptile tout à fait particulier. En effet, il présente les traits caractéristiques des espèces vivant dans des galeries – tête arrondie, corps cylindrique, queue courte –, mais il possède aussi des membres antérieurs courts et robustes, terminés par des griffes qui l'aident à se creuser un chemin dans le sol. Il monte rarement à la surface – ou seulement après de fortes pluies – et se nourrit de lézards et d'autres petits animaux qu'il emporte en général sous terre. On trouve deux espèces analogues, également au Mexique.

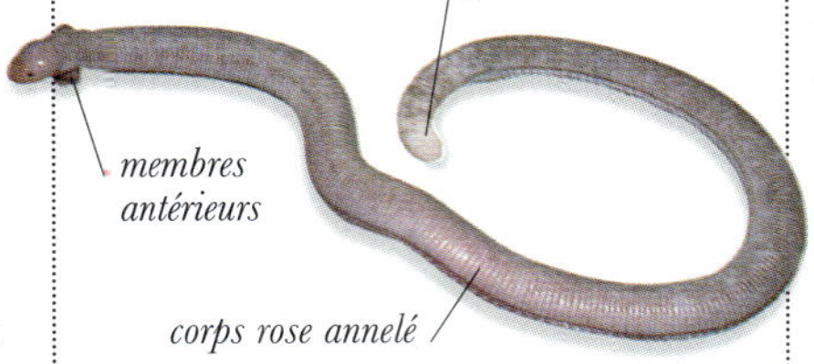

Rhineura floridana

Rhineure de Floride

Q : Amphisbène de Floride
Longueur 25–35 cm
Reproduction Ovipare
Mode de vie Fouisseur
Statut Commun localement

Répartition S.-E. États-Unis (Floride)

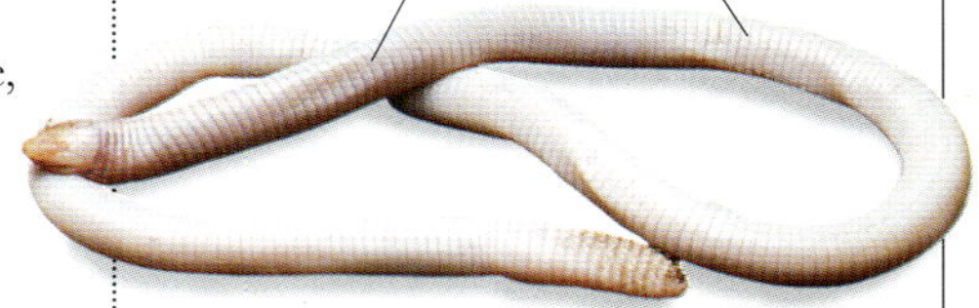

Cet amphisbène au corps rosé ressemble à un ver de terre : il n'a pas de pattes, pas d'yeux externes et pas d'orifices auditifs. Exceptionnellement, certains spécimens peuvent mesurer jusqu'à 40 cm. Les écailles sont disposées en anneaux autour du corps cylindrique. Ce lézard vit presque uniquement sous terre, mais il arrive qu'il soit contraint de monter à la surface à la suite de grosses pluies ou d'inondations. Il se nourrit d'invertébrés qu'il rencontre en creusant ses galeries. Il est la proie des oiseaux – en particulier des moqueurs qui le déterrent parfois en cherchant des vers de terre.

CROCODILES ET ALLIGATORS

PHYLUM	Cordés
CLASSE	Reptiles
ORDRE	Crocodiliens
FAMILLES	3
ESPÈCES	23

CES GRANDS REPTILES font partie des rares survivants du temps des dinosaures, car ils ont peu changé au cours des 65 derniers millions d'années. Regroupés sous l'appellation de crocodiliens, ils comprennent les crocodiles, les alligators et les caïmans, et une seule espèce de gavial. Ce sont de redoutables prédateurs semi-aquatiques. À l'exception d'une seule espèce, on rencontre les alligators et les caïmans en Amérique du Nord, en Amérique centrale et en Amérique du Sud. On trouve des crocodiles surtout en Asie, en Afrique et en Australie, ainsi que certaines espèces en Amérique centrale et en Amérique du Sud.

REPRODUCTION

Après avoir établi un territoire, les crocodiliens mâles s'accouplent avec plusieurs femelles. Celles-ci pondent leurs œufs près de l'eau, dans un monticule d'herbes et de boue, ou dans un nid souterrain. Elles gardent les œufs et aident les petits à sortir du nid quand elles entendent leurs piaillements. Elles restent auprès d'eux plusieurs mois (un an ou plus chez les alligators du Mississippi) pour les protéger des prédateurs.

SOINS PARENTAUX
Chez la plupart des espèces, la femelle transporte ses petits d'un endroit à l'autre en les tenant dans sa gueule.

LA CHASSE DES GROSSES PROIES
Chassant parfois à plusieurs, les gros crocodiles, comme le crocodile du Nil (montré ici), sont capables de tuer des animaux aussi gros que des gnous ou des buffles. La carcasse est mise de côté dans l'eau, sous des troncs d'arbre ou des rives en surplomb, pour être mangée plus tard.

ANATOMIE

Les crocodiliens ont tous un corps large et plutôt plat, une queue longue, robuste, aplatie verticalement, des mâchoires puissantes, et des yeux et des narines sur le haut de la tête pour pouvoir voir et respirer quand ils sont en partie submergés. Une troisième paupière, transparente, se ferme quand ils sont sous l'eau. Au cours de la mue, discrète, leurs grosses écailles, osseuses, nervurées, tombent une par une ou par plaques, à la différence de celles des autres reptiles. Ils sont en général verts, gris, bruns ou noirs ; les jeunes ont parfois des taches plus claires. La forme du museau et la disposition des dents diffèrent d'un groupe à l'autre (voir ci-dessous).

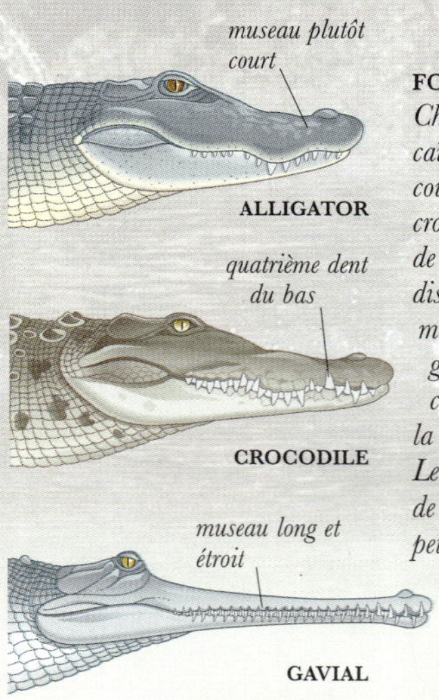

FORMES DE MUSEAU
Chez les alligators et les caïmans, au museau plus court et plus large que les crocodiles, la quatrième dent de la mâchoire inférieure disparaît dans un creux de la mâchoire supérieure quand la gueule est fermée. Chez les crocodiles, cette dent se loge dans une encoche de la mâchoire supérieure, mais reste visible. Le gavial a un museau long et étroit avec de grosses dents devant ; les autres, plus petites, ont toutes la même taille.

NAGE SOUS L'EAU
Des modifications anatomiques empêchent l'eau d'entrer dans les poumons des crocodiles quand ils sont sous l'eau. À l'arrière de leur gorge, un repli de peau ferme la trachée quand le crocodile ouvre grande sa gueule pour attraper des proies. De tels replis protègent aussi les orifices des narines et des oreilles.

CHASSE ET ALIMENTATION

Carnivores, les crocodiles se nourrissent de proies vivantes et de charognes. Le plus souvent, ils se tiennent à l'affût au bord des rivières et des lacs, attendant que des mammifères viennent boire ou essaient de traverser. Parfois, ils dérivent vers leur proie, un canard par exemple, en espérant la surprendre. Les espèces piscivores, comme le gavial, saisissent promptement leur proie entre leurs mâchoires étroites qui offrent peu de résistance à l'eau. Les oiseaux, les petits mammifères et les poissons sont avalés entiers, mais, comme les crocodiliens ne peuvent pas mâcher, ils démembrent les plus grosses proies sous l'eau, en les mordant et en tournant violemment autour de leur axe.

CHASSE FURTIVE
En laissant dépasser juste ses yeux et ses narines au-dessus de l'eau, un crocodile peut approcher, sans être vu, de la proie qu'il convoite.

RÉSERVE DE NOURRITURE
Après avoir noyé cette antilope, le crocodile en mangera un morceau et stockera le reste sous l'eau pour qu'en pourrissant la chair s'arrache plus facilement.

Alligator mississippiensis

Alligator du Mississippi

Q. : Alligator américain
Longueur 2,80–5 m
Reproduction Ovipare
Mode de vie Aquatique
Statut Commun

Répartition S.-E. États-Unis

Chassé pour sa peau, l'alligator du Mississippi était une espèce très menacée dans les années 1950. Depuis que des mesures de protection ont été prises, ses populations se sont rétablies. Ce gros reptile noir a une tête large, un museau arrondi et un dos fortement cuirassé. Sa quatrième dent du bas s'encastre dans un creux de la mâchoire supérieure. Il trouve sa nourriture dans ou près de l'eau, capturant des animaux de toutes sortes, y compris des oiseaux posés sur des branches basses. Pendant la saison de reproduction, les mâles rugissent pour attirer les femelles; l'accouplement a lieu sous l'eau. Chaque femelle pond de 25 à 60 œufs dans un énorme nid d'herbes et de boue. Quand elle entend piailler ses petits, elle les aide à sortir du nid. Elle reste auprès d'eux pendant trois ans.

TROUS D'ALLIGATOR

L'alligator du Mississippi aime être en partie immergé dans les lacs et les marécages. En plein été, quand le niveau de l'eau baisse, il se réfugie dans des « trous d'alligator », en creusant le sable ou la boue du fond pour trouver un peu d'eau. Il mange les poissons piégés par la baisse de l'eau et les animaux qui approchent.

L'ALLIGATOR NOIR
Les alligators du Mississippi adultes sont tout noirs. Les jeunes sont noirs avec des rayures transversales jaunes.

Caiman crocodylus

Caïman à lunettes

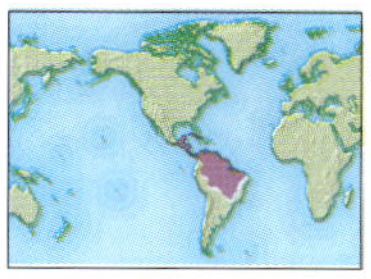

Longueur 1,20–2,50 m
Reproduction Ovipare
Mode de vie Aquatique
Statut Commun

Répartition Amérique centrale, N. Amérique du Sud

Ce caïman vert olive foncé présente une arête osseuse entre les yeux. Il vit dans les eaux douces, qu'il quitte rarement, sauf s'il en est chassé par la sécheresse. Le jour, il flotte à la surface; il est plus actif la nuit. Les adultes se nourrissent d'autres reptiles, de poissons, d'amphibiens et d'oiseaux aquatiques. Les mâles établissent un territoire et ont une organisation sociale hiérarchisée. Les femelles pondent de 14 à 40 œufs dans des monticules de débris végétaux et de terre ou sur des radeaux de végétation flottante. Plusieurs femelles partagent parfois le même nid qu'elles protègent contre les prédateurs. Malgré la chasse dont il est l'objet (pour sa peau), ce caïman a une population localement en augmentation grâce au développement des reservoirs d'eau artificiels.

Crocodylus niloticus

Crocodile du Nil

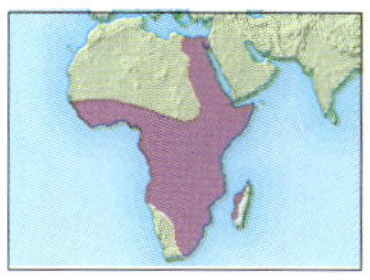

Longueur 3,50 m, max. 5 m
Reproduction Ovipare
Mode de vie Aquatique
Statut Commun

Répartition Afrique, O. Madagascar

La couleur de ce crocodile va du vert olive au gris, avec des rayures transversales plus foncées. Il se plaît dans les larges rivières, les lacs, les marais, les estuaires et les embouchures de fleuves. Il sort parfois de l'eau pour se chauffer au soleil. Il se nourrit de poissons, d'antilopes, de zèbres et même de buffles, d'oiseaux qu'il fait tomber de leurs nids et d'animaux venus boire. Solitaires de nature, les crocodiles se rassemblent parfois pour se nourrir, poussant les poissons vers les eaux peu profondes. Les mâles établissent un territoire et une hiérarchie. La femelle pond de 16 à 80 œufs dans un trou creusé sur une rive au-dessus de l'eau; elle utilise le même nid toute sa vie. Elle surveille les œufs pendant leur incubation. Avant d'éclore, les petits piaillent. La femelle les aide à sortir de leur trou, les met délicatement dans sa gueule et les transporte par fournées dans l'eau. Ils restent ensemble six à huit semaines. Durant les quatre ou cinq premières années, ils vivent dans des terriers mesurant jusqu'à 3 m de long.

MÂCHOIRES ET DENTS

Le crocodile du Nil a de longues mâchoires avec des dents qui sont visibles même lorsqu'il a la gueule fermée. Comme d'autres crocodiliens, il peut mordre, mais ne peut pas mâcher. Quand il a affaire à de grosses proies comme des zèbres ou des buffles, il trouve la solution en les traînant sous l'eau puis en tournoyant autour pour arracher des morceaux de chair.

UNE ANATOMIE ADAPTÉE À LA VIE AQUATIQUE
Les yeux et les narines du crocodile du Nil, situés sur le haut de la tête, lui permettent de voir et de respirer dans l'eau; sa queue plate, robuste et ses pattes antérieures palmées l'aident aussi à nager.

Crocodylus porosus

Crocodile marin

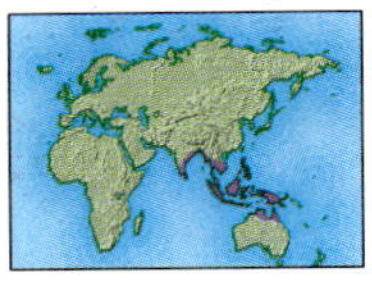

Longueur 4–7 m
Reproduction Ovipare
Mode de vie Aquatique

Statut Commun

Répartition S.-E. Asie, N. Australie

Appelé aussi crocodile d'estuaire, cet animal corpulent, gris, brun ou noir, est le plus grand crocodile du monde. Les plus gros spécimens attestés pesaient plus d'une tonne, bien que des décennies de chasse aient rendu de tels géants très rares. Aussi à l'aise en eau douce que dans la mer, ces reptiles nocturnes consomment divers animaux (mammifères, oiseaux, poissons). Ils constituent une vraie menace pour l'homme et sont à l'origine de nombreux accidents mortels. Ils s'accouplent dans l'eau; la femelle pond environ 60 œufs dans des monticules au bord des rivières, bien au-dessus du niveau de l'eau. Les femelles protègent leur couvée et restent auprès de leurs petits pendant leurs premières semaines.

SUR LA TERRE FERME
Le crocodile marin a des pattes assez robustes pour soulever son corps et lui permettre de marcher sur la terre ferme.

BAIN DE SOLEIL

Quand il fait chaud, le crocodile marin se hisse sur la rive et se chauffe au soleil, la gueule ouverte pour évacuer l'excédent de chaleur. Des oiseaux viennent picorer des parasites et des morceaux de nourriture entre ses dents.

Melanosuchus niger

Caïman noir

Longueur 4–6 m
Reproduction Ovipare
Mode de vie Aquatique

Statut LR

Répartition N. Amérique du Sud

Chassé pour sa peau, le caïman noir a disparu de nombreuses régions de son aire. On estime que sa population a diminué de 99 % au cours des cent dernières années. Son museau aux mâchoires presque parallèles se termine en pointe; il a des rayures grises à la mâchoire inférieure. Le jour, il flotte à la surface, et, la nuit, il vient sur la terre chercher ses proies (oiseaux aquatiques, cabiais, animaux domestiques et même des hommes). La femelle pond et protège de 30 à 65 œufs; elle reste auprès des petits après l'éclosion.

Osteolaemus tetraspis

Crocodile nain

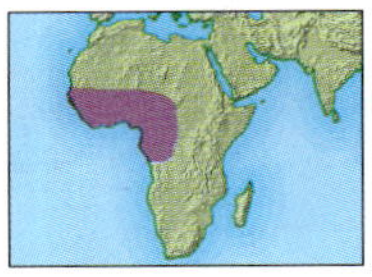

Longueur 1 m max. 1,90 m
Reproduction Ovipare
Mode de vie Aquatique

Statut VU

Répartition O. et C. Afrique

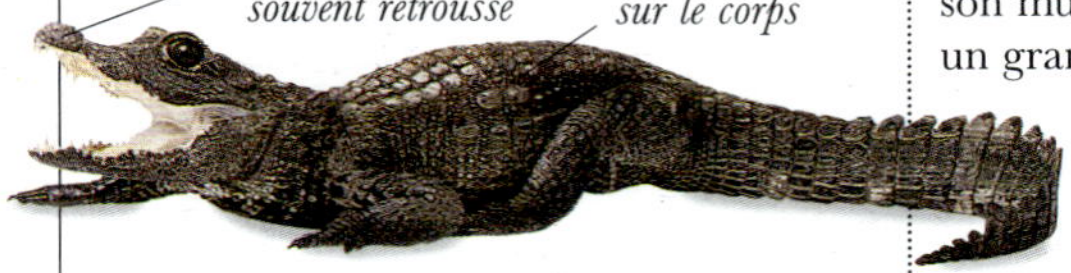

Ce crocodile noir, plutôt court, vit dans les étangs et les marais des forêts tropicales. Pendant le jour, il se cache dans son terrier ou parmi les racines d'arbres submergées; le soir, au bord de l'eau, il capture ses proies d'un bref coup de mâchoires latéral. Dans les régions inondées à certaines saisons, il se nourrit de poissons pendant la saison humide et de crustacés le reste de l'année. Il mange aussi des grenouilles et des crapauds. La femelle pond en général 10 œufs dans des monticules de terre et de végétaux; elle les protège et surveille ses petits dans l'eau. Commun dans certaines parties de son aire, ce crocodile est rare dans d'autres où son habitat a été détruit.

Gavialis gangeticus

Gavial du Gange

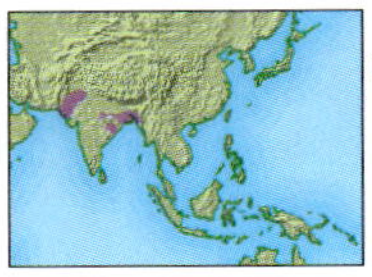

Longueur 4–7 m
Reproduction Ovipare
Mode de vie Aquatique

Statut EN

Répartition N. du Deccan

Tout de suite reconnaissable à son museau très étroit, le gavial est un grand crocodile qui vit la plupart du temps dans l'eau. Ses pattes sont moins robustes que celles des autres crocodiliens et ses pieds sont palmés. Il se nourrit surtout de poissons et d'oiseaux aquatiques. Pendant la saison de reproduction, le mâle délimite son territoire et se constitue un harem de femelles. La femelle creuse son nid loin du bord de l'eau et pond jusqu'à 50 gros œufs de 150 g chacun. Elle protège ses petits, mais ne les transporte pas jusqu'à l'eau – sans doute parce que la forme de sa mâchoire ne s'y prête pas. Presque complètement disparu pendant les années 1970 à cause de la destruction de son habitat, de la chasse et de la pêche, le gavial commence à renaître grâce à un programme d'élevage en captivité.

UN MUSEAU À FONCTIONS MULTIPLES

Le museau du gavial paraît fragile, mais il est équipé de dents très pointues. L'animal attrape les poissons par le côté puis les fait avancer dans ses mâchoires et les avale la tête en premier. Le bulbe à l'extrémité du museau des mâles leur sert à produire des sons et à faire des bulles lors de la parade nuptiale.

LA VIE DANS L'EAU
Très aquatique, le gavial vit dans les eaux calmes des grandes rivières, ne quittant l'eau que pour se chauffer au soleil et pour pondre ses œufs. L'accouplement a lieu dans l'eau. Les pattes peu développées du gavial ne lui permettent pas de marcher sur la terre ferme; il arrive à peine à se traîner dans la boue.

LES REPTILES MENACÉS

Cette liste énumère tous les reptiles considérés comme « au bord de l'extinction » (CR) par l'UICN (voir p. 31). Les reptiles, comme la plupart des vertébrés, ont souffert des changements survenus dans leur habitat, mais en ce qui concerne ce groupe d'animaux, la chasse a largement contribué à l'extinction presque totale de certaines espèces. La situation des tortues marines est particulièrement critique. Le besoin qu'elles ont de respirer en fait des proies faciles. De plus, leur mode de reproduction rend les femelles et les œufs très vulnérables. Quelques tortues d'eau douce courent les mêmes dangers. Pour les serpents et les lézards, les problèmes environnementaux représentent une menace plus grande encore. De nombreuses espèces au bord de l'extinction vivent dans des îles océaniques, où les changements intervenus dans leur habitat peuvent avoir des conséquences désastreuses. Les crocodiles et les alligators, eux, sont chassés d'abord pour leur peau. 4 espèces seulement sur 23 figurent sur cette liste, mais beaucoup d'autres sont en danger ou vulnérables.

TORTUES

Apalone ater
Aspideretes nigricans
Batagur baska
Callagur borneoensis
Chelodina mccordi
Chelonia mydas
Chitra chitra
Cuora aurocapitata;
C. galbinifrons;
C. mccordi;
C. pani;
C. trifasciata;
C. zhoui
Dermochelys coriacea
Eretmochelys imbricata
Geochelone nigra;
G. platynota
Heosemys depressa;
H. leytensis;
H. yuwonoi
Kachuga kachuga
Lepidochelys kempi
Mauremys annamensis
Phrynops dahli
Pseudemydura umbrina
Rafetus swinhoei
Testudo graeca
Trionyx triunguis

SERPENTS

Alsophis antiguae;
A. ater
Bothrops insularis;
B. species
Chironius vincenti
Coluber gyarosensis
Crotalus unicolor
Dipsas albifrons
Liophis cursor
Macrovipera schweizeri
Natrix natrix
Opisthotropis kikuzatoi
Vipera bulgardaghica;
V. darevskii;
V. pontica;
V. ursinii

LÉZARDS

Abronia montecristoi
Ameiva polops
Anolis roosevelti
Brachylophus vitiensis
Bradypodion pumilum;
B. taeniabronchum
Celestus anelpistus
Cyclura carinata;
C. collei;
C. nubila;
C. pinguis;
C. ricordi;
C. rileyi
Diploglossus montisserrati
Eumeces longirostris
Gallotia simonyi
Lepidoblepharis montecanoensis
Lerista allanae

CROCODILES ET ALLIGATORS

Alligator sinensis
Crocodylus intermedius;
C. mindorensis;
C. siamensis

TORTUE À ÉCAILLES
Recherchée pour sa chair et pour l'écaille de sa carapace, cette tortue est au bord de l'extinction. Comme elle se nourrit dans les eaux peu profondes bordant les récifs de corail, elle est une proie facile pour les pêcheurs sous-marins. L'écaille fait partie des produits d'origine animale interdits par la CITES (voir p. 33).

LES AMPHIBIENS

LES AMPHIBIENS

PHYLUM	Cordés
CLASSE	Amphibiens
ORDRES	3
FAMILLES	44
ESPÈCES	Env. 5 000

LES AMPHIBIENS sont étroitement associés à l'eau et, pour la plupart, passent une partie de leur vie dans l'eau et une partie sur terre. Ces vertébrés ectothermes (à sang froid) sont divisés en trois groupes : urodèles (tritons et salamandres), anoures (grenouilles et crapauds) et gymnophiones (apodes ou cécilies). Le cycle de vie de la majorité d'entre eux implique une transformation de la larve aquatique (qui respire à l'aide de branchies) à l'adulte terrestre (qui inspire l'oxygène par des poumons). Ils vivent généralement dans les régions tempérées et tropicales, mais certains se sont adaptés au froid et à la sécheresse.

RAINETTE
Cette rainette des forêts pluviales de Nouvelle-Guinée et du nord de l'Australie a une peau humide bien adaptée à son habitat pluvieux.

L'ÉVOLUTION

Les premiers amphibiens, apparus il y a environ 370 millions d'années pendant le dévonien, descendent des poissons à nageoires charnues. Premiers vertébrés à coloniser la terre, les amphibiens primitifs représentent un stade intermédiaire entre poissons aquatiques et reptiles entièrement terrestres. Comme les poissons dont ils descendent, ils étaient pourvus de poumons et respiraient de l'air, mais avaient également certaines caractéristiques en commun avec les poissons, notamment une peau écailleuse et une queue en forme de nageoire. Les amphibiens ont été les premiers animaux à acquérir des caractères indispensables à la vie terrestre. Ils ont été surtout les premiers quadrupèdes, en développant deux paires de membres articulés à partir des nageoires de leurs ancêtres poissons. C'étaient des animaux massifs, dont les déplacements sur terre étaient lents et maladroits par rapport aux mouvements agiles des amphibiens actuels. Ce furent également les premiers animaux à avoir des paupières (permettant de garder les yeux humides dans l'air), un odorat développé et une langue (qui leur permet d'humidifier la nourriture avant de la déglutir).

Voici 280 millions d'années, les amphibiens sont devenus les animaux terrestres dominants. Au cours des 70 millions d'années suivants, ils ont été supplantés par les reptiles terrestres (qui avaient acquis la capacité de pondre sur la terre des œufs recouverts de coquille) et la plupart des espèces se sont éteintes.

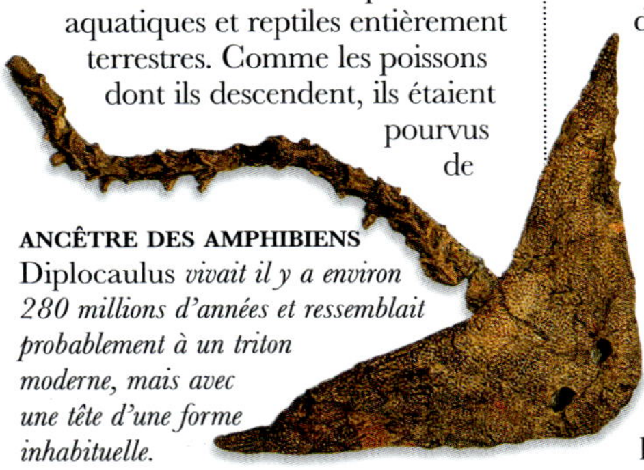

ANCÊTRE DES AMPHIBIENS
Diplocaulus *vivait il y a environ 280 millions d'années et ressemblait probablement à un triton moderne, mais avec une tête d'une forme inhabituelle.*

SQUELETTE
Ce squelette de juvénile d'une salamandre géante du Japon révèle une tendance de l'évolution vers une simplification du squelette des amphibiens. Il contient moins d'os que chez les autres vertébrés, et beaucoup moins que chez ses ancêtres poissons.

L'ANATOMIE

Par rapport aux autres vertébrés, l'anatomie des amphibiens est assez simple, bien adaptée pour la vie terrestre et aquatique. La plupart des adultes ont quatre membres, avec quatre doigts sur les antérieurs et cinq sur les postérieurs. Les urodèles ont une petite tête, un corps long et fin, des membres courts et égaux, et une longue queue. Toutefois, certains ont des membres très courts avec un nombre réduit de doigts, ou sont totalement dépourvus de membres postérieurs. En général, les anoures ont un corps compact, une grosse tête, un dos et des membres antérieurs courts, des membres postérieurs longs et musclés, et sont dépourvus de queue. Les gymnophiones ont un corps vermiforme, une tête pointue, une queue courte et n'ont pas de membres. Mis à part les gymnophiones, qui utilisent l'odorat, les amphibiens, pour la plupart, chassent à vue et ont de gros yeux aptes à repérer les proies la nuit. Ils ont également une bouche très

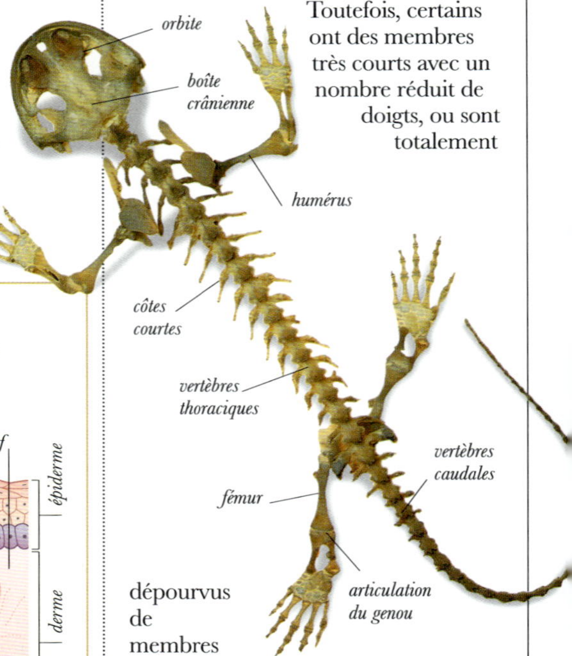

LA PEAU

La peau des amphibiens est nue et lisse, dépourvue d'écailles et de poils. Elle est perméable et, bien que de nombreuses glandes muqueuses permettent de conserver son humidité, la plupart des amphibiens se dessèchent rapidement s'ils ne sont pas dans un endroit humide. Tous ont des glandes à venin sur la peau, et beaucoup produisent des sécrétions désagréables ou très toxiques pour les prédateurs. La peau contient généralement un grand nombre de cellules pigmentaires, et de nombreux amphibiens sont très colorés. C'est très fréquent chez les espèces venimeuses : leurs couleurs très vives constituent un avertissement. De nombreux amphibiens respirent par la peau, aussi cette dernière doit-elle être humide en permanence. Cela peut également limiter la taille des amphibiens, car la surface doit être élevée par rapport au volume afin de pouvoir absorber suffisamment d'oxygène.

AU SOLEIL

À L'OMBRE

CHANGEMENT DE COULEUR
La couleur de base de la peau de certains amphibiens change selon les variations de température, de luminosité ou d'humeur. Au soleil, la peau de la rainette de White reste vert clair, mais devient peu à peu brune à l'ombre.

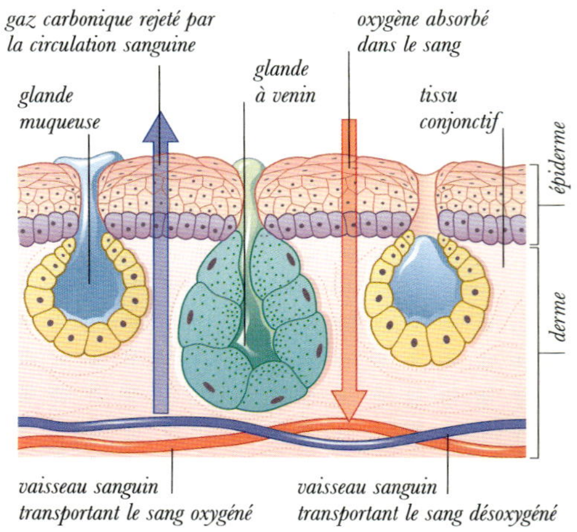

RESPIRATION CUTANÉE
De nombreux amphibiens respirent par la peau, en absorbant l'oxygène directement dans le sang et en rejetant le gaz carbonique. Outre qu'elle contient de nombreux vaisseaux – parfois très proches de la surface –, la peau est très fine, ce qui permet les échanges gazeux. Les glandes muqueuses préservent l'humidité à la surface, ce qui facilite le passage des gaz.

AMPHIBIENS VERMIFORMES
En raison de leur corps allongé composé d'anneaux et dépourvu de pattes, les gymnophiones (cécilies) sont souvent confondus avec les vers de terre.

large, qui leur permet de manger des proies relativement grosses.

Si la plupart des amphibiens adultes respirent par les poumons, ils sont dépourvus de cage thoracique et de diaphragme pour les gonfler. Nombre d'entre eux peuvent absorber l'oxygène dans le sang par d'autres organes et tissus, dont les branchies, la peau et la muqueuse de la bouche. Chacun de ces modes d'absorption a plus ou moins d'importance selon les différents stades de la vie et les formes adultes. Les jeunes larves respirent à l'aide de branchies externes, tout comme certaines salamandres qui conservent la forme larvaire au stade adulte. La plupart des anoures terrestres et certaines salamandres ont des poumons, mais absorbent également une certaine quantité d'oxygène par la peau et la bouche (voir encadré). Les Plethodontidae, un groupe de salamandres, sont dépourvus de poumons et absorbent d'oxygène par la peau et la bouche.

LES CYCLES DE VIE

Le cycle de vie d'un amphibien compte trois stades – l'œuf, la larve et l'adulte. Passer de l'état de larve à celui d'adulte implique une transformation radicale, la métamorphose.

En général, les amphibiens déposent leurs œufs dans l'eau. Des espèces les pondent sur la terre ferme ; d'autres les conservent à l'intérieur du corps. Chez la quasi-totalité des anoures, la fécondation est externe : sperme et ovules entrent en contact hors du corps de la femelle. Lors de l'accouplement, le mâle enlace la femelle, généralement par-dessus, et répand son sperme dans l'eau au moment même où la femelle expulse les ovules. Chez la plupart des urodèles, la fécondation est interne : le sperme est transmis à la femelle dans de petites capsules gélatineuses, les spermatophores. De nombreux urodèles ont élaboré un comportement nuptial pour parvenir à une parfaite coordination. Chez les gymnophiones, le mâle a une sorte de pénis avec lequel il insère son sperme dans le corps de la femelle.

Les œufs n'ont pas de coquille mais sont inclus dans une masse gélatineuse qui se flétrit rapidement par temps sec. Ils peuvent être pondus individuellement, en chapelets ou en grappes; ils peuvent être fixés à des plantes ou autres objets, ou simplement laissés à la dérive. Plusieurs espèces prodiguent des soins parentaux, protégeant les œufs des prédateurs et de l'infection par les maladies fongiques. Le nombre d'œufs pondus varie beaucoup : certains amphibiens pondent uniquement un ou deux œufs à la fois, tandis que d'autres en pondent jusqu'à 50 000. Les œufs éclosent pour donner naissance à de minuscules larves et conservent suffisamment de vitellus pour les nourrir pendant quelques jours.

MONTER LA GARDE
Cet ambystome marbré veille sur ses œufs au bord d'une mare. La femelle s'enroule autour pour les protéger des prédateurs et des infections fongiques.

PASSAGE À LA VIE TERRESTRE
Des nuées de grenouilles rousses à peine métamorphosées se rassemblent sur le bord d'une mare avant de quitter l'eau pour la première fois.

SOINS PARENTAUX
Les tritons européens pondent leurs œufs individuellement et les enveloppent dans des feuilles pour qu'ils soient moins visibles.

L'apparence, l'alimentation et le mode de vie des larves d'amphibiens (dites têtards chez les anoures) sont très différents de ceux des adultes. La métamorphose implique un remaniement important de toutes les parties du corps (voir encadré). Les larves des urodèles sont carnivores et se nourrissent de minuscules invertébrés. En revanche, les têtards sont généralement herbivores; ils s'alimentent par filtrage de plantes microscopiques vivant en suspension dans l'eau ou broutent les algues qui recouvrent les plantes, les rochers et d'autres objets immergés.

Le stade larvaire est une phase de croissance importante; toutefois, selon les espèces, le taux de croissance pendant le stade larvaire ou le stade adulte présente une grande différence. Dans la quasi-totalité des cas, les amphibiens sont plus petits après la métamorphose.

Certains ont un développement direct : la larve ne nage pas librement mais complète son développement alors qu'elle est encore dans l'œuf et naît sous la forme d'un adulte miniature. Le développement direct existe chez un certain nombre d'espèces qui pondent sur la terre ferme, ainsi que chez certaines qui conservent leurs œufs à l'intérieur de leur corps. Ces espèces, du fait qu'elles n'ont pas de stade larvaire en nageur, ne dépendent pas des eaux stagnantes.

LES MIGRATIONS DE REPRODUCTION

En général, les amphibiens vivent sur terre à l'âge adulte mais retournent dans l'eau chaque année pour se reproduire. La reproduction est généralement stimulée par une combinaison de facteurs environnementaux, notamment la température, les précipitations et la durée du jour. Chez certaines espèces, les adultes migrent en masse et se dirigent vers une mare de reproduction. Les études ont révélé que plusieurs espèces regagnent chaque année le même site de reproduction en utilisant leur odorat, en se dirigeant avec le soleil ou en détectant les infimes variations du champ magnétique terrestre.

MIGRATION DE GRENOUILLES
Ces grenouilles rousses migrent en masse chaque année vers les sites de reproduction, parcourant souvent de longues distances à travers des terrains accidentés.

CROISSANCE ET DÉVELOPPEMENT

Les trois stades du développement des amphibiens, illustrés par la grenouille rousse. Les embryons commencent à se développer dans les œufs, pondus en grappes. Environ six jours après la fécondation, les œufs éclosent pour donner naissance à de minuscules têtards ayant un corps sphérique, une queue bien développée et des branchies externes. Au bout de quatre semaines, celles-ci se résorbent et sont remplacées par des branchies internes. Entre six et neuf semaines, les membres postérieurs commencent à se développer, la tête se dessine davantage et le corps prend une forme plus fuselée. À ce stade, les pattes sont entièrement fonctionnelles et les branchies internes ont été remplacées par des poumons. À neuf semaines, lorsque les pattes antérieures sont apparues, le corps du têtard a la forme compacte de l'adulte. La queue se résorbe alors peu à peu pour disparaître totalement à environ seize semaines.

ŒUFS DE GRENOUILLE

ÉCLOSION RÉCENTE

QUATRE SEMAINES

DE SIX À NEUF SEMAINES

DE L'ŒUF À L'ADULTE
Le développement de la grenouille rousse, de l'œuf à l'adulte, dure en général seize semaines, mais varie selon la température et les ressources alimentaires.

DOUZE SEMAINES

NEUF SEMAINES

TRITONS ET SALAMANDRES

PHYLUM	Cordés
CLASSE	Amphibiens
ORDRE	Urodèles
FAMILLES	10
ESPÈCES	470

LES URODÈLES ont un corps fin, une longue queue et généralement quatre membres de même taille. Constituant l'un des trois groupes d'amphibiens vivants, ce sont eux qui ressemblent le plus aux animaux dont tous les amphibiens descendent. Certaines salamandres passent toute leur vie dans l'eau, d'autres sont entièrement terrestres. Les tritons passent la majeure partie de leur vie sur terre mais retournent dans l'eau pour se reproduire – cela mis à part, il n'y a aucune distinction scientifique entre les salamandres et les tritons. Chez la quasi-totalité des espèces primitives, la fécondation est interne (plutôt qu'externe, comme chez la plupart des anoures). Le mâle n'a pas de pénis mais transmet des capsules de sperme à la femelle pendant l'accouplement. Les larves des urodèles, qui sont carnivores, ont un corps long et fin, une queue épaisse semblable à une nageoire, ainsi que de grandes branchies externes duveteuses. Les urodèles vivent dans les endroits humides, principalement dans l'hémisphère Nord.

SALAMANDRE EN CHASSE
Les salamandres ont une bouche plus large que celle des tritons. Nombre d'entre elles ont une longue langue qui sort puis se replie vers le haut pour engloutir la proie.

ALIMENTATION

Les urodèles sont carnivores et se nourrissent de proies vivantes, qu'ils repèrent par l'odorat et la vue ; en outre, certaines espèces aquatiques sont très sensibles aux courants que produisent les animaux se déplaçant dans l'eau. Rarement très actifs, les urodèles n'ont pas de besoins énergétiques élevés et ne se nourrissent pas très souvent, en particulier s'ils ont mangé de grandes quantités d'aliments. Lorsque la nourriture est abondante, ils constituent des dépôts de graisse leur permettant de survivre lorsque le froid ou la sécheresse les empêchent de se nourrir. Les larves, également carnivores, mangent une grande variété d'invertébrés aquatiques. Chez certaines espèces, les larves à croissance rapide deviennent cannibales et mangent les larves plus petites de leur espèce.

ANATOMIE

Contrairement aux anoures, les urodèles conservent leur queue à l'âge adulte. Leur tête et leurs yeux sont relativement petits, l'odorat étant le sens le plus important pour la recherche de nourriture et pour les interactions sociales. Les urodèles ont généralement quatre pattes (avec quatre doigts sur les antérieures et cinq sur les postérieures). Toutefois, certaines salamandres aquatiques sont dépourvues de pattes postérieures et leurs antérieures sont de petite taille. De nombreuses salamandres disposent de sillons costaux qui maintiennent l'humidité sur tout le corps. Les urodèles n'absorbent pas tous l'oxygène de la même façon. Certains sont capables de respirer à travers leur peau lisse et humide, tandis que de nombreuses espèces qui passent toute leur vie dans l'eau conservent les grandes branchies externes duveteuses caractéristiques du stade larvaire.

SALAMANDRES SANS POUMONS
Les Plethodontidae sont un groupe de salamandres entièrement terrestres. Dépourvus de poumons, ils respirent par la peau, la bouche et le larynx, dont l'irrigation sanguine est très importante.

SIRÈNES
Les quatre espèces de sirènes passent toute leur vie dans l'eau. Elles ont des poumons, comme certaines salamandres aquatiques, mais absorbent aussi l'oxygène par de grandes branchies externes duveteuses situées sur les côtés de la tête. En périodes de sécheresse, elles survivent plusieurs semaines ou mois, enfouies dans un cocon de boue séchée et se nourrissent de leurs réserves de graisse.

PARADE NUPTIALE
La parade nuptiale des urodèles précède et accompagne le transfert de sperme du mâle à la femelle sous forme de capsules appelées spermatophores. Le mâle stimule la femelle en produisant des substances dénommées phéromones. Elles sont généralement libérées par le nez, mais, chez certaines espèces, elles passent directement par la peau. Chez les tritons européens – comme les tritons alpestres (ci-dessus, le mâle est à gauche) –, la parade est plus visuelle que tactile pour stimuler la femelle, mais de nombreuses salamandres s'accouplent par amplexus : le mâle enlace la femelle au cours de l'accouplement, pendant qu'il la stimule.

CYCLES DE VIE

Les urodèles ont un cycle de vie complexe, composé généralement de trois stades distincts : l'œuf, la larve et l'adulte. La femelle pond des œufs contenant du vitellus qui favorise la croissance de l'embryon. Les œufs éclosent pour donner naissance à des larves dotées de branchies duveteuses externes qui se nourrissent de petits animaux. Les larves grandissent jusqu'à ce qu'elles atteignent le stade de la métamorphose qui leur donne leur corps d'adulte : elles perdent leurs branchies et respirent désormais par la peau et les poumons. Le stade juvénile a lieu sur terre et peut durer plusieurs années. Au stade adulte, les individus atteignent leur maturité sexuelle et commencent à se reproduire ; cela peut impliquer un bref retour à l'eau. Ce cycle de développement de base varie beaucoup d'une espèce à l'autre, selon qu'elles sont amphibies, terrestres ou aquatiques (voir à droite).

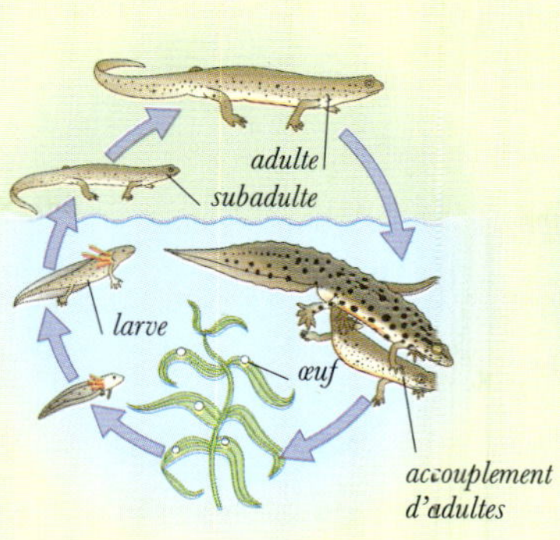

AMPHIBIE
Cycle de vie typique des tritons américains, européens et asiatiques. Les adultes vivent sur terre mais retournent dans l'eau au printemps pour se reproduire. D'où un inversement partiel de la métamorphose, car les individus développent une peau qui absorbe l'oxygène dans l'eau et une queue semblable à celle des larves, qui leur permet de nager vite.

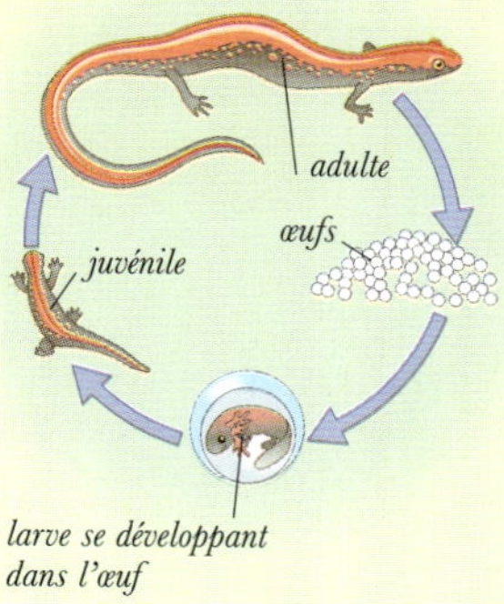

TERRESTRE
Les œufs des salamandres terrestres sont généralement pondus sur le sol. Ils sont relativement peu nombreux, gros, contiennent beaucoup de vitellus et sont parfois protégés par la mère. Le stade larvaire est complété dans l'œuf, qui éclôt pour donner un adulte terrestre miniature. Chez certaines espèces, les œufs peuvent être conservés dans le corps de la femelle. Elle donne naissance soit à des larves aquatiques, soit à des juvéniles terrestres.

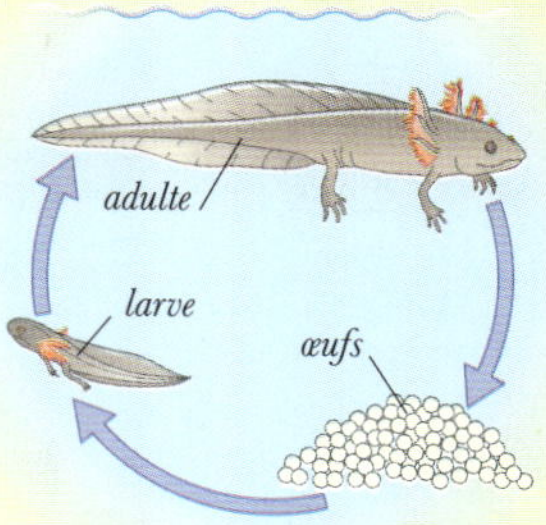

AQUATIQUE
Dans le cycle de vie aquatique, tous les stades s'effectuent dans l'eau. La femelle pond généralement de nombreux œufs et prend soin d'eux. Les adultes atteignent leur maturité sexuelle tout en conservant de nombreuses caractéristiques anatomiques et physiologiques du stade larvaire. Chez de nombreuses espèces, certaines populations ont un passé aquatique, tandis que d'autres ont un passé amphibie.

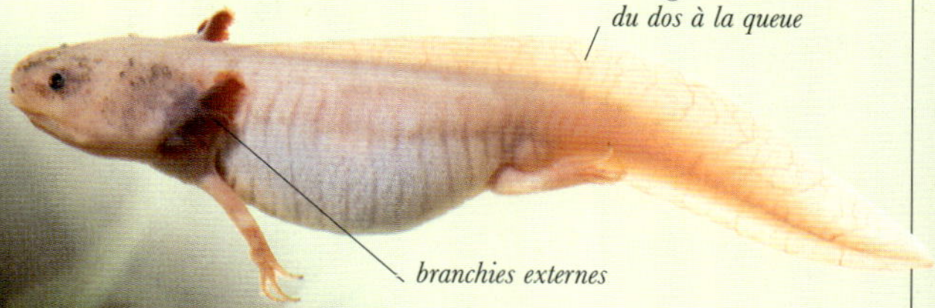

URODÈLES NÉOTÉNIQUES
Chez les urodèles néoténiques, les individus atteignent leur maturité sexuelle alors qu'ils ont encore leur forme larvaire. Ils sont entièrement aquatiques et ont de grandes branchies duveteuses externes. L'exemple typique est l'axolotl (illustration), chez qui il est possible de provoquer une métamorphose artificielle en adulte terrestre en lui injectant l'hormone thyroxine.

AMPHIBIENS

DÉFENSE

Pour la plupart des urodèles, le risque d'être attaqué par un prédateur est réduit par le fait d'être actif uniquement la nuit. Toutefois, de nombreuses espèces produisent également des sécrétions désagréables ou toxiques provenant de glandes cutanées. Ces glandes peuvent être concentrées sur la tête ou la queue. Les sécrétions cutanées des tritons de Californie sont mortelles. Ces espèces arborent souvent des couleurs très vives pour prévenir les prédateurs ; cependant, cette coloration n'est efficace que si les prédateurs apprennent à l'associer à des conséquences désagréables. Quelques espèces ne produisent pas de sécrétions toxiques : elles imitent les couleurs de celles qui en produisent. Plusieurs espèces sont capables de se séparer de leur queue. Ainsi, le prédateur ne prête plus attention au corps de l'animal mais à sa queue, qui se tord après être tombée.

RÉFLEXE D'UNKEN
Certaines espèces d'urodèles adoptent d'étranges positions de défense. Cette salamandrine à lunettes a adopté la position contorsionnée dite unken (ventre en l'air) pour prévenir les prédateurs et exposer sa coloration aposématique.

COLORATION
De nombreux urodèles ont des couleurs et des motifs cutanés de camouflage ; d'autres, des couleurs très vives indiquant généralement leur capacité à produire des sécrétions cutanées toxiques. Toutefois, chez certaines espèces (comme ce triton alpestre), les mâles arborent des couleurs plus vives pour attirer les femelles pendant la période de reproduction.

Siren lacertina

Sirène lacertine

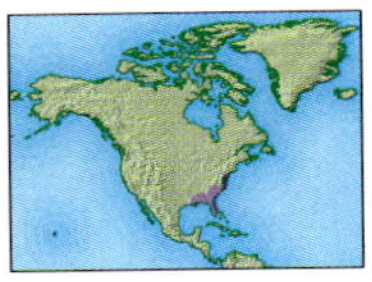

Longueur 50–90 cm
Mode de vie Entièrement aquatique
Période de reproduction Début du printemps
Statut Non évalué
Répartition E. et S.-E. États-Unis

Les sirènes sont parmi les plus grands amphibiens d'Amérique du Nord. Il en existe deux espèces, toutes deux avec un long corps anguiforme et une seule paire de pattes, derrière leurs branchies duveteuses externes. La sirène lacertine est généralement de couleur grise ou brun olive, ce qui constitue un bon camouflage dans les eaux boueuses des étangs, lacs et rivières à faible débit. Cette sirène passe la journée immobile sur le fond et cherche sa nourriture la nuit, en rampant sur la boue ou les sédiments ou en nageant avec des mouvements sinueux de la queue. Comme la plupart des amphibiens, la sirène lacertine est presque entièrement carnivore – escargots, larves d'insectes et petits poissons constituent sa nourriture. Toutefois, pendant la sécheresse, elle s'enferme dans un cocon de boue et peut survivre sans nourriture jusqu'à deux ans. La sirène lacertine pond ses œufs au début du printemps. Lorsque les larves éclosent, elles sont un peu plus grosses que la plupart des autres têtards.

Pseudobranchus striatus

Sirène striée

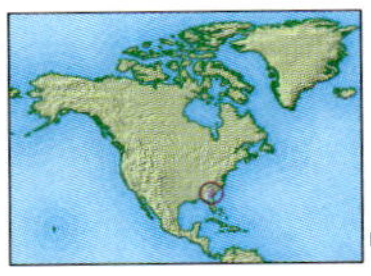

Q : Sirène naine
Longueur 10–22 cm
Mode de vie Entièrement aquatique
Période de reproduction Inconnue
Statut Commune localement
Répartition S.-E. États-Unis

Cette petite sirène anguiforme a le dos brun ou noir, avec une ou plusieurs rayures jaunes ou cuivrées le long du corps. Ses pattes antérieures à trois doigts sont petites, et elle n'a pas de pattes postérieures. Les branchies duveteuses externes lui permettent de respirer dans une eau pauvre en oxygène. Nocturne, elle vit dans les marais et les fossés, passe la saison sèche dans la boue, se nourrit d'invertébrés. Ses prédateurs sont les échassiers, les alligators et les tortues et serpents aquatiques. La femelle fixe ses œufs sur les plantes aquatiques.

Batrachuperus pinchonii

Salamandre chinoise de montagne

Longueur 13–15 cm
Mode de vie Principalement aquatique
Période de reproduction Printemps et été
Statut Commune localement
Répartition E. Tibet, Chine (province du Sichuan)

Cet amphibien robuste a un corps brun clair ou vert olive, avec généralement des taches plus foncées, et environ douze sillons costaux le long des flancs. Ses pattes sont courtes, avec quatre doigts, et sa queue courte est aplatie latéralement. Cet animal nocturne vit dans les ruisseaux froids, clairs et à fort débit en haute altitude. Étant donné qu'il y a peu de poissons dans ces cours d'eau froids, les œufs et les larves de cette salamandre sont relativement peu exposés aux prédateurs. La femelle pond de 7 à 12 œufs dans des creux sous les rochers dans les ruisseaux.

Cryptobranchus alleganiensis

Ménopome

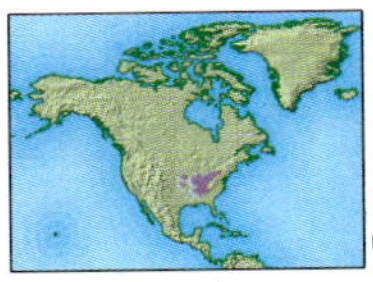

Q : Salamandre-alligator
Longueur 30–74 cm
Mode de vie Entièrement aquatique
Période de reproduction Automne
Statut Non évalué
Répartition E. États-Unis

Unique membre nord-américain de la famille des salamandres géantes – trois espèces à la peau plissée et d'une taille exceptionnelle –, le ménopome est vert, brun ou gris, souvent avec des taches plus foncées, et a une tête plate, de petits yeux et une longue queue en forme de pagaie. Il est nocturne et creuse avec sa tête pour dénicher les écrevisses et autres proies. Sa morsure est très forte, et sa peau sécrète une bave toxique. Les femelles pondent leurs œufs en automne, et les mâles les gardent jusqu'à l'éclosion.

Andrias japonicus

Salamandre géante du Japon

Longueur Jusqu'à 1,40 m
Mode de vie Entièrement aquatique
Période de reproduction Fin de l'été
Statut VU
Répartition Japon

Avec la salamandre du Père David *(Andrias davidanus)*, la salamandre géante du Japon est le plus gros amphibien au monde. Elle est grise ou brune, avec un corps plat, de petits yeux et de longues pattes. Sa tête et sa gorge sont verruqueuses et sa peau sur les flancs est très plissée – caractéristique qui lui permet d'absorber l'oxygène dans l'eau. Active principalement la nuit, elle se nourrit de poissons, de vers et de crustacés. Pendant la période de reproduction, le mâle creuse un trou, dans lequel la femelle dépose des chapelets d'environ 500 œufs. Le mâle garde les œufs et repousse férocement les prédateurs. Les salamandres géantes du Japon peuvent vivre plus de cinquante ans, mais elles constituent un mets délicat traditionnel et sont de plus en plus rares.

Necturus maculosus

Necture tacheté

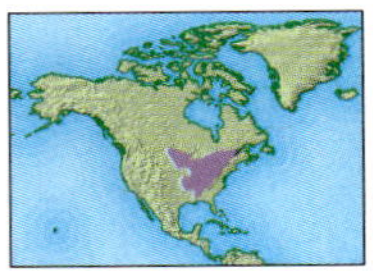

Longueur 29–49 cm
Mode de vie Entièrement aquatique
Période de reproduction Automne dans le Nord, hiver dans le Sud
Statut Commun
Répartition S. Canada, C. et E. États-Unis

Le necture tacheté a un corps long et cylindrique, une queue plate, des branchies externes duveteuses et deux paires de pattes à quatre doigts. Il est brun, gris ou noir, généralement avec des taches noires, vit dans divers habitats d'eau douce et se nourrit de petits animaux, principalement la nuit. Les femelles pondent leurs œufs au début de l'été, creusant un nid sous les rochers ou des bouts de bois. Elles les gardent jusqu'à l'éclosion, environ deux mois plus tard. Le necture tacheté a disparu de nombreuses rivières polluées ou envasées.

BRANCHIES VARIABLES

Les branchies du necture tacheté s'adaptent au taux d'oxygène de son habitat. Généralement petites dans les eaux fraîches riches en oxygène, elles sont beaucoup plus grandes dans les eaux chaudes et stagnantes.

FORME DU CORPS
Le corps anguiforme et plat du necture tacheté lui permet de creuser sous les rochers et les troncs d'arbres.

AMPHIBIENS

Proteus anguinus

Protée anguillard

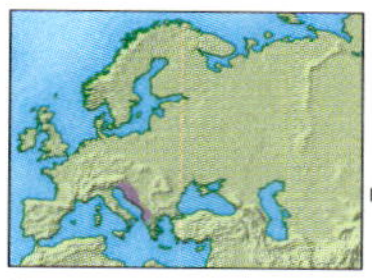

Longueur 20–30 cm
Mode de vie Entièrement aquatique
Période de reproduction Inconnue
Statut VU

Répartition S. Europe

Le protée anguillard est l'un des rares amphibiens à s'être adaptés à la vie dans les grottes. Il a un corps long et fin, une peau rosâtre presque dépourvue de pigments, des yeux rudimentaires et deux paires de pattes minuscules – trois doigts pour les antérieures et seulement deux pour les postérieures. Il a aussi des branchies externes duveteuses et rouges, qu'il conserve toute sa vie. Le protée vit dans les ruisseaux des grottes, parfois à plusieurs kilomètres d'une ouverture, et se nourrit de petits invertébrés.

Dicamptodon tenebrosus

Dicamptodon ténébreux

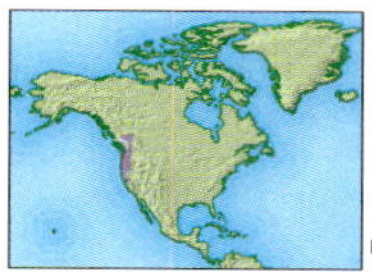

Q : Salamandre du Pacifique
Longueur 17–34 cm
Mode de vie Principalement terrestre
Période de reproduction Printemps et automne

Répartition S.-O. Canada, N.-O. États-Unis

Statut Non évalué

Cet urodèle robuste, brun foncé à noir, avec des taches ou marbrures brun clair, vit dans les lieux boisés, dans les ruisseaux et à proximité et est actif la nuit. Il passe par un stade larvaire aquatique qui peut durer plusieurs années. Toutefois, certains ne quittent jamais l'eau et deviennent des adultes à branchies. Ceux qui quittent l'eau sont les plus grands urodèles terrestres au monde. Pour se défendre, cet animal sécrète un mucus toxique dans la queue. Les populations sont affectées par l'abattage des arbres et l'envasement des ruisseaux.

Salamandra salamandra

Salamandre tachetée

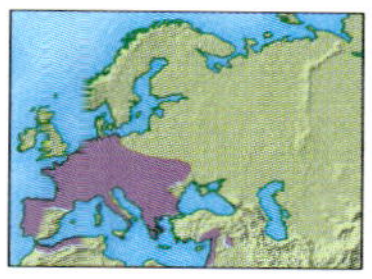

Longueur 18–28 cm
Mode de vie Entièrement terrestre
Période de reproduction Printemps, été après la saison des pluies

Répartition N.-O. Afrique, Europe, O. Asie

Statut Commune localement

Ressemblant à l'ambystome tigré (voir p. 436), cet étonnant et robuste amphibien a une coloration vive qui prévient les prédateurs qu'il est venimeux : les glandes situées derrière les yeux produisent une sécrétion toxique qui a un goût très désagréable. La salamandre tachetée vit dans les forêts et les zones boisées et passe l'hiver sous terre. Pour la reproduction, le mâle saisit sa partenaire par en dessous et dépose un spermatophore ; puis il se tourne sur le côté pour qu'elle le prenne. Les œufs se développent dans le corps de la femelle jusqu'au stade larvaire, puis sont pondus dans des étangs ou des ruisseaux. Durant leur développement dans l'oviducte, les larves sont parfois cannibales. Chez certaines populations de haute altitude, les jeunes prennent la forme adulte dans le corps de la mère.

HABITUDES ALIMENTAIRES

La salamandre tachetée est active principalement la nuit, notamment après la pluie, lorsqu'elle sort des anfractuosités humides pour se nourrir de vers, de limaces, d'insectes et de larves d'insectes.

COULEUR DU CORPS
La couleur du corps est variable selon la distribution géographique. Elle peut être noir et jaune, ou jaune avec des taches ou des rayures noires. Dans certaines régions, le jaune peut être remplacé par de l'orange ou du rouge.

Amphiuma tridactylum

Amphiume à trois doigts

Longueur 46–110 cm
Mode de vie Entièrement aquatique
Période de reproduction Hiver et printemps
Statut Commune localement

Répartition C. et S. États-Unis

Cette grande salamandre visqueuse a un long corps anguiforme noir, gris ou brun sur la face dorsale et gris clair sur le ventre. La queue est comprimée latéralement. Chaque membre compte trois doigts. Elle vit dans les fossés, les marais, les ruisseaux et les étangs, et s'enfouit dans la boue en période de sécheresse. Active la nuit, elle se nourrit de vers et d'écrevisses. Elle peut infliger une morsure douloureuse.

Triturus cristatus

Triton crêté

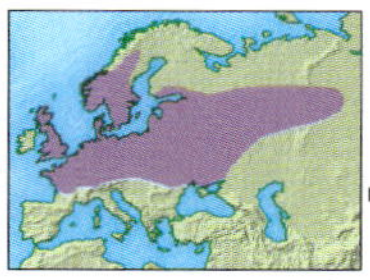

Longueur 10–14 cm
Mode de vie Principalement terrestre
Période de reproduction Printemps et été
Statut LR

Répartition Europe, C. Asie

Cet animal discret vit principalement sur terre mais passe entre trois et cinq mois de l'année dans les étangs, les lacs et les fossés. Son dos est brun foncé, avec une peau verruqueuse caractéristique, et son ventre est orange vif tacheté de noir. Pendant la période de reproduction, le mâle acquiert une grande crête dentelée sur le dos et une bande blanche ou bleue sur la queue. Comme beaucoup d'autres tritons, le mâle courtise la femelle avec une danse aquatique complexe et conclut la parade en lui transférant un spermatophore. La femelle pond ses œufs un par un et les enveloppe dans des feuilles, probablement pour les protéger. Ce triton est répandu dans toute l'Europe, toutefois ses effectifs ont décliné dans de nombreuses régions en raison du drainage de son habitat.

Triturus alpestris

Triton alpestre

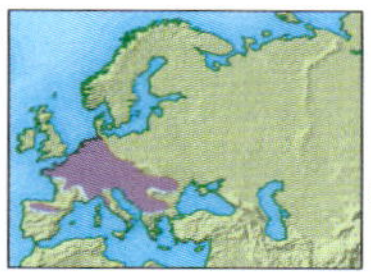

Longueur 6–12 cm
Mode de vie Principalement terrestre
Période de reproduction Printemps
Statut Commun localement

Répartition Europe

Le triton alpestre, gris ou noir sur le dos et orange vif sur le ventre, a une petite queue. En période de reproduction, le mâle acquiert une petite crête blanc et noir sur le dos, des taches blanches et noires sur les flancs et la queue, et son cloaque se gonfle. Comme la plupart des tritons, le mâle attire la femelle en faisant tourner sa queue et en libérant des phéromones vers son museau. Dans les Balkans, certains de ces animaux nocturnes sont exclusivement aquatiques et conservent, adultes, les caractéristiques des larves, telles les branchies externes.

Taricha torosa

Triton de Californie

Longueur 12,5–20 cm
Mode de vie Principalement terrestre
Période de reproduction Hiver et printemps
Statut Commun
Répartition O. États-Unis (Californie)

La Californie est particulièrement riche en urodèles : plus d'une vingtaine d'espèces y vivent. Le corps de ce triton, rugueux et verruqueux, est brun ou rouge brique sur le dos et jaune à orange sur le ventre. Pendant la période de reproduction, lorsque ces tritons migrent en masse vers les étangs et les ruisseaux, les mâles ont la peau lisse et visqueuse, des taches noires sur les pieds, et leur cloaque est gonflé. Le triton de Californie est protégé par une sécrétion toxique qui rend sa peau et sa chair extrêmement venimeuses. Nocturne, il se nourrit d'invertébrés de toutes sortes.

Pleurodeles waltl

Pleurodèle de Waltl

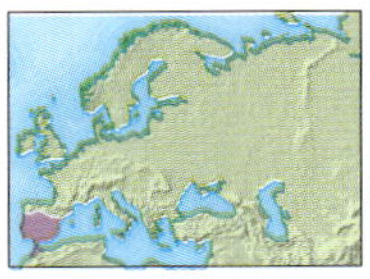

Longueur 15–30 cm
Mode de vie Entièrement aquatique
Période de reproduction À tout moment, sauf par temps froid
Statut Non évalué
Répartition S.-O. Europe, N.-O. Afrique

Ce triton gris-vert tacheté est l'un des plus grands urodèles d'Europe. Comme la plupart de ses congénères, il est protégé par des sécrétions cutanées toxiques, mais il a également des côtes très pointues qui traversent la peau quand on le saisit. Outre ses défenses chimiques, elles permettent de décourager la plupart des prédateurs. Le pleurodèle de Waltl, principalement nocturne, passe sa vie dans l'eau, sauf en période de sécheresse, où il se cache dans la boue jusqu'à ce que les conditions s'améliorent. Pendant la période de reproduction, les femelles pondent de 200 à 300 œufs, isolés ou en grappes, qu'elles fixent sur les plantes aquatiques.

Notophthalmus viridescens

Triton de l'Est

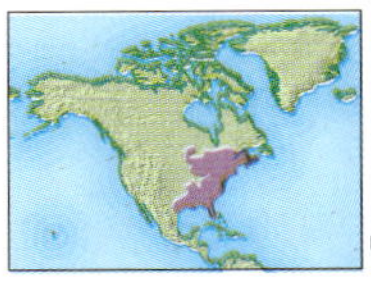

Q : Triton vert
Longueur 6,5–11,5 cm
Mode de vie Principalement terrestre
Période de reproduction Variable
Statut Commun
Répartition E. Canada, E. États-Unis

Ce triton commun en Amérique du Nord se reproduit dans une grande variété d'habitats d'eau douce, mais ses larves, plutôt que de se développer directement en adultes, se transforment en formes juvéniles spéciales rouges, qui vivent sur terre – dans les prairies, les forêts montagneuses et autres habitats humides – puis retournent dans l'eau après un à quatre ans, où elles atteignent la maturité. Hors période de reproduction, les adultes vivent sur terre. Pendant les stades adulte et larvaire rouge, ces tritons sont protégés des prédateurs par des sécrétions cutanées très toxiques.

COLORATION DES JEUNES
Le jeune triton de l'Est est de couleur rouge vif ou brune, avec des taches rouges cerclées de noir sur le dos et une peau rugueuse. Ce stade juvénile terrestre dure de un à quatre ans, puis l'animal retourne dans l'eau pour devenir adulte.

STADE ADULTE
Ce triton termine son développement dans l'eau. La face dorsale devient jaune-vert, avec des taches rouges cerclées de noir, et la face ventrale devient jaune. Le mâle reproducteur a une queue très épaisse, un cloaque renflé et des coussinets rugueux sur la face interne des cuisses.

Tylototriton verrucosus

Tylototriton verruqueux

Longueur 14–18 cm
Mode de vie Principalement terrestre
Période de reproduction Mousson
Statut EN ∆
Répartition S. et S.-E. Asie

Ce robuste triton a une grosse tête, un corps trapu et une peau noire rugueuse. Les verrues, sillons et glandes indiquent que la peau du tylototriton verruqueux sécrète des substances désagréables s'il est attaqué. Ce triton passe la majeure partie de sa vie sur terre – il passe l'hiver et la saison sèche sous terre –, mais, pendant la mousson, il migre vers les étangs de reproduction, où il fixe ses œufs sur les plantes aquatiques. Actif la nuit, le tylototriton verruqueux se nourrit d'invertébrés.

Chioglossa lusitanica

Chioglosse portugais

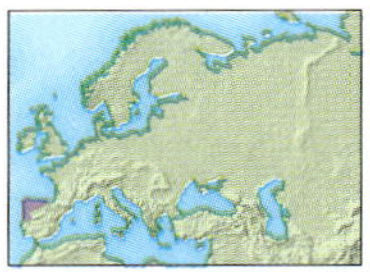

Longueur 12–14 cm
Mode de vie Principalement terrestre
Période de reproduction Début du printemps
Statut VU
Répartition S.-O. Europe

Son corps fin et sa longue queue lui permettent de courir très vite, comme un lézard. Sa livrée est brun foncé, avec deux bandes jaunes, cuivrées ou dorées sur le dos, qui fusionnent en une seule sur la queue. Cet urodèle a de grands yeux et une longue langue protractile pour attraper les insectes. S'il est attaqué, il peut se séparer de sa queue.

Ambystoma tigrinum

Ambystome tigré

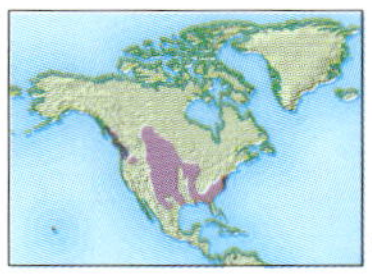

Q : Salamandre tigrée
Longueur 18–35 cm
Mode de vie Principalement terrestre
Période de reproduction Variable, après de fortes pluies
Statut Commun localement
Répartition Amérique du Nord

L'ambystome tigré au corps massif est l'un des amphibiens les plus colorés d'Amérique du Nord et aussi l'un des plus diversifiés localement. Au moins six sous-espèces sont connues : la sous-espèce orientale est tachetée de noir et de jaune, mais celles de l'Ouest – dont celle illustrée ici – ont de plus grosses taches jaunes ou des barres verticales. Les ambystomes tigrés adultes vivent généralement sur terre et hibernent dans des terriers creusés par d'autres animaux. Au début du printemps, après la fonte de la glace, ils migrent vers les étangs, lacs, mares et bassins de retenue pour se reproduire, parfois en grand nombre. Les femelles pondent jusqu'à 7 000 œufs en une seule saison, et leurs larves se nourrissent principalement d'invertébrés ; toutefois, certaines deviennent cannibales, et leur bouche, plus grande, a plus de dents. Dans la plupart des régions, les jeunes quittent l'eau une fois qu'ils ont leur corps d'adulte, mais, dans certaines régions – notamment dans l'Ouest –, ils peuvent conserver leur forme larvaire en permanence et se reproduire sans adopter la vie terrestre. Les principaux prédateurs de l'ambystome tigré sont les poissons, qui mangent les larves. Ces dernières années, l'espèce a souffert de la pollution et de la perte de son habitat.

Ambystoma mexicanum

Axolotl

Longueur 10–20 cm
Mode de vie Entièrement aquatique
Période de reproduction Été
Statut VU
Répartition Mexique (lac Xochimilco)

Cet amphibien au corps rebondi est un exemple classique de néoténie, ou faculté de se reproduire sans jamais acquérir un corps totalement adulte. Il a une queue plate et de grandes branchies externes, que la plupart des urodèles perdent lorsqu'ils deviennent adultes et adoptent la vie terrestre. Principalement nocturne, l'axolotl se nourrit d'invertébrés et, à son tour, constitue la proie d'oiseaux d'eau. Cet amphibien est vulnérable, car il vit dans un seul lac, en une région qui a connu une urbanisation rapide ces dernières années. Autrefois considéré comme un mets délicat, il bénéficie désormais d'une protection légale.

FORMES CAPTIVES

Généralement noirs dans la nature, les axolotls élevés en captivité peuvent être albinos, gris ou tachetés de blanc et noir. Cette espèce est plus couramment observée en captivité que dans la nature. Si l'on injecte une hormone thyroïdienne aux animaux captifs, ils perdent leurs branchies et deviennent terrestres.

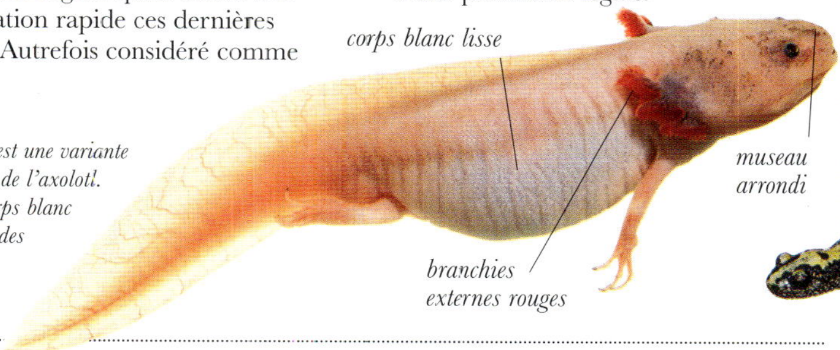

ALBINOS
L'albinos est une variante de couleur de l'axolotl. Il a un corps blanc et lisse, et des branchies rouges.

Ambystoma macrodactylum

Ambystome macrodactyle

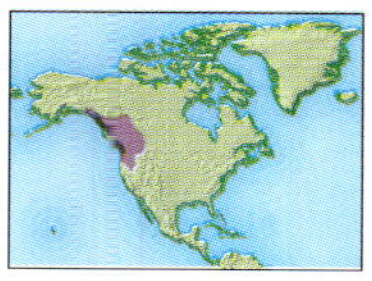

Q : Salamandre à longs doigts
Longueur 10–17 cm
Mode de vie Principalement terrestre
Période de reproduction Automne et printemps
Répartition S.-O. Canada, N.-O. États-Unis
Statut Commun localement

Présent dans une grande variété d'habitats terrestres où il passe la majeure partie de son temps sous terre, l'ambystome macrodactyle, nocturne, migre au printemps en grand nombre vers les étangs pour se reproduire. Son corps est fin, gris ou noir, avec une rayure dorsale jaune, cuivrée ou verte ou des taches sur le corps. Lorsqu'il est attaqué, il s'enroule et lève la queue. Sa population a décliné en raison de la perte de l'habitat et de l'introduction, dans son aire de reproduction, de poissons qui mangent ses larves.

Plethodon jordani

Pléthodon de Jordan

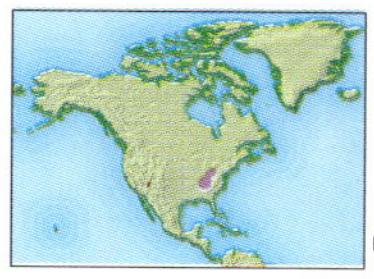

Q : Salamandre de Jordan
Longueur 8,5–18,5 cm
Mode de vie Entièrement terrestre
Période de reproduction Été et automne
Répartition E. États-Unis (sud des Appalaches)
Statut Commun localement

Cette espèce nocturne a un corps et une queue longs et fins, une grosse tête avec des yeux saillants et des taches rouges sur les pattes ou les joues, mais cette caractéristique varie considérablement selon les races. Les mâles et les femelles sont territoriaux. S'il est menacé, le pléthodon produit une sécrétion désagréable visqueuse par la queue et peut se séparer de cette dernière. Il se nourrit principalement de mille-pattes, de coléoptères et de larves d'insectes. Le mâle s'accouple chaque année, mais la femelle se reproduit une année sur deux.

Plethodon glutinosus

Pléthodon glutineux

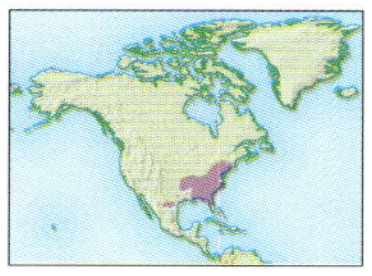

Q : Salamandre gluante
Longueur 11,5–20 cm
Mode de vie Entièrement terrestre
Période de reproduction Variable
Répartition E. États-Unis
Statut Commun localement

Ce grand urodèle au corps fin doit son nom à la substance visqueuse qu'il exsude lorsqu'on le manipule. Cette substance extrêmement collante – il faut des jours pour s'en débarrasser – constitue une excellente protection contre la plupart des prédateurs. Les adultes sont bleu foncé ou noirs, avec de nombreuses taches argentées ou dorées. Pendant la période de reproduction, le mâle a une grande glande sous le menton et son cloaque est renflé. Nocturne, ce pléthodon vit sur les coteaux boisés et dans les ravins.

Plethodon cinereus

Pléthodon cendré, salamandre rayée

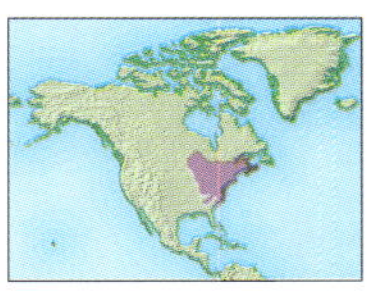

Longueur 6,5–12,5 cm
Mode de vie Entièrement terrestre
Période de reproduction De l'automne au début du printemps
Répartition S.-E. Canada, C. et E. États-Unis
Statut Commun localement

Petit urodèle gris ou brun foncé, à large bande rouge ou brun-rouge sur le corps et la queue. Les mâles utilisent leurs excréments pour marquer leur territoire et attirer les femelles. Pendant la période de reproduction, les femelles inspectent les déjections et choisissent les mâles qui ont mangé beaucoup de termites. Les mâles peuvent se reproduire chaque année, mais les femelles ne sont fécondes qu'un an sur deux. Les œufs sont fixés à la voûte des cavités souterraines.

Desmognathus ochrophaeus

Desmognathe

Q : Salamandre sombre des montagnes
Longueur 7–11 cm
Mode de vie Entièrement terrestre
Période de reproduction Printemps, été et automne
Répartition E. États-Unis
Statut Commun

Ce desmognathe fait partie d'un groupe d'une dizaine d'espèces d'Amérique du Nord qui se ressemblent tellement que seul un spécialiste peut les différencier. Comme la plupart de ses proches, il a un long corps fin, des yeux saillants et une longue queue cylindrique. Il est généralement tacheté de gris-bleu, avec des pattes qui varient du brun au rouge (ci-dessous, une variante rare à pattes rouges qui pourrait être une imitation du pléthodon de Jordan à pattes rouges). Ce desmognathe est terrestre une fois adulte et passe la journée sous terre. La nuit, il sort pour se nourrir d'insectes et d'autres petits animaux. Il est protégé par une sécrétion cutanée toxique et, en cas de menace, se sépare parfois de sa queue. Pendant la période de reproduction, les adultes s'accouplent à terre. Le mâle stimule sa future partenaire en frottant une phéromone sur sa peau et en éraflant la surface de sa peau avec ses dents spécialisées. La femelle dépose une grappe de 12 à 20 œufs dans une cavité sous un tronc d'arbre et les garde jusqu'à éclosion. Les larves se développent dans les ruisseaux. Les adultes, particulièrement actifs après la pluie, passent l'hiver sous terre.

AMPHIBIENS

Batrachoseps attenuatus

Batrachoseps de Californie

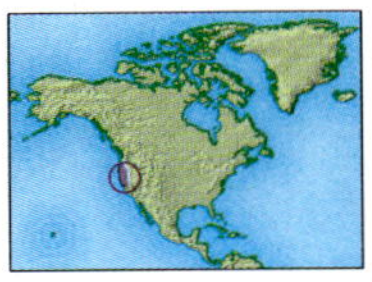

Q : Salamandre serpentiforme de Californie
Longueur 7,5–14 cm
Mode de vie Entièrement terrestre
Période de reproduction Inconnue
Répartition O. États-Unis (Californie, Oregon)
Statut Commun localement

Cet urodèle vit principalement sous terre ainsi que sous les souches et les rochers, et sort la nuit après la pluie. Son corps très long et fin lui permet d'entrer dans de petites fissures. Il est brun-noir ou noir, avec une bande brune, jaune ou rouge sur le dos, et a de minuscules pattes à quatre doigts. Lorsqu'il est en danger, il enroule et déroule sa queue rapidement et peut s'en séparer s'il est attaqué.

Pseudotriton ruber

Pseudotriton rouge

Q : Salamandre rouge
Longueur 10–18 cm
Mode de vie Surtout terrestre
Période de reproduction À tout moment de l'année, en général en été
Répartition E. et S.-E. États-Unis
Statut Commun localement

Très coloré lorsqu'il est jeune, le pseudotriton rouge fonce avec l'âge. Il vit dans les endroits humides, les sources et les ruisseaux froids dans de nombreux États de l'est des États-Unis. Il a un corps épais, une queue et des pattes relativement courtes et de nombreux points noirs sur sa peau rouge ou orange. Principalement nocturne, il se nourrit essentiellement d'invertébrés et d'autres salamandres. Pour éviter les prédateurs, le pseudotriton rouge lève sa queue et l'agite, mais sa couleur peut également agir comme une défense. Bien qu'il soit inoffensif, ses taches rouges ressemblent beaucoup à celles des jeunes tritons de l'Est (voir p. 436) – similitude qui peut être une forme de mimétisme protecteur. La femelle pond environ 70 œufs, qu'elle fixe sous les souches ou les rochers, et parfois dans l'eau. Les pseudotritons rouges adultes passent généralement l'hiver sous terre.

Aneides lugubris

Salamandre arboricole

Longueur 11–18 cm
Mode de vie Terrestre/arboricole
Période de reproduction Inconnue
Répartition O. États-Unis (Californie)
Statut Commune localement

Cet urodèle au corps long et fin, brun et blanc, a des orteils aplatis et une queue préhensile qui lui permettent de grimper sans peine aux arbres. La tête large et triangulaire contient des muscles maxillaires saillants utilisés lors des combats entre les individus ou pour se défendre – par exemple contre les serpents prédateurs. En hiver et pendant la sécheresse, la salamandre arboricole vit sous terre. La femelle pond 12 ou 18 œufs dans une cavité souterraine.

Bolitoglossa mexicana

Bolitoglosse mexicain

Longueur 12–15 cm
Mode de vie Arboricole/terrestre
Période de reproduction À tout moment, sauf par temps froid et sec
Répartition S. Mexique à Amérique centrale
Statut Non évalué

Avec sa queue préhensile, ses pattes dotées de coussinets adhésifs et sa petite taille, cet animal nocturne est particulièrement adapté pour grimper aux arbres et se déplacer sur les plus petites branches. Il a une langue en forme de champignon qu'il darde pour attraper les insectes. Sa coloration bronze ou rose, avec des motifs noirs marbrés, constitue un avertissement : sa peau sécrète une substance toxique s'il est attaqué.

Ensatina eschscholtzii

Ensatine d'Eschscholtz

Q : Salamandre variable
Longueur 6–8 cm
Mode de vie Entièrement terrestre
Période de reproduction De l'automne au printemps
Répartition O. États-Unis
Statut Commune localement

Cet animal nocturne, qui vit dans la litière végétale humide et sous les souches, est très actif après la pluie. Il a un corps court, de longues pattes et des yeux saillants. Ses couleurs dépendent de la région où il vit : il peut être d'un brun uniforme ou noir avec des taches blanches, jaunes, orange ou roses. La queue ronde, qui se rétrécit brusquement à la base, est utilisée pour la défense. L'animal la soulève et l'agite, en émettant une sécrétion désagréable, pour repousser les prédateurs ; il peut également s'en séparer s'il est attaqué. En période de reproduction, la queue du mâle est plus longue et son cloaque est gonflé. La femelle pond de 8 à 20 œufs en masses sous les souches.

Hydromantes platycephalus

Hydromante à tête plate

Q : Salamandre du mont Lyell
Longueur 7–11 cm
Mode de vie Entièrement terrestre
Période de reproduction Inconnue
Répartition O. États-Unis (Sierra Nevada, Californie)
Statut Non évalué

Limité à la sierra Nevada, cet urodèle appartient à un petit groupe d'espèces à pieds palmés, excellents grimpeurs. Ils vivent tous dans des endroits rocheux et n'ont aucune difficulté pour courir sur les rochers déchiquetés ou même sur les falaises verticales. Cette espèce a une tête large, un corps cylindrique et des pieds relativement larges. La tête du mâle est plus large que celle de la femelle et, pendant la période de reproduction, il a sous le menton une glande produisant une sécrétion hormonale qui incite sa partenaire à s'accoupler. L'hydromante à tête plate se nourrit la nuit d'insectes, d'araignées et d'autres invertébrés. Sa langue, en forme de champignon, mesure le tiers de la longueur du corps quand elle est sortie pour capturer ses proies. En cas de menace, cette espèce se défend avec des sécrétions cutanées toxiques et en se roulant en boule. En hiver et pendant la sécheresse, l'hydromante à tête plate vit sous terre ou dans des fissures.

Eurycea guttolineata

Eurycée

Q : Salamandre à trois lignes
Longueur 10–18 cm
Mode de vie Entièrement terrestre
Période de reproduction Automne et début printemps
Répartition E. États-Unis
Statut Commune localement

Cet urodèle au corps long et fin avec 13 ou 14 sillons costaux, des yeux saillants et une très longue queue, est jaune, orange ou brun, avec des rayures brun foncé ou noires au milieu du dos et sur les flancs. Il vit sous les souches et les rochers, près des sources et des ruisseaux et passe l'hiver et les périodes de sécheresse sous terre. Araignées, mouches, coléoptères et fourmis sont la principale alimentation de ce prédateur, qui se nourrit la nuit, en particulier s'il a plu.

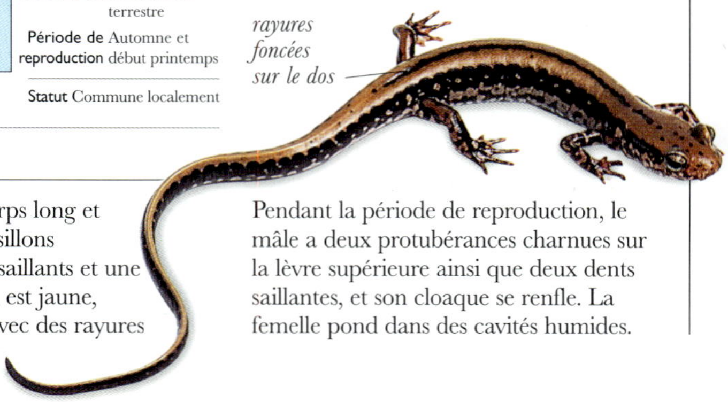

rayures foncées sur le dos

Pendant la période de reproduction, le mâle a deux protubérances charnues sur la lèvre supérieure ainsi que deux dents saillantes, et son cloaque se renfle. La femelle pond dans des cavités humides.

CÉCILIES

PHYLUM	Cordés
CLASSE	Amphibiens
ORDRE	Gymnophiones
FAMILLES	5
ESPÈCES	Env. 170

CES ANIMAUX vermiformes et apodes constituent le plus petit des trois principaux groupes d'amphibiens. Ils sont rarement observés, car ils vivent dans des terriers ou sous l'eau, et sont présents uniquement dans des régions tropicales humides. Les gymnophiones, ou cécilies, ont des cycles de vie variés : certaines espèces pondent des œufs, mais, chez d'autres, les œufs sont conservés dans le corps de la femelle et nourris par des sécrétions produites par l'oviducte jusqu'à ce qu'ils éclosent pour donner naissance à des petits formés.

DÉPLACEMENTS
Le gymnophione se déplace en faisant onduler son corps. S'il rencontre une résistance latérale due à des irrégularités de la surface, il avance tout droit.

ANATOMIE

Les gymnophiones ont un corps long et fin, noir ou brun à rose, mais n'ont pas de membres. Ils ont des yeux rudimentaires et utilisent leur odorat fin pour trouver la nourriture et s'accoupler avec leurs partenaires. Certains ressemblent à de très gros vers de terre et creusent le sol meuble ou la boue, utilisant leur tête osseuse et pointue comme une pelle. Les gymnophiones aquatiques ressemblent à des anguilles : ils ont sur la queue une nageoire qui leur permet de nager très vite.

DES TENTACULES SENSORIELS
Caractéristique unique des gymnophiones : le petit tentacule situé sous chaque œil, qui rassemble les informations chimiques utilisées pour localiser les proies. Les gymnophiones capturent des vers de terre avec leurs dents pointues et incurvées.

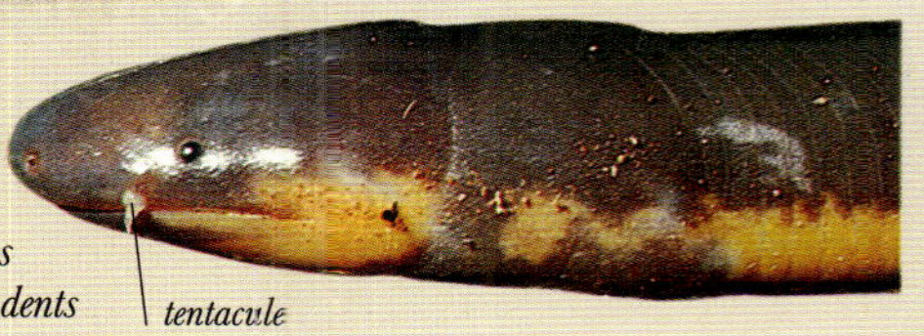

Ichthyophis glutinosus

Cécilie de Ceylan

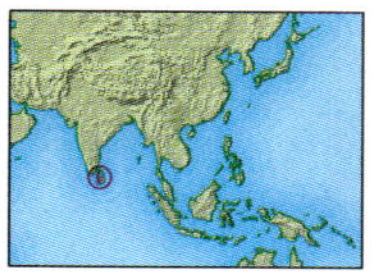

Longueur Jusqu'à 45 cm
Mode de vie Terrestre/fouisseur
Période de reproduction Inconnue
Statut Commune localement
Répartition Sri Lanka

Avec son long corps fin et sa queue courte, la cécilie de Ceylan ressemble à un gros ver de terre. Ce gymnophione est brun avec des reflets bleus et a deux petits tentacules rétractiles entre les narines et les yeux qui lui permettent de détecter les odeurs. Il vit sous terre, principalement dans les sols boueux et les marais, où il se nourrit de vers et d'autres invertébrés. La femelle s'enroule autour de ses œufs pour les protéger.

Caecilia tentaculata

Cécilie de Linné

Longueur 45–63 cm
Mode de vie Terrestre/fouisseur
Période de reproduction Inconnue
Statut Non évalué
Répartition S. Amérique centrale à N. Amérique du Sud

Grande, épaisse et plate, grise ou noire sur le dos, brun clair sur le ventre, avec un museau en forme de coin, elle n'a pas de queue. Au contraire des autres gymnophiones, la partie postérieure de son corps est recouverte d'une carapace dure. La peau porte de minuscules écailles dans les 100 à 300 sillons qui recouvrent le corps et les tentacules, situés plus bas que chez les autres gymnophiones. Son comportement est très mal connu, car elle vit enfouie dans le sol meuble, mais on sait qu'il s'agit d'un animal solitaire qui pond des œufs.

Dermophis mexicanus

Cécilie mexicaine

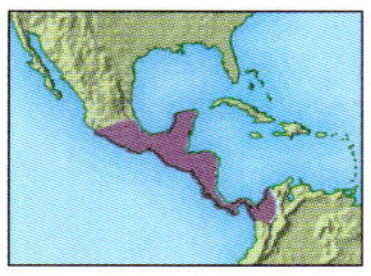

Longueur 10–60 cm
Mode de vie Terrestre/fouisseur
Période de reproduction Inconnue
Statut Commune localement
Répartition Mexique à N. Amérique du Sud

Ce gymnophione, qui vit dans la même région que plusieurs amphisbènes (voir p. 423), ressemble à ces derniers, bien qu'il soit dépourvu de pattes. Gris, brun ou vert olive sur le dos, il a des anneaux bien délimités autour du corps et un museau pointu fouisseur. Il se nourrit principalement d'invertébrés, mais également de lézards, et vit exclusivement sous terre, dans divers habitats où le sol est meuble. Œufs et larves se développent dans le corps de la femelle. Après une longue période de gestation, la mère donne naissance à des petits formés.

Siphonops annulatus

Cécilie annelée

Longueur 20–40 cm
Mode de vie Entièrement terrestre
Période de reproduction Inconnue
Statut Commune localement
Répartition N. Amérique du Sud

Cet amphibien des forêts vit dans le sol et ressemble à un grand et gros ver de terre. Son corps, relativement court et massif, est bleu foncé avec de nombreux cercles blancs. Comme les autres gymnophiones, il utilise ses tentacules pour détecter les odeurs des proies à proximité – généralement des vers et autres invertébrés. Lorsqu'il est attaqué, il produit une sécrétion malodorante. La cécilie annelée pond ses œufs dans le sol, où ils éclosent sous la forme d'adultes en miniature.

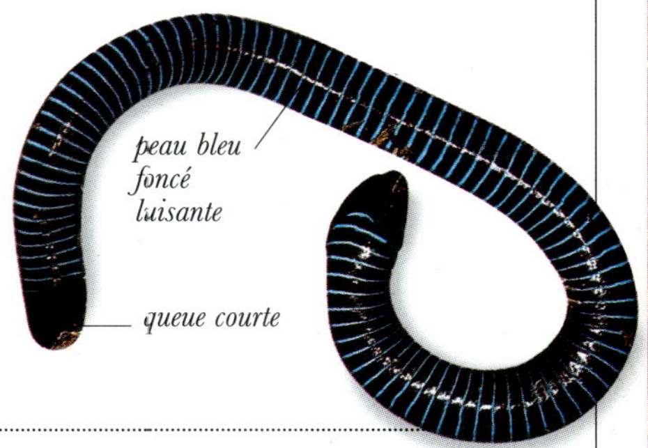

Typhlonectes compressicauda

Cécilie de Cayenne

Longueur 30–60 cm
Mode de vie Entièrement aquatique
Période de reproduction Inconnue
Statut Commune localement
Répartition N. Amérique du Sud

Vivant dans les rivières, les lacs et les ruisseaux, la cécilie de Cayenne ressemble à une anguille par sa forme et par sa façon de nager. Son corps, composé de 80 à 95 anneaux, est long et fin, d'un noir luisant, avec une face ventrale gris foncé. Sa queue est comprimée latéralement, avec une fine nageoire sur le dessus. La cécilie de Cayenne produit des sécrétions toxiques lorsqu'elle est attaquée, généralement par des poissons. Les œufs se transforment en larves dans le corps de la femelle, qui donne naissance à des adultes en miniature.

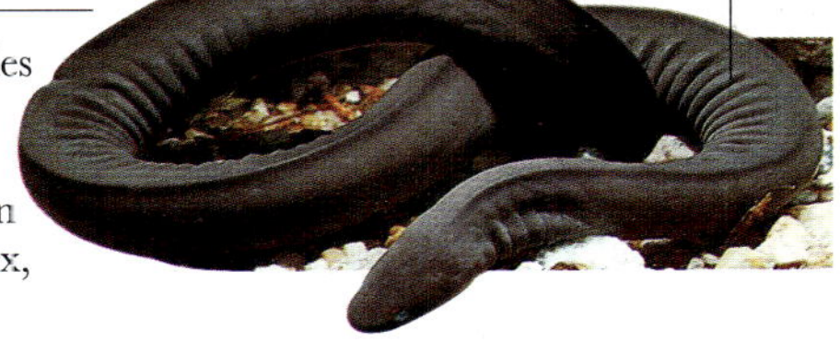

GRENOUILLES ET CRAPAUDS

PHYLUM	Cordés
CLASSE	Amphibiens
ORDRE	Anoures
FAMILLES	29
ESPÈCES	4 380

LES ANOURES constituent le plus vaste et le plus connu des trois groupes d'amphibiens. Ils n'ont pas de queue à l'âge adulte, car, au contraire des autres amphibiens, elle se résorbe pendant la métamorphose. Il n'existe pas de distinction claire entre grenouilles et crapauds : le mot « crapaud » est souvent employé pour les membres du genre *Bufo*, mais il l'est plus largement pour désigner toutes les espèces terrestres à déplacement lent, ayant un corps trapu et une peau rugueuse et verruqueuse. Les larves des anoures, les têtards, se nourrissent principalement d'algues ou de végétaux et ont un corps sphérique qui contient un long intestin enroulé, nécessaire à ce type d'alimentation. Chez de nombreux adultes, les pattes postérieures sont modifiées pour sauter ; elles sont plus longues et plus musclées que les antérieures. La plupart des anoures vivent dans les lieux humides, près des mares et des ruisseaux dans lesquels ils se reproduisent, mais plusieurs espèces habitent dans des régions arides. La plus grande diversité d'espèces se trouve sous les tropiques, en particulier dans les forêts pluviales.

ALIMENTATION

Les anoures sont des carnivores qui se nourrissent de proies vivantes plutôt que de charognes. Incapables de mâcher ou de découper les aliments, ils doivent avaler leur proie entière. De nombreuses espèces sont capables de manger de gros animaux (souris, oiseaux, serpents), et un seul repas peut satisfaire longtemps leurs besoins énergétiques, de sorte qu'il ne leur est pas nécessaire de se nourrir souvent. Peu d'espèces sont des chasseurs actifs, le mode d'alimentation le plus courant consistant à attendre qu'une proie passe à portée : elle est alors capturée avec la longue langue ou en se lançant en avant, bouche ouverte.

CAPTURE

DÉGLUTITION

DÉGLUTIR LA NOURRITURE
Les anoures ferment généralement les yeux lorsqu'ils avalent leur nourriture. Lorsque les paupières se ferment, les globes oculaires roulent et sont poussés vers le bas pour accroître la pression dans la bouche.

ANATOMIE

Les anoures ont un corps trapu, rigide, une grande tête large, et, chez la plupart des espèces, des pattes antérieures beaucoup plus petites que les postérieures. Ces dernières comportent un segment supplémentaire, juste au-dessus du pied, absent chez les autres amphibiens. La plupart des espèces ont de grands yeux saillants et des tympans visibles, reflétant l'importance des sens de la vision et de l'audition. La bouche est grande, et de nombreuses espèces ont une langue visqueuse qu'elles peuvent darder très rapidement pour capturer leurs proies. La femelle est généralement plus grosse que le mâle, toutefois, chez de nombreuses espèces, les mâles ont des pattes antérieures plus épaisses et plus musclées. Cela leur permet d'étreindre fermement la femelle pendant l'accouplement.

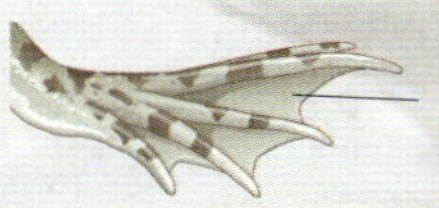

PALMURE

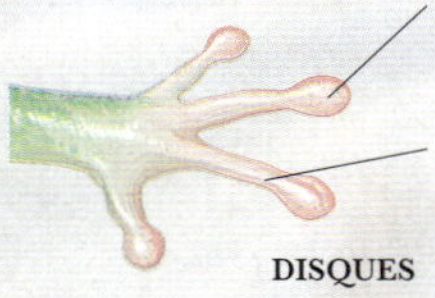

DISQUES

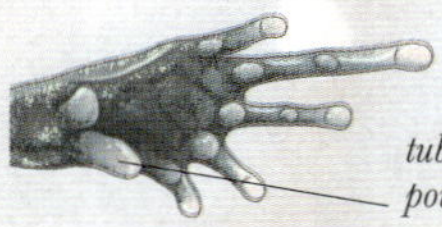

GRIFFES

PIEDS
Les anoures ont quatre doigts sur les pattes antérieures et cinq sur les postérieures. Chez de nombreuses espèces, notamment celles qui passent la majeure partie de leur vie dans l'eau, les doigts sont palmés. De nombreuses grenouilles arboricoles ont des coussinets adhésifs en forme de disque à l'extrémité des doigts, qui leur permettent d'avoir une bonne prise sur les surfaces lisses et verticales. Les espèces fouisseuses ont des protubérances cornées, appelées tubercules, sur les pieds postérieurs, qu'elles utilisent pour creuser le sol.

SITES DE PONTE
En raison de la rareté des points d'eau adaptés à la ponte, de nombreux anoures, tels que les grenouilles rousses, viennent souvent de très loin pour se reproduire en groupe. Les pontes regroupées conservent davantage la chaleur, ce qui permet aux têtards d'éclore plus tôt. Les étangs et les ruisseaux qui s'assèchent une partie de l'année sont souvent utilisés, car ils n'abritent pas d'autres animaux mangeurs d'œufs et de têtards.

PEAU
La peau des anoures est très variable. Celle de certains crapauds est si résistante qu'elle est utilisée comme substitut du cuir ; celle de certaines grenouilles est si fine que l'on peut voir les organes internes à travers. Les crapauds ont généralement une peau rugueuse et sèche couverte de verrues et, chez certaines espèces, d'épines. Les grenouilles ont généralement une peau lisse et humide.

GRENOUILLE

CRAPAUD

TROUVER UN PARTENAIRE
De nombreux anoures mâles appellent pour attirer les femelles dans les sites de ponte. Chaque espèce a son propre appel, ce qui aide la femelle à trouver un partenaire de la même espèce dans les mares fréquentées par plusieurs espèces. Chez de nombreuses espèces (comme cette grenouille aquatique à droite), l'efficacité de l'appel est renforcée par un ou plusieurs sacs vocaux. Le mâle inspire de l'air, qui effectue des va-et-vient entre les poumons et ces sacs ; le son est produit lorsqu'il passe sur les cordes vocales dans le larynx.

REPRODUCTION

Une fois que les mâles et les femelles se sont localisés mutuellement (voir ci-contre), l'accouplement peut avoir lieu. Le mâle adopte une position appelée amplexus : il enlace la femelle par-dessus (voir à droite). La fécondation a lieu pendant cet embrassement, qui peut durer de quelques minutes à plusieurs jours selon les espèces. À l'exception d'un petit nombre d'espèces, la fécondation est externe, le mâle répandant son sperme sur les ovules lorsque la femelle les expulse. Chaque espèce pond à sa façon et utilise un site spécifique. Les œufs peuvent être pondus individuellement, en grappes ou en chapelets. La femelle les place généralement dans l'eau, car leur développement peut avoir lieu uniquement dans des endroits humides. Elle les disperse dans l'eau, où ils peuvent flotter ou couler, les enroule autour de la végétation ou les fixe sur des plantes, des souches ou des rochers.

AMPLEXUS
L'amplexus a lieu sur terre ou dans l'eau – ces rainettes s'accouplent dans les branches des arbres. Selon les espèces, le mâle enlace la femelle juste derrière les pattes antérieures ou juste devant les postérieures. Chez de nombreuses espèces, le nombre de mâles dans les groupes est souvent supérieur à celui des femelles, et les mâles en amplexus sont souvent attaqués par des rivaux.

ŒUFS
Le nombre d'œufs pondus par une femelle varie considérablement selon les espèces, de moins de 20 à plusieurs milliers. Les œufs du crapaud commun (à gauche), réunis en de longs chapelets gélatineux, sont enroulés autour des tiges des plantes aquatiques sous la surface de l'eau.

DÉFENSE

Les anoures sont généralement dépourvus d'armes, comme de grandes dents ou griffes, c'est pourquoi la plupart comptent sur leur capacité à fuir en sautant, généralement vers l'eau. Nombre d'entre eux disposent de glandes cutanées sécrétant une substance désagréable ou venimeuse, parfois mortelle. D'autres misent sur un bon camouflage. En général, les têtards n'ont pas de défense et sont mangés par divers prédateurs, notamment des poissons et des larves d'insectes, tels que les libellules. Leur grand nombre est une assurance : quelques-uns au moins survivront.

COLORATION APOSÉMATIQUE
Les dendrobates (à gauche) ont dû développer des sécrétions cutanées très toxiques, car nombre de leurs prédateurs (notamment les serpents et les araignées) ont acquis une résistance à des toxines plus douces. De nombreuses espèces toxiques ou au goût désagréable ont des couleurs très vives, qui constituent un avertissement pour les prédateurs.

CAMOUFLAGE
La plupart des anoures sont actifs uniquement la nuit et restent totalement immobiles dans la journée. Chez certaines espèces, telles cette phyllomédusе (à droite), la peau a une couleur semblable à l'environnement et la forme du corps est irrégulière.

DÉPLACEMENTS

La plupart des crapauds vivent sur le sol, où ils marchent, courent ou sautent ; peu sautent sur de longues distances. Rarement utilisé pour aller d'un endroit à l'autre, le saut est principalement un moyen d'échapper aux prédateurs. Les anoures ne sautent pas tous : nombre d'entre eux ont des pattes postérieures adaptées pour nager, grimper et (chez quelques espèces) planer. Le fouissage est important pour de nombreuses espèces, leur permettant de se cacher dans la journée, ou pendant plusieurs semaines ou mois lorsqu'il fait trop chaud, trop froid ou trop sec pour qu'elles soient actives. Elles peuvent simplement se frayer un chemin sous les rochers ou les souches, ou dans les amas de débris végétaux, ou creuser le sol. Certaines espèces du désert peuvent survivre, enterrées, jusqu'à deux ou trois ans.

GRIMPER
Certaines grenouilles (comme la rainette verte à gauche) passent toute leur vie à la cime des arbres ou dans d'autres types de végétation. Leurs membres longs et fins leur permettent de sauter entre les branches, tandis que les disques adhésifs de leurs doigts les aident à grimper sur des surfaces verticales.

SAUTER
Les anoures utilisent toute l'énergie de leurs longues pattes postérieures pour bondir. Lors de l'atterrissage, ils étirent leurs pattes antérieures vers l'avant pour amortir le choc.

Ascaphus truei

Grenouille à queue

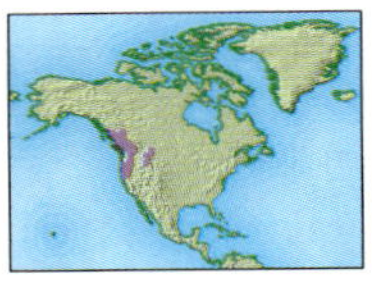

Longueur 2,5–5 cm
Mode de vie Principalement terrestre
Période de reproduction Du printemps à l'automne
Statut Commune localement
Répartition S.-O. Canada, N.-O. États-Unis

Petite, verte, brune, grise ou rougeâtre, c'est l'unique grenouille aquatique se reproduisant par fécondation interne. La « queue » des mâles est une extension du cloaque utilisée pour insérer le sperme dans le cloaque des femelles, qui pondent des chapelets d'œufs dans les torrents froids et les fixent sous les rochers. Il faut deux ans aux têtards pour atteindre la maturité ; ils ont une bouche semblable à une ventouse qui leur permet de se fixer aux rochers dans les eaux rapides.

Leiopelma hochstetteri

Leiopelme d'Hochstetter

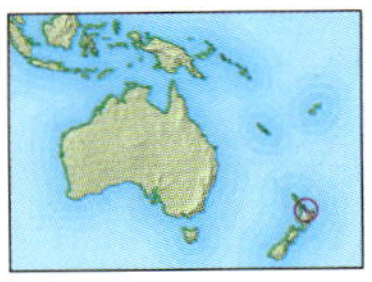

Longueur 3,5–5 cm
Mode de vie Principalement terrestre
Période de reproduction Été
Statut LR Δ
Répartition Nouvelle-Zélande (île du Nord)

Cette grenouille trapue et brune est l'une des trois espèces natives de Nouvelle-Zélande. Ses œufs, enfermés dans de grandes capsules emplies d'eau, donnent des têtards qui ne se nourrissent pas et restent là jusqu'à maturité. Lorsqu'ils sont totalement développés, ils sortent sous forme de grenouilles miniatures. Le leiopelme d'Hochstetter est encore abondant dans certaines régions localisées, mais les deux autres espèces néo-zélandaises, désormais très rares, sont limitées aux îles au large des côtes.

Bombina orientalis

Sonneur oriental

Longueur 3–5 cm
Mode de vie Principalement aquatique
Période de reproduction Printemps et été
Statut Commun localement
Répartition E. et S.-E. Asie

La caractéristique de ce crapaud au corps légèrement aplati est son ventre d'un rouge vif marbré de noir. S'il est menacé, il cambre le dos, s'aplatit et lève ses pattes sur la tête pour afficher ses couleurs vives. Sa peau produit une sécrétion désagréable. Il vit dans les ruisseaux montagnards des régions côtières et se cache sous les rochers et les souches en hiver et pendant les périodes de sécheresse. Le mâle chante pour attirer une partenaire. La femelle pond de petites grappes de gros œufs sous les rochers dans les ruisseaux.

Alytes obstetricans

Alyte

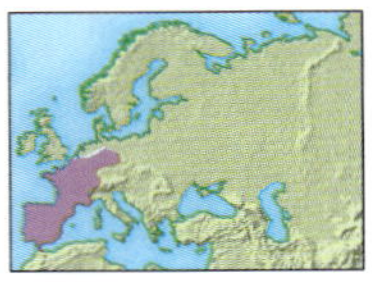

Longueur 3–5 cm
Mode de vie Principalement terrestre
Période de reproduction Printemps et été
Statut Commun localement
Répartition O. et C. Europe

L'alyte, ou crapaud accoucheur, se distingue par sa méthode très inhabituelle de reproduction. La femelle pond de gros œufs emplis de vitellus en chapelets, qui sont transférés au mâle lors de l'accouplement. Le mâle enroule ces chapelets autour de ses pattes et en transporte parfois deux pondus par des femelles différentes. Quand les œufs sont prêts à éclore, il les dépose dans les mares et les étangs. Ce crapaud est petit et rebondi, avec des pattes courtes et une peau couleur sable, brun clair ou grise avec des taches plus foncées. Il vit dans les lieux boisés, les jardins, les murs de pierres sèches, les carrières, les dunes de sable et les pentes rocheuses, se cachant dans les fissures en hiver et pendant la saison sèche. Actif la nuit, il se nourrit d'invertébrés. Les mâles attirent les femelles en émettant un hou-hou à intervalles réguliers.

Xenopus laevis

Dactylètre du Cap

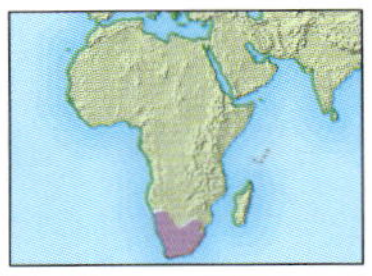

Longueur 6–13 cm
Mode de vie Principalement aquatique
Période de reproduction Saison des pluies
Statut Commun
Répartition S. Afrique

Avec son corps aplati et ses grands pieds palmés, le dactylètre du Cap est parfaitement adapté à la vie dans le fond des lacs et des étangs. Comme chez son proche parent le pipa américain (voir p. 443), les yeux et les narines sont situés sur le haut de la tête et sa peau le camoufle pour se protéger des hérons et autres prédateurs. Pendant la période de reproduction, les femelles pondent un grand nombre d'œufs très petits qu'elles fixent sur différents supports sous l'eau. Cette espèce est souvent élevée en laboratoire pour l'enseignement et la recherche.

PATTES ANTÉRIEURES
Ces petites pattes ont 3 doigts, que cet amphibien vorace utilise pour mettre dans sa bouche les invertébrés et les petits poissons.

ORGANES SENSORIELS

La ligne blanche de « points de suture » sur les flancs contient des organes sensoriels spéciaux qui détectent les vibrations, permettant au crapaud de localiser la nourriture et les prédateurs dans l'eau trouble.

Alytes muletensis

Alyte de Majorque

Longueur 3,5–4,5 cm
Mode de vie Principalement terrestre
Période de reproduction Printemps et été
Statut CR
Répartition Îles Baléares (Majorque)

L'un des crapauds les plus rares au monde, cette minuscule espèce fait l'objet d'un programme de conservation très efficace : les animaux, élevés en captivité, sont relâchés dans des habitats à Majorque. Son corps est jaunâtre ou brun clair avec des taches noires. Les femelles et les mâles chantent pour attirer leurs partenaires. La femelle transfère les œufs au mâle qui les transporte jusqu'à ce qu'ils soient prêts à éclore. Les têtards deviennent très gros, mais grandissent très peu à la fin de la métamorphose.

AMPHIBIENS

Pipa pipa

Pipa américain

Longueur 5–20 cm
Mode de vie Entièrement aquatique
Période de reproduction Saison des pluies
Statut Commun localement

Répartition N. Amérique du Sud

Le pipa américain a le dos gris et le ventre plus clair, un corps aplati et une tête plate et triangulaire. Comme les autres membres de la famille des Pipidae, il n'a pas de langue. Vivant dans les eaux troubles, boueuses et à faible débit, le pipa américain est parfaitement adapté à une vie entièrement aquatique : puissantes pattes postérieures pour nager, organes sensoriels qui détectent les vibrations dans l'eau boueuse, protubérances sur les doigts semblables à des tentacules pour sentir les proies et yeux pointant vers le haut pour voir au-dessus de la surface. Ce crapaud s'accouple et se reproduit de façon très inhabituelle : le mâle enlace la femelle par-dessus et le couple tourne plusieurs fois. Les œufs sont pondus, fécondés et piégés entre le ventre du mâle et le dos de la femelle. Ils sont alors retenus par la peau du dos de la femelle, où ils se développent dans des capsules et naissent sous forme de grenouilles en miniature.

Rhinophrynus dorsalis

Rhinophryne dorsal

Q : Crapaud fouisseur du Mexique
Longueur 6–8 cm
Mode de vie Terrestre/fouisseur
Période de reproduction Saison des pluies
Statut Commun localement

Répartition S. États-Unis à Amérique centrale

Avec son corps très large, son museau pointu et ses petites pattes, ce crapaud à l'apparence inhabituelle est adapté à la vie souterraine. Il vit dans les régions de basse altitude, où il peut facilement creuser le sol meuble et ne sort qu'après de fortes pluies. Les adultes se reproduisent dans les étangs, et les mâles ont des sacs vocaux internes pour appeler les femelles. Une fois les œufs éclos, les têtards se nourrissent en filtrant la nourriture dans l'eau à l'aide de barbillons situés autour de leur bouche.

Scaphiopus couchii

Crapaud fouisseur

Q : Pieds-en-bêche de Couch
Longueur 5,5–9 cm
Mode de vie Principalement terrestre
Période de reproduction Printemps et été
Statut Commun localement

Répartition S. États-Unis, Mexique

L'une de six espèces identiques, toutes d'Amérique du Nord, ce crapaud jaune ou jaune-vert, avec des marbrures plus foncées, est un exemple classique d'un amphibien qui survit à la sécheresse en s'enfouissant sous terre. Comme ses proches, il a des tubercules noirs en forme de bêche sur les pieds postérieurs qu'il utilise pour creuser jusqu'à 1 m ou plus dans le sol meuble et sablonneux. Une fois sous terre, il s'enveloppe d'un cocon étanche qu'il fabrique en se dépouillant de plusieurs couches de peau et reste endormi en attendant la pluie. Quand cette dernière arrive – parfois plusieurs mois plus tard –, le cocon se brise et le crapaud fait surface pour se reproduire.

Pelobates fuscus

Pélobate brun

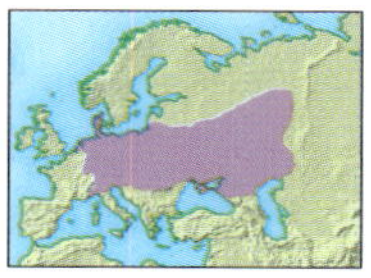

Longueur 4–8 cm
Mode de vie Principalement terrestre
Période de reproduction Printemps
Statut VU

Répartition C. et E. Europe, O. Asie

Ce crapaud de couleur variable et trapu a sur les pieds postérieurs un tubercule corné qui lui permet de creuser le sol. Il vit dans les dunes de sable, les landes et les terres cultivées, se nourrit d'insectes et d'invertébrés. Lorsqu'il est menacé, il pousse des cris perçants et se gonfle, dressé sur ses quatre pattes. Il émet souvent une odeur d'ail, probablement pour faire fuir les prédateurs.

Megophrys montana

Mégophrys

Longueur 7–14 cm
Mode de vie Principalement terrestre
Période de reproduction Saison des pluies
Statut Commun localement

Répartition S.-E. Asie

Cet anoure tropical, l'un des amphibiens les mieux camouflés du monde, vit sur le sol forestier, imitant les feuilles mortes par sa couleur brune et par sa forme, avec un museau pointu, des « cornes » au-dessus des yeux et des plis cutanés qui ressemblent au bord des feuilles. Les femelles pondent leurs œufs sous les rochers dans les ruisseaux. Après l'éclosion, les têtards sont suspendus verticalement à la surface de l'eau et se nourrissent de minuscules organismes à l'aide de leur grande bouche en forme de parapluie.

Pelodytes punctatus

Pélodyte ponctué

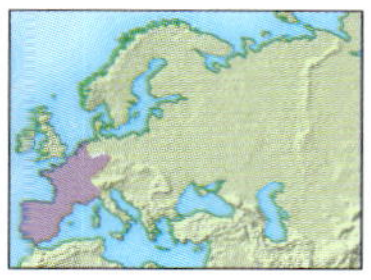

Longueur 3–5 cm
Mode de vie Principalement terrestre
Période de reproduction Printemps
Statut Commun localement

Répartition O. et S.-O. Europe

Le pélodyte ponctué, petit et agile, vit dans les lieux humides avec de la végétation près des étangs. Il escalade des parois verticales telles qu'arbres, rochers ou murs, en utilisant son ventre comme une ventouse. Comme la plupart des grenouilles, il est actif la nuit, passe l'hiver et les périodes de sécheresse sous terre et se nourrit d'insectes et autres invertébrés. Pendant la période de reproduction, les mâles appellent sous l'eau pour attirer les femelles, qui leur répondent. Les femelles pondent leurs œufs en larges chapelets dans les étangs. Les têtards sont parfois plus gros que les adultes.

Notaden bennetti

Notaden à croix

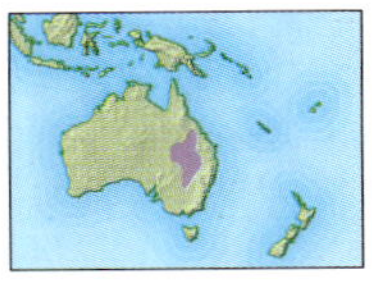

Longueur 4–7 cm
Mode de vie Principalement terrestre
Période de reproduction Après les fortes pluies
Statut Commun localement
Répartition E. Australie

Tenant son nom de ses verrues dorsales en croix, ce petit crapaud globuleux appartient à une famille de plus de 100 espèces uniquement australiennes. Comme beaucoup de ses alliés, il passe les périodes de sécheresse sous terre et sort pour se nourrir et se reproduire lorsqu'il pleut. Il se nourrit de fourmis et de termites et produit une sécrétion collante lorsqu'il est manipulé. Ses têtards se développent dans des mares provisoires.

Limnodynastes peronii

Limnodynaste

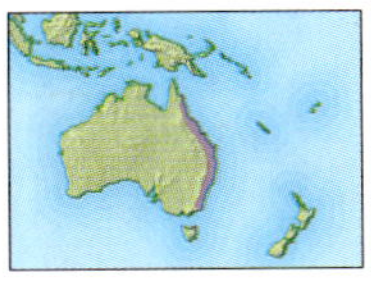

Longueur 3–6,5 cm
Mode de vie Principalement terrestre
Période de reproduction Printemps et été
Statut Commun localement
Répartition E. Australie

Cet amphibien à longues pattes, avec des bandes noires longitudinales sur le corps, vit dans les marécages et les alentours, se nourrissant la nuit d'insectes et d'autres invertébrés. En hiver et pendant la saison sèche, il s'enfouit sous terre. Le mâle lance un appel semblable à un clic pour attirer la femelle. Pendant l'accouplement, le couple façonne un nid d'écume flottant dans lequel de 700 à 1 000 œufs sont déposés. Ceux-ci éclosent rapidement et les têtards se développent pareillement.

Rheobatrachus silus

Rhéobatrachus

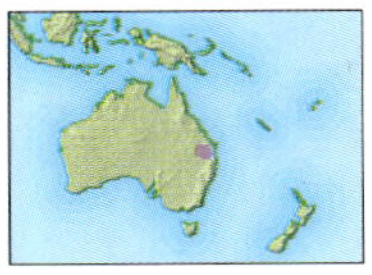

Longueur 3,5–5,5 cm
Mode de vie Entièrement aquatique
Période de reproduction Été
Statut CR
Répartition Australie (S.-E. Queensland)

Cet amphibien extrêmement rare a une méthode de reproduction extraordinaire. La femelle pond entre 18 et 25 œufs et les couve dans son estomac, apparemment en les avalant une fois qu'ils ont été fécondés. Les sécrétions des œufs neutralisent l'activité gastrique de la mère, ce qui leur garantit un bon développement. Le stade têtard a lieu dans l'œuf et, une fois éclos, les minuscules grenouilles sortent par la bouche de la mère. Le rhéobatrachus est aquatique, mais on connaît peu son genre de vie dans la nature. Il a été découvert en 1973, mais n'a pas été observé depuis plusieurs années, et il se pourrait que l'espèce soit éteinte.

Pseudophryne corroboree

Grenouille Corroboree

Longueur 2,5–3 cm
Mode de vie Principalement terrestre
Période de reproduction Été
Statut EN
Répartition Australie (S.-E. Nouv.-Galles du Sud)

Cet animal rare est l'un des amphibiens les plus colorés d'Australie. Il vit dans les tourbières des Alpes australiennes et pond ses œufs dans la mousse plutôt que dans l'eau. On ne connaît pas précisément la raison de ses couleurs vives – jaune ou jaune-vert avec des bandes noires : contrairement à celle de la plupart des amphibiens colorés, sa peau n'est pas toxique.

Crinia insignifera

Crinie porte-signe

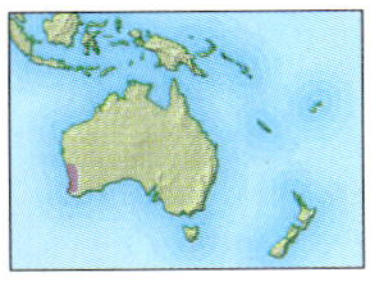

Longueur 1,5–3 cm
Mode de vie Principalement terrestre
Période de reproduction Hiver
Statut Commune localement
Répartition S.-O. Australie

Petite grenouille australienne au corps et aux pattes fins, la crinie porte-signe est gris à brun et a souvent un motif triangulaire entre les yeux ; sa peau peut être lisse ou verruqueuse. Elle vit dans les marais provisoires qui se forment après les pluies hivernales, se nourrit d'insectes et autres vertébrés et passe la saison sèche sous terre. Pendant la période de reproduction, le mâle lance des appels pour attirer une femelle. Les femelles pondent environ 60 à 250 œufs en une fois dans l'eau, soit isolément, soit en grappes ; les œufs tombent au fond de l'étang.

Uperoleia lithomoda

Upéroleia

Longueur 1,5–3 cm
Mode de vie Principalement terrestre
Période de reproduction Hiver
Statut Commun localement
Répartition N. Australie

Semblable à un clic, l'appel nuptial de cette petite grenouille trapue évoque le bruit que font deux pierres cognées l'une contre l'autre. Elle est brun foncé ou grise, avec une ligne dorée ou tachetée sur les flancs, des pattes courtes et un tubercule corné sur les pattes postérieures lui permettant de creuser le sol. Elle passe la saison sèche enfouie sous terre. La femelle pond les œufs en grappes qui tombent au fond de l'étang.

Sooglossus gardineri

Sooglosse des Seychelles

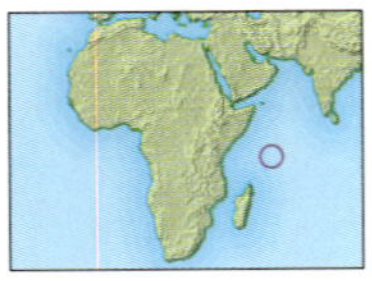

Longueur 1–1,5 cm
Mode de vie Entièrement terrestre
Période de reproduction Saison des pluies
Statut VU
Répartition Seychelles

Minuscule grenouille, blanc crémeux à vert-jaune, au mode de reproduction inhabituel. Les œufs, pondus en grappes sur le sol, sont gardés par le mâle et donnent naissance à des grenouilles miniatures – et non à des têtards – qui rampent sur le dos de leur père et y restent, collées par le mucus, jusqu'à ce qu'elles aient consommé tout le vitellus et que leurs pattes soient développées.

Heleophryne purcelli

Héléophryne de Purcell

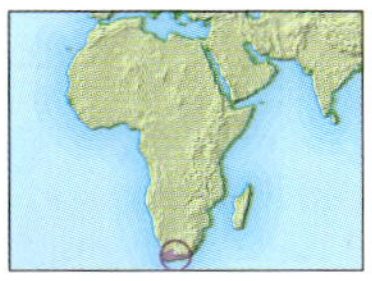

Longueur 3–6 cm
Mode de vie Principalement aquatique
Période de reproduction Été
Statut Commun localement
Répartition S. Afrique (région du Cap)

L'héléophryne de Purcell est parfaitement adaptée à la vie aquatique : longues pattes et pieds palmés aptes à la nage dans les torrents rapides, extrémité aplatie des doigts lui permettant de s'agripper aux rochers glissants. Les mâles acquièrent en période de reproduction de minuscules épines sur le corps. Les têtards se fixent aux rochers par leur grande bouche de type ventouse.

Ceratophrys cornuta

Cératophrys cornu

Longueur 10–20 cm
Mode de vie Principalement terrestre
Période de reproduction Saison des pluies
Statut Commun localement
Répartition N.-O. Amérique du Sud

Formidable chasseur, ce crapaud à la bouche immense chasse en embuscade et, s'il est menacé, se défend férocement en utilisant ses grandes dents pointues. Son corps est bien camouflé, ses pattes sont relativement petites, et il a une «corne» au-dessus de chaque œil. Les mâles sont un peu plus petits que les femelles et, pendant la période de reproduction, émettent un son ressemblant au miaulement d'un chat. Les femelles pondent jusqu'à 1 000 œufs qu'elles enroulent autour des plantes aquatiques. Contrairement à la plupart des têtards, ceux du cératophrys cornu sont des prédateurs dès leur naissance : ils attaquent les têtards des autres grenouilles, voire leurs frères. Ils ont un bec large et cornu et des mâchoires musclées.

CHASSE EN EMBUSCADE

Le cératophrys cornu capture d'autres grenouilles, des lézards et des souris en se plaçant en embuscade. Il s'enfouit partiellement dans le sol meuble, ne laissant parfois que les yeux dépasser à la surface, et attend que des animaux passent. Comme chez les autres amphibiens, son attaque est déclenchée par le mouvement. Une fois qu'une proie est à sa portée, il surgit de sa cachette, immobilise sa victime avec ses dents et l'avale en entier.

UNE FORTE CORPULENCE
Le cératophrys cornu est une grenouille au corps massif et charnu, avec une énorme tête et une bouche très large. Il a une protubérance semblable à une corne au-dessus de chaque œil.

Physalaemus pustulosus

Physalème pustuleux

Longueur 3–4 cm
Mode de vie Principalement terrestre
Période de reproduction Saison des pluies
Statut Commun
Répartition Amérique centrale

Avec sa peau verruqueuse gris foncé ou brun, cette grenouille ressemble à un crapaud. Le mâle lance des appels puissants, gonflant régulièrement ses grands sacs vocaux pour produire un «gémissement» suivi d'un ou plusieurs claquements. Plus il en fait, plus il a de chances d'attirer une femelle; toutefois, ses appels peuvent également attirer les chauve-souris prédatrices. La femelle pond ses œufs dans des nids d'écume flottants dans les mares provisoires.

Physalaemus nattereri

Physalème de Natterer

Longueur 3–4 cm
Mode de vie Principalement terrestre
Période de reproduction Après la saison des pluies
Statut Inconnu
Répartition E. Amérique du Sud

Le physalème de Natterer se reconnaît à ses deux taches blanc et noir sur le dos, semblables à des yeux. S'il est menacé, il se gonfle et soulève la partie arrière de son corps, exposant ses faux yeux. Il peut aussi sécréter une substance désagréable produite par ses glandes situées à la base des cuisses. Cette grenouille a un corps rebondi, semblable à celui d'un crapaud, et de courtes pattes. Elle est brunâtre, avec des motifs marbrés.

Leptodactylus pentadactylus

Leptodactyle géant

Longueur 8–22 cm
Mode de vie Principalement terrestre
Période de reproduction Saison des pluies
Statut Commun localement
Répartition Amérique centrale, N. Amérique du Sud

Cette grenouille est l'un des plus grands membres de son genre, qui réunit environ 50 espèces, principalement limitées aux tropiques américains. Elle est jaune ou brun clair, avec des taches foncées, de longues pattes, de grands yeux et des tympans bien visibles. Le mâle a des pattes antérieures musclées, avec sur les pouces une épine pointue, noire, qu'il utilise pour repousser les autres mâles. La femelle pond ses œufs près de l'eau et les dépose dans un nid d'écume que le mâle a façonné en battant du mucus avec ses pattes postérieures. Le leptodactyle géant est actif la nuit, se nourrit d'insectes et autres invertébrés ainsi que d'autres animaux et passe les périodes de sécheresse caché sous des bûches ou sous terre. S'il est saisi, il émet un cri sonore pour surprendre le prédateur afin qu'il lâche prise. Les cuisses de cette grenouille font parfois l'objet de préparations culinaires.

Eleutherodactylus planirostris

Éleuthérodactyle

Longueur 2,5–4 cm
Mode de vie Entièrement terrestre
Période de reproduction Été
Statut Commun localement
Répartition S.-E. États-Unis, Antilles

Cette minuscule grenouille appartient à une famille d'environ 400 espèces, présentes dans toutes les régions chaudes d'Amérique. Elle est brune ou cuivrée, avec des mouchetures ou des lignes plus foncées sur le dos et des disques adhésifs sur les doigts et les orteils. L'éleuthérodactyle vit généralement dans les habitats boisés, mais aussi dans les jardins. Comme ses nombreux alliés, il pond dans les endroits humides, sur le sol, et les œufs éclosent pour donner directement de petites grenouilles formées.

Telmatobius culeus

Telmatobius

Longueur 8–12 cm
Mode de vie Entièrement aquatique
Période de reproduction Été
Statut Commun localement
Répartition Amérique du Sud (lac Titicaca)

Cette grenouille est adaptée à la vie dans les eaux froides et pauvres en oxygène du lac Titicaca. Elle a de longues pattes postérieures pourvues de pieds palmés pour nager et de très petits poumons qui lui permettent de plonger. En raison de la petite taille de ses poumons, elle compte principalement sur l'oxygène absorbé par sa peau. Cette absorption est accrue par les grands plis cutanés, qui augmentent la surface de l'animal, et la présence de nombreux vaisseaux sanguins et globules rouges.

Bufo bufo

Crapaud commun

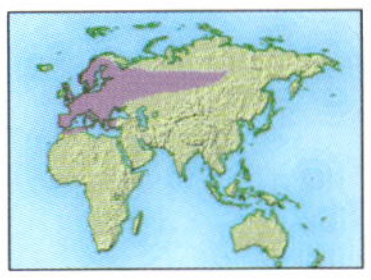

Longueur 8–20 cm
Mode de vie Principalement terrestre
Période de reproduction Printemps
Statut Commun
Répartition N.-O. Afrique, Europe à C. Asie

L'un des amphibiens les plus répandus en Europe, c'est un animal robuste à peau verruqueuse. Ses couleurs vont du brun ou vert au rougeâtre. Les femelles sont généralement beaucoup plus grandes que les mâles, notamment au début du printemps, lorsqu'elles sont pleines d'œufs. À cette saison, les mâles et les femelles se rassemblent dans les mares et, après l'accouplement, la femelle pond des chapelets d'œufs autour des plantes aquatiques. Pendant le reste de l'année, ce crapaud passe la majeure partie de son temps hors de l'eau, se nourrissant d'insectes, de limaces et autres petits animaux. Il est nocturne, se cachant la journée sous les souches et autres endroits humides.

APPARENCE
Ce crapaud commun a de grands yeux cuivrés ou dorés. Pendant la période de reproduction, le mâle acquiert des coussinets sur ses pieds antérieurs pour agripper la femelle.

AUTODÉFENSE

Le crapaud commun a derrière chaque œil une grande glande parotoïde sécrétant une substance désagréable pour les prédateurs. S'il est menacé, il se gonfle en inspirant et se tient sur la pointe des pieds pour avoir l'air plus grand. En dépit de son apparence menaçante, il mord rarement et est inoffensif pour l'homme.

Bufo americanus

Crapaud américain

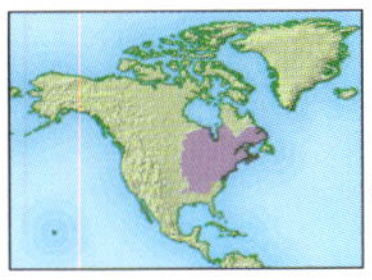

Longueur 5–9 cm
Mode de vie Principalement terrestre
Période de reproduction Printemps
Statut Commun localement
Répartition E. Canada, E. États-Unis

Comme le crapaud commun, celui-ci a une peau verruqueuse, des yeux saillants et une grande glande parotoïde de part et d'autre de la tête. Il présente une grande variation de couleurs, du brun à des tons très vifs, et sa poitrine est tachetée. Peu exigeant, il est présent dans tous les habitats, dont les jardins et les montagnes, et est actif la nuit. Pendant la parade nuptiale, le mâle émet un trille musical de trois à soixante secondes. Les femelles pondent leurs œufs en longs chapelets dans les mares, et les enroulent autour de la végétation.

Bufo periglenes

Crapaud doré

Longueur 4–5,5 cm
Mode de vie Principalement terrestre
Période de reproduction Saison des pluies
Statut CR
Répartition Amérique centrale (C. Costa Rica)

Le crapaud doré est un exemple frappant du déclin catastrophique d'une population : on comptait 1 500 individus en 1987, 1 en 1989 et 1 en 1990. Depuis, aucun spécimen n'a été mentionné. Étant donné que l'espèce n'a été observée que dans une petite région (10 km^2) de forêt nébuleuse à haute altitude, il est possible qu'elle soit désormais éteinte, probablement en raison des changements climatiques. Les crapauds dorés se distinguent par les différences de couleurs entre mâles et femelles. Les femelles sont jaune-vert à noir, avec des taches rouges bordées de jaune, tandis que les mâles sont orange vif. Pendant la période de reproduction, mâles et femelles convergent dans les petites mares provisoires et c'est là que les naturalistes portent leur attention, dans l'espoir que l'espèce existe encore.

Bufo gutturalis

Crapaud guttural

Longueur 5–10 cm
Mode de vie Principalement terrestre
Période de reproduction Printemps
Statut Commun localement
Répartition S. Afrique

Le crapaud guttural est présent près des étangs et des ruisseaux. Dans les zones urbaines, on le voit la nuit sous les lampadaires, où il se nourrit d'insectes. Il chasse aussi d'autres invertébrés et les termites volants lorsqu'ils quittent la termitière. La femelle est plus grande que le mâle, mais ce dernier a des pattes antérieures plus longues. Les deux sexes sont d'un brun clair avec des taches brun foncé. Les mâles émettent un profond ronflement guttural pour attirer une partenaire ; les femelles pondent dans l'eau.

Bufo rangeri

Bufo rangeri

Longueur 5–11 cm
Mode de vie Principalement terrestre
Période de reproduction Printemps
Statut Commun localement
Répartition S. Afrique

Ce crapaud tacheté, jaune ou brun clair, vit dans les prairies et les lieux boisés près des rivières, des ruisseaux et des étangs. En saisons sèches et froides, il se cache sous les souches et les rochers ou dans la végétation en décomposition. Lorsqu'il est acculé par un prédateur, ses glandes parotoïdes sécrètent une substance gluante désagréable. En période de reproduction, les mâles émettent de puissants «couacs». L'accouplement, les appels et les luttes nécessitent beaucoup d'énergie, et de ce fait les mâles perdent du poids à cette époque de l'année.

Bufo viridis

Crapaud vert

Longueur 6–9 cm
Mode de vie Principalement terrestre
Période de reproduction Printemps et été
Statut Commun localement
Répartition E. Europe, Asie

Ce crapaud robuste a une peau claire grisâtre à marbrures vertes. Il préfère les terrains sablonneux à basse altitude et les endroits secs, mais il est aussi présent en montagne et en zones urbaines. Il passe l'hiver et les périodes arides sous les souches et les rochers ou enfoui dans la végétation en décomposition. Actif la nuit, il se nourrit d'insectes. Pendant la parade, le mâle émet un sifflement aigu. Une femelle peut pondre entre 10 000 et 12 000 œufs à la fois.

Atelopus zeteki

Atélope de Zetek

Longueur 3,5–6 cm
Mode de vie Principalement terrestre
Période de reproduction Saison des pluies
Statut EN ∆
Répartition S. Amérique centrale (Panamá)

Cette grenouille d'un jaune ou orange vif, parfois tachetée de noir, est un excellent exemple de coloration aposématique. Sa peau sécrète un poison lorsqu'elle est attaquée, et les prédateurs qui ont fait l'expérience de la douleur une première fois apprennent à l'éviter en associant la couleur vive à un stimulus désagréable. Comme beaucoup d'anoures d'Amérique centrale, sa population a décliné de façon drastique ces dernières années.

Brachycephalus ephippium

Brachycéphale selle-de-cheval

Longueur 1–2 cm
Mode de vie Principalement terrestre
Période de reproduction Inconnue
Statut Commun localement
Répartition E. Amérique du Sud

Cette espèce vit dans les forêts pluviales de montagne, principalement dans la litière végétale où elle se nourrit d'insectes et d'autres invertébrés. Pendant la saison sèche, elle se cache dans des fissures. Le brachycéphale selle-de-cheval vit sur le sol – il ne peut pas sauter, ni grimper facilement, car ses orteils épais sont dépourvus de disques adhésifs. Il a une plaque osseuse en forme de selle incrustée dans la peau lisse de son dos orange vif; son ventre est jaune. La femelle pond 5 ou 6 gros œufs sur la terre; il n'y a pas de stade têtard, et les petites grenouilles éclosent directement.

Nimbaphrynoides occidentalis

Nimbaphrynoïde occidental

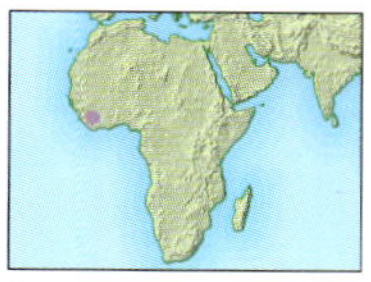

Longueur 1,5–2,5 cm
Mode de vie Entièrement terrestre
Période de reproduction Printemps et été
Statut EN
Répartition O. Afrique (mont Nimba)

Ce crapaud a un mode de reproduction inhabituel : les œufs sont fécondés et les jeunes se développent dans le corps de la mère. Après une période de gestation de neuf mois, celle-ci met bas en se gonflant d'air et en expulsant de 2 à 16 minuscules crapauds. En saison sèche, le nimbaphrynoïde occidental se cache dans les fissures de roches.

Pedostibes hosii

Pédostibe de Boulanger

Longueur 5–10 cm
Mode de vie Principalement terrestre
Période de reproduction Saison des pluies
Statut Commun localement
Répartition S.-E. Asie

Chose inhabituelle pour un crapaud, le pédostibe de Boulanger est un bon grimpeur grâce aux disques adhésifs de tous ses orteils. Il a des verrues et de petites épines sur la peau et sa coloration va du brun-vert au noir, avec des taches jaunes; certaines femelles ont également une teinte pourpre. Il vit généralement le long des rivières et ruisseaux dans les forêts, est actif la nuit et se nourrit de fourmis. La femelle pond de nombreux petits œufs en chapelets dans les eaux agitées. Les têtards ont une bouche semblable à une ventouse pour s'agripper aux rochers.

Rhinoderma darwinii

Rhinoderme de Darwin

Longueur 2,5–3 cm
Mode de vie Principalement terrestre
Période de reproduction Toute l'année
Statut Commun localement
Répartition S. Amérique du Sud

Vivant dans les forêts des Andes méridionales, le rhinoderme de Darwin est connu pour couver ses œufs dans ses sacs vocaux – forme de soin parental observée chez peu d'autres amphibiens. Avec un dos brun ou vert et un ventre noir, il est reconnaissable à sa petite taille et à son museau très pointu.

Les adultes vivent dans les vallées humides et ombragées près des cours d'eau; principalement nocturnes, ils se nourrissent d'insectes et d'autres petits animaux. Pendant la période de reproduction, le mâle attire la femelle avec un appel peu sonore et semblable au son d'une cloche. Une fois les œufs pondus, le mâle veille sur eux jusqu'à l'éclosion.

CARACTÉRISTIQUES PHYSIQUES
Cette petite grenouille a un museau pointu et charnu, des pattes fines, de longs doigts, des orteils palmés, de petits tympans et des yeux à pupilles horizontales.

SOINS PARENTAUX

La femelle du rhinoderme ayant déposé sur le sol une grappe qui peut compter jusqu'à 40 gros œufs, le mâle veille sur eux pendant deux ou trois semaines. Lorsque les embryons commencent à bouger, il avale une quinzaine d'œufs et les conserve dans ses sacs vocaux, où les têtards éclosent. Ces derniers ont uniquement besoin de leur vitellus pour se développer, et les jeunes grenouilles sortent alors par la bouche du père.

Pseudis paradoxa

Grenouille paradoxale

Longueur 5–7 cm
Mode de vie Entièrement aquatique
Période de reproduction Saison des pluies
Statut Commune localement
Répartition E. Amérique du Sud, Trinité

Chez la plupart des grenouilles, les adultes sont beaucoup plus gros que les têtards en fin de croissance, mais les têtards ont une vie exceptionnellement longue et peuvent atteindre 25 cm de long – quatre fois plus que les adultes. Pendant le dernier stade de la métamorphose, l'animal rapetisse, principalement en résorbant sa très longue queue. La plupart des caractéristiques de la grenouille adulte sont des adaptations à une vie aquatique : elle a des yeux et des narines pointant vers le haut, qui lui permettent de flotter juste sous la surface de l'eau, des pieds postérieurs palmés pour la nage, et une peau visqueuse. Elle vit dans les étangs, les lacs et les marais et se nourrit d'invertébrés aquatiques, remuant la vase avec ses pieds pour déranger sa proie avant de la capturer. La femelle pond ses œufs dans un nid d'écume flottant.

AMPHIBIENS

Bufo marinus

Crapaud agua

Longueur 5–23 cm

Mode de vie Principalement terrestre

Période de reproduction Après la pluie

Statut Commun localement

Répartition Amérique centrale, Amérique du Sud. Introduit en Australie et ailleurs

Le crapaud agua est le plus grand crapaud du monde. Trapu, il a une peau brune très rugueuse et verruqueuse qui ressemble à du cuir au toucher. Il a une tête massive, avec des sillons osseux au-dessus des yeux et des glandes parotoïdes saillantes sécrétant un poison laiteux dès qu'il est en danger. Vorace, il se nourrit de fourmis, de termites et de coléoptères, mais consomme volontiers une grande variété d'autres invertébrés et des grenouilles. Le crapaud agua est généralement solitaire, sauf en période de reproduction. Les mâles attirent l'attention des femelles avec un trille ronronnant. La femelle, plus grosse que le mâle, pond ses œufs en longs chapelets gélatineux et les place autour des plantes ou de débris dans l'eau. Une ponte peut compter 20 000 œufs. Dans des conditions idéales, les jeunes crapauds atteignent la taille adulte un an après avoir quitté l'eau. Cette espèce a été délibérément introduite dans certains pays dans l'espoir qu'elle maîtriserait les insectes dévastant les cultures de canne à sucre – dans ces pays, elle est généralement appelée crapaud des cannes à sucre.

COURT ET MASSIF
Avec son corps lourd et massif et ses pattes courtes, le crapaud agua est bien adapté à la vie sur terre. Il se déplace généralement en rampant ou en effectuant de petits sauts.

CONSERVATION

La population de ce crapaud a tant augmenté en Australie depuis son introduction en 1935 qu'il est considéré comme un nuisible. Il a eu une influence sur les anoures locaux, avec lesquels il rivalise pour les abris et les sites de reproduction, ainsi que sur d'autres animaux. Des actions sont entreprises pour maîtriser sa propagation, et il s'avère que les prédateurs apprennent à manger cet intrus très toxique en toute sécurité ou à l'éviter totalement.

UN ANIMAL VORACE
Sortant la nuit pour se nourrir, le crapaud agua mange presque tout ce qui peut entrer dans sa bouche. Dans les zones urbaines, ces crapauds se réunissent souvent sous les lampadaires pour manger les insectes attirés par la lumière.

DÉFENSE VENIMEUSE

Le crapaud agua est extrêmement toxique pour les autres animaux. S'il est menacé ou comprimé, par exemple quand il est dans la bouche d'un prédateur, les grandes glandes situées sur ses épaules sécrètent du venin, tout comme celles, plus petites, qu'il a sur le corps. Tout animal avalant ce poison peut mourir très vite – en quinze minutes parfois.

UNE FORMIDABLE CAPACITÉ DE SURVIE
Le crapaud agua s'adapte très facilement, en termes à la fois de survie et de reproduction. Il est capable de prospérer dans presque n'importe quel habitat et peut même supporter les eaux saumâtres. Il se nourrit de tous les animaux qu'il peut capturer et peut survivre sans eau pendant de longues périodes. Il se reproduit toute l'année, en pondant de grandes quantités d'œufs.

AMPHIBIENS

Litoria caerulea

Littorie bleue

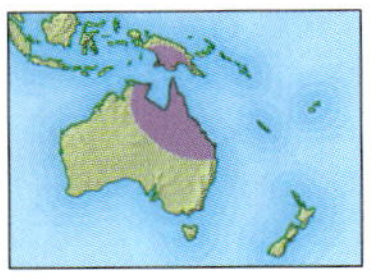

Longueur 5–10 cm
Mode de vie Terrestre
Période de reproduction Printemps et été
Statut Commune
Répartition S. Nouvelle-Guinée, N. et E. Australie

Cette espèce australienne est bien connue pour sa familiarité et sa tendance à vivre dans les immeubles ou à proximité. Ses couleurs vont de vert à bleu-vert, avec parfois des taches blanches. Comme la plupart des rainettes, elle a des disques adhésifs sur les orteils. Lorsqu'il pleut, sa peau flasque et très plissée lui permet d'absorber beaucoup d'eau – capacité qui en fait un animal exceptionnellement tolérant à la sécheresse. La rainette de White est un chasseur nocturne qui se nourrit d'insectes et autres invertébrés et parfois de plus gros animaux comme les souris. Les mâles sont plus petits que les femelles et émettent un cri semblable à un aboiement. Après l'accouplement, la femelle pond de 2 000 à 3 000 œufs dans l'eau. Ces grenouilles présentent un intérêt considérable pour la médecine : leur peau produit plusieurs substances antibactériennes et antivirales ainsi qu'une autre utilisée pour traiter l'hypertension chez l'homme.

Pseudacris crucifer

Pseudacris porte-croix

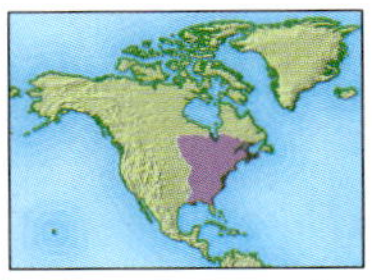

Q : Rainette crucifère
Longueur 2–3,5 cm
Mode de vie Principalement terrestre
Période de reproduction Printemps
Répartition S.-E. Canada, E. États-Unis
Statut Commun localement

Dans presque tout l'est de l'Amérique du Nord, l'appel particulier de cette rainette indique l'arrivée imminente du printemps. Elle appartient à un groupe d'espèces qui sont d'agiles grimpeurs à palmure réduite et disques adhésifs sur les orteils. Le pseudacris porte-croix vit dans les zones boisées avec des étangs permanents ou éphémères et passe l'hiver et la période sèche sous les souches ou la végétation en décomposition.

SAC VOCAL GONFLÉ

Les mâles se rassemblent dans les arbustes et les arbres près de l'eau, au début du printemps, et émettent en chœur de puissants sifflements mélodieux. Le sac vocal du mâle amplifie son appel lorsque l'air passe sur les cordes vocales en effectuant des va-et-vient entre le sac et les poumons.

Litoria infrafrenata

Rainette géante

Longueur 10–14 cm
Mode de vie Principalement terrestre
Période de reproduction Printemps et été
Statut Commune localement
Répartition Nouvelle-Guinée, N.-E. Australie

Cette espèce tropicale est la plus grosse rainette d'Australie et l'une des plus grandes du monde. Passant la majeure partie de sa vie dans les arbres, elle se nourrit à la tombée de la nuit d'insectes et d'autres invertébrés. Elle a un dos vert uni, une bande caractéristique sur la lèvre inférieure et de grands disques adhésifs sur les orteils. En période de reproduction, les adultes descendent des arbres et les femelles pondent jusqu'à 400 œufs dans l'eau.

Acris crepitans

Acris

Q : Rainette grillon du Nord
Longueur 1,5–4 cm
Mode de vie Principalement terrestre
Période de reproduction Printemps
Répartition E. et S. États-Unis
Statut Commun

Cette grenouille, qui vit dans le feuillage près des marais, étangs, ruisseaux et lacs et prend souvent des bains de soleil, effectue de très longs sauts grâce à ses pattes postérieures courtes et puissantes. Les adultes ont une peau rugueuse et une marque noire et triangulaire entre les yeux. Au début du printemps, les grenouilles s'amassent dans les étangs, où les mâles émettent des séries de puissants clics métalliques rappelant le chant des grillons. Dans certaines régions, les têtards ont le bout de la queue noir. Cela détourne l'attention des larves de libellules prédatrices, davantage attirées par cette tache que par des parties du corps plus vulnérables.

Hyla cinerea

Rainette cendrée

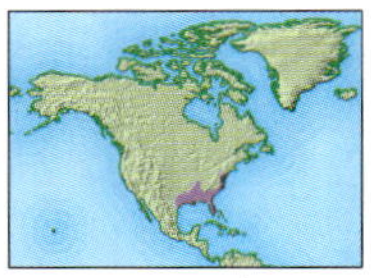

Q : Rainette verte
Longueur 3–6 cm
Mode de vie Principalement terrestre
Période de reproduction Printemps
Répartition S.-E. États-Unis
Statut Commune

Cette rainette d'un vert vif peut changer rapidement de couleur, du jaune lorsqu'elle appelle des partenaires, au gris lorsque le temps est froid. Pendant la période de reproduction, les mâles forment des chœurs autour des étangs ; certains appellent pour attirer les partenaires, tandis que d'autres, appelés mâles satellites, sont silencieux et tentent d'intercepter les femelles attirées par les mâles qui chantent. Cette espèce apparaît souvent sur les fenêtres, où elle se nourrit d'insectes attirés par la lumière.

Hyla arborea

Rainette verte

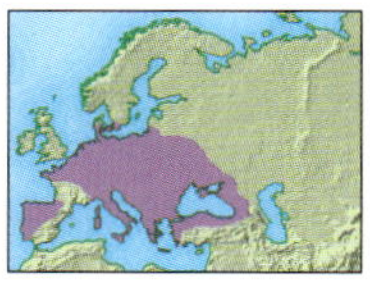

Longueur 3–5 cm
Mode de vie Terrestre
Période de reproduction Printemps et été
Statut LR
Répartition Europe, O. Asie

L'Europe abrite uniquement deux espèces de rainettes – et celle-ci est la plus répandue. Généralement d'un vert vif, mais parfois jaune ou brune, elle a une bande horizontale noire sur la tête et le corps. Elle vit dans la végétation dense près de l'eau et hiberne en hiver. Pendant la période de reproduction, les mâles émettent de puissants « couacs » qui peuvent rapidement donner un chœur bruyant.

Hyla chrysoscelis

Rainette grise

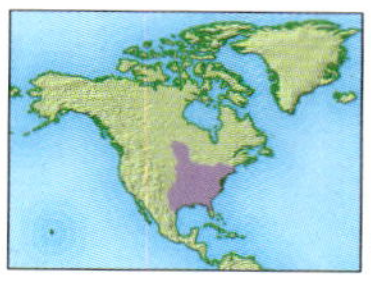

Q. : Rainette criarde
Longueur 3–6 cm
Mode de vie Principalement terrestre
Période de reproduction Printemps
Répartition S. Canada, C. et E. États-Unis
Statut Commune localement

La couleur gris marbré de cette grenouille lui permet de se fondre sur un tronc d'arbre recouvert de lichen. Elle peut changer de couleur selon les conditions climatiques ou lumineuses devenant plus foncée par temps froid et sombre et plus claire dans la lumière vive. Son sang contient du glycérol, un «antigel» qui lui permet de survivre à des températures inférieures à 0 °C. La rainette grise est presque identique à une autre espèce, *H. versicolor*, qui a un coassement plus grave et deux fois plus de chromosomes.

Agalychnis callidryas

Agalychnis

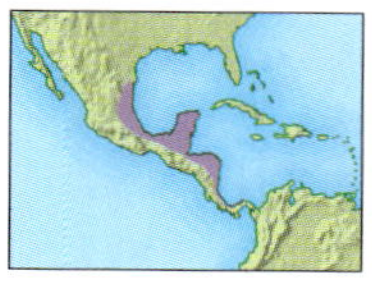

Longueur 4–7 cm
Mode de vie Terrestre
Période de reproduction Été
Statut Commun localement
Répartition Amérique centrale

Ses couleurs de bijou ainsi que ses yeux rouges font de cette rainette la plus remarquable de toutes. En période de reproduction, les mâles se rassemblent sur les branches surplombant un étang, et émettent une série de clics. Le mâle monte sur le dos de la femelle pour l'accouplement, et cette dernière descend dans l'étang, transportant le mâle, pour prendre de l'eau, puis remonte dans l'arbre et pond une cinquantaine d'œufs sur une feuille surplombant l'eau. Elle réitère ces allées-venues pour chaque grappe d'œufs pondue. Les œufs éclosent au bout de cinq jours, et les têtards tombent dans l'étang.

BON GRIMPEUR
Comme toutes les rainettes, l'agalychnis a des coussinets bien développés sur tous les orteils qui l'aident à grimper.

COLORATION

Cette rainette a le corps vert, avec des bandes bleues et blanches sur les flancs; l'intérieur des pattes est rouge et jaune. Le jour, elle dort sur les feuilles, les pattes pliées le long de ses flancs afin de cacher toutes les parties vivement colorées de son corps; son dos vert lui procure un camouflage.

Phyllomedusa hypochondrialis

Phylloméduse

Longueur 2,5–4,5 cm
Mode de vie Entièrement terrestre
Période de reproduction Saison des pluies
Statut Commune localement
Répartition N. à C. Amérique du Sud

Vivant dans les régions arides, cette grenouille au corps allongé sécrète une substance cireuse dont elle s'enduit pour limiter les déperditions d'eau. Les femelles entourent leurs œufs fécondés de capsules emplies d'eau afin de fournir un supplément de liquide aux embryons. La phylloméduse émet une odeur désagréable pour repousser les prédateurs et peut également faire la morte.

Gastrotheca monticola

Gastrothèque, nototrème

Longueur 4–6 cm
Mode de vie Entièrement terrestre
Période de reproduction Printemps et été
Statut Commun localement
Répartition N.-O. Amérique du Sud

La femelle se caractérise par sa poche d'incubation dorsale. Pendant l'accouplement, le mâle place les œufs dans la poche, où ils se développent. Les jeunes sont reliés au système sanguin de la mère par un lien similaire au placenta des mammifères. Après de fortes pluies, la mère libère les jeunes têtards dans l'eau (chez certaines espèces très proches, les jeunes ressemblent à de minuscules adultes). Cette grenouille active la nuit se cache sous les souches pendant l'hiver et les périodes de sécheresse.

Cyclorana australis

Cyclorana

Longueur 7–10,5 cm
Mode de vie Terrestre/fouisseur
Période de reproduction Saison des pluies
Statut Commune localement
Répartition N. Australie

Cette grande grenouille est capable de survivre très longtemps en s'enfouissant sous terre et en perdant de nombreuses couches de peau, qui créent un cocon autour de son corps. Elle retient de grandes quantités d'eau dans sa vessie, ses cavités corporelles et sous la peau. Une espèce apparentée, *Cyclorana platycephala*, est utilisée comme «puits vivant» par les Aborigènes, qui déterrent la grenouille et extraient de l'eau potable en la pressant. La cyclorana est gris pâle, brune ou vert clair, avec une bande brune ou noire sur les yeux. Elle a une large tête, des pattes courtes et musclées, des tubercules cornus sur les pieds postérieurs et une paire de plis cutanés sur le dos. Pendant la période de reproduction, le mâle appelle la femelle sur le bord d'un étang. Elle pond jusqu'à 7 000 œufs en grappe dans l'eau, et les œufs tombent au fond de l'étang.

Scinax ruber

Scinax

Longueur 2,5–4 cm
Mode de vie Principalement terrestre
Période de reproduction Saison des pluies
Statut Commun localement
Répartition S. Amérique centrale à N. Amérique du Sud, Antilles

Cette rainette a un corps svelte jaune, argenté ou gris. En période de reproduction, les mâles émettent des coassements très bruyants pour attirer leurs partenaires. Les femelles, qui sont légèrement plus grosses que les mâles, choisissent leur partenaire selon la taille, préférant ceux qui sont environ 20 % plus petits qu'elles. Cette proportion permet un contact plus étroit avec le cloaque du mâle, afin que le plus grand nombre d'œufs soit fécondé. La femelle dissémine les œufs autour de l'étang pour limiter les effets de la prédation.

Triprion petasatus

Triprion

Longueur 5,5–7,5 cm
Mode de vie Principalement terrestre
Période de reproduction Saison des pluies
Statut Commun localement
Répartition Mexique (Yucatán), N. Amérique centrale

Caractérisé par la forme unique de sa tête, le triprion a un museau aplati et, derrière les yeux, des protubérances en forme de selle, dont on ignore la fonction. Il est gris, brun ou vert avec des taches plus foncées et a des orteils palmés et des coussinets adhésifs bien développés sur les doigts et les orteils. Cette rainette vit dans les bosquets d'arbustes et les arbres au milieu des prairies. Active uniquement la nuit, elle se cache généralement le jour dans des trous d'arbres, qui lui procurent aussi un abri par temps sec et froid.

AMPHIBIENS

Hyalinobatrachium valerioi

Centrolenelle de Valerio

Longueur 2–3,5 cm
Mode de vie Principalement terrestre
Période de reproduction Saison des pluies
Statut Commune localement

Répartition S. Amérique centrale à N.-O. Amérique du Sud

Cette petite grenouille d'aspect fragile, à la peau translucide, semble en verre. C'est un excellent grimpeur : elle a de grands disques adhésifs sur les doigts et les orteils. Les femelles fixent les œufs sur les feuillages surplombant les ruisseaux. Lorsque les têtards roses ou rouges éclosent, ils tombent dans l'eau et s'enfouissent dans la vase ou le sable sur le fond.

Dendrobates auratus

Dendrobate vert

Longueur 2,5–6 cm
Mode de vie Entièrement terrestre
Période de reproduction Saison des pluies
Statut Commun localement

Répartition S. Amérique centrale à N.-O. Amérique du Sud

Cette grenouille aux couleurs vives des tropiques américains appartient à une famille comptant environ 120 espèces, comprenant les amphibiens les plus venimeux du monde. Comme ses proches, elle vit sur le sol forestier et utilise le poison pour se défendre. Ses couleurs vives indiquant aux prédateurs qu'elle est toxique, elle se déplace en toute tranquillité. La parade nuptiale est très particulière : les femelles prennent l'initiative, incitant le mâle à s'accoupler en lui frappant le dos avec leurs pattes arrière.

COLORATION APOSÉMATIQUE
Le dendrobate est petit avec une tête pointue. Cette espèce vivement colorée est noire avec des taches vertes et peut parfois avoir une teinte dorée. Cette coloration est un avertissement pour les prédateurs.

SOINS PARENTAUX

La femelle pond des grappes de 5 à 13 œufs dans la litière végétale, mais c'est le mâle qui surveille les œufs, s'occupant parfois de plusieurs grappes en même temps. Lorsque les œufs éclosent, il transporte les têtards sur son dos dans des creux d'arbres emplis d'eau.

Dendrobates pumilio

Dendrobate fraise

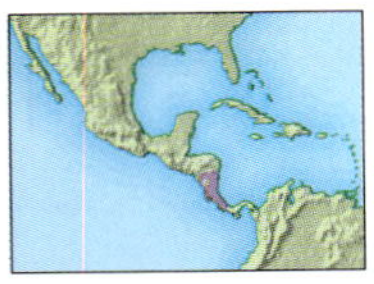

Longueur 2–2,5 cm
Mode de vie Entièrement terrestre
Période de reproduction Saison des pluies
Statut Commun localement

Répartition S. Amérique centrale

Bien qu'elle ne soit pas le plus toxique des dendrobates, cette espèce est très dangereuse. Comme les autres dendrobates, elle compte sur son système de défense chimique pour éviter les prédateurs. Dans certaines régions, elle est rouge vif; dans d'autres, elle peut être brune, bleue ou verte. Les femelles pondent des œufs en grappes de 4-6 et les déposent une à une dans les creux d'arbres emplis d'eau.

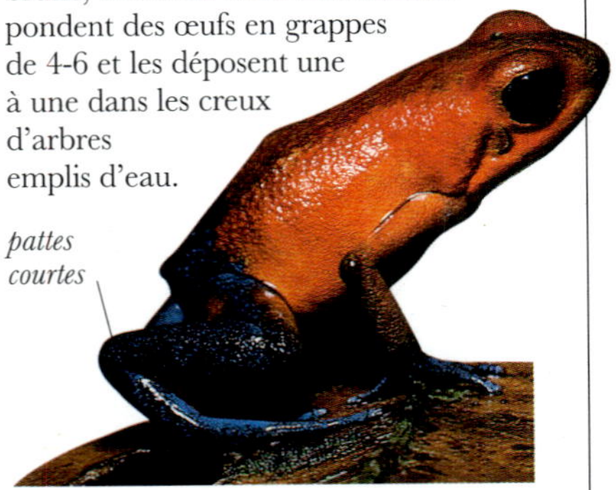

Colostethus inguinalis

Colosthète

Longueur 2–3 cm
Mode de vie Principalement terrestre
Période de reproduction Saison des pluies
Statut Commun localement

Répartition S. Amérique centrale à N.-O. Amérique du Sud

Comme toutes les espèces de *Colostethus*, cette petite grenouille est apparentée aux dendrobates et vit dans les mêmes milieux. Toutefois, contrairement à ces derniers, elle a une coloration cryptique brun et noir, et n'est pas toxique.

Rana temporaria

Grenouille rousse

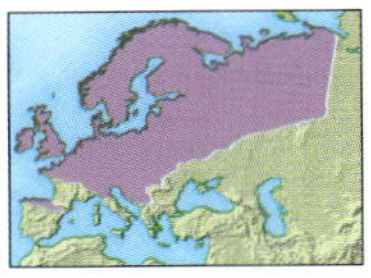

Longueur 5–10 cm
Mode de vie Principalement terrestre
Période de reproduction Printemps
Statut Commune localement

Répartition Europe, N.-O. Asie

La grenouille rousse est l'un des amphibiens les plus répandus en Europe du Nord, jusqu'au-delà du cercle polaire arctique. Elle vit dans les endroits humides et passe la majeure partie de sa vie d'adulte sur terre, retournant dans l'eau uniquement pour fuir les attaques et se reproduire. Au début du printemps, ces grenouilles se dirigent en grand nombre vers les étangs peu profonds. Les mâles émettent un coassement grave semblable à un grognement et, après l'accouplement, les femelles pondent des grappes flottantes de plusieurs centaines d'œufs. Dans les étangs chauds, les têtards atteignent la maturité en six semaines, mais, dans l'eau froide, cela peut prendre quatre mois.

Rana pipiens

Grenouille-léopard

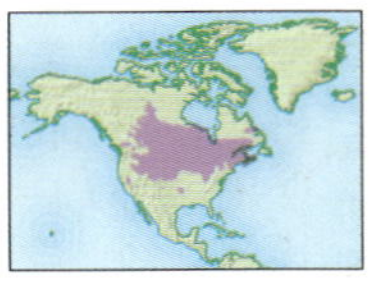

Longueur 5–9 cm
Mode de vie Terrestre/Aquatique
Période de reproduction Printemps
Statut Commune localement

Répartition S. Canada, N. États-Unis

Cette grenouille verte ou brune, aux grandes taches foncées cerclées de clair, au museau pointu, vit dans les prés à proximité des étangs, lacs et marais, se nourrit d'insectes et autres invertébrés, et passe l'hiver et les saisons sèches cachée sous les souches et les rochers. Le coassement du mâle est un ronflement puissant, long, grave et crépitant entrecoupé de grognements. Cette grenouille se reproduit à n'importe quel moment entre mars et mai, selon la latitude.

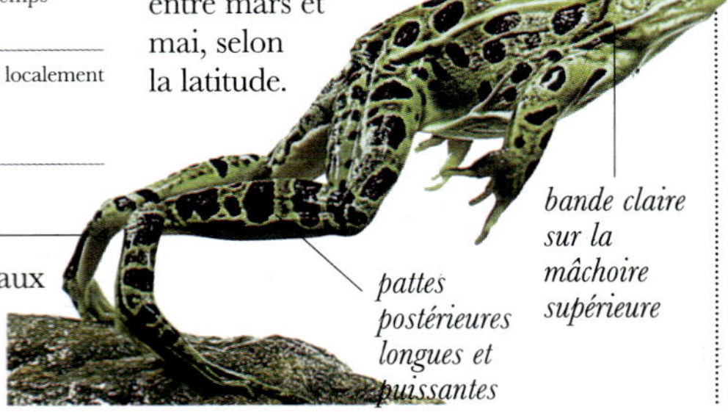

Rana albolabris

Grenouille à lèvre blanche

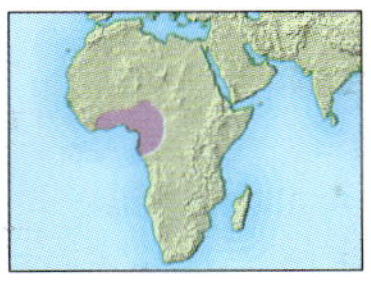

Longueur 6–10 cm
Mode de vie Principalement terrestre
Période de reproduction Été
Statut Commune localement

Répartition O. et C. Afrique

Plus de 600 espèces de grenouilles de la famille des ranidés, souvent appelées «vraies» grenouilles, sont présentes sur les principaux continents. Les membres africains, généralement peu connus, incluent 11 espèces vivant au sud du Sahara, autrefois appelées *Hylarana*. Caractérisée par une bande blanche sur la lèvre supérieure, cette grenouille a un museau pointu, des plis cutanés saillants tombant le long de son corps et de grands disques adhésifs sur les orteils. Le mâle a des tympans plus grands que ceux de la femelle et, pendant la période de reproduction, il acquiert de grandes glandes sur le haut des pattes antérieures, qui lui permettent d'étreindre fermement la femelle pendant l'accouplement. La grenouille à lèvre blanche vit dans les forêts pluviales et les zones boisées. Ses têtards ont sur la lèvre inférieure un morceau de peau, dont la fonction est inconnue.

Rana catesbeiana

Grenouille-taureau

Q : Ouaouaron
Longueur 9–20 cm
Mode de vie Principalement aquatique
Période de reproduction Printemps et été
Répartition S.-E. Canada, O., C. et E. États-Unis
Statut Commune localement

Célèbre pour son appétit vorace, la grenouille-taureau est la plus grande grenouille d'Amérique du Nord. Elle vit dans les lacs, les étangs et les ruisseaux lents et passe la plus grande partie de sa vie dans l'eau ou à proximité. Dans certaines régions, elle est d'un vert uni sur le dos ; dans d'autres, ses couleurs sont vives. En période de reproduction – au printemps et en été –, les mâles défendent leur territoire et émettent un cri sonore et grave à l'aide de leur sac vocal situé sous la gorge. Après l'accouplement, la femelle pond plusieurs centaines d'œufs. Il faut parfois quatre ans pour que les têtards deviennent adultes.

INVASIONS D'AMPHIBIENS

La grenouille-taureau a une alimentation variée : mammifères, reptiles et autres grenouilles. Originaire de l'est de l'Amérique du Nord, elle a été introduite dans plusieurs régions plus à l'ouest, où elle a eu un effet néfaste sur la faune locale d'eau douce.

APPARENCE PHYSIQUE
Les principales caractéristiques de cette grande grenouille sont ses pattes longues et puissantes et ses tympans saillants. Son dos est vert, avec des taches brunes, et son ventre blanc.

Rana sylvatica

Grenouille des bois

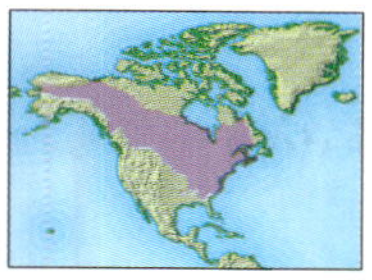

Longueur 3,5–8 cm
Mode de vie Principalement terrestre
Période de reproduction Printemps
Statut Commune localement
Répartition Canada, E. États-Unis

Si la grenouille des bois vit en général dans les forêts tempérées de la partie sud de son aire de distribution, elle peut survivre au niveau du cercle arctique, plus au nord que toute autre grenouille en Amérique du Nord. Grâce à des substances chimiques agissant comme un « antigel » dans son sang, elle supporte des températures négatives. Elle se reproduit souvent lorsque le sol est encore couvert de neige et que les étangs de reproduction sont en partie gelés. Ses couleurs vont du rose au noir en passant par diverses teintes de brun, avec des taches plus foncées. Elle a des rayures sur les pattes et une tache sombre caractéristique, formant un masque derrière les yeux.

Rana ridibunda

Grenouille rieuse

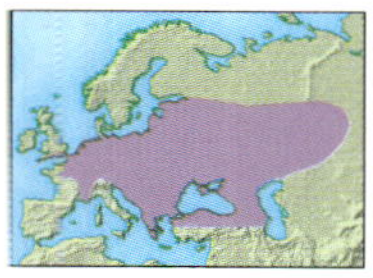

Longueur 9–15 cm
Mode de vie Principalement aquatique
Période de reproduction Printemps
Statut Commune localement
Répartition Europe, O. et S.-O. Asie

Cette espèce brune ou verte, la plus grande grenouille d'Europe, a généralement des pattes postérieures longues et puissantes, des plis cutanés longitudinaux sur le dos, et des yeux rapprochés. Vivant dans les lacs, les étangs, les fossés et les ruisseaux, elle se nourrit de poissons, lézards, serpents, souris et d'autres grenouilles, ainsi que d'insectes et autres invertébrés. Les femelles pondent jusqu'à 12 000 œufs dans l'eau.

Conraua goliath

Grenouille goliath

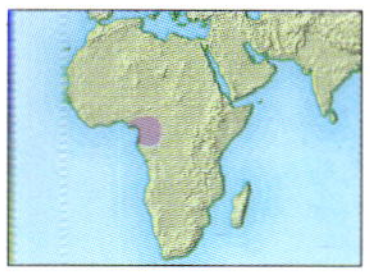

Longueur 10–40 cm
Mode de vie Principalement aquatique
Période de reproduction Saison des pluies
Statut VU
Répartition Cameroun, Guinée équatoriale

Exclusivement présente en Afrique occidentale, cette grenouille est la plus grande du monde. Grâce à ses pattes postérieures puissantes, ses longs orteils palmés et sa peau lisse, elle est bien adaptée à la vie sous l'eau et très douée pour nager et plonger. L'extrémité de ses orteils est dilatée, mais on ignore la fonction de cette particularité. Elle vit le long des ruisseaux dans la jungle et se nourrit d'autres grenouilles, de petits reptiles et de mammifères. Si elle sort – rarement – sur terre, elle plonge aussitôt dès qu'elle est menacée ou dérangée. Fait inhabituel chez les grenouilles, le mâle est plus grand que la femelle et ne lance pas de cri pour attirer sa partenaire. Les habitudes de reproduction de la grenouille goliath sont très peu connues.

Rana dalmatina

Grenouille agile

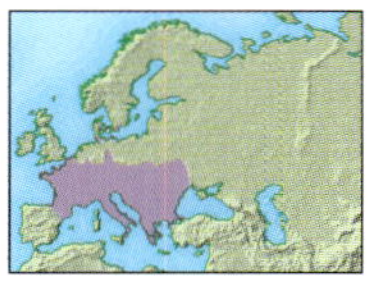

Longueur 5–9 cm
Mode de vie Principalement terrestre
Période de reproduction Printemps
Statut Commune localement
Répartition N., C. et S. Europe

Avec ses pattes postérieures exceptionnellement longues, la grenouille agile est une remarquable sauteuse, capable d'effectuer des bonds de plus de 2 m. Elle est brun clair, avec des flancs jaunes rayés de brun et, sur le dos, des taches brun foncé, généralement disposées en forme de V inversé. Les mâles peuvent se distinguer des femelles par leurs pattes antérieures plus épaisses.

Cette grenouille vit dans les zones boisées ouvertes et les prairies marécageuses. Elle passe l'hiver et les périodes de sécheresse sous les souches et les rochers, ou enfouie dans la végétation, et les mâles hivernent souvent sous la glace dans les étangs et les lacs. Ils se reproduisent dès que la glace commence à fondre au printemps, et les œufs sont pondus en grappes dans l'eau.

Ceratobatrachus guentheri

Grenouille des îles Salomon

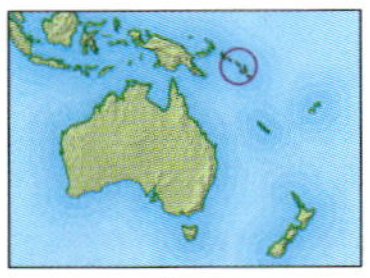

Longueur 5–8 cm
Mode de vie Principalement terrestre
Période de reproduction Saison des pluies
Statut Commune localement
Répartition Îles Salomon

Cette grenouille du sol forestier ressemble beaucoup au mégophrys (voir p. 443), bien qu'ils ne soient pas apparentés; elle utilise le même type de camouflage : ses protubérances, ou «cornes», contribuent à briser le contour de la tête, ce qui la rend difficile à détecter au milieu des feuilles. Chose inhabituelle pour une grenouille, la mâchoire inférieure de cette espèce contient des protubérances osseuses semblables à des dents, qu'elle utilise pour tenir ses proies. Ces «défenses» sont plus grandes chez les mâles que chez les femelles. La femelle pond de gros œufs en grappes, qui éclosent directement en grenouilles miniatures, dans le sol humide. Les petites grenouilles ont des plis cutanés, qui contribuent à l'absorption du vitellus dans l'œuf.

Ptychadena oxyrhynchus

Ptychadène oxyrhinque

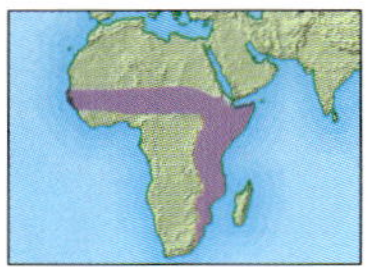

Longueur 4–7 cm
Mode de vie Principalement terrestre
Période de reproduction Printemps
Statut Commun localement
Répartition O. et C. à S.-E. Afrique

Cette grenouille très «athlétique» peut se déplacer très rapidement dans l'herbe et dans l'eau, ses pattes postérieures puissantes lui permettant d'effectuer des sauts prodigieux. Son dos est brun-jaune, avec des taches brunes ou noires et son ventre est blanc. Son museau pointu porte une tache claire triangulaire. Cette grenouille vit dans la savane ouverte et le veld épineux dans les régions où les étangs provisoires se forment après de fortes pluies et elle se nourrit d'insectes, en particulier de grillons, et d'autres invertébrés. Par temps sec et froid, elle reste cachée. Le mâle émet un trille aigu pour attirer la femelle, et l'accouplement a lieu à la surface de l'eau après de fortes pluies. Les œufs sont fécondés à l'air libre et expulsés à la surface de l'eau en petits paquets.

Mantella viridis

Mantelle verte

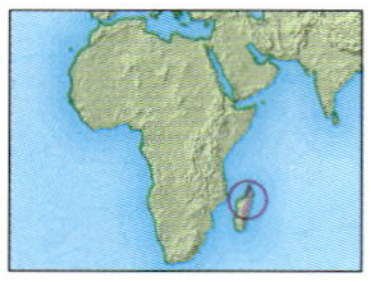

Longueur 2–3 cm
Mode de vie Entièrement terrestre
Période de reproduction Saison des pluies
Statut VU Δ
Répartition N. et E. Madagascar

Les neuf espèces de mantelles aux couleurs vives, propres à Madagascar, sont toutes menacées d'extinction, principalement en raison de la destruction de leur habitat forestier. Le commerce mondial d'animaux domestiques accentue encore le déclin de leurs populations. La mantelle verte, qui vit près des ruisseaux dans la forêt tropicale, est jaune ou vert pâle sur le dos et la tête, noire sur les flancs et a une bande blanche le long de la lèvre supérieure. Active le jour, elle se nourrit d'insectes et autres invertébrés. Le mâle émet une série de clics pour attirer la femelle. Après l'accouplement, qui a lieu sur terre à la saison des pluies, la femelle pond ses œufs près des ruisseaux.

Pyxicephalus adspersus

Grenouille fouisseuse

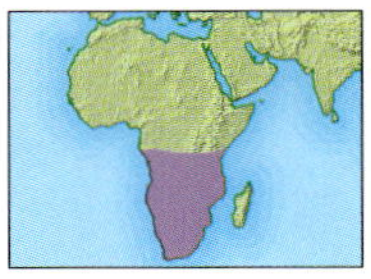

Longueur 8–23 cm
Mode de vie Principalement terrestre
Période de reproduction Saison des pluies
Statut Commune localement
Répartition C. à S. Afrique

La grenouille fouisseuse vit dans la savane humide ou sèche, où elle peut rester enfouie sous terre pendant de très longues périodes, voire plusieurs années, en l'absence de fortes pluies. Lorsqu'elle est sous terre, elle s'enferme dans un cocon qui limite la déperdition d'eau. Elle se nourrit d'autres grenouilles ainsi que d'insectes et autres invertébrés. Cette espèce est très grosse, avec une tête massive et des tubercules cornus sur les pieds postérieurs pour creuser. Pendant la période de reproduction, le mâle, qui est plus gros que la femelle, acquiert une paire de défenses semblables à des dents sur la mâchoire inférieure, qu'il utilise lors des combats territoriaux avec les autres mâles. Il émet un cri puissant pour attirer la femelle. Lorsque les têtards se développent, le mâle creuse des rigoles pour leur permettre de nager vers des plans d'eau plus étendus.

Mantella aurantiaca

Mantelle orangée

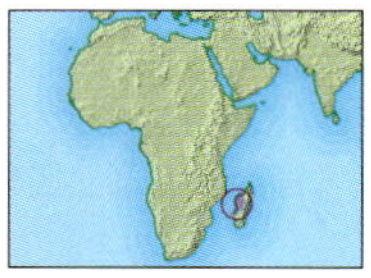

Longueur 2–3 cm
Mode de vie Entièrement terrestre
Période de reproduction Saison des pluies
Statut VU
Répartition O. et centre Madagascar

Ressemblant étonnamment aux dendrobates (voir p. 452) des tropiques américains, cette grenouille malgache a des couleurs vives pour la même raison – prévenir les prédateurs potentiels qu'elle est toxique. Elle est active la nuit et chasse les petits animaux sur le sol forestier. Pendant la période de reproduction, les adultes s'accouplent sur terre et les femelles pondent les œufs dans la litière végétale humide. Après leur éclosion, les têtards sont emportés dans les mares par les pluies. Comme les autres mantelles, cette espèce est menacée par la déforestation.

Platymantis vitiensis

Platymantis

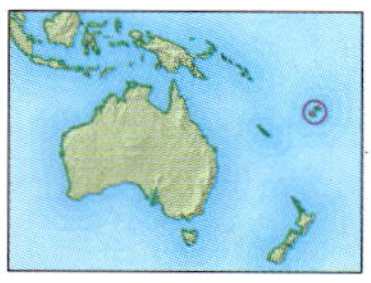

Longueur 3,5–5 cm
Mode de vie Principalement terrestre
Période de reproduction Printemps et été
Statut EN
Répartition Fidji

Cet amphibien au corps allongé est présent uniquement dans les forêts tropicales des îles Fidji. Il a une tête plate avec de grands tympans, une peau ridée et des disques adhésifs sur les doigts et orteils non palmés. La femelle pond sur le sol de gros œufs en petit nombre, qui donnent directement des petites grenouilles, la phase de têtard s'effectuant dans l'œuf. Le comportement et le cycle de vie de cette grenouille sont peu connus.

Hemisus marmoratus

Hémisus

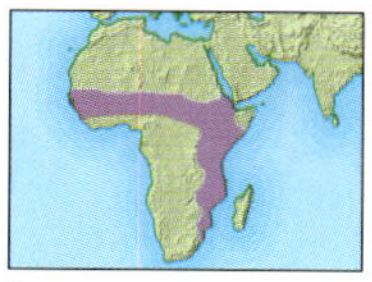

Longueur 3–4 cm
Mode de vie Terrestre
Période de reproduction Saison des pluies
Statut Commun localement

Répartition O. et C. à S.-E. Afrique

Chose inhabituelle pour une grenouille fouisseuse, cette espèce trapue creuse le sol tête en avant, à l'aide de son museau pointu et robuste en forme de pelle, et non par l'arrière avec ses pattes postérieures. Elle se nourrit de fourmis et de termites. Les femelles pondent jusqu'à 2000 œufs dans des cavités souterraines près des mares. Elles gardent leurs œufs jusqu'à l'éclosion, puis creusent un tunnel pour libérer les têtards dans l'eau.

Hyperolius marmoratus

Grenouille-roseau

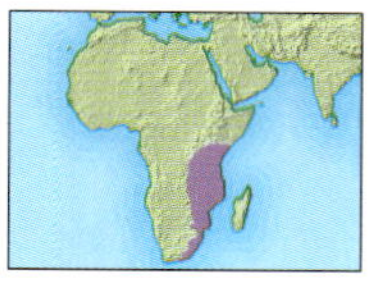

Longueur 2,5–3,5 cm
Mode de vie Terrestre
Période de reproduction Printemps et été
Statut Commun localement

Répartition E. à S.-E. Afrique

La grenouille-roseau est un petit animal gracieux à livrée variable – brun rayé, mouchetée ou unie. C'est une bonne grimpeuse, ses doigts et ses orteils palmés étant munis de disques adhésifs. Elle vit dans les endroits proches des étangs permanents, des lacs et des marais ; comme la plupart des grenouilles, elle passe la saison sèche cachée sous les souches et les rochers. Active la nuit, elle se nourrit d'insectes et autres invertébrés. Pendant la longue période de reproduction, du début du printemps à la fin de l'été, les mâles forment des chœurs près des étangs et coassent très bruyamment pour attirer les femelles. Celles-ci peuvent se rendre vers le chœur plus d'une fois par saison et pondre une grappe d'œufs dans l'eau à chaque visite. Les mâles passent plus ou moins de nuits dans le chœur ; ceux qui y restent le plus longtemps sont ceux qui s'accouplent le plus.

Afrixalus fornasinii

Afrixale

Longueur 3–4 cm
Mode de vie Entièrement terrestre
Période de reproduction Printemps et été
Statut Commun localement

Répartition S.-E. Afrique

De nombreuses rainettes pondent leurs œufs au-dessus du sol, mais cette espèce a une technique particulièrement habile. La femelle pond sur une feuille surplombant l'eau, puis la plie et la scelle avec une colle qu'elle sécrète. Quand les œufs éclosent, les têtards tombent dans l'eau, ce qui leur donne une longueur d'avance pour éviter d'être mangés. Brune avec des rayures longitudinales foncées, l'afrixale a des pattes fines dotées de disques adhésifs ainsi que des palmures sur les doigts et les pieds. Cette espèce, qui vit dans la végétation dense autour des mares et des marais, est active la nuit. Au début de la période de reproduction, les grands mâles lancent leurs appels d'endroits surélevés dans la végétation, émettant des clics rapides pour attirer leurs partenaires. Toutefois, les mâles plus petits restent souvent silencieux, attendant à côté de ceux qui appellent. Lorsque les femelles approchent, les mâles silencieux parviennent parfois à en intercepter une et à s'accoupler.

Leptopelis modestus

Leptopèle

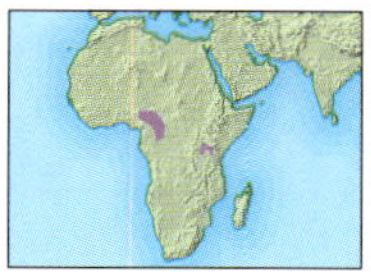

Longueur 2,5–4,5 cm
Mode de vie Terrestre
Période de reproduction Printemps et été
Statut Commun localement

Répartition O. Afrique, C.-E. Afrique

Cette espèce a une tête et une bouche larges, de grands yeux et des tympans bien visibles. Grise ou brun clair, elle a une tache plus foncée en forme de sablier sur le dos. Les mâles appellent les femelles des arbres, produisant un « clack » grave tout en montrant leur gorge d'un bleu ou vert vifs. Ils se battent pour défendre leurs positions d'appel.

Kassina senegalensis

Kassine du Sénégal

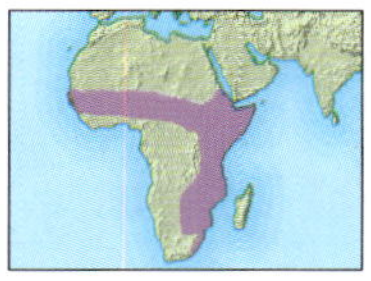

Longueur 3–5 cm
Mode de vie Principalement terrestre
Période de reproduction Saison des pluies
Statut Commune localement

Répartition O. et C. à S.-E. Afrique

Adaptée pour marcher plutôt que sauter, la kassine du Sénégal a des pattes fines et de légères palmures sur les pattes postérieures. Son corps allongé et rebondi est beige, jaune ou gris, avec des bandes ou des taches unies noires ou brun foncé. Elle vit dans les savanes de basse altitude et les dunes de sable, près des étangs et des mares. En période de reproduction, les mâles se dirigent vers l'eau dans l'après-midi et lancent leurs appels cachés sur le sol ; une fois l'obscurité tombée, ils appellent depuis les arbres. L'accouplement a lieu dans l'eau, et les œufs sont fixés un à un à des plantes aquatiques, souvent en grappes.

Rhacophorus nigropalmatus

Rhacophore

Longueur 7–10 cm
Mode de vie Terrestre
Période de reproduction Saison des pluies
Statut Commun localement

Répartition S.-E. Asie

Il existe plus de 50 espèces de *Rhacophorus*, dont plusieurs – y compris celle-ci, appelée aussi grenouille volante – utilisent leurs pieds pour planer d'arbre en arbre. La palmure partielle entre leurs orteils agit comme un parachute, leur permettant de « voler » pour fuir les prédateurs. Ce rhacophore est d'un vert vif avec des taches blanches ; il a une tête plate, de grands yeux saillants et des tympans bien visibles, ainsi que de grands disques adhésifs sur les doigts et les orteils pour grimper. Le mâle est plus petit que la femelle et a des coussinets sur les pouces afin de l'étreindre fermement lors de l'accouplement. Actif la nuit, le rhacophore est présent principalement dans les broussailles et les forêts, et souvent à proximité des habitations. Pendant la période de reproduction, la femelle pond jusqu'à 800 œufs dans un nid d'écume fixé au feuillage surplombant l'eau. Lors de l'éclosion, les têtards tombent dans l'eau.

Chiromantis xerampelina

Chiromante

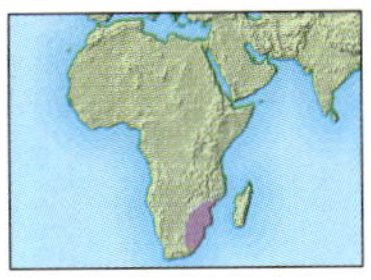

Longueur 5–9 cm
Mode de vie Principalement arboricole
Période de reproduction Saison des pluies
Statut Commune localement
Répartition S. Afrique

Cette rainette et ses proches se distinguent par leur mode de reproduction et leur capacité à survivre dans la savane, qui connaît de longues périodes de sécheresse. La peau de la chiromante est adaptée pour limiter les déperditions d'eau, et ses excréments ne sont pas liquides mais secs. Généralement grise ou brun clair, elle change de couleur pour se camoufler – la nuit, elle est généralement foncée, mais devient presque blanche à la mi-journée.

VIVRE DANS LES ARBRES
La chiromante a un corps compact et des yeux saillants à pupille horizontale. Elle possède les attributs typiques d'une vie arboricole : membres longs et fins, avec des disques adhésifs sur tous ses doigts palmés.

CONSTRUCTION D'UN NID D'ÉCUME

Pendant la période de reproduction, le mâle – qui se distingue de la femelle par les coussinets qui se développent sur les premiers et deuxièmes doigts de ses pattes antérieures – appelle la femelle depuis une branche surplombant l'eau. Il peut être rejoint par un ou plusieurs autres. Lorsqu'une femelle arrive, l'un des mâles l'enlace, ils s'accouplent, et elle sécrète une substance qu'un mâle (ou plusieurs) bat avec les pieds pour en faire une écume. La femelle pond alors ses œufs – jusqu'à 1 200 en une seule fois – dans l'écume et un (ou plusieurs) mâle répand son sperme par-dessus. L'extérieur du nid durcit pour protéger les œufs, mais l'intérieur reste humide. Après l'éclosion, les têtards creusent pour sortir du nid et tombent dans l'eau.

Microhyla ornata

Microhyle orné

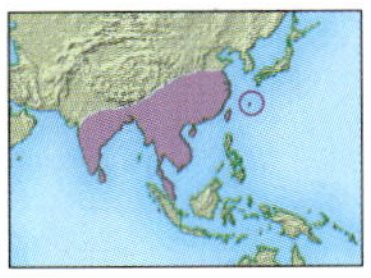

Longueur 2–3 cm
Mode de vie Principalement terrestre
Période de reproduction Saison des pluies
Statut Commun localement
Répartition S. et S.-E. Asie (y compris Japon)

Ce petit crapaud asiatique a un corps rebondi, une peau lisse, des pattes antérieures courtes, des postérieures longues et une petite tête. Il est jaune ou ocre, avec une marbrure plus foncée et des bandes noires sur les flancs. Le microhyle orné, qui vit dans la forêt pluviale et les zones cultivées, notamment les rizières, est également présent dans l'herbe ou la litière végétale et se nourrit d'insectes et autres invertébrés. Il reste enfoui sous terre par temps froid et sec. L'accouplement a lieu dans les étangs, les rizières, les mares provisoires et les ruisseaux lents. Le mâle – qui est plus petit que la femelle – utilise ses grands sacs vocaux pour lancer de puissants appels dans l'eau afin d'inciter les femelles à s'accoupler. La femelle du microhyle orné pond de 270 à 1 200 œufs en une fois dans l'eau. Les œufs, qui forment un film à la surface, éclosent rapidement, et les têtards se développent très vite, avant que la mare ne s'assèche.

Breviceps adspersus

Blaasops

Longueur 3–6 cm
Mode de vie Terrestre
Période de reproduction Saison des pluies
Statut Commun localement
Répartition S.-E. Afrique

Le blaasops vit sous terre et sort pour se nourrir et s'accoupler uniquement après la pluie. Il a un corps massif – brun foncé ou clair, avec des rangées de taches jaunâtres ou orange aux bords plus foncés – et des pattes courtes et massives, typiques de la plupart des espèces fouisseuses. Lorsqu'elle est acculée, cette grenouille se gonfle et se retire dans son terrier. Les femelles sont beaucoup plus grosses que les mâles. Étant donné que le mâle est trop petit pour agripper la femelle pendant l'accouplement, celle-ci sécrète une substance sur son dos qui agit comme de la colle, ce qui permet au couple de ne pas se séparer.

Phrynomantis bifasciatus

Phrynomante à deux bandes

Longueur 4–6 cm
Mode de vie Principalement terrestre
Période de reproduction Saison des pluies
Statut Commun localement
Répartition S.-E. Afrique

Chose inhabituelle pour une grenouille, le phrynomante à deux bandes marche et court plus qu'il ne saute. Il est noir et luisant, avec des taches et des rayures roses ou rouges sur le dos ; ces dernières changent de couleur dans la journée, devenant plus claire en pleine lumière. Sa tête est pointue et il a de petits yeux à pupille ronde. Cette grenouille se nourrit d'insectes, termites et fourmis. Si elle est menacée, elle se dresse sur ses pattes étirées et se gonfle. Sa peau produit une substance très toxique qui peut être mortelle pour l'homme si elle est ingérée. Les mâles émettent des trilles du bord des étangs, et les femelles pondent des grappes contenant jusqu'à 600 œufs, qu'elles fixent sur les plantes aquatiques.

Gastrophryne olivacea

Gastrophryne olivâtre

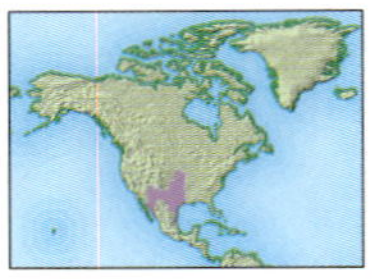

Q : Crapaud à bouche étroite olivacé
Longueur 2–4 cm
Mode de vie Principalement terrestre
Période de reproduction Printemps et été
Statut Commun localement
Répartition C. et S. États-Unis, N. Mexique

Cette espèce a une tête étroite et pointue avec de petits yeux, un corps massif et des pattes courtes qui lui permettent de s'enfouir et de se cacher dans les fissures. Brune ou grise, elle a parfois un motif foncé en forme de feuille sur le dos. Au printemps, après les fortes pluies, les gastrophrynes olivâtres sont célèbres pour se rassembler en grand nombre autour des mares éphémères. Les mâles appellent les femelles, produisant un bourdonnement prolongé. Après l'accouplement, la femelle pond dans l'eau. Les têtards se développent rapidement, avant que la mare ne s'assèche.

LES AMPHIBIENS MENACÉS

CETTE LISTE comprend tous les amphibiens classés dans la catégorie « au bord de l'extinction » (CR) par l'UICN (voir p. 31). Bien que la liste soit assez courte, de nombreuses autres espèces (non répertoriées ici) sont en danger (EN) ou vulnérables (VU), et le déclin des populations d'anoures en particulier est très inquiétant. On ignore les raisons exactes de ce déclin simultané de tant d'amphibiens. Certains souffrent sans conteste de la modification de l'habitat, mais l'aspect mondial du problème laisse penser que d'autres facteurs tels les changements climatiques peuvent aussi jouer un rôle. Les amphibiens sont également menacés par les poissons introduits, et, dans un nombre de cas limités, par les autres amphibiens. Ce fut le cas lorsque de grandes espèces agressives, tels que le crapaud agua ou la grenouille-taureau, ont été introduites délibérément ou accidentellement dans de nouveaux habitats.

URODÈLES – TRITONS ET SALAMANDRES

Ambystoma lermaense
Batrachoseps aridus
Eleutherodactylus karlschmidti
Euproctus platycephalus
Salamandra atra

GRENOUILLES ET CRAPAUDS

Alytes muletensis
Bufo periglenes
Holoaden bradei
Litoria flavipunctata
L. lorica
L. nyakalensis
L. piperata
Paratelmatobius lutzii
Platymantis hazelae
P. insulatu
P. isarog
P. levigatus
P. negrosensis
P. polillensis
P. spelaeus
Rheobatrachus silus
Taudactylus acutirostris
T. diurnus
T. rheophilus
Thoropa lutzi
T. petropolitana

ATÉLOPE DE ZETEK
Cet habitant des forêts pluviales tropicales du Panamá est un exemple type des espèces d'amphibiens en déclin. Selon certains spécialistes, sa peau fine le rend sensible aux taux accrus de rayons ultraviolets dus à l'appauvrissement de la couche d'ozone, et peut-être à d'autres changements physiques ou chimiques dans son environnement.

LES POISSONS

LES POISSONS

PHYLUM	Cordés
CLASSES	Myxini, Céphalaspidomorphes, Chondrichtyens, Ostéichtyens
ORDRES	62
FAMILLES	491
ESPÈCES	Env. 24 500

LES POISSONS constituent le plus ancien et le plus important des groupes de vertébrés. Cependant, contrairement aux autres vertébrés, ils ne forment pas un groupe naturel, mais un ensemble de quatre classes à la lointaine parenté. Ce sont des animaux qui respirent sous l'eau grâce à leurs branchies. Recouverts d'écailles, ils se déplacent en actionnant nageoires et queue. Il s'agit d'animaux ectothermes (à sang froid), qui vivent généralement soit en eau douce, soit en mer, bien que certaines espèces fréquentent ces deux types de milieux.

VIE SOUS-MARINE *La plupart des poissons (tels ces poissons-papillons, chétodons ornés) passent leur vie dans l'eau. Un petit nombre peuvent vivre brièvement hors de l'eau.*

L'ÉVOLUTION

Les poissons actuels se divisent en trois groupes : sans mâchoires (deux classes), cartilagineux et osseux (chacun d'eux formant une classe). Ces groupes ont un ancêtre différent, et ils ont évolué de façon distincte.

Les poissons primitifs sont apparus il y a environ 500 millions d'années. Ils ont probablement évolué à partir d'invertébrés à corps mou qui s'alimentaient en filtrant l'eau de mer. Ils avaient une bouche circulaire, charnue et dépourvue de mâchoires (même s'ils possédaient des dents).

Les premiers poissons (donc les premiers animaux à mâchoires) apparaissent il y a 440 millions d'années. Appelés acanthodiens, ou requins épineux, ils possèdent des mâchoires formées à partir d'arcs branchiaux. L'apparition de dents est liée au développement des mâchoires. Mâchoires et dents permettaient aux acanthodiens de varier leur alimentation. Ces poissons primitifs étaient dotés d'une rangée d'épines sur chaque flanc qui, au fil de l'évolution, se sont transformées en nageoires paires. À la différence des premiers poissons sans mâchoires, leur corps était recouvert d'écailles.

Les poissons cartilagineux voient le jour il y a environ 370 millions d'années. Ils constituent les ancêtres des requins et des raies actuels.

Environ 50 millions d'années avant les poissons cartilagineux apparaît un groupe de poissons à squelette interne osseux, qui comprend deux groupes principaux : les poissons à nageoires charnues et les poissons à nageoires rayonnées, supportées par des baguettes osseuses. Les poissons à nageoires charnues ont sans doute donné naissance aux premiers vertébrés terrestres à quatre pattes. Les poissons à nageoires rayonnées ont eu une évolution différente, développant des éléments qui en ont fait des nageurs plus performants, aux écailles fines, aux nageoires très souples et à la queue symétrique. L'évolution de la mobilité des mâchoires et des cavités branchiales a aussi joué un rôle important.

CEPHALASPIS

STICHOCENTRUS

FOSSILES DE POISSONS
Parmi les premiers poissons apparus sur terre figure Cephalaspis *(en haut). Il n'avait pas de mâchoires, et un important bouclier osseux protégeait sa tête et ses nageoires. En revanche, le fossile de* Stichocentrus *(ci-dessus) révèle des mâchoires, des écailles et un squelette interne plus souple.*

L'ANATOMIE

Superbement adaptés à la vie aquatique, les poissons ont en général un corps fuselé, recouvert d'écailles, et des nageoires. Des branchies extraient l'oxygène de l'eau, assurant la respiration.

Un squelette interne, dont la forme varie chez les trois groupes principaux, est présent chez toutes les espèces.

Le corps des poissons sans mâchoires est soutenu par une corde dorsale appelée notocorde ; certaines espèces

TYPES DE NAGEOIRES
Les nageoires dorsale, anale et caudale sont placées sur la ligne médiane du corps, tandis que les nageoires pectorales et pelviennes sont paires. La carpe (ci-dessous) n'a qu'une nageoire dorsale, tandis que d'autres poissons en possèdent deux ou trois.

LES ÉCAILLES

Les poissons cartilagineux ont des écailles placoïdes, en forme de dents. Chez certains poissons osseux primitifs, d'épaisses écailles rigides forment une mosaïque jointive. On compte ainsi les écailles ganoïdes en forme de losange des lépisostées, et les écailles cosmoïdes rayées du cœlacanthe : comme les écailles placoïdes, elles sont constituées de dentine et d'une substance ressemblant à l'émail. Les poissons osseux ont de fines écailles constituées d'os dont l'une des extrémités est implantée dans la peau : les écailles cycloïdes présentent une surface externe lisse, les écailles cténoïdes sont rugueuses ou dentelées.

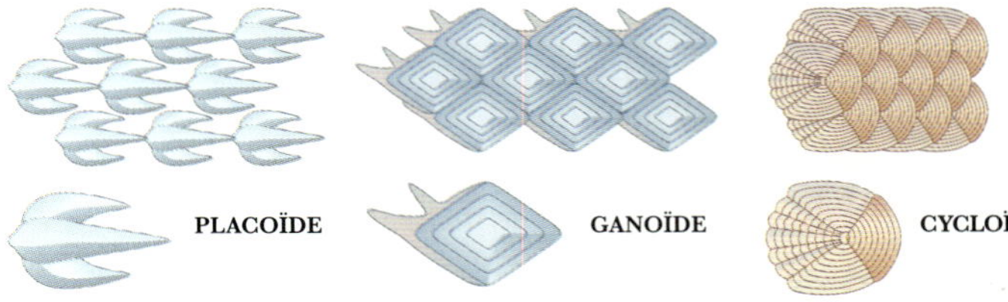

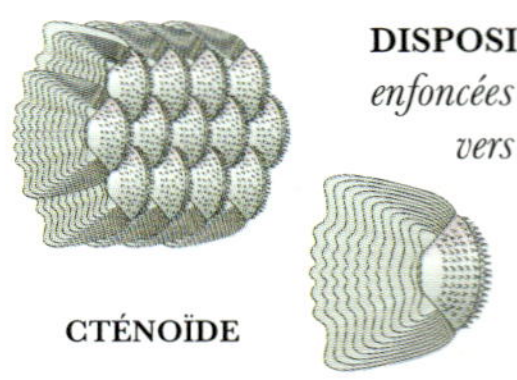

DISPOSITION DES ÉCAILLES *Les écailles placoïdes sont enfoncées sous la peau – leur partie la plus importante tournée vers l'extérieur –, lui donnant une texture rugueuse. Les écailles ganoïdes s'imbriquent et sont réunies par des fibres. Les écailles cycloïdes et cténoïdes sont disposées de façon que leur surface visible se chevauche, formant une couverture souple.*

LES BRANCHIES

Les branchies des poissons sont situées dans des cavités internes latérales, au niveau du pharynx. Elles sont généralement constituées d'une charpente d'os ou de cartilage qui supporte des tissus fortement vascularisés.
Lorsque l'eau pénètre dans les cavités branchiales, elle est d'abord filtrée par des structures appelées branchiospines. Derrière, les arcs branchiaux fournissent des supports aux filaments branchiaux. Pour augmenter leur efficacité, ces filaments ont des plis à leur surface, les lamelles. Les gaz sont échangés à travers les lamelles avant d'être distribués dans tout l'organisme du poisson. Chez certains poissons, les branchies sont extrêmement ramifiées, leur surface atteignant jusqu'à dix fois celle de leur corps.

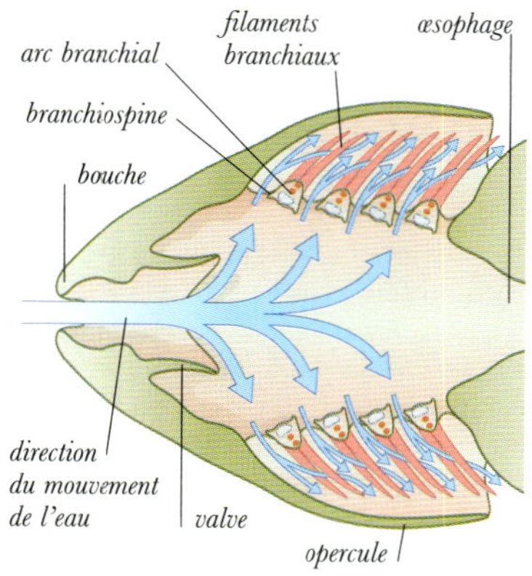

ÉCHANGES GAZEUX
L'eau pénètre dans les branchies par la bouche et s'évacue par les fentes branchiales. Lorsqu'elle traverse les branchies, de l'oxygène dissous passe à travers la fine membrane externe des capillaires et gagne la circulation sanguine. En même temps, le gaz carbonique est expulsé des capillaires.

RESPIRER HORS DE L'EAU
En conservant ses cavités branchiales humides, le périophtalme survit hors de l'eau pendant de longues périodes. Il habite les mangroves et, à marée basse, utilise ses nageoires pectorales très développées pour se déplacer sur les vasières.

possèdent également des vertèbres rudimentaires. Requins, raies et pastenagues ont un squelette constitué de cartilage renforcé par du carbonate de calcium, et des vertèbres complètement développées. En général, le squelette des poissons est formé de véritables os ; il comprend le crâne, des vertèbres et des rayons osseux segmentés.

Bien que certains poissons aient une peau souple, la plupart sont protégés par des écailles, des plaques osseuses, ou des épines. Plus largement répandues, les écailles assurent la protection du corps du poisson et facilitent le passage de l'eau sur lui, tandis que les nageoires lui permettent de se déplacer facilement (voir dessin, page suivante). Des glandes cutanées sécrètent un mucus protecteur contre les bactéries.

Presque tous les poissons possèdent des nageoires. Il en existe deux types principaux : impaires (dorsale, anale et caudale) et paires (pectorales et pelviennes). Les nageoires permettent essentiellement au poisson de se déplacer (voir p. 462), mais elles ont d'autres fonctions : sur leur surface, des couleurs et des motifs différents servent de signaux pour avertir les prédateurs, attirer mâles ou femelles, défendre le territoire ou servir de leurres pour capturer les proies. Les nageoires de certains poissons ont des épines venimeuses.

Tous les poissons ont des branchies destinées à absorber l'oxygène dissous dans l'eau et à le diffuser dans le sang (voir dessin, ci-dessus). Mais il y a également d'autres modes de respiration. Ainsi, les dipneustes utilisent des organes ressemblant à des poumons primitifs. Certains poissons absorbent de l'oxygène et rejettent du gaz carbonique à travers leur peau.

LES SENS

Les poissons captent les informations sur leur environnement grâce aux organes sensoriels communs à d'autres types d'animaux : la vue, l'ouïe, le toucher, le goût et l'odorat. Cependant, ils ont également des organes des sens particuliers.

Même si la plupart ont des yeux, leur capacité à percevoir la lumière, la couleur, la forme et la distance varie selon les espèces et les habitats. Les poissons d'eau douce ont une bonne vue, tandis que de nombreux poissons vivant dans l'obscurité (profondeur, eaux boueuses, grottes) ont une vue faible, voire n'ont pas d'yeux. Mais certains poissons des profondeurs ont de très gros yeux destinés à capter le mieux possible la lumière.

L'eau est un milieu propice à la transmission des sons, et la plupart des poissons sont sensibles aux ondes sonores. Celles-ci sont généralement transmises à l'oreille interne à travers les os et les tissus de la tête, même si, chez certaines espèces, elles sont amplifiées par la vessie gazeuse.

Chez les animaux aquatiques, le goût et l'odorat sont réunis sous forme de récepteurs qui détectent les différentes substances chimiques dissoutes dans l'eau ou présentes dans la nourriture. Les poissons sentent grâce à leurs narines tapissées de tissus contenant des cellules olfactives réceptrices. La plupart des espèces ont un sens de l'odorat développé qui leur permet de détecter d'infimes concentrations de produits chimiques. Les récepteurs du goût se trouvent dans la bouche et autour, ou sur les nageoires, la peau ou des barbillons ressemblant à des moustaches.

Presque tous les poissons ont un organe spécial appelé ligne latérale qui leur permet de percevoir les vibrations (dont celles émises par leurs prédateurs et par leurs proies), et les variations de pression. Des récepteurs appelés neuromastes, inclus dans des canaux situés dans les os du crâne et le long des flancs, sous les écailles, détectent ces changements. Chaque canal présente des ouvertures extérieures.

De nombreux poissons sont capables de détecter des champs électriques et de produire des impulsions électriques. Chez les poissons cartilagineux, les signaux sont reçus par des structures appelées ampoules de Lorenzini. Il s'agit de cellules nerveuses spécialisées, situées dans de petits pores, à la surface de la peau, qui renferment un gel conducteur et peuvent détecter les faibles courants électriques produits par d'autres animaux. Certains poissons osseux sont également capables de détecter des signaux électriques. Enfin, les poissons électriques ont des organes électrogènes qu'ils utilisent pour déceler des obstacles ou d'autres poissons, et pour communiquer.

YEUX TUBULAIRES

GROS YEUX

LES YEUX
Les poissons des abysses ont souvent des yeux étranges. Le poisson-fantôme (en haut) des profondeurs a des yeux tubulaires et saillants. Ce poisson-soldat (ci-dessus) fréquente des eaux peu profondes mais évite la lumière du soleil. Il se nourrit la nuit, localisant ses proies à l'aide de ses grands yeux.

LE GOÛT
Les poissons-chats doivent leur nom aux barbillons en forme de moustache qui entourent leur bouche. Ces organes sensoriels leur permettent de détecter leur nourriture dans les profondeurs obscures des lacs.

LA NAGE DE LA RAIE
La plupart des poissons se propulsent par des mouvements latéraux de leur corps et de leur queue. Cependant, les raies (dont la raie bouclée, ci-contre) progressent grâce aux mouvements verticaux de leurs grandes nageoires pectorales.

NAGER ET FLOTTER

Un poisson se propulse dans l'eau par l'action de ses muscles. De part et d'autre de la colonne vertébrale se trouvent des faisceaux de fibres musculaires appelées myotomes. En contractant les muscles tour à tour, à chaque fraction de seconde, le poisson crée un mouvement ondulatoire qui traverse son corps de l'avant à l'arrière. La queue, qui évolue de gauche à droite, repousse l'eau vers l'arrière et les côtés, et le poisson progresse. Généralement, seule la partie arrière de son corps ondule. Chez certains poissons, essentiellement les nageurs rapides, seule l'extrémité de la queue bouge. Le mouvement est plus prononcé chez les poissons au corps effilé. Certains poissons, dont les anguilles, peuvent inverser la direction du mouvement et nager à reculons.

Les nageoires jouent un rôle important dans la propulsion et le mouvement. Les nageoires dorsales et anales agissent comme la quille d'un bateau et stabilisent le corps de l'animal. Les nageoires paires ont différentes fonctions. La plupart des poissons les utilisent comme freins ou bien ajustent l'angle de leurs nageoires pour se déplacer vers le haut ou vers le bas. Chez les requins et certains poissons osseux, les nageoires paires permettent à l'animal de s'élever tout en avançant, tandis que certaines espèces utilisent leurs nageoires pour « marcher » sur le fond et, en de rares occasions, sur la terre. La nageoire caudale est principalement utilisée pour la propulsion, mais elle joue également un rôle dans la direction.

En général, les poissons se déplacent assez lentement, dépassant rarement 5 km/h. Cependant, certaines espèces sont capables de nager beaucoup plus vite : ainsi, un proche parent du thon, le thazard bâtard peut atteindre 75 km/h pendant de courts laps de temps.

La forme d'un poisson est conditionnée par son mode de vie et son milieu. Les espèces qui doivent nager à grande vitesse, en haute mer et sur de longues périodes, ont un corps fuselé. Très plat, celui des poissons des récifs coralliens leur permet d'évoluer facilement à travers l'abondante flore sous-marine ou les rochers. Les poissons anguiformes peuvent se faufiler aisément dans les crevasses pour trouver leur nourriture ou échapper aux prédateurs. Enfin, les poissons de fond ont un corps trapu, précieux pour se confondre avec le fond de la mer.

De nombreux poissons ont une bonne flottabilité, car la densité de leur corps est semblable à celle de l'eau. Ils peuvent donc se maintenir à une profondeur constante. La majorité des espèces a un corps plus dense que l'eau : ces poissons s'aident de leurs nageoires lorsqu'ils se déplacent, mais coulent s'ils restent immobiles. Des poissons vivant près du fond telles les raies tirent profit de leur flottabilité négative. Les poissons osseux possèdent, à l'intérieur du corps, une poche appelée vessie gazeuse. Elle contient un mélange gazeux dont la quantité peut être modifiée à volonté par l'animal afin d'assurer sa flottabilité (voir p. 479).

Dépourvus de vessie gazeuse, les poissons cartilagineux ont un foie de taille importante, très riche en huile, donc moins dense que l'eau, ce qui accroît leur flottabilité.

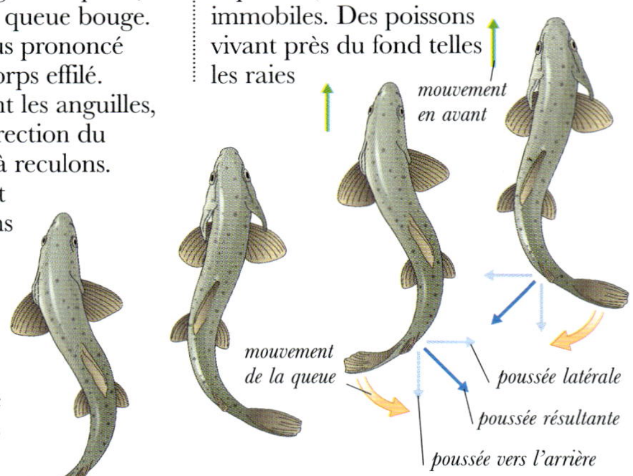

PROPULSION
Lorsque la queue d'un poisson est en mouvement, elle exerce une poussée latérale et une poussée vers l'arrière. La force qui en résulte agit dans un angle situé à mi-chemin entre les deux. Le mouvement de la queue d'un côté à l'autre signifie que la poussée résultante est dirigée vers l'arrière. Cette poussée vers l'arrière propulse le poisson vers l'avant.

EN EAUX DOUCE ET SALÉE
L'anguille européenne peut vivre à la fois dans les eaux douces et les eaux salées. Si elle passe la plus grande partie de sa vie d'adulte dans les cours d'eau, elle regagne la mer pour se reproduire. À l'opposé, les saumons et certaines truites migrent de la mer vers les fleuves pour se reproduire.

POISSONS MARINS ET POISSONS D'EAU DOUCE

Chez les poissons, la concentration en eau et en sels de leur corps doit être stable. Les espèces qui fréquentent à la fois les eaux salées et douces, tels les saumons, les lamproies, des raies et des requins, ont dans leur organisme une concentration d'eau et de sels identique à celle de l'eau qui les entoure. Cependant, la majorité des poissons présentent une concentration en sels différente de celle de l'eau. Ces espèces ont donc tendance à perdre de l'eau par osmose, à travers la peau et les branchies, ce qui pourrait leur être fatal.

Chez les poissons marins, le milieu intérieur (sang et liquides) est moins concentré en sels que l'eau de mer. Pour y remédier, ils boivent une grande quantité d'eau de mer, riche en sels, qu'ils absorbent en excès. Les branchies de certains poissons osseux comportent des cellules appelées chlorides (= à chlorure), destinées à retirer cet excès de sel de leur organisme. En revanche, les poissons d'eau douce sont exposés à une déperdition de sels dans leur milieu. Ils boivent peu et tirent les sels de leur nourriture. Leur bouche et leurs branchies sont tapissées de cellules qui absorbent les sels et les diffusent dans leurs organes. Les poissons qui ont un équilibre en sels identique à celui de l'eau environnante peuvent s'abstenir de boire. Quant à ceux qui migrent en eaux douces et en eaux salées, ils peuvent transférer les sels à la fois dans et hors de leur corps. Lorsqu'ils passent d'un milieu à l'autre, ils séjournent brièvement en eau saumâtre afin de s'adapter au changement.

LE CONTRÔLE DE LA TEMPÉRATURE

Les poissons sont des animaux ectothermes (à sang froid) : leur température interne est identique à celle de l'eau. Certaines espèces modifient leur comportement pour acquérir une température plus élevée ou plus basse que l'eau ambiante. Elles s'exposent au soleil, cherchent l'ombre, s'élèvent dans l'eau ou, au contraire, gagnent les profondeurs. D'autres régulent leur température en modifiant leur couleur grâce à différents pigments, les couleurs sombres absorbant la chaleur, tandis que les claires la réfléchissent.

Quelques rares espèces, dont les thons et le grand requin blanc et ses alliés, réagissent comme les animaux à sang chaud. Ils conservent une partie de la chaleur produite par leurs muscles puissants, si bien que leur température interne est plus élevée que celle de l'eau qui les entoure, ce qui leur permet de rester actifs même dans l'eau froide.

SURVIVRE AU FROID
L'eau de mer gèle à une température inférieure à celle du sang des poissons. Cependant, le sang de certaines espèces reste liquide même dans des eaux très froides, car il renferme des protéines qui agissent comme un antigel.

PONTE
Comme de nombreux poissons, la perche pond un grand nombre d'œufs. Ainsi, un nombre suffisant d'alevins atteindront l'âge adulte, assurant la continuité de l'espèce.

LA REPRODUCTION

Le comportement des poissons en matière de reproduction est varié. Même si la plupart du temps la fécondation a lieu à l'extérieur du corps de la femelle, et si le petit sort de l'œuf sous forme de larve, la fécondation est parfois interne, la femelle donnant le jour à des petits.

Certains poissons s'accouplent de façon régulière, généralement une fois par an. D'autres ne se reproduisent qu'une seule fois puis meurent. Le rythme de reproduction est contrôlé par des facteurs externes (variations de la température, de la lumière ou de la durée du jour), ou par des cycles internes comme les modifications hormonales.

Certains poissons pondent leurs œufs ou déposent leurs petits dans des zones où ils auront le plus de chances de survivre. Pour les atteindre, ils effectuent des migrations, couvrant des milliers de kilomètres.

Chez certaines espèces, un grand nombre de mâles et de femelles se rassemblent en banc pour frayer, sans aucune parade nuptiale. D'autres, en revanche, ont des rituels de cour complexes destinés à accroître leurs chances d'attirer un partenaire, tel un changement de coloration chez le mâle. Ainsi, le dragonnet mâle acquiert des couleurs plus intenses, qui sont mises en valeur devant la femelle au cours de mouvements circulaires.

Chez la plupart des poissons (de même que chez un grand nombre d'autres animaux aquatiques), la fécondation est externe. Le mâle dépose le sperme (laitance) sur les œufs expulsés du corps de la femelle. La consistance épaisse de la laitance empêche les cellules du sperme de se disperser trop rapidement. Les œufs de la plupart des poissons marins flottent grâce à une gouttelette d'huile, et se dispersent dans le plancton. Nettement plus lourds, les œufs des poissons d'eau douce ont une surface visqueuse qui leur permet d'adhérer aux cailloux.

Certains poissons d'eau douce aménagent un nid pour leurs œufs, dont ils assurent la protection (voir encadré à droite). Dans la majorité des cas, les œufs éclosent pour donner naissance à des larves, incomplètement formées, qui développent peu à peu un squelette, des nageoires, et une partie de leurs organes. La fécondation externe facilite la reproduction des poissons (et autres animaux aquatiques), car la densité de l'eau, supérieure à celle de l'air, en fait un moyen plus efficace pour transporter les œufs et le sperme. L'eau fournit également les nutriments et l'oxygène nécessaires au développement des œufs. Cependant, un embryon a des chances relativement réduites d'atteindre l'âge adulte, essentiellement chez les poissons de mer. Pour compenser cela, chaque femelle pond des quantités considérables d'œufs (parfois jusqu'à 5 millions ou plus).

Un petit nombre d'espèces pratique la fécondation interne. Chez les requins, par exemple, les nageoires pelviennes se transforment en un organe d'accouplement, qui s'insère dans le cloaque de la femelle. L'eau de mer entraîne le sperme du mâle le long de la rainure que présente cet organe, puis dans le corps de la femelle. Les jeunes requins seront expulsés du corps de leur mère.

Il arrive également que les œufs éclosent dans le corps de la mère. Certaines espèces de requins et de raies possèdent une structure d'échange entre le sang de la mère et les embryons.

Les femelles à fécondation interne consacrent une quantité d'énergie relativement importante à porter et à nourrir leurs petits pendant la gestation. Mais ils sont davantage développés à la naissance et ont donc une chance de survie plus importante. Les femelles pondent moins d'œufs, mais la population est stable.

En comparaison avec d'autres groupes de vertébrés, les poissons comprennent de nombreuses espèces hermaphrodites, toutes des poissons osseux (voir p. 479). Certains poissons, dont plusieurs espèces de carpes et de loches, se reproduisent par parthénogenèse, les œufs étant fécondés sans l'intervention du mâle. Ainsi, le molly Amazone (molliénisie), un hybride de deux autres espèces, ne compte que des femelles. La femelle est fécondée par le mâle d'une ou l'autre des deux espèces apparentées.

LES ŒUFS
À l'intérieur de l'œuf, l'embryon est nourri par des liquides contenus dans la membrane vitelline. L'enveloppe de l'œuf est transparente (les yeux de ces embryons de saumons sont donc visibles de l'extérieur). La durée de l'incubation dépend de la température de l'eau.

LARVE

ADULTE

LES MÉTAMORPHOSES
Lorsqu'un poisson sort de son œuf, sa membrane vitelline, toujours fixée à son corps, lui fournit de la nourriture durant sa première semaine de vie. La larve de la truite de rivière (en haut) ne devient adulte qu'au bout de trois à quatre ans (ci-dessus).

LES SOINS PARENTAUX

Après avoir abandonné leurs œufs et leur sperme dans l'eau, de nombreux poissons n'ont plus aucun contact avec leur future progéniture. Cependant, certaines espèces veillent sur leurs œufs et sur leurs petits. Les adultes construisent un nid destiné à abriter leurs œufs et à éloigner les prédateurs. Ils le nettoient pour éviter les infections ou l'éventent afin de lui fournir de l'eau riche en oxygène. À l'éclosion, les parents s'occupent de leurs petits de différentes manières (ci-dessous). Quelques rares espèces, dont le discus de l'Amazone, les alimentent en diffusant un liquide à travers leur peau.

HIPPOCAMPES
L'hippocampe mâle est un exemple original en matière de soins parentaux. La femelle dépose ses œufs dans la poche incubatrice du mâle, où ils sont fécondés et séjournent jusqu'à l'éclosion, de deux à six semaines plus tard.

COUVER DANS LA BOUCHE
Des centaines d'espèces de Cichlidae couvent leurs œufs dans des cavités de leur bouche et de leur gorge. Après l'éclosion, les parents défendent leurs petits en les reprenant dans leur bouche en cas de danger.

POISSONS SANS MÂCHOIRES

PARASITISME
La lamproie de mer colle sa ventouse buccale sur le corps d'un poisson, ronge les chairs avec ses dents et pompe le sang. Épuisé, son hôte meurt sans avoir réussi à s'en débarrasser.

PHYLUM	Cordés
CLASSES	Myxini, Céphalaspidomorphes
ORDRES	2
FAMILLES	4
ESPÈCES	Env. 90

LES POISSONS SANS MÂCHOIRES apparaissent il y a plus de 500 millions d'années. De ces poissons primitifs ne subsistent que deux groupes relativement restreints : les lamproies et les myxines, au corps anguiforme, mou, protégé par une peau visqueuse sans écailles. Dépourvues de mâchoires, ces espèces utilisent leur cavité buccale pour s'attacher à un hôte et s'en nourrir. Les lamproies fréquentent les eaux tempérées des deux hémisphères et remontent les cours d'eau en vue de la fraie. Les myxines vivent uniquement dans les mers profondes des régions tropicales et dans les mers peu profondes des zones tempérées.

ANATOMIE

Les poissons sans mâchoires diffèrent des autres groupes de poissons actuels par l'absence de vraies mâchoires mobiles. Leur bouche forme une ventouse équipée de dents. Dépourvu de squelette interne osseux, leur corps anguiforme est renforcé par un tube de cartilage (notocorde). Leurs fentes branchiales se présentent sous forme d'un ou plusieurs pores, à proximité de la tête. Comme chez les autres poissons, la queue se termine par une partie aplatie. Des nageoires médianes assurent la stabilité de leur corps. Les poissons sans mâchoires n'ont pas de nageoires paires. Leur peau nue est recouverte de mucus. Les lamproies ont une vue correcte, tandis que les myxines sont aveugles. Cependant, ces deux groupes ont un sens de l'odorat et du goût développés.

COUPE DU CORPS
De même que celui de la myxine, le corps de la lamproie (ci-contre) est soutenu par une notocorde. On remarque des vertèbres rudimentaires, davantage développées chez la lamproie.

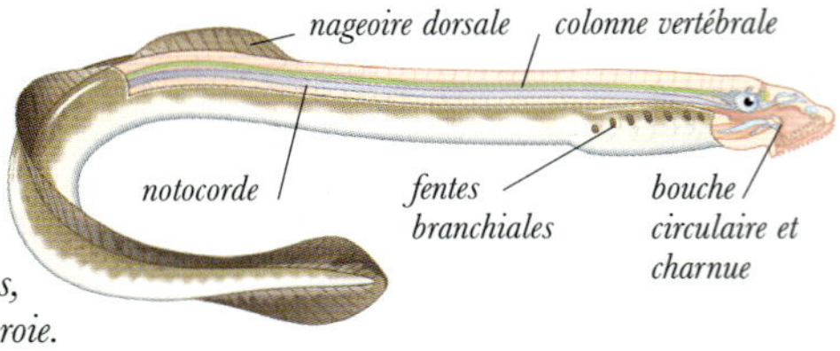

REPRODUCTION

La plupart des lamproies passent leur vie d'adulte en mer, ne gagnant les eaux douces que pour se reproduire. Quelques rares espèces vivent uniquement en eau douce. La femelle crée une dépression dans le lit du cours d'eau, dépose ses œufs et meurt. La jeune lamproie connaît différents stades larvaires avant de devenir adulte et de migrer vers la mer. Les myxines ne vivent et ne se reproduisent qu'en milieu marin. Elles ne connaissent pas de stade larvaire : l'œuf donne, à l'éclosion, un modèle réduit de la forme adulte.

ŒUFS DE MYXINE
Les œufs de la myxine sont protégés par une coque dure pourvue de glomérules adhésifs qui leur permettent de s'agglutiner ou de se fixer au fond de la mer. Lors de l'éclosion, la coque se fend le long d'une zone de fracture située sur le côté.

Myxine glutinosa

Myxine

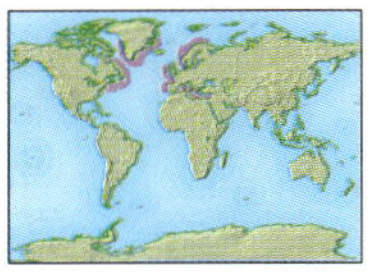

Q : Myxine du Nord
Longueur Jusqu'à 40 cm
Poids Jusqu'à 750 g
Sexe Mâle/Femelle
Statut Commune localement
Répartition Atlantique Nord, Méditerranée

Ce poisson des fonds marins exsude un abondant mucus visqueux pour se défendre de ses prédateurs. La souplesse de son corps lui permet à la fois de libérer ce mucus, d'échapper à un prédateur et de capturer ses proies. La myxine se nourrit essentiellement de poissons morts ou moribonds, autour desquels elle s'enroule. Puis, utilisant la partie antérieure de sa bouche, elle enfonce sa tête dans le corps de sa victime. Comme tous les poissons sans mâchoires, la myxine a un squelette constitué de nodules de cartilage.

Lampetra fluviatilis

Lamproie de rivière

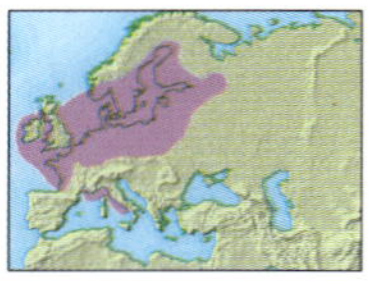

Longueur 18–49 cm
Poids 30–150 g
Sexe Mâle/Femelle
Statut LR
Répartition Atlantique Nord, N.-O. Méditerranée, Europe

La lamproie de rivière passe environ le tiers de sa vie, soit de quatre à sept ans, en mer. À la différence des autres lamproies, qui sont des parasites suceurs de sang, elle mord sa proie, en général un poisson (hareng ou sprat), même à l'état de cadavre, grâce à ses dents pointues. Durant leur migration vers les frayères, les lamproies cessent de s'alimenter. Au stade larvaire, qui dure jusqu'à six ans, elles n'ont pas de dents, sont aveugles, et se nourrissent d'algues et de débris de matière organique filtrés dans l'eau de mer. Les femelles sont plus longues et plus grosses que les mâles, mais elles maigrissent à l'époque de la fraie. Les adultes ne s'accouplent qu'une seule fois et meurent.

Petromyzon marinus

Lamproie marine

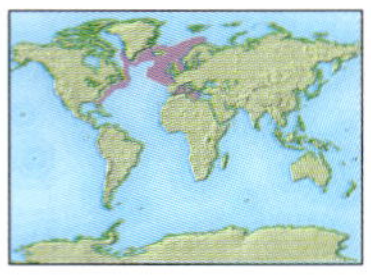

Longueur Jusqu'à 1,20 m
Poids Jusqu'à 2,5 kg
Sexe Mâle/Femelle
Statut LR Δ
Répartition Atlantique Nord, Méditerranée, Amérique du Nord, Europe

Véritable parasite, la lamproie marine attaque nombre de poissons marins et de poissons d'eau douce, dont le saumon, la truite, le hareng, le maquereau et certains requins. Saisissant sa proie avec les dents, elle en suce le sang avec sa langue à la surface rugueuse. Les lamproies marines remontent les cours d'eau pour frayer et se confinent parfois en eau douce. Ainsi, l'ouverture du Welland Ship Canal, en 1929, a conduit à la prolifération des lamproies dans les Grands Lacs d'Amérique du Nord, au détriment des truites de lac et autres espèces. Depuis, la population de la lamproie marine est contrôlée.

SUCEURS

La lamproie marine possède un disque buccal, plus gros que le poisson lui-même, tapissé de petites dents cornées disposées en rangs concentriques, les plus importantes entourant l'ouverture de la bouche.

UN CORPS ANGUIFORME
Aux stades larvaire et adulte, la lamproie marine a un corps anguiforme, arrondi près de la tête et aplati vers la queue.

POISSONS CARTILAGINEUX

PHYLUM	Cordés
CLASSE	Chondrichtyens
ORDRES	14
FAMILLES	50
ESPÈCES	Env. 810

MÊME S'ILS SONT SOUVENT considérés comme des poissons primitifs, les poissons cartilagineux comprennent la plupart des prédateurs marins les plus répandus. On les divise en trois groupes : les requins, les raies et les pastenagues, auxquels s'ajoute un groupe de poissons des grandes profondeurs, les chimères. Ils ont un squelette cartilagineux, des dents spécialisées remplacées au cours de leur vie et des écailles ressemblant à des dents. Même s'ils sont marins pour la plupart, certains requins et raies fréquentent occasionnellement les eaux douces, tandis que deux espèces tropicales vivent exclusivement en eau douce.

NOURRITURE

Tous les poissons cartilagineux sont carnivores, même si certaines espèces se nourrissent également de plantes microscopiques. La majeure partie de leur alimentation est constituée de proies vivantes, poissons, invertébrés et, occasionnellement, mammifères marins. Ils consomment également les restes d'animaux morts, mais un petit nombre d'entre eux sont exclusivement nécrophages. Certaines espèces de requins et de raies s'alimentent en filtrant l'eau de mer : la taille de leurs dents est donc réduite, et les projections dures de leur arc branchial se sont transformées en organes ressemblant à un tamis, et destinés à retenir le zooplancton.

FILTREURS DE NOURRITURE
Les requins-baleines nagent lentement en avalant plancton, petits poissons et calmars. Ils vivent dans les eaux tropicales chaudes où la nourriture est abondante.

ANATOMIE

Tous les poissons cartilagineux ont un squelette constitué de cartilage souple et résistant, parfois renforcé par des dépôts minéraux. Certaines espèces sont munies d'une colonne vertébrale rigide, ressemblant à de l'os. Mais le squelette d'un poisson cartilagineux est beaucoup plus flexible que celui d'un poisson osseux (voir p. 478), qui renferme davantage de minéraux. Sur terre, un squelette cartilagineux ne serait pas suffisamment rigide pour supporter le poids d'un gros animal. En revanche, dans l'eau – qui a une densité beaucoup plus élevée que l'air –, le cartilage fournit un squelette assez résistant pour des animaux mesurant jusqu'à 10 m de long. Les poissons cartilagineux ont en général une peau recouverte d'écailles placoïdes, appelées aussi denticules dermiques (voir p. 460), qui s'apparentent à de petites dents pointues et leur donnent la texture du papier de verre. Certaines raies sont couvertes de grosses écailles en forme d'épines, d'autres, et toutes les chimères, en sont complètement dépourvues. À la différence des poissons osseux, les poissons cartilagineux n'ont pas de vessie gazeuse.

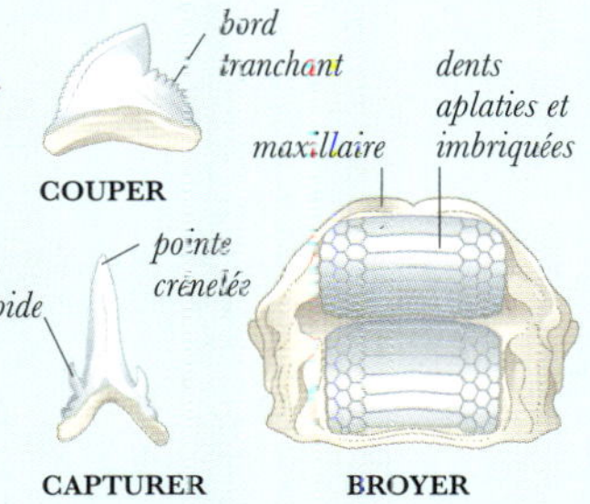

LES DENTS
Les poissons cartilagineux ont des dents adaptées à leur type d'alimentation. Des dents à bord crénelé leur permettent de déchiqueter leurs proies, des dents en poignard servant à les maintenir. Un grand nombre de raies sont pourvues de dents aplaties destinées à broyer la carapace des crustacés. Sitôt usée ou perdue, une dent est remplacée par une autre qui avance et prend sa place.

NAGER ET FLOTTER
Les poissons cartilagineux, tel le requin-marteau, ont un gros foie riche en huile qui améliore leur flottabilité. Cependant, un grand nombre de requins doivent nager constamment afin de ne pas couler.

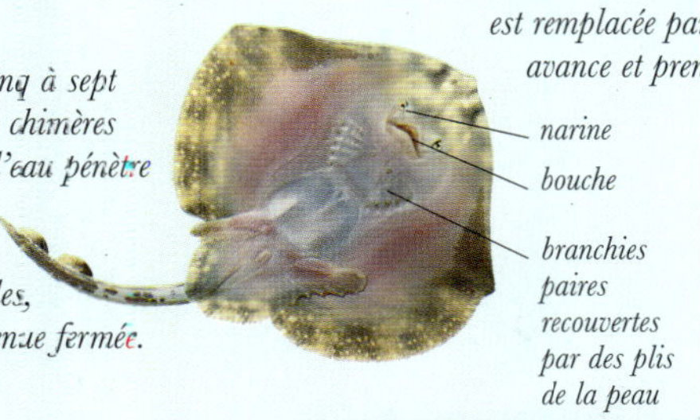

LES FENTES BRANCHIALES
Requins et raies possèdent de cinq à sept paires de fentes branchiales ; les chimères n'en ont qu'une seule. Lorsque l'eau pénètre dans la bouche, les fentes sont fermées. Quand elle s'en échappe par les fentes branchiales, la bouche du poisson est maintenue fermée.

SYSTÈMES SENSORIELS

Pour localiser leurs proies, les poissons cartilagineux mettent à profit divers systèmes sensoriels. Tous possèdent une série d'organes électrorécepteurs, les ampoules de Lorenzini, capables de détecter le plus infime signal électrique émis par un autre animal. Ils sont pourvus de deux lignes latérales qui sont des récepteurs sensoriels ; enfin, ils bénéficient d'une bonne acuité visuelle et d'un odorat extrêmement sensible.

ÉLECTRORÉCEPTEURS
Les ampoules de Lorenzini (ici sur le museau d'un requin-corail) sont des organes électrorécepteurs reliés à des terminaisons nerveuses.

REPRODUCTION

Chez tous les poissons cartilagineux, la fécondation est interne. Le mâle introduit le sperme dans le cloaque de la femelle par l'intermédiaire de nageoires pelviennes modifiées. Les femelles de certaines espèces pondent des œufs à enveloppe parcheminée. Chez d'autres, les œufs se développent dans le corps de la femelle qui donne naissance à des portées de plusieurs petits. Enfin, il arrive que les embryons se développent dans une structure semblable au placenta qui assure les échanges nutritionnels entre leur organisme et celui de leur mère. Il n'existe aucun stade larvaire : les petits sont comme des adultes en miniature.

NAISSANCE
Les jeunes requins-citrons quittent leur œuf dans le corps de la femelle avant d'être expulsés, la queue la première.

CAPSULE
Embryon d'un chien de mer tacheté dans sa capsule cornée ancrée à des algues par des vrilles.

REQUINS

PHYLUM	Cordés
CLASSE	Chondrichtyens
SOUS-CLASSE	Élasmobranches (partie)
ORDRES	9
FAMILLES	33
ESPÈCES	Env. 330

REDOUTABLES CHASSEURS, les requins adultes ont peu de prédateurs naturels. Ils ont un corps hydrodynamique, de puissantes mâchoires aux nombreuses dents tranchantes et des sens aiguisés, en particulier l'odorat. Le plus gros des requins (et de tous les poissons) est le requin-baleine, les plus petits sont des squales (moins de 30 cm de long). Les requins abondent dans les eaux chaudes tempérées et tropicales, de la zone côtière à la haute mer. Certaines espèces se hasardent jusque dans les fleuves tropicaux.

ANATOMIE

La plupart des requins ont un corps en forme de torpille qui leur permet de fendre l'eau aisément, mais certaines espèces des eaux profondes se caractérisent par un corps aplati rappelant celui des raies. À la différence des poissons osseux, ils possèdent des nageoires rigides qui tiennent lieu de gouvernail ou de stabilisateur. Disposées en plusieurs rangées, selon les espèces, leurs dents sont continuellement remplacées. Leur forme varie en fonction du type d'alimentation (voir p. 465), certains requins possédant plusieurs sortes de dents.

Les requins n'ont pas de vessie gazeuse, mais un gros foie rempli d'huile, ce qui leur assure une certaine flottabilité et leur évite de couler. De nombreux requins de pleine mer doivent nager sans arrêt pour faire pénétrer l'eau dans leurs branchies. Les requins sont en général pourvus de cinq fentes branchiales de chaque côté de la tête ; quelques espèces en présentent six ou sept paires.

ALIMENTATION

Les requins usent de différentes tactiques pour capturer leurs proies. Ces grands prédateurs fondent sur leurs victimes ou se contentent de rester à l'affût et de surgir lorsqu'une proie passe à leur portée. Certaines espèces fréquentent des zones habitées par des poissons peu actifs, ou exhument des animaux enfouis dans les fonds vaseux. Des requins nécrophages utilisent leur odorat particulièrement développé pour déceler des déchets d'animaux morts (ils peuvent détecter l'odeur d'une solution de concentration aussi faible qu'une partie par million). Les trois plus grosses espèces de requins sont des poissons filtreurs et une espèce au moins parasite d'autres requins, de gros poissons et des mammifères marins.

REPRODUCTION

Baies, récifs et atolls constituent des lieux privilégiés pour la plupart des femelles de requins, qui les choisissent pour pondre ou mettre bas. Ces zones offrent aux jeunes requins la tranquillité et la nourriture indispensables à leur développement. À la naissance, ils sont de véritables adultes miniatures, armés d'une denture complète et efficace, et prêts pour la chasse. Les requins atteignent l'âge adulte au bout d'une dizaine d'années ou davantage, ce qui rend les jeunes très vulnérables, à la merci des gros prédateurs.

CONSERVATION

Durant les dernières décennies, l'augmentation de la population humaine et la raréfaction de certaines espèces de poissons ont entraîné des excès dans la pêche des requins destinés à l'alimentation. À cela s'ajoutent l'engouement actuel pour la pêche sportive et la demande croissante d'ailerons de requin dans la cuisine asiatique. Environ 100 millions de requins sont pêchés chaque année, dont 6,2 à 6,5 millions de requins bleus, capturés uniquement pour leurs ailerons. Les mesures de protection concernent la réglementation de la pêche, ainsi que la protection des espèces menacées et des zones de reproduction.

CHASSER
Les requins de haute mer (tel le requin bleu, ou peau bleue, ci-dessus), au corps hydrodynamique, sont propulsés par une puissante nageoire caudale. Leur alimentation est essentiellement constituée de calmars et de poissons. Ils font souvent plusieurs fois le tour de leur proie avant de l'attaquer.

Chlamydoselachus anguineus

Requin-lézard

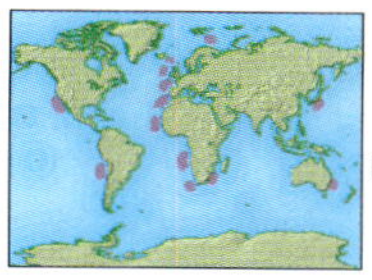

Ou : Requin à collerette
Longueur Jusqu'à 2 m
Poids Inconnu
Reproduction Ovovivipare
Statut Non évalué
Répartition E. Atlantique, S.-O. océan Indien, O. et E. Pacifique

Cet étrange requin des eaux profondes a des fentes branchiales en collerette, une unique petite nageoire dorsale et une grande nageoire anale. Il se nourrit de poissons et de calmars. Ressemblant à des espèces éteintes depuis longtemps, il n'a pas de parents proches actuels.

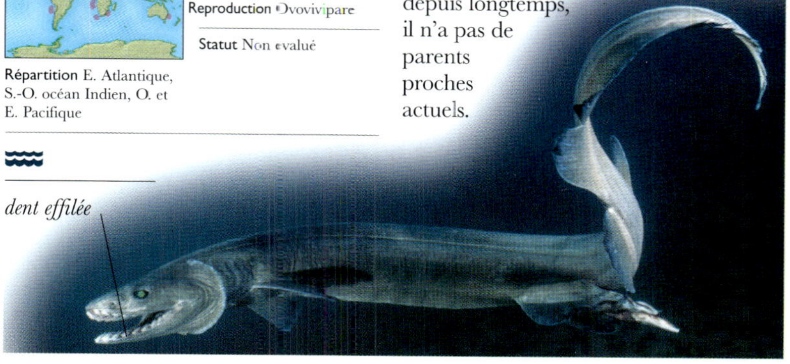

Hexanchus griseus

Requin griset

Longueur 4,80 m ou plus
Poids 600 kg ou plus
Reproduction Vivipare
Statut VU Δ
Répartition Eaux tropicales et tempérées du monde entier

Ce requin solitaire, hôte des eaux profondes, a une tête large et un corps cylindrique pourvu de six paires de fentes branchiales, la plupart des requins n'en ayant que cinq. Il se nourrit de raies, de calmars, de poissons osseux et même de phoques, et fouille également le fond de la mer, à la recherche d'animaux peu rapides, en inclinant son corps, la tête en bas, de 45 à 60 degrés. Il avale probablement toute proie qui passe à portée de sa gueule grande ouverte.

Echinorhinus cookei

Squale bouclé du Pacifique

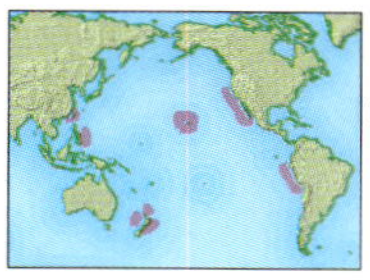

Longueur Jusqu'à 4 m
Poids Plus de 220 kg
Reproduction Ovovivipare
Statut Non évalué
Répartition O., C. et E. Pacifique

Ce requin doit son originalité aux denticules en forme d'épines qui parsèment son corps. Ces denticules ont une base en étoile et une pointe acérée comme les épines des ronces. Assez massif, il nage lentement et passe son temps à fouiller les fonds marins. Il se nourrit d'autres requins, de chimères, de poissons osseux, de céphalopodes, ainsi que d'œufs de requins. Il utilise son grand pharynx et sa bouche étroite pour aspirer ses proies.

Squalus acanthias

Aiguillat commun

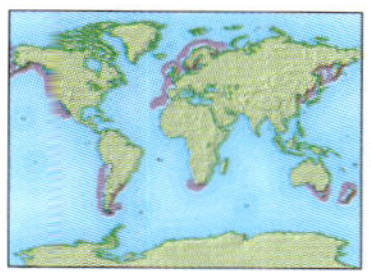

Longueur 1 m, max. 1,60 m
Poids Plus de 9 kg
Reproduction Ovovivipare
Statut LR
Répartition Toutes les eaux non tropicales

Petit requin de fond qui vit près des côtes, dans des eaux dont la température avoisine 15 °C. Peu rapide, il doit son nom à l'aiguillon qu'il possède au bord de ses nageoires dorsales et qui peut occasionner des blessures douloureuses. Il se nourrit de crustacés, d'anémones de mer et de poissons, et se regroupe souvent en énormes bancs d'individus du même sexe. L'aiguillat commun a la plus longue période de gestation (jusqu'à deux ans) de tous les requins.

Oxynotus centrina

Centrine commune

Longueur Jusqu'à 1,50 m
Poids Inconnu
Reproduction Ovovivipare
Statut Non évalué
Répartition E. Atlantique, Méditerranée

Ce requin a de curieuses nageoires dorsales à pointe épineuse, un tronc triangulaire, des «lèvres» ridées et une mâchoire supérieure équipée de dents en forme de lances. Derrière chaque œil se trouve un gros évent. La forme de son corps et son foie volumineux, rempli d'huile, améliorent sa flottabilité et lui permettent de «planer» sur le fond de l'océan. La centrine est l'une des cinq espèces de la famille des Oxynotidae.

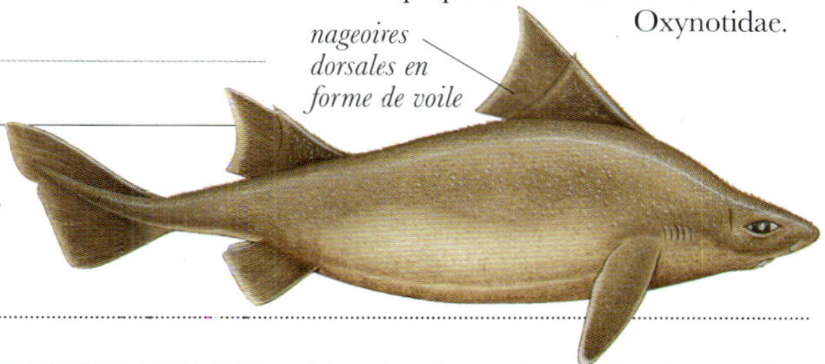

Etmopterus spinax

Sagre commun

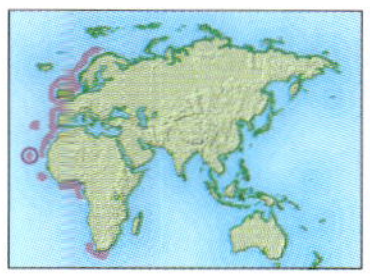

Longueur 45 cm, max. 60 cm
Poids Inconnu
Reproduction Ovovivipare
Statut Commun localement
Répartition E. Atlantique

Ce petit requin qui se regroupe en bancs compte parmi dix-huit espèces de requins très voisines. Il se nourrit d'invertébrés et de petits poissons. De minuscules organes disposés sur sa face ventrale produisent de la lumière qui attire les proies ou d'autres requins-lanternes, effraie ses prédateurs et rend son ombre plus discrète, assurant ainsi sa sécurité.

PREMIER REPAS

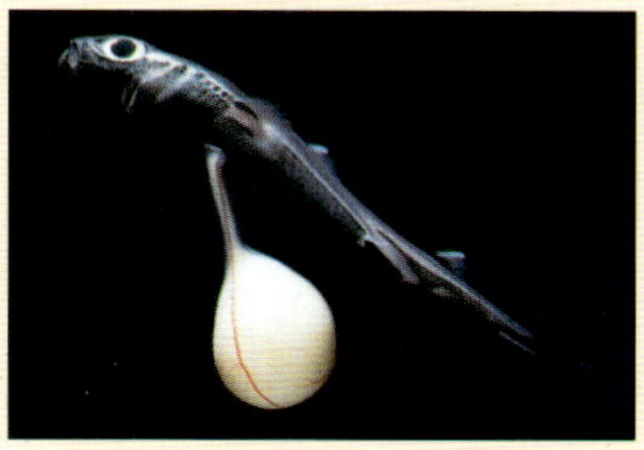

Comme nombre de requins, les jeunes sagres communs viennent au monde avec une membrane vitelline fixée au corps, réserve de nourriture pour leurs premiers jours en mer.

NAGEOIRES À ÉPINES
Le sagre commun possède une épine en avant de ses nageoires dorsales. Plus importante, la seconde nageoire dorsale porte une longue épine.

Squaliosus laticaudus

Squale nain

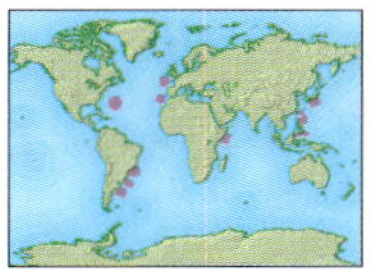

Longueur Jusqu'à 25 cm
Poids Inconnu
Reproduction Ovovivipare
Statut Non évalué
Répartition Atlantique Nord, O. Atlantique Sud, O. océan Indien, O. Pacifique

L'un des plus petits requins du monde, le squale nain possède des organes lumineux (photophores) bien développés et situés uniquement sur le ventre et sur les flancs, rarement sur le dos, ce qui procure une surface inférieure luminescente. La disposition de ces photophores est destinée à éliminer les ombres, ce qui rend le squale nain impossible à distinguer de la surface éclairée par les rayons de soleil. Le seul squale nain connu a été capturé au Japon, en 1908, et aucun autre spécimen n'a été repéré jusqu'aux années 1960.

Pristiophorus japonicus

Requin-scie moustachu

Longueur Jusqu'à 1,50 m
Poids Inconnu
Reproduction Ovovivipare
Statut VU Δ

Répartition O. Pacifique Nord

Ce requin possède un ventre aplati et deux nageoires dorsales. À la différence des raies, il a des branchies sur les côtés de la tête. Une paire de barbillons sensoriels garnit la longue lame plate que forme l'extrémité de la tête. Cette « scie » présente des excroissances aiguës utiles pour assommer les proies et fouiller le fond de la mer, à la recherche d'invertébrés ou de petits poissons. Elle constitue également un excellent outil de défense. Afin de ne pas blesser la mère, les dents de la scie restent repliées avant la naissance. Il ne faut pas confondre le requin-scie moustachu et le poisson-scie (voir p. 476).

Heterodontus portusjacksoni

Requin de Port-Jackson

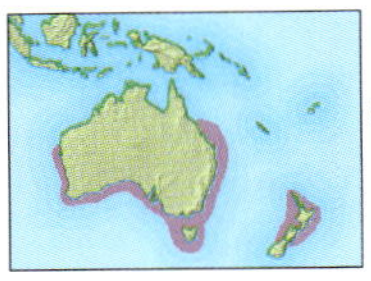

Longueur Jusqu'à 1,70 m
Poids Inconnu
Reproduction Ovipare
Statut Commun localement

Répartition Australie (dont la Tasmanie), Nouvelle-Zélande

Comme le requin dormeur cornu ci-dessous, il appartient à une famille de huit espèces à grosse tête, joues épaisses et dents broyeuses. Sa gueule fortement inclinée vers le bas lui permet de dévorer étoiles de mer, oursins et petits animaux des fonds marins. Il vit dans les eaux peu profondes et pond de gros œufs protégés par des capsules spiralées.

UN CORPS FUSELÉ

Le corps de ce requin se rétrécit progressivement depuis la tête jusqu'à la queue. Ses nageoires dorsales sont équipées d'un rayon épineux, et des bandes sombres dessinent une sorte de harnais sur son dos et ses flancs.

PRÈS DES CÔTES

Le requin de Port-Jackson gagne les eaux littorales pour s'accoupler et pondre. Les femelles déposent leurs œufs dans les trous des rochers.

Heterodontus francisci

Requin dormeur cornu

Longueur 97 cm, max. 1,20 m
Poids Plus de 10 kg
Reproduction Ovipare
Statut Commun localement

Répartition E. Pacifique Nord

Ce requin lent et généralement solitaire fréquente les fonds sableux ou rocheux. Il utilise ses nageoires pectorales pour « marcher » sur le substrat. Actif la nuit, il passe ses journées immobile dans les grottes ou les rochers sous-marins, la tête glissée dans une crevasse. Son museau rappelle celui du cochon, et le fond de sa petite bouche possède des dents puissantes destinées à broyer ses proies, oursins, crabes et poissons. L'accouplement a lieu en décembre-janvier. La femelle pond environ 30 œufs à capsule spiralée qu'elle dépose sous des rochers ou dans des crevasses.

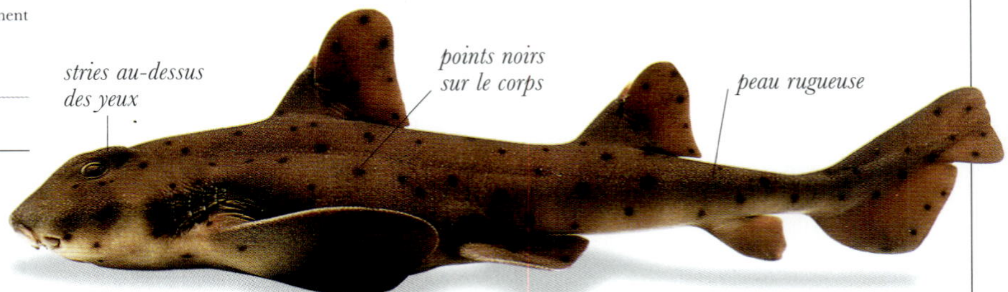

Orectolobus maculatus

Requin-tapis tacheté

Longueur 1,80 m, max. 3,20 m
Poids Inconnu
Reproduction Vivipare
Statut Commun localement

Répartition Japon, sud de la mer de Chine, Australie

Ce requin au corps aplati, aux mouvements lents, vit sur le fond des eaux côtières. Bien camouflé, il chasse à l'affût, attendant qu'une proie passe à sa portée. À marée basse, il se glisse parfois d'une petite mare à une autre, s'exposant partiellement à l'air. Généralement peu agressif, le requin-tapis tacheté peut cependant mordre si on pose un pied dessus par mégarde.

CAMOUFLAGE

Un corps aplati, des couleurs et des taches se confondant avec le fond : ce requin est un as du camouflage. Autour de sa bouche, des excroissances de peau en forme de franges attirent poissons et homards qui les prennent pour des algues : ils s'engouffrent ainsi dans sa gueule grande ouverte.

TACHES ET MOTIFS DIVERS

Le corps du requin-tapis tacheté, vert olive, présente des motifs plus clairs, arrondis, et des rayures sombres.

Chiloscyllium plagiosum

Requin-chabot à taches blanches

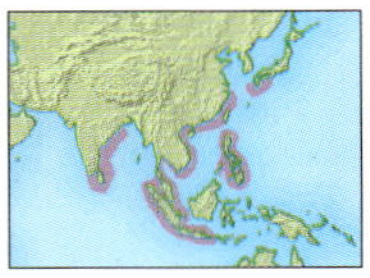

Longueur Jusqu'à 95 cm
Poids Inconnu
Reproduction Ovipare
Statut Commun localement

Répartition Indo-Pacifique

Ce requin de petite taille est souvent choisi pour peupler les aquariums d'eau de mer. Son corps élancé est recouvert de points blancs et de bandes transversales sombres, sur un fond brun. Les courts barbillons qui entourent sa gueule l'aident à fouiller le fond, à la recherche de sa nourriture. Ses yeux sont situés très en arrière de sa bouche. Il utilise ses épaisses nageoires pectorales et pelviennes pour se hisser sur les rochers.

Hemiscyllium ocellatum

Requin-chabot ocellé

Longueur Jusqu'à 1 m
Poids Inconnu
Reproduction Ovipare
Statut Commun localement

Répartition Nouvelle-Guinée, N. Australie

Le requin-chabot ocellé se distingue à la grosse tache noire située derrière chacune de ses nageoires pectorales et aux petits points noirs qui recouvrent son corps. Il vit aux abords des récifs de corail, dans des eaux peu profondes ou dans les grandes flaques laissées par la marée basse, et rampe sur le fond grâce à ses puissantes nageoires pelviennes et pectorales, fouillant la vase à la recherche de crabes, crevettes, vers et poissons de roches. Son camouflage et la fuite lui permettent d'échapper à ses prédateurs. La fraie a lieu de juin à septembre ; ensuite, la femelle pond des œufs disposés en paires.

POISSONS

Stegostoma fasciatum

Requin-zèbre

Longueur 2,80 m, max. 3,50 m
Poids Plus de 30 kg
Reproduction Ovipare
Statut Commun localement
Répartition Indo-Pacifique

Le requin-zèbre, à livrée beige à points bruns, a un corps d'une extrême souplesse qui lui permet de se glisser dans les étroites crevasses des récifs coralliens pour y chasser crevettes, crabes et petits poissons osseux. Sa gueule inclinée vers le bas, située juste derrière le museau, lui permet de happer facilement les mollusques du fond de la mer. Inactif le jour, il est au repos sur le fond, soutenu par ses nageoires pectorales érigées face au courant dominant. Il est le seul représentant de sa famille.

Ginglymostoma cirratum

Requin-nourrice dormeur

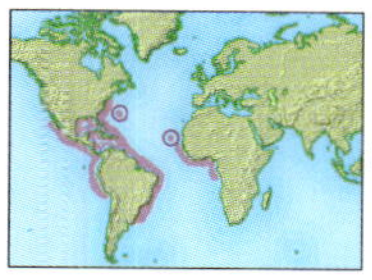

Longueur 3 m, max. 4,30 m
Poids Plus de 150 kg
Reproduction Vivipare
Statut Commun localement
Répartition E. Pacifique, O. et E. Atlantique

Le requin-nourrice dormeur a une peau particulièrement coriace. Sous la gueule, une paire de barbillons lui servent à repérer les invertébrés dont il se nourrit. Sa petite bouche, associée à un pharynx très musclé, constitue un puissant mécanisme qui fonctionne comme une pompe pour aspirer ses proies. Il passe la journée sur le fond, dans des anfractuosités de rochers ou des cavernes, parfois en bancs de plusieurs douzaines d'individus allongés les uns sur les autres. Fréquentant les eaux peu profondes des régions côtières, le requin-nourrice dormeur se déplace sur le fond en utilisant ses nageoires comme des pattes. Généralement non agressif pour l'homme, il se révèle dangereux si on le provoque.

Rhincodon typus

Requin-baleine

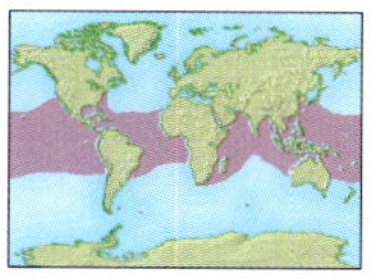

Longueur 12 m, max. 14 m
Poids Plus de 12 tonnes
Reproduction Vivipare
Statut VU
Répartition Eaux tropicales et tempérées du monde entier

Le requin-baleine est le plus gros poisson du monde. Cependant, malgré sa taille, il est absolument inoffensif et se nourrit de plancton qu'il retient en filtrant l'eau de mer avec ses branchies. Sa large bouche est située à l'extrémité de son museau – une position inhabituelle chez un requin – et, bien que ses mâchoires puissent atteindre plus de 1 m de large, elles ne sont armées que de dents minuscules. Hôte des eaux de surface où il cherche sa nourriture, il manifeste peu de crainte lorsqu'on l'approche. Il peut se nourrir à la verticale, utilisant sa gueule comme une vasque géante pour récupérer sa nourriture. Même s'il se regroupe parfois dans des zones riches en plancton, il est plutôt solitaire. Sa reproduction et ses déplacements dans les eaux tropicales du monde sont encore mal connus.

UN GÉANT INOFFENSIF
Le plus gros poisson du monde, le requin-baleine, est un mangeur de plancton qui nage lentement. Sa peau bleu-vert est mouchetée de pâle ; ses flancs portent des stries bien marquées.

ASPIRER ET FILTRER

Pour se nourrir, le requin-baleine sort la tête de l'eau puis plonge rapidement à reculons pour faire pénétrer l'eau dans son immense gueule. L'eau est ensuite filtrée à travers des tamis sur ses branchies, qui retiennent le plancton, les poissons et les calmars, ce qui lui permet de capturer un grand nombre de proies à la fois.

Mitsukurina owstoni

Requin-lutin

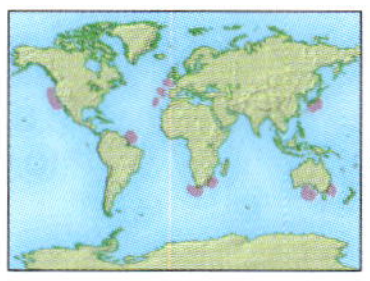

Longueur 3,30 m
Poids Plus de 160 kg
Reproduction Ovovivipare
Statut Non évalué
Répartition Atlantique Nord, E. Atlantique Sud, S. océan Indien, O. et E. Pacifique

Décrit pour la première fois en 1898, ce requin des eaux profondes est blanc ou grisâtre, à museau pointu. Il détecte ses proies en percevant les champs électriques. N'ayant pas de proches parents actuels, il est souvent décrit comme un fossile vivant qui aurait peu évolué au cours de millions d'années.

Carcharias taurus

Requin-taureau

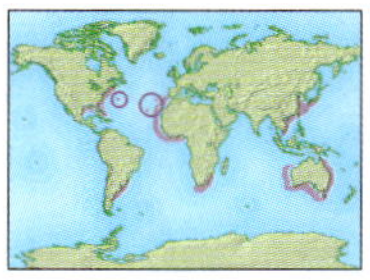

Longueur Jusqu'à 4,30 m
Poids Plus de 150 kg
Reproduction Vivipare
Statut VU
Répartition O. et E. Atlantique, S. océan Indien, O. Pacifique

Avec sa livrée marron clair ou beige ponctuée de taches plus foncées et ses longues dents recourbées, le requin-taureau ne manque pas d'originalité. Ce poisson massif, à la gueule immense, possède des nageoires dorsales situées plus en arrière que chez la plupart des autres requins. Il avale de l'air, à la surface de l'eau, qu'il retient dans son ventre afin d'ajuster sa flottabilité. Nageur lent, il se nourrit d'une variété de poissons osseux ainsi que de calmars, de crabes et de homards. Des bancs de requins-taureaux ont été observés en train de chasser, unissant leurs efforts pour encercler des proies rassemblées en bancs. Les embryons de ces requins sont cannibales. Après avoir consommé les autres œufs à l'intérieur de leur capsule, les embryons survivants éclosent, acquièrent des dents et s'entre-dévorent jusqu'à n'être plus qu'un par utérus.

Carcharodon carcharias

Grand requin blanc

Longueur 6 m max. 8 m
Poids 2 tonnes ou plus
Reproduction Vivipare
Statut VU
Répartition Eaux tempérées et tropicales, occasionnellement eaux froides

On attribue au grand requin blanc plus d'attaques contre l'homme qu'à tout autre requin, mais différentes études montrent que la plupart de ses victimes ont survécu. Cet excellent nageur erre soit à la surface de l'eau, soit juste au-dessous, couvrant très rapidement de grandes distances. Il excelle dans les poursuites rapides et brèves et peut accomplir des bonds spectaculaires hors de l'eau. Les grands requins blancs et leurs proches sont capables de maintenir leur température interne au-dessus de celle du milieu environnant, ce qui leur permet de nager plus efficacement.

Généralement solitaires, ils se rassemblent en couple ou en petits groupes pour se nourrir d'une carcasse de baleine ou autre animal mort, les individus les plus gros ayant la priorité. À cette occasion, ils exécutent différentes nages pour montrer leur domination au sein du groupe. Le grand requin blanc s'attaque à une grande variété de proies : phoques, lions de mer, dauphins et gros poissons, et même autres requins. Il approche sa proie, la mord, puis s'en éloigne. Lorsque sa victime est suffisamment affaiblie, il l'achève et la dévore. De taille supérieure aux mâles, les femelles donnent naissance à de 4 à 14 jeunes d'environ 1,20 m de long. Les embryons se nourrissent des œufs non fécondés et même d'autres embryons. Cette espèce est désormais protégée dans certaines régions du monde, mais, très prisée pour la pêche sportive, elle voit sa population décroître rapidement.

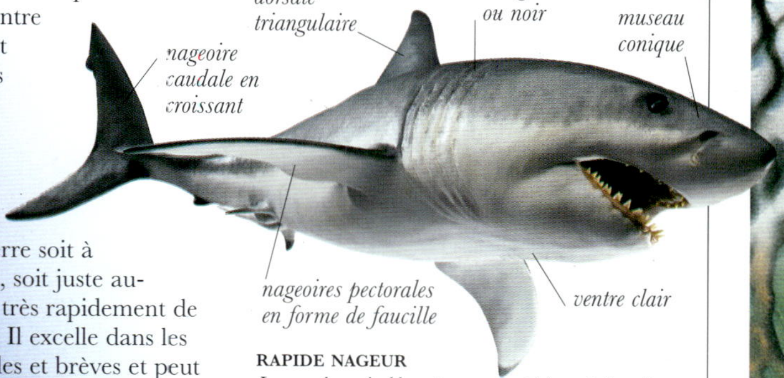

RAPIDE NAGEUR
Le grand requin blanc progresse rapidement dans l'eau grâce aux battements latéraux de sa queue. Ses nageoires pectorales fixes l'empêchent de piquer du nez, et sa grande nageoire dorsale contribue à sa stabilité.

ARMES TERRIFIANTES

Armé de ses grandes dents triangulaires disposées en dents de scie, le grand requin blanc est parfaitement équipé pour déchirer la chair de ses proies. On l'a vu parfois nager avec sa denture découverte, une façon d'éloigner des concurrents d'une même source de nourriture ou d'empêcher que des requins rivaux ne s'introduisent dans son propre espace.

LE GRAND « MANGEUR D'HOMMES »
Si le requin blanc est parfois surnommé « mangeur d'hommes », c'est en partie à cause des articles qui ont suivi la sortie du film Les Dents de la mer. *Selon les données de l'International Shark Attack File, on lui attribue seulement 311 décès humains depuis que l'on dénombre ceux-ci.*

Pseudocarcharias kamoharai

Requin-crocodile

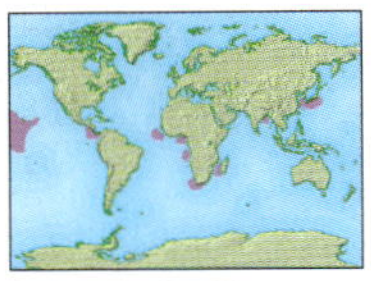

Longueur 1,10 m ou plus
Poids Inconnu
Reproduction Ovovivipare
Statut LR
Répartition Pacifique, E. Atlantique, O. et N. océan Indien

Ce petit requin cylindrique, rarement visible, fréquente la haute mer, ne s'approchant qu'occasionnellement des côtes. Un museau proéminent, de longues dents et la possibilité d'ouvrir très grand ses mâchoires en font un redoutable prédateur. Il fait de petites migrations verticales : il va chercher sa nourriture sous la surface, la nuit, puis regagne les profondeurs à l'aube, ses gros yeux lui permettant de voir même avec une faible lumière. Comme de nombreux requins, le requin-crocodile est cannibale à l'intérieur de l'utérus de la mère : les embryons se dévorent entre eux. La plupart des requins à reproduction vivipare ne donnent naissance qu'à un unique petit par portée. Cependant, chez le requin-crocodile, le cannibalisme cesse dès qu'il ne reste plus que deux embryons par utérus.

Megachasma pelagios

Requin à grande gueule

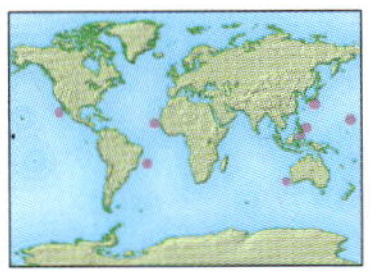

Longueur Jusqu'à 5,50 m
Poids Jusqu'à 790 kg
Reproduction Non évalué
Statut Non évalué
Répartition O. et E. Atlantique, S. océan Indien, O. et E. Pacifique

Le requin à grande gueule n'a été découvert qu'en 1976, lors de sa capture par un pêcheur des îles Hawaii. Depuis, on n'en a aperçu que treize spécimens. Pour se nourrir, il filtre le krill dans l'eau qu'il happe dans sa gueule immense. L'un des trois requins mangeurs de plancton, le requin à grande gueule suit les déplacements de ces minuscules crustacés le soir venu, remontant jusqu'à proximité de la surface pour redescendre au petit jour. Sa taille colossale fait qu'il a peu d'ennemis, à l'exception du cachalot (voir p. 176), un prédateur suffisamment gros pour oser l'attaquer. Le requin à grande gueule est inoffensif pour l'homme.

APPÂTS COLORÉS

La coloration différente des parties de la bouche du requin à grande gueule l'aide peut-être à se procurer sa nourriture. Ses lèvres luminescentes et le fond argenté de sa bouche attirent le krill tandis qu'il nage, la gueule béante.

CONTRASTES DE COULEURS *Le requin à grande gueule a le dos uniformément gris ou bleu-noir, et le ventre blanchâtre. Une bande blanche borde sa mâchoire supérieure.*

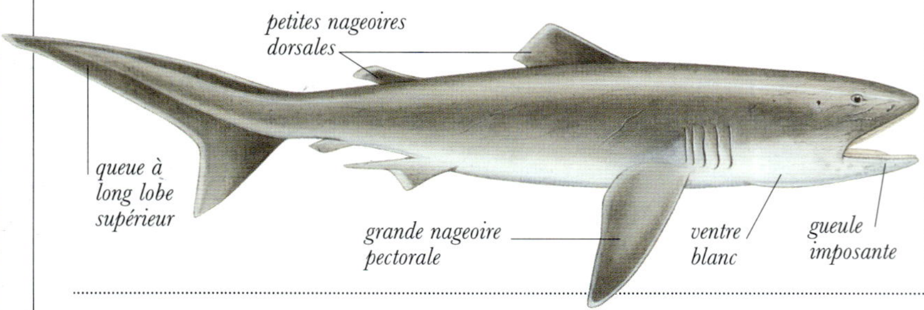

Cetorhinus maximus

Requin-pèlerin

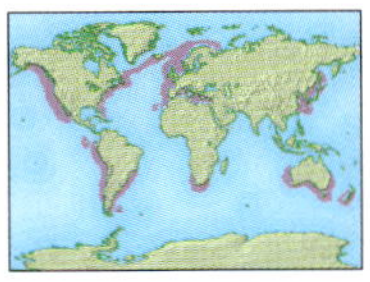

Longueur 10 m, max. 15 m
Poids 6 tonnes ou plus
Reproduction Ovovivipare
Statut VU
Répartition Eaux tempérées froides et chaudes du monde entier

Le requin-pèlerin est le plus gros requin après le requin-baleine (voir p. 469). Comme lui, il est inoffensif et se nourrit exclusivement de plancton. Il profite souvent du soleil en nageant dans les eaux superficielles, parfois le ventre à l'air. Généralement solitaire, il peut se rassembler en groupes dans les régions riches en plancton.

TRAPPE À PLANCTON

Ce poisson filtreur nage la bouche ouverte, recueillant une grande quantité d'eau et de plancton. Quand l'eau s'évacue par les fentes branchiales, les petits animaux planctoniques sont retenus par les rangées de branchiospines avant d'être rapidement avalés par l'animal.

ÉVACUER L'EAU *Le requin-pèlerin possède des fentes branchiales très développées. L'hiver, ses branchiospines tombent et repoussent au printemps.*

Isurus oxyrinchus

Requin-taupe bleu

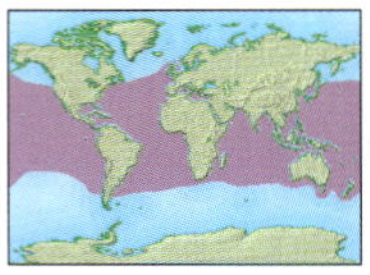

Longueur Jusqu'à 4 m
Poids 570 kg ou plus
Reproduction Ovovivipare
Statut LR
Répartition Eaux tempérées et tropicales du monde entier

Il s'agit probablement du requin le plus rapide du monde. Comme tous les sprinters des mers, il a un pédoncule caudal garni de carènes horizontales. Ses grosses dents ressemblant à des poignards, non denticulées, lui permettent de saisir des proies à la peau glissante : maquereaux, thons, bonites et calmars. Pris à la ligne, il effectue de grands bonds hors de l'eau pour se libérer de l'hameçon.

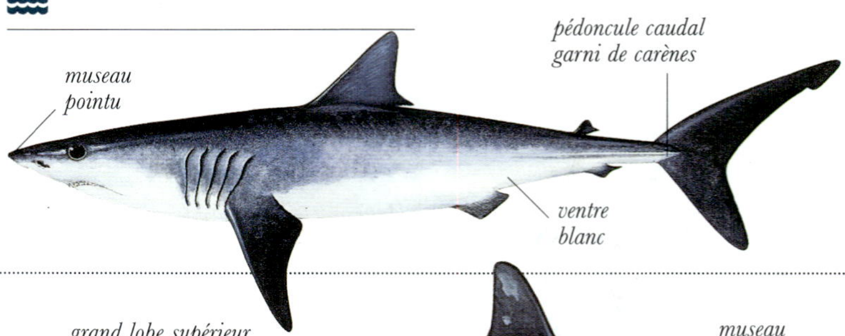

Alopias vulpinus

Requin-renard

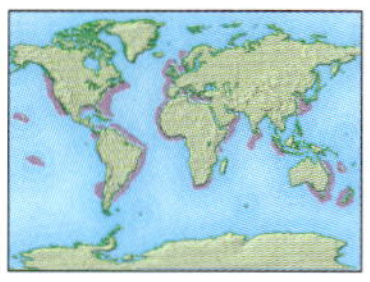

Longueur Jusqu'à 5,50 m
Poids 450 kg ou plus
Reproduction Ovovivipare
Statut VU Δ
Répartition Eaux tempérées et tropicales du monde entier

Le requin-renard, ou renard de mer, est unique en raison du lobe supérieur de sa nageoire caudale aussi long que son corps. Il l'utilise pour rassembler ses proies en bancs et les étourdir avant de les dévorer : un groupe de renards de mer encercle des bancs de poissons tels que harengs et petits thons, fouettant l'eau de leur queue, avant l'attaque finale. Ce requin est également connu pour utiliser cette queue très développée pour se défendre contre les hommes. Des spécimens de grande taille, hissés à bord des bateaux de pêche, fouettent et frappent en tous sens, au risque de décapiter les pêcheurs. Ils agissent de même face à de gros prédateurs marins. La face supérieure du corps du renard de mer est brune, son ventre, blanc. Ce requin vit généralement dans les eaux tropicales profondes, mais jeunes et adultes se rapprochent parfois du littoral. Ils se rassemblent quelquefois en bancs uniquement composés de mâles ou de femelles.

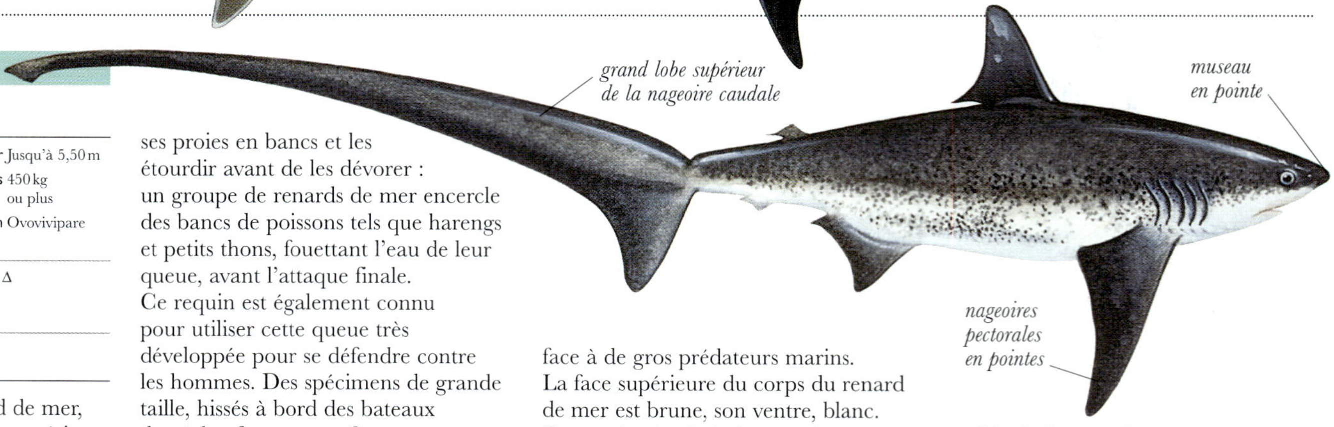

Mustelus mustelus

Émissole lisse

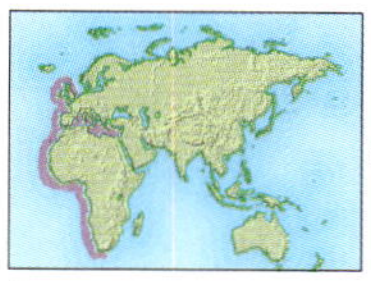

Longueur Jusqu'à 1,60 m
Poids 13 kg ou plus
Reproduction Vivipare
Statut Commune

Répartition E. Atlantique, Méditerranée

La peau relativement lisse de ce requin est de couleur grise ou gris-brun sur le dos, plus claire sur le ventre, parfois tachetée de blanc. L'émissole lisse possède des dents plates et puissantes qui broient mollusques, crabes, homards et autres invertébrés, de même que des poissons osseux. Active la nuit, elle se regroupe souvent en bancs, fréquentant le fond de l'océan, dans les eaux peu profondes de la zone intertidale. On compte vingt espèces d'émissoles ; elles font l'objet d'une pêche commerciale sur les côtes d'Europe et de l'Afrique de l'Ouest.

Triakis semifasciata

Requin-léopard

Q : Virli-léopard
Longueur Jusqu'à 2,10 m
Poids Jusqu'à 32 kg
Reproduction Vivipare
Statut LR

Répartition E. Pacifique Nord

Le requin-léopard se distingue par les marques noires de ses flancs et de ses nageoires, qui contrastent avec la couleur brune de sa livrée claire. Ses puissantes mâchoires et ses petites dents pointues lui permettent de capturer une grande variété de proies, jusqu'à des invertébrés fouisseurs qu'il déniche en saisissant prestement la moindre extrémité visible. Il chasse de jour comme de nuit. Inoffensif pour l'homme, il est l'un des membres de six espèces de requins voisines.

Galeocerdo cuvier

Requin-tigre commun

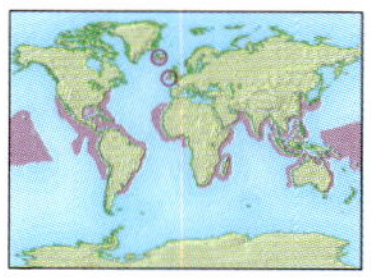

Longueur 5,50 – 7,50 m
Poids 900 kg ou plus
Reproduction Ovovivipare
Statut LR

Répartition Eaux tempérées chaudes et tropicales du monde entier

Ce « mangeur d'hommes » est l'un des requins les plus dangereux. L'extrémité pointue de ses dents transperce la proie, leur bord en dents de scie la coupe. Il a une tête très grosse, un corps mince et hydrodynamique. Le requin-tigre croise dans les eaux chaudes, se rapprochant des côtes la nuit en quête de nourriture. Il lui arrive d'explorer les eaux peu profondes des baies et des estuaires. Des études récentes montrent cependant qu'il ne dédaigne pas le large. Il remonte des tropiques vers les hautes latitudes pendant les mois les plus chauds.
Le requin-tigre est la seule espèce ovovivipare des Carcharhinidae : la femelle sécrète une sorte de lait utérin, supplément nutritif pour l'embryon. Bien qu'elle n'ait pas une grande valeur gustative, sa chair est commercialisée.

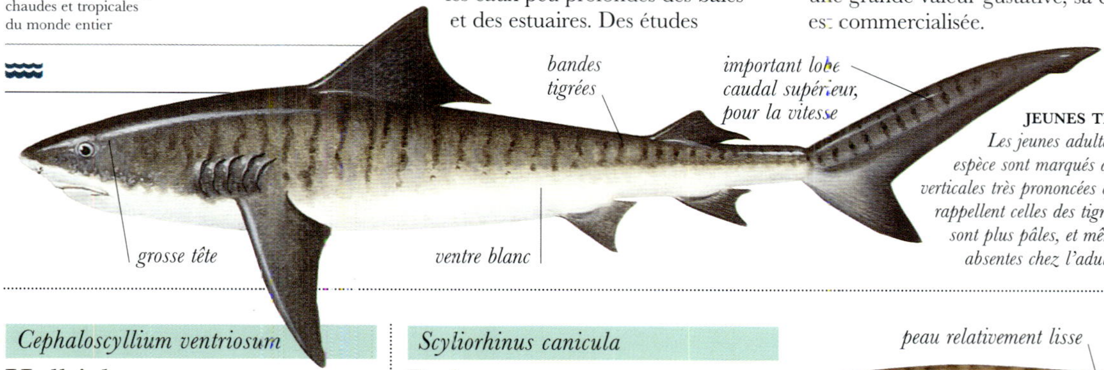

JEUNES TIGRÉS
Les jeunes adultes de cette espèce sont marqués de bandes verticales très prononcées qui rappellent celles des tigres. Elles sont plus pâles, et même absentes chez l'adulte.

RÉGIME ALIMENTAIRE

Chasseur nocturne, le requin-tigre est connu pour la diversité de sa nourriture : une pointe de vitesse, et il capture des proies vivantes, poissons, reptiles marins, invertébrés et mammifères.
Il se nourrit également de restes d'animaux et de vieux cordages.

Cephaloscyllium ventriosum

Holbiche ventrue

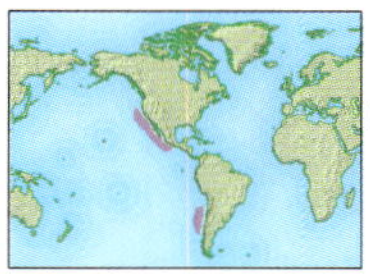

Longueur Jusqu'à 1 m
Poids Inconnu
Reproduction Ovipare
Statut Commune localement

Répartition E. et N. Pacifique Sud

En cas de danger, la holbiche ventrue peut augmenter de volume en absorbant de l'eau ou de l'air, paraissant ainsi plus imposante à ses prédateurs, ou, au contraire, elle se glisse dans les crevasses.
Ce gros spécimen de la famille des Scyliorhinidae a une peau parsemée de petits points et de marques brun foncé. Poisson nocturne, la holbiche ventrue se cache dans une crevasse durant la journée et, la nuit, nage lentement parmi les algues ou près du fond, probablement à la recherche de poissons diurnes moins actifs la nuit.
Il y a huit espèces de holbiches.

Scyliorhinus canicula

Petite roussette

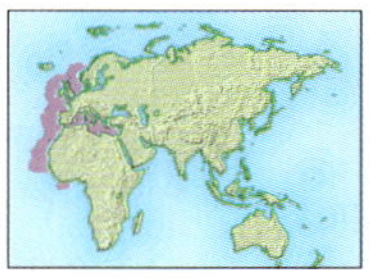

Longueur Jusqu'à 1 m
Poids 3 kg ou plus
Reproduction Ovipare
Statut Commune

Répartition E. Atlantique Nord, Méditerranée

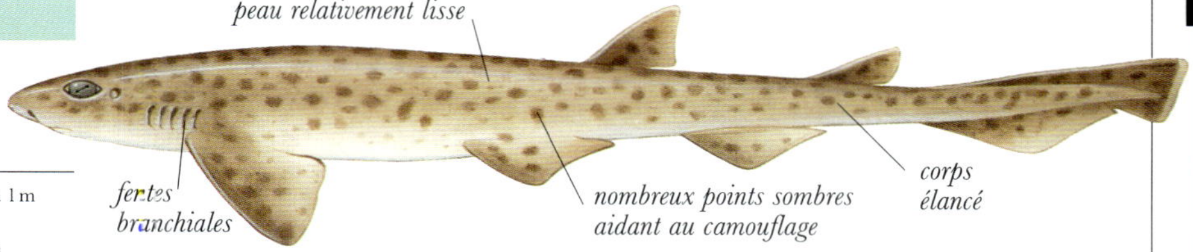

La petite roussette est le requin le plus répandu dans les eaux européennes. Petit et élancé, ce requin a une peau lisse couverte de nombreux points sombres et parsemée de taches claires ou blanches. Une grande variété de couleurs et de formes constitue un excellent camouflage. Généralement solitaire, la petite roussette se rassemble parfois en bancs rarement constitués à la fois de mâles et de femelles.
Ce requin est actif à la fois le jour et la nuit ; son odorat et ses organes sensoriels électriques lui permettent de détecter la présence de vers, mollusques, crustacés et petits poissons osseux vivant au fond de la mer. La femelle pond une vingtaine d'œufs dans les algues. Leur capsule est garnie de filaments en vrille qui se fixent aux algues et leur évitent d'être entraînés par les courants. La petite roussette est pêchée pour son huile et sa chair.

Carcharhinus leucas

Requin-bouledogue

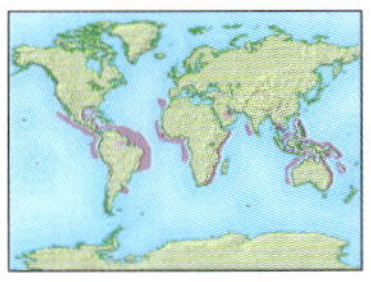

Longueur Jusqu'à 3,4 m
Poids 230 kg ou plus
Reproduction Vivipare
Statut LR

Répartition Eaux tropicales et subtropicales du monde entier

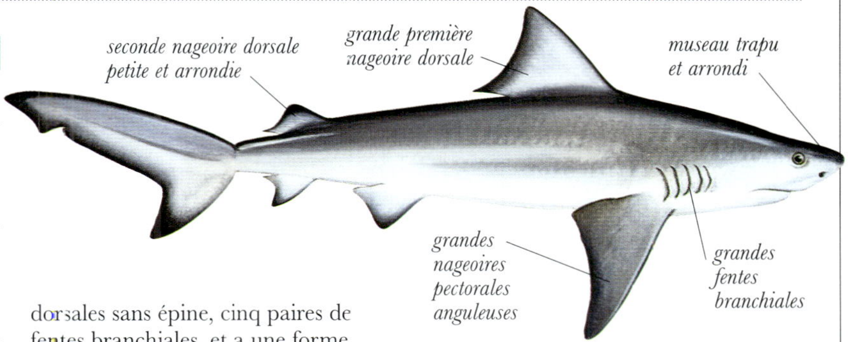

Comme tous les membres de la famille des Carcharhinidae, le requin-bouledogue possède deux nageoires dorsales sans épine, cinq paires de fentes branchiales, et a une forme hydrodynamique. C'est l'un des rares requins qui remontent les fleuves – on en a signalé dans l'Amazone à plus de 3 000 km de la mer. Son alimentation est très diversifiée : poissons, invertébrés, mammifères et autres requins, dont les jeunes de sa propre espèce. Avec le grand requin blanc et le requin-tigre, il est l'un des requins les plus dangereux pour l'homme.

Carcharhinus melanopterus

Requin à ailerons noirs

Q : Requin pointes noires
Longueur Jusqu'à 2 m
Poids 45 kg et plus
Reproduction Vivipare
Statut LR
Répartition Indo-Pacifique tropical

Le requin à ailerons noirs est l'espèce de requins la plus commune de la région indo-pacifique tropicale. Il fréquente les eaux peu profondes, et il n'est pas rare de voir sa nageoire dorsale et sa nageoire caudale supérieure dépasser des flots. Il est responsable de nombreuses agressions de plongeurs ou de baigneurs, qu'il aborde souvent uniquement par curiosité. Son corps hydrodynamique en fait un nageur aussi actif que puissant. Comme son nom l'indique, l'extrémité de ses nageoires est noire.

Negaprion brevirostris

Requin-citron

Longueur Jusqu'à 3,40 m
Poids 180 kg et plus
Reproduction Vivipare
Statut Commun localement
Répartition E. Pacifique, O. et E. Atlantique

Le requin-citron supporte la captivité : il est donc l'un des membres les mieux connus de la famille des Carcharhinidae. Si l'homme le provoque, sa morsure peut être cruelle. De couleur jaunâtre à marron clair, ce requin a de grandes nageoires et un museau abrupt. Il est adapté à la survie dans les eaux saumâtres et pauvres en oxygène. Son alimentation est constituée de poissons osseux, de guitares de mer et de pastenagues, mais il apprécie également les crustacés, les mollusques et même les oiseaux. Les adultes sont plus actifs la nuit, les jeunes, le jour.

Prionace glauca

Requin bleu, peau bleue

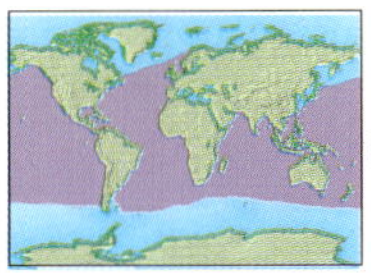

Longueur 3,80 m ou plus
Poids Plus de 200 kg
Reproduction Vivipare
Statut LR
Répartition Eaux tropicales et tempérées du monde entier

Le requin bleu habite les eaux de surface et migre selon les saisons, quittant les eaux froides pour gagner des zones plus chaudes. D'après certains pêcheurs, il attaque l'homme et suit les bateaux de pêche afin de dévorer les poissons emprisonnés dans leurs filets. Avant de passer à l'assaut, il encercle sa proie. Les requins bleus se rassemblent parfois en troupe autour de la carcasse d'une baleine ou d'une tortue de mer qu'ils mordent à pleines dents.

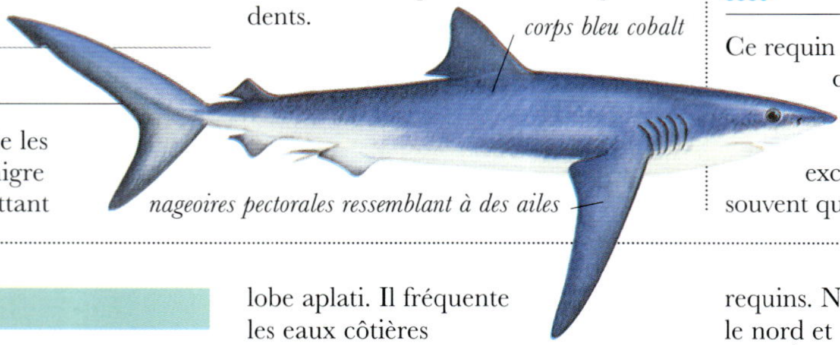

Sphyrna zygaena

Requin-marteau commun

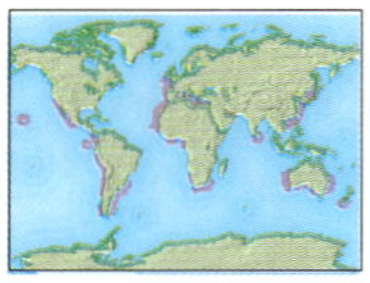

Longueur Jusqu'à 4 m
Poids Jusqu'à 400 kg
Reproduction Vivipare
Statut LR
Répartition Eaux tropicales, subtropicales et tempérées du monde entier

Le requin-marteau commun est l'une des huit espèces de requins-marteaux connues, identifiables à leur tête en forme de marteau, vue de dos, et à leurs yeux situés à l'extrémité d'un lobe aplati. Il fréquente les eaux côtières tropicales, sa grande nageoire dorsale fendant les flots. Imprévisible, il passe pour attaquer l'homme. Comme ses cousins, le requin-marteau commun se nourrit d'une grande variété de poissons, et même d'autres requins. Nageur infatigable, il gagne le nord et les eaux plus fraîches durant l'été. À la différence des autres requins, le requin-marteau commun se rassemble en bancs d'une centaine d'individus, sans doute pour se protéger des prédateurs.

MOYENS D'IDENTIFICATION *Il s'avère parfois difficile d'identifier les différentes espèces de requins-marteaux. Le requin-marteau commun a des lobes étroits sur la tête.*

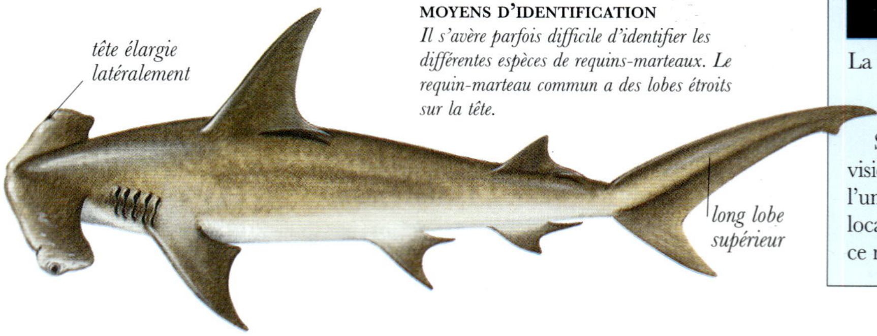

Triaenodon obesus

Requin à ailerons blancs

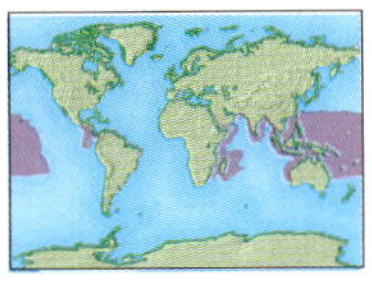

Q : Requin corail
Longueur 1,60 m, max. 2,10 m
Poids 20 kg et plus
Reproduction Vivipare
Statut LR
Répartition Indo-Pacifique tropical

À la différence des autres requins, généralement obligés de nager sans arrêt, la gueule ouverte, pour faire pénétrer l'eau chargée d'oxygène dans leurs branchies, celui-ci pompe l'eau à travers ses branchies et peut donc rester au repos au fond de l'océan. Son odorat et son ouïe très développés lui permettent de repérer ses proies, et il lui arrive d'associer le bruit du moteur d'un bateau à l'opportunité de dérober du poisson, allant même parfois jusqu'à mordre les pêcheurs. Néanmoins, il n'est généralement pas agressif.

MARQUES BLANCHES *Ce requin élancé est caractérisé par la pointe blanche de sa nageoire dorsale et de son lobe caudal supérieur.*

CONSERVATION

Malgré leur réputation de tueurs assoiffés de sang, les requins ont plus à craindre des hommes que l'inverse. Un grand nombre d'espèces des eaux côtières, dont le requin à ailerons blancs, ont été victimes d'une pêche excessive ces dernières années, qui a entraîné le déclin de leur population. Ils sont souvent uniquement pêchés pour leurs nageoires, le reste de l'animal étant jeté à la mer.

Squatina dumeril

Ange de mer de l'Atlantique

Q : Ange de mer de sable
Longueur Jusqu'à 1,50 m
Poids Plus de 27 kg
Reproduction Ovovivipare
Statut Commun localement
Répartition O. Atlantique Nord

Ce requin au corps aplati vit la plupart du temps sur le fond, à demi enterré, sa couleur indéfinissable lui fournissant un excellent camouflage. S'il attend souvent qu'une proie passe à sa portée, il utilise parfois sa bouche en saillie pour saisir, à la vitesse de l'éclair, un crustacé ou un poisson. Cette espèce de l'Atlantique, capturée pour sa chair, sa peau et son huile, est l'une des quatorze espèces connues d'anges de mer.

ANATOMIE UNIQUE

La forme étrange de la tête de ce requin favorise la poussée vers le haut, au cours de la nage. Ses yeux lui offrent un champ de vision large, et ses narines, éloignées l'une de l'autre, favorisent la localisation des odeurs, faisant de ce requin un redoutable prédateur.

POISSONS

Raies et pastenagues

PHYLUM	Cordés
CLASSE	Chondrichtyens
SOUS-CLASSE	Élasmobranches (partie)
ORDRES	4
FAMILLES	14
ESPÈCES	Env. 450

UN CORPS aplati en disque et des nageoires ressemblant à des ailes les distinguent des autres poissons cartilagineux. Leur forme est en général une adaptation à la vie sur les fonds marins, bien que plusieurs espèces, dont les mantes et les raies-aigles, fréquentent la pleine mer. Leur distribution s'étend à toutes les mers du monde. Les raies sont plus nombreuses sous les tropiques, les pastenagues, mieux distribuées dans les eaux tempérées. Raies et pastenagues vivent le plus souvent le long des côtes, rarement dans les profondeurs. Si certaines raies errent entre les eaux douces et les eaux salées des estuaires, d'autres séjournent exclusivement en eau douce.

Anatomie

Ces poissons ont un corps plat, muni de grandes nageoires pectorales en forme d'ailes. Comme chez les requins, le foie riche en huile les aide à améliorer leur flottabilité, mais sa taille inférieure leur permet de demeurer sur le fond de l'océan. Dotés d'un excellent camouflage, ces poissons s'enfouissent également en partie dans les sédiments. Ils respirent alors par des orifices appelés évents qui sont situés juste derrière leurs yeux. L'eau pénètre par les évents; après avoir traversé la bouche, située sur la face ventrale, elle est expulsée par les fentes branchiales. La plupart des espèces n'ont pas d'écailles ou possèdent de grosses écailles ressemblant à des épines, disposées sur la face dorsale. La queue de certaines raies est munie d'aiguillons venimeux très toxiques.

Alimentation

Toutes les espèces sont carnivores, se nourrissant en général de petits poissons et d'invertébrés des fonds marins, même si les proies varient considérablement selon les espèces. Leurs mâchoires sont armées de dents disposées en rangées conçues pour saisir, râper ou broyer. Certaines espèces, comme les mantes, sont des animaux filtreurs. Elles consomment petits poissons et invertébrés, ainsi que du plancton qu'elles retiennent grâce à leurs branchiospines.

Reproduction

Les raies et les pastenagues présentent divers modes de reproduction. La plupart des raies sont ovipares et pondent de gros œufs protégés dans une capsule cornée renfermant un ou plusieurs embryons. Chez certaines espèces, l'œuf éclôt à l'intérieur du corps de la femelle. L'embryon se nourrit de vitellus avant d'être expulsé. Il arrive également qu'il reçoive, à un stade de gestation plus avancé, un «lait» fourni par des excroissances de l'utérus.

CHIMÈRES

Chimères, poissons-lapins et leurs cousins constituent un petit groupe de poissons cartilagineux qui se distingue des requins, des raies et des pastenagues. L'ordre des holocéphales compte environ trente espèces au corps allongé, mou, sans écailles et à la tête massive portant de gros yeux. Ils habitent les eaux de l'Arctique et de l'Antarctique, à des profondeurs pouvant atteindre 8 000 m.

VIVRE EN BANC
La plupart des raies sont sédentaires ou se déplacent lentement sur le fond des mers ou des fleuves. D'autres habitent la haute mer, en bancs de plusieurs centaines d'individus, et se propulsent, au moyen de leurs grosses nageoires pectorales.

POISSONS

Raja undulata

Raie brunette

Longueur Jusqu'à 1 m
Poids 3–4 kg
Reproduction Ovipare
Statut Commune

Répartition E. Atlantique, Méditerranée

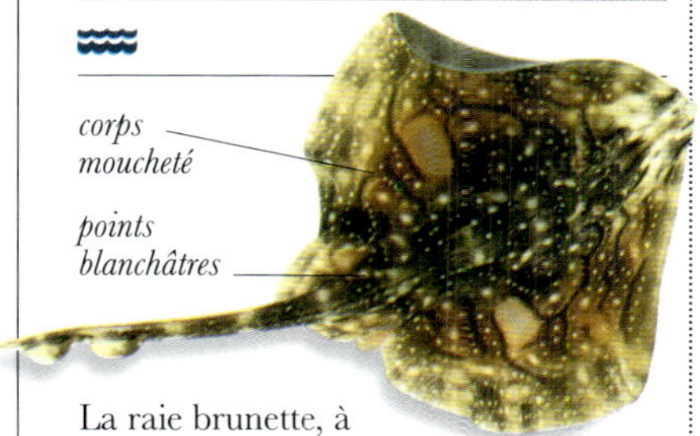

La raie brunette, à demi enfouie dans le sable ou la vase à 200 m de profondeur, est camouflée par l'effet moucheté de sa peau rougeâtre ou brune. Après l'accouplement, la femelle pond une quinzaine d'œufs, chacun protégé dans un étui corné d'environ 9 cm de long.

Raja clavata

Raie bouclée

Longueur Jusqu'à 90 cm
Poids 2–4 kg
Reproduction Ovipare
Statut Commune

Répartition E. Atlantique, Méditerranée

La raie bouclée peut présenter différentes nuances de gris-brun, ornées de marbrures et de taches plus sombres. Son ventre est de couleur claire. Mâle et femelle ont le corps recouvert d'épines recourbées en crochet vers l'arrière, d'où le nom commun de l'espèce. Comme la plupart des raies, la raie bouclée vit cachée sur les fonds vaseux.

Raja batis

Pochereau gris

Longueur Jusqu'à 2,50 m
Poids 50–100 kg
Reproduction Ovipare
Statut Commun

Répartition E. Atlantique, Méditerranée

Le dos du pochereau gris est d'un gris brunâtre à marbrures sombres et points clairs. On remarque parfois un gros ocelle à la surface de ses nageoires pectorales. Son ventre est généralement gris clair et, comme chez la raie bouclée (à gauche), seul celui de la femelle porte de petites épines.

La femelle pond environ dix capsules d'œufs par an, de 20 cm de long, aux angles munis de longs filaments qui leur permettent de se fixer à la végétation. À la différence de la plupart des autres raies, le pochereau gris est actif nuit et jour.

Il se nourrit d'animaux habitant le fond de l'océan : poissons, vers et crustacés.

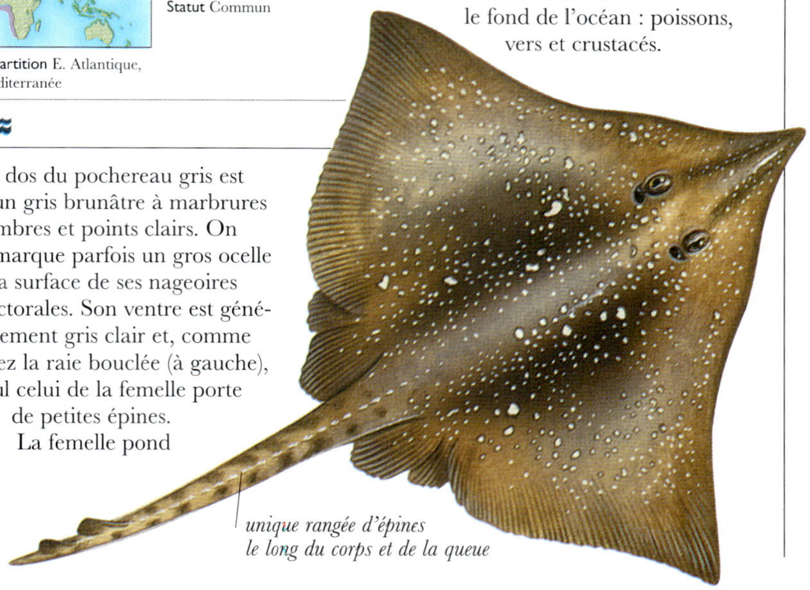

Rhinobatos productus

Guitare de mer du Pacifique

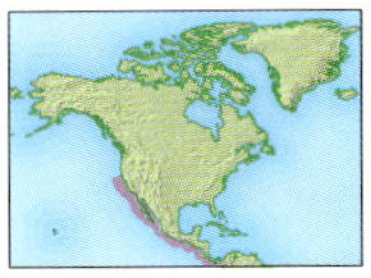

Longueur Jusqu'à 1,50 m
Poids 15–18 kg
Reproduction Vivipare
Statut Commune

Répartition E. Pacifique

La guitare de mer, qui doit son nom à sa forme curieuse, a une tête élargie présentant une zone claire, cartilagineuse, de part et d'autre du museau. Ses nageoires pectorales sont extrêmement développées, comme chez toutes les raies, mais le reste de son corps est cylindrique comme celui d'un requin. Commune dans les régions les plus chaudes de l'est de l'océan Pacifique, elle gagne les eaux côtières l'été. Généralement solitaire, la guitare de mer du Pacifique se rassemble parfois en bancs, sans doute pour se reproduire. On la rencontre souvent dans les eaux peu profondes du littoral, de même que dans les baies et les estuaires, où elle vit partiellement enfouie dans le sable ou la vase. Elle mange des petits animaux vivant sur le fond. La femelle donne naissance à une vingtaine de petits d'environ 15 cm de long.

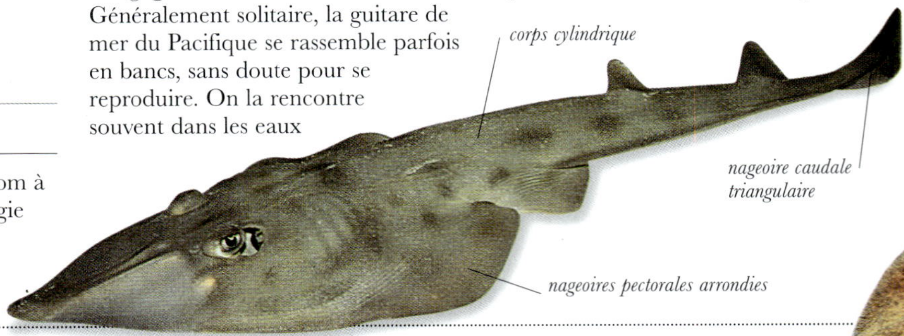

Pristis pectinata

Poisson-scie

Longueur 6 m ou plus
Poids 250–300 kg Δ
Reproduction Vivipare
Statut EN

Répartition O. et E. Atlantique, Indo-Pacifique

Ce poisson au corps allongé possède un long rostre dont les tranchants sont garnis de 24 à 32 paires d'excroissances aiguës. Mais il n'est pas offensif, excepté lorsqu'il est fait prisonnier ou inquiété par les plongeurs. Sa tête plate porte de petits yeux latéraux. Très répandu dans les eaux boueuses des baies et des côtes, le poisson-scie fréquente parfois l'embouchure des fleuves. Il utilise son rostre pour creuser le sable ou la vase afin d'y dénicher des proies ou d'assommer des petits poissons, et s'en sert également pour foncer dans les bancs de poissons, récupérant ensuite les spécimens morts ou blessés qui tombent sur le fond. La femelle donne naissance à une vingtaine de petits. Pour faciliter la mise bas, la « scie » porte une membrane protectrice. Le poisson-scie est victime d'une pêche excessive dans de nombreuses régions du monde, pour sa chair, très appréciée. Sa scie est vendue comme souvenir.

Torpedo marmorata

Torpille marbrée

Longueur Jusqu'à 60 cm
Poids 10–13 kg
Reproduction Vivipare
Statut Commune

Répartition E. Atlantique, Méditerranée

Pour détecter leurs proies, de nombreux poissons cartilagineux utilisent de faibles signaux électriques. Grâce à des muscles modifiés situés à la base de ses nageoires pectorales, la torpille marbrée leur envoie une décharge électrique qui peut les tuer. Même si ces décharges ne sont pas fatales pour l'homme, leur effet est désagréable. Active durant la journée et le soir, la torpille marbrée vit bien camouflée sur les fonds sableux. Chaque année, la femelle peut donner naissance jusqu'à 35 petits.

Manta birostris

Raie manta

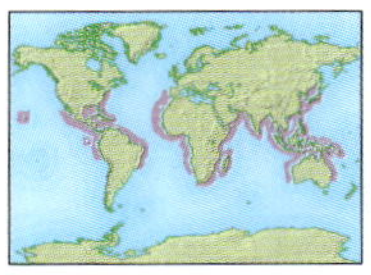

Q. : Mante
Longueur 4–7 m
Poids Jusqu'à 1,8 tonne
Reproduction Vivipare
Statut VU

Répartition Eaux tropicales du monde entier

Avec son envergure qui peut atteindre 7 m, la raie manta, appelée également diable de mer, est la plus grosse des raies. Vivant au large, elle se déplace en battant des nageoires pectorales comme d'une paire d'ailes. Cependant, malgré son aspect impressionnant, elle est inoffensive pour l'homme. À la différence des autres raies, elle a une bouche terminale qui lui permet d'engloutir la « soupe » d'animaux planctoniques. Nageant généralement sans se presser, elle peut faire preuve d'une grande vélocité en cas de danger, allant même jusqu'à effectuer de grands bonds hors de l'eau pour échapper à de gros prédateurs tels les requins et les orques-épaulards. Les mantes sont solitaires, mais elles vivent parfois en petits groupes. Elles affectionnent les eaux chaudes et gagnent parfois les régions côtières en été. En période de reproduction, le mâle nage sous la femelle de façon qu'ils se retrouvent flanc contre flanc, puis introduit ses organes reproducteurs. La femelle donne naissance à 1 ou 2 petits par an, d'environ 1,20 m d'envergure.

CANALISER LA NOURRITURE

Lorsque la raie manta nage, les « cornes » de ses nageoires pectorales guident l'eau vers sa bouche grande ouverte : ainsi, la mante se nourrit d'une grande quantité de proies, petits poissons et plancton en suspension. L'eau traverse ses branchies, mais les proies sont retenues par les branchiospines, puis avalées.

VOLER SOUS L'EAU
La mante possède de grandes nageoires pectorales aux extrémités pointues et une courte queue dépourvue de nageoire ou d'épine. En général, ses nageoires battent une fois toutes les 4 à 5 secondes, mais, en cas de danger, elles peuvent accélérer rapidement, permettant au poisson de bondir hors de l'eau avant de retomber lourdement à la surface.

Myliobatis aquila

Aigle de mer

Longueur 2,50 m ou plus
Poids 20–30 kg
Reproduction Vivipare
Statut Commun

Répartition E. Atlantique, Méditerranée, S.-O. océan Indien

L'aigle de mer a de grandes nageoires pectorales étroites, un museau obtus et une longue queue garnie d'un aiguillon venimeux. Son manteau est de couleur brun grisâtre à bronze ou noirâtre, et sa bouche, placée sur le dessous, présente sept rangées de dents plates et broyeuses. Comme ses nombreux parents, cette raie fréquente tous les océans du monde, se nourrissant de mollusques qu'elle déniche en creusant le sable, mais apprécie également la haute mer. Excellent nageur, l'aigle de mer prend son essor pour «voler» entre deux eaux ou à la surface afin d'échapper à un prédateur. La femelle donne naissance à 3 à 7 petits par an.

Taeniura lymma

Pastenague mouchetée

Longueur Jusqu'à 2 m
Poids Jusqu'à 30 kg
Reproduction Vivipare
Statut LR

Répartition Indo-Pacifique

Avec sa livrée couleur jaune ou verdâtre constellée de taches bleues, la pastenague mouchetée ne manque pas d'élégance. De plus, sa queue est agrémentée de rayures bleues. Elle présente, à la base, un ou deux aiguillons reliés à une glande venimeuse, caractéristique de la famille des pastenagues, dont le rôle est uniquement défensif. Essentiellement diurne, ce poisson est parfois actif pendant la nuit. Il se déplace dans les eaux peu profondes avec la marée montante, afin de se nourrir de petits poissons et d'invertébrés, crustacés et vers essentiellement. On le rencontre souvent dans les zones sableuses, près des récifs coralliens. Lorsqu'elle ne chasse pas, la pastenague mouchetée se glisse dans les crevasses des rochers. La femelle met au monde de 3 à 7 petits. Comme la pastenague d'eau douce (à droite), elle les nourrit en sécrétant un «lait» utérin. Ses jolies couleurs en font un poisson très prisé des amateurs de poissons d'aquarium, et un spécimen apprécié des photographes sous-marins.

À L'AFFÛT

La pastenague mouchetée fouille sans cesse le fond pour y trouver sa nourriture. Au repos, elle s'enfouit dans la vase ou le sable, et seuls ses yeux saillants sont alors visibles. Aussi les baigneurs posent-ils parfois le pied sur elle par inadvertance.

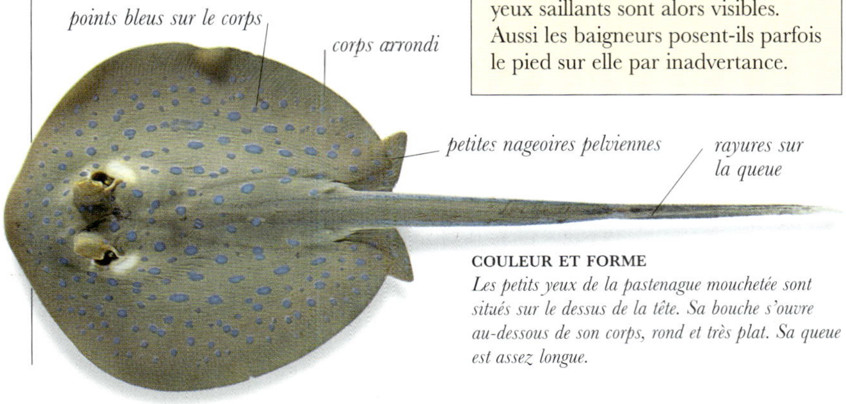

COULEUR ET FORME
Les petits yeux de la pastenague mouchetée sont situés sur le dessus de la tête. Sa bouche s'ouvre au-dessous de son corps, rond et très plat. Sa queue est assez longue.

Urolophus halleri

Urolophe

Q : Raie pastenague
Longueur 50–60 cm
Poids 2–4 kg
Reproduction Vivipare
Statut Commun

Répartition N.-E. Pacifique

À la différence des pastenagues typiques, l'urolophe, appelé parfois pastenague indo-pacifique, a un corps presque circulaire, plat, et une queue relativement courte, pourvue d'une nageoire ronde à son extrémité. Durant la saison chaude, ces pastenagues se rassemblent en grand nombre aux abords des plages, présentant un danger pour les baigneurs qui ont la malchance de poser le pied dessus car, même si elle n'est pas mortelle, leur piqûre est très douloureuse.

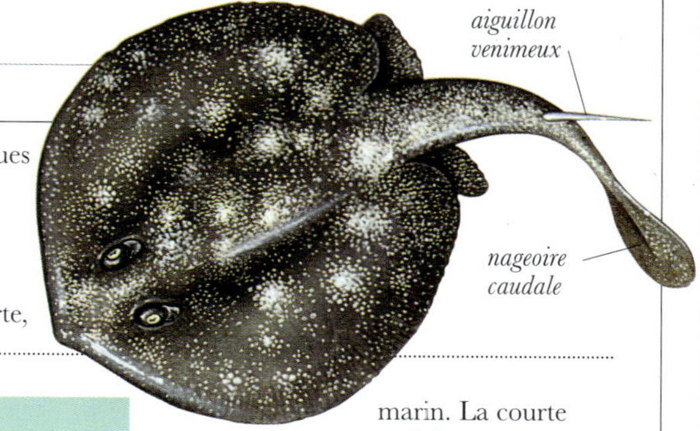

Potamotrygon motoro

Pastenague d'eau douce

Longueur Jusqu'à 1 m
Poids 3–5 kg
Reproduction Vivipare
Statut Commune

Répartition Amérique du Sud

Cette raie à corps rond est très répandue dans les cours d'eau d'Amérique du Sud. Elle fait partie d'une famille de pastenagues qui a évolué dans l'eau douce à partir d'un ancêtre marin. La courte queue de la pastenague d'eau douce est dépourvue de nageoire. Quant à ses petites nageoires pelviennes, elles sont situées sous les nageoires pectorales. Cette pastenague a peu de prédateurs, à l'exception de quelques gros poissons et des caïmans; elle se nourrit de petits poissons et d'invertébrés.

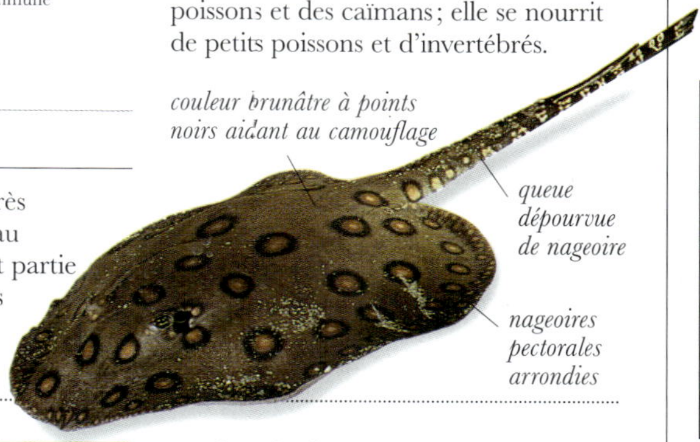

Hydrolagus colliei

Chimère tachetée

Q : Chimère à museau court
Longueur Jusqu'à 95 cm
Poids 2–6 kg
Reproduction Ovipare
Statut Commune

Répartition E. Pacifique Nord

Si les chimères vivent dans les profondeurs des eaux littorales du monde entier, la chimère tachetée est l'une des deux espèces qui habitent exclusivement le littoral nord-américain du Pacifique. Comme les autres chimères, elle a une tête démesurément grande et une bouche fortement inclinée vers le bas, garnie de grosses dents broyeuses. Dépourvue d'écailles, sa peau est glissante. Le mâle porte au front un long appendice rétractable servant peut-être pendant la parade nuptiale. Les adultes sont brun foncé ou grisâtres, avec des nuances de vert, de jaune ou de bleu. Leurs flancs portent des taches argentées. La chimère tachetée nage lentement et assure sa défense grâce à son aiguillon dorsal. Elle fréquente le fond de l'océan, à la recherche de ses proies, invertébrés et poissons. La femelle pond en général de 2 à 5 œufs par an, protégés par une longue capsule en forme de fuseau. Le foie de la chimère contient une huile autrefois utilisée comme lubrifiant pour les machines, mais qui n'a plus grande valeur commerciale.

POISSONS OSSEUX

PHYLUM	Cordés
CLASSE	Ostéichtyens
ORDRES	46
FAMILLES	437
ESPÈCES	Env. 23 500

REMARQUE

Le nombre d'espèces de poissons osseux surpasse les autres classes de vertébrés. On distingue deux sous-classes : les poissons à nageoires charnues (sarcoptérygiens), aux nageoires comme des battoirs, reliées au corps par des lobes charnus, et ceux à nageoires rayonnées (actinoptérygiens), aux nageoires supportées par des baguettes (rayons épineux ou mous) osseuses. Ces derniers forment le groupe le plus vaste, divisé en neuf superordres. La classification des poissons osseux est en constante évolution, au gré des découvertes de nouvelles espèces et des études des zoologistes.

Les poissons osseux constituent le groupe de poissons le plus vaste et le plus varié, puisqu'il compte neuf dixièmes des espèces. Des quatre classes de poissons, ce sont eux qui ont évolué le plus récemment. Relativement petits, ils varient énormément en taille et en forme. Tous les poissons osseux ont un léger squelette interne, résistant, entièrement ou partiellement constitué d'os, qui soutient des nageoires flexibles destinées à contrôler leurs mouvements avec précision. Un grand nombre d'entre eux ajustent leur flottabilité grâce à une vessie remplie de gaz. Les poissons osseux fréquentent presque tous les milieux aquatiques. Ils se sont en général adaptés à des conditions extrêmes : lacs d'altitude, rivages polaires, sources chaudes, mares à haute salinité, torrents acides et marais pauvres en oxygène.

SYSTÈMES SENSORIELS

La plupart des poissons osseux ont une vue et une ouïe aiguisées qu'ils utilisent pour communiquer. On suppose que ces deux sens contribuent également à leur capacité à former des bancs. En général, les yeux sont situés sur les côtés de la tête, offrant au poisson un champ visuel étendu. Les bâtonnets et les cônes de la rétine lui assurent une bonne vision des couleurs, de nombreuses espèces ayant une coloration vive, utile lors de la période de reproduction ou pour défendre leur territoire. Les sons constituent un moyen de communication sous-marin efficace. Certains poissons osseux émettent des sons en utilisant leur vessie gazeuse comme caisse de résonance, ou en frottant une partie de leur squelette contre une autre.

LIGNE LATÉRALE
Les organes de la ligne latérale, très développée chez les poissons osseux, leur permettent de détecter le moindre mouvement de l'eau. On suppose qu'ils jouent également un rôle dans la faculté de vivre en banc de milliers d'individus.

NAGER
Les poissons osseux, comme ces grogneurs à raies jaunes, manœuvrent avec précision. Chaque nageoire est contrôlée par un ensemble de muscles indépendants. La queue symétrique, typique des poissons osseux, est un organe de propulsion très efficace.

ANATOMIE

Le squelette d'un poisson osseux comporte trois parties principales : le crâne, la colonne vertébrale et un dermo-squelette (voir ci-dessous). Ses ouïes paires sont situées derrière la tête et sous le crâne. À l'extérieur, les branchies sont protégées par un opercule osseux, et leur cavité inférieure renferme des supports osseux appelés rayons branchiostèges. Ces deux structures permettent au poisson d'engloutir de l'eau par la bouche et de la faire traverser ses branchies : les rayons branchiostèges l'aident à ouvrir la bouche et à réguler la prise, tandis que les opercules agissent comme une fermeture afin de contrôler l'écoulement de l'eau. Ainsi, un poisson osseux peut respirer même immobile. Il utilise également ces mêmes structures pour saisir et avaler sa nourriture. La plupart des poissons osseux ont des écailles cycloïdes ou cténoïdes légères et souples (voir p. 460) généralement recouvertes d'une fine membrane qui sécrète un mucus. Ce mucus repousse parasites et organismes nocifs ; chez certaines espèces, il évite la déperdition d'humidité. Certains poissons osseux ont de grosses écailles protectrices ou sont dépourvus d'écailles (même si leur peau sécrète du mucus).

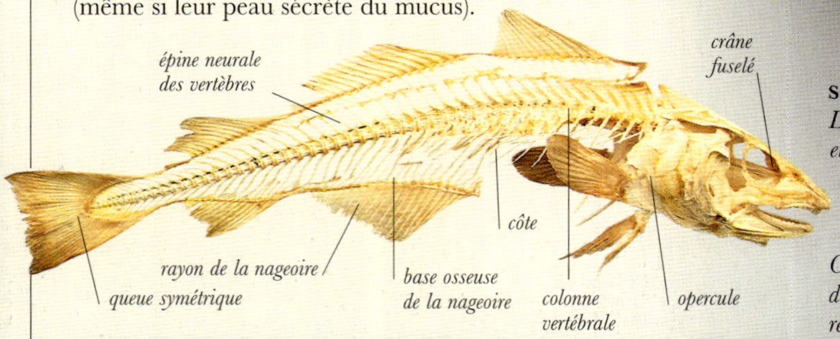

SQUELETTE
Le squelette de la tête d'un poisson osseux abrite le cerveau et supporte mâchoires et arcs branchiaux. Des dents peuvent garnir les mâchoires, la gorge, le palais ou la langue. Composée de vertèbres articulées fixées aux côtes dans l'abdomen, la colonne vertébrale fait office de support. Chaque nageoire est composée d'une base osseuse enfoncée dans le corps de l'animal, d'où partent des structures ressemblant à des tiges qui constituent la partie externe.

VIVRE EN BANC

1 **ÇA ATTIRE LES PRÉDATEURS**
Les prédateurs sont attirés par les bancs de poissons. Ici, un marlin a repéré des chinchards à queue jaune.

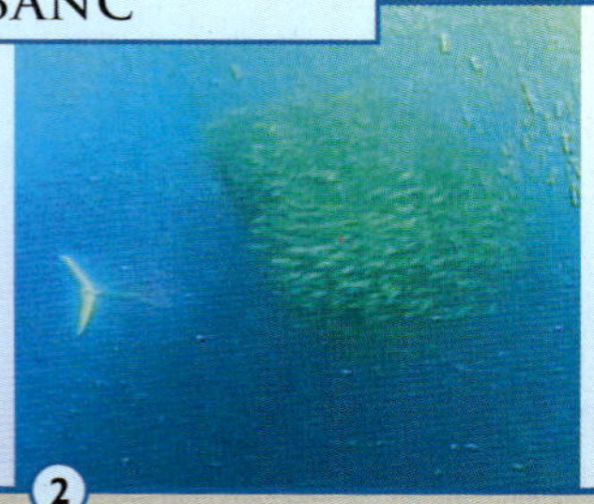

2 **ON RESTE GROUPÉS**
Tandis que le marlin se dirige vers le banc, les chinchards changent de direction et restent groupés.

3 **ON RESSERRE LES RANGS**
Lorsque le marlin s'apprête à pénétrer dans le banc, les chinchards se resserrent encore davantage.

4 **ATTENTION À LA LUMIÈRE**
Le marlin se place sous le banc, plus éclairé par la lumière venant de la surface, donc plus vulnérable.

5 **FAIRE FACE À L'ATTAQUE**
Le marlin attaque. Si les poissons sont obligés de se séparer en deux bancs, ils s'efforceront de se regrouper très vite.

POISSONS

FLOTTABILITÉ

La plupart des poissons contrôlent leur flottabilité grâce à une excroissance de leur intestin appelée vessie gazeuse. Cet organe est rempli de gaz, ce qui le rend moins dense que l'eau. Les poissons peuvent ajuster leur flottabilité en régulant le volume et la pression du gaz contenu dans cette vessie. Celle d'un poisson d'eau douce a une capacité supérieure à celle d'un poisson marin, car l'eau douce est moins dense que l'eau de mer et fournit donc un support moindre au corps du poisson. Grâce à leur vessie gazeuse, les poissons osseux (à la différence des poissons cartilagineux) n'ont pas besoin d'utiliser leurs nageoires pour contrôler leur flottabilité, ce qui leur permet de s'en servir uniquement pour manœuvrer.

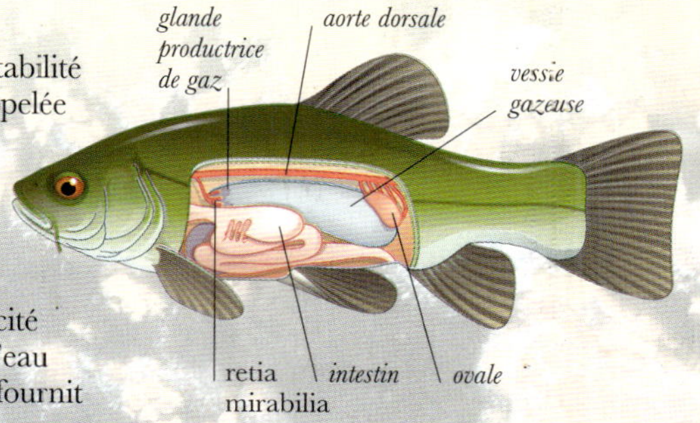

VESSIE GAZEUSE
À l'exception de quelques espèces de poissons primitifs, la plupart des poissons osseux modulent leur flottabilité grâce à un échange de gaz entre leur appareil circulatoire et leur vessie gazeuse. Le gaz pénètre dans la vessie par la glande à gaz, alimentée en sang par un réseau de capillaires appelé retia mirabilia. *Grâce à une autre structure, l'ovale, le gaz est expulsé de la vessie et passe de nouveau dans le sang.*

REPRODUCTION

Chez de nombreux poissons osseux, la fécondation a lieu à l'extérieur du corps de la femelle, mais quelques espèces pratiquent une fécondation interne. En général, les poissons de haute mer pondent un grand nombre d'œufs qui flottent avec le plancton ; seuls quelques rares spécimens éclorent. Les poissons du littoral marin et des eaux douces produisent moins d'œufs, qu'ils déposent sur le sédiment, dans des nids ou sur des plantes. Quelques rares espèces veillent sur leurs œufs ou leurs petits, les protègent des prédateurs, et vont même jusqu'à leur apporter de la nourriture. Les poissons osseux comprennent des espèces hermaphrodites ; certains ont des organes de reproduction à la fois mâles et femelles, d'autres changent de sexe au cours de leur vie adulte : les mâles qui deviennent des femelles doivent grossir et produire une grande quantité d'œufs (qui sont plus gros que le sperme). En devenant mâles, les femelles prennent une position dominante dans le groupe.

SOINS PARENTAUX
Certains poissons osseux, tel ce poisson-mâchoire, pratiquent l'incubation buccale. D'autres, dont certains Cichlidae, prennent leur progéniture dans leur bouche en cas de danger.

LARVES
La plupart des poissons osseux sont ovipares et commencent leur vie à l'état de larves. Ces larves d'anguille d'Europe sont en pleine métamorphose ; elles portent le nom de civelles.

POISSONS

VIVRE EN BANC

De nombreux poissons ont un comportement grégaire, se rassemblant en bancs de plusieurs dizaines de milliers d'individus ou plus. À l'intérieur d'un banc, les poissons harmonisent leurs mouvements comme s'il s'agissait d'un organisme unique. Seuls les poissons osseux sont capables de nager avec une telle coordination. Chaque poisson suit une trajectoire parallèle à celle de ses voisins en maintenant sa position grâce à sa vue, à son ouïe et à sa ligne latérale. Nager en banc améliore la sécurité, car un prédateur potentiel éprouvera de la difficulté à cibler une proie parmi une masse importante d'individus (voir à gauche). Ces vastes concentrations permettent également aux poissons de trouver facilement un partenaire ainsi que de la nourriture.

RESTER GROUPÉS
Les poissons vivant en banc, tels ces poissons-harpes, maintiennent entre eux une distance qui n'excède pas la longueur de leur corps. Leur couleur argentée les aide à harmoniser leurs mouvements : en effet, le moindre changement de direction produit une variation importante dans la quantité de lumière réfléchie.

Poissons à nageoires charnues

PHYLUM	Cordés
CLASSE	Ostéichtyens
SOUS-CLASSE	Sarcoptérygiens
ORDRES	3
FAMILLES	4
ESPÈCES	8

LES POISSONS À NAGEOIRES CHARNUES ont la base des nageoires élargie et formée de muscles reliés à un squelette interne. Ils utilisent leurs nageoires pour nager, voire « marcher » sur le fond de l'eau. Chez certains poissons apparentés aux ancêtres de ce groupe, les nageoires se sont développées en membres rendant possible la vie sur terre, aussi les poissons à nageoires charnues actuels sont-ils peut-être les plus proches parents des premiers animaux terrestres à quatre pattes. On les divise en deux groupes, les dipneustes et les cœlacanthes. Les dipneustes possèdent à la fois des branchies et un ou deux poumons primitifs qui leur permettent de respirer directement l'air atmosphérique. Ils peuvent vivre dans des marécages à faible teneur en oxygène et même survivre hors de l'eau. Le dipneuste africain survit dans un cocon de boue, au fond d'un lac asséché, en attendant la saison humide. Le groupe des cœlacanthes passait pour éteint depuis l'époque des dinosaures, mais un cœlacanthe vivant a été capturé en 1938. Ce poisson habite les profondeurs de l'océan Indien.

RESPIRER DE L'AIR
Avec ses branchies réduites et ses deux poumons, le dipneuste sud-américain adulte ne peut respirer que de l'air. Le mâle fournit de l'oxygène à ses petits : les terminaisons capillaires de ses nageoires libèrent dans l'eau l'oxygène prélevé dans son sang.

Latimeria chalumnae

Cœlacanthe d'Afrique du Sud

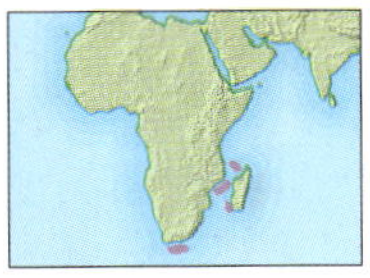

Longueur 1,50–1,80 m
Poids 65–98 kg
Sexe Mâle/Femelle
Statut EN
Répartition O. océan Indien

Examiné pour la première fois par des scientifiques en 1938, le cœlacanthe est l'exemple classique du « fossile vivant », car il appartient à un groupe supposé éteint depuis plus de 65 millions d'années. Il habite les côtes rocheuses et escarpées et les grottes sous-marines balayées par les courants océaniques. Le cœlacanthe se distingue par ses grosses écailles aux reflets blanc irisé, ses nageoires paires lobées et sa nageoire caudale munie d'un lobe central. Il utilise ses nageoires pectorales, très mobiles, pour se déplacer dans les crevasses et capturer ses proies. Il est difficile d'estimer la population de cœlacanthes, mais leur sélectivité en matière d'habitat et leur pêche par l'homme en font une espèce menacée.

Neoceratodus forsteri

Dipneuste australien

Longueur Jusqu'à 1,80 m
Poids Jusqu'à 45 kg
Sexe Mâle/Femelle
Statut LR Δ
Répartition E. Australie

À la différence des autres dipneustes, hôtes des mares susceptibles d'être asséchées, le dipneuste australien habite de grands plans d'eau entourés d'une végétation dense : étangs profonds, lacs de barrages et rivières. Ce gros poisson d'eau douce a une vessie gazeuse spécialisée qui fonctionne comme un poumon. Normalement, il respire par ses branchies, mais, lorsque la teneur en oxygène de l'eau est faible, il est capable de respirer l'air atmosphérique. C'est l'unique dipneuste pourvu de nageoires paires en forme de palme. Ses nageoires dorsales et anale sont confondues avec sa nageoire caudale. Moins actif en cas de sécheresse, il peut survivre pendant des mois à condition d'être recouvert de feuilles humides ou de vase. Il se nourrit de grenouilles, de crabes, d'insectes, de larves, de mollusques et de petits poissons qu'il broie avec ses dents puissantes.

Latimeria menadoensis

Cœlacanthe d'Indonésie

Longueur Jusqu'à 1,60 m
Poids 65–98 kg
Sexe Mâle/Femelle
Statut EN
Répartition Pacifique (mer de Célèbes)

Le cœlacanthe d'Indonésie a été découvert seulement en 1990 : son comportement et son écologie sont donc mal connus. Cependant, ses similitudes avec le cœlacanthe d'Afrique du Sud (ci-dessus) laissent supposer qu'il a un mode de vie identique. Des analyses moléculaires ont révélé que les deux espèces ont probablement divergé, il y a entre 4,7 et 6,3 millions d'années. La géologie du fond de l'océan et les courants qui confinent ce poisson dans une région du monde particulière ont limité sa distribution. Comme son cousin africain, le cœlacanthe d'Indonésie est un poisson solitaire du large, mais on le rencontre également en groupe dans des grottes. Il est difficile d'en estimer la population, mais sa distribution restreinte et la pêche rendent ce poisson vulnérable.

Protopterus annectens

Protoptère africain

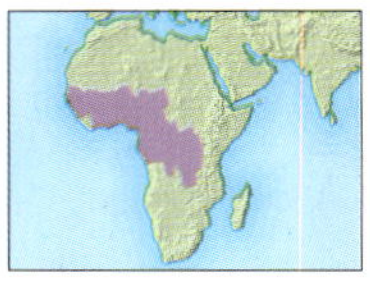

Longueur 1,80–2 m
Poids Jusqu'à 17 kg
Sexe Mâle/Femelle
Statut Commun
Répartition O. à C. Afrique

Le protoptère africain a de longues nageoires paires extrêmement fines. C'est le plus gros des quatre poissons pulmonés vivant en Afrique. De même que les trois autres espèces, il respire au moyen de poumons. À l'approche de la saison sèche, il creuse la boue et s'enveloppe dans un cocon formé de mucus. Le protoptère africain fréquente une grande variété d'habitats humides. Ce carnivore capture ses proies à l'affût.

POISSONS

Poissons primitifs à nageoires rayonnées

PHYLUM	Cordés
CLASSE	Ostéichtyens
SOUS-CLASSE	Actinoptérygiens
ORDRES	Polyptériformes Acipensériformes Lépisostéiformes Amiiformes
FAMILLES	5
ESPÈCES	43

Les poissons primitifs à nageoires rayonnées, qui comptent parmi les poissons osseux les moins évolués, ont un squelette étrange, composé en partie d'os, en partie de cartilage. On les divise en quatre groupes : les esturgeons et les poissons-pagaies, les lépisostées, les bichirs et enfin les amies (espèce particulière placée dans un ordre différent). Ils comptent parmi les plus gros poissons d'eau douce (un esturgeon peut mesurer 9 m de long). Propres à l'hémisphère Nord, la plupart des espèces vivent en eau douce, même si certaines fréquentent alternativement les eaux douces et les eaux salées.

Anatomie

La majorité des poissons primitifs à nageoires rayonnées ont le crâne et certains supports de nageoires constitués d'os, leur corps et leur queue étant supportés par une notocorde cartilagineuse à vertèbres rudimentaires. La queue est asymétrique et l'extrémité de la notocorde forme un lobe supérieur plus long que le lobe inférieur. Les lépisostées et certains bichirs (ou polyptères), de même que les amies, ont une vessie gazeuse tapissée de vaisseaux sanguins qu'ils utilisent comme poumon lorsque le niveau d'oxygène dans l'eau est insuffisant. Les esturgeons sont des poissons allongés, au museau aplati et à la bouche protractile garnie de barbillons qu'ils utilisent pour chercher leur nourriture au fond de l'eau. Cinq rangées de plaques osseuses protègent leur corps sans écailles. Les poissons-pagaies ont un long rostre qui leur sert peut-être d'organe sensoriel ou leur permet de faciliter l'entrée de l'eau dans la bouche pendant qu'ils se nourrissent. Ces poissons nagent la bouche grande ouverte, filtrant l'eau avec leurs branchiospines afin de retenir les petits organismes qu'elle contient. Les lépisostées sont des poissons cylindriques ; ces redoutables prédateurs capturent leurs proies à l'affût ou en les poursuivant brusquement à toute vitesse. Leur rostre allongé et leurs mâchoires sont garnis de dents pointues, à la manière d'un museau de crocodile. Leur corps est recouvert d'écailles ganoïdes lisses et épaisses (voir p. 460). Les bichirs ou polyptères ont un long corps allongé protégé par des écailles épaisses. La plupart des espèces se distinguent par une série de petites nageoires le long du dos et une nageoire pectorale divisée en lobes charnus. L'amie est beaucoup plus petite que les autres poissons primitifs à nageoires rayonnées. Ce prédateur a une tête massive et des dents minuscules.

POISSONS-PAGAIES
On compte deux espèces de poissons-pagaies. Leur habitat se limite aux grands cours d'eau riches en zooplancton. Le poisson-pagaie d'Amérique du Nord (ci-contre) fréquente le bassin du Mississippi, se nourrissant la nuit et consacrant la journée au repos au fond des mares profondes.

Acipenser sturio

Esturgeon commun

Q : Esturgeon noir
Longueur Jusqu'à 3,50 m
Poids Jusqu'à 315 kg
Sexe Mâle/Femelle
Statut CR

Répartition Atlantique Nord, Méditerranée, Europe

Essentiellement pêché pour sa chair et ses œufs – on collecte le caviar sur les femelles mortes ou vivantes –, l'esturgeon « commun » est devenu une espèce rare. Brun verdâtre, il a une bouche fortement inclinée vers le bas, comme tous ses congénères. L'esturgeon est l'un des plus gros poissons d'Europe qui remontent les fleuves pour s'y reproduire, parcourant plus de 1 000 km depuis la mer. Ses œufs s'agglutinent sur le lit des fleuves.

Polyodon spathula

Poisson-pagaie américain

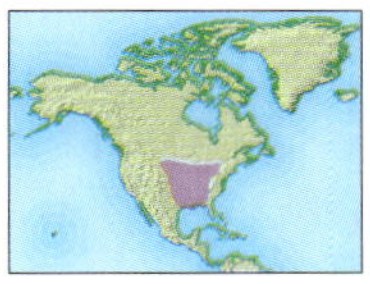

Q : Grande spatule
Longueur 1,20–1,80 m
Vie Jusqu'à 24 kg
Sexe Mâle/Femelle
Statut Commun

Répartition C. à S.-E. Amérique du Nord

Nageant la gueule ouverte, le poisson-pagaie américain se nourrit de zooplancton qu'il filtre. Il avance dans les eaux douces, sa bouche béante constituant une sorte d'entonnoir dans lequel l'eau s'engouffre. Il ne lui reste plus qu'à extraire le zooplancton à travers ses branchies. Son museau caractéristique, en forme de spatule, est couvert d'électrorécepteurs et assure la stabilité du poisson pendant qu'il nage. Cette espèce a été largement exploitée pour sa chair, et ses œufs sont souvent vendus comme caviar.

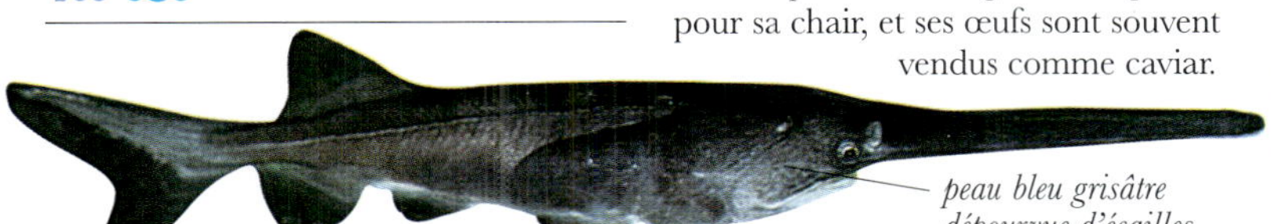

Polypterus ornatipinnus

Bichir

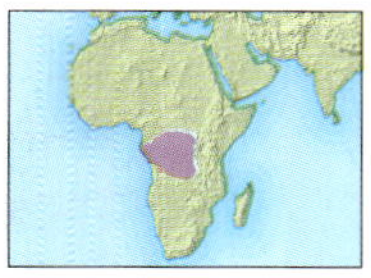

Longueur 40 cm ou plus
Poids Jusqu'à 500 g
Sexe Mâle/Femelle
Statut Commun

Répartition O. à C. Afrique

Les bichirs, ou polyptères, sont des poissons allongés qui se distinguent par une rangée de petites nageoires triangulaires le long du dos. Pourvus d'épaisses écailles et de narines tubulaires, ils peuvent respirer l'air atmosphérique, car leur vessie gazeuse fonctionne comme un poumon primitif. Le bichir, l'une des onze espèces de la famille des polyptères, est marron clair, moucheté de beige. Il chasse à l'affût, capturant petits poissons, amphibiens et crustacés qui passent à sa portée.

Lepisosteus osseus

Lépisostée

Q : Lépisostée osseux
Longueur 1,20–1,80 m
Poids Jusqu'à 15 kg
Sexe Mâle/Femelle
Statut Commun

Répartition C. à E. Amérique du Nord

Ce lépisostée, ou brochet-lance, fait partie d'un groupe de poissons primitifs nord-américains aux longues mâchoires garnies de dents pointues. Son corps allongé porte des nageoires situées à proximité de la queue, comme chez le brochet (voir p. 494). Poissons essentiellement d'eau douce, les lépisostées pénètrent également en eau saumâtre. Ils restent immobiles sur le fond, attendant qu'une proie passe à leur portée, puis happent leur victime d'un mouvement sec des mâchoires. Les pêcheurs redoutent ce féroce prédateur qui attaque les poissons pris au filet.

Poissons à langue denticulée

PHYLUM	Cordés
CLASSE	Ostéichtyens
SOUS-CLASSE	Actinoptérygiens
SUPERORDRE	Ostéoglossiformes
FAMILLES	5
ESPÈCES	215

Les poissons à langue denticulée doivent leur nom aux petites dents qu'ils portent sur la langue et le palais. De taille relativement importante – jusqu'à 3 m de long –, ils vivent essentiellement dans les eaux douces des pays tropicaux. Le groupe compte une large variété de poissons, tels l'arapaima d'Amazonie, le poisson-éléphant ou mormyre (à la gueule allongée et infère), le notoptère, ou encore le délicat pantodon volant. Généralement carnivores, ils se nourrissent essentiellement d'invertébrés, bien que certaines espèces apprécient les déchets de plantes aquatiques.

Anatomie

Même si certaines espèces ont également des mâchoires garnies de dents, chez tous les poissons à langue denticulée, le palais et la langue portent de petites dents pointues destinées à mordre leur proie lors de sa capture. Leur corps est généralement allongé, les yeux en saillie ; il est recouvert d'écailles dures, parfois délicatement ornées, bien que certaines espèces aient des écailles réduites. Les nageoires dorsale et anale, souvent longues, sont placées très à l'arrière. Certains poissons de ce groupe, et en particulier le poisson-éléphant et le notoptère, produisent et détectent des signaux électriques dont ils se servent pour se diriger et communiquer. L'arapaima, le pantodon d'eau douce et leurs cousins possèdent une vessie gazeuse très vascularisée qui fonctionne partiellement comme un poumon.

POISSON-ÉLÉPHANT
Le poisson-éléphant (mormyre) se repère grâce à des signaux électriques. Ses muscles modifiés créent un champ électrique autour de son corps, et des cellules réceptrices détectent ainsi le moindre obstacle.

Notopterus chitala

Notoptère

Longueur Jusqu'à 87 cm
Poids Inconnu
Sexe Mâle/Femelle
Statut Commun

Répartition S. et S.-E. Asie

minuscule nageoire dorsale plumeuse

Le notoptère adulte est un poisson au corps allongé et étroit. Son dos bossu porte une minuscule nageoire dorsale semblable à une plume. Une longue nageoire anale lui permet de se déplacer aussi bien en avant qu'en arrière : il lui suffit d'inverser les ondulations. Sa vessie gazeuse modifiée fonctionne comme un poumon, et il gagne souvent la surface pour respirer. On l'aperçoit parfois roulant sur lui-même à la surface de l'eau en exposant ses flancs argentés.

Pantodon bucholzi

Pantodon volant

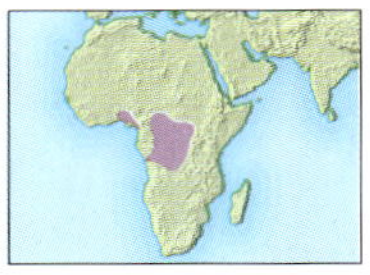

Longueur 10–13 cm
Poids Jusqu'à 500 g Δ
Sexe Mâle/Femelle
Statut Commun

Répartition C. Afrique

Le régime de ce poisson est constitué d'insectes aquatiques qu'il capture en surface. Il doit son nom à sa faculté de faire des bonds de 1 m hors de l'eau, puis de planer grâce à ses nageoires pectorales en forme d'ailes. De plus, il peut rester immobile sous l'eau, utilisant les rayons de ses nageoires pelviennes comme des échasses. Sa grande vessie gazeuse fonctionnant comme un poumon lui permet de respirer l'air atmosphérique.

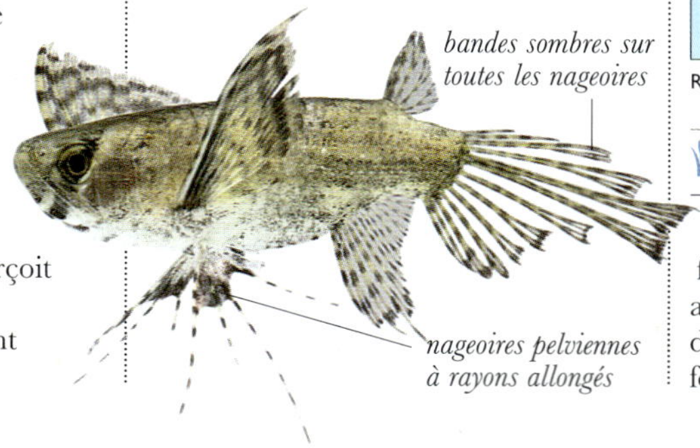

bandes sombres sur toutes les nageoires

nageoires pelviennes à rayons allongés

Arapaima gigas

Arapaima d'Amazonie

Longueur 2,50 m, max. 4,50 m
Poids Jusqu'à 200 kg
Sexe Mâle/Femelle
Statut Commun

Répartition N. Amérique du Sud

L'arapaima d'Amazonie figure parmi les plus grandes espèces de poissons d'eau douce. Son corps à la forme hydrodynamique, de couleur grise à verdâtre foncé mêlé de jaune, possède de longues nageoires dorsales et anale, près de la queue, comme chez tous les poissons capables de bonds soudains pour atteindre leur proie. Ses branchies ne suffisant pas à assurer sa respiration, il absorbe également de l'air à la surface de l'eau.

puissante nageoire caudale arrondie

couleur gris-vert du jeune arapaima

Gnathonemus petersi

Poisson-éléphant

Longueur Jusqu'à 23 cm
Poids Jusqu'à 1 kg Δ
Sexe Mâle/Femelle
Statut Commun

Répartition O. à C. Afrique

Hôte des eaux boueuses des fleuves et des lacs, ce poisson, appelé aussi mormyre, dispose d'un système électrique qui fonctionne comme un sonar pour le renseigner sur l'emplacement des obstacles et des proies. Il se sert de la petite trompe mobile à laquelle il doit son nom pour fouiller les fonds vaseux, en quête de larves et de vers. Son cerveau est proportionnellement aussi développé que celui de l'homme. Cela explique peut-être son aptitude à l'apprentissage, et son comportement amusant en fait un poisson d'aquarium très recherché.

base de la queue resserrée

corps allongé et comprimé

ANGUILLES ET TARPONS

PHYLUM	Cordés
CLASSE	Ostéichtyens
SOUS-CLASSE	Actinoptérygiens
SUPERORDRE	Élopomorphes
ORDRES	4
FAMILLES	24
ESPÈCES	730

LE SUPERORDRE des élopomorphes compte trois ordres principaux : anguilles, tarpons et halosaures. Si les adultes présentent des aspects et des comportements très différents, ils sont tous semblables au stade larvaire, dit leptocéphale. Ces longues larves transparentes dérivent pendant des années avant d'atteindre l'âge adulte. La plupart des anguilles sont marines, mais quelques espèces vivent dans les rivières et gagnent la pleine mer pour frayer. Les tarpons occupent les régions côtières des tropiques, tandis que les halosaures vivent en pleine mer, à 1 800 m de profondeur.

ANATOMIE

Les anguilles ont un corps serpentiforme, très souple grâce à une colonne vertébrale constituée de plus de 100 vertèbres. Nageoires dorsale et anale s'étendent sur presque toute sa longueur, tandis que les nageoires pelviennes, pectorales et caudale sont souvent minuscules, voire inexistantes. La plupart des anguilles n'ont pas d'écailles, ou de fines écailles incrustées dans la peau. Les tarpons ressemblent plus à des poissons. Ils ont un corps plus massif, revêtu de grosses écailles aux éclats métalliques, et des nageoires bien développées et différenciées. Quant aux halosaures, ils ont davantage l'aspect d'une anguille, avec leur grosse tête qui se rétrécit pour former un corps tubulaire, et leur queue allongée. Ils sont recouverts de petites écailles, possèdent des nageoires réduites et, parfois, des épines.

REPRODUCTION ET MIGRATION

Le cycle de reproduction de certaines anguilles comporte des migrations spectaculaires. La plupart des anguilles de mer fraient près du lieu où elles vivent, mais les anguilles d'eau douce et certaines espèces marines ont des aires de fraie particulières, en général situées dans les mers lointaines. Ainsi, les anguilles européennes et américaines, toutes deux hôtes des rivières, parcourent plus de 6 400 km jusqu'à la mer des Sargasses. Soit une traversée de quatre à sept mois, sans s'alimenter. Elles consomment, pour survivre, la graisse qu'elles ont emmagasinée, ainsi que des tissus musculaires. Elles absorbent peut-être quelques nutriments à travers la paroi de leur bouche. La fécondation a lieu en eaux profondes, puis les adultes meurent. Les larves, appelées leptocéphales, sont entraînées par les courants océaniques. Au bout de trois ans, elles acquièrent des nageoires, des écailles et une pigmentation, avant de commencer leur voyage et de remonter les fleuves pour atteindre enfin les lieux où elles deviendront adultes.

CHASSE ET ALIMENTATION

Tarpons et halosaures, de même que la plupart des anguilles, sont des prédateurs. Rapides nageurs, les tarpons capturent d'autres poissons en fondant sur eux. Les anguilles chassent à l'affût, dissimulées derrière des rochers ou dans des crevasses. Certaines espèces ont une bouche armée de longues dents pointues destinées à saisir leur proie, d'autres présentent une denture capable de broyer les coquillages. Quelques rares espèces filtrent la nourriture, d'autres fouillent le fond, à la recherche de proies enfouies, ou déterrent des animaux morts. Les grandgousiers ont une bouche gigantesque et un estomac extensible qui leur permettent de dévorer des proies plus grosses qu'eux. Quant aux halosaures, ils se nourrissent d'invertébrés.

CHASSER
La plupart des anguilles, comme cette murène, chassent à l'affût. En revanche, les tarpons poursuivent leur proie. Les murènes vivent dans les eaux côtières peu profondes des mers tropicales. Elles se dissimulent dans des crevasses, attaquant par surprise toute proie qui passe à leur portée. Leur grande bouche, garnie de dents pointues, rend la fuite de la proie impossible.

Elops saurus

Élops

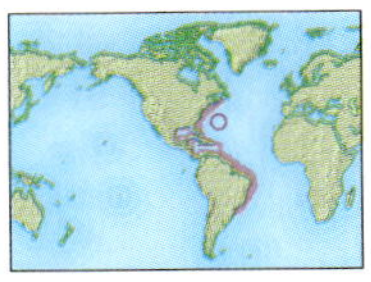

Longueur Jusqu'à 1 m
Poids 14 kg
Sexe Mâle/Femelle
Statut Commun

Répartition O. Atlantique, golfe du Mexique, Amérique centrale, Antilles

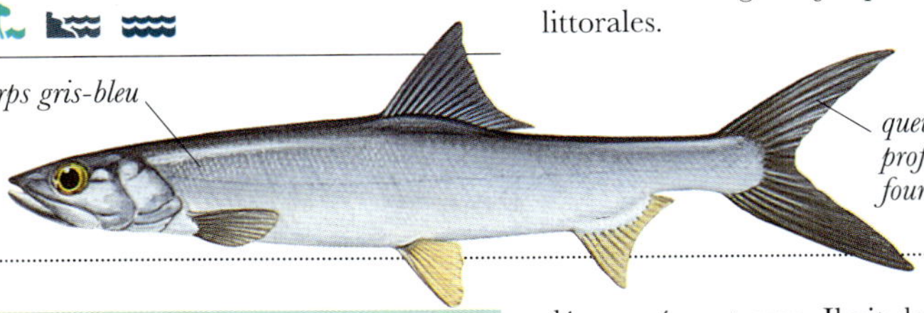

Ce poisson lisse et brillant, gris-bleu, porte de fines écailles. Il attaque les bancs de petits poissons et se distingue par sa façon d'effectuer des bonds en l'air et de se contorsionner pour tenter de se décrocher de l'hameçon. Des bancs d'élops adultes quittent les eaux côtières pour la haute mer afin de se reproduire, parcourant ainsi jusqu'à 160 km. Leurs larves transparentes, semblables à celles des anguilles, dérivent ou migrent jusqu'aux eaux littorales.

Megalops atlanticus

Tarpon atlantique

Longueur 1,30–2,50 m
Poids 160 kg
Sexe Mâle/Femelle
Statut Commun

Répartition O. et E. Atlantique

Avec son corps puissant et massif et sa bouche supère, située sous les yeux, ce tarpon ressemble à un hareng démesurément gros. Il vit dans les eaux côtières et les estuaires. Les eaux de ces derniers étant parfois pauvres en oxygène, il fait surface pour respirer l'air atmosphérique. Il se nourrit essentiellement de poissons vivant en banc, sardines, anchois et muges. Très combatif, il fait des bonds spectaculaires pour se décrocher de l'hameçon lorsqu'il vient d'être pris par un pêcheur. D'avril à août, les adultes migrent vers la haute mer pour frayer. Les larves transparentes, anguiformes, se rapprochent des côtes et grandissent dans les estuaires, et souvent dans des lacs isolés de la mer.

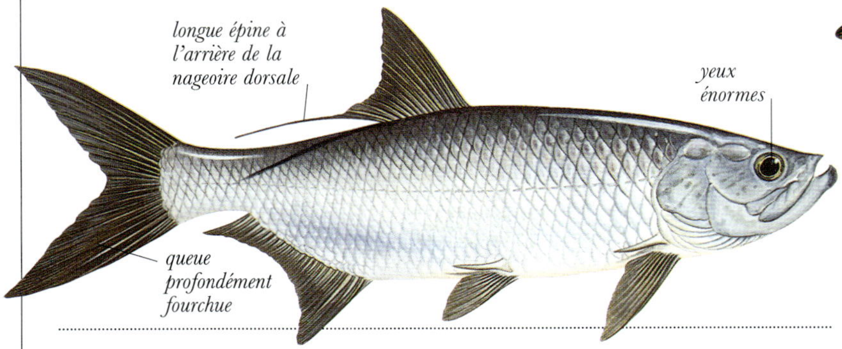

Avocettina infans

Orphie

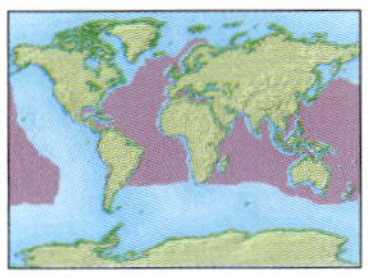

Q : Avocette-ruban
Longueur Jusqu'à 75 cm
Poids 0,5 kg Δ
Sexe Mâle/Femelle
Statut LR

Répartition Eaux tropicales et tempérées du monde entier

L'anguille filiforme est un poisson des eaux profondes, au corps tout en longueur, brun ou noir, terminé par une queue en fouet. Elle appartient à une famille qui compte environ neuf espèces. Ces poissons se distinguent par leurs mâchoires qui ne se referment pas complètement et sont pourvues de nombreuses dents. Ils se nourrissent principalement de petits crustacés. À l'approche de la maturité sexuelle, les mâles subissent des modifications : leurs mâchoires raccourcissent et ils perdent leurs dents. À ce stade, mâles et femelles sont tellement différents qu'on les classait autrefois dans des familles distinctes. On connaît mal l'anguille filiforme et ses proches parents, seuls quelques spécimens ayant été pêchés à l'occasion d'expéditions scientifiques, avec du matériel spécialisé.

Anguilla anguilla

Anguille d'Europe

Longueur Jusqu'à 1 m
Poids 4,5 kg, max. 13 kg
Sexe Mâle/Femelle
Statut Commune

Répartition E. Atlantique Nord, Méditerranée, Europe

L'anguille d'Europe a un cycle de vie extraordinaire. Les adultes se reproduisent dans la mer des Sargasses, puis les larves, dites leptocéphales, dérivent avec les courants vers les côtes européennes qu'elles atteignent environ deux ans et demi plus tard. Là, elles se métamorphosent en civelles : leur corps, non pigmenté, devient cylindrique. Les civelles remontent alors les cours d'eau dans lesquels elles trouveront leur nourriture. Pendant qu'elles poursuivent leur croissance, de petites écailles ovales se forment dans leur peau. Quelques années plus tard, elles migreront vers la mer. Les anguilles adultes gagnent les frayères de la fin de l'été à l'hiver, essentiellement par des nuits sombres, sans lune et orageuses. Leurs yeux grossissent, leur tête s'affine, et leurs nageoires pectorales prennent une forme lancéolée, transformations qui constituent autant d'adaptations aux profondeurs de l'océan. Comme celle de toutes les vraies anguilles, la peau de l'anguille d'Europe est sans écailles, et une unique nageoire court le long de son dos, sur son ventre et autour de sa queue.

HORS DE L'EAU

L'anguille d'Europe peut survivre hors de l'eau pendant plusieurs heures dans des conditions humides et chaudes. Les adultes migrent durant les nuits pluvieuses, bénéficiant de la protection accrue que leur offre l'obscurité.

COLORATION DE L'ADULTE
Lorsqu'il vit en eau douce, ce poisson a un ventre jaunâtre, voire doré. À l'approche de la maturité sexuelle, le ventre prend une coloration argentée, tandis que le dos est presque noir.

Gymnomuraena zebra

Murène zébrée

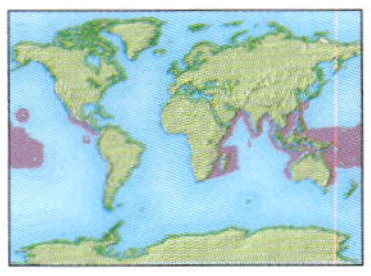

Longueur Jusqu'à 89 cm
Poids 10 kg
Sexe Mâle/Femelle
Statut Commune localement

Répartition Pacifique, golfe de Californie, océan Indien

Les murènes sont des anguilles au corps épais qui se cachent dans des trous durant la journée ; seule leur tête émerge. Elles sont dépourvues de nageoires pectorales ou pelviennes. On compte plus de 100 espèces de murènes, toutes caractérisées, comme la murène zébrée, par un corps aux couleurs vives. Ces poissons serpentiformes ont une musculature très développée et une grande bouche dotée d'une forte denture qui leur permet de broyer les crustacés. Carnivore, la murène se tient aux aguets, nichée dans une anfractuosité rocheuse, et s'élance brusquement pour saisir sa proie. Il lui arrive de quitter son repaire pour chasser. La murène zébrée se nourrit essentiellement de crabes et autres crustacés à carapace solide qui fréquentent les récifs coralliens. Agressive, elle défend son territoire avec férocité. Comme celle de certaines murènes, sa peau renferme une substance toxique.

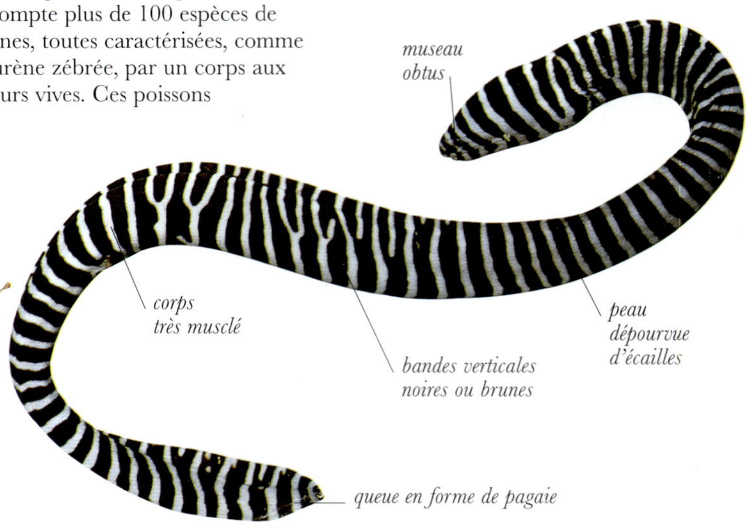

Eurypharynx pelecanoides

Grandgousier commun

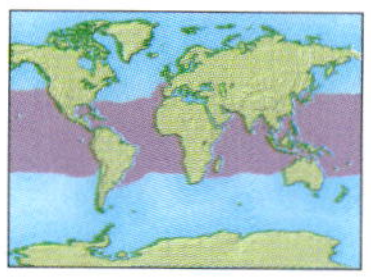

Q : Grangousier-pélican
Longueur 60-100 cm
Poids 1 kg Δ
Sexe Mâle/Femelle

Statut LR Δ

Répartition Eaux tropicales et subtropicales du monde entier

Avec son corps mince, en ruban, pourvu d'énormes mâchoires équipées de dents minuscules, ce poisson abyssal est la plus étrange des anguilles. Sa gueule immense et son estomac extensible lui permettent d'avaler des proies plus grosses que lui. La forme curieuse de son corps fragile en fait un piètre nageur, peu apte à poursuivre d'autres poissons. Il attire et trompe ses proies grâce à un organe lumineux situé à l'extrémité de sa queue effilée.

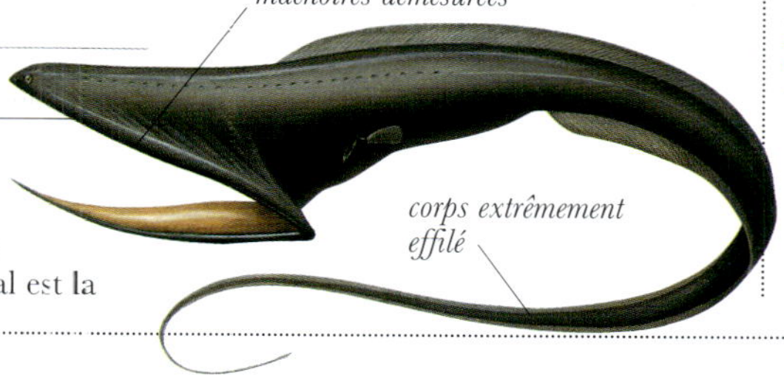

Albula vulpes

Albule

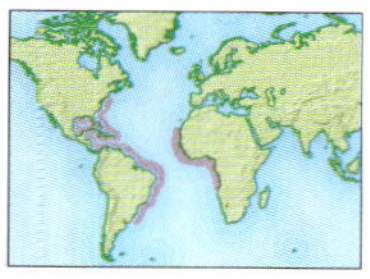

Q : Banane de mer
Longueur Jusqu'à 1 m
Poids 9 kg
Sexe Mâle/Femelle

Statut Commun

Répartition Atlantique

Son corps élancé, hydrodynamique, à longue tête et haute nageoire dorsale, font de l'albule un poisson «standard». Il habite les eaux littorales, affectionnant particulièrement les mangroves. D'un goût plutôt insipide, l'albule est tout de même très apprécié des amateurs de pêche sportive. Il se nourrit à marée montante, délogeant avec sa bouche les invertébrés des fonds vaseux, la tête la première. Palourdes, crabes et crevettes constituent son alimentation. Sa taille importante éloigne les prédateurs marins.

Aldrovandia affinis

Halosaure

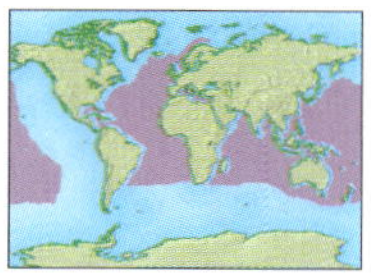

Longueur Jusqu'à 55 cm
Poids 6 kg Δ
Sexe Mâle/Femelle

Statut LR Δ

Répartition Eaux tropicales, subtropicales et tempérées du monde entier

Ce poisson relativement rare fréquente des profondeurs variant entre 700 m et 2000 m. Il n'est guère capturé que par des équipes scientifiques. On a peu de renseignements le concernant, mais il est possible que son museau développé, en particulier chez le mâle, indique un odorat très fin utilisé comme moyen de communication entre le mâle et la femelle. Il se nourrit d'invertébrés.

Conger conger

Congre

Longueur 2,70 m
Poids 65 kg
Sexe Mâle/Femelle

Statut Commun

Répartition E. Atlantique Nord, Méditerranée

Ce poisson au corps gris foncé, trapu, fait partie de la centaine d'espèces de la famille des Congridae. Comme la plupart des anguilles, il n'a ni écailles ni nageoires pelviennes. Ses mâchoires puissantes le protègent de la plupart des prédateurs. Il chasse poissons, crustacés et céphalopodes la nuit. Apprécié pour sa chair, le congre subit les méfaits d'une pêche excessive. Il habite les fonds sableux ou rocheux, jusqu'à 100 m de profondeur, mais, en été, les adultes migrent vers des eaux plus profondes pour se reproduire. La femelle pond de 3 à 8 millions d'œufs ; les larves, appelées leptocéphales, se métamorphosent à l'âge de deux ans.

SE CACHER

Comme ses proches parents, le congre passe la journée caché dans une crevasse qu'il quitte la nuit pour capturer les proies passant à sa portée. Les flaques d'eau laissées par la marée abritent des congres de petite taille, tandis que les gros individus hantent souvent les épaves.

Les congres atteignent leur maturité sexuelle entre cinq et quinze ans.

UN POISSON SERPENTIFORME
Le corps du congre ressemble à celui d'un serpent, avec un long museau et, de part et d'autre, des ouvertures branchiales réduites à une petite fente en forme de croissant.

Saccopharynx ampullaceus

Saccopharynx

Q : Poisson-entonnoir
Longueur Jusqu'à 1,60 m
Poids 1 kg Δ
Sexe Mâle/Femelle

Statut LR Δ

Répartition Atlantique Nord

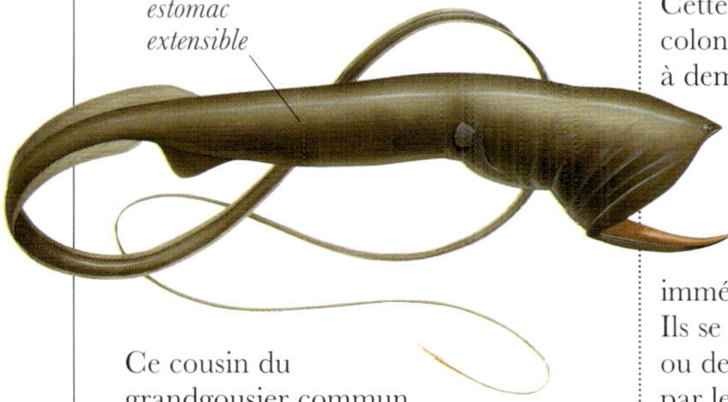

Ce cousin du grandgousier commun possède également une petite tête munie de grosses mâchoires (mais moins importantes) et, à l'extrémité de sa queue, un petit organe lumineux, sans doute utilisé comme leurre. Il peut rabattre sa queue près de sa bouche pour attirer sa proie. Nageant lentement, son immense gueule ouverte, il engloutit des poissons. Lointain parent des anguilles, ce poisson fait partie d'une famille dont on connaît moins d'une centaine de spécimens.

Heteroconger hassi

Hétérocongre

Longueur Jusqu'à 36 cm
Poids 2 kg Δ
Sexe Mâle/Femelle

Statut Commun localement

Répartition mer Rouge, Indo-Pacifique tropical

Cette anguille tubicole vit en larges colonies et se tient à la verticale, à demi enfoncée dans le substrat, comme autant de plantes d'un «jardin», qui ondulent gracieusement au fil des courants. Si on les approche, les hétérocongres rentrent immédiatement dans leur terrier. Ils se nourrissent de zooplancton ou de larves de poissons transportés par les courants.

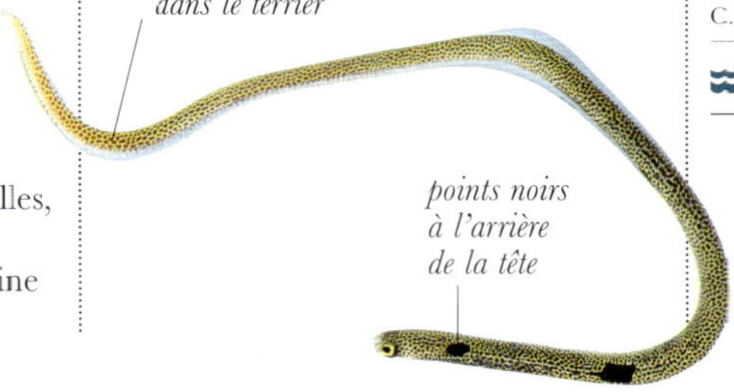

Myrichthys colubrinus

Anguille rayée

Longueur Jusqu'à 88 cm
Poids 3 kg Δ
Sexe Mâle/Femelle

Statut Commune localement

Répartition océan Indien, C. Pacifique

La famille de l'anguille rayée compte environ 175 espèces, très différentes par la coloration et par la forme. En général, ces poissons mesurent moins de 1 m de long et s'enfouissent dans les fonds sableux des lagunes et des récifs. L'anguille rayée est dotée d'une queue raide et pointue grâce à laquelle elle s'enfonce dans le sable en nageant en arrière. Surtout active la nuit, elle se nourrit de petits poissons et de crustacés qu'elle détecte probablement au moyen de son odorat.

POISSONS

Harengs et alliés

PHYLUM	Cordés
CLASSE	Ostéichtyens
SOUS-CLASSE	Actinoptérygiens
SUPERORDRE	Clupéomorphes
ORDRE	1 (Clupéiformes)
FAMILLES	4
ESPÈCES	363

Les harengs et espèces apparentées sont très répandus dans le monde entier. Ces poissons grégaires jouent un rôle important dans les chaînes alimentaires marines et ont une grande valeur économique dans les régions côtières. Sprats, aloses et sardines font partie de la famille du hareng, de même que les anchois. Les harengs et les anchois se rencontrent depuis les régions tropicales jusqu'aux eaux peu profondes des côtes tempérées, de même que dans les cours d'eau et les lacs. Certaines espèces quittent la mer pour frayer en eaux douces ou saumâtres.

VIVRE EN BANC
À l'époque de la fraie, variable selon les régions, les harengs se regroupent en bancs gigantesques. La femelle dépose jusqu'à 40 000 œufs gluants sur le fond de la mer.

Anatomie

Les membres de la famille du hareng ont de nombreux traits communs : un corps hydrodynamique et comprimé latéralement, de grosses écailles et des nageoires bien développées, sans épines. Généralement de couleur argentée, ils présentent des nuances de vert ou de bleu sur le dos. Plus longs et plus minces que les harengs, les anchois ont un museau saillant. Les deux espèces possèdent une vessie gazeuse reliée à leur appareil auditif, ce qui augmente peut-être l'acuité de leur ouïe. La ressemblance de leurs larves respectives les faisait considérer autrefois comme apparentés aux tarpons et aux anguilles, mais leurs différences en font de nos jours un groupe à part entière.

Alimentation

Presque tous les harengs et espèces proches se nourrissent de zooplancton (essentiellement de crustacés et de leurs larves), qu'ils filtrent en laissant leur grande bouche ouverte pendant la nage. Ils suivent les déplacements verticaux du plancton et s'alimentent près de la surface la nuit, regagnant les profondeurs durant le jour. Leurs habitudes alimentaires varient en fonction des saisons ; les harengs et certains de leurs proches cessent de s'alimenter pendant la saison de la fraie. Tous cherchent leur nourriture en bancs de plusieurs dizaines de milliers d'individus, ce qui attire leurs prédateurs, autres poissons (saumons et thons), oiseaux de mer et mammifères marins. Grâce à leur contribution au régime alimentaire d'autres espèces, les harengs et les anchois constituent un élément clé des écosystèmes marins.

CONSERVATION

L'homme apprécie les harengs et les anchois depuis fort longtemps, et leur valeur économique est très ancienne. Faciles à capturer et à conserver, ils sont recherchés pour leur chair et leur huile. À l'époque de la marine à voile, les prises étaient relativement stables, mais les progrès technologiques ont conduit à des pêches abusives aux effets catastrophiques. La pêche au hareng est désormais réglementée, certaines zones étant totalement interdites durant toute l'année ou temporairement.

Clupea harengus

Hareng de l'Atlantique

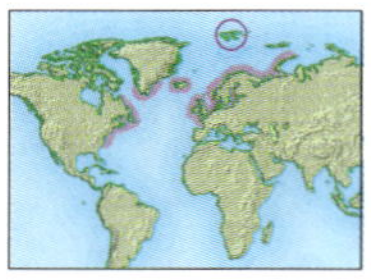

Longueur Jusqu'à 40 cm
Poids Jusqu'à 700 g
Sexe Mâle/Femelle
Statut Commun

Répartition Atlantique Nord, mer du Nord, Baltique

L'exploitation de ce poisson fuselé, aux écailles argentées, remonte au début du Moyen Âge. Au XXe siècle, de nouvelles techniques de pêche ont précipité le déclin de ses populations, mais les mesures prises par la suite commencent à porter leurs fruits. Comme la plupart des espèces apparentées, le hareng de l'Atlantique se nourrit de zooplancton. Il vit en bancs imposants, en perpétuels déplacements, gagnant la surface la nuit. On compte plusieurs races de harengs qui diffèrent par leur taille et leur mode de vie, et migrent vers des frayères déterminées. Nées sur le fond de la mer, les larves ressemblent à de minuscules anguilles qui s'empressent de gagner la surface pour se nourrir. Seul un petit nombre d'entre elles échapperont aux prédateurs et atteindront l'âge adulte.

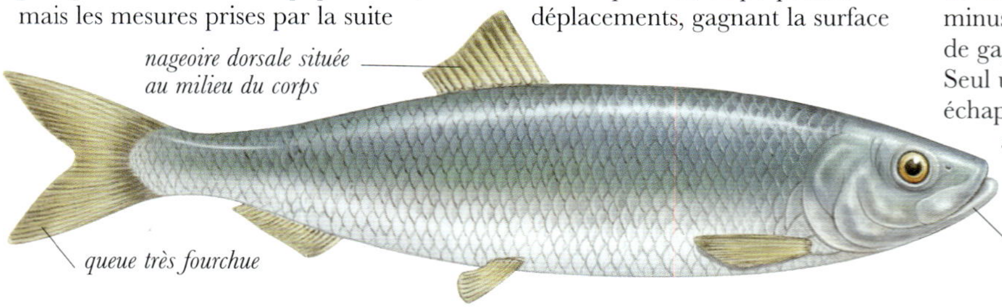

Pristigaster cayana

Hareng-hachette

Longueur 14,5 cm
Poids Inconnu
Sexe Mâle/Femelle
Statut Non évalué

Répartition N. Amérique du Sud

Ce poisson d'eau douce est remarquable pour son corps très mince et fortement caréné. Comme de nombreux membres de la famille du hareng, il présente le long de l'abdomen une rangée d'écailles modifiées, en pointe vers l'arrière. Le hareng-hachette vit en banc, ce qui assure sa sécurité. Omnivore, il filtre l'eau pour en recueillir le plancton. Hôte du bassin de l'Amazone, il fréquente également les eaux douces du Pérou et de la Colombie. On suppose qu'il gagne parfois les eaux légèrement salées des estuaires.

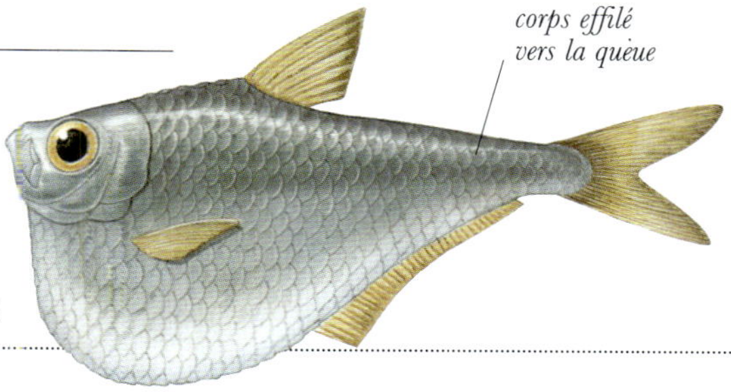

Chirocentrus dorab

Dorab

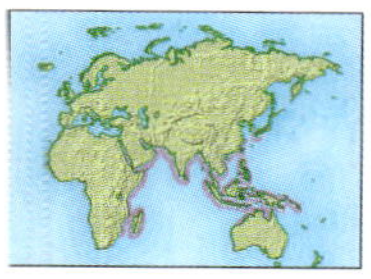

Longueur 1 m
Poids 400 g Δ
Sexe Mâle/Femelle
Statut Commun

Répartition Indo-Pacifique

Le dorab est le plus gros spécimen de la famille du hareng. Il a un corps allongé, bleu clair, et de grandes dents crochues. Contrairement à ses congénères, il chasse activement d'autres poissons. Son comportement est mal connu, mais on suppose que ce redoutable carnivore chasse seul ou en petits groupes, et non en bancs importants. De même que son proche parent le dorab à nageoires blanches, il fait l'objet d'une pêche intensive dans certaines régions du monde.

Denticeps clupeoides

Hareng à denticules

Longueur 8 cm
Poids Inconnu
Sexe Mâle/Femelle
Statut Non évalué

Répartition O. Afrique

Ce petit poisson de rivière, omnivore, est le membre le plus primitif de la famille des harengs, souvent considéré comme un fossile vivant. Des écailles modifiées, en pointe vers l'arrière, forment des plaques osseuses le long de l'abdomen, et des denticules garnissent la tête. À la différence des autres harengs, il vit dans les eaux fluviales tumultueuses. C'est la seule espèce de harengs à posséder une ligne latérale sensorielle.

Alosa sapidissima

Alose américaine

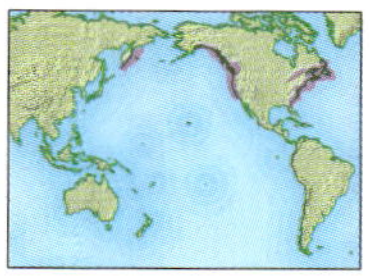

Q : Alose savoureuse
Longueur 50–60 cm
Poids 2 kg
Sexe Mâle/Femelle
Statut Commune

Répartition O. Atlantique Nord, E. Amérique du Nord, E. et O. Pacifique

Avec son corps hydrodynamique aux écailles argentées, l'alose américaine ressemble à de nombreux poissons de la famille du hareng, à cette différence près qu'à partir de l'âge de quatre ou cinq ans, elle remonte son fleuve natal, tous les ans, pour frayer. La fraie a lieu en fin d'été, la nuit, à proximité de la rive. Les mâles arrivent les premiers, puis les femelles, et ils nagent deux par deux près de la surface, laissant dépasser leurs nageoires dorsales. Ils retournent ensuite dans l'océan, et les alevins regagnent la haute mer en automne. L'urbanisation et la pollution de l'eau ont décimé la population de l'alose américaine, à tel point qu'il s'est révélé nécessaire de réintroduire cette espèce dans le Pacifique.

Sardinops caeruleus

Sardine de Californie

Q : Sardine du Pacifique
Longueur 25–36 cm
Poids 475 g
Sexe Mâle/Femelle
Statut Commune

Répartition E. Pacifique Nord

Ce poisson argenté de taille moyenne est reconnaissable à ses taches noires disposées en rangs le long de son corps. En Californie, il est commercialisé en boîte et vendu sous le nom de sardine. Son huile est appréciée. On rencontrait autrefois des bancs de quelque 10 millions d'individus. Dans les années 1930, leur pêche était estimée à plus de 500 tonnes par an, mais les réserves ont diminué pour s'effondrer complètement en 1967. Même si elle est en progression, la population de la sardine de Californie n'a pas encore recouvré son niveau initial.

Engraulis ringens

Anchois du Pérou

Longueur Jusqu'à 20 cm
Poids 25 g
Sexe Mâle/Femelle
Statut Commun

Répartition E. Pacifique Sud

Comme son cousin l'anchois du Nord (à droite), ce petit poisson argenté fréquente les zones de remontées d'eaux profondes riches en zooplancton. Afin de suivre les déplacements de ces organismes microscopiques, il descend à des profondeurs d'environ 150 m le jour et regagne la surface la nuit, trouvant la sécurité au sein de bancs énormes. La femelle pond des milliers d'œufs ovales, de l'hiver au début du printemps.

UN POISSON ÉLANCÉ
Avec son museau proéminent et sa queue très fourchue, ce poisson au corps fin ressemble à l'anchois du Nord. Il nage la bouche ouverte, filtre l'eau de mer et recueille le plancton.

CONSERVATION

La population de l'anchois du Pérou peut chuter de façon spectaculaire, tant à cause d'El Ninõ – une hausse périodique de la température du Pacifique – que de la pêche intensive. Dans les années 1960, on a capturé plus de 10 millions de tonnes d'anchois, soit un nombre incalculable de ces petits poissons dont le poids n'excède pas 25 g. Récemment, les réserves d'anchois du Pérou se sont effondrées, avec de sévères conséquences pour les populations locales et les chaînes alimentaires de la faune marine.

Engraulis mordax

Anchois du Nord

Longueur Jusqu'à 25 cm
Poids 50–60 g
Sexe Mâle/Femelle
Statut Commun

Répartition E. Pacifique Nord

Ce petit poisson très répandu fait l'objet d'une pêche et d'un commerce considérables. Il constitue également un maillon important des chaînes alimentaires marines, fournissant leur nourriture aux autres poissons et à certains oiseaux de mer. Mince, avec un museau proéminent, il nage la bouche ouverte afin de filtrer l'eau de mer et se nourrir de zooplancton. L'anchois du Nord est l'une des quinze espèces de la famille de l'anchois, répandue dans tous les océans du monde.

Poissons-chats et alliés

PHYLUM	Cordés
CLASSE	Ostéichtyens
SOUS-CLASSE	Actinoptérygiens
SUPERORDRE	Ostariophysiens
ORDRES	4
FAMILLES	62
ESPÈCES	Env. 6000

Les poissons-chats (silures) et les espèces proches représentent les trois quarts des poissons d'eau douce. Ils ont en commun une structure interne osseuse, connue sous le nom d'appareil de Weber, qui joue un rôle dans la réception des sons et leur assure une excellente ouïe. On les divise en quatre groupes : les poissons-lait et apparentés, les cyprinidés (dont les plus répandus sont la carpe et le vairon), les characins (tétras, poissons-tigres et piranhas), et les poissons-chats eux-mêmes. Certaines espèces fréquentent les eaux saumâtres et même la mer.

Anatomie

Les poissons-chats et leurs parents offrent une grande variété de formes et de tailles. Ils ne mesurent généralement pas plus de 10 cm, bien que certaines espèces atteignent 5 m de long. L'appareil de Weber, dont ils sont munis pour la plupart, consiste en une modification des premières vertèbres qui agissent comme une série de leviers pour transmettre à l'oreille interne les ondes sonores détectées par la vessie gazeuse. Il en résulte que ces poissons ont une excellente ouïe. De nombreuses espèces utilisent les sons pour communiquer. On reconnaît les poissons-chats aux barbillons sensoriels en forme de moustaches qui entourent leur grande bouche. Ils leur servent à détecter leur nourriture, leur sens de la vue étant peu développé. La plupart des espèces ont une peau lisse, sans écailles. Certains poissons-chats ont des écailles qui se sont transformées en une véritable armure. Presque toutes les espèces sont munies d'épines pectorales et dorsales pointues ou dentées, parfois associées à une glande à venin. Les characins et les cyprinidés se ressemblent, bien que les premiers soient de petite taille et souvent brillamment colorés, tandis que les seconds, généralement ternes, atteignent jusqu'à 2 m de long. On remarque un autre signe distinctif : les characins sont pourvus de dents au niveau des mâchoires et non du pharynx, et ils possèdent une denture de remplacement, située derrière la première. De plus, à la différence des cyprinidés, les characins possèdent une nageoire adipeuse charnue entre la dorsale et la caudale. Les poissons-lait et leurs proches sont dépourvus d'appareil de Weber. Les vibrations sont transmises de la vessie gazeuse à l'oreille interne par une série de côtes modifiées.

Alimentation

Ce groupe comprend des prédateurs voraces, des nécrophages, des herbivores et des filtreurs de plancton. Les poissons-chats sont généralement prédateurs ou nécrophages, habitant l'eau boueuse des fonds, bien que l'on rencontre des espèces herbivores. Les characins vivent en banc ou seuls, et se nourrissent de plantes, d'invertébrés ou d'autres poissons. La majorité des cyprinidés ont une bouche infère, souvent suceuse, garnie d'une ou plusieurs paires de barbillons sensoriels de chaque côté. Ils consomment généralement détritus, petits invertébrés et plantes des sédiments. Les poissons-lait se nourrissent par filtrage de phytoplancton, mais certaines espèces apparentées mangent des petits animaux.

CHASSEUR NOCTURNE
Les poissons-chats sont généralement actifs la nuit et chassent seuls. Leurs barbillons sont couverts de bulbes grâce auxquels ils détectent leur nourriture. Ce poisson-chat à longues moustaches (famille des Pimelodidae) habite les rivières tropicales d'Amérique du Sud. Les plus grands spécimens se nourrissent de poissons et d'autres animaux, dévorant même des singes tombés à l'eau.

Chanos chanos

Poisson-lait

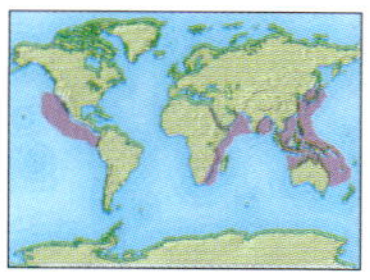

Q : Chanos
Longueur Jusqu'à 1,80 m
Poids Jusqu'à 14 kg
Sexe Mâle/Femelle
Statut Commun

Répartition E. Pacifique, Amérique du Nord et du Sud, Indo-Pacifique, Asie, Australie

Ce gros poisson argenté, rapide nageur, se nourrit par filtrage. Son corps massif et hydrodynamique a une queue très fourchue. S'il tolère des taux de salinité très divers, il passe la plus grande partie de sa vie en eau douce, ne gagnant la mer que pour se reproduire. Larves et jeunes se développent dans les eaux littorales tropicales et en eau saumâtre. Dans le Sud-Est asiatique et l'ouest du Pacifique, on capture les larves en mer pour les élever en viviers, d'où leur importance dans l'alimentation.

Gonorhynchus gonorhynchus

Gonorhynchus

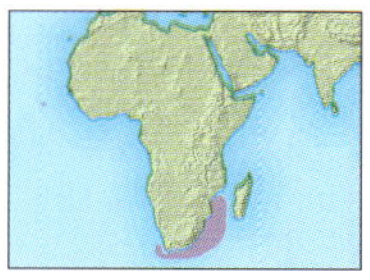

Longueur Jusqu'à 60 cm
Poids Inconnu
Sexe Mâle/Femelle
Statut Commun localement

Répartition Canal de Mozambique au cap de Bonne-Espérance

Ce poisson marin vit près du fond, caché dans le sable ou la vase durant la journée. Sa face dorsale présente un camouflage efficace, et ses yeux sont protégés par une fine membrane de peau. Il a des flancs argentés et des nageoires caudales bordées de rose ou d'orange. Ses nageoires dorsales sont situées vers l'arrière du corps. Il fréquente les fonds sableux qui longent le sud de l'Afrique, à des profondeurs pouvant atteindre 200 m. Sa bouche infère, entourée de petites papilles sensorielles, l'aide à repérer les invertébrés dont il se nourrit.

Cyprinus carpio

Carpe commune

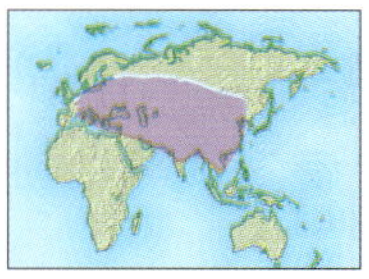

Longueur Jusqu'à 1,20 m
Poids Jusqu'à 37 kg
Sexe Mâle/Femelle
Statut CR

Répartition O. Europe à S.-E. Asie

Originaire d'Extrême-Orient, ce poisson d'eau douce au corps trapu est élevé en semi-captivité depuis des siècles. Il a été introduit dans les cours d'eau, les lacs et les étangs d'un grand nombre de pays. Sa bouche protractile lui sert à creuser le lit des rivières afin de satisfaire son appétit de débris de végétaux, de larves et de vers.

CARPE D'ORNEMENT

Des élevages sélectifs ont créé différentes variétés de carpes. La carpe-miroir a de grosses écailles, tandis que la carpe-cuir, élevée pour sa chair, en est dépourvue. Les variétés multicolores (ci-dessus) sont considérées comme des poissons d'ornement.

UNE BOUCHE ÉDENTÉE *Les mâchoires de la carpe commune sont dépourvues de dents. Elle broie sa nourriture avec ses dents pharyngiennes situées à l'arrière de la gorge.*

Rhodeus amarus

Bouvière

Longueur Jusqu'à 11 cm
Poids Inconnu
Sexe Mâle/Femelle
Statut Commune localement

Répartition C. et E. Europe, E. Asie

Ce petit poisson d'eau douce vit dans les eaux riches en végétation, dont la teneur en oxygène est souvent trop basse pour de nombreux poissons. D'une teinte argentée, les femelles deviennent irisées à l'époque de la fraie. Le mode de reproduction est curieux : la femelle introduit son long ovipositeur dans la cavité palléale d'une moule d'eau douce ; ensuite, le mâle déverse sa laitance sur le mollusque, fécondant ainsi les œufs. Les jeunes éclosent dans cette « nursery vivante », sans préjudice pour leur hôte.

Brachydanio rerio

Petit danio

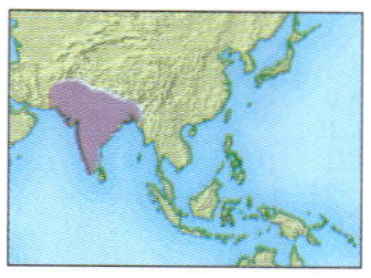

Longueur Jusqu'à 6 cm
Poids Inconnu
Sexe Mâle/Femelle
Statut Commun

Répartition S. Asie

Ce petit poisson d'eau douce, très vif, a un corps fuselé jaune argenté zébré de quatre bandes. Uniquement carnivore, il se nourrit d'invertébrés, de vers, de larves d'insectes et de crustacés. De taille légèrement plus importante que le mâle, la femelle pond ses œufs parmi les plantes aquatiques. On utilise le petit danio comme modèle d'organisme, en génétique. Il est très apprécié des aquariophiles.

Myxocyprinus asiaticus

Catostomide du Yang-tsé-kiang

Longueur Jusqu'à 60 cm
Poids Inconnu
Sexe Mâle/Femelle
Statut Commun localement

Répartition S.-E. Asie

Ce poisson lent est l'une des rares espèces asiatiques des Catostomidae, ou poissons suceurs. Ses lèvres charnues lui servent à saisir les petits animaux vivant dans la vase du lit des cours d'eau. Son corps triangulaire présente un dos bossu et une surface ventrale plate. Pour se nourrir, il se place en amont : le flux le presse contre le lit de la rivière, une adaptation destinée à l'empêcher d'être emporté.

Botia macracanthus

Loche-clown

Longueur Jusqu'à 30 cm
Poids Inconnu
Sexe Mâle/Femelle
Statut Commune

Répartition S.-E. Asie

Très appréciée des aquariophiles, la loche-clown se nourrit sur les fonds, à la recherche d'invertébrés aquatiques qu'elle détecte grâce aux quatre paires de barbillons dont est bordée sa bouche.

Les loches se défendent contre leurs prédateurs ou leurs congénères au moyen d'une épine érectile située sous l'œil. La fraie a lieu dans les cours d'eau rapides, au début de la saison des pluies.

POISSONS

Hydrocynus vittatus

Poisson-tigre

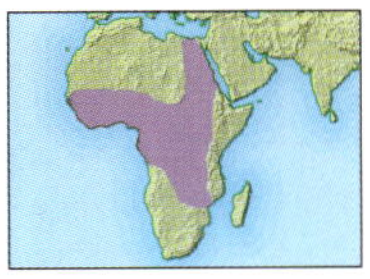

Longueur 1 m
Poids Jusqu'à 18 kg
Sexe Mâle/Femelle
Statut Commun

Répartition Afrique

Le poisson-tigre est un redoutable prédateur largement distribué dans les cours d'eau africains et réputé pour se débattre vigoureusement afin de se libérer de l'hameçon auquel il a été pris. Il a un corps argenté à zébrures horizontales sombres, une queue très fourchue bordée de noir et de longues canines. Se déplaçant en banc pour se nourrir, il avale d'énormes proies entières, en commençant par la tête. L'homme est son seul ennemi. Le poisson-tigre géant *(Hydrocynus goliath)*, apparenté à cette espèce et vivant également en Afrique, est l'un des plus grands characins : il mesure jusqu'à 1,80 m de long.

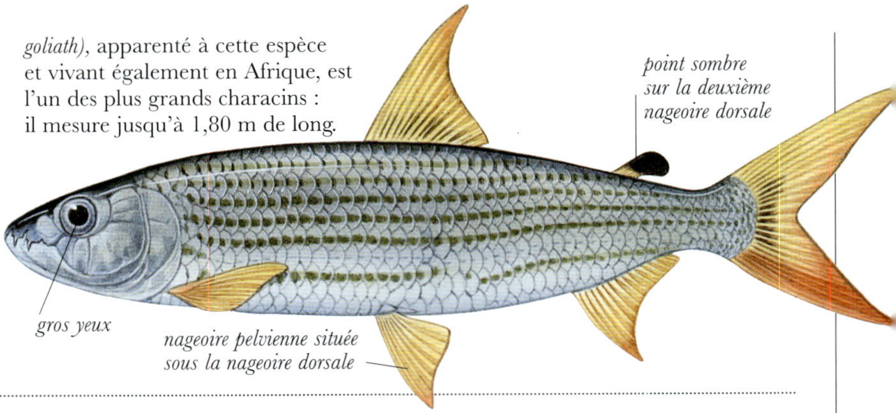

Gyrinocheilus aymonieri

Gyrinocheilus

Longueur 28 cm
Poids Inconnu
Sexe Mâle/Femelle
Statut Commun

Répartition S.-E. Asie

Ce poisson élancé a une bouche et des lèvres modifiées dont il se sert pour se fixer sur les rochers et les plantes, se nourrissant des tissus végétaux qu'il y trouve. Sa face dorsale est vert doré, et son ventre, argenté. Il possède une grosse nageoire dorsale à neuf rayons branchiaux. Il est apprécié pour sa chair et comme poisson d'aquarium.

Copella arnoldi

Tétra d'Arnold

Longueur 8 cm
Poids Inconnu
Sexe Mâle/Femelle
Statut Commun localement

Répartition N. Amérique du Sud

Ce characin américain de la taille d'un doigt a un corps élancé, couleur crème, une bande noire traversant sa tête et ses yeux. Il fait partie de la famille des Lebiasinidae, poissons d'eau douce appréciés des aquariophiles. En matière de reproduction, le tétra d'Arnold a un comportement particulier : la femelle pond ses œufs sur le revers de feuilles qui pendent dans l'eau et, lorsque le niveau de l'eau baisse, ils sont ainsi à l'abri de leurs nombreux prédateurs. Ensuite, le mâle les éclabousse avec de l'eau pour les maintenir en vie et, après leur éclosion, les jeunes se laissent tomber dans l'eau. Vers, larves d'insectes et crustacés constituent la nourriture du tétra d'Arnold.

Astyanax mexicanus

Tétra mexicain

Longueur 12 cm
Poids Inconnu
Sexe Mâle/Femelle
Statut Commun localement

Répartition S. centre États-Unis à Amérique centrale

Habitant les sources, les criques et les petits cours d'eau, le tétra mexicain a un corps argenté à nageoires rouge et jaune. Ce poisson intéresse particulièrement les biologistes, car une variante de l'espèce vit dans des grottes souterraines. La forme souterraine, appelée tétra characin aveugle des grottes (ci-dessous), est très différente, avec sa pigmentation réduite et ses yeux recouverts d'une membrane. Comme tous les poissons des cavernes, le tétra aveugle détecte sa nourriture grâce à sa ligne latérale, évaluant la pression, et à son odorat très développé. Malgré leurs différences, les deux formes du tétra mexicain, identiques du point de vue génétique, peuvent frayer ensemble.

Anostomus anostomus

Anostome vulgaire

Longueur 16 cm
Poids Inconnu
Sexe Mâle/Femelle
Statut Commun localement

Répartition N. Amérique du Sud

Sa petite tête a une bouche supère, et ses nageoires présentent une base rougeâtre. Il nage la tête en bas, en position oblique par rapport au lit des cours d'eau, se déplaçant en petits bancs (jusqu'à 40 individus), qui se tiennent immobiles dans la végétation aquatique pour se nourrir de feuilles et de tiges.

Ce poisson élancé, en forme de torpille, a une livrée jaune doré ornée de trois larges bandes noires qui courent le long de son corps.

Pygocentrus nattereri

Piranha rouge

Longueur 33 cm
Poids 1 kg
Sexe Mâle/Femelle
Statut Commun

Répartition N., C. et E. Amérique du Sud

Célèbre pour sa férocité et sa frénésie boulimique, le piranha rouge offre une grande variété de couleurs et de formes selon les régions. Typiquement, le piranha rouge se tient à l'affût à l'aube et le soir, surgissant brusquement pour saisir sa proie, insectes, autres invertébrés aquatiques, poissons, voire graines et fruits.

Si l'occasion se présente, ce prédateur agressif s'attaque à des proies beaucoup plus grosses que lui. Il chasse alors en banc, déployant une agressivité qui rappelle le comportement de certains requins. Ces attaques en masse peuvent tuer des animaux aussi importants que des capybaras et des chevaux, et même dévorer des hommes. La femelle pond jusqu'à 1 000 œufs, assez gros, qu'elle fixe aux racines des arbres affleurant dans l'eau. Les deux parents, et surtout le mâle, veillent sur les œufs jusqu'à l'éclosion, de neuf à dix semaines plus tard.

UN VENTRE ROUGE
Le piranha rouge a une robe argentée, des yeux mouchetés de rouge, une tête gris foncé sur le dessus, rouge orangé au-dessous. Le ventre des individus de taille importante est d'un rouge intensif, auquel le poisson doit son nom.

DES DENTS POINTUES

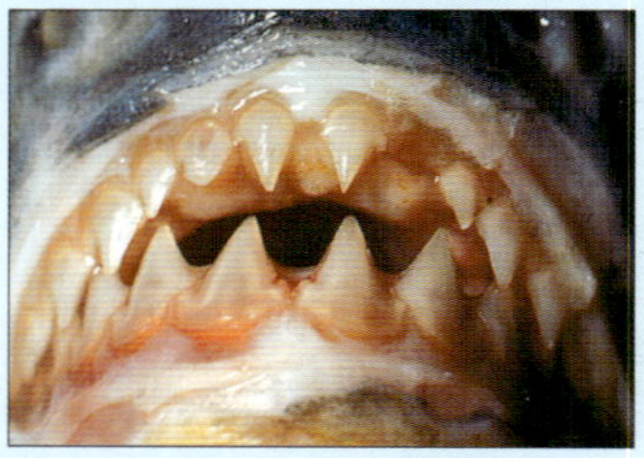

Les piranhas rouges ont des petites dents triangulaires insérées dans de puissantes mâchoires. Quand celles-ci se ferment, ses dents s'entrecroisent et lui permettent de déchiqueter les chairs. Un museau obtus et une mandibule plus longue que la mâchoire supérieure rendent sa morsure extrêmement forte.

Thoracocharax stellatus

Poisson-hachette

Longueur 6,5 cm
Poids Inconnu
Sexe Mâle/Femelle

Statut Commun

Répartition N. à C. Amérique du Sud

Le poisson-hachette doit son nom à la forme de son corps. Le trait le plus insolite de ce poisson gris argenté réside dans son grand développement pectoral. En cas de danger, ou lorsqu'il poursuit une proie, il actionne ses puissantes nageoires pectorales afin de prendre de la vitesse dans l'eau et même de s'élever au-dessus de la surface. Le hache d'argent (voir p. 499) appartient à une autre famille de poissons et a un style de vie totalement différent.

Hoplias macrophthalmus

Trahira géant

Longueur Jusqu'à 1 m
Poids Jusqu'à 2 kg
Sexe Mâle/Femelle

Statut Commun

Répartition Trinité, Amérique centrale à C. Amérique du Sud

Le trahira géant a un corps trapu, la tête camuse, de gros yeux et un ventre un peu arrondi. Sa mâchoire supérieure possède deux ou trois canines et une série de dents coniques. Ce poisson peut survivre dans des eaux faiblement oxygénées et se déplace sur le sol, la nuit, pour atteindre une autre étendue d'eau, lac ou marécage. Apprécié pour sa chair, il est élevé en aquaculture.

Ameiurus nebulosus

Poisson-chat brun

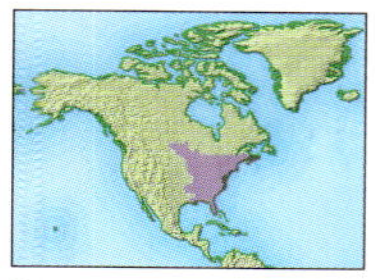

Q. : Barbotte brune
Longueur Jusqu'à 52 cm
Poids 2,5 – 3,5 kg
Sexe Mâle/Femelle

Statut Commun

Répartition E. Amérique du Nord

Le poisson-chat brun appartient à une vaste famille de poissons d'eau douce originaire d'Amérique du Nord. Comme ses alliés, il est apprécié pour sa chair. Il se reconnaît à son corps sans écailles et aux quatre paires de barbillons charnus entourant sa bouche, lui permettant de trouver sa nourriture. Ses nageoires pectorales, très piquantes et reliées à des glandes qui sécrètent une toxine, constituent une arme redoutable contre ses prédateurs. Mâle et femelle veillent sur les œufs pondus dans une sorte de nid, les ventilent et, à l'éclosion, rassemblent les petits en banc serré jusqu'à ce qu'ils atteignent environ 5 cm de long.

Synodontis contractus

Silure renversé

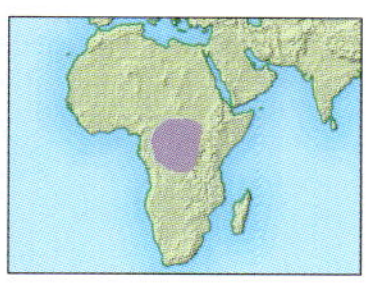

Longueur 9,5 cm
Poids Inconnu
Sexe Mâle/Femelle

Statut Commun localement

Répartition C. Afrique

Ce silure africain a la curieuse habitude de nager sur le dos près de la surface des cours d'eau, où il trouve sa nourriture, s'alimentant également sous les feuilles et les rochers. Son régime est constitué de débris de végétaux, d'invertébrés aquatiques et de larves d'insectes. Il porte une livrée brune ou brun-violet, émaillée de petits points. En général, les poissons ont le dos plus sombre que le ventre, ce qui facilite leur camouflage ; chez ce silure, la coloration est inversée : il a le ventre sombre, car il nage à l'envers. Le silure renversé émet des sons qu'il utilise probablement pour communiquer avec les membres de son espèce.

Silurus glanis

Silure glane

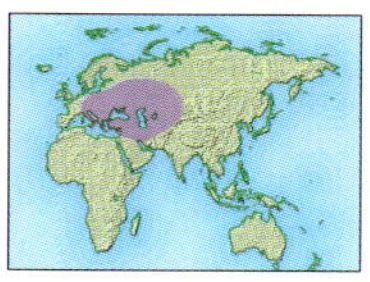

Longueur Jusqu'à 5 m
Poids Jusqu'à 300 kg
Sexe Mâle/Femelle

Statut LR

Répartition C. Europe à C. Asie

Avec sa taille imposante, le silure glane est l'un des plus gros poissons d'eau douce du monde. Au XIXe siècle, on a capturé dans le Dniepr, en Russie méridionale, un individu qui mesurait près de 5 m et pesait 306 kg. Il est peu probable que des silures de cette taille existent encore, compte tenu de la pêche excessive dont ils ont été victimes. Le silure glane vit solitaire dans les eaux profondes des lacs et des fleuves, chassant à l'affût dès la tombée de la nuit grâce à l'excellent camouflage que constituent ses taches gris-vert se confondant avec la vase. Très vorace, il se nourrit de mammifères aquatiques, de crustacés et de petits poissons. La femelle pond lorsque la température de l'eau atteint 20 °C ; le mâle veille sur les œufs, puis sur les jeunes.

ORGANES SENSORIELS

Deux barbillons placés aux coins de sa bouche, et quatre autres, plus petits, qui garnissent sa mâchoire inférieure, détectent la nourriture.

BIEN CAMOUFLÉ
Célèbre pour sa taille exceptionnelle, ce poisson a une grosse tête aplatie et une longue nageoire anale qui s'étend sur plus de la moitié de sa face ventrale.

Kryptopterus bicirrhis

Silure de verre

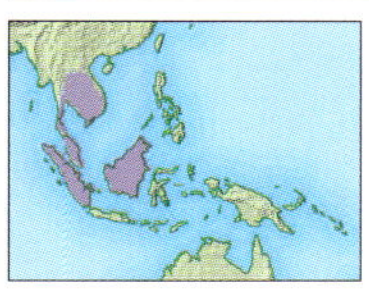

Longueur 15 cm
Poids Inconnu
Sexe Mâle/Femelle

Statut Commun

Répartition S.-E. Asie

Un grand nombre de poissons-chats bénéficient du camouflage que leur offrent leurs taches sombres. Or, le silure de verre, ou silure transparent, a un corps translucide. Seuls sont visibles son squelette, ses yeux et la partie antérieure de sa tête, qui renferme intestins et organes de la reproduction. Ce poisson doit sa transparence à l'extrême minceur de son épiderme et à ses tissus fortement imprégnés d'huile. Son corps est comprimé latéralement. La nageoire dorsale, minuscule, fait parfois défaut. La nageoire anale se prolonge de l'arrière de la tête au pédoncule caudal. Hôte des fleuves, il se rassemble en banc, nageant en oblique par rapport à la surface. Importé du Sud-Est asiatique, le silure de verre est un poisson d'aquarium très apprécié.

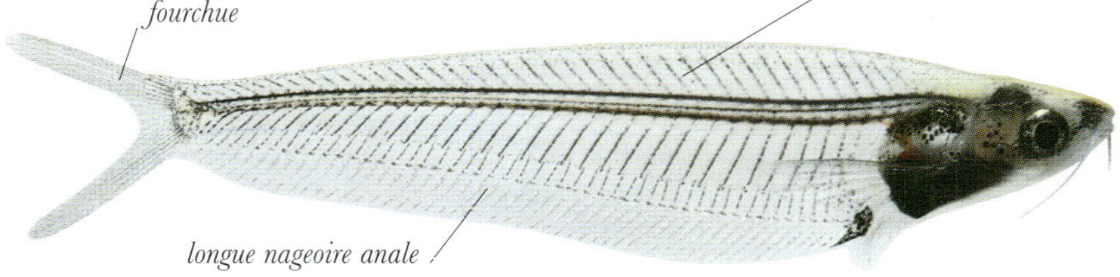

Ancistrus dolichopterus
Ancistrus

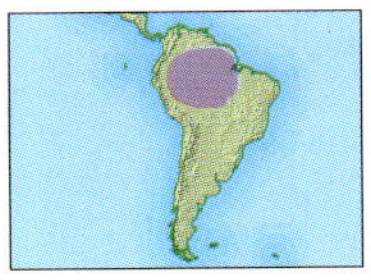

Longueur Jusqu'à 13 cm
Poids Inconnu
Sexe Mâle/Femelle
Statut Commun
Répartition N. Amérique du Sud

L'ancistrus et les espèces proches se caractérisent par les tentacules charnus qui garnissent le dessous de leur museau. Le mâle en possède davantage que la femelle, ce qui a donné naissance à la théorie non vérifiée qu'il s'agirait d'organes de la reproduction. En cas de danger, l'ancistrus dresse les épines de ses nageoires pectorales et dorsale, ainsi que celles qui garnissent chacun des côtés de sa tête.

Farlowella acus
Poisson-chat brindille

Longueur Jusqu'à 15 cm
Poids Inconnu
Sexe Mâle/Femelle
Statut Non évalué
Répartition N. à C. Amérique du Sud

Même s'ils sont généralement des poissons de fond, les silures présentent une morphologie d'une remarquable diversité. Ainsi, le poisson-chat brindille, long et mince, ressemble à un bout de bois mort, ce qui lui assure un bon camouflage. Hôte des rivières lentes, il se nourrit d'algues aquatiques, la nuit. Le jour, sa couleur terne et sa forme le protègent des prédateurs. La femelle pond sur le fond, et le mâle veille sur les œufs jusqu'à leur éclosion.

Clarias batrachus
Poisson-chat marcheur

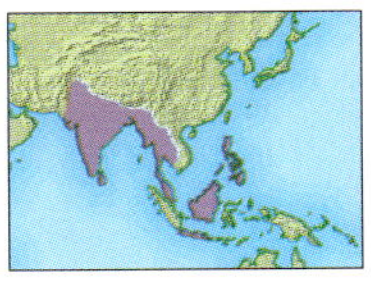

Longueur Jusqu'à 40 cm
Poids Inconnu
Sexe Mâle/Femelle
Statut Non évalué
Répartition S. et S.-E. Asie

Ce poisson-chat au corps allongé doit son nom à sa faculté de se déplacer sur la terre ferme d'un plan d'eau à un autre en utilisant ses nageoires pectorales. Ses branchies modifiées, munies de longs filaments, lui permettent de respirer l'air atmosphérique et de survivre en cas de faible oxygénation de l'eau. C'est un poisson d'aquarium apprécié. La variété pie (ci-dessous) est particulièrement élevée à cet effet.

Gymnotus carapo
Gymnote rayé

Longueur 60 cm
Poids Inconnu
Sexe Mâle/Femelle
Statut Commun
Répartition Amérique centrale à C. Amérique du Sud

Proche parent de l'anguille électrique (ci-dessous), ce poisson d'Amérique du Sud a également un corps cylindrique s'effilant jusqu'à la queue. Il produit de faibles décharges électriques, dont l'intensité est inférieure à celles de l'anguille électrique, qu'il utilise probablement pour écarter toute menace ou immobiliser sa proie. Les bandes sombres et claires de son corps lui fournissent un camouflage efficace dans les eaux boueuses des bassins fluviaux. Il nage en faisant onduler sa longue nageoire anale.

Vandellia cirrhosa
Candiru

Longueur Jusqu'à 2,5 cm
Poids Inconnu
Sexe Mâle/Femelle
Statut Commun
Répartition N. Amérique du Sud

Ce minuscule poisson-chat au corps élancé, presque transparent, se distingue par son mode de nutrition. Il s'introduit dans la cavité branchiale de poissons plus gros que lui – essentiellement des poissons-chats et des characins – et s'y fixe grâce aux épines recouvrant ses opercules. Ensuite, il mord les filaments branchiaux avec ses dents en forme de peigne et avale le sang qui en sort. Il arrive aussi que le candiru s'introduise dans l'urètre d'un mammifère – voire d'un baigneur – en train d'uriner : on pense qu'il confond le flot d'urine avec le jet d'eau expulsé par les branchies d'un gros poisson.

Bagre marinus
Bagre

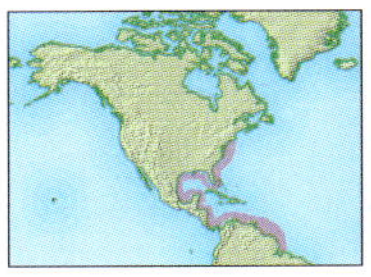

Q : Antenne de Mâchoiron
Longueur Jusqu'à 1 m
Poids Jusqu'à 4 kg
Sexe Mâle/Femelle
Statut Commun
Répartition O. Atlantique, golfe du Mexique, Antilles

Commercialisé pour sa chair, ce poisson-chat de l'Atlantique est essentiellement marin, même s'il gagne parfois les estuaires à haute salinité.

Sa tête a un bouclier osseux, mais il se distingue surtout par les longs barbillons aplatis qui garnissent ses commissures, et les grosses épines dentelées et recourbées de ses nageoires pectorales et dorsales, dressées en cas de danger. Elles renferment un venin dont l'effet est douloureux. Hôte des fonds, le bagre se nourrit de crustacés et d'autres poissons. Durant la fraie (entre mai et août), le mâle féconde les œufs de la femelle et les incube dans sa bouche.

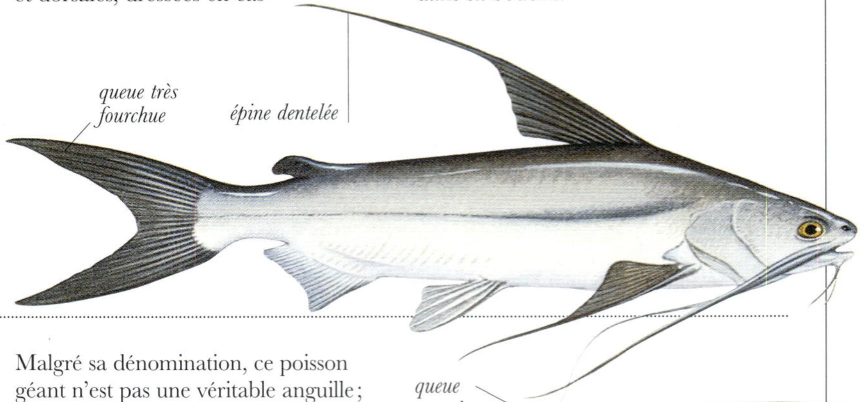

Electrophorus electricus
Anguille électrique

Longueur Jusqu'à 2,50 m
Poids Jusqu'à 20 kg
Sexe Mâle/Femelle
Statut Commune localement
Répartition N. Amérique du Sud

Malgré sa dénomination, ce poisson géant n'est pas une véritable anguille ; il appartient à l'ordre des cypriniformes et doit son nom à son corps anguiforme. À l'âge adulte, il est aussi gros que la cuisse d'un homme et figure parmi les plus grands poissons d'eau douce d'Amérique du Sud. Une nageoire court le long de sa face ventrale, tandis que son dos en est dépourvu.

Sa queue se termine par une pointe sans écailles. Pour compenser leur vue peu développée, les anguilles électriques se dirigent grâce à de faibles impulsions électriques. Des muscles modifiés, ou organes électriques, existent sur toute la longueur de leur corps, engendrant des décharges électriques de 600 volts qui tuent les poissons, et auxquelles l'homme est sensible.

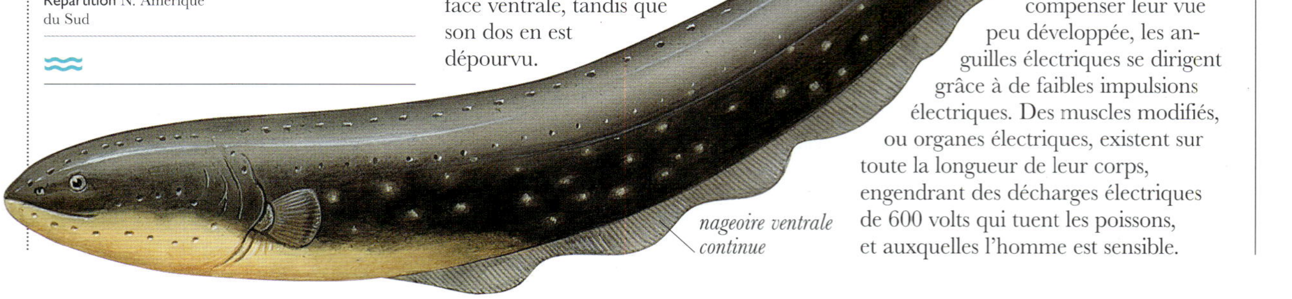

SAUMONS ET ALLIÉS

PHYLUM	Cordés
CLASSE	Ostéichtyens
SOUS-CLASSE	Actinoptérygiens
SUPERORDRE	Protacanthoptérygiens
ORDRES	3
FAMILLES	14
ESPÈCES	316

DE NOMBREUSES ESPÈCES de saumons et de truites parcourent des milliers de kilomètres entre la mer, où ils vivent à l'état adulte, et les cours d'eau et les lacs où ils se reproduisent. Parmi leurs alliés figure un groupe de poissons d'eau douce appelé Galaxiidae. Le brochet d'eau douce et un groupe de poissons marins – les argentinoïdes –, comprenant entre autres les Platytroctidae et les Opisthoproctidae, appartiennent aussi à l'ordre des salmoniformes. Originaires d'Amérique du Nord, d'Europe et d'Asie, saumons, truites et brochets ont été introduits dans le monde entier. Les Galaxiidae vivent uniquement dans l'hémisphère Sud, tandis que les Argentinidae fréquentent les fonds côtiers ou les profondeurs de tous les océans.

ANATOMIE

Les saumons et alliés ont un corps mince, fuselé, aux muscles des nageoires bien développés. Ils possèdent des nageoires relativement petites, excepté la nageoire caudale, généralement assez grande, et adaptée à la nage active. La plupart des espèces portent une petite nageoire charnue appelée nageoire adipeuse, implantée à l'arrière du corps. Ces poissons ont de très petites écailles rondes ou en sont complètement dépourvus. Carnivores, ils se nourrissent d'une grande variété de proies qu'ils engloutissent dans leur gueule garnie de dents aiguës.

L'impressionnant brochet possède de longues dents destinées à retenir sa proie et une bouche particulièrement développée qui lui permet d'avaler des poissons mesurant la moitié de sa propre taille. Saumons, truites et brochets chassent à l'affût et, d'un bond, happent leur proie.

La plupart des Galaxiidae sont de petits poissons de moins de 25 cm de long, à corps tubulaire dépourvu d'écailles. Contrairement à la majorité des poissons de ce groupe, ils n'ont pas de nageoire adipeuse. Un certain nombre de poissons marins de ce groupe présentent des adaptations à la vie en eau profonde. Ainsi, les Argentinidae ont de grands yeux tubulaires qui leur permettent de voir vers l'avant ou vers le haut (d'où une bonne vision binoculaire). Certaines espèces sont dotées d'organes lumineux.

CYCLE DE VIE

Les salmoniformes comprennent des poissons qui passent toute leur vie soit en mer, soit en eau douce, et des espèces, dont de nombreux saumons et truites, qui passent la plus grande partie de leur vie dans l'océan, mais gagnent les eaux douces pour se reproduire. Ce sont des poissons anadromes. Mâles et femelles se reproduisent dans les cours d'eau. À l'éclosion, les jeunes passent un bref laps de temps en eau douce puis gagnent la mer. Au terme d'une période variant de quelques mois à plusieurs années, les poissons deviennent adultes et retournent en eaux douces pour se reproduire, généralement dans leur torrent natal. Pour accomplir un voyage qui peut atteindre plusieurs milliers de kilomètres, ces poissons doivent souvent lutter contre des courants rapides ou franchir des obstacles, ce qui les oblige à bondir hors de l'eau pour progresser. En général, lorsqu'ils remontent vers leur zone de fraie, les saumons cessent de se nourrir. Épuisés par leur long voyage, ils survivent rarement à la fraie.

On ne sait pas encore de façon précise comment ils retrouvent leur rivière d'origine, mais leur odorat et, peut-être, le guidage par les étoiles jouent un rôle important. Saumons et truites ne suivent pas tous ce cycle de vie : ceux qui sont sédentaires passent toute leur vie en eau douce.

Certaines espèces de Galaxiidae sont également anadromes. À l'éclosion des œufs en eau douce, les minuscules larves sont entraînées vers le large. Quelques mois plus tard, devenues de jeunes poissons, elles regagnent les eaux douces pour atteindre la maturité.

TRANSFORMATIONS CHEZ LE MÂLE
Au cours de leur migration vers les frayères, les mâles de nombreuses espèces de saumons subissent des changements physiques drastiques. La couleur de leur livrée se ravive, des taches apparaissent. Certaines espèces développent une bosse sur le dos et une mâchoire inférieure crochue. Ces saumons roses du Pacifique remontent un torrent d'Alaska, aux États-Unis.

Esox lucius

Brochet commun

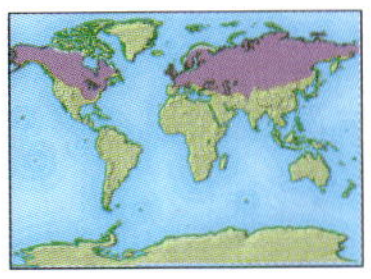

Q : Grand brochet du Nord
Longueur Jusqu'à 1,30 m
Poids Jusqu'à 34 kg
Sexe Mâle/Femelle
Statut Commun
Répartition Amérique du Nord, Europe, Asie

Cet impressionnant prédateur est l'un des rares poissons d'eau douce répandus dans tout l'hémisphère Nord, à l'exception des régions voisines de l'Arctique. Sa robe verte rayée de clair lui fournit un bon camouflage. Comme son proche parent le maskinonge (ci-dessous), il a une longue tête aplatie dont le museau se prolonge en une sorte de bec, une queue légèrement fourchue et une unique nageoire dorsale. Les brochets fraient dès la fonte des neiges, durant la journée. Initialement en couple, il arrive que le mâle ou la femelle prennent un nouveau partenaire. Pendant la cour, le mâle tâte la tête et les nageoires pectorales de la femelle avec son museau. La femelle grandit plus vite et devient plus grosse que le mâle.

UN CHASSEUR DISCRET
Placée à l'arrière de son corps, l'unique nageoire dorsale du brochet le rend très rapide à l'accélération, lui permettant de capturer sa proie sans faire de rides à la surface de l'eau.

À L'AFFÛT

Son camouflage permet au brochet de se dissimuler dans les herbiers, attendant qu'une proie passe à sa portée. Il se nourrit d'autres poissons, mais également d'insectes, de grenouilles et d'écrevisses. À l'occasion, il ne dédaigne pas les campagnols et les jeunes oiseaux aquatiques.

Esox masquinongy

Maskinonge

Longueur Jusqu'à 1,80 m
Poids Jusqu'à 45 kg
Sexe Mâle/Femelle
Statut Commun localement
Répartition E. Amérique du Nord

Réputé pour se débattre avec violence lorsqu'il est pris à l'hameçon, le maskinonge est le plus gros membre de la famille du brochet. Comme ses proches parents, il a une bouche démesurée qui se prolonge en bec et un corps très allongé qui lui permet, d'un mouvement brusque de la queue, d'accélérer vivement. Chassant à l'affût, il s'attaque à de grosses proies comme les rats musqués, qu'il saisit toujours par le flanc puis qu'il retourne de façon à les avaler la tête première. Le maskinonge se reproduit au printemps, dans la végétation, la femelle s'accouplant souvent à plusieurs mâles. Il apprécie les lacs et les rivières herbeuses, aux eaux plus chaudes que celles que fréquente le brochet, même si les deux espèces cohabitent parfois, allant jusqu'à s'hybrider. Chez l'hybride, un vigoureux poisson aux taches bien marquées, le mâle est stérile, la femelle, parfois fertile.

Plecoglossus altivelis

Ayu

Longueur Jusqu'à 70 cm
Poids Inconnu
Sexe Mâle/Femelle
Statut Commun
Répartition O. Pacifique Nord, E. Asie

L'ayu a un corps aplati doté d'une grande nageoire dorsale et d'une queue fourchue. Végétarien, il se nourrit d'algues accrochées aux rochers qu'il racle au moyen de dents modifiées. Des reins spécialisés lui permettent de passer de l'eau de mer à l'eau douce sans être affecté par les variations de salinité. Au printemps, les jeunes forment des bancs dans l'embouchure des fleuves qu'ils remontent pour trouver leur nourriture.

Opisthoproctus soleatus

Opisthoprocte

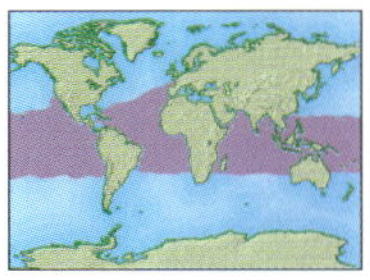

Longueur Jusqu'à 10,5 cm
Poids Inconnu
Sexe Mâle/Femelle
Statut Commun localement
Répartition Eaux tropicales et subtropicales du monde entier

Ce petit poisson doit son nom à des mots grecs signifiant « en arrière » : en effet, sa région anale porte des organes qui renferment une bactérie génératrice de lumière. Une lentille amplifie cette lumière, qui est ensuite réfléchie par un ventre plat recouvert d'écailles particulières. La lumière diffuse se fond avec la faible lueur venue de la surface, rendant l'opisthoprocte pratiquement invisible de dessous. Il est également caractérisé par ses yeux tubulaires, dirigés vers le haut, une adaptation qui lui permet de repérer facilement les proies qui passent au-dessus de lui. Comme chez tous les Opisthoproctidae, les nageoires, excepté les nageoires pectorales, sont implantées à proximité de la queue. Sa face dorsale est sombre, son ventre, argenté. Il vit à des profondeurs de 800 m.

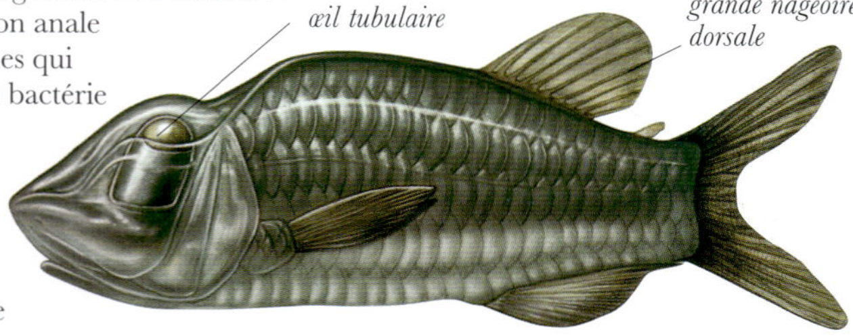

Dolichopteryx binocularis

Dolichopteryx

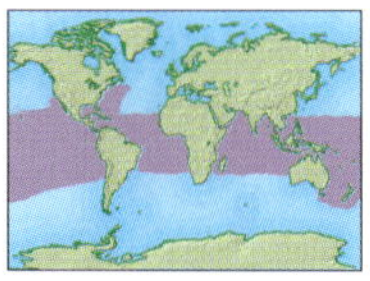

Longueur Au moins 8,5 cm
Poids Inconnu
Sexe Mâle/Femelle
Statut Non évalué
Répartition Eaux tropicales et subtropicales du monde entier, O. Atlantique Nord

Ce poisson à la forme étrange fait partie des quinze espèces d'Opisthoproctidae. Il se distingue de ses proches parents par ses longues nageoires pectorales ressemblant à une membrane fibreuse, qui mesurent la moitié de la longueur de son corps. Mais il se caractérise surtout par la curieuse anatomie de ses yeux. De forme tubulaire, ils sont dirigés vers le haut, en oblique, ressemblant à une paire de lunettes. La lumière dirigée sur les côtés de l'œil est peu visible : placé sur le côté de chaque œil, un deuxième œil, complet, fait de ce poisson la seule espèce à quatre yeux. Comme de nombreux poissons des profondeurs, il est très fragile et peu résistant hors de son milieu.

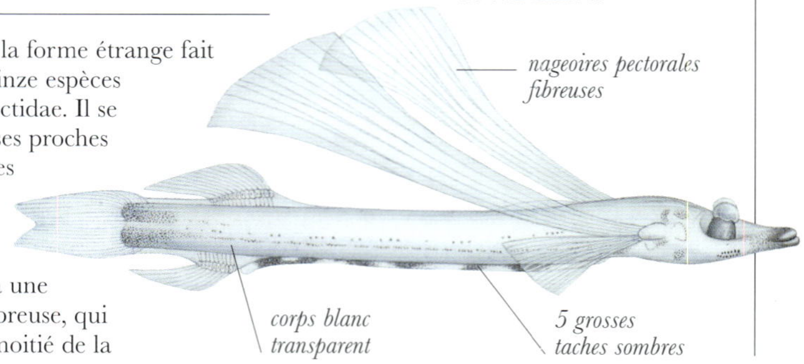

Platytroctes apus

Platytroctes

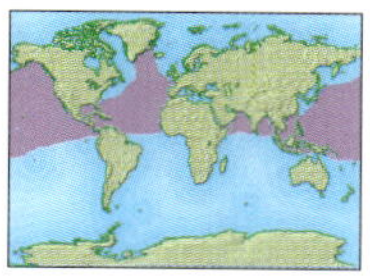

Longueur Jusqu'à 18 cm
Poids Inconnu
Sexe Mâle/Femelle

Statut Non évalué

Répartition Pacifique Nord, Atlantique Nord, N. océan Indien

Ce poisson appartient à la famille des Platytroctidae, qui renferme dix-sept espèces caractérisées par la présence d'un organe lumineux au-dessus de la nageoire pectorale, sécrétant un liquide luminescent. Le liquide forme un nuage lumineux verdâtre dans l'eau, ce qui aide probablement le poisson à distraire ses prédateurs afin de leur échapper. Il se nourrit de plancton, utilisant sans doute ses branchiospines pour l'extraire de l'eau de mer.

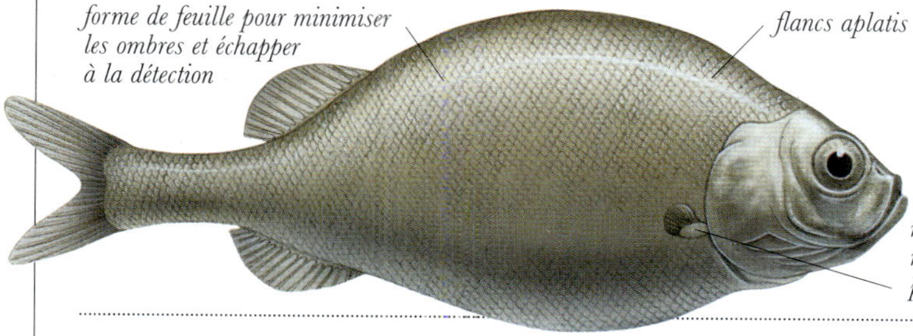

Coregonus artedi

Cisco

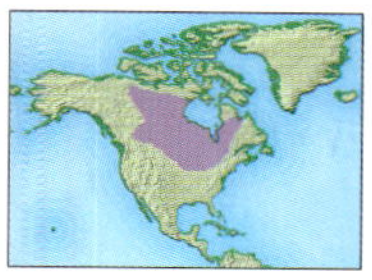

Q : Cisco de lac
Longueur Jusqu'à 57 cm
Poids Jusqu'à 3,5 kg
Sexe Mâle/Femelle

Statut Commun localement

Répartition N. Amérique du Nord

Essentiellement poisson d'eau douce, le cisco fréquente parfois les eaux saumâtres et salées. Il se regroupe en bancs importants qui se déplacent à des profondeurs variant selon les saisons. S'il consomme surtout du plancton, il accepte toutes sortes d'aliments. La fraie a lieu en automne, en fonction de la température de l'eau. Le mâle a généralement une taille inférieure à celle de la femelle et, durant la période de reproduction, il développe des petites protubérances (tubercules de fraie) qui stimulent la femelle pour la ponte.

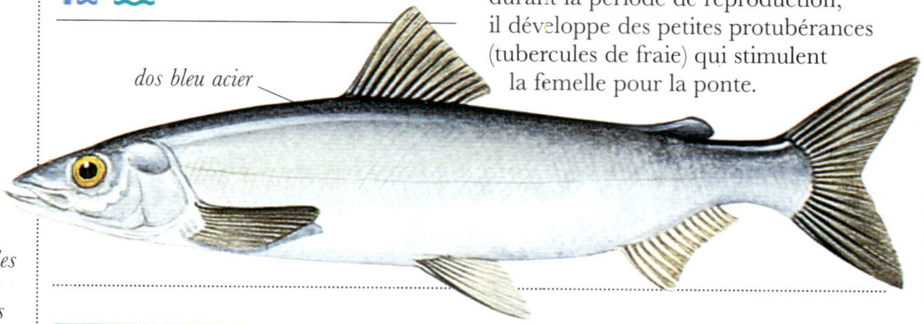

Mallotus villosus

Capelan de Terre-Neuve

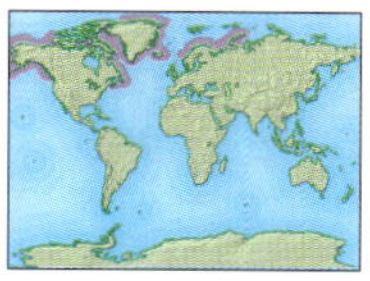

Longueur Jusqu'à 20 cm
Poids Jusqu'à 40 g
Sexe Mâle/Femelle

Statut Commun localement

Répartition Pacifique Nord, Atlantique Nord, océan Arctique

Le capelan vit et se reproduit en mer, formant des bancs importants qui fournissent de la nourriture aux oiseaux de mer, phoques, dauphins et baleines. Les années où la population du capelan est en baisse, des colonies entières d'oiseaux de mer ne se reproduisent pas. Ce poisson a un corps mince, à mâchoire inférieure protubérante.

Son dos est vert olive, ses flancs et son ventre portent des reflets argentés. Il présente une grosse nageoire adipeuse, une des caractéristiques du saumon et des espèces proches. Bien qu'il se nourrisse essentiellement de zooplancton, il apprécie également les vers et les poissons. À l'époque de la reproduction, le mâle se reconnaît à la base gonflée de sa nageoire anale ainsi qu'à la bande veloutée d'écailles modifiées (villi) qui pare ses flancs. Pendant la cour, le mâle stimule la femelle en la caressant avec ses villi. Le capelan migre dans les eaux littorales pour se reproduire sur les plages, où la femelle pond jusqu'à 60 000 œufs, à marée haute. Ces œufs sont ensuite enterrés dans le sable et donc exposés à l'action des vagues. Le capelan constitue une importante source de nourriture pour les populations indigènes de l'Alaska et du Canada.

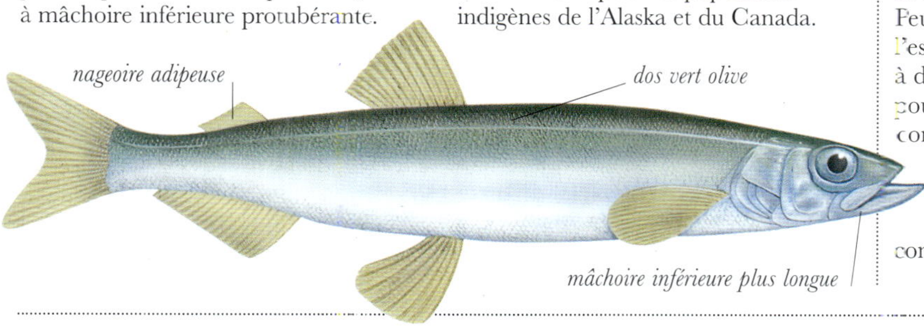

Thaleichthys pacificus

Eulachon

Q : Eulakane
Longueur Jusqu'à 23 cm
Poids Jusqu'à 60 g Δ
Sexe Mâle/Femelle

Statut Commun

Répartition E. Pacifique Nord, O. Amérique du Nord

L'eulachon fait partie de la famille des éperlans, un groupe de poissons argentés au corps effilé auquel appartiennent également les capelans (à gauche). Comme le capelan, l'eulachon a un long corps et une mâchoire inférieure surbaissée, mais son dos est bleu ou brun bleuté. Les adultes vivent en mer, se nourrissant de plancton. Cependant, ils remontent les fleuves pour frayer. Peu survivent à la fraie, ce qui limite l'espérance de vie de ce poisson à deux à quatre ans. Apprécié pour la pêche sportive, l'eulachon constitue également une source de nourriture. Son corps renferme 15 % d'huile. Les Indiens d'Amérique faisaient jadis le commerce de cette huile.

Thymallus thymallus

Ombre

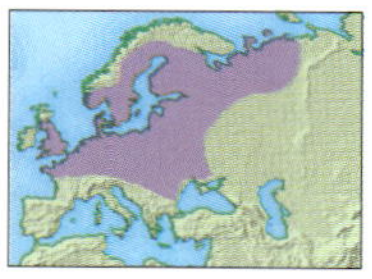

Longueur Jusqu'à 60 cm
Poids Jusqu'à 6,5 kg
Sexe Mâle/Femelle

Statut LR

Répartition O., C. et N. Europe

Ce poisson d'eau douce de la famille des saumons habite les lacs froids et les cours d'eau rapides où il se nourrit d'insectes, de petits vers et de crustacés. Le mâle enroule sa longue nageoire dorsale sur le dos de la femelle pendant la ponte. Très sensible à la pollution, l'ombre est un bon indicateur de la pureté d'une rivière : en cas de salissement, il est l'un des premiers poissons à disparaître.

Stenodus leucichthys

Inconnu

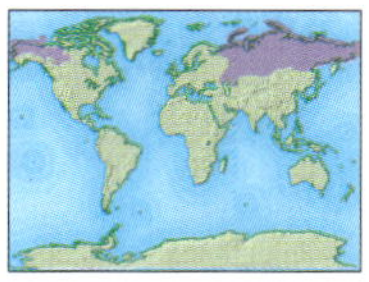

Longueur Au moins 1,50 m
Poids 28–40 kg
Sexe Mâle/Femelle

Statut EN

Répartition Pacifique Nord, N.-O. Amérique du Nord, E. Europe à N.-E. Asie

Ce gros poisson fait partie de la famille du saumon ; il a une longue tête étroite à grande bouche et dents menues. Jeune, il se nourrit de larves et de zooplancton et, adulte, essentiellement d'autres poissons. Les inconnus ont deux modes de vie : certains, par exemple ceux du Grand Lac des Esclaves, au Canada, sont des poissons d'eau douce qui ne quittent pas leur milieu pour frayer. Mais la plupart passent l'hiver dans les estuaires et les eaux saumâtres, et remontent les fleuves au printemps. À l'époque de la fraie, généralement au crépuscule, la femelle est accompagnée d'un ou deux mâles. Il semble que cette période revienne tous les trois ou quatre ans. Elle pond entre 130 000 et 400 000 œufs. Apprécié pour la pêche sportive, l'inconnu a une grande valeur commerciale au Canada, en Alaska et en Sibérie, où on le trouve en abondance.

Oncorhynchus nerka

Saumon nerka

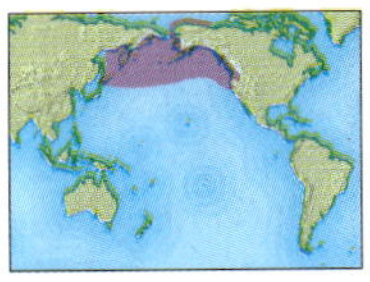

Longueur Jusqu'à 84 cm
Poids Jusqu'à 7 kg
Sexe Mâle/Femelle
Statut Commun localement

Répartition N.-E. Asie, N. Pacifique, N.-O. et O. Amérique du Nord

Appelé aussi saumon rouge, le saumon nerka subit une remarquable transformation physique à l'approche de la fraie. Jusque-là, mâles et femelles ont une tête bleu acier, le dos et les flancs argentés. Mais, entre juin et septembre, lorsqu'ils remontent les cours d'eau, leur tête prend une coloration verte, et leur corps devient rouge vif. De tous les poissons de l'océan Pacifique, le saumon nerka est le seul à avoir besoin d'un lac pour se reproduire, ce qui le rend dépendant des fleuves dont le bassin hydrographique en comporte. La variété d'eau douce du saumon nerka, le kokanee, pèse environ 1/6 du poids de son proche parent.

SAUTER LES RAPIDES
La détermination du saumon nerka à rejoindre son lieu de naissance pour se reproduire se manifeste par sa façon intrépide de franchir les rapides.

SIGNES DISTINCTIFS
Le saumon nerka a un corps hydrodynamique et un museau conique. Il se distingue des autres espèces de saumons par sa nageoire dorsale dépourvue de marques distinctes, ainsi que par des modifications de couleur à l'occasion de la fraie.

MARÉE CRAMOISIE
La remontée annuelle de millions de saumons est un spectacle populaire : des plates-formes élevées en travers des cours d'eau qu'ils empruntent accueillent les spectateurs.

LA FRAIE

Le saumon nerka regagne généralement son torrent natal quatre ans après sa naissance pour y frayer, puis mourir. Un dernier voyage qui peut s'étendre sur plus de 1 500 km.

UNE VIE NOUVELLE
Lorsqu'elle a trouvé l'emplacement adéquat, la femelle creuse un nid dans le fond du cours d'eau et pond jusqu'à 4 300 œufs d'un rose brillant, qui seront fécondés par le mâle.

MENU FRETIN
Lorsque les tacons, ou jeunes saumons, sortent du gravier, ils entament leur premier voyage vers un lac voisin. Un an plus tard – on les appelle smolts –, ils gagnent la mer.

CIMETIÈRE DE SAUMONS
Après la reproduction, le saumon meurt, et son corps repose sensiblement à l'endroit même où il a vu le jour.

LE RETOUR
Le saumon nerka est un poisson anadrome : il quitte le milieu marin pour frayer en eau douce. Lorsque mâles et femelles remontent vers le torrent natal, leur corps devient rouge, et leur tête, verte. Une bosse apparaît sur le dos du mâle, et son museau se recourbe.

Salmo salar

Saumon de l'Atlantique

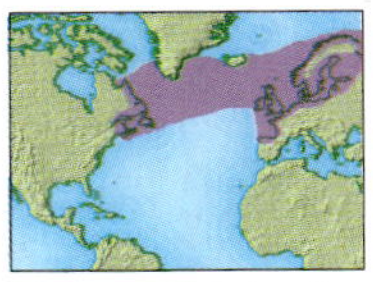

Longueur Jusqu'à 1,50 m
Poids Jusqu'à 45 kg
Sexe Mâle/Femelle

Statut Commun localement

Répartition N.-E. Amérique du Nord, O. et N. Europe, Atlantique Nord

L'un des poissons les plus appréciés pour la pêche sportive, le saumon de l'Atlantique est également élevé pour sa chair. À leur éclosion, les jeunes saumons sauvages sont appelés tacons. Ils voient le jour dans des frayères creusées dans le gravier du lit des torrents. Les saumoneaux se nourrissent de larves d'insectes et autres petites proies. Après avoir passé de un à quatre ans en eau douce, ils entament leur migration vers l'océan. En milieu marin, ils se parent de reflets argentés et errent dans l'Atlantique Nord pendant quatre ans, se nourrissant d'autres poissons. À la fin de cette période, leur maturité sexuelle atteinte, ils remontent le cours d'eau qui les a vus naître pour y frayer. Comme tous ses congénères, le saumon de l'Atlantique est un puissant nageur, capable d'accomplir des bonds prodigieux pour franchir les obstacles qu'il rencontre. En pénétrant en eau douce, il cesse de s'alimenter, vivant sur ses réserves. Les mâchoires du mâle se transforment en crochets, la femelle creuse la frayère par de vigoureux mouvements de queue dans les graviers et pond. Les œufs sont ensuite fécondés par la laitance du mâle, qui se trouve à proximité. Contrairement aux autres espèces de saumons, chez le saumon de l'Atlantique, un grand nombre d'adultes survivent à la fraie. Très affaiblis, ils se laissent dériver jusqu'à la mer où ils récupèrent avant de revenir, en général l'année suivante, pour une deuxième fraie.

PREMIERS JOURS
À l'âge de neuf mois, le saumoneau de l'Atlantique est appelé parr. À ce stade, il mesure environ 15 cm de long, et son corps se couvre de taches noires.

PRÊT À SE REPRODUIRE
Lorsqu'il remonte les torrents, le saumon de l'Atlantique est argenté, avec un dos bleu foncé et des taches noires sur les flancs. Sa queue puissante lui permet d'effectuer des bonds pour franchir les obstacles et atteindre la zone de fraie.

Oncorhynchus gorbuscha

Saumon bossu

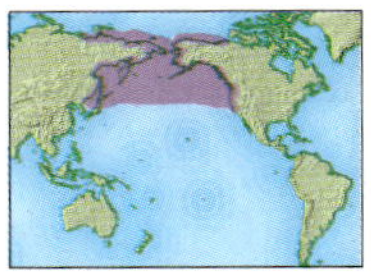

Q : Saumon rose
Longueur Jusqu'à 76 cm
Poids Jusqu'à 6,5 kg
Sexe Mâle/Femelle

Statut Commun

Répartition N.-E. Asie, Pacifique Nord, O. Amérique du Nord

Le saumon bossu passe très peu de temps en eau douce, migrant peu après l'éclosion pour parcourir plus de 1 000 km jusqu'à la mer. Ses flancs perdent leur éclat métallique bleu-vert pour devenir vert olive ou jaunes, avec des touches de rouge ou de rose, à l'approche de la maturité sexuelle. Le mâle acquiert une bosse dorsale et de longues mâchoires crochues. La durée de vie du saumon bossu est de deux ans : les individus nés les années paires et les individus nés les années impaires ne fraient donc pas entre eux.

Salvelinus alpinus

Omble chevalier

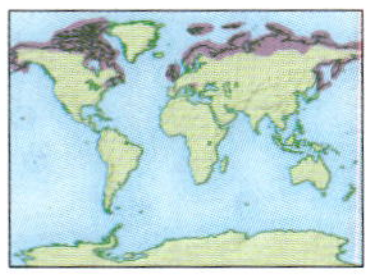

Longueur Jusqu'à 96 cm
Poids Jusqu'à 12 kg
Sexe Mâle/Femelle

Statut Commun localement

Répartition N. Amérique du Nord, N. Europe, N. Asie, océan Arctique

L'omble chevalier est le poisson d'eau douce le plus nordique. On le rencontre aussi bien dans les lacs de la toundra arctique, où il fraie en automne, que dans les eaux des montagnes situées plus au sud, où il se reproduit en hiver. Sa coloration varie en fonction de ses habitudes de reproduction : les adultes qui gagnent la mer prennent une couleur vive à l'approche de la fraie, tandis que les spécimens confinés dans un lac ont les flancs colorés tout le long de l'année. Au Canada et en Scandinavie, l'omble chevalier est très populaire chez les amateurs de pêche sportive.

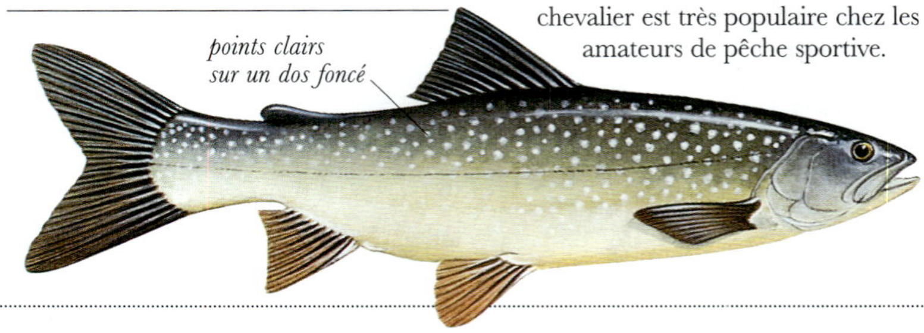

Oncorhynchus mykiss

Truite arc-en-ciel

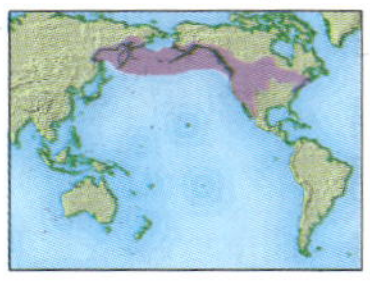

Longueur Jusqu'à 1,20 m
Poids Jusqu'à 24 kg
Sexe Mâle/Femelle

Statut Commune

Répartition N.-E. Asie, Pacifique Nord, Amérique du Nord

Apparentée au saumon, la truite arc-en-ciel est l'un des poissons d'eau douce les plus répandus. Originaire des rivières et des lacs des montagnes Rocheuses, elle a été introduite dans toute l'Amérique du Nord et jusque dans des pays aussi éloignés que l'Europe ou la Nouvelle-Zélande, dont elle apprécie les eaux fraîches et bien oxygénées. De même que ses alliés, la truite arc-en-ciel est un prédateur qui se nourrit d'insectes, d'escargots et de crustacés et, à l'état adulte, d'autres poissons. Si elle s'alimente surtout au fond, elle gagne la surface pour prendre des insectes au vol, habitude exploitée par les pêcheurs qui utilisent des mouches artificielles. Les truites arc-en-ciel introduites passent généralement leur vie en eau douce mais, dans leur milieu naturel, certains adultes séjournent en mer et remontent les cours d'eau pour se reproduire. Ces derniers, appelés «steelhead» en Amérique du Nord, grandissent rapidement, ont une longévité supérieure et sont plus féconds.

AQUACULTURE DE LA TRUITE

Dans de nombreuses régions tempérées, la truite arc-en-ciel passe sa vie en captivité. Elle est élevée en aquaculture pour la qualité de sa chair et, de plus en plus, pour la pêche sportive : les poissons sont lâchés dans les lacs pour la pêche à la ligne. Ils sont nourris avec des aliments riches en protéines qui leur permettent de grossir plus rapidement que dans leur milieu naturel.

COULEURS ARC-EN-CIEL
La truite arc-en-ciel d'eau douce doit son nom à la bande colorée (du rouge vif au rose chez le mâle) qui orne ses flancs. Son dos est brun, et son ventre, blanc ou jaunâtre. Les mâles reproducteurs acquièrent des bandes rouge vif ou roses sur les flancs.

Dallia pectoralis

Poisson noir de l'Alaska

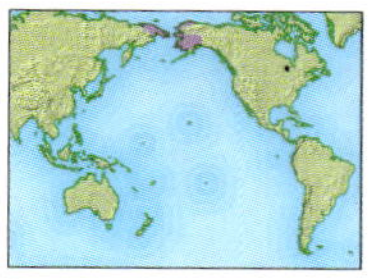

Q : Dallia
Longueur Jusqu'à 33 cm
Poids Jusqu'à 375 g
Sexe Mâle/Femelle

Statut Commun localement

Répartition N.-E. Asie, N.-O. Amérique du Nord

Ce poisson appartient à la famille des Umbridae (ou Dallidae), capables de survivre dans des eaux très froides. Pouvant respirer l'air atmosphérique, les Umbridae se rassemblent parfois dans des eaux stagnantes. Le poisson noir de l'Alaska a un corps mince aux nageoires arrondies, un museau aplati et une grande bouche à mandibule saillante. Sa livrée est vert sombre ou mouchetée de brun. À l'approche de la fraie, le mâle acquiert une coloration rouge sur le bord de ses nageoires. Ce poisson peu rapide se nourrit de larves d'insectes et d'escargots, ainsi que de petits poissons qu'il chasse à l'affût. Très répandus dans la mer de Béring, les poissons noirs de l'Alaska se rassemblent en bancs, sous la glace, où ils survivent pendant l'hiver. Au printemps, ils rejoignent les eaux peu profondes. Autrefois donné en pâture aux chiens, ce poisson constitue une source de nourriture locale.

Argentina silus

Grande argentine

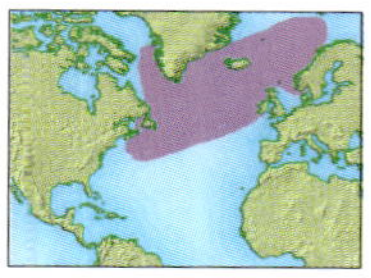

Longueur Jusqu'à 60 cm
Poids Jusqu'à 450 g
Sexe Mâle/Femelle

Statut Commune

Répartition Atlantique Nord, océan Arctique

Les argentines sont des poissons pélagiques au corps élancé équipé de grands yeux et de grosses écailles munies de minuscules épines. La grande argentine a un dos vert olive, un ventre blanc et des flancs argentés aux éclats dorés. Elle se nourrit de crustacés, de calmars, de méduses et de petits poissons, utilisant ses gros yeux pour débusquer ses proies dans la faible lumière venue de la surface, à des profondeurs qui peuvent atteindre plusieurs centaines de mètres. Se déplaçant en bancs, elle est capable de fuir très vite afin d'échapper à un gros poisson. La femelle pond à des profondeurs moyennes, et les œufs flottent au gré des courants. Après l'éclosion, les jeunes gagnent les eaux de surface. La grande argentine est appréciée pour sa chair en Europe, au Japon et en Russie.

Argyropelecus affinis

Hache d'argent

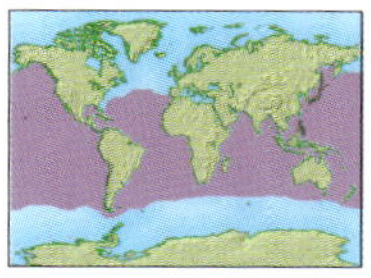

Q : Hache d'argent de Garman
Longueur Jusqu'à 7 cm
Poids Inconnu
Sexe Mâle/Femelle

Statut Commun

Répartition Eaux tropicales, subtropicales et tempérées du monde entier

De même que le poisson-hachette d'eau douce, ce poisson doit son nom à sa forme, qui rappelle celle d'une hache minuscule. Des photophores orientés vers le bas le rendent pratiquement invisible dans l'eau. En effet, la lumière qu'ils émettent ressemble à celle qui provient de la surface : un prédateur qui nage plus bas la confond donc avec elle. De plus, ces photophores clignotent, ce qui a sans doute pour effet d'effrayer les prédateurs, mais constitue également un moyen de communication. Les haches d'argent se nourrissent essentiellement d'invertébrés, rarement d'autres poissons. Leur gueule béante aspire la nourriture, une adaptation destinée à la vie en milieu pauvre. La nuit, ils remontent vers la surface pour chasser, puis regagnent les profondeurs pour la journée. On compte une quarantaine d'espèces, qui diffèrent par des détails de forme, ainsi que par la répartition de leurs photophores.

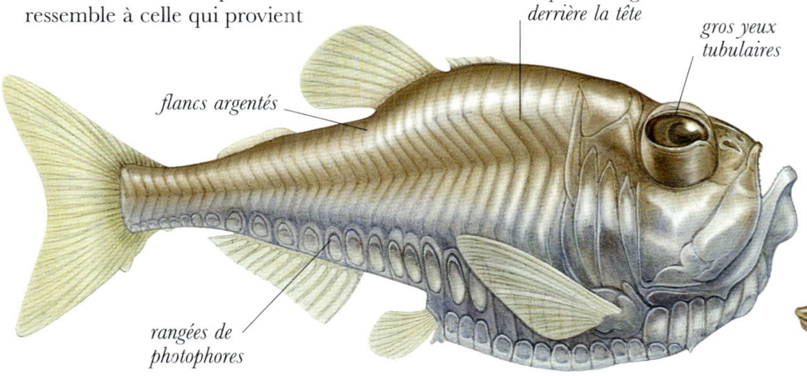

Alepocephalus rostratus

Caussinié

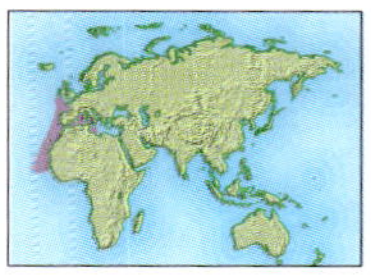

Longueur Jusqu'à 47 cm
Poids Jusqu'à 825 g
Sexe Mâle/Femelle

Statut Non évalué

Répartition E. Atlantique Nord, Méditerranée

Le caussinié est un poisson de taille moyenne qui fréquente les profondeurs. On compte une trentaine d'espèces d'alépocéphales vivant dans les eaux tempérées et tropicales du monde entier. Comme tous les Alepocephalidae, le caussinié présente un long corps comprimé et des nageoires dorsale et anale situées très en arrière, qui accentuent sa forme élancée. Gris ou brun foncé, ce poisson a une tête visqueuse, dépourvue d'écailles, tandis que le reste de son corps porte des écailles lisses de taille moyenne. Ce prédateur chasse à l'affût, happant ses proies, invertébrés et crustacés du fond de l'océan ou de pleine mer.

Lepidogalaxias salamandroides

Poisson-salamandre

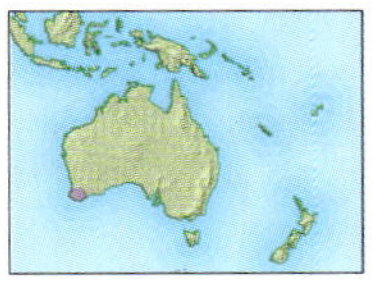

Longueur Jusqu'à 6 cm
Poids Jusqu'à 25 g
Sexe Mâle/Femelle

Statut VU

Répartition S.-O. Australie

En 1961 était découvert un minuscule poisson brun argenté vivant dans les marais tourbeux de l'Ouest australien. Il constitue un exemple remarquable d'adaptation à un habitat particulier, en l'occurrence une eau douce, mais très acide. L'été, lorsque les mares sont asséchées, le poisson-salamandre survit en s'enfouissant dans le fond, jusqu'à 60 cm de profondeur. Sa colonne vertébrale, d'une grande souplesse, lui permet de s'enfoncer facilement dans le sable humide. Puis il hiberne pendant cinq mois en respirant par la peau. Les yeux sont fixes dans les orbites, car ils sont dépourvus de muscles oculaires externes, mais les poissons-salamandres peuvent recourber leur « cou » pour voir alentours. La fécondation de la femelle est interne. Chaque femelle pond plus de 100 œufs. L'espérance de vie de ce poisson dépasse rarement une année. Il se nourrit de larves et d'insectes aquatiques.

Galaxias maculatus

Galaxias commun

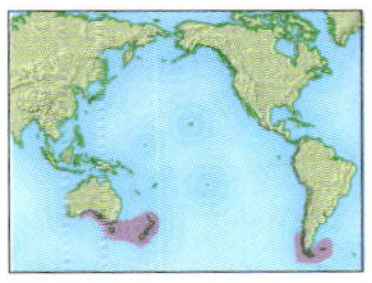

Longueur Jusqu'à 20 cm
Poids Inconnu
Sexe Mâle/Femelle

Statut Non évalué

Répartition S. Australie, Nouvelle-Zélande, Pacifique Sud, S. Atlantique, S. Amérique du Sud

Très répandu dans l'hémisphère Sud, ce poisson a un corps élancé, cylindrique, de couleur gris olive à ambre sur le dessus, une tête pointue, des nageoires dorsale et anale près de la queue. Il manifeste une grande tolérance aux variations brutales de salinité, ayant un cycle de vie divisé en périodes marines et périodes en eaux douces. Le galaxias commun dépose ses œufs sur les plantes des estuaires, où ils éclosent lors des grandes marées. Les larves passent plus de sept mois en mer avant de gagner les eaux douces pour atteindre l'âge adulte.

Poissons-dragons et alliés

PHYLUM	Cordés
CLASSE	Ostéichtyens
SOUS-CLASSE	Actinoptérygiens
SUPERORDRE	Sténoptérygiens
ORDRE	1 (Stomiiformes)
FAMILLES	4
ESPÈCES	Env. 250

Les poissons-dragons et alliés sont des prédateurs que l'on appelle généralement poissons abyssaux. Leur morphologie résulte d'adaptations destinées à la capture des proies : énormes mâchoires flexibles armées de dents acérées, leurres lumineux et organes luminescents appelés photophores. Ce groupe comprend également les Gonostomatidae, les chauliodes, les poissons-vipères et les dragons-saumons. Même si leur nom reflète leur extrême férocité, il s'agit en fait de petits poissons qui chassent poissons et invertébrés des grands fonds. Ils fréquentent tous les océans, mais leur répartition est généralement discontinue.

Anatomie

La plupart des poissons de ce groupe ont un corps allongé et une tête relativement volumineuse. Leurs mâchoires modifiées peuvent s'ouvrir très largement. Ainsi, la bouche des malacosteus, ou dragues, est dépourvue de plancher. La tête des chauliodes est munie d'une articulation supplémentaire permettant une large ouverture de la bouche. Lorsque la mâchoire s'ouvre, des organes comme le cœur et les branchies sont chassés en arrière ou au-dessous, de façon à laisser passer la nourriture dans l'œsophage. De plus, leurs nombreuses dents en aiguille sont précieuses pour saisir et maintenir les proies. À l'exception du poisson-vipère de Sloane, les poissons de ce groupe ont un corps sans écailles, noir ou brun, qui se confond avec les eaux sombres qu'ils habitent. Cependant, certaines espèces sont argentées, voire transparentes. La majorité des poissons-dragons possèdent des organes lumineux appelés photophores. Ils partagent cette singularité avec les poissons-lanternes (voir p. 501), chez qui ces organes sont moins gros et moins nombreux. Ils sont généralement disposés de chaque côté du corps et à proximité des yeux. Tous reliés à une liaison nerveuse, ils ont la forme d'un bouton. La lumière est réfléchie par un support argenté et focalisée par l'écaille épaisse en forme de lentille qui la recouvre. Elle brille en continu ou par intermittence. Les espèces des grands fonds (plus de 300 m) sont généralement munies de photophores à la fois moins nombreux et moins lumineux, produisant une lumière semblable à celle qui vient de la surface : ainsi, les photophores cachent le poisson aux prédateurs nageant plus bas. Presque toutes les espèces sont pourvues d'un organe lumineux situé à l'extrémité d'un barbillon ou un rayon natatoire spécifique faisant office de leurre afin d'attirer une proie à proximité de la bouche.

SE NOURRIR
Les poissons-dragons, tel ce dragon noir, sont d'impressionnants prédateurs qui chassent en général près de la surface la nuit et gagnent les grandes profondeurs durant le jour. Leur corps est éclairé par des photophores.

Chauliodus sloani

Poisson-vipère de Sloane

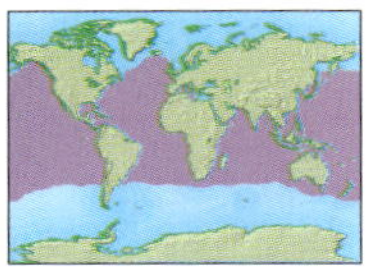

Q : Chauliode de Sloane
Longueur Jusqu'à 35 cm
Poids Jusqu'à 30 g
Sexe Mâle/Femelle

Statut Commun

Répartition Eaux tropicales, subtropicales et tempérées du monde entier

Ce poisson des grands fonds a un corps effilé, noir bleuâtre, une gueule démesurée et des crocs d'une longueur inhabituelle, en aiguille, qui restent en dehors de la bouche lorsque les mâchoires sont fermées. Sa nageoire dorsale se termine par un long filament servant de leurre. Le poisson-vipère de Sloane attire également ses proies grâce aux photophores présents le long de son ventre et de sa gueule. C'est l'une des six espèces de poissons-vipères que l'on rencontre dans les grands fonds de tous les océans.

Idiacanthus antrostomus

Dragon noir

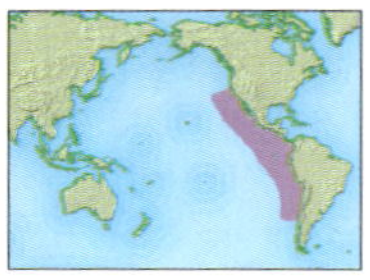

Q : Idiacanthe
Longueur Femelle jusqu'à 38 cm
Poids Jusqu'à 55 g
Sexe Mâle/Femelle

Répartition E. Pacifique

Statut Non évalué

Ce curieux poisson des grands fonds marins, au corps serpentiforme noir, possède de grandes dents qui peuvent pivoter afin de permettre à l'animal d'ouvrir et de fermer sa bouche. Les femelles sont quatre fois plus longues que les mâles. Un barbillon mobile et luminescent, partant de la mâchoire inférieure, fait office de leurre. Des photophores garnissent ses flancs et son ventre. Il se nourrit, la nuit, en remontant près de la surface pour capturer petits poissons et crustacés. Les larves sont remarquables par leurs yeux situés à l'extrémité de longs pédoncules, et leurs intestins qui s'étendent au-delà de la queue.

Malacosteus niger

Drague

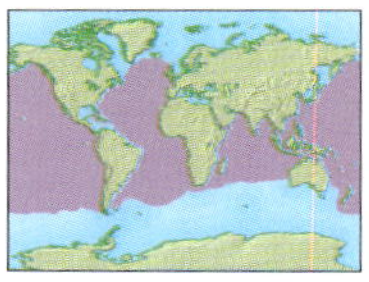

Q : Drague à godet
Longueur Jusqu'à 24 cm
Poids Inconnu
Sexe Mâle/Femelle

Statut Non évalué

Répartition Eaux tropicales, subtropicales et tempérées du monde entier

Le drague à godet se caractérise par une absence de membranes rejoignant les mâchoires et la langue, ce qui l'aide probablement à saisir sa proie d'un mouvement brusque. Sa tête peut pivoter, ses mâchoires, s'écarter, permettant à l'animal de s'attaquer à des animaux (poissons ou crustacés) plus gros que lui. Poisson abyssal, il gagne la surface, la nuit, pour se nourrir. Alors que d'autres espèces de cette famille possèdent des photophores disposés en ligne le long du corps, chez le drague, ils sont regroupés autour de la bouche.

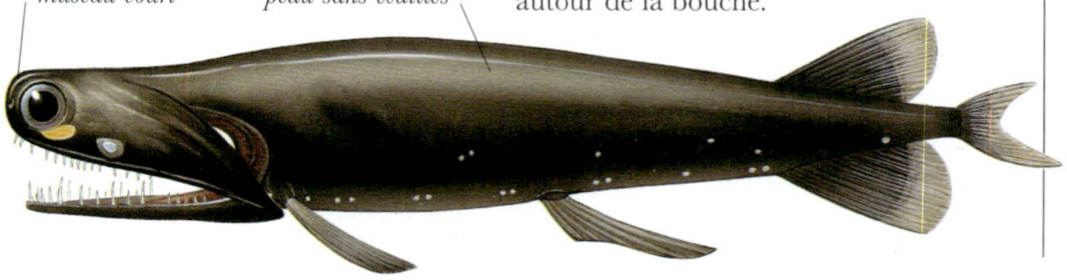

Poissons-lanternes et alliés

PHYLUM	Cordés
CLASSE	Ostéichtyens
SOUS-CLASSE	Actinoptérygiens
SUPERORDRE	Scolépomorphes
ORDRES	2
FAMILLES	16
ESPÈCES	Env. 470

Les poissons-lanternes partagent avec les poissons-dragons (voir p. 500) la capacité d'émettre de la lumière grâce à des organes, les photophores, qu'ils portent sur la tête et le corps. Ces petits poissons des profondeurs marines se déplacent en immenses bancs serrés ; ils constituent un élément vital de l'écosystème des fonds océaniques en fournissant leur nourriture à de nombreux poissons, mammifères marins et oiseaux de mer. Ils sont largement distribués dans les eaux moyennes des profondeurs du plateau continental. Les alliés comprennent les alépisaurus, les poissons-tripodes et les poissons-lézards *(Synodus)*, qui utilisent leurs nageoires pour se reposer ou se déplacer sur le fond de la mer. On les rencontre à la fois dans les eaux côtières et dans les grands fonds.

Anatomie

Les poissons-lanternes et espèces proches possèdent de fines écailles – parfois argentées, ou pigmentées de couleurs sombres – qui se détachent généralement quand on les capture. Ils portent des photophores sur la tête, les flancs et le dessous du corps, émettant une lumière nuancée de vert ou de bleu. Leur disposition varie d'une espèce à l'autre, ce qui permet aux membres d'une espèce déterminée de rester groupés dans des eaux très peu éclairées. Les poissons-lanternes montent à la surface la nuit pour se nourrir de plancton, puis regagnent les profondeurs au lever du jour. De gros yeux et une bonne vue facilitent la détection des variations de luminosité et l'identification des photophores de leur propre groupe, dans des eaux sombres. Les espèces proches présentent de légères différences du point de vue de la morphologie et du comportement. La plupart sont dépourvues de photophores. L'alépisaurus féroce, au corps élancé, est un poisson des profondeurs muni d'une grande bouche armée de dents acérées. Il se nourrit d'autres poissons, dont le poisson-lanterne, en le suivant lors de ses migrations quotidiennes vers la surface. Les poissons-lézards sont des prédateurs des profondeurs, chassant à l'affût dans les zones côtières tropicales et tempérées. Ils ont de nombreuses dents pointues et se camouflent en adoptant la couleur et la texture des fonds marins. Les poissons-tripodes doivent leur nom à leur faculté de se reposer sur le fond en utilisant leurs trois longues nageoires. Ils habitent les fosses océaniques.

PRODUIRE DE LA LUMIÈRE
Les photophores ressemblent à de petits boutons brillants (ci-dessus, un poisson-lanterne à taches blanches). Chez le mâle et la femelle d'une même espèce, les photophores sont disposés de façon différente, ce qui leur permet de s'identifier.

Bathypterois grallator

Poisson-tripode

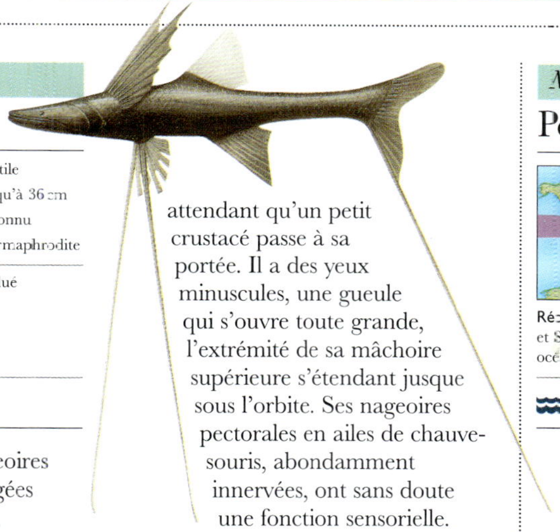

Q : Poisson-tactile
Longueur Jusqu'à 36 cm
Poids Inconnu
Sexe Hermaphrodite
Statut Non évalué

Répartition Atlantique, Méditerranée, océan Indien, O. Pacifique

Ce poisson se juche sur ses nageoires pelviennes et caudale très allongées pour se tenir au-dessus du fond, attendant qu'un petit crustacé passe à sa portée. Il a des yeux minuscules, une gueule qui s'ouvre toute grande, l'extrémité de sa mâchoire supérieure s'étendant jusque sous l'orbite. Ses nageoires pectorales en ailes de chauve-souris, abondamment innervées, ont sans doute une fonction sensorielle.

Myctophum asperum

Poisson-lanterne

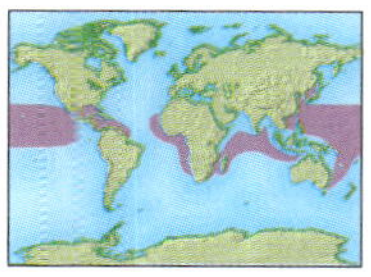

Q : Lanterne ponctuée
Longueur Jusqu'à 7 cm
Poids Inconnu
Sexe Mâle/Femelle
Statut Commun

Répartition Pacifique Nord et Sud, O. et E. Atlantique, océan Indien

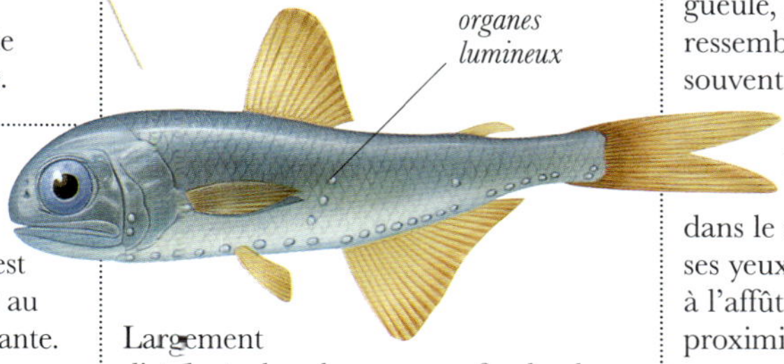

Largement distribués dans les mers profondes, les poissons-lanternes se nourrissent de zooplancton et sont à leur tour mangés par des oiseaux de mer, par les phoques et par de gros poissons tels les thons. Ils doivent leur nom aux photophores qu'ils portent sur la tête et le corps. La disposition de ces organes lumineux sert de base à l'identification des quelque 250 espèces que compte leur famille. Des organes lumineux plus gros, généralement situés près de la queue, permettent de dire s'il s'agit d'un mâle ou d'une femelle.

Synodus variegatus

Synodus bigarré

Longueur 25 – 35 cm
Poids Inconnu
Sexe Mâle/Femelle
Statut Commun

Répartition Pacifique, océan Indien

Avec son museau pointu et sa large gueule, le profil de ce poisson ressemble à celui d'un lézard. Il est souvent observé immobile sur le fond, appuyé sur ses nageoires pelviennes, la tête dressée comme un lézard, ou enfoui dans le sable, ne laissant dépasser que ses yeux. Le synodus bigarré chasse à l'affût les petits poissons passant à proximité. La livrée brune, orange ou rougeâtre de son corps fuselé lui offre un bon camouflage sur le fond océanique.

Alepisaurus ferox

Alépisaurus féroce

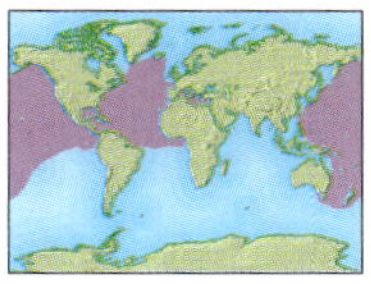

Q : Cavalo féroce
Longueur Jusqu'à 2,30 m
Poids 4,5 kg
Sexe Hermaphrodite
Statut Commun localement

Répartition Pacifique, Atlantique Nord, Méditerranée

Ce gros poisson abyssal a un corps fuselé, irisé, une queue profondément fourchue et une grande nageoire dorsale en forme de voile qui couvre les deux tiers de sa longueur. La fonction de cette nageoire est inconnue. Sa gueule est munie de dents pointues destinées au maintien des proies à la peau glissante. L'alépisaurus féroce est précieux pour les scientifiques, car il leur permet d'étudier les poissons des grands fonds, qu'ils retrouvent pratiquement intacts dans son estomac.

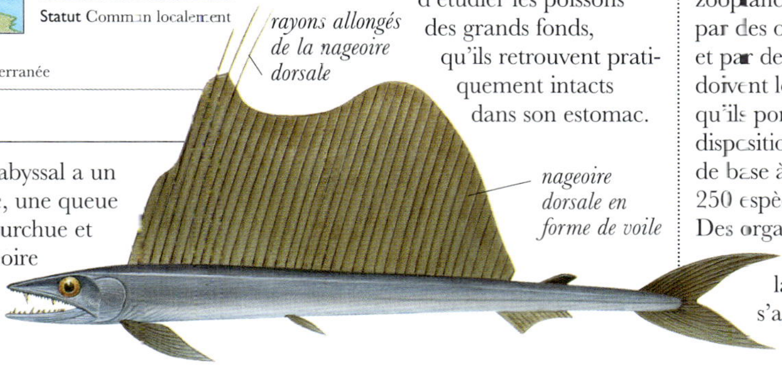

POISSONS

Morues et baudroies

PHYLUM	Cordés
CLASSE	Ostéichtyens
SOUS-CLASSE	Actinoptérygiens
SUPERORDRE	Protacanthoptérygiens
ORDRES	8
FAMILLES	46
ESPÈCES	Env. 1 260

Les morues constituent un maillon essentiel de l'écosystème marin, car elles sont à la fois des prédateurs et des proies pour de nombreuses autres espèces. Leurs proches parents comprennent les colins, les lieus jaunes et les grenadiers. Les baudroies sont des prédateurs benthiques munis d'un organe situé au-dessus de la tête, à l'extrémité d'une sorte d'antenne, qu'elles utilisent pour attirer leurs proies. Ce groupe comprend également les donzelles (dont les aurins et les bythites) et les perches-truites. À l'exception de ces dernières, il s'agit essentiellement de poissons marins. De nombreuses espèces vivent sur le fond, tandis que d'autres (morues, aiglefins et colins) forment d'énormes bancs.

Anatomie

Les morues et alliés se distinguent par leur long corps étroit. Leurs nageoires, maintenues par des rayons épineux relativement faibles, ont une disposition particulière : les ventrales sont placées très en avant, et la longue dorsale est parfois divisée en plusieurs parties. Les vraies morues possèdent de petites écailles allongées, une gueule qui s'ouvre verticalement pour happer les animaux vivant sur le fond de la mer, et un barbillon sensoriel sur la mâchoire inférieure. Les colins sont dotés d'une grande gueule munie de nombreuses dents acérées et d'écailles plus marquées que celles des morues. Ces prédateurs se déplacent en bancs, à la poursuite de petits poissons et d'invertébrés. Les grenadiers ont des écailles rugueuses, une grosse tête osseuse et un long corps fuselé qui se termine par une queue en filament (d'où leur nom de «rats»). Ces habitants des profondeurs fouillent le substrat à la recherche de petites proies.

Les baudroies ont généralement une couleur qui se confond avec le fond océanique. Ce sont des poissons peu actifs au corps massif portant une énorme tête fendue par une immense gueule. Le premier rayon de la nageoire dorsale a évolué pour former une «canne à pêche» garnie d'un leurre qui, chez les espèces des grands fonds, émet de la lumière.

Les donzelles sont des poissons au corps allongé, pourvus d'une petite tête et de nageoires dorsale et anale souvent soudées à la caudale. Elles se sont adaptées au milieu particulier des grottes sous-marines et des zones proches des volcans des fonds océaniques. Certaines espèces parasitent des invertébrés comme les mollusques et les concombres de mer (holothuries).

Les perches-truites doivent leur nom à leur première nageoire dorsale qui, avec ses épines, ressemble à celle des perches, et à leur nageoire adipeuse qui rappelle celle des truites. Leur distribution se restreint aux grottes calcaires du nord-est des États-Unis.

Cycle de vie

Chaque année, en hiver et au printemps, les morues migrent vers leurs lieux de fraie. Elles se reproduisent en grand nombre, une morue femelle pouvant pondre plusieurs millions d'œufs, ce qui en fait des poissons très importants pour l'alimentation des autres poissons, des mammifères marins, des oiseaux de mer et même des hommes. Récemment, une pêche intensive a décimé de nombreuses espèces, éliminant peut-être les morues de certaines de leurs aires de reproduction.

Certaines espèces de baudroies abyssales pourraient éprouver des difficultés pour trouver un partenaire dans l'obscurité des grands fonds, mais elles se reproduisent d'une façon originale : le mâle mord le corps d'une femelle beaucoup plus grosse que lui; leurs corps ainsi liés, les tissus des deux partenaires fusionnent. Le mâle est nourri par le sang de la femelle et libère le sperme nécessaire à la fécondation des œufs. Plusieurs mâles peuvent se fixer sur une même femelle.

SE NOURRIR
Pour se nourrir, les baudroies ont un comportement qui consomme le minimum d'énergie. Bien camouflées, elles attirent leurs proies près de leur bouche grâce à leur «filament pêcheur». Ensuite, elles ouvrent la bouche, créant un mouvement de succion. La bouche et l'estomac étant extensibles, elle peuvent engloutir de grosses proies tout entières.

Amblyopsis spelaea

Poisson aveugle

Longueur Jusqu'à 10,5 cm
Poids Inconnu
Sexe Mâle/Femelle
Statut VU

Répartition États-Unis (Kentucky, Indiana)

Comme la plupart des poissons cavernicoles, ce poisson possède une livrée de couleur pâle. Complètement aveugle, c'est la seule espèce possédant des restes de tissus oculaires sous la peau. Sa distribution se limite aux grottes calcaires situées entre le Kentucky et l'Indiana, soit une superficie qui ne dépasse pas 100 km^2. Il se nourrit de minuscules invertébrés qu'il détecte grâce aux papilles sensorielles situées sur sa tête et sur son corps.

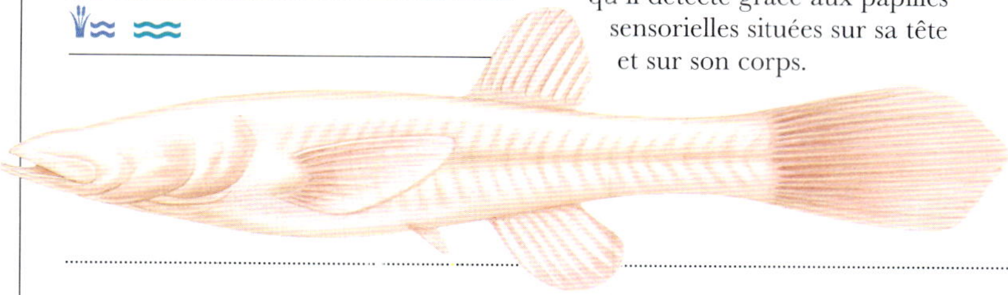

Carapus acus

Aurin

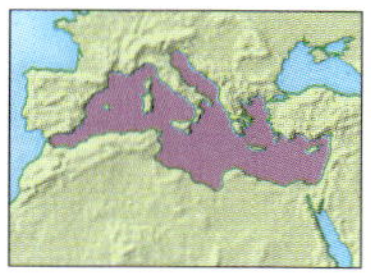

Longueur Jusqu'à 20 cm
Poids Inconnu
Sexe Mâle/Femelle
Statut Commun localement

Répartition Méditerranée

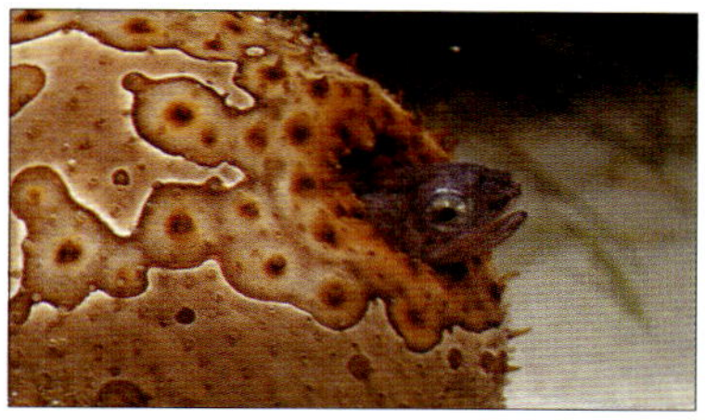

L'aurin et les espèces proches, au corps blanc argenté dépourvu d'écailles, vivent à l'intérieur de la cavité d'un concombre de mer (holothurie). Ils entrent par l'orifice anal de l'animal, la queue en avant, et en sortent la nuit, pour se nourrir d'autres animaux. Mais il arrive qu'ils consomment les organes internes de leur hôte, qu'ils parasitent complètement.

Lota lota

Lotte

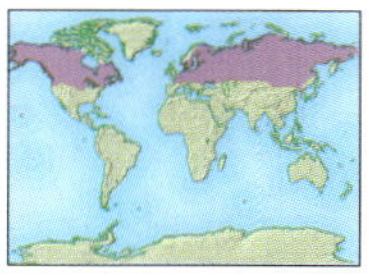

Longueur Jusqu'à 1,2 m
Poids Jusqu'à 34 kg
Sexe Mâle/Femelle
Statut Commune localement

Répartition N. Amérique du Nord, Europe, N. Asie

Ce long poisson élancé est le seul membre de la famille de la morue qui passe sa vie entière en eau douce. Généralement à dos verdâtre ou brun, avec des motifs plus sombres, la lotte a un ventre jaunâtre ou crème. Le jour, elle se cache sous des racines ou dans des anfractuosités rocheuses, et devient active le soir, chassant larves d'insectes, crustacés et poissons. Elle se reproduit en hiver et, ce qui est peu habituel chez les poissons, au milieu de la nuit, et souvent sous la glace.

Bythites hollisi

Bythites

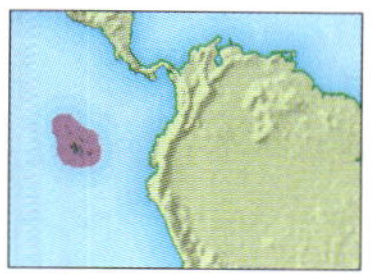

Longueur Jusqu'à 30 cm
Poids Inconnu
Sexe Mâle/Femelle
Statut Non évalué

Répartition Îles Galápagos

Identifié en 1990, ce poisson rare vit près des sources hydrothermales des abysses. Il a un corps court et trapu, une bouche assez grande et de petits yeux. La survie de tous les animaux qui partagent son milieu dépend des bactéries qu'abritent les eaux chaudes, chargées de minéraux, entourant les sources hydrothermales. On ignore si le bythites les consomme directement ou s'il dévore d'autres petits animaux qui s'en nourrissent eux-mêmes. Le bythites appartient à la famille des Brotulidae (ou Bythididae), qui regroupe 85 espèces vivant soit dans des eaux peu profondes, soit dans des cavernes, et toutes vivipares.

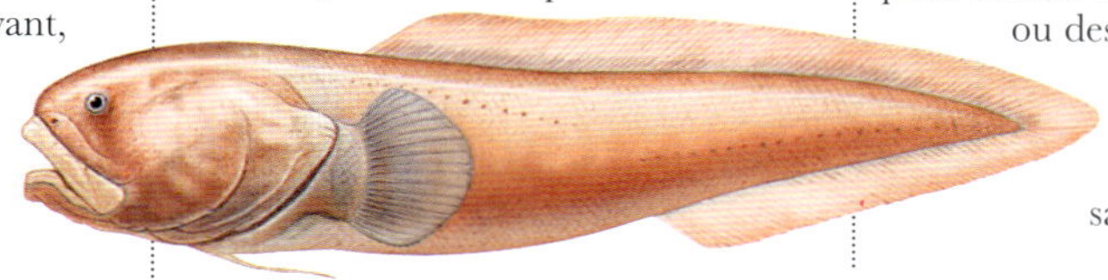

Ophidion scrippsae

Donzelle

Longueur Jusqu'à 28 cm
Poids Inconnu
Sexe Mâle/Femelle
Statut Commune

Répartition E. Pacifique Nord

Les donzelles ne sont pas de vraies anguilles, mais des poissons apparentés aux aurins (à gauche) et aux Brotulidae (ci-contre). Elles vivent à environ 100 m de profondeur, bien que l'on ait remarqué certains spécimens à 8 000 m (un record de profondeur chez les poissons). Comme toutes les donzelles, cette espèce nord-américaine a un museau obtus, une grande bouche et un corps allongé qui se termine en pointe et porte des écailles entrecroisées. Uniquement actif la nuit, ce poisson s'enfouit, la queue la première, dans le sable durant la journée. Le soir, il en sort pour chasser à l'affût de petits poissons ou des invertébrés passant à proximité, ou bien il nage sur le fond, à la recherche de sa nourriture.

Merluccius productus

Merlu du Pacifique

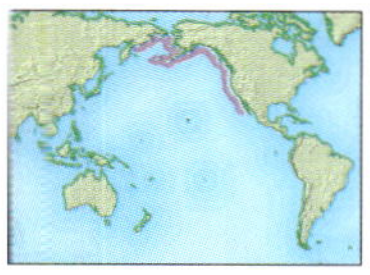

Longueur Jusqu'à 90 cm
Poids Jusqu'à 5 kg
Sexe Mâle/Femelle
Statut Commun

Répartition Pacifique Nord

Proche parent de la morue (ci-dessous), le merlu du Pacifique a un corps allongé et une grosse tête à la mâchoire inférieure proéminente. Il porte une livrée gris bleuté à flancs argentés. Vivant en bancs énormes, il se reproduit au printemps, les femelles pondant des millions d'œufs qui dérivent en surface, au gré des courants océaniques. Très prisé pour la pêche, le merlu fournit également leur nourriture à des animaux marins comme les marsouins, les phoques et les espadons.

Gadus morhua

Morue, cabillaud

Q : Morue franche
Longueur Jusqu'à 1,40 m
Poids Jusqu'à 25 kg
Sexe Mâle/Femelle
Statut VU

Répartition Atlantique Nord, océan Arctique

Ce poisson qui vit en banc est l'un des plus commercialisés au monde. Il fréquente les eaux des plateaux continentaux, se nourrissant, à une profondeur de 30 à 80 m, essentiellement de poissons, harengs, sprats et capelans. La reproduction a lieu au début du printemps, et des millions d'œufs sont disséminés par les courants. Les adultes se rassemblent en vastes bancs et effectuent leurs migrations en restant groupés, ce qui en facilite la pêche.

CONSERVATION

La morue est pêchée de façon intensive depuis longtemps. Au XIXe siècle, on enregistrait des prises de plus de 90 kg. De nos jours, des techniques de pêche sophistiquées ont considérablement réduit ses populations. Une morue de plus de 15 kg est désormais une prise rare.

UN CORPS REBONDI
La livrée de ce poisson au long corps garni d'un museau en pointe, dont le menton est garni d'un petit barbillon, varie du verdâtre au brun-gris.

Coryphaenoides acrolepis

Grenadier du Pacifique

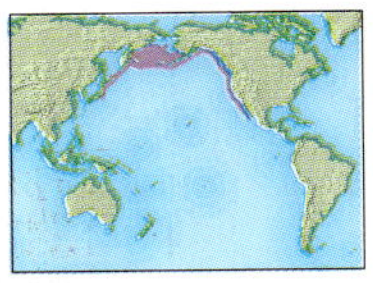

Longueur Jusqu'à 87 cm
Poids Jusqu'à 10 kg Δ
Sexe Mâle/Femelle

Statut Commun

Répartition Pacifique Nord

Également appelés rats, les grenadiers sont les poissons les plus répandus sur le talus continental des océans. Comme les 300 espèces voisines, le grenadier du Pacifique possède une grosse tête bulbeuse, un museau pointu et un corps fuselé qui se termine en queue. Ses gros yeux lui permettent de distinguer ses proies au fond de la mer. Chez le mâle, les muscles de la vessie gazeuse produisent une sorte d'étrange grognement.

Antennarius maculatus

Antennaire

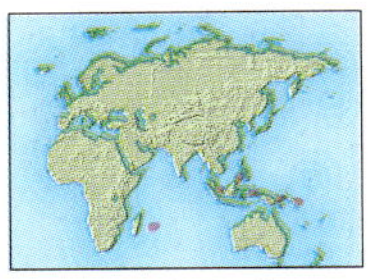

Longueur Jusqu'à 11,5 cm
Poids Inconnu
Sexe Mâle/Femelle

Statut Commun localement

Répartition O. Pacifique, océan Indien

Les membres de l'ordre des baudroies, qui ont souvent une forme bizarre, vivent généralement dans les grands fonds, mais cet antennaire affectionne les eaux peu profondes des récifs coralliens. Sa nageoire dorsale est équipée d'une sorte de filament terminé par un fragment de chair. Lorsqu'il l'agite, ses proies le prennent pour un petit poisson et s'en approchent : il ne lui reste plus qu'à refermer brutalement la bouche.

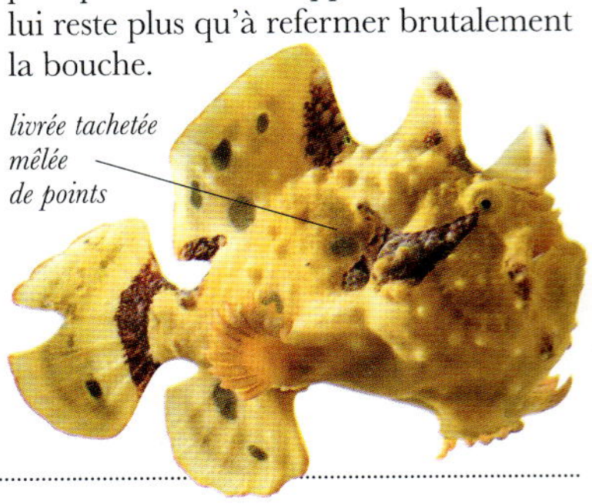

Histrio histrio

Antennaire marbré

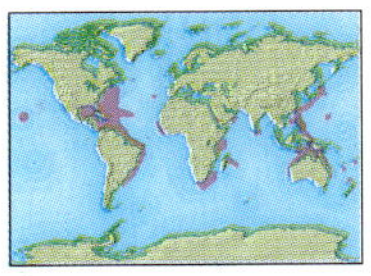

Q : Sargassier
Longueur Jusqu'à 18,5 cm
Poids Jusqu'à 400 g Δ
Sexe Mâle/Femelle

Statut Commun

Répartition Eaux tropicales et subtropicales du monde entier

Parfaitement camouflé grâce à son aptitude à changer de couleur, ce membre de la famille des crapauds de mer vit parmi les algues flottantes. Il attire ses proies grâce à l'antenne qui prolonge sa nageoire dorsale, faisant office de leurre. À l'approche de la fraie, il manifeste un comportement insolite : les mâles poursuivent les femelles pour les mordiller. Excepté pendant la période de reproduction, les adultes sont cannibales.

Melanocetus johnsoni

Baudroie abyssale

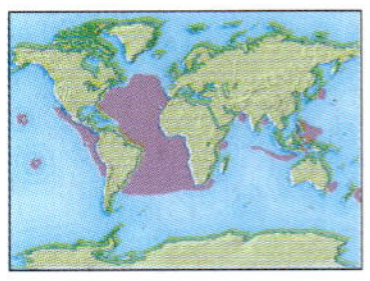

Q : Baudroie abyssale noire
Longueur Femelle jusqu'à 18 cm
Poids Jusqu'à 600 g Δ
Sexe Mâle/Femelle

Statut LR Δ

Répartition Pacifique, Atlantique, océan Indien

Cette baudroie abyssale chasse davantage au fond des mers qu'en pleine eau. La femelle est ronde, avec une tête et des mâchoires énormes, et elle seule porte, sur la nageoire dorsale, un organe lumineux. Le mâle mesure à peine le cinquième de sa partenaire. Il s'attache au corps de la femelle grâce à ses mâchoires mais, contrairement à d'autres baudroies abyssales, la quitte après la fraie.

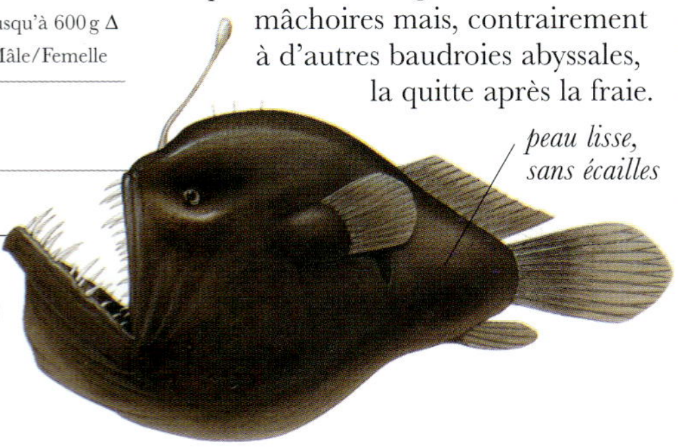

Lophius piscatorius

Baudroie commune

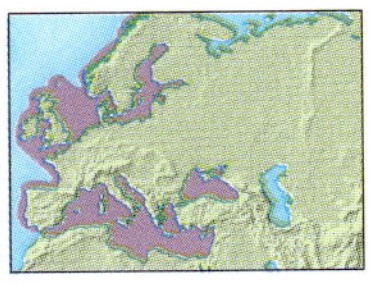

Longueur Jusqu'à 2 m
Poids Jusqu'à 40 kg
Sexe Mâle/Femelle

Statut Commune localement

Répartition E. Atlantique Nord, Méditerranée, mer Noire

Le corps large et plat de la baudroie commune porte une livrée brun grisâtre et se termine par une queue effilée. Ce poisson est un prédateur hautement spécialisé, à l'excellent camouflage (à droite), qui utilise le «filament pêcheur» situé sur sa nageoire dorsale comme appât pour attirer ses proies au-dessus de sa gueule. Lorsqu'un animal marin passe à proximité, la baudroie ouvre la bouche et l'aspire.

TAPIE SUR LE FOND

Grâce à son camouflage, la baudroie est quasi invisible sur le fond de la mer. Sa peau marbrée de sombre se confond avec le substrat, et il est difficile de distinguer les contours de son corps à cause des franges de peau dont il est garni.

DES SORTES DE COUDES *Les nageoires pectorales de la baudroie, très développées, ressemblent à des bras et possèdent des sortes de coudes adaptés à la marche sur le fond de la mer.*

Ceratias holboelli

Ceratias de Holböll

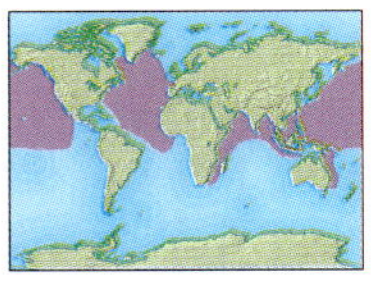

Q : Grand pêcheur abyssal
Longueur Femelle jusqu'à 1 m
Poids Jusqu'à 50 kg Δ
Sexe Mâle/Femelle

Statut LR Δ

Répartition Pacifique, Atlantique, océan Indien

La femelle (ci-dessus) a une grosse tête et une grande bouche. Le mâle est beaucoup plus petit. Lorsqu'il rencontre la femelle, il plante ses dents dans sa peau et vit désormais en parasite. Leurs deux systèmes sanguins fusionnent, et les éléments nutritifs du sang de la femelle passent dans le corps du mâle. Cet étrange comportement est propre aux baudroies abyssales.

Linophryne arborifera

Baudroie abyssale barbue

Q : Linophryne arborifère
Longueur Femelle jusqu'à 10 cm
Poids Jusqu'à 300 g Δ
Sexe Mâle/Femelle

Statut LR Δ

Répartition Atlantique

La femelle de la baudroie abyssale barbue possède un appât lumineux au-dessus de sa tête et une sorte de barbe ressemblant à des algues au-dessous du menton. De même que le leurre, la barbe lumineuse est destinée à attirer les proies éventuelles. De taille très inférieure à celle de la femelle, le mâle vit en parasite sur sa partenaire.

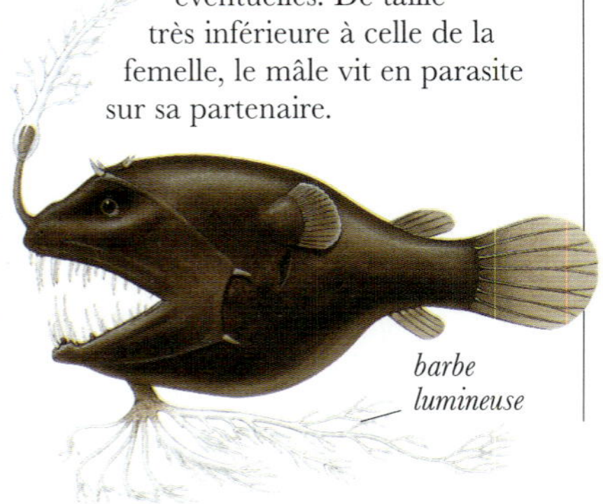

POISSONS

Poissons à rayons épineux

PHYLUM	Cordés
CLASSE	Ostéichtyens
SOUS-CLASSE	Actinoptérygiens
SUPERORDRE	Acanthoptérygiens
ORDRES	15
FAMILLES	259
ESPÈCES	Env. 13 500

Les poissons à rayons épineux constituent le groupe de poissons le plus important, ainsi que celui qui a évolué le plus récemment. Très vaste, ce groupe renferme environ la moitié des espèces connues, offrant une grande variété de formes, de couleurs, de comportements et d'adaptations spécifiques. Leur taille va des minuscules gobies de 1 cm de long jusqu'aux immenses régalecs mesurant plus de 8 m. Les poissons à rayons épineux fréquentent tous les habitats, eaux marines côtières, lacs, mares et cours d'eau peu rapides, de même que la haute mer et les grands fonds.

Anatomie

Même si les poissons à rayons épineux forment un vaste groupe aux espèces variées, ils partagent de nombreuses particularités anatomiques. À la différence des poissons à nageoires rayonnées, ils possèdent des épines osseuses rigides soit sur la première nageoire dorsale, soit à proximité. Cependant, certaines espèces ont de petites épines ou en sont dépourvues. Chez d'autres, comme les poissons-pierres et les poissons-lions, les épines sont munies d'une glande à venin. Une autre caractéristique des poissons à rayons épineux est la présence d'écailles cténoïdes (voir p. 460), dont les bords denticulés donnent une texture rugueuse. Chez certaines espèces, ces écailles ont été modifiées en plaques osseuses ou en grosses épines, ou ont complètement disparu. La majorité des poissons à rayons épineux possèdent une bouche mobile extensible vers l'avant, mais sa forme et les types de dents dont elle est munie varient beaucoup d'une espèce à l'autre.

Les poissons à rayons épineux comptent une grande variété de prédateurs spécialisés, de nécrophages et d'herbivores qui ont des adaptations à différentes conditions de vie. Ainsi, les thons ont un corps en forme de torpille qui facilite leur nage. Les poissons plats comme les soles et les plies sont asymétriques, ne portent des yeux que sur un seul côté et nagent de sorte que leur ventre plat se trouve contre le fond de la mer. Les hippocampes sont pourvus d'un long museau, d'une tête à angle droit par rapport à leur corps et d'une queue qui peut s'enrouler autour des algues. Le groupe le plus important des poissons à rayons épineux est celui des perciformes qui, avec 9 000 espèces, constitue l'ordre le plus vaste de tous les vertébrés. Il comporte de nombreux poissons communs comme les bars, les lutjans, les maquereaux, ainsi que les poissons-papillons.

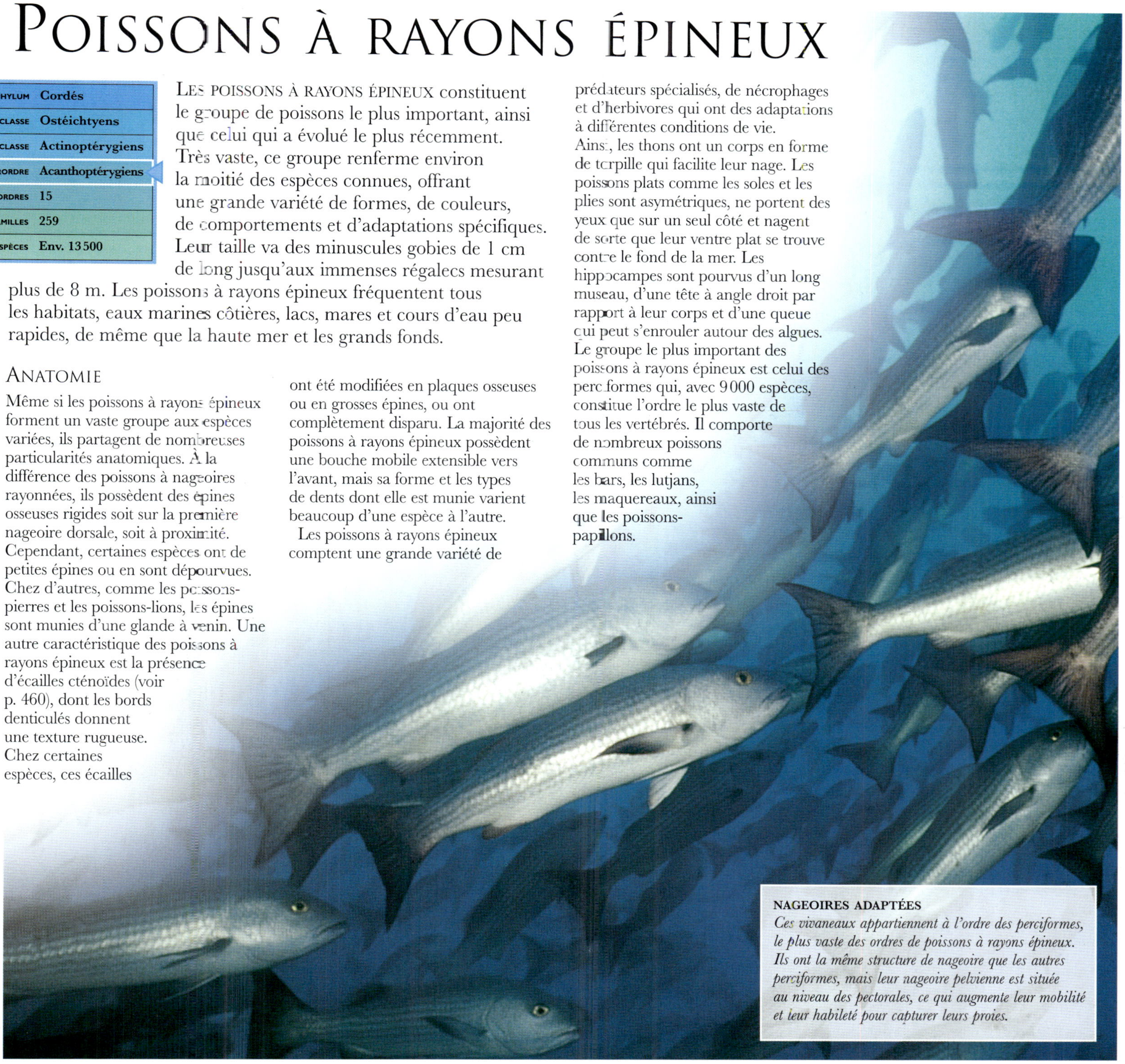

NAGEOIRES ADAPTÉES
Ces vivaneaux appartiennent à l'ordre des perciformes, le plus vaste des ordres de poissons à rayons épineux. Ils ont la même structure de nageoire que les autres perciformes, mais leur nageoire pelvienne est située au niveau des pectorales, ce qui augmente leur mobilité et leur habileté pour capturer leurs proies.

Leuresthes tenuis

Grunion de Californie

Longueur Jusqu'à 19 cm
Poids Jusqu'à 100 g
Sexe Mâle / Femelle
Statut Commun

Répartition E. Pacifique Nord

Le grunion de Californie est l'une des 160 espèces de la famille des Atherinidae et, comme ses proches parents, il fréquente les eaux littorales où il vit en banc. Au printemps et en été, mâles et femelles nagent jusqu'aux plages de sable humide pour frayer, un spectacle extraordinaire qui attire une foule immense. La fraie a lieu les nuits de grande marée, de deux à six jours après la pleine lune (à droite). La pêche au grunion est un sport populaire dans le sud de la Californie. Cependant, seuls les pêcheurs licenciés sont autorisés à y participer, capturant les poissons échoués uniquement à la main. Le grunion se nourrit de plancton et autres micro-organismes qu'il happe brusquement.

Une unique bande
Ce petit poisson svelte se distingue par la bande bleu argenté qui court le long de son corps et de son ventre blanc argenté. Il n'a pas de dents, et sa gueule, lorsqu'il la projette en avant, ressemble à un tube.

LA FRAIE

Le grunion se laisse porter par les vagues et fraie sur le sable humide des plages. La femelle creuse une petite dépression, y dépose ses œufs, tandis que le mâle s'enroule autour d'elle et féconde la ponte.

Melanotaenia boesemani

Poisson arc-en-ciel de Boeseman

Longueur Jusqu'à 15 cm
Poids Inconnu
Sexe Mâle/Femelle
Statut Commun localement
Répartition N.-O. Nouvelle-Guinée

Ce poisson arc-en-ciel vit dans la région des lacs Ajamaru, dans la péninsule de Vogelkop (Nouvelle-Guinée). La coloration du mâle de cette espèce est différente de celle des mâles des autres poissons arc-en-ciel. La tête et l'avant sont d'un gris-bleu assez vif, les nageoires et la partie arrière, rouge orangé. Entre les deux se trouvent des bandes verticales alternativement claires et plus sombres. Les femelles sont moins brillamment colorées, leur nageoire dorsale est plus courte que celle des mâles. Elles pondent entre 100 et 200 œufs.

Chelon labrosus

Mulet à grosse lèvre

Longueur Jusqu'à 75 cm
Poids Inconnu
Sexe Mâle/Femelle
Statut Commun localement
Répartition E. Atlantique Nord, Méditerranée, O. mer Noire

Ce mulet doit son nom à sa lèvre supérieure charnue, très utile pour racler plantes et algues des fonds sédimentaires, les éléments les plus indigestes étant filtrés par ses branchiospines. La musculature de son estomac et son long intestin facilitent la digestion. Vivant en bancs importants dans les eaux marines peu profondes ou les estuaires, il est populaire à la fois pour la pêche sportive et la pêche commerciale. Le mulet à grosse lèvre appartient à une famille qui groupe environ 80 espèces ; autrefois, il était considéré comme apparenté au barracuda à cause de la disposition identique de leurs nageoires.

Tylosurus acus

Aiguillette

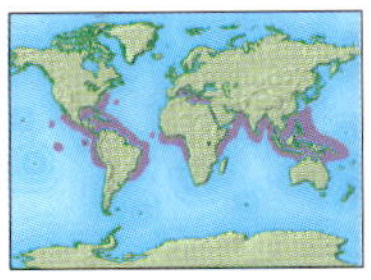

Longueur 90 cm, max. 1,50 m
Poids Jusqu'à 3,5 kg
Sexe Mâle/Femelle
Statut Commune localement
Répartition Eaux tempérées chaudes et tropicales du monde entier

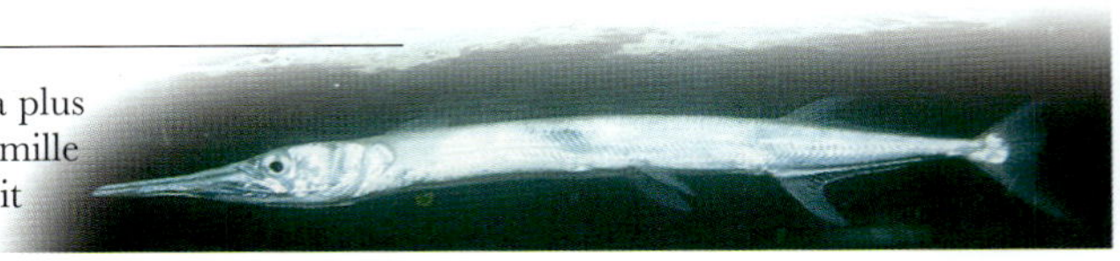

Cette espèce, la plus grande de la famille des orphies, doit son nom à son corps très mince, ressemblant à une aiguille. Son dos est bleu foncé ou vert, son ventre, argenté, et elle possède des mâchoires armées d'impressionnantes dents pointues. Pour échapper à ses prédateurs, ce poisson agile saute au-dessus de la surface, au risque de transpercer la coque d'un canot ou de blesser grièvement un marin. Les jeunes se cachent de leurs prédateurs en se laissant flotter, immobiles à la surface, comme une algue.

Cypselurus heterurus

Poisson volant de l'Atlantique

Q : Exocet atlantique
Longueur Jusqu'à 40 cm
Poids Inconnu
Sexe Mâle/Femelle
Statut Commun localement
Répartition Atlantique Nord

Ce poisson volant à quatre « ailes » habite les eaux de surface et se nourrit de plancton et de petits poissons. Contrairement aux autres poissons volants, il a à la fois des nageoires pectorales et pelviennes modifiées qui lui permettent, une fois déployées, de planer sur plus de 200 m au-dessus de l'eau et d'échapper à ses prédateurs. Pour se propulser à la surface, le poisson volant de l'Atlantique doit atteindre la vitesse de 60 km/h. Ses œufs sont munis d'un long filament qui se fixe aux algues et les empêche de tomber au fond.

Exocoetus volitans

Exocet

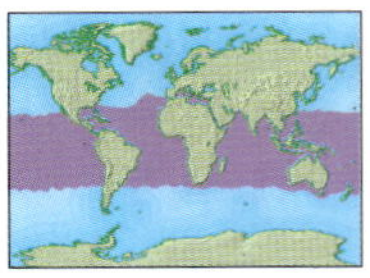

Q : Poisson volant
Longueur Jusqu'à 18 cm
Poids Inconnu
Sexe Mâle/Femelle
Statut Commun localement
Répartition Eaux tropicales et subtropicales du monde entier

Malgré son nom, ce poisson ne vole pas, mais plane au-dessus de l'eau grâce à ses grandes nageoires rigides. Certaines espèces sont pourvues de deux paires d'« ailes » constituées par leurs nageoires pelviennes et pectorales allongées (en haut, à droite, le poisson volant de l'Atlantique), mais celle-ci n'utilise que ses deux pectorales. Cette technique permet aux poissons volants d'atteindre une vitesse de 65 km/h en « vol », et d'échapper ainsi à leurs prédateurs, dauphins et thons.

POISSON VOLE !

Pour prendre leur envol, les poissons volants battent très vite de la queue, puis déploient brusquement leurs pectorales, en sortant en partie de l'eau, le lobe inférieur de la caudale battant encore dans l'eau. À pleine vitesse, ils peuvent planer pendant douze secondes.

NAGEOIRES PARTICULIÈRES
L'exocet a le dos bleu foncé, le ventre argenté. Ses nageoires pectorales particulières, très grandes, et sa queue asymétrique sont plus évidentes chez l'adulte.

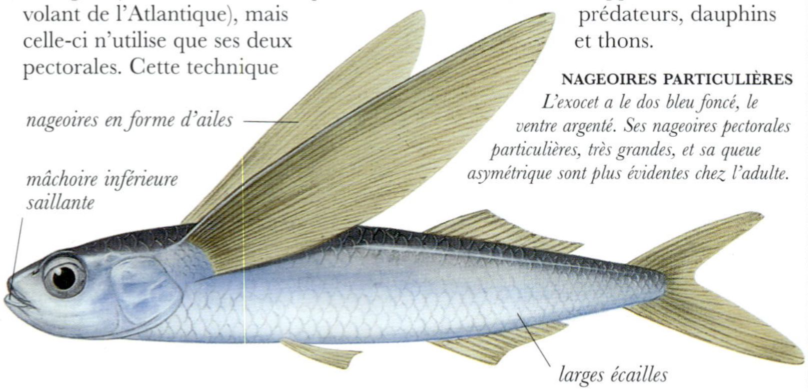

Aphyosemion amieti

Aphyosemion d'Amiet

Longueur Jusqu'à 7 cm
Poids Inconnu
Sexe Mâle/Femelle
Statut Non évalué
Répartition O. Cameroun (basse Sanaga)

L'aphyosemion d'Amiet a été décrit seulement en 1976, sans doute à cause de sa rareté. Son habitat est limité aux eaux stagnantes et boueuses de la forêt tropicale humide du Cameroun. La femelle pond sur le fond boueux des cours d'eau, à l'approche de la fin de la saison des pluies. Les adultes ne vivent qu'un an, abandonnant leurs œufs jusqu'à la prochaine saison des pluies, époque à laquelle ils écloront. Les jeunes atteignent l'âge adulte en un mois seulement, repeuplant ainsi rapidement leur milieu aquatique.

Jordanella floridae

Poisson-drapeau

Q : Jordanelle
Longueur Jusqu'à 7,5 cm
Poids Inconnu
Sexe Mâle/Femelle
Statut Non évalué
Répartition S.-E. États-Unis (Floride)

Ce poisson appartient à la famille des Cyprinodontidae, un groupe de petits poissons d'eau douce très communs en Amérique. Leur coloration varie selon le sexe, le mâle étant doté de couleurs flamboyantes et de motifs particuliers. Pacifique mangeur d'algues, le mâle devient agressif pendant la parade nuptiale, puis lorsqu'il veille sur les œufs. Il attire la femelle grâce à l'éclat rouge de ses nageoires impaires. Dès que la femelle a pondu, il l'écarte et protège les œufs jusqu'à ce qu'ils soient prêts à éclore, soit environ une semaine plus tard.

POISSONS

Anableps anableps

Quatre-yeux

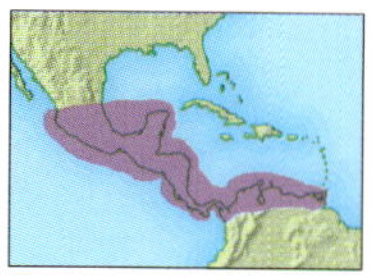

Longueur Jusqu'à 32 cm
Poids Inconnu
Sexe Mâle/Femelle
Statut Commun localement Δ

Répartition Amérique centrale à N. Amérique du Sud

Ce long poisson a des yeux en saillie comme ceux des crapauds, divisés en deux par une cloison horizontale, ce qui lui permet de voir en même temps vers le haut et vers le bas. Il peut ainsi chasser à la fois les insectes aquatiques et les insectes tombés à la surface de l'eau. Sa nage rapide lui est précieuse pour échapper à ses prédateurs, tels les échassiers, et il n'hésite pas à sauter hors de l'eau pour distancer des poissons dont il est lui-même la proie. La femelle peut emmagasiner le sperme et pondre en plusieurs fois.

Cyprinodon diabolis

Cyprinodontidé de Devil's Hole

Longueur Jusqu'à 2,5 cm
Poids Inconnu
Sexe Mâle/Femelle
Statut VU

Répartition États-Unis (Nevada)

Fréquentant uniquement Devil's Hole, une source de la Vallée de la Mort, ce minuscule poisson représente le vertébré dont l'habitat est le plus restreint au monde, puisqu'il ne dépasse pas 20 m². Sa population se limite à environ 500 individus. La pollution et les variations de niveau menacent sa survie. Le plus petit des Cyprinodontidae, le Devil's Hole, est dépourvu de nageoires pelviennes, à la différence des espèces voisines. Il se reproduit toute l'année, mais vit rarement plus de douze mois.

Poecilia reticulata

Guppy

Q : Mollie
Longueur 6–7 cm
Poids Moins de 5g
Sexe Mâle/Femelle
Statut Commun

Répartition Antilles, N. Amérique du Sud

Poisson d'aquarium très populaire, le guppy appartient à une famille d'environ 140 espèces, dont la reproduction est facile en captivité.

En liberté, le mâle est doté d'une coloration éclatante, taches bleues, rouges, orange et jaunes, touches de vert, points, rayures ou traits noirs. En aquarium, il décline une infinie variété de couleurs. Très fécondes, les femelles peuvent mettre au monde 100 jeunes à la fois, la moyenne étant de 20 à 40. Friand des larves de moustiques, le guppy a été largement introduit pour contrôler leur population.

Poecilia latipinna

Molly-voile

Longueur 1,5–5 cm
Poids Inconnu
Sexe Mâle/Femelle
Statut Commun localement Δ

Répartition E. Amérique du Nord

Le molly-voile doit son nom à la grande nageoire dorsale qui s'étend sur presque toute la longueur de son corps, et ressemble à une voile. Apparenté au guppy (ci-dessus), il est également très prisé des aquariophiles. Sa livrée vert olive peut se décliner en différentes couleurs. Son dos, ses flancs et sa nageoire dorsale sont agrémentés de rangées de points qui constituent parfois des rayures.

Lampris guttatus

Opah

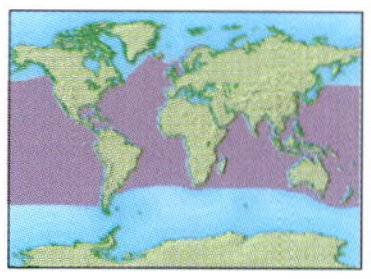

Longueur Jusqu'à 1,30 m
Poids 70 kg
Sexe Mâle/Femelle
Statut LR Δ

Répartition Eaux tropicales, subtropicales et tempérées du monde entier

Également appelé poisson-lune, ce poisson massif est un prédateur océanique aux gros yeux et au corps ovale bleu argenté, presque aussi long que large, dont les nageoires cramoisies contrastent fortement avec la livrée. Contrairement à la plupart des poissons, qui nagent avec leur nageoire caudale, il utilise ses pectorales battant comme une paire d'ailes. Il possède de longues nageoires rigides, au profil étroit qui réduit l'effet de frottement lorsqu'il glisse dans l'eau. Malgré l'absence de dents, une taille importante et un poids maximal de 73 kg, l'opah est un prédateur efficace, capable de capturer poissons rapides et calmars. Sa distribution est mondiale, mais on le rencontre surtout dans l'Atlantique et le Pacifique Nord. Habitant les eaux de moyenne profondeur, il est pêché à la ligne ou aux filets ; sa chair est surtout appréciée à Hawaii et sur la côte ouest des États-Unis.

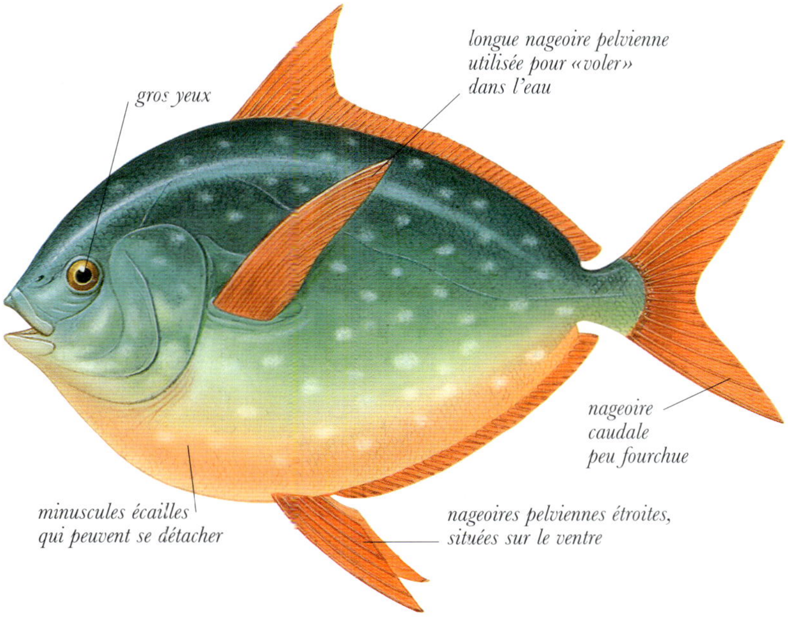

Regalecus glesne

Régalec

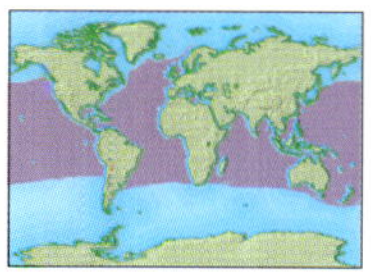

Longueur Jusqu'à 8 m
Poids Inconnu
Sexe Mâle/Femelle
Statut Non évalué

Répartition Eaux tropicales, subtropicales et tempérées du monde entier

Bien qu'il fréquente les profondeurs de toutes les mers tropicales et tempérées, ce très long poisson au corps en forme de ruban a été rarement capturé, voire aperçu vivant. Aussi son comportement est-il mal connu. Sa longueur extraordinaire le protège de la plupart des prédateurs ; elle est peut-être à l'origine de maints récits concernant les serpents de mer ou autres monstres marins. Son corps argenté présente des lignes obliques sombres, une petite tête bleuâtre et des nageoires rouges. Sa nageoire dorsale court sur toute la longueur de son corps, et une «crinière» de longs rayons coiffe sa tête. Les nageoires pelviennes, situées juste derrière les opercules, sont constituées d'un unique rayon branchial, très long, dont l'extrémité élargie rappelle celle d'une rame.

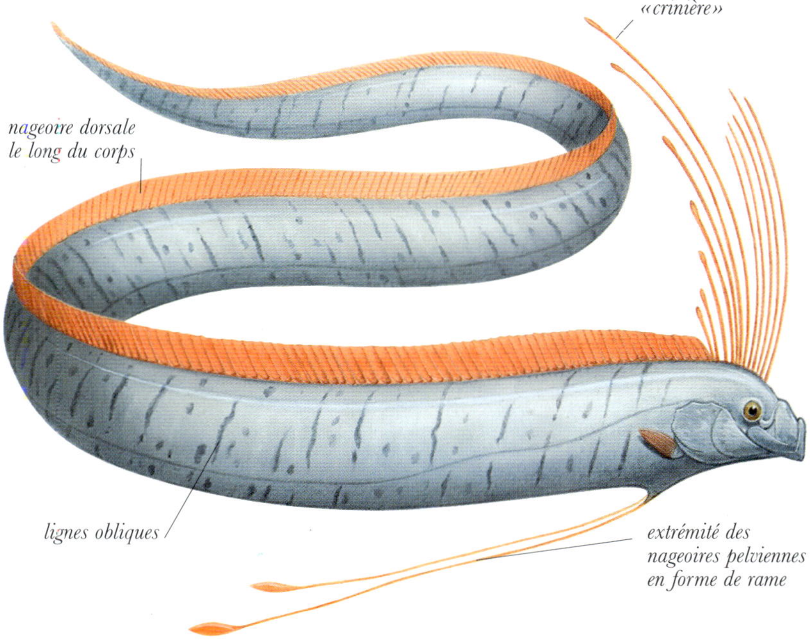

Trachipterus trachypterus

Trachyptère commun

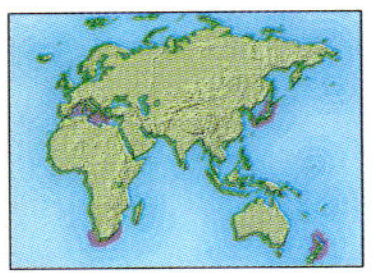

Longueur Jusqu'à 1,60 m
Poids Inconnu
Sexe Mâle/Femelle

Statut LR Δ

Répartition Méditerranée, E. Atlantique, océan Indien, C. et O. Pacifique

Proche parent du régalec (voir p. 507), le trachyptère commun est plus petit, et son corps s'amincit brusquement à proximité de la queue, se terminant par une nageoire minuscule, en forme d'éventail, tournée vers le haut. Sa livrée porte généralement quatre taches sombres sur le dos, très espacées, et une ou deux sur le ventre. Il est dépourvu d'écailles. Comme chez le régalec, la nageoire dorsale est cramoisie. Ce carnivore se nourrit de poissons des eaux moyennes et de calmars, et compte sur sa taille importante pour se protéger des prédateurs. Même si on trouve souvent des œufs et des larves de trachyptère en Méditerranée, son comportement en matière de reproduction reste peu connu. La famille du trachyptère commun compte seize espèces, toutes sont rares et peu étudiées à ce jour.

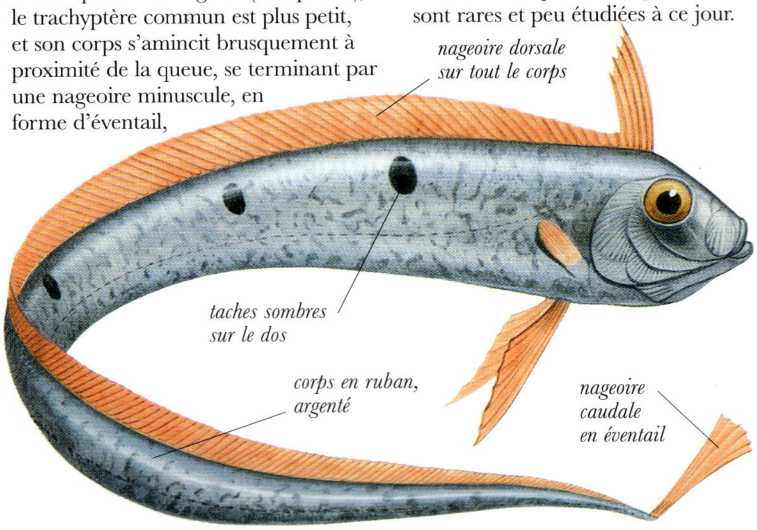

Barbourisia rufa

Barbourisia

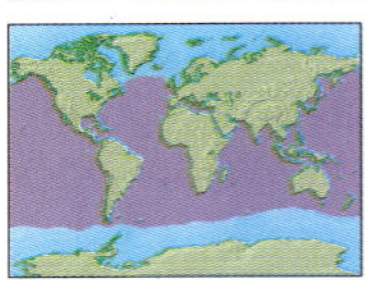

Longueur Jusqu'à 39 cm
Poids Inconnu
Sexe Mâle/Femelle

Statut Commun Δ

Répartition Eaux tropicales, subtropicales et tempérées du monde entier

Ce poisson des eaux profondes, rarement aperçu par les marins, a une grande bouche aux mâchoires garnies de nombreuses petites dents. Son corps de couleur rouge orangé paraît noir dans la faible lumière des profondeurs. De forme allongée, il est mou au toucher. La minuscule épine centrale que portent ses écailles rend sa peau légèrement piquante. Ses nageoires sont placées en arrière du corps, ce qui laisse supposer qu'il chasse à l'affût, saisissant sa proie au terme d'une poussée rapide. Le fait qu'il ait toujours été pêché en un seul exemplaire incite à penser qu'il s'agit d'un solitaire. Cette espèce est mal connue, car un petit nombre de spécimens ont été capturés, mais leur taille suggère que, comme un grand nombre de poissons abyssaux, il vit à des profondeurs différentes selon les époques de sa vie. On a remarqué des juvéniles à moyenne profondeur et des poissons adultes sur le fond océanique, où ils semblent passer leur vie.

Anoplogaster cornuta

Anoplogaster

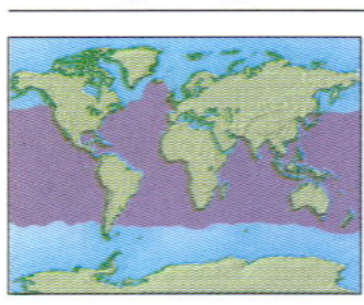

Q : Ogre
Longueur 18 cm
Poids Inconnu
Sexe Mâle/Femelle

Statut Commun localement Δ

Répartition Eaux tropicales, subtropicales et tempérées du monde entier

Comme de nombreuses espèces abyssales, ce poisson a un corps réduit par rapport à la taille de sa tête, une adaptation qui lui permet de se nourrir de proies aussi grosses que lui. Prédateur nomade, il utilise ses grandes dents pour empaler sa proie qu'il saisit d'un mouvement brusque. Les juvéniles sont très différents de leurs parents, à tel point qu'ils ont été classés autrefois dans une espèce distincte. Les adultes, de couleur brun foncé à noire, vivent à des profondeurs plus grandes que les juvéniles, gris clair.

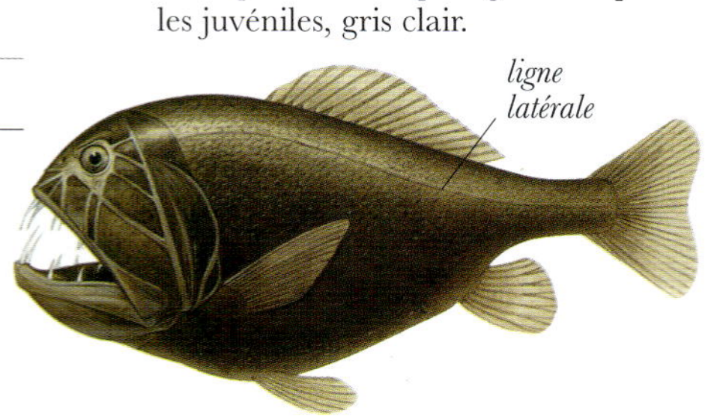

Myripristis murdjan

Myripristis

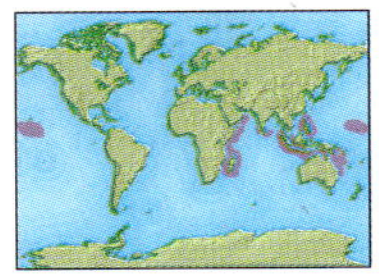

Longueur Jusqu'à 30 cm
Poids Inconnu
Sexe Mâle/Femelle

Statut Commun localement

Répartition Pacifique, océan Indien

Ce poisson est répandu dans les lagons peu profonds près des récifs. Le jour, il se cache dans des recoins obscurs, se nourrissant la nuit de larves de crustacés et de plancton. Il nage par mouvements saccadés et se propulse grâce à sa queue très fourchue. Comme beaucoup de poissons nocturnes, il a de grands yeux. Son corps est recouvert de grosses écailles rugueuses. Ses opercules et ses nageoires rouges bordées de blanc et bardées d'épines repoussent les prédateurs. Le myripristis est capable de produire une sorte de jacassement, mais la raison de ce bruit reste inconnue.

Cleidopus gloriamaris

Poisson-pomme de pin australien

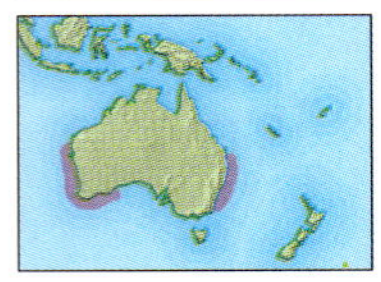

Longueur 28 cm
Poids 500 g
Sexe Mâle/Femelle

Statut Commun localement

Répartition Indo-Pacifique

Le poisson-pomme de pin doit son nom à sa forme et à ses grosses écailles bordées de noir, qui rappellent une pomme de pin. Il appartient à une famille de poissons protégés par une armure osseuse et des épines sur les nageoires dorsale et pelviennes.

Cette espèce possède un organe lumineux de part et d'autre de la mâchoire inférieure. Ces organes ont une couleur orange le jour et produisent une faible lumière bleu-vert la nuit. Ils sont cachés par la mâchoire supérieure lorsque la bouche est fermée. Lorsque ce poisson solitaire s'aventure la nuit pour chasser hors des cavernes obscures, petits poissons curieux, crustacés et autres invertébrés sont attirés par ses photophores.
En revanche, chez une autre espèce de la même famille, les organes lumineux sont placés sur la mâchoire supérieure. L'aspect insolite du poisson-pomme de pin australien en fait un poisson d'aquarium populaire. Mais seuls des aquariophiles experts sont capables de le maintenir en vie en captivité.

Hoplostethus atlanticus

Hoplostèthe orange

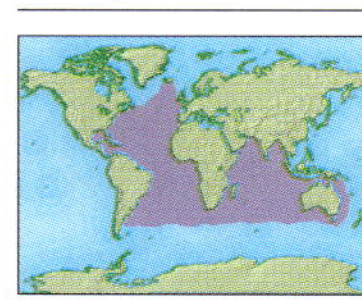

Longueur 50–60 cm
Poids Inconnu
Sexe Mâle/Femelle

Statut Commun localement Δ

Répartition Atlantique, océan Indien, O. Pacifique

Les hoplostèthes habitent les bords du talus continental et le fond de l'océan. L'hoplostèthe orange a une grosse tête obtuse et une bouche supère armée de petites dents disposées en bandes. Son corps rouge orangé paraît sombre dans les grandes profondeurs, ce qui lui assure une protection contre ses prédateurs. De même que son proche parent *Hoplostethus mediterraneus*, l'hoplostèthe orange est pêché pour sa chair ; la pêche intensive l'a rendu vulnérable.

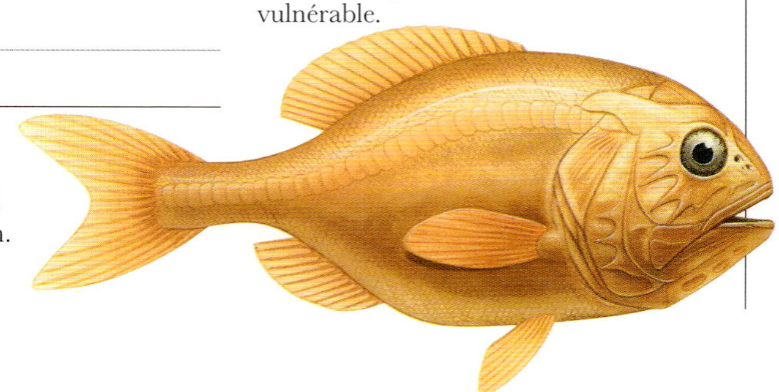

Photoblepharon palpebratus

Porte-lanterne

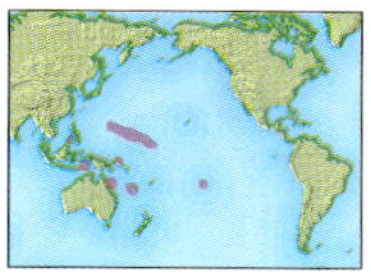

Longueur Jusqu'à 12 cm
Poids Inconnu
Sexe Mâle/Femelle
Statut Commun localement

Répartition O. Pacifique

Ce petit poisson au museau arrondi est l'un des meilleurs exemples de bioluminescence dans le monde animal (encadré à droite). Il fait partie des sept espèces connues de poissons-lanternes. Actif la nuit, il quitte les grottes des eaux profondes, où il se cache le jour, pour se nourrir de zooplancton dans les eaux peu profondes, autour des récifs coralliens. Solitaire, il défend son petit territoire sur le récif.

CONTRÔLE LUMINEUX

Dans un organe situé sous l'œil, des bactéries symbiotiques produisent une lueur vert-jaune qui aide le poisson à repérer ses proies, à effrayer ses prédateurs et à communiquer. Utilisant une sorte de paupière noire pour couvrir et découvrir les yeux, il peut synchroniser les déplacements en bancs, signaler la présence d'un autre poisson ou défendre son territoire.

TACHES *Ce poisson noirâtre est muni de surfaces réfléchissantes derrière la tête, le long de la ligne médiane et sur le bord des nageoires.*

Gasterosteus aculeatus

Épinoche

Q : Épinoche à trois épines
Longueur 5 cm, max. 10 cm
Poids Inconnu
Sexe Mâle/Femelle
Statut Commune localement

Répartition Pacifique, Atlantique, Méditerranée, Amérique du Nord, Europe, E. Asie

L'épinoche est très répandue à la fois dans les eaux douces et dans les eaux littorales. Elle est reconnaissable aux trois aiguillons mobiles que porte son dos. En matière de reproduction, ce poisson a un comportement complexe : les mâles construisent un nid de végétaux sous l'eau, puis y attirent les femelles. Après la ponte, ils fécondent les œufs, les ventilent régulièrement et prennent soin des jeunes.

Hippocampus guttulatus

Hippocampe moucheté

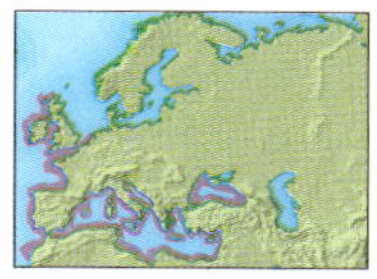

Longueur Jusqu'à 16 cm
Poids Inconnu
Sexe Mâle/Femelle
Statut VU

Répartition E. Atlantique Nord, Méditerranée, mer Noire

Avec sa tête chevaline, sa bouche en forme de pipette et son corps couvert de plaques osseuses, l'hippocampe est un poisson singulier. Il se nourrit de plancton, nage à la verticale grâce à ses minuscules nageoires et s'ancre aux plantes marines par sa queue préhensile. Comme leurs proches parents les aiguilles de mer, les hippocampes ont un mode de reproduction original. Ainsi, la femelle de l'hippocampe moucheté dépose ses œufs dans la poche ventrale du mâle, où ils sont incubés avant d'être expulsés.

Phyllopteryx taeniolatus

Phylloptéryx

Longueur Jusqu'à 46 cm
Poids Inconnu
Sexe Mâle/Femelle
Statut Commun localement

Répartition S. Australie

Le phylloptéryx est l'un des plus gros hippocampes, et sans doute l'un de ceux dont la morphologie est la plus curieuse. Comme ses congénères, il a un corps recouvert de plaques, mais possède également des excroissances ressemblant à des ailes qui participent à son camouflage. Fréquentant le fond de l'eau, il se cache parmi les algues et les plantes aquatiques des récifs coralliens. Cependant, sa brillante coloration, rouge orangé à points jaunes, le rend facilement repérable. Le dragon de mer *(Phycodorus eques)*, moins répandu, bénéficie d'un camouflage plus élaboré. Ces poissons se nourrissent de petits invertébrés qui fréquentent les algues et les éponges, à proximité du fond, et de zooplancton des eaux peu profondes. Leur population décroît car ils sont devenus des objets de collection.

LES ŒUFS SUR LE MÂLE

Une fois fécondés, les œufs sont fixés sur la face inférieure, ridée, de la queue du mâle, qui les transporte. À l'éclosion, les alevins s'éloignent.

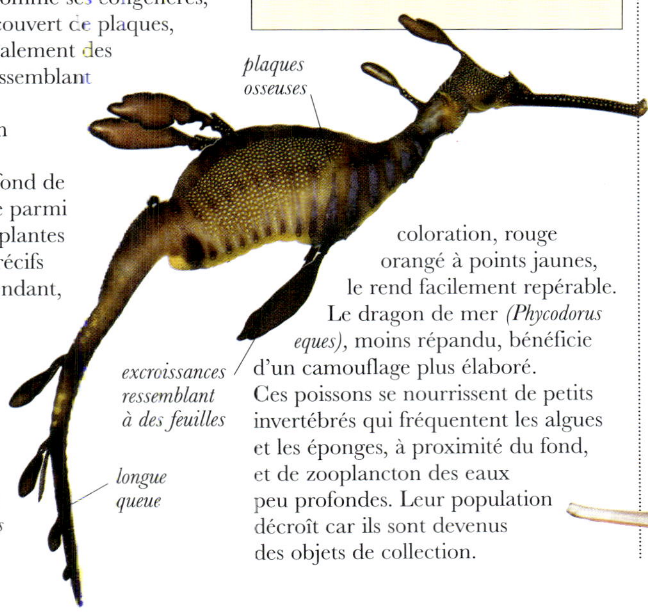

DRAGON DE MER *Ses excroissances ressemblant à des feuilles lui procurent un excellent camouflage au milieu des plantes aquatiques*

Aulostomus chinensis

Poisson-trompette

Longueur Jusqu'à 80 cm
Poids Inconnu
Sexe Mâle/Femelle
Statut Commun localement

Répartition Pacifique, océan Indien

Le vorace poisson-trompette se dissimule en se tenant immobile, la tête en bas, parmi les rameaux coralliens. Il possède un corps allongé et aplati, une petite bouche située à l'extrémité d'un très long museau. Le poisson-trompette peut changer de couleur, passant du brun au jaune canari. Il chasse à l'affût, demeurant immobile dans l'eau comme un vulgaire bâton de bois flottant. Lorsqu'un banc de petits poissons passe à proximité, il fonce sur ses proies.

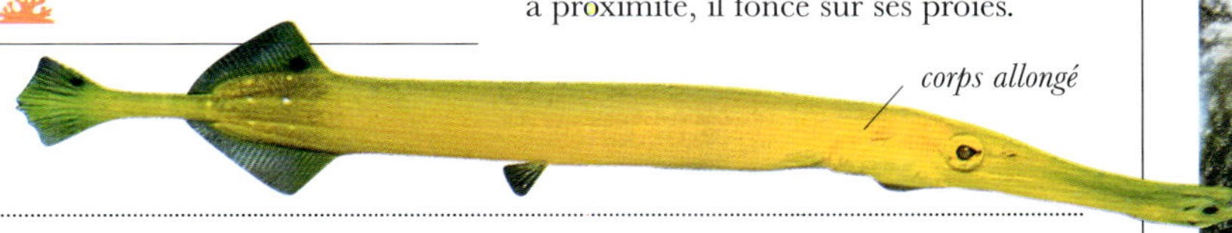

Aeoliscus strigatus

Poisson-rasoir

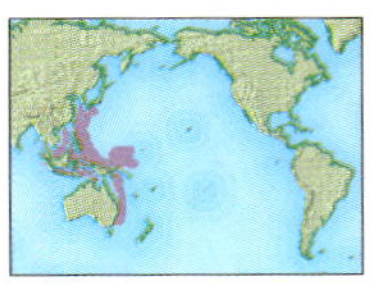

Longueur Jusqu'à 15 cm
Poids Inconnu
Sexe Mâle/Femelle
Statut Commun localement

Répartition O. Pacifique

Ce poisson nage la plupart du temps en position verticale, la tête en bas. Les bancs de poissons-rasoirs se déplacent de façon synchronisée, happant au passage les minuscules crustacés qui vivent parmi les coraux et entre les épines des oursins. Leur long corps étroit et leur museau allongé constituent des adaptations à leur mode de vie. Une rayure horizontale brune et des mouchetures leur fournissent un camouflage efficace. Leur corps est presque entièrement recouvert d'une armure transparente, à l'exception du dessous de la région caudale, ce qui facilite le mouvement de la nageoire. Le poisson-rasoir doit son nom à son ventre au bord aigu.

POISSONS

Chelidonichthys lucerna

Grondin-perlon

Longueur Jusqu'à 75 cm
Poids Inconnu
Sexe Mâle/Femelle
Statut Commun localement

Répartition E. Atlantique Nord, Méditerranée, mer Noire

Arborant une livrée rougeâtre, ce poisson à la grosse tête protégée par d'épaisses plaques osseuses vit sur le fond. Ses nageoires pectorales ont trois longs rayons libres, très mobiles, utilisables comme des pattes pour se déplacer sur le fond de l'océan ou détecter les mollusques et les crustacés qui, avec les petits poissons, constituent son alimentation. Les grondins-perlons émettent des grognements en faisant vibrer les muscles spéciaux de leur vessie gazeuse. Ces émissions sonores les aident probablement à se rassembler.

Synanceia horrida

Poisson-pierre

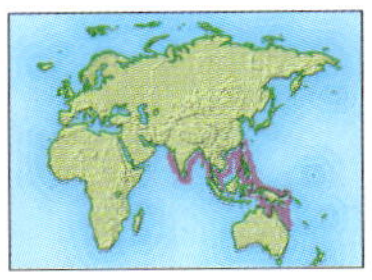

Longueur Jusqu'à 60 cm
Poids Inconnu
Sexe Mâle/Femelle
Statut EN

Répartition Indo-Pacifique

Ce poisson corpulent, piètre nageur, est un redoutable prédateur : un camouflage efficace et une substance toxique produite par des glandes à la base de chacun des treize rayons épineux de sa nageoire dorsale le rendent dangereux. Tout plongeur qui pose le pied sur lui risque la mort. Le poisson-pierre, ou synancée, à demi enfoui dans le sable du fond, tourne la tête vers le haut, et ses yeux en saillie lui permettent de distinguer ses proies éventuelles.

DANGER CACHÉ

Tirant le meilleur parti de sa coloration changeante, le poisson-pierre se confond avec son environnement en creusant une petite dépression sur le fond à l'aide de ses nageoires pectorales. Ensuite, il guette sa proie, dissimulé dans le sable ou la vase.

UN POISSON SANS ÉCAILLES
Le poisson-pierre a un corps sans écailles. Il adapte sa coloration à celle des rochers et cailloux des fonds marins.

Scorpaena porca

Rascasse brune

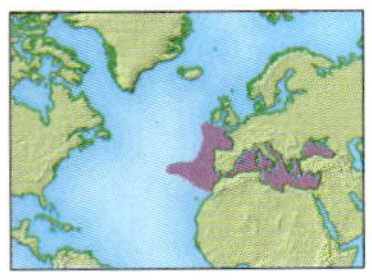

Longueur Jusqu'à 25 cm
Poids Inconnu
Sexe Mâle/Femelle
Statut Commune localement Δ

Répartition E. Atlantique Nord, Méditerranée, mer Noire

La rascasse brune a un corps brun marbré, une tête bulbeuse portant de gros yeux surmontés de petits appendices ressemblant à de la mousse, et une grande bouche. Elle se tient à l'affût, immobile dans les rochers recouverts d'algues, utilisant son camouflage très efficace pour éviter de se faire remarquer. Ses nageoires ont des bords arrondis, et les rayons de la dorsale et de l'anale sont reliés à des glandes à venin d'une grande toxicité.

Cottus gobio

Chabot

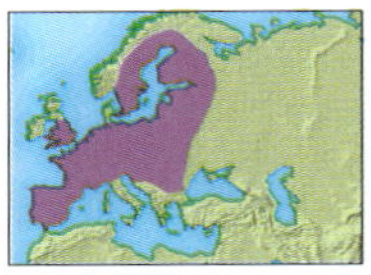

Longueur Jusqu'à 18 cm
Poids Inconnu
Sexe Mâle/Femelle
Statut LR

Répartition O. Europe

Le chabot se cache sous les pierres ou dans la végétation aquatique dense des cours d'eau européens. Sa livrée brun foncé, marbrée, offre un excellent camouflage à ce poisson solitaire. Il se nourrit d'œufs, de larves de poissons et de petits invertébrés. La période de la fraie se situe de mars à mai, selon les régions. Le mâle creuse une petite cavité dans le sable, sous une pierre, la femelle dépose ses œufs, puis il veille sur eux jusqu'à l'éclosion.

Anoplopoma fimbria

Charbonnière

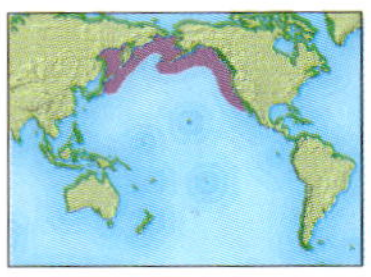

Q : Morue charbonnière
Longueur Jusqu'à 1,10 m
Poids Jusqu'à 57 kg
Sexe Mâle/Femelle
Statut Commune localement Δ

Répartition Pacifique Nord

Même s'il appartient à la famille des poissons-scorpions, ce poisson très répandu dans le nord du Pacifique ressemble à une morue (voir p. 502-503), avec un corps hydrodynamique et des nageoires espacées. Les adultes ont une livrée noire à gris verdâtre, parfois tachetée ou rayée, et un ventre blanc. Chez les jeunes, le ventre est bleu foncé. Ceux-ci vivent près de la surface, généralement le long des côtes, tandis que les adultes habitent près du fond de l'océan. La charbonnière effectue d'importantes migrations le long du littoral, gagnant les profondeurs en hiver. Ce prédateur chasse en groupe, se nourrissant de crustacés, de vers et de petits poissons tels les poissons-lanternes. Il représente une importante source de nourriture, essentiellement en Asie, où il est pêché au chalut et à la ligne, et largement commercialisé.

Cyclopterus lumpus

Lompe

Q : Grosse poule de mer
Longueur Jusqu'à 60 cm
Poids Jusqu'à 9,5 kg
Sexe Mâle/Femelle
Statut Commun localement Δ

Répartition Atlantique Nord

Également appelé cycloptère, ce poisson trapu possède, sous le museau, une ventouse formée par des nageoires pelviennes modifiées. Il l'utilise pour se fixer aux plantes ou rochers, dans les zones de courants violents. On le rencontre jusqu'à 300 m de profondeur, mais il gagne les eaux peu profondes pour pondre. En période de fraie, le mâle prend une coloration rougeâtre, tandis que la femelle est gris-bleu. Les œufs sont vendus dans le commerce comme faux caviar bon marché.

SOINS PARENTAUX

La femelle du lompe pond une grande quantité d'œufs roses. Le mâle veille sur eux jusqu'à l'éclosion, de six à huit semaines plus tard, en prenant soin de les éventer afin de les oxygéner.

BLINDAGE
Le lompe doit sa forme tourmentée aux plaques osseuses qui, disposées en rangées, parsèment son dos et ses flancs.

Agonus acipenserinus

Souris de mer

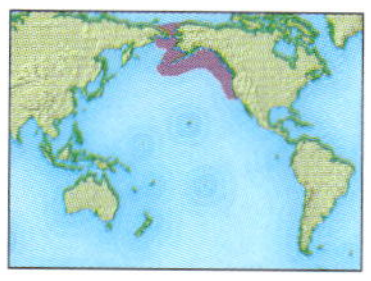

Q : Agone du Pacifique
Longueur Jusqu'à 31 cm
Poids Inconnu
Sexe Mâle/Femelle
Statut Commune localement Δ
Répartition Pacifique Nord

La souris de mer est l'une des 50 espèces de la famille des Agonidae, de longs poissons à grosse tête au museau allongé, dont le corps est recouvert de plaques osseuses soudées. Elle utilise ses nageoires pectorales comme des rames et sa queue comme un gouvernail pour se déplacer sur le fond de la mer. Tous les Agonidae ont des barbillons qui pendent de leur gueule et sont garnis de papilles gustatives utilisées pour détecter crustacés et petits animaux dans le substrat. Nageant lentement, ces poissons sont faciles à capturer.

Lopholatilus chamaeleonticeps

Tile-chameau

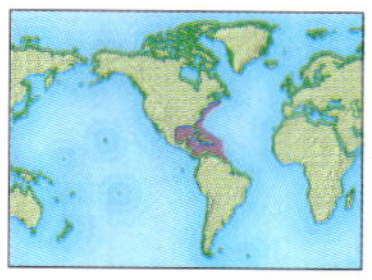

Longueur Jusqu'à 1,20 m
Poids Jusqu'à 30 kg
Sexe Mâle/Femelle
Statut Commun localement Δ
Répartition O. et C. Atlantique

Ce gros poisson à tête arrondie appartient à une famille de trente espèces qui construisent des buttes ou des terriers sur le fond de la mer. Il fore des trous en forme d'entonnoir atteignant 5 m de diamètre et 3 m de profondeur, où il trouve refuge et attire petits poissons et crustacés. Chaque poisson creuse un terrier individuel, dans lequel il entre la tête la première et sort la queue en avant.

Cromileptes altivelis

Mérou bossu

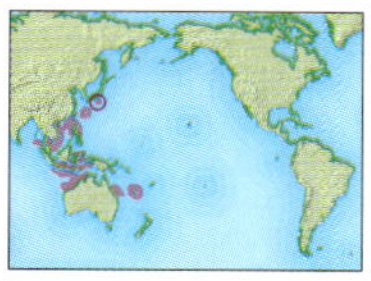

Longueur Jusqu'à 70 cm
Poids Jusqu'à 3,5 kg
Sexe Parfois hermaphrodite
Statut Commun localement
Répartition Indo-Pacifique

Également appelé mérou de Grace Kelly, il a une livrée particulière, blanchâtre sur la tête, le corps et les nageoires, et marquée de taches noires. Son dos forme une sorte de bosse, juste derrière la tête. Les mérous se distinguent par leur aptitude à changer de sexe, les femelles devenant des mâles en vieillissant. On connaît mal la façon de se reproduire de cette espèce, excepté qu'elle pond des œufs.

Heteropriacanthus cruentatus

Beauclaire de roche

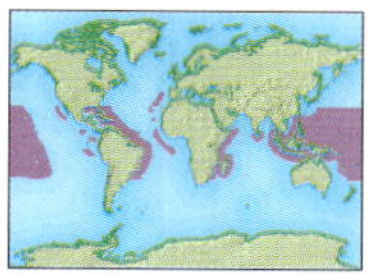

Longueur Jusqu'à 50 cm
Poids Jusqu'à 2,5 kg
Sexe Mâle/Femelle
Statut Commun
Répartition Eaux tropicales du monde entier

Ce poisson solitaire doit son nom à la couche réfléchissante, appelée *tapetum lucidum*, que comportent ses gros yeux. Il passe la journée caché sous des rochers ou des récifs, ne sortant que la nuit pour se nourrir de proies aussi variées que les petits poissons, les crevettes, les crabes, les poulpes et les vers marins. À la différence des adultes, les juvéniles vivent en pleine mer.

Anabas testudineus

Perche grimpeuse

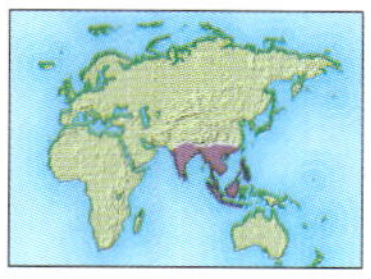

Longueur Jusqu'à 25 cm
Poids Jusqu'à 150 g
Sexe Mâle/Femelle
Statut Commune localement
Répartition S. et S.-E. Asie

Petit poisson d'eau douce adapté à la vie dans les lacs et les mares d'eau stagnante pauvre en oxygène, cette perche respire l'air atmosphérique à la surface de l'eau et a même la faculté de se hisser sur l'herbe à cet effet (à droite). Dans certaines régions, elle s'enfouit dans la vase pendant la saison sèche. Appréciée des aquariophiles, elle est également commercialisée pour sa chair.

GRIMPER

La perche grimpeuse utilise les épines rigides situées près de ses branchies et ses pectorales pour «grimper» sur la rive et gagner un autre plan d'eau durant les nuits pluvieuses. Elle peut survivre plusieurs jours hors de l'eau.

NAGEOIRES ÉPINEUSES
Ce petit poisson massif, gris, olive ou brun, possède des nageoires courtes, la dorsale et l'anale étant armées de redoutables épines.

Caranx hippos

Carangue crevalle

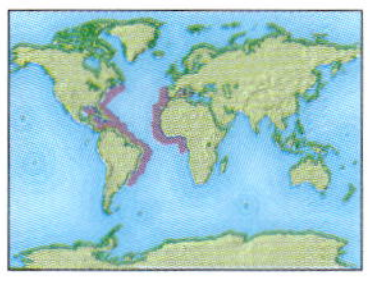

Longueur Jusqu'à 1,20 m
Poids Jusqu'à 32 kg
Sexe Mâle/Femelle
Statut Commun localement
Répartition E. et O. Atlantique

Ce poisson se reconnaît à sa grosse tête arrondie, au point noir qui orne le bord de ses opercules et à sa queue très fourchue à base étroite. Le plus gros des carangues, il peut tolérer une grande variété de taux de salinité : les juvéniles qui se déplacent en bancs préfèrent les eaux saumâtres tandis que les adultes se rencontrent dans les eaux profondes, où ils croisent par couple. Ce redoutable prédateur chasse les bancs de petits poissons par raids imprévus, formant une onde, à la surface, visible de loin.

Chiasmodon niger

Gobeur noir

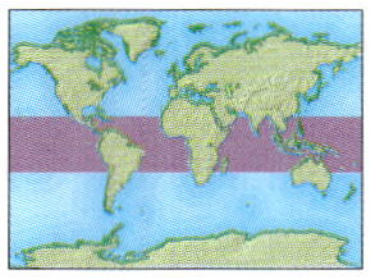

Longueur Jusqu'à 25 cm
Poids Inconnu
Sexe Mâle/Femelle
Statut Commun localement Δ
Répartition Eaux tropicales et subtropicales du monde entier

Le gobeur noir appartient à un petit groupe de poissons des grands fonds capables de capturer et de dévorer des proies plus grosses qu'eux grâce à une bouche et à un estomac extensibles. Après la digestion, le poisson retrouve sa forme initiale. Il fréquente les eaux océaniques profondes mais en remonte parfois pour se nourrir. Il possède deux nageoires dorsales, une longue anale munie d'une seule épine, et une queue fourchue.

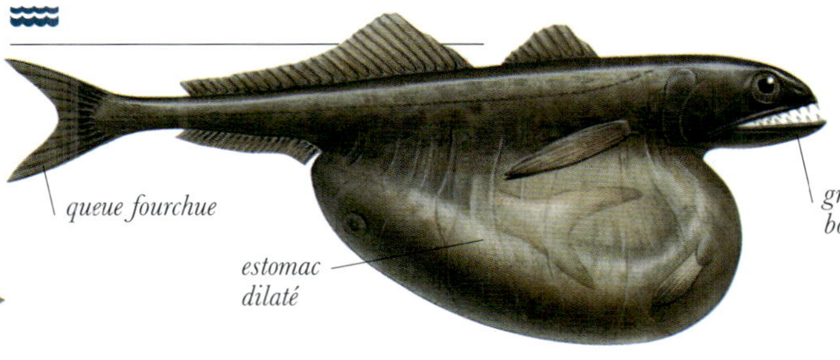

UN CHASSEUR PATIENT
Le mérou géant se tient aux aguets près du fond, caché dans les coraux et les rochers, attendant qu'un crustacé ou un poisson passe à proximité. Puis il fond sur sa proie et l'engloutit dans sa vaste bouche en la maintenant avec ses nombreuses dents en forme d'aiguilles recourbées vers l'intérieur.

Epinephelus lanceolatus

Mérou géant

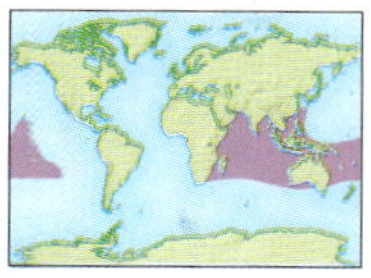

Longueur Jusqu'à 2,50 m
Poids Jusqu'à 400 kg
Sexe Parfois hermaphrodite
Statut VU

Répartition océan Indien, O. et C. Pacifique

Le plus grand des mérous fréquente les eaux littorales chaudes et peu profondes, de même que les estuaires, car il supporte les eaux saumâtres. Généralement solitaire, il vit parmi les coraux et les récifs rocheux, en sédentaire, ne dédaignant pas cavernes et épaves. Le mérou géant se nourrit essentiellement de crustacés, avec une prédilection pour le homard, mais il mange également crabes et poissons, petits dauphins, raies et jeunes tortues de mer. Les juvéniles sont la proie d'autres poissons, tandis que les adultes constituent uniquement la cible des pêcheurs sous-marins, car ils se laissent approcher. La croissance du mérou géant exige de grandes quantités de nourriture et s'étale sur plusieurs années, ce qui limite ses effectifs dans une zone déterminée. De plus, une pêche intensive peut décimer sa population, lui laissant peu de chances de se reproduire si elle n'est pas protégée. Le mérou Goliath *(Epinephelus itajara)*, un proche parent du mérou géant, est devenu si rare que, du moins dans les eaux des États-Unis, il est interdit de le pêcher.

UNE CONSTITUTION ROBUSTE
Le mérou se distingue par son corps trapu, à la livrée brunâtre tachetée de clair, et par son immense bouche.

UN GÉANT AGRESSIF
Même si le mérou géant se laisse approcher par les plongeurs, certains spécimens de grosse taille auraient attaqué et tué des hommes.

Opisthognathus aurifrons

Fontainier aurifront

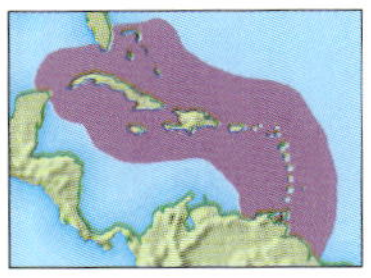

Longueur 10 cm
Poids Inconnu
Sexe Mâle/Femelle
Statut Commun localement Δ

Répartition Antilles à N. Amérique du Sud

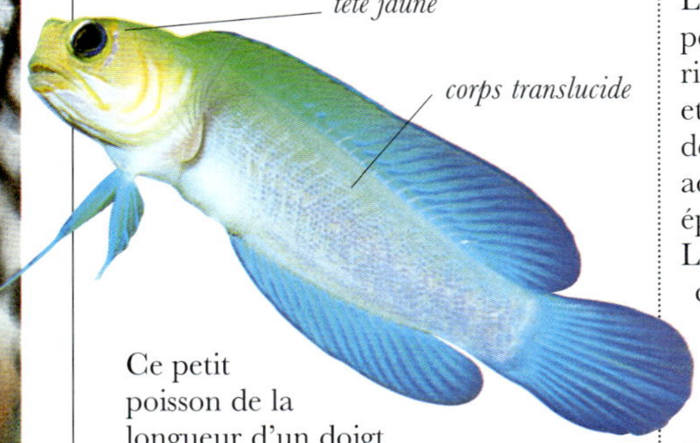

Ce petit poisson de la longueur d'un doigt fréquente les fonds sablonneux des eaux peu profondes des récifs coralliens. On remarque sa tête jaune caractéristique dans les eaux tropicales, près du littoral. Il creuse des puits sur le fond, s'y abrite pour se reproduire et ne sort la tête que pour épier une proie. Le mâle incube les œufs dans sa bouche, les crachant dans son abri pour aller manger, puis les récupérant à son retour.

Perca fluviatilis

Perche

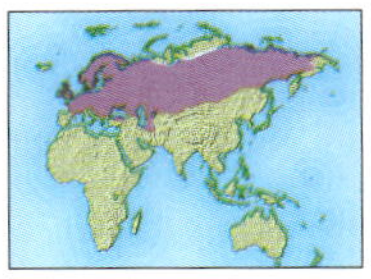

Longueur Jusqu'à 51 cm
Poids Jusqu'à 4,5 kg
Sexe Mâle/Femelle
Statut LR

Répartition Europe, Asie

La perche est essentiellement un poisson d'eau douce qui peuple les rivières au cours lent, les lacs profonds et les étangs. Les jeunes se nourrissent de plancton et d'invertébrés ; les adultes, de petits poissons, vairons, épinoches et même d'autres perches. Les gros individus vivent isolés près d'un rocher ou dans la végétation aquatique, tandis que les petits se regroupent en bancs. Ce poisson a une valeur commerciale ; il est également apprécié pour la pêche sportive. Son introduction en dehors de l'Europe, comme en Australie, a causé de graves dommages écologiques.

DES RUBANS D'ŒUFS

La femelle pond jusqu'à 300 000 œufs reliés par un mucus et disposés en rubans, sur des supports comme les rochers et les plantes aquatiques. Ils éclosent trois semaines plus tard.

STRIES
La perche possède deux nageoires dorsales. Son corps est généralement strié de six bandes verticales.

Lepomis cyanellus

Perche-soleil

♀ : Crapet vert
Longueur Jusqu'à 31 cm
Poids 975 g
Sexe Mâle/Femelle
Statut Commune

Répartition E. États-Unis

Habituée d'une grande variété d'habitats, petits ruisseaux, lacs et étangs, cette perche est l'un des poissons d'eau douce les plus répandus en Amérique du Nord. Au début de l'été, elle se rassemble en colonies pour se reproduire dans les endroits abrités par des plantes ou des pierres. Le mâle creuse un nid dans le fond sablonneux à l'aide des battements de sa queue. Après la ponte, il se charge de la surveillance des œufs et des alevins.

Sphaeramia nematopterus

Poisson-pyjama

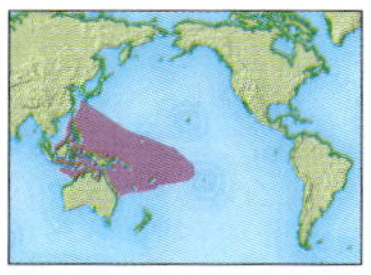

Longueur Jusqu'à 8 cm
Poids Inconnu
Sexe Mâle/Femelle
Statut Commun Δ

Répartition Indo-Pacifique

Ce poisson tropical appartient à une famille de 200 espèces qui habitent les récifs coralliens ou les lagunes. Mâle et femelle ont une tête jaune, une large bande verticale foncée et la région caudale recouverte de taches. Chez la femelle, la coloration est plus vive. Le mâle incube les œufs dans sa bouche jusqu'à l'éclosion.

Pomatomus saltatrix

Tassergal

Longueur Jusqu'à 1,2 m
Poids Jusqu'à 14 kg
Sexe Mâle/Femelle
Statut Commun

Répartition Atlantique, Méditerranée, mer Noire, Indo-Pacifique

Unique représentant de sa famille, ce poisson primitif qui ressemble à une perche est largement distribué dans les eaux littorales et les estuaires de la plupart des continents. Ses puissantes mâchoires garnies de rangées de dents acérées en font un redoutable prédateur. Opérant en bancs, il attaque des poissons plus petits que lui par-derrière, les rassemblant souvent en groupes serrés. Il arrive même à ce prédateur vorace de dévorer ses propres petits. Le tassergal n'est pas un poisson sédentaire : il migre en bancs énormes pour se reproduire dans des eaux plus chaudes. Les courants océaniques ramèneront ensuite larves et juvéniles.

Remora remora

Rémora

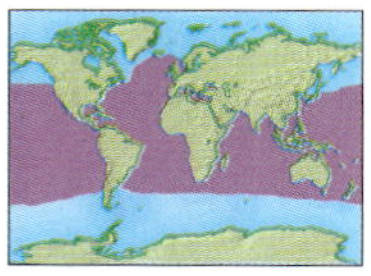

♀ : Rémora noir
Longueur Jusqu'à 86 cm
Poids Jusqu'à 6 kg
Sexe Mâle/Femelle
Statut Commun localement

Répartition Eaux tropicales, subtropicales et tempérées du monde entier

Le rémora se reconnaît facilement à la ventouse ovale que forme sa première nageoire dorsale. Il l'utilise pour se fixer sur les baleines, les dauphins et les grands poissons, essentiellement des requins, moyen d'économiser son énergie et de voyager sans effort. Son hôte le protège des prédateurs et lui fournit des débris de nourriture. En échange, le rémora le débarrasse des parasites qui encombrent sa peau et ses cavités branchiales.

Nomeus gronovii

Noméus bleu

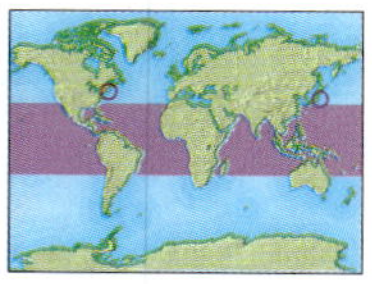

♀ : Physalier
Longueur Jusqu'à 25 cm
Poids Inconnu
Sexe Mâle/Femelle
Statut LR Δ

Répartition Eaux tropicales du monde entier

Au début de son existence, ce poisson à taches bleues vit en étroite association avec les méduses, surtout avec la grande physalie (voir p. 532), ce qui le préserve de la plupart de ses prédateurs.

Il se nourrit d'autres poissons tués par les cellules urticantes de la méduse, mais on ignore comment il n'est pas lui-même atteint. Devenu adulte, il abandonne cette sécurité relative pour gagner les eaux profondes.

Coryphaena hippurus

Grande coryphène

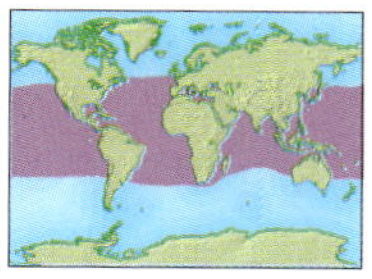

Q : Dauphin
Longueur Jusqu'à 2,10 m
Poids Jusqu'à 40 kg
Sexe Mâle/Femelle
Statut Commune

Répartition Eaux tropicales, subtropicales et tempérées du monde entier

La grande coryphène est dotée d'une grosse tête au front vertical et d'une nageoire dorsale qui s'étend sur toute la longueur de son corps. Sa nageoire caudale est profondément fourchue, un trait caractéristique des espèces pélagiques chez lesquelles la rapidité est primordiale pour manger et éviter d'être mangées. En effet, ce poisson peut nager jusqu'à 60 km/h. Sa coloration est peu commune, avec un dos bleu ou vert vif, des flancs argentés aux reflets dorés et des rangées irrégulières de points noirs ou dorés. Sa chair est très appréciée. La grande coryphène vit généralement dans les mers tropicales et chaudes (plus de 20 °C) et se reproduit au large, le soir ou la nuit, tout au long de l'année.

CAMOUFLAGE
Les nuances de coloration de son corps aident la coryphène à se confondre avec la fois l'obscurité des fonds marins et la lumière venue de la surface. Elle est ainsi invisible des prédateurs qui l'approchent d'en haut ou de dessous.

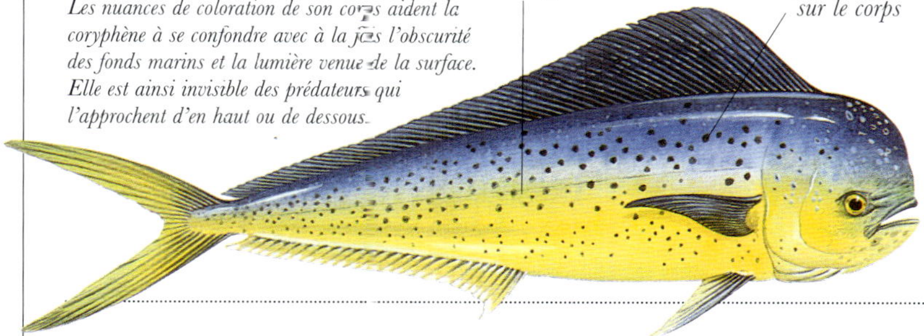

ALIMENTATION

Les coryphènes se nourrissent d'autres poissons mais aussi de crustacés et de calmars vivant sur des objets flottants. Elles suivent les bateaux et s'amassent en petits groupes sous les sargasses et autres algues.

Naucrates ductor

Poisson-pilote

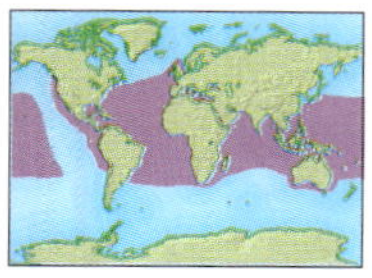

Q : Fanfre
Longueur Jusqu'à 70 cm
Poids Inconnu
Sexe Mâle/Femelle
Statut Commun localement

Répartition Eaux tropicales, subtropicales et tempérées du monde entier

Le poisson-pilote est un poisson de taille moyenne, à la robe à six ou sept bandes verticales sombres, qui doit son nom à son habitude d'accompagner des espèces plus grandes comme les requins et les raies. Cette situation satisfait à la fois le poisson-pilote et son hôte : il se nourrit des parasites du requin et profite de la protection que lui offre le gros poisson qu'il « pilote ». Il est également moins visible des petits poissons dont il se nourrit.

Sciaena umbra

Corb, coracin

Longueur 70 cm
Poids Inconnu
Sexe Mâle/Femelle
Statut Commun

Répartition E. Atlantique Nord, Méditerranée, mer Noire

Le corb, au corps massif, au dos fortement arqué et au ventre presque plat, vit dans les eaux littorales. Il appartient à une famille de 270 espèces et se nourrit, la nuit, d'invertébrés du fond de la mer. Sa particularité est de produire des sons graves pour communiquer. De plus, ce poisson a une ouïe très fine. Grâce aux muscles de sa vessie gazeuse très complexe, le mâle émet des sons sourds, des sortes de signaux, à l'époque de la reproduction. Son extraordinaire flottabilité lui permet de nager sans effort.

Mullus surmuletus

Surmulet

Longueur Jusqu'à 40 cm
Poids Jusqu'à 1 kg
Sexe Mâle/Femelle
Statut Commun

Répartition E. Atlantique Nord, Méditerranée, mer Noire

Très prisé pour sa chair, le surmulet a une livrée rougeâtre agrémentée d'une bande plus foncée le long de sa ligne latérale et de plusieurs bandes jaunes longitudinales. Sa bouche infère arbore deux barbillons mobiles dotés d'organes sensoriels qui l'aident à trouver sa nourriture. Il enfonce ses barbillons tactiles dans le sable ou la vase afin de détecter les petits animaux marins des fonds sablonneux, crustacés, vers, mollusques et petits poissons.

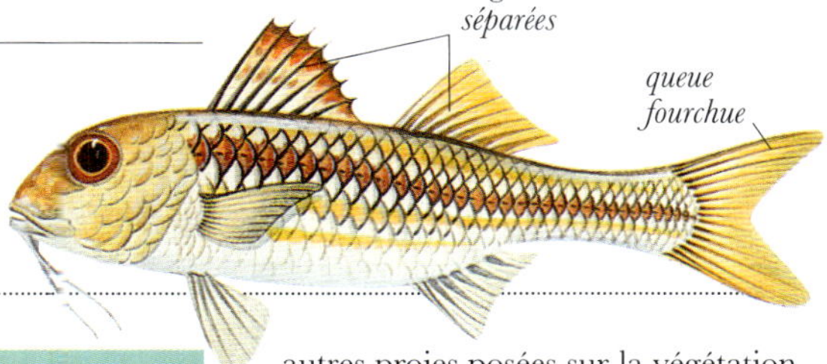

Toxotes chatereus

Poisson-archer

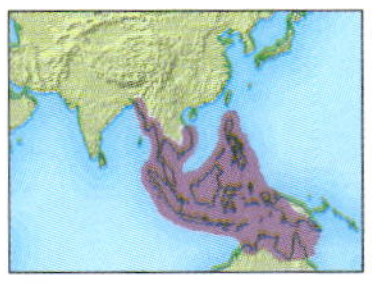

Longueur Jusqu'à 40 cm
Poids Jusqu'à 1 kg
Sexe Mâle/Femelle
Statut Commun localement Δ

Répartition Indo-Pacifique, S.-E. Asie, N. Australie

Hôte des cours d'eau, des lacs et des eaux saumâtres, ce poisson ventru, couleur argent et noir, est connu pour son habileté à lancer un jet d'eau sur des insectes ou autres proies posées sur la végétation, afin de les faire tomber : il presse sa langue contre son palais puis comprime rapidement ses cavités branchiales, libérant un jet d'eau qui peut atteindre 1,50 m. On connaît mal sa reproduction ; ses œufs flottent à la surface de l'eau.

Pomacanthus imperator

Poisson-ange empereur

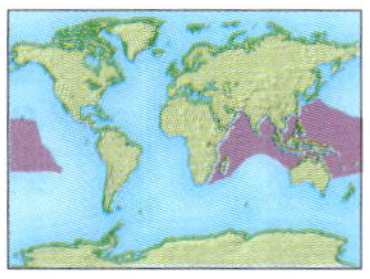

Longueur Jusqu'à 40 cm
Poids Inconnu
Sexe Parfois hermaphrodite
Statut Commun localement

Répartition océan Indien, Pacifique

JUVÉNILES
Les jeunes ont une couleur différente de celle des adultes : un fond bleu ou noir, traversé de nombreux petits anneaux concentriques blancs.

Les poissons-anges comptent parmi les espèces les plus colorées vivant dans les récifs coralliens. Jeunes et adultes présentent des différences très marquées. Le poisson-ange empereur se distingue par son corps comprimé latéralement, sa petite bouche aux dents en peigne et la longue épine dirigée vers l'arrière qui garnit chacun de ses opercules. Comme ses congénères, mais, fait rare chez les poissons, il est capable de digérer la chair des éponges, abondantes sur les récifs de corail. Il émet parfois des grognements faisant office de signaux d'alerte. À la mort du mâle, l'une des femelles de son harem change de sexe et assure le rôle dominant.

ADULTES
Les adultes portent des lignes obliques, alternativement jaunes et violettes. Leur tête et la région de leurs nageoires pectorales sont agrémentées de marques bleu vif et bleu-noir.

Chelmon rostratus

Chétodon à bec

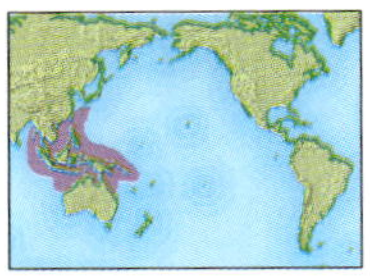

Longueur Jusqu'à 20 cm
Poids Inconnu
Sexe Mâle/Femelle

Statut Commun

Répartition Indo-Pacifique

Avec son corps comprimé et son museau en forme de rostre, le chétodon à bec est, comme tous les poissons-papillons, très efficace pour extraire les petits animaux des fissures et crevasses des récifs coralliens. Son élégante livrée est marquée de trois bandes orange et d'une étroite bande noire à la base de la queue. La tache (ocelle) qui orne sa nageoire dorsale ressemble à un œil et sert à déjouer les prédateurs. La nuit, il prend une coloration marbrée de façon à se confondre avec le fond limoneux du récif.

Oxycirrhites typus

Poisson-faucon à long nez

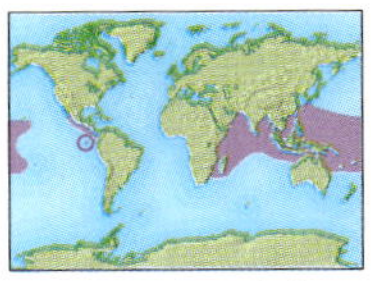

Longueur Jusqu'à 13 cm
Poids Inconnu
Sexe Parfois hermaphrodite

Statut LR ∆

Répartition océan Indien, Pacifique

Les 35 espèces de poissons-faucons habitent les eaux tropicales des récifs rocheux et coralliens. Immobiles sur le fond, ils se tiennent aux aguets afin de surprendre invertébrés et petits poissons passant à proximité. En cas de danger, ils utilisent les rayons inférieurs épaissis de leurs nageoires pectorales pour se glisser dans des crevasses d'où il est très difficile de les déloger. Le poisson-faucon à long nez a un corps élancé et une livrée blanche quadrillée de rouge et tachetée. Son long museau lui permet de capturer ses proies. Les mâles ont un harem de deux à sept femelles. Quand le mâle meurt, l'une des femelles change de sexe et prend sa place.

Amphiprion frenatus

Poisson-clown

Longueur 7,5–14 cm
Poids Inconnu
Sexe Hermaphrodite

Statut Commun

Répartition O. Pacifique

Tout comme les diverses espèces de poissons-clowns, celui-ci vit en symbiose avec une anémone de mer. La couche de mucus dont il est revêtu le protège des cellules urticantes de son hôtesse. S'il s'en éloigne, il doit, à son retour, rétablir son immunité par une série de brefs contacts avec l'anémone avant de se glisser sans dommage parmi ses tentacules urticants. L'anémone lui fournit un abri, et il la débarrasse des détritus divers dont il se nourrit. Une famille n'occupe qu'une seule anémone. Mâle et femelle s'y reproduisent. À la mort de la femelle, le mâle change de sexe et prend sa place. Les poissons-anémones, ou clowns, font partie de la famille des poissons-anges, l'un des groupes les plus colorés des poissons des récifs coralliens.

Labroides dimidiatus

Labre nettoyeur

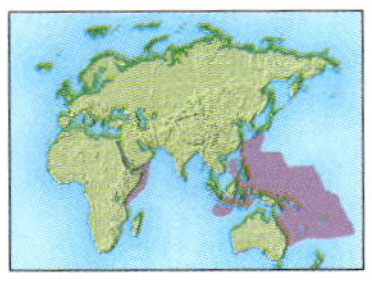

Longueur Jusqu'à 11,5 cm
Poids Inconnu
Sexe Parfois hermaphrodite

Statut Commun

Répartition Indo-Pacifique

Le labre nettoyeur est un habitant très important des récifs coralliens, car il se nourrit des parasites qui infestent les autres poissons et de leurs lambeaux de peau morte. Les «clients» se présentent à la «station-service», où officient généralement un couple de labres ou un groupe de femelles accompagnées d'un mâle adulte. À sa mort, le mâle dominant est remplacé par la femelle dominante, qui change de sexe.

Pseudotropheus zebra

Pseudotropheus du lac Malawi

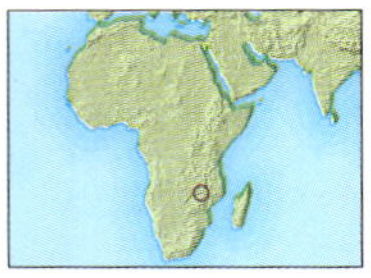

Longueur Jusqu'à 12 cm
Poids Inconnu
Sexe Mâle/Femelle

Statut Commun ∆

Répartition Afrique orientale (lac Malawi)

Ce petit poisson bleu métallique est l'un des centaines de Cichlidae ayant évolué de façon relativement isolée dans les grands lacs africains. Il a une petite bouche aux lèvres épaisses qui lui permettent de racler les algues sur les rochers. Les œufs sont couvés dans la bouche de la femelle. Après l'éclosion, les alevins y séjournent pendant une semaine.

Cetoscarus bicolor

Poisson-perroquet bicolore

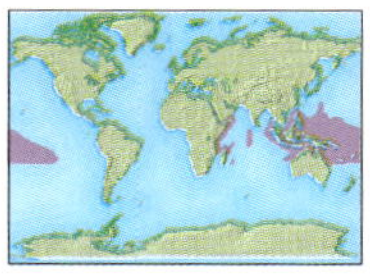

Longueur Jusqu'à 80 cm
Poids Inconnu
Sexe Parfois hermaphrodite

Statut Commun

Répartition océan Indien, Pacifique

Les poissons-perroquets doivent leur nom à leurs couleurs vives et à leurs dents en forme de bec. Ces herbivores broutent les algues incrustées sur les récifs coralliens et ingèrent ainsi des débris de roche. Leurs dents pharyngiennes leur permettent de les broyer en un fin sédiment dont ils se débarrassent avec leurs excréments. Très répandu dans les récifs coralliens, le poisson-perroquet bicolore est le principal producteur de sédiments sableux.

Astronotus ocellatus

Œil-de-paon

Longueur Jusqu'à 40 cm
Poids Jusqu'à 1,5 kg
Sexe Mâle/Femelle

Statut Commun

Répartition Amérique du Sud (du rio Ucayali au cours supérieur de l'Amazone)

La famille des Cichlidae est un vaste groupe de plus de 2 000 espèces. Ces poissons d'eau douce au corps comprimé vivent surtout en Amérique du Sud, en Afrique et au Sri Lanka. L'œil-de-paon habite les eaux de l'Amazone et de ses affluents. L'ocelle qu'il arbore à la base de sa nageoire caudale lui permet de confondre ses prédateurs. La femelle pond plus de 2 000 œufs. Comme la plupart des Cichlidae, cette espèce pratique des soins parentaux.

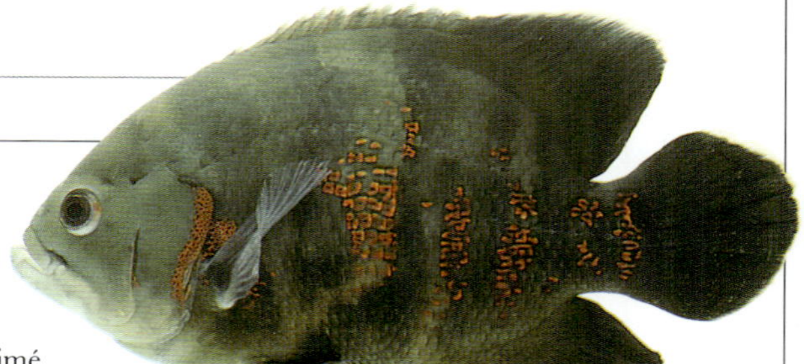

Anarhichas lupus

Poisson-loup

Q : Loup atlantique
Longueur Jusqu'à 1,50 m
Poids Jusqu'à 24 kg
Sexe Mâle/Femelle
Statut Commun

Répartition Atlantique Nord, Arctique

Le poisson-loup est un prédateur solitaire des eaux peu profondes, dépourvu de nageoires pelviennes. En revanche, il possède des dents très développées, coniques sur l'avant des mâchoires et semblables à des molaires sur les côtés. Ces dents et une plaque osseuse, sur la voûte palatine, lui permettent de broyer coquilles de mollusques, carapaces de crabes, homards, oursins et autres échinodermes dont il se nourrit. Il se reproduit l'hiver dans des eaux plus profondes, le mâle veillant sur les œufs jusqu'à l'éclosion. Capturé autrefois comme sous-produit de la pêche au chalut, il est actuellement recherché pour la délicatesse de sa chair.

Chaenocephalus aceratus

Grande-gueule antarctique

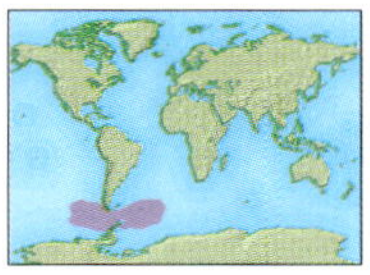

Longueur Jusqu'à 72 cm
Poids Jusqu'à 3,5 kg
Sexe Mâle/Femelle
Statut Commun

Répartition E. Pacifique Sud, O. Atlantique Sud

Ce poisson produit un « antigel » qui lui permet de survivre dans les eaux glacées de l'Antarctique. Un sang dépourvu de globules rouges explique sa pâleur, mais il a un système circulatoire performant et un cœur puissant, dont le poids égale celui des petits mammifères. Sa grande bouche armée d'une multitude de dents lui a valu chez les baleiniers du XIXe siècle le surnom de poisson-crocodile.

Dissostichus mawsoni

Dissostichus

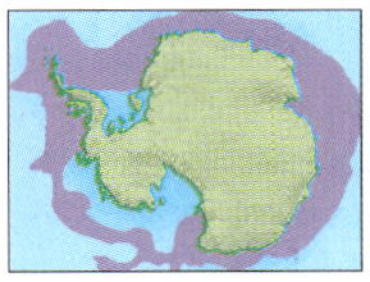

Longueur Jusqu'à 2,20 m
Poids Jusqu'à 120 kg
Sexe Mâle/Femelle
Statut Commun

Répartition Cercle antarctique

Ce poisson des fonds marins survit dans les eaux glacées de l'Antarctique grâce à une protéine particulière de ses tissus et à un sang qui fait office d'« antigel ». Comme beaucoup d'animaux de ces régions, il se développe très lentement, atteignant sa maturité sexuelle vers huit à dix ans. Il quitte parfois le fond pour capturer petits poissons, calmars, crabes et crevettes. Sa taille importante le protège de la plupart des animaux marins comme les cachalots, les orques et les éléphants de mer. Il n'a pas de vessie gazeuse, mais sa masse osseuse légère et une grande quantité de graisse lui donnent une bonne flottabilité.

Echiichthys vipera

Petite vive

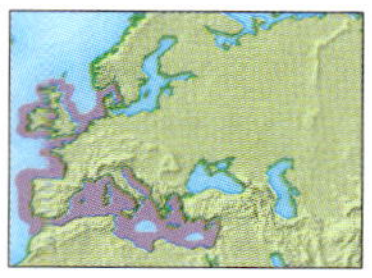

Longueur Jusqu'à 15 cm
Poids Inconnu
Sexe Mâle/Femelle
Statut Commune

Répartition E. Atlantique Nord, Méditerranée

Ce poisson venimeux qui s'échoue souvent sur les plages européennes est connu pour infliger des blessures douloureuses à qui pose le pied dessus. Les épines de sa première nageoire dorsale et de ses opercules sont pourvues de glandes à venin. Lorsqu'elle est dérangée, la vive les redresse pour se défendre. Elle s'enfouit aux trois quarts dans la vase ou le sable, ne laissant dépasser que ses yeux et le bord de sa nageoire dorsale.

Nemateleotris magnifica

Gobie de feu

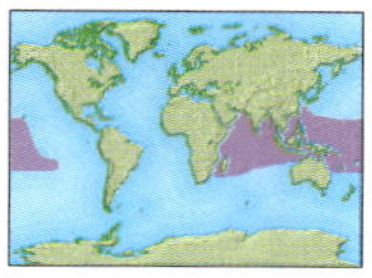

Longueur Jusqu'à 8 cm
Poids Inconnu
Sexe Mâle/Femelle
Statut Commun

Répartition Pacifique, océan Indien

De même que la soixantaine d'espèces voisines, ce petit poisson tropical de la grosseur d'un doigt creuse un terrier dans le sable ou les débris de corail. Il est facilement identifiable à sa livrée, jaune pâle sur la tête, qui offre un beau dégradé de rouge orangé vers la queue. Les adultes, solitaires ou en couple, nagent sur place à l'entrée de leur terrier, à contre-courant, afin de se nourrir de zooplancton. À la moindre alerte, ils disparaissent dans leur abri.

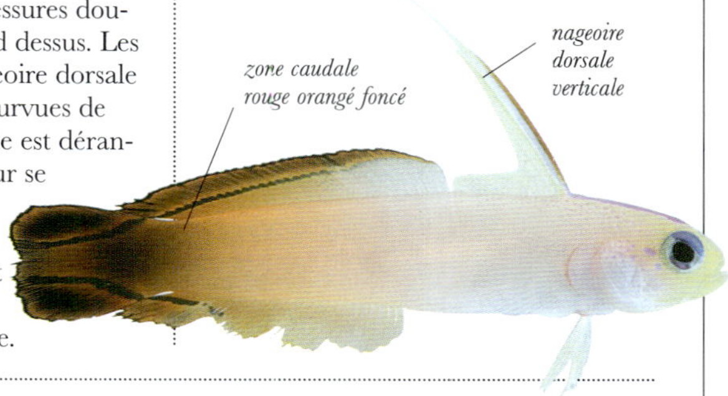

Periophthalmus barbarus

Périophtalme

Longueur Jusqu'à 25 cm
Poids Inconnu
Sexe Mâle/Femelle
Statut Commun

Répartition E. Atlantique

Les périophtalmes ont un corps effilé, avec une grosse tête aux yeux saillants. Ils se nourrissent des petits animaux vivant dans la vase et passent beaucoup de temps hors de l'eau, respirant grâce à leur peau qu'ils doivent maintenir humide. Leurs nageoires pectorales en éventail leur permettent de se déplacer et de sautiller grâce à de rapides mouvements de flexion de leur corps.

Naso lituratus

Nason

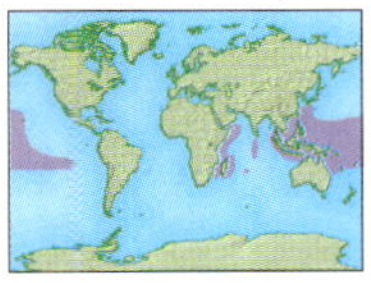

Longueur 45 cm
Poids Inconnu
Sexe Mâle/Femelle
Statut Commun

Répartition Pacifique, océan Indien

Le nason appartient à une famille de 72 espèces appelées poissons-chirurgiens à cause de l'épine en scalpel qu'ils portent de chaque côté de leur queue. Le nason utilise ses épines orange vif à la fois pour se défendre contre ses prédateurs et pour assurer sa domination, infligeant de profondes blessures à son adversaire d'un rapide coup de queue. Il se caractérise par son corps modérément comprimé et par l'absence de protubérance en forme de corne sur la tête, à la différence des espèces voisines. Il racle la fine couche d'algues qui recouvre le fond grâce à ses incisives. Comestible, il est pêché dans les récifs coralliens.

Siganus vulpinus

Poisson-lapin

Longueur Jusqu'à 24 cm
Poids Inconnu
Sexe Mâle/Femelle
Statut Commun

Répartition Indo-Pacifique

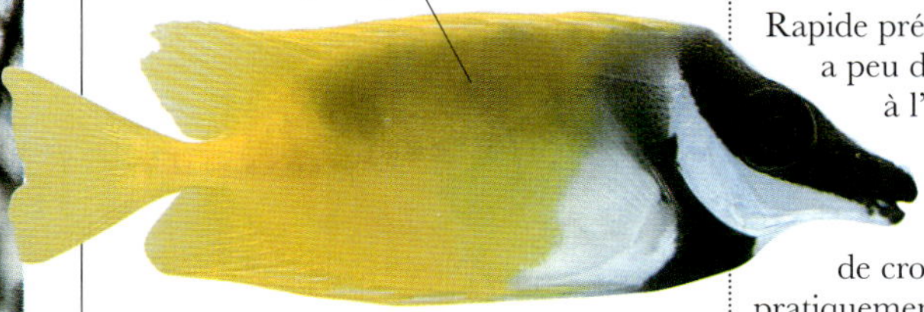

Vivant près du fond des eaux peu profondes des récifs coralliens, ce poisson aux couleurs éclatantes se nourrit essentiellement des algues qui poussent à la base des coraux morts. Une rangée de dents plates lui permet de gratter les coraux. Son unique nageoire dorsale porte treize épines acérées. Les couleurs voyantes de sa robe, noir, blanc et jaune, servent à alerter ses prédateurs, et ses épines venimeuses constituent un excellent moyen de défense. Il est monogame.

Sphyraena barracuda

Grand barracuda

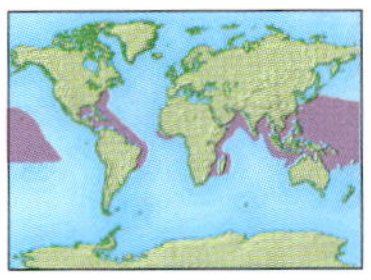

Longueur Jusqu'à 2 m
Poids Jusqu'à 50 kg
Sexe Mâle/Femelle
Statut Commun

Répartition Eaux tropicales et subtropicales du monde entier

Rapide prédateur, le grand barracuda a peu d'ennemis naturels, à l'exception des grands requins. Sa longue tête possède de puissantes mâchoires hérissées de crocs pointus. Il reste pratiquement immobile puis s'élance brusquement sur sa proie. On raconte qu'il attaque baigneurs et plongeurs, qu'il mord cruellement. Ces mésaventures sont généralement dues à une méprise, le barracuda confondant, dans l'obscurité des eaux troubles, le bras d'un nageur avec un poisson. On a relevé des attaques dans des eaux claires, mais à la suite d'une blessure infligée par un plongeur. Curieux, le barracuda suit volontiers les plongeurs. Sa chair est comestible, mais elle peut provoquer un empoisonnement par l'accumulation de toxines due à sa consommation massive de certaines algues.

JEUNES EN GROUPES

Le grand barracuda adulte croise, solitaire, près de la surface ou au large des mers chaudes tropicales et subtropicales. On le pêche jusqu'à 100 m de profondeur. En revanche, les jeunes se déplacent en petits groupes dans les eaux peu profondes des récifs abrités et des mangroves, mode de vie qui leur offre une certaine protection contre leurs prédateurs.

UN CORPS ALLONGÉ
Le grand barracuda a un corps allongé qui se termine par un long museau. Cette longueur, associée à une puissante musculature, lui permet de réaliser des pointes de vitesse.

Scomber scombrus

Maquereau commun

Q : Maquereau bleu
Longueur Jusqu'à 60 cm
Poids Jusqu'à 3,5 kg
Sexe Mâle/Femelle
Statut Commun

Répartition Atlantique Nord, Méditerranée, mer Noire

Le maquereau est un prédateur au corps hydrodynamique, répandu dans les eaux fraîches et sur le plateau continental. Au printemps, il migre près du rivage. Il se déplace en bancs

immenses, se nourrissant de larves de poissons et de petits crustacés. Le maquereau commun fraie de mars à juin, les femelles pondant jusqu'à 450 000 œufs. Ressource alimentaire de première importance, il est victime d'une pêche intensive.

Thunnus thynnus

Thon rouge

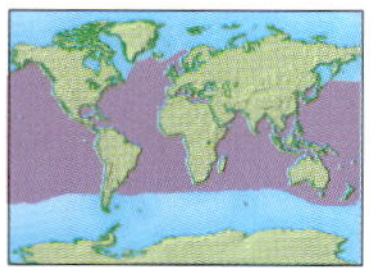

Longueur Jusqu'à 4,30 m
Poids Jusqu'à 910 kg
Sexe Mâle/Femelle
Statut VU Δ

Répartition Eaux tropicales, subtropicales et tempérées du monde entier

Le thon rouge, l'un des poissons osseux les plus gros et les plus rapides (il peut atteindre 70 km/h), a un puissant corps hydrodynamique, un museau pointu, des nageoires pectorales en faucille et une large queue. Ses nageoires pectorales, pelviennes ainsi que la première dorsale peuvent se loger dans des dépressions destinées à réduire la résistance de l'eau. Vivant en banc, les thons se déplacent sur 10 000 km dans les bassins océaniques où ils se nourrissent de poissons de pleine mer.

Xiphias gladius

Espadon

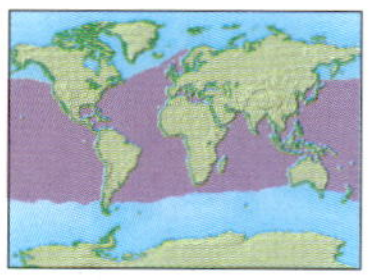

Longueur Jusqu'à 4,50 m
Poids Jusqu'à 590 kg
Sexe Mâle/Femelle
Statut VU Δ

Répartition Eaux tropicales, subtropicales et tempérées du monde entier

Ce prédateur à la nage rapide doit son nom à l'« épée » – un long rostre – qui prolonge son museau. À la différence des poissons à bec comme le marlin bleu (voir p. 519), il utilise son rostre comme une arme pour empaler petits poissons et calmars. Ensuite, il met sa victime en pièces ou l'avale entière. Il arrive que l'espadon attaque des petits bateaux et leur cause de sérieux dommages. Ses principaux prédateurs sont les requins bleus, certaines espèces de thons et de marlins, et, exceptionnellement, les lamproies. Il se reproduit dans les eaux tropicales tout au long de l'année, mais surtout d'avril à septembre, suivant les zones.

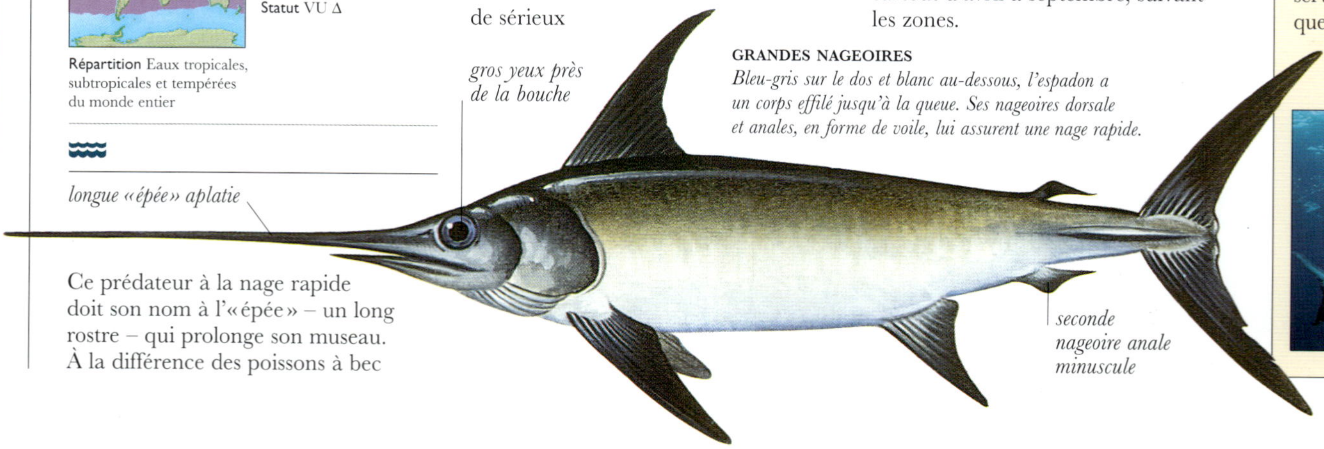

GRANDES NAGEOIRES
Bleu-gris sur le dos et blanc au-dessous, l'espadon a un corps effilé jusqu'à la queue. Ses nageoires dorsale et anales, en forme de voile, lui assurent une nage rapide.

CHASSEURS SOLITAIRES

En général, les espadons adultes chassent seuls. Comme les thons et les marlins, ils possèdent deux sortes de muscles : les muscles rouge sombre servent à la nage de croisière, tandis que les muscles blancs, à action plus rapide, permettent de brèves pointes de vitesse.

POISSONS

Makaira nigricans

Marlin bleu, makaire bleu

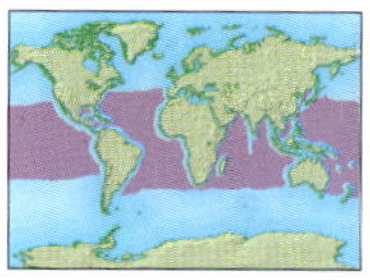

Longueur Jusqu'à 4,30 m
Poids Jusqu'à 900 kg
Sexe Mâle/Femelle

Statut VU Δ

Répartition Eaux tropicales, subtropicales et tempérées du monde entier

Le marlin bleu est connu chez les amateurs de pêche sportive pour sa façon vigoureuse de se débattre lorsqu'il est pris, bondissant à la surface de l'eau avec une puissance extraordinaire. Il peut atteindre jusqu'à 900 kg. Sa mâchoire supérieure forme un long rostre qu'il utilise pour assommer ou tuer ses proies. Les carènes latérales qui garnissent la base de sa queue et ses nageoires pelviennes logées dans des dépressions lui assurent une nage rapide et puissante, avec des pointes de vitesse, et la capacité de parcourir de très longues distances. S'il s'aventure parfois dans les profondeurs, le marlin bleu préfère les eaux chaudes de surface, où il se nourrit de maquereaux, de thons, de dauphins et de calmars.

ŒUFS ET LARVES
À l'époque de la fraie, la femelle du marlin bleu pond des millions d'œufs de 1 mm de diamètre qui éclosent en une semaine.

CONSERVATION

La pêche sportive a sans doute une incidence sur la population de ce poisson, mais la véritable menace vient de la pêche commerciale. Un grand nombre de pays en développement, essentiellement en Asie de l'Est, aux eaux littorales riches en marlins bleus, l'utilisent largement dans leur alimentation. Sa taille exceptionnelle protège ce poisson des prédateurs, à l'exception des hommes. En revanche, les juvéniles sont parfois la proie des thons, des maquereaux et des requins.

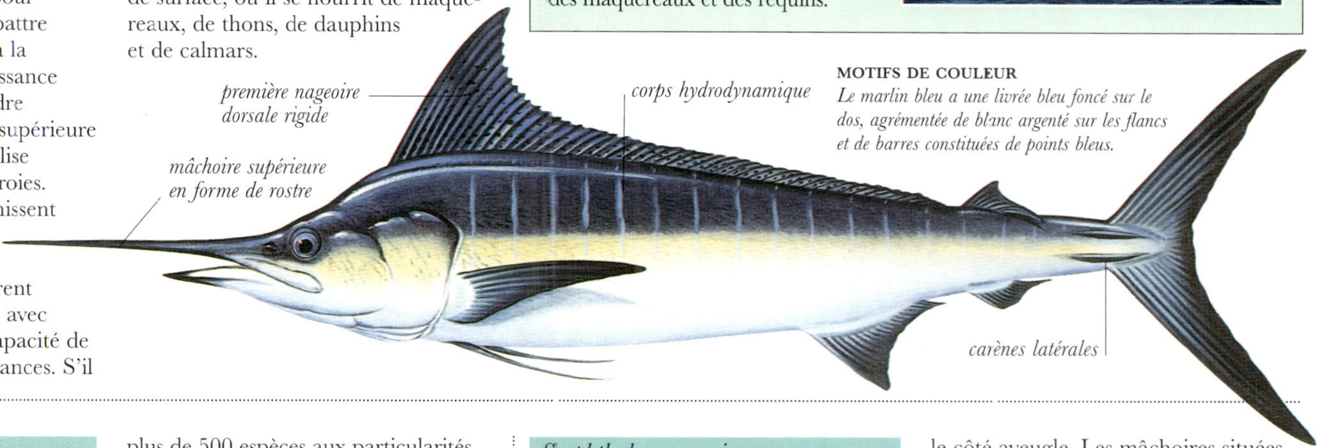

MOTIFS DE COULEUR
Le marlin bleu a une livrée bleu foncé sur le dos, agrémentée de blanc argenté sur les flancs et de barres constituées de points bleus.

Hippoglossus hippoglossus

Flétan

Q : Flétan atlantique
Longueur Jusqu'à 2,50 m
Poids Jusqu'à 315 kg
Sexe Mâle/Femelle

Statut Commun

Répartition Atlantique Nord, Arctique

Très apprécié pour sa chair, le flétan est l'un des plus gros poissons plats, un groupe comprenant plus de 500 espèces aux particularités anatomiques distinctes, adaptées à leurs conditions de vie sur les fonds marins. Au lieu d'avoir un corps aplati de haut en bas, comme de nombreux poissons de fond, le flétan est comprimé latéralement et gît sur le côté gauche, ses deux yeux exorbités se trouvant sur le flanc droit. En comparaison avec la plupart des autres poissons plats, le flétan est un bon nageur qui chasse toutes sortes de poissons à une profondeur moyenne.

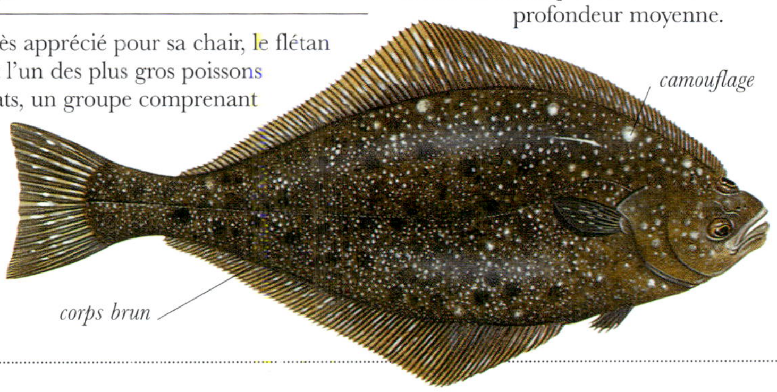

Scophthalmus maximus

Turbot

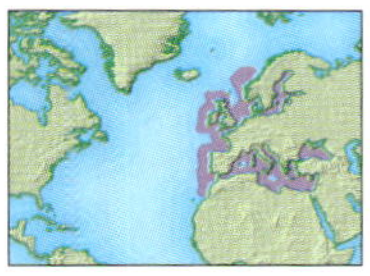

Longueur Jusqu'à 1 m
Poids Jusqu'à 25 kg
Sexe Mâle/Femelle

Statut Commun

Répartition E. Atlantique Nord, Méditerranée, mer Noire

Le corps quasi rond de ce poisson plat est parsemé de tubercules osseux, sur sa face gauche dépourvue d'écailles. Cette face porte également les deux yeux. La bouche est asymétrique, uniquement garnie de dents sur le côté aveugle. Les mâchoires situées du côté des yeux agissent comme un siphon, aspirant de l'eau qui ne contient pas de sable, ce qui facilite la respiration. Moins nombreuses que les mâles, les femelles pondent de 10 à 15 millions d'œufs.

Pleuronectes platesa

Plie, carrelet

Q : Plie canadienne
Longueur Jusqu'à 1 m
Poids Jusqu'à 7 kg
Sexe Mâle/Femelle

Statut VU Δ

Répartition Atlantique Nord, Arctique, Méditerranée, mer Noire

Les jeunes larves de plies vivent environ six semaines près de la surface de l'eau. Comme celui de tous les poissons plats, l'alevin subit alors une transformation destinée à l'adapter à la vie des fonds marins. L'œil gauche migre vers le côté droit de la tête, permettant au côté gauche, aveugle, de se tourner vers le fond de l'océan. Les plies se nourrissent de mollusques à coquille fine et de vers. Leur face supérieure peut changer de couleur pour mieux se confondre avec le fond marin. C'est le poisson plat le plus commercialisé en Europe.

Paralichthys dentatus

Cardeau

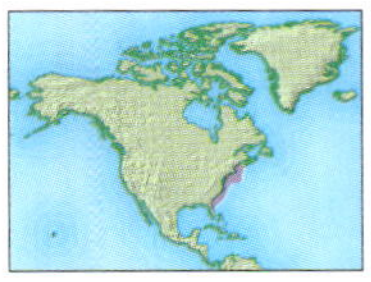

Q : Cardeau d'été
Longueur Jusqu'à 94 cm
Poids Jusqu'à 12 kg
Sexe Mâle/Femelle

Statut Commun

Répartition O. Atlantique Nord, E. Amérique du Nord

Les poissons plats sont généralement des poissons de mer. Cependant, le cardeau fréquente les estuaires et l'eau douce. Ce prédateur des fonds marins compte sur son camouflage, sa rapidité et ses dents pointues, pour capturer les petits poissons et autres animaux qui constituent son alimentation. Ses œufs sont recouverts de gouttelettes d'huile qui les font remonter à la surface, où ils éclosent. Lorsque la larve atteint environ 1,5 cm de longueur, son corps s'aplatit et son œil droit migre sur le côté gauche. Dépourvue de vessie gazeuse, la larve gagne le fond.

Solea solea

Sole

Longueur Jusqu'à 70 cm
Poids Jusqu'à 3 kg
Sexe Mâle/Femelle

Statut Commune

Répartition E. Atlantique Nord, Méditerranée, mer Noire

Poisson plat très important du point de vue commercial, la sole fréquente les estuaires et côtes où elle s'enfouit dans les fonds vaseux ou sableux. Comme les autres poissons plats, c'est un animal asymétrique, avec deux yeux situés sur le côté droit, qui lui offre un bon camouflage. La bouche, garnie de dents minuscules, se trouve sur la face aveugle. Carnivore, la sole se nourrit de mollusques et de vers qu'elle détecte à l'odeur. La face aveugle de sa tête est recouverte de tubercules filamenteux, et non d'écailles, vraisemblablement destinés à améliorer son sens du goût.

Diodon holocanthus

Poisson-porc-épic

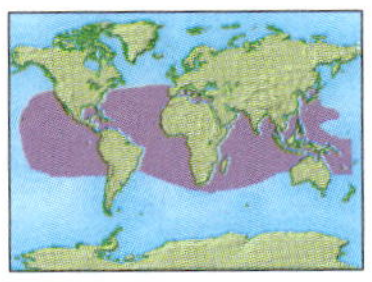

Q : Diodon commun
Longueur Jusqu'à 30 cm
Poids Inconnu
Sexe Mâle/Femelle

Statut Commun

Répartition Eaux tropicales et subtropicales du monde entier

En cas de danger, le poisson-porc-épic absorbe une grande quantité d'eau afin de gonfler, devenant presque sphérique. Il redresse également ses épines, généralement repliées. Cette armure entrave sa nage, ce qui le conduit à se faire prendre dans les filets, au mécontentement des pêcheurs. Brun au-dessus et jaune au-dessous, il habite les récifs coralliens. Ses puissantes mâchoires armées de dents robustes lui permettent de broyer les coquilles et les squelettes d'un grand nombre d'invertébrés marins.

Mola mola

Poisson-lune, môle

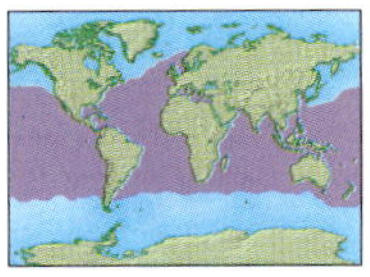

Longueur Jusqu'à 4 m
Poids Jusqu'à 2 tonnes
Sexe Mâle/Femelle

Statut Commun localement Δ

Répartition Eaux tropicales, subtropicales et tempérées du monde entier

Le plus lourd des poissons osseux, le poisson-lune a une forme très particulière. Son nom scientifique vient du latin *mola*, meule, car, vu de profil, il paraît presque circulaire. Les jeunes ont une forme elliptique. Le poisson-lune se nourrit de méduses, qu'il déchiquette avec ses dents. Se déplaçant lentement, il peut sauter hors de l'eau en cas de danger. On le voit parfois couché sur le côté, à la surface de la mer, probablement quand il est malade ou mourant. Très prolifique, ce poisson fraie en pleine mer, la femelle pondant jusqu'à 300 millions d'œufs qui dérivent au gré des courants. Vivant dans les eaux tropicales, le poisson-lune fréquente occasionnellement des latitudes plus élevées, dans des zones à la température réchauffée par les courants.

NAGEOIRES DRESSÉES
Triangulaires, les nageoires dorsale et anale du poisson-lune sont placées très en arrière. Il se déplace en actionnant ses nageoires semblables à des pales.

EN FORME DE DISQUE

Vu de profil, ce poisson ressemble à un énorme disque. Sa gueule a une lèvre supérieure charnue, et sa tête possède un petit œil de chaque côté. Sa queue, réduite, n'est qu'une sorte d'étroite collerette.

Balistoides conspicillum

Baliste-arbalétrier

Longueur Jusqu'à 50 cm
Poids Jusqu'à 2 kg
Sexe Mâle/Femelle

Statut Commun

Répartition Pacifique, océan Indien

Ce poisson des récifs coralliens aux merveilleuses couleurs appartient à une famille de poissons qui peuvent verrouiller la grande épine de leur dos et se coincer dans les trous des récifs coralliens. Sa tête porte des écailles protectrices résistantes, et il est pourvu de dents capables de broyer mollusques et crustacés. Comme les autres balistes, il est territorial, surtout pendant la reproduction.

Takifugu niphobles

Fugu

Longueur Jusqu'à 15 cm
Poids Inconnu
Sexe Mâle/Femelle

Statut Commun localement

Répartition O. Pacifique Nord

Bien que ce poisson renferme un poison plus puissant que le cyanure, il est fort apprécié au Japon, où il subit une longue préparation avant d'être consommé. Pour dissuader ses prédateurs, il peut soit répandre sa puissante neurotoxine dans l'eau, soit gonfler son corps en emplissant d'eau ou d'air le sac gonflable qui équipe son estomac et dresser les épines qui garnissent ses flancs. Il fraie entre mai et juillet, de un à cinq jours après la pleine et la nouvelle lune. À marée haute, des milliers de fugus envahissent les plages de galets pour se reproduire.

Lactoria cornuta

Poisson-coffre

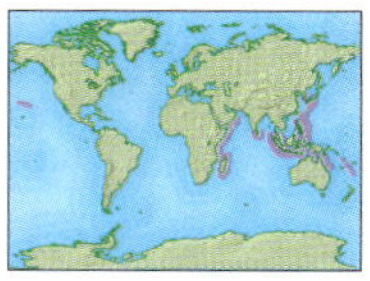

Longueur Jusqu'à 46 cm
Poids Inconnu
Sexe Mâle/Femelle

Statut Commun

Répartition Pacifique, océan Indien, mer Rouge

Ce poisson est ainsi nommé à cause des plaques osseuses qui constituent un « squelette » externe rigide. Piètre nageur, il chasse en projetant des jets d'eau sur le sable du fond de l'océan afin d'en dégager les petits invertébrés dont il se nourrit. Le poisson-coffre est séché pour être vendu comme objet décoratif.

LES POISSONS MENACÉS

CETTE LISTE rassemble les poissons considérés comme «au bord de l'extinction» (CR) par l'UICN (voir p. 31). Un nombre relativement restreint d'espèces marines y figure, mais beaucoup d'autres peuvent la rejoindre si l'expansion de la pêche n'est pas maîtrisée. La menace touche particulièrement les hôtes des récifs coralliens. Même si quelques-uns d'entre eux sont considérés comme très menacés, leur nombre risque de croître du fait des changements climatiques qui affectent les récifs. En revanche, les poissons d'eau douce sont largement présents sur cette liste, avec des espèces aussi différentes que les esturgeons et les poissons de petite taille, appréciés des aquariophiles. La prépondérance des poissons d'eau douce s'explique en partie par le fait qu'ils sont mieux connus que les poissons marins, et qu'ils sont victimes d'une multitude de dangers, pollution, pêche intensive, compétition avec les espèces introduites et variations du milieu.

POISSONS CARTILAGINEUX

Glyphis gangeticus
Himantura chaophraya
Pristis microdon;
P. pectinata; P. perotteti
Rhinobatos horkeli

POISSONS OSSEUX

Acipenser dabryanus;
A. nudiventris; A. sturio
Adrianichthys kruyti
Allochromis welcommei
Allotoca maculata
Aphanius splendens;
A. sureyanus; A. transgrediens
Astatotilapia;
A. latifasciata
Austroglanis barnardi
Barbus erubescens;
B. euboicus; B. trevelyani
Betta miniopinna;
B. persephone; B. spilotogena
Botia sidthimunki
Brachionichthys hirsutus
Callionymus sanctaehelenae
Cephalakompsus pachycheilus
Chasmistes cujus
Chela caeruleostigmata
Chilatherina sentaniensis
Chiloglanis bifurcus
Chlamydogobius micropterus;
C. squamigenus
Chondrostoma scodrensis
Clarias cavernicola;
C. maclareni
Coregonus reighardi
Cottus petiti;
C. pygmaeus
Cyprinella alvarezdelvillari
C. bocagrande
Cyprinodon bovinus;
C. meeki;
C. pachycephalus;
C. pecosensis;
C. verecundus;
C. veronicae;
Cyprinus carpio
Danio pathirana
Dionda mandibularis
Encheloclarias curtisoma;
E. kelioides
Enterochromis paropius
Epinephelus drummondhayi;
E. itajara; E. nigritus
Galaxias fontanus;
G. fuscus;
G. johnstoni;
G. pedderensis
Gambusia eurystoma
Gila modesta;
G. nigrescens
Girardinichthys viviparus
Glossogobius ankaranensis
Glossolepis wanamensis
Hampala lopezi
Haplochromis;
H. annectidens
Harpagochromis guiarti;
H. plagiostoma; H. worthingtoni
Hubbsina turneri
Huso huso
Ilyodon whitei
Kiunga ballochi
Konia dikume;
K. eisentrauti
Labeo lankae;
L. seeberi
Latimeria chalumnae
Lepidomeda albivallis
Leuciscus ukliva
Lipochromis;
L. maxillaris; L. melanopterus
Lucania interioris
Maccullochella peelii
Macropleurodus bicolor
Mandibularca resinus
Moapa coriacea
Myaka myaka
Notropis cahabae;
N. mekistocholas; N. moralesi
Noturus baileyi;
N. trautmani
Oncorhynchus apache;
O. formosanus
Oreoleuciscus handlirschi
Ospatulus truncatus
Pandaka pygmaea
Paralabidochromis beadlei;
P. victoriae
Paretroplus maculatus;
P. petiti
Physiculus helenaensis
Poblana alchichica
Poecilia latipunctata;
P. sulphuraria
Prognathochromis mento;
P. worthingtoni
Psephurus gladius
Pseudobarbus burgi
P. quathlambae
Pseudophoxinus egridiri
Pseudoscaphirhynchus fedtschenkoi;
P. hermanni
Ptychochromoides betsileanus
Ptyochromis
Pungitius hellenicus
Pungu maclareni
Poissons osseux
Puntius amarus;
P. bandula;
P. bacula;
P. clemens;
P. dis;
P. flavifuscu;
P. herrei;
P. katalo;
P. lanaoensi;
P. manala;
P. tras
Rheocles wrightae
Rhodeus ocellatus
Romanichthys valsanicola
Salmo platycephalu;
S. trutta
Sarotherodon carol;
S. linnelli; S. lohbergeri; S. steinbachi
Scaphirhynchus suttkusi
Scaturiginichthys vermeilipinnis
Sebastes paucispinus
Speoplatyrhinus poulsoni
Sprattellicypris palata
Stereolepis gigas
Stomatepia maria;
S. mongo; S. pindu
Syngnathus watermayeri
Thunnus alalunga;
T. maccoyii; T. thynnus
Tilapia guinasana
Totoaba macdonaldi
Weberogobius amadi
Xenopoecilus poptae
Xiphophorus couchianus
Xystichromi; X. phytophagus
Zingel asper

REQUIN-TAUREAU
Généralement considéré comme vulnérable, ce requin est l'une des espèces ayant souffert de la pêche uniquement pour leurs ailerons, une forme de pêche très destructrice, d'autant que le reste du corps du poisson est jeté dès que ses ailerons ont été retirés.

LES INVERTÉBRÉS

LES INVERTÉBRÉS

LES INVERTÉBRÉS sont des animaux dépourvus de squelette interne osseux (colonne vertébrale, etc.). Bien que généralement de petite taille – et passant donc aisément inaperçus –, ils constituent un ensemble extrêmement varié et répandu, comprenant près de 97 % des espèces animales. Alors que les vertébrés forment un seul et unique embranchement, les invertébrés en comptent plus de trente, celui des arthropodes étant le plus représenté. Les invertébrés se rencontrent dans tous les habitats sans exception, mais c'est dans les océans, où la vie animale a commencé, qu'ils abondent le plus.

ÉVANESCENCE ET LÉGÈRETÉ
Graciles, prolifiques et relativement éphémères, les papillons sont des invertébrés très typiques. Contrairement à certains vertébrés, ce sont des animaux à sang froid dont l'activité s'interrompt lorsque la température descend en dessous d'un certain seuil.

L'ÉVOLUTION

Sans que l'on sache vraiment pourquoi, les invertébrés furent les premiers animaux à évoluer. Selon de nombreux biologistes, leurs ancêtres – probablement des micro-organismes unicellulaires comparables à nos actuels protozoaires – se sont mis, à partir d'un certain moment, à former des communautés biotiques stables. Ce fut là le début de la vie animale.

Dotés d'un corps mou, les premiers animaux ont laissé peu de traces tangibles. Seuls quelques indices, tels que des empreintes fossilisées ou des galeries, attestent de leur présence sur terre il y a 1 milliard d'années. Les plus anciens fossiles d'invertébrés proprement dits remontent à environ 600 millions d'années. Au début du cambrien, il y a environ 540 millions d'années, eut lieu une accélération évolutive que les zoologistes appellent explosion cambrienne. Aux animaux à corps mou, comme les méduses, se joignirent des êtres dotés de carapaces ou de coquilles. Les parties dures se fossilisant bien, il devient dès lors plus facile de suivre l'évolution des invertébrés. Il a ainsi pu être établi que tous les phylums existants sont apparus à l'époque cambrienne. L'étude du vivant a permis de distinguer deux grandes catégories : la lignée mollusques-annélides-arthropodes et la lignée échinodermes-cordés. C'est de cette dernière que sont issus les vertébrés.

GRANDEUR PASSÉE
Invertébrés extrêmement prospères, les trilobites, dont il ne subsiste que des fossiles, vécurent près de 300 millions d'années et disparurent subitement il y a environ 245 millions d'années.

L'ANATOMIE

D'un point de vue anatomique, les invertébrés se définissent plutôt par ce dont ils sont dépourvus : pas de colonne vertébrale ni de squelette osseux ou de véritables mâchoires. Au stade adulte, certains ressemblent à des plantes et passent leur vie rivés à un rocher ; d'autres sont immédiatement identifiables comme appartenant au règne animal, car ils se déplacent sans cesse.

Malgré cette étonnante diversité, tous les invertébrés ont un certain nombre de points communs, notamment au plan cellulaire. Les plus simples, comme les éponges, se composent de cellules spécialisées opérant isolément et non en groupe.

SYMÉTRIE
Les invertébrés à symétrie radiale, comme l'étoile de mer, sont organisés autour d'un point central. À l'inverse, les animaux à symétrie bilatérale, comme le lucane, sont divisés en deux par une ligne médiane, certaines parties du corps allant par paires.

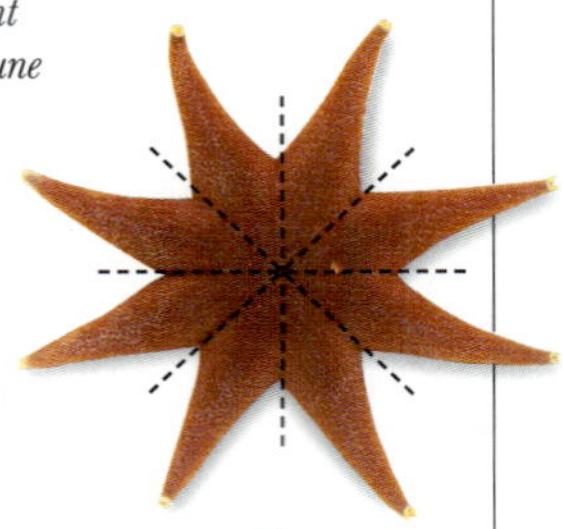

ÉTOILE DE MER

LUCANE

Plus complexes, les cnidaires possèdent différents types de cellules. La plupart des invertébrés présentent toutefois un degré d'organisation encore supérieur, puisqu'ils ont de véritables tissus formant eux-mêmes des organes qui, tous ensemble, constituent un organisme, ce que l'on retrouve chez les vertébrés.

La discrimination cellulaire a lieu dès que l'ovule fécondé commence à se diviser. On a dénombré chez un ver adulte de la famille des nématodes 959 cellules dont chacune était l'aboutissement d'une série de divisions cellulaires génétiquement déterminées.

LE SQUELETTE

Qu'ils vivent dans l'eau ou à l'air libre, beaucoup d'invertébrés possèdent un squelette soit interne, soit externe. Chez certains, celui-ci remplit une fonction surtout protectrice et peut supporter des chocs violents, tandis que, chez d'autres, il est plus mou et sert principalement de soutien. Différents matériaux peuvent entrer dans l'élaboration d'un squelette : les structures dures sont souvent en cristaux, alors que la cuticule des insectes est généralement en chitine. Une fois formés, beaucoup de squelettes externes cessent de croître et l'animal doit muer régulièrement.

COQUILLES
Assez pesante mais très dure, la coquille des bivalves est un exosquelette composé de deux parties articulées croissant avec l'animal.

SQUELETTE À SPICULES
La plupart des éponges ont un endosquelette constitué d'aiguillons minéraux (spicules) maintenus par un treillis de fibres protéiques. Chez cette éponge siliceuse, ils sont disposés avec une précision quasi mathématique.

SQUELETTE HYDROSTATIQUE
Le corps du lombric s'organise autour d'une cavité remplie de liquide. La pression ainsi exercée sur la paroi souple agit comme l'air à l'intérieur d'un pneu.

CARAPACE ARTICULÉE
Certains arthropodes, comme ce gloméris, possèdent un exosquelette flexible constitué de plaques dures articulées entre elles. Une fois formé, ce squelette cesse de croître.

À RECULONS

Les poulpes présentent une organisation mixte. Leur tête, dotée d'une paire d'yeux, est caractéristique de la symétrie bilatérale, tandis que leurs tentacules, rayonnant autour de la bouche, relèvent de la symétrie radiale. Lorsqu'ils nagent, c'est leur partie postérieure qui est en avant.

À une échelle plus vaste, les invertébrés se distinguent les uns des autres par leur morphologie. Certains groupes, comme les cnidaires, se caractérisent par une symétrie radiale, les différentes parties de leur corps s'organisant autour d'un point central, généralement la bouche, à la manière des rayons d'une roue. Ces animaux sont souvent immobiles, mais, lorsqu'ils se déplacent, ils peuvent partir dans n'importe quelle direction. À l'inverse, les invertébrés à symétrie bilatérale sont pourvus d'une tête distincte déterminant le sens du mouvement. Une ligne médiane imaginaire divise leur corps en deux parties plus ou moins égales.

Certains invertébrés combinent plusieurs de ces caractères. Les étoiles de mer, par exemple, présenteraient une symétrie radiale parfaite si elles n'étaient dotées d'un petit orifice excentré (madréporite) permettant au système aquifère de communiquer avec l'extérieur.

Il existe aussi une grande disparité en ce qui concerne la structure interne. Cas unique dans le règne animal, les éponges sont parsemées de pores dont elles se servent pour filtrer les particules nutritives contenues dans l'eau. Le corps de certains invertébrés forme comme une poche avec une bouche conduisant à la cavité digestive. L'inconvénient de cette structure, que l'on observe notamment chez les cnidaires et les vers plats, est que l'ingestion et l'excrétion se font par le même orifice ; mais la plupart des invertébrés sont pourvus d'un appareil digestif parcourant le corps d'un bout à l'autre. Ce tube, que l'on retrouve chez les vertébrés, se compose de différents segments ayant chacun une fonction définie.

Bien que dépourvus d'os, beaucoup d'invertébrés sont protégés et soutenus par un « squelette » externe : assemblage de parties dures ou bien pression exercée par un liquide (squelette hydrostatique – voir encadré page précédente).

LES SENS

Les invertébrés vivant fixés à un rocher ont un univers sensoriel relativement limité. Ils se déploient vers tout ce qui, passant à leur portée, ressemble à de la nourriture et se rétractent devant tout ce qui semble constituer une menace. Ces animaux réagissent surtout aux substances chimiques, au contact direct et aux changements de pression. Leur corps est parsemé de cellules nerveuses spécialisées servant de récepteurs, mais ils sont dépourvus de cerveau.

Cette organisation convient assez bien aux organismes fixés ou très sédentaires, mais les invertébrés doués de locomotion ont besoin de plus d'informations. Aussi sont-ils dotés d'un système nerveux plus élaboré, de véritables organes sensoriels et d'un cerveau capable de traiter les données et d'induire une réaction appropriée. Beaucoup, comme les vers plats, ont un cerveau minuscule, mais certains, comme les poulpes ou autres céphalopodes, l'ont très développé et plus gros que celui de certains vertébrés.

La vue est souvent le sens le plus développé chez les invertébrés doués de locomotion. Certains, comme les vers plats, ont des yeux rudimentaires sans cristallin qui ne font que percevoir les changements d'intensité lumineuse, mais la plupart ont des yeux bien plus complexes dont le cristallin produit une image. L'œil à facettes est très répandu chez les arthropodes, y compris les insectes. Il se compose d'une multitude d'éléments polygonaux dotés chacun de ses propres récepteurs et d'un cristallin. Chaque facette correspond à une partie du champ visuel et plus il y en a, plus l'animal perçoit de détails. Quelques invertébrés, principalement les céphalopodes, ont un œil comparable au nôtre. Un unique cristallin projette la lumière sur une surface sensible, la rétine, qui convertit l'image en un message destiné au cerveau.

Pour ceux des invertébrés qui vivent hors de l'eau, l'ouïe constitue également un sens important, notamment pour localiser un partenaire. Contrairement à ce que l'on observe chez les vertébrés, leur appareil auditif n'est pas nécessairement situé dans la région céphalique. Les criquets ont le tympan dans l'abdomen, tandis que les sauterelles et les grillons l'ont dans les pattes. Il en va de même des organes gustatifs : mouches et papillons ont l'extrémité des pattes pourvue de capteurs chimiques leur permettant de déterminer si une chose est comestible rien qu'en se posant dessus.

Pour se déplacer, les invertébrés doivent aussi pouvoir s'orienter et se mouvoir. La plupart possèdent des capteurs de gravité leur permettant de savoir s'ils montent ou descendent ainsi que des capteurs de tension se déclenchant lorsqu'ils meuvent certaines parties de leur corps, comme les pattes ou les ailes.

AU DIAPASON

Le moustique mâle repère les femelles grâce à ses antennes touffues. C'est un exemple d'ouïe sélective : ces appendices sont exactement réglés sur la fréquence du son plaintif produit par le vol de la femelle. Or cette fréquence varie d'une espèce à l'autre.

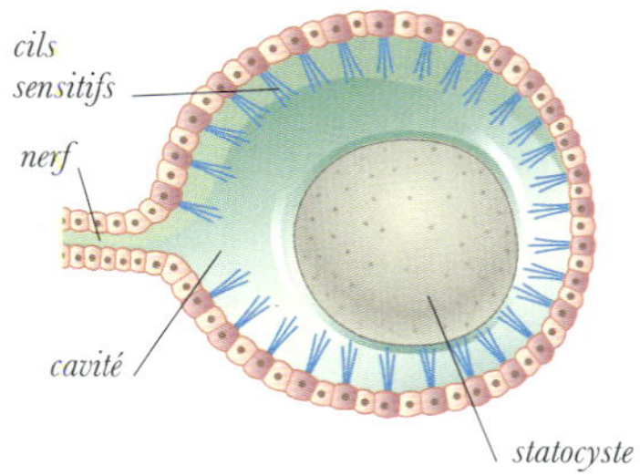

DÉTECTER LA GRAVITÉ

Les bivalves perçoivent le champ de gravité grâce à de minuscules capteurs appelés statocystes. Ceux-ci se présentent sous la forme d'une cavité tapissée de cellules nerveuses détectant le mouvement d'une masse minérale (statolithe).

ATTRACTION MULTIPLE

Attirées par la couleur et l'odeur, les mouches s'abattent sur les fruits mûrs, qu'elles goûtent au moyen de leurs pièces buccales et des récepteurs chimiques situés à l'extrémité de leurs pattes.

LE MIMÉTISME

Le mimétisme au sens large existe chez les vertébrés, mais les véritables spécialistes en la matière sont les invertébrés. Des galets aux fientes d'oiseau en passant par les brindilles, ils peuvent imiter toutes sortes d'objets, le plus souvent pour se protéger des prédateurs (mimèse). Il arrive aussi qu'ils s'imitent entre eux, soit pour se faire passer pour une espèce dangereuse ou venimeuse, soit, mais plus rarement, pour lancer une attaque. Le mimétisme n'est pas un phénomène uniquement visuel, il peut aussi être comportemental ou olfactif. En imitant l'odeur de leurs proies, certains insectes s'introduisent dans les colonies et dévorent les larves impunément.

REPAS IMPROBABLE

La meilleure protection de cette chenille est sa ressemblance avec une fiente. Lorsqu'un prédateur approche, elle agite ses « cornes » menaçantes qui dégagent une odeur nauséabonde.

BOURGEONNEMENT
Une hydre adulte peut se reproduire de manière asexuée par simple bourgeonnement. Ce jeune a déjà plusieurs jours d'existence. Il finira par se séparer de l'hydre mère pour vivre sa propre vie.

LA REPRODUCTION

Les invertébrés se multiplient de différentes façons, aussi bien sexuées qu'asexuées. La reproduction sexuée nécessite généralement la présence de deux individus, mais dans certains cas un seul animal peut jouer en même temps le rôle du mâle et celui de la femelle.

Peu d'invertébrés ont recours uniquement à la reproduction asexuée, car celle-ci présente l'inconvénient de produire des clones (voir p. 28). Toutefois, elle permet à beaucoup d'espèces, notamment aux insectes suceurs, comme les pucerons, d'augmenter rapidement leur nombre en cas de pléthore alimentaire. Plusieurs endoparasites, comme les douves, utilisent également la reproduction asexuée à certains stades de leur développement. Pour eux, cette façon de se multiplier est très importante car, en raison de la complexité de leur cycle biologique, chaque stade larvaire a très peu de chance de survie. Cependant, la reproduction sexuée intervient à un moment ou à un autre de l'existence de tous ces animaux et permet les variations génétiques grâce auxquelles l'espèce s'adapte aux changements extérieurs. La plupart des invertébrés ne connaissent d'ailleurs que la reproduction sexuée. Alors que, chez les vertébrés, celle-ci passe presque toujours par l'accouplement d'un mâle et d'une femelle, plusieurs scénarios sont ici possibles. Phénomène courant, l'hermaphrodisme permet aux animaux de se reproduire seuls ou avec n'importe quel congénère, comme chez les vers de terre.

Parmi les invertébrés sexuellement différenciés, certains utilisent la fécondation externe et peuvent ainsi se reproduire en dehors de tout contact. Ce phénomène est courant chez les invertébrés marins, comme les oursins. Sperme et ovules sont lâchés simultanément dans l'eau et se mélangent, donnant ainsi naissance à un grand nombre d'œufs. Ce mode de reproduction exigeant une synchronisation parfaite, beaucoup d'espèces se règlent sur les phases lunaires.

En revanche, la plupart des invertébrés terrestres pratiquent l'accouplement. Le sperme est introduit dans les voies génitales de la femelle à l'issue de préliminaires souvent longs et compliqués, exigeant parfois, comme chez certaines araignées, beaucoup d'adresse de la part du mâle s'il ne veut pas se faire dévorer. Les insectes ne s'encombrent pas toujours de tant de cérémonies : chez certaines espèces en effet, le mâle pratique l'« insémination traumatique » en transperçant l'abdomen de la femelle avec un organe térébrant. Toutefois, la fécondation interne n'implique par forcément une délivrance directe du sperme. Chez certains scorpions, par exemple, le mâle produit un spermatophore, sac rempli de spermatozoïdes, qu'il fixe au sol avant de pousser la femelle dessus pour le faire pénétrer dans sa cavité génitale, où aura lieu la fécondation.

NOUVELLE VIE
Émis par un polype coralliaire, ovules et spermatozoïdes montent vers la surface de l'eau où la fécondation – la formation des œufs – aura lieu.

LES SOINS PARENTAUX

Une fois les ovules fécondés, la plupart des invertébrés se désintéressent totalement de leur progéniture. Aussi les jeunes connaissent-ils pour commencer quelques semaines difficiles et beaucoup succombent rapidement. Ces pertes sont compensées par l'importance numérique de la ponte. À titre d'exemple, une étoile de mer femelle peut pondre 2,5 millions d'œufs en l'espace de deux heures.

À l'inverse, on trouve aussi chez les invertébrés quelques parents attentifs. Les forficules femelles, par exemple, surveillent leurs œufs, les nettoient et les protègent contre les parasites et les moisissures. Les poulpes déposent les leurs dans les anfractuosités des fonds marins, restent à côté et projettent régulièrement de l'eau sur eux pour les maintenir propres et bien oxygénés. Certains invertébrés continuent à s'occuper de leur progéniture après l'éclosion. Beaucoup d'arachnides portent leurs petits sur le dos, tandis que certaines écrevisses d'eau douce les transportent accrochés à leurs pattes.

LES COLONIES

Même lorsqu'ils bénéficient de l'attention de leurs parents, la plupart des jeunes invertébrés se dispersent rapidement pour vivre leur vie. Font exception à cette règle les espèces grégaires, qui se caractérisent par la formation de groupes permanents ou colonies. La colonie, dont les membres sont souvent étroitement apparentés, fonctionne en général sur le principe de la division du travail.

Élément clé dans l'évolution des invertébrés, la vie en colonie peut prendre de multiples formes. Chez

LA MÉTAMORPHOSE

La plupart des invertébrés se transforment au cours de leur développement. Ce phénomène d'origine hormonale permet notamment d'éviter toute concurrence alimentaire entre jeunes et adultes. Il favorise aussi la dispersion, car souvent la larve ou l'adulte peut se déplacer sur de grandes distances. La métamorphose peut être graduelle ou non. Dans le premier cas, les jeunes ressemblent souvent à leurs parents, alors que, dans le second, ils sont complètement différents.

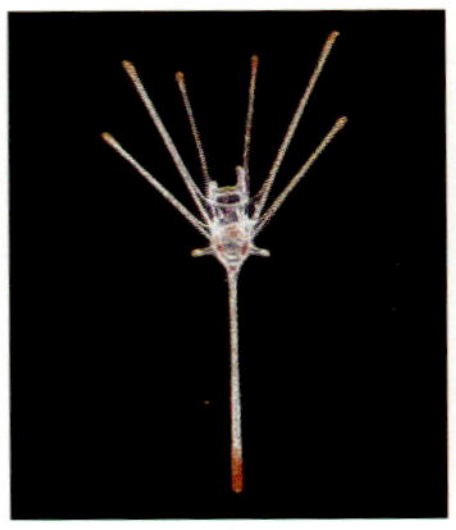

STADE INITIAL

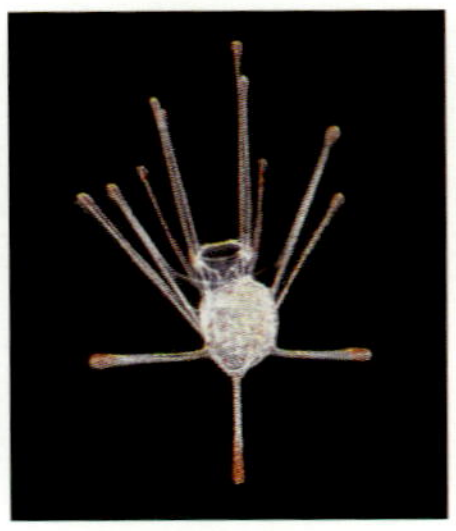

STADE AVANCÉ

JEUNES À LA DÉRIVE
Les larves d'oursin ont des bras allongés leur permettant de flotter parmi le plancton, dont elles font partie. Ces organes se résorbent à mesure que l'animal se développe.

CHANGEMENT COMPLET
Durant le stade chrysalide, la chenille se transforme en papillon. La métamorphose a lieu dans une enveloppe rigide.

EN TOUTE SÉCURITÉ
Cette femelle de scorpion protège sa progéniture en la transportant sur son dos. À ce stade, les jeunes ont un exosquelette diaphane et mou qui foncera et durcira avec l'âge.

COLONIE FLOTTANTE
La physalie est en fait une colonie constituée de polypes spécialisés vivant et fonctionnant ensemble.

certaines espèces, notamment marines, les membres sont à ce point solidaires qu'ils semblent ne former qu'un seul individu. On observe souvent ce phénomène chez les hydrozoaires, comme la physalie. Cet animal ressemble à s'y méprendre à une méduse, mais il s'agit en fait d'une colonie de polypes dont l'un joue le rôle de flotteur (voir page précédente). Les colonies flottantes sont néanmoins assez rares. Les coraux, les ectoproctes (bryozoaires) et les

AU CENTRE DE L'ATTENTION
Entourée d'ouvrières, la reine des abeilles coordonne toutes les activités de la ruche. Elle sécrète pour cela des phéromones se diffusant par évaporation.

ascidies forment des colonies fixées à toutes sortes de supports durs, coquillages ou rochers. Ces animaux sont souvent reliés par un réseau de nerfs permettant aux stimuli de passer de l'un à l'autre.

À terre, les colonies sont moins fréquentes et le plus souvent mouvantes. C'est chez les insectes sociaux, comme les termites, les fourmis, les abeilles ou les guêpes, qu'elles atteignent leur plus grand degré de développement. En dépit de leur apparente autonomie, les membres de ces colonies dépendent entièrement les uns des autres. Dans chaque cas, seule la reine pond les œufs, les autres membres s'occupant de l'approvisionnement en nourriture, de la construction du nid, de la défense du groupe et du couvain.

L'ALIMENTATION

Pris collectivement, les invertébrés dévorent presque tout ce qui est vivant ou l'a été. On trouve parmi eux des herbivores, des carnivores et quantité de charognards ou coprophages. Leur appétit s'étend à tout ce que nous mangeons ainsi qu'à certains aliments très particuliers, comme les algues pourrissantes, les plumes, la fourrure ou même les larmes.

Dans l'eau, une méthode courante consiste à filtrer les particules comestibles au moyen d'organes spécifiques. Cette façon de s'alimenter permet à de nombreuses espèces fixées de survivre dans les fonds marins ou à proximité des côtes. Au cours de l'évolution, ces animaux ont développé des appareils de filtration situés à différents endroits. Les anatifes, par exemple, se servent de leurs appendices, tandis que les bivalves utilisent leurs branchies. Beaucoup de ces animaux pompent l'eau activement pour accroître leur butin, ce qui leur permet par la même occasion de s'oxygéner. L'aptitude au filtrage caractérise aussi certains animaux planctoniques, comme le krill, dont se nourrissent à leur tour les gros mammifères filtreurs que sont les baleines. Également très fréquent, le « broutage » consiste à arracher des algues à leur substrat. Les patelles sont dotées de plusieurs rangées de dents microscopiques, tandis que les oursins disposent de cinq mâchoires calcaires.

Rien de comparable au filtrage n'a été observé hors de l'eau, si ce n'est peut-être la toile que tissent certaines araignées pour capturer leurs proies. Aussi la plupart des invertébrés terrestres doivent-ils chercher activement leur nourriture. Les tout petits herbivores – dont beaucoup de xylophages – creusent souvent des galeries à même la matière nutritive, ce qui leur permet en même temps de se mettre à l'abri des prédateurs, tandis que les carnivores se déplacent à l'air libre.

RECYCLAGE NATUREL
Des dizaines de bousiers se lancent à l'assaut de ce tas d'excréments qu'ils ingurgitent ou roulent en pilules pour nourrir leurs larves.

Dans tous les cas, le mode d'alimentation détermine la forme des pièces buccales. Les chenilles arrachent de gros morceaux qu'elles avalent tels quels, alors que beaucoup d'insectes adultes se nourrissent exclusivement de matières liquides. Les papillons sont par exemple dotés d'une trompe pouvant atteindre 30 cm de long, qu'ils déroulent pour aspirer le nectar des fleurs ou le jus des fruits, tandis que les taons possèdent une paire de mandibules coupantes capables d'entamer la peau, après quoi il ne leur reste plus qu'à lécher le sang. Bien que carnivores, les araignées se nourrissent uniquement de liquides. Elles injectent un suc digestif à l'intérieur de leur proie afin de la réduire en bouillie.

Compte tenu de leur profusion, beaucoup d'invertébrés, en se nourrissant, jouent un rôle écologique majeur. Les vers de terre entretiennent la fertilité des sols, tandis que certains insectes pollinisent les fleurs ou éliminent des cadavres. Les invertébrés ont un impact fondamental sur de nombreux habitats, mais, à moins qu'il ne s'agisse de ravageurs, leur activité passe le plus souvent inaperçue.

EN QUÊTE DE NOURRITURE
Chargées d'un énorme fardeau, ces fourmis coupeuses de feuilles rentrent au nid. Par endroit, les fourmis consomment autant de végétaux que tous les vertébrés vivant dans le même milieu.

DIGESTION EXTERNE
Lorsqu'elle trouve une moule, l'étoile de mer écarte lentement les deux valves et projette son estomac à l'intérieur du mollusque afin de le digérer.

LES PARASITES

Les parasites animaux sont presque toujours des invertébrés. Certains, comme les tiques ou les sangsues, vivent à l'extérieur de leur hôte, mais la plupart, comme les cestodes ou les nématodes, vivent à l'intérieur, se nourrissant de ses tissus ou du contenu de son tube digestif. Les ectoparasites se contentent souvent d'un seul hôte tout au long de leur vie, tandis que les endoparasites, au cycle biologique généralement complexe, doivent en changer régulièrement. Parmi ces hôtes successifs figure souvent un vertébré. Les parasites ne sont généralement pas mortels, ce qui est en revanche le cas des insectes parasitoïdes, dont les larves mangent leur hôte après que les œufs ont été pondus à l'intérieur de son corps ou à côté.

CYCLE BIOLOGIQUE D'UNE BILHARZIE
Les bilharzies sont des vers plats parasites dont l'hôte intermédiaire est un escargot aquatique. Les œufs sont véhiculés par les eaux usées et produisent des larves nageant librement. Celles-ci se reproduisent de manière asexuée à l'intérieur des gastéropodes et donnent naissance à une forme ultime qui attaque l'homme.

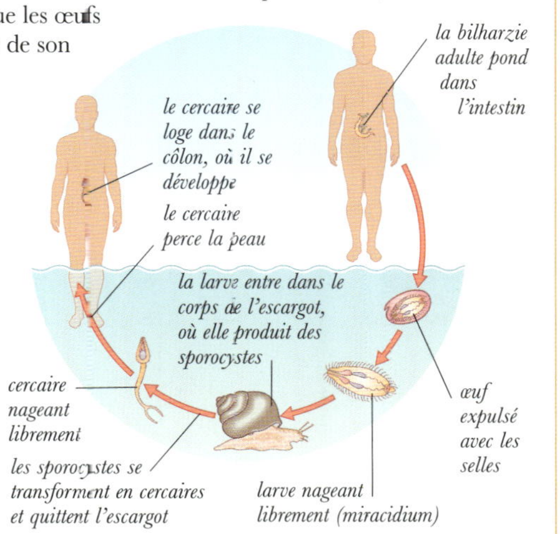

ÉPONGES

PHYLUM	Porifères
CLASSES	4
ORDRES	18
FAMILLES	80
ESPÈCES	Env. 10 000

LES PORIFÈRES, OU SPONGIAIRES, que l'on considérait autrefois comme des plantes, constituent actuellement la forme la plus simple de vie animale. Contrairement à la plupart des autres animaux, qui se déplacent à l'intérieur de leur habitat, les éponges vivent en permanence fixées à un substrat dur et s'alimentent par prélèvement des particules nutritives contenues dans l'eau. C'est donc leur environnement qui se déplace en elles plutôt que l'inverse. La plupart des éponges sont des animaux marins, mais certaines vivent en eau douce.

ÉPONGES MARINES
Les éponges vivent pour la plupart dans des zones à température stable, fixées au substrat rocheux. Elles peuvent couvrir de vastes étendues de fond marin, mais c'est dans les grottes qu'elles abondent le plus.

ANATOMIE

D'un point de vue anatomique, il manque aux éponges de nombreux traits caractéristiques des autres animaux. Bien que spécialisées, leurs cellules ne forment ni tissus ni organes. On note l'absence totale de cellules nerveuses et une faible quantité de cellules musculaires. Cependant, les éponges ont un squelette – réseau de fibres de collagène organique ou de pièces inorganiques calcaires ou siliceuses, appelées spicules. Le corps des éponges est asymétrique et dépourvu de parties distinctes. La forme la plus rudimentaire est un simple cylindre clos à une extrémité, mais on trouve aussi des sphères, des tubes ou des rameaux.

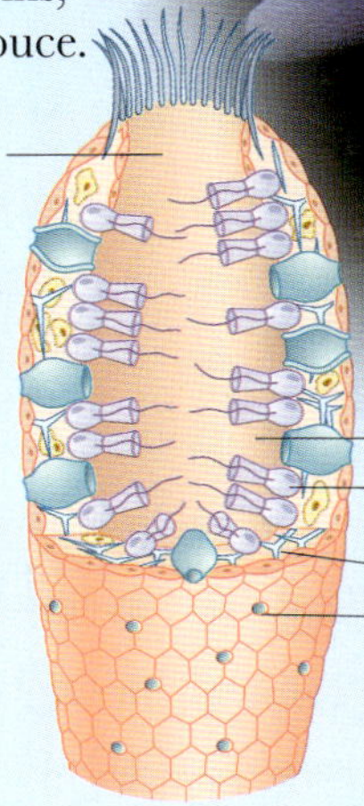

ÉPONGE SIMPLE

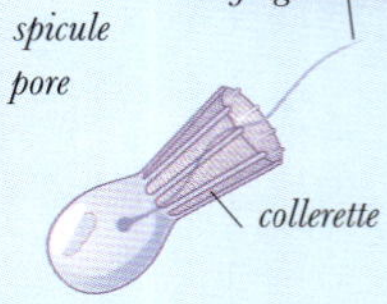

CHOANOCYTE

COUPE LONGITUDINALE
L'eau pénètre dans les éponges par les minuscules pores garnissant leur paroi externe, puis passe dans la cavité centrale avant d'être expulsée par un orifice plus grand, l'oscule.

ALIMENTATION

Les éponges sont des organismes filtreurs. L'intérieur de leur corps est tapissé de cellules appelées choanocytes, dont le flagelle est entouré d'une collerette de microtentacules. C'est le mouvement des flagelles qui crée le courant observé dans la cavité centrale de l'animal. L'eau passe, mais le plancton et les particules de matières organiques sont retenus dans les collerettes.

ÉPONGES CARNIVORES
Hôte peu fréquent des grottes de Méditerranée, cette éponge carnivore capture ses proies au moyen de crochets situés à l'extrémité de longs filaments et les digère de l'extérieur.

Classe CALCAREA
Éponges calcaires

Occurrence env. 100 esp. vivant en eau peu profonde (dans les crevasses ou les grottes, sous les surplombs)

Ce sont les seules éponges dotées de spicules en carbonate de calcium, matière dont se compose la coquille des mollusques. Comparées aux autres éponges, elles sont généralement petites – moins de 10 cm de long – et ternes, si bien qu'elles passent souvent inaperçues.

LEUCETTUSA LANCIFER
Comme toutes les éponges calcaires, cette espèce d'une hauteur inférieure à 5 cm ressemble à une amphore. Leucettusa *est un genre répandu de la zone tropicale et de la région subantarctique, en eau peu profonde.*

Classe HEXACTINELLIDES
Éponges de verre

Occurrence 500 esp. vivant en eau froide, le plus souvent entre 200 et 2 000 m de profondeur

Les hexactinellides peuvent atteindre 1 m de diamètre. Leurs spicules siliceux régulièrement disposés forment un squelette cassant comme du verre qui se brise facilement lorsqu'on remonte à la surface les espèces vivant en eau profonde.

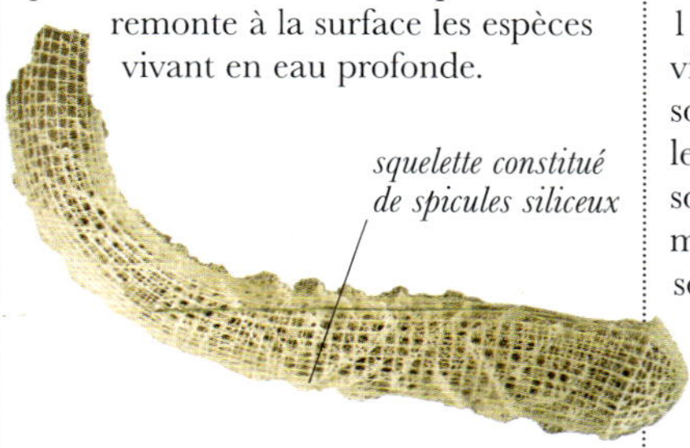

EUPLECTELLES
Le squelette des hexactinellides est souvent très décoratif. Gisant par environ 150 m de fond, les espèces tropicales du genre Euplectella *ont la forme d'une corne d'abondance. Elles peuvent atteindre 30 cm de long.*

Classe DÉMOSPONGES
Démosponges

Occurrence 9 500 esp. vivant dans les eaux plus ou moins profondes, sur toutes sortes de substrats durs

Cette classe comprend plus de 90 % des éponges existantes, dont l'éponge de toilette, très affectée par la surexploitation. Les démosponges peuvent dépasser 1 m de haut et de large. De couleurs vives, elles forment des jardins sous-marins pouvant rivaliser avec les récifs coralliens. Beaucoup sont massives ou encroûtantes, mais certaines parmi les plus petites sont perforantes et transpercent la coquille des mollusques.

NIPHATES DIGITALIS
Beaucoup de démosponges forment une masse irrégulière, mais certaines, comme Niphates digitalis *(ci-dessus) ont une forme définie.*

ÉPONGE TUBULEUSE
Cette grande démosponge des Caraïbes peut dépasser 50 cm de haut. Dans ce type d'organisation, l'eau pénètre par des pores latéraux et ressort par un orifice situé au sommet.

CNIDAIRES

PHYLUM	Cnidaires
CLASSES	4
ORDRES	27
FAMILLES	236
ESPÈCES	8 000–9 000

CE GROUPE D'ANIMAUX AQUATIQUES SIMPLES comprend les anémones de mer, les coraux, les méduses et les hydres. Leur corps cylindrique, à symétrie radiale, clos d'un côté et ouvert de l'autre, peut être campanulé (forme méduse – nageant librement) ou allongé (forme polype – fixée à un substrat dur par le côté clos). Tous les cnidaires ont la bouche entourée de tentacules renfermant des cellules urticantes appelées cnidoblastes. Bien qu'essentiellement marins, les cnidaires comprennent aussi quelques espèces dulçaquicoles.

ANATOMIE

Certains cnidaires (comme les anémones de mer ou les coraux) n'existent que sous la forme polype. D'autres (les hydroïdes et certaines méduses proprement dites) se présentent, selon leur stade de développement, sous la forme polype ou méduse. Dans un cas comme dans l'autre, la paroi du tube se compose de deux couches de cellules épithéliales : l'épiderme et le gastroderme, séparées par une lame gélatineuse, la mésoglée. La cavité centrale du tube remplit la fonction d'estomac et l'unique orifice sert aussi bien à l'ingestion qu'à l'excrétion. La bouche est entourée d'une ou plusieurs rangées de tentacules pourvus de cnidoblastes, cellules urticantes produisant un venin servant à l'animal à neutraliser ses proies. Celles-ci sont ensuite amenées à la bouche par les tentacules.

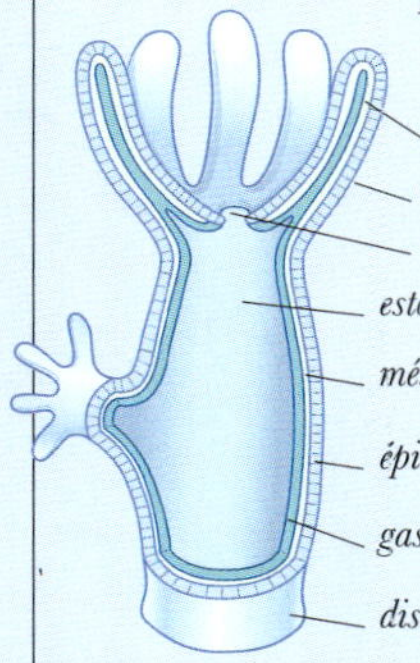

POLYPE
Les polypes ont la bouche tournée vers l'extérieur. À l'extrémité opposée se trouve un disque pédieux souvent fixé à un substrat dur. La plupart, comme cette hydre, ont une mésoglée plutôt fine. Ils peuvent vivre seuls ou en colonies.

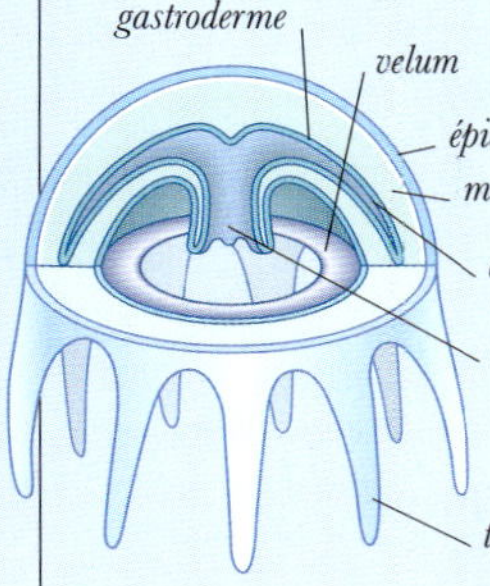

MÉDUSE
Les méduses ont la forme d'une cloche. La bouche occupe le centre de la face inférieure et les tentacules partent du bord externe. La mésoglée est plus épaisse que chez les polypes. Certaines possèdent un velum comportant des cellules musculaires aidant à la progression.

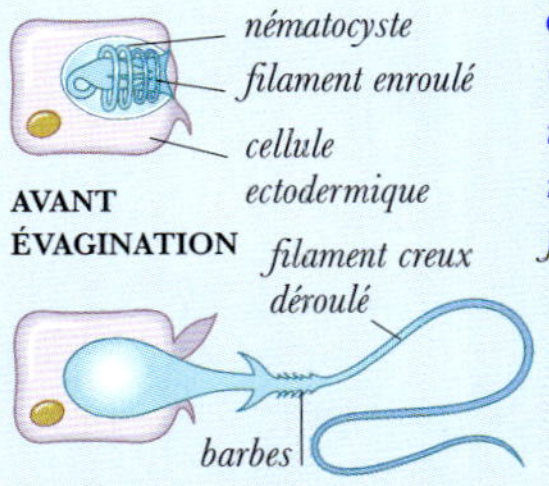

CNIDOBLASTES
Chaque cnidoblaste contient une structure bulbaire, le nématocyste, renfermant un filament urticant barbelé. Au moindre contact, ce dernier se projette à l'extérieur et transperce l'intrus, qui, si c'est une proie, est ensuite amené à la bouche par les tentacules.

LOCOMOTION

Les cnidaires sont extrêmement contractiles et peuvent changer de forme instantanément. L'eau se trouvant à l'intérieur du polype fait office de squelette hydrostatique et offre aux cellules musculaires un appui contre lequel elle peuvent se contracter. Les polypes peuvent s'étirer, se comprimer et se rétracter, par exemple pour capturer une proie ou pour échapper à un prédateur. La forme méduse quant à elle se propulse dans l'eau par contractions successives.

MÉDUSE EN MOUVEMENT
Les méduses progressent par contractions successives. La cloche se contracte et l'eau est expulsée de la cavité gastrique, la cloche se relâche et l'eau s'engouffre à nouveau.

FORMATION D'UN RÉCIF
Beaucoup de coraux hébergent des algues participant à leur métabolisme et à leur alimentation. Cette symbiose permet aux coraux d'accumuler suffisamment de matière pour former un récif.

COLONIES

La plupart des cnidaires peuvent se reproduire de manière asexuée, par bourgeonnement. Chez certains, le nouveau polype se sépare complètement, tandis que chez d'autres les rejetons restent attachés au polype mère et forment des colonies parfois très nombreuses, comme dans le cas des récifs coralliens. Certaines colonies sont extrêmement complexes, comme les siphonophores, qui semblent ne former qu'un seul organisme alors qu'ils se composent en réalité de différents polypes et de méduses remplissant des fonctions équivalentes à celles d'organes.

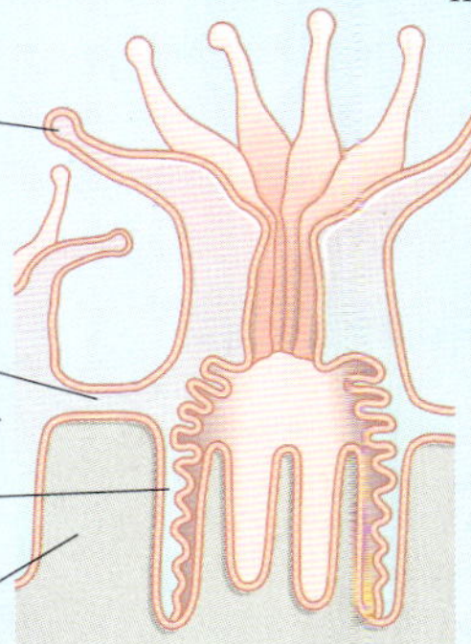

POLYPE CORALLIAIRE
Dans une colonie coralliaire, les polypes sécrètent un exosquelette en carbonate de calcium qui, avec le temps, peut former un récif. Cette structure comprend des loges dans lesquelles les polypes peuvent se rétracter.

CONSERVATION

Une dizaine de cnidaires (principalement des coraux) figurent au nombre des espèces menacées. Or, les récifs coralliens servent d'habitat à de nombreux autres animaux. Les causes en sont l'élévation du niveau de la mer, le réchauffement de l'eau, les apports d'alluvions et l'extraction par l'homme. Lorsque la température des océans s'élève, les algues symbiotiques sont rejetées et les coraux blanchissent (voir ci-dessous).

Classe ANTHOZOAIRES

Anthozoaires

Occurrence 6 500 esp. vivant au fond des mers, sur des sédiments meubles

Anthozoa est un mot grec qui signifie «animal fleur». De fait, avec leurs couleurs vives, leurs tentacules mobiles et leur tronc charnu, les anthozoaires font souvent penser à des végétaux. Comme tous les cnidaires, ce sont pourtant des animaux carnivores, même si certains consomment également des algues microscopiques. Ils varient beaucoup par la taille, certains ne dépassant pas 1 mm, tandis que d'autres atteignent 1,50 m de diamètre. Ils conservent la forme polype – tube simple ouvert d'un côté et clos de l'autre – tout au long de leur vie. L'orifice est entouré d'une ou plusieurs rangées de tentacules porteurs de cellules urticantes dont l'animal se sert pour se nourrir et se défendre contre ses prédateurs – gastéropodes, vers polychètes, crustacés ou échinodermes. Les anthozoaires peuvent se reproduire de manière sexuée ou asexuée.

Beaucoup sont solitaires, mais cette classe comprend aussi les coraux, dont les récifs – vastes structures cornées, chitineuses ou calcaires formées par l'endo- et l'exosquelette des animaux – constituent les plus grandes structures du règne animal. Font également partie des anthozoaires les anémones de mer, les gorgones et les pennatules.

GORGONES, ÉVENTAILS DE MER
Dépassant parfois 3 m de haut, les gorgones, comme Annella mollis *(à droite), se rencontrent partout, mais sont surtout fréquentes dans les mers tropicales. Elles se fixent à une surface dure par des «racines» et possèdent un axe flexible dont les ramifications portent les polypes.*

CORAUX MOUS DENDRIFORMES
Les masses charnues des coraux mous sont généralement soutenues par des pièces calcaires (sclérites). Chez les espèces arbustives bien développées (ci-dessus), il arrive que les sclérites ressortent. Espèce du genre Dendronephthya, *cet alcyonaire des océans Indien et Pacifique peut atteindre 1 m de haut. Les coraux mous de ce type vivent fixés sur une surface dure ou ancrés dans un substrat meuble.*

PENNATULES, PLUMES DE MER
Avec leur pédoncule d'où partent des ramifications latérales régulières portant les polypes, les colonies de pennatules – que l'on rencontre partout – ont l'aspect d'une plume. Les espèces du genre Pennatula *(à droite) atteignent aisément 50 cm de haut et certaines mesurent le double. Chez quelques espèces du genre* Pteroides *(à gauche), dont aucune n'excède 30 cm, des polypes secondaires font circuler l'eau à travers la colonie.*

ALCYON DOIGT DE MORT, MAIN DE MER
Les coraux mous de l'ordre des alcyonides se rencontrent dans tous les océans. Répandu dans l'Atlantique Nord, en eau peu profonde, Alcyonium digitatum *(ci-dessus) peut atteindre 20 cm de haut. Ces polypes sortent d'une masse digitée blanche, jaune, rose ou orange, dont les lobes se contractent au moindre contact.*

CORALLIMORPHES
Présents dans toutes les eaux tropicales, les corallimorphes tiennent le milieu entre les coraux et les anémones de mer. Leurs polypes ressemblent à ceux des coraux durs, mais ils n'ont pas de charpente externe. Comme les coraux récifaux, ils vivent en symbiose avec des algues (zooxanthelles). Amplexicaulus fenestrafer *(ci-dessus) atteint aisément 30 cm de diamètre.*

ANÉMONES DE MER
Contrairement à beaucoup d'anthozoaires, les anémones de mer, ou actinies, sont des polypes solitaires ; nombre d'entre elles se reproduisent par division d'un même individu. L'anémone verte de l'Atlantique, Anemonia viridis *(en haut et en bas), possède des tentacules pouvant atteindre 10 cm de long. Elle a besoin de lumière car une partie de sa nourriture lui est fournie par des algues symbiotiques photosynthétiques.*

CORAUX MOUS RÉCIFAUX
Comme les alcyons, le genre Sarcophyton *appartient à l'ordre des alcyonides et se caractérise par une texture charnue. Il en existe plusieurs espèces vivant dans les eaux chaudes des océans Indien et Pacifique. Les colonies peuvent atteindre 1 m de diamètre.*

HORMATHIIDAE
Très communes, ces anémones vivent généralement en symbiose avec d'autres invertébrés marins. Fixées sur la coquille des mollusques ou la carapace des crustacés, elles se nourrissent des miettes échappant à leur hôte et le protègent en retour avec leurs tentacules urticants. L'espèce ci-dessus, Stylobates aenus, *peut atteindre 20 cm de haut.*

PORITES
Ces coraux massifs des eaux tropicales forment les plus grands récifs après les acropores. Leurs monticules sont parfois couverts de protubérances arrondies évoquant des doigts. Dans la Grande Barrière de corail, certaines colonies de Porites *mesurent près de 10 m de diamètre et pourraient avoir deux cents ans. Chaque polype pris individuellement ne mesure que 3 mm de diamètre.*

FUNGIIDAE
Alors que les coraux sont généralement coloniaux, les Fungiidae se présentent sous la forme d'un polype solitaire excédant rarement 50 cm de diamètre. Hôte des eaux tropicales, ils sont d'abord fixés au sol par un pédoncule. Au stade adulte, comme chez Fungia *ci-dessus, ils se détachent et reposent à terre.*

PAVONA
Élément fréquent des récifs coralliens de la mer Rouge au Pacifique Est, cette espèce du genre Pavona *mesure 25 cm de diamètre. Elle présente des marques étoilées sur la surface et constitue de vastes colonies en forme de colonnes, de tables ou de frondes.*

MÉANDRINES
Les polypes de cette colonie de Lobophyllia *sont assez gros – au moins 3 cm de diamètre. Ils sont disposés en rangs ondulants, ce qui donne à l'ensemble l'aspect d'un cerveau. Les colonies adultes peuvent peser jusqu'à 1 tonne. C'est dans l'océan Pacifique que ces coraux sont le plus fréquents.*

ACROPORES
Les acropores font partie des coraux récifaux qui croissent le plus vite. Ils recouvriraient aisément la plupart des autres espèces s'ils n'étaient pas fragiles et facilement endommagés par les tempêtes. Hôtes des mers tropicales, beaucoup de colonies d'acropores ressemblent à des bois de cerf ou à des arbustes – comme l'espèce rameuse représentée à droite, qui peut atteindre 2 m de haut. Certaines sont plus étalées et font penser au houppier d'un acacia parasol de la savane africaine. La forme tabulaire de l'espèce ci-dessous – jusqu'à 3 m de diamètre – intercepte la lumière nécessaire à ses algues symbiotiques et fait de l'ombre aux éventuels concurrents.

Classe **SCYPHOZOAIRES**

Scyphozoaires

Occurrence 215 esp. vivant parmi le plancton marin, certaines sur les algues ou au fond des océans

Avec un diamètre parfois supérieur à 2 m et des tentacules de plusieurs mètres de long, les méduses acalèphes sont les plus grands animaux planctoniques. Certaines espèces se fixent toutefois sur des algues flottantes ou passent le plus clair de leur temps sur les fonds sableux. Comparable à une cloche, leur corps se compose de deux couches de cellules épithéliales séparées par une mésoglée épaisse. La cavité centrale tient lieu d'estomac. La bouche occupe le centre de la face inférieure, tandis que des tentacules marginaux prolongent le bord de la cloche. Bien que simples, ces animaux ont un cycle biologique complexe. Au début, ils se présentent généralement sous la forme de petits polypes fixés au sol qui, en bourgeonnant, donnent naissance à des dizaines de petites méduses nageant librement. Celles-ci, en se développant, vont donner des adultes capables de se reproduire de façon sexuée. Les méduses progressent par contractions successives, mais résistent difficilement aux turbulences et s'échouent souvent sur les plages lors des tempêtes. Beaucoup sont carnivores et se servent de leurs tentacules pour capturer leurs proies.

MASTIGIES
Vivant surtout en zone tropicale, ces méduses peuvent atteindre 19 cm de diamètre. Sous la cloche, pendent des bras buccaux dont les replis cachent une multitude de petits trous disposés linéairement.

GUÊPE DE MER
Également appelée méduse-boîte australienne, Chironex fleckeri *peut atteindre 25 cm de diamètre. C'est l'un des cnidaires les plus venimeux. Fréquente au nord-est de l'Australie, elle est presque transparente et peut infliger avec ses longs tentacules des blessures mortelles.*

CASSIOPEIA XAMACHANA
Formant un disque d'environ 30 cm, cette méduse vit en eau chaude et peu profonde, généralement posée à l'envers sur les fonds sableux. Elle se nourrit grâce aux algues symbiotiques photosynthétiques recouvrant ses vésicules péribuccales.

CYANÉE CHEVELUE, CRINIÈRE DE LION
Dotée d'une cloche pouvant dépasser 2 m de diamètre, Cyanea capillata, *hôte des eaux boréales, est l'une des plus grandes méduses du monde. Ses tentacules représentent un danger pour les nageurs et piquent même lorsque l'animal est échoué depuis longtemps.*

Classe HYDROZOAIRES

Hydrozoaires

Occurrence 3 300 esp. faisant partie du plancton ou vivant au fond des océans, des rivières ou des lacs

Les cnidaires de ce groupe diffèrent beaucoup entre eux par la forme et la taille, les plus petits n'excédant pas 1 mm de diamètre contre 1 m pour les plus gros. Au cours de leur vie, beaucoup passent par les stades polype et méduse. La plupart forment des colonies comprenant parfois plusieurs milliers de polypes. Certains sont pourvus d'un exosquelette qui les rapproche des coraux, tandis que d'autres ressemblent à une méduse flottant à la surface. Les formes coloniales gisant au fond de l'eau se composent généralement de différents polypes remplissant chacun une fonction déterminée. L'organisme ainsi formé fait penser à un animal unique. Le polymorphisme des polypes se rencontre aussi dans certaines colonies planctoniques. Généralement carnivores, les hydrozoaires se servent de leurs tentacules pour capturer des proies pouvant aller de minuscules animaux planctoniques jusqu'à d'assez gros poissons. Certains dépendent d'algues symbiotiques pour leur nutrition. La plupart sont inoffensifs pour l'homme, mais certaines espèces, comme la physalie, possèdent un venin potentiellement mortel. Leurs prédateurs sont des mollusques, des vers polychètes, des crustacés, des échinodermes et des poissons. La reproduction peut être sexuée ou asexuée.

PHYSALIE
Hôte des mers tempérées et tropicales, Physalia physalis *(à droite) est à juste titre considérée comme dangereuse. On dirait un animal unique, mais il s'agit en fait d'une colonie de polypes spécialisés dont certains sont très venimeux. L'organisme reste en surface grâce à un gros flotteur plein de gaz d'où partent des filaments pouvant atteindre 20 m de long. Ceux-ci supportent différents polypes, dont certains saisissent les proies, tandis que d'autres les digèrent ou bien assurent les fonctions reproductrices.*

VÉLELLE
Velella velella *est un polype hydroïde modifié en forme de masse circulaire de 10 cm de diamètre flottant à la surface des mers tropicales. Elle est mue par le vent grâce à une petite voile surmontant le flotteur. Après une tempête, on la trouve souvent échouée sur les plages.*

POLYORCHIS
La cloche diaphane de ces hydroméduses, d'où partent environ 90 tentacules, peut atteindre 4 cm de diamètre. Répandues sur la côte ouest de l'Amérique du Nord, les espèces du genre Polyorchis *se nourrissent de plancton animal.*

HYDROÏDES PLUMEUX
Les nombreuses espèces du genre Aglaophenia *vivent en eau peu profonde et leurs cadavres jonchent souvent les plages à marée basse. D'une hauteur pouvant atteindre 60 cm, chaque colonie se compose de petits polypes nourriciers et urticants et de polypes reproducteurs plus gros – apparaissant en jaune sur la photo (à droite) –, d'où sortent des larves libres.*

HYDRACTINIES
Présentes partout, les espèces du genre Hydractinia *sont des petits hydroïdes coloniaux encroûtants d'environ 2 cm de haut. Elles croissent souvent sur un animal qui, en se déplaçant, leur facilite l'accès à la nourriture et qu'elles protègent en retour par leurs cellules urticantes.* Hydractinia echinata *vit sur les pagures (ci-dessus).*

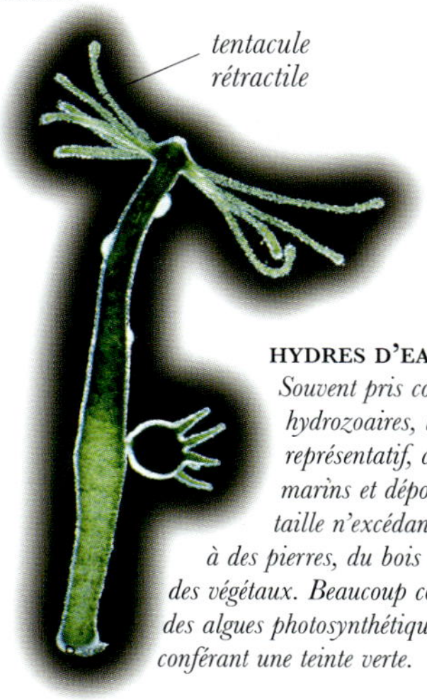

HYDRES D'EAU DOUCE
Souvent pris comme exemple pour l'étude des hydrozoaires, le genre Hydra *est en fait peu représentatif, car il s'agit d'animaux solitaires, non marins et dépourvus d'enveloppe externe cornée. D'une taille n'excédant pas 2,5 cm, ces petits êtres vivent fixés à des pierres, du bois immergé ou des végétaux. Beaucoup contiennent des algues photosynthétiques leur conférant une teinte verte.*

DISTICHOPORE VIOLACÉ
Certains hydrozoaires ont un exosquelette pourvu de loges dans lesquelles les polypes peuvent se rétracter. Les colonies sont fixées au fond de l'eau par un pédoncule. Beaucoup sont petites, mais certaines peuvent atteindre une taille considérable et compter des milliers d'individus. Présent dans les océans Indien et Pacifique, Distichopora violacea *(à droite) mesure 5 cm de haut.*

TUBULAIRES
Présentes partout en eau peu profonde, les espèces du genre Tubularia *ressemblent beaucoup à des végétaux. Fixées aux rochers et aux épaves par des «crampons», les colonies forment un fouillis de rameaux terminés chacun par un polype. La plupart n'excèdent pas 15 cm de haut.*

VERS PLATS

PHYLUM	Plathelminthes
CLASSES	4
ORDRES	35
FAMILLES	360
ESPÈCES	Env. 13 000

LES VERS PLATS OU PLATODES sont les plus simples des animaux à symétrie bilatérale. Ils sont dépourvus de cavité centrale et n'ont ni appareil circulatoire ni appareil respiratoire. La plupart des plathelminthes, comme les douves ou les vers solitaires, sont des parasites, mais ce groupe comprend aussi des animaux d'eau douce et des animaux marins vivant librement parmi les rochers et les récifs.

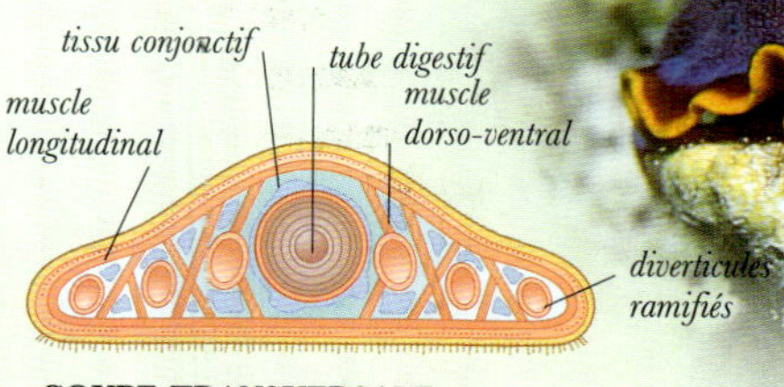

COUPE TRANSVERSALE
Les vers plats ont un corps simple et non segmenté. L'espace entre les organes internes est occupé par un tissu conjonctif spongieux.

PLATODES LIBRES
Comme ils respirent par diffusion, les platodes doivent avoir un corps fin. Cette exigence rend les grandes espèces, comme ce turbellarié marin, beaucoup plus fragiles que d'autres animaux de taille comparable.

Classe TURBELLARIA

Turbellariés

Occurrence 4 000 esp. vivant parmi les rochers, sur les sédiments, dans la terre humide et sous les troncs d'arbre

Les turbellariés présentent une grande variété de formes. Bien qu'ils possèdent une tête distincte, la bouche se trouve un peu en retrait, sur la face inférieure. La plupart sont diaphanes, noirs ou gris, mais certaines espèces marines – surtout celles qui vivent parmi les coraux – sont vivement colorées. Les plus petits n'excèdent pas 1 mm de long contre 50 cm pour les plus grands. Afin de pouvoir absorber l'oxygène ambiant, les espèces de grande taille sont très plates. Contrairement à d'autres platodes, les turbellariés vivent presque tous librement. Ils se dirigent au moyen d'organes sensoriels simples. La plupart progressent par reptation, mais certaines grandes espèces nagent par ondulation. Les turbellariés se nourrissent souvent de petits invertébrés, mais ils peuvent aussi être parasites, commensaux ou vivre en symbiose avec des algues photosynthétiques. L'hermaphrodisme prévaut.

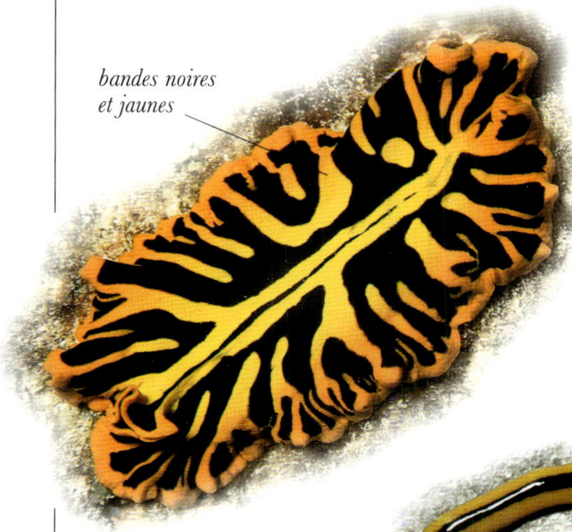

PLATODES MARINS
Certains turbellariés marins sont grands et très colorés. Pseudobiceros zebra *(à gauche) vit dans les récifs coralliens des océans Indien et Pacifique. Il peut atteindre 5 cm de long et présenter différents dessins, les bandes transversales noires et jaunes étant les plus fréquentes.*

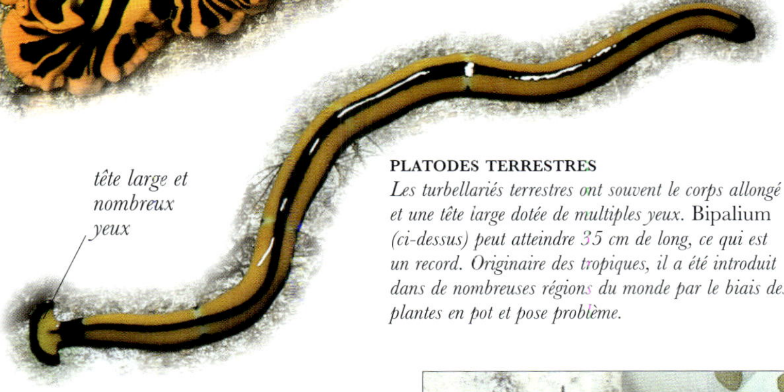

PLATODES TERRESTRES
Les turbellariés terrestres ont souvent le corps allongé et une tête large dotée de multiples yeux. Bipalium *(ci-dessus) peut atteindre 35 cm de long, ce qui est un record. Originaire des tropiques, il a été introduit dans de nombreuses régions du monde par le biais des plantes en pot et pose problème.*

PLATODES ACŒLES
Dépourvus de cavité digestive, les acœles sont des platodes très simples. Petits, marins et très discrets, la plupart vivent sur les fonds sédimentaires. Certains renferment des algues photosynthétiques avec lesquelles ils vivent en symbiose, d'où leur couleur verte, et recherchent donc la lumière. Les petites taches vert olive ornant les coraux-bulles, Plerogyra *(à droite), sont des acœles du genre* Waminoa *des océans Indien et Pacifique. Ils n'excèdent pas 5 mm de long.*

Classe CESTODES

Vers solitaires, ténias

Occurrence 3 500 esp. ; endoparasites d'autres animaux, notamment des poissons cartilagineux

Parasites hautement spécialisés, les cestodes n'excèdent généralement pas 1 mm d'épaisseur pour parfois 30 m de long. Au stade adulte, ils vivent dans l'intestin des vertébrés – homme compris – dont ils absorbent le contenu à travers leurs téguments. L'animal croît à partir d'une région située en arrière du scolex par prolifération de proglottis, segments renfermant chacun un appareil reproducteur complet. Les proglottis sénescents, contenant des milliers d'œufs, se détachent progressivement et sont expulsés avec les selles. Lorsqu'ils sont ingérés par d'autres animaux, il y a éclosion et le cycle recommence.

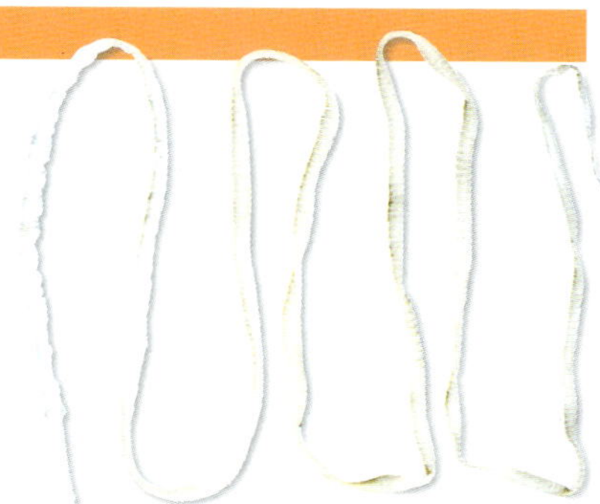

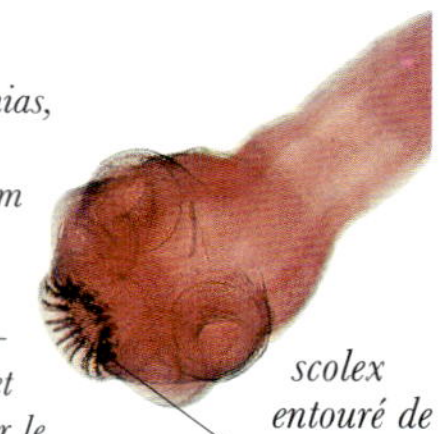

TÉNIAS
Très répandus, les ténias, dont certaines espèces peuvent atteindre 10 m de long, parasitent l'homme ainsi que certains animaux. Ci-dessus un ver adulte et ci-contre gros plan sur le scolex, extrémité antérieure munie de crochets et de ventouses avec lesquels le ver s'accroche à la paroi intestinale de son hôte.

Classe TRÉMATODES

Douves, etc.

Occurrence 12 000 esp. ; endo- et ectoparasites d'autres animaux

Comme les cestodes, les douves sont des parasites, mais elles diffèrent par leur forme. Cylindriques ou ovales, elles sont munies de crochets et de ventouses à une extrémité ou les deux ou bien sur la face inférieure. Les plus petites n'excèdent pas 1 cm de long contre 6 m pour les plus grandes. Contrairement aux cestodes, elles ont une bouche et un appareil digestif et perforent les tissus de leur hôte. Leur cycle biologique est très complexe, comprenant plusieurs stades larvaires et jusqu'à quatre hôtes. Les hôtes intermédiaires sont souvent des mollusques, mais l'hôte définitif, celui du stade adulte, est généralement un vertébré. Les douves peuvent provoquer des maladies graves, dont la bilharziose, qui affecte des millions de personnes sous les tropiques.

DOUVES DU FOIE
Plusieurs espèces de douves vivent dans le foie et les canaux biliaires des mammifères, pouvant provoquer des maladies parfois mortelles. Fasciola hepatica, *ci-dessus, est très fréquente chez le mouton. Elle peut atteindre 3 cm de long et a pour hôte intermédiaire des gastéropodes des eaux douces.*

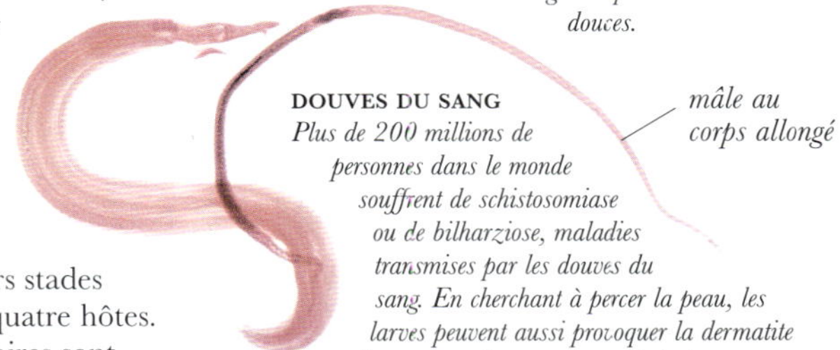

DOUVES DU SANG
Plus de 200 millions de personnes dans le monde souffrent de schistosomiase ou de bilharziose, maladies transmises par les douves du sang. En cherchant à percer la peau, les larves peuvent aussi provoquer la dermatite des nageurs. Les sexes sont généralement séparés, mais le mâle vit enroulé autour de la femelle. L'espèce tropicale Schistosoma mansoni *mesure de 1 à 1,5 m de long.*

VERS ANNELÉS

PHYLUM	Annélides
CLASSES	3
ORDRES	31
FAMILLES	130
ESPÈCES	Env. 12 000

LES ANNÉLIDES diffèrent des autres vers en ce que leur corps comprend une série d'anneaux reliés entre eux mais partiellement autonomes, dans lesquels les principaux organes se répètent régulièrement. Ces anneaux sont remplis d'un liquide pressurisé servant à l'animal de squelette hydrostatique. Les annélides ont différents modes de vie, mais la plupart sont fouisseurs et vivent soit dans la terre, soit dans les dépôts sédimentaires tapissant les étangs, les rivières ou les océans.

VERS TERRICOLES
Se nourrissant surtout de matières végétales en décomposition, les vers de terre sont répandus partout. Ils restent souvent près de la surface, mais quittent rarement leurs galeries où ils sont à l'abri des oiseaux et autres prédateurs.

ANATOMIE

Le corps d'un ver annelé comprend une tête, un tronc annelé et une queue. Les anneaux sont séparés par une cloison et renferment – du moins chez les formes primitives – un ensemble complet d'organes. La bouche se trouve sur le premier anneau et l'intestin traverse le tronc de bout en bout jusqu'à l'anus, en position caudale. Chaque anneau est flanqué de crochets ou de soies. Certains vers marins possèdent en plus des tentacules sensoriels, tandis que d'autres annélides, comme les lombrics, sont dépourvus d'expansions latérales.

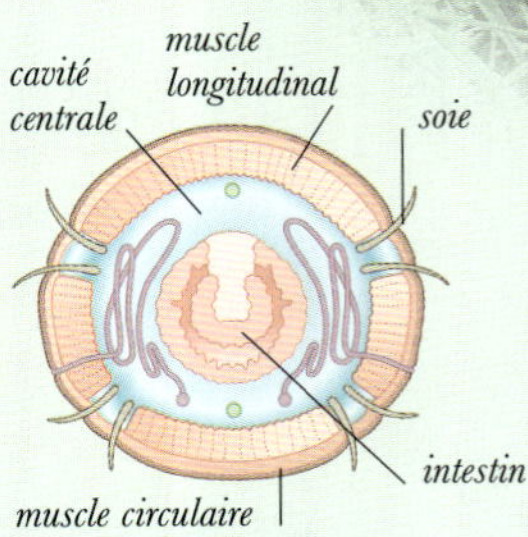

COUPE TRANSVERSALE
La cavité centrale des lombrics est remplie de liquide et contient un long intestin. Des soies courtes traversent deux couches musculaires et dépassent la surface externe.

PARASITES D'EAU DOUCE
Les sangsues sont des vers parasites. Elles se fixent sur leur hôte grâce à la ventouse qu'elles ont à chaque extrémité.

MOUVEMENT

Les annélides se déplacent par contractions musculaires successives. Chaque anneau comprend une couche de muscles longitudinaux et une couche de muscles circulaires, ce qui permet aussi bien l'étirement que la compression. Lorsque le ver fouit la terre, les anneaux comprimés assurent l'adhésion aux parois, tandis les anneaux étirés permettent à l'animal de progresser.

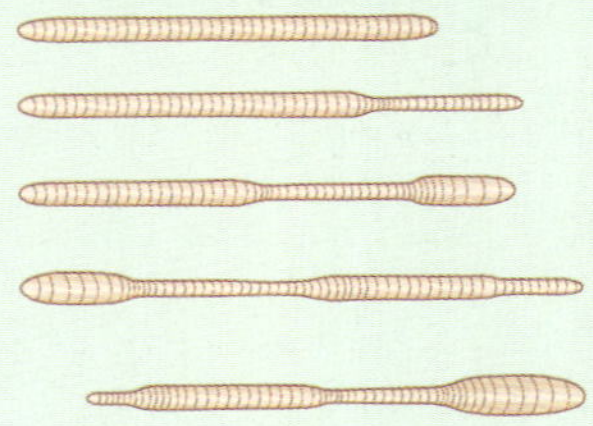

ONDULATION
Lorsqu'un ver annelé progresse, ses anneaux s'étirent et se compriment successivement, donnant l'impression d'un mouvement ondulatoire.

Classe **POLYCHÈTES**

Polychètes

Occurrence 8 250 esp. vivant dans des galeries, parmi les algues ou les colonies animales sur les fonds marins

Les polychètes sont les plus nombreux et les plus variés des annélides, le plus petit n'excédant pas 1 mm de long contre 3 m pour le plus long. Néréis, arénicoles, aphrodites, sabelles, térébelles et serpules font toutes partie de cette classe. Bien qu'abondants et parfois très colorés, les polychètes passent souvent inaperçus en raison de leur mode de vie souterrain ou tubicole et de leur rapidité. Les prédateurs actifs, comme les néréis, peuvent toutefois être aperçus dans les trous d'eau ou sous les pierres. La plupart des polychètes sont longs, fins et vermiformes, mais certains sont presque circulaires. Ils possèdent des parapodes latéraux, expansions saillantes garnies de soies, et une tête portant des appendices. On distingue deux catégories : les espèces errantes, généralement carnivores, pourvues de parapodes bien développés, et les espèces sédentaires, vivant dans des galeries ou un tube, se nourrissant de vase ou de matières en suspension, et dotées de parapodes très spécialisés.

Quelques espèces sont parasites. La plupart des polychètes sont solitaires, mais certains vers tubicoles forment de grandes colonies. Les sexes sont généralement séparés.

SABELLES ET SERPULES
Certains polychètes vivent à l'intérieur d'un tube qu'ils sécrètent, fixé sur une surface dure ou en partie enfoncé dans un substrat meuble. Leurs mouvements sont limités à ce tube, mais les tentacules nourriciers peuvent se déployer dans l'eau. Très répandue, la sabelle, Sabella pavonina *(à gauche) mesure 20 cm de long.*

APHRODITE, TAUPE DE MER
Curieusement baptisée du nom de la déesse de l'amour, Aphrodite aculeata *a le dos couvert de soies feutrées et d'écailles. Très commun, ce polychète marin peut atteindre 20 cm de long.*

NÉRÉIDES
De nombreux polychètes marins creusent des galeries dans les sédiments meubles, mais sont aussi de bons nageurs et de redoutables prédateurs. Espèce fréquente dans l'Atlantique, Nereis virens, *pouvant atteindre 50 cm de long, possède de nombreux organes sensoriels, dont une paire d'yeux et de grosses mâchoires en avant de la tête.*

CHAETOPTÈRE À PARCHEMIN
Certains polychètes marins vivent dans un tube en U enfoncé dans un substrat meuble. L'eau circule dans ce tube grâce aux appendices en forme de rames que possède l'animal. Les particules nutritives sont filtrées par des filaments muqueux issus de parapodes. Ver tubicole très commun mais fragile, Chaetopterus variopedatus, *ici sorti de son tube, peut atteindre 25 cm de long.*

Classe **CLITELLATES**

Clitellés

Occurrence 6 000 esp. terrestres, marines ou dulçaquicoles vivant dans la terre, les sédiments ou sur les poissons marins

Habitat Tous à l'exception des régions arides

Les clitellés se caractérisent par l'épaississement de certains anneaux en un bourrelet glandulaire, le clitellum, qui sécrète un cocon où sont pondus les œufs. À l'éclosion, les larves sont des versions en miniature de l'adulte. Cette classe comprend certains des invertébrés les plus répandus, comme le lombric et les espèces apparentées. Les vers de terre constituent la sous-classe des oligochètes (env. 3 000 espèces), qui vivent surtout dans la terre, les alluvions et en eau douce. Les sangsues, prédatrices ou parasites, forment un groupe plus restreint, les hirudinés (env. 500 esp.). Contrairement aux polychètes, les clitellés n'ont ni parapodes ni appendices céphaliques et sont bisexués. Ils peuvent atteindre 3 m de long.

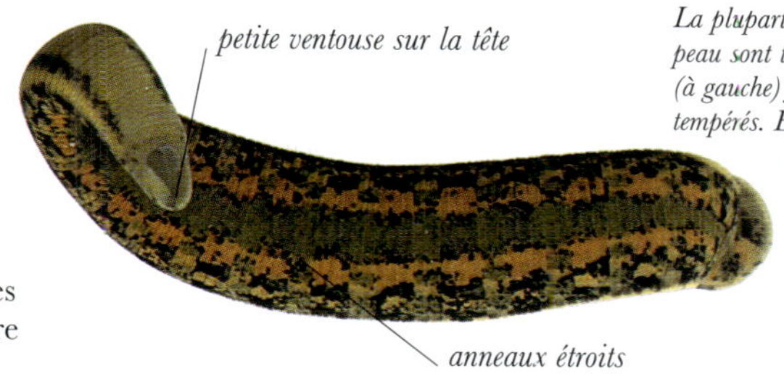

SANGSUE MÉDICINALE
La plupart des sangsues capables de perforer la peau sont tropicales, mais Hirudo officinalis *(à gauche) fréquente les eaux douces des pays tempérés. Elle peut dépasser 12 cm de long et était autrefois utilisée en médecine pour faire des saignées. Lorsqu'elles mordent, les sangsues injectent leur salive anticoagulante et anesthésiante.*

VERS DE TERRE, LOMBRICS
Présents presque partout, ces invertébrés familiers peuvent être aperçus lorsqu'ils sortent de leurs galeries à cause de la pluie ou qu'ils en sont extirpés par un oiseau. Comme Darwin l'a signalé, ils jouent un rôle fondamental dans l'aération du sol et la formation de l'humus. Lumbricus terrestris *peut atteindre 35 cm de long.*

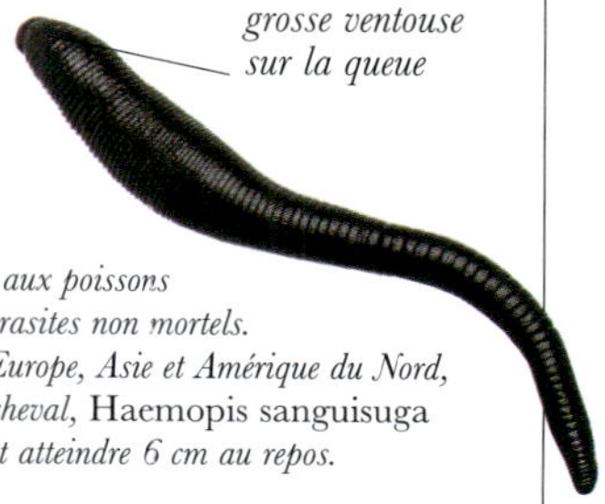

SANGSUE DE CHEVAL
Les sangsues inféodées aux mammifères et aux poissons sont des ectoparasites non mortels. Répandue en Europe, Asie et Amérique du Nord, la sangsue de cheval, Haemopis sanguisuga *(ci-dessus) peut atteindre 6 cm au repos.*

VERS RONDS

PHYLUM	**Nématodes**
CLASSES	4
ORDRES	20
FAMILLES	185
ESPÈCES	Au moins 20 000

LES NÉMATODES sont parmi les animaux les plus abondants sur terre. Les espèces parasites, telles qu'ascaris, oxyures ou filaires, vivent à l'intérieur de toutes sortes de plantes ou d'animaux, certaines pouvant provoquer des maladies graves. Les espèces libres sont également très répandues dans tous les habitats aquatiques, y compris les petites flaques d'eau. Les nématodes sont ronds en coupe transversale, non segmentés et effilés. Ils possèdent une cuticule complexe et muent quatre fois entre l'éclosion et la maturité.

MOUVEMENT
Contrairement aux autres vers, les nématodes sont dépourvus de muscles circulaires. Pour avancer, ils se tortillent de façon caractéristique.

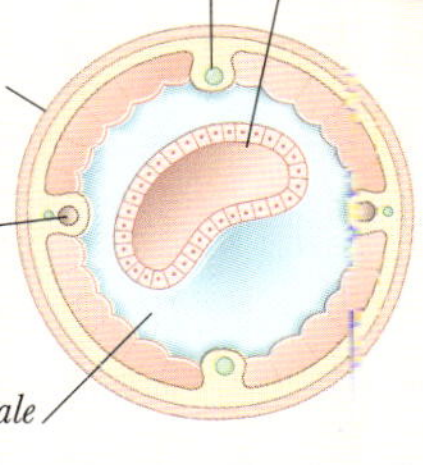

COUPE LONGITUDINALE
Les nématodes ont une vaste cavité centrale composée de cellules pleines de liquide. Associée à un treillis fibreux de la cuticule, la pression ainsi exercée sur les parois internes empêche le corps de rétrécir lorsque les muscles se contractent.

Classe **SECERNENTEA**

Phasmidiens

Occurrence 8 000 esp. vivant parmi la végétation aquatique, dans la terre, sur les plantes, dans les animaux

Les phasmidiens doivent leur nom à la présence d'organes sensoriels (papilles), les phasmides, en position caudale. Généralement parasites, ils peuvent causer des maladies graves. Les plus petits sont invisibles à l'œil nu, alors que le plus grand, vivant dans le placenta du cachalot femelle, peut atteindre 9 m de long. Cependant, le danger que représentent ces animaux n'est pas forcément proportionnel à leur taille : certains nématodes microscopiques tels que les filaires, les oxyures ou les ancyclostomes peuvent proliférer à l'intérieur de leur hôte et provoquer des troubles graves comme, par exemple, l'éléphantiasis.

ASCARIS LUMBRICOIDES
Près de 1/6 de la population mondiale souffre d'ascaridiase, maladie infectieuse due à ce parasite pouvant atteindre 40 cm de long. La contamination a lieu par l'ingestion d'aliments souillés. Après éclosion, les larves migrent vers les poumons, où elles se développent, et retournent dans l'intestin une fois adultes.

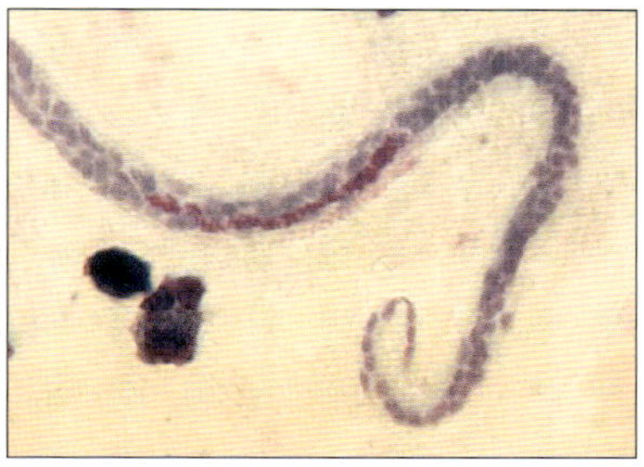

FILAIRE DE BANCROFT
Ce nématode microscopique provoque l'éléphantiasis, maladie tropicale se manifestant par une enflure considérable des membres inférieurs. Véhiculé par les moustiques, Wuchereria bancrofti *élit domicile dans le système lymphatique.*

Classe **ADENOPHOREA**

Adénophores

Occurrence 12 000 esp. vivant parmi la végétation aquatique, dans la terre, sur les plantes, dans les animaux

Habitat Tous à l'exception des déserts

Généralement libres et non parasites, les adénophores se rencontrent dans presque tous les habitats, notamment les sédiments marins. Certains sont invisibles à l'œil nu, alors que d'autres peuvent atteindre 1 m de long. On en connaît environ 12 000 espèces, mais des analyses de vase ont montré qu'il en existe beaucoup plus.

TRICHINE
Trichinella spiralis *est un petit nématode de 1 mm de long parasitant surtout les rongeurs, mais aussi les Suidae. Environ 40 millions de personnes sont infectées chaque année en mangeant de la viande de porc pas assez cuite.*

EMBRANCHEMENTS MINEURS

ON RÉPARTIT LES INVERTÉBRÉS entre une trentaine de phylums. Certains groupent des espèces communes, voire familières, mais une bonne moitié se compose d'organismes passant complètement inaperçus, en raison de leur rareté, de leur habitat inaccessible ou de leur taille microscopique. Ces animaux sont aussi différents entre eux que les invertébrés des vertébrés et présentent des modes de vie très variables. Certains phylums mineurs, comme les chétognathes, sont très peu représentés, tandis que d'autres, comme les bryozoaires, comptent des milliers d'espèces, mais tous ont leur importance écologique.

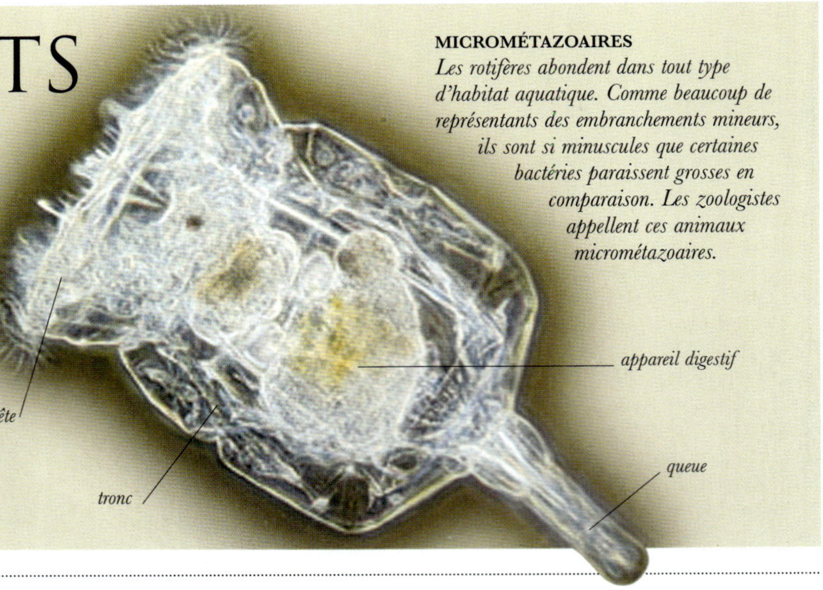

MICROMÉTAZOAIRES
Les rotifères abondent dans tout type d'habitat aquatique. Comme beaucoup de représentants des embranchements mineurs, ils sont si minuscules que certaines bactéries paraissent grosses en comparaison. Les zoologistes appellent ces animaux micrométazoaires.

Phylum **BRACHIOPODES**

Brachiopodes

Occurrence 350 esp. vivant fixées aux surfaces dures ou enfouies dans les sédiments des fonds marins

Protégés par une coquille à deux valves et généralement pourvus d'un pédoncule leur servant à s'accrocher aux rochers ou à fouir le sol, les brachiopodes ressemblent beaucoup aux mollusques bivalves, mais il n'y a aucun lien de parenté. Particulièrement abondants dans les eaux froides, ils n'excèdent pas 10 cm de long. L'espace à l'intérieur de la coquille est en grande partie occupé par une spirale de tentacules ciliés (lophophores) amenant le plancton à la bouche.
Les brachiopodes fossilisés sont très répandus : certaines roches sont entièrement constituées de leurs coquilles. Comprenant jadis plus de 7 000 espèces, les brachiopodes semblent avoir décliné au profit des mollusques bivalves.

LIOTHYRELLA UVA
Les valves des brachiopodes sont dites dorsale et ventrale et non pas droite et gauche comme chez les mollusques bivalves. Commune dans l'Atlantique, Liothyrella uva *peut atteindre 2 cm de long.*

Phylum **BRYOZOAIRES**

Bryozoaires

Occurrence 4 300 esp. marines ou dulçaquicoles, fixées aux surfaces dures ou se déplaçant au fond de la mer

Également appelés ectoproctes, les bryozoaires sont de petits animaux marins inférieurs à 1 mm vivant dans des loges qui, toutes ensemble, forment une colonie. Certaines espèces forment des croûtes sur les rochers ou les algues, tandis que d'autres ont un port ramifié et ondulant qui évoque des végétaux. Les colonies mortes s'échouent souvent sur les plages, où elles sont facilement confondues avec des algues.
Ce phylum présente un grand intérêt écologique car il est source de nourriture pour certains invertébrés marins.

PENTAPORA FOLIACEA
Les bryozoaires bourgeonnent sans cesse. Présente dans l'Atlantique Nord, Pentapora foliacea *peut ainsi former des colonies de 2 m de diamètre.*

Phylum **CHAETOGNATHES**

Vers-flèches

Occurrence 90 esp. vivant parmi le plancton ; un genre sur les fonds marins

N'excédant pas 12 cm de long, les chétognathes sont des vers prédateurs relativement petits, mais néanmoins capables d'engloutir chaque jour le tiers de leur poids. La bouche est entourée de crochets mobiles servant à la capture des proies – plancton animal ou larves de poissons –, tuées par injection d'un poison bactérien très rare : la tétrodotoxine.

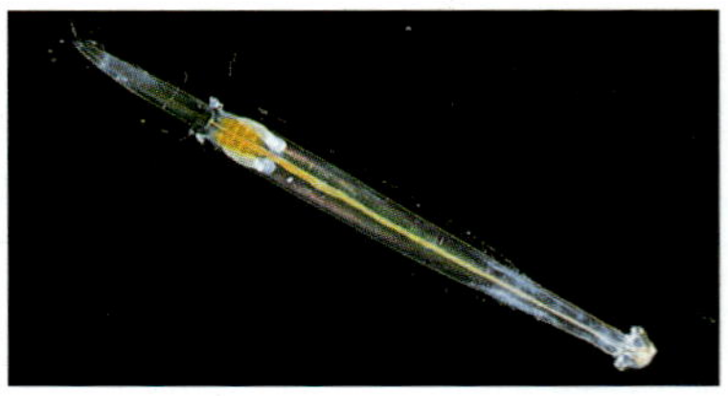

SAGITTIDAE, VERS-FLÈCHES
Ces petits chétognathes en forme de torpille diaphane sont carnivores. Ils vivent parmi le plancton et leur prolifération peut avoir un impact écologique, notamment sur les populations de poissons dont ils mangent les larves.

Phylum **CTÉNAIRES**

Groseilles de mer, béroés

Occurrence 100 esp. vivant parmi le plancton, certaines sur les fonds marins

Avec leurs tentacules déployés, les cténaires font partie des animaux marins les plus insolites. Bien qu'ils soient dotés de cténidies (cils agglutinés en palettes) leur permettant de nager, ils résistent difficilement aux courants et s'échouent souvent par centaines sur les plages. Le mouvement des palettes natatoires produit de magnifiques couleurs irisées. La plupart des cténaires sont de petite taille, mais certains peuvent atteindre 2 m de long.

GROSEILLE DE MER RONDE
Les cténaires peuvent avoir la forme d'un disque, d'une sphère ou d'un ruban. Présent dans l'Atlantique Nord, Pleurobrachia pileus *(à droite) mesure 2 cm de long et possède une paire de tentacules de 15 cm de long.*

Phylum **HÉMICORDÉS**

Hémicordés

Occurrence 85 esp. marines vivant dans la vase ou le sable, en zone intertidale ou subtidale

Les hémicordés se rapprochent des vertébrés par leur système nerveux dorsal et des fentes branchiales de la même origine que les branchies des poissons. Les plus petits n'excèdent pas 1,2 cm de long contre 2,50 m pour les plus grands. Leur corps se compose d'une trompe, d'un collier et d'un tronc allongé. On distingue deux catégories : les espèces sédentaires et coloniales, comme les ptérobranches, dont le tronc renflé se termine par un pédoncule préhensile pouvant servir de lien entre les individus, et les espèces libres et vermiformes (balanoglosses) avec anus terminal et dépourvues de pédoncule. Les sexes sont séparés et la reproduction peut être sexuée ou asexuée, cette dernière ayant lieu par division ou bourgeonnement.

ENTÉROPNEUSTES
Lents et fragiles, les entéropneustes vivent en zone intertidale ou subtidale, dans des galeries en forme de U. Le tronc allongé de Balanoglossus australiensis *(ci-dessus), pouvant atteindre 1 m de long, est parsemé de fentes branchiales.*

Phylum **SIPUNCULIENS**

Siponcles

Occurrence 350 esp. vivant dans les sédiments, les coquilles de mollusque, les anfractuosités, les coraux, les épaves

Ces vers non segmentés de 0,2 à 70 cm de long ont un corps plus ou moins cylindrique dont les parois se composent de couches musculaires circulaires et longitudinales. Ils ont pour principale caractéristique un tronc contractile appelé introvert qui s'allonge par pression hydraulique et se comprime par contraction musculaire. La bouche est entourée de tentacules servant à attraper les particules en suspension dans l'eau ou déposées sur le sol. Les sipunculiens semblent assez proches des mollusques.

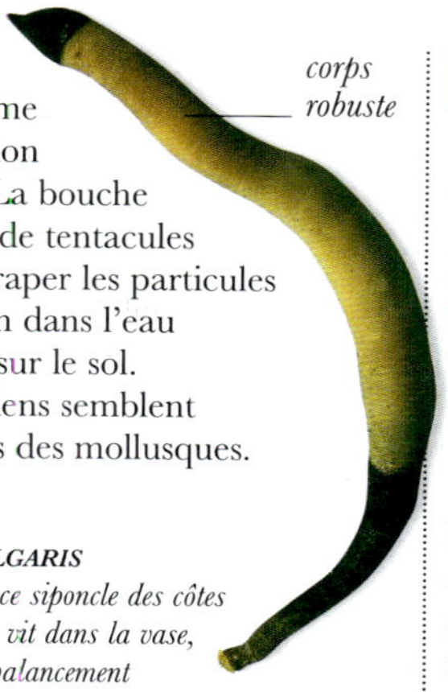

GOLFINGIA VULGARIS
Long de 10 cm, ce siponcle des côtes ouest-atlantiques vit dans la vase, sous la zone de balancement des marées.

Phylum **NÉMERTIENS**

Némertes, vers rubanés

Occurrence 12 000 esp. vivant au fond des mers et des lacs, sur le lit des rivières, dans les forêts

Ces vers généralement marins, vivement colorés, se caractérisent par la présence au-dessus de l'intestin d'une trompe musculeuse protractile mue par pression hydraulique et servant à attraper les proies. Chez certaines espèces, cet organe est muni de stylets permettant l'injection d'un poison. Les plus petits n'excèdent pas 0,5 mm contre 50 m pour les plus grands. Tous sont dotés d'un appareil circulatoire et la plupart ont des yeux – jusqu'à 250 chez certaines espèces. Deux groupes sont commensaux, l'un dans la coquille des bivalves et l'autre sous la carapace de différents crustacés.

ESP. NON IDENTIFIÉE
Les némertes ont le corps aplati et parfois très allongé. L'espèce ci-contre appartient au groupe comprenant l'animal le plus long du monde, un ver de 55 m (soit deux fois plus que la taille moyenne d'une baleine bleue!).

Phylum **ONYCHOPHORES**

Onychophores, péripates

Occurrence 70 esp. vivant en zone tropicale ou australe humide, parmi les débris végétaux et sous les pierres

Parfois décrits comme mi-vers mi-arthropodes, ces animaux sont les seuls survivants d'un grand groupe de l'époque cambrienne. Leur corps cylindrique, vermiforme, peut atteindre 15 cm de long. Ils possèdent de 14 à 43 paires de parapodes charnus et non articulés, terminés par une paire de griffes. Les antennes et les mandibules ont la même forme que les parapodes. Les onychophores neutralisent leurs proies ou leurs ennemis en les aspergeant d'une substance visqueuse sécrétée par une paire de glandes situées de part et d'autre de la bouche.

MICROPERIPATUS TORQUATUS
Comme tous les péripates, Microperipatus torquatus *(ci-dessous) vit dans les régions chaudes et humides. Son anatomie le rapproche des vers, mais, comme les arthropodes, il possède des pattes (parapodes). Disposés par paires régulières, ces appendices sont charnus, non articulés et mus par pression hydraulique.*

Phylum **ROTIFÈRES**

Rotifères

Occurrence 1 800 esp. vivant parmi la végétation lacustre, dans les rivières, les mers et les flaques d'eau

Les rotifères sont des animaux minuscules, le plus grand n'excédant pas 3 mm de long. Certains nagent librement dans l'eau, tandis que d'autres vivent fixés sur une surface dure. Souvent transparent, leur corps assez allongé ou sphérique présente dans sa partie antérieure un appareil rotateur comportant une double couronne ciliée servant aussi bien à la nutrition qu'à la locomotion. Plusieurs espèces sont uniquement femelles et se reproduisent par parthénogenèse.

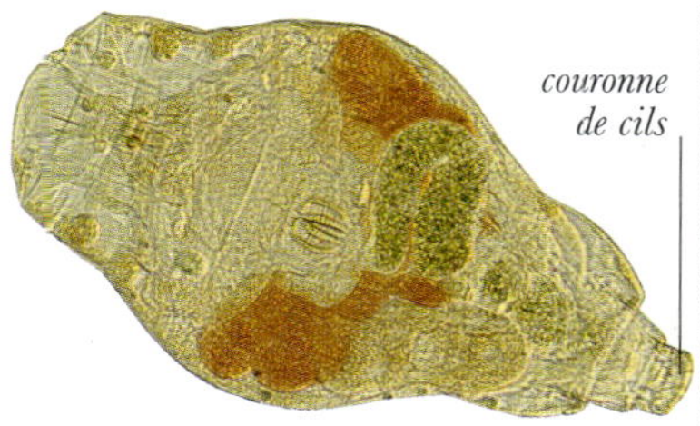

ESP. NON IDENTIFIÉE
Parfois marins, les rotifères sont surtout dulçaquicoles et pullulent même dans les flaques minuscules. Comme les tardigrades (à droite), ils sont conformés pour survivre à la sécheresse. En l'absence d'eau, ils peuvent rester à l'état de vie latente durant des années et redevenir actifs à la première pluie.

Phylum **TARDIGRADES**

Tardigrades

Occurrence 600 esp. vivant dans la mer, en eau douce ou dans les habitats terrestres humides

Habitat Tous à l'exception des régions arides

Les tardigrades sont des animaux microscopiques au corps massif, dotés de quatre paires de pattes griffues. Par leur côté pataud, ils font penser à des ours, mais c'est des onychophores qu'ils se rapprochent le plus. Ils vivent dans toutes sortes d'habitats humides. Les espèces terrestres survivent à la sécheresse en restant à l'état de vie latente durant plusieurs années s'il le faut. Les tardigrades sont ovipares. Certaines espèces uniquement femelles se reproduisent par parthénogenèse.

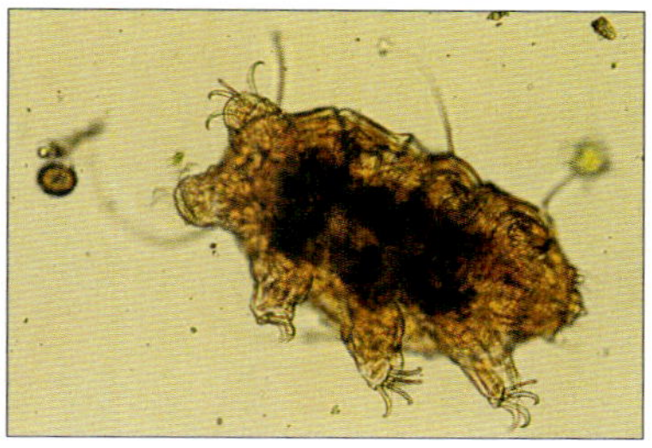

ESP. NON IDENTIFIÉE
Les tardigrades pullulent dans les flaques d'eau et dans les anfractuosités des fonds marins. Beaucoup vivent dans la mousse des toits et des gouttières. En vie ralentie pour une durée indéterminée, ils peuvent probablement vivre jusqu'à plus de cinquante ans.

Phylum **ÉCHIURIENS**

Échiuriens

Occurrence 150 esp. vivant dans le sable, la vase ou les fentes des rochers

Les échiuriens sont des animaux marins sédentaires au corps bulbeux. Les femelles n'excèdent pas 50 cm de long, mais possèdent une trompe fourchue pouvant s'étirer sur quelques mètres pour attraper des algues ou autres aliments. Minuscules, les mâles vivent en parasites sur les femelles. La plupart des échiuriens se rencontrent en zone littorale.

BONELLIA VIRIDIS
Cet échiurien européen possède un épiderme vert clair toxique. La femelle de bonellie peut atteindre 15 cm de long et sa trompe s'étirer sur 1 m pour attraper de la nourriture. Au moindre contact, l'organe se rétracte instantanément.

Phylum **PHORONIDIENS**

Phoronidiens

Occurrence 20 esp. vivant dans les sédiments meubles ou fixées sur une surface dure au fond de la mer

Ces vers marins sédentaires n'excèdent généralement pas 20 cm de long et vivent dans un tube chitineux qu'ils sécrètent. La bouche est entourée d'une couronne de tentacules nourriciers (jusqu'à 15 000) disposés en fer à cheval. L'hermaphrodisme prévaut. C'est des brachiopodes qu'ils se rapprochent le plus.

PHORONIS
Certaines espèces du genre Phoronis *peuvent atteindre 25 cm de long, mais la plupart sont petites. Elles vivent à l'intérieur d'un tube chitineux enfoncé dans le sable. La paroi de leur corps non segmenté est constituée de couches de muscles circulaires et longitudinaux leur permettant de sortir pour se nourrir et de se rétracter instantanément en cas de danger.*

MOLLUSQUES

PHYLUM	Mollusques
CLASSES	8
ORDRES	35
FAMILLES	232
ESPÈCES	Env. 100 000

De tous les invertébrés, les mollusques sont ceux qui présentent la plus grande variété de formes. Ils comprennent les gastéropodes (limaces et escargots), les bivalves (huîtres, moules, praires, etc.), les céphalopodes (poulpes, calmars, seiches, etc.), les chitons et quelques espèces plus rares. Tous possèdent au moins un des éléments suivants : une râpe buccale cornée caractéristique (la radula), une coquille calcaire ou autre structure couvrant le dessus du corps et un manteau ou une cavité palléale renfermant les branchies. Les mollusques sont adaptés à la vie terrestre et aquatique. Plusieurs espèces sont parasites.

MOUVEMENT

La plupart des mollusques rampent sur les surfaces dures avec leur gros pied plat, laissant souvent une traînée de mucus derrière eux. Certains bivalves vivent fixés à un rocher. Aucun n'est très actif, mais ils se servent souvent de leur pied robuste pour creuser dans les sédiments. Les mollusques les plus mobiles et les plus rapides sont les céphalopodes, notamment les poulpes et les calmars. Ils progressent par ondulation des nageoires latérales et accélèrent par projection de l'eau contenue dans la cavité palléale.

TRAÎNÉE DE MUCUS
Pour limiter les frottements lorsqu'ils se déplacent, les gastéropodes terrestres sécrètent du mucus. Dépourvues de coquille, les limaces progressent en général plus rapidement que les escargots.

BANCS DE CALMARS
Les céphalopodes sont tous marins, mais les poulpes sont plutôt solitaires, tandis que les calmars vivent en bancs. Parmi ces derniers, certains hébergent des bactéries symbiotiques les rendant luminescents.

ANATOMIE

Extérieurement, les mollusques se composent généralement d'une tête, d'une masse viscérale et d'un pied musculeux, simple prolongement de celle-ci destiné à la locomotion. Chez certains, la tête, bien développée, est le siège d'organes sensoriels, tandis que d'autres (comme les bivalves) en sont quasi dépourvus. La face supérieure du corps est occupée par un manteau ou pallium sécréteur de la coquille. Cette dernière peut être rabattue par l'action de muscles rétracteurs. Outre son rôle protecteur, la coquille peut aussi servir à fouir, forer ou flotter. Chez les espèces aquatiques, les branchies sont situées dans un vaste repli du manteau.

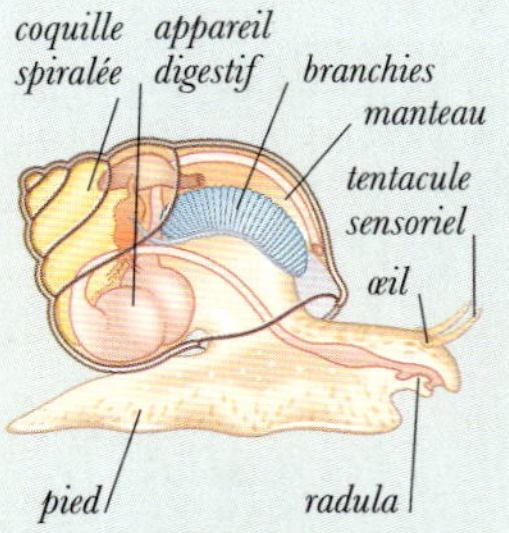

GASTÉROPODES
Les escargots ont une coquille spiralée, un pied robuste et une tête avec yeux et tentacules. Les limaces sont dépourvues de coquille externe.

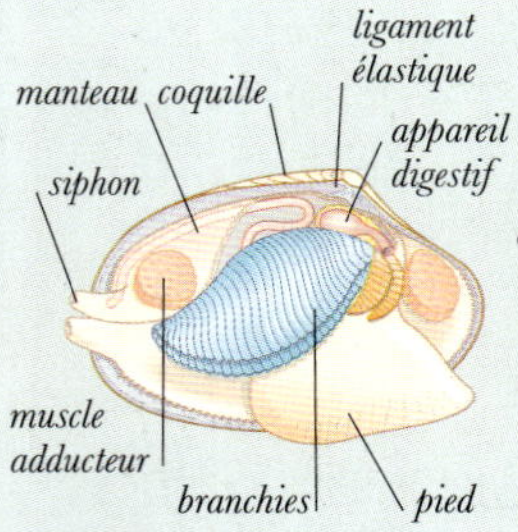

BIVALVES
Les bivalves ont une coquille à deux valves d'où sortent pied et siphon. Les branchies sont souvent volumineuses et plissées.

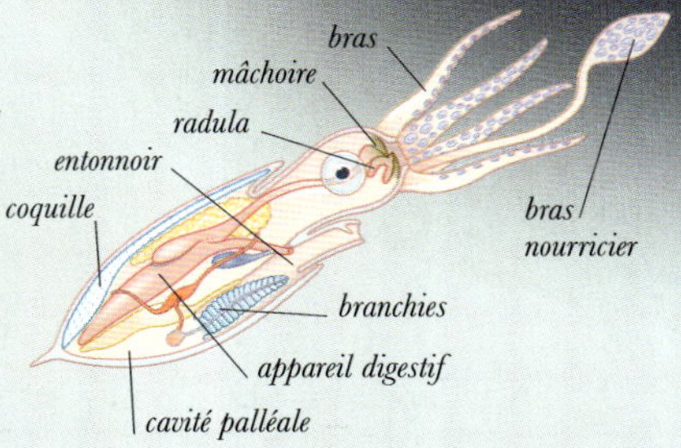

CÉPHALOPODE
Les céphalopodes ont des bras en avant de la tête et un entonnoir dans la cavité palléale. La coquille est petite ou complètement absente.

COQUILLE DE BIVALVE
Les deux parties de la coquille des bivalves sont reliées par un ligament élastique et s'écartent sous l'action de muscles adducteurs.

COQUILLE DE GASTROPODE
La coquille des escargots est généralement sécrétée de manière asymétrique par le manteau, d'où sa forme hélicoïdale.

ALIMENTATION

Les mollusques s'alimentent par prédation, broutage ou filtration. De nombreux bivalves et quelques gastéropodes possèdent des branchies filtrantes capables de retenir des particules de la taille d'une bactérie. Carnivores, les céphalopodes se servent de leurs tentacules, souvent munis de ventouses, pour capturer poissons et crustacés. Ces animaux au psychisme assez développé sont de redoutables chasseurs. Outre la radula, ils ont aussi un bec leur permettant de démembrer leurs proies. Les autres mollusques se nourrissent, selon le cas, d'algues, de plancton, de méduses ou même de petits poissons.

PRÉDATION
Certains poulpes peuvent s'attaquer à d'énormes proies. Celui-ci a capturé une murène zébrée.

RADULA
Les milliers de petites dents crochues constituant la radula servent de râpe pour arracher des particules de matière organique.

Classe **BIVALVES**

Bivalves

Occurrence 15 000 esp., vivant généralement sur les fonds marins ; certaines en eau douce

Les bivalves sont les seuls mollusques à posséder une coquille à deux valves reliées par un ligament. Chez beaucoup d'espèces, elle peut se fermer hermétiquement pour protéger tout ou partie de l'animal. Moules, praires, huîtres et peignes font partie des plus communs et constituent pour l'homme une source précieuse de nourriture. Certains, comme la pholade ou le taret, ont une coquille à bord tranchant leur permettant de percer le bois ou les roches tendres.

Les bivalves varient beaucoup par la taille, le plus petit n'excédant pas 2 mm de diamètre contre 1 m pour le plus grand, le bénitier géant, qui pèse jusqu'à 200 kg ou plus. Les bivalves sont généralement sédentaires, mais certains, comme les peignes, peuvent nager. Généralement filtreurs, ils utilisent leurs branchies pour retenir les particules en suspension. L'eau est souvent aspirée et rejetée par des tubes, les siphons – organes essentiels pour les espèces vivant dans la vase ou le sable. Dans certains cas, ces organes sont si développés qu'ils dépassent en permanence de la coquille. Les bivalves ont une tête minuscule et sont dépourvus de radula, organe râpeux dont les autres mollusques se servent pour manger. La séparation des sexes prévaut.

PEIGNES, VANEAUX
Contrairement à beaucoup de bivalves, les peignes sont nageurs. Ils progressent par projection de l'eau contenue dans leur cavité palléale, ce qui leur permet d'échapper aux étoiles de mer. Chlamys opercularis *peut atteindre 9 cm de diamètre.*

MOULES
Les moules sont fixées aux substrats durs par des filaments (byssus) résistant aux courants et aux vagues. Les grappes qu'elles forment bloquent souvent le système de refroidissement des centrales électriques côtières. Elles se prêtent remarquablement à l'élevage. Présente dans l'hémisphère Nord, la moule comestible, Mytilus edulis *(ci-dessus), peut atteindre 15 cm de long.*

HUÎTRE COMESTIBLE
L'huître comestible se fixe aux rochers, coquillages ou racines de mangrove par sa valve gauche, si bien qu'elle se tient toujours en position latérale. Élément de l'alimentation humaine depuis la préhistoire, les huîtres font partie des mollusques les plus appréciés pour leur chair. Dans l'Atlantique Nord, les espèces du genre Ostrea *peuvent atteindre 10 cm de diamètre.*

SPONDYLES
Animaux tropicaux vivant parmi les affleurements rocheux et les récifs coralliens, les espèces du genre Spondylus *(ci-dessus) peuvent atteindre 20 cm de diamètre. En se couvrant d'algues, leur coquille à épines allongées fait office de camouflage.*

ANOMIES
Proches des moules, les anomies vivent fixées aux surfaces dures par des filaments calcifiés traversant la plus plate de leurs deux valves. Présente dans l'Atlantique, l'anomie pelure d'oignon Anomia eppiphium *(ci-dessus) mesure environ 6 cm de long.*

MOULES D'EAU DOUCE
Les bivalves sont essentiellement marins, mais certains, comme cet anodonte des cygnes sont dulçaquicoles. Espèce nord-américaine et eurasienne, Anondonta cygnaea *peut atteindre 23 cm de diamètre. En raison de la faible teneur de leur habitat en calcaire les anodontes ont la coquille fine. Leurs larves parasitent les poissons.*

COQUES
Les coques vivent à moitié enfouies dans le sable. Leur coquille bombée présente souvent de nombreuses côtes parallèles. Plusieurs espèces, dont Cerastoderma edule *(ci-dessus) – coque européenne commune de 5 cm de haut –, sont couramment consommées par l'homme.*

COUTEAUX
Les couteaux sont ainsi appelés en raison de leur ressemblance avec un rasoir (« sabre »). Présents sous presque toutes les latitudes, ils vivent profondément enfoncés à la verticale dans les sédiments. Ensis siliqua *(ci-dessus) peut atteindre 25 cm de long.*

BÉNITIERS
Hôte des récifs tropicaux, le bénitier géant, Tridacna gigas *(ci-dessus) est le plus grand bivalve. Il peut dépasser 1 m de diamètre et peser plus de 200 kg. Contrairement aux rumeurs, c'est un animal inoffensif pour l'homme, qui se nourrit essentiellement grâce aux algues symbiotiques photosynthétiques vivant sur ses lèvres charnues et filtre à titre complémentaire les particules organiques en suspension dans l'eau.*

PHOLADES
Se servant de leur coquille elliptique comme d'un foret, les pholades percent la roche, le bois, la tourbe et la glaise. La nuit, certaines émettent une lumière glauque. L'espèce européenne Pholas dactylus *(à gauche) peut atteindre 15 cm de long.*

TARETS
Ces bivalves à coquilles atrophiées vivent surtout dans les mers chaudes. Avec leur petite coquille, ils percent le bois et tapissent leurs galeries d'une substance calcaire. Certaines espèces atteignent 2 m de long, mais le taret commun, Teredo navalis *(à droite), ne dépasse que rarement les 20 cm.*

Classe **GASTÉROPODES**

Gastéropodes

Occurrence 75 000 esp. vivant généralement au fond de l'eau ou sur le sol

Habitat Tous

Ce vaste groupe d'invertébrés comprend plus de 80 % des mollusques existants. Escargots, limaces, aplysies, bigorneaux, haliotides, limnées et tritons sont autant de gastéropodes. Ils sont pourvus en général d'une coquille spiralée et d'un pied rampant ressemblant à une ventouse, mais les exceptions sont nombreuses : certains, par exemple, sont dépourvus de coquille. Autre trait caractéristique : une tête bien distincte portant des yeux, des tentacules et un organe buccal râpeux, la radula, constitué de dents souvent microscopiques. Les gastéropodes varient beaucoup par la taille, les plus grands pouvant atteindre 1 m de long, ainsi que par la forme. Chez certaines espèces, un opercule ferme la coquille lorsque l'animal se rétracte. Les gastéropodes se caractérisent par une torsion jusqu'à 180 degrés de la masse viscérale dans le sens inverse de celui des aiguilles d'une montre. Ce phénomène, qui a lieu dès le stade larvaire, provoque une surélévation de la masse viscérale par rapport à la tête. Les appareils digestif, génital et excréteur rejettent leurs productions ou leurs déchets par l'entrée de la coquille. Les gastéropodes s'alimentent par prédation, broutage, filtrage ou parasitisme. La séparation des sexes prévaut, mais certaines espèces sont hermaphrodites ou changent de sexe au cours de leur vie.

HALIOTIDES
Également appelés ormeaux ou oreilles-de-mer, les haliotides sont des mollusques brouteurs pouvant dépasser 20 cm de diamètre. Leur coquille présente une série de trous destinés à l'évacuation de l'eau et des déchets. L'intérieur irisé de certaines espèces comestibles, comme l'ormeau rouge, Haliotis rufescens *(ci-dessus), de la côte ouest de l'Amérique du Nord, sert à fabriquer des bijoux.*

PATELLES
Hôte des côtes rocheuses, les patelles broutent les jeunes algues en utilisant leur coquille conique pour se protéger des vagues. Des deux espèces atlantiques représentées ici, la bernique, Patella vulgata *(à gauche) – d'un diamètre de 5 cm –, erre sur les rochers, tandis que l'helcion transparent,* Helcion pellucida *(ci-dessous), s'accroche aux laminaires, dont il se nourrit ainsi que d'une petite algue épiphyte. La plupart des patelles sont très territoriales et impriment au rocher sur lequel elles ont l'habitude de se fixer à marée basse une marque circulaire.*

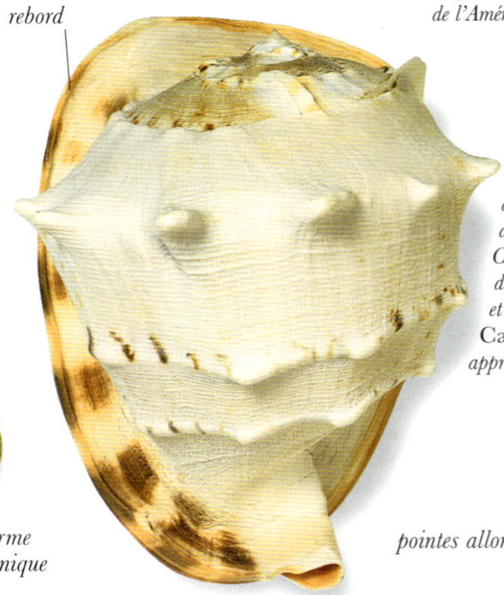

CASQUES
D'un diamètre parfois supérieur à 30 cm, les casques, robustes et volumineux, sont ainsi désignés en raison de leur ressemblance avec le heaume des gladiateurs romains. Ces gastéropodes tropicaux vivent enfouis dans le sable et se nourrissent de mollusques et d'oursins. La coquille du casque cornu, Cassis cornuta *(à gauche), est très appréciée des collectionneurs.*

MUREX
Très carnassiers, ces gastéropodes s'attaquent aux autres mollusques et aux anatifes en perçant un trou dans leur coquille. Plusieurs espèces sécrètent une substance pourpre utilisée jadis comme teinture. Murex troscheli *(à droite), des océans Indien et Pacifique, possède une coquille de 15 cm de long couverte de pointes allongées*

JANTHINES
La janthine commune, Janthina janthina, *est l'un des rares gastéropodes vivant à la surface des océans. Pour flotter, elle sécrète un radeau de mucus solidifié et de bulles d'air. Cet animal des mers chaudes est aveugle et possède une coquille très fine de 2 cm de diamètre. Il se nourrit de vélelles (voir p. 532) et autres hydrozoaires flottants.*

PORCELAINES
La coquille lisse et brillante des porcelaines est très recherchée par les collectionneurs. Vivant, l'animal est couvert d'une membrane prolongeant le manteau, très coloré. L'ouverture longue et étroite permet au mollusque de résister aux crustacés. La porcelaine ocellée, Cypraea ocellata *(à gauche), peut atteindre 6 cm de diamètre.*

HARPES
Brune, rouge ou rosâtre, la coquille globuleuse des harpes est ornée de côtes lisses disposées régulièrement. Principalement nocturne, l'espèce tropicale Harpa major *(à droite) vit dans un trou creusé dans le sable. Lorsqu'il est dérangé, l'animal peut se défaire d'une partie de son pied, tel un lézard de sa queue.*

CÔNES
Les cônes sont de redoutables prédateurs de poissons et autres animaux marins. Leur trompe est munie d'un harpon (dents de la radula) permettant l'injection d'un poison potentiellement mortel, y compris pour l'homme. Exemple représentatif, l'espèce ouest-africaine Conus genuanus *(à gauche) peut atteindre 7 cm de long.*

APLYSIES OU LIÈVRES DE MER
La plupart des aplysies possèdent une coquille fine (invisible de l'extérieur), une tête bien développée, deux paires de tentacules et un gros pied. Elles vivent sur les fonds marins tapissés d'algues et de zostères. Présente dans l'Atlantique Nord, Aplysia punctata *(ci-dessus) peut dépasser 30 cm de long.*

SACCOGLOSSES
Proches des nudibranches, les saccoglosses sont des gastéropodes marins pouvant atteindre 1 cm de long. Ils se nourrissent d'algues, dont ils aspirent le suc. Cette espèce du genre Elysia *doit sa couleur à la grande quantité de chlorophylle qu'elle absorbe quotidiennement.*

NUDIBRANCHES
Privés de coquille, les nudibranches sont souvent vivement colorés. Beaucoup d'espèces, comme Bonisa nakasa *(ci-dessus) – qui mesure 8 cm de diamètre et se rencontre dans les récifs au large de l'Afrique australe – ont le dos couvert de papilles multicolores. La plupart vivent sur les fonds marins, mais certains sont planctoniques.*

BASOMMATOPHORES
La planorbe cornée, Planorbarius corneus *(ci-dessous), pouvant atteindre 3 cm de diamètre, et la limnée des étangs,* Lymnaea stagnalis *(ci-dessus), d'une longueur maximale de 5 cm, ont un poumon à la place des branchies. Ce sont des espèces adaptées aux eaux douces peu oxygénées. Les limnées sont répandues dans tout l'hémisphère Nord.*

LIMACES
Contrairement aux gastéropodes marins, à branchies, les limaces ont la cavité palléale transformée en poumon. Chez la grande limace européenne, Arion ater, *l'ouverture menant à cette cavité se trouve en arrière de la tête. Cette espèce commune mesure environ 15 cm de long.*

ESCARGOTS TERRESTRES
Les escargots se distinguent des gastéropodes marins par la finesse de leur coquille, généralement dépourvue d'opercule. En extension, l'achatine, Achatina fulica *(à droite), peut atteindre 30 cm de long. Originaire d'Afrique orientale, cet escargot géant a été introduit en Asie du Sud-Est, où il nuit aux cultures.*

LITTORINES, OU BIGORNEAUX, OU VIGNOTS
Hôtes fréquents des côtes rocheuses, des mangroves et des salines, les littorines sont des petits brouteurs marins. Certains vivent dans la zone des embruns, où ils ne sont immergés que lors des grandes marées. Comme la plupart, l'espèce européenne Littorina obtusata *(ci-dessus) n'excède pas 3 cm de long.*

VERMETS
Surtout tropicaux, ces gastéropodes commencent leur existence avec une coquille très enroulée, mais subissent ensuite une détorsion leur conférant un aspect irrégulier. Vermicularia spirata *(à gauche) peut atteindre 10 cm de long. Comme beaucoup d'autres, cette espèce des Caraïbes sécrète par le pied un mucus qui retient les petits animaux.*

TROQUES
Fréquents sur les côtes rocheuses et les récifs, les troques sont des gastéropodes marins brouteurs à coquille conique, à base plate et circulaire, pouvant atteindre 3 cm de haut. Très communes, les espèces du genre Calliostoma *(ci-dessus) sont vivement colorées. Le mâle étant dépourvu de pénis, la fécondation est externe.*

HÉTÉROPODES
Les espèces du genre Carinaria *et leurs proches parents font partie des rares gastéropodes planctoniques. D'une longueur maximale de 5 cm, ils possèdent un corps gélatineux et une coquille atrophiée, voire inexistante. Ils semblent vivre à l'envers, car la coquille vestigielle se trouve en bas et la nageoire pédieuse en haut.*

FUSEAUX ET FASCIOLAIRES
Gastéropodes marins à coquille fusiforme, fuseaux et fasciolaires se nourrissent de mollusques et de vers. Bien que présents dans les hauts-fonds ou en climat tempéré, ils fréquentent surtout les mers chaudes et la zone sublittorale. Souvent rouge, comme chez l'espèce du genre Fasciolaria *ci-dessus, la coquille peut atteindre 25 cm de long et se termine par un long canal siphonal.*

Classe APLACOPHORES

Aplacophores (Solénogastres)

Occurrence 250 esp. vivant au fond de la mer ou en association avec d'autres animaux (surtout cnidaires)

Les aplacophores sont vermiformes et ne ressemblent à aucun autre mollusque. D'une longueur souvent inférieure à 5 mm, ils n'ont pas de coquille, mais sont couverts d'une épaisse cuticule parsemée de spicules minéraux. La tête, peu développée, est dépourvue d'yeux. Ils se déplacent par reptation ou fouissage dans les sédiments. Les espèces rampantes se nourrissent de cnidaires et les espèces fouisseuses d'animaux microscopiques ou de particules organiques. L'hermaphrodisme prévaut. Certaines espèces surveillent leurs œufs jusqu'à éclosion, mais on sait peu de choses sur la façon dont ils se comportent avec leur progéniture.

CHAETORDERMA SP.
Relativement grandes, les espèces du genre Chaetoderma, *de l'hémisphère Nord, peuvent atteindre 8 cm de long. Comme tous les aplacophores, elles sont dépourvues de pied. Leurs branchies se trouvent dans une cavité située à l'arrière du corps.*

Classe MONOPLACOPHORES

Monoplacophores

Occurrence 15 esp. vivant dans les océans Indien, Pacifique et Atlantique, par 200 à 7 000 m de fond

On pensait que les monoplacophores avaient disparu depuis 300 millions d'années jusqu'à ce que, en 1952, une poignée de spécimens soient dragués dans l'océan Pacifique, au large du Mexique. Depuis, on en a trouvé sur différents fonds marins. Ces mollusques ressemblent à des patelles (voir p. 540), mais leur pied possède jusqu'à huit paires de muscles rétracteurs contre une seule pour les gastéropodes. Disposée autour du pied, la cavité palléale renferme de trois à six paires de branchies. La coquille est conique ou en forme de bonnet phrygien, la tête petite et la radula (râpe buccale) bien développée. Il n'y a ni yeux ni tentacules. Les sexes sont séparés. Longueur maximale : 3 cm.

Classe POLYPLACOPHORES

Chitons

Occurrence 350 esp. vivant sur les fonds marins

Les chitons ressemblent aux gastéropodes par leur pied en forme de ventouse, mais leur coquille est très différente, puisqu'elle se compose de huit plaques formant comme une carapace articulée. De forme ovale à oblongue, l'animal est couvert d'un épais manteau de texture caoutchouteuse dépassant généralement de la coquille et souvent parsemé de soies ou de spicules calcaires (« ceinture »). Les chitons peuvent atteindre 40 cm de long. Ils sont dotés d'un gros pied musculeux, d'une petite tête et d'une râpe buccale (radula) bien développée, mais n'ont ni yeux ni tentacules. Disposée autour du pied, la cavité palléale en forme de U renferme de 6 à 88 paires de branchies. Chez les deux sexes, les organes génitaux forment une masse unique. Les chitons broutent les algues jonchant les fonds rocheux. Ils rampent lentement – souvent à la tombée de la nuit ou à marée haute – pour rejoindre un endroit sûr où se fondre avec la roche, à l'abri des prédateurs et de la dessiccation.

CHITON STRIATUS
Fréquent sur la côte ouest de l'Amérique du Sud, en zone intertidale, ce gros chiton bombé mesure 9 cm de long. Il est bordé d'une large «ceinture». La partie centrale de chaque plaque porte des costules droites et serrées, généralement polies au sommet. La plaque de tête et la plaque de queue portent des côtes rayonnantes. La ceinture est couverte de granules polis.

ACANTHOPLEURA GRANULATA
Très bombé, ce chiton des Caraïbes est entouré d'une épaisse ceinture à épines grossières. Brunes au début, les plaques deviennent vite grisâtres, sauf au sommet et sur les côtés. D'une longueur maximale de 6 cm, il vit dans les rochers intertidaux.

CHITON MARBRÉ
Tonicella marmorea, *chiton de l'Atlantique Nord pouvant atteindre 4 cm de long, a une large ceinture coriace. On le rencontre jusqu'à 200 m de profondeur, sur les rochers, les pierres et les galets. En Écosse, dans certains lochs, une concentration de 50 individus au mètre carré n'est pas rare.*

Classe SCAPHOPODES

Dentales

Occurrence 550 esp. vivant sur les fonds marins, dans les sédiments meubles

Répandus dans tous les océans, ces mollusques fouisseurs se reconnaissent aisément à leur coquille ouverte aux deux bouts, en forme de cornet ou de défense. Les dentales vivent enfoncés dans la vase tête en bas, le pied sortant par l'ouverture principale. La petite tête est dotée de nombreux filaments ciliés contractiles servant à amener les particules organiques à la bouche. L'orifice par lequel l'eau entre et sort de la cavité palléale dépasse des sédiments. Les sexes sont séparés et l'appareil génital comprend une seule gonade. Vivants, les dentales sont rarement visibles, mais leur coquille vide, qui peut atteindre 15 cm de long, s'échoue souvent sur les côtes.

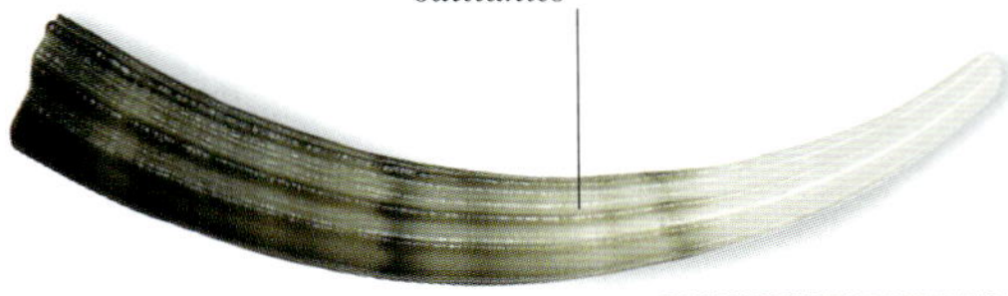

DENT D'ÉLÉPHANT
La coquille dure et vernissée de Dentalium elephantinum *présente une encoche caractéristique du côté le plus étroit. Ce mollusque de 7,5 cm de long vit au large des côtes des océans Pacifique et Indien.*

PICTODENTALIUM FORMOSUM
Ce dentale vit au large des côtes des océans Pacifique et Indien. Sa coquille, pouvant atteindre 7,5 cm de long, se distingue de celles des autres espèces par une moindre concavité dorsale et une largeur à peine supérieure de l'ouverture avant par rapport à l'ouverture arrière. Aux côtes et costules longitudinales de la coquille se superposent des lignes concentriques de croissance. Un petit siphon dépasse de l'extrémité postérieure.

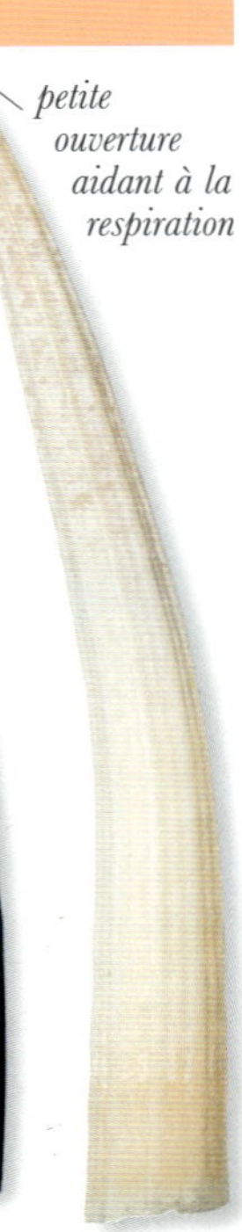

ANTALIS
Les espèces du genre Antalis *sont des mollusques de l'Atlantique Nord vivant dans une coquille de 6 cm de long. Ils possèdent de nombreux tentacules en forme de massue leur permettant de capturer des micro-organismes.*

Classe CÉPHALOPODES

Céphalopodes

Occurrence 660 esp. vivant généralement en eau libre ; certaines au fond des mers

De tous les invertébrés, les céphalopodes sont les plus gros, les plus rapides et les plus évolués. Contrairement aux autres mollusques, ils sont pourvus de tentacules à ventouses et se déplacent par expulsion de l'eau contenue dans la cavité palléale. Les bras servent à capturer poissons et crustacés ainsi qu'à communiquer le sperme à la femelle.

Les céphalopodes possèdent un organe buccal râpeux (radula), un bec, un gros cerveau et des yeux bien développés. Ils avaient tous à l'origine une coquille externe enroulée, mais, parmi les espèces actuelles, seuls les nautiles ont conservé cette structure. Chez les autres, comme les seiches, les calmars ou les poulpes, la coquille est soit interne, soit absente. Chez les seiches et calmars pélagiques, le corps est réorienté en position costale, ce qui donne à l'animal une forme hydrodynamique. Les céphalopodes varient beaucoup par la taille, les spirules mesurant moins de 7 cm de long contre plus de 20 m pour les calmars géants. Beaucoup de céphalopodes se reproduisent une seule fois, puis meurent.

SPIRULES
Proches des seiches, les spirules n'excèdent pas 7 cm de long. Leur corps renferme une coquille enroulée servant à l'animal de flotteur et lui permettant de rester tête en bas dans l'eau jusqu'à 2 000 m. Elles utilisent leurs petits bras pour attraper le plancton passant à proximité. Lorsqu'elles meurent, il arrive que la coquille remonte à la surface et s'échoue sur les côtes. Celle de la spirule commune, Spirula spirula *(ci-dessus), jonche souvent les plages tropicales.*

NAUTILES
Les nautiles sont les seuls céphalopodes à posséder une coquille externe. D'un diamètre maximal de 20 cm, celle-ci contient des loges pleines de gaz servant à la flottaison, la dernière, la plus grande, contenant le corps de l'animal. Le nautile, Nautilus pompilius *(ci-dessus), vit dans les océans Indien et Pacifique.*

CALMARS GÉANTS
Présents dans tous les océans, les calmars géants du genre Architeuthis *peuvent dépasser 20 m de long. Aucun n'a été capturé vivant à ce jour. Leur corps échoue parfois sur les plages, et l'on retrouve leur bec non digéré dans l'intestin des cachalots.*

VAMPYROMORPHES
Les espèces du genre Vampyroteuthis *n'excèdent pas 5 cm de long. Elles ont huit bras, comme les poulpes, et deux tentacules rétractiles, comme les seiches. Elles vivent dans les mers tropicales jusqu'à 3 000 m de profondeur.*

CALMAR DU PACIFIQUE
Les calmars sont des prédateurs au corps fuselé avec coquille interne réduite à une «plume» cornée. Certains chassent seuls, mais beaucoup – comme Loligo opalescens, *du Pacifique, qui n'excède pas 20 cm de long – forment de grands bancs. Tous nagent par ondulation des nageoires et par expulsion de l'eau contenue dans la cavité palléale. Les calmars ont deux tentacules préhensiles, comme les seiches, mais non rétractiles.*

ARGONAUTE
Espèce tropicale du genre Argonauta, *l'argonaute (à gauche) n'est pas un nautile mais un poulpe. Il mesure 20 cm de long. En période de reproduction, la femelle possède une coquille très fine sécrétée par deux de ses bras, dans laquelle elle couve ses œufs.*

SEICHES
Les seiches ont une coquille interne aplatie, le fameux «os» que l'on trouve sur les plages. Courtes et larges, elles possèdent huit bras et deux longs tentacules rétractiles dont elles se servent pour capturer leurs proies. Les seiches sont connues pour leur capacité à changer de couleur selon l'humeur. D'une longueur maximale de 30 cm, Sepia officinalis *(ci-dessus) est répandue dans l'Atlantique Nord.*

PIEUVRE ANNELÉE
Hapalochlaena lunulata *fréquente les récifs coralliens des océans Indien et Pacifique. Malgré sa petite taille – 10 cm de long –, c'est un animal extrêmement dangereux, dont la morsure peut tuer un homme en quinze minutes.*

POULPE, PIEUVRE
Les poulpes se distinguent des seiches et des calmars par leur forme arrondie, la présence de seulement huit bras et l'absence de toute trace de coquille. La plupart vivent au fond des mers, mais certains se laissent porter par les courants profonds, leurs surfaces de peau intertentaculaires leur servant de voile. Répandu dans l'Atlantique, Octopus vulgaris *(à gauche) mesure 1 m de long.*

INVERTÉBRÉS

Enteroctopus dolfeini

Pieuvre géante du Pacifique

Occurrence 1 esp. vivant dans le Pacifique Nord, jusqu'à 750 m, et quittant rarement le fond

Longue de 3 à 5 m pour 10 à 50 kg, la pieuvre géante du Pacifique est le plus grand poulpe existant. Répandue dans une zone allant du Japon et des îles aléoutiennes jusqu'en Californie, elle parcourt les fonds marins en se servant de ses longs tentacules couverts de ventouses. Elle se cache sous les tas de pierres et dans les fentes, les jeunes creusant souvent un trou dans le sable, sous les rochers. C'est ainsi qu'elle parvient à échapper à ses prédateurs – phoques, otaries et requins –, trop gros pour la suivre dans ses retranchements. Animal nocturne, la pieuvre géante chasse surtout les crabes et les homards, mais consomme aussi crevettes, coquillages, petits poulpes et poissons. Elle réintègre généralement son antre pour manger et laisse les reliefs s'empiler devant l'entrée. Comme tous les poulpes, elle vit seule à l'exception d'une brève période (n'importe quand dans l'année) consacrée à la reproduction. Le mâle dépose un paquet de sperme, pouvant atteindre 1 m de long, dans la cavité palléale de la femelle au moyen d'un bras modifié. Celle-ci pond dans un antre clos et surveille ses œufs jusqu'à éclosion, l'incubation pouvant durer jusqu'à huit mois en fonction de la température de l'eau. Elle cesse de s'alimenter durant tout ce temps et meurt peu après. L'espérance de vie de la pieuvre géante du Pacifique est de quatre ans.

ÉCLOSION
Lorsque les œufs éclosent, la mère pousse sa progéniture vers la sortie en soufflant dessus. Les petites pieuvres passeront les premiers mois de leur vie parmi le plancton avant de rejoindre le fond.

GÉANT AGILE
La pieuvre géante du Pacifique est très agile pour sa taille. Ses bras munis de ventouses lui permettent de se déplacer aisément au fond des océans et son corps mou et souple de s'engouffrer dans des fentes étroites.

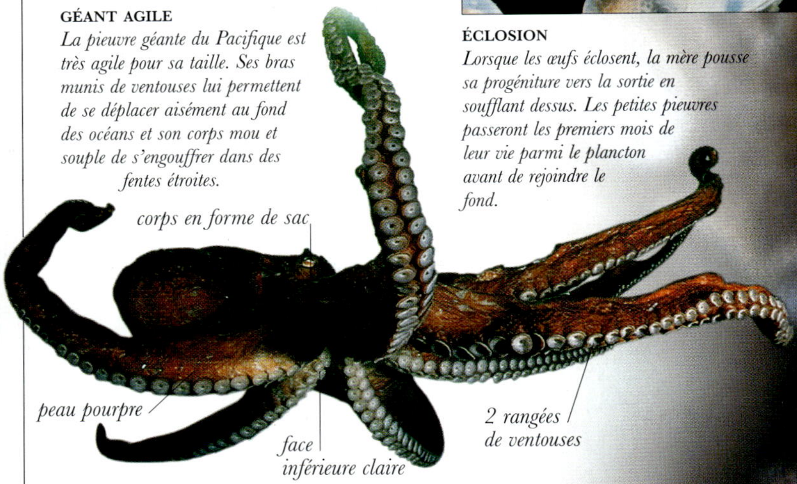

DÉFENSE ET ATTAQUE

En cas de danger, la pieuvre géante change de couleur ou disparaît dans un nuage d'encre. Lorsqu'elle capture une proie, elle la tient fermement afin de la démembrer ou de perforer sa coquille avec son bec.

INSTINCT DE FUITE
Pourchassée par un prédateur, la pieuvre sécrète un nuage d'encre noire la rendant momentanément invisible et en profite pour prendre la fuite.

CONSOMMATION D'UN CRABE
La pieuvre retient sa proie avec ses ventouses, perce sa carapace avec son bec et la recouvre de salive pour dissoudre le tissu conjonctif. Il ne lui reste plus ensuite qu'à extraire la chair.

MÈRE DÉVOUÉE
La femelle pond des milliers d'œufs et reste à côté pendant cinq à huit mois, jusqu'à éclosion, les nettoyant avec l'eau expulsée par son siphon et les toilettant avec ses bras pour empêcher les bactéries de proliférer.

INVERTÉBRÉS

ARTHROPODES

PHYLUM	**Arthropodes**
CLASSES	**17**
ORDRES	**99**
FAMILLES	**Env. 2140**
ESPÈCES	**Env. 1,1 million**

REMARQUE

Les arthropodes se subdivisent en deux sous-embranchements : les chélicérates, dotés d'appendices en forme de crochets et dépourvus d'antennes, et les mandibulates, dotés de pièces buccales variées et de deux paires d'antennes.

MANDIBULATES
Hexapodes *(insectes et autres arthropodes à six pattes) voir p. 548–577*
Myriapodes *voir p. 578*
Crustacés *voir p. 579–585*
CHÉLICÉRATES
Pycnogonides *voir p. 585*
Mérostomes *voir p. 585*
Arachnides *voir p. 586–593*

LE RÈGNE ANIMAL se compose aux trois quarts d'arthropodes. Cet immense phylum comprend notamment les insectes, les myriapodes, les crustacés et les arachnides. Tous sont pourvus d'un exosquelette, d'un corps segmenté et de pattes articulées. Les premiers arthropodes étaient marins et, parmi les espèces actuelles (comme les crustacés), beaucoup vivent encore dans les océans. En revanche, insectes, arachnides et myriapodes se sont bien adaptés à la vie terrestre. Les insectes, qui forment de loin le groupe le plus nombreux, sont les seuls invertébrés capables de voler, ayant développé pour cela des ailes plus de 100 millions d'années avant les reptiles, dont sont issus les oiseaux. Source de nourriture pour beaucoup d'animaux plus gros, les arthropodes jouent un rôle essentiel dans les écosystèmes. Krill, copépodes et autres crustacés sont à la base des chaînes alimentaires marines dont poissons et mammifères marins forment le plus haut niveau. À terre, de nombreux animaux se nourrissent d'insectes.

MIGRATION
Les arthropodes sont parmi les invertébrés les plus mobiles. Certains profitent de cette aptitude pour migrer lorsque les conditions environnementales changent ou que la nourriture se fait rare. Chaque année, des langoustes se déplacent en masse pour se rendre en eau froide. Marchant en file, elles restent en contact au moyen de leurs antennes et ne se perdent jamais de vue grâce aux taches claires ornant leur abdomen. La migration d'automne est souvent déclenchée par les tempêtes.

ANATOMIE

Tous les arthropodes partagent un certain nombre de caractéristiques. Leur corps à symétrie bilatérale se compose de segments (voir ci-dessous), d'où sortent des pattes articulées agencées par paires, et se trouve protégé par un épais exosquelette formé de protéines et de chitine sécrétées par l'épiderme. Les mouvements sont possibles grâce à des articulations et charnières couvertes d'une cuticule souple. Chez les espèces marines de grande taille, l'exosquelette est renforcé par du carbonate de calcium, tandis que les espèces terrestres sont couvertes d'une fine couche de cire imperméable empêchant le dessèchement. Tous les arthropodes ont un appareil circulatoire ouvert : leurs organes baignent dans un liquide appelé hémolymphe, propulsé par le cœur. Les échanges gazeux sont assurés par des branchies ou des trachées. Le système nerveux consiste en un cerveau relié à un réseau de cordons nerveux situés dans le thorax et l'abdomen.

SEGMENTATION
Le corps des arthropodes, probablement issus de vers marins à anneaux non spécialisés, se compose de segments. Au fil du temps, apparurent yeux, antennes et appendices et certains segments fusionnèrent en unités fonctionnelles dont la tête. Les espèces primitives, comme les myriapodes (à gauche), ont une tête bien individualisée. Chez les arachnides, la tête et le thorax forment une seule unité appelée céphalothorax. Les insectes, arthropodes les plus évolués, ont seulement une tête, un thorax et un abdomen (à onze segments).

SEGMENTS
Telle une boîte, chaque segment (coupe transversale ci-dessous) possède un couvercle (tergum), un fond (sternum) et des côtés (pleures). Ces pièces sont constituées de plaques rigides (sclérites) liées par une cuticule molle autorisant les mouvements. Les muscles situés entre le tergum et le sternum commandent l'aplatissement, tandis que ceux reliant les segments commandent la flexion costale, l'enroulement et l'extension. La plupart des segments sont traversés par la chaîne nerveuse, le tube digestif et le cœur.

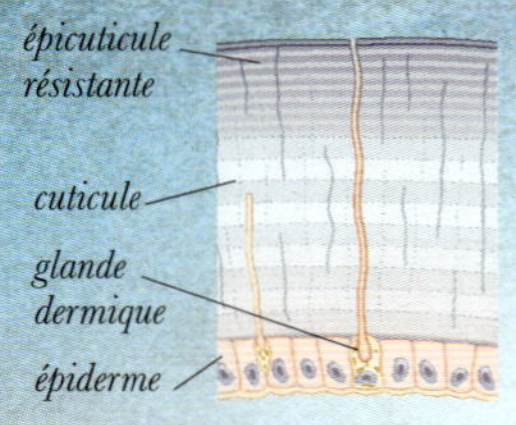

CUTICULE
La cuticule (coupe transversale à gauche) protège les arthropodes contre les blessures et les agents pathogènes. Bien que composée de plusieurs couches, elle peut se régénérer. Une petite blessure sera vite réparée ; si les dégâts sont importants, l'animal doit attendre la mue suivante pour retrouver son intégrité. Chez certaines espèces, les membres perdus repoussent.

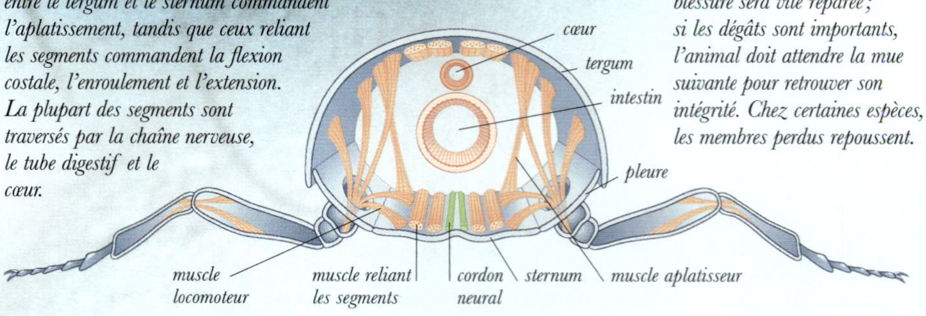

MOUVEMENT

C'est par leurs pattes articulées que les arthropodes se distinguent le plus sûrement des autres invertébrés. Ce sont des animaux actifs, capables de marcher, nager, sauter ou voler. C'est ainsi qu'ils recherchent leur nourriture ou un partenaire, colonisent de nouveaux habitats et échappent à leurs prédateurs ou aux conditions locales défavorables. Le nombre de pattes peut aller de trois paires, chez les insectes, à plusieurs centaines chez certains myriapodes. Chacune se termine généralement par une griffe conférant à l'animal une meilleure adhérence au sol. Beaucoup d'espèces présentent en outre des adaptations, telles que soies ou ventouses, leur permettant de marcher sur des surfaces lisses verticales ou sur l'eau. Chez certaines, les articulations des membres contiennent une protéine élastique, la résiline, qui sert de réserve d'énergie lors des déplacements. Les arthropodes peuvent aussi se servir de leurs pattes pour capturer leurs proies, s'accoupler ou communiquer.

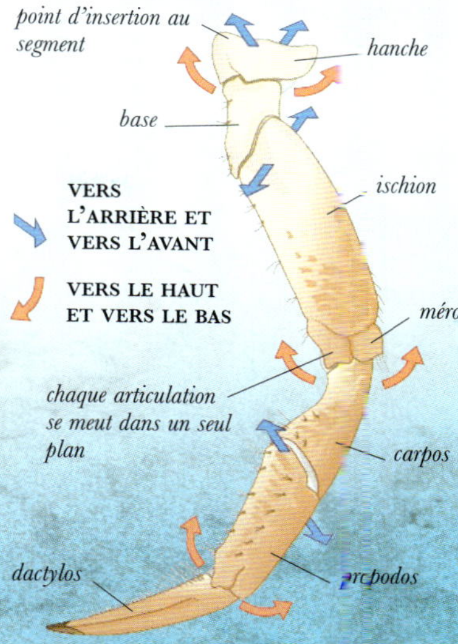

MOUVEMENTS DES PATTES
Les membres des arthropodes, comme la première patte marcheuse d'un crabe (à gauche), se composent d'articles rigides et creux reliés par des muscles et une cuticule souple. À chaque articulation correspond un mouvement particulier. Le membre peut ainsi être mû dans presque toutes les directions.

MARCHE
La plupart des insectes, dont les coléoptères, ont une démarche tripode. Chaque fois qu'une patte se soulève, le corps repose d'un côté sur une patte et de l'autre sur deux.

ALIMENTATION

Des végétaux à la chair animale en passant par les matières organiques en décomposition, les arthropodes ont une alimentation très variée. Beaucoup d'espèces sont spécialisées dans la consommation d'un certain type d'aliments et ont une morphologie adaptée. Grosses pinces et fortes mâchoires peuvent entamer des matières telles que cuir, cuticule ou tissus végétaux, tandis que les pièces buccales de type piqueur-suceur servent à aspirer les liquides, comme sève, sang ou nectar. Beaucoup de crustacés aquatiques ont des appendices plumeux sur les pattes et autour de la bouche afin de filtrer les micro-organismes et les particules de matière organique en suspension dans l'eau. La plupart des arthropodes sécrètent de la salive pour lubrifier les aliments à mesure que ceux-ci progressent dans le tube digestif.

PRÉDATEURS
La plupart des arachnides sont zoophages, mais ne peuvent ingérer que des liquides. Après avoir capturé une blatte, ce scorpion enduira le corps de celle-ci d'une enzyme digestive afin de le réduire en bouillie.

PHYTOPHAGES
Les arthropodes phytophages sont de gros mangeurs. Un essaim de criquets comptant 50 milliards d'individus peut théoriquement engloutir 100 000 tonnes de masse végétale par jour.

CROISSANCE

L'exosquelette présente pour l'animal l'inconvénient de devoir en changer régulièrement en cours de croissance. Les arthropodes se développent de différentes manières. Crustacés, myriapodes et arachnides muent tout au long de leur vie. Au stade larvaire, les crustacés ressemblent peu à l'adulte. Chez les crabes, les œufs éclosent au stade *zoé*, forme larvaire planctonique à laquelle succède un stade *métazoé* rejoignant le fond de la mer. Les jeunes myriapodes ressemblent à l'adulte et croissent par addition d'un segment abdominal à chaque mue, à moins qu'ils n'éclosent avec le nombre définitif, comme certains chilopodes. Les jeunes arachnides sont la copie conforme de l'adulte. À l'exception des archéognathes et des thysanoures, les insectes cessent de muer une fois la maturité sexuelle atteinte.

SOINS PARENTAUX
Il n'est pas rare que les insectes, myriapodes et arachnides prennent soin de leurs œufs et de leur progéniture. Les araignées femelles enveloppent leurs œufs de soie et les surveillent jusqu'à éclosion. Les scorpions femelles couvent et portent leurs petits sur le dos.

MUE
Lorsqu'ils muent, les arthropodes sont mous et vulnérables. Un agrion immature (larve) mue plusieurs fois sous l'eau. Lorsqu'il est prêt pour sa dernière mue, il sort et sécrète un exosquelette, puis prend son envol. Cette opération se déroule en quelques heures seulement car les prédateurs sont à l'affût.

INSECTES

PHYLUM	Arthropodes
SUBPHYLUM	Mandibulates
SUPERCLASSE	Hexapodes
CLASSE	Insectes
ORDRES	29
FAMILLES	949
ESPÈCES	Au moins 1 million

De tous les animaux, les insectes sont les plus nombreux. Ils comptent plus d'espèces que n'importe quelle autre classe. Plus de 1 million ont été identifiées, mais les spécialistes estiment leur nombre réel à 5 ou 10 millions. Les insectes font partie du groupe des arthropodes à six pattes ou hexapodes. Beaucoup ayant aussi des ailes, ce sont les seuls invertébrés capables de voler activement. Associé à leur petite taille et à leur résistance à la sécheresse, l'aptitude au vol a permis aux insectes de coloniser presque tous les habitats. La plupart sont terrestres ou aériens, mais un certain nombre vivent en eau douce. Sans les insectes, beaucoup d'autres formes de vie ne seraient pas possibles : la majeure partie des plantes à fleurs dépend d'eux pour la pollinisation et ils constituent la principale source de nourriture de beaucoup d'animaux. Durant leur vie, de nombreux insectes subissent des métamorphoses complètes, passant par différents stades avant d'atteindre l'âge adulte.

AUTRES HEXAPODES

En plus des insectes, la superclasse des hexapodes comprend trois autres classes : collemboles, protoures et diploures. Ces autres hexapodes sont tous dépourvus d'ailes et, la plupart, d'yeux et d'antennes. Contrairement à ce que l'on observe chez les insectes, leurs pièces buccales sont cachées sur la face inférieure de la tête.

COLLEMBOLES
Présents partout y compris l'Arctique et l'Antarctique, les collemboles sont de petits hexapodes pullulant dans la terre et parmi les débris végétaux.

ANATOMIE

D'un point de vue fonctionnel, le corps des insectes est divisé en trois parties : tête, thorax et abdomen. La tête porte l'armature buccale et la plupart des organes des sens, dont les yeux composés et les antennes. Le thorax, qui porte les pattes et, chez beaucoup d'espèces, les ailes, joue un rôle important dans la locomotion, tandis que l'abdomen contient les organes digestifs, excrétoires et génitaux. Tous les insectes adultes inspirent l'air par des stigmates latéraux situés de part et d'autre du thorax et de l'abdomen. Les jeunes insectes et les espèces aquatiques ont souvent des branchies. Les organes internes baignent dans l'hémolymphe, liquide propulsé par un cœur tubulaire et transportant les nutriments et les déchets.

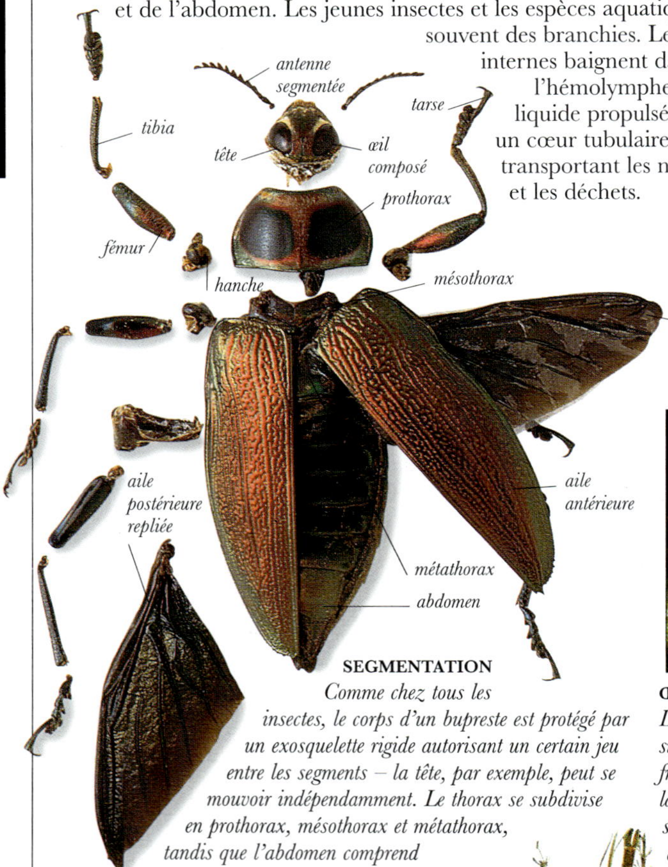

SEGMENTATION
Comme chez tous les insectes, le corps d'un bupreste est protégé par un exosquelette rigide autorisant un certain jeu entre les segments – la tête, par exemple, peut se mouvoir indépendamment. Le thorax se subdivise en prothorax, mésothorax et métathorax, tandis que l'abdomen comprend onze segments.

ŒIL COMPOSÉ
Les insectes ont deux types d'yeux : yeux simples (ocelles) et yeux composés. Chez ce frelon, les ocelles se trouvent au sommet de la tête, tandis que les yeux composés sont sur les côtés. Ces derniers se composent de centaines de facettes photosensibles reliées au cerveau par des nerfs.

MOUCHE DOMESTIQUE — CARABE — MOUSTIQUE

PIÈCES BUCCALES
Il existe chez les insectes différents types de pièces buccales. Celles des carabes sont du type broyeur ; les mouches sont dotées d'une trompe spongieuse servant à lécher les liquides, et les moustiques ont une trompe permettant de percer la peau et le cuir.

POPULATIONS

Il y a plusieurs raisons à la position dominante des insectes dans le règne animal. De petite taille, ils peuvent investir des micro-habitats inaccessibles aux autres animaux. Si les conditions sont favorables, ils sont également capables de se reproduire très vite afin de profiter de l'abondance de nourriture. Un seul couple de bruches, par exemple, a théoriquement le pouvoir de couvrir l'ensemble du globe terrestre en 432 jours. En pratique, cela est toutefois impossible en raison de la limitation des ressources alimentaires et de la concurrence inter- et intraspécifique.

NOMBRE D'ESPÈCES
Un taux de reproduction élevé a permis aux insectes d'évoluer rapidement, ce qui explique le grand nombre d'espèces existantes. Les hémiptères, comme ces punaises (« gendarmes »), comptent à eux seuls 82 000 espèces. Les insectes vivent à terre, dans l'eau douce et même à la surface des océans.

CYCLES DE VIE

Les insectes commencent leur vie sous la forme d'un œuf, mais, à partir de l'éclosion, différents types d'évolution sont possibles (voir à gauche), allant d'une simple série de mues jusqu'à une transformation complète de toutes les parties du corps. La durée des différents stades varie beaucoup d'une espèce à l'autre. Une cigale nord-américaine met, par exemple, dix-sept ans à atteindre l'âge adulte, alors que certaines mouches des fruits arrivent à maturité en moins de deux semaines. Les insectes se reproduisent dès qu'ils le peuvent. Les préliminaires nuptiaux peuvent impliquer l'émission de phéromones, de sons ou même de lumière. La fécondation interne prévaut très largement (voir p. 28-29). Les œufs sont généralement pondus à proximité d'une source de nourriture, sauf chez les espèces parasites dont la ponte s'effectue directement sur l'hôte ou à l'intérieur.

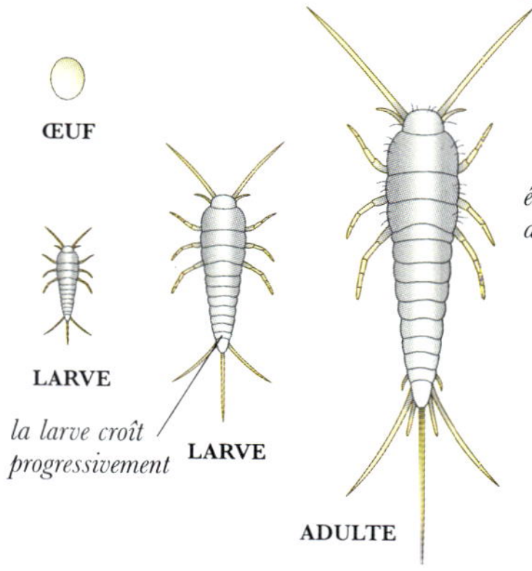

DÉVELOPPEMENT AMÉTABOLE
Chez certains insectes aptères, la différence entre la larve et l'adulte est minime. La croissance post-embryonnaire s'effectue par mues successives.

MÉTAMORPHOSES INCOMPLÈTES
Chez certains insectes ailés, comme les criquets, le passage d'un stade au suivant est progressif. La larve ressemble à l'adulte, mais n'a ni ailes ni organes génitaux.

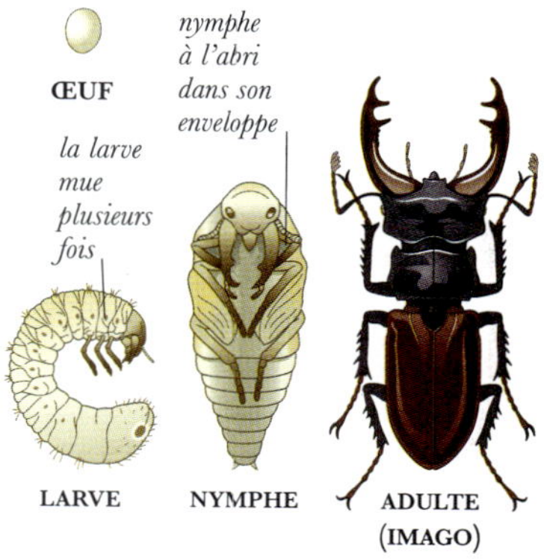

MÉTAMORPHOSE COMPLÈTE
Chez d'autres insectes ailés, l'animal immature (larve) mue à plusieurs reprises avant de devenir pupe, puis adulte.

MIGRATION
Beaucoup d'insectes survivent aux chutes de température en hivernant. Toutefois, certaines espèces ailées sont capables de migrer sur de grandes distances afin d'échapper aux frimas de l'hiver. L'un des exemples les plus célèbres est celui du monarque (ci-contre). Chaque année, des dizaines de millions d'individus parcourent jusqu'à 4 000 km pour se rendre du Canada en Basse-Californie.

ENVOL
Les ailes postérieures membraneuses des coléoptères sont protégées par les ailes antérieures rigides (élytres). Lors de l'envol, il faut à l'animal quelques secondes pour soulever ses élytres et déplier ses ailes postérieures. Lorsqu'il fait froid, les insectes font vibrer leurs muscles alaires pour s'échauffer.

VOL ET AILES

Les insectes furent les premiers animaux à voler, aptitude qui leur permit d'échapper plus facilement aux prédateurs, d'accéder plus aisément aux sources de nourriture et de trouver plus sûrement un partenaire. Les ailes, constituées d'une cuticule, sont articulées au thorax. La plupart des insectes en ont deux paires, généralement solidaires sauf dans le cas des odonates et d'autres espèces, chez qui elles sont indépendantes, permettant une grande liberté de mouvement. Seuls insectes à n'avoir qu'une seule paire d'ailes, les diptères n'en sont pas moins d'excellents voiliers, capables de voler à reculons, latéralement, de haut en bas et de bas en haut. Presque tous les insectes peuvent replier leurs ailes, ce qui leur permet de se glisser partout, comme dans l'écorce des arbres ou sous les pierres.

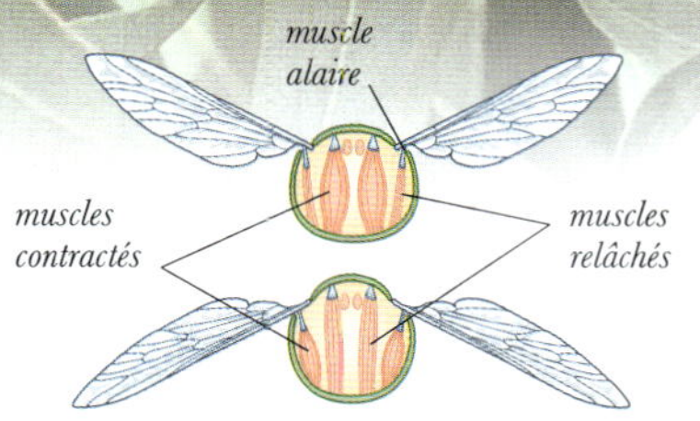

COMMANDE DIRECTE DES AILES

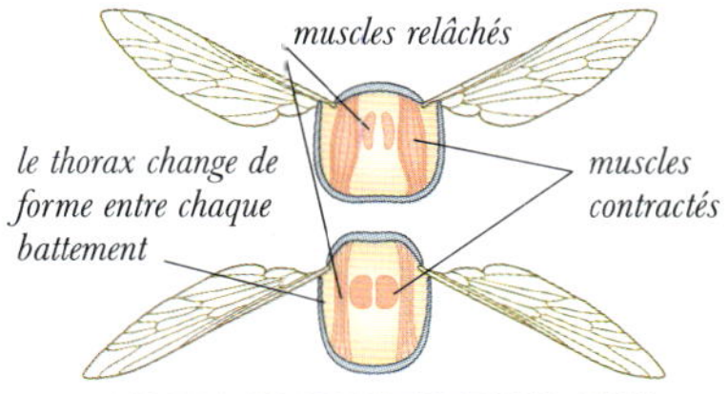

COMMANDE INDIRECTE DES AILES

BATTEMENTS D'AILES
Selon les espèces, on observe chez les insectes deux façons différentes de battre des ailes. Certains les meuvent directement par contraction des muscles alaires, attachés à leur base, tandis que chez d'autres les mouvements des ailes suivent ceux du thorax. Les insectes de la seconde catégorie ont généralement un battement plus rapide (100-400 fois par seconde) que ceux de la première catégorie (environ 50 fois par seconde).

AUTRES HEXAPODES

Classe COLLEMBOLES

COLLEMBOLES

BIEN QUE PETITS ET PASSANT AISÉMENT INAPERÇUS, les collemboles pullulent dans les herbages, les débris végétaux et la terre. Sur la face inférieure de l'abdomen se trouvent un tube ventral servant à absorber l'eau et à adhérer aux surfaces lisses ainsi qu'un organe saltatoire fourchu (furca) agissant, en cas de danger, comme un ressort. La classe des collemboles compte 18 familles et 6 500 espèces.

Famille PODURIDAE

Podure aquatique

Occurrence 1 esp. vivant dans l'hémisphère Nord, à la surface des étangs, des canaux et des tourbières

Unique représentant de cette famille, le podure, *Podura aquatica*, n'excède pas 2 mm de long. Il peut être brun, roussâtre, bleu foncé ou presque noir. La furca, plate et allongée, touche le tube ventral lorsqu'elle est rabattue, permettant à l'animal de rester sur l'eau et de faire des bonds. Il se nourrit de particules organiques flottantes. Les œufs sont pondus parmi la végétation aquatique émergée.

PODURA AQUATICA
Le podure est bien adapté à la vie sur l'eau. Il arrive qu'il pullule à un tel point sur les mares et les étangs que leur surface en est recouverte.

Famille SMINTHURIDAE

Sminthuridés

Occurrence 900 esp. vivant parmi les débris végétaux, sur les fruits moisis flottant sur l'eau, dans les grottes

Ces hexapodes presque sphériques mesurent entre 1 et 3 mm de long et existent dans toutes les nuances de brun et de vert. Chez beaucoup d'espèces, le mâle se sert de ses longues antennes coudées pour maintenir la femelle lors de l'accouplement. Les œufs sont pondus par paquets dans le sol. La maturité sexuelle survient dès le deuxième mois. Herbivores, plusieurs espèces, comme *Sminthurus viridis*, nuisent aux plantules.

SMINTHURUS AQUATICUS
Ce minuscule hexapode de 2 mm de long abonde à la surface des étangs mais, contrairement au podure, ne forme jamais de nappes.

Classe PROTOURES

PROTOURES

COMME LES COLLEMBOLES, certains protoures vivent parmi les débris végétaux, mais la plupart sont terricoles. Ces animaux, souvent microscopiques, n'ont ni yeux, ni cerques, ni antennes et se servent de leurs pattes antérieures comme organes des sens. Leurs pièces buccales piqueuses-suceuses sont situées dans un vestibule. Il en existe 400 espèces et 4 familles.

Famille EOSENTOMIDAE

Eosentomidés

Occurrence 90 esp. vivant dans la terre, les débris végétaux, les mousses, l'humus et le bois pourri

Ces hexapodes au corps allongé, mou et clair et à tête conique mesurent entre 0,5 et 2 mm de long. Ils se nourrissent de matières en décomposition et de moisissures. Les œufs, pondus dans le sol ou les débris végétaux, sont sphériques et couverts de marques ou de verrues. La larve est identique à l'adulte.

EOSENTOMON DELICATUM
Cette espèce abonde par endroit en Europe, mais le genre est représenté partout. Elle affectionne les sols calcaires.

Ordre DIPLOURES

DIPLOURES

CES HEXAPODES AVEUGLES, au corps allongé et mou, ont une grosse tête bien distincte et des pièces buccales broyeuses logées au fond d'un vestibule. Il en existe 800 espèces et 9 familles.

Famille JAPYGIDAE

Japygidés

Occurrence 200 esp. vivant dans la terre

Ces hexapodes au corps allongé et pâle mesurent entre 0,6 et 3 cm. L'abdomen se termine par une paire de cerques bien visibles formant comme une pince dont l'animal se sert pour capturer des petits arthropodes. Les œufs sont pondus par paquets dans le sol.

CATAJAPYX DIVERSIUNGUIS
Cette espèce nord-américaine commune possède de robustes cerques terminaux. Ses segments abdominaux sont clairs sur les bords.

INSECTES

Ordre ARCHÉOGNATHES

ARCHÉOGNATHES

LES ARCHÉOGNATHES sont des insectes aptères et bossus. Ils possèdent des pièces buccales externes, de grands yeux contigus, deux cerques et un appendice médian plus long qu'eux. Comme les poissons d'argent, ils ne subissent aucune métamorphose. Il en existe 350 espèces et 2 familles.

Famille MACHILIDAE

Machilidés

Occurrence 250 esp. vivant sous les pierres et parmi les débris végétaux

Ces insectes, d'une longueur de 1,2 cm, au corps allongé et couvert d'écailles brun à gris foncé, peuvent, pour la plupart, courir et sauter. Ils se nourrissent d'algues et de débris végétaux. Les œufs sont pondus dans des fentes. La maturité survient à deux ans pour une espérance de vie de quatre ans.

PETROBIUS MARITIMUS
Ce machilidé coureur abonde par endroit sur les côtes rocheuses de l'hémisphère Nord.

Ordre THYSANOURES

POISSONS D'ARGENT, LÉPISMES

LES THYSANOURES se distinguent des archéognathes par leurs yeux nettement séparés et leurs trois appendices de longueur égale. Leur corps, allongé et aplati, est souvent couvert d'écailles argentées. Il en existe environ 370 espèces et 4 familles. Certains sont fréquents dans les habitations.

Famille LEPISMATIDAE

Lépismes

Occurrence 190 esp. vivant surtout en climat chaud, dans la canopée, les grottes et les habitations

Insectes nocturnes de couleur brunâtre, les lépismes ont des yeux composés mais pas d'ocelles. Ils mesurent entre 0,8 et 2 cm de long. La fécondation est indirecte. Les œufs sont pondus par paquets dans les fentes ou les crevasses. Les espèces domestiques se nourrissent de farine, de tissus moisis, de colle à papier et de reliures. Les lépismes ont une espérance de vie de quatre ans.

LEPISMA SACCHARINA
Animal nocturne, le lépisme du sucre affectionne l'humidité et vit dans les cuisines, les salles de bains et les caves du monde entier.

Ordre ÉPHÉMÉROPTÈRES

ÉPHÉMÈRES

INSECTES AILÉS PRIMITIFS, les éphémères présentent la particularité de muer encore une fois après l'apparition des ailes. Leurs larves, bonnes nageuses, vivent deux ou trois ans, mais l'adulte ne s'alimente pas et ne vit que quelques jours. Il en existe environ 2 500 espèces et 23 familles.

Famille SIPHLONURIDAE

Siphlonuridés

Occurrence 175 esp. vivant surtout dans l'hémisphère Nord, le plus souvent aux abords d'un cours d'eau

D'une envergure maximale de 5 cm, ces éphémères ont les ailes antérieures réduites. La larve est bonne nageuse et, une fois développée, se hisse hors de l'eau sur une pierre ou le long d'une tige.

SIPHLONURUS LACUSTRIS
Parfois appelée par les pêcheurs éphémère d'été, cette espèce est l'une des premières à coloniser un nouveau cours d'eau et tolère bien l'acidité.

Famille EPHEMERIDAE

Éphémères communs

Occurrence 50 esp. vivant parmi la végétation des étangs et cours d'eau, partout sauf en Australie

Il s'agit de grands éphémères de 1 à 3,4 cm de long, possédant des ailes triangulaires claires ou parsemées de taches brunâtres et deux ou trois cerques allongés. La femelle pond des milliers d'œufs, qu'elle laisse tomber dans l'eau. La larve fouit le limon au moyen de ses mandibules en forme de dents. L'adulte ne s'alimente pas. Les mouches artificielles servant d'appâts aux pêcheurs en sont une imitation.

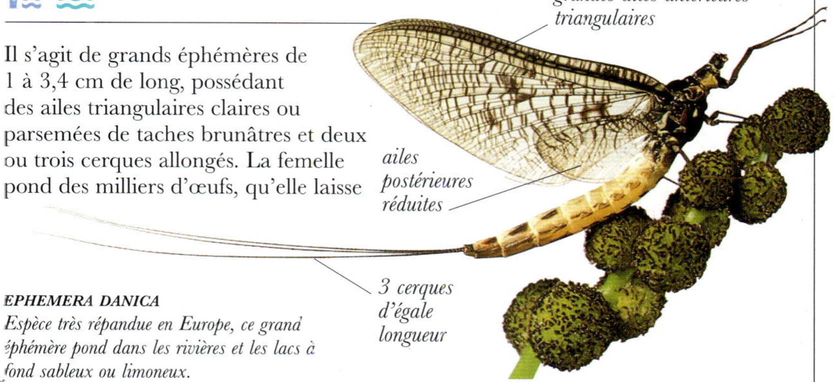

EPHEMERA DANICA
Espèce très répandue en Europe, ce grand éphémère pond dans les rivières et les lacs à fond sableux ou limoneux.

Ordre ODONATES

LIBELLULES ET DEMOISELLES

RECONNAISSABLES à leurs yeux énormes et à leur vol rapide, ce sont de redoutables prédateurs. Agrions et lestes, au corps allongé et frêle, replient leurs ailes au repos, tandis qu'æschnes et libellules, plus robustes, conservent les ailes déployées. Il en existe 5 500 espèces et 30 familles. La larve est toujours aquatique.

Famille AESHNIDAE

Æschnes

Occurrence 420 esp. vivant parmi la végétation des étangs et des marécages

D'une envergure de 6,5 à 9 cm, les æschnes sont parmi les plus grands odonates. Leurs grands yeux se touchent au sommet de la tête. Le mâle est territorial. La femelle fait des incisions dans les plantes pour y pondre ses œufs. Grandes et bien camouflées, les larves s'attaquent à des proies aussi grosses que des têtards ou de jeunes poissons.

ANAX IMPERATOR
Répandu localement en Europe et en Asie, l'anax empereur est un bon voilier capable de s'éloigner de l'eau.

BRACHYTRON PRATENSE
L'æschne printanière émerge en mai et zigzague au-dessus de l'eau de manière caractéristique.

ÆSHNA CYANEA
Hôte des lacs et étangs d'Europe, l'æschne bleue est un grand odonate d'été. Le mâle défend son territoire contre les intrus.

AESHNA MIXTA
Répandue dans le centre et le sud de l'Europe, l'æschne mixte survole l'eau avec agilité à la recherche d'insectes. On l'aperçoit en été et en automne ; elle migre souvent en grand nombre à travers l'Europe.

Famille COENAGRIONIDAE

Agrions

Occurrence 1 000 esp. vivant dans les étangs, marécages, tourbières et cours d'eau, surtout en zone tempérée

Ces frêles odonates mesurent 2 à 4,5 cm d'envergure. La femelle incise les plantes pour y pondre. La larve chasse sur les parties immergées des plantes aquatiques.

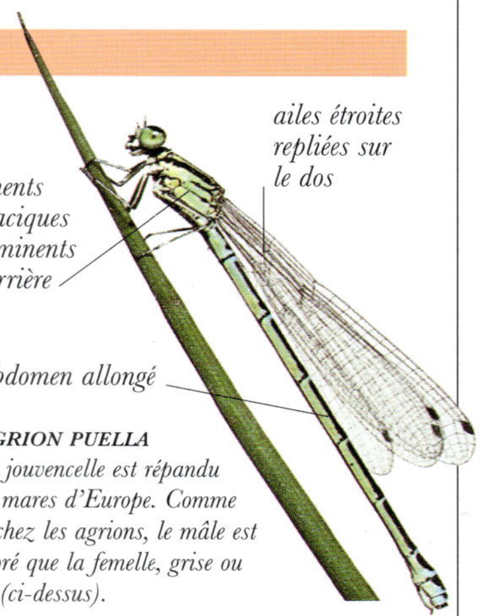

COANAGRION PUELLA
L'agrion jouvencelle est répandu dans les mares d'Europe. Comme souvent chez les agrions, le mâle est plus coloré que la femelle, grise ou verdâtre (ci-dessus).

Famille LESTIDAE

Lestes

Occurrence 160 esp. vivant dans les marécages, les tourbières, les étangs, les lacs et les cours d'eau lents

D'une envergure de 3 à 7,5 cm, ces odonates au corps robuste, bleu ou vert métallisé, se mettent en position verticale au repos, tête en haut et ailes déployées. Le mâle possède à l'extrémité de l'abdomen des appendices en forme de pinces. La femelle pond dans les parties aériennes des plantes aquatiques.

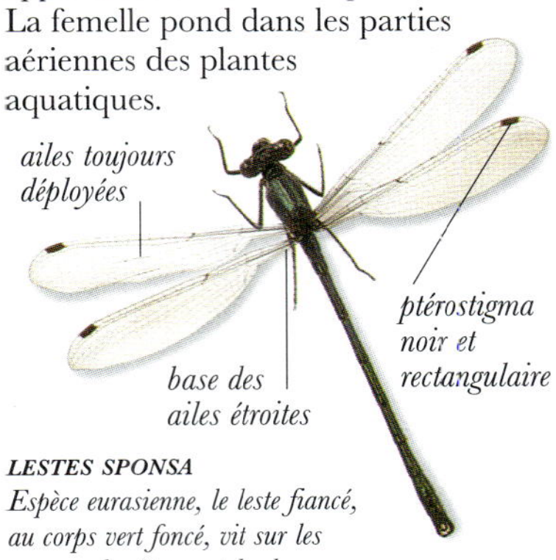

LESTES SPONSA
Espèce eurasienne, le leste fiancé, au corps vert foncé, vit sur les canaux, les étangs et les lacs.

Famille LIBELLULIDAE

Libellules

Occurrence 1 300 esp. vivant dans les bois, à proximité des cours d'eau lents, des étangs et des marécages

D'une envergure généralement comprise entre 4,5 et 7,5 cm, ces robustes odonates sont souvent vivement colorés. La forme large et plate de leur abdomen leur offre une grande liberté de mouvement. Les femelles rasent l'eau et plongent pour y déposer leurs œufs. Les larves chassent dans la vase et les débris végétaux.

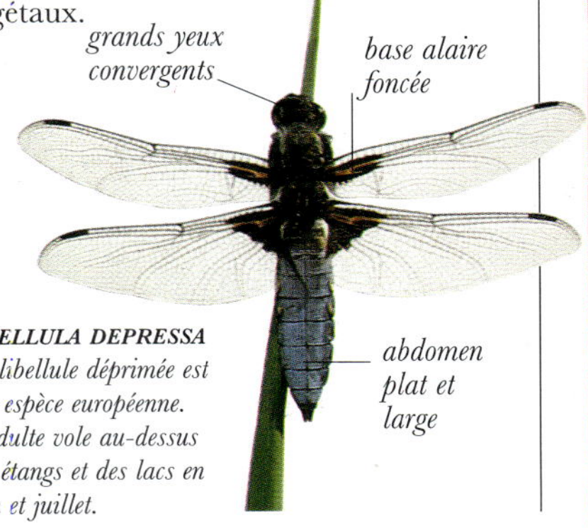

LIBELLULA DEPRESSA
La libellule déprimée est une espèce européenne. L'adulte vole au-dessus des étangs et des lacs en juin et juillet.

Ordre **ORTHOPTÈRES**

SAUTERELLES, CRIQUETS ET GRILLONS

LES ORTHOPTÈRES, dont il existe plus de 20 000 espèces et 28 familles, sont représentés partout sauf dans les régions très froides. Bien que la plupart aient de grandes ailes, ils préfèrent fuir en sautant sur leurs puissantes pattes postérieures. Les ailes antérieures sont coriaces (élytres). Tous possèdent des pièces buccales broyeuses, mais leur alimentation varie : grillons, sauterelles et autres genres du sous-ordre des ensifères sont prédateurs ou omnivores, tandis que les criquets, du sous-ordre des caelifères, sont uniquement herbivores.
Les métamorphoses sont incomplètes. Chez la plupart des espèces, le mâle stridule ou « chante » pour appeler la femelle.

Famille **ACRIDIDAE**

Criquets

Occurrence 10 000 esp. vivant sur le sol, parmi la végétation

Longs de 1 à 8 cm, les criquets présentent souvent des couleurs cryptiques. Pour tenir les prédateurs à distance, certains sont toutefois vivement colorés ou sécrètent des substances toxiques. Les antennes sont toujours courtes. Les mâles chantent durant la journée pour attirer les femelles. Celles-ci sont presque toujours plus grandes. Leur organe de ponte (oviscapte) n'est pas très visible. Après l'accouplement, elles déposent dans le sol des oothèques contenant entre 15 et 100 œufs et les recouvrent d'une mousse protectrice. Les criquets nuisent aux cultures. Certaines espèces, comme les criquets grégaires, forment périodiquement de grands essaims et détruisent des récoltes entières.

CHORTHIPPUS BRUNNEUS
Ce criquet vit dans les prairies et les garrigues d'Europe. Très reconnaissable, son chant consiste en une série de stridulations répétées environ toutes les 2 secondes.

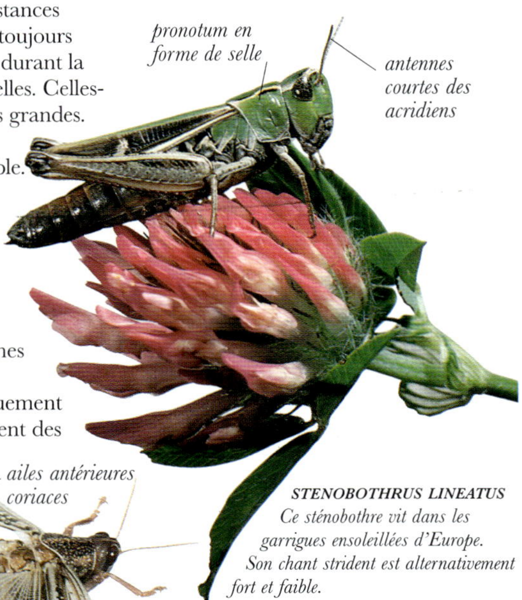

STENOBOTHRUS LINEATUS
Ce sténobothre vit dans les garrigues ensoleillées d'Europe. Son chant strident est alternativement fort et faible.

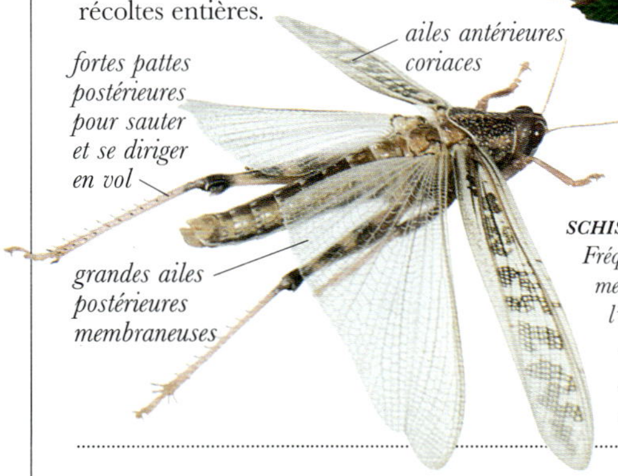

SCHISTOCERCA GREGARIA
Fréquent de l'Afrique à l'Inde, le criquet grégaire mesure 6 cm de long. C'est un véritable fléau pour l'agriculture. Les vols, pouvant compter jusqu'à 50 milliards d'individus, se déplacent en fonction des vents dominants et peuvent dévorer jusqu'à 100 000 tonnes de nourriture par jour.

Famille **GRYLLIDAE**

Grillons

Occurrence 4 000 esp. vivant sur le sol, sous les pierres, parmi les débris végétaux, dans les arbres

Longs de 0,5 à 5 cm, les grillons ont le corps légèrement aplati. Certaines espèces au chant musical peuvent s'apprivoiser. Seuls les grillons arboricoles sont prédateurs. Les autres espèces se nourrissent de plantes ou de matières organiques en décomposition.

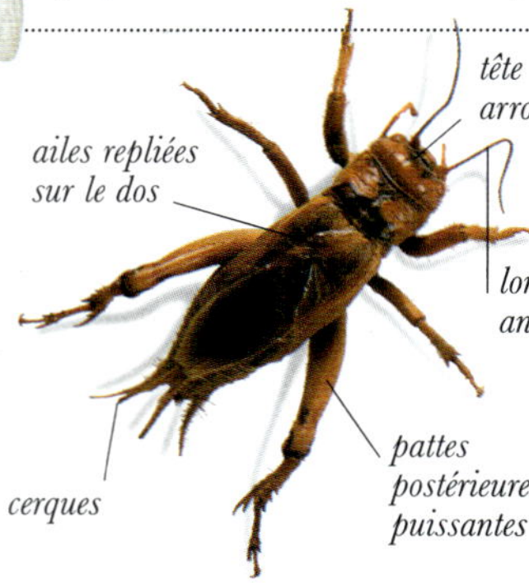

BRACHYTRUPES SP.
Parfois appelées grillons du tabac, ces espèces sont répandues dans la savane africaine. Certaines nuisent aux plantations de thé, de tabac ou de coton.

Famille **GRYLLOTALPIDAE**

Courtilières

Occurrence 60 esp. fouissant le sable ou la terre humide à proximité des cours d'eau, des étangs et des lacs

Également appelées taupes-grillons, les courtilières sont couvertes d'un duvet velouté. Longues de 2 à 4,5 cm, elles ont les pattes antérieures courtes, robustes et dentelées, adaptées au fouissement. Les femelles creusent des trous dans le sol pour y pondre, tandis que les mâles y pratiquent des terriers destinés à amplifier leur chant, qui peut s'entendre à 1,5 km à la ronde. Adultes et larves se nourrissent de plantes et de petites proies, sous terre le jour et en surface la nuit.

GRYLLOTALPA GRYLLOTALPA
La courtilière commune est attirée par les lumières nocturnes. Elle se sert de ses pattes antérieures pour fouir et de ses pattes postérieures pour évacuer la terre. Elle peut nuire aux cultures.

Famille **TETTIGONIIDAE**

Sauterelles

Occurrence 6 000 esp. vivant surtout en zone tropicale, parmi la végétation

Longs de 1,5 à 7,5 cm, ces insectes bruns ou verts possèdent de grandes ailes généralement portées sur les côtés. La plupart imitent des feuilles ou des morceaux d'écorce. Certains ont les ailes postérieures vivement colorées (défense contre leurs prédateurs). Les mâles chantent au moyen de leurs élytres modifiés. Les femelles pondent dans les plantes ou la terre. La plupart des sauterelles sont actives uniquement de nuit.

LEPTOPHYES PUNCTATISSIMA
Répandue dans toute l'Europe, la leptophye ponctuée vit dans les buissons et les arbres et parmi les graminées.

Famille **RAPHIDOPHORIDAE**

Raphidophoriens

Occurrence 500 esp. vivant surtout en climat chaud ; dans les grottes, les endroits humides, sous le bois et les pierres

Longs de 1,3 à 3,8 cm, les raphidophoriens, bruns ou gris, sont trapus, bossus et aptères. Ils ont les pattes postérieures allongées et des antennes encore plus longues qui leur permettent de détecter leurs ennemis. Certaines espèces cavernicoles ont les yeux réduits et le corps mou. Ils pondent parmi les débris végétaux. Les larves partent en quête de nourriture dès l'éclosion. Certaines sont nécrophages, alors que d'autres s'attaquent à des proies vivantes.

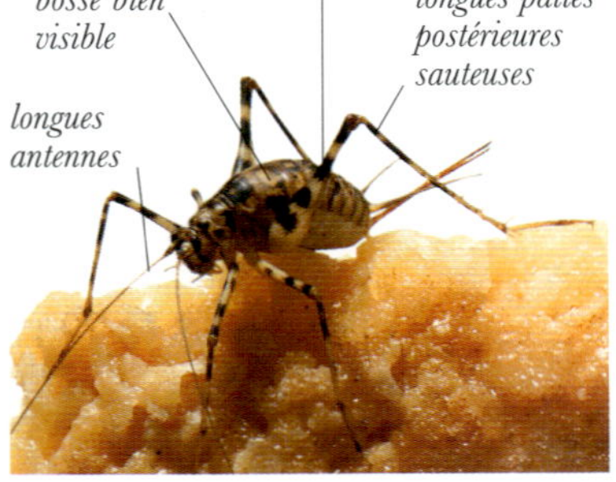

PHOLEOGRYLLUS GEERSTI
Cette espèce vit en Afrique du Nord et dans certaines parties de l'Europe méridionale.

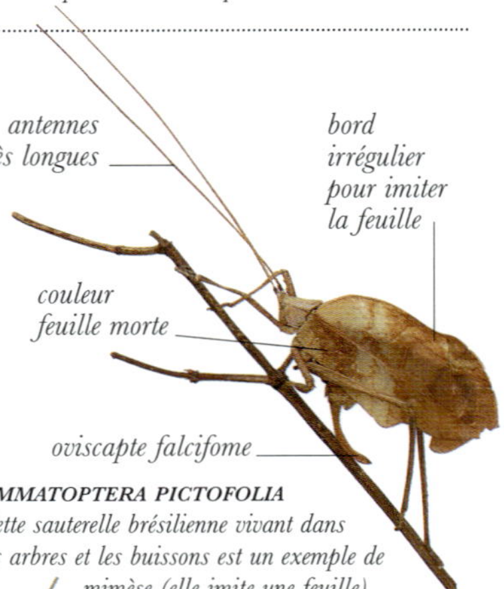

OMMATOPTERA PICTOFOLIA
Cette sauterelle brésilienne vivant dans les arbres et les buissons est un exemple de mimèse (elle imite une feuille).

MECONEMA THALASSINUM
Nocturne et bon voilier, la sauterelle du chêne se rencontre dans les chênaies d'Europe. Le mâle attire l'attention de la femelle en tambourinant avec ses pattes postérieures sur le limbe d'une feuille.

Ordre PLÉCOPTÈRES

PERLES

LES PLÉCOPTÈRES sont des insectes plats et allongés dont les larves, aquatiques, ont des métamorphoses incomplètes. Les adultes ont deux paires d'ailes membraneuses, mais répugnent à voler. La plupart sont éphémères et ne s'alimentent pas. Il en existe 2 000 espèces et 15 familles.

Famille PERLIDAE

Perles

Occurrence 400 esp. vivant parmi la végétation des lacs et des cours d'eau, partout sauf en Australie

Longues de 1 à 4,8 cm, les perles, de couleur brune ou jaune, volent peu et passent le plus clair de leur temps sur une pierre au bord de l'eau. Les adultes ne s'alimentent pas, mais les larves sont souvent carnivores.

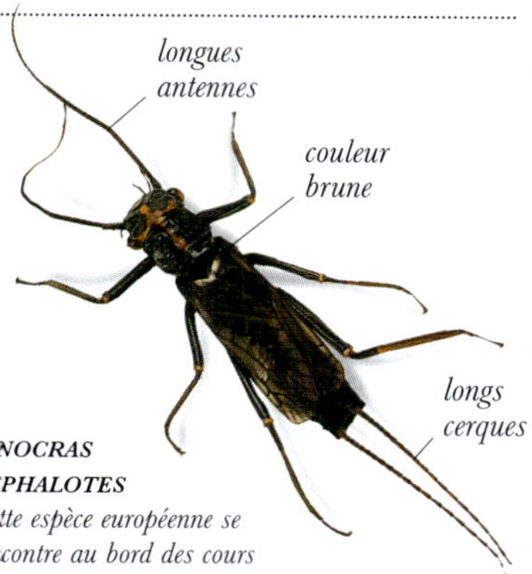

DINOCRAS CEPHALOTES
Cette espèce européenne se rencontre au bord des cours d'eau. La larve mue plus de 30 fois et met cinq ans à devenir adulte.

Ordre GRYLLOBLATTODEA

NOTOPTÈRES

LES NOTOPTÈRES, dont on connaît 25 espèces et une seule famille, furent découverts dans les Rocheuses canadiennes en 1913. Ces petits insectes aptères, adaptés au froid, se nourrissent d'animaux morts ou engourdis, de mousses et autres matières végétales. Les métamorphoses sont incomplètes.

Famille GRYLLOBLATTIDAE

Grylloblattes

Occurrence 25 esp. vivant dans l'hémisphère Nord, en zone froide, dans les grottes calcaires ou le bois en décomposition

Nocturne, les grylloblattes, longues de 1,2 à 3 cm, rampent sur les rochers ou la glace. Elles ont de petits yeux composés et des pièces buccales broyeuses simples. La ponte a lieu deux mois après l'accouplement et les nymphes mettent plus de cinq ans à se développer.

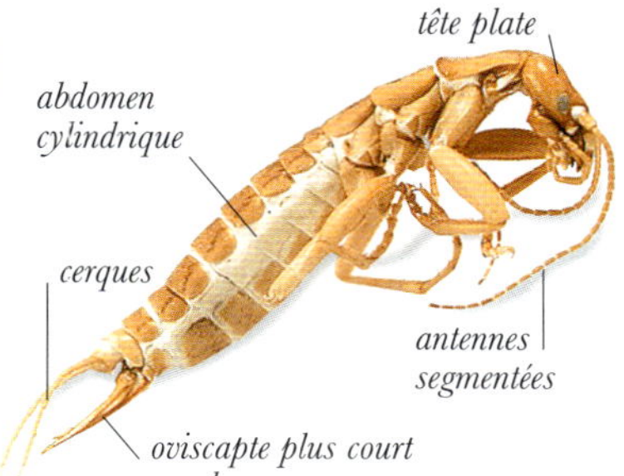

GRYLLOBLATTA CAMPODEIFORMIS
La grylloblatte campodéiforme vit dans les montagnes américaines et canadiennes, parmi les rochers jouxtant les glaciers.

Ordre DERMAPTÈRES

PERCE-OREILLES

CET ORDRE compte 10 familles (1 900 espèces) d'insectes charognards ou phytophages, munis de pinces abdominales caractéristiques. Ils ont les ailes antérieures courtes et les ailes postérieures en éventail, pliables. L'instinct maternel est bien développé. Les métamorphoses sont incomplètes.

Famille FORFICULIDAE

Forficules

Occurrence 450 esp. vivant dans la terre, parmi les débris végétaux, sous l'écorce des arbres, dans des fentes

Longs de 1,2 à 2,5 cm, les forficules sont brun foncé. Les appendices terminaux en forme de pince sont plutôt droits chez les femelles et incurvés chez les mâles. Les femelles déposent leurs œufs dans le sol, les surveillent et les nettoient.

FORFICULA AURICULARIA
Le perce-oreille européen, aujourd'hui présent partout, nuit aux cultures légumières, céréalières et florales.

Ordre PHASMATODEA

PHASMES ET PHYLLIES

CES INSECTES NOCTURNES en forme de brindilles ou de feuilles vivent sur les plantes dont ils se nourrissent et échappent à leurs prédateurs grâce à leur remarquable camouflage. Les mâles – rares chez certaines espèces – sont ailés, mais les femelles sont souvent aptères. Les métamorphoses sont incomplètes. Il en existe environ 2 500 espèces et 3 familles.

Famille PHASMATIDAE

Phasmes

Occurrence 2 450 esp. vivant surtout en climat chaud, parmi la végétation ou le feuillage des arbres et des buissons

Ces insectes en forme de bâtonnets peuvent passer totalement inaperçus. Certains sont même capables de se balancer dans le vent pour mieux se fondre dans la végétation. Longs de 2,5 à 29 cm, ils ont le corps épineux ou verruqueux, brun ou vert. De courts élytres protègent les ailes postérieures, grandes et membraneuses. Plusieurs espèces sont aptères. En cas de danger, certaines adoptent l'attitude du scorpion, alors que d'autres déploient leurs ailes colorées ou sécrètent une substance toxique. En cas de capture, les pattes saisies peuvent se détacher et repousser ultérieurement. Chez beaucoup d'espèces, les mâles sont rares ou inexistants. Les femelles dispersent leurs œufs en forme de grains sur le sol.

EXTATOSOMA TIARATUM
Originaire d'Australie, ce phasme est une espèce souvent élevée en terrarium. Aptère et plus grande que le mâle, la femelle adulte (à droite) pond tous les jours et disperse ses œufs avec son abdomen.

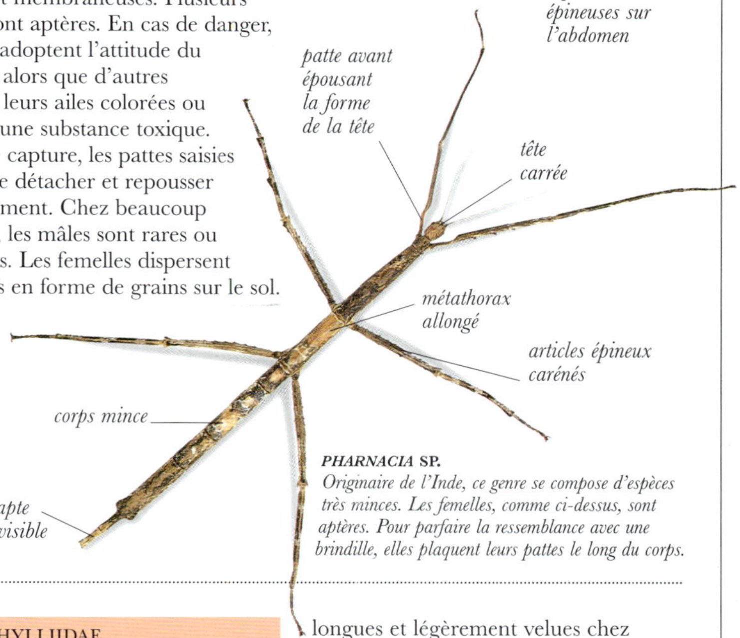

PHARNACIA SP.
Originaire de l'Inde, ce genre se compose d'espèces très minces. Les femelles, comme ci-dessus, sont aptères. Pour parfaire la ressemblance avec une brindille, elles plaquent leurs pattes le long du corps.

Famille PHYLLIIDAE

Phyllies

Occurrence 30 esp. vivant à l'île Maurice, aux Seychelles, en Asie du Sud-Est ou en Australie, parmi la végétation dense

Abdomen et articles plats et étalés, tons bruns ou verts, taches, texture et aptitude à trembler dans le vent, tout concourt à faire ressembler ces insectes, longs de 3 à 11 cm, à des feuilles. Certaines espèces ont l'aspect de feuilles mortes recroquevillées. Au repos, les ailes antérieures nervurées couvrent les ailes postérieures transparentes. Les antennes sont courtes et lisses chez les femelles, longues et légèrement velues chez les mâles. Les œufs en forme de grains sont déposés sur le sol. Les phyllies s'élèvent en terrarium.

PHYLLIUM BIOCULATUM
Originaire d'Asie du Sud-Est, cette phyllie est très appréciée des amateurs. Elle supporte bien la captivité pourvu qu'il fasse suffisamment chaud.

ATTITUDE MENAÇANTE
Lorsqu'elles sont dérangées, les mantes prennent souvent une attitude défensive et exposent leurs couleurs vives. En plus d'une excellente vue, elles disposent également, pour échapper à leurs prédateurs, d'organes détecteurs d'ultrasons situés sur le thorax, entre les pattes médianes.

Ordre MANTODEA

MANTES

LE NOM COMMUN DE « MANTE RELIGIEUSE » vient de la façon qu'ont ces insectes de joindre leurs pattes antérieures comme s'ils étaient en prière. Bien que de forme variable, les mantes ont toutes une tête triangulaire et de grands yeux – ce sont les seuls insectes capables de tourner la tête pour regarder derrière eux – ainsi qu'un prothorax allongé pourvu de pattes antérieures ravisseuses. Généralement diurnes, les mantes s'attaquent non seulement à toutes sortes d'arthropodes, mais aussi à des petits vertébrés tels que grenouilles ou lézards. Les œufs sont rassemblés dans une oothèque mousseuse ou ressemblant à du papier, auprès de laquelle certaines femelles montent la garde. Il existe 2 000 espèces de mantes et 8 familles.

Famille HYMENOPODIDAE

Mantes-fleurs

Occurrence 185 esp. vivant partout en zone tropicale sauf en Australie ; sur diverses plantes

Leurs couleurs vives, dans les tons verts ou rouges (photo de gauche), permettent à ces mantes de se confondre totalement avec la végétation lorsqu'elles sont à l'affût. Certaines parties du corps, comme les pattes, présentent souvent de larges expansions foliacées. Les pattes antérieures sont parfois ornées de bandes ou de spirales colorées. Certaines espèces présentent des marques asymétriques sur les ailes antérieures. Les femelles ont souvent les ailes plus courtes que les mâles. Les larves sont prédatrices, mais ne peuvent pas chasser avant que leur cuticule ait durci. En plus d'organes capables de percevoir les ultrasons (détection des prédateurs), certaines espèces semblent dotées d'un organe auditif secondaire pour les basses fréquences.

Famille MANTIDAE

Mantes proprement dites

Occurrence 1 400 esp. vivant en climat chaud, sur n'importe quelle plante du moment que les proies y sont nombreuses

Très homogène du point de vue morphologique, cette famille groupe la plupart des mantes religieuses. Généralement vertes ou brunes, beaucoup ressemblent à des feuilles ou à des brindilles. Contrairement aux Hymenopodidae et à d'autres familles du même ordre, les Mantidae ont les ailes unies à l'exception parfois de petites taches. Les femelles ont souvent des ailes plus petites que celles des mâles ou absentes. Certaines espèces atteignent 15 cm de long et peuvent s'attaquer aux petits reptiles, salamandres et grenouilles.

PROFIL ÉLÉGANT
Avec ses yeux dirigés vers l'avant, la mante religieuse possède une vision binoculaire lui permettant d'évaluer précisément les distances. Cette aptitude, alliée à de puissantes pattes ravisseuses, en fait un redoutable prédateur.

LIAISONS DANGEREUSES
La mante religieuse femelle a la réputation de dévorer son partenaire après l'accouplement (ci-dessus). Cela n'est toutefois pas systématique car le mâle se méfie et parvient généralement à en réchapper.

CHASSEUR FURTIF

1 **LE GUET**
Juchée sur un rameau, pattes antérieures jointes, la mante à l'affût fixe un point sur lequel elle sait qu'une proie finira par se poser.

2 **LE BOND**
Le moment venu, tout se passe très vite. La mante bondit sur sa victime en allongeant ses longues pattes ravisseuses.

3 **LA CAPTURE**
Les pattes antérieures garnies d'épines se referment sur la proie avant même que celle-ci ait eu le temps de réagir.

4 **L'AFFAIRE DE QUELQUES SECONDES**
Fermement maintenue, la mouche n'a aucun moyen de s'échapper. De nouveau juchée, la mante commence son repas.

Ordre BLATTODEA

BLATTES

LES BLATTES sont des insectes au corps ovale et aplati, pouvant se faufiler dans n'importe quel interstice pour trouver de la nourriture ou échapper à un prédateur. Sensibles aux vibrations, elles fuient au moindre danger. Beaucoup ont la tête recouverte d'un pronotum en forme de bouclier et possèdent deux paires d'ailes. Il en existe 6 familles groupant au total 4 000 espèces, dont moins de 1 % est nuisible, les autres se nourrissant de matières organiques en décomposition. Vecteurs de germes pathogènes, les espèces nuisibles aiment la chaleur et la crasse.

Les préliminaires nuptiaux peuvent donner lieu à l'émission de phéromones. Les femelles pondent jusqu'à 50 œufs disposés en deux rangées entourées d'une enveloppe protectrice, l'oothèque. Les métamorphoses sont incomplètes.

Famille BLABERIDAE

Blattes vivipares

Occurrence 1 000 esp. vivant en zone tropicale, dans les grottes ou sous terre

Généralement longues de 2,5 et 6 cm, ces grosses blattes ont souvent les ailes bien développées, brun pâle avec des marques noires. Toutefois, chez beaucoup d'espèces, la femelle est aptère et se cache sous le bois ou les pierres. Le pronotum peut être très large. Certaines espèces émettent des sons pour communiquer avec leur partenaire sexuel. Toutes sont ovovivipares. L'oothèque est expulsée par l'extrémité de l'abdomen, retournée, puis réintroduite dans le corps de la femelle, où les œufs écloront. Adultes et larves sont sapro- ou coprophages.

GROMPHADORHINA PORTENTOSA
Longue de 6 à 8 cm, cette blatte de Madagascar tient ses ennemis à distance en sifflant bruyamment par ses stigmates.

Famille BLATTELLIDAE

Blattellidés

Occurrence 1 750 esp. vivant en climat chaud, parmi les débris végétaux, les ordures et dans les bâtiments

Ces blattes complètement ailées sont généralement brun pâle, plus rarement vert olive. Les plus petites mesurent 0,8 cm de long contre 10 cm pour les plus grandes. Adultes et larves se nourrissent de matières en décomposition. Les femelles conservent l'oothèque saillant hors de leur abdomen jusqu'à peu de temps avant l'éclosion. Chacune pond des milliers d'œufs au cours de sa vie.

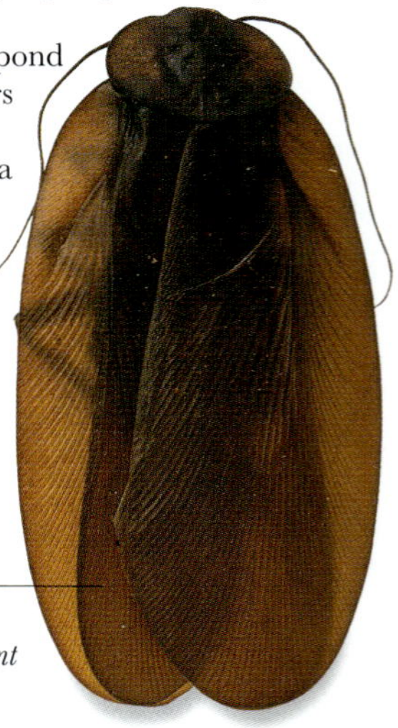

MEGALOBLATTA LONGIPENNIS
Originaire du Pérou, de l'Équateur et de Panamá, cette blatte ailée est la plus grande qui soit. Elle peut atteindre 20 cm d'envergure.

Famille BLATTIDAE

Blattes ordinaires

Occurrence 600 esp. vivant surtout en climat chaud ; fréquentes parmi les denrées, dans les égouts et les décharges

Les blattes ordinaires sont généralement brunes, rougeâtres ou noirâtres. Elles mesurent 2 à 4,5 cm de long, sont très actives et courent très vite. Certaines émettent une substance répulsive pouvant causer des démangeaisons cutanées. Les femelles peuvent pondre jusqu'à 50 oothèques contenant chacune de 12 à 14 œufs, qu'elles cachent dans des recoins. Adultes et larves sont nocturnes et saprophages.

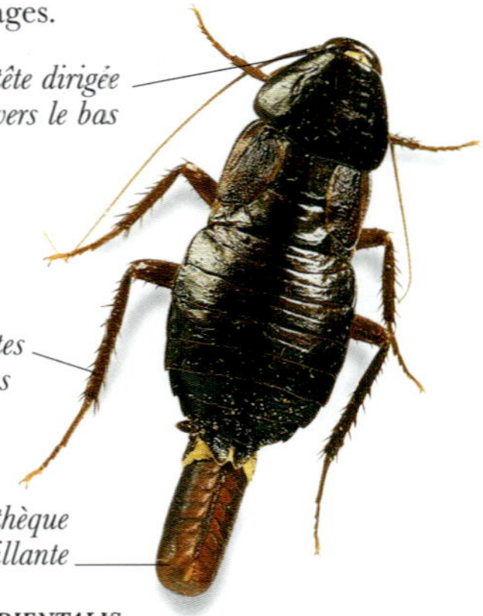

BLATTA ORIENTALIS
La blatte orientale, très fréquente dans les maisons, est nuisible. Comme beaucoup d'espèces, elle a été propagée par les bateaux.

Ordre ISOPTÈRES

TERMITES

LES TERMITES sont des insectes sociaux dont les colonies peuvent compter plus de 1 million d'individus. Il en existe environ 2 750 espèces et 7 familles, la plupart vivant sous les tropiques, où ils bâtissent des nids impressionnants. Ils possèdent un corps clair et mou, de forme variable selon leur fonction, des pièces buccales broyeuses et des antennes courtes. Les ouvriers sont petits, les soldats ont une grosse tête et des mâchoires puissantes. La reine, seule à pondre, peut être aussi grosse qu'un doigt. Certains termites se nourrissent de bois ou de plantes, d'autres mangent des moisissures qu'ils cultivent dans des champignonnières. Les termites, recycleurs, occupent une place importante dans les chaînes alimentaires, mais nombre d'entre eux sont nuisibles. Les métamorphoses sont incomplètes.

Famille RHINOTERMITIDAE

Termites inférieurs

Occurrence 345 esp. vivant en climat chaud, dans la terre ou le bois humide au contact du sol

Que ce soit au stade adulte ou larvaire, les Rhinotermitidae mangent surtout du bois, qu'ils digèrent grâce à la présence de micro-organismes dans leur intestin. Très voraces, ces termites sont considérés, sous les tropiques, comme un fléau. De couleur crème ou brun clair, ils n'excèdent généralement pas 8 mm de long.

RETICULITERMES LUCIFUGUS
Commun dans le sud de l'Europe, le termite lucifuge se caractérise par ses antennes. Il fait son nid sous terre, dans le bois humide.

Famille TERMITIDAE

Termites supérieurs

Occurrence 1 950 esp. vivant dans les arbres ou la terre

Cette famille comprend les trois quarts des termites existants. Longs de 4 à 14 cm, ils varient beaucoup quant à l'aspect et au mode de vie. Les reines, bien plus grosses que les ouvriers ou les soldats, pondent des milliers d'œufs par jour. Selon l'espèce, la termitière peut être un simple nid bâti dans un arbre ou bien une tour s'élevant au-dessus d'une champignonnière souterraine. Beaucoup d'espèces nuisent aux cultures.

MACROTERMES SP.
Ces espèces africaines forment souvent d'immenses colonies. À certaines époques de l'année, des reproducteurs ailés quittent la termitière pour fonder de nouvelles colonies.

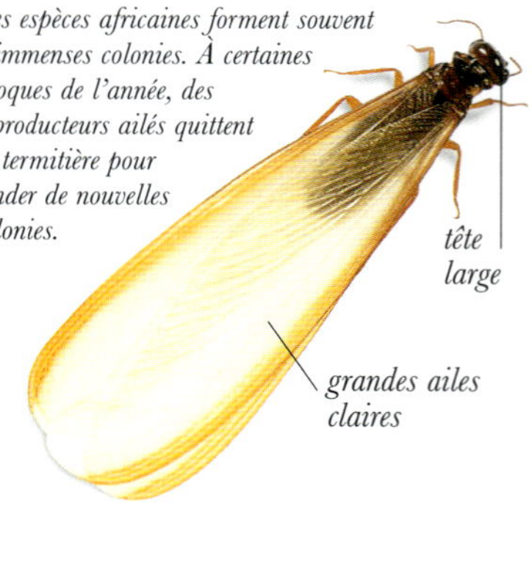

GLOBITERMES SULPHUREUS
Ce nuisible d'Asie du Sud-Est bâtit des nids aux parois épaisses. Tout intrus est recouvert d'un liquide poisseux que les soldats produisent.

TRINERVITERMES TRINERVOIDES
Ce termite moissonneur des herbages d'Afrique centrale et australe constitue le mets favori du protèle (voir p. 207), immunisé contre ses sécrétions répulsives.

INVERTÉBRÉS

Ordre EMBIOPTÈRES

EMBIES

CET ORDRE assez restreint compte 300 espèces et 8 familles d'insectes grégaires, vivant dans la terre et parmi les débris végétaux, sous l'écorce des arbres et dans des tunnels qu'ils tissent au moyen de glandes séricigènes situées dans les tarses antérieurs. Les métamorphoses sont incomplètes.

Famille CLOTHODIDAE

Clothodidés

Occurrence 14 esp. vivant en zone tropicale ou subtropicale, sur le sol, parmi les débris végétaux, les écorces ou les pierres

Longs de 0,5 à 2 cm, les Clothodidae ont un corps allongé, des pattes courtes et des pièces buccales broyeuses simples. Les mâles adultes ne s'alimentent pas, mais se servent de leurs mâchoires pour maintenir la femelle durant l'accouplement. Femelles et larves sont saprophages. Les femelles couvrent leurs œufs de soie et de détritus, puis donnent par la suite aux larves des aliments prédigérés.

CLOTHODA URICHI
Photographiée ici dans son tunnel soyeux, cette espèce est originaire de l'île de Trinidad.

Ordre ZORAPTÈRES

ZORAPTÈRES

CE PETIT ORDRE comprend 30 espèces et une seule famille. Petits, frêles et grégaires, les zoraptères, jaunes, bruns ou noirâtres, possèdent des cerques courts et des pièces buccales non spécialisées. Les métamorphoses sont incomplètes.

Famille ZOROTYPIDAE

Zorotypes

Occurrence 30 esp. vivant en zone tropicale ou subtropicale, partout sauf en Australie, dans le bois pourri et la sciure

Longs de 2 à 3 cm, les zorotypes ont une tête triangulaire distincte et une paire d'antennes. Larves et adultes se nourrissent de moisissures et de petits arthropodes. Leur comportement sexuel est parfois complexe : chez certaines, le mâle offre à la femelle des sécrétions de ses glandes céphaliques, tandis que chez d'autres les mâles se battent entre eux à coups de pattes.

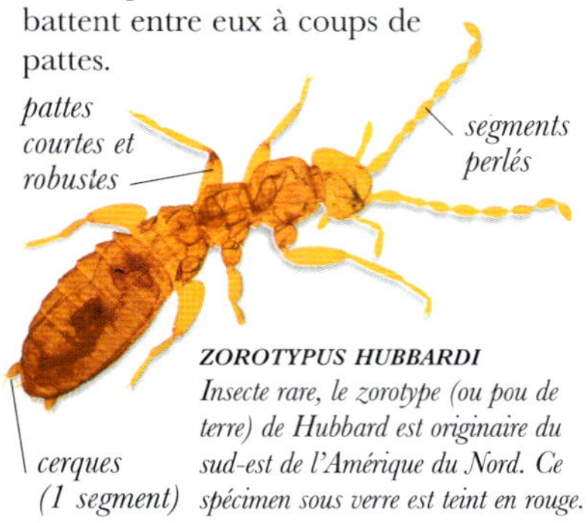

ZOROTYPUS HUBBARDI
Insecte rare, le zorotype (ou pou de terre) de Hubbard est originaire du sud-est de l'Amérique du Nord. Ce spécimen sous verre est teint en rouge.

Ordre PSOCOPTÈRES

PSOQUES

Les psoques ont un corps mou, de couleur terne. Leur grosse tête est pourvue d'yeux globuleux, d'un front bombé et d'antennes filiformes. Incomplètes, les métamorphoses comptent cinq stades larvaires. Il en existe 3 500 espèces et 35 familles.

Famille LIPOSCELIDAE

Liposcélis

Occurrence 150 esp. vivant sous les pierres, parmi les débris végétaux secs, les denrées, dans les nids, les bâtiments

Longs de 0,5 à 1,5 mm, ces insectes au corps aplati et aux fémurs postérieurs enflés sont généralement aptères. Certaines espèces s'attaquent à la farine, aux céréales ou à la colle des reliures des livres. Les œufs sont pondus dans les fentes d'écorce, les litières de feuilles et les nids d'oiseau. Les larves ressemblent aux adultes en plus petit.

LIPOSCELIS TERRICOLIS
Souvent considéré comme un fléau, le pou de litière envahit facilement les stocks de denrées.

Ordre PHTHIRAPTÈRES

POUX

PLATS ET APTÈRES, les poux sont des ectoparasites vivant en permanence sur le corps des mammifères ou des oiseaux sans les tuer. Ils se servent de leurs pièces buccales pour percer la peau, ronger la fourrure ou les plumes et pour sucer le sang. Chaque espèce est inféodée à un hôte déterminé dont elle ne parasite souvent que certaines parties. Les métamorphoses sont incomplètes. Il en existe 6 000 espèces et 25 familles.

Famille MENOPONIDAE

Mallophages

Occurrence 650 esp. vivant en parasites de divers oiseaux

Long de 1 à 6 mm, les mallophages ont une tête triangulaire munie de mandibules broyeuses. L'abdomen est ovale. Chaque patte, courte et robuste, se termine par deux griffes. Larves et adultes se nourrissent en général de fragments de plumes, mais certains consomment également le sang et les sécrétions cutanées. Les œufs sont déposés par groupes à la base des plumes. Certaines espèces, comme ce mallophage des volailles, nuisent aux élevages.

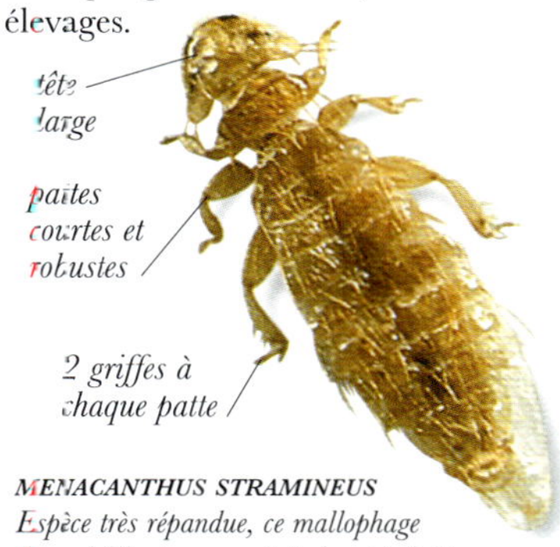

MENACANTHUS STRAMINEUS
Espèce très répandue, ce mallophage des volailles provoque pelades et infections chez les gallinacés.

Famille PEDICULIDAE

Poux de l'homme

Occurrence 2 sous-esp. vivant sur l'homme et les primates

Longs de 2 à 6 mm, les poux de l'homme, au corps clair, piriforme et aplati, sont dotés de pattes griffues leur permettant de s'agripper à leur hôte. La tête est étroite. Larve et adulte sont hématophages. Il en existe deux variantes : le pou de corps, qui pond dans les vêtements, et le pou de tête, qui dépose ses œufs (lentes) à la base des cheveux. Vecteur de typhus, le pou de tête se propage aisément parmi les enfants scolarisés.

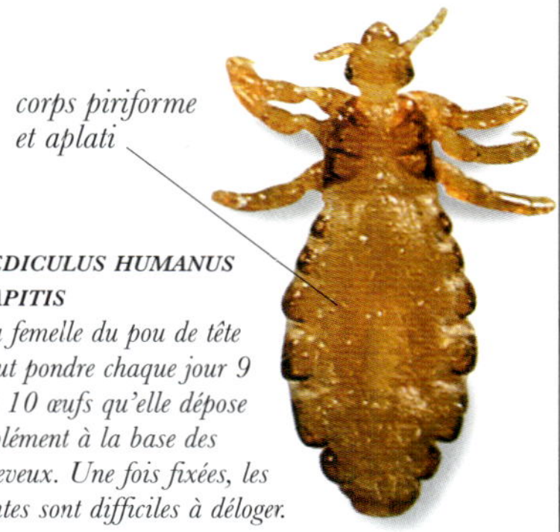

PEDICULUS HUMANUS CAPITIS
La femelle du pou de tête peut pondre chaque jour 9 ou 10 œufs qu'elle dépose isolément à la base des cheveux. Une fois fixées, les lentes sont difficiles à déloger.

Famille PTHIRIDAE

Poux du pubis

Occurrence 2 esp. vivant en parasites de l'homme et du gorille

Longs de 1,5 à 2,5 cm, les poux du pubis, souvent appelés morpions, sont trapus et aplatis. Les pattes médianes et postérieures, très robustes, sont munies de grosses griffes permettant à l'animal de s'agripper aux poils. Larves et adultes sucent le sang et provoquent des hématomes. Ils sont très peu mobiles. Au cours de sa vie, la femelle pond environ 30 œufs qu'elle fixe un à un à la base des poils au moyen d'une substance collante résistant à l'eau. Le passage du stade embryonnaire au stade adulte dure environ quatre semaines.

PHTHIRUS PUBIS
Ce pou élit domicile dans le pubis, mais aussi les aisselles et la barbe. Bien que déplaisant, il ne semble pas être vecteur de maladies.

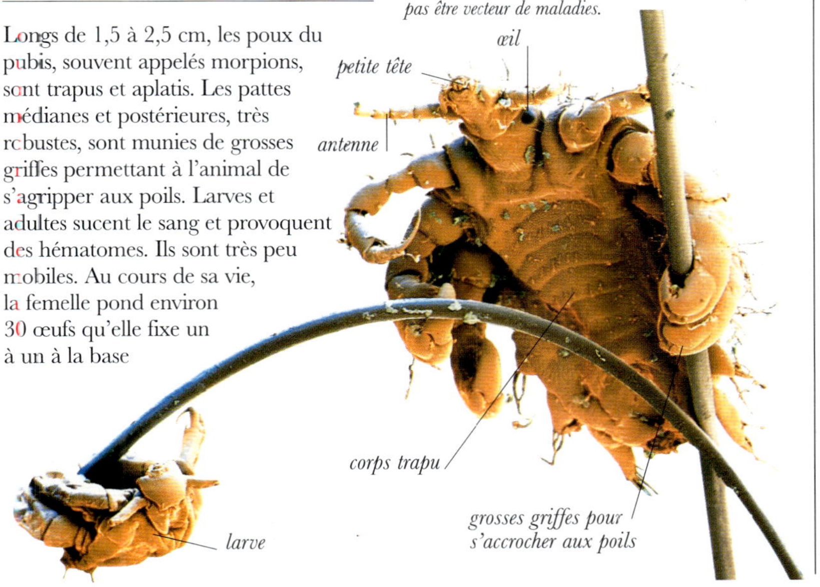

Ordre HÉMIPTÈRES

Pucerons, cigales et punaises

Les hémiptères varient beaucoup par la taille, certaines espèces n'excédant pas quelques millimètres, alors que d'autres sont assez grandes pour capturer poissons et grenouilles. Ils sont présents dans tous les habitats terrestres ainsi qu'en eau douce. Cet ordre comprenant 134 familles et 82 000 espèces se subdivise en quatre sous-ordres : coléorrhynques (formant une unique famille), hétéroptères (punaises terrestres et punaises aquatiques), auchénorrhynques (membracides, fulgores, cigales, etc.) et sténorrhynques (aleurodes, pucerons, cochenilles, etc.). Les hémiptères ont tous deux paires d'ailes. Les hétéroptères ont les antérieures grandes et épaisses. Les pièces buccales se présentent sous la forme d'un rostre piqueur-suceur. Les espèces qui se nourrissent de sève nuisent aux cultures. Les métamorphoses sont incomplètes.

Famille APHIDIDAE

Pucerons

Occurrence 2 250 esp. vivant surtout dans l'hémisphère Nord, sur la plupart des plantes sauvages et cultivées

Du fait de leur rapidité à se reproduire, les pucerons sont les insectes phytophages les plus destructeurs. Ils affectent presque toutes les cultures et transmettent des maladies aux plantes. Dépassant rarement 5 mm de long, ils ont le corps mou et piriforme, vert, rose, noir ou brun. L'abdomen est généralement pourvu de cornicules, petits tubes pairs sécrétant une substance répulsive.

Les pucerons sont souvent parthénogénétiques. La reproduction sexuée est saisonnière.

MACROSIPHUM ALBIFRONS
Le puceron du lupin fait des dégâts dans les jardins. Ici (en haut à gauche), une femelle donne naissance à une autre.

Famille ALEYRODIDAE

Aleurodes

Occurrence 1 200 esp. vivant surtout en climat chaud, sur diverses plantes sauvages ou cultivées

Longs de 1 à 3 mm, ces frêles insectes suceurs à allure de mites possèdent une paire d'antennes à sept articles et deux paires d'ailes transparentes, blanches ou tachetées, de taille égale. La femelle pond sur le duvet couvrant le revers des feuilles. La plupart sont phytophages et nuisent aux cultures.

TRIALEURODES VAPORARIORUM
Pouvant aussi sévir en plein air, l'aleurode des serres est la hantise des producteurs de concombres et de tomates.

Famille BELOSTOMATIDAE

Bélostomes

Occurrence 150 esp. vivant surtout en zone tropicale ou subtropicale, dans les eaux stagnantes ou lentes

Capables de capturer des grenouilles et des poissons, les bélostomes sont les plus grands hémiptères. Ce sont des insectes brunâtres au corps oblong mesurant 1,5 à 10 cm. Leurs pattes antérieures modifiées forment des pinces ravisseuses. Phénomène unique chez les insectes, la femelle colle ses œufs sur le dos du mâle, qui les porte.

LETHOCERUS GRANDIS
Espèce répandue, le grand léthocère, ou punaise d'eau géante, se consomme dans certains pays d'Asie du Sud-Est.

Famille CERCOPIDAE

Cercopes

Occurrence 2 400 esp. vivant surtout en climat chaud, dans les buissons, les arbres et l'herbe

Longues de 0,5 à 2 cm, ces punaises trapues aux yeux ronds sont d'excellentes sauteuses. La plupart sont ternes, mais certaines présentent des couleurs vives, notamment rouges ou jaunes. Les œufs, jusqu'à 30 chez certaines espèces, sont pondus dans la terre ou les plantes. Les larves sucent la sève des végétaux. Elles s'entourent d'une substance écumeuse qui les cache et leur évite la dessiccation.

CERCOPIS VULNERATA
Le cercope sanguinolent vit dans les lieux herbeux d'Europe et d'Asie.

Famille CICADELLIDAE

Cicadelles

Occurrence 16 000 esp. vivant presque partout où il y a de la végétation ; abondantes dans les cultures

Longues de 0,3 à 2 cm, les cicadelles, souvent brunes ou vertes, se caractérisent par leur forme allongée. Certaines sont ponctuées ou rayées. Les mâles attirent les femelles en émettant un son de basse fréquence se propageant par le biais du feuillage et non de l'air. Les femelles fécondées pondent des centaines d'œufs en l'espace de six à huit semaines. Les cicadelles nuisent à certaines cultures, comme celles du riz, du maïs, du coton ou de la canne à sucre.

CICADELLA VIRIDIS
Répandue en Europe et en Asie, la cicadelle verte nuit aux fruits, au riz, au blé et à la canne à sucre.

Famille CICADIDAE

Cigales

Occurrence 2 500 esp. vivant en climat chaud, sur divers arbres, arbustes et arbrisseaux

Les cigales, que l'on peut entendre à 1,5 km à la ronde, sont parmi les insectes les plus bruyants. Long de 2,2 à 5,5 cm, l'adulte, au corps trapu, est souvent brun ou vert foncé. Les antennes sont courtes et les yeux proéminents et très écartés. Seul le mâle chante, utilisant pour cela des «timbales» situées sur le côté de l'abdomen. La femelle incise des rameaux pour y pondre. Après éclosion, la larve tombe et s'enfonce dans le sol, où elle vit aux dépens des racines. Certaines espèces peuvent atteindre l'âge de dix-sept ans.

CICADA ORNI
Très répandu dans le Bassin méditerranéen, le cancan (cigale de l'orne) est grisâtre et présente onze taches noires sur les ailes antérieures. Les geais et d'autres oiseaux le capturent.

ANGAMIANA AETHEREA
Comme toutes les cigales, cette espèce indienne chante pour repousser ses ennemis ou attirer les femelles.

PYCNA REPANDA
Cette espèce forestière se rencontre souvent en Inde, posée sur les troncs d'arbre.

Famille CIMICIDAE

Punaises des lits

Occurrence 90 esp. vivant sur les oiseaux et les mammifères, dans les nids, les grottes et les fissures des bâtiments

Longues de 4 à 12 cm, ces punaises aplaties et ovales, de couleur brun rougeâtre, ont des ailes antérieures vestigielles et pas d'ailes postérieures. Leurs yeux sont composés, mais le nombre de facettes est restreint. Toutes sont hématophages et parasitent temporairement oiseaux, chauves-souris ou hommes. Elles vivent entre deux et dix mois en fonction de la nourriture disponible et de la température. Le mâle pratique la fécondation traumatique en pénétrant la femelle au moyen d'un appendice sexuel perceur. Cette dernière peut pondre plus de 150 œufs, à raison de 2 ou 3 par jour.

CIMEX LECTULARIUS
Insecte nocturne, la punaise des lits détecte la présence d'un hôte à la température, à l'odeur et à la concentration de dioxyde de carbone.

Superfamille COCCOIDEA

Cochenilles

Occurrence 7 000 esp. vivant surtout en zone tropicale ou subtropicale, sur toutes les parties de diverses plantes

Les cochenilles sont si bien adaptées à la succion qu'elles ne ressemblent plus guère à des insectes. Souvent aptères et apodes, les femelles passent toute leur vie fixées à la même plante. N'excédant généralement pas 1 cm de long, leur corps ovale est couvert d'un bouclier cireux. Les mâles, ailés, ont un aspect tout différent. Beaucoup de cochenilles se reproduisent de manière asexuée et nuisent aux cultures.

PLANOCOCCUS CITRI
La cochenille de l'oranger est un ravageur tropical qui s'attaque au café, au soja et à la goyave. Elle est surtout inféodée aux racines, mais affecte aussi les troncs.

Famille FULGORIDAE

Fulgores

Occurrence 800 esp. vivant en zone tropicale ou subtropicale, dans les fourrés, parmi la végétation ligneuse

Beaucoup de fulgores tropicaux se reconnaissent à la forme étrange de leur corps et à leur tête bulbeuse. Les yeux sont situés de part et d'autre de la tête, au-dessus des antennes. Le thorax est souvent imposant, de même que les ailes, dont les nervures se croisent. Longs de 0,8 à 10 cm, ces phytophages suceurs ont les ailes postérieures ornées d'un ocelle servant à effrayer les prédateurs. Les adultes se reposent et se nourrissent de jour et volent de nuit. Les œufs sont déposés sur une plante hôte et protégés par une substance écumeuse durcissante.

FULGORA LANTERNARIA
Originaire d'Amérique du Sud et des Antilles, le fulgore porte-lanterne possède une tête bulbeuse dont on croyait jadis qu'elle émettait de la lumière.

FULGORA SERVILLEI
Comme beaucoup de fulgores, cette espèce des forêts sud-américaines, dont la tête très volumineuse est ornée de dentelures, suce la sève des plantes.

PHRICTUS QUINQUEPARTITUS
Hôte des forêts panaméennes, brésiliennes et colombiennes, cette espèce se caractérise par des ailes vivement colorées et une tête extraordinaire.

Famille GERRIDAE

Gerris

Occurrence 5 000 esp. vivant sur les mares, étangs, lacs, cours d'eau et mers chaudes

Souvent appelés araignées d'eau, ces punaises au corps allongé se déplacent rapidement sur l'eau. Brunes ou noires, elles mesurent 0,2 à 3,5 cm de long et sont recouvertes d'un fin duvet. Les pattes antérieures, courtes et robustes, servent à capturer les proies, les pattes médianes et postérieures, plus longues, servent à la locomotion sur l'eau. Les gerris détectent leurs proies aux ondulations de l'eau, perçues au moyen de poils sensitifs. Les œufs sont déposés sur des objets flottants ou des plantes aquatiques.

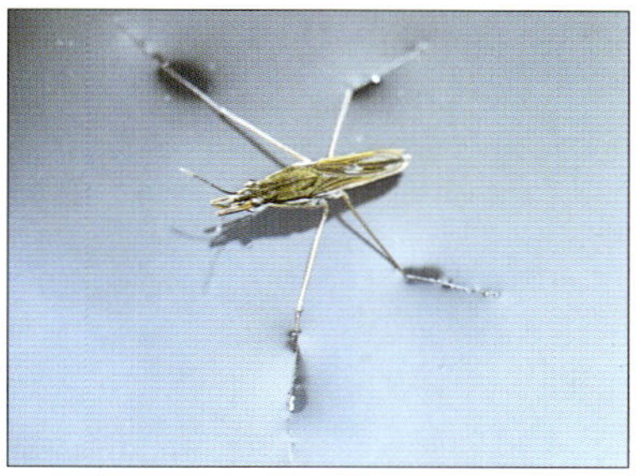

GERRIS SP.
Ces punaises prédatrices vivent à la surface de l'eau, dont l'ondulation peut signaler la présence d'une proie.

Famille HYDROMETRIDAE

Hydromètres

Occurrence 120 esp. vivant sur les eaux stagnantes et les plantes flottantes

Comme les gerris, les hydromètres vivent et chassent à la surface de l'eau, mais leur allure est plus lente et furtive. Longs de 0,3 à 2,2 cm, ils ont la tête allongée et les yeux saillants. Quand ils ne sont pas aptères, la plupart ont les ailes atrophiées. Carnivores et charognards à tous les stades de leur développement, ils privilégient les proies mortes ou agonisantes. Leurs pièces buccales sont piqueuses-suceuses.

HYDROMETRA STAGNORUM
Comme tous les hydromètres, cette espèce européenne perçoit les vibrations de l'eau et peut détecter des proies minuscules, qu'elle transperce de ses pièces buccales.

Famille MEMBRACIDAE

Membracides

Occurrence 2 500 esp. vivant surtout en climat chaud, principalement dans les strates inférieures des forêts tropicales

Longs de 0,5 à 1,5 cm, ces suceurs de sève (phytophages) au pronotum bombé, généralement surmonté d'une épine, sont le plus souvent verts, bruns ou bigarrés. Les femelles incisent l'écorce de la plante hôte pour y pondre leurs œufs, jusqu'à 300 chez certaines espèces, qu'elles surveillent jusqu'à l'éclosion. Beaucoup sont aidées en cela par des fourmis auxquelles elles fournissent du miellat.

UMBONIA SP.
Les membres de ce genre se rencontrent dans les forêts d'Amérique et d'Asie du Sud-Est. La pointe très dure de leur pronotum peut transpercer la peau et la semelle des chaussures.

Famille MIRIDAE

Capsides

Occurrence 8 000 esp. vivant sur toutes les parties aériennes de nombreuses plantes sauvages ou cultivées

Ces punaises frêles et oblongues constituent la plus grande famille d'hémiptères. Longues de 2 à 16 mm, elles varient beaucoup par la forme et la couleur. Certaines ressemblent à des fourmis. La plupart sont phytophages (suceuses de sève), mais certaines se nourrissent de proies mortes ou vives. Les capsides se protègent par des couleurs cryptiques ou, lorsqu'elles sont menacées, en sécrétant une substance odorante. Les œufs sont déposés à l'intérieur des plantes. Chaque femelle en pond entre 30 et 100 au cours de sa vie d'adulte. Plusieurs espèces nuisent aux cultures fruitières, céréalières et légumières.

LYGOCORIS PABULINUS
Fréquente en Europe, la capside des pousses attaque fruits et légumes, sur lesquels elle laisse des taches bosselées.

Ordre HÉMIPTÈRES *suite*

Famille NOTONECTIDAE

Notonectes

Occurrence 350 esp. vivant en eau stagnante, dans les mares, les petits étangs et au bord des lacs

Longues de 2 à 17 mm, ces punaises au corps fuselé peuvent voler, mais passent leur temps sous l'eau, en position renversée. Leurs pattes antérieures leur servent à capturer des proies et leurs pattes postérieures à nager.

NOTONECTA GLAUCA
Comme les autres notonectes, cette espèce européenne stocke l'air sous ses ailes. Elle détecte ses proies par la vue et aux ondulations de l'eau.

Famille PENTATOMIDAE

Punaises des bois

Occurrence 5500 esp. vivant sur les plantes herbacées ou arbustives

Longues de 0,5 à 2,5 cm, ces punaises sont souvent vertes ou brunes, mais certaines présentent des couleurs vives. Leur pronotum élargi est parfois anguleux. En cas de danger, leurs glandes thoraciques sécrètent une substance nauséabonde. Les femelles déposent sur les plantes des grappes pouvant compter jusqu'à 400 œufs cylindriques. Les punaises des bois passent par cinq stades larvaires. Les larves sont généralement phytophages au début, mais certaines deviennent ensuite carnivores ou polyphages. Plusieurs espèces nuisent aux cultures, notamment à celles des légumineuses, de la pomme de terre, du coton et du riz.

EURYDEMA DOMINULUS
Par ses couleurs vives, la punaise des crucifères signale aux prédateurs qu'elle n'est pas comestible. Elle est fréquente en Europe, où elle nuit à certaines cultures.

NEZARA VIRIDULA
La punaise verte des légumes abonde en zone tropicale, subtropicale et tempérée chaude. Elle nuit à plus de 100 plantes cultivées, notamment des légumes.

PALOMENA PRASINA
Fréquente dans toute l'Europe, la punaise verte des bois nuit aux haricots et à la luzerne.

Famille PSYLLIDAE

Psylles

Occurrence 1500 esp. vivant sur le feuillage, l'écorce et la tige des plantes herbacées ou arbustives, sauvages ou cultivées

Longs de 1,5 à 5 mm, les psylles ressemblent à de petites cicadelles (voir p. 558). Ils ont de longues antennes et une paire d'ailes ovales s'accolant verticalement au repos. Ils se nourrissent de diverses plantes et certains nuisent aux cultures. Les femelles pondent des œufs pédicellés sur ou dans les végétaux.

CACOPSYLLA PYRICOLA
Fréquent dans l'hémisphère Nord, le psylle du poirier nuit aux arbres fruitiers, dont les larves adultes sucent la sève des feuilles.

Famille REDUVIIDAE

Réduves

Occurrence 6000 esp. vivant en zone tropicale ou subtropicale, sur le sol, parmi les débris végétaux et sur les plantes

Longs de 0,7 à 4 cm, les réduves, au corps allongé et sombre, sont souvent de redoutables prédateurs, mais certains piquent pour sucer le sang. Beaucoup se nourrissent d'insectes ravageurs. Sous les tropiques, les espèces hématophages attaquent l'homme et sont vecteurs de la trypanosomiase (maladie de Chagas).

PLATYMERIS BIGUTTATA
Ce réduve africain de 3 à 3,6 cm de long est très carnassier. Sa salive peut provoquer une cécité temporaire.

Famille TINGIDAE

Punaises réticulées

Occurrence 2000 esp. vivant sur le feuillage des plantes herbacées ou arbustives

Longues de 2 à 5 cm, les punaises réticulées sont des petits insectes grisâtres reconnaissables aux dessins entrelacés ornant ailes et dos. Elles ont parfois la tête recouverte par le pronotum. Chez certaines espèces, la femelle prend soin de ses œufs et de ses larves. Bien que nuisibles, elles peuvent aussi servir à lutter contre les mauvaises herbes.

TINGIS CARDUI
Répandue en Europe occidentale, la punaise réticulée des chardons est couverte d'un feutrage cireux lui donnant un aspect gris pâle.

Ordre THYSANOPTÈRES

Thrips

LES THRIPS, dont il existe 5000 espèces et 8 familles, sont des petits insectes allongés pourvus de deux paires d'ailes étroites et plumeuses, de grands yeux, d'antennes courtes et de pièces buccales vulnérantes de type piqueur-suceur. Des lobes gonflables adhésifs, situés entre les griffes, leur confèrent une bonne adhérence. Atypiques, les métamorphoses comprennent deux stades larvaires et un ou deux stades «nymphaux».

Famille THRIPIDAE

Thrips

Occurrence 1750 esp. vivant parmi les débris végétaux et sur les feuilles, fleurs et fruits de diverses plantes

Par temps chaud et humide, les thrips viennent grossir le plancton aérien – myriades de petits insectes ailés portés par le vent sur de grandes distances. Jaunes, bruns ou noirs, les thrips ont les ailes très étroites et frangées. Ils n'excèdent généralement pas 2 mm de long. Certains se reproduisent de façon asexuée. Les femelles pondent le plus souvent dans les tissus végétaux ou les fleurs au moyen d'un oviscapte en dents de scie. Les larves vivent sur les plantes ou dans le sol. Comme les adultes, elles se nourrissent de sucs végétaux, mais certaines s'attaquent aussi à d'autres insectes. Plusieurs espèces nuisent notamment à la culture du tabac, du coton et des haricots.

THRIPS FUSCIPENNIS
Abondante dans l'hémisphère Nord, cette espèce au corps foncé, parsemé de soies, se rencontre sur différentes espèces végétales.

THRIPS SIMPLEX
Originaire d'Afrique du Sud, le thrips du glaïeul est maintenant répandu en Europe et en Amérique du Nord, partout où poussent des glaïeuls.

Ordre MÉGALOPTÈRES

CORYDALIS ET SIALIS

DE TOUS LES INSECTES HOLOMÉTABOLES, les corydalis et les sialis sont les plus primitifs. Ces 2 familles comptent au total 300 espèces. Mauvais voiliers, ils ne s'éloignent jamais de l'eau. Les adultes ne s'alimentent pas, mais les larves, aquatiques, sont carnivores.

Famille CORYDALIDAE

Corydalis

Occurrence 200 esp. vivant surtout en zone tempérée, dans les cours d'eau

Longs de 2,5 à 7,5 cm pour une envergure maximale de 15 cm, les corydalis sont de gros insectes au corps mou, gris ou brun et pourvus de trois ocelles. Les mâles sont parfois munis de grandes mandibules dont ils se servent pour se battre ou pour maintenir la femelle. Cette dernière pond des centaines ou des milliers d'œufs à proximité de l'eau.

***CHAULIODES* SP.**
Les membres de ce genre nord-américain se distinguent par l'arrondissement des angles de leur tête.

Famille SIALIDAE

Sialis

Occurrence 100 esp. vivant surtout en zone tempérée, dans les étangs vaseux, les canaux et les cours d'eau lents

Inférieurs à 1,5 cm de long, les sialis ont le corps sombre, les ailes fumées et les antennes longues et fines. Contrairement aux corydalis, ils sont dépourvus d'ocelles. Les œufs sont pondus par groupes près de l'eau, aussi les larves, aux pattes bien développées, tombent-elles dedans à l'éclosion. Elles arrivent à maturité au bout d'un an.

***SIALIS* SP.**
Répandus dans l'hémisphère Nord, les insectes de ce genre se reconnaissent à leurs ailes fumées à nervures noires. Le moment venu, les larves sortent de l'eau et la nymphose se fait dans la terre humide des berges.

Ordre RAPHIDIOPTÈRES

RAPHIDIOPTÈRES

LES RAPHIDIOPTÈRES se caractérisent par un prothorax allongé comparable à un cou. Ils attrapent leurs proies par projection soudaine de la tête. Il en existe 150 espèces et 2 familles. Les métamorphoses sont complètes.

Famille RAPHIDIIDAE

Raphidies

Occurrence 85 esp. vivant dans l'hémisphère Nord, parmi la végétation

Longues de 0,6 à 2,8 cm, les raphidies sont des insectes foncés au prothorax allongé formant un cou très net. La tête est large à l'avant et fuselée à l'arrière. Légèrement plus grosses que les mâles, les femelles possèdent un ovipositeur allongé pour pondre dans l'écorce des arbres. Les larves, de forme allongée, vivent dans l'écorce ou parmi les débris végétaux. Comme les adultes, elles se nourrissent de larves de coléoptères et d'insectes à corps mou.

***AGULLA* SP.**
Ces raphidies vivent dans les forêts nord-américaines, des Rocheuses jusqu'à l'océan Pacifique.

XANTHOSTIGMA XANTHOSTIGMA
Cette espèce eurasienne possède le prothorax allongé caractéristique des raphidies, une grosse tête fuselée vers l'arrière et quatre ailes presque égales.

Ordre NEUROPTÈRES

FOURMILIONS, CHRYSOPES ET ALLIÉS

LES NEUROPTÈRES, dont il existe environ 4 000 espèces et 17 familles, se caractérisent par de grands yeux, des pièces buccales broyeuses, de longues antennes et deux paires de fines ailes très nervurées, repliées sur le dos au repos. Les adultes sont généralement nocturnes et prédateurs, alors que les larves peuvent être parasites.

Famille CHRYSOPIDAE

Chrysopes

Occurrence 1 600 esp. vivant dans divers micro-habitats, dont la végétation et les fourmilières

D'une envergure de 1 à 5 cm, les chrysopes sont des insectes verts ou bruns à ailes irisées et finement nervurées, dotées de capteurs à ultrasons leur permettant de détecter des prédateurs tels que les chauves-souris. Nocturnes, les adultes s'attaquent aux pucerons et aux thrips.

NOTHOCHRYSA CAPITATA
Comme toutes les chrysopes, cette espèce européenne pond des œufs pourvus d'un long pédicelle qui les met à l'abri des fourmis et autres prédateurs.

Famille MANTISPIDAE

Mantispes

Occurrence 300 esp. vivant surtout en zone tropicale ou subtropicale, dans la végétation

Les pattes antérieures des mantispes rappellent celles des mantes religieuses (voir p. 554) et sont aussi ravisseuses. Ces insectes, d'une envergure de 1 à 5,5 cm, pondent sur l'écorce des arbres. Les larves se nourrissent d'œufs d'araignées.

***CLIMACIELLA* SP.**
Les membres de ce genre originaire d'Amérique latine possèdent des couleurs protectrices évoquant les guêpes.

Famille MYRMELEONTIDAE

Fourmilions

Occurrence 1 000 esp. vivant en zone semi-aride, subtropicale ou tropicale, dans les broussailles

Les fourmilions sont de gros insectes au corps mou ressemblant à des libellules. D'une envergure de 3,5 à 12 cm, leurs ailes allongées, parfois ornées de taches brunes ou noires, leur assurent un vol lent peu soutenu. La tête, dotée de gros yeux saillants, est plus large que le pronotum. Les antennes, en massue, sont aussi longues que la tête et le thorax réunis. L'abdomen du mâle se termine par un appendice sexuel rappelant la pince des forficules. Les œufs sont déposés dans la terre ou le sable, isolément ou par petits groupes. Larves et adultes se nourrissent d'insectes et d'araignées. Chez certaines espèces, la larve vit cachée au fond d'un entonnoir creusé dans le sol, d'où seules les mandibules dépassent, et provoque la chute des fourmis et autres proies par des jets de sable. D'autres vivent dans les troncs d'arbre, la terre, parmi les débris végétaux ou sous les pierres.

TOMATARES CITRINUS
Comme beaucoup de fourmilions, cette espèce vit en Afrique. Ses ailes jaune citron semblent dissuader les prédateurs, notamment les oiseaux.

Ordre COLÉOPTÈRES

COLÉOPTÈRES

COMPRENANT ENVIRON UN TIERS DES INSECTES EXISTANTS, les coléoptères ont colonisé la plupart des habitats terrestres et d'eau douce. On en connaît 370 000 espèces en 166 familles. Alors que les plus petits sont à peine visibles à l'œil nu, certaines espèces tropicales peuvent atteindre 18 cm de long.

Les coléoptères se reconnaissent à leurs ailes antérieures rigides (élytres) recouvrant au repos les ailes postérieures membraneuses comme un bouclier. Cette protection leur permet de se faufiler partout. La plupart sont phytophages, mais il existe aussi parmi eux des prédateurs, des charognards et des parasites. Les métamorphoses sont complètes.

Famille ANOBIIDAE

Vrillettes

Occurrence 1 500 esp. vivant surtout en zone tempérée ; dans les bois, les stocks de denrées, les habitations

Longs de 2 à 6 cm, ces petits coléoptères oblongs, brun rougeâtre ou noirs, ont souvent la tête cachée sous le pronotum. Les œufs sont déposés dans un matériau approprié, qui servira de nourriture aux larves, perceuses. Plusieurs espèces nuisent aux légumineuses, aux céréales et au tabac ainsi qu'aux boiseries.

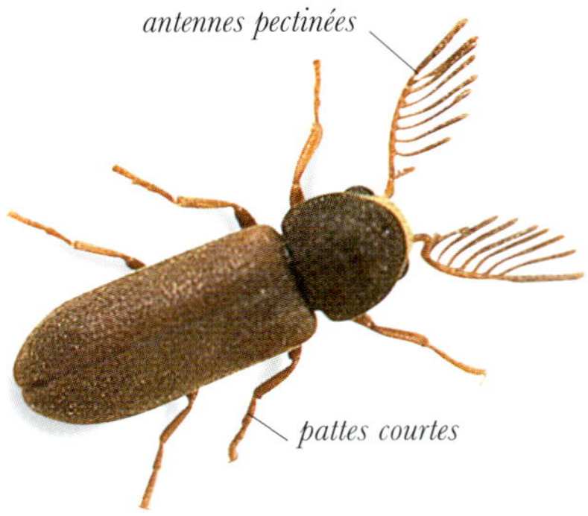

PTILINUS PECTINICORNIS
Fréquente en Grande-Bretagne et en Europe continentale, cette espèce plus ou moins inféodée au hêtre peut abîmer les meubles.

Famille CARABIDAE

Carabes

Occurrence 29 000 esp. vivant sur le sol, sous les pierres ou le bois, parmi les débris végétaux, dans les feuilles des arbres

Longs de 0,2 à 8 cm, ces coléoptères ont le corps plat et allongé, luisant ou terne, brun ou noir, souvent avec des reflets métallisés. Tête, thorax et abdomen bien distincts. Les pattes sont adaptées à la marche rapide. Quelques espèces peuvent tenir les prédateurs à distance en projetant une substance caustique chaude provenant de l'abdomen. La plupart des carabes sont actifs la nuit. Adultes et larves sont généralement prédateurs. Les œufs sont déposés sur le sol, la végétation, le bois ou les champignons en cours de décomposition.

CICINDELA CAMPESTRIS
Insecte diurne et très rapide, la cicindèle champêtre se rencontre en Europe d'avril à septembre sur les sols sableux.

THERMOPHILUM SEXMACULATUM
Communément appelée domino, cette espèce africaine chasse de jour en zone semi-aride.

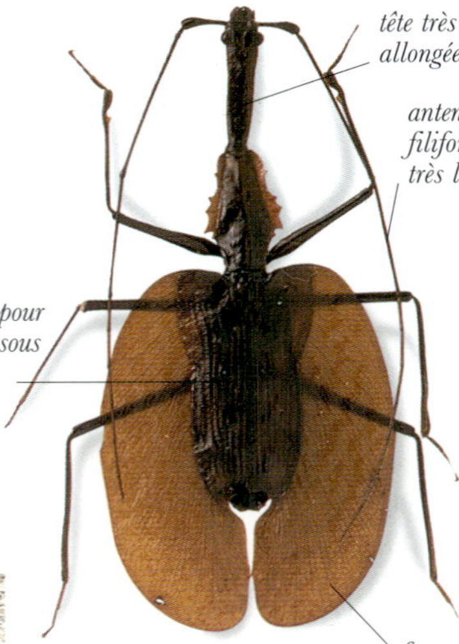

MORMOLYCE PHYLLODES
Fréquente dans les forêts tropicales de l'Asie du Sud-Est, cette espèce se nourrit de larves d'insectes et de mollusques gastéropodes.

Famille BUPRESTIDAE

Buprestes, richards

Occurrence 15 000 esp. surtout en zone tropicale ; dans les clairières ensoleillées, sur l'écorce des arbres ou les fleurs

La plupart des buprestes sont brillants, vert métallisé, rouges ou bleus avec des taches, des rayures ou des bandes. Long de 0,2 à 6,5 cm, leur corps s'amincit vers l'arrière. Certaines espèces sont dotées de capteurs de chaleur leur permettant de détecter le bois fraîchement brûlé, où elles peuvent se reproduire et pondre. Les larves sont xylophages et se développent dans les arbres dépérissant. Les adultes se nourrissent de nectar et de pollen. Leurs élytres colorés sont utilisés dans certaines régions pour la confection de parures de tête.

CHRYSOCHROA BUQUETI
Hôte des forêts vietnamiennes et thaïlandaises, cette espèce est très recherchée par les collectionneurs. À certains endroits, cet engouement s'est traduit par son déclin.

Famille CERAMBYCIDAE

Longicornes

Occurrence 30 000 esp. vivant sur les fleurs et les végétaux, aux points d'épanchement du suc

Les larves de longicornes creusent des galeries non seulement dans les troncs d'arbres, mais aussi dans le bois de charpente. Les adultes se nourrissent de suc, pollen, nectar ou feuilles. Longs de 0,3 à 15 cm, ils ont les côtés parallèles et possèdent de fortes mandibules dentées. Ils sont souvent vivement colorés, mais le trait le plus frappant est la longueur de leurs antennes, qui peut être quatre fois supérieure à celle du corps. Les femelles déposent leurs œufs isolément sous l'écorce. Comme chez beaucoup d'insectes xylophages, le passage par les différents stades de développement peut prendre plusieurs années.

STERNOTOMIS BOHEMANNI
Ce grand longicorne de 8 à 10 cm de long vit dans les forêts tropicales d'Amérique du Sud. Le mâle est territorial.

PHOSPHORUS JANSONI
Originaire des forêts africaines, cette espèce pond sur les arbres et représente une menace pour certaines essences cultivées, comme le kolatier.

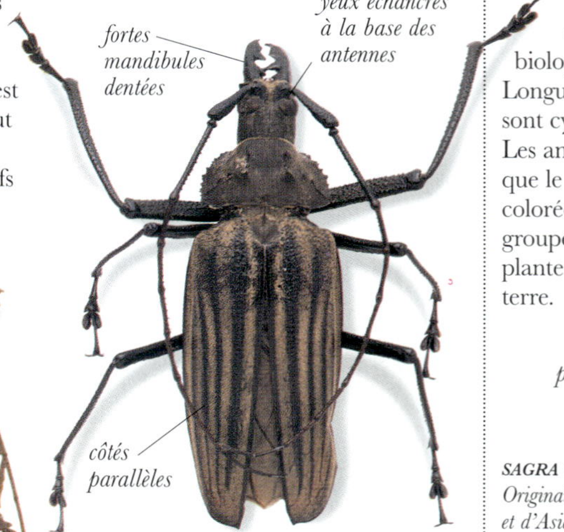

XIXUTHRUS HEROS
Cette espèce africaine possède les antennes allongées typiques des longicornes. La femelle utilise ses mandibules pour inciser l'écorce, sous laquelle elle pond.

Famille CHRYSOMELIDAE

Chrysomèles

Occurrence 35 000 esp. vivant partout, sur la plupart des végétaux

Bien que certaines consomment du pollen, les chrysomèles adultes sont essentiellement phyllophages (mangeuses de feuilles). Aussi beaucoup d'espèces sont-elles considérées comme nuisibles. Quelques-unes sont cependant utilisées dans la lutte biologique contre les mauvaises herbes. Longues de 1 à 3 cm, les chrysomèles sont cylindriques ou hémisphériques. Les antennes sont deux fois plus courtes que le corps. Beaucoup sont vivement colorées. Les œufs sont déposés par groupes sur une plante hôte ou à terre.

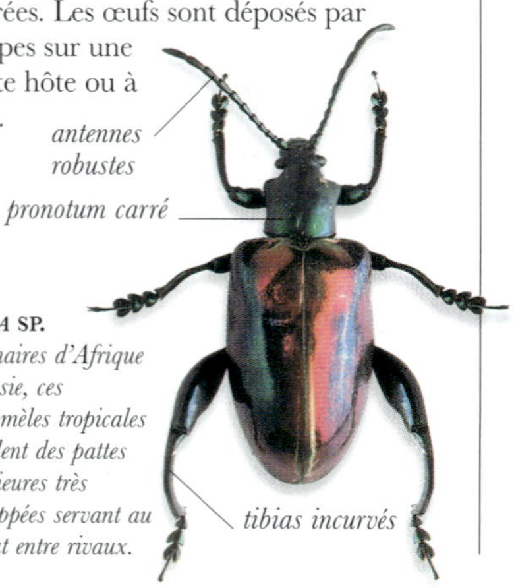

SAGRA SP.
Originaires d'Afrique et d'Asie, ces chrysomèles tropicales possèdent des pattes postérieures très développées servant au combat entre rivaux.

Famille COCCINELLIDAE

Coccinelles

Occurrence 5 000 esp. vivant presque partout, sur tout type de feuillage pourvu que les proies y soient nombreuses

Parfois appelés bêtes à Bon Dieu, ces coléoptères se caractérisent par des élytres colorés, souvent ponctués ou rayés. Longs de 1 à 15 cm, ils sont ronds et bombés, courts sur pattes, brillants et lisses ou bien velus. La tête est souvent cachée sous le pronotum. Les antennes sont segmentées et en massue. Les œufs sont collés isolément ou par petits groupes sur les plantes. Certaines espèces sont phytophages, mais la plupart, adulte comme larve, se nourrissent de petits insectes à corps mou, ce qui en fait des auxiliaires intéressants en agriculture.

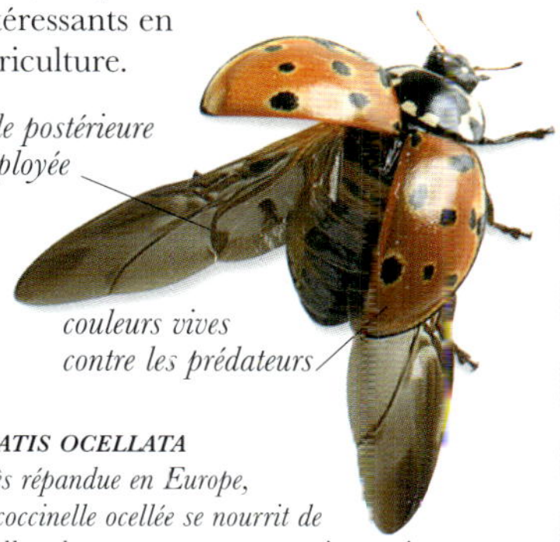

ANATIS OCELLATA
Très répandue en Europe, la coccinelle ocellée se nourrit de psylles, de pucerons et autres petites proies.

Famille CURCULIONIDAE

Charançons

Occurrence 48 000 esp. associées à presque toutes les plantes terrestres et à certaines plantes aquatiques

Habitat Terrestre

Les charançons forment l'une des plus grandes familles du règne animal. La tête est prolongée par un rostre portant les pièces buccales. Long de 0,1 à 9 cm, le corps présente des couleurs cryptiques ou vives avec motifs ou écailles métallisés. Les antennes, coudées ou courbes, se composent généralement de onze segments (articles). Les œufs sont pondus dans les végétaux ou la terre. Généralement diurnes, les adultes mangent les parties tendres des plantes, tandis que les larves les dévorent de l'intérieur. Beaucoup de charançons nuisent aux cultures.

EUPHOLUS BENNETTI
Cet insecte vivement coloré se rencontre en Asie du Sud-Est et en Nouvelle-Guinée.

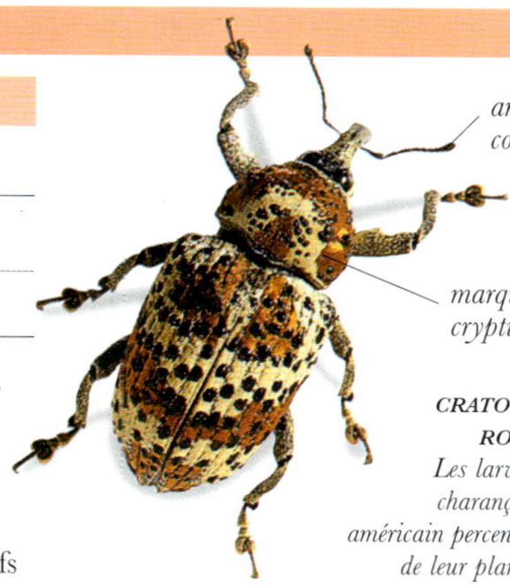

CRATOSOMUS RODDAMI
Les larves de ce charançon sud-américain percent la tige de leur plante hôte.

***CYRTOTRACHELUS* SP.**
Chez ce genre d'Asie du Sud-Est, les mâles sont dotés de longs tibias velus exhibés durant les préliminaires nuptiaux.

Famille DERMESTIDAE

Dermestes

Occurrence 950 esp., le plus souvent associées aux cadavres desséchés d'animaux

La plupart des dermestes nuisent aux denrées entreposées et aux matières d'origine animale. Les larves se nourrissent de viande ou de poisson séché, de coton, de laine, de soie ou de fourrure. Longs de 2 à 12 cm, les adultes sont arrondis ou allongés, brun terne ou noirs et couverts de poils ou d'écailles colorés formant des dessins. Les femelles pondent sur les aliments jusqu'à 150 œufs en l'espace de deux semaines. Les larves, velues, sont très voraces et, en climat chaud, arrivent très vite à maturité. Les adultes se nourrissent de pollen et de nectar.

DERMESTES LARDARIUS
Répandu partout, le dermeste du lard vit dans les nids d'oiseau, parmi les denrées et sur les cadavres desséchés. Dans les habitations, il se nourrit de viande séchée et de fromage.

Famille DYTISCIDAE

Dytiques

Occurrence 3 500 esp. vivant dans les cours d'eau, les lacs et étangs peu profonds, les eaux saumâtres, les sources

Longs de 0,2 à 5 cm, ces coléoptères au corps ovale, généralement noir ou brun foncé, sont de redoutables prédateurs d'insectes, mollusques et petits vertébrés. Bien adaptés à la vie aquatique, les adultes ont des réserves d'air sous les élytres.

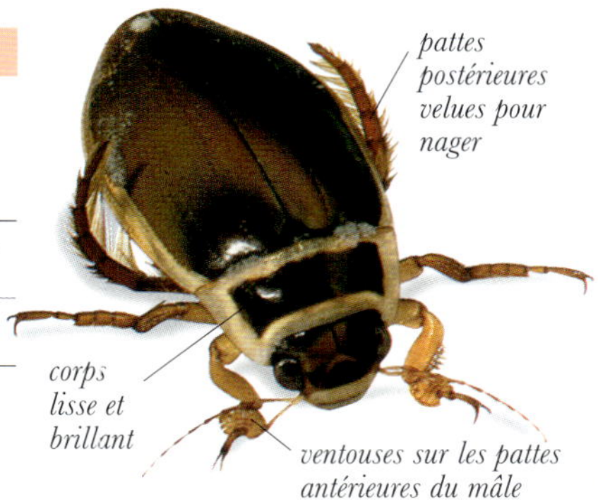

DYTISCUS MARGINALIS
Le dytique bordé vit dans les étangs et les lacs peu profonds d'Europe et d'Asie. Le mâle a les pattes antérieures dotées de ventouses afin de maintenir la femelle durant l'accouplement.

Famille ELATERIDAE

Taupins

Occurrence 9 000 esp. vivant sur les végétaux, parmi leurs débris, sur le bois pourri ou dans la terre

Les taupins se propulsent dans l'air en faisant un bruit sec qui surprend les prédateurs. Ils possèdent pour cela de puissants muscles thoraciques et un ensemble unique de pièces articulées situé sous le thorax. Long de 0,2 à 7 cm, leur corps est terne, allongé et fuselé à l'arrière. Les œufs sont pondus dans la terre ou les débris végétaux. Les larves, appelées vers fil de fer, sont généralement prédatrices, mais certaines se nourrissent aussi de racines et de tubercules.

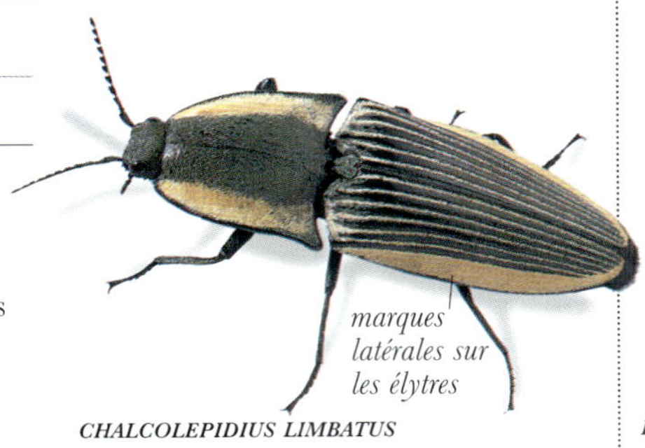

CHALCOLEPIDIUS LIMBATUS
Cette espèce sud-américaine se nourrit de plantes et d'insectes. La larve se développe dans la terre, les débris végétaux ou le bois pourri.

Famille HISTERIDAE

Escarbots

Occurrence 3 000 esp. vivant dans les excréments, les charognes, les galeries des insectes xylophages

Longs d'environ 1,5 cm, ces coléoptères ont un corps robuste, arrondi ou ovale, parfois aplati, généralement noir ou métallisé. Les élytres sont le plus souvent striés. Les œufs sont pondus dans les aliments. Adultes et larves sont prédateurs et se nourrissent de mouches, d'acariens et de larves d'autres coléoptères.

***HOLOLEPTA* SP.**
Les espèces de ce genre ont le corps aplati et très dur. Elles vivent sous l'écorce des arbres tombés au sol.

Famille LAMPYRIDAE

Lampyres, vers luisants

Occurrence 2 000 esp. vivant sur la végétation, dans les bois et les prairies humides, dans la terre, sous les pierres

Longs de 0,5 à 3 cm, les lampyres, aussi appelés vers luisants, possèdent dans l'abdomen des organes luminescents qui produisent une lumière froide de couleur verte servant à attirer les partenaires. Parfois, la femelle va jusqu'à imiter la lueur d'autres espèces pour piéger les mâles et les manger. Ces derniers sont généralement complètement ailés, tandis que certaines femelles sont aptères et d'allure larvaire. Les larves s'attaquent aux petits gastéropodes et autres invertébrés. Les adultes se nourrissent généralement de nectar ou de rosée, mais certains sont prédateurs.

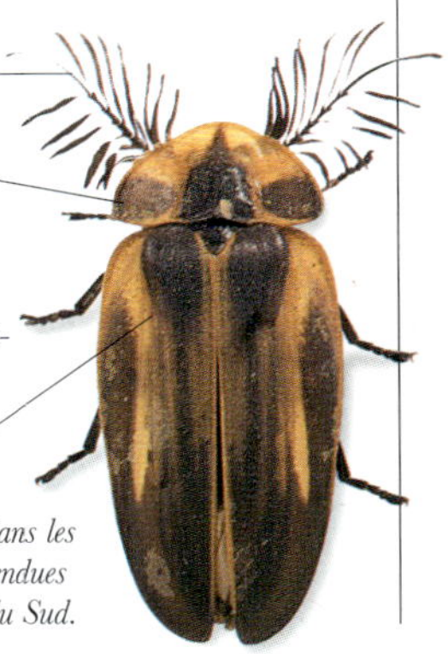

LAMPROCERA SELAS
Ce lampyre tropical vit dans les prairies humides et les étendues peu boisées d'Amérique du Sud.

INVERTÉBRÉS

Ordre **COLÉOPTÈRES** *suite*

Famille **LUCANIDAE**

Lucanes

Occurrence 1 300 esp. vivant dans les bois de feuillus

Longs de 0,6 à 8,5 cm, les lucanes ont le corps lisse, noir ou brun rougeâtre. Les mâles, plus grands que les femelles, ont des mandibules très développées servant au combat entre rivaux. Les œufs sont pondus sur des souches ou des racines en décomposition. La nymphose a lieu dans un fourreau de fibres de bois mâchées. Les adultes sont nocturnes et ne mangent rien ou consomment des liquides, comme le nectar.

PHALACROGNATHUS MULLERI
Originaire des forêts pluviales du nord de l'Australie, le lucane royal se distingue par ses couleurs métalliques.

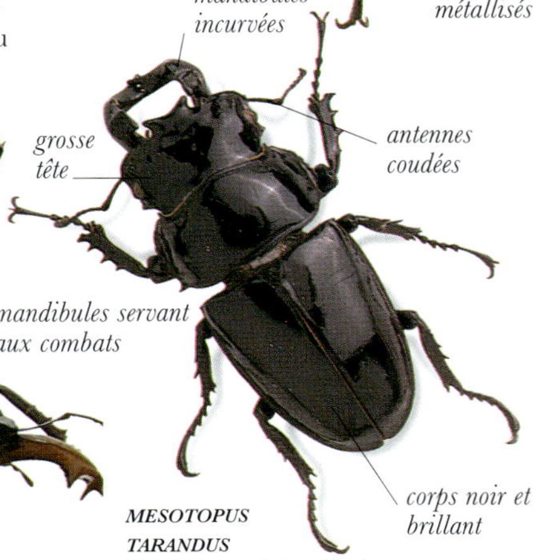

MESOTOPUS TARANDUS
Originaire des forêts africaines, cette espèce possède de grandes mandibules dentées formant un angle presque droit.

LUCANUS CERVUS
Animal crépusculaire, le lucane cerf-volant vit dans les chênaies d'Europe, mais il se raréfie du fait de la disparition progressive de son habitat (vieux arbres).

Famille **SILPHIDAE**

Silphes, nécrophores

Occurrence 250 esp. vivant dans l'hémisphère Nord ; sur le sol près des carcasses, des excréments et des champignons

Longs de 0,4 à 4,5 cm, les silphes ont le corps généralement plat et mou, noir ou brun, souvent orné de marques jaune vif ou rouges. Chez les espèces se nourrissant de carcasses, comme les nécrophores, les élytres sont raccourcis et laissent apparaître quelques segments abdominaux. Ces coléoptères enterrent les cadavres des petits vertébrés et pondent dessus. Les adultes donnent souvent à leurs larves des matières régurgitées.

SILPHA AMERICANA
Comme tous ses congénères, le silphe d'Amérique, à corps large et couleurs assez vives, est attiré par l'odeur de charogne.

Famille **STAPHYLINIDAE**

Staphylins

Occurrence 29 000 esp. vivant dans la terre, les champignons, les débris végétaux, sur les charognes, dans les fourmilières

D'une longueur généralement inférieure à 2 cm, les staphylins ont le corps lisse et allongé. Bien que certains soient vivement colorés et couverts de sculptures, la plupart sont bruns ou noirs. Tous ont les élytres courts et l'abdomen découvert. Les plus petits sont généralement diurnes, alors que les plus grands sont nocturnes. Les œufs sont pondus dans la terre ou parmi les champignons et les feuilles mortes.

STAPHYLINUS OLENS
Le staphylin odorant est une espèce européenne mesurant 2 à 3,4 cm de long. Lorsqu'il se sent menacé, il adopte la posture d'un scorpion en relevant l'abdomen.

Famille **PASSALIDAE**

Passalidés

Occurrence 500 esp. vivant en zone tropicale, dans régions boisées d'Amérique du Sud et d'Asie ; dans le bois mort

Longs de 1 à 8,5 cm, ces coléoptères ont le corps aplati, brillant, noir ou brun. Les élytres sont distinctement striés et la tête est souvent surmontée d'une courte corne. Les adultes émettent des sons stridents en cas d'agression ou durant les préliminaires nuptiaux. Les œufs sont pondus dans le bois mort.

ACERAIUS RECTIDENS
Hôtes des forêts d'Asie du Sud-Est, cette espèce possède des antennes pectinées, composées de dix segments.

Famille **SCARABAEIDAE**

Scarabées, hannetons

Occurrence 16 500 esp. vivant sur les végétaux, les excréments, les charognes, sous l'écorce, dans les fourmilières

Composée d'espèces très variées à tous les points de vue, cette famille est subdivisée en plusieurs sous-familles, comme les bousiers, les dynastes ou les hannetons. Longs de 0,2 à 17 cm, les scarabées ont des antennes en massue, constituées de trois à sept feuillets mobiles. Chez beaucoup d'espèces, le mâle a la tête élargie ou bien possède des cornes pour se battre contre ses rivaux. Les œufs sont pondus dans la terre, le bois mort ou les excréments (que les bousiers roulent en pilules et enterrent).

KHEPER AEGYPTIORUM
Vénéré par les Égyptiens dans l'Antiquité, le scarabée sacré d'Afrique confectionne des pilules de matières fécales qu'il enterre et dans lesquelles il pond.

PLUSIOTUS RESPLENDENS
Comme tous les membres du genre Plusiotus, *le scarabée d'or est originaire d'Amérique du Sud. C'est une espèce rare.*

MELOLONTHA MELOLONTHA
Répandu en Europe et dans les régions tempérées d'Asie, le hanneton « commun », attiré par les lumières nocturnes, s'est raréfié. Il peut nuire aux bourgeons des arbres, notamment fruitiers. La larve se nourrit de racines.

Famille **TENEBRIONIDAE**

Blaps et ténébrions

Occurrence 17 000 esp. vivant au sol dans tous les habitats terrestres, surtout dans les déserts et les régions arides

Longs de 0,2 à 5 cm, les Tenebrionidae varient beaucoup par la couleur (corps noir ou brun, élytres parfois blancs), la forme (côtés parallèles ou corps oblong) et la texture (lisse et brillante ou terne et rugueuse). Beaucoup ont les ailes postérieures atrophiées et ne volent pas. Ils se nourrissent de matières végétales ou animales en décomposition, mais certains nuisent aux denrées entreposées. En cas de danger, certaines espèces sécrètent une substance nauséabonde.

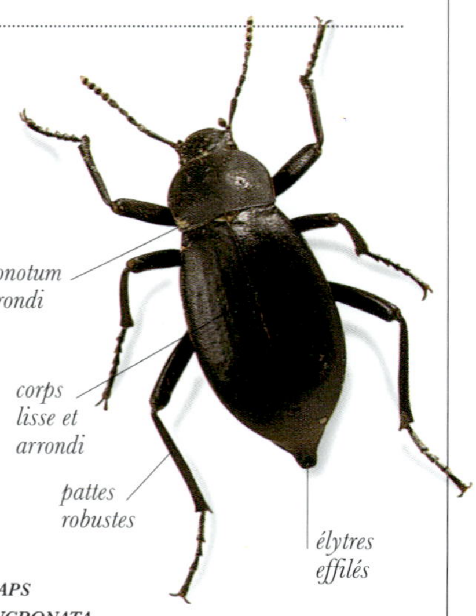

BLAPS MUCRONATA
Espèce européenne, ce blaps ne vole pas et affectionne les lieux sombres.

Ordre STREPSIPTÈRES

STREPSIPTÈRES

AVEC LEUR PETITE TAILLE, leur mode de vie parasite et leur fort dimorphisme sexuel, les strepsiptères sont parmi les insectes les plus insolites. Les mâles ont les ailes postérieures très grandes, tandis que les femelles, d'allure larvaire, sont aptères et passent toute leur vie dans le corps d'insectes plus gros, tels que punaises, abeilles ou guêpes. Il en existe environ 560 espèces et 8 familles. Les métamorphoses sont complètes.

Famille STYLOPIDAE

Stylops

Occurrence 260 esp. vivant partout où la végétation abrite suffisamment d'hôtes, des femelles d'abeilles ou de guêpes

Longs de 0,5 à 4 mm, les stylops mâles, de couleur sombre, ont les yeux très proéminents. Comme tous les strepsiptères, ils ont les ailes antérieures réduites et les postérieures en éventail, très développées. Apodes et aptères, les femelles sont endoparasites d'autres insectes. Après l'accouplement, des milliers d'œufs – jusqu'à 70 000 chez certaines espèces – éclosent à l'intérieur de leur corps. Hexapodes, minuscules et très actives, les larves sortent en perçant le corps de l'hôte et vont se poser sur une fleur où elles attendent de pouvoir s'accrocher à un nouvel hôte ou d'être absorbées par lui avec le nectar. Une fois dans le nid, elles lâchent prise ou sont régurgitées et vont parasiter œufs et larves. Une femelle parasitée perd ses caractères sexuels.

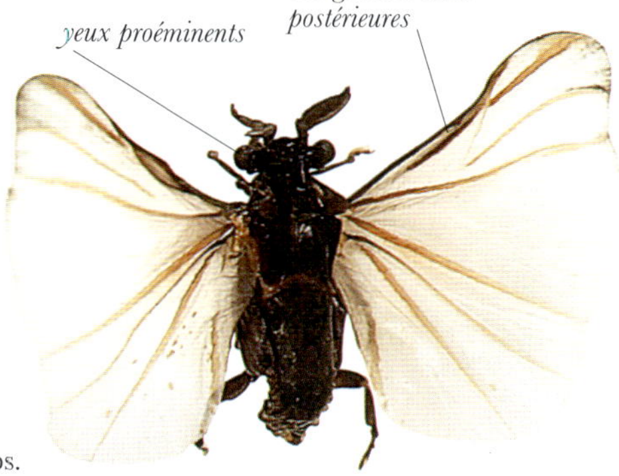

STYLOPS SP.
Le mâle de ce genre est facilement reconnaissable à ses antennes ramifiées et à ses yeux globuleux.

Ordre MÉCOPTÈRES

MOUCHES-SCORPIONS

CHEZ CERTAINES ESPÈCES de cet ordre, le mâle relève son abdomen à la manière des scorpions, d'où l'appellation courante de mouches-scorpions. Il en existe 550 espèces et 9 familles. Les métamorphoses sont complètes.

Famille BITTACIDAE

Bittacus

Occurrence 170 esp. vivant dans l'hémisphère Sud, en zones humides à couverture végétale dense

Longs de 1,5 à 4 cm, ils se suspendent à la végétation par les pattes antérieures et capturent les proies avec les postérieures. Les œufs sont pondus dans la terre.

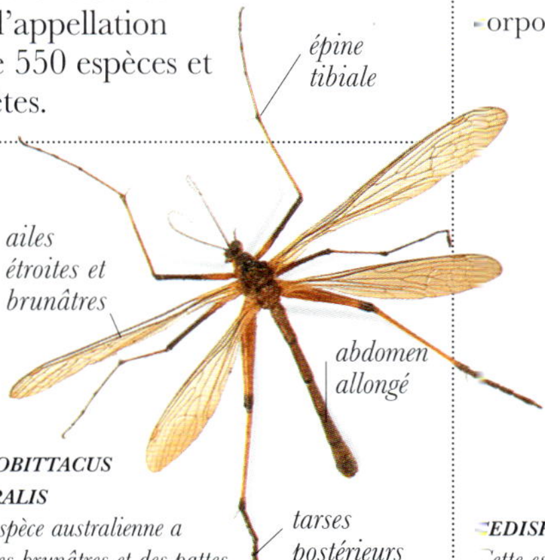

HARPOBITTACUS AUSTRALIS
Cette espèce australienne a des ailes brunâtres et des pattes ornées de bandes rouge orangé.

Famille PANORPIDAE

Panorpes

Occurrence 360 esp. vivant surtout dans l'hémisphère Nord, parmi la végétation, dans les forêts et les broussailles

Longs de 0,9 à 2,5 cm, ces insectes pondent dans la terre ou la litière forestière humide. La nymphose se fait sous terre. Les adultes se nourrissent de nectar, de fruits et d'insectes morts.

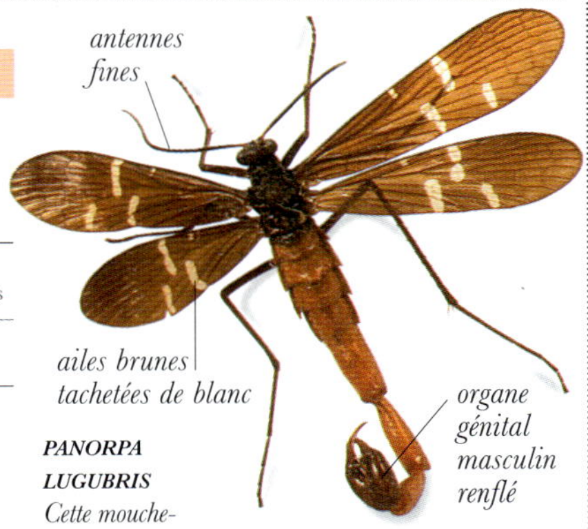

PANORPA LUGUBRIS
Cette mouche-scorpion est répandue localement en Amérique du Nord. Le mâle est plus grand que la femelle.

Ordre SIPHONAPTÈRES

PUCES

MARRON, BRILLANTES ET APTÈRES, les puces sont hématophages et vivent en ectoparasites des mammifères et des oiseaux. Elles sont aplaties latéralement, ce qui leur permet de se glisser entre les poils, et très dures, ce qui les rend difficiles à écraser. Elles sautent sur l'animal hôte en se servant de leurs pattes postérieures élargies, dotées d'amas de protéines servant à stocker l'énergie. Il en existe environ 2 000 espèces et 18 familles. Les métamorphoses sont complètes. Les larves se nourrissent de détritus organiques, de sang séché ou d'excréments de puces adultes.

Famille PULICIDAE

Puces

Occurrence 200 esp. vivant sur les oiseaux, les mammifères, dans les terriers et les tanières

Longues de 1 à 8 mm, les puces parasitent l'homme et de nombreux mammifères, dont le chien, le chat et autres carnivores ainsi que le hérisson, le lapin ou les rongeurs. Certaines peuvent avoir jusqu'à trente hôtes. Beaucoup d'espèces ont les joues parsemées de soies épineuses dirigées vers l'arrière, ce qui facilite leur identification. Les femelles pondent tout en mangeant et laissent tomber leurs œufs dans le nid, le terrier ou la couche de leur hôte. Les larves vermiformes sont munies de minuscules mâchoires broyeuses. La nymphose se fait au bout de deux ou trois semaines, dans un petit cocon de soie. Une fois adultes, les puces ne quittent leur cocon que lorsqu'elles détectent les vibrations produites par un animal. Elles sortent alors et sautent, attirées par la chaleur corporelle. Elles peuvent survivre très longtemps sans manger. Beaucoup d'espèces ordinaires, comme la puce du chat, du chien ou de l'homme, provoquent des démangeaisons et des réactions allergiques. Certaines sont en outre vecteurs de maladies graves, comme la peste bubonique, ou de vers parasites.

SPILOPSYLLUS CUNICULI
Très répandue dans l'hémisphère Nord, la puce du lapin est vecteur de la myxomatose.

CEDISPSYLLA SIMPLEX
Cette espèce parasite le lapin (Sylvilagus) d'Amérique du Nord.

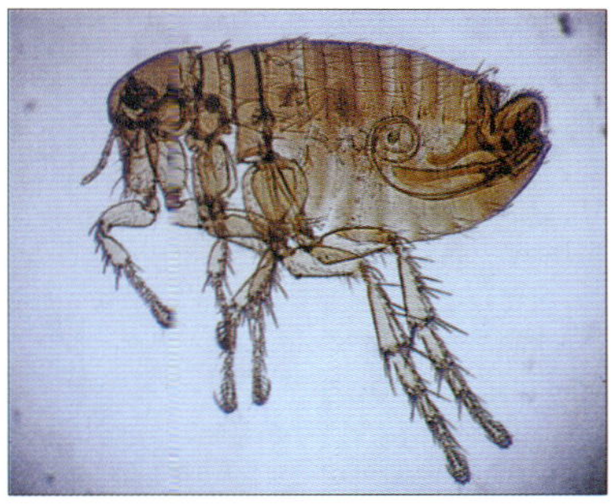

PULEX IRRITANS
Autrefois principale puce de l'homme, cette espèce, vecteur de la peste bubonique, est aujourd'hui en recul par rapport aux puces du chat ou du chien. Elle attaque aussi porcs, chèvres, renards et blaireaux.

CTENOCEPHALIDES CANIS
Très fréquente dans les habitations, la puce du chien est brun rougeâtre et se distingue de celle du chat par une tête plus bombée. Elle est vecteur du ténia du chien, qui peut aussi affecter le chat et l'homme.

CTENOCEPHALIDES FELIS
La puce du chat est une espèce commune en zone tempérée. L'animal n'en héberge généralement que quelques adultes, mais sa litière peut être infestée de larves. Capable de bonds de 34 cm, la puce du chat s'attaque aussi à l'homme.

Ordre DIPTÈRES

MOUCHES, MOUSTIQUES ET TAONS

LES DIPTÈRES n'ont qu'une paire d'ailes (sauf certaines espèces ectoparasites qui en sont complètement dépourvues). Leurs ailes postérieures, en massues, sont réduites à de simples balanciers. Pollinisateurs, parasites, prédateurs ou charognards, ces insectes jouent un rôle important dans l'équilibre environnemental, mais certaines espèces nuisent aux cultures ou transmettent des maladies à l'homme et aux animaux domestiques. On en connaît 122 000 espèces en 2 sous-ordres : les nématocères (26 familles) et les brachycères (104 familles). Les premiers sont frêles et dotés d'antennes très longues et fines, alors que les seconds sont plus robustes et possèdent de courtes antennes.

Famille AGROMYZIDAE

Agromyzides

Occurrence 2 500 esp. vivant sur les feuilles, les tiges, les graines ou les racines de nombreuses plantes

Habitat Terrestre

Ce sont des mouches mineuses dont les larves nuisent aux cultures en grignotant les feuilles, les tiges, les graines et les racines des végétaux. Longues de 1 à 6 mm, elles sont grises, noires ou jaune verdâtre. Les femelles ont un ovopositeur pointu au moyen duquel elles pondent jusqu'à 50 œufs par jour dans les tissus des plantes. En zone tropicale, certaines espèces vivent à peine deux semaines.

***HEXOMYZA* SP.**
Ces espèces vivent dans tout l'hémisphère Nord, en Afrique du Sud et en Australie. La larve provoque la formation de galles sur les rameaux des peupliers.

Famille ASILIDAE

Asilides

Occurrence 5 000 esp. vivant surtout en zone tropicale ou subtropicale semi-aride, dans divers micro-habitats

Les asilides sont des mouches carnivores dont la larve est prédatrice ou se nourrit de détritus organiques. Les adultes possèdent une forte trompe saillante avec laquelle ils transpercent leurs proies, leur injectent un liquide paralysant et aspirent leur contenu. Longs de 0,3 à 5 cm, ils ont le corps allongé ou trapu, rappelant celui des abeilles. La tête est concave entre les yeux et la face porte une grosse houppe de poils. Les œufs sont pondus dans la terre, le bois pourri ou les tissus végétaux.

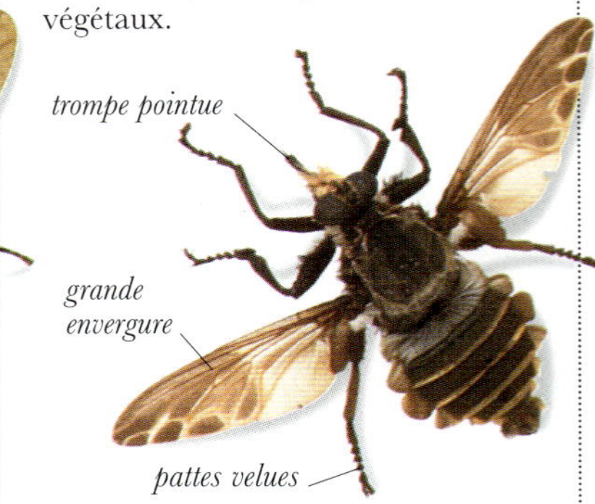

BLEPHAROTES SPLENDISSIMUS
Ce gros asilide australien a l'abdomen bordé de pinceaux de poils.

Famille BOMBYLIIDAE

Bombyles

Occurrence 5 000 esp. vivant en zone tropicale ou subtropicale semi-aride, autour des fleurs et sur le sol

Les bombyles sont des insectes trapus et velus ressemblant beaucoup à des bourdons (voir p. 573). Longs de 0,2 à 3 cm, ils sont bruns, rouges ou jaunes, parfois ornés de taches de couleur vive. Leurs ailes sont étroites et produisent un son aigu et plaintif. Comme les abeilles, ils ont une grosse trompe leur servant à aspirer le nectar, mais, au lieu de se poser sur la fleur, ils font du surplace en prenant appui sur les pétales avec leurs pattes antérieures. Chez certaines espèces, la larve se nourrit d'œufs de criquets, mais la plupart parasitent d'autres diptères, des coléoptères, des papillons ou des guêpes.

BOMBYLUS MAJOR
Cette espèce commune se rencontre en Europe, en Afrique du Nord et jusqu'en Chine, dans les prairies et les haies.

Famille CALLIPHORIDAE

Mouches bleues et vertes

Occurrence 1 200 esp. vivant sur les fleurs, la végétation, les carcasses, les denrées cuites ou crues

Longues de parfois 1,5 cm, les mouches bleues et les mouches vertes sont les principales représentantes de cette famille d'insectes parfois gênants. Comme tous leurs congénères, elles ont le corps trapu et couvert de soies. L'abdomen présente des reflets métalliques. Le vol est bourdonnant. Ces mouches pondent sur la viande, le poisson ou les excréments. Les adultes se nourrissent du «jus» des matières organiques en décomposition, de nectar ou de fruits. Chez certaines espèces, la larve s'attaque aux fourmis, termites ou larves et œufs d'autres insectes. Plusieurs espèces percent la peau des cadavres et peuvent transmettre diverses maladies à l'homme et au bétail.

POLLENIA RUDIS
Répandues dans l'hémisphère Nord, les mouches des greniers s'agglutinent en grand nombre dans les greniers et les bâtiments non chauffés. Au printemps, la femelle pond sur les vers de terre.

CALLIPHORA VOMITORIA
La mouche bleue de la viande est une espèce répandue dans l'hémisphère Nord. Au cours de sa vie, la femelle peut pondre plusieurs centaines d'œufs.

CALLIPHORA VICINA
La grosse mouche bleue de la viande est très répandue dans les villes. Les asticots se développent dans le corps des rats, souris et pigeons morts.

Famille CECIDOMYIIDAE

Cécidomyes

Occurrence 5 000 esp. vivant près des matières organiques en décomposition, des champignons et de diverses plantes

D'une longueur inférieure à 4 mm, les cécidomyes sont rarement visibles, mais les galles occupées par leurs larves sont beaucoup plus faciles à détecter. Ces habitacles ressemblant à des fruits ou à des bourgeons difformes sont des excroissances dues à la réaction de la plante à la piqûre de l'insecte qui a pondu. Comme les cynips (voir p. 574), chaque espèce de cécydomie est inféodée à une plante en particulier. Les adultes ont de longues pattes et des ailes peu nervurées. Plusieurs espèces nuisent aux cultures.

***CECIDOMYA* SP.**
Chaque espèce de ce genre produit une galle différente.

Famille CERATOPOGONIDAE

Moucherons

Occurrence 4 000 esp. vivant surtout dans l'hémisphère Nord, à proximité des pièces d'eau

Habitat Tous

D'une longueur inférieure à 5 mm, certains de ces moucherons infligent des piqûres très irritantes. Leurs pattes sont courtes et robustes, leurs ailes ornées de marques noires et leurs pièces buccales de type piqueur-suceur. Ils se nourrissent de sang et du liquide corporel d'autres insectes. Ils s'accouplent en vol, en essaims. Les œufs sont pondus par groupes de 30 à 450 unités et recouverts d'une substance protectrice gélatineuse.

Certaines espèces transmettent à l'homme des vers parasites ou des maladies, ou nuisent aux cultures, mais d'autres jouent un rôle important dans la pollinisation.

CULICOIDES IMPUCTATUS
Cette espèce européenne très répandue pond dans les marécages. La piqûre de la femelle est particulièrement douloureuse.

Famille CHIRONOMIDAE

Chironomes

Occurrence 5 000 esp. vivant à proximité des étangs, lacs et cours d'eau ; essaims se formant à la tombée de la nuit

Longues de 1 à 9 mm, ces mouches frêles, brunes ou verdâtres, ressemblent à des moustiques, mais sont dépourvues de pièces buccales fonctionnelles. Les mâles ont le corps allongé et les antennes plumeuses, alors que les femelles sont plus trapues et ont les antennes velues. Sur deux à trois ans de cycle biologique, le stade larvaire prédomine largement. Les adultes ne vivent pas plus de deux semaines. Ils se reproduisent en vol, dans des essaims. Les femelles pondent dans un amas de gelée gluante, sur l'eau ou une plante. On dénombre parfois jusqu'à 100 000 larves au mètre carré.

CHIRONOMUS RIPARIUS
Le chironome des rivages est une espèce européenne dont les larves vivent dans les eaux stagnantes.

Famille CULICIDAE

Moustiques

Occurrence 3 100 esp. vivant à proximité de l'eau, surtout en climat chaud

Habitat Tous

Vecteurs du paludisme, de la dengue et autres maladies potentiellement mortelles, les moustiques font partie des insectes les plus nuisibles. Longs de 0,3 à 2 cm, ils ont le corps étroit, le thorax bossu et les pattes fines. Les mâles se nourrissent souvent de fleurs, mais les femelles sont hématophages. Elles sont munies de pièces buccales (stylets) leur permettant de percer la peau des mammifères et des oiseaux. Les œufs sont pondus à la surface des eaux stagnantes.

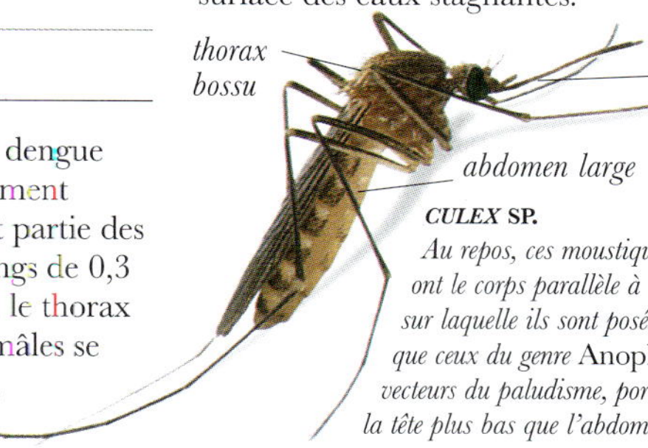

CULEX SP.
Au repos, ces moustiques ont le corps parallèle à la surface sur laquelle ils sont posés, tandis que ceux du genre Anopheles, *vecteurs du paludisme, portent la tête plus bas que l'abdomen.*

Famille DROSOPHILIDAE

Drosophiles, mouches des fruits

Occurrence 2 900 esp. vivant près des débris végétaux, des fruits pourris, des champignons et des liquides fermentés

Habitat Tous

Également appelés mouches du vinaigre, ces petits insectes jaunes, bruns ou rougeâtres ont les yeux rouge clair ou vif. Longs de 1 à 6 mm, ils ont parfois le thorax et l'abdomen rayés ou tachetés. Les mâles bourdonnent pour attirer les femelles. Les œufs sont déposés à proximité d'une source de nourriture à raison de 15 à 25 par jour. Les larves se nourrissent de bactéries et de moisissures, alors que les adultes recherchent les liquides en cours de fermentation et les fruits pourris.

DROSOPHILA MELANOGASTER
La drosophile à ventre noir est utilisée pour les études génétiques, car elle se reproduit très vite et a de gros chromosomes dans les glandes salivaires.

Famille EMPIDAE

Empididés

Occurrence 3 000 esp. vivant dans l'hémisphère Nord ; les adultes sur les troncs d'arbres et les larves dans le bois pourri

Longs de 1,5 à 15 mm, les empididés forment des essaims dansants lorsqu'ils s'accouplent. La plupart ont le thorax large, l'abdomen allongé, la tête arrondie, de grands yeux et la trompe piqueuse pointant vers le bas. Lors des préliminaires nuptiaux, le mâle offre souvent des proies à la femelle. Les œufs sont pondus sur le sol, des excréments ou des matières végétales. Alors que les adultes mangent des petits diptères et du nectar, les larves se nourrissent d'insectes à corps mou.

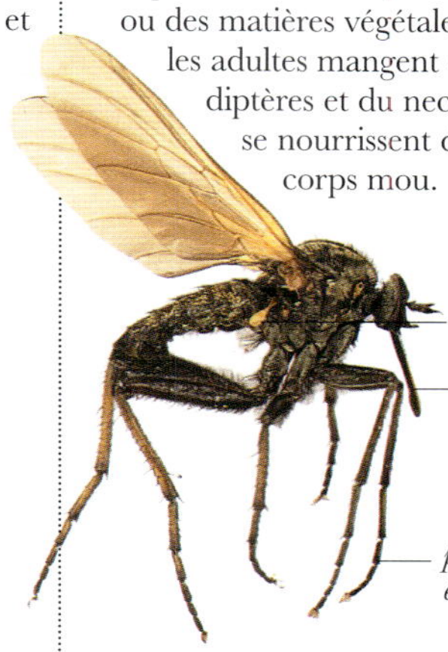

EMPIS SP.
Ces mouches vivent parmi la végétation humide. Elles transpercent leurs proies de leur longue trompe et en extraient les substances liquides.

Famille HIPPOBOSCIDAE

Hippobosques

Occurrence 200 esp. vivant surtout en zone tropicale ou subtropicale, en ectoparasites des oiseaux et mammifères

Généralement longues de 4 à 7 mm, ces mouches trapues, velues et aplaties, ont une trompe courte et des pattes robustes et griffues leur permettant de s'agripper aux poils et aux plumes. Certaines ont les ailes bien développées, mais chez les autres celles-ci sont vestigielles, voire absentes. Les femelles mettent au monde une à une des larves matures (prépupes) qui se sont développées dans son utérus, alimentées par des sécrétions laiteuses. Les adultes sont hématophages.

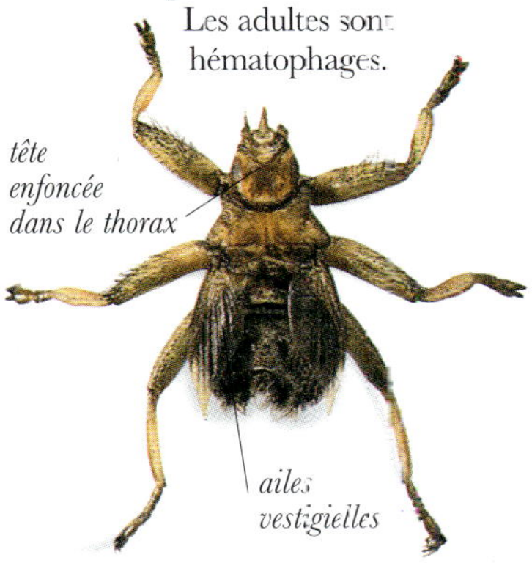

CRATAERINA PALLIDA
Espèce d'origine européenne, cette mouche parasite les martinets en période de nidification. Les trois quarts des espèces d'hippobosques sont parasites des oiseaux.

Famille MUSCIDAE

Muscidés, mouches

Occurrence 4 000 esp. vivant sur les fleurs, les excréments, les détritus organiques, à proximité des mammifères

Habitat Terrestre

Les muscidés comptent l'un des insectes les plus communs : la mouche domestique. D'une longueur maximale de 1,2 cm, ils ont le corps terne et velu. Les pièces buccales sont de type lécheur ou, dans le cas des espèces hématophages, piqueur-suceur. La mouche domestique pond dans les matières putrides, les excréments, les moisissures, l'eau ou les plantes à raison de 100 à 150 œufs par jour. Les asticots se développent vite et la nymphose se fait parfois au bout d'une semaine. Ces mouches peuvent transmettre des maladies infectieuses (typhoïde, choléra).

HELINA OBSCURATA
Cette espèce est répandue dans l'hémisphère Nord. La larve s'attaque aux micro-organismes proliférant dans la terre et l'humus.

HYDAEA CORNI
Cette espèce eurasienne vit dans les excréments. La larve s'attaque aux micro-organismes proliférant dans les matières fécales.

MUSCA DOMESTICA
Répandue dans le monde entier, la mouche domestique est vecteur de maladies bactériennes et virales.

Famille MYCETOPHILIDAE

Mouches des champignons

Occurrence 3 000 esp. vivant dans les marécages, les tourbières, les forêts humides, parmi les champignons

Longues de 2 à 14 mm, les mycétophilidés, généralement bruns, jaunâtres ou noirs, sont des moucherons à allure de moustiques. Ils ont le thorax bossu et les pattes longues et fines. Les œufs sont pondus dans les champignons, l'écorce des arbres, les parois des grottes ou les nids. Les larves se nourrissent de mycélium et parfois de petits insectes ou de vers. La nymphose se fait à même le champignon ou à l'intérieur d'un cocon de soie. Les adultes se nourrissent apparemment de matières liquides. Certaines espèces nuisent à la culture des champignons.

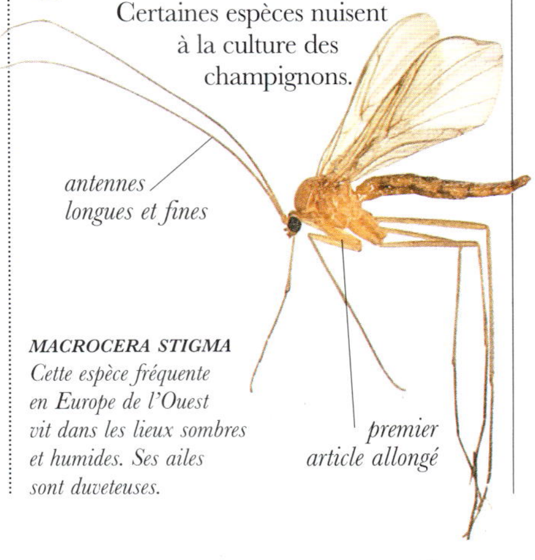

MACROCERA STIGMA
Cette espèce fréquente en Europe de l'Ouest vit dans les lieux sombres et humides. Ses ailes sont duveteuses.

INVERTÉBRÉS

Ordre DIPTÈRES *suite*

Famille ŒSTRIDAE

Œstres et hypodermes

Occurrence 70 esp. vivant surtout dans l'hémisphère Nord et en Afrique; au voisinage des mammifères

Beaucoup d'œstridés ressemblent aux abeilles. Les adultes vivent peu de temps et ne s'alimentent pas. Longs de 0,8 à 2,5 cm, ils ont le corps massif. Leurs pièces buccales sont atrophiées ou absentes. Les larves parasitent l'intestin des mammifères – chevaux, chèvres et chameaux. La femelle de certains œstres pond directement dans les naseaux de l'hôte, où les larves se développent en se nourrissant des mucosités. Les hypodermes pondent sur le poil et les larves percent le derme. Les larves mûres sont expulsées par sternutation ou sortent par les chairs. La nymphose se fait dans la terre.

HYPODERMA BOVIS
Commun dans l'hémisphère Nord et répandu dans le voisinage du bétail, l'hypoderme bovin, ou du bœuf, abîme les peaux, épuise les animaux et réduit la production laitière.

Famille PHORIDAE

Phoridés

Occurrence 3 000 esp. vivant dans divers micro-habitats

Habitat Tous

Longs de 0,5 à 6 mm, les phoridés sont des insectes bruns, noirs ou jaunâtres, à thorax bossu et tête baissée. Ils marchent de façon saccadée. Les antennes ont apparemment un seul segment et les fémurs postérieurs sont très robustes. Le corps est souvent couvert de grosses soies ayant un aspect plumeux lorsqu'on les regarde au microscope. Les adultes vivent entre un jour et quelques semaines et se nourrissent apparemment de matières liquides. Certaines larves mangent des moisissures ou des matières en décomposition, tandis que d'autres s'attaquent aux insectes, aux mollusques gastéropodes et aux vers.

ANEVRINA THORACICA
Cette espèce est répandue dans tout l'hémisphère Nord. La larve vit dans la terre, les cadavres d'animaux et les nids de taupes.

Famille PSYCHODIDAE

Phlébotomes, moucherons-phalènes

Occurrence 1 000 esp. vivant surtout en climat chaud; dans l'eau, les matières putrides, les lieux humides et sombres

Longs de 1,5 à 5 mm, les psychodidés ont le corps, les ailes et les pattes couverts de longs poils ou d'écailles. Au repos, les larges ailes s'accolent verticalement ou sont tenues légèrement écartées, ou sont repliées sur le dos. Les Psychodidae ont un vol hésitant, virevoltant ou saccadé. Les phlébotomes femelles sont hématophages et peuvent transmettre diverses maladies, notamment tropicales.

PERICOMA FULIGINOSA
Cet insecte foncé est un phlébotome très commun dont la larve, saprophage comme celle des autres espèces, se développe dans les eaux croupissantes.

Famille SARCOPHAGIDAE

Sarcophages

Occurrence 2 300 esp. vivant surtout dans l'hémisphère Nord; sur les feuilles, les fleurs, les charognes

Les sarcophages sont des mouches robustes dont certaines espèces pondent dans les chairs des vertébrés, dont l'homme. Longs de 0,2 à 2 cm, ils sont généralement noirs ou gris, mats ou brillants. Le thorax est orné de trois bandes longitudinales foncées et l'abdomen d'un motif à damier. Chez la plupart des espèces, la femelle donne naissance à des larves qu'elle laisse échapper en volant. Ces dernières se nourrissent généralement de charognes, mais certaines vivent en parasites d'autres insectes, de mollusques gastéropodes ou de vers.

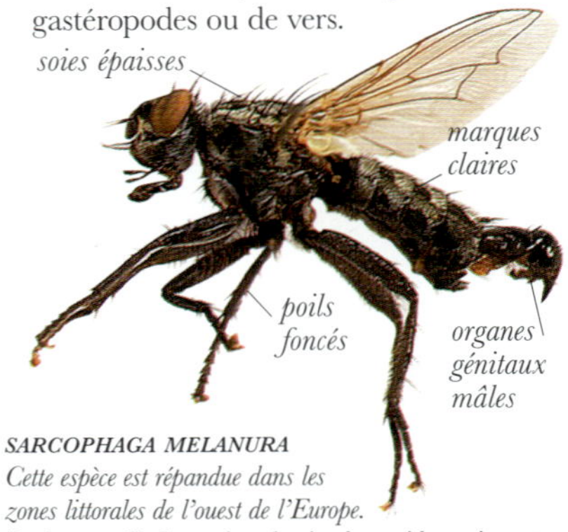

SARCOPHAGA MELANURA
Cette espèce est répandue dans les zones littorales de l'ouest de l'Europe. La larve se développe dans la viande putride, mais peut aussi parasiter mollusques gastéropodes ou insectes.

Famille SIMULIIDAE

Simulies

Occurrence 1 600 esp. vivant sur les plantes à proximité de l'eau; la larve en eau courante

Ce sont des moucherons de 1 à 5 mm de long, généralement noirs, rouge orangé ou marron foncé. Les mâles se nourrissent de nectar ou d'eau, tandis que les femelles sont hématophages. Ces dernières pondent sur les pierres ou la végétation des berges. Accrochées aux rochers immergés par un crochet spécial, les larves filtrent les particules organiques en suspension dans l'eau au moyen de soies péribuccales.

SIMULIUM SP.
De nombreuses espèces de simulies sont les agents de transmission du nématode responsable de l'onchocercose en Afrique et en Amérique tropicale.

Famille SYRPHIDAE

Syrphes

Occurrence 6 000 esp. vivant dans le voisinage des fleurs, notamment des ombellifères

Les syrphes sont parmi les insectes qui volent le mieux. Ils se nourrissent de pollen et de nectar et sont souvent observés faisant du surplace au-dessus des fleurs ou se pourchassant à vive allure. Longs de 1 à 2 cm, ils ont de grands yeux, des ailes étroites et l'abdomen souvent noir à bandes transversales jaunes ou orange. Cette dernière particularité et la forme générale de leur corps les rapprochent extérieurement beaucoup des abeilles, ce qui dissuade les prédateurs. Les larves diffèrent beaucoup d'une espèce à l'autre, notamment en ce qui concerne le mode d'alimentation. Certaines s'attaquent aux pucerons, aux larves de tenthrèdes et autres insectes à corps mou, tandis que d'autres se nourrissent de débris végétaux ou d'excréments. Quelques-unes vivent dans les ruches ou les guêpiers, qu'elles débarrassent des larves et nymphes mortes. Les larves d'éristales vivent dans les eaux stagnantes et respirent au moyen d'un « tuba » télescopique.

VOLUCELLA ZONARIA
Cette espèce migratrice, au corps robuste et rayé, est surtout répandue en Europe. La larve se développe dans les guêpiers.

SYRPHUS RIBESII
Fréquente en Europe, cette espèce à l'aspect de guêpe est souvent abondante dans les prairies fleuries. La larve se nourrit de pucerons.

SERICOMYIA SILENTIS
Cette espèce se rencontre en Europe, dans les landes non calcaires. La larve se développe dans les marécages et les tourbières et se nourrit de rhizomes de massettes en décomposition.

Famille TABANIDAE

Taons

Occurrence 4 000 esp. vivant au voisinage des mammifères, souvent dans les habitats humides

Les taons sont des diptères robustes et velus, à tête hémisphérique, légèrement aplatie, et aux grands yeux multicolores. Longs de 0,6 à 2,8 cm, la plupart sont noirs, gris ou bruns avec des marques vives sur l'abdomen. Les femelles ont des pièces buccales coupantes leur permettant d'entamer les peaux. Elles se nourrissent du sang des mammifères et des oiseaux. Les œufs sont pondus par groupes de 200 à 1 000 sur les détritus, les feuilles et les rochers bordant l'eau. Les larves sont carnivores ou saprophages.

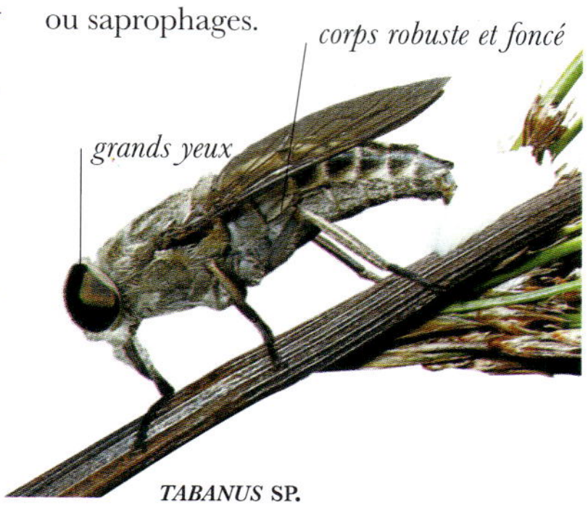

***TABANUS* SP.**
Ces robustes diptères imitent souvent les grandes abeilles, telles que le xylocope, ce qui dissuade les prédateurs.

TABANUS SUDETICUS
Cette espèce ressemblant à une abeille a l'abdomen orné de marques triangulaires au milieu du corps. Elle peut transmettre des maladies à l'homme et aux animaux.

CHRYSOPS RELICTUS
Ce taon vit dans les marécages, les étangs et les landes de l'hémisphère Nord. Sa piqûre est très douloureuse.

Famille TEPHRITIDAE

Mouches des fruits

Occurrence 4 500 esp. vivant sur diverses plantes sauvages ou cultivées, sur les matières putrides

Habitat Terrestre

Elles mesurent souvent moins de 1,5 cm de long et se reconnaissent à leurs marques alaires en forme de points, de bandes ou de zigzags. Les femelles ont un ovopositeur pointu parfois plus long que le corps. Les mâles leur font la cour en présentant leurs ailes. Les œufs sont pondus isolément ou par groupes sous la peau des fruits. Les adultes se nourrissent de suc, de nectar ou du «jus» des matières organiques en décomposition. Les larves sont phytophages. Beaucoup d'espèces nuisent aux cultures.

ICTERICA WESTERMANNI
Fréquente en Europe dans les haies, les terrains vagues et les étendues d'herbes, cette espèce se nourrit de capitules de séneçons.

Famille TIPULIDAE

Tipules

Occurrence 15 000 esp. vivant surtout dans les habitats humides

Habitat Terrestre

Longues de 0,6 à 6 cm, les tipules sont des insectes frêles au corps allongé, capables de se défaire spontanément d'une patte lorsque celle-ci est saisie par un prédateur. Chez beaucoup d'espèces, l'adulte vit peu de temps et se nourrit de nectar ou autres liquides. Les larves, épaisses, qui se développent dans la terre, le bois pourri, les nids d'oiseaux et les marécages sont une source de nourriture pour beaucoup d'animaux.

***HOLORUSIA* SP.**
D'une envergure de 6 à 10 cm, les espèces de ce genre sont parmi les plus grandes tipules existantes.

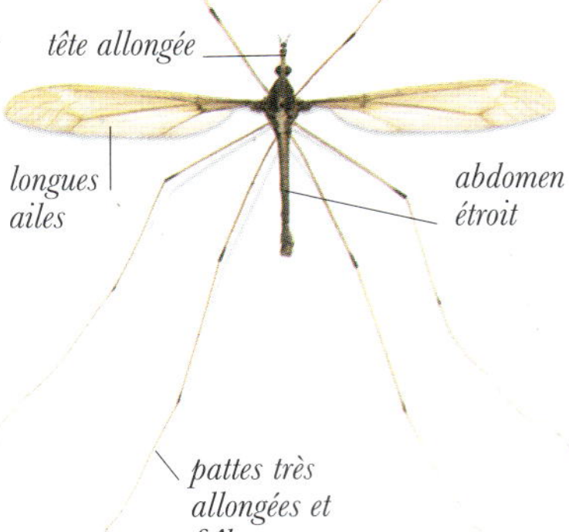

Famille TACHINIDAE

Tachinaires

Occurrence 8 000 esp. vivant partout où elles trouvent des hôtes

Longues de 0,5 à 2 cm, ce sont de robustes mouches parasites d'aspect très varié. La plupart sont foncées, certaines métalliques ou claires. L'abdomen est couvert de soies, surtout dans sa partie postérieure. Beaucoup d'espèces ressemblent à la mouche domestique (voir p. 567), mais certaines, parmi les plus grandes, ont l'aspect d'abeilles. Les adultes se nourrissent de liquides sucrés, alors que les larves sont endoparasites d'autres insectes. Certaines repèrent les grillons à leur chant nuptial. Mâles et femelles se rassemblent souvent au sommet des collines pour s'accoupler. Les œufs sont pondus sur le feuillage consommé par le futur hôte ou directement dans son corps. Les tachinaires sont généralement diurnes. Des espèces sont utilisées dans la lutte biologique contre les phytophages.

ERIOTHRIX RUFOMACULATA
Originaire d'Europe et d'Asie centrale, cette espèce parasite les chenilles d'écailles, d'hyponomeutes et de lasiocampes.

PHASIA HEMIPTERA
Hôte des prairies et clairières, cette espèce répandue localement en Europe parasite les punaises des bois.

TACHINA GROSSA
Plus grosse que la plupart des autres tachinaires, cette tachine eurasienne mesure 1,9 cm de long.

Ordre TRICHOPTÈRES

PHRYGANES

LES PHRYGANES, dont il existe environ 8 000 espèces et 43 familles, vivent presque partout où il y a de l'eau douce. Sveltes, duveteux et de couleur terne, les adultes sont munis de longues antennes. Les larves, aquatiques, sont molles et vivent souvent à l'intérieur d'un fourreau protecteur constitué de matériaux variés, avec lequel elles se déplacent. Les métamorphoses sont complètes.

Famille LIMNEPHILIDAE

Limnéphiles

Occurrence 1 500 esp. vivant surtout dans l'hémisphère Nord; au bord des lacs, des mares temporaires, des canaux

Ces phryganes sont rougeâtres ou brun foncé avec des marques sombres sur les ailes. Les larves se nourrissent de détritus organiques ou d'algues et fabriquent un fourreau de sable, de cailloux et de débris. Les adultes se nourrissent apparemment de matières liquides.

LIMNEPHILUS LUNATUS
Se déclinant dans toutes les nuances de noir et de brun, cette phrygane est une espèce répandue dont la larve se rencontre dans divers habitats d'eau douce.

Famille PHRYGANEIDAE

Grandes phryganes

Occurrence 450 esp. vivant dans l'hémisphère Nord, près des étangs, des lacs, des marécages et des cours d'eau lents

Longues de 1,2 à 2,6 cm, couvertes de marques brunes ou grises, elles sont dotées d'éperons tibiaux au nombre d'au moins 2 sur les pattes antérieures et de 4 sur les pattes médianes et postérieures. Les larves fabriquent des fourreaux de fibres et de fragments de plantes.

PHRYGANEA GRANDIS
C'est l'une des plus grandes phryganes d'Europe. Le mâle, plus petit que la femelle (ci-dessus), n'a pas, comme elle, les ailes ornées de bandes sombres.

Ordre LÉPIDOPTÈRES

PAPILLONS

LES PAPILLONS, dont il existe plus de 165 000 espèces et 127 familles, sont les insectes les plus variés. Leur corps et leurs ailes sont couverts de minuscules écailles imbriquées. Leurs pièces buccales ont la forme d'une trompe. On distingue communément les papillons de jour, aux couleurs vives et aux antennes en massue, et les papillons de nuit, aux couleurs ternes, mais cette distinction n'a aucune valeur scientifique. Les préliminaires nuptiaux impliquent généralement parades et émissions de phéromones. Les larves, appelées chenilles, ont le corps cylindrique et des mâchoires broyeuses. Les nymphes, appelées chrysalides, sont souvent enfermées dans un cocon de soie. Les métamorphoses sont complètes.

Famille ARCTIIDAE

Écailles et hyponomeutes

Occurrence 2 500 esp. vivant partout où poussent les plantes hôtes

Habitat Terrestre

Les écailles ont le corps velu et compact et les ailes vivement colorées, alors que les hyponomeutes sont plutôt clairs avec des taches sombres. L'envergure est comprise entre 2 et 7 cm. Les œufs sont pondus sur une plante hôte ou à côté. Les chenilles, souvent toxiques, sont phytophages. Les adultes se nourrissent de nectar et autres liquides.

ARCTIA CAJA
Les couleurs vives et très contrastées de l'écaille martre signalent aux prédateurs que ce papillon n'est pas comestible.

Famille BOMBYCIDAE

Bombyx

Occurrence 100 esp. vivant dans les régions tropicales d'Asie du Sud-Est, sur les mûriers et autres plantes

Longtemps recherchés pour leurs larves séricigènes, ces robustes papillons crème, gris ou bruns ont une envergure de 2 à 6 cm. Les chenilles sont dotées de fausses pattes sur chaque segment abdominal et souvent d'un appendice corné dans la région caudale. Les vers à soie proprement dits se nourrissent de feuilles de mûrier, alors que d'autres espèces préfèrent les ficus. La nymphose se fait dans un épais cocon de soie. Privés de pièces buccales fonctionnelles, les adultes ne s'alimentent pas.

BOMBYX MORI
Originaire de Chine, le bombyx du mûrier n'existe plus à l'état sauvage, mais est élevé dans le monde entier pour la soie.

Famille GEOMETRIDAE

Phalènes, géomètres

Occurrence 20 000 esp. vivant dans les bois de feuillus et de conifères, parmi les arbrisseaux et les plantes herbacées

D'une envergure de 1,4 à 7,4 cm, ces papillons essentiellement nocturnes ont les ailes arrondies et ornées de motifs complexes. Chez certaines espèces, la femelle est aptère. Les phalènes se protègent des prédateurs par des couleurs cryptiques, brunes ou vertes, variant selon le sexe. Les œufs sont pondus isolément ou par groupes sur l'écorce, les rameaux ou la tige d'une plante hôte. Les chenilles sont appelées arpenteuses car elles progressent en repliant leur corps comme si elles mesuraient le chemin parcouru. Plusieurs espèces nuisent aux cultures et aux arbres.

OOSPILA VENEZUELATA
Cette phalène verte se rencontre essentiellement dans les forêts du Venezuela.

Famille HESPERIIDAE

Hespéries

Occurrence 3 000 esp. vivant dans les habitats ouverts, champs ou prairies, partout sauf en Nouvelle-Zélande

D'une envergure de 2 à 8 cm, ces papillons au corps massif sont généralement brun terne avec des marques blanches ou orange, mais certaines espèces présentent des couleurs vives. Le vol est rapide. Les antennes ont une massue courbe et pointue. Les œufs sont pondus isolément sur une plante hôte. Les chenilles, phytophages, s'alimentent de nuit.

URBANUS PROTEUS
Répandue localement en Amérique du Sud et du Nord, cette espèce se caractérise par ses « queues » allongées et son vol irrégulier.

Famille LASIOCAMPIDAE

Lasiocampes, feuilles mortes

Occurrence 2 000 esp. vivant sur divers feuillus, partout sauf en Nouvelle-Zélande

Également appelés livrées, ces papillons au corps massif et très velu, brun jaunâtre, marron ou gris, ont une envergure généralement inférieure à 4 cm. Les femelles sont plus grandes que les mâles. Les œufs, au nombre de 100 à 200, sont déposés en spirale autour d'un rameau. Les chenilles vivent rassemblées dans un nid de soie captant les rayons du soleil. La nymphose se fait à l'intérieur d'un épais cocon ovoïde.

MALACOSOMA AMERICANUM
Hôte des régions boisées des États-Unis et du sud du Canada, la livrée d'Amérique nuit aux vergers.

Famille LYCAENIDAE

Azurés, cuivrés, théclas, lycènes

Occurrence 6 000 esp. vivant surtout en climat chaud, en association avec des fourmilières ou des plantes hôtes

D'une envergure de 1,5 à 5 cm, ces papillons sont plutôt petits et se caractérisent par des différences de couleur importante selon le sexe. Les mâles ont les ailes souvent vivement colorées et irisées, tandis que les femelles sont plutôt ternes. Les chenilles, généralement trapues, se nourrissent de végétaux ou de petits insectes. Certaines sécrètent un liquide sucré consommé par les fourmis, qui, en échange, montent la garde auprès d'elles et les emportent parfois dans leur nid.

THECLA CORONATA
Hôte des forêts tropicales d'Amérique du Sud, la thécla couronnée fait partie des lycénidés les plus grands et les plus vivement colorés.

THECLA BETULAE
La thécla du bouleau vit dans les bois d'Europe et d'Asie. La chenille se nourrit de feuilles de prunellier, de prunier et de bouleau.

LYCAENA PHLAEAS
Le cuivré commun est fréquent dans les zones herbeuses de l'hémisphère Nord jusqu'à 2 000 m d'altitude. La chenille se nourrit de feuilles de patiences ou d'oseille.

Famille LYMANTRIIDAE

Disparates, nonnes

Occurrence 2 600 esp. vivant sur les feuillus et les conifères, dans les buissons

Proches des noctuelles (voir à droite), les Lymantriidae sont généralement ternes, mais certaines espèces tropicales peuvent être très colorées. D'une envergure de 2 à 6 cm, les mâles sont un peu plus petits que les femelles. Chez certaines espèces, ces dernières sont aptères. Les œufs sont déposés par paquets sur l'écorce d'un arbre hôte. Dépourvus de trompe, les adultes ne s'alimentent pas. Les chenilles, velues et souvent très colorées, se nourrissent de feuilles. Leur contact peut provoquer une réaction allergique.

LYMANTRIA DISPAR
Communément appelée spongieuse ou disparate, cette espèce eurasienne à larve séricigène a été introduite en Amérique du Nord, où elle s'est naturalisée aux dépens des cultures.

Famille NOCTUIDAE

Noctuelles

Occurrence 22 000 esp. vivant sur diverses plantes sauvages ou cultivées

Beaucoup de cultures sont menacées par les noctuelles. D'une envergure généralement inférieure à 5 cm, elles ont les ailes antérieures étroites et les postérieures larges. La plupart sont ternes, mais certaines ont les ailes postérieures colorées et ornées de dessins. Les œufs sont pondus isolément ou par groupes de 50 à 300, à la base d'une plante hôte ou dans la terre. Les noctuelles sont dotées d'organes sensoriels thoraciques leur permettant de détecter les chauves-souris, leurs principaux prédateurs.

AGROTIS IPSILON
Cette noctuelle se rencontre dans le monde entier sur les terres cultivées ou dans les plaines herbeuses. La chenille attaque la pomme de terre, le tabac, la laitue et les céréales.

Famille PAPILIONIDAE

Porte-queues, apollons

Occurrence 600 esp. vivant dans les régions chaudes, en zone florifère, ouverte ou ombragée

Cette famille comprend les plus grands papillons du monde, les ornithoptères, aujourd'hui protégés. Chez beaucoup d'espèces, les ailes antérieures se terminent par une «queue». D'une envergure de 4,5 à 28 cm, les ailes sont le plus souvent sombres avec des bandes ou taches blanches, jaunes, orange, rouges, vertes ou bleues. Les œufs, ronds, sont déposés isolément sur une plante hôte, où aura aussi lieu la nymphose. Pour se protéger des prédateurs, les chenilles sécrètent une substance répulsive grâce à une glande fourchue et charnue. Elles se nourrissent du feuillage de diverses plantes. Les adultes consomment du nectar ou autres matières liquides.

PARNASSIUS APOLLO
L'apollon se rencontre dans les régions montagneuses d'Europe et, plus localement, en Asie centrale.

PTEROURUS CANADENSIS
Le papillon tigré du Canada est une espèce nord-américaine vivant dans les bois et les jardins. La chenille se nourrit dans la cime de divers grands arbres feuillus.

ORNITHOPTERA PRIAMUS
L'ornithoptère de Cairns vit dans les forêts des Moluques, de Papouasie Nouvelle-Guinée, des Îles Salomon et du nord-est de l'Australie. La femelle est terne et plus grande que le mâle.

Famille NYMPHALIDAE

Vanesses, nacrés, damiers

Occurrence 5 000 esp. vivant dans les prairies en fleurs et les clairières

D'une envergure de 3 à 15 cm, les Nymphalidae comptent parmi les papillons les plus remarquables. Ils possèdent des pattes antérieures très courtes et couvertes de poils sensitifs, qu'ils tiennent repliées près de la tête lorsqu'ils sont posés. Le dessus des ailes est vivement coloré, alors que le dessous présente des tons cryptiques servant de camouflage lorsque l'animal est au repos. Les teintes peuvent varier selon le sexe et la saison. Les œufs, ronds, sont déposés par groupes sur les feuilles des arbres, arbrisseaux et plantes herbacées. Les chrysalides, souvent bosselées ou verruqueuses, sont suspendues à la plante hôte par une série de crochets terminaux, le crémaster. En début de cycle, les chenilles dévorent le feuillage. Les adultes se nourrissent de nectar et autres matières liquides. Certains sont attirés par les fruits, les excréments, les charognes, l'urine et même le pétrole.

DANAUS PLEXIPPUS
Le monarque est célèbre pour ses grandes migrations pouvant le mener du Mexique au Canada. La chenille se nourrit du suc vénéneux des asclépiades, qui la rend impropre à la consommation.

MORPHO PELEIDES
Le morpho commun vit dans les forêts d'Amérique latine. Avec une envergure de 9,5 à 12 cm, c'est l'un des plus grands nymphalidés. La chenille sécrète une substance toxique.

NYMPHALIS ANTIOPA
Le morio se rencontre dans les plaines herbeuses de l'hémisphère Nord.

VANESSA ATALANTA
Le vulcain est répandu dans l'hémisphère Nord. La chenille se nourrit sur les orties et le houblon.

Ordre **LÉPIDOPTÈRES** *suite*

Famille PIERIDAE

Piérides, soucis, citrons

Occurrence 1 200 esp. répandues partout autour des fientes, de l'urine ou des flaques d'eau croupissante

D'une envergure de 2 à 7 cm, ces papillons très communs ont les ailes généralement blanches, jaunes ou orange avec des marques noires ou grises. La couleur des écailles dépend des aliments consommés par la chenille. Les œufs sont pondus isolément ou par groupes de 20 à 100 sur une plante hôte. Dotées d'une pointe sur la tête, les chrysalides sont maintenues verticalement sur la plante par une sangle de soie.

ANTHOCHARIS CARDAMINES
Hôte des prairies humides et des bois d'Europe et d'Asie tempérée, l'aurore a le dessous des ailes postérieures vert clair pommelé.

COLIAS EURYTHEME
La coliade de la luzerne vit dans les plaines herbeuses ou cultivées d'Amérique du Nord. La chenille se nourrit de trèfle et peut nuire aux champs de luzerne.

PIERIS NAPI
La piéride du navet vit dans les prairies et les autres milieux ouverts d'Europe, d'Asie et d'Amérique du Nord.

Famille PYRALIDAE

Pyrales

Occurrence 24 000 esp. vivant surtout en climat chaud, sur diverses plantes aquatiques ou terrestres

D'une envergure de 1 à 4,6 cm, les pyrales, de couleur souvent terne, ont en général une trompe bien développée. Les ailes antérieures sont larges ou étroites et les postérieures toujours arrondies. Les œufs sont déposés sur le revers des feuilles.

CHILO PHRAGMITELLA
Cette espèce vit à proximité des étangs, où sa chenille se nourrit de la tige des roseaux du genre Phragmites.

Famille SATURNIIDAE

Paons de nuit, atlas

Occurrence 1 200 esp. vivant surtout dans les régions tropicales ou subtropicales boisées, sur le feuillage

D'une envergure de 5 à 30 cm, les Saturniidae font partie des papillons les plus impressionnants. Leurs vastes ailes sont souvent ornées de marques voyantes ou d'un ocelle. Chez certaines, les ailes postérieures se terminent par une « queue ». Les mâles sont dotés de grosses antennes plumeuses ou pectinées. En fin de cycle, les chenilles s'entourent d'un cocon accroché à un rameau. Elles se nourrissent du feuillage de différents arbres et arbustes. Les adultes ne s'alimentent pas.

ACTIAS LUNA
Le papillon-lune se rencontre du Mexique jusqu'à la frontière canadienne. La chenille se nourrit de feuilles d'arbres.

ATTACUS ATLAS
Originaire des forêts et plaines herbeuses d'Asie du Sud-Est, l'atlas est, de tous les insectes, celui qui a la plus grande surface alaire. Protégé dans certains pays en raison de sa vulnérabilité, il s'élève toutefois facilement.

CALLOSAMIA PROMETHEA
La saturnie du cerisier vit dans les régions boisées ou cultivées des États-Unis et du sud du Canada. La femelle est nocturne et le mâle diurne. Celui-ci, plus léger et plus sombre, fait penser au morio (voir p. 571).

Famille SESIIDAE

Sésies

Occurrence 1 000 esp. vivant dans les régions tempérées de l'hémisphère Nord ; près des fleurs ou des plantes hôtes

Généralement diurnes, ces papillons, noirs, bleuâtres ou brun foncé, ressemblent à des guêpes. Certains font même mine de piquer. D'une envergure de 1,4 à 4 cm, les ailes sont en partie diaphanes et bourdonnent lorsque l'insecte vole. Plusieurs espèces nuisent aux arbres et arbustes fruitiers ou forestiers.

SESIA APIFORMIS
Avec ses ailes diaphanes, la sésie-frelon, originaire d'Eurasie, ressemble à s'y méprendre à une grosse abeille. La chenille perce l'écorce des saules et des peupliers.

Famille SPHINGIDAE

Sphinx

Occurrence 1 100 esp. vivant surtout en zone tropicale ou subtropicale, sur le feuillage

Avec leur corps aérodynamique et leurs longues ailes étroites, d'une envergure de 3,5 à 15 cm, les sphinx peuvent atteindre une vitesse de 50 km/h. Les adultes se nourrissent généralement de nectar, certains faisant du surplace au-dessus des fleurs comme les colibris. Leur longue trompe enroulée peut mesurer jusqu'à 25 cm. Bien que certains soient diurnes, la plupart sont actifs à la tombée de la nuit. Ils parcourent souvent de grandes distances pour se reproduire. Les chenilles portent une corne sur le dernier segment abdominal. Certaines sont très nuisibles aux cultures.

EUCHLORON MAGAERA
Le sphinx verdoyant vit dans les régions boisées de l'Afrique au sud du Sahara. La chenille se nourrit de plantes grimpantes et rampantes.

ACHERONTIA ATROPOS
Le sphinx tête-de-mort s'appelle ainsi en raison de la forme de sa marque thoracique. On le rencontre en Afrique, en Asie et en Europe, surtout dans le sud.

PROTAMBULYX EURYALUS
Cette espèce se rencontre en Amérique du Sud. Le mâle et la femelle se ressemblent beaucoup.

Famille TINEIDAE

Mites et teignes

Occurrence 2 500 esp. vivant dans le bois pourri, les matières organiques desséchées, la laine et les denrées sèches

Généralement brun terne, mais parfois dorés, ces petits lépidoptères sont pour la plupart nuisibles. Ils ont la tête couverte de soies ou d'écailles dressées ressemblant à des poils. La trompe est courte. D'une envergure de 0,8 à 2 cm, les ailes sont étroites et maintenues dressées à la verticale lorsque l'insecte est posé. Les femelles pondent 30 à 80 œufs en l'espace de trois semaines. Les chenilles sont saprophages. Certaines s'entourent d'un fourreau constitué de soie et de débris, tandis que d'autres tissent une toile de soie là où elles broutent. Les adultes ne s'alimentent généralement pas. Beaucoup d'espèces répugnent à voler et s'enfuient en courant.

TINEOLA BISSELLIELLA
Espèce très répandue, la mite, ou teigne, élit domicile parmi les tissus, les tapis et les fourrures. Les œufs sont pondus dans les plis des vêtements.

Famille TORTRICIDAE

Tordeuses

Occurrence 5 000 esp. vivant sur les feuilles, les pousses, les bourgeons, les fruits

D'une envergure de 0,8 à 3,4 cm, ces insectes sont généralement bruns, verts ou gris avec des dessins leur permettant de passer inaperçus sur l'écorce des arbres ou les feuilles. Certains sont toutefois vivement colorés. La tête est couverte d'écailles rugueuses. Au repos, les ailes antérieures, rectangulaires, sont disposées en forme de toit. Les femelles peuvent pondre jusqu'à 400 œufs en l'espace d'une semaine, isolément ou par petits groupes, sur les fruits ou les feuilles. Les chenilles se nourrissent de feuilles, de pousses et de bourgeons. Elles enroulent et relient les feuilles avec de la soie. En raison des trous qu'elles font dans les fruits et les feuilles ou des galles dont elles suscitent la formation, plusieurs espèces nuisent aux arbres.

CLEPSIS RURINANA
Cette espèce se rencontre dans les zones boisées d'Europe et d'Asie. La chenille s'enroule dans les feuilles de certains arbres et s'en nourrit.

Famille URANIIDAE

Uranies

Occurrence 100 esp. vivant en zone tropicale ou subtropicale, surtout sur les euphorbes

Cette famille compte de grands papillons diurnes, à longues queues et à écailles irisées, ou nocturnes, ternes et dépourvus de queues. Les espèces sud-américaines et malgaches sont très colorées. L'envergure est en général de 6 à 10 cm. Souvent migrateurs, les adultes forment parfois de grands essaims pour se rendre à un endroit où les chenilles auront davantage à manger. Ces dernières se nourrissent généralement de plantes de la famille des euphorbiacées. Elles échappent aux fourmis en se laissant glisser de la feuille où elles se trouvent le long d'un fil de soie.

LYSSIDIA ZAMPA
Un peu plus grands que les autres uranies, ce papillon d'Asie du Sud-Est a une envergure de 10 à 10,6 cm.

ALCIDES ZODIACA
Hôte des forêts pluviales du nord-est de l'Australie, cette uranie butine les fleurs durant la journée et réintègre la canopée à la tombée de la nuit.

CHRYSIRIDIA RIPHEARIA
Hôtes des forêts de Madagascar, cette uranie diurne possède des ailes remarquablement colorées.

Ordre HYMÉNOPTÈRES

Fourmis, abeilles et guêpes

Les hyménoptères constituent un vaste groupe comprenant au moins 198 000 espèces et 91 familles, subdivisé en deux sous-ordres : les symphytes (tenthrèdes, sirex), à abdomen non pédonculé et oviscapte en scie, et les apocrites (cynips, ichneumons, guêpes, abeilles et fourmis), à abdomen pédonculé et oviscapte térébrant ou aiguillon. La plupart ont deux paires d'ailes membraneuses rendues solidaires en vol par de petits crochets. Prédateurs, parasites, pollinisateurs ou nécrophages, ces insectes jouent un rôle écologique fondamental. Les hyménoptères sociaux, comme les fourmis ou les abeilles, sont les insectes les plus évolués.

Famille AGAONIDAE

Guêpes des figuiers

Occurrence 650 esp. vivant en zone tropicale ou subtropicale, sur les arbres du genre *Ficus*

Les agaonidés ont développé un rapport symbiotique avec les figuiers. La femelle, dont la longueur n'excède pas 3 mm, visite les minuscules fleurs, en pollinise certaines et pond dans d'autres. Une fois adulte, le mâle, aptère, féconde la femelle, qui s'envole à la recherche d'autres arbres.

BLASTOPHAGA PSENES
Le blastophage du figuier se rencontre dans le sud de l'Europe, en Asie, Australie et Californie. Il pollinise le figuier cultivé. Les femelles sont 20 fois plus nombreuses que les mâles.

Famille APIDAE

Abeilles et espèces apparentées

Occurrence 1 000 esp. vivant dans les zones à couverture végétale dense et florifère

Cette famille comprend les abeilles, insectes utiles s'il en est, ainsi que les bourdons, les xylocopes et les euglossines. D'une longueur de 0,3 à 2,7 cm, les apidés sont producteurs de miel et de cire. Ils pollinisent la majorité des plantes. Chez la plupart, la femelle a un aiguillon venimeux et des «corbeilles» aux pattes postérieures pour amasser le pollen. Abeilles et bourdons sont des insectes sociaux. Ils forment des colonies complexes consistant en une reine, des mâles et des ouvrières, stériles. Le nid des abeilles se compose de rayons de cire verticaux constitués de milliers d'alvéoles où sont élevées les larves et entreposés le pollen et le miel. La reine peut pondre jusqu'à 1 500 œufs par jour au printemps. Le nid des bourdons est fait d'herbe et de cire ; leur reine pond moins que celle des abeilles.

BOMBUS TERRESTRIS
Comme tous les apidés, le bourdon terrestre a le corps couvert de poils, ce qui lui permet de résister à la fraîcheur régnant encore au début du printemps.

APIS MELLIFERA
Originaire d'Asie du Sud-Est, l'abeille mellifère est élevée partout aujourd'hui. La colonie est fondée sur une stricte division du travail. Seule la reine pond, tandis que les ouvrières s'occupent de l'approvisionnement en nourriture et du couvain. La reine est fécondée par un seul mâle.

INVERTÉBRÉS

Ordre **HYMÉNOPTÈRES** *suite*

Famille **BRACONIDAE**

Braconidés

Occurrence 25 000 esp. vivant en parasite de certaines chenilles

À l'instar des ichneumons (voir ci-dessous), les braconidés sont des insectes parasitoïdes. Une centaine d'œufs sont pondus à l'intérieur d'un hôte, généralement une chenille, que les larves dévorent jusqu'au moment de la nymphose. Celle-ci terminée, les adultes ailés quittent la dépouille. D'une longueur généralement inférieure à 7 mm, ils sont brun rougeâtre ou noirs. Plusieurs espèces sont utilisées dans la lutte biologique contre les insectes ravageurs.

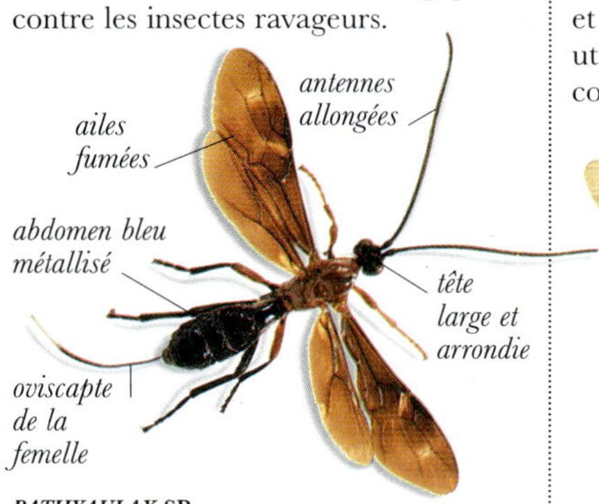

***BATHYAULAX* SP.**
Ces grands braconidés d'Afrique et d'Asie du Sud-Est, longs de 1,5 à 2 cm, servent à lutter contre les chenilles des céréales.

Famille **CHALCIDIDAE**

Chalcidiens

Occurrence 1 800 esp. vivant partout où se trouvent des hôtes adaptés

D'une longueur généralement inférieure à 8 mm, les chalcidiens constituent une petite mais néanmoins importante famille d'insectes parasites. Beaucoup pondent dans les larves de coléoptères ou les chenilles, mais certains, hyperparasites, s'attaquent aux œufs ou aux larves d'autres insectes parasites. Les adultes sont généralement brun foncé, noirs, rouges ou jaunes, parfois à reflets métallisés. Les larves sont blanches, vermiformes et apodes. Plusieurs espèces sont utilisées en agriculture pour lutter contre certains insectes ravageurs.

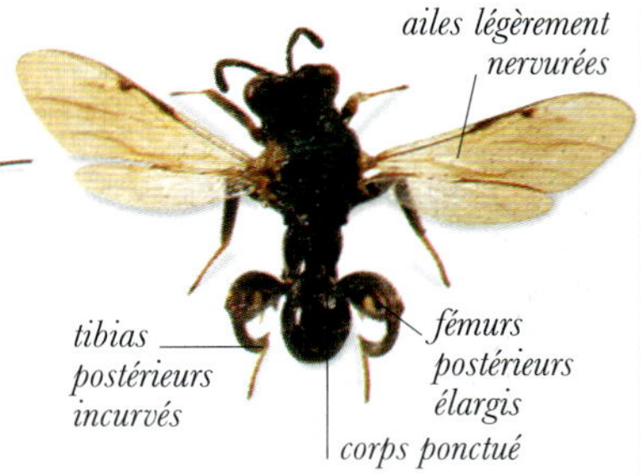

CHALCIS SISPES
Cette espèce est originaire d'Europe et d'Asie. Sa larve parasite les larves de Stratiomyis *(mouches).*

Famille **CHRYSIDIDAE**

Guêpes dorées, guêpes-coucous

Occurrence 3 000 esp. vivant partout où elles trouvent des hôtes adaptés

Longs de 0,2 à 2 cm, les chrysididés ont un corps très dur résistant aux piqûres de guêpe et d'abeille. La plupart sont bleu, vert ou rouge vif métallisé. Le dessous de l'abdomen est creux, ce qui permet à l'animal de s'enrouler en cas de danger. Les femelles pondent généralement dans le nid d'une guêpe ou d'une abeille solitaire un œuf unique qui éclôt immédiatement. La larve se nourrit alors des larves et des provisions de l'hôte. Les adultes consomment du nectar ou autres matières liquides.

STILBUM SPLENDIDUM
Ce grand chrysididé australien parasite les nids de guêpes maçonnes.

Famille **CYNIPIDAE**

Cynips

Occurrence 1 250 esp., surtout dans l'hémisphère Nord ; sur les végétaux

Longs de 1 à 9 mm, les cynips sont brillants, brun rougeâtre ou noirs et souvent complètement ailés. Les femelles, généralement plus grandes que les mâles, ont l'abdomen aplati latéralement et le thorax bossu. Selon un processus encore mal connu, de nombreuses espèces provoquent par la ponte l'apparition sur les chênes et d'autres arbres de galles spécifiques, à l'intérieur desquelles les larves se développent. Le cycle biologique des espèces gallicoles repose sur un double mode de reproduction : sexué et asexué.

***ANDRICUS* SP.**
Répandu en Europe, ce cynips est inféodé à plusieurs espèces de chênes.

Famille **ICHNEUMONIDAE**

Ichneumons, rhysses

Occurrence 60 000 esp. vivant surtout en zone tempérée, partout où elles trouvent des hôtes adaptés

Les ichneumons jouent un rôle fondamental dans la nature, car ils parasitent divers insectes, dont un certain nombre de ravageurs. Les femelles sont dotées d'un oviscapte térébrant leur permettant de pondre à l'intérieur de la larve ou nymphe de leur choix. Certaines peuvent percer le bois sur plusieurs centimètres pour atteindre leurs victimes. Après éclosion, les larves dévorent leur hôte. Longs de 0,3 à 4,2 cm, les adultes ont généralement le corps allongé et la taille fine.

***PARACOLLYRIA* SP.**
Les couleurs contrastées de ces ichneumons africains servent d'avertissement aux prédateurs et sont imitées par d'autres insectes.

RHYSSA PERSUASORIA
Cette rhysse se sert de sa longue tarière pour atteindre les larves de sirex profondément enfoncées dans le bois des pins.

JOPPA ANTENNATA
Cette espèce aux couleurs contrastées se caractérise par un renflement des antennes.

Famille **MUTILLIDAE**

Mutilles

Occurrence 5 000 esp. vivant surtout en zone tropicale ou subtropicale ; les femelles dans les habitats secs

Longues de 0,3 à 2,5 cm, les mutilles sont couvertes d'un fin duvet. Les femelles, aptères, pénètrent dans les guêpiers ou les ruches et ouvrent les alvéoles à la recherche d'une larve bien développée pouvant servir de pitance à leurs propres larves. Une fois celle-ci trouvée, elles pondent dans la cellule et la referment. La nymphose se fait dans l'alvéole. La piqûre des mutilles femelles est très douloureuse.

MUTILLA EUROPAEA
Répandue dans les régions méridionales, la mutille européenne parasite certaines espèces de bourdons.

Famille **MYMARIDAE**

Mymaridés

Occurrence 1 400 esp. vivant dans divers habitats, partout où elles trouvent des hôtes adaptés

Longs de 0,2 à 5 mm, les mymaridés, brun foncé, noirs ou jaunes, sont les plus petits insectes volants. Les ailes antérieures sont étroites, sans nervures apparentes et bordées de longs poils, les postérieures pédonculées et très étroites. Les femelles parasitent les œufs d'autres insectes, notamment de coléoptères et d'hémiptères. Plusieurs espèces sont utilisées dans la lutte biologique contre les insectes ravageurs.

ANAGRUS OPTABILIS
Ce mymaridé parasite les œufs de certains hémiptères (cicadelles). Des espèces apparentées sont utilisées pour protéger les rizières contre les hémiptères ravageurs.

Famille POMPILIDAE

Pompiles

Occurrence 4 000 esp. vivant surtout en zone tropicale ou subtropicale, partout où elles trouvent des hôtes adaptés

Ces guêpes possèdent un venin puissant leur permettant de paralyser les araignées. La femelle vole en rase-mottes en quête d'une proie. Une fois celle-ci capturée, elle la ramène au nid, situé à même la terre ou dans une fissure, pond dessus un œuf unique et ferme l'orifice. Longs de 0,5 à 8 cm, les pompiles sont généralement bleu foncé ou noirs (avec parfois les ailes jaune foncé). Les femelles sont plus grandes que les mâles. Leur piqûre est très douloureuse.

***POMPILUS* SP.**
Ce genre est répandu dans les régions chaudes, particulièrement là où le sol est sableux. Il s'agit de guêpes solitaires.

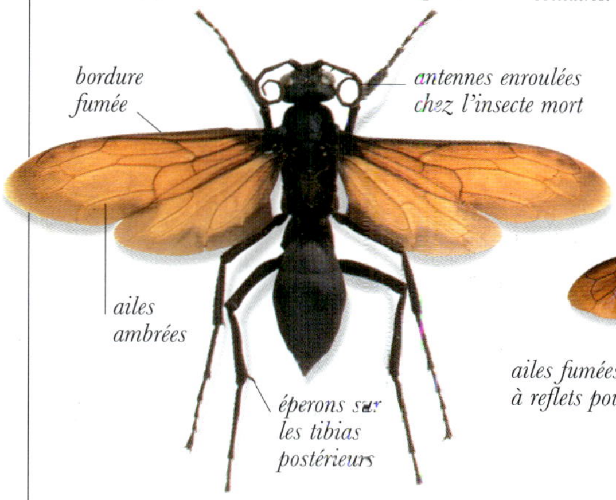

PEPSIS HEROS
Pouvant atteindre 8 cm de long, c'est le plus grand des pompiles. Il chasse les tarentules.

MACROMERIS VIOLACEUS
Long de 5 à 5,5 cm, ce pompile aux ailes pourpres irisées se rencontre en Asie du Sud-Est.

Famille SPHECIDAE

Sphex, guêpes fouisseuses

Occurrence 8 000 esp. vivant dans divers micro-habitats – tiges de végétaux, terre, bois pourri

Longs de 0,4 à 4,8 cm, les sphex sont relativement imberbes et vivement colorés. Il s'agit de guêpes solitaires et fouisseuses, nichant dans les tiges, la terre ou le bois pourri. Les femelles capturent un insecte ou une araignée, le paralysent et l'emportent dans leur nid pour pondre dessus. À l'éclosion, les larves ont ainsi de quoi manger.

***AMPULEX* SP.**
Chasseurs de blattes, ces sphex tropicaux entrent parfois dans les habitations à la recherche d'une proie.

Famille SCOLIIDAE

Scolies

Occurrence 350 esp. vivant surtout en zone tropicale, partout où elles trouvent des scarabées

Longues de 1 à 5,6 cm, les scolies sont de grosses guêpes noir bleuté à marques rouges. Leur corps est robuste et densément velu. Les mâles sont plus petits et plus frêles que les femelles, mais leurs antennes sont plus longues. Après l'accouplement, la femelle capture des larves de scarabée, les paralyse et pond un œuf sur chacune. La nymphose se fait dans un cocon tissé dans la dépouille de la larve de coléoptère.

SCOLIA PROCERA
Présente à Java, Bornéo et Sumatra, partout où il y a des scarabées, cette scolie peut infliger une piqûre douloureuse, mais n'est pas agressive.

Famille VESPIDAE

Guêpes sociales

Occurrence 4 000 esp. vivant dans divers habitats qu'elles parcourent en quête de proies

Les vespidés les plus communs sont les polistes et les guêpes proprement dites. Leur guêpier est constitué de bois mâché et autres fibres. La reine passe l'hiver, bâtit son nid au printemps et fonde une nouvelle colonie. Elle s'occupe elle-même des premières larves, travail qui sera ensuite assuré par les ouvrières. Les larves se développent à l'horizontale dans des alvéoles et se nourrissent des insectes prédigérés que leur apportent des ouvrières stériles. Longs de 0,4 à 3,6 cm, les adultes enroulent ou replient leurs ailes sur les côtés plutôt que sur le dos. Presque tous les vespidés présentent des couleurs contrastées à fonction dissuasive. Leur piqûre est douloureuse.

VESPA VULGARIS
La guêpe commune est une espèce utile aux jardins, qu'elle débarrasse des chenilles et autres ravageurs. Son nid est formé de fibre de bois.

VESPA CRABRO
Le frelon fait son nid dans les troncs creux. Chaque colonie compte quelques centaines d'ouvrières.

VESPULA GERMANICA
Les colonies de guêpes germaniques peuvent se perpétuer indéfiniment et compter plusieurs reines. Originaire d'Europe, cet insecte a été introduit aux États-Unis au début du XIXᵉ siècle.

Famille SIRICIDAE

Sirex

Occurrence 100 esp. vivant dans les régions tempérées de l'hémisphère Nord, à proximité des feuillus et des conifères

Les sirex appartiennent au sous-ordre des symphites (voir à droite), dont ils sont les plus grands représentants. Malgré leur apparence menaçante, ils ne piquent pas. La pointe située au bout de leur abdomen est inoffensive. Ils sont brun rougeâtre, noir et jaune et mesurent de 1,8 à 4,2 cm de long. Les femelles ont une longue tarière qui leur permet de pondre dans les troncs. Ce faisant, elles peuvent transmettre à l'arbre des champignons pathogènes. Les larves, xylophages et fongivores, percent le cœur du bois. La nymphose se fait dans un cocon constitué de soie et de bois mâché.

UROCERUS GIGAS
Le sirex géant (ci-dessus) est une femelle. Le mâle de cette espèce inoffensive est très discret.

Famille TENTHREDINIDAE

Tenthrèdes, «mouches» à scie

Occurrence 6 000 esp. vivant sur diverses plantes de jardin, dans les prés et les bois, partout sauf en Nouvelle-Zélande

Longs de 0,3 à 2,2 cm, les tenthrèdes ressemblent souvent à des guêpes, mais sont plus primitifs et font partie d'un sous-ordre à part. Contrairement aux vespidés, apidés et formicidés, ils n'ont pas la taille fine, ne piquent pas et sont solitaires. Les femelles se servent de leur oviscapte pour pondre dans les plantes, dont les larves, à allure de chenille et parfois vivement colorées, brouteront ensuite les feuilles. Les tenthrèdes peuvent nuire considérablement aux fruits, aux légumes et aux arbres.

TENTHREDO SCROPHULARIAE
Cette espèce imitant une guêpe se rencontre en Europe et en Asie. La larve se nourrit de molènes et de scrofulaires.

Ordre **HYMÉNOPTÈRES**

Famille **FORMICIDAE**

Fourmis

Occurrence 9 000 esp. représentées partout sauf en Antarctique et sur quelques îles océaniques

Habitat La plupart des habitats terrestres

Présentes pour ainsi dire dans le monde entier, les fourmis ont un énorme impact sur les écosystèmes terrestres, où elles remuent souvent plus de terre que les lombrics, contribuant ainsi au recyclage des nutriments et à la dispersion des graines. Comme les termites et certaines abeilles ou guêpes, les fourmis vivent en colonies très organisées. Selon l'espèce, le nid peut n'héberger qu'une poignée d'individus ou en compter des dizaines, voire des millions. Certaines fourmilières atteignent 6 m de haut. Au moins deux générations coexistent toujours, les plus âgées s'occupant des plus jeunes. À l'intérieur d'un même groupe, on observe plusieurs castes aux tâches bien définies : les ouvrières sont chargées de la défense du nid, de l'approvisionnement en nourriture et des larves, tandis que les reproductrices assurent la perpétuation de l'espèce. La caste est fonction du régime alimentaire : riche, il donne plutôt des reproducteurs ; maigre, des ouvrières stériles. L'accouplement se fait en vol ou au sol, après quoi les mâles meurent et les femelles perdent leurs ailes. Les fourmis d'une même colonie communiquent entre elles par l'émission de phéromones. Beaucoup d'insectes et de plantes ont développé des rapports symbiotiques aux fourmis. Celles-ci protègent, par exemple, contre les herbivores les végétaux qui leur fournissent le gîte et le couvert. La famille des Formicidae se subdivise en 10 sous-familles, dont les plus importantes sont les myrmicinés et des formicinés. Les premiers sont dotés d'un aiguillon, tandis que les seconds se défendent en sécrétant de l'acide formique. Les redoutables fourmis nomades et fourmis légionnaires des régions tropicales appartiennent à la sous-famille des dorylinés. Elles se déplacent en colonnes pouvant compter plusieurs millions de têtes, souvent lancées à l'assaut de termitières ou fourmilières.

ALIMENTATION

Certaines fourmis sont granivores ou fongivores, alors que d'autres sont carnivores ou omnivores. Quelques-unes s'alimentent uniquement du miellat produit par divers membracidés, pucerons, etc.

OUVRIÈRES AVEC PROIE
Les fourmis rousses des bois, Formica rufa, *se mettent à plusieurs pour transporter une chenille jusqu'au nid, où elle sera découpée.*

COUPEUSES DE FEUILLES
Les fourmis du genre Atta *mastiquent des morceaux de feuille pour en faire une pulpe servant à fertiliser leurs champignonnières.*

SYSTÈME DE CASTES

Une colonie de fourmis se compose de trois castes : les ouvrières, toujours aptères et stériles, les reines et les mâles (généralement ailés et formant des essaims pour la reproduction à certaines époques de l'année). Les différences morphologiques observées chez la fourmi nomade africaine *Dorylus nigricans* se retrouvent chez toutes les espèces, mais ici les reines sont aptères.

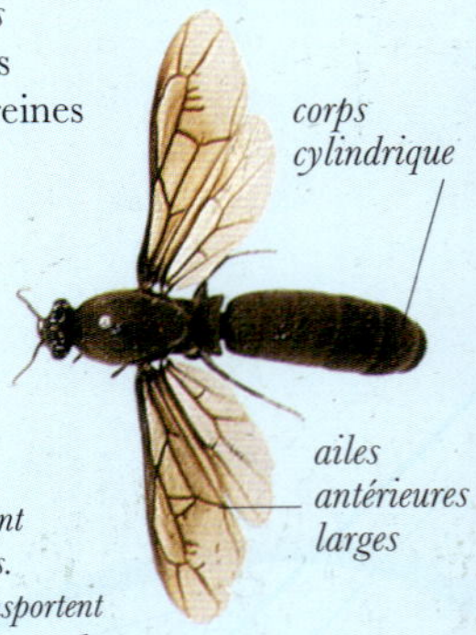

FOURMIS MÂLES
Les mâles se caractérisent par un corps en forme de cylindre allongé. Beaucoup sont attirés par la lumière une fois la nuit tombée.

OUVRIÈRES
Les ouvrières sont toujours femelles. Les grosses transportent les proies, tandis que les petites se chargent plutôt des matières liquides.

REINES
Les reines de cette espèce sont les plus grandes fourmis existantes. Elles peuvent pondre 1 à 2 millions d'œufs par mois.

FEMELLES APTÈRES
Les ouvrières de la colonie sont des femelles aptères et stériles. Chez certaines espèces, elles présentent des adaptations étonnantes de la tête et des mâchoires leur permettant, par exemple, de broyer les graines, de condamner les entrées du nid ou de démembrer les proies.

SUR LA DÉFENSIVE
Cette fourmi rousse des bois (Formica rufa) *est en position défensive, mâchoires grandes ouvertes et abdomen dirigé vers l'avant. Elle s'apprête à asperger son assaillant d'acide formique.*

MYRIAPODES

PHYLUM	Arthropodes
SUBPHYLUM	Mandibulates
SUPERCLASSE	Myriapodes
CLASSES	Chilopodes Diplopodes
ORDRES	16
FAMILLES	144
ESPÈCES	Env. 13 700

COMMUNÉMENT APPELÉS MILLE-PATTES, les myriapodes sont des arthropodes terrestres possédant de nombreuses pattes, chaque segment de leur corps en portant une ou deux paires. La tête porte des mandibules broyeuses et une paire d'antenne. Ils sont confinés aux micro-habitats humides, car leur cuticule perméable ne retient pas l'eau. Comme chez les insectes, les échanges gazeux avec l'extérieur se font par des stigmates situés sur les segments du tronc. Les chilopodes ne possèdent qu'une seule paire de pattes par segment corporel. À l'exception de certaines espèces terricoles, ils se déplacent rapidement. Carnivores, ils ont des griffes venimeuses pour tuer leurs proies. Les diplopodes, au corps cylindrique et allongé, sont beaucoup plus lents. Leur tronc se compose de segments soudés par deux, appelés diplosegments, portant chacun deux paires de pattes. La plupart sont herbivores ou charognards et utilisent leurs mandibules dentées pour grignoter matières organiques en décomposition, humus, plantes, algues et mousses.

CHASSEURS FORESTIERS
Beaucoup de chilopodes, comme cette scolopendre géante, vivent dans les forêts. Leurs longues pattes leur permettent de se déplacer rapidement sur le sol à la poursuite d'autres invertébrés ou pour échapper à leurs prédateurs. La plupart se cachent durant la journée et sont actifs la nuit.

Classe CHILOPODES

CHILOPODES

DE FORME PLATE ET ALLONGÉE, les chilopodes ont un tronc constitué d'au moins 16 segments portant pour la plupart une paire de pattes. Les derniers appendices locomoteurs sont toujours les plus longs. La plupart des espèces sont jaunâtres ou brunâtres. Toutes ont le corps couvert de poils sensoriels. Il en existe 4 ordres, 22 familles et 3 000 espèces.

Famille LITHOBIIDAE

Lithobies

Occurrence 1 500 esp. vivant surtout dans les régions tempérées de l'hémisphère Nord, dans les fissures et les crevasses

Longs de 0,6 à 4,5 cm, les lithobies sont plats et robustes, généralement rougeâtres ou bruns, mais parfois vivement colorés. Ils possèdent quinze paires de pattes et des antennes filiformes constituées de 75 à 80 articles. Les jeunes éclosent avec sept paires de pattes et croissent à chaque mue par addition d'un segment portant une nouvelle paire. Les lithobies ont une espérance de vie de cinq à six ans.

LITHOBIUS VARIEGATUS
Répandu en Europe, le lithobie commun vit parmi les feuilles mortes dans les bois de feuillus. Il peut grimper aux arbres pour trouver de quoi manger, mais préfère attendre au sol qu'une proie passe à sa portée.

Famille SCOLOPENDRIDAE

Scolopendres

Occurrence 400 esp. vivant surtout en zone tropicale ou subtropicale, dans la terre, les débris végétaux et les crevasses

Cette famille compte le plus grand chilopode qui soit, l'espèce sud-américaine *Scolopendra gigantea*. Longues de 3 à 30 cm, les scolopendres sont de redoutables prédateurs nocturnes capables de tuer souris et grenouilles avec leurs griffes venimeuses, les plus petites étant les plus dangereuses. Elles sont généralement jaunes, rouges, orange ou vertes avec des rayures foncées et possèdent 21 ou 23 paires de pattes ainsi que des antennes filiformes comptant moins de 35 articles. On observe généralement quatre ocelles de part et d'autre de la tête. Les œufs sont pondus sous une pierre ou l'écorce d'un arbre.

SCOLOPENDRA SP.
Fréquentes sous les pierres, le bois pourri et l'écorce des arbres, les scolopendres sont de redoutables prédateurs. Les espèces d'Asie du Sud-Est sont souvent tigrées.

Classe DIPLOPODES

DIPLOPODES

BIEN QU'ILS POSSÈDENT PLUS DE PATTES – jusqu'à 750 –, les diplopodes sont plus lents que les chilopodes. Leur corps est protégé par une exocuticule calcifiée. Lorsqu'on les touche, beaucoup s'enroulent sur eux-mêmes ou sécrètent une substance toxique. Il en existe au moins 10 000 espèces, 115 familles et 13 ordres.

Famille JULIDAE

Iules

Occurrence 450 esp. dans l'hémisphère Nord, dans la terre, les débris végétaux, les grottes, sous les pierres et le bois

Longs de 0,8 à 8 cm, ces diplopodes au corps arrondi sont souvent ternes, mais certains sont ornés de taches rouges, crème ou brunes. Les antennes sont fines et assez longues. Comme chez tous les diplopodes, les œufs sont pondus dans un nid creusé à même le sol. Le développement comprend sept stades larvaires. Les iules sont fréquents en Europe et en Asie.

TACHYPODOIULUS NIGER
Cette espèce pouvant mesurer jusqu'à 4,8 cm de long se reconnaît à son tronc noir et à ses pattes blanches. Hôtes des bois d'Europe occidentale, elle grimpe le long des murs et des troncs à la nuit tombée afin de se nourrir.

Famille GLOMERIDAE

Gloméris

Occurrence 200 esp. vivant dans les régions tempérées de l'hémisphère Nord, dans la terre et les grottes

Longs de 0,2 à 2 cm, ces diplopodes au corps large sont soit petits et ternes, soit grands et couverts de marques colorées. Le tronc comprend treize segments. La forme des plaques dorsales permet à l'animal de se rouler en boule lorsqu'il se sent menacé. Les adultes ont quinze paires de pattes. Les œufs sont pondus dans la terre et les jeunes éclosent avec seulement trois paires de pattes. Certains gloméris peuvent atteindre l'âge de sept ans.

GLOMERIS MARGINATA
Ce gloméris compact se rencontre en Europe et dans certaines régions d'Asie et d'Afrique du Nord. Lorsqu'il est enroulé, il est facile de le confondre avec un cloporte *(voir p. 584)**, mais son corps brille davantage.*

Crustacés

PHYLUM	Arthropodes
SUBPHYLUM	Mandibulates
SUPERCLASSE	Crustacés
CLASSES	6
ORDRES	37
FAMILLES	540
ESPÈCES	Plus de 40 000

LES CRUSTACÉS forment un groupe très divers allant des daphnies et des copépodes, à peine visibles à l'œil nu, aux malacostracés, classe comprenant le plus grand arthropode existant. Bien que certains, comme les cloportes, se soient bien adaptés à la vie terrestre, la grande majorité des crustacés vivent en eau douce ou dans la mer. Les espèces aquatiques comprennent quelques-uns des animaux les plus abondants et jouent un rôle fondamental dans les chaînes alimentaires.

Anatomie

Les crustacés se distinguent des insectes et des myriapodes à plusieurs points de vue. Ils ont deux paires d'antennes, des yeux pédonculés à facettes et une cuticule souvent calcifiée, notamment chez les espèces de grande taille. Tête et thorax sont souvent protégés par une cuirasse ou une carapace, dont la partie antérieure forme parfois une pointe appelée rostre. Les segments thoraciques sont en nombre variable. L'abdomen, court, plat et replié sous la carapace chez les crabes, se termine par un telson, semblable à une queue.

Les appendices des crustacés, communément appelés pattes, sont biramés et remplissent chacun une fonction déterminée : mouvement, palpation, respiration ou incubation. La première paire thoracique se termine parfois par une pince volumineuse servant à l'animal à se défendre, broyer la nourriture ou attirer les femelles. Les appendices thoraciques, appelés péréiopodes, sont généralement pourvus de branchies. La partie basale de certains appendices aide à la locomotion, tandis que les segments abdominaux sont généralement pourvus d'une paire d'appendices natatoires appelés pléopodes.

Alimentation

Les crustacés varient beaucoup du point de vue de leur mode d'alimentation. Généralement carnivores, les espèces de grande taille tuent leurs proies en les assommant, les écrasant ou les démembrant. Les espèces filtreuses se servent de leurs appendices thoraciques pour créer des remous, retenir les particules alimentaires en suspension dans l'eau et les amener à la bouche. Les euphausiacés, principaux constituants du krill, se nourrissent en nageant et piègent les particules au moyen des soies recouvrant leurs pattes thoraciques. Certains crustacés de petite taille prélèvent simplement les micro-organismes vivant à la surface des sédiments.

Cycles de vie

Chez la plupart des crustacés, les sexes sont séparés et s'accouplent. Après la ponte, les œufs sont couvés soit dans une cavité incubatrice, soit sur les pattes. Dès l'éclosion, les larves minuscules nagent librement, se nourrissent et croissent par addition de segments et de pattes.

LA MIGRATION DES CRABES ROUGES
Sur Christmas Island, dans l'océan Indien, la population de crabes rouges terrestres s'élève à environ 100 millions d'individus. Chaque année, à la saison des pluies, ils migrent vers les côtes pour frayer. Les mâles, arrivés les premiers, se baignent pour faire le plein de sel et d'humidité. Après l'accouplement, les femelles restent au bord de la mer jusqu'à la ponte, qui a lieu au bout d'environ deux semaines.

Classe BRANCHIOPODES

Branchiopodes

Occurrence 800-1 000 esp. vivant surtout en eau douce, certaines en eau saumâtre ou dans la mer

La classe des branchiopodes compte 22 familles classées en 4 ordres : les notostracés, les cladocères, les conchostracés et les anostracés. Bien que certains puissent atteindre 10 cm de long, la plupart sont à peine visibles à l'œil nu. Leur corps est parfois protégé par une carapace en forme de bouclier ou bivalve. Les antennules et les premières pattes-mâchoires sont petites. Les appendices sont foliacés et bordés de fines soies servant à filtrer les particules organiques en suspension dans l'eau. Les branchiopodes nagent soit de manière rythmique au moyen de leurs appendices, soit par soubresauts en se servant de leurs antennes. Beaucoup d'espèces contiennent de l'hémoglobine, pigment respiratoire, d'où leur couleur rougeâtre. Chaque femelle peut pondre plusieurs amas comportant des centaines d'œufs. Chez certaines espèces, ceux-ci résistent très bien au dessèchement. La parthénogenèse prévaut.

ARTÉMIES
Représentées dans le monde entier, les artémies (famille des Artemiidae) vivent dans les étendues d'eau salée permanentes ou temporaires. Leur cycle biologique est rapide. Comme chez tous les anostracés, les œufs peuvent supporter une période de latence de cinq ans.

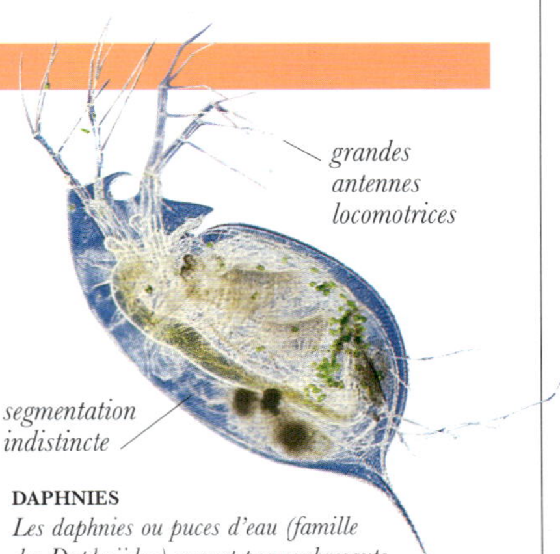

DAPHNIES
Les daphnies ou puces d'eau (famille des Daphniidae) nagent par soubresauts dans les lacs et étangs en utilisant leurs antennes ramifiées. Ces minuscules crustacés se multiplient de manière exponentielle au printemps, fournissant aux poissons de la nourriture animale en grande quantité.

Classe **OSTRACODES**

Ostracodes

Occurrence 6 000 esp. vivant en eau marine, saumâtre ou douce ; quelques espèces sont terrestres

Longs de 1 mm à 3 cm et quelques, les ostracodes, dont il existe 60 familles et 6 ordres, sont des petits crustacés gris, bruns ou verdâtres. Leur corps indistinctement segmenté est entièrement protégé par une carapace rappelant celle des mollusques bivalves (voir p. 539). De forme circulaire, ovale ou rectangulaire, les deux parties sont réunies par un ligament et s'écartent sous l'action d'un muscle. Leur surface est lisse ou sculptée selon l'espèce. La tête, plus grosse que le reste du corps, porte au milieu un œil nauplien. Certaines espèces ont en plus deux yeux composés. Les sexes sont généralement séparés et s'accouplent, mais la parthénogenèse existe. Certains ostracodes mâles émettent des éclairs lumineux, parfois synchronisés, pour attirer les femelles. Les œufs, à coque souvent très dure, sont pondus dans l'eau ou agglutinés sur une plante. Ils résistent au dessèchement. Rampants, fouisseurs ou nageurs, les ostracodes occupent une place très importante dans les chaînes alimentaires aquatiques. On les rencontre aussi bien en eau profonde que dans les flaques temporaires. Ils se nourrissent de matières organiques en décomposition, de détritus ou de particules en suspension dans l'eau : certains sont prédateurs. On en connaît plus de 10 000 espèces fossiles fournissant des indications précieuses pour la stratigraphie et la prospection pétrolière.

CYPRIS ORDINAIRES
Hôtes des étangs, mares et marécages, les cypris ordinaires (famille des Cyprididae) regroupent la plupart des ostracodes dulçaquicoles. Certains sont nageurs, tandis que d'autres restent sur le fond. La parthénogenèse prévaut et il existe des espèces dont on ne connaît pas le mâle. Les œufs résistent au dessèchement.

CYPRIS GÉANTS
Les plus grands ostracodes, dont le genre pélagique Gigantocypris, *appartiennent tous à ce groupe d'animaux marins (famille des Cyprinidae). Bons nageurs, les cypris géants se propulsent dans l'eau au moyen de leurs antennes, qui sortent de la carapace par un petit trou.*

Classe **MAXILLOPODES**

Maxillopodes

Occurrence 10 000 esp. vivant dans les fosses marines, en eau douce, dans les sources chaudes, à terre

Copépodes et cirripèdes sont les deux principales sous-classes de ce grand groupe comprenant 12 ordres et une centaine de familles. Les copépodes abondent dans les océans, où leur masse dépasse des milliards de tonnes et constitue une source de nourriture très importante pour les poissons. On en rencontre aussi en eau douce, des lacs de montagne jusqu'aux sources chaudes. Ils n'excèdent généralement pas 5 mm de long, mais certaines espèces parasites peuvent atteindre 10 cm. Souvent clairs, ils sont dépourvus de carapace et n'ont pas d'yeux composés. La tête est soudée au tronc. La première paire d'appendices thoraciques sert à la nutrition, tandis que les autres sont natatoires. La fécondation est externe, le mâle se contentant de placer un spermatophore sur les organes génitaux de la femelle. Tous marins, les cirripèdes peuvent être pédonculés, libres ou parasites. Leur corps est protégé par une carapace bivalve calcifiée. Ils possèdent six paires d'appendices thoraciques. L'hermaphrodisme prévaut, mais les sexes sont parfois séparés. Les cirripèdes peuvent proliférer à un tel point sous la coque des bateaux que la vitesse de ceux-ci s'en trouve réduite d'un tiers.

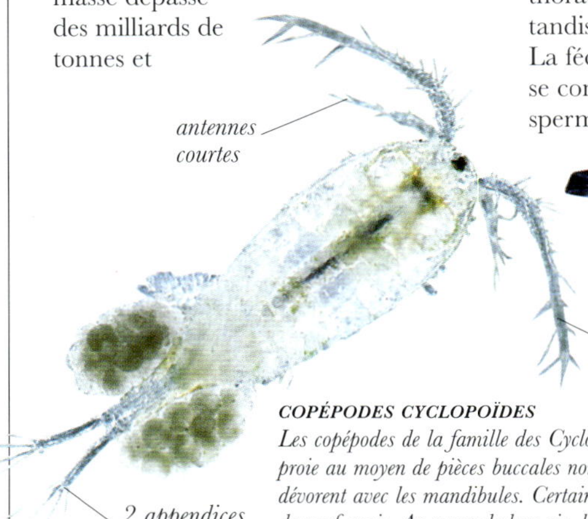

COPÉPODES CYCLOPOÏDES
Les copépodes de la famille des Cyclopidae saisissent leur proie au moyen de pièces buccales nommées maxilles et la dévorent avec les mandibules. Certaines espèces vivent plus de neuf mois. Au cours de leur vie, les femelles peuvent pondre plus de dix paires de sacs ovigères contenant chacun jusqu'à 50 œufs. Ci-dessus, un représentant du genre dulçaquicole Cyclops.

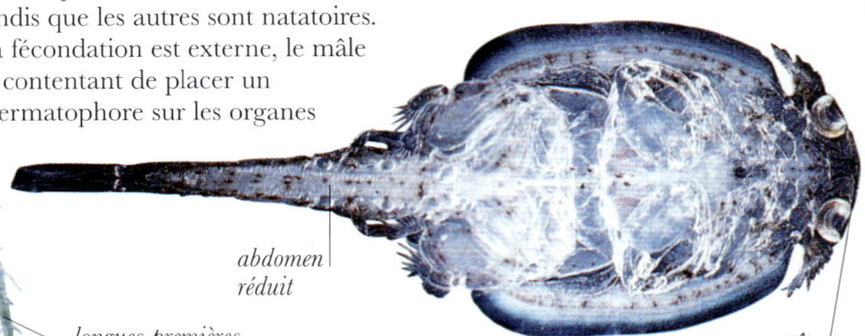

CALIGIDÉS
Les copépodes de la famille des Caligidae vivent en ectoparasites des poissons de mer ou d'eau douce. La tête est élargie et l'abdomen réduit. Les appendices céphaliques sont modifiés en crampons. Certaines espèces sont rouges en raison de la présence d'hémoglobine dans leur organisme. Caligus rapax *(ci-dessus) se fixe sur le corps ou les branchies d'un hôte et lui suce le sang.*

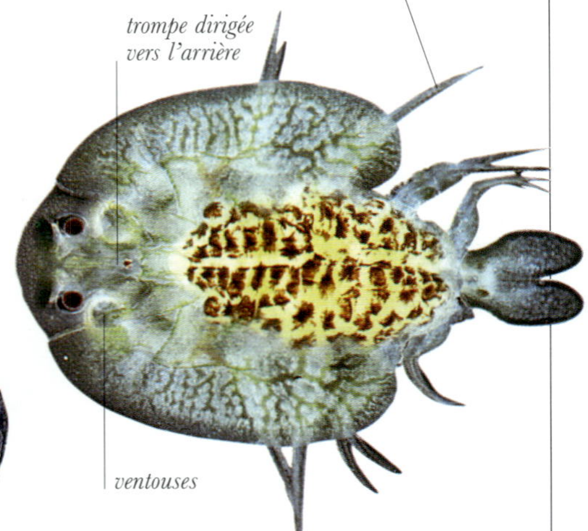

ARGULES
Communément appelées poux des poissons, les espèces de la famille des Argulidae appartiennent à la sous-classe des branchioures. Leurs pièces buccales sont modifiées en ventouses, ce qui leur permet de vivre en ectoparasites des poissons de mer ou d'eau douce. Les infections fongiques secondaires dont peuvent souffrir les hôtes sont parfois fatales. Le corps des argules se compose d'un céphalothorax (tête et premier segment thoracique), d'un thorax trisegmenté et d'un abdomen bilobé. L'espèce ci-dessus appartient au genre Argulus, *le plus représenté.*

SACCULINES
La tumeur rose attachée au ventre de ce crabe est une partie d'un cirripède de la famille des Sacculinidae. Le corps très ramifié des adultes pénètre dans les tissus de l'hôte pour y prélever les nutriments dont il a besoin. Certaines espèces, dont celle du genre Sacculina *ci-dessus, peuvent infester la moitié d'une population en un lieu donné.*

ANATIFES
Les anatifes (famille des Lepadidae) vivent dans les eaux de surface du cercle polaire jusqu'aux tropiques. Les larves nagent librement, mais les adultes sont fixés aux algues, aux pilotis, à la carapace des tortues ou à la coque des navires par un pédoncule flexible. Lepas anatifera *(ci-dessus) peut atteindre 80 cm de long.*

BALANES
Certains balanidés peuvent atteindre 10 cm de large et de haut, mais la plupart sont plus petits. Ils encroûtent massivement des surfaces dures et filtrent les particules alimentaires passant à leur portée. Semibalanus balanoides *(ci-dessus) résiste au froid arctique dans la zone de balancement des marées et peut survivre neuf heures hors de l'eau en été.*

Classe MALACOSTRACÉS

Crustacés supérieurs

Occurrence 20 000 esp. vivant en mer (zones intertidale à benthique), en eau douce ou à terre

Le plus grand arthropode existant, l'araignée de mer géante du Japon (*Macrocheira kaempferi*), fait partie de ce vaste groupe comprenant 13 ordres et 149 familles. Elle peut atteindre 4 m d'« envergure », alors que d'autres malacostracés mesurent moins de 1 mm de long. Malgré ces différences de taille, les crustacés supérieurs possèdent de nombreux caractères communs. Ils sont souvent vivement colorés et ont un exosquelette calcifié. La carapace – lorsqu'ils en sont pourvus – fait office de cavité branchiale et ne couvre jamais l'abdomen. Les yeux sont souvent pédonculés et les antennes bien développées. En plus de la tête, le corps se compose de huit segments thoraciques, de six segments abdominaux et d'un telson en éventail dont l'animal se sert pour se propulser lorsqu'il est poursuivi par un prédateur. Chez beaucoup d'espèces, les premières paires d'appendices thoraciques sont modifiées en pattes-mâchoires. Les autres sont locomotrices. Les appendices abdominaux servent à la nage, au fouissement, à l'accouplement et à l'incubation. La plupart des espèces, notamment les crevettes, les écrevisses, les crabes et les homards, appartiennent à l'ordre des décapodes. Leur première paire d'appendices thoraciques forme souvent des pinces volumineuses. Ils jouent un rôle important dans les chaînes alimentaires marines, et les espèces de grande taille ont une valeur marchande.

SQUILLES
Les Squillidae utilisent une technique unique consistant à transpercer ou à broyer leurs proies au moyen de leur seconde paire d'appendices thoraciques, transformés en pattes ravisseuses semblables à celles des mantes. Le corps est souple et aplati et les yeux composés et pédonculés. Assez territoriales, les espèces du genre Squilla *(à droite) vivent dans les mers tropicales ou subtropicales.*

KRILL
Le krill se compose essentiellement d'euphausiacés, petits crustacés allongés à allure de crevettes. Leurs pattes thoraciques sont couvertes de poils allongés leur permettant de filtrer l'eau de mer. Ils sont grégaires et luminescents. Le krill de l'Atlantique, Euphausia superba *(à gauche), forme d'immenses bancs dont le poids cumulé peut dépasser 2 millions de tonnes. Dans les mers australes, ces bancs représentent une source importante de nourriture pour les cétacés à fanons.*

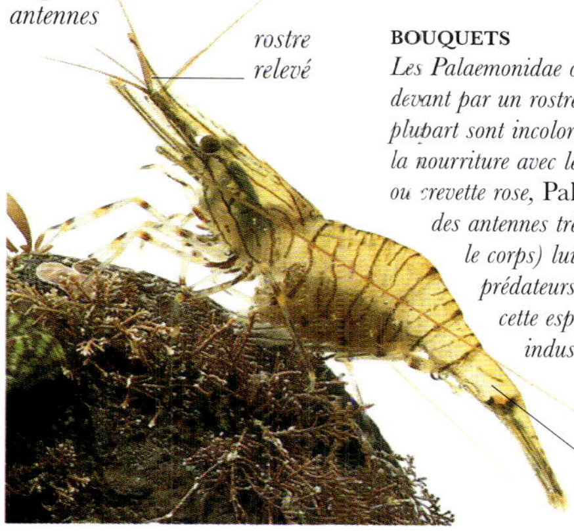

BOUQUETS
Les Palaemonidae ont la carapace prolongée sur le devant par un rostre à rebord parfois denté. La plupart sont incolores ou transparents. Ils prennent la nourriture avec leurs pinces. Le bouquet commun ou crevette rose, Palaemon serratus *(à droite) a des antennes très longues (1,5 fois de plus que le corps) lui permettant de détecter ses prédateurs. Très appréciée pour sa chair, cette espèce est pêchée à l'échelle industrielle.*

CREVETTES GRISES
Hôtes des fonds marins, les Crangonidae ont dans leur organisme des chromatophores leur permettant de changer de couleur. Leur carapace est prolongée à l'avant par un rostre court en forme d'épine et à bord lisse. La crevette grise commune, Crangon crangon *(à gauche), se pêche à l'échelle industrielle le long des côtes d'Europe.*

CREVETTES FOUISSEUSES
Les Callianassidae vivent en eau peu profonde, dans les alluvions ou la vase. Fouisseurs, ils creusent des galeries simples, en U ou en Y, ou bien ramifiées. Ce sont des crustacés à corps mou chassant les animalcules et les vers. Ils sont parfois pêchés pour servir d'appât aux poissons. Chez certaines espèces du genre Callianassa *(à gauche), l'une des deux premières pattes thoraciques est beaucoup plus volumineuse que l'autre.*

CRABES, TOURTEAUX, DORMEURS
Les Cancridae adultes vivent généralement sur les fonds marins où ils chassent d'autres invertébrés et se repaissent de résidus organiques. Le tourteau ou dormeur, Cancer pagurus *(à gauche), possède une carapace lisse à bord crénelé rappelant la croûte d'une tourte. Présent en Europe sur les côtes de l'Atlantique et de la Méditerranée ainsi qu'en Afrique de l'Ouest, il mesure jusqu'à 30 cm de diamètre. Objets d'une pêche intensive, les gros spécimens se font rares.*

CRABES NAGEURS
Les Portunidae se propulsent dans l'eau au moyen de leurs pattes postérieures en forme de rames. Comme chez tous les crabes, l'abdomen, réduit, est replié sous le corps telle une queue. Le crabe enragé, Carcinus maenas *(à gauche), passe le plus clair de son temps enfoui dans la vase ou le sable. Il nage moins bien que d'autres espèces de la même famille.*

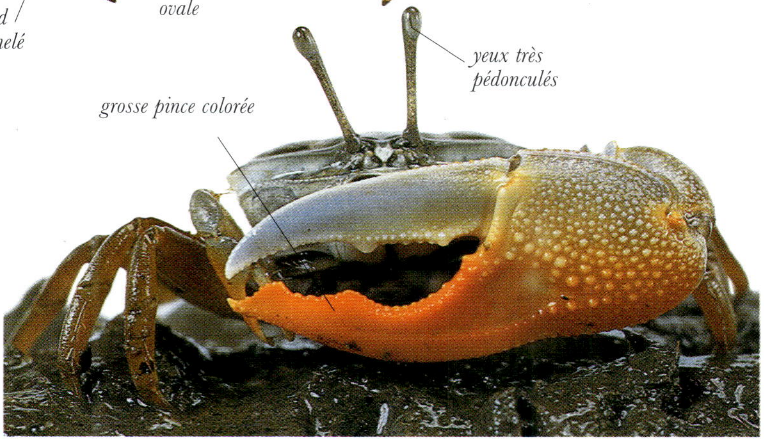

CRABES FANTÔMES ET CRABES VIOLONISTES
Les Ocypodidae abondent sur les plages des pays tropicaux. Les crabes fantômes (ocypodes) vivent dans des terriers creusés à même le sable et sortent à la tombée de la nuit pour se nourrir des débris rejetés par la marée. Ils ont une très bonne vue et sont d'excellents coureurs. Au moindre danger, ils disparaissent dans leur trou.
Les crabes violonistes, plus petits, fouissent la vase des mangroves. Les mâles ont une grosse pince qu'ils agitent pour attirer les femelles et impressionner les rivaux. Cet organe représente souvent la moitié du poids de l'animal. Les crabes violonistes se nourrissent des particules de matière organiques qu'ils trouvent parmi les alluvions. Il en existe au moins 75 espèces. Uca vocans, *ci-dessus, est originaire d'Afrique et d'Asie du Sud-Est.*

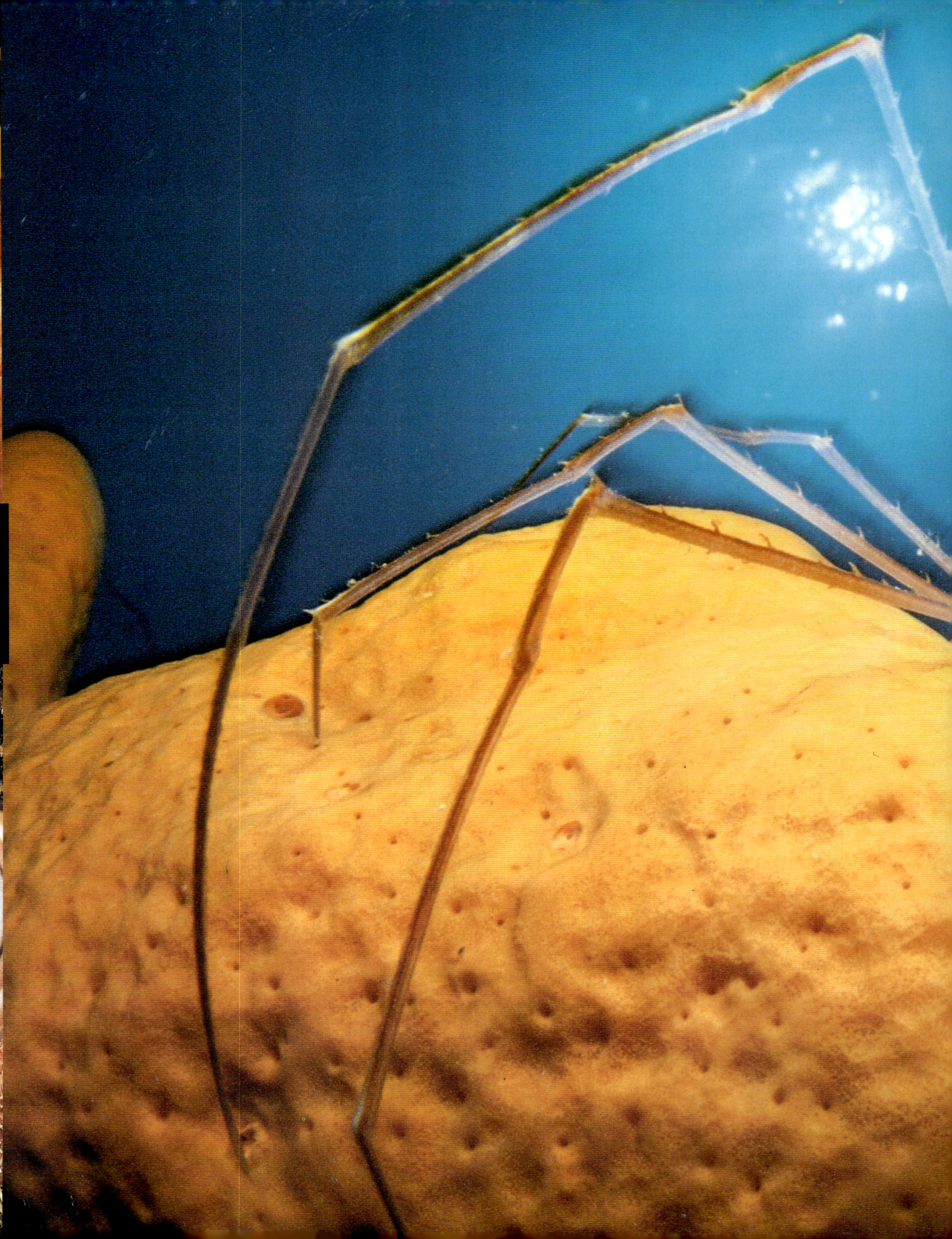

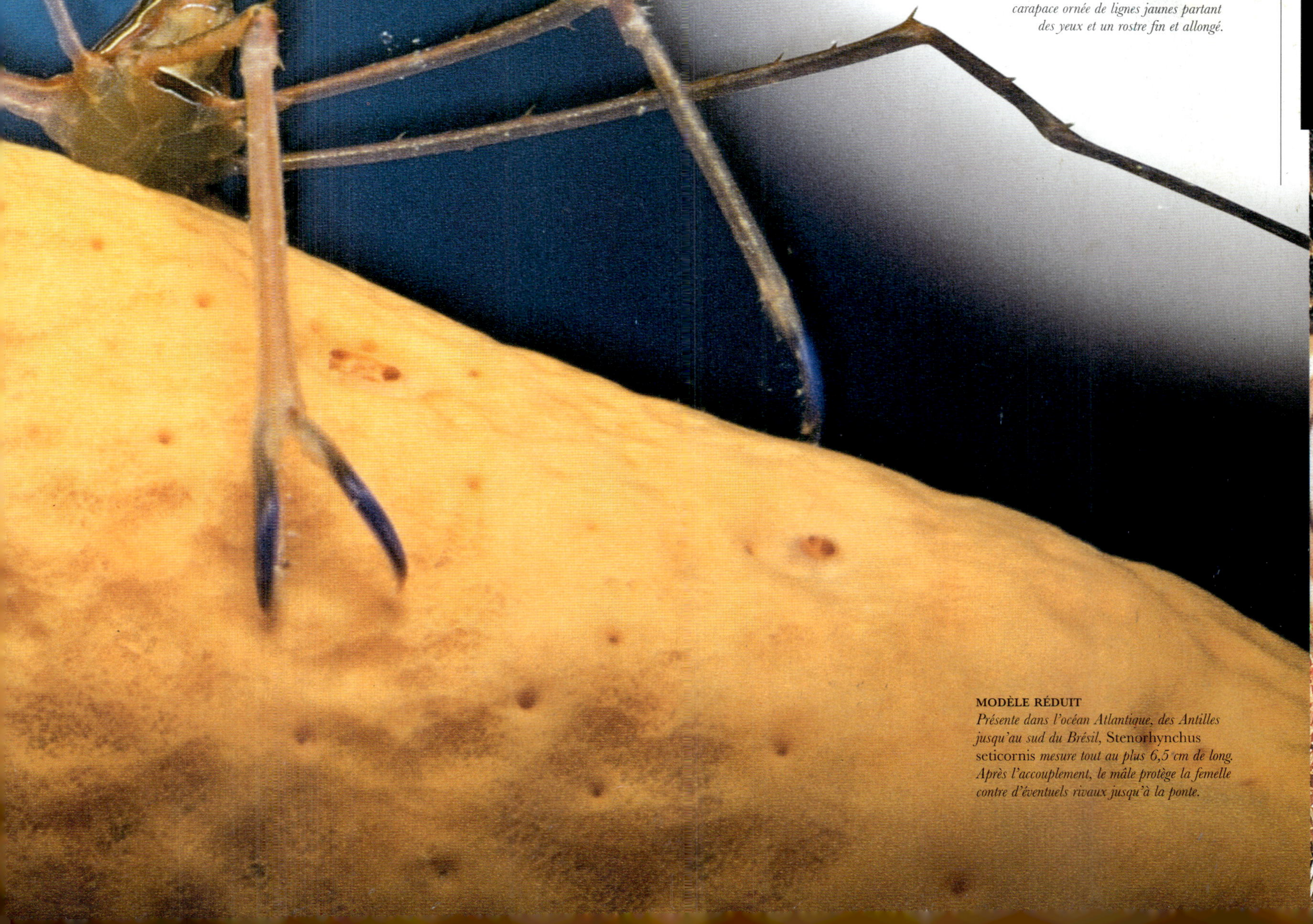

Classe MALACOSTRACÉS

Famille MAJIDAE

Araignées de mer

Occurrence 950 esp. dans tous les océans sauf Arctique et Antarctique, de la zone intertidale jusqu'à - 2000 m

Les araignées de mer se reconnaissent à leur carapace triangulaire, forme due à un rétrécissement du bord antérieur, souvent prolongé par un rostre allongé. Comme leur nom l'indique, elles ont généralement de longues pattes. Les chélipèdes, ou pattes à pinces, ne sont généralement pas plus longs que les autres appendices. L'animal s'en sert pour accrocher divers fragments (éponges, algues, hydroïdes, bois ou tubes de vers tubicoles) aux poils crochus recouvrant sa carapace et ses pattes. Chez certaines espèces, le corps peut être entièrement recouvert de ces détritus et donc difficilement repérable par les prédateurs. Lorsqu'elles sont forcées de changer de lieu, certaines adaptent leur camouflage à leur nouveau cadre de vie. Les araignées de mer varient beaucoup par la taille, les plus petites dépassant à peine 8 mm de long contre 50 cm pour l'espèce géante du Japon.

ARTHROPODE GÉANT
L'araignée de mer géante du Japon, Macrocheira kaempferi, *est le plus grand arthropode existant. Ses pattes peuvent atteindre 1,50 m de long.*

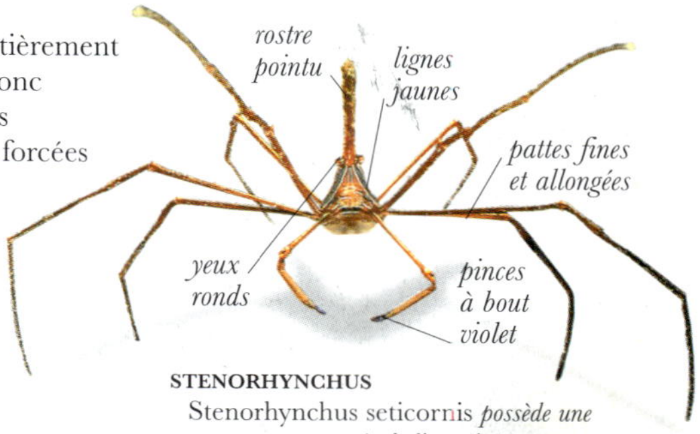

STENORHYNCHUS
Stenorhynchus seticornis *possède une carapace ornée de lignes jaunes partant des yeux et un rostre fin et allongé.*

INVERTÉBRÉS

MODÈLE RÉDUIT
Présente dans l'océan Atlantique, des Antilles jusqu'au sud du Brésil, Stenorhynchus seticornis *mesure tout au plus 6,5 cm de long. Après l'accouplement, le mâle protège la femelle contre d'éventuels rivaux jusqu'à la ponte.*

Classe MALACOSTRACÉS *suite*

GALATHÉES
Les Galatheidae avancent plutôt lentement, mais la plupart sont capables de se propulser vers l'arrière en contractant leur abdomen pour échapper à un prédateur. Nocturnes, ils se cachent durant la journée sous les pierres et dans les fissures. La galathée bigarrée, Galathea strigosa *(ci-dessus), est répandue en eau peu profonde au large des îles Britanniques, de la Scandinavie et en Méditerranée.*

PAGURES
Également appelées bernards-l'ermite, les Paguridae ont pour principale caractéristique de vivre dans une coquille de mollusque gastéropode avec laquelle ils se déplacent et dont ils changent régulièrement à mesure qu'ils se développent. Le bernard-l'ermite commun, Pagurus bernhardus *(ci-dessus), vit sur les côtes rocheuses ou sableuses du nord et de l'ouest de l'Europe.*

CÉNOBITES
Comme les Paguridae, les Cenobitidae vivent dans une coquille avec laquelle ils se déplacent. Faisant exception à cette règle, le crabe des cocotiers, Birgus latro *(ci-dessus), est le plus lourd des crustacés terrestres : il peut peser jusqu'à 4 kg. Bon grimpeur, il se nourrit essentiellement de noix de coco, mais sa lenteur à la marche le rend vulnérable. Aussi se fait-il rare par endroits.*

ÉCREVISSES
Les Astacidae sont des crustacés dulçaquicoles évoquant des petits homards. Les trois premières pattes sont munies de pinces, la première étant la plus volumineuse. Ils passent le plus clair de leur temps enfouis dans les alluvions ou la vase et ne sortent qu'à la nuit tombée. Animal de torrents, Austropotamobius pallipes *(ci-dessus) vit dans les régions calcaires du sud-ouest de l'Europe.*

HOMARDS, LANGOUSTES ET LANGOUSTINES
Parfois longs de 1 m, les Nephropidae sont les crustacés les plus gros et les plus importants commercialement. La carapace est plus ou moins cylindrique et parsemée de sillons transversaux. L'abdomen est allongé, et le large telson permet à l'animal de se propulser vers l'arrière pour échapper à ses prédateurs. Le homard commun, Homarus gammarus *(ci-dessus), est bleu sur le dessus et jaunâtre sur le dessous. Il se sert de ses grosses pinces pour ouvrir les mollusques, dont il se nourrit durant la nuit.*

CLOPORTES ARMADILLIDIIDES
Les Armadillidiidae sont capables de se rouler en boule pour se protéger d'un danger. Ils ont le dos bombé et le bord postérieur arrondi. Généralement terrestres, ils possèdent deux paires d'organes respiratoires (pseudotrachées) sur les appendices abdominaux. Comme chez beaucoup de cloportes, les jeunes éclosent avec une paire de pattes en moins que les adultes. Ci-dessus le cloporte des jardins, Armadillidium vulgare.

CLOPORTES ONISCIDES
Généralement terrestres, les Oniscidae vivent dans les micro-habitats humides, dans le bois pourri, sous les pierres ou dans les grottes. Ils ont un corps aplati à segmentation claire et sont dépourvus de carapace. Les femelles possèdent une poche incubatrice à la base des cinq premières pattes ambulatoires ou péréiopodes. Le cloporte des murs ou cloporte brillant, Oniscus asellus *(à gauche), a le corps brunâtre, moucheté de gris, et présente deux rangées de taches claires.*

MYSIS
Les mysis (crevettes) ont de part et d'autre du telson une paire d'appendices à la base desquels se trouvent des capteurs de mouvement. La plupart vivent dans les estuaires ou en mer (du littoral jusqu'aux fonds), où elles nagent librement. Leur corps allongé et mou est souvent translucide, mais les espèces benthiques sont rouges. La plupart forment des bancs constituant une source importante de nourriture pour les poissons et les hommes.

GAMMARES, PUCES DE MER
Fixés aux algues, les Caprellidae attrapent la nourriture passant à leur portée. Ils ne nagent pas. Leur corps est très fin avec un thorax allongé et un abdomen minuscule. Le spécimen ci-contre appartient au genre Caprella, *qui, avec 140 espèces, est le plus important de la famille. Certaines espèces apparentées vivent sur les baleines et les dauphins.*

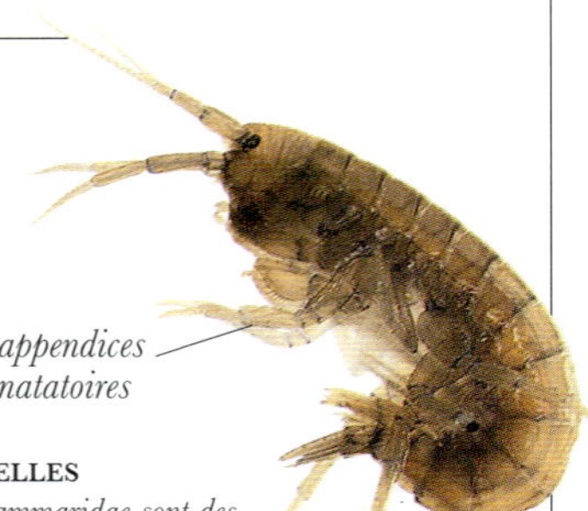

CAPRELLES
Les Gammaridae sont des crustacés littoraux ou dulçaquicoles vivant souvent parmi les plantes pourrissantes. La plupart, comme l'espèce européenne ci-dessus, peuvent se propulser vers l'arrière en contractant leur abdomen afin d'échapper à leurs prédateurs.

Pycnogonides

PHYLUM	Arthropodes
SUBPHYLUM	Chélicérates
CLASSE	Pycnogonides
ORDRE	1 (Pantopodes)
FAMILLES	9
ESPÈCES	Env. 1 000

Les pycnogonides sont des arthropodes marins à allure d'araignée. Leur petit corps cylindrique est entouré de pattes très allongées pouvant atteindre 75 cm d'envergure. Ils sont représentés dans tous les océans, du littoral jusqu'aux fonds. La plupart vivent au fond de l'eau, mais certains sont nageurs. C'est en profondeur que l'on en trouve le plus grand nombre d'espèces et d'individus.

Anatomie

Le corps des pycnogonides se compose d'une tête ou céphalon, d'un tronc trisegmenté et d'un abdomen court. Le céphalon porte un tubercule oculaire (quatre yeux), une trompe pour s'alimenter, deux appendices terminés par une pince (chélicères) et une paire de palpes. La plupart possèdent quatre paires de pattes locomotrices partant des segments du tronc, mais certaines espèces en ont cinq ou six. Les pattes antérieures servent à l'animal à porter ses œufs et à faire sa toilette. Les Pycnogonides sont dépourvus d'organes respiratoires et digestifs. Les gaz et les substances dissoutes sont absorbés par diffusion.

Alimentation

La plupart des pycnogonides sont carnivores et se nourrissent d'animaux marins à corps mou, comme les éponges, les anémones, les coraux, les hydroïdes ou les bryozoaires. Ils se mettent à califourchon sur leurs proies et en aspirent les tissus avec leur trompe ou bien en arrachent des petits morceaux avec leurs chélicères et les portent à la bouche.

À CALIFOURCHON
Ce pycnogonide se repaît d'une colonie d'hydroïdes. Les pattes restent statiques, tandis que le corps se déplace d'un polype à l'autre.

Famille NYMPHONIDAE
Nymphonidés

Occurrence 175 esp. vivant dans l'océan Atlantique, de la zone intertidale aux hauts-fonds

Très élancés et munis d'une grosse trompe, les nymphonidés, longs de 1 à 8 mm, sont plus actifs et nagent mieux que la plupart des pycnogonides. Les chélicères, situés à l'avant, sont griffus. Mâles et femelles sont pourvus d'appendices (ovigères) à 10 segments pouvant porter jusqu'à 1 000 œufs chacun. Les pattes locomotrices sont au nombre de quatre à six paires. Les nymphonidés se nourrissent d'invertébrés à corps mou, tels qu'hydroïdes ou bryozoaires. La plupart vivent en eau profonde, mais certains sont littoraux.

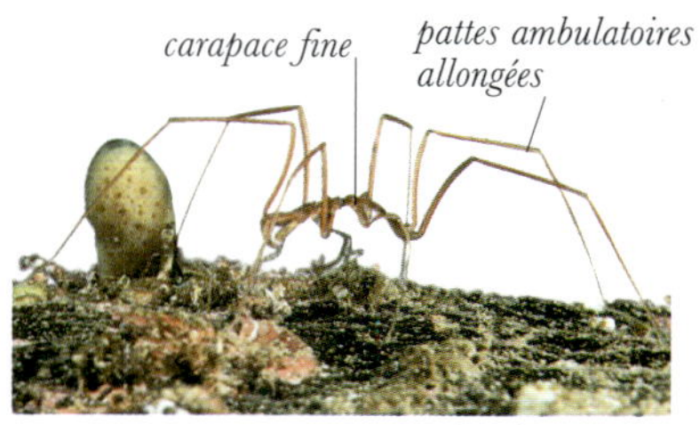

***NYMPHON* SP.**
Ces animaux au corps lisse passent souvent inaperçus en raison de leur petite taille. Les pattes sont trois ou quatre fois plus longues que le corps.

Mérostomes

PHYLUM	Arthropodes
SUBPHYLUM	Chélicérates
CLASSE	Mérostomes
ORDRE	1 (Xiphosures)
FAMILLES	1 (Limulidae)
ESPÈCES	4

Ce groupe jadis prospère et varié n'est plus aujourd'hui représenté que par les limules. La plupart des espèces se sont éteintes il y a environ 300 millions d'années. Il ne s'agit pas de crustacés, mais de proches parents des arachnides. Ils vivent dans les hauts-fonds au large des côtes de l'Amérique du Nord et de l'Asie du Sud-Est. C'est au printemps qu'on a le plus de chance de les observer, lorsqu'ils sortent de l'eau pour frayer et pondre.

Anatomie

Tête et thorax forment ensemble un énorme céphalothorax recouvert d'une cuirasse en forme de fer à cheval. Il porte six paires d'appendices : deux chélicères, deux palpes et huit pattes locomotrices. L'abdomen porte cinq paires de pattes portant les branchies foliacées et se termine par un telson allongé formant comme une épée. L'animal possède deux yeux simples sur le devant et un œil composé de part et d'autre du céphalothorax.

Alimentation

Les limules se nourrissent de mollusques, de vers et autres animaux marins qu'elles dénichent parmi les sédiments et dans la vase. Elles attrapent leurs proies avec leurs chélicères ou leurs quatre premières paires de pattes locomotrices et les portent à la bouche.

REPRODUCTION
Chaque année au printemps, les limules viennent frayer en masse sur la côte est des États-Unis. Les ovules sont pondus dans le sable, puis fécondés par les mâles.

Famille LIMULIDAE
Limules

Occurrence 4 esp. vivant sur les fonds marins, 1 en Amérique du Nord et 3 en Asie du Sud-Est

Les limules, dont il n'existe plus que quatre espèces, peuvent atteindre 60 cm de long. De couleur terne, leur corps est entièrement recouvert, à l'exception du telson, d'une cuirasse en forme de fer à cheval. L'abdomen est articulé au céphalothorax et porte sur le dessous des appendices munis de branchies. Lorsqu'il se retourne, l'animal se sert de son telson pointu et allongé pour se remettre à l'endroit. Certains constituants du sang bleu des limules ont été utilisés en médecine expérimentale.

LIMULUS POLYPHEMUS
La limule d'Amérique n'est pas encore menacée d'extinction, mais connaît un certain déclin en raison de la destruction progressive de son habitat naturel. Ses œufs constituent une source importante de nourriture pour de nombreux oiseaux marins.

ARACHNIDES

PHYLUM	Arthropodes
SUBPHYLUM	Chélicérates
CLASSE	Arachnides
ORDRES	12
FAMILLES	450
ESPÈCES	75 500

CETTE CLASSE VARIÉE comprend notamment les araignées, les scorpions et les opilions (faucheurs), mais l'ordre le plus répandu et le plus représenté est de loin celui des acariens. Tous les arachnides ont le corps divisé en deux parties et quatre paires de pattes (contrairement aux insectes, qui ont un corps en trois parties et trois paires de pattes). La plupart sont terrestres, mais environ 10 % des acariens (et une espèce d'araignée) vivent en eau douce.

ANATOMIE

Le corps des arachnides se compose d'un céphalothorax (tête et thorax réunis) et d'un abdomen parfois pédonculé.

Le céphalothorax porte six paires d'appendices : les chélicères, servant essentiellement à l'alimentation, les pédipalpes, en forme de pattes ou de pinces volumineuses, et quatre paires de pattes locomotrices, dont la première, plus allongée, remplit chez certaines espèces une fonction plutôt sensorielle.

L'abdomen peut être segmenté et se terminer par une sorte de queue. Il renferme les organes respiratoires : les échanges gazeux se font par l'intermédiaire de trachées ou de poumons. Chez les araignées, l'abdomen contient aussi des glandes séricigènes.

ALIMENTATION

La plupart des arachnides sont prédateurs, mais certains se nourrissent de matières organiques en décomposition ou sont parasites. Les espèces de grande taille font surtout usage de la force physique pour venir à bout de leurs proies, mais araignées, scorpions et pseudoscorpions peuvent aussi injecter du venin. Munis de pièces buccales réduites, ils ne peuvent avaler que des substances liquides. Aussi sont-ils souvent obligés de réduire leur victime en bouillie en la couvrant d'une enzyme digestive. Les scorpions sont dotés d'un vestibule prébuccal dans lequel les petits morceaux sont partiellement digérés. Certaines araignées repèrent leurs proies par la vue et s'en emparent à la dérobée, tandis que d'autres tissent des toiles parfois assez grandes et résistantes pour capturer des petits oiseaux. Les araignées rétiaires fabriquent des petits filets qu'elles tiennent entre leurs pattes et jettent sur la première proie venue.

REPRODUCTION

Chez la plupart des arachnides, le mâle se sert de ses pédipalpes, de ses chélicères ou de ses pattes pour transmettre un spermatophore à la femelle. Chez les scorpions, la ponte et l'éclosion sont quasi simultanées, alors que chez d'autres espèces l'éclosion se fait dans l'abdomen de la femelle. Les arachnides prennent soin de leur progéniture.

CHASSE
Comme la plupart des araignées, cette lycose se nourrit de proies vivantes. Elle vient de capturer un criquet qu'elle dépèce avec ses chélicères, terminés chacun par un crochet mobile, et manipule avec ses pédipalpes. Dotés d'une très bonne vue, les Lycosidae chassent généralement de nuit.

Ordre SCORPIONS

SCORPIONS

LES SCORPIONS, arachnides les plus anciens, se reconnaissent à leurs pédipalpes modifiés en pinces volumineuses et à leur appareil venimeux constitué d'une vésicule et d'un aiguillon. Ils chassent à la tombée de la nuit, repérant leurs proies au toucher. L'aiguillon sert parfois à paralyser la victime, mais sa fonction principale est défensive. Les femelles, ovovivipares, portent leur progéniture sur le dos. Il en existe 9 familles et 1 400 espèces.

Famille BUTHIDAE

Buthidés

Occurrence 520 esp. vivant en climat tempéré à chaud, dans les fissures, sous les pierres, les rondins ou l'écorce

Malgré leur petite taille – 8 à 12 cm de long –, les buthidés sont les scorpions les plus dangereux. Leur piqûre peut paralyser le cœur et l'appareil respiratoire.

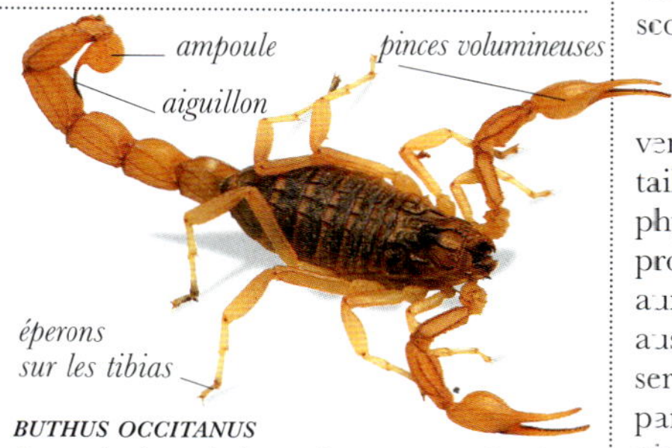

BUTHUS OCCITANUS
Le scorpion jaune du Languedoc se rencontre dans le sud de la France, l'ensemble du bassin méditerranéen et en Asie occidentale. Il existe un antidote à son venin.

Famille SCORPIONIDAE

Scorpionidés

Occurrence 130 esp. vivant en Afrique, Asie et Australie, dans les fissures et les grottes, sous les pierres et les rondins

Cette famille comprend les plus grands scorpions existants, certains pouvant atteindre 21 cm de long. Malgré leur air menaçant, ils sont moins venimeux que les espèces de petite taille et usent surtout de la force physique pour venir à bout de leurs proies. Ils s'attaquent notamment aux araignées et aux lézards, mais aussi aux petits mammifères. Ils se servent de leur aiguillon pour paralyser leur victime et pour se piquer entre eux lors des rituels nuptiaux. La portée, comprenant 30 à 35 jeunes, reste pendant quelque temps avec la mère. Les scorpionidés ont un sternum pentagonal, alors que celui des buthidés est triangulaire.

PANDINUS IMPERATOR
Ce scorpion peut peser jusqu'à 60 g. Il se rencontre dans les forêts tropicales d'Afrique centrale et occidentale, parmi les débris végétaux.

Ordre PSEUDOSCORPIONS

PSEUDOSCORPIONS

AINSI NOMMÉS en raison de leur absence de « queue » et d'aiguillon, ces faux scorpions, dont il existe 3 300 espèces et 29 familles, sont par ailleurs similaires aux scorpions. Ils ont des pédipalpes en forme de pinces dotés d'une glande à venin et tissent un nid dans lequel ils muent, soignent leur progéniture et hivernent. Les œufs sont pondus dans une poche incubatrice. Chez certaines espèces, la femelle se disperse en s'accrochant à d'autres animaux.

Famille NEOBISIIDAE

Néobisiidés

Occurrence 500 esp. vivant surtout dans l'hémisphère Nord, parmi les débris végétaux, dans la terre ou les grottes

Habitat Terrestre

Vert olive à brun foncé avec des nuances rouges, jaunes ou crème, les néobisiidés n'excèdent pas 5 mm de long. Ils ont généralement quatre yeux, mais les espèces cavernicoles en ont moins, voire pas du tout. Les pattes sont souvent verdâtres et présentent un tarse biarticulé. La pince des pédipalpes est dotée d'une glande à venin située dans la partie fixe. Après avoir paralysé sa proie, l'animal la dépèce avec ses pièces buccales.

NEOBISIUM MARITIMUM
Long de 3 à 3,5 cm, ce pseudoscorpion loge dans les fissures des rochers et sous les pierres. Il se rencontre sur les côtes irlandaises, anglaises et françaises.

Famille CHELIFERIDAE

Chéliférides

Occurrence 300 esp. vivant surtout en climat chaud, parmi les débris végétaux ou sur l'écorce des arbres

Contrairement aux Neobisiidae, les Cheliferidae ont une glande à venin dans chacun des deux éléments des pinces, dont le bord interne n'est pas denté. Longs de 1,5 à 5 mm, ils ont généralement deux yeux. Le corps est brun clair ou foncé à noir, avec des nuances de vert olive ou de rouge et des marques sombres. Comme chez beaucoup d'arachnides, les préliminaires nuptiaux sont assez complexes : le mâle et la femelle dansent ensemble en se tenant par les pédipalpes.

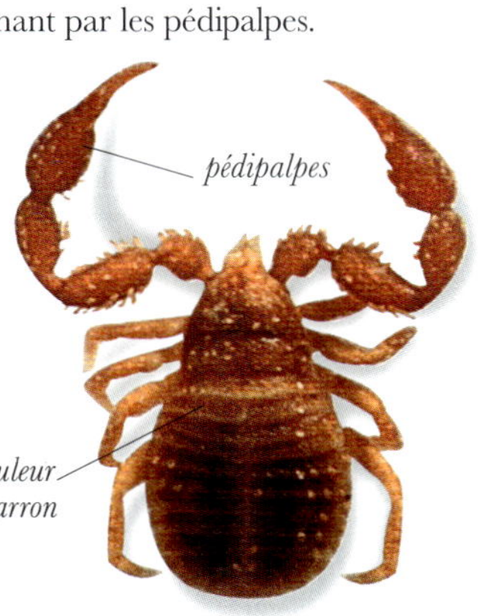

DACTYLOCHELIFER SP.
La plupart des espèces de ce genre sont répandues dans tout l'hémisphère Nord, mais certaines sont confinées aux régions côtières.

Ordre SOLIFUGES

SOLIFUGES

NI ARAIGNÉES NI SCORPIONS, les solifuges sont des arachnides dépourvus de glandes à venin. Ils tuent et broient leurs proies au moyen de chélicères très développées. Les pédipalpes en forme de pattes et munis de ventouses permettent à l'animal de maintenir sa proie tandis qu'il la dévore. Il en existe 12 familles et environ 1 000 espèces, vivant pour la plupart en Amérique du Nord ou sous les tropiques.

Famille SOLPUGIDAE

Solpugides

Occurrence 200 esp. vivant en Afrique et au Moyen-Orient, sous les pierres, les rondins ou dans le sable

Brun pâle ou jaunâtres, parfois marqués de couleurs vives, ils mesurent entre 0,6 et 6 cm de long. Leurs quatre paires de pattes ont un nombre variable de tarses et toutes sauf la première se terminent par une pince lisse. Les chélicères, servant à tuer des proies, pointent vers l'avant. Les espèces de petite taille et les larves se nourrissent de termites. Les femelles pondent de 20 à 100 œufs agglutinés. Certaines espèces sont diurnes, d'autres se cachent durant la journée dans le sable ou sous les pierres et chassent dans la canopée à la nuit tombée.

METASOLPUGA PICTA
Cette espèce vit dans le désert du Namib. Comme tous les solpugides, elle mord à l'occasion, mais n'est pas venimeuse.

Famille AMMOTRECHIDAE

Ammotréchides

Occurrence 72 esp. vivant dans les régions chaudes d'Amérique centrale et du Nord, dans les souches pourries

Les ammotréchides mesurent entre 0,4 et 2 cm de long et existent dans toutes les nuances de brun. Le bord antérieur de la tête est arrondi et les tarses de la première paire de patte sont dépourvus de pinces. Beaucoup d'espèces sont nocturnes et passent la journée enfouies dans la terre. Certaines parmi les plus petites se cachent dans les termitières ou dans les galeries des insectes xylophages. Ces solifuges s'attaquent à divers arthropodes. Chaque femelle pond durant sa vie au moins deux amas de 20 à 150 œufs.

AMMOTRECHELLA STIMPSONI
Répandue en Floride et dans les Antilles, cette espèce vit dans l'écorce des troncs pourris ou dans les arbres infestés de termites.

INVERTÉBRÉS

Ordre **Uropyges**

Scorpions à fouet

Ces arachnides à corps aplati se caractérisent par leur telson en fouet, appelé flagelle. Pour se défendre, ils projettent de l'acide formique ou acétique sécrété par une paire de glandes abdominales. Leurs chélicères sont semblables à ceux des araignées. Il en existe 2 familles et 99 espèces.

Famille **Thelyphonidae**

Vinaigriers

Occurrence 75 esp. vivant en Asie du Sud-Est et en Amérique, parmi les débris végétaux, les pierres ou le bois pourri

Les vinaigriers chassent à la nuit tombée et passent la journée dans un terrier. Ils sont dépourvus d'aiguillon, mais envoient des jets d'acide à plus de 60 cm et pincent très fort avec leurs pédipalpes. Ils peuvent atteindre 7,5 cm de long sans le flagelle.

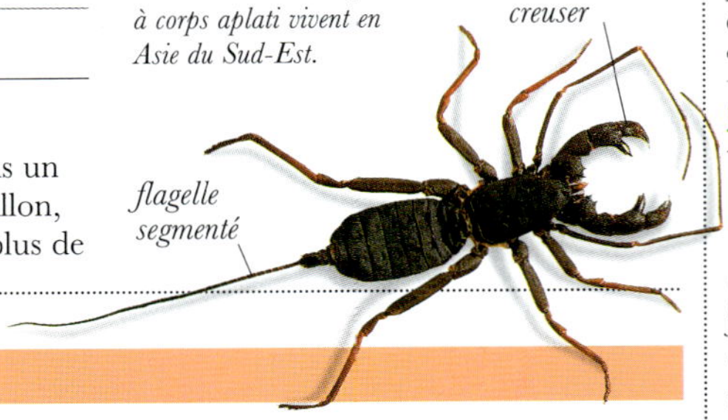

***THELYPHONUS* SP.**
Ces arachnides brun foncé à corps aplati vivent en Asie du Sud-Est.

Ordre **Amblypyges**

Amblypyges

Ces arachnides, dont il existe 3 familles et 130 espèces, ne piquent ni ne mordent. Ils sont nocturnes et cavernicoles et possèdent des chélicères comparables à ceux des araignées, de grands pédipalpes brillants et une première paire de pattes très allongée.

Famille **Phrynidae**

Phrynes

Occurrence 52 esp. en zone tropicale ou subtropicale, sous les pierres, l'écorce, les débris végétaux, dans les grottes

Longs de 0,5 à 6 cm, les phrynes sont bruns avec des dessins foncés. Ils fuient en courant de biais et par soubresauts. Les femelles portent leur progéniture des mois durant dans une poche ventrale.

***PHRYNUS* SP.**
Au repos, ce phryne d'Amérique centrale rabat ses longues pattes antérieures vers l'arrière.

Ordre **Opilions**

Faucheurs

Les faucheurs, ou faucheux, sont souvent confondus avec des araignées, dont ils se distinguent pourtant par un corps arrondi et l'absence de taille fine. Les très longues pattes se terminent par une à trois griffes microscopiques. Les pièces buccales sont petites, mais sécrètent une substance toxique à fonction défensive. La fécondation est directe, ce qui constitue une exception chez les arachnides. Il en existe 40 familles et 5 000 espèces.

Famille **Cosmetidae**

Cosmétidés

Occurrence 450 esp. vivant dans les régions tropicales d'Amérique, sous les pierres ou parmi les débris végétaux

Comme la plupart des faucheurs, les cosmétidés sont ternes, à l'exception de certaines espèces tropicales vertes ou jaunes. Quelques-uns peuvent changer de couleur en deux ou trois semaines afin de se fondre dans l'environnement. Ils mesurent entre 5 et 11 mm de long. Les mâles sont généralement plus petits que les femelles, mais leurs appendices sont plus allongés et leurs chélicères plus volumineux. Les yeux, médians, sont rassemblés au sommet d'une éminence commune. Dotées d'un long ovipositeur, les femelles pondent dans les fissures et les crevasses du sol.

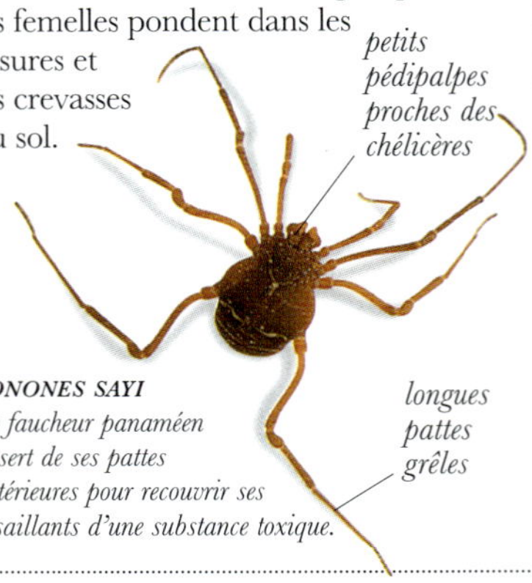

VONONES SAYI
Ce faucheur panaméen se sert de ses pattes antérieures pour recouvrir ses assaillants d'une substance toxique.

Famille **Phalangiidae**

Phalangiidés

Occurrence 200 esp. de par le monde, logeant sous les pierres, parmi les débris végétaux ou dans l'herbe

Les phalangiidés peuvent atteindre 10 cm d'« envergure », mais leur corps mou dépasse rarement 1 cm de long. Comme chez d'autres faucheurs, leurs yeux sont médians et rassemblés sur une éminence commune. Les chélicères des mâles sont plus gros que ceux des femelles. Celles-ci pondent de 20 à 100 œufs à la fois, dans le sol ou sous l'écorce d'un arbre. La plupart des espèces sont nocturnes et hygrophiles. Les phalangiidés sont à la fois prédateurs et saprophages.

PHALANGIUM OPILIO
Répandu dans l'hémisphère Nord, ce faucheur diurne, gris clair à jaune, affectionne le soleil et vit dans les clairières, les jardins et les prairies.

Ordre **Acariens**

Acariens

Les acariens, dont il existe 300 familles et plus de 30 000 espèces, sont représentés dans la plupart des habitats, notamment terrestres. Beaucoup nuisent aux cultures et aux denrées entreposées, alors que d'autres parasitent les mammifères, les oiseaux ou les reptiles. La plupart mesurent moins de 1 mm de long, mais certains, comme les tiques, sont beaucoup plus volumineux repus qu'à jeun. Leur corps est non segmenté.

Famille **Ixodidae**

Tiques

Occurrence 650 esp. vivant en parasites des oiseaux, des mammifères ou de certains reptiles

Les tiques sont protégées par une plaque dorsale couvrant l'ensemble du corps chez le mâle et seulement la partie antérieure chez la femelle. L'abdomen est mou et extensible, ce qui permet à l'animal de se gorger de sang. Le devant de la tête fait saillie et porte les pièces buccales. Les tiques mesurent de 0,2 à 1 cm de long, mais augmentent de volume en s'alimentant. Leur couleur va du jaune au marron foncé. Certaines peuvent transmettre à l'homme ou aux animaux domestiques des maladies virales comme l'encéphalite ou la borréliose (maladie de Lyme).

AMBLYOMMA AMERICANUM
La tique étoilée est répandue dans les prairies d'Amérique centrale.

Famille **Trombidiidae**

Trombidions

Occurrence 250 esp. vivant surtout en zone tropicale, dans ou sur la terre, parfois en association avec l'eau douce

Adultes, ces acariens rouge vif ou orange se nourrissent d'œufs d'insectes, mais les larves, appelées aoûtats, vivent en parasites des insectes, des araignées et des faucheurs. Les trombidions sortent souvent de terre après la pluie pour se reproduire ou pondre.

***TROMBIDIUM* SP.**
Les représentants de ce genre se rencontrent presque partout dans le monde. Cette espèce sud-africaine peut atteindre 1 cm de long.

Famille **Tetranychidae**

Tétranyques (araignées rouges)

Occurrence 650 esp. de par le monde, vivant sur diverses plantes herbacées ou ligneuses

Habitat Tous

Long de 0,2 à 0,8 cm, ces acariens à corps mou, jaune, orange ou rouge, sont souvent séricigènes. Les œufs sont pondus sur des feuilles et les jeunes sont protégés par des toiles de soie. En suçant massivement la sève des plantes, les tétranyques provoquent leur étiolement ou l'apparition de taches foliaires.

***TETRANYCHUS* SP.**
Abondantes en zone tempérée, les araignées rouges peuvent se reproduire quatre à cinq fois par an. Elles nuisent aux arbres fruitiers à feuilles caduques.

Ordre ARANÉIDES

ARAIGNÉES

LES ARAIGNÉES se distinguent des autres arachnides par leur aspect et leur faculté à produire de la soie. Leurs yeux sont généralement au nombre de huit et leur corps se compose d'un céphalothorax et d'un abdomen. La bouche est flanquée de deux chélicères venimeux et d'une paire de pédipalpes (pattes-mâchoires) à fonction sensorielle, servant aussi au transfert du sperme. Toutes les araignées sont prédatrices. Certaines tissent une toile pour capturer leur proie, mais la soie peut aussi servir à protéger les œufs, à se laisser descendre ou même à se déplacer par la voie des airs. Il en existe une centaine de familles et au moins 40 000 espèces vivant dans tous les habitats terrestres, de la forêt tropicale humide jusqu'aux grottes et aux cavernes.

Famille ARANEIDAE

Épeires, argiopes

Occurrence 4 000 esp. de par le monde, vivant dans les prairies, les bois, les forêts ou les jardins

Habitat Terrestre

La plupart des araignées de cette famille tissent des toiles circulaires pour capturer leurs proies. Le piège, en fils de soie tantôt visqueuse tantôt sèche, se compose d'un moyeu, de rayons et de spirales. Une fois la victime prisonnière, l'araignée l'emmaillote de soie, la détache et l'emporte pour la dévorer. Certaines espèces sécurisent leur toile par des bandes opaques, bien visibles, de façon que les oiseaux ne l'arrachent pas au passage. Quelques aranéidés chassent les papillons de nuit en laissant tout simplement pendre un fil à l'extrémité duquel se trouve une goutte de glu. Chez certaines espèces, comme les *Nephila* de Papouasie-Nouvelle-Guinée, la toile est si solide que les indigènes s'en servent comme filet de pêche. Longs de 0,2 à 4,6 cm, les aranéidés ont l'abdomen souvent très coloré et orné de dessins, présentant chez certaines espèces tropicales une forme curieuse et des proportions énormes. Les pattes sont terminées par trois griffes pectinées. Des huit yeux, les quatre médians forment souvent un carré. Les mâles viennent courtiser les femelles sur leur toile. Celles-ci pondent dans un cocon en soie caché parmi les débris végétaux ou bien fixé sur une plante ou l'écorce d'un arbre.

ARANEUS DIADEMATUS
De couleur variable (rouge clair à quasi noir), l'épeire diadème ou porte-croix vit dans les bois et les jardins d'Europe et d'Amérique du Nord. Sa toile peut atteindre près de 50 cm de diamètre.

GASTERACANTHA SP.
Ces aranéidés à corps dur et abdomen épineux vivent en Amérique du Nord et du Sud. On les voit souvent suspendues au moyeu de leur toile, parmi les buissons et les branches d'arbres ou bien sur les murs des habitations.

MICRATHENA GRACILIS
Ces araignées à abdomen épineux et tuberculé vivent dans les bois et les forêts d'Amérique du Nord.

Famille AGELENIDAE

Agélènes et tégénaires

Occurrence 700 esp. vivant dans les prairies, jardins, broussailles, habitations, parmi les pierres, sur les murs

Longs de 0,6 à 2 cm, les agélénidés ont souvent les pattes allongées, le corps couvert de poils courts et plumeux, huit yeux et l'abdomen grêle et orné de barres, de chevrons ou de points foncés. Leur toile se compose d'une plate-forme et d'un tunnel horizontal. Chez certaines espèces, les petits mangent la nourriture régurgitée par leur mère et il leur arrive de dévorer cette dernière lorsqu'elle meurt.

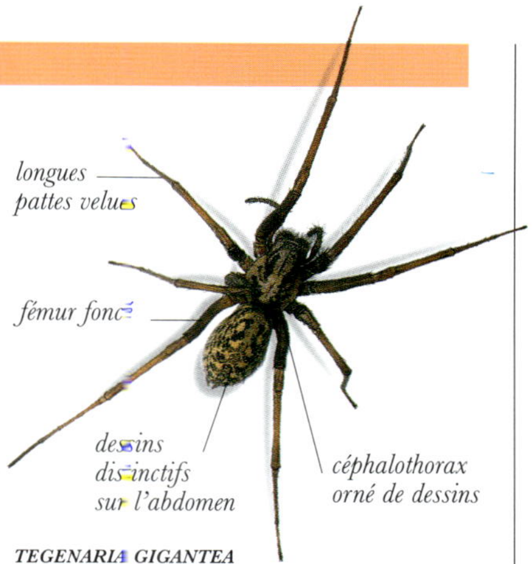

TEGENARIA GIGANTEA
Très rapide à la course, cette grosse araignée peut atteindre 8 cm d'«envergure». Les tégénaires, que l'on trouve souvent dans les baignoires, sont communément appelées araignées des maisons.

Famille ARGYRONETIDAE

Argyronète

Occurrence 1 esp. vivant en Europe et dans certaines régions d'Asie, dans les cours d'eau lents ou les étangs

Longue de 0,7 à 1,5 cm, l'argyronète est la seule araignée véritablement aquatique. Elle transporte de l'air entre les poils denses de son abdomen afin d'alimenter une bulle ancrée à la végétation aquatique. C'est dans cette cloche soyeuse que l'animal s'alimente, se reproduit et hiverne. Les œufs, emmaillotés de soie, y sont conservés.

ARGYRONETA AQUATICA
Cette araignée vit en permanence dans l'eau soit stagnante, soit s'écoulant lentement. L'air, prisonnier de son duvet abdominal, lui confère un aspect argenté.

Famille DIPLURIDAE

Dipluridés

Occurrence 250 esp. dans les régions tropicales d'Amérique, d'Afrique et d'Australie ; dans les arbres ou au sol

Longs de 1 à 3 cm et brun foncé, les dipluridés appartiennent au groupe des mygalomorphes, comprenant aussi les mygales (voir p. 593). Ces araignées, plus primitives que les aranéomorphes, se distinguent de celles-ci par les chélicères, qui se replient parallèlement à l'axe du corps au lieu de se fermer comme des pinces. La plupart des dipluridés tissent une toile en forme de tunnel conduisant à une fissure dans une souche ou un rocher. Certains sont très venimeux.

ATRAX ROBUSTUS
Cette araignée du sud de l'Australie est agressive, et sa morsure, très douloureuse, peut être mortelle pour l'homme.

Famille LINYPHIIDAE

Linyphiidés

Occurrence 4 200 esp. dans les zones tempérées à froides de l'hémisphère Nord ; sur les pierres, parmi la végétation

Ces araignées minuscules dépassent rarement 1 cm de long. Elles sont munies de gros chélicères à crochet acéré. Les pattes sont couvertes de soies rigides et la carapace des mâles présente parfois des tubercules oculaires. Les linyphiidés vivent parmi les débris végétaux ou bien tissent dans la végétation une toile sèche en forme de hamac. Les sacs ovigères sont fixés aux pierres ou aux plantes. Ces araignées parcourent de grandes distances en tendant un fil de soie que le vent entraîne.

GONATIUM SP.
Répandues dans l'hémisphère Nord, ces petites araignées affectionnent les broussailles et les prairies ombragées.

INVERTÉBRÉS

Ordre ARANÉIDES *suite*

Famille SALTICIDAE

Salticides, araignées sauteuses

Occurrence 5 000 esp. de par le monde, vivant dans les prairies, les bois, les forêts et les jardins

Les salticides forment l'un des plus grands groupes d'araignées. La plupart ont un corps robuste et velu, long de 2 à 16 cm. Elles sont généralement ternes, mais nombre d'espèces tropicales sont vivement colorées et ornées de dessins élaborés. Certaines ressemblent beaucoup à des fourmis, imitant leurs proies aussi bien par l'aspect que par le comportement. Bien que les espèces diffèrent beaucoup entre elles, toutes ont en commun des yeux proéminents. Quatre d'entre eux se trouvent sur l'avant du céphalothorax, qui est rectangulaire alors que l'arrière est arrondi. Beaucoup plus grands, les deux yeux médians, comparables aux phares d'une voiture ancienne, permettent à l'animal de percevoir très précisément distances, formes et mouvements.
De toutes les araignées, les salticides sont celles qui voient le mieux. L'arrière de la capsule oculaire peut bouger à l'intérieur de la tête de manière à conserver l'image de la proie centrée sur la rétine. Les yeux latéraux, moins grands, et les yeux situés sur l'arrière de la carapace perçoivent les mouvements. Animaux diurnes, les saltiques poursuivent les insectes au sol, sur les murs et dans les broussailles, généralement en plein soleil. Pour s'en emparer, elles sautent sur leurs proies, d'où leur nom. Lorsqu'il fait mauvais, elles se retirent dans un petit cocon soyeux aménagé dans une fissure ou une crevasse. C'est également là qu'elles hivernent et muent. Pondus parmi la végétation, dans l'écorce des arbres ou les mousses, les œufs sont emmaillotés dans de la soie et surveillés par la mère jusqu'à l'éclosion.

EUPHRYS SP.
Les Euphrys se rencontrent fréquemment sur le sol, dans l'herbe ou la végétation basse et sous les pierres. Comme chez beaucoup de salticides, les mâles se battent pour les femelles, le plus gros ayant généralement le dessus.

LE SAUT

Les salticides sautent pour attaquer mais aussi pour se défendre. La détente s'effectue par pression hydraulique au niveau de la dernière ou des deux dernières paires de pattes.

SALTICIDE À L'ŒUVRE
Avant de sauter, la salticide s'attache à un fil de soie au cas où elle serait déviée de sa trajectoire et chuterait. Cette espèce est appelée araignée-zèbre en raison de ses marques transversales. Les pièces buccales (chélicères) sont plus longues chez le mâle que chez la femelle.

ASPECT FRAPPANT

Les salticides tropicales sont parfois couvertes de poils irisés formant des dessins bigarrés. Certaines ont le dos rouge ou orange vif. Les mâles ont souvent les pattes antérieures élargies et des palpes ornés dont ils se servent pour attirer les femelles.

PHIDIPPUS REGIUS
Chez cette espèce du sud-est de l'Amérique du Nord, mâles et femelles disposent pour communiquer de plus de vingt signaux qu'ils exécutent avec les pattes et les palpes. D'autres espèces du même genre en font autant.

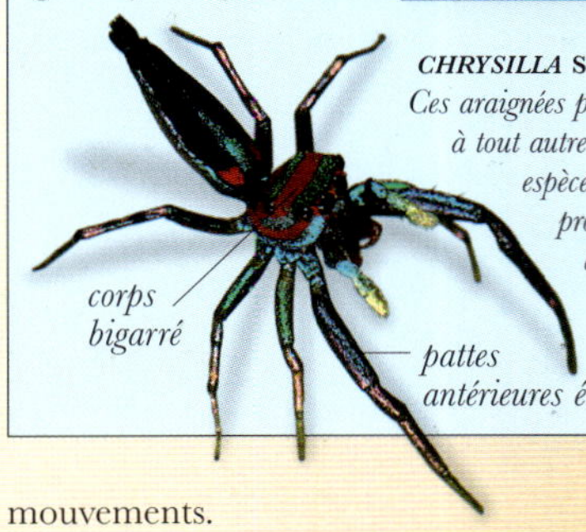

CHRYSILLA SP.
Ces araignées préfèrent les fourmis à tout autre insecte. Certaines espèces sautent sur leurs proies par-derrière, alors que d'autres les attaquent de front.

VUE AIGUISÉE
*Les deux yeux latéraux de cette salticide (*Salticus *sp.) peuvent détecter une proie en mouvement jusqu'à une distance de 25 cm. En se tournant, l'araignée fait entrer la victime dans le champ de vision de ses deux yeux médians, qui la perçoivent de manière très précise. Elle se dirige alors vers sa proie et lui saute dessus d'une distance de 5 à 10 cm.*

Ordre ARANÉIDES *suite*

Famille LYCOSIDAE

Lycoses, araignées-loups

Occurrence 3 000 esp. de par le monde, même dans les régions arctiques ; sur le sol, parmi les débris végétaux

Habitat Toujours terrestre

Longues de 0,4 à 4 cm, les lycoses ont une excellente vue, ce qui leur permet de chasser la nuit. Elles sont gris pâle à brun foncé, ornées de bandes, de rayures ou de points. Les femelles ont souvent les sacs ovigères attachés aux filières ; les espèces fouisseuses les déposent dans une chambre tapissée de soie. Elles portent leurs petits sur le dos. Certaines lycoses sont des prédateurs importants dans les écosystèmes agrestes. Cette famille comprend la fameuse tarentule, *Lycosa tarentula,* d'Europe méridionale.

PARDOSA AMENTATA
Cette espèce européenne est d'aspect variable. L'abdomen, par exemple, peut être brun ou gris.

Famille PHOLCIDAE

Pholques

Occurrence 350 esp. de par le monde ; dans les grottes, les débris végétaux, les coins sombres des bâtiments

Leurs pattes claires, beaucoup plus longues que le corps, donnent aux pholques, gris, verts ou bruns, un aspect grêle. Longs de 3 à 14 mm, ils possèdent huit yeux, trois de chaque côté et deux au milieu. Toutefois, quelques espèces cavernicoles sont aveugles. Les tarses, flexibles, présentent plusieurs fausses articulations. Les pholques tissent des toiles irrégulières, enchevêtrées, et emmaillotent rapidement leurs proies avant de les envenimer. Lorsqu'ils sont dérangés, ils font vibrer leur toile, ce qui les rend flous et insaisissables. Les femelles portent entre leurs chélicères de 15 à 20 œufs gris clair maintenus par de la soie.

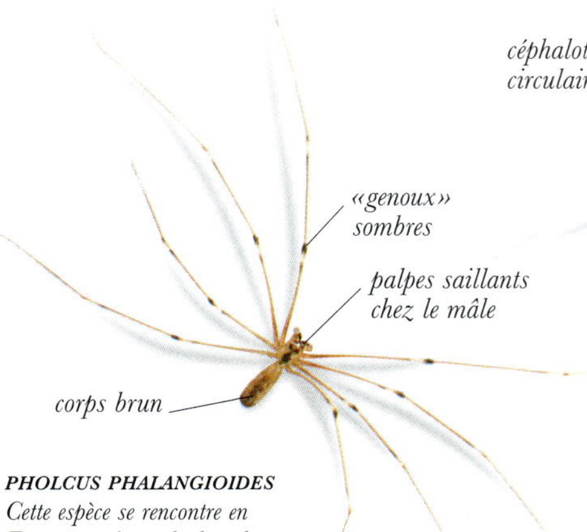

PHOLCUS PHALANGIOIDES
Cette espèce se rencontre en Europe continentale dans les grottes et souvent dans les habitations.

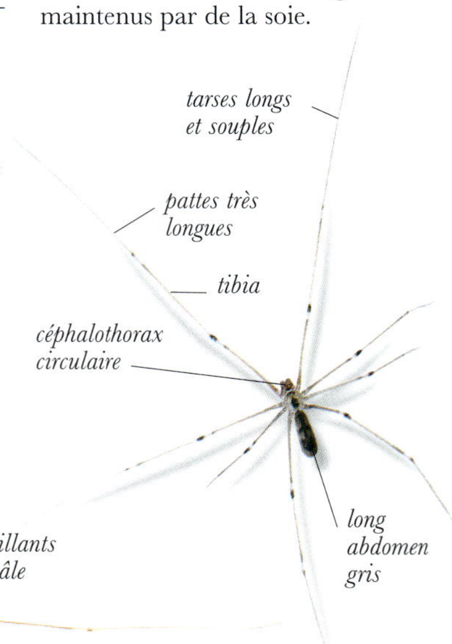

PHOLCUS SP.
Ces araignées logent dans les grottes, les fissures des rochers et les habitations, notamment en climat chaud. Toutes les espèces se ressemblent beaucoup et seul l'examen des organes génitaux permet de les identifier.

Famille PISAURIDAE

Pisaures et dolomèdes

Occurrence 550 esp. de par le monde, vivant sur le sol, les eaux stagnantes, les plantes aquatiques

Habitat Tous

Ces grandes araignées ressemblent aux lycoses (voir à gauche) aussi bien par l'aspect que par le comportement. Elles ne chassent pas en tissant une toile, mais en poursuivant leurs proies. Longues de 1 à 2,6 cm, elles ont un abdomen ovale, orné de marques longitudinales. Les femelles portent les sacs ovigères entre leurs chélicères, sous le céphalothorax, et les mettent à éclore dans une toile en forme de tente. Les jeunes sont surveillés jusqu'à la seconde mue, puis ils quittent le nid et se dispersent.

PISAURA MIRABILIS
Répandue dans les landes et les bois d'Europe, la pisaure admirable vit parmi les débris végétaux.

Famille SCYTODIDAE

Araignées cracheuses

Occurrence 180 esp. sous les pierres ou dans les habitations, partout sauf en Australie et en Nouvelle-Zélande

Ces araignées à six yeux doivent leur nom commun à une technique de chasse très particulière. Par un mouvement latéral rapide des chélicères, elles crachent deux jets de matière visqueuse sur leur proie afin de l'engluer. Longues de 4 à 12 mm, elles sont crème ou brun clair avec des marques noires. Les femelles portent les sacs ovigères (cocons) sur le ventre jusqu'à l'éclosion.

SCYTODES THORACICA
Cette araignée vit à l'intérieur des bâtiments en Europe et en Amérique du Nord. Elle peut cracher à plus de 1 cm. Le mâle est un peu plus petit que la femelle.

Famille SICARIIDAE

Sicariides

Occurrence 100 esp. dans les régions chaudes d'Amérique, d'Europe et d'Afrique ; sous les pierres ou l'écorce

Ces araignées brunes à six yeux disposés par paires ont le corps et les pattes velus. Longues de 0,6 à 1,8 cm, elles portent généralement une marque en forme de violon sur la face dorsale. Elles tissent des toiles visqueuses en feuillets que certaines espèces agrandissent à mesure qu'elles croissent. Les sacs ovigères contiennent de 30 à 300 œufs et sont conservés à l'arrière de la toile. La morsure des sicariides est très dangereuse et peut provoquer une nécrose importante des tissus.

LOXOSCELES RUFESCENS
Commune en Europe méditerranéenne et introduite en Australie, cette espèce peut mordre l'homme et provoquer des lésions désagréables et lentes à guérir.

Famille HETEROPODIDAE

Hétéropodides

Occurrence 1 000 esp. vivant surtout en zone tropicale ou subtropicale ; sur le sol et les troncs d'arbre

Capables de se déplacer latéralement avec beaucoup d'agilité, ces araignées de couleur terne sont d'excellents prédateurs nocturnes. Les espèces de grande taille n'hésitent pas à s'en prendre aux lézards. Le céphalothorax et l'abdomen sont aplatis. Le corps mesure entre 1 et 5 cm de long pour une «envergure» pouvant atteindre 15 cm. Il y a huit yeux d'égales proportions, dont quatre sont situés sur le bord antérieur du céphalothorax et regardent vers l'avant.

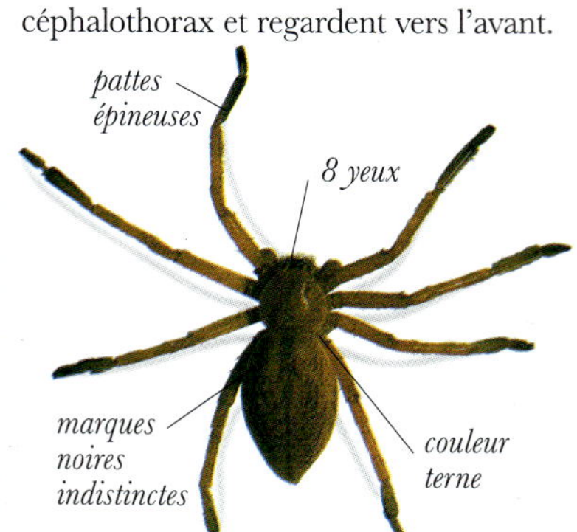

HETEROPODA SP.
Les hétéropodides sont des espèces pantropicales. Fréquentes dans les régimes de bananes, il arrive qu'elles mordent, mais elles ne sont pas dangereuses.

Famille THERIDIIDAE

Thériidiides

Occurrence 2 200 esp. vivant parmi les plantes, les débris végétaux, sous les pierres, dans les fissures et les crevasses

Longues de 0,2 à 1,5 cm, ces araignées brunes ou noires ont l'abdomen très arrondi et présentent une rangée de soies épaisses sur les pattes postérieures. Elles tissent une toile irrégulière d'où partent parfois des fils visqueux atteignant le sol. Les femelles sont venimeuses et certaines, comme la veuve noire, sont dangereuses pour l'homme. Elles pondent jusqu'à 1 000 œufs par an, souvent conservés dans des cocons ronds.

LATRODECTUS MACTANS
Le mâle de cette espèce, communément appelée veuve noire, meurt souvent juste après l'accouplement, probablement dévoré par sa femelle venimeuse.

Famille THERAPHOSIDAE

Mygales

Occurrence 850 esp. vivant surtout en zone tropicale ou subtropicale ; dans des terriers ou dans les arbres

Brun pâle à noires avec des marques roses, brunes, rouges ou noires, certaines mygales sont des araignées géantes pouvant atteindre 12 cm de long et 28 cm d'« envergure ». Le corps et les pattes sont couverts de soies épaisses. Comme chez les dipluridés (voir p. 589), les chélicères sont dirigés parallèlement à l'axe du corps et bougent verticalement. Lorsqu'il se sent menacé, l'animal montre ces appendices. En raison de leur taille, on a longtemps pensé que la morsure des mygales était forcément mortelle. En fait, seules quelques espèces sont venimeuses et ce ne sont généralement pas les plus grandes. Les mygales sont des prédateurs nocturnes qui font usage de la force physique pour venir à bout de leurs proies, dont certains petits vertébrés tels que grenouilles, lézards ou oiseaux. Elles broient la victime avec leurs chélicères, projettant dessus un suc digestif et aspirent la bouillie ainsi obtenue. Les femelles pondent par paquets dans un terrier. Chaque cocon est de la grosseur d'une balle de golf et contient environ 1 000 œufs. Les jeunes restent au nid jusqu'à leur première mue, puis se dispersent afin de trouver de la nourriture et de creuser leur propre terrier. Plusieurs espèces de cette famille vivent entre dix et trente ans et sont élevées en captivité.

BRACHYPELMA VAGANS
Redoutable prédateur nocturne, cette espèce terrestre se rencontre dans les régions arides ou semi-désertiques du Mexique et d'Amérique centrale.

POECILOTHERIA REGALIS
Avec une « envergure » de 17 cm, cette mygale d'Inde et du Sri Lanka est la plus grande araignée arboricole du monde. Elle se cache dans un trou tapissé de soie durant la journée et part à la tombée de la nuit chasser les oiseaux, les lézards et les arthropodes.

BRACHYPELMA EMILIA
Cette mygale fouisseuse se rencontre dans les régions arides ou semi-désertiques du Mexique et d'Amérique centrale. Les poils de son abdomen se hérissent en cas de danger.

GRAMMOSTOLA ROSEA
Naturellement docile, cette mygale terrestre d'Amérique du Sud, particulièrement répandue au Chili, s'apprivoise très bien.

Famille THOMISIDAE

Thomises, araignées-crabes

Occurrence 2 500 esp. de par le monde, vivant dans les prairies, les jardins, sur les fleurs ou dans l'écorce des arbres

Longs de 4 à 14 mm, les thomises sont parfois appelés araignées-crabes en raison de leur corps souvent trapu et de leur démarche oblique. Le céphalothorax est presque circulaire et l'abdomen court, généralement obtus à l'arrière. Les deux premières paires de pattes, servant à saisir les proies, sont plus longues et plus épineuses que les deux autres. Beaucoup de thomises se tiennent embusqués dans les fleurs et sont suffisamment venimeux pour tuer une abeille, même beaucoup plus grosse qu'eux. Plusieurs espèces sont blanches, roses ou jaunes, ce qui leur permet de se confondre avec les fleurs, certaines pouvant même changer de couleur. Les femelles conservent leurs œufs dans un sac aplati accroché à une plante et les surveillent jusqu'à ce qu'elles meurent.

MISUMENA VATIA
Fréquente en Europe et en Amérique du Nord, l'araignée-citron fait partie des thomises capables de changer de couleur pour se fondre dans leur environnement. Elle est jaune ou blanche selon le cas (voir ci-dessus et à gauche), mais peut aussi virer au vert. Elle s'attaque à de grosses proies, telles que papillons ou abeilles. La femelle est beaucoup plus grande que le mâle.

TIBELLUS OBLONGUS
Très rapide à la course, cette redoutable chasseresse vit dans les prairies et les landes d'Europe. Elle se dissimule souvent sur un brin d'herbe en tendant ses deux paires de pattes antérieures et sa paire de pattes postérieures, la troisième paire tenant le brin. Certains auteurs placent le genre Tibellus dans une famille à part : les Philodromidae.

ÉCHINODERMES

PHYLUM	Échinodermes
CLASSES	6
ORDRES	36
FAMILLES	145
ESPÈCES	Env. 6 000

CE GROUPE D'INVERTÉBRÉS MARINS comprend les astéries, les ophiures, les oursins et les holothuries. Leur corps, épineux, se compose généralement de cinq parties égales disposées symétriquement autour d'un axe central. Tous les échinodermes ont un squelette externe (ou test) constitué de plaques calcaires. Ils possèdent aussi un système aquifère unique qui leur permet de se mouvoir, de s'alimenter et de respirer. La plupart des échinodermes se déplacent librement sur les fonds marins.

ANATOMIE

Les échinodermes diffèrent beaucoup entre eux par l'aspect : leur corps peut être étalé et former des bras (comme chez les astéries), rameux ou plumeux (comme chez les encrines ou lis de mer) ou bien sphérique à cylindrique (comme chez les oursins ou les holothuries). La plupart présentent des prolongements squelettiques, épineux ou non. Le système aquifère consiste en un réseau de canaux, de réservoirs et de tubes (ou pieds) ambulacraires.

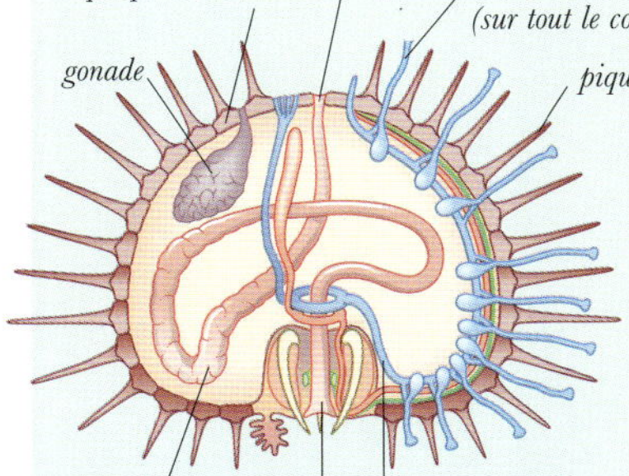

COUPE LONGITUDINALE
Le corps d'un échinoderme consiste en une cavité centrale entourée de plaques calcaires formant un ensemble solidaire (comme chez les oursins) ou séparées les unes des autres (comme chez les astéries). Les échinodermes n'ont ni queue ni tête. La bouche occupe le centre de l'une des deux faces (face orale) et l'anus, lorsqu'il existe, celui de la face opposée (face aborale).

MOUVEMENT

Alors que les encrines mènent une vie sédentaire sur les fonds marins, la plupart des échinodermes sont errants. Astéries et oursins se déplacent au moyen des pieds ambulacraires, des piquants ou du test lui-même. Dollars des sables et holothuries se servent de leurs tubes ambulacraires pour fouir les sédiments.

MARCHE
Les oursins se déplacent sur les fonds marins par circulation de l'eau à l'intérieur des tubes ambulacraires. Chacun de ces organes se termine par une ventouse permettant à l'animal de prendre appui.

PIQUANTS PROTECTEURS
Beaucoup d'échinodermes se protègent des prédateurs par de longs piquants acérés. L'étoile de mer-couronne d'épine (ci-contre) est en plus venimeuse. Grande dévoreuse de coraux, cette étoile de mer représente une menace pour la Grande Barrière de corail, au large de l'Australie.

ALIMENTATION

La plupart des échinodermes se nourrissent de petits organismes ou de particules de matière organique, mais certaines astéries sont carnivores et pratiquent la digestion externe en projetant leur estomac sur leur proie. Les oursins, brouteurs, se servent de certains éléments de leur test comme de dents.

MANGEUSES DE DÉPÔTS
Les holothuries se servent de leurs tentacules péribuccaux pour prélever la vase et les sédiments dont elles extraient les particules organiques.

Classe CRINOÏDES

Encrines et comatules

Occurrence 630 esp. de par le monde, fixées de manière permanente ou temporaire aux fonds marins

Les Crinoïdes forment un groupe d'échinodermes très anciens dont on trouve beaucoup de spécimens fossilisés. Ils possèdent un corps arrondi et de cinq à dix bras souvent ramifiés selon un schéma régulier. Tous commencent leur existence fixés à un support par un pédoncule allongé. Les encrines, qui vivent à plus de 100 m de profondeur, restent fixées toute leur vie, tandis que les comatules se détachent à partir d'un certain stade de développement et se déplacent. Les deux groupes sont très proches des astéries, à ceci près que leur face orale se trouve au-dessus. Elles se nourrissent du plancton récolté par les tubes ambulacraires et amené à la bouche. Les bras peuvent atteindre 70 cm d'envergure et le pédoncule 1 m de long. Comme chez d'autres échinodermes, un membre perdu repousse.

OXYCOMANTHUS BENNETTI
Bien que les formes pédonculées dominent chez les fossiles, la plupart des crinoïdes actuels ne restent pas éternellement fixés à leur substrat et certains peuvent même nager. Les comatules sont des animaux filtreurs présents dans toutes les mers, notamment aux abords des récifs. Ce superbe spécimen possède une couronne de bras de 40 cm d'envergure.

Classe ASTÉRIDES

Astéries

Occurrence 1 500 esp. sur le fond des mers

Communément appelées étoiles de mer, les astéries se rencontrent souvent sur le littoral et se reconnaissent facilement à leur forme. La plupart ont un corps arrondi d'où partent 5 bras égaux, mais certaines en ont plus de 40, tandis que d'autres les ont si courts qu'elles ressemblent à des coussins. D'un diamètre de 2 cm à 1 m, les astéries avalent des petites proies entières ; certaines peuvent projeter leur estomac sur des animaux plus gros afin de les digérer de l'extérieur. Lorsqu'elles ont affaire à un bivalve, elles écartent les deux parties de sa coquille avec les puissantes ventouses de leurs podions. Un bras perdu repousse.

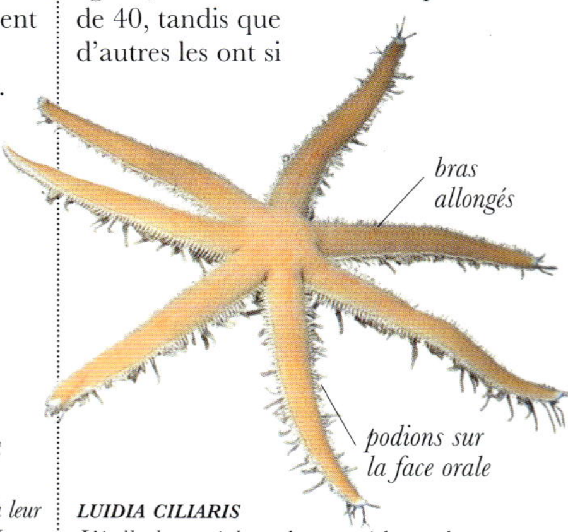

LUIDIA CILIARIS
L'étoile de mer à longs bras possède sept bras au lieu des cinq habituels. D'un diamètre parfois égal à 60 cm, elle vit sur les sédiments rugueux de l'Atlantique Nord, où elle se repaît d'autres astéries, d'oursins et d'ophiures.

CULCITA NOVAEGUINEAE
Cette espèce d'Asie du Sud-Est a l'aspect d'un coussin de 25 cm de diamètre. Les astéries de ce type se rencontrent dans tous les biotopes marins, mais sont particulièrement abondantes aux abords des récifs.

Classe OPHIURIDES

Ophiures vrais et euryales

Occurrence 2 000 esp. vivant sur les fonds marins

Bien que souvent confondus avec les étoiles de mer, les ophiures forment une classe à part dans l'embranchement des échinodermes. Ils possèdent cinq bras très longs qui, contrairement à ceux des astéries, sont nettement distincts du disque central. Celui-ci peut atteindre 10 cm de diamètre et 50 cm d'« envergure ». Les ophiures sont les échinodermes les plus mobiles. Comme chez beaucoup d'animaux apparentés, un bras perdu repousse. Contrairement aux astéries, les ophiures se nourrissent d'animaux morts ou bien de particules organiques en suspension dans l'eau, qu'ils récoltent au moyen d'un mucus visqueux recouvrant leurs bras. Ils vivent au fond de l'océan et forment des masses mouvantes pouvant compter plusieurs millions d'individus. À l'inverse, les euryales sont solitaires. Elles déploient perpendiculairement au courant leurs bras, dépourvus de piquants et parfois ramifiés à l'extrême, afin d'attraper les animalcules dont elles se nourrissent.

***OPHIOTHRIX* SP.**
Pouvant atteindre un diamètre de 20 cm, ces ophiures forment de vastes peuplements au fond des mers, aussi bien sur les surfaces dures que sur les substrats sableux. Leurs bras nourriciers, couverts de piquants, filtrent l'eau.

ASTROBOA NUDA
Les euryales ont les bras généralement ramifiés et peuvent atteindre 75 cm de diamètre. Chez cette espèce indo-pacifique, chaque pinnule se termine par des vrilles. La nuit, les bras dressés forment une nasse où vont se prendre les petits animaux.

OPHIOTHRIX FRAGILIS
D'un diamètre inférieur à 15 cm et totalement couvert de piquant, l'ophiure fragile a un petit disque et cinq longs bras sinueux lui servant à se nourrir et à se déplacer. Il vit dans l'hémisphère Nord.

Classe HOLOTHURIDES

Holothuries

Occurrence 1 400 esp. de par le monde, vivant sur les fonds marins ou enfouies dans le sable

De forme cylindrique et de texture coriace, les holothuries, également appelées concombres de mer, ont un aspect très différent des autres échinodermes, mais leur anatomie interne, divisée en cinq parties égales avec répétition des mêmes organes, est analogue. Leur taille varie de moins de 3 cm à 1 m de long. La bouche est entourée de pieds ambulacraires modifiés en tentacules, en nombre multiple de 5 (30 au maximum). Certaines holothuries sécrètent par l'anus des filaments visqueux et parfois toxiques, dans lesquels s'empêtrent les prédateurs.

PSEUDOCOLOCHIRUS TRICOLOR
Longue de 10 cm, cette holothurie bigarrée des récifs indo-pacifiques possède une couronne de tentacules ramifiés. Après le repas, ceux-ci sont introduits tour à tour dans la bouche pour être nettoyés.

Classe ÉCHINOÏDES

Oursins

Occurrence 975 esp. de par le monde, vivant sur les fonds marins ou enfouies dans le sable

Les oursins possèdent en général un squelette (test) sphérique constitué de plaques calcaires recouvertes de piquants mobiles. Les cinq rangées de tubes ambulacraires – souvent cachés par les piquants – permettent à l'animal de ramper sur les rochers afin de brouter les algues et les animalcules. La bouche, au centre de la face inférieure, est dotée d'un appareil masticateur complexe appelé lanterne d'Aristote. Après avoir mangé, beaucoup d'oursins réintègrent le trou qu'ils creusent au fil du temps dans les roches tendres. Sous les tropiques, les oursins-baguettes utilisent leurs gros piquants pour se caler dans les interstices des récifs coralliens. Plus circulaires, spatangues et dollars des sables ont des piquants très courts, ressemblant chez certaines espèces à de la fourrure. Les oursins fouisseurs se nourrissent des particules organiques qu'ils trouvent dans les sédiments et portent à la bouche avec leurs tubes ambulacraires. Les oursins mesurent habituellement entre 6 et 12 cm de diamètre, mais certains peuvent atteindre 35 cm.

ECHINUS ESCULENTUS
Ce gros oursin mesurant près de 20 cm de diamètre est apprécié pour ses gonades comestibles (glandes sexuelles). On le rencontre dans l'Atlantique Nord jusqu'à 1 000 m de profondeur, broutant les algues et les animalcules qu'il trouve sur les rochers.

OURSINS-DIADÈME
D'un diamètre de 30 cm, ces oursins des mers chaudes ont de très longs piquants couverts d'un tissu glandulaire toxique pouvant provoquer de sérieuses irritations cutanées. Petits poissons et crustacés viennent souvent s'y abriter des prédateurs.

CLYPÉASTRES
Les dollars des sables, comme Encope michelini *(ci-dessus), sont des oursins fouisseurs au test aplati et couvert de piquants très courts formant comme une fourrure. Ils peuvent atteindre 15 cm de diamètre.*

OURSINS-BAGUETTES
Phyllacanthus imperialis, *des océans Indien et Pacifique, se caractérise par ses rares piquants émoussés mais très volumineux et souvent couverts d'organismes encroûtants. Il peut atteindre 15 cm de diamètre et possède un test sphérique apparaissant entre les piquants.*

CORDÉS INVERTÉBRÉS

PHYLUM	Cordés
SUBPHYLUM	Urocordés Céphalocordés
CLASSES	4
ORDRES	9
FAMILLES	47
ESPÈCES	Env. 2 000

LES CORDÉS sont des animaux dotés d'une corde dorsale (notocorde) prenant souvent la forme d'un emboîtement de vertèbres, d'où le nom de vertébrés. Deux embranchements, les acrâniens (céphalocordés) et les tuniciers (urocordés), sont toutefois dépourvus de cette colonne vertébrale et donc classés parmi les invertébrés. Ce sont des animaux marins au corps allongé et pisciforme, pour les premiers, en forme de sac doublé d'une tunique, pour les seconds.

TUNICIERS COLONIAUX
Les colonies d'ascidies forment souvent des masses multicolores au fond des océans. Chaque individu a sa bouche, mais il arrive que l'eau et les déjections soit expulsées par un orifice commun.

ANATOMIE

Les acrâniens conservent leur corde dorsale (notocorde) tout au long de leur vie, alors que les tuniciers la perdent au stade adulte. Toutes les espèces (à l'exception de certains tuniciers) ont également un tube neural situé au-dessus de la corde, une queue musculeuse (chez certaines espèces uniquement au stade larvaire) et un pharynx percé de fentes branchiales servant à filtrer les particules de matière organique en suspension : l'eau entre par un orifice appelé siphon buccal et sort par un autre orifice appelé siphon atrial ou cloacal.

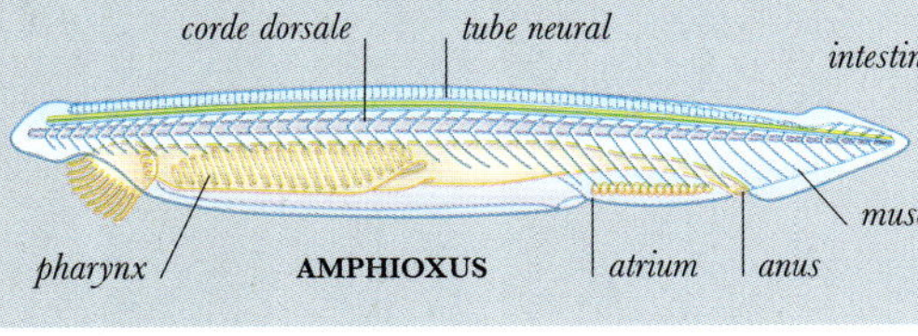

AMPHIOXUS

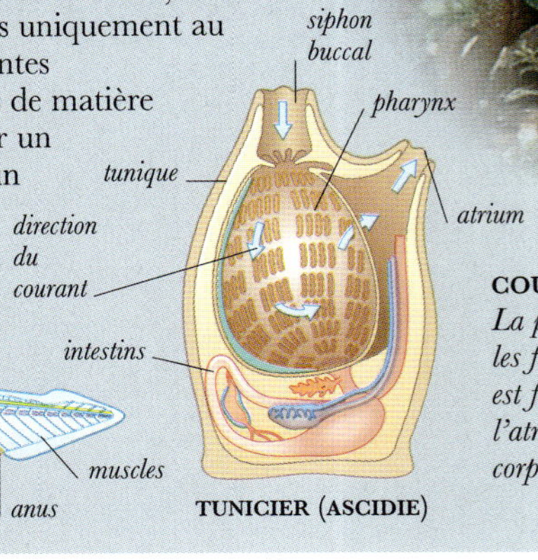

TUNICIER (ASCIDIE)

COUPE LONGITUDINALE
La plupart de tuniciers vivent fixés sur les fonds marins. L'eau entre par la bouche, est filtrée par le pharynx et ressort par l'atrium. Long, étroit, souple et musclé, le corps des acrâniens est adapté à la nage.

Classe ASCIDIACÉES

Ascidies

Occurrence 2 000 esp. vivant fixées au fond de la mer ou sur les rochers côtiers

Tuniciers en forme de sac, les ascidies vivent fixées sur les rochers côtiers ou au fond de la mer. Certaines espèces sont prédatrices, mais la plupart filtrent l'eau au moyen d'un pharynx percé d'un grillage de fentes branchiales qui retient les particules de matière organique en suspension. L'eau est aspirée par un siphon inhalant, ou bouche, et expulsée par un siphon exhalant,

BOTRYLLUS SCHLOSSERI, BOTRYLLE
Certaines ascidies s'agrègent de telle façon que chacune a sa propre arrivée d'eau, mais que toutes partagent un même orifice de sortie. Très répandue, l'espèce ci-dessus, n'excédant pas 2 mm de diamètre, forme des étoiles dont la couleur contraste avec la masse gélatineuse de la colonie.

POLYCARPA AURATA
Haute de 2 à 15 cm, cette ascidie solitaire des océans Indien et Pacifique est entourée d'une épaisse tunique coriace, parfois vivement colorée. Les deux siphons d'entrée et de sortie d'eau sont bien visibles. L'animal s'alimente par filtration des particules de matière organique en suspension.

ou atrium. Le corps, sphérique ou cylindrique, est doublé d'une épaisse tunique constituée d'une substance voisine de la cellulose. Les ascidies sont parfois solitaires, mais la plupart forment des colonies dont les membres peuvent partager un seul et même siphon exhalant. Chaque individu mesure entre 0,1 et 60 cm de haut, tandis que la colonie peut atteindre plusieurs mètres de diamètre. Les ascidies sont remarquables en ce qu'elles se rapprochent des vertébrés. À l'âge adulte, seul le pharynx rappelle ce lien de parenté, mais au stade larvaire elles ressemblent à des têtards et possèdent une queue avec corde dorsale et tube neural.

Classe THALIACÉS

Salpes et pyrosomes

Occurrence 70 esp. du plancton des océans

Cette classe se compose de tuniciers pélagiques libres, faisant partie du plancton. Le siphon inhalant et le siphon exhalant sont diamétralement opposés. Comme les ascidies, les thaliacés ont un larynx perforé représentant la majeure partie de leur masse corporelle. Il en existe deux formes de base : les pyrosomes, coloniaux, et les salpes et dolioles, alternant phases coloniales et phases solitaires. Chaque individu pouvant atteindre 25 cm de long, une colonie complète dépasse parfois 14 m.

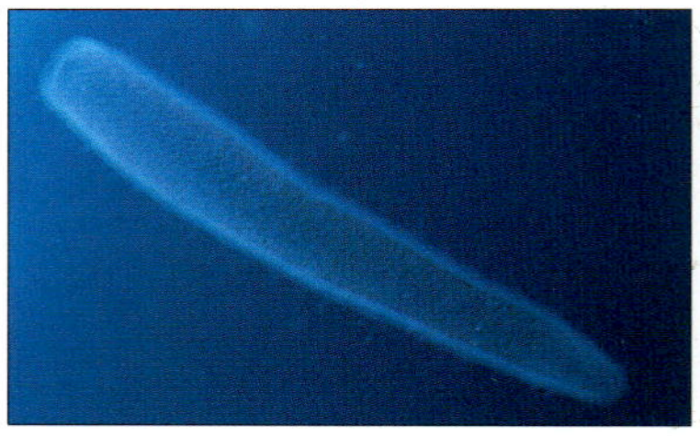

PYROSOMA ATLANTICUM
Pouvant dépasser 1 m de long, ce pyrosome colonial luminescent ressemble à un énorme tube planctonique. Il filtre l'eau pour se nourrir et se sert de son siphon exhalant pour évoluer lentement parmi les flots.

Classe LEPTOCARDIENS

Amphioxus

Occurrence Au moins 24 esp. vivant en zone tropicale ou tempérée, en eau peu profonde, dans le sable, le gravier

Longs d'environ 5 cm, les amphioxus sont de petits animaux translucides présentant plusieurs points communs avec les vertébrés. Outre la corde dorsale, ils ont des fentes pharyngiennes ressemblant à des branchies, une nageoire dorsale et des muscles en forme de chevrons. Des invertébrés, ils ont les tentacules péribuccaux. Ils inhalent l'eau et les particules alimentaires en créant des remous avec les cils microscopiques tapissant les fentes pharyngiennes. Les sexes sont séparés et la fécondation est externe. Dans certaines régions, les amphioxus sont consommés.

BRANCHIOSTOMA LANCEOLATUM
Espèce européenne, le branchiostome lancéolé peut atteindre 5 cm de long. Comme tous les amphioxus, il nage en frétillant. Lorsqu'il se nourrit, seule la tête dépasse du sable dans lequel il est enfoui.

LES INVERTÉBRÉS MENACÉS

La liste ci-dessous énumère tous les genres d'invertébrés comprenant une ou plusieurs espèces considérées par l'UICN (voir p. 31) comme « au bord de l'extinction » (CR). Le monde des invertébrés restant relativement mal connu, il est probable que le nombre réel d'espèces en danger d'extinction imminente soit beaucoup plus élevé. Les principales causes de raréfaction des populations sont, d'un côté, la modification des habitats et la pollution environnementale et, de l'autre, l'introduction d'espèces concurrentes. Le problème des habitats se pose surtout pour les espèces vivant dans les forêts et les prairies, ainsi que pour celles qui passent tout ou partie de leur existence en eau douce. L'assèchement de vastes étendues marécageuses a eu, par exemple, un effet dévastateur sur les libellules. En ce qui concerne la pollution, c'est sur les espèces aquatiques que l'impact est le plus fort. L'introduction d'espèces étrangères constitue par ailleurs une grave menace en zone isolée. Beaucoup des 196 genres mentionnés ci-dessous vivent en effet sur des îles du Pacifique, où chèvres et autres ruminants font des ravages parmi la végétation. Il y a fort à parier que la liste s'allongera dans les années à venir en raison cette fois des changements climatiques. Du fait de leur mode de vie hautement spécialisé, beaucoup d'invertébrés sont à la merci du moindre écart de température ou de la disparition d'une seule espèce végétale.

Crustacés
(57 espèces de 38 genres)

Amphipodes (puces de mer et autres) 7 espèces des genres *Aguadulcaris, Bogidiella, Cocoharpinia, Gammarus, Idunella, Ingolfiella, Pseudoniphargus*
Anostracés (artémies et autres) 6 espèces des genres *Branchinecta, Branchinella, Dexteria, Streptocephalus*
Calanoïdes 4 espèces des genres *Antriscopia, Erebonectes, Nanocopia, Paracyclopia*
Cyclopoïdes 1 espèce du genre *Speleoithona*
Décapodes (crabes et autres) 25 espèces des genres *Afrithelphusa, Barbouria, Cambarus, Fallicambarus, Globonautes, Louisea, Orconectes, Pacifastacus, Procambarus, Procaris, Somersiella, Typhlatya*
Halocyprides 1 espèce du genre *Spelaeoecia*
Isopodes (cloportes et autres) 7 espèces des genres *Atlantasellus, Bermudalana, Currassanthura, Thermosphaeroma*
Mictacés 1 espèce du genre *Mictocaris*
Misophrioïdes 2 espèces du genre *Speleophria*
Mysidacés 2 espèces du genre *Bermudamysis, Platyops*
Podocopides 1 espèce du genre *Kapcypriodopsis*

Insectes
(49 espèces de 46 genres)

Anoploures (poux de l'homme) 1 espèce du genre *Haematopinus*
Coléoptères 1 espèce des genres *Colophon, Elaphrus, Hydrotarsus, Meladema, Nicrophorus, Polposipus, Prodontria*
Dermaptères (perce-oreilles) 1 espèce du genre *Labidura*
Diptères (mouches et autres) 1 espèce du genre *Edwardsina*
Hyménoptères (abeilles, guêpes, fourmis et tenthrèdes) 3 espèces des genres *Adetomyrma, Aneuretus, Nothomyrmecia*
Lépidoptères (papillons) 8 espèces des genres *Atrophaneura, Chrysortis, Euproserpinus, Heliconius, Lepidochrysops, Parantica, Pieris, Polyommatus*
Odonates (libellules et autres) 17 espèces des genres *Argiocnemis, Austrocordulia, Boninagrion, Boninthemis, Brachythemis, Burmagomphus, Chlorogomphus, Coenagrion, Indolestes, Libellula, Mecistogaster, Megalagrion, Palpopleura, Platycnemis, Rhinocypha, Seychellibasis, Trithemis*
Orthoptères (grillons, criquets et sauterelles) 8 espèces des genres *Aglaothorax, Hemisaga, Idiostatus, Ixalodectes, Nanodectes, Pachysaga, Schayera, Tettigidea*

Mollusques bivalves
(56 espèces de 26 genres)

Unionoïdes (moules et autres) 57 espèces des genres *Alasmidonta, Amblema, Arkansia, Cyprogenia, Dromus, Elliptio, Epioblasma, Fusconaia, Hemistena, Lampsilis, Lasmigona, Lemiox, Lexingtonia, Margaritifera, Medionidus, Obovaria, Pegias, Plethobasus, Pleurobema, Popenaias, Potamilus, Ptychobranchus, Quadrula, Quincuncina, Toxolasma, Villosa*

Mollusques gastéropodes
(169 espèces de 83 genres)

Archéogastéropodes 5 espèces des genres *Oritina, Ogasawarana*
Basommatophores 9 espèces des genres *Ancylastrum, Biomphalaria, Ceratophallus, Gyralulus, Lantzia, Neoplanorbis, Paludomus, Siphonaria, Stagnicola*
Mésogastéropodes 39 espèces des genres *Angrobia, Belgrandiella, Bellamya, Boucardicus, Bythinella, Bythiospeum, Coahuilix, Elimia, Fenouilia, Hemistoma, Jardinella, Lanistes, Leptoxis, Pyrgulopsis, Somatogyrus, Tomicha*
Stylommatophores 116 espèces des genres *Achatinella, Amastra, Armsia, Caseolus, Cecilioides, Cerion, Cookeconcha, Discula, Draparnaudia, Endodonta, Erepta, Euchondrus, Falkneri, Geomitra, Gonospira, Gonyostomus, Gulella, Gulikia, Hermogenanina, Helicostyla, Helix, Helminthoglypta, Hemicycla, Hirinaba, Inflectarius, Kondoconcha, Laminella, Lampedusa, Leiostyla, Leptaxis, Leuchocharis, Mautodontha, Megalobulimus, Micrarionta, Napaeus, Natalina, Opanara, Orangia, Oxyloma, Partula, Partulina, Pene, Placostylus, Radiocentrum, Radioconus, Rhysoconcha, Rhytida, Ruatara, Samoana, Thapsia, Trochochlamys, Trochoidea, Tropidoptera, Xerosecta, Zilchogyra, Zingis*

Autres invertébrés
(3 espèces de 3 genres)

Oligochètes (vers de terre) 1 espèce du genre *Phallodrilus*
Polychètes 1 espèce du genre *Mesonerilla*
Onychophores (Peripatidae) 1 espèce du genre *Speleoperiapatus*

CUIVRÉ DES MARAIS
Lycaena dispar *souffre beaucoup des travaux d'assèchement et de mise en valeur des terres, car sa chenille se nourrit de plantes aquatiques. Autrefois répandu en Europe, il figure désormais sur la liste des espèces quasi menacées.*

GLOSSAIRE

A

À sang chaud *voir* Endotherme.

À sang froid *voir* Ectotherme.

Abdomen Partie postérieure du corps. L'abdomen est situé sous la cage thoracique chez les mammifères et derrière le thorax chez les arthropodes.

Aire de répartition Région où une espèce est présente. *Voir également* Territoire.

Amplexus Position adoptée par les anoures lors de l'accouplement, dans laquelle le mâle utilise ses pattes antérieures pour ceinturer la femelle. La fécondation a lieu hors du corps de la femelle.

Ancien Monde Europe, Asie, Afrique, Australasie.

Antenne Appendice sensoriel sur la tête des arthropodes. Les antennes sont toujours paires et peuvent être sensibles au toucher, au son, à la chaleur et également au goût. Leur taille et leur forme varient considérablement, selon la façon dont elles sont utilisées.

Arboricole Qui vit entièrement ou en partie dans les arbres.

Articulation Jonction entre deux os ou deux parties d'un membre du corps.

Artiodactyles Qui a des sabots en nombre pair. Les mammifères artiodactyles, tels que les cerfs et les antilopes, ont deux sabots, disposés de part et d'autre d'une ligne qui divise le pied en deux.

B

Baculum Os pénien présent chez certains mammifères.

Barbillon Appendice sensoriel fixé à la lèvre d'un animal, ou près de la bouche. De nombreux poissons de fond disposent de barbillons, qu'ils utilisent pour trouver la nourriture cachée sur le gravier ou dans la vase.

Bec Ensemble de mâchoires saillantes étroites, généralement sans dents. Les becs ont évolué séparément dans de nombreux groupes de vertébrés, dont les tortues terrestres et marines, et certains cétacés. • Mâchoires d'un oiseau. Un bec est composé d'os, avec un revêtement semblable à de la corne.

Biome Ensemble d'êtres vivants présents dans une vaste zone aux limites essentiellement climatiques (ex. : la toundra).

Bipède Qui se déplace sur deux pattes.

Bois Excroissance osseuse sur la tête des cerfs. Contrairement aux cornes, les bois se ramifient souvent et, dans la plupart des cas, poussent et tombent chaque année, dans un cycle lié à la période de reproduction.

Bourre ou laine Poils mous situés sous les poils de jarre.

Branchie Organe utilisé pour extraire l'oxygène de l'eau. Les branchies sont des excroissances externes ou internes (poissons). Elles sont généralement situées sur ou à proximité de la tête, ou – chez les insectes aquatiques – à l'extrémité de l'abdomen.

Bréchet Chez les oiseaux, crête osseuse située au milieu du sternum sur laquelle s'insèrent les muscles utilisés pour le vol.

Brouter Se nourrir de feuilles ou d'herbe. *Voir également* Paître.

C

Cæcum Partie en cul-de-sac du système digestif, utilisée pour la digestion des aliments végétaux.

Calcaire Qui contient du calcium. De nombreux animaux ont des structures contenant du calcaire – tels les carapaces, les exosquelettes et les os –, soit pour le soutien, soit pour la protection.

Camouflage Couleurs ou motifs qui permettent à un animal de se fondre dans son environnement. Le camouflage, très répandu dans le règne animal – en particulier chez les invertébrés –, est utilisé pour se protéger des prédateurs et se dissimuler en approchant une proie. *Voir également* Mimétisme, Coloration cryptique.

Canine Chez les mammifères, dent pointue dont la forme permet de percer ou de saisir. Les canines sont situées à l'avant des mâchoires et sont très développées chez les carnivores.

Carapace Structure rigide sur le dos d'un animal.

Carnivore Tout animal qui se nourrit de viande. Le terme est également utilisé dans un sens plus strict, pour désigner les mammifères de l'ordre des Carnivores.

Cartilage Substance qui forme une partie du squelette des vertébrés. Chez la plupart des vertébrés, le cartilage tapisse les articulations, mais chez les poissons cartilagineux – par exemple les requins – il forme l'ensemble du squelette.

Casque Excroissance osseuse sur la tête d'un animal.

Caudal Relatif à la queue d'un animal.

Cavité palléale Chez les mollusques, cavité entre le manteau et le reste du corps. Cette cavité est emplie d'eau chez les mollusques aquatiques et contient souvent les branchies.

Ceinture pelvienne Chez les vertébrés quadrupèdes, ensemble des os qui fixent les membres postérieurs à la colonne vertébrale. Les os de la ceinture pelvienne sont souvent soudés.

Ceinture scapulaire Chez les vertébrés quadrupèdes, ensemble des os qui fixent les membres antérieurs à la colonne vertébrale. Chez la plupart des mammifères, la ceinture pectorale est constituée de deux clavicules et de deux omoplates.

Cellulose Glucide complexe présent dans les végétaux. La cellulose est utilisée par les plantes comme matériel de base et elle a une structure chimique telle que les animaux ont du mal à la décomposer. Les animaux phytophages, tels que les ruminants, la digèrent grâce à des micro-organismes.

Céphalothorax Chez certains arthropodes, partie du corps résultant de la soudure de la tête et du thorax. Les crustacés et les arachnides ont un céphalothorax.

Cerque Appendice pair à l'extrémité de l'abdomen de certains invertébrés, notamment les insectes.

Chaîne alimentaire Ensemble des animaux et des végétaux qui dépendent les uns des autres pour leur alimentation. Dans les chaînes alimentaires terrestres, le premier « maillon » est généralement un végétal. Dans les chaînes alimentaires aquatiques, c'est généralement une algue ou une autre forme de vie unicellulaire. *Voir également* Réseau alimentaire.

Charogne Restes pourrissants d'animaux morts.

Chélicère Chez les arachnides, chacune des premières paires d'appendices à l'avant du corps. Les chélicères se terminent souvent en pinces et, chez les araignées, peuvent injecter du venin. Chez les acariens, ils sont très pointus et sont utilisés pour percer la source de nourriture.

Chordé *Voir* Cordé.

Chrysalide Stade de développement des papillons succédant à la chenille (larve). Les chrysalides sont souvent fixées aux plantes ou enterrées près de la surface du sol.

Classe Niveau de la classification. Dans la suite des niveaux de classification, la classe fait partie d'un embranchement et est subdivisée en un ou plusieurs ordres.

Cloaque Orifice à l'arrière du corps où débouchent des conduits issus de plusieurs systèmes corporels. Chez certains vertébrés – tels les poissons osseux et les amphibiens –, l'intestin ainsi que les conduits urinaires et reproducteurs aboutissent à cette ouverture.

Cocon Enveloppe faite de soie tissée. De nombreux insectes tissent un cocon avant le début du stade nymphal, et de nombreuses araignées en tissent un pour porter leur œufs. *Voir également* Pupe.

Colonie Groupe d'animaux appartenant à la même espèce, qui passent leur vie ensemble, et se répartissent souvent les différentes tâches liées à la survie. Chez certaines espèces coloniales, en particulier les invertébrés aquatiques, les membres de la colonie sont en permanence fixés les uns aux autres. Chez d'autres, comme les fourmis, les abeilles et les guêpes, ils cherchent leur nourriture indépendamment mais vivent dans le même nid.

Coloration aposématique Combinaison de couleurs contrastantes qui prévient qu'un animal est dangereux. Les bandes noires et jaunes sont une forme typique de coloration aposématique, observée chez les insectes piqueurs.

Coloration cryptique Coloration et taches ayant pour effet de dissimuler un animal dans son milieu naturel.

Commensalisme Association de deux organismes d'espèces différentes, dont l'une est bénéficiaire, tandis que l'association n'est ni bénéfique ni préjudiciable à l'autre espèce.

Cordé, ou chordé Animal appartenant à l'embranchement *Chordata*, qui inclut tous les vertébrés. Une caractéristique des cordés est la notocorde, qui renforce le corps tout en permettant les mouvements.

Corne Chez les mammifères, excroissance pointue sur la tête. Les véritables cornes sont creuses et souvent incurvées.

Cornicule Chez les aphidiens (pucerons), l'un des deux tubes étroits à l'extrémité de l'abdomen. Les cornicules sécrètent de la cire qui permet de protéger les aphidiens contre certains prédateurs et parasites.

Crémaster Ensemble de minuscules crochets à l'extrémité postérieure d'une chrysalide de papillon, par lesquels celle-ci se fixe à un solide support.

Crête nucale Crête sur la nuque.

Cymbale Sur le corps des cigales, organe semblable à un tambour et qui peut vibrer pour produire un son puissant. Les deux cymbales sont situées de part et d'autre de l'abdomen.

D

Défense Chez les mammifères, dent modifiée qui sort souvent de la bouche. Les défenses ont des rôles divers, notamment pour se défendre et trouver la nourriture. Chez certaines espèces, seuls les mâles en sont pourvus – dans ce cas, leur rôle est souvent d'indiquer le sexe.

Dent carnassière Chez les mammifères carnivores, prémolaire semblable à une lame qui a évolué pour découper la chair.

Détritivore Animal qui se nourrit de matières végétales ou animales mortes et toutes petites (débris).

Diastème Espace entre des dents. Chez les mammifères herbivores, le diastème sépare les dents qui mordent à l'avant de la mâchoire des dents qui mâchent à l'arrière. Chez de nombreux rongeurs, les joues peuvent être pliées dans le diastème, pour fermer l'arrière de la bouche pendant que l'animal ronge.

Digitigrade Qui marche en appuyant uniquement les doigts sur le sol. *Voir également* Plantigrade, Onguligrade.

Dimorphisme sexuel Différences physiques entre les mâles et les femelles. Chez les espèces présentant un dimorphisme important, tels les éléphants de mer, les deux sexes ont une apparence très différente et une taille inégale.

Diurne Actif dans la journée.

Domestiqué Se dit d'un animal qui vit sous le contrôle partiel ou total des hommes. Certains animaux domestiqués ont une apparence identique à celle de leurs congénères sauvages, mais beaucoup ont été élevés pour obtenir des variétés artificielles, qui n'existent pas dans la nature. *Voir également* Féral.

Dorsal Sur le dos ou à proximité du dos d'un animal.

E

Écholocation Système permettant de détecter des obstacles proches en utilisant des impulsions ultrasonores. Les échos sont réfléchis par les obstacles et les autres animaux, ce qui permet à l'émetteur de construire une « image » de son environnement. L'écholocation est utilisée par plusieurs groupes d'animaux, dont certains mammifères et quelques oiseaux cavernicoles.

Éclipse (plumage d') Chez certains oiseaux, notamment les canards, plumage discret acquis par les mâles après la période de reproduction.

Écosystème Ensemble formé par les espèces vivant dans le même habitat, et ce dernier.

Ectoparasite Animal parasite qui vit à la surface du corps d'un autre animal, souvent en suçant son sang. Certains ectoparasites passent toute leur vie sur leur hôte, mais beaucoup – dont les puce et les tiques – se développent ailleurs et viennent sur leur hôte pour se nourrir.

Ectotherme Qui a une température corporelle déterminée principalement par la température de son environnement. Également dit à sang froid.

Élytre Aile antérieure rigide chez les coléoptères, les perce-oreilles et certains hémiptères. Les deux élytres forment une enveloppe, protégeant les ailes postérieures plus fragiles.

Embranchement Niveau de la classification. Dans la suite des niveaux de classification, l'embranchement fait partie d'un règne, subdivisé en une ou plusieurs classes.

Embryon Jeune animal ou plante au stade rudimentaire de développement.

Endoparasite Animal parasite qui vit à l'intérieur du corps d'un autre animal, soit en se nourrissant directement de ses tissus, soit en prélevant une partie de sa nourriture. Les endoparasites ont souvent des cycles de vie complexes, impliquant plus d'un hôte.

Endosquelette Squelette interne, généralement constitué d'os. Contrairement à l'exosquelette, ce type de squelette peut grandir en même temps que le reste du corps.

Endotherme Capable de maintenir une température corporelle constante, quelles que soient les conditions extérieures. Également dit à sang chaud.

Épiphyte Se dit d'une plante non parasite qui pousse sur une autre, souvent sur les branches des arbres. Dans les tropiques, les épiphytes créent d'importants microclimats pour de nombreux animaux, en particulier les insectes et les amphibiens.

Espèce Groupe d'organismes similaires capables de se reproduire entre eux dans la nature et qui donnent naissance à des petits qui leur ressemblent. L'espèce est l'unité de base utilisée dans les classifications biologiques. Certaines espèces ont des populations distinctes qui présentent des variations. Lorsque les différences sont importantes et que les populations sont isolées, celles-ci constituent des sous-espèces.

Espèce introduite Espèce que les hommes ont accidentellement ou délibérément placée dans un écosystème où elle n'est pas présente naturellement.

Estivation Période d'inactivité en cas de chaleur ou de sécheresse. L'estivation est fréquente chez les animaux qui vivent dans les régions subtropicales, où il y a une longue période de sécheresse chaque année.

Évents Narines des cétacés et alliés, situées sur le sommet de la tête. Les évents peuvent être pairs ou impairs.

Évaginable Que l'on peut retourner.

Exosquelette Squelette externe qui soutient et protège le corps d'un animal. Les exosquelettes les plus complexes, formés par les arthropodes, sont constitués de plaques rigides réunies par des articulations souples. Ce type de squelette ne pouvant pas grandir, l'animal doit s'en débarrasser et le remplacer à intervalles réguliers. *Voir également* Endosquelette.

F

Famille Niveau de la classification. Dans la suite des niveaux de classification, une famille fait partie d'un ordre, et est subdivisée en un ou plusieurs genres.

Fanon Morceau de peau flasque sur la gorge d'un animal.

Fanons Lames cornées présentes chez certains cétacés pour filtrer la nourriture dans l'eau. Les fanons ont des bords effilochés et sont suspendus à la mâchoire supérieure du cétacé. Les fanons piègent la nourriture, que le cétacé engloutit ensuite.

Fécondation Fusion d'un ovule et d'un spermatozoïde, qui crée une cellule (œuf) capable de se développer en un nouvel animal. Dans la fécondation externe, le processus a lieu hors du corps (généralement dans l'eau), mais dans la fécondation interne, il a lieu dans l'appareil reproducteur de la femelle.

Fécondation externe Dans la reproduction, forme de fécondation qui a lieu hors du corps de la femelle, généralement dans l'eau.

Fécondation interne Dans la reproduction, forme de fécondation qui a lieu dans le corps de la femelle. La fécondation interne est caractéristique de nombreux animaux terrestres, dont les insectes et les vertébrés. *Voir également* Fécondation externe.

Fémur Os de la cuisse chez les vertébrés quadrupèdes. Chez les insectes, le fémur est le troisième segment de la patte, juste au-dessus du tibia.

Féral Se dit d'un animal domestique retourné à l'état sauvage. Les exemples courants sont les pigeons des villes, les chats et les chevaux.

Filière Chez les araignées, organe en forme de canule par où sortent les fils de soie.

Filtrage (alimentation par) Mode d'alimentation utilisé par des animaux qui filtrent de petits aliments dans l'eau. De nombreux invertébrés, dont beaucoup de mollusques bivalves, sont des animaux sessiles qui collectent la nourriture en pompant de l'eau dans leur corps. Les vertébrés, tels les cétacés à fanons, collectent leur nourriture tout en se déplaçant.

Flagelle, ou flagellum Long filament d'une cellule. Le flagelle peut se mouvoir latéralement, ce qui permet le déplacement de la cellule. Les spermatozoïdes utilisent un flagelle pour nager.

Flehmen Retroussement caractéristique de la lèvre supérieure chez de nombreux mammifères mâles lorsqu'ils détectent une odeur.

Fœtus Jeune animal en développement qui est en partie formé et dont la naissance approche.

Forme Variation d'une espèce. Certaines espèces en ont plusieurs, qui affectent par exemple la coloration. *Voir également* Polymorphe.

Forme, ou gîte Dépression du sol utilisée par les lièvres pour se cacher ou dissimuler leurs petits.

Fosse Cavité ou dépression, par exemple dans le crâne d'un animal.

Fossettes thermosensibles Dépressions sensibles à la chaleur présentes chez certains serpents au-dessus de la mâchoire supérieure. Ces dépressions détectent la chaleur des animaux à sang chaud, ce qui permet aux serpents de chasser dans l'obscurité.

Fouisseur Qui s'enfouit sous terre.

Frai Nom masculin désignant les œufs fécondés de poissons et d'amphibiens.

Fraie Nom féminin désignant, chez les poissons et les amphibiens, le rapprochement sexuel, la période de celui-ci, la ponte et la fécondation des œufs.

Frugivore Qui mange des fruits.

Furcula Organe de saut, fourchu, situé à l'extrémité de l'abdomen des collemboles.

G

Galle Excroissance d'une plante, semblable à une tumeur induite par un animal (généralement un insecte) ou un autre organisme. En déclenchant la formation de galles, les animaux se créent une cachette sûre et une source d'alimentation pratique.

Genre Niveau de la classification. Dans la suite des niveaux de classification, un genre fait partie d'une famille, et est subdivisé en une ou plusieurs espèce(s).

Gestation Chez les mammifères, période de développement entre la fécondation et la naissance, pendant laquelle le petit est nourri par la mère par le biais du placenta.

Glande sébacée Chez les mammifères, glande cutanée qui normalement s'ouvre près de la racine d'un poil. Les glandes sébacées produisent des substances qui gardent la peau et les poils en bon état.

Glandes parotoïdes Chez les amphibiens, glandes situées derrière les yeux, qui sécrètent du venin à la surface de la peau.

Gonade Glande sexuelle mâle ou femelle.

H

Haltères Chez les diptères, les deux organes en forme de bouton qui remplacent les ailes postérieures. Les haltères agissent comme des gyroscopes pendant le vol, ce qui permet aux diptères de manœuvrer avec une grande précision.

Herbivore Animal qui se nourrit de plantes ou de plancton végétal.

Hermaphrodite Animal ayant des organes sexuels mâles et femelles, et de ce fait pouvant se féconder lui-même. *Voir également* Hermaphrodite successif.

Hermaphrodite successif Animal ayant des organes sexuels mâles et femelles qui atteignent leur maturité à des périodes différentes.

Hibernation Période de repos en hiver. Pendant l'hibernation, le métabolisme de l'animal ralentit.

Hôte Animal dans ou sur lequel un parasite se nourrit.

Hyperparasite Parasite qui attaque un autre parasite.

I

Imago Insecte adulte. *Voir également* Nymphe.

Implantation différée Chez les mammifères, délai entre la fécondation d'un œuf et le développement de l'embryon. Ce délai permet la naissance de l'animal lorsque les conditions sont favorables pour l'élever.

Incisive Chez les mammifères, dent plate à l'avant de la mâchoire dont la forme permet de trancher ou de ronger.

Incubation Chez les oiseaux, période pendant laquelle un adulte se couche sur les œufs et les chauffe, permettant le développement des embryons. Les périodes d'incubation varient entre 10-11 et 81 jours.

Insectivore Animal qui se nourrit d'insectes. Le terme peut également être utilisé dans un sens plus strict, pour faire référence à l'ordre des mammifères *Insectivora*.

Invertébré Animal sans colonne vertébrale.

Irruption Mouvement de masse sporadique d'animaux hors de leur aire habituelle. Les irruptions sont généralement de courte durée et sont déclenchées par de mauvaises conditions, comme un froid hivernal.

J

Jarre (poils de) Poils longs et raides formant le pelage proprement dit.

K

Kératine Protéine présente dans les cheveux, les griffes et les cornes.

L

Larve Animal immature mais indépendant dont l'apparence est totalement différente de celle de l'adulte. Une larve prend la forme adulte par la métamorphose ; chez de nombreux insectes, le changement a lieu après un stade immobile appelé nymphe.

Lek Arène collective utilisée par des mâles – en particulier des oiseaux – pendant la parade nuptiale. Le même lieu est souvent revisité pendant de nombreuses années.

Ligne latérale Chez les poissons et certains amphibiens, système sensoriel qui détecte les ondes de pression dans l'eau, ce qui permet à l'animal de percevoir les mouvements. Le système est composé de capteurs alignés sur les flancs.

Lophophore Couronne de tentacules courts présente chez les bryozoaires et certains invertébrés marins.

M

Mammifère placentaire *voir* Placenta.

Mandibule Mâchoires paires d'un arthropode, ou os qui constitue tout ou partie de la mâchoire inférieure chez les vertébrés.

Manteau Chez les mollusques, repli de peau qui recouvre la cavité palléale et sécrète la coquille.

Méduse Chez les cnidaires, forme corporelle, en cloche, qui vit souvent de façon autonome. Pendant le cycle de vie, cette forme peut alterner avec une forme appelée polype, qui est souvent fixée.

Melon Protubérance bulbeuse sur la tête de nombreux cétacés à dents. Le melon est empli de liquide adipeux, et on pense qu'il dirige les sons émis pour l'écholocation.

Membrane nictitante Chez les oiseaux et de nombreux reptiles – à part les serpents –, « troisième paupière » transparente ou semi-opaque qui se déplace latéralement dans l'œil. Les oiseaux aquatiques utilisent souvent cette membrane pour améliorer leur vision lorsqu'ils nagent sous l'eau.

Métabolisme Ensemble des processus chimiques qui ont lieu dans le corps de l'animal. Certains de ces processus libèrent de l'énergie en décomposant les aliments, tandis que d'autres utilisent cette énergie, par exemple pour contracter les muscles. *Voir également* Vitesse du métabolisme.

Métacarpe Chez les quadrupèdes, ensemble des os de la patte ou du bras antérieurs, formant une articulation avec un doigt. Chez la plupart des primates, le métacarpe forme la paume de la main.

Métamorphose Modification de la forme du corps chez de nombreux animaux – en particulier les invertébrés – lorsqu'ils passent du stade de juvénile à celui d'adulte. Chez les insectes, les métamorphoses peuvent être complètes ou incomplètes. Les métamorphoses complètes impliquent un changement total de la forme pendant deux stades, larvaire et nymphal. Les métamorphoses incomplètes comprennent une série de changements moins drastiques ; ils surviennent à chaque mue de l'animal. *Voir également* Larve, Nymphe.

Métatarse Chez les quadrupèdes, l'un des ensembles d'os des pattes postérieures, s'articulant à un doigt. Chez la plupart des primates, le métatarse forme la plante du pied.

Métathorax Le second segment du thorax des insectes.

Migrateur partiel Espèce au sein de laquelle certaines populations migrent, tandis que d'autres sont sédentaires. Cette situation est fréquente chez les oiseaux ayant une vaste distribution, car les différentes populations connaissent souvent des conditions climatiques très différentes. *Voir également* Migration.

Migration Déplacement régulier entre deux zones (de reproduction et d'hivernage), selon un itinéraire bien précis. La plupart des animaux migrateurs suivent les saisons, ce qui leur permet de bénéficier de conditions idéales de reproduction dans un endroit et de bonnes conditions d'hivernage dans un autre. *Voir également* Migrateur partiel.

Mimétisme Forme de camouflage qui consiste pour un animal à ressembler à un autre animal. Le mimétisme est très répandu chez les insectes, et de nombreuses espèces inoffensives imitent celles qui ont une morsure ou une piqûre dangereuses.

Molaire Chez les mammifères, dent à l'arrière de la mâchoire. Les molaires ont souvent une surface aplatie ou striée, et de profondes racines. Elles sont normalement utilisées pour mâcher.

Monogame Se dit d'un animal qui s'accouple avec un seul partenaire, soit pendant la période de reproduction, soit pendant toute la vie. La monogamie est fréquente chez les animaux qui s'occupent de leurs petits.

Mue Processus qui consiste à se débarrasser de la fourrure, des plumes ou de la peau pour les remplacer. Les mammifères et les oiseaux muent pour garder leur fourrure et leurs plumes en bon état, pour adapter leur isolation ou pour être prêts à se reproduire. Les arthropodes – comme les insectes – muent pour grandir.

Mutualisme *Voir* Symbiose.

N

Nageoire Chez les animaux aquatiques, membre servant aux déplacements.

Nageoire caudale Nageoire souple de la queue (chez les cétacés et alliés). Contrairement aux nageoires caudales des poissons, celles-ci sont horizontales et peuvent effectuer des battements de haut en bas, et non pas latéraux.

Nageoire pectorale L'une des deux nageoires situées à l'avant du corps d'un poisson, souvent juste derrière la tête. Les nageoires pectorales sont généralement très mobiles et sont normalement utilisées pour manœuvrer.

Nageoires pelviennes Nageoires paires postérieures chez les poissons, qui sont normalement situées près du ventre, parfois près de la tête mais plus souvent vers la queue. Les nageoires pelviennes sont généralement utilisées comme stabilisateurs.

Neurotoxine Substance qui désactive les nerfs ou bouleverse leur fonctionnement. Les neurotoxines peuvent être mortelles en très petites quantités. Elles sont présentes dans le venin des serpents et dans les poisons produits par d'autres animaux, tels que des grenouilles, les crapauds, des poissons et des insectes.

Niche écologique Place et rôle d'un animal dans son habitat. Même si deux espèces peuvent partager le même habitat, elles ne partagent jamais la même niche.

Nocturne Actif la nuit.

Notocorde Baguette de renfort le long du corps. La notocorde est une caractéristique des cordés, bien qu'elle soit présente uniquement au début de la vie chez certains. Chez les vertébrés, la notocorde s'incorpore dans la colonne vertébrale pendant le développement de l'embryon.

Nouveau Monde Continent américain.

Nymphe Insecte immature dont l'apparence est très différente de celle de l'adulte (imago). Elle est immobile (ex. : chrysalide de papillon). La nymphe prend la forme de l'adulte par la métamorphose.

O

Ocelle Chez les insectes, œil simple qui détecte globalement les niveaux de lumière. De nombreux insectes ont trois ocelles, situés en grappe sur le sommet de la tête.

Œil composé Œil divisé en éléments distincts (de quelques dizaines à des milliers), chacun disposant de son cristallin. Les yeux composés caractérisent les arthropodes.

Œil simple Œil ayant un seul cristallin. Les yeux simples sont présents chez les vertébrés et les mollusques céphalopodes et, en dépit de leur nom, sont souvent très complexes. Des yeux simples rudimentaires sont également présents chez les insectes. *Voir également* Ocelle.

Omnivore Se dit d'un animal qui se nourrit de tout (animaux, végétaux, déchets).

Onguligrade Qui marche sur des sabots. *Voir également* Digitigrade, Plantigrade.

Oothèque Capsule contenant les œufs de certains insectes. Chez les blattes, le revêtement de l'oothèque est fin. Chez d'autres insectes, elle est entourée par une enveloppe de mousse qui durcit dès qu'elle est produite.

Opercule Couvercle. Chez certains mollusques gastéropodes, l'opercule est utilisé pour fermer la coquille lorsque l'animal s'est retiré à l'intérieur. Chez les poissons osseux, un opercule de part et d'autre du corps protège la cavité contenant les branchies.

Opposable Se dit d'un doigt qui peut être mis en face des autres doigts, et serré contre eux. Chez de nombreux primates, le pouce est opposable aux autres doigts.

Ordre Niveau de la classification. Dans la suite des niveaux de classification, un ordre fait partie d'une classe et est subdivisé en une ou plusieurs familles.

Organe de Jacobson Organe situé dans la voûte du palais et sensible aux odeurs. Les serpents utilisent cet organe pour détecter leurs proies, tandis qu'il permet à certains mammifères mâles de trouver les femelles prêtes à s'accoupler.

Organe Dans le corps, structure composée de plusieurs tissus, qui effectuent certaines fonctions.

Osselet Os minuscule. Les osselets de l'ouïe chez les mammifères, qui transmettent le son du tympan à l'oreille interne, sont les plus petits os du corps.

Ostéoscute Plaque semblable à un bouclier ou écaille qui forme un revêtement osseux sur le corps de certains animaux.

Ovipare Qui se reproduit en pondant des œufs. *Voir également* Ovovivipare, Vivipare.

OVIPOSITEUR, OU TARIÈRE Chez certains insectes, organe à l'extrémité de l'abdomen des femelles, utilisé pour pondre les œufs. L'ovipositeur est souvent en forme de tube ou de lame, et de ce fait permet d'insérer les œufs dans le sol, les plantes ou d'autres animaux. Chez certains insectes, l'ovipositeur est modifié pour former un dard

OVOVIVIPARE Qui se reproduit avec des œufs qui éclosent dès la ponte ou peu de temps après. Chez les animaux ovovivipares, le développement des œufs a lieu dans le corps de la mère. Ils contiennent tous les nutriments nécessaires à l'embryon, et il n'y a pas de lien direct entre ce dernier et la mère. *Voir également* OVIPARE, VIVIPARE.

P

PAÎTRE Se nourrir d'herbe. *Voir également* BROUTER.

PAPILLE Petite protubérance charnue sur le corps d'un animal. Les papilles ont souvent une fonction sensorielle, par exemple pour détecter les substances chimiques qui permettent de repérer la nourriture.

PARAPODE Excroissance en forme de patte ou de pagaie présente chez certains vers. Les parapodes sont utilisés pour se déplacer ou pour pomper de l'eau dans le corps.

PARASITE Animal qui vit sur ou dans un autre animal et se nourrit de l'hôte ou de la nourriture que celui-ci a ingérée. La majorité des parasites sont beaucoup plus petits que leurs hôtes et beaucoup ont des cycles de vie complexes impliquant la production d'un nombre considérable de petits. Les parasites affaiblissent souvent leurs hôtes, mais généralement ne les tuent pas. *Voir également* ECTOPARASITE, ENDOPARASITE, PARASITOÏDE.

PARASITISME DE LA REPRODUCTION Animal – souvent un oiseau – qui fait élever ses petits par d'autres espèces. Dans de nombreux cas, le jeune parasite élimine tous ses compagnons de nid, afin d'être le seul à bénéficier de la nourriture fournie par ses parents adoptifs.

PARASITOÏDE Fréquents chez les insectes, les parasitoïdes – contrairement aux vrais parasites – tuent souvent leurs proies progressivement, généralement en les mangeant.

PARTHÉNOGENÈSE Forme de reproduction dans laquelle un ovule se développe pour donner naissance à un jeune animal sans avoir besoin d'être fécondé. La parthénogenèse est fréquente chez les invertébrés, et elle produit des descendants qui sont génétiquement identiques au parent. Chez les animaux qui ont des sexes distincts, les jeunes produits par parthénogenèse sont toujours des femelles.

PATAGIUM Chez les chauves-souris, repli de peau qui forme les ailes. Ce terme est également employé pour les replis de peau en forme de parachute des galéopithèques et autres mammifères planeurs.

PAVILLON DE L'OREILLE Partie externe de l'oreille chez les mammifères.

PÉDIPALPES Chez les arachnides, seconde paire d'appendices, près de l'avant du corps. Selon les espèces, ils sont utilisés pour la marche, le transfert de sperme ou l'attaque des proies.

PELVIS *voir* CEINTURE PELVIENNE.

PHÉROMONE Substance chimique, émise par un animal, qui a un effet sur les autres membres de son espèce. Les phéromones sont souvent des substances volatiles qui se répandent dans l'air, déclenchant une réaction chez des animaux éloignés.

PHOTOSYNTHÈSE Ensemble des processus chimiques permettant aux plantes de capturer l'énergie du soleil et de la transformer en forme chimique.

PHYLUM Niveau de la classification. Correspond à l'embranchement.

PLACENTA Structure qui permet à un embryon d'absorber les nutriments et l'oxygène dans le sang de la mère, avant sa naissance. Les mammifères chez lesquels il existe sont appelés mammifères placentaires.

PLANCTON Organismes flottants – principalement microscopiques – qui dérivent en pleine eau, en particulier près de la surface de la mer. Les organismes planctoniques peuvent souvent se déplacer, mais la plupart sont trop petits pour avancer contre les courants forts. Les animaux planctoniques sont appelés zooplancton.

PLANTIGRADE Qui marche sur la plante des pieds. *Voir également* DIGITIGRADE, ONGULIGRADE.

PLASTRON Partie ventrale de la carapace des tortues.

POLYGAME Se dit d'un système de reproduction dans lequel les individus s'accouplent avec plus d'un partenaire pendant une période de reproduction.

POLYGYNIE Mode de reproduction dans lequel les mâles s'accouplent avec plusieurs femelles pendant une période de reproduction.

POLYMORPHE Relatif à une espèce dont les individus présentent plusieurs formes (ou phases) différentes. Celles-ci peuvent avoir une distribution géographique distincte. Ces formes persistent même si des parents de formes différentes s'accouplent souvent.

POLYPE Chez les cnidaires, animal fixé, ayant un tronc cylindrique creux, se terminant par une bouche centrale entourée par un cercle de tentacules. Les polypes sont souvent fixés par la base à des objets solides. *Voir également* MÉDUSE.

POUMON TRACHÉEN Chez certains arthropodes, poumon relié au réseau de trachées. Les poumons trachéens existent par exemple chez certaines araignées.

PRÉDATEUR Animal qui capture et tue d'autres animaux, appelés proies. Certains prédateurs chassent leur proie à l'affût, mais la plupart poursuivent et attaquent activement les autres animaux.

PRÉHENSILE Capable de s'enrouler autour d'objets et de les saisir.

PRÉMOLAIRE Chez les mammifères, dent située entre les canines et les molaires. Chez les carnivores, les prémolaires spécialisées agissent comme des ciseaux qui coupent la chair. *Voir également* DENT CARNASSIÈRE.

PRÉNYMPHE Stade par lequel passent certains insectes avant le stade nymphal.

PROIE Tout animal mangé par un prédateur.

PRONOTUM Partie dorsale du premier segment thoracique d'un insecte. Chez certains insectes, il est étendu pour former un bouclier.

PROTHORAX Segment antérieur du thorax d'un insecte.

PTÉRYGOPODES Appendices situés à l'arrière du corps que certains requins et raies mâles utilisent pendant l'accouplement.

PULMONÉ Qui a des poumons. Les mollusques pulmonés sont des espèces qui respirent l'air et vivent souvent sur terre.

PUPE Chez les diptères, stade nymphal pendant lequel le corps de la larve est décomposé et réaménagé en corps d'adulte. Pendant le stade pupaire, l'insecte ne se nourrit pas et généralement ne bouge pas, bien que certaines pupes puissent remuer si on les touche. La pupe est protégée par une enveloppe dure. *Voir également* CHRYSALIDE, COCON, LARVE.

Q

QUADRUPÈDE Qui a quatre pattes.

R

RADULA Pièce buccale que de nombreux mollusques utilisent pour racler la nourriture. La radula a souvent la forme d'une plaque et comporte de nombreuses dents microscopiques.

RÈGNE Dans la classification, l'une des cinq principales divisions du monde vivant.

RÉMIGES Grandes plumes des ailes d'un oiseau, utilisées pour le vol.

REPRODUCTION ASEXUÉE Forme de reproduction qui implique un seul parent. La reproduction asexuée est plus fréquente chez les invertébrés et est utilisée comme un moyen d'augmenter rapidement la population lorsque les conditions sont favorables.

REPRODUCTION SEXUÉE Forme de reproduction qui implique la fécondation de la cellule femelle, ou ovule, par une cellule mâle, ou spermatozoïde. C'est de loin la forme de reproduction la plus commune chez les animaux. Elle implique généralement deux parents – un de chaque sexe –, mais, chez certaines espèces, les animaux reproducteurs sont hermaphrodites.

RÉSEAU ALIMENTAIRE Ensemble de chaînes alimentaires d'un habitat. Dans un réseau alimentaire, chaque espèce est souvent impliquée dans plusieurs chaînes alimentaires différentes.

ROSTRE Chez les hémiptères et autres insectes, ensemble de pièces buccales qui ressemblent à un bec.

RUMINANT Mammifère ongulé ayant un système digestif spécialisé, avec plusieurs poches. L'une d'entre elles – le rumen, ou panse – contient un nombre considérable de micro-organismes qui contribuent à la décomposition des aliments végétaux. Pour accélérer ce processus, le ruminant régurgite généralement sa nourriture et la mâche à nouveau.

RUT (SAISON DU) Période de reproduction chez les mammifères.

S

SAPROPHAGE Qui se nourrit de substances en voie de décomposition.

SCAPE Premier article de l'antenne d'un insecte, près de la tête.

SCOLEX Tête d'un ténia. Le scolex comporte généralement des ventouses ou des crochets qui permettent au ver de se fixer à son hôte.

SCUTELLUM Bouclier triangulaire derrière le pronotum chez de nombreux insectes.

SÉDENTAIRE Mode de vie qui implique relativement peu de déplacements. Ce terme est utilisé pour désigner les animaux qui ne migrent pas. *Voir également* MIGRATION.

SESSILE Fixé à une surface solide. La plupart des animaux sessiles sont des invertébrés qui vivent dans l'eau.

SEVRAGE Chez les mammifères, période pendant laquelle la mère cesse progressivement de donner du lait à ses petits.

SOIE Substance fibreuse à base de protéines produite par les araignées et certains insectes. La soie est liquide lorsqu'elle est expulsée de la filière mais se transforme en fibres élastiques lorsqu'elle est étirée et exposée à l'air. Son utilisation est très variée. Certains animaux utilisent la soie pour se protéger ou protéger leurs œufs, pour capturer des proies, pour planer sur les courants d'air ou changer de niveau.

SOIES Poils courts et rigides présents chez de nombreux invertébrés. Les soies ont parfois une fonction sensorielle, mais chez les annélides, elles sont plus souvent utilisées pour les mouvements.

SOUS-CLASSE Niveau de la classification entre la classe et l'ordre.

SOUS-ESPÈCE *voir* ESPÈCE.

SOUS-FAMILLE Niveau de la classification, entre la famille et le genre.

SOUS-ORDRE Niveau de la classification, entre l'ordre et la famille.

SPERMATOPHORE Poche de sperme transférée directement du mâle à la femelle ou indirectement – par exemple en étant déposée sur le sol. Les spermatophores sont produits par divers animaux, dont les salamandres (urodèles) et certains insectes.

Spicule Chez les éponges, lamelle en forme d'aiguille siliceuse ou calcaire élément du squelette interne. Les spicules ont des formes très différentes.

Spiracle Chez les raies et certains poissons, orifice situé derrière les yeux, qui laisse entrer l'eau dans les branchies. Chez les insectes, orifice sur le thorax ou l'abdomen qui laisse entrer l'air dans le système trachéen.

Sternum Os plat situé en avant de la cage thoracique chez les vertébrés quadrupèdes, ou partie ventrale durcie d'un segment corporel chez les arthropodes. Chez presque tous les oiseaux, le sternum comporte en son milieu une crête appelée bréchet.

Stigma Petite tache de couleur près du bord des ailes de certains insectes.

Striduler Produire des sons en frottant deux parties du corps.

Symbiose Association mutuellement bénéfique et généralement permanente entre des individus d'espèces différentes. Certains animaux vivent en symbiose avec d'autres animaux, des plantes ou des micro-organismes.

Symétrie bilatérale Forme de symétrie dans laquelle le corps est composé de deux moitiés identiques, de part et d'autre d'une ligne médiane. La plupart des animaux présentent ce type de symétrie.

Symétrie radiaire ou radiale Forme de symétrie dans laquelle le corps a une forme de roue, souvent avec une bouche au centre.

Système ambulacraire Chez les échinodermes, système de tubes et de cavités emplis d'eau reliés aux tubes ambulacraires. Le liquide dans le système ambulacraire est sous pression, ce qui donne leur forme aux tubes ambulacraires.

Système respiratoire trachéen Chez les insectes et les arachnides, réseau de minuscules tubes servant à véhiculer l'oxygène dans le corps. L'air entre par des orifices appelés spiracles, puis circule dans les trachées pour atteindre les cellules. Le gaz carbonique circule dans le sens inverse.

T

Tarse Partie d'un membre. Chez les insectes, le tarse est l'équivalent du pied, tandis que, chez les vertébrés, il forme la partie inférieure de la jambe, ou la cheville.

Tectrices Petites plumes qui recouvrent le corps d'un oiseau.

Tegment Aile antérieure dure de certains insectes, tels que les sauterelles, les criquets et les blattes.

Terrestre Qui vit entièrement ou principalement sur le sol.

Territoire Zone défendue par un animal, ou un groupe d'animaux, contre d'autres membres de la même espèce.

Test Chez les échinodermes, squelette composé de petites plaques calcaires.

Thorax Région médiane du corps d'un arthropode. Le thorax contient des muscles puissants et porte les pattes et les ailes, si l'animal en a. Chez les vertébrés quadrupèdes, le thorax est la poitrine.

Tibia Os de la jambe chez les vertébrés quadrupèdes. Chez les insectes, le tibia forme la partie de la patte qui précède le tarse.

Tissu Couche cellulaire dans le corps d'un animal. Dans un tissu, les cellules sont de même type et ont le même rôle. *Voir également* Organe.

Torpeur État semblable au sommeil dans lequel les processus corporels sont ralentis. Les animaux entrent généralement en torpeur pour survivre aux conditions difficiles, comme le froid ou la pénurie de nourriture.

Trachée Tube permettant la respiration.

Trompe Nez allongé d'un animal, ou ensemble de pièces buccales en forme de tube. Chez les insectes qui se nourrissent de liquides, la trompe est souvent longue et fine, et peut généralement être rétractée lorsqu'elle n'est pas utilisée.

Tubercule Protubérance sur le corps d'un animal.

Tympan Membrane externe de l'oreille des grenouilles.

U

Utérus Chez les mammifères femelles, organe qui abrite les jeunes en développement. Chez les mammifères placentaires, les jeunes sont reliés à la paroi de l'utérus par le placenta.

V

Ventral Sur le ventre ou à proximité.

Vertébré Animal qui a une colonne vertébrale. Les vertébrés incluent les poissons, les amphibiens, les reptiles, les oiseaux et les mammifères.

Vessie gazeuse Vessie emplie d'air utilisée par de nombreux poissons osseux pour réguler leur flottabilité. En réglant la pression du gaz dans la vessie, le poisson peut rester constamment au même niveau dans l'eau, c'est-à-dire qu'il ne descend ni ne monte.

Vestige (à l'état de) Relatif à un organe qui est soit atrophié, soit non fonctionnel.

Vision binoculaire Vision dans laquelle les deux yeux regardent vers l'avant, ce qui donne des champs de vision qui se recouvrent. Cela permet à l'animal d'évaluer la distance.

Vitesse du métabolisme La vitesse du métabolisme est affectée par de nombreux facteurs, parmi lesquels la taille de l'animal, son niveau d'activité, et s'il est à sang chaud ou froid. Plus la vitesse métabolique est élevée, plus l'animal a besoin d'énergie pour être actif.

Vivipare Qui se reproduit en donnant naissance à des petits vivants et déjà formés. *Voir également* Ovipare, Ovovivipare.

X

Xylophage Qui se nourrit de bois.

Y

Zoïde Individu faisant partie d'une colonie de cordés (bryozoaires par exemple). Les zoïdes sont souvent directement liés les uns aux autres et peuvent fonctionner comme un seul animal.

Zooplancton *voir* Plancton.

INDEX

Les références en *italiques* signalent une occurrence illustrée ; celles en **gras** renvoient aux introductions des groupes d'animaux. L'abréviation « sp. » signifie que, le nom de l'espèce n'étant pas précisé, seul le nom de genre est indiqué.

A

B

C

H

M

N

O

P

T

REMERCIEMENTS

Dorling Kindersley remercie Daniel Crawford, Emily Newitt, Patricia Woodburn, Richard Gilbert et Tamara Baillie pour leur aide administrative, Steve Knowlden pour le travail de conception, Pauline Clarke, Corinne Manches, Janice English et Emily Luff pour leur aide à la conception, Peter Cross pour la recherche en extérieur, Clare Double pour son travail éditorial ; Robert Campbell pour son aide en PAO, et Andy Samson, Anna Bedewell, Charlotte Oster, Jason McCloud, Martin Copeland, Richard Dabb et Rita Selvaggio pour la recherche d'images. Merci également au Zoo de Berlin, Zoo de Chester, Dr. David L Harrison, Drusillas Zoo, Exmoor Zoo, Hunstanton Sea Life Centre, au groupe spécialisé en canidés de IUCN/SSC, Kate Edmonson de Partridge Films, Marwell Zoological Park, Mike Jordan, Millport Marine Centre, NASA/Finley Holiday Films, the Natural History Museum (Londres), Paradise Park, Rebecca Tansley de Natural History New Zealand. Robert Oliver, Tropical Marine Centre, Twycross Zoo. Weymouth Sea Life Centre et World of Birds (Afrique du Sud).

Crédits photographiques
L'éditeur souhaite également remercier les personnes suivantes pour avoir aimablement autorisé la reproduction de leurs photographies :

teg	tg	tc	td	ted
eghc	hcg	hc	hcd	edhc
ceg	cg	c	cd	ced
egbc	bcg	cb	bcd	edbc
beg	bg	bc	bd	bed

Abréviations :
h = haut
b = bas
c = centre
e = extrême
g = gauche
d = droite
t = tout en haut

Prof R.J. Van Aarde : 63tc, 306bed, 446bcd ; **Kelvin Aitken :** 467hcg ; **Bryan and Cherry Alexander Photography :** 34c ; **Allofs Photography :** 23edbc ; **Heather Angel :** 496tc ; **Animals Animals/Earth Scenes :** 19eghc, 25bed, 30edhc, 30bed, 35teg, 157bcd, 190edbc, 247bed, 319c, 381td, 497c, 583ted ; **A.N.T. Photo Library :** 393edbc ; **APB Photographic :** 271hc ; **Ardea London Ltd :** 4c, 14cb, 18ced, 25ted, 32c, 32bd, 37cd, 38hc, 40edbc, 41ted, 43tc, 44edhc, 44bg, 46tc, 48bg, 53cg, 56hcd, 61teg, 63tg, 65ceg, 66td, 69tg, 69egbc, 71bd, 76ced, 77td, 80cd, 80bd, 87eghc, 87edbc, 88edbc, 89egbc, 96bcd, 99hcd, 103edbc, 104beg, 104bed, 106bcg, 107edbc, 108hcd, 113cg, 115hcd, 121bg, 123ceg, 134eghc, 137c, 139tc, 139bg, 144ced, 147bcd, 148cg 148bg, 150bg, 152bcg, 153td, 154hcg, 155bg, 161bcd, 161bcd, 163cg, 164cd, 167ced, 172cg, 173ted, 178bcd, 187ced, 195bg, 195bed, 199hcd, 201bd, 203edbc, 204bed, 205bcd, 209bcd, 209beg, 210bg, 212c, 213edhc, 214edhc, 220hcd, 223tc, 223edhc, 239hcg, 251ceg, 254bed, 253ted, 265bc, 272bcd, 272bed, 272egbc, 279c, 279hc, 285bcg, 291bcd, 291edbc, 294bd, 296hcg, 297tg, 302bcd, 311bcd, 319bc, 321ceg, 321edbc, 327ceg, 332ted, 333bcg, 335ted, 338bed, 338ced, 339bed, 341edhc, 346ceg, 347cg, 349ced, 350egbc, 354ceg, 355bcd, 356ted, 359bd, 361ted, 364cb, 365bc, 390edbc, 392edhc, 404cg, 412c, 415bcd, 422cd, 422bed, 425edbc, 426cg, 433edbc, 435bed, 441ced, 441c, 441bc, 444cb, 444ted, 455eghc, 463bd, 466ceg, 463ted, 471ced, 473edhc, 477cb, 477bd, 487bcd, 491ced, 515edhc, 521bc, 522c, 524cb, 524bg, 531beg, 538bg, 539bcd, 579c, 583edhc ; **Auscape :** 91ted, 91cc, 91bcd, 93edbc, 94edbc, 96egbc, 96hcd, 119c, 185td, 280edhc, 341bed, 511hcg ; **Robert E. Barber :** 55c, 197edbc, 198hcd, 217eghc, 217bg, 308beg, 326bd ; **David Barnes :** 23c, 217beg, 218bed, 219c, 271edhc, 273cd, 275bd, 307cg, 528bcg, 533edbc, 537hcd, 537edhc ; **Kevin H. Barnes :** 104hcg ; **Bat Conservation International :** 108td, 112bcd, 112bed, 113cd, 113bcd ; **Fred Bavendam :** 75bed, 223bd, 239edbc, 474ced, 501bed, 528bed, 536ced ; **BBC Natural History Unit :** 15beg, 16bcg, 16cb, 17cb, 33ted, 44eghc, 49bc, 49cd, 52td, 64bed, 67bg, 71tg, 72bg, 73bd, 74bcg, 77bcg, 77ced, 80td, 81C, 82c, 86bc, 86ted, 90hc, 92cd, 104bcd 112ceg, 120edbc, 121cg, 125ted, 125cg, 129edbc, 131ted, 133ted, 135edhc, 136ceg, 153eghc, 156edhc, 160cg, 163tg, 163bed, 164ced, 165bg, 181tc, 184bcg, 185bcd, 189bcg, 189hcg, 191hcd, 191bed, 198hcg, 199edbc, 211edhc, 219bd, 219bg, 223edbc, 223ted, 227edbc, 232bg, 233bcd, 234bc, 235tc, 239bcg, 248tc, 264cg, 266bed, 270ced, 275td, 275ced, 295edhc, 302edbc, 309ceg, 313bcg, 321edhc, 331c, 332c, 336c, 359bg, 367ced, 377cd, 403td, 403edbc, 403cg, 417ted, 422hcd, 422egbc, 424c, 426ced, 427bc, 432c, 435tc, 437ced, 450ted, 452tc, 460ted, 463egbc, 464edbc, 465ceg, 467edbc, 472cc, 475c, 475c, 486cb, 496tg, 532hc, 544bcg, 581ceg, 582c, 588ced, 590hc ; **Derek A. Belsey :** 38tc, 268cg, 268bd, 269c, 285cb, 342ted, 348edhc, 353beg ; **Niall Benvie :** 255cb, 300hcd, 317ced ; **William Bernard Photography :** 50cb, 139ced, 194edbc, 218hc, 240bcd ; **BIOS Photo :** 17ted, 39cg, 99ced, 103cd, 107ted, 107ceg 116edbc, 132bc, 133bed, 136bcg, 139beg, 165ced, 178beg, 179edbc, 198bcd, 200edhc, 245ted, 428c, 445hcg, 488bc 502bc, 577c ; **Dr Alison Blackwell :** 566edbc ; **Dr W.R. Branch :** 379ced, 444bed ; **Edmund D. Brodie, Jr :** 433bc, 435ceg ; **C.K. Bryan :** 184cd, 245bcg ; **John Cancalosi :** 93bcg, 100hcg, 100ceg, 101hcd, 101ted, 123hcd, 295bg, 308bg, 308bed, 354c, 354edbc ; **Prof. Mike Claridge :** 574edbc ; **Bruce Coleman Ltd :** 15c, 18bed, 25cg, 26bed, 29egbc, 32bed, 37beg, 38cb, 39bcd, 41edhc, 42cg, 43cg, 48td, 49td, 50ced, 52tc, 52bc, 63c, 65ced, 65tc, 68ced, 70c, 77teg, 88bd, 89bed, 89bcd, 103hcg, 110hcg, 114edhc, 115ted, 115cd, 119bcg, 120hcg, 125tg, 130ted, 135ted, 136bcg, 138hc, 140cb, 140bg, 144bcd, 148td, 150ted, 171ted, 176bcd, 198edhc, 200eghc, 200bd, 205bcd, 210edhc, 211hcg, 211bed, 213bd, 225bcd, 229tg, 229hcd, 233tc, 235edhc, 241edhc, 248ceg, 256edbc, 262bed, 263egbc, 266cd, 277ced, 281bc, 295hc, 299cb, 301edhc, 301bc, 306bcd, 311ceg, 318c, 321c, 335bed, 336td, 339cd, 340ted, 346edhc, 353bd, 367ted, 375bcd, 377edhc, 396cb, 397c, 434bd, 436cd, 437bd, 438eghc, 440c, 441hcd, 441cd, 443bcd, 443cg, 446edhc, 446tc, 450bcg, 452eghc, 456hcd, 461bed, 463edbc, 465ted, 481bd, 482bcd, 496td, 496edhc, 505edbc, 534eghc, 543edhc, 548hcd, 550hceg, 555bcd, 565bcd, 565edbc, 569edbc, 569tg, 584ted ; **Bruce Coleman Inc :** 18ced, 243edhc, 291bed, 511edhc, 576beg ; **Wendy Conway :** 241hc, 269bcd, 278bed, 305ced, 356c ; **Corbis :** 178c ; **Cornell University of Ornithology :** 27ceg ; **Peter Cross :** 31edhc, 55c, 58bc, 100bcg, 100bcd, 147eghc, 157ted, 158bcg, 201ced, 207edbc, 217hcg, 227bc, 230hcd, 239edhc, 240tg, 240hcg, 251hcd, 253cg, 253bg, 254bg, 255ced, 256edhc, 265edhc, 266ced, 279bed, 283beg, 284cd ; **Dennis Cullinane :** 106bed ; **Manfred Danegger :** 141cd ; **Richard Davies :** 556ced ; **David M. Dennis :** 369beg, 418bd, 423edbc, 434hcg, 435egbc, 446ceg ; **Nigel Dennis :** 42tc, 67tc, 120bc, 120ted, 121cd, 121bed, 121egbc, 131eghc, 140bd, 184beg, 185edhc, 204hcd, 207eghc, 222hcd, 230tc, 233bc, 247hcg, 250bc, 250egbc, 250edhc, 252bg, 252bed, 253hcd, 253bcd, 253edhc, 254hcg, 271bd, 279eghc, 279edhc, 284edhc, 289cd, 289edhc, 292eghc, 292ted, 300bd, 301bed, 304bcg, 305tg, 305hcd, 306ceg, 307edbc, 308ted, 310cg, 310edbc, 317bd, 320ci, 330bcd, 331hc, 334ceg, 343edhc, 344cd, 351bcg, 352bed, 357bg, 357edbc, 358hcd, 358ced, 358egbc, 410edbc, 556edbc, 588bd ; **Dr Frances Dipper :** 532ced, 532egbc, 594beg, 594bed, 595bd, 595beg ; **DK Picture Library : Natural History Museum London** 19egbc, 19egbc ; **NASA/ Finley Holiday Films :** 37bd ; **Philip Dowell :** 214 bc, 215hc, 267 edhc ; **Ecoscene :** 25bcg, 30egbc ; **Brock Fenton :** 110edbc, 110edhc, 111beg, 111hcg, 111bcg, 113edhc ; **David B. Fleetham :** 470c ; **Michael & Patricia Fogden :** 16ced, 243bed, 323hc, 376bcd, 399cd, 439bcg, 447ced, 447eghc, 456edhc, 559ted ; **Fotomedia :** 119hcg, 119edhc, 185beg, 227hcg, 229bc, 239hcd, 250eghc, 253bed, 314tg, 347ted ; **Foto Natura :** 101bgc, 116tc, 116bcd, 116edhc, 144bg, 149ced, 149bed, 187tg, 198cg, 224bcg, 236ced, 576c, 576egbc ; **Jurgen Freund :** 503hc ; **Tim Gallagher :** 268td ; **David George :** 533bg ; **Getty Images Stone :** 12c ; **Brian Gibbs :** 199egbc ; **Michael P. Gillingham :** 142beg ; **Roy Glen :** 353hcg ; **Francois Gohier :** 164ted ; **Chris Gomersall Photography :** 28bcg, 31edhc, 62bc, 71tc, 266tg, 266bed, 268ced, 268edbc, 270bc, 271bed, 271edbc, 273bd, 273bc, 273hc, 276ced, 278ced, 283ceg, 284bed, 285bc, 285bcd, 285ted, 289td, 289ceg, 292cg, 296cd, 296bed, 299edhc, 299beg, 299eghc, 304hcg, 305cg, 305bcg, 306c, 306cd, 306hc, 307tg, 307bcd, 308ceg, 309bcg, 310ced, 310hcd, 315hcg, 315bg, 315cd, 320edbc, 320bed, 322tc, 324c, 324tc, 325c, 330ced, 331bd, 333hc, 334c, 334bd, 335td, 338bc, 338beg, 338hcg, 339bg, 340tc, 340ceg, 340bg, 341cg, 341beg, 342ced, 342edhc, 342hcg, 342beg, 342hcd, 343hcg, 343cb, 343bed, 344bg, 344ted, 345hcd, 345ced, 346c, 348bcg, 348bcd, 348edbc, 349beg, 349ted, 349bed, 350cd, 350ceg, 350bed, 350cb, 351bd, 352bcg, 352ted, 352edhc, 352td, 353bcg, 353bed, 353td, 353edhc, 353bcd, 354edhc, 354cd, 355tg, 355ced, 355ted, 355bcg, 356td, 357td, 358edbc, 359c, 360bed, 360egbc ; **Granada Wild** 108-109b, 116-117b, 160-161b, 220-221b, 224-225b, 298b, 302b, 316b, 376-377b, 420b, 555b ; **Jonathan R. Green :** 371td ; **Derek Hall :** 32edhc, 36hc, 36hcg, 47tg, 51bd, 51ceg, 67tg, 266bcd ; **Howard Hall Productions :** 474cg, 476bd ; **Tim Halliday :** 438edhc, 438bcg ; **Martin Harvey Photography :** 210hcd, 215edhc, 227ted, 230ted, 247edhc, 247ted ; **Derek Harvey :** 127cg ; **Lawrence Heaney :** 103edhc ; **Dr C. Andrew Henley-Larus :** 92bed, 93cg, 93hc, 94hcd, 97hcg, 97ced, 217bed ; **Daniel Heuclin :** 379c, 393bcd, 443bed ; **Dr G. H. Higginbotham :** 346bc ; **Thomas Holden :** 296bg, 305bed, 322bg, 335egbc, 340hcd, 342bc, 344cg, 350bd, 356bed ; **Holt Studios International :** 552hcd, 552bcg, 556bcg, 557bcg, 560bed, 560edbc, 569bcd ; **Images Colour Library :** 0c, 1c, 8c, 14edbc, 71c, 78c, 128c, 182hcd, 182ted, 186b, 192bg, 216c, 249c, 258c, 290c, 302bcd, 318tc, 371c ; **Impact Photos :** 503edbc ; **Innerspace Visions :** 160c, 161hcd, 174hc, 177c, 202c, 465bd, 474bed, 496ceg ; **Jacana Hoa-Qui :** 18edbc, 31ceg, 92beg, 126bcd, 140cd, 140hcg ; **F. Jack Jackson :** 23cb, 205eghc, 531ted, 532beg, 596cg ; **Jack Jeffrey :** 355bg ; **Mike Johnson :** 506bcg, 515tg, 520egbc ; **Joint Nature Conservation Committee :** 530edhc ; **Mike Jordan :** 103bd, 105bd, 148egbc, 149egbc, 151hc, 151bcg, 151bed, 152cd, 152edbc, 154ceg, 155bcd, 155bed, 156bd, 156bg, 156ced, 156edbc, 256hcg ; **Ken Kates :** 98c ; **Hiromitsu Katsu :** 142edbc ; **Paul Kay :** 539edhc, 540cg, 540eghc, 540eghc ; **Kos Pictures Source :** 519ted ; **Mark Kostich Photography :** 204bcd ; **FLPA - Images of Nature :** 27egbc, 29teg, 61beg, 66c, 87bd, 89bd, 105ced, 116bcd, 124eghc, 124bcg, 127ced, 131bed, 138bed, 144hcd, 149hcg, 150bed, 158eghc, 182bcg, 190ceg, 197ced, 198bg, 207hcd, 210bcg, 210ced, 218egbc, 219edhc, 230edbc, 231edbc, 231hcd, 235edbc, 252tc, 255bg, 261bed, 269bcg, 272beg, 294hc, 297cd, 297bg, 298bcd, 301edbc, 315ted, 322bed, 324ceg, 325beg, 326hcg, 327edbc, 333edhc, 336bg, 339bd, 339ced, 343beg, 348c, 349edbc, 350tg, 354beg, 354td, 355egbc, 357hc, 359tg, 359cd, 365teg, 367bd, 380c, 383ced, 410bcg, 422edhc, 423cg, 430bed, 435bcg, 436ted, 453edhc, 462bed, 498ted, 525teg, 526hc, 526hcd, 587egbc, 588edbc ; **Vanessa Latford :** 245egbc ; **Legend Photography - Andy Belcher :** 514c, 515ced ; **Ken Lewis :** 269bc, 335bg ; **Look :** 282cd ; **Mammal Images Library :** 92cg ; **Andrew Martinez :** 528edbc, 531edbc ; **Maslowski Photo :** 278ceg ; **Chris Mattison Nature Photographics :** 15bed, 55cb, 58hc, 59bc, 96hcg, 100beg, 101edbc, 111eghc, 142hcg, 146bed, 153bg, 197eghc, 239bg, 241bed, 251cd, 254bcg, 254edhc, 256bd, 278edhc, 283bcd, 283ed, 288edbc, 292bed, 293bc, 296cg, 299bd, 300tg, 307ced, 313tg, 321bed, 345egbc, 345edbc, 353ced, 359ced, 365edhc, 368cd, 368ced, 369bed, 373td, 374edhc, 375ced, 375edhc, 383cb, 384ced, 386bcd, 388ceg, 389td, 393edhc, 394egbc, 395edbc, 404bcd, 405cd, 405ted, 408bc, 410td, 410ced, 411beg, 411ced, 411bd, 413bd, 413edhc, 414cg, 414bcd, 414edhc, 415bc, 415bed, 416bg, 417bed, 419ceg, 419ted, 422cg, 423cb, 425ted, 430tc, 436hcg, 437tc, 438hc, 439edbc, 442bcd, 443bcg, 444cg, 445ced, 445edbc, 450cd, 450edbc, 451bcg, 451ced, 451edhc, 452hcg, 452edhc, 455cb, 456hcg, 456bcd ; **Photomax :** 480bed ; **Dr Luis A. Mazariegos :** 325cd ; **McDonald Wildlife Photography :** 53td, 108c, 147ted, 207bg, 222beg ; **Dr Fridtjof Mehlum :** 308ced ; **Mr W.E. Middleton :** 558ced ; **Carlos Minguell :** 469edhc, 509bcd, 511bcg, 530td, 530hcd, 596bd ; **Minden Pictures :** 544hc, 544bcg, 544ceg, 590c ; **National Geographic Society :** 26edhc ; **Natural History Museum London :** 175c, 538bd, 550edhc, 557cg ; **Natural History New Zealand :** 478b ; **Nature Photographers :** 66c, 406cb, 437cd, 444ced, 453ced, 550bcg ; **Natural Science Photos :** 42c, 50bc, 114ced, 225edhc, 272ted, 330cg, 330ceg, 403bed, 411bc, 430ted, 437bc, 505tc ; **Natural Visions :** 24edbc, 89hcg, 159bg, 167bed, 263cd, 364bcd, 366c, 375cb, 375bcg, 461ted, 461edhc, 498edbc, 526beg ; **Naturefocus, Australian Museum :** 95edhc ; **N.H.P.A. :** 14egbc, 17hcg, 27ced, 28edhc, 29beg, 29edhc, 29edbc, 31ted, 38cd, 43bcd, 44hcd, 46edbc, 48cg, 49bg, 50hc, 53bc, 56ced, 56ced, 60beg, 61bc, 64egbc, 67bc, 67bcd, 68bd, 69bcd, 72td, 72c, 74edbc, 75cb, 75bcd, 80bg, 90hcg, 90bcg, 92eghc, 93c, 94bed, 94bcg, 95bcd, 96bed, 97ceg, 99td, 100ced, 106cd, 106ted, 111edbc, 112ted, 113tg, 114hcg, 123ced, 124bed, 131beg, 133edhc, 133bg, 134ced, 139ceg, 141bd, 142bcg, 143beg, 144bed, 146ted, 155ted, 157bed, 157cd, 159edhc, 161edhc, 163ted, 181bg, 182bed, 183bcd, 183ceg, 183hcd, 184ted, 186td, 190bcd, 191ted, 194hcd, 195tg, 197bd, 198bed, 199hcg, 200edbc, 200beg, 203edhc, 204bcg, 218ted, 222teg, 222edbc, 224egbc, 229edbc, 241bg, 255bed, 257bed, 262ted, 262teg, 265hcd, 266ted, 268bcg, 273ted, 275bcd, 277cb, 277hcd, 277bc, 280bd, 280egbc, 280td, 281cg, 284tg, 284bcd, 288cg, 288bg, 289bcd, 293ced, 301td, 302ced, 304td, 307ted, 314bg, 314beg, 317hcd, 320ted, 321cb, 322edhc, 322ted, 323edhc, 326edbc, 327cg, 330tc, 332bg, 332cg, 332cb, 334edhc, 336hcd, 338edhc, 339hcd, 341bg, 342bed, 348bc, 348tg, 349bd, 351bed, 362c, 365egbc, 367edbc, 368ceg, 368bd, 376c, 378c, 379tg, 381edbc, 382bcg, 383edbc, 386bcd, 389egbc, 391c, 391cb, 391bed, 392ced, 394tc, 394cd, 398bcd, 402c, 403bg, 403bcg, 406td, 407td, 407edbc, 411edhc, 411tg, 416cb, 418hc, 419bc, 419edhc, 423edhc, 424bg, 434td, 435ted, 439hcg, 439beg, 439bed, 439edhc, 444tg, 445bc, 448hcg, 448cg, 451td, 453bd, 453cg, 454bed, 456bg, 462ced, 463ted, 463edhc, 463teg, 464edhc, 480cd, 481edhc, 487bed, 490edbc, 494tdc, 507teg, 509cb, 509cg, 510edbc, 514td, 519tg, 526edhc, 529c, 531cb, 534edhc, 536td, 537bg, 538edhc, 538beg, 541ceg, 543eghc, 544c, 551tg, 551bcg, 557hcg, 558hcg, 559eghc, 560edhc, 565ced, 579bcd, 584beg, 585bc, 590tc, 592cg, 594ced ; **Mark Norman :** 543hcg ; **Gary Nuechterlein :** 269ted ; **Mark O'Shea :** 368bed, 375hcd, 382edbc, 382bed, 382eghc, 384bed, 386bcg, 387eghc, 387bed, 388edbc, 388bed, 389bd, 390edhc, 390egbc, 392cge, 392bcg, 392bed, 394bed, 395ced, 395edhc, 398bed, 398bc, 398cg, 398egbc, 399edhc, 399bd, 405eghc, 406hcg, 407ced, 408eghc, 408edbc, 408cd, 410eghc, 415edhc, 416eghc, 417hcg, 417bg, 419bg, 423bd, 426td ; **Oxford Scientific Films :** 15egbc, 22ted, 26bcg, 28ceg, 29hcg, 33bd, 37bcd, 44c, 46td, 55cg, 55bcd, 56teg, 57beg, 59cg, 62cd, 63bg, 63bc, 64hc, 65eghc, 65bed, 66bd, 68egbc, 70ted, 71c, 71c, 73cg, 75bd, 87ced, 90edhc, 92edhc, 93ced, 94tg, 105eghc, 105bg, 107hcg, 107bd, 113bg, 119ceg, 121edhc, 125bcd, 131hcd, 131bcg, 134ted, 135bc, 138edhc, 139bcd, 139edbc, 140cg, 141ted, 142bcd, 143tg, 144td, 144c, 146cg, 148ced, 150gchc, 151bcd, 153hcd, 165edbc, 168ted, 172edhc, 176edbc, 179ted, 179bc, 181edhc, 191bc, 195edhc, 200bcg, 201edhc, 203bd, 213tc, 215edbc, 219eg, 220cg, 222ted, 224c, 229egbc, 232bed, 246ced, 254bcd, 261hcd, 264bg, 265cb, 269tc, 270ted, 270ceg, 275bed, 275edbc, 276ted, 280bg, 285ced, 293edbc, 298ted, 299hcd, 300ceg, 302hcd, 304edbc, 306ted, 309ceg, 309c, 310bd, 315edbc, 321bg, 322c, 323bcg, 324cb, 325cb, 325bd, 330td, 330bg, 336edhc, 336ced, 336bed, 347ceg, 347edbc, 347bg, 348ted, 351ted, 355edbc, 356egbc, 359cb, 369ceg, 369ced, 370ceg, 370bcg, 372ted, 372c, 377edbc, 386bcg, 393egbc, 396egbc, 406edbc, 414ted, 423hcg, 424bd, 426bd, 430cd, 430bc, 432bg, 438beg, 440bed, 441edbc, 442tg, 442cg, 443beg, 444bg, 447c, 447egbc, 448beg, 453tc, 455bc, 455bed, 456edbc, 457bc, 464bd, 465bg, 466c, 467cd, 469bcd, 472ted, 476hc, 481bg, 482edhc, 483c, 493bc, 499bed, 506ced, 514edbc, 514bed, 516edbc, 517bcg, 520hcg, 520c, 524bcg, 526bed, 528beg, 532eghc, 533edhc, 533ced, 533bcg, 533bed, 535bcg, 535edbc, 536ceg, 536cd, 536bed, 537ceg, 537bed, 538c, 539bed, 540cb, 541bed, 542eghc, 543ceg, 548bcg, 548cb, 548bc, 548bd, 549edhc, 549ced, 549edbc, 549bed, 550hcg, 553c, 555edbc, 578td, 578edbc, 580ted, 580ceg, 580c, 580cd, 580bcg, 580cb, 581ted, 585edhc, 585edbc, 587ced, 589edhc, 589bed, 590beg, 596bed ; **Panda Photo :** 280c ; **Otto Pfister :** 239bcd, 255hcd, 256cd, 300cb, 304beg, 343cd 346bed ; **Mark Picard :** 142bed, 184bed, 240bc, 241cb, 241ced, 278bc, 296td, 327bcg, 356bcd, 356edhc ; **Linda Pitkin :** 75bd, 504ced, 530cg, 530bg, 530hcg, 530hcg, 530ceg, 531tg, 531td, 531cd, 531hc, 531eghc, 533ceg, 536bg, 539hcd, 570edhc, 595eghc, 595eghc, 596egbc ; **Planet Earth Pictures :** 27bed, 40td, 41teg, 41beg, 44cbd, 47bd, 54cd, 59c, 60ced, 73td, 91hcd, 104ced, 107bcg, 124ted, 126edhc, 135edbc, 141beg, 142tg, 143edbc, 143bed, 153edbc, 153bed, 158edbc, 170ced, 171ced, 171bg, 178hcd, 179tc, 181egbc, 184tg, 189ted, 201tg, 213bed, 215cb, 220tg, 220bcg, 220bcd, 220bed, 223bg, 225cb, 232c, 240beg, 253tg, 270cb, 281ted, 293tg, 295edbc, 308bcd, 309edhc, 310bcg, 311ted, 327edhc, 331bc, 376edbc, 383eghc, 385c, 409cd, 424ted, 424edbc, 432td, 432egbc, 454cg, 464ced, 465bed, 468cg, 468bg, 469hcg, 469ced, 473bcd, 474edhc, 476edbc, 480ted, 480cg, 481bcg, 484ted, 489hcg, 489cg, 500cd, 501cd, 504ted, 507edbc, 508bcd, 509tc, 510td, 510ced, 514eghc, 515ted, 518ted, 520bg, 528tc, 529bed, 533ted, 537bcd, 538edbc, 539ceg, 541beg, 541bc, 543hcd, 548c, 551edhc, 568ted, 585c, 587edbc, 588cg, 592eghc, 594ted, 594hc, 596ted ; **Louis W. Porras :** 419bed, 455cd ; **Premaphotos Wildlife :** 561ted, 561bcg, 570cg, 592beg ; **John E. Randall :** 506cd, 508ted ; **Jean Yves Rasplus :** 560bcg, 573bcg ; **Galen B. Rathbun :** 114bg, 114edbc ; **Reinhard - Tierfoto :** 270hc ; **Neil Rettig Productions Inc :** 293bed ; **Rex Features :** 518bed ; **RSPCA :** 421c ; **Save-Bild :** 99edbc ; **Kevin Schafer :** 116edbc, 122edbc, 129ted, 157hcg, 235ted, 326bcg ; **Heinz Schimpke :** 458c ; **Science Photo Library :** 14bed, 89tg, 123bg, 260bd, 364bcg, 525bcg, 526teg, 557edbc, 558ted, 580td ; **Herb Segars :** 485bcd ; **Hong Chalk Seng :** 554c ; **Anup and Manoj Shah :** 2c, 6bc ; **Wendy Shattil :** 43hc, 158bd, 197bg, 200cg, 214eghc, 272c, 315bed, 340c, 351tg, 374cd ; **C. Andrew Smith :** 142ted ; **Smithsonian Institution :** 595bcg ; **South American Pictures :** 281cd ; **Sue Scott :** 532ted, 539cd, 539egbc, 540bed, 542c, 580bcd, 584bcd, 594bc, 595hc, 595td ; **Still Pictures :** 62td, 91bed, 95eghc, 116hcg, 130cd, 130edhc, 134edbc, 136tc, 138ced, 161edbc, 161edbc, 169edhc, 173ced, 174ceg, 190ted, 191edbc, 211ceg, 216ted, 230bed, 241td, 396bg, 465cd ; **K. Sugawara :** 352bd ; **Harold Taylor :** 79tg ; **Telegraph Colour Library :** 24hcd, 26beg ; **The Roving Tortoise :** 216bcd ; **Jamie Thom :** 2c ; **Michael P. Turco :** 203ced ; **Jean Vacelet :** 528ced ; **R.W. Van Devender :** 434bcg, 439hc, 442eghc, 434bg ; **Andre Van Huizen :** 63hc, 245bed, 266bg, 266beg ; **Colin Varndell :** 147bc, 271eghc, 276beg, 285bed, 340bcd, 340ced, 348beg ; **Vireo :** 325tg, 339hcg, 339beg, 339ted, 340edbc, 341hcg, 345eghc, 355edhc, 360edhc ; **Prof. Peter Vogel :** 104hcd, 106edbc ; **Judith Wakelam :** 130egbc ; **Terry Wall :** 276eghc, 297bed ; **Bernard Walton :** 129bd, 129bed ; **Dave Watts :** 63cb, 90bd, 93bd, 94bcg, 94edhc, 95bed, 96edhc, 97hcd, 97bcd, 97bed, 100edhc, 101bcd, 120egbc, 131hcg, 218edbc, 255ceg, 256bg, 279ced, 293bcg, 294edhc, 341bcd, 349bcd, 350ted, 358bg ; **Dr Jane Wheeler :** 237tcg, 237ted ; **Elizabeth Whiting & Associates :** 79bg ; **Jack Williams :** 507cg ; **Windrush Photos :** 49bd, 265bed, 306bcd, 330hcd ; **Art Wolfe :** 84c, 88ced, 88ced, 88ced, 108edbc, 116c, 135bcd, 158ted, 243bg, 295ted, 298cd, 302c, 496egbc ; **Woodfall Wild Images :** 27teg, 30ceg, 32egbc, 57bed, 58cd, 59bcd, 63cd, 70c, 73tg, 88beg, 88tc, 89edbc, 154ced, 225ted, 248egbc, 274c, 292bcd, 485tced, 525bed, 597bc ; **P. A. Woolley and D. Walsh :** 92bg, 97bg ; **Norbert Wu :** 464bcg, 472cg ; **Jerry Young** 16cg, 42c, 51c, 54cb, 62bc, 67cb, 62tc, 78cb, 90beg, 110tg, 112hcd, 123bed, 125beg, 126eghc, 127hcg, 130eghc, 133hc, 181hc, 183bg, 183edhc, 183hcg, 185bed, 185hcg, 187ted, 189hcd, 207bd, 209eghc, 210eghc, 230beg, 279td, 299bed, 320tc, 357ced, 360bcd, 366c, 368hc, 369edhc, 374hcg, 374cg, 374bg, 374edbc, 403hcg, 410c, 411hcg, 416edhc, 419edbc, 426eghb, 441bed, 442edhc, 446hc, 446bg, 447bed, 451hc, 456bed, 473ted, 477beg, 490bc, 514egbc, 516bed, 516edhc, 516eghc, 517bed, 520bed, 524edbc, 547ted, 563eghc, 584ced, 584ced ; **Gunter Ziesler :** 116hcd

Photographies de couverture et jaquette
1re de couv. : Toni Angermayer
4e de couv. : Robert R. Barber
Dos : Toni Angermayer
1er rabat : Animals Animals/Victoria McCormic

Autres photographies
Max Alexander ; Peter Anderson ; Irv Beckman ; Geoff Brightling ; Jane Burton ; Peter Chadwick ; Andy Crawford ; Peter Cross ; Geoff Dann ; Philip Dowell ; Alistair Duncan ; Mike Dunning ; Andreas von Einsiedel ; Ken Findlay ; Neil Fletcher ; Christopher and Sally Gable ; Peter Gardner ; Peter Gathercole ; Steve Gorton ; Frank Greenaway ; Peter Hiscock ; Colin Keates ; Dave King ; Cyril Laubscher ; Bill Ling ; Mike Linley ; Kevin Mallet ; Maslowski Photo ; Chris Mattison ; Jane Miller ; Tracy Morgan ; Gary Ombler ; Nick Pope ; Rob Reichenfeld ; Tim Ridley ; Kim Sayer ; Tim Shepard ; Karl Shone ; Harry Taylor ; Kim Taylor ; M.I. Walker ; Mathew Ward ; Laura Wickenden ; Alan Williams ; Jerry Young

Autres illustrations
Martin Camm ; Colin Newman